Arbeitsschutz 2025/2026

Alle Inhalte stehen Ihnen in Bund-Online zur Verfügung.

So registrieren Sie sich für den Online-Zugang:

1. Rufen Sie im Internet die Seite www.bund-online.de/code auf.
2. Tragen Sie in das Formular Ihren Code ein und klicken Sie auf *Senden*.
3. Schließen Sie die Registrierung mit der Eingabe Ihrer Daten und eines selbstgewählten Passworts ab und klicken Sie auf *Registrierung senden*.

Mit Ihrer E-Mail-Adresse und Ihrem Passwort können Sie sich auf www.bund-online.de sofort und jederzeit einloggen.

Ihr Code:

AF814759

H2T7-EBLU-DNBF-E4JS

Die Lizenz für die Online-Nutzung gilt bis zum Erscheinen der 2. Auflage, mindestens jedoch bis zum 30.9.2027.

Bei Fragen zur Registrierung oder zum Login erreichen Sie uns unter 0 69/79 50 10-96 oder abodienste@bund-verlag.de.

BUND
VERLAG

www.bund-online.de

Arbeitsschutz 2025/2026

Arbeitsschutz 2025/2026

Gesetzessammlung zum

Arbeitsschutzrecht

Stand: 1. April 2025

BUND
VERLAG

Bibliografische Information der Deutschen Bibliothek
Die Deutsche Nationalbibliothek verzeichnet diese Publikation in der Deutschen Nationalbibliografie; detaillierte bibliografische Daten sind im Internet über *http://dnb.d-nb.de* abrufbar.

Umschlag: Ute Weber, Geretsried
Satz: Dörlemann Satz, Lemförde
Druck: Druckerei C. H. Beck, Bergerstraße 3, 86720 Nördlingen

ISBN 978-3-7663-7477-6

kontakt@bund-verlag.de
www.bund-verlag.de

Inhaltsverzeichnis

Arbeitsschutzgesetze

Gesetz über die Durchführung von Maßnahmen des Arbeitsschutzes zur Verbesserung der Sicherheit und des Gesundheitsschutzes der Beschäftigten bei der Arbeit (Arbeitsschutzgesetz – ArbSchG)

In der Fassung vom 07. 08. 1996 (BGBl. I S. 1246), zuletzt geändert durch Gesetz zur Modernisierung des Postrechts vom 15. 07. 2024 (BGBl. I Nr. 236)

Erster Abschnitt
Allgemeine Vorschriften

§ 1 Zielsetzung und Anwendungsbereich

(1) Dieses Gesetz dient dazu, Sicherheit und Gesundheitsschutz der Beschäftigten bei der Arbeit durch Maßnahmen des Arbeitsschutzes zu sichern und zu verbessern. Es gilt in allen Tätigkeitsbereichen und findet im Rahmen der Vorgaben des Seerechtsübereinkommens der Vereinten Nationen vom 10. Dezember 1982 (BGBl. 1994 II S. 1799) auch in der ausschließlichen Wirtschaftszone Anwendung.
(2) Dieses Gesetz gilt nicht für den Arbeitsschutz von Hausangestellten in privaten Haushalten. Es gilt nicht für den Arbeitsschutz von Beschäftigten auf Seeschiffen und in Betrieben, die dem Bundesberggesetz unterliegen, soweit dafür entsprechende Rechtsvorschriften bestehen.
(3) Pflichten, die die Arbeitgeber zur Gewährleistung von Sicherheit und Gesundheitsschutz der Beschäftigten bei der Arbeit nach sonstigen Rechtsvorschriften haben, bleiben unberührt. Satz 1 gilt entsprechend für Pflichten und Rechte der Beschäftigten. Unberührt bleiben Gesetze, die andere Personen als Arbeitgeber zu Maßnahmen des Arbeitsschutzes verpflichten.
(4) Bei öffentlich-rechtlichen Religionsgemeinschaften treten an die Stelle der Betriebs- oder Personalräte die Mitarbeitervertretungen entsprechend dem kirchlichen Recht.

§ 2 Begriffsbestimmungen

(1) Maßnahmen des Arbeitsschutzes im Sinne dieses Gesetzes sind Maßnahmen zur Verhütung von Unfällen bei der Arbeit und arbeitsbedingten Gesundheitsgefahren einschließlich Maßnahmen der menschengerechten Gestaltung der Arbeit.
(2) Beschäftigte im Sinne dieses Gesetzes sind:
1. Arbeitnehmerinnen und Arbeitnehmer,
2. die zu ihrer Berufsbildung Beschäftigten,

3. arbeitnehmerähnliche Personen im Sinne des § 5 Abs. 1 des Arbeitsgerichtsgesetzes, ausgenommen die in Heimarbeit Beschäftigten und die ihnen Gleichgestellten,
4. Beamtinnen und Beamte,
5. Richterinnen und Richter,
6. Soldatinnen und Soldaten,
7. die in Werkstätten für Behinderte Beschäftigten.

(3) Arbeitgeber im Sinne dieses Gesetzes sind natürliche und juristische Personen und rechtsfähige Personengesellschaften, die Personen nach Absatz 2 beschäftigen.

(4) Sonstige Rechtsvorschriften im Sinne dieses Gesetzes sind Regelungen über Maßnahmen des Arbeitsschutzes in anderen Gesetzen, in Rechtsverordnungen und Unfallverhütungsvorschriften.

(5) Als Betriebe im Sinne dieses Gesetzes gelten für den Bereich des öffentlichen Dienstes die Dienststellen. Dienststellen sind die einzelnen Behörden, Verwaltungsstellen und Betriebe der Verwaltungen des Bundes, der Länder, der Gemeinden und der sonstigen Körperschaften, Anstalten und Stiftungen des öffentlichen Rechts, die Gerichte des Bundes und der Länder sowie die entsprechenden Einrichtungen der Streitkräfte.

Zweiter Abschnitt
Pflichten des Arbeitgebers

§ 3 Grundpflichten des Arbeitgebers

(1) Der Arbeitgeber ist verpflichtet, die erforderlichen Maßnahmen des Arbeitsschutzes unter Berücksichtigung der Umstände zu treffen, die Sicherheit und Gesundheit der Beschäftigten bei der Arbeit beeinflussen. Er hat die Maßnahmen auf ihre Wirksamkeit zu überprüfen und erforderlichenfalls sich ändernden Gegebenheiten anzupassen. Dabei hat er eine Verbesserung von Sicherheit und Gesundheitsschutz der Beschäftigten anzustreben.

(2) Zur Planung und Durchführung der Maßnahmen nach Absatz 1 hat der Arbeitgeber unter Berücksichtigung der Art der Tätigkeiten und der Zahl der Beschäftigten

1. für eine geeignete Organisation zu sorgen und die erforderlichen Mittel bereitzustellen sowie
2. Vorkehrungen zu treffen, daß die Maßnahmen erforderlichenfalls bei allen Tätigkeiten und eingebunden in die betrieblichen Führungsstrukturen beachtet werden und die Beschäftigten ihren Mitwirkungspflichten nachkommen können.

(3) Kosten für Maßnahmen nach diesem Gesetz darf der Arbeitgeber nicht den Beschäftigten auferlegen.

§ 4 Allgemeine Grundsätze

Der Arbeitgeber hat bei Maßnahmen des Arbeitsschutzes von folgenden allgemeinen Grundsätzen auszugehen:

1. Die Arbeit ist so zu gestalten, daß eine Gefährdung für das Leben sowie die physische und die psychische Gesundheit möglichst vermieden und die verbleibende Gefährdung möglichst gering gehalten wird;
2. Gefahren sind an ihrer Quelle zu bekämpfen;
3. bei den Maßnahmen sind der Stand von Technik, Arbeitsmedizin und Hygiene sowie sonstige gesicherte arbeitswissenschaftliche Erkenntnisse zu berücksichtigen;
4. Maßnahmen sind mit dem Ziel zu planen, Technik, Arbeitsorganisation, sonstige Arbeitsbedingungen, soziale Beziehungen und Einfluß der Umwelt auf den Arbeitsplatz sachgerecht zu verknüpfen;
5. individuelle Schutzmaßnahmen sind nachrangig zu anderen Maßnahmen;
6. spezielle Gefahren für besonders schutzbedürftige Beschäftigtengruppen sind zu berücksichtigen;
7. den Beschäftigten sind geeignete Anweisungen zu erteilen;
8. mittelbar oder unmittelbar geschlechtsspezifisch wirkende Regelungen sind nur zulässig, wenn dies aus biologischen Gründen zwingend geboten ist.

§ 5 Beurteilung der Arbeitsbedingungen

(1) Der Arbeitgeber hat durch eine Beurteilung der für die Beschäftigten mit ihrer Arbeit verbundenen Gefährdung zu ermitteln, welche Maßnahmen des Arbeitsschutzes erforderlich sind.
(2) Der Arbeitgeber hat die Beurteilung je nach Art der Tätigkeiten vorzunehmen. Bei gleichartigen Arbeitsbedingungen ist die Beurteilung eines Arbeitsplatzes oder einer Tätigkeit ausreichend.
(3) Eine Gefährdung kann sich insbesondere ergeben durch
1. die Gestaltung und die Einrichtung der Arbeitsstätte und des Arbeitsplatzes,
2. physikalische, chemische und biologische Einwirkungen,
3. die Gestaltung, die Auswahl und den Einsatz von Arbeitsmitteln, insbesondere von Arbeitsstoffen, Maschinen, Geräten und Anlagen sowie den Umgang damit,
4. die Gestaltung von Arbeits- und Fertigungsverfahren, Arbeitsabläufen und Arbeitszeit und deren Zusammenwirken,
5. unzureichende Qualifikation und Unterweisung der Beschäftigten,
6. psychische Belastungen bei der Arbeit.

§ 6 Dokumentation

(1) Der Arbeitgeber muß über die je nach Art der Tätigkeiten und der Zahl der Beschäftigten erforderlichen Unterlagen verfügen, aus denen das Ergebnis der Gefährdungsbeurteilung, die von ihm festgelegten Maßnahmen des Arbeitsschutzes und das Ergebnis ihrer Überprüfung ersichtlich sind. Bei gleichartiger Gefährdungssituation ist es ausreichend, wenn die Unterlagen zusammengefaßte Angaben enthalten.
(2) Unfälle in seinem Betrieb, bei denen ein Beschäftigter getötet oder so verletzt wird, daß er stirbt oder für mehr als drei Tage völlig oder teilweise arbeits- oder dienstunfähig wird, hat der Arbeitgeber zu erfassen.

§ 7 Übertragung von Aufgaben

Bei der Übertragung von Aufgaben auf Beschäftigte hat der Arbeitgeber je nach Art der Tätigkeiten zu berücksichtigen, ob die Beschäftigten befähigt sind, die für die Sicherheit und den Gesundheitsschutz bei der Aufgabenerfüllung zu beachtenden Bestimmungen und Maßnahmen einzuhalten.

§ 8 Zusammenarbeit mehrerer Arbeitgeber

(1) Werden Beschäftigte mehrerer Arbeitgeber an einem Arbeitsplatz tätig, sind die Arbeitgeber verpflichtet, bei der Durchführung der Sicherheits- und Gesundheitsschutzbestimmungen zusammenzuarbeiten. Soweit dies für die Sicherheit und den Gesundheitsschutz der Beschäftigten bei der Arbeit erforderlich ist, haben die Arbeitgeber je nach Art der Tätigkeiten insbesondere sich gegenseitig und ihre Beschäftigten über die mit den Arbeiten verbundenen Gefahren für Sicherheit und Gesundheit der Beschäftigten zu unterrichten und Maßnahmen zur Verhütung dieser Gefahren abzustimmen.
(2) Der Arbeitgeber muß sich je nach Art der Tätigkeit vergewissern, daß die Beschäftigten anderer Arbeitgeber, die in seinem Betrieb tätig werden, hinsichtlich der Gefahren für ihre Sicherheit und Gesundheit während ihrer Tätigkeit in seinem Betrieb angemessene Anweisungen erhalten haben.

§ 9 Besondere Gefahren

(1) Der Arbeitgeber hat Maßnahmen zu treffen, damit nur Beschäftigte Zugang zu besonders gefährlichen Arbeitsbereichen haben, die zuvor geeignete Anweisungen erhalten haben.
(2) Der Arbeitgeber hat Vorkehrungen zu treffen, daß alle Beschäftigten, die einer unmittelbaren erheblichen Gefahr ausgesetzt sind oder sein können, möglichst frühzeitig über diese Gefahr und die getroffenen oder zu treffenden Schutzmaßnahmen unterrichtet sind. Bei unmittelbarer erheblicher Gefahr für die eigene Sicherheit oder die Sicherheit anderer Personen müssen die Beschäftigten die geeigneten Maßnahmen zur Gefahrenabwehr und Schadensbegrenzung selbst treffen können, wenn der zuständige Vorgesetzte nicht erreichbar ist; dabei sind die Kenntnisse der Beschäftigten und die vorhandenen technischen Mittel zu berücksichtigen. Den Beschäftigten dürfen aus ihrem Handeln keine Nachteile entstehen, es sei denn, sie haben vorsätzlich oder grob fahrlässig ungeeignete Maßnahmen getroffen.
(3) Der Arbeitgeber hat Maßnahmen zu treffen, die es den Beschäftigten bei unmittelbarer erheblicher Gefahr ermöglichen, sich durch sofortiges Verlassen der Arbeitsplätze in Sicherheit zu bringen. Den Beschäftigten dürfen hierdurch keine Nachteile entstehen. Hält die unmittelbare erhebliche Gefahr an, darf der Arbeitgeber die Beschäftigten nur in besonders begründeten Ausnahmefällen auffordern, ihre Tätigkeit wieder aufzunehmen. Gesetzliche Pflichten der Beschäftigten zur Abwehr von Gefahren für die öffentliche Sicherheit sowie die §§ 7 und 11 des Soldatengesetzes bleiben unberührt.

§ 10 Erste Hilfe und sonstige Notfallmaßnahmen

(1) Der Arbeitgeber hat entsprechend der Art der Arbeitsstätte und der Tätigkeiten sowie der Zahl der Beschäftigten die Maßnahmen zu treffen, die zur Ersten Hilfe, Brandbekämpfung und Evakuierung der Beschäftigten erforderlich sind. Dabei hat er der Anwesenheit anderer Personen Rechnung zu tragen. Er hat auch dafür zu sorgen, daß im Notfall die erforderlichen Verbindungen zu außerbetrieblichen Stellen, insbesondere in den Bereichen der Ersten Hilfe, der medizinischen Notversorgung, der Bergung und der Brandbekämpfung eingerichtet sind.
(2) Der Arbeitgeber hat diejenigen Beschäftigten zu benennen, die Aufgaben der Ersten Hilfe, Brandbekämpfung und Evakuierung der Beschäftigten übernehmen. Anzahl, Ausbildung und Ausrüstung der nach Satz 1 benannten Beschäftigten müssen in einem angemessenen Verhältnis zur Zahl der Beschäftigten und zu den bestehenden besonderen Gefahren stehen. Vor der Benennung hat der Arbeitgeber den Betriebs- oder Personalrat zu hören. Weitergehende Beteiligungsrechte bleiben unberührt. Der Arbeitgeber kann die in Satz 1 genannten Aufgaben auch selbst wahrnehmen, wenn er über die nach Satz 2 erforderliche Ausbildung und Ausrüstung verfügt.

§ 11 Arbeitsmedizinische Vorsorge

Der Arbeitgeber hat den Beschäftigten auf ihren Wunsch unbeschadet der Pflichten aus anderen Rechtsvorschriften zu ermöglichen, sich je nach den Gefahren für ihre Sicherheit und Gesundheit bei der Arbeit regelmäßig arbeitsmedizinisch untersuchen zu lassen, es sei denn, auf Grund der Beurteilung der Arbeitsbedingungen und der getroffenen Schutzmaßnahmen ist nicht mit einem Gesundheitsschaden zu rechnen.

§ 12 Unterweisung

(1) Der Arbeitgeber hat die Beschäftigten über Sicherheit und Gesundheitsschutz bei der Arbeit während ihrer Arbeitszeit ausreichend und angemessen zu unterweisen. Die Unterweisung umfaßt Anweisungen und Erläuterungen, die eigens auf den Arbeitsplatz oder den Aufgabenbereich der Beschäftigten ausgerichtet sind. Die Unterweisung muß bei der Einstellung, bei Veränderungen im Aufgabenbereich, der Einführung neuer Arbeitsmittel oder einer neuen Technologie vor Aufnahme der Tätigkeit der Beschäftigten erfolgen. Die Unterweisung muß an die Gefährdungsentwicklung angepaßt sein und erforderlichenfalls regelmäßig wiederholt werden.
(2) Bei einer Arbeitnehmerüberlassung trifft die Pflicht zur Unterweisung nach Absatz 1 den Entleiher. Er hat die Unterweisung unter Berücksichtigung der Qualifikation und der Erfahrung der Personen, die ihm zur Arbeitsleistung überlassen werden, vorzunehmen. Die sonstigen Arbeitsschutzpflichten des Verleihers bleiben unberührt.

§ 13 Verantwortliche Personen

(1) Verantwortlich für die Erfüllung der sich aus diesem Abschnitt ergebenden Pflichten sind neben dem Arbeitgeber

1. sein gesetzlicher Vertreter,
2. das vertretungsberechtigte Organ einer juristischen Person,
3. der vertretungsberechtigte Gesellschafter einer Personenhandelsgesellschaft,
4. Personen, die mit der Leitung eines Unternehmens oder eines Betriebes beauftragt sind, im Rahmen der ihnen übertragenen Aufgaben und Befugnisse,
5. sonstige nach Absatz 2 oder nach einer auf Grund dieses Gesetzes erlassenen Rechtsverordnung oder nach einer Unfallverhütungsvorschrift verpflichtete Personen im Rahmen ihrer Aufgaben und Befugnisse.

(2) Der Arbeitgeber kann zuverlässige und fachkundige Personen schriftlich damit beauftragen ihm obliegende Aufgaben nach diesem Gesetz in eigener Verantwortung wahrzunehmen.

§ 14 Unterrichtung und Anhörung der Beschäftigten des öffentlichen Dienstes

(1) Die Beschäftigten des öffentlichen Dienstes sind vor Beginn der Beschäftigung und bei Veränderungen in ihren Arbeitsbereichen über Gefahren für Sicherheit und Gesundheit, denen sie bei der Arbeit ausgesetzt sein können, sowie über die Maßnahmen und Einrichtungen zur Verhütung dieser Gefahren und die nach § 10 Abs. 2 getroffenen Maßnahmen zu unterrichten.

(2) Soweit in Betrieben des öffentlichen Dienstes keine Vertretung der Beschäftigten besteht, hat der Arbeitgeber die Beschäftigten zu allen Maßnahmen zu hören, die Auswirkungen auf Sicherheit und Gesundheit der Beschäftigten haben können.

Dritter Abschnitt
Pflichten und Rechte der Beschäftigten

§ 15 Pflichten der Beschäftigten

(1) Die Beschäftigten sind verpflichtet, nach ihren Möglichkeiten sowie gemäß der Unterweisung und Weisung des Arbeitgebers für ihre Sicherheit und Gesundheit bei der Arbeit Sorge zu tragen. Entsprechend Satz 1 haben die Beschäftigten auch für die Sicherheit und Gesundheit der Personen zu sorgen, die von ihren Handlungen oder Unterlassungen bei der Arbeit betroffen sind.

(2) Im Rahmen des Absatzes 1 haben die Beschäftigten insbesondere Maschinen, Geräte, Werkzeuge, Arbeitsstoffe, Transportmittel und sonstige Arbeitsmittel sowie Schutzvorrichtungen und die ihnen zur Verfügung gestellte persönliche Schutzausrüstung bestimmungsgemäß zu verwenden.

§ 16 Besondere Unterstützungspflichten

(1) Die Beschäftigten haben dem Arbeitgeber oder dem zuständigen Vorgesetzten jede von ihnen festgestellte unmittelbare erhebliche Gefahr für die Sicherheit und Gesundheit sowie jeden an den Schutzsystemen festgestellten Defekt unverzüglich zu melden.

(2) Die Beschäftigten haben gemeinsam mit dem Betriebsarzt und der Fachkraft für Arbeitssicherheit den Arbeitgeber darin zu unterstützen, die Sicherheit und den Gesundheitsschutz der Beschäftigten bei der Arbeit zu gewährleisten und seine Pflichten entsprechend den behördlichen Aufgaben zu erfüllen. Unbeschadet ihrer Pflicht nach Absatz 1 sollen die Beschäftigten von ihnen festgestellte Gefahren für Sicherheit und Gesundheit und Mängel an den Schutzsystemen auch der Fachkraft für Arbeitssicherheit, dem Betriebsarzt oder dem Sicherheitsbeauftragten nach § 22 des Siebten Buches Sozialgesetzbuch mitteilen.

§ 17 Rechte der Beschäftigten

(1) Die Beschäftigten sind berechtigt, dem Arbeitgeber Vorschläge zu allen Fragen der Sicherheit und des Gesundheitsschutzes bei der Arbeit zu machen. Für Beamtinnen und Beamte des Bundes ist § 125 des Bundesbeamtengesetzes anzuwenden. Entsprechendes Landesrecht bleibt unberührt.
(2) Sind Beschäftigte auf Grund konkreter Anhaltspunkte der Auffassung, daß die vom Arbeitgeber getroffenen Maßnahmen und bereitgestellten Mittel nicht ausreichen, um die Sicherheit und den Gesundheitsschutz bei der Arbeit zu gewährleisten, und hilft der Arbeitgeber darauf gerichteten Beschwerden von Beschäftigten nicht ab, können sich diese an die zuständige Behörde wenden. Hierdurch dürfen den Beschäftigten keine Nachteile entstehen. Die in Absatz 1 Satz 2 und 3 genannten Vorschriften sowie die Vorschriften des Hinweisgeberschutzgesetzes, der Wehrbeschwerdeordnung und des Gesetzes über den Wehrbeauftragten des Deutschen Bundestages bleiben unberührt.

Vierter Abschnitt
Verordnungsermächtigungen

§ 18 Verordnungsermächtigungen

(1) Die Bundesregierung wird ermächtigt, durch Rechtsverordnung mit Zustimmung des Bundesrates vorzuschreiben, welche Maßnahmen der Arbeitgeber und die sonstigen verantwortlichen Personen zu treffen haben und wie sich die Beschäftigten zu verhalten haben, um ihre jeweiligen Pflichten, die sich aus diesem Gesetz ergeben, zu erfüllen. In diesen Rechtsverordnungen kann auch bestimmt werden, daß bestimmte Vorschriften des Gesetzes zum Schutz anderer als in § 2 Abs. 2 genannter Personen anzuwenden sind.
(2) Durch Rechtsverordnungen nach Absatz 1 kann insbesondere bestimmt werden,
1. daß und wie zur Abwehr bestimmter Gefahren Dauer oder Lage der Beschäftigung oder die Zahl der Beschäftigten begrenzt werden muß,
2. daß der Einsatz bestimmter Arbeitsmittel oder -verfahren mit besonderen Gefahren für die Beschäftigten verboten ist oder der zuständigen Behörde angezeigt oder von ihr erlaubt sein muß oder besonders gefährdete Personen dabei nicht beschäftigt werden dürfen,

3. daß bestimmte, besonders gefährliche Betriebsanlagen einschließlich der Arbeits- und Fertigungsverfahren vor Inbetriebnahme, in regelmäßigen Abständen oder auf behördliche Anordnung fachkundig geprüft werden müssen,
3a. dass für bestimmte Beschäftigte angemessene Unterkünfte bereitzustellen sind, wenn dies aus Gründen der Sicherheit, zum Schutz der Gesundheit oder aus Gründen der menschengerechten Gestaltung der Arbeit erforderlich ist und welche Anforderungen dabei zu erfüllen sind,
4. daß Beschäftigte, bevor sie eine bestimmte gefährdende Tätigkeit aufnehmen oder fortsetzen oder nachdem sie sie beendet haben, arbeitsmedizinisch zu untersuchen sind, und welche besonderen Pflichten der Arzt dabei zu beachten hat,
5. dass Ausschüsse zu bilden sind, denen die Aufgabe übertragen wird, die Bundesregierung oder das zuständige Bundesministerium zur Anwendung der Rechtsverordnungen zu beraten, dem Stand der Technik, Arbeitsmedizin und Hygiene entsprechende Regeln und sonstige gesicherte arbeitswissenschaftliche Erkenntnisse zu ermitteln sowie Regeln zu ermitteln, wie die in den Rechtsverordnungen gestellten Anforderungen erfüllt werden können. Das Bundesministerium für Arbeit und Soziales kann die Regeln und Erkenntnisse amtlich bekannt machen.

(3) In epidemischen Lagen von nationaler Tragweite nach § 5 Absatz 1 des Infektionsschutzgesetzes kann das Bundesministerium für Arbeit und Soziales ohne Zustimmung des Bundesrates spezielle Rechtsverordnungen nach Absatz 1 für einen befristeten Zeitraum erlassen. Das Bundesministerium für Arbeit und Soziales kann ohne Zustimmung des Bundesrates durch Rechtsverordnung für einen befristeten Zeitraum, der spätestens mit Ablauf des 7. April 2023 endet,

1. bestimmen, dass spezielle Rechtsverordnungen nach Satz 1 nach Aufhebung der Feststellung der epidemischen Lage von nationaler Tragweite nach § 5 Absatz 1 des Infektionsschutzgesetzes fortgelten, und diese ändern sowie
2. spezielle Rechtsverordnungen nach Absatz 1 erlassen.

§ 19 Rechtsakte der Europäischen Gemeinschaften und zwischenstaatliche Vereinbarungen

Rechtsverordnungen nach § 18 können auch erlassen werden, soweit dies zur Durchführung von Rechtsakten des Rates oder der Kommission der Europäischen Gemeinschaften oder von Beschlüssen internationaler Organisationen oder von zwischenstaatlichen Vereinbarungen, die Sachbereiche dieses Gesetzes betreffen, erforderlich ist, insbesondere um Arbeitsschutzpflichten für andere als in § 2 Abs. 3 genannte Personen zu regeln.

§ 20 Regelungen für den öffentlichen Dienst

(1) Für die Beamten der Länder, Gemeinden und sonstigen Körperschaften, Anstalten und Stiftungen des öffentlichen Rechts regelt das Landesrecht, ob und inwieweit die nach § 18 erlassenen Rechtsverordnungen gelten.

(2) Für bestimmte Tätigkeiten im öffentlichen Dienst des Bundes, insbesondere bei der Bundeswehr, der Polizei, den Zivil- und Katastrophenschutzdiensten, dem Zoll oder den Nachrichtendiensten, können das Bundeskanzleramt, das Bundesministerium des Innern, für Bau und Heimat, das Bundesministerium für Verkehr und digitale Infrastruktur, das Bundesministerium der Verteidigung oder das Bundesministerium der Finanzen, soweit sie hierfür jeweils zuständig sind, durch Rechtsverordnung ohne Zustimmung des Bundesrates bestimmen, daß Vorschriften dieses Gesetzes ganz oder zum Teil nicht anzuwenden sind, soweit öffentliche Belange dies zwingend erfordern, insbesondere zur Aufrechterhaltung oder Wiederherstellung der öffentlichen Sicherheit. Rechtsverordnungen nach Satz 1 werden im Einvernehmen mit dem Bundesministerium für Arbeit und Soziales und, soweit nicht das Bundesministerium des Innern, für Bau und Heimat selbst ermächtigt ist, im Einvernehmen mit diesem Ministerium erlassen. In den Rechtsverordnungen ist gleichzeitig festzulegen, wie die Sicherheit und der Gesundheitsschutz bei der Arbeit unter Berücksichtigung der Ziele dieses Gesetzes auf andere Weise gewährleistet werden. Für Tätigkeiten im öffentlichen Dienst der Länder, Gemeinden und sonstigen landesunmittelbaren Körperschaften, Anstalten und Stiftungen des öffentlichen Rechts können den Sätzen 1 und 3 entsprechende Regelungen durch Landesrecht getroffen werden.

Fünfter Abschnitt
Gemeinsame deutsche Arbeitsschutzstrategie

§ 20a Gemeinsame deutsche Arbeitsschutzstrategie

(1) Nach den Bestimmungen dieses Abschnitts entwickeln Bund, Länder und Unfallversicherungsträger im Interesse eines wirksamen Arbeitsschutzes eine gemeinsame deutsche Arbeitsschutzstrategie und gewährleisten ihre Umsetzung und Fortschreibung. Mit der Wahrnehmung der ihnen gesetzlich zugewiesenen Aufgaben zur Verhütung von Arbeitsunfällen, Berufskrankheiten und arbeitsbedingten Gesundheitsgefahren sowie zur menschengerechten Gestaltung der Arbeit tragen Bund, Länder und Unfallversicherungsträger dazu bei, die Ziele der gemeinsamen deutschen Arbeitsschutzstrategie zu erreichen.

(2) Die gemeinsame deutsche Arbeitsschutzstrategie umfasst

1. die Entwicklung gemeinsamer Arbeitsschutzziele,
2. die Festlegung vorrangiger Handlungsfelder und von Eckpunkten für Arbeitsprogramme sowie deren Ausführung nach einheitlichen Grundsätzen,
3. die Evaluierung der Arbeitsschutzziele, Handlungsfelder und Arbeitsprogramme mit geeigneten Kennziffern,
4. die Festlegung eines abgestimmten Vorgehens der für den Arbeitsschutz zuständigen Landesbehörden und der Unfallversicherungsträger bei der Beratung und Überwachung der Betriebe,
5. die Herstellung eines verständlichen, überschaubaren und abgestimmten Vorschriften- und Regelwerks.

§ 20b Nationale Arbeitsschutzkonferenz

(1) Die Aufgabe der Entwicklung, Steuerung und Fortschreibung der gemeinsamen deutschen Arbeitsschutzstrategie nach § 20a Abs. 1 Satz 1 wird von der Nationalen Arbeitsschutzkonferenz wahrgenommen. Sie setzt sich aus jeweils drei stimmberechtigten Vertretern von Bund, Ländern und den Unfallversicherungsträgern zusammen und bestimmt für jede Gruppe drei Stellvertreter. Außerdem entsenden die Spitzenorganisationen der Arbeitgeber und Arbeitnehmer für die Behandlung von Angelegenheiten nach § 20a Abs. 2 Nr. 1 bis 3 und 5 jeweils bis zu drei Vertreter in die Nationale Arbeitsschutzkonferenz; sie nehmen mit beratender Stimme an den Sitzungen teil. Die Nationale Arbeitsschutzkonferenz gibt sich eine Geschäftsordnung; darin werden insbesondere die Arbeitsweise und das Beschlussverfahren festgelegt. Die Geschäftsordnung muss einstimmig angenommen werden.
(2) Alle Einrichtungen, die mit Sicherheit und Gesundheit bei der Arbeit befasst sind, können der Nationalen Arbeitsschutzkonferenz Vorschläge für Arbeitsschutzziele, Handlungsfelder und Arbeitsprogramme unterbreiten.
(3) Die Nationale Arbeitsschutzkonferenz wird durch ein Arbeitsschutzforum unterstützt, das in der Regel einmal jährlich stattfindet. Am Arbeitsschutzforum sollen sachverständige Vertreter der Spitzenorganisationen der Arbeitgeber und Arbeitnehmer, der Berufs- und Wirtschaftsverbände, der Wissenschaft, der Kranken- und Rentenversicherungsträger, von Einrichtungen im Bereich Sicherheit und Gesundheit bei der Arbeit sowie von Einrichtungen, die der Förderung der Beschäftigungsfähigkeit dienen, teilnehmen. Das Arbeitsschutzforum hat die Aufgabe, eine frühzeitige und aktive Teilhabe der sachverständigen Fachöffentlichkeit an der Entwicklung und Fortschreibung der gemeinsamen deutschen Arbeitsschutzstrategie sicherzustellen und die Nationale Arbeitsschutzkonferenz entsprechend zu beraten.
(4) Einzelheiten zum Verfahren der Einreichung von Vorschlägen nach Absatz 2 und zur Durchführung des Arbeitsschutzforums nach Absatz 3 werden in der Geschäftsordnung der Nationalen Arbeitsschutzkonferenz geregelt.
(5) Die Geschäfte der Nationalen Arbeitsschutzkonferenz und des Arbeitsschutzforums führt die Bundesanstalt für Arbeitsschutz und Arbeitsmedizin. Einzelheiten zu Arbeitsweise und Verfahren werden in der Geschäftsordnung der Nationalen Arbeitsschutzkonferenz festgelegt.

Sechster Abschnitt
Schlußvorschriften

§ 21 Zuständige Behörden; Zusammenwirken mit den Trägern der gesetzlichen Unfallversicherung

(1) Die Überwachung des Arbeitsschutzes nach diesem Gesetz ist staatliche Aufgabe. Die zuständigen Behörden haben die Einhaltung dieses Gesetzes und der auf Grund dieses Gesetzes erlassenen Rechtsverordnungen zu überwachen und die

Arbeitgeber bei der Erfüllung ihrer Pflichten zu beraten. Bei der Überwachung haben die zuständigen Behörden bei der Auswahl von Betrieben Art und Umfang des betrieblichen Gefährdungspotenzials zu berücksichtigen.

(1a) Die zuständigen Landesbehörden haben bei der Überwachung nach Absatz 1 sicherzustellen, dass im Laufe eines Kalenderjahres eine Mindestanzahl an Betrieben besichtigt wird. Beginnend mit dem Kalenderjahr 2026 sind im Laufe eines Kalenderjahres mindestens 5 Prozent der im Land vorhandenen Betriebe zu besichtigen (Mindestbesichtigungsquote). Von der Mindestbesichtigungsquote kann durch Landesrecht nicht abgewichen werden. Erreicht eine Landesbehörde die Mindestbesichtigungsquote nicht, so hat sie die Zahl der besichtigten Betriebe bis zum Kalenderjahr 2026 schrittweise mindestens so weit zu erhöhen, dass sie die Mindestbesichtigungsquote erreicht. Maßgeblich für die Anzahl der im Land vorhandenen Betriebe ist die amtliche Statistik der Bundesagentur für Arbeit des Vorjahres.

(2) Die Aufgaben und Befugnisse der Träger der gesetzlichen Unfallversicherung richten sich, soweit nichts anderes bestimmt ist, nach den Vorschriften des Sozialgesetzbuchs. Soweit die Träger der gesetzlichen Unfallversicherung nach dem Sozialgesetzbuch im Rahmen ihres Präventionsauftrags auch Aufgaben zur Gewährleistung von Sicherheit und Gesundheitsschutz der Beschäftigten wahrnehmen, werden sie ausschließlich im Rahmen ihrer autonomen Befugnisse tätig.

(3) Die zuständigen Landesbehörden und die Unfallversicherungsträger wirken auf der Grundlage einer gemeinsamen Beratungs- und Überwachungsstrategie nach § 20a Abs. 2 Nr. 4 eng zusammen und stellen den Erfahrungsaustausch sicher. Diese Strategie umfasst die Abstimmung allgemeiner Grundsätze zur methodischen Vorgehensweise bei

1. der Beratung und Überwachung der Betriebe,
2. der Festlegung inhaltlicher Beratungs- und Überwachungsschwerpunkte, aufeinander abgestimmter oder gemeinsamer Schwerpunktaktionen und Arbeitsprogramme und
3. der Förderung eines Daten- und sonstigen Informationsaustausches, insbesondere über Betriebsbesichtigungen und deren wesentliche Ergebnisse.

Die zuständigen Landesbehörden vereinbaren mit den Unfallversicherungsträgern nach § 20 Abs. 2 Satz 3 des Siebten Buches Sozialgesetzbuch die Maßnahmen, die zur Umsetzung der gemeinsamen Arbeitsprogramme nach § 20a Abs. 2 Nr. 2 und der gemeinsamen Beratungs- und Überwachungsstrategie notwendig sind; sie evaluieren deren Zielerreichung mit den von der Nationalen Arbeitsschutzkonferenz nach § 20a Abs. 2 Nr. 3 bestimmten Kennziffern.

(3a) Zu nach dem 1. Januar 2023 durchgeführten Betriebsbesichtigungen und deren Ergebnissen übermitteln die für den Arbeitsschutz zuständigen Landesbehörden an den für die besichtigte Betriebsstätte zuständigen Unfallversicherungsträger im Wege elektronischer Datenübertragung folgende Informationen:

1. Name und Anschrift des Betriebs,
2. Anschrift der besichtigten Betriebsstätte, soweit nicht mit Nummer 1 identisch,
3. Kennnummer zur Identifizierung,
4. Wirtschaftszweig des Betriebs,
5. Datum der Besichtigung,

6. Anzahl der Beschäftigten zum Zeitpunkt der Besichtigung,
7. Vorhandensein einer betrieblichen Interessenvertretung,
8. Art der sicherheitstechnischen Betreuung,
9. Art der betriebsärztlichen Betreuung,
10. Bewertung der Arbeitsschutzorganisation einschließlich
    a) der Unterweisung,
    b) der arbeitsmedizinischen Vorsorge und
    c) der Ersten Hilfe und sonstiger Notfallmaßnahmen,
11. Bewertung der Gefährdungsbeurteilung einschließlich
    a) der Ermittlung von Gefährdungen und Festlegung von Maßnahmen,
    b) der Prüfung der Umsetzung der Maßnahmen und ihrer Wirksamkeit und
    c) der Dokumentation der Gefährdungen und Maßnahmen,
12. Verwaltungshandeln in Form von Feststellungen, Anordnungen oder Bußgeldern.

Die übertragenen Daten dürfen von den Unfallversicherungsträgern nur zur Erfüllung der in ihrer Zuständigkeit nach § 17 Absatz 1 des Siebten Buches Sozialgesetzbuch liegenden Aufgaben verarbeitet werden.

(4) Die für den Arbeitsschutz zuständige oberste Landesbehörde kann mit Trägern der gesetzlichen Unfallversicherung vereinbaren, daß diese in näher zu bestimmenden Tätigkeitsbereichen die Einhaltung dieses Gesetzes, bestimmter Vorschriften dieses Gesetzes oder der auf Grund dieses Gesetzes erlassenen Rechtsverordnungen überwachen. In der Vereinbarung sind Art und Umfang der Überwachung sowie die Zusammenarbeit mit den staatlichen Arbeitsschutzbehörden festzulegen.

(5) Soweit nachfolgend nichts anderes bestimmt ist, ist zuständige Behörde für die Durchführung dieses Gesetzes und der auf dieses Gesetz gestützten Rechtsverordnungen in den Betrieben und Verwaltungen des Bundes die Zentralstelle für Arbeitsschutz beim Bundesministerium des Innern, für Bau und Heimat. Im Auftrag der Zentralstelle handelt, soweit nichts anderes bestimmt ist, die Unfallversicherung Bund und Bahn, die insoweit der Aufsicht des Bundesministeriums des Innern, für Bau und Heimat unterliegt; Aufwendungen werden nicht erstattet. Im öffentlichen Dienst im Geschäftsbereich des Bundesministeriums für Verkehr und digitale Infrastruktur führt die Unfallversicherung Bund und Bahn, soweit die Eisenbahn-Unfallkasse bis zum 31. Dezember 2014 Träger der Unfallversicherung war, dieses Gesetz durch. Für Betriebe und Verwaltungen in den Geschäftsbereichen des Bundesministeriums der Verteidigung und des Auswärtigen Amtes hinsichtlich seiner Auslandsvertretungen führt das jeweilige Bundesministerium, soweit es jeweils zuständig ist, oder die von ihm jeweils bestimmte Stelle dieses Gesetz durch. Im Geschäftsbereich des Bundesministeriums der Finanzen führt die Berufsgenossenschaft Verkehrswirtschaft Post-Logistik Telekommunikation dieses Gesetz durch, soweit der Geschäftsbereich des ehemaligen Bundesministeriums für Post und Telekommunikation betroffen ist. Die Sätze 1 bis 4 gelten auch für Betriebe und Verwaltungen, die zur Bundesverwaltung gehören, für die aber eine Berufsgenossenschaft Träger der Unfallversicherung ist. Die zuständigen Bundesministerien können mit den Berufsgenossenschaften für diese Betriebe und Verwaltungen vereinbaren, daß das Gesetz von den Berufsgenossenschaften durchgeführt wird; Aufwendungen werden nicht erstattet.

§ 22 Befugnisse der zuständigen Behörden

(1) Die zuständige Behörde kann vom Arbeitgeber oder von den verantwortlichen Personen die zur Durchführung ihrer Überwachungsaufgabe erforderlichen Auskünfte und die Überlassung von entsprechenden Unterlagen verlangen. Werden Beschäftigte mehrerer Arbeitgeber an einem Arbeitsplatz tätig, kann die zuständige Behörde von den Arbeitgebern oder von den verantwortlichen Personen verlangen, dass das Ergebnis der Abstimmung über die zu treffenden Maßnahmen nach § 8 Absatz 1 schriftlich vorgelegt wird. Die auskunftspflichtige Person kann die Auskunft auf solche Fragen oder die Vorlage derjenigen Unterlagen verweigern, deren Beantwortung oder Vorlage sie selbst oder einen ihrer in § 383 Abs. 1 Nr. 1 bis 3 der Zivilprozeßordnung bezeichneten Angehörigen der Gefahr der Verfolgung wegen einer Straftat oder Ordnungswidrigkeit aussetzen würde. Die auskunftspflichtige Person ist darauf hinzuweisen.

(2) Die mit der Überwachung beauftragten Personen sind befugt, zu den Betriebs- und Arbeitszeiten Betriebsstätten, Geschäfts- und Betriebsräume zu betreten, zu besichtigen und zu prüfen sowie in die geschäftlichen Unterlagen der auskunftspflichtigen Person Einsicht zu nehmen, soweit dies zur Erfüllung ihrer Aufgaben erforderlich ist. Außerdem sind sie befugt, Betriebsanlagen, Arbeitsmittel und persönliche Schutzausrüstungen zu prüfen, Arbeitsverfahren und Arbeitsabläufe zu untersuchen, Messungen vorzunehmen und insbesondere arbeitsbedingte Gesundheitsgefahren festzustellen und zu untersuchen, auf welche Ursachen ein Arbeitsunfall, eine arbeitsbedingte Erkrankung oder ein Schadensfall zurückzuführen ist. Sie sind berechtigt, die Begleitung durch den Arbeitgeber oder eine von ihm beauftragte Person zu verlangen. Der Arbeitgeber oder die verantwortlichen Personen haben die mit der Überwachung beauftragten Personen bei der Wahrnehmung ihrer Befugnisse nach den Sätzen 1 und 2 zu unterstützen. Außerhalb der in Satz 1 genannten Zeiten dürfen die mit der Überwachung beauftragten Personen ohne Einverständnis des Arbeitgebers die Maßnahmen nach den Sätzen 1 und 2 nur treffen, soweit sie zur Verhütung dringender Gefahren für die öffentliche Sicherheit und Ordnung erforderlich sind. Wenn sich die Arbeitsstätte in einer Wohnung befindet, dürfen die mit der Überwachung beauftragten Personen die Maßnahmen nach den Sätzen 1 und 2 ohne Einverständnis der Bewohner oder Nutzungsberechtigten nur treffen, soweit sie zur Verhütung dringender Gefahren für die öffentliche Sicherheit und Ordnung erforderlich sind. Die auskunftspflichtige Person hat die Maßnahmen nach den Sätzen 1, 2, 5 und 6 zu dulden. Die Sätze 1 und 5 gelten entsprechend, wenn nicht feststeht, ob in der Arbeitsstätte Personen beschäftigt werden, jedoch Tatsachen gegeben sind, die diese Annahme rechtfertigen. Das Grundrecht der Unverletzlichkeit der Wohnung (Artikel 13 des Grundgesetzes) wird insoweit eingeschränkt.

(3) Die zuständige Behörde kann im Einzelfall anordnen,

1. welche Maßnahmen der Arbeitgeber und die verantwortlichen Personen oder die Beschäftigten zur Erfüllung der Pflichten zu treffen haben, die sich aus diesem Gesetz und den auf Grund dieses Gesetzes erlassenen Rechtsverordnungen ergeben,

2. welche Maßnahmen der Arbeitgeber und die verantwortlichen Personen zur Abwendung einer besonderen Gefahr für Leben und Gesundheit der Beschäftigten zu treffen haben.

Die zuständige Behörde hat, wenn nicht Gefahr im Verzug ist, zur Ausführung der Anordnung eine angemessene Frist zu setzen. Wird eine Anordnung nach Satz 1 nicht innerhalb einer gesetzten Frist oder eine für sofort vollziehbar erklärte Anordnung nicht sofort ausgeführt, kann die zuständige Behörde die von der Anordnung betroffene Arbeit oder die Verwendung oder den Betrieb der von der Anordnung betroffenen Arbeitsmittel untersagen. Maßnahmen der zuständigen Behörde im Bereich des öffentlichen Dienstes, die den Dienstbetrieb wesentlich beeinträchtigen, sollen im Einvernehmen mit der obersten Bundes- oder Landesbehörde oder dem Hauptverwaltungsbeamten der Gemeinde getroffen werden.

§ 23 Betriebliche Daten; Zusammenarbeit mit anderen Behörden; Jahresbericht, Bundesfachstelle

(1) Der Arbeitgeber hat der zuständigen Behörde zu einem von ihr bestimmten Zeitpunkt Mitteilungen über

1. die Zahl der Beschäftigten und derer, an die er Heimarbeit vergibt, aufgegliedert nach Geschlecht, Alter und Staatsangehörigkeit,
2. den Namen oder die Bezeichnung und Anschrift des Betriebes, in dem er sie beschäftigt,
3. seinen Namen, seine Firma und seine Anschrift sowie
4. den Wirtschaftszweig, dem sein Betrieb angehört,

zu machen. Das Bundesministerium für Arbeit und Soziales wird ermächtigt, durch Rechtsverordnung mit Zustimmung des Bundesrates zu bestimmen, daß die Stellen der Bundesverwaltung, denen der Arbeitgeber die in Satz 1 genannten Mitteilungen bereits auf Grund einer Rechtsvorschrift mitgeteilt hat, diese Angaben an die für die Behörden nach Absatz 1 zuständigen obersten Landesbehörden als Schreiben oder auf maschinell verwertbaren Datenträgern oder durch Datenübertragung weiterzuleiten haben. In der Rechtsverordnung können das Nähere über die Form der weiterzuleitenden Angaben sowie die Frist für die Weiterleitung bestimmt werden. Die weitergeleiteten Angaben dürfen nur zur Erfüllung der in der Zuständigkeit der Behörden nach § 21 Abs. 1 liegenden Arbeitsschutzaufgaben verarbeitet werden.

(2) Die mit der Überwachung beauftragten Personen dürfen die ihnen bei ihrer Überwachungstätigkeit zur Kenntnis gelangenden Geschäfts- und Betriebsgeheimnisse nur in den gesetzlich geregelten Fällen oder zur Verfolgung von Gesetzwidrigkeiten oder zur Erfüllung von gesetzlich geregelten Aufgaben zum Schutz der Versicherten dem Träger der gesetzlichen Unfallversicherung oder zum Schutz der Umwelt den dafür zuständigen Behörden offenbaren. Soweit es sich bei Geschäfts- und Betriebsgeheimnissen um Informationen über die Umwelt im Sinne des Umweltinformationsgesetzes handelt, richtet sich die Befugnis zu ihrer Offenbarung nach dem Umweltinformationsgesetz.

(3) Ergeben sich im Einzelfall für die zuständigen Behörden konkrete Anhaltspunkte für

1. eine Beschäftigung oder Tätigkeit von Ausländern ohne den erforderlichen Aufenthaltstitel nach § 4 Abs. 3 des Aufenthaltsgesetzes, eine Aufenthaltsgestattung oder eine Duldung, die zur Ausübung der Beschäftigung berechtigen, oder eine Genehmigung nach § 284 Abs. 1 des Dritten Buches Sozialgesetzbuch,
2. Verstöße gegen die Mitwirkungspflicht nach § 60 Abs. 1 Satz 1 Nr. 2 des Ersten Buches Sozialgesetzbuch gegenüber einer Dienststelle der Bundesagentur für Arbeit, einem Träger der gesetzlichen Kranken-, Pflege-, Unfall- oder Rentenversicherung oder einem Träger der Sozialhilfe oder gegen die Meldepflicht nach § 8a des Asylbewerberleistungsgesetzes,
3. Verstöße gegen das Gesetz zur Bekämpfung der Schwarzarbeit,
4. Verstöße gegen das Arbeitnehmerüberlassungsgesetz,
5. Verstöße gegen die Vorschriften des Vierten und des Siebten Buches Sozialgesetzbuch über die Verpflichtung zur Zahlung von Sozialversicherungsbeiträgen,
6. Verstöße gegen das Aufenthaltsgesetz,
7. Verstöße gegen die Steuergesetze,
8. Verstöße gegen das Gesetz zur Sicherung von Arbeitnehmerrechten in der Fleischwirtschaft,
9. Verstöße gegen Vorgaben für Pakete mit erhöhtem Gewicht nach dem Postgesetz,

unterrichten sie die für die Verfolgung und Ahndung der Verstöße nach den Nummern 1 bis 9 zuständigen Behörden, die Träger der Sozialhilfe sowie die Behörden nach § 71 des Aufenthaltsgesetzes. In den Fällen des Satzes 1 arbeiten die zuständigen Behörden insbesondere mit den Agenturen für Arbeit, den Hauptzollämtern, den Rentenversicherungsträgern, den Krankenkassen als Einzugsstellen für die Sozialversicherungsbeiträge, den Trägern der gesetzlichen Unfallversicherung, den nach Landesrecht für die Verfolgung und Ahndung von Verstößen gegen das Gesetz zur Bekämpfung der Schwarzarbeit zuständigen Behörden, den Trägern der Sozialhilfe, den in § 71 des Aufenthaltsgesetzes genannten Behörden, den Finanzbehörden und der Bundesnetzagentur für Elektrizität, Gas, Telekommunikation, Post und Eisenbahnen zusammen.

(4) Die zuständigen obersten Landesbehörden haben über die Überwachungstätigkeit der ihnen unterstellten Behörden einen Jahresbericht zu veröffentlichen. Der Jahresbericht umfaßt auch Angaben zur Erfüllung von Unterrichtungspflichten aus internationalen Übereinkommen oder Rechtsakten der Europäischen Gemeinschaften, soweit sie den Arbeitsschutz betreffen.

(5) Bei der Bundesanstalt für Arbeitsschutz und Arbeitsmedizin wird eine Bundesfachstelle für Sicherheit und Gesundheit bei der Arbeit eingerichtet. Sie hat die Aufgabe, die Jahresberichte der Länder einschließlich der Besichtigungsquote nach § 21 Absatz 1a auszuwerten und die Ergebnisse für den statistischen Bericht über den Stand von Sicherheit und Gesundheit bei der Arbeit und über das Unfall- und Berufskrankheitengeschehen in der Bundesrepublik Deutschland nach § 25 Absatz 1 des Siebten Buches Sozialgesetzbuch zusammenzufassen. Das Bundesministerium für Arbeit und Soziales kann die Arbeitsweise und das Verfahren der

Bundesfachstelle für Sicherheit und Gesundheit bei der Arbeit im Errichtungserlass der Bundesanstalt für Arbeitsschutz und Arbeitsmedizin festlegen.

§ 24 Ermächtigung zum Erlaß von allgemeinen Verwaltungsvorschriften

Die Bundesregierung kann mit Zustimmung des Bundesrates allgemeine Verwaltungsvorschriften erlassen insbesondere

1. zur Durchführung dieses Gesetzes und der auf Grund dieses Gesetzes erlassenen Rechtsverordnungen, insbesondere dazu, welche Kriterien zur Auswahl von Betrieben bei der Überwachung anzuwenden, welche Sachverhalte im Rahmen einer Betriebsbesichtigung mindestens zu prüfen und welche Ergebnisse aus der Überwachung für die Berichterstattung zu erfassen sind,
2. über die Gestaltung der Jahresberichte nach § 23 Abs. 4 und
3. über die Angaben, die die zuständigen obersten Landesbehörden dem Bundesministerium für Arbeit und Soziales für den Unfallverhütungsbericht nach § 25 Abs. 2 des Siebten Buches Sozialgesetzbuch bis zu einem bestimmten Zeitpunkt mitzuteilen haben.

§ 24a Ausschuss für Sicherheit und Gesundheit bei der Arbeit

(1) Beim Bundesministerium für Arbeit und Soziales wird ein Ausschuss für Sicherheit und Gesundheit bei der Arbeit gebildet, in dem geeignete Personen vonseiten der öffentlichen und privaten Arbeitgeber, der Gewerkschaften, der Landesbehörden, der gesetzlichen Unfallversicherung und weitere geeignete Personen, insbesondere aus der Wissenschaft, vertreten sein sollen. Dem Ausschuss sollen nicht mehr als 15 Mitglieder angehören. Für jedes Mitglied ist ein stellvertretendes Mitglied zu benennen. Die Mitgliedschaft im Ausschuss ist ehrenamtlich. Ein Mitglied oder ein stellvertretendes Mitglied aus den anderen Ausschüssen beim Bundesministerium für Arbeit und Soziales nach § 18 Absatz 2 Nummer 5 soll dauerhaft als Gast im Ausschuss für Sicherheit und Gesundheit bei der Arbeit vertreten sein.

(2) Das Bundesministerium für Arbeit und Soziales beruft die Mitglieder des Ausschusses für Sicherheit und Gesundheit bei der Arbeit und die stellvertretenden Mitglieder. Der Ausschuss gibt sich eine Geschäftsordnung und wählt die Vorsitzende oder den Vorsitzenden aus seiner Mitte. Die Geschäftsordnung und die Wahl der oder des Vorsitzenden bedürfen der Zustimmung des Bundesministeriums für Arbeit und Soziales.

(3) Zu den Aufgaben des Ausschusses für Sicherheit und Gesundheit bei der Arbeit gehört es, soweit hierfür kein anderer Ausschuss beim Bundesministerium für Arbeit und Soziales nach § 18 Absatz 2 Nummer 5 zuständig ist,

1. den Stand von Technik, Arbeitsmedizin und Hygiene sowie sonstige gesicherte arbeitswissenschaftliche Erkenntnisse für die Sicherheit und Gesundheit der Beschäftigten zu ermitteln,
2. Regeln und Erkenntnisse zu ermitteln, wie die in diesem Gesetz gestellten Anforderungen erfüllt werden können,
3. Empfehlungen zu Sicherheit und Gesundheit bei der Arbeit aufzustellen,

4. das Bundesministerium für Arbeit und Soziales in allen Fragen des Arbeitsschutzes zu beraten.

Das Arbeitsprogramm des Ausschusses für Sicherheit und Gesundheit bei der Arbeit wird mit dem Bundesministerium für Arbeit und Soziales abgestimmt. Der Ausschuss arbeitet eng mit den anderen Ausschüssen beim Bundesministerium für Arbeit und Soziales nach § 18 Absatz 2 Nummer 5 zusammen.

(4) Das Bundesministerium für Arbeit und Soziales kann die vom Ausschuss für Sicherheit und Gesundheit bei der Arbeit ermittelten Regeln und Erkenntnisse im Gemeinsamen Ministerialblatt bekannt geben und die Empfehlungen veröffentlichen. Der Arbeitgeber hat die bekannt gegebenen Regeln und Erkenntnisse zu berücksichtigen. Bei Einhaltung dieser Regeln und bei Beachtung dieser Erkenntnisse ist davon auszugehen, dass die in diesem Gesetz gestellten Anforderungen erfüllt sind, soweit diese von der betreffenden Regel abgedeckt sind. Die Anforderungen aus Rechtsverordnungen nach § 18 und dazu bekannt gegebene Regeln und Erkenntnisse bleiben unberührt.

(5) Die Bundesministerien sowie die obersten Landesbehörden können zu den Sitzungen des Ausschusses für Sicherheit und Gesundheit bei der Arbeit Vertreterinnen oder Vertreter entsenden. Auf Verlangen ist ihnen in der Sitzung das Wort zu erteilen.

(6) Die Geschäfte des Ausschusses für Sicherheit und Gesundheit bei der Arbeit führt die Bundesanstalt für Arbeitsschutz und Arbeitsmedizin.

§ 25 Bußgeldvorschriften

(1) Ordnungswidrig handelt, wer vorsätzlich oder fahrlässig

1. einer Rechtsverordnung nach § 18 Abs. 1 oder § 19 zuwiderhandelt, soweit sie für einen bestimmten Tatbestand auf diese Bußgeldvorschrift verweist oder
2.
   a) als Arbeitgeber oder als verantwortliche Person einer vollziehbaren Anordnung nach § 22 Abs. 3 oder
   b) als Beschäftigter einer vollziehbaren Anordnung nach § 22 Abs. 3 Satz 1 Nr. 1 zuwiderhandelt.

(2) Die Ordnungswidrigkeit kann in den Fällen des Absatzes 1 Nr. 1 und 2 Buchstabe b mit einer Geldbuße bis zu fünftausend Euro, in den Fällen des Absatzes 1 Nr. 2 Buchstabe a mit einer Geldbuße bis zu dreißigtausend Euro geahndet werden.

§ 26 Strafvorschriften

Mit Freiheitsstrafe bis zu einem Jahr oder mit Geldstrafe wird bestraft, wer

1. eine in § 25 Abs. 1 Nr. 2 Buchstabe a bezeichnete Handlung beharrlich wiederholt oder
2. durch eine in § 25 Abs. 1 Nr. 1 oder Nr. 2 Buchstabe a bezeichnete vorsätzliche Handlung Leben oder Gesundheit eines Beschäftigten gefährdet.

Gesetz über Betriebsärzte, Sicherheitsingenieure und andere Fachkräfte für Arbeitssicherheit (Arbeitssicherheitsgesetz – ASiG)

In der Fassung vom 12.12.1973 (BGBl. I S. 1885n), zuletzt geändert durch Gesetz zur Umsetzung des Seearbeitsübereinkommens 2006 der Internationalen Arbeitsorganisation vom 20.04.2013 (BGBl. I S. 868)

Erster Abschnitt

§ 1 Grundsatz

Der Arbeitgeber hat nach Maßgabe dieses Gesetzes Betriebsärzte und Fachkräfte für Arbeitssicherheit zu bestellen. Diese sollen ihn beim Arbeitsschutz und bei der Unfallverhütung unterstützen. Damit soll erreicht werden, daß

1. die dem Arbeitsschutz und der Unfallverhütung dienenden Vorschriften den besonderen Betriebsverhältnissen entsprechend angewandt werden,
2. gesicherte arbeitsmedizinische und sicherheitstechnische Erkenntnisse zur Verbesserung des Arbeitsschutzes und der Unfallverhütung verwirklicht werden können,
3. die dem Arbeitsschutz und der Unfallverhütung dienenden Maßnahmen einen möglichst hohen Wirkungsgrad erreichen.

Zweiter Abschnitt
Betriebsärzte

§ 2 Bestellung von Betriebsärzten

(1) Der Arbeitgeber hat Betriebsärzte schriftlich zu bestellen und ihnen die in § 3 genannten Aufgaben zu übertragen, soweit dies erforderlich ist im Hinblick auf

1. die Betriebsart und die damit für die Arbeitnehmer verbundenen Unfall- und Gesundheitsgefahren,
2. die Zahl der beschäftigten Arbeitnehmer und die Zusammensetzung der Arbeitnehmerschaft und
3. die Betriebsorganisation, insbesondere im Hinblick auf die Zahl und die Art der für den Arbeitsschutz und die Unfallverhütung verantwortlichen Personen.

(2) Der Arbeitgeber hat dafür zu sorgen, daß die von ihm bestellten Betriebsärzte ihre Aufgaben erfüllen. Er hat sie bei der Erfüllung ihrer Aufgaben zu unterstützen; insbesondere ist er verpflichtet, ihnen, soweit dies zur Erfüllung ihrer Aufgaben erforderlich ist, Hilfspersonal sowie Räume, Einrichtungen, Geräte und Mittel zur

Verfügung zu stellen. Er hat sie über den Einsatz von Personen zu unterrichten, die mit einem befristeten Arbeitsvertrag beschäftigt oder ihm zur Arbeitsleistung überlassen sind.
(3) Der Arbeitgeber hat den Betriebsärzten die zur Erfüllung ihrer Aufgaben erforderliche Fortbildung unter Berücksichtigung der betrieblichen Belange zu ermöglichen. Ist der Betriebsarzt als Arbeitnehmer eingestellt, so ist er für die Zeit der Fortbildung unter Fortentrichtung der Arbeitsvergütung von der Arbeit freizustellen. Die Kosten der Fortbildung trägt der Arbeitgeber. Ist der Betriebsarzt nicht als Arbeitnehmer eingestellt, so ist er für die Zeit der Fortbildung von der Erfüllung der ihm übertragenen Aufgaben freizustellen.

§ 3 Aufgaben der Betriebsärzte

(1) Die Betriebsärzte haben die Aufgabe, den Arbeitgeber beim Arbeitsschutz und bei der Unfallverhütung in allen Fragen des Gesundheitsschutzes zu unterstützen. Sie haben insbesondere
1. den Arbeitgeber und die sonst für den Arbeitsschutz und die Unfallverhütung verantwortlichen Personen zu beraten, insbesondere bei
   a) der Planung, Ausführung und Unterhaltung von Betriebsanlagen und von sozialen und sanitären Einrichtungen,
   b) der Beschaffung von technischen Arbeitsmitteln und der Einführung von Arbeitsverfahren und Arbeitsstoffen,
   c) der Auswahl und Erprobung von Körperschutzmitteln,
   d) arbeitsphysiologischen, arbeitspsychologischen und sonstigen ergonomischen sowie arbeitshygienischen Fragen, insbesondere
      des Arbeitsrhythmus, der Arbeitszeit und der Pausenregelung,
      der Gestaltung der Arbeitsplätze, des Arbeitsablaufs und der Arbeitsumgebung,
   e) der Organisation der »Ersten Hilfe« im Betrieb,
   f) Fragen des Arbeitsplatzwechsels sowie der Eingliederung und Wiedereingliederung Behinderter in den Arbeitsprozeß,
   g) der Beurteilung der Arbeitsbedingungen,
2. die Arbeitnehmer zu untersuchen, arbeitsmedizinisch zu beurteilen und zu beraten sowie die Untersuchungsergebnisse zu erfassen und auszuwerten,
3. die Durchführung des Arbeitsschutzes und der Unfallverhütung zu beobachten und im Zusammenhang damit
   a) die Arbeitsstätten in regelmäßigen Abständen zu begehen und festgestellte Mängel dem Arbeitgeber oder der sonst für den Arbeitsschutz und die Unfallverhütung verantwortlichen Person mitzuteilen, Maßnahmen zur Beseitigung dieser Mängel vorzuschlagen und auf deren Durchführung hinzuwirken,
   b) auf die Benutzung der Körperschutzmittel zu achten,
   c) Ursachen von arbeitsbedingten Erkrankungen zu untersuchen, die Untersuchungsergebnisse zu erfassen und auszuwerten und dem Arbeitgeber Maßnahmen zur Verhütung dieser Erkrankungen vorzuschlagen,

4. darauf hinzuwirken, daß sich alle im Betrieb Beschäftigten den Anforderungen des Arbeitsschutzes und der Unfallverhütung entsprechend verhalten, insbesondere sie über die Unfall- und Gesundheitsgefahren, denen sie bei der Arbeit ausgesetzt sind, sowie über die Einrichtungen und Maßnahmen zur Abwendung dieser Gefahren zu belehren und bei der Einsatzplanung und Schulung der Helfer in »Erster Hilfe« und des medizinischen Hilfspersonals mitzuwirken.

(2) Die Betriebsärzte haben auf Wunsch des Arbeitnehmers diesem das Ergebnis arbeitsmedizinischer Untersuchungen mitzuteilen; § 8 Abs. 1 Satz 3 bleibt unberührt.

(3) Zu den Aufgaben der Betriebsärzte gehört es nicht, Krankmeldungen der Arbeitnehmer auf ihre Berechtigung zu überprüfen.

§ 4 Anforderungen an Betriebsärzte

Der Arbeitgeber darf als Betriebsärzte nur Personen bestellen, die berechtigt sind, den ärztlichen Beruf auszuüben, und die über die zur Erfüllung der ihnen übertragenen Aufgaben erforderliche arbeitsmedizinische Fachkunde verfügen.

Dritter Abschnitt
Fachkräfte für Arbeitssicherheit

§ 5 Bestellung von Fachkräften für Arbeitssicherheit

(1) Der Arbeitgeber hat Fachkräfte für Arbeitssicherheit (Sicherheitsingenieure, -techniker, -meister) schriftlich zu bestellen und ihnen die in § 6 genannten Aufgaben zu übertragen, soweit dies erforderlich ist im Hinblick auf

1. die Betriebsart und die damit für die Arbeitnehmer verbundenen Unfall- und Gesundheitsgefahren,
2. die Zahl der beschäftigten Arbeitnehmer und die Zusammensetzung der Arbeitnehmerschaft,
3. die Betriebsorganisation, insbesondere im Hinblick auf die Zahl und Art der für den Arbeitsschutz und die Unfallverhütung verantwortlichen Personen,
4. die Kenntnisse und die Schulung des Arbeitgebers oder der nach § 13 Abs. 1 Nr. 1, 2 oder 3 des Arbeitsschutzgesetzes verantwortlichen Personen in Fragen des Arbeitsschutzes.

(2) Der Arbeitgeber hat dafür zu sorgen, daß die von ihm bestellten Fachkräfte für Arbeitssicherheit ihre Aufgaben erfüllen. Er hat sie bei der Erfüllung ihrer Aufgaben zu unterstützen; insbesondere ist er verpflichtet, ihnen, soweit dies zur Erfüllung ihrer Aufgaben erforderlich ist, Hilfspersonal sowie Räume, Einrichtungen, Geräte und Mittel zur Verfügung zu stellen. Er hat sie über den Einsatz von Personen zu unterrichten, die mit einem befristeten Arbeitsvertrag beschäftigt oder ihm zur Arbeitsleistung überlassen sind.

(3) Der Arbeitgeber hat den Fachkräften für Arbeitssicherheit die zur Erfüllung ihrer Aufgaben erforderliche Fortbildung unter Berücksichtigung der betrieblichen

Belange zu ermöglichen. Ist die Fachkraft für Arbeitssicherheit als Arbeitnehmer eingestellt, so ist sie für die Zeit der Fortbildung unter Fortentrichtung der Arbeitsvergütung von der Arbeit freizustellen. Die Kosten der Fortbildung trägt der Arbeitgeber. Ist die Fachkraft für Arbeitssicherheit nicht als Arbeitnehmer eingestellt, so ist sie für die Zeit der Fortbildung von der Erfüllung der ihr übertragenen Aufgaben freizustellen.

§ 6 Aufgaben der Fachkräfte für Arbeitssicherheit

Die Fachkräfte für Arbeitssicherheit haben die Aufgabe, den Arbeitgeber beim Arbeitsschutz und bei der Unfallverhütung in allen Fragen der Arbeitssicherheit einschließlich der menschengerechten Gestaltung der Arbeit zu unterstützen. Sie haben insbesondere

1. den Arbeitgeber und die sonst für den Arbeitsschutz und die Unfallverhütung verantwortlichen Personen zu beraten, insbesondere bei
   a) der Planung, Ausführung und Unterhaltung von Betriebsanlagen und von sozialen und sanitären Einrichtungen,
   b) der Beschaffung von technischen Arbeitsmitteln und der Einführung von Arbeitsverfahren und Arbeitsstoffen,
   c) der Auswahl und Erprobung von Körperschutzmitteln,
   d) der Gestaltung der Arbeitsplätze, des Arbeitsablaufs, der Arbeitsumgebung und in sonstigen Fragen der Ergonomie,
   e) der Beurteilung der Arbeitsbedingungen,
2. die Betriebsanlagen und die technischen Arbeitsmittel, insbesondere vor der Inbetriebnahme und Arbeitsverfahren, insbesondere vor ihrer Einführung sicherheitstechnisch zu überprüfen,
3. die Durchführung des Arbeitsschutzes und der Unfallverhütung zu beobachten und im Zusammenhang damit
   a) die Arbeitsstätten in regelmäßigen Abständen zu begehen und festgestellte Mängel dem Arbeitgeber oder der sonst für den Arbeitsschutz und die Unfallverhütung verantwortlichen Person mitzuteilen, Maßnahmen zur Beseitigung dieser Mängel vorzuschlagen und auf deren Durchführung hinzuwirken,
   b) auf die Benutzung der Körperschutzmittel zu achten,
   c) Ursachen von Arbeitsunfällen zu untersuchen, die Untersuchungsergebnisse zu erfassen und auszuwerten und dem Arbeitgeber Maßnahmen zur Verhütung dieser Arbeitsunfälle vorzuschlagen,
4. darauf hinzuwirken, daß sich alle im Betrieb Beschäftigten den Anforderungen des Arbeitsschutzes und der Unfallverhütung entsprechend verhalten, insbesondere sie über die Unfall- und Gesundheitsgefahren, denen sie bei der Arbeit ausgesetzt sind, sowie über die Einrichtungen und Maßnahmen zur Abwendung dieser Gefahren zu belehren und bei der Schulung der Sicherheitsbeauftragten mitzuwirken.

§ 7 Anforderungen an Fachkräfte für Arbeitssicherheit

(1) Der Arbeitgeber darf als Fachkräfte für Arbeitssicherheit nur Personen bestellen, die den nachstehenden Anforderungen genügen: Der Sicherheitsingenieur muß berechtigt sein, die Berufsbezeichnung Ingenieur zu führen und über die zur Erfüllung der ihm übertragenen Aufgaben erforderliche sicherheitstechnische Fachkunde verfügen. Der Sicherheitstechniker oder -meister muß über die zur Erfüllung der ihm übertragenen Aufgaben erforderliche sicherheitstechnische Fachkunde verfügen.
(2) Die zuständige Behörde kann es im Einzelfall zulassen, daß an Stelle eines Sicherheitsingenieurs, der berechtigt ist, die Berufsbezeichnung Ingenieur zu führen, jemand bestellt werden darf, der zur Erfüllung der sich aus § 6 ergebenden Aufgaben über entsprechende Fachkenntnisse verfügt.

Vierter Abschnitt
Gemeinsame Vorschriften

§ 8 Unabhängigkeit bei der Anwendung der Fachkunde

(1) Betriebsärzte und Fachkräfte für Arbeitssicherheit sind bei der Anwendung ihrer arbeitsmedizinischen und sicherheitstechnischen Fachkunde weisungsfrei. Sie dürfen wegen der Erfüllung der ihnen übertragenen Aufgaben nicht benachteiligt werden. Betriebsärzte sind nur ihrem ärztlichen Gewissen unterworfen und haben die Regeln der ärztlichen Schweigepflicht zu beachten.
(2) Betriebsärzte und Fachkräfte für Arbeitssicherheit oder, wenn für einen Betrieb mehrere Betriebsärzte oder Fachkräfte für Arbeitssicherheit bestellt sind, der leitende Betriebsarzt und die leitende Fachkraft für Arbeitssicherheit, unterstehen unmittelbar dem Leiter des Betriebes.
(3) Können sich Betriebsärzte oder Fachkräfte für Arbeitssicherheit über eine von ihnen vorgeschlagene arbeitsmedizinische oder sicherheitstechnische Maßnahme mit dem Leiter des Betriebs nicht verständigen, so können sie ihren Vorschlag unmittelbar dem Arbeitgeber und, wenn dieser eine juristische Person ist, dem zuständigen Mitglied des zur gesetzlichen Vertretung berufenen Organs unterbreiten. Ist für einen Betrieb oder ein Unternehmen ein leitender Betriebsarzt oder eine leitende Fachkraft für Arbeitssicherheit bestellt, steht diesem das Vorschlagsrecht nach Satz 1 zu. Lehnt der Arbeitgeber oder das zuständige Mitglied des zur gesetzlichen Vertretung berufenen Organs den Vorschlag ab, so ist dies den Vorschlagenden schriftlich mitzuteilen und zu begründen; der Betriebsrat erhält eine Abschrift.

§ 9 Zusammenarbeit mit dem Betriebsrat

(1) Die Betriebsärzte und die Fachkräfte für Arbeitssicherheit haben bei der Erfüllung ihrer Aufgaben mit dem Betriebsrat zusammenzuarbeiten.
(2) Die Betriebsärzte und die Fachkräfte für Arbeitssicherheit haben den Betriebsrat über wichtige Angelegenheiten des Arbeitsschutzes und der Unfallverhütung zu

unterrichten; sie haben ihm den Inhalt eines Vorschlages mitzuteilen, den sie nach § 8 Abs. 3 dem Arbeitgeber machen. Sie haben den Betriebsrat auf sein Verlangen in Angelegenheiten des Arbeitsschutzes und der Unfallverhütung zu beraten.
(3) Die Betriebsärzte und Fachkräfte für Arbeitssicherheit sind mit Zustimmung des Betriebsrats zu bestellen und abzuberufen. Das gleiche gilt, wenn deren Aufgaben erweitert oder eingeschränkt werden sollen; im übrigen gilt § 87 in Verbindung mit § 76 des Betriebsverfassungsgesetzes. Vor der Verpflichtung oder Entpflichtung eines freiberuflich tätigen Arztes, einer freiberuflich tätigen Fachkraft für Arbeitssicherheit oder eines überbetrieblichen Dienstes ist der Betriebsrat zu hören.

§ 10 Zusammenarbeit der Betriebsärzte und der Fachkräfte für Arbeitssicherheit

Die Betriebsärzte und die Fachkräfte für Arbeitssicherheit haben bei der Erfüllung ihrer Aufgaben zusammenzuarbeiten. Dazu gehört es insbesondere, gemeinsame Betriebsbegehungen vorzunehmen. Die Betriebsärzte und die Fachkräfte für Arbeitssicherheit arbeiten bei der Erfüllung ihrer Aufgaben mit den anderen im Betrieb für Angelegenheiten der technischen Sicherheit, des Gesundheits- und des Umweltschutzes beauftragten Personen zusammen.

§ 11 Arbeitsschutzausschuß

Soweit in einer sonstigen Rechtsvorschrift nichts anderes bestimmt ist, hat der Arbeitgeber in Betrieben mit mehr als zwanzig Beschäftigten einen Arbeitsschutzausschuß zu bilden; bei der Feststellung der Zahl der Beschäftigten sind Teilzeitbeschäftigte mit einer regelmäßigen wöchentlichen Arbeitszeit von nicht mehr als 20 Stunden mit 0,5 und nicht mehr als 30 Stunden mit 0,75 zu berücksichtigen. Dieser Ausschuß setzt sich zusammen aus:

dem Arbeitgeber oder einem von ihm Beauftragten,
zwei vom Betriebsrat bestimmten Betriebsratsmitgliedern,
Betriebsärzten,
Fachkräften für Arbeitssicherheit und
Sicherheitsbeauftragten nach § 22 des Siebten Buches Sozialgesetzbuch.

Der Arbeitsschutzausschuß hat die Aufgabe, Anliegen des Arbeitsschutzes und der Unfallverhütung zu beraten. Der Arbeitsschutzausschuß tritt mindestens einmal vierteljährlich zusammen.

§ 12 Behördliche Anordnungen

(1) Die zuständige Behörde kann im Einzelfall anordnen, welche Maßnahmen der Arbeitgeber zur Erfüllung der sich aus diesem Gesetz und den die gesetzlichen Pflichten näher bestimmenden Rechtsverordnungen und Unfallverhütungsvorschriften ergebenden Pflichten, insbesondere hinsichtlich der Bestellung von Betriebsärzten und Fachkräften für Arbeitssicherheit, zu treffen hat.
(2) Die zuständige Behörde hat, bevor sie eine Anordnung trifft,

1. den Arbeitgeber und den Betriebsrat zu hören und mit ihnen zu erörtern, welche Maßnahmen angebracht erscheinen und
2. dem zuständigen Träger der gesetzlichen Unfallversicherung Gelegenheit zu geben, an der Erörterung mit dem Arbeitgeber teilzunehmen und zu der von der Behörde in Aussicht genommenen Anordnung Stellung zu nehmen.

(3) Die zuständige Behörde hat dem Arbeitgeber zur Ausführung der Anordnung eine angemessene Frist zu setzen.

(4) Die zuständige Behörde hat den Betriebsrat über eine gegenüber dem Arbeitgeber getroffene Anordnung schriftlich in Kenntnis zu setzen.

§ 13 Auskunfts- und Besichtigungsrechte

(1) Der Arbeitgeber hat der zuständigen Behörde auf deren Verlangen die zur Durchführung des Gesetzes erforderlichen Auskünfte zu erteilen. Er kann die Auskunft auf solche Fragen verweigern, deren Beantwortung ihn selbst oder einen der in § 383 Abs. 1 Nr. 1 bis 3 der Zivilprozeßordnung bezeichneten Angehörigen der Gefahr strafgerichtlicher Verfolgung oder eines Verfahrens nach dem Gesetz über Ordnungswidrigkeiten aussetzen würde.

(2) Die Beauftragten der zuständigen Behörde sind berechtigt, die Arbeitsstätten während der üblichen Betriebs- und Arbeitszeit zu betreten und zu besichtigen; außerhalb dieser Zeit oder wenn sich die Arbeitsstätten in einer Wohnung befinden, dürfen sie nur zur Verhütung von dringenden Gefahren für die öffentliche Sicherheit und Ordnung betreten und besichtigt werden. Das Grundrecht der Unverletzlichkeit der Wohnung (Artikel 13 des Grundgesetzes) wird insoweit eingeschränkt.

§ 14 Ermächtigung zum Erlaß von Rechtsverordnungen

Das Bundesministerium für Arbeit und Soziales kann mit Zustimmung des Bundesrates durch Rechtsverordnung bestimmen, welche Maßnahmen der Arbeitgeber zur Erfüllung der sich aus diesem Gesetz ergebenden Pflichten zu treffen hat. Soweit die Träger der gesetzlichen Unfallversicherung ermächtigt sind, die gesetzlichen Pflichten durch Unfallverhütungsvorschriften näher zu bestimmen, macht das Bundesministerium für Arbeit und Soziales von der Ermächtigung erst Gebrauch, nachdem innerhalb einer von ihm gesetzten angemessenen Frist der Träger der gesetzlichen Unfallversicherung eine entsprechende Unfallverhütungsvorschrift nicht erlassen hat oder eine unzureichend gewordene Unfallverhütungsvorschrift nicht ändert.

§ 15 Ermächtigung zum Erlaß von allgemeinen Verwaltungsvorschriften

Das Bundesministerium für Arbeit und Soziales erläßt mit Zustimmung des Bundesrates allgemeine Verwaltungsvorschriften zu diesem Gesetz und den aufgrund des Gesetzes erlassenen Rechtsverordnungen.

§ 16 Öffentliche Verwaltung

In Verwaltungen und Betrieben des Bundes, der Länder, der Gemeinden und der sonstigen Körperschaften, Anstalten und Stiftungen des öffentlichen Rechts ist ein den Grundsätzen dieses Gesetzes gleichwertiger arbeitsmedizinischer und sicherheitstechnischer Arbeitsschutz zu gewährleisten.

§ 17 Nichtanwendung des Gesetzes

(1) Dieses Gesetz ist nicht anzuwenden, soweit Arbeitnehmer im Haushalt beschäftigt werden.
(2) Soweit im Seearbeitsgesetz und in anderen Vorschriften im Bereich der Seeschifffahrt gleichwertige Regelungen enthalten sind, gelten diese Regelungen für die Besatzungsmitglieder auf Kauffahrteischiffen unter deutscher Flagge. Soweit dieses Gesetz auf die Seeschifffahrt nicht anwendbar ist, wird das Nähere durch Rechtsverordnung geregelt.
(3) Soweit das Bergrecht diesem Gesetz gleichwertige Regelungen enthält, gelten diese Regelungen. Im übrigen gilt dieses Gesetz.

§ 18 Ausnahmen

Die zuständige Behörde kann dem Arbeitgeber gestatten, auch solche Betriebsärzte und Fachkräfte für Arbeitssicherheit zu bestellen, die noch nicht über die erforderliche Fachkunde im Sinne des § 4 oder § 7 verfügen, wenn der Arbeitgeber sich verpflichtet, in einer festzulegenden Frist den Betriebsarzt oder die Fachkraft für Arbeitssicherheit entsprechend fortbilden zu lassen.

§ 19 Überbetriebliche Dienste

Die Verpflichtung des Arbeitgebers, Betriebsärzte und Fachkräfte für Arbeitssicherheit zu bestellen, kann auch dadurch erfüllt werden, daß der Arbeitgeber einen überbetrieblichen Dienst von Betriebsärzten oder Fachkräften für Arbeitssicherheit zur Wahrnehmung der Aufgaben nach § 3 oder § 6 verpflichtet.

§ 20 Ordnungswidrigkeiten

(1) Ordnungswidrig handelt, wer vorsätzlich oder fahrlässig
1. einer vollziehbaren Anordnung nach § 12 Abs. 1 zuwiderhandelt,
2. entgegen § 13 Abs. 1 Satz 1 eine Auskunft nicht, nicht richtig oder nicht vollständig erteilt oder
3. entgegen § 13 Abs. 2 Satz 1 eine Besichtigung nicht duldet.

(2) Eine Ordnungswidrigkeit nach Absatz 1 Nr. 1 kann mit einer Geldbuße bis zu fünfundzwanzigtausend Euro, eine Ordnungswidrigkeit nach Absatz 1 Nr. 2 und 3 mit einer Geldbuße bis zu fünfhundert Euro geahndet werden.

§ 21 Änderung der Reichsversicherungsordnung

(hier nicht aufgenommen)

§ 22 (gegenstandslos)

§ 23 Inkrafttreten

(1) Dieses Gesetz, ausgenommen § 14 und § 21, tritt am ersten Tage des auf die Verkündung folgenden zwölften Kalendermonats in Kraft. § 14 und § 21 treten am Tage nach der Verkündung des Gesetzes in Kraft.

(2) § 6 Abs. 3 Satz 2 und § 7 des Berliner Gesetzes über die Durchführung des Arbeitsschutzes vom 9. August 1949 (VOBl. I S. 265), zuletzt geändert durch Artikel LVIII des Gesetzes vom 6. März 1970 (GVBl. S. 474), treten außer Kraft. Im übrigen bleibt das Gesetz unberührt.

Arbeitszeitgesetz (ArbZG)

In der Fassung vom 06.06.1994 (BGBl. I S. 1170), zuletzt geändert durch Viertes Gesetz zur Entlastung der Bürgerinnen und Bürger, der Wirtschaft sowie der Verwaltung von Bürokratie vom 23.10.2024 (BGBl. I Nr. 323)

Erster Abschnitt
Allgemeine Vorschriften

§ 1 Zweck des Gesetzes

Zweck des Gesetzes ist es,

1. die Sicherheit und den Gesundheitsschutz der Arbeitnehmer in der Bundesrepublik Deutschland und in der ausschließlichen Wirtschaftszone bei der Arbeitszeitgestaltung zu gewährleisten und die Rahmenbedingungen für flexible Arbeitszeiten zu verbessern sowie
2. den Sonntag und die staatlich anerkannten Feiertage als Tage der Arbeitsruhe und der seelischen Erhebung der Arbeitnehmer zu schützen.

§ 2 Begriffsbestimmungen

(1) Arbeitszeit im Sinne dieses Gesetzes ist die Zeit vom Beginn bis zum Ende der Arbeit ohne die Ruhepausen; Arbeitszeiten bei mehreren Arbeitgebern sind zusammenzurechnen. Im Bergbau unter Tage zählen die Ruhepausen zur Arbeitszeit.
(2) Arbeitnehmer im Sinne dieses Gesetzes sind Arbeiter und Angestellte sowie die zu ihrer Berufsbildung Beschäftigten.
(3) Nachtzeit im Sinne dieses Gesetzes ist die Zeit von 23 bis 6 Uhr, in Bäckereien und Konditoreien die Zeit von 22 bis 5 Uhr.
(4) Nachtarbeit im Sinne dieses Gesetzes ist jede Arbeit, die mehr als zwei Stunden der Nachtzeit umfaßt.
(5) Nachtarbeitnehmer im Sinne dieses Gesetzes sind Arbeitnehmer, die

1. auf Grund ihrer Arbeitszeitgestaltung normalerweise Nachtarbeit in Wechselschicht zu leisten haben oder
2. Nachtarbeit an mindestens 48 Tagen im Kalenderjahr leisten.

Zweiter Abschnitt
Werktägliche Arbeitszeit und arbeitsfreie Zeiten

§ 3 Arbeitszeit der Arbeitnehmer

Die werktägliche Arbeitszeit der Arbeitnehmer darf acht Stunden nicht überschreiten. Sie kann auf bis zu zehn Stunden nur verlängert werden, wenn innerhalb von sechs Kalendermonaten oder innerhalb von 24 Wochen im Durchschnitt acht Stunden werktäglich nicht überschritten werden.

§ 4 Ruhepausen

Die Arbeit ist durch im voraus feststehende Ruhepausen von mindestens 30 Minuten bei einer Arbeitszeit von mehr als sechs bis zu neun Stunden und 45 Minuten bei einer Arbeitszeit von mehr als neun Stunden insgesamt zu unterbrechen. Die Ruhepausen nach Satz 1 können in Zeitabschnitte von jeweils mindestens 15 Minuten aufgeteilt werden. Länger als sechs Stunden hintereinander dürfen Arbeitnehmer nicht ohne Ruhepause beschäftigt werden.

§ 5 Ruhezeit

(1) Die Arbeitnehmer müssen nach Beendigung der täglichen Arbeitszeit eine ununterbrochene Ruhezeit von mindestens elf Stunden haben.
(2) Die Dauer der Ruhezeit des Absatzes 1 kann in Krankenhäusern und anderen Einrichtungen zur Behandlung, Pflege und Betreuung von Personen, in Gaststätten und anderen Einrichtungen zur Bewirtung und Beherbergung, in Verkehrsbetrieben, beim Rundfunk sowie in der Landwirtschaft und in der Tierhaltung um bis zu eine Stunde verkürzt werden, wenn jede Verkürzung der Ruhezeit innerhalb eines Kalendermonats oder innerhalb von vier Wochen durch Verlängerung einer anderen Ruhezeit auf mindestens zwölf Stunden ausgeglichen wird.
(3) Abweichend von Absatz 1 können in Krankenhäusern und anderen Einrichtungen zur Behandlung, Pflege und Betreuung von Personen Kürzungen der Ruhezeit durch Inanspruchnahme während der Rufbereitschaft, die nicht mehr als die Hälfte der Ruhezeit betragen, zu anderen Zeiten ausgeglichen werden.

§ 6 Nacht- und Schichtarbeit

(1) Die Arbeitszeit der Nacht- und Schichtarbeitnehmer ist nach den gesicherten arbeitswissenschaftlichen Erkenntnissen über die menschengerechte Gestaltung der Arbeit festzulegen.
(2) Die werktägliche Arbeitszeit der Nachtarbeitnehmer darf acht Stunden nicht überschreiten. Sie kann auf bis zu zehn Stunden nur verlängert werden, wenn abweichend von § 3 innerhalb von einem Kalendermonat oder innerhalb von vier Wochen im Durchschnitt acht Stunden werktäglich nicht überschritten werden. Für Zeiträume, in denen Nachtarbeitnehmer im Sinne des § 2 Abs. 5 Nr. 2 nicht zur Nachtarbeit herangezogen werden, findet § 3 Satz 2 Anwendung.

(3) Nachtarbeitnehmer sind berechtigt, sich vor Beginn der Beschäftigung und danach in regelmäßigen Zeitabständen von nicht weniger als drei Jahren arbeitsmedizinisch untersuchen zu lassen. Nach Vollendung des 50. Lebensjahres steht Nachtarbeitnehmern dieses Recht in Zeitabständen von einem Jahr zu. Die Kosten der Untersuchungen hat der Arbeitgeber zu tragen, sofern er die Untersuchungen den Nachtarbeitnehmern nicht kostenlos durch einen Betriebsarzt oder einen überbetrieblichen Dienst von Betriebsärzten anbietet.
(4) Der Arbeitgeber hat den Nachtarbeitnehmer auf dessen Verlangen auf einen für ihn geeigneten Tagesarbeitsplatz umzusetzen, wenn
a) nach arbeitsmedizinischer Feststellung die weitere Verrichtung von Nachtarbeit den Arbeitnehmer in seiner Gesundheit gefährdet oder
b) im Haushalt des Arbeitnehmers ein Kind unter zwölf Jahren lebt, das nicht von einer anderen im Haushalt lebenden Person betreut werden kann, oder
c) der Arbeitnehmer einen schwerpflegebedürftigen Angehörigen zu versorgen hat, der nicht von einem anderen im Haushalt lebenden Angehörigen versorgt werden kann,

sofern dem nicht dringende betriebliche Erfordernisse entgegenstehen. Stehen der Umsetzung des Nachtarbeitnehmers auf einen für ihn geeigneten Tagesarbeitsplatz nach Auffassung des Arbeitgebers dringende betriebliche Erfordernisse entgegen, so ist der Betriebs- oder Personalrat zu hören. Der Betriebs- oder Personalrat kann dem Arbeitgeber Vorschläge für eine Umsetzung unterbreiten.
(5) Soweit keine tarifvertraglichen Ausgleichsregelungen bestehen, hat der Arbeitgeber dem Nachtarbeitnehmer für die während der Nachtzeit geleisteten Arbeitsstunden eine angemessene Zahl bezahlter freier Tage oder einen angemessenen Zuschlag auf das ihm hierfür zustehende Bruttoarbeitsentgelt zu gewähren.
(6) Es ist sicherzustellen, daß Nachtarbeitnehmer den gleichen Zugang zur betrieblichen Weiterbildung und zu aufstiegsfördernden Maßnahmen haben wie die übrigen Arbeitnehmer.

§ 7 Abweichende Regelungen

(1) In einem Tarifvertrag oder auf Grund eines Tarifvertrags in einer Betriebs- oder Dienstvereinbarung kann zugelassen werden,

1. abweichend von § 3
   a) die Arbeitszeit über zehn Stunden werktäglich zu verlängern, wenn in die Arbeitszeit regelmäßig und in erheblichem Umfang Arbeitsbereitschaft oder Bereitschaftsdienst fällt,
   b) einen anderen Ausgleichszeitraum festzulegen,
2. abweichend von § 4 Satz 2 die Gesamtdauer der Ruhepausen in Schichtbetrieben und Verkehrsbetrieben auf Kurzpausen von angemessener Dauer aufzuteilen,
3. abweichend von § 5 Abs. 1 die Ruhezeit um bis zu zwei Stunden zu kürzen, wenn die Art der Arbeit dies erfordert und die Kürzung der Ruhezeit innerhalb eines festzulegenden Ausgleichszeitraums ausgeglichen wird,
4. abweichend von § 6 Abs. 2

a) die Arbeitszeit über zehn Stunden werktäglich hinaus zu verlängern, wenn in die Arbeitszeit regelmäßig und in erheblichem Umfang Arbeitsbereitschaft oder Bereitschaftsdienst fällt,

b) einen anderen Ausgleichszeitraum festzulegen,

5. den Beginn des siebenstündigen Nachtzeitraums des § 2 Abs. 3 auf die Zeit zwischen 22 und 24 Uhr festzulegen.

(2) Sofern der Gesundheitsschutz der Arbeitnehmer durch einen entsprechenden Zeitausgleich gewährleistet wird, kann in einem Tarifvertrag oder auf Grund eines Tarifvertrags in einer Betriebs- oder Dienstvereinbarung ferner zugelassen werden,

1. abweichend von § 5 Abs. 1 die Ruhezeiten bei Rufbereitschaft den Besonderheiten dieses Dienstes anzupassen, insbesondere Kürzungen der Ruhezeit infolge von Inanspruchnahmen während dieses Dienstes zu anderen Zeiten auszugleichen,
2. die Regelungen der §§ 3, 5 Abs. 1 und § 6 Abs. 2 in der Landwirtschaft der Bestellungs- und Erntezeit sowie den Witterungseinflüssen anzupassen,
3. die Regelungen der §§ 3, 4, 5 Abs. 1 und § 6 Abs. 2 bei der Behandlung, Pflege und Betreuung von Personen der Eigenart dieser Tätigkeit und dem Wohl dieser Personen entsprechend anzupassen,
4. die Regelungen der §§ 3, 4, 5 Abs. 1 und § 6 Abs. 2 bei Verwaltungen und Betrieben des Bundes, der Länder, der Gemeinden und sonstigen Körperschaften, Anstalten und Stiftungen des öffentlichen Rechts sowie bei anderen Arbeitgebern, die der Tarifbindung eines für den öffentlichen Dienst geltenden oder eines im wesentlichen inhaltsgleichen Tarifvertrags unterliegen, der Eigenart der Tätigkeit bei diesen Stellen anzupassen.

(2a) In einem Tarifvertrag oder auf Grund eines Tarifvertrags in einer Betriebs- oder Dienstvereinbarung kann abweichend von den §§ 3, 5 Abs. 1 und § 6 Abs. 2 auch zugelassen werden, die werktägliche Arbeitszeit auch ohne Ausgleich über acht Stunden zu verlängern, wenn in die Arbeitszeit regelmäßig und in erheblichem Umfang Arbeitsbereitschaft oder Bereitschaftsdienst fällt und durch besondere Regelungen sichergestellt wird, dass die Gesundheit der Arbeitnehmer nicht gefährdet wird.

(3) Im Geltungsbereich eines Tarifvertrags nach Absatz 1, 2 oder 2a können abweichende tarifvertragliche Regelungen im Betrieb eines nicht tarifgebundenen Arbeitgebers durch Betriebs- oder Dienstvereinbarung oder, wenn ein Betriebs- oder Personalrat nicht besteht, durch schriftliche Vereinbarung zwischen dem Arbeitgeber und dem Arbeitnehmer übernommen werden. Können auf Grund eines solchen Tarifvertrags abweichende Regelungen in einer Betriebs- oder Dienstvereinbarung getroffen werden, kann auch in Betrieben eines nicht tarifgebundenen Arbeitgebers davon Gebrauch gemacht werden. Eine nach Absatz 2 Nr. 4 getroffene abweichende tarifvertragliche Regelung hat zwischen nicht tarifgebundenen Arbeitgebern und Arbeitnehmern Geltung, wenn zwischen ihnen die Anwendung der für den öffentlichen Dienst geltenden tarifvertraglichen Bestimmungen vereinbart ist und die Arbeitgeber die Kosten des Betriebs überwiegend mit Zuwendungen im Sinne des Haushaltsrechts decken.

(4) Die Kirchen und die öffentlich-rechtlichen Religionsgesellschaften können die in Absatz 1, 2 oder 2a genannten Abweichungen in ihren Regelungen vorsehen.

(5) In einem Bereich, in dem Regelungen durch Tarifvertrag üblicherweise nicht getroffen werden, können Ausnahmen im Rahmen des Absatzes 1, 2 oder 2a durch die Aufsichtsbehörde bewilligt werden, wenn dies aus betrieblichen Gründen erforderlich ist und die Gesundheit der Arbeitnehmer nicht gefährdet wird.
(6) Die Bundesregierung kann durch Rechtsverordnung mit Zustimmung des Bundesrates Ausnahmen im Rahmen des Absatzes 1 oder 2 zulassen, sofern dies aus betrieblichen Gründen erforderlich ist und die Gesundheit der Arbeitnehmer nicht gefährdet wird.
(7) Auf Grund einer Regelung nach Absatz 2a oder den Absätzen 3 bis 5 jeweils in Verbindung mit Absatz 2a darf die Arbeitszeit nur verlängert werden, wenn der Arbeitnehmer schriftlich eingewilligt hat. Der Arbeitnehmer kann die Einwilligung mit einer Frist von sechs Monaten schriftlich widerrufen. Der Arbeitgeber darf einen Arbeitnehmer nicht benachteiligen, wenn dieser die Einwilligung zur Verlängerung der Arbeitszeit nicht erklärt oder die Einwilligung widerrufen hat.
(8) Werden Regelungen nach Absatz 1 Nr. 1 und 4, Absatz 2 Nr. 2 bis 4 oder solche Regelungen auf Grund der Absätze 3 und 4 zugelassen, darf die Arbeitszeit 48 Stunden wöchentlich im Durchschnitt von zwölf Kalendermonaten nicht überschreiten. Erfolgt die Zulassung auf Grund des Absatzes 5, darf die Arbeitszeit 48 Stunden wöchentlich im Durchschnitt von sechs Kalendermonaten oder 24 Wochen nicht überschreiten.
(9) Wird die werktägliche Arbeitszeit über zwölf Stunden hinaus verlängert, muss im unmittelbaren Anschluss an die Beendigung der Arbeitszeit eine Ruhezeit von mindestens elf Stunden gewährt werden.

§ 8 Gefährliche Arbeiten

Die Bundesregierung kann durch Rechtsverordnung mit Zustimmung des Bundesrates für einzelne Beschäftigungsbereiche, für bestimmte Arbeiten oder für bestimmte Arbeitnehmergruppen, bei denen besondere Gefahren für die Gesundheit der Arbeitnehmer zu erwarten sind, die Arbeitszeit über § 3 hinaus beschränken, die Ruhepausen und Ruhezeiten über die §§ 4 und 5 hinaus ausdehnen, die Regelungen zum Schutz der Nacht- und Schichtarbeitnehmer in § 6 erweitern und die Abweichungsmöglichkeiten nach § 7 beschränken, soweit dies zum Schutz der Gesundheit der Arbeitnehmer erforderlich ist. Satz 1 gilt nicht für Beschäftigungsbereiche und Arbeiten in Betrieben, die der Bergaufsicht unterliegen.

Dritter Abschnitt
Sonn- und Feiertagsruhe

§ 9 Sonn- und Feiertagsruhe

(1) Arbeitnehmer dürfen an Sonn- und gesetzlichen Feiertagen von 0 bis 24 Uhr nicht beschäftigt werden.
(2) In mehrschichtigen Betrieben mit regelmäßiger Tag- und Nachtschicht kann Beginn oder Ende der Sonn- und Feiertagsruhe um bis zu sechs Stunden vor-

oder zurückverlegt werden, wenn für die auf den Beginn der Ruhezeit folgenden 24 Stunden der Betrieb ruht.

(3) Für Kraftfahrer und Beifahrer kann der Beginn der 24stündigen Sonn- und Feiertagsruhe um bis zu zwei Stunden vorverlegt werden.

§ 10 Sonn- und Feiertagsbeschäftigung

(1) Sofern die Arbeiten nicht an Werktagen vorgenommen werden können, dürfen Arbeitnehmer an Sonn- und Feiertagen abweichend von § 9 beschäftigt werden

1. in Not- und Rettungsdiensten sowie bei der Feuerwehr,
2. zur Aufrechterhaltung der öffentlichen Sicherheit und Ordnung sowie der Funktionsfähigkeit von Gerichten und Behörden und für Zwecke der Verteidigung,
3. in Krankenhäusern und anderen Einrichtungen zur Behandlung, Pflege und Betreuung von Personen,
4. in Gaststätten und anderen Einrichtungen zur Bewirtung und Beherbergung sowie im Haushalt,
5. bei Musikaufführungen, Theatervorstellungen, Filmvorführungen, Schaustellungen, Darbietungen und anderen ähnlichen Veranstaltungen,
6. bei nichtgewerblichen Aktionen und Veranstaltungen der Kirchen, Religionsgesellschaften, Verbände, Vereine, Parteien und anderer ähnlicher Vereinigungen,
7. beim Sport und in Freizeit-, Erholungs- und Vergnügungseinrichtungen, beim Fremdenverkehr sowie in Museen und wissenschaftlichen Präsenzbibliotheken,
8. beim Rundfunk, bei der Tages- und Sportpresse, bei Nachrichtenagenturen sowie bei den der Tagesaktualität dienenden Tätigkeiten für andere Presseerzeugnisse einschließlich des Austragens, bei der Herstellung von Satz, Filmen und Druckformen für tagesaktuelle Nachrichten und Bilder, bei tagesaktuellen Aufnahmen auf Ton- und Bildträger sowie beim Transport und Kommissionieren von Presseerzeugnissen, deren Ersterscheinungstag am Montag oder am Tag nach einem Feiertag liegt,
9. bei Messen, Ausstellungen und Märkten im Sinne des Titels IV der Gewerbeordnung sowie bei Volksfesten,
10. in Verkehrsbetrieben sowie beim Transport und Kommissionieren von leichtverderblichen Waren im Sinne des § 30 Abs. 3 Nr. 2 der Straßenverkehrsordnung,
11. in den Energie- und Wasserversorgungsbetrieben sowie in Abfall- und Abwasserentsorgungsbetrieben,
12. in der Landwirtschaft und in der Tierhaltung sowie in Einrichtungen zur Behandlung und Pflege von Tieren,
13. im Bewachungsgewerbe und bei der Bewachung von Betriebsanlagen,
14. bei der Reinigung und Instandhaltung von Betriebseinrichtungen, soweit hierdurch der regelmäßige Fortgang des eigenen oder eines fremden Betriebs bedingt ist, bei der Vorbereitung der Wiederaufnahme des vollen werktägigen

Betriebs sowie bei der Aufrechterhaltung der Funktionsfähigkeit von Datennetzen und Rechnersystemen,
15. zur Verhütung des Verderbens von Naturerzeugnissen oder Rohstoffen oder des Mißlingens von Arbeitsergebnissen sowie bei kontinuierlich durchzuführenden Forschungsarbeiten,
16. zur Vermeidung einer Zerstörung oder erheblichen Beschädigung der Produktionseinrichtungen.

(2) Abweichend von § 9 dürfen Arbeitnehmer an Sonn- und Feiertagen mit den Produktionsarbeiten beschäftigt werden, wenn die infolge der Unterbrechung der Produktion nach Absatz 1 Nr. 14 zulässigen Arbeiten den Einsatz von mehr Arbeitnehmern als bei durchgehender Produktion erfordern.

(3) Abweichend von § 9 dürfen Arbeitnehmer an Sonn- und Feiertagen in Bäckereien und Konditoreien für bis zu drei Stunden mit der Herstellung und dem Austragen oder Ausfahren von Konditorwaren und an diesem Tag zum Verkauf kommenden Bäckerwaren beschäftigt werden.

(4) Sofern die Arbeiten nicht an Werktagen vorgenommen werden können, dürfen Arbeitnehmer zur Durchführung des Eil- und Großbetragszahlungsverkehrs und des Geld-, Devisen-, Wertpapier- und Derivatehandels abweichend von § 9 Abs. 1 an den auf einen Werktag fallenden Feiertagen beschäftigt werden, die nicht in allen Mitgliedstaaten der Europäischen Union Feiertage sind.

§ 11 Ausgleich für Sonn- und Feiertagsbeschäftigung

(1) Mindestens 15 Sonntage im Jahr müssen beschäftigungsfrei bleiben.

(2) Für die Beschäftigung an Sonn- und Feiertagen gelten die §§ 3 bis 8 entsprechend, jedoch dürfen durch die Arbeitszeit an Sonn- und Feiertagen die in den §§ 3, 6 Abs. 2, §§ 7 und 21a Abs. 4 bestimmten Höchstarbeitszeiten und Ausgleichszeiträume nicht überschritten werden.

(3) Werden Arbeitnehmer an einem Sonntag beschäftigt, müssen sie einen Ersatzruhetag haben, der innerhalb eines den Beschäftigungstag einschließenden Zeitraums von zwei Wochen zu gewähren ist. Werden Arbeitnehmer an einem auf einen Werktag fallenden Feiertag beschäftigt, müssen sie einen Ersatzruhetag haben, der innerhalb eines den Beschäftigungstag einschließenden Zeitraums von acht Wochen zu gewähren ist.

(4) Die Sonn- oder Feiertagsruhe des § 9 oder der Ersatzruhetag des Absatzes 3 ist den Arbeitnehmern unmittelbar in Verbindung mit einer Ruhezeit nach § 5 zu gewähren, soweit dem technische oder arbeitsorganisatorische Gründe nicht entgegenstehen.

§ 12 Abweichende Regelungen

In einem Tarifvertrag oder auf Grund eines Tarifvertrags in einer Betriebs- oder Dienstvereinbarung kann zugelassen werden,
1. abweichend von § 11 Abs. 1 die Anzahl der beschäftigungsfreien Sonntage in den Einrichtungen des § 10 Abs. 1 Nr. 2, 3, 4 und 10 auf mindestens zehn Sonntage, im Rundfunk, in Theaterbetrieben, Orchestern sowie bei Schaustellungen

auf mindestens acht Sonntage, in Filmtheatern und in der Tierhaltung auf mindestens sechs Sonntage im Jahr zu verringern,
2. abweichend von § 11 Abs. 3 den Wegfall von Ersatzruhetagen für auf Werktage fallende Feiertage zu vereinbaren oder Arbeitnehmer innerhalb eines festzulegenden Ausgleichszeitraums beschäftigungsfrei zu stellen,
3. abweichend von § 11 Abs. 1 bis 3 in der Seeschiffahrt die den Arbeitnehmern nach diesen Vorschriften zustehenden freien Tage zusammenhängend zu geben,
4. abweichend von § 11 Abs. 2 die Arbeitszeit in vollkontinuierlichen Schichtbetrieben an Sonn- und Feiertagen auf bis zu zwölf Stunden zu verlängern, wenn dadurch zusätzliche freie Schichten an Sonn- und Feiertagen erreicht werden.

§ 7 Abs. 3 bis 6 findet Anwendung.

§ 13 Ermächtigung, Anordnung, Bewilligung

(1) Die Bundesregierung kann durch Rechtsverordnung mit Zustimmung des Bundesrates zur Vermeidung erheblicher Schäden unter Berücksichtigung des Schutzes der Arbeitnehmer und der Sonn- und Feiertagsruhe
1. die Bereiche mit Sonn- und Feiertagsbeschäftigung nach § 10 sowie die dort zugelassenen Arbeiten näher bestimmen,
2. über die Ausnahmen nach § 10 hinaus weitere Ausnahmen abweichend von § 9
   a) für Betriebe, in denen die Beschäftigung von Arbeitnehmern an Sonn- oder Feiertagen zur Befriedigung täglicher oder an diesen Tagen besonders hervortretender Bedürfnisse der Bevölkerung erforderlich ist,
   b) für Betriebe, in denen Arbeiten vorkommen, deren Unterbrechung oder Aufschub
      aa) nach dem Stand der Technik ihrer Art nach nicht oder nur mit erheblichen Schwierigkeiten möglich ist,
      bb) besondere Gefahren für Leben oder Gesundheit der Arbeitnehmer zur Folge hätte,
      cc) zu erheblichen Belastungen der Umwelt oder der Energie- oder Wasserversorgung führen würde,
   c) aus Gründen des Gemeinwohls, insbesondere auch zur Sicherung der Beschäftigung,

   zulassen und die zum Schutz der Arbeitnehmer und der Sonn- und Feiertagsruhe notwendigen Bedingungen bestimmen.

(2) Soweit die Bundesregierung von der Ermächtigung des Absatzes 1 Nr. 2 Buchstabe a keinen Gebrauch gemacht hat, können die Landesregierungen durch Rechtsverordnung entsprechende Bestimmungen erlassen. Die Landesregierungen können diese Ermächtigung durch Rechtsverordnung auf oberste Landesbehörden übertragen.

(3) Die Aufsichtsbehörde kann
1. feststellen, ob eine Beschäftigung nach § 10 zulässig ist,
2. abweichend von § 9 bewilligen, Arbeitnehmer zu beschäftigen

a) im Handelsgewerbe an bis zu zehn Sonn- und Feiertagen im Jahr, an denen besondere Verhältnisse einen erweiterten Geschäftsverkehr erforderlich machen,
b) an bis zu fünf Sonn- und Feiertagen im Jahr, wenn besondere Verhältnisse zur Verhütung eines unverhältnismäßigen Schadens dies erfordern,
c) an einem Sonntag im Jahr zur Durchführung einer gesetzlich vorgeschriebenen Inventur,

und Anordnungen über die Beschäftigungszeit unter Berücksichtigung der für den öffentlichen Gottesdienst bestimmten Zeit treffen.

(4) Die Aufsichtsbehörde soll abweichend von § 9 bewilligen, daß Arbeitnehmer an Sonn- und Feiertagen mit Arbeiten beschäftigt werden, die aus chemischen, biologischen, technischen oder physikalischen Gründen einen ununterbrochenen Fortgang auch an Sonn- und Feiertagen erfordern.

(5) Die Aufsichtsbehörde hat abweichend von § 9 die Beschäftigung von Arbeitnehmern an Sonn- und Feiertagen zu bewilligen, wenn bei einer weitgehenden Ausnutzung der gesetzlich zulässigen wöchentlichen Betriebszeiten und bei längeren Betriebszeiten im Ausland die Konkurrenzfähigkeit unzumutbar beeinträchtigt ist und durch die Genehmigung von Sonn- und Feiertagsarbeit die Beschäftigung gesichert werden kann.

Vierter Abschnitt
Ausnahmen in besonderen Fällen

§ 14 Außergewöhnliche Fälle

(1) Von den §§ 3 bis 5, 6 Abs. 2, §§ 7, 9 bis 11 darf abgewichen werden bei vorübergehenden Arbeiten in Notfällen und in außergewöhnlichen Fällen, die unabhängig vom Willen der Betroffenen eintreten und deren Folgen nicht auf andere Weise zu beseitigen sind, besonders wenn Rohstoffe oder Lebensmittel zu verderben oder Arbeitsergebnisse zu mißlingen drohen.

(2) Von den §§ 3 bis 5, 6 Abs. 2, §§ 7, 11 Abs. 1 bis 3 und § 12 darf ferner abgewichen werden,

1. wenn eine verhältnismäßig geringe Zahl von Arbeitnehmern vorübergehend mit Arbeiten beschäftigt wird, deren Nichterledigung das Ergebnis der Arbeiten gefährden oder einen unverhältnismäßigen Schaden zur Folge haben würden,
2. bei Forschung und Lehre, bei unaufschiebbaren Vor- und Abschlußarbeiten sowie bei unaufschiebbaren Arbeiten zur Behandlung, Pflege und Betreuung von Personen oder zur Behandlung und Pflege von Tieren an einzelnen Tagen,

wenn dem Arbeitgeber andere Vorkehrungen nicht zugemutet werden können.

(3) Wird von den Befugnissen nach Absatz 1 oder 2 Gebrauch gemacht, darf die Arbeitszeit 48 Stunden wöchentlich im Durchschnitt von sechs Kalendermonaten oder 24 Wochen nicht überschreiten.

§ 15 Bewilligung, Ermächtigung

(1) Die Aufsichtsbehörde kann

1. eine von den §§ 3, 6 Abs. 2 und § 11 Abs. 2 abweichende längere tägliche Arbeitszeit bewilligen
   a) für kontinuierliche Schichtbetriebe zur Erreichung zusätzlicher Freischichten,
   b) für Bau- und Montagestellen,
2. eine von den §§ 3, 6 Abs. 2 und § 11 Abs. 2 abweichende längere tägliche Arbeitszeit für Saison- und Kampagnebetriebe für die Zeit der Saison oder Kampagne bewilligen, wenn die Verlängerung der Arbeitszeit über acht Stunden werktäglich durch eine entsprechende Verkürzung der Arbeitszeit zu anderen Zeiten ausgeglichen wird,
3. eine von den §§ 5 und 11 Abs. 2 abweichende Dauer und Lage der Ruhezeit bei Arbeitsbereitschaft, Bereitschaftsdienst und Rufbereitschaft den Besonderheiten dieser Inanspruchnahmen im öffentlichen Dienst entsprechend bewilligen,
4. eine von den §§ 5 und 11 Abs. 2 abweichende Ruhezeit zur Herbeiführung eines regelmäßigen wöchentlichen Schichtwechsels zweimal innerhalb eines Zeitraums von drei Wochen bewilligen.

(2) Die Aufsichtsbehörde kann über die in diesem Gesetz vorgesehenen Ausnahmen hinaus weitergehende Ausnahmen zulassen, soweit sie im öffentlichen Interesse dringend nötig werden.

(2a) Die Bundesregierung kann durch Rechtsverordnung mit Zustimmung des Bundesrates

1. Ausnahmen von den §§ 3, 4, 5 und 6 Absatz 2 sowie von den §§ 9 und 11 für Arbeitnehmer, die besondere Tätigkeiten zur Errichtung, zur Änderung oder zum Betrieb von Bauwerken, künstlichen Inseln oder sonstigen Anlagen auf See (Offshore-Tätigkeiten) durchführen, zulassen und
2. die zum Schutz der in Nummer 1 genannten Arbeitnehmer sowie der Sonn- und Feiertagsruhe notwendigen Bedingungen bestimmen.

(3) Das Bundesministerium der Verteidigung kann in seinem Geschäftsbereich durch Rechtsverordnung mit Zustimmung des Bundesministeriums für Arbeit und Soziales aus zwingenden Gründen der Verteidigung Arbeitnehmer verpflichten, über die in diesem Gesetz und in den auf Grund dieses Gesetzes erlassenen Rechtsverordnungen und Tarifverträgen festgelegten Arbeitszeitgrenzen und -beschränkungen hinaus Arbeit zu leisten.

(3a) Das Bundesministerium der Verteidigung kann in seinem Geschäftsbereich durch Rechtsverordnung im Einvernehmen mit dem Bundesministerium für Arbeit und Soziales für besondere Tätigkeiten der Arbeitnehmer bei den Streitkräften Abweichungen von in diesem Gesetz sowie von in den auf Grund dieses Gesetzes erlassenen Rechtsverordnungen bestimmten Arbeitszeitgrenzen und -beschränkungen zulassen, soweit die Abweichungen aus zwingenden Gründen erforderlich sind und die größtmögliche Sicherheit und der bestmögliche Gesundheitsschutz der Arbeitnehmer gewährleistet werden.

(4) Werden Ausnahmen nach Absatz 1 oder 2 zugelassen, darf die Arbeitszeit 48 Stunden wöchentlich im Durchschnitt von sechs Kalendermonaten oder 24 Wochen nicht überschreiten.

Fünfter Abschnitt
Durchführung des Gesetzes

§ 16 Aushang und Arbeitszeitnachweise

(1) Der Arbeitgeber ist verpflichtet, eine Kopie dieses Gesetzes, der auf Grund dieses Gesetzes erlassenen, für den Betrieb geltenden Rechtsverordnungen und der für den Betrieb geltenden Tarifverträge und Betriebs- oder Dienstvereinbarungen im Sinne des § 7 Absatz 1 bis 3 und der §§ 12 und 21a Absatz 6 den Arbeitnehmern über die im Betrieb oder in der Dienststelle übliche Informations- und Kommunikationstechnik zur Verfügung zu stellen oder an geeigneter Stelle im Betrieb oder in der Dienststelle zur Einsichtnahme auszulegen oder auszuhängen.
(2) Der Arbeitgeber ist verpflichtet, die über die werktägliche Arbeitszeit des § 3 Satz 1 hinausgehende Arbeitszeit der Arbeitnehmer aufzuzeichnen und ein Verzeichnis der Arbeitnehmer zu führen, die in eine Verlängerung der Arbeitszeit gemäß § 7 Abs. 7 eingewilligt haben. Die Nachweise sind mindestens zwei Jahre aufzubewahren.

§ 17 Aufsichtsbehörde

(1) Die Einhaltung dieses Gesetzes und der auf Grund dieses Gesetzes erlassenen Rechtsverordnungen wird von den nach Landesrecht zuständigen Behörden (Aufsichtsbehörden) überwacht.
(2) Die Aufsichtsbehörde kann die erforderlichen Maßnahmen anordnen, die der Arbeitgeber zur Erfüllung der sich aus diesem Gesetz und den auf Grund dieses Gesetzes erlassenen Rechtsverordnungen ergebenden Pflichten zu treffen hat.
(3) Für den öffentlichen Dienst des Bundes sowie für die bundesunmittelbaren Körperschaften, Anstalten und Stiftungen des öffentlichen Rechts werden die Aufgaben und Befugnisse der Aufsichtsbehörde vom zuständigen Bundesministerium oder den von ihm bestimmten Stellen wahrgenommen; das gleiche gilt für die Befugnisse nach § 15 Abs. 1 und 2.
(4) Die Aufsichtsbehörde kann vom Arbeitgeber die für die Durchführung dieses Gesetzes und der auf Grund dieses Gesetzes erlassenen Rechtsverordnungen erforderlichen Auskünfte verlangen. Sie kann ferner vom Arbeitgeber verlangen, die Arbeitszeitnachweise und Tarifverträge oder Betriebs- oder Dienstvereinbarungen im Sinne des § 7 Abs. 1 bis 3, §§ 12 und 21a Abs. 6 sowie andere Arbeitszeitnachweise oder Geschäftsunterlagen, die mittelbar oder unmittelbar Auskunft über die Einhaltung des Arbeitszeitgesetzes geben, vorzulegen oder zur Einsicht einzusenden.
(5) Die Beauftragten der Aufsichtsbehörde sind berechtigt, die Arbeitsstätten während der Betriebs- und Arbeitszeit zu betreten und zu besichtigen; außerhalb dieser Zeit oder wenn sich die Arbeitsstätten in einer Wohnung befinden, dürfen sie ohne Einverständnis des Inhabers nur zur Verhütung von dringenden Gefahren

für die öffentliche Sicherheit und Ordnung betreten und besichtigt werden. Der Arbeitgeber hat das Betreten und Besichtigen der Arbeitsstätten zu gestatten. Das Grundrecht der Unverletzlichkeit der Wohnung (Artikel 13 des Grundgesetzes) wird insoweit eingeschränkt.

(6) Der zur Auskunft Verpflichtete kann die Auskunft auf solche Fragen verweigern, deren Beantwortung ihn selbst oder einen der in § 383 Abs. 1 Nr. 1 bis 3 der Zivilprozeßordnung bezeichneten Angehörigen der Gefahr strafgerichtlicher Verfolgung oder eines Verfahrens nach dem Gesetz über Ordnungswidrigkeiten aussetzen würde.

Sechster Abschnitt
Sonderregelungen

§ 18 Nichtanwendung des Gesetzes

(1) Dieses Gesetz ist nicht anzuwenden auf
1. leitende Angestellte im Sinne des § 5 Abs. 3 des Betriebsverfassungsgesetzes sowie Chefärzte,
2. Leiter von öffentlichen Dienststellen und deren Vertreter sowie Arbeitnehmer im öffentlichen Dienst, die zu selbständigen Entscheidungen in Personalangelegenheiten befugt sind,
3. Arbeitnehmer, die in häuslicher Gemeinschaft mit den ihnen anvertrauten Personen zusammenleben und sie eigenverantwortlich erziehen, pflegen oder betreuen,
4. den liturgischen Bereich der Kirchen und der Religionsgemeinschaften.

(2) Für die Beschäftigung von Personen unter 18 Jahren gilt anstelle dieses Gesetzes das Jugendarbeitsschutzgesetz.

(3) Für die Beschäftigung von Arbeitnehmern als Besatzungsmitglieder auf Kauffahrteischiffen im Sinne des § 3 des Seearbeitsgesetzes gilt anstelle dieses Gesetzes das Seearbeitsgesetz.

§ 19 Beschäftigung im öffentlichen Dienst

Bei der Wahrnehmung hoheitlicher Aufgaben im öffentlichen Dienst können, soweit keine tarifvertragliche Regelung besteht, durch die zuständige Dienstbehörde die für Beamte geltenden Bestimmungen über die Arbeitszeit auf die Arbeitnehmer übertragen werden; insoweit finden die §§ 3 bis 13 keine Anwendung.

§ 20 Beschäftigung in der Luftfahrt

Für die Beschäftigung von Arbeitnehmern als Besatzungsmitglieder von Luftfahrzeugen gelten anstelle der Vorschriften dieses Gesetzes über Arbeits- und Ruhezeiten die Vorschriften über Flug-, Flugdienst- und Ruhezeiten der Zweiten Durchführungsverordnung zur Betriebsordnung für Luftfahrtgerät in der jeweils geltenden Fassung.

§ 21 Beschäftigung in der Binnenschiffahrt

(1) Die Bundesregierung kann durch Rechtsverordnung mit Zustimmung des Bundesrates, auch zur Umsetzung zwischenstaatlicher Vereinbarungen oder Rechtsakten der Europäischen Union, abweichend von den Vorschriften dieses Gesetzes die Bedingungen für die Arbeitszeitgestaltung von Arbeitnehmern, die als Mitglied der Besatzung oder des Bordpersonals an Bord eines Fahrzeugs in der Binnenschifffahrt beschäftigt sind, regeln, soweit dies erforderlich ist, um den besonderen Bedingungen an Bord von Binnenschiffen Rechnung zu tragen. Insbesondere können in diesen Rechtsverordnungen die notwendigen Bedingungen für die Sicherheit und den Gesundheitsschutz im Sinne des § 1, einschließlich gesundheitlicher Untersuchungen hinsichtlich der Auswirkungen der Arbeitszeitbedingungen auf einem Schiff in der Binnenschifffahrt, sowie die notwendigen Bedingungen für den Schutz der Sonn- und Feiertagsruhe bestimmt werden. In Rechtsverordnungen nach Satz 1 kann ferner bestimmt werden, dass von den Vorschriften der Rechtsverordnung durch Tarifvertrag abgewichen werden kann.
(2) Soweit die Bundesregierung von der Ermächtigung des Absatzes 1 keinen Gebrauch macht, gelten die Vorschriften dieses Gesetzes für das Fahrpersonal auf Binnenschiffen, es sei denn, binnenschifffahrtsrechtliche Vorschriften über Ruhezeiten stehen dem entgegen. Bei Anwendung des Satzes 1 kann durch Tarifvertrag von den Vorschriften dieses Gesetzes abgewichen werden, um der Eigenart der Binnenschifffahrt Rechnung zu tragen.

§ 21a Beschäftigung im Straßentransport

(1) Für die Beschäftigung von Arbeitnehmern als Fahrer oder Beifahrer bei Straßenverkehrstätigkeiten im Sinne der Verordnung (EG) Nr. 561/2006 des Europäischen Parlaments und des Rates vom 15. März 2006 zur Harmonisierung bestimmter Sozialvorschriften im Straßenverkehr und zur Änderung der Verordnungen (EWG) Nr. 3821/85 und (EG) Nr. 2135/98 des Rates sowie zur Aufhebung der Verordnung (EWG) Nr. 3820/85 des Rates (ABl. EG Nr. L 102 S. 1) oder des Europäischen Übereinkommens über die Arbeit des im internationalen Straßenverkehr beschäftigten Fahrpersonals (AETR) vom 1. Juli 1970 (BGBl. II 1974 S. 1473) in ihren jeweiligen Fassungen gelten die Vorschriften dieses Gesetzes, soweit nicht die folgenden Absätze abweichende Regelungen enthalten. Die Vorschriften der Verordnung (EG) Nr. 561/2006 und des AETR bleiben unberührt.
(2) Eine Woche im Sinne dieser Vorschriften ist der Zeitraum von Montag 0 Uhr bis Sonntag 24 Uhr.
(3) Abweichend von § 2 Abs. 1 ist keine Arbeitszeit:
1. die Zeit, während derer sich ein Arbeitnehmer am Arbeitsplatz bereithalten muss, um seine Tätigkeit aufzunehmen,
2. die Zeit, während derer sich ein Arbeitnehmer bereithalten muss, um seine Tätigkeit auf Anweisung aufnehmen zu können, ohne sich an seinem Arbeitsplatz aufhalten zu müssen,
3. für Arbeitnehmer, die sich beim Fahren abwechseln, die während der Fahrt neben dem Fahrer oder in einer Schlafkabine verbrachte Zeit.

Für die Zeiten nach Satz 1 Nr. 1 und 2 gilt dies nur, wenn der Zeitraum und dessen voraussichtliche Dauer im Voraus, spätestens unmittelbar vor Beginn des betreffenden Zeitraums bekannt ist. Die in Satz 1 genannten Zeiten sind keine Ruhezeiten. Die in Satz 1 Nr. 1 und 2 genannten Zeiten sind keine Ruhepausen.

(4) Die Arbeitszeit darf 48 Stunden wöchentlich nicht überschreiten. Sie kann auf bis zu 60 Stunden verlängert werden, wenn innerhalb von vier Kalendermonaten oder 16 Wochen im Durchschnitt 48 Stunden wöchentlich nicht überschritten werden.

(5) Die Ruhezeiten bestimmen sich nach den Vorschriften der Europäischen Gemeinschaften für Kraftfahrer und Beifahrer sowie nach dem AETR. Dies gilt auch für Auszubildende und Praktikanten.

(6) In einem Tarifvertrag oder auf Grund eines Tarifvertrags in einer Betriebs- oder Dienstvereinbarung kann zugelassen werden,

1. nähere Einzelheiten zu den in Absatz 3 Satz 1 Nr. 1, 2 und Satz 2 genannten Voraussetzungen zu regeln,
2. abweichend von Absatz 4 sowie den §§ 3 und 6 Abs. 2 die Arbeitszeit festzulegen, wenn objektive, technische oder arbeitszeitorganisatorische Gründe vorliegen. Dabei darf die Arbeitszeit 48 Stunden wöchentlich im Durchschnitt von sechs Kalendermonaten nicht überschreiten.

§ 7 Abs. 1 Nr. 2 und Abs. 2a gilt nicht. § 7 Abs. 3 gilt entsprechend.

(7) Der Arbeitgeber ist verpflichtet, die Arbeitszeit der Arbeitnehmer aufzuzeichnen. Die Aufzeichnungen sind mindestens zwei Jahre aufzubewahren. Der Arbeitgeber hat dem Arbeitnehmer auf Verlangen eine Kopie der Aufzeichnungen seiner Arbeitszeit auszuhändigen.

(8) Zur Berechnung der Arbeitszeit fordert der Arbeitgeber den Arbeitnehmer schriftlich auf, ihm eine Aufstellung der bei einem anderen Arbeitgeber geleisteten Arbeitszeit vorzulegen. Der Arbeitnehmer legt diese Angaben schriftlich vor.

Siebter Abschnitt
Straf- und Bußgeldvorschriften

§ 22 Bußgeldvorschriften

(1) Ordnungswidrig handelt, wer als Arbeitgeber vorsätzlich oder fahrlässig

1. entgegen §§ 3, 6 Abs. 2 oder § 21a Abs. 4, jeweils auch in Verbindung mit § 11 Abs. 2, einen Arbeitnehmer über die Grenzen der Arbeitszeit hinaus beschäftigt,
2. entgegen § 4 Ruhepausen nicht, nicht mit der vorgeschriebenen Mindestdauer oder nicht rechtzeitig gewährt,
3. entgegen § 5 Abs. 1 die Mindestruhezeit nicht gewährt oder entgegen § 5 Abs. 2 die Verkürzung der Ruhezeit durch Verlängerung einer anderen Ruhezeit nicht oder nicht rechtzeitig ausgleicht,
4. einer Rechtsverordnung nach § 8 Satz 1, § 13 Abs. 1 oder 2, § 15 Absatz 2a Nummer 2, § 21 Absatz 1 oder § 24 zuwiderhandelt, soweit sie für einen bestimmten Tatbestand auf diese Bußgeldvorschrift verweist,
5. entgegen § 9 Abs. 1 einen Arbeitnehmer an Sonn- oder Feiertagen beschäftigt,

6. entgegen § 11 Abs. 1 einen Arbeitnehmer an allen Sonntagen beschäftigt oder entgegen § 11 Abs. 3 einen Ersatzruhetag nicht oder nicht rechtzeitig gewährt,
7. einer vollziehbaren Anordnung nach § 13 Abs. 3 Nr. 2 zuwiderhandelt,
8. entgegen § 16 Abs. 1 die dort bezeichnete Auslage oder den dort bezeichneten Aushang nicht vornimmt,
9. entgegen § 16 Abs. 2 oder § 21a Abs. 7 Aufzeichnungen nicht oder nicht richtig erstellt oder nicht für die vorgeschriebene Dauer aufbewahrt oder
10. entgegen § 17 Abs. 4 eine Auskunft nicht, nicht richtig oder nicht vollständig erteilt, Unterlagen nicht oder nicht vollständig vorlegt oder nicht einsendet oder entgegen § 17 Abs. 5 Satz 2 eine Maßnahme nicht gestattet.

(2) Die Ordnungswidrigkeit kann in den Fällen des Absatzes 1 Nr. 1 bis 7, 9 und 10 mit einer Geldbuße bis zu dreißigtausend Euro, in den Fällen des Absatzes 1 Nr. 8 mit einer Geldbuße bis zu fünftausend Euro geahndet werden.

§ 23 Strafvorschriften

(1) Wer eine der in § 22 Abs. 1 Nr. 1 bis 3, 5 bis 7 bezeichneten Handlungen
1. vorsätzlich begeht und dadurch Gesundheit oder Arbeitskraft eines Arbeitnehmers gefährdet oder
2. beharrlich wiederholt,

wird mit Freiheitsstrafe bis zu einem Jahr oder mit Geldstrafe bestraft.

(2) Wer in den Fällen des Absatzes 1 Nr. 1 die Gefahr fahrlässig verursacht, wird mit Freiheitsstrafe bis zu sechs Monaten oder mit Geldstrafe bis zu 180 Tagessätzen bestraft.

Achter Abschnitt
Schlußvorschriften

§ 24 Umsetzung von zwischenstaatlichen Vereinbarungen und Rechtsakten der EG

Die Bundesregierung kann mit Zustimmung des Bundesrates zur Erfüllung von Verpflichtungen aus zwischenstaatlichen Vereinbarungen oder zur Umsetzung von Rechtsakten des Rates oder der Kommission der Europäischen Gemeinschaften, die Sachbereiche dieses Gesetzes betreffen, Rechtsverordnungen nach diesem Gesetz erlassen.

§ 25 Übergangsregelung für Tarifverträge

Enthält ein am 1. Januar 2004 bestehender oder nachwirkender Tarifvertrag abweichende Regelungen nach § 7 Abs. 1 oder 2 oder § 12 Satz 1, die den in diesen Vorschriften festgelegten Höchstrahmen überschreiten, bleiben diese tarifvertraglichen Bestimmungen bis zum 31. Dezember 2006 unberührt. Tarifverträgen nach Satz 1 stehen durch Tarifvertrag zugelassene Betriebsvereinbarungen sowie Regelungen nach § 7 Abs. 4 gleich.

Berufsbildungsgesetz (BBiG)

In der Fassung vom 16. 04. 2025 (BGBl. I Nr. 117), zuletzt geändert durch Berufsbildungsvalidierungs- und -digitalisierungsgesetz vom 19. 07. 2024 (BGBl. I Nr. 246)

§ 14 Berufsausbildung

(1) Ausbildende haben

5. dafür zu sorgen, dass Auszubildende charakterlich gefördert sowie sittlich und körperlich nicht gefährdet werden.

(3) Auszubildenden dürfen nur Aufgaben übertragen werden, die dem Ausbildungszweck dienen und ihren körperlichen Kräften angemessen sind.

Heimarbeitsgesetz (HAG)

In der Fassung vom 14.03.1951 (BGBl. I S. 191), zuletzt geändert durch Viertes Gesetz zur Entlastung der Bürgerinnen und Bürger, der Wirtschaft sowie der Verwaltung von Bürokratie vom 23.10.2024 (BGBl. I Nr. 323)

Erster Abschnitt Allgemeine Vorschriften

§ 1 Geltungsbereich

(1) In Heimarbeit Beschäftigte sind
a) die Heimarbeiter (§ 2 Abs. 1);
b) die Hausgewerbetreibenden (§ 2 Abs. 2).

(2) Ihnen können, wenn dieses wegen ihrer Schutzbedürftigkeit gerechtfertigt erscheint, gleichgestellt werden
a) Personen, die in der Regel allein oder mit ihren Familienangehörigen (§ 2 Abs. 5) in eigener Wohnung oder selbstgewählter Betriebstätte eine sich in regelmäßigen Arbeitsvorgängen wiederholende Arbeit im Auftrage eines anderen gegen Entgelt ausüben, ohne daß ihre Tätigkeit als gewerblich anzusehen oder daß der Auftraggeber ein Gewerbetreibender oder Zwischenmeister (§ 2 Abs. 3) ist;
b) Hausgewerbetreibende, die mit mehr als zwei fremden Hilfskräften (§ 2 Abs. 6) oder Heimarbeitern (§ 2 Abs. 1) arbeiten;
c) andere im Lohnauftrag arbeitende Gewerbetreibende, die infolge ihrer wirtschaftlichen Abhängigkeit eine ähnliche Stellung wie Hausgewerbetreibende einnehmen;
d) Zwischenmeister (§ 2 Abs. 3).

Für die Feststellung der Schutzbedürftigkeit ist das Ausmaß der wirtschaftlichen Abhängigkeit maßgebend. Dabei sind insbesondere die Zahl der fremden Hilfskräfte, die Abhängigkeit von einem oder mehreren Auftraggebern, die Möglichkeiten des unmittelbaren Zugangs zum Absatzmarkt, die Höhe und die Art der Eigeninvestitionen sowie der Umsatz zu berücksichtigen.

(3) Die Gleichstellung erstreckt sich, wenn in ihr nichts anderes bestimmt ist, auf die allgemeinen Schutzvorschriften und die Vorschriften über die Entgeltregelung, den Entgeltschutz und die Auskunftspflicht über Entgelte (Dritter, Sechster, Siebenter und Achter Abschnitt). Die Gleichstellung kann auf einzelne dieser Vorschriften beschränkt oder auf weitere Vorschriften des Gesetzes ausgedehnt werden. Sie kann für bestimmte Personengruppen oder Gewerbezweige oder Beschäftigungsarten allgemein oder räumlich begrenzt ergehen; auch bestimmte einzelne Personen können gleichgestellt werden.

(4) Die Gleichstellung erfolgt durch widerrufliche Entscheidung des zuständigen Heimarbeitsausschusses (§ 4) nach Anhörung der Beteiligten. Sie ist vom Vorsitzenden zu unterschreiben und bedarf der Zustimmung der zuständigen Arbeitsbehörde (§ 3 Abs. 1) und der Veröffentlichung im Wortlaut an der von der zuständigen Arbeitsbehörde bestimmten Stelle. Sie tritt am Tage nach der Veröffentlichung in Kraft, wenn in ihr nicht ein anderer Zeitpunkt bestimmt ist. Die Veröffentlichung kann unterbleiben, wenn die Gleichstellung nur bestimmte einzelne Personen betrifft; in diesem Falle ist in der Gleichstellung der Zeitpunkt ihres Inkrafttretens festzusetzen.
(5) Besteht ein Heimarbeitsausschuß für den Gewerbezweig oder die Beschäftigungsart nicht, so entscheidet über die Gleichstellung die zuständige Arbeitsbehörde nach Anhörung der Beteiligten. Die Entscheidung ergeht unter Mitwirkung der zuständigen Gewerkschaften und Vereinigungen der Auftraggeber, soweit diese zur Mitwirkung bereit sind. Die Vorschriften des Absatzes 4 über die Veröffentlichung und das Inkrafttreten finden entsprechende Anwendung.
(6) Gleichgestellte haben bei Entgegennahme von Heimarbeit auf Befragen des Auftraggebers ihre Gleichstellung bekanntzugeben.

§ 2 Begriffe

(1) Heimarbeiter im Sinne dieses Gesetzes ist, wer in selbstgewählter Arbeitsstätte (eigener Wohnung oder selbstgewählter Betriebsstätte) allein oder mit seinen Familienangehörigen (Absatz 5) im Auftrag von Gewerbetreibenden oder Zwischenmeistern erwerbsmäßig arbeitet, jedoch die Verwertung der Arbeitsergebnisse dem unmittelbar oder mittelbar auftraggebenden Gewerbetreibenden überläßt. Beschafft der Heimarbeiter die Roh- und Hilfsstoffe selbst, so wird hierdurch seine Eigenschaft als Heimarbeiter nicht beeinträchtigt.
(2) Hausgewerbetreibender im Sinne dieses Gesetzes ist, wer in eigener Arbeitsstätte (eigener Wohnung oder Betriebsstätte) mit nicht mehr als zwei fremden Hilfskräften (Absatz 6) oder Heimarbeitern (Absatz 1) im Auftrag von Gewerbetreibenden oder Zwischenmeistern Waren herstellt, bearbeitet oder verpackt, wobei er selbst wesentlich am Stück mitarbeitet, jedoch die Verwertung der Arbeitsergebnisse dem unmittelbar oder mittelbar auftraggebenden Gewerbetreibenden überläßt. Beschafft der Hausgewerbetreibende die Roh- und Hilfsstoffe selbst oder arbeitet er vorübergehend unmittelbar für den Absatzmarkt, so wird hierdurch seine Eigenschaft als Hausgewerbetreibender nicht beeinträchtigt.
(3) Zwischenmeister im Sinne dieses Gesetzes ist, wer, ohne Arbeitnehmer zu sein, die ihm von Gewerbetreibenden übertragene Arbeit an Heimarbeiter oder Hausgewerbetreibende weitergibt.
(4) Die Eigenschaft als Heimarbeiter, Hausgewerbetreibender und Zwischenmeister ist auch dann gegeben, wenn Personen, Personenvereinigungen oder Körperschaften des privaten oder öffentlichen Rechts, welche die Herstellung, Bearbeitung oder Verpackung von Waren nicht zum Zwecke der Gewinnerzielung betreiben, die Auftraggeber sind.
(5) Als Familienangehörige im Sinne dieses Gesetzes gelten, wenn sie Mitglieder der häuslichen Gemeinschaft sind:

a) Ehegatten und Lebenspartner der in Heimarbeit Beschäftigten (§ 1 Abs. 1) oder der nach § 1 Abs. 2 Buchstabe a Gleichgestellten;
b) Personen, die mit dem in Heimarbeit Beschäftigten oder nach § 1 Abs. 2 Buchstabe a Gleichgestellten oder deren Ehegatten oder Lebenspartner bis zum dritten Grade verwandt oder verschwägert sind;
c) Mündel, Betreute und Pflegekinder des in Heimarbeit Beschäftigten oder nach § 1 Absatz 2 Buchstabe a Gleichgestellten oder deren Ehegatten oder Lebenspartner sowie Mündel, Betreute und Pflegekinder des Ehegatten oder Lebenspartners des in Heimarbeit Beschäftigten oder nach § 1 Absatz 2 Buchstabe a Gleichgestellten.

(6) Fremde Hilfskraft im Sinne dieses Gesetzes ist, wer als Arbeitnehmer eines Hausgewerbetreibenden oder nach § 1 Abs. 2 Buchstaben b und c Gleichgestellten in deren Arbeitsstätte beschäftigt ist.

Zweiter Abschnitt
Zuständige Arbeitsbehörde, Heimarbeitsausschüsse

§ 3 Zuständige Arbeitsbehörde

(1) Zuständige Arbeitsbehörde im Sinne dieses Gesetzes ist die Oberste Arbeitsbehörde des Landes. Für Angelegenheiten (§§ 1, 4, 5, 11, 19 und 22), die nach Umfang, Auswirkung oder Bedeutung den Zuständigkeitsbereich mehrerer Länder umfassen, wird die Zuständigkeit durch die Obersten Arbeitsbehörden der beteiligten Länder nach näherer Vereinbarung gemeinsam im Einvernehmen mit dem Bundesministerium für Arbeit und Soziales wahrgenommen. Betrifft eine Angelegenheit nach Umfang, Auswirkung oder Bedeutung das gesamte Bundesgebiet oder kommt eine Vereinbarung nach Satz 2 nicht zustande, so ist das Bundesministerium für Arbeit und Soziales zuständig.

(2) Den Obersten Arbeitsbehörden der Länder und den von ihnen bestimmten Stellen obliegt die Aufsicht über die Durchführung dieses Gesetzes. Die Vorschriften des § 139b der Gewerbeordnung über die Aufsicht gelten für die Befugnisse der mit der Aufsicht über die Durchführung dieses Gesetzes beauftragten Stellen auch hinsichtlich der Arbeitsstätten der in Heimarbeit Beschäftigten entsprechend.

§ 4 Heimarbeitsausschüsse

(1) Die zuständige Arbeitsbehörde errichtet zur Wahrnehmung der in den §§ 1, 10, 11, 18 und 19 genannten Aufgaben Heimarbeitsausschüsse für die Gewerbezweige und Beschäftigungsarten, in denen Heimarbeit in nennenswertem Umfang geleistet wird. Erfordern die unterschiedlichen Verhältnisse innerhalb eines Gewerbezweiges gesonderte Regelungen auf einzelnen Gebieten, so sind zu diesem Zweck jeweils besondere Heimarbeitsausschüsse zu errichten. Die Heimarbeitsausschüsse können innerhalb ihres sachlichen Zuständigkeitsbereichs Unterausschüsse bilden, wenn dies erforderlich erscheint. Für Heimarbeit, für die nach den Sätzen 1 und 2

dieses Absatzes Heimarbeitsausschüsse nicht errichtet werden, ist ein gemeinsamer Heimarbeitssausschuß zu errichten.

(2) Der Heimarbeitssausschuß besteht aus je drei Beisitzern aus Kreisen der Auftraggeber und Beschäftigten seines Zuständigkeitsbereichs und einem von der zuständigen Arbeitsbehörde bestimmten Vorsitzenden. Weitere sachkundige Personen können zugezogen werden; sie haben kein Stimmrecht. Die Beisitzer haben Stellvertreter, für die Satz 1 entsprechend gilt.

(3) Der Heimarbeitsausschuß ist beschlußfähig, wenn außer dem Vorsitzenden mindestens mehr als die Hälfte der Beisitzer anwesend sind. Die Beschlüsse des Heimarbeitsausschusses bedürfen der Mehrheit der Stimmen seiner anwesenden Mitglieder. Bei der Beschlußfassung hat sich der Vorsitzende zunächst der Stimme zu enthalten; kommt eine Stimmenmehrheit nicht zustande, so übt nach weiterer Beratung der Vorsitzende sein Stimmrecht aus. Bis zum Ablauf des 7. April 2023 können auf Vorschlag des Vorsitzenden die Teilnahme an Sitzungen des Heimarbeitsausschusses sowie die Beschlussfassung auch mittels einer Video- und Telefonkonferenz erfolgen, wenn

1. kein Beisitzer diesem Verfahren unverzüglich widerspricht und
2. sichergestellt ist, dass Dritte vom Inhalt der Sitzung keine Kenntnis nehmen können.

(4) Der Heimarbeitsausschuß kann sonstige Bestimmungen über die Geschäftsführung in einer schriftlichen Geschäftsordnung treffen. Für die Beschlußfassung über die Geschäftsordnung gilt Absatz 3.

§ 5 Beisitzer

(1) Als Beisitzer oder Stellvertreter werden von der zuständigen Arbeitsbehörde geeignete Personen unter Berücksichtigung der Gruppen der Beschäftigten (§ 1 Abs. 1 und 2) auf Grund von Vorschlägen der fachlich und räumlich zuständigen Gewerkschaften und Vereinigungen der Auftraggeber oder, soweit solche nicht bestehen oder keine Vorschläge einreichen, auf Grund von Vorschlägen der Zusammenschlüsse von Gewerkschaften und von Vereinigungen von Arbeitgebern (Spitzenorganisationen) für die Dauer von drei Jahren berufen. Soweit eine Spitzenorganisation keine Vorschläge einreicht, werden die Beisitzer oder Stellvertreter dieser Seite nach Anhörung geeigneter Personen aus den Kreisen der Auftraggeber oder Beschäftigten des Zuständigkeitsbereichs, für den der Heimarbeitsausschuß errichtet ist, berufen.

(2) Auf die Voraussetzungen für das Beisitzeramt, die Besonderheiten für Beisitzer aus Kreisen der Auftraggeber und der Beschäftigten, die Ablehnung des Beisitzeramtes und den Schutz der Beschäftigtenbeisitzer finden die für die ehrenamtlichen Richter der Arbeitsgerichte geltenden Vorschriften mit den sich aus Absatz 3 ergebenden Abweichungen entsprechend Anwendung.

(3) Wird das Fehlen einer Voraussetzung für die Berufung nachträglich bekannt oder fällt eine Voraussetzung nachträglich fort oder verletzt ein Beisitzer gröblich seine Amtspflichten, so kann ihn die zuständige Amtsbehörde seines Amtes entheben. Über die Berechtigung zur Ablehnung des Beisitzeramtes entscheidet die zuständige Arbeitsbehörde.

(4) Das Amt des Beisitzers ist ein Ehrenamt. Die Beisitzer erhalten eine angemessene Entschädigung für den ihnen aus der Wahrnehmung ihrer Tätigkeit erwachsenden Verdienstausfall und Aufwand sowie Ersatz der Fahrkosten entsprechend den für die ehrenamtlichen Richter der Arbeitsgerichte geltenden Vorschriften. Die Entschädigung und die erstattungsfähigen Fahrkosten setzt im Einzelfall der Vorsitzende des Heimarbeitsausschusses fest.

Dritter Abschnitt
Allgemeine Schutzvorschriften

§ 6 Listenführung

Wer Heimarbeit ausgibt oder weitergibt, hat jeden, den er mit Heimarbeit beschäftigt oder dessen er sich zur Weitergabe von Heimarbeit bedient, in Listen auszuweisen. Diese sind halbjährlich der Obersten Arbeitsbehörde des Landes oder der von ihr bestimmten Stelle zu übermitteln.

§ 7 Mitteilungspflicht

Wer erstmalig Personen mit Heimarbeit beschäftigen will, hat dies der Obersten Arbeitsbehörde des Landes oder der von ihr bestimmten Stelle mitzuteilen.

§ 7a Unterrichtungspflicht

Wer Heimarbeit ausgibt oder weitergibt, hat die Personen, die die Arbeit entgegennehmen, vor Aufnahme der Beschäftigung über die Art und Weise der zu verrichtenden Arbeit, die Unfall- und Gesundheitsgefahren, denen diese bei der Beschäftigung ausgesetzt sind, sowie über die Maßnahmen und Einrichtungen zur Abwendung dieser Gefahren zu unterrichten. Der Auftraggeber hat sich von der Person, die von ihm Arbeit entgegennimmt, schriftlich bestätigen zu lassen, daß sie entsprechend dieser Vorschrift unterrichtet worden ist.

§ 8 Entgeltverzeichnisse

(1) Wer Heimarbeit ausgibt oder abnimmt, hat in den Räumen der Ausgabe und Abnahme Entgeltverzeichnisse und Nachweise über die sonstigen Vertragsbedingungen offen auszulegen. Soweit Musterbücher Verwendung finden, sind sie den Entgeltverzeichnissen beizufügen. Wird Heimarbeit den Beschäftigten in die Wohnung oder Betriebsstätte gebracht, so hat der Auftraggeber dafür zu sorgen, daß das Entgeltverzeichnis zur Einsichtnahme vorgelegt wird.
(2) Die Entgeltverzeichnisse müssen die Entgelte für jedes einzelne Arbeitsstück enthalten. Die Preise für mitzuliefernde Roh- und Hilfsstoffe sind besonders auszuweisen. Können die Entgelte für das einzelne Arbeitsstück nicht aufgeführt werden, so ist eine zuverlässige und klare Berechnungsgrundlage einzutragen.

(3) Bei Vorliegen einer Entgeltregelung gemäß den §§ 17 bis 19 ist diese auszulegen. Hierbei ist für die Übersichtlichkeit dadurch zu sorgen, daß nur der Teil der Entgeltregelung ausgelegt wird, der für die Beschäftigten in Betracht kommt.
(4) Die Vorschriften der Absätze 1 bis 3 gelten nicht für neue Muster, die als Einzelstücke erst auszuarbeiten sind.

§ 9 Entgeltbelege

(1) Wer Heimarbeit ausgibt oder weitergibt, hat den Personen, welche die Heimarbeit entgegennehmen, auf seine Kosten Entgeltbücher für jeden Beschäftigten (§ 1 Abs. 1 und 2) auszuhändigen. In die Entgeltbücher, die bei den Beschäftigten verbleiben, sind bei jeder Ausgabe und Abnahme von Arbeit ihre Art und ihr Umfang, die Entgelte und die Tage der Ausgabe und der Lieferung einzutragen. Diese Vorschrift gilt nicht für neue Muster, die als Einzelstücke erst auszuarbeiten sind.
(2) An Stelle von Entgeltbüchern (Absatz 1) können auch Entgelt- oder Arbeitszettel mit den zu einer ordnungsmäßigen Sammlung geeigneten Heften ausgegeben werden, falls die Oberste Arbeitsbehörde des Landes oder die von ihr bestimmte Stelle dies genehmigt hat.
(3) Die in Heimarbeit Beschäftigten haben für die ordnungsmäßige Aufbewahrung der Entgeltbelege zu sorgen. Sie haben sie den von der Obersten Arbeitsbehörde des Landes bestimmten Stellen auf Verlangen vorzulegen. Diese Verpflichtung gilt auch für die Auftraggeber, in deren Händen sich die Entgeltbelege befinden.

Vierter Abschnitt
Arbeitszeitschutz

§ 10 Schutz vor Zeitversäumnis

Wer Heimarbeit ausgibt oder abnimmt, hat dafür zu sorgen, daß unnötige Zeitversäumnis bei der Ausgabe oder Abnahme vermieden wird. Die Oberste Arbeitsbehörde des Landes oder die von ihr bestimmte Stelle kann im Benehmen mit dem Heimarbeitsausschuß die zur Vermeidung unnötiger Zeitversäumnis bei der Abfertigung erforderlichen Maßnahmen anordnen. Bei Anordnungen gegenüber einem einzelnen Auftraggeber kann die Beteiligung des Heimarbeitsausschusses unterbleiben.

§ 11 Verteilung der Heimarbeit

(1) Wer Heimarbeit an mehrere in Heimarbeit Beschäftigte ausgibt, soll die Arbeitsmenge auf die Beschäftigten gleichmäßig unter Berücksichtigung ihrer und ihrer Mitarbeiter Leistungsfähigkeit verteilen.
(2) Der Heimarbeitsausschuß kann zur Beseitigung von Mißständen, die durch ungleichmäßige Verteilung der Heimarbeit entstehen, für einzelne Gewerbezweige oder Arten von Heimarbeit die Arbeitsmenge festsetzen, die für einen bestimmten Zeitraum auf einen Entgeltbeleg (§ 9) ausgegeben werden darf. Die Arbeitsmenge

ist so zu bemessen, daß sie durch eine vollwertige Arbeitskraft ohne Hilfskräfte in der für vergleichbare Betriebsarbeiter üblichen Arbeitszeit bewältigt werden kann. Für jugendliche Heimarbeiter ist eine Arbeitsmenge festzusetzen, die von vergleichbaren jugendlichen Betriebsarbeitern in der für sie üblichen Arbeitszeit bewältigt werden kann. Die Festsetzung erfolgt durch widerrufliche Entscheidung nach Anhörung der Beteiligten. Sie ist vom Vorsitzenden zu unterschreiben und bedarf der Zustimmung der zuständigen Arbeitsbehörde und der Veröffentlichung im Wortlaut an der von der zuständigen Arbeitsbehörde bestimmten Stelle. Sie tritt am Tage nach der Veröffentlichung in Kraft, wenn in ihr nicht ein anderer Zeitpunkt bestimmt ist. Die Vorschriften des § 8 Abs. 1 über die Auslegung und Vorlegung von Entgeltverzeichnissen gelten entsprechend.
(3) Soweit für einzelne Gewerbezweige oder Arten von Heimarbeit Bestimmungen nach Absatz 2 getroffen sind, darf an einen in Heimarbeit Beschäftigten eine größere Menge nicht ausgegeben werden. Die Ausgabe einer größeren Menge ist zulässig, wenn Hilfskräfte (Familienangehörige oder fremde Hilfskräfte) zur Mitarbeit herangezogen werden. Für diese Hilfskräfte sind dann weitere Entgeltbelege nach § 9 auszustellen.
(4) Aus wichtigen Gründen, insbesondere wenn nach Auskunft der Agentur für Arbeit geeignete unbeschäftigte Heimarbeiter und Hausgewerbetreibende nicht oder nicht in ausreichender Zahl vorhanden sind oder wenn besondere persönliche Verhältnisse eines in Heimarbeit Beschäftigten es rechtfertigen, kann der Vorsitzende des Heimarbeitsausschusses einem Auftraggeber die Ausgabe größerer Arbeitsmengen auf einen Entgeltbeleg gestatten. Die Erlaubnis kann jeweils nur für einen bestimmten Zeitraum, der sechs Monate nicht überschreiten darf, erteilt werden.

Fünfter Abschnitt
Gefahrenschutz (Arbeitsschutz und öffentlicher Gesundheitsschutz)

§ 12 Grundsätze des Gefahrenschutzes

(1) Die Arbeitsstätten der in Heimarbeit Beschäftigten einschließlich der Maschinen, Werkzeuge und Geräte müssen so beschaffen, eingerichtet und unterhalten und Heimarbeit muß so ausgeführt werden, daß keine Gefahren für Leben, Gesundheit und Sittlichkeit der Beschäftigten und ihrer Mitarbeiter sowie für die öffentliche Gesundheit im Sinne des § 14 entstehen.
(2) Werden von Hausgewerbetreibenden oder Gleichgestellten fremde Hilfskräfte beschäftigt, so gelten auch die sonstigen Vorschriften über den Betriebsschutz und die sich daraus ergebenden Verpflichtungen des Arbeitgebers seinen Arbeitnehmern gegenüber.

§ 13 Arbeitsschutz

(1) Die Bundesregierung kann mit Zustimmung des Bundesrates für einzelne Gewerbezweige oder bestimmte Arten von Beschäftigungen oder Arbeitsstätten Rechtsverordnungen zur Durchführung des Arbeitsschutzes durch die in Heimarbeit Beschäftigten und ihre Auftraggeber erlassen.
(2) Die Bundesregierung kann mit Zustimmung des Bundesrates Heimarbeit, die mit erheblichen Gefahren für Leben, Gesundheit oder Sittlichkeit der Beschäftigten verbunden ist, durch Rechtsverordnung verbieten.

§ 14 Schutz der öffentlichen Gesundheit

(1) Die Bundesregierung kann mit Zustimmung des Bundesrates für einzelne Gewerbezweige oder bestimmte Arten von Beschäftigungen oder Arbeitsstätten Rechtsverordnungen zum Schutze der Öffentlichkeit gegen gemeingefährliche und übertragbare Krankheiten und gegen Gefahren, die beim Verkehr mit Arznei-, Heil- und Betäubungsmitteln, Giften, Lebens- und Genußmitteln sowie Bedarfsgegenständen entstehen können, erlassen.
(2) Die Polizeibehörde kann im Benehmen mit dem Gewerbeaufsichtsamt und dem Gesundheitsamt für einzelne Arbeitsstätten Verfügungen zur Durchführung des öffentlichen Gesundheitsschutzes im Sinne des Absatzes 1 treffen, insbesondere zur Verhütung von Gefahren für die öffentliche Gesundheit, die sich bei der Herstellung, Verarbeitung oder Verpackung von Lebens- und Genußmitteln ergeben.
(3) Die Bundesregierung kann mit Zustimmung des Bundesrates Heimarbeit, die mit erheblichen Gefahren für die öffentliche Gesundheit im Sinne des Absatzes 1 verbunden ist, durch Rechtsverordnung verbieten.

§ 15 Anzeigepflicht

Wer Heimarbeit ausgibt, für die zur Durchführung des Gefahrenschutzes besondere Vorschriften gelten, hat dem Gewerbeaufsichtsamt und der Polizeibehörde Namen und Arbeitsstätte der von ihm mit Heimarbeit Beschäftigten anzuzeigen.

§ 16 Gefahrenschutz

(1) Wer Heimarbeit ausgibt oder weitergibt, hat dafür zu sorgen, daß Leben oder Gesundheit der in der Heimarbeit Beschäftigten durch technische Arbeitsmittel und Arbeitsstoffe, die er ihnen zur Verwendung überläßt, nicht gefährdet werden.
(2) Die zur Durchführung des Gefahrenschutzes erforderlichen Maßnahmen, die sich auf Räume oder Betriebseinrichtungen beziehen, hat der zu treffen, der die Räume und Betriebseinrichtungen unterhält.

§ 16a Anordnungen

Das Gewerbeaufsichtsamt kann in Einzelfällen anordnen, welche Maßnahmen zur Durchführung der §§ 12, 13 und 16 sowie der auf § 13 und § 34 Abs. 2 gestützten

Rechtsverordnungen zu treffen sind. Neben den auf Grund von § 34 Abs. 2 bestimmten Stellen nimmt das Gewerbeaufsichtsamt die Aufsichtsbefugnisse nach § 139 der Gewerbeordnung wahr.

Sechster Abschnitt Entgeltregelung

§ 17 Tarifverträge, Entgeltregelungen

(1) Als Tarifverträge gelten auch schriftliche Vereinbarungen zwischen Gewerkschaften einerseits und Auftraggebern oder deren Vereinigungen andererseits über Inhalt, Abschluß oder Beendigung von Vertragsverhältnissen der in Heimarbeit Beschäftigten oder Gleichgestellten mit ihren Auftraggebern.
(2) Entgeltregelungen im Sinne dieses Gesetzes sind Tarifverträge, bindende Festsetzungen von Entgelten und sonstigen Vertragsbedingungen (§ 19) und von Mindestarbeitsbedingungen für fremde Hilfskräfte (§ 22).

§ 18 Aufgaben des Heimarbeitsausschusses auf dem Gebiete der Entgeltregelung

Der Heimarbeitsausschuß hat die Aufgaben:
a) auf das Zustandekommen von Tarifverträgen hinzuwirken;
b) zur Vermeidung und Beendigung von Gesamtstreitigkeiten zwischen den in § 17 Abs. 1 genannten Parteien diesen auf Antrag einer Partei Vorschläge für den Abschluß eines Tarifvertrages zu unterbreiten; wird ein schriftlich abgefaßter Vorschlag von allen Parteien durch Erklärung gegenüber dem Heimarbeitsausschuß angenommen, so hat er die Wirkung eines Tarifvertrages;
c) bindende Festsetzungen für Entgelte und sonstige Vertragsbedingungen nach Maßgabe des § 19 zu treffen.

§ 19 Bindende Festsetzungen

(1) Bestehen Gewerkschaften oder Vereinigungen der Auftraggeber für den Zuständigkeitsbereich eines Heimarbeitsausschusses nicht oder umfassen sie nur eine Minderheit der Auftraggeber oder Beschäftigten, so kann der Heimarbeitsausschuß nach Anhörung der Auftraggeber und Beschäftigten, für die eine Regelung getroffen werden soll, Entgelte und sonstige Vertragsbedingungen mit bindender Wirkung für alle Auftraggeber und Beschäftigten seines Zuständigkeitsbereichs festsetzen, wenn unzulängliche Entgelte gezahlt werden oder die sonstigen Vertragsbedingungen unzulänglich sind. Als unzulänglich sind insbesondere Entgelte und sonstige Vertragsbedingungen anzusehen, die unter Berücksichtigung der sozialen und wirtschaftlichen Eigenart der Heimarbeit unter den tarifvertraglichen Löhnen oder sonstigen durch Tarifvertrag festgelegten Arbeitsbedingungen für gleiche oder gleichwertige Betriebsarbeit liegen. Soweit im Zuständigkeitsbereich eines Heimarbeitsausschusses Entgelte und sonstige Vertragsbedingungen für

Heimarbeit derselben Art tarifvertraglich vereinbart sind, sollen in der bindenden Festsetzung keine für die Beschäftigten günstigeren Entgelte oder sonstigen Vertragsbedingungen festgesetzt werden.
(2) Die bindende Festsetzung bedarf der Zustimmung der zuständigen Arbeitsbehörde und der Veröffentlichung im Wortlaut an der von der zuständigen Arbeitsbehörde bestimmten Stelle. Der persönliche Geltungsbereich der bindenden Festsetzung ist unter Berücksichtigung der Vorschriften des § 1 zu bestimmen. Sie tritt am Tage nach der Veröffentlichung in Kraft, wenn in ihr nicht ein anderer Zeitpunkt bestimmt ist. Beabsichtigt die zuständige Arbeitsbehörde die Zustimmung zu einer bindenden Festsetzung insbesondere wegen Unzulänglichkeiten der Entgelte oder der sonstigen Vertragsbedingungen (Absatz 1 Satz 2) zu versagen, so hat sie dies dem Heimarbeitsausschuß unter Angabe von Gründen mitzuteilen und ihm vor ihrer Entscheidung über die Zustimmung Gelegenheit zu geben, die bindende Festsetzung zu ändern.
(3) Die bindende Festsetzung hat die Wirkung eines allgemeinverbindlichen Tarifvertrages und ist in das beim Bundesministerium für Arbeit und Soziales geführte Tarifregister einzutragen. Von den Vorschriften einer bindenden Festsetzung kann nur zugunsten des Beschäftigten abgewichen werden. Ein Verzicht auf Rechte, die auf Grund einer bindenden Festsetzung eines Beschäftigten entstanden sind, ist nur in einem von der Obersten Arbeitsbehörde des Landes oder der von ihr bestimmten Stelle gebilligten Vergleich zulässig. Die Verwirkung solcher Rechte ist ausgeschlossen. Ausschlußfristen für ihre Geltendmachung können nur durch eine bindende Festsetzung vorgesehen werden; das gleiche gilt für die Abkürzung von Verjährungsfristen. Im übrigen gelten für die bindende Festsetzung die gesetzlichen Vorschriften über den Tarifvertrag sinngemäß, soweit sich aus dem Fehlen der Vertragsparteien nicht etwas anderes ergibt.
(4) Der Heimarbeitsausschuß kann nach Anhörung der Auftraggeber und Beschäftigten bindende Festsetzungen ändern oder aufheben. Die Absätze 1 bis 3 gelten entsprechend.
(5) Die Absätze 1 bis 4 gelten entsprechend für die Festsetzung von vermögenswirksamen Leistungen im Sinne des Fünften Vermögensbildungsgesetzes.

§ 20 Art der Entgelte

Die Entgelte für Heimarbeit sind in der Regel als Stückentgelte, und zwar möglichst auf der Grundlage von Stückzeiten zu regeln. Ist dieses nicht möglich, so sind Zeitentgelte festzusetzen, die der Stückentgeltberechnung im Einzelfall zugrunde gelegt werden können.

§ 21 Entgeltregelung für Zwischenmeister, Mithaftung des Auftraggebers

(1) Für Zwischenmeister, die nach § 1 Abs. 2 Buchstabe d den in Heimarbeit Beschäftigten gleichgestellt sind, können im Verhältnis zu ihren Auftraggebern durch Entgeltregelungen gemäß den §§ 17 bis 19 Zuschläge festgelegt werden.

(2) Zahlt ein Auftraggeber an einen Zwischenmeister ein Entgelt, von dem er weiß oder den Umständen nach wissen muß, daß es zur Zahlung der in der Entgeltregelung festgelegten Entgelte an die Beschäftigten nicht ausreicht, oder zahlt er an einen Zwischenmeister, dessen Unzuverlässigkeit er kennt oder kennen muß, so haftet er neben dem Zwischenmeister für diese Entgelte.

§ 22 Mindestarbeitsbedingungen für fremde Hilfskräfte

(1) Für fremde Hilfskräfte, die von Hausgewerbetreibenden oder Gleichgestellten beschäftigt werden, können Mindestarbeitsbedingungen festgesetzt werden. Voraussetzung ist, daß die Entgelte der Hausgewerbetreibenden oder Gleichgestellten durch eine Entgeltregelung (§§ 17 bis 19) festgelegt sind.
(2) Für die Festsetzung gilt § 19 entsprechend mit der Maßgabe, daß an die Stelle der Heimarbeitsausschüsse Entgeltausschüsse für fremde Hilfskräfte der Heimarbeit treten. Für die Auslegung der Mindestarbeitsbedingungen gilt § 8 Abs. 3 entsprechend.
(3) Die Entgeltausschüsse werden im Bedarfsfalle durch die zuständige Arbeitsbehörde errichtet. Für ihre Zusammensetzung und das Verfahren vor ihnen gelten § 4 Absätze 2 bis 4 und § 5 entsprechend. Die Beisitzer und Stellvertreter sind aus Kreisen der beteiligten Arbeitnehmer einerseits sowie der Hausgewerbetreibenden und Gleichgestellten andererseits auf Grund von Vorschlägen der fachlich und räumlich zuständigen Gewerkschaften und Vereinigungen der Hausgewerbetreibenden oder Gleichgestellten, soweit solche nicht bestehen oder keine Vorschläge einreichen, nach Anhörung der Beteiligten jeweils zu berufen.

Siebenter Abschnitt
Entgeltschutz

§ 23 Entgeltprüfung

(1) Die Oberste Arbeitsbehörde des Landes hat für eine wirksame Überwachung der Entgelte und sonstigen Vertragsbedingungen durch Entgeltprüfer Sorge zu tragen.
(2) Die Entgeltprüfer haben die Innehaltung der Vorschriften des Dritten Abschnittes dieses Gesetzes und der gemäß den §§ 17 bis 19, 21 und 22 geregelten Entgelte und sonstigen Vertragsbedingungen zu überwachen sowie auf Antrag bei der Errechnung der Stückentgelte Berechnungshilfe zu leisten.
(3) Die Oberste Arbeitsbehörde des Landes kann die Aufgaben der Entgeltprüfer anderen Stellen übertragen, insbesondere für Bezirke, in denen Heimarbeit nur in geringem Umfange geleistet wird.

§ 24 Aufforderung zur Nachzahlung der Minderbeträge

Hat ein Auftraggeber oder Zwischenmeister einem in Heimarbeit Beschäftigten oder einem Gleichgestellten ein Entgelt gezahlt, das niedriger ist als das in einer Entgeltregelung gemäß den §§ 17 bis 19 festgesetzte oder das in § 29 Abs. 5 oder 6 bestimmte, so kann ihn die Oberste Arbeitsbehörde des Landes oder die von ihr bestimmte Stelle auffordern, innerhalb einer in der Aufforderung festzusetzenden Frist den Minderbetrag nachzuzahlen und den Zahlungsnachweis vorzulegen. Satz 1 gilt entsprechend für sonstige Vertragsbedingungen, die gemäß den §§ 17 bis 19 festgesetzt sind und die Geldleistungen an einen in Heimarbeit Beschäftigten oder einen Gleichgestellten zum Inhalt haben. Die Oberste Arbeitsbehörde des Landes soll von einer Maßnahme nach Satz 1 absehen, wenn glaubhaft gemacht worden ist, daß ein Gleichgestellter im Falle des § 1 Abs. 6 nicht oder wahrheitswidrig geantwortet hat.

§ 25 Klagebefugnis der Länder

Das Land, vertreten durch die Oberste Arbeitsbehörde oder die von ihr bestimmte Stelle, kann im eigenen Namen den Anspruch auf Nachzahlung des Minderbetrages an den Berechtigten gerichtlich geltend machen. Das Urteil wirkt auch für und gegen den in Heimarbeit Beschäftigten oder den Gleichgestellten. § 24 Satz 3 gilt entsprechend.

§ 26 Entgeltschutz für fremde Hilfskräfte

(1) Hat ein Hausgewerbetreibender oder Gleichgestellter einer fremden Hilfskraft ein Entgelt gezahlt, das niedriger ist als das durch Mindestarbeitsbedingungen (§ 22) festgesetzte, so gelten die Vorschriften der §§ 24 und 25 über die Aufforderung zur Nachzahlung der Minderbeträge und über die Klagebefugnis der Länder sinngemäß.
(2) Das gleiche gilt, wenn ein Hausgewerbetreibender oder Gleichgestellter eine fremde Hilfskraft nicht nach der einschlägigen tariflichen Regelung entlohnt. Voraussetzung ist, daß die Entgelte des Hausgewerbetreibenden oder Gleichgestellten durch eine Entgeltregelung (§§ 17 bis 19) festgelegt sind.

§ 27 Pfändungsschutz

Für das Entgelt, das den in Heimarbeit Beschäftigten oder den Gleichgestellten gewährt wird, gelten die Vorschriften über den Pfändungsschutz für Vergütungen, die auf Grund eines Arbeits- oder Dienstverhältnisses geschuldet werden, entsprechend.

Achter Abschnitt
Auskunfts- und Aufklärungspflicht über Entgelte

§ 28

(1) Auftraggeber, Zwischenmeister, Beschäftigte und fremde Hilfskräfte haben den mit der Entgeltfestsetzung oder Entgeltprüfung beauftragten Stellen auf Verlangen Auskunft über alle die Entgelte berührenden Fragen zu erteilen und hierbei auch

außer den Entgeltbelegen (§ 9) Arbeitsstücke, Stoffproben und sonstige Unterlagen für die Entgeltfestsetzung oder Entgeltprüfung vorzulegen. Die mit der Entgeltfestsetzung oder Entgeltprüfung beauftragten Stellen können Erhebungen über Arbeitszeiten für einzelne Arbeitsstücke anstellen oder anstellen lassen.
(2) Der in Heimarbeit Beschäftigte und Gleichgestellte kann von seinem Auftraggeber verlangen, daß ihm die Berechnung und Zusammensetzung seines Entgelts erläutert wird.

Neunter Abschnitt
Kündigung

§ 29 Allgemeiner Kündigungsschutz

(1) Das Beschäftigungsverhältnis eines in Heimarbeit Beschäftigten kann beiderseits an jedem Tag für den Ablauf des folgenden Tages gekündigt werden.
(2) Wird ein in Heimarbeit Beschäftigter von einem Auftraggeber oder Zwischenmeister länger als vier Wochen beschäftigt, so kann das Beschäftigungsverhältnis beiderseits nur mit einer Frist von zwei Wochen gekündigt werden.
(3) Wird ein in Heimarbeit Beschäftigter überwiegend von einem Auftraggeber oder Zwischenmeister beschäftigt, so kann das Beschäftigungsverhältnis mit einer Frist von vier Wochen zum Fünfzehnten oder zum Ende eines Kalendermonats gekündigt werden. Während einer vereinbarten Probezeit, längstens für die Dauer von sechs Monaten, beträgt die Kündigungsfrist zwei Wochen.
(4) Unter der in Absatz 3 Satz 1 genannten Voraussetzung beträgt die Frist für eine Kündigung durch den Auftraggeber oder Zwischenmeister, wenn das Beschäftigungsverhältnis
1. zwei Jahre bestanden hat, einen Monat zum Ende eines Kalendermonats,
2. fünf Jahre bestanden hat, zwei Monate zum Ende eines Kalendermonats,
3. acht Jahre bestanden hat, drei Monate zum Ende eines Kalendermonats,
4. zehn Jahre bestanden hat, vier Monate zum Ende eines Kalendermonats,
5. zwölf Jahre bestanden hat, fünf Monate zum Ende eines Kalendermonats,
6. fünfzehn Jahre bestanden hat, sechs Monate zum Ende eines Kalendermonats,
7. zwanzig Jahre bestanden hat, sieben Monate zum Ende eines Kalendermonats.

(5) § 622 Abs. 4 bis 6 des Bürgerlichen Gesetzbuchs gilt entsprechend.
(6) Für die Kündigung aus wichtigem Grund gilt § 626 des Bürgerlichen Gesetzbuches entsprechend.
(7) Für die Dauer der Kündigungsfrist nach den Absätzen 2 bis 5 hat der Beschäftigte auch bei Ausgabe einer geringeren Arbeitsmenge Anspruch auf Arbeitsentgelt in Höhe von einem Zwölftel bei einer Kündigungsfrist von zwei Wochen, zwei Zwölfteln bei einer Kündigungsfrist von vier Wochen, drei Zwölfteln bei einer Kündigungsfrist von einem Monat, vier Zwölfteln bei einer Kündigungsfrist von zwei Monaten, sechs Zwölfteln bei einer Kündigungsfrist von drei Monaten, acht Zwölfteln bei einer Kündigungsfrist von vier Monaten, zehn Zwölfteln bei einer Kündigungsfrist von fünf Monaten, zwölf Zwölfteln bei einer Kündigungsfrist von sechs Monaten und vierzehn Zwölfteln bei einer Kündigungsfrist von sieben

Monaten des Gesamtbetrages, den er in den dem Zugang der Kündigung vorausgegangenen 24 Wochen als Entgelt erhalten hat. Bei Entgelterhöhungen während des Berechnungszeitraums oder der Kündigungsfrist ist von dem erhöhten Entgelt auszugehen. Zeiten des Bezugs von Krankengeld oder Kurzarbeitergeld sind in den Berechnungszeitraum nicht mit einzubeziehen.
(8) Absatz 7 gilt entsprechend, wenn ein Auftraggeber oder Zwischenmeister die Arbeitsmenge, die er mindestens ein Jahr regelmäßig an einen Beschäftigten, auf den die Voraussetzungen der Absätze 2, 3, 4 oder 5 zutreffen, ausgegeben hat, um mindestens ein Viertel verringert, es sei denn, daß die Verringerung auf einer Festsetzung gemäß § 11 Abs. 2 beruht. Hat das Beschäftigungsverhältnis im Falle des Absatzes 2 ein Jahr noch nicht erreicht, so ist von der während der Dauer des Beschäftigungsverhältnisses ausgegebenen Arbeitsmenge auszugehen. Die Sätze 1 und 2 finden keine Anwendung, wenn die Verringerung der Arbeitsmenge auf rechtswirksam eingeführter Kurzarbeit beruht.
(9) Teilt ein Auftraggeber einem Zwischenmeister, der überwiegend für ihn Arbeit weitergibt, eine künftige Herabminderung der regelmäßig zu verteilenden Arbeitsmenge nicht rechtzeitig mit, so kann dieser vom Auftraggeber Ersatz der durch Einhaltung der Kündigungsfrist verursachten Aufwendungen insoweit verlangen, als während der Kündigungsfrist die Beschäftigung wegen des Verhaltens des Auftraggebers nicht möglich war.

§ 29a Kündigungsschutz im Rahmen der Betriebsverfassung

(1) Die Kündigung des Beschäftigungsverhältnisses eines in Heimarbeit beschäftigten Mitglieds eines Betriebsrats oder einer Jugend- und Auszubildendenvertretung ist unzulässig, es sei denn, daß Tatsachen vorliegen, die einen Arbeitgeber zur Kündigung eines Arbeitsverhältnisses aus wichtigem Grund ohne Einhaltung einer Kündigungsfrist berechtigen würden, und daß die nach § 103 des Betriebsverfassungsgesetzes erforderliche Zustimmung vorliegt oder durch gerichtliche Entscheidung ersetzt ist. Nach Beendigung der Amtszeit ist die Kündigung innerhalb eines Jahres, jeweils vom Zeitpunkt der Beendigung der Amtszeit an gerechnet, unzulässig, es sei denn, daß Tatsachen vorliegen, die einen Arbeitgeber zur Kündigung eines Arbeitsverhältnisses aus wichtigem Grund ohne Einhaltung einer Kündigungsfrist berechtigen würden; dies gilt nicht, wenn die Beendigung der Mitgliedschaft auf einer gerichtlichen Entscheidung beruht.
(2) Die Kündigung eines in Heimarbeit beschäftigten Mitglieds eines Wahlvorstands ist vom Zeitpunkt seiner Bestellung an, die Kündigung eines in Heimarbeit beschäftigten Wahlbewerbers vom Zeitpunkt der Aufstellung des Wahlvorschlags an jeweils bis zur Bekanntgabe des Wahlergebnisses unzulässig, es sei denn, daß Tatsachen vorliegen, die einen Arbeitgeber zur Kündigung eines Arbeitsverhältnisses aus wichtigem Grund ohne Einhaltung einer Kündigungsfrist berechtigen würden, und daß die nach § 103 des Betriebsverfassungsgesetzes erforderliche Zustimmung vorliegt oder durch eine gerichtliche Entscheidung ersetzt ist. Innerhalb von sechs Monaten nach Bekanntgabe des Wahlergebnisses ist die Kündigung unzulässig, es sei denn, daß Tatsachen vorliegen, die einen Arbeitgeber zur Kündigung eines Arbeitsverhältnisses aus wichtigem Grund ohne Einhaltung einer

Kündigungsfrist berechtigen würden; dies gilt nicht für Mitglieder eines Wahlvorstands, wenn dieser nach § 18 Abs. 1 des Betriebsverfassungsgesetzes durch gerichtliche Entscheidung durch einen anderen Wahlvorstand ersetzt worden ist.

(3) Wird die Vergabe von Heimarbeit eingestellt, so ist die Kündigung des Beschäftigungsverhältnisses der in den Absätzen 1 und 2 genannten Personen frühestens zum Zeitpunkt der Einstellung der Vergabe zulässig, es sei denn, daß die Kündigung zu einem früheren Zeitpunkt durch zwingende betriebliche Erfordernisse bedingt ist.

Zehnter Abschnitt Ausgabeverbot

§ 30 Verbot der Ausgabe von Heimarbeit

Die Oberste Arbeitsbehörde des Landes oder die von ihr bestimmte Stelle kann einer Person, die

1. in den letzten fünf Jahren wiederholt wegen eines Verstoßes gegen die Vorschriften dieses Gesetzes rechtskräftig verurteilt oder mit Geldbuße belegt worden ist,
2. der Obersten Landesbehörde des Landes oder der von ihr bestimmten Stelle falsche Angaben gemacht oder falsche Unterlagen vorgelegt hat, um sich der Pflicht zur Nachzahlung von Minderbeträgen (§ 24) zu entziehen, oder
3. der Aufforderung der Obersten Arbeitsbehörde des Landes oder der von ihr bestimmten Stelle zur Nachzahlung von Minderbeträgen (§ 24) wiederholt nicht nachgekommen ist oder die Minderbeträge nach Aufforderung zwar nachgezahlt, jedoch weiter zu niedrige Entgelte gezahlt hat,

die Aus- und Weitergabe von Heimarbeit verbieten.

Elfter Abschnitt Straftaten und Ordnungswidrigkeiten

§ 31 Ausgabe verbotener Heimarbeit

(1) Wer Heimarbeit, die nach einer zur Durchführung des Gefahrenschutzes erlassenen Rechtsvorschrift (§ 13 Abs. 2, § 14 Abs. 3, § 34 Abs. 2 Satz 2) verboten ist, ausgibt oder weitergibt, wird mit Freiheitsstrafe bis zu einem Jahr oder mit Geldstrafe bestraft.

(2) Handelt der Täter fahrlässig, so ist die Strafe Freiheitsstrafe bis zu sechs Monaten oder Geldstrafe bis zu einhundertachtzig Tagessätzen.

§ 32 Straftaten und Ordnungswidrigkeiten im Bereich des Arbeits- und Gefahrenschutzes

(1) Ordnungswidrig handelt, wer, abgesehen von den Fällen des § 31, vorsätzlich oder fahrlässig

1. einer zur Durchführung des Gefahrenschutzes erlassenen Rechtsvorschrift (§§ 13, 14 Abs. 1, 3, § 34 Abs. 2 Satz 2), soweit sie für einen bestimmten Tatbestand auf diese Bußgeldvorschrift verweist, oder
2. einer vollziehbaren Verfügung nach § 14 Abs. 2 oder § 16a zuwiderhandelt.

Die in Satz 1 Nr. 1 vorgeschriebene Verweisung ist nicht erforderlich, soweit die dort genannten Rechtsvorschriften vor Inkrafttreten dieses Gesetzes erlassen sind.

(2) Die Ordnungswidrigkeit kann mit einer Geldbuße bis zu zehntausend Euro geahndet werden.

(3) Wer vorsätzlich eine der in Absatz 1 bezeichneten Handlungen begeht und dadurch in Heimarbeit Beschäftigte in ihrer Arbeitskraft oder Gesundheit gefährdet, wird mit Freiheitsstrafe bis zu einem Jahr oder mit Geldstrafe bestraft.

(4) Wer in den Fällen des Absatzes 3 die Gefahr fahrlässig verursacht, wird mit Freiheitsstrafe bis zu sechs Monaten oder mit Geldstrafe bis zu einhundertachtzig Tagessätzen bestraft.

§ 32a Sonstige Ordnungswidrigkeiten

(1) Ordnungswidrig handelt, wer vorsätzlich oder fahrlässig einem nach § 30 ergangenen vollziehbaren Verbot der Ausgabe oder Weitergabe von Heimarbeit zuwiderhandelt.

(2) Ordnungswidrig handelt auch, wer vorsätzlich oder fahrlässig

1. einer Vorschrift über die Listenführung (§ 6), die Mitteilung oder Anzeige von Heimarbeit (§§ 7, 15), die Unterrichtungspflicht (§ 7a), die Offenlegung der Entgeltverzeichnisse (§ 8), die Entgeltbelege (§ 9) oder die Auskunftspflicht über die Entgelte (§ 28 Abs. 1) zuwiderhandelt,
2. einer vollziehbaren Anordnung zum Schutze der Heimarbeiter vor Zeitversäumnis (§ 10) zuwiderhandelt,
3. einer Regelung zur Verteilung der Heimarbeit nach § 11 Abs. 2 zuwiderhandelt, soweit sie für einen bestimmten Tatbestand auf diese Bußgeldvorschrift verweist oder
4. als in Heimarbeit Beschäftigter (§ 1 Abs. 1) oder diesem Gleichgestellter (§ 1 Abs. 2) duldet, daß ein mitarbeitender Familienangehöriger eine Zuwiderhandlung nach § 32 begeht.

(3) Die Ordnungswidrigkeit nach Absatz 1 kann mit einer Geldbuße bis zu zehntausend Euro, die Ordnungswidrigkeit nach Absatz 2 mit einer Geldbuße bis zu zweitausendfünfhundert Euro geahndet werden.

Zwölfter Abschnitt
Schlußvorschriften

§ 33 Durchführungsvorschriften

(1) Das Bundesministerium für Arbeit und Soziales wird ermächtigt, mit Zustimmung des Bundesrates und nach Anhörung der Spitzenverbände der Gewerkschaften und der Vereinigungen der Arbeitgeber die zur Durchführung dieses Gesetzes erforderlichen Rechtsverordnungen zu erlassen über

a) das Verfahren bei der Gleichstellung (§ 1 Abs. 2 bis 5);
b) die Errichtung von Heimarbeitsausschüssen und von Entgeltausschüssen für fremde Hilfskräfte der Heimarbeit und das Verfahren vor ihnen (§§ 4, 5, 11, 18 bis 22);
c) Form, Inhalt und Einsendung der Listen und der Anzeige bei erstmaliger Ausgabe von Heimarbeit (§§ 6 und 7);
d) Form, Inhalt, Ausgabe und Aufbewahrung von Entgeltbelegen (§ 9).

(2) Das Bundesministerium für Arbeit und Soziales kann mit Zustimmung des Bundesrates und nach Anhörung der Spitzenverbände der Gewerkschaften und der Vereinigung der Arbeitgeber allgemeine Verwaltungsvorschriften für die Durchführung dieses Gesetzes erlassen.

§ 34 Inkrafttreten

(1) Das Gesetz tritt einen Monat nach seiner Verkündung, der § 33 am Tage nach der Verkündung in Kraft.

(2) Mit dem Inkrafttreten dieses Gesetzes treten das Gesetz über die Heimarbeit in der Fassung der Bekanntmachung vom 30. Oktober 1939 (Reichsgesetzbl. I S. 2145) und die Verordnung zur Durchführung des Gesetzes über die Heimarbeit vom 30. Oktober 1939 (Reichsgesetzbl. I S. 2152) außer Kraft. Die auf Grund der bisherigen gesetzlichen Vorschriften zur Durchführung des Gefahrenschutzes erlassenen Verordnungen bleiben mit der Maßgabe in Kraft, daß anstelle der in ihnen erwähnten Vorschriften des Gesetzes über die Heimarbeit in der Fassung vom 30. Oktober 1939 und des Hausarbeitsgesetzes in der Fassung vom 30. Juni 1923 (Reichsgesetzbl. S. 472/730) die entsprechenden Vorschriften dieses Gesetzes treten.

Gesetz zum Schutze der arbeitenden Jugend (Jugendarbeitsschutzgesetz – JArbSchG)

In der Fassung vom 12.04.1976 (BGBl. I S. 965), zuletzt geändert durch Viertes Gesetz zur Entlastung der Bürgerinnen und Bürger, der Wirtschaft sowie der Verwaltung von Bürokratie vom 23.10.2024 (BGBl. I Nr. 323)

Erster Abschnitt
Allgemeine Vorschriften

§ 1 Geltungsbereich

(1) Dieses Gesetz gilt in der Bundesrepublik Deutschland und in der ausschließlichen Wirtschaftszone für die Beschäftigung von Personen, die noch nicht 18 Jahre alt sind,

1. in der Berufsausbildung,
2. als Arbeitnehmer oder Heimarbeiter,
3. mit sonstigen Dienstleistungen, die der Arbeitsleistung von Arbeitnehmern oder Heimarbeitern ähnlich sind,
4. in einem der Berufsausbildung ähnlichen Ausbildungsverhältnis.

(2) Dieses Gesetz gilt nicht

1. für geringfügige Hilfeleistungen, soweit sie gelegentlich
   a) aus Gefälligkeit,
   b) auf Grund familienrechtlicher Vorschriften,
   c) in Einrichtungen der Jugendhilfe,
   d) in Einrichtungen zur Eingliederung Behinderter

   erbracht werden,
2. für die Beschäftigung durch die Personensorgeberechtigten im Familienhaushalt.

§ 1a Formvorgaben

Soweit in diesem Gesetz schriftliche Handlungen vorgesehen sind, können diese auch in Textform erfolgen. Dies gilt nicht für § 6 Absatz 4 Satz 1 und § 21a Absatz 2.

§ 2 Kind, Jugendlicher

(1) Kind im Sinne dieses Gesetzes ist, wer noch nicht 15 Jahre alt ist.

(2) Jugendlicher im Sinne dieses Gesetzes ist, wer 15, aber noch nicht 18 Jahre alt ist.

(3) Auf Jugendliche, die der Vollzeitschulpflicht unterliegen, finden die für Kinder geltenden Vorschriften Anwendung.

§ 3 Arbeitgeber

Arbeitgeber im Sinne dieses Gesetzes ist, wer ein Kind oder einen Jugendlichen gemäß § 1 beschäftigt.

§ 4 Arbeitszeit

(1) Tägliche Arbeitszeit ist die Zeit vom Beginn bis zum Ende der täglichen Beschäftigung ohne die Ruhepausen (§ 11).
(2) Schichtzeit ist die tägliche Arbeitszeit unter Hinzurechnung der Ruhepausen (§ 11).
(3) Im Bergbau unter Tage gilt die Schichtzeit als Arbeitszeit. Sie wird gerechnet vom Betreten des Förderkorbes bei der Einfahrt bis zum Verlassen des Förderkorbes bei der Ausfahrt oder vom Eintritt des einzelnen Beschäftigten in das Stollenmundloch bis zu seinem Wiederaustritt.
(4) Für die Berechnung der wöchentlichen Arbeitszeit ist als Woche die Zeit von Montag bis einschließlich Sonntag zugrunde zu legen. Die Arbeitszeit, die an einem Werktag infolge eines gesetzlichen Feiertags ausfällt, wird auf die wöchentliche Arbeitszeit angerechnet.
(5) Wird ein Kind oder ein Jugendlicher von mehreren Arbeitgebern beschäftigt, so werden die Arbeits- und Schichtzeiten sowie die Arbeitstage zusammengerechnet.

Zweiter Abschnitt
Beschäftigung von Kindern

§ 5 Verbot der Beschäftigung von Kindern

(1) Die Beschäftigung von Kindern (§ 2 Abs. 1) ist verboten.
(2) Das Verbot des Absatzes 1 gilt nicht für die Beschäftigung von Kindern
1. zum Zwecke der Beschäftigungs- und Arbeitstherapie,
2. im Rahmen des Betriebspraktikums während der Vollzeitschulpflicht,
3. in Erfüllung einer richterlichen Weisung.

Auf die Beschäftigung finden § 7 Satz 1 Nr. 2 und die §§ 9 bis 46 entsprechende Anwendung.
(3) Das Verbot des Absatzes 1 gilt ferner nicht für die Beschäftigung von Kindern über 13 Jahre mit Einwilligung des Personensorgeberechtigten, soweit die Beschäftigung leicht und für Kinder geeignet ist. Die Beschäftigung ist leicht, wenn sie auf Grund ihrer Beschaffenheit und der besonderen Bedingungen, unter denen sie ausgeführt wird,
1. die Sicherheit, Gesundheit und Entwicklung der Kinder,
2. ihren Schulbesuch, ihre Beteiligung an Maßnahmen zur Berufswahlvorbereitung oder Berufsausbildung, die von der zuständigen Stelle anerkannt sind, und
3. ihre Fähigkeit, dem Unterricht mit Nutzen zu folgen,

nicht nachteilig beeinflußt. Die Kinder dürfen nicht mehr als zwei Stunden täglich, in landwirtschaftlichen Familienbetrieben nicht mehr als drei Stunden täglich, nicht zwischen 18 und 8 Uhr, nicht vor dem Schulunterricht und nicht während des Schulunterrichts beschäftigt werden. Auf die Beschäftigung finden die §§ 15 bis 31 entsprechende Anwendung.

(4) Das Verbot des Absatzes 1 gilt ferner nicht für die Beschäftigung von Jugendlichen (§ 2 Abs. 3) während der Schulferien für höchstens vier Wochen im Kalenderjahr. Auf die Beschäftigung finden die §§ 8 bis 31 entsprechende Anwendung.

(4a) Die Bundesregierung hat durch Rechtsverordnung mit Zustimmung des Bundesrates die Beschäftigung nach Absatz 3 näher zu bestimmen.

(4b) Der Arbeitgeber unterrichtet die Personensorgeberechtigten der von ihm beschäftigten Kinder über mögliche Gefahren sowie über alle zu ihrer Sicherheit und ihrem Gesundheitsschutz getroffenen Maßnahmen.

(5) Für Veranstaltungen kann die Aufsichtsbehörde Ausnahmen gemäß § 6 bewilligen.

§ 6 Behördliche Ausnahmen für Veranstaltungen

(1) Die Aufsichtsbehörde kann auf Antrag bewilligen, daß

1. bei Theatervorstellungen Kinder über sechs Jahre bis zu vier Stunden täglich in der Zeit von 10 bis 23 Uhr,
2. bei Musikaufführungen und anderen Aufführungen, bei Werbeveranstaltungen sowie bei Aufnahmen im Rundfunk (Hörfunk und Fernsehen), auf Ton- und Bildträger sowie bei Film- und Fotoaufnahmen
   a) Kinder über drei bis sechs Jahre bis zu zwei Stunden täglich in der Zeit von 8 bis 17 Uhr,
   b) Kinder über sechs Jahre bis zu drei Stunden täglich in der Zeit von 8 bis 22 Uhr

gestaltend mitwirken und an den erforderlichen Proben teilnehmen. Eine Ausnahme darf nicht bewilligt werden für die Mitwirkung in Kabaretts, Tanzlokalen und ähnlichen Betrieben sowie auf Vergnügungsparks, Kirmessen, Jahrmärkten und bei ähnlichen Veranstaltungen, Schaustellungen oder Darbietungen.

(2) Die Aufsichtsbehörde darf nach Anhörung des zuständigen Jugendamtes die Beschäftigung nur bewilligen, wenn

1. die Personensorgeberechtigten in die Beschäftigung schriftlich eingewilligt haben,
2. der Aufsichtsbehörde eine nicht länger als vor drei Monaten ausgestellte ärztliche Bescheinigung vorgelegt wird, nach der gesundheitliche Bedenken gegen die Beschäftigung nicht bestehen,
3. die erforderlichen Vorkehrungen und Maßnahmen zum Schutze des Kindes gegen Gefahren für Leben und Gesundheit sowie zur Vermeidung einer Beeinträchtigung der körperlichen oder seelisch-geistigen Entwicklung getroffen sind,
4. Betreuung und Beaufsichtigung des Kindes bei der Beschäftigung sichergestellt sind,

5. nach Beendigung der Beschäftigung eine ununterbrochene Freizeit von mindestens 14 Stunden eingehalten wird,
6. das Fortkommen in der Schule nicht beeinträchtigt wird.

(3) Die Aufsichtsbehörde bestimmt,
1. wie lange, zu welcher Zeit und an welchem Tage das Kind beschäftigt werden darf,
2. Dauer und Lage der Ruhepausen,
3. die Höchstdauer des täglichen Aufenthalts an der Beschäftigungsstätte.

(4) Die Entscheidung der Aufsichtsbehörde ist dem Arbeitgeber schriftlich bekanntzugeben. Er darf das Kind erst nach Empfang des Bewilligungsbescheides beschäftigen.

§ 7 Beschäftigung von nicht vollzeitschulpflichtigen Kindern

Kinder, die der Vollzeitschulpflicht nicht mehr unterliegen, dürfen
1. im Berufsausbildungsverhältnis,
2. außerhalb eines Berufsausbildungsverhältnisses nur mit leichten und für sie geeigneten Tätigkeiten bis zu sieben Stunden täglich und 35 Stunden wöchentlich

beschäftigt werden. Auf die Beschäftigung finden die §§ 8 bis 46 entsprechende Anwendung.

Dritter Abschnitt
Beschäftigung Jugendlicher

Erster Titel
Arbeitszeit und Freizeit

§ 8 Dauer der Arbeitszeit

(1) Jugendliche dürfen nicht mehr als acht Stunden täglich und nicht mehr als 40 Stunden wöchentlich beschäftigt werden.

(2) Wenn in Verbindung mit Feiertagen an Werktagen nicht gearbeitet wird, damit die Beschäftigten eine längere zusammenhängende Freizeit haben, so darf die ausfallende Arbeitszeit auf die Werktage von fünf zusammenhängenden, die Ausfalltage einschließenden Wochen nur dergestalt verteilt werden, daß die Wochenarbeitszeit im Durchschnitt dieser fünf Wochen 40 Stunden nicht überschreitet. Die tägliche Arbeitszeit darf hierbei achteinhalb Stunden nicht überschreiten.

(2a) Wenn an einzelnen Werktagen die Arbeitszeit auf weniger als acht Stunden verkürzt ist, können Jugendliche an den übrigen Werktagen derselben Woche achteinhalb Stunden beschäftigt werden.

(3) In der Landwirtschaft dürfen Jugendliche über 16 Jahre während der Erntezeit nicht mehr als neun Stunden täglich und nicht mehr als 85 Stunden in der Doppelwoche beschäftigt werden.

§ 9 Berufsschule

(1) Der Arbeitgeber hat den Jugendlichen für die Teilnahme am Berufsschulunterricht freizustellen. Er darf den Jugendlichen nicht beschäftigen
1. vor einem vor 9 Uhr beginnenden Unterricht; dies gilt auch für Personen, die über 18 Jahre alt und noch berufsschulpflichtig sind,
2. an einem Berufsschultag mit mehr als fünf Unterrichtsstunden von mindestens je 45 Minuten, einmal in der Woche,
3. in Berufsschulwochen mit einem planmäßigen Blockunterricht von mindestens 25 Stunden an mindestens fünf Tagen; zusätzliche betriebliche Ausbildungsveranstaltungen bis zu zwei Stunden wöchentlich sind zulässig.

(2) Auf die Arbeitszeit des Jugendlichen werden angerechnet
1. Berufsschultage nach Absatz 1 Satz 2 Nummer 2 mit der durchschnittlichen täglichen Arbeitszeit
2. Berufsschulwochen nach Absatz 1 Satz 2 Nummer 3 mit der durchschnittlichen wöchentlichen Arbeitszeit,
3. im Übrigen die Unterrichtszeit einschließlich der Pausen und der notwendigen Wegezeiten zwischen Berufsschule und Ausbildungsstätte.

(3) Ein Entgeltausfall darf durch den Besuch der Berufsschule nicht eintreten.

§ 10 Prüfungen und außerbetriebliche Ausbildungsmaßnahmen

(1) Der Arbeitgeber hat den Jugendlichen
1. für die Teilnahme an Prüfungen und Ausbildungsmaßnahmen, die auf Grund öffentlich-rechtlicher oder vertraglicher Bestimmungen außerhalb der Ausbildungsstätte durchzuführen sind,
2. an dem Arbeitstag, der der schriftlichen Abschlußprüfung unmittelbar vorangeht,

freizustellen.

(2) Auf die Arbeitszeit des Jugendlichen werden angerechnet
1. die Freistellung nach Absatz 1 Nr. 1 mit der Zeit der Teilnahme einschließlich der Pausen und der notwendigen Wegezeiten zwischen Teilnahmeort und Ausbildungsstätte,
2. die Freistellung nach Absatz 1 Nr. 2 mit der durchschnittlichen täglichen Arbeitszeit.

Ein Entgeltausfall darf nicht eintreten.

§ 11 Ruhepausen, Aufenthaltsräume

(1) Jugendlichen müssen im voraus feststehende Ruhepausen von angemessener Dauer gewährt werden. Die Ruhepausen müssen mindestens betragen
1. 30 Minuten bei einer Arbeitszeit von mehr als viereinhalb bis zu sechs Stunden,
2. 60 Minuten bei einer Arbeitszeit von mehr als sechs Stunden.

Als Ruhepause gilt nur eine Arbeitsunterbrechung von mindestens 15 Minuten.

(2) Die Ruhepausen müssen in angemessener zeitlicher Lage gewährt werden, frühestens eine Stunde nach Beginn und spätestens eine Stunde vor Ende der Arbeits-

zeit. Länger als viereinhalb Stunden hintereinander dürfen Jugendliche nicht ohne Ruhepause beschäftigt werden.
(3) Der Aufenthalt während der Ruhepausen in Arbeitsräumen darf dem Jugendlichen nur gestattet werden, wenn die Arbeit in diesen Räumen während dieser Zeit eingestellt ist und auch sonst die notwendige Erholung nicht beeinträchtigt wird.
(4) Absatz 3 gilt nicht für den Bergbau unter Tage.

§ 12 Schichtzeit

Bei der Beschäftigung Jugendlicher darf die Schichtzeit (§ 4 Abs. 2) 10 Stunden, im Bergbau unter Tage 8 Stunden, im Gaststättengewerbe, in der Landwirtschaft, in der Tierhaltung, auf Bau- und Montagestellen 11 Stunden nicht überschreiten.

§ 13 Tägliche Freizeit

Nach Beendigung der täglichen Arbeitszeit dürfen Jugendliche nicht vor Ablauf einer ununterbrochenen Freizeit von mindestens 12 Stunden beschäftigt werden.

§ 14 Nachtruhe

(1) Jugendliche dürfen nur in der Zeit von 6 bis 20 Uhr beschäftigt werden.
(2) Jugendliche über 16 Jahre dürfen
1. im Gaststätten- und Schaustellergewerbe bis 22 Uhr,
2. in mehrschichtigen Betrieben bis 23 Uhr,
3. in der Landwirtschaft ab 5 Uhr oder bis 21 Uhr,
4. in Bäckereien und Konditoreien ab 5 Uhr

beschäftigt werden.
(3) Jugendliche über 17 Jahre dürfen in Bäckereien ab 4 Uhr beschäftigt werden.
(4) An dem einem Berufsschultag unmittelbar vorangehenden Tag dürfen Jugendliche auch nach Absatz 2 Nr. 1 bis 3 nicht nach 20 Uhr beschäftigt werden, wenn der Berufsschulunterricht am Berufsschultag vor 9 Uhr beginnt.
(5) Nach vorheriger Anzeige an die Aufsichtsbehörde dürfen in Betrieben, in denen die übliche Arbeitszeit aus verkehrstechnischen Gründen nach 20 Uhr endet, Jugendliche bis 21 Uhr beschäftigt werden, soweit sie hierdurch unnötige Wartezeiten vermeiden können. Nach vorheriger Anzeige an die Aufsichtsbehörde dürfen ferner in mehrschichtigen Betrieben Jugendliche über 16 Jahre ab 5.30 Uhr oder bis 23.30 Uhr beschäftigt werden, soweit sie hierdurch unnötige Wartezeiten vermeiden können.
(6) Jugendliche dürfen in Betrieben, in denen die Beschäftigten in außergewöhnlichem Grade der Einwirkung von Hitze ausgesetzt sind, in der warmen Jahreszeit ab 5 Uhr beschäftigt werden. Die Jugendlichen sind berechtigt, sich vor Beginn der Beschäftigung und danach in regelmäßigen Zeitabständen arbeitsmedizinisch untersuchen zu lassen. Die Kosten der Untersuchungen hat der Arbeitgeber zu tragen, sofern er diese nicht kostenlos durch einen Betriebsarzt oder einen überbetrieblichen Dienst von Betriebsärzten anbietet.

(7) Jugendliche dürfen bei Musikaufführungen, Theatervorstellungen und anderen Aufführungen, bei Aufnahmen im Rundfunk (Hörfunk und Fernsehen), auf Ton- und Bildträger sowie bei Film- und Fotoaufnahmen bis 23 Uhr gestaltend mitwirken. Eine Mitwirkung ist nicht zulässig bei Veranstaltungen, Schaustellungen oder Darbietungen, bei denen die Anwesenheit Jugendlicher nach den Vorschriften des Jugendschutzgesetzes verboten ist. Nach Beendigung der Tätigkeit dürfen Jugendliche nicht vor Ablauf einer ununterbrochenen Freizeit von mindestens 14 Stunden beschäftigt werden. Die Sätze 1 bis 3 gelten entsprechend auch für die Tätigkeit von Jugendlichen als Sportler im Rahmen von Sportveranstaltungen.

§ 15 Fünf-Tage-Woche

Jugendliche dürfen nur an fünf Tagen in der Woche beschäftigt werden. Die beiden wöchentlichen Ruhetage sollen nach Möglichkeit aufeinander folgen.

§ 16 Samstagsruhe

(1) An Samstagen dürfen Jugendliche nicht beschäftigt werden.
(2) Zulässig ist die Beschäftigung Jugendlicher an Samstagen nur
1. in Krankenanstalten sowie in Alten-, Pflege- und Kinderheimen,
2. in offenen Verkaufsstellen, in Betrieben mit offenen Verkaufsstellen, in Bäckereien und Konditoreien, im Friseurhandwerk und im Marktverkehr,
3. im Verkehrswesen,
4. in der Landwirtschaft und Tierhaltung,
5. im Familienhaushalt,
6. im Gaststätten- und Schaustellergewerbe,
7. bei Musikaufführungen, Theatervorstellungen und anderen Aufführungen, bei Aufnahmen im Rundfunk (Hörfunk und Fernsehen), auf Ton- und Bildträger sowie bei Film- und Fotoaufnahmen,
8. bei außerbetrieblichen Ausbildungsmaßnahmen,
9. beim Sport,
10. im ärztlichen Notdienst,
11. in Reparaturwerkstätten für Kraftfahrzeuge.

Mindestens zwei Samstage im Monat sollen beschäftigungsfrei bleiben.
(3) Werden Jugendliche am Samstag beschäftigt, ist ihnen die Fünf-Tage-Woche (§ 15) durch Freistellung an einem anderen berufsschulfreien Arbeitstag derselben Woche sicherzustellen. In Betrieben mit einem Betriebsruhetag in der Woche kann die Freistellung auch an diesem Tage erfolgen, wenn die Jugendlichen an diesem Tage keinen Berufsschulunterricht haben.
(4) Können Jugendliche in den Fällen des Absatzes 2 Nr. 2 am Samstag nicht acht Stunden beschäftigt werden, kann der Unterschied zwischen der tatsächlichen und der nach § 8 Abs. 1 höchstzulässigen Arbeitszeit an dem Tage bis 13 Uhr ausgeglichen werden, an dem die Jugendlichen nach Absatz 3 Satz 1 freizustellen sind.

§ 17 Sonntagsruhe

(1) An Sonntagen dürfen Jugendliche nicht beschäftigt werden.
(2) Zulässig ist die Beschäftigung Jugendlicher an Sonntagen nur
1. in Krankenanstalten sowie in Alten-, Pflege- und Kinderheimen,
2. in der Landwirtschaft und Tierhaltung mit Arbeiten, die auch an Sonn- und Feiertagen naturnotwendig vorgenommen werden müssen,
3. im Familienhaushalt, wenn der Jugendliche in die häusliche Gemeinschaft aufgenommen ist,
4. im Schaustellergewerbe,
5. bei Musikaufführungen, Theatervorstellungen und anderen Aufführungen sowie bei Direktsendungen im Rundfunk (Hörfunk und Fernsehen),
6. beim Sport,
7. im ärztlichen Notdienst,
8. im Gaststättengewerbe.

Jeder zweite Sonntag soll, mindestens zwei Sonntage im Monat müssen beschäftigungsfrei bleiben.
(3) Werden Jugendliche am Sonntag beschäftigt, ist ihnen die Fünf-Tage-Woche (§ 15) durch Freistellung an einem anderen berufsschulfreien Arbeitstag derselben Woche sicherzustellen. In Betrieben mit einem Betriebsruhetag in der Woche kann die Freistellung auch an diesem Tage erfolgen, wenn die Jugendlichen an diesem Tage keinen Berufsschulunterricht haben.

§ 18 Feiertagsruhe

(1) Am 24. und 31. Dezember nach 14 Uhr und an gesetzlichen Feiertagen dürfen Jugendliche nicht beschäftigt werden.
(2) Zulässig ist die Beschäftigung Jugendlicher an gesetzlichen Feiertagen in den Fällen des § 17 Abs. 2, ausgenommen am 25. Dezember, am 1. Januar, am ersten Osterfeiertag und am 1. Mai.
(3) Für die Beschäftigung an einem gesetzlichen Feiertag, der auf einen Werktag fällt, ist der Jugendliche an einem anderen berufsschulfreien Arbeitstag derselben oder der folgenden Woche freizustellen. In Betrieben mit einem Betriebsruhetag in der Woche kann die Freistellung auch an diesem Tage erfolgen, wenn die Jugendlichen an diesem Tage keinen Berufsschulunterricht haben.

§ 19 Urlaub

(1) Der Arbeitgeber hat Jugendlichen für jedes Kalenderjahr einen bezahlten Erholungsurlaub zu gewähren.
(2) Der Urlaub beträgt jährlich
1. mindestens 30 Werktage, wenn der Jugendliche zu Beginn des Kalenderjahres noch nicht 16 Jahre alt ist,
2. mindestens 27 Werktage, wenn der Jugendliche zu Beginn des Kalenderjahres noch nicht 17 Jahre alt ist,

3. mindestens 25 Werktage, wenn der Jugendliche zu Beginn des Kalenderjahres noch nicht 18 Jahre alt ist.

Jugendliche, die im Bergbau unter Tage beschäftigt werden, erhalten in jeder Altersgruppe einen zusätzlichen Urlaub von drei Werktagen.

(3) Der Urlaub soll Berufsschülern in der Zeit der Berufsschulferien gegeben werden. Soweit er nicht in den Berufsschulferien gegeben wird, ist für jeden Berufsschultag, an dem die Berufsschule während des Urlaubs besucht wird, ein weiterer Urlaubstag zu gewähren.

(4) Im übrigen gelten für den Urlaub der Jugendlichen § 3 Abs. 2, §§ 4 bis 12 und § 13 Abs. 3 des Bundesurlaubsgesetzes. Der Auftraggeber oder Zwischenmeister hat jedoch abweichend von § 12 Nr. 1 des Bundesurlaubsgesetzes den jugendlichen Heimarbeitern für jedes Kalenderjahr einen bezahlten Erholungsurlaub entsprechend Absatz 2 zu gewähren; das Urlaubsentgelt der jugendlichen Heimarbeiter beträgt bei einem Urlaub von 30 Werktagen 11,6 vom Hundert, bei einem Urlaub von 27 Werktagen 10,3 vom Hundert und bei einem Urlaub von 25 Werktagen 9,5 vom Hundert.

§ 20 Binnenschiffahrt

(1) In der Binnenschiffahrt gelten folgende Abweichungen:

1. Abweichend von § 12 darf die Schichtzeit Jugendlicher über 16 Jahre während der Fahrt bis auf 14 Stunden täglich ausgedehnt werden, wenn ihre Arbeitszeit sechs Stunden täglich nicht überschreitet. Ihre tägliche Freizeit kann abweichend von § 13 der Ausdehnung der Schichtzeit entsprechend bis auf 10 Stunden verkürzt werden.
2. Abweichend von § 14 Abs. 1 dürfen Jugendliche über 16 Jahre während der Fahrt bis 22 Uhr beschäftigt werden.
3. Abweichend von §§ 15, 16 Abs. 1, § 17 Abs. 1 und § 18 Abs. 1 dürfen Jugendliche an jedem Tag der Woche beschäftigt werden, jedoch nicht am 24. Dezember, an den Weihnachtsfeiertagen, am 31. Dezember, am 1. Januar, an den Osterfeiertagen und am 1. Mai. Für die Beschäftigung an einem Samstag, Sonntag und an einem gesetzlichen Feiertag, der auf einen Werktag fällt, ist ihnen je ein freier Tag zu gewähren. Diese freien Tage sind den Jugendlichen in Verbindung mit anderen freien Tagen zu gewähren, spätestens, wenn ihnen 10 freie Tage zustehen.

(2) In der gewerblichen Binnenschifffahrt hat der Arbeitgeber Aufzeichnungen nach Absatz 3 über die tägliche Arbeits- oder Freizeit jedes Jugendlichen zu führen, um eine Kontrolle der Einhaltung der §§ 8 bis 21a dieses Gesetzes zu ermöglichen. Die Aufzeichnungen sind in geeigneten Zeitabständen, spätestens bis zum nächsten Monatsende, gemeinsam vom Arbeitgeber oder seinem Vertreter und von dem Jugendlichen zu prüfen und zu bestätigen. Im Anschluss müssen die Aufzeichnungen für mindestens zwölf Monate an Bord aufbewahrt werden und dem Jugendlichen ist eine Kopie der bestätigten Aufzeichnungen auszuhändigen. Der Jugendliche hat die Kopien daraufhin zwölf Monate für eine Kontrolle bereitzuhalten.

(3) Die Aufzeichnungen nach Absatz 2 müssen mindestens folgende Angaben enthalten:

1. Name des Schiffes,
2. Name des Jugendlichen,
3. Name des verantwortlichen Schiffsführers,
4. Datum des jeweiligen Arbeits- oder Ruhetages,
5. für jeden Tag der Beschäftigung, ob es sich um einen Arbeits- oder um einen Ruhetag handelt sowie
6. Beginn und Ende der täglichen Arbeitszeit oder der täglichen Freizeit.

§ 21 Ausnahmen in besonderen Fällen

(1) Die §§ 8 und 11 bis 18 finden keine Anwendung auf die Beschäftigung Jugendlicher mit vorübergehenden und unaufschiebbaren Arbeiten in Notfällen, soweit erwachsene Beschäftigte nicht zur Verfügung stehen.
(2) Wird in den Fällen des Absatzes 1 über die Arbeitszeit des § 8 hinaus Mehrarbeit geleistet, so ist sie durch entsprechende Verkürzung der Arbeitszeit innerhalb der folgenden drei Wochen auszugleichen.

§ 21a Abweichende Regelungen

(1) In einem Tarifvertrag oder auf Grund eines Tarifvertrages in einer Betriebsvereinbarung kann zugelassen werden
1. abweichend von den §§ 8, 15, 16 Abs. 3 und 4, § 17 Abs. 3 und § 18 Abs. 3 die Arbeitszeit bis zu neun Stunden täglich, 44 Stunden wöchentlich und bis zu fünfeinhalb Tagen in der Woche anders zu verteilen, jedoch nur unter Einhaltung einer durchschnittlichen Wochenarbeitszeit von 40 Stunden in einem Ausgleichszeitraum von zwei Monaten,
2. abweichend von § 11 Abs. 1 Satz 2 Nr. 2 und Abs. 2 die Ruhepausen bis zu 15 Minuten zu kürzen und die Lage der Pausen anders zu bestimmen,
3. abweichend von § 12 die Schichtzeit mit Ausnahme des Bergbaus unter Tage bis zu einer Stunde täglich zu verlängern,
4. abweichend von § 16 Abs. 1 und 2 Jugendliche an 26 Samstagen im Jahr oder an jedem Samstag zu beschäftigen, wenn statt dessen der Jugendliche an einem anderen Werktag derselben Woche von der Beschäftigung freigestellt wird,
5. abweichend von den §§ 15, 16 Abs. 3 und 4, § 17 Abs. 3 und § 18 Abs. 3 Jugendliche bei einer Beschäftigung an einem Samstag oder an einem Sonn- oder Feiertag unter vier Stunden an einem anderen Arbeitstag derselben oder der folgenden Woche vor- oder nachmittags von der Beschäftigung freizustellen,
6. abweichend von § 17 Abs. 2 Satz 2 Jugendliche im Gaststätten- und Schaustellergewerbe sowie in der Landwirtschaft während der Saison oder der Erntezeit an drei Sonntagen im Monat zu beschäftigen.

(2) Im Geltungsbereich eines Tarifvertrages nach Absatz 1 kann die abweichende tarifvertragliche Regelung im Betrieb eines nicht tarifgebundenen Arbeitgebers durch Betriebsvereinbarung oder, wenn ein Betriebsrat nicht besteht, durch schriftliche Vereinbarung zwischen dem Arbeitgeber und dem Jugendlichen übernommen werden.

(3) Die Kirchen und die öffentlich-rechtlichen Religionsgesellschaften können die in Absatz 1 genannten Abweichungen in ihren Regelungen vorsehen.

§ 21b Ermächtigung

Das Bundesministerium für Arbeit und Soziales kann im Interesse der Berufsausbildung oder der Zusammenarbeit von Jugendlichen und Erwachsenen durch Rechtsverordnung mit Zustimmung des Bundesrates Ausnahmen von den Vorschriften

1. des § 8, der §§ 11 und 12, der §§ 15 und 16, des § 17 Abs. 2 und 3 sowie des § 18 Abs. 3 im Rahmen des § 21a Abs. 1,
2. des § 14, jedoch nicht vor 5 Uhr und nicht nach 23 Uhr, sowie
3. des § 17 Abs. 1 und des § 18 Abs. 1 an höchstens 26 Sonn- und Feiertagen im Jahr

zulassen, soweit eine Beeinträchtigung der Gesundheit oder der körperlichen oder seelisch-geistigen Entwicklung der Jugendlichen nicht zu befürchten ist.

Zweiter Titel
Beschäftigungsverbote und -beschränkungen

§ 22 Gefährliche Arbeiten

(1) Jugendliche dürfen nicht beschäftigt werden

1. mit Arbeiten, die ihre physische oder psychische Leistungsfähigkeit übersteigen,
2. mit Arbeiten, bei denen sie sittlichen Gefahren ausgesetzt sind,
3. mit Arbeiten, die mit Unfallgefahren verbunden sind, von denen anzunehmen ist, daß Jugendliche sie wegen mangelnden Sicherheitsbewußtseins oder mangelnder Erfahrung nicht erkennen oder nicht abwenden können,
4. mit Arbeiten, bei denen ihre Gesundheit durch außergewöhnliche Hitze oder Kälte oder starke Nässe gefährdet wird,
5. mit Arbeiten, bei denen sie schädlichen Einwirkungen von Lärm, Erschütterungen oder Strahlen ausgesetzt sind,
6. mit Arbeiten, bei denen sie schädlichen Einwirkungen von Gefahrstoffen im Sinne der Gefahrstoffverordnung ausgesetzt sind,
7. mit Arbeiten, bei denen sie schädlichen Einwirkungen von biologischen Arbeitsstoffen im Sinne der Biostoffverordnung ausgesetzt sind.

(2) Absatz 1 Nr. 3 bis 7 gilt nicht für die Beschäftigung Jugendlicher, soweit

1. dies zur Erreichung ihres Ausbildungszieles erforderlich ist,
2. ihr Schutz durch die Aufsicht eines Fachkundigen gewährleistet ist und
3. der Luftgrenzwert bei gefährlichen Stoffen (Absatz 1 Nr. 6) unterschritten wird.

Satz 1 findet keine Anwendung auf gezielte Tätigkeiten mit biologischen Arbeitsstoffen der Risikogruppen 3 und 4 im Sinne der Biostoffverordnung sowie auf nicht gezielte Tätigkeiten, die nach der Biostoffverordnung der Schutzstufe 3 oder 4 zuzuordnen sind.

(3) Werden Jugendliche in einem Betrieb beschäftigt, für den ein Betriebsarzt oder eine Fachkraft für Arbeitssicherheit verpflichtet ist, muß ihre betriebsärztliche oder sicherheitstechnische Betreuung sichergestellt sein.

§ 23 Akkordarbeit; tempoabhängige Arbeiten

(1) Jugendliche dürfen nicht beschäftigt werden
1. mit Akkordarbeit und sonstigen Arbeiten, bei denen durch ein gesteigertes Arbeitstempo ein höheres Entgelt erzielt werden kann,
2. in einer Arbeitsgruppe mit erwachsenen Arbeitnehmern, die mit Arbeiten nach Nummer 1 beschäftigt werden,
3. mit Arbeiten, bei denen ihr Arbeitstempo nicht nur gelegentlich vorgeschrieben, vorgegeben oder auf andere Weise erzwungen wird.

(2) Absatz 1 Nr. 2 gilt nicht für die Beschäftigung Jugendlicher,
1. soweit dies zur Erreichung ihres Ausbildungszieles erforderlich ist oder
2. wenn sie eine Berufsausbildung für diese Beschäftigung abgeschlossen haben

und ihr Schutz durch die Aufsicht eines Fachkundigen gewährleistet ist.

§ 24 Arbeiten unter Tage

(1) Jugendliche dürfen nicht mit Arbeiten unter Tage beschäftigt werden.

(2) Absatz 1 gilt nicht für die Beschäftigung Jugendlicher über 16 Jahre,
1. soweit dies zur Erreichung ihres Ausbildungszieles erforderlich ist,
2. wenn sie eine Berufsausbildung für die Beschäftigung unter Tage abgeschlossen haben oder
3. wenn sie an einer von der Bergbehörde genehmigten Ausbildungsmaßnahme für Bergjungarbeiter teilnehmen oder teilgenommen haben

und ihr Schutz durch die Aufsicht eines Fachkundigen gewährleistet ist.

§ 25 Verbot der Beschäftigung durch bestimmte Personen

(1) Personen, die
1. wegen eines Verbrechens zu einer Freiheitsstrafe von mindestens zwei Jahren,
2. wegen einer vorsätzlichen Straftat, die sie unter Verletzung der ihnen als Arbeitgeber, Ausbildender oder Ausbilder obliegenden Pflichten zum Nachteil von Kindern oder Jugendlichen begangen haben, zu einer Freiheitsstrafe von mehr als drei Monaten,
3. wegen einer Straftat nach den §§ 109h, 171, 174 bis 184l, 225, 232 bis 233a des Strafgesetzbuches,
4. wegen einer Straftat nach dem Betäubungsmittelgesetz,
5. wegen einer Straftat nach dem Konsumcannabisgesetz oder nach dem Medizinal-Cannabisgesetz oder
6. wegen einer Straftat nach dem Jugendschutzgesetz wenigstens zweimal

rechtskräftig verurteilt worden sind, dürfen Jugendliche nicht beschäftigen sowie im Rahmen eines Rechtsverhältnisses im Sinne des § 1 nicht beaufsichtigen, nicht anweisen, nicht ausbilden und nicht mit der Beaufsichtigung, Anweisung oder Ausbildung von Jugendlichen beauftragt werden. Eine Verurteilung bleibt außer Betracht, wenn seit dem Tage ihrer Rechtskraft fünf Jahre verstrichen sind. Die Zeit, in welcher der Täter auf behördliche Anordnung in einer Anstalt verwahrt worden ist, wird nicht eingerechnet.

(2) Das Verbot des Absatzes 1 Satz 1 gilt auch für Personen, gegen die wegen einer Ordnungswidrigkeit nach § 58 Abs. 1 bis 4 wenigstens dreimal eine Geldbuße rechtskräftig festgesetzt worden ist. Eine Geldbuße bleibt außer Betracht, wenn seit dem Tage ihrer rechtskräftigen Festsetzung fünf Jahre verstrichen sind.

(3) Das Verbot des Absatzes 1 und 2 gilt nicht für die Beschäftigung durch die Personensorgeberechtigten.

§ 26 Ermächtigungen

Das Bundesministerium für Arbeit und Soziales kann zum Schutze der Jugendlichen gegen Gefahren für Leben und Gesundheit sowie zur Vermeidung einer Beeinträchtigung der körperlichen oder seelisch-geistigen Entwicklung durch Rechtsverordnung mit Zustimmung des Bundesrates

1. die für Kinder, die der Vollzeitschulpflicht nicht mehr unterliegen, geeigneten und leichten Tätigkeiten nach § 7 Satz 1 Nr. 2 und die Arbeiten nach § 22 Abs. 1 und den §§ 23 und 24 näher bestimmen,
2. über die Beschäftigungsverbote in den §§ 22 bis 25 hinaus die Beschäftigung Jugendlicher in bestimmten Betriebsarten oder mit bestimmten Arbeiten verbieten oder beschränken, wenn sie bei diesen Arbeiten infolge ihres Entwicklungsstandes in besonderem Maße Gefahren ausgesetzt sind oder wenn das Verbot oder die Beschränkung der Beschäftigung infolge der technischen Entwicklung oder neuer arbeitsmedizinischer oder sicherheitstechnischer Erkenntnisse notwendig ist.

§ 27 Behördliche Anordnungen und Ausnahmen

(1) Die Aufsichtsbehörde kann in Einzelfällen feststellen, ob eine Arbeit unter die Beschäftigungsverbote oder -beschränkungen der §§ 22 bis 24 oder einer Rechtsverordnung nach § 26 fällt. Sie kann in Einzelfällen die Beschäftigung Jugendlicher mit bestimmten Arbeiten über die Beschäftigungsverbote und -beschränkungen der §§ 22 bis 24 und einer Rechtsverordnung nach § 26 hinaus verbieten oder beschränken, wenn diese Arbeiten mit Gefahren für Leben, Gesundheit oder für die körperliche oder seelisch-geistige Entwicklung der Jugendlichen verbunden sind.

(2) Die zuständige Behörde kann

1. den Personen, die die Pflichten, die ihnen kraft Gesetzes zugunsten der von ihnen beschäftigten, beaufsichtigten, angewiesenen oder auszubildenden Kinder und Jugendlichen obliegen, wiederholt oder gröblich verletzt haben,
2. den Personen, gegen die Tatsachen vorliegen, die sie in sittlicher Beziehung zur Beschäftigung, Beaufsichtigung, Anweisung oder Ausbildung von Kindern und Jugendlichen ungeeignet erscheinen lassen,

verbieten, Kinder und Jugendliche zu beschäftigen oder im Rahmen eines Rechtsverhältnisses im Sinne des § 1 zu beaufsichtigen, anzuweisen oder auszubilden.

(3) Die Aufsichtsbehörde kann auf Antrag Ausnahmen von § 23 Abs. 1 Nr. 2 und 3 für Jugendliche über 16 Jahre bewilligen,

1. wenn die Art der Arbeit oder das Arbeitstempo eine Beeinträchtigung der Gesundheit oder der körperlichen oder seelisch-geistigen Entwicklung des Jugendlichen nicht befürchten lassen und
2. wenn eine nicht länger als vor drei Monaten ausgestellte ärztliche Bescheinigung vorgelegt wird, nach der gesundheitliche Bedenken gegen die Beschäftigung nicht bestehen.

Dritter Titel
Sonstige Pflichten des Arbeitgebers

§ 28 Menschengerechte Gestaltung der Arbeit

(1) Der Arbeitgeber hat bei der Einrichtung und der Unterhaltung der Arbeitsstätte einschließlich der Maschinen, Werkzeuge und Geräte und bei der Regelung der Beschäftigung die Vorkehrungen und Maßnahmen zu treffen, die zum Schutze der Jugendlichen gegen Gefahren für Leben und Gesundheit sowie zur Vermeidung einer Beeinträchtigung der körperlichen oder seelisch-geistigen Entwicklung der Jugendlichen erforderlich sind. Hierbei sind das mangelnde Sicherheitsbewußtsein, die mangelnde Erfahrung und der Entwicklungsstand der Jugendlichen zu berücksichtigen und die allgemein anerkannten sicherheitstechnischen und arbeitsmedizinischen Regeln sowie die sonstigen gesicherten arbeitswissenschaftlichen Erkenntnisse zu beachten.

(2) Das Bundesministerium für Arbeit und Soziales kann durch Rechtsverordnung mit Zustimmung des Bundesrates bestimmen, welche Vorkehrungen und Maßnahmen der Arbeitgeber zur Erfüllung der sich aus Absatz 1 ergebenden Pflichten zu treffen hat.

(3) Die Aufsichtsbehörde kann in Einzelfällen anordnen, welche Vorkehrungen und Maßnahmen zur Durchführung des Absatzes 1 oder einer vom Bundesministerium für Arbeit und Soziales gemäß Absatz 2 erlassenen Verordnung zu treffen sind.

§ 28a Beurteilung der Arbeitsbedingungen

Vor Beginn der Beschäftigung Jugendlicher und bei wesentlicher Änderung der Arbeitsbedingungen hat der Arbeitgeber die mit der Beschäftigung verbundenen Gefährdungen Jugendlicher zu beurteilen. Im übrigen gelten die Vorschriften des Arbeitsschutzgesetzes.

§ 29 Unterweisung über Gefahren

(1) Der Arbeitgeber hat die Jugendlichen vor Beginn der Beschäftigung und bei wesentlicher Änderung der Arbeitsbedingungen über die Unfall- und Gesundheitsgefahren, denen sie bei der Beschäftigung ausgesetzt sind, sowie über die Einrichtungen und Maßnahmen zur Abwendung dieser Gefahren zu unterweisen. Er hat die Jugendlichen vor der erstmaligen Beschäftigung an Maschinen oder gefährlichen Arbeitsstellen oder mit Arbeiten, bei denen sie mit gesundheitsgefährdenden Stoffen in Berührung kommen, über die besonderen Gefahren dieser Arbeiten sowie über das bei ihrer Verrichtung erforderliche Verhalten zu unterweisen.
(2) Die Unterweisungen sind in angemessenen Zeitabständen mindestens aber halbjährlich, zu wiederholen.
(3) Der Arbeitgeber beteiligt die Betriebsärzte und die Fachkräfte für Arbeitssicherheit an der Planung, Durchführung und Überwachung der für die Sicherheit und den Gesundheitsschutz bei der Beschäftigung Jugendlicher geltenden Vorschriften.

§ 30 Häusliche Gemeinschaft

(1) Hat der Arbeitgeber einen Jugendlichen in die häusliche Gemeinschaft aufgenommen, so muß er
1. ihm eine Unterkunft zur Verfügung stellen und dafür sorgen, daß sie so beschaffen, ausgestattet und belegt ist und so benutzt wird, daß die Gesundheit des Jugendlichen nicht beeinträchtigt wird, und
2. ihm bei einer Erkrankung, jedoch nicht über die Beendigung der Beschäftigung hinaus, die erforderliche Pflege und ärztliche Behandlung zuteil werden lassen, soweit diese nicht von einem Sozialversicherungsträger geleistet wird.

(2) Die Aufsichtsbehörde kann im Einzelfall anordnen, welchen Anforderungen die Unterkunft (Absatz 1 Nr. 1) und die Pflege bei Erkrankungen (Absatz 1 Nr. 2) genügen müssen.

§ 31 Züchtigungsverbot; Verbot der Abgabe von Alkohol und Tabak

(1) Wer Jugendliche beschäftigt oder im Rahmen eines Rechtsverhältnisses im Sinne des § 1 beaufsichtigt, anweist oder ausbildet, darf sie nicht körperlich züchtigen.
(2) Wer Jugendliche beschäftigt, muß sie vor körperlicher Züchtigung und Mißhandlung und vor sittlicher Gefährdung durch andere bei ihm Beschäftigte und durch Mitglieder seines Haushalts an der Arbeitsstätte und in seinem Hause schützen. Soweit deren Abgabe nach § 9 Absatz 1 oder § 10 Absatz 1 und 4 des Jugendschutzgesetzes verboten ist, darf der Arbeitgeber Jugendlichen keine alkoholischen Getränke, Tabakwaren oder anderen dort genannten Erzeugnisse geben.

Vierter Titel
Gesundheitliche Betreuung

§ 32 Erstuntersuchung

(1) Ein Jugendlicher, der in das Berufsleben eintritt, darf nur beschäftigt werden, wenn
1. er innerhalb der letzten vierzehn Monate von einem Arzt untersucht worden ist (Erstuntersuchung) und
2. dem Arbeitgeber eine von diesem Arzt ausgestellte Bescheinigung vorliegt.

(2) Absatz 1 gilt nicht für eine nur geringfügige oder eine nicht länger als zwei Monate dauernde Beschäftigung mit leichten Arbeiten, von denen keine gesundheitlichen Nachteile für den Jugendlichen zu befürchten sind.

§ 33 Erste Nachuntersuchung

(1) Ein Jahr nach Aufnahme der ersten Beschäftigung hat sich der Arbeitgeber die Bescheinigung eines Arztes darüber vorlegen zu lassen, daß der Jugendliche nachuntersucht worden ist (erste Nachuntersuchung). Die Nachuntersuchung darf nicht länger als drei Monate zurückliegen. Der Arbeitgeber soll den Jugendlichen neun Monate nach Aufnahme der ersten Beschäftigung nachdrücklich auf den Zeitpunkt, bis zu dem der Jugendliche ihm die ärztliche Bescheinigung nach Satz 1 vorzulegen hat, hinweisen und ihn auffordern, die Nachuntersuchung bis dahin durchführen zu lassen.

(2) Legt der Jugendliche die Bescheinigung nicht nach Ablauf eines Jahres vor, hat ihn der Arbeitgeber innerhalb eines Monats unter Hinweis auf das Beschäftigungsverbot nach Absatz 3 schriftlich aufzufordern, ihm die Bescheinigung vorzulegen. Je eine Durchschrift des Aufforderungsschreibens hat der Arbeitgeber dem Personensorgeberechtigten und dem Betriebs- oder Personalrat zuzusenden.

(3) Der Jugendliche darf nach Ablauf von 14 Monaten nach Aufnahme der ersten Beschäftigung nicht weiterbeschäftigt werden, solange er die Bescheinigung nicht vorgelegt hat.

§ 34 Weitere Nachuntersuchungen

Nach Ablauf jedes weiteren Jahres nach der ersten Nachuntersuchung kann sich der Jugendliche erneut nachuntersuchen lassen (weitere Nachuntersuchungen). Der Arbeitgeber soll ihn auf diese Möglichkeit rechtzeitig hinweisen und darauf hinwirken, daß der Jugendliche ihm die Bescheinigung über die weitere Nachuntersuchung vorlegt.

§ 35 Außerordentliche Nachuntersuchung

(1) Der Arzt soll eine außerordentliche Nachuntersuchung anordnen, wenn eine Untersuchung ergibt, daß

1. ein Jugendlicher hinter dem seinem Alter entsprechenden Entwicklungsstand zurückgeblieben ist,
2. gesundheitliche Schwächen oder Schäden vorhanden sind,
3. die Auswirkungen der Beschäftigung auf die Gesundheit oder Entwicklung des Jugendlichen noch nicht zu übersehen sind.

(2) Die in § 33 Abs. 1 festgelegten Fristen werden durch die Anordnung einer außerordentlichen Nachuntersuchung nicht berührt.

§ 36 Ärztliche Untersuchungen und Wechsel des Arbeitgebers

Wechselt der Jugendliche den Arbeitgeber, so darf ihn der neue Arbeitgeber erst beschäftigen, wenn ihm die Bescheinigung über die Erstuntersuchung (§ 32 Abs. 1) und, falls seit der Aufnahme der Beschäftigung ein Jahr vergangen ist, die Bescheinigung über die erste Nachuntersuchung (§ 33) vorliegen.

§ 37 Inhalt und Durchführung der ärztlichen Untersuchungen

(1) Die ärztlichen Untersuchungen haben sich auf den Gesundheits- und Entwicklungsstand und die körperliche Beschaffenheit, die Nachuntersuchungen außerdem auf die Auswirkungen der Beschäftigung auf Gesundheit und Entwicklung des Jugendlichen zu erstrecken.

(2) Der Arzt hat unter Berücksichtigung der Krankheitsvorgeschichte des Jugendlichen auf Grund der Untersuchungen zu beurteilen,

1. ob die Gesundheit oder die Entwicklung des Jugendlichen durch die Ausführung bestimmter Arbeiten oder durch die Beschäftigung während bestimmter Zeiten gefährdet wird,
2. ob besondere der Gesundheit dienende Maßnahmen einschließlich Maßnahmen zur Verbesserung des Impfstatus erforderlich sind,
3. ob eine außerordentliche Nachuntersuchung (§ 35 Abs. 1) erforderlich ist.

(3) Der Arzt hat schriftlich festzuhalten:

1. den Untersuchungsbefund,
2. die Arbeiten, durch deren Ausführung er die Gesundheit oder die Entwicklung des Jugendlichen für gefährdet hält,
3. die besonderen der Gesundheit dienenden Maßnahmen einschließlich Maßnahmen zur Verbesserung des Impfstatus,
4. die Anordnung einer außerordentlichen Nachuntersuchung (§ 35 Abs. 1).

§ 38 Ergänzungsuntersuchung

Kann der Arzt den Gesundheits- und Entwicklungsstand des Jugendlichen nur beurteilen, wenn das Ergebnis einer Ergänzungsuntersuchung durch einen anderen Arzt oder einen Zahnarzt vorliegt, so hat er die Ergänzungsuntersuchung zu veranlassen und ihre Notwendigkeit schriftlich zu begründen.

§ 39 Mitteilung, Bescheinigung

(1) Der Arzt hat dem Personensorgeberechtigten schriftlich mitzuteilen:
1. das wesentliche Ergebnis der Untersuchung,
2. die Arbeiten, durch deren Ausführung er die Gesundheit oder die Entwicklung des Jugendlichen für gefährdet hält,
3. die besonderen der Gesundheit dienenden Maßnahmen einschließlich Maßnahmen zur Verbesserung des Impfstatus,
4. die Anordnung einer außerordentlichen Nachuntersuchung (§ 35 Abs. 1).

(2) Der Arzt hat eine für den Arbeitgeber bestimmte Bescheinigung darüber auszustellen, daß die Untersuchung stattgefunden hat und darin die Arbeiten zu vermerken, durch deren Ausführung er die Gesundheit oder die Entwicklung des Jugendlichen für gefährdet hält.

§ 40 Bescheinigung mit Gefährdungsvermerk

(1) Enthält die Bescheinigung des Arztes (§ 39 Abs. 2) einen Vermerk über Arbeiten, durch deren Ausführung er die Gesundheit oder die Entwicklung des Jugendlichen für gefährdet hält, so darf der Jugendliche mit solchen Arbeiten nicht beschäftigt werden.

(2) Die Aufsichtsbehörde kann die Beschäftigung des Jugendlichen mit den in der Bescheinigung des Arztes (§ 39 Abs. 2) vermerkten Arbeiten im Einvernehmen mit einem Arzt zulassen und die Zulassung mit Auflagen verbinden.

§ 41 Aufbewahren der ärztlichen Bescheinigungen

(1) Der Arbeitgeber hat die ärztlichen Bescheinigungen bis zur Beendigung der Beschäftigung, längstens jedoch bis zur Vollendung des 18. Lebensjahres des Jugendlichen aufzubewahren und der Aufsichtsbehörde sowie der Berufsgenossenschaft auf Verlangen zur Einsicht vorzulegen oder einzusenden.

(2) Scheidet der Jugendliche aus dem Beschäftigungsverhältnis aus, so hat ihm der Arbeitgeber die Bescheinigungen auszuhändigen.

§ 42 Eingreifen der Aufsichtsbehörde

Die Aufsichtsbehörde hat, wenn die dem Jugendlichen übertragenen Arbeiten Gefahren für seine Gesundheit befürchten lassen, dies dem Personensorgeberechtigten und dem Arbeitgeber mitzuteilen und den Jugendlichen aufzufordern, sich durch einen von ihr ermächtigten Arzt untersuchen zu lassen.

§ 43 Freistellung für Untersuchungen

Der Arbeitgeber hat den Jugendlichen für die Durchführung der ärztlichen Untersuchungen nach diesem Abschnitt freizustellen. Ein Entgeltausfall darf hierdurch nicht eintreten.

§ 44 Kosten der Untersuchungen

Die Kosten der Untersuchungen trägt das Land.

§ 45 Gegenseitige Unterrichtung der Ärzte

(1) Die Ärzte, die Untersuchungen nach diesem Abschnitt vorgenommen haben, müssen, wenn der Personensorgeberechtigte und der Jugendliche damit einverstanden sind,
1. dem staatlichen Gewerbearzt,
2. dem Arzt, der einen Jugendlichen nach diesem Abschnitt nachuntersucht,

auf Verlangen die Aufzeichnungen über die Untersuchungsbefunde zur Einsicht aushändigen.
(2) Unter den Voraussetzungen des Absatzes 1 kann der Amtsarzt des Gesundheitsamtes einem Arzt, der einen Jugendlichen nach diesem Abschnitt untersucht, Einsicht in andere in seiner Dienststelle vorhandene Unterlagen über Gesundheit und Entwicklung des Jugendlichen gewähren.

§ 46 Ermächtigungen

(1) Das Bundesministerium für Arbeit und Soziales kann zum Zwecke einer gleichmäßigen und wirksamen gesundheitlichen Betreuung durch Rechtsverordnung mit Zustimmung des Bundesrates Vorschriften über die Durchführung der ärztlichen Untersuchungen und über die für die Aufzeichnungen der Untersuchungsbefunde, die Bescheinigungen und Mitteilungen zu verwendenden Vordrucke erlassen.
(2) Die Landesregierung kann durch Rechtsverordnung
1. zur Vermeidung von mehreren Untersuchungen innerhalb eines kurzen Zeitraums aus verschiedenen Anlässen bestimmen, daß die Untersuchungen nach den §§ 32 bis 34 zusammen mit Untersuchungen nach anderen Vorschriften durchzuführen sind, und hierbei von der Frist des § 32 Abs. 1 Nr. 1 bis zu drei Monaten abweichen,
2. zur Vereinfachung der Abrechnung
   a) Pauschbeträge für die Kosten der ärztlichen Untersuchungen im Rahmen der geltenden Gebührenordnungen festsetzen,
   b) Vorschriften über die Erstattung der Kosten beim Zusammentreffen mehrerer Untersuchungen nach Nummer 1 erlassen.

Vierter Abschnitt
Durchführung des Gesetzes

Erster Titel
Aushänge und Verzeichnisse

§ 47 Bekanntgabe des Gesetzes und der Aufsichtsbehörde

Arbeitgeber, die regelmäßig mindestens einen Jugendlichen beschäftigen, haben eine Kopie dieses Gesetzes und die Anschrift der zuständigen Aufsichtsbehörde den Arbeitnehmern über die im Betrieb oder in der Dienststelle übliche Informations- und Kommunikationstechnik zur Verfügung zu stellen oder an geeigneter Stelle im Betrieb oder in der Dienststelle zur Einsicht auszulegen oder auszuhängen.

§ 48 Information über Arbeitszeit und Pausen

Arbeitgeber, die regelmäßig mindestens drei Jugendliche beschäftigen, haben eine Information über Beginn und Ende der regelmäßigen täglichen Arbeitszeit und der Pausen der Jugendlichen den Arbeitnehmern über die im Betrieb oder in der Dienststelle übliche Informations- und Kommunikationstechnik zur Verfügung zu stellen oder an geeigneter Stelle im Betrieb oder in der Dienststelle zur Einsicht auszulegen oder auszuhängen.

§ 49 Verzeichnisse der Jugendlichen

Arbeitgeber haben Verzeichnisse der bei ihnen beschäftigten Jugendlichen unter Angabe des Vor- und Familiennamens, des Geburtsdatums und der Wohnanschrift zu führen, in denen das Datum des Beginns der Beschäftigung bei ihnen, bei einer Beschäftigung unter Tage auch das Datum des Beginns dieser Beschäftigung, enthalten ist.

§ 50 Auskunft; Vorlage der Verzeichnisse

(1) Der Arbeitgeber ist verpflichtet, der Aufsichtsbehörde auf Verlangen
1. die zur Erfüllung ihrer Aufgaben erforderlichen Angaben wahrheitsgemäß und vollständig zu machen,
2. die Verzeichnisse gemäß § 49, die Unterlagen, aus denen Name, Beschäftigungsart und -zeiten der Jugendlichen sowie Lohn- und Gehaltszahlungen ersichtlich sind, und alle sonstigen Unterlagen, die sich auf die nach Nummer 1 zu machenden Angaben beziehen, zur Einsicht vorzulegen oder einzusenden.

(2) Die Verzeichnisse und Unterlagen sind mindestens bis zum Ablauf von zwei Jahren nach der letzten Eintragung aufzubewahren.

Zweiter Titel
Aufsicht

§ 51 Aufsichtsbehörde; Besichtigungsrechte und Berichtspflicht

(1) Die Aufsicht über die Ausführung dieses Gesetzes und der auf Grund dieses Gesetzes erlassenen Rechtsverordnungen obliegt der nach Landesrecht zuständigen Behörde (Aufsichtsbehörde). Die Landesregierung kann durch Rechtsverordnung die Aufsicht über die Ausführung dieser Vorschriften in Familienhaushalten auf gelegentliche Prüfungen beschränken.
(2) Die Beauftragten der Aufsichtsbehörde sind berechtigt, die Arbeitsstätten während der üblichen Betriebs- und Arbeitszeit zu betreten und zu besichtigen; außerhalb dieser Zeit oder wenn sich die Arbeitsstätten in einer Wohnung befinden, dürfen sie nur zur Verhütung von dringenden Gefahren für die öffentliche Sicherheit und Ordnung betreten und besichtigt werden. Der Arbeitgeber hat das Betreten und Besichtigen der Arbeitsstätten zu gestatten. Das Grundrecht der Unverletzlichkeit der Wohnung (Artikel 13 des Grundgesetzes) wird insoweit eingeschränkt.
(3) Die Aufsichtsbehörden haben im Rahmen der Jahresberichte nach § 139b Abs. 3 der Gewerbeordnung über ihre Aufsichtstätigkeit gemäß Absatz 1 zu berichten.

§ 52 (weggefallen)

§ 53 Mitteilung über Verstöße

Die Aufsichtsbehörde teilt schwerwiegende Verstöße gegen die Vorschriften dieses Gesetzes oder gegen die auf Grund dieses Gesetzes erlassenen Rechtsverordnungen der nach dem Berufsbildungsgesetz oder der Handwerksordnung zuständigen Stelle mit. Die zuständige Agentur für Arbeit erhält eine Durchschrift dieser Mitteilung.

§ 54 Ausnahmebewilligungen

(1) Ausnahmen, die die Aufsichtsbehörde nach diesem Gesetz oder den auf Grund dieses Gesetzes erlassenen Rechtsverordnungen bewilligen kann, sind zu befristen. Die Ausnahmebewilligungen können
1. mit einer Bedingung erlassen werden,
2. mit einer Auflage oder mit einem Vorbehalt der nachträglichen Aufnahme, Änderung oder Ergänzung einer Auflage verbunden werden und
3. jederzeit widerrufen werden.

(2) Ausnahmen können nur für einzelne Beschäftigte, einzelne Betriebe oder einzelne Teile des Betriebs bewilligt werden.
(3) Ist eine Ausnahme für einen Betrieb oder einen Teil des Betriebs bewilligt worden, so hat der Arbeitgeber eine Kopie der Bewilligung den Arbeitnehmern über die im Betrieb oder in der Dienststelle übliche Informations- und Kommunikationstechnik zur Verfügung zu stellen oder an geeigneter Stelle im Betrieb oder in der Dienststelle zur Einsicht auszulegen oder auszuhängen.

Dritter Titel
Ausschüsse für Jugendarbeitsschutz

§ 55 Bildung des Landesausschusses für Jugendarbeitsschutz

(1) Bei der von der Landesregierung bestimmten obersten Landesbehörde kann ein Landesausschuss für Jugendarbeitsschutz gebildet werden.
(2) Dem Landesausschuß gehören als Mitglieder an:
1. je sechs Vertreter der Arbeitgeber und der Arbeitnehmer,
2. ein Vertreter des Landesjugendringes,
3. ein von der Bundesagentur für Arbeit benannter Vertreter und je ein Vertreter des Landesjugendamtes, der für das Gesundheitswesen zuständigen obersten Landesbehörde und der für die berufsbildenden Schulen zuständigen obersten Landesbehörde und
4. ein Arzt.

(3) Die Mitglieder des Landesausschusses werden von der von der Landesregierung bestimmten obersten Landesbehörde berufen, die Vertreter der Arbeitgeber und Arbeitnehmer auf Vorschlag der auf Landesebene bestehenden Arbeitgeberverbände und Gewerkschaften, der Arzt auf Vorschlag der Landesärztekammer, die übrigen Vertreter auf Vorschlag der in Absatz 2 Nr. 2 und 3 genannten Stellen.
(4) Die Tätigkeit im Landesausschuß ist ehrenamtlich. Für bare Auslagen und für Entgeltausfall ist, soweit eine Entschädigung nicht von anderer Seite gewährt wird, eine angemessene Entschädigung zu zahlen, deren Höhe nach Landesrecht oder von der von der Landesregierung bestimmten obersten Landesbehörde festgesetzt wird.
(5) Die Mitglieder können nach Anhören der an ihrer Berufung beteiligten Stellen aus wichtigem Grund abberufen werden.
(6) Die Mitglieder haben Stellvertreter. Die Absätze 2 bis 5 gelten für die Stellvertreter entsprechend.
(7) Der Landesausschuß wählt aus seiner Mitte einen Vorsitzenden und dessen Stellvertreter. Der Vorsitzende und sein Stellvertreter sollen nicht derselben Mitgliedergruppe angehören.
(8) Der Landesausschuß gibt sich eine Geschäftsordnung. Die Geschäftsordnung kann die Bildung von Unterausschüssen vorsehen und bestimmen, daß ihnen ausnahmsweise nicht nur Mitglieder des Landesausschusses angehören. Absatz 4 Satz 2 gilt für die Unterausschüsse hinsichtlich der Entschädigung entsprechend. An den Sitzungen des Landesausschusses und der Unterausschüsse können Vertreter der beteiligten obersten Landesbehörden teilnehmen.

§ 56 Bildung des Ausschusses für Jugendarbeitsschutz bei der Aufsichtsbehörde

(1) Bei der Aufsichtsbehörde kann ein Ausschuss für Jugendarbeitsschutz gebildet werden. In Städten, in denen mehrere Aufsichtsbehörden ihren Sitz haben, kann ein gemeinsamer Ausschuss für Jugendarbeitsschutz gebildet werden. In Ländern, in

denen nicht mehr als zwei Aufsichtsbehörden eingerichtet sind, kann der Landesausschuss für Jugendarbeitsschutz die Aufgaben dieses Ausschusses übernehmen.
(2) Dem Ausschuß gehören als Mitglieder an:
1. je sechs Vertreter der Arbeitgeber und der Arbeitnehmer,
2. ein Vertreter des im Bezirk der Aufsichtsbehörde wirkenden Jugendringes,
3. je ein Vertreter eines Arbeits-, Jugend- und Gesundheitsamtes,
4. ein Arzt und ein Lehrer an einer berufsbildenden Schule.

(3) Die Mitglieder des Jugendarbeitsschutzausschusses werden von der Aufsichtsbehörde berufen, die Vertreter der Arbeitgeber und Arbeitnehmer auf Vorschlag der im Aufsichtsbezirk bestehenden Arbeitgeberverbände und Gewerkschaften, der Arzt auf Vorschlag der Ärztekammer, der Lehrer auf Vorschlag der nach Landesrecht zuständigen Behörde, die übrigen Vertreter auf Vorschlag der in Absatz 2 Nr. 2 und 3 genannten Stellen. § 55 Abs. 4 bis 8 gilt mit der Maßgabe entsprechend, daß die Entschädigung von der Aufsichtsbehörde mit Genehmigung der von der Landesregierung bestimmten obersten Landesbehörde festgesetzt wird.

§ 57 Aufgaben der Ausschüsse

(1) Der Landesausschuß berät die oberste Landesbehörde in allen allgemeinen Angelegenheiten des Jugendarbeitsschutzes und macht Vorschläge für die Durchführung dieses Gesetzes. Er klärt über Inhalt und Ziel des Jugendarbeitsschutzes auf.
(2) Die oberste Landesbehörde beteiligt den Landesausschuß in Angelegenheiten von besonderer Bedeutung, insbesondere vor Erlaß von Rechtsvorschriften zur Durchführung dieses Gesetzes.
(3) Der Landesausschuß hat über seine Tätigkeit im Zusammenhang mit dem Bericht der Aufsichtsbehörden nach § 51 Abs. 3 zu berichten.
(4) Der Ausschuß für Jugendarbeitsschutz bei der Aufsichtsbehörde berät diese in allen allgemeinen Angelegenheiten des Jugendarbeitsschutzes und macht dem Landesausschuß Vorschläge für die Durchführung dieses Gesetzes. Er klärt über Inhalt und Ziel des Jugendarbeitsschutzes auf.

Fünfter Abschnitt
Straf- und Bußgeldvorschriften

§ 58 Bußgeld- und Strafvorschriften

(1) Ordnungswidrig handelt, wer als Arbeitgeber vorsätzlich oder fahrlässig
1. entgegen § 5 Abs. 1, auch in Verbindung mit § 2 Abs. 3, ein Kind oder einen Jugendlichen, der der Vollzeitschulpflicht unterliegt, beschäftigt,
2. entgegen § 5 Abs. 3 Satz 1 oder Satz 3, jeweils auch in Verbindung mit § 2 Abs. 3, ein Kind über 13 Jahre oder einen Jugendlichen, der der Vollzeitschulpflicht unterliegt, in anderer als der zugelassenen Weise beschäftigt,
3. (weggefallen)

4. entgegen § 7 Satz 1 Nr. 2, auch in Verbindung mit einer Rechtsverordnung nach § 26 Nr. 1, ein Kind, das der Vollzeitschulpflicht nicht mehr unterliegt, in anderer als der zugelassenen Weise beschäftigt,
5. entgegen § 8 einen Jugendlichen über die zulässige Dauer der Arbeitszeit hinaus beschäftigt,
6. entgegen § 9 Absatz 1 einen Jugendlichen beschäftigt oder nicht freistellt,
7. entgegen § 10 Abs. 1 einen Jugendlichen für die Teilnahme an Prüfungen oder Ausbildungsmaßnahmen oder an dem Arbeitstag, der der schriftlichen Abschlußprüfung unmittelbar vorangeht, nicht freistellt,
8. entgegen § 11 Abs. 1 oder 2 Ruhepausen nicht, nicht mit der vorgeschriebenen Mindestdauer oder nicht in der vorgeschriebenen zeitlichen Lage gewährt,
9. entgegen § 12 einen Jugendlichen über die zulässige Schichtzeit hinaus beschäftigt,
10. entgegen § 13 die Mindestfreizeit nicht gewährt,
11. entgegen § 14 Abs. 1 einen Jugendlichen außerhalb der Zeit von 6 bis 20 Uhr oder entgegen § 14 Abs. 7 Satz 3 vor Ablauf der Mindestfreizeit beschäftigt,
12. entgegen § 15 einen Jugendlichen an mehr als fünf Tagen in der Woche beschäftigt,
13. entgegen § 16 Abs. 1 einen Jugendlichen an Samstagen beschäftigt oder entgegen § 16 Abs. 3 Satz 1 den Jugendlichen nicht freistellt,
14. entgegen § 17 Abs. 1 einen Jugendlichen an Sonntagen beschäftigt oder entgegen § 17 Abs. 2 Satz 2 Halbsatz 2 oder Abs. 3 Satz 1 den Jugendlichen nicht freistellt,
15. entgegen § 18 Abs. 1 einen Jugendlichen am 24. oder 31. Dezember nach 14 Uhr oder an gesetzlichen Feiertagen beschäftigt oder entgegen § 18 Abs. 3 nicht freistellt,
16. entgegen § 19 Abs. 1 auch in Verbindung mit Abs. 2 Satz 1 oder 2, oder entgegen § 19 Abs. 3 Satz 2 oder Abs. 4 Satz 2 Urlaub nicht oder nicht mit der vorgeschriebenen Dauer gewährt,
17. entgegen § 21 Abs. 2 die geleistete Mehrarbeit durch Verkürzung der Arbeitszeit nicht ausgleicht,
18. entgegen § 22 Abs. 1, auch in Verbindung mit einer Rechtsverordnung nach § 26 Nr. 1, einen Jugendlichen mit den dort genannten Arbeiten beschäftigt,
19. entgegen § 23 Abs. 1, auch in Verbindung mit einer Rechtsverordnung nach § 26 Nr. 1, einen Jugendlichen mit Arbeiten mit Lohnanreiz, in einer Arbeitsgruppe mit Erwachsenen, deren Entgelt vom Ergebnis ihrer Arbeit abhängt, oder mit tempoabhängigen Arbeiten beschäftigt,
20. entgegen § 24 Abs. 1, auch in Verbindung mit einer Rechtsverordnung nach § 26 Nr. 1, einen Jugendlichen mit Arbeiten unter Tage beschäftigt,
21. entgegen § 31 Abs. 2 Satz 2 einem Jugendlichen ein dort genanntes Getränk, Tabakwaren oder ein dort genanntes Erzeugnis gibt,
22. entgegen § 32 Abs. 1 einen Jugendlichen ohne ärztliche Bescheinigung über die Erstuntersuchung beschäftigt,
23. entgegen § 33 Abs. 3 einen Jugendlichen ohne ärztliche Bescheinigung über die erste Nachuntersuchung weiterbeschäftigt,

24. entgegen § 36 einen Jugendlichen ohne Vorlage der erforderlichen ärztlichen Bescheinigungen beschäftigt,
25. entgegen § 40 Abs. 1 einen Jugendlichen mit Arbeiten beschäftigt, durch deren Ausführung der Arzt nach der von ihm erteilten Bescheinigung die Gesundheit oder die Entwicklung des Jugendlichen für gefährdet hält,
26. einer Rechtsverordnung nach
    a) § 26 Nr. 2 oder
    b) § 28 Abs. 2

    zuwiderhandelt, soweit sie für einen bestimmten Tatbestand auf diese Bußgeldvorschrift verweist,
27. einer vollziehbaren Anordnung der Aufsichtsbehörde nach § 6 Abs. 3, § 27 Abs. 1 Satz 2 oder Abs. 2, § 28 Abs. 3 oder § 30 Abs. 2 zuwiderhandelt,
28. einer vollziehbaren Auflage der Aufsichtsbehörde nach § 6 Abs. 1, § 14 Abs. 7, § 27 Abs. 3 oder § 40 Abs. 2, jeweils in Verbindung mit § 54 Abs. 1, zuwiderhandelt,
29. einer vollziehbaren Anordnung oder Auflage der Aufsichtsbehörde auf Grund einer Rechtsverordnung nach § 26 Nr. 2 oder § 28 Abs. 2 zuwiderhandelt, soweit die Rechtsverordnung für einen bestimmten Tatbestand auf die Bußgeldvorschrift verweist.

(2) Ordnungswidrig handelt, wer vorsätzlich oder fahrlässig entgegen § 25 Abs. 1 Satz 1 oder Abs. 2 Satz 1 einen Jugendlichen beschäftigt, beaufsichtigt, anweist oder ausbildet, obwohl ihm dies verboten ist, oder einen anderen, dem dies verboten ist, mit der Beaufsichtigung, Anweisung oder Ausbildung eines Jugendlichen beauftragt.

(3) Absatz 1 Nr. 4, 6 bis 29 und Absatz 2 gelten auch für die Beschäftigung von Kindern (§ 2 Abs. 1) oder Jugendlichen, die der Vollzeitschulpflicht unterliegen (§ 2 Abs. 3), nach § 5 Abs. 2. Absatz 1 Nr. 6 bis 29 und Absatz 2 gelten auch für die Beschäftigung von Kindern, die der Vollzeitschulpflicht nicht mehr unterliegen, nach § 7.

(4) Die Ordnungswidrigkeit kann mit einer Geldbuße bis zu dreißigtausend Euro geahndet werden.

(5) Wer vorsätzlich eine in Absatz 1, 2 oder 3 bezeichnete Handlung begeht und dadurch ein Kind, einen Jugendlichen oder im Falle des Absatzes 1 Nr. 6 eine Person, die noch nicht 21 Jahre alt ist, in ihrer Gesundheit oder Arbeitskraft gefährdet, wird mit Freiheitsstrafe bis zu einem Jahr oder mit Geldstrafe bestraft. Ebenso wird bestraft, wer eine in Absatz 1, 2 oder 3 bezeichnete Handlung beharrlich wiederholt.

(6) Wer in den Fällen des Absatzes 5 Satz 1 die Gefahr fahrlässig verursacht, wird mit Freiheitsstrafe bis zu sechs Monaten oder mit Geldstrafe bis zu einhundertachtzig Tagessätzen bestraft.

§ 59 Bußgeldvorschrift

(1) Ordnungswidrig handelt, wer als Arbeitgeber vorsätzlich oder fahrlässig
1. entgegen § 6 Abs. 4 Satz 2 ein Kind vor Erhalt des Bewilligungsbescheides beschäftigt,

2. entgegen § 11 Abs. 3 den Aufenthalt in Arbeitsräumen gestattet,
2a. entgegen § 20 Absatz 2 Satz 1 eine Aufzeichnung nicht oder nicht richtig führt,
2b. entgegen § 20 Absatz 2 Satz 3 eine Aufzeichnung nicht oder nicht mindestens zwölf Monate aufbewahrt,
3. entgegen § 29 einen Jugendlichen über Gefahren nicht, nicht richtig oder nicht rechtzeitig unterweist,
4. entgegen § 33 Abs. 2 Satz 1 einen Jugendlichen nicht oder nicht rechtzeitig zur Vorlage einer ärztlichen Bescheinigung auffordert,
5. entgegen § 41 die ärztliche Bescheinigung nicht aufbewahrt, vorlegt, einsendet oder aushändigt,
6. entgegen § 43 Satz 1 einen Jugendlichen für ärztliche Untersuchungen nicht freistellt,
7. entgegen § 47 eine Kopie des Gesetzes oder die Anschrift der zuständigen Aufsichtsbehörde nicht, nicht richtig oder nicht vollständig zur Verfügung stellt und nicht, nicht richtig oder nicht vollständig auslegt und nicht, nicht richtig oder nicht vollständig aushängt,
8. entgegen § 48 eine Information nicht, nicht richtig oder nicht vollständig zur Verfügung stellt und nicht, nicht richtig oder nicht vollständig auslegt und nicht, nicht richtig oder nicht vollständig aushängt,
9. entgegen § 49 ein Verzeichnis nicht oder nicht in der vorgeschriebenen Weise führt,
10. entgegen § 50 Abs. 1 Angaben nicht, nicht richtig oder nicht vollständig macht oder Verzeichnisse oder Unterlagen nicht vorlegt oder einsendet oder entgegen § 50 Abs. 2 Verzeichnisse oder Unterlagen nicht oder nicht vorschriftsmäßig aufbewahrt,
11. entgegen § 51 Abs. 2 Satz 2 das Betreten oder Besichtigen der Arbeitsstätten nicht gestattet,
12. entgegen § 54 Abs. 3 eine Kopie nicht, nicht richtig oder nicht vollständig zur Verfügung stellt und nicht, nicht richtig oder nicht vollständig auslegt und nicht, nicht richtig oder nicht vollständig aushängt.

(2) Absatz 1 Nr. 2 bis 6 gilt auch für die Beschäftigung von Kindern (§ 2 Abs. 1 und 3) nach § 5 Abs. 2 Satz 1.

(3) Die Ordnungswidrigkeit kann mit einer Geldbuße bis zu fünftausend Euro geahndet werden.

§ 60 Verwaltungsvorschriften für die Verfolgung und Ahndung von Ordnungswidrigkeiten

Der Bundesminister für Arbeit und Sozialordnung kann mit Zustimmung des Bundesrates allgemeine Verwaltungsvorschriften für die Verfolgung und Ahndung von Ordnungswidrigkeiten nach §§ 58 und 59 durch die Verwaltungsbehörde (§ 35 des Gesetzes über Ordnungswidrigkeiten) und über die Erteilung einer Verwarnung (§§ 56, 58 Abs. 2 des Gesetzes über Ordnungswidrigkeiten) wegen einer Ordnungswidrigkeit nach §§ 58 und 59 erlassen.

Sechster Abschnitt Schlußvorschriften

§ 61 Beschäftigung von Jugendlichen auf Kauffahrteischiffen

Für die Beschäftigung von Jugendlichen als Besatzungsmitglieder auf Kauffahrteischiffen im Sinne des § 3 des Seearbeitsgesetzes gilt anstelle dieses Gesetzes das Seearbeitsgesetz.

§ 62 Beschäftigung im Vollzug einer Freiheitsentziehung

(1) Die Vorschriften dieses Gesetzes gelten für die Beschäftigung Jugendlicher (§ 2 Abs. 2) im Vollzug einer gerichtlich angeordneten Freiheitsentziehung entsprechend, soweit es sich nicht nur um gelegentliche, geringfügige Hilfeleistungen handelt und soweit in den Absätzen 2 bis 4 nichts anderes bestimmt ist.
(2) Im Vollzug einer gerichtlich angeordneten Freiheitsentziehung finden § 19, §§ 47 bis 50 keine Anwendung.
(3) Die §§ 13, 14, 15, 16, 17 und 18 Abs. 1 und 2 gelten im Vollzug einer gerichtlich angeordneten Freiheitsentziehung nicht für die Beschäftigung jugendlicher Anstaltsinsassen mit der Zubereitung und Ausgabe der Anstaltsverpflegung.
(4) § 18 Abs. 1 und 2 gilt nicht für die Beschäftigung jugendlicher Anstaltsinsassen in landwirtschaftlichen Betrieben der Vollzugsanstalten mit Arbeiten, die auch an Sonn- und Feiertagen naturnotwendig vorgenommen werden müssen.

§§ 63 bis 70 (Änderung anderer Vorschriften)

(hier nicht aufgenommen)

§ 71 (weggefallen)

§ 72 Inkrafttreten

(1) Dieses Gesetz tritt am 1. Mai 1976 in Kraft.
(2) Zum gleichen Zeitpunkt treten außer Kraft
1. das Jugendschutzgesetz vom 30. April 1938 (Reichsgesetzbl. I S. 437), zuletzt geändert durch das Zuständigkeitslockerungsgesetz vom 10. März 1975 (Bundesgesetzbl. I S. 685),
2. das Jugendarbeitsschutzgesetz vom 9. August 1960 (Bundesgesetzbl. I S. 665), zuletzt geändert durch Artikel 244 des Einführungsgesetzes zum Strafgesetzbuch vom 2. März 1974 (Bundesgesetzblatt I S. 469),
3. die auf § 80 Nr. 3 des Bundesbeamtengesetzes gestützten Rechtsvorschriften.

(3) Die auf Grund des § 37 Abs. 2 und des § 53 des Jugendarbeitsschutzgesetzes vom 9. August 1960, des § 20 Abs. 1 des Jugendschutzgesetzes vom 30. April 1938 und des § 120e der Gewerbeordnung erlassenen Vorschriften bleiben unberührt.

Sie können, soweit sie den Geltungsbereich dieses Gesetzes betreffen, durch Rechtsverordnungen auf Grund des § 26 oder des § 46 geändert oder aufgehoben werden.
(4) Vorschriften in Rechtsverordnungen, die durch § 69 dieses Gesetzes geändert werden, können vom Bundesministerium für Arbeit und Soziales im Rahmen der bestehenden Ermächtigungen geändert oder aufgehoben werden.
(5) Verweisungen auf Vorschriften des Jugendarbeitsschutzgesetzes vom 9. August 1960 gelten als Verweisungen auf die entsprechenden Vorschriften dieses Gesetzes oder der auf Grund dieses Gesetzes erlassenen Rechtsverordnungen.

Gesetz über Medizinprodukte (Medizinproduktegesetz – MPG)

In der Fassung vom 07. 08. 2002 (BGBl. I S. 3146), zuletzt geändert durch Elfte Zuständigkeitsanpassungsverordnung vom 19. 06. 2020 (BGBl. I S. 1328)

Erster Abschnitt (weggefallen)

§§ 1 bis 3 (weggefallen)

Zweiter Abschnitt (weggefallen)

§§ 4 bis 14 (weggefallen)

Dritter Abschnitt (weggefallen)

§§ 15 bis 18 (weggefallen)

Vierter Abschnitt (weggefallen)

§§ 19 bis 24 (weggefallen)

Fünfter Abschnitt (weggefallen)

§§ 25 bis 31 (weggefallen)

Sechster Abschnitt
Zuständige Behörden, Rechtsverordnungen, sonstige Bestimmungen

§§ 32 und 32a (weggefallen)

§ 33 Datenbankgestütztes Informationssystem, Europäische Datenbank

(1) Das Bundesinstitut für Arzneimittel und Medizinprodukte stellt den für Medizinprodukte zuständigen Behörden des Bundes und der Länder die zum Vollzug dieses Gesetzes erforderlichen Informationen zur Verfügung. Es stellt die erforderlichen Daten für die Europäische Datenbank im Sinne von Artikel 10b der Richtlinie 90/385/EWG, Artikel 14a der Richtlinie 93/42/EWG und Artikel 12 der Richtlinie 98/79/EG zur Verfügung. Eine Bereitstellung dieser Informationen für nicht-öffentliche Stellen ist zulässig, soweit dies die Rechtsverordnung nach § 37 Abs. 8 vorsieht.

(2) Im Sinne des Absatzes 1 hat das dort genannte Bundesinstitut insbesondere folgende Aufgaben:

1. zentrale Verarbeitung von Informationen nach § 25 Abs. 5, auch in Verbindung mit § 18 Abs. 3, §§ 22a bis 23a und 24,
2. zentrale Verarbeitung von Basisinformationen der in Verkehr befindlichen Medizinprodukte,
3. zentrale Verarbeitung von Daten nach § 29 Absatz 1 Satz 5 aus der Beobachtung, Sammlung, Auswertung und Bewertung von Risiken in Verbindung mit Medizinprodukten,
4. Informationsbeschaffung und Übermittlung von Daten an Datenbanken anderer Mitgliedstaaten und Institutionen der Europäischen Union und anderer Vertragsstaaten des Abkommens über den Europäischen Wirtschaftsraum, insbesondere im Zusammenhang mit der Erkennung und Abwehr von Risiken in Verbindung mit Medizinprodukten,
5. Aufbau und Unterhaltung von Zugängen zu Datenbanken, die einen Bezug zu Medizinprodukten haben.

(3) Das in Absatz 1 genannte Bundesinstitut ergreift im Einvernehmen mit dem Bundesbeauftragten für den Datenschutz und die Informationsfreiheit die notwendigen Maßnahmen, damit Daten nur dazu befugten Personen übermittelt werden oder diese Zugang zu diesen Daten erhalten.

Gesetz zum Schutz von Müttern bei der Arbeit, in der Ausbildung und im Studium (Mutterschutzgesetz – MuSchG)

In der Fassung vom 23. 05. 2017 (BGBl. I S. 1228), zuletzt geändert durch Gesetz zur Anpassung des Mutterschutzgesetzes und weiterer Gesetze – Anspruch auf Mutterschutzfristen nach einer Fehlgeburt vom 24. 02. 2025 (BGBl. I Nr. 59)

Abschnitt 1
Allgemeine Vorschriften

§ 1 Anwendungsbereich, Ziel des Mutterschutzes

(1) Dieses Gesetz schützt die Gesundheit der Frau und ihres Kindes am Arbeits-, Ausbildungs- und Studienplatz während der Schwangerschaft, nach der Entbindung und in der Stillzeit. Das Gesetz ermöglicht es der Frau, ihre Beschäftigung oder sonstige Tätigkeit in dieser Zeit ohne Gefährdung ihrer Gesundheit oder der ihres Kindes fortzusetzen und wirkt Benachteiligungen während der Schwangerschaft, nach der Entbindung und in der Stillzeit entgegen. Regelungen in anderen Arbeitsschutzgesetzen bleiben unberührt.

(2) Dieses Gesetz gilt für Frauen in einer Beschäftigung im Sinne von § 7 Absatz 1 des Vierten Buches Sozialgesetzbuch. Unabhängig davon, ob ein solches Beschäftigungsverhältnis vorliegt, gilt dieses Gesetz auch für

1. Frauen in betrieblicher Berufsbildung und Praktikantinnen im Sinne von § 26 des Berufsbildungsgesetzes,
2. Frauen mit Behinderung, die in einer Werkstatt für behinderte Menschen beschäftigt sind,
3. Frauen, die als Entwicklungshelferinnen im Sinne des Entwicklungshelfer-Gesetzes tätig sind, jedoch mit der Maßgabe, dass die §§ 18 bis 22 auf sie nicht anzuwenden sind,
4. Frauen, die als Freiwillige im Sinne des Jugendfreiwilligendienstegesetzes oder des Bundesfreiwilligendienstgesetzes tätig sind,
5. Frauen, die als Mitglieder einer geistlichen Genossenschaft, Diakonissen oder Angehörige einer ähnlichen Gemeinschaft auf einer Planstelle oder aufgrund eines Gestellungsvertrages für diese tätig werden, auch während der Zeit ihrer dortigen außerschulischen Ausbildung,
6. Frauen, die in Heimarbeit beschäftigt sind, und ihnen Gleichgestellte im Sinne von § 1 Absatz 1 und 2 des Heimarbeitsgesetzes, soweit sie am Stück mitarbeiten, jedoch mit der Maßgabe, dass die §§ 10 und 14 auf sie nicht anzuwenden sind und § 9 Absatz 1 bis 5 auf sie entsprechend anzuwenden ist,

7. Frauen, die wegen ihrer wirtschaftlichen Unselbstständigkeit als arbeitnehmerähnliche Person anzusehen sind, jedoch mit der Maßgabe, dass die §§ 18, 19 Absatz 2 und § 20 auf sie nicht anzuwenden sind, und
8. Schülerinnen und Studentinnen, soweit die Ausbildungsstelle Ort, Zeit und Ablauf der Ausbildungsveranstaltung verpflichtend vorgibt oder die ein im Rahmen der schulischen oder hochschulischen Ausbildung verpflichtend vorgegebenes Praktikum ableisten, jedoch mit der Maßgabe, dass die §§ 17 bis 24 auf sie nicht anzuwenden sind.

(3) Das Gesetz gilt nicht für Beamtinnen und Richterinnen. Das Gesetz gilt ebenso nicht für Soldatinnen, auch soweit die Voraussetzungen des Absatzes 2 erfüllt sind, es sei denn, sie werden aufgrund dienstlicher Anordnung oder Gestattung außerhalb des Geschäftsbereiches des Bundesministeriums der Verteidigung tätig.

(4) Dieses Gesetz gilt für jede Person, die schwanger ist, ein Kind geboren hat oder stillt. Die Absätze 2 und 3 gelten entsprechend.

§ 2 Begriffsbestimmungen

(1) Arbeitgeber im Sinne dieses Gesetzes ist die natürliche oder juristische Person oder die rechtsfähige Personengesellschaft, die Personen nach § 1 Absatz 2 Satz 1 beschäftigt. Dem Arbeitgeber stehen gleich:

1. die natürliche oder juristische Person oder die rechtsfähige Personengesellschaft, die Frauen im Fall von § 1 Absatz 2 Satz 2 Nummer 1 ausbildet oder für die Praktikantinnen im Fall von § 1 Absatz 2 Satz 2 Nummer 1 tätig sind,
2. der Träger der Werkstatt für behinderte Menschen im Fall von § 1 Absatz 2 Satz 2 Nummer 2,
3. der Träger des Entwicklungsdienstes im Fall von § 1 Absatz 2 Satz 2 Nummer 3,
4. die Einrichtung, in der der Freiwilligendienst nach dem Jugendfreiwilligendienstegesetz oder nach dem Bundesfreiwilligendienstgesetz im Fall von § 1 Absatz 2 Satz 2 Nummer 4 geleistet wird,
5. die geistliche Genossenschaft und ähnliche Gemeinschaft im Fall von § 1 Absatz 2 Satz 2 Nummer 5,
6. der Auftraggeber und der Zwischenmeister von Frauen im Fall von § 1 Absatz 2 Satz 2 Nummer 6,
7. die natürliche oder juristische Person oder die rechtsfähige Personengesellschaft, für die Frauen im Sinne von § 1 Absatz 2 Satz 2 Nummer 7 tätig sind, und
8. die natürliche oder juristische Person oder die rechtsfähige Personengesellschaft, mit der das Ausbildungs- oder Praktikumsverhältnis im Fall von § 1 Absatz 2 Satz 2 Nummer 8 besteht (Ausbildungsstelle).

(2) Eine Beschäftigung im Sinne der nachfolgenden Vorschriften erfasst jede Form der Betätigung, die eine Frau im Rahmen eines Beschäftigungsverhältnisses nach § 1 Absatz 2 Satz 1 oder die eine Frau im Sinne von § 1 Absatz 2 Satz 2 im Rahmen ihres Rechtsverhältnisses zu ihrem Arbeitgeber nach § 2 Absatz 1 Satz 2 ausübt.

(3) Ein Beschäftigungsverbot im Sinne dieses Gesetzes ist nur ein Beschäftigungsverbot nach den §§ 3 bis 6, 10 Absatz 3, § 13 Absatz 1 Nummer 3 und § 16. Für eine in Heimarbeit beschäftigte Frau und eine ihr Gleichgestellte tritt an die Stelle

des Beschäftigungsverbots das Verbot der Ausgabe von Heimarbeit nach den §§ 3, 8, 13 Absatz 2 und § 16. Für eine Frau, die wegen ihrer wirtschaftlichen Unselbstständigkeit als arbeitnehmerähnliche Person anzusehen ist, tritt an die Stelle des Beschäftigungsverbots nach Satz 1 die Befreiung von der vertraglich vereinbarten Leistungspflicht; die Frau kann sich jedoch gegenüber der dem Arbeitgeber gleichgestellten Person oder Gesellschaft im Sinne von Absatz 1 Satz 2 Nummer 7 dazu bereit erklären, die vertraglich vereinbarte Leistung zu erbringen.
(4) Alleinarbeit im Sinne dieses Gesetzes liegt vor, wenn der Arbeitgeber eine Frau an einem Arbeitsplatz in seinem räumlichen Verantwortungsbereich beschäftigt, ohne dass gewährleistet ist, dass sie jederzeit den Arbeitsplatz verlassen oder Hilfe erreichen kann.
(5) Arbeitsentgelt im Sinne dieses Gesetzes ist das Arbeitsentgelt, das nach § 14 des Vierten Buches Sozialgesetzbuch in Verbindung mit einer aufgrund des § 17 des Vierten Buches Sozialgesetzbuch erlassenen Verordnung bestimmt wird. Für Frauen im Sinne von § 1 Absatz 2 Satz 2 gilt als Arbeitsentgelt ihre jeweilige Vergütung.

Abschnitt 2
Gesundheitsschutz

Unterabschnitt 1
Arbeitszeitlicher Gesundheitsschutz

§ 3 Schutzfristen vor und nach der Entbindung

(1) Der Arbeitgeber darf eine schwangere Frau in den letzten sechs Wochen vor der Entbindung nicht beschäftigen (Schutzfrist vor der Entbindung), soweit sie sich nicht zur Arbeitsleistung ausdrücklich bereit erklärt. Sie kann die Erklärung nach Satz 1 jederzeit mit Wirkung für die Zukunft widerrufen. Für die Berechnung der Schutzfrist vor der Entbindung ist der voraussichtliche Tag der Entbindung maßgeblich, wie er sich aus dem ärztlichen Zeugnis oder dem Zeugnis einer Hebamme oder eines Entbindungspflegers ergibt. Entbindet eine Frau nicht am voraussichtlichen Tag, verkürzt oder verlängert sich die Schutzfrist vor der Entbindung entsprechend.
(2) Der Arbeitgeber darf eine Frau bis zum Ablauf von acht Wochen nach der Entbindung nicht beschäftigen (Schutzfrist nach der Entbindung). Die Schutzfrist nach der Entbindung verlängert sich auf zwölf Wochen

1. bei Frühgeburten,
2. bei Mehrlingsgeburten und,
3. wenn vor Ablauf von acht Wochen nach der Entbindung bei dem Kind eine Behinderung im Sinne von § 2 Absatz 1 Satz 1 des Neunten Buches Sozialgesetzbuch ärztlich festgestellt wird.

Bei vorzeitiger Entbindung verlängert sich die Schutzfrist nach der Entbindung nach Satz 1 oder nach Satz 2 um den Zeitraum der Verkürzung der Schutzfrist vor der Entbindung nach Absatz 1 Satz 4. Nach Satz 2 Nummer 3 verlängert sich die Schutzfrist nach der Entbindung nur, wenn die Frau dies beantragt.

(3) Die Ausbildungsstelle darf eine Frau im Sinne von § 1 Absatz 2 Satz 2 Nummer 8 bereits in der Schutzfrist nach der Entbindung im Rahmen der schulischen oder hochschulischen Ausbildung tätig werden lassen, wenn die Frau dies ausdrücklich gegenüber ihrer Ausbildungsstelle verlangt. Die Frau kann ihre Erklärung jederzeit mit Wirkung für die Zukunft widerrufen.
(4) Der Arbeitgeber darf eine Frau nach dem Tod ihres Kindes bereits nach Ablauf der ersten zwei Wochen nach der Entbindung beschäftigen, wenn
1. die Frau dies ausdrücklich verlangt und
2. nach ärztlichem Zeugnis nichts dagegen spricht.

Sie kann ihre Erklärung nach Satz 1 Nummer 1 jederzeit mit Wirkung für die Zukunft widerrufen.

§ 4 Verbot der Mehrarbeit; Ruhezeit

(1) Der Arbeitgeber darf eine schwangere oder stillende Frau, die 18 Jahre oder älter ist, nicht mit einer Arbeit beschäftigen, die die Frau über achteinhalb Stunden täglich oder über 90 Stunden in der Doppelwoche hinaus zu leisten hat. Eine schwangere oder stillende Frau unter 18 Jahren darf der Arbeitgeber nicht mit einer Arbeit beschäftigen, die die Frau über acht Stunden täglich oder über 80 Stunden in der Doppelwoche hinaus zu leisten hat. In die Doppelwoche werden die Sonntage eingerechnet. Der Arbeitgeber darf eine schwangere oder stillende Frau nicht in einem Umfang beschäftigen, der die vertraglich vereinbarte wöchentliche Arbeitszeit im Durchschnitt des Monats übersteigt. Bei mehreren Arbeitgebern sind die Arbeitszeiten zusammenzurechnen.
(2) Der Arbeitgeber muss der schwangeren oder stillenden Frau nach Beendigung der täglichen Arbeitszeit eine ununterbrochene Ruhezeit von mindestens elf Stunden gewähren.

§ 5 Verbot der Nachtarbeit

(1) Der Arbeitgeber darf eine schwangere oder stillende Frau nicht zwischen 20 Uhr und 6 Uhr beschäftigen. Er darf sie bis 22 Uhr beschäftigen, wenn die Voraussetzungen des § 28 erfüllt sind.
(2) Die Ausbildungsstelle darf eine schwangere oder stillende Frau im Sinne von § 1 Absatz 2 Satz 2 Nummer 8 nicht zwischen 20 Uhr und 6 Uhr im Rahmen der schulischen oder hochschulischen Ausbildung tätig werden lassen. Die Ausbildungsstelle darf sie an Ausbildungsveranstaltungen bis 22 Uhr teilnehmen lassen, wenn
1. sich die Frau dazu ausdrücklich bereit erklärt,
2. die Teilnahme zu Ausbildungszwecken zu dieser Zeit erforderlich ist und
3. insbesondere eine unverantwortbare Gefährdung für die schwangere Frau oder ihr Kind durch Alleinarbeit ausgeschlossen ist.

Die schwangere oder stillende Frau kann ihre Erklärung nach Satz 2 Nummer 1 jederzeit mit Wirkung für die Zukunft widerrufen.

§ 6 Verbot der Sonn- und Feiertagsarbeit

(1) Der Arbeitgeber darf eine schwangere oder stillende Frau nicht an Sonn- und Feiertagen beschäftigen. Er darf sie an Sonn- und Feiertagen nur dann beschäftigen, wenn

1. sich die Frau dazu ausdrücklich bereit erklärt,
2. eine Ausnahme vom allgemeinen Verbot der Arbeit an Sonn- und Feiertagen nach § 10 des Arbeitszeitgesetzes zugelassen ist,
3. der Frau in jeder Woche im Anschluss an eine ununterbrochene Nachtruhezeit von mindestens elf Stunden ein Ersatzruhetag gewährt wird und
4. insbesondere eine unverantwortbare Gefährdung für die schwangere Frau oder ihr Kind durch Alleinarbeit ausgeschlossen ist.

Die schwangere oder stillende Frau kann ihre Erklärung nach Satz 2 Nummer 1 jederzeit mit Wirkung für die Zukunft widerrufen.

(2) Die Ausbildungsstelle darf eine schwangere oder stillende Frau im Sinne von § 1 Absatz 2 Satz 2 Nummer 8 nicht an Sonn- und Feiertagen im Rahmen der schulischen oder hochschulischen Ausbildung tätig werden lassen. Die Ausbildungsstelle darf sie an Ausbildungsveranstaltungen an Sonn- und Feiertagen teilnehmen lassen, wenn

1. sich die Frau dazu ausdrücklich bereit erklärt,
2. die Teilnahme zu Ausbildungszwecken zu dieser Zeit erforderlich ist,
3. der Frau in jeder Woche im Anschluss an eine ununterbrochene Nachtruhezeit von mindestens elf Stunden ein Ersatzruhetag gewährt wird und
4. insbesondere eine unverantwortbare Gefährdung für die schwangere Frau oder ihr Kind durch Alleinarbeit ausgeschlossen ist.

Die schwangere oder stillende Frau kann ihre Erklärung nach Satz 2 Nummer 1 jederzeit mit Wirkung für die Zukunft widerrufen.

§ 7 Freistellung für Untersuchungen und zum Stillen

(1) Der Arbeitgeber hat eine Frau für die Zeit freizustellen, die zur Durchführung der Untersuchungen im Rahmen der Leistungen der gesetzlichen Krankenversicherung bei Schwangerschaft und Mutterschaft erforderlich sind. Entsprechendes gilt zugunsten einer Frau, die nicht in der gesetzlichen Krankenversicherung versichert ist.

(2) Der Arbeitgeber hat eine stillende Frau auf ihr Verlangen während der ersten zwölf Monate nach der Entbindung für die zum Stillen erforderliche Zeit freizustellen, mindestens aber zweimal täglich für eine halbe Stunde oder einmal täglich für eine Stunde. Bei einer zusammenhängenden Arbeitszeit von mehr als acht Stunden soll auf Verlangen der Frau zweimal eine Stillzeit von mindestens 45 Minuten oder, wenn in der Nähe der Arbeitsstätte keine Stillgelegenheit vorhanden ist, einmal eine Stillzeit von mindestens 90 Minuten gewährt werden. Die Arbeitszeit gilt als zusammenhängend, wenn sie nicht durch eine Ruhepause von mehr als zwei Stunden unterbrochen wird.

§ 8 Beschränkung von Heimarbeit

(1) Der Auftraggeber oder Zwischenmeister darf Heimarbeit an eine schwangere in Heimarbeit beschäftigte Frau oder an eine ihr Gleichgestellte nur in solchem Umfang und mit solchen Fertigungsfristen ausgeben, dass die Arbeit werktags während einer achtstündigen Tagesarbeitszeit ausgeführt werden kann.
(2) Der Auftraggeber oder Zwischenmeister darf Heimarbeit an eine stillende in Heimarbeit beschäftigte Frau oder an eine ihr Gleichgestellte nur in solchem Umfang und mit solchen Fertigungsfristen ausgeben, dass die Arbeit werktags während einer siebenstündigen Tagesarbeitszeit ausgeführt werden kann.

Unterabschnitt 2
Betrieblicher Gesundheitsschutz

§ 9 Gestaltung der Arbeitsbedingungen; unverantwortbare Gefährdung

(1) Der Arbeitgeber hat bei der Gestaltung der Arbeitsbedingungen einer schwangeren oder stillenden Frau alle aufgrund der Gefährdungsbeurteilung nach § 10 erforderlichen Maßnahmen für den Schutz ihrer physischen und psychischen Gesundheit sowie der ihres Kindes zu treffen. Er hat die Maßnahmen auf ihre Wirksamkeit zu überprüfen und erforderlichenfalls den sich ändernden Gegebenheiten anzupassen. Soweit es nach den Vorschriften dieses Gesetzes verantwortbar ist, ist der Frau auch während der Schwangerschaft, nach der Entbindung und in der Stillzeit die Fortführung ihrer Tätigkeiten zu ermöglichen. Nachteile aufgrund der Schwangerschaft, der Entbindung oder der Stillzeit sollen vermieden oder ausgeglichen werden.
(2) Der Arbeitgeber hat die Arbeitsbedingungen so zu gestalten, dass Gefährdungen einer schwangeren oder stillenden Frau oder ihres Kindes möglichst vermieden werden und eine unverantwortbare Gefährdung ausgeschlossen wird. Eine Gefährdung ist unverantwortbar, wenn die Eintrittswahrscheinlichkeit einer Gesundheitsbeeinträchtigung angesichts der zu erwartenden Schwere des möglichen Gesundheitsschadens nicht hinnehmbar ist. Eine unverantwortbare Gefährdung gilt als ausgeschlossen, wenn der Arbeitgeber alle Vorgaben einhält, die aller Wahrscheinlichkeit nach dazu führen, dass die Gesundheit einer schwangeren oder stillenden Frau oder ihres Kindes nicht beeinträchtigt wird.
(3) Der Arbeitgeber hat sicherzustellen, dass die schwangere oder stillende Frau ihre Tätigkeit am Arbeitsplatz, soweit es für sie erforderlich ist, kurz unterbrechen kann. Er hat darüber hinaus sicherzustellen, dass sich die schwangere oder stillende Frau während der Pausen und Arbeitsunterbrechungen unter geeigneten Bedingungen hinlegen, hinsetzen und ausruhen kann.
(4) Alle Maßnahmen des Arbeitgebers nach diesem Unterabschnitt sowie die Beurteilung der Arbeitsbedingungen nach § 10 müssen dem Stand der Technik, der Arbeitsmedizin und der Hygiene sowie den sonstigen gesicherten wissenschaftlichen Erkenntnissen entsprechen. Der Arbeitgeber hat bei seinen Maßnahmen die

vom Ausschuss für Mutterschutz ermittelten und nach § 30 Absatz 4 im Gemeinsamen Ministerialblatt veröffentlichten Regeln und Erkenntnisse zu berücksichtigen; bei Einhaltung dieser Regeln und bei Beachtung dieser Erkenntnisse ist davon auszugehen, dass die in diesem Gesetz gestellten Anforderungen erfüllt sind.

(5) Der Arbeitgeber kann zuverlässige und fachkundige Personen schriftlich damit beauftragen, ihm obliegende Aufgaben nach diesem Unterabschnitt in eigener Verantwortung wahrzunehmen.

(6) Kosten für Maßnahmen nach diesem Gesetz darf der Arbeitgeber nicht den Personen auferlegen, die bei ihm beschäftigt sind. Die Kosten für Zeugnisse und Bescheinigungen, die die schwangere oder stillende Frau auf Verlangen des Arbeitgebers vorzulegen hat, trägt der Arbeitgeber.

§ 10 Beurteilung der Arbeitsbedingungen; Schutzmaßnahmen

(1) Im Rahmen der Beurteilung der Arbeitsbedingungen nach § 5 des Arbeitsschutzgesetzes hat der Arbeitgeber für jede Tätigkeit

1. die Gefährdungen nach Art, Ausmaß und Dauer zu beurteilen, denen eine schwangere oder stillende Frau oder ihr Kind ausgesetzt ist oder sein kann, und
2. unter Berücksichtigung des Ergebnisses der Beurteilung der Gefährdung nach Nummer 1 zu ermitteln, ob für eine schwangere oder stillende Frau oder ihr Kind voraussichtlich
   a) keine Schutzmaßnahmen erforderlich sein werden,
   b) eine Umgestaltung der Arbeitsbedingungen nach § 13 Absatz 1 Nummer 1 erforderlich sein wird oder
   c) eine Fortführung der Tätigkeit der Frau an diesem Arbeitsplatz nicht möglich sein wird.

Bei gleichartigen Arbeitsbedingungen ist die Beurteilung eines Arbeitsplatzes oder einer Tätigkeit ausreichend. Die Verpflichtung des Arbeitgebers nach Satz 1 entfällt,wenn gemäß einer zu diesem Zweck nach § 30 Absatz 4 veröffentlichten Regel oder Erkenntnis des Ausschusses für Mutterschutz eine schwangere oder stillende Frau die Tätigkeit nicht ausüben oder einer Arbeitsbedingung nicht ausgesetzt sein darf.

(2) Sobald eine Frau dem Arbeitgeber mitgeteilt hat, dass sie schwanger ist oder stillt, hat der Arbeitgeber unverzüglich die nach Maßgabe der Gefährdungsbeurteilung nach Absatz 1 oder nach Maßgabe des § 13 erforderlichen Schutzmaßnahmen festzulegen. Zusätzlich hat der Arbeitgeber der Frau ein Gespräch über weitere Anpassungen ihrer Arbeitsbedingungen anzubieten.

(3) Der Arbeitgeber darf eine schwangere oder stillende Frau nur diejenigen Tätigkeiten ausüben lassen, für die er die erforderlichen Schutzmaßnahmen nach Absatz 2 Satz 1 getroffen hat.

§ 11 Unzulässige Tätigkeiten und Arbeitsbedingungen für schwangere Frauen

(1) Der Arbeitgeber darf eine schwangere Frau keine Tätigkeiten ausüben lassen und sie keinen Arbeitsbedingungen aussetzen, bei denen sie in einem Maß Gefahr-

stoffen ausgesetzt ist oder sein kann, dass dies für sie oder für ihr Kind eine unverantwortbare Gefährdung darstellt. Eine unverantwortbare Gefährdung im Sinne von Satz 1 liegt insbesondere vor, wenn die schwangere Frau Tätigkeiten ausübt oder Arbeitsbedingungen ausgesetzt ist, bei denen sie folgenden Gefahrstoffen ausgesetzt ist oder sein kann:

1. Gefahrstoffen, die nach den Kriterien des Anhangs I zur Verordnung (EG) Nr. 1272/2008 des Europäischen Parlaments und des Rates vom 16. Dezember 2008 über die Einstufung, Kennzeichnung und Verpackung von Stoffen und Gemischen, zur Änderung und Aufhebung der Richtlinien 67/548/EWG und 1999/45/EG und zur Änderung der Verordnung (EG) Nr. 1907/2006 (ABl. L 353 vom 31. 12. 2008, S. 1) zu bewerten sind
   a) als reproduktionstoxisch nach der Kategorie 1A, 1B oder 2 oder nach der Zusatzkategorie für Wirkungen auf oder über die Laktation,
   b) als keimzellmutagen nach der Kategorie 1A oder 1B,
   c) als karzinogen nach der Kategorie 1A oder 1B,
   d) als spezifisch zielorgantoxisch nach einmaliger Exposition nach der Kategorie 1 oder
   e) als akut toxisch nach der Kategorie 1, 2 oder 3,
2. Blei und Bleiderivaten, soweit die Gefahr besteht, dass diese Stoffe vom menschlichen Körper aufgenommen werden, oder
3. Gefahrstoffen, die als Stoffe ausgewiesen sind, die auch bei Einhaltung der arbeitsplatzbezogenen Vorgaben möglicherweise zu einer Fruchtschädigung führen können.

Eine unverantwortbare Gefährdung im Sinne von Satz 1 oder 2 gilt insbesondere als ausgeschlossen,

1. wenn
   a) für den jeweiligen Gefahrstoff die arbeitsplatzbezogenen Vorgaben eingehalten werden und es sich um einen Gefahrstoff handelt, der als Stoff ausgewiesen ist, der bei Einhaltung der arbeitsplatzbezogenen Vorgaben hinsichtlich einer Fruchtschädigung als sicher bewertet wird, oder
   b) der Gefahrstoff nicht in der Lage ist, die Plazentaschranke zu überwinden, oder aus anderen Gründen ausgeschlossen ist, dass eine Fruchtschädigung eintritt, und
2. wenn der Gefahrstoff nach den Kriterien des Anhangs I zur Verordnung (EG) Nr. 1272/2008 nicht als reproduktionstoxisch nach der Zusatzkategorie für Wirkungen auf oder über die Laktation zu bewerten ist.

Die vom Ausschuss für Mutterschutz ermittelten wissenschaftlichen Erkenntnisse sind zu beachten.

(2) Der Arbeitgeber darf eine schwangere Frau keine Tätigkeiten ausüben lassen und sie keinen Arbeitsbedingungen aussetzen, bei denen sie in einem Maß mit Biostoffen der Risikogruppe 2, 3 oder 4 im Sinne von § 3 Absatz 1 der Biostoffverordnung in Kontakt kommt oder kommen kann, dass dies für sie oder für ihr Kind eine unverantwortbare Gefährdung darstellt. Eine unverantwortbare Gefährdung im Sinne von Satz 1 liegt insbesondere vor, wenn die schwangere Frau Tätigkeiten ausübt oder Arbeitsbedingungen ausgesetzt ist, bei denen sie mit folgenden Biostoffen in Kontakt kommt oder kommen kann:

1. mit Biostoffen, die in die Risikogruppe 4 im Sinne von § 3 Absatz 1 der Biostoffverordnung einzustufen sind, oder
2. mit Rötelnvirus oder mit Toxoplasma.

Die Sätze 1 und 2 gelten auch, wenn der Kontakt mit Biostoffen im Sinne von Satz 1 oder 2 therapeutische Maßnahmen erforderlich macht oder machen kann, die selbst eine unverantwortbare Gefährdung darstellen. Eine unverantwortbare Gefährdung im Sinne von Satz 1 oder 2 gilt insbesondere als ausgeschlossen, wenn die schwangere Frau über einen ausreichenden Immunschutz verfügt.

(3) Der Arbeitgeber darf eine schwangere Frau keine Tätigkeiten ausüben lassen und sie keinen Arbeitsbedingungen aussetzen, bei denen sie physikalischen Einwirkungen in einem Maß ausgesetzt ist oder sein kann, dass dies für sie oder für ihr Kind eine unverantwortbare Gefährdung darstellt. Als physikalische Einwirkungen im Sinne von Satz 1 sind insbesondere zu berücksichtigen:

1. ionisierende und nicht ionisierende Strahlungen,
2. Erschütterungen, Vibrationen und Lärm sowie
3. Hitze, Kälte und Nässe.

(4) Der Arbeitgeber darf eine schwangere Frau keine Tätigkeiten ausüben lassen und sie keinen Arbeitsbedingungen aussetzen, bei denen sie einer belastenden Arbeitsumgebung in einem Maß ausgesetzt ist oder sein kann, dass dies für sie oder für ihr Kind eine unverantwortbare Gefährdung darstellt. Der Arbeitgeber darf eine schwangere Frau insbesondere keine Tätigkeiten ausüben lassen

1. in Räumen mit einem Überdruck im Sinne von § 2 der Druckluftverordnung,
2. in Räumen mit sauerstoffreduzierter Atmosphäre oder
3. im Bergbau unter Tage.

(5) Der Arbeitgeber darf eine schwangere Frau keine Tätigkeiten ausüben lassen und sie keinen Arbeitsbedingungen aussetzen, bei denen sie körperlichen Belastungen oder mechanischen Einwirkungen in einem Maß ausgesetzt ist oder sein kann, dass dies für sie oder für ihr Kind eine unverantwortbare Gefährdung darstellt. Der Arbeitgeber darf eine schwangere Frau insbesondere keine Tätigkeiten ausüben lassen, bei denen

1. sie ohne mechanische Hilfsmittel regelmäßig Lasten von mehr als 5 Kilogramm Gewicht oder gelegentlich Lasten von mehr als 10 Kilogramm Gewicht von Hand heben, halten, bewegen oder befördern muss,
2. sie mit mechanischen Hilfsmitteln Lasten von Hand heben, halten, bewegen oder befördern muss und dabei ihre körperliche Beanspruchung der von Arbeiten nach Nummer 1 entspricht,
3. sie nach Ablauf des fünften Monats der Schwangerschaft überwiegend bewegungsarm ständig stehen muss und wenn diese Tätigkeit täglich vier Stunden überschreitet,
4. sie sich häufig erheblich strecken, beugen, dauernd hocken, sich gebückt halten oder sonstige Zwangshaltungen einnehmen muss,
5. sie auf Beförderungsmitteln eingesetzt wird, wenn dies für sie oder für ihr Kind eine unverantwortbare Gefährdung darstellt,
6. Unfälle, insbesondere durch Ausgleiten, Fallen oder Stürzen, oder Tätlichkeiten zu befürchten sind, die für sie oder für ihr Kind eine unverantwortbare Gefährdung darstellen,

7. sie eine Schutzausrüstung tragen muss und das Tragen eine Belastung darstellt oder
8. eine Erhöhung des Drucks im Bauchraum zu befürchten ist, insbesondere bei Tätigkeiten mit besonderer Fußbeanspruchung.

(6) Der Arbeitgeber darf eine schwangere Frau folgende Arbeiten nicht ausüben lassen:
1. Akkordarbeit oder sonstige Arbeiten, bei denen durch ein gesteigertes Arbeitstempo ein höheres Entgelt erzielt werden kann,
2. Fließarbeit oder
3. getaktete Arbeit mit vorgeschriebenem Arbeitstempo, wenn die Art der Arbeit oder das Arbeitstempo für die schwangere Frau oder für ihr Kind eine unverantwortbare Gefährdung darstellt.

§ 12 Unzulässige Tätigkeiten und Arbeitsbedingungen für stillende Frauen

(1) Der Arbeitgeber darf eine stillende Frau keine Tätigkeiten ausüben lassen und sie keinen Arbeitsbedingungen aussetzen, bei denen sie in einem Maß Gefahrstoffen ausgesetzt ist oder sein kann, dass dies für sie oder für ihr Kind eine unverantwortbare Gefährdung darstellt. Eine unverantwortbare Gefährdung im Sinne von Satz 1 liegt insbesondere vor, wenn die stillende Frau Tätigkeiten ausübt oder Arbeitsbedingungen ausgesetzt ist, bei denen sie folgenden Gefahrstoffen ausgesetzt ist oder sein kann:
1. Gefahrstoffen, die nach den Kriterien des Anhangs I zur Verordnung (EG) Nr. 1272/2008 als reproduktionstoxisch nach der Zusatzkategorie für Wirkungen auf oder über die Laktation zu bewerten sind oder
2. Blei und Bleiderivaten, soweit die Gefahr besteht, dass diese Stoffe vom menschlichen Körper aufgenommen werden.

(2) Der Arbeitgeber darf eine stillende Frau keine Tätigkeiten ausüben lassen und sie keinen Arbeitsbedingungen aussetzen, bei denen sie in einem Maß mit Biostoffen der Risikogruppe 2, 3 oder 4 im Sinne von § 3 Absatz 1 der Biostoffverordnung in Kontakt kommt oder kommen kann, dass dies für sie oder für ihr Kind eine unverantwortbare Gefährdung darstellt. Eine unverantwortbare Gefährdung im Sinne von Satz 1 liegt insbesondere vor, wenn die stillende Frau Tätigkeiten ausübt oder Arbeitsbedingungen ausgesetzt ist, bei denen sie mit Biostoffen in Kontakt kommt oder kommen kann, die in die Risikogruppe 4 im Sinne von § 3 Absatz 1 der Biostoffverordnung einzustufen sind. Die Sätze 1 und 2 gelten auch, wenn der Kontakt mit Biostoffen im Sinne von Satz 1 oder 2 therapeutische Maßnahmen erforderlich macht oder machen kann, die selbst eine unverantwortbare Gefährdung darstellen. Eine unverantwortbare Gefährdung im Sinne von Satz 1 oder 2 gilt als ausgeschlossen, wenn die stillende Frau über einen ausreichenden Immunschutz verfügt.

(3) Der Arbeitgeber darf eine stillende Frau keine Tätigkeiten ausüben lassen und sie keinen Arbeitsbedingungen aussetzen, bei denen sie physikalischen Einwirkungen in einem Maß ausgesetzt ist oder sein kann, dass dies für sie oder für ihr Kind eine unverantwortbare Gefährdung darstellt. Als physikalische Einwirkungen

im Sinne von Satz 1 sind insbesondere ionisierende und nicht ionisierende Strahlungen zu berücksichtigen.

(4) Der Arbeitgeber darf eine stillende Frau keine Tätigkeiten ausüben lassen und sie keinen Arbeitsbedingungen aussetzen, bei denen sie einer belastenden Arbeitsumgebung in einem Maß ausgesetzt ist oder sein kann, dass dies für sie oder für ihr Kind eine unverantwortbare Gefährdung darstellt. Der Arbeitgeber darf eine stillende Frau insbesondere keine Tätigkeiten ausüben lassen

1. in Räumen mit einem Überdruck im Sinne von § 2 der Druckluftverordnung oder
2. im Bergbau unter Tage.

(5) Der Arbeitgeber darf eine stillende Frau folgende Arbeiten nicht ausüben lassen:

1. Akkordarbeit oder sonstige Arbeiten, bei denen durch ein gesteigertes Arbeitstempo ein höheres Entgelt erzielt werden kann,
2. Fließarbeit oder
3. getaktete Arbeit mit vorgeschriebenem Arbeitstempo, wenn die Art der Arbeit oder das Arbeitstempo für die stillende Frau oder für ihr Kind eine unverantwortbare Gefährdung darstellt.

§ 13 Rangfolge der Schutzmaßnahmen: Umgestaltung der Arbeitsbedingungen, Arbeitsplatzwechsel und betriebliches Beschäftigungsverbot

(1) Werden unverantwortbare Gefährdungen im Sinne von § 9, § 11 oder § 12 festgestellt, hat der Arbeitgeber für jede Tätigkeit einer schwangeren oder stillenden Frau Schutzmaßnahmen in folgender Rangfolge zu treffen:

1. Der Arbeitgeber hat die Arbeitsbedingungen für die schwangere oder stillende Frau durch Schutzmaßnahmen nach Maßgabe des § 9 Absatz 2 umzugestalten.
2. Kann der Arbeitgeber unverantwortbare Gefährdungen für die schwangere oder stillende Frau nicht durch die Umgestaltung der Arbeitsbedingungen nach Nummer 1 ausschließen oder ist eine Umgestaltung wegen des nachweislich unverhältnismäßigen Aufwandes nicht zumutbar, hat der Arbeitgeber die Frau an einem anderen geeigneten Arbeitsplatz einzusetzen, wenn er einen solchen Arbeitsplatz zur Verfügung stellen kann und dieser Arbeitsplatz der schwangeren oder stillenden Frau zumutbar ist.
3. Kann der Arbeitgeber unverantwortbare Gefährdungen für die schwangere oder stillende Frau weder durch Schutzmaßnahmen nach Nummer 1 noch durch einen Arbeitsplatzwechsel nach Nummer 2 ausschließen, darf er die schwangere oder stillende Frau nicht weiter beschäftigen.

(2) Der Auftraggeber oder Zwischenmeister darf keine Heimarbeit an schwangere oder stillende Frauen ausgeben, wenn unverantwortbare Gefährdungen nicht durch Schutzmaßnahmen nach Absatz 1 Nummer 1 ausgeschlossen werden können.

§ 14 Dokumentation und Information durch den Arbeitgeber

(1) Der Arbeitgeber hat die Beurteilung der Arbeitsbedingungen nach § 10 durch Unterlagen zu dokumentieren, aus denen Folgendes ersichtlich ist:

1. das Ergebnis der Gefährdungsbeurteilung nach § 10 Absatz 1 Satz 1 Nummer 1 und der Bedarf an Schutzmaßnahmen nach § 10 Absatz 1 Satz 1 Nummer 2,
2. die Festlegung der erforderlichen Schutzmaßnahmen nach § 10 Absatz 2 Satz 1 sowie das Ergebnis ihrer Überprüfung nach § 9 Absatz 1 Satz 2 und
3. das Angebot eines Gesprächs mit der Frau über weitere Anpassungen ihrer Arbeitsbedingungen nach § 10 Absatz 2 Satz 2 oder der Zeitpunkt eines solchen Gesprächs.

Wenn die Beurteilung nach § 10 Absatz 1 ergibt, dass die schwangere oder stillende Frau oder ihr Kind keiner Gefährdung im Sinne von § 9 Absatz 2 ausgesetzt ist oder sein kann, reicht es aus, diese Feststellung in einer für den Arbeitsplatz der Frau oder für die Tätigkeit der Frau bereits erstellten Dokumentation der Beurteilung der Arbeitsbedingungen nach § 5 des Arbeitsschutzgesetzes zu vermerken.

(2) Der Arbeitgeber hat alle Personen, die bei ihm beschäftigt sind, über das Ergebnis der Gefährdungsbeurteilung nach § 10 Absatz 1 Satz 1 Nummer 1 und über den Bedarf an Schutzmaßnahmen nach § 10 Absatz 1 Satz 1 Nummer 2 zu informieren.

(3) Der Arbeitgeber hat eine schwangere oder stillende Frau über die Gefährdungsbeurteilung nach § 10 Absatz 1 Satz 1 Nummer 1 und über die damit verbundenen für sie erforderlichen Schutzmaßnahmen nach § 10 Absatz 2 Satz 1 in Verbindung mit § 13 zu informieren.

§ 15 Mitteilungen und Nachweise der schwangeren und stillenden Frauen

(1) Eine schwangere Frau soll ihrem Arbeitgeber ihre Schwangerschaft und den voraussichtlichen Tag der Entbindung mitteilen, sobald sie weiß, dass sie schwanger ist. Eine stillende Frau soll ihrem Arbeitgeber so früh wie möglich mitteilen, dass sie stillt.

(2) Auf Verlangen des Arbeitgebers soll eine schwangere Frau als Nachweis über ihre Schwangerschaft ein ärztliches Zeugnis oder das Zeugnis einer Hebamme oder eines Entbindungspflegers vorlegen. Das Zeugnis über die Schwangerschaft soll den voraussichtlichen Tag der Entbindung enthalten.

Unterabschnitt 3
Ärztlicher Gesundheitsschutz

§ 16 Ärztliches Beschäftigungsverbot

(1) Der Arbeitgeber darf eine schwangere Frau nicht beschäftigen, soweit nach einem ärztlichen Zeugnis ihre Gesundheit oder die ihres Kindes bei Fortdauer der Beschäftigung gefährdet ist.

(2) Der Arbeitgeber darf eine Frau, die nach einem ärztlichen Zeugnis in den ersten Monaten nach der Entbindung nicht voll leistungsfähig ist, nicht mit Arbeiten beschäftigen, die ihre Leistungsfähigkeit übersteigen.

Abschnitt 3
Kündigungsschutz

§ 17 Kündigungsverbot

(1) Die Kündigung gegenüber einer Frau ist unzulässig
1. während ihrer Schwangerschaft,
2. bis zum Ablauf von vier Monaten nach einer Fehlgeburt nach der zwölften Schwangerschaftswoche und
3. bis zum Ende ihrer Schutzfrist nach der Entbindung, mindestens jedoch bis zum Ablauf von vier Monaten nach der Entbindung,

wenn dem Arbeitgeber zum Zeitpunkt der Kündigung die Schwangerschaft, die Fehlgeburt nach der zwölften Schwangerschaftswoche oder die Entbindung bekannt ist oder wenn sie ihm innerhalb von zwei Wochen nach Zugang der Kündigung mitgeteilt wird. Das Überschreiten dieser Frist ist unschädlich, wenn die Überschreitung auf einem von der Frau nicht zu vertretenden Grund beruht und die Mitteilung unverzüglich nachgeholt wird. Die Sätze 1 und 2 gelten entsprechend für Vorbereitungsmaßnahmen des Arbeitgebers, die er im Hinblick auf eine Kündigung der Frau trifft.

(2) Die für den Arbeitsschutz zuständige oberste Landesbehörde oder die von ihr bestimmte Stelle kann in besonderen Fällen, die nicht mit dem Zustand der Frau in der Schwangerschaft, nach einer Fehlgeburt nach der zwölften Schwangerschaftswoche oder nach der Entbindung in Zusammenhang stehen, ausnahmsweise die Kündigung für zulässig erklären. Die Kündigung bedarf der Schriftform und muss den Kündigungsgrund angeben.

(3) Der Auftraggeber oder Zwischenmeister darf eine in Heimarbeit beschäftigte Frau in den Fristen nach Absatz 1 Satz 1 nicht gegen ihren Willen bei der Ausgabe von Heimarbeit ausschließen; die §§ 3, 8, 11, 12, 13 Absatz 2 und § 16 bleiben unberührt. Absatz 1 gilt auch für eine Frau, die der in Heimarbeit beschäftigten Frau gleichgestellt ist und deren Gleichstellung sich auch auf § 29 des Heimarbeitsgesetzes erstreckt. Absatz 2 gilt für eine in Heimarbeit beschäftigte Frau und eine ihr Gleichgestellte entsprechend.

Abschnitt 4
Leistungen

§ 18 Mutterschutzlohn

Eine Frau, die wegen eines Beschäftigungsverbots außerhalb der Schutzfristen vor oder nach der Entbindung teilweise oder gar nicht beschäftigt werden darf, erhält von ihrem Arbeitgeber Mutterschutzlohn. Als Mutterschutzlohn wird das durchschnittliche Arbeitsentgelt der letzten drei abgerechneten Kalendermonate vor dem Eintritt der Schwangerschaft gezahlt. Dies gilt auch, wenn wegen dieses Verbots die Beschäftigung oder die Entlohnungsart wechselt. Beginnt das Beschäftigungsverhältnis erst nach Eintritt der Schwangerschaft, ist das durchschnittliche Arbeitsentgelt aus dem Arbeitsentgelt der ersten drei Monate der Beschäftigung zu berechnen.

§ 19 Mutterschaftsgeld

(1) Eine Frau, die Mitglied einer gesetzlichen Krankenkasse ist, erhält für die Zeit der Schutzfristen vor und nach der Entbindung sowie für den Entbindungstag Mutterschaftsgeld nach den Vorschriften des Fünften Buches Sozialgesetzbuch oder nach den Vorschriften des Zweiten Gesetzes über die Krankenversicherung der Landwirte.
(2) Eine Frau, die nicht Mitglied einer gesetzlichen Krankenkasse ist, erhält für die Zeit der Schutzfristen vor und nach der Entbindung sowie für den Entbindungstag Mutterschaftsgeld zu Lasten des Bundes in entsprechender Anwendung der Vorschriften des Fünften Buches Sozialgesetzbuch über das Mutterschaftsgeld, jedoch insgesamt höchstens 210 Euro. Das Mutterschaftsgeld wird dieser Frau auf Antrag vom Bundesamt für Soziale Sicherung gezahlt. Endet das Beschäftigungsverhältnis nach Maßgabe von § 17 Absatz 2 durch eine Kündigung, erhält die Frau Mutterschaftsgeld in entsprechender Anwendung der Sätze 1 und 2 für die Zeit nach dem Ende des Beschäftigungsverhältnisses.

§ 20 Zuschuss zum Mutterschaftsgeld

(1) Eine Frau erhält während ihres bestehenden Beschäftigungsverhältnisses für die Zeit der Schutzfristen vor und nach der Entbindung sowie für den Entbindungstag von ihrem Arbeitgeber einen Zuschuss zum Mutterschaftsgeld. Als Zuschuss zum Mutterschaftsgeld wird der Unterschiedsbetrag zwischen 13 Euro und dem um die gesetzlichen Abzüge verminderten durchschnittlichen kalendertäglichen Arbeitsentgelt der letzten drei abgerechneten Kalendermonate vor Beginn der Schutzfrist vor der Entbindung gezahlt. Einer Frau, deren Beschäftigungsverhältnis während der Schutzfristen vor oder nach der Entbindung beginnt, wird der Zuschuss zum Mutterschaftsgeld von Beginn des Beschäftigungsverhältnisses an gezahlt.
(2) Ist eine Frau für mehrere Arbeitgeber tätig, sind für die Berechnung des Arbeitgeberzuschusses nach Absatz 1 die durchschnittlichen kalendertäglichen Arbeitsentgelte aus diesen Beschäftigungsverhältnissen zusammenzurechnen. Den sich daraus ergebenden Betrag zahlen die Arbeitgeber anteilig im Verhältnis der von ihnen gezahlten durchschnittlichen kalendertäglichen Arbeitsentgelte.
(3) Endet das Beschäftigungsverhältnis nach Maßgabe von § 17 Absatz 2 durch eine Kündigung, erhält die Frau für die Zeit nach dem Ende des Beschäftigungsverhältnisses den Zuschuss zum Mutterschaftsgeld nach Absatz 1 von der für die Zahlung des Mutterschaftsgeldes zuständigen Stelle. Satz 1 gilt entsprechend, wenn der Arbeitgeber wegen eines Insolvenzereignisses im Sinne von § 165 Ab-

satz 1 Satz 2 des Dritten Buches Sozialgesetzbuch den Zuschuss nach Absatz 1 nicht zahlen kann.

§ 21 Ermittlung des durchschnittlichen Arbeitsentgelts

(1) Bei der Bestimmung des Berechnungszeitraumes für die Ermittlung des durchschnittlichen Arbeitsentgelts für die Leistungen nach den §§ 18 bis 20 bleiben Zeiten unberücksichtigt, in denen die Frau infolge unverschuldeter Fehlzeiten kein Arbeitsentgelt erzielt hat. War das Beschäftigungsverhältnis kürzer als drei Monate, ist der Berechnung der tatsächliche Zeitraum des Beschäftigungsverhältnisses zugrunde zu legen.

(2) Für die Ermittlung des durchschnittlichen Arbeitsentgelts für die Leistungen nach den §§ 18 bis 20 bleiben unberücksichtigt:

1. einmalig gezahltes Arbeitsentgelt im Sinne von § 23a des Vierten Buches Sozialgesetzbuch,
2. Kürzungen des Arbeitsentgelts, die im Berechnungszeitraum infolge von Kurzarbeit, Arbeitsausfällen oder unverschuldetem Arbeitsversäumnis eintreten, und
3. im Fall der Beendigung der Elternzeit nach dem Bundeselterngeld- und Elternzeitgesetz das Arbeitsentgelt aus Teilzeitbeschäftigung, das vor der Beendigung der Elternzeit während der Elternzeit erzielt wurde, soweit das durchschnittliche Arbeitsentgelt ohne die Berücksichtigung der Zeiten, in denen dieses Arbeitsentgelt erzielt wurde, höher ist.

(3) Ist die Ermittlung des durchschnittlichen Arbeitsentgelts entsprechend den Absätzen 1 und 2 nicht möglich, ist das durchschnittliche kalendertägliche Arbeitsentgelt einer vergleichbar beschäftigten Person zugrunde zu legen.

(4) Bei einer dauerhaften Änderung der Arbeitsentgelthöhe ist die geänderte Arbeitsentgelthöhe bei der Ermittlung des durchschnittlichen Arbeitsentgelts für die Leistungen nach den §§ 18 bis 20 zugrunde zu legen, und zwar

1. für den gesamten Berechnungszeitraum, wenn die Änderung während des Berechnungszeitraums wirksam wird,
2. ab Wirksamkeit der Änderung der Arbeitsentgelthöhe, wenn die Änderung der Arbeitsentgelthöhe nach dem Berechnungszeitraum wirksam wird.

§ 22 Leistungen während der Elternzeit

Während der Elternzeit sind Ansprüche auf Leistungen nach den §§ 18 und 20 aus dem wegen der Elternzeit ruhenden Arbeitsverhältnis ausgeschlossen. Übt die Frau während der Elternzeit eine Teilzeitarbeit aus, ist für die Ermittlung des durchschnittlichen Arbeitsentgelts nur das Arbeitsentgelt aus dieser Teilzeitarbeit zugrunde zu legen.

§ 23 Entgelt bei Freistellung für Untersuchungen und zum Stillen

(1) Durch die Gewährung der Freistellung nach § 7 darf bei der schwangeren oder stillenden Frau kein Entgeltausfall eintreten. Freistellungszeiten sind weder

vor- noch nachzuarbeiten. Sie werden nicht auf Ruhepausen angerechnet, die im Arbeitszeitgesetz oder in anderen Vorschriften festgelegt sind.
(2) Der Auftraggeber oder Zwischenmeister hat einer in Heimarbeit beschäftigten Frau und der ihr Gleichgestellten für die Stillzeit ein Entgelt zu zahlen, das nach der Höhe des durchschnittlichen Stundenentgelts für jeden Werktag zu berechnen ist. Ist eine Frau für mehrere Auftraggeber oder Zwischenmeister tätig, haben diese das Entgelt für die Stillzeit zu gleichen Teilen zu zahlen. Auf das Entgelt finden die Vorschriften der §§ 23 bis 25 des Heimarbeitsgesetzes über den Entgeltschutz Anwendung.

§ 24 Fortbestehen des Erholungsurlaubs bei Beschäftigungsverboten

Für die Berechnung des Anspruchs auf bezahlten Erholungsurlaub gelten die Ausfallzeiten wegen eines Beschäftigungsverbots als Beschäftigungszeiten. Hat eine Frau ihren Urlaub vor Beginn eines Beschäftigungsverbots nicht oder nicht vollständig erhalten, kann sie nach dem Ende des Beschäftigungsverbots den Resturlaub im laufenden oder im nächsten Urlaubsjahr beanspruchen.

§ 25 Beschäftigung nach dem Ende des Beschäftigungsverbots

Mit dem Ende eines Beschäftigungsverbots im Sinne von § 2 Absatz 3 hat eine Frau das Recht, entsprechend den vertraglich vereinbarten Bedingungen beschäftigt zu werden.

Abschnitt 5
Durchführung des Gesetzes

§ 26 Aushang des Gesetzes

(1) In Betrieben und Verwaltungen, in denen regelmäßig mehr als drei Frauen beschäftigt werden, hat der Arbeitgeber eine Kopie dieses Gesetzes an geeigneter Stelle zur Einsicht auszulegen oder auszuhängen. Dies gilt nicht, wenn er das Gesetz für die Personen, die bei ihm beschäftigt sind, in einem elektronischen Verzeichnis jederzeit zugänglich gemacht hat.
(2) Für eine in Heimarbeit beschäftigte Frau oder eine ihr Gleichgestellte muss der Auftraggeber oder Zwischenmeister in den Räumen der Ausgabe oder Abnahme von Heimarbeit eine Kopie dieses Gesetzes an geeigneter Stelle zur Einsicht auslegen oder aushängen. Absatz 1 Satz 2 gilt entsprechend.

§ 27 Mitteilungs- und Aufbewahrungspflichten des Arbeitgebers, Offenbarungsverbot der mit der Überwachung beauftragten Personen

(1) Der Arbeitgeber hat die Aufsichtsbehörde unverzüglich zu benachrichtigen,
1. wenn eine Frau ihm mitgeteilt hat,
   a) dass sie schwanger ist oder

   b) dass sie stillt, es sei denn, er hat die Aufsichtsbehörde bereits über die Schwangerschaft dieser Frau benachrichtigt, oder
2. wenn er beabsichtigt, eine schwangere oder stillende Frau zu beschäftigen
   a) bis 22 Uhr nach den Vorgaben des § 5 Absatz 2 Satz 2 und 3,
   b) an Sonn- und Feiertagen nach den Vorgaben des § 6 Absatz 1 Satz 2 und 3 oder Absatz 2 Satz 2 und 3 oder
   c) mit getakteter Arbeit im Sinne von § 11 Absatz 6 Nummer 3 oder § 12 Absatz 5 Nummer 3.

Er darf diese Informationen nicht unbefugt an Dritte weitergeben.

(2) Der Arbeitgeber hat der Aufsichtsbehörde auf Verlangen die Angaben zu machen, die zur Erfüllung der Aufgaben dieser Behörde erforderlich sind. Er hat die Angaben wahrheitsgemäß, vollständig und rechtzeitig zu machen.

(3) Der Arbeitgeber hat der Aufsichtsbehörde auf Verlangen die Unterlagen zur Einsicht vorzulegen oder einzusenden, aus denen Folgendes ersichtlich ist:
1. die Namen der schwangeren oder stillenden Frauen, die bei ihm beschäftigt sind,
2. die Art und der zeitliche Umfang ihrer Beschäftigung,
3. die Entgelte, die an sie gezahlt worden sind,
4. die Ergebnisse der Beurteilung der Arbeitsbedingungen nach § 10 und
5. alle sonstigen nach Absatz 2 erforderlichen Angaben.

(4) Die auskunftspflichtige Person kann die Auskunft auf solche Fragen oder die Vorlage derjenigen Unterlagen verweigern, deren Beantwortung oder Vorlage sie selbst oder einen ihrer in § 383 Absatz 1 Nummer 1 bis 3 der Zivilprozessordung bezeichneten Angehörigen der Gefahr der Verfolgung wegen einer Straftat oder Ordnungswidrigkeit aussetzen würde. Die auskunftspflichtige Person ist darauf hinzuweisen.

(5) Der Arbeitgeber hat die in Absatz 3 genannten Unterlagen mindestens bis zum Ablauf von zwei Jahren nach der letzten Eintragung aufzubewahren.

(6) Die mit der Überwachung beauftragten Personen der Aufsichtsbehörde dürfen die ihnen bei ihrer Überwachungstätigkeit zur Kenntnis gelangten Geschäfts- und Betriebsgeheimnisse nur in den gesetzlich geregelten Fällen oder zur Verfolgung von Rechtsverstößen oder zur Erfüllung von gesetzlich geregelten Aufgaben zum Schutz der Umwelt den dafür zuständigen Behörden offenbaren. Soweit es sich bei Geschäfts- und Betriebsgeheimnissen um Informationen über die Umwelt im Sinne des Umweltinformationsgesetzes handelt, richtet sich die Befugnis zu ihrer Offenbarung nach dem Umweltinformationsgesetz.

§ 28 Behördliches Genehmigungsverfahren für eine Beschäftigung zwischen 20 Uhr und 22 Uhr

(1) Die Aufsichtsbehörde kann abweichend von § 5 Absatz 1 Satz 1 auf Antrag des Arbeitgebers genehmigen, dass eine schwangere oder stillende Frau zwischen 20 Uhr und 22 Uhr beschäftigt wird, wenn
1. sich die Frau dazu ausdrücklich bereit erklärt,
2. nach ärztlichem Zeugnis nichts gegen die Beschäftigung der Frau bis 22 Uhr spricht und

3. insbesondere eine unverantwortbare Gefährdung für die schwangere Frau oder ihr Kind durch Alleinarbeit ausgeschlossen ist.

Dem Antrag ist die Dokumentation der Beurteilung der Arbeitsbedingungen nach § 14 Absatz 1 beizufügen. Die schwangere oder stillende Frau kann ihre Erklärung nach Satz 1 Nummer 1 jederzeit mit Wirkung für die Zukunft widerrufen.

(2) Solange die Aufsichtsbehörde den Antrag nicht ablehnt oder die Beschäftigung zwischen 20 Uhr und 22 Uhr nicht vorläufig untersagt, darf der Arbeitgeber die Frau unter den Voraussetzungen des Absatzes 1 beschäftigen. Die Aufsichtsbehörde hat dem Arbeitgeber nach Eingang des Antrags unverzüglich eine Mitteilung zu machen, wenn die für den Antrag nach Absatz 1 erforderlichen Unterlagen unvollständig sind. Die Aufsichtsbehörde kann die Beschäftigung vorläufig untersagen, soweit dies erforderlich ist, um den Schutz der Gesundheit der Frau oder ihres Kindes sicherzustellen.

(3) Lehnt die Aufsichtsbehörde den Antrag nicht innerhalb von sechs Wochen nach Eingang des vollständigen Antrags ab, gilt die Genehmigung als erteilt. Auf Verlangen ist dem Arbeitgeber der Eintritt der Genehmigungsfiktion (§ 42a des Verwaltungsverfahrensgesetzes) zu bescheinigen.

(4) Im Übrigen gelten die Vorschriften des Verwaltungsverfahrensgesetzes.

§ 29 Zuständigkeit und Befugnisse der Aufsichtsbehörden, Jahresbericht

(1) Die Aufsicht über die Ausführung der Vorschriften dieses Gesetzes und der aufgrund dieses Gesetzes erlassenen Vorschriften obliegt den nach Landesrecht zuständigen Behörden (Aufsichtsbehörden).

(2) Die Aufsichtsbehörden haben dieselben Befugnisse wie die nach § 22 Absatz 2 und 3 des Arbeitsschutzgesetzes mit der Überwachung beauftragten Personen. Das Grundrecht der Unverletzlichkeit der Wohnung (Artikel 13 des Grundgesetzes) wird insoweit eingeschränkt.

(3) Die Aufsichtsbehörde kann in Einzelfällen die erforderlichen Maßnahmen anordnen, die der Arbeitgeber zur Erfüllung derjenigen Pflichten zu treffen hat, die sich aus Abschnitt 2 dieses Gesetzes und aus den aufgrund des § 31 Nummer 1 bis 5 erlassenen Rechtsverordnungen ergeben. Insbesondere kann die Aufsichtsbehörde:

1. in besonders begründeten Einzelfällen Ausnahmen vom Verbot der Mehrarbeit nach § 4 Absatz 1 Satz 1, 2 oder 4 sowie vom Verbot der Nachtarbeit auch zwischen 22 Uhr und 6 Uhr nach § 5 Absatz 1 Satz 1 oder Absatz 2 Satz 1 bewilligen, wenn
   a) sich die Frau dazu ausdrücklich bereit erklärt,
   b) nach ärztlichem Zeugnis nichts gegen die Beschäftigung spricht und
   c) in den Fällen des § 5 Absatz 1 Satz 1 oder Absatz 2 Satz 1 insbesondere eine unverantwortbare Gefährdung für die schwangere Frau oder ihr Kind durch Alleinarbeit ausgeschlossen ist,
2. verbieten, dass ein Arbeitgeber eine schwangere oder stillende Frau
   a) nach § 5 Absatz 2 Satz 2 zwischen 20 Uhr und 22 Uhr beschäftigt oder
   b) nach § 6 Absatz 1 Satz 2 oder nach § 6 Absatz 2 Satz 2 an Sonn- und Feiertagen beschäftigt,

3. Einzelheiten zur Freistellung zum Stillen nach § 7 Absatz 2 und zur Bereithaltung von Räumlichkeiten, die zum Stillen geeignet sind, anordnen,
4. Einzelheiten zur zulässigen Arbeitsmenge nach § 8 anordnen,
5. Schutzmaßnahmen nach § 9 Absatz 1 bis 3 und nach § 13 anordnen,
6. Einzelheiten zu Art und Umfang der Beurteilung der Arbeitsbedingungen nach § 10 anordnen,
7. bestimmte Tätigkeiten oder Arbeitsbedingungen nach § 11 oder nach § 12 verbieten,
8. Ausnahmen von den Vorschriften des § 11 Absatz 6 Nummer 1 und 2 und des § 12 Absatz 5 Nummer 1 und 2 bewilligen, wenn die Art der Arbeit und das Arbeitstempo keine unverantwortbare Gefährdung für die schwangere oder stillende Frau oder für ihr Kind darstellen, und
9. Einzelheiten zu Art und Umfang der Dokumentation und Information nach § 14 anordnen.

Die schwangere oder stillende Frau kann ihre Erklärung nach Satz 2 Nummer 1 Buchstabe a jederzeit mit Wirkung für die Zukunft widerrufen.

(4) Die Aufsichtsbehörde berät den Arbeitgeber bei der Erfüllung seiner Pflichten nach diesem Gesetz sowie die bei ihm beschäftigten Personen zu ihren Rechten und Pflichten nach diesem Gesetz; dies gilt nicht für die Rechte und Pflichten nach den §§ 18 bis 22.

(5) Für Betriebe und Verwaltungen im Geschäftsbereich des Bundesministeriums der Verteidigung wird die Aufsicht nach Absatz 1 durch das Bundesministerium der Verteidigung oder die von ihm bestimmte Stelle in eigener Zuständigkeit durchgeführt.

(6) Die zuständigen obersten Landesbehörden haben über die Überwachungstätigkeit der ihnen unterstellten Behörden einen Jahresbericht zu veröffentlichen. Der Jahresbericht umfasst auch Angaben zur Erfüllung von Unterrichtungspflichten aus internationalen Übereinkommen oder Rechtsakten der Europäischen Union, soweit sie den Mutterschutz betreffen.

§ 30 Ausschuss für Mutterschutz

(1) Beim Bundesministerium für Familie, Senioren, Frauen und Jugend wird ein Ausschuss für Mutterschutz gebildet, in dem geeignete Personen vonseiten der öffentlichen und privaten Arbeitgeber, der Ausbildungsstellen, der Gewerkschaften, der Studierendenvertretungen und der Landesbehörden sowie weitere geeignete Personen, insbesondere aus der Wissenschaft, vertreten sein sollen. Dem Ausschuss sollen nicht mehr als 15 Mitglieder angehören. Für jedes Mitglied ist ein stellvertretendes Mitglied zu benennen. Die Mitgliedschaft im Ausschuss für Mutterschutz ist ehrenamtlich.

(2) Das Bundesministerium für Familie, Senioren, Frauen und Jugend beruft im Einvernehmen mit dem Bundesministerium für Arbeit und Soziales, dem Bundesministerium für Gesundheit und dem Bundesministerium für Bildung und Forschung die Mitglieder des Ausschusses für Mutterschutz und die stellvertretenden Mitglieder. Der Ausschuss gibt sich eine Geschäftsordnung und wählt die Vorsitzende oder den Vorsitzenden aus seiner Mitte. Die Geschäftsordnung und die Wahl

der oder des Vorsitzenden bedürfen der Zustimmung des Bundesministeriums für Familie, Senioren, Frauen und Jugend. Die Zustimmung erfolgt im Einvernehmen mit dem Bundesministerium für Arbeit und Soziales und dem Bundesministerium für Gesundheit.

(3) Zu den Aufgaben des Ausschusses für Mutterschutz gehört es,

1. Art, Ausmaß und Dauer der möglichen unverantwortbaren Gefährdungen einer schwangeren oder stillenden Frau und ihres Kindes nach wissenschaftlichen Erkenntnissen zu ermitteln und zu begründen,
2. sicherheitstechnische, arbeitsmedizinische und arbeitshygienische Regeln zum Schutz der schwangeren oder stillenden Frau und ihres Kindes aufzustellen und
3. das Bundesministerium für Familie, Senioren, Frauen und Jugend in allen mutterschutzbezogenen Fragen zu beraten.

Der Ausschuss arbeitet eng mit den Ausschüssen nach § 18 Absatz 2 Nummer 5 des Arbeitsschutzgesetzes zusammen.

(4) Nach Prüfung durch das Bundesministerium für Familie, Senioren, Frauen und Jugend, durch das Bundesministerium für Arbeit und Soziales, durch das Bundesministerium für Gesundheit und durch das Bundesministerium für Bildung und Forschung kann das Bundesministerium für Familie, Senioren, Frauen und Jugend im Einvernehmen mit den anderen in diesem Absatz genannten Bundesministerien die vom Ausschuss für Mutterschutz nach Absatz 3 aufgestellten Regeln und Erkenntnisse im Gemeinsamen Ministerialblatt veröffentlichen.

(5) Die Bundesministerien sowie die obersten Landesbehörden können zu den Sitzungen des Ausschusses für Mutterschutz Vertreterinnen oder Vertreter entsenden. Auf Verlangen ist ihnen in der Sitzung das Wort zu erteilen.

(6) Die Geschäfte des Ausschusses für Mutterschutz werden vom Bundesamt für Familie und zivilgesellschaftliche Aufgaben geführt.

§ 31 Erlass von Rechtsverordnungen

Die Bundesregierung wird ermächtigt, durch Rechtsverordnung mit Zustimmung des Bundesrates Folgendes zu regeln:

1. nähere Bestimmungen zum Begriff der unverantwortbaren Gefährdung nach § 9 Absatz 2 Satz 2 und 3,
2. nähere Bestimmungen zur Durchführung der erforderlichen Schutzmaßnahmen nach § 9 Absatz 1 und 2 und nach § 13,
3. nähere Bestimmungen zu Art und Umfang der Beurteilung der Arbeitsbedingungen nach § 10,
4. Festlegungen von unzulässigen Tätigkeiten und Arbeitsbedingungen im Sinne von § 11 oder § 12 oder von anderen nach diesem Gesetz unzulässigen Tätigkeiten und Arbeitsbedingungen,
5. nähere Bestimmungen zur Dokumentation und Information nach § 14,
6. nähere Bestimmungen zur Ermittlung des durchschnittlichen Arbeitsentgelts im Sinne der §§ 18 bis 22 und

7. nähere Bestimmungen zum erforderlichen Inhalt der Benachrichtigung, ihrer Form, der Art und Weise der Übermittlung sowie die Empfänger der vom Arbeitgeber nach § 27 zu meldenden Informationen.

Abschnitt 6
Bußgeldvorschriften, Strafvorschriften

§ 32 Bußgeldvorschriften

(1) Ordnungswidrig handelt, wer vorsätzlich oder fahrlässig

1. entgegen § 3 Absatz 1 Satz 1, auch in Verbindung mit Satz 4, entgegen § 3 Absatz 2 Satz 1, auch in Verbindung mit Satz 2 oder 3, entgegen § 3 Absatz 3 Satz 1, § 4 Absatz 1 Satz 1, 2 oder 4 oder § 5 Absatz 1 Satz 1, § 6 Absatz 1 Satz 1, § 13 Absatz 1 Nummer 3 oder § 16 eine Frau beschäftigt,
2. entgegen § 4 Absatz 2 eine Ruhezeit nicht, nicht richtig oder nicht rechtzeitig gewährt,
3. entgegen § 5 Absatz 2 Satz 1 oder § 6 Absatz 2 Satz 1 eine Frau tätig werden lässt,
4. entgegen § 7 Absatz 1 Satz 1, auch in Verbindung mit Satz 2, oder entgegen § 7 Absatz 2 Satz 1 eine Frau nicht freistellt,
5. entgegen § 8 oder § 13 Absatz 2 Heimarbeit ausgibt,
6. entgegen § 10 Absatz 1 Satz 1, auch in Verbindung mit einer Rechtsverordnung nach § 31 Nummer 3, eine Gefährdung nicht, nicht richtig oder nicht rechtzeitig beurteilt oder eine Ermittlung nicht, nicht richtig oder nicht rechtzeitig durchführt,
7. entgegen § 10 Absatz 2 Satz 1, auch in Verbindung mit einer Rechtsverordnung nach § 31 Nummer 3, eine Schutzmaßnahme nicht, nicht richtig oder nicht rechtzeitig festlegt,
8. entgegen § 10 Absatz 3 eine Frau eine andere als die dort bezeichnete Tätigkeit ausüben lässt,
9. entgegen § 14 Absatz 1 Satz 1 in Verbindung mit einer Rechtsverordnung nach § 31 Nummer 5 eine Dokumentation nicht, nicht richtig, nicht vollständig oder nicht rechtzeitig erstellt,
10. entgegen § 14 Absatz 2 oder 3, jeweils in Verbindung mit einer Rechtsverordnung nach § 31 Nummer 5, eine Information nicht, nicht richtig, nicht vollständig oder nicht rechtzeitig gibt,
11. entgegen § 27 Absatz 1 Satz 1 die Aufsichtsbehörde nicht, nicht richtig oder nicht rechtzeitig benachrichtigt,
12. entgegen § 27 Absatz 1 Satz 2 eine Information weitergibt,
13. entgegen § 27 Absatz 2 eine Angabe nicht, nicht richtig, nicht vollständig oder nicht rechtzeitig macht,
14. entgegen § 27 Absatz 3 eine Unterlage nicht, nicht richtig oder nicht rechtzeitig vorlegt oder nicht oder nicht rechtzeitig einsendet,
15. entgegen § 27 Absatz 5 eine Unterlage nicht oder nicht mindestens zwei Jahre aufbewahrt,

16. einer vollziehbaren Anordnung nach § 29 Absatz 3 Satz 1 zuwiderhandelt oder
17. einer Rechtsverordnung nach § 31 Nummer 4 oder einer vollziehbaren Anordnung aufgrund einer solchen Rechtsverordnung zuwiderhandelt, soweit die Rechtsverordnung für einen bestimmten Tatbestand auf diese Bußgeldvorschrift verweist.

(2) Die Ordnungswidrigkeit kann in den Fällen des Absatzes 1 Nummer 1 bis 5, 8, 16 und 17 mit einer Geldbuße bis zu dreißigtausend Euro, in den übrigen Fällen mit einer Geldbuße bis zu fünftausend Euro geahndet werden.

§ 33 Strafvorschriften

Wer eine in § 32 Absatz 1 Nummer 1 bis 5, 8, 16 und 17 bezeichnete vorsätzliche Handlung begeht und dadurch die Gesundheit der Frau oder ihres Kindes gefährdet, wird mit Freiheitsstrafe bis zu einem Jahr oder mit Geldstrafe bestraft.

Abschnitt 7
Schlussvorschriften

§ 34 Evaluationsbericht

Die Bundesregierung legt dem Deutschen Bundestag zum 1. Januar 2021 einen Evaluationsbericht über die Auswirkungen des Gesetzes vor. Schwerpunkte des Berichts sollen die Handhabbarkeit der gesetzlichen Regelung in der betrieblichen und behördlichen Praxis, die Wirksamkeit und die Auswirkungen des Gesetzes im Hinblick auf seinen Anwendungsbereich, die Auswirkungen der Regelungen zum Verbot der Mehr- und Nachtarbeit sowie zum Verbot der Sonn- und Feiertagsarbeit und die Arbeit des Ausschusses für Mutterschutz sein. Der Bericht darf keine personenbezogenen Daten enthalten.

Pflegeberufegesetz (PflBG)

Vom 17. Juli 2017 (BGBl. I S. 2581), das zuletzt durch Gesetz vom 12. Dezember 2023 (BGBl. 2023 I Nr. 359) geändert worden ist.

§ 18 Pflichten des Trägers der praktischen AusbildungBerufsausbildung

(2) Der oder dem Auszubildenden dürfen nur Aufgaben übertragen werden, die dem Ausbildungszweck und dem Ausbildungsstand entsprechen; die übertragenen Aufgaben müssen den physischen und psychischen Kräften der Auszubildenden angemessen sein.

Gesetz über die Bereitstellung von Produkten auf dem Markt (Produktsicherheitsgesetz – ProdSG)

In der Fassung vom 27.07.2021 (BGBl. I S. 3146), zuletzt geändert durch Gesetz zur Anpassung des Produktsicherheitsgesetzes und zur Neuordnung des Rechts der überwachungsbedürftigen Anlagen vom 27.07.2021 (BGBl. I S. 3146)

Abschnitt 1 Allgemeine Vorschriften

§ 1 Anwendungsbereich

(1) Dieses Gesetz ist anzuwenden, wenn im Rahmen einer Geschäftstätigkeit Produkte auf dem Markt bereitgestellt, ausgestellt oder erstmals verwendet werden.
(2) Dieses Gesetz ist nicht anzuwenden auf
1. Antiquitäten,
2. gebrauchte Produkte, die vor ihrer Verwendung instandgesetzt oder wiederaufgearbeitet werden müssen, sofern der Wirtschaftsakteur denjenigen, an den sie abgegeben werden, darüber ausreichend unterrichtet,
3. Produkte, die ihrer Bauart nach ausschließlich zur Verwendung für militärische Zwecke bestimmt sind,
4. Lebensmittel, Futtermittel, lebende Pflanzen und Tiere, Erzeugnisse menschlichen Ursprungs und Erzeugnisse von Pflanzen und Tieren, die unmittelbar mit ihrer künftigen Reproduktion zusammenhängen,
5. Medizinprodukte im Sinne von Artikel 2 Nummer 1 der Verordnung (EU) 2017/745 des Europäischen Parlaments und des Rates vom 5. April 2017 über Medizinprodukte, zur Änderung der Richtlinie 2001/83/EG, der Verordnung (EG) Nr. 178/2002 und der Verordnung (EG) Nr. 1223/2009 und zur Aufhebung der Richtlinien 90/385/EWG und 93/42/EWG des Rates (ABl. L 117 vom 5.5.2017, S. 1; L 117 vom 3.5.2019, S. 9; L 334 vom 27.12.2019, S. 165), die durch die Verordnung (EU) 2020/561 (ABl. L 130 vom 24.4.2020, S. 18) geändert worden ist, in der jeweils geltenden Fassung sowie im Sinne von Artikel 2 Nummer 2 der Verordnung (EU) 2017/746 des Europäischen Parlaments und des Rates vom 5. April 2017 über In-vitro-Diagnostika und zur Aufhebung der Richtlinie 98/79/EG und des Beschlusses 2010/227/EU der Kommission (ABl. L 117 vom 5.5.2017, S. 176; L 117 vom 3.5.2019, S. 11; L 334 vom 27.12.2019, S. 167) in der jeweils geltenden Fassung,
6. Umschließungen, wie ortsbewegliche Druckgeräte, Verpackungen und Tanks, für die Beförderung gefährlicher Güter, soweit diese verkehrsrechtlichen Vorschriften unterliegen, und

7. Pflanzenschutzmittel im Sinne des Artikels 2 Absatz 1 der Verordnung (EG) Nr. 1107/2009 des Europäischen Parlaments und des Rates vom 21. Oktober 2009 über das Inverkehrbringen von Pflanzenschutzmitteln und zur Aufhebung der Richtlinien 79/117/EWG und 91/414/EWG des Rates (ABl. L 309 vom 24. 11. 2009, S. 1; L 45 vom 18. 2. 2020, S. 81), die zuletzt durch die Verordnung (EU) 2019/1009 (ABl. L 170 vom 25. 6. 2019, S. 1) geändert worden ist.

(3) Die Vorschriften dieses Gesetzes sind nicht anzuwenden, soweit
1. es in anderen Rechtsvorschriften spezielle Bestimmungen zu den von diesem Gesetz erfassten Produkten gibt und
2. diese anderen Rechtsvorschriften bestimmte Aspekte der Bereitstellung auf dem Markt konkreter regeln.

(4) Dieses Gesetz findet im Rahmen der Vorgaben des Seerechtsübereinkommens der Vereinten Nationen vom 10. Dezember 1982 (BGBl. 1994 II S. 1799) auch in der ausschließlichen Wirtschaftszone Anwendung.

§ 2 Begriffsbestimmungen

Im Sinne dieses Gesetzes bedeutet
1. Akkreditierung die Bestätigung durch eine nationale Akkreditierungsstelle, dass eine Konformitätsbewertungsstelle die in harmonisierten Normen festgelegten Anforderungen und gegebenenfalls zusätzliche Anforderungen, einschließlich solcher in relevanten sektoralen Akkreditierungssystemen, erfüllt, um eine spezielle Konformitätsbewertungstätigkeit durchzuführen,
2. Ausstellen das Aufstellen oder Vorführen von Produkten zu Zwecken der Werbung,
3. Aussteller jede natürliche oder juristische Person, die ein Produkt ausstellt,
4. Bereitstellung auf dem Unionsmarkt jede entgeltliche oder unentgeltliche Abgabe eines Produkts zum Vertrieb, zum Verbrauch oder zur Verwendung auf dem Unionsmarkt im Rahmen einer Geschäftstätigkeit,
5. bestimmungsgemäße Verwendung
   a) die Verwendung, für die ein Produkt nach den Angaben derjenigen Person, die es in den Verkehr bringt, vorgesehen ist oder
   b) die übliche Verwendung, die sich aus der Bauart und der Ausführung des Produkts ergibt,
6. Bevollmächtigter jede in der Europäischen Union ansässige natürliche oder juristische Person, die vom Hersteller schriftlich beauftragt wurde, in seinem Namen bestimmte Aufgaben in Erfüllung der einschlägigen Harmonisierungsrechtsvorschriften der Europäischen Union oder der Anforderungen dieses Gesetzes wahrzunehmen,
7. CE-Kennzeichnung die Kennzeichnung, durch die der Hersteller erklärt, dass das Produkt den geltenden Anforderungen genügt, die in den Harmonisierungsrechtsvorschriften der Europäischen Union festgelegt sind, die die Anbringung der CE-Kennzeichnung vorschreiben,
8. Einführer jede in der Europäischen Union ansässige natürliche oder juristische Person, die ein Produkt einführt,

9. Einfuhr die erstmalige Bereitstellung eines Produktes aus einem Drittstaat auf dem Unionsmarkt; dabei werden gebrauchte Produkte wie neue Produkte behandelt,
10. ernstes Risiko, dass ein Produkt ein Risiko birgt, bei dem das Verhältnis zwischen der Eintrittswahrscheinlichkeit einer Gefahr, die einen Schaden verursacht, und der Schwere des Schadens auf der Grundlage einer Risikobewertung und unter Berücksichtigung der normalen und vorhersehbaren Verwendung des Produkts ein rasches Eingreifen der Marktüberwachungsbehörden erforderlich macht, auch wenn das Risiko keine unmittelbare Auswirkung hat,
11. Fulfilment-Dienstleister jede natürliche oder juristische Person, die im Rahmen einer Geschäftstätigkeit mindestens zwei der folgenden Dienstleistungen anbietet: Lagerhaltung, Verpackung, Adressierung und Versand von Produkten, an denen sie kein Eigentumsrecht hat, ausgenommen Postdienste im Sinne von Artikel 2 Nummer 1 der Richtlinie 97/67/EG des Europäischen Parlaments und des Rates vom 15. Dezember 1997 über gemeinsame Vorschriften für die Entwicklung des Binnenmarktes der Postdienste der Gemeinschaft und die Verbesserung der Dienstequalität (ABl. L 15 vom 21. 1. 1998, S. 14; L 23 vom 30. 1. 1998, S. 39), die zuletzt durch die Richtlinie 2008/6/EG (ABl. L 52 vom 27. 2. 2008, S. 3) geändert worden ist, Paketzustelldienste im Sinne von Artikel 2 Nummer 2 der Verordnung (EU) 2018/644 des Europäischen Parlaments und des Rates vom 18. April 2018 über grenzüberschreitende Paketzustelldienste (ABl. L 112 vom 2. 5. 2018, S. 19) und alle sonstigen Postdienste oder Frachtverkehrsdienstleistungen,
12. GS-Stelle eine Konformitätsbewertungsstelle, der von der Befugnis erteilenden Behörde die Befugnis erteilt wurde, das GS-Zeichen zuzuerkennen,
13. Händler jede natürliche oder juristische Person in der Lieferkette, die ein Produkt auf dem Markt bereitstellt, mit Ausnahme des Herstellers und des Einführers,
14. harmonisierte Norm eine Norm im Sinne des Artikels 2 Nummer 1 Buchstabe c der Verordnung (EU) Nr. 1025/2012 des Europäischen Parlaments und des Rates vom 25. Oktober 2012 zur europäischen Normung, zur Änderung der Richtlinien 89/686/EWG und 93/15/EWG des Rates sowie der Richtlinien 94/9/EG, 94/25/EG, 95/16/EG, 97/23/EG, 98/34/EG, 2004/22/EG, 2007/23/EG, 2009/23/EG und 2009/105/EG des Europäischen Parlaments und des Rates und zur Aufhebung des Beschlusses 87/95/EWG des Rates und des Beschlusses Nr. 1673/2006/EG des Europäischen Parlaments und des Rates (ABl. L 316 vom 14. 11. 2012, S. 12), die durch die Richtlinie (EU) 2015/1535 (ABl. L 241 vom 17. 9. 2015, S. 1) geändert worden ist,
15. Hersteller jede natürliche oder juristische Person, die ein Produkt herstellt oder entwickeln oder herstellen lässt und dieses Produkt in ihrem eigenen Namen oder unter ihrer eigenen Handelsmarke vermarktet; als Hersteller gilt auch jeder, der
    a) geschäftsmäßig seinen Namen, seine Handelsmarke oder ein anderes unterscheidungskräftiges Kennzeichen an einem Produkt anbringt und sich dadurch als Hersteller ausgibt oder

b) ein Produkt wiederaufarbeitet oder die Sicherheitseigenschaften eines Verbraucherprodukts beeinflusst und dieses anschließend auf dem Markt bereitstellt,

16. Inverkehrbringen die erstmalige Bereitstellung eines Produkts auf dem Unionsmarkt,
17. Konformitätsbewertung das Verfahren zur Bewertung, ob spezifische Anforderungen an ein Produkt, ein Verfahren, eine Dienstleistung, ein System, eine Person oder eine Stelle erfüllt worden sind,
18. Konformitätsbewertungsstelle eine Stelle, die Konformitätsbewertungstätigkeiten einschließlich Kalibrierungen, Prüfungen, Zertifizierungen und Inspektionen durchführt,
19. notifizierte Stelle eine Konformitätsbewertungsstelle,
    a) der die Befugnis erteilende Behörde die Befugnis erteilt hat, Konformitätsbewertungsaufgaben nach den Rechtsverordnungen nach § 8 Absatz 1, die erlassen wurden, um Rechtsvorschriften der Europäischen Union umzusetzen oder durchzuführen, wahrzunehmen, und die von der Befugnis erteilenden Behörde der Europäischen Kommission und den anderen Mitgliedstaaten der Europäischen Union notifiziert worden ist oder
    b) die der Europäischen Kommission und den anderen Mitgliedstaaten der Europäischen Union von einem Mitgliedstaat der Europäischen Union oder einem anderen Vertragsstaat des Abkommens über den Europäischen Wirtschaftsraum auf Grund eines europäischen Rechtsaktes als notifizierte Stelle mitgeteilt worden ist,
20. Notifizierung die Mitteilung der Befugnis erteilenden Behörde an die Europäische Kommission und die anderen Mitgliedstaaten der Europäischen Union, dass eine Konformitätsbewertungsstelle Konformitätsbewertungsaufgaben gemäß den nach § 8 Absatz 1 zur Umsetzung oder Durchführung von Rechtsvorschriften der Europäischen Union erlassenen Rechtsverordnungen wahrnehmen kann,
21. Produkt eine Ware, ein Stoff oder ein Gemisch, das durch einen Fertigungsprozess hergestellt worden ist,
22. Risiko die Kombination aus der Eintrittswahrscheinlichkeit einer Gefahr, die einen Schaden verursacht, und der Schwere des möglichen Schadens,
23. Rücknahme vom Markt jede Maßnahme, mit der verhindert werden soll, dass ein in der Lieferkette befindliches Produkt auf dem Unionsmarkt bereitgestellt wird,
24. Rückruf jede Maßnahme, die auf Erwirkung der Rückgabe eines dem Endnutzer bereits bereitgestellten Produkts abzielt,
25. Verbraucherprodukt ein neues, gebrauchtes oder wiederaufgearbeitetes Produkt, das für Verbraucherinnen und Verbraucher bestimmt ist oder unter Bedingungen, die nach vernünftigem Ermessen vorhersehbar sind, von Verbraucherinnen und Verbrauchern verwendet werden kann, selbst wenn es nicht für diese bestimmt ist; als Verbraucherprodukt gilt auch ein Produkt, das der Verbraucherin oder dem Verbraucher im Rahmen einer Dienstleistung zur Verfügung gestellt wird,

26. verwendungsfertig, wenn ein Produkt bestimmungsgemäß verwendet werden kann, ohne dass weitere Teile eingefügt werden müssen; verwendungsfertig ist ein Produkt auch, wenn
    a) alle Teile, aus denen es zusammengesetzt werden soll, zusammen von einer Person in den Verkehr gebracht werden,
    b) es nur noch aufgestellt oder angeschlossen werden muss oder
    c) es ohne die Teile in den Verkehr gebracht wird, die üblicherweise gesondert beschafft und bei der bestimmungsgemäßen Verwendung eingefügt werden,
27. vorhersehbare Verwendung die Verwendung eines Produkts in einer Weise, die von derjenigen Person, die es in den Verkehr bringt, nicht vorgesehen, jedoch nach vernünftigem Ermessen vorhersehbar ist,
28. Wirtschaftsakteur der Hersteller, Bevollmächtigte, Einführer, Händler, Fulfilment-Dienstleister oder jede andere natürliche oder juristische Person, die Verpflichtungen im Zusammenhang mit der Herstellung von Produkten, deren Bereitstellung auf dem Markt oder deren Inbetriebnahme gemäß den einschlägigen Rechtsvorschriften unterliegt.

Abschnitt 2
Voraussetzungen für die Bereitstellung von Produkten auf dem Markt sowie für das Ausstellen von Produkten

§ 3 Allgemeine Anforderungen an die Bereitstellung von Produkten auf dem Markt

(1) Sofern ein Produkt einer oder mehreren Rechtsverordnungen nach § 8 Absatz 1 unterliegt, darf es nur auf dem Markt bereitgestellt werden, wenn es
1. die in den Rechtsverordnungen vorgesehenen Anforderungen erfüllt und
2. die Sicherheit und Gesundheit von Personen oder sonstige in den Rechtsverordnungen nach § 8 Absatz 1 aufgeführte Rechtsgüter bei bestimmungsgemäßer oder vorhersehbarer Verwendung nicht gefährdet.

(2) Ein Produkt darf, sofern es nicht Absatz 1 unterliegt, nur auf dem Markt bereitgestellt werden, wenn es bei bestimmungsgemäßer oder vorhersehbarer Verwendung die Sicherheit und Gesundheit von Personen nicht gefährdet. Bei der Beurteilung, ob ein Produkt der Anforderung nach Satz 1 entspricht, sind insbesondere zu berücksichtigen:
1. die Eigenschaften des Produkts einschließlich seiner Zusammensetzung, seine Verpackung, die Anleitungen für seinen Zusammenbau, die Installation, die Wartung und die Gebrauchsdauer,
2. die Einwirkungen des Produkts auf andere Produkte, soweit zu erwarten ist, dass es zusammen mit anderen Produkten verwendet wird,
3. die Aufmachung des Produkts, seine Kennzeichnung, die Warnhinweise, die Gebrauchs- und Bedienungsanleitung, die Angaben zu seiner Beseitigung sowie alle sonstigen produktbezogenen Angaben oder Informationen,

4. die Gruppen von Verwendern, die bei der Verwendung des Produkts stärker gefährdet sind als andere.

Die Möglichkeit, einen höheren Sicherheitsgrad zu erreichen, oder die Verfügbarkeit anderer Produkte, die ein geringeres Risiko darstellen, ist kein ausreichender Grund, ein Produkt als gefährlich anzusehen.

(3) Wenn der Schutz der Sicherheit und Gesundheit von Personen erst durch die Art der Aufstellung eines Produkts gewährleistet wird, ist hierauf bei der Bereitstellung auf dem Markt ausreichend hinzuweisen, sofern in den Rechtsverordnungen nach § 8 keine anderen Regelungen vorgesehen sind.

(4) Sind bei der Verwendung, Ergänzung oder Instandhaltung eines Produkts bestimmte Regeln zu beachten, um den Schutz der Sicherheit und Gesundheit von Personen zu gewährleisten, so ist bei der Bereitstellung auf dem Markt eine Gebrauchs- und Bedienungsanleitung für das Produkt in deutscher Sprache mitzuliefern, sofern in den Rechtsverordnungen nach § 8 keine anderen Regelungen vorgesehen sind.

(5) Ein Produkt, das die Anforderungen nach Absatz 1 oder Absatz 2 nicht erfüllt, darf nur dann ausgestellt werden, wenn der Aussteller deutlich darauf hinweist, dass es diese Anforderungen nicht erfüllt und erst erworben werden kann, wenn die entsprechende Übereinstimmung hergestellt ist. Bei einer Vorführung dieser Produkte sind die erforderlichen Vorkehrungen zum Schutz der Sicherheit und Gesundheit von Personen zu treffen.

§ 4 Harmonisierte Normen

(1) Bei der Beurteilung, ob ein Produkt den Anforderungen nach § 3 Absatz 1 oder Absatz 2 entspricht, können harmonisierte Normen zugrunde gelegt werden.

(2) Bei einem Produkt, das harmonisierten Normen, deren Fundstellen im Amtsblatt der Europäischen Union veröffentlicht worden sind, oder Teilen dieser Normen entspricht, wird vermutet, dass es den Anforderungen nach § 3 Absatz 1 oder Absatz 2 genügt, soweit diese Anforderungen von den betreffenden Normen oder von Teilen dieser Normen abgedeckt sind.

(3) Ist die Marktüberwachungsbehörde der Auffassung, dass eine harmonisierte Norm den von ihr abgedeckten Anforderungen nach § 3 Absatz 1 oder Absatz 2 nicht vollständig entspricht, so unterrichtet sie hiervon unter Angabe der Gründe die Bundesanstalt für Arbeitsschutz und Arbeitsmedizin. Die Bundesanstalt für Arbeitsschutz und Arbeitsmedizin überprüft die Vollständigkeit und Schlüssigkeit der eingegangenen Meldungen und informiert den Ausschuss für Produktsicherheit. Sie leitet die Meldungen dem zuständigen Bundesministerium zur Weitergabe an die Europäische Kommission zu.

§ 5 Normen und andere technische Spezifikationen

(1) Bei der Beurteilung, ob ein Produkt den Anforderungen nach § 3 Absatz 2 entspricht, können Normen und andere Spezifikationen zugrunde gelegt werden.

(2) Bei einem Produkt, das Normen oder anderen technischen Spezifikationen, die vom Ausschuss für Produktsicherheit ermittelt und deren Fundstellen von

der Bundesanstalt für Arbeitsschutz und Arbeitsmedizin im Gemeinsamen Ministerialblatt bekannt gegeben worden sind, oder Teilen von diesen entspricht, wird vermutet, dass es den Anforderungen nach § 3 Absatz 2 genügt, soweit diese Anforderungen von den betreffenden Normen oder anderen technischen Spezifikationen oder deren Teilen abgedeckt sind.

(3) Ist die Marktüberwachungsbehörde der Auffassung, dass eine Norm oder eine andere technische Spezifikation den von ihr abgedeckten Anforderungen nach § 3 Absatz 2 nicht vollständig entspricht, so unterrichtet sie hiervon unter Angabe der Gründe die Bundesanstalt für Arbeitsschutz und Arbeitsmedizin. Diese informiert den Ausschuss für Produktsicherheit, der die Ermittlung der Norm oder der technischen Spezifikation überprüft. Wenn die Norm oder die technische Spezifikation den Anforderungen nach § 3 Absatz 1 nicht oder nicht vollständig entspricht, wird die Veröffentlichung der Norm oder der technischen Spezifikation eingeschränkt oder rückgängig gemacht.

§ 6 Zusätzliche Anforderungen an die Bereitstellung von Verbraucherprodukten auf dem Markt

(1) Der Hersteller, sein Bevollmächtigter und der Einführer haben jeweils im Rahmen ihrer Geschäftstätigkeit bei der Bereitstellung eines Verbraucherprodukts auf dem Markt

1. der Verbraucherin oder dem Verbraucher die Informationen zur Verfügung zu stellen, die diese oder dieser benötigt, um die Risiken, die mit dem Verbraucherprodukt während der üblichen oder vernünftigerweise vorhersehbaren Gebrauchsdauer verbunden sind und die ohne entsprechende Hinweise nicht unmittelbar erkennbar sind, beurteilen und sich gegen sie schützen zu können,
2. den Namen und die Kontaktanschrift des Herstellers oder, sofern dieser nicht im Europäischen Wirtschaftsraum ansässig ist, den Namen und die Kontaktanschrift des Bevollmächtigten oder des Einführers anzubringen,
3. eindeutige Kennzeichnungen zur Identifikation des Verbraucherprodukts anzubringen.

Die Angaben nach Satz 1 Nummer 2 und 3 sind auf dem Verbraucherprodukt oder, wenn dies nicht möglich ist, auf dessen Verpackung anzubringen. Ausnahmen von den Verpflichtungen nach Satz 1 Nummer 2 und 3 sind zulässig, wenn es vertretbar ist, diese Angaben wegzulassen, insbesondere weil sie der Verbraucherin oder dem Verbraucher bereits bekannt sind, oder weil es mit einem unverhältnismäßigen Aufwand verbunden wäre, sie anzubringen.

(2) Der Hersteller, sein Bevollmächtigter und der Einführer haben jeweils im Rahmen ihrer Geschäftstätigkeit Vorkehrungen für geeignete Maßnahmen zur Vermeidung von Risiken zu treffen, die mit dem Verbraucherprodukt, das sie auf dem Markt bereitgestellt haben, verbunden sein können; die Maßnahmen müssen den Produkteigenschaften angemessen sein und können bis zur Rücknahme, zu angemessenen und wirksamen Warnungen und zum Rückruf reichen.

(3) Der Hersteller, sein Bevollmächtigter und der Einführer haben jeweils im Rahmen ihrer Geschäftstätigkeit bei den auf dem Markt bereitgestellten Verbraucherprodukten

1. Stichproben durchzuführen,
2. Beschwerden zu prüfen und, falls erforderlich, ein Beschwerdebuch zu führen sowie
3. die Händler über weitere das Verbraucherprodukt betreffende Maßnahmen zu unterrichten.

Welche Stichproben geboten sind, hängt vom Grad des Risikos ab, das mit den Produkten verbunden ist, und von den Möglichkeiten, das Risiko zu vermeiden.

(4) Der Hersteller, sein Bevollmächtigter und der Einführer haben nach Maßgabe von Anhang I der Richtlinie 2001/95/EG des Europäischen Parlaments und des Rates vom 3. Dezember 2001 über die allgemeine Produktsicherheit (ABl. L 11 vom 15. 1. 2002, S. 4), die zuletzt durch die Verordnung (EG) Nr. 596/2009 (ABl. L 188 vom 18. 7. 2009, S. 14) geändert worden ist, jeweils unverzüglich die an ihrem Geschäftssitz zuständige Marktüberwachungsbehörde zu unterrichten, wenn sie wissen oder auf Grund der ihnen vorliegenden Informationen oder ihrer Erfahrung wissen müssen, dass ein Verbraucherprodukt, das sie auf dem Markt bereitgestellt haben, ein Risiko für die Sicherheit und Gesundheit von Personen darstellt; insbesondere haben sie die Marktüberwachungsbehörde über die Maßnahmen zu unterrichten, die sie zur Vermeidung dieses Risikos getroffen haben. Die Marktüberwachungsbehörde unterrichtet unverzüglich die Bundesanstalt für Arbeitsschutz und Arbeitsmedizin über den Sachverhalt, insbesondere bei Rückrufen. Eine Unterrichtung nach Satz 1 darf nicht zur strafrechtlichen Verfolgung des Unterrichtenden oder für ein Verfahren nach dem Gesetz über Ordnungswidrigkeiten gegen den Unterrichtenden verwendet werden.

(5) Der Händler hat dazu beizutragen, dass nur sichere Verbraucherprodukte auf dem Markt bereitgestellt werden. Er darf insbesondere kein Verbraucherprodukt auf dem Markt bereitstellen, von dem er weiß oder auf Grund der ihm vorliegenden Informationen oder seiner Erfahrung wissen muss, dass es nicht den Anforderungen nach § 3 entspricht. Absatz 4 gilt für den Händler entsprechend.

(6) Der Fulfilment-Dienstleister hat dazu beizutragen, dass nur sichere Verbraucherprodukte an die Verbraucherin oder den Verbraucher gelangen. Er darf insbesondere kein Verbraucherprodukt weitergeben, von dem er weiß oder auf Grund der ihm vorliegenden Informationen oder seiner Erfahrung wissen muss, dass es nicht den Anforderungen nach § 3 entspricht. Absatz 4 gilt für Fulfilment-Dienstleister entsprechend.

§ 7 CE-Kennzeichnung

(1) Für die CE-Kennzeichnung gelten die allgemeinen Grundsätze nach Artikel 30 der Verordnung (EG) Nr. 765/2008 des Europäischen Parlaments und des Rats vom 9. Juli 2008 über die Vorschriften für die Akkreditierung und zur Aufhebung der Verordnung (EWG) Nr. 339/93 (ABl. L 218 vom 13. 8. 2008, S. 30), die zuletzt durch die Verordnung (EU) 2019/1020 (ABl. L 169 vom 25. 6. 2019, S. 1) geändert worden ist.

(2) Es ist verboten, ein Produkt auf dem Markt bereitzustellen,

1. wenn das Produkt, seine Verpackung oder ihm beigefügte Unterlagen mit der CE-Kennzeichnung versehen sind, ohne dass die Rechtsverordnungen nach

§ 8 Absatz 1 oder andere Rechtsvorschriften dies vorsehen oder ohne dass die Anforderungen der Absätze 3 bis 5 erfüllt sind, oder
2. das nicht mit der CE-Kennzeichnung versehen ist, obwohl eine Rechtsverordnung nach § 8 Absatz 1 oder eine andere Rechtsvorschrift ihre Anbringung vorschreibt.

(3) Sofern eine Rechtsverordnung nach § 8 Absatz 1 oder eine andere Rechtsvorschrift nichts Anderes vorsieht, muss die CE-Kennzeichnung sichtbar, lesbar und dauerhaft auf dem Produkt oder seinem Typenschild angebracht sein. Falls die Art des Produkts dies nicht zulässt oder nicht rechtfertigt, wird die CE-Kennzeichnung auf der Verpackung angebracht sowie auf den Begleitunterlagen, sofern entsprechende Unterlagen vorgeschrieben sind.

(4) Nach der CE-Kennzeichnung steht die Kennnummer der notifizierten Stelle nach § 2 Nummer 19, soweit die notifizierte Stelle in der Phase der Fertigungskontrolle tätig war. Die Kennnummer ist entweder von der notifizierten Stelle selbst anzubringen oder vom Hersteller oder seinem Bevollmächtigten nach den Anweisungen der notifizierten Stelle.

(5) Die CE-Kennzeichnung muss angebracht werden, bevor das Produkt in den Verkehr gebracht wird. Nach der CE-Kennzeichnung und gegebenenfalls nach der Kennnummer kann ein Piktogramm oder ein anderes Zeichen stehen, das auf ein besonderes Risiko oder eine besondere Verwendung hinweist.

§ 8 Ermächtigung zum Erlass von Rechtsverordnungen

(1) Die Bundesministerien des Innern, für Bau und Heimat, für Wirtschaft und Energie, für Arbeit und Soziales, der Verteidigung, für Ernährung und Landwirtschaft, für Verkehr und digitale Infrastruktur und für Umwelt, Naturschutz und nukleare Sicherheit werden ermächtigt, jeweils für Produkte in ihrem Zuständigkeitsbereich im Einvernehmen mit den anderen zuvor genannten Bundesministerien Rechtsverordnungen zu erlassen. Rechtsverordnungen nach Satz 1 bedürfen der Anhörung des Ausschusses für Produktsicherheit und der Zustimmung des Bundesrates. Rechtsverordnungen nach Satz 1 dürfen erlassen werden zum Schutz der Sicherheit und Gesundheit von Personen, zum Schutz der Umwelt und sonstiger Rechtsgüter vor Risiken, die von Produkten ausgehen, insbesondere auch um Verpflichtungen aus zwischenstaatlichen Vereinbarungen zu erfüllen oder um die von der Europäischen Union erlassenen Rechtsvorschriften umzusetzen oder durchzuführen. Durch diese Rechtsverordnungen können geregelt werden:

1. Anforderungen an
   a) die Beschaffenheit von Produkten,
   b) die Bereitstellung von Produkten auf dem Markt,
   c) das Ausstellen von Produkten,
   d) die erstmalige Verwendung von Produkten,
   e) die Kennzeichnung von Produkten,
   f) Konformitätsbewertungsstellen,
2. produktbezogene Aufbewahrungs- und Mitteilungspflichten und
3. Handlungspflichten von Konformitätsbewertungsstellen.

Die Rechtsverordnungen können auch die mit Satz 3 Nummer 1 bis 3 verbundenen behördlichen Maßnahmen und Zuständigkeiten regeln, die erforderlich sind, um die von der Europäischen Union erlassenen Rechtsakte umzusetzen oder durchzuführen.
(2) Die Bundesregierung wird ermächtigt, mit Zustimmung des Bundesrates durch Rechtsverordnung die Beschränkung sowie das Verbot der Bereitstellung von Produkten zu regeln, die ein hohes Risiko für die Sicherheit oder Gesundheit von Personen, für Tiere, für Pflanzen, für den Boden, für das Wasser, für die Atmosphäre oder für bedeutende Sachwerte darstellen.
(3) Die Bundesregierung wird ermächtigt, mit Zustimmung des Bundesrates durch Rechtsverordnung für einzelne Produktbereiche zu bestimmen, dass eine Stelle, die Aufgaben der Konformitätsbewertung oder der Bewertung und Überprüfung der Leistungsbeständigkeit von Produkten wahrnimmt, für den Nachweis der an sie gestellten rechtlichen Anforderungen eine von einer nationalen Akkreditierungsstelle ausgestellte Akkreditierungsurkunde vorlegen muss. In einer Rechtsverordnung nach Satz 1 kann auch vorgesehen werden, die Überwachung der Tätigkeit der Stellen für einzelne Produktbereiche der Deutschen Akkreditierungsstelle zu übertragen. Sofern die Bundesregierung keine Rechtsverordnung nach Satz 1 erlassen hat, werden die Landesregierungen ermächtigt, eine solche Rechtsverordnung zu erlassen.
(4) Rechtsverordnungen nach Absatz 1, 2 oder 3 können in dringenden Fällen, insbesondere wenn es zur unverzüglichen Umsetzung oder Durchführung von Rechtsakten der Europäischen Union erforderlich ist, ohne Zustimmung des Bundesrates erlassen werden; sie treten spätestens sechs Monate nach ihrem Inkrafttreten außer Kraft. Ihre Geltungsdauer kann nur mit Zustimmung des Bundesrates verlängert werden.

Abschnitt 3
Bestimmungen über die Befugnis erteilende Behörde

§ 9 Aufgaben der Befugnis erteilenden Behörde

(1) Die Befugnis erteilende Behörde erteilt Konformitätsbewertungsstellen auf Antrag die Befugnis, bestimmte Konformitätsbewertungstätigkeiten durchzuführen. Sie ist zuständig für die Einrichtung und Durchführung der dazu erforderlichen Verfahren. Sie ist auch zuständig für die Einrichtung und Durchführung der Verfahren, die zur Überwachung der Konformitätsbewertungsstellen erforderlich sind, denen sie die Befugnis zur Durchführung bestimmter Konformitätsbewertungstätigkeiten erteilt hat.
(2) Die Befugnis erteilende Behörde führt die Notifizierung von Konformitätsbewertungsstellen, denen sie eine Befugnis erteilt hat, durch.
(3) Die Befugnis erteilende Behörde überwacht, ob die Konformitätsbewertungsstellen, denen sie die Befugnis zur Durchführung bestimmter Konformitätsbewertungstätigkeiten erteilt hat, die Anforderungen erfüllen und ihren gesetzlichen

Verpflichtungen nachkommen. Sie trifft die notwendigen Anordnungen zur Beseitigung festgestellter Mängel oder zur Verhütung künftiger Verstöße.
(4) Die Befugnis erteilende Behörde übermittelt der zuständigen Marktüberwachungsbehörde auf Anforderung die Informationen, die für deren Aufgabenerfüllung erforderlich sind. Dazu gehören insbesondere die Befugniserteilungsbescheide und sonstige Informationen, die Einfluss auf die Durchführung der Konformitätsbewertungsverfahren haben.

§ 10 Anforderungen an die Befugnis erteilende Behörde

(1) Die Länder haben die Befugnis erteilende Behörde so einzurichten, dass es zu keinerlei Interessenkonflikt mit den Konformitätsbewertungsstellen kommt; insbesondere darf die Befugnis erteilende Behörde weder Tätigkeiten, die Konformitätsbewertungsstellen durchführen, noch Beratungsleistungen auf einer gewerblichen oder wettbewerblichen Basis anbieten oder erbringen.
(2) Bedienstete der Befugnis erteilenden Behörde, die die Begutachtung einer Konformitätsbewertungsstelle durchgeführt haben, dürfen nicht mit der Entscheidung über die Erteilung der Befugnis, als Konformitätsbewertungsstelle tätig werden zu dürfen, betraut werden.
(3) Der Befugnis erteilenden Behörde müssen kompetente Mitarbeiter in ausreichender Zahl zur Verfügung stehen, so dass sie ihre Aufgaben ordnungsgemäß wahrnehmen kann.

§ 11 Befugnisse der Befugnis erteilenden Behörde

(1) Die Befugnis erteilende Behörde kann von den Konformitätsbewertungsstellen, denen sie die Befugnis zur Durchführung bestimmter Konformitätsbewertungstätigkeiten erteilt hat, die zur Erfüllung ihrer Überwachungsaufgaben erforderlichen Auskünfte einschließlich der Herausgabe personenbezogener Daten, soweit dies zur Überprüfung der Kompetenz der Stelle erforderlich ist, und sonstige Unterstützung verlangen sowie die dazu erforderlichen Anordnungen treffen. Die Befugnis erteilende Behörde ist insbesondere befugt zu verlangen, dass ihr diejenigen Unterlagen vorgelegt werden, die der Konformitätsbewertung zugrunde liegen. Die personenbezogenen Daten umfassen Vorname, Name, Adresse, berufliche Qualifikationen, Fort- und Weiterbildungen sowie berufliche Stationen. Die von der Befugnis erteilenden Behörde erhobenen personenbezogenen Daten sind unverzüglich zu löschen, sobald sie nicht mehr erforderlich sind, spätestens drei Jahre nach Auslaufen der Befugnis. Ausgenommen davon sind Vorname, Name und Adresse, die nach zehn Jahren zu löschen sind. § 75 Absatz 4 des Bundesdatenschutzgesetzes bleibt unberührt.
(2) Die Befugnis erteilende Behörde kann sich bei Erteilung der Befugnis sowie in regelmäßigen Abständen von der Geschäftsführung, der obersten Leitungsebene und dem für die Konformitätsbewertungstätigkeiten zuständigen Personal ein Führungszeugnis nach § 30 Absatz 5 des Bundeszentralregistergesetzes vorlegen lassen, soweit dies zur Überprüfung der Zuverlässigkeit der Stelle erforderlich ist. Die Befugnis erteilende Behörde darf von den nach Satz 1 eingesehenen Daten nur

den Umstand, dass Einsicht in ein Führungszeugnis genommen wurde, das Datum des Führungszeugnisses und die Information erheben, ob die das Führungszeugnis betreffende Person wegen einer einschlägigen Straftat nach den §§ 202a bis 202d, 263, 264, 266, 267 bis 269, 271, 274, 298 und 299 des Strafgesetzbuchs rechtskräftig verurteilt worden ist. Die Befugnis erteilende Behörde darf diese erhobenen Daten nur verwenden, soweit dies zum Ausschluss der Personen von der Konformitätsbewertung, die Anlass zu der Einsichtnahme in das Führungszeugnis gewesen ist, erforderlich ist. Durch technische und organisatorische Maßnahmen ist sicherzustellen, dass Unbefugte nicht auf die Daten zugreifen können. Die Daten sind unverzüglich zu löschen, wenn im Anschluss an die Einsichtnahme keine Konformitätsbewertung wahrgenommen wird. Andernfalls sind die Daten spätestens drei Monate nach der Beendigung einer solchen Tätigkeit zu löschen. § 75 Absatz 4 des Bundesdatenschutzgesetzes bleibt unberührt.

(3) Die Befugnis erteilende Behörde und die von ihr beauftragten Personen sind befugt, zu den Betriebs- und Geschäftszeiten Betriebsgrundstücke und Geschäftsräume sowie Prüflaboratorien zu betreten und zu besichtigen, soweit dies zur Erfüllung ihrer Überwachungsaufgaben erforderlich ist.

(4) Die Auskunftspflichtigen haben die Maßnahmen nach den Absätzen 1 bis 3 zu dulden. Sie können die Auskunft auf Fragen verweigern, sofern die Beantwortung sie selbst oder einen der in § 383 Absatz 1 Nummer 1 bis 3 der Zivilprozessordnung bezeichneten Angehörigen der Gefahr strafrechtlicher Verfolgung oder eines Verfahrens nach dem Gesetz über Ordnungswidrigkeiten aussetzen würde. Sie sind über ihr Recht zur Auskunftsverweigerung zu belehren.

Abschnitt 4
Notifizierung von Konformitätsbewertungsstellen

§ 12 Anträge auf Notifizierung

(1) Eine Konformitätsbewertungsstelle kann bei der Befugnis erteilenden Behörde die Befugnis beantragen, als notifizierte Stelle tätig werden zu dürfen.

(2) Dem Antrag nach Absatz 1 legt die Konformitätsbewertungsstelle Folgendes bei:

1. eine Beschreibung der Konformitätsbewertungstätigkeiten, der Konformitätsbewertungsverfahren und der Produkte, für die sie Kompetenz beansprucht, und
2. sofern vorhanden, eine Akkreditierungsurkunde, die von einer nationalen Akkreditierungsstelle ausgestellt wurde und in der diese bescheinigt, dass die Konformitätsbewertungsstelle die Anforderungen des § 13 erfüllt.

(3) Kann die Konformitätsbewertungsstelle keine Akkreditierungsurkunde vorweisen, legt sie der Befugnis erteilenden Behörde als Nachweis alle Unterlagen vor, die erforderlich sind, um überprüfen, feststellen und regelmäßig überwachen zu können, ob sie die Anforderungen des § 13 erfüllt.

§ 13 Anforderungen an die Konformitätsbewertungsstelle für ihre Notifizierung

(1) Die Konformitätsbewertungsstelle muss Rechtspersönlichkeit besitzen. Sie muss selbstständig Verträge abschließen, unbewegliches Vermögen erwerben und darüber verfügen können sowie vor Gericht klagen und verklagt werden können.
(2) Bei der Konformitätsbewertungsstelle muss es sich um einen unabhängigen Dritten handeln, der mit der Einrichtung oder dem Produkt, die oder das er bewertet, in keinerlei Verbindung steht. Die Anforderung nach Satz 1 kann auch von einer Konformitätsbewertungsstelle erfüllt werden, die einem Wirtschaftsverband oder einem Fachverband angehört und die Produkte bewertet, an deren Entwurf, Herstellung, Bereitstellung, Montage, Gebrauch oder Wartung Unternehmen beteiligt sind, die von diesem Verband vertreten werden. Voraussetzung ist, dass die Konformitätsbewertungsstelle nachweist, dass sich aus dieser Verbandsmitgliedschaft keine Interessenkonflikte im Hinblick auf ihre Konformitätsbewertungstätigkeiten ergeben.
(3) Die Konformitätsbewertungsstelle, ihre oberste Leitungsebene und das für die Konformitätsbewertungstätigkeiten zuständige Personal dürfen weder Konstrukteur, Hersteller, Lieferant, Installateur, Käufer, Eigentümer, Verwender oder Wartungsbetrieb der zu bewertenden Produkte noch Bevollmächtigter einer dieser Parteien sein. Dies schließt weder die Verwendung von bereits einer Konformitätsbewertung unterzogenen Produkten, die für die Tätigkeit der Konformitätsbewertungsstelle erforderlich sind, noch die Verwendung solcher Produkte zum persönlichen Gebrauch aus. Die Konformitätsbewertungsstelle, ihre oberste Leitungsebene und das für die Konformitätsbewertungstätigkeiten zuständige Personal dürfen weder direkt an Entwurf, Herstellung oder Bau, Vermarktung, Installation, Verwendung oder Wartung dieser Produkte beteiligt sein, noch dürfen sie die an diesen Tätigkeiten beteiligten Parteien vertreten. Sie dürfen sich nicht mit Tätigkeiten befassen, die ihre Unabhängigkeit bei der Beurteilung oder ihre Integrität im Zusammenhang mit den Konformitätsbewertungstätigkeiten beeinträchtigen können. Dies gilt insbesondere für Beratungsdienstleistungen. Die Konformitätsbewertungsstelle gewährleistet, dass Tätigkeiten ihrer Zweigunternehmen oder Unterauftragnehmer die Vertraulichkeit, Objektivität und Unparteilichkeit ihrer Konformitätsbewertungstätigkeiten nicht beeinträchtigen.
(4) Die Konformitätsbewertungsstelle und ihr Personal haben die Konformitätsbewertungstätigkeiten mit der größtmöglichen Professionalität und der erforderlichen fachlichen Kompetenz in dem betreffenden Bereich durchzuführen. Sie dürfen keinerlei Einflussnahme, insbesondere finanzieller Art, durch Dritte ausgesetzt sein, die sich auf ihre Beurteilung oder auf die Ergebnisse ihrer Konformitätsbewertung auswirken könnte und speziell von Personen oder Personengruppen ausgeht, die ein Interesse am Ergebnis dieser Konformitätsbewertung haben.
(5) Die Konformitätsbewertungsstelle muss in der Lage sein, alle Konformitätsbewertungsaufgaben zu bewältigen, für die sie gemäß ihrem Antrag nach § 12 Absatz 2 die Kompetenz beansprucht, gleichgültig, ob diese Aufgaben von ihr selbst, in ihrem Auftrag oder unter ihrer Verantwortung erfüllt werden. Die Konformitätsbewertungsstelle muss für jedes Konformitätsbewertungsverfahren und für jede

Art und Kategorie von Produkten, für die sie einen Antrag nach § 12 Absatz 2 gestellt hat, über Folgendes verfügen:

1. die erforderliche Anzahl von Personal mit Fachkenntnis und hinreichend einschlägiger Erfahrung, um die bei der Konformitätsbewertung anfallenden Aufgaben zu erfüllen,
2. Beschreibungen von Verfahren, nach denen die Konformitätsbewertung durchgeführt wird, um die Transparenz und die Wiederholbarkeit dieser Verfahren sicherzustellen, sowie über eine angemessene Politik und geeignete Verfahren, bei denen zwischen den Aufgaben, die sie als notifizierte Stelle wahrnimmt, und anderen Tätigkeiten unterschieden wird, und
3. Verfahren zur Durchführung von Tätigkeiten unter gebührender Berücksichtigung der Größe eines Unternehmens, der Branche, in der es tätig ist, der Struktur des Unternehmens, des Grades an Komplexität der jeweiligen Produkttechnologie und der Tatsache, dass es sich bei dem Produktionsprozess um eine Massenfertigung oder Serienproduktion handelt.

Die Konformitätsbewertungsstelle muss über die erforderlichen Mittel zur angemessenen Erledigung der technischen und administrativen Aufgaben, die mit der Konformitätsbewertung verbunden sind, verfügen. Sie muss Zugang zu allen benötigten Ausrüstungen oder Einrichtungen haben.

(6) Die Konformitätsbewertungsstelle stellt sicher, dass das Personal, das für die Durchführung der Konformitätsbewertungstätigkeiten zuständig ist,

1. eine Fach- und Berufsausbildung besitzt, die es für alle Konformitätsbewertungstätigkeiten qualifiziert, für die die Konformitätsbewertungsstelle einen Antrag nach § 12 gestellt hat,
2. über eine ausreichende Kenntnis der Produkte und der Konformitätsbewertungsverfahren verfügt und die entsprechende Befugnis besitzt, solche Konformitätsbewertungen durchzuführen,
3. angemessene Kenntnisse und Verständnis der wesentlichen Anforderungen, der geltenden harmonisierten Normen und der betreffenden Bestimmungen der Harmonisierungsrechtsvorschriften der Europäischen Union und ihrer Durchführungsvorschriften besitzt und
4. die Fähigkeit zur Erstellung von Bescheinigungen, Protokollen und Berichten als Nachweis für durchgeführte Konformitätsbewertungen hat.

(7) Die Konformitätsbewertungsstelle hat ihre Unparteilichkeit, die ihrer obersten Leitungsebene und die ihres Konformitätsbewertungspersonals sicherzustellen. Die Vergütung der obersten Leitungsebene und des Konformitätsbewertungspersonals darf sich nicht nach der Anzahl der durchgeführten Konformitätsbewertungen oder nach deren Ergebnissen richten.

(8) Die Konformitätsbewertungsstelle hat eine Haftpflichtversicherung abzuschließen, die die mit ihrer Tätigkeit verbundenen Risiken angemessen abdeckt.

(9) Das Personal der Konformitätsbewertungsstelle darf die ihnen im Rahmen einer Konformitätsbewertung bekannt gewordenen Tatsachen, deren Geheimhaltung im Interesse der Konformitätsbewertungsstelle oder eines Dritten liegt, nicht unbefugt offenbaren oder verwerten, auch wenn ihre Tätigkeit beendet ist. Die von der Konformitätsbewertungsstelle zu beachtenden Bestimmungen zum Schutz personenbezogener Daten bleiben unberührt.

§ 14 Konformitätsvermutung

(1) Weist eine Konformitätsbewertungsstelle durch eine Akkreditierung nach, dass sie die Kriterien der einschlägigen harmonisierten Normen, deren Fundstellen im Amtsblatt der Europäischen Union veröffentlicht worden sind, oder von Teilen dieser Normen erfüllt, wird vermutet, dass sie die Anforderungen nach § 13 in dem Umfang erfüllt, in dem die anwendbaren harmonisierten Normen diese Anforderungen abdecken.
(2) Ist die Befugnis erteilende Behörde der Auffassung, dass eine harmonisierte Norm den von ihr abgedeckten Anforderungen nach § 13 nicht vollständig entspricht, so unterrichtet sie hiervon unter Angabe der Gründe die Bundesanstalt für Arbeitsschutz und Arbeitsmedizin. Die Bundesanstalt für Arbeitsschutz und Arbeitsmedizin überprüft die eingegangenen Meldungen auf Vollständigkeit und Schlüssigkeit und informiert den Ausschuss für Produktsicherheit. Sie leitet die Meldungen dem zuständigen Bundesministerium zur Weitergabe an die Europäische Kommission zu.

§ 15 Erteilung der Befugnis, Notifizierungsverfahren

(1) Hat die Befugnis erteilende Behörde festgestellt, dass eine Konformitätsbewertungsstelle die Anforderungen nach § 13 erfüllt, so erteilt sie dieser die Befugnis, Konformitätsbewertungsaufgaben nach den Rechtsverordnungen nach § 8 Absatz 1, die erlassen wurden, um Rechtsvorschriften der Europäischen Union umzusetzen oder durchzuführen, wahrzunehmen. Anschließend notifiziert die Befugnis erteilende Behörde die Konformitätsbewertungsstelle mit Hilfe des elektronischen Notifizierungsinstruments, das von der Europäischen Kommission entwickelt und verwaltet wird.
(2) Die Befugnis ist unter der aufschiebenden Bedingung zu erteilen, dass weder die Europäische Kommission noch die anderen Mitgliedstaaten der Europäischen Union innerhalb folgender Frist Einwände erheben:
1. innerhalb von zwei Wochen nach der Notifizierung, sofern eine Akkreditierungsurkunde nach § 12 Absatz 2 vorliegt, oder
2. innerhalb von zwei Monaten nach der Notifizierung, sofern keine Akkreditierungsurkunde nach § 12 Absatz 2 vorliegt.

Die Befugnis kann unter weiteren Bedingungen erteilt und mit Auflagen verbunden werden. Sie kann befristet und mit dem Vorbehalt des Widerrufs sowie dem Vorbehalt nachträglicher Auflagen erteilt werden.
(3) Beruht die Bestätigung der Kompetenz nicht auf einer Akkreditierungsurkunde gemäß § 12 Absatz 2, legt die Befugnis erteilende Behörde der Europäischen Kommission und den anderen Mitgliedstaaten der Europäischen Union die Unterlagen, die die Kompetenz der Konformitätsbewertungsstelle bestätigen, als Nachweis vor. Sie legt ferner die Vereinbarungen vor, die getroffen wurden, um sicherzustellen, dass die Konformitätsbewertungsstelle regelmäßig überwacht wird und stets den Anforderungen nach § 13 genügt.

(4) Die Befugnis erteilende Behörde meldet der Europäischen Kommission und den anderen Mitgliedstaaten der Europäischen Union jede später eintretende Änderung der Notifizierung.
(5) Die Befugnis erteilende Behörde erteilt der Europäischen Kommission auf Verlangen sämtliche Auskünfte über die Grundlage für die Notifizierung oder über die Erhaltung der Kompetenz der betreffenden Stelle.

§ 16 Verpflichtungen der notifizierten Stelle

(1) Die notifizierte Stelle führt die Konformitätsbewertung im Einklang mit den Konformitätsbewertungsverfahren gemäß den Rechtsverordnungen nach § 8 Absatz 1 und unter Wahrung der Verhältnismäßigkeit durch.
(2) Stellt die notifizierte Stelle fest, dass ein Hersteller die Anforderungen nicht erfüllt hat, die in den Rechtsverordnungen nach § 8 Absatz 1 festgelegt sind, fordert sie den Hersteller auf, angemessene Korrekturmaßnahmen zu ergreifen, und stellt keine Konformitätsbescheinigung aus.
(3) Hat die notifizierte Stelle bereits eine Konformitätsbescheinigung ausgestellt und stellt sie im Rahmen der Überwachung der Konformität fest, dass das Produkt die Anforderungen nicht mehr erfüllt, fordert sie den Hersteller auf, angemessene Korrekturmaßnahmen zu ergreifen; falls nötig, setzt sie die Konformitätsbescheinigung aus oder zieht sie zurück.
(4) Werden keine Korrekturmaßnahmen ergriffen oder genügen diese nicht, um die Erfüllung der Anforderungen sicherzustellen, schränkt die notifizierte Stelle alle betreffenden Konformitätsbescheinigungen ein, setzt sie aus oder zieht sie zurück.
(5) Die notifizierte Stelle hat an den einschlägigen Normungsaktivitäten und den Aktivitäten der Koordinierungsgruppe notifizierter Stellen, die im Rahmen der jeweiligen Harmonisierungsrechtsvorschriften der Europäischen Union geschaffen wurden, mitzuwirken oder dafür zu sorgen, dass ihr Konformitätsbewertungspersonal darüber informiert wird. Sie hat die von dieser Gruppe erarbeiteten Verwaltungsentscheidungen und Dokumente als allgemeine Leitlinie anzuwenden.

§ 17 Meldepflichten der notifizierten Stelle

(1) Die notifizierte Stelle meldet der Befugnis erteilenden Behörde
1. jede Verweigerung, Einschränkung, Aussetzung oder Rücknahme einer Konformitätsbescheinigung,
2. alle Umstände, die Folgen für die der notifizierten Stelle nach § 15 Absatz 1 erteilten Befugnis haben,
3. jedes Auskunftsersuchen über Konformitätsbewertungstätigkeiten, das sie von den Marktüberwachungsbehörden erhalten hat,
4. auf Verlangen, welchen Konformitätsbewertungstätigkeiten sie nachgegangen ist und welche anderen Tätigkeiten, einschließlich grenzüberschreitender Tätigkeiten und der Vergabe von Unteraufträgen, sie ausgeführt hat.

(2) Die notifizierte Stelle übermittelt den anderen notifizierten Stellen, die unter der jeweiligen Harmonisierungsrechtsvorschrift der Europäischen Union notifiziert sind, ähnlichen Konformitätsbewertungstätigkeiten nachgehen und gleich-

artige Produkte abdecken, einschlägige Informationen über die negativen und auf Verlangen auch über die positiven Ergebnisse von Konformitätsbewertungen.

§ 18 Zweigunternehmen einer notifizierten Stelle und Vergabe von Unteraufträgen

(1) Vergibt die notifizierte Stelle bestimmte mit der Konformitätsbewertung verbundene Aufgaben an Unterauftragnehmer oder überträgt sie diese Aufgaben einem Zweigunternehmen, stellt sie sicher, dass der Unterauftragnehmer oder das Zweigunternehmen die Anforderungen des § 13 erfüllt, und unterrichtet die Befugnis erteilende Behörde entsprechend.
(2) Die notifizierte Stelle trägt die volle Verantwortung für die Arbeiten, die von Unterauftragnehmern oder Zweigunternehmen ausgeführt werden, unabhängig davon, wo diese niedergelassen sind.
(3) Arbeiten dürfen nur dann an einen Unterauftragnehmer vergeben oder einem Zweigunternehmen übertragen werden, wenn der Auftraggeber dem zustimmt.
(4) Die notifizierte Stelle hält die einschlägigen Unterlagen über die Begutachtung der Qualifikation des Unterauftragnehmers oder des Zweigunternehmens und über die von ihm gemäß den Rechtsverordnungen nach § 8 Absatz 1 ausgeführten Arbeiten für die Befugnis erteilende Behörde bereit.

§ 19 Widerruf der erteilten Befugnis

(1) Wenn die Befugnis erteilende Behörde feststellt oder darüber unterrichtet wird, dass eine notifizierte Stelle die in § 13 genannten Anforderungen nicht mehr erfüllt oder dass sie ihren Verpflichtungen nicht nachkommt, widerruft sie ganz oder teilweise die erteilte Befugnis. Sie unterrichtet unverzüglich die Europäische Kommission und die anderen Mitgliedstaaten der Europäischen Union darüber.
(2) Im Fall des Widerrufs nach Absatz 1 oder wenn die notifizierte Stelle ihre Tätigkeit einstellt, ergreift die Befugnis erteilende Behörde die geeigneten Maßnahmen, um zu gewährleisten, dass die Akten dieser Stelle von einer anderen notifizierten Stelle weiterbearbeitet und für die Befugnis erteilende Behörde und die Marktüberwachungsbehörden auf deren Verlangen bereitgehalten werden.

Abschnitt 5
GS-Zeichen

§ 20 Zuerkennung des GS-Zeichens

(1) Ein verwendungsfertiges und geeignetes Produkt darf mit dem GS-Zeichen gemäß der Anlage versehen werden, wenn das GS-Zeichen von einer GS-Stelle auf Antrag des Herstellers oder seines Bevollmächtigten zuerkannt worden ist. Sofern der Hersteller nicht in der Europäischen Union oder in der Europäischen Freihandelszone ansässig ist oder keine ladungsfähige Adresse in der Europäischen Union

oder der Europäischen Freihandelszone angeben kann, muss ein Bevollmächtigter den Antrag stellen.

(2) Ein verwendungsfertiges Produkt, das mit der CE-Kennzeichnung versehen ist, darf nicht zusätzlich mit dem GS-Zeichen versehen werden, wenn die Voraussetzungen für die CE-Kennzeichnung mit den Voraussetzungen für die Zuerkennung des GS-Zeichnens nach Absatz 3 mindestens gleichwertig sind.

(3) Die GS-Stelle darf das GS-Zeichen dem Hersteller nur zuerkennen, wenn

1. das geprüfte Baumuster den Anforderungen nach § 3 entspricht,
2. das geprüfte Baumuster den Anforderungen anderer Rechtsvorschriften hinsichtlich der Gewährleistung des Schutzes der Sicherheit und Gesundheit von Personen entspricht,
3. sie im Zuerkennungsverfahren die Spezifikation angewandt hat, die der Ausschuss für Produktsicherheit für die Zuerkennung des GS-Zeichens ermittelt hat,
4. sie bei einer Inspektion vor Ort festgestellt hat, dass in den Produktionsstätten die Voraussetzungen dafür gegeben sind, dass die Produkte dem Baumuster gemäß hergestellt werden können, und
5. sie mit dem Hersteller oder dem Bevollmächtigten Vereinbarungen getroffen hat, die sicherstellen, dass eine Überprüfung der gefertigten Produkte auf die Erfüllung der Anforderungen während der laufenden Produktion möglich ist.

(4) Die GS-Stelle hat zu dokumentieren, dass die Anforderungen nach Absatz 3 erfüllt sind.

(5) Die GS-Stelle hat eine Bescheinigung über die Zuerkennung des GS-Zeichens auszustellen. Die Zuerkennung ist auf höchstens fünf Jahre zu befristen oder auf ein bestimmtes Fertigungskontingent oder -los zu beschränken.

§ 21 Befugnis für die Tätigkeit als GS-Stelle

(1) Eine Konformitätsbewertungsstelle, die im Geltungsbereich dieses Gesetzes ansässig ist, kann bei der Befugnis erteilenden Behörde beantragen, als GS-Stelle für einen bestimmten Aufgabenbereich tätig werden zu dürfen. Das Verfahren zur Prüfung des Antrags kann nach den Vorschriften des Verwaltungsverfahrensgesetzes über eine einheitliche Stelle abgewickelt werden und muss innerhalb von sechs Monaten abgeschlossen sein. Die Frist für das Verfahren beginnt mit Eingang der vollständigen Unterlagen. Die Befugnis erteilende Behörde kann diese Frist einmalig um höchstens drei Monate verlängern. Die Fristverlängerung ist ausreichend zu begründen und dem Antragsteller rechtzeitig mitzuteilen.

(2) Die Befugnis erteilende Behörde darf nur solchen Konformitätsbewertungsstellen die Befugnis erteilen, als GS-Stelle tätig zu werden, die die Anforderungen des § 13 und die Vorgaben des § 23 erfüllen. § 19 Absatz 1 Satz 1 und Absatz 2 gilt entsprechend.

(3) Die Befugnis kann unter Bedingungen erteilt und mit Auflagen verbunden werden. Sie kann befristet und mit dem Vorbehalt des Widerrufs sowie nachträglicher Auflagen erteilt werden.

(4) Die Befugnis erteilende Behörde benennt der Bundesanstalt für Arbeitsschutz und Arbeitsmedizin die GS-Stellen. Die Bundesanstalt für Arbeitsschutz und Arbeitsmedizin veröffentlicht die GS-Stellen auf ihrer Internetseite.
(5) Auch eine Konformitätsbewertungsstelle, die in einem anderen Mitgliedstaat der Europäischen Union oder der Europäischen Freihandelszone ansässig ist, kann der Bundesanstalt für Arbeitsschutz und Arbeitsmedizin von der Befugnis erteilenden Behörde als GS-Stelle für einen bestimmten Aufgabenbereich benannt werden. Voraussetzung für die Benennung ist, dass
1. ein Verwaltungsabkommen zwischen dem Bundesministerium für Arbeit und Soziales und dem jeweiligen Mitgliedstaat der Europäischen Union oder der Europäischen Freihandelszone abgeschlossen wurde und
2. in einem Verfahren zur Erteilung einer Befugnis festgestellt wurde, dass die Anforderungen des Verwaltungsabkommens nach Nummer 1 erfüllt sind.

In dem Verwaltungsabkommen nach Satz 2 Nummer 1 müssen geregelt sein:
1. die Anforderungen an die GS-Stelle entsprechend Absatz 2 sowie § 22 Absatz 1 bis 6,
2. die Beteiligung der Befugnis erteilenden Behörde an dem Verfahren zur Erteilung einer Befugnis, das im jeweiligen Mitgliedstaat der Europäischen Union oder der Europäischen Freihandelszone durchgeführt wird, und
3. eine den Grundsätzen des § 9 Absatz 3 entsprechende Überwachung der GS-Stelle.

§ 22 Pflichten der GS-Stellen

(1) Die GS-Stelle hat eine Liste aller ausgestellten Bescheinigungen über die Zuerkennung des GS-Zeichens zu veröffentlichen. Dabei sind zu jeder Bescheinigung alle Daten anzugeben, die zur eindeutigen Identifizierung des jeweils mit dem GS-Zeichen versehenen Produktes erforderlich sind. Die GS-Stellen sollen dazu auch geeignete Abbildungen veröffentlichen.
(2) Erhält die GS-Stelle Kenntnis davon, dass ein Produkt ihr GS-Zeichen ohne gültige Zuerkennung trägt, trifft sie die erforderlichen Maßnahmen. Sie unterrichtet außerdem die anderen GS-Stellen und die Befugnis erteilende Behörde unverzüglich über den Missbrauch des GS-Zeichens.
(3) Liegen der GS-Stelle Informationen zu Fällen des Missbrauchs des GS-Zeichens vor, so stellt sie diese Informationen der Bundesanstalt für Arbeitsschutz und Arbeitsmedizin auf elektronischem Weg zur Verfügung. Die Bundesanstalt für Arbeitsschutz und Arbeitsmedizin veröffentlicht diese Informationen auf ihrer Internetseite.
(4) Zum Nachweis, dass Produkte, die mit dem GS-Zeichen versehen sind, dem geprüften Baumuster entsprechen, hat die GS-Stelle ab der Aufnahme der Produktion des Produktes regelmäßige Kontrollmaßnahmen durchzuführen. Zu den Kontrollmaßnahmen zählen zum Beispiel wiederkehrende Besichtigungen der Produktion oder Produktentnahmen aus der Produktion, aus dem Markt oder aus einem Lager.
(5) Kann der Nachweis nach Absatz 4 nicht erbracht werden oder sind die Voraussetzungen für die Zuerkennung des GS-Zeichens nach § 20 Absatz 3 nachweislich nicht mehr erfüllt, hat die GS-Stelle die Zuerkennung zu entziehen.

(6) Die GS-Stelle unterrichtet die anderen GS-Stellen und die Befugnis erteilende Behörde vom Entzug der Zuerkennung.
(7) Die GS-Stelle kann die Zuerkennung eines GS-Zeichens aussetzen, sofern begründete Zweifel an der rechtmäßigen Zuerkennung des GS-Zeichens bestehen.
(8) Wurde die Zuerkennung eines GS-Zeichens für ein Produkt ausgesetzt oder wurde das GS-Zeichen für ein Produkt entzogen und sind dem Hersteller weitere GS-Zeichen zuerkannt, so ist die rechtmäßige Verwendung dieser GS-Zeichen unmittelbar zu überprüfen.
(9) Die GS-Stelle hat an den einschlägigen Erfahrungsaustauschkreisen regelmäßig mitzuwirken und dafür zu sorgen, dass ihr Konformitätsbewertungspersonal über die Ergebnisse informiert wird. Sie hat an der Erarbeitung der für sie einschlägigen GS-Spezifikationen sowie an weiteren Schriften mitzuwirken und dafür zu sorgen, dass diese Beschlüsse und Dokumente angewendet werden.

§ 23 Einbeziehung von externen Stellen

(1) Die GS-Stelle kann bestimmte, mit der Zuerkennung des GS-Zeichens verbundene Aufgaben an externe Stellen vergeben. Diese Stellen müssen die Anforderungen des § 13 erfüllen. Folgende Aufgaben dürfen nur durch eigenes Personal, das arbeitsvertraglich an die GS-Stelle gebunden und von der GS-Stelle zu entlohnen ist, ausgeführt werden:
1. die Bewertung des Antrages nach § 20 Absatz 1,
2. die Bewertung der Prüfergebnisse nach § 20 Absatz 3 und
3. die Entscheidung über die Zuerkennung des GS-Zeichens.

(2) Die Einbeziehung von externen Stellen bedarf der Zustimmung des Auftraggebers.
(3) Die GS-Stelle hat die Einbeziehung von externen Stellen bei der Befugnis erteilenden Behörde zu beantragen. Dem Antrag legt die GS-Stelle Folgendes bei:
1. eine Beschreibung der Aufgaben und der Produkte, für die sie die externe Stelle einbeziehen will, und
2. Nachweise, dass die externe Stelle die Anforderungen des § 13 erfüllt.

(4) Die GS-Stelle trägt die volle Verantwortung für die Tätigkeiten, die von den externen Stellen ausgeführt werden, unabhängig davon, wo diese niedergelassen sind. Sie stellt durch regelmäßige Überwachung sicher, dass die Voraussetzungen und Anforderungen nach Absatz 1 erfüllt werden.
(5) Die GS-Stelle hält die einschlägigen Unterlagen zu den Überwachungsmaßnahmen nach Absatz 4 Satz 2 und über die von den externen Stellen ausgeführten Tätigkeiten im Zusammenhang mit der Zuerkennung des GS-Zeichens für die Befugnis erteilende Behörde bereit.

§ 24 Pflichten des Herstellers und des Einführers

(1) Der Hersteller hat dafür Sorge zu tragen, dass die von ihm hergestellten verwendungsfertigen Produkte mit dem geprüften Baumuster übereinstimmen.
(2) Der Hersteller darf das GS-Zeichen nur verwenden und mit ihm werben, wenn ihm von der GS-Stelle eine Bescheinigung nach § 20 Absatz 5 ausgestellt wurde und

solange die Anforderungen nach § 20 Absatz 3 erfüllt sind. Er darf das GS-Zeichen nicht verwenden oder mit ihm werben, wenn die GS-Stelle die Zuerkennung nach § 22 Absatz 5 entzogen oder nach § 22 Absatz 7 ausgesetzt hat.

(3) Der Hersteller hat bei der Gestaltung des GS-Zeichens die Vorgaben der Anlage und die vom Ausschuss für Produktsicherheit ermittelten Spezifikationen zu beachten.

(4) Der Hersteller darf kein Zeichen verwenden und mit keinem Zeichen werben, das mit dem GS-Zeichen verwechselt werden kann.

(5) Der Einführer darf ein Produkt, das das GS-Zeichen trägt, nur in den Verkehr bringen, wenn er zuvor geprüft hat, dass für das Produkt eine Bescheinigung nach § 20 Absatz 5 vorliegt. Er hat die Prüfung nach Satz 1 zu dokumentieren, bevor er das Produkt in den Verkehr bringt. Die Dokumentation muss mindestens die folgenden Angaben enthalten:

1. das Datum der Prüfung nach Satz 1,
2. den Namen der GS-Stelle, die die Bescheinigung nach § 20 Absatz 5 ausgestellt hat, sowie
3. die Nummer der Bescheinigung über die Zuerkennung des GS-Zeichens.

Abschnitt 6
Marktüberwachung, Bundesanstalt für Arbeitsschutz und Arbeitsmedizin und Ausschuss für Produktsicherheit

§ 25 Marktüberwachung

(1) Vorbehaltlich der Sätze 2 und 3 obliegt die Marktüberwachung den nach Landesrecht zuständigen Behörden (Marktüberwachungsbehörden). Zuständigkeiten zur Durchführung dieses Gesetzes, die durch andere Rechtsvorschriften zugewiesen sind, bleiben unberührt. Werden die Bestimmungen dieses Gesetzes nach Maßgabe des § 1 Absatz 3 ergänzend zu Bestimmungen in anderen Rechtsvorschriften angewendet, sind die für die Durchführung der anderen Rechtsvorschriften zuständigen Behörden auch für die Durchführung der Bestimmungen dieses Gesetzes zuständig, sofern nichts Anderes vorgesehen ist.

(2) Die Marktüberwachungsbehörden gehen bei den Stichproben nach Artikel 11 Absatz 3 Satz 1 der Verordnung (EU) 2019/1020 je Land von einem Richtwert von 0,5 Stichproben pro 1000 Einwohner und Jahr aus; dies gilt nicht für Produkte, bei denen die Vorschriften des Produktsicherheitsgesetzes nach § 1 Absatz 3 dieses Gesetzes ergänzend zur Anwendung kommen.

(3) Trifft die Marktüberwachungsbehörde für ein Produkt, das mit einem GS-Zeichen versehen ist, eine Maßnahme nach § 8 des Marktüberwachungsgesetzes, durch die die Bereitstellung des Produkts auf dem Markt untersagt oder eingeschränkt wird oder seine Rücknahme oder sein Rückruf angeordnet wird, so unterrichtet die Marktüberwachungsbehörde diejenige GS-Stelle, die das GS-Zeichen zuerkannt hat, sowie die Befugnis erteilende Behörde über die von ihr getroffene Maßnahme.

(4) Die Marktüberwachungsbehörden können von den notifizierten Stellen, von den GS-Stellen und von dem Personal, das von den GS-Stellen mit der Durchführung der Fachaufgaben beauftragt wurde, die zur Erfüllung ihrer Aufgaben erforderlichen Auskünfte und Unterlagen verlangen.

(5) Die Marktüberwachungsbehörden können im Einzelfall Folgendes anordnen:

1. der notifizierten Stelle die erforderlichen Maßnahmen zur Erfüllung der auferlegten Pflichten nach § 16 Absatz 3 oder 4 oder
2. einer GS-Stelle die erforderlichen Maßnahmen zur Erfüllung der auferlegten Pflichten nach § 22 Absatz 2 Satz 1 oder Absatz 4 Satz 2.

(6) Die Auskunftspflichtigen haben jeweils Maßnahmen nach Absatz 4 zu dulden sowie die Marktüberwachungsbehörden und deren Beauftragte zu unterstützen. Die notifizierten Stellen und die GS-Stellen sowie das in Absatz 4 genannte Personal sind verpflichtet, der Marktüberwachungsbehörde auf Verlangen die Auskünfte zu erteilen und Unterlagen herauszugeben, die für deren Aufgabenerfüllung erforderlich sind. Die Auskunftspflichtigen können die Auskunft auf Fragen verweigern, wenn die Beantwortung sie selbst oder einen der in § 383 Absatz 1 Nummer 1 bis 3 der Zivilprozessordnung bezeichneten Angehörigen der Gefahr strafrechtlicher Verfolgung oder eines Verfahrens nach dem Gesetz über Ordnungswidrigkeiten aussetzen würde. Sie sind über ihr Recht zur Auskunftsverweigerung zu belehren.

(7) Die Marktüberwachungsbehörden können im Einzelfall gegenüber dem Wirtschaftsakteur die erforderlichen Maßnahmen zur Erfüllung der ihm auferlegten Pflichten nach § 6 oder § 24 anordnen.

(8) Die Marktüberwachungsbehörden haben im Fall ihres Tätigwerdens nach den Absätzen 4, 5 und 7 die Befugnis erteilende Behörde zu unterrichten.

§ 26 Aufgaben der Bundesanstalt für Arbeitsschutz und Arbeitsmedizin

(1) Die Bundesanstalt für Arbeitsschutz und Arbeitsmedizin

1. ermittelt und bewertet im Rahmen ihres allgemeinen Forschungsauftrags präventiv Sicherheitsrisiken und gesundheitliche Risiken, die mit der Verwendung von Produkten verbunden sind, und
2. macht Vorschläge zur Verringerung der ermittelten Risiken.

(2) In Einzelfällen nimmt die Bundesanstalt für Arbeitsschutz und Arbeitsmedizin in Abstimmung mit den Marktüberwachungsbehörden Risikobewertungen von Produkten vor, wenn hinreichende Anhaltspunkte dafür vorliegen, dass von ihnen eine unmittelbare Gefahr für die Sicherheit und Gesundheit von Personen ausgeht oder mit ihnen ein ernstes Risiko verbunden ist. Über das Ergebnis der Bewertung unterrichtet sie unverzüglich die zuständige Marktüberwachungsbehörde und in Abstimmung mit dieser den betroffenen Wirtschaftsakteur.

(3) In Einzelfällen nimmt die Bundesanstalt für Arbeitsschutz und Arbeitsmedizin in eigener Zuständigkeit Risikobewertungen von Produkten vor, soweit ein pflichtgemäßes Handeln gegenüber den Organen der Europäischen Union dies erfordert.

(4) Die Bundesanstalt für Arbeitsschutz und Arbeitsmedizin unterstützt die Marktüberwachungsbehörden bei der Entwicklung und Durchführung der Marktüberwachungsstrategie nach § 6 Absatz 2 des Marktüberwachungsgesetzes, insbesondere, indem sie festgestellte Mängel in der Beschaffenheit von Produkten wis-

senschaftlich auswertet. Sie unterrichtet die Marktüberwachungsbehörden sowie den Ausschuss für Produktsicherheit regelmäßig über den Stand der Erkenntnisse und veröffentlicht die gewonnenen Erkenntnisse regelmäßig in dem von ihr betriebenen zentralen Produktsicherheitsportal. Die Vorschriften über die Verarbeitung personenbezogener Daten für Zwecke der wissenschaftlichen Forschung bleiben unberührt.

§ 27 Ausschuss für Produktsicherheit

(1) Beim Bundesministerium für Arbeit und Soziales wird ein Ausschuss für Produktsicherheit eingesetzt.
(2) Der Ausschuss hat die Aufgaben,
1. die Bundesregierung in Fragen der Produktsicherheit zu beraten,
2. Normen und andere technische Spezifikationen zu ermitteln, soweit es für ein Produkt keine harmonisierte Norm gibt,
3. Spezifikationen für die Zuerkennung des GS-Zeichens zu ermitteln und
4. Empfehlungen hinsichtlich der generellen Eignung eines Produkts im Vorfeld der Zuerkennung des GS-Zeichens auszusprechen und diese zu veröffentlichen.

(3) Dem Ausschuss sollen sachverständige Personen aus dem Kreis der Marktüberwachungsbehörden, der Konformitätsbewertungsstellen, der Träger der gesetzlichen Unfallversicherung, des Deutschen Instituts für Normung e. V., der Kommission Arbeitsschutz und Normung, der Arbeitgebervereinigungen, der Gewerkschaften und der beteiligten Verbände, insbesondere der Hersteller, der Händler und der Verbraucher, angehören. Die Mitgliedschaft ist ehrenamtlich.
(4) Das Bundesministerium für Arbeit und Soziales beruft im Einvernehmen mit dem Bundesministerium für Ernährung und Landwirtschaft und dem Bundesministerium für Wirtschaft und Energie die Mitglieder des Ausschusses und für jedes Mitglied einen Stellvertreter oder eine Stellvertreterin. Der Ausschuss gibt sich eine Geschäftsordnung und wählt den Vorsitzenden oder die Vorsitzende aus seiner Mitte. Die Zahl der Mitglieder soll 21 nicht überschreiten. Die Geschäftsordnung und die Wahl des oder der Vorsitzenden bedürfen der Zustimmung des Bundesministeriums für Arbeit und Soziales.
(5) Die Bundesministerien sowie die für Sicherheit, Gesundheit und Umwelt zuständigen obersten Landesbehörden und Bundesoberbehörden haben das Recht, in Sitzungen des Ausschusses vertreten zu sein und gehört zu werden.
(6) Die Geschäfte des Ausschusses führt die Bundesanstalt für Arbeitsschutz und Arbeitsmedizin.

Abschnitt 7
Straf- und Bußgeldvorschriften

§ 28 Bußgeldvorschriften

(1) Ordnungswidrig handelt, wer vorsätzlich oder fahrlässig

1. entgegen § 3 Absatz 3 einen Hinweis nicht, nicht richtig, nicht vollständig oder nicht rechtzeitig gibt,
2. entgegen § 3 Absatz 4 eine Gebrauchs- und Bedienungsanleitung nicht, nicht richtig, nicht vollständig, nicht in der vorgeschriebenen Weise oder nicht rechtzeitig mitliefert,
3. entgegen § 6 Absatz 1 Satz 1 Nummer 2 einen Namen oder eine Kontaktanschrift nicht, nicht richtig, nicht vollständig oder nicht rechtzeitig anbringt,
4. entgegen § 6 Absatz 4 Satz 1 die zuständige Marktüberwachungsbehörde nicht, nicht richtig, nicht vollständig oder nicht rechtzeitig unterrichtet,
5. entgegen § 7 Absatz 1 in Verbindung mit Artikel 30 Absatz 5 Satz 1 der Verordnung (EG) Nr. 765/2008 des Europäischen Parlaments und des Rats vom 9. Juli 2008 über die Vorschriften für die Akkreditierung und zur Aufhebung der Verordnung (EWG) Nr. 339/93 (ABl. L 218 vom 13.8.2008, S. 30), die durch die Verordnung (EU) 2019/1020 (ABl. L 169 vom 25.6.2019, S. 1) geändert worden ist, eine Kennzeichnung, ein Zeichen oder eine Aufschrift auf einem Produkt anbringt,
6. entgegen § 7 Absatz 2 ein Produkt auf dem Markt bereitstellt,
7. einer Rechtsverordnung nach
   a) § 8 Absatz 1 Satz 4 Nummer 1 oder 3 oder Absatz 2,
   b) § 8 Absatz 1 Satz 4 Nummer 2,

   oder einer vollziehbaren Anordnung auf Grund einer solchen Rechtsverordnung zuwiderhandelt, soweit die Rechtsverordnung für einen bestimmten Tatbestand auf diese Bußgeldvorschrift verweist,
8. einer vollziehbaren Anordnung nach § 11 Absatz 1 Satz 1 oder § 25 Absatz 5 oder 7 zuwiderhandelt,
9. entgegen § 24 Absatz 2 Satz 2 oder Absatz 4 ein dort genanntes Zeichen verwendet oder mit ihm wirbt,
10. entgegen § 24 Absatz 3 eine Vorgabe der Anlage Nummer 1, 2, 3, 4, 7, 8 Satz 1, Nummer 9 Satz 2 oder Nummer 10 nicht beachtet,
11. entgegen § 24 Absatz 5 Satz 2 eine Prüfung nicht, nicht richtig, nicht vollständig oder nicht rechtzeitig dokumentiert,
12. einer unmittelbar geltenden Vorschrift in Rechtsakten der Europäischen Gemeinschaft oder der Europäischen Union zuwiderhandelt, die inhaltlich einem in Nummer 1 bis 6, 8 oder 11 bezeichneten Gebot oder Verbot entspricht, soweit eine Rechtsverordnung nach Absatz 3 für einen bestimmten Tatbestand auf diese Bußgeldvorschrift verweist, oder
13. einer unmittelbar geltenden Vorschrift in Rechtsakten der Europäischen Gemeinschaft oder der Europäischen Union zuwiderhandelt, die inhaltlich einer Regelung entspricht, zu der die in

a) Nummer 7 Buchstabe a oder
b) Nummer 7 Buchstabe b

genannten Vorschriften ermächtigen, soweit eine Rechtsverordnung nach Absatz 3 für einen bestimmten Tatbestand auf diese Bußgeldvorschrift verweist.

(2) Die Ordnungswidrigkeit kann in den Fällen des Absatzes 1 Nummer 7 Buchstabe a, Nummer 9 und Nummer 13 Buchstabe a mit einer Geldbuße bis zu hunderttausend Euro, in den übrigen Fällen mit einer Geldbuße bis zu zehntausend Euro geahndet werden.

(3) Die Bundesregierung wird ermächtigt, soweit es zur Durchsetzung von Rechtsakten der Europäischen Gemeinschaft oder der Europäischen Union erforderlich ist, durch Rechtsverordnung ohne Zustimmung des Bundesrates die Tatbestände zu bezeichnen, die als Ordnungswidrigkeit nach Absatz 1 Nummer 12 und 13 geahndet werden können.

§ 29 Strafvorschriften

Mit Freiheitsstrafe bis zu einem Jahr oder mit Geldstrafe wird bestraft, wer eine in § 28 Absatz 1 Nummer 7 Buchstabe a, Nummer 9 oder Nummer 13 Buchstabe a bezeichnete vorsätzliche Handlung beharrlich wiederholt oder durch eine solche vorsätzliche Handlung Leben oder Gesundheit eines anderen oder fremde Sachen von bedeutendem Wert gefährdet.

Anlage Gestaltung des GS-Zeichens

1. Das GS-Zeichen besteht aus der Beschriftung und der Umrandung.
2. Die Dicke der Umrandung beträgt ein Drittel des Rasterabstands.
3. Die Wörter »geprüfte Sicherheit« sind in der Schriftart Arial zu setzen sowie fett und kursiv zu formatieren bei einem Rasterabstand von 0,3 cm in der Schriftgröße 25 pt.

4. Bei Verkleinerung oder Vergrößerung des GS-Zeichens müssen die Proportionen des oben abgebildeten Rasters eingehalten werden.
5. Das Raster dient ausschließlich zur Festlegung der Proportionen; es ist nicht Bestandteil des GS-Zeichens.
6. Für die Darstellung des GS-Zeichens ist sowohl dunkle Schrift auf hellem Grund als auch helle Schrift auf dunklem Grund zulässig.
7. Mit dem GS-Zeichen ist das Symbol der GS-Stelle zu kombinieren. Das Symbol der GS-Stelle ersetzt das Wort »Id-Zeichen« in der obigen Darstellung. Es muss einen eindeutigen Rückschluss auf die GS-Stelle zulassen und darf zu keinerlei Verwechslung mit anderen GS-Stellen führen.

8. Das Symbol der GS-Stelle ist in der linken oberen Ecke des GS-Zeichens anzubringen. Es kann über den äußeren Rand des GS-Zeichens hinausreichen, wenn dies aus Platzgründen erforderlich ist und sofern das Gesamtbild des GS-Zeichens nicht verfälscht wird.
9. Es ist zulässig, das Symbol der GS-Stelle links neben dem GS-Zeichen abzubilden. In diesem Fall muss jedoch das Symbol der GS-Stelle das GS-Zeichen berühren, damit die Einheit des Sicherheitszeichens erhalten bleibt.
10. Andere grafische Darstellungen und Beschriftungen dürfen nicht mit dem GS-Zeichen verknüpft werden, wenn dadurch der Charakter und die Aussage des GS-Zeichens beeinträchtigt werden.

Sozialgesetzbuch (SGB) Fünftes Buch (V) – Gesetzliche Krankenversicherung

vom 20. Dezember 1988 (BGBl. I 2477),
zuletzt geändert durch Gesetz vom 23. Oktober 2024 (BGBl. 2024 I Nr. 324)

§ 20 Primäre Prävention und Gesundheitsförderung

(1) Die Krankenkasse sieht in der Satzung Leistungen zur Verhinderung und Verminderung von Krankheitsrisiken (primäre Prävention) sowie zur Förderung des selbstbestimmten gesundheitsorientierten Handelns der Versicherten (Gesundheitsförderung) vor. Die Leistungen sollen insbesondere zur Verminderung sozial bedingter sowie geschlechtsbezogener Ungleichheit von Gesundheitschancen beitragen und kind- und jugendspezifische Belange berücksichtigen. Die Krankenkasse legt dabei die Handlungsfelder und Kriterien nach Absatz 2 zugrunde.
(2) Der Spitzenverband Bund der Krankenkassen legt unter Einbeziehung unabhängigen, insbesondere gesundheitswissenschaftlichen, ärztlichen, arbeitsmedizinischen, psychotherapeutischen, psychologischen, pflegerischen, ernährungs-, sport-, sucht-, erziehungs- und sozialwissenschaftlichen Sachverstandes sowie des Sachverstandes der Menschen mit Behinderung einheitliche Handlungsfelder und Kriterien für die Leistungen nach Absatz 1 fest, insbesondere hinsichtlich Bedarf, Zielgruppen, Zugangswegen, Inhalt, Methodik, Qualität, intersektoraler Zusammenarbeit, wissenschaftlicher Evaluation und der Messung der Erreichung der mit den Leistungen verfolgten Ziele. Er bestimmt außerdem die Anforderungen und ein einheitliches Verfahren für die Zertifizierung von Leistungsangeboten durch die Krankenkassen, um insbesondere die einheitliche Qualität von Leistungen nach Absatz 4 Nummer 1 und 3 sicherzustellen. Der Spitzenverband Bund der Krankenkassen stellt sicher, dass seine Festlegungen nach den Sätzen 1 und 2 sowie eine Übersicht der nach Satz 2 zertifizierten Leistungen der Krankenkassen auf seiner Internetseite veröffentlicht werden. Die Krankenkassen erteilen dem Spitzenverband Bund der Krankenkassen hierfür sowie für den nach § 20d Absatz 2 Nummer 2 zu erstellenden Bericht die erforderlichen Auskünfte und übermitteln ihm nicht versichertenbezogen die erforderlichen Daten.
(3) Bei der Aufgabenwahrnehmung nach Absatz 2 Satz 1 berücksichtigt der Spitzenverband Bund der Krankenkassen auch die folgenden Gesundheitsziele im Bereich der Gesundheitsförderung und Prävention:
1. Diabetes mellitus Typ 2: Erkrankungsrisiko senken, Erkrankte früh erkennen und behandeln,
2. Brustkrebs: Mortalität vermindern, Lebensqualität erhöhen,
3. Tabakkonsum reduzieren,
4. gesund aufwachsen: Lebenskompetenz, Bewegung, Ernährung,

5. gesundheitliche Kompetenz erhöhen, Souveränität der Patientinnen und Patienten stärken,
6. depressive Erkrankungen: verhindern, früh erkennen, nachhaltig behandeln,
7. gesund älter werden und
8. Alkoholkonsum reduzieren.

Bei der Berücksichtigung des in Satz 1 Nummer 1 genannten Ziels werden auch die Ziele und Teilziele beachtet, die in der Bekanntmachung über die Gesundheitsziele und Teilziele im Bereich der Prävention und Gesundheitsförderung vom 21. März 2005 (BAnz. S. 5304) festgelegt sind. Bei der Berücksichtigung der in Satz 1 Nummer 2, 3 und 8 genannten Ziele werden auch die Ziele und Teilziele beachtet, die in der Bekanntmachung über die Gesundheitsziele und Teilziele im Bereich der Prävention und Gesundheitsförderung vom 27. April 2015 (BAnz. AT 19.05.2015 B3) festgelegt sind. Bei der Berücksichtigung der in Satz 1 Nummer 4 bis 7 genannten Ziele werden auch die Ziele und Teilziele beachtet, die in der Bekanntmachung über die Gesundheitsziele und Teilziele im Bereich der Prävention und Gesundheitsförderung vom 26. Februar 2013 (BAnz. AT 26.03.2013 B3) festgelegt sind. Der Spitzenverband Bund der Krankenkassen berücksichtigt auch die von der Nationalen Arbeitsschutzkonferenz im Rahmen der gemeinsamen deutschen Arbeitsschutzstrategie nach § 20a Absatz 2 Nummer 1 des Arbeitsschutzgesetzes entwickelten Arbeitsschutzziele.

(4) Leistungen nach Absatz 1 werden erbracht als
1. Leistungen zur verhaltensbezogenen Prävention nach Absatz 5,
2. Leistungen zur Gesundheitsförderung und Prävention in Lebenswelten für in der gesetzlichen Krankenversicherung Versicherte nach § 20a und
3. Leistungen zur Gesundheitsförderung in Betrieben (betriebliche Gesundheitsförderung) nach § 20b.

(5) Die Krankenkasse kann eine Leistung zur verhaltensbezogenen Prävention nach Absatz 4 Nummer 1 erbringen, wenn diese nach Absatz 2 Satz 2 von einer Krankenkasse oder von einem mit der Wahrnehmung dieser Aufgabe beauftragten Dritten in ihrem Namen zertifiziert ist. Bei ihrer Entscheidung über eine Leistung zur verhaltensbezogenen Prävention berücksichtigt die Krankenkasse eine Präventionsempfehlung nach § 25 Absatz 1 Satz 2, nach § 26 Absatz 1 Satz 3 oder eine im Rahmen einer arbeitsmedizinischen Vorsorge oder einer sonstigen ärztlichen Untersuchung schriftlich abgegebene Empfehlung. Die Krankenkasse darf die sich aus der Präventionsempfehlung ergebenden personenbezogenen Daten nur mit schriftlicher oder elektronischer Einwilligung und nach vorheriger schriftlicher Information des Versicherten verarbeiten. Die Krankenkassen dürfen ihre Aufgaben nach dieser Vorschrift an andere Krankenkassen, deren Verbände oder Arbeitsgemeinschaften übertragen. Für Leistungen zur verhaltensbezogenen Prävention, die die Krankenkasse wegen besonderer beruflicher oder familiärer Umstände wohnortfern erbringt, gilt § 23 Absatz 2 Satz 2 entsprechend.

(6) Die Ausgaben der Krankenkassen für die Wahrnehmung ihrer Aufgaben nach dieser Vorschrift und nach den §§ 20a bis 20c sollen ab dem Jahr 2019 insgesamt für jeden ihrer Versicherten einen Betrag in Höhe von 7,52 Euro umfassen. Von diesem Betrag wenden die Krankenkassen für jeden ihrer Versicherten mindestens 2,15 Euro für Leistungen nach § 20a und mindestens 3,15 Euro für Leistungen nach

§ 20b auf. Von dem Betrag für Leistungen nach § 20b wenden die Krankenkassen für Leistungen nach § 20b, die in Einrichtungen nach § 107 Absatz 1 und in Einrichtungen nach § 71 Absatz 1 und 2 des Elften Buches erbracht werden, für jeden ihrer Versicherten mindestens 1 Euro auf. Unterschreiten die jährlichen Ausgaben einer Krankenkasse den Betrag nach Satz 2 für Leistungen nach § 20a, so stellt die Krankenkasse diese nicht ausgegebenen Mittel im Folgejahr zusätzlich für Leistungen nach § 20a zur Verfügung. Die Ausgaben nach den Sätzen 1 bis 3 sind in den Folgejahren entsprechend der prozentualen Veränderung der monatlichen Bezugsgröße nach § 18 Absatz 1 des Vierten Buches anzupassen. Unbeschadet der Verpflichtung nach Absatz 1 müssen die Ausgaben der Krankenkassen für die Wahrnehmung ihrer Aufgaben nach dieser Vorschrift und nach den §§ 20a bis 20c im Jahr 2020 nicht den in den Sätzen 1 bis 3 genannten Beträgen entsprechen. Im Jahr 2019 nicht ausgegebene Mittel für Leistungen nach § 20a hat die Krankenkasse nicht im Jahr 2020 für zusätzliche Leistungen nach § 20a zur Verfügung zu stellen.

§ 20a Leistungen zur Gesundheitsförderung und Prävention in Lebenswelten

(1) Lebenswelten im Sinne des § 20 Absatz 4 Nummer 2 sind für die Gesundheit bedeutsame, abgrenzbare soziale Systeme insbesondere des Wohnens, des Lernens, des Studierens, der medizinischen und pflegerischen Versorgung sowie der Freizeitgestaltung einschließlich des Sports. Die Krankenkassen fördern im Zusammenwirken mit dem öffentlichen Gesundheitsdienst unbeschadet der Aufgaben anderer auf der Grundlage von Rahmenvereinbarungen nach § 20f Absatz 1 mit Leistungen zur Gesundheitsförderung und Prävention in Lebenswelten insbesondere den Aufbau und die Stärkung gesundheitsförderlicher Strukturen. Hierzu erheben sie unter Beteiligung der Versicherten und der für die Lebenswelt Verantwortlichen die gesundheitliche Situation einschließlich ihrer Risiken und Potenziale und entwickeln Vorschläge zur Verbesserung der gesundheitlichen Situation sowie zur Stärkung der gesundheitlichen Ressourcen und Fähigkeiten und unterstützen deren Umsetzung. Bei der Wahrnehmung ihrer Aufgaben nach Satz 2 sollen die Krankenkassen zusammenarbeiten und kassenübergreifende Leistungen zur Gesundheitsförderung und Prävention in Lebenswelten erbringen. Bei der Erbringung von Leistungen für Personen, deren berufliche Eingliederung auf Grund gesundheitlicher Einschränkungen besonders erschwert ist, arbeiten die Krankenkassen mit der Bundesagentur für Arbeit und mit den kommunalen Trägern der Grundsicherung für Arbeitsuchende eng zusammen.

(2) Die Krankenkasse kann Leistungen zur Gesundheitsförderung und Prävention in Lebenswelten erbringen, wenn die Bereitschaft der für die Lebenswelt Verantwortlichen zur Umsetzung von Vorschlägen zur Verbesserung der gesundheitlichen Situation sowie zur Stärkung der gesundheitlichen Ressourcen und Fähigkeiten besteht und sie mit einer angemessenen Eigenleistung zur Umsetzung der Rahmenvereinbarungen nach § 20f beitragen.

(3) Zur Unterstützung der Krankenkassen bei der Wahrnehmung ihrer Aufgaben nach den Absätzen 1 und 2 bilden die Landesverbände der Krankenkassen und die Ersatzkassen in jedem Land gemeinsam bei einem der jeweiligen Landesverbände

der Krankenkassen oder dem Verband der Ersatzkassen Arbeitsgemeinschaften. Die Arbeitsgemeinschaften unterstützen mit ihren Leistungen die Umsetzung der Rahmenvereinbarungen auf Landesebene nach § 20f Absatz 1. Sie berücksichtigen bei der Wahrnehmung ihrer Aufgaben Stellungnahmen der weiteren an den Rahmenvereinbarungen auf Landesebene nach § 20f Absatz 1 Beteiligten. Die Landesverbände der Krankenkassen und die Ersatzkassen vereinbaren das Nähere über die Aufgaben der jeweiligen Arbeitsgemeinschaft, deren Arbeitsweise und die Verwendung der ihnen nach Absatz 7 Satz 4 zugewiesenen Mittel. Die Arbeitsgemeinschaften sind befugt, zur Erfüllung ihrer Aufgaben Verwaltungsakte zu erlassen. Widerspruchsbescheide erlässt die bei Errichtung der Arbeitsgemeinschaft zu bildende Widerspruchsstelle. Die Krankenkassen und die Arbeitsgemeinschaften erteilen dem Spitzenverband Bund der Krankenkassen die für die Erfüllung seiner Aufgaben nach den Absätzen 4 und 5 erforderlichen Auskünfte.

(4) Der Spitzenverband Bund der Krankenkassen unterstützt die Arbeitsgemeinschaften nach Absatz 3 bei der Wahrnehmung ihrer Aufgaben nach Absatz 3 insbesondere durch

1. die Empfehlung von gemeinsamen und kassenartenübergreifenden Handlungsfeldern und Schwerpunktsetzungen für die Leistungen der Arbeitsgemeinschaften nach Absatz 3 und der Aufgaben nach den Nummern 2 und 3,
2. die Förderung von Maßnahmen zur Unterstützung des Aufbaus und der Stärkung gesundheitsförderlicher Strukturen mit bundesweiter Bedeutung,
3. die Entwicklung, Erprobung und wissenschaftliche Evaluation gesundheitsförderlicher Konzepte,
4. die Erstellung eines Arbeitsprogramms des Spitzenverbandes Bund der Krankenkassen zur Wahrnehmung der Aufgaben nach den Nummern 1 bis 3 unter Berücksichtigung einer Stellungnahme der Nationalen Präventionskonferenz jeweils bis zum 30. November eines Jahres für das Folgejahr.

Der Spitzenverband Bund der Krankenkassen kann Dritte mit der Wahrnehmung von Aufgaben nach Satz 1 Nummer 2 und 3 beauftragen. § 197b gilt entsprechend.

(5) Der Spitzenverband Bund der Krankenkassen berichtet dem Bundesministerium für Gesundheit jeweils zum 1. Oktober eines Jahres schriftlich über die Wahrnehmung der Aufgaben der Krankenkassen und der Arbeitsgemeinschaften nach Absatz 3 sowie über die Aufgaben des Spitzenverbandes Bund der Krankenkassen nach Absatz 4 Satz 1 im vorangegangenen Jahr. Der Bericht hat auch Angaben zur Höhe der Ausgaben und zu deren Verwendung für die Leistungen der Arbeitsgemeinschaften nach Absatz 3 und der Leistungen nach Absatz 4 Satz 1 Nummer 2, zur Art und Zahl der erreichten Lebenswelten, zur inhaltlichen Ausrichtung der Leistungen sowie zu den erreichten Zielgruppen und den Kooperationspartnern zu enthalten.

(6) Der Spitzenverband Bund der Krankenkassen beauftragt einen unabhängigen Dritten mit der wissenschaftlichen Auswertung und Begleitung der Wahrnehmung der Aufgaben der Arbeitsgemeinschaften nach Absatz 3 sowie der Wahrnehmung der Aufgaben des Spitzenverbandes Bund der Krankenkassen nach Absatz 4 Satz 1 und von deren jeweiligen Auswirkungen auf die Gesundheit der Versicherten. Über das Ergebnis dieser Evaluation berichtet der Spitzenverband Bund der Kranken-

kassen dem Bundesministerium für Gesundheit alle vier Jahre, erstmals zum 1. Juli 2027.

(7) Die Krankenkassen wenden für die Wahrnehmung der Aufgaben der Arbeitsgemeinschaften nach Absatz 3 und der Aufgaben des Spitzenverbandes Bund der Krankenkassen nach Absatz 4 ab dem 1. Januar 2024 mindestens einen Betrag in Höhe von 0,53 Euro aus dem Betrag auf, den sie nach § 20 Absatz 6 Satz 2 für Leistungen zur Gesundheitsförderung und Prävention in Lebenswelten aufzuwenden haben, und stellen diesen Betrag dem Spitzenverband Bund der Krankenkassen zur Verfügung. Der Betrag ist entsprechend § 20 Absatz 6 Satz 5 jährlich anzupassen. Der Spitzenverband Bund der Krankenkassen legt bis jeweils zum 1. Oktober eines Jahres die zur Durchführung seiner Aufgaben nach Absatz 4 im Folgejahr notwendigen Ausgaben einschließlich der sächlichen und personellen Aufwendungen fest, die aus dem Betrag nach Satz 1 finanziert werden. Den nach Abzug dieser Ausgaben verbleibenden Teil der nach Satz 1 zur Verfügung gestellten Mittel verteilt er nach einem von ihm festzulegenden Schlüssel auf die Arbeitsgemeinschaften für die Wahrnehmung ihrer Aufgaben nach Absatz 3. Werden die nach Satz 1 in einem Kalenderjahr zur Verfügung gestellten Mittel vom Spitzenverband Bund der Krankenkassen oder von einer Arbeitsgemeinschaft nicht verausgabt, so sind sie im Folgejahr zusätzlich für die Wahrnehmung der Aufgaben nach Absatz 3 oder Absatz 4 zu verwenden. Der Spitzenverband Bund der Krankenkassen regelt in seiner Satzung das Verfahren zur Feststellung der Ausgaben und Aufwendungen nach Satz 3, den Schlüssel zur Verteilung der Mittel nach Satz 4 und die Verwaltung der Mittel.

(8) Der Spitzenverband Bund der Krankenkassen tritt in die Rechte und Pflichten der Bundeszentrale für gesundheitliche Aufklärung ein, die sich aus den nach § 20a Absatz 3 Satz 1 in der bis zum 15. Mai 2023 geltenden Fassung durch die Bundeszentrale für gesundheitliche Aufklärung für die Bundesrepublik Deutschland begründeten Zuwendungsrechtsverhältnissen ergeben.

§ 20b Betriebliche Gesundheitsförderung

(1) Die Krankenkassen fördern mit Leistungen zur Gesundheitsförderung in Betrieben (betriebliche Gesundheitsförderung) insbesondere den Aufbau und die Stärkung gesundheitsförderlicher Strukturen. Hierzu erheben sie unter Beteiligung der Versicherten und der Verantwortlichen für den Betrieb sowie der Betriebsärzte und der Fachkräfte für Arbeitssicherheit die gesundheitliche Situation einschließlich ihrer Risiken und Potenziale und entwickeln Vorschläge zur Verbesserung der gesundheitlichen Situation sowie zur Stärkung der gesundheitlichen Ressourcen und Fähigkeiten und unterstützen deren Umsetzung. Für im Rahmen der Gesundheitsförderung in Betrieben erbrachte Leistungen zur individuellen, verhaltensbezogenen Prävention gilt § 20 Absatz 5 Satz 1 entsprechend.

(2) Bei der Wahrnehmung von Aufgaben nach Absatz 1 arbeiten die Krankenkassen mit dem zuständigen Unfallversicherungsträger sowie mit den für den Arbeitsschutz zuständigen Landesbehörden zusammen. Sie können Aufgaben nach Absatz 1 durch andere Krankenkassen, durch ihre Verbände oder durch zu diesem Zweck gebildete Arbeitsgemeinschaften (Beauftragte) mit deren Zustimmung

wahrnehmen lassen und sollen bei der Aufgabenwahrnehmung mit anderen Krankenkassen zusammenarbeiten. § 88 Abs. 1 Satz 1 und Abs. 2 des Zehnten Buches und § 219 gelten entsprechend.

(3) Die Krankenkassen bieten Unternehmen, insbesondere Einrichtungen nach § 107 Absatz 1 und Einrichtungen nach § 71 Absatz 1 und 2 des Elften Buches, unter Nutzung bestehender Strukturen in gemeinsamen regionalen Koordinierungsstellen Beratung und Unterstützung an. Die Beratung und Unterstützung umfasst insbesondere die Information über Leistungen nach Absatz 1, die Förderung überbetrieblicher Netzwerke zur betrieblichen Gesundheitsförderung und die Klärung, welche Krankenkasse im Einzelfall Leistungen nach Absatz 1 im Betrieb erbringt. Örtliche Unternehmensorganisationen und die für die Wahrnehmung der Interessen der Einrichtungen nach § 107 Absatz 1 oder der Einrichtungen nach § 71 Absatz 1 oder 2 des Elften Buches auf Landesebene maßgeblichen Verbände sollen an der Beratung beteiligt werden. Die Landesverbände der Krankenkassen und die Ersatzkassen regeln einheitlich und gemeinsam das Nähere über die Aufgaben, die Arbeitsweise und die Finanzierung der Koordinierungsstellen sowie über die Beteiligung örtlicher Unternehmensorganisationen und der für die Wahrnehmung der Interessen der Einrichtungen nach § 107 Absatz 1 oder der Einrichtungen nach § 71 Absatz 1 oder 2 des Elften Buches auf Landesebene maßgeblichen Verbände durch Kooperationsvereinbarungen. Auf die zum Zwecke der Vorbereitung und Umsetzung der Kooperationsvereinbarungen gebildeten Arbeitsgemeinschaften findet § 94 Absatz 1a Satz 2 und 3 des Zehnten Buches keine Anwendung.

(4) Unterschreiten die jährlichen Ausgaben einer Krankenkasse den Betrag nach § 20 Absatz 6 Satz 2 für Leistungen nach Absatz 1, stellt die Krankenkasse die nicht verausgabten Mittel dem Spitzenverband Bund der Krankenkassen zur Verfügung. Dieser verteilt die Mittel nach einem von ihm festzulegenden Schlüssel auf die Landesverbände der Krankenkassen und die Ersatzkassen, die Kooperationsvereinbarungen mit örtlichen Unternehmensorganisationen nach Absatz 3 Satz 4 abgeschlossen haben. Die Mittel dienen der Umsetzung der Förderung überbetrieblicher Netzwerke nach Absatz 3 Satz 2 und der Kooperationsvereinbarungen nach Absatz 3 Satz 4. Die Sätze 1 bis 3 sind bezogen auf Ausgaben einer Krankenkasse für Leistungen nach Absatz 1 im Jahr 2020 nicht anzuwenden.

§ 20c Prävention arbeitsbedingter Gesundheitsgefahren

(1) Die Krankenkassen unterstützen die Träger der gesetzlichen Unfallversicherung bei ihren Aufgaben zur Verhütung arbeitsbedingter Gesundheitsgefahren. Insbesondere erbringen sie in Abstimmung mit den Trägern der gesetzlichen Unfallversicherung auf spezifische arbeitsbedingte Gesundheitsrisiken ausgerichtete Maßnahmen zur betrieblichen Gesundheitsförderung nach § 20b und informieren diese über die Erkenntnisse, die sie über Zusammenhänge zwischen Erkrankungen und Arbeitsbedingungen gewonnen haben. Ist anzunehmen, dass bei einem Versicherten eine berufsbedingte gesundheitliche Gefährdung oder eine Berufskrankheit vorliegt, hat die Krankenkasse dies unverzüglich den für den Arbeitsschutz zuständigen Stellen und dem Unfallversicherungsträger mitzuteilen.

(2) Zur Wahrnehmung der Aufgaben nach Absatz 1 arbeiten die Krankenkassen eng mit den Trägern der gesetzlichen Unfallversicherung sowie mit den für den Arbeitsschutz zuständigen Landesbehörden zusammen. Dazu sollen sie und ihre Verbände insbesondere regionale Arbeitsgemeinschaften bilden. § 88 Abs. 1 Satz 1 und Abs. 2 des Zehnten Buches und § 219 gelten entsprechend.

§ 20d Nationale Präventionsstrategie

(1) Die Krankenkassen entwickeln im Interesse einer wirksamen und zielgerichteten Gesundheitsförderung und Prävention mit den Trägern der gesetzlichen Rentenversicherung, der gesetzlichen Unfallversicherung und den Pflegekassen eine gemeinsame nationale Präventionsstrategie und gewährleisten ihre Umsetzung und Fortschreibung im Rahmen der Nationalen Präventionskonferenz nach § 20e.
(2) Die Nationale Präventionsstrategie umfasst insbesondere
1. die Vereinbarung bundeseinheitlicher, trägerübergreifender Rahmenempfehlungen zur Gesundheitsförderung und Prävention nach Absatz 3,
2. die Erstellung eines Berichts über die Entwicklung der Gesundheitsförderung und Prävention (Präventionsbericht) nach Absatz 4.

(3) Zur Sicherung und Weiterentwicklung der Qualität von Gesundheitsförderung und Prävention sowie der Zusammenarbeit der für die Erbringung von Leistungen zur Prävention in Lebenswelten und in Betrieben zuständigen Träger und Stellen vereinbaren die Träger nach Absatz 1 bundeseinheitliche, trägerübergreifende Rahmenempfehlungen, insbesondere durch Festlegung gemeinsamer Ziele, vorrangiger Handlungsfelder und Zielgruppen, der zu beteiligenden Organisationen und Einrichtungen sowie zu Dokumentations- und Berichtspflichten. Die Träger nach Absatz 1 vereinbaren auch gemeinsame Ziele zur Erhaltung und zur Förderung der Gesundheit und der Beschäftigungsfähigkeit der Beschäftigten in Einrichtungen nach § 107 Absatz 1 und Einrichtungen nach § 71 Absatz 1 und 2 des Elften Buches. Bei der Festlegung gemeinsamer Ziele werden auch die Ziele der gemeinsamen deutschen Arbeitsschutzstrategie sowie die von der Ständigen Impfkommission gemäß § 20 Absatz 2 des Infektionsschutzgesetzes empfohlenen Schutzimpfungen berücksichtigt. Die Rahmenempfehlungen werden im Benehmen mit dem Bundesministerium für Gesundheit, dem Bundesministerium für Arbeit und Soziales, dem Bundesministerium für Ernährung und Landwirtschaft, dem Bundesministerium für Familie, Senioren, Frauen und Jugend, dem Bundesministerium des Innern, für Bau und Heimat und den Ländern vereinbart. Das Bundesministerium für Gesundheit beteiligt weitere Bundesministerien, soweit die Rahmenempfehlungen ihre Zuständigkeit berühren. An der Vorbereitung der Rahmenempfehlungen werden die Bundesagentur für Arbeit, die kommunalen Träger der Grundsicherung für Arbeitsuchende über ihre Spitzenverbände auf Bundesebene, die für den Arbeitsschutz zuständigen obersten Landesbehörden sowie die Träger der öffentlichen Jugendhilfe über die obersten Landesjugendbehörden beteiligt.
(4) Die Nationale Präventionskonferenz erstellt den Präventionsbericht alle vier Jahre, erstmals zum 1. Juli 2019, und leitet ihn dem Bundesministerium für Gesundheit zu. Das Bundesministerium für Gesundheit legt den Bericht den gesetzgebenden Körperschaften des Bundes vor und fügt eine Stellungnahme

der Bundesregierung bei. Der Bericht enthält insbesondere Angaben zu den Erfahrungen mit der Anwendung der §§ 20 bis 20g und zu den Ausgaben für die Leistungen der Träger nach Absatz 1 und im Fall des § 20e Absatz 1 Satz 3 bis 5 auch der Unternehmen der privaten Krankenversicherung und der Unternehmen, die die private Pflege-Pflichtversicherung durchführen, den Zugangswegen, den erreichten Personen, der Erreichung der gemeinsamen Ziele und der Zielgruppen, den Erfahrungen mit der Qualitätssicherung und der Zusammenarbeit bei der Durchführung von Leistungen sowie zu möglichen Schlussfolgerungen. Der Bericht enthält auch Empfehlungen für die weitere Entwicklung des in § 20 Absatz 6 Satz 1 bestimmten Ausgabenrichtwerts für Leistungen der Krankenkassen nach den §§ 20 bis 20c und der in § 20 Absatz 6 Satz 2 bestimmten Mindestwerte für Leistungen der Krankenkassen nach den §§ 20a und 20b. Die Leistungsträger nach Satz 3 erteilen der Nationalen Präventionskonferenz die für die Erstellung des Präventionsberichts erforderlichen Auskünfte. Das Robert Koch-Institut liefert für den Präventionsbericht die im Rahmen des Gesundheitsmonitorings erhobenen relevanten Informationen. Die Länder können regionale Erkenntnisse aus ihrer Gesundheitsberichterstattung für den Präventionsbericht zur Verfügung stellen.

§ 20e Nationale Präventionskonferenz

(1) Die Aufgabe der Entwicklung und Fortschreibung der nationalen Präventionsstrategie wird von der Nationalen Präventionskonferenz als Arbeitsgemeinschaft der gesetzlichen Spitzenorganisationen der Leistungsträger nach § 20d Absatz 1 mit je zwei Sitzen wahrgenommen. Die Leistungsträger nach § 20d Absatz 1 setzen die Präventionsstrategie in engem Zusammenwirken um. Im Fall einer angemessenen finanziellen Beteiligung der Unternehmen der privaten Krankenversicherung und der Unternehmen, die die private Pflege-Pflichtversicherung durchführen, an Programmen und Projekten im Sinne der Rahmenempfehlungen nach § 20d Absatz 2 Nummer 1 erhält der Verband der privaten Krankenversicherungsunternehmen e. V. ebenfalls einen Sitz. Die Höhe der hierfür jährlich von den Unternehmen der privaten Krankenversicherung zur Verfügung zu stellenden Mittel bemisst sich mindestens nach dem Betrag, den die Krankenkassen nach § 20 Absatz 6 Satz 2 und 3 für Leistungen zur Gesundheitsförderung und Prävention nach § 20a aufzuwenden haben, multipliziert mit der Anzahl der in der privaten Krankenversicherung Vollversicherten. Die Höhe der hierfür jährlich von den Unternehmen, die die private Pflege-Pflichtversicherung durchführen, zur Verfügung zu stellenden Mittel bemisst sich nach dem Betrag, den die Pflegekassen nach § 5 Absatz 2 des Elften Buches für Leistungen zur Prävention in Lebenswelten aufzuwenden haben, multipliziert mit der Anzahl ihrer Versicherten. Bund und Länder erhalten jeweils vier Sitze mit beratender Stimme. Darüber hinaus entsenden die kommunalen Spitzenverbände auf Bundesebene, die Bundesagentur für Arbeit, die repräsentativen Spitzenorganisationen der Arbeitgeber und Arbeitnehmer sowie das Präventionsforum jeweils einen Vertreter in die Nationale Präventionskonferenz, die mit beratender Stimme an den Sitzungen teilnehmen. Die Nationale Präventionskonferenz gibt sich eine Geschäftsordnung; darin werden insbesondere die Arbeitsweise und das Beschlussverfahren festgelegt. Die Geschäftsordnung

muss einstimmig angenommen werden. Die Geschäftsstelle, die die Mitglieder der Nationalen Präventionskonferenz bei der Wahrnehmung ihrer Aufgabe nach Satz 1 unterstützt, wird bei der Bundeszentrale für gesundheitliche Aufklärung angesiedelt.
(2) Die Nationale Präventionskonferenz wird durch ein Präventionsforum beraten, das in der Regel einmal jährlich stattfindet. Das Präventionsforum setzt sich aus Vertretern der für die Gesundheitsförderung und Prävention maßgeblichen Organisationen und Verbände sowie der stimmberechtigten und beratenden Mitglieder der Nationalen Präventionskonferenz nach Absatz 1 zusammen. Die Nationale Präventionskonferenz beauftragt die Bundesvereinigung für Prävention und Gesundheitsförderung e. V. mit der Durchführung des Präventionsforums und erstattet dieser die notwendigen Aufwendungen. Die Einzelheiten zur Durchführung des Präventionsforums einschließlich der für die Durchführung notwendigen Kosten werden in der Geschäftsordnung der Nationalen Präventionskonferenz geregelt.

§ 20f Landesrahmenvereinbarungen zur Umsetzung der nationalen Präventionsstrategie

(1) Zur Umsetzung der nationalen Präventionsstrategie schließen die Landesverbände der Krankenkassen und die Ersatzkassen, auch für die Pflegekassen, mit den Trägern der gesetzlichen Rentenversicherung, den Trägern der gesetzlichen Unfallversicherung und mit den in den Ländern zuständigen Stellen gemeinsame Rahmenvereinbarungen auf Landesebene. Die für die Rahmenvereinbarungen maßgeblichen Leistungen richten sich nach § 20 Absatz 4 Nummer 2 und 3, nach den §§ 20a bis 20c sowie nach den für die Pflegekassen, für die Träger der gesetzlichen Rentenversicherung und für die Träger der gesetzlichen Unfallversicherung jeweils geltenden Leistungsgesetzen.
(2) Die an den Rahmenvereinbarungen Beteiligten nach Absatz 1 treffen Festlegungen unter Berücksichtigung der bundeseinheitlichen, trägerübergreifenden Rahmenempfehlungen nach § 20d Absatz 2 Nummer 1 und der regionalen Erfordernisse insbesondere über

1. gemeinsam und einheitlich zu verfolgende Ziele und Handlungsfelder,
2. die Koordinierung von Leistungen zwischen den Beteiligten,
3. die einvernehmliche Klärung von Zuständigkeitsfragen,
4. Möglichkeiten der gegenseitigen Beauftragung der Leistungsträger nach dem Zehnten Buch,
5. die Zusammenarbeit mit dem öffentlichen Gesundheitsdienst und den Trägern der örtlichen öffentlichen Jugendhilfe sowie über deren Information über Leistungen der Krankenkassen nach § 20a Absatz 1 Satz 2 und
6. die Mitwirkung weiterer für die Gesundheitsförderung und Prävention relevanter Einrichtungen und Organisationen.

An der Vorbereitung der Rahmenvereinbarungen werden die Bundesagentur für Arbeit, die für den Arbeitsschutz zuständigen obersten Landesbehörden und die kommunalen Spitzenverbände auf Landesebene beteiligt. Sie können den Rahmenvereinbarungen beitreten. Auf die zum Zwecke der Vorbereitung und Umsetzung der Rahmenvereinbarungen gebildeten Arbeitsgemeinschaften wird § 94 Absatz 1a Satz 2 und 3 des Zehnten Buches nicht angewendet.

§ 20g Modellvorhaben

(1) Die Leistungsträger nach § 20d Absatz 1 und ihre Verbände können zur Erreichung der in den Rahmenempfehlungen nach § 20d Absatz 2 Nummer 1 festgelegten gemeinsamen Ziele einzeln oder in Kooperation mit Dritten, insbesondere den in den Ländern zuständigen Stellen nach § 20f Absatz 1, Modellvorhaben durchführen. Anhand der Modellvorhaben soll die Qualität und Effizienz der Versorgung mit Leistungen zur Gesundheitsförderung und Prävention in Lebenswelten und mit Leistungen zur betrieblichen Gesundheitsförderung verbessert werden. Die Modellvorhaben können auch der wissenschaftlich fundierten Auswahl geeigneter Maßnahmen der Zusammenarbeit dienen. Die Aufwendungen der Krankenkassen für Modellvorhaben sind auf die Mittel nach § 20 Absatz 6 Satz 2 anzurechnen.
(2) Die Modellvorhaben sind im Regelfall auf fünf Jahre zu befristen und nach allgemein anerkannten wissenschaftlichen Standards wissenschaftlich zu begleiten und auszuwerten.

§ 20h Förderung der Selbsthilfe

(1) Die Krankenkassen und ihre Verbände fördern Selbsthilfegruppen und -organisationen, die sich die gesundheitliche Prävention oder die Rehabilitation von Versicherten bei einer der im Verzeichnis nach Satz 2 aufgeführten Krankheiten zum Ziel gesetzt haben, sowie Selbsthilfekontaktstellen im Rahmen der Festlegungen des Absatzes 4. Der Spitzenverband Bund der Krankenkassen beschließt ein Verzeichnis der Krankheitsbilder, bei deren gesundheitlicher Prävention oder Rehabilitation eine Förderung zulässig ist; sie haben die Kassenärztliche Bundesvereinigung und die Vertretungen der für die Wahrnehmung der Interessen der Selbsthilfe maßgeblichen Spitzenorganisationen zu beteiligen. Selbsthilfekontaktstellen müssen für eine Förderung ihrer gesundheitsbezogenen Arbeit themen-, bereichs- und indikationsgruppenübergreifend tätig sein.
(2) Die Krankenkassen und ihre Verbände berücksichtigen im Rahmen der Förderung nach Absatz 1 Satz 1 auch solche digitalen Anwendungen, die den Anforderungen an den Datenschutz entsprechen und die Datensicherheit nach dem Stand der Technik gewährleisten.
(3) Der Spitzenverband Bund der Krankenkassen beschließt Grundsätze zu den Inhalten der Förderung der Selbsthilfe und zur Verteilung der Fördermittel auf die verschiedenen Förderebenen und Förderbereiche. Die in Absatz 1 Satz 2 genannten Vertretungen der Selbsthilfe sind zu beteiligen. Die Förderung kann als Pauschal- und Projektförderung erfolgen.
(4) Die Ausgaben der Krankenkassen und ihrer Verbände für die Wahrnehmung der Aufgaben nach Absatz 1 Satz 1 und Absatz 2 sollen insgesamt im Jahr 2016 für jeden ihrer Versicherten einen Betrag von 1,05 Euro umfassen; sie sind in den Folgejahren entsprechend der prozentualen Veränderung der monatlichen Bezugsgröße nach § 18 Abs. 1 des Vierten Buches anzupassen. Für die Förderung auf der

Landesebene und in den Regionen sind die Mittel entsprechend dem Wohnort der Versicherten aufzubringen. Mindestens 70 vom Hundert der in Satz 1 bestimmten Mittel sind für die kassenartübergreifende Pauschalförderung aufzubringen. Über die Vergabe der Fördermittel aus der Pauschalförderung beschließen die Krankenkassen oder ihre Verbände auf den jeweiligen Förderebenen gemeinsam nach Maßgabe der in Absatz 3 Satz 1 genannten Grundsätze und nach Beratung mit den zur Wahrnehmung der Interessen der Selbsthilfe jeweils maßgeblichen Vertretungen von Selbsthilfegruppen, -organisationen und -kontaktstellen. Erreicht eine Krankenkasse den in Satz 1 genannten Betrag der Förderung in einem Jahr nicht, hat sie die nicht verausgabten Fördermittel im Folgejahr zusätzlich für die Pauschalförderung zur Verfügung zu stellen.

§ 20i Leistungen zur Verhütung übertragbarer Krankheiten, Verordnungsermächtigung

(1) Versicherte haben Anspruch auf Leistungen für Schutzimpfungen im Sinne des § 2 Nr. 9 des Infektionsschutzgesetzes, dies gilt unabhängig davon, ob sie auch entsprechende Ansprüche gegen andere Kostenträger haben. Satz 1 gilt für Schutzimpfungen, die wegen eines erhöhten Gesundheitsrisikos durch einen Auslandsaufenthalt indiziert sind, nur dann, wenn der Auslandsaufenthalt beruflich oder durch eine Ausbildung bedingt ist oder wenn zum Schutz der öffentlichen Gesundheit ein besonderes Interesse daran besteht, der Einschleppung einer übertragbaren Krankheit in die Bundesrepublik Deutschland vorzubeugen. Einzelheiten zu Voraussetzungen, Art und Umfang der Leistungen bestimmt der Gemeinsame Bundesausschuss in Richtlinien nach § 92 auf der Grundlage der Empfehlungen der Ständigen Impfkommission beim Robert Koch-Institut gemäß § 20 Abs. 2 des Infektionsschutzgesetzes unter besonderer Berücksichtigung der Bedeutung der Schutzimpfungen für die öffentliche Gesundheit; die Leistungen können auch Schutzimpfungen mit zugelassenen Arzneimitteln für Indikationen und Indikationsbereiche umfassen, für die die Arzneimittel nicht von der zuständigen Bundesoberbehörde oder der Europäischen Kommission zugelassen sind. Abweichungen von den Empfehlungen der Ständigen Impfkommission sind besonders zu begründen. Zu Änderungen der Empfehlungen der Ständigen Impfkommission hat der Gemeinsame Bundesausschuss innerhalb von zwei Monaten nach ihrer Veröffentlichung eine Entscheidung zu treffen. Kommt eine Entscheidung nicht fristgemäß zustande, dürfen insoweit die von der Ständigen Impfkommission empfohlenen Schutzimpfungen mit Ausnahme von Schutzimpfungen nach Satz 2 erbracht werden, bis die Richtlinie vorliegt.

(2) Die Krankenkasse kann in ihrer Satzung weitere Schutzimpfungen und andere Maßnahmen der spezifischen Prophylaxe vorsehen.

(3) Das Bundesministerium für Gesundheit wird ermächtigt, nach Anhörung der Ständigen Impfkommission und des Spitzenverbandes Bund der Krankenkassen durch Rechtsverordnung ohne Zustimmung des Bundesrates zu bestimmen, dass Versicherte Anspruch auf weitere bestimmte Schutzimpfungen oder auf bestimmte andere Maßnahmen der spezifischen Prophylaxe haben. Das Bundesministerium für Gesundheit wird ermächtigt, bis zum 7. April 2023 im Einvernehmen mit dem

Bundesministerium der Finanzen durch Rechtsverordnung ohne Zustimmung des Bundesrates zu bestimmen, dass

1. Versicherte Anspruch auf
   a) bestimmte Schutzimpfungen oder auf bestimmte andere Maßnahmen der spezifischen Prophylaxe haben, im Fall einer Schutzimpfung gegen das Coronavirus SARS-CoV-2 insbesondere dann, wenn sie aufgrund ihres Alters oder Gesundheitszustandes ein signifikant erhöhtes Risiko für einen schweren oder tödlichen Krankheitsverlauf haben, wenn sie solche Personen behandeln, betreuen oder pflegen oder wenn sie zur Aufrechterhaltung zentraler staatlicher Funktionen, Kritischer Infrastrukturen oder zentraler Bereiche der Daseinsvorsorge eine Schlüsselstellung besitzen,
   b) bestimmte Testungen für den Nachweis des Vorliegens einer Infektion mit einem bestimmten Krankheitserreger oder auf das Vorhandensein von Antikörpern gegen diesen Krankheitserreger haben,
   c) bestimmte Schutzmasken haben, wenn sie zu einer in der Rechtsverordnung festzulegenden Risikogruppe mit einem signifikant erhöhten Risiko für einen schweren oder tödlichen Krankheitsverlauf nach einer Infektion mit dem Coronavirus SARS-CoV-2 gehören,
2. Personen, die nicht in der gesetzlichen Krankenversicherung versichert sind, Anspruch auf Leistungen nach Nummer 1 haben.

Der Anspruch nach Satz 2 kann auf bestimmte Teilleistungen beschränkt werden; er umfasst auch die Ausstellung einer Impf- und Testdokumentation sowie von COVID-19-Zertifikaten nach den §§ 22 und 22a des Infektionsschutzgesetzes. Sofern in der Rechtsverordnung nach Satz 2 Nummer 1 Buchstabe a und Nummer 2 ein Anspruch auf Schutzimpfung gegen das Coronavirus SARS-CoV-2 festgelegt wird, kann zugleich im Fall beschränkter Verfügbarkeit von Impfstoffen eine Priorisierung der Anspruchsberechtigten nach Personengruppen festgelegt werden; die in § 20 Absatz 2a Satz 1 des Infektionsschutzgesetzes genannten Impfziele sind dabei zu berücksichtigen. Als Priorisierungskriterien kommen insbesondere das Alter der Anspruchsberechtigten, ihr Gesundheitszustand, ihr behinderungs-, tätigkeits- oder aufenthaltsbedingtes SARS-CoV-2-Expositionsrisiko sowie ihre Systemrelevanz in zentralen staatlichen Funktionen, Kritischen Infrastrukturen oder zentralen Bereichen der Daseinsvorsorge in Betracht. Ein Anspruch nach Satz 2 Nummer 1 Buchstabe b besteht nicht, wenn die betroffene Person bereits einen Anspruch auf die in Satz 2 Nummer 1 Buchstabe b genannten Leistungen hat oder einen Anspruch auf Erstattung der Aufwendungen für diese Leistungen hätte. Sofern in der Rechtsverordnung nach Satz 2 Nummer 1 Buchstabe c ein Anspruch auf Schutzmasken festgelegt wird, ist das Einvernehmen mit dem Bundesministerium der Finanzen herzustellen und kann eine Zuzahlung durch den berechtigten Personenkreis vorgesehen werden. Sofern in der Rechtsverordnung nach Satz 2 ein Anspruch auf eine Schutzimpfung gegen das Coronavirus SARS-CoV-2 auch für Personen, die nicht in der gesetzlichen Krankenversicherung versichert sind, festgelegt wird, beteiligen sich die privaten Krankenversicherungsunternehmen anteilig in Höhe von 7 Prozent an den Kosten, soweit diese nicht von Bund oder Ländern getragen werden. Die Rechtsverordnung nach Satz 2 ist nach Anhörung des Spitzenverbandes Bund der Krankenkassen und der Kassenärztlichen Bundesvereinigung zu erlassen. Sofern in der Rechtsverordnung nach Satz 2 ein Anspruch auf Schutzimpfungen oder andere Maßnahmen der spezifischen Prophylaxe festgelegt wird, ist vor ihrem Erlass auch die Ständige Impfkommission beim Robert Koch-Institut anzuhören. Sofern in der Rechtsverordnung nach Satz 2 ein Anspruch auf Schutzmasken festgelegt wird, ist vor ihrem Erlass auch der Deutsche Apothekerverband anzuhören. Sofern die Rechtsverordnung nach Satz 2 Regelungen für Personen enthält, die privat krankenversichert sind, ist vor Erlass der Rechtsverordnung auch der Verband der Privaten Krankenversicherung anzuhören. In der Rechtsverordnung nach Satz 2 kann auch das Nähere geregelt werden

1. zu den Voraussetzungen, zur Art und zum Umfang der Leistungen nach Satz 2 Nummer 1,
2. zu den zur Erbringung der in Satz 2 genannten Leistungen berechtigten Leistungserbringern, einschließlich der für die Leistungserbringung eingerichteten Testzentren und Impfzentren, zur Vergütung und Abrechnung der Leistungen und Kosten sowie zum Zahlungsverfahren,
3. zur Organisation der Versorgung einschließlich der Mitwirkungspflichten der Kassenärztlichen Vereinigungen und der Kassenärztlichen Bundesvereinigung bei der Versorgung mit den in Satz 2 Nummer 1 Buchstabe a genannten Leistungen,
4. zur vollständigen oder anteiligen Finanzierung der Leistungen und Kosten aus der Liquiditätsreserve des Gesundheitsfonds,
5. zur anteiligen Kostentragung durch die privaten Krankenversicherungsunternehmen nach Satz 8, insbesondere zum Verfahren und zu den Zahlungsmodalitäten, und
6. zur Erfassung und Übermittlung von anonymisierten Daten insbesondere an das Robert Koch-Institut über die aufgrund der Rechtsverordnung durchgeführten Maßnahmen.

Im Zeitraum vom 1. Januar 2021 bis zum 31. Dezember 2021 werden aufgrund von Rechtsverordnungen nach Satz 2 Nummer 1 Buchstabe a und b, auch in Verbindung mit Nummer 2, sowie Satz 13 Nummer 4 aus der Liquiditätsreserve des Gesundheitsfonds gezahlte Beträge aus Bundesmitteln erstattet, soweit die Erstattung nicht bereits gemäß § 12a des Haushaltsgesetzes 2021 erfolgt. Soweit Leistungen nach Satz 2 Nummer 1 Buchstabe c aus der Liquiditätsreserve des Gesundheitsfonds finanziert werden, sind diese aus Bundesmitteln zu erstatten; in den Rechtsverordnungen nach Satz 2 Nummer 1 Buchstabe a und b, auch in Verbindung mit Nummer 2, kann eine Erstattung aus Bundesmitteln für weitere Leistungen nach Satz 2 geregelt werden. Das Bundesministerium für Gesundheit wird ermächtigt, im Einvernehmen mit dem Bundesministerium der Finanzen, durch Rechtsverordnung ohne Zustimmung des Bundesrates ausschließlich zur Abwicklung einer aufgrund des Satzes 2 erlassenen Rechtsverordnung zu bestimmen, dass Regelungen dieser Rechtsverordnung, die die Abrechnung und die Prüfung bereits erbrachter Leistungen, die Zahlung aus der Liquiditätsreserve des Gesundheitsfonds sowie die Erstattung dieser Zahlungen aus Bundesmitteln betreffen, bis zum 31. Dezember 2028 fortgelten. Soweit und solange eine auf Grund des Satzes 1 oder des Satzes 2 erlassene Rechtsverordnung in Kraft ist, hat der Gemeinsame Bundesausschuss, soweit die Ständige Impfkommission Empfehlungen für Schutzimpfungen abgegeben hat, auf die ein Anspruch nach der jeweiligen Rechtsverordnung besteht, in Abweichung von Absatz 1 Satz 5 Einzelheiten zu Voraussetzungen, Art und Umfang von diesen Schutzimpfungen nach Absatz 1 Satz 3 für die Zeit nach dem Außerkrafttreten der jeweiligen Rechtsverordnung in Richtlinien nach § 92 zu bestimmen; die von der Ständigen Impfkommission empfohlenen Schutzimpfungen dürfen nach Außerkrafttreten der Rechtsverordnung so lange erbracht werden, bis die Richtlinie vorliegt.

(4) Soweit Versicherte Anspruch auf Leistungen für Maßnahmen nach den Absätzen 1 bis 3 haben, schließt dieser Anspruch die Bereitstellung einer Impfdokumentation nach § 22 des Infektionsschutzgesetzes ein. Die Krankenkassen können die Versicherten in geeigneter Form über fällige Schutzimpfungen und über andere Maßnahmen nach den Absätzen 2 und 3, auf die sie einen Anspruch auf Leistungen haben, versichertenbezogen informieren.

(5) Die von den privaten Krankenversicherungsunternehmen in dem Zeitraum vom 1. Januar 2021 bis zum 31. Dezember 2021 nach Absatz 3 Satz 8 und 13 Nummer 5 getragenen Kosten werden aus Bundesmitteln an den Verband der Privaten Krankenversicherung erstattet. Der Verband der Privaten Krankenversicherung teilt dem Bundesministerium für Gesundheit die nach Satz 1 zu erstattenden Beträge bis zum 30. November 2021 für den Zeitraum vom 1. Januar 2021 bis zum 30. November 2021 und bis zum 31. März 2022 für den Zeitraum vom 1. Dezember 2021 bis zum 31. Dezember 2021 mit. Die Beträge nach Satz 2 sind binnen der in Satz 2 genannten Fristen durch den Verband der Privaten Krankenversicherung durch Vorlage der von den Ländern an den Verband der Privaten Krankenversicherung gestellten Rechnungen und der Zahlungsbelege über die vom Verband der Privaten Krankenversicherung an die Länder geleisteten Zahlungen nachzuweisen. Das Bundesministerium für Gesundheit erstattet dem Verband der Privaten Krankenversicherung nach dem Zugang der Mitteilung nach Satz 2 und der Vorlage der Nachweise nach Satz 3 die mitgeteilten Beträge. Der Verband der Privaten Krankenversicherung erstattet die vom Bundesministerium für Gesundheit erstatteten Beträge an die privaten Krankenversicherungsunternehmen.

§ 20j Präexpositionsprophylaxe

(1) Versicherte mit einem substantiellen HIV-Infektionsrisiko, die das 16. Lebensjahr vollendet haben, haben Anspruch auf

1. ärztliche Beratung über Fragen der medikamentösen Präexpositionsprophylaxe zur Verhütung einer Ansteckung mit HIV sowie
2. Untersuchungen, die bei Anwendung der für die medikamentöse Präexpositionsprophylaxe zugelassenen Arzneimittel erforderlich sind.

(2) Das Nähere zum Kreis der Anspruchsberechtigten und zu den Voraussetzungen für die Ausführung der Leistungen vereinbaren die Kassenärztliche Bundesvereinigung und der Spitzenverband Bund der Krankenkassen bis zum 31. Juli 2019 mit Wirkung zum 1. September 2019 als Bestandteil der Bundesmantelverträge.

(3) Auf Grundlage der Vereinbarung nach Absatz 2 hat der Bewertungsausschuss den einheitlichen Bewertungsmaßstab für ärztliche Leistungen zu überprüfen und

spätestens innerhalb eines Monats nach Abschluss dieser Vereinbarung anzupassen.

(4) Versicherte nach Absatz 1 haben nach Beratung Anspruch auf Versorgung mit verschreibungspflichtigen Arzneimitteln zur Präexpositionsprophylaxe.

(5) Das Bundesministerium für Gesundheit evaluiert die Wirkungen der ärztlichen Verordnung der Präexpositionsprophylaxe auf das Infektionsgeschehen im Bereich sexuell übertragbarer Krankheiten bis Ende 2020 nach allgemein anerkannten wissenschaftlichen Standards.

§ 20k Förderung der digitalen Gesundheitskompetenz

(1) Die Krankenkasse sieht in der Satzung Leistungen zur Förderung des selbstbestimmten gesundheitsorientierten Einsatzes digitaler oder telemedizinischer Anwendungen und Verfahren durch die Versicherten vor. Die Leistungen sollen dazu dienen, die für die Nutzung digitaler oder telemedizinischer Anwendungen und Verfahren erforderlichen Kompetenzen zu vermitteln. Die Krankenkasse legt dabei die Festlegungen des Spitzenverbands Bund der Krankenkassen nach Absatz 2 zugrunde.

(2) Der Spitzenverband Bund der Krankenkassen regelt unter Einbeziehung unabhängigen, ärztlichen, psychologischen, pflegerischen, informationstechnologischen und sozialwissenschaftlichen Sachverstands das Nähere zu bedarfsgerechten Zielstellungen, Zielgruppen sowie zu Inhalt, Methodik und Qualität der Leistungen nach Absatz 1.

(3) Der Spitzenverband Bund der Krankenkassen berichtet dem Bundesministerium für Gesundheit alle zwei Jahre, erstmals bis zum 31. Dezember 2021, wie und in welchem Umfang seine Mitglieder den Versicherten Leistungen nach Absatz 1 gewähren. Der Spitzenverband Bund der Krankenkassen bestimmt zu diesem Zweck die von seinen Mitgliedern zu übermittelnden statistischen Informationen über die erstatteten Leistungen sowie Art und Umfang der Übermittlung.

Sozialgesetzbuch (SGB) Siebtes Buch (VII) – Gesetzliche Unfallversicherung

In der Fassung vom 07.08.1996 (BGBl. I S. 1254), zuletzt geändert durch Viertes Gesetz zur Entlastung der Bürgerinnen und Bürger, der Wirtschaft sowie der Verwaltung von Bürokratie vom 23.10.2024 (BGBl. I Nr. 323)

Erstes Kapitel
Aufgaben, versicherter Personenkreis, Versicherungsfall

Erster Abschnitt
Aufgaben der Unfallversicherung

§ 1 Prävention, Rehabilitation, Entschädigung

Aufgabe der Unfallversicherung ist es, nach Maßgabe der Vorschriften dieses Buches

1. mit allen geeigneten Mitteln Arbeitsunfälle und Berufskrankheiten sowie arbeitsbedingte Gesundheitsgefahren zu verhüten,
2. nach Eintritt von Arbeitsunfällen oder Berufskrankheiten die Gesundheit und die Leistungsfähigkeit der Versicherten mit allen geeigneten Mitteln wiederherzustellen und sie oder ihre Hinterbliebenen durch Geldleistungen zu entschädigen.

Zweiter Abschnitt
Versicherter Personenkreis

§ 2 Versicherung kraft Gesetzes

(1) Kraft Gesetzes sind versichert

1. Beschäftigte,
2. Lernende während der beruflichen Aus- und Fortbildung in Betriebsstätten, Lehrwerkstätten, Schulungskursen und ähnlichen Einrichtungen,
3. Personen, die sich Untersuchungen, Prüfungen oder ähnlichen Maßnahmen unterziehen, die aufgrund von Rechtsvorschriften zur Aufnahme einer versicherten Tätigkeit oder infolge einer abgeschlossenen versicherten Tätigkeit erforderlich sind, soweit diese Maßnahmen vom Unternehmen oder einer Behörde veranlaßt worden sind,
4. behinderte Menschen, die in anerkannten Werkstätten für behinderte Menschen, bei einem anderen Leistungsanbieter nach § 60 des Neunten Buches

oder in Blindenwerkstätten im Sinne des § 226 des Neunten Buches oder für diese Einrichtungen in Heimarbeit tätig sind,

5. Personen, die
   a) Unternehmer eines landwirtschaftlichen Unternehmens sind und ihre im Unternehmen mitarbeitenden Ehegatten oder Lebenspartner,
   b) im landwirtschaftlichen Unternehmen nicht nur vorübergehend mitarbeitende Familienangehörige sind,
   c) in landwirtschaftlichen Unternehmen in der Rechtsform von Kapital- oder rechtsfähigen Personengesellschaften regelmäßig wie Unternehmer selbständig tätig sind,
   d) ehrenamtlich in Unternehmen tätig sind, die unmittelbar der Sicherung, Überwachung oder Förderung der Landwirtschaft überwiegend dienen,
   e) ehrenamtlich in den Berufsverbänden der Landwirtschaft tätig sind, wenn für das Unternehmen die landwirtschaftliche Berufsgenossenschaft zuständig ist,
6. Hausgewerbetreibende und Zwischenmeister sowie ihre mitarbeitenden Ehegatten oder Lebenspartner,
7. selbständig tätige Küstenschiffer und Küstenfischer, die zur Besatzung ihres Fahrzeugs gehören oder als Küstenfischer ohne Fahrzeug fischen und regelmäßig nicht mehr als vier Arbeitnehmer beschäftigen, sowie ihre mitarbeitenden Ehegatten oder Lebenspartner,
8.
   a) Kinder während des Besuchs von Tageseinrichtungen, deren Träger für den Betrieb der Einrichtungen der Erlaubnis nach § 45 des Achten Buches oder einer Erlaubnis aufgrund einer entsprechenden landesrechtlichen Regelung bedürfen, während der Betreuung durch geeignete Tagespflegepersonen im Sinne von § 23 des Achten Buches sowie während der Teilnahme an vorschulischen Sprachförderungskursen, wenn die Teilnahme auf Grund landesrechtlicher Regelungen erfolgt,
   b) Schüler während des Besuchs von allgemein oder berufsbildenden Schulen und während der Teilnahme an unmittelbar vor oder nach dem Unterricht von der Schule oder im Zusammenwirken mit ihr durchgeführten Betreuungsmaßnahmen,
   c) Studierende während der Aus- und Fortbildung an Hochschulen,
9. Personen, die selbständig oder unentgeltlich, insbesondere ehrenamtlich im Gesundheitswesen oder in der Wohlfahrtspflege tätig sind,
10. Personen, die
   a) für Körperschaften, Anstalten oder Stiftungen des öffentlichen Rechts oder deren Verbände oder Arbeitsgemeinschaften, für die in den Nummern 2 und 8 genannten Einrichtungen oder für privatrechtliche Organisationen im Auftrag oder mit ausdrücklicher Einwilligung, in besonderen Fällen mit schriftlicher Genehmigung von Gebietskörperschaften ehrenamtlich tätig sind oder an Ausbildungsveranstaltungen für diese Tätigkeit teilnehmen,
   b) für öffentlich-rechtliche Religionsgemeinschaften und deren Einrichtungen oder für privatrechtliche Organisationen im Auftrag oder mit aus-

drücklicher Einwilligung, in besonderen Fällen mit schriftlicher Genehmigung von öffentlich-rechtlichen Religionsgemeinschaften ehrenamtlich tätig sind oder an Ausbildungsveranstaltungen für diese Tätigkeit teilnehmen,

11. Personen, die
    a) von einer Körperschaft, Anstalt oder Stiftung des öffentlichen Rechts zur Unterstützung einer Diensthandlung herangezogen werden,
    b) von einer dazu berechtigten öffentlichen Stelle als Zeugen zur Beweiserhebung herangezogen werden,
12. Personen, die in Unternehmen zur Hilfe bei Unglücksfällen oder im Zivilschutz unentgeltlich, insbesondere ehrenamtlich tätig sind oder an Ausbildungsveranstaltungen dieser Unternehmen einschließlich der satzungsmäßigen Veranstaltungen, die der Nachwuchsförderung dienen, teilnehmen,
13. Personen, die
    a) bei Unglücksfällen oder gemeiner Gefahr oder Not Hilfe leisten oder einen anderen aus erheblicher gegenwärtiger Gefahr für seine Gesundheit retten,
    b) Blut oder körpereigene Organe, Organteile oder Gewebe spenden oder bei denen Voruntersuchungen oder Nachsorgemaßnahmen anlässlich der Spende vorgenommen werden,
    c) sich bei der Verfolgung oder Festnahme einer Person, die einer Straftat verdächtig ist oder zum Schutz eines widerrechtlich Angegriffenen persönlich einsetzen,
    d) Tätigkeiten als Notärztin oder Notarzt im Rettungsdienst ausüben, wenn diese Tätigkeiten neben
       aa) einer Beschäftigung mit einem Umfang von regelmäßig mindestens 15 Stunden wöchentlich außerhalb des Rettungsdienstes oder
       bb) einer Tätigkeit als zugelassener Vertragsarzt oder als Arzt in privater Niederlassung

       ausgeübt werden,
14. Personen, die
    a) nach den Vorschriften des Zweiten oder des Dritten Buches der Meldepflicht unterliegen, wenn sie einer besonderen, an sie im Einzelfall gerichteten Aufforderung der Bundesagentur für Arbeit, des nach § 6 Absatz 1 Satz 1 Nummer 2 des Zweiten Buches zuständigen Trägers oder eines nach § 6a des Zweiten Buches zugelassenen kommunalen Trägers nachkommen, diese oder eine andere Stelle aufzusuchen,
    b) an einer Maßnahme teilnehmen, wenn die Person selbst oder die Maßnahme über die Bundesagentur für Arbeit, einen nach § 6 Absatz 1 Satz 1 Nummer 2 des Zweiten Buches zuständigen Träger oder einen nach § 6a des Zweiten Buches zugelassenen kommunalen Träger gefördert wird,
15. Personen, die
    a) auf Kosten einer Krankenkasse oder eines Trägers der gesetzlichen Rentenversicherung oder der landwirtschaftlichen Alterskasse stationäre oder teilstationäre Behandlung oder stationäre, teilstationäre oder ambulante Leistungen zur medizinischen Rehabilitation erhalten,

b) zur Vorbereitung von Leistungen zur Teilhabe am Arbeitsleben auf Aufforderung eines Trägers der gesetzlichen Rentenversicherung oder der Bundesagentur für Arbeit einen dieser Träger oder eine andere Stelle aufsuchen,
c) auf Kosten eines Unfallversicherungsträgers an vorbeugenden Maßnahmen nach § 3 der Berufskrankheiten-Verordnung teilnehmen,
d) auf Kosten eines Trägers der gesetzlichen Rentenversicherung, der landwirtschaftlichen Alterskasse oder eines Trägers der gesetzlichen Unfallversicherung an Präventionsmaßnahmen teilnehmen,

16. Personen, die bei der Schaffung öffentlich geförderten Wohnraums im Sinne des Zweiten Wohnungsbaugesetzes oder im Rahmen der sozialen Wohnraumförderung bei der Schaffung von Wohnraum im Sinne des § 16 Abs. 1 Nr. 1 bis 3 des Wohnraumförderungsgesetzes oder entsprechender landesrechtlicher Regelungen im Rahmen der Selbsthilfe tätig sind,
17. Pflegepersonen im Sinne des § 19 Satz 1 und 2 des Elften Buches bei der Pflege eines Pflegebedürftigen mit mindestens Pflegegrad 2 im Sinne der §§ 14 und 15 Absatz 3 des Elften Buches; die versicherte Tätigkeit umfasst pflegerische Maßnahmen in den in § 14 Absatz 2 des Elften Buches genannten Bereichen sowie Hilfen bei der Haushaltsführung nach § 18a Absatz 3 Satz 4 Nummer 2 des Elften Buches.

(1a) Versichert sind auch Personen, die nach Erfüllung der Schulpflicht auf der Grundlage einer schriftlichen Vereinbarung im Dienst eines geeigneten Trägers im Umfang von durchschnittlich mindestens acht Wochenstunden und für die Dauer von mindestens sechs Monaten als Freiwillige einen Freiwilligendienst aller Generationen unentgeltlich leisten. Als Träger des Freiwilligendienstes aller Generationen geeignet sind inländische juristische Personen des öffentlichen Rechts oder unter § 5 Abs. 1 Nr. 9 des Körperschaftsteuergesetzes fallende Einrichtungen zur Förderung gemeinnütziger, mildtätiger oder kirchlicher Zwecke (§§ 52 bis 54 der Abgabenordnung), wenn sie die Haftpflichtversicherung und eine kontinuierliche Begleitung der Freiwilligen und deren Fort- und Weiterbildung im Umfang von mindestens durchschnittlich 60 Stunden je Jahr sicherstellen. Die Träger haben fortlaufende Aufzeichnungen zu führen über die bei ihnen nach Satz 1 tätigen Personen, die Art und den Umfang der Tätigkeiten und die Einsatzorte. Die Aufzeichnungen sind mindestens fünf Jahre lang aufzubewahren.

(2) Ferner sind Personen versichert, die wie nach Absatz 1 Nr. 1 Versicherte tätig werden. Satz 1 gilt auch für Personen, die während einer aufgrund eines Gesetzes angeordneten Freiheitsentziehung oder aufgrund einer strafrichterlichen, staatsanwaltlichen oder jugendbehördlichen Anordnung wie Beschäftigte tätig werden.

(3) Absatz 1 Nr. 1 gilt auch für

1. Personen, die im Ausland bei einer amtlichen Vertretung des Bundes oder der Länder oder bei deren Leitern, Mitgliedern oder Bediensteten beschäftigt und in der gesetzlichen Rentenversicherung nach § 4 Absatz 1 Satz 2 des Sechsten Buches pflichtversichert sind,
2. Personen, die
   a) im Sinne des Entwicklungshelfer-Gesetzes Entwicklungsdienst oder Vorbereitungsdienst leisten,

b) einen entwicklungspolitischen Freiwilligendienst »weltwärts« im Sinne der Richtlinie des Bundesministeriums für wirtschaftliche Zusammenarbeit und Entwicklung vom 1. August 2007 (BAnz. 2008 S. 1297) leisten,
c) einen Internationalen Jugendfreiwilligendienst im Sinne der Richtlinie Internationaler Jugendfreiwilligendienst des Bundesministeriums für Familie, Senioren, Frauen und Jugend vom 20. Dezember 2010 (GMBl S. 1778) leisten,

3. Personen, die
a) eine Tätigkeit bei einer zwischenstaatlichen oder überstaatlichen Organisation ausüben und deren Beschäftigungsverhältnis im öffentlichen Dienst während dieser Zeit ruht,
b) als Lehrkräfte vom Auswärtigen Amt durch das Bundesverwaltungsamt an Schulen im Ausland vermittelt worden sind oder
c) für ihre Tätigkeit bei internationalen Einsätzen zur zivilen Krisenprävention als Sekundierte nach dem Sekundierungsgesetz abgesichert werden.

Die Versicherung nach Satz 1 Nummer 3 Buchstabe a und c erstreckt sich auch auf Unfälle oder Krankheiten, die infolge einer Verschleppung oder einer Gefangenschaft eintreten oder darauf beruhen, dass der Versicherte aus sonstigen mit seiner Tätigkeit zusammenhängenden Gründen, die er nicht zu vertreten hat, dem Einflussbereich seines Arbeitgebers oder der für die Durchführung seines Einsatzes verantwortlichen Einrichtung entzogen ist. Gleiches gilt, wenn Unfälle oder Krankheiten auf gesundheitsschädigende oder sonst vom Inland wesentlich abweichende Verhältnisse bei der Tätigkeit oder dem Einsatz im Ausland zurückzuführen sind. Soweit die Absätze 1 bis 2 weder eine Beschäftigung noch eine selbständige Tätigkeit voraussetzen, gelten sie abweichend von § 3 Nr. 2 des Vierten Buches für alle Personen, die die in diesen Absätzen genannten Tätigkeiten im Inland ausüben; § 4 des Vierten Buches gilt entsprechend. Absatz 1 Nr. 13 gilt auch für Personen, die im Ausland tätig werden, wenn sie im Inland ihren Wohnsitz oder gewöhnlichen Aufenthalt haben.

(4) Familienangehörige im Sinne des Absatzes 1 Nr. 5 Buchstabe b sind
1. Verwandte bis zum dritten Grade,
2. Verschwägerte bis zum zweiten Grade,
3. Pflegekinder (§ 56 Abs. 2 Nr. 2 des Ersten Buches)

der Unternehmer, ihrer Ehegatten oder ihrer Lebenspartner.

§ 3 Versicherung kraft Satzung

(1) Die Satzung kann bestimmen, daß und unter welchen Voraussetzungen sich die Versicherung erstreckt auf
1. Unternehmer und ihre im Unternehmen mitarbeitenden Ehegatten oder Lebenspartner,
2. Personen, die sich auf der Unternehmensstätte aufhalten; § 2 Absatz 3 Satz 4 erster Halbsatz gilt entsprechend,
3. Personen, die
a) im Ausland bei einer staatlichen deutschen Einrichtung beschäftigt werden,

b) im Ausland von einer staatlichen deutschen Einrichtung anderen Staaten zur Arbeitsleistung zur Verfügung gestellt werden;

Versicherungsschutz besteht nur, soweit die Personen nach dem Recht des Beschäftigungsstaates nicht unfallversichert sind,

4. ehrenamtlich Tätige und bürgerschaftlich Engagierte,
5. Kinder und Jugendliche während der Teilnahme an Sprachförderungskursen, wenn die Teilnahme auf Grund landesrechtlicher Regelungen erfolgt.

(2) Absatz 1 gilt nicht für

1. Haushaltsführende,
2. Unternehmer von nicht gewerbsmäßig betriebenen Binnenfischereien oder Imkereien und ihre im Unternehmen mitarbeitenden Ehegatten oder Lebenspartner,
3. Personen, die aufgrund einer vom Fischerei- oder Jagdausübungsberechtigten erteilten Erlaubnis als Fischerei- oder Jagdgast fischen oder jagen,
4. Reeder, die nicht zur Besatzung des Fahrzeugs gehören, und ihre im Unternehmen mitarbeitenden Ehegatten oder Lebenspartner.

§ 4 Versicherungsfreiheit

(1) Versicherungsfrei sind

1. Personen, soweit für sie beamtenrechtliche Unfallfürsorgevorschriften oder entsprechende Grundsätze gelten; ausgenommen sind Ehrenbeamte und ehrenamtliche Richter,
2. Personen in der Zeit, in der sie Zivildienst leisten, und Personen, für die das Soldatenentschädigungsgesetz gilt,
3. satzungsmäßige Mitglieder geistlicher Genossenschaften, Diakonissen und Angehörige ähnlicher Gemeinschaften, wenn ihnen nach den Regeln der Gemeinschaft Anwartschaft auf die in der Gemeinschaft übliche Versorgung gewährleistet und die Erfüllung der Gewährleistung gesichert ist.

(2) Von der Versicherung nach § 2 Abs. 1 Nr. 5 sind frei

1. Personen, die aufgrund einer vom Fischerei- oder Jagdausübungsberechtigten erteilten Erlaubnis als Fischerei- oder Jagdgast fischen oder jagen,
2. Unternehmer von Binnenfischereien, Imkereien und Unternehmen nach § 123 Abs. 1 Nr. 2, wenn diese Unternehmen nicht gewerbsmäßig betrieben werden und nicht Neben- oder Hilfsunternehmen eines anderen landwirtschaftlichen Unternehmens sind, sowie ihre im Unternehmen mitarbeitenden Ehegatten oder Lebenspartner; das gleiche gilt für Personen, die in diesen Unternehmen als Verwandte oder Verschwägerte bis zum zweiten Grad oder als Pflegekind der Unternehmer, ihrer Ehegatten oder Lebenspartner unentgeltlich tätig sind. Ein Unternehmen der Imkerei gilt als nicht gewerbsmäßig betrieben, wenn nicht mehr als 25 Bienenvölker gehalten werden.

(3) Von der Versicherung nach § 2 Abs. 1 Nr. 9 sind frei selbständig tätige Ärzte, Zahnärzte, Tierärzte, Psychotherapeuten, Psychologische Psychotherapeuten, Kinder- und Jugendlichenpsychotherapeuten, Heilpraktiker und Apotheker.

(4) Von der Versicherung nach § 2 Abs. 2 ist frei, wer in einem Haushalt als Verwandter oder Verschwägerter bis zum zweiten Grad oder als Pflegekind der Haus-

haltsführenden, der Ehegatten oder der Lebenspartner unentgeltlich tätig ist, es sei denn, er ist in einem in § 124 Nr. 1 genannten Haushalt tätig.

(5) Von der Versicherung nach § 2 Abs. 2 sind frei Personen, die als Familienangehörige (§ 2 Abs. 4) der Unternehmer, ihrer Ehegatten oder Lebenspartner in einem Unternehmen nach § 123 Abs. 1 Nr. 1 bis 5 unentgeltlich tätig sind, wenn sie die Voraussetzungen für den Anspruch auf eine Rente wegen Alters nach dem Recht der gesetzlichen Rentenversicherung einschließlich der Alterssicherung der Landwirte erfüllen und die Rente beantragt haben.

§ 5 Versicherungsbefreiung

Von der Versicherung nach § 2 Abs. 1 Nr. 5 werden auf Antrag Unternehmer landwirtschaftlicher Unternehmen im Sinne des § 123 Abs. 1 Nr. 1 bis zu einer Größe von 0,25 Hektar und ihre Ehegatten oder Lebenspartner unwiderruflich befreit; dies gilt nicht für Spezialkulturen. Das Nähere bestimmt die Satzung.

§ 6 Freiwillige Versicherung

(1) Auf schriftlichen oder elektronischen Antrag können sich versichern

1. Unternehmer und ihre im Unternehmen mitarbeitenden Ehegatten oder Lebenspartner; ausgenommen sind Haushaltsführende, Unternehmer von nicht gewerbsmäßig betriebenen Binnenfischereien, von nicht gewerbsmäßig betriebenen Unternehmen nach § 123 Abs. 1 Nr. 2 und ihre Ehegatten oder Lebenspartner sowie Fischerei- und Jagdgäste,
2. Personen, die in Kapital- oder rechtsfähigen Personengesellschaften regelmäßig wie Unternehmer selbstständig tätig sind,
3. gewählte oder beauftragte Ehrenamtsträger in gemeinnützigen Organisationen,
4. Personen, die in Verbandsgremien und Kommissionen für Arbeitgeberorganisationen und Gewerkschaften sowie anderen selbständigen Arbeitnehmervereinigungen mit sozial- oder berufspolitischer Zielsetzung (sonstige Arbeitnehmervereinigungen) ehrenamtlich tätig sind oder an Ausbildungsveranstaltungen für diese Tätigkeit teilnehmen,
5. Personen, die ehrenamtlich für Parteien im Sinne des Parteiengesetzes tätig sind oder an Ausbildungsveranstaltungen für diese Tätigkeit teilnehmen.

In den Fällen des Satzes 1 Nummer 3 kann auch die Organisation, für die die Ehrenamtsträger tätig sind, oder ein Verband, in dem die Organisation Mitglied ist, den Antrag stellen; eine namentliche Bezeichnung der Versicherten ist in diesen Fällen nicht erforderlich. In den Fällen des Satzes 1 Nummer 4 und 5 gilt Satz 2 entsprechend.

(2) Die Versicherung beginnt mit dem Tag, der dem Eingang des Antrags folgt. Die Versicherung erlischt, wenn der Beitrag oder Beitragsvorschuß binnen zwei Monaten nach Fälligkeit nicht gezahlt worden ist. Eine Neuanmeldung bleibt so lange unwirksam, bis der rückständige Beitrag oder Beitragsvorschuß entrichtet worden ist.

Dritter Abschnitt
Versicherungsfall

§ 7 Begriff

(1) Versicherungsfälle sind Arbeitsunfälle und Berufskrankheiten.
(2) Verbotswidriges Handeln schließt einen Versicherungsfall nicht aus.

§ 8 Arbeitsunfall

(1) Arbeitsunfälle sind Unfälle von Versicherten infolge einer den Versicherungsschutz nach § 2, 3 oder 6 begründenden Tätigkeit (versicherte Tätigkeit). Unfälle sind zeitlich begrenzte, von außen auf den Körper einwirkende Ereignisse, die zu einem Gesundheitsschaden oder zum Tod führen. Wird die versicherte Tätigkeit im Haushalt der Versicherten oder an einem anderen Ort ausgeübt, besteht Versicherungsschutz in gleichem Umfang wie bei Ausübung der Tätigkeit auf der Unternehmensstätte.
(2) Versicherte Tätigkeiten sind auch
1. das Zurücklegen des mit der versicherten Tätigkeit zusammenhängenden unmittelbaren Weges nach und von dem Ort der Tätigkeit,
2. das Zurücklegen des von einem unmittelbaren Weg nach und von dem Ort der Tätigkeit abweichenden Weges, um
   a) Kinder von Versicherten (§ 56 des Ersten Buches), die mit ihnen in einem gemeinsamen Haushalt leben, wegen ihrer, ihrer Ehegatten oder ihrer Lebenspartner beruflichen Tätigkeit fremder Obhut anzuvertrauen oder
   b) mit anderen Berufstätigen oder Versicherten gemeinsam ein Fahrzeug zu benutzen,

2a. das Zurücklegen des unmittelbaren Weges nach und von dem Ort, an dem Kinder von Versicherten nach Nummer 2 Buchstabe a fremder Obhut anvertraut werden, wenn die versicherte Tätigkeit an dem Ort des gemeinsamen Haushalts ausgeübt wird,
3. das Zurücklegen des von einem unmittelbaren Weg nach und von dem Ort der Tätigkeit abweichenden Weges der Kinder von Personen (§ 56 des Ersten Buches), die mit ihnen in einem gemeinsamen Haushalt leben, wenn die Abweichung darauf beruht, daß die Kinder wegen der beruflichen Tätigkeit dieser Personen oder deren Ehegatten oder deren Lebenspartner fremder Obhut anvertraut werden,
4. das Zurücklegen des mit der versicherten Tätigkeit zusammenhängenden Weges von und nach der ständigen Familienwohnung, wenn die Versicherten wegen der Entfernung ihrer Familienwohnung von dem Ort der Tätigkeit an diesem oder in dessen Nähe eine Unterkunft haben,
5. das mit einer versicherten Tätigkeit zusammenhängende Verwahren, Befördern, Instandhalten und Erneuern eines Arbeitsgeräts oder einer Schutzausrüstung sowie deren Erstbeschaffung, wenn diese auf Veranlassung der Unternehmer erfolgt.

(3) Als Gesundheitsschaden gilt auch die Beschädigung oder der Verlust eines Hilfsmittels.

§ 9 Berufskrankheit

(1) Berufskrankheiten sind Krankheiten, die die Bundesregierung durch Rechtsverordnung mit Zustimmung des Bundesrates als Berufskrankheiten bezeichnet und die Versicherte infolge einer den Versicherungsschutz nach § 2, 3 oder 6 begründenden Tätigkeit erleiden. Die Bundesregierung wird ermächtigt, in der Rechtsverordnung solche Krankheiten als Berufskrankheiten zu bezeichnen, die nach den Erkenntnissen der medizinischen Wissenschaft durch besondere Einwirkungen verursacht sind, denen bestimmte Personengruppen durch ihre versicherte Tätigkeit in erheblich höherem Grade als die übrige Bevölkerung ausgesetzt sind; sie kann dabei bestimmen, daß die Krankheiten nur dann Berufskrankheiten sind, wenn sie durch Tätigkeiten in bestimmten Gefährdungsbereichen verursacht worden sind. In der Rechtsverordnung kann ferner bestimmt werden, inwieweit Versicherte in Unternehmen der Seefahrt auch in der Zeit gegen Berufskrankheiten versichert sind, in der sie an Land beurlaubt sind.
(1a) Beim Bundesministerium für Arbeit und Soziales wird ein Ärztlicher Sachverständigenbeirat Berufskrankheiten gebildet. Der Sachverständigenbeirat ist ein wissenschaftliches Gremium, das das Bundesministerium bei der Prüfung der medizinischen Erkenntnisse zur Bezeichnung neuer und zur Erarbeitung wissenschaftlicher Stellungnahmen zu bestehenden Berufskrankheiten unterstützt. Bei der Bundesanstalt für Arbeitsschutz und Arbeitsmedizin wird eine Geschäftsstelle eingerichtet, die den Sachverständigenbeirat bei der Erfüllung seiner Arbeit organisatorisch und wissenschaftlich, insbesondere durch die Erstellung systematischer Reviews, unterstützt. Das Nähere über die Stellung und die Organisation des Sachverständigenbeirats und der Geschäftsstelle regelt die Bundesregierung in der Rechtsverordnung nach Absatz 1.
(2) Die Unfallversicherungsträger haben eine Krankheit, die nicht in der Rechtsverordnung bezeichnet ist oder bei der die dort bestimmten Voraussetzungen nicht vorliegen, wie eine Berufskrankheit als Versicherungsfall anzuerkennen, sofern im Zeitpunkt der Entscheidung nach neuen Erkenntnissen der medizinischen Wissenschaft die Voraussetzungen für eine Bezeichnung nach Absatz 1 Satz 2 erfüllt sind.
(2a) Krankheiten, die bei Versicherten vor der Bezeichnung als Berufskrankheiten bereits entstanden waren, sind rückwirkend frühestens anzuerkennen
1. in den Fällen des Absatzes 1 als Berufskrankheit zu dem Zeitpunkt, in dem die Bezeichnung in Kraft getreten ist,
2. in den Fällen des Absatzes 2 wie eine Berufskrankheit zu dem Zeitpunkt, in dem die neuen Erkenntnisse der medizinischen Wissenschaft vorgelegen haben; hat der Ärztliche Sachverständigenbeirat Berufskrankheiten eine Empfehlung für die Bezeichnung einer neuen Berufskrankheit beschlossen, ist für die Anerkennung maßgebend der Tag der Beschlussfassung.

(3) Erkranken Versicherte, die infolge der besonderen Bedingungen ihrer versicherten Tätigkeit in erhöhtem Maße der Gefahr der Erkrankung an einer in der Rechtsverordnung nach Absatz 1 genannten Berufskrankheit ausgesetzt waren, an

einer solchen Krankheit und können Anhaltspunkte für eine Verursachung außerhalb der versicherten Tätigkeit nicht festgestellt werden, wird vermutet, daß diese infolge der versicherten Tätigkeit verursacht worden ist.

(3a) Der Unfallversicherungsträger erhebt alle Beweise, die zur Ermittlung des Sachverhalts erforderlich sind. Dabei hat er neben den in § 21 Absatz 1 Satz 1 des Zehnten Buches genannten Beweismitteln auch Erkenntnisse zu berücksichtigen, die er oder ein anderer Unfallversicherungsträger an vergleichbaren Arbeitsplätzen oder zu vergleichbaren Tätigkeiten gewonnen hat. Dies gilt insbesondere in den Fällen, in denen die Ermittlungen zu den Einwirkungen während der versicherten Tätigkeit dadurch erschwert sind, dass der Arbeitsplatz des Versicherten nicht mehr oder nur in veränderter Gestaltung vorhanden ist. Die Unfallversicherungsträger sollen zur Erfüllung der Aufgaben nach den Sätzen 2 und 3 einzeln oder gemeinsam tätigkeitsbezogene Expositionskataster erstellen. Grundlage für diese Kataster können die Ergebnisse aus systematischen Erhebungen, aus Ermittlungen in Einzelfällen sowie aus Forschungsvorhaben sein. Die Unfallversicherungsträger können außerdem Erhebungen an vergleichbaren Arbeitsplätzen durchführen.

(4) Besteht für Versicherte, bei denen eine Berufskrankheit anerkannt wurde, die Gefahr, dass bei der Fortsetzung der versicherten Tätigkeit die Krankheit wiederauflebt oder sich verschlimmert und lässt sich diese Gefahr nicht durch andere geeignete Mittel beseitigen, haben die Unfallversicherungsträger darauf hinzuwirken, dass die Versicherten die gefährdende Tätigkeit unterlassen. Die Versicherten sind von den Unfallversicherungsträgern über die mit der Tätigkeit verbundenen Gefahren und mögliche Schutzmaßnahmen umfassend aufzuklären. Zur Verhütung einer Gefahr nach Satz 1 sind die Versicherten verpflichtet, an individualpräventiven Maßnahmen der Unfallversicherungsträger teilzunehmen und an Maßnahmen zur Verhaltensprävention mitzuwirken; die §§ 60 bis 65a des Ersten Buches gelten entsprechend. Pflichten der Unternehmer und Versicherten nach dem Zweiten Kapitel und nach arbeitsschutzrechtlichen Vorschriften bleiben hiervon unberührt. Kommen Versicherte ihrer Teilnahme- oder Mitwirkungspflicht nach Satz 3 nicht nach, können die Unfallversicherungsträger Leistungen zur Teilhabe am Arbeitsleben oder die Leistung einer danach erstmals festzusetzenden Rente wegen Minderung der Erwerbsfähigkeit oder den Anteil einer Rente, der auf eine danach eingetretene wesentliche Änderung im Sinne des § 73 Absatz 3 zurückgeht, bis zur Nachholung der Teilnahme oder Mitwirkung ganz oder teilweise versagen. Dies setzt voraus, dass infolge der fehlenden Teilnahme oder Mitwirkung der Versicherten die Teilhabeleistungen erforderlich geworden sind oder die Erwerbsminderung oder die wesentliche Änderung eingetreten ist; § 66 Absatz 3 und § 67 des Ersten Buches gelten entsprechend.

(5) Soweit Vorschriften über Leistungen auf den Zeitpunkt des Versicherungsfalls abstellen, ist bei Berufskrankheiten auf den Beginn der Arbeitsunfähigkeit oder der Behandlungsbedürftigkeit oder, wenn dies für den Versicherten günstiger ist, auf den Beginn der rentenberechtigenden Minderung der Erwerbsfähigkeit abzustellen.

(6) Die Bundesregierung regelt durch Rechtsverordnung mit Zustimmung des Bundesrates

1. Voraussetzungen, Art und Umfang von Leistungen zur Verhütung des Entstehens, der Verschlimmerung oder des Wiederauflebens von Berufskrankheiten,
2. die Mitwirkung der für den medizinischen Arbeitsschutz zuständigen Stellen bei der Feststellung von Berufskrankheiten sowie von Krankheiten, die nach Absatz 2 wie Berufskrankheiten zu entschädigen sind; dabei kann bestimmt werden, daß die für den medizinischen Arbeitsschutz zuständigen Stellen berechtigt sind, Zusammenhangsgutachten zu erstellen sowie zur Vorbereitung ihrer Gutachten Versicherte zu untersuchen oder auf Kosten der Unfallversicherungsträger andere Ärzte mit der Vornahme der Untersuchungen zu beauftragen,
3. die von den Unfallversicherungsträgern für die Tätigkeit der Stellen nach Nummer 2 zu entrichtenden Gebühren; diese Gebühren richten sich nach dem für die Begutachtung erforderlichen Aufwand und den dadurch entstehenden Kosten.

(7) Die Unfallversicherungsträger haben die für den medizinischen Arbeitsschutz zuständige Stelle über den Ausgang des Berufskrankheitenverfahrens zu unterrichten, soweit ihre Entscheidung von der gutachterlichen Stellungnahme der zuständigen Stelle abweicht.

(8) Die Unfallversicherungsträger wirken bei der Gewinnung neuer medizinisch-wissenschaftlicher Erkenntnisse insbesondere zur Fortentwicklung des Berufskrankheitenrechts mit; sie sollen durch eigene Forschung oder durch Beteiligung an fremden Forschungsvorhaben dazu beitragen, den Ursachenzusammenhang zwischen Erkrankungshäufigkeiten in einer bestimmten Personengruppe und gesundheitsschädlichen Einwirkungen im Zusammenhang mit der versicherten Tätigkeit aufzuklären. Die Verbände der Unfallversicherungsträger veröffentlichen jährlich einen gemeinsamen Bericht über ihre Forschungsaktivitäten und die Forschungsaktivitäten der Träger der gesetzlichen Unfallversicherung. Der Bericht erstreckt sich auf die Themen der Forschungsvorhaben, die Höhe der aufgewendeten Mittel sowie die Zuwendungsempfänger und Forschungsnehmer externer Projekte.

(9) Die für den medizinischen Arbeitsschutz zuständigen Stellen dürfen zur Feststellung von Berufskrankheiten sowie von Krankheiten, die nach Absatz 2 wie Berufskrankheiten zu entschädigen sind, Daten verarbeiten sowie zur Vorbereitung von Gutachten Versicherte untersuchen, soweit dies im Rahmen ihrer Mitwirkung nach Absatz 6 Nr. 2 erforderlich ist; sie dürfen diese Daten insbesondere an den zuständigen Unfallversicherungsträger übermitteln. Die erhobenen Daten dürfen auch zur Verhütung von Arbeitsunfällen, Berufskrankheiten und arbeitsbedingten Gesundheitsgefahren gespeichert, verändert, genutzt, übermittelt oder in der Verarbeitung eingeschränkt werden. Soweit die in Satz 1 genannten Stellen andere Ärzte mit der Vornahme von Untersuchungen beauftragen, ist die Übermittlung von Daten zwischen diesen Stellen und den beauftragten Ärzten zulässig, soweit dies im Rahmen des Untersuchungsauftrages erforderlich ist.

§ 10 Erweiterung in der See- und Binnenschiffahrt

(1) In der See- und Binnenschiffahrt sind Versicherungsfälle auch Unfälle infolge
1. von Elementarereignissen,

2. der einem Hafen oder dem Liegeplatz eines Fahrzeugs eigentümlichen Gefahren,
3. der Beförderung von Land zum Fahrzeug oder vom Fahrzeug zum Land.

(2) In Unternehmen der Seefahrt gilt als versicherte Tätigkeit auch die freie Rückbeförderung nach dem Seearbeitsgesetz oder tariflichen Vorschriften.

§ 11 Mittelbare Folgen eines Versicherungsfalls

(1) Folgen eines Versicherungsfalls sind auch Gesundheitsschäden oder der Tod von Versicherten infolge

1. der Durchführung einer Heilbehandlung, von Leistungen zur Teilhabe am Arbeitsleben oder einer Maßnahme nach § 3 der Berufskrankheiten-Verordnung,
2. der Wiederherstellung oder Erneuerung eines Hilfsmittels,
3. der zur Aufklärung des Sachverhalts eines Versicherungsfalls angeordneten Untersuchung

einschließlich der dazu notwendigen Wege.

(2) Absatz 1 gilt entsprechend, wenn die Versicherten auf Aufforderung des Unfallversicherungsträgers diesen oder eine von ihm bezeichnete Stelle zur Vorbereitung von Maßnahmen der Heilbehandlung, der Leistungen zur Teilhabe am Arbeitsleben oder von Maßnahmen nach § 3 der Berufskrankheiten-Verordnung aufsuchen. Der Aufforderung durch den Unfallversicherungsträger nach Satz 1 steht eine Aufforderung durch eine mit der Durchführung der genannten Maßnahmen beauftragte Stelle gleich.

§ 12 Versicherungsfall einer Leibesfrucht

Versicherungsfall ist auch der Gesundheitsschaden einer Leibesfrucht infolge eines Versicherungsfalls der Mutter während der Schwangerschaft; die Leibesfrucht steht insoweit einem Versicherten gleich. Bei einer Berufskrankheit als Versicherungsfall genügt, daß der Gesundheitsschaden der Leibesfrucht durch besondere Einwirkungen verursacht worden ist, die generell geeignet sind, eine Berufskrankheit der Mutter zu verursachen.

§ 12a Gesundheitsschaden im Zusammenhang mit der Spende von Blut oder körpereigenen Organen, Organteilen oder Gewebe

(1) Als Versicherungsfall im Sinne des § 7 Absatz 1 gilt bei Versicherten nach § 2 Absatz 1 Nummer 13 Buchstabe b auch der Gesundheitsschaden, der über die durch die Blut-, Organ-, Organteil- oder Gewebeentnahme regelmäßig entstehenden Beeinträchtigungen hinausgeht und in ursächlichem Zusammenhang mit der Spende steht. Werden dadurch Nachbehandlungen erforderlich oder treten Spätschäden auf, die als Aus- oder Nachwirkungen der Spende oder des aus der Spende resultierenden erhöhten Gesundheitsrisikos anzusehen sind, wird vermutet, dass diese hierdurch verursacht worden sind. Dies gilt nicht, wenn offenkundig ist, dass der Gesundheitsschaden nicht im ursächlichen Zusammenhang mit der Spende

steht; eine Obduktion zum Zwecke einer solchen Feststellung darf nicht gefordert werden.
(2) Absatz 1 gilt auch bei Gesundheitsschäden im Zusammenhang mit den für die Spende von Blut oder körpereigenen Organen, Organteilen oder Gewebe erforderlichen Voruntersuchungen sowie Nachsorgemaßnahmen. Satz 1 findet auch Anwendung, wenn es nach der Voruntersuchung nicht zur Spende kommt.

§ 13 Sachschäden bei Hilfeleistungen

Den nach § 2 Abs. 1 Nr. 11 Buchstabe a, Nr. 12 und Nr. 13 Buchstabe a und c Versicherten sind auf Antrag Schäden, die infolge einer der dort genannten Tätigkeiten an in ihrem Besitz befindlichen Sachen entstanden sind, sowie die Aufwendungen zu ersetzen, die sie den Umständen nach für erforderlich halten durften, soweit kein anderweitiger öffentlich-rechtlicher Ersatzanspruch besteht. Versicherten nach § 2 Abs. 1 Nr. 12 steht ein Ersatz von Sachschäden nur dann zu, wenn der Einsatz der infolge der versicherten Tätigkeit beschädigten Sache im Interesse des Hilfsunternehmens erfolgte, für das die Tätigkeit erbracht wurde. Die Sätze 1 und 2 finden keine Anwendung bei Teilnahme an Ausbildungsveranstaltungen nach § 2 Abs. 1 Nr. 12 sowie bei Versicherungsfällen nach § 8 Abs. 2. § 116 des Zehnten Buches gilt entsprechend.

Zweites Kapitel
Prävention

§ 14 Grundsatz

(1) Die Unfallversicherungsträger haben mit allen geeigneten Mitteln für die Verhütung von Arbeitsunfällen, Berufskrankheiten und arbeitsbedingten Gesundheitsgefahren und für eine wirksame Erste Hilfe zu sorgen. Sie sollen dabei auch den Ursachen von arbeitsbedingten Gefahren für Leben und Gesundheit nachgehen.
(2) Bei der Verhütung arbeitsbedingter Gesundheitsgefahren arbeiten die Unfallversicherungsträger mit den Krankenkassen zusammen.
(3) Die Unfallversicherungsträger nehmen an der Entwicklung, Umsetzung und Fortschreibung der gemeinsamen deutschen Arbeitsschutzstrategie gemäß den Bestimmungen des Fünften Abschnitts des Arbeitsschutzgesetzes und der nationalen Präventionsstrategie nach §§ 20d bis 20f des Fünften Buches teil.
(4) Die Deutsche Gesetzliche Unfallversicherung e. V. unterstützt die Unfallversicherungsträger bei der Erfüllung ihrer Präventionsaufgaben nach Absatz 1. Sie nimmt insbesondere folgende Aufgaben wahr:
1. Koordinierung, Durchführung und Förderung gemeinsamer Maßnahmen sowie der Forschung auf dem Gebiet der Prävention von Arbeitsunfällen, Berufskrankheiten und arbeitsbedingten Gesundheitsgefahren,
2. Klärung von grundsätzlichen Fach- und Rechtsfragen zur Sicherung der einheitlichen Rechtsanwendung in der Prävention.

§ 15 Unfallverhütungsvorschriften

(1) Die Unfallversicherungsträger können unter Mitwirkung der Deutschen Gesetzlichen Unfallversicherung e. V. als autonomes Recht Unfallverhütungsvorschriften über Maßnahmen zur Verhütung von Arbeitsunfällen, Berufskrankheiten und arbeitsbedingten Gesundheitsgefahren oder für eine wirksame Erste Hilfe erlassen, soweit dies zur Prävention geeignet und erforderlich ist und staatliche Arbeitsschutzvorschriften hierüber keine Regelung treffen; in diesem Rahmen können Unfallverhütungsvorschriften erlassen werden über

1. Einrichtungen, Anordnungen und Maßnahmen, welche die Unternehmer zur Verhütung von Arbeitsunfällen, Berufskrankheiten und arbeitsbedingten Gesundheitsgefahren zu treffen haben, sowie die Form der Übertragung dieser Aufgaben auf andere Personen,
2. das Verhalten der Versicherten zur Verhütung von Arbeitsunfällen, Berufskrankheiten und arbeitsbedingten Gesundheitsgefahren,
3. vom Unternehmer zu veranlassende arbeitsmedizinische Untersuchungen und sonstige arbeitsmedizinische Maßnahmen vor, während und nach der Verrichtung von Arbeiten, die für Versicherte oder für Dritte mit arbeitsbedingten Gefahren für Leben und Gesundheit verbunden sind,
4. Voraussetzungen, die der Arzt, der mit Untersuchungen oder Maßnahmen nach Nummer 3 beauftragt ist, zu erfüllen hat, sofern die ärztliche Untersuchung nicht durch eine staatliche Rechtsvorschrift vorgesehen ist,
5. die Sicherstellung einer wirksamen Ersten Hilfe durch den Unternehmer,
6. die Maßnahmen, die der Unternehmer zur Erfüllung der sich aus dem Gesetz über Betriebsärzte, Sicherheitsingenieure und andere Fachkräfte für Arbeitssicherheit ergebenden Pflichten zu treffen hat,
7. die Zahl der Sicherheitsbeauftragten, die nach § 22 unter Berücksichtigung der in den Unternehmen für Leben und Gesundheit der Versicherten bestehenden arbeitsbedingten Gefahren und der Zahl der Beschäftigten zu bestellen sind.

In der Unfallverhütungsvorschrift nach Satz 1 Nr. 3 kann bestimmt werden, daß arbeitsmedizinische Vorsorgeuntersuchungen auch durch den Unfallversicherungsträger veranlaßt werden können. Die Deutsche Gesetzliche Unfallversicherung e. V. wirkt beim Erlass von Unfallverhütungsvorschriften auf Rechtseinheitlichkeit hin.

(1a) In der landwirtschaftlichen Unfallversicherung ist Absatz 1 mit der Maßgabe anzuwenden, dass Unfallverhütungsvorschriften von der landwirtschaftlichen Berufsgenossenschaft erlassen werden.

(2) Soweit die Unfallversicherungsträger Vorschriften nach Absatz 1 Satz 1 Nr. 3 erlassen, können sie zu den dort genannten Zwecken auch die Verarbeitung von folgenden Daten über die untersuchten Personen durch den Unternehmer vorsehen:

1. Vor- und Familienname, Geburtsdatum sowie Geschlecht,
2. Wohnanschrift,
3. Tag der Einstellung und des Ausscheidens,
4. Ordnungsnummer,
5. zuständige Krankenkasse,
6. Art der vom Arbeitsplatz ausgehenden Gefährdungen,
7. Art der Tätigkeit mit Angabe des Beginns und des Endes der Tätigkeit,

8. Angaben über Art und Zeiten früherer Tätigkeiten, bei denen eine Gefährdung bestand, soweit dies bekannt ist,
9. Datum und Ergebnis der ärztlichen Vorsorgeuntersuchungen; die Übermittlung von Diagnosedaten an den Unternehmer ist nicht zulässig,
10. Datum der nächsten regelmäßigen Nachuntersuchung,
11. Name und Anschrift des untersuchenden Arztes.

Soweit die Unfallversicherungsträger Vorschriften nach Absatz 1 Satz 2 erlassen, gelten Satz 1 sowie § 24 Abs. 1 Satz 3 und 4 entsprechend.

(3) Absatz 1 Satz 1 Nr. 1 bis 5 gilt nicht für die unter bergbehördlicher Aufsicht stehenden Unternehmen.

(4) Die Vorschriften nach Absatz 1 bedürfen der Genehmigung durch das Bundesministerium für Arbeit und Soziales. Die Entscheidung hierüber wird im Benehmen mit den zuständigen obersten Verwaltungsbehörden der Länder getroffen. Soweit die Vorschriften von einem Unfallversicherungsträger erlassen werden, welcher der Aufsicht eines Landes untersteht, entscheidet die zuständige oberste Landesbehörde über die Genehmigung im Benehmen mit dem Bundesministerium für Arbeit und Soziales. Die Genehmigung ist zu erteilen, wenn die Vorschriften sich im Rahmen der Ermächtigung nach Absatz 1 halten und ordnungsgemäß von der Vertreterversammlung beschlossen worden sind. Die Erfüllung der Genehmigungsvoraussetzungen nach Satz 4 ist im Antrag auf Erteilung der Genehmigung darzulegen. Dabei hat der Unfallversicherungsträger insbesondere anzugeben, dass

1. eine Regelung der in den Vorschriften vorgesehenen Maßnahmen in staatlichen Arbeitsschutzvorschriften nicht zweckmäßig ist,
2. das mit den Vorschriften angestrebte Präventionsziel ausnahmsweise nicht durch Regeln erreicht wird, die von einem gemäß § 18 Abs. 2 Nr. 5 des Arbeitsschutzgesetzes eingerichteten Ausschuss ermittelt werden, und
3. die nach Nummer 1 und 2 erforderlichen Feststellungen in einem besonderen Verfahren unter Beteiligung von Arbeitsschutzbehörden des Bundes und der Länder getroffen worden sind.

Für die Angabe nach Satz 6 reicht bei Unfallverhütungsvorschriften nach Absatz 1 Satz 1 Nr. 6 ein Hinweis darauf aus, dass das Bundesministerium für Arbeit und Soziales von der Ermächtigung zum Erlass einer Rechtsverordnung nach § 14 des Gesetzes über Betriebsärzte, Sicherheitsingenieure und andere Fachkräfte für Arbeitssicherheit keinen Gebrauch macht.

(5) Die Unternehmer sind über die Vorschriften nach Absatz 1 zu unterrichten und zur Unterrichtung der Versicherten verpflichtet.

§ 16 Geltung bei Zuständigkeit anderer Unfallversicherungsträger und für ausländische Unternehmen

(1) Die Unfallverhütungsvorschriften eines Unfallversicherungsträgers gelten auch, soweit in dem oder für das Unternehmen Versicherte tätig werden, für die ein anderer Unfallversicherungsträger zuständig ist.

(2) Die Unfallverhütungsvorschriften eines Unfallversicherungsträgers gelten auch für Unternehmer und Beschäftigte von ausländischen Unternehmen, die eine Tätigkeit im Inland ausüben, ohne einem Unfallversicherungsträger anzugehören.

§ 17 Überwachung und Beratung

(1) Die Unfallversicherungsträger haben die Durchführung der Maßnahmen zur Verhütung von Arbeitsunfällen, Berufskrankheiten, arbeitsbedingten Gesundheitsgefahren und für eine wirksame Erste Hilfe in den Unternehmen zu überwachen sowie die Unternehmer und die Versicherten zu beraten.
(2) Soweit in einem Unternehmen Versicherte tätig sind, für die ein anderer Unfallversicherungsträger zuständig ist, kann auch dieser die Durchführung der Maßnahmen zur Verhütung von Arbeitsunfällen, Berufskrankheiten, arbeitsbedingten Gesundheitsgefahren und für eine wirksame Erste Hilfe überwachen. Beide Unfallversicherungsträger sollen, wenn nicht sachliche Gründe entgegenstehen, die Überwachung und Beratung abstimmen und sich mit deren Wahrnehmung auf einen Unfallversicherungsträger verständigen.
(3) Erwachsen dem Unfallversicherungsträger durch Pflichtversäumnis eines Unternehmers bare Auslagen für die Überwachung seines Unternehmens, so kann der Vorstand dem Unternehmer diese Kosten auferlegen.

§ 18 Aufsichtspersonen

(1) Die Unfallversicherungsträger sind verpflichtet, Aufsichtspersonen in der für eine wirksame Überwachung und Beratung gemäß § 17 erforderlichen Zahl zu beschäftigen.
(2) Als Aufsichtsperson darf nur beschäftigt werden, wer seine Befähigung für diese Tätigkeit durch eine Prüfung nachgewiesen hat. Die Unfallversicherungsträger erlassen Prüfungsordnungen. Die Prüfungsordnungen bedürfen der Genehmigung durch die Aufsichtsbehörde.

§ 19 Befugnisse der Aufsichtspersonen

(1) Die Aufsichtspersonen können im Einzelfall anordnen, welche Maßnahmen Unternehmerinnen und Unternehmer oder Versicherte zu treffen haben
1. zur Erfüllung ihrer Pflichten aufgrund der Unfallverhütungsvorschriften nach § 15,
2. zur Abwendung besonderer Unfall- und Gesundheitsgefahren.

Die Aufsichtspersonen sind berechtigt, bei Gefahr im Verzug sofort vollziehbare Anordnungen zur Abwendung von arbeitsbedingten Gefahren für Leben und Gesundheit zu treffen. Anordnungen nach den Sätzen 1 und 2 können auch gegenüber Unternehmerinnen und Unternehmern sowie gegenüber Beschäftigten von ausländischen Unternehmen getroffen werden, die eine Tätigkeit im Inland ausüben, ohne einem Unfallversicherungsträger anzugehören.
(2) Zur Überwachung der Maßnahmen zur Verhütung von Arbeitsunfällen, Berufskrankheiten, arbeitsbedingten Gesundheitsgefahren und für eine wirksame Erste Hilfe sind die Aufsichtspersonen insbesondere befugt,
1. zu den Betriebs- und Geschäftszeiten Grundstücke und Betriebsstätten zu betreten, zu besichtigen und zu prüfen,

2. von dem Unternehmer die zur Durchführung ihrer Überwachungsaufgabe erforderlichen Auskünfte zu verlangen,
3. geschäftliche und betriebliche Unterlagen des Unternehmers einzusehen, soweit es die Durchführung ihrer Überwachungsaufgabe erfordert,
4. Arbeitsmittel und persönliche Schutzausrüstungen sowie ihre bestimmungsgemäße Verwendung zu prüfen,
5. Arbeitsverfahren und Arbeitsabläufe zu untersuchen und insbesondere das Vorhandensein und die Konzentration gefährlicher Stoffe und Zubereitungen zu ermitteln oder, soweit die Aufsichtspersonen und der Unternehmer die erforderlichen Feststellungen nicht treffen können, auf Kosten des Unternehmers ermitteln zulassen,
6. gegen Empfangsbescheinigung Proben nach ihrer Wahl zu fordern oder zu entnehmen; soweit der Unternehmer nicht ausdrücklich darauf verzichtet, ist ein Teil der Proben amtlich verschlossen oder versiegelt zurückzulassen,
7. zu untersuchen, ob und auf welche betriebliche Ursachen ein Unfall, eine Erkrankung oder ein Schadensfall zurückzuführen ist,
8. die Begleitung durch den Unternehmer oder eine von ihm beauftragte Person zu verlangen.

Der Unternehmer hat die Maßnahmen nach Satz 1 Nr. 1 und 3 bis 7 zu dulden. Zur Verhütung dringender Gefahren können die Maßnahmen nach Satz 1 auch in Wohnräumen und zu jeder Tages- und Nachtzeit getroffen werden. Das Grundrecht der Unverletzlichkeit der Wohnung (Artikel 13 des Grundgesetzes) wird insoweit eingeschränkt. Die Eigentümer und Besitzer der Grundstücke, auf denen der Unternehmer tätig ist, haben das Betreten der Grundstücke zu gestatten.

(3) Der Unternehmer hat die Aufsichtsperson zu unterstützen, soweit dies zur Erfüllung ihrer Aufgaben erforderlich ist. Auskünfte auf Fragen, deren Beantwortung den Unternehmer selbst oder einen seiner in § 383 Abs. 1 Nr. 1 bis 3 der Zivilprozeßordnung bezeichneten Angehörigen der Gefahr der Verfolgung wegen einer Straftat oder Ordnungswidrigkeit aussetzen würde, können verweigert werden.

§ 20 Zusammenarbeit mit Dritten

(1) Die Unfallversicherungsträger und die für den Arbeitsschutz zuständigen Behörden wirken bei der Beratung und Überwachung der Unternehmen auf der Grundlage einer gemeinsamen Beratungs- und Überwachungsstrategie gemäß § 20a Abs. 2 Nr. 4 des Arbeitsschutzgesetzes eng zusammen und stellen den Erfahrungsaustausch sicher. Die gemeinsame Beratungs- und Überwachungsstrategie umfasst die Abstimmung allgemeiner Grundsätze zur methodischen Vorgehensweise bei
1. der Beratung und Überwachung der Betriebe,
2. der Festlegung inhaltlicher Beratungs- und Überwachungsschwerpunkte, aufeinander abgestimmter oder gemeinsamer Schwerpunktaktionen und Arbeitsprogramme und
3. der Förderung eines Daten- und sonstigen Informationsaustausches, insbesondere über Betriebsbesichtigungen und deren wesentliche Ergebnisse.

(1a) Zu nach dem 1. Januar 2023 durchgeführten Betriebsbesichtigungen und deren Ergebnissen übermitteln die Unfallversicherungsträger an die für die besichtigte Betriebsstätte zuständige Arbeitsschutzbehörde im Wege elektronischer Datenübertragung folgende Informationen:

1. Name und Anschrift des Betriebs,
2. Anschrift der besichtigten Betriebsstätte, soweit nicht mit Nummer 1 identisch,
3. Kennnummer zur Identifizierung,
4. Wirtschaftszweig des Betriebs,
5. Datum der Besichtigung,
6. Anzahl der Beschäftigten zum Zeitpunkt der Besichtigung,
7. Vorhandensein einer betrieblichen Interessenvertretung,
8. Art der sicherheitstechnischen Betreuung,
9. Art der betriebsärztlichen Betreuung,
10. Bewertung der Arbeitsschutzorganisation einschließlich
    a) der Unterweisung,
    b) der arbeitsmedizinischen Vorsorge und
    c) der Ersten Hilfe und sonstiger Notfallmaßnahmen,
11. Bewertung der Gefährdungsbeurteilung einschließlich
    a) der Ermittlung von Gefährdungen und Festlegung von Maßnahmen,
    b) der Prüfung der Umsetzung der Maßnahmen und ihrer Wirksamkeit und
    c) der Dokumentation der Gefährdungen und Maßnahmen,
12. Verwaltungshandeln in Form von Feststellungen, Anordnungen oder Bußgeldern.

Die übertragenen Daten dürfen von den für den Arbeitsschutz zuständigen Behörden nur zur Erfüllung der in ihrer Zuständigkeit nach § 21 Absatz 1 des Arbeitsschutzgesetzes liegenden Arbeitsschutzaufgaben verarbeitet werden.

(2) Zur Förderung der Zusammenarbeit nach Absatz 1 wird für den Bereich eines oder mehrerer Länder eine gemeinsame landesbezogene Stelle bei einem Unfallversicherungsträger oder einem Landesverband mit Sitz im jeweiligen örtlichen Zuständigkeitsbereich eingerichtet. Die Deutsche Gesetzliche Unfallversicherung e. V. koordiniert die organisatorisch und verfahrensmäßig notwendigen Festlegungen für die Bildung, Mandatierung und Tätigkeit der gemeinsamen landesbezogenen Stellen. Die gemeinsame landesbezogene Stelle hat die Aufgabe, mit Wirkung für die von ihr vertretenen Unfallversicherungsträger mit den für den Arbeitsschutz zuständigen Behörden Vereinbarungen über

1. die zur Umsetzung der gemeinsamen Beratungs- und Überwachungsstrategie notwendigen Maßnahmen,
2. gemeinsame Arbeitsprogramme, insbesondere zur Umsetzung der Eckpunkte im Sinne des § 20a Abs. 2 Nr. 2 des Arbeitsschutzgesetzes,

abzuschließen und deren Zielerreichung mit den von der Nationalen Arbeitsschutzkonferenz nach § 20a Abs. 2 Nr. 3 des Arbeitsschutzgesetzes bestimmten Kennziffern zu evaluieren. Die landwirtschaftliche Berufsgenossenschaft wirkt an der Tätigkeit der gemeinsamen landesbezogenen Stelle mit.

(3) Durch allgemeine Verwaltungsvorschriften, die der Zustimmung des Bundesrates bedürfen, wird geregelt das Zusammenwirken

1. der Unfallversicherungsträger mit den Betriebsräten oder Personalräten,

2. der Unfallversicherungsträger einschließlich der gemeinsamen landesbezogenen Stellen nach Absatz 2 mit den für den Arbeitsschutz zuständigen Landesbehörden,
3. der Unfallversicherungsträger mit den für die Bergaufsicht zuständigen Behörden.

Die Verwaltungsvorschriften nach Satz 1 Nr. 1 werden vom Bundesministerium für Arbeit und Soziales im Einvernehmen mit dem Bundesministerium des Innern, für Bau und Heimat, die Verwaltungsvorschriften nach Satz 1 Nr. 2 und 3 werden von der Bundesregierung erlassen. Die Verwaltungsvorschriften nach Satz 1 Nr. 2 werden erst erlassen, wenn innerhalb einer vom Bundesministerium für Arbeit und Soziales gesetzten angemessenen Frist nicht für jedes Land eine Vereinbarung nach Absatz 2 Satz 3 abgeschlossen oder eine unzureichend gewordene Vereinbarung nicht geändert worden ist.

§ 21 Verantwortung des Unternehmers, Mitwirkung der Versicherten

(1) Der Unternehmer ist für die Durchführung der Maßnahmen zur Verhütung von Arbeitsunfällen und Berufskrankheiten, für die Verhütung von arbeitsbedingten Gesundheitsgefahren sowie für eine wirksame Erste Hilfe verantwortlich.
(2) Ist bei einer Schule der Unternehmer nicht Schulhoheitsträger, ist auch der Schulhoheitsträger in seinem Zuständigkeitsbereich für die Durchführung der in Absatz 1 genannten Maßnahmen verantwortlich. Der Schulhoheitsträger ist verpflichtet, im Benehmen mit dem für die Versicherten nach § 2 Abs. 1 Nr. 8 Buchstabe b zuständigen Unfallversicherungsträger Regelungen über die Durchführung der in Absatz 1 genannten Maßnahmen im inneren Schulbereich zu treffen.
(3) Die Versicherten haben nach ihren Möglichkeiten alle Maßnahmen zur Verhütung von Arbeitsunfällen, Berufskrankheiten und arbeitsbedingten Gesundheitsgefahren sowie für eine wirksame Erste Hilfe zu unterstützen und die entsprechenden Anweisungen des Unternehmers zu befolgen.

§ 22 Sicherheitsbeauftragte

(1) In Unternehmen mit regelmäßig mehr als 20 Beschäftigten hat der Unternehmer unter Beteiligung des Betriebsrates oder Personalrates Sicherheitsbeauftragte unter Berücksichtigung der im Unternehmen für die Beschäftigten bestehenden Unfall- und Gesundheitsgefahren und der Zahl der Beschäftigten zu bestellen. Als Beschäftigte gelten auch die nach § 2 Abs. 1 Nr. 2, 8 und 12 Versicherten. In Unternehmen mit besonderen Gefahren für Leben und Gesundheit kann der Unfallversicherungsträger anordnen, daß Sicherheitsbeauftragte auch dann zu bestellen sind, wenn die Mindestbeschäftigtenzahl nach Satz 1 nicht erreicht wird. Für Unternehmen mit geringen Gefahren für Leben und Gesundheit kann der Unfallversicherungsträger die Zahl 20 in seiner Unfallverhütungsvorschrift erhöhen.
(2) Die Sicherheitsbeauftragten haben den Unternehmer bei der Durchführung der Maßnahmen zur Verhütung von Arbeitsunfällen und Berufskrankheiten zu unterstützen, insbesondere sich von dem Vorhandensein und der ordnungsgemäßen Benutzung der vorgeschriebenen Schutzeinrichtungen und persönlichen Schutz-

ausrüstungen zu überzeugen und auf Unfall- und Gesundheitsgefahren für die Versicherten aufmerksam zu machen.
(3) Die Sicherheitsbeauftragten dürfen wegen der Erfüllung der ihnen übertragenen Aufgaben nicht benachteiligt werden.

§ 23 Aus- und Fortbildung

(1) Die Unfallversicherungsträger haben für die erforderliche Aus- und Fortbildung der Personen in den Unternehmen zu sorgen, die mit der Durchführung der Maßnahmen zur Verhütung von Arbeitsunfällen, Berufskrankheiten und arbeitsbedingten Gesundheitsgefahren sowie mit der Ersten Hilfe betraut sind. Für nach dem Gesetz über Betriebsärzte, Sicherheitsingenieure und andere Fachkräfte für Arbeitssicherheit zu verpflichtende Betriebsärzte und Fachkräfte für Arbeitssicherheit, die nicht dem Unternehmen angehören, können die Unfallversicherungsträger entsprechende Maßnahmen durchführen. Die Unfallversicherungsträger haben Unternehmer und Versicherte zur Teilnahme an Aus- und Fortbildungslehrgängen anzuhalten.
(2) Die Unfallversicherungsträger haben die unmittelbaren Kosten ihrer Aus- und Fortbildungsmaßnahmen sowie die erforderlichen Fahr-, Verpflegungs- und Unterbringungskosten zu tragen. Bei Aus- und Fortbildungsmaßnahmen für Ersthelfer, die von Dritten durchgeführt werden, haben die Unfallversicherungsträger nur die Lehrgangsgebühren zu tragen.
(3) Für die Arbeitszeit, die wegen der Teilnahme an einem Lehrgang ausgefallen ist, besteht gegen den Unternehmer ein Anspruch auf Fortzahlung des Arbeitsentgelts.
(4) Bei der Ausbildung von Sicherheitsbeauftragten und Fachkräften für Arbeitssicherheit sind die für den Arbeitsschutz zuständigen Landesbehörden zu beteiligen.

§ 24 Überbetrieblicher arbeitsmedizinischer und sicherheitstechnischer Dienst

(1) Unfallversicherungsträger können überbetriebliche arbeitsmedizinische und sicherheitstechnische Dienste einrichten; das Nähere bestimmt die Satzung. Die von den Diensten gespeicherten Daten dürfen nur mit Einwilligung des Betroffenen an die Unfallversicherungsträger übermittelt werden; § 203 bleibt unberührt. Die Dienste sind organisatorisch, räumlich und personell von den übrigen Organisationseinheiten der Unfallversicherungsträger zu trennen. Zugang zu den Daten dürfen nur Beschäftigte der Dienste haben.
(2) In der Satzung nach Absatz 1 kann auch bestimmt werden, daß die Unternehmer verpflichtet sind, sich einem überbetrieblichen arbeitsmedizinischen und sicherheitstechnischen Dienst anzuschließen, wenn sie innerhalb einer vom Unfallversicherungsträger gesetzten angemessenen Frist keine oder nicht in ausreichendem Umfang Betriebsärzte und Fachkräfte für Arbeitssicherheit bestellen. Unternehmer sind von der Anschlußpflicht zu befreien, wenn sie nachweisen, daß sie

ihre Pflicht nach dem Gesetz über Betriebsärzte, Sicherheitsingenieure und andere Fachkräfte für Arbeitssicherheit erfüllt haben.

§ 25 Bericht gegenüber dem Bundestag

(1) Die Bundesregierung hat dem Deutschen Bundestag und dem Bundesrat alljährlich bis zum 31. Dezember des auf das Berichtsjahr folgenden Jahres einen statistischen Bericht über den Stand von Sicherheit und Gesundheit bei der Arbeit und über das Unfall- und Berufskrankheitengeschehen in der Bundesrepublik Deutschland zu erstatten, der die Berichte der Unfallversicherungsträger und die Jahresberichte der für den Arbeitsschutz zuständigen Landesbehörden zusammenfaßt. Alle vier Jahre hat der Bericht einen umfassenden Überblick über die Entwicklung der Arbeitsunfälle und Berufskrankheiten, ihre Kosten und die Maßnahmen zur Sicherheit und Gesundheit bei der Arbeit zu enthalten.
(2) Die Unfallversicherungsträger haben dem Bundesministerium für Arbeit und Soziales alljährlich bis zum 31. Juli des auf das Berichtsjahr folgenden Jahres über die Durchführung der Maßnahmen zur Sicherheit und Gesundheit bei der Arbeit sowie über das Unfall- und Berufskrankheitengeschehen zu berichten. Landesunmittelbare Versicherungsträger reichen die Berichte über die für sie zuständigen obersten Verwaltungsbehörden der Länder ein.

Drittes Kapitel
Leistungen nach Eintritt eines Versicherungsfalls

Erster Abschnitt
Heilbehandlung, Leistungen zur Teilhabe am Arbeitsleben, Leistungen zur Sozialen Teilhabe und ergänzende Leistungen, Pflege, Geldleistungen

Erster Unterabschnitt
Anspruch und Leistungsarten

§ 26 Grundsatz

(1) Versicherte haben nach Maßgabe der folgenden Vorschriften und unter Beachtung des Neunten Buches Anspruch auf Heilbehandlung einschließlich Leistungen zur medizinischen Rehabilitation, auf Leistungen zur Teilhabe am Arbeitsleben und zur Sozialen Teilhabe, auf ergänzende Leistungen, auf Leistungen bei Pflegebedürftigkeit sowie auf Geldleistungen. Die Leistungen werden auf Antrag durch ein Persönliches Budget nach § 29 des Neunten Buches erbracht; dies gilt im Rahmen des Anspruchs auf Heilbehandlung nur für die Leistungen zur medizinischen Rehabilitation.
(2) Der Unfallversicherungsträger hat mit allen geeigneten Mitteln möglichst frühzeitig

1. den durch den Versicherungsfall verursachten Gesundheitsschaden zu beseitigen oder zu bessern, seine Verschlimmerung zu verhüten und seine Folgen zu mildern,
2. den Versicherten einen ihren Neigungen und Fähigkeiten entsprechenden Platz im Arbeitsleben zu sichern,
3. Hilfen zur Bewältigung der Anforderungen des täglichen Lebens und zur Teilhabe am Leben in der Gemeinschaft sowie zur Führung eines möglichst selbständigen Lebens unter Berücksichtigung von Art und Schwere des Gesundheitsschadens bereitzustellen,
4. ergänzende Leistungen zur Heilbehandlung und zu Leistungen zur Teilhabe am Arbeitsleben und zur Sozialen Teilhabe zu erbringen,
5. Leistungen bei Pflegebedürftigkeit zu erbringen.

(3) Die Leistungen zur Heilbehandlung und zur Rehabilitation haben Vorrang vor Rentenleistungen.

(4) Qualität und Wirksamkeit der Leistungen zur Heilbehandlung und Teilhabe haben dem allgemein anerkannten Stand der medizinischen Erkenntnisse zu entsprechen und den medizinischen Fortschritt zu berücksichtigen. Sie werden als Dienst- und Sachleistungen zur Verfügung gestellt, soweit dieses oder das Neunte Buch keine Abweichungen vorsehen.

(5) Die Unfallversicherungsträger bestimmen im Einzelfall Art, Umfang und Durchführung der Heilbehandlung und der Leistungen zur Teilhabe sowie die Einrichtungen, die diese Leistungen erbringen, nach pflichtgemäßem Ermessen. Dabei prüfen sie auch, welche Leistungen geeignet und zumutbar sind, Pflegebedürftigkeit zu vermeiden, zu überwinden, zu mindern oder ihre Verschlimmerung zu verhüten.

Zweiter Unterabschnitt Heilbehandlung

§ 27 Umfang der Heilbehandlung, Anschluss an die Telematikinfrastruktur

(1) Die Heilbehandlung umfaßt insbesondere
1. Erstversorgung,
2. ärztliche Behandlung,
3. zahnärztliche Behandlung einschließlich der Versorgung mit Zahnersatz,
4. Versorgung mit Arznei-, Verband-, Heil- und Hilfsmitteln,
5. häusliche Krankenpflege,
6. Behandlung in Krankenhäusern und Rehabilitationseinrichtungen,
7. Leistungen zur medizinischen Rehabilitation nach § 42 Abs. 2 Nr. 1 und 3 bis 7 und Abs. 3 des Neunten Buches.

Für die an der Heilbehandlung nach Satz 1 beteiligten Ärzte, Zahnärzte, Einrichtungen und sonstigen Leistungserbringer, die Leistungen für die gesetzliche Unfallversicherung erbringen und für die aufgrund der Regelungen des Fünften Buches noch keine Möglichkeit zur Anbindung an die Telematikinfrastruktur besteht, gilt

eine Pflicht zur Anbindung ab dem 1. Januar 2027. Satz 2 gilt ebenso für die Verpflichtung zur Empfangsbereitschaft elektronischer Briefe nach § 295 Absatz 1c des Fünften Buches. Zum Ausgleich der in § 376 des Fünften Buches genannten Ausstattungs- und Betriebskosten erhalten die in Satz 2 genannten Leistungserbringer die in der jeweils geltenden Fassung der Vereinbarung nach § 378 Absatz 2 des Fünften Buches für die an der vertragsärztlichen Versorgung teilnehmenden Leistungserbringer vereinbarten Erstattungen von der gesetzlichen Unfallversicherung.
(1a) Sofern bei der Erbringung von Leistungen nach Absatz 1 telemedizinische Verfahren angewandt werden, sollen diese die nach den §§ 364 bis 368 des Fünften Buches festgelegten Anforderungen erfüllen.
(2) In den Fällen des § 8 Abs. 3 wird ein beschädigtes oder verlorengegangenes Hilfsmittel wiederhergestellt oder erneuert.
(3) Während einer aufgrund eines Gesetzes angeordneten Freiheitsentziehung wird Heilbehandlung erbracht, soweit Belange des Vollzugs nicht entgegenstehen.

§ 27a Nutzung der Telematikinfrastruktur

(1) Bei der Erbringung von Leistungen nach § 27 Absatz 1 gelten die §§ 31a, 347, 348 und 374a des Fünften Buches entsprechend, sofern der Leistungserbringer an die Telematikinfrastruktur angebunden ist.
(2) § 360 des Fünften Buches gilt entsprechend für die Leistungserbinger nach § 27 Absatz 1 sowie die Unfallversicherungsträger, sobald die Verordnung von Leistungen nach § 27 Absatz 1 Nummer 4 elektronisch erfolgt und der Leistungserbringer an die Telematikinfrastruktur angebunden ist.
(3) § 350a des Fünften Buches gilt entsprechend für Versicherte dieses Buches.
(4) § 351 des Fünften Buches gilt entsprechend für den zuständigen Unfallversicherungsträger.

§ 28 Ärztliche und zahnärztliche Behandlung

(1) Die ärztliche und zahnärztliche Behandlung wird von Ärzten oder Zahnärzten erbracht. Sind Hilfeleistungen anderer Personen erforderlich, dürfen sie nur erbracht werden, wenn sie vom Arzt oder Zahnarzt angeordnet und von ihm verantwortet werden.
(2) Die ärztliche Behandlung umfaßt die Tätigkeit der Ärzte, die nach den Regeln der ärztlichen Kunst erforderlich und zweckmäßig ist.
(3) Die zahnärztliche Behandlung umfaßt die Tätigkeit der Zahnärzte, die nach den Regeln der zahnärztlichen Kunst erforderlich und zweckmäßig ist.
(4) Bei Versicherungsfällen, für die wegen ihrer Art oder Schwere besondere unfallmedizinische Behandlung angezeigt ist, wird diese erbracht. Die freie Arztwahl kann insoweit eingeschränkt werden.

§ 29 Arznei- und Verbandmittel

(1) Arznei- und Verbandmittel sind alle ärztlich verordneten, zur ärztlichen und zahnärztlichen Behandlung erforderlichen Mittel. Ist das Ziel der Heilbehandlung

mit Arznei- und Verbandmitteln zu erreichen, für die Festbeträge im Sinne des § 35 oder § 35a des Fünften Buches festgesetzt sind, trägt der Unfallversicherungsträger die Kosten bis zur Höhe dieser Beträge. Verordnet der Arzt in diesen Fällen ein Arznei- oder Verbandmittel, dessen Preis den Festbetrag überschreitet, hat der Arzt die Versicherten auf die sich aus seiner Verordnung ergebende Übernahme der Mehrkosten hinzuweisen.
(2) Die Rabattregelungen der §§ 130 und 130a des Fünften Buches gelten entsprechend. Die Erstattungsbeträge nach § 130b des Fünften Buches gelten auch für die Abrechnung mit den Trägern der gesetzlichen Unfallversicherung.

§ 30 Heilmittel

Heilmittel sind alle ärztlich verordneten Dienstleistungen, die einem Heilzweck dienen oder einen Heilerfolg sichern und nur von entsprechend ausgebildeten Personen erbracht werden dürfen. Hierzu gehören insbesondere Maßnahmen der physikalischen Therapie sowie der Sprach- und Beschäftigungstherapie.

§ 31 Hilfsmittel

(1) Hilfsmittel sind alle ärztlich verordneten Sachen, die den Erfolg der Heilbehandlung sichern oder die Folgen von Gesundheitsschäden mildern oder ausgleichen. Dazu gehören insbesondere Körperersatzstücke, orthopädische und andere Hilfsmittel einschließlich der notwendigen Änderung, Instandsetzung und Ersatzbeschaffung sowie der Ausbildung im Gebrauch der Hilfsmittel. Soweit für Hilfsmittel Festbeträge im Sinne des § 36 des Fünften Buches festgesetzt sind, gilt § 29 Abs. 1 Satz 2 und 3 entsprechend.
(2) Die Bundesregierung wird ermächtigt, durch Rechtsverordnung mit Zustimmung des Bundesrates die Ausstattung mit Körperersatzstücken, orthopädischen und anderen Hilfsmitteln zu regeln sowie bei bestimmten Gesundheitsschäden eine Entschädigung für Kleider- und Wäscheverschleiß vorzuschreiben. Das Nähere regeln die Verbände der Unfallversicherungsträger durch gemeinsame Richtlinien.

§ 32 Häusliche Krankenpflege

(1) Versicherte erhalten in ihrem Haushalt oder ihrer Familie neben der ärztlichen Behandlung häusliche Krankenpflege durch geeignete Pflegekräfte, wenn Krankenhausbehandlung geboten, aber nicht ausführbar ist oder wenn sie durch die häusliche Krankenpflege vermieden oder verkürzt werden kann und das Ziel der Heilbehandlung nicht gefährdet wird.
(2) Die häusliche Krankenpflege umfaßt die im Einzelfall aufgrund ärztlicher Verordnung erforderliche Grund- und Behandlungspflege sowie hauswirtschaftliche Versorgung.
(3) Ein Anspruch auf häusliche Krankenpflege besteht nur, soweit es einer im Haushalt des Versicherten lebenden Person nicht zuzumuten ist, Krankenpflege zu erbringen. Kann eine Pflegekraft nicht gestellt werden oder besteht Grund, von

einer Gestellung abzusehen, sind die Kosten für eine selbstbeschaffte Pflegekraft in angemessener Höhe zu erstatten.
(4) Das Nähere regeln die Verbände der Unfallversicherungsträger durch gemeinsame Richtlinien.

§ 33 Behandlung in Krankenhäusern und Rehabilitationseinrichtungen

(1) Stationäre Behandlung in einem Krankenhaus oder in einer Rehabilitationseinrichtung wird erbracht, wenn die Aufnahme erforderlich ist, weil das Behandlungsziel anders nicht erreicht werden kann. Sie wird voll- oder teilstationär erbracht. Sie umfaßt im Rahmen des Versorgungsauftrags des Krankenhauses oder der Rehabilitationseinrichtung alle Leistungen, die im Einzelfall für die medizinische Versorgung der Versicherten notwendig sind, insbesondere ärztliche Behandlung, Krankenpflege, Versorgung mit Arznei-, Verband-, Heil- und Hilfsmitteln, Unterkunft und Verpflegung.
(2) Krankenhäuser und Rehabilitationseinrichtungen im Sinne des Absatzes 1 sind die Einrichtungen nach § 107 des Fünften Buches.
(3) Bei Gesundheitsschäden, für die wegen ihrer Art oder Schwere besondere unfallmedizinische stationäre Behandlung angezeigt ist, wird diese in besonderen Einrichtungen erbracht.

§ 34 Durchführung der Heilbehandlung

(1) Die Unfallversicherungsträger haben alle Maßnahmen zu treffen, durch die eine möglichst frühzeitig nach dem Versicherungsfall einsetzende und sachgemäße Heilbehandlung und, soweit erforderlich, besondere unfallmedizinische oder Berufskrankheiten-Behandlung gewährleistet wird. Sie können zu diesem Zweck die von den Ärzten und Krankenhäusern zu erfüllenden Voraussetzungen im Hinblick auf die fachliche Befähigung, die sachliche und personelle Ausstattung sowie die zu übernehmenden Pflichten festlegen. Sie können daneben nach Art und Schwere des Gesundheitsschadens besondere Verfahren für die Heilbehandlung vorsehen.
(2) Die Unfallversicherungsträger haben an der Durchführung der besonderen unfallmedizinischen Behandlung die Ärzte und Krankenhäuser zu beteiligen, die den nach Absatz 1 Satz 2 festgelegten Anforderungen entsprechen.
(3) Die Verbände der Unfallversicherungsträger sowie die Kassenärztliche Bundesvereinigung und die Kassenzahnärztliche Bundesvereinigung (Kassenärztliche Bundesvereinigungen) schließen unter Berücksichtigung der von den Unfallversicherungsträgern gemäß Absatz 1 Satz 2 und 3 getroffenen Festlegungen mit Wirkung für ihre Mitglieder Verträge über die Durchführung der Heilbehandlung, die Vergütung der Ärzte und Zahnärzte sowie die Art und Weise der Abrechnung. Dem oder der Bundesbeauftragten für den Datenschutz und die Informationsfreiheit ist rechtzeitig vor Abschluß Gelegenheit zur Stellungnahme zu geben, sofern in den Verträgen die Verarbeitung von personenbezogenen Daten geregelt werden soll.
(4) Die Kassenärztlichen Bundesvereinigungen haben gegenüber den Unfallversicherungsträgern und deren Verbänden die Gewähr dafür zu übernehmen, daß

die Durchführung der Heilbehandlung den gesetzlichen und vertraglichen Erfordernissen entspricht.

(5) Kommt ein Vertrag nach Absatz 3 ganz oder teilweise nicht zustande, setzt ein Schiedsamt mit der Mehrheit seiner Mitglieder innerhalb von drei Monaten den Vertragsinhalt fest. Wird ein Vertrag gekündigt, ist dies dem zuständigen Schiedsamt mitzuteilen. Kommt bis zum Ablauf eines Vertrags ein neuer Vertrag nicht zustande, setzt ein Schiedsamt mit der Mehrheit seiner Mitglieder innerhalb von drei Monaten nach Vertragsablauf den neuen Inhalt fest. In diesem Fall gelten die Bestimmungen des bisherigen Vertrags bis zur Entscheidung des Schiedsamts vorläufig weiter.

(6) Die Verbände der Unfallversicherungsträger und die Kassenärztlichen Bundesvereinigungen bilden je ein Schiedsamt für die medizinische und zahnmedizinische Versorgung. Das Schiedsamt besteht aus drei Vertretern der Kassenärztlichen Bundesvereinigungen und drei Vertretern der Verbände der Unfallversicherungsträger sowie einem unparteiischen Vorsitzenden und zwei weiteren unparteiischen Mitgliedern. § 89 Absatz 6 des Fünften Buches sowie die aufgrund des § 89 Absatz 11 des Fünften Buches erlassenen Rechtsverordnungen gelten entsprechend.

(7) Die Aufsicht über die Geschäftsführung der Schiedsämter nach Absatz 6 führt das Bundesministerium für Arbeit und Soziales.

(8) Die Beziehungen zwischen den Unfallversicherungsträgern und anderen als den in Absatz 3 genannten Stellen, die Heilbehandlung durchführen oder an ihrer Durchführung beteiligt sind, werden durch Verträge geregelt. Soweit die Stellen Leistungen zur medizinischen Rehabilitation ausführen oder an ihrer Ausführung beteiligt sind, werden die Beziehungen durch Verträge nach § 38 des Neunten Buches geregelt.

Dritter Unterabschnitt
Leistungen zur Teilhabe am Arbeitsleben

§ 35 Leistungen zur Teilhabe am Arbeitsleben

(1) Die Unfallversicherungsträger erbringen die Leistungen zur Teilhabe am Arbeitsleben nach den §§ 49 bis 55 des Neunten Buches, in Werkstätten für behinderte Menschen nach den §§ 57 und 58 des Neunten Buches, bei anderen Leistungsanbietern nach § 60 des Neunten Buches, als Budget für Arbeit nach § 61 des Neunten Buches sowie als Budget für Ausbildung nach § 61a des Neunten Buches. Das Budget für Ausbildung wird nur für die Erstausbildung erbracht. Ein Anspruch auf Übergangsgeld nach § 49 besteht während der Erbringung des Budgets für Ausbildung nicht.

(2) Die Leistungen zur Teilhabe am Arbeitsleben umfassen auch Hilfen zu einer angemessenen Schulbildung einschließlich der Vorbereitung hierzu oder zur Entwicklung der geistigen und körperlichen Fähigkeiten vor Beginn der Schulpflicht.

(3) Ist eine von Versicherten angestrebte höherwertige Tätigkeit nach ihrer Leistungsfähigkeit und unter Berücksichtigung ihrer Eignung, Neigung und bisherigen Tätigkeit nicht angemessen, kann eine Maßnahme zur Teilhabe am Arbeitsleben

bis zur Höhe des Aufwandes gefördert werden, der bei einer angemessenen Maßnahme entstehen würde.
(4) Während einer auf Grund eines Gesetzes angeordneten Freiheitsentziehung werden Leistungen zur Teilhabe am Arbeitsleben erbracht, soweit Belange des Vollzugs nicht entgegenstehen.

§ 36 (weggefallen)

§ 37 (weggefallen)

§ 38 (weggefallen)

Vierter Unterabschnitt
Leistungen zur Sozialen Teilhabe und ergänzende Leistungen

§ 39 Leistungen zur Sozialen Teilhabe und ergänzende Leistungen

(1) Neben den in den § 64 Abs. 1 Nr. 2 bis 6 und Abs. 2 sowie in den §§ 73 und 74 des Neunten Buches genannten Leistungen umfassen die Leistungen zur Sozialen Teilhabe und die ergänzenden Leistungen

1. Kraftfahrzeughilfe,
2. sonstige Leistungen zur Erreichung und zur Sicherstellung des Erfolges der Leistungen zur medizinischen Rehabilitation und zur Teilhabe.

(2) Zum Ausgleich besonderer Härten kann den Versicherten oder deren Angehörigen eine besondere Unterstützung gewährt werden.

§ 40 Kraftfahrzeughilfe

(1) Kraftfahrzeughilfe wird erbracht, wenn die Versicherten infolge Art oder Schwere des Gesundheitsschadens nicht nur vorübergehend auf die Benutzung eines Kraftfahrzeugs angewiesen sind, um die Teilhabe am Arbeitsleben oder am Leben in der Gemeinschaft zu ermöglichen.
(2) Die Kraftfahrzeughilfe umfaßt Leistungen zur Beschaffung eines Kraftfahrzeugs, für eine behinderungsbedingte Zusatzausstattung und zur Erlangung einer Fahrerlaubnis.
(3) Für die Kraftfahrzeughilfe gilt die Verordnung über Kraftfahrzeughilfe zur beruflichen Rehabilitation vom 28. September 1987 (BGBl. I S. 2251), geändert durch Verordnung vom 30. September 1991 (BGBl. I S. 1950), in der jeweils geltenden Fassung. Diese Verordnung ist bei der Kraftfahrzeughilfe zur Teilhabe am Leben in der Gemeinschaft entsprechend anzuwenden.
(4) Der Unfallversicherungsträger kann im Einzelfall zur Vermeidung einer wirtschaftlichen Notlage auch einen Zuschuß zahlen, der über demjenigen liegt, der in den §§ 6 und 8 der Verordnung nach Absatz 3 vorgesehen ist.

(5) Das Nähere regeln die Verbände der Unfallversicherungsträger durch gemeinsame Richtlinien.

§ 41 Wohnungshilfe

(1) Wohnungshilfe wird erbracht, wenn infolge Art oder Schwere des Gesundheitsschadens nicht nur vorübergehend die behindertengerechte Anpassung vorhandenen oder die Bereitstellung behindertengerechten Wohnraums erforderlich ist.
(2) Wohnungshilfe wird ferner erbracht, wenn sie zur Sicherung der beruflichen Eingliederung erforderlich ist.
(3) Die Wohnungshilfe umfaßt auch Umzugskosten sowie Kosten für die Bereitstellung von Wohnraum für eine Pflegekraft.
(4) Das Nähere regeln die Verbände der Unfallversicherungsträger durch gemeinsame Richtlinien.

§ 42 Haushaltshilfe und Kinderbetreuungskosten

Haushaltshilfe und Leistungen zur Kinderbetreuung nach § 74 Abs. 1 bis 3 des Neunten Buches werden auch bei Leistungen zur Sozialen Teilhabe erbracht.

§ 43 Reisekosten

(1) Die im Zusammenhang mit der Ausführung von Leistungen zur medizinischen Rehabilitation oder zur Teilhabe am Arbeitsleben erforderlichen Reisekosten werden nach § 73 des Neunten Buches übernommen. Im Übrigen werden Reisekosten zur Ausführung der Heilbehandlung nach den Absätzen 2 bis 5 übernommen.
(2) Zu den Reisekosten gehören
1. Fahr- und Transportkosten,
2. Verpflegungs- und Übernachtungskosten,
3. Kosten des Gepäcktransports,
4. Wegstreckenentschädigung

für die Versicherten und für eine wegen des Gesundheitsschadens erforderliche Begleitperson.
(3) Reisekosten werden im Regelfall für zwei Familienheimfahrten im Monat oder anstelle von Familienheimfahrten für zwei Fahrten eines Angehörigen zum Aufenthaltsort des Versicherten übernommen.
(4) Entgangener Arbeitsverdienst einer Begleitperson wird ersetzt, wenn der Ersatz in einem angemessenen Verhältnis zu den sonst für eine Pflegekraft entstehenden Kosten steht.
(5) Das Nähere regeln die Verbände der Unfallversicherungsträger durch gemeinsame Richtlinien.

Fünfter Unterabschnitt
Leistungen bei Pflegebedürftigkeit

§ 44 Pflege

(1) Solange Versicherte infolge des Versicherungsfalls für die gewöhnlichen und regelmäßig wiederkehrenden Verrichtungen im Ablauf des täglichen Lebens in erheblichem Umfang der Hilfe durch andere bedürfen, wird Pflegegeld gezahlt, eine Pflegekraft gestellt oder Heimpflege erbracht.

(2) Das Pflegegeld ist unter Berücksichtigung der Art oder Schwere des Gesundheitsschadens sowie des Umfangs der erforderlichen Hilfe auf einen Monatsbetrag zwischen 300 Euro und 1199 Euro (Beträge am 1. Juli 2008) festzusetzen. Diese Beträge werden jeweils zum gleichen Zeitpunkt, zu dem die Renten der gesetzlichen Rentenversicherung angepasst werden, entsprechend dem Faktor angepasst, der für die Anpassung der vom Jahresarbeitsverdienst abhängigen Geldleistungen maßgebend ist. Übersteigen die Aufwendungen für eine Pflegekraft das Pflegegeld, kann es angemessen erhöht werden.

(3) Während einer stationären Behandlung oder der Unterbringung der Versicherten in einer Einrichtung der Teilhabe am Arbeitsleben oder einer Werkstatt für behinderte Menschen wird das Pflegegeld bis zum Ende des ersten auf die Aufnahme folgenden Kalendermonats weitergezahlt und mit dem ersten Tag des Entlassungsmonats wieder aufgenommen. Das Pflegegeld kann in den Fällen des Satzes 1 ganz oder teilweise weitergezahlt werden, wenn das Ruhen eine weitere Versorgung der Versicherten gefährden würde.

(4) Mit der Anpassung der Renten wird das Pflegegeld entsprechend dem Faktor angepaßt, der für die Anpassung der vom Jahresarbeitsverdienst abhängigen Geldleistungen maßgeblich ist.

(5) Auf Antrag der Versicherten kann statt des Pflegegeldes eine Pflegekraft gestellt (Hauspflege) oder die erforderliche Hilfe mit Unterkunft und Verpflegung in einer geeigneten Einrichtung (Heimpflege) erbracht werden. Absatz 3 Satz 2 gilt entsprechend.

(6) Die Bundesregierung setzt mit Zustimmung des Bundesrates die neuen Mindest- und Höchstbeträge nach Absatz 2 und den Anpassungsfaktor nach Absatz 4 in der Rechtsverordnung über die Bestimmung des für die Rentenanpassung in der gesetzlichen Rentenversicherung maßgebenden aktuellen Rentenwertes fest.

Sechster Unterabschnitt
Geldleistungen während der Heilbehandlung und der Leistungen zur Teilhabe am Arbeitsleben

§ 45 Voraussetzungen für das Verletztengeld

(1) Verletztengeld wird erbracht, wenn Versicherte
1. infolge des Versicherungsfalls arbeitsunfähig sind oder wegen einer Maßnahme der Heilbehandlung eine ganztägige Erwerbstätigkeit nicht ausüben können und
2. unmittelbar vor Beginn der Arbeitsunfähigkeit oder der Heilbehandlung Anspruch auf Arbeitsentgelt, Arbeitseinkommen, Krankengeld, Pflegeunterstützungsgeld, Verletztengeld, Krankengeld der Sozialen Entschädigung, Krankengeld der Soldatenentschädigung, Übergangsgeld, Unterhaltsgeld, Kurzarbeitergeld, Qualifizierungsgeld, Arbeitslosengeld, nicht nur darlehensweise gewährtes Bürgergeld nach § 19 Absatz 1 Satz 1 des Zweiten Buches oder nicht nur Leistungen für Erstausstattungen für Bekleidung bei Schwangerschaft und Geburt nach dem Zweiten Buch oder Mutterschaftsgeld hatten.

(2) Verletztengeld wird auch erbracht, wenn
1. Leistungen zur Teilhabe am Arbeitsleben erforderlich sind,
2. diese Maßnahmen sich aus Gründen, die die Versicherten nicht zu vertreten haben, nicht unmittelbar an die Heilbehandlung anschließen,
3. die Versicherten ihre bisherige berufliche Tätigkeit nicht wieder aufnehmen können oder ihnen eine andere zumutbare Tätigkeit nicht vermittelt werden kann oder sie diese aus wichtigem Grund nicht ausüben können und
4. die Voraussetzungen des Absatzes 1 Nr. 2 erfüllt sind.

Das Verletztengeld wird bis zum Beginn der Leistungen zur Teilhabe am Arbeitsleben erbracht. Die Sätze 1 und 2 gelten entsprechend für die Zeit bis zum Beginn und während der Durchführung einer Maßnahme der Berufsfindung und Arbeitserprobung.

(3) Werden in einer Einrichtung Maßnahmen der Heilbehandlung und gleichzeitig Leistungen zur Teilhabe am Arbeitsleben für Versicherte erbracht, erhalten Versicherte Verletztengeld, wenn sie arbeitsunfähig sind oder wegen der Maßnahmen eine ganztägige Erwerbstätigkeit nicht ausüben können und die Voraussetzungen des Absatzes 1 Nr. 2 erfüllt sind.

(4) Im Fall der Beaufsichtigung, Betreuung oder Pflege eines durch einen Versicherungsfall verletzten Kindes gilt § 45 des Fünften Buches entsprechend mit der Maßgabe, dass
1. das Verletztengeld 100 Prozent des ausgefallenen Nettoarbeitsentgelts beträgt und
2. das Arbeitsentgelt bis zu einem Betrag in Höhe des 450. Teils des Höchstjahresarbeitsverdienstes zu berücksichtigen ist.

Erfolgt die Berechnung des Verletztengeldes aus Arbeitseinkommen, beträgt dies 80 Prozent des erzielten regelmäßigen Arbeitseinkommens bis zu einem Betrag in Höhe des 450. Teils des Höchstjahresarbeitsverdienstes.

§ 46 Beginn und Ende des Verletztengeldes

(1) Verletztengeld wird von dem Tag an gezahlt, ab dem die Arbeitsunfähigkeit ärztlich festgestellt wird, oder mit dem Tag des Beginns einer Heilbehandlungsmaßnahme, die den Versicherten an der Ausübung einer ganztägigen Erwerbstätigkeit hindert.

(2) Die Satzung kann bestimmen, daß für Unternehmer, ihre Ehegatten oder ihre Lebenspartner und für den Unternehmern nach § 6 Abs. 1 Nr. 2 Gleichgestellte Verletztengeld längstens für die Dauer der ersten 13 Wochen nach dem sich aus Absatz 1 ergebenden Zeitpunkt ganz oder teilweise nicht gezahlt wird. Satz 1 gilt nicht für Versicherte, die bei einer Krankenkasse mit Anspruch auf Krankengeld versichert sind.

(3) Das Verletztengeld endet

1. mit dem letzten Tag der Arbeitsunfähigkeit oder der Hinderung an einer ganztägigen Erwerbstätigkeit durch eine Heilbehandlungsmaßnahme,
2. mit dem Tag, der dem Tag vorausgeht, an dem ein Anspruch auf Übergangsgeld entsteht.

Wenn mit dem Wiedereintritt der Arbeitsfähigkeit nicht zu rechnen ist und Leistungen zur Teilhabe am Arbeitsleben nicht zu erbringen sind, endet das Verletztengeld

1. mit dem Tag, an dem die Heilbehandlung so weit abgeschlossen ist, daß die Versicherten eine zumutbare, zur Verfügung stehende Berufs- oder Erwerbstätigkeit aufnehmen können,
2. mit Beginn der in § 50 Abs. 1 Satz 1 des Fünften Buches genannten Leistungen, es sei denn, daß diese Leistungen mit dem Versicherungsfall im Zusammenhang stehen,
3. im übrigen mit Ablauf der 78. Woche, gerechnet vom Tag des Beginns der Arbeitsunfähigkeit an, jedoch nicht vor dem Ende der stationären Behandlung.

§ 47 Höhe des Verletztengeldes

(1) Versicherte, die Arbeitsentgelt oder Arbeitseinkommen erzielt haben, erhalten Verletztengeld entsprechend § 47 Abs. 1 und 2 des Fünften Buches mit der Maßgabe, daß

1. das Regelentgelt aus dem Gesamtbetrag des regelmäßigen Arbeitsentgelts und des Arbeitseinkommens zu berechnen und bis zu einem Betrag in Höhe des 360. Teils des Höchstjahresarbeitsverdienstes zu berücksichtigen ist,
2. das Verletztengeld 80 vom Hundert des Regelentgelts beträgt und das bei Anwendung des § 47 Abs. 1 und 2 des Fünften Buches berechnete Nettoarbeitsentgelt nicht übersteigt.

Arbeitseinkommen ist bei der Ermittlung des Regelentgelts mit dem 360. Teil des im Kalenderjahr vor Beginn der Arbeitsunfähigkeit oder der Maßnahmen der Heilbehandlung erzielten Arbeitseinkommens zugrunde zu legen. Die Satzung hat bei nicht kontinuierlicher Arbeitsverrichtung und -vergütung abweichende Bestimmungen zur Zahlung und Berechnung des Verletztengeldes vorzusehen, die sicherstellen, daß das Verletztengeld seine Entgeltersatzfunktion erfüllt.

(1a) Für Ansprüche auf Verletztengeld, die vor dem 1. Januar 2001 entstanden sind, ist § 47 Abs. 1 und 2 des Fünften Buches in der vor dem 22. Juni 2000 jeweils geltenden Fassung für Zeiten nach dem 31. Dezember 1996 mit der Maßgabe entsprechend anzuwenden, dass sich das Regelentgelt um 10 vom Hundert, höchstens aber bis zu einem Betrag in Höhe des dreihundertsechzigsten Teils des Höchstjahresarbeitsverdienstes erhöht. Das regelmäßige Nettoarbeitsentgelt ist um denselben Vomhundertsatz zu erhöhen. Satz 1 und 2 gilt für Ansprüche, über die vor dem 22. Juni 2000 bereits unanfechtbar entschieden war, nur für Zeiten vom 22. Juni 2000 an bis zum Ende der Leistungsdauer. Entscheidungen über die Ansprüche, die vor dem 22. Juni 2000 unanfechtbar geworden sind, sind nicht nach § 44 Abs. 1 des Zehnten Buches zurückzunehmen.

(2) Versicherte, die Arbeitslosengeld, Unterhaltsgeld, Kurzarbeitergeld oder Qualifizierungsgeld bezogen haben, erhalten Verletztengeld in Höhe des Krankengeldes nach § 47b des Fünften Buches. Versicherte, die nicht nur darlehensweise gewährtes Bürgergeld nach § 19 Absatz 1 Satz 1 des Zweiten Buches oder nicht nur Leistungen für Erstausstattungen für Bekleidung bei Schwangerschaft und Geburt nach dem Zweiten Buch bezogen haben, erhalten Verletztengeld in Höhe des Betrages des Bürgergeldes nach § 19 Absatz 1 Satz 1 des Zweiten Buches.

(3) Versicherte, die als Entwicklungshelfer Unterhaltsleistungen nach § 4 Abs. 1 Nr. 1 des Entwicklungshelfer-Gesetzes bezogen haben, erhalten Verletztengeld in Höhe dieses Betrages.

(4) Bei Versicherten, die unmittelbar vor dem Versicherungsfall Krankengeld, Pflegeunterstützungsgeld, Verletztengeld, Krankengeld der Sozialen Entschädigung, Krankengeld der Soldatenentschädigung oder Übergangsgeld bezogen haben, wird bei der Berechnung des Verletztengeldes von dem bisher zugrunde gelegten Regelentgelt ausgegangen.

(5) Abweichend von Absatz 1 erhalten Versicherte, die den Versicherungsfall infolge einer Tätigkeit als Unternehmer, mitarbeitende Ehegatten oder Lebenspartner oder den Unternehmern nach § 6 Abs. 1 Nr. 2 Gleichgestellte erlitten haben, Verletztengeld je Kalendertag in Höhe des 450. Teils des Jahresarbeitsverdienstes. Ist das Verletztengeld für einen ganzen Kalendermonat zu zahlen, ist dieser mit 30 Tagen anzusetzen.

(6) Hat sich der Versicherungsfall während einer aufgrund eines Gesetzes angeordneten Freiheitsentziehung ereignet, gilt für die Berechnung des Verletztengeldes Absatz 1 entsprechend; nach der Entlassung erhalten die Versicherten Verletztengeld je Kalendertag in Höhe des 450. Teils des Jahresarbeitsverdienstes, wenn dies für die Versicherten günstiger ist.

(7) (weggefallen)

(8) Die Regelungen der §§ 90 und 91 über die Neufestsetzung des Jahresarbeitsverdienstes nach Altersstufen oder nach der Schul- oder Berufsausbildung gelten für das Verletztengeld entsprechend.

§ 47a Beitragszahlung der Unfallversicherungsträger an berufsständische Versorgungseinrichtungen und private Krankenversicherungen

(1) Für Bezieher von Verletztengeld, die wegen einer Pflichtmitgliedschaft in einer berufsständischen Versorgungseinrichtung von der Versicherungspflicht in der gesetzlichen Rentenversicherung befreit sind, gilt § 47a Absatz 1 des Fünftes Buches entsprechend.
(2) Die Unfallversicherungsträger haben der zuständigen berufsständischen Versorgungseinrichtung den Beginn und das Ende der Beitragszahlung sowie die Höhe der der Beitragsberechnung zugrunde liegenden beitragspflichtigen Einnahmen und den zu zahlenden Beitrag für den Versicherten zu übermitteln. Das Nähere zum Verfahren regeln die Deutsche Gesetzliche Unfallversicherung e. V., die Sozialversicherung für Landwirtschaft, Forsten und Gartenbau und die Arbeitsgemeinschaft berufsständischer Versorgungseinrichtungen bis zum 31. Dezember 2017 in gemeinsamen Grundsätzen.
(3) Bezieher von Verletztengeld, die nach § 257 Absatz 2 des Fünften Buches und § 61 Absatz 2 des Elften Buches als Beschäftigte Anspruch auf einen Zuschuss zu dem Krankenversicherungsbeitrag und Pflegeversicherungsbeitrag hatten, die an ein privates Krankenversicherungsunternehmen zu zahlen sind, erhalten einen Zuschuss zu ihrem Krankenversicherungsbeitrag und Pflegeversicherungsbeitrag. Als Zuschuss ist der Betrag zu zahlen, der als Beitrag bei Krankenversicherungspflicht oder Pflegeversicherungspflicht zu zahlen wäre, höchstens jedoch der Betrag, der an das private Versicherungsunternehmen zu zahlen ist.

§ 48 Verletztengeld bei Wiedererkrankung

Im Fall der Wiedererkrankung an den Folgen des Versicherungsfalls gelten die §§ 45 bis 47 mit der Maßgabe entsprechend, daß anstelle des Zeitpunkts der ersten Arbeitsunfähigkeit auf den der Wiedererkrankung abgestellt wird.

§ 49 Übergangsgeld

Übergangsgeld wird erbracht, wenn Versicherte infolge des Versicherungsfalls Leistungen zur Teilhabe am Arbeitsleben erhalten.

§ 50 Höhe und Berechnung des Übergangsgeldes

Höhe und Berechnung des Übergangsgeldes bestimmen sich nach den §§ 66 bis 71 des Neunten Buches, soweit dieses Buch nichts Abweichendes bestimmt; im Übrigen gelten die Vorschriften für das Verletztengeld entsprechend.

§ 51 (weggefallen)

§ 52 Anrechnung von Einkommen auf Verletzten- und Übergangsgeld

Auf das Verletzten- und Übergangsgeld werden von dem gleichzeitig erzielten Einkommen angerechnet

1. beitragspflichtiges Arbeitsentgelt oder Arbeitseinkommen, das bei Arbeitnehmern um die gesetzlichen Abzüge und bei sonstigen Versicherten um 20 vom Hundert vermindert ist; dies gilt nicht für einmalig gezahltes Arbeitsentgelt,
2. Mutterschaftsgeld, Krankengeld der Sozialen Entschädigung, Krankengeld der Soldatenentschädigung, Unterhaltsgeld, Kurzarbeitergeld, Qualifizierungsgeld, Arbeitslosengeld, nicht nur darlehensweise gewährtes Bürgergeld nach § 19 Absatz 1 Satz 1 des Zweiten Buches; dies gilt auch, wenn Ansprüche auf Leistungen nach dem Dritten Buch wegen einer Sperrzeit ruhen oder der Auszahlungsanspruch auf Bürgergeld nach § 19 Absatz 1 Satz 1 des Zweiten Buches gemindert ist.

Siebter Unterabschnitt
Besondere Vorschriften für die Versicherten in der Seefahrt

§ 53 Vorrang der medizinischen Betreuung durch die Reeder

(1) Der Anspruch von Versicherten in der Seefahrt auf Leistungen nach diesem Abschnitt ruht, soweit und solange die Reeder ihre Verpflichtung zur medizinischen Betreuung nach dem Seearbeitsgesetz erfüllen. Kommen die Reeder der Verpflichtung nicht nach, kann der Unfallversicherungsträger von den Reedern die Erstattung in Höhe der von ihm erbrachten Leistungen verlangen.
(2) Endet die Verpflichtung der Reeder zur medizinischen Betreuung, haben sie hinsichtlich der Folgen des Versicherungsfalls die medizinische Betreuung auf Kosten des Unfallversicherungsträgers fortzusetzen, soweit dieser sie dazu beauftragt.

Achter Unterabschnitt
Besondere Vorschriften für die Versicherten der landwirtschaftlichen Unfallversicherung

§ 54 Betriebs- und Haushaltshilfe

(1) Betriebshilfe erhalten landwirtschaftliche Unternehmer mit einem Unternehmen im Sinne des § 1 Abs. 2 des Gesetzes über die Alterssicherung der Landwirte während einer stationären Behandlung, wenn ihnen wegen dieser Behandlung die Weiterführung des Unternehmens nicht möglich ist und in dem Unternehmen Arbeitnehmer und mitarbeitende Familienangehörige nicht ständig beschäftigt werden. Betriebshilfe wird für längstens drei Monate erbracht.

(2) Haushaltshilfe erhalten landwirtschaftliche Unternehmer mit einem Unternehmen im Sinne des § 1 Abs. 2 des Gesetzes über die Alterssicherung der Landwirte, ihre im Unternehmen mitarbeitenden Ehegatten oder mitarbeitenden Lebenspartner während einer stationären Behandlung, wenn den Unternehmern, ihren Ehegatten oder Lebenspartnern wegen dieser Behandlung die Weiterführung des Haushalts nicht möglich und diese auf andere Weise nicht sicherzustellen ist. Absatz 1 Satz 2 gilt entsprechend.

(3) Die Satzung kann bestimmen,

1. daß die Betriebshilfe auch an den mitarbeitenden Ehegatten oder Lebenspartner eines landwirtschaftlichen Unternehmers erbracht wird,
2. unter welchen Voraussetzungen und für wie lange Betriebs- und Haushaltshilfe den landwirtschaftlichen Unternehmern und ihren Ehegatten oder Lebenspartnern auch während einer nicht stationären Heilbehandlung erbracht wird,
3. unter welchen Voraussetzungen Betriebs- und Haushaltshilfe auch an landwirtschaftliche Unternehmer, deren Unternehmen nicht die Voraussetzungen des § 1 Absatz 5 das Gesetzes über die Alterssicherung der Landwirte erfüllen, und an ihre Ehegatten oder Lebenspartner erbracht wird,
4. daß die Betriebs- und Haushaltshilfe auch erbracht wird, wenn in dem Unternehmen Arbeitnehmer oder mitarbeitende Familienangehörige ständig beschäftigt werden,
5. unter welchen Voraussetzungen die Betriebs- und Haushaltshilfe länger als drei Monate erbracht wird,
6. von welchem Tag der Heilbehandlung an die Betriebs- oder Haushaltshilfe erbracht wird.

(4) Leistungen nach den Absätzen 1 bis 3 müssen wirksam und wirtschaftlich sein; sie dürfen das Maß des Notwendigen nicht übersteigen. Leistungen, die diese Voraussetzungen nicht erfüllen, können nicht beansprucht und dürfen von der landwirtschaftlichen Berufsgenossenschaft nicht bewilligt werden.

§ 55 Art und Form der Betriebs- und Haushaltshilfe

(1) Bei Vorliegen der Voraussetzungen des § 54 wird Betriebs- und Haushaltshilfe in Form der Gestellung einer Ersatzkraft oder durch Erstattung der Kosten für eine selbst beschaffte betriebsfremde Ersatzkraft in angemessener Höhe gewährt. Die Satzung kann die Erstattungsfähigkeit der Kosten für selbst beschaffte Ersatzkräfte begrenzen. Für Verwandte und Verschwägerte bis zum zweiten Grad werden Kosten nicht erstattet; die Berufsgenossenschaft kann jedoch die erforderlichen Fahrkosten und den Verdienstausfall erstatten, wenn die Erstattung in einem angemessenen Verhältnis zu den sonst für eine Ersatzkraft entstehenden Kosten steht.

(2) Die Versicherten haben sich angemessen an den entstehenden Aufwendungen für die Betriebs- und Haushaltshilfe zu beteiligen (Selbstbeteiligung); die Selbstbeteiligung beträgt für jeden Tag der Leistungsgewährung mindestens 10 Euro. Das Nähere zur Selbstbeteiligung bestimmt die Satzung.

§ 55a Sonstige Ansprüche, Verletztengeld

(1) Für regelmäßig wie landwirtschaftliche Unternehmer selbständig Tätige, die kraft Gesetzes versichert sind, gelten die §§ 54 und 55 entsprechend.
(2) Versicherte, die die Voraussetzungen nach § 54 Abs. 1 bis 3 erfüllen, ohne eine Leistung nach § 55 in Anspruch zu nehmen, erhalten auf Antrag Verletztengeld, wenn dies im Einzelfall unter Berücksichtigung der Besonderheiten landwirtschaftlicher Betriebe und Haushalte sachgerecht ist.
(3) Für die Höhe des Verletztengeldes gilt in den Fällen des Absatzes 2 sowie bei den im Unternehmen mitarbeitenden Familienangehörigen, soweit diese nicht nach § 2 Abs. 1 Nr. 1 versichert sind, § 13 Abs. 1 des Zweiten Gesetzes über die Krankenversicherung der Landwirte entsprechend. Die Satzung bestimmt, unter welchen Voraussetzungen die in Satz 1 genannten Personen auf Antrag mit einem zusätzlichen Verletztengeld versichert werden. Abweichend von § 46 Abs. 3 Satz 2 Nr. 3 endet das Verletztengeld vor Ablauf der 78. Woche mit dem Tage, an dem abzusehen ist, dass mit dem Wiedereintritt der Arbeitsfähigkeit nicht zu rechnen ist und Leistungen zur Teilhabe am Arbeitsleben nicht zu erbringen sind, jedoch nicht vor Ende der stationären Behandlung.

Zweiter Abschnitt
Renten, Beihilfen, Abfindungen

Erster Unterabschnitt
Renten an Versicherte

§ 56 Voraussetzungen und Höhe des Rentenanspruchs

(1) Versicherte, deren Erwerbsfähigkeit infolge eines Versicherungsfalls über die 26. Woche nach dem Versicherungsfall hinaus um wenigstens 20 vom Hundert gemindert ist, haben Anspruch auf eine Rente. Ist die Erwerbsfähigkeit infolge mehrerer Versicherungsfälle gemindert und erreichen die Vomhundertsätze zusammen wenigstens die Zahl 20, besteht für jeden, auch für einen früheren Versicherungsfall, Anspruch auf Rente. Die Folgen eines Versicherungsfalls sind nur zu berücksichtigen, wenn sie die Erwerbsfähigkeit um wenigstens 10 vom Hundert mindern. Den Versicherungsfällen stehen gleich Unfälle oder Entschädigungsfälle nach den Beamtengesetzen, dem Vierzehnten Buch, dem Soldatenentschädigungsgesetz, dem Gesetz über den zivilen Ersatzdienst, dem Gesetz über die Abgeltung von Besatzungsschäden, dem Häftlingshilfegesetz und den entsprechenden Gesetzen, die Entschädigung für Unfälle oder Beschädigungen gewähren.
(2) Die Minderung der Erwerbsfähigkeit richtet sich nach dem Umfang der sich aus der Beeinträchtigung des körperlichen und geistigen Leistungsvermögens ergebenden verminderten Arbeitsmöglichkeiten auf dem gesamten Gebiet des Erwerbslebens. Bei jugendlichen Versicherten wird die Minderung der Erwerbsfähigkeit nach den Auswirkungen bemessen, die sich bei Erwachsenen mit gleichem Gesundheitsschaden ergeben würden. Bei der Bemessung der Minderung der

Erwerbsfähigkeit werden Nachteile berücksichtigt, die die Versicherten dadurch erleiden, daß sie bestimmte von ihnen erworbene besondere berufliche Kenntnisse und Erfahrungen infolge des Versicherungsfalls nicht mehr oder nur noch in vermindertem Umfang nutzen können, soweit solche Nachteile nicht durch sonstige Fähigkeiten, deren Nutzung ihnen zugemutet werden kann, ausgeglichen werden.
(3) Bei Verlust der Erwerbsfähigkeit wird Vollrente geleistet; sie beträgt zwei Drittel des Jahresarbeitsverdienstes. Bei einer Minderung der Erwerbsfähigkeit wird Teilrente geleistet; sie wird in der Höhe des Vomhundertsatzes der Vollrente festgesetzt, der dem Grad der Minderung der Erwerbsfähigkeit entspricht.

§ 57 Erhöhung der Rente bei Schwerverletzten

Können Versicherte mit Anspruch auf eine Rente nach einer Minderung der Erwerbsfähigkeit von 50 vom Hundert oder mehr oder auf mehrere Renten, deren Vomhundertsätze zusammen wenigstens die Zahl 50 erreichen (Schwerverletzte), infolge des Versicherungsfalls einer Erwerbstätigkeit nicht mehr nachgehen und haben sie keinen Anspruch auf Rente aus der gesetzlichen Rentenversicherung, erhöht sich die Rente um 10 vom Hundert.

§ 58 Erhöhung der Rente bei Arbeitslosigkeit

Solange Versicherte infolge des Versicherungsfalls ohne Anspruch auf Arbeitsentgelt oder Arbeitseinkommen sind und die Rente zusammen mit dem Arbeitslosengeld oder dem Bürgergeld nach § 19 Absatz 1 Satz 1 des Zweiten Buches nicht den sich aus § 66 Abs. 1 des Neunten Buches ergebenden Betrag des Übergangsgeldes erreicht, wird die Rente längstens für zwei Jahre nach ihrem Beginn um den Unterschiedsbetrag erhöht. Der Unterschiedsbetrag wird bei dem Bürgergeld nach § 19 Absatz 1 Satz 1 des Zweiten Buches nicht als Einkommen berücksichtigt. Satz 1 gilt nicht, solange Versicherte Anspruch auf weiteres Erwerbsersatzeinkommen (§ 18a Abs. 3 des Vierten Buches) haben, das zusammen mit der Rente das Übergangsgeld erreicht. Wird Bürgergeld nach § 19 Absatz 1 Satz 1 des Zweiten Buches nur darlehensweise gewährt oder erhält der Versicherte nur Leistungen nach § 24 Absatz 3 Satz 1 des Zweiten Buches, finden die Sätze 1 und 2 keine Anwendung.

§ 59 Höchstbetrag bei mehreren Renten

(1) Beziehen Versicherte mehrere Renten, so dürfen diese ohne die Erhöhung für Schwerverletzte zusammen zwei Drittel des höchsten der Jahresarbeitsverdienste nicht übersteigen, die diesen Renten zugrunde liegen. Soweit die Renten den Höchstbetrag übersteigen, werden sie verhältnismäßig gekürzt.
(2) Haben Versicherte eine Rentenabfindung erhalten, wird bei der Feststellung des Höchstbetrages nach Absatz 1 die der Abfindung zugrunde gelegte Rente so berücksichtigt, wie sie ohne die Abfindung noch zu zahlen wäre.

§ 60 Minderung bei Heimpflege

Für die Dauer einer Heimpflege von mehr als einem Kalendermonat kann der Unfallversicherungsträger die Rente um höchstens die Hälfte mindern, soweit dies nach den persönlichen Bedürfnissen und Verhältnissen der Versicherten angemessen ist.

§ 61 Renten für Beamte und Berufssoldaten

(1) Die Renten von Beamten, die nach § 82 Abs. 4 berechnet werden, werden nur insoweit gezahlt, als sie die Dienst- oder Versorgungsbezüge übersteigen; den Beamten verbleibt die Rente jedoch mindestens in Höhe des Betrages, der bei Vorliegen eines Dienstunfalls als Unfallausgleich zu gewähren wäre. Endet das Dienstverhältnis wegen Dienstunfähigkeit infolge des Versicherungsfalls, wird Vollrente insoweit gezahlt, als sie zusammen mit den Versorgungsbezügen aus dem Dienstverhältnis die Versorgungsbezüge, auf die der Beamte bei Vorliegen eines Dienstunfalls Anspruch hätte, nicht übersteigt. Die Höhe dieser Versorgungsbezüge stellt die Dienstbehörde fest. Für die Hinterbliebenen gilt dies entsprechend.
(2) Absatz 1 gilt für die Berufssoldaten entsprechend. Anstelle des Unfallausgleichs wird der Ausgleich für gesundheitliche Schädigungsfolgen nach § 11 des Soldatenentschädigungsgesetzes gezahlt.

§ 62 Rente als vorläufige Entschädigung

(1) Während der ersten drei Jahre nach dem Versicherungsfall soll der Unfallversicherungsträger die Rente als vorläufige Entschädigung festsetzen, wenn der Umfang der Minderung der Erwerbsfähigkeit noch nicht abschließend festgestellt werden kann. Innerhalb dieses Zeitraums kann der Vomhundertsatz der Minderung der Erwerbsfähigkeit jederzeit ohne Rücksicht auf die Dauer der Veränderung neu festgestellt werden.
(2) Spätestens mit Ablauf von drei Jahren nach dem Versicherungsfall wird die vorläufige Entschädigung als Rente auf unbestimmte Zeit geleistet. Bei der erstmaligen Feststellung der Rente nach der vorläufigen Entschädigung kann der Vomhundertsatz der Minderung der Erwerbsfähigkeit abweichend von der vorläufigen Entschädigung festgestellt werden, auch wenn sich die Verhältnisse nicht geändert haben.

Zweiter Unterabschnitt
Leistungen an Hinterbliebene

§ 63 Leistungen bei Tod

(1) Hinterbliebene haben Anspruch auf
1. Sterbegeld,
2. Erstattung der Kosten der Überführung an den Ort der Bestattung,

3. Hinterbliebenenrenten,
4. Beihilfe.

Der Anspruch auf Leistungen nach Satz 1 Nr. 1 bis 3 besteht nur, wenn der Tod infolge eines Versicherungsfalls eingetreten ist.

(1a) Die Vorschriften dieses Unterabschnitts über Hinterbliebenenleistungen an Witwen und Witwer gelten auch für Hinterbliebenenleistungen an Lebenspartner.

(2) Dem Tod infolge eines Versicherungsfalls steht der Tod von Versicherten gleich, deren Erwerbsfähigkeit durch die Folgen einer Berufskrankheit nach den Nummern 4101 bis 4104 der Anlage 1 der Berufskrankheiten-Verordnung vom 20. Juni 1968 (BGBl. I S. 721) in der Fassung der Zweiten Verordnung zur Änderung der Berufskrankheiten-Verordnung vom 18. Dezember 1992 (BGBl. I S. 2343) um 50 vom Hundert oder mehr gemindert war. Dies gilt nicht, wenn offenkundig ist, daß der Tod mit der Berufskrankheit nicht in ursächlichem Zusammenhang steht; eine Obduktion zum Zwecke einer solchen Feststellung darf nicht gefordert werden.

(3) Ist ein Versicherter getötet worden, so kann der Unfallversicherungsträger die Entnahme einer Blutprobe zur Feststellung von Tatsachen anordnen, die für die Entschädigungspflicht von Bedeutung sind.

(4) Sind Versicherte im Zusammenhang mit der versicherten Tätigkeit verschollen, gelten sie als infolge eines Versicherungsfalls verstorben, wenn die Umstände ihren Tod wahrscheinlich machen und seit einem Jahr Nachrichten über ihr Leben nicht eingegangen sind. Der Unfallversicherungsträger kann von den Hinterbliebenen die Versicherung an Eides Statt verlangen, daß ihnen weitere als die angezeigten Nachrichten über die Verschollenen nicht bekannt sind. Der Unfallversicherungsträger ist berechtigt, für die Leistungen den nach den Umständen mutmaßlichen Todestag festzustellen. Bei Versicherten in der Seeschiffahrt wird spätestens der dem Ablauf des Heuerverhältnisses folgende Tag als Todestag festgesetzt.

§ 64 Sterbegeld und Erstattung von Überführungskosten

(1) Witwen, Witwer, Kinder, Stiefkinder, Pflegekinder, Enkel, Geschwister, frühere Ehegatten und Verwandte der aufsteigenden Linie der Versicherten erhalten Sterbegeld in Höhe eines Siebtels der im Zeitpunkt des Todes geltenden Bezugsgröße.

(2) Kosten der Überführung an den Ort der Bestattung werden erstattet, wenn der Tod nicht am Ort der ständigen Familienwohnung der Versicherten eingetreten ist und die Versicherten sich dort aus Gründen aufgehalten haben, die im Zusammenhang mit der versicherten Tätigkeit oder mit den Folgen des Versicherungsfalls stehen.

(3) Das Sterbegeld und die Überführungskosten werden an denjenigen Berechtigten gezahlt, der die Bestattungs- und Überführungskosten trägt.

(4) Ist ein Anspruchsberechtigter nach Absatz 1 nicht vorhanden, werden die Bestattungskosten bis zur Höhe des Sterbegeldes nach Absatz 1 an denjenigen gezahlt, der diese Kosten trägt.

§ 65 Witwen- und Witwerrente

(1) Witwen oder Witwer von Versicherten erhalten eine Witwen- oder Witwerrente, solange sie nicht wieder geheiratet haben. Der Anspruch auf eine Rente nach Absatz 2 Nr. 2 besteht längstens für 24 Kalendermonate nach Ablauf des Monats, in dem der Ehegatte verstorben ist.

(2) Die Rente beträgt

1. zwei Drittel des Jahresarbeitsverdienstes bis zum Ablauf des dritten Kalendermonats nach Ablauf des Monats, in dem der Ehegatte verstorben ist,
2. 30 vom Hundert des Jahresarbeitsverdienstes nach Ablauf des dritten Kalendermonats,
3. 40 vom Hundert des Jahresarbeitsverdienstes nach Ablauf des dritten Kalendermonats,
   a) solange Witwen oder Witwer ein waisenrentenberechtigtes Kind erziehen oder für ein Kind sorgen, das wegen körperlicher, geistiger oder seelischer Behinderung Anspruch auf Waisenrente hat oder nur deswegen nicht hat, weil das 27. Lebensjahr vollendet wurde,
   b) wenn Witwen oder Witwer das 47. Lebensjahr vollendet haben oder
   c) solange Witwen oder Witwer erwerbsgemindert berufs- oder erwerbsunfähig im Sinne des Sechsten Buches sind; Entscheidungen des Trägers der Rentenversicherung über Erwerbsminderung, Berufs- oder Erwerbsunfähigkeit sind für den Unfallversicherungsträger bindend.

(3) Einkommen (§§ 18a bis 18e des Vierten Buches) von Witwen oder Witwern, das mit einer Witwenrente oder Witwerrente nach Absatz 2 Nr. 2 und 3 zusammentrifft, wird hierauf angerechnet. Anrechenbar ist das Einkommen, das monatlich das 26,4fache des aktuellen Rentenwerts der gesetzlichen Rentenversicherung übersteigt. Das nicht anrechenbare Einkommen erhöht sich um das 5,6fache des aktuellen Rentenwerts für jedes waisenrentenberechtigte Kind von Witwen oder Witwern. Von dem danach verbleibenden anrechenbaren Einkommen werden 40 vom Hundert angerechnet.

(4) Für die Einkommensanrechnung ist bei Anspruch auf mehrere Renten folgende Rangfolge maßgebend:

1. (weggefallen)
2. Witwenrente oder Witwerrente,
3. Witwenrente oder Witwerrente nach dem vorletzten Ehegatten.

Das auf eine Rente anrechenbare Einkommen mindert sich um den Betrag, der bereits zu einer Einkommensanrechnung auf eine vorrangige Rente geführt hat.

(5) Witwenrente oder Witwerrente wird auf Antrag auch an überlebende Ehegatten gezahlt, die wieder geheiratet haben, wenn die erneute Ehe aufgelöst oder für nichtig erklärt ist und sie im Zeitpunkt der Wiederheirat Anspruch auf eine solche Rente hatten. Auf eine solche Witwenrente oder Witwerrente nach dem vorletzten Ehegatten werden für denselben Zeitraum bestehende Ansprüche auf Witwenrente oder Witwerrente, auf Versorgung, auf Unterhalt oder auf sonstige Rente nach dem letzten Ehegatten angerechnet, es sei denn, daß die Ansprüche nicht zu verwirklichen sind; dabei werden die Vorschriften über die Einkommensanrechnung auf Renten wegen Todes nicht berücksichtigt.

(6) Witwen oder Witwer haben keinen Anspruch, wenn die Ehe erst nach dem Versicherungsfall geschlossen worden ist und der Tod innerhalb des ersten Jahres dieser Ehe eingetreten ist, es sei denn, daß nach den besonderen Umständen des Einzelfalls die Annahme nicht gerechtfertigt ist, daß es der alleinige oder überwiegende Zweck der Heirat war, einen Anspruch auf Hinterbliebenenversorgung zu begründen.

§ 66 Witwen- und Witwerrente an frühere Ehegatten; mehrere Berechtigte

(1) Frühere Ehegatten von Versicherten, deren Ehe mit ihnen geschieden, für nichtig erklärt oder aufgehoben ist, erhalten auf Antrag eine Rente entsprechend § 65, wenn die Versicherten ihnen während des letzten Jahres vor ihrem Tod Unterhalt geleistet haben oder den früheren Ehegatten im letzten wirtschaftlichen Dauerzustand vor dem Tod der Versicherten ein Anspruch auf Unterhalt zustand; § 65 Abs. 2 Nr. 1 findet keine Anwendung. Beruhte der Unterhaltsanspruch auf § 1572, 1573, 1575 oder 1576 des Bürgerlichen Gesetzbuchs, wird die Rente gezahlt, solange der frühere Ehegatte ohne den Versicherungsfall unterhaltsberechtigt gewesen wäre.

(2) Sind mehrere Berechtigte nach Absatz 1 oder nach Absatz 1 und § 65 vorhanden, erhält jeder von ihnen den Teil der für ihn nach § 65 Abs. 2 zu berechnenden Rente, der im Verhältnis zu den anderen Berechtigten der Dauer seiner Ehe mit dem Verletzten entspricht; anschließend ist § 65 Abs. 3 entsprechend anzuwenden.

(3) Renten nach Absatz 1 und § 65 sind gemäß Absatz 2 zu mindern, wenn nach Feststellung der Rente einem weiteren früheren Ehegatten Rente zu zahlen ist.

§ 67 Voraussetzungen der Waisenrente

(1) Kinder von verstorbenen Versicherten erhalten eine
1. Halbwaisenrente, wenn sie noch einen Elternteil haben,
2. Vollwaisenrente, wenn sie keine Eltern mehr haben.

(2) Als Kinder werden auch berücksichtigt
1. Stiefkinder und Pflegekinder (§ 56 Abs. 2 Nr. 1 und 2 des Ersten Buches), die in den Haushalt der Versicherten aufgenommen waren,
2. Enkel und Geschwister, die in den Haushalt der Versicherten aufgenommen waren oder von ihnen überwiegend unterhalten wurden.

(3) Halb- oder Vollwaisenrente wird gezahlt
1. bis zur Vollendung des 18. Lebensjahres,
2. bis zur Vollendung des 27. Lebensjahres, wenn die Waise
   a) sich in Schulausbildung oder Berufsausbildung befindet oder
   b) sich in einer Übergangszeit von höchstens vier Kalendermonaten befindet, die zwischen zwei Ausbildungsabschnitten oder zwischen einem Ausbildungsabschnitt und der Ableistung des gesetzlichen Wehr- oder Zivildienstes oder der Ableistung eines freiwilligen Dienstes im Sinne des Buchstabens c liegt, oder

c) einen freiwilligen Dienst im Sinne des § 32 Absatz 4 Satz 1 Nummer 2 Buchstabe d des Einkommensteuergesetzes leistet oder
d) wegen körperlicher, geistiger oder seelischer Behinderung außerstande ist, sich selbst zu unterhalten.

Eine Schulausbildung oder Berufsausbildung im Sinne des Satzes 1 liegt nur vor, wenn die Ausbildung einen tatsächlichen zeitlichen Aufwand von wöchentlich mehr als 20 Stunden erfordert. Der tatsächliche zeitliche Aufwand ist ohne Bedeutung für Zeiten, in denen das Ausbildungsverhältnis trotz einer Erkrankung fortbesteht und damit gerechnet werden kann, dass die Ausbildung fortgesetzt wird. Das gilt auch für die Dauer der Schutzfristen nach dem Mutterschutzgesetz.

(4) In den Fällen des Absatzes 3 Nr. 2 Buchstabe a erhöht sich die maßgebende Altersgrenze bei Unterbrechung oder Verzögerung der Schulausbildung oder Berufsausbildung durch den gesetzlichen Wehrdienst, Zivildienst oder einen gleichgestellten Dienst um die Zeit dieser Dienstleistung, höchstens um einen der Dauer des gesetzlichen Grundwehrdienstes oder Zivildienstes entsprechenden Zeitraum. Die Ableistung eines Dienstes im Sinne von Absatz 3 Nr. 2 Buchstabe c ist kein gleichgestellter Dienst im Sinne von Satz 1.

(5) Der Anspruch auf Waisenrente endet nicht dadurch, daß die Waise als Kind angenommen wird.

§ 68 Höhe der Waisenrente

(1) Die Rente beträgt
1. 20 vom Hundert des Jahresarbeitsverdienstes für eine Halbwaise,
2. 30 vom Hundert des Jahresarbeitsverdienstes für eine Vollwaise

(2) (weggefallen)

(3) Liegen bei einem Kind die Voraussetzungen für mehrere Waisenrenten aus der Unfallversicherung vor, wird nur die höchste Rente gezahlt und bei Renten gleicher Höhe diejenige, die wegen des frühesten Versicherungsfalls zu zahlen ist.

§ 69 Rente an Verwandte der aufsteigenden Linie

(1) Verwandte der aufsteigenden Linie, Stief- oder Pflegeeltern der Verstorbenen, die von den Verstorbenen zur Zeit des Todes aus deren Arbeitsentgelt oder Arbeitseinkommen wesentlich unterhalten worden sind oder ohne den Versicherungsfall wesentlich unterhalten worden wären, erhalten eine Rente, solange sie ohne den Versicherungsfall gegen die Verstorbenen einen Anspruch auf Unterhalt wegen Unterhaltsbedürftigkeit hätten geltend machen können.

(2) Sind aus der aufsteigenden Linie Verwandte verschiedenen Grades vorhanden, gehen die näheren den entfernteren vor. Den Eltern stehen Stief- oder Pflegeeltern gleich.

(3) Liegen bei einem Elternteil oder bei einem Elternpaar die Voraussetzungen für mehrere Elternrenten aus der Unfallversicherung vor, wird nur die höchste Rente gezahlt und bei Renten gleicher Höhe diejenige, die wegen des frühesten Versicherungsfalls zu zahlen ist.

(4) Die Rente beträgt

1. 20 vom Hundert des Jahresarbeitsverdienstes für einen Elternteil,
2. 30 vom Hundert des Jahresarbeitsverdienstes für ein Elternpaar.

(5) Stirbt bei Empfängern einer Rente für ein Elternpaar ein Ehegatte, wird dem überlebenden Ehegatten anstelle der Rente für einen Elternteil die für den Sterbemonat zustehende Elternrente für ein Elternpaar für die folgenden drei Kalendermonate weitergezahlt.

§ 70 Höchstbetrag der Hinterbliebenenrenten

(1) Die Renten der Hinterbliebenen dürfen zusammen 80 vom Hundert des Jahresarbeitsverdienstes nicht übersteigen, sonst werden sie gekürzt, und zwar bei Witwen und Witwern, früheren Ehegatten und Waisen nach dem Verhältnis ihrer Höhe. Bei Anwendung von Satz 1 wird von der nach § 65 Abs. 2 Nr. 2 und 3 oder § 68 Abs. 1 berechneten Rente ausgegangen; anschließend wird § 65 Abs. 3 angewendet. § 65 Abs. 2 Nr. 1 bleibt unberührt. Verwandte der aufsteigenden Linie, Stief- oder Pflegeeltern sowie Pflegekinder haben nur Anspruch, soweit Witwen und Witwer, frühere Ehegatten oder Waisen den Höchstbetrag nicht ausschöpfen.

(2) Sind für die Hinterbliebenen 80 vom Hundert des Jahresarbeitsverdienstes festgestellt und tritt später ein neuer Berechtigter hinzu, werden die Hinterbliebenenrenten nach Absatz 1 neu berechnet.

(3) Beim Wegfall einer Hinterbliebenenrente erhöhen sich die Renten der übrigen bis zum zulässigen Höchstbetrag.

§ 71 Witwen-, Witwer- und Waisenbeihilfe

(1) Witwen oder Witwer von Versicherten erhalten eine einmalige Beihilfe von 40 vom Hundert des Jahresarbeitsverdienstes, wenn

1. ein Anspruch auf Hinterbliebenenrente nicht besteht, weil der Tod der Versicherten nicht Folge eines Versicherungsfalls war, und
2. die Versicherten zur Zeit ihres Todes Anspruch auf eine Rente nach einer Minderung der Erwerbsfähigkeit von 50 vom Hundert oder mehr oder auf mehrere Renten hatten, deren Vomhundertsätze zusammen mindestens die Zahl 50 erreichen; soweit Renten abgefunden wurden, wird von dem Vomhundertsatz der abgefundenen Rente ausgegangen.

§ 65 Abs. 6 gilt entsprechend.

(2) Beim Zusammentreffen mehrerer Renten oder Abfindungen wird die Beihilfe nach dem höchsten Jahresarbeitsverdienst berechnet, der den Renten oder Abfindungen zugrunde lag. Die Beihilfe zahlt der Unfallversicherungsträger, der die danach berechnete Leistung erbracht hat, bei gleich hohen Jahresarbeitsverdiensten derjenige, der für den frühesten Versicherungsfall zuständig ist.

(3) Für Vollwaisen, die bei Tod der Versicherten infolge eines Versicherungsfalls Anspruch auf Waisenrente hätten, gelten die Absätze 1 und 2 entsprechend, wenn sie zur Zeit des Todes der Versicherten mit ihnen in häuslicher Gemeinschaft gelebt haben und von ihnen überwiegend unterhalten worden sind. Sind mehrere Waisen vorhanden, wird die Waisenbeihilfe gleichmäßig verteilt.

(4) Haben Versicherte länger als zehn Jahre eine Rente nach einer Minderung der Erwerbsfähigkeit von 80 vom Hundert oder mehr bezogen und sind sie nicht an den Folgen eines Versicherungsfalls gestorben, kann anstelle der Beihilfe nach Absatz 1 oder 3 den Berechtigten eine laufende Beihilfe bis zur Höhe einer Hinterbliebenenrente gezahlt werden, wenn die Versicherten infolge des Versicherungsfalls gehindert waren, eine entsprechende Erwerbstätigkeit auszuüben, und wenn dadurch die Versorgung der Hinterbliebenen um mindestens 10 vom Hundert gemindert ist. Auf die laufende Beihilfe finden im übrigen die Vorschriften für Hinterbliebenenrenten Anwendung.

Dritter Unterabschnitt
Beginn, Änderung und Ende von Renten

§ 72 Beginn von Renten

(1) Renten an Versicherte werden von dem Tag an gezahlt, der auf den Tag folgt, an dem
1. der Anspruch auf Verletztengeld endet,
2. der Versicherungsfall eingetreten ist, wenn kein Anspruch auf Verletztengeld entstanden ist.

(2) Renten an Hinterbliebene werden vom Todestag an gezahlt. Hinterbliebenenrenten, die auf Antrag geleistet werden, werden vom Beginn des Monats an gezahlt, der der Antragstellung folgt.

(3) Die Satzung kann bestimmen, daß für Unternehmer, ihre im Unternehmen mitarbeitenden Ehegatten oder mitarbeitenden Lebenspartner und für den Unternehmern im Versicherungsschutz Gleichgestellte Rente für die ersten 13 Wochen nach dem sich aus § 46 Abs. 1 ergebenden Zeitpunkt ganz oder teilweise nicht gezahlt wird. Die Rente beginnt spätestens am Tag nach Ablauf der 13. Woche, sofern Verletztengeld nicht zu zahlen ist.

§ 73 Änderungen und Ende von Renten

(1) Ändern sich aus tatsächlichen oder rechtlichen Gründen die Voraussetzungen für die Höhe einer Rente nach ihrer Feststellung, wird die Rente in neuer Höhe nach Ablauf des Monats geleistet, in dem die Änderung wirksam geworden ist.

(2) Fallen aus tatsächlichen oder rechtlichen Gründen die Anspruchsvoraussetzungen für eine Rente weg, wird die Rente bis zum Ende des Monats geleistet, in dem der Wegfall wirksam geworden ist. Satz 1 gilt entsprechend, wenn festgestellt wird, daß Versicherte, die als verschollen gelten, noch leben.

(3) Bei der Feststellung der Minderung der Erwerbsfähigkeit ist eine Änderung im Sinne des § 48 Abs. 1 des Zehnten Buches nur wesentlich, wenn sie mehr als 5 vom Hundert beträgt; bei Renten auf unbestimmte Zeit muß die Veränderung der Minderung der Erwerbsfähigkeit länger als drei Monate andauern.

(4) Sind Renten befristet, enden sie mit Ablauf der Frist. Das schließt eine vorherige Änderung oder ein Ende der Rente aus anderen Gründen nicht aus. Renten dürfen nur auf das Ende eines Kalendermonats befristet werden.
(5) Witwen- und Witwerrenten nach § 65 Abs. 2 Nr. 3 Buchstabe a wegen Kindererziehung werden auf das Ende des Kalendermonats befristet, in dem die Kindererziehung voraussichtlich endet. Waisenrenten werden auf das Ende des Kalendermonats befristet, in dem voraussichtlich der Anspruch auf die Waisenrente entfällt. Die Befristung kann wiederholt werden.
(6) Renten werden bis zum Ende des Kalendermonats geleistet, in dem die Berechtigten gestorben sind.

§ 74 Ausnahmeregelungen für die Änderung von Renten

(1) Der Anspruch auf eine Rente, die auf unbestimmte Zeit geleistet wird, kann aufgrund einer Änderung der Minderung der Erwerbsfähigkeit zuungunsten der Versicherten nur in Abständen von mindestens einem Jahr geändert werden. Das Jahr beginnt mit dem Zeitpunkt, von dem an die vorläufige Entschädigung Rente auf unbestimmte Zeit geworden oder die letzte Rentenfeststellung bekanntgegeben worden ist.
(2) Renten dürfen nicht für die Zeit neu festgestellt werden, in der Verletztengeld zu zahlen ist oder ein Anspruch auf Verletztengeld wegen des Bezugs von Einkommen oder des Erhalts von Betriebs- und Haushaltshilfe oder wegen der Erfüllung der Voraussetzungen für den Erhalt von Betriebs- und Haushaltshilfe nicht besteht.

Vierter Unterabschnitt
Abfindung

§ 75 Abfindung mit einer Gesamtvergütung

Ist nach allgemeinen Erfahrungen unter Berücksichtigung der besonderen Verhältnisse des Einzelfalles zu erwarten, daß nur eine Rente in Form der vorläufigen Entschädigung zu zahlen ist, kann der Unfallversicherungsträger die Versicherten nach Abschluß der Heilbehandlung mit einer Gesamtvergütung in Höhe des voraussichtlichen Rentenaufwandes abfinden. Nach Ablauf des Zeitraumes, für den die Gesamtvergütung bestimmt war, wird auf Antrag Rente als vorläufige Entschädigung oder Rente auf unbestimmte Zeit gezahlt, wenn die Voraussetzungen hierfür vorliegen.

§ 76 Abfindung bei Minderung der Erwerbsfähigkeit unter 40 vom Hundert

(1) Versicherte, die Anspruch auf eine Rente wegen einer Minderung der Erwerbsfähigkeit von weniger als 40 vom Hundert haben, können auf ihren Antrag mit einem dem Kapitalwert der Rente entsprechenden Betrag abgefunden werden. Versicherte, die Anspruch auf mehrere Renten aus der Unfallversicherung haben,

deren Vomhundertsätze zusammen die Zahl 40 nicht erreichen, können auf ihren Antrag mit einem Betrag abgefunden werden, der dem Kapitalwert einer oder mehrerer dieser Renten entspricht. Die Bundesregierung bestimmt durch Rechtsverordnung mit Zustimmung des Bundesrates die Berechnung des Kapitalwertes.
(2) Eine Abfindung darf nur bewilligt werden, wenn nicht zu erwarten ist, daß die Minderung der Erwerbsfähigkeit wesentlich sinkt.
(3) Tritt nach der Abfindung eine wesentliche Verschlimmerung der Folgen des Versicherungsfalls (§ 73 Abs. 3) ein, wird insoweit Rente gezahlt.

§ 77 Wiederaufleben der abgefundenen Rente

(1) Werden Versicherte nach einer Abfindung Schwerverletzte, lebt auf Antrag der Anspruch auf Rente in vollem Umfang wieder auf.
(2) Die Abfindungssumme wird auf die Rente angerechnet, soweit sie die Summe der Rentenbeträge übersteigt, die den Versicherten während des Abfindungszeitraumes zugestanden hätten. Die Anrechnung hat so zu erfolgen, daß den Versicherten monatlich mindestens die halbe Rente verbleibt.

§ 78 Abfindung bei Minderung der Erwerbsfähigkeit ab 40 vom Hundert

(1) Versicherte, die Anspruch auf eine Rente wegen einer Minderung der Erwerbsfähigkeit von 40 vom Hundert oder mehr haben, können auf ihren Antrag durch einen Geldbetrag abgefunden werden. Das gleiche gilt für Versicherte, die Anspruch auf mehrere Renten haben, deren Vomhundertsätze zusammen die Zahl 40 erreichen oder übersteigen.
(2) Eine Abfindung kann nur bewilligt werden, wenn
1. die Versicherten das 18. Lebensjahr vollendet haben und
2. nicht zu erwarten ist, daß innerhalb des Abfindungszeitraumes die Minderung der Erwerbsfähigkeit wesentlich sinkt.

§ 79 Umfang der Abfindung

Eine Rente kann in den Fällen einer Abfindung bei einer Minderung der Erwerbsfähigkeit ab 40 vom Hundert bis zur Hälfte für einen Zeitraum von zehn Jahren abgefunden werden. Als Abfindungssumme wird das Neunfache des der Abfindung zugrundeliegenden Jahresbetrages der Rente gezahlt. Der Anspruch auf den Teil der Rente, an dessen Stelle die Abfindung tritt, erlischt mit Ablauf des Monats der Auszahlung für zehn Jahre.

§ 80 Abfindung bei Wiederheirat

(1) Eine Witwenrente oder Witwerrente wird bei der ersten Wiederheirat der Berechtigten mit dem 24fachen Monatsbetrag abgefunden. In diesem Fall werden Witwenrenten und Witwerrenten an frühere Ehegatten, die auf demselben Versicherungsfall beruhen, erst nach Ablauf von 24 Monaten neu festgesetzt. Bei einer Rente nach § 65 Abs. 2 Nr. 2 vermindert sich das 24fache des abzufindenden Mo-

natsbetrages um die Anzahl an Kalendermonaten, für die die Rente geleistet wurde. Entsprechend vermindert sich die Anzahl an Kalendermonaten nach Satz 2.
(2) Monatsbetrag ist der Durchschnitt der für die letzten zwölf Kalendermonate geleisteten Witwenrente oder Witwerrente. Bei Wiederheirat vor Ablauf des 15. Kalendermonats nach dem Tode des Versicherten ist Monatsbetrag der Durchschnittsbetrag der Witwenrente oder Witwerrente, die nach Ablauf des dritten auf den Sterbemonat folgenden Kalendermonats zu leisten war. Bei Wiederheirat vor Ablauf dieses Kalendermonats ist Monatsbetrag der Betrag der Witwenrente oder Witwerrente, der für den vierten auf den Sterbemonat folgenden Kalendermonat zu leisten wäre.
(3) Wurde bei der Wiederheirat eine Rentenabfindung gezahlt und besteht nach Auflösung oder Nichtigerklärung der erneuten Ehe Anspruch auf Witwenrente oder Witwerrente nach dem vorletzten Ehegatten, wird für jeden Kalendermonat, der auf die Zeit nach Auflösung oder Nichtigerklärung der erneuten Ehe bis zum Ablauf des 24. Kalendermonats nach Ablauf des Monats der Wiederheirat entfällt, von dieser Rente ein Vierundzwanzigstel der Rentenabfindung in angemessenen Teilbeträgen einbehalten. Bei verspäteter Antragstellung mindert sich die einzubehaltende Rentenabfindung um den Betrag, der den Berechtigten bei frühestmöglicher Antragstellung an Witwenrente oder Witwerrente nach dem vorletzten Ehegatten zugestanden hätte.
(4) Die Absätze 1 bis 3 gelten entsprechend für die Bezieher einer Witwen- und Witwerrente an frühere Ehegatten.
(5) Die Absätze 1 bis 4 gelten entsprechend für die Bezieher einer Witwen- oder Witwerrente an Lebenspartner.

Fünfter Unterabschnitt
Vorschriften für die Versicherten der landwirtschaftlichen Unfallversicherung

§ 80a Voraussetzungen für den Rentenanspruch, Wartezeit

(1) Versicherte im Sinne des § 2 Abs. 1 Nr. 5 Buchstabe a und b haben abweichend von § 56 Abs. 1 Satz 1 Anspruch auf eine Rente, wenn ihre Erwerbsfähigkeit infolge eines Versicherungsfalls über die 26. Woche nach dem Versicherungsfall hinaus um wenigstens 30 vom Hundert gemindert ist. § 56 Abs. 1 Satz 2 gilt mit der Maßgabe, dass die Vomhundertsätze zusammen wenigstens die Zahl 30 erreichen müssen.
(2) Für Versicherte im Sinne des § 2 Abs. 1 Nr. 5 Buchstabe a wird eine Rente für die ersten 26 Wochen nach dem sich aus § 46 Abs. 1 ergebenden Zeitpunkt oder, wenn kein Anspruch auf Verletztengeld entstanden ist, für die ersten 26 Wochen nach Eintritt des Versicherungsfalls, nicht gezahlt.

Dritter Abschnitt
Jahresarbeitsverdienst

Erster Unterabschnitt
Allgemeines

§ 81 Jahresarbeitsverdienst als Berechnungsgrundlage

Die Vorschriften dieses Abschnitts gelten für Leistungen in Geld, die nach dem Jahresarbeitsverdienst berechnet werden.

Zweiter Unterabschnitt
Erstmalige Festsetzung

§ 82 Regelberechnung

(1) Der Jahresarbeitsverdienst ist der Gesamtbetrag der Arbeitsentgelte (§ 14 des Vierten Buches) und Arbeitseinkommen (§ 15 des Vierten Buches) des Versicherten in den zwölf Kalendermonaten vor dem Monat, in dem der Versicherungsfall eingetreten ist. Zum Arbeitsentgelt nach Satz 1 gehört auch das Arbeitsentgelt, auf das ein nach den zwölf Kalendermonaten abgeschlossener Tarifvertrag dem Versicherten rückwirkend einen Anspruch einräumt.
(2) Für Zeiten, in denen der Versicherte in dem in Absatz 1 Satz 1 genannten Zeitraum kein Arbeitsentgelt oder Arbeitseinkommen bezogen hat, wird das Arbeitsentgelt oder Arbeitseinkommen zugrunde gelegt, das seinem durchschnittlichen Arbeitsentgelt oder Arbeitseinkommen in den mit Arbeitsentgelt oder Arbeitseinkommen belegten Zeiten dieses Zeitraums entspricht. Erleidet jemand, der als Soldat auf Zeit, als Wehr- oder Zivildienstleistender oder als Entwicklungshelfer, beim besonderen Einsatz des Zivilschutzes oder bei einem Dienst nach dem Jugendfreiwilligendienstegesetz oder dem Bundesfreiwilligendienstgesetz tätig wird, einen Versicherungsfall, wird als Jahresarbeitsverdienst das Arbeitsentgelt oder Arbeitseinkommen zugrunde gelegt, das er durch eine Tätigkeit erzielt hätte, die der letzten Tätigkeit vor den genannten Zeiten entspricht, wenn es für ihn günstiger ist. Ereignet sich der Versicherungsfall innerhalb eines Jahres seit Beendigung einer Berufsausbildung, bleibt das während der Berufsausbildung erzielte Arbeitsentgelt außer Betracht, wenn es für den Versicherten günstiger ist.
(3) Arbeitsentgelt und Ausbildungsbeihilfe nach den §§ 43 und 44 des Strafvollzugsgesetzes gelten nicht als Arbeitsentgelt im Sinne der Absätze 1 und 2.
(4) Erleidet jemand, dem sonst Unfallfürsorge nach beamtenrechtlichen Vorschriften oder Grundsätzen gewährleistet ist, einen Versicherungsfall, für den ihm Unfallfürsorge nicht zusteht, gilt als Jahresarbeitsverdienst der Jahresbetrag der ruhegehaltsfähigen Dienstbezüge, die der Berechnung eines Unfallruhegehalts zugrunde zu legen wären. Für Berufssoldaten gilt dies entsprechend.

§ 83 Jahresarbeitsverdienst kraft Satzung

Für kraft Gesetzes versicherte selbständig Tätige, für kraft Satzung versicherte Unternehmer und Ehegatten oder Lebenspartner und für freiwillig Versicherte hat die Satzung des Unfallversicherungsträgers die Höhe des Jahresarbeitsverdienstes zu bestimmen. Sie hat ferner zu bestimmen, daß und unter welchen Voraussetzungen die kraft Gesetzes versicherten selbständig Tätigen und die kraft Satzung versicherten Unternehmer und Ehegatten oder Lebenspartner auf ihren Antrag mit einem höheren Jahresarbeitsverdienst versichert werden.

§ 84 Jahresarbeitsverdienst bei Berufskrankheiten

Bei Berufskrankheiten gilt für die Berechnung das Jahresarbeitsverdienstes als Zeitpunkt des Versicherungsfalls der letzte Tag, an dem die Versicherten versicherte Tätigkeiten verrichtet haben, die ihrer Art nach geeignet waren, die Berufskrankheit zu verursachen, wenn diese Berechnung für die Versicherten günstiger ist als eine Berechnung auf der Grundlage des in § 9 Abs. 5 genannten Zeitpunktes. Dies gilt ohne Rücksicht darauf, aus welchen Gründen die schädigende versicherte Tätigkeit aufgegeben worden ist.

§ 85 Mindest- und Höchstjahresarbeitsverdienst

(1) Der Jahresarbeitsverdienst beträgt für Versicherte, die im Zeitpunkt des Versicherungsfalls das 18. Lebensjahr vollendet haben, mindestens 60 Prozent der im Zeitpunkt des Versicherungsfalls maßgebenden Bezugsgröße.

(1a) Der Jahresarbeitsverdienst beträgt mindestens:

1. für Versicherte, die im Zeitpunkt des Versicherungsfalls das sechste Lebensjahr nicht vollendet haben, 25 Prozent,
2. für Versicherte, die im Zeitpunkt des Versicherungsfalls das sechste, aber nicht das 15. Lebensjahr vollendet haben, 33 1/3 Prozent,
3. für Versicherte, die im Zeitpunkt des Versicherungsfalls das 15., aber noch nicht das 18. Lebensjahr vollendet haben, 40 Prozent,
4. für Versicherte, die im Zeitpunkt des Versicherungsfalls das 25., aber noch nicht das 30. Lebensjahr vollendet haben, 75 Prozent

der im Zeitpunkt des Versicherungsfalls maßgebenden Bezugsgröße.

(1b) Die Absätze 1 und 1a finden keine Anwendung auf Versicherte nach § 3 Absatz 1 Nummer 3.

(2) Der Jahresarbeitsverdienst beträgt höchstens das Zweifache der im Zeitpunkt des Versicherungsfalls maßgebenden Bezugsgröße. Die Satzung kann eine höhere Obergrenze bestimmen.

§ 86 (weggefallen)

§ 87 Jahresarbeitsverdienst nach billigem Ermessen

Ist ein nach der Regelberechnung, nach den Vorschriften bei Berufskrankheiten oder nach der Regelung über den Mindestjahresarbeitsverdienst festgesetzter Jahresarbeitsverdienst in erheblichem Maße unbillig, wird er nach billigem Ermessen im Rahmen von Mindest- und Höchstjahresverdienst festgesetzt. Hierbei werden insbesondere die Fähigkeiten, die Ausbildung, die Lebensstellung und die Tätigkeit der Versicherten im Zeitpunkt des Versicherungsfalls berücksichtigt.

§ 88 Erhöhung des Jahresarbeitsverdienstes für Hinterbliebene

Ist der für die Berechnung von Geldleistungen an Hinterbliebene maßgebende Jahresarbeitsverdienst eines durch einen Versicherungsfall Verstorbenen infolge eines früheren Versicherungsfalls geringer als der für den früheren Versicherungsfall festgesetzte Jahresarbeitsverdienst, wird für den neuen Versicherungsfall dem Arbeitsentgelt und Arbeitseinkommen die an den Versicherten im Zeitpunkt des Todes zu zahlende Rente hinzugerechnet; dabei darf der Betrag nicht überschritten werden, der der Rente infolge des früheren Versicherungsfalls als Jahresarbeitsverdienst zugrunde lag.

§ 89 Berücksichtigung von Anpassungen

Beginnt die vom Jahresarbeitsverdienst abhängige Geldleistung nach dem 30. Juni eines Jahres und ist der Versicherungsfall im vergangenen Kalenderjahr oder früher eingetreten, wird der Jahresarbeitsverdienst entsprechend den für diese Geldleistungen geltenden Regelungen angepaßt.

Dritter Unterabschnitt
Neufestsetzung

§ 90 Neufestsetzung nach Altersstufen

(1) Ist der Versicherungsfall vor Vollendung des 30. Lebensjahres eingetreten, wird, wenn es für die Versicherten günstiger ist, der Jahresarbeitsverdienst mit Vollendung des 30. Lebensjahres auf 100 Prozent der zu diesem Zeitpunkt maßgebenden Bezugsgröße neu festgesetzt. Wurde die Hochschul- oder Fachhochschulreife erworben, tritt an die Stelle des Wertes 100 Prozent der Wert 120 Prozent der Bezugsgröße.
(2) Der Jahresarbeitsverdienst wird mit Vollendung der in § 85 genannten weiteren Lebensjahre entsprechend dem Prozentsatz der zu diesen Zeitpunkten maßgebenden Bezugsgröße neu festgesetzt.
(3) In den Fällen des § 82 Absatz 2 Satz 2 sind die Absätze 1 und 2 entsprechend anzuwenden.

§ 91 Neufestsetzung nach Schul- oder Berufsausbildung

(1) Ist der Versicherungsfall während einer Berufsausbildung eingetreten, wird, wenn es für die Versicherten günstiger ist, der Jahresarbeitsverdienst schon vor Vollendung des 25. Lebensjahres auf 75 Prozent der Bezugsgröße neu festgesetzt
1. von dem Zeitpunkt an, in dem die Berufsausbildung beendet worden ist oder
2. drei Jahre, im Fall einer Hochschul- oder Fachhochschulausbildung fünf Jahre, nach Beginn der Berufsausbildung, wenn diese verzögert oder abgebrochen wurde, es sei denn, dass die Berufsausbildung ohne den Versicherungsfall ebenfalls keinen regelmäßigen Verlauf genommen hätte.

(2) Ist der Versicherungsfall während einer Schul- oder Berufsausbildung nach Vollendung des 30. Lebensjahres eingetreten, wird, wenn es für die Versicherten günstiger ist, der Jahresarbeitsverdienst auf 100 Prozent der Bezugsgröße neu festgesetzt
1. von dem Zeitpunkt an, in dem die Schul- oder Berufsausbildung beendet worden ist oder
2. drei Jahre nach Beginn der Schul- oder Berufsausbildung, wenn diese verzögert oder abgebrochen wurde, es sei denn, dass die Schul- oder Berufsausbildung ohne den Versicherungsfall ebenfalls keinen regelmäßigen Verlauf genommen hätte.

(3) Ist der Versicherungsfall während einer Hochschul- oder Fachhochschulausbildung nach Vollendung des 30. Lebensjahres eingetreten, wird, wenn es für die Versicherten günstiger ist, der Jahresarbeitsverdienst auf 120 Prozent der Bezugsgröße neu festgesetzt
1. von dem Zeitpunkt an, in dem die Hochschul- oder Fachhochschulausbildung beendet worden ist, oder
2. fünf Jahre nach Beginn der Hochschul- oder Fachhochschulausbildung, wenn diese verzögert oder abgebrochen wurde, es sei denn, dass die Hochschul- oder Fachhochschulausbildung ohne den Versicherungsfall ebenfalls keinen regelmäßigen Verlauf genommen hätte.

(4) Für die Neufestsetzung gilt die zum jeweiligen Zeitpunkt maßgebende Bezugsgröße. § 67 Absatz 3 Nummer 2 Buchstabe b ist für Übergangszeiten entsprechend anzuwenden.

Vierter Unterabschnitt
Besondere Vorschriften für die bei der Berufsgenossenschaft Verkehrswirtschaft Post-Logistik Telekommunikation versicherten Seeleute und ihre Hinterbliebenen

§ 92 Jahresarbeitsverdienst für Seeleute

(1) Als Jahresarbeitsverdienst für Versicherte, die an Bord eines Seeschiffs beschäftigt sind, gilt das Zwölffache des nach Absatz 2 oder 4 festgesetzten monatlichen Durchschnitts des baren Entgelts einschließlich des Durchschnittssatzes des Werts der auf Seeschiffen gewährten Beköstigung oder Verpflegungsvergütung (Durch-

schnittsentgelt) zur Zeit des Versicherungsfalls. Für Versicherte, die als ausländische Seeleute ohne Wohnsitz oder ständigen Aufenthalt im Inland auf Schiffen beschäftigt werden, die nach § 12 des Flaggenrechtsgesetzes in der Fassung der Bekanntmachung vom 26. Oktober 1994 (BGBl. I S. 3140) in das Internationale Seeschiffahrtsregister eingetragen sind, und denen keine deutschen Tarifheuern gezahlt werden, gelten für die Berechnung des Jahresarbeitsverdienstes die allgemeinen Vorschriften über den Jahresarbeitsverdienst mit Ausnahme der Vorschrift über den Mindestjahresarbeitsverdienst.

(2) Die Satzung kann bestimmen, daß für Versicherte mit stark schwankendem Arbeitsentgelt besondere Durchschnittsentgelte entsprechend dem üblicherweise erzielten Jahresarbeitsentgelt festgesetzt werden.

(3) Als Jahresarbeitsverdienst für die kraft Gesetzes versicherten selbständig tätigen Küstenschiffer und Küstenfischer und ihre mitarbeitenden Ehegatten oder mitarbeitenden Lebenspartner gilt der nach Absatz 4 festgesetzte Durchschnitt des Jahreseinkommens; dabei wird das gesamte Jahreseinkommen berücksichtigt.

(4) Das monatliche Durchschnittsentgelt für die in Absatz 1 Satz 1 und Absatz 2 genannten Versicherten sowie der Durchschnitt des Jahreseinkommens für die in Absatz 3 genannten Versicherten werden von Ausschüssen festgesetzt, die die Vertreterversammlung bildet.

(5) Die Festsetzung erfolgt im Bereich gleicher Tätigkeiten einheitlich für den Geltungsbereich dieses Gesetzes. Bei der Festsetzung werden die zwischen Reedern und Vereinigungen seemännischer Arbeitnehmer abgeschlossenen Tarifverträge berücksichtigt; ausgenommen bleiben die Entgelte für Versicherte, für deren Jahresarbeitsverdienst Absatz 1 Satz 2 gilt. Für die in Absatz 1 genannten Versicherten, die neben dem baren Entgelt, der Beköstigung oder Verpflegungsvergütung regelmäßige Nebeneinnahmen haben, wird auch deren durchschnittlicher Geldwert bei der Festsetzung des Durchschnitts eingerechnet.

(6) Die Festsetzung bedarf der Genehmigung des Bundesamtes für Soziale Sicherung. Das Bundesamt für Soziale Sicherung kann für die Festsetzung eine Frist bestimmen; nach Ablauf der Frist kann es die Durchschnittssätze selbst festsetzen.

(7) Die Festsetzung wird in jedem Jahr einmal nachgeprüft. Das Bundesamt für Soziale Sicherung kann auch in der Zwischenzeit Nachprüfungen anordnen.

(8) Die Satzung hat zu bestimmen, daß und unter welchen Voraussetzungen die in Absatz 3 genannten Versicherten auf ihren Antrag mit einem höheren Jahresarbeitsverdienst versichert werden.

Fünfter Unterabschnitt
Besondere Vorschriften für die Versicherten der landwirtschaftlichen Unfallversicherung und ihre Hinterbliebenen

§ 93 Jahresarbeitsverdienst für landwirtschaftliche Unternehmer, ihre Ehegatten und Familienangehörigen

(1) Der Jahresarbeitsverdienst der kraft Gesetzes versicherten

1. landwirtschaftlichen Unternehmer,

2. im Unternehmen mitarbeitenden Ehegatten und Lebenspartner der landwirtschaftlichen Unternehmer,
3. regelmäßig wie landwirtschaftliche Unternehmer selbständig Tätigen,

beträgt für Versicherungsfälle, die im Jahre 1996 oder früher eingetreten sind, 19115 Deutsche Mark. Für Versicherungsfälle, die im Jahre 1997 oder später eintreten, wird der in Satz 1 genannte Betrag, erstmalig zum 1. Juli 1997, entsprechend § 95 angepaßt; § 215 Abs. 5 findet keine Anwendung. Die landwirtschaftliche Berufsgenossenschaft unterrichtet die landwirtschaftlichen Unternehmer über den jeweils geltenden Jahresarbeitsverdienst.

(2) Solange die in Absatz 1 genannten Personen Anspruch auf eine Rente auf unbestimmte Zeit nach einer Minderung der Erwerbsfähigkeit von 50 vom Hundert oder mehr haben, erhöhen sich die in Absatz 1 genannten Beträge um

1. 25 vom Hundert bei einer Minderung der Erwerbsfähigkeit von weniger als 75 vom Hundert,
2. 50 vom Hundert bei einer Minderung der Erwerbsfähigkeit von 75 vom Hundert und mehr.

Haben Versicherte Anspruch auf mehrere Renten auf unbestimmte Zeit, deren Vomhundertsätze zusammen wenigstens die Zahl 50 erreichen und für die ein Jahresarbeitsverdienst nach dieser Vorschrift festzusetzen ist, bestimmt sich der Jahresarbeitsverdienst nach dem Betrag, der sich aus Satz 1 für die Summe der Vomhundertsätze der Minderung der Erwerbsfähigkeit ergibt.

(3) Für die im landwirtschaftlichen Unternehmen nicht nur vorübergehend mitarbeitenden Familienangehörigen im Sinne des § 2 Abs. 1 Nr. 5 Buchstabe b gilt der Mindestjahresarbeitsverdienst als Jahresarbeitsverdienst. Hatte der mitarbeitende Familienangehörige im Zeitpunkt des Versicherungsfalls das 15. Lebensjahr noch nicht vollendet, gilt die Vorschrift über den Jahresarbeitsverdienst für Kinder entsprechend. Der Jahresarbeitsverdienst wird mit Vollendung des 15. und 18. Lebensjahres entsprechend der Regelung über den Mindestjahresarbeitsverdienst neu festgesetzt.

(4) Ist ein vorübergehend unentgeltlich in einem landwirtschaftlichen Unternehmen Beschäftigter in seinem Hauptberuf auch in einem landwirtschaftlichen Unternehmen tätig, gilt als Jahresarbeitsverdienst für diese Beschäftigung der für den Hauptberuf maßgebende Jahresarbeitsverdienst.

(5) Die Satzung hat zu bestimmen, daß und unter welchen Voraussetzungen die in Absatz 1, 2 oder 3 genannten Versicherten auf ihren Antrag mit einem höheren Jahresarbeitsverdienst versichert werden. Die Satzung kann bestimmen, dass die in Absätzen 1 und 2 genannten Beträge um bis zur Hälfte erhöht werden.

(6) Für Versicherte im Sinne der Absätze 1 und 3, die im Zeitpunkt des Versicherungsfalls das 65. Lebensjahr vollendet haben, wird der sich aus Absatz 1, 2 oder 3 ergebende Jahresarbeitsverdienst verringert. Die Verringerung nach Satz 1 beträgt

1. 65 vom Hundert für Versicherte, die im Zeitpunkt des Versicherungsfalls das 75. Lebensjahr vollendet haben,
2. 50 vom Hundert für Versicherte, die im Zeitpunkt des Versicherungsfalls das 70. Lebensjahr und noch nicht das 75. Lebensjahr vollendet haben
3. 35 vom Hundert für die übrigen Versicherten.

Für Versicherte, die im Zeitpunkt des Versicherungsfalls das 65. Lebensjahr noch nicht vollendet haben und die Anspruch auf
1. vorzeitige Altersrente oder Rente wegen voller Erwerbsminderung aus der Alterssicherung der Landwirte,
2. Witwen- oder Witwerrente aus der Alterssicherung der Landwirte wegen Erwerbsminderung,
3. Überbrückungsgeld aus der Alterssicherung der Landwirte oder
4. Produktionsaufgaberente nach dem Gesetz zur Förderung der Einstellung der landwirtschaftlichen Erwerbstätigkeit

haben, ist Satz 1 entsprechend anzuwenden; die Verringerung beträgt 35 vom Hundert.

(7) Soweit Geldleistungen nach dem Jahresarbeitsverdienst im Sinne des Absatzes 1 berechnet werden, ist der nach Absatz 1 Satz 1 und 2 am 31. Dezember 2001 geltende, in Euro umzurechnende Jahresarbeitsverdienst auf zwei Dezimalstellen aufzurunden. Absatz 1 Satz 2 gilt entsprechend.

Vierter Abschnitt
Mehrleistungen

§ 94 Mehrleistungen

(1) Die Satzung kann Mehrleistungen bestimmen für
1. Personen, die für ein in § 2 Abs. 1 Nr. 9 oder 12 genanntes Unternehmen unentgeltlich, insbesondere ehrenamtlich tätig sind,
2. Personen, die nach § 2 Abs. 1 Nr. 10, 11 oder 13 oder Abs. 3 Nr. 2 versichert sind,
3. Personen, die nach § 2 Abs. 1 Nr. 1 oder § 2 Absatz 3 Satz 1 Nummer 3 Buchstabe a versichert sind, wenn diese an einer besonderen Auslandsverwendung im Sinne des § 31a des Beamtenversorgungsgesetzes oder des § 87 des Soldatenversorgungsgesetzes, die nach § 2 Absatz 3 Satz 1 Nummer 3 Buchstabe c versichert sind teilnehmen.

Dabei können die Art der versicherten Tätigkeit, insbesondere ihre Gefährlichkeit, sowie Art und Schwere des Gesundheitsschadens berücksichtigt werden.

(2) Die Mehrleistungen zu Renten dürfen zusammen mit
1. Renten an Versicherte ohne die Zulage für Schwerverletzte 85 vom Hundert,
2. Renten an Hinterbliebene 80 vom Hundert

des Höchstjahresarbeitsverdienstes nicht überschreiten.

(2a) Für die in Absatz 1 Satz 1 Nummer 3 genannten Personen kann die Satzung die Höhe des Jahresarbeitsverdienstes bis zur Höhe des Eineinhalbfachen des Jahresarbeitsverdienstes bestimmen, der nach dem Dritten Abschnitt des Dritten Kapitels maßgebend ist. Absatz 2 ist in diesen Fällen nicht anzuwenden.

(3) Die Mehrleistungen werden auf Geldleistungen, deren Höhe vom Einkommen abhängt, nicht angerechnet.

Fünfter Abschnitt
Gemeinsame Vorschriften für Leistungen

§ 95 Anpassung von Geldleistungen

(1) Jeweils zum gleichen Zeitpunkt, zu dem die Renten der gesetzlichen Rentenversicherung angepasst werden, werden die vom Jahresarbeitsverdienst abhängigen Geldleistungen, mit Ausnahme des Verletzten- und Übergangsgeldes, für Versicherungsfälle, die im vergangenen Kalenderjahr oder früher eingetreten sind, entsprechend dem Vomhundertsatz angepaßt, um den sich die Renten aus der gesetzlichen Rentenversicherung verändern. Die Bundesregierung hat mit Zustimmung des Bundesrates in der Rechtsverordnung über die Bestimmung des für die Rentenanpassung in der gesetzlichen Rentenversicherung maßgebenden aktuellen Rentenwerts den Anpassungsfaktor entsprechend dem Vomhundertsatz nach Satz 1 zu bestimmen.
(2) Die Geldleistungen werden in der Weise angepaßt, daß sie nach einem mit dem Anpassungsfaktor vervielfältigten Jahresarbeitsverdienst berechnet werden. Die Vorschrift über den Höchstjahresarbeitsverdienst gilt mit der Maßgabe, daß an die Stelle des Zeitpunkts des Versicherungsfalls der Zeitpunkt der Anpassung tritt. Wird bei einer Neufestsetzung des Jahresarbeitsverdienstes nach voraussichtlicher Schul- oder Berufsausbildung oder nach bestimmten Altersstufen auf eine für diese Zeitpunkte maßgebende Berechnungsgrundlage abgestellt, gilt als Eintritt des Versicherungsfalls im Sinne des Absatzes 1 Satz 1 der Tag, an dem die Voraussetzungen für die Neufestsetzung eingetreten sind.

§ 96 Fälligkeit, Auszahlung und Berechnungsgrundsätze

(1) Laufende Geldleistungen mit Ausnahme des Verletzten- und Übergangsgeldes werden am Ende des Monats fällig, zu dessen Beginn die Anspruchsvoraussetzungen erfüllt sind; sie werden am letzten Bankarbeitstag dieses Monats ausgezahlt. Bei Zahlung auf ein Konto ist die Gutschrift der laufenden Geldleistung, auch wenn sie nachträglich erfolgt, so vorzunehmen, dass die Wertstellung des eingehenden Überweisungsbetrages auf dem Empfängerkonto unter dem Datum des Tages erfolgt, an dem der Betrag dem Geldinstitut zur Verfügung gestellt worden ist. Für die rechtzeitige Auszahlung im Sinne von Satz 1 genügt es, wenn nach dem gewöhnlichen Verlauf die Wertstellung des Betrages der laufenden Geldleistung unter dem Datum des letzten Bankarbeitstages erfolgen kann.
(2) Laufende Geldleistungen können mit Zustimmung der Berechtigten für einen angemessenen Zeitraum im voraus ausgezahlt werden.
(2a) In Fällen des § 47 Absatz 1 Satz 3 des Ersten Buches erfolgt eine kostenfreie Übermittlung von Geldleistungen an den Wohnsitz oder gewöhnlichen Aufenthalt spätestens ab dem zweiten Monat, der auf den Monat folgt, in dem der Nachweis erbracht worden ist.
(3) Geldleistungen, die für die Zeit nach dem Tod des Berechtigten auf ein Konto bei einem Geldinstitut, für das die Verordnung (EU) Nr. 260/2012 des Europäischen Parlaments und des Rates vom 14. März 2012 zur Festlegung der technischen Vorschrif-

ten und der Geschäftsanforderungen für Überweisungen und Lastschriften in Euro und zur Änderung der Verordnung (EG) Nr. 924/2009 (ABl. L 94 vom 30.3.2012, S. 22) gilt, überwiesen wurden, gelten als unter Vorbehalt erbracht. Das Geldinstitut hat sie der überweisenden Stelle oder dem Unfallversicherungsträger zurückzuüberweisen, wenn diese sie als zu Unrecht erbracht zurückfordern. Eine Verpflichtung zur Rücküberweisung besteht nicht, soweit über den entsprechenden Betrag bei Eingang der Rückforderung bereits anderweitig verfügt wurde, es sei denn, daß die Rücküberweisung aus einem Guthaben erfolgen kann. Das Geldinstitut darf den überwiesenen Betrag nicht zur Befriedigung eigener Forderungen verwenden.

(4) Soweit Geldleistungen für die Zeit nach dem Tod des Berechtigten zu Unrecht erbracht worden sind, sind sowohl die Personen, die die Geldleistungen unmittelbar in Empfang genommen haben oder an die der entsprechende Betrag durch Dauerauftrag, Lastschrifteinzug oder sonstiges banfübliches Zahlungsgeschäft auf ein Konto weitergeleitet wurde (Empfänger), als auch die Personen, die als Verfügungsberechtigte über den entsprechenden Betrag ein bankübliches Zahlungsgeschäft zu Lasten des Kontos vorgenommen oder zugelassen haben (Verfügende), dem Träger der Unfallversicherung zur Erstattung des entsprechenden Betrages verpflichtet. Der Träger der Unfallversicherung hat Erstattungsansprüche durch Verwaltungsakt geltend zu machen. Ein Geldinstitut, das eine Rücküberweisung mit dem Hinweis abgelehnt hat, dass über den entsprechenden Betrag bereits anderweitig verfügt wurde, hat der überweisenden Stelle oder dem Träger der Unfallversicherung auf Verlangen Name und Anschrift des Empfängers oder Verfügenden und etwaiger neuer Kontoinhaber zu benennen. Ein Anspruch gegen die Erben nach § 50 des Zehnten Buches bleibt unberührt.

(4a) Die Ansprüche nach den Absätzen 3 und 4 verjähren in vier Jahren nach Ablauf des Kalenderjahres, in dem der erstattungsberechtigte Träger der Unfallversicherung Kenntnis von der Überzahlung und in den Fällen des Absatzes 4 zusätzlich von dem Erstattungspflichtigen erlangt hat. Für die Hemmung, die Ablaufhemmung, den Neubeginn und die Wirkung der Verjährung gelten die Vorschriften des Bürgerlichen Gesetzbuchs sinngemäß.

(5) Die Berechnungsgrundsätze des § 187 gelten mit der Maßgabe, daß bei der anteiligen Ermittlung einer Monatsrente der Kalendermonat mit der Zahl seiner tatsächlichen Tage anzusetzen ist.

(6) Sind laufende Geldleistungen, die nach Absatz 1 auszuzahlen und in dem Monat fällig geworden sind, in dem der Berechtigte verstorben ist, auf das bisherige Empfängerkonto bei einem Geldinstitut überwiesen worden, ist der Anspruch der Erben gegenüber dem Träger der Unfallversicherung erfüllt.

§ 97 Leistungen ins Ausland

Berechtigte, die ihren gewöhnlichen Aufenthalt im Ausland haben, erhalten nach diesem Buch

1. Geldleistungen,
2. für alle sonstigen zu erbringenden Leistungen eine angemessene Erstattung entstandener Kosten einschließlich der Kosten für eine Pflegekraft oder für Heimpflege.

§ 98 Anrechnung anderer Leistungen

(1) Auf Geldleistungen nach diesem Buch werden Geldleistungen eines ausländischen Trägers der Sozialversicherung oder einer ausländischen staatlichen Stelle, die ihrer Art nach den Leistungen nach diesem Buch vergleichbar sind, angerechnet.
(2) Entsteht der Anspruch auf eine Geldleistung nach diesem Buch wegen eines Anspruchs auf eine Leistung nach den Vorschriften des Sechsten Buches ganz oder teilweise nicht, gilt dies auch hinsichtlich vergleichbarer Leistungen, die von einem ausländischen Träger gezahlt werden.
(3) Auf Geldleistungen, die nach § 2 Abs. 3 Satz 1 Nr. 3 und § 3 Abs. 1 Nr. 3 versicherten Personen wegen eines Körper-, Sach- oder Vermögensschadens nach diesem Buch erbracht werden, sind gleichartige Geldleistungen anzurechnen, die wegen desselben Schadens von Dritten gezahlt werden. Geldleistungen auf Grund privater Versicherungsverhältnisse, die allein auf Beiträgen von Versicherten beruhen, werden nicht angerechnet.

§ 99 Wahrnehmung von Aufgaben durch die Deutsche Post AG

(1) Die Unfallversicherungsträger zahlen die laufenden Geldleistungen mit Ausnahme des Verletzten- und Übergangsgeldes in der Regel durch die Deutsche Post AG aus. Die Unfallversicherungsträger können die laufenden Geldleistungen auch an das vom Berechtigten angegebene Geldinstitut überweisen. Im übrigen können die Unfallversicherungsträger Geldleistungen durch die Deutsche Post AG auszahlen lassen.
(2) Soweit die Deutsche Post AG laufende Geldleistungen für die Unfallversicherungsträger auszahlt, führt sie auch Arbeiten zur Anpassung der Leistungen durch. Die Anpassungsmitteilungen ergehen im Namen des Unfallversicherungsträgers.
(3) Die Auszahlung und die Durchführung der Anpassung von Geldleistungen durch die Deutsche Post AG umfassen auch die Wahrnehmung der damit im Zusammenhang stehenden Aufgaben der Unfallversicherungsträger, insbesondere die Erstellung statistischen Materials und dessen Übermittlung an das Bundesministerium für Arbeit und Soziales und die Verbände der Unfallversicherungsträger. Die Deutsche Post AG kann entsprechende Aufgaben auch zugunsten der Unfallversicherungsträger wahrnehmen, die die laufenden Geldleistungen nicht durch sie auszahlen.
(4) Die Unfallversicherungsträger werden von ihrer Verantwortung gegenüber den Berechtigten nicht entbunden. Die Berechtigten sollen Änderungen in den tatsächlichen oder rechtlichen Verhältnissen, die für die Auszahlung oder die Durchführung der Anpassung der von der Deutschen Post AG gezahlten Geldleistungen erheblich sind, unmittelbar der Deutschen Post AG mitteilen.
(5) Zur Auszahlung der Geldleistungen erhält die Deutsche Post AG von den Unfallversicherungsträgern monatlich rechtzeitig angemessene Vorschüsse.
(6) Die Deutsche Post AG erhält für ihre Tätigkeit von den Unfallversicherungsträgern eine angemessene Vergütung und auf die Vergütung monatlich rechtzeitig angemessene Vorschüsse.

§ 100 Verordnungsermächtigung

Das Bundesministerium für Arbeit und Soziales wird ermächtigt, durch Rechtsverordnung mit Zustimmung des Bundesrates

1. den Inhalt der von der Deutschen Post AG wahrzunehmenden Aufgaben der Unfallversicherungsträger näher zu bestimmen und die Rechte und Pflichten der Beteiligten festzulegen, insbesondere die Überwachung der Zahlungsvoraussetzungen durch die Auswertung der Sterbefallmitteilungen der Meldebehörden nach § 101a des Zehnten Buches und durch die Einholung von Lebensbescheinigungen im Rahmen des § 60 Abs. 1 und des § 65 Abs. 1 Nr. 3 des Ersten Buches,
2. die Höhe und Fälligkeit der Vorschüsse, die die Deutsche Post AG von den Unfallversicherungsträgern erhält, näher zu bestimmen,
3. das Verfahren zur Bestimmung der Höhe sowie die Fälligkeit der Vergütung und der Vorschüsse, die die Deutsche Post AG von den Unfallversicherungsträgern erhält, näher zu bestimmen.

§ 101 Ausschluß oder Minderung von Leistungen

(1) Personen, die den Tod von Versicherten vorsätzlich herbeigeführt haben, haben keinen Anspruch auf Leistungen.
(2) Leistungen können ganz oder teilweise versagt oder entzogen werden, wenn der Versicherungsfall bei einer von Versicherten begangenen Handlung eingetreten ist, die nach rechtskräftigem strafgerichtlichen Urteil ein Verbrechen oder vorsätzliches Vergehen ist. Zuwiderhandlungen gegen Bergverordnungen oder bergbehördliche Anordnungen gelten nicht als Vergehen im Sinne des Satzes 1. Soweit die Leistung versagt wird, kann sie an unterhaltsberechtigte Ehegatten oder Lebenspartner und Kinder geleistet werden.

§ 102 Schriftform

In den Fällen des § 36a Abs. 1 Satz 1 Nr. 2 des Vierten Buches wird die Entscheidung über einen Anspruch auf eine Leistung schriftlich erlassen.

§ 103 Zwischennachricht, Unfalluntersuchung

(1) Kann der Unfallversicherungsträger in den Fällen des § 36a Abs. 1 Satz 1 des Vierten Buches innerhalb von sechs Monaten ein Verfahren nicht abschließen, hat er den Versicherten nach Ablauf dieser Zeit und danach in Abständen von sechs Monaten über den Stand des Verfahrens schriftlich oder elektronisch zu unterrichten.
(2) Der Versicherte ist berechtigt, an der Untersuchung eines Versicherungsfalls, die am Arbeitsplatz oder am Unfallort durchgeführt wird, teilzunehmen. Hinterbliebene, die aufgrund des Versicherungsfalls Ansprüche haben können, können an der Untersuchung teilnehmen, wenn sie dies verlangen.

Viertes Kapitel
Haftung von Unternehmern, Unternehmensangehörigen und anderen Personen

Erster Abschnitt
Beschränkung der Haftung gegenüber Versicherten, ihren Angehörigen und Hinterbliebenen

§ 104 Beschränkung der Haftung der Unternehmer

(1) Unternehmer sind den Versicherten, die für ihre Unternehmen tätig sind oder zu ihren Unternehmen in einer sonstigen die Versicherung begründenden Beziehung stehen, sowie deren Angehörigen und Hinterbliebenen nach anderen gesetzlichen Vorschriften zum Ersatz des Personenschadens, den ein Versicherungsfall verursacht hat, nur verpflichtet, wenn sie den Versicherungsfall vorsätzlich oder auf einem nach § 8 Abs. 2 Nr. 1 bis 4 versicherten Weg herbeigeführt haben. Ein Forderungsübergang nach § 116 des Zehnten Buches findet nicht statt.
(2) Absatz 1 gilt entsprechend für Personen, die als Leibesfrucht durch einen Versicherungsfall im Sinne des § 12 geschädigt worden sind.
(3) Die nach Absatz 1 oder 2 verbleibenden Ersatzansprüche vermindern sich um die Leistungen, die Berechtigte nach Gesetz oder Satzung infolge des Versicherungsfalls erhalten.

§ 105 Beschränkung der Haftung anderer im Betrieb tätiger Personen

(1) Personen, die durch eine betriebliche Tätigkeit einen Versicherungsfall von Versicherten desselben Betriebs verursachen, sind diesen sowie deren Angehörigen und Hinterbliebenen nach anderen gesetzlichen Vorschriften zum Ersatz des Personenschadens nur verpflichtet, wenn sie den Versicherungsfall vorsätzlich oder auf einem nach § 8 Abs. 2 Nr. 1 bis 4 versicherten Weg herbeigeführt haben. Satz 1 gilt entsprechend bei der Schädigung von Personen, die für denselben Betrieb tätig und nach § 4 Abs. 1 Nr. 1 versicherungsfrei sind. § 104 Abs. 1 Satz 2, Abs. 2 und 3 gilt entsprechend.
(2) Absatz 1 gilt entsprechend, wenn nicht versicherte Unternehmer geschädigt worden sind. Soweit nach Satz 1 eine Haftung ausgeschlossen ist, werden die Unternehmer wie Versicherte, die einen Versicherungsfall erlitten haben, behandelt, es sei denn, eine Ersatzpflicht des Schädigers gegenüber dem Unternehmer ist zivilrechtlich ausgeschlossen. Für die Berechnung von Geldleistungen gilt der Mindestjahresarbeitsverdienst als Jahresarbeitsverdienst. Geldleistungen werden jedoch nur bis zur Höhe eines zivilrechtlichen Schadenersatzanspruchs erbracht.

§ 106 Beschränkung der Haftung anderer Personen

(1) In den in § 2 Abs. 1 Nr. 2, 3 und 8 genannten Unternehmen gelten die §§ 104 und 105 entsprechend für die Ersatzpflicht

1. der in § 2 Abs. 1 Nr. 2, 3 und 8 genannten Versicherten untereinander,
2. der in § 2 Abs. 1 Nr. 2, 3 und 8 genannten Versicherten gegenüber den Betriebsangehörigen desselben Unternehmens,
3. der Betriebsangehörigen desselben Unternehmens gegenüber den in § 2 Abs. 1 Nr. 2, 3 und 8 genannten Versicherten.

(2) Im Fall des § 2 Abs. 1 Nr. 17 gelten die §§ 104 und 105 entsprechend für die Ersatzpflicht
1. der Pflegebedürftigen gegenüber den Pflegepersonen,
2. der Pflegepersonen gegenüber den Pflegebedürftigen,
3. der Pflegepersonen desselben Pflegebedürftigen untereinander.

(3) Wirken Unternehmen zur Hilfe bei Unglücksfällen oder Unternehmen des Zivilschutzes zusammen oder verrichten Versicherte mehrerer Unternehmen vorübergehend betriebliche Tätigkeiten auf einer gemeinsamen Betriebsstätte, gelten die §§ 104 und 105 für die Ersatzpflicht der für die beteiligten Unternehmen Tätigen untereinander.

(4) Die §§ 104 und 105 gelten ferner für die Ersatzpflicht von Betriebsangehörigen gegenüber den nach § 3 Abs. 1 Nr. 2 Versicherten.

§ 107 Besonderheiten in der Seefahrt

(1) Bei Unternehmen der Seefahrt gilt § 104 auch für die Ersatzpflicht anderer das Arbeitsentgelt schuldender Personen entsprechend. § 105 gilt für den Lotsen entsprechend.

(2) Beim Zusammenstoß mehrerer Seeschiffe von Unternehmen, für die die Berufsgenossenschaft Verkehrswirtschaft Post-Logistik Telekommunikation zuständig ist, gelten die §§ 104 und 105 entsprechend für die Ersatzpflicht, auch untereinander, der Reeder der dabei beteiligten Fahrzeuge, sonstiger das Arbeitsentgelt schuldender Personen, der Lotsen und der auf den beteiligten Fahrzeugen tätigen Versicherten.

§ 108 Bindung der Gerichte

(1) Hat ein Gericht über Ersatzansprüche der in den §§ 104 bis 107 genannten Art zu entscheiden, ist es an eine unanfechtbare Entscheidung nach diesem Buch oder nach dem Sozialgerichtsgesetz in der jeweils geltenden Fassung gebunden, ob ein Versicherungsfall vorliegt, in welchem Umfang Leistungen zu erbringen sind und ob der Unfallversicherungsträger zuständig ist.

(2) Das Gericht hat sein Verfahren auszusetzen, bis eine Entscheidung nach Absatz 1 ergangen ist. Falls ein solches Verfahren noch nicht eingeleitet ist, bestimmt das Gericht dafür eine Frist, nach deren Ablauf die Aufnahme des ausgesetzten Verfahrens zulässig ist.

§ 109 Feststellungsberechtigung von in der Haftung beschränkten Personen

Personen, deren Haftung nach den §§ 104 bis 107 beschränkt ist und gegen die Versicherte, ihre Angehörigen und Hinterbliebene Schadenersatzforderungen erheben, können statt der Berechtigten die Feststellungen nach § 108 beantragen oder das entsprechende Verfahren nach dem Sozialgerichtsgesetz betreiben. Der Ablauf von Fristen, die ohne ihr Verschulden verstrichen sind, wirkt nicht gegen sie; dies gilt nicht, soweit diese Personen das Verfahren selbst betreiben.

Zweiter Abschnitt
Haftung gegenüber den Sozialversicherungsträgern

§ 110 Haftung gegenüber den Sozialversicherungsträgern

(1) Haben Personen, deren Haftung nach den §§ 104 bis 107 beschränkt ist, den Versicherungsfall vorsätzlich oder grob fahrlässig herbeigeführt, haften sie den Sozialversicherungsträgern für die infolge des Versicherungsfalls entstandenen Aufwendungen, jedoch nur bis zur Höhe des zivilrechtlichen Schadenersatzanspruchs. Statt der Rente kann der Kapitalwert gefordert werden. Das Verschulden braucht sich nur auf das den Versicherungsfall verursachende Handeln oder Unterlassen zu beziehen.
(1a) Unternehmer, die Schwarzarbeit nach § 1 des Schwarzarbeitsbekämpfungsgesetzes erbringen und dadurch bewirken, dass Beiträge nach dem Sechsten Kapitel nicht, nicht in der richtigen Höhe oder nicht rechtzeitig entrichtet werden, erstatten den Unfallversicherungsträgern die Aufwendungen, die diesen infolge von Versicherungsfällen bei Ausführung der Schwarzarbeit entstanden sind. Eine nicht ordnungsgemäße Beitragsentrichtung wird vermutet, wenn die Unternehmer die Personen, bei denen die Versicherungsfälle eingetreten sind, nicht nach § 28a des Vierten Buches bei der Einzugsstelle oder der Datenstelle der Rentenversicherung angemeldet hatten.
(2) Die Sozialversicherungsträger können nach billigem Ermessen, insbesondere unter Berücksichtigung der wirtschaftlichen Verhältnisse des Schuldners, auf den Ersatzanspruch ganz oder teilweise verzichten.

§ 111 Haftung des Unternehmens

Haben ein Mitglied eines vertretungsberechtigten Organs, Abwickler oder Liquidatoren juristischer Personen, vertretungsberechtigte Gesellschafter oder Liquidatoren einer rechtsfähigen Personengesellschaft oder gesetzliche Vertreter der Unternehmer in Ausführung ihnen zustehender Verrichtungen den Versicherungsfall vorsätzlich oder grob fahrlässig verursacht, haften nach Maßgabe des § 110 auch die Vertretenen. Eine nach § 110 bestehende Haftung derjenigen, die den Versicherungsfall verursacht haben, bleibt unberührt. Das Gleiche gilt für Mitglieder des Vorstandes eines nicht rechtsfähigen Vereins mit der Maßgabe, dass sich die Haftung auf das Vereinsvermögen beschränkt.

§ 112 Bindung der Gerichte

§ 108 über die Bindung der Gerichte gilt auch für die Ansprüche nach den §§ 110 und 111.

§ 113 Verjährung

Für die Verjährung der Ansprüche nach den §§ 110 und 111 gelten die §§ 195, 199 Abs. 1 und 2 und § 203 des Bürgerlichen Gesetzbuchs entsprechend mit der Maßgabe, daß die Frist von dem Tag an gerechnet wird, an dem die Leistungspflicht für den Unfallversicherungsträger bindend festgestellt oder ein entsprechendes Urteil rechtskräftig geworden ist. Artikel 229 § 6 Abs. 1 des Einführungsgesetzes zum Bürgerlichen Gesetzbuche gilt entsprechend.

Fünftes Kapitel
Organisation

Erster Abschnitt
Unfallversicherungsträger

§ 114 Unfallversicherungsträger

(1) Träger der gesetzlichen Unfallversicherung (Unfallversicherungsträger) sind
1. die in der Anlage 1 aufgeführten gewerblichen Berufsgenossenschaften,
2. die Sozialversicherung für Landwirtschaft, Forsten und Gartenbau; bei Durchführung der Aufgaben nach diesem Gesetz und in sonstigen Angelegenheiten der landwirtschaftlichen Unfallversicherung führt sie die Bezeichnung landwirtschaftliche Berufsgenossenschaft,
3. die Unfallversicherung Bund und Bahn,
4. die Unfallkassen der Länder,
5. die Gemeindeunfallversicherungsverbände und Unfallkassen der Gemeinden,
6. die Feuerwehr-Unfallkassen,
7. die gemeinsamen Unfallkassen für den Landes- und den kommunalen Bereich.

Die landwirtschaftliche Berufsgenossenschaft nimmt in der landwirtschaftlichen Unfallversicherung Verbandsaufgaben wahr.

(2) Soweit dieses Gesetz die Unfallversicherungsträger ermächtigt, Satzungen zu erlassen, bedürfen diese der Genehmigung der Aufsichtsbehörde. Ergibt sich nachträglich, daß eine Satzung nicht hätte genehmigt werden dürfen, kann die Aufsichtsbehörde anordnen, daß der Unfallversicherungsträger innerhalb einer bestimmten Frist die erforderliche Änderung vornimmt. Kommt der Unfallversicherungsträger der Anordnung nicht innerhalb dieser Frist nach, kann die Aufsichtsbehörde die erforderliche Änderung anstelle des Unfallversicherungsträgers selbst vornehmen.

(3) Für die Unfallversicherung Bund und Bahn gilt Absatz 2 mit der Maßgabe, dass bei der Genehmigung folgender Satzungen das Einvernehmen mit dem Bundes-

ministerium für Arbeit und Soziales und dem Bundesministerium der Finanzen erforderlich ist:

1. Satzungen über die Erstreckung des Versicherungsschutzes auf Personen nach § 3 Abs. 1 Nr. 2 und 3,
2. Satzungen über die Obergrenze des Jahresarbeitsverdienstes (§ 85 Abs. 2),
3. Satzungen über Mehrleistungen (§ 94) und
4. Satzungen über die Aufwendungen der Unfallversicherung Bund und Bahn (§ 186).

§ 115 Prävention bei der Unfallversicherung Bund und Bahn

(1) Für die Unternehmen, für die die Unfallversicherung Bund und Bahn nach § 125 Absatz 1 Nummer 1 zuständig ist, erlässt das Bundesministerium des Innern, für Bau und Heimat im Einvernehmen mit dem Bundesministerium für Arbeit und Soziales nach Anhörung der Vertreterversammlung der Unfallversicherung Bund und Bahn durch allgemeine Verwaltungsvorschriften Regelungen über Maßnahmen im Sinne des § 15 Absatz 1; die Vertreterversammlung kann Vorschläge für diese Vorschriften machen. Die Unfallverhütungsvorschriften der Unfallversicherungsträger sollen dabei berücksichtigt werden. Die Sorge der Beachtung der nach Satz 1 erlassenen Vorschriften gehört auch zu den Aufgaben des Vorstands. Betrifft eine allgemeine Verwaltungsvorschrift nach Satz 1 nur die Zuständigkeitsbereiche des Bundesministeriums der Verteidigung oder des Bundesministeriums der Finanzen, kann jedes dieser Bundesministerien für seinen Geschäftsbereich eine allgemeine Verwaltungsvorschrift erlassen; die Verwaltungsvorschrift bedarf in diesen Fällen des Einvernehmens mit den Bundesministerien des Innern, für Bau und Heimat sowie für Arbeit und Soziales.
(2) Abweichend von § 15 Absatz 4 Satz 1 bedürfen die Unfallverhütungsvorschriften der Unfallversicherung Bund und Bahn der Genehmigung des Bundesministeriums des Innern, für Bau und Heimat. Die Entscheidung hierüber wird im Benehmen mit dem Bundesministerium für Arbeit und Soziales getroffen.
(3) Die Aufgabe der Prävention wird in den Geschäftsbereichen des Bundesministeriums der Verteidigung und des Auswärtigen Amts hinsichtlich seiner Auslandsvertretungen von dem jeweiligen Bundesministerium oder der von ihm bestimmten Stelle wahrgenommen. Die genannten Bundesministerien stellen sicher, dass die für die Überwachung und Beratung der Unternehmen eingesetzten Aufsichtspersonen eine für diese Tätigkeit ausreichende Befähigung besitzen.

§ 116 Unfallversicherungsträger im Landesbereich

(1) Für die Unfallversicherung im Landesbereich errichten die Landesregierungen durch Rechtsverordnung eine oder mehrere Unfallkassen. Die Landesregierungen können auch gemeinsame Unfallkassen für die Unfallversicherung im Landesbereich und für die Unfallversicherung einer oder mehrerer Gemeinden von zusammen wenigstens 500 000 Einwohnern errichten.
(2) Die Landesregierungen von höchstens drei Ländern können durch gleichlautende Rechtsverordnungen auch eine gemeinsame Unfallkasse entsprechend Ab-

satz 1 errichten, wenn das aufsichtführende Land durch die beteiligten Länder in diesen Rechtsverordnungen oder durch Staatsvertrag der Länder bestimmt ist.
(3) Die Landesregierungen regeln in den Rechtsverordnungen auch das Nähere über die Eingliederung bestehender Unfallversicherungsträger in die gemeinsame Unfallkasse. § 118 Absatz 1 Satz 5 gilt entsprechend. Bis zu den nächsten allgemeinen Wahlen in der Sozialversicherung richtet sich die Zahl der Mitglieder der Selbstverwaltungsorgane der vereinigten oder neu gebildeten Unfallversicherungsträger nach der Summe der Zahl der Mitglieder, die in den Satzungen der aufgelösten Unfallversicherungsträger bestimmt worden ist; § 43 Absatz 1 Satz 2 des Vierten Buches ist nicht anzuwenden. Die Mitglieder der Selbstverwaltungsorgane der aufgelösten Unfallversicherungsträger und ihre Stellvertreter werden Mitglieder und Stellvertreter der Selbstverwaltungsorgane der aus ihnen gebildeten Unfallversicherungsträger. Beschlüsse in den Selbstverwaltungsorganen der neu gebildeten Unfallversicherungsträger werden mit der Mehrheit der nach der Größe der aufgelösten Unfallversicherungsträger gewichteten Stimmen getroffen; für die Gewichtung wird ein angemessener Maßstab in der Satzung bestimmt. Die an einer Vereinigung beteiligten Unfallversicherungsträger der öffentlichen Hand haben rechtzeitig vor dem Wirksamwerden der Vereinigung eine neue Dienstordnung zur Regelung der Rechtsverhältnisse der dienstordnungsmäßig Angestellten aufzustellen, die in Ergänzung der bestehenden Dienstordnungen einen sozialverträglichen Personalübergang gewährleistet; dabei sind die entsprechenden Regelungen für Tarifangestellte zu berücksichtigen. Die neue Dienstordnung ist der nach der Vereinigung zuständigen Aufsichtsbehörde vorzulegen. Die Vereinigungen sind sozialverträglich umzusetzen.

§ 117 Unfallversicherungsträger im kommunalen Bereich

(1) Soweit die Unfallversicherung im kommunalen Bereich nicht von einer gemeinsamen Unfallkasse für den Landes- und den kommunalen Bereich durchgeführt wird, errichten die Landesregierungen durch Rechtsverordnung für mehrere Gemeinden von zusammen wenigstens 500 000 Einwohnern einen Gemeindeunfallversicherungsverband.
(2) Die Landesregierungen von höchstens drei Ländern können durch gleichlautende Rechtsverordnungen auch einen gemeinsamen Gemeindeunfallversicherungsverband entsprechend Absatz 1 errichten, wenn das aufsichtführende Land durch die beteiligten Länder in diesen Rechtsverordnungen oder durch Staatsvertrag der Länder bestimmt ist. § 116 Abs. 3 gilt entsprechend.
(3) Die Landesregierungen können durch Rechtsverordnung mehrere Feuerwehr-Unfallkassen oder die Feuerwehr-Unfallkassen mit den Unfallversicherungsträgern im Landesbereich und im kommunalen Bereich vereinigen. Für die Feuerwehr-Unfallkassen sind die für die Gemeindeunfallversicherungsverbände geltenden Vorschriften entsprechend anzuwenden. Die beteiligten Gemeinden und Gemeindeverbände gelten als Unternehmer. Die Landesregierungen von höchstens drei Ländern können durch gleichlautende Rechtsverordnungen mehrere Feuerwehr-Unfallkassen zu einer Feuerwehr-Unfallkasse vereinigen, wenn das aufsicht-

führende Land in diesen Rechtsverordnungen oder durch Staatsvertrag der Länder bestimmt ist. § 118 Abs. 1 Satz 3, 5 bis 7 gilt entsprechend.
(4) Die Landesregierungen können durch Rechtsverordnung die Unfallkassen der Gemeinden mit den Unfallversicherungsträgern im kommunalen Bereich vereinigen.
(5) Bei Vereinigungen nach den Absätzen 3 und 4 gilt § 116 Absatz 3 Satz 6 bis 8 entsprechend.

§ 118 Vereinigung von Berufsgenossenschaften

(1) Berufsgenossenschaften können sich auf Beschluß ihrer Vertreterversammlungen zu einer Berufsgenossenschaft vereinigen. Der Beschluß bedarf der Genehmigung der vor der Vereinigung zuständigen Aufsichtsbehörden. Die beteiligten Berufsgenossenschaften legen der nach der Vereinigung zuständigen Aufsichtsbehörde eine Satzung, einen Vorschlag zur Berufung der Mitglieder der Organe und eine Vereinbarung über die Rechtsbeziehungen zu Dritten und eine Vereinbarung über die Gefahrtarif- und Beitragsgestaltung vor. Diese Vereinbarung kann für eine Übergangszeit von höchstens zwölf Jahren unterschiedliche Berechnungsgrundlagen für die Beiträge oder unterschiedliche Beiträge und getrennte Umlagen für die bisherigen Zuständigkeitsbereiche der vereinigten Berufsgenossenschaften vorsehen; für Entschädigungslasten, die auf Versicherungsfällen vor der Vereinigung beruhen, kann die Vereinbarung Regelungen über den Zeitraum von zwölf Jahren hinaus vorsehen. Die beteiligten Berufsgenossenschaften können außerdem für eine Übergangszeit von bis zu zehn Jahren abweichend von § 36 Abs. 2 erster Halbsatz und Abs. 4 des Vierten Buches eine besondere Regelung über die weitere Tätigkeit der bisherigen Geschäftsführer und ihrer Stellvertreter als Geschäftsführer und Stellvertreter der neuen Berufsgenossenschaft sowie über die jeweilige Zuständigkeit vereinbaren; dabei kann die Zahl der stellvertretenden Geschäftsführer bis zu vier Personen betragen oder eine aus bis zu fünf Personen bestehende Geschäftsführung gebildet werden. Die Aufsichtsbehörde genehmigt die Satzung und die Vereinbarungen, beruft die Mitglieder der Organe und bestimmt den Zeitpunkt, an dem die Vereinigung wirksam wird. Mit diesem Zeitpunkt tritt die neue Berufsgenossenschaft in die Rechte und Pflichten der bisherigen Berufsgenossenschaften ein.
(2) Die Vereinigung nach Absatz 1 kann für abgrenzbare Unternehmensarten der aufzulösenden Berufsgenossenschaft mit mehreren Berufsgenossenschaften erfolgen.
(3) Die Einzelheiten hinsichtlich der Aufteilung des Vermögens und der Übernahme der Bediensteten werden durch die beteiligten Berufsgenossenschaften entsprechend der für das Kalenderjahr vor der Vereinigung auf die Unternehmensarten entfallenden Entschädigungslast in der Vereinbarung geregelt. Die an einer Vereinigung beteiligten Berufsgenossenschaften haben rechtzeitig vor dem Wirksamwerden der Vereinigung eine neue Dienstordnung zur Regelung der Rechtsverhältnisse der dienstordnungsmäßig Angestellten aufzustellen, die in Ergänzung der bestehenden Dienstordnungen einen sozialverträglichen Personalübergang gewährleistet; dabei sind die entsprechenden Regelungen für Tarifangestellte zu

berücksichtigen. Die neue Dienstordnung ist zusammen mit den in Absatz 1 Satz 3 genannten Unterlagen der nach der Vereinigung zuständigen Aufsichtsbehörde vorzulegen. Vereinigungen sind sozialverträglich umzusetzen.

(4) In der Vereinbarung nach Absatz 1 über die Gefahrtarif- und Beitragsgestaltung oder in der Satzung der neuen Berufsgenossenschaft kann geregelt werden, dass die Rentenlasten und die Rehabilitationslasten sowie die anteiligen Verwaltungs- und Verfahrenskosten, die nach § 178 Abs. 1 bis 3 von der neuen Berufsgenossenschaft zu tragen sind, auf die bisherigen Zuständigkeitsbereiche der vereinigten Berufsgenossenschaften in dem Verhältnis der Lasten verteilt werden, als ob eine Vereinigung nicht stattgefunden hätte. Die Vertreterversammlung der neuen Berufsgenossenschaft kann mit Genehmigung des Bundesamtes für Soziale Sicherung im letzten Jahr der Geltungsdauer der Regelung nach Satz 1 beschließen, die Geltung abweichend von Absatz 1 Satz 4 über den Zeitraum von zwölf Jahren hinaus für jeweils höchstens sechs weitere Jahre zu verlängern, wenn

1. eine der vereinigten Berufsgenossenschaften im Umlagejahr 2007 ausgleichsberechtigt nach § 176 Abs. 1 Nr. 1 oder Nr. 3 in der am 31. Dezember 2007 geltenden Fassung war und
2. ohne die Fortgeltung bei mindestens einem der bisherigen Zuständigkeitsbereiche der vereinigten Berufsgenossenschaften im Umlagejahr vor dem Beschluss die auf diesen Bereich entfallende anteilige Gesamtbelastung um mehr als 5 Prozent ansteigen würde.

(5) Bis zum Ende des Jahres, in dem eine Vereinigung wirksam wird, werden die sich vereinigenden Berufsgenossenschaften bezüglich der Rechte und Pflichten im Rahmen der Lastenverteilung nach den §§ 176 bis 181 als selbständige Körperschaften behandelt.

§§ 119 und 119a (weggefallen)

§ 120 Bundes- und Landesgarantie

Soweit durch Rechtsvorschriften des Bundes oder der Länder nicht etwas anderes bestimmt worden ist, gehen mit der Auflösung eines bundesunmittelbaren Unfallversicherungsträgers dessen Rechte und Pflichten auf den Bund und mit der Auflösung eines landesunmittelbaren Unfallversicherungsträgers dessen Rechte und Pflichten auf das aufsichtführende Land über.

Zweiter Abschnitt
Zuständigkeit

Erster Unterabschnitt
Zuständigkeit der gewerblichen Berufsgenossenschaften

§ 121 Zuständigkeit der gewerblichen Berufsgenossenschaften

(1) Die gewerblichen Berufsgenossenschaften sind für alle Unternehmen (Betriebe, Verwaltungen, Einrichtungen, Tätigkeiten) zuständig, soweit sich nicht aus dem Zweiten und Dritten Unterabschnitt eine Zuständigkeit der landwirtschaftlichen Berufsgenossenschaft oder der Unfallversicherungsträger der öffentlichen Hand ergibt.

(2) Die Berufsgenossenschaft Verkehrswirtschaft Post-Logistik Telekommunikation ist über § 122 hinaus zuständig

1. für die Unternehmensarten, für die die Berufsgenossenschaft für Transport und Verkehrswirtschaft bis zum 31. Dezember 2015 zuständig war,
2. für Unternehmen der Seefahrt, soweit sich nicht aus dem Dritten Unterabschnitt eine Zuständigkeit der Unfallversicherungsträger der öffentlichen Hand ergibt,
3. für die Bundesanstalt für Post und Telekommunikation Deutsche Bundespost,
4. für die aus dem Sondervermögen der Deutschen Bundespost hervorgegangenen Aktiengesellschaften,
5. für die Unternehmen, die
   a) aus den Unternehmen im Sinne der Nummer 4 ausgegliedert worden sind und von diesen überwiegend beherrscht werden oder
   b) aus den Unternehmen im Sinne des Buchstabens a ausgegliedert worden sind und von diesen überwiegend beherrscht werden

   und unmittelbar und überwiegend Post-, Postbank- oder Telekommunikationsaufgaben erfüllen oder diesen Zwecken wie Hilfsunternehmen dienen,
6. für die betrieblichen Sozialeinrichtungen und in den durch Satzung anerkannten Selbsthilfeeinrichtungen der Bundesanstalt für Post und Telekommunikation Deutsche Bundespost,
7. für die Bundesdruckerei GmbH und für die aus ihr ausgegliederten Unternehmen, sofern diese von der Bundesdruckerei GmbH überwiegend beherrscht werden und ihren Zwecken als Neben- oder Hilfsunternehmen überwiegend dienen,
8. für die Museumsstiftung Post und Telekommunikation.

§ 125 Absatz 4 gilt entsprechend. Über die Übernahme von Unternehmen nach Satz 1 Nummer 3 bis 8 und den Widerruf entscheidet das Bundesministerium der Finanzen.

(3) Seefahrt im Sinne dieses Buches ist

1. die Fahrt außerhalb der
   a) Festland- und Inselküstenlinie bei mittlerem Hochwasser,
   b) seewärtigen Begrenzung der Binnenwasserstraßen,

c) Verbindungslinie der Molenköpfe bei an der Küste gelegenen Häfen,
d) Verbindungslinie der äußeren Uferausläufe bei Mündungen von Flüssen, die keine Binnenwasserstraßen sind,

2. die Fahrt auf Buchten, Haffen und Watten der See,
3. für die Fischerei auch die Fahrt auf anderen Gewässern, die mit der See verbunden sind, bis zu der durch die Seeschiffahrtstraßen-Ordnung in der Fassung der Bekanntmachung vom 15. April 1987 (BGBl. I S. 1266), zuletzt geändert durch Artikel 3 der Verordnung vom 7. Dezember 1994 (BGBl. I S. 3744), bestimmten inneren Grenze,
4. das Fischen ohne Fahrzeug auf den in den Nummern 1 bis 3 genannten Gewässern.

Die Fahrt von Binnenschiffen mit einer technischen Zulassung für die Zone 1 oder 2 der Binnenschiffs-Untersuchungsordnung vom 17. März 1988 (BGBl. I S. 238), zuletzt geändert durch Artikel 10 Abs. 1 der Verordnung vom 19. Dezember 1994 (BGBl. II S. 3822), binnenwärts der Grenzen nach Anlage 8 zu § 1 Abs. 1 der Schiffssicherheitsverordnung in der Fassung der Bekanntmachung vom 21. Oktober 1994 (BGBl. I S. 3281) gilt nicht als Seefahrt im Sinne des Satzes 1. Bei Inkrafttreten dieses Gesetzes bestehende Zuständigkeiten für Unternehmen der gewerblichen Schiffahrt bleiben unberührt.

§ 122 Sachliche und örtliche Zuständigkeit

(1) Das Bundesministerium für Arbeit und Soziales kann durch Rechtsverordnung mit Zustimmung des Bundesrates die sachliche Zuständigkeit der gewerblichen Berufsgenossenschaften nach Art und Gegenstand der Unternehmen unter Berücksichtigung der Prävention und der Leistungsfähigkeit der Berufsgenossenschaften und die örtliche Zuständigkeit bestimmen. Werden dabei bestehende Zuständigkeiten verändert, ist in der Rechtsverordnung zu regeln, inwieweit die bisher zuständige Berufsgenossenschaft Betriebsmittel und Mittel aus der Rücklage an die nunmehr zuständige Berufsgenossenschaft zu übertragen hat.
(2) Soweit nichts anderes bestimmt ist, bleibt jede Berufsgenossenschaft für die Unternehmensarten sachlich zuständig, für die sie bisher zuständig war, solange eine nach Absatz 1 erlassene Rechtsverordnung die Zuständigkeit nicht anders regelt.

Zweiter Unterabschnitt
Zuständigkeit der landwirtschaftlichen Berufsgenossenschaft

§ 123 Zuständigkeit der landwirtschaftlichen Berufsgenossenschaft

(1) Die landwirtschaftliche Berufsgenossenschaft ist für folgende Unternehmen (landwirtschaftliche Unternehmen) zuständig, soweit sich nicht aus dem Dritten Unterabschnitt eine Zuständigkeit der Unfallversicherungsträger der öffentlichen Hand ergibt:

1. Unternehmen der Land- und Forstwirtschaft einschließlich des Garten- und Weinbaues, der Fischzucht, Teichwirtschaft, Seen-, Bach- und Flußfischerei (Binnenfischerei), der Imkerei sowie der den Zielen des Natur- und Umweltschutzes dienenden Landschaftspflege,
2. Unternehmen, in denen ohne Bodenbewirtschaftung Nutz- oder Zuchttiere zum Zwecke der Aufzucht, der Mast oder der Gewinnung tierischer Produkte gehalten werden,
3. land- und forstwirtschaftliche Lohnunternehmen,
4. Park- und Gartenpflege sowie Friedhöfe,
5. Jagden,
6. die Landwirtschaftskammern und die Berufsverbände der Landwirtschaft,
7. Unternehmen, die unmittelbar der Sicherung, Überwachung oder Förderung der Landwirtschaft überwiegend dienen,
8. die Sozialversicherung für Landwirtschaft, Forsten und Gartenbau, deren Verbände und deren weitere Einrichtungen sowie die Zusatzversorgungskasse und das Zusatzversorgungswerk für Arbeitnehmer in der Land- und Forstwirtschaft.

(2) Landwirtschaftliche Unternehmen im Sinne des Absatzes 1 sind nicht
1. Haus- und Ziergärten,
2. andere Kleingärten im Sinne des Bundeskleingartengesetzes vom 28. Februar 1983 (BGBl. I S. 210), zuletzt geändert durch Artikel 5 des Gesetzes vom 21. September 1994 (BGBl. I S. 2538),

es sei denn, sie werden regelmäßig oder in erheblichem Umfang mit besonderen Arbeitskräften bewirtschaftet oder ihre Erzeugnisse dienen nicht hauptsächlich dem eigenen Haushalt.

(3) Das Bundesministerium für Arbeit und Soziales kann im Einvernehmen mit dem Bundesministerium für Ernährung und Landwirtschaft durch Rechtsverordnung mit Zustimmung des Bundesrates bestimmen, daß auch andere als die in Absatz 1 genannten Unternehmen als landwirtschaftliche Unternehmen gelten, wenn diese überwiegend der Land- und Forstwirtschaft dienen.

(4) Unternehmen, die aufgrund von Allgemeinen Entscheidungen des Reichsversicherungsamtes beim Inkrafttreten dieses Buches einer landwirtschaftlichen Berufsgenossenschaft angehören, gelten als landwirtschaftliche Unternehmen. Das Bundesministerium für Arbeit und Soziales kann im Einvernehmen mit dem Bundesministerium für Ernährung und Landwirtschaft diese Unternehmen in einer Rechtsverordnung mit Zustimmung des Bundesrates zusammenfassen. Dabei können die Zuständigkeiten auch abweichend von den Entscheidungen des Reichsversicherungsamtes bestimmt werden, soweit dies erforderlich ist, um zusammengehörige Untemehmensarten einheitlich der landwirtschaftlichen Berufsgenossenschaft oder den gewerblichen Berufsgenossenschaften zuzuweisen.

§ 124 Bestandteile des landwirtschaftlichen Unternehmens

Zum landwirtschaftlichen Unternehmen gehören
1. die Haushalte der Unternehmer und der im Unternehmen Beschäftigten, wenn die Haushalte dem Unternehmen wesentlich dienen,

2. Bauarbeiten des Landwirts für den Wirtschaftsbetrieb,
3. Arbeiten, die Unternehmer aufgrund einer öffentlich-rechtlichen Verpflichtung als landwirtschaftliche Unternehmer zu leisten haben.

Dritter Unterabschnitt Zuständigkeit der Unfallversicherungsträger der öffentlichen Hand

§ 125 Zuständigkeit der Unfallversicherung Bund und Bahn

(1) Die Unfallversicherung Bund und Bahn ist zuständig
1. für die Unternehmen des Bundes,
2. für die Bundesagentur für Arbeit und für Personen, die nach § 2 Absatz 1 Nummer 14 Buchstabe a versichert sind,
3. für die Betriebskrankenkassen der Dienstbetriebe des Bundes,
4. für Personen, die im Zivilschutz tätig sind oder an Ausbildungsveranstaltungen einschließlich der satzungsmäßigen Veranstaltungen, die der Nachwuchsförderung dienen, im Zivilschutz teilnehmen, es sei denn, es ergibt sich eine Zuständigkeit nach den Vorschriften für die Unfallversicherungsträger im Landes- und im kommunalen Bereich,
5. für die in den Gemeinschaften des Deutschen Roten Kreuzes ehrenamtlich Tätigen sowie für sonstige beim Deutschen Roten Kreuz mit Ausnahme der Unternehmen des Gesundheitswesens und der Wohlfahrtspflege Tätige,
6. für Personen, die
   a) nach § 2 Absatz 3 Satz 1 Nummer 2 Buchstabe a versichert sind,
   b) nach § 2 Absatz 3 Satz 1 Nummer 2 Buchstabe b versichert sind,
7. für Personen, die nach § 2 Absatz 3 Satz 1 Nummer 1 versichert sind, wenn es sich um eine Vertretung des Bundes handelt,
8. für Personen, die nach § 2 Abs. 3 Satz 1 Nr. 3 versichert sind,
9. für Personen, die nach § 3 Abs. 1 Nr. 3 versichert sind.

(2) Die Unfallversicherung Bund und Bahn ist auch zuständig
1. für das Bundeseisenbahnvermögen,
2. für die Deutsche Bahn AG und für die aus der Gesellschaft gemäß § 2 Absatz 1 des Deutsche Bahn Gründungsgesetzes vom 27. Dezember 1993 (BGBl. I S. 2378, 2386) ausgegliederten Aktiengesellschaften,
3. für die Unternehmen,
   a) die gemäß § 3 Absatz 3 des Deutsche Bahn Gründungsgesetzes aus den Unternehmen im Sinne der Nummer 2 ausgegliedert worden sind,
   b) die von den in Nummer 2 genannten Unternehmen überwiegend beherrscht werden und
   c) die unmittelbar und überwiegend Eisenbahnverkehrsleistungen erbringen oder Eisenbahninfrastruktur betreiben oder diesen Zwecken wie Hilfsunternehmen dienen,
4. für die Bahnversicherungsträger und die in der Anlage zu § 15 Absatz 2 des Bundeseisenbahnneugliederungsgesetzes vom 27. Dezember 1993 (BGBl. I

S. 2378; 1994 I S. 2439) aufgeführten betrieblichen Sozialeinrichtungen und der Selbsthilfeeinrichtungen mit Ausnahme der in der Anlage unter B Nummer 6 genannten Einrichtungen sowie für die der Krankenversorgung der Bundesbahnbeamten dienenden Einrichtungen,

5. für Magnetschwebebahnunternehmen des öffentlichen Verkehrs.

(3) Der Bund kann für einzelne Unternehmen der sonst zuständigen Berufsgenossenschaft beitreten. Er kann zum Ende eines Kalenderjahres aus der Berufsgenossenschaft austreten. Über den Eintritt und den Austritt entscheidet das zuständige Bundesministerium im Einvernehmen mit dem Bundesministerium für Arbeit und Soziales und dem Bundesministerium der Finanzen.

(4) Der Bund kann ein Unternehmen, das in selbständiger Rechtsform betrieben wird, aus der Zuständigkeit der Berufsgenossenschaft in die Zuständigkeit der Unfallversicherung Bund und Bahn übernehmen, wenn er an dem Unternehmen überwiegend beteiligt ist oder auf seine Organe einen ausschlaggebenden Einfluß hat. Unternehmen, die erwerbswirtschaftlich betrieben werden, sollen nicht übernommen werden. Die Übernahme kann widerrufen werden; die Übernahme ist zu widerrufen, wenn die Voraussetzungen des Satzes 1 nicht mehr vorliegen. Für die Übernahme und den Widerruf gilt Absatz 3 Satz 3 entsprechend. Die Übernahme wird mit Beginn des folgenden, der Widerruf zum Ende des laufenden Kalenderjahres wirksam. Abweichend von Satz 5 wird die Übernahme, die im Kalenderjahr der Gründung eines Unternehmens erklärt wird, mit Beginn des Unternehmens wirksam.

§ 126 (weggefallen)

§ 127 (weggefallen)

§ 128 Zuständigkeit der Unfallversicherungsträger im Landesbereich

(1) Die Unfallversicherungsträger im Landesbereich sind zuständig

1. für die Unternehmen des Landes,

1a. für Unternehmen, die in selbständiger Rechtsform betrieben werden und an denen das Land
   a) bei Kapitalgesellschaften unmittelbar oder mittelbar die Mehrheit der Kapitalanteile auf sich vereint oder
   b) bei sonstigen Unternehmen die Stimmenmehrheit in dem Organ, dem die Verwaltung und Führung des Unternehmens obliegt, auf sich vereint,

2. für Kinder in Tageseinrichtungen von Trägern der freien Jugendhilfe und in anderen privaten, als gemeinnützig im Sinne des Steuerrechts anerkannten Tageseinrichtungen, sowie für Kinder, die durch geeignete Tagespflegepersonen im Sinne von § 23 des Achten Buches betreut werden,

2a. für Kinder während der Teilnahme an vorschulischen Sprachförderungskursen nach § 2 Absatz 1 Nummer 8 Buchstabe a, die nicht in Tageseinrichtungen durchgeführt werden,

3. für Schüler an privaten allgemeinbildenden und berufsbildenden Schulen,

4. für Studierende an privaten Hochschulen,
5. für Personen, die nach § 2 Abs. 1 Nr. 3 versichert sind, soweit die Maßnahme von einer Landesbehörde veranlaßt worden ist,
6. für Personen, die in Einrichtungen zur Hilfe bei Unglücksfällen tätig sind oder an Ausbildungsveranstaltungen dieser Einrichtungen einschließlich der satzungsmäßigen Veranstaltungen, die der Nachwuchsförderung dienen, teilnehmen,
7. für Personen, die nach § 2 Abs. 1 Nr. 13 Buchstabe a und c versichert sind,
8. für Personen, die nach § 2 Abs. 2 Satz 2 versichert sind,
9. für Personen, die wie Beschäftigte für nicht gewerbsmäßige Halter von Fahrzeugen oder Reittieren tätig werden,
10. für Personen, die nach § 2 Absatz 3 Satz 1 Nummer 1 versichert sind, wenn es sich um eine Vertretung eines Landes handelt,
11. für Versicherte nach § 3 Absatz 1 Nummer 4 und 5.

(2) Die Landesregierungen können durch Rechtsverordnung die Zuständigkeit der Unfallversicherungsträger im kommunalen Bereich für die Versicherten nach Absatz 1 Nr. 6, 7, 9 und 11 bestimmen.

(3) und (4) (weggefallen)

(5) Übt ein Land die Gemeindeverwaltung aus, gilt die Vorschrift über die Zuständigkeit der Unfallversicherungsträger im kommunalen Bereich entsprechend.

§ 129 Zuständigkeit der Unfallversicherungsträger im kommunalen Bereich

(1) Die Unfallversicherungsträger im kommunalen Bereich sind zuständig

1. für die Unternehmen der Gemeinden und Gemeindeverbände,

1a. für Unternehmen, die in selbständiger Rechtsform betrieben werden und an denen Gemeinden oder Gemeindeverbände
   a) bei Kapitalgesellschaften unmittelbar oder mittelbar die Mehrheit der Kapitalanteile auf sich vereinen oder
   b) bei sonstigen Unternehmen die Stimmenmehrheit in dem Organ, dem die Verwaltung und Führung des Unternehmens obliegt, auf sich vereinen,

2. für Haushalte,
3. für in Eigenarbeit nicht gewerbsmäßig ausgeführte Bauarbeiten (nicht gewerbsmäßige Bauarbeiten), wenn für die einzelne geplante Bauarbeit nicht mehr als die im Bauhauptgewerbe geltende tarifliche Wochenarbeitszeit tatsächlich verwendet wird; mehrere nicht gewerbsmäßige Bauarbeiten werden dabei zusammengerechnet, wenn sie einem einheitlichen Bauvorhaben zuzuordnen sind; Nummer 1 und die §§ 125, 128 und 131 bleiben unberührt,
4. für Personen, die nach § 2 Abs. 1 Nr. 3 versichert sind, soweit die Maßnahme von einer Gemeinde veranlaßt worden ist,
5. für Personen, die Leistungen der Träger der Sozialhilfe zur Unterstützung und Aktivierung nach § 11 Absatz 3 des Zwölften Buches erhalten,
6. für Personen, die nach § 2 Abs. 1 Nr. 16 versichert sind,
7. für Pflegepersonen, die nach § 2 Abs. 1 Nr. 17 versichert sind.

(2) und (3) (weggefallen)

(4) Absatz 1 Nummer 1a gilt nicht für
1. Verkehrsunternehmen einschließlich Hafen- und Umschlagbetriebe,
2. Elektrizitäts-, Gas- und Wasserwerke sowie
3. Unternehmen, die Seefahrt betreiben.
Absatz 1 Nummer 1 und 1a gilt nicht für landwirtschaftliche Unternehmen der in § 123 Absatz 1 Nummer 1, 4 und 5 genannten Art.

§ 129a Zuständigkeit bei gemeinsamer Beteiligung von Bund, Ländern, Gemeinden oder Gemeindeverbänden an Unternehmen

(1) Zur Feststellung der Voraussetzungen für die Zuständigkeit von Unfallversicherungsträgern im Landesbereich oder im kommunalen Bereich sind bei Kapitalgesellschaften Kapitalbeteiligungen von Bund, Ländern, Gemeinden und Gemeindeverbänden an Unternehmen, die in selbständiger Rechtsform betrieben werden, zusammenzurechnen.
(2) Bei einer gemeinsamen Kapitalbeteiligung von Bund, Ländern, Gemeinden oder Gemeindeverbänden an Kapitalgesellschaften richtet sich die Zuständigkeit nach der mehrheitlichen Kapitalbeteiligung.
(3) Bei gleicher Kapitalbeteiligung von Bund und Ländern sowie bei gleicher Kapitalbeteiligung von Bund und Gemeinden oder Gemeindeverbänden an Kapitalgesellschaften erfolgt die Festlegung der Zuständigkeit im gegenseitigen Einvernehmen. Das Einvernehmen ist herzustellen zwischen der jeweils nach Landesrecht zuständigen Stelle und dem Bund; § 125 Absatz 3 Satz 3 gilt entsprechend. Kann ein Einvernehmen nicht hergestellt werden, ist der Unfallversicherungsträger im Landesbereich oder im kommunalen Bereich zuständig.
(4) Bei gleicher Kapitalbeteiligung von Ländern an Kapitalgesellschaften erfolgt die Festlegung der Zuständigkeit im gegenseitigen Einvernehmen der nach Landesrecht zuständigen Stellen.
(5) Bei gleicher Kapitalbeteiligung von Ländern und Gemeinden oder Gemeindeverbänden an Kapitalgesellschaften erfolgt die Festlegung der Zuständigkeit im gegenseitigen Einvernehmen durch die jeweils nach Landesrecht zuständige Stelle.
(6) Die Absätze 1 bis 5 gelten bei sonstigen Unternehmen in selbständiger Rechtsform hinsichtlich der gemeinsamen Stimmenmehrheit von Bund, Ländern, Gemeinden oder Gemeindeverbänden in dem Organ, dem die Verwaltung und Führung des Unternehmens obliegt, entsprechend.

Vierter Unterabschnitt
Gemeinsame Vorschriften über die Zuständigkeit

§ 130 Örtliche Zuständigkeit

(1) Die örtliche Zuständigkeit des Unfallversicherungsträgers für ein Unternehmen richtet sich nach dem Sitz des Unternehmens. Ist ein solcher nicht vorhanden, gilt als Sitz der Wohnsitz oder gewöhnliche Aufenthaltsort des Unternehmers. Bei Arbeitsgemeinschaften gilt als Sitz des Unternehmens der Ort der Tätigkeit.

(2) Hat ein Unternehmen keinen Sitz im Inland, hat der Unternehmer einen Bevollmächtigten mit Sitz im Inland, beim Betrieb eines Seeschiffs mit Sitz in einem inländischen Seehafen zu bestellen. Dieser hat die Pflichten des Unternehmers. Als Sitz des Unternehmens gilt der Ort der Betriebsstätte im Inland, in Ermangelung eines solchen der Wohnsitz oder gewöhnliche Aufenthalt des Bevollmächtigten. Ist kein Bevollmächtigter bestellt, gilt als Sitz des Unternehmens Berlin.
(2a) Sind auf eine Beschäftigung im Ausland für ein Unternehmen ohne Sitz im Inland oder für sonstige Tätigkeiten im Ausland nach über- oder zwischenstaatlichem Recht die Vorschriften dieses Buches anzuwenden, richtet sich die örtliche Zuständigkeit nach dem Wohnsitz oder gewöhnlichen Aufenthalt des Versicherten im Inland.
(3) Betreiben mehrere Personen ein Seeschiff, haben sie einen gemeinsamen Bevollmächtigten mit Sitz in einem inländischen Seehafen zu bestellen. Dieser hat die Pflichten des Unternehmers.
(4) Für Personen, die nach § 2 Abs. 1 Nr. 13 Buchstabe a und c versichert sind, richtet sich die örtliche Zuständigkeit nach dem Ort der versicherten Tätigkeit. Wird diese im Ausland ausgeübt, richtet sich die örtliche Zuständigkeit nach dem letzten Wohnsitz oder gewöhnlichen Aufenthalt der Versicherten im Inland. Ist ein solcher nicht vorhanden, gilt Berlin als Ort der versicherten Tätigkeit.
(5) Erstreckt sich ein landwirtschaftliches Unternehmen im Sinne des § 123 Abs. 1 Nr. 1 auf die Bezirke mehrerer Gemeinden, hat es seinen Sitz dort, wo die gemeinsamen oder die seinen Hauptzwecken dienenden Wirtschaftsgebäude liegen, oder bei einem Unternehmen der Forstwirtschaft, wo der größte Teil der Forstgrundstücke liegt. Forstwirtschaftliche Grundstücke verschiedener Unternehmer gelten als Einzelunternehmen, auch wenn sie derselben Betriebsleitung unterstehen.

§ 131 Zuständigkeit für Hilfs- und Nebenunternehmen

(1) Umfaßt ein Unternehmen verschiedenartige Bestandteile (Hauptunternehmen, Nebenunternehmen, Hilfsunternehmen), die demselben Rechtsträger angehören, ist der Unfallversicherungsträger zuständig, dem das Hauptunternehmen angehört. § 129 Absatz 4 bleibt unberührt.
(2) Das Hauptunternehmen bildet den Schwerpunkt des Unternehmens. Hilfsunternehmen dienen überwiegend den Zwecken anderer Untemehmensbestandteile. Nebenunternehmen verfolgen überwiegend eigene Zwecke.
(3) Absatz 1 gilt nicht für
1. Neben- und Hilfsunternehmen, die Seefahrt betreiben, welche über den örtlichen Verkehr hinausreicht,
2. landwirtschaftliche Nebenunternehmen mit einer Größe von mehr als fünf Hektar, Friedhöfe sowie Nebenunternehmen des Wein-, Garten- und Tabakbaus und anderer Spezialkulturen in einer Größe von mehr als 0,25 Hektar. Die Unfallversicherungsträger können eine abweichende Vereinbarung für bestimmte Arten von Nebenunternehmen oder für bestimmte in ihnen beschäftigte Versichertengruppen treffen.

§ 132 Zuständigkeit für Unfallversicherungsträger

Die Unfallversicherungsträger sind für sich und ihre eigenen Unternehmen zuständig.

§ 133 Zuständigkeit für Versicherte

(1) Sofern in diesem Abschnitt keine abweichenden Regelungen getroffen sind, bestimmt sich die Zuständigkeit für Versicherte nach der Zuständigkeit für das Unternehmen, für das die Versicherten tätig sind oder zu dem sie in einer besonderen, die Versicherung begründenden Beziehung stehen.

(2) Werden Versicherte einem Unternehmen von einem anderen Unternehmen überlassen, bestimmt sich die Zuständigkeit für die Versicherten nach der Zuständigkeit für das überlassende Unternehmen, sofern dieses zur Zahlung des Arbeitsentgelts verpflichtet ist.

§ 134 Zuständigkeit bei Berufskrankheiten

(1) [1]Wurde im Fall einer Berufskrankheit die gefährdende Tätigkeit für mehrere Unternehmen ausgeübt, für die verschiedene Unfallversicherungsträger zuständig sind, richtet sich die Zuständigkeit nach dem Unternehmen, in dem die gefährdende Tätigkeit zuletzt ausgeübt wurde; die Unfallversicherungsträger können Näheres, auch Abweichendes, durch Vereinbarung regeln. [2]Satz 1 gilt in den Fällen des § 3 der Berufskrankheiten-Verordnung entsprechend. (1) Wurde im Fall einer Berufskrankheit die gefährdende Tätigkeit für mehrere Unternehmen ausgeübt, für die verschiedene Unfallversicherungsträger zuständig sind, richtet sich die Zuständigkeit nach dem Unternehmen, in dem die gefährdende Tätigkeit zuletzt ausgeübt wurde; die Unfallversicherungsträger können Näheres, auch Abweichendes, durch Vereinbarung regeln. Satz 1 gilt in den Fällen des § 3 der Berufskrankheiten-Verordnung entsprechend.

(2) Für die Feststellung einer Berufskrankheit sind auch Tätigkeiten zu berücksichtigen, die Versicherte im Rahmen einer Beschäftigung ausgeübt haben, für die nach § 4 Absatz 1 Versicherungsfreiheit bestand, wenn die Tätigkeiten ihrer Art nach geeignet waren, die Krankheit zu verursachen und die schädigende Einwirkung überwiegend durch die nach diesem Buch versicherten gefährdenden Tätigkeiten verursacht wurde.

§ 135 Versicherung nach mehreren Vorschriften

(1) Die Versicherung nach § 2 Abs. 1 Nr. 1 geht einer Versicherung vor

1. nach § 2 Abs. 1 Nr. 2, wenn die Versicherten an der Aus- und Fortbildung auf Veranlassung des Unternehmers, bei dem sie beschäftigt sind, teilnehmen,
2. nach § 2 Abs. 1 Nr. 3, wenn die Maßnahmen auf Veranlassung des Unternehmers durchgeführt werden, bei dem die Versicherten beschäftigt sind,
3. nach § 2 Abs. 1 Nr. 8, es sei denn, es handelt sich um Schüler beim Besuch berufsbildender Schulen,

4. nach § 2 Abs. 1 Nr. 12, wenn die Versicherten an der Ausbildungsveranstaltung einschließlich der satzungsmäßigen Veranstaltung, die der Nachwuchsförderung dient, auf Veranlassung des Unternehmers, bei dem sie beschäftigt sind, teilnehmen,
5. nach § 2 Abs. 1 Nr. 13 Buchstabe a oder c, wenn die Hilfeleistung im Rahmen von Verpflichtungen aus dem Beschäftigungsverhältnis erfolgt,

5a. nach § 2 Absatz 1 Nummer 14 Buchstabe b, wenn die Versicherten an einer Maßnahme teilnehmen, die von dem Unternehmer durchgeführt wird, bei dem sie beschäftigt sind,

6. nach § 2 Abs. 1 Nr. 17,
7. nach § 2 Abs. 2.

(2) Die Versicherung als selbständig Tätige nach § 2 Abs. 1 Nr. 5, 6, 7 und 9 geht der Versicherung nach § 2 Abs. 1 Nr. 13 Buchstabe a oder c vor, es sei denn, die Hilfeleistung geht über eine dem eigenen Unternehmen dienende Tätigkeit hinaus.

(3) Die Versicherung nach § 2 Abs. 1 Nr. 5, 9 und 10 geht der Versicherung nach § 2 Abs. 1 Nr. 17 vor. Die Versicherung nach § 2 Abs. 1 Nr. 9 geht der Versicherung nach § 2 Abs. 1 Nr. 10 vor.

(4) Die Versicherung des im landwirtschaftlichen Unternehmen mitarbeitenden Ehegatten oder Lebenspartners nach § 2 Abs. 1 Nr. 5 Buchstabe a geht der Versicherung nach § 2 Abs. 1 Nr. 1 vor.

(4a) Die Versicherung nach § 2 Absatz 1 Nummer 13 Buchstabe d geht der Versicherung nach § 2 Absatz 1 Nummer 1 und 9 vor.

(5) Die Versicherung nach § 2 Abs. 1 Nr. 16 geht der Versicherung nach § 2 Abs. 1 Nr. 1 vor.

(5a) Die Versicherung nach einer Vorschrift des § 2 Abs. 1 geht der Versicherung nach § 2 Abs. 1a vor. Die Versicherung nach § 2 Abs. 1a geht der Versicherung nach § 2 Abs. 2 Satz 1 vor.

(6) Kann über die Absätze 1 bis 5 hinaus eine Tätigkeit zugleich nach mehreren Vorschriften des § 2 versichert sein, geht die Versicherung vor, der die Tätigkeit vorrangig zuzurechnen ist.

(7) Absatz 6 gilt entsprechend bei versicherten Tätigkeiten nach § 2 und zugleich nach den §§ 3 und 6. Die Versicherung nach § 2 Abs. 1 Nr. 9 geht der Versicherung nach § 6 Abs. 1 Nr. 3 vor.

§ 136 Bescheid über die Zuständigkeit, Begriff des Unternehmers

(1) Der Unfallversicherungsträger stellt Beginn und Ende seiner Zuständigkeit für ein Unternehmen durch schriftlichen Bescheid gegenüber dem Unternehmer fest. Ein Unternehmen beginnt bereits mit den vorbereitenden Arbeiten für das Unternehmen. Bei in Eigenarbeit nicht gewerbsmäßig ausgeführten Bauarbeiten kann der Unfallversicherungsträger von der Feststellung seiner Zuständigkeit durch schriftlichen Bescheid absehen. War die Feststellung der Zuständigkeit für ein Unternehmen von Anfang an unrichtig oder ändert sich die Zuständigkeit für ein Unternehmen, überweist der Unfallversicherungsträger dieses dem zuständigen Unfallversicherungsträger. Die Überweisung erfolgt im Einvernehmen mit dem

zuständigen Unfallversicherungsträger; sie ist dem Unternehmer von dem überweisenden Unfallversicherungsträger bekanntzugeben.

(2) Die Feststellung der Zuständigkeit war von Anfang an unrichtig, wenn sie den Zuständigkeitsregelungen eindeutig widerspricht oder das Festhalten an dem Bescheid zu schwerwiegenden Unzuträglichkeiten führen würde. Eine wesentliche Änderung der tatsächlichen Verhältnisse im Sinne des § 48 Abs. 1 des Zehnten Buches, die zu einer Änderung der Zuständigkeit führt, liegt vor, wenn das Unternehmen grundlegend und auf Dauer umgestaltet worden ist. Dies ist insbesondere dann der Fall, wenn der Zeitpunkt der Änderung der tatsächlichen Verhältnisse mehr als ein Jahr zurückliegt und seitdem keine der geänderten Zuständigkeit widersprechenden Veränderungen eingetreten sind oder wenn die Änderung der Zuständigkeit durch Zusammenführung, Aus- oder Eingliederung von abgrenzbaren Unternehmensbestandteilen bedingt ist. Eine Änderung gilt nicht als wesentlich, wenn ein Hilfsunternehmen im Sinne von § 131 Abs. 2 Satz 2 in eigener Rechtsform ausgegliedert wird, aber ausschließlich dem Unternehmen, dessen Bestandteil es ursprünglich war, dient. Satz 3 gilt nicht, wenn feststeht, dass die tatsächlichen Umstände, welche die Veränderung der Zuständigkeit begründen, innerhalb eines Zeitraums von zwei Jahren nach deren Eintritt entfallen. Stellt sich innerhalb eines Jahres nach Bestandskraft des Bescheides, mit dem erstmalig die Zuständigkeit für ein Unternehmen festgestellt wurde, heraus, dass die Zuständigkeit eines anderen Unfallversicherungsträgers gegeben ist, erfolgt eine Überweisung auch dann, wenn die weiteren Voraussetzungen in den Sätzen 1 bis 3 nicht erfüllt sind und kein Fall im Sinne des Satzes 5 vorliegt.

(3) Unternehmer ist

1. die natürliche oder juristische Person oder rechtsfähige Personenvereinigung oder -gemeinschaft, der das Ergebnis des Unternehmens unmittelbar zum Vor- oder Nachteil gereicht,
2. bei nach § 2 Absatz 1 Nummer 2 oder Nummer 15 Buchstabe a bis c versicherten Rehabilitanden der Rehabilitationsträger, bei nach § 2 Absatz 1 Nummer 15 Buchstabe d versicherten Teilnehmern an Präventionsmaßnahmen der Maßnahmeträger,
3. bei Versicherten nach § 2 Absatz 1 Nummer 2, 8 und 14 Buchstabe b der Sachkostenträger,
4. beim Betrieb eines Seeschiffs der Reeder,
5. bei nach § 2 Abs. 1 Nr. 10 Buchstabe a oder b Versicherten, die für eine privatrechtliche Organisation ehrenamtlich tätig werden oder an Ausbildungsveranstaltungen für diese Tätigkeit teilnehmen, die Gebietskörperschaft oder öffentlich-rechtliche Religionsgemeinschaft, in deren Auftrag oder mit deren Zustimmung die Tätigkeit erbracht wird,
6. bei einem freiwilligen Dienst nach dem Jugendfreiwilligendienstegesetz oder einem Internationalen Jugendfreiwilligendienst nach § 2 Absatz 3 Satz 1 Nummer 2 Buchstabe c der zugelassene Träger oder, sofern eine Vereinbarung nach § 11 Abs. 2 des Jugendfreiwilligendienstegesetzes getroffen ist, die Einsatzstelle,
7. bei einem Dienst nach dem Bundesfreiwilligendienstgesetz die Einsatzstelle.

(4) Absatz 1 Satz 1 gilt nicht für Unfallversicherungsträger der öffentlichen Hand.

§ 136a Unternehmernummer

(1) Jeder Unternehmer erhält bei erstmaliger Aufnahme einer unternehmerischen Tätigkeit eine Unternehmernummer. Die Unternehmernummer wird nach Mitteilung über den Unternehmensbeginn im Sinne von § 192 Absatz 1 über die Deutsche Gesetzliche Unfallversicherung e. V. unverzüglich vergeben. Die Unternehmer, die bereits eine Unternehmernummer erhalten haben, teilen den Beginn und das Ende eines oder mehrerer weiterer Unternehmen nach § 192 Absatz 1 unter Angabe der Unternehmernummer und der notwendigen Angaben zur Identifizierung des Unternehmens dem zuständigen Träger der Unfallversicherung mit. In einem Anhang zu der Unternehmernummer werden die dem Unternehmer zugehörigen Unternehmen numerisch in aufsteigender Folge bezeichnet. Die Unternehmernummer und die zur Identifizierung des Unternehmens erforderlichen Daten, einschließlich aller dem Unternehmen zuzuordnenden Betriebsnummern, werden in einem zentralen Dateisystem bei der Deutschen Gesetzlichen Unfallversicherung e. V. gespeichert. Die Berufsgenossenschaften und Unfallversicherungsträger der öffentlichen Hand haben zur Erledigung ihrer gesetzlichen Aufgaben Zugriff auf dieses Dateisystem; dies gilt auch für die Arbeitsschutzbehörden der Länder, soweit dies für die Erfüllung ihrer Aufgaben nach § 21 Absatz 3a des Arbeitsschutzgesetzes erforderlich ist. Die Berufsgenossenschaften und die Unfallversicherungsträger der öffentlichen Hand führen die Unternehmer- und Unternehmensnummern ihrer Mitglieder jeweils in einem gesonderten Mitgliederdateisystem.
(2) Bei Änderungen, die die nach Absatz 1 zum Unternehmer oder zum Unternehmen gespeicherten Daten betreffen, gilt § 192 Absatz 2 entsprechend.
(3) Der Unternehmer hat für die Vergabe der Unternehmernummer die dazu notwendigen Angaben, insbesondere den Namen, den Geburtsnamen, das Geburtsdatum und die aktuelle Wohnanschrift, elektronisch zu übermitteln. Das Nähere zum Verfahren, zu den erforderlichen Angaben und zu den Datensätzen regelt die Deutsche Gesetzliche Unfallversicherung e. V., in Abstimmung mit der landwirtschaftlichen Berufsgenossenschaft, in Grundsätzen, die durch das Bundesministerium für Arbeit und Soziales zu genehmigen sind.

§ 136b Verarbeitung zu Zwecken des Unternehmensbasisdatenregisters

Die im zentralen Unternehmerverzeichnis nach 136a Absatz 1 Satz 5 gespeicherten Daten dürfen zu den in § 4 des Unternehmensbasisdatenregistergesetzes aufgeführten Zwecken an die Registerbehörde nach § 1 Absatz 1 des Unternehmensbasisdatenregistergesetzes übermittelt werden. Die bundeseinheitliche Wirtschaftsnummer nach § 2 des Unternehmensbasisdatenregistergesetzes darf zu den in § 5 des Unternehmensbasisdatenregistergesetzes aufgeführten Zwecken im zentralen Dateisystem nach § 136a Absatz 1 Satz 5 gespeichert werden.

§ 137 Wirkung von Zuständigkeitsänderungen

(1) Geht die Zuständigkeit für Unternehmen nach § 136 Abs. 1 Satz 4 von einem Unfallversicherungsträger auf einen anderen über, bleibt bis zum Ablauf des Ka-

lenderjahres, in dem die Entscheidung über das Ende der Zuständigkeit des bisherigen Unfallversicherungsträgers gegenüber dem Unternehmen bindend wird, dieser Unfallversicherungsträger für das Unternehmen zuständig. Die Unfallversicherungsträger können Abweichendes vereinbaren.

(2) Geht die Zuständigkeit für ein Unternehmen oder einen Unternehmensbestandteil von einem Unfallversicherungsträger auf einen anderen über, ist dieser auch hinsichtlich der Versicherungsfälle zuständig, die vor dem Zuständigkeitswechsel eingetreten sind; die Unfallversicherungsträger können Abweichendes vereinbaren. Satz 1 gilt nicht, wenn die Zuständigkeit für ein Unternehmen von der Zuständigkeit der Unfallversicherung Bund und Bahn nach § 125 Absatz 1 auf einen anderen Unfallversicherungsträger übergeht.

§ 138 Unterrichtung der Versicherten

Die Unternehmer haben die in ihren Unternehmen tätigen Versicherten darüber zu unterrichten, welcher Unfallversicherungsträger für das Unternehmen zuständig ist und an welchem Ort sich seine für Entschädigungen zuständige Geschäftsstelle befindet.

§ 139 Vorläufige Zuständigkeit

(1) Ist ein Unfallversicherungsträger der Ansicht, daß ein entschädigungspflichtiger Versicherungsfall vorliegt, für den ein anderer Unfallversicherungsträger zuständig ist, hat er vorläufige Leistungen nach § 43 des Ersten Buches zu erbringen, wenn der andere Unfallversicherungsträger sich nicht für zuständig hält oder die Prüfung der Zuständigkeit nicht innerhalb von 21 Tagen abgeschlossen werden kann.

(2) Wird einem Unfallversicherungsträger ein Versicherungsfall angezeigt, für den nach seiner Ansicht ein anderer Unfallversicherungsträger zuständig ist, hat er die Anzeige mit etwaigen weiteren Feststellungen an den anderen Unfallversicherungsträger unverzüglich abzugeben. Hält der andere Unfallversicherungsträger sich nicht für zuständig oder kann die Zuständigkeit nicht innerhalb von 21 Tagen abschließend geklärt werden, hat der erstangegangene Unfallversicherungsträger die weiteren Feststellungen zu treffen und erforderliche Leistungen nach § 43 des Ersten Buches zu erbringen.

(3) Der von dem erstangegangenen Unfallversicherungsträger angegangene Unfallversicherungsträger hat diesem unverzüglich seine Entscheidung nach den Absätzen 1 und 2 mitzuteilen.

(4) Die Unfallversicherungsträger sind berechtigt, eine abweichende Vereinbarung über die Zuständigkeit zur Erbringung vorläufiger Leistungen nach Absatz 1 und zur Durchführung der weiteren Feststellungen nach Absatz 2 zu treffen.

§ 139a Deutsche Verbindungsstelle Unfallversicherung – Ausland

(1) Die Deutsche Gesetzliche Unfallversicherung e. V. nimmt die Aufgaben
1. der Deutschen Verbindungsstelle Unfallversicherung – Ausland (Verbindungsstelle) auf der Grundlage des über- und zwischenstaatlichen Rechts sowie
2. des Trägers des Wohn- und Aufenthaltsorts aufgrund überstaatlichen Rechts für den Bereich der Unfallversicherung

wahr.

(2) Zu den Aufgaben nach Absatz 1 gehören insbesondere
1. der Abschluss von Vereinbarungen mit ausländischen Verbindungsstellen,
2. die Kostenabrechnungen mit in- und ausländischen Stellen,
3. die Koordinierung der Verwaltungshilfe bei grenzüberschreitenden Sachverhalten,
4. die Information, Beratung und Aufklärung sowie
5. die Umlagerechnung.

(3) Die Verbindungsstelle legt die ihr durch die Erfüllung ihrer Aufgaben entstandenen Sach- und Personalkosten nach Ablauf eines Kalenderjahres auf alle deutschen Träger der gesetzlichen Unfallversicherung um. Auf die Umlage kann sie Vorschüsse einfordern.

Dritter Abschnitt
Weitere Versicherungseinrichtungen

§ 140 Haftpflicht- und Auslandsversicherung

(1) Die landwirtschaftliche Berufsgenossenschaft kann für diejenigen Unternehmer und die ihnen in der Haftpflicht Gleichstehenden, deren Betriebssitz sich im örtlichen und sachlichen Zuständigkeitsbereich einer am 31. Dezember 2012 bestehenden landwirtschaftlichen Berufsgenossenschaft befindet, die bis zu diesem Zeitpunkt eine Versicherung gegen Haftpflicht nach den an diesem Tag geltenden Vorschriften betrieben hat, diese Versicherung weiter betreiben.

(2) Die Unfallversicherungsträger können durch Beschluß der Vertreterversammlung eine Versicherung gegen Unfälle einrichten, die Personen im Zusammenhang mit einer Beschäftigung bei einem inländischen Unternehmen im Ausland erleiden, wenn diese Personen nicht bereits Versicherte im Sinne dieses Buches sind.

(3) Die Teilnahme an der Versicherung erfolgt auf Antrag der Unternehmer. Die Mittel der Versicherung werden von den Unternehmern aufgebracht, die der Versicherung angeschlossen sind. Die Beschlüsse der Vertreterversammlung, die sich auf die Einrichtungen beziehen, bedürfen der Genehmigung der Aufsichtsbehörde.

§ 141 Träger der Versicherungseinrichtungen, Aufsicht

(1) Träger der Haftpflicht- und Auslandsversicherung ist der Unfallversicherungsträger. Die Aufsicht mit Ausnahme der Fachaufsicht führt die für den Unfallversicherungsträger zuständige Aufsichtsbehörde.

(2) Der Unfallversicherungsträger kann die Haftpflicht- und Auslandsversicherung auch in Form einer rechtsfähigen Anstalt des öffentlichen Rechts betreiben. Er kann seine Rechtsträgerschaft auf eine andere öffentlich-rechtliche Einrichtung übertragen.

§ 142 Gemeinsame Einrichtungen

(1) Unfallversicherungsträger, die dieselbe Aufsichtsbehörde haben, können vereinbaren, gemeinsame Einrichtungen der Auslandsversicherung zu errichten.
(2) Die Vereinbarung wird mit Beginn eines Kalenderjahres wirksam. Die Beschlüsse der Vertreterversammlungen über die Vereinbarung bedürfen der Genehmigung der Aufsichtsbehörde.

§ 143 (weggefallen)

Vierter Abschnitt Dienstrecht

§ 144 Dienstordnung

(1) Die Vertreterversammlung des Unfallversicherungsträgers hat die Ein- und Anstellungsbedingungen und die Rechtsverhältnisse der Angestellten unter Berücksichtigung des Grundsatzes der funktionsgerechten Stellenbewertung durch eine Dienstordnung angemessen zu regeln, soweit nicht die Angestellten nach Tarifvertrag oder außertariflich angestellt werden.
(2) Verträge mit Angestellten, die der Dienstordnung nach diesem Buch unterstehen sollen, dürfen ab dem 1. Januar 2023 nicht mehr abgeschlossen werden, es sei denn, die Angestellten unterstanden am 31. Dezember 2022 bereits einer Dienstordnung.

§ 145 Regelungen in der Dienstordnung

Die Dienstordnung hat die Folgen der Nichterfüllung von Pflichten und die Zuständigkeit für deren Festsetzung zu regeln. Weitergehende Rechtsnachteile, als sie das Disziplinarrecht für Beamte zuläßt, dürfen nicht vorgesehen werden.

§ 146 Verletzung der Dienstordnung

Widerspricht ein Dienstvertrag der Dienstordnung, ist er insoweit nichtig. Dies gilt nicht, wenn der Widerspruch zwischen Dienstvertrag und Dienstordnung auf einer nach Abschluß des Vertrages in Kraft getretenen Änderung der Dienstordnung zum Nachteil des Angestellten beruht.

§ 147 Aufstellung und Änderung der Dienstordnung

(1) Vor Aufstellung der Dienstordnung hat der Vorstand des Unfallversicherungsträgers die Personalvertretung zu hören.
(2) Die Dienstordnung bedarf der Genehmigung der Aufsichtsbehörde.
(3) Wird die Genehmigung versagt und wird in der festgesetzten Frist eine andere Dienstordnung nicht aufgestellt oder wird sie nicht genehmigt, erläßt die Aufsichtsbehörde die Dienstordnung.
(4) Die Absätze 1 bis 3 gelten für Änderungen der Dienstordnung entsprechend.

§ 147a Dienstbezüge der Geschäftsführer der gewerblichen Berufsgenossenschaften und der Sozialversicherung für Landwirtschaft, Forsten und Gartenbau

(1) Die Dienstbezüge im Dienstordnungsverhältnis oder die vertraglich zu vereinbarende Vergütung der Geschäftsführerinnen oder der Geschäftsführer oder der Vorsitzenden der Geschäftsführung der gewerblichen Berufsgenossenschaften dürfen die Dienstbezüge der folgenden Besoldungsgruppen nicht übersteigen:

Gewerbliche Berufsgenossenschaft		Höchstgrenze
1.	Berufsgenossenschaft Verkehrswirtschaft Post-Logistik Telekommunikation	Besoldungsgruppe B 6
2.	Berufsgenossenschaft Energie Textil Elektro Medienerzeugnisse	Besoldungsgruppe B 7
3.	Berufsgenossenschaft Handel und Warendistribution	Besoldungsgruppe B 7
4.	Berufsgenossenschaft Nahrungsmittel und Gastgewerbe	Besoldungsgruppe B 7
5.	Berufsgenossenschaft Rohstoffe und chemische Industrie	Besoldungsgruppe B 7
6.	Berufsgenossenschaft für Gesundheitsdienst und Wohlfahrtspflege	Besoldungsgruppe B 8
7.	Berufsgenossenschaft der Bauwirtschaft	Besoldungsgruppe B 8
8.	Berufsgenossenschaft Holz und Metall	Besoldungsgruppe B 8
9.	Verwaltungs-Berufsgenossenschaft	Besoldungsgruppe B 8

(2) Für die Geschäftsführerin oder den Geschäftsführer oder die Vorsitzende oder den Vorsitzenden der Geschäftsführung der Sozialversicherung für Landwirtschaft, Forsten und Gartenbau ist die Besoldungsgruppe B 7 die Besoldungshöchstgrenze.
(3) Die stellvertretende Geschäftsführerin oder der stellvertretende Geschäftsführer, die Mitglieder einer Geschäftsführung sowie die leitende technische Aufsichtsperson sind jeweils mindestens eine Besoldungsgruppe niedriger einzustufen

als die Geschäftsführerin oder der Geschäftsführer oder die Vorsitzende oder der Vorsitzende einer Geschäftsführung.
(4) Für vertraglich zu vereinbarende Vergütungen im Sinne des Absatzes 1 ist die Obergrenze das jeweilige Grundgehalt zuzüglich des Familienzuschlags der Stufe 2.

§ 148 Dienstrechtliche Vorschriften der Unfallversicherung Bund und Bahn

(1) Die Unfallversicherung Bund und Bahn besitzt Dienstherrnfähigkeit im Sinne des § 2 des Bundesbeamtengesetzes. Die Beamten sind Bundesbeamte. Für die Arbeitnehmer und Auszubildenden gelten die Bestimmungen für Arbeitnehmer und Auszubildende des Bundes.
(2) Das Bundesministerium für Arbeit und Soziales ernennt und entlässt auf Vorschlag des Vorstandes der Unfallversicherung Bund und Bahn die Beamten. Es kann seine Befugnis auf den Vorstand übertragen mit dem Recht, diese Befugnis ganz oder teilweise auf den Geschäftsführer weiter zu übertragen.
(3) Oberste Dienstbehörde für den Geschäftsführer und seinen Stellvertreter ist das Bundesministerium für Arbeit und Soziales, für die übrigen Beamten der Vorstand der Unfallversicherung Bund und Bahn, der seine Befugnisse ganz oder teilweise auf den Geschäftsführer übertragen kann.

§ 149 Dienstrechtliche Vorschriften für die gewerblichen Berufsgenossenschaften

(1) Das Personal der Unfallversicherungsträger in den Nummern 1 bis 7 und 9 der Anlage zu § 114 Absatz 1 Nummer 1 besteht vorrangig aus Arbeitnehmerinnen und Arbeitnehmern.
(2) Die Unfallversicherungsträger nach § 114 Absatz 1 Nummer 1 besitzen Dienstherrnfähigkeit im Sinne des § 2 des Bundesbeamtengesetzes. Die Beamtinnen und Beamten sind Bundesbeamtinnen und Bundesbeamte. Der Stellenplan für die Planstellen der Beamtinnen und Beamten bedarf der Genehmigung der Aufsichtsbehörde.
(3) Das Bundesministerium für Arbeit und Soziales ernennt und entlässt auf Vorschlag des Vorstandes die Beamtinnen und Beamten. Es kann seine Befugnis auf den Vorstand übertragen mit dem Recht, diese Befugnis ganz oder teilweise auf die Geschäftsführung weiter zu übertragen.
(4) Oberste Dienstbehörde für die Geschäftsführung und ihre Stellvertretung ist das Bundesministerium für Arbeit und Soziales, für die übrigen Beamtinnen und Beamten der Vorstand, der seine Befugnisse ganz oder teilweise auf die Geschäftsführung übertragen kann.

Sechstes Kapitel
Aufbringung der Mittel

Erster Abschnitt
Allgemeine Vorschriften

Erster Unterabschnitt
Beitragspflicht

§ 150 Beitragspflichtige

(1) Beitragspflichtig sind die Unternehmer, für deren Unternehmen Versicherte tätig sind oder zu denen Versicherte in einer besonderen, die Versicherung begründenden Beziehung stehen. Die nach § 2 versicherten Unternehmer sowie die nach § 3 Abs. 1 Nr. 1 und § 6 Abs. 1 Versicherten sind selbst beitragspflichtig. Für Versicherte nach § 6 Absatz 1 Satz 2 ist die jeweilige Organisation oder der jeweilige Verband beitragspflichtig. Entsprechendes gilt in den Fällen des § 6 Absatz 1 Satz 3.
(2) Neben den Unternehmern sind beitragspflichtig
1. die Auftraggeber, soweit sie Zwischenmeistern und Hausgewerbetreibenden zur Zahlung von Entgelt verpflichtet sind,
2. die Reeder, soweit beim Betrieb von Seeschiffen andere Unternehmer sind oder auf Seeschiffen durch andere ein Unternehmen betrieben wird.

Die in Satz 1 Nr. 1 und 2 Genannten sowie die in § 130 Abs. 2 Satz 1 und Abs. 3 genannten Bevollmächtigten haften mit den Unternehmern als Gesamtschuldner.
(3) Für die Beitragshaftung bei der Arbeitnehmerüberlassung gilt § 28e Abs. 2 und 4 des Vierten Buches, für die Beitragshaftung bei der Ausführung eines Dienst- oder Werkvertrages im Baugewerbe gilt § 28e Absatz 3a bis 3f des Vierten Buches und für die Beitragshaftung bei der Ausführung eines Dienst- oder Werkvertrages durch Unternehmer im Speditions-, Transport- und damit verbundenen Logistikgewerbe, die im Bereich der Kurier-, Express- und Paketdienste tätig sind und im Auftrag eines anderen Unternehmers adressierte Pakete befördern, gilt § 28e Absatz 3 g des Vierten Buches entsprechend. Der Nachunternehmer oder der von diesem beauftragte Verleiher hat für den Nachweis nach § 28e Absatz 3f des Vierten Buches eine qualifizierte Unbedenklichkeitsbescheinigung des zuständigen Unfallversicherungsträgers vorzulegen; diese enthält insbesondere Angaben über die bei dem Unfallversicherungsträger eingetragenen Unternehmensteile und diesen zugehörigen Lohnsummen des Nachunternehmers oder des von diesem beauftragten Verleihers sowie die ordnungsgemäße Zahlung der Beiträge.
(4) Bei einem Wechsel der Person des Unternehmers sind der bisherige Unternehmer und sein Nachfolger bis zum Ablauf des Kalenderjahres, in dem der Wechsel angezeigt wurde, zur Zahlung der Beiträge und damit zusammenhängender Leistungen als Gesamtschuldner verpflichtet.

§ 151 Beitragserhebung bei überbetrieblichen arbeitsmedizinischen und sicherheitstechnischen Diensten

Die Mittel für die Einrichtungen nach § 24 werden von den Unternehmern aufgebracht, die diesen Einrichtungen angeschlossen sind. Die Satzung bestimmt das Nähere über den Maßstab, nach dem die Mittel aufzubringen sind, und über die Fälligkeit.

Zweiter Unterabschnitt Beitragshöhe

§ 152 Umlage

(1) Die Beiträge werden nach Ablauf des Kalenderjahres, in dem die Beitragsansprüche dem Grunde nach entstanden sind, im Wege der Umlage festgesetzt. Die Umlage muß den Bedarf des abgelaufenen Kalenderjahres einschließlich der zur Ansammlung der Rücklage sowie des Verwaltungsvermögens nötigen Beträge decken. Darüber hinaus dürfen Beiträge nur zur Zuführung zu den Betriebsmitteln erhoben werden.
(2) Abweichend von Absatz 1 werden die Beiträge für in Eigenarbeit nicht gewerbsmäßig ausgeführte Bauarbeiten (nicht gewerbsmäßige Bauarbeiten) außerhalb der Umlage erhoben.
(3) Die Satzung kann bestimmen, dass die Aufwendungen für Versicherte, die im Sinne des § 2 Absatz 1 Nummer 9 zweite Alternative unentgeltlich, insbesondere ehrenamtlich in der Wohlfahrtspflege tätig sind, außerhalb der Umlage nach Absatz 1 auf die Unternehmen und Einrichtungen der Wohlfahrtspflege umgelegt werden.

§ 153 Berechnungsgrundlagen

(1) Berechnungsgrundlagen für die Beiträge sind, soweit sich aus den nachfolgenden Vorschriften nicht etwas anderes ergibt, der Finanzbedarf (Umlagesoll), die Arbeitsentgelte der Versicherten und die Gefahrklassen.
(2) Das Arbeitsentgelt der Versicherten wird bis zur Höhe des Höchstjahresarbeitsverdienstes zugrunde gelegt.
(3) Die Satzung kann bestimmen, daß der Beitragsberechnung mindestens das Arbeitsentgelt in Höhe des Mindestjahresarbeitsverdienstes für Versicherte, die das 18. Lebensjahr vollendet haben, zugrunde gelegt wird. Waren die Versicherten nicht während des ganzen Kalenderjahres oder nicht ganztägig beschäftigt, wird ein entsprechender Teil dieses Betrages zugrunde gelegt.
(4) Soweit Rentenlasten nach § 178 Abs. 2 und 3 gemeinsam getragen werden, bleiben bei der Beitragsberechnung Unternehmen nach § 180 Abs. 2 außer Betracht. Soweit Rentenlasten nach § 178 Abs. 2 Nr. 2 und Abs. 3 Nr. 2 gemeinsam getragen werden, werden sie auf die Unternehmen ausschließlich nach den Arbeitsentgelten der Versicherten in den Unternehmen unter Berücksichtigung des Freibetrages nach § 180 Abs. 1 umgelegt.

§ 154 Berechnungsgrundlagen in besonderen Fällen

(1) Berechnungsgrundlage für die Beiträge der kraft Gesetzes versicherten selbständig Tätigen, der kraft Satzung versicherten Unternehmer, Ehegatten und Lebenspartner und der freiwillig Versicherten nach § 6 Abs. 1 Nr. 1 und 2 ist anstelle der Arbeitsentgelte der kraft Satzung bestimmte Jahresarbeitsverdienst (Versicherungssumme). Beginnt oder endet die Versicherung im Laufe eines Kalenderjahres, wird der Beitragsberechnung nur ein entsprechender Teil des Jahresarbeitsverdienstes zugrunde gelegt. Für die Berechnung der Beiträge der freiwillig Versicherten nach § 6 Abs. 1 Nr. 3 und 4 gilt § 155 entsprechend. Die Beiträge werden für volle Monate erhoben.

(2) Soweit bei der Berufsgenossenschaft Verkehrswirtschaft Post-Logistik Telekommunikation für das Arbeitsentgelt oder das Arbeitseinkommen Durchschnittssätze gelten, sind diese maßgebend. Die Satzung der Berufsgenossenschaft Verkehrswirtschaft Post-Logistik Telekommunikation kann bestimmen, daß der Beitragsberechnung der Jahresarbeitsverdienst von Versicherten, die nicht als Besatzungsmitglied tätig sind, nur zum Teil zugrunde gelegt wird.

(3) Berechnungsgrundlagen für die Beiträge sind in den Fällen des § 152 Absatz 3 der für diesen Personenkreis erforderliche Finanzbedarf und das Arbeitsentgelt der Versicherten der Unternehmen und Einrichtungen der Wohlfahrtspflege.

§ 155 Beiträge nach der Zahl der Versicherten

Die Satzung kann bestimmen, daß die Beiträge nicht nach Arbeitsentgelten, sondern nach der Zahl der Versicherten unter Berücksichtigung der Gefährdungsrisiken berechnet werden. Grundlage für die Ermittlung der Gefährdungsrisiken sind die Leistungsaufwendungen. § 157 Abs. 5 und § 158 Abs. 2 gelten entsprechend.

§ 156 Beiträge nach einem auf Arbeitsstunden aufgeteilten Arbeitsentgelt

Die Satzung kann bestimmen, daß das für die Berechnung der Beiträge maßgebende Arbeitsentgelt nach der Zahl der geleisteten Arbeitsstunden oder den für die jeweiligen Arbeiten nach allgemeinen Erfahrungswerten durchschnittlich aufzuwendenden Arbeitsstunden berechnet wird; als Entgelt für die Arbeitsstunde kann höchstens der 2100. Teil der Bezugsgröße bestimmt werden.

§ 157 Gefahrtarif

(1) Der Unfallversicherungsträger setzt als autonomes Recht einen Gefahrtarif fest. In dem Gefahrtarif sind zur Abstufung der Beiträge Gefahrklassen festzustellen. Für die in § 121 Abs. 2 genannten Unternehmen der Seefahrt kann die Berufsgenossenschaft Verkehrswirtschaft Post-Logistik Telekommunikation Gefahrklassen feststellen.

(2) Der Gefahrtarif wird nach Tarifstellen gegliedert, in denen Gefahrengemeinschaften nach Gefährdungsrisiken unter Berücksichtigung eines versicherungs-

mäßigen Risikoausgleichs gebildet werden. Für nicht gewerbsmäßige Bauarbeiten kann eine Tarifstelle mit einer Gefahrklasse vorgesehen werden.

(3) Die Gefahrklassen werden aus dem Verhältnis der gezahlten Leistungen zu den Arbeitsentgelten berechnet.

(4) Der Gefahrtarif hat eine Bestimmung über die Festsetzung der Gefahrklassen oder die Berechnung der Beiträge für fremdartige Nebenunternehmen vorzusehen. Die Berechnungsgrundlagen des Unfallversicherungsträgers, dem die Nebenunternehmen als Hauptunternehmen angehören würden, sind dabei zu beachten.

(5) Der Gefahrtarif hat eine Geltungsdauer von höchstens sechs Kalenderjahren.

§ 158 Genehmigung

(1) Der Gefahrtarif und jede Änderung bedürfen der Genehmigung der Aufsichtsbehörde.

(2) Der Unfallversicherungsträger hat spätestens drei Monate vor Ablauf der Geltungsdauer des Gefahrtarifs der Aufsichtsbehörde beabsichtigte Änderungen mitzuteilen. Wird der Gefahrtarif in einer von der Aufsichtsbehörde gesetzten Frist nicht aufgestellt oder wird er nicht genehmigt, stellt ihn die Aufsichtsbehörde auf. § 89 des Vierten Buches gilt.

§ 159 Veranlagung der Unternehmen zu den Gefahrklassen

(1) Der Unfallversicherungsträger veranlagt die Unternehmen für die Tarifzeit nach dem Gefahrtarif zu den Gefahrenklassen. Satz 1 gilt nicht für nicht gewerbsmäßige Bauarbeiten.

(2) Für die Auskunftspflicht der Unternehmer gilt § 98 des Zehnten Buches entsprechend mit der Maßgabe, dass sich die Auskunfts- und Vorlagepflicht der Unternehmer auch auf Angaben und Unterlagen über die betrieblichen Verhältnisse erstreckt, die für die Veranlagung der Unternehmen zu den Gefahrklassen erforderlich sind. Soweit die Unternehmer ihrer Auskunftspflicht nicht nachkommen, nimmt der Unfallversicherungsträger die Veranlagung nach eigener Einschätzung der betrieblichen Verhältnisse vor.

§ 160 Änderung der Veranlagung

(1) Treten in den Unternehmen Änderungen ein, hebt der Unfallversicherungsträger den Veranlagungsbescheid mit Beginn des Monats auf, der der Änderungsmitteilung durch die Unternehmer folgt.

(2) Ein Veranlagungsbescheid wird mit Wirkung für die Vergangenheit aufgehoben, soweit

1. die Veranlagung zu einer zu niedrigen Gefahrklasse geführt hat oder eine zu niedrige Gefahrklasse beibehalten worden ist, weil die Unternehmer ihren Mitteilungspflichten nicht oder nicht rechtzeitig nachgekommen sind oder ihre Angaben in wesentlicher Hinsicht unrichtig oder unvollständig waren,
2. die Veranlagung zu einer zu hohen Gefahrklasse von den Unternehmern nicht zu vertreten ist.

(3) In allen übrigen Fällen wird ein Veranlagungsbescheid mit Beginn des Monats, der der Bekanntgabe des Änderungsbescheides folgt, aufgehoben.

§ 161 Mindestbeitrag

Die Satzung kann bestimmen, daß ein einheitlicher Mindestbeitrag erhoben wird.

§ 162 Zuschläge, Nachlässe, Prämien

(1) Die gewerblichen Berufsgenossenschaften haben unter Berücksichtigung der anzuzeigenden Versicherungsfälle Zuschläge aufzuerlegen oder Nachlässe zu bewilligen. Versicherungsfälle nach § 8 Abs. 2 Nr. 1 bis 4 bleiben dabei außer Ansatz. Das Nähere bestimmt die Satzung; dabei kann sie Versicherungsfälle, die durch höhere Gewalt oder durch alleiniges Verschulden nicht zum Unternehmen gehörender Personen eintreten, und Versicherungsfälle auf Betriebswegen sowie Berufskrankheiten ausnehmen. Die Höhe der Zuschläge und Nachlässe richtet sich nach der Zahl, der Schwere oder den Aufwendungen für die Versicherungsfälle oder nach mehreren dieser Merkmale. Die Satzung kann bestimmen, dass auch die nicht anzeigepflichtigen Versicherungsfälle für die Berechnung von Zuschlägen oder Nachlässen berücksichtigt werden. Die Sätze 1 bis 5 gelten auch für den Zuständigkeitsbereich der Unfallversicherung Bund und Bahn nach § 125 Absatz 2. Die landwirtschaftliche Berufsgenossenschaft kann durch Satzung bestimmen, daß entsprechend den Sätzen 1 bis 5 Zuschläge auferlegt oder Nachlässe bewilligt werden.
(2) Die Unfallversicherungsträger können unter Berücksichtigung der Wirksamkeit der von den Unternehmern getroffenen Maßnahmen zur Verhütung von Arbeitsunfällen und Berufskrankheiten und für die Verhütung von arbeitsbedingten Gesundheitsgefahren Prämien gewähren. Dabei sollen sie auch die in Inklusionsvereinbarungen (§ 166 des Neunten Buches) getroffenen Maßnahmen der betrieblichen Prävention (§ 167 des Neunten Buches) berücksichtigen.
(3) Die Absätze 1 und 2 gelten nicht für nicht gewerbsmäßige Bauarbeiten.

§ 163 Beitragszuschüsse für Küstenfischer

(1) Für die Unternehmen der Küstenfischerei, deren Unternehmer nach § 2 Abs. 1 Nr. 7 versichert sind, haben die Länder mit Küstenbezirken im voraus bemessene Zuschüsse zu den Beiträgen zu leisten; die Höhe der Zuschüsse stellt das Bundesamt für Soziale Sicherung im Benehmen mit den obersten Verwaltungsbehörden der Länder mit Küstenbezirken jährlich fest. Die Zuschüsse sind für jedes Land entsprechend der Höhe des Jahresarbeitsverdienstes der in diesen Unternehmen tätigen Versicherten unter Heranziehung des Haushaltsvoranschlages der Berufsgenossenschaft Verkehrswirtschaft Post-Logistik Telekommunikation festzustellen.
(2) Die Länder können die Beitragszuschüsse auf die Gemeinden oder Gemeindeverbände entsprechend der Höhe des Jahresarbeitsverdienstes der Versicherten in Unternehmen der Küstenfischerei, die in ihrem Bezirk tätig sind, verteilen.
(3) Küstenfischerei im Sinne des Absatzes 1 ist

1. der Betrieb mit Hochseekuttern bis zu 250 Kubikmetern Rauminhalt, Küstenkuttern, Fischerbooten und ähnlichen Fahrzeugen,
2. die Fischerei ohne Fahrzeug auf den in § 121 Abs. 3 Nr. 1 bis 3 genannten Gewässern.

Dritter Unterabschnitt
Vorschüsse und Sicherheitsleistungen

§ 164 Beitragsvorschüsse und Sicherheitsleistungen

(1) Zur Sicherung des Beitragsaufkommens können die Unfallversicherungsträger Vorschüsse bis zur Höhe des voraussichtlichen Jahresbedarfs erheben.
(2) Die Unfallversicherungsträger können bei einem Wechsel der Person des Unternehmers oder bei Einstellung des Unternehmens eine Beitragsabfindung oder auf Antrag eine Sicherheitsleistung festsetzen. Das Nähere bestimmt die Satzung.

Vierter Unterabschnitt
Umlageverfahren

§ 165 Nachweise

(1) Die Unternehmer haben nach Ablauf eines Kalenderjahres die Arbeitsentgelte der Versicherten und die geleisteten Arbeitsstunden mit dem Lohnnachweis nach § 99 des Vierten Buches zu melden. Soweit Beiträge für Beschäftigte erhoben werden, bei denen sich die Höhe des Beitrages nach den §§ 155, 156 und 185 Absatz 2 und 4 nicht nach den Arbeitsentgelten richtet, hat der Unternehmer die zur Berechnung der Umlage durch Satzung festgelegten Angaben nach § 99 des Vierten Buches zu melden. Soweit Beiträge für sonstige, nicht nach § 2 Absatz 1 Nummer 1 Versicherte nicht nach den Arbeitsentgelten erhoben werden, werden die vom Unternehmer zur Berechnung der Umlage zu meldenden Angaben sowie das Verfahren durch Satzung bestimmt.
(2) Die Unternehmer nicht gewerbsmäßiger Bauarbeiten haben zur Berechnung der Beiträge einen Nachweis über die sich aus der Satzung ergebenden Berechnungsgrundlagen in der vom Unfallversicherungsträger geforderten Frist einzureichen. Der Unfallversicherungsträger kann für den Nachweis nach Satz 1 eine bestimmte Form vorschreiben.
(3) Soweit die Unternehmer die Angaben nicht, nicht rechtzeitig, falsch oder unvollständig machen, kann der Unfallversicherungsträger eine Schätzung vornehmen.
(4) Die Unternehmer haben über die den Angaben nach den Absätzen 1 und 2 zugrunde liegenden Tatsachen Aufzeichnungen zu führen; bei der Ausführung eines Dienst- oder Werkvertrages im Baugewerbe hat der Unternehmer jeweils gesonderte Aufzeichnungen so zu führen, dass eine Zuordnung der Arbeitnehmer, der Arbeitsentgelte und der geleisteten Arbeitsstunden der Versicherten zu dem

jeweiligen Dienst- oder Werkvertrag gewährleistet ist. Die Aufzeichnungen sind mindestens fünf Jahre lang aufzubewahren.

§ 166 Auskunftspflicht der Unternehmer und Beitragsüberwachung

(1) Für die Auskunftspflicht der Unternehmer und die Beitragsüberwachung gelten § 98 des Zehnten Buches, § 28p des Vierten Buches und die Beitragsverfahrensverordnung entsprechend mit der Maßgabe, daß sich die Auskunfts- und Vorlagepflicht der Unternehmer und die Prüfungs- und Überwachungsbefugnis der Unfallversicherungsträger auch auf Angaben und Unterlagen über die betrieblichen Verhältnisse erstreckt, die für die Veranlagung der Unternehmen und für die Zuordnung der Entgelte der Versicherten zu den Gefahrklassen erforderlich sind.
(2) Die Prüfung nach Absatz 1 bei den Arbeitgebern wird von den Trägern der Rentenversicherung im Auftrag der Unfallversicherung im Rahmen ihrer Prüfung nach § 28p des Vierten Buches durchgeführt. Unternehmen, bei denen der für das vorvergangene Jahr vor der Prüfung nach § 168 Absatz 1 festgestellte Beitrag einen Betrag in Höhe von 1,5 Prozent der Bezugsgröße nicht überstiegen hat, sind dabei bis auf eine durch den Unfallversicherungsträger festzulegende Stichprobe von der Prüfung ausgenommen. Satz 1 gilt nicht,

1. soweit sich die Höhe des Beitrages nach den §§ 155, 156, 185 Absatz 2 oder Absatz 4 nicht nach den Arbeitsentgelten richtet,
2. wenn der Unfallversicherungsträger das Ende seiner Zuständigkeit für das Unternehmen durch einen Bescheid nach § 136 Absatz 1 festgestellt hat.

Unternehmer, bei denen keine Prüfung nach § 28p des Vierten Buches durchzuführen ist, prüfen die Unfallversicherungsträger; hierfür bestimmen sie die Prüfungsabstände. Die Unfallversicherungsträger können die Prüfung nach Absatz 1 selbst durchführen, wenn Anhaltspunkte vorliegen, dass der Unternehmer Arbeitsentgelte nicht oder nicht zur richtigen Gefahrklasse gemeldet hat. Der für die Prüfung zuständige Rentenversicherungsträger ist über den Beginn und über das Ergebnis der Prüfung zu informieren.
(3) Das Nähere über die Größe der Stichprobe nach Absatz 2 Satz 2 sowie über Art, Umfang und Zeitpunkt der Übermittlung der Angaben über die von der Prüfung ausgenommenen Unternehmen regeln die Deutsche Gesetzliche Unfallversicherung e. V. und die Deutsche Rentenversicherung Bund in einer Vereinbarung. Die Träger der Rentenversicherung erhalten für die Beitragsüberwachung von den Trägern der Unfallversicherung eine pauschale Vergütung, mit der alle dadurch entstehenden Kosten abgegolten werden. Die Höhe wird regelmäßig durch Vereinbarung zwischen der Deutschen Gesetzlichen Unfallversicherung e. V. und der Deutschen Rentenversicherung Bund festgesetzt. Die Deutsche Gesetzliche Unfallversicherung e. V. prüft bei den Trägern der Rentenversicherung deren Aufgabenerfüllung nach Absatz 2 Satz 1.

§ 167 Beitragsberechnung

(1) Der Beitrag ergibt sich aus den zu berücksichtigenden Arbeitsentgelten, den Gefahrklassen und dem Beitragsfuß.

(2) Der Beitragsfuß wird durch Division des Umlagesolls durch die Beitragseinheiten (Arbeitsentgelte × Gefahrklassen) berechnet. Beitragseinheiten der Unternehmen nicht gewerbsmäßiger Bauarbeiten werden nicht berücksichtigt; für diese Unternehmen wird der Beitrag nach dem Beitragsfuß des letzten Umlagejahres berechnet.
(3) Die Einzelheiten der Beitragsberechnung bestimmt die Satzung.

§ 168 Beitragsbescheid

(1) Der Unfallversicherungsträger teilt den Beitragspflichtigen den von ihnen zu zahlenden Beitrag schriftlich mit. Einer Anhörung nach § 24 des Zehnten Buches bedarf es nur in den Fällen des Absatzes 2 Satz 1.
(2) Der Beitragsbescheid ist mit Wirkung für die Vergangenheit zuungunsten der Beitragspflichtigen nur dann aufzuheben, wenn
1. die Veranlagung des Unternehmens zu den Gefahrklassen nachträglich geändert wird,
2. die Meldung nach § 165 Absatz 1 unrichtige Angaben enthält oder sich die Schätzung als unrichtig erweist,

Wird der Beitragsbescheid aufgrund der Feststellungen einer Prüfung nach § 166 Abs. 2 aufgehoben, bedarf es nicht einer Anhörung durch den Unfallversicherungsträger nach § 24 des Zehnten Buches, soweit die für die Aufhebung erheblichen Tatsachen in der Prüfung festgestellt worden sind und der Arbeitgeber Gelegenheit hatte, gegenüber dem Rentenversicherungsträger hierzu Stellung zu nehmen.
(2a) Enthält eine Meldung nach § 99 des Vierten Buches unrichtige Angaben, unterbleibt eine Aufhebung des Beitragsbescheides nach § 44 des Zehnten Buches zugunsten des Unternehmers, solange die fehlerhaften Meldungen nicht durch den Unternehmer korrigiert worden sind.
(3) Die Satzung kann bestimmen, daß die Unternehmer ihren Beitrag selbst zu errechnen haben; sie regelt das Verfahren sowie die Fälligkeit des Beitrages.
(4) Für Unternehmen nicht gewerbsmäßiger Bauarbeiten wird der Beitrag festgestellt, sobald der Anspruch entstanden und der Höhe nach bekannt ist.

§ 169 Erhebung von Säumniszuschlägen

Ein Säumniszuschlag nach § 24 Absatz 1 Satz 1 des Vierten Buches ist nicht zu erheben, wenn
1. dieser einen Betrag von 5 Euro unterschreitet oder
2. ein Säumnis bis zu drei Tagen vorliegt.

Dies gilt nicht für die landwirtschaftliche Unfallversicherung.

§ 170 Beitragszahlung an einen anderen Unfallversicherungsträger

Soweit das Arbeitsentgelt bereits in dem Lohnnachweis für einen anderen Unfallversicherungsträger enthalten ist und die Beiträge, die auf dieses Arbeitsentgelt entfallen, an diesen Unfallversicherungsträger gezahlt sind, besteht bis zur Höhe der gezahlten Beiträge ein Anspruch auf Zahlung von Beiträgen nicht. Die Unfallversicherungsträger stellen untereinander fest, wem der gezahlte Beitrag zusteht.

Fünfter Unterabschnitt
Betriebsmittel, Rücklage und Verwaltungsvermögen

§ 171 (weggefallen)

§ 172 Betriebsmittel

(1) Betriebsmittel dürfen nur verwendet werden
1. für Aufgaben, die gesetzlich oder durch die Satzung vorgesehen sind, sowie für die Verwaltungskosten,
2. zur Auffüllung der Rücklage und zur Bildung von Verwaltungsvermögen.

(2) Die Betriebsmittel dürfen die Ausgaben des abgelaufenen Kalenderjahres am 31. Dezember des laufenden Kalenderjahres nicht übersteigen.

§ 172a Rücklage

(1) Die Unfallversicherungsträger bilden die Rücklage über die in § 82 des Vierten Buches genannte Zweckbestimmung hinaus auch zur Beitragsstabilisierung.
(2) Die Rücklage wird mindestens in zweifacher Höhe der durchschnittlichen monatlichen Ausgaben des abgelaufenen Kalenderjahres und höchstens bis zur vierfachen Höhe der durchschnittlichen monatlichen Ausgaben des abgelaufenen Kalenderjahres gebildet; Stichtag für die Bemessung ist der 31. Dezember des laufenden Kalenderjahres.
(3) Bis die Rücklage die in Absatz 2 vorgesehene Mindesthöhe erreicht hat, wird ihr jährlich ein Betrag in Höhe von 1,5 Prozent der Ausgaben des abgelaufenen Kalenderjahres zugeführt.
(4) Die Aufsichtsbehörde kann auf Antrag des Unfallversicherungsträgers genehmigen, dass die Rücklage bis zu einer geringeren Höhe angesammelt wird oder ihr höhere, geringere oder keine Beträge zugeführt werden.
(5) Die Zinsen aus der Rücklage fließen dieser zu, bis sie die Mindesthöhe erreicht hat, die sich aus Absatz 2 ergibt.

§ 172b Verwaltungsvermögen

Mittel für den Erwerb, die Errichtung, die Erweiterung und den Umbau von Immobilien der Eigenbetriebe sowie der durch Beteiligungen oder Darlehen geförderten Einrichtungen der Unfallversicherungsträger oder anderer Träger dürfen über die in § 82a des Vierten Buches geregelten Voraussetzungen hinaus nur aufgewendet werden, wenn diese Vorhaben auch unter Berücksichtigung des Gesamtbedarfs aller Unfallversicherungsträger erforderlich sind.

§ 172c Altersrückstellungen

(1) Die Unfallversicherungsträger sind verpflichtet, Altersrückstellungen für die bei ihnen beschäftigten Arbeitnehmerinnen und Arbeitnehmer, denen eine Anwartschaft auf Versorgung nach beamtenrechtlichen Vorschriften oder Grundsätzen gewährleistet wird, zu bilden. Die Altersrückstellungen umfassen Versorgungsausgaben für Versorgungsbezüge und Beihilfen. Die Verpflichtung besteht auch, wenn die Unfallversicherungsträger gegenüber ihren Tarifbeschäftigten Leistungen der betrieblichen Altersvorsorge unmittelbar zugesagt haben.
(2) Die Rückstellungen dürfen nur zweckentsprechend verwendet werden.
(3) Das Bundesministerium für Arbeit und Soziales wird ermächtigt, im Einvernehmen mit dem Bundesministerium für Ernährung und Landwirtschaft das Nähere zur Höhe der für die Altersrückstellungen erforderlichen Zuweisungssätze, zum Zahlverfahren der Zuweisungen, zur Überprüfung der Höhe der Zuweisungssätze sowie zur Anlage des Deckungskapitals durch Rechtsverordnung mit Zustimmung des Bundesrates zu regeln. Das Bundesministerium für Arbeit und Soziales kann die Befugnis nach Satz 1 mit Zustimmung des Bundesrates durch Rechtsverordnung auf das Bundesamt für Soziale Sicherung übertragen. Rechtsverordnungen, die nach Satz 2 erlassen werden, bedürfen einer Anhörung der Deutschen Gesetzlichen Unfallversicherung e. V. sowie der landwirtschaftlichen Berufsgenossenschaft und ergehen im Einvernehmen mit dem Bundesministerium für Arbeit und Soziales sowie dem Bundesministerium für Ernährung und Landwirtschaft.

Sechster Unterabschnitt
Zusammenlegung und Teilung der Last, Teilung der Entschädigungslast bei Berufskrankheiten, Erstattungsansprüche der landwirtschaftlichen Berufsgenossenschaft

§ 173 Zusammenlegung und Teilung der Last

(1) Die gewerblichen Berufsgenossenschaften können vereinbaren, ihre Entschädigungslast ganz oder zum Teil gemeinsam zu tragen. Dabei wird vereinbart, wie die gemeinsame Last auf die beteiligten Berufsgenossenschaften zu verteilen ist. Die Vereinbarung bedarf der Zustimmung der Vertreterversammlungen und der Genehmigung der Aufsichtsbehörden der beteiligten Berufsgenossenschaften. Sie darf nur mit dem Beginn eines Kalenderjahres wirksam werden.
(2) Kommt eine Vereinbarung nach Absatz 1 nicht zustande und erscheint es zur Abwendung der Gefährdung der Leistungsfähigkeit einer Berufsgenossenschaft erforderlich, so kann das Bundesministerium für Arbeit und Soziales durch Rechtsverordnung mit Zustimmung des Bundesrates bestimmen, daß Berufsgenossenschaften ihre Entschädigungslast für ein Kalenderjahr ganz oder zum Teil gemeinsam tragen oder eine vorübergehend nicht leistungsfähige Berufsgenossenschaft unterstützen, und das Nähere über die Verteilung der Last und die Höhe der Unterstützung regeln.

(3) Der Anteil der Berufsgenossenschaft an der gemeinsamen Last wird wie die Entschädigungsbeträge, die die Berufsgenossenschaft nach diesem Gesetz zu leisten hat, auf die Unternehmer verteilt, sofern die Vertreterversammlung nicht etwas anderes beschließt.
(4) Gilt nach § 130 Abs. 2 Satz 4 als Sitz des Unternehmens Berlin, kann der für die Entschädigung zuständige Unfallversicherungsträger von den anderen sachlich, aber nicht örtlich zuständigen Unfallversicherungsträgern einen Ausgleich verlangen. Die Unfallversicherungsträger regeln das Nähere durch Vereinbarung.

§ 174 Teilung der Entschädigungslast bei Berufskrankheiten

(1) In den Fällen des § 134 kann der für die Entschädigung zuständige Unfallversicherungsträger von den anderen einen Ausgleich verlangen.
(2) Die Höhe des Ausgleichs nach Absatz 1 richtet sich nach dem Verhältnis der Dauer der gefährdenden Tätigkeit in dem jeweiligen Unternehmen zur Dauer aller gefährdenden Tätigkeiten.
(3) Die Unfallversicherungsträger regeln das Nähere durch Vereinbarung; sie können dabei einen von Absatz 2 abweichenden Verteilungsmaßstab wählen, einen pauschalierten Ausgleich vorsehen oder von einem Ausgleich absehen.

§ 175 Erstattungsansprüche der landwirtschaftlichen Berufsgenossenschaft

Erleiden vorübergehend für ein landwirtschaftliches Unternehmen Tätige einen Versicherungsfall und ist für ihre hauptberufliche Tätigkeit ein anderer Unfallversicherungsträger als die landwirtschaftliche Berufsgenossenschaft zuständig, erstattet dieser der landwirtschaftlichen Berufsgenossenschaft die Leistungen, die über das hinausgehen, was mit gleichen Arbeiten dauernd in der Landwirtschaft Beschäftigte zu beanspruchen haben.

Siebter Unterabschnitt
Lastenverteilung zwischen den gewerblichen Berufsgenossenschaften

§ 176 Grundsatz

Die gewerblichen Berufsgenossenschaften tragen ihre Rentenlasten nach Maßgabe der folgenden Vorschriften gemeinsam.

§ 177 Begriffsbestimmungen

(1) Rentenlasten sind die Aufwendungen der Berufsgenossenschaften für Renten, Sterbegeld und Abfindungen.
(2) Ausgleichsjahr ist das Kalenderjahr, für das die Rentenlasten gemeinsam getragen werden.

(3) Neurenten eines Jahres sind die Rentenlasten des Ausgleichsjahres aus Versicherungsfällen, für die im Ausgleichsjahr oder in einem der vier vorangegangenen Jahre erstmals Rente, Sterbegeld oder Abfindung festgestellt wurde. Abfindungen sind dabei auf den Gesamtbetrag zu reduzieren, der bei laufender Rentenzahlung bis zum Ende des vierten Jahres nach dem Jahr der erstmaligen Feststellung der Rente geleistet worden wäre; Abfindungen nach § 75 werden in Höhe der Abfindungssumme berücksichtigt.
(4) Rentenwert einer Berufsgenossenschaft sind die nach versicherungsmathematischen Grundsätzen bis zum Ende ihrer Laufzeit ohne Abzinsung und ohne Berücksichtigung von Rentenanpassungen zu erwartenden Aufwendungen für solche Versicherungsfälle, für die im Ausgleichsjahr erstmals Rente, Sterbegeld oder Abfindung festgestellt wurde.
(5) Entgeltsumme einer Berufsgenossenschaft sind die beitragspflichtigen Arbeitsentgelte und Versicherungssummen.
(6) Entgeltanteil einer Berufsgenossenschaft ist das Verhältnis ihrer Entgeltsumme zu der Entgeltsumme aller Berufsgenossenschaften.
(7) Latenzfaktor einer Berufsgenossenschaft ist das Verhältnis des Entgeltanteils im Ausgleichsjahr zum Entgeltanteil im 25. Jahr, das dem Ausgleichsjahr vorausgegangen ist.
(8) Freistellungsfaktor einer Berufsgenossenschaft ist das Verhältnis ihrer nach § 180 Abs. 2 reduzierten Entgeltsumme zu ihrer Entgeltsumme.
(9) Berufskrankheiten-Neurenten-Lastsatz einer in einer Tarifstelle gebildeten Gefahrgemeinschaft ist das Verhältnis der Berufskrankheiten-Neurenten der Gefahrgemeinschaft zu ihrer Entgeltsumme.

§ 178 Gemeinsame Tragung der Rentenlasten

(1) Jede Berufsgenossenschaft trägt jährlich Rentenlasten in Höhe des 5,5fachen ihrer Neurenten für Arbeitsunfälle und des 3,4fachen ihrer mit dem Latenzfaktor gewichteten Neurenten für Berufskrankheiten. Die in Satz 1 genannten Werte sind neu festzusetzen, wenn die Summe der Rentenwerte von dem 5,5fachen aller Neurenten für Arbeitsunfälle oder dem 3,4fachen aller Neurenten für Berufskrankheiten um mehr als 0,2 abweicht. Die Festsetzung gilt für höchstens sechs Kalenderjahre. Die Werte sind erstmals für das Ausgleichsjahr 2014 neu festzusetzen.
(2) Soweit die Rentenlasten für Arbeitsunfälle die nach Absatz 1 zu tragenden Lasten übersteigen, tragen die Berufsgenossenschaften den übersteigenden Betrag nach folgender Maßgabe gemeinsam:
1. 30 Prozent nach dem Verhältnis ihrer mit dem Freistellungsfaktor gewichteten Neurenten für Arbeitsunfälle und
2. 70 Prozent nach dem Verhältnis der Arbeitsentgelte ihrer Versicherten.

(3) Soweit die Rentenlasten für Berufskrankheiten die nach Absatz 1 zu tragenden Lasten übersteigen, tragen die Berufsgenossenschaften den übersteigenden Betrag nach folgender Maßgabe gemeinsam:
1. 30 Prozent nach dem Verhältnis ihrer mit dem Produkt aus Freistellungs- und Latenzfaktor gewichteten Neurenten für Berufskrankheiten und
2. 70 Prozent nach dem Verhältnis der Arbeitsentgelte ihrer Versicherten.

§ 179 Sonderregelung bei außergewöhnlicher Belastung

(1) Neurenten für Berufskrankheiten einer Tarifstelle gelten nicht als Neurenten im Sinne von § 177 Abs. 3, soweit
1. der Berufskrankheiten-Neurenten-Lastsatz der Tarifstelle einen Wert von 0,04 übersteigt,
2. die Berufskrankheiten-Neurenten der Tarifstelle an den Berufskrankheiten-Neurenten aller Berufsgenossenschaften mindestens 2 Prozent betragen und
3. die Tarifstelle mindestens zwölf Kalenderjahre unverändert bestanden hat.

Wird die Tarifstelle aufgelöst, findet Satz 1 weiterhin Anwendung, wenn die Voraussetzungen der Nummern 1 und 2 im Übrigen vorliegen.

(2) Der von den Berufsgenossenschaften nach § 178 Abs. 2 und 3 gemeinsam zu tragende Betrag umfasst über die Rentenlasten hinaus auch die einer Tarifstelle zuzuordnenden Rehabilitationslasten für Arbeitsunfälle und Berufskrankheiten, wenn
1. die Gesamtrentenlast der Tarifstelle mindestens 2 Prozent der Gesamtrentenlast aller Berufsgenossenschaften beträgt,
2. die Entschädigungslast der Tarifstelle mindestens 75 Prozent der ihr zuzuordnenden Entgeltsumme beträgt und
3. die Tarifstelle mindestens zwölf Kalenderjahre unverändert bestanden hat;

dies gilt bis zum Ausgleichsjahr 2031 auch für die der Tarifstelle zuzuordnenden anteiligen Verwaltungs- und Verfahrenskosten. Wird die Tarifstelle aufgelöst, findet Satz 1 weiterhin Anwendung, wenn die Voraussetzungen der Nummern 1 und 2 im Übrigen vorliegen. Rehabilitationslasten nach Satz 1 sind die Aufwendungen der Berufsgenossenschaft für Leistungen nach dem Ersten Abschnitt des Dritten Kapitels einschließlich der Leistungen nach dem Neunten Buch. Entschädigungslast nach Satz 1 Nr. 2 sind die Aufwendungen für Rehabilitation nach Satz 3 und für Renten, Sterbegeld, Beihilfen und Abfindungen. Die anteiligen Verwaltungs- und Verfahrenskosten nach Satz 1 sind entsprechend dem Verhältnis der Entschädigungslast der Tarifstelle zur Entschädigungslast aller Tarifstellen der Berufsgenossenschaft zu ermitteln. Ergibt sich aus dem Verhältnis der Entschädigungslast der Tarifstelle zur Entschädigungslast aller gewerblichen Berufsgenossenschaften ein geringerer Verwaltungskostenbetrag, ist stattdessen dieser zugrunde zu legen. Er wird den jeweils nach § 178 Abs. 2 und 3 zu verteilenden Lasten im Verhältnis der Entschädigungslasten der Tarifstelle für Unfälle und Berufskrankheiten zugeordnet.

§ 180 Freibeträge, Unternehmen ohne Gewinnerzielungsabsicht

(1) Bei der Anwendung des § 178 Abs. 2 Nr. 2 und Abs. 3 Nr. 2 bleibt für jedes Unternehmen eine Jahresentgeltsumme außer Betracht, die dem Sechsfachen der Bezugsgröße des Kalenderjahres entspricht, für das der Ausgleich durchgeführt wird. Der Freibetrag wird auf volle 500 Euro aufgerundet.

(2) Außer Betracht bleiben ferner die Entgeltsummen von Unternehmen nicht gewerbsmäßiger Bauarbeiten sowie von gemeinnützigen, mildtätigen und kirchlichen Einrichtungen.

§ 181 Durchführung des Ausgleichs

(1) Das Bundesamt für Soziale Sicherung führt nach Ablauf des Ausgleichsjahres die Lastenverteilung nach § 178 durch. Zu diesem Zweck ermittelt es die auszugleichenden Beträge und berechnet den Ausgleichsanteil, der auf die einzelne Berufsgenossenschaft entfällt. Der Zahlungsausgleich aufgrund der auszugleichenden Beträge erfolgt durch unmittelbare Zahlungen der ausgleichspflichtigen an die ausgleichsberechtigten Berufsgenossenschaften nach Zugang des Bescheides.
(2) Die Berufsgenossenschaften haben dem Bundesamt für Soziale Sicherung bis zum 20. März des auf das Ausgleichsjahr folgenden Kalenderjahres die Angaben zu machen, die für die Berechnung des Ausgleichs erforderlich sind. Das Bundesamt für Soziale Sicherung stellt gegenüber den Berufsgenossenschaften bis zum 31. März diesen Jahres den jeweiligen Ausgleichsanteil fest. Die ausgleichspflichtigen Berufsgenossenschaften zahlen den auf sie entfallenden Ausgleichsbetrag nach Absatz 1 bis zum 25. Juni diesen Jahres an die ausgleichsberechtigten Berufsgenossenschaften.
(3) Die Werte nach § 178 Abs. 1 Satz 1 sind vom Bundesamt für Soziale Sicherung unter Berücksichtigung der Rentenwerte zu überprüfen. Das Bundesministerium für Arbeit und Soziales wird ermächtigt, durch Rechtsverordnung ohne Zustimmung des Bundesrates die Werte nach § 178 Abs. 1 Satz 1 neu festzusetzen. Es kann die Befugnis nach Satz 2 durch Rechtsverordnung ohne Zustimmung des Bundesrates auf das Bundesamt für Soziale Sicherung übertragen. Rechtsverordnungen, die nach Satz 3 erlassen werden, bedürfen einer Anhörung der Deutschen Gesetzlichen Unfallversicherung e. V. und ergehen im Einvernehmen mit dem Bundesministerium für Arbeit und Soziales.
(4) Die Berufsgenossenschaften erstatten dem Bundesamt für Soziale Sicherung die Verwaltungskosten, die bei der Durchführung des Ausgleichs entstehen. Das Bundesamt für Soziale Sicherung weist die für die Durchführung der Abrechnung erforderlichen Verwaltungskosten pauschal nach Stellenanteilen nach. Der Ermittlung der Verwaltungskosten sind die Personalkostenansätze des Bundes einschließlich der Sachkostenpauschale zugrunde zu legen. Zusätzliche Verwaltungsausgaben können in ihrer tatsächlichen Höhe hinzugerechnet werden. Die Aufteilung des Erstattungsbetrages auf die gewerblichen Berufsgenossenschaften erfolgt entsprechend ihrem Anteil an dem Zahlungsvolumen für Rentenlasten im Ausgleichsjahr vor Durchführung des Ausgleichs.
(5) Klagen gegen Feststellungsbescheide nach Absatz 2 einschließlich der hierauf entfallenden Verwaltungskosten nach Absatz 4 haben keine aufschiebende Wirkung.

Zweiter Abschnitt
Besondere Vorschriften für die landwirtschaftliche Unfallversicherung

§ 182 Berechnungsgrundlagen

(1) Auf die landwirtschaftliche Berufsgenossenschaft finden anstelle der Vorschriften über die Berechnungsgrundlagen aus dem Zweiten Unterabschnitt des Ersten Abschnitts die folgenden Absätze Anwendung.
(2) Berechnungsgrundlagen für die Beiträge der landwirtschaftlichen Berufsgenossenschaft sind das Umlagesoll, der Flächenwert, der Arbeitsbedarf, der Arbeitswert oder ein anderer vergleichbarer Maßstab. Die Satzung hat bei der Festlegung der Berechnungsgrundlagen die Unfallrisiken in den Unternehmen insbesondere durch die Bildung von Risikogruppen zu berücksichtigen; sie kann hierzu einen Gefahrtarif aufstellen. Ein angemessener solidarischer Ausgleich ist sicherzustellen. Die Satzung kann zusätzlich zu den Berechnungsgrundlagen nach den Sätzen 1 und 2 Mindestbeiträge und Berechnungsgrundlagen für Grundbeiträge festlegen.
(3) Für Unternehmen ohne Bodenbewirtschaftung und Nebenunternehmen eines landwirtschaftlichen Unternehmens kann die Satzung angemessene Berechnungsgrundlagen bestimmen; Absatz 2 Satz 2 bis 4 gilt entsprechend.
(4) Der Flächenwert der landwirtschaftlichen Nutzung wird durch Vervielfältigung des durchschnittlichen Hektarwertes dieser Nutzung in der Gemeinde oder in dem Gemeindeteil, in dem die Flächen gelegen sind oder der Betrieb seinen Sitz hat, mit der Größe der im Unternehmen genutzten Flächen (Eigentums- und Pachtflächen) gebildet, wobei die Satzung eine Höchstgrenze für den Hektarwert vorsehen kann. Die Satzung bestimmt das Nähere zum Verfahren; sie hat außerdem erforderliche Bestimmungen zu treffen über die Ermittlung des Flächenwertes für
1. die forstwirtschaftliche Nutzung,
2. das Geringstland,
3. die landwirtschaftlichen Nutzungsteile Hopfen und Spargel,
4. die weinbauliche und gärtnerische Nutzung,
5. die Teichwirtschaft und Fischzucht,
6. sonstige landwirtschaftliche Nutzung.

(5) Der Arbeitsbedarf wird nach dem Durchschnittsmaß der für die Unternehmen erforderlichen menschlichen Arbeit unter Berücksichtigung der Kulturarten geschätzt und das einzelne Unternehmen hiernach veranlagt. Das Nähere über die Abschätzung und die Veranlagung bestimmt die Satzung. Der Abschätzungstarif hat eine Geltungsdauer von höchstens sechs Kalenderjahren; die §§ 158 und 159 gelten entsprechend.
(6) Arbeitswert ist der Wert der Arbeit, die von den im Unternehmen tätigen Versicherten im Kalenderjahr geleistet wird. Die Satzung bestimmt unter Berücksichtigung von Art und Umfang der Tätigkeit, für welche Versicherten sich der Arbeitswert nach dem Arbeitsentgelt, nach dem Jahresarbeitsverdienst, nach dem Mindestjahresarbeitsverdienst oder nach in der Satzung festgelegten Beträgen be-

mißt. Soweit sich der Arbeitswert nach den in der Satzung festgelegten Beträgen bemißt, gelten § 157 Abs. 5 und die §§ 158 bis 160 entsprechend.

§ 183 Umlageverfahren

(1) Auf die landwirtschaftliche Berufsgenossenschaft finden anstelle der Vorschriften über das Umlageverfahren aus dem Vierten Unterabschnitt des Ersten Abschnitts die folgenden Absätze Anwendung.
(2) Die Einzelheiten der Beitragsberechnung bestimmt die Satzung.
(3) Landwirtschaftlichen Unternehmern, für die versicherungsfreie Personen oder Personen tätig sind die infolge dieser Tätigkeit bei einem anderen Unfallversicherungsträger als der landwirtschaftlichen Berufsgenossenschaft versichert sind, wird auf Antrag eine Beitragsermäßigung bewilligt. Das Nähere bestimmt die Satzung.
(4) Die Satzung kann bestimmen, daß und unter welchen Voraussetzungen landwirtschaftliche Unternehmer kleiner Unternehmen mit geringer Unfallgefahr ganz oder teilweise von Beiträgen befreit werden.
(5) Die landwirtschaftliche Berufsgenossenschaft teilt den Unternehmern den von ihnen zu zahlenden Beitrag schriftlich mit. Der Beitragsbescheid ist mit Wirkung für die Vergangenheit zuungunsten der Unternehmer nur dann aufzuheben, wenn

1. die Veranlagung des Unternehmens nachträglich geändert wird,
2. eine im Laufe des Kalenderjahres eingetretene Änderung des Unternehmens nachträglich bekannt wird,
3. die Feststellung der Beiträge auf unrichtigen Angaben des Unternehmers oder wegen unterlassener Angaben des Unternehmens auf einer Schätzung beruht.

Einer Anhörung nach § 24 des Zehnten Buches bedarf es nur in den Fällen des Satzes 2.
(5a) Zur Sicherung des Beitragsaufkommens soll die landwirtschaftliche Berufsgenossenschaft Vorschüsse bis zur Höhe des voraussichtlichen Jahresbedarfs erheben. Die Satzung regelt das Nähere zur Fälligkeit der Beiträge und Vorschüsse sowie zum Verfahren der Zahlung.
(5b) Der Beitrag und die Vorschüsse sollen auf der Grundlage eines Lastschriftmandats eingezogen werden.
(6) Die Unternehmer haben der landwirtschaftlichen Berufsgenossenschaft über die Unternehmens-, Arbeits- und Lohnverhältnisse Auskunft zu geben, soweit dies für die Beitragsberechnung von Bedeutung ist; die Einzelheiten bestimmt die Satzung. § 166 Absatz 1 gilt entsprechend; die Prüfungsabstände bestimmt die landwirtschaftliche Berufsgenossenschaft. Soweit die Unternehmer die Angaben nicht, nicht rechtzeitig, nicht richtig oder nicht vollständig machen, kann die landwirtschaftliche Berufsgenossenschaft eine Schätzung vornehmen.Die Unternehmer sollen der landwirtschaftlichen Berufsgenossenschaft eine Ermächtigung zum Einzug des Beitrags und der Vorschüsse erteilen.

§ 183a Rechenschaft über die Verwendung der Mittel

Die landwirtschaftliche Berufsgenossenschaft hat in ihrer Mitgliederzeitschrift und vergleichbaren elektronischen Medien in hervorgehobener Weise und gebotener

Ausführlichkeit jährlich über die Verwendung ihrer Mittel im Vorjahr Rechenschaft abzulegen und dort zugleich ihre Verwaltungsausgaben gesondert auch als Anteil des Hebesatzes oder des Beitrages auszuweisen.

§ 184 Rücklage

Abweichend von § 172a Abs. 2 wird die Rücklage mindestens in einfacher Höhe der durchschnittlichen monatlichen Ausgaben des abgelaufenen Kalenderjahres und höchstens bis zur zweifachen Höhe der durchschnittlichen monatlichen Ausgaben des abgelaufenen Kalenderjahres gebildet. Bis sie diese Höhe erreicht hat, wird ihr jährlich ein Betrag von 0,5 Prozent der Ausgaben des abgelaufenen Kalenderjahres zugeführt. Es gilt § 172a Abs. 4.

Dritter Abschnitt
Besondere Vorschriften für die Unfallversicherungsträger der öffentlichen Hand

§ 185 Gemeindeunfallversicherungsverbände, Unfallkassen der Länder und Gemeinden, gemeinsame Unfallkassen, Feuerwehr-Unfallkassen

(1) Von den Vorschriften des Ersten Abschnitts finden auf die Gemeindeunfallversicherungsverbände, die Unfallkassen der Länder und Gemeinden, die gemeinsamen Unfallkassen und die Feuerwehr-Unfallkassen die §§ 150, 151, 164 bis 166, 168, 172, 172b und 172c über die Beitragspflicht, die Vorschüsse und Sicherheitsleistungen, das Umlageverfahren sowie über Betriebsmittel, Verwaltungsvermögen und Altersrückstellungen nach Maßgabe der folgenden Absätze Anwendung. Soweit die Beitragserhebung für das laufende Jahr erfolgt, kann die Satzung bestimmen, dass die Beitragslast in Teilbeträgen angefordert wird.

(2) Für Versicherte nach § 128 Abs. 1 Nr. 2 bis 9 und 11 und § 129 Abs. 1 Nr. 3 bis 7 werden Beiträge nicht erhoben. Die Aufwendungen für diese Versicherten werden entsprechend der in diesen Vorschriften festgelegten Zuständigkeiten auf das Land, die Gemeinden oder die Gemeindeverbände umgelegt; dabei bestimmen bei den nach § 116 Abs. 1 Satz 2 errichteten gemeinsamen Unfallkassen die Landesregierungen durch Rechtsverordnung, wer die Aufwendungen für Versicherte nach § 128 Abs. 1 Nr. 6, 7, 9 und 11 trägt. Bei gemeinsamen Unfallkassen sind nach Maßgabe der in den §§ 128 und 129 festgelegten Zuständigkeiten getrennte Umlagegruppen für den Landesbereich und den kommunalen Bereich zu bilden. Für Unternehmen nach § 128 Abs. 1 Nr. 1a und § 129 Abs. 1 Nr. 1a können gemeinsame Umlagegruppen gebildet werden. Bei der Vereinigung von Unfallversicherungsträgern nach den §§ 116 und 117 können die gleichlautenden Rechtsverordnungen für eine Übergangszeit von höchstens zwölf Jahren jeweils getrennte Umlagegruppen für die bisherigen Zuständigkeitsbereiche der vereinigten Unfallversicherungsträger vorsehen.

(3) Die Satzung kann bestimmen, daß Aufwendungen für bestimmte Arten von Unternehmen nur auf die beteiligten Unternehmer umgelegt werden. Für die Gemeinden als Unternehmer können auch nach der Einwohnerzahl gestaffelte Gruppen gebildet werden.
(4) Die Höhe der Beiträge richtet sich nach der Einwohnerzahl, der Zahl der Versicherten, den Arbeitsstunden oder den Arbeitsentgelten. Die Satzung bestimmt den Beitragsmaßstab und regelt das Nähere über seine Anwendung; sie kann einen einheitlichen Mindestbeitrag bestimmen. Der Beitragssatz für geringfügig Beschäftigte in Privathaushalten, die nach § 28a Abs. 7 des Vierten Buches der Einzugsstelle gemeldet worden sind, beträgt für das Jahr 2006 1,6 vom Hundert des jeweiligen Arbeitsentgelts. Das Bundesministerium für Arbeit und Soziales wird ermächtigt, den Beitragssatz durch Rechtsverordnung mit Zustimmung des Bundesrates gemäß den nachfolgenden Bestimmungen zu regeln. Der Beitragssatz des Jahres 2006 gilt so lange, bis er nach Maßgabe der Regelung über die Festsetzung der Beitragssätze nach § 21 des Vierten Buches neu festzusetzen ist. Die Deutsche Gesetzliche Unfallversicherung e. V. stellt einen gemeinsamen Beitragseinzug sicher.
(5) Die Satzung kann bestimmen, daß die Beiträge nach dem Grad des Gefährdungsrisikos unter Berücksichtigung der Leistungsaufwendungen abgestuft werden; § 157 Abs. 5 und § 158 gelten entsprechend. Die Satzung kann ferner bestimmen, daß den Unternehmen unter Berücksichtigung der Versicherungsfälle, die die nach § 2 Abs. 1 Nr. 1 und 8 Versicherten erlitten haben, entsprechend den Grundsätzen des § 162 Zuschläge auferlegt, Nachlässe bewilligt oder Prämien gewährt werden.

§ 186 Aufwendungen der Unfallversicherung Bund und Bahn

(1) Im Zuständigkeitsbereich des § 125 Absatz 1 finden von den Vorschriften des Ersten Abschnitts die §§ 150, 152, 155, 164 bis 166, 168, 172, 172b und 172c Anwendung, soweit nicht in den folgenden Absätzen Abweichendes geregelt ist. Das Nähere bestimmt die Satzung.
(2) Die Aufwendungen für Unternehmen nach § 125 Absatz 1 Nummer 3 und Absatz 4 werden auf die beteiligten Unternehmer umgelegt. § 185 Abs. 5 gilt entsprechend.
(3) Die Aufwendungen der Unfallversicherung Bund und Bahn für die Versicherung nach § 125 Abs. 1 Nr. 1, 4, 6 Buchstabe a, 7 und 8 werden auf die Dienststellen des Bundes umgelegt. Die Satzung bestimmt, in welchem Umfang diese Aufwendungen nach der Zahl der Versicherten oder den Arbeitsentgelten und in welchem Umfang nach dem Grad des Gefährdungsrisikos unter Berücksichtigung der Leistungsaufwendungen umgelegt werden. Die Aufwendungen für die Versicherung nach § 125 Abs. 1 Nr. 2 erstattet die Bundesagentur für Arbeit, die Aufwendungen für die Versicherung nach § 125 Abs. 1 Nr. 5 das Bundesministerium für Arbeit und Soziales, die Aufwendungen für die Versicherung nach § 125 Absatz 1 Nummer 6 Buchstabe b das Bundesministerium für wirtschaftliche Zusammenarbeit und Entwicklung und die Aufwendungen für die Versicherung nach § 125 Abs. 1 Nr. 9 die jeweils zuständige Dienststelle des Bundes. Die Aufwendungen für Versicherte der alliierten Streitkräfte erstatten diese nach dem NATO-Truppenstatut und den Zu-

satzabkommen jeweils für ihren Bereich. Im Übrigen werden die Aufwendungen der Unfallversicherung Bund und Bahn im Zuständigkeitsbereich des § 125 Absatz 1 vom Bundesministerium für Arbeit und Soziales getragen.
(4) Die Dienststellen des Bundes und die Bundesagentur für Arbeit entrichten vierteljährlich im Voraus die Abschläge auf die zu erwartenden Aufwendungen. Die Unfallversicherung Bund und Bahn hat der Bundesagentur für Arbeit und den Dienststellen des Bundes die für die Erstattung erforderlichen Angaben zu machen und auf Verlangen Auskunft zu erteilen. Das Nähere über die Durchführung der Erstattung regelt die Satzung; bei den Verwaltungskosten kann auch eine pauschalierte Erstattung vorgesehen werden.

Vierter Abschnitt
Gemeinsame Vorschriften

Erster Unterabschnitt
Gemeinsame Vorschriften

§ 187 Berechnungsgrundsätze

(1) Berechnungen werden auf vier Dezimalstellen durchgeführt. Geldbeträge werden auf zwei Dezimalstellen berechnet. Dabei wird die letzte Dezimalstelle um 1 erhöht, wenn sich in der folgenden Dezimalstelle eine der Zahlen 5 bis 9 ergeben würde.
(2) Bei einer Berechnung, die auf volle Werte vorzunehmen ist, wird der Wert um 1 erhöht, wenn sich in den ersten vier Dezimalstellen eine der Zahlen 1 bis 9 ergeben würde.
(3) Bei einer Berechnung von Geldbeträgen, für die ausdrücklich ein Betrag in vollem Euro vorgegeben oder bestimmt ist, wird der Betrag nur dann um 1 erhöht, wenn sich in der ersten Dezimalstelle eine der Zahlen 5 bis 9 ergeben würde.
(4) Der auf einen Teilzeitraum entfallende Betrag ergibt sich, wenn der Gesamtbetrag mit dem Teilzeitraum vervielfältigt und durch den Gesamtzeitraum geteilt wird. Dabei werden das Kalenderjahr mit 360 Tagen, der Kalendermonat mit 30 Tagen und die Kalenderwoche mit sieben Tagen gerechnet.
(5) Vor einer Division werden zunächst die anderen Rechengänge durchgeführt.

Zweiter Unterabschnitt
Reduzierung der Kosten für Verwaltung und Verfahren

§ 187a Reduzierung der Kosten für Verwaltung und Verfahren in der landwirtschaftlichen Unfallversicherung

(1) Die landwirtschaftliche Berufsgenossenschaft ergreift Maßnahmen, damit die jährlichen Verwaltungs- und Verfahrenskosten für die landwirtschaftliche Unfallversicherung spätestens im Jahr 2016 nicht mehr als 95 Millionen Euro betragen.

Die Sozialversicherung für Landwirtschaft, Forsten und Gartenbau legt dem Bundesministerium für Arbeit und Soziales und dem Bundesministerium für Ernährung und Landwirtschaft bis zum 31. Dezember 2017 einen Bericht über die Entwicklung der Verwaltungs- und Verfahrenskosten in der landwirtschaftlichen Unfallversicherung vor. Das Bundesministerium für Arbeit und Soziales und das Bundesministerium für Ernährung und Landwirtschaft leiten den Bericht an den Deutschen Bundestag und an den Bundesrat weiter und fügen eine Stellungnahme bei.

(2) Bei der Ermittlung der Verwaltungs- und Verfahrenskosten nach Absatz 1 Satz 1 bleiben Versorgungsaufwendungen und Zuführungen zum Altersrückstellungsvermögen unberücksichtigt.

Siebtes Kapitel
Zusammenarbeit der Unfallversicherungsträger mit anderen Leistungsträgern und ihre Beziehungen zu Dritten

Erster Abschnitt
Zusammenarbeit der Unfallversicherungsträger mit anderen Leistungsträgern

§ 188 Auskunftspflicht der Krankenkassen

Die Unfallversicherungsträger können von den Krankenkassen Auskunft über die Behandlung, den Zustand sowie über Erkrankungen und frühere Erkrankungen des Versicherten verlangen, soweit dies für die Feststellung des Versicherungsfalls erforderlich ist. Sie sollen dabei ihr Auskunftsverlangen auf solche Erkrankungen oder auf solche Bereiche von Erkrankungen beschränken, die mit dem Versicherungsfall in einem ursächlichen Zusammenhang stehen können. Für die Unterrichtung des Versicherten aufgrund seines Auskunftsrechts nach Artikel 15 der Verordnung (EU) 2016/679 des Europäischen Parlaments und des Rates vom 27. April 2016 zum Schutz natürlicher Personen bei der Verarbeitung personenbezogener Daten, zum freien Datenverkehr und zur Aufhebung der Richtlinie 95/46/EG (Datenschutz-Grundverordnung) (ABl. L 119 vom 4. 5. 2016, S. 1; L 314 vom 22. 11. 2016, S. 72; L 127 vom 23. 5. 2018, S. 2) in der jeweils geltenden Fassung über die von den Krankenkassen an den Unfallversicherungsträger übermittelten Angaben über gesundheitliche Verhältnisse des Versicherten gilt § 25 Absatz 2 des Zehnten Buches entsprechend.

§ 189 Beauftragung einer Krankenkasse

Unfallversicherungsträger können Krankenkassen beauftragen, die ihnen obliegenden Geldleistungen zu erbringen; die Einzelheiten werden durch Vereinbarung geregelt.

§ 190 Pflicht der Unfallversicherungsträger zur Benachrichtigung der Rentenversicherungsträger beim Zusammentreffen von Renten

Erbringt ein Unfallversicherungsträger für einen Versicherten oder einen Hinterbliebenen, der eine Rente aus der gesetzlichen Rentenversicherung bezieht, Rente oder Heimpflege oder ergeben sich Änderungen bei diesen Leistungen, hat der Unfallversicherungsträger den Rentenversicherungsträger unverzüglich zu benachrichtigen; bei Zahlung einer Rente ist das Maß der Minderung der Erwerbsfähigkeit anzugeben.

Zweiter Abschnitt
Beziehungen der Unfallversicherungsträger zu Dritten

§ 191 Unterstützungspflicht der Unternehmer

Die Unternehmer haben die für ihre Unternehmen zuständigen Unfallversicherungsträger bei der Durchführung der Unfallversicherung zu unterstützen; das Nähere regelt die Satzung.

§ 192 Mitteilungs- und Auskunftspflichten von Unternehmern und Bauherren

(1) Die Unternehmer haben binnen einer Woche nach Beginn des Unternehmens dem zuständigen Unfallversicherungsträger

1. die Art und den Gegenstand des Unternehmens,
2. die Zahl der Versicherten,
3. den Eröffnungstag oder den Tag der Aufnahme der vorbereitenden Arbeiten für das Unternehmen und
4. in den Fällen des § 130 Abs. 2 und 3 den Namen und den Wohnsitz oder gewöhnlichen Aufenthalt des Bevollmächtigten

mitzuteilen. Die Mitteilungspflicht gilt als erfüllt, wenn eine Anzeige nach den §§ 14, 55c der Gewerbeordnung binnen einer Woche nach Beginn des Unternehmens gegenüber der zuständigen Stelle erstattet wurde.

(2) Die Unternehmer haben Änderungen von

1. Art und Gegenstand ihrer Unternehmen, die für die Prüfung der Zuständigkeit der Unfallversicherungsträger von Bedeutung sein können,
2. Voraussetzungen für die Zuordnung zu den Gefahrklassen,
3. sonstigen Grundlagen für die Berechnung der Beiträge

innerhalb von vier Wochen dem Unfallversicherungsträger mitzuteilen.

(3) Die Unternehmer haben ferner auf Verlangen des zuständigen Unfallversicherungsträgers die Auskünfte zu geben und die Beweisurkunden vorzulegen, die zur Erfüllung der gesetzlichen Aufgaben des Unfallversicherungsträgers (§ 199) erforderlich sind, Ist bei einer Schule der Schulhoheitsträger nicht Unternehmer, hat auch der Schulhoheitsträger die Verpflichtung zur Auskunft nach Satz 1.

(4) Den Wechsel von Personen der Unternehmer haben die bisherigen Unternehmer und ihre Nachfolger innerhalb von vier Wochen nach dem Wechsel dem Unfallversicherungsträger mitzuteilen. Den Wechsel von Personen der Bevollmächtigten haben die Unternehmer innerhalb von vier Wochen nach dem Wechsel mitzuteilen.
(5) Bauherren sind verpflichtet, auf Verlangen des zuständigen Unfallversicherungsträgers die Auskünfte zu geben, die zur Erfüllung der gesetzlichen Aufgaben des Unfallversicherungsträgers (§ 199) erforderlich sind. Dazu gehören

1. die Auskunft darüber, ob und welche nicht gewerbsmäßigen Bauarbeiten ausgeführt werden,
2. die Auskunft darüber, welche Unternehmer mit der Ausführung der gewerbsmäßigen Bauarbeiten beauftragt sind.

§ 193 Pflicht zur Anzeige eines Versicherungsfalls durch die Unternehmer

(1) Die Unternehmer haben Unfälle von Versicherten in ihren Unternehmen dem Unfallversicherungsträger anzuzeigen, wenn Versicherte getötet oder so verletzt sind, daß sie mehr als drei Tage arbeitsunfähig werden. Satz 1 gilt entsprechend für Unfälle von Versicherten, deren Versicherung weder eine Beschäftigung noch eine selbständige Tätigkeit voraussetzt. Unfälle der nach § 2 Absatz 1 Nummer 8 Versicherten sind anzuzeigen, wenn der Unfall infolge einer Tätigkeit eingetreten ist, die mit dem Besuch der Einrichtung zusammenhängt, und eine versicherte Person infolge des Unfalles ärztlich behandelt werden muss oder zu Tode gekommen ist.
(2) Haben Unternehmer im Einzelfall Anhaltspunkte, daß bei Versicherten ihrer Unternehmen eine Berufskrankheit vorliegen könnte, haben sie diese dem Unfallversicherungsträger anzuzeigen.
(3) Bei Unfällen der nach § 2 Abs. 1 Nr. 8 Buchstabe b Versicherten hat der Schulhoheitsträger die Unfälle auch dann anzuzeigen, wenn er nicht Unternehmer ist. Bei Unfällen der nach § 2 Absatz 1 Nummer 15 Buchstabe a und d Versicherten hat der Träger der Einrichtung, in der die stationäre oder teilstationäre Behandlung, die stationären, teilstationären oder ambulanten Leistungen zur medizinischen Rehabilitation oder zur Prävention erbracht werden, die Unfälle anzuzeigen.
(4) Die Anzeige ist binnen drei Tagen zu erstatten, nachdem die Unternehmer von dem Unfall oder von den Anhaltspunkten für eine Berufskrankheit Kenntnis erlangt haben. Der Versicherte hat das Recht, die Inhalte der Anzeige von dem anzeigenden Unternehmer in einem barrierefreien Format zu erhalten.
(5) Die Anzeige ist vom Betriebs- oder Personalrat mit zu unterzeichnen; bei Erstattung der Anzeige durch Datenübertragung ist anzugeben, welches Mitglied des Betriebs- oder Personalrats vor der Absendung von ihr Kenntnis genommen hat. Der Unternehmer hat die Sicherheitsfachkraft und den Betriebsarzt über jede Unfall- oder Berufskrankheitenanzeige in Kenntnis zu setzen. Verlangt der Unfallversicherungsträger zur Feststellung, ob eine Berufskrankheit vorliegt, Auskünfte über gefährdende Tätigkeiten von Versicherten, haben die Unternehmer den Betriebs- oder Personalrat über dieses Auskunftsersuchen unverzüglich zu unterrichten.
(6) (weggefallen)

(7) Bei Unfällen in Unternehmen, die der allgemeinen Arbeitsschutzaufsicht unterstehen, hat der Unternehmer eine Durchschrift der Anzeige der für den Arbeitsschutz zuständigen Behörde zu übersenden. Bei Unfällen in Unternehmen, die der bergbehördlichen Aufsicht unterstehen, ist die Durchschrift an die zuständige untere Bergbehörde zu übersenden. Wird eine Berufskrankheit angezeigt, übersendet der Unfallversicherungsträger eine Durchschrift der Anzeige unverzüglich der für den medizinischen Arbeitsschutz zuständigen Landesbehörde. Wird der für den medizinischen Arbeitsschutz zuständigen Landesbehörde eine Berufskrankheit angezeigt, übersendet sie dem Unfallversicherungsträger unverzüglich eine Durchschrift der Anzeige.
(8) Das Bundesministerium für Arbeit und Soziales bestimmt durch Rechtsverordnung mit Zustimmung des Bundesrates den für Aufgaben der Prävention und der Einleitung eines Feststellungsverfahrens erforderlichen Inhalt der Anzeige, ihre Form und die Art und Weise ihrer Übermittlung sowie die Empfänger, die Anzahl und den Inhalt der Durchschriften.
(9) Unfälle nach Absatz 1, die während der Fahrt auf einem Seeschiff eingetreten sind, sind ferner in das Schiffstagebuch einzutragen und dort oder in einem Anhang kurz darzustellen. Ist ein Schiffstagebuch nicht zu führen, haben die Schiffsführer Unfälle nach Satz 1 in einer besonderen Niederschrift nachzuweisen.

§ 194 Meldepflicht der Eigentümer von Seeschiffen

Die Seeschiffe, die unter der Bundesflagge in Dienst gestellt werden sollen, haben die Eigentümer bereits nach ihrem Erwerb oder bei Beginn ihres Baus der Berufsgenossenschaft Verkehrswirtschaft Post-Logistik Telekommunikation zu melden.

§ 195 Unterstützungs- und Mitteilungspflichten von Kammern und der für die Erteilung einer Gewerbe- oder Bauerlaubnis zuständigen Behörden

(1) Kammern und andere Zusammenschlüsse von Unternehmern, die als Körperschaften des öffentlichen Rechts errichtet sind, ferner Verbände und andere Zusammenschlüsse, denen Unternehmer kraft Gesetzes angehören oder anzugehören haben, haben die Unfallversicherungsträger bei der Ermittlung der ihnen zugehörenden Unternehmen zu unterstützen und ihnen hierzu Auskunft über Namen und Gegenstand dieser Unternehmen zu geben.
(2) Behörden, denen die Erteilung einer gewerberechtlichen Erlaubnis oder eines gewerberechtlichen Berechtigungsscheins obliegt, haben den Berufsgenossenschaften über die Deutsche Gesetzliche Unfallversicherung e. V. nach Eingang einer Anzeige nach der Gewerbeordnung, soweit ihnen bekannt, Namen, Geburtsdatum und Anschrift der Unternehmer, Namen, Gegenstand sowie Tag der Eröffnung und der Einstellung der Unternehmen und bei Änderung oder Übernahme bestehender Unternehmen den bisher zuständigen Unfallversicherungsträger und die Mitgliedsnummer/Unternehmensnummer mitzuteilen. Entsprechendes gilt bei Erteilung einer Reisegewerbekarte. Im übrigen gilt Absatz 1 entsprechend.

(3) Die für die Erteilung von Bauerlaubnissen zuständigen Behörden haben dem zuständigen Unfallversicherungsträger nach Erteilung einer Bauerlaubnis den Namen und die Anschrift, den Geburtsnamen und das Geburtsdatum des Bauherrn, den Ort und die Art der Bauarbeiten, den Baubeginn sowie die Höhe der im baubehördlichen Verfahren angegebenen oder festgestellten Baukosten mitzuteilen. Bei nicht bauerlaubnispflichtigen Bauvorhaben trifft dieselbe Verpflichtung die für die Entgegennahme der Bauanzeige oder der Bauunterlagen zuständigen Behörden.

§ 196 Mitteilungspflichten der Schiffsvermessungs- und -registerbehörden

Das Bundesamt für Seeschiffahrt und Hydrographie teilt jede Vermessung eines Seeschiffs, die für die Führung von Schiffsregistern und des Internationalen Seeschiffahrtsregisters zuständigen Gerichte und Behörden teilen den Eingang jedes Antrags auf Eintragung eines Seeschiffs sowie jede Eintragung eines Seeschiffs der Berufsgenossenschaft Verkehrswirtschaft Post-Logistik Telekommunikation unverzüglich mit. Entsprechendes gilt für alte Veränderungen und Löschungen im Schiffsregister. Bei Fahrzeugen, die nicht in das Schiffsregister eingetragen werden, haben die Verwaltungsbehörden und die Fischereiämter, die den Seeschiffen Unterscheidungssignale erteilen, die gleichen Pflichten.

§ 197 Übermittlungspflicht weiterer Behörden

(1) Die Gemeinden übermitteln abweichend von § 30 der Abgabenordnung zum Zweck der Beitragserhebung auf Anforderung Daten über Eigentums- und Besitzverhältnisse an Flächen an die landwirtschaftliche Berufsgenossenschaft, soweit die Ermittlungen von der landwirtschaftlichen Berufsgenossenschaft nur mit wesentlich größerem Aufwand vorgenommen werden können als von den Gemeinden.
(2) Die Finanzbehörden übermitteln in einem automatisierten Verfahren jährlich der landwirtschaftlichen Berufsgenossenschaft die maschinell vorhandenen Feststellungen zu

1. der nutzungsartbezogenen Vergleichszahl einschließlich Einzelflächen mit Flurstückkennzeichen,
2. den Vergleichswerten sonstiger Nutzung,
3. den Zu- und Abschlägen an den Vergleichswerten,
4. dem Bestand an Vieheinheiten,
5. den Einzelertragswerten für Nebenbetriebe,
6. dem Ersatzwirtschaftswert oder zu den bei dessen Ermittlung anfallenden Berechnungsgrundlagen sowie
7. den Ertragswerten für Abbauland und Geringstland.

Die landwirtschaftliche Berufsgenossenschaft, die landwirtschaftliche Krankenkasse und die landwirtschaftliche Alterskasse dürfen diese Daten nur zur Feststellung der Versicherungspflicht, der Beitragserhebung oder zur Überprüfung von Rentenansprüchen nach dem Gesetz über die Alterssicherung der Landwirte nutzen. Sind übermittelte Daten für die Überprüfung nach Satz 2 nicht mehr erforderlich, sind sie unverzüglich zu löschen.

(3) Das Bundesministerium für Arbeit und Soziales wird ermächtigt, das Nähere über das Verfahren der automatisierten Datenübermittlung durch Rechtsverordnung im Einvernehmen mit dem Bundesministerium der Finanzen und dem Bundesministerium für Ernährung und Landwirtschaft und mit Zustimmung des Bundesrates zu regeln. Die Einrichtung eines automatisierten Abrufverfahrens ist ausgeschlossen.
(4) Die Flurbereinigungsverwaltung und die Vermessungsverwaltung übermitteln der landwirtschaftlichen Berufsgenossenschaft und den Finanzbehörden durch ein automatisiertes Abrufverfahren die jeweils bei ihnen maschinell vorhandenen Betriebs-, Flächen-, Nutzungs-, Produktions- und Tierdaten sowie die sonstigen hierzu gespeicherten Angaben. Die übermittelten Daten dürfen durch die landwirtschaftliche Berufsgenossenschaft, landwirtschaftliche Krankenkasse und landwirtschaftliche Alterskasse nur zur Feststellung der Versicherungspflicht, der Beitragserhebung oder zur Überprüfung von Rentenansprüchen nach dem Gesetz über die Alterssicherung der Landwirte und durch die Finanzbehörden zur Feststellung der Steuerpflicht oder zur Steuererhebung genutzt werden. Sind übermittelte Daten für die Überprüfung nach Satz 2 nicht mehr erforderlich, sind sie unverzüglich zu löschen. Die Sätze 1 und 2 gelten auch für die Ämter für Landwirtschaft und Landentwicklung, für die Veterinärverwaltung sowie sonstige nach Landesrecht zuständige Stellen, soweit diese Aufgaben wahrnehmen, die denen der Ämter für Landwirtschaft und Landentwicklung oder der Veterinärverwaltung entsprechen.

§ 198 Auskunftspflicht der Grundstückseigentümer

Eigentümer von Grundstücken, die von Unternehmern land- oder forstwirtschaftlich bewirtschaftet werden, haben der landwirtschaftlichen Berufsgenossenschaft auf Verlangen Auskunft über Größe und Lage der Grundstücke sowie Namen und Anschriften der Unternehmer zu erteilen, soweit dies für die Beitragserhebung erforderlich ist.

Achtes Kapitel
Datenschutz

Erster Abschnitt
Grundsätze

§ 199 Verarbeitung von Daten durch die Unfallversicherungsträger

(1) Die Unfallversicherungsträger dürfen Sozialdaten nur erheben und speichern, soweit dies zur Erfüllung ihrer gesetzlich vorgeschriebenen oder zugelassenen Aufgaben erforderlich ist. Ihre Aufgaben sind
1. die Feststellung der Zuständigkeit und des Versicherungsstatus,
2. die Erbringung der Leistungen nach dem Dritten Kapitel einschließlich Überprüfung der Leistungsvoraussetzungen und Abrechnung der Leistungen,

3. die Berechnung, Festsetzung und Erhebung von Beitragsberechnungsgrundlagen und Beiträgen nach dem Sechsten Kapitel,
4. die Durchführung von Erstattungs- und Ersatzansprüchen,
5. die Verhütung von Versicherungsfällen, die Abwendung von arbeitsbedingten Gesundheitsgefahren sowie die Vorsorge für eine wirksame Erste Hilfe nach dem Zweiten Kapitel,
6. die Erforschung von Risiken und Gesundheitsgefahren für die Versicherten.

(2) Die Sozialdaten dürfen nur für Aufgaben nach Absatz 1 in dem jeweils erforderlichen Umfang verändert, genutzt, übermittelt oder in der Verarbeitung eingeschränkt werden. Eine Verarbeitung für andere Zwecke ist nur zulässig, soweit dies durch Rechtsvorschriften des Sozialgesetzbuches angeordnet oder erlaubt ist.

(3) Bei der Feststellung des Versicherungsfalls soll der Unfallversicherungsträger Auskünfte über Erkrankungen und frühere Erkrankungen des Betroffenen von anderen Stellen oder Personen erst einholen, wenn hinreichende Anhaltspunkte für den ursächlichen Zusammenhang zwischen der versicherten Tätigkeit und dem schädigenden Ereignis oder der schädigenden Einwirkung vorliegen.

§ 200 Einschränkung der Übermittlungsbefugnis

(1) § 76 Abs. 2 Nr. 1 des Zehnten Buches gilt mit der Maßgabe, daß der Unfallversicherungsträger auch auf ein gegenüber einem anderen Sozialleistungsträger bestehendes Widerspruchsrecht hinzuweisen hat, wenn dieser nicht selbst zu einem Hinweis nach § 76 Abs. 2 Nr. 1 des Zehnten Buches verpflichtet ist.

(2) Vor Erteilung eines Gutachtenauftrages soll der Unfallversicherungsträger dem Versicherten mehrere Gutachter zur Auswahl benennen; die betroffene Person ist außerdem auf ihr Widerspruchsrecht nach § 76 Abs. 2 des Zehnten Buches hinzuweisen und über den Zweck des Gutachtens zu informieren.

Zweiter Abschnitt
Datenverarbeitung durch Ärzte

§ 201 Erhebung, Speicherung und Übermittlung von Daten durch Ärzte und Psychotherapeuten

(1) Ärzte und Zahnärzte sowie Psychotherapeuten, Psychologische Psychotherapeuten und Kinder- und Jugendlichenpsychotherapeuten, die nach einem Versicherungsfall an einer Heilbehandlung nach § 34 beteiligt sind, erheben, speichern und übermitteln an die Unfallversicherungsträger Daten über die Behandlung und den Zustand des Versicherten sowie andere personenbezogene Daten, soweit dies für Zwecke der Heilbehandlung und die Erbringung sonstiger Leistungen einschließlich Überprüfung der Leistungsvoraussetzungen und Abrechnung der Leistungen erforderlich ist. Ferner erheben, speichern und übermitteln sie die Daten, die für ihre Entscheidung, eine Heilbehandlung nach § 34 durchzuführen, maßgeblich waren. Für die Unterrichtung des Versicherten aufgrund seines Auskunftsrechts nach Artikel 15 der Verordnung (EU) 2016/679 über die von den Ärzten

und den Psychotherapeuten übermittelten Angaben zu seinen gesundheitlichen Verhältnissen gilt § 25 Absatz 2 des Zehnten Buches entsprechend.
(2) Soweit die für den medizinischen Arbeitsschutz zuständigen Stellen und die Krankenkassen Daten nach Absatz 1 zur Erfüllung ihrer Aufgaben benötigen, dürfen die Daten auch an sie übermittelt werden.

§ 202 Anzeigepflicht von Ärzten bei Berufskrankheiten

Haben Ärzte oder Zahnärzte den begründeten Verdacht, daß bei Versicherten eine Berufskrankheit besteht, haben sie dies dem Unfallversicherungsträger oder der für den medizinischen Arbeitsschutz zuständigen Stelle in der für die Anzeige von Berufskrankheiten vorgeschriebenen Form (§ 193 Abs. 8) unverzüglich anzuzeigen. § 193 Abs. 7 Satz 3 und 4 gilt entsprechend.

§ 203 Auskunftspflicht von Ärzten

(1) Ärzte und Zahnärzte, die nicht an einer Heilbehandlung nach § 34 beteiligt sind, sind verpflichtet, dem Unfallversicherungsträger auf Verlangen Auskunft über die Behandlung, den Zustand sowie über Erkrankungen und frühere Erkrankungen des Versicherten zu erteilen, soweit dies für die Heilbehandlung und die Erbringung sonstiger Leistungen erforderlich ist. Der Unfallversicherungsträger soll Auskunftsverlangen zur Feststellung des Versicherungsfalls auf solche Erkrankungen oder auf solche Bereiche von Erkrankungen beschränken, die mit dem Versicherungsfall in einem ursächlichen Zusammenhang stehen können. § 98 Abs. 2 Satz 2 des Zehnten Buches gilt entsprechend.
(2) Für die Unterrichtung des Versicherten aufgrund seines Auskunftsrechts nach Artikel 15 der Verordnung (EU) 2016/679 über die von den Ärzten und den Zahnärzten an den Unfallversicherungsträger übermittelten Angaben über gesundheitliche Verhältnisse des Versicherten gilt § 25 Absatz 2 des Zehnten Buches entsprechend.

Dritter Abschnitt
Dateisysteme

§ 204 Errichtung eines Dateisystems für mehrere Unfallversicherungsträger

(1) Die Errichtung eines Dateisystems für mehrere Unfallversicherungsträger bei einem Unfallversicherungsträger oder bei einem Verband der Unfallversicherungsträger ist zulässig,
1. um Daten über Verwaltungsverfahren und Entscheidungen nach § 9 Abs. 2 zu verarbeiten und dadurch eine einheitliche Beurteilung vergleichbarer Versicherungsfälle durch die Unfallversicherungsträger zu erreichen, gezielte Maßnahmen der Prävention zu ergreifen sowie neue medizinisch-wissenschaftliche Erkenntnisse zur Fortentwicklung des Berufskrankheitenrechts, insbesondere

durch eigene Forschung oder durch Mitwirkung an fremden Forschungsvorhaben, zu gewinnen,
2. um Daten in Vorsorgedateisystemen zu verarbeiten, damit Versicherten, die bestimmten arbeitsbedingten Gesundheitsgefahren ausgesetzt sind oder waren, Maßnahmen der Prävention oder zur Teilhabe angeboten sowie Erkenntnisse über arbeitsbedingte Gesundheitsgefahren und geeignete Maßnahmen der Prävention und zur Teilhabe gewonnen werden können,
3. um Daten über Arbeits- und Wegeunfälle in einer Unfall-Dokumentation zu verarbeiten und dadurch Größenordnungen, Schwerpunkte und Entwicklungen der Unfallbelastung in einzelnen Bereichen darzustellen, damit Erkenntnisse zur Verbesserung der Prävention und der Maßnahmen zur Teilhabe gewonnen werden können,
4. um Anzeigen, Daten über Verwaltungsverfahren und Entscheidungen über Berufskrankheiten in einer Berufskrankheiten-Dokumentation zu verarbeiten und dadurch Häufigkeiten und Entwicklungen im Berufskrankheitengeschehen sowie wesentliche Einwirkungen und Erkrankungsfolgen darzustellen, damit Erkenntnisse zur Verbesserung der Prävention und der Maßnahmen zur Teilhabe gewonnen werden können,
5. um Daten über Entschädigungsfälle, in denen Leistungen zur Teilhabe erbracht werden, in einer Rehabilitations- und Teilhabe-Dokumentation zu verarbeiten und dadurch Schwerpunkte der Rehabilitation darzustellen, damit Erkenntnisse zur Verbesserung der Prävention und der Maßnahmen zur Teilhabe gewonnen werden können,
6. um Daten über Entschädigungsfälle, in denen Rentenleistungen oder Leistungen bei Tod erbracht werden, in einer Renten-Dokumentation zu verarbeiten und dadurch Erkenntnisse über den Rentenverlauf und zur Verbesserung der Prävention und der Maßnahmen zur Teilhabe zu gewinnen.

In den Fällen des Satzes 1 Nr. 1 und 3 bis 6 findet § 76 des Zehnten Buches keine Anwendung.

(2) Für die Dateisysteme nach Absatz 1 dürfen nach Maßgabe der Sätze 2 und 3 nur folgende Daten von Versicherten erhoben werden:
1. der zuständige Unfallversicherungsträger und die zuständige staatliche Arbeitsschutzbehörde,
2. das Aktenzeichen des Unfallversicherungsträgers,
3. Art und Hergang, Datum und Uhrzeit sowie Anzeige des Versicherungsfalls,
4. Staatsangehörigkeit und Angaben zur regionalen Zuordnung der Versicherten sowie Geburtsjahr und Geschlecht der Versicherten und der Hinterbliebenen,
5. Familienstand und Versichertenstatus der Versicherten,
6. Beruf der Versicherten, ihre Stellung im Erwerbsleben und die Art ihrer Tätigkeit,
7. Angaben zum Unternehmen einschließlich der Unternehmernummer nach § 136a,
8. die Arbeitsanamnese und die als Ursache für eine Schädigung vermuteten Einwirkungen am Arbeitsplatz,
9. die geäußerten Beschwerden und die Diagnose,

10. Entscheidungen über Anerkennung oder Ablehnung von Versicherungsfällen und Leistungen,
11. Kosten und Verlauf von Leistungen,
12. Art, Ort, Verlauf und Ergebnis von Vorsorgemaßnahmen oder Leistungen zur Teilhabe,
13. die Rentenversicherungsnummer, Vor- und Familienname, Geburtsname, Geburtsdatum, Sterbedatum und Wohnanschrift der Versicherten sowie wesentliche Untersuchungsbefunde und die Planung zukünftiger Vorsorgemaßnahmen,
14. Entscheidungen (Nummer 10) mit ihrer Begründung einschließlich im Verwaltungs- oder Sozialgerichtsverfahren erstatteter Gutachten mit Angabe der Gutachter.

Für die Aufnahme in Dateisysteme nach Absatz 1 Satz 1 Nr. 1 dürfen nur Daten nach Satz 1 Nr. 1 bis 4, 6 bis 10 und 14 erhoben werden. Für die Aufnahme in Dateisysteme nach Absatz 1 Satz 1 Nr. 3 bis 6 dürfen nur Daten nach Satz 1 Nr. 1 bis 12 erhoben werden. Die Speicherung der Sozialdaten eines Versicherten in Dateisystemen nach Absatz 1 Satz 1 Nummer 1 und 2 ist nur zulässig, wenn die betroffene Person vorher über die Art der gespeicherten Daten, die speichernde Stelle und den Zweck des Dateisystems durch den Unfallversicherungsträger schriftlich unterrichtet wird. Dabei ist auf § 83 des Zehnten Buches hinzuweisen.

(3) Die Errichtung eines Dateisystems für mehrere Unfallversicherungsträger bei einem Unfallversicherungsträger oder bei einem Verband der Unfallversicherungsträger ist auch zulässig, um die von den Pflegekassen und den privaten Versicherungsunternehmen nach § 44 Abs. 2 des Elften Buches zu übermittelnden Daten zu verarbeiten.

(4) Die Errichtung eines Dateisystems für mehrere Unfallversicherungsträger bei einem Unfallversicherungsträger oder bei einem Verband der Unfallversicherungsträger ist auch zulässig, soweit dies erforderlich ist, um neue Erkenntnisse zur Verhütung von Versicherungsfällen oder zur Abwendung von arbeitsbedingten Gesundheitsgefahren zu gewinnen, und dieser Zweck nur durch ein gemeinsames Dateisystem für mehrere oder alle Unfallversicherungsträger erreicht werden kann. In dem Dateisystem nach Satz 1 dürfen personenbezogene Daten nur verarbeitet werden, soweit der Zweck des Dateisystems ohne die Verarbeitung dieser Daten nicht erreicht werden kann. Das Bundesministerium für Arbeit und Soziales bestimmt in einer Rechtsverordnung, die der Zustimmung des Bundesrates bedarf, die Art der zu verhütenden Versicherungsfälle und der abzuwendenden arbeitsbedingten Gesundheitsgefahren sowie die Art der Daten, die in dem Dateisystem nach Satz 1 verarbeitet werden dürfen. In dem Dateisystem nach Satz 1 dürfen Daten nach Absatz 2 Satz 1 Nr. 13 nicht gespeichert werden.

(5) Die Unfallversicherungsträger dürfen Daten nach Absatz 2 an den Unfallversicherungsträger oder den Verband, der das Dateisystem führt, übermitteln. Die in dem Dateisystem nach Absatz 1 Satz 1 Nr. 1 oder 2 gespeicherten Daten dürfen von der dateisystemführenden Stelle an andere Unfallversicherungsträger übermittelt werden, soweit es zur Erfüllung ihrer gesetzlichen Aufgaben erforderlich ist.

(6) Der Unfallversicherungsträger oder der Verband, der das Dateisystem errichtet, hat dem oder der Bundesbeauftragten für den Datenschutz und die Infor-

mationsfreiheit oder der nach Landesrecht für die Kontrolle des Datenschutzes zuständigen Stelle rechtzeitig die Errichtung eines Dateisystems nach Absatz 1 oder 4 vorher schriftlich oder elektronisch anzuzeigen.
(7) Verantwortlicher für die Erfüllung der Informationspflicht nach Artikel 13 der Verordnung (EU) 2016/679 ist der Unfallversicherungsträger, der für den Versicherten zuständig ist.

§ 205 (weggefallen)

Vierter Abschnitt
Sonstige Vorschriften

§ 206 Verarbeitung von Daten für die Forschung zur Bekämpfung von Berufskrankheiten

(1) Ein Arzt oder Angehöriger eines anderen Heilberufes ist befugt, für ein bestimmtes Forschungsvorhaben personenbezogene Daten den Unfallversicherungsträgern und deren Verbänden zu übermitteln, wenn die nachfolgenden Voraussetzungen erfüllt sind und die Genehmigung des Forschungsvorhabens öffentlich bekanntgegeben worden ist. Die Unfallversicherungsträger oder die Verbände haben den Versicherten oder den früheren Versicherten schriftlich über die übermittelten Daten und über den Zweck der Übermittlung zu unterrichten.
(2) Die Unfallversicherungsträger und ihre Verbände dürfen Sozialdaten von Versicherten und früheren Versicherten verarbeiten, soweit dies
1. zur Durchführung eines bestimmten Forschungsvorhabens, das die Erkennung neuer Berufskrankheiten oder die Verbesserung der Prävention oder der Maßnahmen zur Teilhabe bei Berufskrankheiten zum Ziele hat, erforderlich ist und
2. der Zweck dieses Forschungsvorhabens nicht auf andere Weise, insbesondere nicht durch Verarbeitung anonymisierter Daten, erreicht werden kann.

Voraussetzung ist, daß die zuständige oberste Bundes- oder Landesbehörde die Verarbeitung der Daten für das Forschungsvorhaben genehmigt hat. Erteilt die zuständige oberste Bundesbehörde die Genehmigung, sind die Bundesärztekammer und der oder die Bundesbeauftragte für den Datenschutz und die Informationsfreiheit anzuhören, in den übrigen Fällen die nach Landesrecht für die Kontrolle des Datenschutzes zuständige Stelle und die Ärztekammer des Landes.
(3) Das Forschungsvorhaben darf nur durchgeführt werden, wenn sichergestellt ist, daß keinem Beschäftigten, der an Entscheidungen über Sozialleistungen oder deren Vorbereitung beteiligt ist, die Daten, die für das Forschungsvorhaben verarbeitet werden, zugänglich sind oder von Zugriffsberechtigten weitergegeben werden.
(4) Die Durchführung der Forschung ist organisatorisch und räumlich von anderen Aufgaben zu trennen. Die übermittelten Einzelangaben dürfen nicht mit

anderen personenbezogenen Daten zusammengeführt werden. § 67c Abs. 5 Satz 2 und 3 des Zehnten Buches bleibt unberührt.

(5) Führen die Unfallversicherungsträger oder ihre Verbände das Forschungsvorhaben nicht selbst durch, dürfen die Daten nur anonymisiert an den für das Forschungsvorhaben Verantwortlichen übermittelt werden. Ist nach dem Zweck des Forschungsvorhabens zu erwarten, daß Rückfragen für einen Teil der Betroffenen erforderlich werden, sind sie an die Person zu richten, welche die Daten gemäß Absatz 1 übermittelt hat. Absatz 2 gilt für den für das Forschungsvorhaben Verantwortlichen entsprechend. Die Absätze 3 und 4 gelten entsprechend.

§ 207 Verarbeitung von Daten zur Verhütung von Versicherungsfällen und arbeitsbedingten Gesundheitsgefahren

(1) Die Unfallversicherungsträger und ihre Verbände dürfen

1. Daten zu Stoffen, Zubereitungen und Erzeugnissen,
2. Betriebs- und Expositionsdaten zur Gefährdungsanalyse

erheben, speichern, verändern, löschen, nutzen und untereinander übermitteln, soweit dies zur Verhütung von Versicherungsfällen und arbeitsbedingten Gesundheitsgefahren erforderlich ist.

(2) Daten nach Absatz 1 dürfen an die für den Arbeitsschutz zuständigen Landesbehörden und an die für den Vollzug des Chemikaliengesetzes sowie des Rechts der Bio- und Gentechnologie zuständigen Behörden übermittelt werden.

(3) Daten nach Absatz 1 dürfen nicht an Stellen oder Personen außerhalb der Unfallversicherungsträger und ihrer Verbände sowie der zuständigen Landesbehörden übermittelt werden, wenn der Unternehmer begründet nachweist, daß ihre Verbreitung ihm betrieblich oder geschäftlich schaden könnte, und die Daten auf Antrag des Unternehmers als vertraulich gekennzeichnet sind.

§ 208 Auskünfte der Deutschen Post AG

Soweit die Deutsche Post AG Aufgaben der Unfallversicherung wahrnimmt, gilt § 151 des Sechsten Buches entsprechend.

Neuntes Kapitel Bußgeldvorschriften

§ 209 Bußgeldvorschriften

(1) Ordnungswidrig handelt, wer vorsätzlich oder fahrlässig

1. einer Unfallverhütungsvorschrift nach § 15 Abs. 1 oder 2 zuwiderhandelt, soweit sie für einen bestimmten Tatbestand auf diese Bußgeldvorschrift verweist,
2. einer vollziehbaren Anordnung nach § 19 Abs. 1 zuwiderhandelt
3. entgegen § 19 Abs. 2 Satz 2 eine Maßnahme nicht duldet,
4. entgegen § 138 die Versicherten nicht unterrichtet,
5. entgegen

a) § 165 Absatz 1 Satz 1, auch in Verbindung mit einer Satzung nach § 165 Absatz 1 Satz 2 oder Satz 3 dieses Buches, jeweils in Verbindung mit § 34 Absatz 1 Satz 1 des Vierten Buches, oder

b) § 194

eine Meldung nicht, nicht richtig, nicht vollständig oder nicht rechtzeitig macht,

6. entgegen § 165 Absatz 2 Satz 1 in Verbindung mit einer Satzung nach § 34 Absatz 1 Satz 1 des Vierten Buches einen dort genannten Nachweis nicht, nicht richtig, nicht vollständig oder nicht rechtzeitig einreicht,
7. entgegen § 165 Abs. 4 eine Aufzeichnung nicht führt oder nicht oder nicht mindestens fünf Jahre aufbewahrt,

7a. entgegen § 183 Absatz 6 Satz 1 in Verbindung mit einer Satzung nach § 34 Absatz 1 Satz 1 des Vierten Buches eine Auskunft nicht, nicht richtig, nicht vollständig oder nicht rechtzeitig gibt,

8. entgegen § 192 Abs. 1 Nr. 1 bis 3 oder Abs. 4 Satz 1 eine Mitteilung nicht, nicht richtig, nicht vollständig oder nicht rechtzeitig macht,
9. entgegen § 193 Abs. 1 Satz 1, auch in Verbindung mit Satz 2, Abs. 2, 3 Satz 2, Abs. 4 oder 6 eine Anzeige nicht, nicht richtig oder nicht rechtzeitig erstattet,
10. entgegen § 193 Abs. 9 einen Unfall nicht in das Schiffstagebuch einträgt, nicht darstellt oder nicht in einer besonderen Niederschrift nachweist oder
11. entgegen § 198 oder 203 Abs. 1 Satz 1 eine Auskunft nicht, nicht richtig, nicht vollständig oder nicht rechtzeitig erteilt.

In den Fällen der Nummer 5, die sich auf geringfügige Beschäftigungen in Privathaushalten im Sinne von § 8a des Vierten Buches beziehen, findet § 266a Abs. 2 des Strafgesetzbuches keine Anwendung.

(2) Ordnungswidrig handelt, wer als Unternehmer Versicherten Beiträge ganz oder zum Teil auf das Arbeitsentgelt anrechnet.

(3) Die Ordnungswidrigkeit kann in den Fällen des Absatzes 1 Nr. 1 bis 3 mit einer Geldbuße bis zu zehntausend Euro, in den Fällen des Absatzes 2 mit einer Geldbuße bis zu fünftausend Euro, in den übrigen Fällen mit einer Geldbuße bis zu zweitausendfünfhundert Euro geahndet werden.

§ 210 Zuständige Verwaltungsbehörde

Verwaltungsbehörde im Sinne des § 36 Abs. 1 Nr. 1 des Gesetzes über Ordnungswidrigkeiten ist der Unfallversicherungsträger.

§ 211 Zusammenarbeit bei der Verfolgung und Ahndung von Ordnungswidrigkeiten

Zur Verfolgung und Ahndung von Ordnungswidrigkeiten arbeiten die Unfallversicherungsträger insbesondere mit den Behörden der Zollverwaltung, der Bundesagentur für Arbeit, den nach § 6 Abs. 1 Satz 1 Nr. 2 des Zweiten Buches zuständigen Trägern oder den nach § 6a des Zweiten Buches zugelassenen kommunalen Trägern, den Krankenkassen als Einzugsstellen für die Sozialversicherungsbeiträge, den in § 71 des Aufenthaltsgesetzes genannten Behörden, den Finanzbehörden,

den nach Landesrecht für die Verfolgung und Ahndung von Ordnungswidrigkeiten nach dem Schwarzarbeitsbekämpfungsgesetz zuständigen Behörden, den Trägern der Sozialhilfe und den für den Arbeitsschutz zuständigen Landesbehörden zusammen, wenn sich im Einzelfall konkrete Anhaltspunkte für

1. Verstöße gegen das Schwarzarbeitsbekämpfungsgesetz,
2. eine Beschäftigung oder Tätigkeit von Ausländern ohne erforderlichen Aufenthaltstitel nach § 4 Abs. 3 des Aufenthaltsgesetzes, eine Aufenthaltsgestattung oder eine Duldung, die zur Ausübung der Beschäftigung berechtigen, oder eine Genehmigung nach § 284 Abs. 1 des Dritten Buches,
3. Verstöße gegen die Mitwirkungspflicht nach § 60 Abs. 1 Satz 1 Nr. 2 des Ersten Buches gegenüber einer Dienststelle der Bundesagentur für Arbeit, einem Träger der gesetzlichen Kranken-, Pflege- oder Rentenversicherung, einem nach § 6 Abs. 1 Satz 1 Nr. 2 des Zweiten Buches zuständigen Träger oder einem nach § 6a des Zweiten Buches zugelassenen kommunalen Träger oder einem Träger der Sozialhilfe oder gegen die Meldepflicht nach § 8a des Asylbewerberleistungsgesetzes,
4. Verstöße gegen das Arbeitnehmerüberlassungsgesetz,
5. Verstöße gegen die Bestimmungen des Vierten und Fünften Buches sowie dieses Buches über die Verpflichtung zur Zahlung von Sozialversicherungsbeiträgen, soweit sie im Zusammenhang mit den in den Nummern 1 bis 4 genannten Verstößen stehen,
6. Verstöße gegen die Steuergesetze,
7. Verstöße gegen das Aufenthaltsgesetz

ergeben. Sie unterrichten die für die Verfolgung und Ahndung zuständigen Behörden, die Träger der Sozialhilfe sowie die Behörden nach § 71 des Aufenthaltsgesetzes. Die Unterrichtung kann auch Angaben über die Tatsachen, die für die Einziehung der Beiträge zur Unfallversicherung erforderlich sind, enthalten. Medizinische und psychologische Daten, die über einen Versicherten erhoben worden sind, dürfen die Unfallversicherungsträger nicht übermitteln.

Zehntes Kapitel
Übergangsrecht

§ 212 Grundsatz

Die Vorschriften des Ersten bis Neunten Kapitels gelten für Versicherungsfälle, die nach dem Inkrafttreten dieses Gesetzes eintreten, soweit in den folgenden Vorschriften nicht etwas anderes bestimmt ist.

§ 213 Versicherungsschutz

(1) Unternehmer und ihre Ehegatten, die am Tag vor dem Inkrafttreten dieses Gesetzes nach § 539 Abs. 1 Nr. 3 oder 7 der Reichsversicherungsordnung in der zu diesem Zeitpunkt geltenden Fassung pflichtversichert waren und die nach § 2 nicht pflichtversichert sind, bleiben versichert, ohne daß es eines Antrags auf freiwillige

Versicherung bedarf. Die Versicherung wird als freiwillige Versicherung weitergeführt. Sie erlischt mit Ablauf des Monats, in dem ein Antrag auf Beendigung dieser Versicherung beim Unfallversicherungsträger eingegangen ist; § 6 Abs. 2 Satz 2 bleibt unberührt.
(2) Die §§ 555a und 636 Abs. 3 der Reichsversicherungsordnung in der Fassung des Artikels II § 4 Nr. 12 und 15 des Gesetzes vom 18. August 1980 (BGBl. I S. 1469, 2218) gelten auch für Versicherungsfälle, die in der Zeit vom 24. Mai 1949 bis zum 31. Oktober 1977 eingetreten sind.
(3) § 2 Abs. 1 Nr. 16 in der Fassung des Artikels 1 Nr. 2 Buchstabe b des Unfallversicherungsmodernisierungsgesetzes vom 30. Oktober 2008 (BGBl. I S. 2130) gilt auch für Versicherungsfälle, die in der Zeit vom 1. Mai 2007 bis zum 4. November 2008 eingetreten sind.
(4) § 12a gilt auch für Gesundheitsschäden, die in der Zeit vom 1. Dezember 1997 bis zum 31. Juli 2012 eingetreten sind. Ansprüche auf Leistungen bestehen in diesen Fällen ab dem 1. August 2012.

§ 214 Geltung auch für frühere Versicherungsfälle

(1) Die Vorschriften des Ersten und Fünften Abschnitts des Dritten Kapitels gelten auch für Versicherungsfälle, die vor dem Tag des Inkrafttretens dieses Gesetzes eingetreten sind; dies gilt nicht für die Vorschrift über Leistungen an Berechtigte im Ausland.
(2) Die Vorschriften über den Jahresarbeitsverdienst gelten auch für Versicherungsfälle, die vor dem Tag des Inkrafttretens dieses Gesetzes eingetreten sind, wenn der Jahresarbeitsverdienst nach dem Inkrafttreten dieses Gesetzes erstmals oder aufgrund der §§ 90 und 91 neu festgesetzt wird. Die Vorschrift des § 93 über den Jahresarbeitsverdienst für die Versicherten der landwirtschaftlichen Berufsgenossenschaften und ihre Hinterbliebenen gilt auch für Versicherungsfälle, die vor dem Inkrafttreten dieses Gesetzes eingetreten sind; die Geldleistungen sind von dem auf das Inkrafttreten dieses Gesetzes folgenden 1. Juli an neu festzustellen; die generelle Bestandsschutzregelung bleibt unberührt.
(3) Die Vorschriften über Renten, Beihilfen, Abfindungen und Mehrleistungen gelten auch für Versicherungsfälle, die vor dem Tag des Inkrafttretens dieses Gesetzes eingetreten sind, wenn diese Leistungen nach dem Inkrafttreten dieses Gesetzes erstmals festzusetzen sind. § 73 gilt auch für Versicherungsfälle, die vor dem Tag des Inkrafttretens dieses Gesetzes eingetreten sind.
(4) Soweit sich die Vorschriften über das Verfahren, den Datenschutz sowie die Beziehungen der Versicherungsträger zueinander und zu Dritten auf bestimmte Versicherungsfälle beziehen, gelten sie auch hinsichtlich der Versicherungsfälle, die vor dem Tag des Inkrafttretens dieses Gesetzes eingetreten sind.

§ 215 Sondervorschriften für Versicherungsfälle in dem in Artikel 3 des Einigungsvertrages genannten Gebiet

(1) Für die Übernahme der vor dem 1. Januar 1992 eingetretenen Unfälle und Krankheiten als Arbeitsunfälle und Berufskrankheiten nach dem Recht der ge-

setzlichen Unfallversicherung ist § 1150 Abs. 2 und 3 der Reichsversicherungsordnung in der am Tag vor Inkrafttreten dieses Gesetzes geltenden Fassung weiter anzuwenden. § 1150 Abs. 2 Satz 2 Nr. 1 der Reichsversicherungsordnung gilt nicht für Versicherungsfälle aus dem Wehrdienst ehemaliger Wehrdienstpflichtiger der Nationalen Volksarmee der Deutschen Demokratischen Republik. Tritt bei diesen Personen nach dem 31. Dezember 1991 eine Berufskrankheit auf, die infolge des Wehrdienstes entstanden ist, gelten die Vorschriften dieses Buches.

(2) Die Vorschriften über den Jahresarbeitsverdienst gelten nicht für Versicherungsfälle in dem in Artikel 3 des Einigungsvertrags genannten Gebiet, die vor dem 1. Januar 1992 eingetreten sind; für diese Versicherungsfälle ist § 1152 Abs. 2 der Reichsversicherungsordnung in der am Tag vor Inkrafttreten dieses Gesetzes geltenden Fassung weiter anzuwenden mit der Maßgabe, dass der zuletzt am 1. Juli 2001 angepasste Betrag aus § 1152 Abs. 2 der Reichsversicherungsordnung ab 1. Januar 2002 in Euro umgerechnet und auf volle Euro-Beträge aufgerundet wird.

(3) (weggefallen)

(4) Für Versicherte an Bord von Seeschiffen und für nach § 2 Abs. 1 Nr. 7 versicherte Küstenschiffer und Küstenfischer ist § 1152 Abs. 6 der Reichsversicherungsordnung in der am Tag vor Inkrafttreten dieses Gesetzes geltenden Fassung weiter anzuwenden mit der Maßgabe, daß an die Stelle der dort genannten Vorschriften der Reichsversicherungsordnung § 92 dieses Buches tritt.

(5) (weggefallen)

(6) Für die Feststellung und Zahlung von Renten bei Versicherungsfällen, die vor dem 1. Januar 1992 eingetreten sind, ist § 1154 der Reichsversicherungsordnung in der am Tag vor Inkrafttreten dieses Gesetzes geltenden Fassung weiter anzuwenden mit der Maßgabe, daß an die Stelle der dort genannten Vorschriften der Reichsversicherungsordnung die §§ 56 und 81 bis 91 dieses Buches treten.

(7) Für die Feststellung und Zahlung von Leistungen im Todesfall ist § 1155 Abs. 1 Satz 2 und 3 sowie Abs. 2 und 3 der Reichsversicherungsordnung in der am Tag vor Inkrafttreten dieses Gesetzes geltenden Fassung weiter anzuwenden mit der Maßgabe, daß an die Stelle der dort genannten Vorschriften der Reichsversicherungsordnung § 65 Abs. 3 und § 66 dieses Buches treten. Bestand am 31. Dezember 1991 nach dem in dem in Artikel 3 des Einigungsvertrags genannten Gebiet geltenden Recht ein Anspruch auf Witwenrente, Witwerrente oder Waisenrente, wird der Zahlbetrag dieser Rente so lange unverändert weitergezahlt, wie er den Zahlbetrag der Rente, die sich aus den §§ 63 bis 71 und aus Satz 1 ergeben würde, übersteigt.

(8) Die Vorschrift des § 1156 der Reichsversicherungsordnung in der am Tag vor Inkrafttreten dieses Gesetzes geltenden Fassung ist weiter anzuwenden.

§ 216 (weggefallen)

§ 217 Bestandsschutz

(1) Ist eine Geldleistung, die aufgrund des bis zum Inkrafttreten dieses Gesetzes geltenden Rechts festgestellt worden ist oder hätte festgestellt werden müssen, höher, als sie nach diesem Buch sein würde, wird dem Berechtigten die höhere

Leistung gezahlt. Satz 1 gilt entsprechend für die Dauer einer Geldleistung. Bei den nach § 2 Abs. 1 Nr. 5 Buchstabe b versicherten mitarbeitenden Familienangehörigen sind dabei auch die bisher gezahlten Zulagen an Schwerverletzte zu berücksichtigen.

(2) Die §§ 590 bis 593, 598 und 600 Abs. 3 in Verbindung mit den §§ 602 und 614 der Reichsversicherungsordnung in der am 31. Dezember 1985 geltenden Fassung sind weiter anzuwenden, wenn der Tod des Versicherten vor dem 1. Januar 1986 eingetreten ist. § 80 Abs. 1 ist auch anzuwenden, wenn der Tod des Versicherten vor dem 1. Januar 1986 eingetreten ist und die neue Ehe nach dem Inkrafttreten dieses Gesetzes geschlossen wird. Bei der Anwendung des § 65 Abs. 3 und des § 80 Abs. 3 gilt § 617 Abs. 2 und 6 der Reichsversicherungsordnung in der am Tag vor dem Inkrafttreten dieses Gesetzes geltenden Fassung.

(3) (weggefallen)

(4) Artikel 1 § 9 Abs. 3 und § 10 Abs. 1 Satz 2 des Einundzwanzigsten Rentenanpassungsgesetzes sind für die Anpassung der dort genannten Geldleistungen nach § 95 weiter anzuwenden.

§ 218 (weggefallen)

§ 218a Leistungen an Hinterbliebene

(1) Ist der Ehegatte vor dem 1. Januar 2002 verstorben oder wurde die Ehe vor diesem Tag geschlossen und ist mindestens ein Ehegatte vor dem 2. Januar 1962 geboren, gelten die Vorschriften über Renten an Witwen oder Witwer und Abfindungen mit der Maßgabe, dass

1. der Anspruch auf eine Rente nach § 65 Abs. 2 Nr. 2 ohne Beschränkung auf 24 Kalendermonate besteht,
2. auf eine Abfindung nach § 80 Abs. 1 eine Rente nach § 65 Abs. 2 Nr. 2 nicht angerechnet wird.

(2) Ist der Ehegatte vor dem 1. Januar 2012 verstorben, gelten die Vorschriften über Renten an Witwen oder Witwer mit der Maßgabe, dass der Anspruch auf eine Rente nach § 65 Abs. 2 Nr. 3 Buchstabe b ab Vollendung des 45. Lebensjahres besteht. Ist der Ehegatte nach dem 31. Dezember 2011 verstorben, gilt für die Altersgrenze des § 65 Abs. 2 Nr. 3 Buchstabe b der § 242a Abs. 5 des Sechsten Buches entsprechend.

§ 218b Rückwirkende Anerkennung von Berufskrankheiten

Für die rückwirkende Anerkennung von Berufskrankheiten, die vor dem 1. Januar 2021 in der Verordnung nach § 9 Absatz 1 bezeichnet worden sind, gilt § 6 der Verordnung in der am 1. Januar 2021 geltenden Fassung.

§ 218c Auszahlung laufender Geldleistungen bei Beginn vor dem 1. April 2004

(1) Bei Beginn laufender Geldleistungen mit Ausnahme des Verletzten- und Übergangsgeldes vor dem 1. April 2004 werden diese zu Beginn des Monats fällig, zu dessen Beginn die Anspruchsvoraussetzungen erfüllt sind; sie werden am letzten Bankarbeitstag des Monats ausgezahlt, der dem Monat der Fälligkeit vorausgeht. § 96 Abs. 1 Satz 2 und 3 gilt entsprechend.
(2) Absatz 1 gilt auch für Renten an Hinterbliebene, die im Anschluss an eine Rente für Versicherte zu zahlen sind, wenn der erstmalige Rentenbeginn dieser Rente vor dem 1. April 2004 liegt.

§ 218d Besondere Zuständigkeiten

(1) Verändert sich aufgrund des § 128 Absatz 1 Nummer 1a, des § 129 Absatz 1 Nummer 1a und Absatz 4 oder des § 129a die Zuständigkeit für ein am 1. Januar 2013 bestehendes Unternehmen, ist dieses nach § 136 Absatz 1 Satz 4 zweite Alternative an den zuständigen Unfallversicherungsträger zu überweisen; die am 1. Januar 2013 in Kraft getretene Fassung des § 128 Absatz 1 Nummer 1a, des § 129 Absatz 1 Nummer 1a und Absatz 4 sowie des § 129a gilt insoweit als wesentliche Änderung.
(2) Absatz 1 gilt nicht für Unternehmen im Sinne des § 128 Absatz 1 Nummer 1a und des § 129 Absatz 1 Nummer 1a, die am 31. Dezember 1996 bestanden haben und bei denen seitdem keine wesentliche Änderung im Sinne des § 136 Absatz 1 Satz 4 zweite Alternative eingetreten ist. Dabei sind auch solche Änderungen wesentlich, die nach dem 31. Dezember 1996 eingetreten sind und nach dem § 128 Absatz 1 Nummer 1a, dem § 129 Absatz 1 Nummer 1a oder dem § 129a eine andere Zuständigkeit begründen.
(3) Absatz 1 gilt nicht für Unternehmen im Sinne des § 129 Absatz 1 Nummer 1, wenn deren Schwerpunkt im Ausnahmebereich des § 129 Absatz 4 Satz 1 liegt.
(4) Ab dem 1. Januar 2013 eintretende wesentliche Änderungen sind zu berücksichtigen.

§ 218e Übergangsregelungen aus Anlass des Übergangs der Beitragsüberwachung auf die Träger der Deutschen Rentenversicherung

(1) Soweit der Übergang der Prüfung nach § 166 Abs. 2 auf die Träger der Rentenversicherung bei diesen Personalbedarf auslöst, können die Träger der Rentenversicherung in entsprechendem Umfang Beschäftigte der Unfallversicherungsträger übernehmen, die am 31. Dezember 2009 ganz oder überwiegend die Prüfung der Arbeitgeber vornehmen. Die Übernahme erfolgt im Zeitraum vom 1. Januar 2010 bis zum 31. Dezember 2011.
(2) Der jeweilige Träger der Rentenversicherung tritt in den Fällen der nach Absatz 1 übergetretenen Beschäftigten in die Rechte und Pflichten aus den Arbeits- und Dienstverhältnissen ein. Mit dem Zeitpunkt des Übertritts sind die bei dem neuen Arbeitgeber geltenden tarifvertraglichen Regelungen, Dienstvereinbarun-

gen, Dienstordnungen oder sonstigen Vereinbarungen maßgebend. Bei Beamten erfolgt die Übernahme im Wege der Versetzung; entsprechende beamtenrechtliche Vorschriften bleiben unberührt. Die in einem Beschäftigungsverhältnis bei einem Träger der gesetzlichen Unfallversicherung verbrachten Zeiten gelten bei der Anwendung beamtenrechtlicher einschließlich besoldungs- und versorgungsrechtlicher Vorschriften und tarifvertraglicher Regelungen als bei der Deutschen Rentenversicherung verbrachte Zeiten. Haben Beschäftigte aufgrund einer bisherigen tarifvertraglichen Regelung Anspruch auf ein höheres Arbeitsentgelt, erhalten sie, solange die Tätigkeit der Arbeitgeberprüfung weiterhin ausgeübt wird, eine Ausgleichszulage in Höhe der Differenz zwischen dem bisherigen Entgelt und dem Entgelt, das nach den Regelungen des Satzes 2 zusteht. Der Anspruch auf Ausgleichszulage entfällt, sobald dazu eine neue tarifvertragliche Regelung vereinbart wird.

(3) Handelt es sich bei übernommenen Beschäftigten um Dienstordnungsangestellte, tragen der aufnehmende Träger der Rentenversicherung und der abgebende Unfallversicherungsträger die Versorgungsbezüge anteilig, wenn der Versorgungsfall eintritt. § 107b des Beamtenversorgungsgesetzes gilt sinngemäß. Die übergetretenen Dienstordnungsangestellten sind innerhalb eines Jahres nach dem Übertritt in das Beamtenverhältnis zu berufen, wenn sie die erforderlichen beamtenrechtlichen Voraussetzungen erfüllen. Sie sind unmittelbar in das Beamtenverhältnis auf Lebenszeit unter Verleihung des Amtes zu berufen, das ihrer besoldungsrechtlichen Stellung nach dem Dienstvertrag am Tag vor der Berufung in das Beamtenverhältnis entspricht, sofern sie die erforderlichen beamtenrechtlichen Voraussetzungen erfüllen.

§ 218f Evaluation

Die Verbände der Unfallversicherungsträger haben bis zum 31. Dezember 2026 dem Bundesministerium für Arbeit und Soziales einen gemeinsamen Bericht über die Umsetzung sowie die Wirkungen und die Ergebnisse der mit dem Siebten Gesetz zur Änderung des Vierten Buches Sozialgesetzbuch und anderer Gesetze vom 1. Juli 2020 eingeführten Maßnahmen zum Wegfall des Unterlassungszwangs, zur Stärkung der Individualprävention sowie zur gesetzlichen Verankerung von Beweiserleichterungen und zur erhöhten Transparenz in der Berufskrankheitenforschung vorzulegen.

§ 218 g Übergangsregelungen bei epidemischer Lage von nationaler Tragweite

(1) § 62 Absatz 2 Satz 1 gilt bis zum Ablauf von sechs Monaten nach Beendigung der durch das Coronavirus SARS-CoV-2 verursachten epidemischen Lage von nationaler Tragweite mit der Maßgabe, dass in den Fällen, in denen der Dreijahreszeitraum innerhalb dieser Zeit endet, die vorläufige Entschädigung spätestens nach Ablauf dieser Frist als Rente auf unbestimmte Zeit geleistet wird. Voraussetzung für die Anwendung des Satzes 1 ist, dass der Umfang der Minderung der Erwerbs-

fähigkeit aufgrund dieser epidemischen Lage nicht abschließend festgestellt werden kann. Satz 1 gilt nicht für Renten, die bereits auf unbestimmte Zeit geleistet werden.

(2) Anspruch auf eine Waisenrente besteht auch dann, wenn wegen der durch das Coronavirus SARS-CoV-2 verursachten epidemischen Lage von nationaler Tragweite

1. eine Schul- oder Berufsausbildung oder ein freiwilliger Dienst im Sinne des § 67 Absatz 3 Satz 1 Nummer 2 Buchstabe a und c nicht angetreten werden kann oder
2. die Übergangszeit nach § 67 Absatz 3 Satz 1 Nummer 2 Buchstabe b überschritten wird.

(3) Personen, die eine Tätigkeit als Ärztin oder Arzt, Zahnärztin oder Zahnarzt, Tierärztin oder Tierarzt oder Apothekerin oder Apotheker in einem Impfzentrum im Sinne der Coronavirus-Impfverordnung oder einem Testzentrum im Sinne der Coronavirus-Testverordnung oder in den jeweils dort angegliederten mobilen Teams ausüben, sind kraft Gesetzes versichert. Die Versicherung nach Satz 1 geht der Versicherung nach § 2 Absatz 1 Nummer 1 und 9 vor.

§ 219 (weggefallen)

§ 219a Altersrückstellungen

(1) (weggefallen)

(2) Für Personen nach § 172c Abs. 1 Satz 1, deren Beschäftigungsverhältnis zu einem Unfallversicherungsträger erstmals nach dem 31. Dezember 2009 begründet worden ist, gelten die Zuweisungssätze, die in der Rechtsverordnung nach § 16 Abs. 1 Satz 4 des Versorgungsrücklagegesetzes festgesetzt sind, entsprechend.

(3) Versorgungsausgaben für die in § 172c genannten Personenkreise, die ab dem Jahr 2030 entstehen, sowie Ausgaben, die anstelle von Versorgungsausgaben für diese Personenkreise geleistet werden, sind aus dem Altersrückstellungsvermögen zu leisten; die Aufsichtsbehörde kann eine frühere oder spätere Entnahme genehmigen.

(4) Soweit Unfallversicherungsträger vor dem 31. Dezember 2009 für einen in § 172c genannten Personenkreis Mitglied einer öffentlich-rechtlichen Versorgungseinrichtung geworden sind, werden die zu erwartenden Versorgungsleistungen im Rahmen der Verpflichtungen nach § 172c entsprechend berücksichtigt. Wurde für die in § 172c genannten Personenkreise vor dem 31. Dezember 2009 Deckungskapital bei aufsichtspflichtigen Unternehmen im Sinne des § 1 Absatz 1 Nummer 1 und 5 des Versicherungsaufsichtsgesetzes gebildet, wird dieses anteilig im Rahmen der Verpflichtungen nach § 172c berücksichtigt.

§ 220 Ausgleich unter den gewerblichen Berufsgenossenschaften

(1) bis (3) (weggefallen)

(4) Die §§ 176 bis 181 gelten für die Berufsgenossenschaft Verkehrswirtschaft Post-Logistik Telekommunikation mit der Maßgabe, dass für den Zuständigkeitsbereich nach § 121 Absatz 2 Nummer 3 bis 8

1. bei der Ermittlung der gemeinsamen Tragung der Rentenlasten die zugrunde zu legenden Rechengrößen für das Ausgleichsjahr 2016 in Höhe von 15 Prozent, für das Ausgleichsjahr 2017 in Höhe von 30 Prozent, für das Ausgleichsjahr 2018 in Höhe von 45 Prozent, für das Ausgleichsjahr 2019 in Höhe von 60 Prozent, für das Ausgleichsjahr 2020 in Höhe von 75 Prozent und für das Ausgleichsjahr 2021 in Höhe von 90 Prozent anzusetzen sind,
2. bis zum Jahr 2021 als Latenzfaktor nach § 177 Absatz 7 der für das jeweilige Ausgleichsjahr für den Bereich der in § 121 Absatz 2 Nummer 1 und 2 genannten Unternehmensarten zu berechnende Wert anzuwenden ist.

§ 221 Besondere Vorschriften für die landwirtschaftliche Unfallversicherung

(1) (weggefallen)

(2) § 80a ist nur auf Versicherungsfälle anwendbar, die nach dem 31. Dezember 2007 eingetreten sind.

§ 221a Verarbeitung von Daten durch die landwirtschaftliche Berufsgenossenschaft

(1) Die landwirtschaftliche Berufsgenossenschaft (§ 114 Absatz 1 Satz 1 Nummer 2) darf die bei ihr gespeicherten Namen, Anschriften und Bankverbindungen von Unternehmern nach § 136 Absatz 3 Nummer 1, die zur Beitragsberechnung nach § 182 vorliegenden Berechnungsgrundlagen sowie die von den zuständigen Behörden in den Ländern übermittelten Daten nach § 197 Absatz 4 Satz 1 und Satz 4 zur Durchführung der ihr übertragenen Aufgabe zur Gewährung einer Beihilfe im Rahmen einer außergewöhnlichen Maßnahme zur Marktstützung im Sinne der §§ 9b, 9c und 9d des Marktorganisationsgesetzes verarbeiten, soweit dies zur Durchführung oder Kontrolle der Beihilfegewährung erforderlich ist.

(2) Die landwirtschaftliche Berufsgenossenschaft darf der Bundesanstalt für Landwirtschaft und Ernährung einmalig bis zum 31. Dezember 2022 die bei ihr gespeicherten

1. Namen und Anschriften von Unternehmern nach § 136 Absatz 3 Nummer 1,
2. deren Mitgliedsnummer,
3. die Art der betriebenen landwirtschaftlichen Nutzung,
4. die zum 22. März 2022 erfasste Anbaufläche oder Tierzahl

unter den Voraussetzungen des Satzes 2 zum Zweck der Gewährung einer Beihilfe aus dem Bundeshaushalt übermitteln. Die Übermittlung ist nur zulässig, sofern die Unternehmer nach der vom Bundesministerium für Ernährung und Landwirtschaft im Rahmen der Regelung zur vorübergehenden Gewährung geringfügiger

Beihilfen im Geltungsbereich der Bundesrepublik Deutschland auf der Grundlage des Befristeten Krisenrahmens der Europäischen Kommission für staatliche Beihilfen zur Stützung der Wirtschaft infolge der Aggression Russlands gegen die Ukraine vom 22. April 2022 (BAnz AT 27.04.2022 B2) erlassenen Richtlinie dem Grunde nach beihilfeberechtigt sind und nicht bereits eine Anpassungsbeihilfe in Durchführung der in Absatz 1 genannten Aufgabe erhalten haben.

(3) Die Bundesanstalt für Landwirtschaft und Ernährung

1. darf den Datenbestand nach Absatz 2 verarbeiten, soweit dies zur Durchführung oder Kontrolle der Beihilfegewährung auf Grundlage der Kleinbeihilfenregelung erforderlich ist, und
2. hat diesen Datenbestand unmittelbar nach dem rechtskräftigen Abschluss der Beihilfeverfahren zu löschen.

Das Nähere zum Verfahren der Datenübermittlung nach Absatz 2 und zur Erstattung der Kosten ist in einer Verwaltungsvereinbarung zwischen der Bundesanstalt für Landwirtschaft und Ernährung und der landwirtschaftlichen Berufsgenossenschaft zu regeln.

§ 221b Übergangszeit und Beitragsangleichung in der landwirtschaftlichen Unfallversicherung

(1) Der Beitrag, den die Unternehmer auf die Umlagen für die Jahre 2013 bis 2017 (Übergangszeit) zu zahlen haben, ergibt sich, wenn der nach den §§ 182 und 183 berechnete Beitrag mit dem Angleichungssatz multipliziert wird.

(2) Der Angleichungssatz wird nach folgenden Rechengrößen bestimmt

1. Ausgangsbeitrag ist der auf die Umlage für das Jahr 2012 nach § 221 Absatz 3 zu zahlende Beitrag;
2. Zielbeitrag ist der Beitrag, der sich bei gleichen betrieblichen Verhältnissen und gleicher Umlage für das Jahr 2012 bei Anwendung der Berechnungsgrundlagen nach § 221 Absatz 4 ergeben würde;
3. Ausgangssatz ist der Prozentsatz des Ausgangsbeitrags im Verhältnis zum Zielbeitrag;
4. der jährliche Veränderungssatz ist ein Fünftel der Differenz zwischen dem Prozentsatz des Zielbeitrags und dem Ausgangssatz.

Der Angleichungssatz im ersten Jahr ergibt sich aus der Summe des Ausgangssatzes und des jährlichen Veränderungssatzes. Die Angleichungssätze in den Folgejahren ergeben sich aus der Summe des Angleichungssatzes des Vorjahres und des jährlichen Veränderungssatzes. Bei der Berechnung der Angleichungssätze ist § 187 Absatz 1 anzuwenden. Die Angleichungssätze für die Übergangszeit sind dem Unternehmer zusammen mit dem Bescheid über die Umlage für das Jahr 2013 mitzuteilen.

(3) Ändern sich in der Übergangszeit die betrieblichen Verhältnisse gegenüber den für den Ausgangsbeitrag maßgebenden Verhältnissen, bleiben die Angleichungssätze nach Absatz 2 unverändert. Für während der Übergangszeit neu aufzunehmende Unternehmer sind die für vorherige Unternehmer nach Absatz 2 festgestellten Angleichungssätze anzuwenden.

(4) Zur Vermeidung unzumutbarer Beitragserhöhungen in der Übergangszeit kann die Satzung Härtefallregelungen vorsehen.
(5) Aus den Sondervermögen können Mittel entnommen werden, um die während der Übergangszeit erfolgende Angleichung der Beiträge nach Absatz 1 zu gestalten. Eine sich hierdurch ergebende Verringerung der Beiträge ist in den Beitragsbescheiden gesondert auszuweisen.
(6) In der Übergangszeit ist § 184 Satz 2 nicht anzuwenden.

Elftes Kapitel
Übergangsvorschriften zur Neuorganisation der gesetzlichen Unfallversicherung

§ 222 Neuorganisation der gewerblichen Berufsgenossenschaften

(1) und (2) (weggefallen)
(3) Bei Fusionen von gewerblichen Berufsgenossenschaften ist eine angemessene Vertretung der Interessen der in den bisherigen gewerblichen Berufsgenossenschaften vertretenen Branchen sowie eine ortsnahe Betreuung der Versicherten und Unternehmen sicherzustellen.
(3a) Vereinigen sich gewerbliche Berufsgenossenschaften zu einer neuen gewerblichen Berufsgenossenschaft, so ist dort ein neuer Personalrat zu wählen. Die bis zum Zeitpunkt des Wirksamwerdens der Vereinigung bestehenden Personalräte bestellen gemeinsam unverzüglich einen Wahlvorstand für die Neuwahl. Die bisherigen Personalräte nehmen die Aufgaben des Personalrats wahr, bis sich der neue Personalrat konstituiert hat, längstens jedoch für die Dauer von drei Monaten ab dem Tag der Vereinigung. Für die Jugend- und Auszubildendenvertretungen, die Schwerbehindertenvertretungen sowie die Gleichstellungsbeauftragten gelten die Sätze 1 bis 3 entsprechend.
(4) Die Deutsche Gesetzliche Unfallversicherung e. V. wirkt darauf hin, dass die Verwaltungs- und Verfahrenskosten vermindert werden. Vom Jahr 2009 an hat die Deutsche Gesetzliche Unfallversicherung e. V. jedes Jahr dem Bundesministerium für Arbeit und Soziales über die Entwicklung der Verwaltungs- und Verfahrenskosten bei den gewerblichen Berufsgenossenschaften sowie über die umgesetzten und geplanten Maßnahmen zur Optimierung dieser Kosten zu berichten. Dabei ist gesondert auf die Schlussfolgerungen einzugehen, welche sich aus dem Benchmarking der Versicherungsträger ergeben.

§ 223 Neuorganisation der landesunmittelbaren Unfallversicherungsträger der öffentlichen Hand

(1) Die Selbstverwaltungen der landesunmittelbaren Unfallversicherungsträger der öffentlichen Hand erstellen Konzepte zur Neuorganisation und legen sie den jeweiligen Landesregierungen bis zum 31. Dezember 2008 vor. Die Konzepte enthalten eine umfassende Prüfung der Möglichkeiten, die Zahl der landesunmittel-

baren Unfallversicherungsträger der öffentlichen Hand auf einen pro Land zu reduzieren.

(2) Die Länder setzen die Konzepte nach Absatz 1 bis zum 31. Dezember 2009 um. Dabei ist eine angemessene Vertretung der Interessen von Ländern, Kommunen und Feuerwehrverbänden in den Selbstverwaltungsgremien sowie eine ortsnahe Betreuung der Versicherten und Unternehmen sicherzustellen.

§ 224 Umstellung der Mitgliedsnummer auf die Unternehmernummer

(1) Die Mitgliedsnummern der gewerblichen Berufsgenossenschaften, der landwirtschaftlichen Berufsgenossenschaft und der Unfallversicherungsträger der öffentlichen Hand sind in Abstimmung mit der Deutschen Gesetzlichen Unfallversicherung e. V. bis zum 1. Januar 2023 automatisiert auf die neue Unternehmernummer umzustellen. Die Unternehmer sind über die vergebenen Unternehmernummern und die numerische Bezeichnung der zugehörigen Unternehmen unverzüglich zu informieren.

(2) Für die vorbereitenden Tätigkeiten der Berufsgenossenschaften, der Unfallversicherungsträger der öffentlichen Hand und der Deutschen Gesetzlichen Unfallversicherung e. V. gilt, dass

1. jeder Unternehmer bei erstmaliger Aufnahme einer unternehmerischen Tätigkeit eine Unternehmernummer erhält,
2. der Unternehmer für die Vergabe der Unternehmernummer die dazu notwendigen Angaben, insbesondere den Namen, den Geburtsnamen, das Geburtsdatum und die aktuelle Wohnanschrift elektronisch zu übermitteln hat,
3. die Unternehmernummer nach Mitteilung über den Unternehmensbeginn im Sinne von § 192 Absatz 1 über die Deutsche Gesetzliche Unfallversicherung e. V. unverzüglich vergeben wird,
4. die Unternehmer, die bereits eine Unternehmernummer erhalten haben, den Beginn und das Ende eines oder mehrerer weiterer Unternehmen nach § 192 Absatz 1 unter Angabe der Unternehmernummer und der notwendigen Angaben zur Identifizierung des Unternehmens dem zuständigen Träger der Unfallversicherung mitzuteilen haben,
5. in einem Anhang zu der Unternehmernummer die dem Unternehmer zugehörigen Unternehmen numerisch in aufsteigender Folge bezeichnet werden,
6. die Unternehmernummer und die zur Identifizierung des Unternehmens erforderlichen Daten in einem zentralen Dateisystem bei der Deutschen Gesetzlichen Unfallversicherung e. V. gespeichert werden,
7. die Berufsgenossenschaften und die Unfallversicherungsträger der öffentlichen Hand zur Erledigung ihrer gesetzlichen Aufgaben Zugriff auf dieses Dateisystem haben,
8. die Berufsgenossenschaften und die Unfallversicherungsträger der öffentlichen Hand die Unternehmer- und Unternehmensnummern ihrer Mitglieder jeweils in einem gesonderten Mitgliederdateisystem führen.

Bei Änderungen, die die zum Unternehmer oder zum Unternehmen gespeicherten Daten betreffen, gilt § 192 Absatz 2 entsprechend. Das Nähere zum Verfahren, zu den erforderlichen Angaben und zu den Datensätzen regelt die Deutsche Gesetzliche Unfallversicherung e. V. in Abstimmung mit der landwirtschaftlichen Berufsgenossenschaft in Grundsätzen, die durch das Bundesministerium für Arbeit und Soziales zu genehmigen sind.

Anlage 1 Gewerbliche Berufsgenossenschaften

(zu § 114)

1. Berufsgenossenschaft Rohstoffe und chemische Industrie,
2. Berufsgenossenschaft Holz und Metall,
3. Berufsgenossenschaft Energie Textil Elektro Medienerzeugnisse,
4. Berufsgenossenschaft Nahrungsmittel und Gastgewerbe,
5. Berufsgenossenschaft der Bauwirtschaft,
6. Berufsgenossenschaft Handel und Warenlogistik,
7. Verwaltungs-Berufsgenossenschaft,
8. Berufsgenossenschaft Verkehrswirtschaft Post-Logistik Telekommunikation,
9. Berufsgenossenschaft für Gesundheitsdienst und Wohlfahrtspflege.

Anlage 2 (weggefallen)

(zu § 114)

Sozialgesetzbuch (SGB) Neuntes Buch (IX) – Rehabilitation und Teilhabe behinderter Menschen

vom 23. Dezember 2016 (BGBl. I 3234), zuletzt geändert durch Gesetz vom 22. Dezember 2023 (BGBl. 2023 I Nr. 412)

§ 1 Selbstbestimmung und Teilhabe am Leben in der Gesellschaft

Menschen mit Behinderungen oder von Behinderung bedrohte Menschen erhalten Leistungen nach diesem Buch und den für die Rehabilitationsträger geltenden Leistungsgesetzen, um ihre Selbstbestimmung und ihre volle, wirksame und gleichberechtigte Teilhabe am Leben in der Gesellschaft zu fördern, Benachteiligungen zu vermeiden oder ihnen entgegenzuwirken. Dabei wird den besonderen Bedürfnissen von Frauen und Kindern mit Behinderungen und von Behinderung bedrohter Frauen und Kinder sowie Menschen mit seelischen Behinderungen oder von einer solchen Behinderung bedrohter Menschen Rechnung getragen.

§ 2 Begriffsbestimmungen

(1) Menschen mit Behinderungen sind Menschen, die körperliche, seelische, geistige oder Sinnesbeeinträchtigungen haben, die sie in Wechselwirkung mit einstellungs- und umweltbedingten Barrieren an der gleichberechtigten Teilhabe an der Gesellschaft mit hoher Wahrscheinlichkeit länger als sechs Monate hindern können. Eine Beeinträchtigung nach Satz 1 liegt vor, wenn der Körper- und Gesundheitszustand von dem für das Lebensalter typischen Zustand abweicht. Menschen sind von Behinderung bedroht, wenn eine Beeinträchtigung nach Satz 1 zu erwarten ist.
(2) Menschen sind im Sinne des Teils 3 schwerbehindert, wenn bei ihnen ein Grad der Behinderung von wenigstens 50 vorliegt und sie ihren Wohnsitz, ihren gewöhnlichen Aufenthalt oder ihre Beschäftigung auf einem Arbeitsplatz im Sinne des § 156 rechtmäßig im Geltungsbereich dieses Gesetzbuches haben.
(3) Schwerbehinderten Menschen gleichgestellt werden sollen Menschen mit Behinderungen mit einem Grad der Behinderung von weniger als 50, aber wenigstens 30, bei denen die übrigen Voraussetzungen des Absatzes 2 vorliegen, wenn sie infolge ihrer Behinderung ohne die Gleichstellung einen geeigneten Arbeitsplatz im Sinne des § 156 nicht erlangen oder nicht behalten können (gleichgestellte behinderte Menschen).

§ 3 Vorrang von Prävention

(1) Die Rehabilitationsträger und die Integrationsämter wirken bei der Aufklärung, Beratung, Auskunft und Ausführung von Leistungen im Sinne des Ersten Buches sowie im Rahmen der Zusammenarbeit mit den Arbeitgebern nach § 167 darauf hin, dass der Eintritt einer Behinderung einschließlich einer chronischen Krankheit vermieden wird.
(2) Die Rehabilitationsträger nach § 6 Absatz 1 Nummer 1 bis 4 und 6 und ihre Verbände wirken bei der Entwicklung und Umsetzung der Nationalen Präventionsstrategie nach den Bestimmungen der §§ 20d bis 20 g des Fünften Buches mit, insbesondere mit der Zielsetzung der Vermeidung von Beeinträchtigungen bei der Teilhabe am Leben in der Gesellschaft.
(3) Bei der Erbringung von Leistungen für Personen, deren berufliche Eingliederung auf Grund gesundheitlicher Einschränkungen besonders erschwert ist, arbeiten die Krankenkassen mit der Bundesagentur für Arbeit und mit den kommunalen Trägern der Grundsicherung für Arbeitsuchende nach § 20a des Fünften Buches eng zusammen.

§ 4 Leistungen zur Teilhabe

(1) Die Leistungen zur Teilhabe umfassen die notwendigen Sozialleistungen, um unabhängig von der Ursache der Behinderung
1. die Behinderung abzuwenden, zu beseitigen, zu mindern, ihre Verschlimmerung zu verhüten oder ihre Folgen zu mildern,
2. Einschränkungen der Erwerbsfähigkeit oder Pflegebedürftigkeit zu vermeiden, zu überwinden, zu mindern oder eine Verschlimmerung zu verhüten sowie den vorzeitigen Bezug anderer Sozialleistungen zu vermeiden oder laufende Sozialleistungen zu mindern,
3. die Teilhabe am Arbeitsleben entsprechend den Neigungen und Fähigkeiten dauerhaft zu sichern oder
4. die persönliche Entwicklung ganzheitlich zu fördern und die Teilhabe am Leben in der Gesellschaft sowie eine möglichst selbständige und selbstbestimmte Lebensführung zu ermöglichen oder zu erleichtern.

(2) Die Leistungen zur Teilhabe werden zur Erreichung der in Absatz 1 genannten Ziele nach Maßgabe dieses Buches und der für die zuständigen Leistungsträger geltenden besonderen Vorschriften neben anderen Sozialleistungen erbracht. Die Leistungsträger erbringen die Leistungen im Rahmen der für sie geltenden Rechtsvorschriften nach Lage des Einzelfalles so vollständig, umfassend und in gleicher Qualität, dass Leistungen eines anderen Trägers möglichst nicht erforderlich werden.
(3) Leistungen für Kinder mit Behinderungen oder von Behinderung bedrohte Kinder werden so geplant und gestaltet, dass nach Möglichkeit Kinder nicht von ihrem sozialen Umfeld getrennt und gemeinsam mit Kindern ohne Behinderungen betreut werden können. Dabei werden Kinder mit Behinderungen alters- und entwicklungsentsprechend an der Planung und Ausgestaltung der einzelnen Hilfen

beteiligt und ihre Sorgeberechtigten intensiv in Planung und Gestaltung der Hilfen einbezogen.
(4) Leistungen für Mütter und Väter mit Behinderungen werden gewährt, um diese bei der Versorgung und Betreuung ihrer Kinder zu unterstützen.

§ 5 Leistungsgruppen

Zur Teilhabe am Leben in der Gesellschaft werden erbracht:
1. Leistungen zur medizinischen Rehabilitation,
2. Leistungen zur Teilhabe am Arbeitsleben,
3. unterhaltssichernde und andere ergänzende Leistungen,
4. Leistungen zur Teilhabe an Bildung und
5. Leistungen zur sozialen Teilhabe.

§ 6 Rehabilitationsträger

(1) Träger der Leistungen zur Teilhabe (Rehabilitationsträger) können sein:
1. die gesetzlichen Krankenkassen für Leistungen nach § 5 Nummer 1 und 3,
2. die Bundesagentur für Arbeit für Leistungen nach § 5 Nummer 2 und 3,
3. die Träger der gesetzlichen Unfallversicherung für Leistungen nach § 5 Nummer 1 bis 3 und 5; für Versicherte nach § 2 Absatz 1 Nummer 8 des Siebten Buches die für diese zuständigen Unfallversicherungsträger für Leistungen nach § 5 Nummer 1 bis 5,
4. die Träger der gesetzlichen Rentenversicherung für Leistungen nach § 5 Nummer 1 bis 3, der Träger der Alterssicherung der Landwirte für Leistungen nach § 5 Nummer 1 und 3,
5. die Träger der Sozialen Entschädigung und der Träger der Soldatenentschädigung für Leistungen nach § 5 Nummer 1 bis 5,
6. die Träger der öffentlichen Jugendhilfe für Leistungen nach § 5 Nummer 1, 2, 4 und 5 sowie
7. die Träger der Eingliederungshilfe für Leistungen nach § 5 Nummer 1, 2, 4 und 5.

(2) Die Rehabilitationsträger nehmen ihre Aufgaben selbständig und eigenverantwortlich wahr.

§ 7 Vorbehalt abweichender Regelungen

(1) Die Vorschriften im Teil 1 gelten für die Leistungen zur Teilhabe, soweit sich aus den für den jeweiligen Rehabilitationsträger geltenden Leistungsgesetzen nichts Abweichendes ergibt. Die Zuständigkeit und die Voraussetzungen für die Leistungen zur Teilhabe richten sich nach den für den jeweiligen Rehabilitationsträger geltenden Leistungsgesetzen. Das Recht der Eingliederungshilfe im Teil 2 ist ein Leistungsgesetz im Sinne der Sätze 1 und 2.
(2) Abweichend von Absatz 1 gehen die Vorschriften der Kapitel 2 bis 4 den für die jeweiligen Rehabilitationsträger geltenden Leistungsgesetzen vor. Von den Vorschriften in Kapitel 4 kann durch Landesrecht nicht abgewichen werden.

§ 8 Wunsch- und Wahlrecht der Leistungsberechtigten

(1) Bei der Entscheidung über die Leistungen und bei der Ausführung der Leistungen zur Teilhabe wird berechtigten Wünschen der Leistungsberechtigten entsprochen. Dabei wird auch auf die persönliche Lebenssituation, das Alter, das Geschlecht, die Familie sowie die religiösen und weltanschaulichen Bedürfnisse der Leistungsberechtigten Rücksicht genommen; im Übrigen gilt § 33 des Ersten Buches. Den besonderen Bedürfnissen von Müttern und Vätern mit Behinderungen bei der Erfüllung ihres Erziehungsauftrages sowie den besonderen Bedürfnissen von Kindern mit Behinderungen wird Rechnung getragen.
(2) Sachleistungen zur Teilhabe, die nicht in Rehabilitationseinrichtungen auszuführen sind, können auf Antrag der Leistungsberechtigten als Geldleistungen erbracht werden, wenn die Leistungen hierdurch voraussichtlich bei gleicher Wirksamkeit wirtschaftlich zumindest gleichwertig ausgeführt werden können. Für die Beurteilung der Wirksamkeit stellen die Leistungsberechtigten dem Rehabilitationsträger geeignete Unterlagen zur Verfügung. Der Rehabilitationsträger begründet durch Bescheid, wenn er den Wünschen des Leistungsberechtigten nach den Absätzen 1 und 2 nicht entspricht.
(3) Leistungen, Dienste und Einrichtungen lassen den Leistungsberechtigten möglichst viel Raum zu eigenverantwortlicher Gestaltung ihrer Lebensumstände und fördern ihre Selbstbestimmung.
(4) Die Leistungen zur Teilhabe bedürfen der Zustimmung der Leistungsberechtigten.

§ 49 Leistungen zur Teilhabe am Arbeitsleben, Verordnungsermächtigung

(1) Zur Teilhabe am Arbeitsleben werden die erforderlichen Leistungen erbracht, um die Erwerbsfähigkeit von Menschen mit Behinderungen oder von Behinderung bedrohter Menschen entsprechend ihrer Leistungsfähigkeit zu erhalten, zu verbessern, herzustellen oder wiederherzustellen und ihre Teilhabe am Arbeitsleben möglichst auf Dauer zu sichern.
(2) Frauen mit Behinderungen werden gleiche Chancen im Erwerbsleben zugesichert, insbesondere durch in der beruflichen Zielsetzung geeignete, wohnortnahe und auch in Teilzeit nutzbare Angebote.
(3) Die Leistungen zur Teilhabe am Arbeitsleben umfassen insbesondere

1. Hilfen zur Erhaltung oder Erlangung eines Arbeitsplatzes einschließlich Leistungen zur Aktivierung und beruflichen Eingliederung,
2. eine Berufsvorbereitung einschließlich einer wegen der Behinderung erforderlichen Grundausbildung,
3. die individuelle betriebliche Qualifizierung im Rahmen Unterstützter Beschäftigung,
4. die berufliche Anpassung und Weiterbildung, auch soweit die Leistungen einen zur Teilnahme erforderlichen schulischen Abschluss einschließen,
5. die berufliche Ausbildung, auch soweit die Leistungen in einem zeitlich nicht überwiegenden Abschnitt schulisch durchgeführt werden,

6. die Förderung der Aufnahme einer selbständigen Tätigkeit durch die Rehabilitationsträger nach § 6 Absatz 1 Nummer 2 bis 5 und
7. sonstige Hilfen zur Förderung der Teilhabe am Arbeitsleben, um Menschen mit Behinderungen eine angemessene und geeignete Beschäftigung oder eine selbständige Tätigkeit zu ermöglichen und zu erhalten.

(4) Bei der Auswahl der Leistungen werden Eignung, Neigung, bisherige Tätigkeit sowie Lage und Entwicklung auf dem Arbeitsmarkt angemessen berücksichtigt. Soweit erforderlich, wird dabei die berufliche Eignung abgeklärt oder eine Arbeitserprobung durchgeführt; in diesem Fall werden die Kosten nach Absatz 7, Reisekosten nach § 73 sowie Haushaltshilfe und Kinderbetreuungskosten nach § 74 übernommen.

(5) Die Leistungen werden auch für Zeiten notwendiger Praktika erbracht.

(6) Die Leistungen umfassen auch medizinische, psychologische und pädagogische Hilfen, soweit diese Leistungen im Einzelfall erforderlich sind, um die in Absatz 1 genannten Ziele zu erreichen oder zu sichern und Krankheitsfolgen zu vermeiden, zu überwinden, zu mindern oder ihre Verschlimmerung zu verhüten. Leistungen sind insbesondere

1. Hilfen zur Unterstützung bei der Krankheits- und Behinderungsverarbeitung,
2. Hilfen zur Aktivierung von Selbsthilfepotentialen,
3. die Information und Beratung von Partnern und Angehörigen sowie von Vorgesetzten und Kollegen, wenn die Leistungsberechtigten dem zustimmen,
4. die Vermittlung von Kontakten zu örtlichen Selbsthilfe- und Beratungsmöglichkeiten,
5. Hilfen zur seelischen Stabilisierung und zur Förderung der sozialen Kompetenz, unter anderem durch Training sozialer und kommunikativer Fähigkeiten und im Umgang mit Krisensituationen,
6. das Training lebenspraktischer Fähigkeiten,
7. das Training motorischer Fähigkeiten,
8. die Anleitung und Motivation zur Inanspruchnahme von Leistungen zur Teilhabe am Arbeitsleben und
9. die Beteiligung von Integrationsfachdiensten im Rahmen ihrer Aufgabenstellung (§ 193).

(7) Zu den Leistungen gehört auch die Übernahme

1. der erforderlichen Kosten für Unterkunft und Verpflegung, wenn für die Ausführung einer Leistung eine Unterbringung außerhalb des eigenen oder des elterlichen Haushalts wegen Art oder Schwere der Behinderung oder zur Sicherung des Erfolges der Teilhabe am Arbeitsleben notwendig ist sowie
2. der erforderlichen Kosten, die mit der Ausführung einer Leistung in unmittelbarem Zusammenhang stehen, insbesondere für Lehrgangskosten, Prüfungsgebühren, Lernmittel, Leistungen zur Aktivierung und beruflichen Eingliederung.

(8) Leistungen nach Absatz 3 Nummer 1 und 7 umfassen auch

1. die Kraftfahrzeughilfe nach der Kraftfahrzeughilfe-Verordnung,
2. den Ausgleich für unvermeidbare Verdienstausfälle des Leistungsberechtigten oder einer erforderlichen Begleitperson wegen Fahrten der An- und Abreise zu einer Bildungsmaßnahme und zur Vorstellung bei einem Arbeitgeber, bei

einem Träger oder einer Einrichtung für Menschen mit Behinderungen, durch die Rehabilitationsträger nach § 6 Absatz 1 Nummer 2 bis 5,

2a. die Kosten eines Jobcoachings,
3. die Kosten einer notwendigen Arbeitsassistenz für schwerbehinderte Menschen als Hilfe zur Erlangung eines Arbeitsplatzes,
4. die Kosten für Hilfsmittel, die wegen Art oder Schwere der Behinderung erforderlich sind
   a) zur Berufsausübung,
   b) zur Teilhabe an einer Leistung zur Teilhabe am Arbeitsleben,
   c) zur Erhöhung der Sicherheit auf dem Weg vom und zum Arbeitsplatz oder
   d) zur Erhöhung der Sicherheit am Arbeitsplatz selbst,

   es sei denn, dass eine Verpflichtung des Arbeitgebers besteht oder solche Leistungen als medizinische Leistung erbracht werden können,
5. die Kosten technischer Arbeitshilfen, die wegen Art oder Schwere der Behinderung zur Berufsausübung erforderlich sind und
6. die Kosten der Beschaffung, der Ausstattung und der Erhaltung einer behinderungsgerechten Wohnung in angemessenem Umfang.

Die Leistung nach Satz 1 Nummer 3 wird für die Dauer von bis zu drei Jahren bewilligt und in Abstimmung mit dem Rehabilitationsträger nach § 6 Absatz 1 Nummer 1 bis 5 durch das Integrationsamt nach § 185 Absatz 5 ausgeführt. Der Rehabilitationsträger erstattet dem Integrationsamt seine Aufwendungen. Der Anspruch nach § 185 Absatz 5 bleibt unberührt.

(9) Die Bundesregierung kann durch Rechtsverordnung mit Zustimmung des Bundesrates Näheres über Voraussetzungen, Gegenstand und Umfang der Leistungen der Kraftfahrzeughilfe zur Teilhabe am Arbeitsleben regeln.

§ 50 Leistungen an Arbeitgeber

(1) Die Rehabilitationsträger nach § 6 Absatz 1 Nummer 2 bis 5 können Leistungen zur Teilhabe am Arbeitsleben auch an Arbeitgeber erbringen, insbesondere als

1. Ausbildungszuschüsse zur betrieblichen Ausführung von Bildungsleistungen,
2. Eingliederungszuschüsse,
3. Zuschüsse für Arbeitshilfen im Betrieb und
4. teilweise oder volle Kostenerstattung für eine befristete Probebeschäftigung.

(2) Die Leistungen können unter Bedingungen und Auflagen erbracht werden.

(3) Ausbildungszuschüsse nach Absatz 1 Nummer 1 können für die gesamte Dauer der Maßnahme geleistet werden. Die Ausbildungszuschüsse sollen bei Ausbildungsmaßnahmen die monatlichen Ausbildungsvergütungen nicht übersteigen, die von den Arbeitgebern im letzten Ausbildungsjahr gezahlt wurden.

(4) Eingliederungszuschüsse nach Absatz 1 Nummer 2 betragen höchstens 50 Prozent der vom Arbeitgeber regelmäßig gezahlten Entgelte, soweit sie die tariflichen Arbeitsentgelte oder, wenn eine tarifliche Regelung nicht besteht, die für vergleichbare Tätigkeiten ortsüblichen Arbeitsentgelte im Rahmen der Beitragsbemessungsgrenze in der Arbeitsförderung nicht übersteigen. Die Eingliederungszuschüsse sollen im Regelfall für höchstens ein Jahr gezahlt werden. Soweit es für die Teilhabe am Arbeitsleben erforderlich ist, können die Eingliederungszuschüsse um

bis zu 20 Prozentpunkte höher festgelegt und bis zu einer Förderungshöchstdauer von zwei Jahren gezahlt werden. Werden die Eingliederungszuschüsse länger als ein Jahr gezahlt, sind sie um mindestens 10 Prozentpunkte zu vermindern, entsprechend der zu erwartenden Zunahme der Leistungsfähigkeit der Leistungsberechtigten und den abnehmenden Eingliederungserfordernissen gegenüber der bisherigen Förderungshöhe. Bei der Berechnung der Eingliederungszuschüsse nach Satz 1 wird auch der Anteil des Arbeitgebers am Gesamtsozialversicherungsbeitrag berücksichtigt. Eingliederungszuschüsse sind zurückzuzahlen, wenn die Arbeitsverhältnisse während des Förderungszeitraums oder innerhalb eines Zeitraums, der der Förderungsdauer entspricht, längstens jedoch von einem Jahr, nach dem Ende der Leistungen beendet werden. Der Eingliederungszuschuss muss nicht zurückgezahlt werden, wenn

1. die Leistungsberechtigten die Arbeitsverhältnisse durch Kündigung beenden oder das Mindestalter für den Bezug der gesetzlichen Altersrente erreicht haben oder
2. die Arbeitgeber berechtigt waren, aus wichtigem Grund ohne Einhaltung einer Kündigungsfrist oder aus Gründen, die in der Person oder dem Verhalten des Arbeitnehmers liegen, oder aus dringenden betrieblichen Erfordernissen, die einer Weiterbeschäftigung in diesem Betrieb entgegenstehen, zu kündigen.

Die Rückzahlung ist auf die Hälfte des Förderungsbetrages, höchstens aber den im letzten Jahr vor der Beendigung des Beschäftigungsverhältnisses gewährten Förderungsbetrag begrenzt; nicht geförderte Nachbeschäftigungszeiten werden anteilig berücksichtigt.

§ 51 Einrichtungen der beruflichen Rehabilitation

(1) Leistungen werden durch Berufsbildungswerke, Berufsförderungswerke und vergleichbare Einrichtungen der beruflichen Rehabilitation ausgeführt, wenn Art oder Schwere der Behinderung der Leistungsberechtigten oder die Sicherung des Erfolges die besonderen Hilfen dieser Einrichtungen erforderlich machen. Die Einrichtung muss

1. eine erfolgreiche Ausführung der Leistung erwarten lassen nach Dauer, Inhalt und Gestaltung der Leistungen, nach der Unterrichtsmethode, Ausbildung und Berufserfahrung der Leitung und der Lehrkräfte sowie nach der Ausgestaltung der Fachdienste,
2. angemessene Teilnahmebedingungen bieten und behinderungsgerecht sein, insbesondere auch die Beachtung der Erfordernisse des Arbeitsschutzes und der Unfallverhütung gewährleisten,
3. den Teilnehmenden und den von ihnen zu wählenden Vertretungen angemessene Mitwirkungsmöglichkeiten an der Ausführung der Leistungen bieten sowie
4. die Leistung nach den Grundsätzen der Wirtschaftlichkeit und Sparsamkeit, insbesondere zu angemessenen Vergütungssätzen, ausführen.

Die zuständigen Rehabilitationsträger vereinbaren hierüber gemeinsame Empfehlungen nach den §§ 26 und 37.

(2) Werden Leistungen zur beruflichen Ausbildung in Einrichtungen der beruflichen Rehabilitation ausgeführt, sollen die Einrichtungen bei Eignung der Leistungsberechtigten darauf hinwirken, dass diese Ausbildung teilweise auch in Betrieben und Dienststellen durchgeführt wird. Die Einrichtungen der beruflichen Rehabilitation unterstützen die Arbeitgeber bei der betrieblichen Ausbildung und bei der Betreuung der auszubildenden Jugendlichen mit Behinderungen.

§ 52 Rechtsstellung der Teilnehmenden

Werden Leistungen in Einrichtungen der beruflichen Rehabilitation ausgeführt, werden die Teilnehmenden nicht in den Betrieb der Einrichtungen eingegliedert. Sie sind keine Arbeitnehmer im Sinne des Betriebsverfassungsgesetzes und wählen zu ihrer Mitwirkung besondere Vertreter. Bei der Ausführung werden die arbeitsrechtlichen Grundsätze über den Persönlichkeitsschutz, die Haftungsbeschränkung sowie die gesetzlichen Vorschriften über den Arbeitsschutz, den Schutz vor Diskriminierungen in Beschäftigung und Beruf, den Erholungsurlaub und die Gleichberechtigung von Männern und Frauen entsprechend angewendet.

§ 53 Dauer von Leistungen

(1) Leistungen werden für die Zeit erbracht, die vorgeschrieben oder allgemein üblich ist, um das angestrebte Teilhabeziel zu erreichen. Eine Förderung kann darüber hinaus erfolgen, wenn besondere Umstände dies rechtfertigen.
(2) Leistungen zur beruflichen Weiterbildung sollen in der Regel bei ganztägigem Unterricht nicht länger als zwei Jahre dauern, es sei denn, dass das Teilhabeziel nur über eine länger andauernde Leistung erreicht werden kann oder die Eingliederungsaussichten nur durch eine länger andauernde Leistung wesentlich verbessert werden. Abweichend von Satz 1 erster Teilsatz sollen Leistungen zur beruflichen Weiterbildung, die zu einem Abschluss in einem allgemein anerkannten Ausbildungsberuf führen und für die eine allgemeine Ausbildungsdauer von mehr als zwei Jahren vorgeschrieben ist, nicht länger als zwei Drittel der üblichen Ausbildungszeit dauern.

§ 54 Beteiligung der Bundesagentur für Arbeit

Die Bundesagentur für Arbeit nimmt auf Anforderung eines anderen Rehabilitationsträgers gutachterlich Stellung zu Notwendigkeit, Art und Umfang von Leistungen unter Berücksichtigung arbeitsmarktlicher Zweckmäßigkeit. Dies gilt auch, wenn sich die Leistungsberechtigten in einem Krankenhaus oder einer Einrichtung der medizinischen oder der medizinisch-beruflichen Rehabilitation aufhalten.

§ 55 Unterstützte Beschäftigung

(1) Ziel der Unterstützten Beschäftigung ist es, Leistungsberechtigten mit besonderem Unterstützungsbedarf eine angemessene, geeignete und sozialversicherungspflichtige Beschäftigung zu ermöglichen und zu erhalten. Unterstützte Be-

schäftigung umfasst eine individuelle betriebliche Qualifizierung und bei Bedarf Berufsbegleitung.
(2) Leistungen zur individuellen betrieblichen Qualifizierung erhalten Menschen mit Behinderungen insbesondere, um sie für geeignete betriebliche Tätigkeiten zu erproben, auf ein sozialversicherungspflichtiges Beschäftigungsverhältnis vorzubereiten und bei der Einarbeitung und Qualifizierung auf einem betrieblichen Arbeitsplatz zu unterstützen. Die Leistungen umfassen auch die Vermittlung von berufsübergreifenden Lerninhalten und Schlüsselqualifikationen sowie die Weiterentwicklung der Persönlichkeit der Menschen mit Behinderungen. Die Leistungen werden vom zuständigen Rehabilitationsträger nach § 6 Absatz 1 Nummer 2 bis 5 für bis zu zwei Jahre erbracht, soweit sie wegen Art oder Schwere der Behinderung erforderlich sind. Sie können bis zu einer Dauer von weiteren zwölf Monaten verlängert werden, wenn auf Grund der Art oder Schwere der Behinderung der gewünschte nachhaltige Qualifizierungserfolg im Einzelfall nicht anders erreicht werden kann und hinreichend gewährleistet ist, dass eine weitere Qualifizierung zur Aufnahme einer sozialversicherungspflichtigen Beschäftigung führt.
(3) Leistungen der Berufsbegleitung erhalten Menschen mit Behinderungen insbesondere, um nach Begründung eines sozialversicherungspflichtigen Beschäftigungsverhältnisses die zu dessen Stabilisierung erforderliche Unterstützung und Krisenintervention zu gewährleisten. Die Leistungen werden bei Zuständigkeit eines Rehabilitationsträgers nach § 6 Absatz 1 Nummer 3 oder 5 von diesem, im Übrigen von dem Integrationsamt im Rahmen seiner Zuständigkeit erbracht, solange und soweit sie wegen Art oder Schwere der Behinderung zur Sicherung des Beschäftigungsverhältnisses erforderlich sind.
(4) Stellt der Rehabilitationsträger während der individuellen betrieblichen Qualifizierung fest, dass voraussichtlich eine anschließende Berufsbegleitung erforderlich ist, für die ein anderer Leistungsträger zuständig ist, beteiligt er diesen frühzeitig.
(5) Die Unterstützte Beschäftigung kann von Integrationsfachdiensten oder anderen Trägern durchgeführt werden. Mit der Durchführung kann nur beauftragt werden, wer über die erforderliche Leistungsfähigkeit verfügt, um seine Aufgaben entsprechend den individuellen Bedürfnissen der Menschen mit Behinderungen erfüllen zu können. Insbesondere müssen die Beauftragten

1. über Fachkräfte verfügen, die eine geeignete Berufsqualifikation, eine psychosoziale oder arbeitspädagogische Zusatzqualifikation und eine ausreichende Berufserfahrung besitzen,
2. in der Lage sein, den Menschen mit Behinderungen geeignete individuelle betriebliche Qualifizierungsplätze zur Verfügung zu stellen und ihre berufliche Eingliederung zu unterstützen,
3. über die erforderliche räumliche und sächliche Ausstattung verfügen sowie
4. ein System des Qualitätsmanagements im Sinne des § 37 Absatz 2 Satz 1 anwenden.

(6) Zur Konkretisierung und Weiterentwicklung der in Absatz 5 genannten Qualitätsanforderungen vereinbaren die Rehabilitationsträger nach § 6 Absatz 1 Nummer 2 bis 5 sowie die Bundesarbeitsgemeinschaft der Integrationsämter und Hauptfürsorgestellen im Rahmen der Bundesarbeitsgemeinschaft für Rehabilitation eine

gemeinsame Empfehlung. Die gemeinsame Empfehlung kann auch Ausführungen zu möglichen Leistungsinhalten und zur Zusammenarbeit enthalten. § 26 Absatz 4, 6 und 7 sowie § 27 gelten entsprechend.

§ 151 Geltungsbereich

(1) Die Regelungen dieses Teils gelten für schwerbehinderte und diesen gleichgestellte behinderte Menschen.
(2) Die Gleichstellung behinderter Menschen mit schwerbehinderten Menschen (§ 2 Absatz 3) erfolgt auf Grund einer Feststellung nach § 152 auf Antrag des behinderten Menschen durch die Bundesagentur für Arbeit. Die Gleichstellung wird mit dem Tag des Eingangs des Antrags wirksam. Sie kann befristet werden.
(3) Auf gleichgestellte behinderte Menschen werden die besonderen Regelungen für schwerbehinderte Menschen mit Ausnahme des § 208 und des Kapitels 13 angewendet.
(4) Schwerbehinderten Menschen gleichgestellt sind auch behinderte Jugendliche und junge Erwachsene (§ 2 Absatz 1) während der Zeit ihrer Berufsausbildung in Betrieben und Dienststellen oder einer beruflichen Orientierung, auch wenn der Grad der Behinderung weniger als 30 beträgt oder ein Grad der Behinderung nicht festgestellt ist. Der Nachweis der Behinderung wird durch eine Stellungnahme der Agentur für Arbeit oder durch einen Bescheid über Leistungen zur Teilhabe am Arbeitsleben erbracht. Die Gleichstellung gilt nur für Leistungen des Integrationsamtes im Rahmen der beruflichen Orientierung und der Berufsausbildung im Sinne des § 185 Absatz 3 Nummer 2 Buchstabe c.

§ 152 Feststellung der Behinderung, Ausweise

(1) Auf Antrag des behinderten Menschen stellen die für die Durchführung des Vierzehnten Buches zuständigen Behörden das Vorliegen einer Behinderung und den Grad der Behinderung zum Zeitpunkt der Antragstellung fest. Auf Antrag kann festgestellt werden, dass ein Grad der Behinderung oder gesundheitliche Merkmale bereits zu einem früheren Zeitpunkt vorgelegen haben, wenn dafür ein besonderes Interesse glaubhaft gemacht wird. Beantragt eine erwerbstätige Person die Feststellung der Eigenschaft als schwerbehinderter Mensch (§ 2 Absatz 2), gelten die in § 14 Absatz 2 Satz 2 und 3 sowie § 17 Absatz 1 Satz 1 und Absatz 2 Satz 1 genannten Fristen sowie § 60 Absatz 1 des Ersten Buches entsprechend. Die Auswirkungen auf die Teilhabe am Leben in der Gesellschaft werden als Grad der Behinderung nach Zehnergraden abgestuft festgestellt. Eine Feststellung ist nur zu treffen, wenn ein Grad der Behinderung von wenigstens 20 vorliegt. Durch Landesrecht kann die Zuständigkeit abweichend von Satz 1 geregelt werden.
(2) Feststellungen nach Absatz 1 sind nicht zu treffen, wenn eine Feststellung über das Vorliegen einer Behinderung und den Grad einer auf ihr beruhenden Erwerbsminderung schon in einem Rentenbescheid, einer entsprechenden Verwaltungs- oder Gerichtsentscheidung oder einer vorläufigen Bescheinigung der für diese Entscheidungen zuständigen Dienststellen getroffen worden ist, es sei denn, dass der behinderte Mensch ein Interesse an anderweitiger Feststellung nach Ab-

satz 1 glaubhaft macht. Eine Feststellung nach Satz 1 gilt zugleich als Feststellung des Grades der Behinderung.
(3) Liegen mehrere Beeinträchtigungen der Teilhabe am Leben in der Gesellschaft vor, so wird der Grad der Behinderung nach den Auswirkungen der Beeinträchtigungen in ihrer Gesamtheit unter Berücksichtigung ihrer wechselseitigen Beziehungen festgestellt. Für diese Entscheidung gilt Absatz 1, es sei denn, dass in einer Entscheidung nach Absatz 2 eine Gesamtbeurteilung bereits getroffen worden ist.
(4) Sind neben dem Vorliegen der Behinderung weitere gesundheitliche Merkmale Voraussetzung für die Inanspruchnahme von Nachteilsausgleichen, so treffen die zuständigen Behörden die erforderlichen Feststellungen im Verfahren nach Absatz 1.
(5) Auf Antrag des behinderten Menschen stellen die zuständigen Behörden auf Grund einer Feststellung der Behinderung einen Ausweis über die Eigenschaft als schwerbehinderter Mensch, den Grad der Behinderung sowie im Falle des Absatzes 4 über weitere gesundheitliche Merkmale aus. Der Ausweis dient dem Nachweis für die Inanspruchnahme von Leistungen und sonstigen Hilfen, die schwerbehinderten Menschen nach diesem Teil oder nach anderen Vorschriften zustehen. Die Gültigkeitsdauer des Ausweises soll befristet werden. Er wird eingezogen, sobald der gesetzliche Schutz schwerbehinderter Menschen erloschen ist. Der Ausweis wird berichtigt, sobald eine Neufeststellung unanfechtbar geworden ist.

§ 153 Verordnungsermächtigung

(1) Die Bundesregierung wird ermächtigt, durch Rechtsverordnung mit Zustimmung des Bundesrates nähere Vorschriften über die Gestaltung der Ausweise, ihre Gültigkeit und das Verwaltungsverfahren zu erlassen.
(2) Das Bundesministerium für Arbeit und Soziales wird ermächtigt, durch Rechtsverordnung mit Zustimmung des Bundesrates die Grundsätze aufzustellen, die für die Bewertung des Grades der Behinderung, die Kriterien für die Bewertung der Hilflosigkeit und die Voraussetzungen für die Vergabe von Merkzeichen maßgebend sind, die nach Bundesrecht im Schwerbehindertenausweis einzutragen sind.

§ 153a Sachverständigenbeirat, Verfahren

(1) Beim Bundesministerium für Arbeit und Soziales wird ein unabhängiger »Sachverständigenbeirat Versorgungsmedizinische Begutachtung« gebildet. Der Beirat berät das Bundesministerium für Arbeit und Soziales zu allen versorgungsärztlichen Angelegenheiten und bereitet die Fortentwicklung der in der Versorgungsmedizin-Verordnung enthaltenen Versorgungsmedizinischen Grundsätze vor, die bei der Begutachtung im Schwerbehindertenrecht und im Sozialen Entschädigungsrecht verbindlich anzuwenden sind. Dies geschieht teilhabeorientiert auf der Grundlage des aktuellen Standes der medizinischen Wissenschaft und der Medizintechnik unter Berücksichtigung versorgungsmedizinischer Erfordernisse.
(2) Für den Beirat benennen die Länder, der Deutsche Behindertenrat und das Bundesministerium für Arbeit und Soziales jeweils sieben Personen, darunter

jeweils mindestens vier Ärztinnen und Ärzte, die versorgungsmedizinisch oder wissenschaftlich besonders qualifiziert sind. Eine der vom Bundesministerium für Arbeit und Soziales zu benennenden Personen ist ein Vertreter oder eine Vertreterin aus dem versorgungsmedizinischen ärztlich-gutachterlichen Bereich der Bundeswehr. Das Bundesministerium für Arbeit und Soziales beruft die benannten Personen als Mitglieder in den Beirat.
(3) Die Mitglieder des Beirates werden für die Dauer von vier Jahren berufen. Die Mitgliedschaft im Beirat ist ein persönliches Ehrenamt, das keine Vertretung zulässt. Die Mitglieder des Beirates unterliegen keinerlei Weisungen, üben ihre Tätigkeit unabhängig aus und sind nur ihrem Gewissen verantwortlich. Scheidet ein Mitglied aus, erfolgt für dieses Mitglied eine Neuberufung für den restlichen Zeitraum der Berufungsperiode. Der Beirat bestimmt durch Wahl aus seiner Mitte den Vorsitz sowie die Stellvertretung des Vorsitzes und gibt sich eine Geschäftsordnung. Die Geschäftsführung des Beirates wird vom Bundesministerium für Arbeit und Soziales ausgeübt, welches zu den Sitzungen einlädt und im Einvernehmen mit dem vorsitzenden Mitglied die Tagesordnung festlegt.
(4) Die Beschlüsse des Beirates werden mit einfacher Mehrheit der berufenen Mitglieder gefasst. Zu den Beratungen des Beirates können externe Sachverständige hinzugezogen werden. Es können Arbeitsgruppen gebildet werden.

§ 154 Pflicht der Arbeitgeber zur Beschäftigung schwerbehinderter Menschen

(1) Private und öffentliche Arbeitgeber (Arbeitgeber) mit jahresdurchschnittlich monatlich mindestens 20 Arbeitsplätzen im Sinne des § 156 haben auf wenigstens 5 Prozent der Arbeitsplätze schwerbehinderte Menschen zu beschäftigen. Dabei sind schwerbehinderte Frauen besonders zu berücksichtigen. Abweichend von Satz 1 haben Arbeitgeber mit jahresdurchschnittlich monatlich weniger als 40 Arbeitsplätzen jahresdurchschnittlich je Monat einen schwerbehinderten Menschen, Arbeitgeber mit jahresdurchschnittlich monatlich weniger als 60 Arbeitsplätzen jahresdurchschnittlich je Monat zwei schwerbehinderte Menschen zu beschäftigen.
(2) Als öffentliche Arbeitgeber im Sinne dieses Teils gelten
1. jede oberste Bundesbehörde mit ihren nachgeordneten Dienststellen, das Bundespräsidialamt, die Verwaltungen des Deutschen Bundestages und des Bundesrates, das Bundesverfassungsgericht, die obersten Gerichtshöfe des Bundes, der Bundesgerichtshof jedoch zusammengefasst mit dem Generalbundesanwalt, sowie das Bundeseisenbahnvermögen,
2. jede oberste Landesbehörde und die Staats- und Präsidialkanzleien mit ihren nachgeordneten Dienststellen, die Verwaltungen der Landtage, die Rechnungshöfe (Rechnungskammern), die Organe der Verfassungsgerichtsbarkeit der Länder und jede sonstige Landesbehörde, zusammengefasst jedoch diejenigen Behörden, die eine gemeinsame Personalverwaltung haben,
3. jede sonstige Gebietskörperschaft und jeder Verband von Gebietskörperschaften,
4. jede sonstige Körperschaft, Anstalt oder Stiftung des öffentlichen Rechts.

§ 155 Beschäftigung besonderer Gruppen schwerbehinderter Menschen

(1) Im Rahmen der Erfüllung der Beschäftigungspflicht sind in angemessenem Umfang zu beschäftigen:

1. schwerbehinderte Menschen, die nach Art oder Schwere ihrer Behinderung im Arbeitsleben besonders betroffen sind, insbesondere solche,
   a) die zur Ausübung der Beschäftigung wegen ihrer Behinderung nicht nur vorübergehend einer besonderen Hilfskraft bedürfen oder
   b) deren Beschäftigung infolge ihrer Behinderung nicht nur vorübergehend mit außergewöhnlichen Aufwendungen für den Arbeitgeber verbunden ist oder
   c) die infolge ihrer Behinderung nicht nur vorübergehend offensichtlich nur eine wesentlich verminderte Arbeitsleistung erbringen können oder
   d) bei denen ein Grad der Behinderung von wenigstens 50 allein infolge geistiger oder seelischer Behinderung oder eines Anfallsleidens vorliegt oder
   e) die wegen Art oder Schwere der Behinderung keine abgeschlossene Berufsbildung im Sinne des Berufsbildungsgesetzes haben,
2. schwerbehinderte Menschen, die das 50. Lebensjahr vollendet haben.

(2) Arbeitgeber mit Stellen zur beruflichen Bildung, insbesondere für Auszubildende, haben im Rahmen der Erfüllung der Beschäftigungspflicht einen angemessenen Anteil dieser Stellen mit schwerbehinderten Menschen zu besetzen. Hierüber ist mit der zuständigen Interessenvertretung im Sinne des § 176 und der Schwerbehindertenvertretung zu beraten.

§ 156 Begriff des Arbeitsplatzes

(1) Arbeitsplätze im Sinne dieses Teils sind alle Stellen, auf denen Arbeitnehmerinnen und Arbeitnehmer, Beamtinnen und Beamte, Richterinnen und Richter sowie Auszubildende und andere zu ihrer beruflichen Bildung Eingestellte beschäftigt werden.

(2) Als Arbeitsplätze gelten nicht die Stellen, auf denen beschäftigt werden:

1. behinderte Menschen, die an Leistungen zur Teilhabe am Arbeitsleben nach § 49 Absatz 3 Nummer 4 in Betrieben oder Dienststellen teilnehmen,
2. Personen, deren Beschäftigung nicht in erster Linie ihrem Erwerb dient, sondern vorwiegend durch Beweggründe karitativer oder religiöser Art bestimmt ist, und Geistliche öffentlich-rechtlicher Religionsgemeinschaften,
3. Personen, deren Beschäftigung nicht in erster Linie ihrem Erwerb dient und die vorwiegend zu ihrer Heilung, Wiedereingewöhnung oder Erziehung erfolgt,
4. Personen, die an Arbeitsbeschaffungsmaßnahmen nach dem Dritten Buch teilnehmen,
5. Personen, die nach ständiger Übung in ihre Stellen gewählt werden,
6. Personen, deren Arbeits-, Dienst- oder sonstiges Beschäftigungsverhältnis wegen Wehr- oder Zivildienst, Elternzeit, unbezahlten Urlaubs, wegen Bezuges einer Rente auf Zeit oder bei Altersteilzeitarbeit in der Freistellungsphase (Verblockungsmodell) ruht, solange für sie eine Vertretung eingestellt ist.

(3) Als Arbeitsplätze gelten ferner nicht Stellen, die nach der Natur der Arbeit oder nach den zwischen den Parteien getroffenen Vereinbarungen nur auf die Dauer von höchstens acht Wochen besetzt sind, sowie Stellen, auf denen Beschäftigte weniger als 18 Stunden wöchentlich beschäftigt werden.

§ 157 Berechnung der Mindestzahl von Arbeitsplätzen und der Pflichtarbeitsplatzzahl

(1) Bei der Berechnung der Mindestzahl von Arbeitsplätzen und der Zahl der Arbeitsplätze, auf denen schwerbehinderte Menschen zu beschäftigen sind (§ 154), zählen Stellen, auf denen Auszubildende beschäftigt werden, nicht mit. Das Gleiche gilt für Stellen, auf denen Rechts- oder Studienreferendarinnen und -referendare beschäftigt werden, die einen Rechtsanspruch auf Einstellung haben.
(2) Bei der Berechnung sich ergebende Bruchteile von 0,5 und mehr sind aufzurunden, bei Arbeitgebern mit jahresdurchschnittlich weniger als 60 Arbeitsplätzen abzurunden.

§ 158 Anrechnung Beschäftigter auf die Zahl der Pflichtarbeitsplätze für schwerbehinderte Menschen

(1) Ein schwerbehinderter Mensch, der auf einem Arbeitsplatz im Sinne des § 156 Absatz 1 oder Absatz 2 Nummer 1 oder 4 beschäftigt wird, wird auf einen Pflichtarbeitsplatz für schwerbehinderte Menschen angerechnet.
(2) Ein schwerbehinderter Mensch, der in Teilzeitbeschäftigung kürzer als betriebsüblich, aber nicht weniger als 18 Stunden wöchentlich beschäftigt wird, wird auf einen Pflichtarbeitsplatz für schwerbehinderte Menschen angerechnet. Bei Herabsetzung der wöchentlichen Arbeitszeit auf weniger als 18 Stunden infolge von Altersteilzeit oder Teilzeitberufsausbildung gilt Satz 1 entsprechend. Wird ein schwerbehinderter Mensch weniger als 18 Stunden wöchentlich beschäftigt, lässt die Bundesagentur für Arbeit die Anrechnung auf einen dieser Pflichtarbeitsplätze zu, wenn die Teilzeitbeschäftigung wegen Art oder Schwere der Behinderung notwendig ist.
(3) Ein schwerbehinderter Mensch, der im Rahmen einer Maßnahme zur Förderung des Übergangs aus der Werkstatt für behinderte Menschen auf den allgemeinen Arbeitsmarkt (§ 5 Absatz 4 Satz 1 der Werkstättenverordnung) beschäftigt wird, wird auch für diese Zeit auf die Zahl der Pflichtarbeitsplätze angerechnet.
(4) Ein schwerbehinderter Arbeitgeber wird auf einen Pflichtarbeitsplatz für schwerbehinderte Menschen angerechnet.
(5) Der Inhaber eines Bergmannsversorgungsscheins wird, auch wenn er kein schwerbehinderter oder gleichgestellter behinderter Mensch im Sinne des § 2 Absatz 2 oder 3 ist, auf einen Pflichtarbeitsplatz angerechnet.

§ 159 Mehrfachanrechnung

(1) Die Bundesagentur für Arbeit kann die Anrechnung eines schwerbehinderten Menschen, besonders eines schwerbehinderten Menschen im Sinne des § 155 Ab-

satz 1 auf mehr als einen Pflichtarbeitsplatz, höchstens drei Pflichtarbeitsplätze für schwerbehinderte Menschen zulassen, wenn dessen Teilhabe am Arbeitsleben auf besondere Schwierigkeiten stößt. Satz 1 gilt auch für schwerbehinderte Menschen im Anschluss an eine Beschäftigung in einer Werkstatt für behinderte Menschen und für teilzeitbeschäftigte schwerbehinderte Menschen im Sinne des § 158 Absatz 2.

(2) Ein schwerbehinderter Mensch, der beruflich ausgebildet wird, wird auf zwei Pflichtarbeitsplätze für schwerbehinderte Menschen angerechnet. Satz 1 gilt auch während der Zeit einer Ausbildung im Sinne des § 51 Absatz 2, die in einem Betrieb oder einer Dienststelle durchgeführt wird. Die Bundesagentur für Arbeit kann die Anrechnung auf drei Pflichtarbeitsplätze für schwerbehinderte Menschen zulassen, wenn die Vermittlung in eine berufliche Ausbildungsstelle wegen Art oder Schwere der Behinderung auf besondere Schwierigkeiten stößt. Bei Übernahme in ein Arbeits- oder Beschäftigungsverhältnis durch den ausbildenden oder einen anderen Arbeitgeber im Anschluss an eine abgeschlossene Ausbildung wird der schwerbehinderte Mensch im ersten Jahr der Beschäftigung auf zwei Pflichtarbeitsplätze angerechnet; Absatz 1 bleibt unberührt.

(2a) Ein schwerbehinderter Mensch, der unmittelbar vorher in einer Werkstatt für behinderte Menschen oder bei einem anderen Leistungsanbieter beschäftigt war oder ein Budget für Arbeit erhält, wird in den ersten zwei Jahren der Beschäftigung auf zwei Pflichtarbeitsplätze angerechnet; Absatz 1 bleibt unberührt.

(3) Bescheide über die Anrechnung eines schwerbehinderten Menschen auf mehr als drei Pflichtarbeitsplätze für schwerbehinderte Menschen, die vor dem 1. August 1986 erlassen worden sind, gelten fort.

§ 160 Ausgleichsabgabe

(1) Solange Arbeitgeber die vorgeschriebene Zahl schwerbehinderter Menschen nicht beschäftigen, entrichten sie für jeden unbesetzten Pflichtarbeitsplatz für schwerbehinderte Menschen eine Ausgleichsabgabe. Die Zahlung der Ausgleichsabgabe hebt die Pflicht zur Beschäftigung schwerbehinderter Menschen nicht auf. Die Ausgleichsabgabe wird auf der Grundlage einer jahresdurchschnittlichen Beschäftigungsquote ermittelt.

(2) Die Ausgleichsabgabe beträgt je unbesetztem Pflichtarbeitsplatz

1. 140 Euro bei einer jahresdurchschnittlichen Beschäftigungsquote von 3 Prozent bis weniger als dem geltenden Pflichtsatz,
2. 245 Euro bei einer jahresdurchschnittlichen Beschäftigungsquote von 2 Prozent bis weniger als 3 Prozent,
3. 360 Euro bei einer jahresdurchschnittlichen Beschäftigungsquote von mehr als 0 Prozent bis weniger als 2 Prozent,
4. 720 Euro bei einer jahresdurchschnittlichen Beschäftigungsquote von 0 Prozent.

Abweichend von Satz 1 beträgt die Ausgleichsabgabe je unbesetztem Pflichtarbeitsplatz für schwerbehinderte Menschen

1. für Arbeitgeber mit jahresdurchschnittlich weniger als 40 zu berücksichtigenden Arbeitsplätzen bei einer jahresdurchschnittlichen Beschäftigung von

weniger als einem schwerbehinderten Menschen 140 Euro und bei einer jahresdurchschnittlichen Beschäftigung von null schwerbehinderten Menschen 210 Euro und

2. für Arbeitgeber mit jahresdurchschnittlich weniger als 60 zu berücksichtigenden Arbeitsplätzen bei einer jahresdurchschnittlichen Beschäftigung von weniger als zwei schwerbehinderten Menschen 140 Euro, bei einer jahresdurchschnittlichen Beschäftigung von weniger als einem schwerbehinderten Menschen 245 Euro und bei einer jahresdurchschnittlichen Beschäftigung von null schwerbehinderten Menschen 410 Euro.

(3) Die Ausgleichsabgabe erhöht sich entsprechend der Veränderung der Bezugsgröße nach § 18 Absatz 1 des Vierten Buches. Sie erhöht sich zum 1. Januar eines Kalenderjahres, wenn sich die Bezugsgröße seit der letzten Neubestimmung der Beträge der Ausgleichsabgabe um wenigstens 10 Prozent erhöht hat. Die Erhöhung der Ausgleichsabgabe erfolgt, indem der Faktor für die Veränderung der Bezugsgröße mit dem jeweiligen Betrag der Ausgleichsabgabe vervielfältigt wird. Die sich ergebenden Beträge sind auf den nächsten durch fünf teilbaren Betrag abzurunden. Das Bundesministerium für Arbeit und Soziales gibt den Erhöhungsbetrag und die sich nach Satz 3 ergebenden Beträge der Ausgleichsabgabe im Bundesanzeiger bekannt.

(4) Die Ausgleichsabgabe zahlt der Arbeitgeber jährlich zugleich mit der Erstattung der Anzeige nach § 163 Absatz 2 an das für seinen Sitz zuständige Integrationsamt. Ist ein Arbeitgeber mehr als drei Monate im Rückstand, erlässt das Integrationsamt einen Feststellungsbescheid über die rückständigen Beträge und zieht diese ein. Für rückständige Beträge der Ausgleichsabgabe erhebt das Integrationsamt nach dem 31. März Säumniszuschläge nach Maßgabe des § 24 Absatz 1 des Vierten Buches; für ihre Verwendung gilt Absatz 5 entsprechend. Das Integrationsamt kann in begründeten Ausnahmefällen von der Erhebung von Säumniszuschlägen absehen. Widerspruch und Anfechtungsklage gegen den Feststellungsbescheid haben keine aufschiebende Wirkung. Gegenüber privaten Arbeitgebern wird die Zwangsvollstreckung nach den Vorschriften über das Verwaltungszwangsverfahren durchgeführt. Bei öffentlichen Arbeitgebern wendet sich das Integrationsamt an die Aufsichtsbehörde, gegen deren Entscheidung es die Entscheidung der obersten Bundes- oder Landesbehörde anrufen kann. Die Ausgleichsabgabe wird nach Ablauf des Kalenderjahres, das auf den Eingang der Anzeige bei der Bundesagentur für Arbeit folgt, weder nachgefordert noch erstattet.

(5) Die Ausgleichsabgabe darf nur für besondere Leistungen zur Förderung der Teilhabe schwerbehinderter Menschen am Arbeitsleben einschließlich begleitender Hilfe im Arbeitsleben (§ 185 Absatz 1 Nummer 3) verwendet werden, soweit Mittel für denselben Zweck nicht von anderer Seite zu leisten sind oder geleistet werden. Aus dem Aufkommen an Ausgleichsabgabe dürfen persönliche und sächliche Kosten der Verwaltung und Kosten des Verfahrens nicht bestritten werden. Das Integrationsamt gibt dem Beratenden Ausschuss für behinderte Menschen bei dem Integrationsamt (§ 186) auf dessen Verlangen eine Übersicht über die Verwendung der Ausgleichsabgabe.

(6) Die Integrationsämter leiten den in der Rechtsverordnung nach § 162 bestimmten Prozentsatz des Aufkommens an Ausgleichsabgabe an den Ausgleichs-

fonds (§ 161) weiter. Zwischen den Integrationsämtern wird ein Ausgleich herbeigeführt. Der auf das einzelne Integrationsamt entfallende Anteil am Aufkommen an Ausgleichsabgabe bemisst sich nach dem Mittelwert aus dem Verhältnis der Wohnbevölkerung im Zuständigkeitsbereich des Integrationsamtes zur Wohnbevölkerung im Geltungsbereich dieses Gesetzbuches und dem Verhältnis der Zahl der im Zuständigkeitsbereich des Integrationsamtes in den Betrieben und Dienststellen beschäftigungspflichtiger Arbeitgeber auf Arbeitsplätzen im Sinne des § 156 beschäftigten und der bei den Agenturen für Arbeit arbeitslos gemeldeten schwerbehinderten und diesen gleichgestellten behinderten Menschen zur entsprechenden Zahl der schwerbehinderten und diesen gleichgestellten behinderten Menschen im Geltungsbereich dieses Gesetzbuchs.
(7) Die bei den Integrationsämtern verbleibenden Mittel der Ausgleichsabgabe werden von diesen gesondert verwaltet. Die Rechnungslegung und die formelle Einrichtung der Rechnungen und Belege regeln sich nach den Bestimmungen, die für diese Stellen allgemein maßgebend sind.
(8) Für die Verpflichtung zur Entrichtung einer Ausgleichsabgabe (Absatz 1) gelten hinsichtlich der in § 154 Absatz 2 Nummer 1 genannten Stellen der Bund und hinsichtlich der in § 154 Absatz 2 Nummer 2 genannten Stellen das Land als ein Arbeitgeber.

§ 161 Ausgleichsfonds

(1) Zur besonderen Förderung der Einstellung und Beschäftigung schwerbehinderter Menschen auf Arbeitsplätzen und zur Förderung von Einrichtungen und Maßnahmen, die den Interessen mehrerer Länder auf dem Gebiet der Förderung der Teilhabe schwerbehinderter Menschen am Arbeitsleben dienen, ist beim Bundesministerium für Arbeit und Soziales als zweckgebundene Vermögensmasse ein Ausgleichsfonds für überregionale Vorhaben zur Teilhabe schwerbehinderter Menschen am Arbeitsleben gebildet. Das Bundesministerium für Arbeit und Soziales verwaltet den Ausgleichsfonds.
(2) Abweichend von § 160 Absatz 5 Satz 1 dürfen sich Vorhaben, die aus dem Ausgleichsfonds finanziert werden, auch auf die Förderung der Ausbildung von nicht schwerbehinderten Jugendlichen und jungen Erwachsenen erstrecken, wenn diese Personen Leistungen zur Teilhabe am Arbeitsleben erhalten.
(3) Abweichend von § 160 Absatz 5 Satz 2 werden bei Vorhaben, die aus dem Ausgleichsfonds gefördert werden, auch die dabei anfallenden Administrationskosten aus dem Ausgleichsfonds finanziert.

§ 162 Verordnungsermächtigungen

Die Bundesregierung wird ermächtigt, durch Rechtsverordnung mit Zustimmung des Bundesrates

1. die Pflichtquote nach § 154 Absatz 1 nach dem jeweiligen Bedarf an Arbeitsplätzen für schwerbehinderte Menschen zu ändern, jedoch auf höchstens 10 Prozent zu erhöhen oder bis auf 4 Prozent herabzusetzen; dabei kann die

Pflichtquote für öffentliche Arbeitgeber höher festgesetzt werden als für private Arbeitgeber,

2. nähere Vorschriften über die Verwendung der Ausgleichsabgabe nach § 160 Absatz 5 und die Gestaltung des Ausgleichsfonds nach § 161, die Verwendung der Mittel durch ihn für die Förderung der Teilhabe schwerbehinderter Menschen am Arbeitsleben und das Vergabe- und Verwaltungsverfahren des Ausgleichsfonds zu erlassen,
3. in der Rechtsverordnung nach Nummer 2
   a) den Anteil des an den Ausgleichsfonds weiterzuleitenden Aufkommens an Ausgleichsabgabe entsprechend den erforderlichen Aufwendungen zur Erfüllung der Aufgaben des Ausgleichsfonds und der Integrationsämter sowie
   b) den Ausgleich zwischen den Integrationsämtern auf Vorschlag der Länder oder einer Mehrheit der Länder abweichend von § 160 Absatz 6 Satz 3

   zu regeln,
4. die Ausgleichsabgabe bei Arbeitgebern, die über weniger als 30 Arbeitsplätze verfügen, für einen bestimmten Zeitraum allgemein oder für einzelne Bundesländer herabzusetzen oder zu erlassen, wenn die Zahl der unbesetzten Pflichtarbeitsplätze für schwerbehinderte Menschen die Zahl der zu beschäftigenden schwerbehinderten Menschen so erheblich übersteigt, dass die Pflichtarbeitsplätze für schwerbehinderte Menschen dieser Arbeitgeber nicht in Anspruch genommen zu werden brauchen.

§ 163 Zusammenwirken der Arbeitgeber mit der Bundesagentur für Arbeit und den Integrationsämtern

(1) Die Arbeitgeber haben, gesondert für jeden Betrieb und jede Dienststelle, ein Verzeichnis der bei ihnen beschäftigten schwerbehinderten, ihnen gleichgestellten behinderten Menschen und sonstigen anrechnungsfähigen Personen laufend zu führen und dieses den Vertretern oder Vertreterinnen der Bundesagentur für Arbeit und des Integrationsamtes, die für den Sitz des Betriebes oder der Dienststelle zuständig sind, auf Verlangen vorzulegen.
(2) Die Arbeitgeber haben der für ihren Sitz zuständigen Agentur für Arbeit einmal jährlich bis spätestens zum 31. März für das vorangegangene Kalenderjahr, aufgegliedert nach Monaten, die Daten anzuzeigen, die zur Berechnung des Umfangs der Beschäftigungspflicht, zur Überwachung ihrer Erfüllung und der Ausgleichsabgabe notwendig sind. Der Anzeige sind das nach Absatz 1 geführte Verzeichnis sowie eine Kopie der Anzeige und des Verzeichnisses zur Weiterleitung an das für ihren Sitz zuständige Integrationsamt beizufügen. Dem Betriebs-, Personal-, Richter-, Staatsanwalts- und Präsidialrat, der Schwerbehindertenvertretung und dem Inklusionsbeauftragten des Arbeitgebers ist je eine Kopie der Anzeige und des Verzeichnisses zu übermitteln.
(3) Zeigt ein Arbeitgeber die Daten bis zum 30. Juni nicht, nicht richtig oder nicht vollständig an, erlässt die Bundesagentur für Arbeit nach Prüfung in tatsächlicher sowie in rechtlicher Hinsicht einen Feststellungsbescheid über die zur Berechnung

der Zahl der Pflichtarbeitsplätze für schwerbehinderte Menschen und der besetzten Arbeitsplätze notwendigen Daten.
(4) Die Arbeitgeber, die Arbeitsplätze für schwerbehinderte Menschen nicht zur Verfügung zu stellen haben, haben die Anzeige nur nach Aufforderung durch die Bundesagentur für Arbeit im Rahmen einer repräsentativen Teilerhebung zu erstatten, die mit dem Ziel der Erfassung der in Absatz 1 genannten Personengruppen, aufgegliedert nach Bundesländern, alle fünf Jahre durchgeführt wird.
(5) Die Arbeitgeber haben der Bundesagentur für Arbeit und dem Integrationsamt auf Verlangen die Auskünfte zu erteilen, die zur Durchführung der besonderen Regelungen zur Teilhabe schwerbehinderter und ihnen gleichgestellter behinderter Menschen am Arbeitsleben notwendig sind.
(6) Für das Verzeichnis und die Anzeige des Arbeitgebers sind die mit der Bundesarbeitsgemeinschaft der Integrationsämter und Hauptfürsorgestellen abgestimmten Vordrucke der Bundesagentur für Arbeit zu verwenden. Die Bundesagentur für Arbeit soll zur Durchführung des Anzeigeverfahrens in Abstimmung mit der Bundesarbeitsgemeinschaft ein elektronisches Übermittlungsverfahren zulassen.
(7) Die Arbeitgeber haben den Beauftragten der Bundesagentur für Arbeit und des Integrationsamtes auf Verlangen Einblick in ihren Betrieb oder ihre Dienststelle zu geben, soweit es im Interesse der schwerbehinderten Menschen erforderlich ist und Betriebs- oder Dienstgeheimnisse nicht gefährdet werden.
(8) Die Arbeitgeber haben die Vertrauenspersonen der schwerbehinderten Menschen (§ 177 Absatz 1 Satz 1 bis 3 und § 180 Absatz 1 bis 5) unverzüglich nach der Wahl und ihren Inklusionsbeauftragten für die Angelegenheiten der schwerbehinderten Menschen (§ 181 Satz 1) unverzüglich nach der Bestellung der für den Sitz des Betriebes oder der Dienststelle zuständigen Agentur für Arbeit und dem Integrationsamt zu benennen.

§ 164 Pflichten des Arbeitgebers und Rechte schwerbehinderter Menschen

(1) Die Arbeitgeber sind verpflichtet zu prüfen, ob freie Arbeitsplätze mit schwerbehinderten Menschen, insbesondere mit bei der Agentur für Arbeit arbeitslos oder arbeitsuchend gemeldeten schwerbehinderten Menschen, besetzt werden können. Sie nehmen frühzeitig Verbindung mit der Agentur für Arbeit auf. Die Bundesagentur für Arbeit oder ein Integrationsfachdienst schlägt den Arbeitgebern geeignete schwerbehinderte Menschen vor. Über die Vermittlungsvorschläge und vorliegende Bewerbungen von schwerbehinderten Menschen haben die Arbeitgeber die Schwerbehindertenvertretung und die in § 176 genannten Vertretungen unmittelbar nach Eingang zu unterrichten. Bei Bewerbungen schwerbehinderter Richterinnen und Richter wird der Präsidialrat unterrichtet und gehört, soweit dieser an der Ernennung zu beteiligen ist. Bei der Prüfung nach Satz 1 beteiligen die Arbeitgeber die Schwerbehindertenvertretung nach § 178 Absatz 2 und hören die in § 176 genannten Vertretungen an. Erfüllt der Arbeitgeber seine Beschäftigungspflicht nicht und ist die Schwerbehindertenvertretung oder eine in § 176 genannte Vertretung mit der beabsichtigten Entscheidung des Arbeitgebers nicht einverstanden, ist diese unter Darlegung der Gründe mit ihnen zu erörtern. Da-

bei wird der betroffene schwerbehinderte Mensch angehört. Alle Beteiligten sind vom Arbeitgeber über die getroffene Entscheidung unter Darlegung der Gründe unverzüglich zu unterrichten. Bei Bewerbungen schwerbehinderter Menschen ist die Schwerbehindertenvertretung nicht zu beteiligen, wenn der schwerbehinderte Mensch die Beteiligung der Schwerbehindertenvertretung ausdrücklich ablehnt.
(2) Arbeitgeber dürfen schwerbehinderte Beschäftigte nicht wegen ihrer Behinderung benachteiligen. Im Einzelnen gelten hierzu die Regelungen des Allgemeinen Gleichbehandlungsgesetzes.
(3) Die Arbeitgeber stellen durch geeignete Maßnahmen sicher, dass in ihren Betrieben und Dienststellen wenigstens die vorgeschriebene Zahl schwerbehinderter Menschen eine möglichst dauerhafte behinderungsgerechte Beschäftigung finden kann. Absatz 4 Satz 2 und 3 gilt entsprechend.
(4) Die schwerbehinderten Menschen haben gegenüber ihren Arbeitgebern Anspruch auf

1. Beschäftigung, bei der sie ihre Fähigkeiten und Kenntnisse möglichst voll verwerten und weiterentwickeln können,
2. bevorzugte Berücksichtigung bei innerbetrieblichen Maßnahmen der beruflichen Bildung zur Förderung ihres beruflichen Fortkommens,
3. Erleichterungen im zumutbaren Umfang zur Teilnahme an außerbetrieblichen Maßnahmen der beruflichen Bildung,
4. behinderungsgerechte Einrichtung und Unterhaltung der Arbeitsstätten einschließlich der Betriebsanlagen, Maschinen und Geräte sowie der Gestaltung der Arbeitsplätze, des Arbeitsumfelds, der Arbeitsorganisation und der Arbeitszeit, unter besonderer Berücksichtigung der Unfallgefahr,
5. Ausstattung ihres Arbeitsplatzes mit den erforderlichen technischen Arbeitshilfen

unter Berücksichtigung der Behinderung und ihrer Auswirkungen auf die Beschäftigung. Bei der Durchführung der Maßnahmen nach Satz 1 Nummer 1, 4 und 5 unterstützen die Bundesagentur für Arbeit und die Integrationsämter die Arbeitgeber unter Berücksichtigung der für die Beschäftigung wesentlichen Eigenschaften der schwerbehinderten Menschen. Ein Anspruch nach Satz 1 besteht nicht, soweit seine Erfüllung für den Arbeitgeber nicht zumutbar oder mit unverhältnismäßigen Aufwendungen verbunden wäre oder soweit die staatlichen oder berufsgenossenschaftlichen Arbeitsschutzvorschriften oder beamtenrechtliche Vorschriften entgegenstehen.
(5) Die Arbeitgeber fördern die Einrichtung von Teilzeitarbeitsplätzen. Sie werden dabei von den Integrationsämtern unterstützt. Schwerbehinderte Menschen haben einen Anspruch auf Teilzeitbeschäftigung, wenn die kürzere Arbeitszeit wegen Art oder Schwere der Behinderung notwendig ist; Absatz 4 Satz 3 gilt entsprechend.

§ 165 Besondere Pflichten der öffentlichen Arbeitgeber

Die Dienststellen der öffentlichen Arbeitgeber melden den Agenturen für Arbeit frühzeitig nach einer erfolglosen Prüfung zur internen Besetzung des Arbeitsplatzes frei werdende und neu zu besetzende sowie neue Arbeitsplätze (§ 156). Mit dieser Meldung gilt die Zustimmung zur Veröffentlichung der Stellenangebote als erteilt. Haben schwerbehinderte Menschen sich um einen solchen Arbeitsplatz beworben oder sind sie von der Bundesagentur für Arbeit oder einem von dieser beauftragten Integrationsfachdienst vorgeschlagen worden, werden sie zu einem Vorstellungsgespräch eingeladen. Eine Einladung ist entbehrlich, wenn die fachliche Eignung offensichtlich fehlt. Einer Inklusionsvereinbarung nach § 166 bedarf es nicht, wenn für die Dienststellen dem § 166 entsprechende Regelungen bereits bestehen und durchgeführt werden.

§ 166 Inklusionsvereinbarung

(1) Die Arbeitgeber treffen mit der Schwerbehindertenvertretung und den in § 176 genannten Vertretungen in Zusammenarbeit mit dem Inklusionsbeauftragten des Arbeitgebers (§ 181) eine verbindliche Inklusionsvereinbarung. Auf Antrag der Schwerbehindertenvertretung wird unter Beteiligung der in § 176 genannten Vertretungen hierüber verhandelt. Ist eine Schwerbehindertenvertretung nicht vorhanden, steht das Antragsrecht den in § 176 genannten Vertretungen zu. Der Arbeitgeber oder die Schwerbehindertenvertretung kann das Integrationsamt einladen, sich an den Verhandlungen über die Inklusionsvereinbarung zu beteiligen. Das Integrationsamt soll dabei insbesondere darauf hinwirken, dass unterschiedliche Auffassungen überwunden werden. Der Agentur für Arbeit und dem Integrationsamt, die für den Sitz des Arbeitgebers zuständig sind, wird die Vereinbarung übermittelt.
(2) Die Vereinbarung enthält Regelungen im Zusammenhang mit der Eingliederung schwerbehinderter Menschen, insbesondere zur Personalplanung, Arbeitsplatzgestaltung, Gestaltung des Arbeitsumfelds, Arbeitsorganisation, Arbeitszeit sowie Regelungen über die Durchführung in den Betrieben und Dienststellen. Dabei ist die gleichberechtigte Teilhabe schwerbehinderter Menschen am Arbeitsleben bei der Gestaltung von Arbeitsprozessen und Rahmenbedingungen von Anfang an zu berücksichtigen. Bei der Personalplanung werden besondere Regelungen zur Beschäftigung eines angemessenen Anteils von schwerbehinderten Frauen vorgesehen.
(3) In der Vereinbarung können insbesondere auch Regelungen getroffen werden
1. zur angemessenen Berücksichtigung schwerbehinderter Menschen bei der Besetzung freier, frei werdender oder neuer Stellen,
2. zu einer anzustrebenden Beschäftigungsquote, einschließlich eines angemessenen Anteils schwerbehinderter Frauen,
3. zu Teilzeitarbeit,
4. zur Ausbildung behinderter Jugendlicher,
5. zur Durchführung der betrieblichen Prävention (betriebliches Eingliederungsmanagement) und zur Gesundheitsförderung,
6. über die Hinzuziehung des Werks- oder Betriebsarztes auch für Beratungen über Leistungen zur Teilhabe sowie über besondere Hilfen im Arbeitsleben.

(4) In den Versammlungen schwerbehinderter Menschen berichtet der Arbeitgeber über alle Angelegenheiten im Zusammenhang mit der Eingliederung schwerbehinderter Menschen.

§ 167 Prävention

(1) Der Arbeitgeber schaltet bei Eintreten von personen-, verhaltens- oder betriebsbedingten Schwierigkeiten im Arbeits- oder sonstigen Beschäftigungsverhältnis, die zur Gefährdung dieses Verhältnisses führen können, möglichst frühzeitig die Schwerbehindertenvertretung und die in § 176 genannten Vertretungen sowie das Integrationsamt ein, um mit ihnen alle Möglichkeiten und alle zur Verfügung stehenden Hilfen zur Beratung und mögliche finanzielle Leistungen zu erörtern, mit denen die Schwierigkeiten beseitigt werden können und das Arbeits- oder sonstige Beschäftigungsverhältnis möglichst dauerhaft fortgesetzt werden kann.
(2) Sind Beschäftigte innerhalb eines Jahres länger als sechs Wochen ununterbrochen oder wiederholt arbeitsunfähig, klärt der Arbeitgeber mit der zuständigen Interessenvertretung im Sinne des § 176, bei schwerbehinderten Menschen außerdem mit der Schwerbehindertenvertretung, mit Zustimmung und Beteiligung der betroffenen Person die Möglichkeiten, wie die Arbeitsunfähigkeit möglichst überwunden werden und mit welchen Leistungen oder Hilfen erneuter Arbeitsunfähigkeit vorgebeugt und der Arbeitsplatz erhalten werden kann (betriebliches Eingliederungsmanagement). Beschäftigte können zusätzlich eine Vertrauensperson eigener Wahl hinzuziehen. Soweit erforderlich, wird der Werks- oder Betriebsarzt hinzugezogen. Die betroffene Person oder ihr gesetzlicher Vertreter ist zuvor auf die Ziele des betrieblichen Eingliederungsmanagements sowie auf Art und Umfang der hierfür erhobenen und verwendeten Daten hinzuweisen. Kommen Leistungen zur Teilhabe oder begleitende Hilfen im Arbeitsleben in Betracht, werden vom Arbeitgeber die Rehabilitationsträger oder bei schwerbehinderten Beschäftigten das Integrationsamt hinzugezogen. Diese wirken darauf hin, dass die erforderlichen Leistungen oder Hilfen unverzüglich beantragt und innerhalb der Frist des § 14 Absatz 2 Satz 2 erbracht werden. Die zuständige Interessenvertretung im Sinne des § 176, bei schwerbehinderten Menschen außerdem die Schwerbehindertenvertretung, können die Klärung verlangen. Sie wachen darüber, dass der Arbeitgeber die ihm nach dieser Vorschrift obliegenden Verpflichtungen erfüllt.
(3) Die Rehabilitationsträger und die Integrationsämter können Arbeitgeber, die ein betriebliches Eingliederungsmanagement einführen, durch Prämien oder einen Bonus fördern.

§ 168 Erfordernis der Zustimmung

Die Kündigung des Arbeitsverhältnisses eines schwerbehinderten Menschen durch den Arbeitgeber bedarf der vorherigen Zustimmung des Integrationsamtes.

§ 169 Kündigungsfrist

Die Kündigungsfrist beträgt mindestens vier Wochen.

§ 170 Antragsverfahren

(1) Die Zustimmung zur Kündigung beantragt der Arbeitgeber bei dem für den Sitz des Betriebes oder der Dienststelle zuständigen Integrationsamt schriftlich oder elektronisch. Der Begriff des Betriebes und der Begriff der Dienststelle im Sinne dieses Teils bestimmen sich nach dem Betriebsverfassungsgesetz und dem Personalvertretungsrecht.
(2) Das Integrationsamt holt eine Stellungnahme des Betriebsrates oder Personalrates und der Schwerbehindertenvertretung ein und hört den schwerbehinderten Menschen an.
(3) Das Integrationsamt wirkt in jeder Lage des Verfahrens auf eine gütliche Einigung hin.

§ 171 Entscheidung des Integrationsamtes

(1) Das Integrationsamt soll die Entscheidung, falls erforderlich, auf Grund mündlicher Verhandlung, innerhalb eines Monats vom Tag des Eingangs des Antrages an treffen.
(2) Die Entscheidung wird dem Arbeitgeber und dem schwerbehinderten Menschen zugestellt. Der Bundesagentur für Arbeit wird eine Abschrift der Entscheidung übersandt.
(3) Erteilt das Integrationsamt die Zustimmung zur Kündigung, kann der Arbeitgeber die Kündigung nur innerhalb eines Monats nach Zustellung erklären.
(4) Widerspruch und Anfechtungsklage gegen die Zustimmung des Integrationsamtes zur Kündigung haben keine aufschiebende Wirkung.
(5) In den Fällen des § 172 Absatz 1 Satz 1 und Absatz 3 gilt Absatz 1 mit der Maßgabe, dass die Entscheidung innerhalb eines Monats vom Tag des Eingangs des Antrages an zu treffen ist. Wird innerhalb dieser Frist eine Entscheidung nicht getroffen, gilt die Zustimmung als erteilt. Die Absätze 3 und 4 gelten entsprechend.

§ 172 Einschränkungen der Ermessensentscheidung

(1) Das Integrationsamt erteilt die Zustimmung bei Kündigungen in Betrieben und Dienststellen, die nicht nur vorübergehend eingestellt oder aufgelöst werden, wenn zwischen dem Tag der Kündigung und dem Tag, bis zu dem Gehalt oder Lohn gezahlt wird, mindestens drei Monate liegen. Unter der gleichen Voraussetzung soll es die Zustimmung auch bei Kündigungen in Betrieben und Dienststellen erteilen, die nicht nur vorübergehend wesentlich eingeschränkt werden, wenn die Gesamtzahl der weiterhin beschäftigten schwerbehinderten Menschen zur Erfüllung der Beschäftigungspflicht nach § 154 ausreicht. Die Sätze 1 und 2 gelten nicht, wenn eine Weiterbeschäftigung auf einem anderen Arbeitsplatz desselben Betriebes oder derselben Dienststelle oder auf einem freien Arbeitsplatz in einem anderen Betrieb oder einer anderen Dienststelle desselben Arbeitgebers mit Einverständnis des schwerbehinderten Menschen möglich und für den Arbeitgeber zumutbar ist.
(2) Das Integrationsamt soll die Zustimmung erteilen, wenn dem schwerbehinderten Menschen ein anderer angemessener und zumutbarer Arbeitsplatz gesichert ist.

(3) Ist das Insolvenzverfahren über das Vermögen des Arbeitgebers eröffnet, soll das Integrationsamt die Zustimmung erteilen, wenn

1. der schwerbehinderte Mensch in einem Interessenausgleich namentlich als einer der zu entlassenden Arbeitnehmer bezeichnet ist (§ 125 der Insolvenzordnung),
2. die Schwerbehindertenvertretung beim Zustandekommen des Interessenausgleichs gemäß § 178 Absatz 2 beteiligt worden ist,
3. der Anteil der nach dem Interessenausgleich zu entlassenden schwerbehinderten Menschen an der Zahl der beschäftigten schwerbehinderten Menschen nicht größer ist als der Anteil der zu entlassenden übrigen Arbeitnehmer an der Zahl der beschäftigten übrigen Arbeitnehmer und
4. die Gesamtzahl der schwerbehinderten Menschen, die nach dem Interessenausgleich bei dem Arbeitgeber verbleiben sollen, zur Erfüllung der Beschäftigungspflicht nach § 154 ausreicht.

§ 173 Ausnahmen

(1) Die Vorschriften dieses Kapitels gelten nicht für schwerbehinderte Menschen,

1. deren Arbeitsverhältnis zum Zeitpunkt des Zugangs der Kündigungserklärung ohne Unterbrechung noch nicht länger als sechs Monate besteht oder
2. die auf Stellen im Sinne des § 156 Absatz 2 Nummer 2 bis 5 beschäftigt werden oder
3. deren Arbeitsverhältnis durch Kündigung beendet wird, sofern sie
   a) das 58. Lebensjahr vollendet haben und Anspruch auf eine Abfindung, Entschädigung oder ähnliche Leistung auf Grund eines Sozialplanes haben oder
   b) Anspruch auf Knappschaftsausgleichsleistung nach dem Sechsten Buch oder auf Anpassungsgeld für entlassene Arbeitnehmer des Bergbaus haben.

Satz 1 Nummer 3 (Buchstabe a und b) finden Anwendung, wenn der Arbeitgeber ihnen die Kündigungsabsicht rechtzeitig mitgeteilt hat und sie der beabsichtigten Kündigung bis zu deren Ausspruch nicht widersprechen.

(2) Die Vorschriften dieses Kapitels finden ferner bei Entlassungen, die aus Witterungsgründen vorgenommen werden, keine Anwendung, sofern die Wiedereinstellung der schwerbehinderten Menschen bei Wiederaufnahme der Arbeit gewährleistet ist.

(3) Die Vorschriften dieses Kapitels finden ferner keine Anwendung, wenn zum Zeitpunkt der Kündigung die Eigenschaft als schwerbehinderter Mensch nicht nachgewiesen ist oder das Versorgungsamt nach Ablauf der Frist des § 152 Absatz 1 Satz 3 eine Feststellung wegen fehlender Mitwirkung nicht treffen konnte.

(4) Der Arbeitgeber zeigt Einstellungen auf Probe und die Beendigung von Arbeitsverhältnissen schwerbehinderter Menschen in den Fällen des Absatzes 1 Nummer 1 unabhängig von der Anzeigepflicht nach anderen Gesetzen dem Integrationsamt innerhalb von vier Tagen an.

§ 174 Außerordentliche Kündigung

(1) Die Vorschriften dieses Kapitels gelten mit Ausnahme von § 169 auch bei außerordentlicher Kündigung, soweit sich aus den folgenden Bestimmungen nichts Abweichendes ergibt.
(2) Die Zustimmung zur Kündigung kann nur innerhalb von zwei Wochen beantragt werden; maßgebend ist der Eingang des Antrages bei dem Integrationsamt. Die Frist beginnt mit dem Zeitpunkt, in dem der Arbeitgeber von den für die Kündigung maßgebenden Tatsachen Kenntnis erlangt.
(3) Das Integrationsamt trifft die Entscheidung innerhalb von zwei Wochen vom Tag des Eingangs des Antrages an. Wird innerhalb dieser Frist eine Entscheidung nicht getroffen, gilt die Zustimmung als erteilt.
(4) Das Integrationsamt soll die Zustimmung erteilen, wenn die Kündigung aus einem Grund erfolgt, der nicht im Zusammenhang mit der Behinderung steht.
(5) Die Kündigung kann auch nach Ablauf der Frist des § 626 Absatz 2 Satz 1 des Bürgerlichen Gesetzbuchs erfolgen, wenn sie unverzüglich nach Erteilung der Zustimmung erklärt wird.
(6) Schwerbehinderte Menschen, denen lediglich aus Anlass eines Streiks oder einer Aussperrung fristlos gekündigt worden ist, werden nach Beendigung des Streiks oder der Aussperrung wieder eingestellt.

§ 175 Erweiterter Beendigungsschutz

Die Beendigung des Arbeitsverhältnisses eines schwerbehinderten Menschen bedarf auch dann der vorherigen Zustimmung des Integrationsamtes, wenn sie im Falle des Eintritts einer teilweisen Erwerbsminderung, der Erwerbsminderung auf Zeit, der Berufsunfähigkeit oder der Erwerbsunfähigkeit auf Zeit ohne Kündigung erfolgt. Die Vorschriften dieses Kapitels über die Zustimmung zur ordentlichen Kündigung gelten entsprechend.

§ 176 Aufgaben des Betriebs-, Personal-, Richter-, Staatsanwalts- und Präsidialrates

Betriebs-, Personal-, Richter-, Staatsanwalts- und Präsidialrat fördern die Eingliederung schwerbehinderter Menschen. Sie achten insbesondere darauf, dass die dem Arbeitgeber nach den §§ 154, 155 und 164 bis 167 obliegenden Verpflichtungen erfüllt werden; sie wirken auf die Wahl der Schwerbehindertenvertretung hin.

§ 177 Wahl und Amtszeit der Schwerbehindertenvertretung

(1) In Betrieben und Dienststellen, in denen wenigstens fünf schwerbehinderte Menschen nicht nur vorübergehend beschäftigt sind, werden eine Vertrauensperson und wenigstens ein stellvertretendes Mitglied gewählt, das die Vertrauensperson im Falle der Verhinderung vertritt. Ferner wählen bei Gerichten, denen mindestens fünf schwerbehinderte Richter oder Richterinnen angehören, diese einen Richter oder eine Richterin zu ihrer Schwerbehindertenvertretung. Satz 2

gilt entsprechend für Staatsanwälte oder Staatsanwältinnen, soweit für sie eine besondere Personalvertretung gebildet wird. Betriebe oder Dienststellen, die die Voraussetzungen des Satzes 1 nicht erfüllen, können für die Wahl mit räumlich nahe liegenden Betrieben des Arbeitgebers oder gleichstufigen Dienststellen derselben Verwaltung zusammengefasst werden; soweit erforderlich, können Gerichte unterschiedlicher Gerichtszweige und Stufen zusammengefasst werden. Über die Zusammenfassung entscheidet der Arbeitgeber im Benehmen mit dem für den Sitz der Betriebe oder Dienststellen einschließlich Gerichten zuständigen Integrationsamt.

(2) Wahlberechtigt sind alle in dem Betrieb oder der Dienststelle beschäftigten schwerbehinderten Menschen.

(3) Wählbar sind alle in dem Betrieb oder der Dienststelle nicht nur vorübergehend Beschäftigten, die am Wahltag das 18. Lebensjahr vollendet haben und dem Betrieb oder der Dienststelle seit sechs Monaten angehören; besteht der Betrieb oder die Dienststelle weniger als ein Jahr, so bedarf es für die Wählbarkeit nicht der sechsmonatigen Zugehörigkeit. Nicht wählbar ist, wer kraft Gesetzes dem Betriebs-, Personal-, Richter-, Staatsanwalts- oder Präsidialrat nicht angehören kann.

(4) In Dienststellen der Bundeswehr sind auch schwerbehinderte Soldatinnen und Soldaten wahlberechtigt und auch Soldatinnen und Soldaten wählbar.

(5) Die regelmäßigen Wahlen finden alle vier Jahre in der Zeit vom 1. Oktober bis 30. November statt. Außerhalb dieser Zeit finden Wahlen statt, wenn

1. das Amt der Schwerbehindertenvertretung vorzeitig erlischt und ein stellvertretendes Mitglied nicht nachrückt,
2. die Wahl mit Erfolg angefochten worden ist oder
3. eine Schwerbehindertenvertretung noch nicht gewählt ist.

Hat außerhalb des für die regelmäßigen Wahlen festgelegten Zeitraumes eine Wahl der Schwerbehindertenvertretung stattgefunden, wird die Schwerbehindertenvertretung in dem auf die Wahl folgenden nächsten Zeitraum der regelmäßigen Wahlen neu gewählt. Hat die Amtszeit der Schwerbehindertenvertretung zum Beginn des für die regelmäßigen Wahlen festgelegten Zeitraums noch nicht ein Jahr betragen, wird die Schwerbehindertenvertretung im übernächsten Zeitraum für regelmäßige Wahlen neu gewählt.

(6) Die Vertrauensperson und das stellvertretende Mitglied werden in geheimer und unmittelbarer Wahl nach den Grundsätzen der Mehrheitswahl gewählt. Im Übrigen sind die Vorschriften über die Wahlanfechtung, den Wahlschutz und die Wahlkosten bei der Wahl des Betriebs-, Personal-, Richter-, Staatsanwalts- oder Präsidialrates sinngemäß anzuwenden. In Betrieben und Dienststellen mit weniger als 50 wahlberechtigten schwerbehinderten Menschen wird die Vertrauensperson und das stellvertretende Mitglied im vereinfachten Wahlverfahren gewählt, sofern der Betrieb oder die Dienststelle nicht aus räumlich weit auseinanderliegenden Teilen besteht. Ist in einem Betrieb oder einer Dienststelle eine Schwerbehindertenvertretung nicht gewählt, so kann das für den Betrieb oder die Dienststelle zuständige Integrationsamt zu einer Versammlung schwerbehinderter Menschen zum Zwecke der Wahl eines Wahlvorstandes einladen.

(7) Die Amtszeit der Schwerbehindertenvertretung beträgt vier Jahre. Sie beginnt mit der Bekanntgabe des Wahlergebnisses oder, wenn die Amtszeit der bisherigen

Schwerbehindertenvertretung noch nicht beendet ist, mit deren Ablauf. Das Amt erlischt vorzeitig, wenn die Vertrauensperson es niederlegt, aus dem Arbeits-, Dienst- oder Richterverhältnis ausscheidet oder die Wählbarkeit verliert. Scheidet die Vertrauensperson vorzeitig aus dem Amt aus, rückt das mit der höchsten Stimmenzahl gewählte stellvertretende Mitglied für den Rest der Amtszeit nach; dies gilt für das stellvertretende Mitglied entsprechend. Auf Antrag eines Viertels der wahlberechtigten schwerbehinderten Menschen kann der Widerspruchsausschuss bei dem Integrationsamt (§ 202) das Erlöschen des Amtes einer Vertrauensperson wegen grober Verletzung ihrer Pflichten beschließen.
(8) In Betrieben gilt § 21a des Betriebsverfassungsgesetzes entsprechend.

§ 178 Aufgaben der Schwerbehindertenvertretung

(1) Die Schwerbehindertenvertretung fördert die Eingliederung schwerbehinderter Menschen in den Betrieb oder die Dienststelle, vertritt ihre Interessen in dem Betrieb oder der Dienststelle und steht ihnen beratend und helfend zur Seite. Sie erfüllt ihre Aufgaben insbesondere dadurch, dass sie

1. darüber wacht, dass die zugunsten schwerbehinderter Menschen geltenden Gesetze, Verordnungen, Tarifverträge, Betriebs- oder Dienstvereinbarungen und Verwaltungsanordnungen durchgeführt, insbesondere auch die dem Arbeitgeber nach den §§ 154, 155 und 164 bis 167 obliegenden Verpflichtungen erfüllt werden,
2. Maßnahmen, die den schwerbehinderten Menschen dienen, insbesondere auch präventive Maßnahmen, bei den zuständigen Stellen beantragt,
3. Anregungen und Beschwerden von schwerbehinderten Menschen entgegennimmt und, falls sie berechtigt erscheinen, durch Verhandlung mit dem Arbeitgeber auf eine Erledigung hinwirkt; sie unterrichtet die schwerbehinderten Menschen über den Stand und das Ergebnis der Verhandlungen.

Die Schwerbehindertenvertretung unterstützt Beschäftigte auch bei Anträgen an die nach § 152 Absatz 1 zuständigen Behörden auf Feststellung einer Behinderung, ihres Grades und einer Schwerbehinderung sowie bei Anträgen auf Gleichstellung an die Agentur für Arbeit. In Betrieben und Dienststellen mit in der Regel mehr als 100 beschäftigten schwerbehinderten Menschen kann sie nach Unterrichtung des Arbeitgebers das mit der höchsten Stimmenzahl gewählte stellvertretende Mitglied zu bestimmten Aufgaben heranziehen. Ab jeweils 100 weiteren beschäftigten schwerbehinderten Menschen kann jeweils auch das mit der nächsthöheren Stimmenzahl gewählte Mitglied herangezogen werden. Die Heranziehung zu bestimmten Aufgaben schließt die Abstimmung untereinander ein.
(2) Der Arbeitgeber hat die Schwerbehindertenvertretung in allen Angelegenheiten, die einen einzelnen oder die schwerbehinderten Menschen als Gruppe berühren, unverzüglich und umfassend zu unterrichten und vor einer Entscheidung anzuhören; er hat ihr die getroffene Entscheidung unverzüglich mitzuteilen. Die Durchführung oder Vollziehung einer ohne Beteiligung nach Satz 1 getroffenen Entscheidung ist auszusetzen, die Beteiligung ist innerhalb von sieben Tagen nachzuholen; sodann ist endgültig zu entscheiden. Die Kündigung eines schwerbehinderten Menschen, die der Arbeitgeber ohne eine Beteiligung nach Satz 1 ausspricht,

ist unwirksam. Die Schwerbehindertenvertretung hat das Recht auf Beteiligung am Verfahren nach § 164 Absatz 1 und beim Vorliegen von Vermittlungsvorschlägen der Bundesagentur für Arbeit nach § 164 Absatz 1 oder von Bewerbungen schwerbehinderter Menschen das Recht auf Einsicht in die entscheidungsrelevanten Teile der Bewerbungsunterlagen und Teilnahme an Vorstellungsgesprächen.

(3) Der schwerbehinderte Mensch hat das Recht, bei Einsicht in die über ihn geführte Personalakte oder ihn betreffende Daten des Arbeitgebers die Schwerbehindertenvertretung hinzuzuziehen. Die Schwerbehindertenvertretung bewahrt über den Inhalt der Daten Stillschweigen, soweit sie der schwerbehinderte Mensch nicht von dieser Verpflichtung entbunden hat.

(4) Die Schwerbehindertenvertretung hat das Recht, an allen Sitzungen des Betriebs-, Personal-, Richter-, Staatsanwalts- oder Präsidialrates und deren Ausschüssen sowie des Arbeitsschutzausschusses beratend teilzunehmen; sie kann beantragen, Angelegenheiten, die einzelne oder die schwerbehinderten Menschen als Gruppe besonders betreffen, auf die Tagesordnung der nächsten Sitzung zu setzen. Erachtet sie einen Beschluss des Betriebs-, Personal-, Richter-, Staatsanwalts- oder Präsidialrates als eine erhebliche Beeinträchtigung wichtiger Interessen schwerbehinderter Menschen oder ist sie entgegen Absatz 2 Satz 1 nicht beteiligt worden, wird auf ihren Antrag der Beschluss für die Dauer von einer Woche vom Zeitpunkt der Beschlussfassung an ausgesetzt; die Vorschriften des Betriebsverfassungsgesetzes und des Personalvertretungsrechts über die Aussetzung von Beschlüssen gelten entsprechend. Durch die Aussetzung wird eine Frist nicht verlängert. In den Fällen des § 21e Absatz 1 und 3 des Gerichtsverfassungsgesetzes ist die Schwerbehindertenvertretung, außer in Eilfällen, auf Antrag einer betroffenen schwerbehinderten Richterin oder eines schwerbehinderten Richters vor dem Präsidium des Gerichtes zu hören.

(5) Die Schwerbehindertenvertretung wird zu Besprechungen nach § 74 Absatz 1 des Betriebsverfassungsgesetzes, § 65 des Bundespersonalvertretungsgesetzes sowie den entsprechenden Vorschriften des sonstigen Personalvertretungsrechts zwischen dem Arbeitgeber und den in Absatz 4 genannten Vertretungen hinzugezogen.

(6) Die Schwerbehindertenvertretung hat das Recht, mindestens einmal im Kalenderjahr eine Versammlung schwerbehinderter Menschen im Betrieb oder in der Dienststelle durchzuführen. Die für Betriebs- und Personalversammlungen geltenden Vorschriften finden entsprechende Anwendung.

(7) Sind in einer Angelegenheit sowohl die Schwerbehindertenvertretung der Richter und Richterinnen als auch die Schwerbehindertenvertretung der übrigen Bediensteten beteiligt, so handeln sie gemeinsam.

(8) Die Schwerbehindertenvertretung kann an Betriebs- und Personalversammlungen in Betrieben und Dienststellen teilnehmen, für die sie als Schwerbehindertenvertretung zuständig ist, und hat dort ein Rederecht, auch wenn die Mitglieder der Schwerbehindertenvertretung nicht Angehörige des Betriebes oder der Dienststelle sind.

§ 179 Persönliche Rechte und Pflichten der Vertrauenspersonen der schwerbehinderten Menschen

(1) Die Vertrauenspersonen führen ihr Amt unentgeltlich als Ehrenamt.

(2) Die Vertrauenspersonen dürfen in der Ausübung ihres Amtes nicht behindert oder wegen ihres Amtes nicht benachteiligt oder begünstigt werden; dies gilt auch für ihre berufliche Entwicklung.

(3) Die Vertrauenspersonen besitzen gegenüber dem Arbeitgeber die gleiche persönliche Rechtsstellung, insbesondere den gleichen Kündigungs-, Versetzungs- und Abordnungsschutz, wie ein Mitglied des Betriebs-, Personal-, Staatsanwalts- oder Richterrates. Das stellvertretende Mitglied besitzt während der Dauer der Vertretung und der Heranziehung nach § 178 Absatz 1 Satz 4 und 5 die gleiche persönliche Rechtsstellung wie die Vertrauensperson, im Übrigen die gleiche Rechtsstellung wie Ersatzmitglieder der in Satz 1 genannten Vertretungen.

(4) Die Vertrauenspersonen werden von ihrer beruflichen Tätigkeit ohne Minderung des Arbeitsentgelts oder der Dienstbezüge befreit, wenn und soweit es zur Durchführung ihrer Aufgaben erforderlich ist. Sind in den Betrieben und Dienststellen in der Regel wenigstens 100 schwerbehinderte Menschen beschäftigt, wird die Vertrauensperson auf ihren Wunsch freigestellt; weitergehende Vereinbarungen sind zulässig. Satz 1 gilt entsprechend für die Teilnahme der Vertrauensperson und des mit der höchsten Stimmenzahl gewählten stellvertretenden Mitglieds sowie in den Fällen des § 178 Absatz 1 Satz 5 auch des jeweils mit der nächsthöheren Stimmenzahl gewählten weiteren stellvertretenden Mitglieds an Schulungs- und Bildungsveranstaltungen, soweit diese Kenntnisse vermitteln, die für die Arbeit der Schwerbehindertenvertretung erforderlich sind.

(5) Freigestellte Vertrauenspersonen dürfen von inner- oder außerbetrieblichen Maßnahmen der Berufsförderung nicht ausgeschlossen werden. Innerhalb eines Jahres nach Beendigung ihrer Freistellung ist ihnen im Rahmen der Möglichkeiten des Betriebes oder der Dienststelle Gelegenheit zu geben, eine wegen der Freistellung unterbliebene berufliche Entwicklung in dem Betrieb oder der Dienststelle nachzuholen. Für Vertrauenspersonen, die drei volle aufeinander folgende Amtszeiten freigestellt waren, erhöht sich der genannte Zeitraum auf zwei Jahre.

(6) Zum Ausgleich für ihre Tätigkeit, die aus betriebsbedingten oder dienstlichen Gründen außerhalb der Arbeitszeit durchzuführen ist, haben die Vertrauenspersonen Anspruch auf entsprechende Arbeits- oder Dienstbefreiung unter Fortzahlung des Arbeitsentgelts oder der Dienstbezüge.

(7) Die Vertrauenspersonen sind verpflichtet,

1. ihnen wegen ihres Amtes anvertraute oder sonst bekannt gewordene fremde Geheimnisse, namentlich zum persönlichen Lebensbereich gehörende Geheimnisse, nicht zu offenbaren und
2. ihnen wegen ihres Amtes bekannt gewordene und vom Arbeitgeber ausdrücklich als geheimhaltungsbedürftig bezeichnete Betriebs- oder Geschäftsgeheimnisse nicht zu offenbaren und nicht zu verwerten.

Diese Pflichten gelten auch nach dem Ausscheiden aus dem Amt. Sie gelten nicht gegenüber der Bundesagentur für Arbeit, den Integrationsämtern und den Rehabilitationsträgern, soweit deren Aufgaben den schwerbehinderten Menschen gegenüber es erfordern, gegenüber den Vertrauenspersonen in den Stufenvertretungen (§ 180) sowie gegenüber den in § 79 Absatz 1 des Betriebsverfassungsgesetzes und den in den entsprechenden Vorschriften des Personalvertretungsrechts genannten Vertretungen, Personen und Stellen.

(8) Die durch die Tätigkeit der Schwerbehindertenvertretung entstehenden Kosten trägt der Arbeitgeber; für öffentliche Arbeitgeber gelten die Kostenregelungen für Personalvertretungen entsprechend. Das Gleiche gilt für die durch die Teilnahme der stellvertretenden Mitglieder an Schulungs- und Bildungsveranstaltungen nach Absatz 4 Satz 3 entstehenden Kosten. Satz 1 umfasst auch eine Bürokraft für die Schwerbehindertenvertretung in erforderlichem Umfang.

(9) Die Räume und der Geschäftsbedarf, die der Arbeitgeber dem Betriebs-, Personal-, Richter-, Staatsanwalts- oder Präsidialrat für dessen Sitzungen, Sprechstunden und laufende Geschäftsführung zur Verfügung stellt, stehen für die gleichen Zwecke auch der Schwerbehindertenvertretung zur Verfügung, soweit ihr hierfür nicht eigene Räume und sächliche Mittel zur Verfügung gestellt werden.

§ 180 Konzern-, Gesamt-, Bezirks- und Hauptschwerbehindertenvertretung

(1) Ist für mehrere Betriebe eines Arbeitgebers ein Gesamtbetriebsrat oder für den Geschäftsbereich mehrerer Dienststellen ein Gesamtpersonalrat errichtet, wählen die Schwerbehindertenvertretungen der einzelnen Betriebe oder Dienststellen eine Gesamtschwerbehindertenvertretung. Ist eine Schwerbehindertenvertretung nur in einem der Betriebe oder in einer der Dienststellen gewählt, nimmt sie die Rechte und Pflichten der Gesamtschwerbehindertenvertretung wahr.

(2) Ist für mehrere Unternehmen ein Konzernbetriebsrat errichtet, wählen die Gesamtschwerbehindertenvertretungen eine Konzernschwerbehindertenvertretung. Besteht ein Konzernunternehmen nur aus einem Betrieb, für den eine Schwerbehindertenvertretung gewählt ist, hat sie das Wahlrecht wie eine Gesamtschwerbehindertenvertretung.

(3) Für den Geschäftsbereich mehrstufiger Verwaltungen, bei denen ein Bezirks- oder Hauptpersonalrat gebildet ist, gilt Absatz 1 sinngemäß mit der Maßgabe, dass bei den Mittelbehörden von deren Schwerbehindertenvertretung und den Schwerbehindertenvertretungen der nachgeordneten Dienststellen eine Bezirksschwerbehindertenvertretung zu wählen ist. Bei den obersten Dienstbehörden ist von deren Schwerbehindertenvertretung und den Bezirksschwerbehindertenvertretungen des Geschäftsbereichs eine Hauptschwerbehindertenvertretung zu wählen; ist die Zahl der Bezirksschwerbehindertenvertretungen niedriger als zehn, sind auch die Schwerbehindertenvertretungen der nachgeordneten Dienststellen wahlberechtigt.

(4) Für Gerichte eines Zweiges der Gerichtsbarkeit, für die ein Bezirks- oder Hauptrichterrat gebildet ist, gilt Absatz 3 entsprechend. Sind in einem Zweig der Gerichtsbarkeit bei den Gerichten der Länder mehrere Schwerbehindertenvertretungen nach § 177 zu wählen und ist in diesem Zweig kein Hauptrichterrat gebildet, ist in entsprechender Anwendung von Absatz 3 eine Hauptschwerbehindertenvertretung zu wählen. Die Hauptschwerbehindertenvertretung nimmt die Aufgabe der Schwerbehindertenvertretung gegenüber dem Präsidialrat wahr.

(5) Für jede Vertrauensperson, die nach den Absätzen 1 bis 4 neu zu wählen ist, wird wenigstens ein stellvertretendes Mitglied gewählt.
(6) Die Gesamtschwerbehindertenvertretung vertritt die Interessen der schwerbehinderten Menschen in Angelegenheiten, die das Gesamtunternehmen oder mehrere Betriebe oder Dienststellen des Arbeitgebers betreffen und von den Schwerbehindertenvertretungen der einzelnen Betriebe oder Dienststellen nicht geregelt werden können, sowie die Interessen der schwerbehinderten Menschen, die in einem Betrieb oder einer Dienststelle tätig sind, für die eine Schwerbehindertenvertretung nicht gewählt ist; dies umfasst auch Verhandlungen und den Abschluss entsprechender Inklusionsvereinbarungen. Satz 1 gilt entsprechend für die Konzern-, Bezirks- und Hauptschwerbehindertenvertretung sowie für die Schwerbehindertenvertretung der obersten Dienstbehörde, wenn bei einer mehrstufigen Verwaltung Stufenvertretungen nicht gewählt sind. Die nach Satz 2 zuständige Schwerbehindertenvertretung ist auch in persönlichen Angelegenheiten schwerbehinderter Menschen, über die eine übergeordnete Dienststelle entscheidet, zuständig; sie gibt der Schwerbehindertenvertretung der Dienststelle, die den schwerbehinderten Menschen beschäftigt, Gelegenheit zur Äußerung. Satz 3 gilt nicht in den Fällen, in denen der Personalrat der Beschäftigungsbehörde zu beteiligen ist.
(7) § 177 Absatz 3 bis 8, § 178 Absatz 1 Satz 4 und 5, Absatz 2, 4, 5 und 7 und § 179 gelten entsprechend, § 177 Absatz 5 mit der Maßgabe, dass die Wahl der Gesamt- und Bezirksschwerbehindertenvertretungen in der Zeit vom 1. Dezember bis 31. Januar, die der Konzern- und Hauptschwerbehindertenvertretungen in der Zeit vom 1. Februar bis 31. März stattfindet, § 177 Absatz 6 mit der Maßgabe, dass bei den Wahlen zu überörtlichen Vertretungen der zweite Halbsatz des Satzes 3 nicht gilt.
(8) § 178 Absatz 6 gilt für die Durchführung von Versammlungen der Vertrauens- und der Bezirksvertrauenspersonen durch die Gesamt-, Bezirks- oder Hauptschwerbehindertenvertretung entsprechend.

§ 181 Inklusionsbeauftragter des Arbeitgebers

Der Arbeitgeber bestellt einen Inklusionsbeauftragten, der ihn in Angelegenheiten schwerbehinderter Menschen verantwortlich vertritt; falls erforderlich, können mehrere Inklusionsbeauftragte bestellt werden. Der Inklusionsbeauftragte soll nach Möglichkeit selbst ein schwerbehinderter Mensch sein. Der Inklusionsbeauftragte achtet vor allem darauf, dass dem Arbeitgeber obliegende Verpflichtungen erfüllt werden.

§ 182 Zusammenarbeit

(1) Arbeitgeber, Inklusionsbeauftragter des Arbeitgebers, Schwerbehindertenvertretung und Betriebs-, Personal-, Richter-, Staatsanwalts- oder Präsidialrat arbeiten zur Teilhabe schwerbehinderter Menschen am Arbeitsleben in dem Betrieb oder der Dienststelle eng zusammen.

(2) Die in Absatz 1 genannten Personen und Vertretungen, die mit der Durchführung dieses Teils beauftragten Stellen und die Rehabilitationsträger unterstützen sich gegenseitig bei der Erfüllung ihrer Aufgaben. Vertrauensperson und Inklusionsbeauftragter des Arbeitgebers sind Verbindungspersonen zur Bundesagentur für Arbeit und zu dem Integrationsamt.

§ 183 Verordnungsermächtigung

Die Bundesregierung wird ermächtigt, durch Rechtsverordnung mit Zustimmung des Bundesrates nähere Vorschriften über die Vorbereitung und Durchführung der Wahl der Schwerbehindertenvertretung und ihrer Stufenvertretungen zu erlassen.

§ 184 Zusammenarbeit der Integrationsämter und der Bundesagentur für Arbeit

(1) Soweit die besonderen Regelungen zur Teilhabe schwerbehinderter Menschen am Arbeitsleben nicht durch freie Entschließung der Arbeitgeber erfüllt werden, werden sie

1. in den Ländern von dem Amt für die Sicherung der Integration schwerbehinderter Menschen im Arbeitsleben (Integrationsamt) und
2. von der Bundesagentur für Arbeit

in enger Zusammenarbeit durchgeführt.

(2) Die den Rehabilitationsträgern nach den geltenden Vorschriften obliegenden Aufgaben bleiben unberührt.

§ 185 Aufgaben des Integrationsamtes

(1) Das Integrationsamt hat folgende Aufgaben:

1. die Erhebung und Verwendung der Ausgleichsabgabe,
2. den Kündigungsschutz,
3. die begleitende Hilfe im Arbeitsleben,
4. die zeitweilige Entziehung der besonderen Hilfen für schwerbehinderte Menschen (§ 200).

Die Integrationsämter werden so ausgestattet, dass sie ihre Aufgaben umfassend und qualifiziert erfüllen können. Hierfür wird besonders geschultes Personal mit Fachkenntnissen des Schwerbehindertenrechts eingesetzt.

(2) Die begleitende Hilfe im Arbeitsleben wird in enger Zusammenarbeit mit der Bundesagentur für Arbeit und den übrigen Rehabilitationsträgern durchgeführt. Sie soll dahingehend wirken, dass die schwerbehinderten Menschen in ihrer sozialen Stellung nicht absinken, auf Arbeitsplätzen beschäftigt werden, auf denen sie ihre Fähigkeiten und Kenntnisse voll verwerten und weiterentwickeln können sowie durch Leistungen der Rehabilitationsträger und Maßnahmen der Arbeitgeber befähigt werden, sich am Arbeitsplatz und im Wettbewerb mit nichtbehinderten Menschen zu behaupten. Dabei gelten als Arbeitsplätze auch Stellen, auf denen Beschäftigte befristet oder als Teilzeitbeschäftigte in einem Umfang von mindestens 15 Stunden, in Inklusionsbetrieben mindestens zwölf Stunden wöchentlich be-

schäftigt werden. Die begleitende Hilfe im Arbeitsleben umfasst auch die nach den Umständen des Einzelfalles notwendige psychosoziale Betreuung schwerbehinderter Menschen. Das Integrationsamt kann bei der Durchführung der begleitenden Hilfen im Arbeitsleben Integrationsfachdienste einschließlich psychosozialer Dienste freier gemeinnütziger Einrichtungen und Organisationen beteiligen. Das Integrationsamt soll außerdem darauf Einfluss nehmen, dass Schwierigkeiten im Arbeitsleben verhindert oder beseitigt werden; es führt hierzu auch Schulungs- und Bildungsmaßnahmen für Vertrauenspersonen, Inklusionsbeauftragte der Arbeitgeber, Betriebs-, Personal-, Richter-, Staatsanwalts- und Präsidialräte durch. Das Integrationsamt benennt in enger Abstimmung mit den Beteiligten des örtlichen Arbeitsmarktes Ansprechpartner, die in Handwerks- sowie in Industrie- und Handelskammern für die Arbeitgeber zur Verfügung stehen, um sie über Funktion und Aufgaben der Integrationsfachdienste aufzuklären, über Möglichkeiten der begleitenden Hilfe im Arbeitsleben zu informieren und Kontakt zum Integrationsfachdienst herzustellen.

(3) Das Integrationsamt kann im Rahmen seiner Zuständigkeit für die begleitende Hilfe im Arbeitsleben aus den ihm zur Verfügung stehenden Mitteln auch Geldleistungen erbringen, insbesondere

1. an schwerbehinderte Menschen
   a) für technische Arbeitshilfen,
   b) zum Erreichen des Arbeitsplatzes,
   c) zur Gründung und Erhaltung einer selbständigen beruflichen Existenz,
   d) zur Beschaffung, Ausstattung und Erhaltung einer behinderungsgerechten Wohnung,
   e) zur Teilnahme an Maßnahmen zur Erhaltung und Erweiterung beruflicher Kenntnisse und Fertigkeiten und
   f) in besonderen Lebenslagen,
2. an Arbeitgeber
   a) zur behinderungsgerechten Einrichtung von Arbeits- und Ausbildungsplätzen für schwerbehinderte Menschen,
   b) für Zuschüsse zu Gebühren, insbesondere Prüfungsgebühren, bei der Berufsausbildung besonders betroffener schwerbehinderter Jugendlicher und junger Erwachsener,
   c) für Prämien und Zuschüsse zu den Kosten der Berufsausbildung behinderter Jugendlicher und junger Erwachsener, die für die Zeit der Berufsausbildung schwerbehinderten Menschen nach § 151 Absatz 4 gleichgestellt worden sind,
   d) für Prämien zur Einführung eines betrieblichen Eingliederungsmanagements und
   e) für außergewöhnliche Belastungen, die mit der Beschäftigung schwerbehinderter Menschen im Sinne des § 155 Absatz 1 Nummer 1 Buchstabe a bis d, von schwerbehinderten Menschen im Anschluss an eine Beschäftigung in einer anerkannten Werkstatt für behinderte Menschen oder im Sinne des § 158 Absatz 2 verbunden sind, vor allem, wenn ohne diese Leistungen das Beschäftigungsverhältnis gefährdet würde,

3. an Träger von Integrationsfachdiensten einschließlich psychosozialer Dienste freier gemeinnütziger Einrichtungen und Organisationen sowie an Träger von Inklusionsbetrieben,
4. zur Durchführung von Aufklärungs-, Schulungs- und Bildungsmaßnahmen,
5. nachrangig zur beruflichen Orientierung,
6. zur Deckung eines Teils der Aufwendungen für ein Budget für Arbeit oder eines Teils der Aufwendungen für ein Budget für Ausbildung.

(4) Schwerbehinderte Menschen haben im Rahmen der Zuständigkeit des Integrationsamtes aus den ihm aus der Ausgleichsabgabe zur Verfügung stehenden Mitteln Anspruch auf Übernahme der Kosten einer Berufsbegleitung nach § 55 Absatz 3.

(5) Schwerbehinderte Menschen haben im Rahmen der Zuständigkeit des Integrationsamtes für die begleitende Hilfe im Arbeitsleben aus den ihm aus der Ausgleichsabgabe zur Verfügung stehenden Mitteln Anspruch auf Übernahme der Kosten einer notwendigen Arbeitsassistenz. Der Anspruch richtet sich auf die Übernahme der vollen Kosten, die für eine als notwendig festgestellte Arbeitsassistenz entstehen.

(6) Verpflichtungen anderer werden durch die Absätze 3 bis 5 nicht berührt. Leistungen der Rehabilitationsträger nach § 6 Absatz 1 Nummer 1 bis 5 dürfen, auch wenn auf sie ein Rechtsanspruch nicht besteht, nicht deshalb versagt werden, weil nach den besonderen Regelungen für schwerbehinderte Menschen entsprechende Leistungen vorgesehen sind; eine Aufstockung durch Leistungen des Integrationsamtes findet nicht statt.

(7) Die §§ 14, 15 Absatz 1, die §§ 16 und 17 gelten sinngemäß, wenn bei dem Integrationsamt eine Leistung zur Teilhabe am Arbeitsleben beantragt wird. Das Gleiche gilt, wenn ein Antrag bei einem Rehabilitationsträger gestellt und der Antrag von diesem nach § 16 Absatz 2 des Ersten Buches an das Integrationsamt weitergeleitet worden ist. Ist die unverzügliche Erbringung einer Leistung zur Teilhabe am Arbeitsleben erforderlich, so kann das Integrationsamt die Leistung vorläufig erbringen. Hat das Integrationsamt eine Leistung erbracht, für die ein anderer Träger zuständig ist, so erstattet dieser die auf die Leistung entfallenden Aufwendungen.

(8) Auf Antrag führt das Integrationsamt seine Leistungen zur begleitenden Hilfe im Arbeitsleben als Persönliches Budget aus. § 29 gilt entsprechend.

(9) Ein Antrag auf eine Leistung, auf die ein Anspruch besteht (Absätze 4 und 5), gilt sechs Wochen nach Eingang als genehmigt, wenn
1. das Integrationsamt bis dahin nicht über den Antrag entschieden hat und
2. die beantragte Leistung nach Art und Umfang im Antrag genau bezeichnet ist.

§ 185a Einheitliche Ansprechstellen für Arbeitgeber

(1) Einheitliche Ansprechstellen für Arbeitgeber informieren, beraten und unterstützen Arbeitgeber bei der Ausbildung, Einstellung und Beschäftigung von schwerbehinderten Menschen.

(2) Die Einheitlichen Ansprechstellen für Arbeitgeber werden als begleitende Hilfe im Arbeitsleben aus Mitteln der Ausgleichsabgabe finanziert. Sie haben die Aufgabe,

1. Arbeitgeber anzusprechen und diese für die Ausbildung, Einstellung und Beschäftigung von schwerbehinderten Menschen zu sensibilisieren,
2. Arbeitgebern als trägerunabhängiger Lotse bei Fragen zur Ausbildung, Einstellung, Berufsbegleitung und Beschäftigungssicherung von schwerbehinderten Menschen zur Verfügung zu stehen und
3. Arbeitgeber bei der Stellung von Anträgen bei den zuständigen Leistungsträgern zu unterstützen.

(3) Die Einheitlichen Ansprechstellen für Arbeitgeber sind flächendeckend einzurichten. Sie sind trägerunabhängig.

(4) Die Einheitlichen Ansprechstellen für Arbeitgeber sollen
1. für Arbeitgeber schnell zu erreichen sein,
2. über fachlich qualifiziertes Personal verfügen, das mit den Regelungen zur Teilhabe schwerbehinderter Menschen sowie der Beratung von Arbeitgebern und ihren Bedürfnissen vertraut ist, sowie
3. in der Region gut vernetzt sein.

(5) Die Integrationsämter beauftragen die Integrationsfachdienste oder andere geeignete Träger, als Einheitliche Ansprechstellen für Arbeitgeber tätig zu werden. Die Integrationsämter wirken darauf hin, dass die Einheitlichen Ansprechstellen für Arbeitgeber flächendeckend zur Verfügung stehen und mit Dritten, die aufgrund ihres fachlichen Hintergrunds über eine besondere Betriebsnähe verfügen, zusammenarbeiten.

§ 186 Beratender Ausschuss für behinderte Menschen bei dem Integrationsamt

(1) Bei jedem Integrationsamt wird ein Beratender Ausschuss für behinderte Menschen gebildet, der die Teilhabe der behinderten Menschen am Arbeitsleben fördert, das Integrationsamt bei der Durchführung der besonderen Regelungen für schwerbehinderte Menschen zur Teilhabe am Arbeitsleben unterstützt und bei der Vergabe der Mittel der Ausgleichsabgabe mitwirkt. Soweit die Mittel der Ausgleichsabgabe zur institutionellen Förderung verwendet werden, macht der Beratende Ausschuss Vorschläge für die Entscheidungen des Integrationsamtes.

(2) Der Ausschuss besteht aus zehn Mitgliedern, und zwar aus
1. zwei Mitgliedern, die die Arbeitnehmerinnen und Arbeitnehmer vertreten,
2. zwei Mitgliedern, die die privaten und öffentlichen Arbeitgeber vertreten,
3. vier Mitgliedern, die die Organisationen behinderter Menschen vertreten,
4. einem Mitglied, das das jeweilige Land vertritt,
5. einem Mitglied, das die Bundesagentur für Arbeit vertritt.

(3) Für jedes Mitglied ist eine Stellvertreterin oder ein Stellvertreter zu berufen. Mitglieder und Stellvertreterinnen oder Stellvertreter sollen im Bezirk des Integrationsamtes ihren Wohnsitz haben.

(4) Das Integrationsamt beruft auf Vorschlag
1. der Gewerkschaften des jeweiligen Landes zwei Mitglieder,
2. der Arbeitgeberverbände des jeweiligen Landes ein Mitglied,
3. der zuständigen obersten Landesbehörde oder der von ihr bestimmten Behörde ein Mitglied,

4. der Organisationen behinderter Menschen des jeweiligen Landes, die nach der Zusammensetzung ihrer Mitglieder dazu berufen sind, die behinderten Menschen in ihrer Gesamtheit zu vertreten, vier Mitglieder.

Die zuständige oberste Landesbehörde oder die von ihr bestimmte Behörde und die Bundesagentur für Arbeit berufen je ein Mitglied.

§ 187 Aufgaben der Bundesagentur für Arbeit

(1) Die Bundesagentur für Arbeit hat folgende Aufgaben:

1. die Berufsberatung, Ausbildungsvermittlung und Arbeitsvermittlung schwerbehinderter Menschen einschließlich der Vermittlung von in Werkstätten für behinderte Menschen Beschäftigten auf den allgemeinen Arbeitsmarkt,
2. die Beratung der Arbeitgeber bei der Besetzung von Ausbildungs- und Arbeitsplätzen mit schwerbehinderten Menschen,
3. die Förderung der Teilhabe schwerbehinderter Menschen am Arbeitsleben auf dem allgemeinen Arbeitsmarkt, insbesondere von schwerbehinderten Menschen,
   a) die wegen Art oder Schwere ihrer Behinderung oder sonstiger Umstände im Arbeitsleben besonders betroffen sind (§ 155 Absatz 1),
   b) die langzeitarbeitslos im Sinne des § 18 des Dritten Buches sind,
   c) die im Anschluss an eine Beschäftigung in einer anerkannten Werkstatt für behinderte Menschen, bei einem anderen Leistungsanbieter (§ 60) oder einem Inklusionsbetrieb eingestellt werden,
   d) die als Teilzeitbeschäftigte eingestellt werden oder
   e) die zur Aus- oder Weiterbildung eingestellt werden,
4. im Rahmen von Arbeitsbeschaffungsmaßnahmen die besondere Förderung schwerbehinderter Menschen,
5. die Gleichstellung, deren Widerruf und Rücknahme,
6. die Durchführung des Anzeigeverfahrens (§ 163 Absatz 2 und 4),
7. die Überwachung der Erfüllung der Beschäftigungspflicht,
8. die Zulassung der Anrechnung und der Mehrfachanrechnung (§ 158 Absatz 2, § 159 Absatz 1 und 2),
9. die Erfassung der Werkstätten für behinderte Menschen, ihre Anerkennung und die Aufhebung der Anerkennung.

(2) Die Bundesagentur für Arbeit übermittelt dem Bundesministerium für Arbeit und Soziales jährlich die Ergebnisse ihrer Förderung der Teilhabe schwerbehinderter Menschen am Arbeitsleben auf dem allgemeinen Arbeitsmarkt nach dessen näherer Bestimmung und fachlicher Weisung. Zu den Ergebnissen gehören Angaben über die Zahl der geförderten Arbeitgeber und schwerbehinderten Menschen, die insgesamt aufgewandten Mittel und die durchschnittlichen Förderungsbeträge. Die Bundesagentur für Arbeit veröffentlicht diese Ergebnisse.

(3) Die Bundesagentur für Arbeit führt befristete überregionale und regionale Arbeitsmarktprogramme zum Abbau der Arbeitslosigkeit schwerbehinderter Menschen, besonderer Gruppen schwerbehinderter Menschen, insbesondere schwerbehinderter Frauen, sowie zur Förderung des Ausbildungsplatzangebots für schwerbehinderte Menschen durch, die ihr durch Verwaltungsvereinbarung gemäß

§ 368 Absatz 3 Satz 2 und Absatz 4 des Dritten Buches unter Zuweisung der entsprechenden Mittel übertragen werden. Über den Abschluss von Verwaltungsvereinbarungen mit den Ländern ist das Bundesministerium für Arbeit und Soziales zu unterrichten.

(4) Die Bundesagentur für Arbeit richtet zur Durchführung der ihr in diesem Teil und der ihr im Dritten Buch zur Teilhabe behinderter und schwerbehinderter Menschen am Arbeitsleben übertragenen Aufgaben in allen Agenturen für Arbeit besondere Stellen ein; bei der personellen Ausstattung dieser Stellen trägt sie dem besonderen Aufwand bei der Beratung und Vermittlung des zu betreuenden Personenkreises sowie bei der Durchführung der sonstigen Aufgaben nach Absatz 1 Rechnung.

(5) Im Rahmen der Beratung der Arbeitgeber nach Absatz 1 Nummer 2 hat die Bundesagentur für Arbeit

1. dem Arbeitgeber zur Besetzung von Arbeitsplätzen geeignete arbeitslose oder arbeitssuchende schwerbehinderte Menschen unter Darlegung der Leistungsfähigkeit und der Auswirkungen der jeweiligen Behinderung auf die angebotene Stelle vorzuschlagen,
2. ihre Fördermöglichkeiten aufzuzeigen, soweit möglich und erforderlich, auch die entsprechenden Hilfen der Rehabilitationsträger und der begleitenden Hilfe im Arbeitsleben durch die Integrationsämter.

§ 188 Beratender Ausschuss für behinderte Menschen bei der Bundesagentur für Arbeit

(1) Bei der Zentrale der Bundesagentur für Arbeit wird ein Beratender Ausschuss für behinderte Menschen gebildet, der die Teilhabe der behinderten Menschen am Arbeitsleben durch Vorschläge fördert und die Bundesagentur für Arbeit bei der Durchführung der in diesem Teil und im Dritten Buch zur Teilhabe behinderter und schwerbehinderter Menschen am Arbeitsleben übertragenen Aufgaben unterstützt.

(2) Der Ausschuss besteht aus elf Mitgliedern, und zwar aus

1. zwei Mitgliedern, die die Arbeitnehmerinnen und Arbeitnehmer vertreten,
2. zwei Mitgliedern, die die privaten und öffentlichen Arbeitgeber vertreten,
3. fünf Mitgliedern, die die Organisationen behinderter Menschen vertreten,
4. einem Mitglied, das die Integrationsämter vertritt,
5. einem Mitglied, das das Bundesministerium für Arbeit und Soziales vertritt.

(3) Für jedes Mitglied ist eine Stellvertreterin oder ein Stellvertreter zu berufen.

(4) Der Vorstand der Bundesagentur für Arbeit beruft die Mitglieder, die Arbeitnehmer und Arbeitgeber vertreten, auf Vorschlag ihrer Gruppenvertreter im Verwaltungsrat der Bundesagentur für Arbeit. Er beruft auf Vorschlag der Organisationen behinderter Menschen, die nach der Zusammensetzung ihrer Mitglieder dazu berufen sind, die behinderten Menschen in ihrer Gesamtheit auf Bundesebene zu vertreten, die Mitglieder, die Organisationen der behinderten Menschen vertreten. Auf Vorschlag der Bundesarbeitsgemeinschaft der Integrationsämter und Hauptfürsorgestellen beruft er das Mitglied, das die Integrationsämter vertritt, und auf

Vorschlag des Bundesministeriums für Arbeit und Soziales das Mitglied, das dieses vertritt.

§ 189 Gemeinsame Vorschriften

(1) Die Beratenden Ausschüsse für behinderte Menschen (§§ 186, 188) wählen aus den ihnen angehörenden Mitgliedern von Seiten der Arbeitnehmer, Arbeitgeber oder Organisationen behinderter Menschen jeweils für die Dauer eines Jahres eine Vorsitzende oder einen Vorsitzenden und eine Stellvertreterin oder einen Stellvertreter. Die Gewählten dürfen nicht derselben Gruppe angehören. Die Gruppen stellen in regelmäßig jährlich wechselnder Reihenfolge die Vorsitzende oder den Vorsitzenden und die Stellvertreterin oder den Stellvertreter. Die Reihenfolge wird durch die Beendigung der Amtszeit der Mitglieder nicht unterbrochen. Scheidet die Vorsitzende oder der Vorsitzende oder die Stellvertreterin oder der Stellvertreter aus, wird sie oder er neu gewählt.
(2) Die Beratenden Ausschüsse für behinderte Menschen sind beschlussfähig, wenn wenigstens die Hälfte der Mitglieder anwesend ist. Die Beschlüsse und Entscheidungen werden mit einfacher Stimmenmehrheit getroffen.
(3) Die Mitglieder der Beratenden Ausschüsse für behinderte Menschen üben ihre Tätigkeit ehrenamtlich aus. Ihre Amtszeit beträgt vier Jahre.

§ 190 Übertragung von Aufgaben

(1) Die Landesregierung oder die von ihr bestimmte Stelle kann die Verlängerung der Gültigkeitsdauer der Ausweise nach § 152 Absatz 5, für die eine Feststellung nach § 152 Absatz 1 nicht zu treffen ist, auf andere Behörden übertragen. Im Übrigen kann sie andere Behörden zur Aushändigung der Ausweise heranziehen.
(2) Die Landesregierung oder die von ihr bestimmte Stelle kann Aufgaben und Befugnisse des Integrationsamtes nach diesem Teil auf örtliche Fürsorgestellen übertragen oder die Heranziehung örtlicher Fürsorgestellen zur Durchführung der den Integrationsämtern obliegenden Aufgaben bestimmen.

§ 191 Verordnungsermächtigung

Die Bundesregierung wird ermächtigt, durch Rechtsverordnung mit Zustimmung des Bundesrates das Nähere über die Voraussetzungen des Anspruchs nach § 49 Absatz 8 Nummer 3 und § 185 Absatz 5 sowie über die Dauer und Ausführung der Leistungen zu regeln.

§ 192 Begriff und Personenkreis

(1) Integrationsfachdienste sind Dienste Dritter, die bei der Durchführung der Maßnahmen zur Teilhabe schwerbehinderter Menschen am Arbeitsleben beteiligt werden.
(2) Schwerbehinderte Menschen im Sinne des Absatzes 1 sind insbesondere

1. schwerbehinderte Menschen mit einem besonderen Bedarf an arbeitsbegleitender Betreuung,
2. schwerbehinderte Menschen, die nach zielgerichteter Vorbereitung durch die Werkstatt für behinderte Menschen am Arbeitsleben auf dem allgemeinen Arbeitsmarkt teilhaben sollen und dabei auf aufwendige, personalintensive, individuelle arbeitsbegleitende Hilfen angewiesen sind sowie
3. schwerbehinderte Schulabgänger, die für die Aufnahme einer Beschäftigung auf dem allgemeinen Arbeitsmarkt auf die Unterstützung eines Integrationsfachdienstes angewiesen sind.

(3) Ein besonderer Bedarf an arbeits- und berufsbegleitender Betreuung ist insbesondere gegeben bei schwerbehinderten Menschen mit geistiger oder seelischer Behinderung oder mit einer schweren Körper-, Sinnes- oder Mehrfachbehinderung, die sich im Arbeitsleben besonders nachteilig auswirkt und allein oder zusammen mit weiteren vermittlungshemmenden Umständen (Alter, Langzeitarbeitslosigkeit, unzureichende Qualifikation, Leistungsminderung) die Teilhabe am Arbeitsleben auf dem allgemeinen Arbeitsmarkt erschwert.

(4) Der Integrationsfachdienst kann im Rahmen der Aufgabenstellung nach Absatz 1 auch zur beruflichen Eingliederung von behinderten Menschen, die nicht schwerbehindert sind, tätig werden. Hierbei wird den besonderen Bedürfnissen seelisch behinderter oder von einer seelischen Behinderung bedrohter Menschen Rechnung getragen.

§ 193 Aufgaben

(1) Die Integrationsfachdienste können zur Teilhabe schwerbehinderter Menschen am Arbeitsleben (Aufnahme, Ausübung und Sicherung einer möglichst dauerhaften Beschäftigung) beteiligt werden, indem sie
1. die schwerbehinderten Menschen beraten, unterstützen und auf geeignete Arbeitsplätze vermitteln,
2. die Arbeitgeber informieren, beraten und ihnen Hilfe leisten.

(2) Zu den Aufgaben des Integrationsfachdienstes gehört es,
1. die Fähigkeiten der zugewiesenen schwerbehinderten Menschen zu bewerten und einzuschätzen und dabei ein individuelles Fähigkeits-, Leistungs- und Interessenprofil zur Vorbereitung auf den allgemeinen Arbeitsmarkt in enger Kooperation mit den schwerbehinderten Menschen, dem Auftraggeber und der abgebenden Einrichtung der schulischen oder beruflichen Bildung oder Rehabilitation zu erarbeiten,
2. die Bundesagentur für Arbeit auf deren Anforderung bei der Berufsorientierung und Berufsberatung in den Schulen einschließlich der auf jeden einzelnen Jugendlichen bezogenen Dokumentation der Ergebnisse zu unterstützen,
3. die betriebliche Ausbildung schwerbehinderter, insbesondere seelisch und lernbehinderter, Jugendlicher zu begleiten,
4. geeignete Arbeitsplätze (§ 156) auf dem allgemeinen Arbeitsmarkt zu erschließen,
5. die schwerbehinderten Menschen auf die vorgesehenen Arbeitsplätze vorzubereiten,

6. die schwerbehinderten Menschen, solange erforderlich, am Arbeitsplatz oder beim Training der berufspraktischen Fähigkeiten am konkreten Arbeitsplatz zu begleiten,
7. mit Zustimmung des schwerbehinderten Menschen die Mitarbeiter im Betrieb oder in der Dienststelle über Art und Auswirkungen der Behinderung und über entsprechende Verhaltensregeln zu informieren und zu beraten,
8. eine Nachbetreuung, Krisenintervention oder psychosoziale Betreuung durchzuführen sowie
9. als Einheitliche Ansprechstellen für Arbeitgeber zur Verfügung zu stehen, über die Leistungen für die Arbeitgeber zu informieren und für die Arbeitgeber diese Leistungen abzuklären,
10. in Zusammenarbeit mit den Rehabilitationsträgern und den Integrationsämtern die für den schwerbehinderten Menschen benötigten Leistungen zu klären und bei der Beantragung zu unterstützen.

§ 194 Beauftragung und Verantwortlichkeit

(1) Die Integrationsfachdienste werden im Auftrag der Integrationsämter oder der Rehabilitationsträger tätig. Diese bleiben für die Ausführung der Leistung verantwortlich.

(2) Im Auftrag legt der Auftraggeber in Abstimmung mit dem Integrationsfachdienst Art, Umfang und Dauer des im Einzelfall notwendigen Einsatzes des Integrationsfachdienstes sowie das Entgelt fest.

(3) Der Integrationsfachdienst arbeitet insbesondere mit
1. den zuständigen Stellen der Bundesagentur für Arbeit,
2. dem Integrationsamt,
3. dem zuständigen Rehabilitationsträger, insbesondere den Berufshelfern der gesetzlichen Unfallversicherung,
4. dem Arbeitgeber, der Schwerbehindertenvertretung und den anderen betrieblichen Interessenvertretungen,
5. der abgebenden Einrichtung der schulischen oder beruflichen Bildung oder Rehabilitation mit ihren begleitenden Diensten und internen Integrationsfachkräften oder -diensten zur Unterstützung von Teilnehmenden an Leistungen zur Teilhabe am Arbeitsleben,
6. den Handwerks-, den Industrie- und Handelskammern sowie den berufsständigen Organisationen,
7. wenn notwendig, auch mit anderen Stellen und Personen,

eng zusammen.

(4) Näheres zur Beauftragung, Zusammenarbeit, fachlichen Leitung, Aufsicht sowie zur Qualitätssicherung und Ergebnisbeobachtung wird zwischen dem Auftraggeber und dem Träger des Integrationsfachdienstes vertraglich geregelt. Die Vereinbarungen sollen im Interesse finanzieller Planungssicherheit auf eine Dauer von mindestens drei Jahren abgeschlossen werden.

(5) Die Integrationsämter wirken darauf hin, dass die berufsbegleitenden und psychosozialen Dienste bei den von ihnen beauftragten Integrationsfachdiensten konzentriert werden.

§ 195 Fachliche Anforderungen

(1) Die Integrationsfachdienste müssen
1. nach der personellen, räumlichen und sächlichen Ausstattung in der Lage sein, ihre gesetzlichen Aufgaben wahrzunehmen,
2. über Erfahrungen mit dem zu unterstützenden Personenkreis (§ 192 Absatz 2) verfügen,
3. mit Fachkräften ausgestattet sein, die über eine geeignete Berufsqualifikation, eine psychosoziale oder arbeitspädagogische Zusatzqualifikation und ausreichende Berufserfahrung verfügen, sowie
4. rechtlich oder organisatorisch und wirtschaftlich eigenständig sein.

(2) Der Personalbedarf eines Integrationsfachdienstes richtet sich nach den konkreten Bedürfnissen unter Berücksichtigung der Zahl der Betreuungs- und Beratungsfälle, des durchschnittlichen Betreuungs- und Beratungsaufwands, der Größe des regionalen Einzugsbereichs und der Zahl der zu beratenden Arbeitgeber. Den besonderen Bedürfnissen besonderer Gruppen schwerbehinderter Menschen, insbesondere schwerbehinderter Frauen, und der Notwendigkeit einer psychosozialen Betreuung soll durch eine Differenzierung innerhalb des Integrationsfachdienstes Rechnung getragen werden.

(3) Bei der Stellenbesetzung des Integrationsfachdienstes werden schwerbehinderte Menschen bevorzugt berücksichtigt. Dabei wird ein angemessener Anteil der Stellen mit schwerbehinderten Frauen besetzt.

§ 196 Finanzielle Leistungen

(1) Die Inanspruchnahme von Integrationsfachdiensten wird vom Auftraggeber vergütet. Die Vergütung für die Inanspruchnahme von Integrationsfachdiensten kann bei Beauftragung durch das Integrationsamt aus Mitteln der Ausgleichsabgabe erbracht werden.

(2) Die Bezahlung tarifvertraglich vereinbarter Vergütungen sowie entsprechender Vergütungen nach kirchlichen Arbeitsrechtsregelungen kann bei der Beauftragung von Integrationsfachdiensten nicht als unwirtschaftlich abgelehnt werden.

(3) Die Bundesarbeitsgemeinschaft der Integrationsämter und Hauptfürsorgestellen vereinbart mit den Rehabilitationsträgern nach § 6 Absatz 1 Nummer 2 bis 5 unter Beteiligung der maßgeblichen Verbände, darunter der Bundesarbeitsgemeinschaft, in der sich die Integrationsfachdienste zusammengeschlossen haben, eine gemeinsame Empfehlung zur Inanspruchnahme der Integrationsfachdienste durch die Rehabilitationsträger, zur Zusammenarbeit und zur Finanzierung der Kosten, die dem Integrationsfachdienst bei der Wahrnehmung der Aufgaben der Rehabilitationsträger entstehen. § 26 Absatz 7 und 8 gilt entsprechend.

§ 197 Ergebnisbeobachtung

(1) Der Integrationsfachdienst dokumentiert Verlauf und Ergebnis der jeweiligen Bemühungen um die Förderung der Teilhabe am Arbeitsleben. Er erstellt jährlich eine zusammenfassende Darstellung der Ergebnisse und legt diese den Auftrag-

gebern nach deren näherer gemeinsamer Maßgabe vor. Diese Zusammenstellung soll insbesondere geschlechtsdifferenzierte Angaben enthalten zu

1. den Zu- und Abgängen an Betreuungsfällen im Kalenderjahr,
2. dem Bestand an Betreuungsfällen,
3. der Zahl der abgeschlossenen Fälle, differenziert nach Aufnahme einer Ausbildung, einer befristeten oder unbefristeten Beschäftigung, einer Beschäftigung in einem Integrationsprojekt oder in einer Werkstatt für behinderte Menschen.

(2) Der Integrationsfachdienst dokumentiert auch die Ergebnisse seiner Bemühungen zur Unterstützung der Bundesagentur für Arbeit und die Begleitung der betrieblichen Ausbildung nach § 193 Absatz 2 Nummer 2 und 3 unter Einbeziehung geschlechtsdifferenzierter Daten und Besonderheiten sowie der Art der Behinderung.

§ 198 Verordnungsermächtigung

(1) Das Bundesministerium für Arbeit und Soziales wird ermächtigt, durch Rechtsverordnung mit Zustimmung des Bundesrates das Nähere über den Begriff und die Aufgaben des Integrationsfachdienstes, die für sie geltenden fachlichen Anforderungen und die finanziellen Leistungen zu regeln.

(2) Vereinbaren die Bundesarbeitsgemeinschaft der Integrationsämter und Hauptfürsorgestellen und die Rehabilitationsträger nicht innerhalb von sechs Monaten, nachdem das Bundesministerium für Arbeit und Soziales sie dazu aufgefordert hat, eine gemeinsame Empfehlung nach § 196 Absatz 3 oder ändern sie die unzureichend gewordene Empfehlung nicht innerhalb dieser Frist, kann das Bundesministerium für Arbeit und Soziales Regelungen durch Rechtsverordnung mit Zustimmung des Bundesrates erlassen.

§ 199 Beendigung der Anwendung der besonderen Regelungen zur Teilhabe schwerbehinderter Menschen

(1) Die besonderen Regelungen für schwerbehinderte Menschen werden nicht angewendet nach dem Wegfall der Voraussetzungen nach § 2 Absatz 2; wenn sich der Grad der Behinderung auf weniger als 50 verringert, jedoch erst am Ende des dritten Kalendermonats nach Eintritt der Unanfechtbarkeit des die Verringerung feststellenden Bescheides.

(2) Die besonderen Regelungen für gleichgestellte behinderte Menschen werden nach dem Widerruf oder der Rücknahme der Gleichstellung nicht mehr angewendet. Der Widerruf der Gleichstellung ist zulässig, wenn die Voraussetzungen nach § 2 Absatz 3 in Verbindung mit § 151 Absatz 2 weggefallen sind. Er wird erst am Ende des dritten Kalendermonats nach Eintritt seiner Unanfechtbarkeit wirksam.

(3) Bis zur Beendigung der Anwendung der besonderen Regelungen für schwerbehinderte Menschen und ihnen gleichgestellte behinderte Menschen werden die behinderten Menschen dem Arbeitgeber auf die Zahl der Pflichtarbeitsplätze für schwerbehinderte Menschen angerechnet.

§ 200 Entziehung der besonderen Hilfen für schwerbehinderte Menschen

(1) Einem schwerbehinderten Menschen, der einen zumutbaren Arbeitsplatz ohne berechtigten Grund zurückweist oder aufgibt oder sich ohne berechtigten Grund weigert, an einer Maßnahme zur Teilhabe am Arbeitsleben teilzunehmen, oder sonst durch sein Verhalten seine Teilhabe am Arbeitsleben schuldhaft vereitelt, kann das Integrationsamt im Benehmen mit der Bundesagentur für Arbeit die besonderen Hilfen für schwerbehinderte Menschen zeitweilig entziehen. Dies gilt auch für gleichgestellte behinderte Menschen.
(2) Vor der Entscheidung über die Entziehung wird der schwerbehinderte Mensch gehört. In der Entscheidung wird die Frist bestimmt, für die sie gilt. Die Frist läuft vom Tag der Entscheidung an und beträgt nicht mehr als sechs Monate. Die Entscheidung wird dem schwerbehinderten Menschen bekannt gegeben.

§ 201 Widerspruch

(1) Den Widerspruchsbescheid nach § 73 der Verwaltungsgerichtsordnung erlässt bei Verwaltungsakten der Integrationsämter und bei Verwaltungsakten der örtlichen Fürsorgestellen (§ 190 Absatz 2) der Widerspruchsausschuss bei dem Integrationsamt (§ 202). Des Vorverfahrens bedarf es auch, wenn den Verwaltungsakt ein Integrationsamt erlassen hat, das bei einer obersten Landesbehörde besteht.
(2) Den Widerspruchsbescheid nach § 85 des Sozialgerichtsgesetzes erlässt bei Verwaltungsakten, welche die Bundesagentur für Arbeit auf Grund dieses Teils erlässt, der Widerspruchsausschuss der Bundesagentur für Arbeit.

§ 202 Widerspruchsausschuss bei dem Integrationsamt

(1) Bei jedem Integrationsamt besteht ein Widerspruchsausschuss aus sieben Mitgliedern, und zwar aus zwei Mitgliedern, die schwerbehinderte Arbeitnehmer oder Arbeitnehmerinnen sind, zwei Mitgliedern, die Arbeitgeber sind, einem Mitglied, das das Integrationsamt vertritt, einem Mitglied, das die Bundesagentur für Arbeit vertritt, einer Vertrauensperson schwerbehinderter Menschen.
(2) Für jedes Mitglied wird ein Stellvertreter oder eine Stellvertreterin berufen.
(3) Das Integrationsamt beruft auf Vorschlag der Organisationen behinderter Menschen des jeweiligen Landes die Mitglieder, die Arbeitnehmer sind, auf Vorschlag der jeweils für das Land zuständigen Arbeitgeberverbände die Mitglieder, die Arbeitgeber sind, sowie die Vertrauensperson. Die zuständige oberste Landesbehörde oder die von ihr bestimmte Behörde beruft das Mitglied, das das Integrationsamt vertritt. Die Bundesagentur für Arbeit beruft das Mitglied, das sie vertritt. Entsprechendes gilt für die Berufung des Stellvertreters oder der Stellvertreterin des jeweiligen Mitglieds.
(4) In Kündigungsangelegenheiten schwerbehinderter Menschen, die bei einer Dienststelle oder in einem Betrieb beschäftigt sind, der zum Geschäftsbereich des Bundesministeriums der Verteidigung gehört, treten an die Stelle der Mitglieder, die Arbeitgeber sind, Angehörige des öffentlichen Dienstes. Dem Integrationsamt werden ein Mitglied und sein Stellvertreter oder seine Stellvertreterin von den von

der Bundesregierung bestimmten Bundesbehörden benannt. Eines der Mitglieder, die schwerbehinderte Arbeitnehmer oder Arbeitnehmerinnen sind, muss dem öffentlichen Dienst angehören.
(5) Die Amtszeit der Mitglieder der Widerspruchsausschüsse beträgt vier Jahre. Die Mitglieder der Ausschüsse üben ihre Tätigkeit unentgeltlich aus.

§ 203 Widerspruchsausschüsse der Bundesagentur für Arbeit

(1) Die Bundesagentur für Arbeit richtet Widerspruchsausschüsse ein, die aus sieben Mitgliedern bestehen, und zwar aus zwei Mitgliedern, die schwerbehinderte Arbeitnehmer oder Arbeitnehmerinnen sind, zwei Mitgliedern, die Arbeitgeber sind, einem Mitglied, das das Integrationsamt vertritt, einem Mitglied, das die Bundesagentur für Arbeit vertritt, einer Vertrauensperson schwerbehinderter Menschen.
(2) Für jedes Mitglied wird ein Stellvertreter oder eine Stellvertreterin berufen.
(3) Die Bundesagentur für Arbeit beruft
1. die Mitglieder, die Arbeitnehmer oder Arbeitnehmerinnen sind, auf Vorschlag der jeweils zuständigen Organisationen behinderter Menschen, der im Benehmen mit den jeweils zuständigen Gewerkschaften, die für die Vertretung der Arbeitnehmerinteressen wesentliche Bedeutung haben, gemacht wird,
2. die Mitglieder, die Arbeitgeber sind, auf Vorschlag der jeweils zuständigen Arbeitgeberverbände, soweit sie für die Vertretung von Arbeitgeberinteressen wesentliche Bedeutung haben, sowie
3. das Mitglied, das die Bundesagentur für Arbeit vertritt, und
4. die Vertrauensperson.

Die zuständige oberste Landesbehörde oder die von ihr bestimmte Behörde beruft das Mitglied, das das Integrationsamt vertritt. Entsprechendes gilt für die Berufung des Stellvertreters oder der Stellvertreterin des jeweiligen Mitglieds.
(4) § 202 Absatz 5 gilt entsprechend.

§ 204 Verfahrensvorschriften

(1) Für den Widerspruchsausschuss bei dem Integrationsamt (§ 202) und die Widerspruchsausschüsse bei der Bundesagentur für Arbeit (§ 203) gilt § 189 Absatz 1 und 2 entsprechend.
(2) Im Widerspruchsverfahren nach Kapitel 4 werden der Arbeitgeber und der schwerbehinderte Mensch vor der Entscheidung gehört; in den übrigen Fällen verbleibt es bei der Anhörung des Widerspruchsführers.
(3) Die Mitglieder der Ausschüsse können wegen Besorgnis der Befangenheit abgelehnt werden. Über die Ablehnung entscheidet der Ausschuss, dem das Mitglied angehört.

§ 205 Vorrang der schwerbehinderten Menschen

Verpflichtungen zur bevorzugten Einstellung und Beschäftigung bestimmter Personenkreise nach anderen Gesetzen entbinden den Arbeitgeber nicht von der Verpflichtung zur Beschäftigung schwerbehinderter Menschen nach den besonderen Regelungen für schwerbehinderte Menschen.

§ 206 Arbeitsentgelt und Dienstbezüge

(1) Bei der Bemessung des Arbeitsentgelts und der Dienstbezüge aus einem bestehenden Beschäftigungsverhältnis werden Renten und vergleichbare Leistungen, die wegen der Behinderung bezogen werden, nicht berücksichtigt. Die völlige oder teilweise Anrechnung dieser Leistungen auf das Arbeitsentgelt oder die Dienstbezüge ist unzulässig.
(2) Absatz 1 gilt nicht für Zeiträume, in denen die Beschäftigung tatsächlich nicht ausgeübt wird und die Vorschriften über die Zahlung der Rente oder der vergleichbaren Leistung eine Anrechnung oder ein Ruhen vorsehen, wenn Arbeitsentgelt oder Dienstbezüge gezahlt werden.

§ 207 Mehrarbeit

Schwerbehinderte Menschen werden auf ihr Verlangen von Mehrarbeit freigestellt.

§ 208 Zusatzurlaub

(1) Schwerbehinderte Menschen haben Anspruch auf einen bezahlten zusätzlichen Urlaub von fünf Arbeitstagen im Urlaubsjahr; verteilt sich die regelmäßige Arbeitszeit des schwerbehinderten Menschen auf mehr oder weniger als fünf Arbeitstage in der Kalenderwoche, erhöht oder vermindert sich der Zusatzurlaub entsprechend. Soweit tarifliche, betriebliche oder sonstige Urlaubsregelungen für schwerbehinderte Menschen einen längeren Zusatzurlaub vorsehen, bleiben sie unberührt.
(2) Besteht die Schwerbehinderteneigenschaft nicht während des gesamten Kalenderjahres, so hat der schwerbehinderte Mensch für jeden vollen Monat der im Beschäftigungsverhältnis vorliegenden Schwerbehinderteneigenschaft einen Anspruch auf ein Zwölftel des Zusatzurlaubs nach Absatz 1 Satz 1. Bruchteile von Urlaubstagen, die mindestens einen halben Tag ergeben, sind auf volle Urlaubstage aufzurunden. Der so ermittelte Zusatzurlaub ist dem Erholungsurlaub hinzuzurechnen und kann bei einem nicht im ganzen Kalenderjahr bestehenden Beschäftigungsverhältnis nicht erneut gemindert werden.
(3) Wird die Eigenschaft als schwerbehinderter Mensch nach § 152 Absatz 1 und 2 rückwirkend festgestellt, finden auch für die Übertragbarkeit des Zusatzurlaubs in das nächste Kalenderjahr die dem Beschäftigungsverhältnis zugrunde liegenden urlaubsrechtlichen Regelungen Anwendung.

§ 209 Nachteilsausgleich

(1) Die Vorschriften über Hilfen für behinderte Menschen zum Ausgleich behinderungsbedingter Nachteile oder Mehraufwendungen (Nachteilsausgleich) werden

so gestaltet, dass sie unabhängig von der Ursache der Behinderung der Art oder Schwere der Behinderung Rechnung tragen.
(2) Nachteilsausgleiche, die auf Grund bisher geltender Rechtsvorschriften erfolgen, bleiben unberührt.

§ 210 Beschäftigung schwerbehinderter Menschen in Heimarbeit

(1) Schwerbehinderte Menschen, die in Heimarbeit beschäftigt oder diesen gleichgestellt sind (§ 1 Absatz 1 und 2 des Heimarbeitsgesetzes) und in der Hauptsache für den gleichen Auftraggeber arbeiten, werden auf die Arbeitsplätze für schwerbehinderte Menschen dieses Auftraggebers angerechnet.
(2) Für in Heimarbeit beschäftigte und diesen gleichgestellte schwerbehinderte Menschen wird die in § 29 Absatz 2 des Heimarbeitsgesetzes festgelegte Kündigungsfrist von zwei Wochen auf vier Wochen erhöht; die Vorschrift des § 29 Absatz 7 des Heimarbeitsgesetzes ist sinngemäß anzuwenden. Der besondere Kündigungsschutz schwerbehinderter Menschen im Sinne des Kapitels 4 gilt auch für die in Satz 1 genannten Personen.
(3) Die Bezahlung des zusätzlichen Urlaubs der in Heimarbeit beschäftigten oder diesen gleichgestellten schwerbehinderten Menschen erfolgt nach den für die Bezahlung ihres sonstigen Urlaubs geltenden Berechnungsgrundsätzen. Sofern eine besondere Regelung nicht besteht, erhalten die schwerbehinderten Menschen als zusätzliches Urlaubsgeld 2 Prozent des in der Zeit vom 1. Mai des vergangenen bis zum 30. April des laufenden Jahres verdienten Arbeitsentgelts ausschließlich der Unkostenzuschläge.
(4) Schwerbehinderte Menschen, die als fremde Hilfskräfte eines Hausgewerbetreibenden oder eines Gleichgestellten beschäftigt werden (§ 2 Absatz 6 des Heimarbeitsgesetzes) können auf Antrag eines Auftraggebers auch auf dessen Pflichtarbeitsplätze für schwerbehinderte Menschen angerechnet werden, wenn der Arbeitgeber in der Hauptsache für diesen Auftraggeber arbeitet. Wird einem schwerbehinderten Menschen im Sinne des Satzes 1, dessen Anrechnung die Bundesagentur für Arbeit zugelassen hat, durch seinen Arbeitgeber gekündigt, weil der Auftraggeber die Zuteilung von Arbeit eingestellt oder die regelmäßige Arbeitsmenge erheblich herabgesetzt hat, erstattet der Auftraggeber dem Arbeitgeber die Aufwendungen für die Zahlung des regelmäßigen Arbeitsverdienstes an den schwerbehinderten Menschen bis zur rechtmäßigen Beendigung seines Arbeitsverhältnisses.
(5) Werden fremde Hilfskräfte eines Hausgewerbetreibenden oder eines Gleichgestellten (§ 2 Absatz 6 des Heimarbeitsgesetzes) einem Auftraggeber gemäß Absatz 4 auf seine Arbeitsplätze für schwerbehinderte Menschen angerechnet, erstattet der Auftraggeber die dem Arbeitgeber nach Absatz 3 entstehenden Aufwendungen.
(6) Die den Arbeitgeber nach § 163 Absatz 1 und 5 treffenden Verpflichtungen gelten auch für Personen, die Heimarbeit ausgeben.

§ 211 Schwerbehinderte Beamtinnen und Beamte, Richterinnen und Richter, Soldatinnen und Soldaten

(1) Die besonderen Vorschriften und Grundsätze für die Besetzung der Beamtenstellen sind unbeschadet der Geltung dieses Teils auch für schwerbehinderte Beamtinnen und Beamte so zu gestalten, dass die Einstellung und Beschäftigung schwerbehinderter Menschen gefördert und ein angemessener Anteil schwerbehinderter Menschen unter den Beamten und Beamtinnen erreicht wird.
(2) Absatz 1 gilt für Richterinnen und Richter entsprechend.
(3) Für die persönliche Rechtsstellung schwerbehinderter Soldatinnen und Soldaten gelten die §§ 2, 152, 176 bis 182, 199 Absatz 1 sowie die §§ 206, 208, 209 und 228 bis 230. Im Übrigen gelten für Soldatinnen und Soldaten die Vorschriften über die persönliche Rechtsstellung der schwerbehinderten Menschen, soweit sie mit den Besonderheiten des Dienstverhältnisses vereinbar sind.

§ 212 Unabhängige Tätigkeit

Soweit zur Ausübung einer unabhängigen Tätigkeit eine Zulassung erforderlich ist, soll schwerbehinderten Menschen, die eine Zulassung beantragen, bei fachlicher Eignung und Erfüllung der sonstigen gesetzlichen Voraussetzungen die Zulassung bevorzugt erteilt werden.

§ 213 Geheimhaltungspflicht

(1) Die Beschäftigten der Integrationsämter, der Bundesagentur für Arbeit, der Rehabilitationsträger sowie der von diesen Stellen beauftragten Integrationsfachdienste und die Mitglieder der Ausschüsse und des Beirates für die Teilhabe von Menschen mit Behinderungen (§ 86) und ihre Stellvertreterinnen oder Stellvertreter sowie zur Durchführung ihrer Aufgaben hinzugezogene Sachverständige sind verpflichtet,

1. über ihnen wegen ihres Amtes oder Auftrages bekannt gewordene persönliche Verhältnisse und Angelegenheiten von Beschäftigten auf Arbeitsplätzen für schwerbehinderte Menschen, die ihrer Bedeutung oder ihrem Inhalt nach einer vertraulichen Behandlung bedürfen, Stillschweigen zu bewahren und
2. ihnen wegen ihres Amtes oder Auftrages bekannt gewordene und vom Arbeitgeber ausdrücklich als geheimhaltungsbedürftig bezeichnete Betriebs- oder Geschäftsgeheimnisse nicht zu offenbaren und nicht zu verwerten.

(2) Diese Pflichten gelten auch nach dem Ausscheiden aus dem Amt oder nach Beendigung des Auftrages. Sie gelten nicht gegenüber der Bundesagentur für Arbeit, den Integrationsämtern und den Rehabilitationsträgern, soweit deren Aufgaben gegenüber schwerbehinderten Menschen es erfordern, gegenüber der Schwerbehindertenvertretung sowie gegenüber den in § 79 Absatz 1 des Betriebsverfassungsgesetzes und den in den entsprechenden Vorschriften des Personalvertretungsrechts genannten Vertretungen, Personen und Stellen.

§ 214 Statistik

(1) Über schwerbehinderte Menschen wird alle zwei Jahre eine Bundesstatistik durchgeführt. Sie umfasst die folgenden Erhebungsmerkmale:
1. die Zahl der schwerbehinderten Menschen mit gültigem Ausweis,
2. die schwerbehinderten Menschen nach Geburtsjahr, Geschlecht, Staatsangehörigkeit und Wohnort,
3. Art, Ursache und Grad der Behinderung.

(2) Hilfsmerkmale sind:
1. Name, Anschrift, Telefonnummer und Adresse für elektronische Post der nach Absatz 3 Satz 2 auskunftspflichtigen Behörden,
2. Name und Kontaktdaten der für Rückfragen zur Verfügung stehenden Personen,
3. die Signiernummern für das Versorgungsamt und für das Berichtsland.

(3) Für die Erhebung besteht Auskunftspflicht. Auskunftspflichtig sind die nach § 152 Absatz 1 und 5 zuständigen Behörden. Die Angaben zu Absatz 2 Nummer 2 sind freiwillig.

§ 215 Begriff und Personenkreis

(1) Inklusionsbetriebe sind rechtlich und wirtschaftlich selbständige Unternehmen oder unternehmensinterne oder von öffentlichen Arbeitgebern im Sinne des § 154 Absatz 2 geführte Betriebe oder Abteilungen zur Beschäftigung schwerbehinderter Menschen auf dem allgemeinen Arbeitsmarkt, deren Teilhabe an einer sonstigen Beschäftigung auf dem allgemeinen Arbeitsmarkt auf Grund von Art oder Schwere der Behinderung oder wegen sonstiger Umstände voraussichtlich trotz Ausschöpfens aller Fördermöglichkeiten und des Einsatzes von Integrationsfachdiensten auf besondere Schwierigkeiten stößt.

(2) Schwerbehinderte Menschen nach Absatz 1 sind insbesondere
1. schwerbehinderte Menschen mit geistiger oder seelischer Behinderung oder mit einer schweren Körper-, Sinnes- oder Mehrfachbehinderung, die sich im Arbeitsleben besonders nachteilig auswirkt und allein oder zusammen mit weiteren vermittlungshemmenden Umständen die Teilhabe am allgemeinen Arbeitsmarkt außerhalb eines Inklusionsbetriebes erschwert oder verhindert,
2. schwerbehinderte Menschen, die nach zielgerichteter Vorbereitung in einer Werkstatt für behinderte Menschen oder in einer psychiatrischen Einrichtung für den Übergang in einen Betrieb oder eine Dienststelle auf dem allgemeinen Arbeitsmarkt in Betracht kommen und auf diesen Übergang vorbereitet werden sollen,
3. schwerbehinderte Menschen nach Beendigung einer schulischen Bildung, die nur dann Aussicht auf eine Beschäftigung auf dem allgemeinen Arbeitsmarkt haben, wenn sie zuvor in einem Inklusionsbetrieb an berufsvorbereitenden Bildungsmaßnahmen teilnehmen und dort beschäftigt und weiterqualifiziert werden, sowie
4. schwerbehinderte Menschen, die langzeitarbeitslos im Sinne des § 18 des Dritten Buches sind.

(3) Inklusionsbetriebe beschäftigen mindestens 30 Prozent schwerbehinderte Menschen im Sinne von Absatz 1. Der Anteil der schwerbehinderten Menschen soll in der Regel 50 Prozent nicht übersteigen.
(4) Auf die Quoten nach Absatz 3 wird auch die Anzahl der psychisch kranken beschäftigten Menschen angerechnet, die behindert oder von Behinderung bedroht sind und deren Teilhabe an einer sonstigen Beschäftigung auf dem allgemeinen Arbeitsmarkt auf Grund von Art oder Schwere der Behinderung oder wegen sonstiger Umstände auf besondere Schwierigkeiten stößt.

§ 216 Aufgaben

Die Inklusionsbetriebe bieten den schwerbehinderten Menschen Beschäftigung, Maßnahmen der betrieblichen Gesundheitsförderung und arbeitsbegleitende Betreuung an, soweit erforderlich auch Maßnahmen der beruflichen Weiterbildung oder Gelegenheit zur Teilnahme an entsprechenden außerbetrieblichen Maßnahmen sowie geeignete Maßnahmen zur Vorbereitung auf eine Beschäftigung in einem Inklusionsbetrieb. Satz 1 gilt entsprechend für psychisch kranke Menschen im Sinne des § 215 Absatz 4.

§ 217 Finanzielle Leistungen

(1) Inklusionsbetriebe können aus Mitteln der Ausgleichsabgabe Leistungen für Aufbau, Erweiterung, Modernisierung und Ausstattung einschließlich einer betriebswirtschaftlichen Beratung und für besonderen Aufwand erhalten.
(2) Die Finanzierung von Leistungen nach § 216 Satz 2 erfolgt durch den zuständigen Rehabilitationsträger.

§ 218 Verordnungsermächtigung

Das Bundesministerium für Arbeit und Soziales wird ermächtigt, durch Rechtsverordnung mit Zustimmung des Bundesrates das Nähere über den Begriff und die Aufgaben der Inklusionsbetriebe, die für sie geltenden fachlichen Anforderungen, die Aufnahmevoraussetzungen und die finanziellen Leistungen zu regeln.

§ 219 Begriff und Aufgaben der Werkstatt für behinderte Menschen

(1) Die Werkstatt für behinderte Menschen ist eine Einrichtung zur Teilhabe behinderter Menschen am Arbeitsleben im Sinne des Kapitels 10 des Teils 1 und zur Eingliederung in das Arbeitsleben. Sie hat denjenigen behinderten Menschen, die wegen Art oder Schwere der Behinderung nicht, noch nicht oder noch nicht wieder auf dem allgemeinen Arbeitsmarkt beschäftigt werden können,

1. eine angemessene berufliche Bildung und eine Beschäftigung zu einem ihrer Leistung angemessenen Arbeitsentgelt aus dem Arbeitsergebnis anzubieten und
2. zu ermöglichen, ihre Leistungs- oder Erwerbsfähigkeit zu erhalten, zu entwickeln, zu erhöhen oder wiederzugewinnen und dabei ihre Persönlichkeit weiterzuentwickeln.

Sie fördert den Übergang geeigneter Personen auf den allgemeinen Arbeitsmarkt durch geeignete Maßnahmen. Sie verfügt über ein möglichst breites Angebot an Berufsbildungs- und Arbeitsplätzen sowie über qualifiziertes Personal und einen begleitenden Dienst. Zum Angebot an Berufsbildungs- und Arbeitsplätzen gehören ausgelagerte Plätze auf dem allgemeinen Arbeitsmarkt. Die ausgelagerten Arbeitsplätze werden zum Zwecke des Übergangs und als dauerhaft ausgelagerte Plätze angeboten.

(2) Die Werkstatt steht allen behinderten Menschen im Sinne des Absatzes 1 unabhängig von Art oder Schwere der Behinderung offen, sofern erwartet werden kann, dass sie spätestens nach Teilnahme an Maßnahmen im Berufsbildungsbereich wenigstens ein Mindestmaß wirtschaftlich verwertbarer Arbeitsleistung erbringen werden. Dies ist nicht der Fall bei behinderten Menschen, bei denen trotz einer der Behinderung angemessenen Betreuung eine erhebliche Selbst- oder Fremdgefährdung zu erwarten ist oder das Ausmaß der erforderlichen Betreuung und Pflege die Teilnahme an Maßnahmen im Berufsbildungsbereich oder sonstige Umstände ein Mindestmaß wirtschaftlich verwertbarer Arbeitsleistung im Arbeitsbereich dauerhaft nicht zulassen.

(3) Behinderte Menschen, die die Voraussetzungen für eine Beschäftigung in einer Werkstatt nicht erfüllen, sollen in Einrichtungen oder Gruppen betreut und gefördert werden, die der Werkstatt angegliedert sind. Die Betreuung und Förderung kann auch gemeinsam mit den Werkstattbeschäftigten in der Werkstatt erfolgen. Die Betreuung und Förderung soll auch Angebote zur Orientierung auf Beschäftigung enthalten.

§ 220 Aufnahme in die Werkstätten für behinderte Menschen

(1) Anerkannte Werkstätten nehmen diejenigen behinderten Menschen aus ihrem Einzugsgebiet auf, die die Aufnahmevoraussetzungen gemäß § 219 Absatz 2 erfüllen, wenn Leistungen durch die Rehabilitationsträger gewährleistet sind; die Möglichkeit zur Aufnahme in eine andere anerkannte Werkstatt nach Maßgabe des § 104 oder entsprechender Regelungen bleibt unberührt. Die Aufnahme erfolgt unabhängig von

1. der Ursache der Behinderung,
2. der Art der Behinderung, wenn in dem Einzugsgebiet keine besondere Werkstatt für behinderte Menschen für diese Behinderungsart vorhanden ist, und
3. der Schwere der Behinderung, der Minderung der Leistungsfähigkeit und einem besonderen Bedarf an Förderung, begleitender Betreuung oder Pflege.

(2) Behinderte Menschen werden in der Werkstatt beschäftigt, solange die Aufnahmevoraussetzungen nach Absatz 1 vorliegen.

(3) Leistungsberechtigte Menschen mit Behinderungen, die aus einer Werkstatt für behinderte Menschen auf den allgemeinen Arbeitsmarkt übergegangen sind oder bei einem anderen Leistungsanbieter oder mit Hilfe des Budgets für Arbeit oder des Budgets für Ausbildung am Arbeitsleben teilnehmen, haben einen Anspruch auf Aufnahme in eine Werkstatt für behinderte Menschen.

§ 221 Rechtsstellung und Arbeitsentgelt behinderter Menschen

(1) Behinderte Menschen im Arbeitsbereich anerkannter Werkstätten stehen, wenn sie nicht Arbeitnehmer sind, zu den Werkstätten in einem arbeitnehmerähnlichen Rechtsverhältnis, soweit sich aus dem zugrunde liegenden Sozialleistungsverhältnis nichts anderes ergibt.

(2) Die Werkstätten zahlen aus ihrem Arbeitsergebnis an die im Arbeitsbereich beschäftigten behinderten Menschen ein Arbeitsentgelt, das sich aus einem Grundbetrag in Höhe des Ausbildungsgeldes, das die Bundesagentur für Arbeit nach den für sie geltenden Vorschriften behinderten Menschen im Berufsbildungsbereich leistet, und einem leistungsangemessenen Steigerungsbetrag zusammensetzt. Der Steigerungsbetrag bemisst sich nach der individuellen Arbeitsleistung der behinderten Menschen, insbesondere unter Berücksichtigung von Arbeitsmenge und Arbeitsgüte.

(3) Der Inhalt des arbeitnehmerähnlichen Rechtsverhältnisses wird unter Berücksichtigung des zwischen den behinderten Menschen und dem Rehabilitationsträger bestehenden Sozialleistungsverhältnisses durch Werkstattverträge zwischen den behinderten Menschen und dem Träger der Werkstatt näher geregelt.

(4) Hinsichtlich der Rechtsstellung der Teilnehmer an Maßnahmen im Eingangsverfahren und im Berufsbildungsbereich gilt § 52 entsprechend.

(5) Ist ein volljähriger behinderter Mensch gemäß Absatz 1 in den Arbeitsbereich einer anerkannten Werkstatt für behinderte Menschen im Sinne des § 219 aufgenommen worden und war er zu diesem Zeitpunkt geschäftsunfähig, so gilt der von ihm geschlossene Werkstattvertrag in Ansehung einer bereits bewirkten Leistung und deren Gegenleistung, soweit diese in einem angemessenen Verhältnis zueinander stehen, als wirksam.

(6) War der volljährige behinderte Mensch bei Abschluss eines Werkstattvertrages geschäftsunfähig, so kann der Träger einer Werkstatt das Werkstattverhältnis nur unter den Voraussetzungen für gelöst erklären, unter denen ein wirksamer Vertrag seitens des Trägers einer Werkstatt gekündigt werden kann.

(7) Die Lösungserklärung durch den Träger einer Werkstatt bedarf der schriftlichen Form und ist zu begründen.

§ 222 Mitbestimmung, Mitwirkung, Frauenbeauftragte

(1) Die in § 221 Absatz 1 genannten behinderten Menschen bestimmen und wirken unabhängig von ihrer Geschäftsfähigkeit durch Werkstatträte in den ihre Interessen berührenden Angelegenheiten der Werkstatt mit. Die Werkstatträte berücksichtigen die Interessen der im Eingangsverfahren und im Berufsbildungsbereich der Werkstätten tätigen behinderten Menschen in angemessener und geeigneter Weise, solange für diese eine Vertretung nach § 52 nicht besteht.

(2) Ein Werkstattrat wird in Werkstätten gewählt; er setzt sich aus mindestens drei Mitgliedern zusammen.

(3) Wahlberechtigt zum Werkstattrat sind alle in § 221 Absatz 1 genannten behinderten Menschen; von ihnen sind die behinderten Menschen wählbar, die am Wahltag seit mindestens sechs Monaten in der Werkstatt beschäftigt sind.

(4) Die Werkstätten für behinderte Menschen unterrichten die Personen, die behinderte Menschen gesetzlich vertreten oder mit ihrer Betreuung beauftragt sind, einmal im Kalenderjahr in einer Eltern- und Betreuerversammlung in angemessener Weise über die Angelegenheiten der Werkstatt, auf die sich die Mitwirkung erstreckt, und hören sie dazu an. In den Werkstätten kann im Einvernehmen mit dem Träger der Werkstatt ein Eltern- und Betreuerbeirat errichtet werden, der die Werkstatt und den Werkstattrat bei ihrer Arbeit berät und durch Vorschläge und Stellungnahmen unterstützt.
(5) Behinderte Frauen im Sinne des § 221 Absatz 1 wählen in jeder Werkstatt eine Frauenbeauftragte und eine Stellvertreterin. In Werkstätten mit mehr als 700 wahlberechtigten Frauen wird eine zweite Stellvertreterin gewählt, in Werkstätten mit mehr als 1000 wahlberechtigten Frauen werden bis zu drei Stellvertreterinnen gewählt.

§ 223 Anrechnung von Aufträgen auf die Ausgleichsabgabe

(1) Arbeitgeber, die durch Aufträge an anerkannte Werkstätten für behinderte Menschen zur Beschäftigung behinderter Menschen beitragen, können 50 Prozent des auf die Arbeitsleistung der Werkstatt entfallenden Rechnungsbetrages solcher Aufträge (Gesamtrechnungsbetrag abzüglich Materialkosten) auf die Ausgleichsabgabe anrechnen. Dabei wird die Arbeitsleistung des Fachpersonals zur Arbeits- und Berufsförderung berücksichtigt, nicht hingegen die Arbeitsleistung sonstiger nichtbehinderter Arbeitnehmerinnen und Arbeitnehmer. Bei Weiterveräußerung von Erzeugnissen anderer anerkannter Werkstätten für behinderte Menschen wird die von diesen erbrachte Arbeitsleistung berücksichtigt. Die Werkstätten bestätigen das Vorliegen der Anrechnungsvoraussetzungen in der Rechnung.
(2) Voraussetzung für die Anrechnung ist, dass
1. die Aufträge innerhalb des Jahres, in dem die Verpflichtung zur Zahlung der Ausgleichsabgabe entsteht, von der Werkstatt für behinderte Menschen ausgeführt und vom Auftraggeber bis spätestens 31. März des Folgejahres vergütet werden und
2. es sich nicht um Aufträge handelt, die Träger einer Gesamteinrichtung an Werkstätten für behinderte Menschen vergeben, die rechtlich unselbständige Teile dieser Einrichtung sind.

(3) Bei der Vergabe von Aufträgen an Zusammenschlüsse anerkannter Werkstätten für behinderte Menschen gilt Absatz 2 entsprechend.

§ 224 Vergabe von Aufträgen durch die öffentliche Hand

(1) Aufträge der öffentlichen Hand, die von anerkannten Werkstätten für behinderte Menschen ausgeführt werden können, werden bevorzugt diesen Werkstätten angeboten; zudem können Werkstätten für behinderte Menschen nach Maßgabe der allgemeinen Verwaltungsvorschriften nach Satz 2 beim Zuschlag und den Zuschlagskriterien bevorzugt werden. Die Bundesregierung erlässt mit Zustimmung

des Bundesrates allgemeine Verwaltungsvorschriften zur Vergabe von Aufträgen durch die öffentliche Hand.
(2) Absatz 1 gilt auch für Inklusionsbetriebe.

§ 225 Anerkennungsverfahren

Werkstätten für behinderte Menschen, die eine Vergünstigung im Sinne dieses Kapitels in Anspruch nehmen wollen, bedürfen der Anerkennung. Die Entscheidung über die Anerkennung trifft auf Antrag die Bundesagentur für Arbeit im Einvernehmen mit dem Träger der Eingliederungshilfe. Die Bundesagentur für Arbeit führt ein Verzeichnis der anerkannten Werkstätten für behinderte Menschen. In dieses Verzeichnis werden auch Zusammenschlüsse anerkannter Werkstätten für behinderte Menschen aufgenommen.

§ 226 Blindenwerkstätten

Die §§ 223 und 224 sind auch zugunsten von auf Grund des Blindenwarenvertriebsgesetzes anerkannten Blindenwerkstätten anzuwenden.

§ 227 Verordnungsermächtigungen

(1) Die Bundesregierung bestimmt durch Rechtsverordnung mit Zustimmung des Bundesrates das Nähere über den Begriff und die Aufgaben der Werkstatt für behinderte Menschen, die Aufnahmevoraussetzungen, die fachlichen Anforderungen, insbesondere hinsichtlich der Wirtschaftsführung, sowie des Begriffs und der Verwendung des Arbeitsergebnisses sowie das Verfahren zur Anerkennung als Werkstatt für behinderte Menschen.
(2) Das Bundesministerium für Arbeit und Soziales bestimmt durch Rechtsverordnung mit Zustimmung des Bundesrates im Einzelnen die Errichtung, Zusammensetzung und Aufgaben des Werkstattrats, die Fragen, auf die sich Mitbestimmung und Mitwirkung erstrecken, einschließlich Art und Umfang der Mitbestimmung und Mitwirkung, die Vorbereitung und Durchführung der Wahl, einschließlich der Wahlberechtigung und der Wählbarkeit, die Amtszeit sowie die Geschäftsführung des Werkstattrats einschließlich des Erlasses einer Geschäftsordnung und der persönlichen Rechte und Pflichten der Mitglieder des Werkstattrats und der Kostentragung. In der Rechtsverordnung werden auch Art und Umfang der Beteiligung von Frauenbeauftragten, die Vorbereitung und Durchführung der Wahl einschließlich der Wahlberechtigung und der Wählbarkeit, die Amtszeit, die persönlichen Rechte und die Pflichten der Frauenbeauftragten und ihrer Stellvertreterinnen sowie die Kostentragung geregelt. Die Rechtsverordnung kann darüber hinaus bestimmen, dass die in ihr getroffenen Regelungen keine Anwendung auf Religionsgemeinschaften und ihre Einrichtungen finden, soweit sie eigene gleichwertige Regelungen getroffen haben.

§ 228 Unentgeltliche Beförderung, Anspruch auf Erstattung der Fahrgeldausfälle

(1) Schwerbehinderte Menschen, die infolge ihrer Behinderung in ihrer Bewegungsfähigkeit im Straßenverkehr erheblich beeinträchtigt oder hilflos oder gehörlos sind, werden von Unternehmern, die öffentlichen Personenverkehr betreiben, gegen Vorzeigen eines entsprechend gekennzeichneten Ausweises nach § 152 Absatz 5 im Nahverkehr im Sinne des § 230 Absatz 1 unentgeltlich befördert; die unentgeltliche Beförderung verpflichtet zur Zahlung eines tarifmäßigen Zuschlages bei der Benutzung zuschlagpflichtiger Züge des Nahverkehrs. Voraussetzung ist, dass der Ausweis mit einer gültigen Wertmarke versehen ist.

(2) Die Wertmarke wird gegen Entrichtung eines Betrages von 80 Euro für ein Jahr oder 40 Euro für ein halbes Jahr ausgegeben. Der Betrag erhöht sich in entsprechender Anwendung des § 160 Absatz 3 jeweils zu dem Zeitpunkt, zu dem die nächste Neubestimmung der Beträge der Ausgleichsabgabe erfolgt. Liegt dieser Zeitpunkt innerhalb der Gültigkeitsdauer einer bereits ausgegebenen Wertmarke, ist der höhere Betrag erst im Zusammenhang mit der Ausgabe der darauffolgenden Wertmarke zu entrichten. Abweichend von § 160 Absatz 3 Satz 4 sind die sich ergebenden Beträge auf den nächsten vollen Eurobetrag aufzurunden. Das Bundesministerium für Arbeit und Soziales gibt den Erhöhungsbetrag und die sich nach entsprechender Anwendung des § 160 Absatz 3 Satz 3 ergebenden Beträge im Bundesanzeiger bekannt.

(3) Wird die für ein Jahr ausgegebene Wertmarke vor Ablauf eines halben Jahres ihrer Gültigkeitsdauer zurückgegeben, wird auf Antrag die Hälfte der Gebühr erstattet. Entsprechendes gilt für den Fall, dass der schwerbehinderte Mensch vor Ablauf eines halben Jahres der Gültigkeitsdauer der für ein Jahr ausgegebenen Wertmarke verstirbt.

(4) Auf Antrag wird eine für ein Jahr gültige Wertmarke, ohne dass der Betrag nach Absatz 2 in seiner jeweiligen Höhe zu entrichten ist, an schwerbehinderte Menschen ausgegeben,

1. die blind im Sinne des § 72 Absatz 5 des Zwölften Buches oder entsprechender Vorschriften oder hilflos im Sinne des § 33b des Einkommensteuergesetzes oder entsprechender Vorschriften sind oder
2. die Leistungen zur Sicherung des Lebensunterhalts nach dem Zweiten Buch oder für den Lebensunterhalt laufende Leistungen nach dem Dritten und Vierten Kapitel des Zwölften Buches, dem Achten oder dem Vierzehnten Buch erhalten oder
3. die am 1. Oktober 1979 die Voraussetzungen nach § 2 Absatz 1 Nummer 1 bis 4 und Absatz 3 des Gesetzes über die unentgeltliche Beförderung von Kriegs- und Wehrdienstbeschädigten sowie von anderen Behinderten im Nahverkehr vom 27. August 1965 (BGBl. I S. 978), das zuletzt durch Artikel 41 des Zuständigkeitsanpassungs-Gesetzes vom 18. März 1975 (BGBl. I S. 705) geändert worden ist, erfüllten, solange ein Grad der Schädigungsfolgen von mindestens 70 festgestellt ist oder von mindestens 50 festgestellt ist und sie infolge der Schädigung erheblich gehbehindert sind; das Gleiche gilt für schwerbehinderte Menschen, die diese Voraussetzungen am 1. Oktober 1979 nur deshalb nicht

erfüllt haben, weil sie ihren Wohnsitz oder ihren gewöhnlichen Aufenthalt zu diesem Zeitpunkt in dem in Artikel 3 des Einigungsvertrages genannten Gebiet hatten.

(5) Die Wertmarke wird nicht ausgegeben, solange eine Kraftfahrzeugsteuerermäßigung nach § 3a Absatz 2 des Kraftfahrzeugsteuergesetzes in Anspruch genommen wird. Die Ausgabe der Wertmarken erfolgt auf Antrag durch die nach § 152 Absatz 5 zuständigen Behörden. Die Landesregierung oder die von ihr bestimmte Stelle kann die Aufgaben nach den Absätzen 2 bis 4 ganz oder teilweise auf andere Behörden übertragen. Für Streitigkeiten in Zusammenhang mit der Ausgabe der Wertmarke gilt § 51 Absatz 1 Nummer 7 des Sozialgerichtsgesetzes entsprechend.

(6) Absatz 1 gilt im Nah- und Fernverkehr im Sinne des § 230, ohne dass die Voraussetzung des Absatzes 1 Satz 2 erfüllt sein muss, für die Beförderung

1. einer Begleitperson eines schwerbehinderten Menschen im Sinne des Absatzes 1, wenn die Berechtigung zur Mitnahme einer Begleitperson nachgewiesen und dies im Ausweis des schwerbehinderten Menschen eingetragen ist, und
2. des Handgepäcks, eines mitgeführten Krankenfahrstuhles, soweit die Beschaffenheit des Verkehrsmittels dies zulässt, sonstiger orthopädischer Hilfsmittel und eines Führhundes; das Gleiche gilt für einen Hund, den ein schwerbehinderter Mensch mitführt, in dessen Ausweis die Berechtigung zur Mitnahme einer Begleitperson nachgewiesen ist, sowie für einen nach § 12e Absatz 4 des Behindertengleichstellungsgesetzes gekennzeichneten Assistenzhund.

(7) Die durch die unentgeltliche Beförderung nach den Absätzen 1 bis 6 entstehenden Fahrgeldausfälle werden nach Maßgabe der §§ 231 bis 233 erstattet. Die Erstattungen sind aus dem Anwendungsbereich der Verordnung (EG) Nr. 1370/2007 des Europäischen Parlaments und des Rates vom 23. Oktober 2007 über öffentliche Personenverkehrsdienste auf Schiene und Straße und zur Aufhebung der Verordnungen (EWG) Nr. 1191/69 und (EWG) Nr. 1107/70 des Rates (ABl. L 315 vom 3.12.2007, S. 1) ausgenommen.

§ 229 Persönliche Voraussetzungen

(1) In seiner Bewegungsfähigkeit im Straßenverkehr erheblich beeinträchtigt ist, wer infolge einer Einschränkung des Gehvermögens (auch durch innere Leiden oder infolge von Anfällen oder von Störungen der Orientierungsfähigkeit) nicht ohne erhebliche Schwierigkeiten oder nicht ohne Gefahren für sich oder andere Wegstrecken im Ortsverkehr zurückzulegen vermag, die üblicherweise noch zu Fuß zurückgelegt werden. Der Nachweis der erheblichen Beeinträchtigung in der Bewegungsfähigkeit im Straßenverkehr kann bei schwerbehinderten Menschen mit einem Grad der Behinderung von wenigstens 80 nur mit einem Ausweis mit halbseitigem orangefarbenem Flächenaufdruck und eingetragenem Merkzeichen »G« geführt werden, dessen Gültigkeit frühestens mit dem 1. April 1984 beginnt, oder auf dem ein entsprechender Änderungsvermerk eingetragen ist.

(2) Zur Mitnahme einer Begleitperson sind schwerbehinderte Menschen berechtigt, die bei der Benutzung von öffentlichen Verkehrsmitteln infolge ihrer Behinderung regelmäßig auf Hilfe angewiesen sind. Die Feststellung bedeutet nicht, dass

die schwerbehinderte Person, wenn sie nicht in Begleitung ist, eine Gefahr für sich oder für andere darstellt.

(3) Schwerbehinderte Menschen mit außergewöhnlicher Gehbehinderung sind Personen mit einer erheblichen mobilitätsbezogenen Teilhabebeeinträchtigung, die einem Grad der Behinderung von mindestens 80 entspricht. Eine erhebliche mobilitätsbezogene Teilhabebeeinträchtigung liegt vor, wenn sich die schwerbehinderten Menschen wegen der Schwere ihrer Beeinträchtigung dauernd nur mit fremder Hilfe oder mit großer Anstrengung außerhalb ihres Kraftfahrzeuges bewegen können. Hierzu zählen insbesondere schwerbehinderte Menschen, die auf Grund der Beeinträchtigung der Gehfähigkeit und Fortbewegung – dauerhaft auch für sehr kurze Entfernungen – aus medizinischer Notwendigkeit auf die Verwendung eines Rollstuhls angewiesen sind. Verschiedenste Gesundheitsstörungen (insbesondere Störungen bewegungsbezogener, neuromuskulärer oder mentaler Funktionen, Störungen des kardiovaskulären oder Atmungssystems) können die Gehfähigkeit erheblich beeinträchtigen. Diese sind als außergewöhnliche Gehbehinderung anzusehen, wenn nach versorgungsärztlicher Feststellung die Auswirkung der Gesundheitsstörungen sowie deren Kombination auf die Gehfähigkeit dauerhaft so schwer ist, dass sie der unter Satz 1 genannten Beeinträchtigung gleich kommt.

§ 230 Nah- und Fernverkehr

(1) Nahverkehr im Sinne dieses Gesetzes ist der öffentliche Personenverkehr mit

1. Straßenbahnen und Obussen im Sinne des Personenbeförderungsgesetzes,
2. Kraftfahrzeugen im Linienverkehr nach den §§ 42 und 43 des Personenbeförderungsgesetzes auf Linien, bei denen die Mehrzahl der Beförderungen eine Strecke von 50 Kilometern nicht übersteigt, es sei denn, dass bei den Verkehrsformen nach § 43 des Personenbeförderungsgesetzes die Genehmigungsbehörde auf die Einhaltung der Vorschriften über die Beförderungsentgelte gemäß § 45 Absatz 3 des Personenbeförderungsgesetzes ganz oder teilweise verzichtet hat,
3. S-Bahnen in der 2. Wagenklasse,
4. Eisenbahnen in der 2. Wagenklasse in Zügen und auf Strecken und Streckenabschnitten, die in ein von mehreren Unternehmern gebildetes, mit den unter Nummer 1, 2 oder 7 genannten Verkehrsmitteln zusammenhängendes Liniennetz mit einheitlichen oder verbundenen Beförderungsentgelten einbezogen sind,
5. Eisenbahnen des Bundes in der 2. Wagenklasse in Zügen, die überwiegend dazu bestimmt sind, die Verkehrsnachfrage im Nahverkehr zu befriedigen (Züge des Nahverkehrs),
6. sonstigen Eisenbahnen des öffentlichen Verkehrs im Sinne von § 2 Absatz 1 und § 3 Absatz 1 des Allgemeinen Eisenbahngesetzes in der 2. Wagenklasse auf Strecken, bei denen die Mehrzahl der Beförderungen eine Strecke von 50 Kilometern nicht überschreitet,
7. Wasserfahrzeugen im Linien-, Fähr- und Übersetzverkehr, wenn dieser der Beförderung von Personen im Orts- und Nachbarschaftsbereich dient und

Ausgangs- und Endpunkt innerhalb dieses Bereiches liegen; Nachbarschaftsbereich ist der Raum zwischen benachbarten Gemeinden, die, ohne unmittelbar aneinander grenzen zu müssen, durch einen stetigen, mehr als einmal am Tag durchgeführten Verkehr wirtschaftlich und verkehrsmäßig verbunden sind.

(2) Fernverkehr im Sinne dieses Gesetzes ist der öffentliche Personenverkehr mit
1. Kraftfahrzeugen im Linienverkehr nach § 42a Satz 1 des Personenbeförderungsgesetzes,
2. Eisenbahnen, ausgenommen der Sonderzugverkehr,
3. Wasserfahrzeugen im Fähr- und Übersetzverkehr, sofern keine Häfen außerhalb des Geltungsbereiches dieses Buches angelaufen werden, soweit der Verkehr nicht Nahverkehr im Sinne des Absatzes 1 ist.

(3) Die Unternehmer, die öffentlichen Personenverkehr betreiben, weisen im öffentlichen Personenverkehr nach Absatz 1 Nummer 2, 5, 6 und 7 im Fahrplan besonders darauf hin, inwieweit eine Pflicht zur unentgeltlichen Beförderung nach § 228 Absatz 1 nicht besteht.

§ 231 Erstattung der Fahrgeldausfälle im Nahverkehr

(1) Die Fahrgeldausfälle im Nahverkehr werden nach einem Prozentsatz der von den Unternehmern oder den Nahverkehrsorganisationen im Sinne des § 233 Absatz 2 nachgewiesenen Fahrgeldeinnahmen im Nahverkehr erstattet.

(2) Fahrgeldeinnahmen im Sinne dieses Kapitels sind alle Erträge aus dem Fahrkartenverkauf. Sie umfassen auch Erträge aus der Beförderung von Handgepäck, Krankenfahrstühlen, sonstigen orthopädischen Hilfsmitteln, Tieren sowie aus erhöhten Beförderungsentgelten.

(3) Werden in einem von mehreren Unternehmern gebildeten zusammenhängenden Liniennetz mit einheitlichen oder verbundenen Beförderungsentgelten die Erträge aus dem Fahrkartenverkauf zusammengefasst und dem einzelnen Unternehmer anteilmäßig nach einem vereinbarten Verteilungsschlüssel zugewiesen, so ist der zugewiesene Anteil Ertrag im Sinne des Absatzes 2.

(4)

Der Prozentsatz im Sinne des Absatzes 1 wird für jedes Land von der Landesregierung oder der von ihr bestimmten Behörde für jeweils ein Jahr bekannt gemacht. Bei der Berechnung des Prozentsatzes ist von folgenden Zahlen auszugehen:
1. der Zahl der in dem Land in dem betreffenden Kalenderjahr ausgegebenen Wertmarken und der Hälfte der in dem Land am Jahresende in Umlauf befindlichen gültigen Ausweise im Sinne des § 228 Absatz 1 von schwerbehinderten Menschen, die das sechste Lebensjahr vollendet haben und bei denen die Berechtigung zur Mitnahme einer Begleitperson im Ausweis eingetragen ist; Wertmarken mit einer Gültigkeitsdauer von einem halben Jahr und Wertmarken für ein Jahr, die vor Ablauf eines halben Jahres ihrer Gültigkeitsdauer zurückgegeben werden, werden zur Hälfte gezählt,
2. der in den jährlichen Veröffentlichungen des Statistischen Bundesamtes zum Ende des Vorjahres nachgewiesenen Zahl der Wohnbevölkerung in dem Land

abzüglich der Zahl der Kinder, die das sechste Lebensjahr noch nicht vollendet haben, und der Zahlen nach Nummer 1.

Der Prozentsatz ist nach folgender Formel zu berechnen:

$$\frac{\text{nach Nummer 1 errechnete Zahl}}{\text{nach Nummer 2 errechnete Zahl}} \times 100$$

Bei der Festsetzung des Prozentsatzes sich ergebende Bruchteile von 0,005 und mehr werden auf ganze Hundertstel aufgerundet, im Übrigen abgerundet.

(5) Weist ein Unternehmen durch Verkehrszählung nach, dass das Verhältnis zwischen den nach diesem Kapitel unentgeltlich beförderten Fahrgästen und den sonstigen Fahrgästen den nach Absatz 4 festgesetzten Prozentsatz um mindestens ein Drittel übersteigt, wird neben dem sich aus der Berechnung nach Absatz 4 ergebenden Erstattungsbetrag auf Antrag der nachgewiesene, über dem Drittel liegende Anteil erstattet. Die Länder können durch Rechtsverordnung bestimmen, dass die Verkehrszählung durch Dritte auf Kosten des Unternehmens zu erfolgen hat.

(6) Absatz 5 gilt nicht in Fällen des § 233 Absatz 2.

§ 232 Erstattung der Fahrgeldausfälle im Fernverkehr

(1) Die Fahrgeldausfälle im Fernverkehr werden nach einem Prozentsatz der von den Unternehmern nachgewiesenen Fahrgeldeinnahmen im Fernverkehr erstattet.

(2) Der maßgebende Prozentsatz wird vom Bundesministerium für Arbeit und Soziales im Einvernehmen mit dem Bundesministerium der Finanzen und dem Bundesministerium für Verkehr und digitale Infrastruktur für jeweils zwei Jahre bekannt gemacht. Bei der Berechnung des Prozentsatzes ist von folgenden, für das letzte Jahr vor Beginn des Zweijahreszeitraumes vorliegenden Zahlen auszugehen:

1. der Zahl der im Geltungsbereich dieses Gesetzes am Jahresende in Umlauf befindlichen gültigen Ausweise nach § 228 Absatz 1, auf denen die Berechtigung zur Mitnahme einer Begleitperson eingetragen ist, abzüglich 25 Prozent,
2. der in den jährlichen Veröffentlichungen des Statistischen Bundesamtes zum Jahresende nachgewiesenen Zahl der Wohnbevölkerung im Geltungsbereich dieses Gesetzes abzüglich der Zahl der Kinder, die das vierte Lebensjahr noch nicht vollendet haben, und der nach Nummer 1 ermittelten Zahl.

Der Prozentsatz ist nach folgender Formel zu errechnen:

$$\frac{\text{nach Nummer 1 errechnete Zahl}}{\text{nach Nummer 2 errechnete Zahl}} \times 100$$

§ 231 Absatz 4 letzter Satz gilt entsprechend.

§ 233 Erstattungsverfahren

(1) Die Fahrgeldausfälle werden auf Antrag des Unternehmers erstattet. Bei einem von mehreren Unternehmern gebildeten zusammenhängenden Liniennetz mit einheitlichen oder verbundenen Beförderungsentgelten können die Anträge auch von einer Gemeinschaftseinrichtung dieser Unternehmer für ihre Mitglieder gestellt werden. Der Antrag ist innerhalb von drei Jahren nach Ablauf des Abrechnungsjahres zu stellen, und zwar für den Nahverkehr nach § 234 Satz 1 Nummer 1 und

für den Fernverkehr an das Bundesverwaltungsamt, für den übrigen Nahverkehr bei den in Absatz 4 bestimmten Behörden.

(2) Haben sich in einem Bundesland mehrere Aufgabenträger des öffentlichen Personennahverkehrs auf lokaler oder regionaler Ebene zu Verkehrsverbünden zusammengeschlossen und erhalten die im Zuständigkeitsbereich dieser Aufgabenträger öffentlichen Personennahverkehr betreibenden Verkehrsunternehmen für ihre Leistungen ein mit diesen Aufgabenträgern vereinbartes Entgelt (Bruttoprinzip), können anstelle der antrags- und erstattungsberechtigten Verkehrsunternehmen auch die Nahverkehrsorganisationen Antrag auf Erstattung der in ihrem jeweiligen Gebiet entstandenen Fahrgeldausfälle stellen, sofern die Verkehrsunternehmen hierzu ihr Einvernehmen erteilt haben.

(3) Die Unternehmer oder die Nahverkehrsorganisationen im Sinne des Absatzes 2 erhalten auf Antrag Vorauszahlungen für das laufende Kalenderjahr in Höhe von insgesamt 80 Prozent des zuletzt für ein Jahr festgesetzten Erstattungsbetrages. Die Vorauszahlungen werden je zur Hälfte am 15. Juli und am 15. November gezahlt. Der Antrag auf Vorauszahlungen gilt zugleich als Antrag im Sinne des Absatzes 1. Die Vorauszahlungen sind zurückzuzahlen, wenn Unterlagen, die für die Berechnung der Erstattung erforderlich sind, nicht bis zum 31. Dezember des dritten auf die Vorauszahlung folgenden Kalenderjahres vorgelegt sind. In begründeten Ausnahmefällen kann die Rückforderung der Vorauszahlungen ausgesetzt werden.

(4) Die Landesregierung oder die von ihr bestimmte Stelle legt die Behörden fest, die über die Anträge auf Erstattung und Vorauszahlung entscheiden und die auf den Bund und das Land entfallenden Beträge auszahlen. § 11 Absatz 2 bis 4 des Personenbeförderungsgesetzes gilt entsprechend.

(5) Erstreckt sich der Nahverkehr auf das Gebiet mehrerer Länder, entscheiden die nach Landesrecht zuständigen Landesbehörden dieser Länder darüber, welcher Teil der Fahrgeldeinnahmen jeweils auf den Bereich ihres Landes entfällt.

(6) Die Unternehmen im Sinne des § 234 Satz 1 Nummer 1 legen ihren Anträgen an das Bundesverwaltungsamt den Anteil der nachgewiesenen Fahrgeldeinnahmen im Nahverkehr zugrunde, der auf den Bereich des jeweiligen Landes entfällt; für den Nahverkehr von Eisenbahnen des Bundes im Sinne des § 230 Absatz 1 Satz 1 Nummer 5 bestimmt sich dieser Teil nach dem Anteil der Zugkilometer, die von einer Eisenbahn des Bundes mit Zügen des Nahverkehrs im jeweiligen Land erbracht werden.

(7) Hinsichtlich der Erstattungen gemäß § 231 für den Nahverkehr nach § 234 Satz 1 Nummer 1 und gemäß § 232 sowie der entsprechenden Vorauszahlungen nach Absatz 3 wird dieses Kapitel in bundeseigener Verwaltung ausgeführt. Die Verwaltungsaufgaben des Bundes erledigt das Bundesverwaltungsamt nach fachlichen Weisungen des Bundesministeriums für Arbeit und Soziales in eigener Zuständigkeit.

(8) Für das Erstattungsverfahren gelten das Verwaltungsverfahrensgesetz und die entsprechenden Gesetze der Länder. Bei Streitigkeiten über die Erstattungen und die Vorauszahlungen ist der Verwaltungsrechtsweg gegeben.

§ 234 Kostentragung

Der Bund trägt die Aufwendungen für die unentgeltliche Beförderung
1. im Nahverkehr, soweit Unternehmen, die sich überwiegend in der Hand des Bundes oder eines mehrheitlich dem Bund gehörenden Unternehmens befinden (auch in Verkehrsverbünden), erstattungsberechtigte Unternehmer sind sowie
2. im Fernverkehr für die Begleitperson und die mitgeführten Gegenstände im Sinne des § 228 Absatz 6.

Die Länder tragen die Aufwendungen für die unentgeltliche Beförderung im übrigen Nahverkehr.

§ 235 Einnahmen aus Wertmarken

Von den durch die Ausgabe der Wertmarken erzielten jährlichen Einnahmen erhält der Bund einen Anteil von 27 Prozent. Dieser ist unter Berücksichtigung der in der Zeit vom 1. Januar bis 30. Juni eines Kalenderjahres eingegangenen Einnahmen zum 15. Juli und unter Berücksichtigung der vom 1. Juli bis 31. Dezember eines Kalenderjahres eingegangenen Einnahmen zum 15. Januar des darauffolgenden Kalenderjahres an den Bund abzuführen.

§ 236 Erfassung der Ausweise

Die für die Ausstellung der Ausweise nach § 152 Absatz 5 zuständigen Behörden erfassen
1. die am Jahresende im Umlauf befindlichen gültigen Ausweise, getrennt nach Art und besonderen Eintragungen,
2. die im Kalenderjahr ausgegebenen Wertmarken, unterteilt nach der jeweiligen Gültigkeitsdauer und die daraus erzielten Einnahmen

als Grundlage für die nach § 231 Absatz 4 Satz 2 Nummer 1 und § 232 Absatz 2 Satz 2 Nummer 1 zu ermittelnde Zahl der Ausweise und Wertmarken. Die zuständigen obersten Landesbehörden teilen dem Bundesministerium für Arbeit und Soziales das Ergebnis der Erfassung nach Satz 1 spätestens bis zum 31. März des Jahres mit, in dem die Prozentsätze festzusetzen sind.

§ 237 Verordnungsermächtigungen

(1) Die Bundesregierung wird ermächtigt, in der Rechtsverordnung auf Grund des § 153 Absatz 1 nähere Vorschriften über die Gestaltung der Wertmarken, ihre Verbindung mit dem Ausweis und Vermerke über ihre Gültigkeitsdauer zu erlassen.
(2) Das Bundesministerium für Arbeit und Soziales und das Bundesministerium für Verkehr und digitale Infrastruktur werden ermächtigt, durch Rechtsverordnung festzulegen, welche Zuggattungen von Eisenbahnen des Bundes zu den Zügen des Nahverkehrs im Sinne des § 230 Absatz 1 Nummer 5 und zu den zuschlagpflichtigen Zügen des Nahverkehrs im Sinne des § 228 Absatz 1 Satz 1 zweiter Halbsatz zählen.

§ 237a Strafvorschriften

(1) Mit Freiheitsstrafe bis zu zwei Jahren oder mit Geldstrafe wird bestraft, wer entgegen § 179 Absatz 7 Satz 1 Nummer 2, auch in Verbindung mit Satz 2 oder § 180 Absatz 7, ein Betriebs- oder Geschäftsgeheimnis verwertet.
(2) Die Tat wird nur auf Antrag verfolgt.

§ 237b Strafvorschriften

(1) Mit Freiheitsstrafe bis zu einem Jahr oder mit Geldstrafe wird bestraft, wer entgegen § 179 Absatz 7 Satz 1, auch in Verbindung mit Satz 2 oder § 180 Absatz 7, ein dort genanntes Geheimnis offenbart.
(2) Handelt der Täter gegen Entgelt oder in der Absicht, sich oder einen anderen zu bereichern oder einen anderen zu schädigen, so ist die Strafe Freiheitsstrafe bis zu zwei Jahren oder Geldstrafe.
(3) Die Tat wird nur auf Antrag verfolgt.

§ 238 Bußgeldvorschriften

(1) Ordnungswidrig handelt, wer vorsätzlich oder fahrlässig
1. (weggefallen)
2. entgegen § 163 Absatz 1 ein Verzeichnis nicht, nicht richtig, nicht vollständig oder nicht in der vorgeschriebenen Weise führt oder nicht oder nicht rechtzeitig vorlegt,
3. entgegen § 163 Absatz 2 Satz 1 oder Absatz 4 eine Anzeige nicht, nicht richtig, nicht vollständig, nicht in der vorgeschriebenen Weise oder nicht rechtzeitig erstattet,
4. entgegen § 163 Absatz 5 eine Auskunft nicht, nicht richtig, nicht vollständig oder nicht rechtzeitig erteilt,
5. entgegen § 163 Absatz 7 Einblick in den Betrieb oder die Dienststelle nicht oder nicht rechtzeitig gibt,
6. entgegen § 163 Absatz 8 eine dort bezeichnete Person nicht oder nicht rechtzeitig benennt,
7. entgegen § 164 Absatz 1 Satz 4 oder 9 eine dort bezeichnete Vertretung oder einen Beteiligten nicht, nicht richtig, nicht vollständig oder nicht rechtzeitig unterrichtet oder
8. entgegen § 178 Absatz 2 Satz 1 erster Halbsatz die Schwerbehindertenvertretung nicht, nicht richtig, nicht vollständig oder nicht rechtzeitig unterrichtet oder nicht oder nicht rechtzeitig anhört.

(2) Die Ordnungswidrigkeit kann mit einer Geldbuße bis zu zehntausend Euro geahndet werden.
(3) Verwaltungsbehörde im Sinne des § 36 Absatz 1 Nummer 1 des Gesetzes über Ordnungswidrigkeiten ist die Bundesagentur für Arbeit.
(4) Die Geldbußen fließen in die Kasse der Verwaltungsbehörde, die den Bußgeldbescheid erlassen hat. § 66 des Zehnten Buches gilt entsprechend.

(5) Die nach Absatz 4 Satz 1 zuständige Kasse trägt abweichend von § 105 Absatz 2 des Gesetzes über Ordnungswidrigkeiten die notwendigen Auslagen. Sie ist auch ersatzpflichtig im Sinne des § 110 Absatz 4 des Gesetzes über Ordnungswidrigkeiten.

§ 239 Stadtstaatenklausel

(1) Der Senat der Freien und Hansestadt Hamburg wird ermächtigt, die Schwerbehindertenvertretung für Angelegenheiten, die mehrere oder alle Dienststellen betreffen, in der Weise zu regeln, dass die Schwerbehindertenvertretungen aller Dienststellen eine Gesamtschwerbehindertenvertretung wählen. Für die Wahl gilt § 177 Absatz 2, 3, 6 und 7 entsprechend.
(2) § 180 Absatz 6 Satz 1 gilt entsprechend.

§ 240 Sonderregelung für den Bundesnachrichtendienst und den Militärischen Abschirmdienst

(1) Für den Bundesnachrichtendienst gilt dieses Gesetz mit folgenden Abweichungen:
1. Der Bundesnachrichtendienst gilt vorbehaltlich der Nummer 3 als einheitliche Dienststelle.
2. Für den Bundesnachrichtendienst gelten die Pflichten zur Vorlage des nach § 163 Absatz 1 zu führenden Verzeichnisses, zur Anzeige nach § 163 Absatz 2 und zur Gewährung von Einblick nach § 163 Absatz 7 nicht. Die Anzeigepflicht nach § 173 Absatz 4 gilt nur für die Beendigung von Probearbeitsverhältnissen.
3. Als Dienststelle im Sinne des Kapitels 5 gelten auch Teile und Stellen des Bundesnachrichtendienstes, die nicht zu seiner Zentrale gehören. § 177 Absatz 1 Satz 4 und 5 sowie § 180 sind nicht anzuwenden. In den Fällen des § 180 Absatz 6 ist die Schwerbehindertenvertretung der Zentrale des Bundesnachrichtendienstes zuständig. Im Falle des § 177 Absatz 6 Satz 4 lädt der Leiter oder die Leiterin der Dienststelle ein. Die Schwerbehindertenvertretung ist in den Fällen nicht zu beteiligen, in denen die Beteiligung der Personalvertretung nach dem Bundespersonalvertretungsgesetz ausgeschlossen ist. Der Leiter oder die Leiterin des Bundesnachrichtendienstes kann anordnen, dass die Schwerbehindertenvertretung nicht zu beteiligen ist, Unterlagen nicht vorgelegt oder Auskünfte nicht erteilt werden dürfen, wenn und soweit dies aus besonderen nachrichtendienstlichen Gründen geboten ist. Die Rechte und Pflichten der Schwerbehindertenvertretung ruhen, wenn die Rechte und Pflichten der Personalvertretung ruhen. § 179 Absatz 7 Satz 3 ist nach Maßgabe der Sicherheitsbestimmungen des Bundesnachrichtendienstes anzuwenden. § 182 Absatz 2 gilt nur für die in § 182 Absatz 1 genannten Personen und Vertretungen der Zentrale des Bundesnachrichtendienstes.
4. Im Widerspruchsausschuss bei dem Integrationsamt (§ 202) und in den Widerspruchsausschüssen bei der Bundesagentur für Arbeit (§ 203) treten in Angelegenheiten schwerbehinderter Menschen, die beim Bundesnachrichtendienst beschäftigt sind, an die Stelle der Mitglieder, die Arbeitnehmer oder

Arbeitnehmerinnen und Arbeitgeber sind (§ 202 Absatz 1 und § 203 Absatz 1), Angehörige des Bundesnachrichtendienstes, an die Stelle der Schwerbehindertenvertretung die Schwerbehindertenvertretung der Zentrale des Bundesnachrichtendienstes. Sie werden dem Integrationsamt und der Bundesagentur für Arbeit vom Leiter oder von der Leiterin des Bundesnachrichtendienstes benannt. Die Mitglieder der Ausschüsse müssen nach den dafür geltenden Bestimmungen ermächtigt sein, Kenntnis von Verschlusssachen des in Betracht kommenden Geheimhaltungsgrades zu erhalten.

5. Über Rechtsstreitigkeiten, die auf Grund dieses Buches im Geschäftsbereich des Bundesnachrichtendienstes entstehen, entscheidet im ersten und letzten Rechtszug der oberste Gerichtshof des zuständigen Gerichtszweiges.

(2) Der Militärische Abschirmdienst mit seinem Geschäftsbereich gilt als einheitliche Dienststelle.

§ 241 Übergangsregelung

(1) Abweichend von § 154 Absatz 1 beträgt die Pflichtquote für die in § 154 Absatz 2 Nummer 1 und 4 genannten öffentlichen Arbeitgeber des Bundes weiterhin 6 Prozent, wenn sie am 31. Oktober 1999 auf mindestens 6 Prozent der Arbeitsplätze schwerbehinderte Menschen beschäftigt hatten.

(2) Eine auf Grund des Schwerbehindertengesetzes getroffene bindende Feststellung über das Vorliegen einer Behinderung, eines Grades der Behinderung und das Vorliegen weiterer gesundheitlicher Merkmale gelten als Feststellungen nach diesem Buch.

(3) Die nach § 56 Absatz 2 des Schwerbehindertengesetzes erlassenen allgemeinen Richtlinien sind bis zum Erlass von allgemeinen Verwaltungsvorschriften nach § 224 weiter anzuwenden, auch auf Inklusionsbetriebe.

(4) Auf Erstattungen nach Kapitel 13 dieses Teils ist § 231 für bis zum 31. Dezember 2004 entstandene Fahrgeldausfälle in der bis zu diesem Zeitpunkt geltenden Fassung anzuwenden.

(5) Soweit noch keine Verordnung nach § 153 Absatz 2 erlassen ist, gelten die Maßstäbe des § 30 Absatz 1 des Bundesversorgungsgesetzes und der auf Grund des § 30 Absatz 16 des Bundesversorgungsgesetzes erlassenen Rechtsverordnungen entsprechend.

(6) Bestehende Integrationsvereinbarungen im Sinne des § 83 in der bis zum 30. Dezember 2016 geltenden Fassung gelten als Inklusionsvereinbarungen fort.

(7) Die nach § 22 in der am 31. Dezember 2017 geltenden Fassung bis zu diesem Zeitpunkt errichteten gemeinsamen Servicestellen bestehen längstens bis zum 31. Dezember 2018. Für die Aufgaben der nach Satz 1 im Jahr 2018 bestehenden gemeinsamen Servicestellen gilt § 22 in der am 31. Dezember 2017 geltenden Fassung entsprechend.

(8) Bis zum 31. Dezember 2019 treten an die Stelle der Träger der Eingliederungshilfe als Rehabilitationsträger im Sinne dieses Buches die Träger der Sozialhilfe nach § 3 des Zwölften Buches, soweit sie zur Erbringung von Leistungen der Eingliederungshilfe für Menschen mit Behinderungen nach § 8 Nummer 4 des Zwölften Buches bestimmt sind.

(9) Das Inkrafttreten der bei einer Beschäftigungsquote von 0 Prozent zu zahlenden Ausgleichsabgabe gilt nicht als Neubestimmung der Ausgleichsabgabe im Sinne des § 160 Absatz 3 Satz 2.

Gesetz zum Schutz vor der schädlichen Wirkung ionisierender Strahlung (Strahlenschutzgesetz – StrlSchG)

vom 23.12.2016 (BGBl. I 3234), zuletzt geändert durch Gesetz vom 22.12.2023 (BGBl. 2023 I Nr. 412)
In der Fassung vom 27.6.2017 (BGBl. I S. 1966), zuletzt geändert durch Gesetz vom 23.10.2024 (BGBl. I Nr. 324)

§ 1 Anwendungs- und Geltungsbereich

(1) Dieses Gesetz trifft Regelungen zum Schutz des Menschen und, soweit es um den langfristigen Schutz der menschlichen Gesundheit geht, der Umwelt vor der schädlichen Wirkung ionisierender Strahlung insbesondere bei

1. geplanten Expositionssituationen,
2. Notfallexpositionssituationen,
3. bestehenden Expositionssituationen.

(2) Dieses Gesetz trifft keine Regelungen für

1. die Exposition von Einzelpersonen der Bevölkerung oder Arbeitskräften durch kosmische Strahlung, mit Ausnahme des fliegenden und raumfahrenden Personals,
2. die oberirdische Exposition durch Radionuklide, die natürlicherweise in der nicht durch Eingriffe beeinträchtigten Erdrinde vorhanden sind,
3. die Exposition durch Radionuklide, die natürlicherweise im menschlichen Körper vorhanden sind, und durch kosmische Strahlung in Bodennähe.

(3) Dieses Gesetz und die auf Grund dieses Gesetzes erlassenen Rechtsverordnungen sind im Rahmen der Vorgaben des Seerechtsübereinkommens der Vereinten Nationen vom 10. Dezember 1982 (BGBl. 1994 II S. 1799) auch im Bereich der ausschließlichen Wirtschaftszone und des Festlandsockels anzuwenden.

§ 2 Exposition; Expositionssituationen; Expositionskategorien

(1) Exposition ist die Einwirkung ionisierender Strahlung auf den menschlichen Körper durch Strahlungsquellen außerhalb des Körpers (äußere Exposition) und innerhalb des Körpers (innere Exposition) oder das Ausmaß dieser Einwirkung.

(2) Geplante Expositionssituation ist eine Expositionssituation, die durch Tätigkeiten entsteht und in der eine Exposition verursacht wird oder verursacht werden kann.

(3) Notfallexpositionssituation ist eine Expositionssituation, die durch einen Notfall entsteht, solange die Situation nicht unter Absatz 4 fällt.

(4) Bestehende Expositionssituation ist eine Expositionssituation, die bereits besteht, wenn eine Entscheidung über ihre Kontrolle getroffen werden muss.

(5) Folgende Expositionskategorien werden unterschieden:
1. Exposition der Bevölkerung,
2. berufliche Exposition,
3. medizinische Exposition.

(6) Exposition der Bevölkerung ist die Exposition von Personen, mit Ausnahme beruflicher oder medizinischer Exposition.

(7) Berufliche Exposition ist die Exposition
1. einer Person, die zum Ausübenden einer Tätigkeit nach diesem Gesetz in einem Beschäftigungsverhältnis steht oder diese Tätigkeit selbst ausübt,
2. von fliegendem und raumfahrendem Personal,
3. einer Person, die eine Aufgabe nach § 19 oder § 20 des Atomgesetzes, nach § 172 oder § 178 wahrnimmt,
4. einer Person, die in einer bestehenden Expositionssituation zum Ausübenden einer beruflichen Betätigung in einem Beschäftigungsverhältnis steht oder eine solche Betätigung selbst ausübt (Arbeitskraft) oder
5. einer Einsatzkraft während ihres Einsatzes in einer Notfallexpositionssituation oder einer anderen Gefahrenlage.

Einem Beschäftigungsverhältnis gleich steht ein Ausbildungsverhältnis oder eine freiwillige oder ehrenamtliche Ausübung vergleichbarer Handlungen.

(8) Medizinische Exposition ist die Exposition
1. eines Patienten oder einer asymptomatischen Person, an dem oder der im Rahmen seiner oder ihrer medizinischen oder zahnmedizinischen Untersuchung oder Behandlung, die seiner oder ihrer Gesundheit zugutekommen soll, radioaktive Stoffe oder ionisierende Strahlung angewendet werden,
2. einer Person, an der mit ihrer Einwilligung oder mit Einwilligung des gesetzlichen Vertreters oder Bevollmächtigten radioaktive Stoffe oder ionisierende Strahlung zum Zweck der medizinischen Forschung angewendet werden oder
3. einer einwilligungsfähigen oder mit Einwilligung des gesetzlichen Vertreters oder Bevollmächtigten handelnden Person, die sich wissentlich und willentlich ionisierender Strahlung aussetzt, indem sie außerhalb ihrer beruflichen Tätigkeit freiwillig Personen unterstützt oder betreut, an denen im Rahmen ihrer medizinischen oder zahnmedizinischen Untersuchung oder Behandlung oder im Rahmen der medizinischen Forschung radioaktive Stoffe oder ionisierende Strahlung angewendet werden (Betreuungs- oder Begleitperson).

§ 3 Begriff der radioaktiven Stoffe

(1) Radioaktive Stoffe (Kernbrennstoffe und sonstige radioaktive Stoffe) im Sinne dieses Gesetzes sind alle Stoffe, die ein Radionuklid oder mehrere Radionuklide enthalten und deren Aktivität oder spezifische Aktivität nach den Regelungen dieses Gesetzes oder einer auf Grund dieses Gesetzes von der Bundesregierung mit Zustimmung des Bundesrates erlassenen Rechtsverordnung nicht außer Acht gelassen werden kann. Kernbrennstoffe sind besondere spaltbare Stoffe in Form von
1. Plutonium 239 und Plutonium 241,
2. mit den Isotopen 235 oder 233 angereichertem Uran,

3. jedem Stoff, der einen oder mehrere der in den Nummern 1 und 2 genannten Stoffe enthält,
4. Stoffen, mit deren Hilfe in einer geeigneten Anlage eine sich selbst tragende Kettenreaktion aufrechterhalten werden kann und die in einer durch die Bundesregierung mit Zustimmung des Bundesrates erlassenen Rechtsverordnung bestimmt werden.

Der Ausdruck »mit den Isotopen 235 und 233 angereichertem Uran« bedeutet Uran, das die Isotope 235 oder 233 oder diese beiden Isotope in einer solchen Menge enthält, dass die Summe der Mengen dieser beiden Isotope größer ist als die Menge des Isotops 238 multipliziert mit dem in der Natur auftretenden Verhältnis des Isotops 235 zum Isotop 238.

(2) Die Aktivität oder spezifische Aktivität eines Stoffes kann im Sinne des Absatzes 1 Satz 1 außer Acht gelassen werden, wenn dieser nach diesem Gesetz oder einer auf Grund dieses Gesetzes durch die Bundesregierung mit Zustimmung des Bundesrates erlassenen Rechtsverordnung

1. festgelegte Freigrenzen unterschreitet,
2. soweit es sich um einen im Rahmen einer genehmigungspflichtigen Tätigkeit nach diesem Gesetz, dem Atomgesetz oder nach einer auf Grund eines dieser Gesetze erlassenen Rechtsverordnung anfallenden Stoff handelt, festgelegte Freigabewerte unterschreitet und der Stoff freigegeben worden ist,
3. soweit es sich um einen Stoff natürlichen Ursprungs handelt, der nicht auf Grund seiner Radioaktivität, als Kernbrennstoff oder zur Erzeugung von Kernbrennstoff genutzt wird, nicht der Überwachung nach dem Atomgesetz, nach diesem Gesetz oder einer auf Grund dieses Gesetzes mit Zustimmung des Bundesrates erlassenen Rechtsverordnung unterliegt.

Abweichend von Satz 1 kann eine auf Grund dieses Gesetzes erlassene Rechtsverordnung, die von der Bundesregierung mit Zustimmung des Bundesrates erlassen wird, für die Verwendung von Stoffen am Menschen oder für den zweckgerichteten Zusatz von Stoffen bei der Herstellung von Arzneimitteln, Medizinprodukten, Pflanzenschutzmitteln, Schädlingsbekämpfungsmitteln, Stoffen nach § 2 Satz 1 Nummer 1 bis 8 des Düngegesetzes oder Konsumgütern oder deren Aktivierung festlegen, in welchen Fällen die Aktivität oder spezifische Aktivität eines Stoffes nicht außer Acht gelassen werden kann.

(3) Für die Anwendung von Genehmigungsvorschriften nach diesem Gesetz oder der auf Grund dieses Gesetzes erlassenen Rechtsverordnungen gelten Stoffe, in denen der Anteil der Isotope Uran 233, Uran 235, Plutonium 239 und Plutonium 241 insgesamt 15 Gramm oder die Konzentration der genannten Isotope 15 Gramm pro 100 Kilogramm nicht überschreitet, als sonstige radioaktive Stoffe. Satz 1 gilt nicht für verfestigte hochradioaktive Spaltproduktlösungen aus der Aufarbeitung von Kernbrennstoffen.

(4) Die Absätze 1 bis 3 sind nicht auf Stoffe anzuwenden, die im Zusammenhang mit bestehenden Expositionssituationen und Notfallexpositionssituationen auftreten.

§ 4 Tätigkeiten, Tätigkeitsarten

(1) Tätigkeiten sind

1. der Umgang nach § 5 Absatz 39,
2. der Erwerb von künstlich erzeugten radioaktiven Stoffen und von natürlich vorkommenden radioaktiven Stoffen, die auf Grund ihrer Radioaktivität, als Kernbrennstoff oder zur Erzeugung von Kernbrennstoff genutzt werden, die Abgabe dieser Stoffe an andere, ihre Beförderung und ihre grenzüberschreitende Verbringung,
3. die Verwahrung von Kernbrennstoffen nach § 5 des Atomgesetzes und die Aufbewahrung von Kernbrennstoffen nach § 6 des Atomgesetzes,
4. die Errichtung, der Betrieb, die sonstige Innehabung, die Stilllegung, der sichere Einschluss einer Anlage sowie der Abbau einer Anlage oder von Anlagenteilen nach § 7 des Atomgesetzes,
5. die Bearbeitung, Verarbeitung und sonstige Verwendung von Kernbrennstoffen nach § 9 des Atomgesetzes,
6. die Errichtung, der Betrieb und die Stilllegung von Anlagen des Bundes zur Sicherstellung und zur Endlagerung radioaktiver Abfälle nach § 9b des Atomgesetzes,
7. die Errichtung und der Betrieb von Anlagen zur Erzeugung ionisierender Strahlung,
8. der Betrieb und die Prüfung, Erprobung, Wartung oder Instandsetzung von Röntgeneinrichtungen oder Störstrahlern,
9. der Zusatz radioaktiver Stoffe bei der Herstellung von Konsumgütern, von Arzneimitteln im Sinne des Arzneimittelgesetzes, von Pflanzenschutzmitteln im Sinne des Pflanzenschutzgesetzes, von Schädlingsbekämpfungsmitteln und von Stoffen nach § 2 Satz 1 Nummer 1 bis 8 des Düngegesetzes sowie die Aktivierung der vorgenannten Produkte und
10. Handlungen, die, ohne unter die Nummern 1 bis 9 zu fallen, bei natürlich vorkommender Radioaktivität die Exposition oder Kontamination erhöhen können,
    a) soweit sie im Zusammenhang mit dem Aufsuchen, der Gewinnung, Erzeugung, Lagerung, Bearbeitung, Verarbeitung und sonstigen Verwendung von Materialien durchgeführt werden,
    b) soweit sie im Zusammenhang mit Materialien durchgeführt werden, die bei betrieblichen Abläufen anfallen, soweit diese Handlungen nicht bereits unter Buchstabe a fallen,
    c) soweit sie im Zusammenhang mit der Verwertung oder Beseitigung von Materialien durchgeführt werden, die durch Handlungen nach Buchstaben a oder b anfallen,
    d) soweit in ihrer Folge natürliche terrestrische Strahlungsquellen einwirken, ausgenommen die Exposition durch Radon, das aus dem Boden in die freie Atmosphäre austritt oder aus dem geogenen Untergrund herrührt und in Aufenthaltsräume eintritt, und soweit diese Handlungen nicht bereits unter die Buchstaben a bis c fallen und nicht zu einem unter Buchstabe a genannten Zweck erfolgen, oder

11. der Betrieb von Luft- und Raumfahrzeugen im Zusammenhang mit der Berufsausübung des fliegenden und raumfahrenden Personals.

Zu den Tätigkeiten nach Satz 1 Nummer 1 bis 10 zählen auch die Beschäftigung von Personen, die diese Tätigkeit für Dritte ausüben, sowie sonstige Handlungen, die im Zusammenhang mit diesen Tätigkeiten die Exposition oder Kontamination erhöhen können. Nicht als Tätigkeit im Sinne von Satz 1 Nummer 10 gilt die landwirtschaftliche, forstwirtschaftliche und bautechnische Bearbeitung der Erdoberfläche, soweit diese Handlungen nicht zum Zweck der Entfernung von Kontaminationen nach § 64 Absatz 1 erfolgen.

(2) Tätigkeitsart ist die Gesamtheit von Tätigkeiten, die unter dem Aspekt des Grundsatzes der Rechtfertigung wesentlich gleich zu beurteilen sind.

§ 5 Sonstige Begriffsbestimmungen

(1) Abfälle: Alle Stoffe und Gegenstände, die Abfälle im Sinne des § 3 Absatz 1 des Kreislaufwirtschaftsgesetzes sind, einschließlich der Abfälle, die nach § 2 Absatz 2 Nummer 1 bis 5 oder 7 bis 15 des Kreislaufwirtschaftsgesetzes vom Geltungsbereich des Kreislaufwirtschaftsgesetzes ausgenommen sind. Keine Abfälle im Sinne dieses Gesetzes sind Reststoffe und Anlagenteile, die nach § 9a Absatz 1 des Atomgesetzes schadlos zu verwerten oder geordnet zu beseitigen sind, sowie andere den Bestimmungen des Standortauswahlgesetzes oder des Atomgesetzes unterliegende radioaktive Abfälle, Rückstände und sonstige radioaktive Stoffe.

(2) Anlagen zur Erzeugung ionisierender Strahlung: Vorrichtungen oder Geräte, die geeignet sind, Teilchen- oder Photonenstrahlung mit einer Teilchen- oder Photonenenergie von mindestens 5 Kiloelektronenvolt gewollt oder ungewollt zu erzeugen, insbesondere Elektronenbeschleuniger, Ionenbeschleuniger, Plasmaanlagen, Laseranlagen. Eine Anlage zur Erzeugung ionisierender Strahlung umfasst im Zusammenhang mit der Anwendung am Menschen auch Anwendungsgeräte, Zusatzgeräte und Zubehör, die erforderliche Software und die Vorrichtungen zur Überprüfung und Beurteilung der unmittelbaren Ergebnisse der Anwendung. Keine Anlagen zur Erzeugung ionisierender Strahlung sind Röntgeneinrichtungen, Störstrahler, kerntechnische Anlagen und Anlagen im Sinne des § 9a Absatz 3 Satz 1 erster Halbsatz des Atomgesetzes.

(3) Anwendung ionisierender Strahlung oder radioaktiver Stoffe am Menschen: Technische Durchführung

1. einer Untersuchung mit ionisierender Strahlung oder radioaktiven Stoffen und die Befundung der Untersuchung oder
2. einer Behandlung mit ionisierender Strahlung oder radioaktiven Stoffen und die unmittelbare Überprüfung und Beurteilung des Ergebnisses der Behandlung.

(4) Arbeitsplatz: Jeder Ort, an dem sich eine Arbeitskraft während ihrer Berufsausübung regelmäßig oder wiederholt aufhält.

(5) Aufenthaltsraum: Innenraum, der zum nicht nur vorübergehenden Aufenthalt von Einzelpersonen der Bevölkerung bestimmt ist, zum Beispiel in einer Schule, einem Krankenhaus, einem Kindergarten oder zum Wohnen.

(6) Bauprodukte: Baustoffe, Bausätze, Bauteile und Anlagen, die hergestellt werden, um dauerhaft als Wand-, Boden- oder Deckenkonstruktionen, einschließlich deren Bekleidungen, von Aufenthaltsräumen in Gebäuden eingebaut zu werden. Keine Bauprodukte sind kleinflächig und kleinvolumig verwendete Fertigprodukte wie Flickmörtel und Verfugungen.

(6a) Beförderung sonstiger radioaktiver Stoffe: Vorgang der Ortsveränderung sonstiger radioaktiver Stoffe auf öffentlichen oder der Öffentlichkeit zugänglichen Verkehrswegen, einschließlich des zeitweiligen Aufenthalts im Verlauf der Ortsveränderung, bei dem die sonstigen radioaktiven Stoffe für den Wechsel der Beförderungsart oder des Beförderungsmittels oder aus sonstigen transportbedingten Gründen zeitweilig abgestellt werden.

(7) Beruflich exponierte Person: Eine Person, die eine berufliche Exposition aus Tätigkeiten erhalten kann, die

1. eine effektive Dosis von 1 Millisievert im Kalenderjahr überschreitet,
2. eine Organ-Äquivalentdosis für die Augenlinse von 15 Millisievert im Kalenderjahr überschreitet oder
3. eine Organ-Äquivalentdosis für die Haut, gemittelt über jede beliebige Hautfläche von 1 Quadratzentimeter unabhängig von der exponierten Fläche, von 50 Millisievert im Kalenderjahr überschreitet.

Berufliche Expositionen aus Notfallexpositionssituationen werden dabei nicht berücksichtigt. Eine Person, die eine berufliche Exposition ausschließlich in einer Notfallexpositionssituation oder einer anderen Gefahrenlage erhält, ist keine beruflich exponierte Person.

(8) Bestrahlungsvorrichtung: Gerät mit Abschirmung, das umschlossene radioaktive Stoffe enthält oder Bestandteil einer Anlage zur Spaltung von Kernbrennstoffen ist und das zeitweise durch Öffnen der Abschirmung oder Ausfahren dieser radioaktiven Stoffe ionisierende Strahlung aussendet,

1. die im Zusammenhang mit der Anwendung am Menschen oder der Anwendung am Tier in der Tierheilkunde verwendet wird oder
2. mit der zu anderen Zwecken eine Wirkung in den zu bestrahlenden Objekten hervorgerufen werden soll, wenn die Aktivität der radioaktiven Stoffe 20 Terabecquerel überschreitet.

Eine Bestrahlungsvorrichtung umfasst im Zusammenhang mit der Anwendung am Menschen auch Anwendungsgeräte, Zusatzgeräte und Zubehör, die erforderliche Software sowie die Vorrichtungen zur Befundung einer Untersuchung oder zur Überprüfung und Beurteilung der Ergebnisse einer Behandlung.

(9) Betrieb einer Röntgeneinrichtung: Eigenverantwortliches Verwenden oder Bereithalten einer Röntgeneinrichtung zur Erzeugung von Röntgenstrahlung. Nicht zum Betrieb gehört die Erzeugung von Röntgenstrahlung im Zusammenhang mit der geschäftsmäßigen Prüfung, Erprobung, Wartung oder Instandsetzung der Röntgeneinrichtung. Röntgeneinrichtungen werden ferner nicht betrieben, soweit sie im Bereich der Bundeswehr oder des Zivilschutzes ausschließlich für den Einsatzfall geprüft, erprobt, gewartet, instand gesetzt oder bereitgehalten werden.

(10) Betrieb eines Störstrahlers: Eigenverantwortliches Verwenden oder Bereithalten eines Störstrahlers. Nicht zum Betrieb gehört die Erzeugung von Röntgenstrahlung im Zusammenhang mit der geschäftsmäßigen Prüfung, Erprobung, Wartung

oder Instandsetzung des Störstrahlers. Störstrahler werden ferner nicht betrieben, soweit sie im Bereich der Bundeswehr oder des Zivilschutzes ausschließlich für den Einsatzfall geprüft, erprobt, gewartet, instand gesetzt oder bereitgehalten werden.

(11) Effektive Dosis: Das zur Berücksichtigung der Strahlenwirkung auf verschiedene Organe oder Gewebe gewichtete Mittel von Organ-Äquivalentdosen; die Organe oder Gewebe werden mit den Wichtungsfaktoren berücksichtigt, die in der Rechtsverordnung nach § 175 Absatz 2 Nummer 2 festgelegt sind.

(12) Einrichtungen: Gebäude, Gebäudeteile, einzelne Räume oder vergleichbar abgegrenzte Freiflächen, in denen

1. nach § 5 oder § 9 des Atomgesetzes oder nach § 12 Absatz 1 Nummer 3 dieses Gesetzes mit radioaktiven Stoffen umgegangen wird, außer Zwischenlagerungen im Sinne des § 2 Absatz 3a Nummer 1 Buchstabe c des Atomgesetzes, oder
2. nach § 12 Absatz 1 Nummer 1 eine Anlage zur Erzeugung ionisierender Strahlung, nach § 12 Absatz 1 Nummer 4 eine Röntgeneinrichtung oder nach § 12 Absatz 1 Nummer 5 ein Störstrahler betrieben wird.

(13) Einsatzkraft: Person, die bei einem Notfall oder einer anderen Gefahrenlage eine festgelegte Aufgabe wahrnimmt und die bei ihrem Einsatz einer Exposition ausgesetzt sein kann.

(14) Einzelperson der Bevölkerung: Person, soweit sie nicht einer beruflichen Exposition oder einer medizinischen Exposition ausgesetzt ist.

(15) Freigrenzen: Werte der Aktivität und spezifischen Aktivität radioaktiver Stoffe, die in einer Rechtsverordnung nach § 24 Satz 1 Nummer 10 festgelegt sind und für Tätigkeiten im Zusammenhang mit diesen radioaktiven Stoffen als Maßstab für die Überwachungsbedürftigkeit nach diesem Gesetz und den auf seiner Grundlage erlassenen Rechtsverordnungen dienen.

(16) Früherkennung: Anwendung von Röntgenstrahlung oder radioaktiven Stoffen im Rahmen einer medizinischen Exposition zur Untersuchung von Personen, die keine Krankheitssymptome und keinen konkreten Krankheitsverdacht aufweisen (asymptomatische Personen), um eine bestimmte Krankheit festzustellen.

(17) Innenräume: Umschlossene ortsfeste Räume innerhalb und außerhalb von Gebäuden, in denen sich Menschen aufhalten können, einschließlich Höhlen und Bergwerken.

(18) Kerntechnische Anlage: Kerntechnische Anlage nach § 2 Absatz 3a Nummer 1 des Atomgesetzes.

(19) Körperdosis: Oberbegriff für die effektive Dosis und die Organ-Äquivalentdosis.

(20) Konsumgüter: Für den Endverbraucher bestimmte Bedarfsgegenstände im Sinne des Lebensmittel- und Futtermittelgesetzbuches sowie Güter und Gegenstände des täglichen Gebrauchs zur Verwendung im häuslichen und beruflichen Bereich. Keine Konsumgüter sind Bauprodukte und bauartzugelassene Vorrichtungen, wenn diese Bauprodukte oder Vorrichtungen sonstige radioaktive Stoffe enthalten.

(21) Kontamination: Verunreinigung mit Stoffen, die ein Radionuklid oder mehrere Radionuklide enthalten.

(22) Materialien: Stoffe, die natürlich vorkommende Radionuklide enthalten oder mit solchen Stoffen kontaminiert sind. Keine Materialien sind

1. Stoffe, die natürliche und künstliche Radionuklide enthalten, die Gegenstand von Tätigkeiten nach § 4 Absatz 1 Satz 1 Nummer 1 bis 9 und 11 sind oder waren,
2. Stoffe, die natürliche und künstliche Radionuklide enthalten, die aus Notfällen stammen, und
3. Stoffe, die in der Umwelt vorhanden und auf Grund von Kernwaffenversuchen kontaminiert sind.

(23) Medizinische Forschung: Fortentwicklung medizinischer Untersuchungsmethoden, Behandlungsverfahren oder der medizinischen Wissenschaft. Medizinische Forschung liegt nicht vor, wenn die Anwendung radioaktiver Stoffe oder ionisierender Strahlung ausschließlich der Untersuchung oder Behandlung der einzelnen Person dient.

(24) Medizinphysik-Experte: Person mit Masterabschluss in medizinischer Physik oder eine in medizinischer Physik gleichwertig ausgebildete Person mit Hochschulabschluss, die jeweils die erforderliche Fachkunde im Strahlenschutz besitzt.

(25) Nachsorgemaßnahmen: Überwachung, Aufrechterhaltung und Wiederherstellung der Wirksamkeit von Sanierungsmaßnahmen oder von sonstigen Maßnahmen zur Verhinderung oder Verminderung der Exposition bei bestehenden Expositionssituationen.

(26) Notfall: Ereignis, bei dem sich durch ionisierende Strahlung erhebliche nachteilige Auswirkungen auf Menschen, die Umwelt oder Sachgüter ergeben können. Kein Notfall liegt vor, wenn abzusehen ist, dass ein Ereignis, das im Rahmen einer geplanten Tätigkeit eingetreten ist, voraussichtlich durch die für geplante Expositionssituationen geregelten Maßnahmen bewältigt werden kann.

1. Überregionaler Notfall: Ein Notfall im Bundesgebiet, dessen nachteilige Auswirkungen sich voraussichtlich nicht auf das Land beschränken werden, in dem er sich ereignet hat, oder ein Notfall außerhalb des Bundesgebietes, der voraussichtlich innerhalb des Geltungsbereichs dieses Gesetzes nicht nur örtliche nachteilige Auswirkungen haben wird.
2. Regionaler Notfall: Ein Notfall im Bundesgebiet, dessen nachteilige Auswirkungen sich voraussichtlich im Wesentlichen auf das Land beschränken werden, in dem er sich ereignet hat.
3. Lokaler Notfall: Ein Notfall, der voraussichtlich im Geltungsbereich dieses Gesetzes im Wesentlichen nur örtliche nachteilige Auswirkungen haben wird.

(27) Organ-Äquivalentdosis: Ergebnis der Multiplikation der Energie, die durch ionisierende Strahlung in einem Organ oder Gewebe deponiert worden ist, geteilt durch die Masse des Organs oder Gewebes, mit einem zur Berücksichtigung der Wirkung für die Strahlungsart oder -energie gegenüber Photonen- und Elektronenstrahlung durch Rechtsverordnung nach § 175 Absatz 2 Nummer 1 festgelegten Wichtungsfaktor. Bei Vorliegen mehrerer Strahlungsarten oder -energien werden die Beiträge addiert.

(28) Radon: Das Radionuklid Rn-222 und dessen Zerfallsprodukte.

(29) Referenzwert: In bestehenden Expositionssituationen oder Notfallexpositionssituationen ein festgelegter Wert, der als Maßstab für die Prüfung der Angemessenheit von Maßnahmen dient. Ein Referenzwert ist kein Grenzwert.

(30) Röntgeneinrichtung: Eine Vorrichtung oder ein Gerät,

1. in der oder dem Röntgenstrahlung mit einer Grenzenergie von mindestens 5 Kiloelektronenvolt durch beschleunigte Elektronen erzeugt werden kann, wobei die Beschleunigung der Elektronen auf eine Energie von 1 Megaelektronenvolt begrenzt ist, und
2. die oder das zum Zweck der Erzeugung von Röntgenstrahlung betrieben wird.

Eine Röntgeneinrichtung umfasst auch Anwendungsgeräte, Zusatzgeräte und Zubehör, die erforderliche Software sowie Vorrichtungen zur medizinischen Befundung.

(31) Röntgenstrahler: Bestandteil einer Röntgeneinrichtung, der aus einer Röntgenröhre und einem Röhrenschutzgehäuse besteht und bei einem Eintankgerät auch die Hochspannungserzeugung umfasst.

(32) Rückstände: Materialien, die in den in Anlage 1 genannten industriellen und bergbaulichen Prozessen anfallen und die dort genannten Voraussetzungen erfüllen.

(33) Sanierungsmaßnahmen: Maßnahmen, die
1. der Beseitigung oder Verminderung einer Kontamination dienen oder
2. eine Ausbreitung von Radionukliden oder der von ihnen ausgehenden ionisierenden Strahlung langfristig verhindern oder vermindern.

(34) Offene radioaktive Stoffe: Alle radioaktiven Stoffe mit Ausnahme der umschlossenen radioaktiven Stoffe.

(35) Umschlossene radioaktive Stoffe: Radioaktive Stoffe, die ständig von einer allseitig dichten, festen, inaktiven Hülle umschlossen oder in festen inaktiven Stoffen ständig so eingebettet sind, dass bei üblicher betriebsmäßiger Beanspruchung ein Austritt radioaktiver Stoffe mit Sicherheit verhindert wird; eine Abmessung des umschlossenen radioaktiven Stoffes muss mindestens 0,2 Zentimeter betragen. Keine umschlossenen radioaktiven Stoffe sind radioaktive Stoffe, die auf Grund ihrer Radioaktivität genutzt werden und deren Hülle zerstörungsfrei zu öffnen ist.

(36) Hochradioaktive Strahlenquellen: Umschlossene radioaktive Stoffe, deren Aktivität den in einer Rechtsverordnung nach § 24 Satz 1 Nummer 11 festgelegten Werten entspricht oder diese überschreitet. Keine hochradioaktiven Strahlenquellen sind Brennelemente und verfestigte hochradioaktive Spaltproduktlösungen aus der Aufarbeitung von Kernbrennstoffen sowie ständig dichte und feste Transport- oder Lagerbehälter mit radioaktiven Stoffen.

(37) Störstrahler: Gerät oder Vorrichtung, in der oder dem Röntgenstrahlung mit einer Grenzenergie von mindestens 5 Kiloelektronenvolt ausschließlich durch beschleunigte Elektronen erzeugt werden kann und bei dem oder der die Beschleunigung der Elektronen auf eine Energie von 1 Megaelektronenvolt begrenzt ist, ohne dass das Gerät oder die Vorrichtung zu dem Zweck der Erzeugung von Röntgenstrahlung betrieben wird. Als Störstrahler gilt auch ein Elektronenmikroskop, bei dem die erzeugte Röntgenstrahlung durch Detektoren ausgewertet wird.

(38) Teleradiologie: Untersuchung eines Menschen mit Röntgenstrahlung unter der Verantwortung eines Arztes, der die erforderliche Fachkunde im Strahlenschutz besitzt und der sich nicht am Ort der technischen Durchführung befindet (Teleradiologe).

(39) Umgang:
1. die Gewinnung, Erzeugung, Lagerung, Bearbeitung, Verarbeitung, sonstige Verwendung und Beseitigung von
   a) künstlich erzeugten radioaktiven Stoffen und
   b) natürlich vorkommenden radioaktiven Stoffen auf Grund ihrer Radioaktivität, zur Nutzung als Kernbrennstoff oder zur Erzeugung von Kernbrennstoffen,
2. der Betrieb von Bestrahlungsvorrichtungen und
3. das Aufsuchen, die Gewinnung und die Aufbereitung von radioaktiven Bodenschätzen im Sinne des Bundesberggesetzes.

(40) Zusatz radioaktiver Stoffe: Zweckgerichteter Zusatz von Radionukliden zu Stoffen zur Erzeugung besonderer Eigenschaften, wenn
1. der Zusatz künstlich erzeugter Radionuklide dazu führt, dass deren spezifische Aktivität im Produkt 500 Mikrobecquerel je Gramm überschreitet, oder
2. der Zusatz natürlich vorkommender Radionuklide dazu führt, dass deren spezifische Aktivität im Produkt ein Fünftel der Freigrenzen, die in einer Rechtsverordnung nach § 24 Satz 1 Nummer 10 festgelegt sind, überschreitet.

Es ist unerheblich, ob der Zusatz auf Grund der Radioaktivität oder auf Grund anderer Eigenschaften erfolgt.

§ 6 Rechtfertigung von Tätigkeitsarten; Verordnungsermächtigung

(1) Neue Tätigkeitsarten, mit denen Expositionen von Mensch und Umwelt verbunden sein können, müssen unter Abwägung ihres wirtschaftlichen, gesellschaftlichen oder sonstigen Nutzens gegen die möglicherweise von ihnen ausgehende gesundheitliche Beeinträchtigung gerechtfertigt sein. Bei der Rechtfertigung sind die berufliche Exposition, die Exposition der Bevölkerung und die medizinische Exposition zu berücksichtigen. Expositionen durch die Anwendung am Menschen sind nach Maßgabe des § 83 Absatz 2 zu berücksichtigen.

(2) Die Rechtfertigung bestehender Tätigkeitsarten kann überprüft werden, sobald wesentliche neue Erkenntnisse über den Nutzen oder die Auswirkungen der Tätigkeit oder wesentliche neue Informationen über andere Verfahren und Techniken vorliegen.

(3) Die Bundesregierung wird ermächtigt, durch Rechtsverordnung mit Zustimmung des Bundesrates zu bestimmen, welche Tätigkeitsarten nicht gerechtfertigt sind.

§ 7 Verfahren zur Prüfung der Rechtfertigung einer Tätigkeitsart; Verordnungsermächtigung

(1) Liegen der zuständigen Behörde in einem Genehmigungs- oder Anzeigeverfahren nach den §§ 10, 12, 17, 19 Absatz 1 Satz 1 Nummer 1, § 56 oder § 59 Anhaltspunkte vor, die Zweifel an der Rechtfertigung der Tätigkeitsart im Sinne des § 6 Absatz 1 oder 2 aufwerfen, so übermittelt die Behörde, bei Landesbehörden über die für den Strahlenschutz zuständige oberste Landesbehörde, dem Bundesministerium für Umwelt, Naturschutz und nukleare Sicherheit die Unterlagen, die die

Anhaltspunkte darlegen. Erfordern die Anhaltspunkte eine weitere Untersuchung, so veranlasst dieses eine Prüfung durch das Bundesamt für Strahlenschutz. Das Bundesministerium für Umwelt, Naturschutz und nukleare Sicherheit kann auch außerhalb laufender Genehmigungs- und Anzeigeverfahren in entsprechender Anwendung von Satz 2 für Tätigkeitsarten eine Prüfung durch das Bundesamt für Strahlenschutz veranlassen, sofern es aus Sicht des Strahlenschutzes geboten ist.

(2) Das Bundesamt für Strahlenschutz prüft innerhalb von zwölf Monaten nach Eingang der Unterlagen die Rechtfertigung der Tätigkeitsart im Sinne des § 6 Absatz 1 und 2 und veröffentlicht einen wissenschaftlichen Bericht. In dem Bericht sind Betriebs- und Geschäftsgeheimnisse und personenbezogene Daten unkenntlich zu machen.

(3) Die Bundesregierung wird ermächtigt, durch Rechtsverordnung mit Zustimmung des Bundesrates

1. zu bestimmen, welche Unterlagen vorzulegen sind,
2. Vorgaben über das Prüfungsverfahren zur Rechtfertigung von Tätigkeitsarten zu treffen,
3. zu regeln, auf welche Weise das Bundesamt für Strahlenschutz den wissenschaftlichen Bericht über die Rechtfertigung der Tätigkeitsart veröffentlicht.

§ 8 Vermeidung unnötiger Exposition und Dosisreduzierung

(1) Wer eine Tätigkeit plant, ausübt oder ausüben lässt, ist verpflichtet, jede unnötige Exposition oder Kontamination von Mensch und Umwelt zu vermeiden.

(2) Wer eine Tätigkeit plant, ausübt oder ausüben lässt, ist verpflichtet, jede Exposition oder Kontamination von Mensch und Umwelt auch unterhalb der Grenzwerte so gering wie möglich zu halten. Hierzu hat er unter Berücksichtigung aller Umstände des Einzelfalls

1. bei Tätigkeiten nach § 4 Absatz 1 Satz 1 Nummer 1 bis 7 und 9 den Stand von Wissenschaft und Technik zu beachten,
2. bei Tätigkeiten nach § 4 Absatz 1 Satz 1 Nummer 8, 10 und 11 den Stand der Technik zu beachten.

§ 9 Dosisbegrenzung

Wer eine Tätigkeit plant, ausübt oder ausüben lässt, ist verpflichtet, dafür zu sorgen, dass die Dosisgrenzwerte nicht überschritten werden, die in diesem Gesetz und in den auf Grund dieses Gesetzes erlassenen Rechtsverordnungen festgelegt sind.

§ 10 Genehmigungsbedürftige Errichtung von Anlagen zur Erzeugung ionisierender Strahlung

(1) Wer eine Anlage zur Erzeugung ionisierender Strahlung der folgenden Art errichtet, bedarf der Genehmigung:

1. Beschleuniger- oder Plasmaanlage, in der je Sekunde mehr als 10^{12} Neutronen erzeugt werden können,

2. Elektronenbeschleuniger mit einer Endenergie der Elektronen von mehr als 10 Megaelektronenvolt, sofern die mittlere Strahlleistung 1 Kilowatt übersteigen kann,
3. Elektronenbeschleuniger mit einer Endenergie der Elektronen von mehr als 150 Megaelektronenvolt,
4. Ionenbeschleuniger mit einer Endenergie der Ionen von mehr als 10 Megaelektronenvolt je Nukleon, sofern die mittlere Strahlleistung 50 Watt übersteigen kann,
5. Ionenbeschleuniger mit einer Endenergie der Ionen von mehr als 150 Megaelektronenvolt je Nukleon.

(2) Einer Genehmigung bedarf auch, wer die genehmigungsbedürftige Errichtung einer der in Absatz 1 genannten Anlagen wesentlich ändert.

§ 11 Voraussetzungen für die Erteilung der Genehmigung; Aussetzung des Genehmigungsverfahrens

(1) Die zuständige Behörde hat die Genehmigung für die Errichtung einer Anlage nach § 10 zu erteilen, wenn

1. keine Tatsachen vorliegen, aus denen sich Bedenken gegen die Zuverlässigkeit des Antragstellers, seines gesetzlichen Vertreters oder, bei juristischen Personen oder sonstigen Personenvereinigungen, der nach Gesetz, Satzung oder Gesellschaftsvertrag zur Vertretung oder Geschäftsführung Berechtigten ergeben,
2. gewährleistet ist, dass für die Errichtung der Anlage ein Strahlenschutzbeauftragter bestellt wird, der die erforderliche Fachkunde im Strahlenschutz besitzt und der die Anlage entsprechend der Genehmigung errichten oder errichten lassen kann; es dürfen keine Tatsachen vorliegen, aus denen sich Bedenken gegen die Zuverlässigkeit des Strahlenschutzbeauftragten ergeben,
3. gewährleistet ist, dass die Exposition von Personen auf Grund des Betriebs der Anlage die für Einzelpersonen der Bevölkerung zugelassenen Grenzwerte in den allgemein zugänglichen Bereichen außerhalb des Betriebsgeländes nicht überschreitet; bei der Ermittlung der Exposition sind die Ableitung radioaktiver Stoffe mit Luft und Wasser und die austretende und gestreute Strahlung zu berücksichtigen,
4. die Vorschriften über den Schutz der Umwelt bei dem beabsichtigten Betrieb der Anlage sowie bei Störfällen eingehalten werden können,
5. der erforderliche Schutz gegen Störmaßnahmen oder sonstige Einwirkungen Dritter gewährleistet ist,
6. es sich nicht um eine nicht gerechtfertigte Tätigkeitsart nach einer Rechtsverordnung nach § 6 Absatz 3 handelt oder wenn unter Berücksichtigung eines nach § 7 Absatz 2 veröffentlichten Berichts keine erheblichen Zweifel an der Rechtfertigung der Tätigkeitsart bestehen.

Satz 1 Nummer 2 ist nicht anzuwenden, wenn eine der in Satz 1 Nummer 1 genannten Personen die erforderliche Fachkunde im Strahlenschutz besitzt und die Anlage entsprechend der Genehmigung errichten oder errichten lassen kann.

(2) Leitet die zuständige Behörde ein Verfahren zur Prüfung der Rechtfertigung nach § 7 ein, so setzt sie das Verfahren zur Erteilung der Genehmigung für die Dauer des Verfahrens zur Prüfung der Rechtfertigung aus.

§ 12 Genehmigungsbedürftige Tätigkeiten

(1) Einer Genehmigung bedarf, wer

1. eine Anlage zur Erzeugung ionisierender Strahlung betreibt; ausgenommen sind Anlagen, für deren Betrieb, auch unter Berücksichtigung der Genehmigungsbedürftigkeit nach § 17 Absatz 1 Satz 3, eine Anzeige nach § 17 Absatz 1 Satz 1 ausreichend ist oder die nach der Rechtsverordnung nach § 24 Satz 1 Nummer 1 genehmigungs- und anzeigefrei betrieben werden dürfen,
2. ionisierende Strahlung aus einer Bestrahlungsvorrichtung, die Bestandteil einer nach § 7 Absatz 1 Satz 1 des Atomgesetzes genehmigten Anlage zur Spaltung von Kernbrennstoffen ist, im Zusammenhang mit der Anwendung am Menschen oder mit der Anwendung am Tier in der Tierheilkunde verwendet,
3. mit sonstigen radioaktiven Stoffen umgeht; ausgenommen ist der Umgang, der nach der Rechtsverordnung nach § 24 Satz 1 Nummer 1 genehmigungsfrei ist,
4. eine Röntgeneinrichtung betreibt; ausgenommen sind Röntgeneinrichtungen, für deren Betrieb, auch unter Berücksichtigung der Genehmigungsbedürftigkeit nach § 19 Absatz 2, eine Anzeige nach § 19 Absatz 1 ausreichend ist,
5. einen Störstrahler betreibt; ausgenommen ist ein Störstrahler, der nach der Rechtsverordnung nach § 24 Satz 1 Nummer 1 genehmigungsfrei betrieben werden darf.

(2) Einer Genehmigung bedarf auch, wer eine der in Absatz 1 Nummer 1 bis 5, jeweils erster Halbsatz, genannten genehmigungsbedürftigen Tätigkeiten wesentlich ändert.

(3) Eine Genehmigung nach Absatz 1 Nummer 1 kann sich auf einen nach Absatz 1 Nummer 3 genehmigungsbedürftigen Umgang erstrecken.

(4) Eine Genehmigung nach Absatz 1 Nummer 3 ist nicht erforderlich

1. soweit eine Genehmigung nach Absatz 1 Nummer 1, eine Genehmigung nach den §§ 6, 7, 9 oder 9b des Atomgesetzes oder ein Planfeststellungsbeschluss nach § 9b des Atomgesetzes vorliegt, die oder der sich gemäß § 10a Absatz 2 des Atomgesetzes auf den Umgang mit sonstigen radioaktiven Stoffen nach Absatz 1 Nummer 3 erstreckt, und
2. für das Aufsuchen, die Gewinnung oder die Aufbereitung von radioaktiven Bodenschätzen, wenn dies der Betriebsplanpflicht nach § 51 des Bundesberggesetzes unterfällt.

(5) Zwei oder mehr Tätigkeiten, die zu einem gemeinsamen Zweck zusammenhängend ausgeführt werden, können in einer Genehmigung beschieden werden,

1. wenn sie zwei oder mehr Genehmigungstatbestände nach Absatz 1 erfüllen und
2. wenn die Voraussetzungen für alle Genehmigungen erfüllt sind.

Satz 1 gilt entsprechend für Tätigkeiten, die sowohl genehmigungsbedürftig als auch anzeigebedürftig nach diesem Gesetz sind, wenn die mit der Anzeige einzureichenden Unterlagen im Genehmigungsverfahren vorgelegt werden und kein

Grund für die Untersagung der anzeigebedürftigen Tätigkeit vorliegt. Bei wesentlichen Änderungen gelten die Sätze 1 und 2 entsprechend.

§ 13 Allgemeine Voraussetzungen für die Erteilung der Genehmigung; Aussetzung des Genehmigungsverfahrens

(1) Die zuständige Behörde hat eine Genehmigung für Tätigkeiten nach § 12 Absatz 1 zu erteilen, wenn

1. keine Tatsachen vorliegen, aus denen sich Bedenken gegen die Zuverlässigkeit des Antragstellers, seines gesetzlichen Vertreters oder, bei juristischen Personen oder sonstigen Personenvereinigungen, der nach Gesetz, Satzung oder Gesellschaftsvertrag zur Vertretung oder Geschäftsführung Berechtigten ergeben und, falls ein Strahlenschutzbeauftragter nicht notwendig ist, eine der genannten natürlichen Personen die erforderliche Fachkunde im Strahlenschutz besitzt,
2. keine Tatsachen vorliegen, aus denen sich Bedenken gegen die Zuverlässigkeit der Strahlenschutzbeauftragten ergeben und diese die erforderliche Fachkunde im Strahlenschutz besitzen,
3. die für eine sichere Ausführung der Tätigkeit notwendige Anzahl von Strahlenschutzbeauftragten bestellt ist und ihnen die für die Erfüllung ihrer Aufgaben erforderlichen Befugnisse eingeräumt sind,
4. gewährleistet ist, dass die bei der Tätigkeit sonst tätigen Personen das notwendige Wissen und die notwendigen Fertigkeiten im Hinblick auf die mögliche Strahlengefährdung und die anzuwendenden Schutzmaßnahmen besitzen,
5. keine Tatsachen vorliegen, aus denen sich Bedenken ergeben, ob das für die sichere Ausführung der Tätigkeit notwendige Personal vorhanden ist,
6. gewährleistet ist, dass die Ausrüstungen vorhanden und die Maßnahmen getroffen sind,
   a) die, bei einer Tätigkeit nach § 12 Absatz 1 Nummer 1 bis 3, nach dem Stand von Wissenschaft und Technik erforderlich sind, damit die Schutzvorschriften eingehalten werden, oder
   b) die, bei einer Tätigkeit nach § 12 Absatz 1 Nummer 4 oder 5, nach dem Stand der Technik erforderlich sind, damit die Schutzvorschriften eingehalten werden,
7. es sich nicht um eine nicht gerechtfertigte Tätigkeitsart nach einer Rechtsverordnung nach § 6 Absatz 3 handelt oder wenn unter Berücksichtigung eines nach § 7 Absatz 2 veröffentlichten Berichts keine erheblichen Zweifel an der Rechtfertigung der Tätigkeitsart bestehen sowie
8. sonstige öffentlich-rechtliche Vorschriften nicht entgegenstehen.

(2) Die Genehmigung für eine Tätigkeit nach § 12 Absatz 1 Nummer 1, 2 oder 3 wird nur erteilt, wenn die erforderliche Vorsorge für die Erfüllung gesetzlicher Schadensersatzverpflichtungen getroffen ist.

(3) Die Genehmigung für eine Tätigkeit nach § 12 Absatz 1 Nummer 1 oder 3 wird nur erteilt, wenn der erforderliche Schutz gegen Störmaßnahmen oder sonstige Einwirkungen Dritter gewährleistet ist; für die Genehmigung nach § 12 Absatz 1

Nummer 1 gilt dies nur, wenn die Errichtung der Anlage der Genehmigung nach § 10 bedarf.

(4) Die Genehmigung nach § 12 Absatz 1 Nummer 3 für den Umgang mit hochradioaktiven Strahlenquellen wird nur erteilt, wenn Verfahren für den Notfall und geeignete Kommunikationsverbindungen vorhanden sind.

(5) Lässt sich erst während eines probeweisen Betriebs oder Umgangs beurteilen, ob die Voraussetzungen der Absätze 1 und 3 vorliegen, so kann die zuständige Behörde die Genehmigung für eine Tätigkeit nach § 12 Absatz 1 Nummer 1 oder 3 befristet erteilen. Der Strahlenschutzverantwortliche hat zu gewährleisten, dass die Vorschriften über die Dosisgrenzwerte, über die Sperrbereiche und Kontrollbereiche sowie zur Begrenzung der Ableitung radioaktiver Stoffe während des probeweisen Betriebs oder Umgangs eingehalten werden. Während des probeweisen Betriebs oder Umgangs ist eine Anwendung am Menschen nicht zulässig.

(6) Leitet die zuständige Behörde ein Verfahren zur Prüfung der Rechtfertigung nach § 7 ein, so setzt sie das Verfahren zur Erteilung einer Genehmigung nach § 12 Absatz 1 für die Dauer des Verfahrens zur Prüfung der Rechtfertigung aus.

(7) Die zuständige Behörde kann von dem Inhaber einer Genehmigung nach § 12 Absatz 1 Nummer 3 eine Sicherheitsleistung für die Beseitigung von aus dem Umgang stammenden radioaktiven Stoffen verlangen. Satz 1 findet keine Anwendung, wenn Genehmigungsinhaber der Bund, ein oder mehrere Länder oder ein Dritter ist, der vom Bund, von einem oder mehreren Ländern oder vom Bund gemeinsam mit einem oder mehreren Ländern vollständig finanziert wird.

§ 14 Besondere Voraussetzungen bei Tätigkeiten im Zusammenhang mit der Anwendung am Menschen

(1) Die Genehmigung für eine Tätigkeit nach § 12 Absatz 1 Nummer 1, 2, 3 oder 4 im Zusammenhang mit der Anwendung ionisierender Strahlung oder radioaktiver Stoffe am Menschen wird nur erteilt, wenn neben dem Vorliegen der jeweiligen Voraussetzungen des § 13

1. der Antragsteller oder der von ihm bestellte Strahlenschutzbeauftragte als Arzt oder Zahnarzt approbiert oder ihm die vorübergehende Ausübung des ärztlichen oder zahnärztlichen Berufs erlaubt ist,
2. gewährleistet ist, dass
   a) bei einer Behandlung mit radioaktiven Stoffen oder ionisierender Strahlung, der ein individueller Bestrahlungsplan zugrunde liegt, ein Medizinphysik-Experte zur engen Mitarbeit nach der Rechtsverordnung nach § 86 Satz 2 Nummer 10 hinzugezogen werden kann,
   b) bei einer Behandlung mit radioaktiven Stoffen oder ionisierender Strahlung, der kein individueller Bestrahlungsplan zugrunde liegt (standardisierte Behandlung), und bei einer Untersuchung mit radioaktiven Stoffen oder ionisierender Strahlung, die mit einer erheblichen Exposition der untersuchten Person verbunden sein kann, ein Medizinphysik-Experte zur Mitarbeit nach der Rechtsverordnung nach § 86 Satz 2 Nummer 10 hinzugezogen werden kann,

c) bei allen weiteren Anwendungen mit ionisierender Strahlung oder radioaktiven Stoffen am Menschen sichergestellt ist, dass ein Medizinphysik-Experte zur Beratung hinzugezogen werden kann, soweit es die jeweilige Anwendung erfordert,

3. gewährleistet ist, dass
   a) bei einer Behandlung nach Nummer 2 Buchstabe a Medizinphysik-Experten in ausreichender Anzahl als weitere Strahlenschutzbeauftragte bestellt sind,
   b) bei einer Behandlung oder Untersuchung nach Nummer 2 Buchstabe b ein Medizinphysik-Experte als weiterer Strahlenschutzbeauftragter bestellt ist, sofern dies aus organisatorischen oder strahlenschutzfachlichen Gründen geboten ist,
4. gewährleistet ist, dass das für die sichere Ausführung der Tätigkeit notwendige Personal in ausreichender Anzahl zur Verfügung steht,
5. gewährleistet ist, dass die Ausrüstungen vorhanden und die Maßnahmen getroffen sind, die erforderlich sind, damit die für die Anwendung erforderliche Qualität
   a) bei Untersuchungen mit möglichst geringer Exposition erreicht wird,
   b) bei Behandlungen mit der für die vorgesehenen Zwecke erforderlichen Dosisverteilung erreicht wird.

(2) Die Genehmigung für eine Tätigkeit nach § 12 Absatz 1 Nummer 4 zur Teleradiologie wird nur erteilt, wenn neben dem Vorliegen der Voraussetzungen des Absatzes 1 und des § 13 Absatz 1

1. die Verfügbarkeit des Teleradiologen während der Untersuchung gewährleistet ist,
2. gewährleistet ist, dass die technische Durchführung durch eine Person erfolgt, die die erforderliche Fachkunde im Strahlenschutz besitzt und die nach der Rechtsverordnung nach § 86 Satz 2 Nummer 6 zur technischen Durchführung der Untersuchung in der Teleradiologie berechtigt ist,
3. gewährleistet ist, dass am Ort der technischen Durchführung ein Arzt mit den erforderlichen Kenntnissen im Strahlenschutz anwesend ist,
4. ein Gesamtkonzept für den teleradiologischen Betrieb vorliegt, das
   a) die erforderliche Verfügbarkeit des Teleradiologiesystems gewährleistet,
   b) eine im Einzelfall erforderliche persönliche Anwesenheit des Teleradiologen am Ort der technischen Durchführung innerhalb eines für eine Notfallversorgung erforderlichen Zeitraums ermöglicht; in begründeten Fällen kann auch ein anderer Arzt persönlich anwesend sein, der die erforderliche Fachkunde im Strahlenschutz besitzt,
   c) eine regelmäßige und enge Einbindung des Teleradiologen in den klinischen Betrieb des Strahlenschutzverantwortlichen gewährleistet.

Die Genehmigung für den Betrieb einer Röntgeneinrichtung zur Teleradiologie wird auf den Nacht-, Wochenend- und Feiertagsdienst beschränkt. Sie kann über den Nacht-, Wochenend- und Feiertagsdienst hinaus erteilt werden, wenn ein Bedürfnis im Hinblick auf die Patientenversorgung besteht. Die Genehmigung nach Satz 3 wird auf längstens fünf Jahre befristet.

(3) Die Genehmigung für eine Tätigkeit nach § 12 Absatz 1 Nummer 3 und 4 im Zusammenhang mit der Früherkennung wird nur erteilt, wenn neben dem Vorliegen der jeweiligen Voraussetzungen des § 13 sowie des Absatzes 1

1. die Früherkennung nach § 84 Absatz 1 oder 4 zulässig ist und
2. die Einhaltung derjenigen Maßnahmen gewährleistet ist, die unter Berücksichtigung der Erfordernisse der medizinischen Wissenschaft erforderlich sind, damit bei der Früherkennung die erforderliche Qualität mit möglichst geringer Exposition erreicht wird.

Die Genehmigung wird auf längstens fünf Jahre befristet.

§ 15 Besondere Voraussetzungen bei Tätigkeiten im Zusammenhang mit der Anwendung am Tier in der Tierheilkunde

Die Genehmigung für eine Tätigkeit nach § 12 Absatz 1 Nummer 1, 2, 3 oder 4 im Zusammenhang mit der Anwendung am Tier in der Tierheilkunde wird nur erteilt, wenn neben dem Vorliegen der jeweiligen Voraussetzungen des § 13 der Antragsteller oder der von ihm bestellte Strahlenschutzbeauftragte als Tierarzt, Arzt oder Zahnarzt approbiert oder zur vorübergehenden Ausübung des tierärztlichen, ärztlichen oder zahnärztlichen Berufs berechtigt ist.

§ 16 Erforderliche Unterlagen

Einem Genehmigungsantrag für eine Tätigkeit nach § 12 Absatz 1 sind die zur Prüfung erforderlichen Unterlagen, insbesondere die Unterlagen nach Anlage 2, beizufügen.

§ 17 Anzeigebedürftiger Betrieb von Anlagen zur Erzeugung ionisierender Strahlung

(1) Wer beabsichtigt, eine der folgenden Anlagen zur Erzeugung ionisierender Strahlung zu betreiben, hat dies der zuständigen Behörde spätestens vier Wochen vor dem beabsichtigten Beginn schriftlich anzuzeigen:

1. eine Plasmaanlage, bei deren Betrieb die Ortsdosisleistung von 10 Mikrosievert durch Stunde im Abstand von 0,1 Metern von den Wandungen des Bereichs, der aus elektrotechnischen Gründen während des Betriebs unzugänglich ist, nicht überschritten wird,
2. einen Ionenbeschleuniger, bei dessen Betrieb die Ortsdosisleistung von 10 Mikrosievert durch Stunde im Abstand von 0,1 Metern von der berührbaren Oberfläche nicht überschritten wird,
3. eine Laseranlage, bei deren Betrieb die Ortsdosisleistung von 10 Mikrosievert durch Stunde im Abstand von 0,1 Metern von der berührbaren Oberfläche nicht überschritten wird, oder
4. eine nach § 45 Absatz 1 Nummer 7 bauartzugelassene Vollschutzanlage.

hat dies der zuständigen Behörde spätestens vier Wochen vor dem beabsichtigten Beginn schriftlich anzuzeigen. Nach Ablauf dieser Frist darf der Anzeigende die Anlage zur Erzeugung ionisierender Strahlung betreiben, es sei denn, die zuständige Behörde hat das Verfahren nach § 18 Absatz 2 ausgesetzt oder den Betrieb untersagt. Abweichend von Satz 1 bedarf einer Genehmigung nach § 12 Absatz 1 Nummer 1, wer beabsichtigt, eine der in Satz 1 genannten Anlagen zur Erzeugung ionisierender Strahlung im Zusammenhang mit der Anwendung am Menschen zu betreiben.

(2) Der Anzeige nach Absatz 1 Satz 1 Nummer 1, 2 oder 3 sind die folgenden Unterlagen beizufügen:

1. Nachweis, dass die Anlage den Anforderungen des Absatzes 1 Satz 1 Nummer 1, 2 oder 3 entspricht,
2. Nachweis, dass die für eine sichere Ausführung des Betriebs notwendige Anzahl von Strahlenschutzbeauftragten bestellt ist und ihnen die für die Erfüllung ihrer Aufgaben erforderlichen Befugnisse eingeräumt sind,
3. Nachweis, dass jeder Strahlenschutzbeauftragte die erforderliche Fachkunde im Strahlenschutz besitzt oder, falls ein Strahlenschutzbeauftragter nicht notwendig ist, die zur Anzeige verpflichtete Person, ihr gesetzlicher Vertreter oder, bei juristischen Personen oder sonstigen Personenvereinigungen, die nach Gesetz, Satzung oder Gesellschaftsvertrag zur Vertretung oder Geschäftsführung berechtigte Person die erforderliche Fachkunde im Strahlenschutz besitzt.

(3) Der Anzeige nach Absatz 1 Satz 1 Nummer 4 sind die folgenden Unterlagen beizufügen:

1. Abdruck des Zulassungsscheins nach § 47 für die Bauart der Vollschutzanlage,
2. Nachweis über die auf Grund einer Rechtsverordnung nach § 49 Nummer 4 durchgeführte Qualitätskontrolle mit dem Ergebnis, dass die Vollschutzanlage den für den Strahlenschutz wesentlichen Merkmalen der Bauartzulassung entspricht.

(4) Bei einer wesentlichen Änderung einer Anlage nach Absatz 1 Satz 1 Nummer 1, 2 oder 3 oder ihres Betriebs sind die Absätze 1 und 2 entsprechend anzuwenden. Bei einer wesentlichen Änderung des Betriebs einer Anlage nach Absatz 1 Satz 1 Nummer 4 sind die Absätze 1 und 3 entsprechend anzuwenden.

§ 18 Prüfung des angezeigten Betriebs einer Anlage zur Erzeugung ionisierender Strahlung

(1) Die zuständige Behörde prüft die Unterlagen innerhalb von vier Wochen nach Eingang der Anzeige. Teilt die Behörde dem Anzeigenden vor Ablauf der Frist schriftlich mit, dass alle Nachweise nach § 17 Absatz 2 oder 3 erbracht sind, darf der Anzeigende die Anlage zur Erzeugung ionisierender Strahlung bereits mit Erhalt der Mitteilung betreiben.

(2) Leitet die zuständige Behörde innerhalb der Frist nach Absatz 1 ein Verfahren zur Prüfung der Rechtfertigung nach § 7 ein, so setzt sie das Verfahren zur Prüfung der Anzeige für die Dauer des Verfahrens zur Prüfung der Rechtfertigung aus.

(3) Die zuständige Behörde kann den Betrieb der Anlage zur Erzeugung ionisierender Strahlung nach § 17 Absatz 1 Satz 1 Nummer 1, 2 oder 3 oder die Änderung des Betriebs untersagen, wenn

1. eine der nach § 17 Absatz 2 nachzuweisenden Anforderungen nicht oder nicht mehr erfüllt ist; dies gilt nach Ablauf der Frist nach Absatz 1 nur, wenn nicht in angemessener Zeit Abhilfe geschaffen wird,
2. Tatsachen vorliegen, aus denen sich Bedenken gegen die Zuverlässigkeit der zur Anzeige verpflichteten Person, ihres gesetzlichen Vertreters oder, bei juristischen Personen oder sonstigen Personenvereinigungen, der nach Gesetz, Satzung oder Gesellschaftsvertrag zur Vertretung oder Geschäftsführung berechtigten Person oder des Strahlenschutzbeauftragten ergeben,
3. es sich um eine nicht gerechtfertigte Tätigkeitsart nach einer Rechtsverordnung nach § 6 Absatz 3 handelt oder wenn unter Berücksichtigung eines nach § 7 Absatz 2 veröffentlichten Berichts erhebliche Zweifel an der Rechtfertigung der Tätigkeitsart bestehen,
4. gegen die Vorschriften dieses Gesetzes oder der auf Grund dieses Gesetzes erlassenen Rechtsverordnungen oder gegen die hierauf beruhenden Anordnungen und Verfügungen der Aufsichtsbehörden erheblich oder wiederholt verstoßen wird und nicht in angemessener Zeit Abhilfe geschaffen wird oder
5. dies wegen einer erheblichen Gefährdung der Beschäftigten, Dritter oder der Allgemeinheit erforderlich ist.

(4) Die zuständige Behörde kann den Betrieb der Vollschutzanlage nach § 17 Absatz 1 Satz 1 Nummer 4 untersagen, wenn
1. Tatsachen vorliegen, aus denen sich Bedenken gegen die Zuverlässigkeit des Strahlenschutzverantwortlichen ergeben, oder
2. der Anzeige nicht die nach § 17 Absatz 3 geforderten Unterlagen beigefügt wurden.

§ 19 Genehmigungs- und anzeigebedürftiger Betrieb von Röntgeneinrichtungen

(1) Wer beabsichtigt,
1. eine Röntgeneinrichtung zu betreiben,
   a) deren Röntgenstrahler nach § 45 Absatz 1 Nummer 2 bauartzugelassen ist,
   b) deren Herstellung und erstmaliges Inverkehrbringen unter den Anwendungsbereich des Medizinproduktegesetzes in der bis einschließlich 25. Mai 2021 geltenden Fassung fällt,
   c) deren Herstellung und Inverkehrbringen unter den Anwendungsbereich der Verordnung (EU) 2017/745 des Europäischen Parlaments und des Rates vom 5. April 2017 über Medizinprodukte, zur Änderung der Richtlinie 2001/83/EG, der Verordnung (EG) Nr. 178/2002 und der Verordnung (EG) Nr. 1223/2009 und zur Aufhebung der Richtlinien 90/385/EWG und 93/42/EWG des Rates (ABl. L 117 vom 5. 5. 2017, S. 1; L 117 vom 3. 5. 2019, S. 9; L 334 vom 27. 12. 2019, S. 165), die durch die Verordnung (EU) 2020/561 (ABl. L 130 vom 24. 4. 2020, S. 18) geändert worden ist, in der jeweils geltenden Fassung fällt,
   d) die nach den Vorschriften des Medizinproduktegesetzes in der bis einschließlich 25. Mai 2021 geltenden Fassung erstmalig in Verkehr gebracht

worden ist und nicht im Zusammenhang mit medizinischen Expositionen eingesetzt wird oder

e) die nach den Vorschriften der Verordnung (EU) 2017/745 in Verkehr gebracht worden ist und nicht im Zusammenhang mit medizinischen Expositionen eingesetzt wird,

2. ein Basis-, Hoch- oder Vollschutzgerät oder eine Schulröntgeneinrichtung zu betreiben,

hat dies der zuständigen Behörde spätestens zwei Wochen vor dem beabsichtigten Beginn schriftlich anzuzeigen, sofern der Betrieb nicht nach Absatz 2 der Genehmigungspflicht unterliegt. Nach Ablauf dieser Frist darf der Anzeigende die Röntgeneinrichtung betreiben, es sei denn, die zuständige Behörde hat das Verfahren nach § 20 Absatz 2 ausgesetzt oder den Betrieb untersagt.

(2) Abweichend von Absatz 1 Satz 1 Nummer 1 bedarf einer Genehmigung nach § 12 Absatz 1 Nummer 4, wer eine Röntgeneinrichtung

1. in der technischen Radiographie zur Grobstrukturanalyse in der Werkstoffprüfung betreibt,
2. zur Behandlung von Menschen betreibt,
3. zur Teleradiologie betreibt,
4. im Zusammenhang mit der Früherkennung betreibt,
5. außerhalb eines Röntgenraumes betreibt, es sei denn, der Zustand der zu untersuchenden Person oder des zu untersuchenden Tieres oder dessen Größe erfordert im Einzelfall zwingend, dass die Röntgeneinrichtung außerhalb des Röntgenraumes betrieben wird,
6. in einem Röntgenraum betreibt, der nicht Gegenstand einer Prüfung durch einen behördlich bestimmten Sachverständigen für diese Röntgeneinrichtung war, oder
7. in einem mobilen Röntgenraum betreibt.

(3) Der Anzeige nach Absatz 1 Satz 1 Nummer 1 sind die folgenden Unterlagen beizufügen:

1. ein Abdruck der Bescheinigung eines behördlich bestimmten Sachverständigen nach § 172 einschließlich des Prüfberichtes, in der
   a) die Röntgeneinrichtung und der vorgesehene Betrieb beschrieben sind,
   b) festgestellt ist, dass der Röntgenstrahler bauartzugelassen oder die Röntgeneinrichtung als Medizinprodukt nach dem Medizinproduktegesetz in der bis einschließlich 25. Mai 2021 geltenden Fassung oder nach den Vorschriften der Verordnung (EU) 2017/745 gekennzeichnet ist,
   c) festgestellt ist, dass für den vorgesehenen Betrieb die Ausrüstungen vorhanden und die Maßnahmen getroffen sind, die nach dem Stand der Technik erforderlich sind, damit die Schutzvorschriften eingehalten werden,
   d) bei einer Röntgeneinrichtung zur Anwendung von Röntgenstrahlung am Menschen festgestellt ist, dass die Voraussetzungen nach § 14 Absatz 1 Nummer 5 Buchstabe a vorliegen und die nach einer Rechtsverordnung nach § 86 Satz 2 Nummer 13 erforderliche Abnahmeprüfung durchgeführt wurde,
   e) bei einer Röntgeneinrichtung zur Untersuchung, deren Betrieb gemäß Absatz 2 Nummer 5 außerhalb eines Röntgenraums im Einzelfall zwingend

erforderlich ist, festgestellt ist, dass besondere Vorkehrungen zum Schutz Dritter vor Röntgenstrahlung getroffen worden sind;
2. bei einer Röntgeneinrichtung nach Absatz 1 Satz 1 Nummer 1 Buchstabe a ein Abdruck des Zulassungsscheins nach § 47 für die Bauart des Röntgenstrahlers,
3. der Nachweis, dass die für den sicheren Betrieb der Röntgeneinrichtung notwendige Anzahl von Strahlenschutzbeauftragten bestellt ist und ihnen die für die Erfüllung ihrer Aufgaben erforderlichen Befugnisse eingeräumt sind,
4. der Nachweis, dass jeder Strahlenschutzbeauftragte die erforderliche Fachkunde besitzt oder, falls ein Strahlenschutzbeauftragter nicht notwendig ist, die zur Anzeige verpflichtete Person, ihr gesetzlicher Vertreter oder, bei juristischen Personen oder sonstigen Personenvereinigungen, der nach Gesetz, Satzung oder Gesellschaftsvertrag zur Vertretung oder Geschäftsführung Berechtigte die erforderliche Fachkunde im Strahlenschutz besitzt,
5. der Nachweis, dass die beim Betrieb der Röntgeneinrichtung sonst tätigen Personen das notwendige Wissen und die notwendigen Fertigkeiten im Hinblick auf die mögliche Strahlengefährdung und die anzuwendenden Schutzmaßnahmen besitzen,
6. bei einer Röntgeneinrichtung zur Anwendung am Menschen der Nachweis, dass die in § 14 Absatz 1 Nummer 1, 2 Buchstabe b oder c, Nummer 3 Buchstabe b und Nummer 4 genannten Voraussetzungen erfüllt sind und
7. bei einer Röntgeneinrichtung zur Anwendung am Tier in der Tierheilkunde der Nachweis, dass die in § 15 genannten Voraussetzungen erfüllt sind.

Verweigert der Sachverständige die Erteilung der Bescheinigung nach Satz 1 Nummer 1, so entscheidet auf Antrag die zuständige Behörde, ob die nach Satz 1 Nummer 1 nachzuweisenden Anforderungen erfüllt sind. Sie kann in diesem Fall Auflagen für den Betrieb vorsehen.

(4) Der Anzeige nach Absatz 1 Satz 1 Nummer 2 sind die folgenden Unterlagen beizufügen:
1. der Abdruck des Zulassungsscheins nach § 47 für die Bauart der Röntgeneinrichtung,
2. der Nachweis über die auf Grund einer Rechtsverordnung nach § 49 Nummer 4 durchgeführte Qualitätskontrolle mit dem Ergebnis, dass die Röntgeneinrichtung den für den Strahlenschutz wesentlichen Merkmalen der Bauartzulassung entspricht, und
3. bei einem Basis- oder Hochschutzgerät oder einer Schulröntgeneinrichtung die Nachweise nach Absatz 3 Satz 1 Nummer 4 bis 6.

(5) Bei einer wesentlichen Änderung des Betriebs einer nach Absatz 1 Satz 1 Nummer 1 angezeigten Röntgeneinrichtung sind die Absätze 1 bis 3 entsprechend anzuwenden. Bei einer wesentlichen Änderung des Betriebs einer nach Absatz 1 Satz 1 Nummer 2 angezeigten Röntgeneinrichtung sind die Absätze 1 und 4 entsprechend anzuwenden.

§ 20 Prüfung des angezeigten Betriebs einer Röntgeneinrichtung

(1) Die zuständige Behörde prüft die Unterlagen innerhalb von zwei Wochen nach Eingang der Anzeige. Teilt die Behörde dem Anzeigenden vor Ablauf der Frist

schriftlich mit, dass alle Nachweise nach § 19 Absatz 3 oder 4 erbracht sind, darf der Anzeigende die Röntgeneinrichtung bereits mit Erhalt der Mitteilung betreiben.

(2) Leitet die zuständige Behörde im Falle einer Anzeige nach § 19 Absatz 1 Satz 1 Nummer 1 innerhalb der Frist nach Absatz 1 ein Verfahren zur Prüfung der Rechtfertigung nach § 7 ein, so setzt sie das Verfahren zur Prüfung der Anzeige für die Dauer des Verfahrens zur Prüfung der Rechtfertigung aus.

(3) Die zuständige Behörde kann den Betrieb einer Röntgeneinrichtung nach § 19 Absatz 1 Satz 1 Nummer 1 oder die Änderung des Betriebs nach § 19 Absatz 5 untersagen, wenn

1. eine der nach § 19 Absatz 3 nachzuweisenden Anforderungen nicht oder nicht mehr erfüllt ist; dies gilt nach Ablauf der Frist nach Absatz 1 nur, wenn nicht in angemessener Zeit Abhilfe geschaffen wird,
2. Tatsachen vorliegen, aus denen sich Bedenken gegen die Zuverlässigkeit der zur Anzeige verpflichteten Person, ihres gesetzlichen Vertreters oder, bei juristischen Personen oder sonstigen Personenvereinigungen, der nach Gesetz, Satzung oder Gesellschaftsvertrag zur Vertretung oder Geschäftsführung berechtigten Person oder des Strahlenschutzbeauftragten ergeben,
3. Tatsachen vorliegen, aus denen sich Bedenken ergeben, ob das für die sichere Ausführung der Tätigkeit notwendige Personal vorhanden ist,
4. es sich um eine nicht gerechtfertigte Tätigkeitsart nach einer Rechtsverordnung nach § 6 Absatz 3 handelt oder wenn unter Berücksichtigung eines nach § 7 Absatz 2 veröffentlichten Berichts erhebliche Zweifel an der Rechtfertigung der Tätigkeitsart bestehen,
5. gegen die Vorschriften dieses Gesetzes oder der auf Grund dieses Gesetzes erlassenen Rechtsverordnungen oder gegen die hierauf beruhenden Anordnungen und Verfügungen der Aufsichtsbehörden erheblich oder wiederholt verstoßen wird und nicht in angemessener Zeit Abhilfe geschaffen wird,
6. dies wegen einer erheblichen Gefährdung der Beschäftigten, Dritter oder der Allgemeinheit erforderlich ist oder
7. sonstige öffentlich-rechtliche Vorschriften der beabsichtigten Tätigkeit entgegenstehen.

(4) Die zuständige Behörde kann den Betrieb eines Basis- oder Hochschutzgerätes oder einer Schulröntgeneinrichtung nach § 19 Absatz 1 Satz 1 Nummer 2 oder die Änderung des Betriebs nach § 19 Absatz 5 untersagen, wenn eine der nach § 19 Absatz 4 nachzuweisenden Anforderungen nicht oder nicht mehr erfüllt ist. Dies gilt nach Ablauf der Frist nach Absatz 1 nur, wenn nicht in angemessener Zeit Abhilfe geschaffen wird. Im Übrigen gilt Absatz 3 Nummer 2, 4 und 7 entsprechend.

(5) Die zuständige Behörde kann den Betrieb eines Vollschutzgerätes nach § 19 Absatz 1 Satz 1 Nummer 2 untersagen, wenn

1. Tatsachen vorliegen, aus denen sich Bedenken gegen die Zuverlässigkeit des Strahlenschutzverantwortlichen ergeben, oder
2. der Anzeige nicht die nach § 19 Absatz 4 Nummer 1 und 2 geforderten Unterlagen beigefügt wurden.

§ 21 Beendigung des genehmigten oder angezeigten Betriebs oder Umgangs

Wer den genehmigten oder angezeigten Betrieb einer Anlage zur Erzeugung ionisierender Strahlung, einer Röntgeneinrichtung oder eines Störstrahlers oder den genehmigten Umgang mit radioaktiven Stoffen beendet, hat dies der zuständigen Behörde unverzüglich mitzuteilen.

§ 22 Anzeigebedürftige Prüfung, Erprobung, Wartung und Instandsetzung von Röntgeneinrichtungen oder Störstrahlern

(1) Wer

1. geschäftsmäßig Röntgeneinrichtungen oder Störstrahler prüft, erprobt, wartet oder instand setzt oder
2. Röntgeneinrichtungen oder Störstrahler im Zusammenhang mit ihrer Herstellung prüft oder erprobt,

hat dies der zuständigen Behörde vor Beginn der Tätigkeit schriftlich anzuzeigen.

(2) Der Anzeige sind die folgenden Unterlagen beizufügen:

1. Nachweis, dass jeder Strahlenschutzbeauftragte die erforderliche Fachkunde im Strahlenschutz besitzt oder, falls ein Strahlenschutzbeauftragter nicht notwendig ist, dass die zur Anzeige verpflichtete Person, ihr gesetzlicher Vertreter oder, bei juristischen Personen oder sonstigen Personenvereinigungen, der nach Gesetz, Satzung oder Gesellschaftsvertrag zur Vertretung oder Geschäftsführung Berechtigte die erforderliche Fachkunde im Strahlenschutz besitzt,
2. Nachweis, dass die bei der Prüfung, Wartung, Erprobung oder Instandsetzung der Röntgeneinrichtung sonst tätigen Personen das notwendige Wissen und die notwendigen Fertigkeiten im Hinblick auf die mögliche Strahlengefährdung und die anzuwendenden Schutzmaßnahmen besitzen,
3. Nachweis, dass bei der Prüfung, Wartung, Erprobung oder Instandsetzung der Röntgeneinrichtung die Ausrüstungen vorhanden und die Maßnahmen getroffen sind, die nach dem Stand der Technik erforderlich sind, damit die Schutzvorschriften eingehalten werden und
4. Nachweis, dass die für die sichere Prüfung, Erprobung, Wartung oder Instandsetzung notwendige Anzahl von Strahlenschutzbeauftragten bestellt ist und ihnen die für die Erfüllung ihrer Aufgaben erforderlichen Befugnisse eingeräumt sind.

(3) Die zuständige Behörde kann Tätigkeiten nach Absatz 1 untersagen, wenn

1. Tatsachen vorliegen, aus denen sich Bedenken gegen die Zuverlässigkeit der zur Anzeige verpflichteten Person, ihres gesetzlichen Vertreters oder, bei juristischen Personen oder sonstigen Personenvereinigungen, der nach Gesetz, Satzung oder Gesellschaftsvertrag zur Vertretung oder Geschäftsführung berechtigten Person oder des Strahlenschutzbeauftragten ergeben,
2. eine der nach Absatz 2 nachzuweisenden Anforderungen nicht oder nicht mehr erfüllt ist oder
3. Tatsachen vorliegen, aus denen sich Bedenken ergeben, ob das für die sichere Ausführung der Tätigkeit notwendige Personal vorhanden ist.

§ 23 Verhältnis zur Verordnung (EU) 2017/745

Die Anforderungen an die Beschaffenheit von Bestrahlungsvorrichtungen, von radioaktiven Stoffen, von Anlagen zur Erzeugung ionisierender Strahlung und von Röntgeneinrichtungen, die Medizinprodukte oder Zubehör im Sinne der Verordnung (EU) 2017/745 sind, richten sich nach den jeweils geltenden Anforderungen der Verordnung (EU) 2017/745. Anforderungen der Verordnung (EU) 2017/745 an die Beschaffenheit von Geräten und Einrichtungen zur Aufzeichnung, Speicherung, Auswertung, Wiedergabe und Übertragung von Röntgenbildern und digitalen Untersuchungs- und Behandlungsdaten bleiben unberührt.

§ 24 Verordnungsermächtigungen

Die Bundesregierung wird ermächtigt, durch Rechtsverordnung mit Zustimmung des Bundesrates zu bestimmen,

1. dass Ausnahmen von der Genehmigungs- oder Anzeigebedürftigkeit einer Tätigkeit zugelassen werden können, soweit wegen der Menge oder Beschaffenheit der radioaktiven Stoffe, Eigenschaften der Geräte oder wegen bestimmter Schutzmaßnahmen nicht mit Schäden infolge der Wirkung ionisierender Strahlung zu rechnen ist,
2. unter welchen Voraussetzungen die erforderliche Vorsorge für die Erfüllung gesetzlicher Schadensersatzverpflichtungen für die Genehmigung nach § 12 Absatz 1 Nummer 3 nicht getroffen werden muss,
3. unter welchen Voraussetzungen der Hersteller oder Einführer einen Störstrahler einem anderen überlassen darf,
4. welche Röntgeneinrichtungen in Schulen betrieben werden dürfen, mit welchen radioaktiven Stoffen in Schulen umgegangen werden darf, welche bauartzugelassenen Vorrichtungen, die radioaktive Stoffe enthalten, in Schulen verwendet werden dürfen und welche besonderen Anforderungen bei Tätigkeiten in Schulen gelten,
5. dass und in welcher Weise und in welchem Umfang der Inhaber einer kerntechnischen Anlage, einer Anlage im Sinne des § 9a Absatz 3 Satz 1 zweiter Satzteil des Atomgesetzes oder einer Anlage zur Erzeugung ionisierender Strahlung, in der mit radioaktiven Stoffen umgegangen wird oder umgegangen werden soll, verpflichtet ist, der Aufsichtsbehörde mitzuteilen, ob und welche Abweichungen von den Angaben zum Genehmigungsantrag einschließlich der beigefügten Unterlagen oder von der Genehmigung eingetreten sind,
6. dass in den Fällen, in denen der Umgang mit radioaktiven Stoffen oder der Betrieb einer Anlage zur Erzeugung ionisierender Strahlung, einer Röntgeneinrichtung oder eines Störstrahlers in der Verantwortung mehrerer Strahlenschutzverantwortlicher liegt, dies den zuständigen Behörden mitzuteilen ist, durch wen dies zu erfolgen hat und welche Unterlagen dabei vorzulegen sind,
7. dass radioaktive Stoffe
   a) in bestimmter Art und Weise oder für bestimmte Zwecke nicht verwendet oder nicht in Verkehr gebracht werden dürfen oder
   b) nicht grenzüberschreitend verbracht werden dürfen,

soweit das Verbot zum Schutz von Leben und Gesundheit der Bevölkerung vor den Gefahren radioaktiver Stoffe oder zur Durchsetzung von Beschlüssen internationaler Organisationen, deren Mitglied die Bundesrepublik Deutschland ist, erforderlich ist,

8. dass und in welcher Weise der Schutz von radioaktiven Stoffen, von Anlagen zur Erzeugung ionisierender Strahlung, von Röntgeneinrichtungen und von Störstrahlern gegen Störmaßnahmen und sonstige Einwirkungen Dritter zu gewährleisten ist,
9. unter welchen Voraussetzungen eine Genehmigung nach § 12 Absatz 1 Nummer 3
   a) für eine Zwischenlagerung von radioaktiven Abfällen, die von der Ablieferungspflicht von radioaktiven Abfällen an die Landessammelstellen und an die Anlagen des Bundes nach § 9a Absatz 3 des Atomgesetzes im Hinblick auf das Ausmaß der damit verbundenen Gefahr abweicht, erteilt werden kann oder
   b) unter Zulassung sonstiger Ausnahmen von der Ablieferungspflicht erteilt werden kann,
10. welche Werte der Aktivität und spezifischen Aktivität radioaktiver Stoffe als Freigrenzen gelten,
11. ab welcher Aktivität ein umschlossener radioaktiver Stoff eine hochradioaktive Strahlenquelle ist.

Die Rechtsverordnung kann auch diejenigen Vorschriften der Rechtsverordnung festlegen, für deren Einhaltung der Strahlenschutzverantwortliche zu sorgen hat.

§ 25 Genehmigungsbedürftige Beschäftigung in fremden Anlagen oder Einrichtungen

(1) Wer in fremden kerntechnischen Anlagen, Anlagen im Sinne des § 9a Absatz 3 Satz 1 zweiter Satzteil des Atomgesetzes, Anlagen zur Erzeugung ionisierender Strahlung oder Einrichtungen Personen beschäftigt, die unter seiner Aufsicht stehen, oder Aufgaben selbst wahrnimmt, bedarf der Genehmigung, wenn dies bei den beschäftigten Personen oder bei ihm selbst zu einer effektiven Dosis von mehr als 1 Millisievert im Kalenderjahr führen kann. Im Zusammenhang mit fremden Einrichtungen, in denen Röntgeneinrichtungen oder Störstrahler betrieben werden, ist eine Genehmigung nach Satz 1 entbehrlich, wenn eine Anzeige nach § 26 Absatz 1 erstattet wird.

(2) Dem Genehmigungsantrag sind die zur Prüfung erforderlichen Unterlagen, insbesondere die Unterlagen nach Anlage 2 Teil E, beizufügen.

(3) Die zuständige Behörde hat die Genehmigung zu erteilen, wenn

1. die Voraussetzungen nach § 13 Absatz 1 Nummer 1 bis 4 und 6 Buchstabe a erfüllt sind und
2. gewährleistet ist, dass die in den Anlagen und Einrichtungen beschäftigten Personen den Anordnungen der Strahlenschutzverantwortlichen und der Strahlenschutzbeauftragten dieser Anlagen oder Einrichtungen Folge zu leisten haben, die diese in Erfüllung ihrer Pflichten nach diesem Gesetz und nach den auf Grund dieses Gesetzes erlassenen Rechtsverordnungen treffen.

Die Genehmigung wird auf längstens fünf Jahre befristet.

§ 26 Anzeigebedürftige Beschäftigung im Zusammenhang mit dem Betrieb fremder Röntgeneinrichtungen oder Störstrahler

(1) Wer im Zusammenhang mit dem Betrieb einer fremden Röntgeneinrichtung oder eines fremden Störstrahlers Personen beschäftigt, die unter seiner Aufsicht stehen, oder Aufgaben selbst wahrnimmt, hat dies der zuständigen Behörde vor Beginn der Tätigkeit schriftlich anzuzeigen, wenn dies bei den beschäftigten Personen oder bei ihm selbst zu einer effektiven Dosis von mehr als 1 Millisievert im Kalenderjahr führen kann. Von der Anzeigepflicht ausgenommen sind Inhaber einer Genehmigung nach § 25 für die Tätigkeit nach Satz 1.

(2) Der Anzeige sind die folgenden Unterlagen beizufügen:

1. Nachweis, dass jeder Strahlenschutzbeauftragte die erforderliche Fachkunde im Strahlenschutz besitzt oder, falls ein Strahlenschutzbeauftragter nicht notwendig ist, die zur Anzeige verpflichtete Person, ihr gesetzlicher Vertreter oder, bei juristischen Personen oder sonstigen Personenvereinigungen, der nach Gesetz, Satzung oder Gesellschaftsvertrag zur Vertretung oder Geschäftsführung Berechtigte die erforderliche Fachkunde im Strahlenschutz besitzt,
2. Nachweis, dass die beim Betrieb der Röntgeneinrichtung sonst tätigen Personen das notwendige Wissen und die notwendigen Fertigkeiten im Hinblick auf die mögliche Strahlengefährdung und die anzuwendenden Schutzmaßnahmen besitzen und
3. Nachweis, dass die im Zusammenhang mit dem Betrieb der fremden Röntgeneinrichtung oder des fremden Störstrahlers beschäftigten Personen den Anordnungen der dortigen Strahlenschutzverantwortlichen und Strahlenschutzbeauftragten Folge zu leisten haben, die diese in Erfüllung ihrer Pflichten nach diesem Gesetz und nach den auf Grund dieses Gesetzes erlassenen Rechtsverordnungen treffen.

(3) Die zuständige Behörde kann Tätigkeiten nach Absatz 1 Satz 1 untersagen, wenn

1. eine der Anforderungen nach Absatz 2 nicht oder nicht mehr erfüllt ist,
2. Tatsachen vorliegen, aus denen sich Bedenken gegen die Zuverlässigkeit der zur Anzeige verpflichteten Person, ihres gesetzlichen Vertreters oder, bei juristischen Personen oder sonstigen Personenvereinigungen, der nach Gesetz, Satzung oder Gesellschaftsvertrag zur Vertretung oder Geschäftsführung berechtigten Person oder des Strahlenschutzbeauftragten ergeben.

§ 27 Genehmigungsbedürftige Beförderung sonstiger radioaktiver Stoffe

(1) Wer sonstige radioaktive Stoffe befördert, bedarf der Genehmigung. Die Genehmigung kann dem Absender oder Beförderer im Sinne der Vorschriften über die Beförderung gefährlicher Güter, dem Abgebenden oder demjenigen erteilt werden, der es übernimmt, die Versendung oder Beförderung zu besorgen. Sie ist für den einzelnen Beförderungsvorgang zu erteilen; sie kann jedoch einem Antrag-

steller allgemein für längstens drei Jahre für eine Vielzahl von Beförderungen erteilt werden. Die Genehmigung erstreckt sich auch auf die Teilstrecken eines Beförderungsvorgangs, der nicht auf öffentlichen oder der Öffentlichkeit zugänglichen Verkehrswegen stattfindet, soweit für diese Teilstrecken keine Genehmigung für den Umgang mit radioaktiven Stoffen vorliegt.

(2) Eine Genehmigung nach Absatz 1 ist nicht erforderlich, soweit eine Genehmigung nach § 4 Absatz 1 des Atomgesetzes vorliegt, die sich gemäß § 10a Absatz 3 des Atomgesetzes auf eine genehmigungsbedürftige Beförderung sonstiger radioaktiver Stoffe nach Absatz 1 erstreckt.

(3) Bei der Beförderung ist eine Ausfertigung oder eine amtlich beglaubigte Abschrift des Genehmigungsbescheides mitzuführen. Die Ausfertigung oder Abschrift des Genehmigungsbescheides ist der für die Aufsicht zuständigen Behörde oder den von ihr Beauftragten auf Verlangen vorzuzeigen.

(4) Die Bestimmungen des Genehmigungsbescheides sind bei der Ausführung der Beförderung auch vom Beförderer, der nicht selbst Inhaber der Genehmigung ist, zu beachten.

(5) Die für die jeweiligen Verkehrsträger geltenden Rechtsvorschriften über die Beförderung gefährlicher Güter bleiben unberührt.

§ 28 Genehmigungsfreie Beförderung

(1) Keiner Genehmigung nach § 4 Absatz 1 des Atomgesetzes oder § 27 Absatz 1 dieses Gesetzes bedarf, wer folgende Stoffe befördert:

1. Stoffe, für die der Umgang nach einer nach § 24 Satz 1 Nummer 1 erlassenen Rechtsverordnung genehmigungsfrei ist,
2. Stoffe, die von der Anwendung der für radioaktive Stoffe geltenden Vorschriften für die Beförderung gefährlicher Güter befreit sind,
3. sonstige radioaktive Stoffe
   a) unter den Voraussetzungen für freigestellte Versandstücke nach den Vorschriften für die Beförderung gefährlicher Güter,
   b) nach den Vorschriften der Gefahrgutverordnung See oder
   c) mit Luftfahrzeugen und der hierfür erforderlichen Erlaubnis nach § 27 des Luftverkehrsgesetzes.

Satz 1 gilt nicht für die Beförderung von Großquellen im Sinne des § 186 Absatz 1 Satz 2. Satz 1 Nummer 3 Buchstabe a gilt nicht für die Beförderung hochradioaktiver Strahlenquellen.

(2) Wer radioaktive Erzeugnisse oder Abfälle befördert, die Kernmaterialien im Sinne von § 2 Absatz 4 Satz 1 des Atomgesetzes sind, ohne hierfür der Genehmigung nach § 27 Absatz 1 zu bedürfen, darf die Kernmaterialien zur Beförderung oder Weiterbeförderung nur dann übernehmen, wenn ihm gleichzeitig eine Bescheinigung der zuständigen Behörde darüber vorgelegt wird, dass sich die Vorsorge der Person, die ihm die Kernmaterialien übergibt, auch auf die Erfüllung gesetzlicher Schadensersatzverpflichtungen im Zusammenhang mit der Beförderung oder Weiterbeförderung erstreckt. Die Vorlage ist entbehrlich, falls er nicht selbst den Nachweis der erforderlichen Vorsorge für die Erfüllung gesetzlicher Schadensersatzverpflichtungen nach § 4b des Atomgesetzes zu erbringen hat.

§ 29 Voraussetzungen für die Erteilung der Genehmigung

(1) Die zuständige Behörde hat die Genehmigung nach § 27 Absatz 1 zu erteilen, wenn

1. keine Tatsachen vorliegen, aus denen sich Bedenken gegen die Zuverlässigkeit des Abgebenden, des Absenders, des Beförderers und der die Versendung und Beförderung besorgenden Personen, ihrer gesetzlichen Vertreter oder, bei juristischen Personen oder sonstigen Personenvereinigungen, der nach Gesetz, Satzung oder Gesellschaftsvertrag zur Vertretung oder Geschäftsführung Berechtigten ergeben, und, falls ein Strahlenschutzbeauftragter nicht notwendig ist, eine der genannten natürlichen Personen die erforderliche Fachkunde im Strahlenschutz besitzt,
2. keine Tatsachen vorliegen, aus denen sich Bedenken gegen die Zuverlässigkeit der Strahlenschutzbeauftragten ergeben und wenn diese die erforderliche Fachkunde im Strahlenschutz besitzen,
3. die für eine sichere Ausführung der Beförderung notwendige Anzahl von Strahlenschutzbeauftragten bestellt ist und ihnen die für die Erfüllung ihrer Aufgaben erforderlichen Befugnisse eingeräumt sind,
4. gewährleistet ist, dass die Beförderung durch Personen ausgeführt wird, die das für die beabsichtigte Art der Beförderung notwendige Wissen und die notwendigen Fertigkeiten im Hinblick auf die mögliche Strahlengefährdung und die anzuwendenden Schutzmaßnahmen besitzen,
5. gewährleistet ist, dass die sonstigen radioaktiven Stoffe unter Beachtung der für den jeweiligen Verkehrsträger geltenden Rechtsvorschriften über die Beförderung gefährlicher Güter befördert werden oder, soweit solche Vorschriften fehlen, auf andere Weise die nach dem Stand von Wissenschaft und Technik erforderliche Vorsorge gegen Schäden durch die Beförderung der sonstigen radioaktiven Stoffe getroffen ist,
6. die erforderliche Vorsorge für die Erfüllung gesetzlicher Schadensersatzverpflichtungen getroffen ist bei der Beförderung
   a) von sonstigen radioaktiven Stoffen nach § 3 Absatz 1, deren Aktivität je Versandstück das 10^9fache der in einer nach § 24 Satz 1 Nummer 10 erlassenen Rechtsverordnung festgelegten Freigrenzen der Aktivität oder 10^{15} Becquerel überschreitet, oder
   b) von Kernbrennstoffen nach § 3 Absatz 3, deren Aktivität je Versandstück das 10^5fache der in einer nach § 24 Satz 1 Nummer 10 erlassenen Rechtsverordnung festgelegten Freigrenzen der Aktivität oder 10^{15} Becquerel überschreitet,
7. der erforderliche Schutz gegen Störmaßnahmen oder sonstige Einwirkungen Dritter gewährleistet ist,
8. gewährleistet ist, dass bei der Beförderung von sonstigen radioaktiven Stoffen mit einer Aktivität von mehr als dem 10^{10}fachen der in einer nach § 24 Satz 1 Nummer 10 erlassenen Rechtsverordnung festgelegten Freigrenzen der Aktivität nach Maßgabe einer nach § 82 Absatz 1 Nummer 1 erlassenen Rechtsverordnung das erforderliche Personal und die erforderlichen Hilfsmittel vorgehalten werden, um Gefahren einzudämmen und zu beseitigen, die in

Zusammenhang mit der Beförderung durch Störfälle oder Notfälle entstehen können,

9. die Wahl der Art, der Zeit und des Weges der Beförderung dem Schutz der Bevölkerung vor der schädlichen Wirkung ionisierender Strahlung nicht entgegensteht.

(2) Dem Genehmigungsantrag sind die zur Prüfung erforderlichen Unterlagen beizufügen.

(3) Bei der Beförderung von Kernmaterialien im Sinne des § 2 Absatz 4 des Atomgesetzes ist eine Deckungsvorsorge auch dann zu erbringen, wenn die Aktivitätswerte des Absatzes 1 Nummer 6 nicht überschritten werden.

§ 30 Verordnungsermächtigung für die grenzüberschreitende Verbringung radioaktiver Stoffe

Die Bundesregierung wird ermächtigt, durch Rechtsverordnung mit Zustimmung des Bundesrates zu bestimmen, dass die grenzüberschreitende Verbringung radioaktiver Stoffe einer Genehmigung, Anzeige oder Anmeldung bedarf. In der Rechtsverordnung können insbesondere festgelegt werden:

1. die Voraussetzungen für die Erteilung der Genehmigung,
2. Art, Inhalt und Umfang der vorzulegenden Unterlagen oder beizubringenden Nachweise,
3. die Art und Weise der Abgabe dieser Unterlagen und Nachweise sowie
4. die Anforderungen an die Person, die die eingeführten radioaktiven Stoffe erstmals erwirbt.

In der Rechtsverordnung kann ebenfalls festgelegt werden, unter welchen Voraussetzungen die grenzüberschreitende Verbringung genehmigungsfrei ist.

§ 31 Genehmigungsbedürftige Anwendung radioaktiver Stoffe oder ionisierender Strahlung am Menschen zum Zweck der medizinischen Forschung

(1) Wer zum Zweck der medizinischen Forschung radioaktive Stoffe oder ionisierende Strahlung am Menschen anwendet, bedarf der Genehmigung, sofern die Anwendung radioaktiver Stoffe oder ionisierender Strahlung am Menschen zum Zweck der medizinischen Forschung nicht nach § 32 Absatz 1 anzeigebedürftig ist. Einer Genehmigung bedarf ferner, wer von einer nach dieser Vorschrift genehmigten Anwendung wesentlich abweicht.

(2) Dem Genehmigungsantrag sind die zur Prüfung erforderlichen Unterlagen beizufügen.

(3) Die zuständige Behörde soll die zur Prüfung erforderlichen Unterlagen innerhalb von 21 Kalendertagen nach Eingang des Genehmigungsantrages auf Vollständigkeit prüfen. Sind die Unterlagen unvollständig, so soll die zuständige Behörde den Antragsteller auffordern, die von ihr benannten Mängel innerhalb einer Frist von 21 Kalendertagen nach Zugang der Aufforderung zu beheben. Die zuständige Behörde entscheidet über den Antrag auf Erteilung der Genehmigung innerhalb von 90 Kalendertagen nach Eingang der vollständigen Antragsunterlagen. Die zu-

ständige Behörde kann die Frist um 90 Kalendertage verlängern, wenn dies wegen der Schwierigkeit der Prüfung erforderlich ist. Die Fristverlängerung ist zu begründen und rechtzeitig mitzuteilen. Die Genehmigung gilt als erteilt, wenn die zuständige Behörde nicht innerhalb der verlängerten Frist über den Genehmigungsantrag entschieden hat.

(4) Die zuständige Behörde darf die Genehmigung nur erteilen, wenn

1. die strahlenbedingten Risiken, die für die in das Forschungsvorhaben eingeschlossene Person mit der Anwendung verbunden sind, gemessen an der voraussichtlichen Bedeutung der Ergebnisse für die Fortentwicklung medizinischer Untersuchungsmethoden oder Behandlungsverfahren oder der medizinischen Wissenschaft, gegebenenfalls unter Berücksichtigung des medizinischen Nutzens für die Person, ärztlich gerechtfertigt sind,
2. die für die medizinische Forschung vorgesehenen radioaktiven Stoffe oder Anwendungsarten ionisierender Strahlung dem Zweck des Forschungsvorhabens entsprechen und nicht durch andere Untersuchungs- und Behandlungsarten ersetzt werden können, die zu keiner oder einer geringeren Exposition für die Person führen,
3. die bei der Anwendung auftretende Exposition und die Aktivität der anzuwendenden radioaktiven Stoffe nach dem Stand von Wissenschaft und Technik nicht weiter herabgesetzt werden können, ohne die Erfüllung des Zwecks des Forschungsvorhabens zu gefährden,
4. die Anzahl der in das Forschungsvorhaben eingeschlossenen Personen auf das für die Erfüllung des Zwecks des Forschungsvorhabens notwendige Maß beschränkt wird,
5. die zustimmende Stellungnahme einer Ethikkommission nach § 36 zu dem Forschungsvorhaben vorliegt,
6. die Anwendungen von einem Arzt geleitet werden, der die erforderliche Fachkunde im Strahlenschutz und mindestens zwei Jahre Erfahrung in der Anwendung radioaktiver Stoffe oder ionisierender Strahlung am Menschen besitzt,
7. die erforderliche Vorsorge für die Erfüllung gesetzlicher Schadensersatzverpflichtungen getroffen ist und
8. eine Genehmigung nach § 12 Absatz 1 Nummer 1 bis 4 zur Anwendung am Menschen vorliegt oder der Betrieb einer nach § 19 Absatz 1 zur Anwendung am Menschen angezeigten Röntgeneinrichtung zulässig ist.

(5) Die Vorsorge zur Erfüllung gesetzlicher Schadensersatzverpflichtungen im Sinne des Absatzes 4 Nummer 7 ist für den Zeitraum vom Beginn der Anwendung bis zum Ablauf von zehn Jahren nach Beendigung des Forschungsvorhabens zu treffen. Absatz 4 Nummer 7 findet keine Anwendung, soweit die Vorgaben der Atomrechtlichen Deckungsvorsorge-Verordnung durch die getroffene Vorsorge zur Erfüllung gesetzlicher Schadensersatzverpflichtungen nach den entsprechenden Vorschriften des Arzneimittelgesetzes oder des Medizinprodukterecht-Durchführungsgesetzes dem Grunde und der Höhe nach erfüllt sind.

(6) Sieht der Antrag die Anwendung radioaktiver Stoffe oder ionisierender Strahlung in mehreren Einrichtungen vor (Multi-Center-Studie), so erteilt die zuständige Behörde eine umfassende Genehmigung für alle Einrichtungen, für die die Voraussetzungen nach Absatz 4 Nummer 6 und 8 erfüllt sind.

(7) Die zuständige Behörde übermittelt der für das Forschungsvorhaben zuständigen Aufsichtsbehörde einen Abdruck des Genehmigungsbescheids.

§ 32 Anzeigebedürftige Anwendung radioaktiver Stoffe oder ionisierender Strahlung am Menschen zum Zweck der medizinischen Forschung

(1) Wer beabsichtigt, radioaktive Stoffe oder ionisierende Strahlung am Menschen zum Zweck der medizinischen Forschung anzuwenden, hat dies der zuständigen Behörde vorher schriftlich oder elektronisch anzuzeigen, wenn

1. das Forschungsvorhaben die Prüfung von Sicherheit oder Wirksamkeit eines Verfahrens zur Behandlung volljähriger, kranker Menschen zum Gegenstand hat und
2. die Anwendung radioaktiver Stoffe oder ionisierender Strahlung selbst nicht Gegenstand des Forschungsvorhabens ist.

Anzeigepflichtig ist ferner, wer beabsichtigt, von einer nach dieser Vorschrift angezeigten Anwendung wesentlich abzuweichen.

(2) Im Rahmen der Anzeige ist nachvollziehbar darzulegen, dass

1. die Art der Anwendung anerkannten Standardverfahren zur Untersuchung von Menschen entspricht,
2. der Zweck des Forschungsvorhabens Art und Häufigkeit der Anwendung rechtfertigt,
3. gewährleistet ist, dass ausschließlich volljährige Personen in das Forschungsvorhaben eingeschlossen werden, bei denen eine Krankheit vorliegt, deren Behandlung im Rahmen des Forschungsvorhabens geprüft wird und
4. eine Genehmigung nach § 12 Absatz 1 Nummer 1 bis 4 zur Anwendung am Menschen vorliegt oder der Betrieb einer nach § 19 Absatz 1 zur Anwendung am Menschen angezeigten Röntgeneinrichtung zulässig ist.

(3) Der Anzeige ist der Nachweis beizufügen, dass die erforderliche Vorsorge für die Erfüllung gesetzlicher Schadensersatzverpflichtungen nach Maßgabe des § 35 getroffen ist. Einrichtungen des Bundes und der Länder sind nicht zur Vorlage dieses Nachweises verpflichtet, soweit das Prinzip der Selbstversicherung der jeweiligen Körperschaft zur Anwendung kommt.

(4) Ist das Forschungsvorhaben als Multi-Center-Studie vorgesehen, so kann die Anwendung radioaktiver Stoffe oder ionisierender Strahlung am Menschen zum Zweck der medizinischen Forschung für alle beteiligten Einrichtungen gemeinsam angezeigt werden. In diesem Fall hat der Anzeigende darzulegen, dass die Anforderungen nach Absatz 2 Nummer 4 in Bezug auf jede teilnehmende Einrichtung erfüllt sind.

§ 33 Prüfung der Anzeige durch die zuständige Behörde

(1) Ist die Anzeige nach § 32 vollständig, so bestätigt die zuständige Behörde dies dem Anzeigenden innerhalb von 14 Kalendertagen nach Eingang der Anzeige und teilt ihm das Eingangsdatum der Anzeige mit. Ist die Anzeige unvollständig, so fordert die zuständige Behörde den Anzeigenden innerhalb von 14 Kalendertagen

nach Eingang der Anzeige einmalig auf, die von ihr benannten Mängel innerhalb einer Frist von zehn Kalendertagen nach Zugang der Aufforderung zu beheben. Innerhalb von zwölf Kalendertagen nach Eingang der ergänzenden Angaben oder Unterlagen schließt die zuständige Behörde im Falle von Satz 2 die Vollständigkeitsprüfung ab und teilt dem Anzeigenden das Ergebnis der Vollständigkeitsprüfung sowie das Eingangsdatum der ergänzenden Angaben oder Unterlagen mit.

(2) Die zuständige Behörde schließt die inhaltliche Prüfung der Anzeige innerhalb von 28 Kalendertagen nach der Bestätigung gemäß Absatz 1 Satz 1 oder der Mitteilung nach Absatz 1 Satz 3 ab. Hat die zuständige Behörde Einwände gegen die angezeigte Anwendung, so übermittelt sie dem Anzeigenden einmalig innerhalb des in Satz 1 genannten Zeitraums ihre mit Gründen versehenen Einwände und fordert ihn auf, seine Anzeige innerhalb von 21 Kalendertagen nach Zugang der Aufforderung entsprechend zu ändern. Im Falle von Satz 2 schließt die zuständige Behörde die inhaltliche Prüfung der Anzeige innerhalb von 21 Kalendertagen nach Eingang der geänderten oder ergänzten Anzeigeunterlagen ab.

(3) Mit der angezeigten Anwendung radioaktiver Stoffe oder ionisierender Strahlung am Menschen zum Zweck der medizinischen Forschung darf begonnen werden, wenn

1. der Zeitraum zur inhaltlichen Prüfung der Anzeige nach Absatz 2 verstrichen ist oder die zuständige Behörde dem Anzeigenden mitgeteilt hat, dass sie auf die Ausschöpfung dieser Frist verzichtet,
2. die zuständige Behörde dem Anzeigenden den Eingang einer zustimmenden Stellungnahme einer Ethikkommission nach § 36 Absatz 1 bis 3 zu dem Forschungsvorhaben bestätigt hat und
3. die Anwendung nicht nach § 34 Absatz 1 untersagt wurde.

Die zuständige Behörde hat dem Anzeigenden den Eingang einer zustimmenden Stellungnahme einer Ethikkommission nach § 36 zu dem Forschungsvorhaben unverzüglich zu bestätigen.

(4) Sobald nach Absatz 3 mit der Anwendung begonnen werden darf, gibt die für die Anzeige zuständige Behörde der zuständigen Aufsichtsbehörde den wesentlichen Inhalt der Anzeige unverzüglich zur Kenntnis.

§ 34 Untersagung der angezeigten Anwendung

Die zuständige Behörde untersagt die angezeigte Anwendung, wenn

1. der zuständigen Behörde nach Ablauf der in § 36a Absatz 2 genannten Fristen oder im Fall von § 36b Absatz 1 Satz 2 zweite Alternative nach Ablauf der in § 36b Absatz 2 genannten Fristen keine Stellungnahme der zuständigen Ethik-Kommission vorliegt,
2. der zuständigen Behörde eine ablehnende Stellungnahme der zuständigen Ethik-Kommission vorliegt,
3. die zuständige Ethik-Kommission mitteilt, dass die Voraussetzungen für eine zustimmende Stellungnahme nicht mehr erfüllt sind und nicht in angemessener Zeit Abhilfe geschaffen wird, oder
4. die zuständige Aufsichtsbehörde mitteilt, dass gegen die Vorschriften dieses Gesetzes oder der auf Grund dieses Gesetzes erlassenen Rechtsverordnungen

oder gegen die hierauf beruhenden Anordnungen und Verfügungen der Aufsichtsbehörde erheblich oder wiederholt verstoßen wurde.

§ 35 Deckungsvorsorge bei der anzeigebedürftigen Anwendung radioaktiver Stoffe oder ionisierender Strahlung am Menschen zum Zweck der medizinischen Forschung

(1) Im Anzeigeverfahren ist der Nachweis über die erforderliche Deckungsvorsorge zu erbringen durch die Vorlage einer Bestätigung über eine bestehende Versicherung, die für den Fall, dass bei der Anwendung radioaktiver Stoffe oder ionisierender Strahlung am Menschen zum Zweck der medizinischen Forschung ein Mensch getötet oder der Körper oder die Gesundheit eines Menschen verletzt oder beeinträchtigt wird, auch Leistungen gewährt, wenn kein anderer für den Schaden haftet. Die Versicherung muss zugunsten der Personen, an denen die radioaktiven Stoffe oder die ionisierende Strahlung angewendet werden, bei einem in einem Mitgliedstaat der Europäischen Union oder einem anderen Vertragsstaat des Abkommens über den Europäischen Wirtschaftsraum zum Geschäftsbetrieb zugelassenen Versicherer genommen werden.
(2) Der Umfang der Versicherung muss in einem angemessenen Verhältnis zu den Risiken stehen, die mit den Anwendungen verbunden sind. Er muss auf der Grundlage der Risikoabschätzung so festgelegt werden, dass für den Fall des Todes oder der dauernden Erwerbsunfähigkeit einer jeden Person, an der die radioaktiven Stoffe oder die ionisierende Strahlung angewendet werden, mindestens 500 000 Euro zur Verfügung stehen.
(3) Abweichend von Absatz 1 kann der Nachweis über die erforderliche Deckungsvorsorge durch den Nachweis des Bestehens einer Versicherung zugunsten der von der klinischen Prüfung betroffenen Personen nach dem Arzneimittelgesetz oder nach dem Medizinprodukterecht-Durchführungsgesetz erbracht werden.

§ 36 Ethikkommission

(1) Eine im Anwendungsbereich dieses Gesetzes tätige Ethikkommission muss unabhängig, interdisziplinär besetzt, nach Landesrecht gebildet und bei der zuständigen Behörde registriert sein. Die Ethikkommission muss aus medizinischen Sachverständigen und nichtmedizinischen Mitgliedern bestehen, die die jeweils erforderliche Fachkompetenz aufweisen. Eine Registrierung erfolgt nur, wenn die Mitglieder, das Verfahren und die Anschrift der Ethikkommission in einer veröffentlichten Verfahrensordnung aufgeführt sind. Veränderungen der Zusammensetzung der Kommission, des Verfahrens oder der übrigen Festlegungen der Verfahrensordnung sind der für die Registrierung zuständigen Behörde unverzüglich mitzuteilen.
(2) Aufgabe der Ethikkommission ist es, auf Veranlassung des Antragstellers oder des Anzeigenden das Forschungsvorhaben nach ethischen und rechtlichen Gesichtspunkten mit mindestens fünf Mitgliedern mündlich zu beraten und innerhalb von 60 Kalendertagen nach Eingang der erforderlichen Unterlagen eine schriftliche Stellungnahme dazu abzugeben. Bei Multi-Center-Studien genügt die

Stellungnahme einer Ethikkommission. Wird das Forschungsvorhaben durch eine Ethikkommission sowohl nach Arzneimittelrecht oder Medizinprodukterecht als auch nach diesem Gesetz geprüft, soll die Stellungnahme sowohl die arzneimittelrechtliche oder medizinprodukterechtliche als auch die strahlenschutzrechtliche Bewertung enthalten.

(3) Die Ethikkommission prüft und bewertet, ob das Forschungsvorhaben ethisch vertretbar ist. Sie gibt eine Stellungnahme dazu ab, ob

1. das Forschungsvorhaben geeignet ist, nach dem Stand der Wissenschaft einem wissenschaftlichen Erkenntnisgewinn zu dienen,
2. das Forschungsvorhaben, einschließlich der Anzahl der in das Forschungsvorhaben eingeschlossenen Personen, zur Beantwortung der wissenschaftlichen Fragestellung geeignet ist,
3. das Risiko für die einzelne Person im Hinblick auf den potentiellen Nutzen für die Gesellschaft vertretbar ist,
4. die Einbeziehung vertretbar ist, soweit eine besonders schutzbedürftige Personengruppe in das Forschungsvorhaben einbezogen werden soll, und
5. die schriftliche Information über das Forschungsvorhaben, die die in das Forschungsvorhaben eingeschlossene Person, ihr gesetzlicher Vertreter oder der Bevollmächtigte erhält, ausreichend über Nutzen und Risiken aufklärt und somit eine informierte Einwilligung ermöglicht.

(4) Rechtsbehelfe gegen Stellungnahmen der Ethikkommission können nur gleichzeitig mit den gegen die Sachentscheidung zulässigen Rechtsbehelfen geltend gemacht werden.

§ 37 Verordnungsermächtigung

(1) Die Bundesregierung wird ermächtigt, durch Rechtsverordnung mit Zustimmung des Bundesrates zu bestimmen, welche besonderen Anforderungen bei der Anwendung radioaktiver Stoffe oder ionisierender Strahlung zum Zweck der medizinischen Forschung einzuhalten sind, um die ordnungsgemäße Durchführung eines Forschungsvorhabens und den Schutz der in das Forschungsvorhaben eingeschlossenen Personen zu gewährleisten. In der Rechtsverordnung können insbesondere Regelungen getroffen werden über

1. Aufklärungspflichten und Einwilligungserfordernisse,
2. Verbote und Beschränkungen der Anwendung an einzelnen Personengruppen,
3. ärztliche oder zahnärztliche Untersuchungen der in das Forschungsvorhaben eingeschlossenen Personen vor Beginn der Anwendung,
4. die Befugnis der zuständigen Behörde, bei Überschreitung genehmigter oder angezeigter Dosiswerte für die Anwendung ärztliche oder zahnärztliche Untersuchungen der in das Forschungsvorhaben eingeschlossenen Personen anzuordnen,
5. Grenzwerte und Maßnahmen zur Einhaltung der Grenzwerte,
6. Maßnahmen zur Beschränkung und Überwachung der Exposition der in das Forschungsvorhaben eingeschlossenen Personen,
7. Aufzeichnungs- und Aufbewahrungspflichten,
8. Mitteilungs- und Berichtspflichten.

Die Rechtsverordnung kann auch diejenigen Vorschriften der Rechtsverordnung festlegen, für deren Einhaltung der Strahlenschutzverantwortliche zu sorgen hat.

(2) Das Grundrecht auf körperliche Unversehrtheit (Artikel 2 Absatz 2 Satz 1 des Grundgesetzes) wird nach Maßgabe des Absatzes 1 Satz 2 Nummer 3 und 4 eingeschränkt.

§ 50 Anzeigebedürftiger Betrieb von Luftfahrzeugen

(1) Wer beabsichtigt, ein Luftfahrzeug zu betreiben, das in der deutschen Luftfahrzeugrolle nach § 3 Absatz 1 des Luftverkehrsgesetzes vom 10. Mai 2007 in der jeweils geltenden Fassung eingetragen ist, hat dies der zuständigen Behörde vier Wochen vor der beabsichtigten Aufnahme des Betriebs anzuzeigen, wenn die effektive Dosis, die das fliegende Personal während des Fluges, einschließlich der aufgewendeten Zeit für die Positionierung nach § 13 Satz 1 der Zweiten Durchführungsverordnung zur Betriebsordnung für Luftfahrtgerät (Dienst-, Flugdienst-, Block- und Ruhezeiten von Besatzungsmitgliedern in Luftfahrtunternehmen und außerhalb von Luftfahrtunternehmen bei berufsmäßiger Betätigung) vom 6. April 2009 (BAnz. S. 1327), die durch Artikel 180 des Gesetzes vom 29. März 2017 (BGBl. I S. 626) geändert worden ist, durch kosmische Strahlung erhält, 1 Millisievert im Kalenderjahr überschreiten kann. Satz 1 gilt entsprechend für den Betrieb von Luftfahrzeugen, die in einem anderen Land registriert sind, wenn der Betreiber deutscher Staatsangehöriger oder eine juristische Person oder rechtsfähige Personengesellschaft mit Sitz im Geltungsbereich dieses Gesetzes ist und fliegendes Personal einsetzt, das in einem Beschäftigungsverhältnis nach dem deutschen Arbeitsrecht steht.

(2) Absatz 1 gilt entsprechend, wenn ein der Anzeigepflicht zuvor nicht unterfallender Betrieb eines Luftfahrzeugs derart geändert wird, dass die effektive Dosis, die das fliegende Personal während des Fluges, einschließlich der aufgewendeten Zeit für die Positionierung nach § 13 Satz 1 der Zweiten Durchführungsverordnung zur Betriebsordnung für Luftfahrtgerät (Dienst-, Flugdienst-, Block- und Ruhezeiten von Besatzungsmitgliedern in Luftfahrtunternehmen und außerhalb von Luftfahrtunternehmen bei berufsmäßiger Betätigung), durch kosmische Strahlung erhält, 1 Millisievert im Kalenderjahr überschreiten kann.

(3) Der Anzeige sind die folgenden Unterlagen beizufügen:

1. Nachweis, dass die für die sichere Durchführung der Tätigkeit notwendige Anzahl von Strahlenschutzbeauftragten bestellt ist und ihnen die für die Erfüllung ihrer Aufgaben erforderlichen Befugnisse eingeräumt sind,
2. Nachweis, dass jeder Strahlenschutzbeauftragte die erforderliche Fachkunde im Strahlenschutz besitzt oder, falls ein Strahlenschutzbeauftragter nicht notwendig ist, die zur Anzeige verpflichtete Person, ihr gesetzlicher Vertreter oder, bei juristischen Personen oder sonstigen Personenvereinigungen, der nach Gesetz, Satzung oder Gesellschaftsvertrag zur Vertretung oder Geschäftsführung Berechtigte die erforderliche Fachkunde im Strahlenschutz besitzt,
3. Nachweis, dass die bei der Tätigkeit sonst tätigen Personen das notwendige Wissen und die notwendigen Fertigkeiten im Hinblick auf die mögliche Strahlengefährdung und die anzuwendenden Schutzmaßnahmen besitzen,

4. Benennung eines von der zuständigen Behörde anerkannten Rechenprogramms oder der Nachweis, dass geeignete Messgeräte genutzt werden, die jeweils zur Ermittlung der Körperdosis verwendet werden und den Anforderungen der auf Grund des § 76 Absatz 1 Satz 2 Nummer 11 erlassenen Rechtsverordnung genügen.

(4) Bei einer wesentlichen Änderung des angezeigten Betriebs sind die Absätze 1 und 3 entsprechend anzuwenden.

(5) Die Anzeigepflicht gilt auch für Luftfahrzeuge, die im Geschäftsbereich des Bundesministeriums der Verteidigung betrieben werden.

§ 51 Prüfung des angezeigten Betriebs von Luftfahrzeugen

(1) Die zuständige Behörde prüft die Unterlagen innerhalb von vier Wochen nach Eingang der Anzeige. Teilt die Behörde dem Anzeigenden vor Ablauf der Frist schriftlich mit, dass alle Nachweise nach § 50 Absatz 3 erbracht sind, so darf der Anzeigende die Tätigkeit bereits mit Erhalt der Mitteilung aufnehmen.

(2) Die zuständige Behörde kann den angezeigten Betrieb untersagen, wenn

1. eine der nachzuweisenden Anforderungen nicht oder nicht mehr erfüllt ist; dies gilt nach Ablauf der Frist nach Absatz 1 nur, wenn nicht in angemessener Zeit Abhilfe geschaffen wird,
2. Tatsachen vorliegen, aus denen sich Bedenken gegen die Zuverlässigkeit der zur Anzeige verpflichteten Person, ihres gesetzlichen Vertreters oder, bei juristischen Personen oder sonstigen Personenvereinigungen, der nach Gesetz, Satzung oder Gesellschaftsvertrag zur Vertretung oder Geschäftsführung berechtigten Person oder des Strahlenschutzbeauftragten ergeben, oder
3. gegen die Vorschriften dieses Gesetzes oder der auf Grund dieses Gesetzes erlassenen Rechtsverordnungen oder gegen die hierauf beruhenden Anordnungen und Verfügungen der Aufsichtsbehörden erheblich oder wiederholt verstoßen wird und nicht in angemessener Zeit Abhilfe geschaffen wird.

§ 52 Anzeigebedürftiger Betrieb von Raumfahrzeugen

(1) Wer mit Sitz im Geltungsbereich dieses Gesetzes beabsichtigt, Raumfahrzeuge zu betreiben und dafür raumfahrendes Personal einzusetzen, das in einem Beschäftigungsverhältnis nach dem deutschen Arbeitsrecht steht, hat dies der zuständigen Behörde zwei Monate vor der beabsichtigten Aufnahme der Tätigkeit anzuzeigen, wenn die effektive Dosis, die das raumfahrende Personal durch kosmische Strahlung während des Betriebs des Raumfahrzeugs erhält, 1 Millisievert im Kalenderjahr überschreiten kann.

(2) Der Anzeige sind die folgenden Unterlagen beizufügen:

1. Nachweis, dass die für die sichere Durchführung der Tätigkeit notwendige Anzahl von Strahlenschutzbeauftragten bestellt ist und ihnen die für die Erfüllung ihrer Aufgaben erforderlichen Befugnisse eingeräumt sind,
2. Nachweis, dass jeder Strahlenschutzbeauftragte die erforderliche Fachkunde im Strahlenschutz besitzt oder, falls kein Strahlenschutzbeauftragter notwendig ist, die zur Anzeige verpflichtete Person, ihr gesetzlicher Vertreter oder, bei

juristischen Personen oder sonstigen Personenvereinigungen, der nach Gesetz, Satzung oder Gesellschaftsvertrag zur Vertretung oder Geschäftsführung Berechtigte die erforderliche Fachkunde im Strahlenschutz besitzt,
3. Nachweis, dass die bei der Tätigkeit sonst tätigen Personen das notwendige Wissen und die notwendigen Fertigkeiten im Hinblick auf die mögliche Strahlengefährdung und die anzuwendenden Schutzmaßnahmen besitzen und
4. plausible Darlegung der beabsichtigten Vorgehensweise zur Ermittlung der Körperdosis nach den Anforderungen der auf Grund von § 76 Absatz 1 Satz 2 Nummer 11 erlassenen Rechtsverordnung.

(3) Ist zu erwarten, dass die Exposition des raumfahrenden Personals den Dosisgrenzwert nach § 78 Absatz 1 Satz 1 überschreitet, so ist zusätzlich eine gesonderte Anzeige der erhöhten Exposition spätestens zwei Monate vor dem Einsatz des raumfahrenden Personals erforderlich. In diesem Fall gelten die Grenzwerte nach den §§ 77 und 78 für die berufliche Exposition von raumfahrendem Personal durch kosmische Strahlung nicht.

(4) Der gesonderten Anzeige sind die folgenden Unterlagen beizufügen:
1. Darlegung, dass die erhöhte Exposition gerechtfertigt ist,
2. Nachweis, dass die erhöhte Exposition mit dem einzusetzenden raumfahrenden Personal und dem ermächtigten Arzt erörtert worden ist,
3. Nachweis, dass das einzusetzende raumfahrende Personal über die zu erwartenden Dosen, die mit der erhöhten Exposition verbundenen Risiken und die zu ergreifenden Vorsorgemaßnahmen unterrichtet worden ist,
4. Einwilligung des einzusetzenden raumfahrenden Personals zu der erhöhten Exposition.

§ 53 Prüfung des angezeigten Betriebs von Raumfahrzeugen

(1) Die zuständige Behörde prüft die Unterlagen innerhalb von zwei Monaten nach Eingang der Anzeige. Teilt die Behörde dem Anzeigenden vor Ablauf der Frist schriftlich mit, dass alle Nachweise nach § 52 Absatz 2 oder 4 erbracht sind, so darf der Anzeigende die Tätigkeit bereits mit Erhalt der Mitteilung aufnehmen.

(2) Die zuständige Behörde kann im Falle einer Anzeige nach § 52 Absatz 1 den Einsatz des Personals untersagen, wenn
1. eine der nach § 52 Absatz 2 nachzuweisenden Anforderungen nicht oder nicht mehr erfüllt ist; dies gilt nach Ablauf der Frist nach Absatz 1 nur, wenn nicht in angemessener Zeit Abhilfe geschaffen wird,
2. Tatsachen vorliegen, aus denen sich Bedenken gegen die Zuverlässigkeit der zur Anzeige verpflichteten Person, ihres gesetzlichen Vertreters oder, bei juristischen Personen oder sonstigen Personenvereinigungen, der nach Gesetz, Satzung oder Gesellschaftsvertrag zur Vertretung oder Geschäftsführung berechtigten Person oder des Strahlenschutzbeauftragten ergeben, oder
3. gegen die Vorschriften dieses Gesetzes oder der auf Grund dieses Gesetzes erlassenen Rechtsverordnungen oder gegen die hierauf beruhenden Anordnungen und Verfügungen der Aufsichtsbehörden erheblich oder wiederholt verstoßen wird und nicht in angemessener Zeit Abhilfe geschaffen wird.

(3) Im Falle einer gesonderten Anzeige nach § 52 Absatz 3 Satz 1 kann die zuständige Behörde den Einsatz des raumfahrenden Personals zusätzlich untersagen, wenn eine der nach § 52 Absatz 4 nachzuweisenden Anforderungen nicht erfüllt ist.

§ 54 Beendigung der angezeigten Tätigkeit

Wer eine nach § 50 Absatz 1 oder § 52 Absatz 1 angezeigte Tätigkeit beendet oder derart verändert, dass die effektive Dosis, die das fliegende oder raumfahrende Personal durch kosmische Strahlung erhält, 1 Millisievert im Kalenderjahr nicht mehr überschreiten kann, hat dies der zuständigen Behörde unverzüglich mitzuteilen.

§ 55 Abschätzung der Exposition

(1) Wer in seiner Betriebsstätte eine Tätigkeit nach § 4 Absatz 1 Satz 1 Nummer 10 ausübt oder ausüben lässt, die einem der in Anlage 3 genannten Tätigkeitsfelder zuzuordnen ist, hat vor Beginn der Tätigkeit eine auf den Arbeitsplatz bezogene Abschätzung der Körperdosis durchzuführen. Die Abschätzung ist unverzüglich zu wiederholen, wenn der Arbeitsplatz so verändert wird, dass eine höhere Exposition auftreten kann.
(2) Liegen Anhaltspunkte dafür vor, dass bei einer Tätigkeit nach § 4 Absatz 1 Satz 1 Nummer 10, die keinem der in Anlage 3 genannten Tätigkeitsfelder zuzuordnen ist, Expositionen auftreten, die denen der in Anlage 3 genannten Tätigkeitsfelder entsprechen, so kann die zuständige Behörde anordnen, dass eine Abschätzung nach Absatz 1 Satz 1 unverzüglich durchzuführen ist. Wird der Arbeitsplatz so verändert, dass eine höhere Exposition auftreten kann, so kann die zuständige Behörde anordnen, dass die Abschätzung unverzüglich zu wiederholen ist.
(3) Der zur Abschätzung Verpflichtete hat die Ergebnisse der Abschätzung unverzüglich aufzuzeichnen. Er hat die Aufzeichnungen bis zum Ende der Tätigkeit oder bis zum Vorliegen einer neuen Abschätzung aufzubewahren und der zuständigen Behörde auf Verlangen vorzulegen.

§ 56 Anzeige

(1) Ergibt die Abschätzung, dass die Körperdosis einen der Werte für die Einstufung als beruflich exponierte Person überschreiten kann, so hat der zur Abschätzung Verpflichtete der zuständigen Behörde die Tätigkeit schriftlich anzuzeigen. Die Anzeige auf Grund einer Abschätzung nach § 55 Absatz 1 Satz 1 hat spätestens vier Wochen vor der beabsichtigten Aufnahme der Tätigkeit zu erfolgen; nach Ablauf dieser Frist darf der Anzeigende die Tätigkeit aufnehmen, es sei denn, die zuständige Behörde hat das Verfahren nach § 57 Absatz 2 ausgesetzt oder die Tätigkeit untersagt. Die Anzeige auf Grund einer Abschätzung nach § 55 Absatz 1 Satz 2 oder nach § 55 Absatz 2 hat unverzüglich nach der Abschätzung zu erfolgen.
(2) Der Anzeige sind die folgenden Unterlagen beizufügen:
1. Prüfbericht eines behördlich bestimmten Sachverständigen nach § 172, in dem
   a) die angezeigte Tätigkeit und die vorgesehenen Strahlenschutzmaßnahmen beschrieben sind,

b) die mögliche Körperdosis der beruflich exponierten Personen bestimmt ist und
c) nachgewiesen ist, dass bei der Tätigkeit die Ausrüstungen vorhanden und die Maßnahmen getroffen sind, die nach dem Stand der Technik erforderlich sind, damit die Schutzvorschriften eingehalten werden,
2. Nachweis, dass die für die sichere Durchführung der Tätigkeit notwendige Anzahl von Strahlenschutzbeauftragten bestellt ist und ihnen die für die Erfüllung ihrer Aufgaben erforderlichen Befugnisse eingeräumt sind,
3. Nachweis, dass jeder Strahlenschutzbeauftragte die erforderliche Fachkunde im Strahlenschutz besitzt oder, falls ein Strahlenschutzbeauftragter nicht notwendig ist, der Anzeigende, sein gesetzlicher Vertreter oder, bei juristischen Personen oder sonstigen Personenvereinigungen, der nach Gesetz, Satzung oder Gesellschaftsvertrag zur Vertretung oder Geschäftsführung Berechtigte die erforderliche Fachkunde im Strahlenschutz besitzt und
4. Nachweis, dass die bei der Tätigkeit sonst tätigen Personen das notwendige Wissen und die notwendigen Fertigkeiten im Hinblick auf die mögliche Strahlengefährdung und die anzuwendenden Schutzmaßnahmen besitzen.

Erfolgt die Anzeige auf Grund einer Abschätzung nach § 55 Absatz 1 Satz 2 oder nach § 55 Absatz 2, so kann die zuständige Behörde im Einzelfall eine Frist für eine spätere Vorlage aller oder einzelner Unterlagen bestimmen.

(3) Die Absätze 1 und 2 sind entsprechend anzuwenden, wenn die angezeigte Tätigkeit wesentlich verändert wird.

§ 57 Prüfung der angezeigten Tätigkeit

(1) Die zuständige Behörde prüft die Anzeige innerhalb von vier Wochen nach Eingang der Unterlagen. Teilt die Behörde dem Anzeigenden im Falle einer Abschätzung nach § 55 Absatz 1 Satz 1 vor Ablauf dieser Frist schriftlich mit, dass alle erforderlichen Nachweise erbracht sind, darf der Anzeigende die Tätigkeit bereits mit Erhalt der Mitteilung aufnehmen.

(2) Leitet die zuständige Behörde innerhalb der Frist nach Absatz 1 Satz 1 ein Verfahren zur Prüfung der Rechtfertigung nach § 7 ein, so setzt sie das Verfahren zur Prüfung der Anzeige für die Dauer des Verfahrens zur Prüfung der Rechtfertigung aus.

(3) Die zuständige Behörde kann die Tätigkeit untersagen, wenn
1. eine der nach § 56 Absatz 2 Satz 1 nachzuweisenden Anforderungen nicht oder nicht mehr erfüllt ist; dies gilt nach Ablauf der Frist nach Absatz 1 nur, wenn nicht in angemessener Zeit Abhilfe geschaffen wird,
2. Tatsachen vorliegen, aus denen sich Bedenken gegen die Zuverlässigkeit der zur Anzeige verpflichteten Person, ihres gesetzlichen Vertreters oder, bei juristischen Personen oder sonstigen Personenvereinigungen, der nach Gesetz, Satzung oder Gesellschaftsvertrag zur Vertretung oder Geschäftsführung berechtigten Person oder des Strahlenschutzbeauftragten ergeben,
3. Tatsachen vorliegen, aus denen sich Bedenken ergeben, ob das für die sichere Ausführung der Tätigkeit notwendige Personal vorhanden ist,

4. es sich um eine nicht gerechtfertigte Tätigkeitsart nach einer Rechtsverordnung nach § 6 Absatz 3 handelt oder wenn unter Berücksichtigung eines nach § 7 Absatz 2 veröffentlichten Berichts erhebliche Zweifel an der Rechtfertigung der Tätigkeitsart bestehen,
5. gegen die Vorschriften dieses Gesetzes oder der auf Grund dieses Gesetzes erlassenen Rechtsverordnungen oder gegen die darauf beruhenden Anordnungen und Verfügungen der Aufsichtsbehörden erheblich oder wiederholt verstoßen wird und nicht in angemessener Zeit Abhilfe geschaffen wird oder
6. dies wegen einer erheblichen Gefährdung der Beschäftigten, Dritter oder der Allgemeinheit erforderlich ist.

(4) Kommt der auf Grund von § 55 Absatz 2 zur Abschätzung Verpflichtete der vollziehbaren behördlichen Anordnung nicht nach, so kann die zuständige Behörde die Tätigkeit ganz oder teilweise bis zur Erfüllung der Anordnung untersagen.

§ 58 Beendigung der angezeigten Tätigkeit

Wer eine nach § 56 Absatz 1 Satz 1 angezeigte Tätigkeit beendet oder derart verändert, dass eine Abschätzung nach § 55 Absatz 1 Satz 2 ergibt, dass die Körperdosis die Werte für die Einstufung als beruflich exponierte Person nicht mehr überschreiten kann, hat dies der zuständigen Behörde unverzüglich mitzuteilen.

§ 59 Externe Tätigkeit

(1) Die Pflicht zur Abschätzung der Körperdosis nach § 55 Absatz 1 gilt entsprechend für denjenigen, der die dort genannten Tätigkeiten in einer fremden Betriebsstätte in eigener Verantwortung ausübt oder von Personen ausüben lässt, die unter seiner Aufsicht stehen. Liegt für die fremde Betriebsstätte eine auf den Arbeitsplatz bezogene Abschätzung vor, so hat der Inhaber der Betriebsstätte eine Abschrift der Aufzeichnungen über die Abschätzung an den nach Satz 1 Verpflichteten unverzüglich zu übermitteln. § 55 Absatz 2 und 3 gilt entsprechend.

(2) Ergibt die Abschätzung nach Absatz 1 Satz 1 oder 3, dass die Körperdosis einen der Werte für die Einstufung als beruflich exponierte Person überschreiten kann, so hat der nach Absatz 1 Satz 1 oder 3 Verpflichtete die Tätigkeit der zuständigen Behörde entsprechend § 56 Absatz 1 anzuzeigen.

(3) Der Anzeige nach Absatz 2 sind das Ergebnis der Abschätzung nach § 55 Absatz 1 und die folgenden Unterlagen beizufügen:
1. Nachweis, dass jeder Strahlenschutzbeauftragte die erforderliche Fachkunde im Strahlenschutz besitzt oder, falls ein Strahlenschutzbeauftragter nicht notwendig ist, der Anzeigende, sein gesetzlicher Vertreter oder, bei juristischen Personen oder sonstigen Personenvereinigungen, der nach Gesetz, Satzung oder Gesellschaftsvertrag zur Vertretung oder Geschäftsführung Berechtigte die erforderliche Fachkunde im Strahlenschutz besitzt,
2. Nachweis, dass die bei der Tätigkeit sonst tätigen Personen das notwendige Wissen und die notwendigen Fertigkeiten im Hinblick auf die mögliche Strahlengefährdung und die anzuwendenden Schutzmaßnahmen besitzen,

3. Nachweis, dass die beschäftigten Personen den Anordnungen der Strahlenschutzverantwortlichen und Strahlenschutzbeauftragten derjenigen Betriebsstätten, in denen eine nach § 56 Absatz 1 angezeigte Tätigkeit ausgeübt wird, Folge zu leisten haben, die diese infolge ihrer Pflichten nach diesem Gesetz und der auf Grund dieses Gesetzes erlassenen Rechtsverordnungen treffen und
4. Nachweis, dass für die Beschäftigung in denjenigen Betriebsstätten, für die eine Anzeige nach § 56 Absatz 1 nicht erstattet ist, die Ausrüstungen vorhanden und die Maßnahmen getroffen sind, die nach dem Stand der Technik erforderlich sind, damit die Schutzvorschriften eingehalten werden.

(4) § 56 Absatz 3 und die §§ 57 und 58 gelten für die nach Absatz 2 angezeigte Tätigkeit entsprechend.

§ 60 Anfall, Verwertung oder Beseitigung von Rückständen

(1) Wer in seiner Betriebsstätte industrielle und bergbauliche Prozesse durchführt oder durchführen lässt, bei denen jährlich mehr als insgesamt 2000 Tonnen an Rückständen anfallen werden und verwertet oder beseitigt werden sollen, hat dies bei der zuständigen Behörde und der nach § 47 Absatz 1 Satz 1 des Kreislaufwirtschaftsgesetzes zuständigen Behörde zu Beginn jedes Kalenderjahrs anzumelden. Die Anmeldepflicht gilt entsprechend für denjenigen, der überwachungsbedürftige Rückstände, die im Ausland angefallen und ins Inland verbracht worden sind, verwertet oder zur Verwertung annimmt.

(2) Der zur Anmeldung nach Absatz 1 Verpflichtete hat ein Konzept über die Verwertung und Beseitigung der Rückstände (Rückstandskonzept) zu erstellen und der zuständigen Behörde auf Verlangen vorzulegen. Das Rückstandskonzept hat Folgendes zu enthalten:

1. Angaben über Art, Masse, spezifische Aktivität und Verbleib der Rückstände, einschließlich Schätzungen der in den nächsten fünf Jahren anfallenden Rückstände, und
2. eine Darstellung der getroffenen und für die nächsten fünf Jahre geplanten Beseitigungs- oder Verwertungsmaßnahmen.

(3) Das Rückstandskonzept ist alle fünf Jahre oder auf Verlangen der zuständigen Behörde zu einem früheren Zeitpunkt fortzuschreiben.

(4) Der zur Anmeldung nach Absatz 1 Verpflichtete hat jährlich für das vorangegangene Jahr eine Bilanz über Art, Masse, spezifische Aktivität und Verbleib der verwerteten und beseitigten Rückstände (Rückstandsbilanz) zu erstellen, fünf Jahre lang aufzubewahren und der zuständigen Behörde auf Verlangen vorzulegen. Ergänzend kann die zuständige Behörde die Vorlage entsprechender Nachweise nach § 21 des Kreislaufwirtschaftsgesetzes verlangen.

(5) Die zuständige Behörde kann verlangen, dass Form und Inhalt des Rückstandskonzeptes und der Rückstandsbilanz bestimmten Anforderungen genügen, und die sachliche Richtigkeit überprüfen.

§ 61 Anfall und Lagerung überwachungsbedürftiger Rückstände; Verordnungsermächtigung

(1) Wer in eigener Verantwortung industrielle und bergbauliche Prozesse durchführt oder durchführen lässt, bei denen überwachungsbedürftige Rückstände anfallen, durch deren Lagerung, Verwertung oder Beseitigung für Einzelpersonen der Bevölkerung der Richtwert der effektiven Dosis von 1 Millisievert im Kalenderjahr überschritten werden kann, hat Maßnahmen zum Schutz der Bevölkerung zu ergreifen, um sicherzustellen, dass der Richtwert nicht überschritten wird, und sich hierzu von einer Person mit der erforderlichen Fachkunde im Strahlenschutz beraten zu lassen. Satz 1 gilt entsprechend für denjenigen, der überwachungsbedürftige Rückstände, die im Ausland angefallen und ins Inland verbracht worden sind, verwertet oder zur Verwertung annimmt.

(2) Rückstände sind überwachungsbedürftig, wenn nicht sichergestellt ist, dass bei ihrer Beseitigung oder Verwertung die durch Rechtsverordnung nach Satz 2 festgelegten Überwachungsgrenzen und Verwertungs- und Beseitigungswege eingehalten werden. Die Bundesregierung wird ermächtigt, durch Rechtsverordnung mit Zustimmung des Bundesrates die für Rückstände geltenden Überwachungsgrenzen und heranzuziehenden Verwertungs- und Beseitigungswege festzulegen.

(3) Anfallende Rückstände dürfen vor der beabsichtigten Beseitigung oder Verwertung nicht vermischt oder verdünnt werden, um die Überwachungsgrenzen gemäß Absatz 2 einzuhalten. Satz 1 gilt auch für im Ausland angefallene und zur Verwertung ins Inland verbrachte Rückstände.

(4) Werden die überwachungsbedürftigen Rückstände auf dem Betriebsgelände des nach Absatz 1 Verpflichteten gelagert, so hat dieser die Lagerung bei der zuständigen Behörde anzumelden. Die Beendigung der Lagerung ist der zuständigen Behörde unverzüglich mitzuteilen.

(5) Die zuständige Behörde kann verlangen, dass für die Rückstände, die nicht überwachungsbedürftig sind, die Einhaltung der durch Rechtsverordnung nach Absatz 2 Satz 2 bestimmten Überwachungsgrenzen und Verwertungs- und Beseitigungswege nachgewiesen wird. Sie kann hierfür technische Verfahren, geeignete Messverfahren und sonstige Anforderungen, insbesondere solche zur Ermittlung repräsentativer Messwerte der spezifischen Aktivität, festlegen.

(6) Der nach Absatz 1 Verpflichtete hat Rückstände vor ihrer Beseitigung oder Verwertung gegen Abhandenkommen und vor dem Zugriff durch Unbefugte zu sichern. Sie dürfen an andere Personen nur zum Zweck der Beseitigung oder Verwertung abgegeben werden.

(7) Die grenzüberschreitende Verbringung von Rückständen ins Inland zur Beseitigung ist verboten.

§ 62 Entlassung von Rückständen aus der Überwachung; Verordnungsermächtigung

(1) Der nach § 61 Absatz 1 Satz 1 Verpflichtete hat unter Angabe von Art, Masse und spezifischer Aktivität die beabsichtigte Verwertung oder Beseitigung der Rückstände bei der zuständigen Behörde unverzüglich anzumelden, sobald er deren

Überwachungsbedürftigkeit nach § 61 Absatz 2 festgestellt hat. Eine Anmeldung nach Satz 1 ist entbehrlich, wenn wegen der Art und spezifischen Aktivität der überwachungsbedürftigen Rückstände eine Anzeige nach § 63 Absatz 1 erstattet wird.

(2) Die zuständige Behörde entlässt auf Antrag des nach § 61 Absatz 1 Satz 1 Verpflichteten überwachungsbedürftige Rückstände zum Zweck einer bestimmten Verwertung oder Beseitigung aus der Überwachung, wenn

1. auf Grund der für die Verwertung oder Beseitigung getroffenen Maßnahmen der erforderliche Schutz der Bevölkerung vor Expositionen sichergestellt ist,
2. bei der Beseitigung oder Verwertung die Körperdosis der beruflich tätigen Personen die Werte für die Einstufung als beruflich exponierte Person nicht überschreiten kann und
3. keine Bedenken gegen die abfallrechtliche Zulässigkeit des vorgesehenen Verwertungs- oder Beseitigungsweges und seine Einhaltung bestehen.

Die Entlassung aus der Überwachung erfolgt durch schriftlichen Bescheid.

(3) Maßstab für den Schutz der Bevölkerung ist, dass als Richtwert für die Exposition von Einzelpersonen der Bevölkerung, die durch die Beseitigung oder Verwertung bedingt ist, eine effektive Dosis von 1 Millisievert im Kalenderjahr auch ohne weitere Maßnahmen nach Abschluss der Verwertung oder Beseitigung nicht überschritten wird. Sollen die überwachungsbedürftigen Rückstände als Bauprodukt verwertet werden, so ist Maßstab für den Schutz der Bevölkerung, dass die Anforderungen der §§ 133 bis 135 erfüllt sind.

(4) Die Exposition bei Rückständen ist unter Anwendung der Grundsätze der Rechtsverordnung nach Absatz 6 Nummer 1 zu ermitteln. Eine abfallrechtliche Verwertung oder Beseitigung überwachungsbedürftiger Rückstände ohne Entlassung aus der Überwachung ist nicht zulässig.

(5) Die Absätze 1 bis 4 gelten entsprechend für die Verbringung überwachungsbedürftiger Rückstände, die im Ausland angefallen sind. Wer beabsichtigt, im Ausland angefallene Rückstände zur Verwertung ins Inland zu verbringen, muss zuvor der zuständigen Behörde nachweisen, dass

1. die durch Rechtsverordnung nach § 61 Absatz 2 Satz 2 bestimmten Überwachungsgrenzen und Verwertungswege eingehalten werden oder
2. die Voraussetzungen der Entlassung aus der Überwachung zum Zweck einer bestimmten Verwertung vorliegen.

(6) Die Bundesregierung wird ermächtigt, durch Rechtsverordnung mit Zustimmung des Bundesrates

1. Grundsätze für die Ermittlung von Expositionen bei Rückständen festzulegen,
2. zu bestimmen, unter welchen Voraussetzungen die zuständige Behörde bei der Entlassung von Rückständen aus der Überwachung zur gemeinsamen Deponierung mit anderen Rückständen und Abfällen davon ausgehen kann, dass für die Exposition von Einzelpersonen der Bevölkerung, die durch die Beseitigung oder Verwertung bedingt ist, eine effektive Dosis im Bereich von 1 Millisievert im Kalenderjahr auch ohne weitere Maßnahmen nach Abschluss der Deponierung nicht überschritten wird und
3. zu bestimmen, in welchem Verfahren eine Entlassung überwachungsbedürftiger Rückstände aus der Überwachung erfolgt, insbesondere, wenn über-

wachungsbedürftige Rückstände als Bauprodukt verwertet werden sollen oder eine Verwertung oder Beseitigung in einem anderen Bundesland vorgesehen ist.

(7) Sofern eine Entlassung überwachungsbedürftiger Rückstände aus der Überwachung nach diesem Gesetz, dem Atomgesetz oder nach einer auf Grund dieses Gesetzes oder des Atomgesetzes erlassenen Rechtsverordnung die Beseitigung nach den Vorschriften des Kreislaufwirtschaftsgesetzes oder den auf dessen Grundlage oder auf der Grundlage des bis zum 1. Juni 2012 geltenden Kreislaufwirtschafts- und Abfallgesetzes erlassenen Rechtsverordnungen vorsieht, dürfen diese Rückstände nach den genannten Vorschriften nicht wieder verwendet oder verwertet werden.

§ 63 In der Überwachung verbleibende Rückstände; Verordnungsermächtigung

(1) Ist eine Entlassung aus der Überwachung nach § 62 Absatz 2 nicht möglich, so hat der nach § 61 Absatz 1 Satz 1 Verpflichtete der zuständigen Behörde Art, Masse und spezifische Aktivität der in der Überwachung verbleibenden Rückstände sowie eine geplante Beseitigung oder Verwertung dieser Rückstände oder die Abgabe zu diesem Zweck innerhalb der Frist nach Satz 2 anzuzeigen. Die Anzeige hat nach Ablehnung eines Antrags nach § 62 Absatz 2 innerhalb eines Monats, anderenfalls unverzüglich, nachdem der Verpflichtete die Überwachungsbedürftigkeit nach § 61 Absatz 2 festgestellt hat, zu erfolgen.

(2) Die zuständige Behörde kann anordnen, dass und welche Schutzmaßnahmen zu treffen sind und wie die in der Überwachung verbleibenden Rückstände bei einer von ihr zu bestimmenden Stelle weiter zu behandeln oder zu lagern sind.

(3) Die Bundesregierung wird ermächtigt, durch Rechtsverordnung mit Zustimmung des Bundesrates festzulegen, auf welche Weise in der Überwachung verbleibende Rückstände zu beseitigen sind.

§ 64 Entfernung von Kontaminationen von Grundstücken

(1) Wer industrielle oder bergbauliche Prozesse, bei denen überwachungsbedürftige Rückstände angefallen sind, beendet, hat Kontaminationen durch überwachungsbedürftige Rückstände vor Nutzung des Grundstücks durch Dritte, spätestens jedoch fünf Jahre nach Beendigung der Nutzung, so zu entfernen, dass die Rückstände keine Einschränkung der Nutzung begründen. Maßstab für eine Grundstücksnutzung ohne Einschränkungen ist, dass die Exposition, der Einzelpersonen der Bevölkerung durch die nicht entfernten Rückstände ausgesetzt sind, den Richtwert einer effektiven Dosis von 1 Millisievert im Kalenderjahr nicht überschreitet.

(2) Der nach Absatz 1 Satz 1 Verpflichtete hat der zuständigen Behörde den Abschluss der Entfernung der Kontaminationen unter Beifügung geeigneter Nachweise nach Satz 2 innerhalb von drei Monaten mitzuteilen. Der Nachweis nach Satz 1 ist unter Anwendung der Grundsätze, die in einer Rechtsverordnung nach § 62

Absatz 6 Nummer 1 festgelegt werden, zu erbringen. Die Behörde kann verlangen, dass der Verbleib der entfernten Kontaminationen nachgewiesen wird.
(3) Die zuständige Behörde kann im Einzelfall ganz oder teilweise von der Pflicht nach Absatz 1 befreien, wenn die vorgesehene Nutzung des Grundstücks oder Schutzmaßnahmen eine Exposition von mehr als 1 Millisievert effektive Dosis im Kalenderjahr für Einzelpersonen der Bevölkerung auch ohne Entfernung der Kontaminationen verhindern. Sie kann die Durchführung der Pflicht nach Absatz 1 auch zu einem späteren Zeitpunkt gestatten, wenn auf dem Grundstück weiterhin industrielle oder bergbauliche Prozesse nach § 61 Absatz 1 durchgeführt werden sollen.

§ 65 Überwachung sonstiger Materialien; Verordnungsermächtigung

(1) Kann durch Tätigkeiten nach § 4 Absatz 1 Satz 1 Nummer 10 mit Materialien, die im Inland oder im Ausland angefallen und die keine Rückstände sind oder durch die Ausübung von industriellen oder bergbaulichen Prozessen, bei denen solche Materialien anfallen, die Exposition von Einzelpersonen der Bevölkerung so erheblich erhöht werden, dass Strahlenschutzmaßnahmen notwendig sind, kann die zuständige Behörde Anordnungen treffen. Sie kann insbesondere anordnen,

1. dass und welche Schutzmaßnahmen zu ergreifen sind,
2. dass und wie die Materialien bei einer von ihr zu bestimmenden Stelle weiter zu behandeln oder zu lagern sind oder
3. dass derjenige, der Materialien angenommen hat, die im Ausland angefallen und ins Inland verbracht worden sind, diese an den ursprünglichen Besitzer im Versandstaat zurückführt.

(2) Die Bundesregierung wird ermächtigt, durch Rechtsverordnung mit Zustimmung des Bundesrates festzulegen, auf welche Weise Materialien zu beseitigen sind.

§ 66 Mitteilungspflichten zur Betriebsorganisation

Besteht bei juristischen Personen das vertretungsberechtigte Organ aus mehreren Mitgliedern oder sind bei sonstigen Personenvereinigungen mehrere vertretungsberechtigte Personen vorhanden, so ist der zuständigen Behörde mitzuteilen, wer von ihnen die Verpflichtungen nach diesem Unterabschnitt wahrnimmt. Die Gesamtverantwortung aller Organmitglieder oder vertretungsberechtigter Mitglieder der Personenvereinigung bleibt hiervon unberührt.

§ 67 Ausnahme von dem Erfordernis der Genehmigung und der Anzeige

Wer als Arbeitnehmer oder Arbeitnehmerin oder anderweitig unter der Aufsicht stehend im Rahmen einer nach diesem Gesetz genehmigungs- oder anzeigebedürftigen Tätigkeit beschäftigt wird, bedarf weder einer Genehmigung noch hat er oder sie eine Anzeige zu erstatten.

§ 68 Verordnungsermächtigung; Verwendungs- und Verwertungsverbot

(1) Die Bundesregierung wird ermächtigt, durch Rechtsverordnung mit Zustimmung des Bundesrates zu bestimmen,

1. unter welchen Voraussetzungen und mit welchen Nebenbestimmungen sowie in welchem Verfahren eine Freigabe radioaktiver Stoffe zum Zweck der Entlassung aus der Überwachung nach diesem Gesetz oder einer auf Grund dieses Gesetzes erlassenen Rechtsverordnung erfolgt,
2. wer die Freigabe beantragen kann und
3. welche Pflichten im Zusammenhang mit der Freigabe zu beachten sind, insbesondere dass und auf welche Weise über diese Stoffe Buch zu führen und der zuständigen Behörde Mitteilung zu erstatten ist.

In der Rechtsverordnung können auch das Verfahren und die Mitteilungspflichten für die Fälle geregelt werden, in denen die Voraussetzungen für die Freigabe nicht mehr bestehen.

(2) Sofern eine Freigabe radioaktiver Stoffe nach einer auf Grund dieses Gesetzes erlassenen Rechtsverordnung die Beseitigung nach den Vorschriften des Kreislaufwirtschaftsgesetzes oder den auf dessen Grundlage oder auf der Grundlage des bis zum 1. Juni 2012 geltenden Kreislaufwirtschafts- und Abfallgesetzes erlassenen Rechtsverordnungen vorsieht, dürfen diese Stoffe nach den genannten Vorschriften nicht wieder verwendet oder verwertet werden.

§ 69 Strahlenschutzverantwortlicher

(1) Strahlenschutzverantwortlicher ist, wer

1. einer Genehmigung nach § 10, § 12 Absatz 1, § 25 oder § 27, einer Genehmigung nach den §§ 4, 6, 7 oder 9 des Atomgesetzes, der Planfeststellung nach § 9b des Atomgesetzes oder der Genehmigung nach § 9b Absatz 1a des Atomgesetzes bedarf,
2. eine Tätigkeit nach § 5 des Atomgesetzes ausübt,
3. eine Anzeige nach den §§ 17, 19, 22, 26, 50, 52, 56 oder 59 zu erstatten hat oder
4. auf Grund des § 12 Absatz 4 keiner Genehmigung nach § 12 Absatz 1 Nummer 3 bedarf.

(2) Handelt es sich bei dem Strahlenschutzverantwortlichen um eine juristische Person oder um eine rechtsfähige Personengesellschaft, so werden die Aufgaben des Strahlenschutzverantwortlichen von der durch Gesetz, Satzung oder Gesellschaftsvertrag zur Vertretung berechtigten Person wahrgenommen. Besteht das vertretungsberechtigte Organ aus mehreren Mitgliedern oder sind bei sonstigen Personenvereinigungen mehrere vertretungsberechtigte Personen vorhanden, so ist der zuständigen Behörde mitzuteilen, welche dieser Personen die Aufgaben des Strahlenschutzverantwortlichen wahrnimmt. Die Gesamtverantwortung aller Organmitglieder oder Mitglieder der Personenvereinigung bleibt hiervon unberührt.

§ 70 Strahlenschutzbeauftragter

(1) Der Strahlenschutzverantwortliche hat für die Leitung oder Beaufsichtigung einer Tätigkeit die erforderliche Anzahl von Strahlenschutzbeauftragten unverzüglich schriftlich zu bestellen, soweit dies für die Gewährleistung des Strahlenschutzes bei der Tätigkeit notwendig ist. Der Strahlenschutzverantwortliche bleibt auch im Falle einer solchen Bestellung für die Einhaltung der Pflichten, die ihm durch dieses Gesetz und durch die auf seiner Grundlage erlassenen Rechtsverordnungen auferlegt sind, verantwortlich.

(2) Der Strahlenschutzverantwortliche hat bei der Bestellung eines Strahlenschutzbeauftragten dessen Aufgaben, dessen innerbetrieblichen Entscheidungsbereich und die zur Aufgabenwahrnehmung erforderlichen Befugnisse schriftlich festzulegen. Dem Strahlenschutzbeauftragten obliegen die Pflichten, die ihm durch dieses Gesetz und durch die auf dessen Grundlage ergangenen Rechtsverordnungen auferlegt sind, nur im Rahmen seiner Befugnisse.

(3) Es dürfen nur Personen zu Strahlenschutzbeauftragten bestellt werden, bei denen keine Tatsachen vorliegen, aus denen sich Bedenken gegen ihre Zuverlässigkeit ergeben und die die erforderliche Fachkunde im Strahlenschutz besitzen.

(4) Die Bestellung eines Strahlenschutzbeauftragten hat der Strahlenschutzverantwortliche der zuständigen Behörde unter Angabe der festgelegten Aufgaben und Befugnisse unverzüglich schriftlich mitzuteilen. Der Mitteilung ist die Bescheinigung über die erforderliche Fachkunde im Strahlenschutz beizufügen. Dem Strahlenschutzbeauftragten und dem Betriebsrat oder dem Personalrat ist je eine Abschrift der Mitteilung zu übermitteln. Die Sätze 1 und 3 gelten entsprechend im Falle der Änderung der Aufgaben oder Befugnisse eines Strahlenschutzbeauftragten sowie im Falle des Ausscheidens des Strahlenschutzbeauftragten aus seiner Funktion. Satz 2 gilt im Falle der Änderung entsprechend, falls es eine Erweiterung der Aufgaben oder Befugnisse eines Strahlenschutzbeauftragten gibt.

(5) Die zuständige Behörde kann gegenüber dem Strahlenschutzverantwortlichen feststellen, dass eine Person nicht als Strahlenschutzbeauftragter anzusehen ist, wenn die Person auf Grund unzureichender Befugnisse, unzureichender Fachkunde im Strahlenschutz, fehlender Zuverlässigkeit oder aus anderen Gründen ihre Pflichten als Strahlenschutzbeauftragter nur unzureichend erfüllen kann.

(6) Der Strahlenschutzbeauftragte darf bei der Erfüllung seiner Pflichten nicht behindert und wegen deren Erfüllung nicht benachteiligt werden. Steht der Strahlenschutzbeauftragte in einem Arbeitsverhältnis mit dem zur Bestellung verpflichteten Strahlenschutzverantwortlichen, so ist die Kündigung des Arbeitsverhältnisses unzulässig, es sei denn, es liegen Tatsachen vor, die den Strahlenschutzverantwortlichen zur Kündigung aus wichtigem Grund ohne Einhaltung einer Kündigungsfrist berechtigen. Nach der Abberufung als Strahlenschutzbeauftragter ist die Kündigung innerhalb eines Jahres nach der Beendigung der Bestellung unzulässig, es sei denn, der Strahlenschutzverantwortliche ist zur Kündigung aus wichtigem Grund ohne Einhaltung einer Kündigungsfrist berechtigt.

(7) Strahlenschutzbeauftragte, die für das Aufsuchen, das Gewinnen oder das Aufbereiten radioaktiver Bodenschätze zu bestellen sind, müssen als verantwortliche Person zur Leitung oder Beaufsichtigung des Betriebes oder eines Betriebsteiles

nach § 58 Absatz 1 Nummer 2 des Bundesberggesetzes bestellt sein, wenn auf diese Tätigkeiten die Vorschriften des Bundesberggesetzes Anwendung finden.

§ 71 Betriebliche Zusammenarbeit im Strahlenschutz

(1) Der Strahlenschutzverantwortliche hat den Strahlenschutzbeauftragten unverzüglich über alle Verwaltungsakte und Maßnahmen, die Aufgaben oder Befugnisse des Strahlenschutzbeauftragten betreffen, zu unterrichten.

(2) Der Strahlenschutzbeauftragte hat dem Strahlenschutzverantwortlichen unverzüglich alle Mängel mitzuteilen, die den Strahlenschutz beeinträchtigen. Kann sich der Strahlenschutzbeauftragte über eine von ihm vorgeschlagene Maßnahme zur Behebung von aufgetretenen Mängeln mit dem Strahlenschutzverantwortlichen nicht einigen, so hat dieser dem Strahlenschutzbeauftragten die Ablehnung des Vorschlages schriftlich mitzuteilen und zu begründen; dem Betriebsrat oder dem Personalrat sowie der zuständigen Behörde hat der Strahlenschutzverantwortliche je eine Abschrift der Mitteilung einschließlich der Begründung zu übermitteln. Unterbleibt die Mitteilung oder die Übermittlung an die zuständige Behörde, so kann der Strahlenschutzbeauftragte sich direkt an die zuständige Behörde wenden.

(3) Der Strahlenschutzverantwortliche und der Strahlenschutzbeauftragte haben bei der Wahrnehmung ihrer Aufgaben mit dem Betriebsrat oder dem Personalrat, den Fachkräften für Arbeitssicherheit und dem ermächtigten Arzt nach § 79 Absatz 1 Satz 2 Nummer 9 Buchstabe a zusammenzuarbeiten und sie über wichtige Angelegenheiten des Strahlenschutzes zu unterrichten. Der Strahlenschutzbeauftragte hat den Betriebsrat oder Personalrat auf dessen Verlangen in Angelegenheiten des Strahlenschutzes zu beraten.

§ 72 Weitere Pflichten des Strahlenschutzverantwortlichen und des Strahlenschutzbeauftragten; Verordnungsermächtigung

(1) Der Strahlenschutzverantwortliche hat bei Tätigkeiten nach § 4 Absatz 1 Satz 1 Nummer 1 bis 7 und 9 unter Beachtung des Standes von Wissenschaft und Technik, bei Tätigkeiten nach § 4 Absatz 1 Satz 1 Nummer 8, 10 und 11 unter Beachtung des Standes der Technik, zum Schutz des Menschen und der Umwelt vor den schädlichen Wirkungen ionisierender Strahlung durch geeignete Schutzmaßnahmen, insbesondere durch Bereitstellung geeigneter Räume, Ausrüstungen und Geräte, durch geeignete Regelung des Betriebsablaufs und durch Bereitstellung ausreichenden und geeigneten Personals, dafür zu sorgen, dass

1. im Sinne des § 8 Absatz 1 jede unnötige Exposition oder Kontamination von Mensch und Umwelt vermieden wird und im Sinne des § 8 Absatz 2 jede Exposition oder Kontamination von Mensch und Umwelt unter Berücksichtigung aller Umstände des Einzelfalls auch unterhalb der Grenzwerte so gering wie möglich gehalten wird;
2. die folgenden Vorschriften eingehalten werden:
   a) § 27 Absatz 3, § 77 Satz 1, § 78 Absatz 1 bis 4, § 80 Absatz 1 und 2, § 83 Absatz 1, 3 Satz 1 und 4 und Absatz 5 und § 166 sowie nach Maßgabe des

§ 115 Absatz 1 Nummer 1 und Absatz 2 Nummer 1 die Vorschriften der §§ 113, 114 und 116 und

b) § 76 Absatz 2, § 85 Absatz 1 bis 3, § 90 Absatz 2, die §§ 167 und 168;

3. die Vorschriften und Schutzvorschriften einer auf Grund der §§ 24, 37 Absatz 1, von § 68 Absatz 1, der §§ 73, 76 Absatz 1, von § 79 Absatz 1, der §§ 81, 82, 85 Absatz 4, der §§ 86, 87, 89, 90 Absatz 1, von § 170 Absatz 9, § 171 erlassenen Rechtsverordnung eingehalten werden, soweit die Rechtsverordnung dies bestimmt, und

4. die erforderlichen Maßnahmen gegen ein unbeabsichtigtes Kritischwerden von Kernbrennstoffen getroffen werden.

Für Tätigkeiten nach § 4 Absatz 1 Satz 2 gilt Satz 1 entsprechend.

(2) Der Strahlenschutzbeauftragte hat dafür zu sorgen, dass

1. im Rahmen der ihm nach § 70 Absatz 2 übertragenen Aufgaben und Befugnisse
   a) die in Absatz 1 Satz 1 Nummer 1 und 2 genannten Vorschriften eingehalten werden,
   b) die in Absatz 1 Satz 1 Nummer 3 genannten Vorschriften und Schutzvorschriften eingehalten werden,

   soweit nicht auf Grund der Rechtsverordnung nach Satz 2 allein der Strahlenschutzverantwortliche für die Einhaltung zu sorgen hat, und

2. die Bestimmungen des Bescheides über die Genehmigung, Freigabe oder Bauartzulassung und die von der zuständigen Behörde erlassenen Anordnungen und Auflagen eingehalten werden, soweit ihm deren Durchführung und Erfüllung nach § 70 Absatz 2 übertragen worden sind.

Die Bundesregierung wird ermächtigt, durch Rechtsverordnung mit Zustimmung des Bundesrates festzulegen, dass für die Einhaltung bestimmter in Absatz 1 Satz 1 Nummer 3 genannter Vorschriften und Schutzvorschriften allein der Strahlenschutzverantwortliche zu sorgen hat. Die Bundesregierung wird ermächtigt, durch Rechtsverordnung mit Zustimmung des Bundesrates festzulegen, wie die Befugnisse des nach § 29 Absatz 1 Satz 1 Nummer 3 erforderlichen Strahlenschutzbeauftragten auszugestalten sind.

(3) Der Strahlenschutzverantwortliche und der Strahlenschutzbeauftragte haben dafür zu sorgen, dass bei Gefahr für Mensch und Umwelt unverzüglich geeignete Maßnahmen zur Abwendung dieser Gefahr getroffen werden.

§ 73 Verordnungsermächtigung für den Erlass einer Strahlenschutzanweisung

Die Bundesregierung wird ermächtigt, durch Rechtsverordnung mit Zustimmung des Bundesrates festzulegen, dass der Strahlenschutzverantwortliche eine Strahlenschutzanweisung zu erlassen hat und welchen Inhalt die Strahlenschutzanweisung haben muss.

§ 74 Erforderliche Fachkunde und Kenntnisse im Strahlenschutz; Verordnungsermächtigungen

(1) Die erforderliche Fachkunde im Strahlenschutz wird in der Regel durch eine für das jeweilige Anwendungsgebiet geeignete Ausbildung, durch praktische Erfahrung und durch die erfolgreiche Teilnahme an von der zuständigen Stelle anerkannten Kursen erworben.

(2) Die erforderlichen Kenntnisse im Strahlenschutz werden in der Regel durch eine für das jeweilige Anwendungsgebiet geeignete Einweisung und durch praktische Erfahrung erworben. Die in einer Rechtsverordnung nach Absatz 4 Nummer 5 bestimmten Personen erwerben in der Regel die erforderlichen Kenntnisse im Strahlenschutz durch eine geeignete Ausbildung, durch praktische Erfahrung und durch die erfolgreiche Teilnahme an von der zuständigen Stelle anerkannten Kursen.

(3) Die Bundesregierung wird ermächtigt, durch Rechtsverordnung mit Zustimmung des Bundesrates Näheres über die erforderliche Fachkunde und die erforderlichen Kenntnisse im Strahlenschutz in Abhängigkeit von dem Anwendungsgebiet und den Aufgaben der Person, die die erforderliche Fachkunde im Strahlenschutz oder die erforderlichen Kenntnisse im Strahlenschutz besitzen muss, festzulegen.

(4) Die Bundesregierung wird auch ermächtigt, durch Rechtsverordnung mit Zustimmung des Bundesrates zu bestimmen,

1. welche Nachweise über die erforderliche Fachkunde im Strahlenschutz oder die erforderlichen Kenntnisse im Strahlenschutz zu erbringen sind,
2. dass und auf welche Weise das Vorliegen der erforderlichen Fachkunde im Strahlenschutz oder der erforderlichen Kenntnisse im Strahlenschutz geprüft und bescheinigt wird,
3. welche Anforderungen an die Anerkennung von Kursen zum Erwerb der erforderlichen Fachkunde im Strahlenschutz oder der erforderlichen Kenntnisse im Strahlenschutz, an die Anerkennung einer Berufsausbildung, die den Erwerb der erforderlichen Fachkunde im Strahlenschutz oder der erforderlichen Kenntnisse im Strahlenschutz beinhaltet, sowie an Kurse zu ihrer Aktualisierung zu stellen sind,
4. welche Inhalte in den Kursen zum Erwerb der erforderlichen Fachkunde im Strahlenschutz oder der erforderlichen Kenntnisse im Strahlenschutz und zu ihrer Aktualisierung zu vermitteln sind,
5. welche Personen die erforderlichen Kenntnisse im Strahlenschutz nach Absatz 2 Satz 2 zu erwerben haben,
6. dass, in welchen Abständen und auf welche Weise Personen die erforderliche Fachkunde oder Kenntnisse im Strahlenschutz zu aktualisieren haben,
7. unter welchen Voraussetzungen eine vergleichbare Fachkunde im Strahlenschutz oder vergleichbare Kenntnisse im Strahlenschutz, die außerhalb des Geltungsbereichs dieses Gesetzes erworben wurden, oder die Teilnahme an einem Kurs, der außerhalb des Geltungsbereichs dieses Gesetzes stattgefunden hat, anerkannt werden können,
8. unter welchen Voraussetzungen die zuständige Stelle eine Bescheinigung über die erforderliche Fachkunde im Strahlenschutz oder die erforderlichen Kennt-

nisse im Strahlenschutz entziehen kann, die Fortgeltung der Bescheinigung mit Auflagen versehen kann oder eine Überprüfung der Fachkunde oder der Kenntnisse veranlassen kann und

9. welche Pflichten für Kursanbieter in Bezug auf die Zusammenarbeit mit den zuständigen Stellen und Behörden gelten.

§ 75 Überprüfung der Zuverlässigkeit

Für die Überprüfung der Zuverlässigkeit von Personen zum Schutz gegen unbefugte Handlungen, die zu einer Entwendung oder Freisetzung sonstiger radioaktiver Stoffe führen können, sind § 12b des Atomgesetzes und die Atomrechtliche Zuverlässigkeitsüberprüfungs-Verordnung anzuwenden.

§ 76 Verordnungsermächtigungen für die physikalische Strahlenschutzkontrolle und Strahlenschutzbereiche; Aufzeichnungs- und Mitteilungspflichten der Daten der Körperdosis

(1) Die Bundesregierung wird ermächtigt, durch Rechtsverordnung mit Zustimmung des Bundesrates Anforderungen an die physikalische Strahlenschutzkontrolle festzulegen sowie Vorgaben für Überwachungsbereiche, Kontrollbereiche und Sperrbereiche als Teil des Kontrollbereichs (Strahlenschutzbereiche) und den Schutz von Personen, die sich in Strahlenschutzbereichen aufhalten, zu machen. In der Rechtsverordnung kann insbesondere festgelegt werden,

1. wann Strahlenschutzbereiche einzurichten sind und welche Merkmale sie erfüllen müssen,
2. wie Strahlenschutzbereiche abzugrenzen, zu sichern und zu kennzeichnen sind,
3. unter welchen Bedingungen Personen der Zutritt zu Strahlenschutzbereichen erlaubt wird,
4. dass Personen vor dem Zutritt zu Strahlenschutzbereichen, vor dem Einsatz als fliegendes oder raumfahrendes Personal oder vor dem Umgang mit radioaktiven Stoffen oder vor dem Betrieb von Anlagen zur Erzeugung ionisierender Strahlung, Röntgeneinrichtungen oder Störstrahlern oder vor der Beförderung radioaktiver Stoffe zu unterweisen sind, welchen Inhalt die Unterweisungen haben müssen, in welchen Zeitabständen die Unterweisung zu erfolgen hat,
5. dass aufzuzeichnen ist, wer an der Unterweisung nach Nummer 4 teilgenommen hat, wie lange die Aufzeichnung aufzubewahren und unter welchen Voraussetzungen sie der zuständigen Behörde vorzulegen ist,
6. dass persönliche Schutzausrüstungen zu verwenden sind und welche persönlichen Schutzausrüstungen zu verwenden sind,
7. dass und wie die messtechnische Überwachung zu erfolgen hat, einschließlich der Verwendung bestimmter Strahlungsmessgeräte,
8. wie Personen, die sich in Strahlenschutzbereichen aufhalten oder aufgehalten haben, zu überwachen sind, einschließlich der Pflicht dieser Personen, Dosimeter zu tragen,

9. dass aufzuzeichnen ist, wer sich in Strahlenschutzbereichen aufgehalten hat und welche Ergebnisse die Überwachung hat, dass und wie lange die Aufzeichnungen aufzubewahren sind, dass und unter welchen Voraussetzungen sie der zuständigen Behörde vorzulegen sind und unter welchen Voraussetzungen die Ergebnisse der Überwachung ermächtigten Ärzten und Arbeitgebern mitzuteilen sind,
10. dass und in welchem Umfang Personen, die einer beruflichen Exposition ausgesetzt sein können oder die sich in einem Strahlenschutzbereich aufhalten oder aufgehalten haben, verpflichtet sind, sich Messungen zur Bestimmung der Körperdosis, ärztlicher Untersuchung und, soweit zum Schutz anderer Personen oder der Allgemeinheit erforderlich, ärztlicher Behandlung zu unterziehen, und dass die Untersuchung oder die Behandlung durch ermächtigte Ärzte vorzunehmen ist,
11. dass, wie und durch wen die Körperdosis zu ermitteln ist,
12. welche technischen und organisatorischen Anforderungen für die nach Absatz 2, nach § 85 Absatz 1 Nummer 3 Buchstabe b sowie nach den §§ 167 und 168 erforderliche Aufzeichnung, Aufbewahrung, Weitergabe und Übermittlung der ermittelten Daten zur Körperdosis gelten,
13. welche Dosimeter zur Messung der beruflichen Exposition verwendet werden dürfen und dass sie der zu überwachenden Person zur Verfügung zu stellen sind,
14. welche Anforderungen an die Anerkennung eines Rechenprogramms zur Ermittlung der Körperdosis des fliegenden Personals zu stellen sind,
15. welche Schutzmaßnahmen in Strahlenschutzbereichen und beim Verlassen von Strahlenschutzbereichen zu ergreifen sind, um Kontaminationen von Personen und Gegenständen festzustellen und zu beseitigen sowie Aktivierungen von Gegenständen festzustellen und welche Werte der oberflächenspezifischen und spezifischen Aktivität hierfür heranzuziehen sind sowie welche Anforderungen an mit der Dekontamination betraute Personen zu stellen sind,
16. welche Vorkehrungen zum Schutz der Feuerwehr vor der schädlichen Wirkung ionisierender Strahlung bei der Brandbekämpfung zu treffen sind und
17. welche weiteren Aufzeichnungs-, Aufbewahrungs-, Mitteilungs- und Vorlagepflichten im Zusammenhang mit den Pflichten nach den Nummern 1 bis 16 bestehen.

Die Rechtsverordnung kann auch diejenigen Vorschriften der Rechtsverordnung festlegen, für deren Einhaltung der Strahlenschutzverantwortliche zu sorgen hat.

(2) Der Strahlenschutzverantwortliche hat dafür zu sorgen, dass die Ergebnisse der nach der Rechtsverordnung nach Absatz 1 Satz 2 Nummer 11 ermittelten Daten zur Körperdosis von Personen, die der physikalischen Strahlenschutzkontrolle unterliegen oder sich in Strahlenschutzbereichen aufgehalten haben und weder einer beruflichen Exposition unterliegen noch Betreuungs- und Begleitpersonen sind, unverzüglich aufgezeichnet werden. Die Aufzeichnungen sind zehn Jahre ab dem Zeitpunkt der Erstellung aufzubewahren und der zuständigen Behörde auf Verlangen vorzulegen.

(3) Das Grundrecht auf körperliche Unversehrtheit (Artikel 2 Absatz 2 Satz 1 des Grundgesetzes) wird nach Maßgabe des Absatzes 1 Satz 2 Nummer 10 eingeschränkt.

§ 77 Grenzwert für die Berufslebensdosis

Der Grenzwert für die Summe der in allen Kalenderjahren ermittelten effektiven Dosen beruflich exponierter Personen beträgt 400 Millisievert. Die zuständige Behörde kann im Benehmen mit einem ermächtigten Arzt eine zusätzliche berufliche Exposition zulassen, wenn diese nicht mehr als 10 Millisievert effektive Dosis im Kalenderjahr beträgt und die beruflich exponierte Person einwilligt. Die Einwilligung ist schriftlich zu erteilen.

§ 78 Grenzwerte für beruflich exponierte Personen

(1) Der Grenzwert der effektiven Dosis beträgt für beruflich exponierte Personen 20 Millisievert im Kalenderjahr. Die zuständige Behörde kann im Einzelfall für ein einzelnes Jahr eine effektive Dosis von 50 Millisievert zulassen, wobei in fünf aufeinander folgenden Jahren insgesamt 100 Millisievert nicht überschritten werden dürfen.

(2) Der Grenzwert der Organ-Äquivalentdosis beträgt für beruflich exponierte Personen

1. für die Augenlinse 20 Millisievert im Kalenderjahr,
2. für die Haut, gemittelt über jede beliebige Hautfläche von einem Quadratzentimeter, unabhängig von der exponierten Fläche, (lokale Hautdosis) 500 Millisievert im Kalenderjahr und
3. für die Hände, die Unterarme, die Füße und Knöchel jeweils 500 Millisievert im Kalenderjahr.

Für die Organ-Äquivalentdosis der Augenlinse gilt Absatz 1 Satz 2 entsprechend.

(3) Für beruflich exponierte Personen unter 18 Jahren beträgt der Grenzwert der effektiven Dosis 1 Millisievert im Kalenderjahr. Der Grenzwert der Organ-Äquivalentdosis beträgt

1. für die Augenlinse 15 Millisievert im Kalenderjahr,
2. für die lokale Hautdosis 50 Millisievert im Kalenderjahr,
3. für die Hände, die Unterarme, die Füße und Knöchel jeweils 50 Millisievert im Kalenderjahr.

Abweichend davon kann die zuständige Behörde für Auszubildende und Studierende im Alter zwischen 16 und 18 Jahren einen Grenzwert von 6 Millisievert im Kalenderjahr für die effektive Dosis und jeweils 150 Millisievert im Kalenderjahr für die Organ-Äquivalentdosis der Haut, der Hände, der Unterarme, der Füße und Knöchel zulassen, wenn dies zur Erreichung des Ausbildungszieles notwendig ist.

(4) Bei gebärfähigen Frauen beträgt der Grenzwert für die Organ-Äquivalentdosis der Gebärmutter 2 Millisievert im Monat. Für ein ungeborenes Kind, das auf Grund der Beschäftigung der Mutter einer Exposition ausgesetzt ist, beträgt der Grenzwert der effektiven Dosis vom Zeitpunkt der Mitteilung über die Schwangerschaft bis zu deren Ende 1 Millisievert.

(5) Die Befugnis der zuständigen Behörde nach der Rechtsverordnung nach § 79 Absatz 1 Satz 2 Nummer 1, unter außergewöhnlichen, im Einzelfall zu beurteilenden Umständen zur Durchführung notwendiger spezifischer Arbeitsvorgänge Expositionen zuzulassen, die von den Grenzwerten der Absätze 1 und 2 und Absatz 4 Satz 1 abweichen, bleibt unberührt.

§ 79 Verordnungsermächtigung für die berufliche Exposition; Führung einer Gesundheitsakte

(1) Die Bundesregierung wird ermächtigt, durch Rechtsverordnung mit Zustimmung des Bundesrates festzulegen, welche Vorsorge- und Überwachungsmaßnahmen für den Schutz von Personen, die einer beruflichen Exposition unterliegen, zu treffen sind. In der Rechtsverordnung kann insbesondere festgelegt werden,

1. unter welchen Voraussetzungen eine Weiterbeschäftigung als beruflich exponierte Person bei Grenzwertüberschreitung zulässig ist und unter welchen Voraussetzungen von den Grenzwerten abweichende Expositionen zugelassen werden können,
2. in welchen Fällen, auf welche Weise und durch wen Dosisrichtwerte für berufliche Expositionen festgelegt werden können und wer diese Dosisrichtwerte bei der Durchführung von Strahlenschutzmaßnahmen zu berücksichtigen hat,
3. dass und wie Schutzvorkehrungen vor äußerer und innerer Exposition getroffen werden, welche Beschäftigungsverbote und Beschäftigungsbeschränkungen für Personen unter 18 Jahren gelten sowie Ausnahmen von diesen Verboten und Beschränkungen,
4. welche besonderen Schutzmaßnahmen für eine schwangere oder stillende Frau und ihr Kind zu treffen sind,
5. dass Personen zum Zweck der Kontrolle und ärztlichen Überwachung Kategorien zugeordnet werden,
6. in welchen Fällen Personen nur nach Vorlage einer Bescheinigung ermächtigter Ärzte so beschäftigt werden dürfen, dass sie einer beruflichen Exposition ausgesetzt sind, und dass die zuständige Behörde bei gesundheitlichen Bedenken gegen eine solche Beschäftigung nach Einholung eines Gutachtens ärztlicher Sachverständiger entscheidet, dass die ärztliche Untersuchung in regelmäßigen Abständen zu wiederholen ist und auch in kürzeren Abständen sowie nach Beendigung des Arbeitsverhältnisses angeordnet werden kann,
7. welche Unterlagen, einschließlich der Gesundheitsakte nach Nummer 10, ein ermächtigter Arzt für die Anfertigung der Bescheinigung nach Nummer 6 heranzuziehen hat, welche Angaben die Bescheinigung enthalten muss und welches Verfahren bei der Ausstellung der Bescheinigung zu beachten ist,
8. in welchen Fällen bei einer Person eine besondere ärztliche Überwachung durchzuführen ist und wie diese durchzuführen ist,
9. dass und unter welchen Voraussetzungen
   a) die zuständige Behörde Ärzte zur ärztlichen Überwachung exponierter Personen ermächtigen darf (ermächtigte Ärzte),
   b) die Ermächtigung befristet werden kann,

10. welche Aufgaben und Verpflichtungen, einschließlich der Pflicht zur Führung von Gesundheitsakten, die ermächtigten Ärzte haben,
11. dass und unter welchen Voraussetzungen ein ermächtigter Arzt
    a) die Bescheinigung nach Nummer 6 dem Strahlenschutzverantwortlichen, der untersuchten Person, einem anderen ermächtigten Arzt und der zuständigen Behörde zu übermitteln hat,
    b) die Gesundheitsakte einem anderen ermächtigten Arzt und, bei Beendigung der Ermächtigung, einer von der zuständigen Behörde benannten Stelle zu übermitteln hat,
12. dass bei der Aufstellung der Arbeitspläne für das fliegende Personal der ermittelten Exposition im Hinblick auf eine Verringerung der Dosen Rechnung zu tragen ist,
13. welche weiteren Aufzeichnungs-, Aufbewahrungs-, Mitteilungs- und Vorlagepflichten im Zusammenhang mit den Pflichten nach den Nummern 1 bis 12 bestehen.

Die Rechtsverordnung kann auch diejenigen Vorschriften der Rechtsverordnung festlegen, für deren Einhaltung der Strahlenschutzverantwortliche zu sorgen hat.

(2) Die Gesundheitsakte nach der Rechtsverordnung nach Absatz 1 Satz 2 Nummer 10 hat die folgenden Angaben zu enthalten:
1. Angaben über die Arbeitsbedingungen,
2. Angaben über die Ergebnisse der ärztlichen Überwachung,
3. die ärztliche Bescheinigung nach Absatz 1 Satz 2 Nummer 6,
4. Angaben über die Ergebnisse der besonderen ärztlichen Überwachung nach Absatz 1 Satz 2 Nummer 8,
5. Angaben über die Entscheidung der zuständigen Behörde auf Grund der Rechtsverordnung nach Absatz 1 Satz 2 Nummer 6,
    a) dass die ärztliche Überwachung innerhalb eines kürzeren Zeitraums als dem in der Rechtsverordnung festgelegten Zeitraum durchzuführen ist,
    b) bei gesundheitlichen Bedenken gegen eine Beschäftigung, einschließlich des Gutachtens des ärztlichen Sachverständigen, und
6. Angaben über die erhaltene Körperdosis.

(3) Die Gesundheitsakte ist während der Tätigkeit der beruflich exponierten Person auf dem neuesten Stand zu halten. Sie ist so lange aufzubewahren, bis die Person das 75. Lebensjahr vollendet hat oder vollendet hätte, mindestens jedoch 30 Jahre nach Beendigung der Wahrnehmung von Aufgaben als beruflich exponierte Person. Sie ist spätestens 100 Jahre nach der Geburt der überwachten Person zu vernichten.

(4) Der ermächtigte Arzt nach Absatz 1 Satz 2 Nummer 9 Buchstabe a ist verpflichtet, die Gesundheitsakte auf Verlangen der zuständigen Behörde einer von ihr bestimmten Stelle zur Einsicht vorzulegen und bei Beendigung der Ermächtigung zu übergeben. Dabei ist durch geeignete Maßnahmen sicherzustellen, dass die Wahrung des Patientengeheimnisses durch die bestimmte Stelle gewährleistet ist. Der ermächtigte Arzt hat der untersuchten Person auf ihr Verlangen Einsicht in ihre Gesundheitsakte zu gewähren.

(5) Das Grundrecht auf körperliche Unversehrtheit (Artikel 2 Absatz 2 Satz 1 des Grundgesetzes) wird nach Maßgabe des Absatzes 1 Satz 2 Nummer 6 und 8 eingeschränkt.

§ 80 Grenzwerte für die Exposition der Bevölkerung

(1) Für Einzelpersonen der Bevölkerung beträgt der Grenzwert der Summe der effektiven Dosen 1 Millisievert im Kalenderjahr durch Expositionen aus
1. genehmigungs- oder anzeigebedürftigen Tätigkeiten nach diesem Gesetz oder dem Atomgesetz,
2. der staatlichen Verwahrung von Kernbrennstoffen nach § 5 Absatz 3 Satz 1 des Atomgesetzes,
3. der planfeststellungsbedürftigen Errichtung, dem planfeststellungsbedürftigen Betrieb oder der planfeststellungsbedürftigen Stillegung der in § 9a Absatz 3 des Atomgesetzes genannten Anlagen des Bundes und
4. dem Aufsuchen, Gewinnen oder Aufbereiten von radioaktiven Bodenschätzen, wenn dies der Betriebsplanpflicht nach § 51 des Bundesberggesetzes unterliegt.

(2) Der Grenzwert der Summe der Organ-Äquivalentdosen für Einzelpersonen der Bevölkerung beträgt
1. für die Augenlinse 15 Millisievert im Kalenderjahr und
2. für die lokale Hautdosis 50 Millisievert im Kalenderjahr.

(3) Expositionen auf Grund nichtmedizinischer Anwendung nach § 83 Absatz 1 Nummer 2 werden bei den Grenzwerten für Einzelpersonen der Bevölkerung nicht berücksichtigt.

(4) Die zuständige Behörde hat darauf hinzuwirken, dass bei mehreren zu betrachtenden genehmigungs- oder anzeigebedürftigen Tätigkeiten die in den Absätzen 1 und 2 genannten Grenzwerte insgesamt eingehalten werden.

§ 81 Verordnungsermächtigung für den Schutz der Bevölkerung und der Umwelt

Die Bundesregierung wird ermächtigt, durch Rechtsverordnung mit Zustimmung des Bundesrates festzulegen, welche Vorsorge- und Überwachungsmaßnahmen für den Schutz von Einzelpersonen der Bevölkerung in Zusammenhang mit geplanten Expositionssituationen zu treffen sind, damit bestimmte Körperdosen und bestimmte Konzentrationen radioaktiver Stoffe in Luft und Wasser nicht überschritten werden. In der Rechtsverordnung kann insbesondere festgelegt werden,
1. bei der Planung oder bei der Ausübung welcher Tätigkeiten die zu erwartende Exposition von Einzelpersonen der Bevölkerung zu ermitteln ist und welche Expositionen aus weiteren Tätigkeiten bei der Ermittlung zu berücksichtigen sind sowie welche Angaben der zuständigen Behörde zur Wahrnehmung der Aufgabe nach § 80 Absatz 4 zu übermitteln sind,
2. für welche genehmigten oder angezeigten Tätigkeiten die erhaltene Exposition von Einzelpersonen der Bevölkerung zu ermitteln ist und welche Angaben der Strahlenschutzverantwortliche hierzu der zuständigen Behörde zu übermitteln hat,

3. dass und auf welche Weise die Ermittlung der erhaltenen Exposition zu dokumentieren ist,
4. auf welche Weise und unter welchen Annahmen die Exposition von Einzelpersonen der Bevölkerung zu ermitteln ist und welche Beiträge bei der Bildung der Summe der Körperdosen nach § 80 Absatz 1 und 2 zu berücksichtigen sind,
5. welche Dosisgrenzwerte für Ableitungen mit Luft oder Wasser bei Planung, Errichtung, Betrieb, Stilllegung, sicherem Einschluss und Abbau von kerntechnischen Anlagen, Anlagen im Sinne des § 9a Absatz 3 Satz 1 zweiter Satzteil des Atomgesetzes, Anlagen zur Erzeugung ionisierender Strahlung und Einrichtungen gelten,
6. dass und auf welche Weise die zuständige Behörde in Zusammenhang mit kerntechnischen Anlagen, Anlagen im Sinne des § 9a Absatz 3 Satz 1 zweiter Satzteil des Atomgesetzes, Anlagen zur Erzeugung ionisierender Strahlung und Einrichtungen zulässige Ableitungen radioaktiver Stoffe mit Luft und Wasser festlegt sowie unter welchen Voraussetzungen die zuständige Behörde davon ausgehen kann, dass die Dosisgrenzwerte nach Nummer 5 eingehalten werden,
7. welche Vorgaben zur Emissions- und Immissionsüberwachung, die auch die Überwachung der Exposition durch Direktstrahlung umfasst, von kerntechnischen Anlagen, Anlagen im Sinne des § 9a Absatz 3 Satz 1 zweiter Satzteil des Atomgesetzes, Anlagen zur Erzeugung ionisierender Strahlung und Einrichtungen einzuhalten sind,
8. für welche Tätigkeiten eine allgemeine Untersuchung zur Einhaltung von Umweltkriterien für einen langfristigen Schutz der menschlichen Gesundheit durchzuführen ist und welche Verfahren hierzu zu verwenden sind,
9. in welchen Fällen, auf welche Weise und durch wen Dosisrichtwerte festgelegt werden können und wer diese Dosisrichtwerte bei der Durchführung von Strahlenschutzmaßnahmen zu berücksichtigen hat und
10. bei der Planung welcher Tätigkeiten bauliche oder sonstige technische Schutzmaßnahmen zur Begrenzung der Exposition durch Störfälle zu treffen und welche Grundsätze und welche Höchstwerte für Expositionen dabei zu beachten sind.

In der Rechtsverordnung können Verwaltungsbehörden des Bundes Aufgaben zur Qualitätssicherung, zur Verfahrensentwicklung für Probenahme, Analyse und Messung sowie zur Behandlung der Daten zugewiesen werden. Die Rechtsverordnung kann auch diejenigen Vorschriften der Rechtsverordnung festlegen, für deren Einhaltung der Strahlenschutzverantwortliche zu sorgen hat.

§ 82 Verordnungsermächtigung für Pflichten des Strahlenschutzverantwortlichen im Zusammenhang mit Störfällen und Notfällen

(1) Die Bundesregierung wird ermächtigt, durch Rechtsverordnung mit Zustimmung des Bundesrates festzulegen, welche Pflichten der Strahlenschutzverantwortliche zur Vorbereitung angemessener Reaktionen auf Störfälle, mögliche Notfälle sowie bei einem Notfall zu erfüllen hat, insbesondere

1. dass das erforderliche Personal und die erforderlichen Hilfsmittel vorzuhalten sind, um Gefahren, die im Zusammenhang mit der Tätigkeit des Strahlen-

schutzverantwortlichen durch Störfälle oder Notfälle entstanden sind, einzudämmen und zu beseitigen, und welche Anforderungen an die erforderliche Fachkunde oder die erforderlichen Kenntnisse im Strahlenschutz und die Hilfsmittel zu stellen sind,
2. dass und auf welche Weise die Bevölkerung über die Schutzmaßnahmen und die Empfehlungen für das Verhalten bei möglichen Notfällen zu informieren ist,
3. dass bei Notfällen unverzüglich alle angemessenen Maßnahmen zu treffen sind, um Gefahren für Mensch und Umwelt abzuwenden oder die nachteiligen Auswirkungen zu beschränken,
4. dass und auf welche Weise bestimmte Behörden unverzüglich über den Eintritt eines Notfalls zu unterrichten sind, dass diesen unverzüglich eine vorläufige erste Bewertung der Umstände und Abschätzung der Folgen des Notfalls zu übermitteln ist und dass den zuständigen Behörden und Hilfsorganisationen bei deren Entscheidungen und Schutzmaßnahmen Hilfe zu leisten ist, insbesondere durch die notwendigen Informationen und die erforderliche Beratung.

(2) Unberührt bleiben Pflichten der Strahlenschutzverantwortlichen auf Grundlage anderer Rechtsvorschriften des Bundes und der Länder zur Abwehr von Gefahren für die menschliche Gesundheit, die Umwelt oder für die öffentliche Sicherheit oder auf Grundlage unmittelbar anwendbarer Rechtsakte der Europäischen Union oder der Europäischen Atomgemeinschaft, soweit diese Rechtsvorschriften und Rechtsakte auch bei radiologischen Gefahren anwendbar sind.

§ 83 Anwendung ionisierender Strahlung oder radioaktiver Stoffe am Menschen

(1) Ionisierende Strahlung und radioaktive Stoffe dürfen am Menschen nur angewendet werden
1. im Rahmen einer medizinischen Exposition oder
2. im Rahmen der Exposition der Bevölkerung zur Untersuchung einer Person in durch Gesetz vorgesehenen oder zugelassenen Fällen oder nach Vorschriften des allgemeinen Arbeitsschutzes oder nach Einwanderungsbestimmungen anderer Staaten (nichtmedizinische Anwendung).

(2) Die Anwendung muss einen hinreichenden Nutzen erbringen. Bei der Bewertung, ob die Anwendung einen hinreichenden Nutzen erbringt, ist ihr Gesamtpotential an diagnostischem oder therapeutischem Nutzen, einschließlich des unmittelbaren gesundheitlichen Nutzens für den Einzelnen und des Nutzens für die Gesellschaft, gegen die von der Exposition möglicherweise verursachte Schädigung des Einzelnen abzuwägen.

(3) Die Anwendung darf erst durchgeführt werden, nachdem ein Arzt oder Zahnarzt mit der erforderlichen Fachkunde im Strahlenschutz entschieden hat, dass und auf welche Weise die Anwendung durchzuführen ist (rechtfertigende Indikation). Die rechtfertigende Indikation erfordert bei Anwendungen im Rahmen einer medizinischen Exposition die Feststellung, dass der gesundheitliche Nutzen der einzelnen Anwendung gegenüber dem Strahlenrisiko überwiegt. Die rechtfertigende

Indikation erfordert bei nichtmedizinischen Anwendungen die Feststellung, dass der mit der jeweiligen Untersuchung verbundene Nutzen gegenüber dem Strahlenrisiko überwiegt. Die rechtfertigende Indikation darf nur gestellt werden, wenn der Arzt oder Zahnarzt, der die Indikation stellt, die Person, an der ionisierende Strahlung oder radioaktive Stoffe angewendet werden, vor Ort persönlich untersuchen kann, es sei denn, es liegt ein Fall der Teleradiologie nach § 14 Absatz 2 vor.
(4) Absatz 3 gilt nicht für Untersuchungen mit Röntgenstrahlung nach dem Infektionsschutzgesetz und für Anwendungen am Menschen zum Zweck der medizinischen Forschung nach § 31 Absatz 1 oder § 32 Absatz 1.
(5) Die Exposition durch eine Untersuchung mit ionisierender Strahlung oder radioaktiven Stoffen ist so weit einzuschränken, wie dies mit den Erfordernissen der medizinischen Wissenschaft zu vereinbaren ist. Bei der Anwendung ionisierender Strahlung oder radioaktiver Stoffe zur Behandlung von Menschen ist die Dosis außerhalb des Zielvolumens so niedrig zu halten, wie dies unter Berücksichtigung des Behandlungsziels möglich ist. Satz 1 gilt entsprechend für nichtmedizinische Anwendungen.

§ 84 Früherkennung; Verordnungsermächtigung

(1) Früherkennung zur Ermittlung nicht übertragbarer Krankheiten ist nur zulässig, wenn die Rechtsverordnung nach Absatz 2 dies vorsieht.
(2) Das Bundesministerium für Umwelt, Naturschutz und nukleare Sicherheit wird ermächtigt, durch Rechtsverordnung ohne Zustimmung des Bundesrates festzulegen, welche Früherkennungsuntersuchung unter welchen Voraussetzungen zur Ermittlung einer nicht übertragbaren Krankheit für eine besonders betroffene Personengruppe zulässig ist. In der Rechtsverordnung darf nur die Zulässigkeit solcher Früherkennungsuntersuchungen geregelt werden, bei denen mit einem wissenschaftlich anerkannten Untersuchungsverfahren eine schwere Krankheit in einem Frühstadium erfasst werden kann und so die wirksamere Behandlung einer erkrankten Person ermöglicht wird. Die Ergebnisse der wissenschaftlichen Bewertung nach Absatz 3 sind zu berücksichtigen.
(3) Früherkennungsuntersuchungen zur Ermittlung nicht übertragbarer Krankheiten werden durch das Bundesamt für Strahlenschutz unter Beteiligung von Fachkreisen wissenschaftlich bewertet, wobei Risiko und Nutzen der Früherkennungsuntersuchung gegeneinander abzuwägen sind. Die wissenschaftliche Bewertung ist zu veröffentlichen. Das Bundesministerium für Umwelt, Naturschutz und nukleare Sicherheit regelt das weitere Verfahren der wissenschaftlichen Bewertung und ihrer Veröffentlichung im Einvernehmen mit dem Bundesministerium für Gesundheit durch allgemeine Verwaltungsvorschriften.
(4) Früherkennung zur Ermittlung übertragbarer Krankheiten in Landesteilen oder für Bevölkerungsgruppen mit überdurchschnittlicher Erkrankungshäufigkeit ist nur zulässig, wenn die zuständige oberste Landesgesundheitsbehörde im Einvernehmen mit der obersten Strahlenschutzbehörde des Landes eine Früherkennungsuntersuchung zur öffentlichen Gesundheitsvorsorge zugelassen hat.
(5) Erfolgt die Früherkennungsuntersuchung im Rahmen eines Früherkennungsprogramms, so kann die Rechtsverordnung nach Absatz 2 oder die Zulassung nach

Absatz 4 Ausnahmen von der Pflicht zur rechtfertigenden Indikation zulassen, soweit Art und Umfang der Einschlusskriterien für das Früherkennungsprogramm eine Entscheidung darüber, ob oder auf welche Weise die Anwendung durchzuführen ist, entbehrlich machen.

§ 85 Aufzeichnungs-, Aufbewahrungs- und behördliche Mitteilungspflichten von Daten und Bilddokumenten bei der Anwendung am Menschen; Verordnungsermächtigung

(1) Der Strahlenschutzverantwortliche hat dafür zu sorgen, dass über die Anwendung ionisierender Strahlung oder radioaktiver Stoffe am Menschen unverzüglich Aufzeichnungen angefertigt werden. Die Aufzeichnungen müssen Folgendes enthalten:

1. Angaben zur rechtfertigenden Indikation und den Zeitpunkt der Indikationsstellung,
2. den Zeitpunkt und die Art der Anwendung,
3. Angaben zur Exposition
   a) der untersuchten oder behandelten Person oder zur Ermittlung dieser Exposition sowie
   b) von Betreuungs- und Begleitpersonen, sofern nach der Rechtsverordnung nach § 86 Satz 2 Nummer 3 ihre Körperdosis zu ermitteln ist,
4. den erhobenen Befund einer Untersuchung,
5. den Bestrahlungsplan und das Bestrahlungsprotokoll einer Behandlung.

Die Aufzeichnungen sind gegen unbefugten Zugriff und unbefugte Änderung zu sichern.

(1a) Der Strahlenschutzverantwortliche hat dafür zu sorgen, dass eine Überschreitung diagnostischer Referenzwerte sowie die Gründe für diese Überschreitung aufgezeichnet werden.

(2) Der Strahlenschutzverantwortliche hat dafür zu sorgen, dass die Aufzeichnungen sowie Röntgenbilder, digitale Bilddaten und sonstige Untersuchungsdaten aufbewahrt werden, und zwar

1. im Falle von Behandlungen für eine Dauer von 30 Jahren,
2. im Falle von Untersuchungen
   a) einer volljährigen Person für eine Dauer von zehn Jahren,
   b) bei einer minderjährigen Person bis zur Vollendung ihres 28. Lebensjahres.

Die zuständige Behörde kann verlangen, dass im Falle der Praxisaufgabe oder sonstigen Einstellung des Betriebes die Aufzeichnungen sowie die Röntgenbilder, die digitalen Bilddaten und die sonstigen Untersuchungsdaten unverzüglich bei einer von ihr bestimmten Stelle zu hinterlegen sind; dabei ist durch geeignete Maßnahmen sicherzustellen, dass die Wahrung des Patientengeheimnisses durch die bestimmte Stelle gewährleistet ist.

(3) Der Strahlenschutzverantwortliche hat

1. der zuständigen Behörde auf Verlangen die Aufzeichnungen vorzulegen; dies gilt nicht für medizinische Befunde,

2. der ärztlichen oder zahnärztlichen Stelle auf Verlangen die Aufzeichnungen sowie die Röntgenbilder, die digitalen Bilddaten und die sonstigen Untersuchungsdaten zur Erfüllung ihrer nach der Rechtsverordnung nach § 86 Satz 2 Nummer 9 festgelegten Aufgaben vorzulegen,
3. einem weiter untersuchenden oder behandelnden Arzt oder Zahnarzt Auskünfte über die Aufzeichnungen zu erteilen und ihm die Aufzeichnungen sowie die Röntgenbilder, die digitalen Bilddaten und die sonstigen Untersuchungsdaten vorübergehend zu überlassen.

Bei der Weitergabe oder Übermittlung sind geeignete Maßnahmen zur Einhaltung der ärztlichen Schweigepflicht zu treffen. Der untersuchten oder behandelten Person ist auf deren Wunsch eine Abschrift der Aufzeichnungen zu überlassen.

(4) Die Bundesregierung wird ermächtigt, durch Rechtsverordnung mit Zustimmung des Bundesrates festzulegen,

1. dass einer Person, die unter Anwendung von ionisierender Strahlung oder radioaktiven Stoffen untersucht wurde, Informationen über die durchgeführte Untersuchung anzubieten sind, welchen Inhalt diese Informationen haben müssen und in welcher Form diese Informationen zur Verfügung zu stellen sind,
2. welche Anforderungen an die Aufbewahrung von Aufzeichnungen, Röntgenbildern, digitalen Bilddaten und sonstigen Untersuchungsdaten zu stellen sind, insbesondere zur Sicherung ihrer Verfügbarkeit und Verhinderung von Datenverlusten,
3. welche Anforderungen an die Weitergabe und Übermittlung von Aufzeichnungen, Röntgenbildern, digitalen Bilddaten und sonstigen Untersuchungsdaten zu stellen sind.

Die Rechtsverordnung kann auch diejenigen Vorschriften der Rechtsverordnung festlegen, für deren Einhaltung der Strahlenschutzverantwortliche zu sorgen hat.

§ 86 Verordnungsermächtigungen zum Schutz von Personen bei der Anwendung ionisierender Strahlung oder radioaktiver Stoffe am Menschen

Die Bundesregierung wird ermächtigt, durch Rechtsverordnung mit Zustimmung des Bundesrates festzulegen, welche Maßnahmen, einschließlich Vorsorge- und Überwachungsmaßnahmen, für den Schutz von Personen, an denen ionisierende Strahlung und radioaktive Stoffe angewendet werden, sowie für den Schutz von Einzelpersonen der Bevölkerung bei oder nach der Anwendung ionisierender Strahlung oder radioaktiver Stoffe am Menschen zu treffen sind. In der Rechtsverordnung kann insbesondere festgelegt werden,

1. auf welche Weise jede einzelne Exposition zu rechtfertigen ist,
2. auf welche Weise bei der Anwendung die medizinische Exposition und die Exposition der Personen, an denen ionisierende Strahlung oder radioaktive Stoffe im Rahmen einer nichtmedizinischen Anwendung angewendet werden, zu beschränken ist,

3. dass und auf welche Weise bei der Anwendung die medizinische Exposition und die Exposition der Personen, die im Rahmen nichtmedizinischer Anwendungen untersucht werden, zu ermitteln und zu bewerten ist,
4. welche Maßnahmen vor, bei und nach der Anwendung zu ergreifen sind, damit die für den Strahlenschutz erforderliche Qualität unter Berücksichtigung der Erfordernisse der medizinischen Wissenschaften eingehalten wird,
5. auf welche Weise Teleradiologie durchzuführen ist und welche Anforderungen an die Qualität von Teleradiologiesystemen zu stellen sind,
6. welche Personen berechtigt sind, radioaktive Stoffe und ionisierende Strahlung am Menschen anzuwenden oder bei der technischen Durchführung der Anwendung tätig zu werden, und welche Kriterien für die Bemessung der ausreichenden Anzahl des notwendigen Personals nach § 14 Absatz 1 Nummer 4 zugrunde gelegt werden sollen,
7. dass und auf welche Weise diagnostische Referenzwerte ermittelt, erstellt und veröffentlicht werden,
8. dass und auf welche Weise für die Bevölkerung die medizinische Exposition ermittelt wird und dazu Erhebungen durchgeführt werden,
9. dass und auf welche Weise ärztliche und zahnärztliche Stellen zur Sicherung der Qualität bei der Anwendung radioaktiver Stoffe oder ionisierender Strahlung am Menschen tätig werden und dass die zuständigen Behörden ärztliche und zahnärztliche Stellen zu diesem Zweck bestimmen,
10. dass und in welchem Umfang ein Medizinphysik-Experte entsprechend dem radiologischen Risiko der Strahlenanwendung hinzuzuziehen ist sowie welche Untersuchungen mit radioaktiven Stoffen oder ionisierender Strahlung mit einer erheblichen Exposition der untersuchten Person verbunden sein können,
11. dass und auf welche Weise zu gewährleisten ist, dass die Bevölkerung vor einer Exposition durch eine Person, an der radioaktive Stoffe angewendet worden sind, geschützt wird,
12. welche Anforderungen an die eingesetzten Ausrüstungen, Geräte und Vorrichtungen, insbesondere im Hinblick auf das Qualitätsziel des § 14 Absatz 1 Nummer 5, zu stellen sind,
13. dass, durch wen und auf welche Weise bei den eingesetzten Ausrüstungen, Geräten und Vorrichtungen Maßnahmen zur Qualitätssicherung, insbesondere Überprüfungen der physikalisch-technischen Parameter durch Abnahme- und Konstanzprüfungen, im Hinblick auf das Qualitätsziel des § 14 Absatz 1 Nummer 5, durchzuführen sind,
14. dass und auf welche Weise im Zusammenhang mit der Behandlung von Menschen die eingesetzten Verfahren auf Risiken für unbeabsichtigte Expositionen zu untersuchen sind und wie die Ergebnisse dieser Untersuchung bei der Ausübung der Tätigkeit zu berücksichtigen sind,
15. dass der Behandlungserfolg nach der Behandlung zu prüfen ist und in welchen Zeiträumen er zu prüfen ist,
16. dass und auf welche Weise eine Person, an der ionisierende Strahlung oder radioaktive Stoffe angewendet werden, und ihre Betreuungs- oder Begleitperson vor und nach der Anwendung über die Risiken aufzuklären sind,

17. dass und auf welche Weise Aufzeichnungen über die Anwendung radioaktiver Stoffe oder ionisierender Strahlung einschließlich der eingesetzten Ausrüstungen, Geräte und Vorrichtungen sowie ein Verzeichnis der eingesetzten Ausrüstungen, Geräte und Vorrichtungen anzufertigen und aufzubewahren sind,
18. dass und auf welche Weise der zuständigen Stelle Informationen und Aufzeichnungen über die Anwendung radioaktiver Stoffe oder ionisierender Strahlung zur Verfügung zu stellen sind und
19. auf welche Weise Früherkennung durchzuführen ist und welche besonderen Anforderungen an die Ausrüstung, Geräte und Vorrichtungen sowie an das notwendige Wissen und die notwendigen Fertigkeiten im Hinblick auf die mögliche Strahlengefährdung und die anzuwendenden Schutzmaßnahmen des Personals zu stellen und Maßnahmen zur Qualitätssicherung erforderlich sind.

In der Rechtsverordnung kann auch bestimmt werden, welche Informationen und personenbezogenen Daten der Strahlenschutzverantwortliche der ärztlichen und zahnärztlichen Stelle zur Wahrnehmung ihrer Aufgabe nach Satz 2 Nummer 9 zur Verfügung zu stellen hat sowie ob und unter welchen Voraussetzungen die ärztliche und die zahnärztliche Stelle diese Informationen und personenbezogenen Daten verarbeiten und aufbewahren und der zuständigen Behörde und anderen ärztlichen und zahnärztlichen Stellen übermitteln dürfen. In der Rechtsverordnung kann auch bestimmt werden, dass und auf welche Weise die ärztliche oder zahnärztliche Stelle die Ergebnisse ihrer Prüfungen, einschließlich des Namens und der Anschrift des Strahlenschutzverantwortlichen, an die Stelle übermitteln darf, die für die Qualitätsprüfung nach dem Neunten Abschnitt des Vierten Kapitels des Fünften Buches Sozialgesetzbuch zuständig ist; personenbezogene Daten der untersuchten oder behandelten Personen dürfen nicht übermittelt werden. Die Rechtsverordnung kann auch diejenigen Vorschriften der Rechtsverordnung festlegen, für deren Einhaltung der Strahlenschutzverantwortliche zu sorgen hat.

§ 87 Verordnungsermächtigungen zum Schutz von Personen bei der Anwendung radioaktiver Stoffe oder ionisierender Strahlung am Tier in der Tierheilkunde

Die Bundesregierung wird ermächtigt, durch Rechtsverordnung mit Zustimmung des Bundesrates zum Schutz der bei der Anwendung radioaktiver Stoffe oder ionisierender Strahlung in der Tierheilkunde anwesenden Personen festzulegen,

1. welche Personen radioaktive Stoffe oder ionisierende Strahlung in der Tierheilkunde anwenden dürfen oder die Anwendung technisch durchführen dürfen und
2. dass und auf welche Weise die Exposition von Tierbegleitpersonen zu beschränken ist.

Die Rechtsverordnung kann auch diejenigen Vorschriften der Rechtsverordnung festlegen, für deren Einhaltung der Strahlenschutzverantwortliche zu sorgen hat.

§ 88 Register über hochradioaktive Strahlenquellen; Verordnungsermächtigungen

(1) Die Daten über hochradioaktive Strahlenquellen, die auf Grund dieses Gesetzes oder einer Rechtsverordnung nach § 89 Satz 1 Nummer 1 erhoben werden, werden zum Zweck der Sicherheit und Kontrolle von Strahlenquellen zum Schutz von Leben und Gesundheit in einem beim Bundesamt für Strahlenschutz eingerichteten Register erfasst.

(2) In das Register werden insbesondere folgende Angaben über die hochradioaktive Strahlenquelle, deren Kontrolle und über erteilte Genehmigungen nach diesem Gesetz, dem Atomgesetz oder einer Rechtsverordnung nach § 30 dieses Gesetzes oder § 11 Absatz 1 Nummer 6 des Atomgesetzes eingetragen:

1. Inhaber der Genehmigung, Ausstellungsdatum und Befristung der Genehmigung,
2. Identifizierungsnummer der hochradioaktiven Strahlenquelle,
3. Eigenschaften, Kontrollen und Verwendung der hochradioaktiven Strahlenquelle,
4. Ort des Umgangs mit der hochradioaktiven Strahlenquelle oder Ort ihrer Lagerung,
5. Erlangung oder Aufgabe der Sachherrschaft über die hochradioaktive Strahlenquelle,
6. Verlust, Diebstahl oder Fund der hochradioaktiven Strahlenquelle.

(3) Lesenden Zugriff auf das Register haben die nach den §§ 184, 185, 188, 190 und 191 zuständigen Behörden, die nach § 24 des Atomgesetzes zuständigen Behörden, das Bundesministerium für Umwelt, Naturschutz und nukleare Sicherheit und das Bundesamt für Bevölkerungsschutz und Katastrophenhilfe. Lesenden Zugriff haben zum Zweck der sofortigen Ermittlung eines Inhabers und der Eigenschaften einer hochradioaktiven Strahlenquelle auf Grund von Fund, Verlust oder der Gefahr missbräuchlicher Verwendung und bei Hinweisen und Ermittlungen im Zusammenhang mit der Bekämpfung des Nuklearterrorismus oder der Nuklearkriminalität sowie des Nuklearschmuggels oder des sonstigen illegalen grenzüberschreitenden Verbringens hochradioaktiver Strahlenquellen auch das Bundeskriminalamt und die Landeskriminalämter, die in der Rechtsverordnung nach § 58 Absatz 1 des Bundespolizeigesetzes bestimmte Bundespolizeibehörde, das Zollkriminalamt und die Verfassungsschutzbehörden des Bundes und der Länder gemäß ihren jeweiligen gesetzlichen Zuständigkeiten.

(4) Auskünfte aus dem Register dürfen erteilt werden

1. den sonstigen Polizeibehörden der Länder, den Zollbehörden, dem Militärischen Abschirmdienst und dem Bundesnachrichtendienst, soweit es für die Wahrnehmung der jeweiligen Aufgaben erforderlich ist,
2. Behörden anderer Staaten mit vergleichbaren Aufgaben und internationalen Organisationen, soweit es für die Wahrnehmung der jeweiligen Aufgaben erforderlich ist und bindende Beschlüsse der Europäischen Union dies vorsehen oder dies auf Grund sonstiger internationaler Vereinbarungen geboten ist.

(5) Die im Register gespeicherten Daten sind nach der letzten Aktualisierung der Angaben über eine hochradioaktive Strahlenquelle 30 Jahre lang aufzubewahren.

(6) Die Bundesregierung wird ermächtigt, durch Rechtsverordnung mit Zustimmung des Bundesrates das Nähere festzulegen über
1. Inhalt und Form der Datenerhebung und der Eintragung, über Zugriffsrechte und das Verfahren der Erteilung von Auskünften,
2. Zugriffsrechte der Genehmigungsinhaber auf die sie betreffenden Daten und
3. die Übermittlung, Berichtigung, Einschränkung der Verarbeitung und Löschung von Daten.

§ 89 Verordnungsermächtigungen zu der Sicherheit von Strahlungsquellen

Die Bundesregierung wird ermächtigt, durch Rechtsverordnung mit Zustimmung des Bundesrates zum Schutz von Menschen vor der schädlichen Wirkung ionisierender Strahlung und zur Kontrolle und Sicherung radioaktiver Stoffe zu bestimmen,
1. dass und auf welche Weise Buch zu führen ist über die Erzeugung, die Gewinnung, den Erwerb, den Besitz, den Standort, die Abgabe und den sonstigen Verbleib von radioaktiven Stoffen und über Messungen von Dosis und Dosisleistungen, dass Meldungen zu erstatten und Unterlagen aufzubewahren, zu hinterlegen und zu übergeben sind sowie auf welche Weise die zuständige Behörde die übermittelten Daten prüft,
2. welche Anforderungen an die Sicherung und Lagerung radioaktiver Stoffe zu stellen sind,
3. welche Anforderungen an die Wartung und Überprüfung von Ausrüstungen, Geräten und sonstigen Vorrichtungen zu stellen sind und wer die Wartung und Überprüfung durchzuführen hat,
4. welche Anforderungen an die Dichtheitsprüfung von umschlossenen radioaktiven Stoffen zu stellen sind und wer die Dichtheitsprüfung durchzuführen hat,
5. welche Strahlungsmessgeräte zu verwenden sind und welche Anforderungen an sie zu stellen sind,
6. welche Bereiche, Räume, Geräte, Vorrichtungen, Behälter, Umhüllungen, Anlagen zur Erzeugung ionisierender Strahlung und welche bauartzugelassenen Vorrichtungen zu kennzeichnen sind, auf welche Weise und unter welchen Voraussetzungen die Kennzeichnung zu erfolgen hat sowie in welchen Fällen Kennzeichnungen zu entfernen sind,
7. welche Anforderungen an die Abgabe radioaktiver Stoffe zu stellen sind,
8. welche Anforderungen an die Rücknahme hochradioaktiver Strahlenquellen zu stellen sind,
9. in welchen Fällen bei Tätigkeiten mit Strahlungsquellen Röntgenräume oder Bestrahlungsräume zu nutzen sind und welche Anforderungen an Röntgenräume und Bestrahlungsräume zu stellen sind,
10. welche Personen bei Tätigkeiten mit Strahlungsquellen die Strahlung anwenden oder die Anwendung technisch durchführen dürfen, dass und wie Personen bei Tätigkeiten mit Strahlungsquellen einzuweisen sind und welche Unterlagen bei der Ausübung dieser Tätigkeiten verfügbar sein müssen, dass

über die Einweisungen Aufzeichnungen anzufertigen und diese der Behörde auf Verlangen vorzulegen sind,
11. dass weitere Vorsorge- und Überwachungsmaßnahmen für eine Kontrolle radioaktiver Stoffe zum Schutz Einzelner und der Allgemeinheit zu treffen sind und welche solcher Maßnahmen zu treffen sind,
12. welche weiteren Aufzeichnungs-, Aufbewahrungs-, Mitteilungs-, Vorlage- und Hinterlegungspflichten im Zusammenhang mit den Pflichten nach den Nummern 1 bis 11 bestehen.

Die Rechtsverordnung kann auch diejenigen Vorschriften der Rechtsverordnung festlegen, für deren Einhaltung der Strahlenschutzverantwortliche zu sorgen hat.

§ 90 Verordnungsermächtigung für Pflichten, Aufgaben und Befugnisse bei Vorkommnissen; Aufzeichnungs-, Übermittlungs- und Aufbewahrungspflichten

(1) Die Bundesregierung wird ermächtigt, durch Rechtsverordnung mit Zustimmung des Bundesrates im Hinblick auf Vorkommnisse in geplanten Expositionssituationen Pflichten des Strahlenschutzverantwortlichen sowie behördliche Aufgaben und Befugnisse festzulegen. In der Rechtsverordnung kann insbesondere festgelegt werden,
1. dass und welche Maßnahmen der Strahlenschutzverantwortliche einzuleiten hat, damit Expositionen bei einem solchen Vorkommnis so gering wie möglich gehalten werden,
2. dass und welche Maßnahmen der Strahlenschutzverantwortliche zu treffen hat, um solche Vorkommnisse zukünftig zu vermeiden,
3. dass und auf welche Weise der Strahlenschutzverantwortliche ein Vorkommnis aufzuzeichnen und zu untersuchen hat, dass und für welchen Zeitraum er diesbezügliche Aufzeichnungen aufzubewahren hat,
4. dass und auf welche Weise der Strahlenschutzverantwortliche der Aufsichtsbehörde
   a) ein Vorkommnis zu melden hat,
   b) Informationen und Erkenntnisse über Ursachen und Auswirkungen des Vorkommnisses sowie Maßnahmen zur Behebung oder Begrenzung der Auswirkungen des Vorkommnisses zu melden hat und
   c) Maßnahmen zur Vermeidung von Vorkommnissen zu melden hat,
5. dass und auf welche Weise die Aufsichtsbehörde Meldungen nach Nummer 4 erfasst, prüft und bewertet,
6. dass und wie im Bundesamt für Strahlenschutz eine zentrale Stelle zur Erfassung, Verarbeitung und Auswertung von Informationen und Erkenntnissen über Vorkommnisse im Zusammenhang mit der Anwendung radioaktiver Stoffe oder ionisierender Strahlung am Menschen einzurichten ist, welche Aufgaben die zentrale Stelle im Einzelnen wahrnimmt und wie sie diese Aufgaben wahrnimmt,
7. dass und auf welche Weise die Aufsichtsbehörde der zentralen Stelle Informationen und Erkenntnisse über ein Vorkommnis im Zusammenhang mit der

Anwendung radioaktiver Stoffe oder ionisierender Strahlung am Menschen sowie ihre diesbezügliche Bewertung übermittelt,
8. unter welchen Voraussetzungen und in welcher Weise die Aufsichtsbehörde und die zentrale Stelle Informationen und Erkenntnisse über Vorkommnisse veröffentlichen.

(2) Der Strahlenschutzverantwortliche hat dafür zu sorgen, dass bei einem Vorkommnis, das der Rechtsverordnung nach Absatz 1 unterliegt, Name, Vornamen, Geburtsdatum und -ort, Geschlecht und Anschrift sowie Daten zur Exposition einer durch das Vorkommnis exponierten Person sowie zu den gesundheitlichen Folgen der Exposition unverzüglich aufgezeichnet werden. Sofern der Strahlenschutzverantwortliche das Vorkommnis nach der Rechtsverordnung nach Absatz 1 zu melden hat und Maßnahmen zum Schutz der exponierten Person erforderlich sind, übermittelt er die Daten unverzüglich der zuständigen Behörde. Die Daten sind vor dem Zugriff Unbefugter durch technisch-organisatorische Maßnahmen zu sichern. Sie sind der zuständigen Behörde in anderen Fällen als in Satz 2 auf Verlangen zu übermitteln. Die Daten sind 30 Jahre lang aufzubewahren und nach Ablauf dieser Frist unverzüglich zu löschen.

§ 91 Verordnungsermächtigung für Informationspflichten des Herstellers oder Lieferanten von Geräten

Die Bundesregierung wird ermächtigt, durch Rechtsverordnung mit Zustimmung des Bundesrates zu bestimmen, dass der Hersteller oder Lieferant von Anlagen zur Erzeugung ionisierender Strahlung, Röntgeneinrichtungen, Störstrahlern, Bestrahlungsvorrichtungen und weiteren im Zusammenhang mit Tätigkeiten eingesetzten Ausrüstungen, Geräten und Vorrichtungen dem Strahlenschutzverantwortlichen Informationen über diese Geräte zur Verfügung zu stellen hat. In der Rechtsverordnung kann insbesondere festgelegt werden,

1. zu welchem Zeitpunkt der Hersteller oder Lieferant dem Strahlenschutzverantwortlichen für welche der genannten Geräte Informationen zur Verfügung zu stellen hat,
2. welche Angaben und Unterlagen zur Verfügung gestellt werden müssen,
3. für welche Zwecke die Unterlagen geeignet sein müssen und welchen Anforderungen sie genügen müssen,
4. dass die Informationen auch demjenigen zur Verfügung zu stellen sind, der beabsichtigt, Strahlenschutzverantwortlicher zu werden.

§ 113 Unterrichtung, Aus- und Fortbildung der Einsatzkräfte im Rahmen der Notfallvorsorge

(1) Personen, die in den Notfallplänen des Bundes oder der Länder oder in internen Planungen der Strahlenschutzverantwortlichen

1. als Einsatzkräfte vorgesehen sind,
2. als Fachkräfte für die Mitwirkung an Entscheidungen über Aufgaben und Maßnahmen von Einsatzkräften vorgesehen sind oder
3. für die Unterrichtung der Einsatzkräfte im Notfalleinsatz vorgesehen sind,

sind über die gesundheitlichen Risiken, die ein Einsatz bei einem Notfall mit sich bringen kann, und über die bei einem Einsatz zu treffenden Schutz- und Überwachungsmaßnahmen angemessen zu unterrichten und entsprechend aus- und fortzubilden.

(2) Die Unterrichtung, Aus- und Fortbildung berücksichtigt die in den Notfallplänen berücksichtigten Notfälle sowie die entsprechenden Arten des Einsatzes oder der Mitwirkungs- oder Unterrichtungsaufgaben. Die Inhalte der Unterrichtung, Aus- und Fortbildung und die Lehr- und Lernmittel werden regelmäßig auf den neuesten Stand gebracht. Soweit es zweckdienlich ist, soll die Aus- und Fortbildung auch die Teilnahme an Notfallübungen umfassen.

§ 114 Schutz der Einsatzkräfte bei Notfalleinsätzen

(1) Bei Notfalleinsätzen ist durch dem jeweiligen Einsatzzweck angemessene Schutz- und Überwachungsmaßnahmen anzustreben, dass die Exposition von Einsatzkräften in dieser Expositionssituation unterhalb der Werte bleibt, die in § 78 bei geplanten Expositionssituationen als Dosisgrenzwerte festgesetzt sind.

(2) Sofern der Einsatz dem Schutz des Lebens oder der Gesundheit dient und einer der Werte nach Absatz 1 bei Einsätzen zum Schutz des Lebens oder der Gesundheit auch durch angemessene Schutz- und Überwachungsmaßnahmen nicht eingehalten werden kann, ist anzustreben, dass die Exposition der Einsatzkräfte den Referenzwert für die effektive Dosis von 100 Millisievert nicht überschreitet. Die Einsatzkräfte müssen vor dem jeweiligen Einsatz über die mit ihm verbundenen gesundheitlichen Risiken und die zu treffenden Schutz- und Überwachungsmaßnahmen angemessen unterrichtet werden. Bei Einsatzkräften, die bereits im Rahmen der Notfallvorsorge unterrichtet, aus- und fortgebildet wurden, ist deren allgemeine Unterrichtung entsprechend den Umständen des jeweiligen Notfalls zu ergänzen. Schwangere und Personen unter 18 Jahren dürfen nicht in Situationen nach Satz 1 eingesetzt werden.

(3) Sofern der Einsatz der Rettung von Leben, der Vermeidung schwerer strahlungsbedingter Gesundheitsschäden oder der Vermeidung oder Bekämpfung einer Katastrophe dient und die effektive Dosis 100 Millisievert auch bei angemessenen Schutz- und Überwachungsmaßnahmen überschreiten kann, ist anzustreben, dass die Exposition von Notfalleinsatzkräften den Referenzwert für die effektive Dosis von 250 Millisievert nicht überschreitet. In Ausnahmefällen, in denen es auch bei angemessenen Schutz- und Überwachungsmaßnahmen möglich ist, dass die effektive Dosis den Wert von 250 Millisievert überschreitet, kann die Einsatzleitung einen erhöhten Referenzwert von 500 Millisievert festlegen. Die Einsätze nach den Sätzen 1 und 2 dürfen nur von Freiwilligen ausgeführt werden, die vor dem jeweiligen Einsatz über die Möglichkeit einer solchen Exposition informiert wurden. Absatz 2 Satz 2 bis 4 gilt entsprechend.

(4) Es ist anzustreben, dass Einsatzkräfte, die bei einem Notfall bereits eine effektive Dosis von mehr als 250 Millisievert erhalten haben oder bei denen der Grenzwert der Berufslebensdosis nach § 77 erreicht ist, bei weiteren Notfällen nicht in Situationen nach Absatz 3 eingesetzt werden.

(5) Bei der Ermittlung oder Abschätzung der Exposition einer Einsatzkraft in einer Notfallexpositionssituation sind die ermittelten oder abgeschätzten Körperdosen aus allen Einsätzen zu addieren, die von der Einsatzkraft in dieser Notfallexpositionssituation ausgeführt werden. Die Exposition einer Einsatzkraft während ihres Einsatzes in einer Notfallexpositionssituation ist hinsichtlich des Grenzwertes für die Berufslebensdosis nach § 77 zu berücksichtigen.

§ 115 Verantwortlichkeit für den Schutz der Einsatzkräfte

(1) Verantwortlich für die Unterrichtung, Aus- und Fortbildung ihrer eigenen Einsatzkräfte sind

1. die Strahlenschutzverantwortlichen,
2. die Behörden, die gemäß den Notfallplänen des Bundes und der Länder für Maßnahmen der Notfallreaktion zuständig sind oder an diesen Maßnahmen mitwirken und
3. die an der Notfallreaktion mitwirkenden Organisationen.

(2) Verantwortlich für den Schutz der Einsatzkräfte im Notfalleinsatz sind

1. die Strahlenschutzverantwortlichen hinsichtlich ihrer eigenen und der in ihrem Auftrag tätigen Einsatzkräfte,
2. hinsichtlich der anderen Einsatzkräfte
   a) die Behörde, die den Notfalleinsatz mehrerer Behörden oder mitwirkender Organisationen leitet oder
   b) die Behörden und Organisationen, die für Maßnahmen der Notfallreaktion zuständig sind oder an diesen Maßnahmen mitwirken, soweit die Einsatzkräfte nicht einer den Notfalleinsatz leitenden Behörde unterstellt sind.

§ 116 Schutz der Einsatzkräfte bei anderen Gefahrenlagen

Bei der Vorbereitung und Durchführung von Einsätzen, die nicht der Bekämpfung eines Notfalls im Sinne dieses Gesetzes, sondern der Bekämpfung einer anderen Gefahrenlage dienen, und bei denen die Einsatzkräfte ionisierender Strahlung ausgesetzt sein können, sind die §§ 113 bis 115 entsprechend anzuwenden.

§ 117 Verordnungsermächtigungen zum Schutz der Einsatzkräfte

(1) Das Bundesministerium für Umwelt, Naturschutz und nukleare Sicherheit wird ermächtigt, durch Rechtsverordnung

1. wesentliche Inhalte der in § 113 vorgeschriebenen Unterrichtung, Aus- und Fortbildung zu regeln,
2. Art und Inhalte der in § 114 Absatz 2 und 3 vorgeschriebenen Unterrichtung zu regeln,
3. die in § 76 Absatz 1 und § 79 genannten weiteren Regelungen über die physikalische Strahlenschutzkontrolle, Schutzbereiche, Schutz-, Vorsorge- und Überwachungsmaßnahmen zum Schutz der Einsatzkräfte zu treffen,

4. zu bestimmen, welche Personen, Behörden oder Organisationen für die nach Nummer 3 geregelten Maßnahmen zum Schutz der Einsatzkräfte verantwortlich sind.

Rechtsverordnungen nach Satz 1 Nummer 2 bis 4 bedürfen der Zustimmung des Bundesrates.

(2) Bei Eilbedürftigkeit nach Eintritt eines Notfalls kann das Bundesministerium für Umwelt, Naturschutz und nukleare Sicherheit Regelungen nach Absatz 1 Satz 1 Nummer 2 bis 4 durch Rechtsverordnung ohne die Zustimmung des Bundesrates erlassen (Eilverordnungen), soweit noch keine entsprechenden Regelungen bestehen. Eilverordnungen treten spätestens sechs Monate nach ihrem Inkrafttreten außer Kraft. Ihre Geltungsdauer kann nur durch eine Rechtsverordnung mit Zustimmung des Bundesrates und im Einvernehmen mit den zu beteiligenden Bundesministerien verlängert werden. Eilverordnungen, die bestehende Regelungen ändern, sind unverzüglich aufzuheben, wenn der Bundesrat dies verlangt.

(3) Das Landesrecht regelt, ob und inwieweit Rechtsverordnungen nach Absatz 1 Satz 1 Nummer 1 auch für die Beschäftigten der zuständigen Behörden der Länder, Gemeinden und sonstigen Körperschaften, Anstalten und Stiftungen des öffentlichen Rechts der Länder sowie privater Hilfsorganisationen gelten, die beim Katastrophenschutz oder beim Vollzug anderer landesrechtlicher Vorschriften zur Gefahrenabwehr und Hilfeleistung mitwirken.

(4) Das Grundrecht auf körperliche Unversehrtheit (Artikel 2 Absatz 2 Satz 1 des Grundgesetzes) wird nach Maßgabe des Absatzes 1 Satz 1 Nummer 3 eingeschränkt.

§ 126 Referenzwert

Der Referenzwert für die über das Jahr gemittelte Radon-222-Aktivitätskonzentration in der Luft an Arbeitsplätzen beträgt 300 Becquerel je Kubikmeter.

§ 127 Messung der Radonkonzentration

(1) Wer für einen Arbeitsplatz in einem Innenraum verantwortlich ist, hat innerhalb der Frist nach Satz 2 Messungen der Radon-222-Aktivitätskonzentration in der Luft zu veranlassen, wenn

1. sich der Arbeitsplatz im Erd- oder Kellergeschoss eines Gebäudes befindet, das in einem nach § 121 Absatz 1 Satz 1 festgelegten Gebiet liegt, oder
2. die Art des Arbeitsplatzes einem der Arbeitsfelder nach Anlage 8 zuzuordnen ist.

Im Falle des Satzes 1 Nummer 1 muss die Messung innerhalb von 18 Monaten nach der Festlegung des Gebiets und Aufnahme der beruflichen Betätigung an dem Arbeitsplatz und im Falle des Satzes 1 Nummer 2 innerhalb von 18 Monaten nach Aufnahme der beruflichen Betätigung an dem Arbeitsplatz erfolgt sein. Der für den Arbeitsplatz Verantwortliche hat erneute Messungen der Radon-222-Aktivitätskonzentration in der Luft zu veranlassen, wenn Änderungen am Arbeitsplatz vorgenommen werden, die dazu führen können, dass die Radon-222-Aktivitätskonzentration in der Luft über dem Referenzwert nach § 126 liegt; Satz 2 gilt in diesem Fall entsprechend. Die zuständige Behörde kann anordnen, dass der für den Arbeitsplatz Verantwortliche auch für andere Arbeitsplätze in Innenräumen Messungen der Radon-222-Aktivitätskonzentration in der Luft zu veranlassen hat, wenn Anhaltspunkte dafür vorliegen, dass die Radon-222-Aktivitätskonzentration in der Luft über dem Referenzwert nach § 126 liegt. Die zuständige Behörde kann im Einzelfall die Frist nach Satz 2 um längstens sechs Monate verlängern, wenn die Frist auf Grund von Umständen, die von dem für den Arbeitsplatz Verantwortlichen nicht zu vertreten sind, nicht eingehalten werden kann.

(2) Verantwortlich für einen Arbeitsplatz ist,

1. wer in seiner Betriebsstätte eine Betätigung beruflich ausübt oder ausüben lässt oder
2. in wessen Betriebsstätte ein Dritter in eigener Verantwortung eine Betätigung beruflich ausübt oder von Personen ausüben lässt, die unter dessen Aufsicht stehen.

(3) Der für den Arbeitsplatz Verantwortliche hat die Ergebnisse der Messungen nach Absatz 1 Satz 1, 3 und 4 unverzüglich aufzuzeichnen. Er hat die Aufzeichnungen bis zur Beendigung der Betätigung oder bis zum Vorliegen neuer Messergebnisse aufzubewahren und der zuständigen Behörde auf Verlangen vorzulegen.

(4) Im Falle der Verantwortlichkeit nach Absatz 2 Nummer 1 hat der für den Arbeitsplatz Verantwortliche die betroffenen Arbeitskräfte und den Betriebsrat oder den Personalrat unverzüglich über die Ergebnisse der Messungen zu unterrichten. Im Falle der Verantwortlichkeit nach Absatz 2 Nummer 2 hat der für den Arbeitsplatz Verantwortliche unverzüglich den Dritten zu unterrichten; die Pflicht nach Satz 1 gilt entsprechend für den Dritten.

§ 128 Reduzierung der Radonkonzentration

(1) Überschreitet die Radon-222-Aktivitätskonzentration in der Luft an einem Arbeitsplatz den Referenzwert nach § 126, so hat der für den Arbeitsplatz Verantwortliche unverzüglich Maßnahmen zur Reduzierung der Radon-222-Aktivitätskonzentration in der Luft zu ergreifen.

(2) Der für den Arbeitsplatz Verantwortliche hat den Erfolg der von ihm getroffenen Maßnahmen durch eine Messung der Radon-222-Aktivitätskonzentration in der Luft zu überprüfen; die Messung muss innerhalb von 30 Monaten erfolgt sein, nachdem die Überschreitung des Referenzwerts bekannt geworden ist. Die zuständige Behörde kann im Einzelfall die Frist nach Satz 1 verlängern, wenn die Frist auf Grund von Umständen, die von dem für den Arbeitsplatz Verantwortlichen nicht zu vertreten sind, nicht eingehalten werden kann. Der für den Arbeitsplatz Verantwortliche hat das Ergebnis der Messung unverzüglich aufzuzeichnen. Er hat die Aufzeichnungen bis zur Beendigung der Betätigung oder bis zum Vorliegen neuer Messergebnisse aufzubewahren und der zuständigen Behörde auf Verlangen vorzulegen.

(3) Im Falle der Verantwortlichkeit nach § 127 Absatz 2 Nummer 1 hat der für den Arbeitsplatz Verantwortliche die betroffenen Arbeitskräfte und den Betriebsrat oder den Personalrat unverzüglich über die Ergebnisse der Messungen zu unterrichten. Im Falle der Verantwortlichkeit nach § 127 Absatz 2 Nummer 2 hat der für

den Arbeitsplatz Verantwortliche unverzüglich den Dritten zu unterrichten; die Pflicht nach Satz 1 gilt entsprechend für den Dritten.
(4) Der für den Arbeitsplatz Verantwortliche muss keine Maßnahmen zur Reduzierung der Radon-222-Aktivitätkonzentration in der Luft ergreifen, wenn die Maßnahmen nicht oder nur mit unverhältnismäßig hohem Aufwand möglich sind, und zwar aus besonderen Gründen, die sich ergeben
1. aus überwiegenden Belangen des Arbeits- oder Gesundheitsschutzes oder
2. aus der Natur des Arbeitsplatzes.

Im Falle der Verantwortlichkeit nach § 127 Absatz 2 Nummer 2 hat der für den Arbeitsplatz Verantwortliche den Dritten unverzüglich nach Bekanntwerden der Gründe darüber zu unterrichten.

§ 129 Anmeldung

(1) Der Verantwortliche nach § 128 Absatz 1 hat den Arbeitsplatz bei der zuständigen Behörde unverzüglich anzumelden, wenn eine Messung nach § 128 Absatz 2 Satz 1 keine Unterschreitung des Referenzwerts nach § 126 ergibt. Der Anmeldung sind beizufügen:
1. Informationen über die Art des Arbeitsplatzes und die Anzahl der betroffenen Arbeitskräfte,
2. die Ergebnisse der Messungen nach § 127 Absatz 1,
3. Informationen über die ergriffenen Maßnahmen zur Reduzierung der Radon-222-Aktivitätskonzentration sowie die Ergebnisse der Messungen nach § 128 Absatz 2 und
4. die weiteren vorgesehenen Maßnahmen zur Reduzierung der Exposition.

(2) Ergreift der für den Arbeitsplatz Verantwortliche auf Grund des § 128 Absatz 4 keine Maßnahmen, so hat er den Arbeitsplatz unverzüglich nach Bekanntwerden der besonderen Gründe bei der zuständigen Behörde anzumelden. Der Anmeldung sind die Unterlagen nach Absatz 1 Satz 2 beizufügen; abweichend von Absatz 1 Satz 2 Nummer 3 ist zu begründen, warum keine Maßnahmen zur Reduzierung ergriffen wurden. Soweit die vorgetragenen Gründe den Verzicht auf Maßnahmen nicht rechtfertigen, kann die zuständige Behörde Maßnahmen zur Reduzierung der Radon-222-Aktivitätskonzentration in der Luft an diesem Arbeitsplatz anordnen.
(3) Ein Dritter, der in fremden Betriebsstätten eine Betätigung eigenverantwortlich beruflich ausübt oder ausüben lässt, hat diese Betätigung unverzüglich anzumelden, sobald sie an mehreren Arbeitsplätzen ausgeübt wird, die nach Absatz 1 Satz 1 anzumelden sind. Der Anmeldung sind Unterlagen entsprechend Absatz 1 Satz 2 beizufügen; die für die Arbeitsplätze Verantwortlichen haben dem Dritten die dafür erforderlichen Auskünfte zu erteilen.
(4) Für den zur Anmeldung Verpflichteten gilt die Pflicht zur betrieblichen Zusammenarbeit nach § 71 Absatz 3 entsprechend.

§ 130 Abschätzung der Exposition

(1) Der zur Anmeldung Verpflichtete hat innerhalb von sechs Monaten nach der Anmeldung eine auf den Arbeitsplatz bezogene Abschätzung der Radon-222-Ex-

position, der potentiellen Alphaenergie-Exposition oder der Körperdosis durch die Exposition durch Radon durchzuführen; im Falle der Anmeldung durch den Dritten nach § 129 Absatz 3 Satz 1 ist die Abschätzung bezogen auf die gesamte Betätigung durchzuführen. Die Abschätzung ist unverzüglich zu wiederholen, sobald der Arbeitsplatz so verändert wird, dass eine höhere Exposition auftreten kann. Die Ergebnisse der Abschätzungen sind aufzuzeichnen und der zuständigen Behörde unverzüglich vorzulegen. Die Ergebnisse der Abschätzung sind fünf Jahre lang aufzubewahren.

(2) Ergibt die Abschätzung, dass die effektive Dosis 6 Millisievert im Kalenderjahr nicht überschreiten kann, so hat der zur Abschätzung Verpflichtete die Exposition durch Radon regelmäßig zu überprüfen. Er hat die Exposition durch geeignete Strahlenschutzmaßnahmen auf der Grundlage von Vorschriften des allgemeinen Arbeitsschutzes und unter Berücksichtigung aller Umstände des Einzelfalls so gering wie möglich zu halten. Die zuständige Behörde kann die Vorlage entsprechender Nachweise verlangen.

(3) Ergibt die Abschätzung, dass die effektive Dosis 6 Millisievert im Kalenderjahr überschreiten kann, so sind Anforderungen des beruflichen Strahlenschutzes nach Maßgabe des § 131 und der Rechtsverordnung nach § 132 Satz 2 Nummer 6 zu erfüllen.

§ 131 Beruflicher Strahlenschutz

(1) Erfordert das Ergebnis der Abschätzung nach § 130 Absatz 3 die Einhaltung von Anforderungen des beruflichen Strahlenschutzes, so hat der zur Abschätzung Verpflichtete

1. geeignete Maßnahmen zu treffen, um unter Berücksichtigung aller Umstände des Einzelfalls die Exposition durch Radon so gering wie möglich zu halten,
2. die Radon-222-Exposition, die potentielle Alphaenergie-Exposition oder die Körperdosis der an anmeldungsbedürftigen Arbeitsplätzen beschäftigten Arbeitskräfte auf geeignete Weise durch Messung zu ermitteln,
3. dafür zu sorgen, dass die Dosisgrenzwerte nicht überschritten werden und die Körperdosen nach § 166 ermittelt werden; die Regelungen und Grenzwerte der §§ 77 und 78 Absatz 1 und 3 Satz 1 und 3 gelten insoweit entsprechend,
4. dafür zu sorgen, dass die Anforderungen des beruflichen Strahlenschutzes nach der nach § 132 Satz 2 Nummer 6 erlassenen Rechtsverordnung eingehalten werden.

(2) Handelt es sich bei dem Verpflichteten um eine juristische Person oder um eine rechtsfähige Personengesellschaft, so gilt § 69 Absatz 2 entsprechend.

§ 131a Aufgabe oder Änderung des angemeldeten Arbeitsplatzes

Der für den Arbeitsplatz Verantwortliche, der einen Arbeitsplatz nach § 129 angemeldet hat, hat der zuständigen Behörde folgende Änderungen unverzüglich mitzuteilen:

1. die Aufgabe des Arbeitsplatzes,

2. Änderungen, die nachweislich dazu führen, dass die Radon-222-Aktivitätskonzentration in der Luft an dem angemeldeten Arbeitsplatz den Referenzwert nach § 126 nicht länger überschreitet; der Nachweis ist durch Messung entsprechend § 127 Absatz 1 zu erbringen,
3. Änderungen, die nachweislich dazu führen, dass eine auf den angemeldeten Arbeitsplatz bezogene Abschätzung der Exposition entsprechend § 130 Absatz 1 ergibt, dass die effektive Dosis 6 Millisievert im Kalenderjahr nicht länger überschreiten kann.

§ 132 Verordnungsermächtigung

Die Bundesregierung wird ermächtigt, durch Rechtsverordnung mit Zustimmung des Bundesrates Anforderungen an den Schutz vor Radon an Arbeitsplätzen festzulegen. In der Rechtsverordnung kann insbesondere festgelegt werden,

1. in welchen Fällen und auf welche Weise mehrere Arbeitsorte als Arbeitsplatz im Sinne dieses Abschnitts zu betrachten sind,
2. wie die Radon-222-Aktivitätskonzentration an Arbeitsplätzen über das Kalenderjahr zu mitteln ist,
3. wie die Messung der Radon-222-Aktivitätskonzentration in der Luft an Arbeitsplätzen nach den §§ 127 und 128 zu erfolgen hat, dass sie von einer anerkannten Stelle auszuführen ist und welche Anforderungen an die Messung und an die Stelle, die die Messung ausführt, sowie an das Verfahren der Anerkennung dieser Stelle zu stellen sind,
4. welche Informationen im Zusammenhang mit den Messungen nach den §§ 127 und 128 der für den Arbeitsplatz Verantwortliche der nach einer Rechtsverordnung nach Nummer 3 anerkannten Stelle zur Verfügung zu stellen hat, dass und auf welche Art und Weise die anerkannte Stelle die Informationen, einschließlich der Messergebnisse, dem Bundesamt für Strahlenschutz zur Erfüllung seiner Amtsaufgaben übermittelt und auf welche Weise das Bundesamt für Strahlenschutz die Informationen zur Erfüllung seiner Amtsaufgaben verarbeitet,
5. wie die arbeitsplatzbezogene Abschätzung der Radon-222-Exposition, der potentiellen Alphaenergie-Exposition oder der Körperdosis durch die Exposition durch Radon nach § 130 Absatz 1 durchzuführen ist und welche Anforderungen an das Verfahren der Abschätzung und an die Person, die die Abschätzung durchführt, zu stellen sind,
6. dass die für Teil 2 dieses Gesetzes geltenden sowie die in § 76 Absatz 1 und § 79 aufgezählten Maßnahmen und Anforderungen des beruflichen Strahlenschutzes zum Schutz der Arbeitskräfte auch im Falle des § 130 Absatz 3 anzuwenden sind,
7. wie die Radon-222-Exposition, die potentielle Alphaenergie-Exposition oder die Körperdosis im Falle des § 131 Absatz 1 Nummer 2 zu ermitteln ist und welche Anforderungen an das Verfahren der Ermittlung zu stellen sind,
8. dass die Ermittlung nach § 131 Absatz 1 Nummer 2 durch eine nach § 169 behördlich bestimmte Messstelle zu erfolgen hat und welche Informationen der Messstelle für die Ermittlung zur Verfügung zu stellen sind und

9. welche Aufzeichnungs-, Aufbewahrungs-, Mitteilungs- und Vorlagepflichten im Zusammenhang mit den Pflichten nach § 131 und nach den Nummern 1 bis 8 bestehen.

§ 161 Aufgaben des Bundes

(1) Aufgaben des Bundes sind
1. die großräumige Ermittlung
   a) der Radioaktivität in der Luft,
   b) der Radioaktivität in Niederschlägen,
   c) der Radioaktivität in Bundeswasserstraßen und in der Nord- und Ostsee außerhalb der Bundeswasserstraßen sowie in Meeresorganismen,
   d) der Radioaktivität auf der Bodenoberfläche und
   e) der Gamma-Ortsdosisleistung,
2. die Entwicklung und Festlegung von Probenahme-, Analyse-, Mess- und Berechnungsverfahren zur Ermittlung der Umweltradioaktivität sowie die Durchführung von Vergleichsmessungen und Vergleichsanalysen,
3. die Zusammenfassung, Dokumentation und Aufbereitung der vom Bund ermittelten sowie der von den Ländern und von Stellen außerhalb des Geltungsbereichs dieses Gesetzes übermittelten Daten zur Umweltradioaktivität,
4. die Erstellung von Ausbreitungsprognosen,
5. die Entwicklung und der Betrieb von Entscheidungshilfesystemen,
6. die Bewertung der Daten zur Umweltradioaktivität, soweit sie vom Bund oder im Auftrag des Bundes durch die Länder ermittelt worden sind, und
7. die Bereitstellung von Daten und Dokumenten nach den Nummern 1, 3, 4 und 5 für die Länder und die Unterrichtung der Länder über die Ergebnisse der Bewertung der Daten.

(2) Die zuständigen Behörden des Bundes übermitteln der Zentralstelle des Bundes für die Überwachung der Umweltradioaktivität (§ 163) die Daten, die sie gemäß Absatz 1 Nummer 1 ermittelt haben.

(3) Die Länder können weitergehende Ermittlungen der Radioaktivität in den in Absatz 1 Nummer 1 genannten Bereichen durchführen.

(4) Die Messstellen für die Ermittlung der Radioaktivität nach Absatz 1 Nummer 1 legt der Bund im Benehmen mit den zuständigen Landesbehörden fest.

§ 162 Aufgaben der Länder

(1) Die Länder ermitteln die Radioaktivität insbesondere
1. in Lebensmitteln, in Futtermitteln und in Bedarfsgegenständen, sofern diese als Indikatoren für die Umweltradioaktivität dienen,
2. in Arzneimitteln und deren Ausgangsstoffen,
3. im Trinkwasser, im Grundwasser und in oberirdischen Gewässern außer Bundeswasserstraßen,
4. in Abwässern, im Klärschlamm und in Abfällen sowie
5. im Boden und in Pflanzen.

(2) Die Länder übermitteln der Zentralstelle des Bundes für die Überwachung der Umweltradioaktivität (§ 163) die Daten, die sie gemäß Absatz 1 ermittelt haben.

§ 163 Integriertes Mess- und Informationssystem des Bundes

(1) Das Bundesamt für Strahlenschutz als Zentralstelle des Bundes für die Überwachung der Umweltradioaktivität betreibt ein integriertes Mess- und Informationssystem für die Überwachung der Umweltradioaktivität. In diesem Mess- und Informationssystem werden die nach § 161 Absatz 1 und § 162 Absatz 1 ermittelten Daten zusammengefasst.
(2) Die im integrierten Mess- und Informationssystem zusammengefassten Daten stehen den zuständigen Landesbehörden direkt zur Verfügung.

§ 164 Bewertung der Daten, Unterrichtung des Deutschen Bundestages und des Bundesrates

(1) Das Bundesministerium für Umwelt, Naturschutz und nukleare Sicherheit bewertet die Daten zur Umweltradioaktivität. Die Zentralstelle des Bundes für die Überwachung der Umweltradioaktivität unterstützt es bei der Wahrnehmung dieser Aufgabe.
(2) Das Bundesministerium für Umwelt, Naturschutz und nukleare Sicherheit leitet dem Deutschen Bundestag und dem Bundesrat jährlich einen Bericht über die Entwicklung der Radioaktivität in der Umwelt zu.

§ 165 Betretungsrecht und Probenahme

Die Beauftragten der zuständigen Behörden sind berechtigt, Grundstücke und Betriebs- und Geschäftsräume während der Betriebs- und Arbeitszeit zu betreten, die Radioaktivität zu ermitteln und Proben zu nehmen.

§ 166 Festlegungen zur Ermittlung der beruflichen Exposition

(1) Die Körperdosen einer Person aus beruflicher Exposition sind zu addieren, wenn sie nach diesem Gesetz oder einer auf dieses Gesetz gestützten Rechtsverordnung in mehreren der folgenden Bereiche zu ermitteln sind:
1. bei Tätigkeiten als beruflich exponierte Person,
2. im Zusammenhang mit Radon am Arbeitsplatz,
3. bei Sanierungs- und sonstigen Maßnahmen zur Verhinderung und Verminderung der Exposition bei radioaktiven Altlasten sowie sonstigen Betätigungen im Zusammenhang mit radioaktiven Altlasten und
4. bei anmeldebedürftigen sonstigen bestehenden Expositionssituationen.

Für den Nachweis, dass die jeweils geltenden Grenzwerte nicht überschritten wurden, ist die Summe entscheidend.
(2) Außerhalb des räumlichen Geltungsbereichs dieses Gesetzes erfolgte Expositionen, die denen nach Absatz 1 entsprechen, sind bei der Ermittlung der beruflichen Exposition zu berücksichtigen.

§ 167 Aufzeichnungs-, Aufbewahrungs- und behördliche Mitteilungspflichten für die ermittelte Körperdosis bei beruflicher Exposition

(1) Der Strahlenschutzverantwortliche, der Verpflichtete nach § 131 Absatz 1 oder § 145 Absatz 1 Satz 1 sowie der Verantwortliche nach § 115 Absatz 2 oder § 153 Absatz 1 haben für Personen, die einer beruflichen Exposition unterliegen und für die eine Messung, Ermittlung oder Abschätzung der Körperdosis vorgenommen wurde,

1. die Ergebnisse dieser Messungen, Ermittlungen oder Abschätzungen sowie Daten, die zu dieser Messung, Ermittlung oder Abschätzung dienen,
2. Familienname, Geburtsname, Vornamen, Geburtsdatum und -ort, Geschlecht, Staatsangehörigkeit (Personendaten),
3. die persönliche Kennnummer nach § 170 Absatz 3 Satz 1,
4. bei Strahlenpassinhabern die fortlaufende Nummer des Strahlenpasses sowie
5. die Beschäftigungsmerkmale und die Expositionsverhältnisse

unverzüglich aufzuzeichnen.

(2) Die zur Aufzeichnung Verpflichteten haben die Aufzeichnungen so lange aufzubewahren, bis die überwachte Person das 75. Lebensjahr vollendet hat oder vollendet hätte, mindestens jedoch 30 Jahre nach Beendigung der jeweiligen Beschäftigung.

(3) Die zur Aufzeichnung Verpflichteten haben die Aufzeichnungen auf Verlangen der zuständigen Behörde vorzulegen oder bei einer von dieser zu bestimmenden Stelle zu hinterlegen. § 168 Absatz 2 bleibt unberührt. Die zur Aufzeichnung Verpflichteten haben die Ermittlungsergebnisse bei einem Wechsel des Beschäftigungsverhältnisses dem neuen Arbeitgeber auf Verlangen mitzuteilen, wenn weiterhin eine Beschäftigung mit beruflicher Exposition ausgeübt wird. Satz 3 gilt entsprechend für fliegendes Personal, das in einem Luftfahrzeug eines anderen Strahlenschutzverantwortlichen tätig wird. Die zur Aufzeichnung Verpflichteten haben die Aufzeichnungen, die infolge einer Beendigung der Beschäftigung nicht mehr benötigt werden, der nach Landesrecht zuständigen Stelle zu übergeben.

(4) Die zur Aufzeichnung Verpflichteten sind verpflichtet, der zuständigen Behörde Folgendes unverzüglich zu melden:

1. Überschreitungen der Grenzwerte der Körperdosis und
2. die Körperdosen bei besonders zugelassenen Expositionen nach der Rechtsverordnung nach § 79 Absatz 1 Satz 2 Nummer 1.

Dabei sind die Personendaten der betroffenen Personen und die ermittelte Körperdosis sowie die Gründe für eine Überschreitung der Grenzwerte der Körperdosis anzugeben. Die zur Aufzeichnung Verpflichteten sind verpflichtet, den betroffenen Personen unverzüglich die Körperdosis mitzuteilen.

§ 168 Übermittlung der Ergebnisse der Ermittlung der Körperdosis

(1) Der Strahlenschutzverantwortliche, der Verpflichtete nach § 131 Absatz 1 oder § 145 Absatz 1 Satz 1 sowie der Verantwortliche nach § 115 Absatz 2 oder § 153 Absatz 1 haben, soweit sie sich einer Messstelle nach § 169 Absatz 1 zur Ermittlung der beruflichen Exposition bedienen, dieser Messstelle die Daten nach § 170 Absatz 2

Nummer 1 bis 7 derjenigen Personen zur Verfügung zu stellen, für die die Körperdosis ermittelt werden soll. Der zuständigen Behörde sind die Angaben nach Satz 1 sowie die ermittelte Körperdosis auf Verlangen vorzulegen.

(2) Soweit sich die nach Absatz 1 zur Übermittlung Verpflichteten zur Ermittlung der beruflichen Exposition keiner Messstelle nach § 169 Absatz 1 bedienen, haben sie die Daten nach § 170 Absatz 2 einschließlich der ermittelten Körperdosis der zuständigen Behörde vorzulegen.

§ 169 Bestimmung von Messstellen; Verordnungsermächtigung

(1) Die zuständige Behörde bestimmt Messstellen für die Ermittlung der beruflichen Exposition

1. durch äußere Exposition bei Tätigkeiten,
2. durch innere Exposition bei Tätigkeiten,
3. der Einsatzkräfte durch ihren Einsatz in einer Notfallexpositionssituation oder einer anderen Gefahrenlage,
4. durch Radon am Arbeitsplatz,
5. im Zusammenhang mit Maßnahmen bei radioaktiven Altlasten und
6. bei sonstigen bestehenden Expositionssituationen.

(2) Eine Messstelle darf nur bestimmt werden, wenn

1. sie über ausreichend Personal zur Ausführung ihrer Aufgaben verfügt und ihr Personal, insbesondere die Leitung der Messstelle und die weiteren leitenden Fachkräfte, die erforderliche Qualifikation, Eignung und Erfahrung besitzt,
2. sie über die erforderlichen Verfahren zur Ermittlung der Exposition verfügt,
3. sie über die zur Ausführung ihrer Aufgaben erforderliche räumliche und technische Ausstattung, insbesondere die erforderlichen Messgeräte, verfügt,
4. sie ein angemessenes Qualitätsmanagementsystem betreibt und
5. keine Tatsachen vorliegen, aus denen sich Bedenken gegen die Zuverlässigkeit des Leiters der Messstelle oder der weiteren leitenden Fachkräfte ergeben, und die Messstelle über die erforderliche Unabhängigkeit verfügt.

(3) Die Messstelle hat die Ergebnisse der Ermittlung der beruflichen Exposition aufzuzeichnen und sie der jeweiligen Person nach § 168 Absatz 1, die die Messung veranlasst hat, schriftlich mitzuteilen. Die Messstelle hat die Aufzeichnungen nach der Ermittlung fünf Jahre lang aufzubewahren. Sie hat der für die Person nach Satz 1 zuständigen Behörde auf Verlangen oder wenn sie es auf Grund der Ergebnisse ihrer Ermittlungen für erforderlich hält, diese Ergebnisse einschließlich der Daten nach § 168 Absatz 1 unverzüglich mitzuteilen.

(4) Die Bundesregierung wird ermächtigt, durch Rechtsverordnung mit Zustimmung des Bundesrates festzulegen,

1. wie die Anforderungen nach Absatz 2 unter Berücksichtigung der verschiedenen Expositionen nach Absatz 1 näher auszugestalten sind,
2. welche Aufgaben die behördlich bestimmten Messstellen im Zusammenhang mit der Ermittlung der Exposition wahrnehmen,
3. dass die behördlich bestimmten Messstellen der Qualitätssicherung unterliegen, welche Stellen diese ausführen und wie diese ausgeführt wird,

4. welche Informationen zusätzlich zu den Informationen nach § 168 Absatz 1 den Messstellen zum Zweck der Ermittlung der Exposition sowie der Überwachung der Dosisgrenzwerte der jeweils überwachten Person und der Beachtung der Strahlenschutzgrundsätze zu Vorsorge- und Überwachungsmaßnahmen zur Verfügung zu stellen sind,
5. welche weiteren Aufzeichnungs-, Aufbewahrungs-, Mitteilungs- und Vorlagepflichten die Messstellen im Zusammenhang mit der Wahrnehmung ihrer Aufgaben haben und
6. dass und unter welchen Voraussetzungen die Bestimmung einer Messstelle befristet werden kann.

§ 170 Strahlenschutzregister; Verordnungsermächtigung

(1) Daten über berufliche Expositionen, die auf Grund dieses Gesetzes oder einer auf diesem Gesetz gestützten Rechtsverordnung erhoben werden, werden zum Zweck der Überwachung von Dosisgrenzwerten und der Beachtung der Strahlenschutzgrundsätze, zur Prüfung des Bestehens eines Anspruchs gegen einen Träger der gesetzlichen Unfallversicherung sowie zum Zweck der wissenschaftlichen Forschung im Bereich des Strahlenschutzes in einem beim Bundesamt für Strahlenschutz eingerichteten Register (Strahlenschutzregister) erfasst.

(2) In das Strahlenschutzregister werden die folgenden Daten eingetragen:
1. die persönliche Kennnummer nach Absatz 3,
2. die jeweiligen Personendaten,
3. Beschäftigungsmerkmale und Expositionsverhältnisse,
4. die Betriebsnummer des Beschäftigungsbetriebs,
5. Name und Anschrift des Strahlenschutzverantwortlichen, des Verpflichteten nach § 131 Absatz 1 und § 145 Absatz 1 Satz 1 sowie des Verantwortlichen nach § 115 Absatz 2 und § 153 Absatz 1,
6. Angaben über einen nach einer auf dieses Gesetz gestützten Rechtsverordnung registrierten Strahlenpass,
7. Angaben über die zuständige Behörde und
8. die nach diesem Gesetz oder einer auf dieses Gesetz gestützten Rechtsverordnung ermittelte Körperdosis infolge einer beruflichen Exposition, die Expositionsbedingungen sowie die Feststellungen der zuständigen Behörde hinsichtlich dieser Körperdosis und der Expositionsbedingungen.

(3) Zur eindeutigen Zuordnung der Eintragungen nach Absatz 2 vergibt das Bundesamt für Strahlenschutz für jede Person, für die Eintragungen vorgenommen werden, eine persönliche Kennnummer. Die persönliche Kennnummer ist mittels nicht rückführbarer Verschlüsselung aus der Versicherungsnummer nach § 147 des Sechsten Buches Sozialgesetzbuch abzuleiten, die der jeweiligen Person zugeordnet ist. Die Versicherungsnummer ist nach Ableitung der Kennnummer zu löschen. Ist einer Person bereits eine andere Identifikationsnummer zugeordnet, die eine zuständige Stelle außerhalb des Geltungsbereichs dieses Gesetzes vergeben hat, und ist diese Identifikationsnummer für die Verwendung im Strahlenschutzregister geeignet, so kann das Bundesamt für Strahlenschutz diese Identifikationsnummer als persönliche Kennnummer verwenden. Für eine Person, der weder eine Ver-

sicherungsnummer noch eine Identifikationsnummer zugeordnet ist, vergibt das Bundesamt für Strahlenschutz auf der Basis der Personendaten eine persönliche Kennnummer.

(4) Die Daten nach Absatz 2 werden dem Strahlenschutzregister übermittelt durch
1. die Messstellen nach § 169,
2. die zuständigen Behörden oder
3. den Strahlenschutzverantwortlichen, den Verpflichteten nach § 131 Absatz 1 oder § 145 Absatz 1 Satz 1, den Verantwortlichen nach § 115 Absatz 2 oder § 153 Absatz 1.

Die Personen nach Nummer 4 übermitteln dem Strahlenschutzregister zur Erzeugung der persönlichen Kennnummer die Versicherungsnummer oder Identifikationsnummer nach Absatz 3 zusätzlich zu den für die Zuordnung erforderlichen Daten nach Absatz 2.

(5) Auskünfte aus dem Strahlenschutzregister werden erteilt, soweit dies für die Wahrnehmung der Aufgaben des Empfängers erforderlich ist,
1. einer zuständigen Behörde,
2. einer Messstelle nach § 169,
3. auf Antrag einem Strahlenschutzverantwortlichen, Verpflichteten nach § 131 Absatz 1 oder § 145 Absatz 1 Satz 1, Verantwortlichen nach § 153 Absatz 1 über Daten, die bei ihm beschäftigte Personen betreffen,
4. auf Antrag einem Verantwortlichen nach § 115 Absatz 2 über Daten für Personen, für die er verantwortlich ist,
5. auf Antrag einem Träger der gesetzlichen Unfallversicherung über Daten, die bei ihm versicherte Personen betreffen.

Das Bundesamt für Strahlenschutz kann den in Satz 1 Nummer 1 und 2 genannten Behörden und Messstellen die Daten nach Absatz 2 sowie Auswertungen aus diesen Daten auch durch automatisierte Abrufverfahren übermitteln, soweit die Daten zur Wahrnehmung der Aufgaben der abrufenden Behörden und Messstellen erforderlich sind. Die in Satz 1 Nummer 1 und 2 genannten Behörden dürfen die Daten nach Satz 2 im automatisierten Verfahren beim Bundesamt für Strahlenschutz abrufen, soweit dies für die Wahrnehmung ihrer Aufgaben erforderlich ist. Die zuständige Behörde kann Auskünfte aus dem Strahlenschutzregister an einen Strahlenschutzverantwortlichen, Verpflichteten oder Verantwortlichen, an deren Strahlenschutzbeauftragten sowie an ermächtigte Ärzte nach § 79 Absatz 1 Satz 2 Nummer 9 Buchstabe a weitergeben, soweit dies zur Wahrnehmung ihrer Aufgaben erforderlich ist.

(6) Die Übermittlung der im Strahlenschutzregister gespeicherten personenbezogenen Daten zu Zwecken der wissenschaftlichen Forschung (Forschungszwecken) an Dritte ist nur unter den Voraussetzungen der Absätze 7 und 8 zulässig. Soweit die betroffenen Personen nicht in die Veröffentlichung der sie betreffenden Daten eingewilligt haben, dürfen Forschungsergebnisse nur anonymisiert veröffentlicht werden. Auch nach dem Tod der betroffenen Personen sind die Bestimmungen des Bundesdatenschutzgesetzes und der Verordnung (EU) 2016/679 des Europäischen Parlaments und des Rates vom 27. April 2016 zum Schutz natürlicher Personen bei der Verarbeitung personenbezogener Daten, zum freien Datenverkehr und zur Aufhebung der Richtlinie 95/46/EG (Datenschutz-Grundverordnung) (ABl. L 119

vom 4.5.2016, S. 1; L 314 vom 22.11.2016, S. 72; L 127 vom 23.5.2018, S. 2) in der jeweils geltenden Fassung einzuhalten.

(7) Für Forschungszwecke im Bereich des Strahlenschutzes dürfen personenbezogene Daten aus dem Strahlenschutzregister mit Einwilligung der betroffenen Personen an Dritte übermittelt werden. Ohne diese Einwilligung dürfen die Daten übermittelt werden, wenn schutzwürdige Belange der betroffenen Personen der Übermittlung oder der beabsichtigten Verarbeitung der Daten nicht entgegenstehen oder wenn das öffentliche Interesse an der Forschungsarbeit das Geheimhaltungsinteresse der betroffenen Personen erheblich überwiegt. Eine Übermittlung personenbezogener Daten für Forschungszwecke ist ausgeschlossen, wenn der Zweck der Forschung mit einem vertretbaren Aufwand durch die Verarbeitung anonymisierter Daten erfüllt werden kann. Soweit besondere Kategorien von Daten im Sinne von Artikel 9 Absatz 1 der Verordnung (EU) 2016/679 übermittelt werden, sind angemessene und spezifische Maßnahmen zur Wahrung der Interessen der betroffenen Person gemäß § 22 Absatz 2 Satz 2 des Bundesdatenschutzgesetzes zu treffen.

(8) Wird eine Übermittlung personenbezogener Daten zu Forschungszwecken beantragt, so ist die Einwilligung der betroffenen Personen nachzuweisen. Soll die Übermittlung ohne Einwilligung der betroffenen Personen erfolgen, sind die für die Prüfung der Voraussetzungen nach Absatz 7 Satz 2 erforderlichen Angaben zu machen; zu Absatz 7 Satz 3 ist glaubhaft zu machen, dass der Zweck der Forschung bei Verarbeitung anonymisierter Daten nicht mit vertretbarem Aufwand erfüllt werden kann. Besondere Kategorien von Daten im Sinne von Artikel 9 Absatz 1 der Verordnung (EU) 2016/679 dürfen nur für die Forschungsarbeit verarbeitet werden, für die sie übermittelt worden sind; die Verarbeitung für andere Forschungsarbeiten oder die Übermittlung richtet sich nach den Sätzen 1 und 2 und bedarf der Zustimmung des Bundesamtes für Strahlenschutz.

(9) Die Bundesregierung wird ermächtigt, durch Rechtsverordnung mit Zustimmung des Bundesrates zu bestimmen,

1. auf welche Weise die persönliche Kennnummer nach Absatz 3 erzeugt wird, wie sie beschaffen sein muss und unter welchen Voraussetzungen eine Identifikationsnummer, die außerhalb des Geltungsbereichs dieses Gesetzes vergeben wurde, genutzt werden kann,
2. welche technischen und organisatorischen Maßnahmen für die Übermittlung von Angaben nach Absatz 2 durch die Stellen nach Absatz 4 zum Strahlenschutzregister zu treffen sind,
3. unter welchen Voraussetzungen und in welchem Verfahren zum Zweck der Überwachung von Dosisgrenzwerten, der Beachtung der Strahlenschutzgrundsätze, zur Prüfung des Bestehens eines Auskunftsanspruchs oder zur Qualitätssicherung in erforderlichem Umfang an die Stellen und Personen nach Absatz 5 Auskünfte aus dem Strahlenschutzregister erteilt und weitergegeben und dabei personenbezogene Daten übermittelt werden dürfen.

§ 171 Verordnungsermächtigung für Vorgaben in Bezug auf einen Strahlenpass

Die Bundesregierung wird ermächtigt, durch Rechtsverordnung mit Zustimmung des Bundesrates Vorgaben in Bezug auf einen zu führenden Strahlenpass festzulegen. In der Rechtsverordnung kann insbesondere festgelegt werden,

1. wann zum Zweck der Überwachung von Dosisgrenzwerten und der Beachtung der Strahlenschutzgrundsätze ein Strahlenpass zu führen ist, welche Daten nach § 170 Absatz 2 und welche Daten zum Ergebnis der ärztlichen Überwachungsuntersuchung eingetragen werden, welche Form der Strahlenpass hat, wie er zu registrieren oder seine Gültigkeit zu verlängern ist und wer Einträge vornehmen und die Inhalte verwenden darf,
2. unter welchen Bedingungen Strahlenpässe, die außerhalb des Geltungsbereichs dieses Gesetzes ausgestellt wurden, anerkannt werden,
3. unter welchen Voraussetzungen die Behörde einen Strahlenpass vernichten darf.

§ 172 Bestimmung von Sachverständigen; Verordnungsermächtigung

(1) Die zuständige Behörde bestimmt Sachverständige für die folgenden Sachverständigentätigkeiten:

1. Prüfung von Röntgeneinrichtungen, einschließlich der Erteilung der Bescheinigung, und die Prüfung von Röntgeneinrichtungen oder Störstrahlern gemäß der Rechtsverordnung nach § 89 Satz 1 Nummer 3,
2. Prüfung von Arbeitsplätzen mit Exposition durch natürlich vorkommende Radioaktivität,
3. Prüfung von Anlagen zur Erzeugung ionisierender Strahlung, von Bestrahlungsvorrichtungen und von Geräten für die Gammaradiographie,
4. Dichtheitsprüfung von umschlossenen radioaktiven Stoffen sowie von bauartzugelassenen Vorrichtungen, die radioaktive Stoffe enthalten.

Der behördlich bestimmte Sachverständige bedarf für die Ausübung der Sachverständigentätigkeit weder einer Genehmigung noch muss er sie anzeigen.

(2) Der behördlich bestimmte Sachverständige muss unabhängig sein von Personen, die an der Herstellung, am Vertrieb oder an der Instandhaltung von Anlagen zur Erzeugung ionisierender Strahlung, Bestrahlungsvorrichtungen, Röntgeneinrichtungen, Störstrahlern oder umschlossenen radioaktiven Stoffen beteiligt sind. Der behördlich bestimmte Sachverständige oder, bei juristischen Personen oder sonstigen Personenvereinigungen, die Personen, die Aufgaben als behördlich bestimmte Sachverständige wahrnehmen, müssen die erforderliche Fachkunde im Strahlenschutz besitzen. Der behördlich bestimmte Sachverständige darf keinen fachlichen Weisungen im Hinblick auf die Sachverständigentätigkeit unterliegen.

(3) Für die Sachverständigentätigkeit eines behördlich bestimmten Sachverständigen gelten die Pflichten des Strahlenschutzverantwortlichen nach § 72 Absatz 1 entsprechend. Handelt es sich bei dem behördlich bestimmten Sachverständigen um eine juristische Person oder eine sonstige Personenvereinigung, so gilt für diese Person auch § 70 entsprechend. Übt der behördlich bestimmte Sachverständige

die Sachverständigentätigkeit in einem Beschäftigungsverhältnis aus, so gelten die §§ 70 und 72 Absatz 1 abweichend von den Sätzen 1 und 2 entsprechend für diejenige Person, zu der das Beschäftigungsverhältnis besteht.

(4) Die Bundesregierung wird ermächtigt, durch Rechtsverordnung mit Zustimmung des Bundesrates

1. die Anforderungen an die Ausbildung, die beruflichen Kenntnisse und Fähigkeiten, insbesondere hinsichtlich Berufserfahrung und Eignung, der behördlich bestimmten Sachverständigen oder, bei juristischen Personen oder sonstigen Personenvereinigungen, der Personen, die Aufgaben als behördlich bestimmte Sachverständige wahrnehmen, festzulegen,
2. festzulegen, welche Anforderungen an die Zuverlässigkeit, Unabhängigkeit und Unparteilichkeit der Sachverständigen und, bei juristischen Personen oder sonstigen Personenvereinigungen, der Personen, die Aufgaben als behördlich bestimmte Sachverständige wahrnehmen, bestehen,
3. festzulegen, wie die Einweisung in die Sachverständigentätigkeit erfolgt, welchen Umfang die Prüftätigkeit umfasst, wie die Prüfmaßstäbe festgelegt werden und welche sonstigen Voraussetzungen und Pflichten, einschließlich der Qualitätssicherung, in Bezug auf die Prüfungen und die Zusammenarbeit mit den zuständigen Behörden für behördlich bestimmte Sachverständige gelten, und
4. festzulegen, welche Voraussetzungen bei der behördlichen Bestimmung eines Sachverständigen zu prüfen sind und dass und unter welchen Voraussetzungen die Bestimmung eines Sachverständigen befristet werden kann.

§ 173 Verordnungsermächtigungen für Mitteilungspflichten bei Fund und Erlangung

Die Bundesregierung wird ermächtigt, durch Rechtsverordnung mit Zustimmung des Bundesrates festzulegen, dass, auf welche Weise und durch wen den zuständigen Behörden Folgendes zu melden ist:

1. der Fund, das Abhandenkommen und das Wiederauffinden von Stoffen, sofern zu befürchten ist, dass deren Aktivität oder spezifische Aktivität die nach einer Rechtsverordnung nach § 24 Satz 1 Nummer 10 festgelegten Werte überschreitet,
2. das Vorhandensein von Wasser in einer Wasserversorgungsanlage oder in einer Abwasseranlage, das Radionuklide enthält, deren Aktivitätskonzentration die in der Rechtsverordnung festgelegten Werte oder Grenzen überschreitet,
3. die Vermutung oder die Kenntnis, dass eine herrenlose Strahlenquelle eingeschmolzen oder auf sonstige Weise metallurgisch verwendet worden ist.

§ 174 Verordnungsermächtigung für behördliche Befugnisse bei kontaminiertem Metall

Die Bundesregierung wird ermächtigt, durch Rechtsverordnung mit Zustimmung des Bundesrates festzulegen, dass kontaminiertes Metall nur nach den Vorgaben der zuständigen Behörde verwendet, in Verkehr gebracht oder entsorgt werden darf.

§ 175 Dosis- und Messgrößen; Verordnungsermächtigung

(1) Für die Ermittlung der Organ-Äquivalentdosis ist, soweit nicht anders bestimmt, die äußere und innere Exposition zu berücksichtigen; für die innere Exposition ist auch die außerhalb des Bezugszeitraums auftretende Exposition infolge der während des Bezugszeitraums aufgenommenen Radionuklide nach Maßgabe der Rechtsverordnung nach Absatz 2 Nummer 3 zu berücksichtigen. Satz 1 gilt entsprechend für die effektive Dosis.

(2) Das Bundesministerium für Umwelt, Naturschutz und nukleare Sicherheit wird ermächtigt, durch Rechtsverordnung ohne Zustimmung des Bundesrates

1. nähere Anforderungen an die Bestimmung der Organ-Äquivalentdosis und ihre Berechnung festzulegen, insbesondere die für verschiedene Strahlungsarten und Strahlungsenergien zu nutzenden Wichtungsfaktoren sowie Einzelheiten der Mittelung über das Gewebe oder Organ,
2. nähere Anforderungen an die Bestimmung der effektiven Dosis sowie ihre Berechnung festzulegen, insbesondere die zu berücksichtigenden Gewebe oder Organe sowie die zu nutzenden Wichtungsfaktoren, und Festlegungen zur Bestimmung der effektiven Dosis des ungeborenen Kindes zu treffen,
3. zu bestimmen, auf welche Weise und für welchen Zeitraum bei der inneren Exposition die Dosis durch aufgenommene Radionuklide zu berücksichtigen ist,
4. festzulegen, welche Messgrößen im Hinblick auf die Ermittlung der äußeren Exposition zu benutzen sind und wie diese Ermittlung zu erfolgen hat,
5. die Daten festzulegen, die bei der Ermittlung der Körperdosis aus Größen des Strahlungsfeldes oder der Aktivität zugrunde zu legen sind, und
6. zu bestimmen, welche Einheiten für die Größen im Strahlenschutz zu verwenden sind.

§ 176 Haftung für durch ionisierende Strahlung verursachte Schäden

Im Anwendungsbereich dieses Gesetzes und der auf dieses Gesetz gestützten Rechtsverordnungen richtet sich die Haftung für durch ionisierende Strahlung verursachte Schäden nach den §§ 25 bis 40 des Atomgesetzes.

§ 177 Vorsorge für die Erfüllung gesetzlicher Schadensersatzverpflichtungen

Im Anwendungsbereich dieses Gesetzes und der auf dieses Gesetz gestützten Rechtsverordnungen richtet sich die Vorsorge für die Erfüllung gesetzlicher Schadensersatzverpflichtungen nach den §§ 13 bis 15 des Atomgesetzes und nach der Atomrechtlichen Deckungsvorsorge-Verordnung. § 35 bleibt unberührt. Abweichend von § 13 Absatz 1 Satz 2 des Atomgesetzes kann die zuständige Behörde bei Tätigkeiten nach § 12 Absatz 1 Nummer 1, 2 oder 3 und § 31 Absatz 1 auf eine erneute Festsetzung der Deckungsvorsorge verzichten, wenn die Überprüfung der Deckungsvorsorge ergeben hat, dass die Deckungssumme noch ausreichend bemessen ist.

§ 194 Bußgeldvorschriften

(1) Ordnungswidrig handelt, wer vorsätzlich oder fahrlässig

1. einer Rechtsverordnung nach
   a) § 6 Absatz 3, § 24 Satz 1 Nummer 3, 4, 7 Buchstabe a oder Nummer 8 oder Satz 2, § 37 Absatz 1 Satz 1, 2 Nummer 2 bis 5 oder 6 oder Satz 3, § 49 Nummer 4 oder 5, § 61 Absatz 2 Satz 2, § 62 Absatz 6 Nummer 3, § 63 Absatz 3, § 65 Absatz 2, § 68 Absatz 1 Satz 1, § 72 Absatz 2 Satz 2, § 76 Absatz 1 Satz 1, 2 Nummer 1, 2, 6, 7, 8, 10, 11, 13, 15 oder 16 oder Satz 3, § 79 Absatz 1 Satz 1, 2 Nummer 1 bis 3 oder 4, 6, 8 oder 12 oder Satz 3, § 81 Satz 1, 2 Nummer 5, 7, 8, 9 oder 10 oder Satz 4, § 82 Absatz 1 Nummer 1 oder 3, § 84 Absatz 2, § 86 Satz 1, 2 Nummer 2, 4, 5, 6, 9 bis 14 oder 15 oder 19 oder Satz 5, den §§ 87, 89 Satz 1 Nummer 2, 3, 4, 5, 7, 8, 9 oder 11 oder Satz 2, § 90 Absatz 1 Satz 1 oder Satz 2 Nummer 1 oder 2, § 95 Absatz 2 Satz 1 oder Absatz 3, § 123 Absatz 2, § 143 Absatz 1 Satz 3, § 169 Absatz 4 Nummer 1, 2 oder 3, § 174,
   b) § 24 Satz 1 Nummer 1, 2, 5, 6 oder 9, § 37 Absatz 1 Satz 2 Nummer 1, 7 oder 8, § 38 Absatz 2 Nummer 1, § 68 Absatz 1 Satz 2, den §§ 73, 74 Absatz 3 oder 4 Nummer 1, 2, 4, 5 oder 6, § 76 Absatz 1 Satz 2 Nummer 3, 4, 5, 9, 12 oder 17, § 79 Absatz 1 Satz 2 Nummer 5, 7, 10, 11 oder 12, § 81 Satz 2 Nummer 1, 2, 3 oder 4, § 82 Absatz 1 Nummer 2 oder 4, § 85 Absatz 4, § 86 Satz 2 Nummer 1, 3, 7, 8, 16, 17 oder 18 oder Satz 3 oder 4, § 88 Absatz 6, § 89 Satz 1 Nummer 1, 6, 10 oder 12, § 90 Absatz 1 Satz 2 Nummer 3 oder 4, den §§ 91, 124 Satz 3, den §§ 132, 135 Absatz 1 Satz 3, § 136 Absatz 2, § 139 Absatz 4, § 169 Absatz 4 Nummer 4, 5 oder 6, § 170 Absatz 9 Nummer 2 oder 3, den §§ 171, 172 Absatz 4, § 173 oder § 175 Absatz 2,
   c) § 24 Satz 1 Nummer 7 Buchstabe b oder § 30 Satz 1 oder 2

   oder einer vollziehbaren Anordnung auf Grund einer solchen Rechtsverordnung zuwiderhandelt, soweit die Rechtsverordnung für einen bestimmten Tatbestand auf diese Bußgeldvorschrift verweist,
2. ohne Genehmigung nach
   a) § 10 eine dort genannte Anlage errichtet,
   b) § 12 Absatz 1 Nummer 1 erster Halbsatz eine dort genannte Anlage betreibt,
   c) § 12 Absatz 1 Nummer^ 2 ionisierende Strahlung aus einer dort genannten Bestrahlungsvorrichtung verwendet,
   d) § 12 Absatz 1 Nummer 3 erster Halbsatz mit sonstigen radioaktiven Stoffen umgeht,
   e) § 12 Absatz 1 Nummer 4 erster Halbsatz eine Röntgeneinrichtung betreibt,
   f) § 12 Absatz 1 Nummer 5 erster Halbsatz einen Störstrahler betreibt,
   g) § 12 Absatz 2 eine genehmigungsbedürftige Tätigkeit ändert,

   h) § 25 Absatz 1 Satz 1 in einer dort genannten Anlage eine Person beschäftigt oder eine Aufgabe selbst wahrnimmt,
   i) § 27 Absatz 1 Satz 1 sonstige radioaktive Stoffe auf öffentlichen oder der Öffentlichkeit zugänglichen Verkehrswegen befördert,
   j) § 31 Absatz 1 Satz 1, auch in Verbindung mit Satz 2, radioaktive Stoffe oder ionisierende Strahlung am Menschen anwendet,
   k) § 40 Absatz 1 Satz 1, auch in Verbindung mit Satz 2, radioaktive Stoffe zusetzt,
   l) § 42 Absatz 1 ein dort genanntes Konsumgut verbringt,
3. entgegen § 17 Absatz 1 Satz 1, § 19 Absatz 1 Satz 1, § 22 Absatz 1, § 26 Absatz 1 Satz 1, § 32 Absatz 1 Satz 1, auch in Verbindung mit Satz 2, § 50 Absatz 1, auch in Verbindung mit Absatz 2, § 52 Absatz 1, auch in Verbindung mit Absatz 3 Satz 1, § 56 Absatz 1, auch in Verbindung mit Absatz 3, § 59 Absatz 2, auch in Verbindung mit Absatz 4, oder § 63 Absatz 1 Satz 1 eine Anzeige nicht, nicht richtig, nicht vollständig, nicht in der vorgeschriebenen Weise oder nicht rechtzeitig erstattet,
4. einer vollziehbaren Anordnung nach § 18 Absatz 3, § 20 Absatz 3, 4 oder 5, § 22 Absatz 3, § 26 Absatz 3, den §§ 34, 51 Absatz 2, § 53 Absatz 2 oder 3, § 55 Absatz 2, § 57 Absatz 3 oder 4, jeweils auch in Verbindung mit § 59 Absatz 4, § 61 Absatz 5 Satz 1, § 63 Absatz 2, § 64 Absatz 2 Satz 3, § 65 Absatz 1, § 127 Absatz 1 Satz 4, § 129 Absatz 2 Satz 3, § 130 Absatz 2 Satz 3, § 134 Absatz 3, § 135 Absatz 3 Satz 1, § 139 Absatz 1 Satz 1, auch in Verbindung mit § 148 Satz 1, § 156 Absatz 3 Satz 1 oder Absatz 4 Satz 2 oder § 158 Absatz 2 zuwiderhandelt,
5. entgegen den §§ 21, 54, 58, auch in Verbindung mit § 59 Absatz 4, § 61 Absatz 4 Satz 2, § 64 Absatz 2 Satz 1, § 70 Absatz 4 Satz 1, § 71 Absatz 2 Satz 1 oder § 167 Absatz 3 Satz 3, auch in Verbindung mit Satz 4, eine Mitteilung nicht, nicht richtig, nicht vollständig oder nicht rechtzeitig macht,
6. entgegen § 28 Absatz 2 Satz 1 Kernmaterialien zur Beförderung oder Weiterbeförderung übernimmt,
7. entgegen § 39 Absatz 1 Satz 1, auch in Verbindung mit Absatz 2, radioaktive Stoffe zusetzt,
8. entgegen § 39 Absatz 1 Satz 2, auch in Verbindung mit Absatz 2, eine dort genannte Ware verbringt oder in Verkehr bringt,
9. einer vollziehbaren Auflage nach § 47 Satz 2 Nummer 4 zuwiderhandelt,
10. entgegen § 55 Absatz 1 Satz 1, auch in Verbindung mit Satz 2, jeweils auch in Verbindung mit § 59 Absatz 1 Satz 1, § 130 Absatz 1 Satz 1, auch in Verbindung mit Satz 2, oder § 145 Absatz 1 Satz 1, auch in Verbindung mit Satz 2, jeweils auch in Verbindung mit § 148 Satz 1, eine Abschätzung nicht, nicht richtig oder nicht rechtzeitig durchführt,
11. entgegen § 59 Absatz 1 Satz 2 eine Abschätzung nicht oder nicht rechtzeitig übermittelt,
12. entgegen § 60 Absatz 1 Satz 1, auch in Verbindung mit Satz 2, § 62 Absatz 1 Satz 1, auch in Verbindung mit Absatz 5 Satz 1, § 129 Absatz 1 Satz 1, Absatz 2 Satz 1 oder Absatz 3 Satz 1, § 145 Absatz 2 Satz 1, auch in Verbindung mit § 148, oder § 159 Absatz 2 Satz 1 eine Anmeldung nicht, nicht richtig, nicht vollständig oder nicht rechtzeitig macht,

13. entgegen § 60 Absatz 2 Satz 1 oder Absatz 4 Satz 1 ein Rückstandskonzept oder eine Rückstandsbilanz nicht, nicht richtig, nicht vollständig oder nicht rechtzeitig vorlegt,
14. entgegen § 61 Absatz 3 Satz 1, auch in Verbindung mit Satz 2, Rückstände vermischt oder verdünnt,
15. entgegen § 61 Absatz 6 Satz 1 Rückstände nicht, nicht richtig oder nicht rechtzeitig sichert,
16. entgegen § 61 Absatz 6 Satz 2 Rückstände abgibt,
17. entgegen § 61 Absatz 7 Rückstände ins Inland verbringt,
18. entgegen § 62 Absatz 4 Satz 2, auch in Verbindung mit Absatz 5 Satz 1, überwachungsbedürftige Rückstände verwertet oder beseitigt,
19. entgegen § 64 Absatz 1 Satz 1 eine Kontamination nicht, nicht richtig, nicht vollständig, nicht in der vorgeschriebenen Weise oder nicht rechtzeitig entfernt,
20. entgegen § 70 Absatz 1 Satz 1 einen Strahlenschutzbeauftragten nicht, nicht richtig, nicht in der vorgeschriebenen Weise oder nicht rechtzeitig bestellt,
21. entgegen § 72 Absatz 1 Satz 1 Nummer 1 oder Absatz 2 Nummer 1 Buchstabe a, jeweils auch in Verbindung mit Absatz 1 Satz 2, nicht dafür sorgt, dass eine dort genannte Exposition oder Kontamination vermieden oder so gering wie möglich gehalten wird,
22. entgegen § 72 Absatz 1 Satz 1 Nummer 2 Buchstabe a oder Absatz 2 Nummer 1 Buchstabe a, jeweils auch in Verbindung mit Absatz 1 Satz 2, nicht dafür sorgt, dass eine dort genannte Vorschrift eingehalten wird,
23. entgegen § 72 Absatz 1 Satz 1 Nummer 4, auch in Verbindung mit Satz 2, nicht dafür sorgt, dass die erforderlichen Maßnahmen gegen ein Kritischwerden von Kernbrennstoffen getroffen werden,
24. entgegen § 85 Absatz 1 Satz 1 nicht dafür sorgt, dass eine Aufzeichnung angefertigt wird,
25. entgegen § 85 Absatz 1 Satz 3 eine Aufzeichnung nicht oder nicht richtig sichert,
26. entgegen § 85 Absatz 3 Satz 1 Nummer 1 erster Halbsatz oder Nummer 2 eine Aufzeichnung, ein Röntgenbild oder dort genannte Daten nicht, nicht richtig, nicht vollständig oder nicht rechtzeitig vorlegt,
27. entgegen § 127 Absatz 1 Satz 1 oder 3 erster Halbsatz eine Messung nicht, nicht richtig oder nicht rechtzeitig veranlasst,
28. entgegen § 127 Absatz 3, § 128 Absatz 2 Satz 3 oder 4, § 130 Absatz 1 Satz 3, § 134 Absatz 2 oder § 145 Absatz 1 Satz 3, auch in Verbindung mit § 148 Satz 1, eine dort genannte Aufzeichnung nicht, nicht richtig, nicht vollständig oder nicht rechtzeitig fertigt oder nicht oder nicht für die vorgeschriebene Dauer aufbewahrt oder nicht, nicht richtig, nicht vollständig oder nicht rechtzeitig vorlegt,
29. entgegen § 128 Absatz 1 eine Maßnahme nicht, nicht richtig oder nicht rechtzeitig ergreift,
30. entgegen § 128 Absatz 2 Satz 1 eine Überprüfung nicht, nicht richtig oder nicht rechtzeitig vornimmt,
31. entgegen § 129 Absatz 3 Satz 2 zweiter Halbsatz eine Auskunft nicht erteilt,

32. entgegen § 131 Absatz 1 Nummer 3 erster Halbsatz, auch in Verbindung mit dem zweiten Halbsatz, § 145 Absatz 3 Nummer 2 erster Halbsatz, auch in Verbindung mit dem zweiten Halbsatz, oder § 159 Absatz 3 Nummer 2 erster Halbsatz, auch in Verbindung mit dem zweiten Halbsatz, nicht dafür sorgt, dass ein Dosisgrenzwert nicht überschritten wird,
33. entgegen § 134 Absatz 1 die spezifische Aktivität nicht, nicht richtig oder nicht rechtzeitig bestimmt,
34. entgegen § 135 Absatz 1 Satz 1 oder Absatz 3 Satz 2 ein Bauprodukt in Verkehr bringt,
35. entgegen § 135 Absatz 2 eine Information nicht, nicht richtig, nicht vollständig oder nicht rechtzeitig übermittelt,
36. entgegen § 138 Absatz 1, auch in Verbindung mit § 148 Satz 1, oder § 167 Absatz 4 Satz 1 eine Meldung nicht, nicht richtig, nicht vollständig oder nicht rechtzeitig macht,
37. entgegen § 140, auch in Verbindung mit § 148 Satz 1, eine Mitteilung nicht, nicht richtig, nicht vollständig oder nicht rechtzeitig macht oder einen Nachweis nicht, nicht richtig, nicht vollständig oder nicht rechtzeitig vorlegt,
38. entgegen § 167 Absatz 1 eine Aufzeichnung nicht, nicht richtig, nicht vollständig oder nicht rechtzeitig fertigt,
39. entgegen § 167 Absatz 3 Satz 1 eine Aufzeichnung nicht, nicht richtig, nicht vollständig oder nicht rechtzeitig vorlegt oder nicht, nicht richtig, nicht vollständig oder nicht rechtzeitig hinterlegt,
40. entgegen § 168 Absatz 1 Satz 1 dort genannte Daten nicht, nicht richtig, nicht vollständig oder nicht rechtzeitig zur Verfügung stellt,
41. entgegen § 168 Absatz 1 Satz 2 oder § 168 Absatz 2 eine Angabe nicht, nicht richtig, nicht vollständig oder nicht rechtzeitig vorlegt oder
42. einer vollziehbaren Auflage nach § 179 Absatz 1 Nummer 1 dieses Gesetzes in Verbindung mit § 17 Absatz 1 Satz 2 oder 3 des Atomgesetzes oder einer vollziehbaren Anordnung nach § 179 Absatz 1 Nummer 2 dieses Gesetzes in Verbindung mit § 19 Absatz 3 des Atomgesetzes zuwiderhandelt.

(2) Die Ordnungswidrigkeit kann in den Fällen des Absatzes 1 Nummer 1 Buchstabe a und c, Nummer 2 bis 4, 6 bis 9, 14 bis 23, 29, 32, 34 und 42 mit einer Geldbuße bis zu fünfzigtausend Euro und in den übrigen Fällen mit einer Geldbuße bis zu zehntausend Euro geahndet werden.

(3) Verwaltungsbehörde im Sinne des § 36 Absatz 1 Nummer 1 des Gesetzes über Ordnungswidrigkeiten ist

1. in den Fällen des Absatzes 1 Nummer 1 Buchstabe a und b, Nummer 2, 5 bis 41 oder 42 das Bundesamt für die Sicherheit der nuklearen Entsorgung für seinen in § 186 bezeichneten Bereich,
2. in den Fällen des Absatzes 1 Nummer 1 Buchstabe c und Nummer 2 Buchstabe l das Bundesamt für Wirtschaft und Ausfuhrkontrolle,
3. in den Fällen des Absatzes 1 Nummer 3 und 4
   a) das Bundesamt für Strahlenschutz im Zusammenhang mit dem Betrieb von Raumfahrzeugen,
   b) das Luftfahrt-Bundesamt im Zusammenhang mit dem Betrieb von Luftfahrzeugen,

c) das Bundesamt für die Sicherheit der nuklearen Entsorgung für seinen in § 186 bezeichneten Bereich.

(4) Für einen Verstoß gegen eine Bestimmung nach Absatz 1 ist, soweit sie dem Schutz personenbezogener Daten dient, abweichend von den Absätzen 1 bis 3 ausschließlich Artikel 83 der Verordnung (EU) 2016/679 anzuwenden.

§ 195 Einziehung

Ist eine Ordnungswidrigkeit nach § 194 Absatz 1 vorsätzlich begangen worden, so können Gegenstände eingezogen werden,
1. auf die sich die Ordnungswidrigkeit bezieht oder
2. die zur Begehung oder Vorbereitung gebraucht wurden oder bestimmt gewesen sind.

Anlage 1
Rückstände nach § 5 Absatz 32

(zu § 5 Absatz 32)
Rückstände im Sinne dieses Gesetzes sind die folgenden Materialien:
1. Schlämme und Ablagerungen aus der Gewinnung, Verarbeitung und Aufbereitung von Erdöl und Erdgas und aus der Tiefengeothermie;
2. Kiese, Sande, Harze und Kornaktivkohle aus der Grundwasseraufbereitung;
3. nicht aufbereitete Phosphorgipse, Schlämme aus deren Aufbereitung sowie Stäube und Schlacken aus der Verarbeitung von Rohphosphat (Phosphorit);
4. Nebengestein, Schlämme, Sande, Schlacken und Stäube
   a) aus der Gewinnung und Aufbereitung von Bauxit, Columbit, Pyrochlor, Mikrolyth, Euxenit, Kupferschiefer-, Zinn-, Seltene-Erden- und Uranerzen,
   b) aus der Weiterverarbeitung von Konzentraten und Rückständen, die bei der Gewinnung und Aufbereitung dieser Erze und Mineralien anfallen;
5. Materialien, die den in Nummer 4 genannten Erzen entsprechen und die bei der Gewinnung und Aufbereitung anderer Rohstoffe anfallen;
6. Stäube und Schlämme aus der Rauchgasreinigung bei der Primärverhüttung in der Roheisen- und Nichteisenmetallurgie.

Rückstände im Sinne dieses Gesetzes sind auch
1. Materialien nach Satz 1, wenn das Anfallen dieser Materialien zweckgerichtet herbeigeführt wird,
2. Formstücke aus den in Satz 1 genannten Materialien sowie
3. ausgehobener oder abgetragener Boden und Bauschutt aus dem Abbruch von Gebäuden oder sonstigen baulichen Anlagen, wenn dieser Boden und Bauschutt Rückstände nach Satz 1 enthält und gemäß § 64 nach der Beendigung von Tätigkeiten oder gemäß § 141 von Grundstücken entfernt wird.

Keine Rückstände im Sinne dieses Gesetzes sind Materialien nach Satz 1,
1. deren spezifische Aktivität für jedes Radionuklid der U-238-Zerfallsreihe und der Th-232-Zerfallsreihe unter 0,2 Becquerel durch Gramm (Bq/g) liegt und die nicht als Bauprodukte verwertet werden, oder
2. die in dort genannte technologische Prozesse als Rohstoffe eingebracht werden.

Anlage 2
Erforderliche Unterlagen zur Prüfung von Genehmigungsanträgen

(zu § 16, § 25 Absatz 2, § 40 Absatz 4, § 46 Absatz 1)

Teil A: Erforderliche Unterlagen für den Antrag auf Genehmigungen nach § 12 Absatz 1 Nummer 1 und 2

1. Sicherheitsbericht, der
   a) die Anlage und ihren Betrieb beschreibt und anhand von Lageplänen und Übersichtszeichnungen darstellt,
   b) die Auswirkungen und Gefahren beschreibt, die mit der Anlage und dem Betrieb verbunden sind, und
   c) die Ausrüstungen und Maßnahmen darlegt, die nach § 13 Absatz 1 Nummer 6 Buchstabe a vorzusehen sind,
2. ergänzende Pläne, Zeichnungen und Beschreibungen der Anlage und ihrer Teile,
3. Angaben, die es ermöglichen zu prüfen, ob
   a) die für eine sichere Ausführung der Tätigkeit notwendige Anzahl von Strahlenschutzbeauftragten bestellt ist und ihnen die für die Erfüllung ihrer Aufgaben erforderlichen Befugnisse eingeräumt sind,
   b) gewährleistet ist, dass die Ausrüstung vorhanden und die Maßnahmen getroffen sind, die nach dem Stand von Wissenschaft und Technik erforderlich sind, damit die Schutzvorschriften eingehalten werden,
   c) der erforderliche Schutz gegen Störmaßnahmen oder sonstige Einwirkungen Dritter gewährleistet ist, soweit die Errichtung der Anlage der Genehmigung nach § 10 bedarf,
4. Angaben, die es ermöglichen zu prüfen, ob der Strahlenschutzverantwortliche und die Strahlenschutzbeauftragten zuverlässig sind und die erforderliche Fachkunde im Strahlenschutz besitzen,
5. Exemplar einer Strahlenschutzanweisung gemäß der Rechtsverordnung nach § 73,
6. Nachweis über die erforderliche Vorsorge für die Erfüllung gesetzlicher Schadensersatzverpflichtungen,
7. im Zusammenhang mit
   a) der Anwendung am Menschen: Angaben, die es ermöglichen zu prüfen, ob die Voraussetzungen des § 14 Absatz 1 erfüllt sind,
   b) der Anwendung am Tier in der Tierheilkunde: Angaben, die es ermöglichen zu prüfen, ob die Voraussetzungen des § 15 erfüllt sind,
   c) dem Betrieb von Anlagen zur Erzeugung ionisierender Strahlung in der Medizin im Sinne der Verordnung (EU) 2017/745: Angaben zur Zweckbestimmung der Anlage, die es ermöglichen zu prüfen, ob das Medizinprodukt für die vorgesehene Anwendung geeignet ist.

Teil B: Erforderliche Unterlagen für den Antrag auf Genehmigungen nach § 12 Absatz 1 Nummer 3 und § 40

1. Pläne, Zeichnungen und Beschreibungen, die zur Prüfung der Genehmigungsvoraussetzungen erforderlich sind,
2. Angaben, die es ermöglichen zu prüfen, ob
   a) die für eine sichere Ausführung der Tätigkeit notwendige Anzahl von Strahlenschutzbeauftragten bestellt ist und ihnen die für die Erfüllung ihrer Aufgaben erforderlichen Befugnisse eingeräumt sind,
   b) gewährleistet ist, dass die Ausrüstung vorhanden und die Maßnahmen getroffen sind, die nach dem Stand von Wissenschaft und Technik erforderlich sind, damit die Schutzvorschriften eingehalten werden,
   c) der erforderliche Schutz gegen Störmaßnahmen oder sonstige Einwirkungen Dritter gewährleistet ist,
3. Angaben, die es ermöglichen zu prüfen, ob der Strahlenschutzverantwortliche und die Strahlenschutzbeauftragten zuverlässig sind und die erforderliche Fachkunde im Strahlenschutz besitzen,
4. Exemplar einer Strahlenschutzanweisung gemäß der Rechtsverordnung nach § 73,
5. Nachweis über die Vorsorge für die Erfüllung der gesetzlichen Schadensersatzverpflichtungen,
6. im Zusammenhang mit
   a) der Anwendung am Menschen: Angaben, die es ermöglichen zu prüfen, ob die Voraussetzungen des § 14 Absatz 1 erfüllt sind,
   b) der Anwendung am Tier in der Tierheilkunde: Angaben, die es ermöglichen zu prüfen, ob die Voraussetzungen des § 15 erfüllt sind,
   c) der Verwendung von radioaktiven Stoffen in Bestrahlungsvorrichtungen in der Medizin im Sinne der Verordnung (EU) 2017/745: Angaben zur Zweckbestimmung der Anlage, die es ermöglichen zu prüfen, ob das Medizinprodukt für die vorgesehene Anwendung geeignet ist,
   d) der Früherkennung von Krankheiten: Angaben, die es ermöglichen zu prüfen, ob die Voraussetzungen des § 14 Absatz 3 Nummer 2 erfüllt sind.

Teil C: Erforderliche Unterlagen für den Antrag auf Genehmigungen nach § 12 Absatz 1 Nummer 4

1. Pläne, Zeichnungen und Beschreibungen, die zur Prüfung der Genehmigungsvoraussetzungen erforderlich sind,
2. Angaben, die es ermöglichen zu prüfen, ob
   a) die für eine sichere Ausführung der Tätigkeit notwendige Anzahl von Strahlenschutzbeauftragten bestellt ist und ihnen die für die Erfüllung ihrer Aufgaben erforderlichen Befugnisse eingeräumt sind,
   b) gewährleistet ist, dass die Ausrüstung vorhanden und Maßnahmen getroffen sind, die nach dem Stand der Technik erforderlich sind, damit die Schutzvorschriften eingehalten werden,

3. Angaben, die es ermöglichen zu prüfen, ob der Strahlenschutzverantwortliche und die Strahlenschutzbeauftragten zuverlässig sind und die erforderliche Fachkunde im Strahlenschutz besitzen,
4. Exemplar einer Strahlenschutzanweisung gemäß der Rechtsverordnung nach § 73, wenn der Erlass einer Strahlenschutzanweisung erforderlich ist,
5. im Zusammenhang mit
   a) der Anwendung am Menschen: Angaben, die es ermöglichen zu prüfen, ob die Voraussetzungen des § 14 Absatz 1 erfüllt sind,
   b) der Anwendung am Tier in der Tierheilkunde: Angaben, die es ermöglichen zu prüfen, ob die Voraussetzungen des § 15 erfüllt sind,
   c) dem Einsatz einer Röntgeneinrichtung in der Teleradiologie: Angaben, die es ermöglichen zu prüfen, ob die Voraussetzungen des § 14 Absatz 2 erfüllt sind,
   d) der Früherkennung von Krankheiten: Angaben, die es ermöglichen zu prüfen, ob die Voraussetzungen des § 14 Absatz 3 Nummer 2 erfüllt sind.

Teil D: Erforderliche Unterlagen für den Antrag auf Genehmigungen nach § 12 Absatz 1 Nummer 5

Teil C Nummer 1 bis 4 ist entsprechend auf Genehmigungen nach § 12 Absatz 1 Nummer 5 anzuwenden.

Teil E: Erforderliche Unterlagen für den Antrag auf Genehmigungen nach § 25

1. Angaben, die es ermöglichen zu prüfen, ob
   a) die für eine sichere Ausführung der Tätigkeit notwendige Anzahl von Strahlenschutzbeauftragten bestellt ist und ihnen die für die Erfüllung ihrer Aufgaben erforderlichen Befugnisse eingeräumt sind,
   b) gewährleistet ist, dass die Ausrüstung vorhanden und Maßnahmen getroffen sind, die nach dem Stand von Wissenschaft und Technik erforderlich sind, damit die Schutzvorschriften eingehalten werden,
2. Angaben, die es ermöglichen zu prüfen, ob der Strahlenschutzverantwortliche und die Strahlenschutzbeauftragten zuverlässig sind und die erforderliche Fachkunde im Strahlenschutz besitzen,
3. Angaben, die die Aufgabenverteilung zwischen dem Strahlenschutzbeauftragten des Genehmigungsinhabers und dem Strahlenschutzbeauftragten der fremden Anlage oder Einrichtung darlegen; dies kann beispielsweise der Entwurf eines Abgrenzungsvertrags sein.

Teil F: Erforderliche Unterlagen für den Antrag auf Genehmigungen nach § 40 Absatz 1 und § 42 Absatz 1

1. Angaben zur beabsichtigten Verwendung des Konsumguts,

2. Angaben zu den technischen Eigenschaften des Konsumguts, einschließlich erforderlicher Zeichnungen, sowie zur Art der Einfügung, Befestigung, Einbettung oder Abdeckung der radioaktiven Stoffe,
3. Angaben zu den zugesetzten radioaktiven Stoffen, einschließlich der physikalischen und chemischen Beschaffenheit, sowie zur Aktivität und der spezifischen Aktivität jedes zugesetzten Radionuklids,
4. Angaben zu Dosisleistungen in den für die Verwendung des Konsumguts relevanten Entfernungen, einschließlich der Dosisleistungen in einer Entfernung von 0,1 Metern von jeder berührbaren Oberfläche,
5. Nachweis, dass die Aktivität der zugesetzten radioaktiven Stoffe nach dem Stand der Technik so gering wie möglich ist,
6. sofern in dem Konsumgut die in einer Rechtsverordnung nach § 24 Satz 1 Nummer 10 festgelegten Freigrenzen der Aktivität überschritten werden, Angaben zur möglichen Exposition von Personen durch die Nutzung des Konsumguts und
7. sofern die spezifische Aktivität der zugesetzten künstlichen radioaktiven Stoffe die in einer Rechtsverordnung nach § 24 Satz 1 Nummer 10 festgelegten Freigrenzen der spezifischen Aktivität oder die spezifische Aktivität der zugesetzten natürlichen radioaktiven Stoffe in dem Konsumgut 0,5 Becquerel je Gramm überschreitet, Angaben zum Rücknahmekonzept sowie die Information nach § 41 Absatz 1 Nummer 5.

Teil G: Erforderliche Unterlagen für den Antrag auf Zulassungen nach § 45 Absatz 1 Nummer 1

1. Zeichnungen, die für die Bauartprüfung erforderlich sind,
2. Beschreibungen der Bauart, der Betriebsweise und des Verwendungszwecks und erforderlichenfalls Hinweise zur Art der wiederkehrenden Dichtheitsprüfung nach der Rechtsverordnung nach § 89 Satz 1 Nummer 3,
3. Angaben zur Qualitätssicherung,
4. Angaben zur Rückführung der Vorrichtung, die radioaktive Stoffe enthält, an den Zulassungsinhaber oder Angaben zur Entsorgung der Vorrichtung.

Anlage 3
Tätigkeitsfelder nach § 55 Absatz 1

(zu § 55 Absatz 1)

1. Schleifen thorierter Schweißelektroden und Wechselstromschweißen mit thorierten Schweißelektroden,
2. Handhabung und Lagerung thorierter Gasglühstrümpfe,
3. Handhabung und Lagerung thoriumhaltiger Optikbauteile,
4. Verwendung von Thorium oder Uran in der natürlichen Isotopenzusammensetzung einschließlich der daraus jeweils hervorgehenden Tochternuklide, sofern vorhanden, zu chemisch-analytischen oder chemisch-präparativen Zwecken,

5. Handhabung von Produkten aus thorierten Legierungen, insbesondere Montage, Demontage, Bearbeiten und Untersuchen solcher Produkte,
6. Gewinnung, Verwendung und Verarbeitung von Pyrochlorerzen,
7. Verwendung und Verarbeitung von Schlacke aus der Verhüttung von Kupferschiefererzen,
8. Aufarbeitung von Niob- und Tantalerzen,
9. Handhabung, insbesondere bei Wartungs- oder Reinigungstätigkeiten, von Schlämmen und Ablagerungen bei der Gewinnung, Verarbeitung und Aufbereitung von Erdöl und Erdgas sowie in der Tiefengeothermie,
10. Verarbeitung zirkonhaltiger Stoffe bei der Herstellung feuerfester Werkstoffe,
11. Wartung von Klinkeröfen in der Zementproduktion und Heizkesseln in Kohlekraftwerken,
12. Lagerung überwachungsbedürftiger Rückstände und Entfernung von Kontaminationen von Grundstücken nach § 64.

Anlage 8
Arbeitsfelder mit erhöhter Exposition durch Radon

(zu § 127 Absatz 1 Nummer 2)

1. Arbeitsplätze in untertägigen Bergwerken, Schächten und Höhlen, einschließlich Besucherbergwerken,
2. Arbeitsplätze in Radonheilbädern und Radonheilstollen,
3. Arbeitsplätze in Anlagen der Wassergewinnung, -aufbereitung und -verteilung.

Anlage 9
Radiologisch relevante mineralische Primärrohstoffe für die Herstellung von Gebäuden mit Aufenthaltsräumen

(zu § 134 Absatz 1)

1. Saure magmatische Gesteine sowie daraus entstandene metamorphe und sedimentäre Gesteine,
2. Sedimentgestein mit hohem organischem Anteil wie Öl-, Kupfer- und Alaunschiefer,
3. Travertin.

Arbeitsschutzverordnungen

Verordnung zum Schutz der Beschäftigten vor Gefährdungen durch elektromagnetische Felder (Arbeitschutzverordnung zu elektromagnetischen Feldern – EMFV)

vom 15. 11. 2016 (BGBl. I 2531), geändert durch Verordnung vom 30. 04. 2019 (BGBl. I 554)

Abschnitt 1
Anwendungsbereich und Begriffsbestimmungen

§ 1 Anwendungsbereich

(1) Diese Verordnung gilt zum Schutz der Beschäftigten bei der Arbeit vor tatsächlichen oder möglichen Gefährdungen ihrer Gesundheit und Sicherheit durch Einwirkung von elektromagnetischen Feldern.

(2) Diese Verordnung umfasst alle bekannten direkten und indirekten Wirkungen, die durch elektromagnetische Felder hervorgerufen werden. Sie gilt nur für die Kurzzeitwirkungen von elektromagnetischen Feldern.

(3) Diese Verordnung gilt nicht

1. für Gefährdungen durch das Berühren von unter Spannung stehenden elektrischen Teilen,
2. für vermutete Langzeitwirkungen von elektromagnetischen Feldern und
3. in Betrieben, die dem Bundesberggesetz unterliegen, soweit dort oder in den aufgrund dieses Gesetzes erlassenen Rechtsverordnungen entsprechende Rechtsvorschriften bestehen.

(4) Das Bundesministerium der Verteidigung kann für Beschäftigte, für die tatsächliche oder mögliche Gefährdungen ihrer Gesundheit und Sicherheit durch elektromagnetische Felder bestehen, Ausnahmen von den Vorschriften dieser Verordnung zulassen, soweit öffentliche Belange dies zwingend erfordern, insbesondere für Zwecke der Verteidigung oder zur Erfüllung zwischenstaatlicher Verpflichtungen der Bundesrepublik Deutschland. In diesem Fall ist festzulegen, wie die Sicherheit und der Gesundheitsschutz der Beschäftigten nach dieser Verordnung auf andere Weise gewährleistet werden können.

§ 2 Begriffsbestimmungen

(1) Im Sinne dieser Verordnung gelten die Begriffsbestimmungen der Absätze 2 bis 10.

(2) Elektromagnetische Felder sind statische elektrische, statische magnetische sowie zeitveränderliche elektrische, magnetische und elektromagnetische Felder mit Frequenzen bis 300 Gigahertz.

(3) Direkte Wirkungen sind die im menschlichen Körper durch dessen Anwesenheit in einem elektromagnetischen Feld unmittelbar hervorgerufenen Wirkungen. Zu denen zählen

1. thermische Wirkungen aufgrund von Energieabsorption aus elektromagnetischen Feldern im menschlichen Gewebe oder durch induzierte Körperströme in Extremitäten und
2. nichtthermische Wirkungen durch die Stimulation von Muskeln, Nerven oder Sinnesorganen. Diese Wirkungen können kognitive Funktionen oder die körperliche Gesundheit exponierter Beschäftigter nachteilig beeinflussen, durch die Stimulation von Sinnesorganen zu vorübergehenden Symptomen wie Schwindelgefühl oder Magnetophosphenen führen sowie das Wahrnehmungsvermögen oder andere Hirn- oder Muskelfunktionen beeinflussen und damit das sichere Arbeiten von Beschäftigten gefährden.

(4) Indirekte Wirkungen sind die von einem elektromagnetischen Feld ausgelösten Wirkungen auf Gegenstände, welche die Gesundheit und die Sicherheit von Beschäftigten am Arbeitsplatz gefährden können. Dies betrifft insbesondere Gefährdungen durch

1. Einwirkungen auf medizinische Vorrichtungen oder Geräte, einschließlich Herzschrittmachern sowie andere aktive oder passive Implantate oder am Körper getragene medizinische Geräte;
2. die Projektilwirkung ferromagnetischer Gegenstände in statischen Magnetfeldern;
3. die Auslösung von elektrischen Zündvorrichtungen (Detonatoren);
4. Brände oder Explosionen durch die Entzündung von brennbaren Materialien aufgrund von Funkenbildung sowie
5. Kontaktströme.

(5) Expositionsgrenzwerte sind maximal zulässige Werte, die aufgrund von wissenschaftlich nachgewiesenen Wirkungen im Inneren des menschlichen Körpers festgelegt wurden und deren Einhaltung nicht direkt durch Messungen am Arbeitsplatz überprüfbar ist. Folgende Expositionsgrenzwerte sind zu unterscheiden:

1. Expositionsgrenzwerte für gesundheitliche Wirkungen; dies sind diejenigen Grenzwerte, bei deren Überschreitung gesundheitsschädliche Gewebeerwärmung oder Stimulation von Nerven- oder Muskelgewebe auftreten können;
2. Expositionsgrenzwerte für sensorische Wirkungen; dies sind diejenigen Grenzwerte, bei deren Überschreitung reversible Stimulationen von Sinneszellen oder geringfügige Veränderungen von Hirnfunktionen auftreten können (Magnetophosphene, Schwindel, Übelkeit, metallischer Geschmack, Mikrowellenhören).

(6) Auslöseschwellen sind festgelegte Werte von direkt messbaren physikalischen Größen. Bei Auslöseschwellen, die von Expositionsgrenzwerten abgeleitet sind, bedeutet die Einhaltung dieser Auslöseschwellen, dass die entsprechenden Expositionsgrenzwerte nicht überschritten werden. Bei Exposition oberhalb dieser Auslöseschwellen sind Maßnahmen zum Schutz der Beschäftigten zu ergreifen, es sei denn, dass die relevanten Expositionsgrenzwerte nachweislich eingehalten sind. Bei Auslöseschwellen, die nicht von Expositionsgrenzwerten abgeleitet sind, sind bei Überschreitung dieser Auslöseschwellen direkt Maßnahmen zum Schutz der

Beschäftigten durchzuführen. Im Frequenzbereich von 0 Hertz bis 10 Megahertz ist zwischen unteren und oberen Auslöseschwellen zu unterscheiden:

1. bei elektrischen Feldern bezeichnen die Ausdrücke untere Auslöseschwelle und obere Auslöseschwelle die Werte, ab deren Überschreitung spezifische Maßnahmen zur Vermeidung von direkten und indirekten Wirkungen durch Entladungen oder Kontaktströme nach § 6 Absatz 1 zu ergreifen sind, und
2. bei magnetischen Feldern ist die untere Auslöseschwelle vom Expositionsgrenzwert für sensorische Wirkungen und die obere Auslöseschwelle vom Expositionsgrenzwert für gesundheitliche Wirkungen abgeleitet.

(7) Besonders schutzbedürftige Beschäftigte sind insbesondere Beschäftigte

1. mit aktiven medizinischen Implantaten, insbesondere Herzschrittmachern,
2. mit passiven medizinischen Implantaten,
3. mit medizinischen Geräten, die am Körper getragen werden, insbesondere Insulinpumpen,
4. mit sonstigen durch elektromagnetische Felder beeinflussbaren Fremdkörpern im Körper oder
5. mit eingeschränkter Thermoregulation.

(8) Fachkundig ist, wer über die erforderlichen Fachkenntnisse zur Ausübung einer in dieser Verordnung bestimmten Aufgabe verfügt. Die Anforderungen an die Fachkunde sind abhängig von der jeweiligen Art der Aufgabe. Zu den Anforderungen zählen eine entsprechende Berufsausbildung oder Berufserfahrung jeweils in Verbindung mit einer zeitnah ausgeübten einschlägigen beruflichen Tätigkeit sowie die Teilnahme an spezifischen Fortbildungsmaßnahmen.

(9) Stand der Technik ist der Entwicklungsstand fortschrittlicher Verfahren, Einrichtungen oder Betriebsweisen, der die praktische Eignung einer Maßnahme zum Schutz der Gesundheit und zur Sicherheit der Beschäftigten gesichert erscheinen lässt. Bei der Bestimmung des Standes der Technik sind insbesondere vergleichbare Verfahren, Einrichtungen oder Betriebsweisen heranzuziehen, die mit Erfolg in der Praxis erprobt worden sind. Gleiches gilt für die Anforderungen an die Arbeitsmedizin und Arbeitshygiene.

(10) Beschäftigte sind Personen im Sinne des § 2 Absatz 2 des Arbeitsschutzgesetzes. Den Beschäftigten stehen folgende Personen gleich, sofern sie bei ihren Tätigkeiten elektromagnetischen Feldern ausgesetzt sein können:

1. Schülerinnen und Schüler,
2. Studierende und Praktikanten sowie
3. sonstige, insbesondere an wissenschaftlichen Einrichtungen tätige Personen.

Auf die den Beschäftigten gleichstehenden Personen finden die Regelungen dieser Verordnung über die Beteiligung der Personalvertretungen keine Anwendung.

(11) Den in dieser Verordnung verwendeten physikalischen Größen sind die in Anhang 1 enthaltenen Definitionen zugrunde zu legen.

Abschnitt 2
Gefährdungsbeurteilung; Fachkundige Personen; Messungen, Berechnungen und Bewertungen

§ 3 Gefährdungsbeurteilung

(1) Bei der Beurteilung der Arbeitsbedingungen nach § 5 des Arbeitsschutzgesetzes hat der Arbeitgeber zunächst festzustellen, ob elektromagnetische Felder am Arbeitsplatz von Beschäftigten auftreten oder auftreten können. Ist dies der Fall, hat er alle hiervon ausgehenden Gefährdungen für die Gesundheit und die Sicherheit der Beschäftigten zu beurteilen. Dazu sind die auftretenden Expositionen durch elektromagnetische Felder am Arbeitsplatz nach dem Stand der Technik zu ermitteln und zu bewerten. Für die Beschäftigten ist insbesondere dann von einer Gefährdung auszugehen, wenn die Expositionsgrenzwerte nach § 5 in Verbindung mit den Anhängen 2 und 3 überschritten werden. Der Arbeitgeber kann sich dazu für die Gefährdungsbeurteilung notwendige Informationen beim Wirtschaftsakteur, insbesondere beim Hersteller oder Inverkehrbringer der verwendeten Arbeitsmittel, oder von anderen ohne Weiteres zugänglichen Quellen beschaffen. Die Informationen umfassen insbesondere die für die verwendeten Arbeitsmittel verfügbaren Emissionswerte und andere geeignete sicherheitsbezogene Daten einschließlich spezifischer Informationen zur Gefährdungsbeurteilung, wenn diese auf die Expositionsbedingungen am Arbeitsplatz anwendbar sind. Ergebnisse aus Expositionsbewertungen von der Öffentlichkeit zugänglichen Bereichen können bei der Gefährdungsbeurteilung berücksichtigt werden, wenn die Expositionsgrenzwerte nach § 5 in Verbindung mit den Anhängen 2 und 3 eingehalten werden und sicheres Arbeiten gewährleistet ist. Lässt sich anhand der verfügbaren Informationen nicht sicher feststellen, ob die Expositionsgrenzwerte nach § 5 in Verbindung mit den Anhängen 2 und 3 eingehalten werden, ist der Umfang der Exposition durch Berechnungen oder Messungen nach § 4 festzustellen. Entsprechend dem Ergebnis der Gefährdungsbeurteilung hat der Arbeitgeber Maßnahmen nach dem Stand der Technik festzulegen.

(2) Bei Einhaltung der Auslöseschwellen nach § 5 in Verbindung mit den Anhängen 2 und 3 kann der Arbeitgeber davon ausgehen, dass die mit diesen Auslöseschwellen verbundenen Expositionsgrenzwerte nach § 5 in Verbindung mit den Anhängen 2 und 3 eingehalten sind und damit keine weiteren Maßnahmen nach § 6 Absatz 1 zum Schutz der Beschäftigten vor Gefährdungen durch direkte Wirkungen von elektromagnetischen Feldern erforderlich sind. Gefährdungen durch indirekte Wirkungen müssen gesondert betrachtet werden.

(3) Werden die Auslöseschwellen nach § 5 in Verbindung mit den Anhängen 2 und 3 überschritten und wird im Rahmen der Gefährdungsbeurteilung nach Absatz 1 nicht der Nachweis erbracht, dass Gefährdungen durch Überschreitung der relevanten Expositionsgrenzwerte oder dass Gefährdungen durch indirekte Wirkungen von elektromagnetischen Feldern ausgeschlossen werden können, so hat der Arbeitgeber zur Vermeidung oder Verringerung der Gefährdung nach Absatz 1 Satz 9 Maßnahmen nach dem Stand der Technik festzulegen.

(4) Bei der Gefährdungsbeurteilung nach Absatz 1 ist insbesondere Folgendes zu berücksichtigen:

1. Art, Ausmaß und Dauer der Exposition durch elektromagnetische Felder, einschließlich der räumlichen Verteilung der elektromagnetischen Felder am Arbeitsplatz und über den Körper des Beschäftigten,
2. die Frequenzen und erforderlichenfalls den Signalverlauf der einwirkenden elektromagnetischen Felder,
3. alle direkten und indirekten Wirkungen von elektromagnetischen Feldern, die zu Gefährdungen führen können,
4. die in § 5 in Verbindung mit den Anhängen 2 und 3 genannten Expositionsgrenzwerte für gesundheitliche und sensorische Wirkungen und die Auslöseschwellen,
5. die Verfügbarkeit und die Möglichkeit des Einsatzes alternativer Arbeitsmittel und Ausrüstungen zur Vermeidung oder Verringerung der Gefährdungen der Beschäftigten durch direkte oder indirekte Wirkungen von elektromagnetischen Feldern (Substitutionsprüfung),
6. Erkenntnisse aus der arbeitsmedizinischen Vorsorge sowie hierzu allgemein zugängliche, veröffentlichte Informationen,
7. die Exposition von Beschäftigten gegenüber elektromagnetischen Feldern aus mehreren Quellen,
8. die Exposition von Beschäftigten gegenüber elektromagnetischen Feldern mit mehreren Frequenzen,
9. die relevanten Herstellerangaben zu Arbeitsmitteln, die elektromagnetische Felder erzeugen oder emittieren, sowie weitere relevante gesundheits- und sicherheitsbezogene Informationen,
10. die Arbeitsplatz- und Expositionsbedingungen, die bei verschiedenen Betriebszuständen insbesondere bei Instandhaltungs- und Reparaturarbeiten und bei Einrichtvorgängen auftreten können sowie
11. alle Auswirkungen auf die Gesundheit und Sicherheit von besonders schutzbedürftigen Beschäftigten, insbesondere wenn der Arbeitgeber darüber informiert ist.

(5) Der Arbeitgeber hat vor Aufnahme einer Tätigkeit die Gefährdungsbeurteilung und die erforderlichen Maßnahmen nach dem Stand der Technik durchzuführen. Die Gefährdungsbeurteilung und die Wirksamkeit der daraus abgeleiteten Maßnahmen sind regelmäßig zu überprüfen. Die Gefährdungsbeurteilung und die Maßnahmen sind zu aktualisieren, wenn

1. neue sicherheits- oder gesundheitsrelevante Erkenntnisse, insbesondere aus der arbeitsmedizinischen Vorsorge, vorliegen,
2. maßgebliche Veränderungen der Arbeitsbedingungen dies erfordern oder
3. die Prüfung der Wirksamkeit der Maßnahmen ergeben hat, dass die Maßnahmen nicht wirksam oder nicht ausreichend sind.

(6) Der Arbeitgeber hat die Gefährdungsbeurteilung unabhängig von der Zahl der Beschäftigten vor Aufnahme der Tätigkeit nach Satz 2 in einer Form zu dokumentieren, die eine spätere Einsichtnahme ermöglicht. In der Dokumentation ist anzugeben, welche Gefährdungen am Arbeitsplatz auftreten können und welche Maßnahmen zur Vermeidung oder Verringerung der Gefährdung der Beschäf-

tigten durchgeführt werden müssen. Die Dokumentation kann eine Begründung des Arbeitgebers einschließen, warum aufgrund der Art und des Umfangs der möglichen Gefährdungen durch elektromagnetische Felder nur eine vereinfachte Gefährdungsbeurteilung durchgeführt wurde. Der Arbeitgeber hat die Ergebnisse aus Messungen oder Berechnungen nach der Erstellung in Verbindung mit Satz 5 in einer Form aufzubewahren, die eine spätere Einsichtnahme ermöglicht. Werden an Arbeitsplätzen die oberen Auslöseschwellen bei nichtthermischen oder thermischen Wirkungen nach den Anhängen 2 und 3 überschritten, sind die ermittelten Ergebnisse aus Messungen oder Berechnungen mindestens 20 Jahre aufzubewahren.
(7) Bei der Festlegung der Maßnahmen nach Absatz 1 Satz 9 hat der Arbeitgeber nach § 4 Nummer 6 des Arbeitsschutzgesetzes die Erfordernisse von besonders schutzbedürftigen Beschäftigten entsprechend dem Ergebnis der Gefährdungsbeurteilung zu berücksichtigen und gegebenenfalls individuelle Schutzmaßnahmen vorzusehen.

§ 4 Fachkundige Personen; Messungen, Berechnungen und Bewertungen

(1) Der Arbeitgeber hat sicherzustellen, dass die Gefährdungsbeurteilung, die Messungen, die Berechnungen oder die Bewertungen nach dem Stand der Technik nach Absatz 2 fachkundig geplant und durchgeführt werden. Verfügt der Arbeitgeber dazu nicht selbst über die entsprechenden Kenntnisse, hat er sich von fachkundigen Personen beraten zu lassen.
(2) Messverfahren und -geräte sowie eventuell erforderliche Berechnungs- und Bewertungsverfahren müssen
1. an die vorhandenen Arbeitsplatz- und Expositionsbedingungen angepasst sein,
2. geeignet sein, die erforderlichen physikalischen Größen zu bestimmen, um feststellen zu können, ob die Expositionsgrenzwerte und Auslöseschwellen nach § 5 in Verbindung mit den Anhängen 2 und 3 eingehalten sind, und
3. die Mess- oder Berechnungsunsicherheiten berücksichtigen.

(3) Im Niederfrequenzbereich können als Bewertungsverfahren bei nicht sinusförmigen oder gepulsten elektromagnetischen Feldern Verfahren zur Bewertung im Zeitbereich nach dem Stand der Technik wie die Methode der gewichteten Spitzenwerte angewendet werden.
(4) Die durchzuführenden Messungen, Berechnungen oder Bewertungen können bei gleichartigen Arbeitsplatzbedingungen auch durch repräsentative Stichprobenerhebungen erfolgen.

Abschnitt 3 Expositionsgrenzwerte und Auslöseschwellen; Festlegungen zum Schutz vor Gefährdungen durch elektromagnetische Felder

Unterabschnitt 1 Expositionsgrenzwerte und Auslöseschwellen; allgemeine Festlegungen zum Schutz vor Gefährdungen durch elektromagnetische Felder

§ 5 Expositionsgrenzwerte und Auslöseschwellen für elektromagnetische Felder

Expositionsgrenzwerte und Auslöseschwellen für elektromagnetische Felder sind in den Anhängen 2 und 3 festgelegt. Die zugehörigen physikalischen Größen sind in Anhang 1 festgelegt.

§ 6 Maßnahmen zur Vermeidung und Verringerung der Gefährdungen von Beschäftigten durch elektromagnetische Felder

(1) Der Arbeitgeber hat die nach § 3 Absatz 1 Satz 9 festgelegten Maßnahmen nach dem Stand der Technik durchzuführen, um Gefährdungen der Beschäftigten auszuschließen oder so weit wie möglich zu verringern. Dazu sind die Entstehung und die Ausbreitung elektromagnetischer Felder nach dem Stand der Technik vorrangig an der Quelle zu verhindern oder zu reduzieren. Der Arbeitgeber hat dafür zu sorgen, dass die Expositionsgrenzwerte nach § 5 in Verbindung mit den Anhängen 2 und 3 eingehalten und Gefährdungen aufgrund direkter und indirekter Wirkungen von elektromagnetischen Feldern vermieden oder verringert werden und somit ein sicheres Arbeiten gewährleistet ist. Technische Maßnahmen haben Vorrang vor organisatorischen und personenbezogenen Maßnahmen. Geeignete persönliche Schutzausrüstung ist dann zu verwenden, wenn technische und organisatorische Maßnahmen nicht ausreichen oder nicht anwendbar sind.
(2) Zu den Maßnahmen nach Absatz 1 gehören insbesondere

1. alternative Arbeitsverfahren, durch die Gefährdungen durch elektromagnetische Felder vermieden oder verringert werden,
2. Auswahl, Einsatz und Betriebsweise von Arbeitsmitteln, die unter Berücksichtigung der auszuführenden Tätigkeit in geringerem Maße elektromagnetische Felder emittieren,
3. technische Maßnahmen zur Verringerung der Gefährdungen durch elektromagnetische Felder, falls erforderlich auch unter Einsatz von Abschirmungen, Verriegelungs- oder anderen Sicherheitseinrichtungen,
4. angemessene Abgrenzungs- und Zugangskontrollmaßnahmen, insbesondere Warnhinweise, Signale, Kennzeichnungen, Markierungen oder Schranken,
5. bei elektrischen Feldern Maßnahmen und Verfahren zur Vermeidung oder Minimierung von elektrischen Entladungen oder Kontaktströmen,
6. angemessene Wartungsprogramme und Kontrollen von Arbeitsmitteln, Arbeitsplätzen und Anlagen,

7. die Gestaltung und die Einrichtung der Arbeitsstätten und Arbeitsplätze,
8. organisatorische Maßnahmen zur Begrenzung von Ausmaß und Dauer der Exposition,
9. Auswahl und Einsatz von geeigneter persönlicher Schutzausrüstung sowie
10. die Verwendung der Arbeitsmittel nach den Herstellerangaben.

(3) Der Arbeitgeber hat Arbeitsbereiche, in denen die Auslöseschwellen für elektromagnetische Felder nach den Anhängen 2 und 3 überschritten werden, oder Arbeitsbereiche mit Gefährdungen für besonders schutzbedürftige Beschäftigte nach Satz 2 zu kennzeichnen. Die Kennzeichnung muss deutlich erkennbar und dauerhaft sein. Sie kann insbesondere durch Warn-, Hinweis- und Zusatzzeichen sowie Verbotszeichen und Warnleuchten erfolgen. Der Arbeitgeber hat die betreffenden Arbeitsbereiche für die Dauer der Tätigkeit abzugrenzen und den Zugang gegebenenfalls einzuschränken. In diesen Bereichen dürfen Beschäftigte nur tätig werden, wenn das Arbeitsverfahren dies erfordert. Absatz 1 bleibt unberührt.

1. Arbeitsbereiche müssen nicht gekennzeichnet werden, wenn der Zugang auf geeignete Weise beschränkt ist und die Beschäftigten in geeigneter Weise unterwiesen sind.
2. In Arbeitsbereichen mit öffentlich zugänglichen Arbeitsplätzen ist eine Kennzeichnung nach Satz 1 unterhalb der oberen Auslöseschwelle nach Anhang 2 Tabelle A2.10 nicht erforderlich, wenn gemäß der Gefährdungsbeurteilung nach § 3 für an diesen Arbeitsplätzen tätige Beschäftigte mit aktiven Implantaten oder am Körper getragenen medizinischen Geräten ein sicheres Arbeiten gewährleistet ist und die betroffenen Beschäftigten über die Gefährdungen aufgrund der elektromagnetischen Felder unterwiesen sind.

(4) Die Expositionsgrenzwerte für sensorische Wirkungen nach § 5 in Verbindung mit den Anhängen 2 und 3 dürfen nur überschritten werden, wenn

1. die Überschreitung auf kurzzeitige Einzelereignisse unter definierten Betriebsbedingungen beschränkt ist,
2. keine geeigneten alternativen Arbeitsverfahren zur Verfügung stehen, bei denen die Exposition der Beschäftigten minimiert oder beseitigt werden kann,
3. die besonderen Festlegungen nach den §§ 7, 14, 17 und 18 umgesetzt sind und
4. ein sicheres Arbeiten dadurch gewährleistet ist, dass nach Durchführung der entsprechend dem Ergebnis der Gefährdungsbeurteilung festgesetzten Maßnahmen Gefährdungen durch direkte und indirekte Wirkungen ausgeschlossen sind.

(5) Die Expositionsgrenzwerte für gesundheitliche Wirkungen nach § 5 in Verbindung mit den Anhängen 2 und 3 dürfen bei medizinischen Anwendungen von Magnetresonanzverfahren überschritten werden, wenn die besonderen Festlegungen nach § 18 umgesetzt sind.

(6) Werden abweichend von Absatz 4 und 5 die Expositionsgrenzwerte für sensorische oder gesundheitliche Wirkungen überschritten, hat der Arbeitgeber unverzüglich die Gründe zu ermitteln und weitere Maßnahmen nach Absatz 2 zu ergreifen, um die Exposition auf einen Wert unterhalb der Expositionsgrenzwerte zu senken und ein erneutes Überschreiten der Expositionsgrenzwerte zu verhindern.

(7) Treten trotz aller durchgeführten Maßnahmen bei Beschäftigten vorübergehende Symptome auf, so hat der Arbeitgeber unverzüglich die Gefährdungs-

beurteilung und die nach § 3 Absatz 1 Satz 9 festgelegten Maßnahmen zum Schutz der Beschäftigten zu überprüfen und erforderlichenfalls zu aktualisieren. Vorübergehende Symptome können Folgendes umfassen:

1. durch die Bewegung im statischen Magnetfeld hervorgerufene Wirkungen, insbesondere Schwindelgefühl oder Übelkeit,
2. durch zeitveränderliche elektromagnetische Felder hervorgerufene Sinnesempfindungen, insbesondere Magnetophosphene oder Mikrowellenhören, sowie Wirkungen auf die im Kopf gelegenen Teile des Zentralnervensystems oder
3. Wirkungen durch Entladungen oder Kontaktströme in elektromagnetischen Feldern.

Unterabschnitt 2 Besondere Festlegungen zum Schutz vor Gefährdungen durch statische Magnetfelder

§ 7 Besondere Festlegungen für die Überschreitung der Expositionsgrenzwerte für sensorische Wirkungen bei Tätigkeiten im statischen Magnetfeld über 2 Tesla

Bei Überschreitung des Expositionsgrenzwertes für sensorische Wirkungen unter normalen Arbeitsbedingungen im statischen Magnetfeld über 2 Tesla nach Anhang 2 Tabelle A2.1 hat der Arbeitgeber dafür zu sorgen, dass

1. die Exposition am Arbeitsplatz nur die Gliedmaßen der Beschäftigten betrifft und eine gefährdende Exposition von Kopf und Rumpf ausgeschlossen ist oder
2. nach Durchführung der festgelegten Maßnahmen entsprechend der Gefährdungsbeurteilung nach § 3
   a) die Überschreitung der Expositionsgrenzwerte für sensorische Wirkungen nach Anhang 2 Tabellen A2.1 und A2.4 auf kurzzeitige Einzelereignisse unter definierten Betriebsbedingungen beschränkt ist,
   b) die Expositionsgrenzwerte für kontrollierte Arbeitsbedingungen nach Anhang 2 Tabellen A2.1 und A2.3 eingehalten werden,
   c) nur speziell unterwiesene und geschulte Beschäftigte Zugang zu den kontrollierten Bereichen haben,
   d) spezielle Arbeitspraktiken und Maßnahmen, insbesondere kontrollierte Bewegungen der Beschäftigten im Bereich mit hohen räumlichen Magnetfeldgradienten, angewendet werden und
   e) weitere Maßnahmen nach § 6 Absatz 2 ergriffen werden, wenn vorübergehende Symptome nach § 6 Absatz 7 auftreten.

§ 8 Besondere Festlegungen für die Überschreitung der Auslöseschwellen für die Projektilwirkung von ferromagnetischen Gegenständen im Streufeld von Anlagen mit hohem statischen Magnetfeld (> 100 Millitesla)

(1) Bei Überschreitung der unteren Auslöseschwellen für die Projektilwirkung von ferromagnetischen Gegenständen im Streufeld von Anlagen mit hohem statischen Magnetfeld (> 100 Millitesla) nach Anhang 2 Tabelle A2.11 hat der Arbeitgeber die betreffenden Arbeitsbereiche nach § 6 Absatz 3 zu kennzeichnen.

(2) Bei Überschreitung der oberen Auslöseschwellen für die Projektilwirkung von ferromagnetischen Gegenständen im Streufeld von Anlagen mit hohem statischen Magnetfeld (> 100 Millitesla) nach Anhang 2 Tabelle A2.11 hat der Arbeitgeber weitere Maßnahmen nach § 6 Absatz 2 zu ergreifen, um Gefährdungen der Beschäftigten zu beseitigen oder zu minimieren. Dazu zählen insbesondere folgende Maßnahmen:

1. Bereitstellung und Verwendung von geeigneten nichtferromagnetischen Arbeitsmitteln,
2. Abschirmungen, Verriegelungen oder andere Sicherheitseinrichtungen,
3. Zugangskontrolle zum betreffenden Arbeitsbereich, erforderlichenfalls Einsatz von Detektoren für ferromagnetische Gegenstände und
4. betriebsorganisatorische Maßnahmen, insbesondere Schulung und Unterweisung sowie erforderlichenfalls Hinweise für Dritte, damit Beschäftigte nicht gefährdet werden.

§ 9 Besondere Festlegungen für die Überschreitung der oberen Auslöseschwelle für die Beeinflussung von implantierten aktiven oder am Körper getragenen medizinischen Geräten in statischen Magnetfeldern

Bei Überschreitung der oberen Auslöseschwelle nach Anhang 2 Tabelle A2.10 hat der Arbeitgeber weitere Maßnahmen nach § 6 Absatz 2 zu ergreifen, um Gefährdungen der Beschäftigten mit implantierten aktiven oder am Körper getragenen medizinischen Geräten zu beseitigen oder zu minimieren. Dazu zählen insbesondere folgende Maßnahmen:

1. Bewertung der Einwirkung für den einzelnen Mitarbeiter auf der Grundlage von Informationen des Herstellers des implantierten aktiven medizinischen Gerätes und soweit möglich des behandelnden Arztes oder Arbeitsmediziners,
2. Zugangsbeschränkung zum betreffenden Arbeitsbereich insbesondere durch Kontroll- oder Absperrungsmaßnahmen und
3. betriebsorganisatorische Maßnahmen, insbesondere Schulung und Unterweisung, individuelle oder allgemeine Zugangsverbote.

Unterabschnitt 3 Besondere Festlegungen zum Schutz vor Gefährdungen durch elektromagnetische Felder im Frequenzbereich von 0 Hertz bis 10 Megahertz

§ 10 Besondere Festlegungen für die Überschreitung der unteren Auslöseschwellen für externe elektrische Felder im Frequenzbereich von 0 Hertz bis 10 Megahertz

Bei Überschreitung der unteren Auslöseschwellen für externe elektrische Felder im Frequenzbereich von 0 Hertz bis 10 Megahertz nach Anhang 2 Tabelle A2.7 hat der Arbeitgeber, wenn keine geeigneten alternativen Arbeitsverfahren zur Verfügung stehen, dafür zu sorgen, dass

1. die Expositionsgrenzwerte der internen elektrischen Feldstärke E_i für sensorische Wirkungen im Frequenzbereich bis 400 Hertz nach Anhang 2 Tabelle A2.4 nicht überschritten und Gefährdungen durch direkte und indirekte Wirkungen vermieden oder verringert werden und damit ein sicheres Arbeiten gewährleistet ist oder
2. nach Durchführung der festgelegten Maßnahmen entsprechend der Gefährdungsbeurteilung
   a) die Gefährdung durch Entladungen oder Kontaktströme durch spezifische Maßnahmen ausgeschlossen ist. Dazu zählen insbesondere
      aa) geeignete technische Arbeitsmittel,
      bb) Maßnahmen zum Potentialausgleich,
      cc) die Erdung von Arbeitsgegenständen,
      dd) die spezielle Schulung und Unterweisung der Beschäftigten und
      ee) persönliche Schutzausrüstung wie isolierende Schuhe, Isolierhandschuhe und Schutzkleidung;
   b) die Gefährdungen in statischen elektrischen Feldern durch spezifische Maßnahmen beseitigt oder minimiert sind. Dazu zählen insbesondere
      aa) die Nichtüberschreitung des Expositionsgrenzwertes für die externe elektrische Feldstärke E_e von statischen elektrischen Feldern nach Anhang 2 Tabelle A2.2,
      bb) die Zugangskontrolle zum betreffenden Arbeitsbereich und
      cc) die spezielle Schulung und Unterweisung der Beschäftigten;
   c) die Expositionsgrenzwerte der internen elektrischen Feldstärke E_i für gesundheitliche Wirkungen im Frequenzbereich bis 10 Megahertz nach Anhang 2 Tabelle A2.3 nicht überschritten werden sowie
   d) die Gefährdungen durch direkte und indirekte Wirkungen ausgeschlossen sind und damit ein sicheres Arbeiten gewährleistet ist.

§ 11 Besondere Festlegungen für die Überschreitung der oberen Auslöseschwellen für externe elektrische Felder im Frequenzbereich von 0 Hertz bis 10 Megahertz

Bei Überschreitung der oberen Auslöseschwellen für die Exposition gegenüber externen elektrischen Feldern im Frequenzbereich von 0 Hertz bis 10 Megahertz nach Anhang 2 Tabelle A2.7 hat der Arbeitgeber, wenn keine geeigneten alternativen Arbeitsverfahren zur Verfügung stehen, dafür zu sorgen, dass über die in § 10 Nummer 2 genannten Maßnahmen hinaus weitere Maßnahmen nach § 6 Absatz 2 durchgeführt werden, damit Gefährdungen durch direkte und indirekte Wirkungen ausgeschlossen sind. Zu den Maßnahmen zählen insbesondere spezielle Unterweisungen.

§ 12 Besondere Festlegungen für die Überschreitung der unteren Auslöseschwellen für magnetische Felder im Frequenzbereich von 0 Hertz bis 10 Megahertz

Bei Überschreitung der unteren Auslöseschwellen für die Exposition gegenüber magnetischen Feldern im Frequenzbereich von 0 Hertz bis 10 Megahertz nach Anhang 2 Tabelle A2.8 insbesondere im Bereich von Kopf oder Rumpf hat der Arbeitgeber, wenn keine geeigneten alternativen Arbeitsverfahren zur Verfügung stehen, dafür zu sorgen, dass

1. die Expositionsgrenzwerte der internen elektrischen Feldstärke E_i für sensorische Wirkungen im Frequenzbereich bis 400 Hertz nach Anhang 2 Tabelle A2.4 nicht überschritten werden oder
2. nach Durchführung der festgelegten Maßnahmen entsprechend der Gefährdungsbeurteilung
   a) die Überschreitung der Expositionsgrenzwerte der internen elektrischen Feldstärke E_i für sensorische Wirkungen im Frequenzbereich bis 400 Hertz nach Anhang 2 Tabelle A2.4 auf kurzzeitige Einzelereignisse unter definierten Betriebsbedingungen beschränkt ist,
   b) die Expositionsgrenzwerte der internen elektrischen Feldstärke E_i für gesundheitliche Wirkungen im Frequenzbereich bis 10 Megahertz nach Anhang 2 Tabelle A2.3 eingehalten werden und
   c) die Gefährdungen durch direkte und indirekte Wirkungen ausgeschlossen sind und damit ein sicheres Arbeiten gewährleistet ist.

§ 13 Besondere Festlegungen für die Überschreitung der Auslöseschwellen für Kontaktströme bei berührendem Kontakt

Bei Überschreitung der Auslöseschwellen für Kontaktströme I_K bei berührendem Kontakt nach Anhang 2 Tabelle A2.9 hat der Arbeitgeber, wenn keine geeigneten alternativen Arbeitsverfahren oder Arbeitsmittel zur Verfügung stehen, dafür zu sorgen, dass

1. die Beschäftigten so unterwiesen sind, dass sie immer einen greifenden Kontakt herstellen,
2. die Expositionsgrenzwerte für kontinuierliche Kontaktströme I_K bei greifendem Kontakt nach Anhang 2 Tabelle A2.5 und für den Entladungspuls eines Kontaktstroms nach Anhang 2 Tabelle A2.6 eingehalten werden und
3. die Gefährdungen durch direkte und indirekte Wirkungen ausgeschlossen sind und damit ein sicheres Arbeiten gewährleistet ist.

§ 14 Besondere Festlegungen für die Überschreitung der Expositionsgrenzwerte für sensorische Wirkungen im Frequenzbereich bis 400 Hertz

(1) Bei Überschreitung der Auslöseschwellen für die Exposition gegenüber elektromagnetischen Feldern im Frequenzbereich von 100 Kilohertz bis 300 Gigahertz nach Anhang 3 Tabelle A3.4 hat der Arbeitgeber dafür zu sorgen, dass

1. die Expositionsgrenzwerte der spezifischen Absorptionsrate *SAR*für gesundheitliche Wirkungen bei Exposition gegenüber elektromagnetischen Feldern im Frequenzbereich von 100 Kilohertz bis 6 Gigahertz nach Anhang 3 Tabelle A3.1 und der Expositionsgrenzwert der Leistungsdichte *S* für gesundheitliche Wirkungen bei Exposition gegenüber elektromagnetischen Feldern im Frequenzbereich von 6 Gigahertz bis 300 Gigahertz nach Anhang 3 Tabelle A3.2 eingehalten werden und
2. nach Durchführung der festgelegten Maßnahmen entsprechend der Gefährdungsbeurteilung Gefährdungen der Beschäftigten durch direkte und indirekte Wirkungen ausgeschlossen sind und damit ein sicheres Arbeiten gewährleistet ist.

(2) Die besonderen Festlegungen für die Überschreitung der Expositionsgrenzwerte der lokalen spezifischen Energieabsorption *SA* für sensorische Wirkungen bei Exposition gegenüber gepulsten elektromagnetischen Feldern im Frequenzbereich von 0,3 Gigahertz bis 6 Gigahertz (Mikrowellenhören) nach § 17 gelten unabhängig von Absatz 1. Sie sind daher gesondert zu betrachten.

Unterabschnitt 4 Besondere Festlegungen zum Schutz vor Gefährdungen durch elektromagnetische Felder im Frequenzbereich von 100 Kilohertz bis 300 Gigahertz

§ 15 Besondere Festlegungen für die Überschreitung der Auslöseschwellen für elektromagnetische Felder im Frequenzbereich von 100 Kilohertz bis 300 Gigahertz

(1) Bei Überschreitung der Auslöseschwellen für die Exposition gegenüber elektromagnetischen Feldern im Frequenzbereich von 100 Kilohertz bis 300 Gigahertz nach Anhang 3 Tabelle A3.4 hat der Arbeitgeber dafür zu sorgen, dass

1. die Expositionsgrenzwerte der spezifischen Absorptionsrate *SAR*für gesundheitliche Wirkungen bei Exposition gegenüber elektromagnetischen Feldern im Frequenzbereich von 100 Kilohertz bis 6 Gigahertz nach Anhang 3 Tabelle A3.1 und der Expositionsgrenzwert der Leistungsdichte *S* für gesundheitliche Wirkungen bei Exposition gegenüber elektromagnetischen Feldern im Frequenzbereich von 6 Gigahertz bis 300 Gigahertz nach Anhang 3 Tabelle A3.2 eingehalten werden und
2. nach Durchführung der festgelegten Maßnahmen entsprechend der Gefährdungsbeurteilung Gefährdungen der Beschäftigten durch direkte und indirekte

Wirkungen ausgeschlossen sind und damit ein sicheres Arbeiten gewährleistet ist.

(2) Die besonderen Festlegungen für die Überschreitung der Expositionsgrenzwerte der lokalen spezifischen Energieabsorption *SA* für sensorische Wirkungen bei Exposition gegenüber gepulsten elektromagnetischen Feldern im Frequenzbereich von 0,3 Gigahertz bis 6 Gigahertz (Mikrowellenhören) nach § 17 gelten unabhängig von Absatz 1. Sie sind daher gesondert zu betrachten.

§ 16 Besondere Festlegungen für die Überschreitung der Auslöseschwellen für stationäre Kontaktströme oder induzierte Ströme durch die Gliedmaßen im Frequenzbereich von 100 Kilohertz bis 110 Megahertz

Bei Überschreitung der Auslöseschwellen für stationäre Kontaktströme I_K oder induzierte Ströme durch die Gliedmaßen I_G im Frequenzbereich von 100 Kilohertz bis 110 Megahertz nach Anhang 3 Tabelle A3.5 hat der Arbeitgeber dafür zu sorgen, dass

1. die Expositionsgrenzwerte der spezifischen Absorptionsrate *SAR* für gesundheitliche Wirkungen bei Exposition gegenüber elektromagnetischen Feldern nach Anhang 3 Tabelle A3.1 im Frequenzbereich von 100 Kilohertz bis 110 Megahertz eingehalten werden und
2. nach Durchführung der festgelegten Maßnahmen entsprechend der Gefährdungsbeurteilung Gefährdungen der Beschäftigten durch direkte und indirekte Wirkungen ausgeschlossen sind und damit ein sicheres Arbeiten gewährleistet ist.

§ 17 Besondere Festlegungen für die Überschreitung des Expositionsgrenzwertes der lokalen spezifischen Energieabsorption für sensorische Wirkungen von gepulsten elektromagnetischen Feldern im Frequenzbereich von 0,3 Gigahertz bis 6 Gigahertz (Mikrowellenhören)

Bei Überschreitung des Expositionsgrenzwertes der lokalen spezifischen Energieabsorption *SA* für sensorische Wirkungen bei Exposition gegenüber gepulsten elektromagnetischen Feldern im Frequenzbereich von 0,3 Gigahertz bis 6 Gigahertz (Mikrowellenhören) nach Anhang 3 Tabelle A3.3 hat der Arbeitgeber, wenn keine geeigneten alternativen Arbeitsverfahren zur Verfügung stehen, dafür zu sorgen, dass nach Durchführung der festgelegten Maßnahmen entsprechend der Gefährdungsbeurteilung

1. die Überschreitung auf kurzzeitige Einzelereignisse unter definierten Betriebsbedingungen beschränkt ist,
2. die Expositionsgrenzwerte der spezifischen Absorptionsrate *SAR* für gesundheitliche Wirkungen bei Exposition gegenüber elektromagnetischen Feldern im Frequenzbereich von 100 Kilohertz bis 6 Gigahertz nach Anhang 3 Tabelle A3.1 und der Expositionsgrenzwert der Leistungsdichte *S* für gesundheitliche Wirkungen bei Exposition gegenüber elektromagnetischen Feldern im Fre-

quenzbereich von 6 Gigahertz bis 300 Gigahertz nach Anhang 3 Tabelle A3.2 nicht überschritten werden und
3. unverzüglich weitere Maßnahmen nach § 6 Absatz 2 ergriffen werden, wenn vorübergehende Symptome nach § 6 Absatz 7 auftreten.

Unterabschnitt 5 Besondere Festlegungen zum Schutz vor Gefährdungen durch elektromagnetische Felder bei medizinischen Anwendungen von Magnetresonanzverfahren

§ 18 Besondere Festlegungen für die Überschreitung von Expositionsgrenzwerten bei medizinischen Anwendungen von Magnetresonanzverfahren

Abweichend von den §§ 7 bis 16 hat der Arbeitgeber bei einer Überschreitung der Expositionsgrenzwerte nach den Anhängen 2 und 3 bei der Aufstellung, Prüfung, Anwendung, Entwicklung oder Wartung von medizinischen Geräten für bildgebende Verfahren mittels Magnetresonanz am Patienten oder damit verknüpften Forschungsarbeiten
1. Art, Ausmaß, Häufigkeit und Dauer der Überschreitung von Expositionsgrenzwerten in Arbeitsbereichen, in denen Beschäftigte tätig werden müssen, im Rahmen der Gefährdungsbeurteilung nach § 3 nachzuweisen,
2. alle technischen und organisatorischen Maßnahmen nach dem Stand der Technik nach § 6 Absatz 1 zur Vermeidung oder Verringerung der Exposition der betroffenen Beschäftigten durchzuführen,
3. zu begründen, für welche medizinische Anwendungsfälle die Notwendigkeit zur Überschreitung der Expositionsgrenzwerte gegeben ist,
4. alle spezifischen Merkmale des Arbeitsplatzes, der Arbeitsmittel oder der Arbeitsmethoden bei der Durchführung der Gefährdungsbeurteilung sowie die Festlegung und die Durchführung von Maßnahmen für den sicheren Betrieb und zum Schutz der betroffenen Beschäftigten zu berücksichtigen,
5. dafür zu sorgen, dass in der Dokumentation der Gefährdungsbeurteilung nach § 6 Absatz 1 ein Nachweis enthalten ist, wie Beschäftigte vor Gefährdungen durch direkte und indirekte Wirkungen geschützt sind,
6. sicherzustellen, dass die vom Hersteller bereitgestellten Bedienungsanleitungen und Sicherheitshinweise eingehalten werden und
7. sicherzustellen, dass nur speziell unterwiesene Beschäftigte tätig werden.

Abschnitt 4 Unterweisung der Beschäftigten; Beratung durch den Ausschuss für Betriebssicherheit

§ 19 Unterweisung der Beschäftigten

(1) Bei Gefährdungen der Beschäftigten durch elektromagnetische Felder am Arbeitsplatz stellt der Arbeitgeber sicher, dass die betroffenen Beschäftigten eine Un-

terweisung erhalten, die auf den Ergebnissen der Gefährdungsbeurteilung beruht und die Aufschluss über die am Arbeitsplatz auftretenden Gefährdungen gibt. Die Unterweisung muss vor Aufnahme der Tätigkeit, danach in regelmäßigen Abständen, mindestens jedoch jährlich, und unverzüglich bei wesentlichen Änderungen der gefährdenden Tätigkeit oder des Arbeitsplatzes erfolgen. Die Unterweisung muss in einer für die Beschäftigten verständlichen Form und Sprache erfolgen und mindestens folgende Informationen enthalten:

1. die mit der Tätigkeit verbundenen Gefährdungen durch direkte und indirekte Wirkungen von elektromagnetischen Feldern,
2. die durchgeführten Maßnahmen zur Beseitigung oder zur Minimierung der Gefährdung unter Berücksichtigung der Arbeitsplatzbedingungen,
3. die relevanten Expositionsgrenzwerte und Auslöseschwellen sowie ihre Bedeutung,
4. die Ergebnisse der Expositionsermittlung zusammen mit der Erläuterung ihrer Bedeutung und der Bewertung der damit verbundenen möglichen Gefährdungen und gesundheitlichen Folgen,
5. die Beschreibung sicherer Arbeitsverfahren zur Minimierung der Gefährdung aufgrund der Exposition durch elektromagnetische Felder,
6. die sachgerechte Verwendung der persönlichen Schutzausrüstung,
7. Hinweise zur Erkennung und Meldung von möglichen gesundheitsschädlichen Wirkungen einer Exposition,
8. möglicherweise auftretende vorübergehende Symptome nach § 6 Absatz 7 und wie diese vermieden werden können und
9. spezifische Informationen für besonders schutzbedürftige Beschäftigte.

(2) Im Rahmen der Unterweisung nach Absatz 1 ist auch eine allgemeine arbeitsmedizinische Beratung durchzuführen mit Hinweisen zu besonderen Gefährdungen insbesondere für besonders schutzbedürftige Beschäftigte. Die Beschäftigten sind dabei auch über den Anspruch und den Zweck der arbeitsmedizinischen Vorsorge nach der Verordnung über arbeitsmedizinische Vorsorge zu unterrichten. Falls erforderlich, hat der Arbeitgeber die Ärztin oder den Arzt nach § 7 Absatz 1 der Verordnung zur arbeitsmedizinischen Vorsorge zu beteiligen.

§ 20 Beratung durch den Ausschuss für Betriebssicherheit

Das Bundesministerium für Arbeit und Soziales wird in allen Fragen der Sicherheit und des Gesundheitsschutzes bei elektromagnetischen Feldern durch den Ausschuss nach § 21 der Betriebssicherheitsverordnung beraten. § 21 Absatz 3 und 4 der Betriebssicherheitsverordnung gilt entsprechend.

Abschnitt 5 Ausnahmen; Straftaten und Ordnungswidrigkeiten

§ 21 Ausnahmen

(1) Die zuständige Behörde kann auf schriftlichen oder elektronischen Antrag des Arbeitgebers Ausnahmen von den §§ 6 bis 17 zulassen, wenn die Durchführung

der Vorschrift im Einzelfall zu einer unverhältnismäßigen Härte führen würde und die Abweichung mit dem Schutz der Beschäftigten vereinbar ist. Diese Ausnahmen können mit Nebenbestimmungen verbunden werden, die unter Berücksichtigung der besonderen Umstände gewährleisten, dass die Gefährdungen, die sich aus den Ausnahmen ergeben können, auf ein Minimum reduziert werden. Die Ausnahmen sind spätestens nach vier Jahren zu überprüfen. Sie sind aufzuheben, sobald die Umstände, die sie gerechtfertigt haben, nicht mehr gegeben sind. Der Antrag des Arbeitgebers muss mindestens Angaben enthalten zu

1. der Gefährdungsbeurteilung einschließlich der Dokumentation,
2. Art, Ausmaß und Dauer der Exposition durch die elektromagnetischen Felder,
3. den Frequenzen und erforderlichenfalls dem Signalverlauf der elektromagnetischen Felder,
4. dem Stand der Technik bezüglich der Tätigkeiten und der Arbeitsverfahren sowie zu den technischen, organisatorischen und persönlichen Schutzmaßnahmen und
5. den Lösungsvorschlägen, wie die Exposition der Beschäftigten reduziert werden kann, um die Expositionsgrenzwerte wieder einzuhalten, sowie einen Zeitplan hierfür.

(2) Eine Ausnahme nach Absatz 1 Satz 1 kann auch im Zusammenhang mit Verwaltungsverfahren nach anderen Rechtsvorschriften beantragt werden.

§ 22 Straftaten und Ordnungswidrigkeiten

(1) Ordnungswidrig im Sinne des § 25 Absatz 1 Nummer 1 des Arbeitsschutzgesetzes handelt, wer vorsätzlich oder fahrlässig

1. entgegen § 3 Absatz 5 Satz 1 eine Gefährdungsbeurteilung oder eine dort genannte Maßnahme nicht, nicht richtig, nicht in der vorgeschriebenen Weise oder nicht rechtzeitig durchführt,
2. entgegen § 3 Absatz 6 Satz 1 eine Dokumentation nicht, nicht richtig, nicht vollständig, nicht in der vorgeschriebenen Weise oder nicht rechtzeitig erstellt,
3. entgegen § 3 Absatz 6 Satz 5 ein Ergebnis nicht oder nicht mindestens 20 Jahre aufbewahrt,
4. entgegen § 3 Absatz 7 dort genannte Erfordernisse nicht, nicht richtig oder nicht rechtzeitig berücksichtigt,
5. entgegen § 4 Absatz 1 Satz 1 nicht sicherstellt, dass eine dort genannte Gefährdungsbeurteilung, Messung, Berechnung oder Bewertung geplant oder durchgeführt wird,
6. entgegen § 6 Absatz 1 Satz 3, § 12 Nummer 2 Buchstabe b, § 13 Nummer 2, § 15 Absatz 1 Nummer 1 oder § 16 Nummer 1 nicht dafür sorgt, dass dort genannte Expositionsgrenzwerte eingehalten werden oder eine Gefährdung vermieden oder verringert wird,
7. entgegen § 6 Absatz 3 Satz 1 einen Arbeitsbereich nicht oder nicht richtig kennzeichnet,
8. entgegen § 6 Absatz 3 Satz 4 einen Arbeitsbereich nicht oder nicht richtig abgrenzt,

9. entgegen § 8 Absatz 2 Satz 1 oder § 9 Satz 1 eine Maßnahme nicht, nicht richtig oder nicht rechtzeitig ergreift,
10. entgegen § 10 Nummer 1 oder 2 Buchstabe c, § 12 Nummer 1, § 14 Nummer 2 oder § 17 Nummer 2 nicht dafür sorgt, dass dort genannte Expositionsgrenzwerte nicht überschritten werden,
11. entgegen § 10 Nummer 2 Buchstabe a Satzteil vor Satz 2, Buchstabe b Satzteil vor Satz 2, § 12 Nummer 2 Buchstabe c, § 13 Nummer 3, § 15 Absatz 1 Nummer 2 oder § 16 Nummer 2 nicht dafür sorgt, dass eine Gefährdung ausgeschlossen, beseitigt oder minimiert ist,
12. entgegen § 11 Satz 1 nicht dafür sorgt, dass eine Maßnahme durchführt wird,
13. entgegen § 12 Nummer 2 Buchstabe a, § 14 Nummer 1 oder § 17 Nummer 1 nicht dafür sorgt, dass eine Überschreitung beschränkt ist,
14. entgegen § 13 Nummer 1 nicht dafür sorgt, dass die Beschäftigten unterwiesen sind,
15. entgegen § 14 Nummer 3 oder § 17 Nummer 3 nicht dafür sorgt, dass eine Maßnahme ergriffen wird,
16. entgegen § 18 Nummer 5 nicht dafür sorgt, dass ein Nachweis enthalten ist, oder
17. entgegen § 19 Absatz 1 Satz 1 nicht sicherstellt, dass ein Beschäftigter eine Unterweisung erhält.

(2) Wer durch eine in Absatz 1 bezeichnete vorsätzliche Handlung das Leben oder die Gesundheit von Beschäftigten gefährdet, ist nach § 26 Nummer 2 des Arbeitsschutzgesetzes strafbar.

Verordnung zum Schutz der Beschäftigten vor Gefährdungen durch künstliche optische Strahlung (Arbeitsschutzverordnung zu künstlicher optischer Strahlung – OStrV)

In der Fassung vom 19.07.2010 (BGBl. I S. 960n), zuletzt geändert durch Verordnung zur Änderung der Gesundheitsschutz-Bergverordnung sowie weiterer berg- und arbeitsschutzrechtlicher Verordnungen vom 18.10.2017 (BGBl. I S. 3584)

Abschnitt 1
Anwendungsbereich und Begriffsbestimmungen

§ 1 Anwendungsbereich

(1) Diese Verordnung gilt zum Schutz der Beschäftigten bei der Arbeit vor tatsächlichen oder möglichen Gefährdungen ihrer Gesundheit und Sicherheit durch optische Strahlung aus künstlichen Strahlungsquellen. Sie betrifft insbesondere die Gefährdungen der Augen und der Haut.
(2) Die Verordnung gilt nicht in Betrieben, die dem Bundesberggesetz unterliegen, soweit dort oder in den auf Grund dieses Gesetzes erlassenen Rechtsverordnungen entsprechende Rechtsvorschriften bestehen.
(3) Das Bundesministerium der Verteidigung kann für Beschäftigte, für die tatsächliche oder mögliche Gefährdungen ihrer Gesundheit und Sicherheit durch künstliche optische Strahlung bestehen, Ausnahmen von den Vorschriften dieser Verordnung zulassen, soweit öffentliche Belange dies zwingend erfordern, insbesondere für Zwecke der Verteidigung oder zur Erfüllung zwischenstaatlicher Verpflichtungen der Bundesrepublik Deutschland. In diesem Fall ist gleichzeitig festzulegen, wie die Sicherheit und der Gesundheitsschutz der Beschäftigten nach dieser Verordnung auf andere Weise gewährleistet werden können.

§ 2 Begriffsbestimmungen

(1) Optische Strahlung ist jede elektromagnetische Strahlung im Wellenlängenbereich von 100 Nanometer bis 1 Millimeter. Das Spektrum der optischen Strahlung wird unterteilt in ultraviolette Strahlung, sichtbare Strahlung und Infrarotstrahlung:

1. Ultraviolette Strahlung ist die optische Strahlung im Wellenlängenbereich von 100 bis 400 Nanometer (UV-Strahlung); das Spektrum der UV-Strahlung wird unterteilt in UV-A-Strahlung (315 bis 400 Nanometer), UV-B-Strahlung (280 bis 315 Nanometer) und UV-C-Strahlung (100 bis 280 Nanometer);

2. sichtbare Strahlung ist die optische Strahlung im Wellenlängenbereich von 380 bis 780 Nanometer;
3. Infrarotstrahlung ist die optische Strahlung im Wellenlängenbereich von 780 Nanometer bis 1 Millimeter (IR-Strahlung); das Spektrum der IR-Strahlung wird unterteilt in IR-A-Strahlung (780 bis 1400 Nanometer), IR-B-Strahlung (1400 bis 3000 Nanometer) und IR-C-Strahlung (3000 Nanometer bis 1 Millimeter).

(2) Künstliche optische Strahlung im Sinne dieser Verordnung ist jede optische Strahlung, die von künstlichen Strahlungsquellen ausgeht.

(3) Laserstrahlung ist durch einen Laser erzeugte kohärente optische Strahlung. Laser sind Geräte oder Einrichtungen zur Erzeugung und Verstärkung von kohärenter optischer Strahlung.

(4) Inkohärente künstliche optische Strahlung ist jede künstliche optische Strahlung außer Laserstrahlung.

(5) Expositionsgrenzwerte sind maximal zulässige Werte bei Exposition der Augen oder der Haut durch künstliche optische Strahlung.

(6) Bestrahlungsstärke oder Leistungsdichte ist die auf eine Fläche fallende Strahlungsleistung je Flächeneinheit, ausgedrückt in Watt pro Quadratmeter.

(7) Bestrahlung ist das Integral der Bestrahlungsstärke über die Zeit, ausgedrückt in Joule pro Quadratmeter.

(8) Strahldichte ist der Strahlungsfluss oder die Strahlungsleistung je Einheitsraumwinkel je Flächeneinheit, ausgedrückt in Watt pro Quadratmeter pro Steradiant.

(9) Ausmaß ist die kombinierte Wirkung von Bestrahlungsstärke, Bestrahlung und Strahldichte von künstlicher optischer Strahlung, der Beschäftigte ausgesetzt sind.

(10) Fachkundig ist, wer über die erforderlichen Fachkenntnisse zur Ausübung einer in dieser Verordnung bestimmten Aufgabe verfügt. Die Anforderungen an die Fachkunde sind abhängig von der jeweiligen Art der Aufgabe. Zu den Anforderungen zählen eine entsprechende Berufsausbildung oder Berufserfahrung jeweils in Verbindung mit einer zeitnah ausgeübten einschlägigen beruflichen Tätigkeit sowie die Teilnahme an spezifischen Fortbildungsmaßnahmen.

(11) Stand der Technik ist der Entwicklungsstand fortschrittlicher Verfahren, Einrichtungen oder Betriebsweisen, der die praktische Eignung einer Maßnahme zum Schutz der Gesundheit und zur Sicherheit der Beschäftigten gesichert erscheinen lässt. Bei der Bestimmung des Standes der Technik sind insbesondere vergleichbare Verfahren, Einrichtungen oder Betriebsweisen heranzuziehen, die mit Erfolg in der Praxis erprobt worden sind. Gleiches gilt für die Anforderungen an die Arbeitsmedizin und Arbeitshygiene.

(12) Den Beschäftigten stehen Schülerinnen und Schüler, Studierende und sonstige in Ausbildungseinrichtungen tätige Personen, die bei ihren Tätigkeiten künstlicher optischer Strahlung ausgesetzt sind, gleich.

Abschnitt 2
Ermittlung und Bewertung der Gefährdungen durch künstliche optische Strahlung; Messungen

§ 3 Gefährdungsbeurteilung

(1) Bei der Beurteilung der Arbeitsbedingungen nach § 5 des Arbeitsschutzgesetzes hat der Arbeitgeber zunächst festzustellen, ob künstliche optische Strahlung am Arbeitsplatz von Beschäftigten auftritt oder auftreten kann. Ist dies der Fall, hat er alle hiervon ausgehenden Gefährdungen für die Gesundheit und Sicherheit der Beschäftigten zu beurteilen. Er hat die auftretenden Expositionen durch künstliche optische Strahlung am Arbeitsplatz zu ermitteln und zu bewerten. Für die Beschäftigten ist in jedem Fall eine Gefährdung gegeben, wenn die Expositionsgrenzwerte nach § 6 überschritten werden. Der Arbeitgeber kann sich die notwendigen Informationen beim Hersteller oder Inverkehrbringer der verwendeten Arbeitsmittel oder mit Hilfe anderer ohne Weiteres zugänglicher Quellen beschaffen. Lässt sich nicht sicher feststellen, ob die Expositionsgrenzwerte nach § 6 eingehalten werden, hat er den Umfang der Exposition durch Berechnungen oder Messungen nach § 4 festzustellen. Entsprechend dem Ergebnis der Gefährdungsbeurteilung hat der Arbeitgeber Schutzmaßnahmen nach dem Stand der Technik festzulegen.

(2) Bei der Gefährdungsbeurteilung nach Absatz 1 ist insbesondere Folgendes zu berücksichtigen:

1. Art, Ausmaß und Dauer der Exposition durch künstliche optische Strahlung,
2. der Wellenlängenbereich der künstlichen optischen Strahlung,
3. die in § 6 genannten Expositionsgrenzwerte,
4. alle Auswirkungen auf die Gesundheit und Sicherheit von Beschäftigten, die besonders gefährdeten Gruppen angehören,
5. alle möglichen Auswirkungen auf die Sicherheit und Gesundheit von Beschäftigten, die sich aus dem Zusammenwirken von künstlicher optischer Strahlung und fotosensibilisierenden chemischen Stoffen am Arbeitsplatz ergeben können,
6. alle indirekten Auswirkungen auf die Sicherheit und Gesundheit der Beschäftigten, zum Beispiel durch Blendung, Brand- und Explosionsgefahr,
7. die Verfügbarkeit und die Möglichkeit des Einsatzes alternativer Arbeitsmittel und Ausrüstungen, die zu einer geringeren Exposition der Beschäftigten führen (Substitutionsprüfung),
8. Erkenntnisse aus arbeitsmedizinischen Vorsorgeuntersuchungen sowie hierzu allgemein zugängliche, veröffentlichte Informationen,
9. die Exposition der Beschäftigten durch künstliche optische Strahlung aus mehreren Quellen,
10. die Herstellerangaben zu optischen Strahlungsquellen und anderen Arbeitsmitteln,
11. die Klassifizierung der Lasereinrichtungen und gegebenenfalls der in den Lasereinrichtungen zum Einsatz kommenden Laser nach dem Stand der Technik,

12. die Klassifizierung von inkohärenten optischen Strahlungsquellen nach dem Stand der Technik, von denen vergleichbare Gefährdungen wie bei Lasern der Klassen 3R, 3B oder 4 ausgehen können,
13. die Arbeitsplatz- und Expositionsbedingungen, die zum Beispiel im Normalbetrieb, bei Einrichtvorgängen sowie bei Instandhaltungs- und Reparaturarbeiten auftreten können.

(3) Vor Aufnahme einer Tätigkeit hat der Arbeitgeber die Gefährdungsbeurteilung durchzuführen und die erforderlichen Schutzmaßnahmen zu treffen. Die Gefährdungsbeurteilung ist regelmäßig zu überprüfen und gegebenenfalls zu aktualisieren, insbesondere wenn maßgebliche Veränderungen der Arbeitsbedingungen dies erforderlich machen. Die Schutzmaßnahmen sind gegebenenfalls anzupassen.

(4) Der Arbeitgeber hat die Gefährdungsbeurteilung unabhängig von der Zahl der Beschäftigten vor Aufnahme der Tätigkeit in einer Form zu dokumentieren, die eine spätere Einsichtnahme ermöglicht. In der Dokumentation ist anzugeben, welche Gefährdungen am Arbeitsplatz auftreten können und welche Maßnahmen zur Vermeidung oder Minimierung der Gefährdung der Beschäftigten durchgeführt werden müssen. Der Arbeitgeber hat die ermittelten Ergebnisse aus Messungen und Berechnungen in einer Form aufzubewahren, die eine spätere Einsichtnahme ermöglicht. Für Expositionen durch künstliche ultraviolette Strahlung sind entsprechende Unterlagen mindestens 30 Jahre aufzubewahren.

§ 4 Messungen und Berechnungen

(1) Der Arbeitgeber hat sicherzustellen, dass Messungen und Berechnungen nach dem Stand der Technik fachkundig geplant und durchgeführt werden. Dazu müssen Messverfahren und -geräte sowie eventuell erforderliche Berechnungsverfahren

1. den vorhandenen Arbeitsplatz- und Expositionsbedingungen hinsichtlich der betreffenden künstlichen optischen Strahlung angepasst sein und
2. geeignet sein, die jeweiligen physikalischen Größen zu bestimmen; die Messergebnisse müssen die Entscheidung erlauben, ob die in § 6 genannten Expositionsgrenzwerte eingehalten werden.

(2) Die durchzuführenden Messungen können auch eine Stichprobenerhebung umfassen, die für die persönliche Exposition der Beschäftigten repräsentativ ist.

§ 5 Fachkundige Personen, Laserschutzbeauftragter

(1) Der Arbeitgeber hat sicherzustellen, dass die Gefährdungsbeurteilung, die Messungen und die Berechnungen nur von fachkundigen Personen durchgeführt werden. Verfügt der Arbeitgeber nicht selbst über die entsprechenden Kenntnisse, hat er sich fachkundig beraten zu lassen.

(2) Vor der Aufnahme des Betriebs von Lasereinrichtungen der Klassen 3R, 3B und 4 hat der Arbeitgeber, sofern er nicht selbst über die erforderlichen Fachkenntnisse verfügt, einen Laserschutzbeauftragten schriftlich zu bestellen. Der Laserschutzbeauftragte muss über die für seine Aufgaben erforderlichen Fachkenntnisse verfügen. Die fachliche Qualifikation ist durch die erfolgreiche Teilnahme an

einem Lehrgang nachzuweisen und durch Fortbildungen auf aktuellem Stand zu halten. Der Laserschutzbeauftragte unterstützt den Arbeitgeber

1. bei der Durchführung der Gefährdungsbeurteilung nach § 3,
2. bei der Durchführung der notwendigen Schutzmaßnahmen nach § 7 und
3. bei der Überwachung des sicheren Betriebs von Lasern nach Satz 1.

Bei der Wahrnehmung seiner Aufgaben arbeitet der Laserschutzbeauftragte mit der Fachkraft für Arbeitssicherheit und dem Betriebsarzt zusammen.

Abschnitt 3
Expositionsgrenzwerte für und Schutzmaßnahmen gegen künstliche optische Strahlung

§ 6 Expositionsgrenzwerte für künstliche optische Strahlung

(1) Die Expositionsgrenzwerte für inkohärente künstliche optische Strahlung entsprechen den festgelegten Werten im Anhang I der Richtlinie 2006/25/EG des Europäischen Parlaments und des Rates vom 5. April 2006 über Mindestvorschriften zum Schutz von Sicherheit und Gesundheit der Arbeitnehmer vor der Gefährdung durch physikalische Einwirkungen (künstliche optische Strahlung) (19. Einzelrichtlinie im Sinne des Artikels 16 Absatz 1 der Richtlinie 89/391/EWG) (ABl. L 114 vom 27. 4. 2006, S. 38) in der jeweils geltenden Fassung.
(2) Die Expositionsgrenzwerte für Laserstrahlung entsprechen den festgelegten Werten im Anhang II der Richtlinie 2006/25/EG des Europäischen Parlaments und des Rates vom 5. April 2006 über Mindestvorschriften zum Schutz von Sicherheit und Gesundheit der Arbeitnehmer vor der Gefährdung durch physikalische Einwirkungen (künstliche optische Strahlung) (19. Einzelrichtlinie im Sinne des Artikels 16 Absatz 1 der Richtlinie 89/391/EWG) (ABl. L 114 vom 27. 4. 2006, S. 38) in der jeweils geltenden Fassung.

§ 7 Maßnahmen zur Vermeidung und Verringerung der Gefährdungen von Beschäftigten durch künstliche optische Strahlung

(1) Der Arbeitgeber hat die nach § 3 Absatz 1 Satz 7 festgelegten Schutzmaßnahmen nach dem Stand der Technik durchzuführen, um Gefährdungen der Beschäftigten auszuschließen oder so weit wie möglich zu verringern. Dazu sind die Entstehung und die Ausbreitung künstlicher optischer Strahlung vorrangig an der Quelle zu verhindern oder auf ein Minimum zu reduzieren. Bei der Durchführung der Maßnahmen hat der Arbeitgeber dafür zu sorgen, dass die Expositionsgrenzwerte für die Beschäftigten gemäß § 6 nicht überschritten werden. Technische Maßnahmen zur Vermeidung oder Verringerung der künstlichen optischen Strahlung haben Vorrang vor organisatorischen und individuellen Maßnahmen. Persönliche Schutzausrüstungen sind dann zu verwenden, wenn technische und organisatorische Maßnahmen nicht ausreichen oder nicht anwendbar sind.
(2) Zu den Maßnahmen nach Absatz 1 gehören insbesondere:

1. alternative Arbeitsverfahren, welche die Exposition der Beschäftigten durch künstliche optische Strahlung verringern,
2. Auswahl und Einsatz von Arbeitsmitteln, die in geringerem Maße künstliche optische Strahlung emittieren,
3. technische Maßnahmen zur Verringerung der Exposition der Beschäftigten durch künstliche optische Strahlung, falls erforderlich auch unter Einsatz von Verriegelungseinrichtungen, Abschirmungen oder vergleichbaren Sicherheitseinrichtungen,
4. Wartungsprogramme für Arbeitsmittel, Arbeitsplätze und Anlagen,
5. die Gestaltung und die Einrichtung der Arbeitsstätten und Arbeitsplätze,
6. organisatorische Maßnahmen zur Begrenzung von Ausmaß und Dauer der Exposition,
7. Auswahl und Einsatz einer geeigneten persönlichen Schutzausrüstung,
8. die Verwendung der Arbeitsmittel nach den Herstellerangaben.

(3) Der Arbeitgeber hat Arbeitsbereiche zu kennzeichnen, in denen die Expositionsgrenzwerte für künstliche optische Strahlung überschritten werden können. Die Kennzeichnung muss deutlich erkennbar und dauerhaft sein. Sie kann beispielsweise durch Warn-, Hinweis- und Zusatzzeichen sowie Verbotszeichen und Warnleuchten erfolgen. Die betreffenden Arbeitsbereiche sind abzugrenzen und der Zugang ist für Unbefugte einzuschränken, wenn dies technisch möglich ist. In diesen Bereichen dürfen Beschäftigte nur tätig werden, wenn das Arbeitsverfahren dies erfordert; Absatz 1 bleibt unberührt.

(4) Werden die Expositionsgrenzwerte trotz der durchgeführten Maßnahmen nach Absatz 1 überschritten, hat der Arbeitgeber unverzüglich weitere Maßnahmen nach Absatz 2 durchzuführen, um die Exposition der Beschäftigten auf einen Wert unterhalb der Expositionsgrenzwerte zu senken. Der Arbeitgeber hat die Gefährdungsbeurteilung nach § 3 zu wiederholen, um die Gründe für die Grenzwertüberschreitung zu ermitteln. Die Schutzmaßnahmen sind so anzupassen, dass ein erneutes Überschreiten der Grenzwerte verhindert wird.

Abschnitt 4
Unterweisung der Beschäftigten bei Gefährdungen durch künstliche optische Strahlung; Beratung durch den Ausschuss für Betriebssicherheit

§ 8 Unterweisung der Beschäftigten

(1) Bei Gefährdungen der Beschäftigten durch künstliche optische Strahlung am Arbeitsplatz stellt der Arbeitgeber sicher, dass die betroffenen Beschäftigten eine Unterweisung erhalten, die auf den Ergebnissen der Gefährdungsbeurteilung beruht und die Aufschluss über die am Arbeitsplatz auftretenden Gefährdungen gibt. Sie muss vor Aufnahme der Beschäftigung, danach in regelmäßigen Abständen, mindestens jedoch jährlich, und sofort bei wesentlichen Änderungen der gefähr-

denden Tätigkeit erfolgen. Die Unterweisung muss mindestens folgende Informationen enthalten:
1. die mit der Tätigkeit verbundenen Gefährdungen,
2. die durchgeführten Maßnahmen zur Beseitigung oder zur Minimierung der Gefährdung unter Berücksichtigung der Arbeitsplatzbedingungen,
3. die Expositionsgrenzwerte und ihre Bedeutung,
4. die Ergebnisse der Expositionsermittlung zusammen mit der Erläuterung ihrer Bedeutung und der Bewertung der damit verbundenen möglichen Gefährdungen und gesundheitlichen Folgen,
5. die Beschreibung sicherer Arbeitsverfahren zur Minimierung der Gefährdung auf Grund der Exposition durch künstliche optische Strahlung,
6. die sachgerechte Verwendung der persönlichen Schutzausrüstung.
   Die Unterweisung muss in einer für die Beschäftigten verständlichen Form und Sprache erfolgen.

(2) Können bei Tätigkeiten am Arbeitsplatz die Grenzwerte nach § 6 für künstliche optische Strahlung überschritten werden, stellt der Arbeitgeber sicher, dass die betroffenen Beschäftigten arbeitsmedizinisch beraten werden. Die Beschäftigten sind dabei auch über den Zweck der arbeitsmedizinischen Vorsorgeuntersuchungen zu informieren und darüber, unter welchen Voraussetzungen sie Anspruch auf diese haben. Die Beratung kann im Rahmen der Unterweisung nach Absatz 1 erfolgen. Falls erforderlich, hat der Arbeitgeber den Arzt nach § 7 Absatz 1 der Verordnung zur arbeitsmedizinischen Vorsorge zu beteiligen.

§ 9 Beratung durch den Ausschuss für Betriebssicherheit

Das Bundesministerium für Arbeit und Soziales wird in allen Fragen der Sicherheit und des Gesundheitsschutzes bei künstlicher optischer Strahlung durch den Ausschuss nach § 21 der Betriebssicherheitsverordnung beraten. § 21 Absatz 5 und 6 der Betriebssicherheitsverordnung gilt entsprechend.

Abschnitt 5
Ausnahmen; Straftaten und Ordnungswidrigkeiten

§ 10 Ausnahmen

(1) Die zuständige Behörde kann auf schriftlichen Antrag des Arbeitgebers Ausnahmen von den Vorschriften des § 7 zulassen, wenn die Durchführung der Vorschrift im Einzelfall zu einer unverhältnismäßigen Härte führen würde und die Abweichung mit dem Schutz der Beschäftigten vereinbar ist. Diese Ausnahmen können mit Nebenbestimmungen verbunden werden, die unter Berücksichtigung der besonderen Umstände gewährleisten, dass die Gefährdungen, die sich aus den Ausnahmen ergeben können, auf ein Minimum reduziert werden. Die Ausnahmen sind spätestens nach vier Jahren zu überprüfen; sie sind aufzuheben, sobald die Umstände, die sie gerechtfertigt haben, nicht mehr gegeben sind. Der Antrag des Arbeitgebers muss mindestens Angaben enthalten zu

1. der Gefährdungsbeurteilung einschließlich der Dokumentation,
2. Art, Ausmaß und Dauer der Exposition durch die künstliche optische Strahlung,
3. dem Wellenlängenbereich der künstlichen optischen Strahlung,
4. dem Stand der Technik bezüglich der Tätigkeiten und der Arbeitsverfahren sowie zu den technischen, organisatorischen und persönlichen Schutzmaßnahmen,
5. den Lösungsvorschlägen, wie die Exposition der Beschäftigten reduziert werden kann, um die Expositionswerte einzuhalten, sowie einen Zeitplan hierfür.

Der Antrag des Arbeitgebers kann in Papierform oder elektronisch übermittelt werden.

(2) Eine Ausnahme nach Absatz 1 Satz 1 kann auch im Zusammenhang mit Verwaltungsverfahren nach anderen Rechtsvorschriften beantragt werden.

§ 11 Straftaten und Ordnungswidrigkeiten

(1) Ordnungswidrig im Sinne des § 25 Absatz 1 Nummer 1 des Arbeitsschutzgesetzes handelt, wer vorsätzlich oder fahrlässig

1. entgegen § 3 Absatz 3 Satz 1 Beschäftigte eine Tätigkeit aufnehmen lässt,
2. entgegen § 3 Absatz 4 Satz 1 und 2 eine Gefährdungsbeurteilung nicht richtig, nicht vollständig oder nicht rechtzeitig dokumentiert,
3. entgegen § 4 Absatz 1 Satz 1 nicht sicherstellt, dass eine Messung oder eine Berechnung nach dem Stand der Technik durchgeführt wird,
4. entgegen § 5 Absatz 1 Satz 1 nicht sicherstellt, dass die Gefährdungsbeurteilung, die Messungen oder die Berechnungen von fachkundigen Personen durchgeführt werden,
5. entgegen § 5 Absatz 2 Satz 1 einen Laserschutzbeauftragten nicht schriftlich bestellt,

5a. entgegen § 5 Absatz 2 Satz 2 einen Laserschutzbeauftragten bestellt, der nicht über die für seine Aufgaben erforderlichen Fachkenntnisse verfügt,

6. entgegen § 7 Absatz 3 Satz 1 einen Arbeitsbereich nicht kennzeichnet,
7. entgegen § 7 Absatz 3 Satz 4 einen Arbeitsbereich nicht abgrenzt,
8. entgegen § 7 Absatz 4 Satz 1 eine Maßnahme nicht oder nicht rechtzeitig durchführt oder
9. entgegen § 8 Absatz 1 Satz 1 nicht sicherstellt, dass ein Beschäftigter eine Unterweisung in der vorgeschriebenen Weise erhält.

(2) Wer durch eine in Absatz 1 bezeichnete vorsätzliche Handlung das Leben oder die Gesundheit von Beschäftigten gefährdet, ist nach § 26 Nummer 2 des Arbeitsschutzgesetzes strafbar.

Verordnung über Arbeitsstätten (Arbeitsstättenverordnung – ArbStättV)

In der Fassung vom 12.08.2004 (BGBl. I S. 2179), zuletzt geändert durch Gesetz zum kontrollierten Umgang mit Cannabis und zur Änderung weiterer Vorschriften vom 27.03.2024 (BGBl. I Nr. 109)

Auf Grund des § 18 des Arbeitsschutzgesetzes vom 7. August 1996 (BGBl. I S. 1246), der zuletzt durch Artikel 179 der Verordnung vom 25. November 2003 (BGBl. I S. 2304) geändert worden ist, verordnet die Bundesregierung sowie auf Grund des § 66 Satz 3 und des § 68 Abs. 2 Nr. 3 des Bundesberggesetzes vom 13. August 1980 (BGBl. I S. 1310), von denen § 66 Satz 3 durch Artikel 8 Nr. 2 des Gesetzes vom 6. Juni 1995 (BGBl. I S. 778) eingefügt und § 68 Abs. 2 zuletzt durch Artikel 123 Nr. 2 Buchstabe a der Verordnung vom 25. November 2003 (BGBl. I S. 2304) geändert worden sind, verordnet das Bundesministerium für Wirtschaft und Arbeit:

§ 1 Ziel, Anwendungsbereich

(1) Diese Verordnung dient der Sicherheit und dem Schutz der Gesundheit der Beschäftigten beim Einrichten und Betreiben von Arbeitsstätten.

(2) Für folgende Arbeitsstätten gelten nur § 5 und der Anhang Nummer 1.3:

1. Arbeitsstätten im Reisegewerbe und im Marktverkehr,
2. Transportmittel, die im öffentlichen Verkehr eingesetzt werden,
3. Felder, Wälder und sonstige Flächen, die zu einem land- oder forstwirtschaftlichen Betrieb gehören, aber außerhalb der von ihm bebauten Fläche liegen.

(3) Für Gemeinschaftsunterkünfte außerhalb des Geländes eines Betriebes oder einer Baustelle gelten nur

1. § 3,
2. § 3a und
3. Nummer 4.4 des Anhangs.

(4) Für Telearbeitsplätze gelten nur

1. § 3 bei der erstmaligen Beurteilung der Arbeitsbedingungen und des Arbeitsplatzes,
2. § 6 und der Anhang Nummer 6,

soweit der Arbeitsplatz von dem im Betrieb abweicht. Die in Satz 1 genannten Vorschriften gelten, soweit Anforderungen unter Beachtung der Eigenart von Telearbeitsplätzen auf diese anwendbar sind.

(5) Der Anhang Nummer 6 gilt nicht für

1. Bedienerplätze von Maschinen oder Fahrerplätze von Fahrzeugen mit Bildschirmgeräten,
2. tragbare Bildschirmgeräte für die ortsveränderliche Verwendung, die nicht regelmäßig an einem Arbeitsplatz verwendet werden,

3. Rechenmaschinen, Registrierkassen oder andere Arbeitsmittel mit einer kleinen Daten- oder Messwertanzeigevorrichtung, die zur unmittelbaren Benutzung des Arbeitsmittels erforderlich ist und
4. Schreibmaschinen klassischer Bauart mit einem Display.

(6) Diese Verordnung ist für Arbeitsstätten in Betrieben, die dem Bundesberggesetz unterliegen, nur für Bildschirmarbeitsplätze einschließlich Telearbeitsplätze anzuwenden.

(7) Das Bundeskanzleramt, das Bundesministerium des Innern, für Bau und Heimat, das Bundesministerium für Verkehr und digitale Infrastruktur, das Bundesministerium für Umwelt, Naturschutz und nukleare Sicherheit, das Bundesministerium der Verteidigung oder das Bundesministerium der Finanzen können, soweit sie hierfür jeweils zuständig sind, im Einvernehmen mit dem Bundesministerium für Arbeit und Soziales und, soweit nicht das Bundesministerium des Innern, für Bau und Heimat selbst zuständig ist, im Einvernehmen mit dem Bundesministerium des Innern, für Bau und Heimat Ausnahmen von den Vorschriften dieser Verordnung zulassen, soweit öffentliche Belange dies zwingend erfordern, insbesondere zur Aufrechterhaltung oder Wiederherstellung der öffentlichen Sicherheit. In diesem Fall ist gleichzeitig festzulegen, wie die Sicherheit und der Schutz der Gesundheit der Beschäftigten nach dieser Verordnung auf andere Weise gewährleistet werden.

§ 2 Begriffsbestimmungen

(1) Arbeitsstätten sind
1. Arbeitsräume oder andere Orte in Gebäuden auf dem Gelände eines Betriebes,
2. Orte im Freien auf dem Gelände eines Betriebes,
3. Orte auf Baustellen,

sofern sie zur Nutzung für Arbeitsplätze vorgesehen sind.

(2) Zur Arbeitsstätte gehören insbesondere auch:
1. Orte auf dem Gelände eines Betriebes oder einer Baustelle, zu denen Beschäftigte im Rahmen ihrer Arbeit Zugang haben,
2. Verkehrswege, Fluchtwege, Notausgänge, Lager-, Maschinen- und Nebenräume, Sanitärräume, Kantinen, Pausen- und Bereitschaftsräume, Erste-Hilfe-Räume, Unterkünfte sowie
3. Einrichtungen, die dem Betreiben der Arbeitsstätte dienen, insbesondere Sicherheitsbeleuchtungen, Feuerlöscheinrichtungen, Versorgungseinrichtungen, Beleuchtungsanlagen, raumlufttechnische Anlagen, Signalanlagen, Energieverteilungsanlagen, Türen und Tore, Fahrsteige, Fahrtreppen, Laderampen und Steigleitern.

(3) Arbeitsräume sind die Räume, in denen Arbeitsplätze innerhalb von Gebäuden dauerhaft eingerichtet sind.

(4) Arbeitsplätze sind Bereiche, in denen Beschäftigte im Rahmen ihrer Arbeit tätig sind.

(5) Bildschirmarbeitsplätze sind Arbeitsplätze, die sich in Arbeitsräumen befinden und die mit Bildschirmgeräten und sonstigen Arbeitsmitteln ausgestattet sind.

(6) Bildschirmgeräte sind Funktionseinheiten, zu denen insbesondere Bildschirme zur Darstellung von visuellen Informationen, Einrichtungen zur Datenein- und -ausgabe, sonstige Steuerungs- und Kommunikationseinheiten (Rechner) sowie eine Software zur Steuerung und Umsetzung der Arbeitsaufgabe gehören.

(7) Telearbeitsplätze sind vom Arbeitgeber fest eingerichtete Bildschirmarbeitsplätze im Privatbereich der Beschäftigten, für die der Arbeitgeber eine mit den Beschäftigten vereinbarte wöchentliche Arbeitszeit und die Dauer der Einrichtung festgelegt hat. Ein Telearbeitsplatz ist vom Arbeitgeber erst dann eingerichtet, wenn Arbeitgeber und Beschäftigte die Bedingungen der Telearbeit arbeitsvertraglich oder im Rahmen einer Vereinbarung festgelegt haben und die benötigte Ausstattung des Telearbeitsplatzes mit Mobiliar, Arbeitsmitteln einschließlich der Kommunikationseinrichtungen durch den Arbeitgeber oder eine von ihm beauftragte Person im Privatbereich des Beschäftigten bereitgestellt und installiert ist.

(8) Gemeinschaftsunterkünfte im Sinne dieser Verordnung sind Unterkünfte innerhalb oder außerhalb des Geländes eines Betriebes oder einer Baustelle, die

1. den Beschäftigten durch den Arbeitgeber oder auf dessen Veranlassung durch Dritte entgeltlich oder unentgeltlich zur Verfügung gestellt werden und
2. von mehreren Beschäftigten und insgesamt von mindestens vier Personen gemeinschaftlich genutzt werden.

(9) Einrichten ist das Bereitstellen und Ausgestalten der Arbeitsstätte. Das Einrichten umfasst insbesondere:

1. bauliche Maßnahmen oder Veränderungen,
2. das Ausstatten mit Maschinen, Anlagen, anderen Arbeitsmitteln und Mobiliar sowie mit Beleuchtungs-, Lüftungs-, Heizungs-, Feuerlösch- und Versorgungseinrichtungen,
3. das Anlegen und Kennzeichnen von Verkehrs- und Fluchtwegen sowie das Kennzeichnen von Gefahrenstellen und brandschutztechnischen Ausrüstungen und
4. das Festlegen von Arbeitsplätzen.

(10) Das Betreiben von Arbeitsstätten umfasst das Benutzen, Instandhalten und Optimieren der Arbeitsstätten sowie die Organisation und Gestaltung der Arbeit einschließlich der Arbeitsabläufe in Arbeitsstätten.

(11) Instandhalten ist die Wartung, Inspektion, Instandsetzung oder Verbesserung der Arbeitsstätten zum Erhalt des baulichen und technischen Zustandes.

(12) Stand der Technik ist der Entwicklungsstand fortschrittlicher Verfahren, Einrichtungen oder Betriebsweisen, der die praktische Eignung einer Maßnahme zur Gewährleistung der Sicherheit und zum Schutz der Gesundheit der Beschäftigten gesichert erscheinen lässt. Bei der Bestimmung des Stands der Technik sind insbesondere vergleichbare Verfahren, Einrichtungen oder Betriebsweisen heranzuziehen, die mit Erfolg in der Praxis erprobt worden sind. Gleiches gilt für die Anforderungen an die Arbeitsmedizin und die Hygiene.

(13) Fachkundig ist, wer über die zur Ausübung einer in dieser Verordnung bestimmten Aufgabe erforderlichen Fachkenntnisse verfügt. Die Anforderungen an die Fachkunde sind abhängig von der jeweiligen Art der Aufgabe. Zu den Anforderungen zählen eine entsprechende Berufsausbildung, Berufserfahrung oder eine

zeitnah ausgeübte entsprechende berufliche Tätigkeit. Die Fachkenntnisse sind durch Teilnahme an Schulungen auf aktuellem Stand zu halten.

§ 3 Gefährdungsbeurteilung

(1) Bei der Beurteilung der Arbeitsbedingungen nach § 5 des Arbeitsschutzgesetzes hat der Arbeitgeber zunächst festzustellen, ob die Beschäftigten Gefährdungen beim Einrichten und Betreiben von Arbeitsstätten ausgesetzt sind oder ausgesetzt sein können. Ist dies der Fall, hat er alle möglichen Gefährdungen der Sicherheit und der Gesundheit der Beschäftigten zu beurteilen und dabei die Auswirkungen der Arbeitsorganisation und der Arbeitsabläufe in der Arbeitsstätte zu berücksichtigen. Bei der Gefährdungsbeurteilung hat er die physischen und psychischen Belastungen sowie bei Bildschirmarbeitsplätzen insbesondere die Belastungen der Augen oder die Gefährdung des Sehvermögens der Beschäftigten zu berücksichtigen. Entsprechend dem Ergebnis der Gefährdungsbeurteilung hat der Arbeitgeber Maßnahmen zum Schutz der Beschäftigten gemäß den Vorschriften dieser Verordnung einschließlich ihres Anhangs nach dem Stand der Technik, Arbeitsmedizin und Hygiene festzulegen. Sonstige gesicherte arbeitswissenschaftliche Erkenntnisse sind zu berücksichtigen.
(2) Der Arbeitgeber hat sicherzustellen, dass die Gefährdungsbeurteilung fachkundig durchgeführt wird. Verfügt der Arbeitgeber nicht selbst über die entsprechenden Kenntnisse, hat er sich fachkundig beraten zu lassen.
(3) Der Arbeitgeber hat die Gefährdungsbeurteilung vor Aufnahme der Tätigkeiten zu dokumentieren. In der Dokumentation ist anzugeben, welche Gefährdungen am Arbeitsplatz auftreten können und welche Maßnahmen nach Absatz 1 Satz 4 durchgeführt werden müssen.

§ 3a Einrichten und Betreiben von Arbeitsstätten

(1) Der Arbeitgeber hat dafür zu sorgen, dass Arbeitsstätten so eingerichtet und betrieben werden, dass Gefährdungen für die Sicherheit und die Gesundheit der Beschäftigten möglichst vermieden und verbleibende Gefährdungen möglichst gering gehalten werden. Beim Einrichten und Betreiben der Arbeitsstätten hat der Arbeitgeber die Maßnahmen nach § 3 Absatz 1 durchzuführen und dabei den Stand der Technik, Arbeitsmedizin und Hygiene, die ergonomischen Anforderungen sowie insbesondere die vom Bundesministerium für Arbeit und Soziales nach § 7 Absatz 4 bekannt gemachten Regeln und Erkenntnisse zu berücksichtigen. Bei Einhaltung der bekannt gemachten Regeln ist davon auszugehen, dass die in dieser Verordnung gestellten Anforderungen diesbezüglich erfüllt sind. Wendet der Arbeitgeber diese Regeln nicht an, so muss er durch andere Maßnahmen die gleiche Sicherheit und den gleichen Schutz der Gesundheit der Beschäftigten erreichen.
(2) Beschäftigt der Arbeitgeber Menschen mit Behinderungen, hat er die Arbeitsstätte so einzurichten und zu betreiben, dass die besonderen Belange dieser Beschäftigten im Hinblick auf die Sicherheit und den Schutz der Gesundheit berücksichtigt werden. Dies gilt insbesondere für die barrierefreie Gestaltung von Arbeitsplätzen, Sanitär-, Pausen- und Bereitschaftsräumen, Kantinen, Erste-Hilfe-Räumen

und Unterkünften sowie den zugehörigen Türen, Verkehrswegen, Fluchtwegen, Notausgängen, Treppen und Orientierungssystemen, die von den Beschäftigten mit Behinderungen benutzt werden.

(3) Die zuständige Behörde kann auf schriftlichen Antrag des Arbeitgebers Ausnahmen von den Vorschriften dieser Verordnung einschließlich ihres Anhanges zulassen, wenn

1. der Arbeitgeber andere, ebenso wirksame Maßnahmen trifft oder
2. die Durchführung der Vorschrift im Einzelfall zu einer unverhältnismäßigen Härte führen würde und die Abweichung mit dem Schutz der Beschäftigten vereinbar ist.

Der Antrag des Arbeitgebers kann in Papierform oder elektronisch übermittelt werden. Bei der Beurteilung sind die Belange der kleineren Betriebe besonders zu berücksichtigen.

(4) Anforderungen in anderen Rechtsvorschriften, insbesondere im Bauordnungsrecht der Länder, gelten vorrangig, soweit sie über die Anforderungen dieser Verordnung hinausgehen.

§ 4 Besondere Anforderungen an das Betreiben von Arbeitsstätten

(1) Der Arbeitgeber hat die Arbeitsstätte instand zu halten und dafür zu sorgen, dass festgestellte Mängel unverzüglich beseitigt werden. Können Mängel, mit denen eine unmittelbare erhebliche Gefahr verbunden ist, nicht sofort beseitigt werden, hat er dafür zu sorgen, dass die gefährdeten Beschäftigten ihre Tätigkeit unverzüglich einstellen.

(2) Der Arbeitgeber hat dafür zu sorgen, dass Arbeitsstätten den hygienischen Erfordernissen entsprechend gereinigt werden. Verunreinigungen und Ablagerungen, die zu Gefährdungen führen können, sind unverzüglich zu beseitigen.

(3) Der Arbeitgeber hat die Sicherheitseinrichtungen, insbesondere Sicherheitsbeleuchtung, Brandmelde- und Feuerlöscheinrichtungen, Signalanlagen, Notaggregate und Notschalter sowie raumlufttechnische Anlagen instand zu halten und in regelmäßigen Abständen auf ihre Funktionsfähigkeit prüfen zu lassen.

(4) Der Arbeitgeber hat dafür zu sorgen, dass Verkehrswege, Fluchtwege und Notausgänge ständig freigehalten werden, damit sie jederzeit benutzbar sind. Der Arbeitgeber hat Vorkehrungen so zu treffen, dass die Beschäftigten bei Gefahr sich unverzüglich in Sicherheit bringen und schnell gerettet werden können. Der Arbeitgeber hat einen Flucht- und Rettungsplan aufzustellen, wenn Lage, Ausdehnung und Art der Benutzung der Arbeitsstätte dies erfordern. Der Plan ist an geeigneten Stellen in der Arbeitsstätte auszulegen oder auszuhängen. In angemessenen Zeitabständen ist entsprechend diesem Plan zu üben.

(5) Der Arbeitgeber hat beim Einrichten und Betreiben von Arbeitsstätten Mittel und Einrichtungen zur Ersten Hilfe zur Verfügung zu stellen und regelmäßig auf ihre Vollständigkeit und Verwendungsfähigkeit prüfen zu lassen.

§ 5 Nichtraucherschutz

(1) Der Arbeitgeber hat die erforderlichen Maßnahmen zu treffen, damit die nicht rauchenden Beschäftigten in Arbeitsstätten wirksam vor den Gesundheitsgefahren durch Rauche und Dämpfe von Tabak- und Cannabisprodukten sowie elektronischen Zigaretten geschützt sind. Soweit erforderlich, hat der Arbeitgeber ein allgemeines oder auf einzelne Bereiche der Arbeitsstätte beschränktes Rauchverbot zu erlassen.
(2) In Arbeitsstätten mit Publikumsverkehr hat der Arbeitgeber beim Einrichten und Betreiben von Arbeitsräumen der Natur des Betriebes entsprechende und der Art der Beschäftigung angepasste technische oder organisatorische Maßnahmen nach Absatz 1 zum Schutz der nicht rauchenden Beschäftigten zu treffen.

§ 6 Unterweisung der Beschäftigten

(1) Der Arbeitgeber hat den Beschäftigten ausreichende und angemessene Informationen anhand der Gefährdungsbeurteilung in einer für die Beschäftigten verständlichen Form und Sprache zur Verfügung zu stellen über
1. das bestimmungsgemäße Betreiben der Arbeitsstätte,
2. alle gesundheits- und sicherheitsrelevanten Fragen im Zusammenhang mit ihrer Tätigkeit,
3. Maßnahmen, die zur Gewährleistung der Sicherheit und zum Schutz der Gesundheit der Beschäftigten durchgeführt werden müssen, und
4. arbeitsplatzspezifische Maßnahmen, insbesondere bei Tätigkeiten auf Baustellen oder an Bildschirmgeräten,

und sie anhand dieser Informationen zu unterweisen.
(2) Die Unterweisung nach Absatz 1 muss sich auf Maßnahmen im Gefahrenfall erstrecken, insbesondere auf
1. die Bedienung von Sicherheits- und Warneinrichtungen,
2. die Erste Hilfe und die dazu vorgehaltenen Mittel und Einrichtungen und
3. den innerbetrieblichen Verkehr.

(3) Die Unterweisung nach Absatz 1 muss sich auf Maßnahmen der Brandverhütung und Verhaltensmaßnahmen im Brandfall erstrecken, insbesondere auf die Nutzung der Fluchtwege und Notausgänge. Diejenigen Beschäftigten, die Aufgaben der Brandbekämpfung übernehmen, hat der Arbeitgeber in der Bedienung der Feuerlöscheinrichtungen zu unterweisen.
(4) Die Unterweisungen müssen vor Aufnahme der Tätigkeit stattfinden. Danach sind sie mindestens jährlich zu wiederholen. Sie haben in einer für die Beschäftigten verständlichen Form und Sprache zu erfolgen. Unterweisungen sind unverzüglich zu wiederholen, wenn sich die Tätigkeiten der Beschäftigten, die Arbeitsorganisation, die Arbeits- und Fertigungsverfahren oder die Einrichtungen und Betriebsweisen in der Arbeitsstätte wesentlich verändern und die Veränderung mit zusätzlichen Gefährdungen verbunden ist.

§ 7 Ausschuss für Arbeitsstätten

(1) Beim Bundesministerium für Arbeit und Soziales wird ein Ausschuss für Arbeitsstätten gebildet, in dem fachkundige Vertreter der Arbeitgeber, der Gewerkschaften, der Länderbehörden, der gesetzlichen Unfallversicherung und weitere fachkundige Personen, insbesondere der Wissenschaft, in angemessener Zahl vertreten sein sollen. Die Gesamtzahl der Mitglieder soll 16 Personen nicht überschreiten. Für jedes Mitglied ist ein stellvertretendes Mitglied zu benennen. Die Mitgliedschaft im Ausschuss für Arbeitsstätten ist ehrenamtlich.

(2) Das Bundesministerium für Arbeit und Soziales beruft die Mitglieder des Ausschusses und die stellvertretenden Mitglieder. Der Ausschuss gibt sich eine Geschäftsordnung und wählt den Vorsitzenden aus seiner Mitte. Die Geschäftsordnung und die Wahl des Vorsitzenden bedürfen der Zustimmung des Bundesministeriums für Arbeit und Soziales.

(3) Zu den Aufgaben des Ausschusses gehört es,

1. dem Stand der Technik, Arbeitsmedizin und Hygiene entsprechende Regeln und sonstige gesicherte wissenschaftliche Erkenntnisse für die Sicherheit und Gesundheit der Beschäftigten in Arbeitsstätten zu ermitteln,
2. Regeln und Erkenntnisse zu ermitteln, wie die Anforderungen dieser Verordnung erfüllt werden können, sowie Empfehlungen für weitere Maßnahmen zur Gewährleistung der Sicherheit und zum Schutz der Gesundheit der Beschäftigten auszuarbeiten und
3. das Bundesministerium für Arbeit und Soziales in allen Fragen der Sicherheit und der Gesundheit der Beschäftigten in Arbeitsstätten zu beraten.

Bei der Wahrnehmung seiner Aufgaben soll der Ausschuss die allgemeinen Grundsätze des Arbeitsschutzes nach § 4 des Arbeitsschutzgesetzes berücksichtigen. Das Arbeitsprogramm des Ausschusses für Arbeitsstätten wird mit dem Bundesministerium für Arbeit und Soziales abgestimmt. Der Ausschuss arbeitet eng mit den anderen Ausschüssen beim Bundesministerium für Arbeit und Soziales zusammen. Die Sitzungen des Ausschusses sind nicht öffentlich. Beratungs- und Abstimmungsergebnisse des Ausschusses sowie Niederschriften der Untergremien sind vertraulich zu behandeln, soweit die Erfüllung der Aufgaben, die den Untergremien oder den Mitgliedern des Ausschusses obliegen, dem nicht entgegenstehen.

(4) Das Bundesministerium für Arbeit und Soziales kann die vom Ausschuss nach Absatz 3 ermittelten Regeln und Erkenntnisse sowie Empfehlungen im Gemeinsamen Ministerialblatt bekannt machen.

(5) Die Bundesministerien sowie die zuständigen obersten Landesbehörden können zu den Sitzungen des Ausschusses Vertreter entsenden. Diesen ist auf Verlangen in der Sitzung das Wort zu erteilen.

(6) Die Geschäfte des Ausschusses führt die Bundesanstalt für Arbeitsschutz und Arbeitsmedizin.

§ 8 Übergangsvorschriften

(1) Soweit für Arbeitsstätten,

1. die am 1. Mai 1976 eingerichtet waren oder mit deren Einrichtung vor diesem Zeitpunkt begonnen worden war oder
2. die am 20. Dezember 1996 eingerichtet waren oder mit deren Einrichtung vor diesem Zeitpunkt begonnen worden war und für die zum Zeitpunkt der Einrichtung die Gewerbeordnung keine Anwendung fand,

in dieser Verordnung Anforderungen gestellt werden, die umfangreiche Änderungen der Arbeitsstätte, der Betriebseinrichtungen, Arbeitsverfahren oder Arbeitsabläufe notwendig machen, gelten hierfür bis zum 31. Dezember 2020 mindestens die entsprechenden Anforderungen des Anhangs II der Richtlinie 89/654/EWG des Rates vom 30. November 1989 über Mindestvorschriften für Sicherheit und Gesundheitsschutz in Arbeitsstätten (ABl. EG Nr. L 393 S. 1). Soweit diese Arbeitsstätten oder ihre Betriebseinrichtungen wesentlich erweitert oder umgebaut oder die Arbeitsverfahren oder Arbeitsabläufe wesentlich umgestaltet werden, hat der Arbeitgeber die erforderlichen Maßnahmen zu treffen, damit diese Änderungen, Erweiterungen oder Umgestaltungen mit den Anforderungen dieser Verordnung übereinstimmen.

(2) Bestimmungen in den vom Ausschuss für Arbeitsstätten ermittelten und vom Bundesministerium für Arbeit und Soziales im Gemeinsamen Ministerialblatt bekannt gemachten Regeln für Arbeitsstätten, die Anforderungen an den Arbeitsplatz enthalten, gelten unter Berücksichtigung der Begriffsbestimmung des Arbeitsplatzes in § 2 Absatz 2 der Arbeitsstättenverordnung vom 12. August 2004 (BGBl. I S. 2179), die zuletzt durch Artikel 282 der Verordnung vom 31. August 2015 (BGBl. I S. 1474) geändert worden ist, solange fort, bis sie vom Ausschuss für Arbeitsstätten überprüft und erforderlichenfalls vom Bundesministerium für Arbeit und Soziales im Gemeinsamen Ministerialblatt neu bekannt gemacht worden sind.

§ 9 Straftaten und Ordnungswidrigkeiten

(1) Ordnungswidrig im Sinne des § 25 Absatz 1 Nummer 1 des Arbeitsschutzgesetzes handelt, wer vorsätzlich oder fahrlässig

1. entgegen § 3 Absatz 3 eine Gefährdungsbeurteilung nicht richtig, nicht vollständig oder nicht rechtzeitig dokumentiert,
2. entgegen § 3a Absatz 1 Satz 1 nicht dafür sorgt, dass eine Arbeitsstätte in der dort vorgeschriebenen Weise eingerichtet ist oder betrieben wird,
3. entgegen § 3a Absatz 1 Satz 2 in Verbindung mit Nummer 4.1 Absatz 1 des Anhangs einen dort genannten Toilettenraum oder eine dort genannte mobile, anschlussfreie Toilettenkabine nicht oder nicht in der vorgeschriebenen Weise zur Verfügung stellt,
4. entgegen § 3a Absatz 1 Satz 2 in Verbindung mit Nummer 4.2 Absatz 1 des Anhangs einen dort genannten Pausenraum oder einen dort genannten Pausenbereich nicht oder nicht in der vorgeschriebenen Weise zur Verfügung stellt,

4a. entgegen § 3a Absatz 1 Satz 2 in Verbindung mit Nummer 4.4 Absatz 1 Satz 1 des Anhangs eine Unterkunft in den Fällen der Nummer 4.4 Absatz 1 Satz 3 des Anhangs nicht oder nicht rechtzeitig zur Verfügung stellt,

4b. entgegen § 3a Absatz 1 Satz 2 in Verbindung mit Nummer 4.4 Absatz 4 Satz 1 des Anhangs eine Unterbringung in einer Gemeinschaftsunterkunft nicht, nicht richtig, nicht vollständig oder nicht rechtzeitig dokumentiert,
5. entgegen § 3a Absatz 2 eine Arbeitsstätte nicht in der dort vorgeschriebenen Weise einrichtet oder betreibt,
6. entgegen § 4 Absatz 1 Satz 2 nicht dafür sorgt, dass die gefährdeten Beschäftigten ihre Tätigkeit unverzüglich einstellen,
7. entgegen § 4 Absatz 4 Satz 1 nicht dafür sorgt, dass Verkehrswege, Fluchtwege und Notausgänge freigehalten werden,
8. entgegen § 4 Absatz 5 ein Mittel oder eine Einrichtung zur Ersten Hilfe nicht zur Verfügung stellt,
9. entgegen § 6 Absatz 4 Satz 1 nicht sicherstellt, dass die Beschäftigten vor Aufnahme der Tätigkeit unterwiesen werden.

(2) Wer durch eine in Absatz 1 bezeichnete vorsätzliche Handlung das Leben oder die Gesundheit von Beschäftigten gefährdet, ist nach § 26 Nummer 2 des Arbeitsschutzgesetzes strafbar.

Anhang
Anforderungen und Maßnahmen für Arbeitsstätten nach § 3 Absatz 1

Inhaltsübersicht

1 Allgemeine Anforderungen

1.1 Anforderungen an Konstruktion und Festigkeit von Gebäuden

Gebäude für Arbeitsstätten müssen eine der Nutzungsart entsprechende Konstruktion und Festigkeit aufweisen.

1.2 Abmessungen von Räumen, Luftraum

(1) Arbeitsräume, Sanitär-, Pausen- und Bereitschaftsräume, Kantinen, Erste-Hilfe-Räume und Unterkünfte müssen eine ausreichende Grundfläche und eine, in Abhängigkeit von der Größe der Grundfläche der Räume, ausreichende lichte Höhe aufweisen, so dass die Beschäftigten ohne Beeinträchtigung ihrer Sicherheit, ihrer Gesundheit oder ihres Wohlbefindens die Räume nutzen oder ihre Arbeit verrichten können.
(2) Die Abmessungen der Räume richten sich nach der Art ihrer Nutzung.
(3) Die Größe des notwendigen Luftraumes ist in Abhängigkeit von der Art der physischen Belastung und der Anzahl der Beschäftigten sowie der sonstigen anwesenden Personen zu bemessen.

1.3 Sicherheits- und Gesundheitsschutzkennzeichnung

(1) Unberührt von den nachfolgenden Anforderungen sind Sicherheits- und Gesundheitsschutzkennzeichnungen einzusetzen, wenn Gefährdungen der Sicherheit und Gesundheit der Beschäftigten nicht durch technische oder organisatorische Maßnahmen vermieden oder ausreichend begrenzt werden können. Das Ergebnis

der Gefährdungsbeurteilung und die Maßnahmen nach § 3 Absatz 1 sind dabei zu berücksichtigen.
(2) Die Kennzeichnung ist nach Art der Gefährdung dauerhaft oder vorübergehend nach den Vorgaben der Richtlinie 92/58/EWG des Rates vom 24. Juni 1992 über Mindestvorschriften für die Sicherheits- und/oder Gesundheitsschutzkennzeichnung am Arbeitsplatz (Neunte Einzelrichtlinie im Sinne des Artikels 16 Absatz 1 der Richtlinie 89/391/EWG) (ABl. EG Nr. L 245 S. 23) auszuführen. Diese Richtlinie gilt in der jeweils aktuellen Fassung. Wird diese Richtlinie geändert oder nach den in dieser Richtlinie vorgesehenen Verfahren an den technischen Fortschritt angepasst, gilt sie in der geänderten im Amtsblatt der Europäischen Gemeinschaften veröffentlichten Fassung nach Ablauf der in der Änderungs- oder Anpassungsrichtlinie festgelegten Umsetzungsfrist. Die geänderte Fassung kann bereits ab Inkrafttreten der Änderungs- oder Anpassungsrichtlinie angewendet werden.

1.4 Energieverteilungsanlagen

Anlagen, die der Versorgung der Arbeitsstätte mit Energie dienen, müssen so ausgewählt, installiert und betrieben werden, dass die Beschäftigten vor dem direkten oder indirekten Berühren spannungsführender Teile geschützt sind und dass von den Anlagen keine Brand- oder Explosionsgefahren ausgehen. Bei der Konzeption und der Ausführung sowie der Wahl des Materials und der Schutzvorrichtungen sind Art und Stärke der verteilten Energie, die äußeren Einwirkbedingungen und die Fachkenntnisse der Personen zu berücksichtigen, die zu Teilen der Anlage Zugang haben.

1.5 Fußböden, Wände, Decken, Dächer

(1) Die Oberflächen der Fußböden, Wände und Decken der Räume müssen so gestaltet sein, dass sie den Erfordernissen des sicheren Betreibens entsprechen sowie leicht und sicher zu reinigen sind. Arbeitsräume müssen unter Berücksichtigung der Art des Betriebes und der physischen Belastungen eine angemessene Dämmung gegen Wärme und Kälte sowie eine ausreichende Isolierung gegen Feuchtigkeit aufweisen. Auch Sanitär-, Pausen- und Bereitschaftsräume, Kantinen, Erste-Hilfe-Räume und Unterkünfte müssen über eine angemessene Dämmung gegen Wärme und Kälte sowie eine ausreichende Isolierung gegen Feuchtigkeit verfügen.
(2) Die Fußböden der Räume dürfen keine Unebenheiten, Löcher, Stolperstellen oder gefährliche Schrägen aufweisen. Sie müssen gegen Verrutschen gesichert, tragfähig, trittsicher und rutschhemmend sein.
(3) Durchsichtige oder lichtdurchlässige Wände, insbesondere Ganzglaswände in Arbeitsräumen oder im Bereich von Verkehrswegen, müssen deutlich gekennzeichnet sein. Sie müssen entweder aus bruchsicherem Werkstoff bestehen oder so gegen die Arbeitsplätze in Arbeitsräumen oder die Verkehrswege abgeschirmt sein, dass die Beschäftigten nicht mit den Wänden in Berührung kommen und beim Zersplittern der Wände nicht verletzt werden können.
(4) Dächer aus nicht durchtrittsicherem Material dürfen nur betreten werden, wenn Ausrüstungen benutzt werden, die ein sicheres Arbeiten ermöglichen.

1.6 Fenster, Oberlichter

(1) Fenster, Oberlichter und Lüftungsvorrichtungen müssen sich von den Beschäftigten sicher öffnen, schließen, verstellen und arretieren lassen. Sie dürfen nicht so angeordnet sein, dass sie in geöffnetem Zustand eine Gefahr für die Beschäftigten darstellen.
(2) Fenster und Oberlichter müssen so ausgewählt oder ausgerüstet und eingebaut sein, dass sie ohne Gefährdung der Ausführenden und anderer Personen gereinigt werden können.

1.7 Türen, Tore

(1) Die Lage, Anzahl, Abmesssungen und Ausführung insbesondere hinsichtlich der verwendeten Werkstoffe von Türen und Toren müssen sich nach der Art und Nutzung der Räume oder Bereiche richten.
(2) Durchsichtige Türen müssen in Augenhöhe gekennzeichnet sein.
(3) Pendeltüren und -tore müssen durchsichtig sein oder ein Sichtfenster haben.
(4) Bestehen durchsichtige oder lichtdurchlässige Flächen von Türen und Toren nicht aus bruchsicherem Werkstoff und ist zu befürchten, dass sich die Beschäftigten beim Zersplittern verletzen können, sind diese Flächen gegen Eindrücken zu schützen.
(5) Schiebetüren und -tore müssen gegen Ausheben und Herausfallen gesichert sein. Türen und Tore, die sich nach oben öffnen, müssen gegen Herabfallen gesichert sein.
(6) In unmittelbarer Nähe von Toren, die vorwiegend für den Fahrzeugverkehr bestimmt sind, müssen gut sichtbar gekennzeichnete, stets zugängliche Türen für Fußgänger vorhanden sein. Diese Türen sind nicht erforderlich, wenn der Durchgang durch die Tore für Fußgänger gefahrlos möglich ist.
(7) Kraftbetätigte Türen und Tore müssen sicher benutzbar sein. Dazu gehört, dass sie

a) ohne Gefährdung der Beschäftigten bewegt werden oder zum Stillstand kommen können,
b) mit selbsttätig wirkenden Sicherungen ausgestattet sind,
c) auch von Hand zu öffnen sind, sofern sie sich bei Stromausfall nicht automatisch öffnen.

(8) Besondere Anforderungen gelten für Türen im Verlauf von Fluchtwegen (Nummer 2.3).

1.8 Verkehrswege

(1) Verkehrswege, einschließlich Treppen, fest angebrachte Steigleitern und Laderampen müssen so angelegt und bemessen sein, dass sie je nach ihrem Bestimmungszweck leicht und sicher begangen oder befahren werden können und in der Nähe Beschäftigte nicht gefährdet werden.

(2) Die Bemessung der Verkehrswege, die dem Personenverkehr, Güterverkehr oder Personen- und Güterverkehr dienen, muss sich nach der Anzahl der möglichen Benutzer und der Art des Betriebes richten.
(3) Werden Transportmittel auf Verkehrswegen eingesetzt, muss für Fußgänger ein ausreichender Sicherheitsabstand gewahrt werden.
(4) Verkehrswege für Fahrzeuge müssen an Türen und Toren, Durchgängen, Fußgängerwegen und Treppenaustritten in ausreichendem Abstand vorbeiführen.
(5) Soweit Nutzung und Einrichtung der Räume es zum Schutz der Beschäftigten erfordern, müssen die Begrenzungen der Verkehrswege gekennzeichnet sein.
(6) Besondere Anforderungen gelten für Fluchtwege (Nummer 2.3).

1.9 Fahrtreppen, Fahrsteige

Fahrtreppen und Fahrsteige müssen so ausgewählt und installiert sein, dass sie sicher funktionieren und sicher benutzbar sind. Dazu gehört, dass die Notbefehlseinrichtungen gut erkennbar und leicht zugänglich sind und nur solche Fahrtreppen und Fahrsteige eingesetzt werden, die mit den notwendigen Sicherheitsvorrichtungen ausgestattet sind.

1.10 Laderampen

(1) Laderampen sind entsprechend den Abmessungen der Transportmittel und der Ladung auszulegen.
(2) Sie müssen mindestens einen Abgang haben; lange Laderampen müssen, soweit betriebstechnisch möglich, an jedem Endbereich einen Abgang haben.
(3) Sie müssen einfach und sicher benutzbar sein. Dazu gehört, dass sie nach Möglichkeit mit Schutzvorrichtungen gegen Absturz auszurüsten sind; das gilt insbesondere in Bereichen von Laderampen, die keine ständigen Be- und Entladestellen sind.

1.11 Steigleitern, Steigeisengänge

Steigleitern und Steigeisengänge müssen sicher benutzbar sein. Dazu gehört, dass sie
a) nach Notwendigkeit über Schutzvorrichtungen gegen Absturz, vorzugsweise über Steigschutzeinrichtungen verfügen,
b) an ihren Austrittsstellen eine Haltevorrichtung haben,
c) nach Notwendigkeit in angemessenen Abständen mit Ruhebühnen ausgerüstet sind.

2 Maßnahmen zum Schutz vor besonderen Gefahren

2.1 Schutz vor Absturz und herabfallenden Gegenständen, Betreten von Gefahrenbereichen

(1) Arbeitsplätze und Verkehrswege, bei denen eine Absturzgefahr für Beschäftigte oder die Gefahr des Herabfallens von Gegenständen besteht, müssen mit Schutzvorrichtungen versehen sein, die verhindern, dass Beschäftigte abstürzen

oder durch herabfallende Gegenstände verletzt werden können. Sind aufgrund der Eigenart des Arbeitsplatzes oder der durchzuführenden Arbeiten Schutzvorrichtungen gegen Absturz nicht geeignet, muss der Arbeitgeber die Sicherheit der Beschäftigten durch andere wirksame Maßnahmen gewährleisten. Eine Absturzgefahr besteht bei einer Absturzhöhe von mehr als 1 Meter.
(2) Arbeitsplätze und Verkehrswege, die an Gefahrenbereiche grenzen, müssen mit Schutzvorrichtungen versehen sein, die verhindern, dass Beschäftigte in die Gefahrenbereiche gelangen.
(3) Die Arbeitsplätze und Verkehrswege nach den Absätzen 1 und 2 müssen gegen unbefugtes Betreten gesichert und gut sichtbar als Gefahrenbereiche gekennzeichnet sein. Zum Schutz derjenigen, die diese Bereiche betreten müssen, sind geeignete Maßnahmen zu treffen.

2.2 Maßnahmen gegen Brände

(1) Arbeitsstätten müssen je nach
a) Abmessung und Nutzung,
b) der Brandgefährdung vorhandener Einrichtungen und Materialien,
c) der größtmöglichen Anzahl anwesender Personen
mit einer ausreichenden Anzahl geeigneter Feuerlöscheinrichtungen und erforderlichenfalls Brandmeldern und Alarmanlagen ausgestattet sein.
(2) Nicht selbsttätige Feuerlöscheinrichtungen müssen als solche dauerhaft gekennzeichnet, leicht zu erreichen und zu handhaben sein.
(3) Selbsttätig wirkende Feuerlöscheinrichtungen müssen mit Warneinrichtungen ausgerüstet sein, wenn bei ihrem Einsatz Gefahren für die Beschäftigten auftreten können.

2.3 Fluchtwege und Notausgänge

(1) Fluchtwege und Notausgänge müssen
a) sich in Anzahl, Anordnung und Abmessung nach der Nutzung, der Einrichtung und den Abmessungen der Arbeitsstätte sowie nach der höchstmöglichen Anzahl der dort anwesenden Personen richten,
b) auf möglichst kurzem Weg ins Freie oder, falls dies nicht möglich ist, in einen gesicherten Bereich führen,
c) in angemessener Form und dauerhaft gekennzeichnet sein.
Sie sind mit einer Sicherheitsbeleuchtung auszurüsten, wenn das gefahrlose Verlassen der Arbeitsstätte für die Beschäftigten, insbesondere bei Ausfall der allgemeinen Beleuchtung, nicht gewährleistet ist.
(2) Türen im Verlauf von Fluchtwegen oder Türen von Notausgängen müssen
a) sich von innen ohne besondere Hilfsmittel jederzeit leicht öffnen lassen, solange sich Beschäftigte in der Arbeitsstätte befinden,
b) in angemessener Form und dauerhaft gekennzeichnet sein.
Türen von Notausgängen müssen sich nach außen öffnen lassen. In Notausgängen, die ausschließlich für den Notfall konzipiert und ausschließlich im Notfall benutzt werden, sind Karussell- und Schiebetüren nicht zulässig.

3 Arbeitsbedingungen

3.1 Bewegungsfläche

(1) Die freie unverstellte Fläche am Arbeitsplatz muss so bemessen sein, dass sich die Beschäftigten bei ihrer Tätigkeit ungehindert bewegen können.
(2) Ist dies nicht möglich, muss den Beschäftigten in der Nähe des Arbeitsplatzes eine andere ausreichend große Bewegungsfläche zur Verfügung stehen.

3.2 Anordnung der Arbeitsplätze

Arbeitsplätze sind in der Arbeitsstätte so anzuordnen, dass Beschäftigte
a) sie sicher erreichen und verlassen können,
b) sich bei Gefahr schnell in Sicherheit bringen können,
c) durch benachbarte Arbeitsplätze, Transporte oder Einwirkungen von außerhalb nicht gefährdet werden.

3.3 Ausstattung

(1) Jedem Beschäftigten muss mindestens eine Kleiderablage zur Verfügung stehen, sofern keine Umkleideräume vorhanden sind.
(2) Kann die Arbeit ganz oder teilweise sitzend verrichtet werden oder lässt es der Arbeitsablauf zu, sich zeitweise zu setzen, sind den Beschäftigten am Arbeitsplatz Sitzgelegenheiten zur Verfügung zu stellen. Können aus betriebstechnischen Gründen keine Sitzgelegenheiten unmittelbar am Arbeitsplatz aufgestellt werden, obwohl es der Arbeitsablauf zulässt, sich zeitweise zu setzen, müssen den Beschäftigten in der Nähe der Arbeitsplätze Sitzgelegenheiten bereitgestellt werden.

3.4 Beleuchtung und Sichtverbindung

(1) Der Arbeitgeber darf als Arbeitsräume nur solche Räume betreiben, die möglichst ausreichend Tageslicht erhalten und die eine Sichtverbindung nach außen haben.
Dies gilt nicht für
1. Räume, bei denen betriebs-, produktions- oder bautechnische Gründe Tageslicht oder einer Sichtverbindung nach außen entgegenstehen,
2. Räume, in denen sich Beschäftigte zur Verrichtung ihrer Tätigkeit regelmäßig nicht über einen längeren Zeitraum oder im Verlauf der täglichen Arbeitszeit nur kurzzeitig aufhalten müssen, insbesondere Archive, Lager-, Maschinen- und Nebenräume, Teeküchen,
3. Räume, die vollständig unter Erdgleiche liegen, soweit es sich dabei um Tiefgaragen oder ähnliche Einrichtungen, um kulturelle Einrichtungen, um Verkaufsräume oder um Schank- und Speiseräume handelt,
4. Räume in Bahnhofs- oder Flughafenhallen, Passagen oder innerhalb von Kaufhäusern und Einkaufszentren,

5. Räume mit einer Grundfläche von mindestens 2000 Quadratmetern, sofern Oberlichter oder andere bauliche Vorrichtungen vorhanden sind, die Tageslicht in den Arbeitsraum lenken.

(2) Pausen- und Bereitschaftsräume sowie Unterkünfte müssen möglichst ausreichend mit Tageslicht beleuchtet sein und eine Sichtverbindung nach außen haben. Kantinen sollen möglichst ausreichend Tageslicht erhalten und eine Sichtverbindung nach außen haben.

(3) Räume, die bis zum 3. Dezember 2016 eingerichtet worden sind oder mit deren Einrichtung begonnen worden war und die die Anforderungen nach Absatz 1 Satz 1 oder Absatz 2 nicht erfüllen, dürfen ohne eine Sichtverbindung nach außen weiter betrieben werden, bis sie wesentlich erweitert oder umgebaut werden.

(4) In Arbeitsräumen muss die Stärke des Tageslichteinfalls am Arbeitsplatz je nach Art der Tätigkeit reguliert werden können.

(5) Arbeitsstätten müssen mit Einrichtungen ausgestattet sein, die eine angemessene künstliche Beleuchtung ermöglichen, so dass die Sicherheit und der Schutz der Gesundheit der Beschäftigten gewährleistet sind.

(6) Die Beleuchtungsanlagen sind so auszuwählen und anzuordnen, dass dadurch die Sicherheit und die Gesundheit der Beschäftigten nicht gefährdet werden.

(7) Arbeitsstätten, in denen bei Ausfall der Allgemeinbeleuchtung die Sicherheit der Beschäftigten gefährdet werden kann, müssen eine ausreichende Sicherheitsbeleuchtung haben.

3.5 Raumtemperatur

(1) Arbeitsräume, in denen aus betriebstechnischer Sicht keine spezifischen Anforderungen an die Raumtemperatur gestellt werden, müssen während der Nutzungsdauer unter Berücksichtigung der Arbeitsverfahren und der physischen Belastungen der Beschäftigten eine gesundheitlich zuträgliche Raumtemperatur haben.

(2) Sanitär-, Pausen- und Bereitschaftsräume, Kantinen, Erste-Hilfe-Räume und Unterkünfte müssen während der Nutzungsdauer unter Berücksichtigung des spezifischen Nutzungszwecks eine gesundheitlich zuträgliche Raumtemperatur haben.

(3) Fenster, Oberlichter und Glaswände müssen unter Berücksichtigung der Arbeitsverfahren und der Art der Arbeitsstätte eine Abschirmung gegen übermäßige Sonneneinstrahlung ermöglichen.

3.6 Lüftung

(1) In Arbeitsräumen, Sanitär-, Pausen- und Bereitschaftsräumen, Kantinen, Erste-Hilfe-Räumen und Unterkünften muss unter Berücksichtigung des spezifischen Nutzungszwecks, der Arbeitsverfahren, der physischen Belastungen und der Anzahl der Beschäftigten sowie der sonstigen anwesenden Personen während der Nutzungsdauer ausreichend gesundheitlich zuträgliche Atemluft vorhanden sein.

(2) Ist für das Betreiben von Arbeitsstätten eine raumlufttechnische Anlage erforderlich, muss diese jederzeit funktionsfähig sein und die Anforderungen nach Absatz 1 erfüllen. Bei raumlufttechnischen Anlagen muss eine Störung durch eine selbsttätige Warneinrichtung angezeigt werden. Es müssen Vorkehrungen getroffen

sein, durch die die Beschäftigten im Fall einer Störung gegen Gesundheitsgefahren geschützt sind.
(3) Werden raumlufttechnische Anlagen verwendet, ist sicherzustellen, dass die Beschäftigten keinem störenden Luftzug ausgesetzt sind.
(4) Ablagerungen und Verunreinigungen in raumlufttechnischen Anlagen, die zu einer unmittelbaren Gesundheitsgefährdung durch die Raumluft führen können, müssen umgehend beseitigt werden.

3.7 Lärm

In Arbeitsstätten ist der Schalldruckpegel so niedrig zu halten, wie es nach der Art des Betriebes möglich ist. Der Schalldruckpegel am Arbeitsplatz in Arbeitsräumen ist in Abhängigkeit von der Nutzung und den zu verrichtenden Tätigkeiten so weit zu reduzieren, dass keine Beeinträchtigungen der Gesundheit der Beschäftigten entstehen.

4 Sanitär-, Pausen- und Bereitschaftsräume, Kantinen, Erste-Hilfe-Räume und Unterkünfte

4.1 Sanitärräume

(1) Der Arbeitgeber hat Toilettenräume zur Verfügung zu stellen. Toilettenräume sind für Männer und Frauen getrennt einzurichten oder es ist eine getrennte Nutzung zu ermöglichen. Toilettenräume sind mit verschließbaren Zugängen, einer ausreichenden Anzahl von Toilettenbecken und Handwaschgelegenheiten zur Verfügung zu stellen. Sie müssen sich sowohl in der Nähe der Arbeitsräume als auch in der Nähe von Kantinen, Pausen- und Bereitschaftsräumen, Wasch- und Umkleideräumen befinden. Bei Arbeiten im Freien und auf Baustellen mit wenigen Beschäftigten sind mobile, anschlussfreie Toilettenkabinen in der Nähe der Arbeitsplätze ausreichend.
(2) Der Arbeitgeber hat – wenn es die Art der Tätigkeit oder gesundheitliche Gründe erfordern – Waschräume zur Verfügung zu stellen. Diese sind für Männer und Frauen getrennt einzurichten oder es ist eine getrennte Nutzung zu ermöglichen. Bei Arbeiten im Freien und auf Baustellen mit wenigen Beschäftigten sind Waschgelegenheiten ausreichend. Waschräume sind

a) in der Nähe von Arbeitsräumen und sichtgeschützt einzurichten,
b) so zu bemessen, dass die Beschäftigten sich den hygienischen Erfordernissen entsprechend und ungehindert reinigen können; dazu müssen fließendes warmes und kaltes Wasser, Mittel zum Reinigen und gegebenenfalls zum Desinfizieren sowie zum Abtrocknen der Hände vorhanden sein,
c) mit einer ausreichenden Anzahl geeigneter Duschen zur Verfügung zu stellen, wenn es die Art der Tätigkeit oder gesundheitliche Gründe erfordern.

Sind Waschräume nicht erforderlich, müssen in der Nähe des Arbeitsplatzes und der Umkleideräume ausreichende und angemessene Waschgelegenheiten mit fließendem Wasser (erforderlichenfalls mit warmem Wasser), Mitteln zum Reinigen und zum Abtrocknen der Hände zur Verfügung stehen.

(3) Der Arbeitgeber hat geeignete Umkleideräume zur Verfügung zu stellen, wenn die Beschäftigten bei ihrer Tätigkeit besondere Arbeitskleidung tragen müssen und es ihnen nicht zuzumuten ist, sich in einem anderen Raum umzukleiden. Umkleideräume sind für Männer und Frauen getrennt einzurichten oder es ist eine getrennte Nutzung zu ermöglichen. Umkleideräume müssen

a) leicht zugänglich und von ausreichender Größe und sichtgeschützt eingerichtet werden; entsprechend der Anzahl gleichzeitiger Benutzer muss genügend freie Bodenfläche für ungehindertes Umkleiden vorhanden sein,
b) mit Sitzgelegenheiten sowie mit verschließbaren Einrichtungen ausgestattet sein, in denen jeder Beschäftigte seine Kleidung aufbewahren kann.

Kleiderschränke für Arbeitskleidung und Schutzkleidung sind von Kleiderschränken für persönliche Kleidung und Gegenstände zu trennen, wenn die Umstände dies erfordern.

(4) Wasch- und Umkleideräume, die voneinander räumlich getrennt sind, müssen untereinander leicht erreichbar sein.

4.2 Pausen- und Bereitschaftsräume

(1) Bei mehr als zehn Beschäftigten oder wenn die Sicherheit und der Schutz der Gesundheit es erfordern, ist den Beschäftigten ein Pausenraum oder ein entsprechender Pausenbereich zur Verfügung zu stellen. Dies gilt nicht, wenn die Beschäftigten in Büroräumen oder vergleichbaren Arbeitsräumen beschäftigt sind und dort gleichwertige Voraussetzungen für eine Erholung während der Pause gegeben sind. Fallen in die Arbeitszeit regelmäßig und häufig Arbeitsbereitschaftszeiten oder Arbeitsunterbrechungen und sind keine Pausenräume vorhanden, so sind für die Beschäftigten Räume für Bereitschaftszeiten einzurichten. Schwangere Frauen und stillende Mütter müssen sich während der Pausen und, soweit es erforderlich ist, auch während der Arbeitszeit unter geeigneten Bedingungen hinlegen und ausruhen können.

(2) Pausenräume oder entsprechende Pausenbereiche sind

a) für die Beschäftigten leicht erreichbar an ungefährdeter Stelle und in ausreichender Größe bereitzustellen,
b) entsprechend der Anzahl der gleichzeitigen Benutzer mit leicht zu reinigenden Tischen und Sitzgelegenheiten mit Rückenlehne auszustatten,
c) als separate Räume zu gestalten, wenn die Beurteilung der Arbeitsbedingungen und der Arbeitsstätte dies erfordern.

(3) Bereitschaftsräume und Pausenräume, die als Bereitschaftsräume genutzt werden, müssen dem Zweck entsprechend ausgestattet sein.

4.3 Erste-Hilfe-Räume

(1) Erste-Hilfe-Räume oder vergleichbare Bereiche sind entsprechend der Art der Gefährdungen in der Arbeitsstätte oder der Anzahl der Beschäftigten, der Art der auszuübenden Tätigkeiten sowie der räumlichen Größe der Betriebe zur Verfügung zu stellen.

(2) Erste-Hilfe-Räume müssen an ihren Zugängen als solche gekennzeichnet und für Personen mit Rettungstransportmitteln leicht zugänglich sein.
(3) Sie sind mit den erforderlichen Mitteln und Einrichtungen zur Ersten Hilfe auszustatten. An einer deutlich gekennzeichneten Stelle müssen Anschrift und Telefonnummer der örtlichen Rettungsdienste angegeben sein.
(4) Darüber hinaus sind überall dort, wo es die Arbeitsbedingungen erfordern, Mittel und Einrichtungen zur Ersten Hilfe aufzubewahren. Sie müssen leicht zugänglich und einsatzbereit sein. Die Aufbewahrungsstellen müssen als solche gekennzeichnet und gut erreichbar sein.

4.4 Unterkünfte

(1) Der Arbeitgeber hat angemessene Unterkünfte für Beschäftigte zur Verfügung zu stellen, gegebenenfalls auch außerhalb des Geländes eines Betriebes oder einer Baustelle, wenn es aus Gründen der Sicherheit, zum Schutz der Gesundheit oder aus Gründen der menschengerechten Gestaltung der Arbeit erforderlich ist. Die Bereitstellung angemessener Unterkünfte kann insbesondere wegen der Abgelegenheit der Arbeitsstätte, der Art der auszuübenden Tätigkeiten oder der Anzahl der im Betrieb beschäftigten Personen erforderlich sein. Sie ist stets erforderlich, wenn den Beschäftigten im Zusammenhang mit der Anwerbung oder Entsendung zur zeitlich befristeten Erbringung einer vertraglich geschuldeten Arbeitsleistung die Bereitstellung oder Vermittlung einer Unterbringung in Gemeinschaftsunterkünften in Aussicht gestellt wird und zu erwarten ist, dass der Beschäftigte die Verpflichtung zur Erbringung seiner Arbeitsleistung anderenfalls nicht eingehen würde. Kann der Arbeitgeber erforderliche Unterkünfte innerhalb des Geländes eines Betriebes oder einer Baustelle nicht zur Verfügung stellen, hat er für eine andere angemessene Unterbringung der Beschäftigten außerhalb des Geländes eines Betriebes oder einer Baustelle zu sorgen. Wird die Unterkunft als Gemeinschaftsunterkunft außerhalb des Geländes eines Betriebes oder einer Baustelle durch den Arbeitgeber oder auf dessen Veranlassung durch Dritte zur Verfügung gestellt, so hat der Arbeitgeber auch in diesem Fall für die Angemessenheit der Unterkunft zu sorgen.
(2) Unterkünfte müssen entsprechend ihrer Belegungszahl und der Dauer der Unterbringung ausgestattet sein mit:
1. Wohn- und Schlafbereich (Betten, Schränken, Tischen, Stühlen),
2. Essbereich,
3. Sanitäreinrichtungen.

(3) Wird die Unterkunft von Männern und Frauen gemeinsam genutzt, ist dies bei der Zuteilung der Räume zu berücksichtigen.
(4) Der Arbeitgeber hat die Unterbringung von Beschäftigten in Gemeinschaftsunterkünften innerhalb oder außerhalb des Geländes eines Betriebes oder einer Baustelle nach den Sätzen 2 und 3 zu dokumentieren. In der Dokumentation sind anzugeben:
1. die Adressen der Gemeinschaftsunterkünfte,
2. die Unterbringungskapazitäten der Gemeinschaftsunterkünfte,

3. die Zuordnung der untergebrachten Beschäftigten zu den Gemeinschaftsunterkünften sowie
4. der zugehörige Zeitraum der Unterbringung der jeweiligen Beschäftigten.

Die Dokumentation muss ab Beginn der Bereitstellung der Gemeinschaftsunterkünfte am Ort der Leistungserbringung verfügbar sein. Die Dokumentation ist nach Beendigung der Unterbringung vier Wochen aufzubewahren.

5 Ergänzende Anforderungen und Maßnahmen für besondere Arbeitsstätten und Arbeitsplätze

5.1 Arbeitsplätze in nicht allseits umschlossenen Arbeitsstätten und Arbeitsplätze im Freien

Arbeitsplätze in nicht allseits umschlossenen Arbeitsstätten und Arbeitsplätze im Freien sind so einzurichten und zu betreiben, dass sie von den Beschäftigten bei jeder Witterung sicher und ohne Gesundheitsgefährdung erreicht, benutzt und wieder verlassen werden können. Dazu gehört, dass diese Arbeitsplätze gegen Witterungseinflüsse geschützt sind oder den Beschäftigten geeignete persönliche Schutzausrüstungen zur Verfügung gestellt werden.
Werden die Beschäftigten auf Arbeitsplätzen im Freien beschäftigt, so sind die Arbeitsplätze nach Möglichkeit so einzurichten, dass die Beschäftigten nicht gesundheitsgefährdenden äußeren Einwirkungen ausgesetzt sind.

5.2 Baustellen

(1) Die Beschäftigten müssen
a) sich gegen Witterungseinflüsse geschützt umkleiden, waschen und wärmen können,
b) über Einrichtungen verfügen, um ihre Mahlzeiten einnehmen und gegebenenfalls auch zubereiten zu können,
c) in der Nähe der Arbeitsplätze über Trinkwasser oder ein anderes alkoholfreies Getränk verfügen können.

Weiterhin sind auf Baustellen folgende Anforderungen umzusetzen:
d) Sind Umkleideräume nicht erforderlich, muss für jeden regelmäßig auf der Baustelle anwesenden Beschäftigten eine Kleiderablage und ein abschließbares Fach vorhanden sein, damit persönliche Gegenstände unter Verschluss aufbewahrt werden können.
e) Unter Berücksichtigung der Arbeitsverfahren und der physischen Belastungen der Beschäftigten ist dafür zu sorgen, dass ausreichend gesundheitlich zuträgliche Atemluft vorhanden ist.
f) Beschäftigte müssen die Möglichkeit haben, Arbeitskleidung und Schutzkleidung außerhalb der Arbeitszeit zu lüften und zu trocknen.
g) In regelmäßigen Abständen sind geeignete Versuche und Übungen an Feuerlöscheinrichtungen und Brandmelde- und Alarmanlagen durchzuführen.

(2) Schutzvorrichtungen, die ein Abstürzen von Beschäftigten an Arbeitsplätzen und Verkehrswegen auf Baustellen verhindern, müssen vorhanden sein:

1. unabhängig von der Absturzhöhe bei
   a) Arbeitsplätzen am und über Wasser oder an und über anderen festen oder flüssigen Stoffen, in denen man versinken kann,
   b) Verkehrswegen über Wasser oder anderen festen oder flüssigen Stoffen, in denen man versinken kann,
2. bei mehr als 1 Meter Absturzhöhe an Wandöffnungen, an freiliegenden Treppenläufen und -absätzen sowie
3. bei mehr als 2 Meter Absturzhöhe an allen übrigen Arbeitsplätzen.

Bei einer Absturzhöhe bis zu 3 Metern ist eine Schutzvorrichtung entbehrlich an Arbeitsplätzen und Verkehrswegen auf Dächern und Geschossdecken von baulichen Anlagen mit bis zu 22,5 Grad Neigung und nicht mehr als 50 Quadratmeter Grundfläche, sofern die Arbeiten von hierfür fachlich qualifizierten und körperlich geeigneten Beschäftigten ausgeführt werden und diese Beschäftigten besonders unterwiesen sind. Die Absturzkante muss für die Beschäftigten deutlich erkennbar sein.

(3) Räumliche Begrenzungen der Arbeitsplätze, Materialien, Ausrüstungen und ganz allgemein alle Elemente, die durch Ortsveränderung die Sicherheit und die Gesundheit der Beschäftigten beeinträchtigen können, müssen auf geeignete Weise stabilisiert werden. Hierzu zählen auch Maßnahmen, die verhindern, dass Fahrzeuge, Erdbaumaschinen und Förderzeuge abstürzen, umstürzen, abrutschen oder einbrechen.

(4) Werden Beförderungsmittel auf Verkehrswegen verwendet, so müssen für andere, den Verkehrsweg nutzende Personen ein ausreichender Sicherheitsabstand oder geeignete Schutzvorrichtungen vorgesehen werden. Die Wege müssen regelmäßig überprüft und gewartet werden.

(5) Bei Arbeiten, aus denen sich im besonderen Maße Gefährdungen für die Beschäftigten ergeben können, müssen geeignete Sicherheitsvorkehrungen getroffen werden. Dies gilt insbesondere für Abbrucharbeiten sowie Montage- oder Demontagearbeiten. Zur Erfüllung der Schutzmaßnahmen des Satzes 1 sind

a) bei Arbeiten an erhöhten oder tiefer gelegenen Standorten Standsicherheit und Stabilität der Arbeitsplätze und ihrer Zugänge auf geeignete Weise zu gewährleisten und zu überprüfen, insbesondere nach einer Veränderung der Höhe oder Tiefe des Arbeitsplatzes,
b) bei Aushubarbeiten Brunnenbauarbeiten, unterirdischen oder Tunnelarbeiten die Erd- oder Felswände so abzuböschen, zu verbauen oder anderweitig so zu sichern, dass sie während der einzelnen Bauzustände standsicher sind; vor Beginn von Erdarbeiten sind geeignete Maßnahmen durchzuführen, um die Gefährdung durch unterirdisch verlegte Kabel und andere Versorgungsleitungen festzustellen und auf ein Mindestmaß zu verringern,
c) bei Arbeiten, bei denen Sauerstoffmangel auftreten kann, geeignete Maßnahmen zu treffen, um einer Gefahr vorzubeugen und eine wirksame und sofortige Hilfeleistung zu ermöglichen; Einzelarbeitsplätze in Bereichen, in denen erhöhte Gefährdung durch Sauerstoffmangel besteht, sind nur zulässig, wenn diese ständig von außen überwacht werden und alle geeigneten Vorkehrungen getroffen sind, um eine wirksame und sofortige Hilfeleistung zu ermöglichen,

d) beim Auf-, Um- sowie Abbau von Spundwänden und Senkkästen angemessene Vorrichtungen vorzusehen, damit sich die Beschäftigten beim Eindringen von Wasser und Material retten können,
e) bei Laderampen Absturzsicherungen vorzusehen,
f) bei Arbeiten, bei denen mit Gefährdungen aus dem Verkehr von Land-, Wasser- oder Luftfahrzeugen zu rechnen ist, geeignete Vorkehrungen zu treffen.

Abbrucharbeiten, Montage- oder Demontagearbeiten, insbesondere der Auf- oder Abbau von Stahl- oder Betonkonstruktionen, die Montage oder Demontage von Verbau zur Sicherung von Erd- oder Felswänden oder Senkkästen sind fachkundig zu planen und nur unter fachkundiger Aufsicht sowie nach schriftlicher Abbruch-, Montage- oder Demontageanweisung durchzuführen; die Abbruch-, Montage- oder Demontageanweisung muss die erforderlichen sicherheitstechnischen Angaben enthalten; auf die Schriftform kann verzichtet werden, wenn für die jeweiligen Abbruch-, Montage- oder Demontagearbeiten besondere sicherheitstechnische Angaben nicht erforderlich sind.

(6) Vorhandene elektrische Freileitungen müssen nach Möglichkeit außerhalb des Baustellengeländes verlegt oder freigeschaltet werden. Wenn dies nicht möglich ist, sind geeignete Abschrankungen, Abschirmungen oder Hinweise anzubringen, um Fahrzeuge und Einrichtungen von diesen Leitungen fern zu halten.

6. Maßnahmen zur Gestaltung von Bildschirmarbeitsplätzen

6.1 Allgemeine Anforderungen an Bildschirmarbeitsplätze

(1) Bildschirmarbeitsplätze sind so einzurichten und zu betreiben, dass die Sicherheit und der Schutz der Gesundheit der Beschäftigten gewährleistet sind. Die Grundsätze der Ergonomie sind auf die Bildschirmarbeitsplätze und die erforderlichen Arbeitsmittel sowie die für die Informationsverarbeitung durch die Beschäftigten erforderlichen Bildschirmgeräte entsprechend anzuwenden.

(2) Der Arbeitgeber hat dafür zu sorgen, dass die Tätigkeiten der Beschäftigten an Bildschirmgeräten insbesondere durch andere Tätigkeiten oder regelmäßige Erholungszeiten unterbrochen werden.

(3) Für die Beschäftigten ist ausreichend Raum für wechselnde Arbeitshaltungen und -bewegungen vorzusehen.

(4) Die Bildschirmgeräte sind so aufzustellen und zu betreiben, dass die Oberflächen frei von störenden Reflexionen und Blendungen sind.

(5) Die Arbeitstische oder Arbeitsflächen müssen eine reflexionsarme Oberfläche haben und so aufgestellt werden, dass die Oberflächen bei der Arbeit frei von störenden Reflexionen und Blendungen sind.

(6) Die Arbeitsflächen sind entsprechend der Arbeitsaufgabe so zu bemessen, dass alle Eingabemittel auf der Arbeitsfläche variabel angeordnet werden können und eine flexible Anordnung des Bildschirms, des Schriftguts und der sonstigen Arbeitsmittel möglich ist. Die Arbeitsfläche vor der Tastatur muss ein Auflegen der Handballen ermöglichen.

(7) Auf Wunsch der Beschäftigten hat der Arbeitgeber eine Fußstütze und einen Manuskripthalter zur Verfügung zu stellen, wenn eine ergonomisch günstige Arbeitshaltung auf andere Art und Weise nicht erreicht werden kann.
(8) Die Beleuchtung muss der Art der Arbeitsaufgabe entsprechen und an das Sehvermögen der Beschäftigten angepasst sein; ein angemessener Kontrast zwischen Bildschirm und Arbeitsumgebung ist zu gewährleisten. Durch die Gestaltung des Bildschirmarbeitsplatzes sowie der Auslegung und der Anordnung der Beleuchtung sind störende Blendungen, Reflexionen oder Spiegelungen auf dem Bildschirm und den sonstigen Arbeitsmitteln zu vermeiden.
(9) Werden an einem Arbeitsplatz mehrere Bildschirmgeräte oder Bildschirme betrieben, müssen diese ergonomisch angeordnet sein. Die Eingabegeräte müssen sich eindeutig dem jeweiligen Bildschirmgerät zuordnen lassen.
(10) Die Arbeitsmittel dürfen nicht zu einer erhöhten, gesundheitlich unzuträglichen Wärmebelastung am Arbeitsplatz führen.

6.2 Allgemeine Anforderungen an Bildschirme und Bildschirmgeräte

(1) Die Text- und Grafikdarstellungen auf dem Bildschirm müssen entsprechend der Arbeitsaufgabe und dem Sehabstand scharf und deutlich sowie ausreichend groß sein. Der Zeichen- und der Zeilenabstand müssen angemessen sein. Die Zeichengröße und der Zeilenabstand müssen auf dem Bildschirm individuell eingestellt werden können.
(2) Das auf dem Bildschirm dargestellte Bild muss flimmerfrei sein. Das Bild darf keine Verzerrungen aufweisen.
(3) Die Helligkeit der Bildschirmanzeige und der Kontrast der Text- und Grafikdarstellungen auf dem Bildschirm müssen von den Beschäftigten einfach eingestellt werden können. Sie müssen den Verhältnissen der Arbeitsumgebung individuell angepasst werden können.
(4) Die Bildschirmgröße und -form müssen der Arbeitsaufgabe angemessen sein.
(5) Die von den Bildschirmgeräten ausgehende elektromagnetische Strahlung muss so niedrig gehalten werden, dass die Sicherheit und die Gesundheit der Beschäftigten nicht gefährdet werden.

6.3 Anforderungen an Bildschirmgeräte und Arbeitsmittel für die ortsgebundene Verwendung an Arbeitsplätzen

(1) Bildschirme müssen frei und leicht dreh- und neigbar sein sowie über reflexionsarme Oberflächen verfügen. Bildschirme, die über reflektierende Oberflächen verfügen, dürfen nur dann betrieben werden, wenn dies aus zwingenden aufgabenbezogenen Gründen erforderlich ist.
(2) Tastaturen müssen die folgenden Eigenschaften aufweisen:
1. sie müssen vom Bildschirm getrennte Einheiten sein,
2. sie müssen neigbar sein,
3. die Oberflächen müssen reflexionsarm sein,
4. die Form und der Anschlag der Tasten müssen den Arbeitsaufgaben angemessen sein und eine ergonomische Bedienung ermöglichen,

5. die Beschriftung der Tasten muss sich vom Untergrund deutlich abheben und bei normaler Arbeitshaltung gut lesbar sein.

(3) Alternative Eingabemittel (zum Beispiel Eingabe über den Bildschirm, Spracheingabe, Scanner) dürfen nur eingesetzt werden, wenn dadurch die Arbeitsaufgaben leichter ausgeführt werden können und keine zusätzlichen Belastungen für die Beschäftigten entstehen.

6.4 Anforderungen an tragbare Bildschirmgeräte für die ortsveränderliche Verwendung an Arbeitsplätzen

(1) Größe, Form und Gewicht tragbarer Bildschirmgeräte müssen der Arbeitsaufgabe entsprechend angemessen sein.

(2) Tragbare Bildschirmgeräte müssen

1. über Bildschirme mit reflexionsarmen Oberflächen verfügen und
2. so betrieben werden, dass der Bildschirm frei von störenden Reflexionen und Blendungen ist.

(3) Tragbare Bildschirmgeräte ohne Trennung zwischen Bildschirm und externem Eingabemittel (insbesondere Geräte ohne Tastatur) dürfen nur an Arbeitsplätzen betrieben werden, an denen die Geräte nur kurzzeitig verwendet werden oder an denen die Arbeitsaufgaben mit keinen anderen Bildschirmgeräten ausgeführt werden können.

(4) Tragbare Bildschirmgeräte mit alternativen Eingabemitteln sind den Arbeitsaufgaben angemessen und mit dem Ziel einer optimalen Entlastung der Beschäftigten zu betreiben.

(5) Werden tragbare Bildschirmgeräte ortsgebunden an Arbeitsplätzen verwendet, gelten zusätzlich die Anforderungen nach Nummer 6.1.

6.5 Anforderungen an die Benutzerfreundlichkeit von Bildschirmarbeitsplätzen

(1) Beim Betreiben der Bildschirmarbeitsplätze hat der Arbeitgeber dafür zu sorgen, dass der Arbeitsplatz den Arbeitsaufgaben angemessen gestaltet ist. Er hat insbesondere geeignete Softwaresysteme bereitzustellen.

(2) Die Bildschirmgeräte und die Software müssen entsprechend den Kenntnissen und Erfahrungen der Beschäftigten im Hinblick auf die jeweilige Arbeitsaufgabe angepasst werden können.

(3) Das Softwaresystem muss den Beschäftigten Angaben über die jeweiligen Dialogabläufe machen.

(4) Die Bildschirmgeräte und die Software müssen es den Beschäftigten ermöglichen, die Dialogabläufe zu beeinflussen. Sie müssen eventuelle Fehler bei der Handhabung beschreiben und eine Fehlerbeseitigung mit begrenztem Arbeitsaufwand erlauben.

(5) Eine Kontrolle der Arbeit hinsichtlich der qualitativen oder quantitativen Ergebnisse darf ohne Wissen der Beschäftigten nicht durchgeführt werden.

Verordnung über Sicherheit und Gesundheitsschutz auf Baustellen (Baustellenverordnung – BaustellV)

In der Fassung vom 10. 06. 1998 (BGBl. I S. 1283), zuletzt geändert durch Erste Verordnung zur Änderung der Baustellenverordnung vom 19. 12. 2022 (BGBl. I Nr. 1)
Auf Grund des § 19 des Arbeitsschutzgesetzes vom 7. August 1996 (BGBl. I S. 1246) verordnet die Bundesregierung:

§ 1 Ziele; Begriffe

(1) Diese Verordnung dient der wesentlichen Verbesserung von Sicherheit und Gesundheitsschutz der Beschäftigten auf Baustellen.
(2) Die Verordnung gilt nicht für Tätigkeiten und Einrichtungen im Sinne des § 2 des Bundesberggesetzes.
(3) Baustelle im Sinne dieser Verordnung ist der Ort, an dem ein Bauvorhaben ausgeführt wird. Ein Bauvorhaben ist das Vorhaben, eine oder mehrere bauliche Anlagen zu errichten, zu ändern oder abzubrechen.

§ 2 Planung der Ausführung des Bauvorhabens

(1) Bei der Planung der Ausführung eines Bauvorhabens, insbesondere bei der Einteilung der Arbeiten, die gleichzeitig oder nacheinander durchgeführt werden, und bei der Bemessung der Ausführungszeiten für diese Arbeiten, sind die allgemeinen Grundsätze nach § 4 des Arbeitsschutzgesetzes zu berücksichtigen.
(2) Für jede Baustelle, bei der
1. die voraussichtliche Dauer der Arbeiten mehr als 30 Arbeitstage beträgt und auf der mehr als 20 Beschäftigte gleichzeitig tätig werden, oder
2. der Umfang der Arbeiten voraussichtlich 500 Personentage überschreitet,

hat der nach § 4 Verantwortliche der zuständigen Behörde spätestens zwei Wochen vor Einrichtung der Baustelle eine Vorankündigung zu übermitteln, die mindestens die Angaben nach Anhang I enthält. Die Vorankündigung hat der nach § 4 Verantwortliche sichtbar auf der Baustelle auszuhängen und bei erheblichen Änderungen anzupassen.
(3) Ist für eine Baustelle, auf der Beschäftigte mehrerer Arbeitgeber tätig werden, eine Vorankündigung zu übermitteln, oder werden auf einer Baustelle, auf der Beschäftigte mehrerer Arbeitgeber tätig werden, besonders gefährliche Arbeiten nach Anhang II ausgeführt, so hat der nach § 4 Verantwortliche dafür zu sorgen, daß vor Einrichtung der Baustelle ein Sicherheits- und Gesundheitsschutzplan erstellt wird. Der Plan muß die für die betreffende Baustelle anzuwendenden Arbeitsschutzbestimmungen erkennen lassen und besondere Maßnahmen für die besonders

gefährlichen Arbeiten nach Anhang II enthalten. Erforderlichenfalls sind bei Erstellung des Planes betriebliche Tätigkeiten auf dem Gelände zu berücksichtigen.
(4) Ist für eine Baustelle, auf der jeder Beschäftigte für denselben Arbeitgeber tätig wird, eine Vorankündigung zu übermitteln, oder werden auf einer Baustelle, auf der jeder Beschäftigte für denselben Arbeitgeber tätig wird, besonders gefährliche Arbeiten nach Anhang II ausgeführt, so hat der nach § 4 Verantwortliche dafür zu sorgen, dass dieser Arbeitgeber vor Einrichtung der Baustelle über diejenigen Umstände auf dem Gelände unterrichtet wird, die in einen Sicherheits- und Gesundheitsschutzplan im Sinne von Absatz 3 Satz 2 und 3 einzubeziehen wären.

§ 3 Koordinierung

(1) Für Baustellen, auf denen Beschäftigte mehrerer Arbeitgeber tätig werden, hat der nach § 4 Verantwortliche einen oder mehrere geeignete Koordinatoren zu bestellen. Der Bauherr oder der von ihm nach § 4 beauftragte Dritte kann die Aufgaben des Koordinators selbst wahrnehmen.
(1a) Der Bauherr oder der von ihm beauftragte Dritte wird durch die Beauftragung geeigneter Koordinatoren nicht von seiner Verantwortung entbunden.
(2) Während der Planung der Ausführung des Bauvorhabens hat der Koordinator
1. die in § 2 Abs. 1 vorgesehenen Maßnahmen zu koordinieren,
2. den Sicherheits- und Gesundheitsschutzplan auszuarbeiten oder ausarbeiten zu lassen und
3. eine Unterlage mit den erforderlichen, bei möglichen späteren Arbeiten an der baulichen Anlage zu berücksichtigenden Angaben zu Sicherheit und Gesundheitsschutz zusammenzustellen.

(3) Während der Ausführung des Bauvorhabens hat der Koordinator
1. die Anwendung der allgemeinen Grundsätze nach § 4 des Arbeitsschutzgesetzes zu koordinieren,
2. darauf zu achten, daß die Arbeitgeber und die Unternehmer ohne Beschäftigte ihre Pflichten nach dieser Verordnung erfüllen,
3. den Sicherheits- und Gesundheitsschutzplan bei Änderungen in der Ausführung des Bauvorhabens, die sich auf die weitere Koordination auswirken, anzupassen oder anpassen zu lassen,
4. die Zusammenarbeit der Arbeitgeber zu organisieren und
5. die Überwachung der ordnungsgemäßen Anwendung der Arbeitsverfahren durch die Arbeitgeber zu koordinieren.

§ 4 Beauftragung

Die Maßnahmen nach § 2 und § 3 Abs. 1 Satz 1 hat der Bauherr zu treffen, es sei denn, er beauftragt einen Dritten, diese Maßnahmen in eigener Verantwortung zu treffen.

§ 5 Pflichten der Arbeitgeber

(1) Die Arbeitgeber haben bei der Ausführung der Arbeiten die erforderlichen Maßnahmen des Arbeitsschutzes insbesondere in bezug auf die

1. Instandhaltung der Arbeitsmittel,
2. Vorkehrungen zur Lagerung und Entsorgung der Arbeitsstoffe und Abfälle, insbesondere der Gefahrstoffe,
3. Anpassung der Ausführungszeiten für die Arbeiten unter Berücksichtigung der Gegebenheiten auf der Baustelle,
4. Zusammenarbeit zwischen Arbeitgebern und Unternehmern ohne Beschäftigte,
5. Wechselwirkungen zwischen den Arbeiten auf der Baustelle und anderen betrieblichen Tätigkeiten auf dem Gelände, auf dem oder in dessen Nähe die erstgenannten Arbeiten ausgeführt werden,
6. Ausführung besonders gefährlicher Arbeiten nach Anhang II auf der Baustelle

zu treffen sowie die Unterrichtung nach § 2 Absatz 4, die Hinweise des Koordinators und den Sicherheits- und Gesundheitsschutzplan zu berücksichtigen.

(2) Die Arbeitgeber haben die Beschäftigten in verständlicher Form und Sprache über die sie betreffenden Schutzmaßnahmen zu informieren.

(3) Die Verantwortlichkeit der Arbeitgeber für die Erfüllung ihrer Arbeitsschutzpflichten wird durch die Maßnahmen nach den §§ 2 und 3 nicht berührt.

§ 6 Pflichten sonstiger Personen

Zur Gewährleistung von Sicherheit und Gesundheitsschutz der Beschäftigten haben auch die auf einer Baustelle tätigen Unternehmer ohne Beschäftigte die bei den Arbeiten anzuwendenden Arbeitsschutzvorschriften einzuhalten. Sie haben die Hinweise des Koordinators sowie den Sicherheits- und Gesundheitsschutzplan zu berücksichtigen. Die Sätze 1 und 2 gelten auch für Arbeitgeber, die selbst auf der Baustelle tätig sind.

§ 6a Beratung durch den Ausschuss für Arbeitsstätten

Das Bundesministerium für Arbeit und Soziales wird in allen Fragen der Sicherheit und des Gesundheitsschutzes der Beschäftigten auf Baustellen durch den Ausschuss nach § 7 der Arbeitsstättenverordnung beraten. § 7 Absatz 3 Satz 1 und Absatz 4 der Arbeitsstättenverordnung gilt entsprechend.

§ 7 Ordnungswidrigkeiten und Strafvorschriften

(1) Ordnungswidrig im Sinne des § 25 Abs. 1 Nr. 1 des Arbeitsschutzgesetzes handelt, wer vorsätzlich oder fahrlässig

1. entgegen § 2 Abs. 2 Satz 1 der zuständigen Behörde eine Vorankündigung nicht, nicht richtig, nicht vollständig oder nicht rechtzeitig übermittelt, oder
2. entgegen § 2 Abs. 3 Satz 1 nicht dafür sorgt, daß vor Einrichtung der Baustelle ein Sicherheits- und Gesundheitsschutzplan erstellt wird.

(2) Wer durch eine im Absatz 1 bezeichnete vorsätzliche Handlung Leben oder Gesundheit eines Beschäftigten gefährdet, ist nach § 26 Nr. 2 des Arbeitsschutzgesetzes strafbar.

§ 8 Inkrafttreten und Übergangsvorschrift

(1) Diese Verordnung tritt am ersten Tage des auf die Verkündung folgenden Kalendermonats in Kraft.

(2) Für Bauvorhaben, mit deren Ausführung bereits vor dem 1. April 2023 begonnen worden ist, bleiben die bisherigen Vorschriften maßgebend.

Anhang I

1. Ort der Baustelle,
2. Name und Anschrift des Bauherrn,
3. Art des Bauvorhabens,
4. Name und Anschrift des anstelle des Bauherrn verantwortlichen Dritten,
5. Name und Anschrift des Koordinators,
6. voraussichtlicher Beginn und voraussichtliche Dauer der Arbeiten,
7. voraussichtliche Höchstzahl der Beschäftigten auf der Baustelle,
8. Zahl der Arbeitgeber und Unternehmer ohne Beschäftigte, die voraussichtlich auf der Baustelle tätig werden,
9. Angabe der bereits ausgewählten Arbeitgeber und Unternehmer ohne Beschäftigte.

Anhang II

Besonders gefährliche Arbeiten im Sinne des § 2 Abs. 3 sind:

1. Arbeiten, bei denen die Beschäftigten der Gefahr des Versinkens, des Verschüttetwerdens in Baugruben oder in Gräben mit einer Tiefe von mehr als 5 m oder des Absturzes aus einer Höhe von mehr als 7 m ausgesetzt sind,
2. Arbeiten, bei denen Beschäftigte ausgesetzt sind gegenüber
   a) biologischen Arbeitsstoffen der Risikogruppen 3 oder 4 im Sinne des § 3 Absatz 1 der Biostoffverordnung,
   b) gefährlichen Stoffen und Gemischen im Sinne des § 3 Absatz 1 in Verbindung mit Absatz 2
      aa) Nummer 1 Buchstabe a,
      bb) Nummer 1 Buchstabe f oder Nummer 2 Buchstabe a (jeweils Kategorie 1 oder 2) oder
      cc) Nummer 2 Buchstabe e, f oder g (jeweils Kategorie 1A oder 1B)

   der Gefahrstoffverordnung,
3. Arbeiten mit ionisierenden Strahlungen, die die Festlegung von Kontroll- oder Überwachungsbereichen im Sinne des Strahlenschutzgesetzes und der auf dessen Grundlage erlassenen Rechtsverordnungen erfordern,
4. Arbeiten in einem geringeren Abstand als 5 m von Hochspannungsleitungen,
5. Arbeiten, bei denen die unmittelbare Gefahr des Ertrinkens besteht,

6. Brunnenbau, unterirdische Erdarbeiten und Tunnelbau,
7. Arbeiten mit Tauchgeräten,
8. Arbeiten in Druckluft,
9. Arbeiten, bei denen Sprengstoff oder Sprengschnüre eingesetzt werden,
10. Aufbau oder Abbau von Massivbauelementen, wenn dazu aufgrund deren Masse kraftbetriebene Arbeitsmittel zum Heben von Lasten oder kraftbetriebene Arbeitsmittel zum anderweitigen Versetzen von Lasten eingesetzt werden.

Berufskrankheiten-Verordnung (BKV)

In der Fassung vom 31.10.1997 (BGBl. I S. 2623), zuletzt geändert durch Sechste Verordnung zur Änderung der Berufskrankheiten-Verordnung vom 19.02.2025 (BGBl. I Nr. 50)
Auf Grund des § 9 Abs. 1 und 6 und des § 193 Abs. 8 des Siebten Buches Sozialgesetzbuch – Gesetzliche Unfallversicherung – (Artikel 1 des Gesetzes vom 7. August 1996, BGBl. I S. 1254) verordnet die Bundesregierung:

Abschnitt 1
Allgemeine Bestimmungen

§ 1 Berufskrankheiten

(1) Berufskrankheiten sind die in der Anlage 1 bezeichneten Krankheiten, die Versicherte infolge einer den Versicherungsschutz nach § 2, 3 oder 6 des Siebten Buches Sozialgesetzbuch begründenden Tätigkeit erleiden.
(2) Bei der Entscheidung über das Vorliegen einer Berufskrankheit nach § 9 Absatz 1 Satz 2 sowie nach § 9 Absatz 2 des Siebten Buches Sozialgesetzbuch sind die veröffentlichten Ergebnisse der Beratungen des Ärztlichen Sachverständigenbeirates Berufskrankheiten nach § 9 Absatz 4 dieser Verordnung auf ihrem jeweils aktuellen Stand vorrangig zu berücksichtigen. Dies gilt insbesondere in Bezug auf die Art, die Diagnostik und die Merkmale des jeweiligen Krankheitsbildes sowie hinsichtlich der Art, der Ausprägung und des Ausmaßes der ursächlichen Einwirkungen, einschließlich vorhandener Dosismaße.

§ 2 Erweiterter Versicherungsschutz in Unternehmen der Seefahrt

Für Versicherte in Unternehmen der Seefahrt erstreckt sich die Versicherung gegen Tropenkrankheiten und Fleckfieber auch auf die Zeit, in der sie an Land beurlaubt sind.

§ 3 Maßnahmen gegen Berufskrankheiten, Übergangsleistung

(1) Besteht für Versicherte die Gefahr, daß eine Berufskrankheit entsteht, wiederauflebt oder sich verschlimmert, haben die Unfallversicherungsträger dieser Gefahr mit allen geeigneten Mitteln entgegenzuwirken. Ist die Gefahr gleichwohl nicht zu beseitigen, haben die Unfallversicherungsträger darauf hinzuwirken, daß die Versicherten die gefährdende Tätigkeit unterlassen. Den für den medizinischen Arbeitsschutz zuständigen Stellen ist Gelegenheit zur Äußerung zu geben.
(2) Versicherte, die die gefährdende Tätigkeit unterlassen, weil die Gefahr fortbesteht, haben zum Ausgleich hierdurch verursachter Minderungen des Verdiens-

tes oder sonstiger wirtschaftlicher Nachteile gegen den Unfallversicherungsträger Anspruch auf Übergangsleistungen. Als Übergangsleistung wird
1. ein einmaliger Betrag bis zur Höhe der Vollrente oder
2. eine monatlich wiederkehrende Zahlung bis zur Höhe eines Zwölftels der Vollrente längstens für die Dauer von fünf Jahren

gezahlt. Renten wegen Minderung der Erwerbsfähigkeit sind nicht zu berücksichtigen.

§ 4 Mitwirkung der für den medizinischen Arbeitsschutz zuständigen Stellen

(1) Die für den medizinischen Arbeitsschutz zuständigen Stellen wirken bei der Feststellung von Berufskrankheiten und von Krankheiten, die nach § 9 Abs. 2 des Siebten Buches Sozialgesetzbuch wie Berufskrankheiten anzuerkennen sind, nach Maßgabe der Absätze 2 bis 4 mit.
(2) Die Unfallversicherungsträger haben die für den medizinischen Arbeitsschutz zuständigen Stellen über die Einleitung eines Feststellungsverfahrens unverzüglich zu unterrichten; als Unterrichtung gilt auch die Übersendung der Anzeige nach § 193 Abs. 2 und 7 oder § 202 des Siebten Buches Sozialgesetzbuch. Die Unfallversicherungsträger beteiligen die für den medizinischen Arbeitsschutz zuständigen Stellen an dem weiteren Feststellungsverfahren; das nähere Verfahren können die Unfallversicherungsträger mit den für den medizinischen Arbeitsschutz zuständigen Stellen durch Vereinbarung regeln.
(3) In den Fällen der weiteren Beteiligung nach Absatz 2 Satz 2 haben die Unfallversicherungsträger vor der abschließenden Entscheidung die für den medizinischen Arbeitsschutz zuständigen Stellen über die Ergebnisse ihrer Ermittlungen zu unterrichten. Soweit die Ermittlungsergebnisse aus Sicht der für den medizinischen Arbeitsschutz zuständigen Stellen nicht vollständig sind, können sie den Unfallversicherungsträgern ergänzende Beweiserhebungen vorschlagen; diesen Vorschlägen haben die Unfallversicherungsträger zu folgen.
(4) Nach Vorliegen aller Ermittlungsergebnisse können die für den medizinischen Arbeitsschutz zuständigen Stellen ein Zusammenhangsgutachten erstellen. Zur Vorbereitung dieser Gutachten können sie die Versicherten untersuchen oder andere Ärzte auf Kosten der Unfallversicherungsträger mit Untersuchungen beauftragen.

§ 5 Gebühren

(1) Erstellen die für den medizinischen Arbeitsschutz zuständigen Stellen ein Zusammenhangsgutachten nach § 4 Abs. 4, erhalten sie von den Unfallversicherungsträgern jeweils eine Gebühr in Höhe von 200 Euro. Mit dieser Gebühr sind alle Personal- und Sachkosten, die bei der Erstellung des Gutachtens entstehen, einschließlich der Kosten für die ärztliche Untersuchung von Versicherten durch die für den medizinischen Arbeitsschutz zuständigen Stellen abgegolten.
(2) Ein Gutachten im Sinne des Absatzes 1 setzt voraus, daß der Gutachter unter Würdigung

1. der Arbeitsanamnese des Versicherten und der festgestellten Einwirkungen am Arbeitsplatz,
2. der Beschwerden, der vorliegenden Befunde und der Diagnose

eine eigenständig begründete schriftliche Bewertung des Ursachenzusammenhangs zwischen der Erkrankung und den tätigkeitsbezogenen Gefährdungen unter Berücksichtigung der besonderen für die gesetzliche Unfallversicherung geltenden Bestimmungen vornimmt.

§ 6 Rückwirkung

(1) Leiden Versicherte am 1. August 2017 an einer Krankheit nach den Nummern 1320, 1321, 2115, 4104 (Eierstockkrebs) oder 4113 (Kehlkopfkrebs) der Anlage 1, ist die Krankheit auf Antrag als Berufskrankheit anzuerkennen, wenn sie vor diesem Tag eingetreten ist.
(2) Leiden Versicherte am 1. Januar 2015 an einer Krankheit nach Nummer 1319, 2113, 2114 oder 5103 der Anlage 1, ist die Krankheit auf Antrag als Berufskrankheit anzuerkennen, wenn sie vor diesem Tag eingetreten ist.
(3) Leiden Versicherte am 1. Juli 2009 an einer Krankheit nach Nummer 2112, 4114 oder 4115 der Anlage 1, ist diese auf Antrag als Berufskrankheit anzuerkennen, wenn der Versicherungsfall nach dem 30. September 2002 eingetreten ist. Leiden Versicherte am 1. Juli 2009 an einer Krankheit nach Nummer 4113 der Anlage 1, ist diese auf Antrag als Berufskrankheit anzuerkennen, wenn der Versicherungsfall nach dem 30. November 1997 eingetreten ist. Leiden Versicherte am 1. Juli 2009 an einer Krankheit nach Nummer 1318 der Anlage 1, ist die Krankheit auf Antrag als Berufskrankheit anzuerkennen, wenn der Versicherungsfall vor diesem Tag eingetreten ist.
(4) Leidet ein Versicherter am 1. Oktober 2002 an einer Krankheit nach Nummer 4112 der Anlage 1, ist diese auf Antrag als Berufskrankheit anzuerkennen, wenn der Versicherungsfall nach dem 30. November 1997 eingetreten ist. Satz 1 gilt auch für eine Krankheit nach Nummer 2106 der Anlage 1, wenn diese nicht bereits nach der Nummer 2106 der Anlage 1 in der am 1. Dezember 1997 in Kraft getretenen Fassung als Berufskrankheit anerkannt werden kann.
(5) Leidet ein Versicherter am 1. Dezember 1997 an einer Krankheit nach Nummer 1316, 1317, 4104 (Kehlkopfkrebs) oder 4111 der Anlage 1, ist diese auf Antrag als Berufskrankheit anzuerkennen, wenn der Versicherungsfall nach dem 31. Dezember 1992 eingetreten ist. Abweichend von Satz 1 ist eine Erkrankung nach Nummer 4111 der Anlage 1 auch dann als Berufskrankheit anzuerkennen, wenn die Erkrankung bereits vor dem 1. Januar 1993 eingetreten und einem Unfallversicherungsträger bis zum 31. Dezember 2009 bekannt geworden ist.
(6) Hat ein Versicherter am 1. Januar 1993 an einer Krankheit gelitten, die erst auf Grund der Zweiten Verordnung zur Änderung der Berufskrankheiten-Verordnung vom 18. Dezember 1992 (BGBl. I S. 2343) als Berufskrankheit anerkannt werden kann, ist die Krankheit auf Antrag als Berufskrankheit anzuerkennen, wenn der Versicherungsfall nach dem 31. März 1988 eingetreten ist.
(7) Hat ein Versicherter am 1. April 1988 an einer Krankheit gelitten, die erst auf Grund der Verordnung zur Änderung der Berufskrankheiten-Verordnung vom

22. März 1988 (BGBl. I S. 400) als Berufskrankheit anerkannt werden kann, ist die Krankheit auf Antrag als Berufskrankheit anzuerkennen, wenn der Versicherungsfall nach dem 31. Dezember 1976 eingetreten ist.
(8) Bindende Bescheide und rechtskräftige Entscheidungen stehen der Anerkennung als Berufskrankheit nach den Absätzen 1 bis 7 nicht entgegen. Leistungen werden rückwirkend längstens für einen Zeitraum bis zu vier Jahren erbracht; der Zeitraum ist vom Beginn des Jahres an zu rechnen, in dem der Antrag gestellt worden ist.

Abschnitt 2
Ärztlicher Sachverständigenbeirat Berufskrankheiten

§ 7 Aufgaben

Der Ärztliche Sachverständigenbeirat Berufskrankheiten (Sachverständigenbeirat) ist ein wissenschaftliches Gremium, das das Bundesministerium bei der Prüfung der medizinischen Erkenntnisse zur Bezeichnung neuer und zur Erarbeitung wissenschaftlicher Stellungnahmen zu bestehenden Berufskrankheiten unterstützt.

§ 8 Mitglieder

(1) Der Sachverständigenbeirat besteht in der Regel aus zwölf Mitgliedern, die vom Bundesministerium für Arbeit und Soziales für die Dauer von fünf Jahren berufen werden. Dem Sachverständigenbeirat sollen angehören:
1. acht Hochschullehrerinnen oder Hochschullehrer, insbesondere der Fachrichtung Arbeitsmedizin oder Epidemiologie,
2. zwei Staatliche Gewerbeärztinnen oder Staatliche Gewerbeärzte und
3. zwei Ärztinnen oder Ärzte aus dem betriebs- oder werksärztlichen Bereich.

(2) Die Mitgliedschaft im Sachverständigenbeirat ist ein persönliches Ehrenamt, das keine Stellvertretung zulässt. Der Name und die hauptamtliche Funktion der Mitglieder werden vom Bundesministerium für Arbeit und Soziales veröffentlicht.
(3) Die Mitglieder sind unabhängig und nicht an Weisungen gebunden; sie sind nur ihrem Gewissen verantwortlich und zu unparteiischer Erfüllung ihrer Aufgaben sowie zur Verschwiegenheit verpflichtet. Sie sind auch nach Beendigung ihrer Mitgliedschaft verpflichtet, über die ihnen dabei bekannt gewordenen Angelegenheiten, insbesondere über den Inhalt und den Verlauf der Beratungen, Verschwiegenheit zu wahren.
(4) Das Bundesministerium für Arbeit und Soziales ist berechtigt, Mitglieder aus sachlichen Gründen oder wenn die persönlichen Voraussetzungen der Berufung entfallen sind, abzuberufen. Die Mitglieder können jederzeit aus eigenem Entschluss die Mitgliedschaft beenden.

§ 9 Durchführung der Aufgaben

(1) Zur Durchführung seiner Aufgaben tritt der Sachverständigenbeirat zu Sitzungen zusammen. Das Bundesministerium für Arbeit und Soziales nimmt an den Sitzungen teil. Die Sitzungen sind nicht öffentlich.
(2) Zu den Sitzungen können ständige Berater sowie externe Sachverständige und Gäste hinzugezogen werden. Für ständige Berater gilt § 8 Absatz 2 und 3, für externe Sachverständige und Gäste gilt § 8 Absatz 3 entsprechend.
(3) Die Beratungsthemen, die aktuell vom Sachverständigenbeirat geprüft werden, werden vom Bundesministerium für Arbeit und Soziales veröffentlicht.
(4) Der Sachverständigenbeirat gibt als Ergebnis seiner Beratungen Empfehlungen für neue oder Stellungnahmen zu bestehenden Berufskrankheiten entsprechend dem aktuellen wissenschaftlichen Erkenntnisstand ab. Gibt der Sachverständigenbeirat keine Empfehlung oder Stellungnahme ab, wird ein Abschlussvermerk erstellt. Die Empfehlungen und Stellungnahmen enthalten eine ausführliche wissenschaftliche Begründung, die Abschlussvermerke eine Zusammenfassung der wissenschaftlichen Entscheidungsgründe.
(5) Das Bundesministerium für Arbeit und Soziales gibt die Empfehlungen und Stellungnahmen des Sachverständigenbeirats bekannt; die Abschlussvermerke werden veröffentlicht. Die vorbereitenden, intern erstellten Beratungsunterlagen des Sachverständigenbeirats sind vertraulich.

§ 10 Geschäftsstelle

(1) Die Bundesanstalt für Arbeitsschutz und Arbeitsmedizin führt die Geschäfte des Sachverständigenbeirats. Sie unterstützt die Arbeit des Sachverständigenbeirats wissenschaftlich und organisatorisch.
(2) Zur wissenschaftlichen Unterstützung kann der Sachverständigenbeirat die Geschäftsstelle insbesondere beauftragen, zu einzelnen Beratungsthemen systematische Reviews oder Literaturrecherchen durchzuführen. Außerdem unterstützt die Geschäftsstelle die Sachverständigen bei der Erstellung von wissenschaftlichen Empfehlungen und Stellungnahmen.
(3) Zur organisatorischen Unterstützung verwaltet die Geschäftsstelle insbesondere die Beratungsunterlagen und erstellt die Ergebnisniederschriften der einzelnen Sitzungen.

§ 11 Geschäftsordnung

(1) Der Sachverständigenbeirat gibt sich eine Geschäftsordnung, die der Zustimmung des Bundesministeriums für Arbeit und Soziales bedarf und veröffentlicht wird.
(2) In der Geschäftsordnung werden insbesondere die Einzelheiten über den Vorsitz und die organisatorische Durchführung der Sitzungen, die Bildung von Arbeitsgruppen sowie die Hinzuziehung externer Sachverständiger geregelt.

Abschnitt 3
Übergangsrecht

§ 12 Überprüfung früherer Bescheide

Bescheide, in denen eine Krankheit nach Nummer 1315, 2101, 2104, 2108 bis 2110, 4301, 4302 oder 5101 der Anlage 1 von einem Unfallversicherungsträger vor dem 1. Januar 2021 nur deshalb nicht als Berufskrankheit anerkannt worden ist, weil die Versicherten die verrichtete gefährdende Tätigkeit nicht unterlassen haben, werden von den Unfallversicherungsträgern von Amts wegen überprüft, wenn die Bescheide nach dem 1. Januar 1997 erlassen worden sind.

Anlage 1

Nr.	Krankheiten
1	**Durch chemische Einwirkungen verursachte Krankheiten**
11	**Metalle und Metalloide**
1101	Erkrankungen durch Blei oder seine Verbindungen
1102	Erkrankungen durch Quecksilber oder seine Verbindungen
1103	Erkrankungen durch Chrom oder seine Verbindungen
1104	Erkrankungen durch Cadmium oder seine Verbindungen
1105	Erkrankungen durch Mangan oder seine Verbindungen
1106	Erkrankungen durch Thallium oder seine Verbindungen
1107	Erkrankungen durch Vanadium oder seine Verbindungen
1108	Erkrankungen durch Arsen oder seine Verbindungen
1109	Erkrankungen durch Phosphor oder seine anorganischen Verbindungen
1110	Erkrankungen durch Beryllium oder seine Verbindungen
12	**Erstickungsgase**
1201	Erkrankungen durch Kohlenmonoxid
1202	Erkrankungen durch Schwefelwasserstoff
13	**Lösemittel, Schädlingsbekämpfungsmittel (Pestizide) und sonstige chemische Stoffe**
1301	Schleimhautveränderungen, Krebs oder andere Neubildungen der Harnwege durch aromatische Amine
1302	Erkrankungen durch Halogenkohlenwasserstoffe
1303	Erkrankungen durch Benzol, seine Homologe oder durch Styrol
1304	Erkrankungen durch Nitro- oder Aminoverbindungen des Benzols oder seiner Homologe oder ihrer Abkömmlinge
1305	Erkrankungen durch Schwefelkohlenstoff

Nr.	Krankheiten
1306	Erkrankungen durch Methylalkohol (Methanol)
1307	Erkrankungen durch organische Phosphorverbindungen
1308	Erkrankungen durch Fluor oder seine Verbindungen
1309	Erkrankungen durch Salpetersäureester
1310	Erkrankungen durch halogenierte Alkyl-, Aryl- oder Alkylaryloxide
1311	Erkrankungen durch halogenierte Alkyl-, Aryl- oder Alkylarylsulfide
1312	Erkrankungen der Zähne durch Säuren
1313	Hornhautschädigungen des Auges durch Benzochinon
1314	Erkrankungen durch para-tertiär-Butylphenol
1315	Erkrankungen durch Isocyanate
1316	Erkrankungen der Leber durch Dimethylformamid
1317	Polyneuropathie oder Enzephalopathie durch organische Lösungsmittel oder deren Gemische
1318	Erkrankungen des Blutes, des blutbildenden und des lymphatischen Systems durch Benzol
1319	Larynxkarzinom durch intensive und mehrjährige Exposition gegenüber schwefelsäurehaltigen Aerosolen
1320	Chronisch-myeloische oder chronisch-lymphatische Leukämie durch 1,3-Butadien bei Nachweis der Einwirkung einer kumulativen Dosis von mindestens 180 Butadien-Jahren (ppm × Jahre)
1321	Schleimhautveränderungen, Krebs oder andere Neubildungen der Harnwege durch polyzyklische aromatische Kohlenwasserstoffe bei Nachweis der Einwirkung einer kumulativen Dosis von mindestens 80 Benzo(a)pyren-Jahren [(µg/m³) × Jahre] Zu den Nummern 11 01 bis 11 10, 12 01 und 12 02, 13 03 bis 13 09 und 13 15: Ausgenommen sind Hauterkrankungen. Diese gelten als Krankheiten im Sinne dieser Anlage nur insoweit, als sie Erscheinungen einer Allgemeinerkrankung sind, die durch Aufnahme der schädigenden Stoffe in den Körper verursacht werden, oder gemäß Nummer 51 01 zu entschädigen sind.
2	**Durch physikalische Einwirkungen verursachte Krankheiten**
21	**Mechanische Einwirkungen**
2101	Schwere oder wiederholt rückfällige Erkrankungen der Sehnenscheiden oder des Sehnengleitgewebes sowie der Sehnen- oder Muskelansätze
2102	Meniskusschäden nach mehrjährigen andauernden oder häufig wiederkehrenden, die Kniegelenke überdurchschnittlich belastenden Tätigkeiten
2103	Erkrankungen durch Erschütterung bei Arbeit mit Druckluftwerkzeugen oder gleichartig wirkenden Werkzeugen oder Maschinen
2104	Vibrationsbedingte Durchblutungsstörungen an den Händen
2105	Chronische Erkrankungen der Schleimbeutel durch ständigen Druck

Nr.	Krankheiten
2106	Druckschädigung der Nerven
2107	Abrißbrüche der Wirbelfortsätze
2108	Bandscheibenbedingte Erkrankungen der Lendenwirbelsäule durch langjähriges Heben oder Tragen schwerer Lasten oder durch langjährige Tätigkeiten in extremer Rumpfbeugehaltung, die zu chronischen oder chronisch-rezidivierenden Beschwerden und Funktionseinschränkungen (der Lendenwirbelsäule) geführt haben
2109	Bandscheibenbedingte Erkrankungen der Halswirbelsäule durch langjähriges Tragen schwerer Lasten auf der Schulter, die zu chronischen oder chronisch-rezidivierenden Beschwerden und Funktionseinschränkungen (der Halswirbelsäule) geführt haben
2110	Bandscheibenbedingte Erkrankungen der Lendenwirbelsäule durch langjährige, vorwiegend vertikale Einwirkung von Ganzkörperschwingungen im Sitzen, die zu chronischen oder chronisch-rezidivierenden Beschwerden und Funktionseinschränkungen (der Lendenwirbelsäule) geführt haben
2111	Erhöhte Zahnabrasionen durch mehrjährige quarzstaubbelastende Tätigkeit
2112	Gonarthrose durch eine Tätigkeit im Knien oder vergleichbare Kniebelastung mit einer kumulativen Einwirkungsdauer während des Arbeitslebens von mindestens 13 000 Stunden und einer Mindesteinwirkungsdauer von insgesamt einer Stunde pro Schicht
2113	Druckschädigung des Nervus medianus im Carpaltunnel (Carpaltunnel-Syndrom) durch repetitive manuelle Tätigkeiten mit Beugung und Streckung der Handgelenke, durch erhöhten Kraftaufwand der Hände oder durch Hand-Arm-Schwingungen
2114	Gefäßschädigung der Hand durch stoßartige Krafteinwirkung (Hypothenar-Hammer-Syndrom und Thenar-Hammer-Syndrom)
2115	Fokale Dystonie als Erkrankung des zentralen Nervensystems bei Instrumentalmusikern durch feinmotorische Tätigkeit hoher Intensität
2116	Koxarthrose durch Lastenhandhabung mit einer kumulativen Dosis von mindestens 9500 Tonnen während des Arbeitslebens gehandhabter Lasten mit einem Lastgewicht von mindestens 20 kg, die mindestens zehnmal pro Tag gehandhabt wurden
2117	Läsion der Rotatorenmanschette der Schulter durch eine langjährige und intensive Belastung durch Überschulterarbeit, repetitive Bewegungen im Schultergelenk, Kraftanwendungen im Schulterbereich durch Heben von Lasten oder Hand-Arm-Schwingungen
2118	Gonarthrose bei professionellen Fußballspielerinnen und Fußballspielern nach mindestens 13-jähriger Expositionsdauer
22	**Druckluft**
2201	Erkrankungen durch Arbeit in Druckluft
23	**Lärm**
2301	Lärmschwerhörigkeit

Nr.	Krankheiten
24	**Strahlen**
2401	Grauer Star durch Wärmestrahlung
2402	Erkrankungen durch ionisierende Strahlen
3	**Durch Infektionserreger oder Parasiten verursachte Krankheiten sowie Tropenkrankheiten**
3101	Infektionskrankheiten, wenn der Versicherte im Gesundheitsdienst, in der Wohlfahrtspflege oder in einem Laboratorium tätig oder durch eine andere Tätigkeit der Infektionsgefahr in ähnlichem Maße besonders ausgesetzt war
3102	Von Tieren auf Menschen übertragbare Krankheiten
3103	Wurmkrankheiten der Bergleute, verursacht durch Ankylostoma duodenale oder Strongyloides stercoralis
3104	Tropenkrankheiten, Fleckfieber
4	**Erkrankungen der Atemwege und der Lungen, des Rippenfells und Bauchfells und der Eierstöcke**
41	**Erkrankungen durch anorganische Stäube**
4101	Quarzstaublungenerkrankung (Silikose)
4102	Quarzstaublungenerkrankung in Verbindung mit aktiver Lungentuberkulose (Siliko-Tuberkulose)
4103	Asbeststaublungenerkrankung (Asbestose) oder durch Asbeststaub verursachte Erkrankung der Pleura
4104	• Lungenkrebs, Kehlkopfkrebs oder Eierstockkrebs in Verbindung mit Asbeststaublungenerkrankung (Asbestose) • in Verbindung mit durch Asbeststaub verursachter Erkrankung der Pleura oder • bei Nachweis der Einwirkung einer kumulativen Asbestfaserstaub-Dosis am Arbeitsplatz von mindestens 25 Faserjahren [25×10^6 [(Fasern/m^3) × Jahre]
4105	Durch Asbest verursachtes Mesotheliom des Rippenfells, des Bauchfells oder des Perikards
4106	Erkrankungen der tieferen Atemwege und der Lungen durch Aluminium oder seine Verbindungen
4107	Erkrankungen an Lungenfibrose durch Metallstäube bei der Herstellung oder Verarbeitung von Hartmetallen
4108	Erkrankungen der tieferen Atemwege und der Lungen durch Thomasmehl (Thomasphosphat)
4109	Bösartige Neubildungen der Atemwege und der Lungen durch Nickel oder seine Verbindungen
4110	Bösartige Neubildungen der Atemwege und der Lungen durch Kokereirohgase

Nr.	Krankheiten
4111	Chronische obstruktive Bronchitis oder Emphysem von Bergleuten unter Tage im Steinkohlebergbau bei Nachweis der Einwirkung einer kumulativen Dosis von in der Regel 100 Feinstaubjahren [(mg/m³) × Jahre]
4112	Lungenkrebs durch die Einwirkung von kristallinem Siliziumdioxid (SiO_2) bei nachgewiesener Quarzstaublungenerkrankung (Silikose oder Siliko-Tuberkulose)
4113	Lungenkrebs oder Kehlkopfkrebs durch polyzyklische aromatische Kohlenwasserstoffe bei Nachweis der Einwirkung einer kumulativen Dosis von mindestens 100 Benzo[a]pyren-Jahren [(µg/m³) × Jahre]
4114	Lungenkrebs durch das Zusammenwirken von Asbestfaserstaub und polyzyklischen aromatischen Kohlenwasserstoffen bei Nachweis der Einwirkung einer kumulativen Dosis, die einer Verursachungswahrscheinlichkeit von mindestens 50 Prozent nach der Anlage 2 entspricht
4115	Lungenfibrose durch extreme und langjährige Einwirkung von Schweißrauchen und Schweißgasen – (Siderofibrose)
4116	Lungenkrebs nach langjähriger und intensiver Passivrauchexposition am Arbeitsplatz bei Versicherten, die selbst nie oder maximal bis zu 400 Zigarettenäquivalente aktiv geraucht haben
4117	Chronische obstruktive Bronchitis einschließlich Emphysem durch Quarzstaubexposition bei Nachweis der Einwirkung einer kumulativen Dosis am Arbeitsplatz von mindestens zwei Quarz- Feinstaubjahren [(mg/m³) × Jahre]] oberhalb der Konzentration von 0,1 mg/m³
42	**Erkrankungen durch organische Stäube**
4201	Exogen-allergische Alveolitis
4202	Erkrankungen der tieferen Atemwege und der Lungen durch Rohbaumwoll-, Rohflachs- oder Rohhanfstaub (Byssinose)
4203	Adenokarzinome der Nasenhaupt- und Nasennebenhöhlen durch Stäube von Eichen- oder Buchenholz
43	**Obstruktive Atemwegserkrankungen**
4301	Durch allergisierende Stoffe verursachte obstruktive Atemwegserkrankungen (einschließlich Rhinopathie)
4302	Durch chemisch-irritativ oder toxisch wirkende Stoffe verursachte obstruktive Atemwegserkrankungen
5	**Hautkrankheiten**
5101	Schwere oder wiederholt rückfällige Hauterkrankungen
5102	Hautkrebs oder zur Krebsbildung neigende Hautveränderungen durch Ruß, Rohparaffin, Teer, Anthrazen, Pech oder ähnliche Stoffe
5103	Plattenepithelkarzinome oder multiple aktinische Keratosen der Haut durch natürliche UV-Strahlung
6	**Krankheiten sonstiger Ursache**
6101	Augenzittern der Bergleute

Anlage 2
Berufskrankheit Nummer 4114 Verursachungswahrscheinlichkeit in Prozent

BaP	Asbestfaserjahre																									
Jahre	0	1	2	3	4	5	6	7	8	9	10	11	12	13	14	15	16	17	18	19	20	21	22	23	24	25
0	0	4	7	11	14	17	19	22	24	26	29	31	32	34	36	38	39	40	42	43	44	46	47	48	49	**50**
1	1	5	8	12	15	17	20	22	25	27	29	31	33	35	36	38	39	41	42	44	45	46	47	48	49	**50**
2	2	6	9	12	15	18	21	23	25	28	30	32	33	35	37	38	40	41	43	44	45	46	47	48	49	**50**
3	3	7	10	13	16	19	21	24	26	28	30	32	34	35	37.	39	40	42	43	44	45	47	48	49	**50**	51
4	4	7	11	14	17	19	22	24	26	29	31	32	34	36	38	39	40	42	43	44	46	47	48	49	**50**	51
5	5	8	12	15	17	20	22	25	27	29	31	33	35	36	38	39	41	42	44	45	46	47	48	49	**50**	51
6	6	9	12	15	18	21	23	25	28	30	32	33	35	37	38	40	41	43	44	45	46	47	48	49	**50**	51
7	7	10	13	16	19	21	24	26	28	30	32	34	35	37	39	40	42	43	44	45	47	48	49	**50**	51	52
8	7	11	14	17	19	22	24	26	29	31	32	34	36	38	39	40	42	43	44	46	47	48	49	**50**	51	52
9	8	12	15	17	20	22	25	27	29	31	33	35	36	38	39	41	42	44	45	46	47	48	49	**50**	51	52
10	9	12	15	18	21	23	25	28	30	32	33	35	37	38	40	41	43	44	45	46	47	48	49	**50**	51	52
11	10	13	16	19	21	24	26	28	30	32	34	35	37	39	40	42	43	44	45	47	48	49	**50**	51	52	53
12	11	14	17	19	22	24	26	29	31	32	34	36	38	39	40	42	43	44	46	47	48	49	**50**	51	52	53
13	12	15	17	20	22	25	27	29	31	33	35	36	38	39	41	42	44	45	46	47	48	49	**50**	51	52	53
14	12	15	18	21	23	25	28	30	32	33	35	37	38	40	41	43	44	45	46	47	48	49	**50**	51	52	53
15	13	16	19	21	24	26	28	30	32	34	35	37	39	40	42	43	44	45	47	48	49	**50**	51	52	53	53
16	14	17	19	22	24	26	29	31	32	34	36	37	39	40	42	43	44	46	47	48	49	**50**	51	52	53	54
17	15	17	20	22	25	27	29	31	33	35	36	38	39	41	42	44	45	46	47	48	49	**50**	51	52	53	54
18	15	18	21	23	25	28	30	32	33	35	37	38	40	41	43	44	45	46	47	48	49	**50**	51	52	53	54
19	16	19	21	24	26	28	30	32	34	35	37	39	40	42	43	44	45	47	48	49	**50**	51	52	53	53	54
20	17	19	22	24	26	29	31	32	34	36	37	39	40	42	43	44	46	47	48	49	**50**	51	52	53	54	55
21	17	20	22	25	27	29	31	33	35	36	38	39	41	42	44	45	46	47	48	49	**50**	51	52	53	54	55
22	18	21	23	25	28	30	32	33	35	37	38	40	41	43	44	45	46	47	48	49	**50**	51	52	53	54	55

BaP	Asbestfaserjahre																									
Jahre	0	1	2	3	4	5	6	7	8	9	10	11	12	13	14	15	16	17	18	19	20	21	22	23	24	25
23	19	21	24	26	28	30	32	34	35	37	39	40	42	43	44	45	47	48	49	**50**	51	52	53	53	54	55
24	19	22	24	26	29	31	32	34	36	37	39	40	42	43	44	46	47	48	49	**50**	51	52	53	54	55	55
25	20	22	25	27	29	31	33	35	36	38	39	41	42	44	45	46	47	48	49	**50**	51	52	53	54	55	56
26	21	23	25	28	30	32	33	35	37	38	40	41	43	44	45	46	47	48	49	**50**	51	52	53	54	55	56
27	21	24	26	28	30	32	34	35	37	39	40	42	43	44	45	47	48	49	**50**	51	52	53	53	54	55	56
28	22	24	26	29	31	32	34	36	38	39	40	42	43	44	46	47	48	49	**50**	51	52	53	54	55	55	56
29	22	25	27	29	31	33	35	36	38	39	41	42	44	45	46	47	48	49	**50**	51	52	53	54	55	56	56
30	23	25	28	30	32	33	35	37	38	40	41	43	44	45	46	47	48	49	**50**	51	52	53	54	55	56	57
31	24	26	28	30	32	34	35	37	39	40	42	43	44	45	47	48	49	**50**	51	52	53	53	54	55	56	57
32	24	26	29	31	32	34	36	38	39	40	42	43	44	46	47	48	49	**50**	51	52	53	54	55	55	56	57
33	25	27	29	31	33	35	36	38	39	41	42	44	45	46	47	48	49	**50**	51	52	53	54	55	56	56	57
34	25	28	30	32	33	35	37	38	40	41	43	44	45	46	47	48	49	**50**	51	52	53	54	55	56	57	57
35	26	28	30	32	34	35	37	39	40	42	43	44	45	47	48	49	**50**	51	52	53	53	54	55	56	57	57
36	26	29	31	32	34	36	37	39	40	42	43	44	46	47	48	49	**50**	51	52	53	54	55	55	56	57	58
37	27	29	31	33	35	36	38	39	41	42	44	45	46	47	48	49	**50**	51	52	53	54	55	56	56	57	58
38	28	30	32	33	35	37	38	40	41	43	44	45	46	47	48	49	**50**	51	52	53	54	55	56	57	57	58
39	28	30	32	34	35	37	39	40	42	43	44	45	47	48	49	**50**	51	52	53	53	54	55	56	57	57	58
40	29	31	32	34	36	37	39	40	42	43	44	46	47	48	49	**50**	51	52	53	54	55	55	56	57	58	58
41	29	31	33	35	36	38	39	41	42	44	45	46	47	48	49	**50**	51	52	53	54	55	56	56	57	58	59
42	30	32	33	35	37	38	40	41	43	44	45	46	47	48	49	**50**	51	52	53	54	55	56	57	57	58	59
43	30	32	34	35	37	39	40	42	43	44	45	47	48	49	**50**	51	52	53	53	54	55	56	57	57	58	59
44	31	32	34	36	37	39	40	42	43	44	46	47	48	49	**50**	51	52	53	54	55	55	56	57	58	58	59
45	31	33	35	36	38	39	41	42	44	45	46	47	48	49	**50**	51	52	53	54	55	56	56	57	58	59	59

BaP	Asbestfaserjahre																								
Jahre	0	1	2	3	4	5	6	7	8	9	10	11	12	13	14	15	16	17	18	19	20	21	22	23	24	25
46	32	33	35	37	38	40	41	43	44	45	46	47	48	49	**50**	51	52	53	54	55	56	57	57	58	59	59
47	32	34	35	37	39	40	42	43	44	45	47	48	49	**50**	51	52	53	53	54	55	56	57	57	58	59	60
48	32	34	36	38	39	40	42	43	44	46	47	48	49	**50**	51	52	53	54	55	55	56	57	58	58	59	60
49	33	35	36	38	39	41	42	44	45	46	47	48	49	**50**	51	52	53	54	55	56	56	57	58	59	59	60
50	33	35	37	38	40	41	43	44	45	46	47	48	49	**50**	51	52	53	54	55	56	57	57	58	59	59	60
51	34	35	37	39	40	42	43	44	45	47	48	49	**50**	51	52	53	53	54	55	56	57	57	58	59	60	60
52	34	36	38	39	40	42	43	44	46	47	48	49	**50**	51	52	53	54	55	55	56	57	58	58	59	60	60
53	35	36	38	39	41	42	44	45	46	47	48	49	**50**	51	52	53	54	55	56	56	57	58	59	59	60	60
54	35	37	38	40	41	43	44	45	46	47	48	49	**50**	51	52	53	54	55	56	57	57	58	59	59	60	61
55	35	37	39	40	42	43	44	45	47	48	49	**50**	51	52	53	53	54	55	56	57	57	58	59	60	60	61
56	36	38	39	40	42	43	44	46	47	48	49	**50**	51	52	53	54	55	55	56	57	58	58	59	60	60	61
57	36	38	39	41	42	44	45	46	47	48	49	**50**	51	52	53	54	55	56	56	57	58	59	59	60	60	61
58	37	38	40	41	43	44	45	46	47	48	49	**50**	51	52	53	54	55	56	57	57	58	59	59	60	61	61
59	37	39	40	42	43	44	45	47	48	49	**50**	51	52	53	53	54	55	56	57	57	58	59	60	60	61	61
60	38	39	40	42	43	44	46	47	48	49	**50**	51	52	53	54	55	55	56	57	58	58	59	60	60	61	62
61	38	39	41	42	44	45	46	47	48	49	**50**	51	52	53	54	55	56	56	57	58	59	59	60	60	61	62
62	38	40	41	43	44	45	46	47	48	49	**50**	51	52	53	54	55	56	57	57	58	59	59	60	61	61	62
63	39	40	42	43	44	45	47	48	49	**50**	51	52	53	53	54	55	56	57	57	58	59	60	60	61	61	62
64	39	40	42	43	44	46	47	48	49	**50**	51	52	53	54	55	55	56	57	58	58	59	60	60	61	62	62
65	39	41	42	44	45	46	47	48	49	**50**	51	52	53	54	55	56	56	57	58	59	59	60	60	61	62	62
66	40	41	43	44	45	46	47	48	49	**50**	51	52	53	54	55	56	57	57	58	59	59	60	61	61	62	62
67	40	42	43	44	45	47	48	49	**50**	51	52	53	53	54	55	56	57	57	58	59	60	60	61	61	62	63
68	40	42	43	44	46	47	48	49	**50**	51	52	53	54	55	55	56	57	58	58	59	60	60	61	62	62	63

BaP Jahre	Asbestfaserjahre																									
	0	1	2	3	4	5	6	7	8	9	10	11	12	13	14	15	16	17	18	19	20	21	22	23	24	25
69	41	42	44	45	46	47	48	49	**50**	51	52	53	54	55	56	56	57	58	59	59	60	60	61	62	62	63
70	41	43	44	45	46	47	48	49	**50**	51	52	53	54	55	56	57	57	58	59	59	60	61	61	62	62	63
71	42	43	44	45	47	48	49	**50**	51	52	53	53	54	55	56	57	57	58	59	60	60	61	61	62	63	63
72	42	43	44	46	47	48	49	**50**	51	52	53	54	55	55	56	57	58	58	59	60	60	61	62	62	63	63
73	42	44	45	46	47	48	49	**50**	51	52	53	54	55	56	56	57	58	59	59	60	60	61	62	62	63	63
74	43	44	45	46	47	48	49	**50**	51	52	53	54	55	56	57	57	58	59	59	60	61	61	62	62	63	64
75	43	44	45	47	48	49	**50**	51	52	53	53	54	55	56	57	57	58	59	60	60	61	61	62	63	63	64
76	43	44	46	47	48	49	**50**	51	52	53	54	55	55	56	57	58	58	59	60	60	61	62	62	63	63	64
77	44	45	46	47	48	49	**50**	51	52	53	54	55	56	56	57	58	59	59	60	60	61	62	62	63	63	64
78	44	45	46	47	48	49	**50**	51	52	53	54	55	56	57	57	58	59	59	60	61	61	62	62	63	64	64
79	44	45	47	48	49	**50**	51	52	53	53	54	55	56	57	57	58	59	60	60	61	61	62	63	63	64	64
80	44	46	47	48	49	**50**	51	52	53	54	55	55	56	57	58	58	59	60	60	61	62	62	63	63	64	64
81	45	46	47	48	49	**50**	51	52	53	54	55	56	56	57	58	59	59	60	60	61	62	62	63	63	64	64
82	45	46	47	48	49	**50**	51	52	53	54	55	56	57	57	58	59	59	60	61	61	62	62	63	64	64	65
83	45	47	48	49	**50**	51	52	53	53	54	55	56	57	57	58	59	60	60	61	61	62	63	63	64	64	65
84	46	47	48	49	**50**	51	52	53	54	55	55	56	57	58	58	59	60	60	61	62	62	63	63	64	64	65
85	46	47	48	49	**50**	51	52	53	54	55	56	56	57	58	59	59	60	60	61	62	62	63	63	64	64	65
86	46	47	48	49	**50**	51	52	53	54	55	56	57	57	58	59	59	60	61	61	62	62	63	64	64	65	65
87	47	48	49	**50**	51	52	53	53	54	55	56	57	57	58	59	60	60	61	61	62	63	63	64	64	65	65
88	47	48	49	**50**	51	52	53	54	55	55	56	57	58	58	59	60	60	61	62	62	63	63	64	64	65	65
89	47	48	49	**50**	51	52	53	54	55	56	56	57	58	59	59	60	60	61	62	62	63	63	64	64	65	65
90	47	48	49	**50**	51	52	53	54	55	56	57	57	58	59	59	60	61	61	62	62	63	64	64	65	65	66
91	48	49	**50**	51	52	53	53	54	55	56	57	57	58	59	60	60	61	61	62	63	63	64	64	65	65	66

BaP Jahre	Asbestfaserjahre 0	1	2	3	4	5	6	7	8	9	10	11	12	13	14	15	16	17	18	19	20	21	22	23	24	25
92	48	49	**50**	51	52	53	54	55	55	56	57	58	58	59	60	60	61	62	62	63	63	64	64	65	65	66
93	48	49	**50**	51	52	53	54	55	56	56	57	58	59	59	60	60	61	62	62	63	63	64	64	65	65	66
94	48	49	**50**	51	52	53	54	55	56	57	57	58	59	59	60	61	61	62	62	63	64	64	65	65	66	66
95	49	**50**	51	52	53	53	54	55	56	57	57	58	59	60	60	61	61	62	63	63	64	64	65	65	66	66
96	49	**50**	51	52	53	54	55	55	56	57	58	58	59	60	60	61	62	62	63	63	64	64	65	65	66	66
97	49	**50**	51	52	53	54	55	56	56	57	58	59	59	60	60	61	62	62	63	63	64	64	65	65	66	66
98	49	**50**	51	52	53	54	55	56	57	57	58	59	59	60	61	61	62	62	63	64	64	65	65	66	66	66
99	**50**	51	52	53	53	54	55	56	57	57	58	59	60	60	61	61	62	63	63	64	64	65	65	66	66	67
100	**50**	51	52	53	54	55	55	56	57	58	58	59	60	60	61	62	62	63	63	64	64	65	65	66	66	67

Verordnung über Sicherheit und Gesundheitsschutz bei der Verwendung von Arbeitsmitteln (Betriebssicherheitsverordnung – BetrSichV)

In der Fassung vom 03.02.2015 (BGBl. I S. 49n), zuletzt geändert durch Gesetz zur Anpassung des Produktsicherheitsgesetzes und zur Neuordnung des Rechts der überwachungsbedürftigen Anlagen vom 27.07.2021 (BGBl. I S. 3146)

Abschnitt 1
Anwendungsbereich und Begriffsbestimmungen

§ 1 Anwendungsbereich und Zielsetzung

(1) Diese Verordnung gilt für die Verwendung von Arbeitsmitteln. Ziel dieser Verordnung ist es, die Sicherheit und den Schutz der Gesundheit von Beschäftigten bei der Verwendung von Arbeitsmitteln zu gewährleisten. Dies soll insbesondere erreicht werden durch

1. die Auswahl geeigneter Arbeitsmittel und deren sichere Verwendung,
2. die für den vorgesehenen Verwendungszweck geeignete Gestaltung von Arbeits- und Fertigungsverfahren sowie
3. die Qualifikation und Unterweisung der Beschäftigten.

Diese Verordnung regelt hinsichtlich der in § 18 und in Anhang 2 genannten überwachungsbedürftigen Anlagen zugleich Maßnahmen zum Schutz anderer Personen im Gefahrenbereich, soweit diese aufgrund der Verwendung dieser Anlagen durch Arbeitgeber im Sinne des § 2 Absatz 3 gefährdet werden können.

(2) Diese Verordnung gilt nicht in Betrieben, die dem Bundesberggesetz unterliegen, soweit dafür entsprechende Rechtsvorschriften bestehen. Abweichend von Satz 1 gilt sie jedoch für überwachungsbedürftige Anlagen in Tagesanlagen, mit Ausnahme von Rohrleitungen nach Anhang 2 Abschnitt 4 Nummer 2.1 Satz 1 Buchstabe d.

(3) Diese Verordnung gilt nicht auf Seeschiffen unter fremder Flagge und auf Seeschiffen, für die das Bundesministerium für Verkehr und digitale Infrastruktur nach § 10 des Flaggenrechtsgesetzes die Befugnis zur Führung der Bundesflagge lediglich für die erste Überführungsreise in einen anderen Hafen verliehen hat.

(4) Abschnitt 3 gilt nicht für Energieanlagen im Sinne des § 3 Nummer 15 des Energiewirtschaftsgesetzes, soweit sie Druckanlagen im Sinne des Anhangs 2 Abschnitt 4 Nummer 2.1 Buchstabe b, c oder d dieser Verordnung sind. Satz 1 gilt nicht für Gasfüllanlagen, die Energieanlagen im Sinne des § 3 Nummer 15 des Energiewirtschaftsgesetzes sind und nicht auf dem Betriebsgelände von Unternehmen der öffentlichen Gasversorgung von diesen errichtet und betrieben werden.

(5) Das Bundesministerium der Verteidigung kann Ausnahmen von den Vorschriften dieser Verordnung zulassen, wenn zwingende Gründe der Verteidigung oder die Erfüllung zwischenstaatlicher Verpflichtungen der Bundesrepublik Deutschland dies erfordern und die Sicherheit auf andere Weise gewährleistet ist.

§ 2 Begriffsbestimmungen

(1) Arbeitsmittel sind Werkzeuge, Geräte, Maschinen oder Anlagen, die für die Arbeit verwendet werden, sowie überwachungsbedürftige Anlagen.

(2) Die Verwendung von Arbeitsmitteln umfasst jegliche Tätigkeit mit diesen. Hierzu gehören insbesondere das Montieren und Installieren, Bedienen, An- oder Abschalten oder Einstellen, Gebrauchen, Betreiben, Instandhalten, Reinigen, Prüfen, Umbauen, Erproben, Demontieren, Transportieren und Überwachen.

(3) Arbeitgeber ist, wer nach § 2 Absatz 3 des Arbeitsschutzgesetzes als solcher bestimmt ist. Dem Arbeitgeber steht gleich,

1. wer, ohne Arbeitgeber zu sein, zu gewerblichen oder wirtschaftlichen Zwecken eine überwachungsbedürftige Anlage verwendet, sowie
2. der Auftraggeber und der Zwischenmeister im Sinne des Heimarbeitsgesetzes.

(4) Beschäftigte sind Personen, die nach § 2 Absatz 2 des Arbeitsschutzgesetzes als solche bestimmt sind. Den Beschäftigten stehen folgende Personen gleich, sofern sie Arbeitsmittel verwenden:

1. Schülerinnen und Schüler sowie Studierende,
2. in Heimarbeit Beschäftigte nach § 1 Absatz 1 des Heimarbeitsgesetzes sowie
3. sonstige Personen, insbesondere Personen, die in wissenschaftlichen Einrichtungen tätig sind.

(5) Fachkundig ist, wer zur Ausübung einer in dieser Verordnung bestimmten Aufgabe über die erforderlichen Fachkenntnisse verfügt. Die Anforderungen an die Fachkunde sind abhängig von der jeweiligen Art der Aufgabe. Zu den Anforderungen zählen eine entsprechende Berufsausbildung, Berufserfahrung oder eine zeitnah ausgeübte entsprechende berufliche Tätigkeit. Die Fachkenntnisse sind durch Teilnahme an Schulungen auf aktuellem Stand zu halten.

(6) Zur Prüfung befähigte Person ist eine Person, die durch ihre Berufsausbildung, ihre Berufserfahrung und ihre zeitnahe berufliche Tätigkeit über die erforderlichen Kenntnisse zur Prüfung von Arbeitsmitteln verfügt; soweit hinsichtlich der Prüfung von Arbeitsmitteln in den Anhängen 2 und 3 weitergehende Anforderungen festgelegt sind, sind diese zu erfüllen.

(7) Instandhaltung ist die Gesamtheit aller Maßnahmen zur Erhaltung des sicheren Zustands oder der Rückführung in diesen. Instandhaltung umfasst insbesondere Inspektion, Wartung und Instandsetzung.

(8) Prüfung ist die Ermittlung des Istzustands, der Vergleich des Istzustands mit dem Sollzustand sowie die Bewertung der Abweichung des Istzustands vom Sollzustand.

(9) Prüfpflichtige Änderung ist jede Maßnahme, durch welche die Sicherheit eines Arbeitsmittels beeinflusst wird. Auch Instandsetzungsarbeiten können solche Maßnahmen sein.

(10) Stand der Technik ist der Entwicklungsstand fortschrittlicher Verfahren, Einrichtungen oder Betriebsweisen, der die praktische Eignung einer Maßnahme oder Vorgehensweise zum Schutz der Gesundheit und zur Sicherheit der Beschäftigten oder anderer Personen gesichert erscheinen lässt. Bei der Bestimmung des Stands der Technik sind insbesondere vergleichbare Verfahren, Einrichtungen oder Betriebsweisen heranzuziehen, die mit Erfolg in der Praxis erprobt worden sind.

(11) Gefahrenbereich ist der Bereich innerhalb oder im Umkreis eines Arbeitsmittels, in dem die Sicherheit oder die Gesundheit von Beschäftigten und anderen Personen durch die Verwendung des Arbeitsmittels gefährdet ist.
(12) Errichtung umfasst die Montage und Installation am Verwendungsort.
(13) Überwachungsbedürftige Anlagen sind die Anlagen, die in Anhang 2 genannt oder nach § 18 Absatz 1 erlaubnispflichtig sind. Zu den überwachungsbedürftigen Anlagen gehören auch Mess-, Steuer- und Regeleinrichtungen, die dem sicheren Betrieb dieser überwachungsbedürftigen Anlagen dienen.
(14) Zugelassene Überwachungsstellen sind die in Anhang 2 Abschnitt 1 genannten Stellen.
(15) Andere Personen sind Personen, die nicht Beschäftigte oder Gleichgestellte nach Absatz 4 sind und sich im Gefahrenbereich einer überwachungsbedürftigen Anlage innerhalb oder außerhalb eines Betriebsgeländes befinden.

Abschnitt 2
Gefährdungsbeurteilung und Schutzmaßnahmen

§ 3 Gefährdungsbeurteilung

(1) Der Arbeitgeber hat vor der Verwendung von Arbeitsmitteln die auftretenden Gefährdungen zu beurteilen (Gefährdungsbeurteilung) und daraus notwendige und geeignete Schutzmaßnahmen abzuleiten. Das Vorhandensein einer CE-Kennzeichnung am Arbeitsmittel entbindet nicht von der Pflicht zur Durchführung einer Gefährdungsbeurteilung. Für Aufzugsanlagen gilt Satz 1 nur, wenn sie von einem Arbeitgeber im Sinne des § 2 Absatz 3 Satz 1 verwendet werden.
(2) In die Beurteilung sind alle Gefährdungen einzubeziehen, die bei der Verwendung von Arbeitsmitteln ausgehen, und zwar von
1. den Arbeitsmitteln selbst,
2. der Arbeitsumgebung und
3. den Arbeitsgegenständen, an denen Tätigkeiten mit Arbeitsmitteln durchgeführt werden.

Bei der Gefährdungsbeurteilung ist insbesondere Folgendes zu berücksichtigen:
1. die Gebrauchstauglichkeit von Arbeitsmitteln einschließlich der ergonomischen, alters- und alternsgerechten Gestaltung,
2. die sicherheitsrelevanten einschließlich der ergonomischen Zusammenhänge zwischen Arbeitsplatz, Arbeitsmittel, Arbeitsverfahren, Arbeitsorganisation, Arbeitsablauf, Arbeitszeit und Arbeitsaufgabe,
3. die physischen und psychischen Belastungen der Beschäftigten, die bei der Verwendung von Arbeitsmitteln auftreten,
4. vorhersehbare Betriebsstörungen und die Gefährdung bei Maßnahmen zu deren Beseitigung.

(3) Die Gefährdungsbeurteilung soll bereits vor der Auswahl und der Beschaffung der Arbeitsmittel begonnen werden. Dabei sind insbesondere die Eignung des Arbeitsmittels für die geplante Verwendung, die Arbeitsabläufe und die Arbeitsorganisation zu berücksichtigen. Die Gefährdungsbeurteilung darf nur von fach-

kundigen Personen durchgeführt werden. Verfügt der Arbeitgeber nicht selbst über die entsprechenden Kenntnisse, so hat er sich fachkundig beraten zu lassen.

(4) Der Arbeitgeber hat sich die Informationen zu beschaffen, die für die Gefährdungsbeurteilung notwendig sind. Dies sind insbesondere die nach § 21 Absatz 6 Nummer 1 bekannt gegebenen Regeln und Erkenntnisse, Gebrauchs- und Betriebsanleitungen sowie die ihm zugänglichen Erkenntnisse aus der arbeitsmedizinischen Vorsorge. Der Arbeitgeber darf diese Informationen übernehmen, sofern sie auf die Arbeitsmittel, Arbeitsbedingungen und Verfahren in seinem Betrieb anwendbar sind. Bei der Informationsbeschaffung kann der Arbeitgeber davon ausgehen, dass die vom Hersteller des Arbeitsmittels mitgelieferten Informationen zutreffend sind, es sei denn, dass er über andere Erkenntnisse verfügt.

(5) Der Arbeitgeber kann bei der Festlegung der Schutzmaßnahmen bereits vorhandene Gefährdungsbeurteilungen, hierzu gehören auch gleichwertige Unterlagen, die ihm der Hersteller oder Inverkehrbringer mitgeliefert hat, übernehmen, sofern die Angaben und Festlegungen in dieser Gefährdungsbeurteilung den Arbeitsmitteln einschließlich der Arbeitsbedingungen und -verfahren, im eigenen Betrieb entsprechen.

(6) Der Arbeitgeber hat Art und Umfang erforderlicher Prüfungen von Arbeitsmitteln sowie die Fristen von wiederkehrenden Prüfungen nach den §§ 14 und 16 zu ermitteln und festzulegen, soweit diese Verordnung nicht bereits entsprechende Vorgaben enthält. Satz 1 gilt auch für Aufzugsanlagen. Die Fristen für die wiederkehrenden Prüfungen sind so festzulegen, dass die Arbeitsmittel bis zur nächsten festgelegten Prüfung sicher verwendet werden können. Bei der Festlegung der Fristen für die wiederkehrenden Prüfungen nach § 14 Absatz 2 Satz 1 für die in Anhang 3 genannten Arbeitsmittel dürfen die dort genannten Prüffristen nicht überschritten werden. Bei der Festlegung der Fristen für die wiederkehrenden Prüfungen nach § 16 dürfen die in Anhang 2 Abschnitt 2 Nummer 4.1 und 4.3, Abschnitt 3 Nummer 5.1 bis 5.3 und Abschnitt 4 Nummer 5.8 in Verbindung mit Tabelle 1 genannten Höchstfristen nicht überschritten werden, es sei denn, dass in den genannten Anhängen etwas anderes bestimmt ist. Ferner hat der Arbeitgeber zu ermitteln und festzulegen, welche Voraussetzungen die zur Prüfung befähigten Personen erfüllen müssen, die von ihm mit den Prüfungen von Arbeitsmitteln nach den §§ 14, 15 und 16 zu beauftragen sind.

(7) Die Gefährdungsbeurteilung ist regelmäßig zu überprüfen. Dabei ist der Stand der Technik zu berücksichtigen. Soweit erforderlich, sind die Schutzmaßnahmen bei der Verwendung von Arbeitsmitteln entsprechend anzupassen. Der Arbeitgeber hat die Gefährdungsbeurteilung unverzüglich zu aktualisieren, wenn

1. sicherheitsrelevante Veränderungen der Arbeitsbedingungen einschließlich der Änderung von Arbeitsmitteln dies erfordern,
2. neue Informationen, insbesondere Erkenntnisse aus dem Unfallgeschehen oder aus der arbeitsmedizinischen Vorsorge, vorliegen oder
3. die Überprüfung der Wirksamkeit der Schutzmaßnahmen nach § 4 Absatz 5 ergeben hat, dass die festgelegten Schutzmaßnahmen nicht wirksam oder nicht ausreichend sind.

Ergibt die Überprüfung der Gefährdungsbeurteilung, dass keine Aktualisierung erforderlich ist, so hat der Arbeitgeber dies unter Angabe des Datums der Überprüfung in der Dokumentation nach Absatz 8 zu vermerken.

(8) Der Arbeitgeber hat das Ergebnis seiner Gefährdungsbeurteilung vor der erstmaligen Verwendung der Arbeitsmittel zu dokumentieren. Dabei sind mindestens anzugeben

1. die Gefährdungen, die bei der Verwendung der Arbeitsmittel auftreten,
2. die zu ergreifenden Schutzmaßnahmen,
3. wie die Anforderungen dieser Verordnung eingehalten werden, wenn von den nach § 21 Absatz 6 Nummer 1 bekannt gegebenen Regeln und Erkenntnissen abgewichen wird,
4. Art und Umfang der erforderlichen Prüfungen sowie die Fristen der wiederkehrenden Prüfungen (Absatz 6 Satz 1) und
5. das Ergebnis der Überprüfung der Wirksamkeit der Schutzmaßnahmen nach § 4 Absatz 5.

Die Dokumentation kann auch in elektronischer Form vorgenommen werden.

(9) Sofern der Arbeitgeber von § 7 Absatz 1 Gebrauch macht und die Gefährdungsbeurteilung ergibt, dass die Voraussetzungen nach § 7 Absatz 1 vorliegen, ist eine Dokumentation dieser Voraussetzungen ausreichend.

§ 4 Grundpflichten des Arbeitgebers

(1) Arbeitsmittel dürfen erst verwendet werden, nachdem der Arbeitgeber

1. eine Gefährdungsbeurteilung durchgeführt hat,
2. die dabei ermittelten Schutzmaßnahmen nach dem Stand der Technik getroffen hat und
3. festgestellt hat, dass die Verwendung der Arbeitsmittel nach dem Stand der Technik sicher ist.

(2) Ergibt sich aus der Gefährdungsbeurteilung, dass Gefährdungen durch technische Schutzmaßnahmen nach dem Stand der Technik nicht oder nur unzureichend vermieden werden können, hat der Arbeitgeber geeignete organisatorische und personenbezogene Schutzmaßnahmen zu treffen. Technische Schutzmaßnahmen haben Vorrang vor organisatorischen, diese haben wiederum Vorrang vor personenbezogenen Schutzmaßnahmen. Die Verwendung persönlicher Schutzausrüstung ist für jeden Beschäftigten auf das erforderliche Minimum zu beschränken.

(3) Bei der Festlegung der Schutzmaßnahmen hat der Arbeitgeber die Vorschriften dieser Verordnung einschließlich der Anhänge zu beachten und die nach § 21 Absatz 6 Nummer 1 bekannt gegebenen Regeln und Erkenntnisse zu berücksichtigen. Bei Einhaltung dieser Regeln und Erkenntnisse ist davon auszugehen, dass die in dieser Verordnung gestellten Anforderungen erfüllt sind. Von den Regeln und Erkenntnissen kann abgewichen werden, wenn Sicherheit und Gesundheit durch andere Maßnahmen zumindest in vergleichbarer Weise gewährleistet werden.

(4) Der Arbeitgeber hat dafür zu sorgen, dass Arbeitsmittel, für die in § 14 und im Abschnitt 3 dieser Verordnung Prüfungen vorgeschrieben sind, nur verwendet werden, wenn diese Prüfungen durchgeführt und dokumentiert wurden.

(5) Der Arbeitgeber hat die Wirksamkeit der Schutzmaßnahmen vor der erstmaligen Verwendung der Arbeitsmittel zu überprüfen. Satz 1 gilt nicht, soweit entsprechende Prüfungen nach § 14 oder § 15 durchgeführt wurden. Der Arbeitgeber hat weiterhin dafür zu sorgen, dass Arbeitsmittel vor ihrer jeweiligen Verwendung auf offensichtliche Mängel, die die sichere Verwendung beeinträchtigen können, kontrolliert werden und dass Schutz- und Sicherheitseinrichtungen einer regelmäßigen Kontrolle ihrer Funktionsfähigkeit unterzogen werden. Satz 3 gilt auch bei Arbeitsmitteln, für die wiederkehrende Prüfungen nach § 14 oder § 16 vorgeschrieben sind.

(6) Der Arbeitgeber hat die Belange des Arbeitsschutzes in Bezug auf die Verwendung von Arbeitsmitteln angemessen in seine betriebliche Organisation einzubinden und hierfür die erforderlichen personellen, finanziellen und organisatorischen Voraussetzungen zu schaffen. Insbesondere hat er dafür zu sorgen, dass bei der Gestaltung der Arbeitsorganisation, des Arbeitsverfahrens und des Arbeitsplatzes sowie bei der Auswahl und beim Zur-Verfügung-Stellen der Arbeitsmittel alle mit der Sicherheit und Gesundheit der Beschäftigten zusammenhängenden Faktoren, einschließlich der psychischen, ausreichend berücksichtigt werden.

§ 5 Anforderungen an die zur Verfügung gestellten Arbeitsmittel

(1) Der Arbeitgeber darf nur solche Arbeitsmittel zur Verfügung stellen und verwenden lassen, die unter Berücksichtigung der vorgesehenen Einsatzbedingungen bei der Verwendung sicher sind. Die Arbeitsmittel müssen

1. für die Art der auszuführenden Arbeiten geeignet sein,
2. den gegebenen Einsatzbedingungen und den vorhersehbaren Beanspruchungen angepasst sein und
3. über die erforderlichen sicherheitsrelevanten Ausrüstungen verfügen,

sodass eine Gefährdung durch ihre Verwendung so gering wie möglich gehalten wird. Kann durch Maßnahmen nach den Sätzen 1 und 2 die Sicherheit und Gesundheit nicht gewährleistet werden, so hat der Arbeitgeber andere geeignete Schutzmaßnahmen zu treffen, um die Gefährdung so weit wie möglich zu reduzieren.

(2) Der Arbeitgeber darf Arbeitsmittel nicht zur Verfügung stellen und verwenden lassen, wenn sie Mängel aufweisen, welche die sichere Verwendung beeinträchtigen.

(3) Der Arbeitgeber darf nur solche Arbeitsmittel zur Verfügung stellen und verwenden lassen, die den für sie geltenden Rechtsvorschriften über Sicherheit und Gesundheitsschutz entsprechen. Zu diesen Rechtsvorschriften gehören neben den Vorschriften dieser Verordnung insbesondere Rechtsvorschriften, mit denen Gemeinschaftsrichtlinien in deutsches Recht umgesetzt wurden und die für die Arbeitsmittel zum Zeitpunkt des Bereitstellens auf dem Markt gelten. Arbeitsmittel, die der Arbeitgeber für eigene Zwecke selbst hergestellt hat, müssen den grundlegenden Sicherheitsanforderungen der anzuwendenden Gemeinschaftsrichtlinien entsprechen. Den formalen Anforderungen dieser Richtlinien brauchen sie nicht zu entsprechen, es sei denn, es ist in der jeweiligen Richtlinie ausdrücklich anders bestimmt.

(4) Der Arbeitgeber hat dafür zu sorgen, dass Beschäftigte nur die Arbeitsmittel verwenden, die er ihnen zur Verfügung gestellt hat oder deren Verwendung er ihnen ausdrücklich gestattet hat.

§ 6 Grundlegende Schutzmaßnahmen bei der Verwendung von Arbeitsmitteln

(1) Der Arbeitgeber hat dafür zu sorgen, dass die Arbeitsmittel sicher verwendet und dabei die Grundsätze der Ergonomie beachtet werden. Dabei ist Anhang 1 zu beachten. Die Verwendung der Arbeitsmittel ist so zu gestalten und zu organisieren, dass Belastungen und Fehlbeanspruchungen, die die Gesundheit und die Sicherheit der Beschäftigten gefährden können, vermieden oder, wenn dies nicht möglich ist, auf ein Mindestmaß reduziert werden. Der Arbeitgeber hat darauf zu achten, dass die Beschäftigten in der Lage sind, die Arbeitsmittel zu verwenden, ohne sich oder andere Personen zu gefährden. Insbesondere sind folgende Grundsätze einer menschengerechten Gestaltung der Arbeit zu berücksichtigen:

1. die Arbeitsmittel einschließlich ihrer Schnittstelle zum Menschen müssen an die körperlichen Eigenschaften und die Kompetenz der Beschäftigten angepasst sein sowie biomechanische Belastungen bei der Verwendung vermieden sein. Zu berücksichtigen sind hierbei die Arbeitsumgebung, die Lage der Zugriffstellen und des Schwerpunktes des Arbeitsmittels, die erforderliche Körperhaltung, die Körperbewegung, die Entfernung zum Körper, die benötigte persönliche Schutzausrüstung sowie die psychische Belastung der Beschäftigten,
2. die Beschäftigten müssen über einen ausreichenden Bewegungsfreiraum verfügen,
3. es sind ein Arbeitstempo und ein Arbeitsrhythmus zu vermeiden, die zu Gefährdungen der Beschäftigten führen können,
4. es sind Bedien- und Überwachungstätigkeiten zu vermeiden, die eine uneingeschränkte und dauernde Aufmerksamkeit erfordern.

(2) Der Arbeitgeber hat dafür zu sorgen, dass vorhandene Schutzeinrichtungen und zur Verfügung gestellte persönliche Schutzausrüstungen verwendet werden, dass erforderliche Schutz- oder Sicherheitseinrichtungen funktionsfähig sind und nicht auf einfache Weise manipuliert oder umgangen werden. Der Arbeitgeber hat ferner durch geeignete Maßnahmen dafür zu sorgen, dass Beschäftigte bei der Verwendung der Arbeitsmittel die nach § 12 erhaltenen Informationen sowie Kennzeichnungen und Gefahrenhinweise beachten.

(3) Der Arbeitgeber hat dafür zu sorgen, dass

1. die Errichtung von Arbeitsmitteln, der Auf- und Abbau, die Erprobung sowie die Instandhaltung und Prüfung von Arbeitsmitteln unter Berücksichtigung der sicherheitsrelevanten Aufstellungs- und Umgebungsbedingungen nach dem Stand der Technik erfolgen und sicher durchgeführt werden,
2. erforderliche Sicherheits- und Schutzabstände eingehalten werden und
3. alle verwendeten oder erzeugten Energieformen und Materialien sicher zu- und abgeführt werden können.

Werden Arbeitsmittel im Freien verwendet, hat der Arbeitgeber dafür zu sorgen, dass die sichere Verwendung der Arbeitsmittel ungeachtet der Witterungsverhältnisse stets gewährleistet ist.

§ 7 Vereinfachte Vorgehensweise bei der Verwendung von Arbeitsmitteln

(1) Der Arbeitgeber kann auf weitere Maßnahmen nach den §§ 8 und 9 verzichten, wenn sich aus der Gefährdungsbeurteilung ergibt, dass

1. die Arbeitsmittel mindestens den sicherheitstechnischen Anforderungen der für sie zum Zeitpunkt der Verwendung geltenden Rechtsvorschriften zum Bereitstellen von Arbeitsmitteln auf dem Markt entsprechen,
2. die Arbeitsmittel ausschließlich bestimmungsgemäß entsprechend den Vorgaben des Herstellers verwendet werden,
3. keine zusätzlichen Gefährdungen der Beschäftigten unter Berücksichtigung der Arbeitsumgebung, der Arbeitsgegenstände, der Arbeitsabläufe sowie der Dauer und der zeitlichen Lage der Arbeitszeit auftreten und
4. Instandhaltungsmaßnahmen nach § 10 getroffen und Prüfungen nach § 14 durchgeführt werden.

(2) Absatz 1 gilt nicht für überwachungsbedürftige Anlagen und die in Anhang 3 genannten Arbeitsmittel.

§ 8 Schutzmaßnahmen bei Gefährdungen durch Energien, Ingangsetzen undStillsetzen

(1) Der Arbeitgeber darf nur solche Arbeitsmittel verwenden lassen, die gegen Gefährdungen ausgelegt sind durch

1. die von ihnen ausgehenden oder verwendeten Energien,
2. direktes oder indirektes Berühren von Teilen, die unter elektrischer Spannung stehen, oder
3. Störungen ihrer Energieversorgung.

Die Arbeitsmittel müssen ferner so gestaltet sein, dass eine gefährliche elektrostatische Aufladung vermieden oder begrenzt wird. Ist dies nicht möglich, müssen sie mit Einrichtungen zum Ableiten solcher Aufladungen ausgestattet sein.

(2) Der Arbeitgeber hat dafür zu sorgen, dass Arbeitsmittel mit den sicherheitstechnisch erforderlichen Mess-, Steuer- und Regeleinrichtungen ausgestattet sind, damit sie sicher und zuverlässig verwendet werden können.

(3) Befehlseinrichtungen, die Einfluss auf die sichere Verwendung der Arbeitsmittel haben, müssen insbesondere

1. als solche deutlich erkennbar, außerhalb des Gefahrenbereichs angeordnet und leicht und ohne Gefährdung erreichbar sein; ihre Betätigung darf zu keiner zusätzlichen Gefährdung führen,
2. sicher beschaffen und auf vorhersehbare Störungen, Beanspruchungen und Zwänge ausgelegt sein,
3. gegen unbeabsichtigtes oder unbefugtes Betätigen gesichert sein.

(4) Arbeitsmittel dürfen nur absichtlich in Gang gesetzt werden können. Soweit erforderlich, muss das Ingangsetzen sicher verhindert werden können oder müssen sich die Beschäftigten Gefährdungen durch das in Gang gesetzte Arbeitsmittel rechtzeitig entziehen können. Hierbei und bei Änderungen des Betriebszustands muss auch die Sicherheit im Gefahrenbereich durch geeignete Maßnahmen gewährleistet werden.

(5) Vom Standort der Bedienung des Arbeitsmittels aus muss dieses als Ganzes oder in Teilen so stillgesetzt und von jeder einzelnen Energiequelle dauerhaft sicher getrennt werden können, dass ein sicherer Zustand gewährleistet ist. Die hierfür vorgesehenen Befehlseinrichtungen müssen leicht und ungehindert erreichbar und deutlich erkennbar gekennzeichnet sein. Der Befehl zum Stillsetzen eines Arbeitsmittels muss gegenüber dem Befehl zum Ingangsetzen Vorrang haben. Können bei Arbeitsmitteln, die über Systeme mit Speicherwirkung verfügen, nach dem Trennen von jeder Energiequelle nach Satz 1 noch Energien gespeichert sein, so müssen Einrichtungen vorhanden sein, mit denen diese Systeme energiefrei gemacht werden können. Diese Einrichtungen müssen gekennzeichnet sein. Ist ein vollständiges Energiefreimachen nicht möglich, müssen an den Arbeitsmitteln entsprechende Gefahrenhinweise vorhanden sein.

(6) Kraftbetriebene Arbeitsmittel müssen mit einer schnell erreichbaren und auffällig gekennzeichneten Notbefehlseinrichtung zum sicheren Stillsetzen des gesamten Arbeitsmittels ausgerüstet sein, mit der Gefahr bringende Bewegungen oder Prozesse ohne zusätzliche Gefährdungen unverzüglich stillgesetzt werden können. Auf eine Notbefehlseinrichtung kann verzichtet werden, wenn sie die Gefährdung nicht mindern würde; in diesem Fall ist die Sicherheit auf andere Weise zu gewährleisten. Vom jeweiligen Bedienungsort des Arbeitsmittels aus muss feststellbar sein, ob sich Personen oder Hindernisse im Gefahrenbereich befinden, oder dem Ingangsetzen muss ein automatisch ansprechendes Sicherheitssystem vorgeschaltet sein, das das Ingangsetzen verhindert, solange sich Beschäftigte im Gefahrenbereich aufhalten. Ist dies nicht möglich, müssen ausreichende Möglichkeiten zur Verständigung und Warnung vor dem Ingangsetzen vorhanden sein. Soweit erforderlich, muss das Ingangsetzen sicher verhindert werden können, oder die Beschäftigten müssen sich Gefährdungen durch das in Gang gesetzte Arbeitsmittel rechtzeitig entziehen können.

§ 9 Weitere Schutzmaßnahmen bei der Verwendung von Arbeitsmitteln

(1) Der Arbeitgeber hat dafür zu sorgen, dass Arbeitsmittel unter Berücksichtigung der zu erwartenden Betriebsbedingungen so verwendet werden, dass Beschäftigte gegen vorhersehbare Gefährdungen ausreichend geschützt sind. Insbesondere müssen

1. Arbeitsmittel ausreichend standsicher sein und, falls erforderlich, gegen unbeabsichtigte Positions- und Lageänderungen stabilisiert werden,
2. Arbeitsmittel mit den erforderlichen sicherheitstechnischen Ausrüstungen versehen sein,
3. Arbeitsmittel, ihre Teile und die Verbindungen untereinander den Belastungen aus inneren und äußeren Kräften standhalten,

4. Schutzeinrichtungen bei Splitter- oder Bruchgefahr sowie gegen herabfallende oder herausschleudernde Gegenstände vorhanden sein,
5. sichere Zugänge zu Arbeitsplätzen an und in Arbeitsmitteln gewährleistet und ein gefahrloser Aufenthalt dort möglich sein,
6. Schutzmaßnahmen getroffen werden, die sowohl einen Absturz von Beschäftigten als auch von Arbeitsmitteln sicher verhindern,
7. Maßnahmen getroffen werden, damit Personen nicht unbeabsichtigt in Arbeitsmitteln eingeschlossen werden; im Notfall müssen eingeschlossene Personen aus Arbeitsmitteln in angemessener Zeit befreit werden können,
8. Schutzmaßnahmen gegen Gefährdungen durch bewegliche Teile von Arbeitsmitteln und gegen Blockaden solcher Teile getroffen werden; hierzu gehören auch Maßnahmen, die den unbeabsichtigten Zugang zum Gefahrenbereich von beweglichen Teilen von Arbeitsmitteln verhindern oder die bewegliche Teile vor dem Erreichen des Gefahrenbereichs stillsetzen,
9. Maßnahmen getroffen werden, die verhindern, dass die sichere Verwendung der Arbeitsmittel durch äußere Einwirkungen beeinträchtigt wird,
10. Leitungen so verlegt sein, dass Gefährdungen vermieden werden, und
11. Maßnahmen getroffen werden, die verhindern, dass außer Betrieb gesetzte Arbeitsmittel zu Gefährdungen führen.

(2) Der Arbeitgeber hat Schutzmaßnahmen gegen Gefährdungen durch heiße oder kalte Teile, scharfe Ecken und Kanten und raue Oberflächen von Arbeitsmitteln zu treffen.

(3) Der Arbeitgeber hat weiterhin dafür zu sorgen, dass Schutzeinrichtungen

1. einen ausreichenden Schutz gegen Gefährdungen bieten,
2. stabil gebaut sind,
3. sicher in Position gehalten werden,
4. die Eingriffe, die für den Einbau oder den Austausch von Teilen sowie für Instandhaltungsarbeiten erforderlich sind, möglichst ohne Demontage der Schutzeinrichtungen zulassen,
5. keine zusätzlichen Gefährdungen verursachen,
6. nicht auf einfache Weise umgangen oder unwirksam gemacht werden können und
7. die Beobachtung und Durchführung des Arbeitszyklus nicht mehr als notwendig einschränken.

(4) Werden Arbeitsmittel in Bereichen mit gefährlicher explosionsfähiger Atmosphäre verwendet oder kommt es durch deren Verwendung zur Bildung gefährlicher explosionsfähiger Atmosphäre, müssen unter Beachtung der Gefahrstoffverordnung die erforderlichen Schutzmaßnahmen getroffen werden, insbesondere sind die für die jeweilige Zone geeigneten Geräte und Schutzsysteme im Sinne der Richtlinie 2014/34/EU des Europäischen Parlaments und des Rates vom 26. Februar 2014 zur Harmonisierung der Rechtsvorschriften der Mitgliedstaaten für Geräte und Schutzsysteme zur bestimmungsgemäßen Verwendung in explosionsgefährdeten Bereichen (ABl. L 96 vom 29. 3. 2014, S. 309) einzusetzen. Diese Schutzmaßnahmen sind vor der erstmaligen Verwendung der Arbeitsmittel im Explosionsschutzdokument nach § 6 Absatz 9 der Gefahrstoffverordnung zu dokumentieren.

(5) Soweit nach der Gefährdungsbeurteilung erforderlich, müssen an Arbeitsmitteln oder in deren Gefahrenbereich ausreichende, verständliche und gut wahrnehmbare Sicherheitskennzeichnungen und Gefahrenhinweise sowie Einrichtungen zur angemessenen, unmissverständlichen und leicht wahrnehmbaren Warnung im Gefahrenfall vorhanden sein.

§ 10 Instandhaltung und Änderung von Arbeitsmitteln

(1) Der Arbeitgeber hat Instandhaltungsmaßnahmen zu treffen, damit die Arbeitsmittel während der gesamten Verwendungsdauer den für sie geltenden Sicherheits- und Gesundheitsschutzanforderungen entsprechen und in einem sicheren Zustand erhalten werden. Dabei sind die Angaben des Herstellers zu berücksichtigen. Notwendige Instandhaltungsmaßnahmen nach Satz 1 sind unverzüglich durchzuführen und die dabei erforderlichen Schutzmaßnahmen zu treffen.

(2) Der Arbeitgeber hat Instandhaltungsmaßnahmen auf der Grundlage einer Gefährdungsbeurteilung sicher durchführen zu lassen und dabei die Betriebsanleitung des Herstellers zu berücksichtigen. Instandhaltungsmaßnahmen dürfen nur von fachkundigen, beauftragten und unterwiesenen Beschäftigten oder von sonstigen für die Durchführung der Instandhaltungsarbeiten geeigneten Auftragnehmern mit vergleichbarer Qualifikation durchgeführt werden.

(3) Der Arbeitgeber hat alle erforderlichen Maßnahmen zu treffen, damit Instandhaltungsarbeiten sicher durchgeführt werden können. Dabei hat er insbesondere

1. die Verantwortlichkeiten für die Durchführung der erforderlichen Sicherungsmaßnahmen festzulegen,
2. eine ausreichende Kommunikation zwischen Bedien- und Instandhaltungspersonal sicherzustellen,
3. den Arbeitsbereich während der Instandhaltungsarbeiten abzusichern,
4. das Betreten des Arbeitsbereichs durch Unbefugte zu verhindern, soweit das nach der Gefährdungsbeurteilung erforderlich ist,
5. sichere Zugänge für das Instandhaltungspersonal vorzusehen,
6. Gefährdungen durch bewegte oder angehobene Arbeitsmittel oder deren Teile sowie durch gefährliche Energien oder Stoffe zu vermeiden,
7. dafür zu sorgen, dass Einrichtungen vorhanden sind, mit denen Energien beseitigt werden können, die nach einer Trennung des instand zu haltenden Arbeitsmittels von Energiequellen noch gespeichert sind; diese Einrichtungen sind entsprechend zu kennzeichnen,
8. sichere Arbeitsverfahren für solche Arbeitsbedingungen festzulegen, die vom Normalzustand abweichen,
9. erforderliche Warn- und Gefahrenhinweise bezogen auf Instandhaltungsarbeiten an den Arbeitsmitteln zur Verfügung zu stellen,
10. dafür zu sorgen, dass nur geeignete Geräte und Werkzeuge und eine geeignete persönliche Schutzausrüstung verwendet werden,
11. bei Auftreten oder Bildung gefährlicher explosionsfähiger Atmosphäre Schutzmaßnahmen entsprechend § 9 Absatz 4 Satz 1 zu treffen,
12. Systeme für die Freigabe bestimmter Arbeiten anzuwenden.

(4) Werden bei Instandhaltungsmaßnahmen an Arbeitsmitteln die für den Normalbetrieb getroffenen technischen Schutzmaßnahmen ganz oder teilweise außer Betrieb gesetzt oder müssen solche Arbeiten unter Gefährdung durch Energie durchgeführt werden, so ist die Sicherheit der Beschäftigten während der Dauer dieser Arbeiten durch andere geeignete Maßnahmen zu gewährleisten.
(5) Werden Änderungen an Arbeitsmitteln durchgeführt, gelten die Absätze 1 bis 3 entsprechend. Der Arbeitgeber hat sicherzustellen, dass die geänderten Arbeitsmittel die Sicherheits- und Gesundheitsschutzanforderungen nach § 5 Absatz 1 und 2 erfüllen. Bei Änderungen von Arbeitsmitteln hat der Arbeitgeber zu beurteilen, ob es sich um prüfpflichtige Änderungen handelt. Er hat auch zu beurteilen, ob er bei den Änderungen von Arbeitsmitteln Herstellerpflichten zu beachten hat, die sich aus anderen Rechtsvorschriften, insbesondere dem Produktsicherheitsgesetz oder einer Verordnung nach § 8 Absatz 1 des Produktsicherheitsgesetzes ergeben.

§ 11 Besondere Betriebszustände, Betriebsstörungen und Unfälle

(1) Der Arbeitgeber hat Maßnahmen zu ergreifen, durch die unzulässige oder instabile Betriebszustände von Arbeitsmitteln verhindert werden. Können instabile Zustände nicht sicher verhindert werden, hat der Arbeitgeber Maßnahmen zu ihrer Beherrschung zu treffen. Die Sätze 1 und 2 gelten insbesondere für An- und Abfahr- sowie Erprobungsvorgänge.
(2) Der Arbeitgeber hat dafür zu sorgen, dass Beschäftigte und andere Personen bei einem Unfall oder bei einem Notfall unverzüglich gerettet und ärztlich versorgt werden können. Dies schließt die Bereitstellung geeigneter Zugänge zu den Arbeitsmitteln und in diese sowie die Bereitstellung erforderlicher Befestigungsmöglichkeiten für Rettungseinrichtungen an und in den Arbeitsmitteln ein. Im Notfall müssen Zugangssperren gefahrlos selbsttätig in einen sicheren Bereich öffnen. Ist dies nicht möglich, müssen Zugangssperren über eine Notentriegelung leicht zu öffnen sein, wobei an der Notentriegelung und an der Zugangssperre auf die noch bestehenden Gefahren besonders hingewiesen werden muss. Besteht die Möglichkeit, in ein Arbeitsmittel eingezogen zu werden, muss die Rettung eingezogener Personen möglich sein.
(3) Der Arbeitgeber hat dafür zu sorgen, dass die notwendigen Informationen über Maßnahmen bei Notfällen zur Verfügung stehen. Die Informationen müssen auch Rettungsdiensten zur Verfügung stehen, soweit sie für Rettungseinsätze benötigt werden. Zu den Informationen zählen:
1. eine Vorabmitteilung über einschlägige Gefährdungen bei der Arbeit, über Maßnahmen zur Feststellung von Gefährdungen sowie über Vorsichtsmaßregeln und Verfahren, damit die Rettungsdienste ihre eigenen Abhilfe- und Sicherheitsmaßnahmen vorbereiten können,
2. Informationen über einschlägige und spezifische Gefährdungen, die bei einem Unfall oder Notfall auftreten können, einschließlich der Informationen über die Maßnahmen nach den Absätzen 1 und 2.

Treten durch besondere Betriebszustände oder Betriebsstörungen Gefährdungen auf, hat der Arbeitgeber dafür zu sorgen, dass dies durch Warneinrichtungen angezeigt wird.

(4) Werden bei Rüst-, Einrichtungs- und Erprobungsarbeiten oder vergleichbaren Arbeiten an Arbeitsmitteln die für den Normalbetrieb getroffenen technischen Schutzmaßnahmen ganz oder teilweise außer Betrieb gesetzt oder müssen solche Arbeiten unter Gefährdung durch Energie durchgeführt werden, so ist die Sicherheit der Beschäftigten während der Dauer dieser Arbeiten durch andere geeignete Maßnahmen zu gewährleisten. Die Arbeiten nach Satz 1 dürfen nur von fachkundigen Personen durchgeführt werden.

(5) Insbesondere bei Rüst- und Einrichtungsarbeiten, der Erprobung und der Prüfung von Arbeitsmitteln sowie bei der Fehlersuche sind Gefahrenbereiche festzulegen. Ist ein Aufenthalt im Gefahrenbereich von Arbeitsmitteln erforderlich, sind auf der Grundlage der Gefährdungsbeurteilung weitere Maßnahmen zu treffen, welche die Sicherheit der Beschäftigten gewährleisten.

§ 12 Unterweisung und besondere Beauftragung von Beschäftigten

(1) Bevor Beschäftigte Arbeitsmittel erstmalig verwenden, hat der Arbeitgeber ihnen ausreichende und angemessene Informationen anhand der Gefährdungsbeurteilung in einer für die Beschäftigten verständlichen Form und Sprache zur Verfügung zu stellen über

1. vorhandene Gefährdungen bei der Verwendung von Arbeitsmitteln einschließlich damit verbundener Gefährdungen durch die Arbeitsumgebung,
2. erforderliche Schutzmaßnahmen und Verhaltensregelungen und
3. Maßnahmen bei Betriebsstörungen, Unfällen und zur Ersten Hilfe bei Notfällen.

Der Arbeitgeber hat die Beschäftigten vor Aufnahme der Verwendung von Arbeitsmitteln tätigkeitsbezogen anhand der Informationen nach Satz 1 zu unterweisen. Danach hat er in regelmäßigen Abständen, mindestens jedoch einmal jährlich, weitere Unterweisungen durchzuführen. Das Datum einer jeden Unterweisung und die Namen der Unterwiesenen hat er schriftlich festzuhalten.

(2) Bevor Beschäftigte Arbeitsmittel erstmalig verwenden, hat der Arbeitgeber ihnen eine schriftliche Betriebsanweisung für die Verwendung des Arbeitsmittels in einer für die Beschäftigten verständlichen Form und Sprache an geeigneter Stelle zur Verfügung zu stellen. Satz 1 gilt nicht für Arbeitsmittel, für die keine Gebrauchsanleitung nach § 3 Absatz 4 des Produktsicherheitsgesetzes mitgeliefert werden muss. Anstelle einer Betriebsanweisung kann der Arbeitgeber auch eine bei der Bereitstellung des Arbeitsmittels auf dem Markt mitgelieferte Gebrauchsanleitung oder Betriebsanleitung zur Verfügung stellen, wenn diese Informationen enthalten, die einer Betriebsanweisung entsprechen. Die Betriebsanweisung ist bei sicherheitsrelevanten Änderungen der Arbeitsbedingungen zu aktualisieren und bei der regelmäßig wiederkehrenden Unterweisung nach § 12 des Arbeitsschutzgesetzes in Bezug zu nehmen.

(3) Ist die Verwendung von Arbeitsmitteln mit besonderen Gefährdungen verbunden, hat der Arbeitgeber dafür zu sorgen, dass diese nur von hierzu beauftragten Beschäftigten verwendet werden.

§ 13 Zusammenarbeit verschiedener Arbeitgeber

(1) Beabsichtigt der Arbeitgeber, in seinem Betrieb Arbeiten durch eine betriebsfremde Person (Auftragnehmer) durchführen zu lassen, so darf er dafür nur solche Auftragnehmer heranziehen, die über die für die geplanten Arbeiten erforderliche Fachkunde verfügen. Der Arbeitgeber als Auftraggeber hat die Auftragnehmer, die ihrerseits Arbeitgeber sind, über die von seinen Arbeitsmitteln ausgehenden Gefährdungen und über spezifische Verhaltensregeln zu informieren. Der Auftragnehmer hat den Auftraggeber und andere Arbeitgeber über Gefährdungen durch seine Arbeiten für Beschäftigte des Auftraggebers und anderer Arbeitgeber zu informieren.

(2) Kann eine Gefährdung von Beschäftigten anderer Arbeitgeber nicht ausgeschlossen werden, so haben alle betroffenen Arbeitgeber bei ihren Gefährdungsbeurteilungen zusammenzuwirken und die Schutzmaßnahmen so abzustimmen und durchzuführen, dass diese wirksam sind. Jeder Arbeitgeber ist dafür verantwortlich, dass seine Beschäftigten die gemeinsam festgelegten Schutzmaßnahmen anwenden.

(3) Besteht bei der Verwendung von Arbeitsmitteln eine erhöhte Gefährdung von Beschäftigten anderer Arbeitgeber, ist für die Abstimmung der jeweils erforderlichen Schutzmaßnahmen durch die beteiligten Arbeitgeber ein Koordinator/eine Koordinatorin schriftlich zu bestellen. Sofern aufgrund anderer Arbeitsschutzvorschriften bereits ein Koordinator/eine Koordinatorin bestellt ist, kann dieser/diese auch die Koordinationsaufgaben nach dieser Verordnung übernehmen. Dem Koordinator/der Koordinatorin sind von den beteiligten Arbeitgebern alle erforderlichen sicherheitsrelevanten Informationen sowie Informationen zu den festgelegten Schutzmaßnahmen zur Verfügung zu stellen. Die Bestellung eines Koordinators/einer Koordinatorin entbindet die Arbeitgeber nicht von ihrer Verantwortung nach dieser Verordnung.

§ 14 Prüfung von Arbeitsmitteln

(1) Der Arbeitgeber hat Arbeitsmittel, deren Sicherheit von den Montagebedingungen abhängt, vor der erstmaligen Verwendung von einer zur Prüfung befähigten Person prüfen zu lassen. Die Prüfung umfasst Folgendes:

1. die Kontrolle der vorschriftsmäßigen Montage oder Installation und der sicheren Funktion dieser Arbeitsmittel,
2. die rechtzeitige Feststellung von Schäden,
3. die Feststellung, ob die getroffenen sicherheitstechnischen Maßnahmen geeignet und funktionsfähig sind.

Prüfinhalte, die im Rahmen eines Konformitätsbewertungsverfahrens geprüft und dokumentiert wurden, müssen nicht erneut geprüft werden. Die Prüfung muss vor jeder Inbetriebnahme nach einer Montage stattfinden.

(2) Arbeitsmittel, die Schäden verursachenden Einflüssen ausgesetzt sind, die zu Gefährdungen der Beschäftigten führen können, hat der Arbeitgeber wiederkehrend von einer zur Prüfung befähigten Person prüfen zu lassen. Die Prüfung muss entsprechend den nach § 3 Absatz 6 ermittelten Fristen stattfinden. Ergibt

die Prüfung, dass ein Arbeitsmittel nicht bis zu der nach § 3 Absatz 6 ermittelten nächsten wiederkehrenden Prüfung sicher betrieben werden kann, ist die Prüffrist neu festzulegen.

(3) Arbeitsmittel sind nach prüfpflichtigen Änderungen vor ihrer nächsten Verwendung durch eine zur Prüfung befähigte Person prüfen zu lassen. Arbeitsmittel, die von außergewöhnlichen Ereignissen betroffen sind, die schädigende Auswirkungen auf ihre Sicherheit haben können, durch die Beschäftigte gefährdet werden können, sind vor ihrer weiteren Verwendung einer außerordentlichen Prüfung durch eine zur Prüfung befähigte Person unterziehen zu lassen. Außergewöhnliche Ereignisse können insbesondere Unfälle, längere Zeiträume der Nichtverwendung der Arbeitsmittel oder Naturereignisse sein.

(4) Bei der Prüfung der in Anhang 3 genannten Arbeitsmittel gelten die dort genannten Vorgaben zusätzlich zu den Vorgaben der Absätze 1 bis 3.

(5) Der Fälligkeitstermin von wiederkehrenden Prüfungen wird jeweils mit dem Monat und dem Jahr angegeben. Die Frist für die nächste wiederkehrende Prüfung beginnt mit dem Fälligkeitstermin der letzten Prüfung. Wird eine Prüfung vor dem Fälligkeitstermin durchgeführt, beginnt die Frist für die nächste Prüfung mit dem Monat und Jahr der Durchführung. Für Arbeitsmittel mit einer Prüffrist von mehr als zwei Jahren gilt Satz 3 nur, wenn die Prüfung mehr als zwei Monate vor dem Fälligkeitstermin durchgeführt wird. Ist ein Arbeitsmittel zum Fälligkeitstermin der wiederkehrenden Prüfung außer Betrieb gesetzt, so darf es erst wieder in Betrieb genommen werden, nachdem diese Prüfung durchgeführt worden ist; in diesem Fall beginnt die Frist für die nächste wiederkehrende Prüfung mit dem Termin der Prüfung. Eine wiederkehrende Prüfung gilt als fristgerecht durchgeführt, wenn sie spätestens zwei Monate nach dem Fälligkeitstermin durchgeführt wurde. Dieser Absatz ist nur anzuwenden, soweit es sich um Arbeitsmittel nach Anhang 2 Abschnitt 2 bis 4 und Anhang 3 handelt.

(6) Zur Prüfung befähigte Personen nach § 2 Absatz 6 unterliegen bei der Durchführung der nach dieser Verordnung vorgeschriebenen Prüfungen keinen fachlichen Weisungen durch den Arbeitgeber. Zur Prüfung befähigte Personen dürfen vom Arbeitgeber wegen ihrer Prüftätigkeit nicht benachteiligt werden.

(7) Der Arbeitgeber hat dafür zu sorgen, dass das Ergebnis der Prüfung nach den Absätzen 1 bis 4 aufgezeichnet und mindestens bis zur nächsten Prüfung aufbewahrt wird. Dabei hat er dafür zu sorgen, dass die Aufzeichnungen nach Satz 1 mindestens Auskunft geben über:

1. Art der Prüfung,
2. Prüfumfang,
3. Ergebnis der Prüfung und
4. Name und Unterschrift der zur Prüfung befähigten Person; bei ausschließlich elektronisch übermittelten Dokumenten elektronische Signatur.

Aufzeichnungen können auch in elektronischer Form aufbewahrt werden. Werden Arbeitsmittel nach den Absätzen 1 und 2 sowie Anhang 3 an unterschiedlichen Betriebsorten verwendet, ist am Einsatzort ein Nachweis über die Durchführung der letzten Prüfung vorzuhalten.

(8) Die Absätze 1 bis 3 gelten nicht für überwachungsbedürftige Anlagen, soweit entsprechende Prüfungen in den §§ 15 und 16 vorgeschrieben sind. Absatz 7 gilt

nicht für überwachungsbedürftige Anlagen, soweit entsprechende Aufzeichnungen in § 17 vorgeschrieben sind.

Abschnitt 3
Zusätzliche Vorschriften für überwachungsbedürftige Anlagen

§ 15 Prüfung vor Inbetriebnahme und vor Wiederinbetriebnahme nach prüfpflichtigen Änderungen

(1) Der Arbeitgeber hat sicherzustellen, dass überwachungsbedürftige Anlagen vor erstmaliger Inbetriebnahme und vor Wiederinbetriebnahme nach prüfpflichtigen Änderungen geprüft werden. Bei der Prüfung ist festzustellen,

1. ob die für die Prüfung benötigten technischen Unterlagen, wie beispielsweise eine EG-Konformitätserklärung, vorhanden sind und ihr Inhalt plausibel ist und
2. ob die Anlage einschließlich der Anlagenteile entsprechend dieser Verordnung errichtet oder geändert worden ist und sich auch unter Berücksichtigung der Aufstellbedingungen in einem sicheren Zustand befindet.

Die Prüfung ist nach Maßgabe der in Anhang 2 genannten Vorgaben durchzuführen. Prüfinhalte, die im Rahmen von Konformitätsbewertungsverfahren geprüft und dokumentiert wurden, müssen nicht erneut geprüft werden.

(2) Bei den Prüfungen nach Absatz 1 ist auch festzustellen, ob die getroffenen sicherheitstechnischen Maßnahmen geeignet und funktionsfähig sind und ob die Fristen für die nächsten wiederkehrenden Prüfungen nach § 3 Absatz 6 zutreffend festgelegt wurden. Abweichend von Satz 1 ist die Feststellung der zutreffenden Prüffrist für Druckanlagen, deren Prüffrist nach Anhang 2 Abschnitt 4 Nummer 5.4 ermittelt wird, unmittelbar nach deren Ermittlung durchzuführen. Über die in den Sätzen 1 und 2 festgelegten Prüffristen entscheidet im Streitfall die zuständige Behörde. Satz 1 gilt ferner nicht für die Eignung der sicherheitstechnischen Maßnahmen, die Gegenstand einer Erlaubnis nach § 18 oder einer Genehmigung nach anderen Rechtsvorschriften sind.

(3) Die Prüfungen nach Absatz 1 sind von einer zugelassenen Überwachungsstelle nach Anhang 2 Abschnitt 1 durchzuführen. Sofern dies in Anhang 2 Abschnitt 2, 3 oder 4 vorgesehen ist, können die Prüfungen nach Satz 1 auch von einer zur Prüfung befähigten Person durchgeführt werden. Darüber hinaus können alle Prüfungen nach prüfpflichtigen Änderungen, die nicht die Bauart oder die Betriebsweise einer überwachungsbedürftigen Anlage beeinflussen, von einer zur Prüfung befähigten Person durchgeführt werden. Bei überwachungsbedürftigen Anlagen, die für einen ortsveränderlichen Einsatz vorgesehen sind und nach der ersten Inbetriebnahme an einem neuen Standort aufgestellt werden, können die Prüfungen nach Absatz 1 durch eine zur Prüfung befähigte Person durchgeführt werden. Satz 4 gilt nicht für Dampfkesselanlagen nach § 18 Absatz 1 Satz 1 Nummer 1.

§ 16 Wiederkehrende Prüfung

(1) Der Arbeitgeber hat sicherzustellen, dass überwachungsbedürftige Anlagen nach Maßgabe der in Anhang 2 genannten Vorgaben wiederkehrend auf ihren sicheren Zustand hinsichtlich des Betriebs geprüft werden.
(2) Bei der wiederkehrenden Prüfung ist auch festzustellen, ob die Fristen für die nächsten wiederkehrenden Prüfungen nach § 3 Absatz 6 zutreffend festgelegt wurden. Im Streitfall entscheidet die zuständige Behörde.
(3) § 14 Absatz 5 gilt entsprechend. Ist eine behördlich angeordnete Prüfung durchgeführt worden, so beginnt die Frist für eine wiederkehrende Prüfung mit Monat und Jahr der Durchführung dieser Prüfung, wenn diese der wiederkehrenden Prüfung entspricht.
(4) § 15 Absatz 3 gilt entsprechend.

§ 17 Prüfaufzeichnungen und -bescheinigungen

(1) Der Arbeitgeber hat dafür zu sorgen, dass das Ergebnis der Prüfung nach den §§ 15 und 16 aufgezeichnet wird. Sofern die Prüfung von einer zugelassenen Überwachungsstelle durchzuführen ist, ist von dieser eine Prüfbescheinigung über das Ergebnis der Prüfung zu fordern. Aufzeichnungen und Prüfbescheinigungen müssen mindestens Auskunft geben über

1. Anlagenidentifikation,
2. Prüfdatum,
3. Art der Prüfung,
4. Prüfungsgrundlagen,
5. Prüfumfang,
6. Eignung und Funktionsfähigkeit der technischen Maßnahmen sowie Eignung der organisatorischen Maßnahmen,
7. Ergebnis der Prüfung,
8. die Fristen für die nächsten wiederkehrenden Prüfungen nach § 15 Absatz 2 und § 16 Absatz 2 sowie
9. Name und Unterschrift des Prüfers, bei Prüfung durch zugelassene Überwachungsstellen zusätzlich Name der zugelassenen Überwachungsstelle; bei ausschließlich elektronisch übermittelten Dokumenten die elektronische Signatur.

Aufzeichnungen und Prüfbescheinigungen sind während der gesamten Verwendungsdauer am Betriebsort der überwachungsbedürftigen Anlage aufzubewahren und der zuständigen Behörde auf Verlangen vorzulegen. Sie können auch in elektronischer Form aufbewahrt werden.
(2) Unbeschadet der Aufzeichnungen und Prüfbescheinigungen nach Absatz 1 muss in der Kabine von Aufzugsanlagen eine Kennzeichnung, zum Beispiel in Form einer Prüfplakette, deutlich sichtbar und dauerhaft angebracht sein, aus der sich Monat und Jahr der nächsten wiederkehrenden Prüfung sowie der prüfenden Stelle ergibt.

§ 18 Erlaubnispflicht

(1) Die Errichtung und der Betrieb sowie die Änderungen der Bauart oder Betriebsweise, welche die Sicherheit der Anlage beeinflussen, folgender Anlagen bedürfen der Erlaubnis der zuständigen Behörde:

1. Dampfkesselanlagen nach Anhang 2 Abschnitt 4 Nummer 2.1 Satz 1 Buchstabe a, die nach Artikel 13 in Verbindung mit Anhang II Diagramm 5 der Richtlinie 2014/68/EU des Europäischen Parlaments und des Rates vom 15. Mai 2014 zur Harmonisierung der Rechtsvorschriften der Mitgliedstaaten über die Bereitstellung von Druckgeräten auf dem Markt (ABl. L 189 vom 27.6.2014, S. 164) in die Kategorie IV einzustufen sind,
2. Anlagen mit Druckgeräten nach Anhang 2 Abschnitt 4 Nummer 2.1 Satz 1 Buchstabe c, in denen mit einer Füllkapazität von mehr als 10 Kilogramm je Stunde ortsbewegliche Druckgeräte im Sinne von Anhang 2 Abschnitt 4 Nummer 2.1 Satz 2 Buchstabe b mit Druckgasen zur Abgabe an Andere befüllt werden,
3. Anlagen einschließlich der Lager- und Vorratsbehälter zum Befüllen von Land-, Wasser- und Luftfahrzeugen mit entzündbaren Gasen im Sinne von Anhang 1 Nummer 2.2 der Verordnung (EG) Nr. 1272/2008 des Europäischen Parlaments und des Rates vom 16. Dezember 2008 über die Einstufung, Kennzeichnung und Verpackung von Stoffen und Gemischen, zur Änderung und Aufhebung der Richtlinien 67/548/EWG und 1999/45/EG und zur Änderung der Verordnung (EG) Nr. 1907/2006 (ABl. L 353 vom 31.12.2008, S. 1) zur Verwendung als Treib- oder Brennstoff (Gasfüllanlagen),
4. Räume oder Bereiche einschließlich der in ihnen vorgesehenen ortsfesten Behälter und sonstiger Lagereinrichtungen, die dazu bestimmt sind, dass in ihnen entzündbare Flüssigkeiten mit einem Gesamtrauminhalt von mehr als 10 000 Litern gelagert werden (Lageranlagen), soweit Räume oder Bereiche nicht zu Anlagen nach den Nummern 5 bis 7 gehören,
5. ortsfest errichtete oder dauerhaft am gleichen Ort verwendete Anlagen mit einer Umschlagkapazität von mehr als 1000 Litern je Stunde, die dazu bestimmt sind, dass in ihnen Transportbehälter mit entzündbaren Flüssigkeiten befüllt werden (Füllstellen),
6. ortsfeste Anlagen für die Betankung von Land-, Wasser- und Luftfahrzeugen mit entzündbaren Flüssigkeiten (Tankstellen),
7. ortsfeste Anlagen oder Bereiche auf Flugfeldern, in denen Kraftstoffbehälter von Luftfahrzeugen aus Hydrantenanlagen mit entzündbaren Flüssigkeiten befüllt werden (Flugfeldbetankungsanlagen).

Entzündbare Flüssigkeiten nach Satz 1 Nummer 4 bis 6 sind solche mit Stoffeigenschaften nach Anhang 1 Nummer 2.6 der Verordnung (EG) Nr. 1272/2008, sofern sie einen Flammpunkt von weniger als 23 Grad Celsius haben. Zu einer Anlage im Sinne des Satzes 1 gehören auch Mess-, Steuer- und Regeleinrichtungen, die dem sicheren Betrieb dieser Anlage dienen.

(2) Absatz 1 findet keine Anwendung auf

1. Anlagen, in denen Wasserdampf oder Heißwasser in einem Herstellungsverfahren durch Wärmerückgewinnung entsteht, es sei denn, Rauchgase werden

gekühlt und der entstehende Wasserdampf oder das entstehende Heißwasser werden nicht überwiegend der Verfahrensanlage zugeführt, und

2. Anlagen zum Entsorgen von Kältemitteln, die einem Wärmetauscher entnommen und in ein ortsbewegliches Druckgerät gefüllt werden.

(3) Die Erlaubnis ist schriftlich oder elektronisch zu beantragen. Ein Antrag auf eine Teilerlaubnis ist möglich. Dem Antrag sind alle Unterlagen beizufügen, die für die Beurteilung des Antrages notwendig sind. Erfolgt die Antragstellung elektronisch, kann die zuständige Behörde Mehrfertigungen sowie die Übermittlung der dem Antrag beizufügenden Unterlagen auch in schriftlicher Form verlangen. Aus den Unterlagen muss hervorgehen, dass Aufstellung, Bauart und Betriebsweise den Anforderungen dieser Verordnung und hinsichtlich des Brand- und Explosionsschutzes auch der Gefahrstoffverordnung entsprechen und dass die vorgesehenen sicherheitstechnischen Maßnahmen geeignet sind. Aus den Unterlagen muss weiterhin hervorgehen, dass

1. auch die möglichen Gefährdungen, die sich aus der Arbeitsumgebung und durch Wechselwirkungen mit anderen Arbeitsmitteln, insbesondere anderen überwachungsbedürftigen Anlagen, die in einem räumlichen oder betriebstechnischen Zusammenhang mit der beantragten Anlage verwendet werden, betrachtet wurden und die Anforderungen und die vorgesehenen Schutzmaßnahmen geeignet sind, und
2. die sich aus der Zusammenarbeit verschiedener Arbeitgeber ergebenden Maßnahmen nach § 13 berücksichtigt wurden.

Den Unterlagen ist ein Prüfbericht einer zugelassenen Überwachungsstelle beizufügen, in dem bestätigt wird, dass die Anlage bei Einhaltung der in den Unterlagen genannten Maßnahmen einschließlich der Prüfungen nach Anhang 2 Abschnitt 3 und 4 sicher betrieben werden kann.

(4) Die zuständige Behörde hat die Erlaubnis zu erteilen, wenn die vorgesehene Aufstellung, Bauart und Betriebsweise den sicherheitstechnischen Anforderungen dieser Verordnung und hinsichtlich des Brand- und Explosionsschutzes auch der Gefahrstoffverordnung entsprechen. Die Erlaubnis kann beschränkt, befristet, unter Bedingungen erteilt sowie mit Auflagen verbunden werden. Die nachträgliche Aufnahme, Änderung oder Ergänzung von Auflagen ist zulässig.

(5) Die zuständige Behörde hat über den Antrag innerhalb von drei Monaten, nachdem er bei ihr eingegangen ist, zu entscheiden. Die Frist kann in begründeten Fällen verlängert werden. Die verlängerte Frist ist zusammen mit den Gründen für die Verlängerung dem Antragsteller mitzuteilen.

(6) Die Erlaubnis erlischt, wenn

1. der Inhaber innerhalb von zwei Jahren nach ihrer Erteilung nicht mit der Errichtung der Anlage begonnen hat,
2. die Errichtung der Anlage zwei Jahre oder länger unterbrochen wurde oder
3. die Anlage während eines Zeitraumes von drei Jahren nicht betrieben wurde.

Die Erlaubnisbehörde kann die Fristen aus wichtigem Grund auf Antrag verlängern.

Abschnitt 4
Vollzugsregelungen und Ausschuss für Betriebssicherheit

§ 19 Mitteilungspflichten, behördliche Ausnahmen

(1) Der Arbeitgeber hat bei Arbeitsmitteln nach den Anhängen 2 und 3 der zuständigen Behörde folgende Ereignisse unverzüglich anzuzeigen:

1. jeden Unfall, bei dem ein Mensch getötet oder erheblich verletzt worden ist, und
2. jeden Schadensfall, bei dem Bauteile oder sicherheitstechnische Einrichtungen versagt haben.

(2) Die zuständige Behörde kann bei überwachungsbedürftigen Anlagen vom Arbeitgeber verlangen, dass dieser das nach Absatz 1 anzuzeigende Ereignis auf seine Kosten durch eine möglichst im gegenseitigen Einvernehmen bestimmte zugelassene Überwachungsstelle sicherheitstechnisch beurteilen lässt und ihr die Beurteilung schriftlich vorlegt. Die sicherheitstechnische Beurteilung hat sich insbesondere auf die Feststellung zu erstrecken,

1. worauf das Ereignis zurückzuführen ist,
2. ob sich die überwachungsbedürftige Anlage in einem nicht sicheren Zustand befand und ob nach Behebung des Mangels eine Gefährdung nicht mehr besteht und
3. ob neue Erkenntnisse gewonnen worden sind, die andere oder zusätzliche Schutzvorkehrungen erfordern.

(3) Unbeschadet des § 22 des Arbeitsschutzgesetzes hat der Arbeitgeber der zuständigen Behörde auf Verlangen Folgendes zu übermitteln:

1. die Dokumentation der Gefährdungsbeurteilung nach § 3 Absatz 8 und die ihr zugrunde liegenden Informationen,
2. einen Nachweis, dass die Gefährdungsbeurteilung entsprechend den Anforderungen nach § 3 Absatz 2 Satz 2 erstellt wurde,
3. Angaben zu den nach § 13 des Arbeitsschutzgesetzes verantwortlichen Personen,
4. Angaben zu den getroffenen Schutzmaßnahmen einschließlich der Betriebsanweisung.

(4) Die zuständige Behörde kann auf schriftlichen Antrag des Arbeitgebers Ausnahmen von den §§ 8 bis 11 und Anhang 1 zulassen, wenn die Anwendung dieser Vorschriften für den Arbeitgeber im Einzelfall zu einer unverhältnismäßigen Härte führen würde, die Ausnahme sicherheitstechnisch vertretbar und mit dem Schutz der Beschäftigten und, soweit überwachungsbedürftige Anlagen betroffen sind, auch mit dem Schutz anderer Personen vereinbar ist. Der Arbeitgeber hat der zuständigen Behörde im Antrag Folgendes darzulegen:

1. den Grund für die Beantragung der Ausnahme,
2. die betroffenen Tätigkeiten und Verfahren,
3. die Zahl der voraussichtlich betroffenen Beschäftigten,
4. die technischen und organisatorischen Maßnahmen, die zur Gewährleistung der Sicherheit und zur Vermeidung von Gefährdungen getroffen werden sollen.

Für ihre Entscheidung kann die Behörde ein Sachverständigengutachten verlangen, dessen Kosten der Arbeitgeber zu tragen hat.
(5) Die zuständige Behörde kann bei überwachungsbedürftigen Anlagen im Einzelfall eine außerordentliche Prüfung anordnen, wenn hierfür ein besonderer Anlass besteht. Ein solcher Anlass besteht insbesondere dann, wenn ein Schadensfall eingetreten ist. Der Arbeitgeber hat eine angeordnete Prüfung unverzüglich zu veranlassen.
(6) Die zuständige Behörde kann die in Anhang 2 Abschnitt 2 bis 4 und Anhang 3 genannten Fristen im Einzelfall verkürzen, soweit es zur Gewährleistung der Sicherheit der Anlagen erforderlich ist. Die zuständige Behörde kann die in Anhang 2 Abschnitt 2 bis 4 und Anhang 3 genannten Fristen im Einzelfall verlängern, soweit die Sicherheit auf andere Weise gewährleistet ist.

§ 20 Sonderbestimmungen für überwachungsbedürftige Anlagen des Bundes

(1) Aufsichtsbehörde für die in Anhang 2 Abschnitt 2 bis 4 genannten überwachungsbedürftigen Anlagen der Wasserstraßen- und Schifffahrtsverwaltung des Bundes, der Bundeswehr und der Bundespolizei ist das zuständige Bundesministerium oder die von ihm bestimmte Behörde. Dies gilt auch für alle in Anhang 2 Abschnitt 2 bis 4 genannten überwachungsbedürftigen Anlagen auf den von der Wasserstraßen- und Schifffahrtsverwaltung des Bundes, der Bundeswehr und der Bundespolizei genutzten Dienstliegenschaften. Für andere der Aufsicht der Bundesverwaltung unterliegende überwachungsbedürftige Anlagen nach Anhang 2 Abschnitt 2 bis 4 bestimmt sich die zuständige Aufsichtsbehörde nach § 26 Absatz 1 des Gesetzes über überwachungsbedürftige Anlagen.
(2) § 18 findet keine Anwendung auf die in Anhang 2 Abschnitt 2 bis 4 genannten überwachungsbedürftigen Anlagen der Wasserstraßen- und Schifffahrtsverwaltung des Bundes, der Bundeswehr und der Bundespolizei.

§ 21 Ausschuss für Betriebssicherheit

(1) Beim Bundesministerium für Arbeit und Soziales wird ein Ausschuss für Betriebssicherheit gebildet. Dieser Ausschuss soll aus fachkundigen Vertretern der Arbeitgeber, der Gewerkschaften, der Länderbehörden, der gesetzlichen Unfallversicherung und der zugelassenen Überwachungsstellen bestehen sowie aus weiteren fachkundigen Personen, insbesondere aus der Wissenschaft. Die Gesamtzahl der Mitglieder soll 21 Personen nicht überschreiten. Für jedes Mitglied ist ein stellvertretendes Mitglied zu benennen. Die Mitgliedschaft im Ausschuss für Betriebssicherheit ist ehrenamtlich.
(2) Das Bundesministerium für Arbeit und Soziales beruft die Mitglieder des Ausschusses und die stellvertretenden Mitglieder. Der Ausschuss gibt sich eine Geschäftsordnung und wählt die Vorsitzende oder den Vorsitzenden aus seiner Mitte. Die Geschäftsordnung und die Wahl der oder des Vorsitzenden bedürfen der Zustimmung des Bundesministeriums für Arbeit und Soziales.

(3) Das Arbeitsprogramm des Ausschusses für Betriebssicherheit wird mit dem Bundesministerium für Arbeit und Soziales abgestimmt. Der Ausschuss arbeitet eng mit den anderen Ausschüssen beim Bundesministerium für Arbeit und Soziales zusammen.

(4) Die Sitzungen des Ausschusses sind nicht öffentlich. Beratungs- und Abstimmungsergebnisse des Ausschusses sowie Niederschriften der Untergremien sind vertraulich zu behandeln, soweit die Erfüllung der Aufgaben, die den Untergremien oder den Mitgliedern des Ausschusses obliegen, dem nicht entgegenstehen.

(5) Zu den Aufgaben des Ausschusses gehört es,

1. den Stand von Wissenschaft und Technik, Arbeitsmedizin und Arbeitshygiene sowie sonstiger gesicherter arbeitswissenschaftlicher Erkenntnisse bei der Verwendung von Arbeitsmitteln zu ermitteln und dazu Empfehlungen auszusprechen,
2. zu ermitteln, wie die in dieser Verordnung gestellten Anforderungen erfüllt werden können, und dazu die dem jeweiligen Stand der Technik und der Arbeitsmedizin entsprechenden Regeln und Erkenntnisse zu erarbeiten,
3. das Bundesministerium für Arbeit und Soziales in Fragen von Sicherheit und Gesundheitsschutz bei der Verwendung von Arbeitsmitteln zu beraten und
4. die von den zugelassenen Überwachungsstellen nach § 13 Nummer 2 des Gesetzes über überwachungsbedürftige Anlagen gewonnenen Erkenntnisse auszuwerten und bei den Aufgaben nach den Nummern 1 bis 3 zu berücksichtigen.

(6) Nach Prüfung kann das Bundesministerium für Arbeit und Soziales

1. die vom Ausschuss für Betriebssicherheit ermittelten Regeln und Erkenntnisse nach Absatz 5 Nummer 2 im Gemeinsamen Ministerialblatt bekannt geben und
2. die Empfehlungen nach Absatz 5 Nummer 1 sowie die Beratungsergebnisse nach Absatz 5 Nummer 3 in geeigneter Weise veröffentlichen.

(7) Die Bundesministerien sowie die zuständigen obersten Landesbehörden können zu den Sitzungen des Ausschusses Vertreter entsenden. Diesen ist auf Verlangen in der Sitzung das Wort zu erteilen.

(8) Die Geschäfte des Ausschusses führt die Bundesanstalt für Arbeitsschutz und Arbeitsmedizin.

Abschnitt 5
Ordnungswidrigkeiten und Straftaten, Schlussvorschriften

§ 22 Ordnungswidrigkeiten

(1) Ordnungswidrig im Sinne des § 25 Absatz 1 Nummer 1 des Arbeitsschutzgesetzes handelt, wer vorsätzlich oder fahrlässig

1. entgegen § 3 Absatz 1 Satz 1 eine Gefährdung nicht, nicht richtig oder nicht rechtzeitig beurteilt,
2. entgegen § 3 Absatz 3 Satz 3 eine Gefährdungsbeurteilung durchführt,
3. (weggefallen)
4. (weggefallen)
5. entgegen § 3 Absatz 7 Satz 4 eine Gefährdungsbeurteilung nicht oder nicht rechtzeitig aktualisiert,
6. entgegen § 3 Absatz 8 Satz 1 ein dort genanntes Ergebnis nicht oder nicht rechtzeitig dokumentiert,
7. entgegen § 4 Absatz 1 ein Arbeitsmittel verwendet,
8. entgegen § 4 Absatz 4 nicht dafür sorgt, dass Arbeitsmittel, für die in § 14 oder in Abschnitt 3 dieser Verordnung Prüfungen vorgeschrieben sind, nur verwendet werden, wenn diese Prüfungen durchgeführt und dokumentiert wurden,
9. entgegen § 5 Absatz 2 ein Arbeitsmittel verwenden lässt,
10. entgegen § 5 Absatz 4 nicht dafür sorgt, dass ein Beschäftigter nur ein dort genanntes Arbeitsmittel verwendet,
11. entgegen § 6 Absatz 1 Satz 2 in Verbindung mit Anhang 1 Nummer 1.3 Satz 1 nicht dafür sorgt, dass ein Beschäftigter nur auf einem dort genannten Platz mitfährt,
12. entgegen § 6 Absatz 1 Satz 2 in Verbindung mit Anhang 1 Nummer 1.4 Satz 1 nicht dafür sorgt, dass eine dort genannte Einrichtung vorhanden ist,
13. entgegen § 6 Absatz 1 Satz 2 in Verbindung mit Anhang 1 Nummer 1.5 eine dort genannte Maßnahme nicht oder nicht rechtzeitig trifft,
14. entgegen § 6 Absatz 1 Satz 2 in Verbindung mit Anhang 1 Nummer 1.7 Satz 1 nicht dafür sorgt, dass die dort genannte Geschwindigkeit angepasst werden kann,
15. entgegen § 6 Absatz 1 Satz 2 in Verbindung mit Anhang 1 Nummer 1.8 Satz 1 Buchstabe a nicht dafür sorgt, dass eine Verbindungseinrichtung gesichert ist,
16. entgegen § 6 Absatz 1 Satz 2 in Verbindung mit Anhang 1 Nummer 2.1 Satz 1 nicht dafür sorgt, dass die Standsicherheit oder die Festigkeit eines dort genannten Arbeitsmittels sichergestellt ist,
17. entgegen § 6 Absatz 1 Satz 2 in Verbindung mit Anhang 1 Nummer 2.1 Satz 5 ein dort genanntes Arbeitsmittel nicht richtig aufstellt oder nicht richtig verwendet,
18. entgegen § 6 Absatz 1 Satz 2 in Verbindung mit Anhang 1 Nummer 2.2 Satz 1 nicht dafür sorgt, dass ein Arbeitsmittel mit einem dort genannten Hinweis versehen ist,

19. entgegen § 6 Absatz 1 Satz 2 in Verbindung mit Anhang 1 Nummer 2.3.2 nicht dafür sorgt, dass ein dort genanntes Arbeitsmittel abgebremst und eine ungewollte Bewegung verhindert werden kann,
20. entgegen § 6 Absatz 1 Satz 2 in Verbindung mit Anhang 1 Nummer 2.4 Satz 2 nicht dafür sorgt, dass das Heben eines Beschäftigten nur mit einem dort genannten Arbeitsmittel erfolgt,
21. entgegen § 6 Absatz 1 Satz 2 in Verbindung mit Anhang 1 Nummer 2.5 Buchstabe b oder Buchstabe c nicht dafür sorgt, dass Lasten sicher angeschlagen werden oder Lasten oder Lastaufnahme oder Anschlagmittel sich nicht unbeabsichtigt lösen oder verschieben können,
22. entgegen § 6 Absatz 1 Satz 2 in Verbindung mit Anhang 1 Nummer 3.2.3 Satz 2 nicht dafür sorgt, dass ein dort genanntes Gerüst verankert wird,
23. entgegen § 6 Absatz 1 Satz 2 in Verbindung mit Anhang 1 Nummer 3.2.6 Satz 1 nicht dafür sorgt, dass ein Gerüst nur in der dort genannten Weise auf-, ab- oder umgebaut wird,
24. entgegen § 6 Absatz 2 Satz 1 nicht dafür sorgt, dass eine Schutzeinrichtung verwendet wird,
25. entgegen § 12 Absatz 1 Satz 1 eine Information nicht, nicht richtig, nicht vollständig oder nicht rechtzeitig zur Verfügung stellt,
26. entgegen § 12 Absatz 1 Satz 2 einen Beschäftigten nicht, nicht richtig, nicht vollständig oder nicht rechtzeitig unterweist,
27. entgegen § 12 Absatz 2 Satz 1 eine Betriebsanweisung nicht, nicht richtig, nicht vollständig oder nicht rechtzeitig zur Verfügung stellt,
28. entgegen § 14 Absatz 1 Satz 1 oder Absatz 4 Satz 1 ein Arbeitsmittel nicht oder nicht rechtzeitig prüfen lässt,
29. entgegen § 14 Absatz 3 Satz 2 ein Arbeitsmittel einer außerordentlichen Prüfung nicht oder nicht rechtzeitig unterziehen lässt,
30. entgegen § 14 Absatz 7 Satz 1 nicht dafür sorgt, dass ein Ergebnis aufgezeichnet und aufbewahrt wird,
31. entgegen § 14 Absatz 7 Satz 2 nicht dafür sorgt, dass eine Aufzeichnung eine dort genannte Auskunft gibt,
32. entgegen § 19 Absatz 1 bei einem Arbeitsmittel nach Anhang 3 Abschnitt 1 Nummer 1.1, Abschnitt 2 Nummer 1.1 Satz 1 oder Abschnitt 3 Nummer 1.1 Satz 1 eine Anzeige nicht, nicht richtig, nicht vollständig oder nicht rechtzeitig erstattet oder
33. entgegen § 19 Absatz 3 eine Dokumentation, eine Information, einen Nachweis oder eine Aufgabe nicht, nicht richtig, nicht vollständig oder nicht rechtzeitig übermittelt.

(2) Ordnungswidrig im Sinne des § 32 Absatz 1 Nummer 14 Buchstabe a des Gesetzes über überwachungsbedürftige Anlagen handelt, wer vorsätzlich oder fahrlässig

1. entgegen § 6 Absatz 1 Satz 2 in Verbindung mit Anhang 1 Nummer 4.1 Satz 1 nicht dafür sorgt, dass ein Kommunikationssystem wirksam ist,
2. entgegen § 6 Absatz 1 Satz 2 in Verbindung mit Anhang 1 Nummer 4.1 Satz 2 einen Notfallplan nicht oder nicht rechtzeitig zur Verfügung stellt,

3. entgegen § 6 Absatz 1 Satz 2 in Verbindung mit Anhang 1 Nummer 4.1 Satz 5 eine dort genannte Einrichtung nicht oder nicht rechtzeitig bereitstellt,
4. entgegen § 6 Absatz 1 Satz 2 in Verbindung mit Anhang 1 Nummer 4.1 Satz 6 nicht dafür sorgt, dass eine Person Hilfe herbeirufen kann,
5. entgegen § 6 Absatz 1 Satz 2 in Verbindung mit Anhang 1 Nummer 4.4 Satz 1 nicht dafür sorgt, dass ein Personenumlaufaufzug nur von Beschäftigten verwendet wird,
5a. entgegen § 6 Absatz 1 Satz 2 in Verbindung mit Anhang 1 Nummer 4.4 Satz 2 einen Personenumlaufaufzug durch eine andere Person verwenden lässt,
6. entgegen § 15 Absatz 1 Satz 1 nicht sicherstellt, dass eine überwachungsbedürftige Anlage geprüft wird,
7. entgegen § 16 Absatz 1 in Verbindung mit Anhang 2 Abschnitt 2 Nummer 4.1 oder 4.3, Abschnitt 3 Nummer 5.1 Satz 1 bis 3 oder 4, Nummer 5.2 Satz 1 oder Nummer 5.3 Satz 1 oder Abschnitt 4 Nummer 5.1 Satz 1, 2 oder 3, Nummer 5.2 bis 5.4 oder 5.5, Nummer 5.7 Satz 3, Nummer 5.8 oder Nummer 5.9 Satz 1 nicht sicherstellt, dass eine überwachungsbedürftige Anlage geprüft wird,
8. ohne Erlaubnis nach § 18 Absatz 1 Satz 1 eine dort genannte Anlage errichtet, betreibt oder ändert,
9. einer vollziehbaren Anordnung nach § 19 Absatz 5 Satz 1 zuwiderhandelt oder
10. eine in Absatz 1 Nummer 9 oder Nummer 24 bezeichnete Handlung in Bezug auf eine überwachungsbedürftige Anlage nach § 2 Nummer 30 des Produktsicherheitsgesetzes begeht.

(3) Ordnungswidrig im Sinne des § 32 Absatz 1 Nummer 14 Buchstabe b des Gesetzes über überwachungsbedürftige Anlagen handelt, wer vorsätzlich oder fahrlässig entgegen § 19 Absatz 1 bei einem Arbeitsmittel nach Anhang 2 Abschnitt 2 Nummer 2 Buchstabe a, Buchstabe b Satz 1 oder Buchstabe c, Abschnitt 3 Nummer 2 oder Abschnitt 4 Nummer 2.1, 2.2 oder 2.3 eine Anzeige nicht, nicht richtig, nicht vollständig oder nicht rechtzeitig erstattet.

§ 23 Straftaten

(1) Wer durch eine in § 22 Absatz 1 bezeichnete vorsätzliche Handlung Leben oder Gesundheit eines Beschäftigten gefährdet, ist nach § 26 Nummer 2 des Arbeitsschutzgesetzes strafbar.
(2) Wer eine in § 22 Absatz 2 bezeichnete vorsätzliche Handlung beharrlich wiederholt oder durch eine solche vorsätzliche Handlung Leben oder Gesundheit eines anderen oder fremde Sachen von bedeutendem Wert gefährdet, ist nach § 33 des Gesetzes über überwachungsbedürftige Anlagen strafbar.

§ 24 Übergangsvorschriften

(1) Der Weiterbetrieb einer erlaubnisbedürftigen Anlage, die vor dem 1. Juni 2015 befugt errichtet und verwendet wurde, ist zulässig. Eine Erlaubnis, die nach dem bis dahin geltenden Recht erteilt wurde, gilt als Erlaubnis im Sinne dieser Verordnung. § 18 Absatz 4 Satz 3 ist auf Anlagen nach den Sätzen 1 und 2 anwendbar.

(2) Aufzugsanlagen nach Anhang 2 Abschnitt 2 Nummer 2 Buchstabe a, die vor dem 30. Juni 1999 erstmals zur Verfügung gestellt wurden, sowie Aufzugsanlagen nach Anhang 2 Abschnitt 2 Nummer 2 Buchstabe b, die vor dem 31. Dezember 1996 erstmals zur Verfügung gestellt wurden, müssen den Anforderungen des Anhangs 1 Nummer 4.1 spätestens am 31. Dezember 2020 entsprechen. Satz 1 gilt nicht für den Notfallplan gemäß Anhang 1 Nummer 4.1 Satz 2.

(3) Bei Aufzugsanlagen nach Anhang 2 Abschnitt 2 Nummer 2 Buchstabe b, die vor dem Inkrafttreten dieser Verordnung nach den Vorschriften der bis zum 31. Mai 2015 geltenden Betriebssicherheitsverordnung erstmalig oder wiederkehrend geprüft worden sind, ist die wiederkehrende Prüfung nach Anhang 2 Abschnitt 2 Nummer 4.1 und Nummer 4.3 dieser Verordnung erstmalig nach Ablauf der nach der Prüffrist nach der bis zum 31. Mai 2015 geltenden Betriebssicherheitsverordnung durchzuführen.

(4) Die Prüfung nach Anhang 2 Abschnitt 3 Nummer 5.1 Satz 1 ist erstmals 6 Jahre nach der Prüfung vor der erstmaligen Inbetriebnahme durchzuführen. Bei Anlagen, die vor dem 1. Juni 2012 erstmals in Betrieb genommen wurden, ist die Prüfung nach Satz 1 spätestens bis zum 1. Juni 2018 durchzuführen. Die Prüfung nach Anhang 2 Abschnitt 3 Nummer 5.2 Satz 1 ist erstmals drei Jahre nach der Prüfung vor der Inbetriebnahme oder nach der Prüfung nach § 15 Absatz 15 der bis zum 31. Mai 2015 geltenden Betriebssicherheitsverordnung durchzuführen.

(5) Abweichend von Anhang 2 Abschnitt 3 Nummer 3.1 Buchstabe b und Abschnitt 4 Nummer 3 Buchstabe b dürfen zur Prüfung befähigte Personen auch ohne die dort vorgeschriebene Erfahrung Prüfungen durchführen, wenn sie nach der bis zum 31. Mai 2015 geltenden Betriebssicherheitsverordnung entsprechende Prüfungen befugt durchgeführt haben.

(6) Die Prüfung nach Anhang 2 Abschnitt 4 Nummer 5.3 ist spätestens zehn Jahre nach der letzten Prüfung der Anlage durchzuführen. Bei Anlagen nach Satz 1, die nur aus einem Anlagenteil gemäß Anhang 2 Abschnitt 4 Nummer 2.2 und zugehörigen Sicherheitseinrichtungen bestehen, kann für die Festlegung der Prüffrist nach Satz 1 die letzte Prüfung des Anlagenteils zu Grunde gelegt werden, sofern die Prüfinhalte der Prüfung des Anlagenteils den Prüfinhalten der Anlagenprüfung gleichwertig sind. Bei Anlagen, die zuletzt vor dem 1. Juni 2008 geprüft wurden, ist die Prüfung nach Satz 1 spätestens bis zum 1. Juni 2018 durchzuführen.

(7) Die Prüfung nach Anhang 2 Abschnitt 4 Nummer 7 Tabelle 12 Ziffer 7.2 ist erstmals fünf Jahre nach der letzten Prüfung der Anlage durchzuführen. Bei Anlagen, die zuletzt vor dem 1. Juni 2012 geprüft wurden, ist die Prüfung nach Satz 1 spätestens bis zum 1. Juni 2017 durchzuführen.

(8) Die Prüfung der in Anhang 2 Abschnitt 4 Nummer 7 Tabelle 12 Ziffer 7.8 genannten Zwischenbehälter ist spätestens durchzuführen

1. innerhalb von 15 Jahren nach der letzten Prüfung, wenn diese vor dem 1. Januar 2009 durchgeführt wurde, oder
2. bis zum 31. Dezember 2023, wenn die letzte Prüfung vor dem 1. Januar 2014 durchgeführt wurde.

Anhang 1
Besondere Vorschriften für bestimmte Arbeitsmittel

(zu § 6 Absatz 1 Satz 2)

Inhaltsübersicht

1. Besondere Vorschriften für die Verwendung von mobilen, selbstfahrenden oder nicht selbstfahrenden, Arbeitsmitteln

1.1 Mobile Arbeitsmittel müssen so ausgerüstet sein, dass die Gefährdung für mitfahrende Beschäftigte so gering wie möglich gehalten wird. Dies gilt auch für die Gefährdungen der Beschäftigten durch Kontakt mit Rädern und Ketten.

1.2 Gefährdungen durch plötzliches Blockieren von Energieübertragungsvorrichtungen zwischen mobilen Arbeitsmitteln und ihren technischen Zusatzausrüstungen oder Anhängern sind durch technische Maßnahmen zu vermeiden. Sofern dies nicht möglich ist, sind andere Maßnahmen zu ergreifen, die eine Gefährdung der Beschäftigten verhindern. Es sind Maßnahmen zu treffen, die die Beschädigung der Energieübertragungsvorrichtungen verhindern.

1.3 Der Arbeitgeber hat dafür zu sorgen, dass bei mobilen Arbeitsmitteln mitfahrende Beschäftigte nur auf sicheren und für diesen Zweck ausgerüsteten Plätzen mitfahren.

Besteht die Möglichkeit des Kippens oder Überschlagens des Arbeitsmittels, hat der Arbeitgeber durch folgende Einrichtungen sicherzustellen, dass mitfahrende Beschäftigte nicht durch Überschlagen oder Kippen des Arbeitsmittels gefährdet werden:

a) eine Einrichtung, die verhindert, dass das Arbeitsmittel um mehr als eine Vierteldrehung kippt,
b) eine Einrichtung, die gewährleistet, dass ein ausreichender Freiraum um mitfahrende Beschäftigte erhalten bleibt, sofern die Kippbewegung mehr als eine Vierteldrehung ausmachen kann, oder
c) eine andere Einrichtung mit gleicher Schutzwirkung.

Falls beim Überschlagen oder Kippen des Arbeitsmittels ein mitfahrender Beschäftigter zwischen Teilen des Arbeitsmittels und dem Boden eingequetscht werden kann, muss ein Rückhaltesystem für den mitfahrenden Beschäftigten vorhanden sein.

1.4 Der Arbeitgeber hat dafür zu sorgen, dass bei Flurförderzeugen Einrichtungen vorhanden sind, die Gefährdungen aufsitzender Beschäftigter infolge Kippens oder Überschlagens der Flurförderzeuge verhindern. Solche Einrichtungen sind zum Beispiel

a) eine Fahrerkabine,
b) Einrichtungen, die das Kippen oder Überschlagen verhindern,
c) Einrichtungen, die gewährleisten, dass bei kippenden oder sich überschlagenden Flurförderzeugen für die aufsitzenden Beschäftigten zwischen Flur und Teilen der Flurförderzeuge ein ausreichender Freiraum verbleibt, oder
d) Einrichtungen, durch die die Beschäftigten auf dem Fahrersitz gehalten werden, sodass sie von Teilen umstürzender Flurförderzeuge nicht erfasst werden können.

1.5 Der Arbeitgeber hat vor der ersten Verwendung von mobilen selbstfahrenden Arbeitsmitteln Maßnahmen zu treffen, damit sie

a) gegen unerlaubtes Ingangsetzen gesichert werden können,
b) so ausgerüstet sind, dass das Ein- und Aussteigen sowie Auf- und Absteigen Beschäftigter gefahrlos möglich ist,
c) mit Vorrichtungen versehen sind, die den Schaden durch einen möglichen Zusammenstoß mehrerer schienengebundener Arbeitsmittel so weit wie möglich verringern,
d) mit einer Bremseinrichtung versehen sind; sofern erforderlich, muss zusätzlich eine Feststelleinrichtung vorhanden sein und eine über leicht zugängliche Befehlseinrichtungen oder eine Automatik ausgelöste Notbremsvorrichtung das Abbremsen und Anhalten im Fall des Versagens der Hauptbremsvorrichtung ermöglichen,
e) über geeignete Hilfsvorrichtungen, wie zum Beispiel Kamera-Monitor-Systeme verfügen, die eine Überwachung des Fahrwegs gewährleisten, falls die direkte Sicht des Fahrers nicht ausreicht, um die Sicherheit anderer Beschäftigter zu gewährleisten,
f) beim Einsatz bei Dunkelheit mit einer Beleuchtungsvorrichtung versehen sind, die für die durchzuführenden Arbeiten geeignet ist und ausreichend Sicherheit für die Beschäftigten bietet,
g) sofern durch sie selbst oder ihre Anhänger oder Ladungen eine Gefährdung durch Brand besteht, ausreichende Brandbekämpfungseinrichtungen besitzen, es sei denn, am Einsatzort sind solche Brandbekämpfungseinrichtungen in ausreichend kurzer Entfernung vorhanden,
h) sofern sie ferngesteuert sind, automatisch anhalten, wenn sie aus dem Kontrollbereich der Steuerung herausfahren,
i) sofern sie automatisch gesteuert sind und unter normalen Einsatzbedingungen mit Beschäftigten zusammenstoßen oder diese einklemmen können, mit entsprechenden Schutzvorrichtungen ausgerüstet sind, es sei denn, dass andere geeignete Vorrichtungen die Möglichkeiten eines Zusammenstoßes vermeiden, und
j) so ausgerüstet sind, dass mitzuführende Lasten und Einrichtungen gegen unkontrollierte Bewegungen gesichert werden können.

1.6 Der Arbeitgeber hat dafür zu sorgen, dass sich Beschäftigte nicht im Gefahrenbereich selbstfahrender Arbeitsmittel aufhalten. Ist die Anwesenheit aus betrieblichen Gründen unvermeidlich, hat der Arbeitgeber Maßnahmen zu treffen, um Gefährdungen der Beschäftigten so gering wie möglich zu halten.

1.7 Der Arbeitgeber hat dafür zu sorgen, dass die Geschwindigkeit von mobilen Arbeitsmitteln, die durch Mitgänger geführt werden, durch den Mitgänger angepasst werden kann. Sie müssen beim Loslassen der Befehlseinrichtungen selbsttätig unverzüglich zum Stillstand kommen.

1.8 Der Arbeitgeber hat dafür zu sorgen, dass Verbindungseinrichtungen mobiler Arbeitsmittel, die miteinander verbunden sind,

a) gegen unbeabsichtigtes Lösen gesichert sind und
b) sich gefahrlos und leicht betätigen lassen.

Der Arbeitgeber hat Vorkehrungen zu treffen, damit mobile Arbeitsmittel oder Zusatzausrüstungen miteinander verbunden oder voneinander getrennt werden können, ohne die Beschäftigten zu gefährden. Solche Verbindungen dürfen sich nicht unbeabsichtigt lösen können.

1.9 Der Arbeitgeber hat dafür zu sorgen, dass

a) selbstfahrende Arbeitsmittel nur von Beschäftigten geführt werden, die hierfür geeignet sind und eine angemessene Unterweisung erhalten haben,
b) für die Verwendung mobiler Arbeitsmittel in einem Arbeitsbereich geeignete Verkehrsregeln festgelegt und eingehalten werden,
c) bei der Verwendung von mobilen Arbeitsmitteln mit Verbrennungsmotor eine gesundheitlich unbedenkliche Atemluft vorhanden ist,
d) mobile Arbeitsmittel so abgestellt und beim Transport sowie bei der Be- und Entladung so gesichert werden, dass unbeabsichtigte Bewegungen der Arbeitsmittel, die zu Gefährdungen der Beschäftigten führen können, vermieden werden.

2. Besondere Vorschriften für die Verwendung von Arbeitsmitteln zum Heben von Lasten

2.1 Der Arbeitgeber hat dafür zu sorgen, dass die Standsicherheit und Festigkeit von Arbeitsmitteln zum Heben von Lasten, ihrer Lastaufnahmeeinrichtungen und gegebenenfalls abnehmbarer Teile jederzeit sichergestellt sind. Hierbei hat er auch besondere Bedingungen wie Witterung, Transport, Auf- und Abbau, mögliche Ausfälle und vorgesehene Prüfungen, auch mit Prüflast, zu berücksichtigen.
Sofern nach der Gefährdungsbeurteilung erforderlich, hat der Arbeitgeber Arbeitsmittel mit einer Einrichtung zu versehen, die ein Überschreiten der zulässigen Tragfähigkeit verhindert. Auch sind Belastungen der Aufhängepunkte oder der Verankerungspunkte an den tragenden Teilen zu berücksichtigen.
Demontierbare und mobile Arbeitsmittel zum Heben von Lasten müssen so aufgestellt und verwendet werden, dass die Standsicherheit des Arbeitsmittels gewährleistet ist und dessen Kippen, Verschieben oder Abrutschen verhindert wird. Der Arbeitgeber hat dafür zu sorgen, dass die korrekte Durchführung der Maßnahmen von einem hierzu besonders eingewiesenen Beschäftigten kontrolliert wird.

2.2 Der Arbeitgeber hat dafür zu sorgen, dass Arbeitsmittel zum Heben von Lasten mit einem deutlich sichtbaren Hinweis auf die zulässige Tragfähigkeit versehen sind. Sofern unterschiedliche Betriebszustände möglich sind, ist die zulässige Tragfähigkeit für die einzelnen Betriebszustände anzugeben. Lastaufnahmeeinrichtungen sind so zu kennzeichnen, dass ihre für eine sichere Verwendung grundlegenden Eigenschaften zu erkennen sind. Arbeitsmittel zum Heben von Beschäftigten müssen hierfür geeignet sein sowie deutlich sichtbar mit Hinweisen auf diesen Verwendungszweck gekennzeichnet werden.

2.3 Der Arbeitgeber hat Maßnahmen zu treffen, die verhindern, dass Lasten
a) sich ungewollt gefährlich verlagern, herabstürzen oder
b) unbeabsichtigt ausgehakt werden können.

Wenn der Aufenthalt von Beschäftigten im Gefahrenbereich nicht verhindert werden kann, muss gewährleistet sein, dass Befehlseinrichtungen zur Steuerung von Bewegungen nach ihrer Betätigung von selbst in die Nullstellung zurückgehen und die eingeleitete Bewegung unverzüglich unterbrochen wird.

2.3.1 Das flurgesteuerte Arbeitsmittel zum Heben von Lasten muss für den steuernden Beschäftigten bei maximaler Fahrgeschwindigkeit jederzeit beherrschbar sein.

2.3.2 Der Arbeitgeber hat dafür zu sorgen, dass Arbeitsmittel zum Heben von Lasten bei Hub-, Fahr- und Drehbewegungen abgebremst und ungewollte Bewegungen des Arbeitsmittels verhindert werden können.

2.3.3 Kraftbetriebene Hubbewegungen des Arbeitsmittels zum Heben von Lasten müssen begrenzt sein. Schienenfahrbahnen müssen mit Fahrbahnbegrenzungen ausgerüstet sein.

2.3.4 Können beim Verwenden von Arbeitsmitteln zum Heben von Lasten Beschäftigte gefährdet werden und befindet sich die Befehlseinrichtung nicht in der Nähe der Last, müssen die Arbeitsmittel mit Warneinrichtungen ausgerüstet sein.

2.3.5 Der Rückschlag von Betätigungseinrichtungen handbetriebener Arbeitsmittel zum Heben von Lasten muss begrenzt sein.

2.4 Beim Heben oder Fortbewegen von Beschäftigten sind insbesondere die folgenden besonderen Maßnahmen zu treffen:
a) Gefährdungen durch Absturz eines Lastaufnahmemittels sind mit geeigneten Vorrichtungen zu verhindern; Lastaufnahmemittel sind an jedem Arbeitstag auf einwandfreien Zustand zu kontrollieren,
b) das Herausfallen von Beschäftigten aus dem Personenaufnahmemittel des Arbeitsmittels zum Heben von Lasten ist zu verhindern,
c) Gefährdungen durch Quetschen oder Einklemmen der Beschäftigten oder Zusammenstoß von Beschäftigten mit Gegenständen sind zu vermeiden,
d) bei Störungen im Personenaufnahmemittel sind festsitzende Beschäftigte vor Gefährdungen zu schützen und müssen gefahrlos befreit werden können.

Der Arbeitgeber hat dafür zu sorgen, dass das Heben von Beschäftigten nur mit hierfür vorgesehenen Arbeitsmitteln einschließlich der notwendigen Zusatzausrüstungen erfolgt. Abweichend davon ist das Heben von Beschäftigten mit hierfür nicht vorgesehenen Arbeitsmitteln ausnahmsweise zulässig, wenn
a) die Sicherheit der Beschäftigten auf andere Weise gewährleistet ist,
b) bei der Tätigkeit eine angemessene Aufsicht durch einen anwesenden besonders eingewiesenen Beschäftigten sichergestellt ist,
c) der Steuerstand des Arbeitsmittels ständig besetzt ist,

d) der mit der Steuerung des Arbeitsmittels beauftragte Beschäftigte hierfür besonders eingewiesen ist,
e) sichere Mittel zur Verständigung zur Verfügung stehen und
f) ein Bergungsplan für den Gefahrenfall vorliegt.

2.5 Der Arbeitgeber hat dafür zu sorgen, dass
a) Beschäftigte nicht durch hängende Lasten gefährdet werden, insbesondere hängende Lasten nicht über ungeschützte Bereiche, an denen sich für gewöhnlich Beschäftigte aufhalten, bewegt werden,
b) Lasten sicher angeschlagen werden,
c) Lasten, Lastaufnahme- sowie Anschlagmittel sich nicht unbeabsichtigt lösen oder verschieben können,
d) den Beschäftigten bei der Verwendung von Lastaufnahme- und Anschlagmitteln angemessene Informationen über deren Eigenschaften und zulässigen Einsatzgebiete zur Verfügung stehen,
e) Verbindungen von Anschlagmitteln deutlich gekennzeichnet sind, sofern sie nach der Verwendung nicht getrennt werden,
f) Lastaufnahme- und Anschlagmittel entsprechend den zu handhabenden Lasten, den Greifpunkten, den Einhakvorrichtungen, den Witterungsbedingungen sowie der Art und Weise des Anschlagens ausgewählt werden und
g) Lasten nicht mit kraftschlüssig wirkenden Lastaufnahmemitteln über ungeschützte Beschäftigte geführt werden.

2.6 Lastaufnahme- und Anschlagmittel sind so aufzubewahren, dass sie nicht beschädigt werden können und ihre Funktionsfähigkeit nicht beeinträchtigt werden kann.

2.7 Besondere Vorschriften für die Verwendung von Arbeitsmitteln zum Heben von nicht geführten Lasten

2.7.1 Überschneiden sich die Aktionsbereiche von Arbeitsmitteln zum Heben von nicht geführten Lasten, sind geeignete Maßnahmen zu treffen, um Gefährdungen durch Zusammenstöße der Arbeitsmittel zu verhindern. Ebenso sind geeignete Maßnahmen zu treffen, um Gefährdungen von Beschäftigten durch Zusammenstöße von diesen mit nicht geführten Lasten zu verhindern.

2.7.2 Es sind geeignete Maßnahmen gegen Gefährdungen von Beschäftigten durch Abstürzen von nicht geführten Lasten zu treffen. Kann der Beschäftigte, der ein Arbeitsmittel zum Heben von nicht geführten Lasten steuert, die Last weder direkt noch durch Zusatzgeräte über den gesamten Weg beobachten, ist er von einem anderen Beschäftigten einzuweisen.

2.7.3 Der Arbeitgeber hat dafür zu sorgen, dass
a) nicht geführte Lasten sicher von Hand ein- und ausgehängt werden können,
b) die Beschäftigten den Hebe- und Transportvorgang direkt oder indirekt steuern können,
c) alle Hebevorgänge mit nicht geführten Lasten so geplant und durchgeführt werden, dass die Sicherheit der Beschäftigten gewährleistet ist. Soll eine nicht geführte Last gleichzeitig durch zwei oder mehrere Arbeitsmittel angehoben werden, ist ein Verfahren festzulegen und zu überwachen, das die Zusammenarbeit der Beschäftigten sicherstellt,

d) nur solche Arbeitsmittel zum Heben von nicht geführten Lasten eingesetzt werden, die diese Lasten auch bei einem teilweisen oder vollständigen Energieausfall sicher halten; ist dies nicht möglich, sind geeignete Maßnahmen zu treffen, damit die Sicherheit der Beschäftigten gewährleistet ist. Hängende, nicht geführte Lasten müssen ständig beobachtet werden, es sei denn, der Zugang zum Gefahrenbereich wird verhindert, die Last wurde sicher eingehängt und wird im hängenden Zustand sicher gehalten,
e) die Verwendung von Arbeitsmitteln zum Heben von nicht geführten Lasten im Freien eingestellt wird, wenn die Witterungsbedingungen die sichere Verwendung des Arbeitsmittels beeinträchtigen, und
f) die vom Hersteller des Arbeitsmittels zum Heben nicht geführter Lasten vorgegebenen Maßnahmen getroffen werden; dies gilt insbesondere für Maßnahmen gegen das Umkippen des Arbeitsmittels.

3. Besondere Vorschriften für die Verwendung von Arbeitsmitteln bei zeitweiligem Arbeiten auf hoch gelegenen Arbeitsplätzen

3.1 Allgemeine Mindestanforderungen

3.1.1 Diese Anforderungen gelten bei zeitweiligen Arbeiten an hoch gelegenen Arbeitsplätzen unter Verwendung von

a) Gerüsten einschließlich deren Auf-, Um- und Abbau,
b) Leitern sowie
c) von Zugangs- und Positionierungsverfahren unter der Zuhilfenahme von Seilen.

3.1.2 Können zeitweilige Arbeiten an hoch gelegenen Arbeitsplätzen nicht auf sichere Weise und unter angemessenen ergonomischen Bedingungen von einer geeigneten Standfläche aus durchgeführt werden, sind Maßnahmen zu treffen, mit denen die Gefährdung der Beschäftigten so gering wie möglich gehalten wird.
Bei der Auswahl der Zugangsmittel zu hoch gelegenen Arbeitsplätzen, an denen zeitweilige Arbeiten ausgeführt werden, sind der zu überwindende Höhenunterschied sowie Art, Dauer und Häufigkeit der Verwendung zu berücksichtigen. Arbeitsstelzen sind grundsätzlich nicht als geeignete Arbeitsmittel anzusehen. Die ausgewählten Zugangsmittel müssen auch die Flucht bei drohender Gefahr ermöglichen. Beim Zugang zum hoch gelegenen Arbeitsplatz sowie beim Abgang von diesem dürfen keine zusätzlichen Absturzgefährdungen entstehen.

3.1.3 Alle Einrichtungen, die als zeitweilige hoch gelegene Arbeitsplätze oder als Zugänge hierzu dienen, müssen insbesondere so beschaffen, bemessen, aufgestellt, unterstützt, ausgesteift und verankert sein, dass sie die bei der vorgesehenen Verwendung anfallenden Lasten aufnehmen und ableiten können. Die Einrichtungen dürfen nicht überlastet werden und müssen auch während der einzelnen Bauzustände und der gesamten Nutzungszeit standsicher sein.

3.1.4 Die Verwendung von Leitern als hoch gelegene Arbeitsplätze und von Zugangs- und Positionierungsverfahren unter Zuhilfenahme von Seilen ist nur in solchen Fällen zulässig, in denen

a) wegen der geringen Gefährdung und wegen der geringen Dauer der Verwendung die Verwendung anderer, sichererer Arbeitsmittel nicht verhältnismäßig ist und
b) die Gefährdungsbeurteilung ergibt, dass die Arbeiten sicher durchgeführt werden können.

3.1.5 An Arbeitsmitteln mit Absturzgefährdung sind Absturzsicherungen vorzusehen. Diese Vorrichtungen müssen so gestaltet und so beschaffen sein, dass Abstürze verhindert und Verletzungen der Beschäftigten so weit wie möglich vermieden werden. Feste Absturzsicherungen dürfen nur an Zugängen zu Leitern oder Treppen unterbrochen werden. Lassen sich im Einzelfall feste Absturzsicherungen nicht verwenden, müssen stattdessen andere Einrichtungen zum Auffangen abstürzender Beschäftigter vorhanden sein (zum Beispiel Auffangnetze). Individuelle Absturzsicherungen für die Beschäftigten sind nur ausnahmsweise im begründeten Einzelfall zulässig.

3.1.6 Kann eine Tätigkeit nur ausgeführt werden, wenn eine feste Absturzsicherung vorübergehend entfernt wird, so müssen wirksame Ersatzmaßnahmen für die Sicherheit der Beschäftigten getroffen werden. Die Tätigkeit darf erst ausgeführt werden, wenn diese Maßnahmen umgesetzt worden sind. Ist die Tätigkeit vorübergehend oder endgültig abgeschlossen, müssen die festen Absturzsicherungen unverzüglich wieder angebracht werden.

3.1.7 Beim Auf- und Abbau von Gerüsten sind auf der Grundlage der Gefährdungsbeurteilung geeignete Schutzmaßnahmen zu treffen, durch welche die Sicherheit der Beschäftigten stets gewährleistet ist.

3.1.8 Zeitweilige Arbeiten an hoch gelegenen Arbeitsplätzen dürfen im Freien unter Verwendung von Gerüsten einschließlich deren Auf-, Um- und Abbau sowie von Leitern und von Zugangs- und Positionierungsverfahren unter der Zuhilfenahme von Seilen nur dann ausgeführt werden, wenn die Witterungsverhältnisse die Sicherheit und die Gesundheit der Beschäftigten nicht beeinträchtigen. Insbesondere dürfen die Arbeiten nicht begonnen oder fortgesetzt werden, wenn witterungsbedingt, insbesondere durch starken oder böigen Wind, Vereisung oder Schneeglätte, die Möglichkeit besteht, dass Beschäftigte abstürzen oder durch herabfallende oder umfallende Teile verletzt werden.

3.2 Besondere Vorschriften für die Verwendung von Gerüsten

3.2.1 Kann das gewählte Gerüst nicht nach einer allgemein anerkannten Regelausführung errichtet werden, ist für das Gerüst oder einzelne Bereiche davon eine gesonderte Festigkeits- und Standfestigkeitsberechnung vorzunehmen.

3.2.2 Der für die Gerüstbauarbeiten verantwortliche Arbeitgeber oder eine von ihm bestimmte fachkundige Person hat je nach Komplexität des gewählten Gerüsts einen Plan für Aufbau, Verwendung und Abbau zu erstellen. Dabei kann es sich um eine allgemeine Aufbau- und Verwendungsanleitung handeln, die durch Detailangaben für das jeweilige Gerüst ergänzt wird.

3.2.3 Die Standsicherheit des Gerüsts muss sichergestellt sein. Der Arbeitgeber hat dafür zu sorgen, dass Gerüste, die freistehend nicht standsicher sind, vor der Verwendung verankert werden. Die Ständer eines Gerüsts sind vor der Möglichkeit des Verrutschens zu schützen, indem sie an der Auflagefläche durch eine Gleitschutzvorrichtung oder durch ein anderes, gleich geeignetes Mittel fixiert werden. Die belastete Fläche muss eine ausreichende Tragfähigkeit haben. Ein unbeabsichtigtes Fortbewegen von fahrbaren Gerüsten während der Arbeiten an hoch gelegenen Arbeitsplätzen muss durch geeignete Vorrichtungen verhindert werden. Während des Aufenthalts von Beschäftigten auf einem fahrbaren Gerüst darf dieses nicht vom Standort fortbewegt werden.

3.2.4 Die Abmessungen, die Form und die Anordnung der Lauf- und Arbeitsflächen auf Gerüsten müssen für die auszuführende Tätigkeit geeignet sein. Sie müssen an die zu erwartende Beanspruchung angepasst sein und ein gefahrloses Begehen erlauben. Sie sind dicht aneinander und so zu verlegen, dass sie bei normaler Verwendung nicht wippen und nicht verrutschen können. Zwischen den einzelnen Gerüstflächen und dem Seitenschutz darf kein Zwischenraum vorhanden sein, der zu Gefährdungen von Beschäftigten führen kann.

3.2.5 Sind bestimmte Teile eines Gerüsts nicht verwendbar, insbesondere während des Auf-, Ab- oder Umbaus, sind diese Teile mit dem Verbotszeichen »Zutritt verboten« zu kennzeichnen und durch Absperrungen, die den Zugang zu diesen Teilen verhindern, angemessen abzugrenzen.

3.2.6 Der Arbeitgeber hat dafür zu sorgen, dass Gerüste nur unter der Aufsicht einer fachkundigen Person und nach Unterweisung nach § 12 von fachlich hierfür geeigneten Beschäftigten auf-, ab- oder umgebaut werden. Die Unterweisung hat sich insbesondere zu erstrecken auf Informationen über

a) den Plan für den Auf-, Ab- oder Umbau des betreffenden Gerüsts,
b) den sicheren Auf-, Ab- oder Umbau des betreffenden Gerüsts,
c) vorbeugende Maßnahmen gegen Gefährdungen von Beschäftigten durch Absturz oder des Herabfallens von Gegenständen,
d) Sicherheitsvorkehrungen für den Fall, dass sich die Witterungsverhältnisse so verändern, dass die Sicherheit und Gesundheit der betroffenen Beschäftigten beeinträchtigt werden können,
e) zulässige Belastungen,
f) alle anderen, möglicherweise mit dem Auf-, Ab- oder Umbau verbundenen Gefährdungen.

Der fachkundigen Person, die die Gerüstarbeiten beaufsichtigt, und den betroffenen Beschäftigten muss der in Nummer 3.2.2 vorgesehene Plan mit allen darin enthaltenen Anweisungen vor Beginn der Tätigkeit vorliegen.

3.3 Besondere Vorschriften für die Verwendung von Leitern

3.3.1 Der Arbeitgeber darf Beschäftigten nur solche Leitern zur Verfügung stellen, die nach ihrer Bauart für die jeweils auszuführende Tätigkeit geeignet sind.

3.3.2 Leitern müssen während der Verwendung standsicher und sicher begehbar aufgestellt sein. Leitern müssen zusätzlich gegen Umstürzen gesichert werden, wenn die Art der auszuführenden Tätigkeit dies erfordert. Tragbare Leitern müssen so auf einem tragfähigen, unbeweglichen und ausreichend dimensionierten Untergrund stehen, dass die Stufen in horizontaler Stellung bleiben. Hängeleitern sind gegen unbeabsichtigtes Aushängen zu sichern. Sie müssen sicher und mit Ausnahme von Strickleitern so befestigt sein, dass sie nicht verrutschen oder in eine Pendelbewegung geraten können.

3.3.3 Das Verrutschen der Leiterfüße von tragbaren Leitern ist während der Verwendung dieser Leitern entweder durch Fixierung des oberen oder unteren Teils der Holme, durch eine Gleitschutzvorrichtung oder durch eine andere, gleich geeignete Maßnahme zu verhindern. Leitern, die als Aufstieg verwendet werden, müssen so beschaffen sein, dass sie weit genug über die Austrittsstelle hinausragen, sofern nicht andere Vorrichtungen ein sicheres Festhalten erlauben. Aus mehreren Teilen bestehende Steckleitern oder Schiebeleitern sind so zu verwenden, dass die Leiterteile unbeweglich miteinander verbunden bleiben. Fahrbare Leitern sind vor ihrer Verwendung so zu arretieren, dass sie nicht wegrollen können.

3.3.4 Leitern sind so zu verwenden, dass die Beschäftigten jederzeit sicher stehen und sich sicher festhalten können. Muss auf einer Leiter eine Last getragen werden, darf dies ein sicheres Festhalten nicht verhindern.

3.4 Besondere Vorschriften für Zugangs- und Positionierungsverfahren unter Zuhilfenahme von Seilen

3.4.1 Bei der Verwendung eines Zugangs- und Positionierungsverfahrens unter Zuhilfenahme von Seilen müssen folgende Bedingungen erfüllt sein:

a) Das System muss aus mindestens zwei getrennt voneinander befestigten Seilen bestehen, wobei eines als Zugangs-, Absenk- und Haltemittel (Arbeitsseil) und das andere als Sicherungsmittel (Sicherungsseil) dient.
b) Der Arbeitgeber hat dafür zu sorgen, dass die Beschäftigten geeignete Auffanggurte verwenden, über die sie mit dem Sicherungsseil verbunden sind.
c) In dem System ist ein Sitz mit angemessenem Zubehör vorzusehen, der mit dem Arbeitsseil verbunden ist.
d) Das Arbeitsseil muss mit sicheren Mitteln für das Auf- und Abseilen ausgerüstet werden. Hierzu gehört ein selbstsicherndes System, das einen Absturz verhindert, wenn Beschäftigte die Kontrolle über ihre Bewegungen verlieren. Das Sicherungsseil ist mit einer bewegungssynchron mitlaufenden, beweglichen Absturzsicherung auszurüsten.
e) Werkzeug und anderes Zubehör, das von den Beschäftigten verwendet werden soll, ist an deren Auffanggurt oder Sitz oder unter Rückgriff auf andere, gleich geeignete Mittel so zu befestigen, dass es nicht abfällt und leicht erreichbar ist.
f) Die Arbeiten sind sorgfältig zu planen und zu beaufsichtigen. Der Arbeitgeber hat dafür zu sorgen, dass den Beschäftigten bei Bedarf unmittelbar Hilfe geleistet werden kann.
g) Die Beschäftigten, die Zugangs- und Positionierungsverfahren unter Zuhilfenahme von Seilen verwenden, müssen in den vorgesehenen Arbeitsverfahren, insbesondere in Bezug auf die Rettungsverfahren, besonders eingewiesen sein.

3.4.2 Abweichend von Nummer 3.4.1 ist die Verwendung eines einzigen Seils zulässig, wenn die Gefährdungsbeurteilung ergibt, dass die Verwendung eines zweiten Seils eine größere Gefährdung bei den Arbeiten darstellen würde, und geeignete Maßnahmen getroffen werden, um die Sicherheit der Beschäftigten auf andere Weise zu gewährleisten. Dies ist in der Dokumentation der Gefährdungsbeurteilung darzulegen.

4. Besondere Vorschriften für Aufzugsanlagen

4.1 Wer eine Aufzugsanlage nach Anhang 2 Abschnitt 2 Nummer 2 Buchstabe a betreibt, hat dafür zu sorgen, dass im Fahrkorb der Aufzugsanlage ein Zweiwege-Kommunikationssystem wirksam ist, über das ein Notdienst ständig erreicht werden kann. Bei Aufzugsanlagen nach Satz 1 ist ein Notfallplan anzufertigen und einem Notdienst vor der Inbetriebnahme zur Verfügung zu stellen, damit dieser auf Notrufe unverzüglich angemessen reagieren und umgehend sachgerechte Hilfemaßnahmen einleiten kann. Sofern kein Notdienst vorhanden sein muss, ist der Notfallplan nach Satz 2 in der Nähe der Aufzugsanlage anzubringen. Der Notfallplan nach Satz 2 muss mindestens enthalten:

a) Standort der Aufzugsanlage,
b) Angaben zum verantwortlichen Arbeitgeber,
c) Angaben zu den Personen, die Zugang zu allen Einrichtungen der Anlage haben,
d) Angaben zu den Personen, die eine Befreiung Eingeschlossener vornehmen können,
e) Kontaktdaten der Personen, die Erste Hilfe leisten können (zum Beispiel Notarzt oder Feuerwehr),
f) Angaben zum voraussichtlichen Beginn einer Befreiung und
g) die Notbefreiungsanleitung für die Aufzugsanlage.

Die Notbefreiungsanleitung und die zur Befreiung Eingeschlossener erforderlichen Einrichtungen sind vor der Inbetriebnahme in unmittelbarer Nähe der Anlage bereitzustellen. Wer eine Aufzugsanlage nach Anhang 2 Abschnitt 2 Nummer 2 Buchstabe b betreibt, in der eine Person eingeschlossen werden kann, hat dafür zu sorgen, dass diese Hilfe herbeirufen kann. Bei diesen Aufzugsanlagen gelten die Sätze 2 bis 5 entsprechend.

4.2 Wer eine Aufzugsanlage nach Anhang 2 Abschnitt 2 Nummer 2 betreibt, hat Instandhaltungsmaßnahmen nach § 10 unter Berücksichtigung von Art und Intensität der Nutzung der Anlage zu treffen.

4.3 Im unmittelbaren Bereich einer Aufzugsanlage nach Anhang 2 Abschnitt 2 Nummer 2 dürfen keine Einrichtungen vorhanden sein, die den sicheren Betrieb gefährden können.

4.4 Der Arbeitgeber hat dafür zu sorgen, dass Personen-Umlaufaufzüge nur von durch ihn eingewiesenen Beschäftigten verwendet werden. Der Arbeitgeber darf Personenumlaufaufzüge von anderen Personen als Beschäftigten nur verwenden lassen, wenn er geeignete Maßnahmen zum Schutz anderer Personen vor Gefährdungen durch Personenumlaufaufzüge trifft. Soweit technische Schutzmaßnahmen nicht möglich sind oder nicht ausreichen, hat der Arbeitgeber den erforderlichen Schutz dieser Personen durch andere Maßnahmen sicherzustellen; insbesondere hat er den anderen Personen mögliche Gefährdungen bei der Verwendung von Personenumlaufaufzügen bekannt zu machen, die notwendigen Verhaltensregeln für die Benutzung festzulegen und die erforderlichen Vorkehrungen dafür zu treffen, dass diese Verhaltensregeln von den anderen Personen beachtet werden.

4.5 Der Triebwerksraum einer Aufzugsanlage nach Anhang 2 Abschnitt 2 Nummer 2 darf nur zugangsberechtigten Personen zugänglich sein.

4.6 Wer eine Aufzugsanlage nach Anhang 2 Abschnitt 2 Nummer 2 betreibt, hat sie regelmäßig auf offensichtliche Mängel, die die sichere Verwendung beeinträchtigen können, zu kontrollieren.

5. Besondere Vorschriften für Druckanlagen

5.1 Für die Erprobung von Druckanlagen ist ein schriftliches Arbeitsprogramm aufzustellen. Darin sind die einzelnen Schritte und die hierfür aufgrund der Gefährdungsbeurteilung festzulegenden Maßnahmen aufzunehmen, damit die mit der Erprobung verbundenen Risiken so gering wie möglich bleiben.
5.2 Druckanlagen dürfen nur so aufgestellt und betrieben werden, dass Beschäftigte oder andere Personen nicht gefährdet werden.
5.3 Dampfkesseln muss die zum sicheren Betrieb erforderliche Speisewassermenge zugeführt werden, solange sie beheizt werden.
5.4 Druckgase dürfen nur in geeignete Behälter abgefüllt werden.

Anhang 2
Prüfvorschriften für überwachungsbedürftige Anlagen

(zu den §§ 15 und 16)

Abschnitt 1
Zugelassene Überwachungsstellen

1. Zulassung von Überwachungsstellen
Zugelassene Überwachungsstellen für die Prüfungen, die nach diesem Anhang vorgeschrieben oder angeordnet sind, sind Stellen nach § 2 Nummer 4 des Gesetzes über überwachungsbedürftige Anlagen. Als Voraussetzung für die Zulassung als zugelassene Überwachungsstelle muss eine Prüfstelle über die Anforderungen der §§ 15 bis 17 und § 20 des Gesetzes über überwachungsbedürftige Anlagen hinaus folgende Voraussetzungen für die Zulassung erfüllen:
Die zugelassene Überwachungsstelle muss

a) eine Haftpflichtversicherung mit einer Deckungssumme von mindestens 2,5 Millionen Euro besitzen,
b) mindestens die Prüfung aller überwachungsbedürftigen Anlagen jeweils nach Abschnitt 2, 3 oder 4 vornehmen können,
c) eine Leitung haben, welche die Gesamtverantwortung dafür trägt, dass die Prüftätigkeiten in Übereinstimmung mit den Bestimmungen dieser Verordnung durchgeführt werden,
d) ein angemessenes, wirksames Qualitätssicherungssystem mit regelmäßiger interner Auditierung anwenden,
e) gewährleisten, dass die mit Prüfungen beschäftigten Personen nur mit solchen Aufgaben betraut werden, bei deren Erledigung die Unparteilichkeit der Personen gewahrt bleibt, und
f) über ein Vergütungssystem verfügen, bei dem die Vergütung der mit den Prüfungen beschäftigten Personen weder unmittelbar von der Anzahl der durchgeführten Prüfungen noch von deren Ergebnissen abhängt.

2. Zulassung von Prüfstellen von Unternehmen und Unternehmensgruppen
Prüfstellen von Unternehmen oder Unternehmensgruppen gemäß § 20 Absatz 1 des Gesetzes über überwachungsbedürftige Anlagen dürfen nur für Prüfungen an

überwachungsbedürftigen Anlagen im Sinne der Abschnitte 3 und 4 zugelassen werden.

Abschnitt 2
Aufzugsanlagen

1. Anwendungsbereich und Ziel

Dieser Abschnitt ist für die Prüfung der in Nummer 2 aufgeführten Aufzugsanlagen vor der erstmaligen Inbetriebnahme und nach prüfpflichtigen Änderungen sowie für wiederkehrende Prüfungen anzuwenden. Die Prüfungen sind mit dem Ziel durchzuführen, den sicheren Betrieb der Aufzugsanlage bis zur nächsten Prüfung zu gewährleisten. Zur Prüfung gehören auch alle aufzugsexternen Sicherheitseinrichtungen, die für die sichere Verwendung der Aufzugsanlage erforderlich sind, wie Überdrucklüftungsanlage oder Notstromversorgung von Feuerwehraufzügen. Bei den Prüfungen nach diesem Abschnitt sollen gleichwertige Ergebnisse von Prüfungen nach anderen Rechtsvorschriften des Bundes und der Länder berücksichtigt werden.

2. Begriffsbestimmungen

Aufzugsanlagen im Sinne von Nummer 1 sind:

a) Aufzugsanlagen im Sinne der Richtlinie 2014/33/EU des Europäischen Parlaments und des Rates vom 26. Februar 2014 zur Angleichung der Rechtsvorschriften der Mitgliedstaaten über Aufzüge und Sicherheitsbauteile für Aufzüge (ABl. L 96 vom 29. 3. 2014, S. 251),

b) Maschinen im Sinne des Anhangs IV Ziffer 17 der Richtlinie 2006/42/EG des Europäischen Parlaments und des Rates vom 17. Mai 2006 über Maschinen und zur Änderung der Richtlinie 95/16/EG (Neufassung) (ABl. L 157 vom 9. 6. 2006, S. 24), sofern es sich um Maschinen handelt, die
   - aa) vorübergehend ein- oder angebaut werden, um Personen oder Personen und Güter während Bau- oder Instandsetzungsarbeiten auf die unterschiedlichen Stockwerksebenen eines Gebäudes oder Ebenen eines Gerüsts oder Bauwerks zu befördern (Baustellenaufzüge), oder
   - bb) ortsfest und dauerhaft montiert, installiert und verwendet werden; hierzu gehören auch Gebäuden zugeordnete Anlagen, die dazu bestimmt sind, Personen mit und ohne Arbeitsgerät und Material aufzunehmen, und deren an Tragmitteln hängende Arbeitsbühnen durch Hubwerke oder durch Hubwerke und Fahrwerke bewegt werden (Fassadenbefahranlagen).

   Ausgenommen sind folgende Maschinen:
   - aa) Schiffshebewerke,
   - bb) Geräte und Anlagen zur Regalbedienung,
   - cc) Fahrtreppen und Fahrsteige,
   - dd) Schrägbahnen, jedoch nicht Schrägaufzüge,
   - ee) handbetriebene Aufzugsanlagen,
   - ff) Fördereinrichtungen, die mit Kranen fest verbunden und zur Beförderung der Kranführer bestimmt sind,
   - gg) versenkbare Steuerhäuser auf Binnenschiffen,

c) Personen-Umlaufaufzüge.

3. Prüfung von Aufzugsanlagen vor Inbetriebnahme und nach prüfpflichtigen Änderungen

3.1 Aufzugsanlagen im Sinne von Nummer 2 Satz 1 sind vor erstmaliger Inbetriebnahme von einer zugelassenen Überwachungsstelle zu prüfen.

3.2 Aufzugsanlagen im Sinne von Nummer 2 sind vor Wiederinbetriebnahme nach prüfpflichtigen Änderungen von einer zugelassenen Überwachungsstelle zu prüfen.

3.3 Bei der Prüfung nach den Nummern 3.1 und 3.2 ist zu prüfen, ob

a) die technischen Unterlagen, wie beispielsweise die EG-Konformitätserklärung und der Notfallplan, vorhanden sind und der Inhalt der Notbefreiungsanleitung plausibel ist,

b) die Aufzugsanlage entsprechend dieser Verordnung errichtet wurde und sicher verwendet werden kann und

c) die elektrische Anlage der Aufzugsanlage vorschriftsmäßig und, soweit erforderlich, die Notrufweiterleitung an eine ständig besetzte Stelle gewährleistet ist.

Die Prüfung nach einer prüfpflichtigen Änderung darf sich darauf beschränken, zu prüfen, ob die Aufzugsanlage vorschriftsmäßig geändert wurde und sicher funktioniert.

4. Wiederkehrende Prüfungen von Aufzugsanlagen

4.1 Aufzugsanlagen im Sinne von Nummer 2 sind regelmäßig wiederkehrend von einer zugelassenen Überwachungsstelle zu prüfen (Hauptprüfung). Die Prüfung schließt die Prüfung der Sicherheit der elektrischen Anlage, soweit dies für die Beurteilung der sicheren Verwendung der Aufzugsanlage erforderlich ist, mit ein. Die Fristen für die wiederkehrenden Prüfungen sind vom Arbeitgeber nach § 3 Absatz 6 unter Berücksichtigung der erforderlichen Instandhaltungsmaßnahmen nach Anhang 1 Nummer 4.2 festzulegen. Die Prüffrist darf zwei Jahre nicht überschreiten. § 16 Absatz 2 gilt entsprechend. Stellt die zugelassene Überwachungsstelle bei einer Prüfung fest, dass die Prüffrist unzutreffend festgelegt ist, hat der Arbeitgeber in Abstimmung mit der zugelassenen Überwachungsstelle die Prüffrist zu verkürzen. Ist der Arbeitgeber mit der Verkürzung nicht einverstanden, hat er eine Entscheidung der zuständigen Behörde herbeizuführen.

4.2 Bei der Prüfung nach Nummer 4.1 Satz 1 ist festzustellen, ob

a) die für die Prüfung benötigten technischen Unterlagen, insbesondere die EG-Konformitätserklärung und der Notfallplan, vorhanden sind und der Inhalt der Notbefreiungsanleitung plausibel ist und

b) sich die Aufzugsanlage in einem dieser Verordnung entsprechenden Zustand befindet und sicher verwendet werden kann.

4.3 Zusätzlich zu der Prüfung nach Nummer 4.1 ist in der Mitte des Prüfzeitraums zwischen zwei Prüfungen nach Nummer 4.1 eine Prüfung durchzuführen (Zwischenprüfung). § 14 Absatz 5 gilt entsprechend. Die Prüfung nach Satz 1 umfasst Sicht- und einfache Funktionsprüfungen sicherheitstechnischer Einrichtungen und die Prüfung ausgewählter sicherheitsrelevanter Bauteile. Die Prüfung ist von einer zugelassenen Überwachungsstelle durchzuführen.

Abschnitt 3
Explosionsgefährdungen

1. Anwendungsbereich und Ziel

Dieser Abschnitt gilt für Prüfungen von Arbeitsmitteln und für Prüfungen der Maßnahmen in explosionsgefährdeten Bereichen nach § 2 Absatz 14 der Gefahrstoffverordnung. Die Prüfungen sind mit dem Ziel durchzuführen, den Schutz vor Gefährdungen durch Explosionen und Brände mindestens bis zur nächsten Prüfung sicherzustellen. Bei den Prüfungen sind auch die Eignung und die Funktionsfähigkeit der technischen Schutzmaßnahmen festzustellen, die nach dieser Verordnung und der Gefahrstoffverordnung getroffen wurden. Bei den Prüfungen nach diesem Abschnitt sollen gleichwertige Ergebnisse von Prüfungen nach anderen Rechtsvorschriften des Bundes und der Länder berücksichtigt werden.

2. Begriffsbestimmung

Anlagen in explosionsgefährdeten Bereichen sind die Gesamtheit der explosionsschutzrelevanten Arbeitsmittel einschließlich der Verbindungselemente sowie der explosionsschutzrelevanten Gebäudeteile.

3. Zur Prüfung befähigte Personen

3.1 Eine zur Prüfung befähigte Person im Sinne dieses Abschnitts muss über die in § 2 Absatz 6 genannte Qualifikation hinaus

a) über eine einschlägige technische Berufsausbildung oder eine andere für die vorgesehenen Prüfungsaufgaben ausreichende technische Qualifikation verfügen,

b) über eine mindestens einjährige Erfahrung mit der Herstellung, dem Zusammenbau, dem Betrieb oder der Instandhaltung der zu prüfenden Anlagen oder Anlagenkomponenten im Sinne dieses Abschnitts verfügen und

c) ihre Kenntnisse über Explosionsgefährdungen durch Teilnahme an Schulungen oder Unterweisungen auf aktuellem Stand halten.

3.2 Zur Prüfung befähigte Personen müssen für die Durchführung von Prüfungen nach Nummer 4.2 über eine behördliche Anerkennung verfügen. Die Anerkennung ist zu erteilen, wenn die zur Prüfung befähigten Personen über die für die Prüfaufgabe erforderliche Qualifikation und Zuverlässigkeit sowie die notwendigen Prüfeinrichtungen verfügen.

3.3 Abweichend von Nummer 3.1 muss eine zur Prüfung befähigte Person, die Prüfungen nach den Nummern 4.1 und 5.1 durchführt,

a) über die in § 2 Absatz 6 genannte Qualifikation hinaus, eine der folgenden Qualifikationen besitzen:
   aa) ein einschlägiges Studium,
   bb) eine einschlägige Berufsausbildung,
   cc) eine vergleichbare technische Qualifikation oder
   dd) eine andere technische Qualifikation mit langjähriger Erfahrung auf dem Gebiet der Sicherheitstechnik,

b) umfassende Kenntnisse des Explosionsschutzes einschließlich des zugehörigen Regelwerkes besitzen,

c) eine einschlägige Berufserfahrung aus einer zeitnahen Tätigkeit nachweisen können,

d) ihre Kenntnisse zum Explosionsschutz auf aktuellem Stand halten und
e) sich regelmäßig durch Teilnahme an einem einschlägigen Erfahrungsaustausch auf dem Gebiet des Explosionsschutzes fortbilden.

4. Prüfung vor Inbetriebnahme, nach prüfpflichtigen Änderungen und nach Instandsetzung

4.1 Anlagen in explosionsgefährdeten Bereichen sind vor der erstmaligen Inbetriebnahme und vor der Wiederinbetriebnahme nach prüfpflichtigen Änderungen auf Explosionssicherheit zu prüfen. Hierbei sind das im Explosionsschutzdokument nach § 6 Absatz 9 Nummer 2 der Gefahrstoffverordnung dargelegte Explosionsschutzkonzept und die Zoneneinteilung zu berücksichtigen. Bei der Prüfung ist festzustellen, ob

a) die für die Prüfung benötigten technischen Unterlagen vollständig vorhanden sind und ihr Inhalt plausibel ist,
b) die Anlage entsprechend dieser Verordnung errichtet wurde und in einem sicheren Zustand ist,
c) die festgelegten technischen Maßnahmen geeignet und funktionsfähig und die festgelegten organisatorischen Maßnahmen geeignet sind und
d) die Prüfungen nach Satz 7 durchgeführt und die dabei festgestellten Mängel behoben wurden.

Die Prüfung nach einer prüfpflichtigen Änderung darf sich darauf beschränken zu prüfen, ob die Anlage im explosionsgefährdeten Bereich entsprechend dieser Verordnung geändert wurde und vorschriftsmäßig funktioniert. Zusätzlich ist bei Anlagen nach § 18 Absatz 1 Satz 1 Nummer 3 bis 7 zu prüfen, ob die erforderlichen Maßnahmen zum Brandschutz eingehalten sind.

Mit Ausnahme der Anlagen nach § 18 Absatz 1 Satz 1 Nummer 3 bis 7 dürfen die Prüfungen auch von einer zur Prüfung befähigten Person nach Nummer 3.3 durchgeführt werden. Mit Ausnahme von Anlagen nach § 18 Absatz 1 Satz 1 Nummer 3 bis 7 dürfen die Prüfungen von

- Lüftungsanlagen,
- Gaswarneinrichtungen,
- Inertisierungseinrichtungen und
- Geräten, Schutzsystemen, Sicherheits-, Kontroll- und Regelvorrichtungen im Sinne der Richtlinie 2014/34/EU

als Bestandteil einer Anlage in explosionsgefährdeten Bereichen mit ihren Verbindungseinrichtungen und ihren Wechselwirkungen mit anderen Anlagenteilen auch von einer zur Prüfung befähigten Person nach Nummer 3.1 durchgeführt werden.

4.2 Geräte, Schutzsysteme oder Sicherheits-, Kontroll- oder Regelvorrichtungen im Sinne der Richtlinie 2014/34/EU dürfen nach einer Instandsetzung hinsichtlich eines Teils, von dem der Explosionsschutz abhängt, erst wieder in Betrieb genommen werden, nachdem im Rahmen einer Prüfung festgestellt wurde, dass das Teil in den für den Explosionsschutz wesentlichen Merkmalen den gestellten Anforderungen entspricht. Diese Prüfung darf durch eine zur Prüfung befähigte Person nach Nummer 3.2 durchgeführt werden. Satz 1 gilt nicht, wenn Geräte, Schutzsysteme oder Sicherheits-, Kontroll- oder Regelvorrichtungen im Sinne der Richtlinie 2014/34/EU nach der Instandsetzung durch den Hersteller einer Prüfung unterzogen werden und der Hersteller bestätigt, dass das Gerät, das Schutzsystem oder die Sicherheits-, Kontroll- oder Regelvorrichtung in den für den Explosionsschutz wesentlichen Merkmalen den Anforderungen dieser Verordnung entspricht.

5. Wiederkehrende Prüfungen

5.1 Anlagen in explosionsgefährdeten Bereichen sind mindestens alle sechs Jahre auf Explosionssicherheit zu prüfen. Hierbei sind das Explosionsschutzdokument und die Zoneneinteilung zu berücksichtigen. Bei der Prüfung ist festzustellen, ob

a) die für die Prüfung benötigten technischen Unterlagen vollständig vorhanden sind und ihr Inhalt plausibel ist,
b) die Prüfungen nach den Nummern 5.2 und 5.3 durchgeführt und die dabei festgestellten Mängel behoben wurden, oder ob das Instandhaltungskonzept nach Nummer 5.4 geeignet ist und angewendet wird,
c) sich die Anlage in einem dieser Verordnung entsprechenden Zustand befindet und sicher verwendet werden kann und
d) die festgelegten technischen Maßnahmen geeignet und funktionsfähig und die festgelegten organisatorischen Maßnahmen geeignet sind.

Zusätzlich ist bei Anlagen nach § 18 Absatz 1 Satz 1 Nummer 3 bis 7 zu prüfen, ob die erforderlichen Maßnahmen zum Brandschutz eingehalten sind.

Mit Ausnahme der Anlagen nach § 18 Absatz 1 Satz 1 Nummer 3 bis 7 dürfen die Prüfungen auch von einer zur Prüfung befähigten Person nach Nummer 3.3 durchgeführt werden.

5.2 Geräte, Schutzsysteme, Sicherheits-, Kontroll- und Regelvorrichtungen im Sinne der Richtlinie 2014/34/EU mit ihren Verbindungseinrichtungen sind, auch als Bestandteil von Anlagen in explosionsgefährdeten Bereichen nach Nummer 2 und von Anlagen nach § 18 Absatz 1 Satz 1 Nummer 3 bis 7, unter Berücksichtigung von Wechselwirkungen mit anderen Anlagenteilen, wiederkehrend mindestens alle drei Jahre zu prüfen. Die Prüfung kann von einer zur Prüfung befähigten Person nach Nummer 3.1 durchgeführt werden.

5.3 Lüftungsanlagen, Gaswarneinrichtungen und Inertisierungseinrichtungen sind, auch als Bestandteil von Anlagen in explosionsgefährdeten Bereichen nach Nummer 2 und von Anlagen nach § 18 Absatz 1 Satz 1 Nummer 3 bis 7, unter Berücksichtigung von Wechselwirkungen mit anderen Anlagenteilen, wiederkehrend jährlich zu prüfen. Die Prüfung kann von einer zur Prüfung befähigten Person nach Nummer 3.1 durchgeführt werden.

5.4 Auf die wiederkehrenden Prüfungen nach den Nummern 5.2 und 5.3 kann verzichtet werden, wenn der Arbeitgeber im Rahmen der Dokumentation der Gefährdungsbeurteilung ein Instandhaltungskonzept festgelegt hat, das gleichwertig sicherstellt, dass ein sicherer Zustand der Anlagen aufrechterhalten wird und die Explosionssicherheit dauerhaft gewährleistet ist. Die Eignung des Instandhaltungskonzepts ist im Rahmen der Prüfung nach Nummer 4.1 zu bewerten. Die im Rahmen des Instandhaltungskonzepts durchgeführten Arbeiten und Maßnahmen an der Anlage sind zu dokumentieren und der Behörde auf Verlangen darzulegen.

Abschnitt 4
Druckanlagen

1. Anwendungsbereich und Ziel

Dieser Abschnitt gilt für die Prüfung der in den Nummern 2.1 und 2.2 aufgeführten Druckanlagen und Anlagenteile vor der erstmaligen Inbetriebnahme und nach prüfpflichtigen Änderungen sowie für wiederkehrende Prüfungen. Die Prüfungen sind mit dem Ziel durchzuführen, den sicheren Betrieb der Druckanlage bis zur nächsten Prüfung zu gewährleisten. Bei den Prüfungen sind die sicherheitsrelevanten Aufstellungs- und Umgebungsbedingungen sowie bei Dampfkesselanlagen der Aufstellungsraum einzubeziehen. Bei den Prüfungen nach diesem Abschnitt sollen gleichwertige Ergebnisse von Prüfungen nach anderen Rechtsvorschriften des Bundes und der Länder berücksichtigt werden.

2. Begriffsbestimmungen

2.1 Druckanlagen im Sinne der Nummer 1 sind

a) Dampfkesselanlagen, die beheizte überhitzungsgefährdete Druckgeräte zur Erzeugung von Dampf oder Heißwasser mit einer Temperatur von mehr als 110 Grad Celsius beinhalten,

b) Druckbehälteranlagen außer Dampfkesselanlagen,

c) Anlagen zur Abfüllung von verdichteten, verflüssigten oder unter Druck gelösten Gasen einschließlich der Lager- und Vorratsbehälter (Füllanlagen), die dazu bestimmt sind, dass in ihnen folgende Behälter, Geräte oder Fahrzeuge befüllt werden:
   aa) Druckbehälter zum Lagern von Gasen aus ortsbeweglichen Druckgeräten,
   bb) ortsbewegliche Druckgeräte,
   cc) Land-, Wasser- oder Luftfahrzeuge mit Gasen zur Verwendung als Treib- oder Brennstoff,

d) Rohrleitungsanlagen unter innerem Überdruck für Gase, Dämpfe oder Flüssigkeiten, die nach Anhang I der Verordnung (EG) Nr. 1272/2008 zu kennzeichnen sind als
   aa) entzündbare Gase mit den Gefahrenhinweisen H220 oder H221,
   bb) entzündbare Flüssigkeiten, sofern sie einen Flammpunkt von höchstens 55 Grad Celsius haben, mit den Gefahrenhinweisen H224, H225 oder H226,
   cc) pyrophore Flüssigkeiten mit dem Gefahrenhinweis H250,
   dd) akut toxisch mit den Gefahrenhinweisen H300, H310 oder H330,
   ee) ätzend mit dem Gefahrenhinweis H314.

Druckanlagen müssen zugleich sein oder enthalten

a) Druckgeräte im Sinne der Richtlinie 2014/68/EU des Europäischen Parlaments und des Rates vom 15. Mai 2014 zur Harmonisierung der Rechtsvorschriften der Mitgliedstaaten über die Bereitstellung von Druckgeräten auf dem Markt (ABl. L 189 vom 27.6.2014, S. 164, L 157 vom 23.6.2015, S. 112), mit Ausnahme der Druckgeräte im Sinne des Artikels 4 Absatz 3 dieser Richtlinie,

b) ortsbewegliche Druckgeräte im Sinne der Richtlinie 2010/35/EU des Europäischen Parlaments und des Rates vom 16. Juni 2010 über ortsbewegliche Druckgeräte und zur Aufhebung der Richtlinien des Rates 76/767/EWG,

84/525/EWG, 84/526/EWG, 84/527/EWG und 1999/36/EG (ABl. L 165 vom 30. 6. 2010, S. 1), wobei Artikel 1 Absatz 3 der Richtlinie 2010/35/EU keine Anwendung findet, oder

c) einfache Druckbehälter im Sinne der Richtlinie 2014/29/EU des Europäischen Parlaments und des Rates vom 26. Februar 2014 zur Harmonisierung der Rechtsvorschriften der Mitgliedstaaten über die Bereitstellung einfacher Druckbehälter auf dem Markt (ABl. L 96 vom 29. 3. 2014, S. 45), mit Ausnahme von einfachen Druckbehältern mit einem Druckinhaltsprodukt von höchstens 50 Bar · Liter.

2.2 Anlagenteile im Sinne der Nummer 1 sind

a) Druckgeräte nach Nummer 2.1 Satz 2 Buchstabe a, die Druckbehälter sind,
b) Druckgeräte nach Nummer 2.1 Satz 2 Buchstabe a, die Dampf- oder Heißwassererzeuger sind,
c) Druckgeräte nach Nummer 2.1 Satz 2 Buchstabe a, die Rohrleitungen für die unter Nummer 2.1 Satz 1 Buchstabe d aufgeführten Fluide sind,
d) einfache Druckbehälter nach Nummer 2.1 Satz 2 Buchstabe c,
e) ortsbewegliche Druckgeräte nach Nummer 2.1 Satz 2 Buchstabe b.

Ausrüstungsteile im Sinne von Artikel 2 Nummer 4 der Richtlinie 2014/68/EU sowie alle weiteren die Sicherheit beeinflussenden Ausrüstungsteile sind den jeweiligen Anlagenteilen zuzuordnen.

2.3 Für die Zuordnung von Anlagenteilen nach Nummer 2.2 zu Nummer 6 Tabelle 3 bis 11 gilt:

a) Überhitzte Flüssigkeiten sind Flüssigkeiten, deren Dampfdruck bei der maximal zulässigen Temperatur um mehr als 0,5 Bar über dem normalen Atmosphärendruck (1,013 Bar) liegt.
b) Fluidgruppe 1 im Sinne dieses Abschnitts umfasst Fluide, die nach Anhang I der Verordnung (EG) Nr. 1272/2008 zu kennzeichnen sind als
   aa) explosive Stoffe/Gemische mit den Gefahrenhinweisen H200, H201, H202, H203, H204 oder H205,
   bb) entzündbare Gase mit den Gefahrenhinweisen H220 oder H221,
   cc) entzündbare Flüssigkeiten mit den Gefahrenhinweisen H224, H225 oder H226,
   dd) pyrophore Flüssigkeiten mit dem Gefahrenhinweis H250,
   ee) akut toxisch mit den Gefahrenhinweisen H300, H310 oder H330,
   ff) oxidierende Flüssigkeiten mit den Gefahrenhinweisen H271 oder H272,
   gg) oxidierende Gase mit dem Gefahrenhinweis H270.

   Entzündbare Flüssigkeiten, die mit dem Gefahrenhinweis H226 zu kennzeichnen sind, zählen nur dann zur Fluidgruppe 1, wenn sie einen Flammpunkt von höchstens 55 Grad Celsius haben und die bei der Verwendung maximal zulässige Temperatur über dem Flammpunkt liegt.

   Die Fluidgruppe 2 umfasst alle Fluide, die nicht unter Fluidgruppe 1 genannt sind.
c) Ätzend sind Stoffe und Gemische, die mit dem Gefahrenhinweis H314 zu kennzeichnen sind.

2.4 Für die Zuordnung von Anlagenteilen nach Nummer 2.2 zu Nummer 6 Tabelle 2 bis 11 kann anstelle des vom Hersteller angegebenen maximal zulässigen

Drucks PS auch der vom Arbeitgeber festgelegte zulässige Betriebsdruck P_B zugrunde gelegt werden. Dieser Betriebsdruck ist in der Gefährdungsbeurteilung zu dokumentieren und in die Prüfbescheinigung oder die Aufzeichnung über die Prüfung vor der erstmaligen Inbetriebnahme oder über die Prüfung nach einer prüfpflichtigen Änderung aufzunehmen.

3. Zur Prüfung befähigte Personen

Eine zur Prüfung befähigte Person gemäß § 2 Absatz 6, die Prüfungen nach diesem Abschnitt durchführt, muss, bezogen auf die jeweilige Prüfaufgabe, folgenden Anforderungen genügen:

a) sie verfügt über eine einschlägige technische Berufsausbildung oder eine für die vorgesehenen Prüfungsaufgaben ausreichende technische Qualifikation,
b) sie besitzt ausreichende Kenntnisse des zugehörigen Regelwerkes,
c) sie verfügt über eine mindestens einjährige Erfahrung mit der Herstellung, dem Zusammenbau, dem Betrieb oder der Instandhaltung der zu prüfenden Druckanlagen oder Anlagenteile im Sinne dieses Abschnitts und
d) sie hält ihre Kenntnisse über Druckgefährdungen durch Teilnahme an Schulungen oder Unterweisungen, insbesondere zu folgenden Themen, auf aktuellem Stand:
   aa) Konstruktions- und Herstellungsverfahren,
   bb) Ausrüstung und Absicherungskonzepte,
   cc) Montage, Installation (Aufstellung) und Betrieb beziehungsweise Verwendung,
   dd) bestimmungsgemäßer Betrieb,
   ee) Gefährdungsbeurteilung,
   ff) Prüfungen, Prüffristen, Prüfverfahren einschließlich der Bewertung der Ergebnisse und
   gg) in der Praxis vorkommende, relevante Einflüsse und Schadensbilder.

4. Prüfungen von Druckanlagen und Anlagenteilen vor Inbetriebnahme und nach prüfpflichtigen Änderungen

4.1 Druckanlagen nach Nummer 2.1 einschließlich ihrer Anlagenteile nach Nummer 2.2 sind vor der erstmaligen Inbetriebnahme und nach prüfpflichtigen Änderungen zu prüfen.

Dampfkesselanlagen zur Erzeugung von Dampf oder Heißwasser, die länger als zwei Jahre außer Betrieb waren, dürfen erst wieder in Betrieb genommen werden, nachdem ihre Anlagenteile nach Nummer 2.2 Buchstabe b einer inneren Prüfung unterzogen worden sind.

4.2 Bei der Prüfung vor Inbetriebnahme ist zu prüfen, ob

a) die für die Prüfung benötigten technischen Unterlagen, wie beispielsweise die Betriebsanleitung, vorhanden sind und ihr Inhalt plausibel ist,
b) die Druckanlage einschließlich der Anlagenteile vorschriftsmäßig errichtet wurde und in einem sicheren Zustand ist und
c) die festgelegten technischen Schutzmaßnahmen geeignet und funktionsfähig und die festgelegten organisatorischen Maßnahmen geeignet sind.

Die Prüfung nach einer prüfpflichtigen Änderung darf sich darauf beschränken zu prüfen, ob die Druckanlage vorschriftsmäßig geändert wurde und sicher funktioniert.

5. Wiederkehrende Prüfungen von Druckanlagen und Anlagenteilen

5.1 Druckanlagen nach Nummer 2.1 und ihre Anlagenteile nach Nummer 2.2 sind wiederkehrend zu prüfen.

5.2 Bei der wiederkehrenden Prüfung ist festzustellen, ob

a) die für die Prüfung benötigten technischen Unterlagen vorhanden sind und ihr Inhalt plausibel ist,

b) sich die Druckanlage in einem vorschriftsmäßigen Zustand befindet und sicher verwendet werden kann und

c) die festgelegten technischen Maßnahmen geeignet und funktionsfähig und die festgelegten organisatorischen Maßnahmen geeignet sind.

5.3 Die vom Arbeitgeber im Rahmen der Gefährdungsbeurteilung festzulegende Prüffrist für die Druckanlage nach Nummer 2.1 darf zehn Jahre nicht überschreiten.

5.4 Die nach § 3 Absatz 6 im Rahmen der Gefährdungsbeurteilung festzulegende Prüffrist muss bei Druckanlagen nach diesem Abschnitt spätestens innerhalb von sechs Monaten nach der Inbetriebnahme der Druckanlage ermittelt werden.

5.5 Wiederkehrende Prüfungen der Anlagenteile nach Nummer 2.2 bestehen aus äußeren Prüfungen, inneren Prüfungen und Festigkeitsprüfungen.

5.6 Äußere Prüfungen von Anlagenteilen können entfallen

a) bei Druckbehältern nach Nummer 2.2 Buchstabe a, es sei denn, sie sind feuerbeheizt, abgasbeheizt oder elektrisch beheizt,

b) bei einfachen Druckbehältern nach Nummer 2.2 Buchstabe d.

Bei Rohrleitungen nach Nummer 2.2 Buchstabe c können innere Prüfungen entfallen.

5.7 Bei Prüfungen von Anlagenteilen können ersetzt werden

a) Besichtigungen bei inneren Prüfungen durch andere Verfahren und

b) statische Druckproben bei Festigkeitsprüfungen durch zerstörungsfreie Verfahren,

wenn der Arbeitgeber ein von einer zugelassenen Überwachungsstelle bestätigtes Prüfkonzept vorlegt, mit dem sicherheitstechnisch gleichwertige Aussagen erreicht werden. Auf der Grundlage eines Prüfkonzepts können auch Maßnahmen festgelegt werden, auf deren Grundlage eine Prüfaussage getroffen werden kann, ohne dass dazu die Druckanlage oder Anlagenteile außer Betrieb genommen werden müssen. Ein Prüfergebnis darf nicht von einer Druckanlage auf eine andere Druckanlage übertragen werden. Abweichend von Satz 1 kann die Bestätigung des Prüfkonzeptes durch eine zur Prüfung befähigte Person erfolgen, wenn die betreffenden Anlagenteile nach Nummer 6 oder 7 wiederkehrend von einer zur Prüfung befähigten Person geprüft werden dürfen.

5.8 Für Anlagenteile, die nach Nummer 6 Tabelle 2 bis 11 wiederkehrend von einer zugelassenen Überwachungsstelle zu prüfen sind, gelten die in Tabelle 1 festgelegten Höchstfristen.

Tabelle 1: Höchstfristen für die wiederkehrenden Prüfungen von Anlagenteilen durch eine zugelassene Überwachungsstelle

	Anlagenteil	Äußere Prüfung	Innere Prüfung	Festigkeitsprüfung
1	Dampfkessel nach Nr. 6 Tabelle 2	1 Jahr	3 Jahre	9 Jahre
2	Druckbehälter nach Nr. 6 Tabelle 3, 4, 5 und 6	2 Jahre (Ausnahmen nach Nr. 5.6 Satz 1)	5 Jahre	10 Jahre
3	Einfache Druckbehälter nach Nr. 6 Tabelle 7	entfällt	5 Jahre	10 Jahre
4	Rohrleitungen nach Nr. 6 Tabelle 8, 9, 10 und 11	5 Jahre	entfällt	5 Jahre

5.9 Für Anlagenteile, die nach Nummer 6 Tabelle 2 bis 9 wiederkehrend von einer zur Prüfung befähigten Person geprüft werden dürfen, darf die vom Arbeitgeber im Rahmen einer Gefährdungsbeurteilung festzulegende Prüffrist höchstens zehn Jahre betragen. Abweichend von Satz 1 kann die Frist der Festigkeitsprüfungen auf 15 Jahre verlängert werden, wenn im Rahmen der äußeren beziehungsweise inneren Prüfung nachgewiesen wird, dass die Druckanlage sicher betrieben werden kann. Der Nachweis ist in der Dokumentation der Gefährdungsbeurteilung darzulegen.

6. Prüfzuständigkeiten

Die Prüfungen nach Nummer 4 und 5 sind von einer zugelassenen Überwachungsstelle durchzuführen. Abweichend von Satz 1 können die Prüfungen von zur Prüfung befähigten Personen durchgeführt werden, wenn dies in Tabelle 2 bis 11 oder in Nummer 7 Tabelle 12 vorgesehen ist. Setzt sich eine Druckanlage ausschließlich aus Anlagenteilen zusammen, bei denen die Prüfungen nach Nummer 4 oder nach Nummer 5 von zur Prüfung befähigten Personen durchgeführt werden dürfen, dürfen die entsprechenden Prüfungen nach Nummer 4 oder Nummer 5 für diese Druckanlage ebenfalls von einer zur Prüfung befähigten Person durchgeführt werden. In den Tabellen 2 bis 11 werden folgende Abkürzungen verwendet: ZÜS – zugelassene Überwachungsstelle; bP – zur Prüfung befähigte Person.

Tabelle 2: Prüfzuständigkeiten bei beheizten überhitzungsgefährdeten Druckgeräten zur Erzeugung von Dampf oder Heißwasser mit einer Temperatur von mehr als 110 Grad Celsius nach Nummer 2.2 Satz 1 Buchstabe b

	V [Liter]	PS [Bar]	PS · V [Bar · Liter]	Prüfungen nach Nr. 4	Prüfungen nach Nr. 5
1	> 2	0,5 > PS ≤ 32	≤ 200	bP	bP
2	≤ 1000	0,5 > PS ≤ 32	200 < PS · V ≤ 1000	ZÜS	bP
3	> 1000	0,5 > PS ≤ 32		ZÜS	ZÜS
4	≤ 1000	0,5 > PS ≤ 32	> 1000		
5	> 2	> 32			

Tabelle 3: Prüfzuständigkeiten bei Druckbehältern und ortsbeweglichen Druckgeräten nach Nummer 2.2 Satz 1 Buchstabe a und e für Gase, Dämpfe und überhitzte Flüssigkeiten der Fluidgruppe 1

	V [Liter]	PS [Bar]	PS · V [Bar · Liter]	Prüfungen nach Nr. 4	Prüfungen nach Nr. 5
1	1 < V ≤ 200	> 0,5	25 < PS · V ≤ 200	bP	bP
2	> 200	0,5 < PS ≤ 1			
3	≤ 1	200 < PS ≤ 1000		ZÜS	bP
4	> 1	> 1	200 < PS · V ≤ 1000		
5	≤ 1	> 1000		ZÜS	ZÜS
6	> 1	> 1	> 1000		

Tabelle 4: Prüfzuständigkeiten bei Druckbehältern und ortsbeweglichen Druckgeräten nach Nummer 2.2 Satz 1 Buchstabe a und e für Gase, Dämpfe und überhitzte Flüssigkeiten der Fluidgruppe 2

	V [Liter]	PS [Bar]	PS · V [Bar · Liter]	Prüfung nach Nr. 4	Prüfungen nach Nr. 5
1	1 < V ≤ 200	> 0,5	50 < PS · V ≤ 200	bP	bP
2	> 200	0,5 < PS ≤ 1			
3	> 1	> 1	200 < PS · V ≤ 1000	ZÜS	bP
4	≤ 1	> 1000		ZÜS	ZÜS
5	> 1	> 1	> 1000		

Tabelle 5: Prüfzuständigkeiten bei Druckbehältern und ortsbeweglichen Druckgeräten nach Nummer 2.2 Satz 1 Buchstabe a und e für nicht überhitzte Flüssigkeiten der Fluidgruppe 1

	V [Liter]	PS [Bar]	PS · V [Bar · Liter]	Prüfungen nach Nr. 4	Prüfungen nach Nr. 5
1		0,5 < PS ≤ 10	> 200	bP	bP
2	≤ 1	> 500	≤ 1000		
3	≤ 1	> 500	1000 < PS · V ≤ 10 000	ZÜS	bP
4	> 1	> 500	≤ 10 000		
5	> 1	10 < PS ≤ 500	> 200		
6		> 500	> 10 000	ZÜS	ZÜS

Tabelle 6: Prüfzuständigkeiten bei Druckbehältern und ortsbeweglichen Druckgeräten nach Nummer 2.2 Satz 1 Buchstabe a und e für nicht überhitzte Flüssigkeiten der Fluidgruppe 2

	V [Liter]	PS [Bar]	PS · V [Bar · Liter]	Prüfungen nach Nr. 4	Prüfungen nach Nr. 5
1	≤ 1	> 1000	≤ 1000	bP	bP
2	≤ 10	> 1000	1000 < PS · V ≤ 10 000	ZÜS	bP
3		10 < PS ≤ 500	> 10 000		
4		> 500	> 10 000	ZÜS	ZÜS

Tabelle 7: Prüfzuständigkeiten bei einfachen Druckbehältern nach Nummer 2.2 Satz 1 Buchstabe d

	V [Liter]	PS [Bar]	PS · V [Bar · Liter]	Prüfung vor Inbetriebnahme	Wiederkehrende Prüfung
1		0,5 < PS ≤ 30	50 < PS · V ≤ 200	bP	bP
2		0,5 < PS ≤ 1	200 < PS · V ≤ 10 000		
3		1 < PS ≤ 30	200 < PS · V ≤ 1000	ZÜS	bP

	V [Liter]	PS [Bar]	PS · V [Bar · Liter]	Prüfung vor Inbetriebnahme	Wiederkehrende Prüfung
4		1 < PS ≤ 30	1000 < PS · V ≤ 10 000	ZÜS	ZÜS

Tabelle 8: Prüfzuständigkeiten bei Rohrleitungen nach Nummer 2.2 Satz 1 Buchstabe c für Gase, Dämpfe und überhitzte Flüssigkeiten, die nach Anhang I der Verordnung (EG) Nr. 1272/2008 zu kennzeichnen sind als

- **entzündbare Gase mit den Gefahrenhinweisen H220 oder H221,**
- **entzündbare Flüssigkeiten mit den Gefahrenhinweisen H224 oder H225,**
- **entzündbare Flüssigkeiten, wenn bei der Verwendung die maximal zulässige Temperatur über dem Flammpunkt liegt, aber begrenzt auf einen Flammpunkt von 55 Grad Celsius, mit dem Gefahrenhinweis H226,**
- **pyrophore Flüssigkeiten mit dem Gefahrenhinweis H250,**
- **akut toxisch mit dem Gefahrenhinweis H300, H310 oder H330**

	DN [Millimeter]	PS [Bar]	PS · DN [Bar · Millimeter]	Prüfungen nach Nr. 4	Prüfungen nach Nr. 5
1	> 25	> 0,5	≤ 2000	bP	bP
2	> 25	> 0,5	> 2000	ZÜS	ZÜS

Bei Rohrleitungen mit DN > 25 und PS > 0,5 Bar für Gase, Dämpfe oder überhitzte Flüssigkeiten, die nach Anhang I der Verordnung (EG) Nr. 1272/2008 als akut toxisch Kategorie 1 mit den Gefahrenhinweisen H300, H310 oder H330 zu kennzeichnen sind, müssen die Prüfungen vor Inbetriebnahme und die wiederkehrenden Prüfungen von einer zugelassenen Überwachungsstelle durchgeführt werden.

Tabelle 9: Prüfzuständigkeiten bei Rohrleitungen nach Nummer 2.2 Satz 1 Buchstabe c für Gase, Dämpfe und überhitzte Flüssigkeiten, die nach Anhang I der Verordnung (EG) Nr. 1272/2008 zu kennzeichnen sind als

- **entzündbare Flüssigkeiten, wenn die Flüssigkeit höchstens bis zum Flammpunkt erwärmt wird, aber begrenzt auf einen Flammpunkt von 55 Grad Celsius, mit dem Gefahrenhinweis H226,**
- **ätzend mit dem Gefahrenhinweis H314**

	DN [Millimeter]	PS [Bar]	PS · DN [Bar · Millimeter]	Prüfungen nach Nr. 4	Prüfungen nach Nr. 5
1	> 32	> 0,5	1000 < PS · DN ≤ 2000	bP	bP
2	> 32	> 0,5	> 2000	ZÜS	ZÜS

Tabelle 10: Prüfzuständigkeiten bei Rohrleitungen nach Nummer 2.2 Satz 1 Buchstabe c für nicht überhitzte Flüssigkeiten, die nach Anhang I der Verordnung (EG) Nr. 1272/2008 zu kennzeichnen sind als
- **entzündbare Flüssigkeiten mit den Gefahrenhinweisen H224 oder H225,**
- **entzündbare Flüssigkeiten, wenn bei der Verwendung die maximal zulässige Temperatur über dem Flammpunkt liegt, aber begrenzt auf einen Flammpunkt von 55 Grad Celsius, mit dem Gefahrenhinweis H226,**
- **pyrophore Flüssigkeiten mit dem Gefahrenhinweis H250,**
- **akut toxisch mit dem Gefahrenhinweis H300, H310 oder H330**

	DN [Millimeter]	PS [Bar]	PS · DN [Bar · Millimeter]	Prüfungen nach Nr. 4	Prüfungen nach Nr. 5
1	> 25	> 0,5	> 2000	ZÜS	ZÜS

Tabelle 11: Prüfzuständigkeiten bei Rohrleitungen nach Nummer 2.2 Satz 1 Buchstabe c für nicht überhitzte Flüssigkeiten, die nach Anhang I der Verordnung (EG) Nr. 1272/2008 zu kennzeichnen sind als
- **entzündbare Flüssigkeiten, wenn die Flüssigkeit höchstens bis zum Flammpunkt erwärmt wird, aber begrenzt auf einen Flammpunkt von 55 Grad Celsius, mit dem Gefahrenhinweis H226,**
- **ätzend mit dem Gefahrenhinweis H314**

	DN [Millimeter]	PS [Bar]	PS · DN [Bar · Millimeter]	Prüfungen nach Nr. 4	Prüfungen nach Nr. 5
1	> 200	> 10	> 5000	ZÜS	ZÜS

7. Besondere Prüfanforderungen für bestimmte Druckanlagen und Anlagenteile

Die in den Nummern 4 und 5 genannten Prüfungen sind für die nachfolgend aufgeführten Druckanlagen und Anlagenteile nach den sich aus Tabelle 12 ergebenden Maßgaben durchzuführen. Die Nummern 2.4 und 5.9 Satz 2 gelten sinngemäß. In Tabelle 12 werden folgende Abkürzungen verwendet: ZÜS – zugelassene Überwachungsstelle; bP – zur Prüfung befähigte Person.

7.1 Röhrenöfen in verfahrenstechnischen Anlagen

7.2 Kälte- und Wärmepumpenanlagen

7.3 Nicht direkt beheizte Wärmeerzeuger und Ausdehnungsgefäße in Heizungs- und Kälteanlagen sowie Wassererwärmungsanlagen für Trink- und Brauchwasser

7.4 Druckanlagen und Anlagenteile für die Erzeugung von Wasserdampf oder Heißwasser durch Wärmerückgewinnung

7.5 Rohrleitungen mit Prüfprogramm

7.6 Flaschen für Atemschutzgeräte für Arbeits- und Rettungszwecke sowie für Tauchgeräte

7.7 Druckbehälter mit Gaspolstern in Druckflüssigkeitsanlagen

7.8 Druckbehälter als Anlagenteile in elektrischen Schaltgeräten und Schaltanlagen
7.9 Schalldämpfer, die in Rohrleitungen eingebaut sind
7.10 Druckbehälter von Feuerlöschgeräten und Löschmittelbehälter
7.11 Druckbehälter und Rohrleitungen mit Auskleidung oder Ausmauerung
7.12 Ortsfeste Druckbehälter für körnige oder staubförmige Güter
7.13 Fahrzeugbehälter für flüssige, körnige oder staubförmige Güter
7.14 Druckbehälter für Gase oder Gasgemische in flüssiger oder gasförmiger Phase
7.15 Druckbehälter und daran angeschlossene überwachungsbedürftige Rohrleitungen für kalt verflüssigte Gase oder Gasgemische
7.16 Rotierende dampfbeheizte Zylinder
7.17 Steinhärtekessel
7.18 Druckbehälter und Rohrleitungen aus Glas
7.19 Druckbehälter in Wärmeübertragungsanlagen mit Wärmeträgerölen
7.20 Versuchsautoklaven zur Durchführung von Versuchen mit unbekanntem Reaktionsablauf
7.21 Heizplatten in Wellpappenerzeugungsanlagen
7.22 Pneumatische Weinpressen (Membranpressen, Schlauchpressen)
7.23 Plattenwärmetauscher
7.24 Lagerbehälter für Lebensmittel
7.25 Verwendungsfertige Druckanlagen und Druckgeräte in verwendungsfertigen Maschinen
7.26 Druckanlagen, die bestimmungsgemäß für den ortsveränderlichen Einsatz verwendet werden
7.27 Ortsfeste Füllanlagen für Gase
7.28 Druckbehälter mit Schnellverschlüssen
7.29 Ortsbewegliche Druckgeräte nach Nummer 2.1 Satz 2 Buchstabe b
7.30 Druckbehälter mit Einbauten

Tabelle 12: Prüfanforderungen für bestimmte Druckanlagen und Anlagenteile

Nr.	Druckanlage/Anlagenteil	Prüfungen nach Nr. 4	Prüfungen nach Nr. 5							
			Prüfung der Druckanlage		Prüfung der Anlagenteile					
					äußere Prüfung		innere Prüfung		Festigkeitsprüfung	
		Prüfzuständigkeit	Prüfzuständigkeit	Höchstfrist	Prüfzuständigkeit	Höchstfrist	Prüfzuständigkeit	Höchstfrist	Prüfzuständigkeit	Höchstfrist
7.1	Röhrenöfen in verfahrenstechnischen Anlagen, die ausschließlich aus Rohranordnungen bestehen									
	bP		bP	10 Jahre	bP	10 Jahre	bP	5 Jahre	'bp	10 Jahre
7.2	Kälte- und Wärmepumpenanlagen, die mit folgenden Fluiden in geschlossenen Kreisläufen betrieben werden									
			Die Prüfzuständigkeit ergibt sich aus Nr. 6 Tabelle 3, 5, 8, 10							
	a) mit Fluiden der Fluidgruppe 1 nach Nr. 2.3 Buchstabe b	Die Prüfzuständigkeit ergibt sich aus Nr. 6 Tabelle 3, 5, 8, 10	wenn ZÜS	5 Jahre	entfällt		wiederkehrende Prüfungen der Anlagenteile müssen nur durchgeführt werden, wenn das Anlagenteil zu Instandsetzungsarbeiten außer Betrieb genommen wird			
			wenn bP	10 Jahre						
			Die Prüfzuständigkeit ergibt sich aus Nr. 6 Tabelle 4, 6, 9, 11							
	b) mit allen anderen Fluiden, die nicht unter Fluidgruppe 1 genannt sind	Die Prüfzuständigkeit ergibt sich aus Nr. 6 Tabelle 4, 6, 9, 11	ZÜS/bP	10 Jahre	entfällt		wiederkehrende Prüfungen der Anlagenteile müssen nur durchgeführt werden, wenn das Anlagenteil zu Instandsetzungsarbeiten außer Betrieb genommen wird			
7.3	Nicht direkt beheizte Wärmeerzeuger und Ausdehnungsgefäße in Heizungs- und Kälteanlagen sowie Wassererwärmungsanlagen für Trink- oder Brauchwasser mit Wasser- oder Heizmitteltemperaturen von höchstens 120 Grad Celsius									
	a) Nicht direkt beheizte Wärmeerzeuger in Heizungs- und Kälteanlagen	bP	bP	10 Jahre	entfällt		bP	10 Jahre	bP	10 Jahre
	b) Ausdehnungsgefäße in Heizungs- und Kälteanlagen	bP	bP	10 Jahre	entfällt		bP	10 Jahre	bP	10 Jahre

Nr.	Druckanlage/Anlagenteil	Prüfungen nach Nr. 4	Prüfungen nach Nr. 5							
			Prüfung der Druckanlage		Prüfung der Anlagenteile					
					äußere Prüfung		innere Prüfung		Festigkeitsprüfung	
		Prüfzuständigkeit	Prüfzuständigkeit	Höchstfrist	Prüfzuständigkeit	Höchstfrist	Prüfzuständigkeit	Höchstfrist	Prüfzuständigkeit	Höchstfrist
	c) Druckbehälter, die der Beheizung von geschlossenen Wasserräumen von Wassererwärmungsanlagen für Trink- oder Brauchwasser dienen	bP	bP	1 Jahr[1]	entfällt		bP	10 Jahre	bP	10 Jahre
			bP	10 Jahre						
	[1] bei Wärmeträgermedien mit Stoffen und Gemischen, die nach Artikel 3 der Verordnung (EG) Nr. 1272/2008 gefährlich sind.									
7.4	**Druckanlagen und Anlagenteile für die Erzeugung von Wasserdampf oder Heißwasser durch Wärmerückgewinnung**									
			Die Prüfzuständigkeit ergibt sich aus Nr. 6 Tabelle 4							
	a) in denen Wasserdampf oder Heißwasser in einem Herstellungsverfahren durch Wärmerückgewinnung entsteht	Die Prüfzuständigkeit ergibt sich aus Nr. 6 Tabelle 4	ZÜS/bP	10 Jahre	entfällt		ZÜS	5 Jahre	ZÜS	10 Jahre
							bP	10 Jahre	bP	10 Jahre
			Die Prüfzuständigkeit ergibt sich aus Nr. 6 Tabelle 4							
	b) in denen Rauchgase gekühlt werden und der entstehende Wasserdampf oder das entstehende Heißwasser der Verfahrensanlage zugeführt wird	Die Prüfzuständigkeit ergibt sich aus Nr. 6 Tabelle 4	ZÜS/bP	10 Jahre	ZÜS	2 Jahre	ZÜS	5 Jahre	ZÜS	10 Jahre
					bP	10 Jahre	bP	10 Jahre	bP	10 Jahre
			Die Prüfzuständigkeit ergibt sich aus Nr. 6 Tabelle 2							

	c) in denen Rauchgase gekühlt werden und der entstehende Wasserdampf oder das entstehende Heißwasser nicht überwiegend der Verfahrensanlage zugeführt wird	Die Prüfzuständigkeit ergibt sich aus Nr. 6 Tabelle 2	ZÜS/bP	10 Jahre	ZÜS	1 Jahr	ZÜS	3 Jahre	ZÜS	9 Jahre
					bP	10 Jahre	bP	10 Jahre	bP	10 Jahre
7.5	**Rohrleitungen mit Prüfprogramm**									
		Die Prüfzuständigkeit ergibt sich aus Nr. 6 Tabelle 8 bis 11	ZÜS	10 Jahre	bP[1])	5 Jahre	entfällt		bP[1])	5 Jahre
	[1]) An überwachungsbedürftigen Rohrleitungen nach Nr. 2.2 Satz 1 Buchstabe c können Prüfungen, die nach Nr. 6 Tabelle 8 bis 11 einer ZÜS zugeordnet sind, abweichend von einer bP durchgeführt werden, wenn a) auf der Grundlage der Gefährdungsbeurteilung in einem Prüfprogramm die wiederkehrenden Prüfungen von Rohrleitungen nach Nr. 2.2 Satz 1 Buchstabe c schriftlich festgelegt wurden und b) eine ZÜS bescheinigt hat, dass mit den Festlegungen die Anforderungen dieser Verordnung erfüllt werden. Die ZÜS muss stichprobenweise überprüfen, ob die schriftlichen Festlegungen eingehalten und die Prüfungen durchgeführt werden.									
7.6	**Flaschen für Atemschutzgeräte für Arbeits- und Rettungszwecke sowie für Tauchgeräte**									
	a) Flaschen für Atemschutzgeräte	Entfällt, wenn als Baugruppe in Verkehr gebracht und das nächste Prüfdatum auf der Flasche angegeben ist	entfällt		ZÜS	5 Jahre	ZÜS	5 Jahre	ZÜS	5 Jahre
	b) Flaschen für Tauchgeräte		entfällt		ZÜS	2,5 Jahre	ZÜS	2,5 Jahre	ZÜS	5 Jahre
	Nach einer Prüfung sind jeweils das aktuelle und das nächste Prüfdatum auf dem Flaschenkörper anzugeben. Die Erstellung einer Sammelprüfbescheinigung und deren Vorhaltung beim Arbeitgeber ist ausreichend.									

Nr.	Druckanlage/Anlagenteil	Prüfungen nach Nr. 4	Prüfungen nach Nr. 5							
			Prüfung der Druckanlage		Prüfung der Anlagenteile					
					äußere Prüfung		innere Prüfung		Festigkeitsprüfung	
		Prüfzuständigkeit	Prüfzuständigkeit	Höchstfrist	Prüfzuständigkeit	Höchstfrist	Prüfzuständigkeit	Höchstfrist	Prüfzuständigkeit	Höchstfrist
7.7	Druckbehälter mit Gaspolstern in Druckflüssigkeitsanlagen (Druckausgleichsbehälter, Hydraulikspeicher)									
			Die Prüfzuständigkeit ergibt sich aus Nr. 6 Tabelle 3, 4							
	a) sofern die verwendeten Flüssigkeiten und die Gase auf die drucktragende Wandung keine korrodierende Wirkung haben	Die Prüfzuständigkeit ergibt sich aus Nr. 6 Tabelle 3, 4	ZÜS/bP	10 Jahre	entfällt		ZÜS	10 Jahre	ZÜS	10 Jahre
							bP	10 Jahre	bP	10 Jahre
	b) in ölhydraulischen Regelanlagen	Die Prüfzuständigkeit ergibt sich aus Nr. 6 Tabelle 3, 4	entfällt		entfällt		entfällt		entfällt	
7.8	Druckbehälter als Anlagenteile in elektrischen Schaltgeräten und Schaltanlagen									
			Die Prüfzuständigkeit ergibt sich Nr. 6 Tabelle 4, 7							
	a) Druckluftbehälter (Haupt- und Zwischenbehälter), sofern diese mit trockener Luft befüllt sind	Die Prüfzuständigkeit ergibt sich aus Nr. 6 Tabelle 4, 7	ZÜS/bP	10 Jahre	entfällt		ZÜS	10 Jahre	ZÜS	[1])
							bP	10 Jahre	bP	[1])

[1]) Die inneren Prüfungen sind durch Festigkeitsprüfungen zu ergänzen, wenn

a) prüfpflichtige Änderungen stattgefunden haben oder
b) die inneren Prüfungen zur Beurteilung des sicherheitstechnischen Zustands der Behälter nicht ausreichen.

	b) Isoliermittel- oder Löschmittelvorratsbehälter, sofern die Flüssigkeiten oder die Gase auf die drucktragende Wandung keine korrodierende Wirkung haben sowie Hydraulikspeicher	Die Prüfzuständigkeit ergibt sich aus Nr. 6 Tabelle 3, 4	ZÜS/bP	10 Jahre	entfällt		entfällt		entfällt	
7.9	**Schalldämpfer, die in Rohrleitungen eingebaut sind**									
			Die Prüfzuständigkeit ergibt sich aus Nr. 6 Tabelle 3 bis 6							
		Die Prüfzuständigkeit ergibt sich aus Nr. 6 Tabelle 3 bis 6	ZÜS/bP	10 Jahre	ZÜS	5 Jahre	entfällt		ZÜS	5 Jahre
					bP	10 Jahre			bP	10 Jahre
	Für Schalldämpfer, die in Rohrleitungen im Sinne von Nr. 2.1 Satz 1 Buchstabe d eingebaut sind, findet Nr. 5.6 Satz 2 entsprechende Anwendung.									
7.10	**Druckbehälter von Feuerlöschern und Löschmittelbehältern**									
			Die Prüfzuständigkeit ergibt sich aus Nr. 6 Tabelle 3, 4							
		Die Prüfzuständigkeit ergibt sich aus Nr. 6 Tabelle 3, 4[1])	entfällt		entfällt		ZÜS	5 Jahre[2]) [3])	ZÜS	10 Jahre[2]) [3]) [4]) [5])
							bP	10 Jahre[2]) [3])	bP	10 Jahre[2]) [3]) [4]) [5])

[1]) Bei tragbaren und fahrbaren Feuerlöschern, die als funktionsfertige Baugruppe nach Richtlinie 2014/68/EU in Verkehr gebracht wurden, entfällt die Prüfung vor der erstmaligen Inbetriebnahme nach Nummer 4.

[2]) Bei Feuerlöschern, die nur im Einsatz unter Druck gesetzt werden oder die als Löschmittel CO_2 enthalten, müssen wiederkehrende innere Prüfungen und wiederkehrende Festigkeitsprüfungen nach Ablauf der Prüffristen nur durchgeführt werden, wenn die Druckbehälter zu Instandhaltungszwecken geöffnet oder mit Löschmittel wieder oder neu befüllt werden.

[3]) Bei stationären Löschanlagen, die zur Speicherung von nicht korrosiv wirkenden Löschgasen dienen, müssen wiederkehrende innere Prüfungen und wiederkehrende Festigkeitsprüfungen nach Ablauf der Prüffristen nur durchgeführt werden, wenn die Druckbehälter zu Instandhaltungszwecken geöffnet werden oder wenn Löschmittel nachgefüllt wird.

[4]) Bei Feuerlöschern mit Pulver als Löschmittel, bei denen bei der inneren Prüfung keine Mängel festgestellt wurden, können wiederkehrende Festigkeitsprüfungen entfallen.

[5]) Bei tragbaren und fahrbaren Feuerlöschern mit Innenauskleidung können wiederkehrende Festigkeitsprüfungen entfallen, wenn bei den inneren Prüfungen keine Beschädigung der Auskleidung festgestellt worden ist.

Nr.	Druckanlage/Anlagenteil	Prüfungen nach Nr. 4	Prüfungen nach Nr. 5							
			Prüfung der Druckanlage		Prüfung der Anlagenteile					
					äußere Prüfung		innere Prüfung		Festigkeitsprüfung	
		Prüfzuständigkeit	Prüfzuständigkeit	Höchstfrist	Prüfzuständigkeit	Höchstfrist	Prüfzuständigkeit	Höchstfrist	Prüfzuständigkeit	Höchstfrist
7.11	Druckbehälter und Rohrleitungen mit Auskleidung oder Ausmauerung									
			Die Prüfzuständigkeit ergibt sich aus Nr. 6 Tabelle 3 bis 6							
	a) Druckbehälter mit Auskleidung	Die Prüfzuständigkeit ergibt sich aus Nr. 6 Tabelle 3 bis 6	ZÜS/bP	10 Jahre	ZÜS	2 Jahre[1])	ZÜS	5 Jahre	ZÜS	[2])
					bP	10 Jahre[1])	bP	10 Jahre	bP	[2])
	[1]) Sofern feuer-, abgas- oder elektrisch beheizt. [2]) Wiederkehrende Festigkeitsprüfungen können entfallen, sofern bei den inneren Prüfungen keine Beschädigung der Auskleidung festgestellt worden ist.									
			Die Prüfzuständigkeit ergibt sich aus Nr. 6 Tabelle 3 bis 6							
	b) Druckbehälter mit Ausmauerung	Die Prüfzuständigkeit ergibt sich aus Nr. 6 Tabelle 3 bis 6	ZÜS/bP	10 Jahre	ZÜS	2 Jahre[1])	ZÜS	[2])	ZÜS	[3])
					bP	10 Jahre[1])	bP	[2])	bP	[3])
	[1]) Sofern feuer-, abgas- oder elektrisch beheizt. [2]) Innere Prüfungen müssen durchgeführt werden, wenn a) Teile der Ausmauerung im Ausmaß von einem Quadratmeter oder mehr entfernt worden sind, b) Wandungen freigelegt worden sind oder c) Anfressungen oder Schäden an den Wandungen der Behälter festgestellt worden sind. [3]) Festigkeitsprüfungen müssen durchgeführt werden, wenn die Ausmauerung vollständig entfernt worden ist.									
			Die Prüfzuständigkeit ergibt sich aus Nr. 6 Tabelle 3 bis 6							
	c) Druckbehälter mit einem Zwischenraum zwischen Auskleidung und Mantel	Die Prüfzuständigkeit ergibt sich aus Nr. 6 Tabelle 3 bis 6	ZÜS/bP	10 Jahre	ZÜS	2 Jahre[1])	ZÜS	[2])	ZÜS	[2])
					bP	10 Jahre[1])	bP	[2])	bP	[2])

	[1]) Sofern feuer-, abgas- oder elektrisch beheizt. [2]) Wiederkehrende Prüfungen brauchen nicht durchgeführt zu werden, wenn der Zwischenraum im Hinblick auf die Dichtheit der Auskleidung geprüft wird und a) das Verfahren auf Prüfung der Dichtheit von der ZÜS auf Zuverlässigkeit und Eignung geprüft worden ist und b) in den Prüfaufzeichnungen nach § 17 ein Nachweis über die Prüfung des Zwischenraums enthalten ist. Innere Prüfungen sind dann durchzuführen, wenn die drucktragende Wandung im Rahmen von Instandsetzungsarbeiten nach Ablauf der Fristen so geöffnet wird, dass sie einer inneren Prüfung zugänglich ist.								
			Die Prüfzuständigkeit ergibt sich aus Nr. 6 Tabelle 8 bis 11						
	d) Rohrleitungen mit Auskleidung oder Ausmauerung	Die Prüfzuständigkeit ergibt sich aus Nr. 6 Tabelle 8 bis 11	ZÜS/bP	10 Jahre	ZÜS	5 Jahre	entfällt	ZÜS	[1])
					bP	10 Jahre		bP	[1])
	[1]) Nach Instandsetzungsarbeiten sind Festigkeitsprüfungen oder zerstörungsfreie Prüfungen, miti denen sicherheitstechnisch gleichwertige Aussagen erreicht werden, durchzuführen.								
7.12	**Ortsfeste Druckbehälter für körnige oder staubförmige Güter**								
			Die Prüfzuständigkeit ergibt sich aus Nr. 6 Tabelle 3 bis 4						
		Die Prüfzuständigkeit ergibt sich aus Nr. 6 Tabelle 3, 4	ZÜS/bP	10 Jahre	entfällt		ZÜS	5 Jahre[1])	entfällt
							bP	10 Jahre[1])	
	[1]) Sofern Hinweise auf eine Schädigung der drucktragenden Wandung vorliegen, sind bei der inneren Prüfung zusätzlich zerstörungsfreie Prüfverfahren einzusetzen.								
7.13	**Fahrzeugbehälter für flüssige, körnige oder staubförmige Güter**								
			Die Prüfzuständigkeit ergibt sich aus Nr. 6 Tabelle 3, 4						
	a) Fahrzeugbehälter für körnige oder staubförmige Güter	Die Prüfzuständigkeit ergibt sich aus Nr. 6 Tabelle 3, 4	entfällt		ZÜS	2 Jahre[1])	ZÜS	5 Jahre[2])	entfällt
							bP	10 Jahre[2])	
	[1]) Gilt nur für Straßenfahrzeugbehälter, die nach Maßgabe von Nr. 6 Tabelle 3 und 4 durch eine ZÜS wiederkehrend zu prüfen sind. Im Übrigen können äußere Prüfungen entfallen. [2]) Im Rahmen der wiederkehrenden inneren Prüfungen sind stichprobenweise zerstörungsfreie Prüfungen, zum Beispiel Oberflächenrissprüfungen, an hochbeanspruchten Schweißnähten durchzuführen								
			Die Prüfzuständigkeit ergibt sich aus Nr. 6 Tabelle 3, 4						

Nr.	Druckanlage/Anlagenteil	Prüfungen nach Nr. 4	Prüfungen nach Nr. 5							
			Prüfung der Druckanlage		Prüfung der Anlagenteile					
					äußere Prüfung		innere Prüfung		Festigkeitsprüfung	
		Prüfzuständigkeit	Prüfzuständigkeit	Höchstfrist	Prüfzuständigkeit	Höchstfrist	Prüfzuständigkeit	Höchstfrist	Prüfzuständigkeit	Höchstfrist
	b) Fahrzeugbehälter für flüssige Güter	Die Prüfzuständigkeit ergibt sich aus Nr. 6 Tabelle 3, 4	entfällt		ZÜS	2 Jahre[1])	ZÜS	5 Jahre	ZÜS	10 Jahre
							bP	10 Jahre	bP	10 Jahre
	[1]) Gilt nur für Straßenfahrzeugbehälter, die nach Maßgabe von Nr. 6 Tabelle 3 und 4 durch eine ZÜS wiederkehrend zu prüfen sind. Im Übrigen können äußere Prüfungen entfallen.									
7.14	**Druckbehälter für Gase oder Gasgemische in flüssiger oder gasförmiger Phase**									
	a) Die Aufstellung von Druckbehältern für Gase oder Gasgemische, die auf die drucktragende Wandung keine korrodierende Wirkung haben und die in Serie gefertigt wurden und die nach Nr. 6 Tabelle 3 und 4 in die Prüfzuständigkeit einer ZÜS fallen, kann von einer bP geprüft werden, wenn der Behälter mit Ausrüstung als Baugruppe im Sinne der Richtlinie 2014/68/EU in Verkehr gebracht wurde und die Ausrüstung im Sinne des Artikels 2 Nr. 4 und 5 der Richtlinie 2014/68/EU in der Baugruppe enthalten ist.									
	b) Bei Druckbehältern, die zur Durchführung wiederkehrender Prüfungen von ihrem Aufstellungsort entfernt und nach Durchführungen dieser Prüfungen an einem anderen Ort wieder aufgestellt werden, kann die erneute Prüfung vor Inbetriebnahme entfallen, aa) sofern die Anschlüsse und die Ausrüstungsteile des Druckbehälters nicht geändert worden sind und bb) am neuen Aufstellungsort bereits eine Prüfung der dort vorhandenen Anlagenteile vor Inbetriebnahme eines gleichartigen Druckbehälters durchgeführt worden ist.									
			Die Prüfzuständigkeit ergibt sich aus Nr. 6 Tabelle 3, 4							
	c) Nicht erdgedeckte Druckbehälter für Gase oder Gasgemische, die auf die drucktragende Wandung keine korrodierende Wirkung haben	siehe Nr. 7.14 Buchstabe a, sonst gilt Nr. 6 Tabelle 3, 4	ZÜS/bP	10 Jahre	[1])	[1])	ZÜS	10 Jahre	ZÜS	10 Jahre[2])
							bP	10 Jahre	bP	10 Jahre[2])
	[1]) Es müssen alle zwei Jahre äußere Prüfungen wie folgt durchgeführt werden: a) bei unbeheizten Druckbehältern für entzündbare Gase oder Gasgemische durch eine bP, b) bei beheizten Druckbehältern durch eine ZÜS. Die äußere Prüfung gilt abweichend von § 16 Absatz 3 als fristgerecht durchgeführt, wenn sie bis zum Ende des Jahres ihrer Fälligkeit durchgeführt worden ist.									

[2]) Besteht die drucktragende Wandung weder ganz noch teilweise aus hochfesten Feinkornbaustählen mit einer Streckgrenze von mindestens 370 N/mm^2, können die wiederkehrenden Festigkeitsprüfungen entfallen, wenn

a) die Prüfung vor der erstmaligen Inbetriebnahme oder nach einer prüfpflichtigen Änderung höchstens zehn Jahre zurückliegt oder
b) bei der zuletzt durchgeführten inneren Prüfung keine Mängel an der drucktragenden Wandung festgestellt worden sind.

			Die Prüfzuständigkeit ergibt sich aus Nr. 6 Tabelle 3, 4							
	d) Erdgedeckte Druckbehälter für Gase oder Gasgemische, die auf die drucktragende Wandung keine korrodierende Wirkung haben, und die durch besondere Schutzmaßnahmen[1]) gegen Beschädigungen durch chemische und mechanische Einwirkungen geschützt sind	siehe Nr. 7.14 Buchstabe a, sonst gilt Nr. 6 Tabelle 3, 4	ZÜS/bP	10 Jahre	[2]), [3])	[2]), [3])	ZÜS	10 Jahre	ZÜS	10 Jahre[4])
							bP	10 Jahre	bP	10 Jahre[4])

[1]) Zu den besonderen Schutzmaßnahmen gegen Beschädigungen gehört insbesondere die Ausrüstung mit

a) Bitumenumhüllungen und zusätzlichem kathodischem Korrosionsschutz,
b) zusätzlichem Außenbehälter aus Stahl und einer Lecküberwachung des Zwischenraums oder
c) einer Außenbeschichtung mit geeigneten Beschichtungsstoffen, die den Beanspruchungen bei bestimmungsgemäßer Verwendung standhalten.

Die besonderen Schutzmaßnahmen sind in die Prüfung vor der erstmaligen Inbetriebnahme oder nach einer prüfpflichtigen Änderung einzubeziehen. Die Eignung und die Funktionsfähigkeit vom kathodischen Korrosionsschutz ist dabei spätestens nach einem Jahr von einer bP zu prüfen.

[2]) Wiederkehrend zu prüfen sind:

a) die Funktionsfähigkeit der Lecküberwachung alle zwei Jahre von einer bP,
b) die Funktionsfähigkeit der Einrichtungen für kathodischen Korrosionsschutz alle zwei Jahre von einer bP,
c) kathodische Korrosionsschutzanlagen mit Fremdstrom im Wechsel mit b) alle vier Jahre von einer ZÜS.

Nr.	Druckanlage/Anlagenteil	Prüfungen nach Nr. 4	Prüfungen nach Nr. 5							
			Prüfung der Druckanlage		Prüfung der Anlagenteile					
					äußere Prüfung		innere Prüfung		Festigkeitsprüfung	
		Prüfzuständigkeit	Prüfzuständigkeit	Höchstfrist	Prüfzuständigkeit	Höchstfrist	Prüfzuständigkeit	Höchstfrist	Prüfzuständigkeit	Höchstfrist
	[3]) Es müssen alle zwei Jahre äußere Prüfungen wie folgt durch geführt werden: a) bei unbeheizten Druckbehältern für entzündbare Gase oder Gasgemische durch eine bP, b) bei beheizten Druckbehältern durch eine ZÜS. Die äußere Prüfung gilt abweichend von § 16 Absatz 3 als fristgerecht durchgeführt,wenn sie bis zum Ende des Jahres ihrer Fälligkeit durchgeführt worden ist. [4]) Es gilt Nr. 7.14 Buchstabe c Fußnote 2.									
	e) Druckbehälter zum Verdampfen von Gasen oder Gasgemischen, die auf die drucktragende Wandung keine korrodierende Wirkung haben und die ausschließlich aus Rohranordnungen bestehen	bP	Die Prüfzuständigkeit ergibt sich aus Nr. 6 Tabelle 3, 4		entfällt		bP	[1])	bP	[1])
			ZÜS/bP	10 Jahre						
	[1]) Wiederkehrende innere Prüfungen und Festigkeitsprüfungen müssen nur durchgeführt werden, wenn die Druckbehälter für Instandsetzungsarbeiten außer Betrieb genommen werden.									
			Die Prüfzuständigkeit ergibt sich aus Nr. 6 Tabelle 3				Die Prüfzuständigkeit ergibt sich aus Nr. 6 Tabelle 3			
	f) Lagerbehälter für Propan, Butan oder deren Gemische mit < 3 t Fassungsvermögen	siehe Nr. 7.14 Buchstabe a, sonst gilt Nr. 6 Tabelle 3	ZÜS/bP	10 Jahre	bP	2 Jahre[1])	ZÜS	10 Jahre[2])	ZÜS	10 Jahre[3])
							bP	10 Jahre[2])	bP	10 Jahre[3])

	[1]) Die äußere Prüfung gilt abweichend von § 16 Absatz 3 als fristgerecht durchgeführt, wenn sie bis zum Ende des Jahres ihrer Fälligkeit durchgeführt worden ist. [2]) An nicht erdgedeckten Druckbehältern kann bei der wiederkehrenden Prüfung auf die Besichtigung der inneren Wandung verzichtet werden, wenn die Behälter a) ausschließlich der Lagerung von Propan, Butan oder deren Gemischen mit einem genormten Reinheitsgrad dienen und b) keine Einbauten, zum Beispiel Heizungen oder Versteifungsringe, haben. [3]) Es gilt Nr. 7.14 Buchstabe c Fußnote 2.									
			Die Prüfzuständigkeit ergibt sich aus Nr. 6 Tabelle 3, 4				Die Prüfzuständigkeit ergibt sich aus Nr. 6 Tabelle 3, 4			
	g) Druckbehälter zur Lagerung von Gasen oder Gasgemischen, bei denen eine korrodierende Wirkung auf die drucktragende Wandung nicht auszuschließen ist	siehe Nr. 7.14 Buchstabe a, sonst gilt Nr. 6 Tabelle 3, 4	ZÜS/bP	10 Jahre	[1])	[1])	ZÜS	5 Jahre	ZÜS	10 Jahre
							bP	10 Jahre	bP	10 Jahre
	[1]) Bei Druckbehältern für entzündbare Gase oder Gasgemische müssen äußere Prüfungen alle zwei Jahre durch die ZÜS durchgeführt werden. Die äußere Prüfung gilt abweichend von § 16 Absatz 3 als fristgerecht durchgeführt, wenn sie bis zum Ende des Jahres ihrer Fälligkeit durchgeführt worden ist.									
			Die Prüfzuständigkeit ergibt sich aus Nr. 6 Tabelle 4				Die Prüfzuständigkeit ergibt sich aus Nr. 6 Tabelle 4			
	h) Elektrisch beheizte Druckbehälter für CO_2	siehe Nr. 7.14 Buchstabe a, sonst gilt Nr. 6 Tabelle 4	ZÜS/bP	10 Jahre	bP	2 Jahre	ZÜS	10 Jahre	ZÜS[1])	10 Jahre[1])
							bP	10 Jahre	bP[1])	10 Jahre[1])
	[1]) Es gilt Nr. 7.14 Buchstabe c Fußnote 2.									

Nr.	Druckanlage/Anlagenteil	Prüfungen nach Nr. 4	Prüfungen nach Nr. 5							
			Prüfung der Druckanlage		Prüfung der Anlagenteile					
					äußere Prüfung		innere Prüfung		Festigkeitsprüfung	
		Prüfzuständigkeit	Prüfzuständigkeit	Höchstfrist	Prüfzuständigkeit	Höchstfrist	Prüfzuständigkeit	Höchstfrist	Prüfzuständigkeit	Höchstfrist
7.15	**Druckbehälter und daran angeschlossene überwachungsbedürftige Rohrleitungen für kalt verflüssigte Gase oder Gasgemische**									
			Die Prüfzuständigkeit ergibt sich aus Nr. 6 Tabelle 3, 4				Die Prüfzuständigkeit ergibt sich aus Nr. 6 Tabelle 3, 4			
	Druckbehälter und daran angeschlossene überwachungsbedürftige Rohrleitungen für kalt verflüssigte Gase oder Gasgemische mit Betriebstemperaturen von dauernd weniger als –10 Grad Celsius	Die Prüfzuständigkeit ergibt sich aus Nr. 6 Tabelle 3, 4	ZÜS/bP	10 Jahre	[1])	[1])	Wiederkehrende innere Prüfungen und Festigkeitsprüfungen müssen nur durchgeführt werden, wenn die Druckbehälter und Rohrleitungen für Instandsetzungsarbeiten außer Betrieb genommen werden.			
	[1]) Bei Druckbehältern für entzündbare Gase oder Gasgemische müssen alle zwei Jahre äußere Prüfungen durch eine bP durchgeführt werden. Die äußere Prüfung gilt abweichend von § 16 Absatz 3 als fristgerecht durchgeführt, wenn sie bis zum Ende des Jahres ihrer Fälligkeit durchgeführt worden ist.									
7.16	**Rotierende dampfbeheizte Zylinder**									
			Die Prüfzuständigkeit ergibt sich aus Nr. 6 Tabelle 4				Die Prüfzuständigkeit ergibt sich aus Nr. 6 Tabelle 4			
		Die Prüfzuständigkeit ergibt sich aus Nr. 6 Tabelle 4	ZÜS	10 Jahre	entfällt		ZÜS	5 Jahre	ZÜS	10 Jahre[1])
							bP	10 Jahre	bP	10 Jahre[1])
	[1]) Wiederkehrende Festigkeitsprüfungen müssen nach Ablauf der Fristen nur durchgeführt werden, wenn a) die Zylinder aus dem Maschinengestell ausgebaut werden oder b) bei der inneren Prüfung Mängel an der drucktragenden Wandung festgestellt wurden.									

7.17	**Steinhärtekessel**									
		ZÜS	ZÜS	10 Jahre	entfällt		ZÜS	2 Jahre[1]	ZÜS	10 Jahre
	[1] An instandgesetzten Steinhärtekesseln mit eingesetzten Flicken müssen die Reparaturbereiche jährlich wiederkehrend einer Oberflächenrissprüfung unterzogen werden. In Bereichen von Flicken mit einer Länge von über 400 Millimetern in Längsrichtung muss die erste wiederkehrende Oberflächenrissprüfung ein halbes Jahr nach der Reparatur durchgeführt werden. Auf wiederkehrende Oberflächenrissprüfungen kann verzichtet werden, wenn bei fünf aufeinanderfolgenden Prüfungen eines Reparaturbereichs keine Mängel festgestellt wurden.									
7.18	**Druckbehälter und Rohrleitungen aus Glas**									
	Druckbehälter und Rohrleitungen mit Ausnahme von Versuchsautoklaven	Die Prüfzuständigkeit ergibt sich aus Nr. 6 Tabelle 3 bis 6 und 8 bis 11[1]	Die Prüfzuständigkeit ergibt sich aus Nr. 6 Tabelle 3 bis 6 und 8 bis 11		[2]					
			ZÜS/bP	10 Jahre						
	[1] An Druckanlagen mit Druckbehältern und Rohrleitungen aus Glas muss vor der erstmaligen Inbetriebnahme oder nach einer prüfpflichtigen Änderung zusätzlich eine Dichtheitsprüfung von einer bP durchgeführt werden. [2] Bei Druckbehältern und Rohrleitungen aus Glas können die wiederkehrenden Prüfungen entfallen. Falls die Behälter oder die Rohrleitungen durch abtragende Medien beansprucht werden, müssen in Zeitabständen, die entsprechend den Betriebsbeanspruchungen festzulegen sind, die Wanddicken von einer bP gemessen werden.									
7.19	**Druckbehälter[1] in Wärmeübertragungsanlagen mit Wärmeträgerölen**									
	PS · V [Bar · Liter]	Prüfzuständigkeit:	Prüfzuständigkeit: bei PS · V > 500 Bar · Liter: ZÜS; bei PS · V ≤ 500 Bar · Liter: bP							
	> 100	ZÜS[2]			sofern beheizt:					
	≤ 100	bP[2]	ZÜS/bP	10 Jahre[3]	ZÜS	2 Jahre	ZÜS	5 Jahre	ZÜS	10 Jahre
					bP	10 Jahre	bP	10 Jahre	bP	10 Jahre
	[1] Druckbehälter, in denen Wärmeträgeröle erhitzt werden oder in denen die Wärmeträgeröle oder ihre Dämpfe zur Wärmeabgabe verwendet werden. [2] Wärmeübertragungsanlagen und Teile dieser Anlagen dürfen vor der erstmaligen Inbetriebnahme sowie nach einer Instandsetzung oder einer prüfpflichtigen Änderung nur in Betrieb genommen werden, nachdem sie von einer bP auf Dichtheit geprüft worden sind. [3] Wärmeübertragungsanlagen dürfen nur betrieben werden, wenn der Wärmeträger mindestens einmal jährlich von einer bP auf weitere Verwendbarkeit geprüft worden ist.									

Nr.	Druckanlage/Anlagenteil	Prüfungen nach Nr. 4	Prüfungen nach Nr. 5							
			Prüfung der Druckanlage		Prüfung der Anlagenteile					
					äußere Prüfung		innere Prüfung		Festigkeitsprüfung	
		Prüfzuständigkeit	Prüfzuständigkeit	Höchstfrist	Prüfzuständigkeit	Höchstfrist	Prüfzuständigkeit	Höchstfrist	Prüfzuständigkeit	Höchstfrist
7.20	Versuchsautoklaven zur Durchführung von Versuchen mit unbekanntem Reaktionsablauf									
		[1])	entfällt		[1])	[1])	Prüfzuständigkeit: – bei PS · V > 100 Bar · Liter: ZÜS; – bei PS · V ≤ 100 Bar · Liter: bP			
							ZÜS	5 Jahre	ZÜS	10 Jahre
							bP	10 Jahre	bP	10 Jahre
	[1]) Die Prüfung vor Inbetriebnahme und die wiederkehrenden äußeren Prüfungen können entfallen. Vor jeder Verwendung ist jedoch eine Prüfung durch eine bP durchzuführen.									
7.21	Heizplatten in Wellpappenerzeugungsanlagen									
		Die Prüfzuständigkeit ergibt sich aus Nr. 6 Tabelle 4	Die Prüfzuständigkeit ergibt sich aus Nr. 6 Tabelle 4		entfällt		entfällt		Die Prüfzuständigkeit ergibt sich aus Nr. 6 Tabelle 4	
			ZÜS/bP	10 Jahre					ZÜS	10 Jahre[1])
									bP	10 Jahre[1])
	[1]) Wiederkehrende Festigkeitsprüfungen brauchen nach Ablauf der Frist nur durchgeführt zu werden, wenn die Heizplatten aus dem Maschinengestell ausgebaut werden.									
7.22	Pneumatische Weinpressen (Membranpressen, Schlauchpressen)									
		Die Prüfzuständigkeit ergibt sich aus Nr. 6 Tabelle 4	Die Prüfzuständigkeit ergibt sich aus Nr. 6 Tabelle 4				Prüfzuständigkeit: – bei V ≤ 1 Liter und PS > 1000 Bar oder V > 1 Liter und PS · V > 200 Bar · Liter: ZÜS; – sonst bP			
			ZÜS/bP	5 Jahre[1])	entfällt		ZÜS	[2])	ZÜS	[2])
							bP	[2])	bP	[2])

	[1]) Im Zuge der Prüfung der Druckanlage ist insbesondere eine Prüfung der Ausrüstungsteile vorzunehmen. [2]) Die wiederkehrenden Prüfungen können entfallen, sofern jährlich mindestens einmal eine Prüfung auf sichtbare Schäden durch eine bP vorgenommen worden ist. Werden jedoch an druckbeanspruchten Teilen Schäden festgestellt oder Instandsetzungsarbeiten vorgenommen, müssen innere Prüfungen und Festigkeitsprüfungen durchgeführt werden.									
7.23	**Plattenwärmetauscher**									
	Bei Plattenwärmetauschern, deren Plattenverbindungen nicht oder nur zum Teil im Kraftfluss infolge der Druckbeaufschlagung liegen, z. B. bei Lastaufnahme durch einen Rahmen, können die Prüfungen vor der erstmaligen Inbetriebnahme oder nach einer prüfpflichtigen Änderung und die wiederkehrenden Prüfungen entfallen.									
7.24	**Lagerbehälter für Lebensmittel**									
			Die Prüfzuständigkeit ergibt sich aus Nr. 6 Tabelle 4							
	a) Lagerbehälter mit gas- oder dampfförmiger Phase, deren drucktragende Wandung unmittelbar mit Lebensmitteln in Kontakt steht	Die Prüfzuständigkeit ergibt sich aus Nr. 6 Tabelle 4	ZÜS/bP	10 Jahre	entfällt		ZÜS bP	[1]) [1])	ZÜS bP	[1]) [1])
	[1]) Wiederkehrende innere Prüfungen und Festigkeitsprüfungen können entfallen, sofern die Druckbehälter jährlich mindestens einmal von einer bP auf innere und äußere sichtbare Schäden geprüft worden sind und an druckbeanspruchten Teilen keine Schäden festgestellt werden.									
			Prüfzuständigkeit: bei PS > 1 Bar: ZÜS, sonst bP							
	b) Ausrüstungsteile von Lagerbehältern für Lebensmittel nach Nr. 7.24 Buchstabe a, die unter Druck gefüllt, entleert oder sterilisiert werden	Prüfzuständigkeit: bei PS > 1 Bar: ZÜS, sonst bP	entfällt		ZÜS/bP	5 Jahre	entfällt			
7.25	**Verwendungsfertige Druckanlagen und Druckgeräte in verwendungsfertigen Maschinen**									
		PS · V [Bar · Liter]	Prüfzuständigkeit[1])							
	a) Verwendungsfertige Druckanlagen	> 1000	ZÜS	Die Prüfzuständigkeit ergibt sich aus Nr. 6 Tabelle 2 bis 7 Die Prüffristen ergeben sich aus Nr. 5.8 und Nr. 5.9						
		≤ 1000	bP							

Nr.	Druckanlage/Anlagenteil	Prüfungen nach Nr. 4	Prüfungen nach Nr. 5							
			Prüfung der Druckanlage		Prüfung der Anlagenteile					
					äußere Prüfung		innere Prüfung		Festigkeitsprüfung	
		Prüfzuständigkeit	Prüfzuständigkeit	Höchstfrist	Prüfzuständigkeit	Höchstfrist	Prüfzuständigkeit	Höchstfrist	Prüfzuständigkeit	Höchstfrist
	[1]) Bei verwendungsfertig serienmäßig hergestellten Druckanlagen mit Druckgeräten im Sinne der Richtlinie 2014/68/EU oder mit einfachen Druckbehältern im Sinne der Richtlinie 2014/29/EU kann eine Prüfung vor Inbetriebnahme ohne Bezug auf einen Aufstellplatz an einem Muster durch eine ZÜS durchgeführt werden, sofern für Geräte oder Behälter das Produkt aus maximal zulässigem Druck PS und maßgeblichem Volumen V höchstens 1000 Bar · Liter beträgt. Die Prüfung vor Inbetriebnahme hinsichtlich der Aufstellungsbedingungen darf von einer bP durchgeführt werden.									
	b) Druckgeräte in verwendungsfertigen Maschinen	Die Prüfzuständigkeit ergibt sich aus Nr. 6 Tabelle 2 bis 7, nur Prüfung der Unterlagen[1])	Die Prüfzuständigkeit ergibt sich aus Nr. 6 Tabelle 2 bis 7 Die Prüffristen ergeben sich aus Nr. 5.8 und Nr. 5.9							
	[1]) Bei verwendungsfertig hergestellten Maschinen mit eingebauten Druckgeräten im Sinne der Richtlinie 2014/68/EU oder einfachen Druckbehältern im Sinne der Richtlinie 2014/29/EU beschränkt sich die Prüfung vor der erstmaligen Inbetriebnahme darauf zu prüfen, ob die für die Prüfung benötigten technischen Unterlagen vorhanden sind und ihr Inhalt plausibel ist. Dies gilt jedoch nur, wenn aus den technischen Unterlagen die zutreffende Auswahl der Druckgeräte für die vorgesehene Betriebsweise sowie die sichere Montage und Installation in der Maschine hervorgeht und nachweislich die Sicherheit der Druckgeräte nicht von den Aufstellungsbedingungen der Maschine abhängt.									
7.26	**Druckanlagen, die bestimmungsgemäß für den ortsveränderlichen Einsatz verwendet werden**									
		Nur erstmalig[1]). Die Prüfzuständigkeit ergibt sich aus Nr. 6 Tabelle 3 bis 6	Die Prüfzuständigkeit ergibt sich aus Nr. 6 Tabelle 3 bis 6 Die Prüffristen ergeben sich aus Nr. 5.8 und Nr. 5.9							
	[1]) Bei Druckbehälteranlagen im Sinne von Nr. 2.1 Satz 1 Buchstabe b, die an wechselnden Aufstellungsorten verwendet werden, ist nach dem Wechsel des Aufstellungsortes eine erneute Prüfung vor Inbetriebnahme nicht erforderlich, wenn a) eine Bescheinigung über eine andernorts durchgeführte Prüfung vor Inbetriebnahme vorliegt, b) sich keine neue Betriebsweise ergeben hat und die Anschlussverhältnisse sowie die Ausrüstung unverändert bleiben und c) an die Aufstellung keine besonderen Anforderungen zu stellen sind. Bei besonderen Anforderungen an die Aufstellung genügt es, wenn die sichere Aufstellung am Betriebsort von einer zur Prüfung befähigten Person geprüft wird und hierüber eine Aufzeichnung vorliegt.									

7.27	**Ortsfeste Füllanlagen für Gase**									
	a) Druckanlagen mit Druckbehältern zum Lagern von Gasen, die aus ortsbeweglichen Druckgeräten befüllt werden nach Nr. 2.1 Satz 1 Buchstabe c Doppelbuchstabe aa	Die Prüfzuständigkeit ergibt sich aus Nr. 6, Tabelle 3, 4	Die Prüfzuständigkeit ergibt sich aus Nr. 6 Tabelle 3, 4		Die Prüfzuständigkeit ergibt sich aus Nr. 6 Tabelle 3, 4 und 8, 9 (ggf. unter Beachtung von Nr. 7.14, Nr. 7.15) Die Prüffristen ergeben sich aus Nr. 5.8 und Nr. 5.9 (ggf. unter Beachtung von Nr. 7.14, Nr. 7.15)					
			ZÜS/bP	10 Jahre						
	b) Druckanlagen, in denen ortsbewegliche Druckgeräte befüllt werden nach Nr. 2.1 Satz 1 Buchstabe c Doppelbuchstabe bb	ZÜS	Die Prüfzuständigkeit ergibt sich aus Nr. 6 Tabelle 3, 4		Die Prüfzuständigkeit ergibt sich aus Nr. 6 Tabelle 3, 4 und 8, 9 (ggf. unter Beachtung von Nr. 7.14, Nr. 7.15) Die Prüffristen ergeben sich aus Nr. 5.8 und Nr. 5.9 (ggf. unter Beachtung von Nr. 7.14, Nr. 7.15)					
			ZÜS/bP	10 Jahre						
	c) Druckanlagen zur Befüllung von Fahrzeugen nach Nr. 2.1 Satz 1 Buchstabe c Doppelbuchstabe cc	ZÜS	ZÜS	5 Jahre	Die Prüfzuständigkeit ergibt sich aus Nr. 6 Tabelle 3, 4 und 8, 9 (ggf. unter Beachtung von Nr. 7.14, Nr. 7.15) Die Prüffristen ergeben sich aus Nr. 5.8 und Nr. 5.9 (ggf. unter Beachtung von Nr. 7.14, Nr. 7.15)					
7.28	**Druckbehälter mit Schnellverschlüssen**									
	Druckbehälter mit Schnellverschlüssen, die Gase, Gasgemische oder überhitzte Flüssigkeiten enthalten	Die Prüfzuständigkeit ergibt sich aus Nr. 6 Tabelle 3, 4	Die Prüfzuständigkeit ergibt sich aus Nr. 6 Tabelle 3, 4		bei V ≤ 1 Liter und PS > 1000 Bar oder V > 1 Liter, PS > 0,5 Bar und PS · V > 1000 Bar · Liter: ZÜS, sonst bP		Die Prüfzuständigkeit ergibt sich aus Nr. 6 Tabelle 3, 4			
			ZÜS/bP	10 Jahre	ZÜS	2 Jahre	ZÜS	5 Jahre	ZÜS	10 Jahre
					bP	2 Jahre	bP	10 Jahre	bP	10 Jahre

Nr.	Druckanlage/Anlagenteil	Prüfungen nach Nr. 4	Prüfungen nach Nr. 5							
			Prüfung der Druckanlage		Prüfung der Anlagenteile					
					äußere Prüfung		innere Prüfung		Festigkeitsprüfung	
		Prüfzuständigkeit	Prüfzuständigkeit	Höchstfrist	Prüfzuständigkeit	Höchstfrist	Prüfzuständigkeit	Höchstfrist	Prüfzuständigkeit	Höchstfrist
7.29	**Ortsbewegliche Druckgeräte nach Nr. 2.1 Satz 2 Buchstabe b**									
			Die Prüfzuständigkeit ergibt sich aus Nr. 6 Tabelle 3 bis 6							
	Druckbehälter mit Einbauten oder losen Schüttungen	Die Prüfzuständigkeit ergibt sich aus Nr. 6, Tabelle 3 bis 6	ZÜS/bP	10 Jahre	ZÜS	2 Jahre[1])	ZÜS	5 Jahre erstmalig, danach 10 Jahre[2])	ZÜS	10 Jahre
					bP	10 Jahre[1])	bP	10 Jahre	bP	10 Jahre
	[1]) Sofern feuer-, abgas- oder elektrisch beheizt. [2]) Die Prüffrist für die inneren Prüfungen kann auf bis zu zehn Jahre erweitert werden, sofern a) Schädigungen der drucktragenden Wandung, wie Korrosion oder Erosion, nicht zu unterstellen sind, b) die innere Prüfung aller Wandungsteile nicht oder nur mit unverhältnismäßigem Aufwand möglich ist und c) bei der ersten wiederkehrenden inneren Prüfung keine Mängel an der drucktragenden Wandung festgestellt worden sind.									
7.30	**Druckbehälter mit Einbauten**									
			Die Prüfzuständigkeit ergibt sich aus Nr. 6 Tabelle 3 bis 6							
	Druckbehälter mit Einbauten oder losen Schüttungen	Die Prüfzuständigkeit ergibt sich aus Nr. 6, Tabelle 3 bis 6	ZÜS/bP	10 Jahre	ZÜS	2 Jahre[1])	ZÜS	5 Jahre erstmalig, danach 10 Jahre[2])	ZÜS	10 Jahre
					bP	10 Jahre[1])	bP	10 Jahre	bP	10 Jahre
	[1]) Sofern feuer-, abgas- oder elektrisch beheizt. [2]) Die Prüffrist für die inneren Prüfungen kann auf bis zu zehn Jahre erweitert werden, sofern a) Schädigungen der drucktragenden Wandung, wie Korrosion oder Erosion, nicht zu unterstellen sind, b) die innere Prüfung aller Wandungsteile nicht oder nur mit unverhältnismäßigem Aufwand möglich ist und c) bei der ersten wiederkehrenden inneren Prüfung keine Mängel an der drucktragenden Wandung festgestellt worden sind.									

Anhang 3
Prüfvorschriften für bestimmte Arbeitsmittel

(zu § 14 Absatz 4)

Abschnitt 1
Krane

1. Anwendungsbereich und Ziel

1.1 Dieser Abschnitt gilt für Prüfungen folgender Krane (Hebezeuge): Laufkatzen, Ausleger-, Dreh-, Derrick-, Brücken-, Wandlauf-, Portal-, Schwenkarm-, Turmdreh-, Fahrzeug-, Lkw-Lade-, Lkw-Anbau-, Schwimm-, Offshore- und Kabelkrane. Für Lkw-Ladekrane, deren Lastmoment mehr als 300 Kilonewtonmeter oder deren Auslegerlänge mehr als 15 Meter beträgt, gelten die Prüfvorschriften, wie sie in diesem Abschnitt für Fahrzeugkrane festgelegt sind.

1.2 Die Prüfungen sind mit dem Ziel durchzuführen, den Schutz der Beschäftigten vor Gefährdungen durch die genannten Krane sicherzustellen.

2. Prüfsachverständige

Prüfsachverständige im Sinne dieses Abschnitts sind zur Prüfung befähigte Personen nach § 2 Absatz 6, die zusätzlich

a) eine abgeschlossene Ausbildung als Ingenieur haben oder vergleichbare Kenntnisse und Erfahrungen in der Fachrichtung aufweisen, auf die sich ihre Tätigkeit bezieht,
b) mindestens drei Jahre Erfahrung in der Konstruktion, dem Bau, der Instandhaltung oder der Prüfung von Kranen haben und davon mindestens ein halbes Jahr an der Prüftätigkeit eines Prüfsachverständigen beteiligt waren,
c) ausreichende Kenntnisse über die einschlägigen Vorschriften und Regeln besitzen,
d) über die für die Prüfung erforderlichen Einrichtungen und Unterlagen verfügen und
e) ihre fachlichen Kenntnisse auf aktuellem Stand halten.

3. Prüffristen, Prüfzuständigkeiten und Prüfaufzeichnungen

3.1 Für kraftbetriebene Krane gelten die in Tabelle 1 festgelegten Prüffristen und Prüfzuständigkeiten. Sofern dort eine wiederkehrende Prüfung durch einen Prüfsachverständigen vorgeschrieben ist, muss nicht zusätzlich eine Prüfung durch eine zur Prüfung befähigte Person durchgeführt werden.

3.2 Für handbetriebene oder teilkraftbetriebene Krane gelten die in Tabelle 2 festgelegten Prüffristen und Prüfzuständigkeiten.

3.3 Abweichend von § 14 Absatz 7 Satz 1 sind Aufzeichnungen über die gesamte Verwendungsdauer des Arbeitsmittels aufzubewahren.

3.4 Die in den Tabellen 1 und 2 genannten Krane sind nach außergewöhnlichen Ereignissen durch eine zur Prüfung befähigte Person nach § 2 Absatz 6 und nach prüfpflichtigen Änderungen durch einen Prüfsachverständigen zu prüfen. § 14 Absatz 3 Satz 1 findet insoweit keine Anwendung. § 14 Absatz 2 bleibt unberührt.

Tabelle 1: Prüffristen und Prüfzuständigkeiten für bestimmte Krane

Kran	Prüfung nach der Montage, Installation und vor der ersten Inbetriebnahme	Wiederkehrende Prüfung
Laufkatzen	Prüfsachverständiger	mindestens jährlich durch eine zur Prüfung befähigte Person nach § 2 Absatz 6
Ausleger- und Drehkrane	Prüfsachverständiger	mindestens jährlich durch eine zur Prüfung befähigte Person nach § 2 Absatz 6
Derrickkrane	Prüfung entfällt wegen § 14 Absatz 1 Satz 3	mindestens jährlich durch eine zur Prüfung befähigte Person nach § 2 Absatz 6 und mindestens alle 4 Betriebsjahre durch einen Prüfsachverständigen
Brückenkrane, Wandlaufkrane	Prüfsachverständiger	mindestens jährlich durch eine zur Prüfung befähigte Person nach § 2 Absatz 6
Portalkrane	Prüfsachverständiger	mindestens jährlich durch eine zur Prüfung befähigte Person nach § 2 Absatz 6
Schwenkarmkrane	Prüfsachverständiger	mindestens jährlich durch eine zur Prüfung befähigte Person nach § 2 Absatz 6
Turmdrehkrane	zur Prüfung befähigte Person nach § 2 Absatz 6	mindestens jährlich durch eine zur Prüfung befähigte Person nach § 2 Absatz 6 und mindestens alle 4 Betriebsjahre, im 14. und 16. Betriebsjahr und danach mindestens jährlich durch einen Prüfsachverständigen
fahrbare Turmdrehkrane (Auto-Turmdrehkrane) mit luftbereiftem und angetriebenem Unterwagen; die Fahrbewegungen werden von einer Fahrerkabine im Unterwagen und die Kranbewegungen von einer Krankabine aus gesteuert, die im oder am Turm angeordnet ist	Prüfung entfällt wegen § 14 Absatz 1 Satz 3	mindestens halbjährlich durch eine zur Prüfung befähigte Person nach § 2 Absatz 6 und mindestens alle 4 Betriebsjahre, im 14. und 16. Betriebsjahr und danach mindestens jährlich durch einen Prüfsachverständigen

Kran	Prüfung nach der Montage, Installation und vor der ersten Inbetriebnahme	Wiederkehrende Prüfung
Fahrzeugkrane	Prüfung entfällt wegen § 14 Absatz 1 Satz 3	mindestens jährlich durch eine zur Prüfung befähigte Person nach § 2 Absatz 6 und mindestens alle 4 Betriebsjahre, im 13. Betriebsjahr und danach mindestens jährlich durch einen Prüfsachverständigen
Lkw-Ladekrane a) grundsätzlich	Prüfung entfällt wegen § 14 Absatz 1 Satz 3	mindestens jährlich durch eine zur Prüfung befähigte Person nach § 2 Absatz 6
b) mit mehr als 300 kNm Lastmoment oder mit mehr als 15 m Auslegerlänge	Prüfung entfällt wegen § 14 Absatz 1 Satz 3	mindestens jährlich durch eine zur Prüfung befähigte Person nach § 2 Absatz 6 und mindestens alle 4 Betriebsjahre, im 13. Betriebsjahr und danach mindestens jährlich durch einen Prüfsachverständigen
Lkw-Anbaukrane	Prüfung entfällt wegen § 14 Absatz 1 Satz 3	mindestens jährlich durch eine zur Prüfung befähigte Person nach § 2 Absatz 6 und mindestens alle 4 Betriebsjahre durch einen Prüfsachverständigen
Offshorekrane und Schwimmkrane (unter Offshorebedingungen)	Prüfsachverständiger, falls Einbau oder Aufbau vor Ort erfolgen	mindestens jährlich durch eine zur Prüfung befähigte Person nach § 2 Absatz 6 und mindestens alle 4 Betriebsjahre durch einen Prüfsachverständigen, im 14. und 16. Betriebsjahr und danach mindestens jährlich durch einen Prüfsachverständigen
Schwimmkrane (unter sonstigen Bedingungen)	Prüfsachverständiger, falls Einbau oder Aufbau vor Ort erfolgen	mindestens jährlich durch eine zur Prüfung befähigte Person nach § 2 Absatz 6
Kabelkrane	Prüfung entfällt wegen § 14 Absatz 1 Satz 3	mindestens jährlich durch eine zur Prüfung befähigte Person nach § 2 Absatz 6

Tabelle 2: Prüffristen und Prüfzuständigkeiten für handbetriebene oder teilkraftbetriebene Krane

Kran	Prüfung nach Montage, Installation und vor der ersten Inbetriebnahme	Wiederkehrende Prüfung
handbetriebene oder teilkraftbetriebene Krane > 1 t Tragfähigkeit	Prüfsachverständiger	mindestens jährlich durch eine zur Prüfung befähigte Person nach § 2 Absatz 6
handbetriebene oder teilkraftbetriebene Krane ≤ 1 t Tragfähigkeit	zur Prüfung befähigte Person nach § 2 Absatz 6	mindestens jährlich durch eine zur Prüfung befähigte Person nach § 2 Absatz 6

Abschnitt 2
Flüssiggasanlagen

1. Anwendungsbereich und Ziel

1.1 Dieser Abschnitt gilt für Prüfungen von Flüssiggasanlagen mit brennbaren Gasen, soweit sie in Tabelle 1 aufgeführt sind. Er gilt nicht, soweit die entsprechenden Prüfungen nach Anhang 2 dieser Verordnung durchzuführen sind.

1.2 Die Prüfungen sind mit dem Ziel durchzuführen, den Schutz der Beschäftigten vor Gefährdungen durch Flüssiggasanlagen nach Tabelle 1 sicherzustellen. Die Anlagen sind zu prüfen auf:

a) sichere Installation und Aufstellung sowie

b) Dichtheit und sichere Funktion.

2. Begriffsbestimmungen

2.1 Flüssiggasanlagen nach Tabelle 1 bestehen aus Versorgungsanlagen und zugehörigen Verbrauchsanlagen.

2.2 Versorgungsanlagen bestehen aus Druckgasbehältern und allen Teilen, die der Versorgung der Verbrauchsanlagen dienen, einschließlich der Hauptabsperreinrichtung.

2.3 Verbrauchsanlagen umfassen die Gasverbrauchseinrichtungen einschließlich der Leitungsanlage und der Ausrüstungsteile hinter der Hauptabsperreinrichtung.

2.4 Gasverbrauchseinrichtungen sind Gasgeräte mit und ohne Abgasführung.

2.5 Hauptabsperreinrichtung ist die Absperreinrichtung, mit der die gesamte Verbrauchsanlage von der Versorgungsanlage abgesperrt werden kann. Dies kann auch das Behälterabsperrventil sein.

2.6 Ortsveränderliche Flüssiggasanlagen sind Anlagen, bei denen die Versorgungsanlagen oder Verbrauchsanlagen an unterschiedlichen Aufstellungsorten verwendet werden können.

3. Zur Prüfung befähigte Personen

Zur Prüfung befähigte Personen im Sinne dieses Abschnitts sind solche nach § 2 Absatz 6.

4. Prüfungen und Prüfaufzeichnungen

4.1 Die in Tabelle 1 genannten Flüssiggasanlagen sind vor ihrer erstmaligen Inbetriebnahme, vor Wiederinbetriebnahme nach prüfpflichtigen Änderungen und nach den in Spalte 2 genannten Höchstfristen wiederkehrend von einer zur Prüfung befähigten Person zu prüfen. § 14 Absatz 3 Satz 2 bleibt unberührt.

Tabelle 1: Prüffristen für die wiederkehrende Prüfung

Flüssiggasanlage	Wiederkehrende Prüfung
ortsveränderliche Flüssiggasanlage	mindestens alle 2 Jahre
ortsfeste Flüssiggasanlage	mindestens alle 4 Jahre
Flüssiggasanlage mit Gasverbrauchseinrichtungen in Räumen unter Erdgleiche	mindestens jährlich
flüssiggasbetriebene Räucheranlage	mindestens jährlich
Flüssiggasanlagen in oder an Fahrzeugen	mindestens alle 2 Jahre
Flüssiggasanlage auf Maschinen und Geräten des Bauwesens	mindestens jährlich
Arbeitsgeräte und -maschinen mit Gasentnahme aus der Flüssigphase	mindestens jährlich
Fahrzeuge mit Flüssiggas-Verbrennungsmotoren, die nicht Regelungsgegenstand der Straßenverkehrs-Zulassungs-Ordnung sind	mindestens jährlich

4.2 Abweichend von § 14 Absatz 7 Satz 1 sind Aufzeichnungen über die gesamte Verwendungsdauer des Arbeitsmittels aufzubewahren.

Abschnitt 3
Maschinentechnische Arbeitsmittel der Veranstaltungstechnik

1. Anwendungsbereich und Ziel

1.1 Die in diesem Abschnitt genannten Anforderungen gelten für maschinentechnische Arbeitsmittel der Veranstaltungstechnik, die zum szenischen Bewegen und Halten von Personen und Lasten verwendet werden. Maschinentechnische Arbeitsmittel der Veranstaltungstechnik sind insbesondere Beleuchtungs- und Oberlichtzüge, Beleuchtungs- und Portalbrücken, Bildwände, Bühnenwagen, Dekorations- und Prospektzüge, Drehbühnen und Drehscheiben, Elektrokettenzüge, Flugwerke, Kamerakrane und Kamerasupportsysteme, kraftbewegte Dekorationselemente, Leuchtenhänger, Punktzüge, Schutzvorhänge, Stative und Versenkeinrichtungen.

1.2 Die Prüfungen sind mit dem Ziel durchzuführen, den Schutz der Beschäftigten vor Gefährdungen durch die genannten Arbeitsmittel der Veranstaltungstechnik sicherzustellen.

2. Prüfsachverständige

Prüfsachverständige im Sinne dieses Abschnitts sind zur Prüfung befähigte Personen nach § 2 Absatz 6, die zusätzlich

a) eine abgeschlossene Ausbildung als Ingenieur haben oder vergleichbare Kenntnisse und Erfahrungen in der Fachrichtung aufweisen, auf die sich ihre Tätigkeit bezieht,

b) über mindestens drei Jahre Erfahrung in der Konstruktion, dem Bau, der Instandhaltung oder der Prüfung von sicherheitstechnischen und maschinentechnischen Einrichtungen von Veranstaltungs- und Produktionsstätten für szenische Darstellung haben, davon mindestens ein halbes Jahr an der Prüftätigkeit eines Prüfsachverständigen,

c) ausreichende Kenntnisse über die einschlägigen Vorschriften und Regeln besitzen,

d) mit der Betriebsweise der Veranstaltungs- und Produktionstechnik vertraut sind,

e) über die für die Prüfung erforderlichen Einrichtungen und Unterlagen verfügen und

f) ihre fachlichen Kenntnisse auf aktuellem Stand halten.

3. Prüfzuständigkeiten, Prüffristen und Prüfaufzeichnungen

3.1 Für die unter Nummer 1 genannten Arbeitsmittel gelten die in der nachfolgenden Tabelle festgelegten Prüffristen und Prüfzuständigkeiten. Sofern dort eine wiederkehrende Prüfung durch einen Prüfsachverständigen vorgeschrieben ist, muss nicht zusätzlich eine Prüfung durch eine zur Prüfung befähigte Person durchgeführt werden.

3.2 Die in Tabelle 1 genannten maschinentechnischen Arbeitsmittel der Veranstaltungstechnik sind nach außergewöhnlichen Ereignissen und nach prüfpflichtigen Änderungen von einem Prüfsachverständigen zu prüfen. § 14 Absatz 3 Satz 1 und 2 findet insoweit keine Anwendung. § 14 Absatz 2 bleibt unberührt.

Tabelle 1: Prüfzuständigkeiten und Prüffristen

maschinentechnisches Arbeitsmittel der Veranstaltungstechnik	Prüfung nach Montage, Installation und vor der ersten Inbetriebnahme	Wiederkehrende Prüfung
Arbeitsmittel (einschließlich Eigenbauten), die unter den Anwendungsbereich der Maschinenverordnung (Neunte Verordnung zum Produktsicherheitsgesetz) fallen, soweit es sich handelt um		mindestens jährlich durch eine zur Prüfung befähigte Person nach § 2 Absatz 6 und mindestens alle 4 Jahre durch einen Prüfsachverständigen
a) stationäre Arbeitsmittel	Prüfsachverständiger	
b) mobile Arbeitsmittel	zur Prüfung befähigte Person nach § 2 Absatz 6	
c) mobile Arbeitsmittel, mit denen Personen bewegt oder Lasten über Personen bewegt werden	Prüfsachverständiger	
d) mobile Arbeitsmittel, mit denen softwarebasierte automatisierte Bewegungsabläufe erfolgen	Prüfsachverständiger	
Arbeitsmittel (einschließlich Eigenbauten), die nicht unter den Anwendungsbereich der Maschinenverordnung (Neunte Verordnung zum Produktsicherheitsgesetz) fallen	Prüfsachverständiger	

3.3 Abweichend von § 14 Absatz 7 Satz 1 sind Aufzeichnungen über die gesamte Verwendungsdauer des Arbeitsmittels aufzubewahren.

Verordnung über Sicherheit und Gesundheitsschutz bei Tätigkeiten mit Biologischen Arbeitsstoffen (Biostoffverordnung – BioStoffV)

Vom 15.07.2013 (BGBl. I S. 2514), zuletzt geändert durch Artikel 3 der Verordnung vom 2.12.2024 (BGBl. I Nr. 384)

Abschnitt 1
Anwendungsbereich, Begriffsbestimmungen und Risikogruppeneinstufung

§ 1 Anwendungsbereich

(1) Diese Verordnung gilt für Tätigkeiten mit Biologischen Arbeitsstoffen (Biostoffen). Sie regelt Maßnahmen zum Schutz von Sicherheit und Gesundheit der Beschäftigten vor Gefährdungen durch diese Tätigkeiten. Sie regelt zugleich auch Maßnahmen zum Schutz von

1. Beschäftigten in Arbeitsbereichen, in denen diese durch Tätigkeiten nach § 2 Absatz 7 gefährdet werden können, ohne selbst diese Tätigkeiten auszuüben sowie
2. anderen Personen, soweit diese aufgrund des Verwendens von Biostoffen durch Beschäftigte oder durch Unternehmer ohne Beschäftigte gefährdet werden können.

(2) Die Verordnung gilt auch für Tätigkeiten, die dem Gentechnikrecht unterliegen, sofern dort keine gleichwertigen oder strengeren Regelungen zum Schutz der Beschäftigten bestehen.

§ 2 Begriffsbestimmungen

(1) Biostoffe sind

1. Mikroorganismen, Zellkulturen und Endoparasiten einschließlich ihrer gentechnisch veränderten Formen,
2. mit Transmissibler Spongiformer Enzephalopathie (TSE) assoziierte Agenzien,

die den Menschen durch Infektionen, infektionsbedingte akute oder chronische Krankheiten, Toxinbildung oder sensibilisierende Wirkungen gefährden können.

(2) Den Biostoffen gleichgestellt sind

1. Ektoparasiten, die beim Menschen eigenständige Erkrankungen verursachen oder sensibilisierende oder toxische Wirkungen hervorrufen können,
2. technisch hergestellte biologische Einheiten mit neuen Eigenschaften, die den Menschen in gleicher Weise gefährden können wie Biostoffe.

(3) Mikroorganismen sind alle zellulären oder nichtzellulären mikroskopisch oder submikroskopisch kleinen biologischen Einheiten, die zur Vermehrung oder zur Weitergabe von genetischem Material fähig sind, insbesondere Bakterien, Viren, Protozoen und Pilze.

(4) Zellkulturen sind in-vitro-vermehrte Zellen, die aus vielzelligen Organismen isoliert worden sind.

(5) Toxine im Sinne von Absatz 1 sind Stoffwechselprodukte oder Zellbestandteile von Biostoffen, die infolge von Einatmen, Verschlucken oder Aufnahme über die Haut beim Menschen toxische Wirkungen hervorrufen und dadurch akute oder chronische Gesundheitsschäden oder den Tod bewirken können.

(6) Biostoffe der Risikogruppe 3, die mit (**) gekennzeichnet sind, sind solche Biostoffe, bei denen das Infektionsrisiko für Beschäftigte begrenzt ist, weil eine Übertragung über den Luftweg normalerweise nicht erfolgen kann. Diese Biostoffe sind in Anhang III der Richtlinie 2000/54/EG des Europäischen Parlaments und des Rates vom 18. September 2000 über den Schutz der Arbeitnehmer gegen Gefährdung durch biologische Arbeitsstoffe bei der Arbeit (ABl. L 262 vom 17. 10. 2000, S. 21) sowie in den Bekanntmachungen nach § 19 Absatz 4 Nummer 1 entsprechend aufgeführt.

(7) Tätigkeiten sind

1. das Verwenden von Biostoffen, insbesondere das Isolieren, Erzeugen und Vermehren, das Aufschließen, das Ge- und Verbrauchen, das Be- und Verarbeiten, das Ab- und Umfüllen, das Mischen und Abtrennen sowie das innerbetriebliche Befördern, das Aufbewahren einschließlich des Lagerns, das Inaktivieren und das Entsorgen sowie
2. die berufliche Arbeit mit Menschen, Tieren, Pflanzen, Produkten, Gegenständen oder Materialien, wenn aufgrund dieser Arbeiten Biostoffe auftreten oder freigesetzt werden und Beschäftigte damit in Kontakt kommen können.

(8) Gezielte Tätigkeiten liegen vor, wenn

1. die Tätigkeiten auf einen oder mehrere Biostoffe unmittelbar ausgerichtet sind,
2. der Biostoff oder die Biostoffe mindestens der Spezies nach bekannt sind und
3. die Exposition der Beschäftigten im Normalbetrieb hinreichend bekannt oder abschätzbar ist.

Nicht gezielte Tätigkeiten liegen vor, wenn mindestens eine Voraussetzung nach Satz 1 nicht vorliegt. Dies ist insbesondere bei Tätigkeiten nach Absatz 7 Nummer 2 gegeben.

(9) Beschäftigte sind Personen, die nach § 2 Absatz 2 des Arbeitsschutzgesetzes als solche bestimmt sind. Den Beschäftigten stehen folgende Personen gleich, sofern sie Tätigkeiten mit Biostoffen durchführen:

1. Schülerinnen und Schüler,
2. Studierende,
3. sonstige Personen, insbesondere in wissenschaftlichen Einrichtungen und in Einrichtungen des Gesundheitsdienstes Tätige,
4. in Heimarbeit Beschäftigte nach § 1 Absatz 1 des Heimarbeitsgesetzes.

   Auf Schülerinnen und Schüler, Studierende sowie sonstige Personen nach Nummer 3 finden die Regelungen dieser Verordnung über die Beteiligung der Vertretungen keine Anwendung.

(10) Arbeitgeber ist, wer nach § 2 Absatz 3 des Arbeitsschutzgesetzes als solcher bestimmt ist. Dem Arbeitgeber stehen gleich
1. der Unternehmer ohne Beschäftigte,
2. der Auftraggeber und der Zwischenmeister im Sinne des Heimarbeitsgesetzes.

(11) Fachkundig im Sinne dieser Verordnung ist, wer zur Ausübung einer in dieser Verordnung bestimmten Aufgabe befähigt ist. Die Anforderungen an die Fachkunde sind abhängig von der jeweiligen Art der Aufgabe und der Höhe der Gefährdung. Die für die Fachkunde erforderlichen Kenntnisse sind durch eine geeignete Berufsausbildung und eine zeitnahe einschlägige berufliche Tätigkeit nachzuweisen. In Abhängigkeit von der Aufgabe und der Höhe der Gefährdung kann zusätzlich die Teilnahme an spezifischen Fortbildungsmaßnahmen erforderlich sein.

(12) Stand der Technik ist der Entwicklungsstand fortschrittlicher Verfahren, Einrichtungen oder Betriebsweisen, der die praktische Eignung einer Maßnahme zum Schutz von Sicherheit und Gesundheit der Beschäftigten gesichert erscheinen lässt. Bei der Bestimmung des Standes der Technik sind insbesondere vergleichbare Verfahren, Einrichtungen oder Betriebsweisen heranzuziehen, die mit Erfolg in der Praxis erprobt worden sind.

(13) Schutzstufen orientieren sich an der Risikogruppe des jeweiligen Biostoffs und sind ein Maßstab für die Höhe der Infektionsgefährdung einer Tätigkeit. Entsprechend den Risikogruppen nach § 3 werden vier Schutzstufen unterschieden. Die Schutzstufen umfassen die zusätzlichen Schutzmaßnahmen, die in den Anhängen II und III festgelegt oder empfohlen sind.

(14) Einrichtungen des Gesundheitsdienstes nach dieser Verordnung sind Arbeitsstätten, in denen Menschen stationär medizinisch untersucht, behandelt oder gepflegt werden oder ambulant medizinisch untersucht oder behandelt werden.

(15) Biotechnologie im Sinne dieser Verordnung umfasst die biotechnologische Produktion sowie die biotechnologische Forschung unter gezieltem Einsatz definierter Biostoffe.

§ 3 Einstufung von Biostoffen in Risikogruppen

(1) Biostoffe werden entsprechend dem von ihnen ausgehenden Infektionsrisiko nach dem Stand der Wissenschaft in eine der folgenden Risikogruppen eingestuft:
1. Risikogruppe 1: Biostoffe, bei denen es unwahrscheinlich ist, dass sie beim Menschen eine Krankheit hervorrufen,
2. Risikogruppe 2: Biostoffe, die eine Krankheit beim Menschen hervorrufen können und eine Gefahr für Beschäftigte darstellen könnten; eine Verbreitung in der Bevölkerung ist unwahrscheinlich; eine wirksame Vorbeugung oder Behandlung ist normalerweise möglich,
3. Risikogruppe 3: Biostoffe, die eine schwere Krankheit beim Menschen hervorrufen und eine ernste Gefahr für Beschäftigte darstellen können; die Gefahr einer Verbreitung in der Bevölkerung kann bestehen, doch ist normalerweise eine wirksame Vorbeugung oder Behandlung möglich,
4. Risikogruppe 4: Biostoffe, die eine schwere Krankheit beim Menschen hervorrufen und eine ernste Gefahr für Beschäftigte darstellen; die Gefahr einer

Verbreitung in der Bevölkerung ist unter Umständen groß; normalerweise ist eine wirksame Vorbeugung oder Behandlung nicht möglich.

(2) Für die Einstufung der Biostoffe in die Risikogruppen 2 bis 4 gilt Anhang III der Richtlinie 2000/54/EG des Europäischen Parlaments und des Rates vom 18. September 2000 über den Schutz der Arbeitnehmer gegen Gefährdung durch biologische Arbeitsstoffe bei der Arbeit (ABl. L 262 vom 17. 10. 2000, S. 21). Wird dieser Anhang im Verfahren nach Artikel 19 dieser Richtlinie an den technischen Fortschritt angepasst, so kann die geänderte Fassung bereits ab ihrem Inkrafttreten angewendet werden. Sie ist nach Ablauf der festgelegten Umsetzungsfrist anzuwenden.

(3) Ist ein Biostoff nicht nach Absatz 2 eingestuft, kann das Bundesministerium für Arbeit und Soziales nach Beratung durch den Ausschuss nach § 19 die Einstufung in eine Risikogruppe nach Absatz 1 vornehmen. Die Einstufungen werden im Gemeinsamen Ministerialblatt bekannt gegeben. Der Arbeitgeber hat diese Einstufungen zu beachten.

(4) Liegt für einen Biostoff weder eine Einstufung nach Absatz 2 noch eine nach Absatz 3 vor, hat der Arbeitgeber, der eine gezielte Tätigkeit mit diesem Biostoff beabsichtigt, diesen in eine der Risikogruppen nach Absatz 1 einzustufen. Dabei hat der Arbeitgeber Folgendes zu beachten:

1. kommen für die Einstufung mehrere Risikogruppen in Betracht, ist der Biostoff in die höchste infrage kommende Risikogruppe einzustufen,
2. Viren, die bereits beim Menschen isoliert wurden, sind mindestens in die Risikogruppe 2 einzustufen, es sei denn, es ist unwahrscheinlich, dass diese Viren beim Menschen eine Krankheit verursachen,
3. Stämme, die abgeschwächt sind oder bekannte Virulenzgene verloren haben, können vorbehaltlich einer angemessenen Ermittlung und Bewertung in eine niedrigere Risikogruppe eingestuft werden als der Elternstamm (parentaler Stamm); ist der Elternstamm in die Risikogruppe 3 oder 4 eingestuft, kann eine Herabstufung nur auf der Grundlage einer wissenschaftlichen Bewertung erfolgen, die insbesondere der Ausschuss nach § 19 vornehmen kann.

Abschnitt 2
Gefährdungsbeurteilung, Schutzstufenzuordnung, Dokumentations- und Aufzeichnungspflichten

§ 4 Gefährdungsbeurteilung

(1) Im Rahmen der Gefährdungsbeurteilung nach § 5 des Arbeitsschutzgesetzes hat der Arbeitgeber die Gefährdung der Beschäftigten durch die Tätigkeiten mit Biostoffen vor Aufnahme der Tätigkeit zu beurteilen. Die Gefährdungsbeurteilung ist fachkundig durchzuführen. Verfügt der Arbeitgeber nicht selbst über die entsprechenden Kenntnisse, so hat er sich fachkundig beraten zu lassen.

(2) Der Arbeitgeber hat die Gefährdungsbeurteilung unverzüglich zu aktualisieren, wenn

1. maßgebliche Veränderungen der Arbeitsbedingungen oder neue Informationen, zum Beispiel Unfallberichte oder Erkenntnisse aus arbeitsmedizinischen Vorsorgeuntersuchungen, dies erfordern oder
2. die Prüfung von Funktion und Wirksamkeit der Schutzmaßnahmen ergeben hat, dass die festgelegten Schutzmaßnahmen nicht wirksam sind.

Ansonsten hat der Arbeitgeber die Gefährdungsbeurteilung mindestens jedes zweite Jahr zu überprüfen und bei Bedarf zu aktualisieren. Ergibt die Überprüfung, dass eine Aktualisierung der Gefährdungsbeurteilung nicht erforderlich ist, so hat der Arbeitgeber dies unter Angabe des Datums der Überprüfung in der Dokumentation nach § 7 zu vermerken.

(3) Für die Gefährdungsbeurteilung hat der Arbeitgeber insbesondere Folgendes zu ermitteln:

1. Identität, Risikogruppeneinstufung und Übertragungswege der Biostoffe, deren mögliche sensibilisierende und toxische Wirkungen und Aufnahmepfade, soweit diese Informationen ermittelt werden können,
2. Art der Tätigkeit unter Berücksichtigung der Betriebsabläufe, Arbeitsverfahren und verwendeten Arbeitsmittel einschließlich der Betriebsanlagen,
3. Art, Dauer und Häufigkeit der Exposition der Beschäftigten, soweit diese Informationen für den Arbeitgeber zugänglich sind,
4. Möglichkeit des Einsatzes von Biostoffen, Arbeitsverfahren oder Arbeitsmitteln, die zu keiner oder einer geringeren Gefährdung der Beschäftigten führen würden (Substitutionsprüfung),
5. tätigkeitsbezogene Erkenntnisse
   a) über Belastungs- und Expositionssituationen, einschließlich psychischer Belastungen,
   b) über bekannte Erkrankungen und die zu ergreifenden Gegenmaßnahmen,
   c) aus der arbeitsmedizinischen Vorsorge.

(4) Der Arbeitgeber hat auf der Grundlage der nach Absatz 3 ermittelten Informationen die Infektionsgefährdung und die Gefährdungen durch sensibilisierende oder toxische Wirkungen unabhängig voneinander zu beurteilen. Diese Einzelbeurteilungen sind zu einer Gesamtbeurteilung zusammenzuführen, auf deren Grundlage die Schutzmaßnahmen festzulegen und zu ergreifen sind. Dies gilt auch, wenn bei einer Tätigkeit mehrere Biostoffe gleichzeitig auftreten oder verwendet werden.

(5) Sind bei Tätigkeiten mit Produkten, die Biostoffe enthalten, die erforderlichen Informationen zur Gefährdungsbeurteilung wie zum Beispiel die Risikogruppeneinstufung nicht zu ermitteln, so muss der Arbeitgeber diese beim Hersteller, Einführer oder Inverkehrbringer einholen. Satz 1 gilt nicht für Lebensmittel in Form von Fertigerzeugnissen, die für den Endverbrauch bestimmt sind.

§ 5 Tätigkeiten mit Schutzstufenzuordnung

(1) Bei Tätigkeiten in Laboratorien, in der Versuchstierhaltung, in der Biotechnologie sowie in Einrichtungen des Gesundheitsdienstes hat der Arbeitgeber ergänzend zu § 4 Absatz 3 zu ermitteln, ob gezielte oder nicht gezielte Tätigkeiten

ausgeübt werden. Er hat diese Tätigkeiten hinsichtlich ihrer Infektionsgefährdung einer Schutzstufe zuzuordnen.

(2) Die Schutzstufenzuordnung richtet sich

1. bei gezielten Tätigkeiten nach der Risikogruppe des ermittelten Biostoffs; werden Tätigkeiten mit mehreren Biostoffen ausgeübt, so richtet sich die Schutzstufenzuordnung nach dem Biostoff mit der höchsten Risikogruppe,
2. bei nicht gezielten Tätigkeiten nach der Risikogruppe des Biostoffs, der aufgrund
   a) der Wahrscheinlichkeit seines Auftretens,
   b) der Art der Tätigkeit,
   c) der Art, Dauer, Höhe und Häufigkeit der ermittelten Exposition

   den Grad der Infektionsgefährdung der Beschäftigten bestimmt.

§ 6 Tätigkeiten ohne Schutzstufenzuordnung

(1) Tätigkeiten, die nicht unter § 5 Absatz 1 fallen, müssen keiner Schutzstufe zugeordnet werden. Dabei handelt es sich um Tätigkeiten im Sinne von § 2 Absatz 7 Nummer 2. Zu diesen Tätigkeiten gehören beispielsweise Reinigungs- und Sanierungsarbeiten, Tätigkeiten in der Veterinärmedizin, der Land-, Forst-, Abwasser- und Abfallwirtschaft sowie in Biogasanlagen und Betrieben der Futter- und Nahrungsmittelproduktion einschließlich Schlachtbetrieben.

(2) Kann bei diesen Tätigkeiten eine der in § 4 Absatz 3 Nummer 1 und 3 genannten Informationen nicht ermittelt werden, weil das Spektrum der auftretenden Biostoffe Schwankungen unterliegt oder Art, Dauer, Höhe oder Häufigkeit der Exposition wechseln können, so hat der Arbeitgeber die für die Gefährdungsbeurteilung und Festlegung der Schutzmaßnahmen erforderlichen Informationen insbesondere zu ermitteln auf der Grundlage von

1. Bekanntmachungen nach § 19 Absatz 4,
2. Erfahrungen aus vergleichbaren Tätigkeiten oder
3. sonstigen gesicherten arbeitswissenschaftlichen Erkenntnissen.

§ 7 Dokumentation der Gefährdungsbeurteilung und Aufzeichnungspflichten

(1) Der Arbeitgeber hat die Gefährdungsbeurteilung unabhängig von der Zahl der Beschäftigten erstmals vor Aufnahme der Tätigkeit sowie danach jede Aktualisierung gemäß Satz 2 zu dokumentieren. Die Dokumentation der Gefährdungsbeurteilung umfasst insbesondere folgende Angaben:

1. die Art der Tätigkeit einschließlich der Expositionsbedingungen,
2. das Ergebnis der Substitutionsprüfung nach § 4 Absatz 3 Nummer 4,
3. die nach § 5 Absatz 2 festgelegten Schutzstufen,
4. die zu ergreifenden Schutzmaßnahmen,
5. eine Begründung, wenn von den nach § 19 Absatz 4 Nummer 1 bekannt gegebenen Regeln und Erkenntnissen abgewichen wird.

(2) Als Bestandteil der Dokumentation hat der Arbeitgeber ein Verzeichnis der verwendeten oder auftretenden Biostoffe zu erstellen (Biostoffverzeichnis), soweit

diese bekannt sind. Das Verzeichnis muss Angaben zur Einstufung der Biostoffe in eine Risikogruppe nach § 3 und zu ihren sensibilisierenden und toxischen Wirkungen beinhalten. Die Angaben müssen allen betroffenen Beschäftigten und ihren Vertretungen zugänglich sein.

(3) Bei Tätigkeiten der Schutzstufe 3 oder 4 hat der Arbeitgeber zusätzlich ein Verzeichnis über die Beschäftigten zu führen, die diese Tätigkeiten ausüben. In dem Verzeichnis sind die Art der Tätigkeiten und die vorkommenden Biostoffe sowie aufgetretene Unfälle und Betriebsstörungen anzugeben. Es ist personenbezogen für den Zeitraum von mindestens zehn Jahren nach Beendigung der Tätigkeit aufzubewahren. Der Arbeitgeber hat

1. den Beschäftigten die sie betreffenden Angaben in dem Verzeichnis zugänglich zu machen; der Schutz der personenbezogenen Daten ist zu gewährleisten,
2. bei Beendigung des Beschäftigungsverhältnisses dem Beschäftigten einen Auszug über die ihn betreffenden Angaben des Verzeichnisses auszuhändigen; der Nachweis über die Aushändigung ist vom Arbeitgeber wie Personalunterlagen aufzubewahren.

Das Verzeichnis über die Beschäftigten kann zusammen mit dem Biostoffverzeichnis nach Absatz 2 geführt werden.

(4) Auf die Dokumentation der Angaben nach Absatz 1 Satz 2 Nummer 2 und 5 sowie auf das Verzeichnis nach Absatz 2 kann verzichtet werden, wenn ausschließlich Tätigkeiten mit Biostoffen der Risikogruppe 1 ohne sensibilisierende oder toxische Wirkungen durchgeführt werden.

Abschnitt 3
Grundpflichten und Schutzmaßnahmen

§ 8 Grundpflichten

(1) Der Arbeitgeber hat die Belange des Arbeitsschutzes in Bezug auf Tätigkeiten mit Biostoffen in seine betriebliche Organisation einzubinden und hierfür die erforderlichen personellen, finanziellen und organisatorischen Voraussetzungen zu schaffen. Dabei hat er die Vertretungen der Beschäftigten in geeigneter Form zu beteiligen. Insbesondere hat er sicherzustellen, dass

1. bei der Gestaltung der Arbeitsorganisation, des Arbeitsverfahrens und des Arbeitsplatzes sowie bei der Auswahl und Bereitstellung der Arbeitsmittel alle mit der Sicherheit und Gesundheit der Beschäftigten zusammenhängenden Faktoren, einschließlich der psychischen, ausreichend berücksichtigt werden,
2. die Beschäftigten oder ihre Vertretungen im Rahmen der betrieblichen Möglichkeiten beteiligt werden, wenn neue Arbeitsmittel eingeführt werden sollen, die Einfluss auf die Sicherheit und Gesundheit der Beschäftigten haben.

(2) Der Arbeitgeber hat geeignete Maßnahmen zu ergreifen, um bei den Beschäftigten ein Sicherheitsbewusstsein zu schaffen und den innerbetrieblichen Arbeitsschutz bei Tätigkeiten mit Biostoffen fortzuentwickeln.

(3) Der Arbeitgeber darf eine Tätigkeit mit Biostoffen erst aufnehmen lassen, nachdem die Gefährdungsbeurteilung nach § 4 durchgeführt und die erforderlichen Maßnahmen ergriffen wurden.

(4) Der Arbeitgeber hat vor Aufnahme der Tätigkeit

1. gefährliche Biostoffe vorrangig durch solche zu ersetzen, die nicht oder weniger gefährlich sind, soweit dies nach der Art der Tätigkeit oder nach dem Stand der Technik möglich ist,
2. Arbeitsverfahren und Arbeitsmittel so auszuwählen oder zu gestalten, dass Biostoffe am Arbeitsplatz nicht frei werden, wenn die Gefährdung der Beschäftigten nicht durch eine Maßnahme nach Nummer 1 ausgeschlossen werden kann,
3. die Exposition der Beschäftigten durch geeignete bauliche, technische und organisatorische Maßnahmen auf ein Minimum zu reduzieren, wenn eine Gefährdung der Beschäftigten nicht durch eine Maßnahme nach Nummer 1 oder Nummer 2 verhindert werden kann oder die Biostoffe bestimmungsgemäß freigesetzt werden,
4. zusätzlich persönliche Schutzausrüstung zur Verfügung zu stellen, wenn die Maßnahmen nach den Nummern 1 bis 3 nicht ausreichen, um die Gefährdung auszuschließen oder ausreichend zu verringern; der Arbeitgeber hat den Einsatz belastender persönlicher Schutzausrüstung auf das unbedingt erforderliche Maß zu beschränken und darf sie nicht als Dauermaßnahme vorsehen.

(5) Der Arbeitgeber hat die Schutzmaßnahmen auf der Grundlage der Gefährdungsbeurteilung nach dem Stand der Technik sowie nach gesicherten wissenschaftlichen Erkenntnissen festzulegen und zu ergreifen. Dazu hat er die Vorschriften dieser Verordnung einschließlich der Anhänge zu beachten und die nach § 19 Absatz 4 Nummer 1 bekannt gegebenen Regeln und Erkenntnisse zu berücksichtigen. Bei Einhaltung der Regeln und Erkenntnisse ist davon auszugehen, dass die gestellten Anforderungen erfüllt sind (Vermutungswirkung). Von diesen Regeln und Erkenntnissen kann abgewichen werden, wenn durch andere Maßnahmen zumindest in vergleichbarer Weise der Schutz von Sicherheit und Gesundheit der Beschäftigten gewährleistet wird. Haben sich der Stand der Technik oder gesicherte wissenschaftliche Erkenntnisse fortentwickelt und erhöht sich die Arbeitssicherheit durch diese Fortentwicklung erheblich, sind die Schutzmaßnahmen innerhalb einer angemessenen Frist anzupassen.

(6) Der Arbeitgeber hat die Funktion der technischen Schutzmaßnahmen regelmäßig und deren Wirksamkeit mindestens jedes zweite Jahr zu überprüfen. Die Ergebnisse und das Datum der Wirksamkeitsprüfung sind in der Dokumentation nach § 7 zu vermerken. Wurde für einen Arbeitsbereich, ein Arbeitsverfahren oder einen Anlagetyp in einer Bekanntmachung nach § 19 Absatz 4 ein Wert festgelegt, der die nach dem Stand der Technik erreichbare Konzentration der Biostoffe in der Luft am Arbeitsplatz beschreibt (Technischer Kontrollwert), so ist dieser Wert für die Wirksamkeitsüberprüfung der entsprechenden Schutzmaßnahmen heranzuziehen.

(7) Der Arbeitgeber darf in Heimarbeit nur Tätigkeiten mit Biostoffen der Risikogruppe 1 ohne sensibilisierende oder toxische Wirkung ausüben lassen.

§ 9 Allgemeine Schutzmaßnahmen

(1) Bei allen Tätigkeiten mit Biostoffen müssen mindestens die allgemeinen Hygienemaßnahmen eingehalten werden. Insbesondere hat der Arbeitgeber dafür zu sorgen, dass

1. Arbeitsplätze und Arbeitsmittel in einem dem Arbeitsablauf entsprechenden sauberen Zustand gehalten und regelmäßig gereinigt werden,
2. Fußböden und Oberflächen von Arbeitsmitteln und Arbeitsflächen leicht zu reinigen sind,
3. Waschgelegenheiten zur Verfügung stehen,
4. vom Arbeitsplatz getrennte Umkleidemöglichkeiten vorhanden sind, sofern Arbeitskleidung erforderlich ist; die Arbeitskleidung ist regelmäßig sowie bei Bedarf zu wechseln und zu reinigen.

(2) Bei Tätigkeiten in Laboratorien, in der Versuchstierhaltung, in der Biotechnologie und in Einrichtungen des Gesundheitsdienstes hat der Arbeitgeber für die Schutzstufe 1 über die Maßnahmen des Absatzes 1 hinaus spezielle Hygienemaßnahmen entsprechend den nach § 19 Absatz 4 Nummer 1 bekannt gegebenen Regeln und Erkenntnissen zu berücksichtigen.

(3) Werden nicht ausschließlich Tätigkeiten mit Biostoffen der Risikogruppe 1 ohne sensibilisierende und toxische Wirkungen ausgeübt, hat der Arbeitgeber in Abhängigkeit von der Gefährdungsbeurteilung weitergehende Schutzmaßnahmen zu ergreifen. Dabei hat er insbesondere

1. Arbeitsverfahren und Arbeitsmittel so zu gestalten oder auszuwählen, dass die Exposition der Beschäftigten gegenüber Biostoffen und die Gefahr durch Stich- und Schnittverletzungen verhindert oder minimiert werden, soweit dies technisch möglich ist,
2. Tätigkeiten und Arbeitsverfahren mit Staub- oder Aerosolbildung, einschließlich Reinigungsverfahren, durch solche ohne oder mit geringerer Staub- oder Aerosolbildung zu ersetzen, soweit dies nach dem Stand der Technik möglich ist; ist dies nicht möglich, hat der Arbeitgeber geeignete Maßnahmen zur Minimierung der Exposition zu ergreifen,
3. die Zahl der exponierten Beschäftigten auf das für die Durchführung der Tätigkeit erforderliche Maß zu begrenzen,
4. die erforderlichen Maßnahmen zur Desinfektion, Inaktivierung oder Dekontamination sowie zur sachgerechten und sicheren Entsorgung von Biostoffen, kontaminierten Gegenständen, Materialien und Arbeitsmitteln zu ergreifen,
5. zur Verfügung gestellte persönliche Schutzausrüstung einschließlich Schutzkleidung zu reinigen, zu warten, instand zu halten und sachgerecht zu entsorgen; Beschäftigte müssen die bereitgestellte persönliche Schutzausrüstung verwenden, solange eine Gefährdung besteht,
6. die Voraussetzungen dafür zu schaffen, dass persönliche Schutzausrüstung einschließlich Schutzkleidung beim Verlassen des Arbeitsplatzes sicher abgelegt und getrennt von anderen Kleidungsstücken aufbewahrt werden kann,
7. sicherzustellen, dass die Beschäftigten in Arbeitsbereichen, in denen Biostoffe auftreten können, keine Nahrungs- und Genussmittel zu sich nehmen; hierzu hat der Arbeitgeber vor Aufnahme der Tätigkeiten gesonderte Bereiche ein-

zurichten, die nicht mit persönlicher Schutzausrüstung einschließlich Schutzkleidung betreten werden dürfen.

(4) Der Arbeitgeber hat Biostoffe sicher zu lagern, innerbetrieblich sicher zu befördern und Vorkehrungen zu treffen, um Missbrauch oder Fehlgebrauch zu verhindern. Dabei hat er sicherzustellen, dass nur Behälter verwendet werden, die

1. hinsichtlich ihrer Beschaffenheit geeignet sind, den Inhalt sicher zu umschließen,
2. so gekennzeichnet sind, dass die davon ausgehenden Gefahren in geeigneter Weise deutlich erkennbar sind,
3. hinsichtlich Form und Kennzeichnung so gestaltet sind, dass der Inhalt nicht mit Lebensmitteln verwechselt werden kann.

(5) Bei der medizinischen Untersuchung, Behandlung und Pflege von Patienten außerhalb von Einrichtungen des Gesundheitsdienstes findet § 11 Absatz 2 bis 5 Anwendung. Bei diesen Tätigkeiten hat der Arbeitgeber in Arbeitsanweisungen den Umgang mit persönlicher Schutzausrüstung und Arbeitskleidung sowie die erforderlichen Maßnahmen zur Hygiene und zur Desinfektion festzulegen.

§ 10 Zusätzliche Schutzmaßnahmen und Anforderungen bei Tätigkeiten der Schutzstufe 2, 3 oder 4 in Laboratorien, in der Versuchstierhaltung sowie in der Biotechnologie

(1) Zusätzlich zu den Schutzmaßnahmen nach § 9 hat der Arbeitgeber vor Aufnahme der Tätigkeiten der Schutzstufe 2, 3 oder 4 in Laboratorien, in der Versuchstierhaltung oder in der Biotechnologie

1. entsprechend der Schutzstufenzuordnung
   a) geeignete räumliche Schutzstufenbereiche festzulegen und mit der Schutzstufenbezeichnung sowie mit dem Symbol für Biogefährdung nach Anhang I zu kennzeichnen,
   b) die Schutzmaßnahmen nach Anhang II oder III zu ergreifen; die als empfohlen bezeichneten Schutzmaßnahmen sind zu ergreifen, wenn dadurch die Gefährdung der Beschäftigten verringert werden kann,
2. gebrauchte spitze und scharfe Arbeitsmittel entsprechend der Anforderung nach § 11 Absatz 4 sicher zu entsorgen,
3. den Zugang zu Biostoffen der Risikogruppe 3 oder 4 auf dazu berechtigte, fachkundige und zuverlässige Beschäftigte zu beschränken; Tätigkeiten der Schutzstufe 3 oder 4 dürfen diesen Beschäftigten nur übertragen werden, wenn sie anhand von Arbeitsanweisungen eingewiesen und geschult sind.

(2) Der Arbeitgeber hat vor Aufnahme von Tätigkeiten der Schutzstufe 3 oder 4 eine Person zu benennen, die zuverlässig ist und über eine Fachkunde verfügt, die der hohen Gefährdung entspricht. Er hat diese Person mit folgenden Aufgaben zu beauftragen:

1. Beratung bei
   a) der Gefährdungsbeurteilung nach § 4,
   b) sonstigen sicherheitstechnisch relevanten Fragestellungen,
2. Unterstützung bei der
   a) Kontrolle der Wirksamkeit der Schutzmaßnahmen,

b) Durchführung der Unterweisung nach § 14 Absatz 2,
3. Überprüfung der Einhaltung der Schutzmaßnahmen.

Der Arbeitgeber hat die Aufgaben und die Befugnisse dieser Person schriftlich festzulegen. Sie darf wegen der Erfüllung der ihr übertragenen Aufgaben nicht benachteiligt werden. Ihr ist für die Durchführung der Aufgaben ausreichend Zeit zur Verfügung zu stellen. Satz 1 gilt nicht für Tätigkeiten mit Biostoffen der Risikogruppe 3, die mit (**) gekennzeichnet sind.

§ 11 Zusätzliche Schutzmaßnahmen und Anforderungen in Einrichtungen des Gesundheitsdienstes

(1) Zusätzlich zu den Schutzmaßnahmen nach § 9 hat der Arbeitgeber vor Aufnahme der Tätigkeiten der Schutzstufe 2, 3 oder 4 in Einrichtungen des Gesundheitsdienstes in Abhängigkeit von der Gefährdungsbeurteilung
1. wirksame Desinfektions- und Inaktivierungsverfahren festzulegen,
2. Oberflächen, die desinfiziert werden müssen, so zu gestalten, dass sie leicht zu reinigen und beständig gegen die verwendeten Desinfektionsmittel sind; für Tätigkeiten der Schutzstufe 4 gelten zusätzlich die Anforderungen des Anhangs II an Oberflächen.

(2) Der Arbeitgeber hat entsprechend § 9 Absatz 3 Satz 2 Nummer 1 spitze und scharfe medizinische Instrumente vor Aufnahme der Tätigkeit durch solche zu ersetzen, bei denen keine oder eine geringere Gefahr von Stich- und Schnittverletzungen besteht, soweit dies technisch möglich und zur Vermeidung einer Infektionsgefährdung erforderlich ist.

(3) Der Arbeitgeber hat sicherzustellen, dass gebrauchte Kanülen nicht in die Schutzkappen zurückgesteckt werden. Werden Tätigkeiten ausgeübt, die nach dem Stand der Technik eine Mehrfachverwendung des medizinischen Instruments erforderlich machen, und muss dabei die Kanüle in die Schutzkappe zurückgesteckt werden, ist dies zulässig, wenn ein Verfahren angewendet wird, das ein sicheres Zurückstecken der Kanüle in die Schutzkappe mit einer Hand erlaubt.

(4) Spitze und scharfe medizinische Instrumente sind nach Gebrauch sicher zu entsorgen. Hierzu hat der Arbeitgeber vor Aufnahme der Tätigkeiten Abfallbehältnisse bereitzustellen, die stich- und bruchfest sind und den Abfall sicher umschließen. Er hat dafür zu sorgen, dass diese Abfallbehältnisse durch Farbe, Form und Beschriftung eindeutig als Abfallbehältnisse erkennbar sind. Satz 1 und 2 gelten auch für gebrauchte medizinische Instrumente mit Schutzeinrichtungen gegen Stich- und Schnittverletzungen.

(5) Der Arbeitgeber hat die Beschäftigten und ihre Vertretungen über Verletzungen durch gebrauchte spitze oder scharfe medizinische Instrumente, die organisatorische oder technische Ursachen haben, zeitnah zu unterrichten. Er hat die Vorgehensweise hierfür festzulegen.

(6) Tätigkeiten der Schutzstufe 3 oder 4 dürfen nur fachkundigen Beschäftigten übertragen werden, die anhand von Arbeitseinweisungen eingewiesen und geschult sind.

(7) Vor Aufnahme von Tätigkeiten der Schutzstufe 4 hat der Arbeitgeber

1. geeignete räumliche Schutzstufenbereiche festzulegen und mit der Schutzstufenbezeichnung sowie mit dem Symbol für Biogefährdung nach Anhang I zu kennzeichnen,
2. die Maßnahmen der Schutzstufe 4 aus Anhang II auszuwählen und zu ergreifen, die erforderlich und geeignet sind, die Gefährdung der Beschäftigten und anderer Personen zu verringern,
3. eine Person im Sinne von § 10 Absatz 2 Satz 1 zu benennen und mit den Aufgaben nach § 10 Absatz 2 Satz 2 zu beauftragen.

§ 12 Arbeitsmedizinische Vorsorge

Die Verordnung zur arbeitsmedizinischen Vorsorge in der jeweils geltenden Fassung gilt auch für den in § 2 Absatz 9 Satz 2 genannten Personenkreis.

§ 13 Betriebsstörungen, Unfälle

(1) Der Arbeitgeber hat vor Aufnahme einer Tätigkeit der Schutzstufen 2 bis 4 die erforderlichen Maßnahmen festzulegen, die bei Betriebsstörungen oder Unfällen notwendig sind, um die Auswirkungen auf die Sicherheit und Gesundheit der Beschäftigten und anderer Personen zu minimieren und den normalen Betriebsablauf wiederherzustellen. In Abhängigkeit von der Art möglicher Ereignisse und verwendeter oder vorkommender Biostoffe ist insbesondere Folgendes festzulegen:

1. Maßnahmen zur Ersten Hilfe und weitergehende Hilfsmaßnahmen für Beschäftigte bei unfallbedingter Übertragung von Biostoffen einschließlich der Möglichkeit zur postexpositionellen Prophylaxe,
2. Maßnahmen, um eine Verschleppung von Biostoffen zu verhindern,
3. Desinfektions-, Inaktivierungs- oder Dekontaminationsmaßnahmen,
4. dass getestet wird, ob bei Betriebsstörungen oder Unfällen die verwendeten Biostoffe in die Arbeitsumgebung gelangt sind, soweit dies technisch möglich ist und validierte Testverfahren bestehen.

Die Festlegungen sind gemäß § 14 Absatz 1 Satz 4 Nummer 3 ein Bestandteil der Betriebsanweisung.

(2) Der Arbeitgeber hat die Beschäftigten über die festgelegten Maßnahmen und ihre Anwendung zu informieren. Tritt eine Betriebsstörung oder ein Unfall im Sinne von Absatz 1 Satz 1 ein, so hat der Arbeitgeber unverzüglich die gemäß Absatz 1 Satz 2 festgelegten Maßnahmen zu ergreifen. Dabei dürfen im Gefahrenbereich nur die Personen verbleiben, die erforderlich sind, um die in Absatz 1 genannten Ziele zu erreichen.

(3) Vor Aufnahme von Tätigkeiten der Schutzstufe 3 oder 4 in Laboratorien, in der Versuchstierhaltung, in der Biotechnologie sowie vor Aufnahme von Tätigkeiten der Schutzstufe 4 in Einrichtungen des Gesundheitsdienstes hat der Arbeitgeber ergänzend zu den Festlegungen nach Absatz 1 einen innerbetrieblichen Plan darüber zu erstellen, wie Gefahren abzuwehren sind, die beim Versagen einer Einschließungsmaßnahme durch eine Freisetzung von Biostoffen auftreten können. Darin hat er die spezifischen Gefahren und die Namen der für die innerbetrieblichen Rettungsmaßnahmen zuständigen Personen festzulegen. Die Festlegungen

sind regelmäßig zu aktualisieren. Satz 1 gilt nicht für Tätigkeiten mit Biostoffen der Risikogruppe 3, die mit (**) gekennzeichnet sind.
(4) Bei Tätigkeiten der Schutzstufe 4 hat der Plan nach Absatz 3 Angaben über den Umfang von Sicherheitsübungen und deren regelmäßige Durchführung zu enthalten, sofern solche Sicherheitsübungen aufgrund der Gefährdungsbeurteilung erforderlich sind. Die Maßnahmen nach Absatz 3 sind mit den zuständigen Rettungs- und Sicherheitsdiensten abzustimmen. Darüber hinaus hat der Arbeitgeber Warnsysteme einzurichten und Kommunikationsmöglichkeiten zu schaffen, durch die alle betroffenen Beschäftigten unverzüglich gewarnt und der Rettungs- und Sicherheitsdienst alarmiert werden können. Der Arbeitgeber hat sicherzustellen, dass diese Systeme funktionstüchtig sind.
(5) Der Arbeitgeber hat vor Aufnahme der Tätigkeiten ein Verfahren für Unfallmeldungen und -untersuchungen sowie die Vorgehensweise zur Unterrichtung der Beschäftigten und ihrer Vertretungen festzulegen. Das Verfahren ist so zu gestalten, dass bei schweren Unfällen sowie bei Nadelstichverletzungen mögliche organisatorische und technische Unfallursachen erkannt werden können und individuelle Schuldzuweisungen vermieden werden. Die Beschäftigten und ihre Vertretungen sind über Betriebsstörungen und Unfälle mit Biostoffen, die die Sicherheit oder Gesundheit der Beschäftigten gefährden können, unverzüglich zu unterrichten.

§ 14 Betriebsanweisung und Unterweisung der Beschäftigten

(1) Der Arbeitgeber hat auf der Grundlage der Gefährdungsbeurteilung nach § 4 vor Aufnahme der Tätigkeit eine schriftliche Betriebsanweisung arbeitsbereichs- und biostoffbezogen zu erstellen. Satz 1 gilt nicht, wenn ausschließlich Tätigkeiten mit Biostoffen der Risikogruppe 1 ohne sensibilisierende oder toxische Wirkungen ausgeübt werden. Die Betriebsanweisung ist den Beschäftigten zur Verfügung zu stellen. Sie muss in einer für die Beschäftigten verständlichen Form und Sprache verfasst sein und insbesondere folgende Informationen enthalten:
1. die mit den vorgesehenen Tätigkeiten verbundenen Gefahren für die Beschäftigten, insbesondere zu
   a) der Art der Tätigkeit,
   b) den am Arbeitsplatz verwendeten oder auftretenden, tätigkeitsrelevanten Biostoffen einschließlich der Risikogruppe, Übertragungswege und gesundheitlichen Wirkungen,
2. Informationen über Schutzmaßnahmen und Verhaltensregeln, die die Beschäftigten zu ihrem eigenen Schutz und zum Schutz anderer Beschäftigter am Arbeitsplatz durchzuführen oder einzuhalten haben; dazu gehören insbesondere
   a) innerbetriebliche Hygienevorgaben,
   b) Informationen über Maßnahmen, die zur Verhütung einer Exposition zu ergreifen sind, einschließlich der richtigen Verwendung scharfer oder spitzer medizinischer Instrumente,
   c) Informationen zum Tragen, Verwenden und Ablegen persönlicher Schutzausrüstung einschließlich Schutzkleidung,

3. Anweisungen zum Verhalten und zu Maßnahmen bei Verletzungen, bei Unfällen und Betriebsstörungen sowie zu deren innerbetrieblicher Meldung und zur Ersten Hilfe,
4. Informationen zur sachgerechten Inaktivierung oder Entsorgung von Biostoffen und kontaminierten Gegenständen, Materialien oder Arbeitsmitteln.

Die Betriebsanweisung muss bei jeder maßgeblichen Veränderung der Arbeitsbedingungen aktualisiert werden.

(2) Der Arbeitgeber hat sicherzustellen, dass die Beschäftigten auf der Grundlage der jeweils aktuellen Betriebsanweisung nach Absatz 1 Satz 1 über alle auftretenden Gefährdungen und erforderlichen Schutzmaßnahmen mündlich unterwiesen werden. Die Unterweisung ist so durchzuführen, dass bei den Beschäftigten ein Sicherheitsbewusstsein geschaffen wird. Die Beschäftigten sind auch über die Voraussetzungen zu informieren, unter denen sie Anspruch auf arbeitsmedizinische Vorsorge nach der Verordnung zur arbeitsmedizinischen Vorsorge haben. Im Rahmen der Unterweisung ist auch eine allgemeine arbeitsmedizinische Beratung durchzuführen mit Hinweisen zu besonderen Gefährdungen zum Beispiel bei verminderter Immunabwehr. Soweit erforderlich ist bei der Beratung die Ärztin oder der Arzt nach § 7 Absatz 1 der Verordnung zur arbeitsmedizinischen Vorsorge zu beteiligen.

(3) Die Unterweisung muss vor Aufnahme der Beschäftigung und danach mindestens jährlich arbeitsplatzbezogen durchgeführt werden sowie in einer für die Beschäftigten verständlichen Form und Sprache erfolgen. Inhalt und Zeitpunkt der Unterweisung hat der Arbeitgeber schriftlich festzuhalten und sich von den unterwiesenen Beschäftigten durch Unterschrift bestätigen zu lassen.

(4) Für Tätigkeiten der Schutzstufen 3 und 4 sind zusätzlich zur Betriebsanweisung Arbeitsanweisungen zu erstellen, die am Arbeitsplatz vorliegen müssen. Arbeitsanweisungen sind auch erforderlich für folgende Tätigkeiten mit erhöhter Infektionsgefährdung:

1. Instandhaltungs-, Reinigungs-, Änderungs- oder Abbrucharbeiten in oder an kontaminierten Arbeitsmitteln,
2. Tätigkeiten, bei denen erfahrungsgemäß eine erhöhte Unfallgefahr besteht,
3. Tätigkeiten, bei denen bei einem Unfall mit schweren Infektionen zu rechnen ist; dies kann bei der Entnahme von Proben menschlichen oder tierischen Ursprungs der Fall sein.

Abschnitt 4
Erlaubnis- und Anzeigepflichten

§ 15 Erlaubnispflicht

(1) Der Arbeitgeber bedarf der Erlaubnis der zuständigen Behörde, bevor Tätigkeiten der Schutzstufe 3 oder 4 in Laboratorien, in der Versuchstierhaltung oder in der Biotechnologie erstmals aufgenommen werden. Die Erlaubnis umfasst die baulichen, technischen und organisatorischen Voraussetzungen nach dieser Verordnung zum Schutz der Beschäftigten und anderer Personen vor den Gefähr-

dungen durch diese Tätigkeiten. Satz 1 gilt auch für Einrichtungen des Gesundheitsdienstes, die für Tätigkeiten der Schutzstufe 4 vorgesehen sind. Tätigkeiten mit Biostoffen der Risikogruppe 3, die mit (**) gekennzeichnet sind, bedürfen keiner Erlaubnis.

(2) Schließt eine andere behördliche Entscheidung, insbesondere eine öffentlich-rechtliche Genehmigung oder Erlaubnis, die Erlaubnis nach Absatz 1 ein, so wird die Anforderung nach Absatz 1 durch Übersendung einer Kopie dieser behördlichen Entscheidung an die zuständige Behörde erfüllt. Bei Bedarf kann die zuständige Behörde weitere Unterlagen anfordern.

(3) Die Erlaubnis nach Absatz 1 ist schriftlich oder elektronisch zu beantragen. Dem Antrag sind folgende Unterlagen beizufügen:

1. Name und Anschrift des Arbeitgebers,
2. Name und Befähigung der nach § 10 Absatz 2 oder § 11 Absatz 7 Nummer 3 benannten Person,
3. Name des Erlaubnisinhabers nach § 44 des Infektionsschutzgesetzes,
4. Lageplan, Grundriss und Bezeichnung der Räumlichkeiten einschließlich Flucht- und Rettungswege,
5. Beschreibung der vorgesehenen Tätigkeiten,
6. Ergebnis der Gefährdungsbeurteilung unter Angabe
   a) der eingesetzten oder vorkommenden Biostoffe und der Schutzstufe der Tätigkeit,
   b) der baulichen, technischen, organisatorischen und persönlichen Schutzmaßnahmen einschließlich der Angaben zur geplanten Wartung und Instandhaltung der baulichen und technischen Maßnahmen,
7. Plan nach § 13 Absatz 3,
8. Informationen über die Abfall- und Abwasserentsorgung.

Bei Bedarf kann die zuständige Behörde weitere Unterlagen anfordern. Erfolgt die Antragstellung elektronisch, kann die zuständige Behörde Mehrfertigungen sowie die Übermittlung der dem Antrag beizufügenden Unterlagen auch in schriftlicher Form verlangen.

(4) Die Erlaubnis ist zu erteilen, wenn die Anforderungen dieser Verordnung erfüllt werden, die erforderlich sind, um den Schutz der Beschäftigten und anderer Personen vor den Gefährdungen durch Biostoffe sicherzustellen.

§ 16 Anzeigepflicht

(1) Der Arbeitgeber hat der zuständigen Behörde nach Maßgabe der Absätze 2 und 3 anzuzeigen:

1. die erstmalige Aufnahme
   a) gezielter Tätigkeiten mit Biostoffen der Risikogruppe 2 sowie mit Biostoffen der Risikogruppe 3, die mit (**) gekennzeichnet sind,
   b) nicht gezielter Tätigkeiten der Schutzstufe 2 mit Biostoffen der Risikogruppe 3 einschließlich solcher, die mit (**) gekennzeichnet sind, sofern die Tätigkeiten auf diese Biostoffe ausgerichtet sind und regelmäßig durchgeführt werden sollen,

   in Laboratorien, in der Versuchstierhaltung und in der Biotechnologie,

2. jede Änderung der erlaubten oder angezeigten Tätigkeiten, wenn diese für die Sicherheit und den Gesundheitsschutz bedeutsam sind, zum Beispiel Tätigkeiten, die darauf abzielen, die Virulenz des Biostoffs zu erhöhen oder die Aufnahme von Tätigkeiten mit weiteren Biostoffen der Risikogruppe 3 oder 4,
3. die Inbetriebnahme einer Patientenstation der Schutzstufe 4 bei Aufnahme einer infizierten Patientin oder eines infizierten Patienten sowie die anschließende Außerbetriebnahme,
4. das Einstellen einer nach § 15 erlaubnispflichtigen Tätigkeit.

(2) Die Anzeige hat folgende Angaben zu umfassen:
1. Name und Anschrift des Arbeitgebers,
2. Beschreibung der vorgesehenen Tätigkeiten einschließlich der Bezeichnung der Räumlichkeiten, in denen diese Tätigkeiten durchgeführt werden sollen,
3. das Ergebnis der Gefährdungsbeurteilung nach § 4,
4. die Art des Biostoffs,
5. die vorgesehenen Maßnahmen zum Schutz der Sicherheit und Gesundheit der Beschäftigten.

(3) Die Anzeige nach Absatz 1 hat zu erfolgen bei Tätigkeiten nach
1. Nummer 1 spätestens 30 Tage vor deren erstmaliger Aufnahme,
2. Nummer 2 spätestens 30 Tage vor der geplanten Änderung,
3. Nummer 3 unverzüglich,
4. Nummer 4 spätestens 30 Tage vor deren Einstellung.

(4) Die Anzeigepflicht kann auch dadurch erfüllt werden, dass der zuständigen Behörde innerhalb der in Absatz 3 bestimmten Frist die Kopie einer Anzeige, Genehmigung oder Erlaubnis nach einer anderen Rechtsvorschrift übermittelt wird, wenn diese gleichwertige Angaben beinhaltet.

Abschnitt 5
Vollzugsregelungen und Ausschuss für Biologische Arbeitsstoffe

§ 17 Unterrichtung der Behörde

(1) Der Arbeitgeber hat die zuständige Behörde unverzüglich zu unterrichten über
1. jeden Unfall und jede Betriebsstörung bei Tätigkeiten mit Biostoffen der Risikogruppe 3 oder 4, die zu einer Gesundheitsgefahr der Beschäftigten führen können,
2. Krankheits- und Todesfälle Beschäftigter, die auf Tätigkeiten mit Biostoffen zurückzuführen sind, unter genauer Angabe der Tätigkeit.

(2) Unbeschadet des § 22 des Arbeitsschutzgesetzes hat der Arbeitgeber der zuständigen Behörde auf ihr Verlangen Folgendes zu übermitteln:
1. die Dokumentation der Gefährdungsbeurteilung,
2. das Verzeichnis nach § 7 Absatz 3 Satz 1 sowie den Nachweis nach § 7 Absatz 3 Satz 4 Nummer 2,
3. die Tätigkeiten, bei denen Beschäftigte tatsächlich oder möglicherweise gegenüber Biostoffen exponiert worden sind, und die Anzahl dieser Beschäftigten,

4. die ergriffenen Schutz- und Vorsorgemaßnahmen einschließlich der Betriebs- und Arbeitsanweisungen,
5. die nach § 13 Absatz 1 und 2 festgelegten oder ergriffenen Maßnahmen und den nach § 13 Absatz 3 erstellten Plan.

§ 18 Behördliche Ausnahmen

Die zuständige Behörde kann auf schriftlichen oder elektronischen Antrag des Arbeitgebers Ausnahmen von den Vorschriften der §§ 9, 10, 11 und 13 einschließlich der Anhänge II und III erteilen, wenn die Durchführung der Vorschrift im Einzelfall zu einer unverhältnismäßigen Härte führen würde und die beantragte Abweichung mit dem Schutz der betroffenen Beschäftigten vereinbar ist.

§ 19 Ausschuss für Biologische Arbeitsstoffe

(1) Beim Bundesministerium für Arbeit und Soziales wird ein Ausschuss für Biologische Arbeitsstoffe (ABAS) gebildet, in dem fachlich geeignete Personen vonseiten der Arbeitgeber, der Gewerkschaften, der Länderbehörden, der gesetzlichen Unfallversicherung und weitere fachlich geeignete Personen, insbesondere der Wissenschaft, vertreten sein sollen. Die Gesamtzahl der Mitglieder soll 16 Personen nicht überschreiten. Für jedes Mitglied ist ein stellvertretendes Mitglied zu benennen. Die Mitgliedschaft im Ausschuss ist ehrenamtlich.

(2) Das Bundesministerium für Arbeit und Soziales beruft die Mitglieder des Ausschusses und die stellvertretenden Mitglieder. Der Ausschuss gibt sich eine Geschäftsordnung und wählt die Vorsitzende oder den Vorsitzenden aus seiner Mitte. Die Geschäftsordnung und die Wahl des oder der Vorsitzenden bedürfen der Zustimmung des Bundesministeriums für Arbeit und Soziales.

(3) Zu den Aufgaben des Ausschusses gehört es,
1. den Stand der Wissenschaft, Technik, Arbeitsmedizin und Arbeitshygiene sowie sonstige gesicherte Erkenntnisse für Tätigkeiten mit Biostoffen zu ermitteln und entsprechende Empfehlungen auszusprechen einschließlich solcher Beiträge, die in öffentlich nutzbaren Informationssystemen über Biostoffe genutzt werden können,
2. zu ermitteln, wie die in dieser Verordnung gestellten Anforderungen erfüllt werden können und dazu die dem jeweiligen Stand von Technik und Medizin entsprechenden Regeln und Erkenntnisse zu erarbeiten,
3. wissenschaftliche Bewertungen von Biostoffen vorzunehmen und deren Einstufung in Risikogruppen vorzuschlagen,
4. das Bundesministerium für Arbeit und Soziales in Fragen der biologischen Sicherheit, insbesondere zu epidemischen Lagen von nationaler Tragweite im Sinne von § 5 Absatz 1 Satz 6 des Infektionsschutzgesetzes vom 20. Juli 2000 (BGBl. I S. 1045) in der am 31. März 2021 geltenden Fassung, zu beraten.

Das Arbeitsprogramm des Ausschusses wird mit dem Bundesministerium für Arbeit und Soziales abgestimmt. Der Ausschuss arbeitet eng mit den anderen Ausschüssen beim Bundesministerium für Arbeit und Soziales zusammen.

(4) Nach Prüfung kann das Bundesministerium für Arbeit und Soziales

1. die vom Ausschuss ermittelten Regeln und Erkenntnisse nach Absatz 3 Satz 1 Nummer 2 sowie die Einstufungen nach § 3 Absatz 3 im Gemeinsamen Ministerialblatt bekannt geben,
2. die Empfehlungen nach Absatz 3 Satz 1 Nummer 1 sowie die Beratungsergebnisse nach Absatz 3 Satz 1 Nummer 4 in geeigneter Weise veröffentlichen.

(5) Die Bundesministerien sowie die zuständigen obersten Landesbehörden können zu den Sitzungen des Ausschusses Vertreter entsenden. Diesen ist auf Verlangen in der Sitzung das Wort zu erteilen.

(6) Die Bundesanstalt für Arbeitsschutz und Arbeitsmedizin führt die Geschäfte des Ausschusses.

Abschnitt 6
Ordnungswidrigkeiten, Straftaten und Übergangsvorschriften

§ 20 Ordnungswidrigkeiten

(1) Ordnungswidrig im Sinne des § 25 Absatz 1 Nummer 1 des Arbeitsschutzgesetzes handelt, wer vorsätzlich oder fahrlässig

1. entgegen § 4 Absatz 1 Satz 1 oder 2 die Gefährdung der Beschäftigten nicht, nicht richtig, nicht vollständig oder nicht rechtzeitig beurteilt,
2. entgegen § 4 Absatz 2 Satz 1 eine Gefährdungsbeurteilung nicht oder nicht rechtzeitig aktualisiert,
3. entgegen § 4 Absatz 2 Satz 2 eine Gefährdungsbeurteilung nicht oder nicht rechtzeitig überprüft,
4. entgegen § 7 Absatz 1 Satz 1 eine Gefährdungsbeurteilung nicht, nicht richtig, nicht vollständig oder nicht rechtzeitig dokumentiert,
5. entgegen § 7 Absatz 3 Satz 1 ein dort genanntes Verzeichnis nicht, nicht richtig oder nicht vollständig führt,
6. entgegen § 7 Absatz 3 Satz 3 ein dort genanntes Verzeichnis nicht oder nicht mindestens zehn Jahre aufbewahrt,
7. entgegen § 8 Absatz 4 Nummer 4 persönliche Schutzausrüstung nicht oder nicht rechtzeitig zur Verfügung stellt oder das Verwenden einer dort genannten Schutzausrüstung als Dauermaßnahme vorsieht,

7a. entgegen § 8 Absatz 6 Satz 1 die Wirksamkeit einer dort genannten Schutzmaßnahme nicht oder nicht rechtzeitig überprüft,

8. entgegen § 9 Absatz 1 Satz 2 Nummer 3 nicht dafür sorgt, dass eine Waschgelegenheit zur Verfügung steht,
9. entgegen § 9 Absatz 1 Satz 2 Nummer 4 erster Halbsatz nicht dafür sorgt, dass eine Umkleidemöglichkeit vorhanden ist,
10. entgegen § 9 Absatz 3 Satz 2 Nummer 5 erster Halbsatz zur Verfügung gestellte persönliche Schutzausrüstung nicht instand hält,
11. entgegen § 9 Absatz 3 Satz 2 Nummer 7 zweiter Halbsatz dort genannte Bereiche nicht oder nicht rechtzeitig einrichtet,
12. entgegen § 9 Absatz 4 Satz 2 nicht sicherstellt, dass nur dort genannte Behälter verwendet werden,

13. entgegen § 10 Absatz 1 Nummer 1 Buchstabe a oder § 11 Absatz 7 Nummer 1 einen Schutzstufenbereich nicht oder nicht rechtzeitig festlegt oder nicht, nicht richtig oder nicht rechtzeitig kennzeichnet,
14. entgegen § 10 Absatz 2 Satz 1 oder § 11 Absatz 7 Nummer 3 eine Person nicht oder nicht rechtzeitig benennt,
15. entgegen § 11 Absatz 1 Nummer 1 ein dort genanntes Verfahren nicht oder nicht rechtzeitig festlegt,
16. entgegen § 11 Absatz 2 ein dort genanntes Instrument nicht oder nicht rechtzeitig ersetzt,
17. entgegen § 11 Absatz 3 Satz 1 nicht sicherstellt, dass eine gebrauchte Kanüle nicht in die Schutzkappe zurückgesteckt wird,
18. entgegen § 11 Absatz 4 Satz 1, auch in Verbindung mit Satz 4, ein dort genanntes Instrument nicht oder nicht rechtzeitig entsorgt,
19. entgegen § 13 Absatz 1 Satz 2 Nummer 1, 2 oder 3 eine dort genannte Maßnahme nicht oder nicht rechtzeitig festlegt,
20. entgegen § 13 Absatz 3 Satz 1 einen innerbetrieblichen Plan nicht, nicht richtig, nicht vollständig oder nicht rechtzeitig erstellt,
21. entgegen § 13 Absatz 5 Satz 1 ein Verfahren für Unfallmeldungen und -untersuchungen nicht oder nicht rechtzeitig festlegt,
22. entgegen § 14 Absatz 1 Satz 1 eine schriftliche Betriebsanweisung nicht, nicht richtig, nicht vollständig oder nicht rechtzeitig erstellt,
23. entgegen § 14 Absatz 2 Satz 1 nicht sicherstellt, dass ein Beschäftigter unterwiesen wird,
24. ohne Erlaubnis nach § 15 Absatz 1 Satz 1 eine dort genannte Tätigkeit aufnimmt,
25. entgegen § 16 Absatz 1 eine Anzeige nicht, nicht richtig, nicht vollständig oder nicht rechtzeitig erstattet oder
26. entgegen § 17 Absatz 1 die zuständige Behörde nicht, nicht richtig, nicht vollständig oder nicht rechtzeitig unterrichtet.

(2) Ordnungswidrig im Sinne des § 32 Absatz 1 Nummer 1 des Heimarbeitsgesetzes handelt, wer vorsätzlich oder fahrlässig entgegen § 8 Absatz 7 eine dort genannte Tätigkeit ausüben lässt.

§ 21 Straftaten

(1) Wer durch eine in § 20 Absatz 1 bezeichnete vorsätzliche Handlung Leben oder Gesundheit eines Beschäftigten gefährdet, ist nach § 26 Nummer 2 des Arbeitsschutzgesetzes strafbar.

(2) Wer durch eine in § 20 Absatz 2 bezeichnete vorsätzliche Handlung in Heimarbeit Beschäftigte in ihrer Arbeitskraft oder Gesundheit gefährdet, ist nach § 32 Absatz 3 oder Absatz 4 des Heimarbeitsgesetzes strafbar.

§ 22 Übergangsvorschriften

Bei Tätigkeiten, die vor dem 23. Juli 2013 aufgenommen worden sind, besteht keine Erlaubnispflicht nach § 15 Absatz 1, sofern

1. diese Tätigkeiten der zuständigen Behörde angezeigt wurden und
2. die der Anzeige zugrundeliegenden baulichen, technischen und organisatorischen Bedingungen nach dem 30. September 2021 nicht wesentlich verändert wurden.

Die Anzeigepflicht nach § 16 Absatz 1 Nummer 4 bleibt unberührt.

Anhang I
Symbol für Biogefährdung

Anhang II
Zusätzliche Schutzmaßnahmen bei Tätigkeiten in Laboratorien und vergleichbaren Einrichtungen sowie in der Versuchstierhaltung

(Fundstelle: BGBl. I 2013, 2526 – 2527)

A Schutzmaßnahmen	B Schutzstufen		
	2	3	4
1. Der Schutzstufenbereich ist von anderen Schutzstufen- oder Arbeitsbereichen in demselben Gebäude abzugrenzen.	empfohlen	verbindlich	verbindlich
2. Der Schutzstufenbereich muss als Zugang eine Schleuse mit gegeneinander verriegelbaren Türen haben.	nein	verbindlich, wenn die Übertragung über die Luft erfolgen kann	verbindlich
3. Der Zugang zum Schutzstufenbereich ist auf benannte Beschäftigte zu beschränken.	verbindlich bei gelisteten humanpathogenen Biostoffen* mit Zugangskontrolle	verbindlich mit Zugangskontrolle	verbindlich mit Zugangskontrolle

A Schutzmaßnahmen	B Schutzstufen		
	2	3	4
4. Im Schutzstufenbereich muss ein ständiger Unterdruck aufrechterhalten werden.	nein	verbindlich alarmüberwacht, wenn die Übertragung über die Luft erfolgen kann	verbindlich alarmüberwacht
5. Zu- und Abluft müssen durch Hochleistungsschwebstoff-Filter oder eine vergleichbare Vorrichtung geführt werden.	nein	verbindlich für Abluft, wenn die Übertragung über die Luft erfolgen kann	verbindlich für Zu- und Abluft
6. Der Schutzstufenbereich muss zum Zweck der Begasung abdichtbar sein.	nein	verbindlich, wenn die Übertragung über die Luft erfolgen kann	verbindlich
7. Eine mikrobiologische Sicherheitswerkbank oder eine technische Einrichtung mit gleichwertigem Schutzniveau muss verwendet werden.	verbindlich für Tätigkeiten mit Aerosolbildung	verbindlich	verbindlich
8. Jeder Schutzstufenbereich muss über eine eigene Ausrüstung verfügen.	empfohlen	verbindlich	verbindlich
9. Jeder Schutzstufenbereich muss über einen Autoklaven oder eine gleichwertige Sterilisationseinheit verfügen.	empfohlen	verbindlich, wenn die Übertragung über die Luft erfolgen kann	verbindlich
10. Kontaminierte Prozessabluft darf nicht in den Arbeitsbereich abgegeben werden.	verbindlich	verbindlich	verbindlich
11. Wirksame Desinfektions- und Inaktivierungsverfahren sind festzulegen.	verbindlich	verbindlich	verbindlich

A Schutzmaßnahmen	B Schutzstufen		
	2	3	4
12. Die jeweils genannten Flächen müssen wasserundurchlässig und leicht zu reinigen sein.	Werkbänke, Fußböden	Werkbänke, Fußböden sowie andere Flächen, die aufgrund der Gefährdungsbeurteilung festzulegen sind	Werkbänke, Wände, Fußböden und Decken
13. Oberflächen müssen beständig gegen die verwendeten Chemikalien und Desinfektionsmittel sein.	verbindlich	verbindlich	verbindlich
14. Dekontaminations- und Wascheinrichtungen für die Beschäftigten müssen vorhanden sein.	verbindlich	verbindlich	verbindlich
15. Beschäftigte müssen vor dem Verlassen des Schutzstufenbereichs duschen.	nein	empfohlen	verbindlich
16. Kontaminierte feste und flüssige Abfälle sind vor der endgültigen Entsorgung mittels erprobter physikalischer oder chemischer Verfahren zu inaktivieren.	verbindlich, wenn keine sachgerechte Auftragsentsorgung erfolgt	verbindlich, wenn die Übertragung über die Luft erfolgen kann; ansonsten grundsätzlich verbindlich, nur in ausreichend begründeten Einzelfällen ist eine sachgerechte Auftragsentsorgung möglich	verbindlich
17. Abwässer sind mittels erprobter physikalischer oder chemischer Verfahren vor der endgültigen Entsorgung zu inaktivieren.	nein für Handwasch- und Duschwasser oder vergleichbare Abwässer	empfohlen für Handwasch- und Duschwasser	verbindlich

A Schutzmaßnahmen	B Schutzstufen		
	2	3	4
18. Ein Sichtfenster oder eine vergleichbare Vorrichtung zur Einsicht in den Arbeitsbereich ist vorzusehen.	verbindlich	verbindlich	verbindlich
19. Bei Alleinarbeit ist eine Notrufmöglichkeit vorzusehen.	empfohlen	verbindlich	verbindlich
20. Fenster dürfen nicht zu öffnen sein.	nein; Fenster müssen während der Tätigkeit geschlossen sein	verbindlich	verbindlich
21. Für sicherheitsrelevante Einrichtungen ist eine Notstromversorgung vorzusehen.	empfohlen	verbindlich	verbindlich
22. Biostoffe sind unter Verschluss aufzubewahren.	verbindlich bei gelisteten humanpathogenen Biostoffen	verbindlich bei gelisteten humanpathogenen Biostoffen	verbindlich
23. Eine wirksame Kontrolle von Vektoren (zum Beispiel von Nagetieren und Insekten) ist durchzuführen.	empfohlen	verbindlich	verbindlich
24. Sichere Entsorgung von infizierten Tierkörpern, zum Beispiel durch thermische Inaktivierung, Verbrennungsanlagen für Tierkörper oder andere geeignete Einrichtungen zur Sterilisation/ Inaktivierung.	verbindlich	verbindlich	verbindlich vor Ort

Anmerkung:

Gemäß § 10 Absatz 1 sind die als empfohlen bezeichneten Schutzmaßnahmen dann zu ergreifen, wenn dadurch die Gefährdung der Beschäftigten verringert werden kann.

In Anhang I der Verordnung (EU) 2021/821 des Europäischen Parlaments und des Rates vom 20. Mai 2021 über eine Unionsregelung für die Kontrolle der Ausfuhr, der Vermittlung, der technischen Unterstützung der Durchfuhr und der Verbringung betreffend Güter mit doppeltem Verwendungszweck (Neufassung) (ABl. L 206 vom 11.6.2021, S. 1), die zuletzt durch die Delegierte Verordnung (EU) 2023/66 (ABl. L 9 vom 11.1.2023, S. 1), geändert worden ist, unter 1C351 gelistete human- und tierpathogene Erreger sowie »Toxine« und unter 1C353 aufgeführte genetisch modifizierte Organismen.

Anhang III
Zusätzliche Schutzmaßnahmen bei Tätigkeiten in der Biotechnologie

(Fundstelle: BGBl. I 2013, 2528)

Es gelten die Anforderungen nach Anhang II. Für Tätigkeiten mit Biostoffen in bioverfahrenstechnischen Apparaturen, zum Beispiel Bioreaktoren und Separatoren, gilt darüber hinaus:

A Schutzmaßnahmen	B Schutzstufen		
	2	3	4
1. Die Apparatur muss den Prozess physisch von der Umwelt trennen.	verbindlich	verbindlich	verbindlich
2. Die Apparatur oder eine vergleichbare Anlage muss innerhalb eines entsprechenden Schutzstufenbereichs liegen.	verbindlich	verbindlich	verbindlich
3. Die Prozessabluft der Apparatur muss so behandelt werden, dass ein Freisetzen von Biostoffen	minimiert wird.	verhindert wird.	zuverlässig verhindert wird.
4. Das Öffnen der Apparatur zum Beispiel zur Probenahme, zum Hinzufügen von Substanzen oder zur Übertragung von Biostoffen muss so durchgeführt werden, dass ein Freisetzen von Biostoffen	minimiert wird.	verhindert wird.	zuverlässig verhindert wird.

A Schutzmaßnahmen	B Schutzstufen		
	2	3	4
5. Kulturflüssigkeiten dürfen zur Weiterverarbeitung nur aus der Apparatur entnommen werden, wenn die Entnahme in einem geschlossenen System erfolgt oder die Biostoffe durch wirksame physikalische oder chemische Verfahren inaktiviert worden sind.	verbindlich	verbindlich	verbindlich
6. Dichtungen an der Apparatur müssen so beschaffen sein, dass ein unbeabsichtigtes Freisetzen von Biostoffen	minimiert wird.	verhindert wird.	zuverlässig verhindert wird.
7. Der gesamte Inhalt der Apparatur muss aufgefangen werden können.	verbindlich	verbindlich	verbindlich

Anhang III Zusätzliche Schutzmaßnahmen bei Tätigkeiten in der Biotechnologie

Verordnung zum Schutz vor Gefahrstoffen (Gefahrstoffverordnung – GefStoffV)

In der Fassung vom 26. 11. 2010 (BGBl. I S. 1643), zuletzt geändert durch Verordnung zur Änderung der Gefahrstoffverordnung und anderer Arbeitsschutzverordnungen vom 02. 12. 2024 (BGBl. I Nr. 384)

Abschnitt 1
Zielsetzung, Anwendungsbereich und Begriffsbestimmungen

§ 1 Zielsetzung und Anwendungsbereich

(1) Ziel dieser Verordnung ist es, den Menschen und die Umwelt vor stoffbedingten Schädigungen zu schützen durch
1. Regelungen zur Einstufung, Kennzeichnung und Verpackung gefährlicher Stoffe und Gemische,
2. Maßnahmen zum Schutz der Beschäftigten und anderer Personen bei Tätigkeiten mit Gefahrstoffen und
3. Beschränkungen für das Herstellen und Verwenden bestimmter gefährlicher Stoffe, Gemische und Erzeugnisse.

(2) Abschnitt 2 gilt für das Inverkehrbringen von
1. gefährlichen Stoffen und Gemischen,
2. bestimmten Stoffen, Gemischen und Erzeugnissen, die mit zusätzlichen Kennzeichnungen zu versehen sind, nach Maßgabe der Richtlinie 96/59/EG des Rates vom 16. September 1996 über die Beseitigung polychlorierter Biphenyle und polychlorierter Terphenyle (PCB/PCT) (ABl. L 243 vom 24. 9. 1996, S. 31), die durch die Verordnung (EG) Nr. 596/2009 (ABl. L 188 vom 18. 7. 2009, S. 14) geändert worden ist,
3. Biozid-Produkten im Sinne des § 3 Nummer 11 des Chemikaliengesetzes, die keine gefährlichen Stoffe oder Gemische sind, sowie
4. Biozid-Wirkstoffen im Sinne des § 3 Nummer 12 des Chemikaliengesetzes, die biologische Arbeitsstoffe im Sinne der Biostoffverordnung sind, und Biozid-Produkten im Sinne des § 1 Nummer 11 des Chemikaliengesetzes, die als Wirkstoffe solche biologischen Arbeitsstoffe enthalten.

Abschnitt 2 gilt auch für das Veranlassen von Tätigkeiten an baulichen und technischen Anlagen, die Gefahrstoffe enthalten können, welche durch die Tätigkeiten freigesetzt werden können und zu besonderen Gesundheitsgefahren führen können. Abschnitt 2 gilt nicht für Lebensmittel oder Futtermittel in Form von Fertigerzeugnissen, die für den Endverbrauch bestimmt sind.

(3) Die Abschnitte 3 bis 6 gelten für Tätigkeiten, bei denen die Sicherheit und Gesundheit der Beschäftigten durch Stoffe, Gemische und Erzeugnisse gefährdet

sein kann. Sie gelten auch, wenn die Sicherheit und Gesundheit anderer Personen aufgrund von Tätigkeiten im Sinne von § 2 Absatz 5 gefährdet sein können, die durch Beschäftigte oder Unternehmer ohne Beschäftigte ausgeübt werden. Die Sätze 1 und 2 finden auch Anwendung auf Tätigkeiten, die im Zusammenhang mit der Beförderung von Stoffen, Gemischen und Erzeugnissen ausgeübt werden. Die Vorschriften des Gefahrgutbeförderungsgesetzes und der darauf gestützten Rechtsverordnungen bleiben unberührt.

(4) Sofern nicht ausdrücklich etwas anderes bestimmt ist, gilt diese Verordnung nicht für

1. biologische Arbeitsstoffe im Sinne der Biostoffverordnung und
2. private Haushalte.

Diese Verordnung gilt ferner nicht für Betriebe, die dem Bundesberggesetz unterliegen, soweit dort oder in Rechtsverordnungen, die auf Grund dieses Gesetzes erlassen worden sind, entsprechende Rechtsvorschriften bestehen.

§ 2 Begriffsbestimmungen

(1) Gefahrstoffe im Sinne dieser Verordnung sind

1. gefährliche Stoffe und Gemische nach § 3,

1a. Stoffe oder Gemische, die über die Gefahrenklasse gewässergefährdend nach der Verordnung (EG) Nr. 1272/2008 des Europäischen Parlaments und des Rates vom 16. Dezember 2008 über die Einstufung, Kennzeichnung und Verpackung von Stoffen und Gemischen, zur Änderung und Aufhebung der Richtlinien 67/548/EWG und 1999/45/EG und zur Änderung der Verordnung (EG) Nr. 1907/2006 (ABl. L 353 vom 31. 12. 2008, S. 1), die zuletzt durch die Delegierte Verordnung (EU) 2022/692 (ABl. L 129 vom 3. 5. 2022, S. 1) geändert worden ist, hinaus umweltgefährlich sind, indem sie selbst oder deren Umwandlungsprodukte sonst geeignet sind, die Beschaffenheit des Naturhaushaltes, von Wasser, Boden oder Luft, Klima, Tieren, Pflanzen oder Mikroorganismen derart zu verändern, dass dadurch sofort oder später Gefahren für die Umwelt herbeigeführt werden können,

2. Stoffe, Gemische und Erzeugnisse, die explosionsfähig sind,
3. Stoffe, Gemische und Erzeugnisse, aus denen bei der Herstellung oder Verwendung Stoffe nach Nummer 1 oder Nummer 2 entstehen oder freigesetzt werden,
4. Stoffe und Gemische, die die Kriterien nach den Nummern 1 bis 3 nicht erfüllen, aber auf Grund ihrer physikalisch-chemischen, chemischen oder toxischen Eigenschaften und der Art und Weise, wie sie am Arbeitsplatz vorhanden sind oder verwendet werden, die Gesundheit und die Sicherheit der Beschäftigten gefährden können,
5. alle Stoffe, denen ein Arbeitsplatzgrenzwert zugewiesen worden ist.

(2) Für die Begriffe Stoff, Gemisch, Erzeugnis, Lieferant, nachgeschalteter Anwender und Hersteller gelten die Begriffsbestimmungen nach Artikel 2 der Verordnung (EG) Nr. 1272/2008.

(3) Krebserzeugend, keimzellmutagen oder reproduktionstoxisch sind

1. Stoffe, die in Anhang VI der Verordnung (EG) Nr. 1272/2008 in der jeweils geltenden Fassung als karzinogen, keimzellmutagen oder reproduktionstoxisch eingestuft sind,
2. Stoffe, welche die Kriterien für die Einstufung als karzinogen, keimzellmutagen oder reproduktionstoxisch nach Anhang I der Verordnung (EG) Nr. 1272/2008 in der jeweils geltenden Fassung erfüllen,
3. Gemische, die einen oder mehrere der in § 2 Absatz 3 Nummer 1 oder 2 genannten Stoffe enthalten, wenn die Konzentration dieses Stoffs oder dieser Stoffe die stoffspezifischen oder die allgemeinen Konzentrationsgrenzen nach der Verordnung (EG) Nr. 1272/2008 in der jeweils geltenden Fassung erreicht oder übersteigt, die für die Einstufung eines Gemischs als karzinogen, keimzellmutagen oder reproduktionstoxisch festgelegt sind,
4. Stoffe, Gemische, Tätigkeiten oder Verfahren, die in den nach § 20 Absatz 4 bekannt gegebenen Regeln und Erkenntnissen als krebserzeugend, keimzellmutagen oder reproduktionstoxisch bezeichnet werden.

(4) Organische Peroxide im Sinne des § 12 Absatz 4 und des Anhangs III sind Stoffe, die sich vom Wasserstoffperoxid dadurch ableiten, dass ein oder beide Wasserstoffatome durch organische Gruppen ersetzt sind, sowie Gemische, die diese Stoffe enthalten.

(4a) Asbest sind folgende Silikate mit Faserstruktur:
1. Aktinolith, CAS-Nummer 77536-66-4,
2. Amosit, CAS-Nummer 12172-73-5,
3. Anthophyllit, CAS-Nummer 77536-67-5,
4. Chrysotil, CAS-Nummer 12001-29-5 und CAS-Nummer 132207-32-0,
5. Krokydolith, CAS-Nummer 12001-28-4,
6. Tremolit, CAS-Nummer 77536-68-6.

(4b) Asbesthaltige Materialien sind jeweils Asbest enthaltende natürlich vorkommende mineralische Rohstoffe, Gemische oder Erzeugnisse.

(4c) Anerkannte emissionsarme Verfahren sind behördlich oder von den Trägern der gesetzlichen Unfallversicherung geprüfte und anerkannte Arbeitsverfahren für Tätigkeiten mit asbesthaltigen Materialien, die nachweislich im Bereich niedrigen Risikos erfolgen.

(5) Eine Tätigkeit ist jede Arbeit mit Stoffen, Gemischen oder Erzeugnissen, einschließlich Herstellung, Mischung, Ge- und Verbrauch, Lagerung, Aufbewahrung, Be- und Verarbeitung, Ab- und Umfüllung, Entfernung, Entsorgung und Vernichtung. Zu den Tätigkeiten zählen auch das innerbetriebliche Befördern sowie Bedien- und Überwachungsarbeiten.

(5a) Begasung bezeichnet eine Verwendung von Biozid-Produkten oder Pflanzenschutzmitteln
1. bei der bestimmungsgemäß Stoffe gasförmig freigesetzt werden,
   a) die als akut toxisch Kategorie 1, 2 oder 3 eingestuft sind oder
   b) für die in der Zulassung festgelegt wurde, dass eine Messung oder Überwachung der Wirkstoff- oder Sauerstoffkonzentration zu erfolgen hat,
2. für die in der Zulassung die Bereitstellung und Verwendung eines unabhängig von der Umgebungsatmosphäre wirkenden Atemschutzgeräts festgelegt wurde oder

3. die zur Raumdesinfektion sämtlicher Flächen eines umschlossenen Raums eingesetzt werden, wobei Formaldehyd aus einer wässrigen Formaldehydlösung in Form schwebfähiger Flüssigkeitstropfen ausgebracht wird.

(6) Lagern ist das Aufbewahren zur späteren Verwendung sowie zur Abgabe an andere. Es schließt die Bereitstellung zur Beförderung ein, wenn die Beförderung nicht innerhalb von 24 Stunden nach der Bereitstellung oder am darauffolgenden Werktag erfolgt. Ist dieser Werktag ein Samstag, so endet die Frist mit Ablauf des nächsten Werktags.

(7) Es stehen gleich

1. den Beschäftigten die in Heimarbeit beschäftigten Personen sowie Schülerinnen und Schüler, Studierende und sonstige, insbesondere an wissenschaftlichen Einrichtungen tätige Personen, die Tätigkeiten mit Gefahrstoffen ausüben; für Schülerinnen und Schüler und Studierende gelten jedoch nicht die Regelungen dieser Verordnung über die Beteiligung der Personalvertretungen,
2. dem Arbeitgeber der Unternehmer ohne Beschäftigte sowie der Auftraggeber und der Zwischenmeister im Sinne des Heimarbeitsgesetzes in der im Bundesgesetzblatt Teil III, Gliederungsnummer 804-1, veröffentlichten bereinigten Fassung, das zuletzt durch Artikel 225 der Verordnung vom 31. Oktober 2006 (BGBl. I S. 2407) geändert worden ist.

(8) Der Arbeitsplatzgrenzwert ist der Grenzwert für die zeitlich gewichtete durchschnittliche Konzentration eines Stoffs in der Luft am Arbeitsplatz in Bezug auf einen gegebenen Referenzzeitraum. Er gibt an, bis zu welcher Konzentration eines Stoffs akute oder chronische schädliche Auswirkungen auf die Gesundheit von Beschäftigten im Allgemeinen nicht zu erwarten sind.

(8a) Die Akzeptanzkonzentration ist die Konzentration eines als krebserzeugend eingestuften Stoffs in der Luft am Arbeitsplatz, die bei 40jähriger arbeitstäglicher Exposition mit dem Akzeptanzrisiko assoziiert ist. Bei Einhaltung der Akzeptanzkonzentration wird das Risiko einer Krebserkrankung als niedrig und akzeptabel angesehen (Bereich niedrigen Risikos). Bei einer Überschreitung der Akzeptanzkonzentration bis zur Erreichung der Toleranzkonzentration ist von einem mittleren Risiko auszugehen (Bereich mittleren Risikos).

(8b) Die Toleranzkonzentration ist die Konzentration eines als krebserzeugend eingestuften Stoffs in der Luft am Arbeitsplatz, die bei 40jähriger arbeitstäglicher Exposition mit dem Toleranzrisiko assoziiert ist. Bei Überschreitung der Toleranzkonzentration wird das Risiko einer Krebserkrankung als hoch und nicht tolerabel angesehen (Bereich hohen Risikos).

(9) Der biologische Grenzwert ist der Grenzwert für die toxikologisch-arbeitsmedizinisch abgeleitete Konzentration eines Stoffs, seines Metaboliten oder eines Beanspruchungsindikators im entsprechenden biologischen Material. Er gibt an, bis zu welcher Konzentration die Gesundheit von Beschäftigten im Allgemeinen nicht beeinträchtigt wird.

(9a) Physikalisch-chemische Einwirkungen umfassen Gefährdungen, die hervorgerufen werden können durch Tätigkeiten mit

1. Stoffen, Gemischen oder Erzeugnissen mit einer physikalischen Gefahr nach der Verordnung (EG) Nr. 1272/2008 oder

2. weiteren Gefahrstoffen, die nach der Verordnung (EG) Nr. 1272/2008 nicht mit einer physikalischen Gefahr eingestuft sind, die aber miteinander oder aufgrund anderer Wechselwirkungen so reagieren können, dass Brände oder Explosionen entstehen können.

(10) Ein explosionsfähiges Gemisch ist ein Gemisch aus brennbaren Gasen, Dämpfen, Nebeln oder aufgewirbelten Stäuben und Luft oder einem anderen Oxidationsmittel, das nach Wirksamwerden einer Zündquelle in einer sich selbsttätig fortpflanzenden Flammenausbreitung reagiert, sodass im Allgemeinen ein sprunghafter Temperatur- und Druckanstieg hervorgerufen wird.

(11) Chemisch instabile Gase, die auch ohne ein Oxidationsmittel nach Wirksamwerden einer Zündquelle in einer sich selbsttätig fortpflanzenden Flammenausbreitung reagieren können, sodass ein sprunghafter Temperatur- und Druckanstieg hervorgerufen wird, stehen explosionsfähigen Gemischen nach Absatz 10 gleich.

(12) Ein gefährliches explosionsfähiges Gemisch ist ein explosionsfähiges Gemisch, das in solcher Menge auftritt, dass besondere Schutzmaßnahmen für die Aufrechterhaltung der Gesundheit und Sicherheit der Beschäftigten oder anderer Personen erforderlich werden.

(13) Gefährliche explosionsfähige Atmosphäre ist ein gefährliches explosionsfähiges Gemisch mit Luft als Oxidationsmittel unter atmosphärischen Bedingungen (Umgebungstemperatur von –20 °C bis +60 °C und Druck von 0,8 Bar bis 1,1 Bar).

(14) Explosionsgefährdeter Bereich ist der Gefahrenbereich, in dem gefährliche explosionsfähige Atmosphäre auftreten kann.

(15) Der Stand der Technik ist der Entwicklungsstand fortschrittlicher Verfahren, Einrichtungen oder Betriebsweisen, der die praktische Eignung einer Maßnahme zum Schutz der Gesundheit und zur Sicherheit der Beschäftigten gesichert erscheinen lässt. Bei der Bestimmung des Stands der Technik sind insbesondere vergleichbare Verfahren, Einrichtungen oder Betriebsweisen heranzuziehen, die mit Erfolg in der Praxis erprobt worden sind. Gleiches gilt für die Anforderungen an die Arbeitsmedizin und die Arbeitsplatzhygiene.

(16) Fachkundig ist, wer zur Ausübung einer in dieser Verordnung bestimmten Aufgabe über die erforderlichen Fachkenntnisse verfügt. Die Anforderungen an die Fachkunde sind abhängig von der jeweiligen Art der Aufgabe. Zu den Anforderungen zählen eine entsprechende Berufsausbildung oder eine entsprechende Berufserfahrung oder eine zeitnah ausgeübte entsprechende berufliche Tätigkeit sowie die Teilnahme an spezifischen Fortbildungsmaßnahmen.

(17) Sachkundig ist, wer seine bestehende Fachkunde durch Teilnahme an einem behördlich anerkannten Sachkundelehrgang erweitert hat. In Abhängigkeit vom Aufgabengebiet kann es zum Erwerb der Sachkunde auch erforderlich sein, den Lehrgang mit einer erfolgreichen Prüfung abzuschließen. Sachkundig ist ferner, wer über eine von der zuständigen Behörde als gleichwertig anerkannte oder in dieser Verordnung als gleichwertig bestimmte Qualifikation verfügt.

(18) Eine Verwenderkategorie bezeichnet eine Personengruppe, die berechtigt ist, ein bestimmtes Biozid-Produkt zu verwenden. Sie beschreibt den Grad der Qualifikation, die für diese Verwendung erforderlich ist. Die zugehörige Verwenderkategorie eines Biozid-Produkts wird nach der Verordnung (EU) Nr. 528/2012 des Europäischen Parlaments und des Rates vom 22. Mai 2012 über die Bereit-

stellung auf dem Markt und die Verwendung von Biozid-Produkten (ABl. L 167 vom 27.6.2012, S. 1), die zuletzt durch die Delegierte Verordnung (EU) 2019/1825 (ABl. L 279 vom 31.10.2019, S. 19) geändert worden ist, in der jeweils geltenden Fassung, im Zulassungsverfahren festgelegt. Verwenderkategorien sind:

1. die breite Öffentlichkeit,
2. der berufsmäßige Verwender,
3. der geschulte berufsmäßige Verwender.

Abschnitt 2 Gefahrstoffinformation

§ 3 Gefahrenklassen

(1) Gefährlich im Sinne dieser Verordnung sind Stoffe, Gemische und bestimmte Erzeugnisse, die den in Anhang I der Verordnung (EG) Nr. 1272/2008 dargelegten Kriterien entsprechen.

(2) Die folgenden Gefahrenklassen geben die Art der Gefährdung wieder und werden unter Angabe der Nummerierung des Anhangs I der Verordnung (EG) Nr. 1272/2008 aufgelistet:

		Nummerierung nach Anhang I der Verordnung (EG) Nr. 1272/2008
1.	Physikalische Gefahren	2
a)	Explosive Stoffe/Gemische und Erzeugnisse mit Explosivstoff	2.1
b)	Entzündbare Gase	2.2
c)	Aerosole	2.3
d)	Oxidierende Gase	2.4
e)	Gase unter Druck	2.5
f)	Entzündbare Flüssigkeiten	2.6
g)	Entzündbare Feststoffe	2.7
h)	Selbstzersetzliche Stoffe und Gemische	2.8
i)	Pyrophore Flüssigkeiten	2.9
j)	Pyrophore Feststoffe	2.10
k)	Selbsterhitzungsfähige Stoffe und Gemische	2.11
l)	Stoffe und Gemische, die in Berührung mit Wasser entzündbare Gase entwickeln	2.12
m)	Oxidierende Flüssigkeiten	2.13
n)	Oxidierende Feststoffe	2.14
o)	Organische Peroxide	2.15
p)	Korrosiv gegenüber Metallen	2.16
q)	Desensibilisierte explosive Stoffe/Gemische	2.17
2.	Gesundheitsgefahren	3
a)	Akute Toxizität (oral, dermal und inhalativ)	3.1
b)	Ätzwirkung auf die Haut/Hautreizung	3.2
c)	Schwere Augenschädigung/Augenreizung	3.3

d) Sensibilisierung der Atemwege oder der Haut 3.4
e) Keimzellmutagenität 3.5
f) Karzinogenität 3.6
g) Reproduktionstoxizität 3.7
h) Spezifische Zielorgan-Toxizität, einmalige Exposition (STOT SE) 3.8
i) Spezifische Zielorgan-Toxizität, wiederholte Exposition (STOT RE) 3.9
j) Aspirationsgefahr 3.10

3. Umweltgefahren 4
   Gewässergefährdend (akut und chronisch) 4.1
4. Weitere Gefahren 5
   Die Ozonschicht schädigend 5.1

§ 4 Einstufung, Kennzeichnung, Verpackung

(1) Die Einstufung, Kennzeichnung und Verpackung von Stoffen und Gemischen sowie von Erzeugnissen mit Explosivstoff richten sich nach den Bestimmungen der Verordnung (EG) Nr. 1272/2008.

(2) Bei der Einstufung von Stoffen und Gemischen sind die nach § 20 Absatz 4 bekannt gegebenen Regeln und Erkenntnisse zu beachten.

(3) Die Kennzeichnung von Stoffen und Gemischen, die in Deutschland in Verkehr gebracht werden, muss in deutscher Sprache erfolgen.

(4) Werden gefährliche Stoffe oder gefährliche Gemische unverpackt in Verkehr gebracht, sind jeder Liefereinheit geeignete Sicherheitsinformationen oder ein Sicherheitsdatenblatt in deutscher Sprache beizufügen.

(5) Lieferanten eines Biozid-Produkts, für das ein Dritter der Zulassungsinhaber ist, haben über die in Absatz 1 erwähnten Kennzeichnungspflichten hinaus sicherzustellen, dass die vom Zulassungsinhaber nach Artikel 69 Absatz 2 Satz 2 der Verordnung (EU) Nr. 528/2012 anzubringende Zusatzkennzeichnung bei der Abgabe an Dritte erhalten oder neu angebracht ist. Biozid-Produkte, die aufgrund des § 28 Absatz 8 des Chemikaliengesetzes ohne Zulassung auf dem Markt bereitgestellt werden, sind zusätzlich zu der in Absatz 1 erwähnten Kennzeichnung entsprechend Artikel 69 Absatz 2 Satz 2 und 3 der Verordnung (EU) Nr. 528/2012 zu kennzeichnen, wobei die dort in Satz 2 Buchstabe c und d aufgeführten Angaben entfallen und die Angaben nach Satz 2 Buchstabe f und g auf die vorgesehenen Anwendungen zu beziehen sind.

(6) Biozid-Wirkstoffe, die biologische Arbeitsstoffe nach § 2 Absatz 1 der Biostoffverordnung sind, sind zusätzlich nach § 3 der Biostoffverordnung einzustufen. Biozid-Wirkstoffe nach Satz 1 sowie Biozid-Produkte, bei denen der Wirkstoff ein biologischer Arbeitsstoff ist, sind zusätzlich mit den folgenden Elementen zu kennzeichnen:

1. Identität des Organismus nach Anhang II Titel 2 Nummer 2.1 und 2.2 der Verordnung (EU) Nr. 528/2012,

2. Einstufung der Mikroorganismen in Risikogruppen nach § 3 der Biostoffverordnung und
3. im Falle einer Einstufung in die Risikogruppe 2 und höher nach § 3 der Biostoffverordnung Hinzufügung des Symbols für Biogefährdung nach Anhang I der Biostoffverordnung.

(7) Dekontaminierte PCB-haltige Geräte im Sinne der Richtlinie 96/59/EG müssen nach dem Anhang dieser Richtlinie gekennzeichnet werden.

(8) Die Kennzeichnung bestimmter, beschränkter Stoffe, Gemische und Erzeugnisse richtet sich zusätzlich nach Artikel 67 in Verbindung mit Anhang XVII der Verordnung (EG) Nr. 1907/2006 in ihrer jeweils geltenden Fassung.

(9) Der Lieferant eines Gemischs oder eines Stoffs hat einem nachgeschalteten Anwender auf Anfrage unverzüglich alle Informationen zur Verfügung zu stellen, die dieser für eine ordnungsgemäße Einstufung neuer Gemische benötigt, wenn

1. der Informationsgehalt der Kennzeichnung oder des Sicherheitsdatenblatts des Gemischs oder
2. die Information über eine Verunreinigung oder Beimengung auf dem Kennzeichnungsetikett oder im Sicherheitsdatenblatt des Stoffs

dafür nicht ausreicht.

§ 5 Sicherheitsdatenblatt und sonstige Informationspflichten

(1) Die vom Lieferanten hinsichtlich des Sicherheitsdatenblatts beim Inverkehrbringen von Stoffen und Gemischen zu beachtenden Anforderungen ergeben sich aus Artikel 31 in Verbindung mit Anhang II der Verordnung (EG) Nr. 1907/2006. Ist nach diesen Vorschriften die Übermittlung eines Sicherheitsdatenblatts nicht erforderlich, richten sich die Informationspflichten nach Artikel 32 der Verordnung (EG) Nr. 1907/2006.

(2) Bei den Angaben, die nach den Nummern 15 und 16 des Anhangs II der Verordnung (EG) Nr. 1907/2006 zu machen sind, sind insbesondere die nach § 20 Absatz 4 bekannt gegebenen Regeln und Erkenntnisse zu berücksichtigen, nach denen Stoffe oder Tätigkeiten als krebserzeugend, keimzellmutagen oder reproduktionstoxisch bezeichnet werden.

§ 5a Besondere Mitwirkungs- und Informationspflichten für Veranlasser von Tätigkeiten an baulichen oder technischen Anlagen

(1) Derjenige, der Tätigkeiten an baulichen oder technischen Anlagen veranlasst (Veranlasser), hat vor Beginn der Tätigkeiten dem ausführenden Unternehmen alle ihm vorliegenden Informationen zur Bau- oder Nutzungsgeschichte über vorhandene oder vermutete Gefahrstoffe schriftlich oder elektronisch zur Verfügung zu stellen. Der Veranlasser hat sich zur Informationsbeschaffung in zumutbarem Aufwand der ihm zugänglichen Unterlagen zu bedienen. Gefahrstoffe im Sinne von Satz 1 sind solche, die durch die Tätigkeiten freigesetzt werden und zu einer besonderen Gesundheitsgefährdung führen können.

(2) Damit festgestellt werden kann, ob Asbest vorliegt, hat der Veranlasser vor Beginn der Tätigkeiten an Objekten mit Baujahr zwischen 1993 und 1996 das Datum

des Baubeginns des Objekts oder das Baujahr des Objekts, sofern das genaue Datum des Baubeginns nicht bekannt ist, an das ausführende Unternehmen schriftlich oder elektronisch zu übermitteln. Bei Objekten mit Baujahr vor 1993 oder nach 1996 reicht die Angabe des Baujahrs aus.

(3) Weiterreichende Informations-, Schutz- oder Überwachungspflichten, die sich für den Veranlasser nach anderen Rechtsvorschriften ergeben, bleiben unberührt.

(4) Die Absätze 1 bis 3 gelten auch für private Haushalte.

Abschnitt 3
Gefährdungsbeurteilung und Grundpflichten

§ 6 Informationsermittlung und Gefährdungsbeurteilung

(1) Im Rahmen einer Gefährdungsbeurteilung als Bestandteil der Beurteilung der Arbeitsbedingungen nach § 5 des Arbeitsschutzgesetzes hat der Arbeitgeber festzustellen, ob die Beschäftigten Tätigkeiten mit Gefahrstoffen ausüben oder ob bei Tätigkeiten Gefahrstoffe entstehen oder freigesetzt werden können. Ist dies der Fall, so hat er alle hiervon ausgehenden Gefährdungen der Gesundheit und Sicherheit der Beschäftigten unter folgenden Gesichtspunkten zu beurteilen:

1. gefährliche Eigenschaften der Stoffe oder Gemische, einschließlich ihrer physikalisch-chemischen Wirkungen,
2. Informationen des Lieferanten zum Gesundheitsschutz und zur Sicherheit insbesondere im Sicherheitsdatenblatt, einschließlich der Angaben zu Zulassungspflicht und zu Herstellungs- und Verwendungsbeschränkungen,

2a. Informationen des Veranlassers nach § 5a Absatz 1 und 2,

3. Art und Ausmaß der Exposition unter Berücksichtigung aller Expositionswege; dabei sind die Ergebnisse der Messungen und Ermittlungen nach § 7 Absatz 8 zu berücksichtigen,
4. Möglichkeiten einer Substitution,
5. Arbeitsbedingungen und Verfahren, einschließlich der Arbeitsmittel und der Gefahrstoffmenge,
6. Grenzwerte und Konzentrationen nach § 2 Absatz 8 bis 9,
7. Wirksamkeit der ergriffenen oder zu ergreifenden Schutzmaßnahmen,
8. tätigkeitsbezogene Erkenntnisse
   a) über Belastungs- und Expositionssituationen, einschließlich psychischer Belastungen,
   b) aus der arbeitsmedizinischen Vorsorge nach der Verordnung zur arbeitsmedizinischen Vorsorge, einschließlich Erkenntnissen aus dem Biomonitoring, soweit solche Erkenntnisse vorliegen.

(2) Der Arbeitgeber hat sich die für die Gefährdungsbeurteilung notwendigen Informationen beim Lieferanten, Veranlasser oder aus anderen, ihm mit zumutbarem Aufwand zugänglichen Quellen zu beschaffen. Insbesondere hat der Arbeitgeber die Informationen zu beachten, die ihm nach Titel IV der Verordnung (EG) Nr. 1907/2006 zur Verfügung gestellt werden; dazu gehören Sicherheitsdatenblätter und die Informationen zu Stoffen oder Gemischen, für die kein Sicherheitsdaten-

blatt zu erstellen ist. Sofern die Verordnung (EG) Nr. 1907/2006 keine Informationspflicht vorsieht, hat der Lieferant dem Arbeitgeber auf Anfrage die für die Gefährdungsbeurteilung notwendigen Informationen über die Gefahrstoffe zur Verfügung zu stellen.

(2a) Der Arbeitgeber hat im Rahmen der Gefährdungsbeurteilung die ihm gemäß § 5a Absatz 1 durch den Veranlasser zur Verfügung gestellten Informationen dahingehend zu prüfen, ob Gefahrstoffe bei den Tätigkeiten an den baulichen oder technischen Anlagen freigesetzt werden und zu einer Gesundheitsgefährdung der Beschäftigten führen können.

(2b) Reichen die dem Arbeitgeber gemäß § 5a Absatz 1 vom Veranlasser zur Verfügung gestellten Informationen für die Gefährdungsbeurteilung nicht aus, so hat der Arbeitgeber im Rahmen einer besonderen Leistung zu prüfen, ob Gefahrstoffe bei den Tätigkeiten an baulichen oder technischen Anlagen freigesetzt werden und zu einer Gesundheitsgefährdung der Beschäftigten führen können. Erfordert die Durchführung dieser Prüfung Kenntnisse, über die der Arbeitgeber nicht verfügt, hat er sich dabei externen Sachverstands zu bedienen. Dies gilt insbesondere dann, wenn für eine sachgerechte Prüfung eine technische Erkundung erforderlich wird.

(2c) Ist für die Durchführung der Gefährdungsbeurteilung und die daraus resultierende Festlegung geeigneter Schutzmaßnahmen eine technische Erkundung erforderlich, um festzustellen, ob Gefahrstoffe bei den Tätigkeiten an baulichen oder technischen Anlagen freigesetzt werden und eine Gesundheitsgefährdung der Beschäftigten darstellen können, ist diese eine Voraussetzung für die Durchführung der Tätigkeiten.

(3) Stoffe und Gemische, die nicht von einem Lieferanten nach § 4 Absatz 1 eingestuft und gekennzeichnet worden sind, beispielsweise innerbetrieblich hergestellte Stoffe oder Gemische, hat der Arbeitgeber selbst einzustufen. Zumindest aber hat er die von den Stoffen oder Gemischen ausgehenden Gefährdungen der Beschäftigten zu ermitteln; dies gilt auch für Gefahrstoffe nach § 2 Absatz 1 Nummer 4.

(4) Der Arbeitgeber hat festzustellen, ob die verwendeten Stoffe, Gemische und Erzeugnisse bei Tätigkeiten, auch unter Berücksichtigung verwendeter Arbeitsmittel, Verfahren und der Arbeitsumgebung sowie ihrer möglichen Wechselwirkungen, zu Brand- oder Explosionsgefährdungen führen können. Dabei hat er zu beurteilen,

1. ob gefährliche Mengen oder Konzentrationen von Gefahrstoffen, die zu Brand- und Explosionsgefährdungen führen können, auftreten; dabei sind sowohl Stoffe und Gemische mit physikalischen Gefährdungen nach der Verordnung (EG) Nr. 1272/2008 wie auch andere Gefahrstoffe, die zu Brand- und Explosionsgefährdungen führen können, sowie Stoffe, die in gefährlicher Weise miteinander reagieren können, zu berücksichtigen,
2. ob Zündquellen oder Bedingungen, die Brände oder Explosionen auslösen können, vorhanden sind und
3. ob schädliche Auswirkungen von Bränden oder Explosionen auf die Gesundheit und Sicherheit der Beschäftigten möglich sind.

Insbesondere hat er zu ermitteln, ob die Stoffe, Gemische und Erzeugnisse auf Grund ihrer Eigenschaften und der Art und Weise, wie sie am Arbeitsplatz vorhanden sind oder verwendet werden, explosionsfähige Gemische bilden können. Im Fall von nicht atmosphärischen Bedingungen sind auch die möglichen Veränderungen der für den Explosionsschutz relevanten sicherheitstechnischen Kenngrößen zu ermitteln und zu berücksichtigen.

(5) Bei der Gefährdungsbeurteilung sind ferner Tätigkeiten zu berücksichtigen, bei denen auch nach Ausschöpfung sämtlicher technischer Schutzmaßnahmen die Möglichkeit einer Gefährdung besteht. Dies gilt insbesondere für Instandhaltungsarbeiten, einschließlich Wartungsarbeiten. Darüber hinaus sind auch andere Tätigkeiten wie Bedien- und Überwachungsarbeiten zu berücksichtigen, wenn diese zu einer Gefährdung von Beschäftigten durch Gefahrstoffe führen können.

(6) Die mit den Tätigkeiten verbundenen inhalativen, dermalen und physikalisch-chemischen Gefährdungen sind unabhängig voneinander zu beurteilen und in der Gefährdungsbeurteilung zusammenzuführen. Treten bei einer Tätigkeit mehrere Gefahrstoffe gleichzeitig auf, sind Wechsel- oder Kombinationswirkungen der Gefahrstoffe, die Einfluss auf die Gesundheit und Sicherheit der Beschäftigten haben, bei der Gefährdungsbeurteilung zu berücksichtigen, soweit solche Wirkungen bekannt sind.

(7) Der Arbeitgeber kann bei der Festlegung der Schutzmaßnahmen eine vorhandene Gefährdungsbeurteilung Dritter oder Teile davon übernehmen, sofern die Angaben und Festlegungen in dieser Gefährdungsbeurteilung den Arbeitsbedingungen und Verfahren, einschließlich der Arbeitsmittel und der Gefahrstoffmenge, im eigenen Betrieb entsprechen.

(8) Der Arbeitgeber hat die Gefährdungsbeurteilung unabhängig von der Zahl der Beschäftigten erstmals vor Aufnahme der Tätigkeit zu dokumentieren. Dabei ist Folgendes anzugeben:

1. die Gefährdungen bei Tätigkeiten mit Gefahrstoffen,
2. das Ergebnis der Prüfung auf Möglichkeiten einer Substitution nach Absatz 1 Satz 2 Nummer 4,
3. eine Begründung für einen Verzicht auf eine technisch mögliche Substitution, sofern Schutzmaßnahmen nach § 9 oder § 10 zu ergreifen sind,
4. die durchzuführenden Schutzmaßnahmen einschließlich derer, die wegen der Überschreitung eines Arbeitsplatzgrenzwerts oder bei Tätigkeiten im Bereich mittleren Risikos zusätzlich ergriffen wurden, sowie der geplanten Schutzmaßnahmen, die zukünftig ergriffen werden sollen, um den entsprechenden Wert einzuhalten oder in den Bereich niedrigen Risikos zu gelangen,
5. eine Begründung, wenn bei Tätigkeiten mit krebserzeugenden oder keimzellmutagenen Gefahrstoffen der Kategorie 1A oder 1B Beschäftigte nicht in das Expositionsverzeichnis nach § 10a Absatz 1 Satz 1 aufgenommen wurden,
6. eine Begründung, wenn von den nach § 20 Absatz 4 bekannt gegebenen Regeln und Erkenntnissen abgewichen wird, und
7. die Ermittlungsergebnisse, die belegen, dass der Grenzwert nach § 7 Absatz 8 Satz 1 Nummer 1 oder 2 eingehalten wird oder, bei Stoffen ohne entsprechende Werte, die ergriffenen technischen Schutzmaßnahmen wirksam sind.

Im Rahmen der Dokumentation der Gefährdungsbeurteilung können auch vorhandene Gefährdungsbeurteilungen, Dokumente oder andere gleichwertige Berichte verwendet werden, die auf Grund von Verpflichtungen nach anderen Rechtsvorschriften erstellt worden sind.

(9) Bei der Dokumentation nach Absatz 8 hat der Arbeitgeber in Abhängigkeit der Feststellungen nach Absatz 4 die Gefährdungen durch gefährliche explosionsfähige

Gemische besonders auszuweisen (Explosionsschutzdokument). Daraus muss insbesondere hervorgehen,

1. dass die Explosionsgefährdungen ermittelt und einer Bewertung unterzogen worden sind,
2. dass angemessene Vorkehrungen getroffen werden, um die Ziele des Explosionsschutzes zu erreichen (Darlegung eines Explosionsschutzkonzeptes),
3. ob und welche Bereiche entsprechend Anhang I Nummer 1.7 in Zonen eingeteilt wurden,
4. für welche Bereiche Explosionsschutzmaßnahmen nach § 12 und Anhang I Nummer 1 getroffen wurden,
5. wie die Vorgaben nach § 15 umgesetzt werden und
6. welche Überprüfungen nach § 7 Absatz 7 und welche Prüfungen zum Explosionsschutz nach Anhang 2 Abschnitt 3 der Betriebssicherheitsverordnung durchzuführen sind.

(10) Bei Tätigkeiten mit geringer Gefährdung nach Absatz 13 kann auf eine detaillierte Dokumentation verzichtet werden. Falls in anderen Fällen auf eine detaillierte Dokumentation verzichtet wird, ist dies nachvollziehbar zu begründen. Die Gefährdungsbeurteilung ist regelmäßig zu überprüfen und bei Bedarf zu aktualisieren. Sie ist umgehend zu aktualisieren, wenn maßgebliche Veränderungen oder neue Informationen dies erfordern oder wenn sich eine Aktualisierung auf Grund der Ergebnisse der arbeitsmedizinischen Vorsorge nach der Verordnung zur arbeitsmedizinischen Vorsorge als notwendig erweist.

(11) Die Gefährdungsbeurteilung darf nur von fachkundigen Personen durchgeführt werden. Verfügt der Arbeitgeber nicht selbst über die entsprechenden Kenntnisse, so hat er sich fachkundig beraten zu lassen. Fachkundig können insbesondere die Fachkraft für Arbeitssicherheit und die Betriebsärztin oder der Betriebsarzt sein.

(12) Der Arbeitgeber hat ein Verzeichnis der im Betrieb verwendeten Gefahrstoffe zu führen. Das Verzeichnis muss mindestens folgende Angaben enthalten:

1. Bezeichnung des Gefahrstoffs,
2. Einstufung des Gefahrstoffs oder Angaben zu den gefährlichen Eigenschaften,
3. Angaben zu den im Betrieb verwendeten Mengenbereichen,
4. Bezeichnung der Arbeitsbereiche, in denen Beschäftigte gegenüber dem Gefahrstoff exponiert sein können, und
5. einen Verweis auf die entsprechenden Sicherheitsdatenblätter.

Die Sätze 1 und 2 gelten nicht, wenn nur Tätigkeiten mit geringer Gefährdung nach Absatz 13 ausgeübt werden. Die Angaben nach Satz 2 Nummer 1, 2, 4 und 5 müssen allen betroffenen Beschäftigten und ihrer Vertretung zugänglich sein.

(13) Ergibt sich aus der Gefährdungsbeurteilung für bestimmte Tätigkeiten auf Grund

1. der gefährlichen Eigenschaften des Gefahrstoffs,
2. einer geringen verwendeten Stoffmenge,
3. einer nach Höhe und Dauer niedrigen Exposition und
4. der Arbeitsbedingungen

insgesamt eine nur geringe Gefährdung der Beschäftigten und reichen die nach § 8 zu ergreifenden Maßnahmen zum Schutz der Beschäftigten aus, so müssen keine weiteren Maßnahmen des Abschnitts 4 ergriffen werden.
(14) Liegen für Stoffe oder Gemische keine Prüfdaten oder entsprechende aussagekräftige Informationen zur akut toxischen, reizenden, hautsensibilisierenden oder keimzellmutagenen Wirkung oder zur spezifischen Zielorgan-Toxizität bei wiederholter Exposition vor, sind die Stoffe oder Gemische bei der Gefährdungsbeurteilung wie Stoffe der Gefahrenklasse Akute Toxizität (oral, dermal und inhalativ) Kategorie 3, Ätzwirkung auf die Haut/Hautreizung Kategorie 2, Sensibilisierung der Haut Kategorie 1, Keimzellmutagenität Kategorie 2 oder Spezifische Zielorgan-Toxizität, wiederholte Exposition (STOT RE) Kategorie 2 zu behandeln. Hinsichtlich der Spezifizierung der anzuwendenden Einstufungskategorien sind die entsprechenden nach § 20 Absatz 4 Nummer 1 bekannt gegebenen Regeln und Erkenntnisse zu berücksichtigen.

§ 7 Grundpflichten

(1) Der Arbeitgeber darf eine Tätigkeit mit Gefahrstoffen erst aufnehmen lassen, nachdem eine Gefährdungsbeurteilung nach § 6 durchgeführt und die erforderlichen Schutzmaßnahmen nach Abschnitt 4 ergriffen worden sind.
(1a) Der Arbeitgeber hat die Belange des Arbeitsschutzes bei Tätigkeiten mit Gefahrstoffen angemessen in seine betriebliche Organisation einzubinden und die dafür erforderlichen personellen, finanziellen und organisatorischen Voraussetzungen zu schaffen. Insbesondere hat er dafür zu sorgen, dass bei der Gestaltung der Arbeitsorganisation, des Arbeitsverfahrens und des Arbeitsplatzes sowie bei der Auswahl und Bereitstellung der Arbeitsmittel alle Faktoren ausreichend berücksichtigt werden, die mit der Sicherheit und Gesundheit, einschließlich der psychischen Gesundheit, der Beschäftigten zusammenhängen.
(2) Um die Gesundheit und die Sicherheit der Beschäftigten bei allen Tätigkeiten mit Gefahrstoffen zu gewährleisten, hat der Arbeitgeber die erforderlichen Maßnahmen nach dem Arbeitsschutzgesetz und zusätzlich die nach dieser Verordnung erforderlichen Maßnahmen zu ergreifen. Dabei hat er die nach § 20 Absatz 4 bekannt gegebenen Regeln und Erkenntnisse zu berücksichtigen. Bei Einhaltung dieser Regeln und Erkenntnisse ist in der Regel davon auszugehen, dass die Anforderungen dieser Verordnung erfüllt sind. Von diesen Regeln und Erkenntnissen kann abgewichen werden, wenn durch andere Maßnahmen zumindest in vergleichbarer Weise der Schutz der Gesundheit und die Sicherheit der Beschäftigten gewährleistet werden.
(3) Der Arbeitgeber hat auf der Grundlage des Ergebnisses der Substitutionsprüfung nach § 6 Absatz 1 Satz 2 Nummer 4 vorrangig eine Substitution durchzuführen. Er hat Gefahrstoffe oder Verfahren durch Stoffe, Gemische oder Erzeugnisse oder Verfahren zu ersetzen, die unter den jeweiligen Verwendungsbedingungen für die Gesundheit und Sicherheit der Beschäftigten nicht oder weniger gefährlich sind.
(4) Der Arbeitgeber hat Gefährdungen der Gesundheit und der Sicherheit der Beschäftigten bei Tätigkeiten mit Gefahrstoffen auszuschließen. Ist dies nicht mög-

lich, hat er sie auf ein Minimum zu reduzieren. Diesen Geboten hat der Arbeitgeber durch die Festlegung und Anwendung geeigneter Schutzmaßnahmen Rechnung zu tragen. Dabei hat er folgende Rangfolge zu beachten:

1. Gestaltung geeigneter Verfahren und technischer Steuerungseinrichtungen von Verfahren, den Einsatz emissionsfreier oder emissionsarmer Verwendungsformen sowie Verwendung geeigneter Arbeitsmittel und Materialien nach dem Stand der Technik,
2. Anwendung kollektiver Schutzmaßnahmen technischer Art an der Gefahrenquelle, wie angemessene Be- und Entlüftung, und Anwendung geeigneter organisatorischer Maßnahmen,
3. sofern eine Gefährdung nicht durch Maßnahmen nach den Nummern 1 und 2 verhütet werden kann, Anwendung von individuellen Schutzmaßnahmen, die auch die Bereitstellung und Verwendung von persönlicher Schutzausrüstung umfassen.

(5) Beschäftigte müssen die bereitgestellte persönliche Schutzausrüstung verwenden, solange eine Gefährdung besteht. Die Verwendung von belastender persönlicher Schutzausrüstung darf keine Dauermaßnahme sein. Sie ist für jeden Beschäftigten auf das unbedingt erforderliche Minimum zu beschränken.

(6) Der Arbeitgeber stellt sicher, dass

1. die persönliche Schutzausrüstung an einem dafür vorgesehenen Ort sachgerecht aufbewahrt wird,
2. die persönliche Schutzausrüstung vor Gebrauch geprüft und nach Gebrauch gereinigt wird und
3. schadhafte persönliche Schutzausrüstung vor erneutem Gebrauch ausgebessert oder ausgetauscht wird.

(7) Der Arbeitgeber hat die Funktion und die Wirksamkeit der technischen Schutzmaßnahmen regelmäßig, mindestens jedoch jedes dritte Jahr, zu überprüfen. Das Ergebnis der Prüfungen ist aufzuzeichnen und vorzugsweise zusammen mit der Dokumentation nach § 6 Absatz 8 aufzubewahren.

(8) Der Arbeitgeber stellt sicher, dass folgende Grenzwerte eingehalten werden:

1. Arbeitsplatzgrenzwerte und
2. Grenzwerte in Anhang III der Richtlinie 2004/37/EG des Europäischen Parlaments und des Rates vom 29. April 2004 über den Schutz der Arbeitnehmer gegen Gefährdung durch Exposition gegenüber Karzinogenen, Mutagenen oder reproduktionstoxischen Stoffen bei der Arbeit (Sechste Einzelrichtlinie im Sinne von Artikel 16 Absatz 1 der Richtlinie 89/391/EWG des Rates) (kodifizierte Fassung) (ABl. L 158 vom 30.4.2004, S. 50; L 229 vom 29.6.2004, S. 23; L 204 vom 4.8.2007, S. 28), die zuletzt durch die Richtlinie (EU) 2022/431 vom 9. März 2022 (ABl. L 088 vom 16.3.2022, S. 1) geändert worden ist, in der jeweils geltenden Fassung und nach Ablauf der in der Richtlinie festgelegten Umsetzungsfrist.

Er hat die Einhaltung durch Arbeitsplatzmessungen oder durch andere geeignete Methoden zur Ermittlung der Exposition zu überprüfen. Ermittlungen sind auch durchzuführen, wenn sich die Bedingungen ändern, welche die Exposition der Beschäftigten beeinflussen können. Die Ermittlungsergebnisse sind aufzuzeichnen, aufzubewahren und den Beschäftigten und ihrer Vertretung zugänglich zu machen. Werden Tätigkeiten entsprechend einem verfahrens- und stoffspezifischen Kriterium ausgeübt, das nach § 20 Absatz 4 bekannt gegeben worden ist, kann der Arbeitgeber in der Regel davon ausgehen, dass die Arbeitsplatzgrenzwerte eingehalten werden; in diesem Fall findet Satz 2 keine Anwendung.

(8a) Kann eine Exposition am Arbeitsplatz anderenfalls nicht ausreichend beurteilt werden, können zum Zweck der Beurteilung der Exposition der Beschäftigten zur Erfüllung der Pflichten nach § 6 Absatz 1 Erkenntnisse aus dem Biomonitoring nach § 6 Absatz 2 der Verordnung zur arbeitsmedizinischen Vorsorge verwendet werden, sofern solche Erkenntnisse vorliegen. Soweit dies im Einzelfall erforderlich ist, können zu diesem Zweck auch personenbezogene Erkenntnisse verwendet werden. § 22 Absatz 2 des Bundesdatenschutzgesetzes gilt entsprechend.

(9) Sofern Tätigkeiten mit Gefahrstoffen ausgeübt werden, für die keine Grenzwerte oder Konzentrationen nach § 2 Absatz 8 bis 8b oder § 7 Absatz 8 Satz 1 Nummer 2 vorliegen, hat der Arbeitgeber regelmäßig die Wirksamkeit der ergriffenen technischen Schutzmaßnahmen durch geeignete Ermittlungsmethoden zu überprüfen, zu denen auch Arbeitsplatzmessungen gehören können.

(10) Wer Arbeitsplatzmessungen von Gefahrstoffen durchführt, muss fachkundig sein und über die erforderlichen Einrichtungen verfügen und wer geeignete Methoden zur Ermittlung der Exposition am Arbeitsplatz anwendet, muss ebenfalls fachkundig sein. Wenn ein Arbeitgeber eine für Messungen von Gefahrstoffen an Arbeitsplätzen akkreditierte Messstelle beauftragt, kann der Arbeitgeber in der Regel davon ausgehen, dass die von dieser Messstelle gewonnenen Erkenntnisse zutreffend sind.

(11) Der Arbeitgeber hat bei allen Ermittlungen und Messungen die nach § 20 Absatz 4 bekannt gegebenen Regeln und Erkenntnisse zu berücksichtigen.

Abschnitt 4
Schutzmaßnahmen

§ 8 Allgemeine Schutzmaßnahmen

(1) Der Arbeitgeber hat bei Tätigkeiten mit Gefahrstoffen die folgenden Schutzmaßnahmen zu ergreifen:

1. geeignete Gestaltung des Arbeitsplatzes und geeignete Arbeitsorganisation,
2. Bereitstellung geeigneter Arbeitsmittel für Tätigkeiten mit Gefahrstoffen und geeignete Wartungsverfahren zur Gewährleistung der Gesundheit und Sicherheit der Beschäftigten bei der Arbeit,
3. Begrenzung der Anzahl der Beschäftigten, die gegenüber Gefahrstoffen exponiert sind oder exponiert sein können,
4. Begrenzung der Dauer und der Höhe der Exposition,
5. angemessene Hygienemaßnahmen, insbesondere zur Vermeidung von Kontaminationen, und die regelmäßige Reinigung des Arbeitsplatzes,
6. Begrenzung der am Arbeitsplatz vorhandenen Gefahrstoffe auf die Menge, die für den Fortgang der Tätigkeiten erforderlich ist,
7. geeignete Arbeitsmethoden und Verfahren, welche die Gesundheit und Sicherheit der Beschäftigten nicht beeinträchtigen oder die Gefährdung so gering

wie möglich halten, einschließlich Vorkehrungen für die sichere Handhabung, Lagerung und Beförderung von Gefahrstoffen und von Abfällen, die Gefahrstoffe enthalten, am Arbeitsplatz.

(2) Der Arbeitgeber hat sicherzustellen, dass

1. alle verwendeten Stoffe und Gemische identifizierbar sind,
2. gefährliche Stoffe und Gemische innerbetrieblich mit einer Kennzeichnung versehen sind, die ausreichende Informationen über die Einstufung, über die Gefahren bei der Handhabung und über die zu beachtenden Sicherheitsmaßnahmen enthält; vorzugsweise ist eine Kennzeichnung zu wählen, die der Verordnung (EG) Nr. 1272/2008 entspricht,
3. Apparaturen und Rohrleitungen so gekennzeichnet sind, dass mindestens die enthaltenen Gefahrstoffe sowie die davon ausgehenden Gefahren eindeutig identifizierbar sind.

Kennzeichnungspflichten nach anderen Rechtsvorschriften bleiben unberührt. Solange der Arbeitgeber den Verpflichtungen nach Satz 1 nicht nachgekommen ist, darf er Tätigkeiten mit den dort genannten Stoffen und Gemischen nicht ausüben lassen. Satz 1 Nummer 2 gilt nicht für Stoffe, die für Forschungs- und Entwicklungszwecke oder für wissenschaftliche Lehrzwecke neu hergestellt worden sind und noch nicht geprüft werden konnten. Eine Exposition der Beschäftigten bei Tätigkeiten mit diesen Stoffen ist zu vermeiden.

(3) Der Arbeitgeber hat gemäß den Ergebnissen der Gefährdungsbeurteilung nach § 6 sicherzustellen, dass die Beschäftigten in Arbeitsbereichen, in denen sie gegenüber Gefahrstoffen exponiert sein können, keine Nahrungs- oder Genussmittel zu sich nehmen. Der Arbeitgeber hat hierfür vor Aufnahme der Tätigkeiten geeignete Bereiche einzurichten.

(4) Der Arbeitgeber hat sicherzustellen, dass durch Verwendung verschließbarer Behälter eine sichere Lagerung, Handhabung und Beförderung von Gefahrstoffen auch bei der Abfallentsorgung gewährleistet ist.

(5) Der Arbeitgeber hat sicherzustellen, dass Gefahrstoffe so aufbewahrt oder gelagert werden, dass sie weder die menschliche Gesundheit noch die Umwelt gefährden. Er hat dabei wirksame Vorkehrungen zu treffen, um Missbrauch oder Fehlgebrauch zu verhindern. Insbesondere dürfen Gefahrstoffe nicht in solchen Behältern aufbewahrt oder gelagert werden, durch deren Form oder Bezeichnung der Inhalt mit Lebensmitteln verwechselt werden kann. Sie dürfen nur übersichtlich geordnet und nicht in unmittelbarer Nähe von Arznei-, Lebens- oder Futtermitteln, einschließlich deren Zusatzstoffe, aufbewahrt oder gelagert werden. Bei der Aufbewahrung zur Abgabe oder zur sofortigen Verwendung muss eine Kennzeichnung nach Absatz 2 deutlich sichtbar und lesbar angebracht sein.

(6) Der Arbeitgeber hat sicherzustellen, dass Gefahrstoffe, die nicht mehr benötigt werden, und entleerte Behälter, die noch Reste von Gefahrstoffen enthalten können, sicher gehandhabt, vom Arbeitsplatz entfernt und sachgerecht gelagert oder entsorgt werden.

(7) Der Arbeitgeber hat sicherzustellen, dass Stoffe und Gemische, die als akut toxisch Kategorie 1, 2 oder 3 eingestuft sind, unter Verschluss oder so aufbewahrt oder gelagert werden, dass nur zuverlässige Personen Zugang haben, die fachkundig oder entsprechend tätigkeitsbezogen unterwiesen sind. Tätigkeiten mit

diesen Stoffen und Gemischen dürfen nur von fachkundigen oder entsprechend tätigkeitsbezogen unterwiesenen Personen ausgeführt werden. Satz 2 gilt auch für Tätigkeiten mit Stoffen und Gemischen, die als atemwegssensibilisierend eingestuft sind. Die Sätze 1 und 2 gelten nicht für Kraftstoffe an Tankstellen oder sonstigen Betankungseinrichtungen sowie für Stoffe und Gemische, die als akut toxisch Kategorie 3 eingestuft sind, sofern diese vormals nach der Richtlinie 67/548/EWG oder der Richtlinie 1999/45/EG als gesundheitsschädlich bewertet wurden. Hinsichtlich der Bewertung als gesundheitsschädlich sind die entsprechenden nach § 20 Absatz 4 Nummer 1 bekannt gegebenen Erkenntnisse zu berücksichtigen.
(8) Der Arbeitgeber hat bei Tätigkeiten mit Gefahrstoffen nach Anhang I Nummer 2 bis 5 sowohl die §§ 6 bis 18 als auch die betreffenden Vorschriften des Anhangs I Nummer 2 bis 5 zu beachten.

§ 9 Zusätzliche Schutzmaßnahmen

(1) Sind die allgemeinen Schutzmaßnahmen nach § 8 nicht ausreichend, um Gefährdungen durch Einatmen, Aufnahme über die Haut oder Verschlucken entgegenzuwirken, hat der Arbeitgeber zusätzlich diejenigen Maßnahmen nach den Absätzen 2 bis 7 zu ergreifen, die auf Grund der Gefährdungsbeurteilung nach § 6 erforderlich sind. Dies gilt insbesondere, wenn

1. Arbeitsplatzgrenzwerte oder biologische Grenzwerte überschritten werden,
2. bei hautresorptiven oder haut- oder augenschädigenden Gefahrstoffen eine Gefährdung durch Haut- oder Augenkontakt besteht oder
3. bei Gefahrstoffen ohne Arbeitsplatzgrenzwert und ohne biologischen Grenzwert eine Gefährdung auf Grund der ihnen zugeordneten Gefahrenklasse nach § 3 und der inhalativen Exposition angenommen werden kann.

(2) Der Arbeitgeber hat sicherzustellen, dass Gefahrstoffe in einem geschlossenen System hergestellt und verwendet werden, wenn

1. die Substitution der Gefahrstoffe nach § 7 Absatz 3 durch solche Stoffe, Gemische, Erzeugnisse oder Verfahren, die bei ihrer Verwendung nicht oder weniger gefährlich für die Gesundheit und Sicherheit sind, technisch nicht möglich ist und
2. eine erhöhte Gefährdung der Beschäftigten durch inhalative Exposition gegenüber diesen Gefahrstoffen besteht.

Ist die Anwendung eines geschlossenen Systems technisch nicht möglich, so hat der Arbeitgeber dafür zu sorgen, dass die Exposition der Beschäftigten nach dem Stand der Technik und unter Beachtung von § 7 Absatz 4 so weit wie möglich verringert wird.
(3) Bei Überschreitung eines Arbeitsplatzgrenzwerts muss der Arbeitgeber unverzüglich die Gefährdungsbeurteilung nach § 6 erneut durchführen und geeignete zusätzliche Schutzmaßnahmen ergreifen, um den Arbeitsplatzgrenzwert einzuhalten. Wird trotz Ausschöpfung aller technischen und organisatorischen Schutzmaßnahmen der Arbeitsplatzgrenzwert nicht eingehalten, hat der Arbeitgeber unverzüglich persönliche Schutzausrüstung bereitzustellen. Dies gilt insbesondere für Abbruch-, Sanierungs- und Instandhaltungsarbeiten.

(4) Besteht trotz Ausschöpfung aller technischen und organisatorischen Schutzmaßnahmen bei hautresorptiven, haut- oder augenschädigenden Gefahrstoffen eine Gefährdung durch Haut- oder Augenkontakt, hat der Arbeitgeber unverzüglich persönliche Schutzausrüstung bereitzustellen.
(5) Der Arbeitgeber hat getrennte Aufbewahrungsmöglichkeiten für die Arbeits- oder Schutzkleidung einerseits und die Straßenkleidung andererseits zur Verfügung zu stellen. Der Arbeitgeber hat die durch Gefahrstoffe verunreinigte Arbeitskleidung zu reinigen.
(6) Der Arbeitgeber hat geeignete Maßnahmen zu ergreifen, die gewährleisten, dass Arbeitsbereiche, in denen eine erhöhte Gefährdung der Beschäftigten besteht, nur den Beschäftigten zugänglich sind, die sie zur Ausübung ihrer Arbeit oder zur Durchführung bestimmter Aufgaben betreten müssen.
(7) Wenn Tätigkeiten mit Gefahrstoffen von einer oder einem Beschäftigten allein ausgeübt werden, hat der Arbeitgeber zusätzliche Schutzmaßnahmen zu ergreifen oder eine angemessene Aufsicht zu gewährleisten. Dies kann auch durch den Einsatz technischer Mittel sichergestellt werden.

§ 10 Besondere Schutzmaßnahmen bei Tätigkeiten mit krebserzeugenden, keimzellmutagenen oder reproduktionstoxischen Gefahrstoffen der Kategorie 1A oder 1B

(1) Der Arbeitgeber hat sicherzustellen, dass krebserzeugende, keimzellmutagene oder reproduktionstoxische Gefahrstoffe der Kategorie 1A oder 1B in einem geschlossenen System hergestellt und verwendet werden, wenn eine Substitution der Gefahrstoffe technisch nicht möglich ist. Ist die Anwendung eines geschlossenen Systems technisch nicht möglich, hat der Arbeitgeber die Exposition der Beschäftigten nach dem Stand der Technik zu minimieren. Dabei hat er die Absätze 2 bis 6 zu beachten. Schutzmaßnahmen sind dabei umso dringlicher zu ergreifen, je höher die Exposition der Beschäftigten ist. Die Herstellungs- und Verwendungsbeschränkungen nach Anhang II Nummer 6 sind zu beachten. Für Tätigkeiten mit Asbest gelten die speziellen Anforderungen nach § 11a in Verbindung mit Anhang I Nummer 3.
(2) Der Arbeitgeber hat
1. die Exposition der Beschäftigten durch Arbeitsplatzmessungen oder durch andere geeignete Ermittlungsmethoden zu bestimmen, auch um erhöhte Expositionen infolge eines unvorhersehbaren Ereignisses oder eines Unfalls schnell erkennen zu können,
2. die Arbeitsbereiche abzugrenzen, in denen Beschäftigte gegenüber diesen Gefahrstoffen exponiert werden oder exponiert werden können, und die erforderlichen Sicherheitszeichen einschließlich der Verbotszeichen »Zutritt für Unbefugte verboten« und »Rauchen verboten« anzubringen; dabei richtet sich die Auswahl der Sicherheitskennzeichnung nach Anhang II Nummer 3.1 der Richtlinie 92/58/EWG des Rates vom 24. Juni 1992 über Mindestvorschriften für die Sicherheits- und/oder Gesundheitsschutzkennzeichnung am Arbeitsplatz (Neunte Einzelrichtlinie im Sinne von Artikel 16 Absatz 1 der Richtlinie

89/391/EWG) (ABl. L 245 vom 26. 8. 1992, S. 23), die zuletzt durch die Verordnung (EU) 2019/1243 (ABl. L 198 vom 25. 7. 2017, S. 241) geändert worden ist,
3. sicherzustellen, dass die nach Nummer 2 gekennzeichneten Arbeitsbereiche nur den Beschäftigten zugänglich sind, die sie zur Ausübung ihrer Arbeit oder zur Durchführung bestimmter Aufgaben betreten müssen,
4. sicherzustellen, dass die Beschäftigten nach Nummer 3 fachkundig oder entsprechend tätigkeitsbezogen unterwiesen sind,
5. sicherzustellen, dass die in einem nach Nummer 2 gekennzeichneten Arbeitsbereich abgesaugte Luft nicht in den Arbeitsbereich zurückgeführt wird.

Satz 1 Nummer 2 und 4 gilt nicht für Tätigkeiten, für die nach § 20 Absatz 4 ein Arbeitsplatzgrenzwert bekannt gegeben wurde, wenn dieser Wert eingehalten wird. Satz 1 Nummer 5 gilt nicht, wenn die abgesaugte Luft unter Berücksichtigung der nach § 20 Absatz 4 bekannt gegebenen Regeln und Erkenntnisse sowie unter Anwendung von behördlich oder von den Trägern der gesetzlichen Unfallversicherung anerkannten Verfahren oder Geräten ausreichend von solchen Gefahrstoffen gereinigt ist und die Luft dabei so geführt oder gereinigt wird, dass die Gefahrstoffe nicht in die Atemluft von Beschäftigten in anderen Arbeitsbereichen gelangen.

(3) Kann der Arbeitsplatzgrenzwert oder der Grenzwert nach § 7 Absatz 8 Satz 1 Nummer 2 nicht eingehalten werden oder liegen Tätigkeiten im Bereich mittleren Risikos vor oder ist bei Gefahrstoffen ohne Arbeitsplatzgrenzwert, Akzeptanzkonzentration oder Grenzwert nach § 7 Absatz 8 Satz 1 Nummer 2 die Exposition der Beschäftigten wesentlich erhöht, so hat der Arbeitgeber
1. die Expositionsdauer der Beschäftigten so weit wie möglich zu verkürzen und
2. den Beschäftigten geeigneten Atemschutz zur Verfügung zu stellen.

Der Arbeitgeber hat bei der Festlegung dieser Maßnahmen die Beschäftigten oder deren Vertretung in geeigneter Form zu beteiligen.

(4) Der Arbeitgeber hat im Rahmen der Gefährdungsbeurteilung nach § 6 festzulegen, bei welchen Tätigkeiten Beschäftigte persönliche Schutzausrüstung tragen müssen. Dies ist insbesondere der Fall
1. bei Überschreitung des Arbeitsplatzgrenzwerts oder bei Tätigkeiten im Bereich hohen Risikos,
2. bei einer wesentlich erhöhten Exposition gegenüber Gefahrstoffen ohne Arbeitsplatzgrenzwert oder Toleranzkonzentration oder
3. bei Tätigkeiten im Bereich mittleren Risikos beim Auftreten von Expositionsspitzen.

(5) Kann bei Tätigkeiten mit krebserzeugenden oder keimzellmutagenen Gefahrstoffen der Kategorie 1A oder 1B trotz Ausschöpfung der technischen Schutzmaßnahmen der Arbeitsplatzgrenzwert nicht eingehalten werden oder werden Tätigkeiten im Bereich mittleren Risikos ausgeübt, hat der Arbeitgeber unverzüglich einen Maßnahmenplan zu erstellen. In dem Maßnahmenplan ist darzulegen, wie das Ziel erreicht werden soll, den Arbeitsplatzgrenzwert einzuhalten oder in den Bereich niedrigen Risikos zu gelangen. Dabei sind aufzuführen:
1. die vorgesehenen Maßnahmen,
2. die angestrebte Expositionsminderung sowie
3. der geplante Zeitrahmen.

Der Maßnahmenplan ist zusammen mit der Dokumentation der Gefährdungsbeurteilung nach § 6 Absatz 8 aufzubewahren.
(6) Kann auch bei Umsetzung des Maßnahmenplans nach Absatz 5 bei Tätigkeiten mit krebserzeugenden oder keimzellmutagenen Gefahrstoffen der Kategorie 1A oder 1B der Arbeitsplatzgrenzwert nicht eingehalten werden oder werden Tätigkeiten im Bereich hohen Risikos ausgeübt, hat der Arbeitgeber sicherzustellen, dass diese Tätigkeiten nur nach einer nach § 20 Absatz 4 bekannt gegebenen Regel ausgeübt werden.

§ 10a Besondere Aufzeichnungs-, Mitteilungs- und Unterrichtungspflichten bei Tätigkeiten mit krebserzeugenden, keimzellmutagenen oder reproduktionstoxischen Gefahrstoffen der Kategorie 1A oder 1B

(1) Um im Falle einer späteren Erkrankung die Höhe und die Dauer einer Exposition nachvollziehen zu können, hat der Arbeitgeber ein Verzeichnis über die Beschäftigten zu führen, die solche Tätigkeiten mit krebserzeugenden, keimzellmutagenen oder reproduktionstoxischen Gefahrstoffen der Kategorie 1A oder 1B ausüben, bei denen die Gefährdungsbeurteilung eine Gefährdung ihrer Gesundheit ergibt. In dem Verzeichnis sind die Tätigkeit sowie die Höhe und die Dauer der Exposition der Beschäftigten anzugeben. § 22 Absatz 2 des Bundesdatenschutzgesetzes gilt entsprechend.
(2) Das Verzeichnis ist während der Dauer der Exposition stets aktuell zu halten und für mindestens folgende Zeiträume nach Ende der Exposition aufzubewahren:
1. bei Tätigkeiten mit krebserzeugenden oder keimzellmutagenen Gefahrstoffen der Kategorie 1A oder 1B 40 Jahre oder
2. bei Tätigkeiten mit reproduktionstoxischen Gefahrstoffen der Kategorie 1A oder 1B fünf Jahre.

Bei Beendigung des Beschäftigungsverhältnisses hat der Arbeitgeber den Beschäftigten einen Auszug aus dem Verzeichnis auszuhändigen, der die sie betreffenden Angaben enthält. Der Arbeitgeber hat einen Nachweis über die Aushändigung wie Personalunterlagen aufzubewahren.
(3) Der Arbeitgeber kann seinen Pflichten nach Absatz 2 auch dadurch nachkommen, dass er die in Absatz 1 Satz 2 genannten Daten an den für den Beschäftigten zuständigen Unfallversicherungsträger oder einen Verband der Unfallversicherungsträger übermittelt.
(4) Der Arbeitgeber hat den Zugang zu den Daten des Verzeichnisses nach Absatz 1 zu ermöglichen
1. der Ärztin oder dem Arzt nach § 7 Absatz 1 der Verordnung zur arbeitsmedizinischen Vorsorge zur Erfüllung der Pflichten nach § 6 der Verordnung zur arbeitsmedizinischen Vorsorge sowie der zuständigen Behörde zum Zweck der Überwachung,
2. den betroffenen Beschäftigten, soweit die Daten sie betreffen,
3. der Vertretung der Beschäftigten, soweit es sich um nicht personenbezogene Daten handelt.

(5) Der Arbeitgeber hat der zuständigen Behörde Tätigkeiten mit krebserzeugenden oder keimzellmutagenen Gefahrstoffen der Kategorie 1A oder 1B, bei denen der Arbeitsplatzgrenzwert nicht eingehalten wird oder die im Bereich hohen Risikos ausgeübt werden, unter Angabe der ermittelten Exposition schriftlich oder elektronisch innerhalb einer Frist von zwei Monaten nach Aufnahme der Tätigkeit mitzuteilen. Der Mitteilung ist ein Maßnahmenplan nach § 10 Absatz 5 beizufügen. Die Behörde kann verlangen, dass ihr die Mitteilung elektronisch übermittelt wird, wenn sie hierfür ein Format zur Verfügung stellt. Die Sätze 1 bis 3 gelten nicht für Tätigkeiten mit Asbest, die nach § 11a Absatz 4 in Verbindung mit Anhang I Nummer 3.5 Absatz 3 Nummer 2 angezeigt wurden.

(6) Der Arbeitgeber hat bei Tätigkeiten mit krebserzeugenden, keimzellmutagenen oder reproduktionstoxischen Gefahrstoffen der Kategorie 1A oder 1B sicherzustellen, dass

1. die Beschäftigten und ihre Vertretung nachprüfen können, ob die Bestimmungen dieser Verordnung eingehalten werden, insbesondere in Bezug auf
   a) durchzuführende Maßnahmen nach § 10 Absatz 4,
   b) die Auswahl und Verwendung der persönlichen Schutzausrüstung und die damit verbundenen Belastungen der Beschäftigten,
2. die Beschäftigten und ihre Vertretung bei einer unvorhergesehenen Exposition oder bei einem Unfall unverzüglich unterrichtet und über die Ursachen sowie über die bereits ergriffenen oder noch zu ergreifenden Maßnahmen informiert werden.

§ 11 Verwendungs- und Tätigkeitsbeschränkungen für Asbest

(1) Verboten sind:

1. die Gewinnung, Aufbereitung, Weiterverarbeitung und Wiederverwendung natürlich vorkommender mineralischer Rohstoffe und daraus hergestellter Gemische und Erzeugnisse mit einem Asbest-Massengehalt von mehr als 0,1 Prozent,
2. die weitere Verwendung asbesthaltiger Materialien, denen Asbest absichtlich zugesetzt wurde und die bei Tätigkeiten anfallen, zu anderen Zwecken als der Abfallbehandlung oder Abfallentsorgung, und
3. Tätigkeiten an asbesthaltigen Materialien in oder an baulichen oder technischen Anlagen, einschließlich Geräten, Maschinen, Fahrzeugen und sonstigen Erzeugnissen.

Die in § 17 Absatz 1 genannten Ausnahmen von Beschränkungen und die Regelungen des Abfallrechts bleiben unberührt.

(2) Ausgenommen von den Verboten sind:

1. das vollständige Entfernen asbesthaltiger Bauteile oder Materialien aus baulichen oder technischen Anlagen, einschließlich Geräten, Maschinen, Fahrzeugen und sonstigen Erzeugnissen sowie von Teilflächen oder aus Teilbereichen dieser Anlagen, einschließlich Geräten, Maschinen, Fahrzeugen und sonstigen Erzeugnissen (Abbrucharbeiten),
2. folgende Sanierungsarbeiten:

a) Maßnahmen zur Vermeidung von Gefährdungen der Nutzer von Gebäuden durch asbesthaltige Stäube mittels räumlicher Trennung des asbesthaltigen Materials, sofern ein vollständiges Entfernen aus technischen Gründen nicht möglich ist, und
b) Sofortmaßnahmen zur vorläufigen Sicherung beschädigter asbesthaltiger Bauteile oder Materialien, sofern ein vollständiges Entfernen nicht sofort möglich ist, aber unverzüglich eingeleitet wird,

3. folgende Instandhaltungsarbeiten:
a) die Wartung und Inspektion asbesthaltiger Bauteile oder Materialien in oder an baulichen oder technischen Anlagen, einschließlich Geräten, Maschinen, Fahrzeugen und sonstigen Erzeugnissen sowie
b) Tätigkeiten zur funktionalen Instandhaltung baulicher Anlagen, die im Rahmen der laufenden Nutzung erforderlich sind, soweit mit diesen Tätigkeiten keine Instandsetzung asbesthaltiger Materialien verbunden ist; die funktionale Instandhaltung erfasst auch die Anpassung an den Stand der Bautechnik; dies umfasst auch Maßnahmen zur energetischen Sanierung,
4. Tätigkeiten, die im Rahmen von Abbruch-, Sanierungs- oder Instandhaltungsarbeiten als vorbereitende, begleitende oder abschließende Tätigkeiten erforderlich sind oder
5. Tätigkeiten zu Forschungs-, Entwicklungs-, Analyse-, Mess- und Prüfzwecken.

(3) Die Ausnahmen nach Absatz 2 gelten nicht für
1. feste Überdeckung oder Überbauung oder Aufständerung an Asbestzementdächern, Asbestzement-Wand- und Deckenverkleidungen, asbesthaltigen Bodenbelägen und
2. Reinigungs- und Beschichtungsarbeiten an nicht vollflächig beschichteten Asbestzementdächern und Außenwandverkleidungen aus Asbestzement.

(4) Die räumliche Trennung nach Absatz 2 Nummer 2 Buchstabe a ist nur zulässig, wenn sie nach den in § 20 Absatz 4 Nummer 1 bekannt gegebenen Regeln und Erkenntnissen gekennzeichnet wird und wenn dokumentiert wird, in oder an welchem Bauteil asbesthaltige Materialien verbleiben.

(5) Instandhaltungsarbeiten nach Absatz 2 Nummer 3 sind nur zulässig, wenn
1. keine Tätigkeiten im Bereich hohen Risikos ausgeübt werden,
2. das Ende der Nutzungsdauer des asbesthaltigen Materials nicht erreicht ist; dies ist der Fall, wenn das asbesthaltige Material seine ursprüngliche Funktion noch erfüllt,
3. das Vorhandensein asbesthaltiger Materialien nicht in einer Form kaschiert wird, die ein späteres Erkennen verhindern oder erheblich erschweren würde, und
4. ein späteres vollständiges Entfernen des asbesthaltigen Materials durch die Tätigkeit nicht erheblich erschwert wird.

(6) Die Möglichkeit einer Ausnahme nach § 19 Absatz 1 gilt nicht für Tätigkeiten nach Absatz 1 Nummer 1 und 2 sowie nach Absatz 3.

(7) Die Absätze 1 bis 5 gelten auch für private Haushalte. Führen private Haushalte die nach den Absätzen 1 bis 5 zulässigen Tätigkeiten durch, so sind sie verpflichtet, die Entstehung, Freisetzung und Ausbreitung von Asbestfasern und von potenziell

asbestfaserhaltigem Staub so weit wie möglich zu verhindern und im Übrigen zu minimieren.

§ 11a Anforderungen an Tätigkeiten mit Asbest

(1) Der Arbeitgeber hat im Rahmen der Gefährdungsbeurteilung nach § 6 vor Aufnahme der Tätigkeit

1. die ihm nach § 5a Absatz 1 und 2 zur Verfügung gestellten Informationen auf Plausibilität zu prüfen und zu berücksichtigen,
2. das Datum des Baubeginns oder des Baujahres nach § 5a Absatz 2 zu berücksichtigen,
3. festzustellen, ob die auszuführenden Tätigkeiten nach § 11 oder § 17 Absatz 1 zulässig sind,
4. festzustellen, ob die Tätigkeiten zu einer Freisetzung von Asbestfasern führen können,
5. zu ermitteln, ob unter Berücksichtigung der vorgesehenen Schutzmaßnahmen Tätigkeiten im Bereich niedrigen, mittleren oder hohen Risikos ausgeübt werden sollen, und
6. einen Arbeitsplan nach Anhang I Nummer 3.2 zu erstellen.

Wenn gemäß Satz 1 Nummer 2 mit dem Bau des Objekts nach dem 31. Oktober 1993 begonnen wurde, kann in der Regel vermutet werden, dass kein Asbest vorhanden ist. Abweichend von dem in Satz 2 genannten Stichtag gelten für bestimmte asbesthaltige Stoffe, Zubereitungen oder Erzeugnisse andere Übergangsfristen, die in Anhang I Nummer 3.8 aufgeführt sind. Der Arbeitgeber darf Tätigkeiten mit Asbest nur durchführen lassen, wenn diese nach § 11 Absatz 1 bis 5, § 17 Absatz 1 oder § 19 Absatz 1 Satz 1 zulässig sind.

(2) Der Arbeitgeber darf Tätigkeiten mit Asbest nur durchführen lassen, wenn der Betrieb über die erforderliche sicherheitstechnische, organisatorische und personelle Ausstattung verfügt. Der Arbeitgeber hat vorrangig Arbeitsverfahren anzuwenden und technische Schutzmaßnahmen zu treffen, durch die eine Freisetzung von Asbestfasern verhindert oder minimiert wird. Der Arbeitgeber hat risikobezogen Schutzmaßnahmen nach Anhang I Nummer 3.3 festzulegen und umzusetzen, dabei sind die nach § 20 Absatz 4 bekannt gegebenen Regeln zu berücksichtigen. Der Arbeitgeber hat Maßnahmen zu treffen, durch die eine Gefährdung anderer Personen ausgeschlossen wird.

(3) Betriebe bedürfen einer Zulassung durch die zuständige Behörde, wenn Tätigkeiten im Bereich hohen Risikos ausgeübt werden sollen. Der Arbeitgeber hat die Zulassung nach Anhang I Nummer 3.4 schriftlich oder elektronisch zu beantragen. Die Zulassung wird für einen Zeitraum von maximal sechs Jahren erteilt. Sie kann mit Auflagen sowie mit dem Vorbehalt des Widerrufs erteilt werden. Auflagen können nachträglich angeordnet werden.

(4) Der Arbeitgeber hat Tätigkeiten mit Asbest spätestens eine Woche vor Beginn der Tätigkeiten bei der zuständigen Behörde schriftlich oder elektronisch nach Anhang I Nummer 3.5 anzuzeigen. Art und Umfang der Anzeige sind abhängig vom Risikobereich der Tätigkeiten. Die zuständige Behörde kann in begründeten Fällen auf die Einhaltung der Frist verzichten. Sie kann verlangen, dass ihr die Anzeige

elektronisch übermittelt wird, wenn sie hierfür ein Format zur Verfügung stellt. Der Arbeitgeber hat den Beschäftigten und ihrer Vertretung Einsicht in die Anzeige zu gewähren.

(5) Der Arbeitgeber hat bei Tätigkeiten mit Asbest sicherzustellen, dass

1. die Ermittlung und Beurteilung der Gefährdungen, die Festlegung der erforderlichen Schutzmaßnahmen sowie die Durchführung der Unterweisungen durch eine Person erfolgt, die über eine Sachkunde nach Anhang I Nummer 3.7 verfügt; verfügt der Arbeitgeber nicht selbst über die erforderliche Sachkunde, so hat er zur Erfüllung dieser Aufgaben eine sachkundige verantwortliche Person im Betrieb zu benennen,
2. die Tätigkeiten von einer weisungsbefugten Person beaufsichtigt werden, die über eine Sachkunde nach Anhang I Nummer 3.7 verfügt; diese aufsichtführende Person muss während der Durchführung der Tätigkeiten ständig vor Ort anwesend sein,
3. die Tätigkeiten nur von Beschäftigten ausgeübt werden, die über eine Fachkunde nach Anhang I Nummer 3.6 verfügen.

Die Anforderungen an die Sachkunde nach Satz 1 Nummer 1 und 2 sind abhängig von den im Betrieb zu erfüllenden Aufgaben und dem Risikobereich der auszuführenden Tätigkeiten. Bei der Anwendung anerkannter emissionsarmer Verfahren kann die erforderliche Qualifikation der aufsichtführenden Person durch die Teilnahme an einer spezifischen praxisbezogenen Fortbildungsmaßnahme nach Anhang I Nummer 3.6 Absatz 2 erworben werden.

(6) Auf Tätigkeiten mit einer Exposition unterhalb 1000 Fasern je Kubikmeter sind die Absätze 1 bis 5 nicht anzuwenden. Bei diesen Tätigkeiten sind staubmindernde Maßnahmen nach Anhang I Nummer 2.3 zu ergreifen.

§ 12 Besondere Schutzmaßnahmen gegen physikalisch-chemische Einwirkungen, insbesondere gegen Brand- und Explosionsgefährdungen

(1) Der Arbeitgeber hat auf der Grundlage der Gefährdungsbeurteilung Maßnahmen zum Schutz der Beschäftigten und anderer Personen vor physikalisch-chemischen Einwirkungen zu ergreifen. Er hat die Maßnahmen so festzulegen, dass die Gefährdungen vermieden oder so weit wie möglich verringert werden. Dies gilt insbesondere bei Tätigkeiten einschließlich Lagerung, bei denen es zu Brand- und Explosionsgefährdungen kommen kann. Dabei hat der Arbeitgeber Anhang I Nummer 1 und 5 zu beachten. Die Vorschriften des Sprengstoffgesetzes und der darauf gestützten Rechtsvorschriften bleiben unberührt.

(2) Zur Vermeidung von Brand- und Explosionsgefährdungen hat der Arbeitgeber Maßnahmen nach folgender Rangfolge zu ergreifen:

1. gefährliche Mengen oder Konzentrationen von Gefahrstoffen, die zu Brand- oder Explosionsgefährdungen führen können, sind zu vermeiden,
2. Zündquellen oder Bedingungen, die Brände oder Explosionen auslösen können, sind zu vermeiden,

3. schädliche Auswirkungen von Bränden oder Explosionen auf die Gesundheit und Sicherheit der Beschäftigten und anderer Personen sind so weit wie möglich zu verringern.

(3) Arbeitsbereiche, Arbeitsplätze, Arbeitsmittel und deren Verbindungen untereinander müssen so konstruiert, errichtet, zusammengebaut, installiert, verwendet und instand gehalten werden, dass keine Brand- und Explosionsgefährdungen auftreten.

(4) Bei Tätigkeiten mit organischen Peroxiden hat der Arbeitgeber über die Bestimmungen der Absätze 1 und 2 sowie des Anhangs I Nummer 1 hinaus insbesondere Maßnahmen zu treffen, die die

1. Gefahr einer unbeabsichtigten Explosion minimieren und
2. Auswirkungen von Bränden und Explosionen beschränken.

Dabei hat der Arbeitgeber Anhang III zu beachten.

§ 13 Betriebsstörungen, Unfälle und Notfälle

(1) Um die Gesundheit und die Sicherheit der Beschäftigten bei Betriebsstörungen, Unfällen oder Notfällen zu schützen, hat der Arbeitgeber rechtzeitig die Notfallmaßnahmen festzulegen, die beim Eintreten eines derartigen Ereignisses zu ergreifen sind. Dies schließt die Bereitstellung angemessener Erste-Hilfe-Einrichtungen und die Durchführung von Sicherheitsübungen in regelmäßigen Abständen ein.

(2) Tritt eines der in Absatz 1 Satz 1 genannten Ereignisse ein, so hat der Arbeitgeber unverzüglich die gemäß Absatz 1 festgelegten Maßnahmen zu ergreifen, um

1. betroffene Beschäftigte über die durch das Ereignis hervorgerufene Gefahrensituation im Betrieb zu informieren,
2. die Auswirkungen des Ereignisses zu mindern und
3. wieder einen normalen Betriebsablauf herbeizuführen.

Neben den Rettungskräften dürfen nur die Beschäftigten im Gefahrenbereich verbleiben, die Tätigkeiten zur Erreichung der Ziele nach Satz 1 Nummer 2 und 3 ausüben.

(3) Der Arbeitgeber hat Beschäftigten, die im Gefahrenbereich tätig werden, vor Aufnahme ihrer Tätigkeit geeignete Schutzkleidung und persönliche Schutzausrüstung sowie gegebenenfalls erforderliche spezielle Sicherheitseinrichtungen und besondere Arbeitsmittel zur Verfügung zu stellen. Im Gefahrenbereich müssen die Beschäftigten die Schutzkleidung und die persönlicheSchutzausrüstung für die Dauer des nicht bestimmungsgemäßen Betriebsablaufs verwenden. Die Verwendung belastender persönlicher Schutzausrüstung muss für die einzelnen Beschäftigten zeitlich begrenzt sein. Ungeschützte und unbefugte Personen dürfen sich nicht im festzulegenden Gefahrenbereich aufhalten.

(4) Der Arbeitgeber hat Warn- und sonstige Kommunikationssysteme, die eine erhöhte Gefährdung der Gesundheit und Sicherheit anzeigen, zur Verfügung zu stellen, so dass eine angemessene Reaktion möglich ist und unverzüglich Abhilfemaßnahmen sowie Hilfs-, Evakuierungs- und Rettungsmaßnahmen eingeleitet werden können.

(5) Der Arbeitgeber hat sicherzustellen, dass Informationen über Maßnahmen bei Notfällen mit Gefahrstoffen zur Verfügung stehen. Die zuständigen innerbetrieb-

lichen und betriebsfremden Unfall- und Notfalldienste müssen Zugang zu diesen Informationen erhalten. Zu diesen Informationen zählen:

1. eine Vorabmitteilung über einschlägige Gefahren bei der Arbeit, über Maßnahmen zur Feststellung von Gefahren sowie über Vorsichtsmaßregeln und Verfahren, damit die Notfalldienste ihre eigenen Abhilfe- und Sicherheitsmaßnahmen vorbereiten können,
2. alle verfügbaren Informationen über spezifische Gefahren, die bei einem Unfall oder Notfall auftreten oder auftreten können, einschließlich der Informationen über die Verfahren nach den Absätzen 1 bis 4.

§ 14 Unterrichtung und Unterweisung der Beschäftigten

(1) Der Arbeitgeber hat sicherzustellen, dass den Beschäftigten eine schriftliche Betriebsanweisung, die der Gefährdungsbeurteilung nach § 6 Rechnung trägt, in einer für die Beschäftigten verständlichen Form und Sprache zugänglich gemacht wird. Die Betriebsanweisung muss mindestens Folgendes enthalten:

1. Informationen über die am Arbeitsplatz vorhandenen oder entstehenden Gefahrstoffe, wie beispielsweise die Bezeichnung der Gefahrstoffe, ihre Kennzeichnung sowie mögliche Gefährdungen der Gesundheit und der Sicherheit,
2. Informationen über angemessene Vorsichtsmaßregeln und Maßnahmen, die die Beschäftigten zu ihrem eigenen Schutz und zum Schutz der anderen Beschäftigten am Arbeitsplatz durchzuführen haben; dazu gehören insbesondere
   a) Hygienevorschriften,
   b) Informationen über Maßnahmen, die zur Verhütung einer Exposition zu ergreifen sind,
   c) Informationen zum Tragen und Verwenden von persönlicher Schutzausrüstung und Schutzkleidung,
3. Informationen über Maßnahmen, die bei Betriebsstörungen, Unfällen und Notfällen und zur Verhütung dieser von den Beschäftigten, insbesondere von Rettungsmannschaften, durchzuführen sind.

Die Betriebsanweisung muss bei jeder maßgeblichen Veränderung der Arbeitsbedingungen aktualisiert werden. Der Arbeitgeber hat ferner sicherzustellen, dass die Beschäftigten

1. Zugang haben zu allen Informationen nach Artikel 35 der Verordnung (EG) Nr. 1907/2006 über die Stoffe und Gemische, mit denen sie Tätigkeiten ausüben, insbesondere zu Sicherheitsdatenblättern, und
2. über Methoden und Verfahren unterrichtet werden, die bei der Verwendung von Gefahrstoffen zum Schutz der Beschäftigten angewendet werden müssen.

(2) Der Arbeitgeber hat sicherzustellen, dass die Beschäftigten anhand der Betriebsanweisung nach Absatz 1 über alle auftretenden Gefährdungen und entsprechende Schutzmaßnahmen mündlich unterwiesen werden. Teil dieser Unterweisung ist ferner eine allgemeine arbeitsmedizinisch-toxikologische Beratung. Diese dient auch zur Information der Beschäftigten über die Voraussetzungen, unter denen sie Anspruch auf arbeitsmedizinische Vorsorgeuntersuchungen nach der Verordnung zur arbeitsmedizinischen Vorsorge haben, und über den Zweck dieser Vorsorgeuntersuchungen. Die Beratung ist unter Beteiligung der Ärztin oder

des Arztes nach § 7 Absatz 1 der Verordnung zur arbeitsmedizinischen Vorsorge durchzuführen, falls dies erforderlich sein sollte. Die Unterweisung muss vor Aufnahme der Beschäftigung und danach mindestens jährlich arbeitsplatzbezogen durchgeführt werden. Sie muss in für die Beschäftigten verständlicher Form und Sprache erfolgen. Inhalt und Zeitpunkt der Unterweisung sind schriftlich festzuhalten und von den Unterwiesenen durch Unterschrift zu bestätigen.

§ 15 Zusammenarbeit verschiedener Firmen

(1) Sollen in einem Betrieb Fremdfirmen Tätigkeiten mit Gefahrstoffen ausüben, hat der Arbeitgeber als Auftraggeber sicherzustellen, dass nur solche Fremdfirmen herangezogen werden, die über die Fachkenntnisse und Erfahrungen verfügen, die für diese Tätigkeiten erforderlich sind. Der Arbeitgeber als Auftraggeber hat die Fremdfirmen über Gefahrenquellen und spezifische Verhaltensregeln zu informieren.
(2) Kann bei Tätigkeiten von Beschäftigten eines Arbeitgebers eine Gefährdung von Beschäftigten anderer Arbeitgeber durch Gefahrstoffe nicht ausgeschlossen werden, so haben alle betroffenen Arbeitgeber bei der Durchführung ihrer Gefährdungsbeurteilungen nach § 6 zusammenzuwirken und die Schutzmaßnahmen abzustimmen. Dies ist zu dokumentieren. Die Arbeitgeber haben dabei sicherzustellen, dass Gefährdungen der Beschäftigten aller beteiligten Unternehmen durch Gefahrstoffe wirksam begegnet wird.
(3) Jeder Arbeitgeber ist dafür verantwortlich, dass seine Beschäftigten die gemeinsam festgelegten Schutzmaßnahmen anwenden.
(4) Besteht bei Tätigkeiten von Beschäftigten eines Arbeitgebers eine erhöhte Gefährdung von Beschäftigten anderer Arbeitgeber durch Gefahrstoffe, ist durch die beteiligten Arbeitgeber ein Koordinator zu bestellen. Wurde ein Koordinator nach den Bestimmungen der Baustellenverordnung vom 10. Juni 1998 (BGBl. I S. 1283), die durch Artikel 15 der Verordnung vom 23. Dezember 2004 (BGBl. I S. 3758) geändert worden ist, bestellt, gilt die Pflicht nach Satz 1 als erfüllt. Dem Koordinator sind von den beteiligten Arbeitgebern alle erforderlichen sicherheitsrelevanten Informationen sowie Informationen zu den festgelegten Schutzmaßnahmen zur Verfügung zu stellen. Die Bestellung eines Koordinators entbindet die Arbeitgeber nicht von ihrer Verantwortung nach dieser Verordnung.

Abschnitt 4a
Anforderungen an die Verwendung von Biozid-Produkten einschließlich der Begasung sowie an Begasungen mit Pflanzenschutzmitteln

§ 15a Verwendungsbeschränkungen

(1) Biozid-Produkte dürfen nicht verwendet werden, soweit damit zu rechnen ist, dass ihre Verwendung im einzelnen Anwendungsfall schädliche Auswirkungen auf die Gesundheit von Menschen, Nicht-Zielorganismen oder auf die Umwelt hat.

(2) Wer Biozid-Produkte verwendet, hat dies ordnungsgemäß zu tun. Zur ordnungsgemäßen Verwendung gehört insbesondere, dass

1. die Verwendung von Biozid-Produkten auf das notwendige Mindestmaß begrenzt wird durch:
   a) das Abwägen von Nutzen und Risiken des Einsatzes des Biozid-Produkts und
   b) eine sachgerechte Berücksichtigung physikalischer, biologischer, chemischer und sonstiger Alternativen,
2. das Biozid-Produkt nur für die in der Kennzeichnung oder der Zulassung ausgewiesenen Verwendungszwecke eingesetzt wird,
3. die sich aus der Kennzeichnung oder der Zulassung ergebenden Verwendungsbedingungen eingehalten werden und
4. die Qualifikation des Verwenders die Anforderungen erfüllt, die für die in der Zulassung festgelegte Verwenderkategorie erforderlich ist.

(3) Die Absätze 1 und 2 gelten auch für private Haushalte.

§ 15b Allgemeine Anforderungen an die Verwendung von Biozid-Produkten

(1) Der Arbeitgeber hat vor Verwendung eines Biozid-Produkts sicherzustellen, dass die Anforderungen nach § 15a erfüllt werden. Dies erfolgt hinsichtlich der Anforderungen nach

1. § 15a Absatz 2 Satz 2 Nummer 1 im Rahmen der Substitutionsprüfung nach § 6 Absatz 1 Satz 2 Nummer 4,
2. § 15a Absatz 2 Satz 2 Nummer 3 im Rahmen der Gefährdungsbeurteilung nach § 6 Absatz 1; dabei hat der Arbeitgeber insbesondere Folgendes zu berücksichtigen:
   a) die in der Zulassung festgelegten Maßnahmen zum Schutz der Sicherheit und Gesundheit sowie der Umwelt,
   b) die Kennzeichnung nach § 4 Absatz 5 und 6 einschließlich des gegebenenfalls beigefügten Merkblatts.

(2) Der Arbeitgeber hat die erforderlichen Maßnahmen unter Beachtung der Rangfolge nach § 7 Absatz 4 Satz 4 und unter dem Gesichtspunkt einer nachhaltigen Verwendung so festzulegen und durchzuführen, dass eine Gefährdung der Beschäftigten, anderer Personen oder der Umwelt verhindert oder minimiert wird.

(3) Eine Fachkunde im Sinne von Anhang I Nummer 4.3 ist erforderlich für die Verwendung von Biozid-Produkten,

1. die zu der Hauptgruppe 3 »Schädlingsbekämpfungsmittel« im Sinne des Anhangs V der Verordnung (EU) Nr. 528/2012 gehören oder
2. deren Wirkstoffe endokrinschädigende Eigenschaften nach Artikel 5 Absatz 1 Buchstabe d der Verordnung (EU) Nr. 528/2012 haben.

Satz 1 gilt nicht, wenn das Biozid-Produkt für eine Verwendung durch die breite Öffentlichkeit zugelassen oder wenn für die Verwendung eine Sachkunde nach § 15c Absatz 3 erforderlich ist.

§ 15c Besondere Anforderungen an die Verwendung bestimmter Biozid-Produkte

(1) Der Arbeitgeber hat die Pflichten nach den Absätzen 2 und 3 zu erfüllen, wenn Biozid-Produkte verwendet werden sollen,

1. die eingestuft sind als
   a) akut toxisch Kategorie 1, 2 oder 3,
   b) krebserzeugend, keimzellmutagen oder reproduktionstoxisch Kategorie 1A oder 1B oder
   c) spezifisch zielorgantoxisch Kategorie 1 SE oder RE oder
2. für die über die nach Nummer 1 erfassten Fälle hinaus für die vorgesehene Anwendung in der Zulassung die Verwenderkategorie »geschulter berufsmäßiger Verwender« festgelegt wurde.

(2) Der Arbeitgeber hat bei der zuständigen Behörde schriftlich oder elektronisch gemäß Satz 2 oder 4 anzuzeigen:

1. die erstmalige Verwendung von Biozid-Produkten nach Absatz 1 und
2. den Beginn einer erneuten Verwendung von Biozid-Produkten nach Absatz 1 nach einer Unterbrechung von mehr als einem Jahr.

Die Anzeige hat spätestens sechs Wochen vor Beginn der Verwendung zu erfolgen. Anhang I Nummer 4.2.1 ist zu beachten. Die zuständige Behörde kann verlangen, dass ihr die Anzeige elektronisch übermittelt wird, wenn sie hierfür ein Format zur Verfügung stellt. Änderungen bezüglich der Angaben nach Satz 1 hat der Arbeitgeber der zuständigen Behörde unverzüglich anzuzeigen.

(3) Die Verwendung von Biozid-Produkten nach Absatz 1 darf nur durch Personen erfolgen, die über eine für das jeweilige Biozid-Produkt geltende Sachkunde im Sinne von Anhang I Nummer 4.4 verfügen. Die Anforderungen an die Sachkunde sind von der Produktart, den Anwendungen, für die das Biozid-Produkt zugelassen ist, und dem Gefährdungspotential für Mensch und Umwelt abhängig.

(4) Abweichend von Absatz 3 ist statt einer Sachkunde eine auf die jeweilige Verwendung bezogene Unterweisung ausreichend, sofern die Verwendung unter unmittelbarer und ständiger Aufsicht einer nach Absatz 3 für die jeweilige Verwendung sachkundigen Person durchgeführt wird. Dabei sind die nach § 20 Absatz 4 bekannt gegebenen Regeln zu berücksichtigen.

§ 15d Besondere Anforderungen bei Begasungen

(1) Der Arbeitgeber bedarf einer Erlaubnis durch die zuständige Behörde, wenn Begasungen durchgeführt werden sollen. Die Erlaubnis ist nach Maßgabe des Anhangs I Nummer 4.1 vor der erstmaligen Durchführung von Begasungen schriftlich oder elektronisch zu beantragen. Sie kann befristet, mit Auflagen oder unter dem Vorbehalt des Widerrufs erteilt werden. Auflagen können nachträglich angeordnet werden. Änderungen bezüglich der Angaben nach Satz 2 in Verbindung mit Anhang I Nummer 4.1 Absatz 2 hat der Arbeitgeber der zuständigen Behörde unverzüglich mitzuteilen.

(2) Eine Erlaubnis ist nicht erforderlich, wenn wegen der geringen Menge des freiwerdenden Wirkstoffs eine Gefährdung für Mensch und Umwelt nicht besteht.

Hierbei sind die nach § 20 Absatz 4 bekanntgegebenen Regeln und Erkenntnisse zu berücksichtigen.

(3) Der Arbeitgeber hat eine Begasung spätestens eine Woche vor deren Durchführung bei der zuständigen Behörde nach Maßgabe des Anhangs I Nummer 4.2.2 schriftlich oder elektronisch anzuzeigen. Die zuständige Behörde kann verlangen, dass ihr die Anzeige elektronisch übermittelt wird, wenn sie hierfür ein Format zur Verfügung stellt. Die zuständige Behörde kann

1. in begründeten Fällen auf die Einhaltung dieser Frist verzichten oder
2. einer Sammelanzeige zustimmen, wenn Begasungen regelmäßig wiederholt werden und dabei die in der Anzeige beschriebenen Bedingungen unverändert bleiben.

Bei Schiffs- und Containerbegasungen in Häfen verkürzt sich die Frist nach Satz 1 auf 24 Stunden.

(4) Der Arbeitgeber hat für jede Begasung eine verantwortliche Person zu bestellen, die Inhaber eines Befähigungsscheins (Befähigungsscheininhaber) nach Anhang I Nummer 4.5 ist. Die verantwortliche Person hat

1. bei Begasungen innerhalb von Räumen die Nutzer angrenzender Räume und Gebäude spätestens 24 Stunden vor Beginn der Tätigkeit schriftlich unter Hinweis auf die Gefahren der eingesetzten Biozid-Produkte oder Pflanzenschutzmittel zu warnen und
2. sicherzustellen, dass
   a) die Begasung von einem Befähigungsscheininhaber durchgeführt wird,
   b) Zugänge zu den Gefahrenbereichen gemäß Anhang I Nummer 4.6 gekennzeichnet sind und
   c) neben einem Befähigungsscheininhaber mindestens eine weitere sachkundige Person anwesend ist, wenn Begasungen mit Biozid-Produkten durchgeführt werden sollen, für die in der Zulassung festgelegt wurde, dass
      aa) eine Messung oder Überwachung der Wirkstoff- oder Sauerstoffkonzentration zu erfolgen hat oder
      bb) ein unabhängig von der Umgebungsatmosphäre wirkendes Atemschutzgerät bereitzustellen und zu verwenden ist.

(5) Bei einer Betriebsstörung, einem Unfall oder Notfall hat

1. der anwesende Befähigungsscheininhaber den Gefahrenbereich zu sichern und darf ihn erst freigeben, wenn die Gefahr nicht mehr besteht und gefährliche Rückstände beseitigt sind,
2. die sachkundige Person den Befähigungsscheininhaber zu unterstützen; dies gilt insbesondere bei Absperr- und Rettungsmaßnahmen.

(6) Für Begasungen mit Pflanzenschutzmitteln gelten die Sachkundeanforderungen nach Anhang I Nummer 4.4 als erfüllt, wenn die Sachkunde nach dem Pflanzenschutzrecht erworben wurde.

(7) Bei Begasungen von Transporteinheiten

1. im Freien muss ein allseitiger Sicherheitsabstand von mindestens 10 Metern zu den benachbarten Gebäuden eingehalten werden,
2. sind diese von der verantwortlichen Person abzudichten, auf ihre Gasdichtheit zu prüfen sowie für die Dauer der Verwendung abzuschließen, zu verplomben

und allseitig sichtbar mit einem Warnzeichen nach Anhang I Nummer 4.6 zu kennzeichnen.

§ 15e Ergänzende Dokumentationspflichten

(1) Der Arbeitgeber hat dafür Sorge zu tragen, dass über die Begasungen eine Niederschrift angefertigt wird. In der Niederschrift ist zu dokumentieren:
1. Name der verantwortlichen Person,
2. Art und Menge der verwendeten Biozid-Produkte oder Pflanzenschutzmittel,
3. Ort, Beginn und Ende der Begasung,
4. Zeitpunkt der Freigabe,
5. andere im Sinne von § 15 beteiligte Arbeitgeber und
6. die getroffenen Maßnahmen.

(2) Der Arbeitgeber hat der zuständigen Behörde die Niederschrift auf Verlangen vorzulegen.

(3) Werden für die Begasungen Pflanzenschutzmittel verwendet, kann die Niederschrift zusammen mit den Aufzeichnungen nach Artikel 67 Absatz 1 der Verordnung (EG) Nr. 1107/2009 des Europäischen Parlaments und des Rates vom 21. Oktober 2009 über das Inverkehrbringen von Pflanzenschutzmitteln und zur Aufhebung der Richtlinien 79/117/EWG und 91/414/EWG des Rates (ABl. L 309 vom 24. 11. 2009, S. 1; L 111 vom 2. 5. 2018, S. 10; L 45 vom 18. 2. 2020, S. 81), die zuletzt durch die Verordnung (EU) 2019/1381 vom 20. Juni 2019 (ABl. L 231 vom 6. 9. 2019, S. 1) geändert worden ist, erstellt werden.

§ 15f Anforderungen an den Umgang mit Transporteinheiten

(1) Kann nicht ausgeschlossen werden, dass Transporteinheiten wie Fahrzeuge, Waggons, Schiffe, Tanks, Container oder andere Transportbehälter begast wurden, so hat der Arbeitgeber dies vor dem Öffnen der Transporteinheiten zu ermitteln.

(2) Ergibt die Ermittlung, dass die Transporteinheit begast wurde, hat der Arbeitgeber die erforderlichen Schutzmaßnahmen zu treffen. Dabei ist insbesondere sicherzustellen, dass Beschäftigte gegenüber den Biozid-Produkten oder Pflanzenschutzmitteln nicht exponiert werden. Kann eine Exposition nicht ausgeschlossen werden, hat das Öffnen, Lüften und die Freigabe der Transporteinheit durch eine Person zu erfolgen, die über eine Fachkunde im Sinne von Anhang I Nummer 4.3 verfügt.

§ 15 g Besondere Anforderungen an Begasungen auf Schiffen

(1) Begasungen auf Schiffen sind nur zulässig, wenn
1. das Begasungsmittel für diese Verwendung zugelassen ist und
2. die erforderlichen Maßnahmen getroffen wurden, um die Sicherheit der Besatzung und anderer Personen jederzeit hinreichend zu gewährleisten.

(2) Bei Begasungen auf Schiffen hat die verantwortliche Person
1. sicherzustellen, dass eine Kennzeichnung entsprechend Anhang I Nummer 4.6 erfolgt,

2. vor Beginn der Begasung der Schiffsführerin beziehungsweise dem Schiffsführer schriftlich mitzuteilen:
   a) den Zeitpunkt und die betroffenen Räume,
   b) Art, Umfang und Dauer der Begasung einschließlich der Angaben zu dem verwendeten Begasungsmittel,
   c) die getroffenen Schutz- und Sicherheitsmaßnahmen einschließlich der erforderlichen technischen Änderungen, die am Schiff vorgenommen wurden,
3. vor Verlassen des Hafens oder der Beladestelle der Schiffsführerin beziehungsweise dem Schiffsführer schriftlich zu bestätigen, dass
   a) die begasten Räume hinreichend gasdicht sind und
   b) die angrenzenden Räume von Begasungsmitteln frei sind.

(3) Die Gasdichtheit der begasten Räume muss mindestens alle acht Stunden geprüft werden. Die Ergebnisse der Prüfungen sind zu dokumentieren. Die Schiffsführerin beziehungsweise der Schiffsführer hat der Hafenbehörde beziehungsweise der zuständigen Person der Entladestelle spätestens 24 Stunden vor Ankunft des Schiffs die Art und den Zeitpunkt der Begasung anzuzeigen und dabei mitzuteilen, welche Räume begast worden sind.

(4) Die Beförderung begaster Transporteinheiten auf Schiffen darf nur erfolgen, wenn sichergestellt ist, dass sich außerhalb der Transporteinheiten keine gefährlichen Gaskonzentrationen entwickeln. Die Anzeigepflicht nach Absatz 3 Satz 3 gilt entsprechend.

§ 15h Ausnahmen von Abschnitt 4a

(1) Es finden keine Anwendung
1. Abschnitt 4a sowie Anhang I Nummer 4 auf Begasungen, wenn diese ausschließlich der Forschung und Entwicklung oder der institutionellen Eignungsprüfung der Biozid-Produkte, Pflanzenschutzmittel oder deren Anwendungsverfahren dienen,
2. § 15c Absatz 3 auf die Verwendung von Biozid-Produkten der Hauptgruppe 3 Schädlingsbekämpfungsmittel, die als akut toxisch Kategorie 1, 2 oder 3 eingestuft sind, wenn sich entsprechende Anforderungen bereits aus anderen Rechtsvorschriften ergeben,
3. §§ 15d und 15e auf Begasungen in vollautomatisch programmgesteuerten Sterilisatoren im medizinischen Bereich, die einem verfahrens- und stoffspezifischen Kriterium entsprechen, das nach § 20 Absatz 4 bekanntgegeben wurde,
4. § 15d Absatz 3 auf Begasungen, wenn diese durchgeführt werden
   a) im medizinischen Bereich oder
   b) innerhalb ortsfester Sterilisationskammern.

(2) Die Ausnahmen nach Absatz 1 gelten nicht für Biozid-Produkte soweit in der Zulassung des jeweiligen Biozid-Produkts etwas Anderes bestimmt ist.

Abschnitt 5
Verbote und Beschränkungen

§ 16 Herstellungs- und Verwendungsbeschränkungen

(1) Herstellungs- und Verwendungsbeschränkungen für bestimmte Stoffe, Gemische und Erzeugnisse ergeben sich aus Artikel 67 in Verbindung mit Anhang XVII der Verordnung (EG) Nr. 1907/2006.
(2) Nach Maßgabe des Anhangs II bestehen weitere Herstellungs- und Verwendungsbeschränkungen für dort genannte Stoffe, Gemische und Erzeugnisse.
(3) Der Arbeitgeber darf in Heimarbeit beschäftigte Personen nur Tätigkeiten mit geringer Gefährdung im Sinne des § 6 Absatz 13 ausüben lassen.

§ 17 Nationale Ausnahmen von Beschränkungsregelungen nach der Verordnung (EG) Nr. 1907/2006

(1) Für am 1. Dezember 2010 bestehende Anlagen gelten die Beschränkungen nach Artikel 67 in Verbindung mit Anhang XVII Nummer 6 der Verordnung (EG) Nr. 1907/2006 bis zum 1. Juli 2025 nicht für das Verwenden chrysotilhaltiger Diaphragmen für die Chloralkalielektrolyse oder für das Verwenden von Chrysotil, das ausschließlich zur Wartung dieser Diaphragmen eingesetzt wird, wenn
1. keine asbestfreien Ersatzstoffe, Gemische oder Erzeugnisse auf dem Markt angeboten werden oder
2. die Verwendung der asbestfreien Ersatzstoffe, Gemische oder Erzeugnisse zu einer unzumutbaren Härte führen würde

und die Konzentration der Asbestfasern in der Luft am Arbeitsplatz unterhalb von 1000 Fasern je Kubikmeter liegt. Betreiber von Anlagen, die von der Regelung nach Satz 1 Gebrauch machen, übermitteln der Bundesstelle für Chemikalien bis zum 31. Januar eines jeden Kalenderjahres einen Bericht, aus dem die Menge an Chrysotil hervorgeht, die in Diaphragmen, die unter diese Ausnahmeregelung fallen, im Vorjahr verwendet wurde. Die Ergebnisse der Arbeitsplatzmessungen sind in den Bericht aufzunehmen. Die Bundesstelle für Chemikalien übermittelt der Europäischen Kommission eine Kopie des Berichts.
(2) Das Verwendungsverbot nach Artikel 67 in Verbindung mit Anhang XVII Nummer 16 und 17 der Verordnung (EG) Nr. 1907/2006 gilt nicht für die Verwendung der dort genannten Bleiverbindungen in Farben, die zur Erhaltung oder originalgetreuen Wiederherstellung von Kunstwerken und historischen Bestandteilen oder von Einrichtungen denkmalgeschützter Gebäude bestimmt sind, wenn die Verwendung von Ersatzstoffen nicht möglich ist.

Abschnitt 6
Vollzugsregelungen und Ausschuss für Gefahrstoffe

§ 18 Unterrichtung der Behörde

(1) Der Arbeitgeber hat der zuständigen Behörde unverzüglich anzuzeigen
1. jeden Unfall und jede Betriebsstörung, die bei Tätigkeiten mit Gefahrstoffen zu einer ernsten Gesundheitsschädigung von Beschäftigten geführt haben,
2. Krankheits- und Todesfälle, bei denen konkrete Anhaltspunkte dafür bestehen, dass sie durch die Tätigkeit mit Gefahrstoffen verursacht worden sind, mit der genauen Angabe der Tätigkeit und der Gefährdungsbeurteilung nach § 6.

Lassen sich die für die Anzeige nach Satz 1 erforderlichen Angaben gleichwertig aus Anzeigen nach anderen Rechtsvorschriften entnehmen, kann die Anzeigepflicht auch durch Übermittlung von Kopien dieser Anzeigen an die zuständige Behörde erfüllt werden. Der Arbeitgeber hat den betroffenen Beschäftigten oder ihrer Vertretung Kopien der Anzeigen nach Satz 1 oder Satz 2 zur Kenntnis zu geben.

(2) Unbeschadet des § 22 des Arbeitsschutzgesetzes hat der Arbeitgeber der zuständigen Behörde auf Verlangen Folgendes mitzuteilen:
1. das Ergebnis der Gefährdungsbeurteilung nach § 6 und die ihr zugrunde liegenden Informationen, einschließlich der Dokumentation der Gefährdungsbeurteilung,
2. die Tätigkeiten, bei denen Beschäftigte tatsächlich oder möglicherweise gegenüber Gefahrstoffen exponiert worden sind, und die Anzahl dieser Beschäftigten,
3. die nach § 13 des Arbeitsschutzgesetzes verantwortlichen Personen,
4. die durchgeführten Schutz- und Vorsorgemaßnahmen, einschließlich der Betriebsanweisungen,
5. eine Kopie des Maßnahmenplans nach § 10 Absatz 5 bei Tätigkeiten im Bereich mittleren oder hohen Risikos.

(3) Der Arbeitgeber hat der zuständigen Behörde bei Tätigkeiten mit krebserzeugenden, keimzellmutagenen oder reproduktionstoxischen Gefahrstoffen der Kategorie 1A oder 1B zusätzlich auf Verlangen Folgendes mitzuteilen:
1. das Ergebnis der Substitutionsprüfung,
2. Informationen über
   a) ausgeübte Tätigkeiten und angewandte industrielle Verfahren und die Gründe für die Verwendung dieser Gefahrstoffe,
   b) die Menge der hergestellten oder verwendeten Gefahrstoffe,
   c) die Art der zu verwendenden Schutzausrüstung,
   d) Art und Ausmaß der Exposition,
   e) durchgeführte Substitutionen.

(4) Auf Verlangen der zuständigen Behörde ist die nach Anhang II der Verordnung (EG) Nr. 1907/2006 geforderte Fachkunde für die Erstellung von Sicherheitsdatenblättern nachzuweisen.

§ 19 Behördliche Ausnahmen, Anordnungen und Befugnisse

(1) Die zuständige Behörde kann auf schriftlichen oder elektronischen Antrag des Arbeitgebers Ausnahmen von den §§ 6 bis 15 zulassen, wenn die Anwendung dieser Vorschriften im Einzelfall zu einer unverhältnismäßigen Härte führen würde und die Abweichung mit dem Schutz der Beschäftigten vereinbar ist. § 11 Absatz 6 bleibt unberührt. Der Arbeitgeber hat der zuständigen Behörde im Antrag darzulegen:

1. den Grund für die Beantragung der Ausnahme,
2. die jährlich zu verwendende Menge des Gefahrstoffs,
3. die betroffenen Tätigkeiten und Verfahren,
4. die Zahl der voraussichtlich betroffenen Beschäftigten,
5. die geplanten Maßnahmen zur Gewährleistung des Gesundheitsschutzes und der Sicherheit der betroffenen Beschäftigten,
6. die technischen und organisatorischen Maßnahmen, die zur Verringerung oder Vermeidung einer Exposition der Beschäftigten ergriffen werden sollen.

(2) Eine Ausnahme nach Absatz 1 kann auch im Zusammenhang mit Verwaltungsverfahren nach anderen Rechtsvorschriften beantragt werden.

(3) Die zuständige Behörde kann unbeschadet des § 23 des Chemikaliengesetzes im Einzelfall Maßnahmen anordnen, die der Hersteller, Lieferant oder Arbeitgeber zu ergreifen hat, um die Pflichten nach den Abschnitten 2 bis 5 dieser Verordnung zu erfüllen; dabei kann sie insbesondere anordnen, dass der Arbeitgeber

1. die zur Bekämpfung besonderer Gefahren notwendigen Maßnahmen ergreifen muss,
2. festzustellen hat, ob und in welchem Umfang eine vermutete Gefahr tatsächlich besteht und welche Maßnahmen zur Bekämpfung der Gefahr ergriffen werden müssen,
3. die Arbeit, bei der die Beschäftigten gefährdet sind, einstellen zu lassen hat, wenn der Arbeitgeber die zur Bekämpfung der Gefahr angeordneten notwendigen Maßnahmen nicht unverzüglich oder nicht innerhalb der gesetzten Frist ergreift.

Bei Gefahr im Verzug können die Anordnungen auch gegenüber weisungsberechtigten Personen im Betrieb erlassen werden.

(4) Der zuständigen Behörde ist auf Verlangen ein Nachweis vorzulegen, dass die Gefährdungsbeurteilung fachkundig nach § 6 Absatz 9 erstellt wurde.

(5) Die zuständige Behörde kann dem Arbeitgeber untersagen, Tätigkeiten mit Gefahrstoffen auszuüben oder ausüben zu lassen, und insbesondere eine Stilllegung der betroffenen Arbeitsbereiche anordnen, wenn der Arbeitgeber der Mitteilungspflicht nach § 18 Absatz 2 Nummer 1 nicht nachkommt.

§ 19 a Anerkennung ausländischer Qualifikationen

(1) Die zuständige Behörde erkennt auf Antrag an, dass eine ausländische Aus- oder Weiterbildung dem Erwerb einer Sachkunde im Sinne von § 2 Absatz 17 gleichwertig ist, wenn durch sie Kenntnisse erlangt wurden, die den Sachkunde-

anforderungen der nach § 20 Absatz 4 bekanntgegebenen Regeln und Erkenntnissen entsprechen.
(2) Die Behörde entscheidet über die Gleichwertigkeit einer ausländischen Qualifikation auf Grundlage der ihr vorliegenden oder zusätzlich vom Antragsteller vorgelegten Nachweise. Die Nachweise sind in deutscher Sprache beizubringen. Die Gleichwertigkeit wird durch eine Bescheinigung bestätigt.

§ 20 Ausschuss für Gefahrstoffe

(1) Beim Bundesministerium für Arbeit und Soziales wird ein Ausschuss für Gefahrstoffe (AGS) gebildet, in dem geeignete Personen vonseiten der Arbeitgeber, der Gewerkschaften, der Landesbehörden, der gesetzlichen Unfallversicherung und weitere geeignete Personen, insbesondere aus der Wissenschaft, vertreten sein sollen. Die Gesamtzahl der Mitglieder soll 21 Personen nicht überschreiten. Für jedes Mitglied ist ein stellvertretendes Mitglied zu benennen. Die Mitgliedschaft im Ausschuss für Gefahrstoffe ist ehrenamtlich.
(2) Das Bundesministerium für Arbeit und Soziales beruft die Mitglieder des Ausschusses und die stellvertretenden Mitglieder. Der Ausschuss gibt sich eine Geschäftsordnung und wählt die Vorsitzende oder den Vorsitzenden aus seiner Mitte. Die Geschäftsordnung und die Wahl der oder des Vorsitzenden bedürfen der Zustimmung des Bundesministeriums für Arbeit und Soziales.
(3) Zu den Aufgaben des Ausschusses gehört es:
1. den Stand der Wissenschaft, Technik, Arbeitsmedizin und Arbeitshygiene sowie sonstige gesicherte Erkenntnisse für Tätigkeiten mit Gefahrstoffen einschließlich deren Einstufung und Kennzeichnung zu ermitteln und entsprechende Empfehlungen auszusprechen,
2. zu ermitteln, wie die in dieser Verordnung gestellten Anforderungen erfüllt werden können und dazu die dem jeweiligen Stand von Technik und Medizin entsprechenden Regeln und Erkenntnisse zu erarbeiten,
3. das Bundesministerium für Arbeit und Soziales in allen Fragen zu Gefahrstoffen und zur Chemikaliensicherheit zu beraten und
4. Grenzwerte und Konzentrationen nach § 2 Absatz 8 bis 9 sowie entsprechende Ermittlungs- und Messverfahren vorzuschlagen und regelmäßig zu überprüfen, wobei
   a) bei der Festlegung dieser Grenzwerte und Konzentrationen sicherzustellen ist, dass der Schutz der Gesundheit der Beschäftigten gewahrt ist,
   b) für jeden Stoff, für den ein Arbeitsplatzgrenzwert oder ein biologischer Grenzwert in Rechtsakten der Europäischen Union festgelegt worden ist, unter Berücksichtigung dieses Grenzwerts ein nationaler Grenzwert vorzuschlagen ist; dabei sind die entsprechenden Bestimmungen der folgenden Richtlinien in der jeweils geltenden Fassung zu berücksichtigen:
      aa) Richtlinie 98/24/EG des Rates vom 7. April 1998 zum Schutz von Gesundheit und Sicherheit der Arbeitnehmer vor der Gefährdung durch chemische Arbeitsstoffe bei der Arbeit (vierzehnte Einzelrichtlinie im Sinne des Artikels 16 Absatz 1 der Richtlinie 89/391/EWG) (ABl. L 131 vom 5.5.1998, S. 11), die zuletzt durch die Verordnung (EU)

2019/1243 (ABl. L 198 vom 25.7.2019, S. 241) geändert worden ist, einschließlich der Richtlinien über Arbeitsplatzgrenzwerte, die nach Artikel 3 Absatz 2 der Richtlinie 98/24/EG erlassen wurden,

bb) Richtlinie 2004/37/EG des Europäischen Parlaments und des Rates vom 29. April 2004 über den Schutz der Arbeitnehmer gegen Gefährdung durch Karzinogene oder Mutagene bei der Arbeit (Sechste Einzelrichtlinie im Sinne von Artikel 16 Absatz 1 der Richtlinie 89/391/EWG des Rates) (kodifizierte Fassung) (ABl. L 158 vom 30.4.2004, S. 50), die zuletzt durch die Richtlinie (EU) 2022/431 (ABl. L 088 vom 16.3.2022, S. 1) geändert worden ist, sowie

cc) Richtlinie 2009/148/EG des Europäischen Parlaments und des Rates vom 30. November 2009 über den Schutz der Arbeitnehmer gegen Gefährdung durch Asbest am Arbeitsplatz (ABl. L 330 vom 16.12.2009, S. 28), die zuletzt durch die Verordnung (EU) 2019/1243 (ABl. L 198 vom 25.7.2019, S. 241) geändert worden ist.

Das Arbeitsprogramm des Ausschusses für Gefahrstoffe wird mit dem Bundesministerium für Arbeit und Soziales abgestimmt, wobei die Letztentscheidungsbefugnis beim Bundesministerium für Arbeit und Soziales liegt. Der Ausschuss arbeitet eng mit den anderen Ausschüssen beim Bundesministerium für Arbeit und Soziales zusammen.

(4) Nach Prüfung kann das Bundesministerium für Arbeit und Soziales

1. die vom Ausschuss für Gefahrstoffe ermittelten Regeln und Erkenntnisse nach Absatz 3 Satz 1 Nummer 2 sowie die Grenzwerte und Konzentrationen nach Absatz 3 Satz 1 Nummer 4 im Gemeinsamen Ministerialblatt bekannt geben und
2. die Empfehlungen nach Absatz 3 Satz 1 Nummer 1 sowie die Beratungsergebnisse nach Absatz 3 Satz 1 Nummer 3 in geeigneter Weise veröffentlichen.

(5) Die Bundesministerien sowie die obersten Landesbehörden können zu den Sitzungen des Ausschusses Vertreterinnen oder Vertreter entsenden. Auf Verlangen ist diesen in der Sitzung das Wort zu erteilen.

(6) Die Bundesanstalt für Arbeitsschutz und Arbeitsmedizin führt die Geschäfte des Ausschusses.

Abschnitt 7
Ordnungswidrigkeiten, Straftaten und Übergangsvorschriften

§ 21 Chemikaliengesetz – Anzeigen

Ordnungswidrig im Sinne des § 26 Absatz 1 Nummer 8 Buchstabe b des Chemikaliengesetzes handelt, wer vorsätzlich oder fahrlässig

1. (weggefallen)
2. entgegen § 8 Absatz 8 in Verbindung mit Anhang I Nummer 5.4.2.3 Absatz 1 oder Absatz 2 eine Anzeige nicht, nicht richtig, nicht vollständig oder nicht rechtzeitig erstattet,

3. entgegen § 8 Absatz 8 in Verbindung mit Anhang I Nummer 5.4.2.3 Absatz 3 eine Änderung nicht oder nicht rechtzeitig anzeigt,
3a. entgegen § 10a Absatz 5 Satz 1 eine Mitteilung nicht, nicht richtig, nicht vollständig oder nicht rechtzeitig macht,
3b. entgegen § 11a Absatz 4 Satz 1 in Verbindung mit Anhang I Nummer 3.5 Absatz 2 oder Absatz 3 Satz 1 eine Anzeige nicht, nicht richtig, nicht vollständig oder nicht rechtzeitig erstattet,
4. entgegen § 15c Absatz 2 Satz 1 oder Satz 3, § 15d Absatz 3 Satz 1, § 15g Absatz 3 Satz 3 oder § 18 Absatz 1 eine Anzeige nicht, nicht richtig, nicht vollständig oder nicht rechtzeitig erstattet oder
5. entgegen § 15d Absatz 1 Satz 5 oder § 18 Absatz 2 eine Mitteilung nicht, nicht richtig, nicht vollständig oder nicht rechtzeitig macht.

§ 22 Chemikaliengesetz – Tätigkeiten

(1) Ordnungswidrig im Sinne des § 26 Absatz 1 Nummer 8 Buchstabe b des Chemikaliengesetzes handelt, wer vorsätzlich oder fahrlässig
1. entgegen § 5a Absatz 2 Satz 1 das Datum des Baubeginns oder das Baujahr des Objekts nicht, nicht richtig, nicht vollständig, nicht in der vorgeschriebenen Art und Weise oder nicht rechtzeitig übermittelt,
1a. entgegen § 6 Absatz 8 Satz 1 eine Gefährdungsbeurteilung nicht, nicht richtig, nicht vollständig oder nicht rechtzeitig dokumentiert,
2. entgegen § 6 Absatz 12 Satz 1 ein Gefahrstoffverzeichnis nicht, nicht richtig oder nicht vollständig führt,
3. entgegen § 7 Absatz 1 eine Tätigkeit aufnehmen lässt,
4. entgegen § 7 Absatz 5 Satz 2 das Verwenden von belastender persönlicher Schutzausrüstung als Dauermaßnahme anwendet,
5. entgegen § 7 Absatz 7 Satz 1 die Funktion und die Wirksamkeit der technischen Schutzmaßnahmen nicht oder nicht rechtzeitig überprüft,
6. entgegen § 8 Absatz 2 Satz 3 eine Tätigkeit ausüben lässt,
7. entgegen § 8 Absatz 3 Satz 2 einen Bereich nicht oder nicht rechtzeitig einrichtet,
8. entgegen § 8 Absatz 5 Satz 3 Gefahrstoffe aufbewahrt oder lagert,
9. (weggefallen)
10. (weggefallen)
11. entgegen § 8 Absatz 8 in Verbindung mit Anhang I Nummer 5.4.2.1 Absatz 2 Stoffe oder Gemische der Gruppe A lagert oder befördert,
12. entgegen § 8 Absatz 8 in Verbindung mit Anhang I Nummer 5.4.2.1 Absatz 3 brennbare Materialien lagert,
13. entgegen § 8 Absatz 8 in Verbindung mit Anhang I Nummer 5.4.2.2 Absatz 3 Stoffe oder Gemische nicht oder nicht rechtzeitig in Teilmengen unterteilt,
14. entgegen § 8 Absatz 8 in Verbindung mit Anhang I Nummer 5.4.2.3 Absatz 5 Stoffe oder Gemische lagert,
15. entgegen § 9 Absatz 3 Satz 2 oder § 9 Absatz 4 eine persönliche Schutzausrüstung nicht oder nicht rechtzeitig bereitstellt,

15a. entgegen § 9 Absatz 5 nicht gewährleistet, dass getrennte Aufbewahrungsmöglichkeiten zur Verfügung stehen,
16. entgegen § 10 Absatz 2 Satz 1 Nummer 5 nicht sicherstellt, dass abgesaugte Luft nicht zurückgeführt wird,
17. entgegen § 10 Absatz 3 Nummer 2 Atemschutz nicht oder nicht richtig zur Verfügung stellt,
17a. entgegen § 10a Absatz 1 Satz 1 ein Verzeichnis nicht, nicht richtig oder nicht vollständig führt,
17b. entgegen § 10a Absatz 2 Satz 1 ein Verzeichnis nicht oder nicht für die vorgeschriebene Dauer aufbewahrt,
17c. entgegen § 10a Absatz 6 Nummer 2 nicht sicherstellt, dass ein Beschäftigter oder eine Vertretung unterrichtet und informiert wird,
17d. entgegen § 11a Absatz 1 Satz 1 Nummer 6 in Verbindung mit Anhang I Nummer 3.2 Satz 1 einen Arbeitsplan nicht oder nicht rechtzeitig erstellt,
17e. entgegen § 11a Absatz 5 Satz 1 Nummer 1 erster Halbsatz nicht sicherstellt, dass eine dort genannte Aufgabe durch eine dort genannte Person erfolgt,
17f. entgegen § 11a Absatz 5 Satz 1 Nummer 2 erster Halbsatz nicht sicherstellt, dass eine Tätigkeit durch eine dort genannte Person beaufsichtigt wird,
18. entgegen § 12 Absatz 1 Satz 3 in Verbindung mit Anhang I Nummer 1.3 Absatz 2 Satz 1 das Rauchen oder die Verwendung von offenem Feuer oder offenem Licht nicht verbietet,
19. entgegen § 12 Absatz 1 Satz 3 in Verbindung mit Anhang I Nummer 1.5 Absatz 4 oder Nummer 1.6 Absatz 5 einen dort genannten Bereich nicht oder nicht richtig kennzeichnet,
19a. entgegen § 12 Absatz 4 Satz 2 in Verbindung mit Anhang III Nummer 2.3 Absatz 1 Satz 1 eine Tätigkeit mit einem organischen Peroxid ausüben lässt,
19b. entgegen § 12 Absatz 4 Satz 2 in Verbindung mit Anhang III Nummer 2.6 Satz 2 Buchstabe a nicht sicherstellt, dass ein dort genanntes Gebäude oder ein dort genannter Raum in Sicherheitsbauweise errichtet wird,
19c. entgegen § 12 Absatz 4 Satz 2 in Verbindung mit Anhang III Nummer 2.7 einen dort genannten Bereich nicht oder nicht rechtzeitig festlegt,
20. entgegen § 13 Absatz 2 Satz 1 eine dort genannte Maßnahme nicht oder nicht rechtzeitig ergreift,
21. entgegen § 13 Absatz 3 Satz 1 einen Beschäftigten nicht oder nicht rechtzeitig ausstattet,
22. entgegen § 13 Absatz 4 Warn- und sonstige Kommunikationseinrichtungen nicht zur Verfügung stellt,
23. entgegen § 13 Absatz 5 Satz 1 nicht sicherstellt, dass Informationen über Notfallmaßnahmen zur Verfügung stehen,
24. entgegen § 14 Absatz 1 Satz 1 nicht sicherstellt, dass den Beschäftigten eine schriftliche Betriebsanweisung in der vorgeschriebenen Weise zugänglich gemacht wird,
25. entgegen § 14 Absatz 2 Satz 1 nicht sicherstellt, dass die Beschäftigten über auftretende Gefährdungen und entsprechende Schutzmaßnahmen mündlich unterwiesen werden,
26. (weggefallen)

27. (weggefallen)
28. (weggefallen)
29. entgegen § 15c Absatz 3 Satz 1 ein Biozid-Produkt verwendet,
29a. ohne Erlaubnis nach § 15d Absatz 1 Satz 1 eine Begasung durchführt,
30. entgegen § 15d Absatz 4 Satz 2 Nummer 2 Buchstabe a nicht sicherstellt, dass die Begasung von einer dort genannten Person durchgeführt wird,
31. entgegen § 15d Absatz 4 Satz 2 Nummer 2 Buchstabe c nicht sicherstellt, dass neben dem Befähigungsscheininhaber eine weitere sachkundige Person anwesend ist, oder
32. entgegen § 15d Absatz 5 Nummer 1 einen Gefahrenbereich nicht oder nicht rechtzeitig sichert oder einen Gefahrenbereich freigibt.

(2) Wer durch eine in Absatz 1 bezeichnete Handlung das Leben oder die Gesundheit eines anderen oder fremde Sachen von bedeutendem Wert gefährdet, ist nach § 27 Absatz 2 bis 4 des Chemikaliengesetzes strafbar.

§ 23 (weggefallen)

§ 24 Chemikaliengesetz – Herstellungs- und Verwendungsbeschränkungen

(1) Ordnungswidrig im Sinne des § 26 Absatz 1 Nummer 7 Buchstabe a des Chemikaliengesetzes handelt, wer vorsätzlich oder fahrlässig

1. entgegen § 15a Absatz 2 Satz 1 ein Biozid-Produkt in den Fällen des § 15a Absatz 2 Satz 2 Nummer 2 oder 3 nicht richtig verwendet oder
2. entgegen § 16 Absatz 2 in Verbindung mit Anhang II Nummer 6 Absatz 1 einen dort aufgeführten Stoff verwendet.

(2) Nach § 27 Absatz 1 Nummer 1, Absatz 2 bis 4 des Chemikaliengesetzes wird bestraft, wer vorsätzlich oder fahrlässig

1. entgegen § 11 Absatz 1 Satz 1 Nummer 1 einen Rohstoff, ein Gemisch oder ein Erzeugnis gewinnt, aufbereitet, weiterverarbeitet oder wiederverwendet,
2. entgegen § 11 Absatz 1 Satz 1 Nummer 2 erster Halbsatz oder Nummer 3 asbesthaltige Materialien verwendet oder an asbesthaltigen Materialien tätig wird,
3. ohne Zulassung nach § 11a Absatz 3 Satz 1 oder § 25 Absatz 4 erster Halbsatz eine dort genannte Tätigkeit ausübt,
4. (weggefallen)
5. entgegen § 16 Absatz 2 in Verbindung mit Anhang II Nummer 2 Absatz 1 die dort aufgeführten Stoffe oder Gemische herstellt,
6. entgegen § 16 Absatz 2 in Verbindung mit Anhang II Nummer 3 Absatz 1 die dort aufgeführten Erzeugnisse verwendet,
7. entgegen § 16 Absatz 2 in Verbindung mit Anhang II Nummer 4 Absatz 1, Absatz 3 Satz 1 oder Absatz 4 die dort aufgeführten Kühlschmierstoffe oder Korrosionsschutzmittel verwendet oder
8. entgegen § 16 Absatz 2 in Verbindung mit Anhang II Nummer 5 Absatz 1 die dort aufgeführten Stoffe, Gemische oder Erzeugnisse herstellt oder verwendet.

§ 25 Übergangsvorschriften

(1) Auf die Verwendung von Biozid-Produkten, die unter die Übergangsregelung des § 28 Absatz 8 des Chemikaliengesetzes fallen, finden folgende Vorschriften keine Anwendung soweit deren Erfüllung einer solchen Zulassung nach der Verordnung (EU) Nr. 528/2012 bedarf:

1. § 15a Absatz 2 Satz 2 Nummer 4,
2. § 15b Absatz 1 Nummer 2 Buchstabe a und Absatz 3,
3. § 15c Absatz 1 Nummer 2.

Für diese Biozid-Produkte sind bis zur Erteilung einer Zulassung die entsprechenden nach § 20 Absatz 4 bekanntgegebenen Regeln und Erkenntnisse zu berücksichtigen.

(2) Für eine Verwendung von Biozid-Produkten nach § 15c Absatz 1 oder nach § 15d, die bis zum 30. September 2021 ohne Sachkunde ausgeübt werden konnte, ist die Sachkunde spätestens bis zum 28. Juli 2027 nachzuweisen.

(3) § 10 Absatz 6 findet ab dem 1. Januar 2024 Anwendung, frühestens jedoch drei Jahre nachdem der jeweilige Arbeitsplatzgrenzwert oder die Toleranzkonzentration nach § 20 Absatz 4 bekannt gegeben wurde. Während dieser Übergangsfrist hat der Arbeitgeber mindestens die Maßnahmen nach § 10 Absatz 2 und 3 zu treffen.

(4) Unbeschadet von § 11a Absatz 3 Satz 1 gilt die Zulassungspflicht nach Anhang I Nummer 2.4.2 Absatz 4 in der am 1. Januar 2022 geltenden Fassung für Abbruch- und Sanierungsarbeiten fort und entfällt, wenn sie nach den in § 20 Absatz 4 bekannt gegebenen Regeln einem niedrigen oder mittleren Risiko zugeordnet wurden oder wenn der Arbeitgeber eine entsprechende Zuordnung durch fachkundige Ermittlung der Exposition nachweisen kann.

(5) Bei Tätigkeiten mit Asbest sind die Sachkunde nach § 11a Absatz 5 Satz 1 Nummer 1 und die Fachkunde nach § 11a Absatz 5 Nummer 3 bis zum 5. Dezember 2027 nachzuweisen.

(6) Bei Tätigkeiten mit Asbest, die nach der am 1. Januar 2022 geltenden Fassung ohne weisungsbefugte sachkundige Person ausgeübt werden konnten, findet § 11a Absatz 5 Satz 1 Nummer 2 ab dem 5. Dezember 2027 Anwendung.

(7) Für anerkannte Sachkunden nach Anhang I Nummer 4.4 Absatz 1 Satz 3 und gleichgestellte Sachkunden nach Anhang I Nummer 4.4 Absatz 2 ist der Abschluss eines behördlich anerkannten Fortbildungslehrgangs erstmals abweichend von Anhang I Nummer 4.4 Absatz 5 spätestens bis zum 28. Juli 2027 nachzuweisen.

(8) Zulassungen, die nach Anhang I Nummer 2.4.2 in der am 1. Januar 2022 geltenden Fassung erteilt wurden, gelten fort bis zum 5. Dezember 2028. Betriebe, die mit dem 5. Dezember 2024 erstmals einer Zulassung nach § 11a Absatz 3 bedürfen, haben diese spätestens bis zum 5. Dezember 2025 zu beantragen. Die zulassungsrelevanten Anforderungen der nach § 20 Absatz 4 bekannt gegebenen Regeln und Erkenntnisse sind bereits während der Übergangsfrist zu berücksichtigen.

Anhang I
Besondere Vorschriften für bestimmte Gefahrstoffe und Tätigkeiten

(zu § 8 Absatz 8, § 11a Absatz 1 bis 6, § 12 Absatz 1 und 4, § 15b Absatz 3, § 15c Absatz 2 und 3, § 15d Absatz 1, 3, 4, 6 und 7, § 15f Absatz 2, § 15 g Absatz 2)

Inhaltsübersicht

Nummer 1
Brand- und Explosionsgefährdungen

1.1 Anwendungsbereich

Nummer 1 gilt für Maßnahmen nach § 12 bei Tätigkeiten mit Gefahrstoffen, die zu Brand- und Explosionsgefährdungen führen können.

1.2 Grundlegende Anforderungen zum Schutz vor Brand- und Explosionsgefährdungen

(1) Der Arbeitgeber hat auf der Grundlage der Gefährdungsbeurteilung nach § 6 die organisatorischen und technischen Schutzmaßnahmen nach dem Stand der Technik festzulegen, die zum Schutz von Gesundheit und Sicherheit der Beschäftigten oder anderer Personen vor Brand- und Explosionsgefährdungen erforderlich sind.
(2) Die Mengen an Gefahrstoffen sind im Hinblick auf die Brandbelastung, die Brandausbreitung und Explosionsgefährdungen so zu begrenzen, dass die Gefährdung durch Brände und Explosionen so gering wie möglich ist.
(3) Zum Schutz gegen das unbeabsichtigte Freisetzen von Gefahrstoffen, die zu Brand- oder Explosionsgefährdungen führen können, sind geeignete Maßnahmen zu ergreifen. Insbesondere müssen
1. Gefahrstoffe in Arbeitsmitteln und Anlagen sicher zurückgehalten werden und Zustände wie gefährliche Temperaturen, Über- und Unterdrücke, Überfüllungen, Korrosionen sowie andere gefährliche Zustände vermieden werden,
2. Gefahrstoffströme von einem schnell und ungehindert erreichbaren Ort aus durch Stillsetzen der Förderung unterbrochen werden können,
3. gefährliche Vermischungen von Gefahrstoffen vermieden werden.

Soweit nach der Gefährdungsbeurteilung erforderlich, müssen Gefahrstoffströme automatisch begrenzt oder unterbrochen werden können.
(4) Frei werdende Gefahrstoffe, die zu Brand- oder Explosionsgefährdungen führen können, sind an ihrer Austritts- oder Entstehungsstelle gefahrlos zu beseitigen, soweit dies nach dem Stand der Technik möglich ist. Ausgetretene flüssige Gefahr-

stoffe sind aufzufangen. Flüssigkeitslachen und Staubablagerungen sind gefahrlos zu beseitigen.

1.3 Schutzmaßnahmen in Arbeitsbereichen mit Brand- und Explosionsgefährdungen

(1) Arbeitsbereiche mit Brand- oder Explosionsgefährdungen sind
1. mit Flucht- und Rettungswegen sowie Ausgängen in ausreichender Zahl so auszustatten, dass die Beschäftigten die Arbeitsbereiche im Gefahrenfall schnell, ungehindert und sicher verlassen und Verunglückte jederzeit gerettet werden können,
2. so zu gestalten und auszulegen, dass die Übertragung von Bränden und Explosionen sowie die Auswirkungen von Bränden und Explosionen auf benachbarte Bereiche vermieden werden,
3. mit ausreichenden Feuerlöscheinrichtungen auszustatten; die Feuerlöscheinrichtungen müssen, sofern sie nicht selbsttätig wirken, gekennzeichnet, leicht zugänglich und leicht zu handhaben sein,
4. mit Angriffswegen zur Brandbekämpfung zu versehen, die so angelegt und gekennzeichnet sind, dass sie mit Lösch- und Arbeitsgeräten schnell und ungehindert zu erreichen sind.

(2) In Arbeitsbereichen mit Brand- oder Explosionsgefährdungen sind das Rauchen und das Verwenden von offenem Feuer und offenem Licht zu verbieten. Unbefugten ist das Betreten von Bereichen mit Brand- oder Explosionsgefährdungen zu verbieten. Auf die Verbote muss deutlich erkennbar und dauerhaft hingewiesen werden.

(3) Durch geeignete Maßnahmen ist zu gewährleisten, dass Personen im Gefahrenfall rechtzeitig, angemessen, leicht wahrnehmbar und unmissverständlich gewarnt werden können.

(4) Soweit nach der Gefährdungsbeurteilung erforderlich,
1. muss es bei Energieausfall möglich sein, die Geräte und Schutzsysteme unabhängig vom übrigen Betriebssystem in einem sicheren Betriebszustand zu halten,
2. müssen im Automatikbetrieb laufende Geräte und Schutzsysteme, die vom bestimmungsgemäßen Betrieb abweichen, unter sicheren Bedingungen von Hand abgeschaltet werden können und
3. müssen gespeicherte Energien beim Betätigen der Notabschalteinrichtungen so schnell und sicher wie möglich abgebaut oder isoliert werden.

1.4 Organisatorische Maßnahmen

(1) Der Arbeitgeber darf Tätigkeiten mit Gefahrstoffen, die zu Brand- oder Explosionsgefährdungen führen können, nur zuverlässigen, mit den Tätigkeiten, den dabei auftretenden Gefährdungen und den erforderlichen Schutzmaßnahmen vertrauten und entsprechend unterwiesenen Beschäftigten übertragen.

(2) In Arbeitsbereichen mit Gefahrstoffen, die zu Brand- oder Explosionsgefährdungen führen können, ist bei besonders gefährlichen Tätigkeiten und bei Tätig-

keiten, die durch eine Wechselwirkung mit anderen Tätigkeiten Gefährdungen verursachen können, ein Arbeitsfreigabesystem mit besonderen schriftlichen Anweisungen des Arbeitgebers anzuwenden. Die Arbeitsfreigabe ist vor Beginn der Tätigkeiten von einer hierfür verantwortlichen Person zu erteilen.
(3) Werden in Arbeitsbereichen, in denen Tätigkeiten mit Gefahrstoffen ausgeübt werden, die zu Brand- oder Explosionsgefährdungen führen können, Beschäftigte tätig und kommt es dabei zu einer besonderen Gefährdung, sind zuverlässige, mit den Tätigkeiten, den dabei auftretenden Gefährdungen und den erforderlichen Schutzmaßnahmen vertraute Personen mit der Aufsichtsführung zu beauftragen. Die Aufsicht führende Person hat insbesondere dafür zu sorgen, dass

1. mit den Tätigkeiten erst begonnen wird, wenn die in der Gefährdungsbeurteilung nach § 6 festgelegten Maßnahmen ergriffen sind und ihre Wirksamkeit nachgewiesen ist, und
2. ein schnelles Verlassen des Arbeitsbereichs jederzeit möglich ist.

1.5 Schutzmaßnahmen für die Lagerung

(1) Gefahrstoffe dürfen nur an dafür geeigneten Orten und in geeigneten Einrichtungen gelagert werden. Sie dürfen nicht an oder in der Nähe von Orten gelagert werden, an denen dies zu einer Gefährdung der Beschäftigten oder anderer Personen führen kann.
(2) In Arbeitsräumen dürfen Gefahrstoffe nur gelagert werden, wenn die Lagerung mit dem Schutz der Beschäftigten vereinbar ist und in besonderen Einrichtungen erfolgt, die dem Stand der Technik entsprechen.
(3) Gefahrstoffe dürfen nicht zusammen gelagert werden, wenn dies zu einer Erhöhung der Brand- oder Explosionsgefährdung führen kann, insbesondere durch gefährliche Vermischungen, oder wenn die gelagerten Gefahrstoffe in gefährlicher Weise miteinander reagieren können. Gefahrstoffe dürfen ferner nicht zusammen gelagert werden, wenn dies bei einem Brand oder einer Explosion zu zusätzlichen Gefährdungen von Beschäftigten oder von anderen Personen führen kann.
(4) Bereiche, in denen brennbare Gefahrstoffe in solchen Mengen gelagert werden, dass eine erhöhte Brandgefährdung besteht, sind mit dem Warnzeichen »Warnung vor feuergefährlichen Stoffen oder hoher Temperatur« nach Anhang II Nummer 3.2 der Richtlinie 92/58/EWG des Rates vom 24. Juni 1992 über Mindestvorschriften für die Sicherheits- und/oder Gesundheitsschutzkennzeichnung am Arbeitsplatz (Neunte Einzelrichtlinie im Sinne von Artikel 16 Absatz 1 der Richtlinie 89/391/EWG) (ABl. L 245 vom 26. 8. 1992, S. 23) zu kennzeichnen.
(5) Soweit nach der Gefährdungsbeurteilung erforderlich, sind zu Lagerorten von Gefahrstoffen Schutz- und Sicherheitsabstände einzuhalten. Dabei ist ein Sicherheitsabstand der erforderliche Abstand zwischen Lagerorten und zu schützenden Personen, ein Schutzabstand ist der erforderliche Abstand zum Schutz des Lagers gegen gefährliche Einwirkungen von außen.

1.6 Mindestvorschriften für den Explosionsschutz bei Tätigkeiten in Bereichen mit gefährlichen explosionsfähigen Gemischen

(1) Bei der Festlegung von Schutzmaßnahmen nach § 12 Absatz 2 Nummer 1 sind insbesondere Maßnahmen nach folgender Rangfolge zu ergreifen:

1. es sind Stoffe und Gemische einzusetzen, die keine explosionsfähigen Gemische bilden können, soweit dies nach dem Stand der Technik möglich ist,
2. ist dies nicht möglich, ist die Bildung von gefährlichen explosionsfähigen Gemischen zu verhindern oder einzuschränken, soweit dies nach dem Stand der Technik möglich ist,
3. gefährliche explosionsfähige Gemische sind gefahrlos nach dem Stand der Technik zu beseitigen.

Soweit nach der Gefährdungsbeurteilung erforderlich, sind die Maßnahmen zur Vermeidung gefährlicher explosionsfähiger Gemische durch geeignete technische Einrichtungen zu überwachen.

(2) Kann nach Durchführung der Maßnahmen nach Absatz 1 die Bildung gefährlicher explosionsfähiger Gemische nicht sicher verhindert werden, hat der Arbeitgeber zu beurteilen

1. die Wahrscheinlichkeit und die Dauer des Auftretens gefährlicher explosionsfähiger Gemische,
2. die Wahrscheinlichkeit des Vorhandenseins, der Entstehung und des Wirksamwerdens von Zündquellen einschließlich elektrostatischer Entladungen und
3. das Ausmaß der zu erwartenden Auswirkungen von Explosionen.

Treten bei explosionsfähigen Gemischen mehrere Arten von brennbaren Gasen, Dämpfen, Nebeln oder Stäuben gleichzeitig auf, so müssen die Schutzmaßnahmen auf die größte Gefährdung ausgerichtet sein.

(3) Kann das Auftreten gefährlicher explosionsfähiger Gemische nicht sicher verhindert werden, sind Schutzmaßnahmen zu ergreifen, um eine Zündung zu vermeiden. Für die Festlegung von Maßnahmen und die Auswahl der Arbeitsmittel kann der Arbeitgeber explosionsgefährdete Bereiche nach Nummer 1.7 in Zonen einteilen und entsprechende Zuordnungen nach Nummer 1.8 vornehmen.

(4) Kann eine Explosion nicht sicher verhindert werden, sind Maßnahmen des konstruktiven Explosionsschutzes zu ergreifen, um die Ausbreitung der Explosion zu begrenzen und die Auswirkungen der Explosion auf die Beschäftigten so gering wie möglich zu halten.

(5) Arbeitsbereiche, in denen gefährliche explosionsfähige Atmosphäre auftreten kann, sind an ihren Zugängen zu kennzeichnen mit dem Warnzeichen nach Anhang III der Richtlinie 1999/92/EG des Europäischen Parlaments und des Rates vom 16. Dezember 1999 über Mindestvorschriften zur Verbesserung des Gesundheitsschutzes und der Sicherheit der Arbeitnehmer, die durch explosionsfähige Atmosphären gefährdet werden können (Fünfzehnte Einzelrichtlinie im Sinne von Artikel 16 Absatz 1 der Richtlinie 89/391/EWG) (ABl. L 23 vom 28. 1. 2000, S. 57, L 134 vom 7. 6. 2000, S. 36), die durch die Richtlinie 2007/30/EG (ABl. L 165 vom 27. 6. 2007, S. 21) geändert worden ist.

1.7 Zoneneinteilung explosionsgefährdeter Bereiche

Zone 0
ist ein Bereich, in dem gefährliche explosionsfähige Atmosphäre als Gemisch aus Luft und brennbaren Gasen, Dämpfen oder Nebeln ständig, über lange Zeiträume oder häufig vorhanden ist.
Zone 1
ist ein Bereich, in dem sich im Normalbetrieb gelegentlich eine gefährliche explosionsfähige Atmosphäre als Gemisch aus Luft und brennbaren Gasen, Dämpfen oder Nebeln bilden kann.
Zone 2
ist ein Bereich, in dem im Normalbetrieb eine gefährliche explosionsfähige Atmosphäre als Gemisch aus Luft und brennbaren Gasen, Dämpfen oder Nebeln normalerweise nicht auftritt, und wenn doch, dann nur selten und für kurze Zeit.
Zone 20
ist ein Bereich, in dem gefährliche explosionsfähige Atmosphäre in Form einer Wolke aus brennbarem Staub, der in der Luft enthalten ist, ständig, über lange Zeiträume oder häufig vorhanden ist.
Zone 21
ist ein Bereich, in dem sich im Normalbetrieb gelegentlich eine gefährliche explosionsfähige Atmosphäre in Form einer Wolke aus in der Luft enthaltenem brennbaren Staub bilden kann.
Zone 22
ist ein Bereich, in dem im Normalbetrieb eine gefährliche explosionsfähige Atmosphäre in Form einer Wolke aus in der Luft enthaltenem brennbaren Staub normalerweise nicht auftritt, und wenn doch, dann nur selten und für kurze Zeit.
Als Normalbetrieb gilt der Zustand, in dem Anlagen innerhalb ihrer Auslegungsparameter verwendet werden. Im Zweifelsfall ist die strengere Zone zu wählen. Schichten, Ablagerungen und Aufhäufungen von brennbarem Staub sind wie jede andere Ursache, die zur Bildung einer gefährlichen explosionsfähigen Atmosphäre führen kann, zu berücksichtigen. Die Zoneneinteilung ist in der Dokumentation der Gefährdungsbeurteilung (Explosionsschutzdokument) zu dokumentieren.

1.8 Mindestvorschriften für Einrichtungen in explosionsgefährdeten Bereichen sowie für Einrichtungen in nichtexplosionsgefährdeten Bereichen, die für den Explosionsschutz in explosionsgefährdeten Bereichen von Bedeutung sind

(1) Arbeitsmittel einschließlich Anlagen und Geräte, Schutzsysteme und den dazugehörigen Verbindungsvorrichtungen dürfen nur in Betrieb genommen werden, wenn aus der Dokumentation der Gefährdungsbeurteilung hervorgeht, dass sie in explosionsgefährdeten Bereichen sicher verwendet werden können. Dies gilt auch für Arbeitsmittel und die dazugehörigen Verbindungsvorrichtungen, die nicht Geräte oder Schutzsysteme im Sinne der Richtlinie 2014/34/EU des Europäischen Parlaments und des Rates vom 26. Februar 2014 zur Harmonisierung der Rechtsvorschriften der Mitgliedstaaten für Geräte und Schutzsysteme zur be-

stimmungsgemäßen Verwendung in explosionsgefährdeten Bereichen (ABl. L 96 vom 29. 3. 2014, S. 309) sind, wenn ihre Verwendung in einer Einrichtung an sich eine potenzielle Zündquelle darstellt. Verbindungsvorrichtungen dürfen nicht verwechselt werden können; hierfür sind die erforderlichen Maßnahmen zu ergreifen.

(2) Sofern in der Gefährdungsbeurteilung nichts anderes vorgesehen ist, sind in explosionsgefährdeten Bereichen Geräte und Schutzsysteme entsprechend den Kategorien der Richtlinie 2014/34/EU auszuwählen.

(3) Insbesondere sind in explosionsgefährdeten Bereichen, die in Zonen eingeteilt sind, folgende Kategorien von Geräten zu verwenden:

- in Zone 0 oder Zone 20: Geräte der Kategorie 1,
- in Zone 1 oder Zone 21: Geräte der Kategorie 1 oder der Kategorie 2,
- in Zone 2 oder Zone 22: Geräte der Kategorie 1, der Kategorie 2 oder der Kategorie 3.

(4) Für explosionsgefährdete Bereiche, die nicht nach Nummer 1.7 in Zonen eingeteilt sind, sind die Maßnahmen auf der Grundlage der Gefährdungsbeurteilung festzulegen und durchzuführen. Dies gilt insbesondere für

1. zeitlich und örtlich begrenzte Tätigkeiten, bei denen nur für die Dauer dieser Tätigkeiten mit dem Auftreten gefährlicher explosionsfähiger Atmosphäre gerechnet werden muss,
2. An- und Abfahrprozesse in Anlagen, die nur sehr selten oder ausnahmsweise durchgeführt werden müssen und
3. Errichtungs- oder Instandhaltungsarbeiten.

Nummer 2
Partikelförmige Gefahrstoffe

2.1 Anwendungsbereich

Nummer 2 gilt für Tätigkeiten mit Exposition gegenüber allen alveolengängigen und einatembaren Stäuben.

2.2 Begriffsbestimmungen

(1) Stäube, einschließlich Rauche, sind disperse Verteilungen fester Stoffe in der Luft, die insbesondere durch mechanische, thermische oder chemische Prozesse oder durch Aufwirbelung entstehen.

(2) Einatembar ist derjenige Anteil von Stäuben im Atembereich von Beschäftigten, der über die Atemwege aufgenommen werden kann. Alveolengängig ist derjenige Anteil von einatembaren Stäuben, der die Alveolen und Bronchiolen erreichen kann.

2.3 Ergänzende Schutzmaßnahmen für Tätigkeiten mit Exposition gegenüber einatembaren Stäuben

(1) Die Gefährdungsbeurteilung nach § 6 bei Tätigkeiten mit Stoffen, Gemischen und Erzeugnissen, die Stäube freisetzen können, ist unter Beachtung ihres Staubungsverhaltens vorzunehmen.
(2) Bei Tätigkeiten mit Exposition gegenüber einatembaren Stäuben, für die kein stoffbezogener Arbeitsplatzgrenzwert festgelegt ist, sind die Schutzmaßnahmen entsprechend der Gefährdungsbeurteilung nach § 6 so festzulegen, dass mindestens die Arbeitsplatzgrenzwerte für den einatembaren Staubanteil und für den alveolengängigen Staubanteil eingehalten werden.
(3) Maschinen und Geräte sind so auszuwählen und zu betreiben, dass möglichst wenig Staub freigesetzt wird. Staub emittierende Anlagen, Maschinen und Geräte müssen mit einer wirksamen Absaugung versehen sein, soweit dies nach dem Stand der Technik möglich ist und die Staubfreisetzung nicht durch andere Maßnahmen verhindert wird.
(4) Bei Tätigkeiten mit Staubexposition ist eine Ausbreitung des Staubs auf unbelastete Arbeitsbereiche zu verhindern, soweit dies nach dem Stand der Technik möglich ist.
(5) Stäube sind an der Austritts- oder Entstehungsstelle möglichst vollständig zu erfassen und gefahrlos zu entsorgen. Die abgesaugte Luft ist so zu führen, dass so wenig Staub wie möglich in die Atemluft der Beschäftigten gelangt. Die abgesaugte Luft darf nur in den Arbeitsbereich zurückgeführt werden, wenn sie ausreichend gereinigt worden ist.
(6) Ablagerungen von Stäuben sind zu vermeiden. Ist dies nicht möglich, so sind die Staubablagerungen durch Feucht- oder Nassverfahren nach dem Stand der Technik oder durch saugende Verfahren unter Verwendung geeigneter Staubsauger oder Entstauber zu beseitigen. Das Reinigen des Arbeitsbereichs durch Kehren ohne Staub bindende Maßnahmen oder Abblasen von Staubablagerungen mit Druckluft ist grundsätzlich nicht zulässig.
(7) Einrichtungen zum Abscheiden, Erfassen und Niederschlagen von Stäuben müssen dem Stand der Technik entsprechen. Bei der ersten Inbetriebnahme dieser Einrichtungen ist deren ausreichende Wirksamkeit zu überprüfen. Die Einrichtungen sind mindestens jährlich auf ihre Funktionsfähigkeit zu prüfen, zu warten und gegebenenfalls in Stand zu setzen. Die niedergelegten Ergebnisse der Prüfungen nach den Sätzen 2 und 3 sind aufzubewahren.
(8) Für staubintensive Tätigkeiten sind geeignete organisatorische Maßnahmen zu ergreifen, um die Dauer der Exposition so weit wie möglich zu verkürzen. Ergibt die Gefährdungsbeurteilung nach § 6, dass die in Absatz 2 in Bezug genommenen Arbeitsplatzgrenzwerte nicht eingehalten werden können, hat der Arbeitgeber geeignete persönliche Schutzausrüstung, insbesondere zum Atemschutz, zur Verfügung zu stellen. Diese ist von den Beschäftigten zu tragen. Den Beschäftigten sind getrennte Aufbewahrungsmöglichkeiten für die Arbeitskleidung und für die Straßenkleidung sowie Waschräume zur Verfügung zu stellen.

Nummer 3
Asbest

3.1 Anwendungsbereich

Nummer 3 gilt ergänzend zu Nummer 2 für Tätigkeiten, bei denen Asbestfasern freigesetzt werden oder freigesetzt werden können.

3.2 Arbeitsplan

Im Arbeitsplan nach § 11a Absatz 1 Nummer 6 hat der Arbeitgeber insbesondere Folgendes zu beschreiben:
1. Arbeitsverfahren und verwendete Arbeitsmittel,
2. technische, organisatorische und persönliche Schutzmaßnahmen,
3. das Verfahren, nach dem überprüft wird, dass im Arbeitsbereich nach Abschluss der Tätigkeiten keine Gefährdung durch Asbest mehr besteht.

Bei Durchführung der Tätigkeiten mit einem anerkannten emissionsarmen Verfahren nach § 2 Absatz 4b kann die dem Verfahren zugrundeliegende Beschreibung den Arbeitsplan ersetzen.

3.3 Schutzmaßnahmen

(1) Bei der Festlegung und Umsetzung risikobezogener Schutzmaßnahmen nach § 11a Absatz 2 hat der Arbeitgeber sicherzustellen, dass
1. die Schutzmaßnahmen geeignet sind, die Ausbreitung von asbesthaltigem Staub aus dem Arbeitsbereich zu verhindern; geeignete Schutzmaßnahmen sind insbesondere
   a) staubdichte Abtrennung des Arbeitsbereichs,
   b) Lüftungseinrichtung mit ausreichender Unterdruckhaltung,
   c) Personenschleuse mit Dusche,
   d) Materialschleuse,
2. die erforderlichen Hygienemaßnahmen ergriffen und eingehalten werden,
3. Arbeitsbereiche sowie Arbeitsmittel nach Abschluss der Tätigkeiten fachgerecht gereinigt werden; vor Freigabe der Arbeitsbereiche ist der Erfolg der Reinigung zu prüfen oder nachzuweisen.

(2) Der Arbeitgeber hat den Beschäftigten geeignete Atemschutzgeräte, Schutzanzüge und, soweit erforderlich, weitere persönliche Schutzausrüstung zur Verfügung zu stellen. Der Arbeitgeber hat sicherzustellen, dass die Beschäftigten die zur Verfügung gestellte persönliche Schutzausrüstung verwenden.

(3) Vor dem Rückbau von baulichen oder technischen Anlagen sind asbesthaltige Materialien zu entfernen, soweit dies möglich ist.

3.4 Zulassung

(1) Die Zulassung nach § 11a Absatz 3 wird erteilt, wenn
1. der Arbeitgeber nachgewiesen hat, dass

a) die für die Tätigkeiten notwendige personelle und sicherheitstechnische Ausstattung gegeben ist und
b) die Einhaltung der einschlägigen Arbeitsschutzvorschriften gewährleistet ist und

2. keine Bedenken gegen die Zuverlässigkeit des Arbeitgebers bestehen.

(2) Der Arbeitgeber hat dem Zulassungsantrag Folgendes beizufügen:

1. eine Beschreibung der auszuführenden Tätigkeiten,
2. den Nachweis, dass die sicherheitstechnische Ausstattung des Betriebs für die Tätigkeiten ausreichend und geeignet ist,
3. die Angabe zu den sachkundigen Personen sowie die entsprechenden Sachkundenachweise,
4. die Zahl der fachkundigen Beschäftigten, die Tätigkeiten mit Asbest durchführen sollen.

3.5 Anzeige

(1) Die Anzeige nach § 11a Absatz 4 erfolgt unternehmens- oder objektbezogen. Die Anzeige ist vor einer Änderung der Arbeitsbedingungen, die zu einer erheblichen Erhöhung der Exposition der Beschäftigten führen kann, erneut vorzunehmen. Der Anzeige ist die Dokumentation der Gefährdungsbeurteilung einschließlich des Arbeitsplans sowie der Nachweis der Qualifikation der verantwortlichen und aufsichtführenden Personen beizufügen.

(2) Tätigkeiten im Bereich niedrigen oder mittleren Risikos sind unternehmensbezogen anzuzeigen. In der unternehmensbezogenen Anzeige hat der Arbeitgeber anzugeben:

1. Ort der Betriebsstätte,
2. Art und Menge der asbesthaltigen Materialien, die gehandhabt werden,
3. ausgeübte Tätigkeiten und angewendete Arbeitsverfahren,
4. Angabe des Risikobereichs einschließlich der Art der Expositionsermittlung,
5. Anzahl der fachkundigen Beschäftigten,
6. Maßnahmen zur Begrenzung der Asbestexposition der Beschäftigten,
7. Angaben zur verantwortlichen und aufsichtführenden Person.

Unternehmensbezogene Anzeigen sind spätestens nach sechs Jahren erneut vorzunehmen.

(3) Bei wechselnden Arbeitsstätten

1. sind bei Tätigkeiten im Bereich mittleren Risikos ergänzend zur unternehmensbezogenen Anzeige der Ort der Arbeitsstätte sowie Beginn und Dauer der Tätigkeiten anzuzeigen oder
2. ist bei Tätigkeiten im Bereich hohen Risikos eine objektbezogene Anzeige mit Angaben nach Absatz 2 erforderlich; ergänzend sind der Ort der Arbeitsstätte und Beginn und Dauer der Tätigkeiten anzuzeigen sowie eine Kopie der Zulassung nach § 11a Absatz 3 beizufügen.

Für anerkannte emissionsarme Verfahren kann in den nach § 20 Absatz 4 bekannt gegebenen Regeln zusätzlich festgelegt werden, dass ergänzend zur unternehmensbezogenen Anzeige der Ort der Arbeitsstätte sowie Beginn und Dauer der Tätigkeit anzuzeigen sind.

3.6 Fachkunde

(1) Die Fachkunde nach § 11a Absatz 5 Nummer 3 umfasst die fachlichen Kenntnisse und Fertigkeiten, die erforderlich sind, um Tätigkeiten mit Asbest fachgerecht durchzuführen. Hinsichtlich Inhalt, Umfang und Bescheinigung der erforderlichen Fachkenntnisse sind die nach § 20 Absatz 4 bekannt gegebenen Regeln und Erkenntnisse zu berücksichtigen.
(2) Die spezifische praxisbezogene Fortbildungsmaßnahme für eine aufsichtführende Person nach § 11a Absatz 5 Satz 3 ist von einer Körperschaft des öffentlichen Rechts oder einem gewerkespezifischen Fachverband durchzuführen. Sie bedarf keiner behördlichen Anerkennung. Der Lehrgangsträger hat der zuständigen Behörde die Durchführung entsprechender Qualifizierungsmaßnahmen einmal vor Beginn des jeweils ersten Lehrgangs mitzuteilen. Die Qualifikationsmaßnahme umfasst keine abschließende Prüfung. Die Teilnahme wird durch einen Qualifikationsnachweis bescheinigt. Der Qualifikationsnachweis ist zeitlich nicht befristet.

3.7 Sachkunde

(1) Der Nachweis der nach § 11a Absatz 5 erforderlichen Sachkunde wird erbracht durch die erfolgreiche Teilnahme an einem behördlich anerkannten Sachkundelehrgang.
(2) Der Sachkundelehrgang hat die Kenntnisse und Fähigkeiten zu vermitteln, die erforderlich sind, um die jeweiligen Aufgaben und Tätigkeiten sachgerecht durchführen zu können. Die Inhalte des Lehrgangs können gewerkespezifisch ausgerichtet werden. Teil des Lehrgangs ist eine theoretische Prüfung über dessen wesentliche Inhalte. Bei den Inhalten des Lehrgangs und der theoretischen Prüfung sind die Bekanntmachungen nach § 20 Absatz 4 zu berücksichtigen.
(3) Sachkundenachweise gelten für einen Zeitraum von sechs Jahren ab dem Datum des Nachweises. Wird während der Geltungsdauer des Sachkundenachweises ein behördlich anerkannter Fortbildungslehrgang besucht, verlängert sich die Geltungsdauer um jeweils sechs Jahre, gerechnet ab dem Datum des Nachweises über den Abschluss des Fortbildungslehrgangs.
(4) Die Anerkennung eines Sachkundelehrgangs gemäß Absatz 1 wird für einen Zeitraum von maximal sechs Jahren erteilt und kann mit Auflagen sowie mit dem Vorbehalt des Widerrufs erteilt werden. Auflagen können nachträglich angeordnet werden.

3.8 Übergangsfristen für Verbote für das Inverkehrbringen asbesthaltiger Zubereitungen und Erzeugnisse gemäß Abschnitt 2 des Anhangs zu § 1 der Chemikalien-Verbotsverordnung vom 14. Oktober 1993 (BGBl. I S. 1720)

Die Verbote galten bis zum 20. April 1994 nicht für Stoffe, Zubereitungen und Erzeugnisse, die vor dem 20. Oktober 1993 hergestellt worden sind. Dies galt nicht für:

1. Fertigerzeugnisse in Pulverform, die im Einzelhandel öffentlich verkauft wurden,
2. katalytische Siebe und Isoliervorrichtungen, die für mit Flüssiggas betriebene Heizgeräte bestimmt oder in solche Heizgeräte eingebaut waren,
3. Anstrichstoffe,
4. Stoffe und Zubereitungen zum Aufsprühen oder Aufspritzen,
5. Krokydolith oder krokydolithhaltige Zubereitungen und Erzeugnisse.

Die Verbote galten bis zum 31. Dezember 1994 nicht für folgende chrysotilhaltige Zubereitungen und Erzeugnisse einschließlich der zu ihrer Herstellung benötigten Rohstoffe:

1. Kanal- und Druckrohrleitungen für den Tiefbau, ausgenommen unbeschichtete Trinkwasserrohre,
2. Brunnenrohre für die Entwässerung von Braunkohletagebauten,
3. Kupplungsbeläge für Fahrzeuge und Bremsklotzsohlen für schienengebundene Fahrzeuge, soweit keine sicherheitstechnisch geeigneten asbestfreien Kupplungsbeläge oder verkehrsrechtlich zugelassenen asbestfreien Bremsklotzsohlen auf dem Markt angeboten wurden,
4. duroplastische Formmassen zur Herstellung von Kommutatoren,
5. statische Dichtungen, dynamische Dichtungen, Packungen und Zylinderkopfdichtungen für Fahrzeuge und gewerbliche Anwendung,
6. Reibbeläge für gewerbliche Anwendungen.

Das Verbot erstreckte sich nicht auf natürlich vorkommende mineralische Rohstoffe, die freie Asbestfasern mit einem Massengehalt von nicht mehr als 0,1 Prozent enthielten.

Nummer 4
Biozid-Produkte und Begasung mit Biozid-Produkten oder Pflanzenschutzmitteln

4.1 Erlaubnis

(1) Die Erlaubnis nach § 15d Absatz 1 wird erteilt, wenn

1. der Arbeitgeber nachgewiesen hat, dass
   a) die für die Tätigkeiten notwendige personelle und sicherheitstechnische Ausstattung gegeben ist,
   b) die Einhaltung der einschlägigen Arbeitsschutzvorschriften gewährleistet ist und
2. keine Bedenken gegen die Zuverlässigkeit des Arbeitgebers bestehen.

(2) Dem Erlaubnisantrag nach § 15d Absatz 1 Satz 2 hat der Arbeitgeber Folgendes beizufügen:

1. eine Beschreibung der beabsichtigten Anwendungsbereiche von Begasungen,
2. die Angabe der zu verwendenden Wirkstoffe,
3. den Nachweis, dass die räumliche und sicherheitstechnische Ausstattung des Unternehmens für die geplanten Begasungen ausreichend und geeignet ist,
4. Angaben zur Anzahl
   a) der Beschäftigten, die die beabsichtigten Begasungen durchführen sollen,

b) der sachkundigen Personen,
c) der Befähigungsscheininhaber
und
5. Kopien der Sachkundenachweise der sachkundigen Personen sowie der Befähigungsscheine der Befähigungsscheininhaber.

4.2 Anzeige

4.2.1 Unternehmensbezogene Anzeige

In der Anzeige nach § 15c Absatz 2 hat der Arbeitgeber anzugeben:
1. den Namen des Antragstellers,
2. die Anschrift der Betriebsstätte und
3. Angaben
   a) über die personelle, räumliche und sicherheitstechnische Ausstattung des Unternehmens und
   b) zur Art und beabsichtigten Verwendung der Biozid-Produkte oder Biozid-Wirkstoffe.

4.2.2 Tätigkeitsbezogene Anzeige

In der Anzeige nach § 15d Absatz 3 hat der Arbeitgeber
1. anzugeben
   a) das Datum der Tätigkeiten, einschließlich der geplanten Arbeitsschritte und des voraussichtlichen Beginns und Endes der Tätigkeiten, sowie Zeitpunkte der Dichtheitsprüfung und Freigabe, soweit diese erforderlich sind,
   b) die Bezeichnung und Zulassungs- oder Registriernummer des Biozid-Produkts oder des Pflanzenschutzmittels sowie dessen Einsatzmenge,
   c) den Namen der verantwortlichen Person sowie, soweit erforderlich, weiterer Befähigungsscheininhaber

   und
2. vorzulegen
   a) Kopien der Befähigungsscheine und
   b) einen Lageplan des Ortes oder des zu begasenden Objekts.

4.3 Fachkunde

Die Fachkunde nach § 15b Absatz 3 und § 15f Absatz 2 umfasst die fachlichen Kenntnisse und Fertigkeiten, die erforderlich sind, um die verwendeten Biozid-Produkte bestimmungsgemäß und fachgerecht verwenden zu können. Hinsichtlich des Inhalts und des Umfangs der Fachkunde sind die nach § 20 Absatz 4 bekanntgegebenen Regeln und Erkenntnisse zu berücksichtigen.

4.4 Sachkunde

(1) Die erforderliche Sachkunde wird durch Vorlage einer Bescheinigung über die erfolgreiche Teilnahme an einem Sachkundelehrgang nachgewiesen. Der Sachkundelehrgang muss die Anforderungen der Absätze 3 und 4 erfüllen und von der zuständigen Behörde anerkannt sein. Die zuständige Behörde kann eine anderweitige Aus- oder Weiterbildung als gleichwertig mit einem Sachkundelehrgang anerkennen, wenn die erforderlichen praktischen und theoretischen Kenntnisse und Fertigkeiten im Sinne von Absatz 3 erworben wurden, um die jeweiligen Biozid-Produkte bestimmungsgemäß und sachgerecht verwenden zu können.

(2) Beschränkt sich die vorgesehene Verwendung der Biozid-Produkte auf bestimmte Anwendungsbereiche, so kann auch eine Sachkunde anerkannt werden, die auf diese Bereiche bezogen ist. Einer Sachkunde gleichgestellt sind

1. Aus- und Weiterbildungsabschlüsse, die in einer Bekanntmachung nach § 20 Absatz 4 genannt sind hinsichtlich der dort genannten Anwendungsbereiche, sowie
2. hinsichtlich der jeweiligen Bereiche der Schädlingsbekämpfung
   a) Abschlüsse nach der Verordnung über die Berufsausbildung zum Schädlingsbekämpfer/zur Schädlingsbekämpferin vom 15. Juli 2004 (BGBl. I S. 1638),
   b) Prüfungen nach der Verordnung über die Prüfung zum anerkannten Abschluss Geprüfter Schädlingsbekämpfer/Geprüfte Schädlingsbekämpferin vom 19. März 1984 (BGBl. I S. 468) und
   c) Prüfungen zum Gehilfen oder Meister für Schädlingsbekämpfung nach nicht mehr geltendem Recht in der Bundesrepublik Deutschland oder nach dem Recht der Deutschen Demokratischen Republik.

(3) Der Sachkundelehrgang hat die erforderlichen praktischen und theoretischen Kenntnisse und Fertigkeiten zu vermitteln, um die jeweiligen Biozid-Produkte bestimmungsgemäß und sachgerecht verwenden zu können. In Abhängigkeit von Biozid-Produkt und Verwendungsart gehören hierzu die erforderlichen allgemeinen Grundkenntnisse der Toxikologie und Ökotoxikologie sowie:

1. Kenntnisse der einschlägigen Rechtsvorschriften sowie der Bekanntmachungen nach § 20 Absatz 4,
2. Kenntnisse über die Wirkungen der jeweiligen Biozid-Produkte auf die menschliche Gesundheit und die Umwelt,
3. Kenntnisse über die Ermittlung und Einschätzung der Zielbereiche und Zieltierarten für den Einsatz von Biozid-Produkten,
4. Kenntnisse und Fertigkeiten für einen nachhaltigen, risikominimierenden Einsatz der jeweiligen Biozid-Produkte,
5. Kenntnisse über die Möglichkeiten, einem Befall vorzubeugen, und alternativer Verfahren zur Schädlingsbekämpfung und die entsprechenden Fertigkeiten,
6. Kenntnisse und Fertigkeiten zur Dosierung und Ausbringung,
7. Kenntnisse zur Erfolgs- und Wirksamkeitskontrolle und
8. Kenntnisse zur fachgerechten Entsorgung.

(4) Teil des Lehrgangs ist eine theoretische und praktische Prüfung über die wesentlichen Inhalte des Sachkundelehrgangs. Dabei sind die Bekanntmachungen nach § 20 Absatz 4 zu berücksichtigen.
(5) Sachkundenachweise gelten für einen Zeitraum von sechs Jahren ab dem Datum des Nachweises. Die Geltungsdauer verlängert sich um jeweils sechs Jahre ab dem Datum der Erteilung eines Nachweises über den Abschluss eines behördlich anerkannten Fortbildungslehrgangs.

4.5 Befähigungsschein

(1) Ein Befähigungsschein nach § 15d Absatz 4 kann von der zuständigen Behörde auf Antrag erteilt werden, wenn der Antragsteller
1. mindestens 18 Jahre alt ist,
2. über eine geeignete Berufsausbildung oder vergleichbare berufliche Qualifikation verfügt,
3. die erforderliche Zuverlässigkeit besitzt,
4. physisch und psychisch geeignet ist, nachgewiesen durch das Zeugnis eines Arztes nach § 7 Absatz 1 der Verordnung zur arbeitsmedizinischen Vorsorge; das Zeugnis darf zum Zeitpunkt des Antrags auf Ausstellung des Befähigungsscheins nicht älter als ein Jahr sein,
5. eine mit der Tätigkeit verbundene spezifische Sachkunde durch die erfolgreiche Teilnahme an einem von der zuständigen Behörde anerkannten Sachkundelehrgang nachweist und
6. die für die sichere Ausübung der Tätigkeit erforderlichen Sprachkenntnisse besitzt.

(2) Der Befähigungsschein wird für höchstens sechs Jahre erteilt. Die Geltungsdauer kann um jeweils sechs Jahre verlängert werden, wenn nachgewiesen wird, dass
1. die in Absatz 1 genannten Voraussetzungen erfüllt sind und
2. der Befähigungsscheininhaber vor Ablauf der Geltungsdauer einen Fortbildungslehrgang nach Nummer 4.4 Absatz 5 absolviert hat.

(3) Die zuständige Behörde kann die Geltungsdauer eines Befähigungsscheins um höchstens sechs Monate verlängern, wenn der Besuch eines behördlich anerkannten Fortbildungslehrgangs wegen unverhältnismäßiger Härte nicht rechtzeitig erfolgen kann.
(4) Der Befähigungsschein kann widerrufen werden, wenn die erforderlichen Voraussetzungen nach Absatz 1 nicht mehr erfüllt sind.

4.6 Kennzeichnung bei Begasungen von Räumen und Transporteinheiten

(1) Die Kennzeichnung nach § 15d Absatz 4 Satz 2 Nummer 2 Buchstabe b, § 15d Absatz 7 Nummer 2 und § 15g Absatz 2 Nummer 1 hat an den Zugängen begaster Räume und Transporteinheiten sowie an denen von Räumen oder Transporteinheiten, in denen Güter begast wurden, zu erfolgen. Dazu ist ein Hinweis anzubringen, dem Name und Telefonnummer der verantwortlichen Person zu entnehmen ist. Darüber hinaus sind die Zugänge mit einem Warnzeichen zu versehen. Das

Warnzeichen muss rechteckig und die Mindestmaße von 400 mm in der Breite und 300 mm in der Höhe haben. Die Mindestbreite der Außenlinie muss 2 mm betragen. Die Aufschriften müssen schwarz auf weißem Grund sein und mindestens folgende Angaben enthalten:

1. den Hinweis GEFAHR,
2. das für das jeweilige Begasungsmittel zutreffende Gefahrensymbol (für akut toxische Gefahrstoffe der Kategorie 1 bis 3 der Totenkopf mit gekreuzten Knochen),
3. die Aufschrift: DIESE EINHEIT IST BEGAST,
4. die Bezeichnung des Begasungsmittels,
5. das Datum und die Uhrzeit der Begasung,
6. das Datum der Belüftung, sofern eine solche erfolgt ist, und
7. die Aufschrift: ZUTRITT VERBOTEN.

(2) Das Warnzeichen ist entsprechend der folgenden Abbildung zu gestalten:

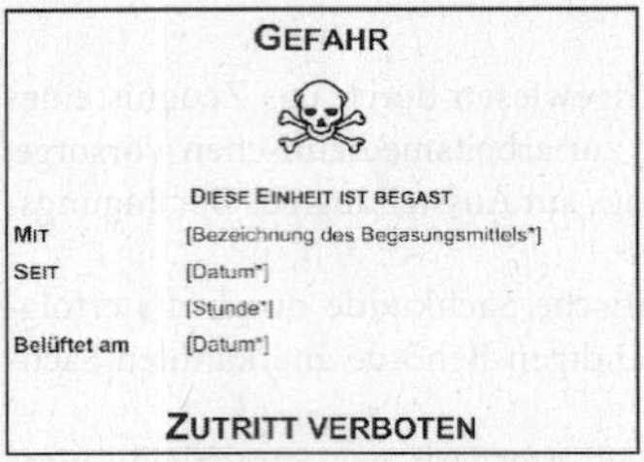

Nummer 5
Ammoniumnitrat

5.1 Anwendungsbereich

(1) Nummer 5 gilt für das Lagern, Abfüllen und innerbetriebliche Befördern von

1. Ammoniumnitrat,
2. ammoniumnitrathaltigen Gemischen.

(2) Nummer 5 gilt nicht für

1. Gemische mit einem Massengehalt an Ammoniumnitrat bis zu 10 Prozent,
2. Ammoniumnitrat und ammoniumnitrathaltige Gemische der Gruppen A und E in Mengen bis zu 100 Kilogramm,
3. ammoniumnitrathaltige Gemische der Gruppen B, C und D in Mengen bis zu 1 Tonne,
4. Ammoniumnitrat und ammoniumnitrathaltige Gemische, die auf Grund ihrer Eigenschaften dem Sprengstoffgesetz unterliegen.

5.2 Begriffsbestimmungen

Ammoniumnitrat und die Gemische werden in folgende Gruppen eingeteilt:

1. Gruppe A:

Ammoniumnitrat und ammoniumnitrathaltige Zubereitungen, die zur detonativen Reaktion fähig sind oder die nach Nummer 5.3 Absatz 7 Tabelle 1 hinsichtlich des Ammoniumnitratgehalts den Untergruppen A I, A II, A III oder A IV zugeordnet sind;
2. Gruppe B:
ammoniumnitrathaltige Zubereitungen, die zur selbstunterhaltenden fortschreitenden thermischen Zersetzung fähig sind;
3. Gruppe C:
ammoniumnitrathaltige Zubereitungen, die weder zur selbstunterhaltenden fortschreitenden thermischen Zersetzung noch zur detonativen Reaktion fähig sind, jedoch beim Erhitzen Stickoxide entwickeln;
4. Gruppe D:
ammoniumnitrathaltige Zubereitungen, die in wässriger Lösung oder Suspension ungefährlich, in kristallisiertem Zustand unter Reduktion des ursprünglichen Wassergehalts jedoch zur detonativen Reaktion fähig sind;
5. Gruppe E:
ammoniumnitrathaltige Zubereitungen, die als Wasser-in-Öl-Emulsionen vorliegen und als Vorprodukte für die Herstellung von Sprengstoffen dienen.

5.3 Allgemeine Bestimmungen

(1) Für Ammoniumnitrat und ammoniumnitrathaltige Gemische der in Nummer 5.2 genannten Gruppen gilt Nummer 5.4.
(2) Ammoniumnitrat und ammoniumnitrathaltige Gemische der Gruppen A, B, C oder E müssen in ihren Bestandteilen fein verteilt und innig gemischt sein und dürfen sich während der Lagerung, Beförderung oder Abfüllung nicht entmischen.
(3) Ammoniumnitrathaltige Düngemittel in Abmischungen als Stickstoff-Kalium- oder Stickstoff-Phosphor-Kalium-Düngemittel (NK- oder NPK-Bulk Blends) müssen nach den Vorschriften der Gruppe B oder nur nach Maßgabe der festgestellten Gefährlichkeit gelagert werden. Werden bei der Abmischung Düngemittel der Gruppe A verwendet, muss die Lagerung nach den Vorschriften der Gruppe A oder ebenfalls nach Maßgabe der festgestellten Gefährlichkeit erfolgen.
(4) Als Ammoniumnitrat gelten alle Nitrationen, für die ein Äquivalent Ammoniumionen vorhanden ist.
(5) Der Massenanteil an verbrennlichen Bestandteilen ist bei ammoniumnitrathaltigen Gemischen der Untergruppe B II aus Absatz 7 Tabelle 1 unbeschränkt, bei Ammoniumnitrat und ammoniumnitrathaltigen Zubereitungen der Untergruppe A I nach Absatz 7 Tabelle 1 auf bis zu 0,2 Prozent und bei ammoniumnitrathaltigen Zubereitungen aller übrigen Untergruppen nach Absatz 7 Tabelle 1 der Gruppen A, B, C und D auf bis zu 0,4 Prozent beschränkt.
(6) Als verbrennlicher Bestandteil bei Ammoniumnitrat und ammoniumnitrathaltigen Gemischen der Untergruppe A I nach Absatz 7 Tabelle 1 gilt der Kohlenstoff, soweit es sich um organische Stoffe handelt.
(7) Inerte Stoffe im Sinne von Nummer 5 sind Stoffe, die die thermische Sensibilität und die Sensibilität gegen eine einwirkende Detonation nicht erhöhen. Im Zwei-

felsfall ist dies durch ein Gutachten der Bundesanstalt für Materialforschung und -prüfung nachzuweisen.

Tabelle 1: Rahmenzusammensetzungen und Grenzen für Ammoniumnitrat und ammoniumnitrathaltige Gemische für die Zuordnung zu einer der Gruppen nach Nummer 5.2

Untergruppen	Massenanteil an Ammoniumnitrat in Prozent (%)	Andere Bestandteile	Besondere Bestimmungen
A I	≥ 90	Chloridgehalt ≤ 0,02 % Inerte Stoffe ≤ 10 %	Keine weiteren Ammoniumsalze sind erlaubt.
A II	> 80 bis < 90	Kalkstein, Dolomit oder Calciumcarbonat < 20 %	
A III	> 45 bis < 70	Ammoniumsulfat	Inerte Stoffe sind erlaubt.
A IV	> 70 bis < 90	Kaliumsalze, Phosphate in NP-, NK- oder NPK-Düngern, Sulfate in N-Düngern; inerte Stoffe	
B I	≤ 70	Kaliumsalze, Phosphate, inerte Stoffe und andere Ammoniumsalze in NK- oder NPK-Düngern	Bei einem Massenanteil von mehr als 45 % Ammoniumnitrat darf der Massenanteil von Ammoniumnitrat und anderen Ammoniumsalzen zusammen nicht mehr als 70 % betragen.
B II	≤ 45	Überschüssige Nitrate ≤ 10 %	Unbeschränkter Gehalt an verbrennlichen Bestandteilen; über den Gehalt an Ammoniumnitrat hinausgehende überschüssige Nitrate werden als Kaliumnitrat berechnet.
C I	≤ 80	Kalkstein, Dolomit oder Calciumcarbonat ≥ 20 %	Kalkstein, Dolomit oder Calciumcarbonat mit minimaler Reinheit von 90 %.
C II	≤ 70	Inerte Stoffe	
C III	≤ 45	Phosphate und andere Ammoniumsalze in NP-Düngern	
	> 45 bis < 70	Phosphate und andere Ammoniumsalze in NP-Düngern	Der Massenanteil an Ammoniumnitrat und anderen Ammoniumsalzen darf zusammen 70 % nicht übersteigen.
C IV	≤ 45	Ammoniumsulfat	Inerte Stoffe sind erlaubt.
D I	≤ 45	Harnstoff, Wasser	In wässriger Lösung.

Untergruppen	Massenanteil an Ammoniumnitrat in Prozent (%)	Andere Bestandteile	Besondere Bestimmungen
D II	≤ 45	Überschüssige Nitrate ≤ 10 %, Kaliumsalze, Phosphate und andere Ammoniumsalze in NP-, NK- oder NPK-Düngern; Wasser	In wässriger Lösung oder Suspension. Überschüssige Nitrate werden als Kaliumnitrat berechnet. Der Grenzgehalt aus Spalte 2 darf sowohl in der flüssigen als auch bei Suspensionen in der festen Phase nicht überschritten werden.
D III	≤ 70	Ammoniak, Wasser	In wässriger Lösung.
D IV	> 70 bis ≤ 93	Wasser	In wässriger Lösung.
E	> 60 bis ≤ 85	≥ 5 % bis ≤ 30 % Wasser, ≥ 2 % bis ≤ 8 % verbrennliche Bestandteile, ≥ 0,5 % bis ≤ 4 % Emulgator	Anorganische Salze; Zusätze.

(8) Ammoniumnitrat und ammoniumnitrathaltige Gemische, die den in Absatz 7 Tabelle 1 festgelegten Rahmenzusammensetzungen und Grenzen innerhalb der Gruppen A, B, C, D oder E nicht zuzuordnen sind oder den Voraussetzungen der Absätze 2 und 5 nicht entsprechen, dürfen nur nach Vorliegen eines Gutachtens der Bundesanstalt für Materialforschung und -prüfung über ihre Gefährlichkeit und nach Maßgabe der darin festgelegten Anforderungen gelagert, abgefüllt oder innerbetrieblich befördert werden.
(9) Ammoniumnitrathaltige Gemische der Gruppe B können nach den für die Gruppe C geltenden Vorschriften gelagert, abgefüllt oder innerbetrieblich befördert werden, wenn diese Zubereitungen nach einem Gutachten der Bundesanstalt für Materialforschung und -prüfung frei von den Gefahren einer selbstunterhaltenden fortschreitenden thermischen Zersetzung sind.
(10) Bei Zuordnung von Ammoniumnitrat und ammoniumnitrathaltigen Gemischen nach den Absätzen 3, 8 oder 9 ist die Kennzeichnung der Gruppe entsprechend dem Gutachten der Bundesanstalt für Materialforschung und -prüfung vorzunehmen.

5.4 Vorsorgemaßnahmen

5.4.1 Grundmaßnahmen bei der Lagerung von Stoffen und Gemischen der in Nummer 5.2 genannten Gruppen

Bei der Lagerung von Stoffen und Gemischen der Gruppen A, B, C, D und E sind folgende Schutzmaßnahmen zu ergreifen:
1. Schutz gegen Witterungseinflüsse,
2. Schutz gegen Verunreinigungen und gefährliche Zusammenlagerung,

3. Schutz vor unbefugtem Zugang,
4. Brandschutz,
5. Schutz vor unzulässiger Beanspruchung.

5.4.2 Zusätzliche Maßnahmen für Stoffe und Gemische der Gruppen und Untergruppen A, D IV und E

5.4.2.1 Allgemeine Maßnahmen

(1) Ausgelaufene oder verschüttete Stoffe und Gemische und verunreinigte Stoffe und Gemische müssen unmittelbar verbraucht oder gefahrlos beseitigt werden.

(2) Die Stoffe und Gemische der Gruppe A dürfen nur verpackt gelagert und befördert werden.

(3) Im Lagerraum oder in einem Umkreis von 10 Metern um den Ort der Lagerung von Stoffen und Gemischen der Gruppe A dürfen keine brennbaren Materialien gelagert werden.

(4) Gemische der Gruppen und Untergruppen D IV und E sind vor thermischer Zersetzung zu schützen.

5.4.2.2 Zusätzliche Maßnahmen für die Lagerung von Mengen über 1 Tonne

(1) Stoffe und Gemische der Gruppe A in Mengen von mehr als 1 Tonne dürfen nur in geeigneten Gebäuden mit entsprechenden Schutzmaßnahmen und nach dem Stand der Technik gelagert werden.

(2) Gemische der Gruppen und Untergruppen D IV und E in Mengen von mehr als 1 Tonne dürfen nur in geeigneten Lagerbehältern mit entsprechenden Schutzmaßnahmen und nach dem Stand der Technik gelagert werden.

(3) Die Stoffe und Gemische der Gruppe A und Gemische der Gruppe E sind vor der Lagerung in Teilmengen von bis zu 25 Tonnen zu unterteilen.

(4) Teilmengen bis zu 25 Tonnen von Stoffen und Gemische der Gruppe A dürfen nur gelagert werden, wenn sie

1. voneinander durch Wände aus Mauerziegeln oder Wandbausteinen ähnlicher Festigkeit oder aus Beton getrennt werden, deren Zwischenraum mit nicht brennbaren Stoffen voll ausgefüllt ist, und wenn die Wände einschließlich des Zwischenraums eine Mindestdicke d aufweisen, die sich aus der jeweils größten Teilmenge M nach folgender Beziehung errechnet:
   $d = 0{,}1\ M^{1/3}$ mit d in »Meter« und M in »Kilogramm«,
2. in Fällen, in denen die Trennwände nicht bis zur Decke reichen, nur bis zu einer Höhe von 1 Meter unterhalb der Wandhöhe gelagert werden.

(5) Der Ort der Lagerung muss zu Gebäuden, die dem dauernden Aufenthalt von Menschen dienen, einen Mindestabstand (Schutzabstand) E haben, der sich aus der jeweils größten Teilmenge M nach folgender Beziehung errechnet
$E = 11\ M^{1/3}$ mit E in »Meter« und M in »Kilogramm«.
Für Betriebsgebäude gilt dies nur, wenn sie auch Wohnzwecken dienen.

(6) Der Schutzabstand zu öffentlichen Verkehrswegen beträgt zwei Drittel des Abstands nach Absatz 5.
(7) Abweichend von den Absätzen 5 und 6 beträgt für Lagermengen bis zu 3 Tonnen der Schutzabstand zu bewohnten Gebäuden und zu öffentlichen Verkehrswegen mindestens 50 Meter.

5.4.2.3 Zusätzliche Maßnahmen für die Lagerung von mehr als 25 Tonnen

(1) Wer beabsichtigt, Stoffe und Gemische der Gruppen und Untergruppen A, D IV und E in Mengen von mehr als 25 Tonnen zu lagern, hat dies spätestens zwei Wochen vorher der zuständigen Behörde schriftlich oder elektronisch anzuzeigen. Erfolgt die Anzeige elektronisch, kann die zuständige Behörde Mehrfertigungen sowie die Übermittlung der der Anzeige beizufügenden Unterlagen auch in schriftlicher Form verlangen.
(2) Die Anzeige muss folgende Angaben enthalten:
1. Name und Anschrift des Anzeigepflichtigen,
2. Art und Höchstmenge der zu lagernden Stoffe oder Gemische,
3. eine Beschreibung der Bauart und Einrichtung des Lagers mit Grundrissen und Schnitten,
4. einen Lageplan, aus dem die Lage zu Gebäuden und öffentlichen Verkehrswegen im Umkreis von 350 Metern ersichtlich ist,
5. welche der im Lageplan nach Ziffer 4 eingezeichneten Gebäude zum dauernden Aufenthalt von Menschen oder zu Wohnzwecken dienen.

(3) Änderungen bezüglich der Angaben nach Absatz 2 sind vom Arbeitgeber der zuständigen Behörde unverzüglich anzuzeigen.
(4) In Lagergebäuden für Stoffe und Gemischen der Gruppe A dürfen Räume nicht zum dauernden Aufenthalt von Personen, ausgenommen von Aufsichts- und Bedienungspersonal, dienen.
(5) Stoffe und Gemische der Gruppe A dürfen nur in eingeschossigen Gebäuden gelagert werden.

5.4.3 Zusätzliche Maßnahmen für Gemische der Gruppe B

5.4.3.1 Allgemeine Maßnahmen

Feuerstätten und sonstige Zündquellen dürfen in Lagerräumen nicht vorhanden sein.

5.4.3.2 Zusätzliche Maßnahmen für die Lagerung von mehr als 100 Tonnen

(1) Die Temperatur der Gemische darf bei der Einlagerung 70 Grad Celsius nicht überschreiten.
(2) Fördermittel und ihre baulichen Einrichtungen müssen so beschaffen sein oder so betrieben werden, dass entstehende Wärme keine Zersetzung des Lagerguts einleiten kann.

5.4.3.3 Zusätzliche Maßnahmen für unverpackte Gemische über 1500 Tonnen oder für ausschließlich verpackte Gemische über 3000 Tonnen

(1) Die Gemische sind in Teilmengen von jeweils höchstens 3000 Tonnen zu unterteilen. Die Unterteilung kann durch feuerbeständige Zwischenwände, durch Haufwerke aus nicht brennbarem Lagergut oder durch einen jederzeit freizuhaltenden Zwischenraum von mindestens 2,50 Metern Breite vorgenommen werden. Reichen die Zwischenwände nicht bis zur Decke, so darf das Lagergut nur bis zu einer Höhe von 1 Meter unterhalb der Wandhöhe aufgeschüttet werden.
(2) Absatz 1 ist nicht anzuwenden, wenn gleichzeitig
1. geeignete Löscheinrichtungen vorhanden sind,
2. Löschwasser in ausreichender Menge zur Verfügung steht,
3. eine jederzeit einsatzbereite Werkfeuerwehr vorhanden ist,
4. das ins Lager gelangende Lagergut abgesiebt wird und
5. die Luft im Lagerraum und in den unterhalb der Lagerfläche befindlichen Ausspeicherkanälen fortlaufend überwacht wird.

5.4.4 Sicherheitstechnische Maßnahmen für Gemische der Gruppe D

Die Gemische sind vor Austrocknung zu bewahren.

5.5 Erleichternde Bestimmungen

5.5.1 Erleichternde Bestimmungen für bestimmte Stoffe und Gemische

Stoffe und Gemische der Untergruppen A I und A II sowie Zubereitungen mit inerten Stoffen der Untergruppe A IV und der Gruppe E können
1. abweichend von Nummer 5.4.2.2 Absatz 3 in Teilmengen (Stapel) von höchstens 100 Tonnen unterteilt werden und
2. abweichend von Nummer 5.4.2.2 Absatz 5 und 6 mit einem Schutzabstand, der der Hälfte des dort geforderten Werts entspricht, gelagert werden.

Voraussetzung hierfür ist der Nachweis durch ein Gutachten der Bundesanstalt für Materialforschung und -prüfung, dass die Stoffe und Zubereitungen der Untergruppen A I, A II und A IV die Beschaffenheitsanforderungen des Anhangs III der Verordnung (EG) Nr. 2003/2003 des Europäischen Parlaments und des Rates vom 13. Oktober 2003 über Düngemittel (ABl. L 304 vom 21. 11. 2003, S. 1), die zuletzt durch die Verordnung (EG) Nr. 1020/2009 (ABl. L 282 vom 29. 10. 2009, S. 7) geändert worden ist, erfüllen und Stoffe und Zubereitungen der Gruppe E nicht detonationsfähig sind.

5.5.2 Erleichternde Bestimmungen für ammoniumnitrat- und rengstoffherstellende Betriebe

Für ammoniumnitrat- und sprengstoffherstellende Betriebe
1. sind Nummer 5.4.2.1 Absatz 2 und Nummer 5.4.2.3 Absatz 1 bis 3 für Stoffe und Gemische der Gruppe A nicht anzuwenden;

2. gilt ein um die Hälfte verminderter Schutzabstand nach Nummer 5.4.2.2 Absatz 5 und 6.

5.6 Ausnahmen

Ausnahmen nach § 19 Absatz 1 durch die zuständige Behörde von den in den in Nummer 5.4.2 genannten Maßnahmen für Stoffe und Gemische der Gruppen und Untergruppen A, D IV und E ergehen im Benehmen mit der Bundesanstalt für Materialforschung und -prüfung.

Anhang II
Besondere Herstellungs- und Verwendungsbeschränkungen für bestimmte Stoffe, Gemische und Erzeugnisse

(zu § 10 Absatz 1, § 16 Absatz 2)

Inhaltsübersicht

Nummer 1
(weggefallen)

Nummer 2
2-Napthylamin, 4-Aminobiphenyl, Benzidin, 4-Nitrobiphenyl

(1) Folgende Stoffe sowie Gemische, die diese Stoffe mit einem Massengehalt von mehr als 0,1 Prozent enthalten, dürfen nicht hergestellt werden:
1. 2-Naphthylamin und seine Salze,
2. 4-Aminobiphenyl und seine Salze,
3. Benzidin und seine Salze und
4. 4-Nitrobiphenyl.

(2) Das Herstellungsverbot nach Absatz 1 gilt nicht für Forschungs- und Analysezwecke sowie für wissenschaftliche Lehrzwecke in den dafür erforderlichen Mengen.

Nummer 3
(weggefallen)

Nummer 4
Kühlschmierstoffe und Korrosionsschutzmittel

(1) Kühlschmierstoffe, denen nitrosierende Agenzien als Komponenten zugesetzt worden sind, dürfen nicht verwendet werden.
(2) Der Arbeitgeber hat im Rahmen der Gefährdungsbeurteilung nach § 6 sicherzustellen, dass den verwendeten Kühlschmierstoffen keine nitrosierenden Stoffe zugesetzt worden sind.
(3) Korrosionsschutzmittel, die gleichzeitig nitrosierende Agenzien oder deren Vorstufen, beispielsweise Nitrit, und sekundäre Amine, einschließlich verkappter sekundärer Amine, enthalten, dürfen nicht verwendet werden. Ausgenommen sind sekundäre Amine, deren zugehörige N-Nitrosamine nachweislich keine krebserzeugenden Stoffe der Kategorie 1A oder 1B sind.
(4) Wassermischbare und wassergemischte Korrosionsschutzmittel, die im Anlieferzustand nitrosierende Agenzien oder deren Vorstufen, beispielsweise Nitrit, enthalten, dürfen nicht verwendet werden.
(5) Der Arbeitgeber hat im Rahmen der Gefährdungsbeurteilung nach § 6 sicherzustellen, dass die eingesetzten Korrosionsschutzmittel den Anforderungen der Absätze 3 und 4 entsprechen.

Nummer 5
Biopersistente Fasern

(1) Zu Zwecken der Wärme- und Schalldämmung, für den Brandschutz sowie für technische Dämmung im Hochbau dürfen weder hergestellt noch verwendet werden:
1. Künstliche Mineralfasern, die aus ungerichteten glasigen (Silikat-)Fasern mit einem Massengehalt von über 18 Prozent an Oxiden von Natrium, Kalium, Calcium, Magnesium und Barium bestehen, sowie
2. Gemische und Erzeugnisse, die die Stoffe nach Nummer 1 mit einem Massengehalt von insgesamt mehr als 0,1 Prozent enthalten.

(2) Absatz 1 gilt nicht
1. für künstliche Mineralfasern, wenn
   a) ein geeigneter Intraperitonealtest keine Anzeichen von übermäßiger Karzinogenität ergeben hat oder
   b) die Halbwertzeit nach intratrachealer Instillation von 2 Milligramm einer Fasersuspension für Fasern mit einer Länge von mehr als 5 Mikrometer, einem Durchmesser von weniger als 3 Mikrometer und einem Länge-zu-Durchmesser-Verhältnis von größer als 3 zu 1 (WHO-Fasern) höchstens 40 Tage beträgt, sowie
2. für Glasfasern, die für Hochtemperaturanwendungen bestimmt sind, die
   a) eine Klassifikationstemperatur von 1000 Grad Celsius bis zu 1200 Grad Celsius erfordern und die Fasern eine Halbwertzeit nach intratrachealer Instillation von höchstens 65 Tagen besitzen oder

b) eine Klassifikationstemperatur von über 1200 Grad Celsius erfordern und Fasern eine Halbwertzeit nach intratrachealer Instillation von höchstens 100 Tagen besitzen.

(3) Spritzverfahren, bei denen krebserzeugende Mineralfasern verwendet werden, sind verboten.

(4) Die Absätze 1 bis 3 gelten auch für private Haushalte.

Nummer 6
Besonders gefährliche krebserzeugende Stoffe

(1) Die folgenden besonders gefährlichen krebserzeugenden Stoffe dürfen nur in geschlossenen Anlagen hergestellt oder verwendet werden:

1. 6-Amino-2-ethoxynaphthalin,
2. Bis(chlormethyl)ether,
3. Cadmiumchlorid (in einatembarer Form),
4. Chlormethyl-methylether,
5. Dimethylcarbamoylchlorid,
6. Hexamethylphosphorsäuretriamid,
7. 1,3-Propansulton,
8. N-Nitrosaminverbindungen, ausgenommen solche N-Nitrosaminverbindungen, bei denen sich in entsprechenden Prüfungen kein Hinweis auf krebserzeugende Wirkungen ergeben hat,
9. Tetranitromethan,
10. 1,2,3-Trichlorpropan sowie
11. Dimethyl- und Diethylsulfat.

Die Herstellungs- und Verwendungsbeschränkung nach Satz 1 gilt auch für o-Toluidin.

(2) Die Herstellungs- und Verwendungsbeschränkung nach Absatz 1 gilt nicht für Forschungs- und Analysezwecke sowie für wissenschaftliche Lehrzwecke in den dafür erforderlichen Mengen.

Anhang III
Spezielle Anforderungen an Tätigkeiten mit organischen Peroxiden

(zu § 12 Absatz 4)

Inhaltsübersicht

Nummer 1
Anwendungsbereich und Begriffsbestimmungen

(1) Der Anhang III legt nur Anforderungen fest zum Schutz von Beschäftigten und Personen nach § 1 Absatz 3 Satz 2 (andere Personen) vor

a) Brand- und Explosionsgefährdungen sowie

b) den Auswirkungen von Bränden oder Explosionen.

Gesundheitsschädigende Wirkungen, die bei Tätigkeiten mit organischen Peroxiden auftreten können, werden von Anhang III nicht erfasst.

(2) Folgende Begriffsbestimmungen gelten für Anhang III:

a) Gefahrgruppe ist eine Einteilung von organischen Peroxiden in Abhängigkeit von ihrem Abbrandverhalten im verpackten Zustand,
b) Gefährliche Objekte sind Betriebsgebäude, Räume oder Plätze in oder auf denen Tätigkeiten mit organischen Peroxiden durchgeführt werden,
c) Schutzabstände sind die zwischen gefährlichen Objekten und der Nachbarschaft, insbesondere Wohnbereichen und Verkehrswegen, einzuhaltenden Abstände,
d) Sicherheitsabstände sind die innerhalb eines Betriebsgeländes einzuhaltenden Abstände,
e) Verkehrswege sind Straßen, Schienen- und Schifffahrtswege, die uneingeschränkt dem öffentlichen Verkehr zugänglich sind, ausgenommen solche mit geringer Verkehrsdichte,
f) Wohnbereich ist ein Bereich, in dem sich bewohnte Gebäude befinden und der nicht mit dem Betrieb in Zusammenhang steht; zu den bewohnten Gebäuden zählen auch Gebäude und Anlagen mit Räumen, die nicht nur zum vorübergehenden Aufenthalt von Personen bestimmt und geeignet sind.

Nummer 2
Tätigkeiten mit organischen Peroxiden

2.1 Anwendungsbereich

(1) Nummer 2 gilt für Tätigkeiten mit organischen Peroxiden.

(2) Nummer 2 gilt nicht für

a) Tätigkeiten mit organischen Peroxiden in Form von Gemischen, wenn
   aa) das Gemisch nicht mehr als 1,0 Prozent Aktivsauerstoff aus den organischen Peroxiden bei höchstens 1,0 Prozent Wasserstoffperoxid enthält oder
   bb) das Gemisch nicht mehr als 0,5 Prozent Aktivsauerstoff aus den organischen Peroxiden bei mehr als 1,0 Prozent, jedoch höchstens 7,0 Prozent Wasserstoffperoxid enthält,
b) Tätigkeiten mit organischen Peroxiden in Kleinpackungen mit einem Inhalt von bis zu 100 Gramm festem oder bis zu 25 Milliliter flüssigem organischen Peroxid, sofern
   aa) die organischen Peroxide nicht dem Sprengstoffgesetz unterfallen,
   bb) die Kleinpackungen handelsfertig in Verkehr gebracht worden sind und die im Betrieb vorhandene Gesamtmasse der organischen Peroxide in den Kleinpackungen einen Inhalt von insgesamt 100 Kilogramm nicht übersteigt,
c) das Aufbewahren explosionsgefährlicher organischer Peroxide, sofern diese den Bestimmungen der Zweiten Verordnung zum Sprengstoffgesetz in der Fassung der Bekanntmachung vom 10. September 2002 (BGBl. I S. 3543),

die zuletzt durch Artikel 2 der Verordnung vom 26. November 2010 (BGBl. I S. 1643) geändert worden ist, unterliegen.

2.2 Begriffsbestimmungen

Folgende Begriffsbestimmungen gelten für Nummer 2:

a) Aktivsauerstoff ist der für Oxidationsreaktionen verfügbare abspaltbare Sauerstoff der Peroxidgruppe (pro Peroxogruppe jeweils ein Sauerstoffatom),

b) der korrigierte Stoffdurchsatz Ak (angegeben in Kilogramm/Minute) charakterisiert das Abbrandverhalten eines organischen Peroxids in seiner Verpackung bezogen auf eine Menge von 10 000 Kilogramm. Darin sind das Maß der Vollständigkeit und Gleichmäßigkeit des Abbrandes sowie das Wärmestrahlungsvermögen der Flammen berücksichtigt.

2.3 Zuordnung organischer Peroxide zu Gefahrgruppen

(1) Der Arbeitgeber darf eine Tätigkeit mit einem organischen Peroxid nur ausüben lassen, wenn die Bundesanstalt für Materialforschung und -prüfung für dieses organische Peroxid eine Gefahrgruppe nach Absatz 2 bekannt gegeben hat. Hat die Bundesanstalt für Materialforschung und -prüfung für explosionsgefährliche organische Peroxide die Lagergruppenzuordnung I, II oder III nach der Zweiten Verordnung zum Sprengstoffgesetz in der Fassung der Bekanntmachung vom 10. September 2002 (BGBl. I S. 3543), die zuletzt durch Artikel 2 der Verordnung vom 26. November 2010 (BGBl. I S. 1643) geändert worden ist, bekannt gegeben, gilt für diese organischen Peroxide entsprechend die Gefahrgruppe OP I, OP II oder OP III als bekannt gegeben. Satz 1 findet keine Anwendung auf organische Peroxide in Form von Gemischen, die organische Peroxide mit einem Massengehalt unter 10 Prozent und Wasserstoffperoxid mit einem Massengehalt unter 5 Prozent enthalten.

(2) Für die Einteilung in Gefahrgruppen gelten folgende Kriterien:

a) Gefahrgruppe OP I: organische Peroxide dieser Gruppe brennen sehr heftig unter starker Wärmeentwicklung ab; der Brand breitet sich rasch aus; Packungen organischer Peroxide können auch vereinzelt mit geringer Druckwirkung explodieren; dabei kann sich der gesamte Inhalt einer Packung umsetzen; einzelne brennende Packungen können fortgeschleudert werden; die Gefährdung der Umgebung durch Wurfstücke ist gering; Gebäude in der Umgebung sind im Allgemeinen durch Druckwirkung nicht gefährdet; diese Gefahrgruppe wird in die Untergruppen Ia und Ib unterteilt; die Gefahrgruppe OP Ia umfasst die organischen Peroxide mit einem korrigierten Stoffdurchsatz Ak größer oder gleich 300 Kilogramm/Minute; die Gefahrgruppe OP Ib umfasst die organischen Peroxide mit einem korrigierten Stoffdurchsatz Ak größer oder gleich 140 Kilogramm/Minute, jedoch kleiner 300 Kilogramm/Minute,

b) Gefahrgruppe OP II: organische Peroxide dieser Gruppe brennen heftig unter starker Wärmeentwicklung ab; der Brand breitet sich rasch aus; die Packungen organischer Peroxide können auch vereinzelt mit geringer Druckwirkung explodieren; dabei setzt sich jedoch nicht der gesamte Inhalt einer Packung um;

die Umgebung ist hauptsächlich durch Flammen und Wärmestrahlung gefährdet; Bauten in der Umgebung sind durch Druckwirkung nicht gefährdet; die Gefahrgruppe OP II umfasst die organischen Peroxide mit einem korrigierten Stoffdurchsatz Ak größer oder gleich 60 Kilogramm/Minute, jedoch kleiner 140 Kilogramm/Minute,

c) Gefahrgruppe OP III: organische Peroxide dieser Gruppe brennen ab, wobei die Auswirkungen des Brandes denen brennbarer Stoffe vergleichbar sind; die Gefahrgruppe OP III umfasst die organischen Peroxide mit einem korrigierten Stoffdurchsatz Ak kleiner 60 Kilogramm/Minute,

d) Gefahrgruppe OP IV: organische Peroxide dieser Gruppe sind schwer entzündbar und brennen so langsam ab, dass die Umgebung durch Flammen und Wärmestrahlung praktisch nicht gefährdet ist; die Angabe eines korrigierten Stoffdurchsatzes Ak ist für diese Gefahrgruppe nicht möglich.

(3) Liegt für ein organisches Peroxid keine Gefahrgruppenzuordnung vor, hat der Arbeitgeber eine solche bei der Bundesanstalt für Materialforschung und -prüfung schriftlich oder elektronisch zu beantragen. Dem Antrag sind die erforderlichen Unterlagen beizufügen. Die Bundesanstalt für Materialforschung und -prüfung gibt die Gefahrgruppenzuordnung bekannt.

(4) Abweichend von Absatz 3 kann der Arbeitgeber auch von einer anderen geeigneten Stelle prüfen lassen, welche Gefahrgruppenzuordnung vorzunehmen ist. In diesem Fall hat der Arbeitgeber das Prüfergebnis mit den erforderlichen Unterlagen der Bundesanstalt für Materialforschung und -prüfung vorzulegen. Die Bundesanstalt für Materialforschung und -prüfung gibt die Gefahrgruppenzuordnung bekannt, wenn diese als zutreffend bewertet worden ist.

(5) Bis zur Bekanntgabe der Gefahrgruppenzuordnung durch die Bundesanstalt für Materialforschung und -prüfung müssen organische Peroxide mit einer Peroxidkonzentration

a) größer oder gleich 57 Prozent wie organische Peroxide der Gefahrgruppe OP Ib,

b) größer oder gleich 32 Prozent, aber kleiner 57 Prozent wie organische Peroxide der Gefahrgruppe OP II,

c) größer oder gleich 10 Prozent, aber kleiner 32 Prozent wie organische Peroxide der Gefahrgruppe OP III

behandelt werden.

(6) Nicht brennbare organische Peroxide mit einer Peroxidkonzentration größer oder gleich 10 Prozent können wie organische Peroxide der Gefahrgruppe OP IV behandelt werden, wenn hierzu die Zustimmung der zuständigen Behörde vorliegt. Die vorläufige Gefahrgruppenzuordnung darf nicht länger als zwei Jahre genutzt werden.

2.4 Informationsermittlung und Gefährdungsbeurteilung

(1) Bei Tätigkeiten mit einem organischen Peroxid hat der Arbeitgeber im Rahmen der Gefährdungsbeurteilung nach § 6 fachkundig zu ermitteln, ob die von der Bundesanstalt für Materialforschung und -prüfung bekannt gegebene Gefahrgruppenzuordnung des organischen Peroxids für die Tätigkeiten anwendbar ist. Stimmen die Kriterien der Zuordnung mit den Bedingungen der Tätigkeiten überein, hat

er die aus der Gefahrgruppenzuordnung resultierenden Schutzmaßnahmen zu ergreifen. Stellt der Arbeitgeber fest, dass die bekannt gegebene Gefahrgruppenzuordnung für einzelne Tätigkeiten nicht übernommen werden kann, legt er fachkundig für die betreffenden Tätigkeiten eine abweichende Gefahrgruppe fest. Ist der Arbeitgeber selbst nicht fachkundig, hat er sich fachkundig beraten zu lassen.
(2) Stellt der Arbeitgeber im Rahmen der Gefährdungsbeurteilung nach § 6 fest, dass bei der Herstellung, Be- oder Verarbeitung organischer Peroxide Gemische auftreten können, die detonationsfähig sind oder zur schnellen Deflagration oder heftigen Wärmeexplosion neigen, hat der Arbeitgeber ein Gutachten der Bundesanstalt für Materialforschung und -prüfung einzuholen, das insbesondere auf die zu treffenden Schutzmaßnahmen eingeht. Dies gilt auch, wenn Tätigkeiten mit organischen Peroxiden in ortsfesten Freianlagen, einschließlich der Lagerung in Tanks oder Silos, ausgeübt werden sollen.

2.5 Schutz- und Sicherheitsabstände

(1) Der Arbeitgeber hat für Gebäude und Freianlagen, in oder auf denen Tätigkeiten mit organischen Peroxiden durchgeführt werden, ausreichende Schutzabstände zu Wohnbereichen und öffentlichen Verkehrswegen sowie Sicherheitsabstände zu innerbetrieblichen Gebäuden oder Anlagen festzulegen. Zu Gebäuden, in denen nur Tätigkeiten mit organischen Peroxiden der Gefahrgruppe OP IV durchgeführt werden, sind keine Schutz- und Sicherheitsabstände einzuhalten.
(2) Die Schutz- und Sicherheitsabstände sind in Abhängigkeit von der Gefahrgruppe und der Menge der vorhandenen organischen Peroxide sowie der Lage, Anordnung und Bauart der Gebäude und Anlagen festzulegen.
(3) Beim Aufbewahren von organischen Peroxiden der Gefahrgruppe OP Ia bis zu einer Nettomasse von 100 Kilogramm und der Gefahrgruppen OP Ib, OP II und OP III bis zu einer Nettomasse von 200 Kilogramm sind keine Schutz- und Sicherheitsabstände einzuhalten. Es muss jedoch sichergestellt sein, dass eine nicht bestimmungsgemäße Umsetzung organischer Peroxide nicht nach außen oder nur in ungefährliche Richtung wirken kann.

2.6 Bauliche Anforderungen

Der Arbeitgeber hat Gebäude, in denen Tätigkeiten mit organischen Peroxiden durchgeführt werden, so zu errichten, dass eine Gefährdung der Beschäftigten und anderer Personen bei Betriebsstörungen oder Unfällen auf ein Minimum reduziert wird. Kann durch eine eintretende Zersetzung eine Gefährdung auftreten, hat er sicherzustellen, dass insbesondere Gebäude und Räume zum Herstellen, Bearbeiten, Verarbeiten, Abfüllen oder Vernichten organischer Peroxide

a) in Sicherheitsbauweise errichtet werden,
b) über ausreichend widerstandsfähige Decken und Wände verfügen und
c) über ausreichend bemessene Druckentlastungsflächen in Wänden oder Decken verfügen, die im Explosionsfall einen schnellen Druckabbau ermöglichen; diese müssen aus leichten Baustoffen bestehen und ihre Widerstandsfähigkeit muss deutlich niedriger sein als die anderer Bauteile.

2.7 Zündquellen

Der Arbeitgeber hat die Bereiche, in denen Zündquellen vermieden werden müssen, im Rahmen der Gefährdungsbeurteilung festzulegen und hierfür die erforderlichen Schutzmaßnahmen, einschließlich der Kennzeichnung dieser Bereiche, zu ergreifen.

2.8 Innerbetrieblicher Transport

Zum innerbetrieblichen Transport eines organischen Peroxids dürfen nur Kraftfahrzeuge oder Flurförderzeuge eingesetzt werden, die keine Zündquelle für das organische Peroxid darstellen.

2.9 Anforderungen an das Aufbewahren organischer Peroxide

(1) Organische Peroxide, die dem Sprengstoffgesetz unterfallen, sind aufzubewahren nach Maßgabe der Vorschriften der Zweiten Verordnung zum Sprengstoffgesetz in der Fassung der Bekanntmachung vom 10. September 2002 (BGBl. I S. 3543), die zuletzt durch Artikel 2 der Verordnung vom 26. November 2010 (BGBl. I S. 1643) geändert worden ist. Für das Aufbewahren organischer Peroxide, die nicht dem Sprengstoffgesetz unterfallen, gelten die Absätze 2 bis 5.
(2) Lagergebäude für organische Peroxide der Gefahrgruppen OP I bis OP III müssen in eingeschossiger Bauweise errichtet sein. Abweichend von Satz 1 darf ein Lagergebäude auch mehrgeschossig sein, wenn die Gefährdungsbeurteilung ergibt, dass die Gefährdung der Beschäftigten und anderer Personen durch die mehrgeschossige Bauweise nicht erhöht wird.
(3) Lagerräume für organische Peroxide der Gefahrgruppen OP I bis OP III müssen mit Druckentlastungsflächen versehen sein.
(4) Lagerräume müssen so errichtet und ausgerüstet sein, dass die höchstzulässige Aufbewahrungstemperatur für organische Peroxide nicht überschritten wird.
(5) Der Arbeitgeber hat dafür zu sorgen, dass organische Peroxide mit anderen Stoffen, Gemischen oder Erzeugnissen nur zusammen gelagert oder gemeinsam abgestellt werden, wenn hierdurch keine wesentliche Erhöhung der Gefährdung eintreten kann.

2.10 Anforderungen an Betriebsanlagen und -einrichtungen

(1) Betriebsanlagen und -einrichtungen müssen so beschaffen und ausgerüstet sein, dass auch bei Betriebsstörungen oder Unfällen die Sicherheit aufrechterhalten und ein unkontrollierter Austritt von organischen Peroxiden vermieden wird. Sie müssen vollständig und gefahrlos entleert werden können.
(2) Betriebsanlagen müssen so errichtet sein, dass durch sie keine gefährlichen Reaktionen der organischen Peroxide ausgelöst werden. Sie sind mit Kontroll- und Regeleinrichtungen für den sicheren Betrieb auszurüsten.
(3) Gefährliche Einschlüsse organischer Peroxide müssen vermieden werden.
(4) Art und Anzahl der Feuerlöscheinrichtungen müssen für die besonderen Eigenschaften der organischen Peroxide ausgelegt sein.

Verordnung über die ärztlichen Untersuchungen nach dem Jugendarbeitsschutzgesetz (Jugendarbeitsschutzuntersuchungsverordnung – JArbSchUV)

In der Fassung vom 16. 10. 1990 (BGBl. I S. 2221), zuletzt geändert durch Verordnung zur Entlastung der Bürgerinnen und Bürger, der Wirtschaft sowie der Verwaltung von Bürokratie vom 11. 12. 2024 (BGBl. I Nr. 411)
Auf Grund des § 46 Abs. 1 und des § 72 Abs. 3 Satz 2 des Jugendarbeitsschutzgesetzes vom 12. 04. 1976 (BGBl. I S. 965) verordnet der Bundesminister für Arbeit und Sozialordnung:

§ 1 Durchführung der Untersuchungen

(1) Der Arzt, der einen Jugendlichen nach den §§ 32 bis 35 oder nach § 42 des Jugendarbeitsschutzgesetzes untersucht, hat unter Berücksichtigung der Krankheitsvorgeschichte des Jugendlichen auf Grund der Untersuchungen zu beurteilen, ob dessen Gesundheit und Entwicklung durch die Ausführung bestimmter Arbeiten oder durch die Beschäftigung während bestimmter Zeiten gefährdet wird, ob eine außerordentliche Nachuntersuchung oder eine Ergänzungsuntersuchung erforderlich ist oder ob besondere der Gesundheit dienende Maßnahmen nötig sind (§ 37 Jugendarbeitsschutzgesetz).
(2) Als Tag der Untersuchung (§ 32 Abs. 1 Nr. 1, § 33 Abs. 1 und § 34 Jugendarbeitsschutzgesetz) gilt der Tag der abschließenden Beurteilung.

§ 2 Untersuchungsberechtigungsschein

Die Kosten einer Untersuchung werden vom Land (§ 44 Jugendarbeitsschutzgesetz) nur erstattet, wenn der Arzt der Kostenforderung einen von der nach Landesrecht zuständigen Stelle ausgegebenen Untersuchungsberechtigungsschein beifügt.

§ 3 Erhebungsbogen

Zur Vorbereitung einer Untersuchung nach § 32 Abs. 1 des Jugendarbeitsschutzgesetzes (Erstuntersuchung) erhält der Jugendliche von der nach Landesrecht zuständigen Stelle einen Erhebungsbogen nach dem Muster der Anlage 1, zur Vorbereitung einer Untersuchung nach § 33 Abs. 1, §§ 34, 35 Abs. 1 oder § 42 des Jugendarbeitsschutzgesetzes (Nachuntersuchung) einen Erhebungsbogen nach dem Muster der Anlage 1a. Der Erhebungsbogen soll, vom Personensorgeberechtigten ausgefüllt und von diesem und dem Jugendlichen unterschrieben, dem Arzt bei der Untersuchung vorgelegt werden.

§ 4 Untersuchungsbogen

(1) Für die Aufzeichnung der Ergebnisse einer Erstuntersuchung hat der Arzt einen Untersuchungsbogen nach dem Muster der Anlage 2, für die Aufzeichnung der Ergebnisse einer Nachuntersuchung einen Untersuchungsbogen nach dem Muster der Anlage 2a zu verwenden.
(2) Der Arzt hat die Untersuchungsbogen 10 Jahre aufzubewahren.

§ 5 Ärztliche Mitteilung an den Personensorgeberechtigten

Für die ärztliche Mitteilung an den Personensorgeberechtigten nach § 39 Abs. 1 des Jugendarbeitsschutzgesetzes hat der Arzt bei einer Erstuntersuchung und bei einer Nachuntersuchung einen Vordruck nach dem Muster der Anlage 3 zu verwenden.

§ 6 Ärztliche Bescheinigung für den Arbeitgeber

Für die ärztliche Bescheinigung für den Arbeitgeber nach § 39 Abs. 2 des Jugendarbeitsschutzgesetzes hat der Arzt bei einer Erstuntersuchung und bei einer Nachuntersuchung einen Vordruck nach dem Muster der Anlage 4 zu verwenden.

§ 7 Übermittlung von Unterlagen

Bei der Übermittlung von Unterlagen nach den in dieser Verordnung vorgesehenen Mustern sind die in den Mustern vorgesehenen Unterschriften in schriftlicher Form zu leisten oder mit einer qualifizierten elektronischen Signatur zu versehen.

§ 8 Inkrafttreten, abgelöste Vorschrift

Diese Verordnung tritt am ersten Tage des auf die Verkündung folgenden vierten Kalendermonats in Kraft. Gleichzeitig tritt die Verordnung über die ärztlichen Untersuchungen nach dem Jugendarbeitsschutzgesetz vom 2. Oktober 1961 (BGBl. I S. 1789), geändert durch Verordnung vom 5. September 1968 (BGBl. I S. 1013), außer Kraft.

Anlage 1 Erhebungsbogen für die Erstuntersuchung nach dem Jugendarbeitsschutzgesetz (JArbSchG)

– vom Personensorgeberechtigten auszufüllen und von ihm und dem Jugendlichen zu unterschreiben;
dem Arzt vom Jugendlichen bei der Untersuchung vorzulegen –

UBS-ID
Name, Vorname, Geburtsdatum des Jugendlichen
Straße, Hausnummer, Postleitzahl, Wohnort
Beabsichtigte berufliche Tätigkeit
Name, Vorname, Postanschrift des Personensorgeberechtigten (falls abweichend von der Postanschrift des Jugendlichen)

Zutreffendes bitte ☒ ankreuzen, wenn es besteht oder »ein Verdacht auf« existiert.

A Vorgeschichte des Jugendlichen

A.1 Krankheiten/Behinderungen:

- ☐ Augenkrankheiten
- ☐ Ohrenkrankheiten
- ☐ Anfallsleiden
- ☐ Asthma
- ☐ Herz-Kreislauf-Krankheiten
- ☐ Zuckerkrankheit
- ☐ Knochen-Gelenk-Krankheiten
- ☐ Hautkrankheiten
- ☐ Allergien
- ☐ andere Krankheiten/Behinderungen welche: __________
- ☐ Operationen/Unfälle welche: __________
  wann: __________
  ☐ noch Beschwerden/Folgen
  welche: __________

A.2 Häufige Beschwerden (Beispiele):

- ☐ Husten
- ☐ Atemnot
- ☐ Kopfschmerz
- ☐ Schwindel
- ☐ Ohnmacht
- ☐ Hautausschläge
- ☐ Sonstige: __________

A.3 ☐ **Zurzeit in ärztlicher Behandlung** Grund: __________

A.4 ☐ **Regelmäßige Medikamenteneinnahme** welche: __________

Bitte – falls vorhanden – zur Untersuchung mitbringen: Impfnachweise, Sehhilfen (Brillenpass), Allergiepass, Feststellungsbescheide über Behinderungen.

(Datum) (Unterschrift des Personensorgeberechtigten) (Unterschrift des Jugendlichen)

Anlage 1a
Erhebungsbogen für die Nachuntersuchung nach dem Jugendarbeitsschutzgesetz (JArbSchG)

– vom Personensorgeberechtigten auszufüllen und von ihm und dem Jugendlichen zu unterschreiben; dem Arzt vom Jugendlichen bei der Untersuchung vorzulegen –

	UBS-ID
Name, Vorname, Geburtsdatum des Jugendlichen	
Straße, Hausnummer, Postleitzahl, Wohnort	
Berufliche Tätigkeit	Arbeitgeber mit Anschrift
Name, Vorname, Postanschrift des Personensorgeberechtigten (falls abweichend von der Postanschrift des Jugendlichen)	
Bisherige Untersuchungen (Jahr/Monat)	Name und Anschrift des Arztes

Zutreffendes bitte ☒ ankreuzen, wenn es besteht oder »ein Verdacht auf« existiert.

A Vorgeschichte des Jugendlichen

A.1 Krankheiten/Behinderungen:

☐ Augenkrankheiten	☐ Ohrenkrankheiten	☐ Anfallsleiden
☐ Asthma	☐ Herz-Kreislauf-Krankheiten	☐ Zuckerkrankheit
☐ Knochen-Gelenk-Krankheiten	☐ Hautkrankheiten	☐ Allergien

☐ andere Krankheiten/Behinderungen welche: ____________________

☐ Operationen/Unfälle welche: ____________________

wann: ____________________

□ noch Beschwerden/Folgen

welche: ____________________

A.2 **Häufige Beschwerden (Beispiele):**

□ Husten □ Atemnot □ Kopfschmerz

□ Schwindel □ Ohnmacht □ Hautausschläge

□ Sonstige: ____________________

A.3 □ **Zurzeit in ärztlicher Behandlung** Grund: ____________________

A.4 □ **Regelmäßige Medikamenteneinnahme** welche: ____________________

A.5 **Arbeitsunfähigkeit insgesamt** □ 1 bis 6 Tage □ 7 bis 14 Tage □ mehr als 14 Tage

A.6 **Gibt es seit Arbeitsbeginn tätigkeitsbezogene Gesundheitsstörungen?** ____________________

Bitte – falls vorhanden – zur Untersuchung mitbringen:
Impfnachweise, Sehhilfen (Brillenpass), Allergiepass, Feststellungsbescheide über Behinderungen, Arbeitsunfähigkeitsbescheinigungen seit Arbeits-/ Ausbildungsbeginn.

(Datum) (Unterschrift des Personensorgeberechtigten) (Unterschrift des Jugendlichen)

Anlage 2
Zum Verbleib beim untersuchenden Arzt

Erhebungs-/Untersuchungsbogen (Teil 2)

Erstuntersuchung nach § 32 Absatz 1 Jugendarbeitsschutzgesetz (JArbSchG)

Name, Vorname des Jugendlichen, Geburtsdatum

Tag der Untersuchung: ____________________

Zutreffendes bitte ☒ ankreuzen.

B **Untersuchungen folgender Organe/Systeme erforderlich:**

B.1 Größe (cm) ____________ Gewicht (teilbekleidet) (kg) ____________

B.2 **Haut** □ Ekzem □ Akne □ Sonstiges: ____________

B.3 **Visus** □ eingeschränkt □ ausreichend mit Sehhilfe korrigiert

B.4 **Farbtüchtigkeit (pseudoisochromatische Farbtafeln oder Testgerät)** □ rot/grün gestört □ andere Störung: ____________

B.5	**Hörvermögen**		□ rechts eingeschränkt	□ links eingeschränkt
B.6	**Lungen**		□ Nebengeräusche	□ Sonstiges: ______
B.7	**Herz-Kreislauf**	□ Rhythmusstörungen	□ pathologisches Geräusch	□ Sonstiges: ______
		Puls im Sitzen (n/min)	______	
		Blutdruck im Sitzen (systolisch) (mmHg)	______	
		Blutdruck im Sitzen (diastolisch) (mmHg)	______	
B.8	**Abdomen**	□ Druckschmerz	□ Bruch/-anlage	□ pathologische Resistenz
		□ Sonstiges: ______		
B.9	**Wirbelsäule**	□ statische Auffälligkeiten	□ Bewegungseinschränkungen ______	
B.10	**Extremitäten**	□ Durchblutungsstörung ______		
		□ Bewegungseinschränkungen ______		
		□ Sensibilitätsstörung ______		
		□ Kraftminderung ______		
B.11	**Psyche/zentrales Nervensystem**		□ grobe Auffälligkeit ______	
B.12	**Alkoholkonsum/Drogen/Spielsucht/Nikotinkonsum** ______			
B.13	□ sonstige Auffälligkeiten in der Patientenakte dokumentiert			
	□ Ergänzungsuntersuchung erforderlich, Grund: ______			
	Fachrichtung: ______			

Anlage 2a
Zum Verbleib beim untersuchenden Arzt

Erhebungs-/Nachuntersuchungsbogen (Teil 2)
Nachuntersuchung nach §§ 33 bis 35 und § 42 Jugendarbeitsschutzgesetz (JArbSchG)

Name, Vorname des Jugendlichen, Geburtsdatum

Tag der Untersuchung: ______

Zutreffendes bitte ☒ ankreuzen.

B	**Untersuchungen folgender Organe/Systeme erforderlich:**			
B.1	Größe (cm) ______		Gewicht (teilbekleidet) (kg) ______	
B.2	**Haut**	☐ Ekzem	☐ Akne	☐ Sonstiges: ______
B.3	**Visus**	☐ eingeschränkt	☐ ausreichend mit Sehhilfe korrigiert	
B.4	**Farbtüchtigkeit (pseudoisochromatische Farbtafeln oder Testgerät)**		☐ rot/grün gestört	☐ andere Störung: ______
B.5	**Hörvermögen**		☐ rechts eingeschränkt	☐ links eingeschränkt
B.6	**Lungen**		☐ Nebengeräusche	☐ Sonstiges: ______
B.7	**Herz-Kreislauf**	☐ Rhythmusstörungen	☐ pathologisches Geräusch	☐ Sonstiges: ______
		Puls im Sitzen (n/min)	______	
		Blutdruck im Sitzen (systolisch) (mmHg)	______	
		Blutdruck im Sitzen (diastolisch) (mmHg)	______	
B.8	**Abdomen**	☐ Druckschmerz	☐ Bruch/-anlage	☐ pathologische Resistenz
		☐ Sonstiges: ______		
B.9	**Wirbelsäule**	☐ statische Auffälligkeiten	☐ Bewegungseinschränkungen ______	
B.10	**Extremitäten**	☐ Durchblutungsstörung ______		
		☐ Bewegungseinschränkungen ______		
		☐ Sensibilitätsstörung ______		
		☐ Kraftminderung ______		
B.11	**Psyche/zentrales Nervensystem**		☐ grobe Auffälligkeit ______	
B.12	**Alkoholkonsum/Drogen/Spielsucht/Nikotinkonsum**			

______

B.13 Angaben zur Arbeitsvorgeschichte:
Wegdauer zu/von der Arbeitsstätte: ______. Beginn und Ende der Arbeitszeit: ______.
Wechselschicht ☐
Sind seit Arbeitsaufnahme gesundheitliche Beschwerden aufgetreten und wenn ja, wurden diese in Verbindung mit der ausgeübten Tätigkeit gebracht?

______

Ist ein Ausbildungs-/Arbeitsverhältnis aus gesundheitlichen Gründen abgebrochen worden? Wenn ja, weshalb?

☐ sonstige Auffälligkeiten in der Patientenakte dokumentiert

☐ Ergänzungsuntersuchung erforderlich, Grund:
Fachrichtung:

Anlage 3

Ärztliche Mitteilung an den Personensorgeberechtigten

Erstuntersuchung nach § 32 Absatz 1 und Nachuntersuchungen nach §§ 33 bis 35 und § 42 Jugendarbeitsschutzgesetz (JArbSchG)

Name, Vorname, Geburtsdatum des Jugendlichen (Versichertenstammdaten)	Aufgrund der Untersuchung halte ich die Gesundheit des Jugendlichen durch die Ausübung nachstehend angekreuzter Arbeiten für gefährdet. Nach § 40 Absatz 1 JArbSchG darf der Jugendliche mit diesen Arbeiten nicht beschäftigt werden.

Zutreffendes bitte ☒ ankreuzen.

- ☐ Erstuntersuchung (gem. § 32 Abs. 1 JArbschG)
- ☐ Erste Nachuntersuchung (gem. § 33 Abs. 1 JArbSchG)
- ☐ Weitere Nachuntersuchung (gem. § 34 JArbSchG)
- ☐ Außerordentliche Nachuntersuchung (gem. § 35 JArbSchG)
- ☐ Angeordnete Nachuntersuchung (gem. § 42 JArbSchG)

Folgende Arbeiten müssen vermieden werden:

- ☐ Überwiegendes Stehen.
- ☐ Überwiegendes Gehen.
- ☐ Überwiegendes Sitzen.
- ☐ Häufiges Einnehmen einer Zwangshaltung (z. B. Bücken, Hocken, Knien)

____

- ☐ Häufiges Heben, Tragen oder Bewegen von Lasten ohne mechanische Hilfsmittel.
- ☐ Arbeiten mit erhöhter Absturzgefahr.
- ☐ Arbeiten mit besonderen klimatischen Belastungen (z. B. Kälte, Hitze, Nässe, Zugluft, starke Temperaturschwankungen)

____

- ☐ Arbeiten mit physikalischen Belastungen (z. B. Lärm, mechanische Schwingungen/Erschütterungen)

____

- ☐ Arbeiten mit chemischer Belastung für die Haut oder der Schleimhäute durch Gase, Stäube, Dämpfe, Rauch

____

- ☐ Arbeiten, die die volle Sehkraft ohne Sehhilfe erfordern.
- ☐ Arbeiten, die die Farbtüchtigkeit erfordern.
- ☐ Sonstige Arbeiten: ____________________

Das wesentliche Ergebnis der Untersuchung ist

- □ Normalbefund
- □ Eine außerordentliche Nachuntersuchung nach § 35 Absatz 1 JArbSchG wird angeordnet:

  nach Ablauf von Monaten ______

  spätestens bis zum ______
- □ Es wird empfohlen, dass der Jugendliche sich möglichst bald einem Arzt/Zahnarzt vorstellt, wegen

  ______

Empfehlungen: ______

(Ort, Datum der abschließenden Beurteilung) (Unterschrift des untersuchenden Arztes)

Zur Beachtung: Vor Ablauf des ersten Beschäftigungsjahres vor dem 18. Geburtstag ist eine Nachuntersuchung erforderlich. Falls die öffentliche Berufsberatung in Anspruch genommen wird, sollte ihr von dem Personensorgeberechtigten im Interesse des Jugendlichen das vorstehende Untersuchungsergebnis mitgeteilt werden.

Anlage 4

Ärztliche Bescheinigung für den Arbeitgeber

Erstuntersuchung nach § 32 Absatz 1 und Nachuntersuchungen nach §§ 33 bis 35 und § 42 Jugendarbeitsschutzgesetz (JArbSchG)

Name, Vorname, Geburtsdatum des Jugendlichen (Versichertenstammdaten)	Aufgrund der Untersuchung halte ich die Gesundheit des Jugendlichen durch die Ausübung nachstehend angekreuzter Arbeiten für gefährdet. Nach § 40 Absatz 1 JArbSchG darf der Jugendliche mit diesen Arbeiten nicht beschäftigt werden.

Zutreffendes bitte ☒ ankreuzen.

- □ Erstuntersuchung (gem. § 32 Abs. 1 JArbschG)
- □ Erste Nachuntersuchung (gem. § 33 Abs. 1 JArbSchG)
- □ Außerordentliche Nachuntersuchung (gem. § 35 JArbSchG)
- □ Weitere Nachuntersuchung (gem. § 34 JArbSchG)
- □ Angeordnete Nachuntersuchung (gem. § 42 JArbSchG)

Folgende Arbeiten müssen vermieden werden:

- □ Überwiegendes Stehen.
- □ Überwiegendes Gehen.
- □ Überwiegendes Sitzen.
- □ Häufiges Einnehmen einer Zwangshaltung (z. B. Bücken, Hocken, Knien) ____________________
- □ Häufiges Heben, Tragen oder Bewegen von Lasten ohne mechanische Hilfsmittel.
- □ Arbeiten mit erhöhter Absturzgefahr.
- □ Arbeiten mit besonderen klimatischen Belastungen (z. B. Kälte, Hitze, Nässe, Zugluft, starke Temperaturschwankungen) ____________________
- □ Arbeiten mit physikalischen Belastungen (z. B. Lärm, mechanische Schwingungen/Erschütterungen)
- □ Arbeiten mit chemischer Belastung für die Haut oder der Schleimhäute durch Gase, Stäube, Dämpfe, Rauch ____________________
- □ Arbeiten, die die volle Sehkraft ohne Sehhilfe erfordern.
- □ Arbeiten, die die Farbtüchtigkeit erfordern.
- □ Sonstige Arbeiten: ____

(Ort, Datum der abschließenden Beurteilung)	(Unterschrift des untersuchenden Arztes)

Zur Beachtung: Vor Ablauf des ersten Beschäftigungsjahres vor dem 18. Geburtstag ist eine Nachuntersuchung erforderlich. Falls die öffentliche Berufsberatung in Anspruch genommen wird, sollte ihr von dem Personensorgeberechtigten im Interesse des Jugendlichen das vorstehende Untersuchungsergebnis mitgeteilt werden.

Verordnung über den Kinderarbeitsschutz (Kinderarbeitsschutzverordnung – KindArbSchV)

In der Fassung vom 23. 06. 1998 (BGBl. I S. 1508n), zuletzt geändert durch vom ()
Auf Grund des § 5 Abs. 4a des Jugendarbeitsschutzgesetzes, der durch Artikel 1 Nr. 2 Buchstabe e des Gesetzes vom 24. Februar 1997 (BGBl. I S. 311) eingefügt worden ist, verordnet die Bundesregierung:

§ 1 Beschäftigungsverbot

Kinder über 13 Jahre und vollzeitschulpflichtige Jugendliche dürfen nicht beschäftigt werden, soweit nicht das Jugendarbeitsschutzgesetz und § 2 dieser Verordnung Ausnahmen vorsehen.

§ 2 Zulässige Beschäftigungen

(1) Kinder über 13 Jahre und vollzeitschulpflichtige Jugendliche dürfen nur beschäftigt werden

1. mit dem Austragen von Zeitungen, Zeitschriften, Anzeigenblättern und Werbeprospekten,
2. in privaten und landwirtschaftlichen Haushalten mit
   a) Tätigkeiten in Haushalt und Garten,
   b) Botengängen,
   c) der Betreuung von Kindern und anderen zum Haushalt gehörenden Personen,
   d) Nachhilfeunterricht,
   e) der Betreuung von Haustieren,
   f) Einkaufstätigkeiten mit Ausnahme des Einkaufs von alkoholischen Getränken und Tabakwaren,
3. in landwirtschaftlichen Betrieben mit Tätigkeiten bei
   a) der Ernte und der Feldbestellung,
   b) der Selbstvermarktung landwirtschaftlicher Erzeugnisse,
   c) der Versorgung von Tieren,
4. mit Handreichungen beim Sport,
5. mit Tätigkeiten bei nichtgewerblichen Aktionen und Veranstaltungen der Kirchen, Religionsgemeinschaften, Verbände, Vereine und Parteien,

wenn die Beschäftigung nach § 5 Abs. 3 des Jugendarbeitsschutzgesetzes leicht und für sie geeignet ist.

(2) Eine Beschäftigung mit Arbeiten nach Absatz 1 ist nicht leicht und für Kinder über 13 Jahre und vollzeitschulpflichtige Jugendliche nicht geeignet, wenn sie insbesondere

1. mit einer manuellen Handhabung von Lasten verbunden ist, die regelmäßig das maximale Lastgewicht von 7,5 kg oder gelegentlich das maximale Lastgewicht von 10 kg überschreiten; manuelle Handhabung in diesem Sinne ist jedes Befördern oder Abstützen einer Last durch menschliche Kraft, unter anderem das Heben, Absetzen, Schieben, Ziehen, Tragen und Bewegen einer Last,
2. infolge einer ungünstigen Körperhaltung physisch belastend ist oder
3. mit Unfallgefahren, insbesondere bei Arbeiten an Maschinen und bei der Betreuung von Tieren, verbunden ist, von denen anzunehmen ist, daß Kinder über 13 Jahre und vollzeitschulpflichtige Jugendliche sie wegen mangelnden Sicherheitsbewußtseins oder mangelnder Erfahrung nicht erkennen oder nicht abwenden können.

Satz 1 Nr. 1 gilt nicht für vollzeitschulpflichtige Jugendliche.

(3) Die zulässigen Beschäftigungen müssen im übrigen den Schutzvorschriften des Jugendarbeitsschutzgesetzes entsprechen.

§ 3 Behördliche Befugnisse

Die Aufsichtsbehörde kann im Einzelfall feststellen, ob die Beschäftigung nach § 2 zulässig ist.

§ 4 Inkrafttreten

Diese Verordnung tritt am ersten Tage des auf die Verkündung folgenden Kalendermonats in Kraft.

Verordnung zum Schutz der Beschäftigten vor Gefährdungen durch Lärm und Vibrationen (Lärm- und Vibrations-Arbeitsschutzverordnung – LärmVibrationsArbSchV)

In der Fassung vom 06. 03. 2007 (BGBl. I S. 261n), zuletzt geändert durch Verordnung zur Änderung der Gesundheitsschutz-Bergverordnung sowie weiterer berg- und arbeitsschutzrechtlicher Verordnungen vom 21. 07. 2021 (BGBl. I S. 3115)

Abschnitt 1
Anwendungsbereich und Begriffsbestimmungen

§ 1 Anwendungsbereich

(1) Diese Verordnung gilt zum Schutz der Beschäftigten vor tatsächlichen oder möglichen Gefährdungen ihrer Gesundheit und Sicherheit durch Lärm oder Vibrationen bei der Arbeit.

(2) Das Bundesministerium der Verteidigung kann für Beschäftigte, die Lärm und Vibrationen ausgesetzt sind oder ausgesetzt sein können, Ausnahmen von den Vorschriften dieser Verordnung zulassen, soweit öffentliche Belange dies zwingend erfordern, insbesondere für Zwecke der Landesverteidigung oder zur Erfüllung zwischenstaatlicher Verpflichtungen der Bundesrepublik Deutschland. In diesem Fall ist gleichzeitig festzulegen, wie die Sicherheit und der Gesundheitsschutz der Beschäftigten nach dieser Verordnung auf andere Weise gewährleistet werden kann.

§ 2 Begriffsbestimmungen

(1) Lärm im Sinne dieser Verordnung ist jeder Schall, der zu einer Beeinträchtigung des Hörvermögens oder zu einer sonstigen mittelbaren oder unmittelbaren Gefährdung von Sicherheit und Gesundheit der Beschäftigten führen kann.

(2) Der Tages-Lärmexpositionspegel ($L_{EX,8h}$) ist der über die Zeit gemittelte Lärmexpositionspegel bezogen auf eine Achtstundenschicht. Er umfasst alle am Arbeitsplatz auftretenden Schallereignisse.

(3) Der Wochen-Lärmexpositionspegel ($L_{EX,40h}$) ist der über die Zeit gemittelte Tages-Lärmexpositionspegel bezogen auf eine 40-Stundenwoche.

(4) Der Spitzenschalldruckpegel ($L_{pC,peak}$) ist der Höchstwert des momentanen Schalldruckpegels.

(5) Vibrationen sind alle mechanischen Schwingungen, die durch Gegenstände auf den menschlichen Körper übertragen werden und zu einer mittelbaren oder unmittelbaren Gefährdung von Sicherheit und Gesundheit der Beschäftigten führen können. Dazu gehören insbesondere

1. mechanische Schwingungen, die bei Übertragung auf das Hand-Arm-System des Menschen Gefährdungen für die Gesundheit und Sicherheit der Beschäftigten verursachen oder verursachen können (Hand-Arm-Vibrationen), insbesondere Knochen- oder Gelenkschäden, Durchblutungsstörungen oder neurologische Erkrankungen, und
2. mechanische Schwingungen, die bei Übertragung auf den gesamten Körper Gefährdungen für die Gesundheit und Sicherheit der Beschäftigten verursachen oder verursachen können (Ganzkörper-Vibrationen), insbesondere Rückenschmerzen und Schädigungen der Wirbelsäule.

(6) Der Tages-Vibrationsexpositionswert A(8) ist der über die Zeit nach Nummer 1.1 des Anhangs für Hand- Arm-Vibrationen und nach Nummer 2.1 des Anhangs für Ganzkörper-Vibrationen gemittelte Vibrationsexpositionswert bezogen auf eine Achtstundenschicht.

(7) Fachkundig ist, wer über die erforderlichen Fachkenntnisse zur Ausübung einer in dieser Verordnung bestimmten Aufgabe verfügt. Die Anforderungen an die Fachkunde sind abhängig von der jeweiligen Art der Aufgabe. Zu den Anforderungen zählen eine entsprechende Berufsausbildung oder Berufserfahrung jeweils in Verbindung mit einer zeitnah ausgeübten einschlägigen beruflichen Tätigkeit sowie die Teilnahme an spezifischen Fortbildungsmaßnahmen.

(8) Der Stand der Technik ist der Entwicklungsstand fortschrittlicher Verfahren, Einrichtungen oder Betriebsweisen, der die praktische Eignung einer Maßnahme zum Schutz der Gesundheit und zur Sicherheit der Beschäftigten gesichert erscheinen lässt. Bei der Bestimmung des Standes der Technik sind insbesondere vergleichbare Verfahren, Einrichtungen oder Betriebsweisen heranzuziehen, die mit Erfolg in der Praxis erprobt worden sind. Gleiches gilt für die Anforderungen an die Arbeitsmedizin und die Arbeitshygiene.

(9) Den Beschäftigten stehen Schülerinnen und Schüler, Studierende und sonstige in Ausbildungseinrichtungen tätige Personen, die bei ihren Tätigkeiten Lärm und Vibrationen ausgesetzt sind, gleich.

Abschnitt 2
Ermittlung und Bewertung der Gefährdung; Messungen

§ 3 Gefährdungsbeurteilung

(1) Bei der Beurteilung der Arbeitsbedingungen nach § 5 des Arbeitsschutzgesetzes hat der Arbeitgeber zunächst festzustellen, ob die Beschäftigten Lärm oder Vibrationen ausgesetzt sind oder ausgesetzt sein können. Ist dies der Fall, hat er alle hiervon ausgehenden Gefährdungen für die Gesundheit und Sicherheit der Beschäftigten zu beurteilen. Dazu hat er die auftretenden Expositionen am Arbeitsplatz zu ermitteln und zu bewerten. Der Arbeitgeber kann sich die notwendigen Informationen beim Hersteller oder Inverkehrbringer von Arbeitsmitteln oder bei anderen ohne weiteres zugänglichen Quellen beschaffen. Lässt sich die Einhaltung der Auslöse- und Expositionsgrenzwerte nicht sicher ermitteln, hat er den Umfang der Exposition durch Messungen nach § 4 festzustellen. Entsprechend dem Ergeb-

nis der Gefährdungsbeurteilung hat der Arbeitgeber Schutzmaßnahmen nach dem Stand der Technik festzulegen.

(2) Die Gefährdungsbeurteilung nach Absatz 1 umfasst insbesondere

1. bei Exposition der Beschäftigten durch Lärm
   a) Art, Ausmaß und Dauer der Exposition durch Lärm,
   b) die Auslösewerte nach § 6 Satz 1 und die Expositionswerte nach § 8 Abs. 2,
   c) die Verfügbarkeit alternativer Arbeitsmittel und Ausrüstungen, die zu einer geringeren Exposition der Beschäftigten führen (Substitutionsprüfung),
   d) Erkenntnisse aus der arbeitsmedizinischen Vorsorge sowie allgemein zugängliche, veröffentlichte Informationen hierzu,
   e) die zeitliche Ausdehnung der beruflichen Exposition über eine Achtstundenschicht hinaus,
   f) die Verfügbarkeit und Wirksamkeit von Gehörschutzmitteln,
   g) Auswirkungen auf die Gesundheit und Sicherheit von Beschäftigten, die besonders gefährdeten Gruppen angehören, und
   h) Herstellerangaben zu Lärmemissionen sowie
2. bei Exposition der Beschäftigten durch Vibrationen
   a) Art, Ausmaß und Dauer der Exposition durch Vibrationen, einschließlich besonderer Arbeitsbedingungen, wie zum Beispiel Tätigkeiten bei niedrigen Temperaturen,
   b) die Expositionsgrenzwerte und Auslösewerte nach § 9 Abs. 1 und 2,
   c) die Verfügbarkeit und die Möglichkeit des Einsatzes alternativer Arbeitsmittel und Ausrüstungen, die zu einer geringeren Exposition der Beschäftigten führen (Substitutionsprüfung),
   d) Erkenntnisse aus der arbeitsmedizinischen Vorsorge sowie allgemein zugängliche, veröffentlichte Informationen hierzu,
   e) die zeitliche Ausdehnung der beruflichen Exposition über eine Achtstundenschicht hinaus,
   f) Auswirkungen auf die Gesundheit und Sicherheit von Beschäftigten, die besonders gefährdeten Gruppen angehören, und
   g) Herstellerangaben zu Vibrationsemissionen.

(3) Die mit der Exposition durch Lärm oder Vibrationen verbundenen Gefährdungen sind unabhängig voneinander zu beurteilen und in der Gefährdungsbeurteilung zusammenzuführen. Mögliche Wechsel- oder Kombinationswirkungen sind bei der Gefährdungsbeurteilung zu berücksichtigen. Dies gilt insbesondere bei Tätigkeiten mit gleichzeitiger Belastung durch Lärm, arbeitsbedingten ototoxischen Substanzen oder Vibrationen, soweit dies technisch durchführbar ist. Zu berücksichtigen sind auch mittelbare Auswirkungen auf die Gesundheit und Sicherheit der Beschäftigten, zum Beispiel durch Wechselwirkungen zwischen Lärm und Warnsignalen oder anderen Geräuschen, deren Wahrnehmung zur Vermeidung von Gefährdungen erforderlich ist. Bei Tätigkeiten, die eine hohe Konzentration und Aufmerksamkeit erfordern, sind störende und negative Einflüsse infolge einer Exposition durch Lärm oder Vibrationen zu berücksichtigen.

(4) Der Arbeitgeber hat die Gefährdungsbeurteilung unabhängig von der Zahl der Beschäftigten zu dokumentieren. In der Dokumentation ist anzugeben, welche

Gefährdungen am Arbeitsplatz auftreten können und welche Maßnahmen zur Vermeidung oder Minimierung der Gefährdung der Beschäftigten durchgeführt werden müssen. Die Gefährdungsbeurteilung ist zu aktualisieren, wenn maßgebliche Veränderungen der Arbeitsbedingungen dies erforderlich machen oder wenn sich eine Aktualisierung auf Grund der Ergebnisse der arbeitsmedizinischen Vorsorge als notwendig erweist.

§ 4 Messungen

(1) Der Arbeitgeber hat sicherzustellen, dass Messungen nach dem Stand der Technik durchgeführt werden. Dazu müssen

1. Messverfahren und -geräte den vorhandenen Arbeitsplatz- und Expositionsbedingungen angepasst sein; dies betrifft insbesondere die Eigenschaften des zu messenden Lärms oder der zu messenden Vibrationen, die Dauer der Einwirkung und die Umgebungsbedingungen und
2. die Messverfahren und -geräte geeignet sein, die jeweiligen physikalischen Größen zu bestimmen, und die Entscheidung erlauben, ob die in den §§ 6 und 9 festgesetzten Auslöse- und Expositionsgrenzwerte eingehalten werden.

Die durchzuführenden Messungen können auch eine Stichprobenerhebung umfassen, die für die persönliche Exposition eines Beschäftigten repräsentativ ist. Der Arbeitgeber hat die Dokumentation über die ermittelten Messergebnisse mindestens 30 Jahre in einer Form aufzubewahren, die eine spätere Einsichtnahme ermöglicht.

(2) Messungen zur Ermittlung der Exposition durch Vibrationen sind zusätzlich zu den Anforderungen nach Absatz 1 entsprechend den Nummern 1.2 und 2.2 des Anhangs durchzuführen.

§ 5 Fachkunde

Der Arbeitgeber hat sicherzustellen, dass die Gefährdungsbeurteilung nur von fachkundigen Personen durchgeführt wird. Verfügt der Arbeitgeber nicht selbst über die entsprechenden Kenntnisse, hat er sich fachkundig beraten zu lassen. Fachkundige Personen können insbesondere der Betriebsarzt und die Fachkraft für Arbeitssicherheit sein. Der Arbeitgeber darf mit der Durchführung von Messungen nur Personen beauftragen, die über die dafür notwendige Fachkunde und die erforderlichen Einrichtungen verfügen.

Abschnitt 3
Auslösewerte und Schutzmaßnahmen bei Lärm

§ 6 Auslösewerte bei Lärm

Die Auslösewerte in Bezug auf den Tages-Lärmexpositionspegel und den Spitzenschalldruckpegel betragen:

1. Obere Auslösewerte: $L_{EX,8h}$ = 85 dB(A) beziehungsweise $L_{pC,peak}$ = 137 dB(C),
2. Untere Auslösewerte: $L_{EX,8h}$ = 80 dB(A) beziehungsweise $L_{pC,peak}$ = 135 dB(C).

Bei der Anwendung der Auslösewerte wird die dämmende Wirkung eines persönlichen Gehörschutzes der Beschäftigten nicht berücksichtigt.

§ 7 Maßnahmen zur Vermeidung und Verringerung der Lärmexposition

(1) Der Arbeitgeber hat die nach § 3 Abs. 1 Satz 6 festgelegten Schutzmaßnahmen nach dem Stand der Technik durchzuführen, um die Gefährdung der Beschäftigten auszuschließen oder so weit wie möglich zu verringern. Dabei ist folgende Rangfolge zu berücksichtigen:

1. Die Lärmemission muss am Entstehungsort verhindert oder so weit wie möglich verringert werden. Technische Maßnahmen haben Vorrang vor organisatorischen Maßnahmen.
2. Die Maßnahmen nach Nummer 1 haben Vorrang vor der Verwendung von Gehörschutz nach § 8.

(2) Zu den Maßnahmen nach Absatz 1 gehören insbesondere:

1. alternative Arbeitsverfahren, welche die Exposition der Beschäftigten durch Lärm verringern,
2. Auswahl und Einsatz neuer oder bereits vorhandener Arbeitsmittel unter dem vorrangigen Gesichtspunkt der Lärmminderung,
3. die lärmmindernde Gestaltung und Einrichtung der Arbeitsstätten und Arbeitsplätze,
4. technische Maßnahmen zur Luftschallminderung, beispielsweise durch Abschirmungen oder Kapselungen, und zur Körperschallminderung, beispielsweise durch Körperschalldämpfung oder -dämmung oder durch Körperschallisolierung,
5. Wartungsprogramme für Arbeitsmittel, Arbeitsplätze und Anlagen,
6. arbeitsorganisatorische Maßnahmen zur Lärmminderung durch Begrenzung von Dauer und Ausmaß der Exposition und Arbeitszeitpläne mit ausreichenden Zeiten ohne belastende Exposition.

(3) In Ruheräumen ist unter Berücksichtigung ihres Zweckes und ihrer Nutzungsbedingungen die Lärmexposition so weit wie möglich zu verringern.

(4) Der Arbeitgeber hat Arbeitsbereiche, in denen einer der oberen Auslösewerte für Lärm ($L_{EX,8h}$, $L_{pC,peak}$) überschritten werden kann, als Lärmbereiche zu kennzeichnen und, falls technisch möglich, abzugrenzen. In diesen Bereichen dürfen sich Beschäftigte nur aufhalten, wenn das Arbeitsverfahren dies erfordert und die Beschäftigten eine geeignete persönliche Schutzausrüstung verwenden; Absatz 1 bleibt unberührt.

(5) Wird einer der oberen Auslösewerte überschritten, hat der Arbeitgeber ein Programm mit technischen und organisatorischen Maßnahmen zur Verringerung der Lärmexposition auszuarbeiten und durchzuführen. Dabei sind insbesondere die Absätze 1 und 2 zu berücksichtigen.

§ 8 Gehörschutz

(1) Werden die unteren Auslösewerte nach § 6 Satz 1 Nr. 2 trotz Durchführung der Maßnahmen nach § 7 Abs. 1 nicht eingehalten, hat der Arbeitgeber den Beschäftigten einen geeigneten persönlichen Gehörschutz zur Verfügung zu stellen, der den Anforderungen nach Absatz 2 genügt.

(2) Der persönliche Gehörschutz ist vom Arbeitgeber so auszuwählen, dass durch seine Anwendung die Gefährdung des Gehörs beseitigt oder auf ein Minimum verringert wird. Dabei muss unter Einbeziehung der dämmenden Wirkung des Gehörschutzes sichergestellt werden, dass der auf das Gehör des Beschäftigten einwirkende Lärm die maximal zulässigen Expositionswerte $L_{EX,8h}$ = 85 dB(A) beziehungsweise $L_{pC,peak}$ = 137 dB(C) nicht überschreitet.

(3) Erreicht oder überschreitet die Lärmexposition am Arbeitsplatz einen der oberen Auslösewerte nach § 6 Satz 1 Nr. 1, hat der Arbeitgeber dafür Sorge zu tragen, dass die Beschäftigten den persönlichen Gehörschutz bestimmungsgemäß verwenden.

(4) Der Zustand des ausgewählten persönlichen Gehörschutzes ist in regelmäßigen Abständen zu überprüfen. Stellt der Arbeitgeber dabei fest, dass die Anforderungen des Absatzes 2 Satz 2 nicht eingehalten werden, hat er unverzüglich die Gründe für diese Nichteinhaltung zu ermitteln und Maßnahmen zu ergreifen, die für eine dauerhafte Einhaltung der Anforderungen erforderlich sind.

Abschnitt 4
Expositionsgrenzwerte und Auslösewerte sowie Schutzmaßnahmen bei Vibrationen

§ 9 Expositionsgrenzwerte und Auslösewerte für Vibrationen

(1) Für Hand-Arm-Vibrationen beträgt
1. der Expositionsgrenzwert A(8) = 5 m/s^2 und
2. der Auslösewert A(8) = 2,5 m/s^2.

Die Exposition der Beschäftigten gegenüber Hand- Arm-Vibrationen wird nach Nummer 1 des Anhangs ermittelt und bewertet.

(2) Für Ganzkörper-Vibrationen beträgt
1. der Expositionsgrenzwert A(8) = 1,15 m/s^2 in X- und Y-Richtung und A(8) = 0,8 m/s^2 in Z-Richtung und
2. der Auslösewert A(8) = 0,5 m/s^2.

Die Exposition der Beschäftigten gegenüber Ganzkörper-Vibrationen wird nach Nummer 2 des Anhangs ermittelt und bewertet.

§ 10 Maßnahmen zur Vermeidung und Verringerung der Exposition durch Vibrationen

(1) Der Arbeitgeber hat die in § 3 Abs. 1 Satz 6 festgelegten Schutzmaßnahmen nach dem Stand der Technik durchzuführen, um die Gefährdung der Beschäftigten auszuschließen oder so weit wie möglich zu verringern. Dabei müssen Vibrationen am Entstehungsort verhindert oder so weit wie möglich verringert werden. Technische Maßnahmen zur Minderung von Vibrationen haben Vorrang vor organisatorischen Maßnahmen.

(2) Zu den Maßnahmen nach Absatz 1 gehören insbesondere

1. alternative Arbeitsverfahren, welche die Exposition gegenüber Vibrationen verringern,
2. Auswahl und Einsatz neuer oder bereits vorhandener Arbeitsmittel, die nach ergonomischen Gesichtspunkten ausgelegt sind und unter Berücksichtigung der auszuführenden Tätigkeit möglichst geringe Vibrationen verursachen, beispielsweise schwingungsgedämpfte handgehaltene oder handgeführte Arbeitsmaschinen, welche die auf den Hand-Arm-Bereich übertragene Vibration verringern,
3. die Bereitstellung von Zusatzausrüstungen, welche die Gesundheitsgefährdung auf Grund von Vibrationen verringern, beispielsweise Sitze, die Ganzkörper-Vibrationen wirkungsvoll dämpfen,
4. Wartungsprogramme für Arbeitsmittel, Arbeitsplätze und Anlagen sowie Fahrbahnen,
5. die Gestaltung und Einrichtung der Arbeitsstätten und Arbeitsplätze,
6. die Schulung der Beschäftigten im bestimmungsgemäßen Einsatz und in der sicheren und vibrationsarmen Bedienung von Arbeitsmitteln,
7. die Begrenzung der Dauer und Intensität der Exposition,
8. Arbeitszeitpläne mit ausreichenden Zeiten ohne belastende Exposition und
9. die Bereitstellung von Kleidung für gefährdete Beschäftigte zum Schutz vor Kälte und Nässe.

(3) Der Arbeitgeber hat, insbesondere durch die Maßnahmen nach Absatz 1, dafür Sorge zu tragen, dass bei der Exposition der Beschäftigten die Expositionsgrenzwerte nach § 9 Abs. 1 Satz 1 Nr. 1 und § 9 Abs. 2 Satz 1 Nr. 1 nicht überschritten werden. Werden die Expositionsgrenzwerte trotz der durchgeführten Maßnahmen überschritten, hat der Arbeitgeber unverzüglich die Gründe zu ermitteln und weitere Maßnahmen zu ergreifen, um die Exposition auf einen Wert unterhalb der Expositionsgrenzwerte zu senken und ein erneutes Überschreiten der Grenzwerte zu verhindern.

(4) Werden die Auslösewerte nach § 9 Abs. 1 Satz 1 Nr. 2 oder § 9 Abs. 2 Satz 1 Nr. 2 überschritten, hat der Arbeitgeber ein Programm mit technischen und organisatorischen Maßnahmen zur Verringerung der Exposition durch Vibrationen auszuarbeiten und durchzuführen. Dabei sind insbesondere die in Absatz 2 genannten Maßnahmen zu berücksichtigen.

Abschnitt 5
Unterweisung der Beschäftigten; Beratung durch den Ausschuss für Betriebssicherheit

§ 11 Unterweisung der Beschäftigten

(1) Können bei Exposition durch Lärm die unteren Auslösewerte nach § 6 Satz 1 Nr. 2 oder bei Exposition durch Vibrationen die Auslösewerte nach § 9 Abs. 1 Satz 1 Nr. 2 oder § 9 Abs. 2 Satz 1 Nr. 2 erreicht oder überschritten werden, stellt der Arbeitgeber sicher, dass die betroffenen Beschäftigten eine Unterweisung erhalten, die auf den Ergebnissen der Gefährdungsbeurteilung beruht und die Aufschluss über die mit der Exposition verbundenen Gesundheitsgefährdungen gibt. Sie muss vor Aufnahme der Beschäftigung und danach in regelmäßigen Abständen, jedoch immer bei wesentlichen Änderungen der belastenden Tätigkeit, erfolgen.

(2) Der Arbeitgeber stellt sicher, dass die Unterweisung nach Absatz 1 in einer für die Beschäftigten verständlichen Form und Sprache erfolgt und mindestens folgende Informationen enthält:

1. die Art der Gefährdung,
2. die durchgeführten Maßnahmen zur Beseitigung oder zur Minimierung der Gefährdung unter Berücksichtigung der Arbeitsplatzbedingungen,
3. die Expositionsgrenzwerte und Auslösewerte,
4. die Ergebnisse der Ermittlungen zur Exposition zusammen mit einer Erläuterung ihrer Bedeutung und der Bewertung der damit verbundenen möglichen Gefährdungen und gesundheitlichen Folgen,
5. die sachgerechte Verwendung der persönlichen Schutzausrüstung,
6. die Voraussetzungen, unter denen die Beschäftigten Anspruch auf arbeitsmedizinische Vorsorge haben, und deren Zweck,
7. die ordnungsgemäße Handhabung der Arbeitsmittel und sichere Arbeitsverfahren zur Minimierung der Expositionen,
8. Hinweise zur Erkennung und Meldung möglicher Gesundheitsschäden.

(3) Um frühzeitig Gesundheitsstörungen durch Lärm oder Vibrationen erkennen zu können, hat der Arbeitgeber sicherzustellen, dass ab dem Überschreiten der unteren Auslösewerte für Lärm und dem Überschreiten der Auslösewerte für Vibrationen die betroffenen Beschäftigten eine allgemeine arbeitsmedizinische Beratung erhalten. Die Beratung ist unter Beteiligung des in § 7 Abs. 1 der Verordnung zur arbeitsmedizinischen Vorsorge genannten Arztes durchzuführen, falls dies aus arbeitsmedizinischen Gründen erforderlich sein sollte. Die arbeitsmedizinische Beratung kann im Rahmen der Unterweisung nach Absatz 1 erfolgen.

§ 12 Beratung durch den Ausschuss für Betriebssicherheit

Der Ausschuss nach § 21 der Betriebssicherheitsverordnung vom 3. Februar 2015 (BGBl. I S. 49), die zuletzt durch Artikel 1 der Verordnung vom 28. Mai 2021 (BGBl. I S. 1224) geändert worden ist, berät das Bundesministerium für Arbeit und Soziales auch in Fragen der Sicherheit und des Gesundheitsschutzes bei lärm- oder vibrationsbezogenen Gefährdungen. § 21 Abs. 4 und 5 der Betriebssicherheitsverordnung gilt entsprechend.

§§ 13 und 14 (weggefallen)

Abschnitt 6
Ausnahmen, Straftaten und Ordnungswidrigkeiten, Übergangsvorschriften

§ 15 Ausnahmen

(1) Die zuständige Behörde kann auf schriftlichen oder elektronischen Antrag des Arbeitgebers Ausnahmen von den Vorschriften der §§ 7 und 10 zulassen, wenn die Durchführung der Vorschrift im Einzelfall zu einer unverhältnismäßigen Härte führen würde und die Abweichung mit dem Schutz der Beschäftigten vereinbar ist. Diese Ausnahmen können mit Nebenbestimmungen verbunden werden, die unter Berücksichtigung der besonderen Umstände gewährleisten, dass die sich daraus ergebenden Gefährdungen auf ein Minimum reduziert werden. Diese Ausnahmen sind spätestens nach vier Jahren zu überprüfen; sie sind aufzuheben, sobald die Umstände, die sie gerechtfertigt haben, nicht mehr gegeben sind. Der Antrag des Arbeitgebers muss Angaben enthalten zu

1. der Gefährdungsbeurteilung einschließlich deren Dokumentation,
2. Art, Ausmaß und Dauer der ermittelten Exposition,
3. den Messergebnissen,
4. dem Stand der Technik bezüglich der Tätigkeiten und der Arbeitsverfahren sowie den technischen, organisatorischen und persönlichen Schutzmaßnahmen,
5. Lösungsvorschlägen und einem Zeitplan, wie die Exposition der Beschäftigten reduziert werden kann, um die Expositions- und Auslösewerte einzuhalten.

Die Ausnahme nach Satz 1 kann auch im Zusammenhang mit Verwaltungsverfahren nach anderen Rechtsvorschriften beantragt werden.

(2) In besonderen Fällen kann die zuständige Behörde auf Antrag des Arbeitgebers zulassen, dass für Tätigkeiten, bei denen die Lärmexposition von einem Arbeitstag zum anderen erheblich schwankt, für die Anwendung der Auslösewerte zur Bewertung der Lärmpegel, denen die Beschäftigten ausgesetzt sind, anstatt des Tages-Lärmexpositionspegels der Wochen-Lärmexpositionspegel verwendet wird, sofern

1. der Wochen-Lärmexpositionspegel den Expositionswert $L_{EX,40h} = 85\,dB(A)$ nicht überschreitet und dies durch eine geeignete Messung nachgewiesen wird und
2. geeignete Maßnahmen getroffen werden, um die mit diesen Tätigkeiten verbundenen Gefährdungen auf ein Minimum zu verringern.

§ 16 Straftaten und Ordnungswidrigkeiten

(1) Ordnungswidrig im Sinne des § 25 Abs. 1 Nr. 1 des Arbeitsschutzgesetzes handelt, wer vorsätzlich oder fahrlässig

1. entgegen § 3 Abs. 1 Satz 2 die auftretende Exposition nicht in dem in Absatz 2 genannten Umfang ermittelt und bewertet,
2. entgegen § 3 Abs. 4 Satz 1 eine Gefährdungsbeurteilung nicht dokumentiert oder in der Dokumentation entgegen § 3 Abs. 4 Satz 2 die dort genannten Angaben nicht macht,
3. entgegen § 4 Abs. 1 Satz 1 in Verbindung mit Satz 2 nicht sicherstellt, dass Messungen nach dem Stand der Technik durchgeführt werden, oder entgegen § 4 Abs. 1 Satz 4 die Messergebnisse nicht speichert,
4. entgegen § 5 Satz 1 nicht sicherstellt, dass die Gefährdungsbeurteilung von fachkundigen Personen durchgeführt wird, oder entgegen § 5 Satz 4 nicht die dort genannten Personen mit der Durchführung der Messungen beauftragt,
5. entgegen § 7 Abs. 4 Satz 1 Arbeitsbereiche nicht kennzeichnet oder abgrenzt,
6. entgegen § 7 Abs. 5 Satz 1 ein Programm mit technischen und organisatorischen Maßnahmen zur Verringerung der Lärmexposition nicht durchführt,
7. entgegen § 8 Abs. 1 in Verbindung mit Abs. 2 den dort genannten Gehörschutz nicht zur Verfügung stellt,
8. entgegen § 8 Abs. 3 nicht dafür Sorge trägt, dass die Beschäftigten den dort genannten Gehörschutz bestimmungsgemäß verwenden,
9. entgegen § 10 Abs. 3 Satz 1 nicht dafür sorgt, dass die in § 9 Abs. 1 Satz 1 Nr. 1 oder § 9 Abs. 2 Satz 1 Nr. 1 genannten Expositionsgrenzwerte nicht überschritten werden,
10. entgegen § 10 Abs. 4 Satz 1 ein Programm mit technischen und organisatorischen Maßnahmen zur Verringerung der Exposition durch Vibrationen nicht durchführt oder
11. entgegen § 11 Abs. 1 nicht sicherstellt, dass die Beschäftigten eine Unterweisung erhalten, die auf den Ergebnissen der Gefährdungsbeurteilung beruht und die in § 11 Abs. 2 genannten Informationen enthält.

(2) Wer durch eine in Absatz 1 bezeichnete vorsätzliche Handlung das Leben oder die Gesundheit eines Beschäftigten gefährdet, ist nach § 26 Nr. 2 des Arbeitsschutzgesetzes strafbar.

§ 17 Übergangsvorschriften

(1) Für den Bereich des Musik- und Unterhaltungssektors ist diese Verordnung erst ab dem 15. Februar 2008 anzuwenden.

(2) Für Wehrmaterial der Bundeswehr, das vor dem 1. Juli 2007 erstmals in Betrieb genommen wurde, gilt bis zum 1. Juli 2011 abweichend von § 9 Abs. 2 Nr. 1 für Ganzkörper-Vibrationen in Z-Richtung ein Expositionsgrenzwert von $A(8) = 1{,}15\,m/s^2$.

(3) Abweichend von § 9 Abs. 2 Nr. 1 darf bis zum 31. Dezember 2011 bei Tätigkeiten mit Baumaschinen und Baugeräten, die vor dem Jahr 1997 hergestellt worden sind und bei deren Verwendung trotz Durchführung aller in Betracht kommenden

Maßnahmen nach dieser Verordnung die Einhaltung des Expositionsgrenzwertes für Ganzkörper-Vibrationen nach § 9 Abs. 2 Nr. 1 nicht möglich ist, an höchstens 30 Tagen im Jahr der Expositionsgrenzwert für Ganzkörper-Vibrationen in Z-Richtung von A(8) = 0,8 m/s² bis höchstens 1,15 m/s² überschritten werden.

Anhang
Vibrationen

1. **Hand-Arm-Vibrationen**

1.1 Ermittlung und Bewertung der Exposition

Die Bewertung des Ausmaßes der Exposition gegenüber Hand-Arm-Vibrationen erfolgt nach dem Stand der Technik anhand der Berechnung des auf einen Bezugszeitraum von acht Stunden normierten Tagesexpositionswertes A(8); dieser wird ausgedrückt als die Quadratwurzel aus der Summe der Quadrate (Gesamtwert) der Effektivwerte der frequenzbewerteten Beschleunigung in den drei orthogonalen Richtungen a_{hwx}, a_{hwy}, a_{hwz}.

Die Bewertung des Ausmaßes der Exposition kann mittels einer Schätzung anhand der Herstellerangaben zum Ausmaß der von den verwendeten Arbeitsmitteln verursachten Vibrationen und mittels Beobachtung der spezifischen Arbeitsweisen oder durch Messung vorgenommen werden.

1.2 Messung

Im Falle von Messungen gemäß § 4 Abs. 2

a) können Stichprobenverfahren verwendet werden, wenn sie für die fraglichen Vibrationen, denen der einzelne Beschäftigte ausgesetzt ist, repräsentativ sind; die eingesetzten Verfahren und Vorrichtungen müssen hierbei den besonderen Merkmalen der zu messenden Vibrationen, den Umweltfaktoren und den technischen Merkmalen des Messgeräts angepasst sein;

b) an Geräten, die beidhändig gehalten oder geführt werden müssen, sind die Messungen an jeder Hand vorzunehmen. Die Exposition wird unter Bezug auf den höheren der beiden Werte ermittelt; der Wert für die andere Hand wird ebenfalls angegeben.

1.3 Interferenzen

§ 3 Abs. 3 Satz 2 ist insbesondere dann zu berücksichtigen, wenn sich Vibrationen auf das korrekte Handhaben von Bedienungselementen oder das Ablesen von Anzeigen störend auswirken.

1.4 Indirekte Gefährdung

§ 3 Abs. 3 Satz 2 ist insbesondere dann zu berücksichtigen, wenn sich Vibrationen auf die Stabilität der Strukturen oder die Festigkeit von Verbindungen nachteilig auswirken.

1.5 Persönliche Schutzausrüstungen

Persönliche Schutzausrüstungen gegen Hand-Arm-Vibrationen können Teil des Maßnahmenprogramms gemäß § 10 Abs. 4 sein.

2. **Ganzkörper-Vibrationen**

2.1 Bewertung der Exposition

Die Bewertung des Ausmaßes der Exposition gegenüber Ganzkörper-Vibrationen erfolgt nach dem Stand der Technik anhand der Berechnung des auf einen Bezugszeitraum von acht Stunden normierten Tages-Vibrationsexpositionswertes A(8); dieser wird ermittelt aus demjenigen korrigierten Effektivwert der frequenzbewerteten Beschleunigung 1,4 a_{wx}, 1,4 a_{wy} oder a_{wz} der drei zueinander orthogonalen Richtungen x, y oder z, bei dem der Zeitraum, der zu einer Überschreitung des Auslösewertes beziehunsweise des Expositionsgrenzwertes führt, am geringsten ist.

Die Bewertung des Ausmaßes der Exposition kann mittels einer Schätzung anhand der Herstellerangaben zum Ausmaß der von den verwendeten Arbeitsmitteln verursachten Vibrationen und mittels Beobachtung der spezifischen Arbeitsweisen oder durch Messung vorgenommen werden.

2.2 Messung

Im Falle von Messungen gemäß § 4 Abs. 2 können Stichprobenverfahren verwendet werden, wenn sie für die betreffenden Vibrationen, denen der einzelne Beschäftigte ausgesetzt ist, repräsentativ sind. Die eingesetzten Verfahren müssen den besonderen Merkmalen der zu messenden Vibrationen, den Umweltfaktoren und den technischen Merkmalen des Messgeräts angepasst sein.

2.3 Interferenzen

§ 3 Abs. 3 Satz 2 ist insbesondere dann zu berücksichtigen, wenn sich Vibrationen auf das korrekte Handhaben von Bedienungselementen oder das Ablesen von Anzeigen störend auswirken.

2.4 Indirekte Gefährdungen

§ 3 Abs. 3 Satz 2 ist insbesondere dann zu berücksichtigen, wenn sich Vibrationen auf die Stabilität der Strukturen oder die Festigkeit von Verbindungen nachteilig auswirken.

2.5 Ausdehnungen der Exposition

Wenn die Ausdehnung der beruflichen Exposition über eine Achtstundenschicht hinaus dazu führt, dass Beschäftigte vom Arbeitgeber überwachte Ruheräume benutzen, müssen in diesen die Ganzkörper-Vibrationen auf ein mit dem Zweck und den Nutzungsbedingungen der Räume zu vereinbarendes Niveau gesenkt werden. Fälle höherer Gewalt sind ausgenommen.

Verordnung über Sicherheit und Gesundheitsschutz bei der manuellen Handhabung von Lasten bei der Arbeit (Lastenhandhabungsverordnung – LasthandhabV)

In der Fassung vom 04. 12. 1996 (BGBl. I S. 1841n), zuletzt geändert durch Elfte Zuständigkeitsanpassungsverordnung vom 19. 06. 2020 (BGBl. I S. 1328)

§ 1 Anwendungsbereich

(1) Diese Verordnung gilt für die manuelle Handhabung von Lasten, die aufgrund ihrer Merkmale oder ungünstiger ergonomischer Bedingungen für die Beschäftigten eine Gefährdung für Sicherheit und Gesundheit, insbesondere der Lendenwirbelsäule, mit sich bringt.
(2) Manuelle Handhabung im Sinne dieser Verordnung ist jedes Befördern oder Abstützen einer Last durch menschliche Kraft, unter anderem das Heben, Absetzen, Schieben, Ziehen, Tragen oder Bewegen einer Last.
(3) Das Bundeskanzleramt, das Bundesministerium des Innern, für Bau und Heimat, das Bundesministerium für Verkehr und digitale Infrastruktur, das Bundesministerium der Verteidigung oder das Bundesministerium der Finanzen können, soweit sie hierfür jeweils zuständig sind, im Einvernehmen mit dem Bundesministerium für Arbeit und Soziales und, soweit nicht das Bundesministerium des Innern, für Bau und Heimat selbst zuständig ist, im Einvernehmen mit dem Bundesministerium des Innern, für Bau und Heimat bestimmen, daß für bestimmte Tätigkeiten im öffentlichen Dienst des Bundes, insbesondere bei der Bundeswehr, der Polizei, den Zivil- und Katastrophenschutzdiensten, dem Zoll oder den Nachrichtendiensten, Vorschriften dieser Verordnung ganz oder zum Teil nicht anzuwenden sind, soweit öffentliche Belange dies zwingend erfordern, insbesondere zur Aufrechterhaltung oder Wiederherstellung der öffentlichen Sicherheit. In diesem Fall ist gleichzeitig festzulegen, wie die Sicherheit und der Gesundheitsschutz der Beschäftigten nach dieser Verordnung auf andere Weise gewährleistet werden.

§ 2 Maßnahmen

(1) Der Arbeitgeber hat unter Zugrundelegung des Anhangs geeignete organisatorische Maßnahmen zu treffen oder geeignete Arbeitsmittel, insbesondere mechanische Ausrüstungen, einzusetzen, um manuelle Handhabungen von Lasten, die für die Beschäftigten eine Gefährdung für Sicherheit und Gesundheit, insbesondere der Lendenwirbelsäule mit sich bringen, zu vermeiden.

(2) Können diese manuellen Handhabungen von Lasten nicht vermieden werden, hat der Arbeitgeber bei der Beurteilung der Arbeitsbedingungen nach § 5 des Arbeitsschutzgesetzes die Arbeitsbedingungen insbesondere unter Zugrundelegung des Anhangs zu beurteilen. Aufgrund der Beurteilung hat der Arbeitgeber geeignete Maßnahmen zu treffen, damit eine Gefährdung von Sicherheit und Gesundheit der Beschäftigten möglichst gering gehalten wird.

§ 3 Übertragung von Aufgaben

Bei der Übertragung von Aufgaben der manuellen Handhabung von Lasten, die für die Beschäftigten zu einer Gefährdung für Sicherheit und Gesundheit führen, hat der Arbeitgeber die körperliche Eignung der Beschäftigten zur Ausführung der Aufgaben zu berücksichtigen.

§ 4 Unterweisung

Bei der Unterweisung nach § 12 des Arbeitsschutzgesetzes hat der Arbeitgeber insbesondere den Anhang und die körperliche Eignung der Beschäftigten zu berücksichtigen. Er hat den Beschäftigten, soweit dies möglich ist, genaue Angaben zu machen über die sachgemäße manuelle Handhabung von Lasten und über die Gefahren, denen die Beschäftigten insbesondere bei unsachgemäßer Ausführung der Tätigkeit ausgesetzt sind.

Anhang

Merkmale, aus denen sich eine Gefährdung von Sicherheit und Gesundheit, insbesondere der Lendenwirbelsäule, der Beschäftigten ergeben kann:

(1) Im Hinblick auf die zu handhabende Last insbesondere

1. ihr Gewicht, ihre Form und Größe,
2. die Lage der Zugriffsstellen,
3. die Schwerpunktlage und
4. die Möglichkeit einer unvorhergesehenen Bewegung.

(2) Im Hinblick auf die von den Beschäftigten zu erfüllende Arbeitsaufgabe insbesondere

1. die erforderliche Körperhaltung oder Körperbewegung, insbesondere Drehbewegung,
2. die Entfernung der Last vom Körper,
3. die durch das Heben, Senken oder Tragen der Last zu überbrückende Entfernung,
4. das Ausmaß, die Häufigkeit und die Dauer des erforderlichen Kraftaufwandes,
5. die erforderliche persönliche Schutzausrüstung,
6. das Arbeitstempo infolge eines nicht durch die Beschäftigten zu ändernden Arbeitsablaufs und
7. die zur Verfügung stehende Erholungs- oder Ruhezeit.

(3) Im Hinblick auf die Beschaffenheit des Arbeitsplatzes und der Arbeitsumgebung insbesondere

1. der in vertikaler Richtung zur Verfügung stehende Platz und Raum,
2. der Höhenunterschied über verschiedene Ebenen,
3. die Temperatur, Luftfeuchtigkeit und Luftgeschwindigkeit,
4. die Beleuchtung,
5. die Ebenheit, Rutschfestigkeit oder Stabilität der Standfläche und
6. die Bekleidung, insbesondere das Schuhwerk.

Verordnung über das Betreiben und Benutzen von Medizinprodukten (MPBetreibV)

In der Fassung vom 14.02.2025 (BGBl. I Nr. 38), zuletzt geändert durch Erste Verordnung zur Änderung der Medizinprodukte-Betreiberverordnung vom 14.02.2025 (BGBl. I Nr. 39)

§ 1 Anwendungsbereich

(1) Diese Rechtsverordnung gilt für das Betreiben und Benutzen von Produkten nach § 3 Nummer 1 des Medizinprodukterecht-Durchführungsgesetzes einschließlich der damit zusammenhängenden Tätigkeiten.
(2) Diese Verordnung gilt nicht für Produkte
1. zur klinischen Prüfung,
2. zur Verwendung in einer Leistungsstudie oder
3. die in ausschließlich eigener Verantwortung für persönliche Zwecke erworben und benutzt werden.

(3) Die Vorschriften des Arbeitsschutzgesetzes und die Rechtsvorschriften, die aufgrund des Arbeitsschutzgesetzes erlassen wurden, die Vorschriften des Strahlenschutzgesetzes und der auf dessen Grundlage erlassenen Rechtsverordnungen sowie Unfallverhütungsvorschriften bleiben unberührt.

§ 2 Begriffsbestimmungen

(1) Tätigkeiten im Zusammenhang mit dem Betreiben und Benutzen von Produkten sind insbesondere
1. das Errichten,
2. das Bereithalten,
3. die Instandhaltung,
4. die Aufbereitung,
5. sicherheits- und messtechnische Kontrollen sowie
6. IT-Sicherheitsüberprüfungen.

(2) Betreiber eines Produktes ist jede natürliche oder juristische Person, die für den Betrieb der Gesundheitseinrichtung verantwortlich ist, in der das Produkt durch dessen Beschäftigte betrieben oder benutzt wird. Abweichend von Satz 1 ist Betreiber eines Produktes, das im Besitz eines Angehörigen der Heilberufe oder des Heilgewerbes ist und von diesem zur Verwendung in eine Gesundheitseinrichtung mitgebracht wird, der betreffende Angehörige des Heilberufs oder des Heilgewerbes. Als Betreiber gilt auch, wer außerhalb von Gesundheitseinrichtungen Produkte zur Benutzung bereithält.
(3) Benutzer im Sinne dieser Verordnung ist, wer ein Produkt im Anwendungsbereich dieser Verordnung am Patienten einsetzt.

(4) Gesundheitseinrichtung im Sinne dieser Verordnung ist jede Einrichtung, Stelle oder Institution, einschließlich Rehabilitations- und Pflegeeinrichtungen, in der Produkte durch medizinisches Personal, Personen der Pflegeberufe oder sonstige dazu befugte Personen betrieben oder benutzt werden.
(5) Versorgender ist, wer aufgrund einer gesetzlichen oder vertraglichen Verpflichtung gegenüber dem Patienten Produkte bereitzustellen hat.

§ 3 Pflichten eines Betreibers

(1) Der Betreiber hat die ihm nach dieser Verordnung obliegenden Pflichten wahrzunehmen, um ein sicheres und ordnungsgemäßes Betreiben und Benutzen von Produkten in seiner Gesundheitseinrichtung zu gewährleisten.
(2) Werden Produkte durch einen Versorgenden bereitgestellt und verbleiben diese im Eigentum des Versorgenden, hat der Versorgende die Pflichten des Betreibers wahrzunehmen. Die aus den Pflichten nach Satz 1 resultierenden Aufgaben können ganz oder teilweise vertraglich auf einen Dritten übertragen werden. Soweit die Aufgaben nach Satz 2 auf einen Dritten übertragen worden sind, hat der Versorgende die erforderlichen Vorkehrungen dafür zu treffen, dass diese Aufgaben ordnungsgemäß erfüllt werden.
(3) Werden Produkte aufgrund einer Veranlassung des Versorgenden durch einen Dritten bereitgestellt und verbleiben diese im Eigentum des Dritten, hat der Dritte die Pflichten des Betreibers wahrzunehmen.
(4) Werden Produkte aufgrund einer Veranlassung des Versorgenden durch einen Dritten bereitgestellt und gehen diese in das Eigentum des Patienten über, hat der Versorgende die Pflichten des Betreibers wahrzunehmen. Absatz 2 Satz 2 und 3 gilt entsprechend.
(5) Die Absätze 2 bis 4 gelten auch, wenn Produkte vom Patienten in eine Gesundheitseinrichtung mitgenommen und dort von ihm oder im Rahmen einer vereinzelten Hilfestellung durch den Benutzer betrieben und benutzt werden.

§ 4 Allgemeine Anforderungen

(1) Produkte dürfen nur ihrer Zweckbestimmung entsprechend und nach den Vorschriften dieser Verordnung sowie den allgemein anerkannten Regeln der Technik betrieben und benutzt werden.
(2) Produkte dürfen nur von Personen betrieben oder benutzt werden, die die dafür erforderliche Ausbildung oder Kenntnis und Erfahrung besitzen.
(3) Eine Einweisung in die ordnungsgemäße Handhabung des Produktes ist erforderlich. Für Software gilt dies auch nach jeder Installation von Softwareaktualisierungen, die die Handhabung der Software durch den Benutzer beim Betreiben und Benutzen nicht nur geringfügig ändern. Abweichend von Satz 1 ist eine Einweisung nicht erforderlich,

1. wenn für das Produkt eine Gebrauchsanweisung entbehrlich ist entsprechend
   a) Anhang I Kapitel III Ziffer 23.1 Buchstabe d der Verordnung (EU) 2017/745 des Europäischen Parlaments und des Rates vom 5. April 2017 über Medizinprodukte, zur Änderung der Richtlinie 2001/83/EG, der Ver-

ordnung (EG) Nr. 178/2002 und der Verordnung (EG) Nr. 1223/2009 und zur Aufhebung der Richtlinien 90/385/EWG und 93/42/EWG des Rates (ABl. L 117 vom 5.5.2017, S. 1; L 117 vom 3.5.2019, S. 9; L 334 vom 27.12.2019, S. 165; L 241 vom 8.7.2021, S. 7), die zuletzt durch die Verordnung (EU) 2024/568 (ABl. L, 2024/568, 14.2.2024) geändert worden ist, in der jeweils geltenden Fassung, oder

b) Anhang I Kapitel III Ziffer 20.1 Buchstabe d der Verordnung (EU) 2017/746 des Europäischen Parlaments und des Rates vom 5. April 2017 über In-vitro-Diagnostika und zur Aufhebung der Richtlinie 98/79/EG und des Beschlusses 2010/227/EU der Kommission (ABl. L 117 vom 5.5.2017, S. 176; L 117 vom 3.5.2019, S. 11; L 334 vom 27.12.2019, S. 167; L 233 vom 1.7.2021, S. 9), die zuletzt durch die Verordnung (EU) 2023/607 (ABl. L 80 vom 20.3.2023, S. 24) geändert worden ist, in der jeweils geltenden Fassung, oder

2. wenn eine Einweisung bereits in ein baugleiches Produkt erfolgt ist.

Die Einweisung in die ordnungsgemäße Handhabung aktiver nicht implantierbarer Produkte ist in geeigneter Form zu dokumentieren. Satz 4 gilt nicht in den Fällen des § 3 Absatz 2 bis 4.

(4) Miteinander verbundene Produkte sowie Produkte, die mit anderen Gegenständen verbunden sind, dürfen nur betrieben und benutzt werden, wenn sie dafür in dieser Kombination unter Berücksichtigung der Zweckbestimmung und der Sicherheit der Patienten, Benutzer, Beschäftigten oder Dritten geeignet sind.

(5) Der Betreiber darf nur solche Personen mit dem Benutzen eines Produktes beauftragen, die die in Absatz 2 genannten Voraussetzungen erfüllen und die in das Produkt gemäß Absatz 3 eingewiesen sind. Satz 1 gilt nicht in den Fällen des § 3 Absatz 2 bis 4.

(6) Der Benutzer hat sich vor dem Benutzen eines Produktes von der Funktionsfähigkeit und dem ordnungsgemäßen Zustand des Produktes zu überzeugen und die Gebrauchsanweisung sowie die sonstigen beigefügten sicherheitsbezogenen Informationen und Instandhaltungshinweise zu beachten. Satz 1 gilt entsprechend für zur Benutzung miteinander verbundene Produkte, für Gegenstände, die mit Produkten zur Benutzung verbunden sind, sowie für die jeweilige Kombination. Für vernetzte Produkte sind bei der Verbindung mit einem Netzwerk die Anforderungen des Herstellers hinsichtlich der digitalen Infrastruktur in Bezug auf die Informationssicherheit seiner Produkte zu beachten.

(7) Die Gebrauchsanweisung und die dem Produkt beigefügten Hinweise sind so aufzubewahren, dass die für die Benutzung des Produktes erforderlichen Angaben dem Benutzer jederzeit zugänglich sind. Satz 1 gilt nicht in den Fällen des § 3 Absatz 2 bis 4.

(8) Produkte der Anlage 2 dürfen nur betrieben oder benutzt werden, wenn sie die im Leitfaden nach § 15 Absatz 1 Satz 2 angegebenen Fehlergrenzen einhalten.

§ 5 Besondere Anforderungen

Sofern für eine Tätigkeit nach dieser Verordnung besondere Anforderungen vorausgesetzt werden, darf diese Tätigkeit nur durchführen, wer

1. hinsichtlich der jeweiligen Tätigkeit über aktuelle Kenntnisse aufgrund einer geeigneten Ausbildung und einer einschlägigen beruflichen Tätigkeit verfügt,
2. hinsichtlich der fachlichen Beurteilung keiner Weisung unterliegt und
3. über die Mittel, insbesondere Räume, Geräte und sonstige Arbeitsmittel, wie geeignete Mess- und Prüfeinrichtungen, verfügt, die erforderlich sind, um die jeweilige Tätigkeit ordnungsgemäß und nachvollziehbar durchzuführen.

§ 6 Beauftragter für Medizinproduktesicherheit

(1) Gesundheitseinrichtungen mit regelmäßig mehr als 20 Beschäftigten haben sicherzustellen, dass eine sachkundige und zuverlässige Person mit medizinischer, naturwissenschaftlicher, pflegerischer, pharmazeutischer oder technischer Ausbildung als Beauftragter für Medizinproduktesicherheit bestimmt ist. Unterhält ein Betreiber mehrere Gesundheitseinrichtungen, so ist für jede Gesundheitseinrichtung mit mehr als 20 Beschäftigten ein Beauftragter für Medizinproduktesicherheit zu bestimmen.
(2) Der Beauftragte für Medizinproduktesicherheit nimmt als zentrale Stelle in der Gesundheitseinrichtung folgende Aufgaben für den Betreiber wahr:
1. die Aufgaben einer Kontaktperson für Behörden, Hersteller und Vertreiber im Zusammenhang mit Meldungen über Risiken von Produkten sowie bei der Umsetzung von Sicherheitskorrekturmaßnahmen im Feld und sonstigen notwendigen Korrekturmaßnahmen,
2. die Koordinierung interner Prozesse der Gesundheitseinrichtung zur Erfüllung der Melde- und Mitwirkungspflichten der Benutzer und Betreiber und
3. die Koordinierung der Umsetzung der Korrekturmaßnahmen und der Sicherheitskorrekturmaßnahmen im Feld in den Gesundheitseinrichtungen.

(3) Der Beauftragte für Medizinproduktesicherheit darf bei der Erfüllung der nach Absatz 2 übertragenen Aufgaben nicht behindert und wegen der Erfüllung der Aufgaben nicht benachteiligt werden.
(4) Der Betreiber einer Gesundheitseinrichtung hat sicherzustellen, dass eine Funktions-E-Mail-Adresse des Beauftragten für Medizinproduktesicherheit auf der Internetseite der Gesundheitseinrichtung oder in sonstiger geeigneter Weise bekannt gemacht ist.

§ 7 Instandhaltung von Produkten

(1) Der Betreiber hat Produkte sowie mit Produkten verbundene Gegenstände instand zu halten oder instand halten zu lassen. In den Fällen des § 3 Absatz 2 bis 4 beschränkt sich die Pflicht nach Satz 1 für die Dauer der Bereitstellung auf eine Mitteilung an den Patienten, die insbesondere einen Hinweis auf den gesetzlichen Anspruch des Patienten auf Instandhaltung sowie die Fristen für die Instandhaltung umfasst.
(2) Die Instandhaltung von Produkten sowie von mit Produkten verbundenen Gegenständen umfasst insbesondere Wartungen und Inspektionen, die für die Gewährleistung des sicheren und ordnungsgemäßen Produktbetriebs erforderlich sind, sowie Instandsetzungen zur Wiederherstellung der Funktionsfähigkeit eines

Produktes. Die Angaben des Herstellers sind dabei zu berücksichtigen. Angemessene Maßnahmen zur Instandhaltung sind auch im Anschluss an sicherheitsrelevante Vorkommnisse, die die ordnungsgemäße Funktionsfähigkeit eines Produktes in Frage stellen können, durchzuführen. Die Instandhaltung von Software umfasst die Installation sicherheitsrelevanter Softwareaktualisierungen.
(3) Der Betreiber darf mit der Instandhaltung nur Personen, Betriebe oder Einrichtungen beauftragen, die selbst oder deren Beschäftigte, die die Instandhaltung durchführen, die Voraussetzungen nach § 5 hinsichtlich der Instandhaltung des jeweiligen Produktes erfüllen. Satz 1 gilt nicht für die Installation sicherheitsrelevanter Softwareaktualisierungen nach Absatz 2 Satz 4.
(4) Nach der Instandhaltung müssen die für die Sicherheit und Funktionsfähigkeit der Produkte wesentlichen konstruktiven und funktionellen Merkmale geprüft werden, soweit sie durch die Maßnahmen beeinträchtigt werden können.

§ 8 Aufbereitung von Produkten, mit Ausnahme von Einmalprodukten

(1) Die Aufbereitung von bestimmungsgemäß keimarm oder steril zur Benutzung kommenden Produkten, mit Ausnahme von Einmalprodukten im Sinne des Artikels 2 Nummer 8 der Verordnung (EU) 2017/745, ist unter Berücksichtigung der Angaben des Herstellers mit geeigneten validierten Verfahren so durchzuführen, dass der Erfolg dieser Verfahren nachvollziehbar gewährleistet ist und die Sicherheit und Gesundheit von Patienten, Benutzern und Dritten nicht gefährdet wird. Dies gilt auch für Produkte, die vor der erstmaligen Benutzung desinfiziert oder sterilisiert werden.
(2) Eine ordnungsgemäße Aufbereitung nach Absatz 1 wird vermutet, wenn die Empfehlung der Kommission für Krankenhaushygiene und Infektionsprävention beim Robert Koch-Institut und des Bundesinstitutes für Arzneimittel und Medizinprodukte zu den Anforderungen an die Hygiene bei der Aufbereitung von Medizinprodukten beachtet wird. Die Fundstelle wird vom Bundesministerium für Gesundheit im Bundesanzeiger bekannt gemacht.
(3) Für die Aufbereitung von Produkten mit besonders hohen Anforderungen an die Aufbereitung (»Kritisch C«) gemäß der Empfehlung nach Absatz 2 ist die entsprechend dieser Empfehlung vorzunehmende Zertifizierung des Qualitätsmanagementsystems durch eine anerkannte Benannte Stelle nach § 17b des Medizinprodukterecht-Durchführungsgesetzes Voraussetzung. Für die Aufbereitung von Produkten, die nicht unter die verpflichtende Voraussetzung nach Satz 1 fallen, kann die Erfüllung der Anforderungen der Empfehlung durch eine von einer anerkannten Benannten Stelle nach § 17b des Medizinprodukterecht-Durchführungsgesetzes vorgenommenen Zertifizierung des Qualitätsmanagementsystems bestätigt werden.
(4) Der Betreiber darf mit der Aufbereitung nur Personen, Betriebe oder Einrichtungen beauftragen, die selbst oder deren Beschäftigte, die die Aufbereitung durchführen, die Voraussetzungen nach § 5 hinsichtlich der Aufbereitung des jeweiligen Produktes erfüllen. Sofern die nach Satz 1 beauftragte Stelle oder deren Beschäftigte nicht über eine nach § 5 Nummer 1 erforderliche Ausbildung verfügen, kann für den Nachweis der aktuellen Kenntnis die Teilnahme an fachspezifischen Fortbil-

dungsmaßnahmen berücksichtigt werden. Die Validierung und Leistungsbeurteilung des Aufbereitungsprozesses muss im Auftrag des Betreibers durch qualifizierte Fachkräfte erfolgen, die die Voraussetzungen nach § 5 hinsichtlich der Validierung und Leistungsbeurteilung derartiger Prozesse erfüllen. Die zuständige Behörde ist befugt, die Erfüllung der Voraussetzungen nach § 5 hinsichtlich der Durchführung von Validierungen und Leistungsbeurteilungen der Prozesse bei der vom Betreiber nach Satz 1 beauftragten Stelle zu kontrollieren.

§ 9 Aufbereitung und Weiterverwendung von Einmalprodukten

(1) Die Aufbereitung und Weiterverwendung von Einmalprodukten im Sinne des Artikels 2 Nummer 8 der Verordnung (EU) 2017/745 durch Gesundheitseinrichtungen ist zulässig unter Einhaltung

1. der Vorgaben des Artikels 17 der Verordnung (EU) 2017/745 in Verbindung mit der Durchführungsverordnung (EU) 2020/1207 der Kommission vom 19. August 2020 zur Festlegung von Vorschriften zur Anwendung der Verordnung (EU) 2017/745 des Europäischen Parlaments und des Rates hinsichtlich gemeinsamer Spezifikationen für die Aufbereitung von Einmalprodukten (ABl. L 273 vom 20. 8. 2020, S. 3) in der jeweils geltenden Fassung und
2. der Empfehlung nach § 8 Absatz 2.

Soweit die Vorgaben nach Satz 1 Nummer 2 den Vorgaben nach Satz 1 Nummer 1 widersprechen, gehen die Vorgaben nach Satz 1 Nummer 1 vor. Die Sätze 1 und 2 gelten entsprechend für die Aufbereitung von Einmalprodukten im Sinne des Artikels 2 Nummer 8 der Verordnung (EU) 2017/745 durch von einer Gesundheitseinrichtung beauftragte externe Aufbereiter, sofern das aufbereitete Produkt in seiner Gesamtheit an die betreffende Gesundheitseinrichtung zurückgeben wird.

(2) Unter der Voraussetzung, dass die Anforderungen nach Artikel 17 Absatz 3 Unterabsatz 1 Buchstabe a und b und Absatz 5 der Verordnung (EU) 2017/745 erfüllt sind, gelten für Gesundheitseinrichtungen, die Einmalprodukte im Sinne des Artikels 2 Nummer 8 der Verordnung (EU) 2017/745 für die Weiterverwendung innerhalb der Gesundheitseinrichtung aufbereiten, abweichend von Artikel 17 Absatz 2 der Verordnung (EU) 2017/745 nicht die Pflichten

1. zur Durchführung eines Konformitätsbewertungsverfahrens nach Artikel 52 der Verordnung (EU) 2017/745,
2. zur Aushändigung der Informationen und Unterlagen für den Nachweis der Konformität des Produktes nach Artikel 10 Absatz 14 der Verordnung (EU) 2017/745,
3. zur Abgabe einer EU-Konformitätserklärung nach Artikel 10 Absatz 6 und Artikel 19 der Verordnung (EU) 2017/745,
4. zur Anbringung einer CE-Kennzeichnung auf das Einmalprodukt nach Artikel 10 Absatz 6 und Artikel 20 der Verordnung (EU) 2017/745 und
5. zur Durchführung einer klinischen Bewertung nach Artikel 10 Absatz 3 und Artikel 61 der Verordnung (EU) 2017/745.

Satz 1 gilt auch für externe Aufbereiter, die Einmalprodukte im Auftrag einer Gesundheitseinrichtung aufbereiten, sofern das aufbereitete Einmalprodukt in seiner Gesamtheit an die betreffende Gesundheitseinrichtung zurückgegeben wird.

(3) Gesundheitseinrichtungen, die Einmalprodukte im Sinne des Artikels 2 Nummer 8 der Verordnung (EU) 2017/745 für die Weiterverwendung innerhalb der Gesundheitseinrichtung aufbereiten und externe Aufbereiter, die Einmalprodukte im Sinne des Artikels 2 Nummer 8 der Verordnung (EU) 2017/745 im Auftrag einer Gesundheitseinrichtung aufbereiten und das aufbereitete Produkt in seiner Gesamtheit an die betreffende Gesundheitseinrichtung zurückgeben, lassen die in den Gemeinsamen Spezifikationen nach Artikel 17 Absatz 5 der Verordnung (EU) 2017/745 in Verbindung mit Artikel 22 Absatz 1 der Durchführungsverordnung (EU) 2020/1207 festgelegten regelmäßigen externen Begutachtungen von der anerkannten Benannten Stelle vornehmen, die die Zertifizierung nach Artikel 17 Absatz 5 Satz 4 der Verordnung (EU) 2017/745 vorgenommen hat.

(4) Der Betreiber darf mit der Aufbereitung von Einmalprodukten nur Personen, Betriebe oder Einrichtungen beauftragen, die selbst oder deren Beschäftigte, die die Aufbereitung durchführen, die Voraussetzungen nach § 5 hinsichtlich der Aufbereitung des jeweiligen Einmalproduktes erfüllen. Sofern die beauftragte Stelle nach Satz 1 oder deren Beschäftigte nicht über eine nach § 5 Nummer 1 erforderliche Ausbildung verfügen, kann für den Nachweis der aktuellen Kenntnis die Teilnahme an fachspezifischen Fortbildungsmaßnahmen berücksichtigt werden. Die Validierung und Leistungsbeurteilung des Aufbereitungsprozesses muss im Auftrag des Betreibers durch qualifizierte Fachkräfte erfolgen, die die Voraussetzungen nach § 5 hinsichtlich der Validierung und Leistungsbeurteilung derartiger Prozesse erfüllen. Die zuständige Behörde ist befugt, die Erfüllung der Voraussetzungen nach § 5 hinsichtlich der Durchführung von Validierungen und Leistungsbeurteilungen der Prozesse bei der vom Betreiber nach Satz 1 beauftragten Stelle zu kontrollieren.

§ 10 Qualitätssicherungssystem für medizinische Laboratorien

(1) Wer laboratoriumsmedizinische Untersuchungen durchführt, hat vor Aufnahme dieser Tätigkeit ein Qualitätssicherungssystem nach dem Stand der medizinischen Wissenschaft und Technik zur Aufrechterhaltung der erforderlichen Qualität, Sicherheit und Leistung bei der Benutzung von In-vitro-Diagnostika sowie zur Sicherstellung der Zuverlässigkeit der damit erzielten Ergebnisse einzurichten. Eine ordnungsgemäße Qualitätssicherung nach Satz 1 wird vermutet, wenn die Richtlinie der Bundesärztekammer zur Qualitätssicherung laboratoriumsmedizinischer Untersuchungen in der Fassung vom 30. Mai 2023 (Deutsches Ärzteblatt vom 30. Mai 2023, DOI: 10.3238/arztebl.2023.rili_baek_QS_Labor) beachtet wird.

(2) Die Unterlagen über das eingerichtete Qualitätssicherungssystem sind für die Dauer von fünf Jahren aufzubewahren, sofern aufgrund anderer Vorschriften keine längere Aufbewahrungsfrist vorgeschrieben ist.

§ 11 Betreiben und Benutzen von ausgewählten aktiven Produkten

(1) Der Betreiber darf ein in der Anlage 1 aufgeführtes Produkt nur betreiben lassen und benutzen lassen, wenn zuvor der Hersteller oder eine dazu befugte Person, die im Einvernehmen mit dem Hersteller handelt,

1. dieses Produkt am Betriebsort einer Funktionsprüfung unterzogen hat und
2. eine von dem Betreiber beauftragte Person anhand der Gebrauchsanweisung sowie beigefügter sicherheitsbezogener Informationen und Instandhaltungshinweise in die sachgerechte Handhabung, Benutzung und den Betrieb des Produktes, miteinander verbundener Produkte sowie der mit den Produkten verbundenen Gegenstände eingewiesen hat.

Eine Einweisung nach Satz 1 Nummer 2 ist in den Fällen des § 4 Absatz 3 Satz 3 Nummer 2 nicht erforderlich.

(2) Die in Anlage 1 aufgeführten Produkte dürfen nur von Personen betrieben und benutzt werden, die durch den Hersteller, eine dazu befugte Person, die im Einvernehmen mit dem Hersteller handelt, oder durch die nach Absatz 1 Satz 1 Nummer 2 von dem Betreiber beauftragte Person unter Berücksichtigung der Gebrauchsanweisung in die sachgerechte Handhabung dieses Produktes eingewiesen worden sind, es sei denn, die Einweisung ist nach Absatz 1 Satz 2 nicht erforderlich.

(3) Die Durchführung der Funktionsprüfung nach Absatz 1 Satz 1 Nummer 1 und die Einweisung der von dem Betreiber beauftragten Person nach Absatz 1 Satz 1 Nummer 2 sind zu belegen.

(4) Absatz 2 gilt nicht für in der Anlage 1 aufgeführte Produkte, die zur Benutzung durch Laien bestimmt sind. Einweisungspflichten nach anderen Vorschriften bleiben unberührt.

§ 12 Sicherheitstechnische Kontrollen

(1) Der Betreiber hat für Produkte nach Anlage 1 nach Maßgabe der Sätze 2 und 3 sicherheitstechnische Kontrollen nach den allgemein anerkannten Regeln der Technik durchzuführen oder durchführen zu lassen. Die sicherheitstechnischen Kontrollen sind spätestens alle zwei Jahre mit Ablauf des Monats durchzuführen, in dem die Inbetriebnahme des Produktes erfolgte oder die letzte sicherheitstechnische Kontrolle durchgeführt wurde. Ist aufgrund der konkreten Benutzungs- und Umgebungsbedingungen des Produktes zu einem früheren Zeitpunkt mit Mängeln zu rechnen, ist der Betreiber verpflichtet, rechtzeitig vor Ablauf der zwei Jahre sicherheitstechnische Kontrollen durchzuführen oder durchführen zu lassen. Die sicherheitstechnischen Kontrollen schließen die Messfunktionen ein. Für andere Produkte sowie mit Produkten nach Anlage 1 verbundene Gegenstände gelten die Sätze 1 bis 3 entsprechend.

(2) Abweichend von Absatz 1 können für Automatische Externe Defibrillatoren, die für die Benutzung durch Laien vorgesehen sind, sicherheitstechnische Kontrollen entfallen, wenn der Automatische Externe Defibrillator selbsttestend ist und eine regelmäßige Sichtprüfung durch den Betreiber erfolgt. Ab dem 1. Januar 2027 gilt für neu in Betrieb genommene Automatische Externe Defibrillatoren, die für die Benutzung durch Laien vorgesehen sind, zusätzlich, dass diese die Ergebnisse der Selbsttests dokumentieren und regelmäßig automatisch an den Betreiber per Fernüberwachung übermitteln. In den Fällen des Satzes 2 kann abweichend von Satz 1 die Sichtprüfung durch den Betreiber abhängig von den Ergebnissen der Fernüberwachung anlassbezogen erfolgen. Die Daten des Automatischen Externen Defibrillators zur Funktionsfähigkeit, dem Standort und der öffentlichen Zugäng-

lichkeit sind vom Betreiber durch den Hersteller öffentlich abrufbar zur Verfügung zu stellen. Der Betreiber muss sicherstellen, dass nach einem fehlgeschlagenen Selbsttest die Funktionsfähigkeit des Automatischen Externen Defibrillators unverzüglich wiederhergestellt wird.

(3) Derjenige, der sicherheitstechnische Kontrollen durchführt, hat

1. über die sicherheitstechnische Kontrolle ein Protokoll anzufertigen, das das Datum der Durchführung und die Ergebnisse der sicherheitstechnischen Kontrolle unter Angabe der ermittelten Messwerte, der Messverfahren und sonstiger Beurteilungsergebnisse enthält und
2. das Produkt nach den erfolgreichen sicherheitstechnischen Kontrollen mit einem Zeichen zu kennzeichnen, aus dem das Jahr und der Monat der nächsten sicherheitstechnischen Kontrolle und die Person, die die sicherheitstechnische Kontrolle durchgeführt hat, eindeutig und rückverfolgbar hervorgehen.

Das Protokoll nach Satz 1 Nummer 1 hat der Betreiber ab Abschluss der sicherheitstechnischen Kontrollen bis zu den nächsten sicherheitstechnischen Kontrollen aufzubewahren.

(4) Der Betreiber darf mit der Durchführung der sicherheitstechnischen Kontrollen nur Personen, Betriebe oder Einrichtungen beauftragen, die selbst oder deren Beschäftigte, die die sicherheitstechnischen Kontrollen durchführen, die Voraussetzungen nach § 5 hinsichtlich der sicherheitstechnischen Kontrollen des jeweiligen Produktes erfüllen.

§ 13 Medizinproduktebuch

(1) Für die in den Anlagen 1 und 2 aufgeführten Produkte hat der Betreiber ein Medizinproduktebuch nach Absatz 2 zu führen. Satz 1 gilt nicht für elektronische Fieberthermometer als Kompaktthermometer und Blutdruckmessgeräte mit Quecksilber- oder Aneroidmanometer zur nichtinvasiven Messung sowie in den Fällen des § 3 Absatz 4.

(2) In das Medizinproduktebuch, für das alle Datenträger zulässig sind, sind folgende Angaben zu dem jeweiligen Produkt einzutragen:

1. erforderliche Angaben zur eindeutigen Identifikation des Produktes,
2. Beleg über die Funktionsprüfung und Einweisung nach § 11 Absatz 3,
3. Name der nach § 11 Absatz 1 Satz 1 Nummer 2 beauftragten Person, Zeitpunkt der Einweisung sowie Namen der eingewiesenen Personen,
4. Fristen und Datum der Durchführung sowie das Ergebnis von vorgeschriebenen sicherheits- und messtechnischen Kontrollen und IT-Sicherheitsüberprüfungen, Datum von Instandhaltungen sowie der Name der Person oder die Firma, die diese Maßnahme jeweils durchgeführt hat,
5. Datum, Art und Folgen von Funktionsstörungen und wiederholten gleichartigen Bedienungsfehlern sowie
6. Angaben zu Vorkommnismeldungen an Behörden und Hersteller.

(3) Das Medizinproduktebuch ist so aufzubewahren, dass die Angaben dem Benutzer während der Arbeitszeit zugänglich sind. Nach der Außerbetriebnahme des Produktes ist das Medizinproduktebuch fünf Jahre aufzubewahren.

§ 14 Bestandsverzeichnis

(1) Der Betreiber hat für alle aktiven nichtimplantierbaren Produkte der jeweiligen Betriebsstätte ein Bestandsverzeichnis zu führen. Die Aufnahme in ein Verzeichnis, das auf Grund anderer Vorschriften geführt wird, ist zulässig. Satz 1 gilt nicht in den Fällen des § 3 Absatz 4.

(2) In das Bestandsverzeichnis sind für jedes Produkt nach Absatz 1 Satz 1 folgende Angaben einzutragen:

1. Bezeichnung, Art und Typ, Loscode oder die Seriennummer, Anschaffungsjahr des Produktes,
2. Name oder Firma und die Anschrift des Herstellers oder des Bevollmächtigten oder, sofern der Hersteller keinen Unternehmenssitz in der Europäischen Union und keinen Bevollmächtigten beauftragt hat, des Importeurs,
3. soweit vorhanden, betriebliche Identifikationsnummer,
4. Standort und betriebliche Zuordnung.

(3) Für das Bestandsverzeichnis sind alle Datenträger zulässig, sofern die Angaben nach Absatz 2 innerhalb einer angemessenen Frist lesbar gemacht werden können.

§ 15 Messtechnische Kontrollen

(1) Der Betreiber hat für die in der Anlage 2 aufgeführten Produkte nach den allgemein anerkannten Regeln der Technik messtechnische Kontrollen nach Maßgabe der Absätze 4 bis 6 durchzuführen oder durchführen zu lassen. Eine ordnungsgemäße Durchführung der messtechnischen Kontrollen nach Satz 1 wird vermutet, wenn der Leitfaden zu messtechnischen Kontrollen von Produkten mit Messfunktion der Physikalisch-Technischen Bundesanstalt beachtet wird. Der Leitfaden wird in seiner jeweils aktuellen Fassung auf der Internetseite der Physikalisch-Technischen Bundesanstalt bekannt gemacht und von der Physikalisch-Technischen Bundesanstalt archiviert.

(2) Durch die messtechnischen Kontrollen wird festgestellt, ob das Produkt die zulässigen maximalen Messabweichungen (Fehlergrenzen) einhält, die in dem Leitfaden nach Absatz 1 Satz 2 angegeben sind.

(3) In den Fällen des § 3 Absatz 2 bis 4 gilt Absatz 1 dann nicht für Messgeräte zur nichtinvasiven Blutdruckmessung, die der Hersteller für die Anwendung durch Laien vorsieht, wenn der Hersteller der Messgeräte gegenüber dem Versorgenden oder gegenüber einem Dritten, der das Messgerät auf Veranlassung des Versorgenden bereitstellt, bescheinigt, dass das Messgerät über seine gesamte Nutzungsdauer die zulässige maximale Messabweichung einhält. In den Fällen, in denen der Hersteller eine solche Bescheinigung nicht ausstellen kann, kann die in Anlage 2 festgelegte Frist für die messtechnische Kontrolle aufgrund einer gutachterlichen Stellungnahme des Herstellers bis zu einer vom Hersteller festgelegten Dauer verlängert werden.

(4) Für die messtechnischen Kontrollen dürfen, sofern in der Anlage 2 nicht anders angegeben, nur messtechnische Normale benutzt werden, die auf ein nationales oder internationales Normal rückgeführt sind und hinreichend kleine Fehlergrenzen und Messunsicherheiten einhalten. Die Fehlergrenzen und Messunsicherheiten

gelten als hinreichend klein, wenn sie den Anforderungen des in Absatz 1 Satz 2 genannten Leitfadens entsprechen oder wenn sie ein Drittel der Fehlergrenzen und Messunsicherheiten des zu prüfenden Produktes nicht überschreiten.

(5) Die messtechnischen Kontrollen sind innerhalb der in Anlage 2 festgelegten Fristen durchzuführen. Für die Wiederholungen der messtechnischen Kontrollen gelten dieselben Fristen. Die Fristen beginnen mit Ablauf des Jahres, in dem das Produkt in Betrieb genommen oder die letzten messtechnischen Kontrollen durchgeführt wurden. Messtechnische Kontrollen sind unverzüglich durchzuführen, wenn

1. Anzeichen dafür vorliegen, dass das Produkt die Fehlergrenzen nach Absatz 2 nicht einhält oder
2. die messtechnischen Eigenschaften des Produktes durch einen Eingriff oder auf andere Weise beeinflusst worden sein könnten.

(6) Der Betreiber darf mit messtechnischen Kontrollen nur beauftragen:

1. für das Messwesen zuständige Behörden oder
2. Personen, Betriebe oder Einrichtungen, die selbst oder deren Beschäftigte, die die messtechnischen Kontrollen durchführen, die Voraussetzungen nach § 5 hinsichtlich der messtechnischen Kontrollen des jeweiligen Produktes erfüllen.

(7) Derjenige, der messtechnische Kontrollen durchführt, hat

1. über die messtechnischen Kontrollen ein Protokoll anzufertigen, das das Datum der Durchführung und die Ergebnisse der messtechnischen Kontrollen unter Angabe der ermittelten Messwerte, der Messverfahren und sonstiger Beurteilungsergebnisse enthält, und
2. das Produkt nach den erfolgreichen messtechnischen Kontrollen mit einem Zeichen zu kennzeichnen, aus dem das Jahr der nächsten messtechnischen Kontrollen und die Behörde oder Person, die die messtechnischen Kontrollen durchgeführt hat, eindeutig und rückverfolgbar hervorgehen; die in dem in Absatz 1 Satz 2 genannten Leitfaden enthaltenen Anforderungen an die Kennzeichnung der messtechnischen Kontrolle sind zu beachten.

Das Protokoll nach Satz 1 Nummer 1 hat der Betreiber ab Abschluss der messtechnischen Kontrollen bis zu den nächsten messtechnischen Kontrollen aufzubewahren.

§ 16 Besondere Pflichten bei implantierbaren Produkten

(1) Die für die Implantation verantwortliche Gesundheitseinrichtung ist verpflichtet, unverzüglich nach Abschluss der Implantation eines Produktes dem betroffenen Patienten

1. die Informationen im Sinne des Artikels 18 Absatz 1 Unterabsatz 1 der Verordnung (EU) 2017/745 in einer Form zur Verfügung zu stellen, die einen schnellen Zugang zu den Informationen ermöglicht, und
2. den Implantationsausweis im Sinne des Artikels 18 Absatz 1 Unterabsatz 3 der Verordnung (EU) 2017/745 zur Verfügung zu stellen, der neben den Angaben nach Artikel 18 Absatz 1 Unterabsatz 1 Buchstabe a der Verordnung (EU) 2017/745 folgende zusätzliche Angaben enthält:
   a) den Vor- und Zunamen des Patienten,

b) den Namen und die Adresse der Einrichtung, in der die Implantation durchgeführt wurde, und
c) das Datum der Implantation.

Dies gilt nicht für implantierbare Produkte im Sinne des Artikels 18 Absatz 3 der Verordnung (EU) 2017/745.

(2) Der Betreiber einer Einrichtung, in der die in Anlage 3 genannten Produkte implantiert werden, hat die Dokumentation zu diesen Implantaten, mit der Patienten im Falle von Sicherheitskorrekturmaßnahmen im Feld und sonstigen notwendigen Korrekturmaßnahmen eindeutig identifiziert und erreicht werden können, so aufzubewahren, dass der betroffene Patientenkreis innerhalb von drei Werktagen über den Typ und die Chargen- oder Seriennummer des Implantates sowie über den Namen des Herstellers und, sofern vorhanden, des Bevollmächtigten oder des Importeurs ermittelt werden kann. Die Aufzeichnungen sind für die Dauer von 20 Jahren nach der Implantation aufzubewahren. Danach sind sie unverzüglich zu vernichten.

(3) Kann der Patient über die Dokumentation gemäß Absatz 2 Satz 1 nicht erreicht werden, kann die Einrichtung unter Angabe der Krankenversichertennummer die Übermittlung der für die Kontaktaufnahme erforderlichen Daten des Patienten von seiner Krankenkasse verlangen.

§ 17 Besondere Pflichten bei bestimmter Software

(1) Der Betreiber darf Software als Medizinprodukt der Klassen IIb und III nach Artikel 51 Absatz 1 in Verbindung mit Anhang VIII der Verordnung (EU) 2017/745 und Software als In-vitro-Diagnostikum der Klassen C und D nach Artikel 47 Absatz 1 in Verbindung mit Anhang VIII der Verordnung (EU) 2017/746 nur betreiben lassen und benutzen lassen, wenn zuvor der Hersteller oder eine dazu befugte Person, die im Einvernehmen mit dem Hersteller handelt,

1. die ordnungsgemäße Installation der Software geprüft hat und
2. eine vom Betreiber beauftragte Person anhand der Gebrauchsanweisung sowie der beigefügten sicherheitsbezogenen Informationen und Instandhaltungshinweise in die sachgerechte Benutzung und den Betrieb der Software sowie in die zulässige Verbindung mit anderen Produkten eingewiesen hat.

Die Prüfung der ordnungsmäßen Installation nach Satz 1 Nummer 1 kann bei Vorliegen entsprechender technischer Voraussetzungen auch mittels Fernzugriff erfolgen. Satz 1 gilt nicht für digitale Gesundheitsanwendungen nach § 33a des Fünften Buches Sozialgesetzbuch und digitale Pflegeanwendungen nach § 78a des Elften Buches Sozialgesetzbuch.

(2) Software nach Absatz 1 darf nur von Personen betrieben oder benutzt werden, die nach Absatz 1 Satz 1 Nummer 2 eingewiesen worden sind.

(3) Wird Software nach Absatz 1 in einer Gesundheitseinrichtung betrieben und benutzt, hat der Betreiber nach Maßgabe des Satzes 2 angemessene IT-Sicherheitsüberprüfungen nach den allgemein anerkannten Regeln der Technik durchzuführen oder durchführen zu lassen, die dazu geeignet sind, Risiken und Leistungsbeeinträchtigungen frühzeitig zu erkennen und soweit wie möglich zu verringern. Die IT-Sicherheitsüberprüfungen sind spätestens alle zwei Jahre mit Ablauf des

Monats durchzuführen, in dem die Installation der Software erfolgte oder die letzte IT-Sicherheitsüberprüfung durchgeführt wurde. Ist aufgrund der konkreten Benutzungs- und Umgebungsbedingungen der Software zu einem früheren Zeitpunkt mit Mängeln zu rechnen, ist der Betreiber verpflichtet, rechtzeitig vor Ablauf der zwei Jahre IT-Sicherheitsüberprüfungen durchzuführen oder durchführen zu lassen. Über die IT-Sicherheitsüberprüfungen ist ein Protokoll anzufertigen, das das Datum der Durchführung und ihre Ergebnisse enthält.
(4) Der Betreiber darf mit der Durchführung der IT-Sicherheitsüberprüfungen nach Absatz 3 nur Personen, Betriebe oder Einrichtungen beauftragen, die selbst oder deren Beschäftige, die die IT-Sicherheitsüberprüfungen durchführen, die Voraussetzungen nach § 5 hinsichtlich der IT-Sicherheitsüberprüfungen des jeweiligen Produktes erfüllen.

§ 18 Produkte der Bundeswehr

(1) Für Produkte im Bereich der Bundeswehr steht die Aufsicht über die Ausführung dieser Verordnung dem Bundesministerium der Verteidigung oder den von ihm bestimmten zuständigen Stellen und Sachverständigen zu.
(2) Das Bundesministerium der Verteidigung regelt nach § 91 des Medizinprodukterecht-Durchführungsgesetzes unter Berücksichtigung der besonderen militärischen Gegebenheiten die Einrichtung von Beauftragten für Medizinproduktesicherheit nach § 6 Absatz 1 für Gesundheitseinrichtungen der Bundeswehr und stellt die Wahrnehmung der Aufgaben nach § 6 Absatz 2 sowie die Bekanntmachung gemäß § 6 Absatz 4 entsprechend sicher.
(3) Das Bundesministerium der Verteidigung kann nach § 91 des Medizinprodukterecht-Durchführungsgesetzes für Produkte im Bereich der Bundeswehr Ausnahmen von den Vorschriften dieser Verordnung zulassen, wenn die Sicherheit einschließlich der Messsicherheit auf andere Weise gewährleistet ist und
1. dies zur Durchführung der besonderen Aufgaben gerechtfertigt ist oder
2. die Besonderheiten eingelagerter Produkte dies erfordern oder
3. die Erfüllung zwischenstaatlicher Verpflichtungen der Bundesrepublik Deutschland dies erfordert.

§ 19 Ordnungswidrigkeiten

Ordnungswidrig im Sinne des § 94 Absatz 2 Nummer 10 des Medizinprodukterecht-Durchführungsgesetzes handelt, wer vorsätzlich oder fahrlässig
1. entgegen § 6 Absatz 1 Satz 1 nicht sicherstellt, dass ein Beauftragter für Medizinproduktesicherheit bestimmt ist,
2. entgegen § 6 Absatz 4 nicht sicherstellt, dass eine Funktions-E-Mail-Adresse bekannt gemacht ist,
2a. entgegen § 7 Absatz 1 Satz 1 eine Instandhaltung nicht oder nicht richtig durchführt und nicht oder nicht richtig durchführen lässt,
3. entgegen § 7 Absatz 3 Satz 1, § 8 Absatz 4 Satz 1, § 9 Absatz 4 Satz 1, § 12 Absatz 4, § 15 Absatz 6 Nummer 2 oder § 17 Absatz 4 eine Person, einen Betrieb oder eine Einrichtung beauftragt,

4. entgegen § 8 Absatz 1 Satz 1, auch in Verbindung mit Satz 2, die Aufbereitung eines dort genannten Produktes nicht richtig durchführt,
5. entgegen § 10 Absatz 1 Satz 1 ein Qualitätssicherungssystem nicht, nicht richtig, oder nicht rechtzeitig einrichtet,
6. entgegen § 11 Absatz 1 Satz 1 oder Absatz 2 oder § 17 Absatz 1 Satz 1 oder Absatz 2 ein Produkt betreiben lässt, benutzen lässt, betreibt oder benutzt,
7. entgegen § 12 Absatz 1 Satz 1, auch in Verbindung mit Satz 5, oder entgegen § 15 Absatz 1 Satz 1 oder § 17 Absatz 3 Satz 1 eine Kontrolle oder eine IT-Sicherheitsüberprüfung nicht, nicht richtig oder nicht rechtzeitig durchführt und nicht, nicht richtig, oder nicht rechtzeitig durchführen lässt,
8. entgegen § 12 Absatz 3 Satz 2 oder § 15 Absatz 7 Satz 2 ein dort genanntes Protokoll nicht oder nicht für die vorgeschriebene Dauer aufbewahrt,
9. entgegen § 13 Absatz 1 Satz 1 oder § 14 Absatz 1 Satz 1 ein Medizinproduktebuch oder ein Bestandsverzeichnis nicht oder nicht richtig führt,
10. entgegen § 15 Absatz 7 Satz 1 Nummer 2 erster Halbsatz ein Produkt nicht, nicht richtig oder nicht rechtzeitig kennzeichnet,
11. entgegen § 16 Absatz 1 Satz 1 eine dort genannte Information oder einen Implantationsausweis nicht, nicht richtig oder nicht rechtzeitig zur Verfügung stellt oder
12. entgegen § 16 Absatz 2 Satz 1 oder Satz 2 eine dort genannte Dokumentation oder Aufzeichnung nicht, nicht richtig oder nicht mindestens 20 Jahre aufbewahrt.

§ 20 Übergangsbestimmung

(1) Sofern ein Betreiber vor dem 1. Januar 2017 ein Medizinproduktebuch nach § 7 in der am 31. Dezember 2016 geltenden Fassung begonnen hat, darf er dieses als Medizinproduktebuch im Sinne des § 13 weiterführen; § 7 in der bis zum 31. Dezember 2016 geltenden Fassung ist auf dieses Medizinproduktebuch weiter anzuwenden.
(2) Für das Betreiben und Benutzen von in Anhang XVI der Verordnung (EU) 2017/745 aufgeführten Produkten sind die Vorschriften dieser Verordnung ab dem 1. August 2025 anzuwenden.
(3) § 17 ist erst ab dem 1. August 2025 anzuwenden.

§ 21 Sondervorschriften

(1) Für Geräte, die nach den Vorschriften der Medizingeräteverordnung in der bis zum 31. Dezember 2001 geltenden Fassung in Verkehr gebracht wurden, gelten die Vorschriften dieser Verordnung nach Maßgabe der folgenden Absätze.
(2) Geräte nach § 2 Nummer 1 der Medizingeräteverordnung in der bis zum 31. Dezember 2001 geltenden Fassung dürfen außer in den Fällen des § 5 Absatz 10 der Medizingeräteverordnung in der bis zum 31. Dezember 2001 geltenden Fassung nur betrieben werden, wenn sie der Bauart nach zugelassen sind.
(3) Ist die Bauartzulassung zurückgenommen oder widerrufen worden, dürfen vor der Bekanntmachung der Rücknahme oder des Widerrufs im Bundesanzeiger

in Betrieb genommene Geräte nur weiterbetrieben werden, wenn sie der zurückgenommenen oder widerrufenen Zulassung entsprechen und in der Bekanntmachung nach § 5 Absatz 9 der Medizingeräteverordnung in der bis zum 31. Dezember 2001 geltenden Fassung nicht festgestellt wird, dass Gefahren für Patienten, Beschäftigte oder Dritte zu befürchten sind. Dies gilt auch, wenn eine Bauartzulassung nach § 5 Absatz 8 Nummer 2 der Medizingeräteverordnung in der bis zum 31. Dezember 2001 geltenden Fassung erloschen ist.

(4) Geräte, für die dem Betreiber vor Inkrafttreten des Medizinproduktegesetzes am 1. Januar 2005 eine Ausnahme nach § 8 Absatz 1 der Medizingeräteverordnung in der bis zum 31. Dezember 2001 geltenden Fassung erteilt wurde, dürfen nach den in der Ausnahmezulassung festgelegten Maßnahmen weiterbetrieben werden.

(5) Der Betreiber eines Medizinproduktes, der gemäß § 8 Absatz 2 der Medizingeräteverordnung in der bis zum 31. Dezember 2001 geltenden Fassung von den allgemein anerkannten Regeln der Technik, soweit sie sich auf den Betrieb des Gerätes beziehen, abweichen durfte, darf dieses Gerät in der bisherigen Form weiterbetreiben, wenn er eine ebenso wirksame Maßnahme trifft. Auf Verlangen der zuständigen Behörde hat der Betreiber nachzuweisen, dass die andere Maßnahme ebenso wirksam ist.

(6) Geräte nach § 2 Nummer 1 und 3 der Medizingeräteverordnung in der bis zum 31. Dezember 2001 geltenden Fassung dürfen nur von Personen benutzt werden, die am Gerät unter Berücksichtigung der Gebrauchsanweisung in die sachgerechte Handhabung eingewiesen worden sind. Werden solche Geräte mit Zusatzgeräten zu Gerätekombinationen erweitert, ist die Einweisung auf die Kombination und deren Besonderheiten zu erstrecken. Nur solche Personen dürfen einweisen, die auf Grund ihrer Kenntnisse und praktischen Erfahrungen für die Einweisung und die Handhabung dieser Geräte geeignet sind.

(7) Der Betreiber eines Gerätes nach § 2 Nummer 1 der Medizingeräteverordnung in der bis zum 31. Dezember 2001 geltenden Fassung hat die in der Bauartzulassung festgelegten sicherheitstechnischen Kontrollen im dort vorgeschriebenen Umfang fristgerecht durchzuführen oder durchführen zu lassen. Bei Dialysegeräten, die mit ortsfesten Versorgungs- und Aufbereitungseinrichtungen verbunden sind, ist die sicherheitstechnische Kontrolle auch auf diese Einrichtungen zu erstrecken.

(8) Bei Geräten nach § 2 Nummer 1 der Medizingeräteverordnung in der bis zum 31. Dezember 2001 geltenden Fassung, für die nach § 28 Absatz 1 der Medizingeräteverordnung in der bis zum 31. Dezember 2001 geltenden Fassung Bauartzulassungen nicht erforderlich waren oder die nach § 28 Absatz 2 der Medizingeräteverordnung in der bis zum 31. Dezember 2001 geltenden Fassung betrieben werden dürfen, gelten für Umfang und Fristen der sicherheitstechnischen Kontrollen die Angaben in den Prüfbescheinigungen.

(9) Bestandsverzeichnisse und Gerätebücher nach den §§ 12 und 13 der Medizingeräteverordnung in der bis zum 31. Dezember 2001 geltenden Fassung dürfen weitergeführt werden und gelten als Bestandsverzeichnis und Medizinproduktebuch entsprechend den §§ 13 und 14.

Anlage 1

(zu § 11 Absatz 1 und 2, § 12 Absatz 1 und § 13 Absatz 1)

1. Nichtimplantierbare aktive Produkte zur
1.1 Erzeugung und Anwendung elektrischer Energie zur unmittelbaren Beeinflussung der Funktion von Nerven und/oder Muskeln beziehungsweise der Herztätigkeit einschließlich Defibrillatoren,
1.2 intrakardialen Messung elektrischer Größen oder Messung anderer Größen unter Verwendung elektrisch betriebener Messsonden in Blutgefäßen beziehungsweise an freigelegten Blutgefäßen,
1.3 Erzeugung und Anwendung jeglicher Energie zur unmittelbaren Koagulation, Gewebezerstörung oder Zertrümmerung von Ablagerungen in Organen,
1.4 unmittelbaren Einbringung von Substanzen und Flüssigkeiten in den Blutkreislauf unter potentiellem Druckaufbau, wobei die Substanzen und Flüssigkeiten auch aufbereitete oder speziell behandelte körpereigene sein können, deren Einbringen mit einer Entnahmefunktion direkt gekoppelt ist,
1.5 maschinellen Beatmung mit oder ohne Anästhesie, mit Ausnahme von Schlafapnoe-Therapiegeräten,
1.6 Diagnose mit bildgebenden Verfahren nach dem Prinzip der Kernspinresonanz,
1.7 Therapie mit Druckkammern,
1.8 Therapie mittels Hypothermie
und
2. Säuglingsinkubatoren sowie
3. externe aktive Komponenten aktiver Implantate.

Anlage 2

(zu § 13 Absatz 1 und § 15 Absatz 1)

		Nachprüffristen in Jahren
1.	**Produkte, die messtechnischen Kontrollen nach § 15 Absatz 1 Satz 1 unterliegen**	
1.1	Produkte zur Bestimmung der Hörfähigkeit (Ton- und Sprachaudiometer)	1
1.2	Produkte zur Bestimmung von Körpertemperaturen (mit Ausnahme von Quecksilberglasthermometern mit Maximumvorrichtung)	
1.2.1	– medizinische Elektrothermometer	2
1.2.2	– mit austauschbaren Temperaturfühlern	2
1.2.3	– Infrarot-Strahlungsthermometer	1
1.3	Messgeräte zur nichtinvasiven Blutdruckmessung	2
1.4	Produkte zur Bestimmung des Augeninnendrucks (Augentonometer)	2
1.5	Therapiedosimeter bei der Behandlung von Patienten von außen	
1.5.1	mit Photonenstrahlung im Energiebereich bis 1,33 MeV – allgemein	2

- mit geeigneter Kontrollvorrichtung, wenn der Betreiber in jedem Messbereich des Dosimeters mindestens halbjährliche Kontrollmessungen ausführt, ihre Ergebnisse aufzeichnet und die bestehenden Anforderungen erfüllt werden

1.5.2	mit Photonenstrahlung im Energiebereich ab 1,33 MeV und mit Elektronenstrahlung aus Beschleunigern mit messtechnischer Kontrolle in Form von Vergleichsmessungen	6
1.5.3	mit Photonenstrahlung aus Co-60-Bestrahlungsanlagen wahlweise nach Nummer 1.5.1 oder Nummer 1.5.2	2
1.6	Diagnostikdosimeter zur Durchführung von Mess- und Prüfaufgaben, sofern sie nicht nach § 90 der Strahlenschutzverordnung dem Mess- und Eichgesetz unterliegen	5
1.7	Tretkurbelergometer zur definierten physikalischen und reproduzierbaren Belastung von Patienten	2

2. Ausnahmen von messtechnischen Kontrollen

Abweichend von Nummer 1.5.1 unterliegen keiner messtechnischen Kontrolle Therapiedosimeter, die nach jeder Einwirkung, die die Richtigkeit der Messung beeinflussen kann, sowie mindestens alle zwei Jahre in den verwendeten Messbereichen kalibriert und die Ergebnisse aufgezeichnet werden. Die Kalibrierung muss von fachkundigen Personen, die vom Betreiber bestimmt sind, mit einem Therapiedosimeter durchgeführt werden, dessen Richtigkeit entsprechend § 15 Absatz 3 sichergestellt worden ist und das bei der die Therapie durchführenden Stelle ständig verfügbar ist.

3. Messtechnische Kontrollen in Form von Vergleichsmessungen

3.1 Luftimpuls-Tonometer (Nummer 1.4) werden nicht auf ein nationales Normal, sondern auf ein klinisch geprüftes Referenzgerät gleicher Bauart zurückgeführt. Für diesen Vergleich dürfen nur von einem nationalen Metrologieinstitut geprüfte Verfahren und Transfernormale verwendet werden.

3.2 Vergleichsmessungen nach Nummer 1.5.2 werden von einer durch die zuständige Behörde beauftragten Messstelle durchgeführt.

Anlage 3

(zu § 16 Absatz 1 und 2)

1. Aktive implantierbare Produkte
2. Nachfolgende implantierbare Produkte:

2.1 Herzklappen
2.2 nicht resorbierbare Gefäßprothesen und -stützen
2.3 Gelenkersatz für Hüfte oder Knie
2.4 Wirbelkörperersatzsysteme und Bandscheibenprothesen
2.5 Brustimplantate

Verordnung über Sicherheit und Gesundheitsschutz bei der Benutzung persönlicher Schutzausrüstungen bei der Arbeit (PSA-Benutzungsverordnung – PSA-BV)

In der Fassung vom 04. 12. 1996 (BGBl. I S. 1841), zuletzt geändert durch Verordnung zur Änderung der Gefahrstoffverordnung und anderer Arbeitsschutzverordnungen vom 02. 12. 2024 (BGBl. I Nr. 384)

§ 1 Anwendungsbereich

(1) Diese Verordnung gilt für die Bereitstellung persönlicher Schutzausrüstungen durch Arbeitgeber sowie für die Benutzung persönlicher Schutzausrüstungen durch Beschäftigte bei der Arbeit.

(2) Persönliche Schutzausrüstung im Sinne dieser Verordnung ist jede Ausrüstung, die dazu bestimmt ist, von den Beschäftigten benutzt oder getragen zu werden, um sich gegen eine Gefährdung für ihre Sicherheit und Gesundheit zu schützen, sowie jede mit demselben Ziel verwendete und mit der persönlichen Schutzausrüstung verbundene Zusatzausrüstung.

(3) Als persönliche Schutzausrüstungen im Sinne des Absatzes 2 gelten nicht:

1. Arbeitskleidung und Uniformen, die nicht speziell der Sicherheit und dem Gesundheitsschutz der Beschäftigten dienen,
2. Ausrüstungen für Not- und Rettungsdienste,
3. persönliche Schutzausrüstungen für die Bundeswehr, den Zivil- und Katastrophenschutz, die Polizeien des Bundes und der Länder sowie sonstige Einrichtungen, die der öffentlichen Sicherheit oder der öffentlichen Ordnung dienen,
4. persönliche Schutzausrüstungen für den Straßenverkehr, soweit sie verkehrsrechtlichen Vorschriften unterliegen,
5. Sportausrüstungen,
6. Selbstverteidigungs- und Abschreckungsmittel,
7. tragbare Geräte zur Feststellung und Signalisierung von Gefahren und Gefahrstoffen.

(4) Die Verordnung gilt nicht in Betrieben, die dem Bundesberggesetz unterliegen.

§ 2 Bereitstellung und Benutzung

(1) Unbeschadet seiner Pflichten nach den §§ 3, 4 und 5 des Arbeitsschutzgesetzes darf der Arbeitgeber nur persönliche Schutzausrüstungen auswählen und den Beschäftigten bereitstellen, die

1. den Anforderungen der Verordnung (EU) 2016/425 des Europäischen Parlaments und des Rates vom 9. März 2016 über persönliche Schutzausrüstun-

gen und zur Aufhebung der Richtlinie 89/686/EWG des Rates (ABl. L 81 vom 31. 3. 2016, S. 51) in der jeweils geltenden Fassung entsprechen,
2. Schutz gegenüber der zu verhütenden Gefährdung bieten, ohne selbst eine größere Gefährdung mit sich zu bringen,
3. für die am Arbeitsplatz gegebenen Bedingungen geeignet sind und
4. den ergonomischen Anforderungen und den gesundheitlichen Erfordernissen der Beschäftigten entsprechen.

(2) Persönliche Schutzausrüstungen müssen den Beschäftigten individuell passen. Sie sind grundsätzlich für den Gebrauch durch eine Person bestimmt. Erfordern die Umstände eine Benutzung durch verschiedene Beschäftigte, hat der Arbeitgeber dafür zu sorgen, daß Gesundheitsgefahren oder hygienische Probleme nicht auftreten.

(3) Werden mehrere persönliche Schutzausrüstungen gleichzeitig von einer oder einem Beschäftigten benutzt, muß der Arbeitgeber diese Schutzausrüstungen so aufeinander abstimmen, daß die Schutzwirkung der einzelnen Ausrüstungen nicht beeinträchtigt wird.

(4) Durch Wartungs-, Reparatur- und Ersatzmaßnahmen sowie durch ordnungsgemäße Lagerung trägt der Arbeitgeber dafür Sorge, daß die persönlichen Schutzausrüstungen während der gesamten Benutzungsdauer gut funktionieren und sich in einem hygienisch einwandfreien Zustand befinden.

§ 3 Unterweisung

(1) Bei der Unterweisung nach § 12 des Arbeitsschutzgesetzes hat der Arbeitgeber die Beschäftigten darin zu unterweisen, wie die persönlichen Schutzausrüstungen sicherheitsgerecht benutzt werden. Soweit erforderlich, führt er eine Schulung in der Benutzung durch.

(2) Für jede bereitgestellte persönliche Schutzausrüstung hat der Arbeitgeber erforderliche Informationen für die Benutzung in für die Beschäftigten verständlicher Form und Sprache bereitzuhalten.

Verordnung zum Schutz vor der schädlichen Wirkung ionisierender Strahlung (Strahlenschutzverordnung – StrlSchV)

In der Fassung vom 29. 11. 2018 (BGBl. I S. 2034), zuletzt geändert durch Medizinforschungsgesetz vom 23. 10. 2024 (BGBl. I Nr. 324)

§ 43 Pflichten des Strahlenschutzbeauftragten

(1) Der Strahlenschutzbeauftragte hat für die Einhaltung der dem Strahlenschutzverantwortlichen durch diese Verordnung zugewiesenen Pflichten zu sorgen, soweit ihm die entsprechenden Aufgaben und Befugnisse nach § 70 Absatz 2 des Strahlenschutzgesetzes übertragen wurden. § 70 Absatz 1 Satz 2 des Strahlenschutzgesetzes bleibt unberührt.
(2) Die Pflichten der folgenden Vorschriften dürfen dem Strahlenschutzbeauftragten nicht übertragen werden: § 44 Absatz 2, § 45 Absatz 1 Satz 1 und Absatz 3 und 4, § 54, § 79 Absatz 5, § 98 Satz 1 Nummer 4, auch in Verbindung mit Satz 2, § 99 Absatz 3, § 104 Absatz 1 Satz 1, Absatz 3 Satz 1 und Absatz 4, § 106 Absatz 2 und 4, § 117 Absatz 1 und 2 und § 138 Absatz 1.

§ 44 Pflichten bei Nutzung durch weitere Strahlenschutzverantwortliche

(1) Ein Strahlenschutzverantwortlicher, der Inhaber einer Genehmigung nach § 12 Absatz 1 Nummer 1, 3, 4 oder 5 des Strahlenschutzgesetzes ist oder der eine Anzeige nach § 17 Absatz 1 Satz 1 oder § 19 Absatz 1 Satz 1 des Strahlenschutzgesetzes erstattet hat, hat dafür zu sorgen, dass die zuständige Behörde unverzüglich unterrichtet wird, sobald eine weitere Person die Anlage zur Erzeugung ionisierender Strahlung, die radioaktiven Stoffe, die Röntgeneinrichtung oder den Störstrahler eigenverantwortlich nutzt. Die Pflicht der weiteren Person, als Strahlenschutzverantwortlicher eine Genehmigung nach § 12 Absatz 1 Nummer 1, 3, 4 oder 5 des Strahlenschutzgesetzes zu beantragen oder eine Anzeige nach §§ 17 oder 19 Absatz 1 des Strahlenschutzgesetzes zu erstatten, bleibt unberührt.
(1a) Der Strahlenschutzverantwortliche hat dafür zu sorgen, dass die zuständige Behörde unverzüglich unterrichtet wird, sobald er erstmalig die technische Durchführung bei der Untersuchung von Personen mit radioaktiven Stoffen oder ionisierender Strahlung vornimmt und für diese Untersuchung die rechtfertigende Indikation oder die Befundung durch eine weitere Person, die nicht unter seiner Aufsicht steht, erfolgt. Seine Verantwortung für die Anwendung von radioaktiven Stoffen oder ionisierender Strahlung am Menschen, einschließlich der rechtfertigenden Indikation und der Befundung, bleibt unberührt.
(2) Der Strahlenschutzverantwortliche und die weitere Person haben ihre Pflichten sowie die Pflichten ihrer jeweiligen Strahlenschutzbeauftragten, Medizinphy-

sik-Experten und sonst unter ihrer Verantwortung tätigen Personen vertraglich eindeutig gegeneinander abzugrenzen. Der Vertrag ist der zuständigen Behörde auf Verlangen vorzulegen.

§ 45 Strahlenschutzanweisung

(1) Der Strahlenschutzverantwortliche hat dafür zu sorgen, dass eine Strahlenschutzanweisung erlassen wird. Die Strahlenschutzanweisung kann Bestandteil sonstiger erforderlicher Betriebsanweisungen insbesondere nach arbeitsschutz-, immissionsschutz-, gefahrgut- oder gefahrstoffrechtlichen Vorschriften sein.

(2) In der Strahlenschutzanweisung sind die in dem Betrieb zu beachtenden Schutzmaßnahmen aufzuführen. Zu diesen Maßnahmen können insbesondere gehören

1. die Aufstellung eines Plans für die Organisation des Strahlenschutzes, erforderlichenfalls mit der Bestimmung, dass ein oder mehrere Strahlenschutzbeauftragte oder Personen mit der erforderlichen Fachkunde im Strahlenschutz bei der Tätigkeit ständig anwesend oder sofort erreichbar sein müssen,
2. die Regelung des für den Strahlenschutz wesentlichen Betriebsablaufs,
3. die für die Ermittlung der Körperdosis vorgesehenen Messungen und Maßnahmen entsprechend den Expositionsbedingungen,
4. die Regelungen zur Festlegung von Dosisrichtwerten für die Exposition der Beschäftigten und anderer Personen,
5. die Führung eines Betriebsbuchs, in das die für den Strahlenschutz wesentlichen Betriebsvorgänge einzutragen sind,
6. Regelungen zur Vermeidung, Untersuchung und Meldung von Vorkommnissen,
7. die regelmäßige Funktionsprüfung und Wartung von Bestrahlungsvorrichtungen, Anlagen zur Erzeugung ionisierender Strahlung, Röntgeneinrichtungen, Störstrahlern, Ausrüstung und Geräten, die für den Strahlenschutz wesentlich sind, sowie die Führung von Aufzeichnungen über die Funktionsprüfungen und über die Wartungen,
8. die Regelung des Schutzes gegen Störmaßnahmen oder sonstige Einwirkungen Dritter, gegen das Abhandenkommen von radioaktiven Stoffen oder gegen das unerlaubte Inbetriebsetzen einer Bestrahlungsvorrichtung, einer Anlage zur Erzeugung ionisierender Strahlung, einer Röntgeneinrichtung oder eines Störstrahlers, unter Einhaltung der Regelungen zur Behandlung von Verschlusssachen, und
9. die Aufstellung eines Planes für regelmäßige Alarmübungen sowie für den Einsatz bei Notfällen und Störfällen, erforderlichenfalls mit Regelungen für den Brandschutz und die vorbereitenden Maßnahmen für Notfälle und Störfälle.

(3) Die Strahlenschutzanweisung ist bei wesentlichen Änderungen unverzüglich zu aktualisieren.

(4) Beim anzeigebedürftigen Betrieb von Röntgeneinrichtungen und beim Betrieb von Störstrahlern und bei einer Anzeige nach §§ 56 oder 59 des Strahlenschutzgesetzes ist der Erlass einer Strahlenschutzanweisung nur erforderlich, wenn die zuständige Behörde den Strahlenschutzverantwortlichen dazu verpflichtet.

§ 46 Bereithalten des Strahlenschutzgesetzes und der Strahlenschutzverordnung

Der Strahlenschutzverantwortliche hat dafür zu sorgen, dass das Strahlenschutzgesetz und diese Verordnung in Betrieben oder selbständigen Zweigbetrieben, bei Nichtgewerbetreibenden an dem Ort der Tätigkeit, zur Einsicht ständig verfügbar gehalten wird, wenn regelmäßig mindestens eine Person beschäftigt oder unter der Aufsicht eines anderen tätig ist.

§ 47 Erforderliche Fachkunde im Strahlenschutz

(1) Der Erwerb der erforderlichen Fachkunde im Strahlenschutz wird von der zuständigen Stelle geprüft und bescheinigt. Die Bescheinigung dient als Nachweis der Anerkennung der erforderlichen Fachkunde im Strahlenschutz. Zur Prüfung sind der zuständigen Stelle in der Regel folgende Unterlagen vorzulegen:
1. Nachweise über eine für das jeweilige Anwendungsgebiet geeignete Ausbildung,
2. Nachweise über die praktische Erfahrung und
3. Nachweise über die erfolgreiche Teilnahme an anerkannten Kursen.

Die Kursteilnahme soll insgesamt nicht länger als fünf Jahre zurückliegen.

(2) Der Nachweis der praktischen Erfahrung erfolgt durch Vorlage einer schriftlichen Bestätigung derjenigen Person, in deren Verantwortungsbereich oder unter deren Aufsicht die praktische Erfahrung erworben wurde. Der Nachweis soll insbesondere folgende Angaben enthalten:
1. Angaben zur Person,
2. eine Auflistung der Tätigkeiten mit Angabe der Beschäftigungszeiten in dem jeweiligen Anwendungsgebiet und
3. den Namen der Einrichtung, in der die Tätigkeiten erbracht wurden.

Dauer, Art und Umfang der zu erwerbenden praktischen Erfahrung sind abhängig von der Ausbildung und dem jeweiligen Anwendungsgebiet. Die praktische Erfahrung darf nur an einer Einrichtung erworben werden, die auf Grund ihrer technischen und personellen Ausstattung in der Lage ist, die erforderlichen praktischen Fähigkeiten zu vermitteln.

(3) In den Kursen zum Erwerb der erforderlichen Fachkunde im Strahlenschutz ist das für das jeweilige Anwendungsgebiet erforderliche Wissen zu vermitteln. Neben den rechtlichen Grundlagen soll in Abhängigkeit von dem jeweiligen Anwendungsgebiet insbesondere Folgendes vermittelt werden:
1. naturwissenschaftliche und technische Grundlagen,
2. angewandter Strahlenschutz und
3. allgemeine und anwendungsspezifische Strahlenschutzmaßnahmen.

Die Kurse sollen Praktika und Übungen im Strahlenschutz beinhalten. Von einer erfolgreichen Teilnahme an einem anerkannten Kurs kann ausgegangen werden, wenn die Abschlussprüfung über die Inhalte des Kurses erfolgreich absolviert wurde.

(4) Die zuständige Stelle kann eine im Ausland erworbene Qualifikation im Strahlenschutz vollständig oder teilweise als erforderliche Fachkunde im Strahlenschutz

anerkennen, wenn diese mit der für das jeweilige Anwendungsgebiet erforderlichen Fachkunde im Strahlenschutz vergleichbar ist. Zur Feststellung der Vergleichbarkeit sind der zuständigen Stelle im Ausland erworbene Ausbildungsnachweise und Nachweise über einschlägige Berufserfahrung und sonstige Befähigungsnachweise vorzulegen, sofern diese zur Feststellung der Vergleichbarkeit erforderlich sind.

(5) Die erforderliche Fachkunde im Strahlenschutz wird mit Bestehen der Abschlussprüfung einer staatlichen oder staatlich anerkannten Berufsausbildung erworben, wenn die zuständige Behörde zuvor festgestellt hat, dass in dieser Ausbildung die für das jeweilige Anwendungsgebiet erforderliche Fachkunde im Strahlenschutz vermittelt wird. Die nach der jeweiligen Ausbildungs- und Prüfungsordnung oder Approbationsordnung für das Prüfungswesen zuständige Stelle erteilt die Bescheinigung über die erforderliche Fachkunde im Strahlenschutz.

(6) Für Medizinische Technologen für Radiologie gilt der Nachweis der erforderlichen Fachkunde mit der Erlaubnis nach § 1 Absatz 1 Nummer 2 des MT-Berufe-Gesetzes vom 24. Februar 2021 (BGBl. I S. 274) für die vorbehaltenen Tätigkeiten nach § 5 Absatz 2 des MT-Berufe-Gesetzes als erbracht.

§ 48 Aktualisierung der Fachkunde

(1) Die erforderliche Fachkunde im Strahlenschutz muss mindestens alle fünf Jahre durch eine erfolgreiche Teilnahme an einem von der zuständigen Stelle anerkannten Kurs oder anderen von der zuständigen Stelle als geeignet anerkannten Fortbildungsmaßnahmen aktualisiert werden. Der Nachweis der Aktualisierung der erforderlichen Fachkunde ist der zuständigen Stelle auf Anforderung vorzulegen.

(2) Abweichend von Absatz 1 kann die erforderliche Fachkunde im Strahlenschutz im Einzelfall auf andere geeignete Weise aktualisiert werden. Die Aktualisierung muss geeignet sein, einen Wissensstand zu gewährleisten, der der Wissensvermittlung in einem Kurs oder einer Fortbildungsmaßnahme nach Absatz 1 Satz 1 entspricht. Die Aktualisierung ist der zuständigen Stelle nachzuweisen. Diese entscheidet über die Anerkennung der Aktualisierung.

§ 49 Erforderliche Kenntnisse im Strahlenschutz bei der Anwendung am Menschen und am Tier in der Tierheilkunde

(1) Folgende Personen haben die erforderlichen Kenntnisse im Strahlenschutz in der Regel nach § 74 Absatz 2 Satz 2 des Strahlenschutzgesetzes zu erwerben:

1. Ärzte oder Zahnärzte nach § 145 Absatz 1 Nummer 2,
2. Ärzte, die nach § 14 Absatz 2 Satz 1 Nummer 3 des Strahlenschutzgesetzes am Ort der technischen Durchführung der Teleradiologie anwesend sind,
3. Personen mit einer erfolgreich abgeschlossenen sonstigen medizinischen Ausbildung nach § 145 Absatz 2 Satz 1 Nummer 5,
4. Tierärzte nach § 146 Absatz 1 Nummer 2,
5. Personen nach § 146 Absatz 2 Satz 1 Nummer 5.

(2) § 47 Absatz 1 bis 5 gilt entsprechend. Die zuständige Behörde kann auf Antrag eines Kursveranstalters zulassen, dass der Nachweis über den erfolgreichen

Abschluss eines anerkannten Kurses die Bescheinigung über den Erwerb der erforderlichen Kenntnisse ersetzt.
(3) Für die Aktualisierung der erforderlichen Kenntnisse im Strahlenschutz gilt § 48 entsprechend.

§ 50 Widerruf der Anerkennung der erforderlichen Fachkunde oder der erforderlichen Kenntnisse

(1) Die zuständige Stelle kann die Anerkennung der erforderlichen Fachkunde oder der erforderlichen Kenntnisse im Strahlenschutz widerrufen oder deren Fortgeltung mit Auflagen versehen, wenn der Nachweis über Fortbildungsmaßnahmen nicht oder nicht vollständig vorgelegt wird oder eine Überprüfung nach Absatz 2 ergibt, dass die erforderliche Fachkunde oder die erforderlichen Kenntnisse im Strahlenschutz nicht oder nicht im erforderlichen Umfang vorhanden sind.
(2) Bestehen begründete Zweifel an der erforderlichen Fachkunde oder an den erforderlichen Kenntnissen im Strahlenschutz, kann die zuständige Behörde eine Überprüfung der Fachkunde oder der Kenntnisse veranlassen.

§ 51 Anerkennung von Kursen

(1) Kurse nach § 47 Absatz 3, § 48 Absatz 1 Satz 1, § 49 Absatz 2 Satz 1 in Verbindung mit § 47 Absatz 3 und § 49 Absatz 3 in Verbindung mit § 48 Absatz 1 Satz 1 sind von der für den Sitz des Kursanbieters zuständigen Stelle anzuerkennen, wenn
1. die Kursinhalte geeignet sind, die für das jeweilige Anwendungsgebiet notwendigen Fertigkeiten und das notwendige Wissen im Strahlenschutz entsprechend § 47 Absatz 3 zu vermitteln,
2. die Qualifikation des Lehrpersonals, die verwendeten Lehrmaterialien, die Ausstattung der Kursstätte, soweit vorhanden, und das angewandte Kurskonzept eine ordnungsgemäße Wissensvermittlung gewährleisten und
3. eine Erfolgskontrolle stattfindet.

(2) Der Kursanbieter hat die Behörde, in deren Zuständigkeitsbereich die Kursstätte liegt, über die Durchführung eines anerkannten Kurses mindestens vier Wochen vor dessen Beginn zu unterrichten und ihr eine Kopie des Anerkennungsbescheides zu übersenden. Ist keine Kursstätte vorhanden, so sind die Pflichten nach Satz 1 gegenüber der Behörde zu erfüllen, die für die Aufsicht am Sitz des Kursanbieters zuständig ist.

Verordnung zur arbeitsmedizinischen Vorsorge (ArbMedVV)

In der Fassung vom 18. 12. 2008 (BGBl. I S. 2768n), zuletzt geändert durch Zweite Verordnung zur Änderung der Verordnung zur arbeitsmedizinischen Vorsorge vom 12. 07. 2019 (BGBl. I S. 1082)

§ 1 Ziel und Anwendungsbereich

(1) Ziel der Verordnung ist es, durch Maßnahmen der arbeitsmedizinischen Vorsorge arbeitsbedingte Erkrankungen einschließlich Berufskrankheiten frühzeitig zu erkennen und zu verhüten. Arbeitsmedizinische Vorsorge soll zugleich einen Beitrag zum Erhalt der Beschäftigungsfähigkeit und zur Fortentwicklung des betrieblichen Gesundheitsschutzes leisten.
(2) Diese Verordnung gilt für die arbeitsmedizinische Vorsorge im Geltungsbereich des Arbeitsschutzgesetzes.
(3) Diese Verordnung lässt sonstige arbeitsmedizinische Präventionsmaßnahmen, insbesondere nach dem Arbeitsschutzgesetz und dem Gesetz über Betriebsärzte, Sicherheitsingenieure und andere Fachkräfte für Arbeitssicherheit (Arbeitssicherheitsgesetz), unberührt.

§ 2 Begriffsbestimmungen

(1) Arbeitsmedizinische Vorsorge im Sinne dieser Verordnung
1. ist Teil der arbeitsmedizinischen Präventionsmaßnahmen im Betrieb;
2. dient der Beurteilung der individuellen Wechselwirkungen von Arbeit und physischer und psychischer Gesundheit und der Früherkennung arbeitsbedingter Gesundheitsstörungen sowie der Feststellung, ob bei Ausübung einer bestimmten Tätigkeit eine erhöhte gesundheitliche Gefährdung besteht;
3. beinhaltet ein ärztliches Beratungsgespräch mit Anamnese einschließlich Arbeitsanamnese sowie körperliche oder klinische Untersuchungen, soweit diese für die individuelle Aufklärung und Beratung erforderlich sind und der oder die Beschäftigte diese Untersuchungen nicht ablehnt;
4. umfasst die Nutzung von Erkenntnissen aus der Vorsorge für die Gefährdungsbeurteilung und für sonstige Maßnahmen des Arbeitsschutzes;
5. umfasst nicht den Nachweis der gesundheitlichen Eignung für berufliche Anforderungen nach sonstigen Rechtsvorschriften oder individual- oder kollektivrechtlichen Vereinbarungen.

(2) Pflichtvorsorge ist arbeitsmedizinische Vorsorge, die bei bestimmten besonders gefährdenden Tätigkeiten veranlasst werden muss.
(3) Angebotsvorsorge ist arbeitsmedizinische Vorsorge, die bei bestimmten gefährdenden Tätigkeiten angeboten werden muss.

(4) Wunschvorsorge ist arbeitsmedizinische Vorsorge, die bei Tätigkeiten, bei denen ein Gesundheitsschaden nicht ausgeschlossen werden kann, auf Wunsch des oder der Beschäftigten ermöglicht werden muss.

§ 3 Allgemeine Pflichten des Arbeitgebers

(1) Der Arbeitgeber hat auf der Grundlage der Gefährdungsbeurteilung für eine angemessene arbeitsmedizinische Vorsorge zu sorgen. Dabei hat er die Vorschriften dieser Verordnung einschließlich des Anhangs zu beachten und die nach § 9 Abs. 4 bekannt gegebenen Regeln und Erkenntnisse zu berücksichtigen. Bei Einhaltung der Regeln und Erkenntnisse nach Satz 2 ist davon auszugehen, dass die gestellten Anforderungen erfüllt sind. Arbeitsmedizinische Vorsorge kann auch weitere Maßnahmen der Gesundheitsvorsorge umfassen.

(2) Der Arbeitgeber hat zur Durchführung der arbeitsmedizinischen Vorsorge einen Arzt oder eine Ärztin nach § 7 zu beauftragen. Ist ein Betriebsarzt oder eine Betriebsärztin nach § 2 des Arbeitssicherheitsgesetzes bestellt, soll der Arbeitgeber vorrangig diesen oder diese auch mit der arbeitsmedizinischen Vorsorge beauftragen. Dem Arzt oder der Ärztin sind alle erforderlichen Auskünfte über die Arbeitsplatzverhältnisse, insbesondere über den Anlass der arbeitsmedizinischen Vorsorge und die Ergebnisse der Gefährdungsbeurteilung, zu erteilen und die Begehung des Arbeitsplatzes zu ermöglichen. Ihm oder ihr ist auf Verlangen Einsicht in die Unterlagen nach Absatz 4 Satz 1 zu gewähren.

(3) Arbeitsmedizinische Vorsorge soll während der Arbeitszeit stattfinden. Ergibt die Gefährdungsbeurteilung für die Tätigkeit oder die Tätigkeiten des oder der Beschäftigten mehrere Vorsorgeanlässe, soll die arbeitsmedizinische Vorsorge in einem Termin stattfinden. Arbeitsmedizinische Vorsorge soll nicht zusammen mit Untersuchungen, die dem Nachweis der gesundheitlichen Eignung für berufliche Anforderungen dienen, durchgeführt werden, es sei denn, betriebliche Gründe erfordern dies; in diesem Fall hat der Arbeitgeber den Arzt oder die Ärztin zu verpflichten, die unterschiedlichen Zwecke von arbeitsmedizinischer Vorsorge und Eignungsuntersuchung gegenüber dem oder der Beschäftigten offenzulegen.

(4) Der Arbeitgeber hat eine Vorsorgekartei zu führen mit Angaben, dass, wann und aus welchen Anlässen arbeitsmedizinische Vorsorge stattgefunden hat; die Kartei kann automatisiert geführt werden. Die Angaben sind bis zur Beendigung des Beschäftigungsverhältnisses aufzubewahren und anschließend zu löschen, es sei denn, dass Rechtsvorschriften oder die nach § 9 Absatz 4 bekannt gegebenen Regeln etwas anderes bestimmen. Der Arbeitgeber hat der zuständigen Behörde auf Anordnung eine Kopie der Vorsorgekartei zu übermitteln. Bei Beendigung des Beschäftigungsverhältnisses hat der Arbeitgeber der betroffenen Person eine Kopie der sie betreffenden Angaben auszuhändigen; § 34 des Bundesdatenschutzgesetzes bleibt unberührt.

§ 4 Pflichtvorsorge

(1) Der Arbeitgeber hat nach Maßgabe des Anhangs Pflichtvorsorge für die Beschäftigten zu veranlassen. Pflichtvorsorge muss vor Aufnahme der Tätigkeit und anschließend in regelmäßigen Abständen veranlasst werden.
(2) Der Arbeitgeber darf eine Tätigkeit nur ausüben lassen, wenn der oder die Beschäftigte an der Pflichtvorsorge teilgenommen hat.

§ 5 Angebotsvorsorge

(1) Der Arbeitgeber hat den Beschäftigten Angebotsvorsorge nach Maßgabe des Anhangs anzubieten. Angebotsvorsorge muss vor Aufnahme der Tätigkeit und anschließend in regelmäßigen Abständen angeboten werden. Das Ausschlagen eines Angebots entbindet den Arbeitgeber nicht von der Verpflichtung, weiter regelmäßig Angebotsvorsorge anzubieten.
(2) Erhält der Arbeitgeber Kenntnis von einer Erkrankung, die im ursächlichen Zusammenhang mit der Tätigkeit des oder der Beschäftigten stehen kann, so hat er ihm oder ihr unverzüglich Angebotsvorsorge anzubieten. Dies gilt auch für Beschäftigte mit vergleichbaren Tätigkeiten, wenn Anhaltspunkte dafür bestehen, dass sie ebenfalls gefährdet sein können.
(3) Der Arbeitgeber hat Beschäftigten sowie ehemals Beschäftigten nach Maßgabe des Anhangs nach Beendigung bestimmter Tätigkeiten, bei denen nach längeren Latenzzeiten Gesundheitsstörungen auftreten können, nachgehende Vorsorge anzubieten. Am Ende des Beschäftigungsverhältnisses überträgt der Arbeitgeber diese Verpflichtung auf den zuständigen gesetzlichen Unfallversicherungsträger und überlässt ihm die erforderlichen Unterlagen in Kopie, sofern der oder die Beschäftigte eingewilligt hat.

§ 5a Wunschvorsorge

Über die Vorschriften des Anhangs hinaus hat der Arbeitgeber den Beschäftigten auf ihren Wunsch hin regelmäßig arbeitsmedizinische Vorsorge nach § 11 des Arbeitsschutzgesetzes zu ermöglichen, es sei denn, auf Grund der Beurteilung der Arbeitsbedingungen und der getroffenen Schutzmaßnahmen ist nicht mit einem Gesundheitsschaden zu rechnen.

§ 6 Pflichten des Arztes oder der Ärztin

(1) Bei der arbeitsmedizinischen Vorsorge hat der Arzt oder die Ärztin die Vorschriften dieser Verordnung einschließlich des Anhangs zu beachten und die dem Stand der Arbeitsmedizin entsprechenden Regeln und Erkenntnisse zu berücksichtigen. Vor Durchführung der arbeitsmedizinischen Vorsorge muss er oder sie sich die notwendigen Kenntnisse über die Arbeitsplatzverhältnisse verschaffen. In die Arbeitsanamnese müssen alle Arbeitsbedingungen und arbeitsbedingten Gefährdungen einfließen. Vor Durchführung körperlicher oder klinischer Untersuchungen hat der Arzt oder die Ärztin deren Erforderlichkeit nach pflichtgemä-

ßem ärztlichen Ermessen zu prüfen und den oder die Beschäftigte über die Inhalte, den Zweck und die Risiken der Untersuchung aufzuklären. Untersuchungen nach Satz 3 dürfen nicht gegen den Willen des oder der Beschäftigten durchgeführt werden. Der Arzt oder die Ärztin hat die ärztliche Schweigepflicht zu beachten.

(2) Biomonitoring ist Bestandteil der arbeitsmedizinischen Vorsorge, soweit dafür arbeitsmedizinisch anerkannte Analyseverfahren und geeignete Werte zur Beurteilung zur Verfügung stehen. Biomonitoring darf nicht gegen den Willen der oder des Beschäftigten durchgeführt werden. Impfungen sind Bestandteil der arbeitsmedizinischen Vorsorge und den Beschäftigten anzubieten, soweit das Risiko einer Infektion tätigkeitsbedingt und im Vergleich zur Allgemeinbevölkerung erhöht ist. Satz 3 gilt nicht, wenn der oder die Beschäftigte bereits über einen ausreichenden Immunschutz verfügt.

(3) Der Arzt oder die Ärztin hat

1. das Ergebnis sowie die Befunde der arbeitsmedizinischen Vorsorge schriftlich festzuhalten und den oder die Beschäftigte darüber zu beraten,
2. dem oder der Beschäftigten auf seinen oder ihren Wunsch hin das Ergebnis zur Verfügung zu stellen sowie
3. der oder dem Beschäftigten und dem Arbeitgeber eine Vorsorgebescheinigung darüber auszustellen, dass, wann und aus welchem Anlass ein arbeitsmedizinischer Vorsorgetermin stattgefunden hat; die Vorsorgebescheinigung enthält auch die Angabe, wann eine weitere arbeitsmedizinische Vorsorge aus ärztlicher Sicht angezeigt ist.

(4) Der Arzt oder die Ärztin hat die Erkenntnisse arbeitsmedizinischer Vorsorge auszuwerten. Ergeben sich Anhaltspunkte dafür, dass die Maßnahmen des Arbeitsschutzes für den Beschäftigten oder die Beschäftigte oder andere Beschäftigte nicht ausreichen, so hat der Arzt oder die Ärztin dies dem Arbeitgeber mitzuteilen und Maßnahmen des Arbeitsschutzes vorzuschlagen. Hält der Arzt oder die Ärztin aus medizinischen Gründen, die ausschließlich in der Person des oder der Beschäftigten liegen, einen Tätigkeitswechsel für erforderlich, so bedarf diese Mitteilung an den Arbeitgeber der Einwilligung des oder der Beschäftigten.

§ 7 Anforderungen an den Arzt oder die Ärztin

(1) Unbeschadet anderer Bestimmungen im Anhang für einzelne Anlässe arbeitsmedizinischer Vorsorge muss der Arzt oder die Ärztin berechtigt sein, die Gebietsbezeichnung »Arbeitsmedizin« oder die Zusatzbezeichnung »Betriebsmedizin« zu führen. Er oder sie darf selbst keine Arbeitgeberfunktion gegenüber dem oder der Beschäftigten ausüben. Verfügt der Arzt oder die Ärztin nach Satz 1 für bestimmte Untersuchungsmethoden nicht über die erforderlichen Fachkenntnisse oder die speziellen Anerkennungen oder Ausrüstungen, so hat er oder sie Ärzte oder Ärztinnen hinzuzuziehen, die diese Anforderungen erfüllen.

(2) Die zuständige Behörde kann für Ärzte oder Ärztinnen in begründeten Einzelfällen Ausnahmen von Absatz 1 Satz 1 zulassen.

§ 8 Maßnahmen nach der arbeitsmedizinischen Vorsorge

(1) Im Fall von § 6 Absatz 4 Satz 2 hat der Arbeitgeber die Gefährdungsbeurteilung zu überprüfen und unverzüglich die erforderlichen Maßnahmen des Arbeitsschutzes zu treffen. Wird ein Tätigkeitswechsel vorgeschlagen, so hat der Arbeitgeber nach Maßgabe der dienst- und arbeitsrechtlichen Regelungen dem oder der Beschäftigten eine andere Tätigkeit zuzuweisen.
(2) Dem Betriebs- oder Personalrat und der zuständigen Behörde sind die getroffenen Maßnahmen mitzuteilen.
(3) Halten der oder die Beschäftigte oder der Arbeitgeber das Ergebnis der Auswertung nach § 6 Absatz 4 für unzutreffend, so entscheidet auf Antrag die zuständige Behörde.

§ 9 Ausschuss für Arbeitsmedizin

(1) Beim Bundesministerium für Arbeit und Soziales wird ein Ausschuss für Arbeitsmedizin gebildet, in dem fachkundige Vertreter der Arbeitgeber, der Gewerkschaften, der Länderbehörden, der gesetzlichen Unfallversicherung und weitere fachkundige Personen, insbesondere der Wissenschaft, vertreten sein sollen. Die Gesamtzahl der Mitglieder soll zwölf Personen nicht überschreiten. Für jedes Mitglied ist ein stellvertretendes Mitglied zu benennen. Die Mitgliedschaft im Ausschuss für Arbeitsmedizin ist ehrenamtlich.
(2) Das Bundesministerium für Arbeit und Soziales beruft die Mitglieder des Ausschusses und die stellvertretenden Mitglieder. Der Ausschuss gibt sich eine Geschäftsordnung und wählt den Vorsitzenden oder die Vorsitzende aus seiner Mitte. Die Geschäftsordnung und die Wahl des oder der Vorsitzenden bedürfen der Zustimmung des Bundesministeriums für Arbeit und Soziales.
(3) Zu den Aufgaben des Ausschusses gehört es,

1. dem Stand der Arbeitsmedizin entsprechende Regeln und sonstige gesicherte arbeitsmedizinische Erkenntnisse zu ermitteln,
2. Regeln und Erkenntnisse zu ermitteln, wie die in dieser Verordnung gestellten Anforderungen insbesondere zu Inhalt und Umfang von Pflicht-, Angebots- oder Wunschvorsorge erfüllt werden können,
3. Empfehlungen zur arbeitsmedizinischen Vorsorge aufzustellen,
4. Empfehlungen für weitere Maßnahmen der Gesundheitsvorsorge auszusprechen, insbesondere für betriebliche Gesundheitsprogramme,
5. Regeln und Erkenntnisse zu sonstigen arbeitsmedizinischen Präventionsmaßnahmen nach § 1 Abs. 3 zu ermitteln, insbesondere zur allgemeinen arbeitsmedizinischen Beratung der Beschäftigten,
6. das Bundesministerium für Arbeit und Soziales in allen Fragen der arbeitsmedizinischen Vorsorge sowie zu sonstigen Fragen des medizinischen Arbeitsschutzes zu beraten.

Das Arbeitsprogramm des Ausschusses für Arbeitsmedizin wird mit dem Bundesministerium für Arbeit und Soziales abgestimmt. Der Ausschuss arbeitet eng mit den anderen Ausschüssen beim Bundesministerium für Arbeit und Soziales zusammen.

(4) Das Bundesministerium für Arbeit und Soziales kann die vom Ausschuss für Arbeitsmedizin ermittelten Regeln und Erkenntnisse sowie Empfehlungen im Gemeinsamen Ministerialblatt bekannt geben.
(5) Die Bundesministerien sowie die obersten Landesbehörden können zu den Sitzungen des Ausschusses Vertreter entsenden. Auf Verlangen ist diesen in der Sitzung das Wort zu erteilen.
(6) Die Geschäfte des Ausschusses führt die Bundesanstalt für Arbeitsschutz und Arbeitsmedizin.

§ 10 Ordnungswidrigkeiten und Straftaten

(1) Ordnungswidrig im Sinne des § 25 Abs. 1 Nr. 1 des Arbeitsschutzgesetzes handelt, wer vorsätzlich oder fahrlässig
1. entgegen § 4 Abs. 1 eine Pflichtvorsorge nicht oder nicht rechtzeitig veranlasst,
2. entgegen § 4 Abs. 2 eine Tätigkeit ausüben lässt,
3. entgegen § 4 Absatz 4 Satz 1 Halbsatz 1 eine Vorsorgekartei nicht, nicht richtig oder nicht vollständig führt oder
4. entgegen § 5 Abs. 1 Satz 1 eine Angebotsvorsorge nicht oder nicht rechtzeitig anbietet.

(2) Wer durch eine in Absatz 1 bezeichnete vorsätzliche Handlung Leben oder Gesundheit eines oder einer Beschäftigten gefährdet, ist nach § 26 Nr. 2 des Arbeitsschutzgesetzes strafbar.

Anhang
Arbeitsmedizinische Pflicht- und Angebotsvorsorge

Teil 1 Tätigkeiten mit Gefahrstoffen

(1) Pflichtvorsorge bei:
1. Tätigkeiten mit den Gefahrstoffen:
   - Acrylnitril,
   - Alkylquecksilberverbindungen,
   - Alveolengängiger Staub (A-Staub),
   - Aromatische Nitro- und Aminoverbindungen,
   - Arsen und Arsenverbindungen,
   - Asbest,
   - Benzol,
   - Beryllium,
   - Bleitetraethyl und Bleitetramethyl,
   - Cadmium und Cadmiumverbindungen,
   - Chrom-VI-Verbindungen,
   - Dimethylformamid,
   - Einatembarer Staub (E-Staub),
   - Fluor und anorganische Fluorverbindungen,
   - Glycerintrinitrat und Glykoldinitrat (Nitroglycerin/Nitroglykol),
   - Hartholzstaub,

- Kohlenstoffdisulfid,
- Kohlenmonoxid,
- Methanol,
- Nickel und Nickelverbindungen,
- Polycyclische aromatische Kohlenwasserstoffe (Pyrolyseprodukte aus organischem Material),
- weißer Phosphor (Tetraphosphor),
- Platinverbindungen,
- Quecksilber und anorganische Quecksilberverbindungen,
- Schwefelwasserstoff,
- Silikogener Staub,
- Styrol,
- Tetrachlorethen,
- Toluol,
- Trichlorethen,
- Vinylchlorid,
- Xylol (alle Isomeren),

wenn

a) der Arbeitsplatzgrenzwert für den Gefahrstoff nach der Gefahrstoffverordnung nicht eingehalten wird,
b) eine wiederholte Exposition nicht ausgeschlossen werden kann und der Gefahrstoff ein krebserzeugender oder keimzellmutagener Stoff der Kategorie 1A oder 1B oder ein krebserzeugendes oder keimzellmutagenes Gemisch der Kategorie 1A oder 1B im Sinne der Gefahrstoffverordnung ist oder die Tätigkeiten mit dem Gefahrstoff als krebserzeugende Tätigkeiten oder Verfahren Kategorie 1A oder 1B im Sinne der Gefahrstoffverordnung bezeichnet werden oder
c) der Gefahrstoff hautresorptiv ist und eine Gesundheitsgefährdung durch Hautkontakt nicht ausgeschlossen werden kann;

2. Sonstige Tätigkeiten mit Gefahrstoffen:
   a) Feuchtarbeit von regelmäßig vier Stunden oder mehr je Tag,
   b) Schweißen und Trennen von Metallen bei Überschreitung einer Luftkonzentration von 3 Milligramm pro Kubikmeter Schweißrauch,
   c) Tätigkeiten mit Exposition gegenüber Getreide- und Futtermittelstäuben bei Überschreitung einer Luftkonzentration von 4 Milligramm pro Kubikmeter einatembarem Staub,
   d) Tätigkeiten mit Exposition gegenüber Isocyanaten, bei denen ein regelmäßiger Hautkontakt nicht ausgeschlossen werden kann oder eine Luftkonzentration von 0,05 Milligramm pro Kubikmeter überschritten wird,
   e) Tätigkeiten mit einer Exposition mit Gesundheitsgefährdung durch Labortierstaub in Tierhaltungsräumen und -anlagen,
   f) Tätigkeiten mit Benutzung von Naturgummilatexhandschuhen mit mehr als 30 Mikrogramm Protein je Gramm im Handschuhmaterial,
   g) Tätigkeiten mit dermaler Gefährdung oder inhalativer Exposition mit Gesundheitsgefährdung, verursacht durch Bestandteile unausgehärteter Epoxidharze, insbesondere durch Versprühen von Epoxidharzen,

h) Tätigkeiten mit Exposition gegenüber Blei und anorganischen Bleiverbindungen bei Überschreitung einer Luftkonzentration von 0,075 Milligramm pro Kubikmeter,
i) Tätigkeiten mit Hochtemperaturwollen, soweit dabei als krebserzeugend Kategorie 1A oder 1B im Sinne der Gefahrstoffverordnung eingestufte Faserstäube freigesetzt werden können,
j) Tätigkeiten mit Exposition gegenüber Mehlstaub bei Überschreitung einer Mehlstaubkonzentration von 4 Milligramm pro Kubikmeter Luft.

(2) Angebotsvorsorge bei:

1. Tätigkeiten mit den in Absatz 1 Nr. 1 genannten Gefahrstoffen, wenn eine Exposition nicht ausgeschlossen werden kann und der Arbeitgeber keine Pflichtvorsorge zu veranlassen hat;
2. Sonstige Tätigkeiten mit Gefahrstoffen:
a) Schädlingsbekämpfung nach der Gefahrstoffverordnung,
b) Begasungen nach der Gefahrstoffverordnung,
c) Tätigkeiten mit folgenden Stoffen oder deren Gemischen: n-Hexan, n-Heptan, 2-Butanon, 2-Hexanon, Methanol, Ethanol, 2-Methoxyethanol, Benzol, Toluol, Xylol, Styrol, Dichlormethan, 1,1,1-Trichlorethan, Trichlorethen, Tetrachlorethen,
d) Tätigkeiten mit einem Gefahrstoff, sofern der Gefahrstoff nicht in Absatz 1 Nummer 1 genannt ist, eine wiederholte Exposition nicht ausgeschlossen werden kann und
aa) der Gefahrstoff ein krebserzeugender oder keimzellmutagener Stoff der Kategorie 1A oder 1B oder ein krebserzeugendes oder keimzellmutagenes Gemisch der Kategorie 1A oder 1B im Sinne der Gefahrstoffverordnung ist oder
bb) die Tätigkeiten mit dem Gefahrstoff als krebserzeugende Tätigkeiten oder Verfahren Kategorie 1A oder 1B im Sinne der Gefahrstoffverordnung bezeichnet werden,
e) Feuchtarbeit von regelmäßig mehr als zwei Stunden je Tag,
f) Schweißen und Trennen von Metallen bei Einhaltung einer Luftkonzentration von 3 Milligramm pro Kubikmeter Schweißrauch,
g) Tätigkeiten mit Exposition gegenüber Getreide- und Futtermittelstäuben bei Überschreitung einer Luftkonzentration von 1 Milligramm je Kubikmeter einatembarem Staub,
h) Tätigkeiten mit Exposition gegenüber Isocyanaten, bei denen ein Hautkontakt nicht ausgeschlossen werden kann oder eine Luftkonzentration von 0,05 Milligramm pro Kubikmeter eingehalten wird,
i) Tätigkeiten mit Exposition gegenüber Blei und anorganischen Bleiverbindungen bei Einhaltung einer Luftkonzentration von 0,075 Milligramm pro Kubikmeter,
j) Tätigkeiten mit Exposition gegenüber Mehlstaub bei Einhaltung einer Mehlstaubkonzentration von 4 Milligramm pro Kubikmeter Luft,
k) Tätigkeiten mit Exposition gegenüber sonstigen atemwegssensibilisierend oder hautsensibilisierend wirkenden Stoffen, für die nach Absatz 1, Num-

mer 1 oder Buchstabe a bis j keine arbeitsmedizinische Vorsorge vorgesehen ist.

(3) Anlässe für nachgehende Vorsorge:

1. Tätigkeiten mit Exposition gegenüber einem Gefahrstoff, sofern
   a) der Gefahrstoff ein krebserzeugender oder keimzellmutagener Stoff der Kategorie 1A oder 1B oder ein krebserzeugendes oder keimzellmutagenes Gemisch der Kategorie 1A oder 1B im Sinne der Gefahrstoffverordnung ist oder
   b) die Tätigkeiten mit dem Gefahrstoff als krebserzeugende Tätigkeiten oder Verfahren Kategorie 1A oder 1B im Sinne der Gefahrstoffverordnung bezeichnet werden;
2. Tätigkeiten mit Exposition gegenüber Blei oder anorganischen Bleiverbindungen;
3. Tätigkeiten mit Hochtemperaturwollen nach Absatz 1 Nummer 2 Buchstabe i.

(4) Abweichungen:

Vorsorge nach den Absätzen 1 bis 3 muss nicht veranlasst oder angeboten werden, wenn und soweit die auf der Grundlage von § 9 Absatz 3 Satz 1 Nummer 1 ermittelten und nach § 9 Absatz 4 bekannt gegebenen Regeln etwas anderes bestimmen.

Teil 2 Tätigkeiten mit biologischen Arbeitsstoffen einschließlich gentechnischen Arbeiten mit humanpathogenen Organismen

(1) Pflichtvorsorge bei:

1. gezielten Tätigkeiten mit einem biologischen Arbeitsstoff der Risikogruppe 4 oder mit
   – Bacillus anthracis,
   – Bartonella bacilliformis,
   – Bartonella henselae,
   – Bartonella quintana,
   – Bordetella pertussis,
   – Borellia burgdorferi,
   – Borrelia burgdorferi sensu lato,
   – Brucella melitensis,
   – Burkholderia pseudomallei (Pseudomonas pseudomallei),
   – Chlamydophila pneumoniae,
   – Chlamydophila psittaci (aviäre Stämme),
   – Coxiella burnetii,
   – Francisella tularensis,
   – Frühsommermeningoenzephalitis-(FSME)-Virus,
   – Gelbfieber-Virus,
   – Helicobacter pylori,
   – Hepatitis-A-Virus (HAV),
   – Hepatitis-B-Virus (HBV),
   – Hepatitis-C-Virus (HCV),
   – Influenzavirus A oder B,
   – Japanenzephalitisvirus,

- Leptospira spp.,
- Masernvirus,
- Mumpsvirus,
- Mycobacterium bovis,
- Mycobacterium tuberculosis,
- Neisseria meningitidis,
- Poliomyelitisvirus,
- Rubivirus,
- Salmonella typhi,
- Schistosoma mansoni,
- Streptococcus pneumoniae,
- Tollwutvirus,
- Treponema pallidum (Lues),
- Tropheryma whipplei,
- Trypanosoma cruzi,
- Yersinia pestis,
- Varizelle-Zoster-Virus (VZV) oder
- Vibrio cholerae;

2. nicht gezielten Tätigkeiten mit biologischen Arbeitsstoffen der Risikogruppe 4 bei Kontaktmöglichkeit zu infizierten Proben oder Verdachtsproben oder erkrankten oder krankheitsverdächtigen Personen oder Tieren einschließlich deren Transport sowie
3. nachfolgend aufgeführten nicht gezielten Tätigkeiten
   a) in Forschungseinrichtungen oder Laboratorien: regelmäßige Tätigkeiten mit Kontaktmöglichkeit zu infizierten Proben oder Verdachtsproben, zu infizierten Tieren oder krankheitsverdächtigen Tieren beziehungsweise zu erregerhaltigen oder kontaminierten Gegenständen oder Materialien hinsichtlich eines biologischen Arbeitsstoffes nach Nummer 1;
   b) in Tuberkuloseabteilungen und anderen pulmologischen Einrichtungen: Tätigkeiten mit regelmäßigem Kontakt zu erkrankten oder krankheitsverdächtigen Personen hinsichtlich Mycobacterium bovis oder Mycobacterium tuberculosis;
   c) in Einrichtungen zur medizinischen Untersuchung, Behandlung und Pflege von Menschen:
      aa) Tätigkeiten mit regelmäßigem direkten Kontakt zu erkrankten oder krankheitsverdächtigen Personen hinsichtlich
      - Bordetella pertussis,
      - Hepatitis-A-Virus (HAV),
      - Masernvirus,
      - Mumpsvirus oder
      - Rubivirus,

      bb) Tätigkeiten, bei denen es regelmäßig und in größerem Umfang zu Kontakt mit Körperflüssigkeiten, Körperausscheidungen oder Körpergewebe kommen kann, insbesondere Tätigkeiten mit erhöhter Verletzungsgefahr oder Gefahr von Verspritzen und Aerosolbildung, hinsichtlich

- Hepatitis-B-Virus (HBV) oder
- Hepatitis-C-Virus (HCV);

dies gilt auch für Bereiche, die der Versorgung oder der Aufrechterhaltung dieser Einrichtungen dienen;

d) in Einrichtungen zur medizinischen Untersuchung, Behandlung und Pflege von Kindern, ausgenommen Einrichtungen ausschließlich zur Betreuung von Kindern: Tätigkeiten mit regelmäßigem direkten Kontakt zu erkrankten oder krankheitsverdächtigen Kindern hinsichtlich Varizella-Zoster-Virus (VZV); Buchstabe c bleibt unberührt;

e) in Einrichtungen ausschließlich zur Betreuung von Menschen: Tätigkeiten, bei denen es regelmäßig und in größerem Umfang zu Kontakt mit Körperflüssigkeiten, Körperausscheidungen oder Körpergewebe kommen kann, insbesondere Tätigkeiten mit erhöhter Verletzungsgefahr oder Gefahr von Verspritzen und Aerosolbildung, hinsichtlich
- Hepatitis-A-Virus (HAV),
- Hepatitis-B-Virus (HBV) oder
- Hepatitis-C-Virus (HCV);

f) in Einrichtungen zur vorschulischen Betreuung von Kindern: Tätigkeiten mit regelmäßigem direkten Kontakt zu Kindern hinsichtlich
- Bordetella pertussis,
- Masernvirus,
- Mumpsvirus,
- Rubivirus oder
- Varizella-Zoster-Virus (VZV); Buchstabe e bleibt unberührt;

g) in Notfall- und Rettungsdiensten: Tätigkeiten, bei denen es regelmäßig und in größerem Umfang zu Kontakt mit Körperflüssigkeiten, Körperausscheidungen oder Körpergewebe kommen kann, insbesondere Tätigkeiten mit erhöhter Verletzungsgefahr oder Gefahr von Verspritzen und Aerosolbildung, hinsichtlich Hepatitis-B-Virus (HBV) oder Hepatitis-C-Virus (HCV);

h) in der Pathologie: Tätigkeiten, bei denen es regelmäßig und in größerem Umfang zu Kontakt mit Körperflüssigkeiten, Körperausscheidungen oder Körpergewebe kommen kann, insbesondere Tätigkeiten mit erhöhter Verletzungsgefahr oder Gefahr von Verspritzen und Aerosolbildung, hinsichtlich Hepatitis-B-Virus (HBV) oder Hepatitis-C-Virus (HCV);

i) in Kläranlagen oder in der Kanalisation: Tätigkeiten mit regelmäßigem Kontakt zu fäkalienhaltigen Abwässern oder mit fäkalienkontaminierten Gegenständen hinsichtlich Hepatitis-A-Virus (HAV);

j) in Einrichtungen zur Aufzucht und Haltung von Vögeln oder zur Geflügelschlachtung: regelmäßige Tätigkeiten mit Kontaktmöglichkeit zu infizierten Proben oder Verdachtsproben, zu infizierten Tieren oder krankheitsverdächtigen Tieren beziehungsweise zu erregerhaltigen oder kontaminierten Gegenständen oder Materialien, wenn dabei der Übertragungsweg gegeben ist, hinsichtlich Chlamydophila psittaci (aviäre Stämme);

k) in einem Tollwut gefährdeten Bezirk: Tätigkeiten mit regelmäßigem Kontakt zu frei lebenden Tieren hinsichtlich Tollwutvirus;

l) in oder in der Nähe von Fledermaus- Unterschlupfen: Tätigkeiten mit engem Kontakt zu Fledermäusen hinsichtlich Europäischem Fledermaus-Lyssavirus (EBLV 1 und 2);
m) auf Freiflächen, in Wäldern, Parks und Gartenanlagen, Tiergärten und Zoos: regelmäßige Tätigkeiten in niederer Vegetation oder direkter Kontakt zu frei lebenden Tieren hinsichtlich
   aa) Borrellia burgdorferi oder
   bb) in Endemiegebieten Frühsommermeningoenzephalitis-(FSME)-Virus.

(2) Angebotsvorsorge:

1. Hat der Arbeitgeber keine Pflichtvorsorge nach Absatz 1 zu veranlassen, muss er den Beschäftigten Angebotsvorsorge anbieten bei
   a) gezielten Tätigkeiten mit biologischen Arbeitsstoffen der Risikogruppe 3 der Biostoffverordnung und nicht gezielten Tätigkeiten, die der Schutzstufe 3 der Biostoffverordnung zuzuordnen sind oder für die eine vergleichbare Gefährdung besteht,
   b) gezielten Tätigkeiten mit biologischen Arbeitsstoffen der Risikogruppe 2 der Biostoffverordnung und nicht gezielten Tätigkeiten, die der Schutzstufe 2 der Biostoffverordnung zuzuordnen sind oder für die eine vergleichbare Gefährdung besteht, es sei denn, nach der Gefährdungsbeurteilung und auf Grund der getroffenen Schutzmaßnahmen ist nicht von einer Infektionsgefährdung auszugehen;
   c) Tätigkeiten mit Exposition gegenüber sensibilisierend oder toxisch wirkenden biologischen Arbeitsstoffen, für die nach Absatz 1, Buchstabe a oder b keine arbeitsmedizinische Vorsorge vorgesehen ist;
2. § 5 Abs. 2 gilt entsprechend, wenn als Folge einer Exposition gegenüber biologischen Arbeitsstoffen
   a) mit einer schweren Infektionskrankheit gerechnet werden muss und Maßnahmen der postexpositionellen Prophylaxe möglich sind oder
   b) eine Infektion erfolgt ist;
3. Am Ende einer Tätigkeit, bei der eine Pflichtvorsorge nach Absatz 1 zu veranlassen war, hat der Arbeitgeber eine Angebotsvorsorge anzubieten.

(3) Gentechnische Arbeiten mit humanpathogenen Organismen:
Die Absätze 1 und 2 zu Pflicht- und Angebotsvorsorge gelten entsprechend bei gentechnischen Arbeiten mit humanpathogenen Organismen.

Teil 3 Tätigkeiten mit physikalischen Einwirkungen

(1) Pflichtvorsorge bei:

1. Tätigkeiten mit extremer Hitzebelastung, die zu einer besonderen Gefährdung führen können;
2. Tätigkeiten mit extremer Kältebelastung (– 25° Celsius und kälter);
3. Tätigkeiten mit Lärmexposition, wenn die oberen Auslösewerte von $L_{ex,8h}$ = 85 dB(A) beziehungsweise $L_{pC,peak}$ = 137 dB(C) erreicht oder überschritten werden.

Bei der Anwendung der Auslösewerte nach Satz 1 wird die dämmende Wirkung eines persönlichen Gehörschutzes der Beschäftigten nicht berücksichtigt;
4. Tätigkeiten mit Exposition durch Vibrationen, wenn die Expositionsgrenzwerte
   a) A(8) = 5 m/s² für Tätigkeiten mit Hand-Arm-Vibrationen oder
   b) A(8) = 1,15 m/s² in X- oder Y-Richtung oder A(8) = 0,8 m/s² in Z-Richtung für Tätigkeiten mit Ganzkörper-Vibrationen

   erreicht oder überschritten werden;
5. Tätigkeiten unter Wasser, bei denen der oder die Beschäftigte über ein Tauchgerät mit Atemgas versorgt wird (Taucherarbeiten);
6. Tätigkeiten mit Exposition durch inkohärente künstliche optische Strahlung, wenn am Arbeitsplatz die Expositionsgrenzwerte nach § 6 der Arbeitsschutzverordnung zu künstlicher optischer Strahlung vom 19. Juli 2010 (BGBl. I S. 960) in der jeweils geltenden Fassung überschritten werden.

(2) Angebotsvorsorge bei:
1. Tätigkeiten mit Lärmexposition, wenn die unteren Auslösewerte von $L_{ex,8h}$ = 80 dB(A) beziehungsweise $L_{pC,peak}$ = 135 dB(C) überschritten werden.
   Bei der Anwendung der Auslösewerte nach Satz 1 wird die dämmende Wirkung eines persönlichen Gehörschutzes der Beschäftigten nicht berücksichtigt;
2. Tätigkeiten mit Exposition durch Vibrationen, wenn die Auslösewerte von
   a) A(8) = 2,5 m/s² für Tätigkeiten mit Hand-Arm-Vibrationen oder
   b) A(8) = 0,5 m/s² für Tätigkeiten mit Ganzkörper-Vibrationen

   überschritten werden;
3. Tätigkeiten mit Exposition durch inkohärente künstliche optische Strahlung, wenn am Arbeitsplatz die Expositionsgrenzwerte nach § 6 der Arbeitsschutzverordnung zu künstlicher optischer Strahlung vom 19. Juli 2010 (BGBl. I S. 960) in der jeweils geltenden Fassung überschritten werden können;
4. Tätigkeiten mit wesentlich erhöhten körperlichen Belastungen, die mit Gesundheitsgefährdungen für das Muskel-Skelett-System verbunden sind durch
   a) Lastenhandhabung beim Heben, Halten, Tragen, Ziehen oder Schieben von Lasten,
   b) repetitive manuelle Tätigkeiten oder
   c) Arbeiten in erzwungenen Körperhaltungen im Knien, in langdauerndem Rumpfbeugen oder -drehen oder in vergleichbaren Zwangshaltungen;
5. Tätigkeiten im Freien mit intensiver Belastung durch natürliche UV-Strahlung von regelmäßig einer Stunde oder mehr je Tag. Der Arbeitgeber hat Maßnahmen des Arbeitsschutzes zu treffen, durch die die Belastung durch natürliche UV-Strahlung möglichst gering gehalten wird.

Teil 4 Sonstige Tätigkeiten

(1) Pflichtvorsorge bei:
1. Tätigkeiten, die das Tragen von Atemschutzgeräten der Gruppen 2 und 3 erfordern;
2. Tätigkeiten in Tropen, Subtropen und sonstige Auslandsaufenthalte mit besonderen klimatischen Belastungen und Infektionsgefährdungen. Abweichend

von § 3 Abs. 2 Satz 1 in Verbindung mit § 7 dürfen auch Ärzte oder Ärztinnen beauftragt werden, die zur Führung der Zusatzbezeichnung Tropenmedizin berechtigt sind.

(2) Angebotsvorsorge bei:

1. Tätigkeiten an Bildschirmgeräten
   Die Angebotsvorsorge enthält das Angebot auf eine angemessene Untersuchung der Augen und des Sehvermögens. Erweist sich auf Grund der Angebotsvorsorge eine augenärztliche Untersuchung als erforderlich, so ist diese zu ermöglichen. § 5 Abs. 2 gilt entsprechend für Sehbeschwerden. Den Beschäftigten sind im erforderlichen Umfang spezielle Sehhilfen für ihre Arbeit an Bildschirmgeräten zur Verfügung zu stellen, wenn Ergebnis der Angebotsvorsorge ist, dass spezielle Sehhilfen notwendig und normale Sehhilfen nicht geeignet sind;
2. Tätigkeiten, die das Tragen von Atemschutzgeräten der Gruppe 1 erfordern;
3. Am Ende einer Tätigkeit, bei der nach Absatz 1 Nummer 2 eine Pflichtvorsorge zu veranlassen war, hat der Arbeitgeber eine Angebotsvorsorge anzubieten.

Technische Regeln für Arbeitsstätten (ASR)

ASR A1.2 »Raumabmessungen und Bewegungsflächen«

September 2013 (GMBl 2013, S. 910, zuletzt geändert GMBl 2022, S. 241)

1 Zielstellung

Diese Arbeitsstättenregel konkretisiert die Anforderungen an Raumabmessungen von Arbeitsräumen und Bewegungsflächen in § 3 a Absatz 1 der Arbeitsstättenverordnung sowie insbesondere in den Punkten 1.2 und 3.1 des Anhanges der Arbeitsstättenverordnung.

2 Anwendungsbereich

(1) Diese Arbeitsstättenregel gilt für das Einrichten und Betreiben von Arbeitsräumen.
(2) Die Abmessungen aller weiteren Räume, wie Sanitärräume (ASR A4.1), Pausen- und Bereitschaftsräume (ASR A4.2), Erste-Hilfe-Räume (ASR A4.3) und Unterkünfte (ASR A4.4) richten sich gemäß Punkt 1.2 Absatz 2 des Anhangs der Arbeitsstättenverordnung nach der Art ihrer Nutzung.
Hinweis:
Für die barrierefreie Gestaltung der Raumabmessungen und Bewegungsflächen gilt die ASR V3 a.2 »Barrierefreie Gestaltung von Arbeitsstätten«, Anhang A1.2: Ergänzende Anforderungen zur ASR A1.2 »Raumabmessungen und Bewegungsflächen«.

3 Begriffsbestimmungen

3.1 **Bewegungsflächen** sind zusammenhängende unverstellte Bodenflächen am Arbeitsplatz, die mindestens erforderlich sind, um den Beschäftigten bei ihrer Tätigkeit wechselnde Arbeitshaltungen sowie Ausgleichsbewegungen zu ermöglichen.
3.2 **Bewegungsfreiraum** ist der zusammenhängende unverstellte Raum am Arbeitsplatz, der mindestens erforderlich ist, um den Beschäftigten bei ihrer Tätigkeit wechselnde Arbeitshaltungen sowie Ausgleichsbewegungen zu ermöglichen.
3.3 **Gänge zu den Arbeitsplätzen** sind Verkehrswege, die dem ungehinderten Zutritt zu den persönlich zugewiesenen Arbeitsplätzen dienen (siehe ASR A1.8 »Verkehrswege«).
3.4 **Gänge zu gelegentlich benutzten Betriebseinrichtungen** sind Verkehrswege, die dem ungehinderten Zutritt zur Nutzung von Betriebseinrichtungen (z. B. Heizungen, Fenster, Elektroversorgung) dienen (siehe ASR A1.8 »Verkehrswege«).

3.5 **Stellflächen** sind die Bodenflächen, die für Arbeitsmittel (z. B. Roh-, Hilfs- und Betriebsstoffe, Produkte des jeweiligen Arbeitsschrittes, Arbeitsstühle, Arbeitswagen, Werkzeugcontainer, Hebemittel), Einbauten, Einrichtungen und sonstige Gegenstände (z. B. Abfälle) benötigt werden, unabhängig davon, ob diese den Boden berühren oder nicht.

3.6 **Funktionsflächen** sind die Bodenflächen, die von beweglichen Teilen von Arbeitsmitteln, Einbauten und Einrichtungen überdeckt werden.

3.7 **Flächen für Sicherheitsabstände** sind die Bodenflächen an Arbeitsplätzen, Arbeitsmitteln, Einbauten und Einrichtungen, die erforderlich sind, um Gefährdungen von Beschäftigten zu vermeiden.

3.8 **Zellenbüros** sind als Einzel- oder Mehrpersonenbüros in der Regel entlang der Fassade angeordnet und über einen gemeinsamen Flur zugänglich. Mehrpersonenbüros umfassen in der Regel bis sechs Büro- oder Bildschirmarbeitsplätze.

3.9 **Gruppenbüros** sind für die Einrichtung von in der Regel bis zu 25 Büro- oder Bildschirmarbeitsplätzen vorgesehene fensternahe Raumeinheiten, die mit Stellwänden oder flexiblen Raumgliederungssystemen deutlich voneinander abgegrenzt werden.

3.10 **Großraumbüros** sind organisatorische und räumliche Zusammenfassungen von Büro- oder Bildschirmarbeitsplätzen auf einer 400 m² oder mehr umfassenden Grundfläche, die mit Stellwänden gegliedert sein können.

3.11 **Kombibüros** sind in der Regel Kombinationen aus Zellenbüro und Großraumbüro. Die »Arbeitskojen« sind in der Regel mit je einem Beschäftigten besetzt, um einen Gemeinschaftsraum mit Besprechungsecken, Registraturen, Serviceeinrichtungen, Teeküchen u. a. gruppiert und durch Glaswände und -türen mit dem Gemeinschaftsraum verbunden.

4 Allgemeines

(1) Arbeitsräume müssen eine ausreichende Grundfläche und Höhe sowie einen ausreichenden Luftraum aufweisen. Damit soll sichergestellt sein, dass die Beschäftigten ohne Beeinträchtigung ihrer Sicherheit, ihrer Gesundheit oder ihres Wohlbefindens ihre Arbeit verrichten können.

(2) Am Arbeitsplatz muss ausreichend Bewegungsfreiraum vorhanden sein, so dass Beschäftigte alle Arbeitsaufgaben erledigen können und nicht, z. B. durch Einbauten, Einrichtungen oder sonstige Gegenstände, in ihrer Bewegungsfreiheit eingeschränkt sind.

(3) Ausgangspunkt für die Ermittlung der Grundflächen und Höhen des notwendigen Bewegungsfreiraumes sind die Körpermaße des Menschen. Die in dieser ASR aufgeführten Werte stellen das Minimum für Bewegungsfreiräume dar, wobei Zuschläge von Kleidung und Körperbewegungen berücksichtigt sind. Weitere Zuschläge z. B. für persönliche Schutzausrüstungen oder für die Handhabung von Arbeitsgegenständen und Arbeitsmitteln sind erforderlichenfalls festzulegen.

(4) Für bestimmte Arbeitsplätze, z. B. Kassenarbeitsplätze, Schulungs- und Besprechungsarbeitsplätze, Arbeitsplätze in Operationsbereichen, können auf Grund ihrer spezifischen betriebstechnischen oder ergonomischen Anforderungen von

den Regelungen dieser ASR abweichende Gestaltungen notwendig sein. Diese sind im Rahmen einer Gefährdungsbeurteilung zu ermitteln und festzulegen. Hierfür können branchenspezifische Hilfen herangezogen werden (siehe Punkt Ausgewählte Literaturhinweise).

5 Grundflächen von Arbeitsräumen

(1) Die erforderlichen Grundflächen für Arbeitsräume ergeben sich aus folgenden Flächen:

- Bewegungsflächen der Beschäftigten am Arbeitsplatz,
- Flächen für Verkehrswege einschließlich der Fluchtwege und Gänge zu den Arbeitsplätzen und zu gelegentlich benutzten Betriebseinrichtungen,
- Stellflächen für Arbeitsmittel, Einbauten und Einrichtungen,
- Funktionsflächen für alle Betriebs- bzw. Benutzungszustände von Arbeitsmitteln, Einbauten und Einrichtungen und
- Flächen für Sicherheitsabstände, soweit sie nicht bereits in den Stell- oder Funktionsflächen berücksichtigt sind.

Beispiele für erforderliche Grundflächen von Arbeitsplätzen sind in den Anhängen 1 und 2 dargestellt.

(2) Bei der Bemessung der Grundfläche der Arbeitsräume sind entsprechend der Anzahl der Arbeitsplätze und der Tätigkeit zusätzlich zu den erforderlichen Flächen nach Absatz 1 die Einhaltung des Mindestluftraums nach Punkt 7 sowie gegebenenfalls weitere Anforderungen, z. B. an die Luftqualität (siehe ASR A3.6 »Lüftung«) oder an die Akustik, zu berücksichtigen.

(3) Unabhängig von Absatz 1 und von der Tätigkeit dürfen als Arbeitsräume nur Räume genutzt werden, deren Grundflächen mindestens 8 m^2 für einen Arbeitsplatz zuzüglich mindestens 6 m^2 für jeden weiteren Arbeitsplatz betragen.

(4) Für Büro- und Bildschirmarbeitsplätze ergibt sich bei Einrichtung von Zellenbüros als Richtwert ein Flächenbedarf von 8 bis 10 m^2 je Arbeitsplatz einschließlich Möblierung und anteiliger Verkehrsflächen im Raum. Für Großraumbüros ist angesichts des höheren Verkehrsflächenbedarfs und ggf. größerer Störwirkungen (z. B. akustisch, visuell) von 12 bis 15 m^2 je Arbeitsplatz auszugehen. Beispielhafte Gestaltungslösungen zu den einzelnen Bürotypen sind dem Anhang 2 zu entnehmen.

5.1 Bewegungsflächen der Beschäftigten am Arbeitsplatz

5.1.1 Allgemeine Anforderungen

(1) Zur Festlegung der Bewegungsfläche sind alle während der Tätigkeit einzunehmenden Körperhaltungen zu berücksichtigen.

(2) Die Bewegungsfläche muss mindestens 1,50 m^2 betragen. Ist dies aus betriebstechnischen Gründen nicht möglich, muss den Beschäftigten in der Nähe des Arbeitsplatzes eine mindestens 1,50 m^2 große Bewegungsfläche zur Verfügung stehen (siehe Abb. 1).

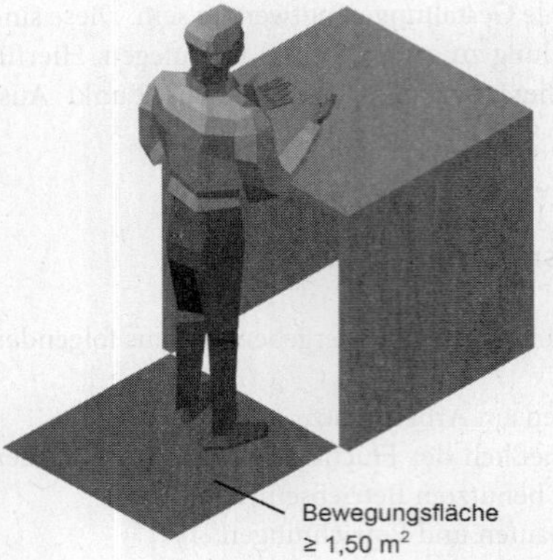

Abb. 1: Mindestgröße der Bewegungsfläche im Sitzen und Stehen
(Quelle: VBG Hamburg [www.vbg.de])

5.1.2 Sitzende und stehende Tätigkeiten

Die Tiefe und die Breite der Bewegungsfläche für Tätigkeiten im Sitzen und Stehen müssen mindestens 1,00 m betragen (siehe Abb. 2 und 3).

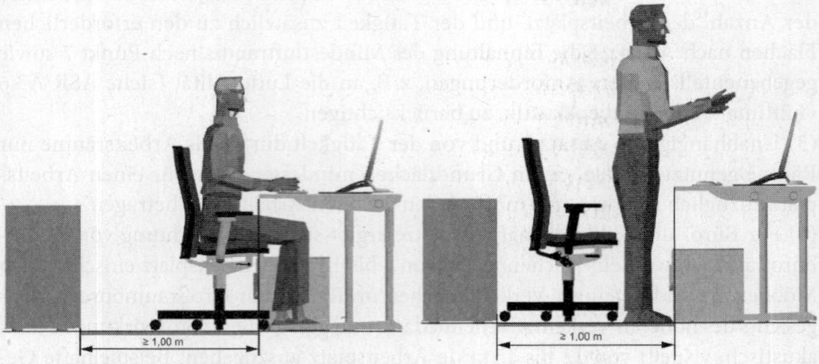

Abb. 2: Mindesttiefe der Bewegungsfläche im Sitzen und Stehen
(Quelle: VBG Hamburg [www.vbg.de])

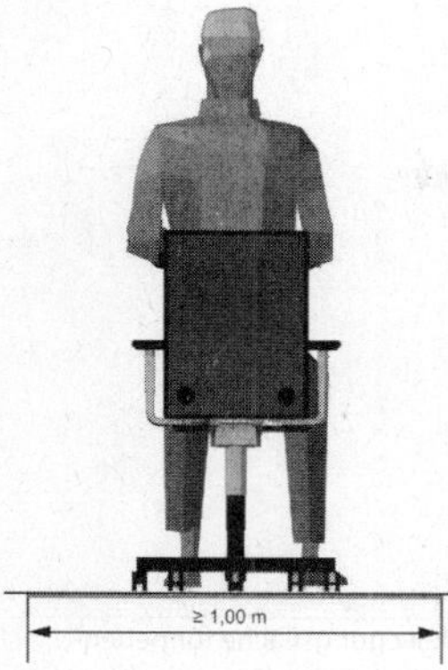

Abb. 3: Mindestbreite der Bewegungsfläche im Sitzen und Stehen
(Quelle: VBG Hamburg [www.vbg.de])

5.1.3 Tätigkeiten mit anderen Körperhaltungen

(1) Die Tiefe der Bewegungsfläche an Arbeitsplätzen mit stehender nicht aufrechter Körperhaltung muss mindestens 1,20 m betragen (siehe Abb. 4).

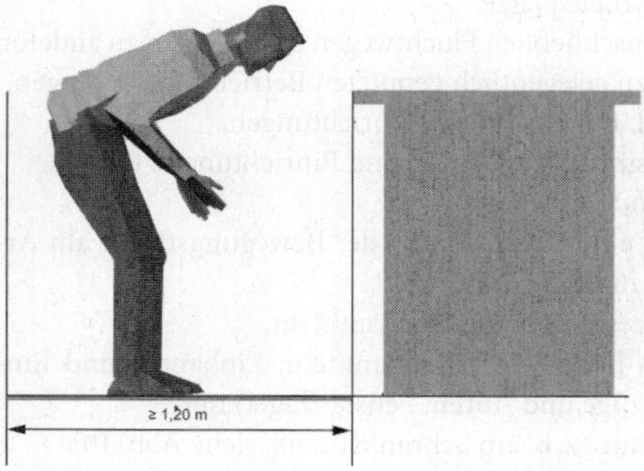

Abb. 4: Mindesttiefe der Bewegungsfläche für Arbeitsplätze mit stehender nicht aufrechter Körperhaltung (Quelle: VBG Hamburg [www.vbg.de])

(2) Für Beschäftigte, die für ihre Tätigkeit andere Körperhaltungen einnehmen müssen, sind die Maße für die Bewegungsfläche im Rahmen der Gefährdungsbeurteilung gesondert zu ermitteln und festzulegen.

5.1.4 Nebeneinander angeordnete Arbeitsplätze

Sind mehrere Arbeitsplätze unmittelbar nebeneinander angeordnet, muss die Breite der Bewegungsfläche an jedem Arbeitsplatz mindestens 1,20 m betragen (siehe Abb. 5).

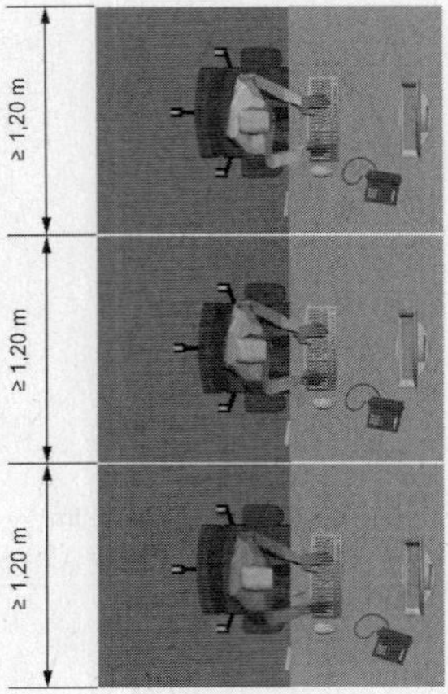

Abb. 5: Breite der Bewegungsfläche für nebeneinander angeordnete Arbeitsplätze mit sitzender oder stehender Körperhaltung (Quelle: VBG Hamburg [www.vbg.de])

5.1.5 Überlagerung von Bewegungsflächen

(1) Bewegungsflächen dürfen sich nicht überlagern mit:

- Bewegungsflächen anderer Arbeitsplätze,
- Flächen für Verkehrswege, einschließlich Fluchtwegen und Gängen zu anderen Arbeitsplätzen und Gängen zu gelegentlich genutzten Betriebseinrichtungen,
- Stellflächen für Arbeitsmittel, Einbauten und Einrichtungen,
- Funktionsflächen für Arbeitsmittel, Einbauten und Einrichtungen und
- Flächen für Sicherheitsabstände.

(2) Abweichend von Absatz 1 ist eine Überlagerung der Bewegungsfläche am Arbeitsplatz des jeweiligen Nutzers möglich mit:

- Stellflächen von selbst benutzten mobilen Arbeitsmitteln,
- Funktionsflächen von selbst benutzten Arbeitsmitteln, Einbauten und Einrichtungen (z. B. Schrankauszüge und -türen, Fensterflügel) und
- Flächen für Sicherheitsabstände (z. B. am Schrankauszug, siehe Abb. 10).

Dabei darf es zu keiner Beeinträchtigung der Sicherheit, der Gesundheit oder des Wohlbefindens der Beschäftigten kommen.

5.2 Flächen für Verkehrswege

(1) Maße zu Höhen und Breiten von Verkehrswegen einschließlich Gängen zu den Arbeitsplätzen und gelegentlich benutzten Betriebseinrichtungen sind in der ASR A1.8 »Verkehrswege« geregelt.

(2) Maße zu Höhen und Breiten von Fluchtwegen sind in der ASR A2.3 »Fluchtwege und Notausgänge« geregelt.

5.3 Stellflächen für Arbeitsmittel, Einbauten und Einrichtungen

Stellflächen müssen entsprechend den äußeren Abmessungen der Arbeitsmittel, Einbauten und Einrichtungen berücksichtigt werden (siehe Abb. 6 und 7).

Abb. 6: Stellfläche eines Schrankes (Quelle: VBG Hamburg [www.vbg.de])

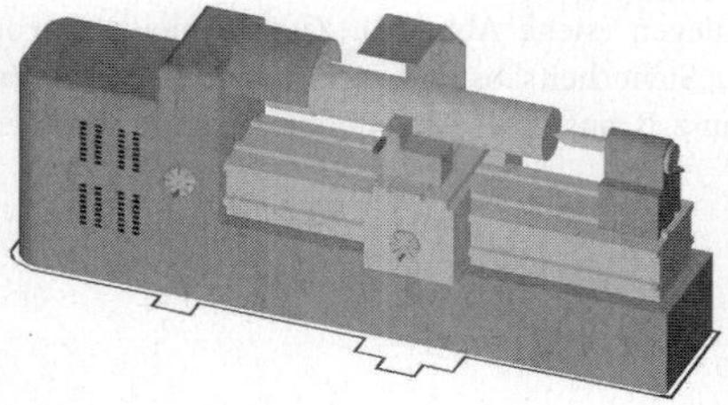

Abb. 7: Stellfläche einer Drehmaschine (Quelle: VBG Hamburg [www.vbg.de])

5.4 Funktionsflächen für Arbeitsmittel, Einbauten und Einrichtungen

Für die Ermittlung der Funktionsflächen müssen die Flächen für alle Betriebszustände, z. B. auch für Instandhaltung und Werkzeugwechsel, berücksichtigt werden (siehe Abb. 8 und 9).

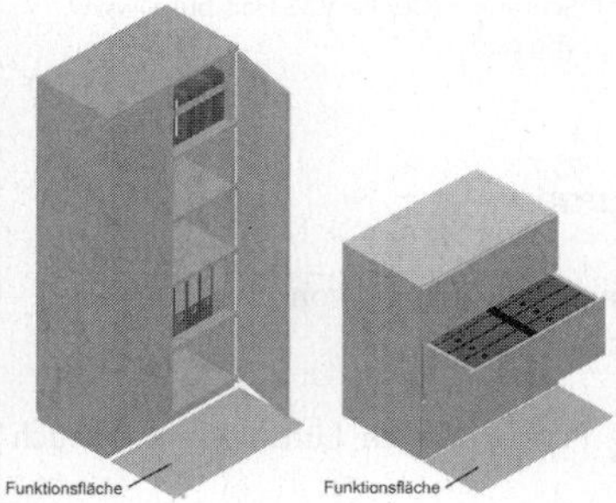

Abb. 8: Funktionsflächen von Schränken (Quelle: VBG Hamburg [www.vbg.de])

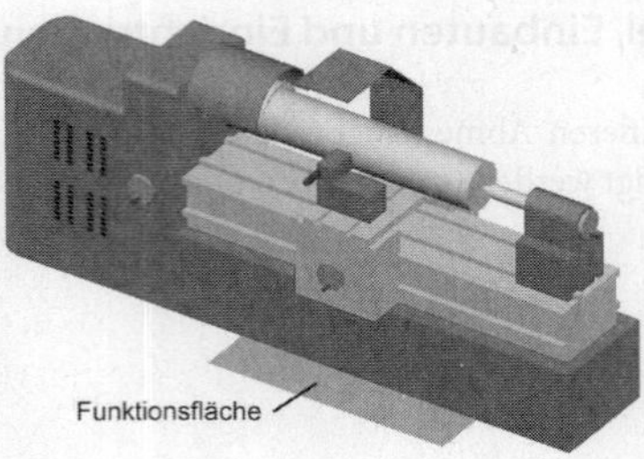

Abb. 9: Funktionsfläche für den Schlitten einer Drehmaschine (Quelle: VBG Hamburg [www.vbg.de])

5.5 Flächen für Sicherheitsabstände

Flächen zur Einhaltung von notwendigen Sicherheitsabständen, soweit diese nicht bereits in den Stell- oder Funktionsflächen berücksichtigt sind, sind im Rahmen der Gefährdungsbeurteilung festzulegen (siehe Abb. 10). Zur Vermeidung von Ganzkörperquetschungen muss der Sicherheitsabstand mindestens 50 cm betragen. Weitere Hinweise dafür können z. B. aus den Herstellerangaben entnommen werden.

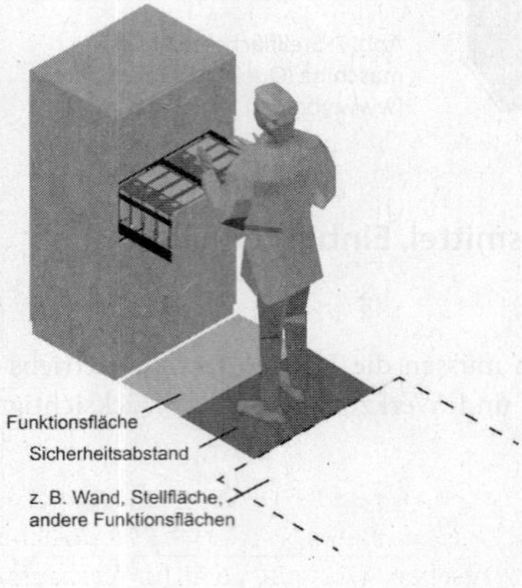

Abb. 10: Beispiel für Funktionsfläche und Sicherheitsabstand zur Benutzung eines Schrankes (Quelle: VBG Hamburg [www.vbg.de])

6 Lichte Höhen von Arbeitsräumen

(1) Die erforderliche lichte Höhe von Räumen ist abhängig von:
- den Bewegungsfreiräumen für die Beschäftigten,
- der Nutzung der Arbeitsräume,
- den technischen Anforderungen, z. B. Platzbedarf für Lüftung und Beleuchtung, und
- den Erfordernissen hinsichtlich des Wohlbefindens der Beschäftigten.

(2) In Abhängigkeit von der Grundfläche muss die lichte Höhe von Arbeitsräumen betragen:

- bei bis zu 50 m^2 mindestens 2,50 m
- bei mehr als 50 m^2 mindestens 2,75 m
- bei mehr als 100 m^2 mindestens 3,00 m
- bei mehr als 2000 m^2 mindestens 3,25 m

(3) Die in Absatz 2 genannten Maße können um 0,25 m herabgesetzt werden, wenn keine gesundheitlichen Bedenken bestehen. Das ist im Rahmen der Gefährdungsbeurteilung zu ermitteln. Eine lichte Höhe von 2,50 m darf jedoch nicht unterschritten werden.

(4) Unabhängig von Absatz 3 kann in Arbeitsräumen bis zu 50 m^2 Grundfläche, in denen überwiegend leichte oder sitzende Tätigkeit ausgeübt wird, die lichte Höhe auf das nach Landesbaurecht zulässige Maß herabgesetzt werden, wenn dies mit der Nutzung der Arbeitsräume vereinbar ist.

(5) Bei Unterschreitung der lichten Höhen nach Absatz 2 darf es zu keiner Beeinträchtigung der Sicherheit, der Gesundheit oder des Wohlbefindens der Beschäftigten kommen.

(6) Sollen Räume mit Schrägdecken als Arbeitsräume genutzt werden, müssen die Anforderungen an Aufenthaltsräume mit Schrägdecken nach Landesbaurecht erfüllt sein. Über den Arbeitsplätzen und freien Bewegungsflächen sind die Anforderungen des Absätze 2 bis 5 einzuhalten. Für die Anforderungen an die lichte Höhe von Verkehrswegen und Fluchtwegen gelten die Bestimmungen der ASR A1.8 »Verkehrswege« bzw. der ASR A2.3 »Fluchtwege und Notausgänge«.

7 Luftraum

(1) Arbeitsräume sind so einzurichten, dass der freie, durch das Volumen von Einbauten nicht verringerte Luftraum für jeden ständig anwesenden Beschäftigten mindestens

- 12 m^3 bei überwiegend sitzender Tätigkeit,
- 15 m^3 bei überwiegend nichtsitzender Tätigkeit und
- 18 m^3 bei schwerer körperlicher Arbeit beträgt.

(2) Wenn sich in Arbeitsräumen neben den ständig anwesenden Beschäftigten auch andere Personen nicht nur vorübergehend aufhalten, ist für jede zusätzliche Person ein Mindestluftraum von 10 m^3 vorzusehen. Dies gilt nicht für Verkaufsräume, Schank- und Speiseräume in Gaststätten, Schulungs- und Besprechungsräume sowie für Unterrichtsräume in Schulen.

Anhang 1
Beispiel für die Grundfläche eines Arbeitsplatzes in einer Fertigungsstätte

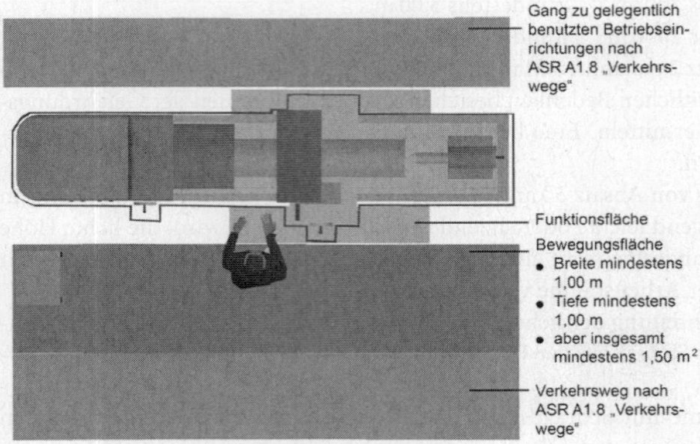

Abb. 11: Grundriss (Quelle: VBG Hamburg [www.vbg.de])

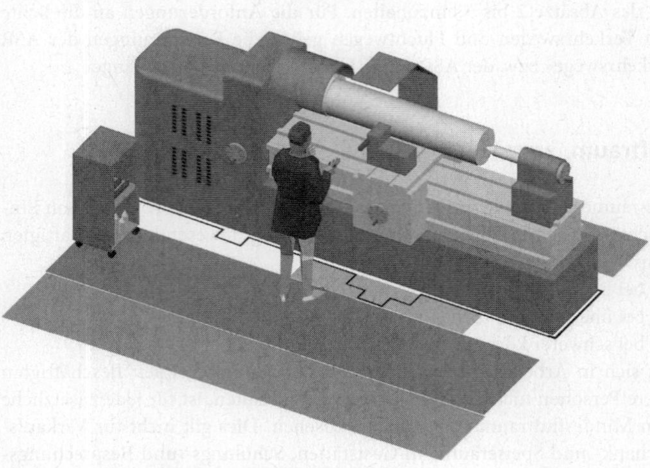

Abb. 12: 3 D-Ansicht (Quelle: VBG Hamburg [www.vbg.de])

Anhang 2
Beispiele für Grundflächen von Arbeitsplätzen in Büroräumen

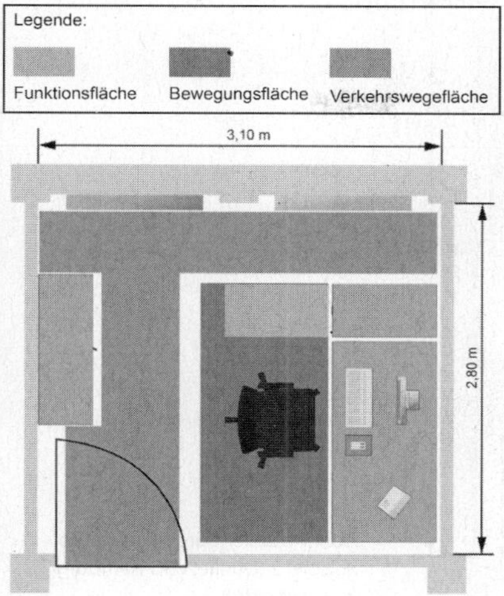

Abb. 13: Zellenbüro / Einzelbüro Beispiel 1 (Quelle: VBG Hamburg [www.vbg.de])

Beispiel für ein Zellenbüro (Einzelbüros entlang der Fassade angeordnet und über einen gemeinsamen Flur zugänglich) jeweils mit Sitz- / Steharbeitstisch, Rollcontainer in Arbeitstischhöhe und Schiebetürenschrank
Flächenbedarf pro Arbeitsplatz: 8,68 m2

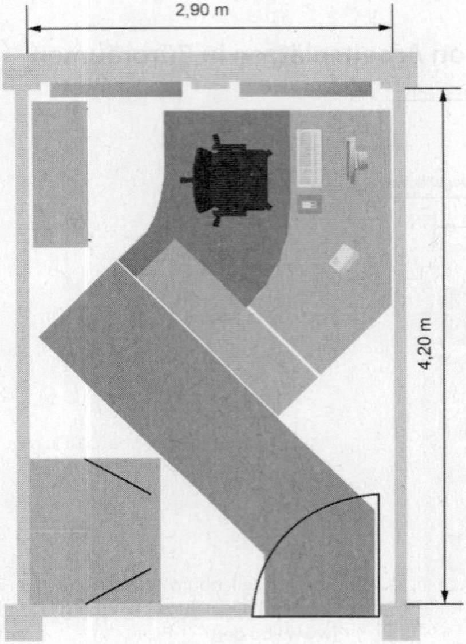

Abb. 14: Zellenbüro / Einzelbüro Beispiel 2 (Quelle: VBG Hamburg [www.vbg.de])

Beispiel für heute übliche Büroarbeit (Kombination zwischen Bildschirmarbeit und »klassischer« Bürotätigkeit)
Flächenbedarf pro Arbeitsplatz: 12,18 m2

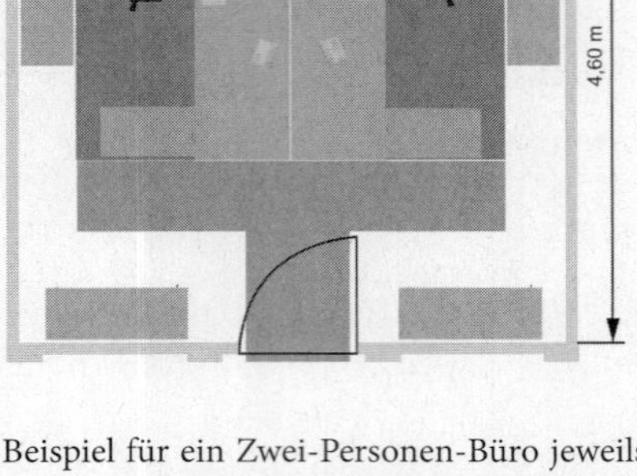

Abb. 15: Zwei-Personen-Büro (Quelle: VBG Hamburg [www.vbg.de])

Beispiel für ein Zwei-Personen-Büro jeweils mit Sitz- / Steharbeitstisch, Rollcontainer in Arbeitstischhöhe, Regalen und Schiebetürenschränken
Flächenbedarf pro Arbeitsplatz: 10,12 m2

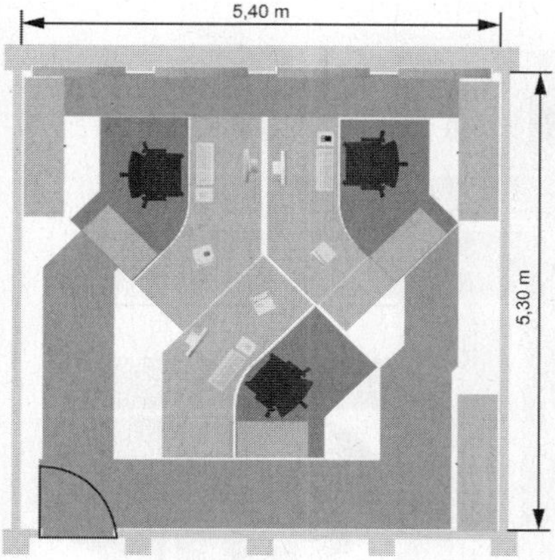

Abb. 16: Drei-Personen-Büro (Quelle: VBG Hamburg [www.vbg.de])

In diesem Beispiel bestand die Notwendigkeit, ein Zweipersonenbüro mit einem dritten Arbeitsplatz auszustatten. Durch den Austausch alter CRT-Monitore durch moderne LCDBildschirme konnte die Arbeitsplatztiefe von 1000 auf 800 mm verringert werden. Auch konnte auf Flügeltürenschränke durch die inzwischen üblichen ONLINE-Dokumente verzichtet werden.

Flächenbedarf pro Arbeitsplatz: 9,54 m2

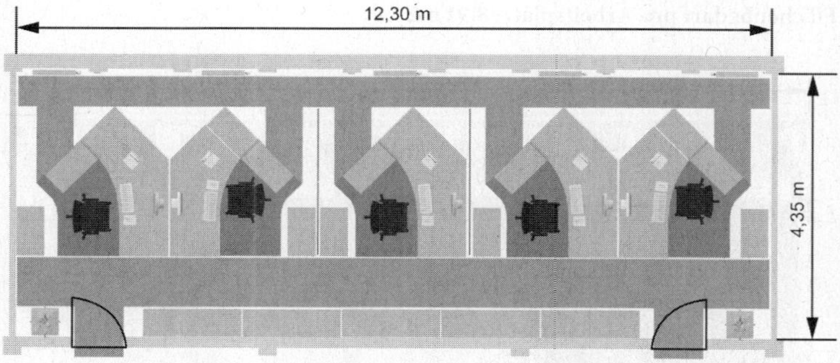

Abb. 17: Gruppenbüro (Quelle: VBG Hamburg [www.vbg.de])

Die Ausstattung in diesem Gruppenbüro beschränkt sich auf Arbeitstisch mit Freiformplatte, Rollcontainer am Arbeitstisch, Querrollladenschrank und Schiebetürenschränken zur gemeinsamen Nutzung.

Flächenbedarf pro Arbeitsplatz: 10,70 m2

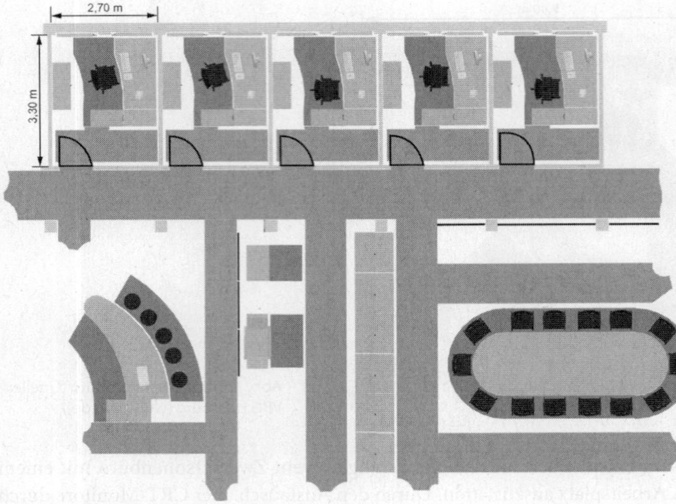

Abb. 18: Kombibüro (Quelle: VBG Hamburg [www.vbg.de])

Das Kombibüro in diesem Beispiel nimmt insgesamt viel Grundfläche pro Arbeitsplatz in Anspruch, jedoch ist der »individuelle« Flächenbedarf pro Einzelbürozelle (Arbeitstisch, Rollcontainer, Schiebetürenschrank) relativ gering.
Flächenbedarf pro Arbeitsplatz: 8,91 m2

Abb. 19: Großraumbüro (Quelle: VBG Hamburg [www.vbg.de])

In diesem Beispiel eines Großraumbüros sind die Arbeitsplätze ausgestattet mit Arbeitstischen, Rollcontainern, persönlichen Schiebetürenschränken und Schiebe-

türenschränken zur gemeinsamen Nutzung. Außerdem sind Funktionsflächen wie Besprechungsraum, Teeküche und Kommunikationsraum berücksichtigt.
Flächenbedarf pro Arbeitsplatz: 16,18 m2

Literaturhinweise

Informationen der Unfallversicherungsträger

- DGUV Information 208-002 Sitz-Kassenarbeitsplätze 10/2015
- DGUV Information 208-003 Steh-Kassenarbeitsplätze 03/2014 aktualisiert 05/2015
- DGUV Information 215-441 Büroraumplanung, Hilfen für das systematische Planen und Gestalten von Büros 09/2016
- DGUV Information 207-017 Neu- und Umbauplanung im Krankenhaus unter Gesichtspunkten des Arbeitsschutzes 09/2011
- DGUV Information 215-410 Bildschirm- und Büroarbeitsplätze, Leitfaden für die Gestaltung 09/2015

Veröffentlichungen des Länderausschusses für Arbeitsschutz und Sicherheitstechnik (LASI-Veröffentlichungen)

- LV 20 Handlungsanleitung zur Beurteilung der Arbeitsbedingungen an Kassenarbeitsplätzen, Oktober 1999
- LV 50 Bewegungsergonomische Gestaltung von andauernder Steharbeit, März 2009

Weitere Literaturstellen

Handlungshilfen:

- INFO-MAP: Büroräume planen (VBG), Juni 2009
- Arbeitswissenschaftliche Erkenntnisse Nr. 106: Die systemische Beurteilung von Bildschirmarbeit (BAuA), 1. Auflage. Bremerhaven: Wirtschaftsverlag NW Verlag für neue Wissenschaft GmbH, 1999
- Quartbroschüre: Qualifizierung, Q 6 Büroraumtypen und Ergonomieprobleme. Humanisierung in Büro und Verwaltung (BAuA) 1. Auflage. Dortmund: 2001 (vergriffen)

ASR A1.3 »Sicherheits- und Gesundheitsschutzkennzeichnung«

Februar 2013 (GMBl 2013, S. 334, zuletzt geändert GMBl 2022, S. 242)

1 Zielstellung

Diese ASR konkretisiert die Anforderungen für die Sicherheits- und Gesundheitsschutzkennzeichnung in Arbeitsstätten. Nach § 3 a der Arbeitsstättenverordnung in Verbindung mit Ziffer 1.3 des Anhangs sind Sicherheits- und Gesundheitsschutzkennzeichnungen dann einzusetzen, wenn die Risiken für Sicherheit und Gesundheit anders nicht zu vermeiden oder ausreichend zu minimieren sind. Diese ASR konkretisiert auch die Gestaltung von Flucht- und Rettungsplänen gemäß § 4 Abs. 4 Arbeitsstättenverordnung.

2 Anwendungsbereich

Mit Inkrafttreten der Arbeitsstättenverordnung wird die Richtlinie 92/58/EWG[1] über Mindestvorschriften für die Sicherheits- und Gesundheitsschutzkennzeichnung am Arbeitsplatz über einen gleitenden Verweis für den Geltungsbereich der Arbeitsstättenverordnung in nationales Recht umgesetzt. Die Anwendung dieser ASR erfüllt die Mindestanforderungen der Richtlinie 92/58/EWG.
Die Gestaltung der Sicherheits- und Gesundheitsschutzkennzeichnung einschließlich der Gestaltung von Flucht- und Rettungsplänen wird in dieser ASR geregelt. Die Notwendigkeit einer Sicherheits- und Gesundheitsschutzkennzeichnung und von Flucht- und Rettungsplänen sowie von Sicherheitsleitsystemen ist im Rahmen der Gefährdungsbeurteilung zu prüfen.
Hinweis:
Für die barrierefreie Gestaltung der Sicherheits- und Gesundheitsschutzkennzeichnung gilt die ASR V3 a.2 »Barrierefreie Gestaltung von Arbeitsstätten«, Anhang A1.3: Ergänzende Anforderungen zur ASR A1.3 »Sicherheits- und Gesundheitsschutzkennzeichnung«.

---

1 Richtlinie 92/58/EWG des Rates über Mindestvorschriften für die Sicherheits- und / oderGesundheitsschutzkennzeichnung am Arbeitsplatz (Neunte Einzelrichtlinie im Sinne von Artikel 16 Absatz 1 derRichtlinie 89/391/EWG) vom 24. Juni 1992 (ABl. EU Nr. L 245 S. 23)

3 Begriffsbestimmungen

3.1 **Sicherheits- und Gesundheitsschutzkennzeichnung** ist eine Kennzeichnung, die – bezogen auf einen bestimmten Gegenstand, eine bestimmte Tätigkeit oder eine bestimmte Situation – jeweils mittels eines Sicherheitszeichens, einer Farbe, eines Leucht- oder Schallzeichens, verbaler Kommunikation oder eines Handzeichens eine Sicherheits- und Gesundheitsschutzaussage (Sicherheitsaussage) ermöglicht.

3.2 **Sicherheitszeichen** ist ein Zeichen, das durch Kombination von geometrischer Form und Farbe sowie graphischem Symbol eine bestimmte Sicherheits- und Gesundheitsschutzaussage ermöglicht.

3.3 **Verbotszeichen** ist ein Sicherheitszeichen, das ein Verhalten, durch das eine Gefahr entstehen kann, untersagt.

3.4 **Warnzeichen** ist ein Sicherheitszeichen, das vor einem Risiko oder einer Gefahr warnt.

3.5 **Gebotszeichen** ist ein Sicherheitszeichen, das ein bestimmtes Verhalten vorschreibt.

3.6 **Rettungszeichen** ist ein Sicherheitszeichen, das den Flucht- und Rettungsweg oder Notausgang, den Weg zu einer Erste-Hilfe-Einrichtung oder diese Einrichtung selbst kennzeichnet.

3.7 **Brandschutzzeichen** ist ein Sicherheitszeichen, das Standorte von Feuermelde- und Feuerlöscheinrichtungen kennzeichnet.

3.8 **Zusatzzeichen** ist ein Zeichen, das zusammen mit einem der unter Nummer 3.2 beschriebenen Sicherheitszeichen verwendet wird und zusätzliche Hinweise liefert.

3.9 **Kombinationszeichen** ist ein Zeichen, bei dem Sicherheitszeichen und Zusatzzeichen auf einem Träger aufgebracht sind.

3.10 **Graphisches Symbol** ist eine Darstellung, die eine Situation beschreibt oder ein Verhalten vorschreibt und auf einem Sicherheitszeichen oder einer Leuchtfläche angeordnet ist.

3.11 **Sicherheitsfarbe** ist eine Farbe, der eine bestimmte, auf die Sicherheit bezogene Bedeutung zugeordnet ist.

3.12 **Leuchtzeichen** ist ein Zeichen, das von einer Einrichtung mit durchsichtiger oder durchscheinender Oberfläche erzeugt wird, die von hinten erleuchtet wird und dadurch als Leuchtfläche erscheint oder selbst leuchtet.

3.13 **Schallzeichen** ist ein kodiertes akustisches Signal ohne Verwendung einer menschlichen oder synthetischen Stimme, z. B. Hupen, Sirenen oder Klingeln.

3.14 **Verbale Kommunikation** ist eine Verständigung mit festgelegten Worten unter Verwendung einer menschlichen oder synthetischen Stimme.

3.15 **Handzeichen** ist eine kodierte Bewegung und Stellung von Armen und Händen zur Anweisung von Personen, die Tätigkeiten ausführen, die ein Risiko oder eine Gefährdung darstellen können.

3.16 **Erkennungsweite** ist der größtmögliche Abstand zu einem Sicherheitszeichen, bei dem dieses noch lesbar und hinsichtlich Form und Farbe erkennbar ist.

3.17 Ein **langnachleuchtendes Sicherheitszeichen** ist ein durch Licht angeregtes Sicherheitszeichen, das nach Ausfall der Allgemeinbeleuchtung ohne weitere Energiezufuhr nachleuchtet.
Hinweis:
Obwohl die Sicherheitsfarben Rot und Grün im nachleuchtenden Zustand nicht dargestellt werden können, bleiben graphisches Symbol und geometrische Form erhalten und es besteht ein Sicherheitsgewinn gegenüber den nicht langnachleuchtenden Sicherheitszeichen.

4 Allgemeines

(1) Schon bei der Planung von Arbeitsstätten ist eine erforderliche Sicherheits- und Gesundheitsschutzkennzeichnung (z. B. bei der Erstellung von Flucht- und Rettungsplänen) so weit wie möglich zu berücksichtigen.
(2) Die Sicherheits- und Gesundheitsschutzkennzeichnung darf nur für Hinweise im Zusammenhang mit Sicherheit und Gesundheitsschutz verwendet werden.
(3) Die Kennzeichnungsarten (z. B. Leuchtzeichen, Handzeichen, Sicherheitszeichen) sind entsprechend der Gefährdungsbeurteilung auszuwählen.
(4) Für ständige Verbote, Warnungen, Gebote und sonstige sicherheitsrelevante Hinweise (z. B. Rettung, Brandschutz) sind Sicherheitszeichen insbesondere entsprechend Anhang 1 zu verwenden. Sicherheitszeichen können als Schilder, Aufkleber oder als aufgemalte Kennzeichnung ausgeführt werden. Diese sind dauerhaft auszuführen (z. B. für die Standorte von Feuerlöschern).
(5) Hinweise auf zeitlich begrenzte Risiken oder Gefahren sowie Notrufe zur Ausführung bestimmter Handlungen (z. B. Brandalarm) sind durch Leucht-, Schallzeichen oder verbale Kommunikation zu übermitteln.
(6) Wenn zeitlich begrenzte risikoreiche Tätigkeiten (z. B. Anschlagen von Lasten im Kranbetrieb, Rückwärtsfahren von Fahrzeugen mit Personengefährdung) ausgeführt werden, sind Anweisungen mittels Handzeichen entsprechend Anhang 2 oder verbaler Kommunikation vorzunehmen.
(7) Verschiedene Kennzeichnungsarten dürfen gemeinsam verwendet werden, wenn im Rahmen der Gefährdungsbeurteilung festgestellt wird, dass eine Kennzeichnungsart allein zur Vermittlung der Sicherheitsaussage nicht ausreicht. Bei gleicher Wirkung kann zwischen verschiedenen Kennzeichnungsarten gewählt werden.
(8) Die Wirksamkeit einer Kennzeichnung darf nicht durch eine andere Kennzeichnung oder durch sonstige betriebliche Gegebenheiten beeinträchtigt werden (z. B. keine Verwendung von Schallzeichen bei starkem Umgebungslärm).
(9) Kennzeichnungen, die für ihre Funktion eine Energiequelle benötigen, müssen für den Fall, dass diese ausfällt, über eine selbsttätig einsetzende Notversorgung verfügen, es sei denn, dass bei Unterbrechung der Energiezufuhr kein Risiko mehr besteht (z. B. wenn bei Netzausfall der Schließvorgang eines elektrisch betriebenen Tores unterbrochen wird und gleichzeitig die Sicherheitskennzeichnung – Warnleuchte, Hupe – ausfällt).

(10) Ist das Hör- oder Sehvermögen von Beschäftigten eingeschränkt (z. B. beim Tragen von persönlichen Schutzausrüstungen), ist eine geeignete Kennzeichnungsart ergänzend oder alternativ einzusetzen.
(11) Zur Kennzeichnung und Standorterkennung von Material und Ausrüstung zur Brandbekämpfung sind Brandschutzzeichen nach Anhang 1 zu verwenden.
(12) Die Beschäftigten sind vor Arbeitsaufnahme und danach in regelmäßigen Zeitabständen über die Bedeutung der eingesetzten Sicherheits- und Gesundheitsschutzkennzeichnung zu unterweisen. Insbesondere ist über die Bedeutung selten eingesetzter Kennzeichnungen zu informieren. Für Einweiser, die Handzeichen nach Punkt 5.7 anwenden, ist eine spezifische Unterweisung erforderlich. Die Unterweisung sollte jährlich erfolgen, sofern sich nicht aufgrund der Ergebnisse der Gefährdungsbeurteilung andere Zeiträume ergeben. Darüber hinaus muss auch bei Änderungen der eingesetzten Sicherheits- und Gesundheitsschutzkennzeichnung eine Unterweisung erfolgen.
(13) Der Arbeitgeber hat durch regelmäßige Kontrolle und gegebenenfalls erforderliche Instandhaltungsarbeiten dafür zu sorgen, dass Einrichtungen für die Sicherheits- und Gesundheitsschutzkennzeichnung wirksam sind. Dies gilt insbesondere für Leucht- und Schallzeichen, langnachleuchtende Materialien sowie technische Einrichtungen zur verbalen Kommunikation (z. B. Lautsprecher, Telefone). Die zeitlichen Abstände der Kontrollen sind im Rahmen der Gefährdungsbeurteilung festzulegen.

5 Kennzeichnung

5.1 Sicherheitszeichen und Zusatzzeichen

(1) Sicherheitszeichen und Zusatzzeichen müssen den festgelegten Gestaltungsgrundsätzen nach Tabelle 1 bzw. 2 entsprechen. Die Bedeutung von geometrischer Form und Sicherheitsfarbe für Sicherheitszeichen sind der Tabelle 1 zu entnehmen.
(2) Für die in Anhang 1 festgelegten Sicherheitsaussagen dürfen nur die entsprechend zugeordneten Sicherheitszeichen verwendet werden. Es besteht die Möglichkeit der Verwendung von Zusatzzeichen, die der Verdeutlichung besonderer Situationen oder der Konkretisierung der Sicherheits- und Gesundheitsschutzaussage dienen.
(3) Brandschutzzeichen können in Verbindung mit einem Richtungspfeil als Zusatzzeichen nach Abb. 1 verwendet werden.

Abb. 1: Richtungspfeile für Brandschutzzeichen

(4) Rettungszeichen für Mittel und Einrichtungen zur Ersten Hilfe können in Verbindung mit einem Richtungspfeil als Zusatzzeichen nach Abb. 2 verwendet werden.

Abb. 2: Richtungspfeile für Rettungszeichen sowie für Mittel und Einrichtungen zur Ersten Hilfe

(5) Eine Anhäufung von Sicherheitszeichen ist zu vermeiden. Ist das Sicherheitszeichen nicht mehr notwendig, ist dieses zu entfernen.

Tabelle 1: Kombination von geometrischer Form und Sicherheitsfarbe und ihre Bedeutung für Sicherheitszeichen

Geometrische Form	Bedeutung	Sicherheitsfarbe	Kontrastfarbe zur Sicherheitsfarbe	Farbe des graphischen Symbols	Anwendungsbeispiele
Kreis mit Diagonalbalken 	Verbot	Rot	Weiß[a]	Schwarz	– Rauchen verboten – Kein Trinkwasser – Berühren verboten
Kreis 	Gebot	Blau	Weiß[a]	Weiß[a]	– Augenschutz benutzen – Schutzkleidung benutzen – Hände waschen
gleichseitiges Dreieck mit gerundeten Ecken 	Warnung	Gelb	Schwarz	Schwarz	– Warnung vor heißer Oberfläche – Warnung vor Biogefährdung – Warnung vor elektrischer Spannung
Quadrat 	Gefahrlosigkeit	Grün	Weiß[a]	Weiß[a]	– Erste Hilfe – Notausgang – Sammelstelle
Quadrat 	Brandschutz	Rot	Weiß[a]	Weiß[a]	– Brandmeldetelefon – Mittel und Geräte zur Brandbekämpfung – Feuerlöscher

[a] Die Farbe Weiß schließt die Farbe für langnachleuchtende Materialien unter Tageslichtbedingungen, wie in ISO 3864-4, Ausgabe März 2011 beschrieben, ein.
Die in den Spalten 3, 4 und 5 bezeichneten Farben müssen den Spezifikationen von ISO 3864-4, Ausgabe März 2011 entsprechen. Es ist wichtig, einen Leuchtdichtekontrast sowohl zwischen dem Sicherheitszeichen und seinem Hintergrund als auch zwischen dem Zusatzzeichen und seinem Hintergrund zu erzielen (z. B. Lichtkante).

Tabelle 2: Geometrische Form, Hintergrundfarben und Kontrastfarben für Zusatzzeichen

Geometrische Form	Bedeutung	Hintergrundfarbe	Kontrastfarbe zur Hintergrundfarbe	Farbe der zusätzlichen Sicherheitsinformation
Rechteck	Zusatzinformationen	Weiß	Schwarz	beliebig
		Farbe des Sicherheitszeichens	Schwarz oder Weiß	

(6) Sicherheitszeichen sind deutlich erkennbar und dauerhaft anzubringen. Deutlich erkennbar bedeutet unter anderem, dass Sicherheitszeichen in geeigneter Höhe – fest oder beweglich – anzubringen sind und die Beleuchtung (natürlich oder künstlich) am Anbringungsort ausreichend ist. Verbots-, Warn- und Gebotszeichen müssen sichtbar, unter Berücksichtigung etwaiger Hindernisse am Zugang zum Gefahrbereich angebracht werden. Besonders in lang gestreckten Räumen (z. B. Fluren) sollen Rettungs- bzw. Brandschutzzeichen in Laufrichtung jederzeit erkennbar sein (z. B. Winkelschilder).

(7) Ist eine Sicherheitsbeleuchtung nicht vorhanden, muss die Erkennbarkeit der notwendigen Rettungs- und Brandschutzzeichen durch Verwendung von langnachleuchtenden Materialien auch bei Ausfall der Allgemeinbeleuchtung erhalten bleiben. Langnachleuchtende Sicherheitszeichen müssen mindestens die Anforderungen der DIN 67510-1:2020-05, Klasse C, erfüllen. Die ausreichende Anregung der langnachleuchtenden Materialien ist sicherzustellen, z. B. hinsichtlich Dauer, Art und Intensität der Beleuchtung.

(8) Sicherheitszeichen müssen aus solchen Werkstoffen bestehen, die gegen die Umgebungseinflüsse am Anbringungsort widerstandsfähig sind. Bei der Auswahl der Werkstoffe sind unter anderem mechanische Einwirkungen, feuchte Umgebung, chemische Einflüsse, Lichtbeständigkeit, Versprödung von Kunststoffen sowie Feuerbeständigkeit zu berücksichtigen.

(9) Bei der Auswahl von Sicherheitszeichen ist der Zusammenhang zwischen Erkennungsweiten und Größe der Sicherheitszeichen bzw. Schriftzeichen zu berücksichtigen (Tabelle 3). Für innenbeleuchtete Sicherheitszeichen in Dauerlichtschaltung verdoppelt sich die Erkennungsweite bei gleichbleibender Zeichengröße.

Tabelle 3: Vorzugsgrößen von Sicherheits-, Zusatz- und Schriftzeichen für beleuchtete Zeichen, abhängig von der Erkennungsweite

Erkennungsweite [m]	Schriftzeichen (Ziffern und Buchstaben) Schriftgröße (h) [mm]	Verbots- und Gebotszeichen Durchmesser (d) [mm]	Warnzeichen Basis (b) [mm]	Rettungs-, Brandschutz- und Zusatzzeichen Höhe (a) [mm]
0,5	2	12,5	25	12,5
1	4	25	50	25
2	8	50	100	
3	10	100		50
4	14		200	
5	17	200		
6	20			100
7	23		300	
8	27			
9	30	300		
10	34		400	
11	37			150
12	40			
13	44	400	600	
14	47			
15	50			
16	54			200
17	57	600		
18	60			
19	64			
20	67		900	
21	70			300
22	74			
23	77			
24	80			
25	84			
26	87	900		
27	90			
28	94			
29	97			
30	100			

5.2 Sicherheitsmarkierungen für Hindernisse und Gefahrstellen

(1) Die Kennzeichnung von Hindernissen und Gefahrstellen ist durch gelbschwarze oder rot-weiße Streifen (Sicherheitsmarkierungen) deutlich erkennbar und dauerhaft auszuführen (siehe Abb. 3). Die Streifen sind in einem Neigungswinkel von etwa 45° anzuordnen. Das Breitenverhältnis der Streifen beträgt 1:1. Die Kennzeichnung soll den Ausmaßen der Hindernisse oder Gefahrstellen entsprechen.

Abb. 3: Sicherheitsmarkierungen

(2) Gelb-schwarze Streifen sind vorzugsweise für ständige Hindernisse und Gefahrstellen zu verwenden (z. B. Stellen, an denen besondere Gefahren des Anstoßens, Quetschens, Stürzens bestehen). Bei langnachleuchtender Ausführung wird die Erkennbarkeit der Hindernisse bei Ausfall der Allgemeinbeleuchtung erhöht.
(3) Rot-weiße Streifen sind vorzugsweise für zeitlich begrenzte Hindernisse und Gefahrstellen zu verwenden (z. B. Baugruben).
(4) An Scher- und Quetschkanten mit Relativbewegung zueinander sind die Streifen gegensinnig geneigt zueinander anzubringen.

5.3 Markierungen von Fahrwegen

(1) Die Kennzeichnung von Fahrwegsbegrenzungen ist farbig, deutlich erkennbar sowie durchgehend auszuführen. Wird die Markierung auf dem Boden angebracht, so kann dies z. B. durch mindestens 5 cm breite Streifen oder durch eine vergleichbare Nagelreihe (mindestens drei Nägel pro Meter), in einer gut sichtbaren Farbe – vorzugsweise Weiß oder Gelb – mit ausreichendem Kontrast zur Farbe der Bodenfläche erreicht werden.
(2) Eine Verwendung von langnachleuchtenden Produkten für die Markierung von Fahrwegen hat den Vorteil, dass bei Ausfall der Allgemeinbeleuchtung die Sicherheitsaussage für eine bestimmte Zeit aufrechterhalten bleibt.

5.4 Leuchtzeichen

(1) Leuchtzeichen sind deutlich erkennbar anzubringen. Die Helligkeit (Leuchtdichte) der abstrahlenden Fläche muss sich von der Leuchtdichte der umgebenden Flächen deutlich unterscheiden, ohne zu blenden.
(2) Leuchtzeichen dürfen nur bei Vorliegen von zu kennzeichnenden Gefahren oder Hinweiserfordernissen in Betrieb sein. Die Sicherheitsaussage von Leuchtzeichen darf nach Wegfall der zu kennzeichnenden Gefahr nicht mehr erkennbar sein. Dies kann durch Verdecken der abstrahlenden Fläche erreicht werden.

(3) Leuchtzeichen für eine Warnung dürfen intermittierend (»blinkend«) nur dann betrieben werden, wenn eine unmittelbare Gefahr droht. Diese Forderung bedeutet, dass warnende Leuchtzeichen kontinuierlich oder intermittierend, hinweisende Leuchtzeichen ausschließlich kontinuierlich betrieben werden dürfen.
(4) Wird ein intermittierend betriebenes Warnzeichen anstelle eines Schallzeichens oder zusätzlich eingesetzt, müssen die Sicherheitsaussagen identisch sein.

5.5 Schallzeichen

(1) Schallzeichen müssen deutlich wahrnehmbar und ihre Bedeutung betrieblich festgelegt und eindeutig sein.
(2) Schallzeichen müssen so lange eingesetzt werden, wie dies für die Sicherheitsaussage erforderlich ist.
(3) Ein betrieblich festgelegtes Notsignal muss sich von anderen betrieblichen Schallzeichen und von den beim öffentlichen Alarm verwendeten Signalen unverwechselbar unterscheiden. Der Ton des betrieblich festgelegten Notsignals soll kontinuierlich sein.

5.6 Verbale Kommunikation

Die verbale Kommunikation muss kurz, eindeutig und verständlich formuliert sein. Im Rahmen der Gefährdungsbeurteilung ist für besondere Einsatzsituationen die Verwendung von technischen Einrichtungen (z. B. Lautsprecher, Megaphon) festzulegen.

5.7 Handzeichen

(1) Handzeichen müssen eindeutig eingesetzt werden, leicht durchführbar und erkennbar sein und sich deutlich von anderen Handzeichen unterscheiden. Handzeichen, die mit beiden Armen gleichzeitig erfolgen, müssen symmetrisch gegeben werden und dürfen nur eine Aussage darstellen.
(2) Für die in Anhang 2 aufgeführten Bedeutungen von Handzeichen dürfen nur die dort zugeordneten Handzeichen verwendet werden.
(3) Einweiser müssen geeignete Erkennungszeichen, vorzugsweise in gelber Ausführung, tragen (z. B. Westen, Kellen, Manschetten, Armbinden, Schutzhelme). Um eine gute Wahrnehmung zu erzielen, können Erkennungszeichen je nach Einsatzbedingungen (z. B. langnachleuchtend oder retroreflektierend) ausgeführt sein.

6 Gestaltung von Flucht- und Rettungsplänen

(1) Flucht- und Rettungspläne (Beispiel siehe Anhang 3) müssen eindeutige Anweisungen zum Verhalten im Gefahrenfall enthalten sowie den Weg an einen sicheren Ort darstellen. Flucht- und Rettungspläne müssen aktuell, übersichtlich, ausreichend groß und mit Sicherheitszeichen nach Anhang 1 gestaltet sein.
(2) Flucht- und Rettungspläne müssen graphische Darstellungen enthalten über:
1. den Gebäudegrundriss oder Teile davon,
2. den Verlauf der Hauptfluchtwege,
3. die Lage der Erste-Hilfe-Einrichtungen,
4 die Lage der Brandschutzeinrichtungen,
5. den Standort des Betrachters

und soweit vorhanden

6. die Lage der Ausgänge von Nebenfluchtwegen und
7. die Lage der Sammelstellen.

(3) Regeln für das Verhalten im Brandfall und bei Unfällen müssen direkt auf dem Flucht- und Rettungsplan dargestellt oder in dessen Nähe angebracht werden.
(4) Aus dem Plan muss ersichtlich sein, welche Fluchtwege von einem Arbeitsplatz oder dem jeweiligen Standort aus zu nehmen sind, um in einen sicheren Bereich oder ins Freie zu gelangen. In diesem Zusammenhang sind Sammelstellen zu kennzeichnen. Außerdem sind Kennzeichnungen für Standorte von Erste-Hilfe- und Brandschutzeinrichtungen in den Flucht- und Rettungsplan aufzunehmen. Zur sicheren Orientierung ist der Standort des Betrachters im Flucht- und Rettungsplan zu kennzeichnen.
(5) Soweit auf einem Flucht- und Rettungsplan nur ein Teil des Gebäudegrundrisses dargestellt ist, muss eine Übersichtskizze die Lage im Gesamtkomplex verdeutlichen. Der Grundriss in Flucht- und Rettungsplänen ist vorzugsweise im Maßstab 1:100 darzustellen. Die Plangröße ist an die Grundrissgröße anzupassen und sollte das Format DIN A3 nicht unterschreiten. Für besondere Anwendungsfälle, z. B. Hotel- oder Klassenzimmer, kann auch das Format DIN A4 verwendet werden. Der Flucht- und Rettungsplan muss farbig angelegt sein.
(6) Flucht- und Rettungspläne müssen – bezogen auf den Anbringungsort – lagerichtig gestaltet werden.

7 Kennzeichnung von Lagerbereichen sowie von Behältern und Rohrleitungen mit Gefahrstoffen

(1) Die Einstufung und Kennzeichnung von Gefahrstoffen in Behältern und Rohrleitungen hat gemäß den Regelungen der Gefahrstoffverordnung, insbesondere der TRGS 201 »Einstufung und Kennzeichnung bei Tätigkeiten mit Gefahrstoffen« zu erfolgen.
(2) Hinsichtlich der Erkennungsweite ist Tabelle 3 anzuwenden. Bei der Verwendung von Gefahrensymbolen zusammen mit der Gefahrenbezeichnung an Rohr-

leitungen ist zu berücksichtigen, dass üblicherweise das Verhältnis der Höhe des kombinierten Zeichens zu seiner Breite ungefähr 1,4: 1 beträgt.
(3) Orte, Räume oder umschlossene Bereiche, die für die Lagerung erheblicher Mengen gefährlicher Stoffe oder Zubereitungen verwendet werden, sind mit einem geeigneten Warnzeichen nach Anhang 1 zu versehen oder gemäß TRGS 201 »Einstufung und Kennzeichnung bei Tätigkeiten mit Gefahrstoffen« zu kennzeichnen.

Anhang 1
Sicherheitszeichen und Sicherheitsaussagen

(nach DIN EN ISO 7010 »Graphische Symbole – Sicherheitsfarben und Sicherheitszeichen – Registrierte Sicherheitszeichen«, Ausgabe Juli 2020 und DIN 4844-2 »Graphische Symbole – Sicherheitsfarben und Sicherheitszeichen – Teil 2: Registrierte Sicherheitszeichen«, Ausgabe November 2021)

1 Verbotszeichen

 P001 Allgemeines Verbotszeichen[2]	 P002 Rauchen verboten	 P003 Keine offene Flamme; Feuer, offene Zündquelle und Rauchen verboten
 P004 Für Fußgänger verboten	 P005 Kein Trinkwasser	 P006 Für Flurförderzeuge verboten

2 Dieses Zeichen darf nur in Verbindung mit einem Zusatzzeichen angewendet werden, das das Verbot konkretisiert.

P007 Kein Zutritt für Personen mit Herzschrittmachern oder implantierten Defibrillatoren[3]	P010 Berühren verboten	P011 Mit Wasser löschen verboten

P012 Keine schwere Last[4]	P013 Eingeschaltete Mobiltelefone verboten	P014 Kein Zutritt für Personen mit Implantaten aus Metall

P015 Hineinfassen verboten	P020 Aufzug im Brandfall nicht benutzen	P021 Mitführen von Hunden verboten[5]

3 Das Verbot gilt auch für sonstige aktive Implantate.

4 »Schwer« ist abhängig von dem Zusammenhang, in dem das Sicherheitszeichen verwendet werden soll. Das Sicherheitszeichen ist erforderlichenfalls in Verbindung mit einem Zusatzzeichen anzuwenden, das die maximale zulässige Belastung konkretisiert (z. B. max. 100 kg).

5 Das Verbot gilt auch für andere Tiere.

 P022 Essen und Trinken verboten	 P023 Abstellen oder Lagern verboten	 P024 Betreten der Fläche verboten
 P027 Personenbeförderung verboten	 P028 Benutzen von Handschuhen verboten	 P031 Schalten verboten
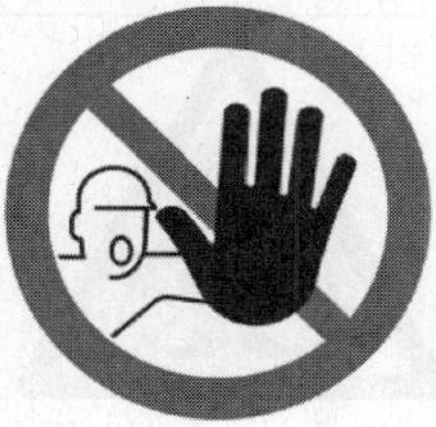 D-P006 Zutritt für Unbefugte verboten[6]	 P016 Mit Wasser spritzen verboten	 P009 Aufsteigen verboten (In der Bedeutung von Besteigen für Unbefugte verboten)
 P048 Laufen verboten[7]		

6 aus DIN 4844-2 »Graphische Symbole – Sicherheitsfarben und Sicherheitszeichen« Ausgabe November 2021

7 Das Verbot gilt auch für Rennen, Springen oder Hüpfen, normales Gehen ist erlaubt.

2 Warnzeichen

 W001 Allgemeines Warnzeichen[8]	 W002 Warnung vor explosionsgefährlichen Stoffen	 W003 Warnung vor radioaktiven Stoffen oder ionisierender Strahlung
 W004 Warnung vor Laserstrahl	 W005 Warnung vor nicht ionisierender Strahlung	 W006 Warnung vor magnetischem Feld
 W007 Warnung vor Hindernissen am Boden	 W008 Warnung vor Absturzgefahr	 W009 Warnung vor Biogefährdung
 W010 Warnung vor niedriger Temperatur / Frost	 W011 Warnung vor Rutschgefahr	 W012 Warnung vor elektrischer Spannung

8 Dieses Zeichen darf nur in Verbindung mit einem Zusatzzeichen angewendet werden, das die Gefahr konkretisiert.

 W014 Warnung vor Flurförderzeugen	 W015 Warnung vor schwebender Last	 W016 Warnung vor giftigen Stoffen
 W017 Warnung vor heißer Oberfläche	 W018 Warnung vor automatischem Anlauf	 W019 Warnung vor Quetschgefahr
 W021 Warnung vor feuergefährlichen Stoffen	 W023 Warnung vor ätzenden Stoffen	 W024 Warnung vor Handverletzungen
 W025 Warnung vor gegenläufigen Rollen[9]	 W026 Warnung vor Gefahren durch das Aufladen von Batterien	 W027 Warnung vor optischer Strahlung

9 Die Warnung gilt auch für Einzugsgefahren anderer Art.

 W028 Warnung vor brandfördernden Stoffen	 W029 Warnung vor Gasflaschen	 D-W021 Warnung vor explosionsfähiger Atmosphäre[10]

3 Gebotszeichen

 M001 Allgemeines Gebotszeichen[11]	 M003 Gehörschutz benutzen	 M004 Augenschutz benutzen
 M008 Fußschutz benutzen	 M009 Handschutz benutzen	 M010 Schutzkleidung benutzen

10 aus DIN 4844-2 »Graphische Symbole – Sicherheitsfarben und Sicherheitszeichen« Ausgabe November 2021

11 Dieses Zeichen darf nur in Verbindung mit einem Zusatzzeichen angewendet werden, welches das Gebot konkretisiert.

 M011 Hände waschen	 M012 Handlauf benutzen	 M013 Gesichtsschutz benutzen
 M014 Kopfschutz benutzen	 M015 Warnweste benutzen	 M017 Atemschutz benutzen
 M018 Auffanggurt benutzen	 M020 Rückhaltesystem benutzen	 M021 Vor Wartung oder Reparatur freischalten
 M022 Hautschutzmittel benutzen	 M023 Übergang benutzen	 M024 Fußgängerweg benutzen

 M026 Schutzschürze benutzen	 M053 Rettungsweste benutzen[12]	

4 Rettungszeichen

 E001 Notausgang (links)[13]	 E002 Notausgang (rechts)[13]	 E003 Erste Hilfe
 E004 Notruftelefon	 E007 Sammelstelle	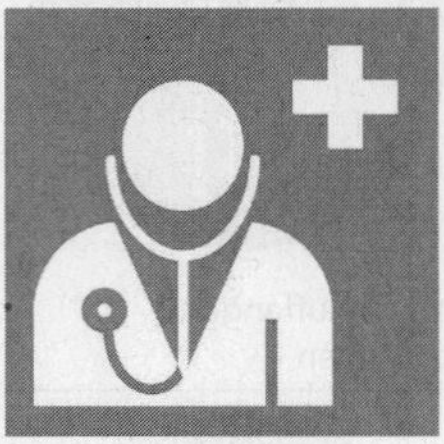 E009 Arzt

12 gestrichen

13 Dieses Rettungszeichen darf nur in Verbindung mit einem Zusatzzeichen (Richtungspfeil, Abb. 2) verwendet werden.

 E010 Automatisierter Externer Defibrillator (AED)	 E011 Augenspüleinrichtung	 E012 Notdusche
 E013 Krankentrage	 E016 Notausstieg mit Fluchtleiter	gestrichen
 E061 Wasser-Rettungsausrüstung	 D-E019 Notausstieg[14]	 E033 Schiebetür öffnet nach rechts
 E034 Schiebetür öffnet nach links	 Beispiel für Notausgang (E002) mit Zusatzzeichen (Richtungspfeil)	

14 aus DIN 4844-2 »Graphische Symbole – Sicherheitsfarben und Sicherheitszeichen« Ausgabe November 2021

5 Brandschutzzeichen

 F001 Feuerlöscher	 F002 Löschschlauch	 F003 Feuerleiter
 F004 Mittel und Geräte zur Brandbekämpfung	 F005 Brandmelder	 F006 Brandmeldetelefon

Anhang 2
Handzeichen

1 Allgemeine Handzeichen

Bedeutung	Beschreibung	Bildliche Darstellung	Vereinfachte Darstellung
Achtung Anfang Vorsicht	Rechten Arm nach oben halten, Handfläche zeigt nach vorn		
Halt Unterbrechung Bewegung nicht weiter ausführen	Beide Arme seitwärts waagerecht ausstrecken, Handflächen zeigen nach vorn		
Halt – Gefahr	Beide Arme seitwärts waagerecht ausstrecken, Handflächen zeigen nach vorn und Arme abwechselnd anwinkeln und strecken		

2 Handzeichen für Bewegungen – vertikal

Bedeutung	Beschreibung	Bildliche Darstellung	Vereinfachte Darstellung
Heben Auf	Rechten Arm nach oben halten, Handfläche zeigt nach vorn und macht eine langsame, kreisende Bewegung		

Bedeutung	Beschreibung	Bildliche Darstellung	Vereinfachte Darstellung
Senken Ab	Rechten Arm nach unten halten, Handfläche zeigt nach innen und macht eine langsame kreisende Bewegung		
Langsam	Rechten Arm waagerecht ausstrecken, Handfläche zeigt nach unten und wird langsam auf- und abbewegt		

3 Handzeichen für Bewegungen – horizontal

Bedeutung	Beschreibung	Bildliche Darstellung	vereinfachte Darstellung
Abfahren	Rechten Arm nach oben halten, Handfläche zeigt nach vorn und Arm seitlich hin- und herbewegen		
Herkommen	Beide Arme beugen, Handflächen zeigen nach innen und mit den Unterarmen heranwinken		
Entfernen	Beide Arme beugen, Handflächen zeigen nach außen und mit den Unterarmen wegwinken		

Bedeutung	Beschreibung	Bildliche Darstellung	vereinfachte Darstellung
Rechts fahren – vom Einweiser aus gesehen	Den rechten Arm in horizontaler Haltung leicht anwinkeln und seitlich hin- und herbewegen		
Links fahren – vom Einweiser aus gesehen	Den linken Arm in horizontaler Haltung leicht anwinkeln und seitlich hin- und herbewegen		
Anzeige einer Abstandsverringerung	Beide Handflächen parallel halten und dem Abstand entsprechend zusammenführen		

Anhang 3
Beispiel eines Flucht- und Rettungsplans

(nach DIN ISO 23601 »Sicherheitskennzeichnung – Flucht- und Rettungspläne«, Ausgabe November 2021)

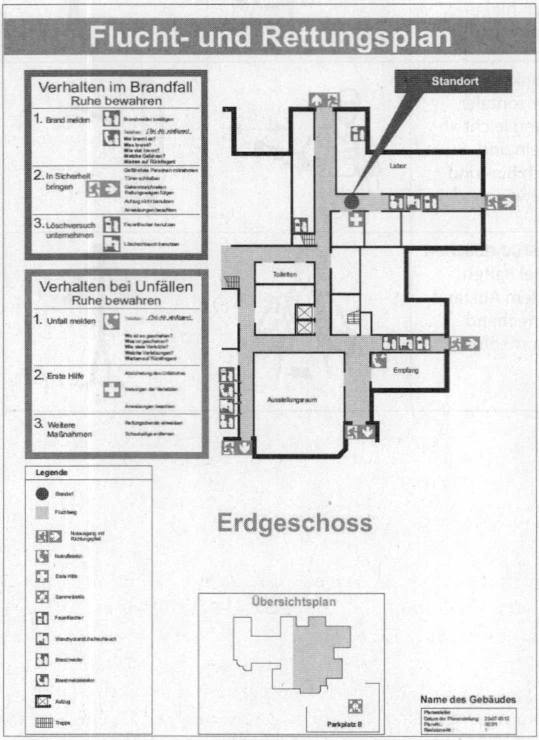

ASR A1.5 »Fußböden«

März 2022 (GMBl 2022, S. 199; zuletzt geändert GMBl 2025, S. 365)

1 Zielstellung

Diese Arbeitsstättenregel konkretisiert die Anforderungen für das Einrichten und Betreiben von Fußböden nach § 3 a Absatz 1 und § 4 Absatz 2 sowie nach Nummer 1.5 Absätze 1 und 2 des Anhangs der Arbeitsstättenverordnung.

2 Anwendungsbereich

Diese Arbeitsstättenregel gilt für das Einrichten und Betreiben von Fußböden in Arbeitsstätten.
Hinweis:
Für die barrierefreie Gestaltung von Fußböden gilt ASR V3a.2 »Barrierefreie Gestaltung von Arbeitsstätten« Anhang A1.5: Ergänzende Anforderungen zur ASR A1.5 »Fußböden«.

3 Begriffsbestimmungen

3.1 **Fußböden** im Sinne dieser Arbeitsstättenregel umfassen nicht nur die statisch wirksame Tragschicht, den Fußbodenaufbau und die Oberfläche, sondern auch Auflagen, z. B. Matten, Roste oder Teppiche.
3.2 Eine **Rutschgefahr** liegt vor, wenn aufgrund einer zu geringen Rutschhemmung der Fußbodenoberfläche, einer unmittelbaren Änderung der Rutschhemmung der Fußbodenoberfläche oder des Verrutschens eines Bodenbelages, die Möglichkeit des Ausrutschens von Beschäftigten oder Wegrutschens von Fahrzeugen oder Einrichtungsgegenständen besteht.
Rutschhemmung ist eine Eigenschaft der Fußbodenoberfläche, die das Ausrutschen wirksam verhindert.
3.3 **Gleitfördernde Stoffe** sind Verunreinigungen, die die Rutschgefahr erhöhen, da sie die Reibung zwischen Schuh oder Fuß und Boden verringern. Hierzu zählen z. B. Nässe, Schnee, Glatteis, Laub, Öle, Fette, Wachse, Stäube, Krumen, Abfälle, Lebensmittelreste, die witterungs-, produktions- oder verhaltensbedingt auf den Fußboden gelangen.
3.4 Eine **gefährliche Schräge** liegt vor, wenn der Fußboden aufgrund seiner Neigung bzw. Steigung nicht mehr sicher betrieben, also begangen, befahren oder zum Abstellen genutzt werden kann.

Hinweis:
Anforderungen an die Begeh- und Befahrbarkeit von Schrägrampen enthält die ASR A1.8 »Verkehrswege«.

3.5 **Stolperstellen** sind Änderungen der Oberfläche in begehbaren Bereichen des Fußbodens, durch die erhöhte Sturzgefährdungen hervorgerufen werden. Stolperstellen entstehen z. B. durch Höhenunterschiede, die an Absätzen oder durch Unebenheiten oder an Übergängen von der Waagerechten in ein Gefälle oder eine Steigung der Fußbodenoberfläche auftreten. Unter ebenen Bedingungen in Räumen gelten bereits Höhenunterschiede von mehr als 4 mm als Stolperstelle. Auch bei Spaltenbreiten von mehr als 20 mm im Fußboden sowie bei der Verwendung von Rosten mit einer Maschenteilung von mehr als 35 mm × 51 mm liegen Stolperstellen vor. Eine Stolperstelle kann auch temporär auftreten, z. B. aufgrund einer Durchbiegung an der Verbindungsstelle verschiedener Fußböden.

3.6 Der Fußboden ist **tragfähig**, wenn er eine der Nutzungsart entsprechende Konstruktion und Festigkeit aufweist und auch das Aufbringen von Lasten, z. B. durch das Aufstellen von Einrichtungen oder durch das Befahren mit Transportmitteln, nicht zu Beschädigungen, zur Bildung von Unebenheiten oder zu Gefährdungen von Beschäftigten in darunterliegenden Bereichen aufgrund der Ablösung von Fußbodenteilen führt.

3.7 Ein Fußboden ist **trittsicher**, wenn dessen Eigenschaften, z. B. Festigkeit, Belastbarkeit, Ebenheit, Rutschhemmung, ein sicheres Begehen ermöglichen. Deshalb ist bei der Beurteilung, inwieweit eine Trittsicherheit gegeben ist, die übliche Art der Gehaufgabe zu berücksichtigen, z. B. die Gehgeschwindigkeiten, die Art des genutzten Schuhwerks oder das ggf. erforderliche Tragen von Lasten. Weiterhin können auch visuelle Eindrücke die beim Begehen von Fußböden erforderliche Einschätzung der Fußbodenoberfläche und das Erkennen ggf. vorhandener Mängel erschweren und so die Trittsicherheit negativ beeinflussen, z. B. Aufmerksamkeit erfordernde Ereignisse außerhalb des Fußbodenbereichs oder ein unregelmäßiges Fußbodendesign.

3.8 **Unebenheiten** in einem Fußboden sind Höhenabweichungen innerhalb des Bereichs, auf der der Schuh oder Fuß aufsetzt, nach oben oder unten, die beim Begehen zu Gefährdungen führen oder Höhenabweichungen innerhalb eines von Fahrzeugen oder Transportmitteln genutzten Bereichs nach oben oder unten, die beim Befahren zu Gefährdungen führen.

Vertiefungen sind entsprechende Höhenabweichungen nach unten. Unebenheiten oder Vertiefungen wie Löcher, Dellen oder nicht abgedeckte Rinnen führen in der Regel zu Stolper- oder Umknickgefahren oder aufgrund der Ansammlung von Flüssigkeiten zu Rutschgefahren. Keine Gefährdungen sind in der Regel beim Begehen regelmäßig angeordneter Vertiefungen, die eine Profilierung ergeben und die keine Stolperstelle darstellen, zu erwarten, wie Bodenfliesen mit Verdrängungsraum oder Gitterroste.

3.9 Die **R-Gruppe** ist ein Maßstab für den Grad der Rutschhemmung auf der Grundlage des mittels des in Anhang 1 beschriebenen Verfahrens ermittelten mittleren Neigungswinkels. Bodenbeläge werden in Abhängigkeit von ihrer Rutschhemmung in fünf R-Gruppen (von R 9 bis R 13) unterteilt, wobei Bodenbeläge mit der R-Gruppe R 9 den geringsten und mit der RGruppe R 13 den höchsten Anforderungen an die Rutschhemmung genügen.

3.10 Der **Verdrängungsraum** eines Bodenbelags ist der zur Gehebene hin offene Hohlraum unterhalb der Gehebene zur Aufnahme oder Ableitung von gleitfördernden Stoffen. Der Verdrängungsraum wird nach der Größe seines Aufnahmevolumens in V 4 bis V 10 unterteilt. Die Zahlenangabe nach dem Buchstaben »V« bezeichnet die Größe des Aufnahmevolumens. Sie wird in cm^3/dm^2 angegeben.

4 Allgemeines

(1) Fußböden müssen so beschaffen sein, instandgehalten und gereinigt werden, dass sie unter Berücksichtigung der Art der Nutzung, der betrieblichen Verhältnisse und der Witterungseinflüsse sicher benutzt werden können.

(2) Durch regelmäßige Begehungen ist sicherzustellen, dass auch in selten genutzten Bereichen Mängel zeitnah erkannt werden können. Festgestellte Mängel müssen unverzüglich beseitigt werden. Können Mängel, mit denen eine unmittelbare erhebliche Gefahr verbunden ist, nicht sofort beseitigt werden, darf dieser Fußbodenbereich nicht genutzt werden, z. B. im Falle einer fehlenden Abdeckung einer Bodenöffnung. Die Gefahrstelle ist gemäß Absatz 13 zu kennzeichnen und erforderlichenfalls abzusichern.

(3) Fußböden in Räumen dürfen keine Unebenheiten, Vertiefungen, Stolperstellen oder gefährlichen Schrägen aufweisen. Sie müssen gegen Verrutschen bzw. Kippen (z. B. bei Abdeckungen) gesichert, tragfähig, trittsicher und rutschhemmend sein.

(4) Fußböden sollen ohne Neigung angelegt werden. Außerhalb von dauerhaft eingerichteten Arbeitsplätzen sind davon funktionelle Neigungen ausgenommen, z. B. zur Ableitung von Flüssigkeiten oder zur Überbrückung von Höhenunterschieden, z. B. mit begehbaren Schrägrampen.

(5) Von Fußböden dürfen keine gesundheitlichen Gefährdungen und sollen keine spürbaren elektrostatischen Aufladungen oder unzuträglichen Gerüche ausgehen. Unzuträgliche Gerüche und gesundheitliche Gefährdungen können beispielsweise durch Ausdünstungen bzw. Emissionen aus Fußbodenmaterialien, Klebstoffen und Konservierungsmitteln verursacht werden oder z. B. bei Nutzungsänderungen von Arbeitsstätten entstehen. Empfehlenswert ist daher die Auswahl emissionsarmer Materialien.

(6) Fußböden müssen gegen die zu erwartenden Einwirkungen, z. B. durch Säuren, Laugen, Hitze oder Vibrationen, so beständig sein, dass die erforderlichen Eigenschaften erhalten bleiben.

(7) Können Flüssigkeiten oder Gefahrstoffe auf den Fußboden gelangen, darf er diese Stoffe nicht so aufnehmen und speichern, dass sich hierdurch Gefährdungen für die Beschäftigten ergeben, z. B. durch Emissionen, Schimmelpilze oder Brandgefahren.

(8) Sofern in Räumen mit Gefahrstoffen oder biologischen Arbeitsstoffen umgegangen wird, ist der Fußboden so zu gestalten, dass ein unbemerktes Ansammeln derartiger Stoffe in Bereichen, die mit den in diesen Räumen vorgesehenen Rei-

nigungsverfahren nicht erreicht werden können, ausgeschlossen ist. Dies kann z. B. durch einen geschlossenen und mit abgerundeten Übergängen zu den Wänden und ggf. zu den Einrichtungen versehenen Fußboden erreicht werden (Kehlsockel).

(9) Die optische Gestaltung der Fußbodenoberflächen darf das sichere Begehen oder Befahren nicht beeinträchtigen. Beispielsweise sind durch detailreiche oder unregelmäßige oder hochglänzende Designs sowie durch Motive, die zu optischen Täuschungen führen, Beeinträchtigungen möglich.

(10) In Bereichen, die im Rahmen ihrer üblichen Nutzung durchgehend begangen werden müssen, dürfen sich die Fußbodenoberflächen hinsichtlich ihrer Rutschhemmung nicht so voneinander unterscheiden, dass es zu Stolper- und Rutschgefahren kommen kann.

Dies kann gegeben sein, wenn sich angrenzende Fußbodenoberflächen hinsichtlich der Rutschhemmung unterscheiden:

1. um mehr als eine R-Gruppe bei zwei angrenzenden Bereichen.
2. um mehr als zwei R-Gruppen, wenn der Übergang zu einer anderen Rutschhemmung deutlich erkennbar oder zu erwarten ist (z. B. bei Türdurchgängen oder -durchfahrten).

Bestehen aufgrund unterschiedlicher Rutschhemmungen Stolper- oder Rutschgefahren, sind geeignete Maßnahmen zu treffen, wie Übergangsbereiche, die in Laufrichtung mindestens 1,5 m lang sind.

Hinweis:

Es wird empfohlen die Rutschhemmung eines Fußbodens innerhalb eines Arbeitsbereiches möglichst gleichmäßig zu gestalten, z. B. indem andere Oberflächenbeschaffenheiten innerhalb des Fußbodens, wie Abdeckungen, Markierungen oder aufgeklebte Folien, sich nicht um mehr als eine R-Gruppe voneinander unterscheiden.

(11) Ablaufrinnen in Fußböden von Verkehrswegen, z. B. zur Ableitung von Flüssigkeiten, müssen unter Berücksichtigung der Art der Verkehrsmittel, der Art des Transportgutes und der ggf. gleichzeitigen Nutzung durch Fußgänger so gestaltet und in den Fußboden integriert sein, dass sie den zu erwartenden Belastungen standhalten und eine sichere Benutzung der Verkehrswege gewährleistet ist. Dies ist gegeben, wenn Belastungen, z. B. das Überfahren mit schweren Fahrzeugen oder mit Flurförderzeugen mit harten Transportrollen, nicht zu Verformungen oder Beschädigungen der Ablaufrinnen und dadurch zu Stolper- oder Rutschgefahren führen.

(12) An dauerhaft eingerichteten Arbeitsplätzen, an denen andauernde Steharbeit erforderlich ist, muss der Fußboden ausreichend wärmegedämmt (siehe Abschnitt 7 Absatz 1) und zur Verminderung der Belastungen des Skelett- und Bewegungssystems ausreichend stoßdämpfend und elastisch sein. Sofern dies nicht gegeben ist, muss der jeweilige Arbeitsplatz mit einem entsprechenden Bodenbelag ausgestattet werden. Die Verwendung von Fußbodenauflagen darf nicht zur Entstehung von Stolperstellen führen.

Um andauernde Steharbeit handelt es sich spätestens dann, wenn die jeweilige Tätigkeit über einen Zeitraum von mehr als 4 Stunden im Stehen ausgeführt werden muss und dabei nur geringe Ausgleichsbewegungen und kein Wechsel zwischen Stehen, Gehen oder Sitzen möglich ist.

Ein ausreichend wärmedämmender, stoßdämpfender und elastischer Fußboden bzw. Bodenbelag ist auch für Tätigkeiten empfehlenswert, die ein längeres Stehen erfordern, aber keine andauernde Steharbeit darstellen.
Hinweis:
Der Länderausschuss für Arbeitsschutz und Sicherheitstechnik (LASI) hat zur Unterstützung der betrieblichen Umsetzung der Gefährdungsbeurteilung die Handlungsanleitung LV 50 »Bewegungsergonomische Gestaltung von andauernder Steharbeit« herausgegeben. Mit ihrer Hilfe lassen sich Bewertungsmaßstäbe für Belastung durch Steharbeit anhand von Dauer und Ausmaß ableiten.
(13) Fußbodenstellen, an denen sich die Gefahr des Stolperns oder Ausrutschens technisch nicht vermeiden lässt, z. B. wenn die erforderliche Rutschhemmung kurzzeitig herabgesetzt ist und sich die Ursachen hierfür nicht unverzüglich beseitigen lassen, wie nach einer Feuchtreinigung, sind entsprechend der ASR A1.3 »Sicherheits- und Gesundheitsschutzkennzeichnung« zu kennzeichnen. Hierzu haben sich Warnaufsteller bewährt. Erforderlichenfalls ist der betreffende Bereich zusätzlich abzusperren.

5 Schutzmaßnahmen gegen Stolpern

(1) Eine geeignete Maßnahme zur Vermeidung von Stolperstellen an Höhenunterschieden bis 2 cm ist z. B. eine Anschrägung mit einem Winkel von höchstens 25°, z. B. bei Kanten an Bodenbelägen. Größere Höhenunterschiede sollen durch begehbare Schrägrampen überbrückt werden, die den an Verkehrswege bzw. Fluchtwege gerichteten Anforderungen der Arbeitsstättenverordnung entsprechen (siehe z. B. ASR A1.8 »Verkehrswege« und ASR A2.3 »Fluchtwege und Notausgänge«).
(2) Leisten, Abdeckungen, Ablauföffnungen, Ablaufrinnen, Profile oder Ähnliches in begehbaren Bereichen von Fußböden müssen so gestaltet und installiert sein, dass sich hierdurch keine Stolpergefahren ergeben. Dies ist beispielsweise gegeben, wenn sie kipp- und trittsicher, bündig sowie höhengleich mit der Fußbodenoberfläche verlegt und ausreichend fest im Fußboden verankert sind.
(3) Anschluss- und Versorgungsleitungen müssen so verlegt sein, dass sie keine Stolperstellen bilden. Dies kann z. B. durch Verlegung außerhalb von Verkehrswegen bzw. Fluchtwegen, Arbeitsplätzen bzw. Arbeitsbereichen, Bewegungsflächen etc. erreicht werden (z. B. durch Verlegung entlang an Einrichtungsgegenständen, Wänden oder Decken). Eine weitere Möglichkeit wäre die Sicherstellung einer ausreichenden Anzahl von Anschlussmöglichkeiten in einer geeigneten Lage (z. B. durch Anbringen einer Steckdose im näheren Umfeld der Verbrauchseinrichtung, um dadurch auf dem Boden liegende Kabel zu vermeiden).
(4) Technisch und baulich nicht vermeidbare Stolperstellen, z. B. die Türschwelle von einem Raum, dessen Fußboden als Auffangwanne ausgeführt sein muss, sind neben der nach Abschnitt 4 Absatz 13 erforderlichen Kennzeichnung ggf. durch weitere Schutzmaßnahmen, z. B. durch Absperrungen oder Handläufe, zu sichern.

6 Schutzmaßnahmen gegen Ausrutschen

(1) Fußbodenoberflächen müssen unter Berücksichtigung der Art der Nutzung sowie der zu erwartenden gleitfördernden Stoffe so eingerichtet werden, dass eine sichere Benutzung möglich ist. Während des Betriebes können sich Rutschgefahren durch nicht beseitigte Verunreinigungen oder durch eine Abnutzung der Fußbodenoberfläche ergeben.
Rutschgefahren sind vorrangig[1] durch geeignete Fußböden und Fußbodenbeläge zu vermeiden. Geeignete Fußböden für den jeweiligen Einsatzbereich sind in Anhang 2 »Anforderungen an die Rutschhemmung von Fußböden« dieser ASR aufgeführt. Für Arbeitsräume, -bereiche und betriebliche Verkehrswege sind bei gemischten Tätigkeiten die R-Gruppe und der Verdrängungsraum entsprechend der hauptsächlichen Tätigkeit auszuwählen.
Hinweise:
1. Auch wenn für einen Fußboden Anhang 2 nicht gilt, da der Fußboden nicht mit gleitfördernden Stoffen in Kontakt kommt, wird empfohlen, sich hinsichtlich der erforderlichen Rutschhemmung an den in Anhang 2 zum jeweiligen Bereich genannten Werten zu orientieren.
2. Betriebsspezifische Tätigkeiten oder Arbeitsverfahren können eine höhere R-Gruppe oder einen größeren Verdrängungsraum erfordern, als nach Anhang 2 für den jeweiligen Arbeitsbereich angegeben. Die ermittelten Teilbereiche sind dann dementsprechend dauerhaft oder temporär (z. B. mit Matten, Roste) auszurüsten.
(2) Verkehrswege im Außenbereich müssen bei witterungsbedingten Rutschgefahren entsprechend der Nutzung angemessen gereinigt und gegebenenfalls gestreut werden.
(3) Gebäudeeingänge sind so einzurichten, dass der Eintrag von Schmutz und Nässe nicht zu Rutschgefahren führt. Dazu eignet sich eine ausreichend große Überdachung über Gebäudeeingängen.
Innerhalb des Gebäudes kann dies durch Sauberlaufzonen in Form von Schmutz- und Feuchtigkeitsaufnehmern erreicht werden, die hinsichtlich ihrer Länge, Breite und des Materials auf den zu erwartenden Personenverkehr ausgelegt sind und in Laufrichtung über die gesamte Durchgangsbreite mindestens 1,5 m lang sind.
Sauberlaufzonen müssen gegen Verrutschen gesichert sein und dürfen keine Stolperstellen bilden, z. B. indem sie bündig mit dem unmittelbar daran anschließenden Bodenbelag abschließen. Sauberlaufzonen sind entsprechend ihrer Verschmutzung so zu reinigen oder auszutauschen, dass ihre Funktion erhalten bleibt.
(4) Fußböden in Arbeitsräumen und -bereichen sind entsprechend der zu erwartenden betrieblichen Beaufschlagung mit gleitfördernden Stoffen erforderlichenfalls mit der Möglichkeit einer Ableitung auszurüsten.
Die angrenzenden Flächen zu Ablauföffnungen sowie Ablaufrinnen sollen ein Gefälle von mindestens 2 % haben, damit das Ablaufen von fließfähigen Flüssigkeiten erleichtert wird. Diese Bereiche sind möglichst außerhalb von Verkehrswegen an-

1 Im GMBl 2022 S. 202 wurde das Wort »vorranging« veröffentlicht; sachlich richtig ist »vorrangig«.

zuordnen. Das Ableiten von Flüssigkeiten über Verkehrswege ist nach Möglichkeit zu vermeiden.
(5) Fußbodenoberflächen von Bereichen, die in der Regel nass sind und barfuß begangen werden müssen, z. B. in Bädern, sowie Sanitärräumen, wie Wasch- und Umkleideräume, müssen so eingerichtet sein, dass sie sicher begangen werden können.

7 Schutzmaßnahmen gegen besondere physikalische Einwirkungen

(1) Fußböden an dauerhaft eingerichteten Arbeitsplätzen in Arbeitsräumen sowie in Sanitär-, Pausen- und Bereitschaftsräumen, in Kantinen, in Erste-Hilfe-Räumen und in Unterkünften müssen so gegen Wärme und Kälte gedämmt sein, dass ein ausreichender Schutz sowohl gegen eine unzuträgliche Wärmeableitung als auch gegen eine unzuträgliche Wärmezuführung besteht. Dies kann beispielsweise mit geeigneten Fußbodenkonstruktionen, Baustoffen, Fußbodenauflagen oder Heiz- bzw. Kühleinrichtungen erreicht werden.
Ein ausreichender Schutz gegen Wärmeableitung oder Wärmezuführung liegt vor, wenn die Oberflächentemperatur des Fußbodens nicht mehr als 3 °C unter oder 6 °C über der Lufttemperatur liegt. Sofern die Oberflächentemperatur des Fußbodens +29 °C bei Fußbodenheizungen überschreitet oder soweit ein ausreichender Schutz gegen Wärmeableitung, z. B. aus hygienischen oder betriebstechnischen Gründen, nicht möglich ist, sind geeignete Ersatzmaßnahmen vorzusehen.
(2) Fußböden an dauerhaft eingerichteten Arbeitsplätzen in Arbeitsräumen sowie in Sanitär-, Pausen- und Bereitschaftsräumen, in Kantinen, in Erste-Hilfe-Räumen und in Unterkünften müssen so eingerichtet sein, dass es nicht zu Durchfeuchtungen oder einem Aufsteigen von Feuchtigkeit aus dem Untergrund kommen kann. Ist dies nicht möglich, sind geeignete Maßnahmen zu treffen, z. B. die Verwendung von feuchtigkeitssperrenden Auflagen oder von Rosten.
(3) In explosions- oder explosivstoffgefährdeten Bereichen muss der Fußboden über die gemäß Abschnitt 4 Absatz 5 erforderliche Vermeidung spürbarer elektrostatischer Aufladungen hinaus so ausgeführt sein, dass Zündgefahren durch Reißfunken oder elektrostatische Aufladungen vermieden werden.
(4) Fußböden und Abdeckungen an Arbeitsplätzen müssen so eingerichtet sein, dass diese keine unzuträglichen Erschütterungen auf Beschäftigte übertragen.

8 Reinigung

(1) Die Oberflächen von Fußböden müssen leicht zu reinigen sein und entsprechend den hygienischen Erfordernissen gereinigt werden, wenn nicht ohnehin aufgrund anderer Rechtsvorschriften weitergehende Anforderungen zu berücksichtigen sind, z. B. im Gesundheits- oder im Lebensmittelbereich. Verunreinigungen und Ablagerungen, die zu Gefährdungen führen können, sind unverzüglich zu beseitigen.

(2) Die Reinigungsverfahren sowie Reinigungs- oder Pflegemittel sind so auszuwählen, dass die jeweilige Fußbodenoberfläche nach der Reinigung oder Unterhaltspflege noch über die erforderlichen Eigenschaften, z. B. Rutschhemmung verfügt. Der Auswahl sind die Angaben bzw. Pflegehinweise des Fußbodenherstellers und des Herstellers des jeweiligen Reinigungsmittels zugrunde zu legen. Weiterhin sind die Gefahren zu berücksichtigen,

1. die von der Verwendung von Reinigungsmitteln, die Gefahrstoffe im Sinne der Gefahrstoffverordnung sind oder
2. die bei der Reinigung von gegebenenfalls im Bodenbereich befindlichen Einrichtungen (z. B. einer Elektroinstallation)

ausgehen können.

(3) Die mit der Reinigung beauftragten Personen sind anzuweisen, die Ergebnisse nach Absatz 2 Satz 1 zu berücksichtigen.

(4) Sofern sich aufgrund der Reinigung zeitlich beschränkte Rutschgefahren (z. B. bei Nassreinigungsverfahren) bis zum Zeitpunkt der Trocknung der Fußbodenoberfläche ergeben, sind die Reinigungsarbeiten soweit möglich zu Zeiten durchzuführen, in denen diese Bereiche nicht genutzt werden. Ist dies nicht möglich, sind die Bereiche bis zur Wiederherstellung der erforderlichen Rutschhemmung abzugrenzen oder zumindest entsprechend Abschnitt 4 Absatz 13 zu kennzeichnen.

(5) Fußböden in Außenbereichen, zu denen Beschäftigte im Rahmen ihrer Arbeit Zugang haben, müssen so gereinigt bzw. geräumt oder gestreut werden, dass sich keine Stolper- oder Rutschgefahren ergeben.

9 Abweichende / ergänzende Anforderungen für Baustellen

Werden auf Baustellen Fußböden und Trittflächen von Treppen mit temporären Abdeckungen, z. B.:

1. Abdeckvliese als Schutz vor Verschmutzung,
2. PVC-Folien als Feuchtigkeitssperren,
3. Auflagen aus Pappe als Schutz vor Beschädigung oder
4. Auflagen gegen Funkenflug

abgedeckt, ist auf eine ausreichende Trittsicherheit zu achten. Hierzu hat der Arbeitgeber geeignete Maßnahmen zur Sicherung gegen Verrutschen, zur Rutschhemmung und zur Vermeidung von Unebenheiten oder Stolperstellen durchzuführen.

Technische Maßnahmen sind z. B. Verkleben / Befestigen von Rändern und Stößen, Verwendung von selbsthaftenden temporären Abdeckungen, Sicherung gegen Faltenbildung und Verschieben. Organisatorische Maßnahmen sind z. B. Absperren von Bereichen oder Unterweisung der Beschäftigten zum Betreten der temporären Beläge.

Hinweis:

Werden Bodenöffnungen und nicht durchtrittsichere Bauteile mit temporären Belägen abgedeckt, sind sie vor Aufbringen der Abdeckung entsprechend ASR A2.1 »Schutz vor Absturz und herabfallenden Gegenständen, Betreten von Gefahrenbereichen« zu sichern.

Anhang 1
Verfahren zur Prüfung der rutschhemmenden Eigenschaft und des Verdrängungsraums[2] (Begehungsverfahren – Schiefe Ebene)

1 Rutschhemmende Eigenschaft

Eine Prüfperson mit Prüfschuhen begeht in aufrechter Haltung mit Schritten einer halben Schuhlänge vor- und rückwärts den zu prüfenden Bodenbelag, dessen Neigung vom waagerechten Zustand beginnend bis zum Winkel des Ausrutschens (α) gesteigert wird (siehe Abbildung 1). Dieser sogenannte Winkel des Ausrutschens ist der Winkel, bei dem die Prüfperson nicht mehr sicher gehen kann und zu rutschen beginnt. Der Winkel des Ausrutschens wird auf mit Gleitmittel bestrichenem Bodenbelag ermittelt. Der erreichte mittlere Winkel des Ausrutschens dient anschließend zur Beurteilung des Grades der Rutschhemmung (siehe Tabelle 1). Subjektive Einflüsse auf den Winkel des Ausrutschens werden durch ein Verifizierungs- und Korrekturverfahren eingegrenzt.

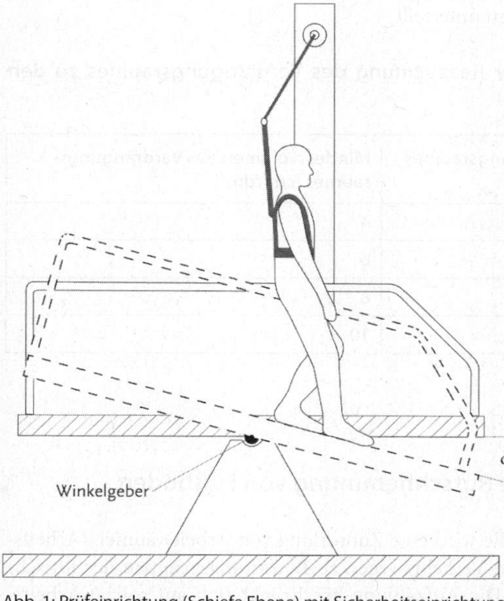

Abb. 1: Prüfeinrichtung (Schiefe Ebene) mit Sicherheitseinrichtung

---

2 gilt nicht für nassbelastete Barfußbereiche

Tabelle 1: Zuordnung der korrigierten mittleren Winkel des Ausrutschens zu den Klassen der Rutschhemmung

Korrigierter mittlerer Winkel des Ausrutschens	Klasse der Rutschhemmung (R-Gruppe)
6° bis 10°	R 9
über 10° bis 19°	R 10
über 19° bis 27°	R 11
über 27° bis 35°	R 12
über 35°	R 13

2 Verdrängungsraum

Der Probekörper wird mit einer Paste bündig abgeglichen und seine Masse vor und nach dem Abgleichen gemessen. Aus der Massendifferenz und der Dichte der Paste wird das Volumen des Verdrängungsraumes errechnet. Bodenbeläge mit Verdrängungsraum sind mit dem Kennzeichen »V« in Verbindung mit der Kennzahl für das Mindestvolumen des Verdrängungsraums versehen und werden in die in Tabelle 2 genannten Gruppen unterteilt.

Tabelle 2: Zuordnung der Bezeichnung des Verdrängungsraumes zu den Mindestvolumina

Bezeichnung des Verdrängungsraumes	Mindestvolumen des Verdrängungsraumes [cm^3/dm^2]
V 4	4
V 6	6
V 8	8
V 10	10

Anhang 2
Anforderungen an die Rutschhemmung von Fußböden

In der nachstehenden Tabelle wird eine Zuordnung von Arbeitsräumen, Arbeitsbereichen und betrieblichen Verkehrswegen zu Bewertungsgruppen der Rutschhemmung vorgenommen. Die Aufzählung beschränkt sich auf solche Arbeitsräume, Arbeitsbereiche und betriebliche Verkehrswege, deren Fußböden mit gleit-

fördernden Medien in Kontakt kommen, wo also die Gefahr des Ausrutschens zu vermuten ist.
Diese Liste erhebt nicht den Anspruch auf Vollständigkeit. Die Nutzung einer höheren Bewertungsgruppe oder Verdrängungsraumes ist zulässig. Nicht aufgeführte Arbeitsräume, Arbeitsbereiche und betriebliche Verkehrswege sind, entsprechend der in ihnen zu erwartenden Rutschgefahr (z. B. je nach Häufigkeit, Menge und Art der auftretenden gleitfördernden Stoffe), in Analogie zur Tabelle einer Bewertungsgruppe zuzuordnen.
Der mit dem Begehungsverfahren (Schiefe Ebene) ermittelte mittlere Winkel des Ausrutschens ist für die Einordnung eines Bodenbelages in eine von fünf Bewertungsgruppen maßgebend. Die Bewertungsgruppe dient als Maßstab für den Grad der Rutschhemmung, wobei Bodenbeläge mit der Bewertungsgruppe R 9 den geringsten und mit Bewertungsgruppe R 13 den höchsten Anforderungen an die Rutschhemmung genügen.
Fußböden, bei denen wegen des Anfalls besonderer gleitfördernder Stoffe ein Verdrängungsraum unterhalb der Gehebene erforderlich ist, sind durch ein »V« in Verbindung mit der Kennzahl für das Mindestvolumen des Verdrängungsraums gekennzeichnet.
Die Prüfung der Rutschhemmung erfolgt mit einem Prüfschuh, dessen Sohle profiliert ist. Bei rauen oder profilierten Fußbodenoberflächen und bei Fußböden mit Verdrängungsraum trägt der Formschluss mit dem Sohlenprofil zur Rutschhemmung bei. Bei der Auswahl der Bewertungsgruppe ist daher zu berücksichtigen, welches Schuhwerk getragen wird.
Die Messergebnisse der Prüfmethode zur Bestimmung der Rutschhemmung von Bodenbelägen im Betriebszustand (Gleitreibungskoeffizient (μ)) können nicht direkt mit den Messergebnissen der Prüfung (Winkel des Ausrutschens (α)) auf der Schiefen Ebene verglichen werden. Der Gleitreibungskoeffizient (μ) kann deshalb nicht zur Einordnung in eine R-Gruppe herangezogen werden.

Nummer	Arbeitsräume, -bereiche und betriebliche Verkehrswege	Bewertungsgruppe der Rutschgefahr (R-Gruppe)	Verdrängungsraum mit Kennzahl für das Mindestvolumen
0	**Allgemeine Arbeitsräume und -bereiche*)**		
0.1	Eingangsbereiche, innen**)	R 9	
0.2	Eingangsbereiche, außen	R 11 oder	
		R 10	V 4
0.3	Treppen, innen	R 9	
0.4	Außentreppen	R 11 oder	
		R 10	V 4
0.5	Schrägrampen, innen***) (ab 3 % Steigung; z. B. Rollstuhlrampen, Ausgleichsschrägen, Transportwege)	Eine R-Gruppe höher als für den Zugangsbelag erforderlich	V-Wert des Zugangsbelags, falls zutreffend

Nummer	Arbeitsräume, -bereiche und betriebliche Verkehrswege	Bewertungsgruppe der Rutschgefahr (R-Gruppe)	Verdrängungsraum mit Kennzahl für das Mindestvolumen
0.6	Sanitärräume		
0.6.1	Toilettenräume	R 9	
0.6.2	Umkleide- und Waschräume	R 10	
0.7	Pausenräume (z. B. Aufenthaltsraum, Betriebskantinen)	R 9	
0.8	Erste-Hilfe-Räume und vergleichbare Einrichtungen (siehe ASR A4.3)	R 9	
1	**Herstellung von Margarine, Speisefett, Speiseöl**		
1.1	Fettschmelzen	R 13	V 6
1.2	Speiseölraffinerie	R 13	V 4
1.3	Herstellung und Verpackung von Margarine	R 12	
1.4	Herstellung und Verpackung von Speisefett, Abfüllen von Speiseöl	R 12	
2	**Milchbe- und -verarbeitung, Käseherstellung**		
2.1	Frischmilchverarbeitung einschließlich Butterei	R 12	
2.2	Käsefertigung, -lagerung und Verpackung	R 11	
2.3	Speiseeisfabrikation	R 12	
3	**Schokoladen- und Süßwarenherstellung**		
3.1	Zuckerkocherei	R 12	
3.2	Kakaoherstellung	R 12	
3.3	Rohmassenherstellung	R 11	
3.4	Eintafelei, Hohlkörper- und Pralinenfabrikation	R 11	
4	**Herstellung von Backwaren (Bäckereien, Konditoreien, Dauerbackwaren-Herstellung)**		
4.1	Teigbereitung	R 11	Absatz
4.2	Räume, in denen vorwiegend Fette oder flüssige Massen verarbeitet werden	R 12	Absatz
4.3	Spülräume	R 12	V 4

Nummer	Arbeitsräume, -bereiche und betriebliche Verkehrswege	Bewertungsgruppe der Rutschgefahr (R-Gruppe)	Verdrängungsraum mit Kennzahl für das Mindestvolumen
5	**Schlachtung, Fleischbearbeitung, Fleischverarbeitung**		
5.1	Schlachthaus	R 13	V 10
5.2	Kuttlerraum, Darmschleimerei	R 13	V 10
5.3	Fleischzerlegung	R 13	V 8
5.4	Wurstküche	R 13	V 8
5.5	Kochwurstabteilung	R 13	V 8
5.6	Rohwurstabteilung	R 13	V 6
5.7	Wursttrockenraum	R 12	
5.8	Darmlager	R 12	
5.9	Pökelei, Räucherei	R 12	
5.10	Geflügelverarbeitung	R 12	V 6
5.11	Aufschnitt- und Verpackungsabteilung	R 12	
5.12	Handwerksbetrieb mit Verkauf	R 12	V 8****)
6	**Be- und Verarbeitung von Fisch, Feinkostherstellung**		
6.1	Be- und Verarbeitung von Fisch	R 13	V 10
6.2	Feinkostherstellung	R 13	V 6
6.3	Mayonnaiseherstellung	R 13	V 4
7	**Gemüsebe- und -verarbeitung**		
7.1	Sauerkrautherstellung	R 13	V 6
7.2	Gemüsekonservenherstellung	R 13	V 6
7.3	Sterilisierräume	R 11	
7.4	Räume, in denen Gemüse für die Verarbeitung vorbereitet wird	R 12	V 4
8	**Nassbereiche bei der Nahrungsmittel- und Getränkeherstellung (soweit nicht besonders erwähnt)**		
8.1	Lagerkeller, Gärkeller	R 10	
8.2	Getränkeabfüllung, Fruchtsaftherstellung	R 11	

Nummer	Arbeitsräume, -bereiche und betriebliche Verkehrswege	Bewertungsgruppe der Rutschgefahr (R-Gruppe)	Verdrängungsraum mit Kennzahl für das Mindestvolumen
9	**Küchen, Speiseräume**		
9.1	Gastronomische Küchen (Gaststättenküchen, Hotelküchen)	R 12	
9.2	Küchen für Gemeinschaftsverpflegung in Heimen, Schulen, Kindertageseinrichtungen, Sanatorien	R 11	
9.3	Küchen für Gemeinschaftsverpflegung in Krankenhäusern, Kliniken	R 12	
9.4	Großküchen für Gemeinschaftsverpflegung in Mensen, Kantinen, Fernküchen	R 12	
9.5	Aufbereitungsküchen (Fast-Food-Küchen, Convenience- und Imbissbetriebe)	R 12	
9.6	Auftau- und Anwärmküchen	R 10	
9.7	Kaffee- und Teeküchen, Küchen in Hotels-Garni, Stationsküchen	R 10	
9.8	Spülräume		
9.8.1	Spülräume zu Nummern 9.1, 9.4, 9.5	R 12	V 4
9.8.2	Spülräume zu Nummer 9.2	R 11	
9.8.3	Spülräume zu Nummer 9.3	R 12	
9.9	Speiseräume, Gasträume, Speisebereiche in Kantinen, einschließlich Serviergängen	R 9	
9.10	Thekenbereich, Schankbereich	R10	
10	**Kühlräume, Tiefkühlräume, Kühlhäuser, Tiefkühlhäuser**		
10.1	für unverpackte Ware	R 12	
10.2	für verpackte Ware	R 11	

Nummer	Arbeitsräume, -bereiche und betriebliche Verkehrswege	Bewertungsgruppe der Rutschgefahr (R-Gruppe)	Verdrängungsraum mit Kennzahl für das Mindestvolumen
11	**Verkaufsstellen, Verkaufsräume**		
11.1	Warenannahme Fleisch		
11.1.1	für unverpackte Ware (z. B. lose in Transportboxen)	R 11	
11.1.2	für verpackte Ware	R 10	
11.2	Warenannahme Fisch	R 11	
11.3	Bedienungsgang für Fleisch und Wurst		
11.3.1	für unverpackte Ware	R 11	
11.3.2	für verpackte Ware	R 10	
11.4	Bedienungsgang für Brot- und Backwaren, unverpackte Ware	R 10	
11.5	Bedienungsgang für Molkerei- und Feinkosterzeugnisse, unverpackte Ware	R 10	
11.6	Bedienungsgang für Fisch		
11.6.1	für unverpackte Ware	R 12	
11.6.2	für verpackte Ware	R 11	
11.7	Bedienungsgänge, ausgenommen Nummern 11.3 bis 11.6	R 9	
11.8	Fleischvorbereitungsraum		
11.8.1	zur Fleischbearbeitung, ausgenommen Nummer 5	R 12	V 8
11.8.2	zur Fleischverarbeitung, ausgenommen Nummer 5	R 11	
11.9	Blumenbinderäume und -bereiche	R 11	
11.10	Verkaufsbereiche mit Backöfen		
11.10.1	zum Herstellen von Backware	R 11	
11.10.2	zum Aufbacken vorgefertigter Backware	R 10	
11.11	Verkaufsbereiche mit Friteusen oder Grillanlagen	R 12	

Nummer	Arbeitsräume, -bereiche und betriebliche Verkehrswege	Bewertungsgruppe der Rutschgefahr (R-Gruppe)	Verdrängungsraum mit Kennzahl für das Mindestvolumen
11.12	Verkaufsräume, Kundenräume	R 9	
11.13	Vorbereitungsbereiche für Lebensmittel zum SB-Verkauf (ausgenommen Fleisch, Fisch und Wurst)	R 10	
11.14	Kassenbereiche, Packbereiche	R 9	
11.15	Verkaufsbereiche im Freien	R 11 oder	
		R 10	V 4
12	**Räume des Gesundheitsdienstes / der Wohlfahrtspflege**		
12.1	Desinfektionsräume (nass)	R 11	
12.2	Vorreinigungsbereiche der Sterilisation	R 10	
12.3	Fäkalienräume, Ausgussräume, unreine Pflegearbeitsräume	R 10	
12.4	Sektionsräume	R 10	
12.5	Räume für medizinische Bäder, Hydrotherapie, Fango-Aufbereitung	R 11	
12.6	Waschräume von OP's, Gipsräume	R 10	
12.7	Sanitäre Räume, Stationsbäder	R 10	
12.8	Räume für medizinische Diagnostik und Therapie, Massageräume	R 9	
12.9	OP-Räume	R 9	
12.10	Stationen mit Krankenzimmern und Flure	R 9	
12.11	Praxen der Medizin, Tageskliniken	R 9	
12.12	Apotheken	R 9	
12.13	Laborräume	R 9	
12.14	Friseursalons	R 9	

Nummer	Arbeitsräume, -bereiche und betriebliche Verkehrswege	Bewertungsgruppe der Rutschgefahr (R-Gruppe)	Verdrängungsraum mit Kennzahl für das Mindestvolumen
13	**Wäscherei**		
13.1	Räume mit Durchlaufwaschmaschinen (Waschröhren) oder mit Waschschleudermaschinen	R 9	
13.2	Räume mit Waschmaschinen, bei denen die Wäsche tropfnass entnommen wird	R 11	
13.3	Räume zum Bügeln und Mangeln	R 9	
14	**Kraftfutterherstellung**		
14.1	Trockenfutterherstellung	R 11	
14.2	Kraftfutterherstellung unter Verwendung von Fett und Wasser	R 11	V 4
15	**Lederherstellung, Textilien**		
15.1	Wasserwerkstatt in Gerbereien	R 13	
15.2	Räume mit Entfleischmaschinen	R 13	V 10
15.3	Räume mit Leimlederanfall	R 13	V 10
15.4	Fetträume für Dichtungsherstellung	R 12	
15.5	Färbereien für Textilien	R 11	
16	**Lackierereien**		
16.1	Nassschleifbereiche	R 12	V 10
16.2	Pulverbeschichtung	R 11	
16.3	Lackierung	R 10	
17	**Keramische Industrie**		
17.1	Nassmühlen (Aufbereitung keramischer Rohstoffe)	R 11	
17.2	Mischer Umgang mit Stoffen wie Teer, Pech, Graphit, Kunstharzen	R 11	V 6
17.3	Pressen (Formgebung) Umgang mit Stoffen wie Teer, Pech, Graphit, Kunstharzen	R 11	V 6

Nummer	Arbeitsräume, -bereiche und betriebliche Verkehrswege	Bewertungsgruppe der Rutschgefahr (R-Gruppe)	Verdrängungsraum mit Kennzahl für das Mindestvolumen
17.4	Gieß-, Druckgussbereiche	R 12	
17.5	Glasierbereiche	R 12	
18	**Be- und Verarbeitung von Glas und Stein**		
18.1	Steinsägerei, Steinschleiferei	R 11	
18.2	Glasformung von Hohlglas, Behälterglas	R 11	
18.3	Schleifereibereiche für Hohlglas, Flachglas	R 11	
18.4	IsolierglasfertigungUmgang mit Trockenmittel	R 11	V 6
18.5	Verpackung, Versand von Flachglas Umgang mit Antihaftmittel	R 11	V 6
18.6	Ätz- und Säurepolieranlagen für Glas	R 11	
19	**Betonwerke**		
19.1	Betonwaschplätze	R 11	
20	**Lagerbereiche**		
20.1	Lagerräume für Öle und Fette, die zur Teilentnahme vorgesehen sind (z. B. in Werkstätten)	R 12	V 6
20.2	Lagerräume für verpackte Lebensmittel	R 10	
20.3	Lagerbereiche im Freien	R 11 oder	
		R 10	V4
21	**Chemische und thermische Behandlung von Eisen und Metall**		
21.1	Beizereien	R 12	
21.2	Härtereien	R 12	
21.3	Laborräume	R 11	
22	**Metallbe- und -verarbeitung, Metall-Werkstätten**		
22.1	Galvanisierräume	R 12	
22.2	Graugussbearbeitung	R 11	V 4
22.3	mechanische Bearbeitungsbereiche (z. B. Dreherei, Fräserei), Stanzerei, Presserei, Zieherei (Rohre, Drähte)	R 11	

Nummer	Arbeitsräume, -bereiche und betriebliche Verkehrswege	Bewertungsgruppe der Rutschgefahr (R-Gruppe)	Verdrängungsraum mit Kennzahl für das Mindestvolumen
22.4	mechanische Bearbeitungsbereiche mit erhöhter Öl-Schmiermittelbelastung	R 11	V 4
22.5	Teilereinigungsbereiche, Abdämpfbereiche	R 12	
23	**Werkstätten für Fahrzeug-Instandhaltung**		
23.1	Instandsetzungs- und Wartungsräume	R 11	
23.2	Arbeits- und Prüfgrube	R 12	V 4
23.3	Waschhalle, Waschplätze	R 11	V 4
24	**Werkstätten für das Instandhalten von Luftfahrzeugen**		
24.1	Flugzeughallen	R 11	
24.2	Werfthallen	R 12	
24.3	Waschplätze	R 11	V 4
25	**Abwasserbehandlungsanlagen**		
25.1	Pumpenräume	R 12	
25.2	Räume für Schlammentwässerungsanlagen	R 12	
25.3	Räume für Rechenanlagen	R 12	
25.4	Standplätze von Arbeitsplätzen, Arbeitsbühnen und Wartungspodeste	R 12	
26	**Feuerwehrhäuser**		
26.1	Fahrzeug-Stellplätze	R 12	
26.2	Räume für Schlauchpflegeeinrichtungen	R 12	
27	**Funktionsräume in der Atemschutz-Übungsanlage**		
27.1	Vorbereitungsraum	R 10	
27.2	Konditionsraum	R 10	
27.3	Übungsraum	R 11	
27.4	Schleuse	R 10	
27.5	Zielraum	R 11	
27.6	Wärmegewöhnungsraum	R 11	
27.7	Leitstand	R 9	

Nummer	Arbeitsräume, -bereiche und betriebliche Verkehrswege	Bewertungsgruppe der Rutschgefahr (R-Gruppe)	Verdrängungsraum mit Kennzahl für das Mindestvolumen
28	**Schulen und Kindertageseinrichtungen**		
28.1	Eingangsbereiche, Flure, Pausenhallen	R 9	
28.2	Unterrichtsräume, Gruppenräume	R 9	
28.3	Treppen	R 9	
28.4	Toilettenräume, Waschräume	R 10	
28.5	Lehrküchen in Schulen	siehe Nummer 9.2, 9.6 oder 9.7	
28.6	Küchen in Kindertageseinrichtungen (siehe auch Nummer 9)	R 10	
28.7	Maschinenräume für Holzbearbeitung	R 10	
28.8	Fachräume für Werken	R 10	
28.9	Pausenhöfe	R 11 oder	
		R 10	V 4
29	**Geldinstitute**		
29.1	Schalterräume	R 9	
30	**Betriebliche Verkehrswege in Außenbereichen**		
30.1	Gehwege	R 11 oder	
		R 10	V 4
30.2	Laderampen		
30.2.1	überdacht	R 11 oder	
		R 10	V 4
30.2.2	nicht überdacht	R 12 oder	
		R 11	V 4
30.3	Schrägrampen	R 12 oder	
	(ab 3 % Steigung; z. B. für Rollstühle, Ladebrücken)	R 11	V 4
30.4	Betankungsbereiche		
30.4.1	überdacht	R 11	
30.4.2	nicht überdacht	R 12	
31	**Parkbereiche**		

Nummer	Arbeitsräume, -bereiche und betriebliche Verkehrswege	Bewertungsgruppe der Rutschgefahr (R-Gruppe)	Verdrängungsraum mit Kennzahl für das Mindestvolumen
31.1	Garagen, Hoch- und Tiefgaragen ohne Witterungseinfluss*****)	R 10	
31.2	Garagen, Hoch- und Tiefgaragen mit	R 11 oder	
	Witterungseinfluss	R 10	V 4
31.3	Parkflächen im Freien	R 11 oder	
		R 10	V 4
32	**Bäder**		
32.1	Einzel- und Sammelumkleideräume	R 10	
32.2	Sauna- und Ruhebereiche	R 10	
32.3	Duschräume und Duschbereiche	R 10	
32.4	Beckenumgänge	R 10	

*) für Fußböden in barfuß begangenen Nassbereichen siehe DGUV Information »Bodenbeläge für nassbelastete Barfußbereiche« (DGUV Information 207-006)
**) Eingangsbereiche gemäß Nummer 0.1 sind die Bereiche, die durch Eingänge direkt aus dem Freien betreten werden und in die Feuchtigkeit von außen hereingetragen werden kann (siehe auch Abschnitt 6 Absatz 3, Verwendung von Schmutz- und Feuchtigkeitsaufnehmern). Für anschließende Bereiche oder andere großflächige Räume ist Abschnitt 4 Absatz 10 zu beachten.
***) Treppen, Rampen gemäß Nummer 0.3 und 0.5 sind diejenigen, auf die Feuchtigkeit von außen hineingetragen werden kann. Für anschließende Bereiche ist Abschnitt 4 Absatz 10 zu beachten.
****) Wurde überall ein einheitlicher Bodenbelag verlegt, kann der Verdrängungsraum aufgrund einer Gefährdungsbeurteilung (unter Berücksichtigung des Reinigungsverfahrens, der Arbeitsabläufe und des Anfalls an gleitfördernden Stoffen auf den Fußboden) bis auf V 4 gesenkt werden.
*****) Die Fußgängerbereiche, die nicht von Rutschgefahr durch Witterungseinflüsse, wie Schlagregen oder eingeschleppte Nässe, betroffen sind.

Anwendungsbeispiel

Der Arbeitsbereich Nummer 5.10 wird mit der Bewertungsgruppe R 12 der Rutschgefahr bewertet. Die Größe des Mindestvolumens des Verdrängungsraumes wird mit V 6, entsprechend mindestens $6\,cm^3/dm^2$, angegeben. Bei der Auswahl eines geeigneten Bodenbelages können unter Berücksichtigung der betrieblichen Bedingungen des Einzelfalls Bodenbeläge in die Betrachtung einbezogen werden, denen nach Prüfung folgende Eigenschaften bescheinigt worden sind:

Rutschhemmung	Verdrängungsraum
R 12	V 6
R 12	V 8
R 12	V 10
R 13	V 6
R 13	V 8
R 13	V 10

Literaturhinweise

Informationen der Unfallversicherungsträger und Länder

DGUV Regel 108-003	Fußböden in Arbeitsräumen und Arbeitsbereichen mit Rutschgefahr 04/1994, aktualisiert 10/2003
DGUV Information 207-006 05/2020	Bodenbeläge für nassbelastete Barfußbereiche
DGUV Information 208-007	Roste – Auswahl und Betrieb 01/1996, aktualisiert 05/2013
DGUV Information 208-008	Montage 01/2017
DGUV Information 208-041	Bewertung der Rutschgefahr unter Betriebsbedingungen 09/2019

IFA Institut für Arbeitsschutz der Deutschen Gesetzlichen Unfallversicherung; Geprüfte Bodenbeläge – Positivliste, in: IFA-Handbuch Sicherheit und Gesundheitsschutz am Arbeitsplatz, Erich Schmidt Verlag GmbH & Co. KG, Berlin

IFA Institut für Arbeitsschutz der Deutschen Gesetzlichen Unfallversicherung; Prüfgrundsatz GS-IFA-B02 »Grundsätze für die Prüfung und Zertifizierung von Temporären Abdeckungen«, 12/2019

Veröffentlichungen des Länderausschusses für Arbeitsschutz und Sicherheitstechnik (LASI-Veröffentlichungen)

LASI Veröffentlichung 50	Bewegungsergonomische Gestaltung von andauernder Steharbeit 03/2009

Normen

DIN 18202:2019-07	Toleranzen im Hochbau – Bauwerke
DIN EN 16165:2021-12	Bestimmung der Rutschhemmung von Fußböden – Ermittlungsverfahren

ASR A1.6 »Fenster, Oberlichter, lichtdurchlässige Wände«

Januar 2012 (GMBl 2012, S. 5, zuletzt geändert GMBl 2022, S. 244)

1 Zielstellung

Diese ASR konkretisiert die Anforderungen an das Einrichten und Betreiben von Fenstern, Oberlichtern und lichtdurchlässigen Wänden in § 3 a Abs. 1 sowie insbesondere in den Punkten 1.5 Abs. 3 und 1.6 des Anhanges der Arbeitsstättenverordnung.

2 Anwendungsbereich

Diese ASR gilt für das Einrichten und das Betreiben von Fenstern, Oberlichtern und lichtdurchlässigen Wänden in Arbeitsstätten.
Hinweis:
Für die barrierefreie Gestaltung der Fenster, Oberlichter und lichtdurchlässigen Wände gilt die ASR V3 a.2 »Barrierefreie Gestaltung von Arbeitsstätten«, Anhang A1.6: Ergänzende Anforderungen zur ASR A1.6 »Fenster, Oberlichter, lichtdurchlässige Wände«.

3 Begriffsbestimmungen

3.1 **Fenster** sind Bauteile zur natürlichen Beleuchtung. Hierzu zählen auch Schaufenster. Darüber hinaus können sie sowohl der Sichtverbindung nach außen als auch der Lüftung dienen.
Beispiele für Bauarten von Fenstern siehe Abbildung 1.

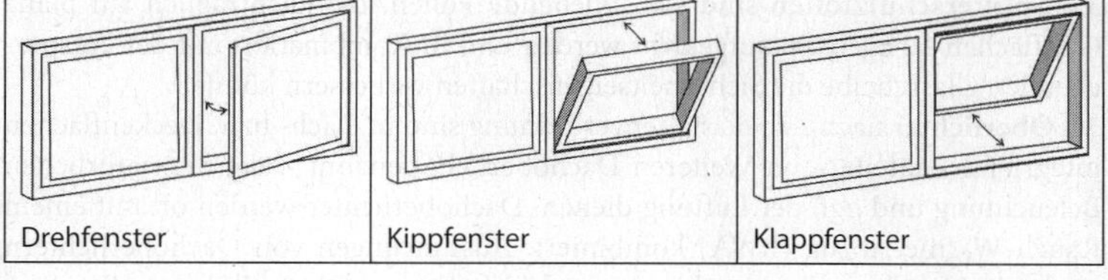

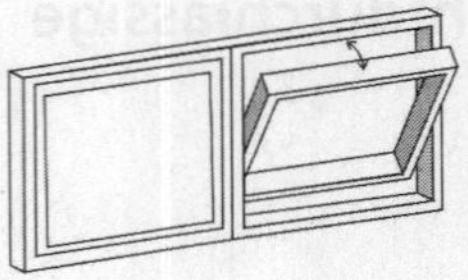
Schwingfenster

Parallelausstellfenster

3.2 **Flügel** sind diejenigen beweglichen Bauteile, die Öffnungen von Fenstern oder Oberlichtern schließen oder freigeben. Flügel sind z. B. Drehflügel, Kippflügel, Klappflügel, Schwingflügel, Wendeflügel und Schiebeflügel.

3.3 **Kraftbetätigt** sind Fenster und Oberlichter, wenn die für die Bewegung der Flügel erforderliche Energie vollständig oder teilweise von Kraftmaschinen zugeführt wird.

3.4 **Ferngesteuert** sind Flügel dann, wenn sie vom festen Bedienungsstandort aus nicht oder nicht vollständig zu übersehen sind; ferngesteuert sind auch Flügel, deren Antrieb durch Steuerimpulse gesteuert wird, die z. B. von einem Sender (z. B. mobile Fernbedienung) oder Sensor (z. B. Windsensor) ausgehen.

3.5 **Bewegungsraum** ist der Raum, in dem die Flügel Öffnungs- und Schließbewegungen ausführen.

3.6 **Sicherheitsglas** ist ein Glas, das durch besondere Behandlung wie Vorspannen oder Laminieren bruchsicher ist und die Verletzungsgefährdung im Falle einer Beschädigung verhindert oder minimiert. Keine ausreichenden Sicherheitseigenschaften haben u. a. Floatglas, Profilbauglas mit und ohne Drahteinlage, Ornamentgläser, teilvorgespanntes Glas und Draht(spiegel)glas in monolithischer Form.

- **Einscheibensicherheitsglas (ESG)** zerfällt bei Bruch in der Regel in kleine, relativ stumpfkantige Krümel, wodurch die Verletzungsgefährdung herabgesetzt wird.
- **Verbundsicherheitsglas (VSG)** besteht aus zwei oder mehr Glasscheiben, die durch mindestens eine organische Zwischenschicht zu einer Einheit verbunden werden. Bei einem Bruch haften die Bruchstücke an der Folie und es besteht eine Splitterbindung, wodurch die Verletzungsgefährdung geringer ist als bei anderen Glaserzeugnissen.

3.7 **Splitterschutzfolien** sind selbstklebende Folien, die nachträglich auf plane Glasflächen fachgerecht aufgeklebt werden und in Kombination mit der entsprechenden Glasscheibe die Sicherheitseigenschaften verbessern können.

3.8 **Oberlichter** nach Arbeitsstättenverordnung sind in Dach- bzw. Deckenflächen integrierte Bauteile – im Weiteren Dachoberlicht genannt -, die der natürlichen Beleuchtung und ggf. der Lüftung dienen. Dachoberlichter werden oft mit einem Rauch-Wärme-Abzug (RWA) kombiniert. Ausführungen von Dachoberlichtern sind z. B. Lichtkuppeln, Lichtbänder und Lichtplatten. Obere Teile von Fenstern und Türen, die umgangssprachlich als Oberlichter bezeichnet werden, sind im Sinne dieser Regel Fenster.

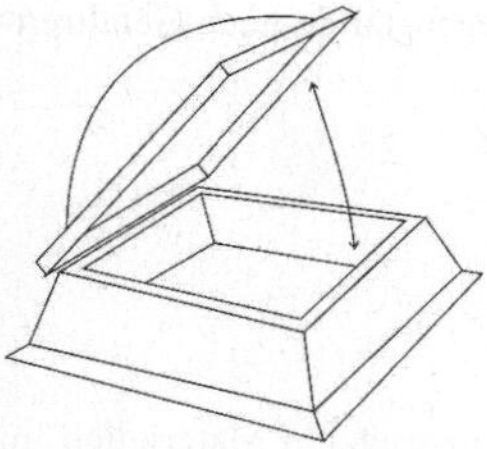

Abb. 2: Dachoberlicht (Lichtkuppel)

3.9 **Lichtdurchlässige Wände** sind Wände mit lichtdurchlässigen Flächen, die bis in die Nähe des Fußbodens reichen und aus Glas, Kunststoff oder anderen transparenten Materialien bestehen. Sie sind in der Regel feststehende Raum- oder Gebäudeabschlüsse, die keine Lüftungsfunktion haben. Sie können aber auch aus einzelnen mobilen Bauteilen bestehen bzw. aufgebaut werden.

3.10 **Reinigungsbalkone** sind Balkone, die ausschließlich für Reinigungs- und Instandhaltungsarbeiten am Gebäude vorgesehen sind.

3.11 **Befahranlagen** sind Vorrichtungen, z. B. bewegliche Steigleitern mit innen liegenden Zwischenpodesten, Reinigungsbrücken oder Fassadenaufzüge, die zum Gebäude gehören, am Gebäude verbleiben und für Reinigungs- und Instandhaltungsarbeiten am Gebäude oder an Gebäudeeinrichtungen benutzt werden.

3.12 **Steuerung ohne Selbsthaltung** (Totmannsteuerung) ist eine Steuereinrichtung, die eine kontinuierliche Betätigung der Steuereinrichtung für die Flügelbewegung erfordert.

3.13 **Absturzsichernde Verglasungen** sind Vertikalverglasungen, tragende Glasbrüstungen mit Handlauf oder Geländerausfachungen aus Glas, die ein Abstürzen der Beschäftigten verhindern.

3.14 **Instandhaltungsarbeiten** umfassen alle Maßnahmen zur Bewahrung des SollZustandes (Wartung), zur Feststellung und Beurteilung des Ist-Zustandes (Inspektion) und zur Wiederherstellung des Soll-Zustandes (Instandsetzung) oder Verbesserung des Ist-Zustandes.

4 Sicherheitsanforderungen bei Planung und Auswahl

In Arbeitsstätten dürfen nur Fenster, Dachoberlichter und lichtdurchlässige Wände verwendet werden, die hinsichtlich ihrer Beschaffenheitsanforderungen den europäischen und nationalen Vorschriften (z. B. Produktrecht) entsprechen, die für die Verwendung in der Arbeitsstätte geeignet sind und sicher betrieben werden können.

Die Einbausituation und das Betreiben von Fenstern, Dachoberlichtern und lichtdurchlässigen Wänden stellen Anforderungen an die Nutzungssicherheit, die auch die Beschaffenheit von Fenstern betreffen kann. Daher ist beim Einrichten und Betreiben der Arbeitsstätte über die EG-Konformitätsbewertung hinaus die Eignung und Verwendbarkeit von Fenstern für die vorgesehene Nutzung zu prüfen und ggf. die erforderlichen baulichen Maßnahmen und Veränderungen am Einbauort vorzunehmen (wenn z. B. durch Einrichtungsgegenstände neue Gefahrenstellen entstehen).

4.1 Fenster

4.1.1 Allgemeine Anforderungen

(1) Der Arbeitgeber hat bereits bei der Auswahl der eingesetzten Materialien im Rahmen einer Gefährdungsbeurteilung die Nutzung und Einbausituation zu berücksichtigen. Dies gilt insbesondere für die Auswahl der Glasart.
(2) Sofern Arbeitsplätze oder Verkehrswege an Fenster grenzen, deren Brüstungshöhe zur Absturzsicherung nicht ausreichend ist (siehe ASR A2.1 »Schutz vor Absturz und herabfallenden Gegenständen, Betreten von Gefahrenbereichen«) und eine Absturzgefährdung besteht, muss eine andere ständige Sicherung gegen Absturz vorhanden sein. Bei feststehenden Fensterflügeln erfüllt auch eine absturzsichernde Verglasung, die den baurechtlichen Bestimmungen entspricht, diese Forderung. Regelungen für kurzzeitige Arbeiten sind in Punkt 5, insbesondere im Absatz 3, explizit aufgeführt.
(3) Flügel von Fenstern müssen gegen unbeabsichtigtes Verlassen der Führungs- und Befestigungselemente gesichert sein.
(4) Gefährdungen durch geöffnete Flügel müssen vermieden oder minimiert werden. Gefährdungen, wie Anstoßen oder Quetschen, können vorliegen, wenn sich die Flügel im Aufenthaltsbereich von Beschäftigten oder im Bereich von Verkehrswegen unkontrolliert bewegen oder die erforderliche Breite von Verkehrswegen einschränken. Unkontrollierte Bewegungen von Flügeln können z. B. durch Dämpfungseinrichtungen, Auffangbügel, mechanische oder elektrische Verstelleinrichtungen vermieden werden.
(5) Von Griffen, Hebeln und Schlössern dürfen bei bestimmungsgemäßem Gebrauch keine Gefährdungen für die Beschäftigten ausgehen. Das wird beispielsweise erreicht, wenn:

- Griffe und Hebel gerundet und in jeder Stellung eines Flügels mindestens 25 mm zu feststehenden Teilen des Fensters oder der Fensterlaibung angeordnet sind,
- Hebel für Panikbeschläge seitlich drehbar oder als Wippe ausgebildet sind,
- Hebel für Kippfenster zurückversetzt in der Fensternische angeordnet sind oder
- Griffe und Hebel von einem sicheren Standort betätigt werden können.

(6) Kurbeln, als Einrichtungen für die Handbetätigung, dürfen nicht zurückschlagen und müssen gegen Abgleiten und unbeabsichtigtes Abziehen gesichert sein.
(7) Sonnenschutzsysteme (siehe Punkt 4.3 der ASR A3.5 »Raumtemperatur«) müssen so installiert sein, dass sie das Öffnen der Fenster für die Lüftung nicht verhindern.
(8) Bodentief eingebaute Fenster, z. B. Schaufenster, müssen hinsichtlich der Bruchsicherheit den für lichtdurchlässige Wände festgelegten Anforderungen entsprechen.

(9) Sofern Fenster als Notausstieg Teil eines Flucht- oder Rettungsweges sind, gelten zusätzlich die Anforderungen der ASR A2.3 »Fluchtwege und Notausgänge«.

4.1.2 Besondere Anforderungen an kraftbetätigte Fenster

(1) Von kraftbetätigten Fenstern können in Abhängigkeit von der Einbausituation, der Steuerung oder der Nutzung spezifische, insbesondere mechanische Gefährdungen ausgehen. Eine wirksame Sicherung gegen diese Gefährdungen, wie Quetschen oder Anstoßen, muss vorhanden sein. Dies kann durch eine einzelne Schutzmaßnahme oder eine Kombination der folgenden beispielhaften Schutzmaßnahmen erreicht werden:

- Einbauhöhe des Fensters von mehr als 2,50 m,
- Eingriffsweite ≤ 8 mm (z. B. an Einzugsstellen zwischen Schiebeflügeln),
- akustische oder optische Warnsignale,
- langsame Flügelbewegung,
- geringe Schließkräfte,
- Einrichtungen vor dem Fenster, die einen Zugang zum Bewegungsraum verhindern,
- Not-Halt-Einrichtung am Fenster,
- druckempfindliche Schutzeinrichtungen, z. B. Schaltleisten oder Kontaktschläuche,
- berührungslos wirkende Schutzeinrichtungen, z. B. Lichtschranken oder Lichtgitter,
- Steuerung ohne Selbsthaltung (Totmannsteuerung) oder
- gerundete, gepolsterte Kanten.

(2) Bei ferngesteuerten Fensterflügeln sind die damit verbundenen erhöhten Gefährdungen (z. B. unbemerkte Schließvorgänge) zu beachten und entsprechende Maßnahmen (z. B. vorausgehendes Warnsignal) zu ergreifen.

(3) Flügel müssen in ihren Endstellungen selbsttätig zum Stillstand kommen.

(4) Sind kraftbetätigte Flügel so eingerichtet, dass sie auch von Hand geöffnet werden können, müssen Hand- und Kraftantrieb gegeneinander verriegelt sein, sofern der Kraftantrieb mechanische Rückwirkungen auf den Handantrieb hat. Können Flügel bei Ausfall eines Beschlagelementes abstürzen oder herabschlagen und können hierdurch Personen gefährdet werden, so sind Sicherheitsvorrichtungen notwendig.

Dies können z. B. doppelte Aufhängungen, Sicherheitsscheren oder Fangvorrichtungen sein.

(5) Sind Einrichtungen für die Handbetätigung von Flügeln vorhanden, dürfen sie mit festen oder beweglichen Teilen der Umgebung keine Quetsch- und Scherstellen bilden. Die Handbetätigung muss vom Fußboden oder von einem anderen sicheren Standplatz aus erfolgen können.

(6) Fenster mit elektrischem Antrieb dürfen nur verwendet werden, wenn sie eine Netztrenneinrichtung (z. B. Hauptschalter, geeignete Steckverbindungen) besitzen, mit der die Anlage allpolig vom Stromnetz getrennt werden kann. Die Netztrenneinrichtung muss an geeigneter Stelle angebracht und gegen irrtümliches oder unbefugtes Einschalten sicherbar sein. Dies gilt sinngemäß auch für pneumatische

und hydraulische Antriebe; Restenergien müssen ohne Gefährdung von Beschäftigten ableitbar sein.
(7) Bauteile, von denen der sichere Betrieb der kraftbetätigten Fenster abhängt, müssen für Instandhaltung und Prüfung leicht zugänglich sein.

4.2 Dachoberlichter

(1) Gefährdungen durch geöffnete Dachoberlichter müssen vermieden oder minimiert werden. Gefährdungen können z. B. sein:
- Einengung des Verkehrsweges,
- Absturz von Beschäftigten,
- Herabfallen von Gegenständen durch die Öffnung oder
- Zugluft.

(2) Dachoberlichter sind in der Regel nicht durchtrittsicher. Deshalb sind geeignete Maßnahmen gegen Absturz zu treffen (siehe ASR A2.1 »Schutz vor Absturz und herabfallenden Gegenständen, Betreten von Gefahrenbereichen«).
(3) Für die Auswirkungen der Sonneneinstrahlung auf das Raumklima durch Dachoberlichter sind die Anforderungen der ASR A3.5 »Raumtemperatur« zu beachten.
(4) Für beleuchtungstechnische Anforderungen an Dachoberlichter sind die Vorgaben der ASR A3.4 »Beleuchtung« zu beachten.

4.3 Lichtdurchlässige Wände

(1) In der Nähe von Arbeitsplätzen und im Bereich von Verkehrswegen ist die Kennzeichnung von durchsichtigen, nicht strukturierten Flächen in Augenhöhe erforderlich. Dies kann z. B. durch ausreichend große Bildzeichen, Symbole, farbige Tönungen oder Klebefolien erfolgen. Diese müssen sich je nach Beleuchtung und Hintergrund gut erkennbar abheben. Die diesbezüglichen Vorgaben der ASR A1.3 »Sicherheits- und Gesundheitsschutzkennzeichnung« sind zu berücksichtigen.
(2) Weiter reichende Schutzmaßnahmen sind dort erforderlich, wo trotz Kenntlichmachung die Gefährdung besteht, dass Beschäftigte in die lichtdurchlässige Wandfläche hineinstürzen oder beim Zersplittern der Wände verletzt werden können. Solche Gefährdungen können z. B. auftreten:
- im Bereich von Absätzen, Treppen oder Stufen,
- bei Menschengedränge oder
- beim Transport von Material.

Geeignete Schutzmaßnahmen sind die Verwendung von bruchsicherem Glas oder einem anderen bruchsicheren Werkstoff. Beim Einsatz von nichtbruchsicherem Werkstoff ist eine feste Abschirmung wie ein Geländer, ein Netz oder ein Gitter erforderlich.
(3) Flächen von lichtdurchlässigen Wänden gelten als bruchsicher, wenn sie die baurechtlichen Bestimmungen für Sicherheitsglas erfüllen (z. B. Einscheiben- und Verbundsicherheitsglas). In der Praxis ist darauf zu achten, dass die verschiedenen

Arten von Sicherheitsglas nicht für alle Anwendungen geeignet sind. Die Entscheidung, ob Einscheibensicherheitsglas, Verbundsicherheitsglas oder andere Werkstoffe eingesetzt werden, muss unter Berücksichtigung der unterschiedlichen Brucheigenschaften und der Einbausituation im Rahmen der Gefährdungsbeurteilung gefällt werden. Kunststoffe mit vergleichbarer Bruchsicherheit sind zulässig. Die Bruchsicherheit hängt entscheidend davon ab, dass derartige Flächen keine Beschädigungen aufweisen und keine unzulässigen Spannungen oder Belastungen auf die Flächen einwirken (siehe Anhang).

(4) Bei bestehenden nicht bruchsicheren Glasflächen, deren Austausch zu einer unverhältnismäßigen Härte führen würde, lässt sich die Schutzwirkung gegen Verletzungsgefahren bei Glasbruch durch fachgerechtes und ganzflächiges Aufkleben von geeigneten Splitterschutzfolien verbessern. Dabei ist die zeitlich begrenzte Schutzwirkung (Herstellerangaben) dieser Folien zu beachten.

(5) Lichtdurchlässige Wände sowie deren Bestandteile, z. B. Rahmen, Befestigungsteile und Glaselemente, müssen so eingebaut oder verankert werden, dass Beschäftigte nicht durch herabfallende Teile (z. B. von versetzbaren Raumteilern zur Abtrennung von Arbeitsplätzen) verletzt werden können.

(6) Sofern Arbeitsplätze oder Verkehrswege an lichtdurchlässige Wände grenzen und für die Beschäftigten eine Absturzgefährdung besteht, muss eine ständige Sicherung gegen Absturz vorhanden sein. Dies ist z. B. gewährleistet, wenn die Wand aus einer absturzsichernden Verglasung besteht oder ein Geländer montiert ist.

5 Reinigung, Instandhaltung einschließlich Prüfungen

(1) Bereits bei der Planung der Fenster, Dachoberlichter oder lichtdurchlässigen Wände muss der Arbeitgeber darauf achten, dass eine sichere Instandhaltung und Reinigung gewährleistet wird. Dies gilt insbesondere, wenn hierzu bauliche Vorrichtungen zur Durchführung von Instandhaltungs- und Reinigungsarbeiten erforderlich sind.

(2) Die Reinigung oder Instandhaltung von Fenstern, Dachoberlichtern und lichtdurchlässigen Wänden muss von einer sicheren Standfläche mit ausreichendem Bewegungsfreiraum aus erfolgen können. Diese kann dauerhaft oder zeitweilig eingerichtet sein.

Sichere Standflächen sind z. B.:

- Reinigungsbalkone,
- Befahranlagen oder
- Standroste mit Anschlageinrichtungen für Persönliche Schutzausrüstung gegen Absturz (PSAgA).

Sind solche sicheren Standflächen nicht vorhanden, können Reinigungs- und Instandhaltungsarbeiten z. B. auch von Hebebühnen und Gerüsten durchgeführt werden, wenn die baulichen Voraussetzungen und geeignete Aufstellflächen gegeben sind.

Hochziehbare Personenaufnahmemittel (z. B. Arbeitskörbe, Arbeitsbühnen und Arbeitssitze) dürfen nur nachrangig in exponierten Teilbereichen eingesetzt werden, wenn sichere Standplätze nicht einrichtbar sind.
(3) Bei Reinigungs- und Instandhaltungsarbeiten mit Absturzgefährdung sind geeignete Maßnahmen zum Schutz gegen Absturz (z. B. feste oder mobile Umwehrungen, PSAgA) erforderlich. Dabei ist die Rangfolge der Schutzmaßnahmen nach ASR A2.1 »Schutz vor Absturz und herabfallenden Gegenständen, Betreten von Gefahrenbereichen« einzuhalten.
(4) Für Reinigungs- und Instandhaltungsarbeiten müssen für den Einsatz von tragbaren Leitern, Vorrichtungen nach Absatz 2 vorhanden sein. Dabei muss für den sicheren Stand der Leiter eine ausreichend breite und tragfähige Fläche gewährleistet sein. Werden bei der Benutzung von Leitern bestehende Sicherungen gegen Absturz unwirksam, ist die Anbringung von Absturzsicherungen vorzunehmen. Die Bereitstellung und Benutzung von Leitern sind in der Betriebssicherheitsverordnung und in der TRBS 2121 Teil 2 »Gefährdungen von Personen durch Absturz – Bereitstellung und Benutzung von Leitern« geregelt.
(5) Rahmenlose mobile Glaswände sind regelmäßig auf Beschädigungen des Glases, insbesondere auf Kantenverletzungen bei ESG, und auf den festen Sitz der Beschläge hin zu prüfen, um Glasbruch vorzubeugen.
(6) Für die Reinigung von ESG sollen keine scharfen Klingen oder andere Werkzeuge, die die Oberfläche des Glases beschädigen können, verwendet werden, da dies zum Bruch der Scheibe führen kann.
(7) Bei kraftbetätigten Fenstern und Dachoberlichtern ist zusätzlich das Folgende zu beachten:

- Vor Reinigungs- und Instandhaltungsarbeiten muss der Antrieb abgeschaltet und gegen irrtümliches und unbefugtes Einschalten, sowie gegen unbeabsich tigte Bewegung gesichert werden. Hiervon ausgenommen bleibt der Probelauf (Funktionsprüfung).
- Die Instandhaltung darf nur durch vom Arbeitgeber beauftragte Personen durchgeführt werden, die mit den jeweiligen Arbeiten vertraut sind.
- Kraftbetätigte Fenster müssen nach den Vorgaben des Herstellers vor der ersten Inbetriebnahme, nach wesentlichen Änderungen sowie wiederkehrend sachgerecht auf ihren sicheren Zustand geprüft werden. Die wiederkehrende Prüfung sollte mindestens einmal jährlich erfolgen. In die Prüfung sind auch die Fangvorrichtungen einzubeziehen. Die Ergebnisse der sicherheits technischen Prüfung sind zu dokumentieren.
- Die sicherheitstechnische Prüfung von kraftbetätigten Fenstern darf nur durch Sachkundige durchgeführt werden, die die Funktionstüchtigkeit der Schutzein richtungen beurteilen und überprüfen können.

Anhang
Einsatz von Sicherheitsglas

Einscheibensicherheitsglas (ESG) und Verbundsicherheitsglas (VSG) haben verschiedene Brucheigenschaften und sind daher für unterschiedliche Anwendungen geeignet.
ESG ist thermisch vorgespanntes Glas, das bei Zerstörung in kleine stumpfkantige Glaskrümel (würfelförmige Fragmente) zerfällt und damit weitgehend vor Verletzungen schützt.
Restrisiken durch das Bruchverhalten beim Zerbersten einer Scheibe aus ESG sind allerdings zum Einen das explosionsartige Zerspringen der Scheibe in Glaskrümel und zum Anderen das Zusammenhalten größerer Schollen aus noch zusammenhängenden Glaskrümeln, die beim Herunterfallen Beschäftigte treffen und Verletzungen verursachen können.
ESG ist gegen stumpfe Schläge auf die Scheibenfläche sehr robust, weil es sich durchbiegen kann. An den Kantenbereichen hingegen ist es sehr empfindlich.

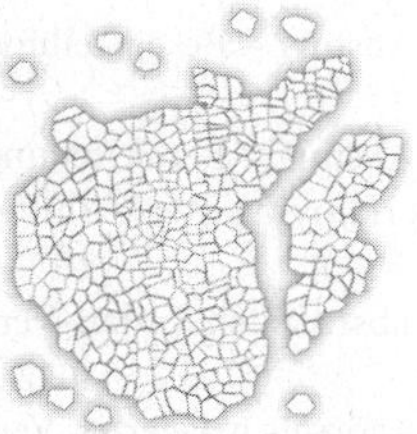

Abb. 3: Bruchbild ESG

VSG besteht aus zwei oder mehreren Glasscheiben, die durch mindestens eine organische Zwischenschicht zu einer Einheit verbunden werden. Bei mechanischer Überlastung (z. B. Stoß, Schlag und Beschuss) bricht VSG zwar an, aber die Bruchstücke haften fest an der Zwischenlage. Es entstehen somit keine losen, scharfkantigen Glasbruchstücke; die Verletzungsgefahr wird weitgehend herabgesetzt.

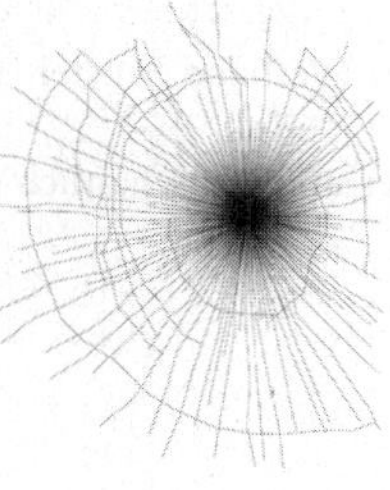

Abb. 4: Bruchbild VSG

Je nach Zusammensetzung und Dicke ist VSG von splitterbindend bis hin zu sprengwirkungshemmend. Es findet daher häufig Verwendung in Fenstern, Türen

und Abtrennungen, die Personen und hohe Sachwerte schützen, z. B. an Kassenschaltern oder bei Juwelieren.
Verglichen mit ESG kommt es bei Schlägen frontal gegen die Scheibe aus VSG schneller zum Bruch.
VSG ist nicht für jeden Anwendungsfall der sicherere Werkstoff. Bei rahmenlosen Ganzglastüren beispielsweise wird in der Regel ESG verwendet, da mit VSG die Flügel zu schwer werden. Diese Türen werden in der Regel nur an zwei Bändern (Scharnieren) gehalten. Kommt es zum Bruch eines solchen Flügels aus VSG, besteht die Gefahr, dass die Scheibe ihre Statik verliert und zusammenhängend als Ganzes zusammenbricht. Dabei kann sie eine Person unter sich begraben.

Literaturhinweise

- Verordnung über Sicherheit und Gesundheitsschutz bei der Verwendung von Arbeitsmitteln (Betriebssicherheitsverordnung – BetrSichV)
- TRBS 2121 Gefährdung von Personen durch Absturz – Allgemeine Anforderungen
- TRBS 2121 Teil 2 Gefährdungen von Personen durch Absturz – Bereitstellung und Benutzung von Leitern
- TRBS 2121 Teil 3 Gefährdungen von Personen durch Absturz – Bereitstellung und Benutzung von Zugangs-und Positionierungsverfahren unter Zuhilfenahme von Seilen
- TRAV Technische Regeln für die Verwendung von absturzsichernden Verglasungen (Deutsches Institut für Bautechnik)
- TRLV Technische Regeln für die Verwendung von linienförmig gelagerten Verglasungen (Deutsches Institut für Bautechnik)
- TRPV Technische Regeln für die Bemessung und Ausführung punktförmig gelagerter Verglasungen (Deutsches Institut für Bautechnik)
- RAB 32 Regeln zum Arbeitsschutz auf Baustellen – Unterlage für spätere Arbeiten
- DGUV Vorschrift 38 Bauarbeiten 1. 4. 1977 aktualisiert 01/1997
- DGUV Information 208-014 Glastüren, Glaswände 10/2010
- DGUV Information 208-016 Handlungsanleitung für den Umgang mit Leitern und Tritten 11/2007
- VFF Merkblatt KB.01:2017-07 Kraftbetätigte Fenster (Verband Fenster- und Fassade (VFF) in Frankfurt) Juli 2017
- Glas- und Fassadenreinigung – Instandhaltung sicher und wirtschaftlich planen (BG BAU)

ASR A1.7 »Türen und Tore«

November 2009 (GMBl 2009, S. 1619, zuletzt geändert GMBl 2022, S. 244)

1 Zielstellung

Diese Arbeitsstättenregel konkretisiert die Anforderungen an das Einrichten und Betreiben von Türen und Toren in § 3 Abs. 1 und § 4 Abs. 3 sowie insbesondere in dem Punkt 1.7 des Anhanges der Arbeitsstättenverordnung.

2 Anwendungsbereich

(1) Diese Arbeitsstättenregel gilt für das Einrichten und Betreiben von Türen und Toren in Gebäuden und auf dem Betriebsgelände sowie in vergleichbaren betrieblichen Einrichtungen, die sich auf dem Gelände eines Betriebes oder einer Baustelle befinden und zu denen Beschäftigte im Rahmen ihrer Arbeit Zugang haben. Sie gilt nicht für Türen und Tore von maschinellen Anlagen (z. B. Aufzugsanlagen) und nicht für provisorische Türen und Tore auf Baustellen.
(2) gestrichen
Hinweise:
1. Für die barrierefreie Gestaltung der Türen und Tore gilt die ASR V3 a.2 »Barrierefreie Gestaltung von Arbeitsstätten«, Anhang A1.7: Ergänzende Anforderungen zur ASR A1.7 »Türen und Tore«.
2. Bestimmungen zu Türen und Toren im Verlauf von Fluchtwegen enthält die ASR A2.3 »Fluchtwege und Notausgänge«.

3 Begriffsbestimmungen

3.1 **Abstürzen** ist die unkontrollierte, nicht ausgeglichene Bewegung von vertikal bewegten Flügeln im Fall des Versagens eines einzelnen Tragmittels oder der Gewichtsausgleichssysteme.
3.2 **Bewegungsraum** ist der Raum, in dem die Flügel Öffnungs- und Schließbewegungen ausführen.
3.3 Der **Fallweg** von Torflügeln ist die senkrechte Strecke, die die Hauptschließkante nach dem Versagen der Tragmittel bis zum erfolgten Fangen durch die Fangvorrichtung zurücklegt.
3.4 **Fangvorrichtungen** sind Einrichtungen, die im Falle des Flügelabsturzes selbsttätig auf den Flügel oder das Bauteil, das mit ihm fest verbunden ist (z. B. Wickel-

welle), wirken und ihn halten. Hierzu zählen auch Getriebe, die imstande sind, den Flügel zu halten, wenn tragende Getriebeteile versagen (Sicherheitsgetriebe).

3.5 **Flügel** sind diejenigen beweglichen Anlagenteile, die Tür- oder Toröffnungen schließen oder freigeben.

3.6 **Gefährdungen an Türen und Toren** ergeben sich besonders durch:

- Quetsch-, Einzugs- oder Scherstellen mit festen oder beweglichen Teilen der Flügel und der Umgebung (z. B. an den Schließkanten),
- Absturzgefährdung an angrenzenden Treppenabgängen oder höher gelegenen Arbeitsplätzen,
- Angestoßen oder Erfasst werden durch den Flügel.

3.7 **Herausfallen** ist das ungewollte Verlassen des Tor- oder Türflügels aus der Führung.

3.8 Türen und Tore sind **kraftbetätigt**, wenn die für das Öffnen oder Schließen der Flügel erforderliche Energie vollständig oder teilweise von Kraftmaschinen zugeführt wird.

3.9 **Nachlaufweg** ist der Weg des kraftbetätigten Flügels, von der Einleitung des Stoppvorganges bis zum Stillstand.

3.10 Mit der **NOT-HALT-Einrichtung** kann im Fall einer Gefährdung die Flügelbewegung bewusst zum Stillstand gebracht werden.

3.11 **Schließkanten** sind (siehe Tabelle):

- Hauptschließkante ist jede Schließkante eines Flügels, deren Abstand von der parallelen Gegenschließkante oder Gegenfläche die Öffnungsweite bestimmt,
- Gegenschließkante ist jede Schließkante, die einer Haupt- oder Nebenschließkante des Flügels gegenüberliegt,
- Nebenschließkante ist jede andere Schließkante des Flügels, die nicht Haupt- oder Gegenschließkante ist.

Tabelle: Schließkanten von Türen und Toren

	Tür / Tor	Schließkante
a)	**Drehflügeltüren / -tore** sind Türen mit einem oder zwei Flügeln, die sich um die senkrechte Achse an einer Flügelkante drehen.	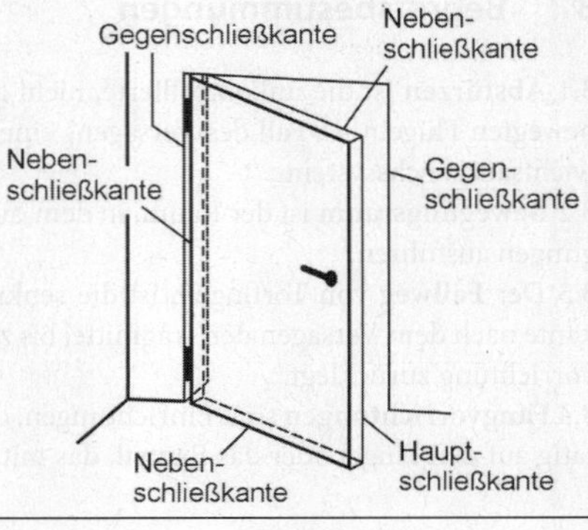

<table>
<tr><th></th><th>Tür / Tor</th><th>Schließkante</th></tr>
<tr><td>b)</td><td>Schiebetüren / -tore
sind Türen mit einem oder mehreren sich horizontal bewegenden Türflügeln, die sich auf ihrer eigenen Ebene über eine Öffnung hinweg bewegen.</td><td>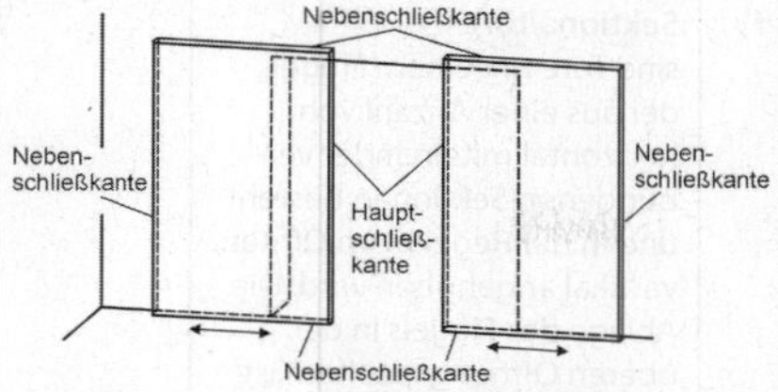
</td></tr>
<tr><td>c)</td><td>Faltflügeltüren / -tore
sind Türen mit zwei oder mehreren Flügeln, die miteinander gelenkig verbunden sind und bei denen eine Seite des Türflügels mit der Zarge verbunden ist.</td><td>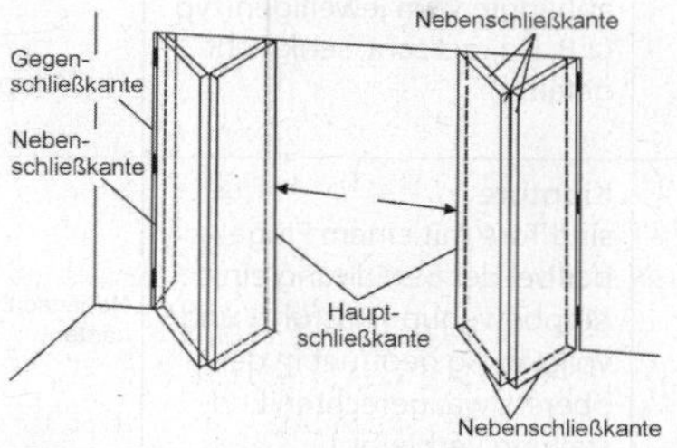
</td></tr>
<tr><td>d)</td><td>Karusselltüren
sind Türen mit zwei oder mehreren Türflügeln, die mit einer gemeinsamen vertikalen Drehachse innerhalb einer Einfassung verbunden sind.</td><td>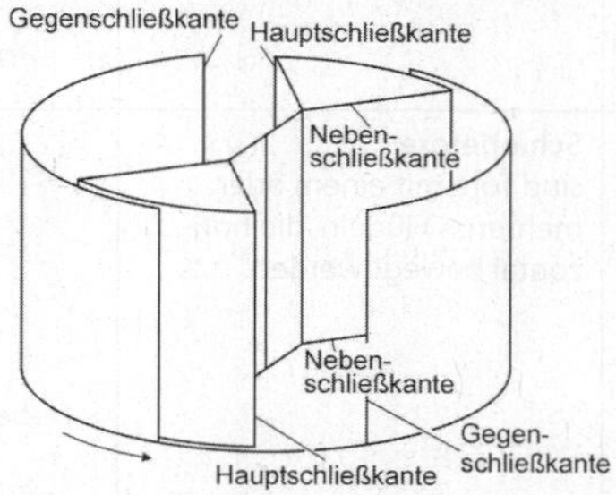
</td></tr>
<tr><td>e)</td><td>Rolltore
sind Tore mit einem Flügel, der vertikal bewegt wird und sich beim Öffnen auf eine Wickelwelle aufwickelt.</td><td>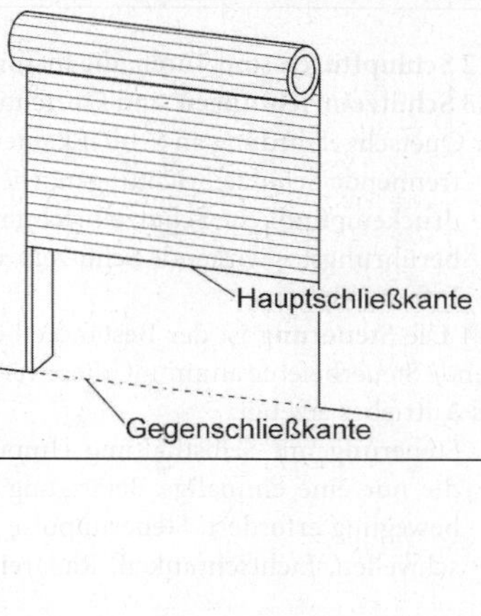
</td></tr>
</table>

	Tür / Tor	Schließkante
f)	**Sektionaltore** sind Tore mit einem Flügel, der aus einer Anzahl von horizontal miteinander verbundenen Sektionen besteht und in der Regel beim Öffnen vertikal angehoben wird. Die Ablage des Flügels in der oberen Öffnungsposition ist abhängig vom jeweiligen Typ (z. B. waagerecht, senkrecht, gefaltet).	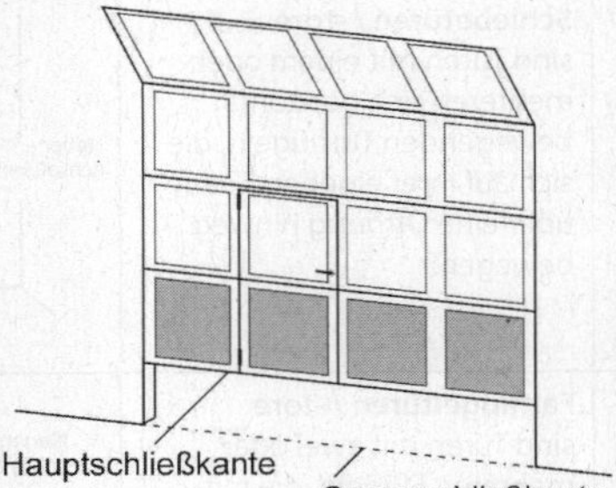
g)	**Kipptore** sind Tore mit einem Flügel, der bei der Betätigung eine Kippbewegung ausführt und vollständig geöffnet in der oberen, waagerechten Endstellung verbleibt.	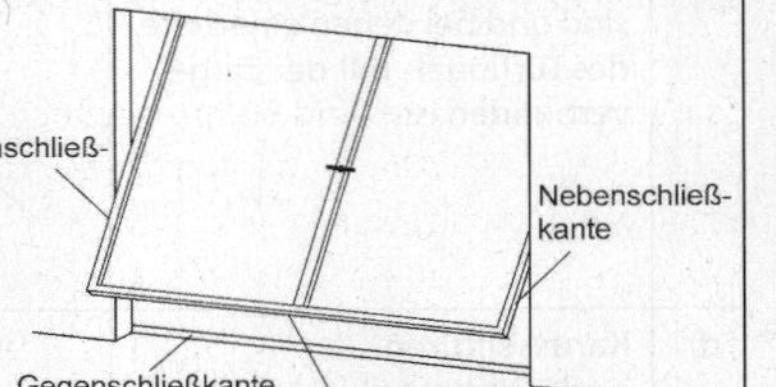
h)	**Schiebetore** sind Tore mit einem oder mehreren Flügeln, die horizontal bewegt werden.	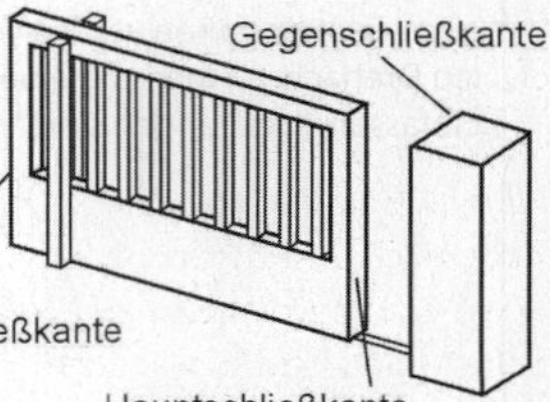

3.12 **Schlupftüren** sind Türen, die in Torflügeln eingebaut sind.

3.13 **Schutzeinrichtungen** sind Einrichtungen zum Schutz vor Gefährdungen, z. B. der Quetschgefährdung an Schließkanten:

- trennende Schutzeinrichtungen, wie Abdeckungen,
- druckempfindliche Schutzeinrichtungen, wie Schaltleisten oder -matten,
- berührungslos wirkende Schutzeinrichtungen, wie Lichtschranken oder Aktiv Infrarot-Systeme.

3.14 Die **Steuerung** ist der Bestandteil der Antriebseinheit, der von außen kommende Steuerbefehle annimmt, diese verarbeitet und Ausgangssignale zum Betrieb des Antriebes erzeugt:

- Steuerung mit Selbsthaltung (Impulssteuerung) ist eine Steuereinrichtung, die nur eine einmalige Betätigung zum Auslösen der vollständigen Flügelbewegung erfordert. Steuerimpulse werden z. B. durch Drucktaster, Kontaktschwellen, Lichtschranken, Radareinrichtungen, Zugschalter oder durch im

Fußboden verlegte Induktionsschleifen ausgelöst oder gehen von einem elektrischen Sender, einer Licht- oder Schallquelle aus.
– Steuerung ohne Selbsthaltung (Totmannsteuerung) ist eine Steuereinrichtung, die eine kontinuierliche Betätigung für die Flügelbewegung erfordert.

3.15 **Tore** sind bewegliche Raumabschlüsse, vorzugsweise für den Verkehr mit Fahrzeugen und für den Transport von Lasten mit oder ohne Personenbegleitung.

3.16 **Türen** sind bewegliche Raumabschlüsse, vorzugsweise für den Fußgängerverkehr.

3.17 **Tragmittel** sind Bauteile oder Einrichtungen zum Tragen des Flügels, z. B. Feder, Stahldrahtseil, Kette, Gurt, Rolle, Trommel, Welle, Hebelarm sowie sonstige Kraftübertragungselemente zwischen Antriebsquelle und Flügel (z. B. Getriebe).

4 Planung von Türen und Toren

(1) Türen und Tore sind so anzuordnen, dass sie sicher bedient werden können. Durch ihre Anordnung dürfen keine zusätzlichen Gefährdungen entstehen, beispielsweise durch Aufschlagen des Flügels in einen Treppenlauf.

(2) Türen und Tore sollen so angeordnet und gestaltet sein, dass sich möglichst kurze Wege innerhalb der Arbeitsstätte ergeben und keine Gefährdungen durch Windbelastung entstehen. Die Entstehung von störendem Luftzug (Zugluft) sollte vermieden werden (siehe ASR A3.6 »Lüftung«).

(3) Türen und Tore müssen so angebracht sein, dass sie in geöffnetem Zustand die erforderliche Mindestbreite vorbeiführender Verkehrswege nicht einengen (siehe ASR A1.8 »Verkehrswege«).

(4) Die Betätigung von Türen und Toren muss vom Fußboden aus oder von einem anderen sicheren Bedienort aus möglich sein.

(5) Griffe und andere Einrichtungen für die Betätigung von Türen und Toren dürfen mit festen und beweglichen Teilen der Tür oder des Tores oder deren Umgebung keine Quetsch- oder Scherstellen bilden.

(6) Die Durchgangsbreite und -höhe von Türen und Toren richtet sich nach den Mindestmaßen von Fluchtwegen (siehe ASR A2.3 »Fluchtwege und Notausgänge«). Türen und Tore in Zugängen, die nur der Bedienung, Überwachung und Instandhaltung dienen, sollen 0,60 m in der lichten Durchgangsbreite und 1,80 m in der lichten Durchgangshöhe nicht unterschreiten. In Gebäuden, die bis zum 30. 9. 2022 bereits errichtet waren oder deren Bauantragstellung bis zu diesem Termin erfolgt ist, dürfen Türen und Tore mit einer lichten Mindestbreite von 0,50 m eingerichtet oder solange betrieben werden, bis die jeweiligen Bereiche dieser Arbeitsstätten wesentlich erweitert oder umgebaut werden. Auf die Anstoßgefährdung im Kopfbereich, die aufgrund dieser verringerten Durchgangshöhe besteht, ist mit einer Kennzeichnung nach ASR A1.3 »Sicherheits- und Gesundheitsschutzkennzeichnung« hinzuweisen.

(7) Rahmen von Türen und Toren dürfen keine Stolperstellen bilden (siehe ASR A1.5 »Fußböden«). Höhenunterschiede sollen durch Schrägen angeglichen oder gekennzeichnet (siehe ASR A1.3 »Sicherheits- und Gesundheitsschutzkennzeichnung«) werden.

5 Auswahl von Türen und Toren

(1) In Arbeitsstätten dürfen nur Türen und Tore verwendet werden, die hinsichtlich ihrer Beschaffenheitsanforderungen den europäischen und nationalen Vorschriften (z. B. Produktrecht) entsprechen und die für die Verwendung in der Arbeitsstätte geeignet und sicher sind. Bei der Ausführung der Türen und Tore sind unter anderem das Bio- und Gefahrstoffrecht (z. B. dichtschließend, Sicherheitsschleusen) sowie das Baurecht (z. B. feuerhemmend, feuerbeständig, selbstschließend) zu beachten.
Die Einbausituation und das Betreiben von Türen und Toren stellen Anforderungen an die Nutzungssicherheit, die auch die Beschaffenheit von Türen und Toren betreffen kann. Daher sind beim Einrichten und Betreiben der Arbeitsstätte über die EGKonformitätsbewertung hinaus die Eignung und Verwendbarkeit von Türen und Toren für die vorgesehene Nutzung zu prüfen und ggf. die erforderlichen baulichen Maßnahmen und Veränderungen am Einbauort vorzunehmen (z. B. durch Einrichtungsgegenstände zusätzlich entstandene Quetschstellen, die zu sichern sind).
(2) Damit Beschäftigte bei Ausfall der Antriebsenergie bei kraftbetätigten Türen und Toren nicht eingeschlossenen werden können, müssen sich diese ohne besonderen Kraftaufwand (siehe Punkt 10.1 Abs. 3) auch von Hand öffnen lassen. Abweichend von Satz 1 dürfen schwere, kraftbetätigte Tore anstelle mit Handbetrieb auch unter bestimmungsgemäßer Verwendung von Hilfsmitteln, z. B. bereitgestellte hydraulische / pneumatische Hebezeuge oder Notstromaggregate, verwendet werden, wenn die ursprüngliche Energiezufuhr ausgefallen ist.
(3) In Räumen, in denen z. B. gesundheitsgefährdende Gase, Dämpfe oder Stäube in die Raumluft gelangen können, müssen Türen und Tore deren Eindringen in angrenzende Bereiche der Arbeitsstätte verhindern. Dies kann z. B. durch ein selbstständiges und dichtes Schließen der Türen und Tore erreicht werden.
(4) Türen und Tore, die nur in einer Richtung benutzt werden sollen, sind entsprechend auf beiden Seiten als Einbahnverkehr zu kennzeichnen.
(5) Bei Torflügeln mit eingebauter Schlupftür darf eine kraftbetätigte Flügelbewegung nur bei geschlossener Schlupftür möglich sein. Die Flügelbewegung muss zum Stillstand kommen, wenn die Schlupftür geöffnet wird. Im Fall von mechanisch bewegten Brandschutztoren mit Schlupftüren sind die den baurechtlichen Zulassungen zugrundeliegenden Ausführungen zu beachten.
(6) Damit Beschäftigte nicht durch zersplitternde Flächen von Türen und Toren gefährdet werden, müssen diese Flächen bruchsicher sein oder die Füllungen müssen durch feste Abschirmungen (z. B. Stabgitter) so geschützt sein, dass sie beim Öffnen und Schließen nicht eingedrückt oder Personen nicht durch diese hindurchgedrückt werden können. Werkstoffe für durchsichtige Flächen gelten als bruchsicher, wenn sie die baurechtlichen Bestimmungen für Sicherheitsglas erfüllen (z. B. Einscheiben- und Verbundsicherheitsglas). Die Bruchsicherheit hängt entscheidend davon ab, dass das Glas nicht beschädigt ist und dass keine unzulässigen Spannungen oder Belastungen auf das Glas einwirken (siehe Punkt 10.1 Abs. 4). Kunststoffe mit vergleichbarer Bruchsicherheit sind zulässig. Drahtglas ist kein Sicherheitsglas.

(7) Flügel von Türen und Toren, die zu mehr als drei Vierteln ihrer Fläche aus einem durchsichtigen Werkstoff bestehen, müssen in Augenhöhe so gekennzeichnet sein, dass sie deutlich wahrgenommen werden können. Hierzu können z. B. ausreichend große Bildzeichen, Symbole oder farbige Tönungen verwendet werden. Sie sollen sich je nach Hintergrund und Beleuchtungssituation gut erkennbar abheben. Die Wahrnehmbarkeit der Türen und Tore wird durch die Gestaltung mit auffallenden Griffen oder einer Handleiste verbessert.

6 Sicherung gegen mechanische Gefährdungen

(1) Bei kraftbetätigten Türen und Toren muss eine wirksame Sicherung vor mechanischen Gefährdungen bis zu einer Höhe von 2,50 m über dem Fußboden oder einer anderen dauerhaften Zugangsebene vorhanden sein. Dies kann durch eine einzelne oder eine Kombination der folgenden Sicherungsmaßnahmen erreicht werden:

- Einhalten von Sicherheitsabständen (siehe Abs. 5 bis 8),
- Einbauen von trennenden Schutzeinrichtungen an den Schließkanten, wie Gehäuse, Abdeckungen, Verkleidungen, feststehende Schutzflügel,
- Formgebung von Flügeloberflächen und vorstehenden Teilen in geeigneter Weise,
- Torbetätigung mit einer manuellen Steuerung ohne Selbsthaltung (Totmannsteuerung, siehe Punkt 8.1),
- Begrenzung der Kräfte, die durch den Torflügel erzeugt werden, wenn er auf eine Person oder einen Gegenstand auftrifft,
- Einbau von schaltenden Schutzeinrichtungen (druckempfindliche oder berührungslos wirkende Schutzeinrichtungen).

(2) Beim Betrieb von Türen und Toren darf der Nachlaufweg des Flügels nach Auslösen einer druckempfindlichen Schutzeinrichtung nicht größer sein als deren Verformungsweg. Bei Flügeln ohne Sicherheitseinrichtung an den Schließkanten darf der Nachlaufweg nicht größer als 50 mm sein, sofern mit dem Nachlauf eine gefährdende Flügelbewegung verbunden ist.

(3) Die erforderlichen Sicherheitsabstände müssen auch während der betrieblichen Nutzung dauerhaft eingehalten werden.

(4) Die Gefährdung, dass Beschäftigte beim Betrieb von vertikal bewegten Flügeln erfasst oder eingezogen werden, kann z. B. durch die Verwendung glattflächiger Flügel vermieden werden. Andernfalls, wie bei Rollgittern, sind weitere Sicherungsmaßnahmen (siehe Abs. 1) notwendig.

(5) Zusätzliche Sicherungen an Quetsch- und Scherstellen an Nebenschließkanten sind nicht erforderlich:

- bei Nebenschließkanten, deren Gegenschließkanten sich am Sturz der Tür- oder Toröffnung befinden,
- wenn der Spalt zwischen Nebenschließkante und Gegenschließkante maximal 8 mm beträgt,

– wenn die Nebenschließkanten z. B. durch hohlwandige Gummi-, Kunststoffleisten oder Haarbürsten so nachgiebig gestaltet sind, dass sie im zusammengedrückten Zustand einen Sicherheitsabstand für die Finger von mindestens 25 mm ermöglichen.

(6) Die Gefährdung, dass Finger eingezogen werden, besteht nicht, wenn die Flügel von automatischen Schiebetüren / -toren und festen Teilen ihrer Umgebung in einem Abstand s von 8 mm oder weniger aneinander vorbeilaufen (Abb. 1). Ein Abscheren oder Quetschen von Fingern wird verhindert, wenn der Abstand t zwischen Flügeln und Bauteilen 25 mm oder mehr beträgt (Abb. 1).

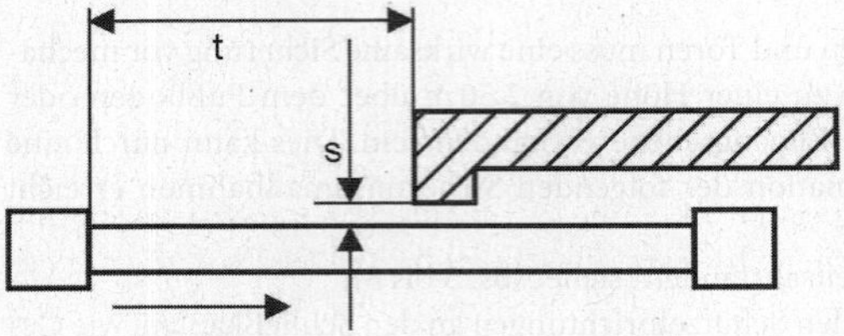

s ≤ 8 mm
t ≥ 25 mm
Abb. 1: Vermeiden von Einzugs- und Schergefährdung zum Schutz der Finger

(7) Damit zwischen den hinteren Kanten der Flügel (Nebenschließkanten) von kraftbetätigten Schiebetüren / -toren und festen Teilen der Umgebung beim Betrieb keine Quetschstellen entstehen, müssen genügend große Sicherheitsabstände verbleiben:

– für Flügel, die in einem Abstand von maximal 100 mm an feststehenden, geschlossenen Bauteilen entlang laufen, sind mindestens 200 mm Sicherheitsabstand notwendig (Abb. 2),
– für Flügel, die in einem Abstand von mehr als 100 mm an feststehenden Bauteilen entlang laufen, sind mindestens 500 mm Sicherheitsabstand notwendig (Abb. 3).

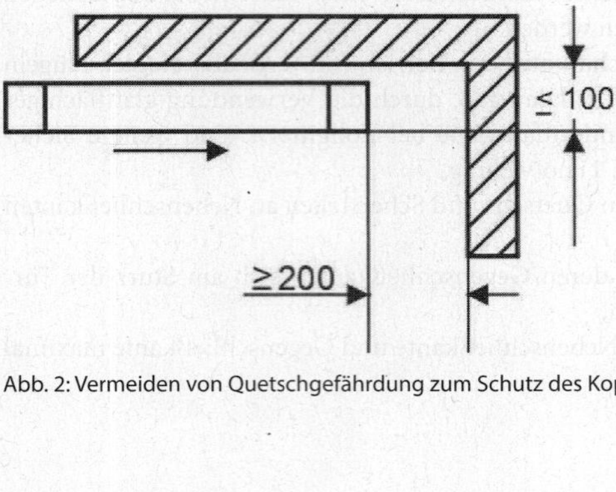

Abb. 2: Vermeiden von Quetschgefährdung zum Schutz des Kopfbereiches

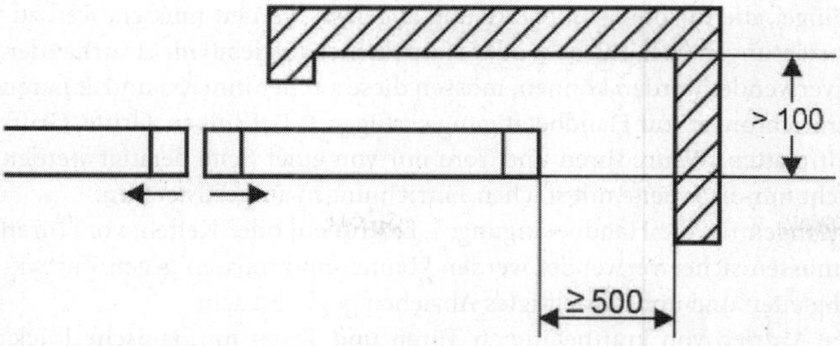

Abb. 3: Vermeiden von Quetschgefährdung zum Schutz des Körpers

(8) Damit kraftbetätigte Dreh- und Faltflügeltüren oder -tore hinsichtlich Quetschstellen (zwischen dem Flügel und festen Teilen der Umgebung) sicher betrieben werden können, muss bei größtmöglicher Flügelöffnung der hinter dem Flügel gelegene Bereich über seine gesamte Tiefe eine lichte Weite von mindestens 500 mm aufweisen (Abb. 4). Abweichend hiervon genügt eine lichte Weite von mindestens 200 mm, wenn die Tiefe des vom geöffneten Flügel und festen Teilen seiner Umgebung gebildeten Bereichs höchstens 250 mm beträgt (Abb. 5). Können diese Werte nicht eingehalten werden, sind weitere Sicherheitsmaßnahmen (siehe Abs. 1) notwendig.

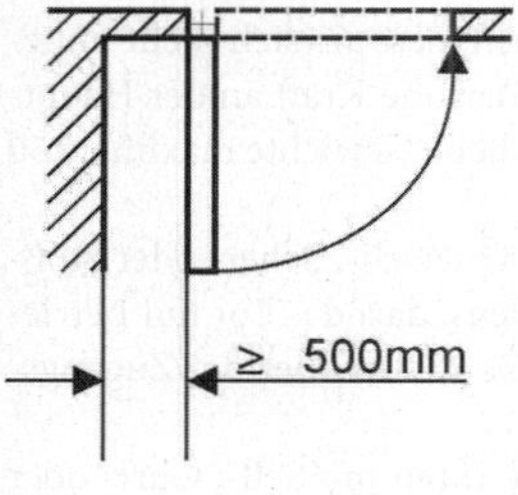

Abb. 4: Vermeiden von Quetschgefährdung zum Schutz des Körpers

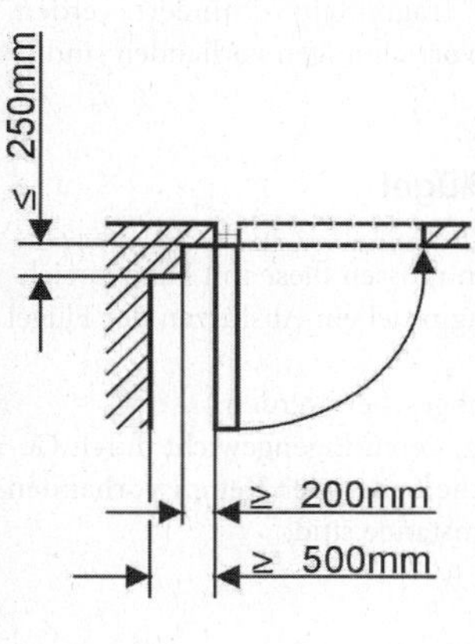

Abb. 5: Vermeiden von Quetschgefährdung zum Schutz des Kopfbereiches

(9) Damit Flügel, die für die Handbetätigung angefasst werden müssen, weil zusätzliche Einrichtungen (z. B. Kurbeln oder Haspelkettenantriebe) nicht vorhanden sind, sicher verwendet werden können, müssen diese auf der inneren und äußeren Seite über Einrichtungen zur Handbetätigung verfügen, z. B. Klinken, Griffe, Griffmulden, Griffplatten. Wenn Türen und Tore nur von einer Seite betätigt werden sollen, braucht nur diese Seite mit solchen Einrichtungen ausgerüstet sein.
(10) Einrichtungen für die Handbetätigung, z. B. Kurbeln oder Ketten, von Türen und Toren müssen sicher verwendet werden können und müssen gegen Zurückschlagen, Abgleiten und unbeabsichtigtes Abziehen gesichert sein.
(11) Hat der Antrieb von kraftbetätigten Türen und Toren mechanische Rückwirkung auf den Handantrieb, müssen Hand- und Kraftantrieb gegeneinander verriegelt sein.

7 Sicherung der Flügelbewegung

(1) Für den sicheren Betrieb von Toren müssen selbsttätig wirkenden Einrichtungen für die Endstellung vorhanden sein, die Beschäftigte gegen unbeabsichtigtes Schließen der Tore (z. B. Zuschlagen durch Windeinwirkung) schützen.
(2) Schiebetüren und -tore dürfen nur betrieben werden, wenn ein Pendeln der Flügel quer zur Bewegungsrichtung der Türen und Tore ausgeschlossen ist.
(3) Senkrecht bewegte Torflügel sind durch Gegengewichte oder andere technische Einrichtungen (z. B. Antriebe, Federn) so auszugleichen, dass sie sich nicht unbeabsichtigt schließen. Bei der Verwendung von Toren darf die Kraft an der Hauptschließkante bei einer Bewegung durch nicht ausgeglichene Gewichte maximal 150 N betragen.
(4) Besteht durch Gegengewichte von Torflügeln eine Quetsch-, Scher- oder Stoßgefährdung oder die Gefährdung des Eingezogenwerdens, darf das Tor nur betrieben werden, wenn die Laufbahn der Gegengewichte bis 2,50 m über der Zugangsebene verdeckt ist.
(5) Bei senkrecht bewegten kraftbetätigten Türen und Toren mit Seil-, Gurt- oder Kettenaufhängung muss das Schlaffwerden des Tragmittels verhindert werden, sofern nicht direkt auf den Flügel wirkende Fangvorrichtungen vorhanden sind.

7.1 Sicherung gegen Abstürzen der Flügel

(1) Beim Betrieb von senkrecht bewegten Flügeln müssen diese mit Fangvorrichtungen gesichert sein, die beim Versagen der Tragmittel ein Abstürzen der Flügel selbsttätig verhindern.
(2) Von Fangvorrichtungen nach Absatz 1 kann abgesehen werden:
- bei Flügeln mit Seil- oder Kettenaufhängung, deren Eigengewicht durch Gegengewicht ausgeglichen ist, wenn zusätzliche Seile oder Ketten vorhanden sind, die allein das Flügelgewicht zu tragen imstande sind,

- bei Flügeln mit Seil- oder Kettenaufhängung, deren Eigengewicht durch Federn ausgeglichen ist, wenn beim Bruch eines Seils oder einer Kette das Flügelgewicht ausgeglichen bleibt und der Antrieb so beschaffen ist, dass er allein das Flügelgewicht zu tragen imstande ist,
- bei Flügeln ohne Seil- oder Kettenaufhängung, deren Eigengewicht durch Federn ausgeglichen ist, wenn der Antrieb so beschaffen ist, dass er allein das Flügelgewicht zu tragen imstande ist,
- bei Flügeln mit zwei Antrieben, wenn jeder Antrieb so ausgelegt ist, dass er das Flügelgewicht allein zu tragen imstande ist und wenn bei Ausfall eines Antriebes eine weitere Bewegung des Flügels selbsttätig verhindert ist, spätestens wenn der Flügel seine untere Endstellung erreicht hat,
- bei Flügeln, die unmittelbar hydraulisch oder pneumatisch angetrieben werden, wenn an den Arbeitszylindern Einrichtungen vorhanden sind, die bei Rohr- oder Leitungsbruch ein Absenken des Flügels verhindern.

7.2 Sicherung gegen Herausfallen der Flügel

(1) Tür- nd Torflügel müssen gegen unbeabsichtigtes Verlassen der Führungseinrichtungen gesichert sein.
(2) Beim Öffnen oder Schließen der Flügel von kraftbetätigten Türen und Toren müssen diese in ihren Endstellungen selbsttätig zum Stillstand kommen. Können Flügel beim Versagen der Begrenzungseinrichtungen über ihre Endstellungen hinausfahren, müssen Notendschalter oder feste Anschläge in Verbindung mit einer Überlastsicherung vorhanden sein.
(3) Begrenzungseinrichtungen, wie Stopper oder Anschläge, müssen eine ausreichende Festigkeit aufweisen.

8 Sicherheit der Steuerung

8.1 Steuerung ohne Selbsthaltung

An Türen und Toren kann bei Steuerung ohne Selbsthaltung (Totmannsteuerung) auf die Sicherungen nach Punkt 6 verzichtet werden, wenn:
- bei manuell betätigter Steuerung ohne Selbsthaltung die Flügelbewegung durch das Loslassen der Befehlseinrichtung unmittelbar zum Stillstand kommt und
- die Befehlseinrichtung so angeordnet ist, dass der Gefahrenbereich vom Bedienungsstandort aus vollständig eingesehen werden kann und
- die Bedienung der Befehlseinrichtung durch unbefugte Personen durch technische oder organisatorische Maßnahmen ausgeschlossen wird und
- die Schließgeschwindigkeit der Flügel, gemessen an der Hauptschließkante, maximal 0,5 m/s beträgt.

8.2 Steuerung mit Selbsthaltung (Impulssteuerung)

(1) Impulsgesteuerte Flügelbewegungen dürfen nur durch die hierfür vorgesehenen Befehlseinrichtungen ausgelöst werden.
(2) Impulsgesteuerte Türen und Tore sind so zu betreiben, dass Beschäftigte z. B. gegen Quetschgefährdungen geschützt sind. Dazu müssen die entsprechenden Schutzeinrichtungen so beschaffen sein, dass beim Auftreten eines Fehlers in der Einrichtung, der einen Befehl zur Unterbrechung der gefährdenden Flügelbewegung verhindern würde,
– die Schutzwirkung der Einrichtung erhalten bleibt (Einfehlersicherheit)

oder
– der Fehler spätestens in einer der Endlagen des Flügels selbsttätig erkannt wird und ein Befehl zum Verhindern einer weiteren gefährdenden Flügelbewegung erfolgt (Testung).

8.3 Abschalt- und NOT-HALT-Einrichtungen

(1) Damit gefährdende Flügelbewegungen nach Abschalten des Antriebes oder bei Ausfall der Energieversorgung (z B. elektrisch, pneumatisch, hydraulisch) für den Antrieb verhindert werden, muss nach Abschalten des Antriebes oder des Ausfalls der Energieversorgung die Bewegung der Flügel unmittelbar zum Stillstand kommen. Eine unbeabsichtigte erneute Bewegung der Flügel darf nicht möglich sein. Abweichend von Satz 1 dürfen Flügel von kraftbetätigten Türen und Toren, die einen Brandabschluss bilden, nur verwendet werden, wenn sie bei Ausfall der Energieversorgung ohne Gefährdung von Beschäftigten selbsttätig schließen.
(2) Werden zur Sicherung von Quetsch- und Scherstellen an Schließkanten von Brandabschlüssen Einrichtungen verwendet, die bei Berührung oder Unterbrechung durch einen Beschäftigten die Flügelbewegung zum Stillstand bringen, muss sich der im Brandfall eingeleitete Schließvorgang nach Freigabe dieser Sicherheitseinrichtung selbsttätig fortsetzen.
(3) Eine NOT-HALT-Einrichtung ist dann erforderlich, wenn im Ergebnis einer Gefährdungsbeurteilung festgestellt wird, dass durch diese Maßnahme eine zusätzliche Sicherheit erreicht werden kann. Abweichend von Satz 1 sind kraftbetätigte Karusselltüren unmittelbar an den Zugangsstellen mit NOT-HALTEinrichtungen auszurüsten. NOT-HALT-Einrichtungen sind so anzubringen, dass sie gut sichtbar und schnell erreichbar sind.
(4) Türen und Tore mit elektrischem Antrieb dürfen nur verwendet werden, wenn sie eine Netztrenneinrichtung (z. B. Hauptschalter, geeignete Steckverbindungen) besitzen, mit der die Anlage allpolig vom Stromnetz getrennt werden kann. Die Netztrenneinrichtung muss gegen irrtümliches oder unbefugtes Einschalten gesichert sein. Dies gilt sinngemäß auch für pneumatische und hydraulische Antriebe; Restenergien sind ohne Gefährdung von Beschäftigten abzuleiten.

9 gestrichen

10 Instandhaltung einschließlich sicherheitstechnischer Prüfung

(1) Die Betriebs-, Instandhaltungs- und Prüfanleitungen des Herstellers sind zu beachten und müssen in der Arbeitsstätte verfügbar sein. Türen und Tore unterliegen durch betriebliche Veränderungen (insbesondere Nutzungsänderungen, Nachrüstungen und Umbauten) Einflüssen, die im Hinblick auf die Sicherheit neue Voraussetzungen schaffen können. Bei der Beurteilung, ob Türen und Tore unter veränderten Nutzungsbedingungen noch ausreichend sicher sind, ist das Ergebnis der sicherheitstechnischen Prüfung zu berücksichtigen. Der Hersteller sollte mit einbezogen werden.
(2) Bauteile, von denen der sichere Betrieb der Türen und Tore abhängt, müssen für die Instandhaltung und Prüfung leicht zugänglich sein.

10.1 Instandhaltung

(1) Vor Instandhaltungsarbeiten müssen Flügel gegen unbeabsichtigte Bewegung gesichert werden.
(2) Vor Instandhaltungsarbeiten muss der Antrieb der Türen und Tore abgeschaltet und gegen irrtümliches und unbefugtes Einschalten gesichert werden. Hiervon ausgenommen bleibt der Probelauf (Funktionsprüfung).
(3) Der Kraftaufwand für das Öffnen oder Schließen von Hand sollte für Türen 220 N und für Tore 260 N nicht überschreiten. Für kraftbetätigte Tore darf in begründeten Fällen der maximale Kraftaufwand um 50 Prozent überschritten werden.
(4) Rahmenlose Glastüren und Glasschiebeelemente sind regelmäßig auf Beschädigungen des Glases, insbesondere auf Kantenverletzungen und auf den festen Sitz der Beschläge bzw. Türbänder hin zu prüfen, um Glasbruch vorzubeugen.
(5) Die Instandsetzung von Türen und Toren darf nur durch Personen durchgeführt werden, die mit den jeweiligen Instandsetzungsarbeiten vertraut sind.

10.2 Sicherheitstechnische Prüfung

(1) Kraftbetätigte Türen und Tore müssen nach den Vorgaben des Herstellers vor der ersten Inbetriebnahme, nach wesentlichen Änderungen sowie wiederkehrend sachgerecht auf ihren sicheren Zustand geprüft werden. Die wiederkehrende Prüfung sollte mindestens einmal jährlich erfolgen. Die Ergebnisse der sicherheitstechnischen Prüfung sind aufzuzeichnen und in der Arbeitsstätte aufzubewahren.
(2) Die sicherheitstechnische Prüfung von kraftbetätigten Türen und Toren darf nur durch Sachkundige durchgeführt werden, die die Funktionstüchtigkeit der Schutzeinrichtungen beurteilen und mit geeigneter Messtechnik, die z. B. den zeitlichen Kraftverlauf an Schließkanten nachweist, überprüfen können.

Des Weiteren sind die länderspezifischen baurechtlichen Bestimmungen (z. B. Technische Prüfverordnung) zu beachten.

(3) Brandschutztüren und -tore sind nach der allgemeinen bauaufsichtlichen Zulassung bzw. dem Prüfzeugnis regelmäßig zu prüfen, damit sie im Notfall einwandfrei schließen (z. B. Feststellanlagen einmal monatlich durch den Betreiber und einmal jährlich durch den Sachkundigen).

(4) Die sicherheitstechnische Prüfung schließt die Überprüfung des Vorhandenseins einer vollständigen technischen Dokumentation und der Betriebsanleitung ein.

Literaturhinweise

– DGUV Information 208-022 Türen und Tore 09/2017
– DGUV Information 208-026 Sicherheit von kraftbetätigten Karusselltüren 09/2007

ASR A1.8 »Verkehrswege«

März 2022 (GMBl 2022, S. 214; zuletzt geändert GMBl 2024, S. 412)

1 Zielstellung

Diese ASR konkretisiert die Anforderungen an das Einrichten und Betreiben von Verkehrswegen in § 3 a Absatz 1 und § 4 Absatz 4 sowie der Nummern 1.8, 1.9, 1.10 und 1.11 des Anhangs der Arbeitsstättenverordnung.

2 Anwendungsbereich

Diese ASR gilt für das Einrichten und Betreiben von Verkehrswegen inklusive Treppen, ortsfesten Steigleitern und Steigeisengängen, Laderampen sowie Fahrsteigen und Fahrtreppen. Sie gilt nicht für Zu- und Abgänge in, an und auf Arbeitsmitteln im Sinne von § 2 Absatz 1 der Betriebssicherheitsverordnung und für Fahrzeuge sowie dazugehörige Anhänger, die für die Beförderung von Personen und den Gütertransport bestimmt sind.

Diese ASR findet keine Anwendung auf Steigeisen, Steigeisengängen und Steigleitern an Hausschornsteinen, die ausschließlich als Angriffswege für die Feuerwehr dienen.

Hinweise:

1. Sofern entsprechende Gefährdungen vorliegen, ist diese ASR insbesondere in Verbindung mit folgenden ASR anzuwenden:

a) ASR A1.3 »Sicherheits- und Gesundheitsschutzkennzeichnung«,

b) ASR A1.5 »Fußböden«,

c) ASR A2.1 »Schutz vor Absturz und herabfallenden Gegenständen, Betreten von Gefahren-bereichen«,

d) ASR A2.3 »Fluchtwege und Notausgänge« und

e) ASR A3.4 »Beleuchtung«.

2. Für die barrierefreie Gestaltung der Verkehrswege gilt die ASR V3 a.2 »Barrierefreie Gestaltung von Arbeitsstätten«, Anhang A1.8: Ergänzende Anforderungen zur ASR A1.8 »Verkehrswege«.

3. Für spezielle Funktionsgebäude und Personengruppen, z. B. Kindertageseinrichtungen, sind abweichende Anforderungen im Rahmen der Gefährdungsbeurteilung zu ermitteln.

3 Begriffsbestimmungen

3.1 **Verkehrswege** sind für den Fußgänger- oder Fahrzeugverkehr (personengesteuert oder automatisiert) oder für die Kombination aus beiden bestimmte Bereiche in Gebäuden oder im Freien auf dem Gelände eines Betriebes oder auf Baustellen. Dazu gehören insbesondere Flure, Gänge einschließlich Laufstege und Fahrsteige, Bühnen und Galerien, Treppen, ortsfeste Steigleitern, Steigeisengänge und Laderampen. Verkehrswege sind keine Arbeitsplätze. Auf Verkehrswegen können jedoch temporär Arbeitsplätze eingerichtet werden.
Hinweis:
Nicht ortsfeste Leitern sind keine Verkehrswege im Sinne der ASR A1.8. Der Einsatz von Leitern als Zugang zu / Abgang von Arbeitsplätzen wird in der TRBS 2121 Teil 2 betrachtet.
3.2 **Gänge zu Betriebseinrichtungen ohne Begegnungsverkehr** sind Verkehrswege, die dem ungehinderten Zutritt zur Nutzung von Betriebseinrichtungen (z. B. Heizungen, Fenster, Elektroversorgung) dienen.
3.3 **Gänge zur Instandhaltung** sind Verkehrswege, die ausschließlich der Wartung, Inspektion, Instandsetzung oder Verbesserung der Arbeitsstätten oder ortsfester Arbeitsmittel zum Erhalt des baulichen und technischen Zustandes dienen.
Hinweis:
Dieses betrifft Zugänge zu Arbeitsmitteln, aber nicht Gänge auf oder innerhalb des Arbeitsmittels.
3.4 **Lagereinrichtungen** sind ortsfeste sowie verfahrbare Regale und Schränke.
3.5 **Schmalgänge** sind Verkehrswege für kraftbetriebene Flurförderzeuge in Regalanlagen ohne beidseitigen Randzuschlag von jeweils mindestens 0,50 m zwischen den am weitesten ausladenden Teilen der Flurförderzeuge einschließlich ihrer Last und festen Teilen der Umgebung. Ausgenommen sind Gänge von Einfahrregalen. Ein Einfahrregal ist ein Regalsystem, das eine Art Blocklagerung ermöglicht, in dem mehrere Paletten hintereinander und übereinander gelagert werden, wobei diese auf mit den Stützen verbundenen Auflageschienen abgesetzt werden. Die Flurförderzeuge fahren dabei in die Regalgassen ein.
3.6 **Fahrzeuge** im Sinne dieser Regel sind z. B.:
1. Kraftwagen oder -räder für die Personenbeförderung und den Lastentransport,
2. Flurförderzeuge, ausgenommen manuell zu bewegende Flurförderzeuge (z. B. Handgabelhubwagen, Sackkarre),
3. kraftbetriebene fahrbare Arbeitsmaschinen und Arbeitseinrichtungen und
4. manuell betriebene Fahrzeuge (z. B. Fahrräder).

3.7 **Treppe** ist ein fest mit dem Bauwerk verbundenes, unbewegbares Bauteil, das mindestens aus einem Treppenlauf besteht.
3.8 **Treppenlauf** ist die ununterbrochene Folge von mindestens drei Treppenstufen (drei Steigungen) zwischen zwei Ebenen. Die oberste Stufe ist Teil der Austrittsebene.
3.9 **Hilfstreppen** sind Treppen mit einem Steigungswinkel von 36° bis 45°. Sie führen zu gelegentlich genutzten Bereichen, z. B. Laufstegen, Arbeitsbühnen, Arbeitsgruben.

3.10 **Temporäre Bautreppen** sind ein- oder mehrläufige Treppen, die ausschließlich im Zuge von Bauarbeiten errichtet und benutzt werden.
Hinweis:
Gerüsttreppen und Treppentürme sind Arbeitsmittel im Sinne der Betriebssicherheitsverordnung (TRBS 2121 Teil 1) und werden daher hier nicht erfasst.
3.11 **Zwischenpodest (Ruhepodest)** ist der Treppenabsatz zwischen zwei Treppenläufen.
3.12 **Steigeisen** sind einzelne, vorwiegend an senkrechten Bauteilen fest angebrachte Auftritte.
3.13 **Steigeisengänge** werden durch ein- oder zweiläufig übereinander angeordnete Steigeisen gebildet.
3.14 **Steigleitern** sind senkrecht oder nahezu senkrecht ortsfest angebrachte Leitern, bestehend aus zwei Seitenholmen mit dazwischen liegenden Sprossen oder einem Mittelholm, an dem beidseitig höhengleich Sprossen angebracht sind.
3.15 **Steiggänge** sind senkrecht oder nahezu senkrecht angeordnete Aufstiege mit ein- oder zweiläufig übereinander angeordneten, fest angebrachten oder als fester Bestandteil angeordneten Auftritten, z. B. Steigeisen, Steigstufen, Steigkästen sowie Steigleitern. Sie können mit geeigneten Schutzeinrichtungen gegen Absturz ausgerüstet sein.
3.16 **Fallhöhe** ist die mögliche Absturzhöhe innerhalb eines Steigganges (siehe Abbildung 1). Diese kann von der Gesamthöhe abweichen.

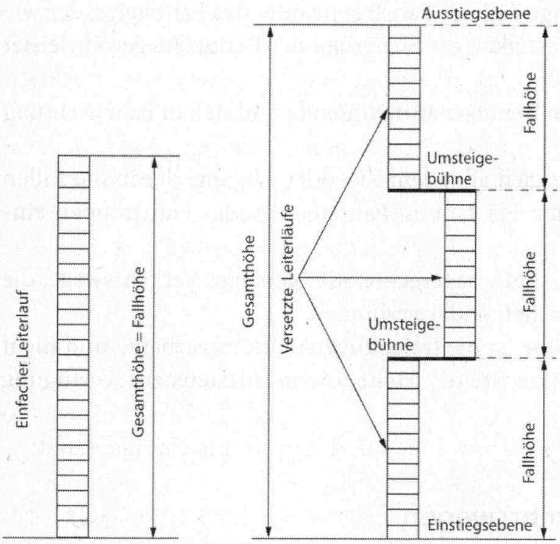

Abb. 1: Beispiel: Fallhöhe, Einstiegsebene bei Steigleitern

3.17 **Steigschutzeinrichtungen** sind Auffangsysteme als Teil der Schutzausrüstung gegen den Absturz von Personen von Steiggängen. Sie bestehen aus einer festen Führung und dem dazu gehörigen Auffanggerät. Dieses wird mit dem Auffanggurt verbunden.

3.18 **Rückenschutz** ist eine Einrichtung, die die Absturzgefahr an Steigleitern vermindert.
3.19 **Haltevorrichtung** ist eine Einrichtung, die an den Ein- und Ausstiegsstellen von Steiggängen das Festhalten des Benutzers ermöglicht.
3.20 **Ruhebühnen** sind ein- oder mehrteilige Plattformen zum Ausruhen von Personen, welche unmittelbar an oder neben Steigleitern oder Steigeisengängen angeordnet sind.
3.21 **Einstiegsebene** ist die Ebene der Umgebung oder die Umsteigebühne, von der mit der Besteigung der Steigleiter begonnen wird (siehe Abbildung 1).
3.22 **Laderampen** sind bauliche Einrichtungen für das Be- und Entladen von Fahrzeugen. Laderampen sind erhöhte horizontale Flächen, um das Be- und Entladen ohne große Höhenunterschiede zu ermöglichen. Andockstationen sind keine Laderampen im Sinne dieser Definition.
3.23 **Schrägrampen** sind geneigte Verkehrswege, die unterschiedlich hohe Arbeits- oder Verkehrsflächen verbinden.
3.24 **Fahrsteige** sind kraftbetriebene Anlagen mit umlaufenden stufenlosen Bändern zur Beförderung von Personen zwischen zwei auf gleicher oder unterschiedlicher Höhe liegenden Verkehrsebenen. Es können geeignete Transporteinrichtungen (z. B. Einkaufswagen) mitgeführt werden.
3.25 **Fahrtreppen** sind kraftbetriebene Anlagen mit umlaufenden Stufenbändern zur Beförderung von Personen zwischen zwei auf unterschiedlicher Höhe liegenden Verkehrsebenen.
3.26 **Balustrade** ist der beidseitige Teil der Fahrtreppe oder des Fahrsteigs, der wie ein Geländer aufgrund seiner Festigkeit die Sicherheit des Benutzers gewährleistet sowie den Handlauf aufnimmt.
3.27 **Fahrsteigpalette** ist das den Benutzer aufnehmende und sich in Fahrtrichtung bewegende Flächensegment.
3.28 **Kamm** ist ein gezackter Bereich an jedem Zu- oder Abgang, der in die Rillen der den Benutzer aufnehmenden Fläche von Fahrsteigen oder Fahrtreppen eingreift.
3.29 **Laufstege** bei Bauarbeiten sind waagerechte oder geneigte Verkehrswege, die Arbeits- oder Verkehrsflächen miteinander verbinden.
3.30 **Lichte Mindestbreite / -höhe** ist die freie, unverstellte, unverbaute und nicht durch Hindernisse eingeschränkte Breite / Höhe, die mindestens zur Verfügung stehen muss.

4 Einrichten von Verkehrswegen

4.1 Allgemeines

(1) Damit im späteren Betrieb von Verkehrswegen keine Gefährdungen für Sicherheit und Gesundheit der Beschäftigten ausgehen, ist bereits bei der Planung von Verkehrswegen die Art des Betriebes zu berücksichtigen, beispielsweise beim Ein-

satz von Flurförderzeugen in Schmalgängen (siehe Abschnitt 4.3 Absatz 10) oder bei der Festlegung von Verkehrsrichtungen.

(2) Verkehrswege sind übersichtlich zu führen und sollen möglichst gradlinig verlaufen.

Die Verkehrswege eines Höhenniveaus (Geschosses) müssen grundsätzlich waagerecht angelegt sein. Nicht vermeidbare Höhenunterschiede (z. B. zwischen benachbarten Gebäudeteilen oder wenn z. B. ein Gefälle zum Ableiten von Flüssigkeiten erforderlich ist) sind in Abhängigkeit vom Verkehrsaufkommen, der jeweiligen Verkehrsart und den verwendeten Transportmitteln vorzugsweise durch Schrägrampen auszugleichen. Dabei müssen Gefährdungen (z. B. durch Kippen, Auslaufen oder Wegrollen) vermieden werden.

(3) Verkehrswege sind so einzurichten, dass die Belastung der Beschäftigten, die Lasten manuell transportieren, möglichst gering gehalten wird. Folgende Einflussfaktoren sind besonders in Betracht zu ziehen:

1. Länge und Neigung des Transportweges,
2. Gesamtgewicht des manuell zu bewegenden Flurförderzeuges bzw. des Transportmittels,
3. Häufigkeit der Transporttätigkeit,
4. Beschaffenheit der Rollen und Lenkeinrichtungen und
5. Positioniergenauigkeit.

(4) Schrägrampen für den Fahr- und Fußgängerverkehr dürfen in Abhängigkeit von der Art der Nutzung die in Tabelle 1 aufgeführten Längsneigungen nicht überschreiten.

Tabelle 1: Maximale Neigungen für unterschiedliche Nutzungsarten von Schrägrampen

	Art der Rampe	Maximale Längsneigung
1	Schrägrampen im Verlauf von Fluchtwegen	3,5° (6 %)
2	Schrägrampen beim Einsatz von Flurförderzeugen ohne Fahrantrieb bzw. manuell zu bewegender Transportmittel (bei der Neuanlage von Arbeitsstätten)	3,5° (6 %)
3	Schrägrampen im Regelfall (sofern nicht Ziffer 1 oder 2 anzuwenden ist)	5° (8 %)
4	Schrägrampen zur Anwendung im Einzelfall entsprechend Gefährdungsbeurteilung	7° (12,5 %)*

*Abweichungen von Nummer 4 sind gemäß Bauordnungsrecht der Länder möglich (z. B. bei Garagen).

(5) Verkehrswege müssen eine ebene und trittsichere Oberfläche aufweisen, um Gefährdungen durch z. B. Stolpern, Umstürzen oder Wegrutschen zu vermeiden. Einbauten (z. B. Schachtabdeckungen, Roste, Abläufe) sind bündig in die Verkehrs-

wege einzupassen. Der Oberflächenbelag ist den maximalen Beanspruchungen, z. B. durch Schleifen, Rollen, Druck, Stoß und Schlag sowie der Verkehrsbelastung, entsprechend zu wählen.
(6) Beschäftigte müssen auf Verkehrswegen vor Gefährdungen durch Absturz oder durch herabfallende Gegenstände, umstürzende Lasten oder Fahrzeuge und Transportmittel durch geeignete Maßnahmen geschützt sein (siehe ASR A2.1 »Schutz vor Absturz und herabfallenden Gegenständen, Betreten von Gefahrenbereichen«).
(7) Verkehrswegkreuzungen und -einmündungen müssen übersichtlich gestaltet und einsehbar sein. Ist dies nicht möglich, sind verkehrssichernde Maßnahmen zu ergreifen, z. B. Drehkreuze, Schranken, Ampeln, Blinkleuchten, Spiegel, Hinweisschilder. Dies gilt auch für Kreuzungen zwischen Verkehrswegen und Gleisen.
(8) Im Freien liegende Verkehrswege, insbesondere Treppen, Laderampen, Fahrsteige, Gebäudeein- und -ausgänge, müssen sicher benutzbar sein. Hierbei sind Witterungseinflüsse zu berücksichtigen. Erforderliche Schutzmaßnahmen können z. B. eine Überdachung, ein Windschutz oder ein Winterdienst sein.
Hinweis:
Ergänzende Anforderungen an Verkehrswege auf nicht durchtrittsicheren Dächern enthält ASR A2.1 »Schutz vor Absturz und herabfallenden Gegenständen, Betreten von Gefahrenbereichen«.

4.2 Wege für den Fußgängerverkehr

(1) Die Breite der Wege für den Fußgängerverkehr wird aus der Anzahl der gehenden Personen, die diese nutzen müssen, und aus der Art der Nutzung (z. B. Begegnung des Personenverkehrs, Krankentransport, Tragen von Kindern, Transport von Arbeitsmitteln) ermittelt. Dabei sind die nachfolgenden Mindestbreiten nach Tabelle 2 nicht zu unterschreiten.

Tabelle 2: Lichte Mindestbreiten der Wege für den Fußgängerverkehr

	A	B	C
Nr.	Verkehrsweg	Lichte Mindestbreiten von Durchgängen und **Türen** im Verlauf von Verkehrswegen (in m)	Lichte Mindestbreiten von **Verkehrswegen** (in m)
	Anzahl der Personen		
1	bis 5	0,80*)	0,90
2	bis 20	0,90	1,00
3	bis 50	0,90	1,20
4	bis 100	1,00	1,20
5	bis 200	1,05	1,20
6	bis 300	1,65	1,80

	A	B	C
7	bis 400	2,25	2,40
	Bei Einzugsgebieten von mehr als 200 Personen sind Zwischenwerte der Mindestbreiten (ermittelt durch lineare Interpolation) zulässig. *) *Hinweis:* *Bei Neubauten und wesentlichen baulichen Erweiterungen oder Umbauten wird empfohlen, für Einzugsgebiete von bis zu 5 Personen nach Nummer 1 Spalte B eine lichte Mindestbreite von Durchgängen und Türen im Verlauf von Hauptfluchtwegen nach ASR A2.3 »Fluchtwege und Notausgänge« Abschnitt 3.1 von 0,90 m einzuhalten, um auch in diesen Bereichen eine barrierefreie Zugänglichkeit zu ermöglichen. Zudem lassen sich auf diesem Wege bauliche Maßnahmen im Sinne der ASR V3 a.2 »Barrierefreie Gestaltung von Arbeitsstätten« und in der Folge Umbaukosten vermeiden.*		
	Die lichten Mindestbreiten von Treppen in Treppenräumen und Außentreppen von mehrgeschossigen Gebäuden können alternativ gemäß ASR A2.3 »Fluchtwege und Notausgänge« Abschnitt 5 Absätze 14, 15 und 16 bemessen werden, sofern nicht die Art der Nutzung (z. B. Begegnungen des Personenverkehrs, manuelle Transporte, Publikumsverkehr) höhere Breiten erfordert.		
	Abweichend für **Verkehrswege zu besonderen Bereichen**		Lichte Mindestbreiten (in m)
8	Gänge zu persönlich zugewiesenen Arbeitsplätzen, Hilfstreppen		0,60
9	Gänge zur Instandhaltung, Gänge zu Betriebseinrichtungen ohne Begegnungsverkehr		0,60
	Verkehrswege für Fußgänger		0,75
10	1. in Nebengängen von Lagereinrichtungen für die ausschließliche Be- und Entladung von Hand,		
11	2. zwischen Lagereinrichtungen und -geräten		1,25
12	Verkehrswege zwischen Schienenfahrzeugen mit Geschwindigkeiten ≤ 30 km/h und ohne feste Einbauten in den Verkehrswegen		1,00
13	Rangiererwege		1,30
14	Türen von Toilettenzellen und von Toilettenräumen mit nur einer Toilette entsprechend ASR A4.1 »Sanitärräume«		0,55

(2) Die lichte Mindestbreite des Verkehrswegs darf durch kurze Einbauten oder Einrichtungen, z. B. Feuerlöscher, Wandvorsprünge, Türflügel, Türzargen, Türdrücker und Notausgangsbeschläge, die lichten Mindestbreiten der Durchgänge und Türen nach Tabelle 2 Spalte B nicht unterschreiten.

(3) In Gebäuden, die bis zum 30.9.2022 errichtet worden sind oder deren Bauantragstellung bis zu diesem Termin erfolgt ist, dürfen Verkehrswege nach Tabelle 2 Nummer 1 Spalte C für bis 5 Personen mit einer lichten Mindestbreite von 0,875 m

eingerichtet oder solange betrieben werden, bis die jeweiligen Bereiche dieser Arbeitsstätten wesentlich erweitert oder umgebaut werden oder nach § 3 a Absatz 2 der Arbeitsstättenverordnung eine Vergrößerung erforderlich wird.

(4) In Gebäuden, die bis zum 30.9.2022 errichtet worden sind oder deren Bauantragstellung bis zu diesem Termin erfolgt ist, dürfen Durchgänge und Türen nach Tabelle 2 Nummer 2 Spalte B mit einer lichten Mindestbreite von 0,85 m eingerichtet oder solange betrieben werden, bis die jeweiligen Bereiche dieser Arbeitsstätten wesentlich erweitert oder umgebaut werden oder nach § 3 a Absatz 2 der Arbeitsstättenverordnung eine Vergrößerung erforderlich wird.

(5) In Gebäuden, die bis zum 30.9.2022 errichtet worden sind oder deren Bauantragstellung bis zu diesem Termin erfolgt ist, dürfen Gänge zur Instandhaltung oder Gänge zu Betriebseinrichtungen ohne Begegnungsverkehr mit einer Mindestbreite von 0,50 m eingerichtet oder solange betrieben werden, bis die jeweiligen Bereiche dieser Arbeitsstätten wesentlich erweitert oder umgebaut werden.

(6) In Gebäuden, die bis zum 30.9.2022 errichtet worden sind oder deren Bauantragstellung bis zu diesem Termin erfolgt ist, dürfen Türen von Toilettenzellen und Toilettenräumen mit nur einer Toilette mit einer lichten Mindestbreite von 0,50 m eingerichtet oder solange betrieben werden, bis die jeweiligen Bereiche dieser Arbeitsstätten wesentlich erweitert oder umgebaut werden.

(7) Die lichte Höhe über Verkehrswegen soll 2,10 m betragen und darf 2,00 m nicht unterschreiten. Die lichte Höhe von Durchgängen und Türen im Verlauf von Verkehrswegen soll 2,10 m betragen und darf 1,95 m nicht unterschreiten. Dieses gilt auch bei der Verwendung von Funktionselementen, z.B. Obentürschließern. Bei wesentlichen Erweiterungen oder wesentlichen Umbauten von Bereichen durch die Verkehrswege führen, ist zu prüfen, ob die lichte Mindesthöhe von 2,10 m umgesetzt werden kann. Gänge zur Instandhaltung dürfen eine lichte Mindesthöhe von 1,90 m nicht unterschreiten. Eine weitere Unterschreitung der Mindesthöhe an Türen im Verlauf von Gängen zur Instandhaltung von maximal 0,10 m kann vernachlässigt werden (siehe ASR A1.7 »Türen und Tore«).

(8) Verkehrswege dürfen nicht durch einzelne Stufen unterbrochen werden. Können Höhenunterschiede nicht durch eine Schrägrampe (siehe Abschnitt 4.1 Absatz 2) ausgeglichen werden, ist eine Stufenfolge von mindestens zwei zusammenhängenden Stufen mit parallel verlaufenden Stufenkanten und gleichen Stufenabmessungen zulässig. Die Auftritte und Steigungen der Stufen sollen sich nach dem Abschnitt 4.5 Absatz 4 richten. Die Stufenfolge ist nach ASR A1.3 »Sicherheits- und Gesundheitsschutzkennzeichnung« zu kennzeichnen. Verkehrswege, die gleichzeitig als Hauptfluchtweg dienen, dürfen keine Ausgleichsstufen enthalten (siehe ASR A2.3 »Fluchtwege und Notausgänge«).

(9) Unmittelbar vor und hinter Türen müssen Treppen und Stufen einen Abstand von mindestens 1,0 m, bei aufgeschlagener Tür einen Abstand von mindestens 0,5 m einhalten (siehe Abbildung 2).

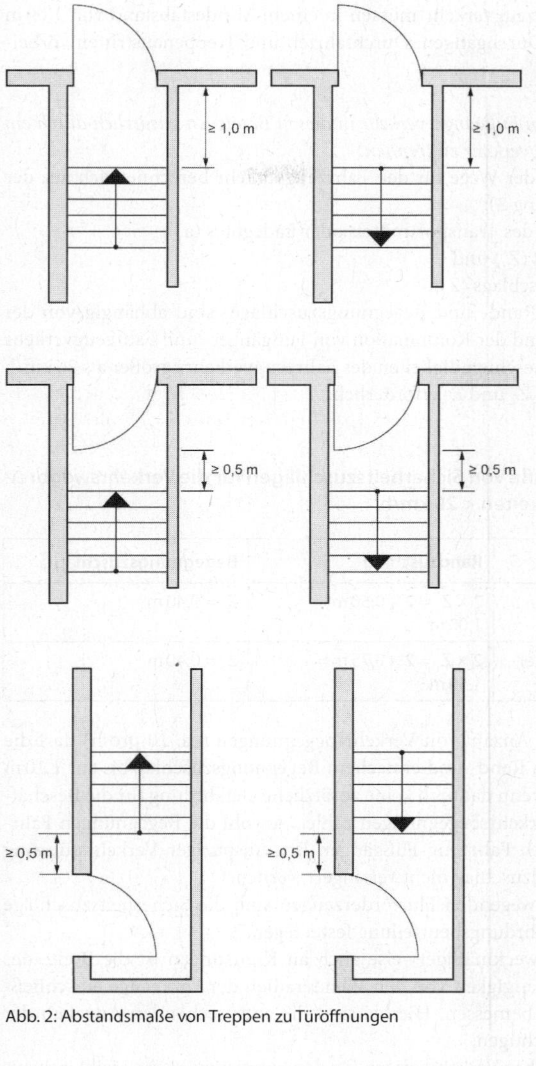

Abb. 2: Abstandsmaße von Treppen zu Türöffnungen

4.3 Wege für den Fahrzeugverkehr

(1) Fußgänger- und Fahrzeugverkehr sind so zu führen, dass Beschäftigte nicht gefährdet werden.

(2) Wege für den Fahrzeugverkehr müssen in einem Mindestabstand von 1,00 m an Türen und Toren, Durchgängen, Durchfahrten und Treppenaustritten vorbeiführen.
Hinweis:
Es hat sich bewährt, den Fußgängerverkehr in diesen Bereichen zusätzlich durch ein Geländer vom Fahrzeugverkehr zu trennen.
(3) Die Mindestbreite der Wege für den Fahrzeugverkehr berechnet sich aus der Summe (siehe Abbildung 3):
1. der größten Breite des Transportmittels oder Ladegutes (a_T),
2. des Randzuschlags (Z_1) und
3. des Begegnungszuschlags (Z_2).

Sicherheitszuschläge (Rand- und Begegnungszuschläge) sind abhängig von der Fahrgeschwindigkeit und der Kombination von Fußgänger- und Fahrzeugverkehr (siehe Tabelle 3). Bei Geschwindigkeiten des Fahrzeugverkehrs größer als 20 km/h sind größere Werte für Z_1 und Z_2 erforderlich.

Tabelle 3: Mindestmaße von Sicherheitszuschlägen für die Verkehrswegbreiten bei Geschwindigkeiten < 20 km/h

Betriebsart	Randzuschlag	Begegnungszuschlag
Fahrzeugverkehr	$2 \times Z_1 = 2 \times 0{,}50\,m =$ 1,00 m	$Z_2 = 0{,}40\,m$
Gemeinsamer Fußgänger- und Fahrzeugverkehr	$2 \times Z_1 = 2 \times 0{,}75\,m =$ 1,50 m	$Z_2 = 0{,}40\,m$

(4) Bei einer geringen Anzahl von Verkehrsbegegnungen (ca. 10 pro h) darf die Summe aus doppeltem Rand- und einfachem Begegnungszuschlag bis auf 1,10 m herabgesetzt werden, wenn dadurch keine zusätzliche Gefährdung für die Beschäftigten entsteht. Als Verkehrsbegegnungen zählen sowohl die Begegnungen Fahrzeug-Fahrzeug als auch Fahrzeug-Fußgänger. Bei einspuriger Verkehrsführung darf der doppelte Randzuschlag nicht verringert werden.
(5) Bei manuell zu bewegenden Flurförderzeugen sind die Sicherheitszuschläge entsprechend der Gefährdungsbeurteilung festzulegen.
(6) An Kurven und zweckmäßigerweise auch an Kreuzungen ist die Breite des Verkehrsweges in Abhängigkeit von den Wenderadien der Fahrzeuge einschließlich des Ladegutes zu bemessen. Hierbei sind die entsprechenden Angaben der Hersteller zu berücksichtigen.
(7) Die Mindesthöhe über Verkehrswegen für den Fahrzeugverkehr ergibt sich aus der größten Höhe des Fahrzeugs einschließlich Ladung in Transportstellung sowie dem stehenden oder sitzenden Fahrer. Zu dieser Höhe ist ein Sicherheitszuschlag von mindestens 0,20 m anzusetzen. Die lichte Höhe muss über die gesamte Breite des Verkehrsweges, der von Transportmitteln genutzt werden kann, eingehalten werden.

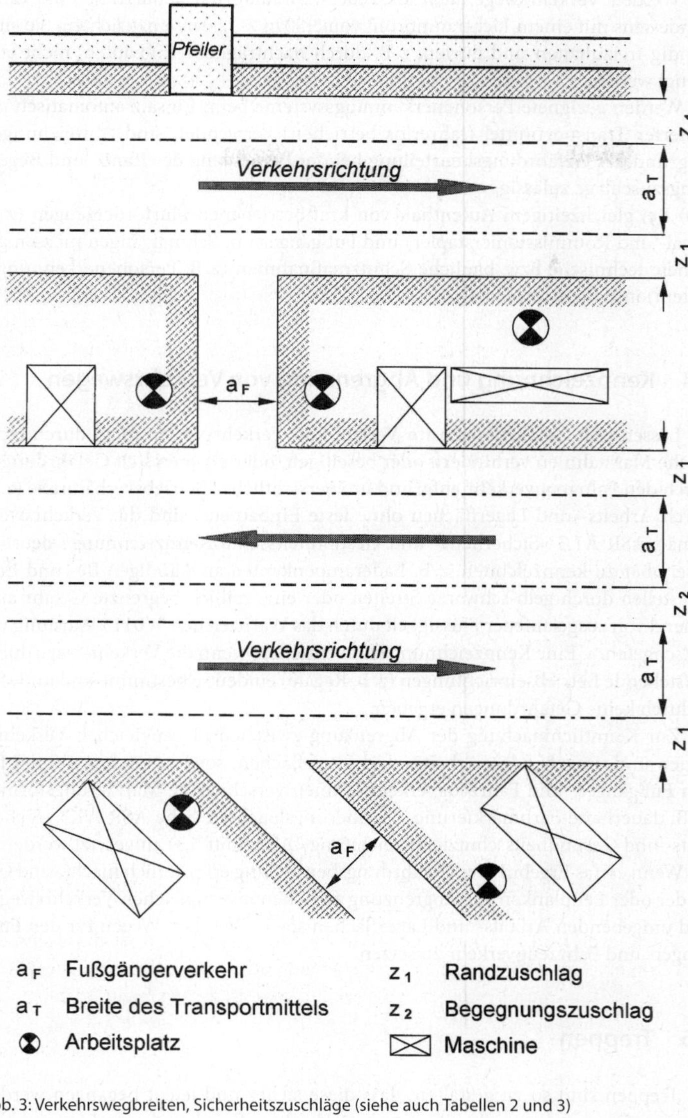

Abb. 3: Verkehrswegbreiten, Sicherheitszuschläge (siehe auch Tabellen 2 und 3)

(8) Werden Verkehrswege auch als Feuerwehrzufahrten genutzt, so sind diese mindestens mit einem Lichtraumprofil von 3,50 m × 3,50 m einzurichten. Sie sind ständig freizuhalten und dürfen, z. B. durch nachträgliche Einbauten, nicht eingeengt werden.
(9) Werden geeignete Personenerkennungssysteme beim Einsatz automatisch gesteuerter Transportmittel (fahrerlos betrieben) verwendet, sind Abweichungen aufgrund der Gefährdungsbeurteilung bei der Bemessung der Rand- und Begegnungszuschläge zulässig.
(10) Bei gleichzeitigem Aufenthalt von kraftbetriebenen Flurförderzeugen (z. B. Regal- und Kommissionierstapler) und Fußgängern in Schmalgängen müssen geeignete technische bzw. bauliche Schutzmaßnahmen (z. B. Personenerkennungssystem) installiert werden.

4.4 Kennzeichnung und Abgrenzung von Verkehrswegen

(1) Lassen sich Gefährdungen im Verlauf von Verkehrswegen nicht durch technische Maßnahmen verhindern oder beseitigen, oder ergeben sich Gefährdungen durch den Fahrzeugverkehr aufgrund unübersichtlicher Betriebsverhältnisse (z. B. durch Arbeits- und Lagerflächen ohne feste Einbauten), sind die Verkehrswege gemäß ASR A1.3 »Sicherheits- und Gesundheitsschutzkennzeichnung« deutlich erkennbar zu kennzeichnen, z. B. Laderampenkanten an ständigen Be- und Entladestellen durch gelb-schwarze Streifen oder eine zeitlich begrenzte Gefahr ausgehend von ausgelaufener Flüssigkeit durch das Warnzeichen W011 »Warnung vor Rutschgefahr«. Eine Kennzeichnung kann entfallen, wenn die Verkehrswege durch feststehende Betriebseinrichtungen (z. B. Regale) eindeutig bestimmt sind und sich dadurch keine Gefährdungen ergeben.
(2) Zur Kenntlichmachung der Abgrenzung zwischen niveaugleichen Verkehrswegen und umgebenden Arbeits- und Lagerflächen, sowie zwischen Wegen für den Fußgänger- und Fahrzeugverkehr können verschiedene Markierungsformen (z. B. dauerhafte Farbmarkierung, Markierungsleuchten siehe ASR A1.3 »Sicherheits- und Gesundheitsschutzkennzeichnung« Abschnitt 5.3) eingesetzt werden.
(3) Wenn es das Ergebnis der Gefährdungsbeurteilung erforderlich macht, sind Geländer oder Leitplanken zur Abgrenzung zwischen niveaugleichen Verkehrswegen und umgebenden Arbeits- und Lagerflächen sowie zwischen Wegen für den Fußgänger- und Fahrzeugverkehr zu setzen.

4.5 Treppen

(1) Treppen sind so zu gestalten, dass diese sicher und leicht begangen werden können. Das wird erreicht durch ausreichend große, ebene, rutschhemmende, erkennbare und tragfähige Auftrittsflächen in gleichmäßigen, mit dem Schrittmaß übereinstimmenden Abständen.

(2) Die Steigungen und Auftritte einer Treppe, die zwei Geschosse verbindet, dürfen nicht voneinander abweichen. Die Treppenstufen sollen kontrastreich und möglichst ohne störende Blendung des Benutzers ausgeleuchtet sein (siehe ASR A3.4 »Beleuchtung«).
(3) Unter Berücksichtigung der Unfallgefahren sind Treppen mit geraden Läufen solchen mit gewendelten Läufen oder gewendelten Laufteilen vorzuziehen. Treppen im Verlauf von Hauptfluchtwegen (nach ASR A2.3 »Fluchtwege und Notausgänge«) müssen über gerade Läufe verfügen. Davon abweichend sind gebogene Treppenläufe zulässig, wenn sie:

1. eine lichte Breite von maximal 1,40 m,
2. einen Innendurchmesser von mehr als 2,00 m und
3. gleiche Stufenabmessungen

aufweisen.
(4) Für Treppen (siehe Abbildung 4) ergibt sich als Beziehung zwischen Schrittlänge (SL), Auftritt (a) und Steigung (s) die Schrittmaßregel SL = 2 × s + a. Für eine gute Begehbarkeit einer Treppe soll die Schrittlänge zwischen 59 cm und 65 cm betragen.
In Arbeitsstätten darf die Steigung (s) zwischen 14 cm und 19 cm, der Auftritt (a) zwischen 26 cm und 32 cm und der Steigungswinkel (α) zwischen 24° und 36° variieren (siehe Tabelle 4). Die Maße sind Grenzmaße, die auch bei zulässigen Fertigungs- und Einbautoleranzen eingehalten werden müssen.
Als besonders sicher begehbar haben sich Treppen erwiesen, deren Stufen einen Auftritt von 29 cm und eine Steigung von 17 cm aufweisen.

Tabelle 4: Auftritte und Steigungen unterschiedlicher Treppen

Anwendungsbereich / Bauten	Auftritt (a) [cm]	Steigung (s) [cm]
Versammlungsstätten, Verwaltungsgebäude der öffentlichen Verwaltung, Schulen, Horte, Kindertageseinrichtungen, Treppen im Freien	28 bis 32	14 bis 17
gewerbliche Bauten, sonstige Gebäude	26 bis 30	16 bis 19
Hilfstreppen	21* bis 30	14 bis 21

* Bei Stufen, deren Auftritt a < 24 cm ist, muss die Unterschneidung (u) mindestens so groß sein, dass insgesamt eine Stufentiefe u + a = 24 cm erreicht wird.

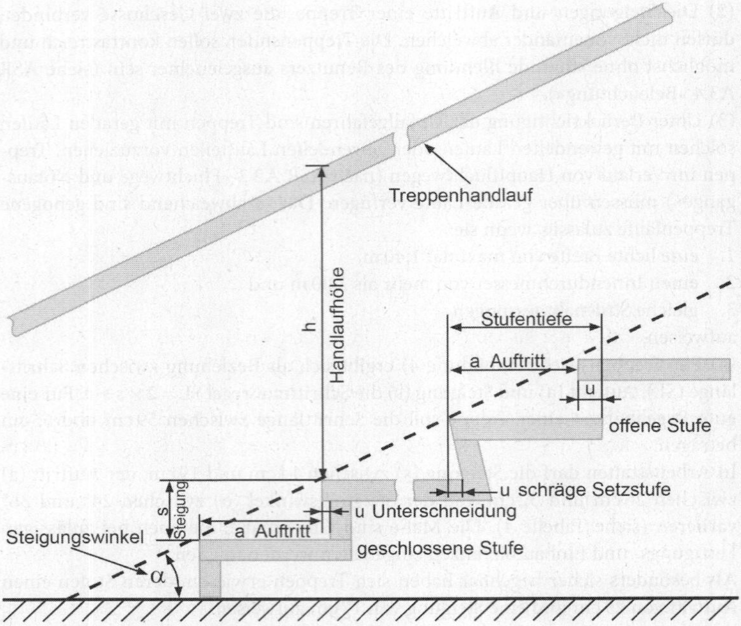

Abb. 4: Benennung einzelner Teile an Treppen

(5) Hilfstreppen dürfen nur verwendet werden, wenn sie nicht arbeitstäglich begangen werden müssen. Die Nutzung von Hilfstreppen darf nur von unterwiesenen Personen erfolgen. Hilfstreppen sollen zur erhöhten Sicherheit mit zwei Handläufen ausgestattet sein.

(6) Bei Treppenläufen mit einem Steigungswinkel bis 36° muss nach höchstens 18 Trittstufen ein Zwischenpodest vorhanden sein. In begründeten Ausnahmefällen kann in Arbeitsstätten, die bis zum 30. 6. 2013 errichtet worden sind oder deren Bauantragstellung bis zu diesem Termin erfolgt ist, davon abgewichen werden bis die jeweiligen Bereiche dieser Arbeitsstätten wesentlich erweitert oder umgebaut werden. Bei Hilfstreppen mit einem Steigungswinkel größer als 36° ist nach jedem Treppenlauf mit einem Höhenunterschied von 3 m ein Zwischenpodest erforderlich.

(7) Die freien Seiten der Treppen, Treppenabsätze und Treppenöffnungen müssen durch Geländer gesichert sein. Die Höhe der Geländer muss lotrecht über der Stufenvorderkante mindestens 1,00 m betragen. Bei Absturzhöhen von mehr als 12 m muss die Geländerhöhe mindestens 1,10 m betragen (siehe ASR A2.1 »Schutz vor Absturz und herabfallenden Gegenständen, Betreten von Gefahrenbereichen«).

(8) Die Geländer müssen so ausgeführt sein, dass sie in der angebrachten Mindesthöhe eine Horizontalkraft von mindestens 500 N/m aufnehmen können.

(9) Geländer müssen so ausgeführt sein, dass Personen nicht hindurchstürzen können. Das Füllstabgeländer mit senkrecht angebrachten Stäben ist dem Knieleistengeländer vorzuziehen. Der lichte Abstand zwischen den Füllstäben darf dabei nicht mehr als 18 cm betragen (siehe ASR A2.1 »Schutz vor Absturz und herabfallenden Gegenständen, Betreten von Gefahrenbereichen«).

(10) Treppen müssen:

1. einen Handlauf haben,
2. an beiden Seiten Handläufe haben, wenn die Stufenbreite mehr als 1,5 m beträgt und zusätzlich
3. Zwischenhandläufe haben, mit denen die Stufenbreite in zwei gleiche Breitenabschnitte unterteilt wird, wenn der Abstand zwischen den Handläufen mehr als 4,0 m beträgt.

In Arbeitsstätten, die bis zum 30. 6. 2013 errichtet worden sind oder deren Bauantragstellung bis zu diesem Termin erfolgt ist, müssen Treppen mit mehr als 4 Stufen (Steigungen) mindestens einen Handlauf haben, soweit das Bauordnungsrecht der Länder einen Handlauf nicht schon bei geringerer Stufenzahl fordert oder bis die jeweiligen Bereiche dieser Arbeitsstätten wesentlich erweitert oder umgebaut werden.

(11) Treppenhandläufe müssen dem Benutzer einen sicheren Halt bieten. Hierzu wird eine ergonomische Gestaltung des Handlaufs empfohlen, die ein sicheres Umgreifen ermöglicht. Dies wird dadurch gewährleistet, dass der Durchmesser bzw. die Breite des Handlaufes zwischen 2,5 cm und 6 cm beträgt. Treppenhandläufe sollen durchgehend ausgeführt werden. Sie dürfen an den Übergängen zu Zwischenpodesten und Ebenen unterbrochen werden, wenn eine sichere Nutzung zu erwarten ist und nicht ohnehin auf Grund der Anforderungen aus dem Bauordnungsrecht eine Durchgängigkeit gefordert ist.

Handläufe sind in einer Höhe zwischen 0,80 m und 1,15 m zu führen. Ein seitlicher Mindestabstand von 5 cm zu benachbarten Bauteilen ist einzuhalten. Halterungen für Handläufe sollen an der Unterseite angeordnet sein. Die Enden der Handläufe müssen so gestaltet sein, dass Beschäftigte daran nicht hängen bleiben oder abgleiten können.

(12) Um dem Abrutschen und Hängenbleiben an den Stufenvorderkanten vorzubeugen, sollen deren Radien zwischen 2 mm und 10 mm liegen.

(13) Die Trittflächen von Treppen müssen rutschhemmend ausgeführt sein.

(14) Stolperstellen (z. B. hochstehende Kantenprofile) auf Treppen sind nicht zulässig.

4.6 Steigeisengänge und Steigleitern

4.6.1 Allgemeine Anforderungen

(1) Steigeisengänge und Steigleitern sind wegen der höheren Absturzgefahr und der höheren körperlichen Anstrengung beim Benutzen nur zulässig, wenn der Einbau einer Treppe betriebstechnisch nicht möglich ist. Auf Grundlage der Gefährdungsbeurteilung können Steigleitern oder Steigeisengänge gewählt werden, wenn der

Zugang nur zu Instandhaltungsarbeiten und von unterwiesenen Beschäftigten genutzt werden muss. Der Transport von Werkzeugen oder anderen Gegenständen durch die Beschäftigten darf die sichere Nutzung von Steigeisengängen und Steigleitern nicht wesentlich behindern. Die Möglichkeit der Rettung der Beschäftigten ist dabei jederzeit sicherzustellen.
Bei Verwendung von Persönlicher Schutzausrüstung gegen Absturz (PSAgA) muss ein Rettungssystem zur Verfügung stehen, dass an jeder beliebigen Stelle eine Rettung von Personen aus Notlagen ermöglicht.
(2) In bestimmten Bereichen mit besonderen Gefährdungen ist der Einsatz von Steigeisengängen und Steigleitern unzulässig. Dies gilt z. B. in Bereichen, in denen Erstickungsgefahr droht, wie in Deponien bei Schächten mit einer inneren Bauhöhe von mehr als 5,00 m.
Hinweis:
Werden Steigeisengänge und Steigleitern in explosionsgefährdeten Bereichen eingesetzt, sind besondere Anforderungen zu beachten (siehe TRBS 2152 Teil 1 »Gefährliche explosionsfähige Atmosphäre – Beurteilung der Explosionsgefährdung«).
(3) Steigeisengänge und Steigleitern sind aus dauerhaften Werkstoffen herzustellen und gegen Korrosion zu schützen. Dabei sind sie nach den jeweiligen Betriebsverhältnissen auszuwählen.
(4) Die Befestigung der Steigeisen und Steigleitern muss zuverlässig und dauerhaft sein. Zu berücksichtigen sind dabei die zu erwartenden Belastungen und die Tragfähigkeit des Befestigungssystems und des Verankerungsgrundes.

4.6.2 Gestaltung und Einbau

(1) Steigeisen und Steigleitern müssen trittsicher sein. Hierzu gehört auch die Rutschhemmung, deren Ausführung sich nach den betrieblichen Verhältnissen richtet.
(2) Die Auftrittsbreiten von Steigeisen und Steigleitersprossen sind in der Regel ausreichend dimensioniert, wenn folgende Mindestmaße eingehalten werden:
1. bei einläufigen Steigeisengängen mindestens 300 mm,
2. bei zweiläufigen Steigeisengängen mindestens 150 mm,
3. bei Sprossen an Steigleitern mit Seitenholmen mindestens 350 mm,
4. bei Sprossen an Steigleitern mit Seitenholmen mit Steigschutzeinrichtung beidseitig der Führungsschiene mindestens 150 mm und
5. bei Sprossen bei Steigleitern mit Mittelholm beidseitig mindestens 150 mm.

Ausreichende Fußfreiraumtiefen sind in der Regel gegeben, wenn mindestens 150 mm zwischen Wandfläche und Auftrittsachse oder mindestens 160 mm gemessen von Wandfläche und Auftrittsvorderkante eingehalten werden.
(3) Ein- und Ausstiege an Steigeisengängen und Steigleitern müssen sicher begehbar sein. Dazu ist die Haltevorrichtung an der Austrittstelle bei Steigleitern mindestens 1,10 m, bei Steigeisengängen mindestens 1,00 m über die Austrittstelle hinauszuführen (Schnittstelle zum Übergang auf höher gelegene Verkehrswege, z. B. auf Dächern, siehe ASR A2.1 »Schutz vor Absturz und herabfallenden Gegenständen, Betreten von Gefahrenbereichen«).

Im Allgemeinen darf der Abstand von der Standfläche bis zum untersten Steigeisen bei Steigeisengängen höchstens einen Steigeisenabstand, abweichend davon in Schächten zwei Steigeisenabstände, betragen. Die Steigeisenabstände dürfen maximal 333 mm betragen. Der lotrechte Abstand zwischen oberstem Steigeisen und Austrittsstelle darf höchstens einen Steigeisenabstand betragen. Bei Schächten im Straßenbau mit Einstiegsöffnungen von nicht mehr als 650 mm Durchmesser kann der Abstand bis auf 500 mm vergrößert werden. Wenn sich durch nachträgliches Aufbringen / Erhöhen der Straßendecke Änderungen ergeben, sind in Ausnahmefällen 650 mm bei bestehenden Anlagen statthaft.

(4) Der Abstand von der Vorderkante des Auftritts bis zu festen Bauteilen oder fest angebrachten Gegenständen muss bei Schächten auf der begehbaren Seite so groß sein, dass die Rettung von Personen jederzeit gewährleistet ist.

(5) An Steigeisengängen und Steigleitern müssen in Abständen von höchstens 10 m geeignete Ruhebühnen vorhanden sein. Für den Fall der Verwendung von Steigschutzeinrichtungen mit Schiene (z. B. zum Besteigen von Schornsteinen, Antennen) darf der Abstand bis auf maximal 25 m verlängert werden, wenn die Benutzung nur durch körperlich geeignete Beschäftigte erfolgt, die nachweislich im Benutzen des Steigschutzes geübt und regelmäßig unterwiesen sind.

(6) Im Bereich der Ruhebühnen müssen Steigeisengänge und Steigleitern ungehindert begehbar sein.

4.6.3 Einrichtungen zum Schutz gegen Absturz

(1) Die Sicherungsmaßnahmen gegen Absturz sind unter Berücksichtigung der Fallhöhe (siehe Abschnitt 3.16) und der betriebsspezifischen Gefährdungen festzulegen.

(2) Einrichtungen zum Schutz gegen Absturz können ortsfest (Steigschutzeinrichtung, Rückenschutz) oder ortsveränderlich (z. B. Dreibein mit Höhensicherungsgerät mit Rettungsfunktion) ausgeführt sein.

(3) Bei Abweichungen des Steigganges von der Senkrechten muss bereits vor der Ausstattung mit Steigschutzeinrichtungen geprüft werden, ob die Funktion der Steigschutzeinrichtung auch unter diesen Umständen gewährleistet ist.

(4) Steigeisengänge und Steigleitern mit mehr als 5 m Fallhöhe müssen mit Einrichtungen zum Schutz gegen Absturz ausgestattet sein. Solche Einrichtungen sind z. B.:

1. mitlaufendes Auffanggerät mit fester Führung (Steigschutzeinrichtung),
2. mitlaufendes Auffanggerät an beweglicher Führung,
3. durchgehender Rückenschutz, beginnend zwischen 2,2 m und 3,0 m oberhalb der Standfläche der Person oder
4. Bauteile oder Streben, die aufgrund ihrer Anordnung und Beschaffenheit geeignet sind, den Rückenschutz zu ersetzen.

(5) Bei Fallhöhen von mehr als 10 m dürfen nur PSAgA (z. B. Steigschutzeinrichtungen) vorgesehen werden. Dies gilt, unabhängig von der Fallhöhe, auch für Steigeisengänge und Steigleitern:

1. die bei der Rettung von Personen begangen werden müssen,
2. in umschlossenen und engen Räumen (z. B. Silos, Schächte),

3. an Masten und Gerüsten von elektrischen Freileitungsnetzen und Schaltanlagen und
4. in Anlagen der Siedlungswasserwirtschaft.

(6) Bestehen besondere Gefährdungen beim Einstieg in Schächte (z. B. Abwasserschächte), sind die unter den Absätzen 4 und 5 genannten Schutzmaßnahmen gegen Absturz bereits bei Fallhöhen unter 5 m erforderlich.

(7) Zur Sicherstellung der Rettung von Personen aus oder über Steigeisengängen und Steigleitern mit Steigschutzeinrichtungen darf kein zusätzlicher Rückenschutz angebracht sein, da dieser eine Rettung behindert.

(8) Die Nutzung der Steigschutzeinrichtungen muss bereits an der Einstiegsebene möglich sein.

4.7 Laderampen

(1) Die Breite der Laderampe ist so zu wählen, dass – sofern Längsverkehr mit kraftbetriebenen Transportmitteln vorgesehen ist – der Mindestabstand (Randzuschlag Z_1 siehe Tabelle 3) zu festen Bauteilen gewährleistet ist.

(2) Die Breite von Laderampen darf 0,80 m nicht unterschreiten.

(3) Laderampen müssen über geeignete Auf- bzw. Abgänge verfügen. Wenn betriebstechnisch möglich, sind Auf- bzw. Abgänge als Treppen oder als geneigte sicher begeh- oder befahrbare Flächen auszuführen. Die Auf- bzw. Abgänge sollen möglichst nahe an den Be- und Entladestellen angeordnet sein.

(4) Laderampen mit einer Länge von mehr als 20 m müssen, sofern betriebstechnisch möglich, an jedem Endbereich einen Abgang haben.

(5) Besteht die Gefährdung, dass Personen oder Flurförderzeuge abstürzen können (siehe ASR A2.1 »Schutz vor Absturz und herabfallenden Gegenständen, Betreten von Gefahrenbereichen«), müssen folgende Verkehrsbereiche durch Umwehrungen – vorzugsweise durch Geländer – gesichert sein:

1. Laderampenkanten, insbesondere Bereiche, die keine ständigen Be- und Entladestellen sind,
2. Seiten von Schrägrampen,
3. Treppenzugänge und
4. Laderampenkanten bei integrierten Hubtischen.

(6) Bereiche von Laderampen in denen Absturzgefahr besteht, dürfen nur von Personen betreten werden, die mit Tätigkeiten für die Dauer zum Be- bzw. Entladevorgang beauftragt sind und zuvor über die bestehenden Gefährdungen unterwiesen wurden.

4.8 Fahrtreppen und Fahrsteige

Hinweis:
In Arbeitsstätten müssen Fahrtreppen und Fahrsteige hinsichtlich ihrer Beschaffenheitsanforderungen den europäischen und nationalen Vorschriften, z. B. der Neunten

Verordnung zum Produktsicherheitsgesetz, entsprechen. Sie müssen für die Nutzung in Arbeitsstätten geeignet sein und sicher betrieben werden können.

(1) Die Einbausituation und das Betreiben von Fahrtreppen und Fahrsteigen stellen Anforderungen an die Nutzungssicherheit, die auch deren Beschaffenheit betreffen kann. Daher ist beim Einrichten und Betreiben in der Arbeitsstätte im Rahmen der Gefährdungsbeurteilung die Eignung und Verwendbarkeit von Fahrtreppen und Fahrsteigen für die vorgesehene Nutzung zu prüfen und ggf. die erforderlichen baulichen Sicherungsmaßnahmen und Veränderungen am Einbauort vorzunehmen (z.B. durch Einrichtungsgegenstände zusätzlich entstandene Quetschstellen sind zu sichern). Dabei sind die Herstellerangaben (z.B. Einbau- oder Betriebsanleitung) zu berücksichtigen.

(2) Fahrtreppen oder Fahrsteige sind immer ein Teil der Verkehrswege. Sie müssen deshalb den zu- und abführenden Verkehrsströmen angepasst sein.

(3) Die Breite des Stauraums muss mindestens der Breite der Fahrtreppe oder des Fahrsteiges entsprechen. Die Breite der Fahrtreppen oder Fahrsteige ergibt sich aus der horizontal gemessenen Breite der Fahrtreppen oder Fahrsteige zwischen den Handlaufaußenseiten und einem beidseitigen Sicherheitsabstand zur Umgebung von jeweils 80 mm (siehe Abbildung 5). Die Tiefe muss mindestens 2,5 m – gemessen vom Ende der Balustrade – betragen. Sie darf auf 2,0 m verringert werden, wenn der Stauraum in der Breite mindestens auf die doppelte Breite der Fahrtreppe oder des Fahrsteiges vergrößert wird.

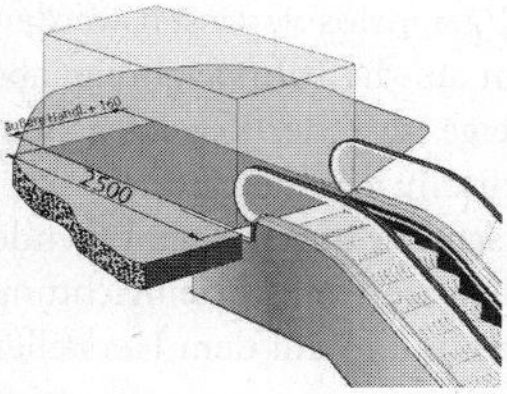

Abb. 5: Stauraum an einer Fahrtreppe (Maße in mm)

(4) Beim Einrichten sind die nachfolgenden Maßnahmen anzuwenden:

1. Der senkrechte Abstand über den Stufen- oder Bandoberflächen zu festen Teilen der Umgebung (Durchgangshöhe) muss mindestens 2,3 m betragen.
2. Beim Umfassen des Handlaufs muss der horizontale Abstand zwischen der Handlaufaußenseite und festen Teilen der Anlage und der Umgebung mindestens 8 cm betragen.
3. Der horizontale Abstand zwischen Handlauf und den Kanten der Deckendurchbrüche oder den Unterkanten der Balustraden bei sich kreuzenden Fahrtreppen oder Fahrsteigen muss mindestens 40 cm betragen, soweit nicht zur Vermeidung von Verletzungen zwischen der Balustrade und den Kanten der Gefahrbereich durch Abweiser gesichert ist, die durch ihre Formgebung und ihre Anordnung den Gefahrbereich verdecken und Personen, die in den Gefahrbereich kommen, abweisen.

(5) Beim Einrichten ist sicherzustellen, dass das Besteigen der Außenseite der Balustrade verhindert wird, z.B. durch Geländer.

(6) Beim Einrichten von Fahrtreppen und Fahrsteigen in Arbeitsstätten ist darauf zu achten, dass das Stillsetzen der Anlage durch NOT-HALT-Einrichtungen an den Zu- und Abgängen zu jeder Zeit gewährleistet ist. NOT-HALT-Einrichtungen sind gut erkennbar und leicht erreichbar anzuordnen. Die Abstände zwischen den NOT-HALT-Einrichtungen dürfen 30 m bei Fahrtreppen sowie 40 m bei Fahrsteigen nicht überschreiten. Falls erforderlich, müssen zusätzliche NOT-HALT-Einrichtungen vorgesehen werden, um diese Abstände einzuhalten.
(7) Um Stolpern oder Ausrutschen zu vermeiden, müssen die angrenzenden Bodenbeläge an die Rutschhemmung der Zu- und Abgänge der Fahrtreppen und Fahrsteige angepasst sein.
(8) Fahrtreppen und Fahrsteige dürfen (außer im Notfall) nur ein- oder ausgeschaltet werden, wenn sich auf ihnen keine Personen befinden und sollen deshalb von der Schaltstelle aus gut überblickt werden können.
(9) Von Hand bewegte Transporteinrichtungen dürfen auf Fahrtreppen und Fahrsteigen nur benutzt werden, wenn im Rahmen der Gefährdungsbeurteilung Maßnahmen festgelegt wurden, die einen sicheren Transport gewährleisten, z. B.:

1. Sollen auf Fahrtreppen und Fahrsteigen Transporteinrichtungen, z. B. Kofferkulis, Einkaufswagen oder Gepäckwagen befördert werden, hat der Betreiber dafür zu sorgen, dass Fahrsteige und Transporteinrichtungen aufeinander abgestimmt und besondere Maßnahmen für den sicheren Betrieb festgelegt werden, z. B. das selbsttätige Feststellen der Transporteinrichtungen auf den Fahrsteigpaletten und das Maximalgewicht der Ladung.
2. Damit Fahrsteige im Notfall (z. B. bei Stillstand) gefahrlos verlassen werden können, ist die Breite der Transporteinrichtungen auf die Fahrsteigbreite abzustimmen. Ein gefahrloses Verlassen der Fahrsteige ist in der Regel gegeben, wenn die Fahrsteige 0,40 m breiter als die Transporteinrichtung sind.
3. Zur Vermeidung von Gefährdungen, z. B. Quetschung durch nachfolgende Transporteinrichtungen, wenn sich eine vorausfahrende Transporteinrichtung nicht von der Fahrsteigpalette löst, sollen in Abstimmung mit dem Hersteller zusätzliche NOT-HALTEinrichtungen vorgesehen werden.
4. Beim Mitführen von Transporteinrichtungen soll der Stauraum abweichend von Absatz 3 mindestens 5 m tief sein.

5 Betreiben von Verkehrswegen

(1) Bei der Benutzung von Verkehrswegen können sich Gefährdungen ergeben, insbesondere durch:

1. die Art der Nutzung (z. B. gemeinsamer Fußgänger- und Fahrzeugverkehr),
2. die betrieblichen Verhältnisse (z. B. Schichtbetrieb mit unterschiedlicher Verkehrsdichte oder Besucherdichte),
3. Verschmutzungen (z. B. Verunreinigungen und Ablagerungen),
4. Witterungsverhältnisse (z. B. Glatteis) oder
5. Vegetation.

Für die Sicherheit auf Verkehrswegen sind geeignete Schutzmaßnahmen (z. B. innerbetriebliche Verkehrsregeln, geeignete Warnkleidung, farbliche Markierungen, Reinigungsverfahren, Winterdienst, Überdachung) im Rahmen der Gefährdungsbeurteilung festzulegen und umzusetzen.

(2) Die Beschäftigten müssen gefährdungsbezogen in die Benutzung der Verkehrswege und über die betrieblichen Verkehrsregeln unterwiesen sein. Dies betrifft auch Verkehrsbereiche, in denen sich innerbetriebliche Regelungen mit öffentlichen Anforderungen überschneiden (z. B. Straßenverkehrsordnung auf Parkflächen, die zum Betriebsgelände gehören).

(3) Die erforderliche Mindestbreite der Verkehrswege (siehe Tabellen 2 und 3, Abbildung 3) muss ständig freigehalten werden, damit sie jederzeit benutzt werden können.

(4) Verkehrswege im Freien und in Gebäuden sind für die Dauer der Benutzung so zu beleuchten (siehe ASR A3.4 »Beleuchtung«), dass eine sichere Benutzung gewährleistet wird.

(5) Transporte dürfen nur dann durchgeführt werden, wenn die für einen sicheren Transport ausreichende Sicht über den Verkehrsweg gegeben ist.

(6) Wenn die Sichtverhältnisse es erfordern, dürfen Fahrzeuge nur eingesetzt werden, wenn sie mit einer ausreichenden Beleuchtungseinrichtung ausgerüstet sind und diese eingeschaltet ist.

(7) Transportvorgänge über Treppen sollen so durchgeführt werden, dass für den Transportierenden eine Hand zum Festhalten am Handlauf frei bleibt und ihm die Sicht auf die Treppe durch das Transportgut nicht verdeckt wird.

(8) Zum Transport von Lasten über Steigleitern und Steigeisengänge sind geeignete Hilfsmittel (z. B. Winden, Lasthaken, Seile) einzusetzen. Beschäftigte dürfen Lasten über Steigleitern und Steigeisengänge nur dann transportieren, wenn sie dabei beide Hände frei haben und die Gefährdung durch herabfallende Gegenstände vermieden wird (z. B. durch Verwendung eines Rucksacks oder einer verschließbaren Werkzeugtasche am Gürtel). Durch die mitgeführte Last darf die Bewegungsfreiheit nicht eingeschränkt werden (z. B. durch Hängenbleiben am Rückenschutz).

(9) Auf die besonderen Gefährdungen bei der Benutzung von Fahrtreppen und Fahrsteigen ist durch geeignete Maßnahmen (z. B. Unterweisung, Sicherheitskennzeichnung und Aufschriften) hinzuweisen. So birgt z. B. das Gehen auf Fahrtreppen durch unterschiedliche oder zu große Steigung der Stufen Stolper- und Sturzgefahren.

(10) Unmittelbar aufeinander folgende Fahrtreppen oder Fahrsteige ohne Zwischenausgänge oder Verteilerebenen müssen mit gleicher Laufgeschwindigkeit betrieben werden.

(11) Bei Mängeln, die sich aus dem Betrieb ergeben und zur Gefährdung von Personen führen können, muss die Fahrtreppe oder der Fahrsteig stillgesetzt werden. Solche Mängel sind z. B.:

1. Fremdkörper, die an den Einlaufstellen (Kamm) der Stufen bzw. Bänder oder an den Einlaufstellen der Handläufe in die Balustrade eingeklemmt sind,
2. Handlaufbeschädigungen,
3. gefahrbringende Vandalismusschäden,
4. unzulässiger Vor- bzw. Nachlauf des Handlaufes,

5. unzulässige Einzugstellen zwischen den Stufen oder dem Band und dem Balustradensockel oder
6. Beschädigungen an Kämmen, Sockelbürsten, Balustradenverkleidung.

6 Instandhaltung und sicherheitstechnische Funktionsprüfung

(1) Verkehrswege und deren Sicherheitseinrichtungen sind je nach Art und Häufigkeit der Benutzung und der vorhandenen Gefahren in regelmäßigen Abständen auf ihre ordnungsgemäße Funktion zu überprüfen und, falls erforderlich, instand zu setzen. Art, Umfang und Fristen der Überprüfung richten sich nach dem Ergebnis der Gefährdungsbeurteilung. Für Fahrtreppen und Fahrsteige sind die Wartungshinweise der Hersteller zu beachten.
(2) Vor und während der Instandhaltungsarbeiten an Fahrtreppen und Fahrsteigen müssen diese abgesperrt werden.
(3) Der sichere Betrieb von Steigleitern und Steigeisengängen sowie von Fahrtreppen und Fahrsteigen ist zur Verhütung und Beseitigung von Gefahren durch regelmäßige Funktionsprüfungen – insbesondere der sicherheitstechnischen Einrichtungen – zu gewährleisten. Der sichere Zu- und Abgang zu Fahrtreppen und Fahrsteigen ist jederzeit zu gewährleisten (siehe Abschnitt 4.8 Absatz 3).
Hinweis:
Die sicherheitstechnischen Prüfungen für Fahrtreppen und Fahrsteige erfolgen nach den Vorgaben der Betriebssicherheitsverordnung.

7 Abweichende / ergänzende Anforderungen für Baustellen

7.1 Festlegen und Einrichten von Verkehrswegen

(1) Verkehrswege auf Baustellen sind z.B. Zugänge zu Arbeitsplätzen, zu Sanitärräumen, zu Unterkünften oder zu Pausen- und Bereitschaftsräumen. Dazu gehören insbesondere Laufstege, Treppen, Flure, Gänge, Laderampen, ortsfeste Steigleitern und Steigeisengänge sowie Fluchtwege.
Hinweis:
Nicht ortsfeste Leitern sind keine Verkehrswege im Sinne der ASR A1.8. Der Einsatz von Leitern als Zugang zu / Abgang von Arbeitsplätzen wird in der TRBS 2121 Teil 2 betrachtet.
(2) Verkehrswege auf Baustellen müssen zeitlich, räumlich und tätigkeitsbezogen festgelegt werden. Im Zuge des Baufortschritts verändern sich häufig die Anordnung sowie die Größe bzw. die Abmessungen von Arbeitsplätzen und Verkehrswegen. Ein Teilbereich einer Baustelle kann im Zuge des Baufortschritts tätigkeitsbezogen wechselnd als Arbeitsplatz oder Verkehrsweg festgelegt werden. Bei der gleichzeitigen Ausführung abgrenzbarer Arbeitsschritte kann ein Teilbereich einer

Baustelle für Beschäftigte als Arbeitsplatz und für andere Beschäftigte als Verkehrsweg festgelegt sein.

(3) Muss ein Teilbereich eines Arbeitsplatzes zugleich als Verkehrsweg von anderen Beschäftigten desselben Arbeitgebers genutzt werden, so hat dieser Arbeitgeber diesen Verkehrsweg zuvor festzulegen und einzurichten.

(4) Muss ein Teilbereich eines Arbeitsplatzes zugleich Beschäftigten anderer Arbeitgeber als Verkehrsweg dienen, müssen sich die betroffenen Arbeitgeber hinsichtlich der Festlegung und Einrichtung der Verkehrswege abstimmen (§ 8 Arbeitsschutzgesetz (ArbSchG), § 6 DGUV Vorschrift 1).

Hinweis:

Bei der Festlegung und Einrichtung von Verkehrswegen auf Baustellen sind ggf. die Hinweise des Koordinators nach Baustellenverordnung (BaustellV) sowie der Sicherheits- und Gesundheitsschutzplan (SiGePlan) zu berücksichtigen.

(5) Wird ein als Verkehrsweg festgelegter Bereich von anderen Beschäftigten im Rahmen ihres Arbeitsauftrages als Arbeitsplatz genutzt, bleiben die Anforderungen an den Verkehrsweg davon unberührt. Der Arbeitgeber hat dafür zu sorgen, dass sich die Beschäftigten in diesem gemeinsam genutzten Bereich nicht gegenseitig gefährden.

7.2 Abweichende / ergänzende Anforderungen

(1) Zwischen Verkehrswegen auf Baustellen und Böschungskanten bzw. Verbaukanten sind Sicherheitsabstände (gemäß DIN 4124:2012:01 »Baugruben und Gräben«) für die Standsicherheit einzuhalten.

Besteht die Gefahr des Abkommens von Fahrzeugen oder mobilen Arbeitsmitteln in Richtung der Baugrube oder des Grabens, sind gegebenenfalls weitere Maßnahmen erforderlich (z. B. transportable Schutzeinrichtungen wie Anprallschutz, Rammschutz, Leitplanken).

Für Verkehrswege in diesen Bereichen sind gegebenenfalls Maßnahmen gegen Absturz gemäß ASR A2.1 »Schutz vor Absturz und herabfallenden Gegenständen, Betreten von Gefahrenbereichen« vorzusehen.

(2) Laufstege bei Bauarbeiten müssen mindestens 0,5 m breit sein und dürfen nur bis zu einer Neigung von 1:1,75 (etwa 30°) verwendet werden. Sie müssen Trittleisten haben, wenn sie steiler als 1:5 (etwa 11°) sind.

(3) Abweichend von Abschnitt 4.1 Absatz 5 dürfen Abdeckungen von Öffnungen in Verkehrswegen auf Baustellen höchstens 5 cm über die umgebende Oberfläche hinausragen.

(4) Abweichend von Abschnitt 4.2, Tabelle 2 beträgt die Mindestbreite der Verkehrswege auf Baustellen 0,60 m. In Abhängigkeit der Nutzung (z. B. Anzahl der Personen, Art der Transportvorgänge) sind die Breiten der Verkehrswege anzupassen. Für Verkehrswege zu besonderen Arbeitsplätzen in Tunneln, Stollen und Durchpressungen gelten die Mindestabmessungen aus Tabelle 5 und Abbildung 6. Auf die Regelungen der ASR A2.1 »Schutz vor Absturz und herabfallenden Gegenständen, Betreten von Gefahrenbereichen« wird verwiesen. Auf die Regelungen der

ASR A5.2 »Anforderungen an Arbeitsplätze und Verkehrswege auf Baustellen im Grenzbereich zum Straßenverkehr – Straßenbaustellen« wird verwiesen.

Tabelle 5: Mindestbreite von Verkehrswegen zu besonderen Arbeitsplätzen in Tunneln, Stollen und Durchpressungen

Länge [m] von Tunneln, Stollen und Durchpressungen	Mindestlichtmaß (MLM) (in m)		
	Kreisquerschnitt	Rechteckquerschnitt	
	Durchmesser	Höhe	Breite
< 50	0,80	0,80	0,60
50 – < 100	1,00	1,00	0,60
≥ 100	1,20	1,20	0,60
Steigschächte müssen einen freien Querschnitt von mindestens 0,70 m × 0,70 m haben.			

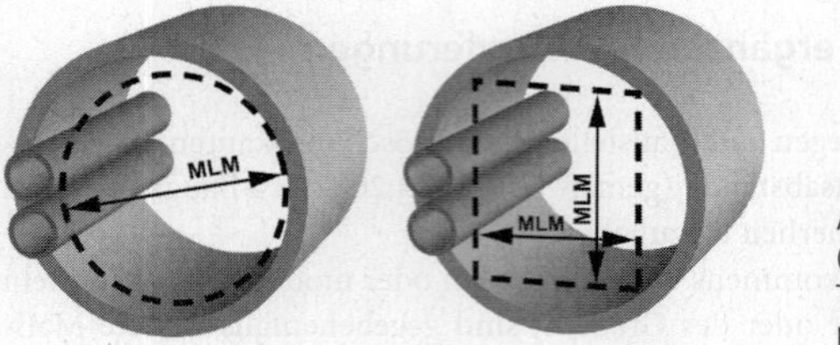

Abb. 6: Mindestlichtmaß (MLM) von Verkehrswegen in Tunneln, Stollen und Durchpressungen

(5) Abweichend von Abschnitt 4.2 Absatz 7 darf auf Baustellen die lichte Mindesthöhe über Verkehrswegen von 2,00 m unterschritten werden, wenn diese aus baulichen Gegebenheiten nicht eingehalten werden kann.
(6) Abweichend von Abschnitt 4.3 Absatz 3 muss bei kombiniertem Fußgänger- und Fahrzeugbetrieb bei Bauarbeiten im Tunnel ein Gehweg mit einem freien Mindestquerschnitt von 1,00 m Breite und 2,00 m Höhe vorhanden sein. Kann dieser Querschnitt aus bautechnischen Gründen nicht eingehalten werden, müssen – ausgenommen bei Förderung mit Stetigförderern – in Abständen von höchstens 50 m auffällig gekennzeichnete und beleuchtete Schutznischen von mindestens 1,00 m Tiefe, 1,00 m Länge und 2,00 m Höhe vorhanden sein und ständig freigehalten werden. Lässt sich bei Gleis- oder Stetigfördererbetrieb der Mindestquerschnitt für den Gehweg aus bautechnischen Gründen nicht einhalten, darf dessen Breite bis auf 0,50 m verringert werden.
(7) Abweichend von Abschnitt 4.5 Absatz 4 kann bei temporären Bautreppen die Steigung (s) zwischen 18 cm und 25 cm betragen. Der Auftritt (a) muss mindestens 18 cm und die Unterschneidung (u) mindestens 3 cm groß sein. Der Steigungswinkel (α) einer temporären Bautreppe kann zwischen 30° und 55° variieren.

(8) Abweichend von Abschnitt 4.5 Absatz 8 müssen die Geländer- und Zwischenholme an Treppen, die bei Bauarbeiten genutzt werden, so ausgeführt sein, dass sie eine Einzellast in ungünstigster Richtung von 300 N aufnehmen können. Dabei darf die elastische Durchbiegung nicht mehr als 3,5 cm betragen.
(9) Abweichend von Abschnitt 4.5 Absätze 7 und 9 genügt auf Baustellen an freiliegenden Treppenläufen und Podesten mit mehr als 1,00 m Absturzhöhe Seitenschutz, bestehend aus Geländer- und mindestens einem Zwischenholm.
(10) Für Handläufe bei Treppen auf Baustellen bedarf es keiner ergonomischen Ausgestaltung des Handlaufes im Sinne von Abschnitt 4.5 Absatz 11.
Hinweis:
Für Handläufe aus Holz empfiehlt sich die Verwendung von gehobelten Brettern o. ä.
(11) Abweichend von Abschnitt 4.5 Absatz 12 kann bei Treppen auf Baustellen auf die Abrundung der Stufenvorderkante verzichtet werden.

Literaturhinweise

Informationen der Unfallversicherungsträger

DGUV Regel 101-002	Regeln für die Sicherheit von Treppen bei Bauarbeiten 01/1996
DGUV Regel 103-008	Steiggänge für Behälter und umschlossene Räume 05/2007
DGUV Information 208-001	Ladebrücken, Informationen zum Arbeitsschutz 10/2019
DGUV Information 208-005	Treppen 04/1991, aktualisiert 07/2010
DGUV Information 208-028	Fahrtreppen und Fahrsteige; Teil 1: Sicherer Betrieb 12/2007
DGUV Information 208-029	Fahrtreppen und Fahrsteige; Teil 2: Montage, Demontage und Instandhaltung 12/2007
DGUV Information 208-030	Personenschutz beim Einsatz von Flurförderzeugen in Schmalgängen 03/2016
DGUV Information 208-032	Auswahl und Benutzung von Steigleitern 10/2018
DGUV Information 240-410	Handlungsanleitung für die arbeitsmedizinische Vorsorge nach dem Berufsgenossenschaftlichen Grundsatz G 41 »Arbeiten mit Absturzgefahr« 01/2010

Normen

DIN EN 13374: 2019-06	Temporäre Seitenschutzsysteme – Produktfestlegungen – Prüfverfahren
DIN 4124: 2012-01	Baugruben und Gräben – Böschungen, Verbau, Arbeitsraumbreiten

ASR A2.1 »Schutz vor Absturz und herabfallenden Gegenständen, Betreten von Gefahrenbereichen«

November 2012 (GMBl 2012, S. 1220, zuletzt geändert GMBl 2022, S. 245)

1 Zielstellung

Diese ASR konkretisiert die Anforderungen an das Einrichten und Betreiben von Arbeitsplätzen und Verkehrswegen zum Schutz vor Absturz oder herabfallenden Gegenständen sowie die damit verbundenen Maßnahmen bezüglich des Betretens von Dächern oder anderen Gefahrenbereichen nach § 3 a Absatz 1 der Arbeitsstättenverordnung in Verbindung mit Nummer 1.5 Absatz 4 und Nummer 2.1 des Anhangs.

2 Anwendungsbereich

(1) Diese ASR gilt zum Schutz der Beschäftigte vor Absturz und vor herabfallenden Gegenständen sowie für das Betreten von Dächern oder Gefahrenbereichen.
(2) Diese ASR gilt nicht für das Einrichten und Betreiben von Arbeitsplätzen und Verkehrswegen, die Bestandteil eines Arbeitsmittels sind, das in den Regelungsbereich der Betriebssicherheitsverordnung fällt.
(3) gestrichen
Hinweis:
Beim Reinigen von Fenstern, Oberlichtern und lichtdurchlässigen Wänden ist diese Arbeitsstättenregel in Verbindung mit der ASR A1.6 »Fenster, Oberlichter, lichtdurchlässige Wände« anzuwenden.

3 Begriffsbestimmungen

3.1 **Absturz** ist das Herabfallen von Personen auf eine tiefer gelegene Fläche oder einen Gegenstand. Als Absturz gilt auch das Durchbrechen durch eine nicht tragfähige Fläche oder das Hineinfallen und das Versinken in flüssigen oder körnigen Stoffen.
3.2 **Absturzkante** ist die Kante, über die Beschäftigte abstürzen können (siehe Abb. 1).
Eine Absturzkante ist definiert als:
- Kante zu einer mehr als 60° geneigten Fläche (z. B. einer Dachfläche),
- Übergang einer durchtrittsicheren zu einer nicht durchtrittsicheren Fläche,

- Übergang von Flächen mit unterschiedlichen Neigungswinkeln von einer bis zu 20° geneigten Fläche zu einer mehr als 60° geneigten Fläche oder
- die gedachte Linie an gewölbten Flächen, ab der der Neigungswinkel einer Tangente größer als 60° ist.

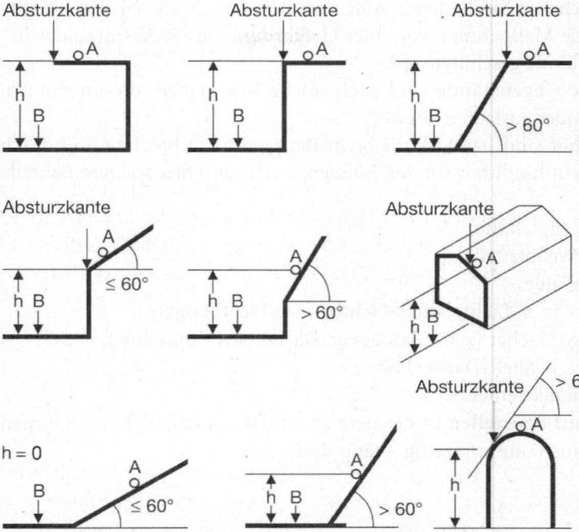

Abb. 1 Absturzkanten und Absturzhöhen (h)
h = senkrechter Höhenunterschied zwischen A = Standfläche bzw. der Absturzkante und B = Auftrefffläche

3.3 **Absturzhöhe** im Sinne dieser ASR (siehe Abb. 1) ist der senkrechte Höhenunterschied zwischen der Standfläche der Beschäftigten an Arbeitsplätzen und Verkehrswegen bzw. der Absturzkante und der angrenzenden tiefer liegenden ausreichend großen und tragfähigen Fläche (Auftrefffläche).

3.4 **Abrutschen** im Sinne dieser ASR ist ein unkontrolliertes Abgleiten von Beschäftigten bei Arbeiten auf geneigten Flächen (z. B. aufgrund der Neigung oder der Beschaffenheit der Standfläche) über eine Absturzkante.

3.5 **Absturzsicherung** im Sinne dieser ASR ist eine zwangsläufig wirksame Einrichtung, die einen Absturz auch ohne bewusstes Mitwirken der Beschäftigten verhindert, z. B. eine Umwehrung (siehe auch Punkt 3.8) oder Abdeckung.

3.6 **Auffangeinrichtung** im Sinne dieser ASR ist eine zwangsläufig wirksame Einrichtung, die abstürzende Beschäftigte auch ohne deren bewusstes Mitwirken auffängt und vor einem weiteren Absturz schützt, z. B. Schutznetz, Schutzwand oder Schutzgerüst.

3.7 **Individuelle Schutzmaßnahmen** dienen dem Schutz vor Absturz einzelner Beschäftigter oder dem Auffangen abstürzender Beschäftigter, z. B. Persönliche Schutzausrüstung gegen Absturz (PSAgA).

3.8 **Umwehrung** ist eine Einrichtung zum Schutz der Beschäftigten gegen Absturz, z. B. Brüstung, Geländer, Gitter oder Seitenschutz. Im Gegensatz zum meist durchbrochenen Geländer handelt es sich bei einer Brüstung um eine geschlossene, in der Regel massiv ausgeführte Wandscheibe bzw. im Fall der Fensterbrüstung um einen Teil einer Außenwand.

3.9 **Gefahrenbereiche** im Sinne dieser ASR sind Bereiche, in denen Beschäftigte nicht durch bauliche Maßnahmen vor einer Gefährdung durch Absturz oder herabfallende Gegenstände geschützt sind.

3.10 **Herabfallende Gegenstände** sind auch solche Materialien, die umstürzen, abgleiten, abrollen oder auslaufen können.

3.11 **Durchtrittsicher** sind Bauteile, die beim Betreten nicht brechen und durch die Beschäftigte nicht hindurch stürzen können. Nicht durchtrittsichere Bauteile können z. B. sein:

- Faserzement-Wellplatten,
- Asbestzement-Wellplatten,
- Bitumen-Wellplatten,
- Dachoberlichter (z. B. Lichtplatten, Lichtbänder, Lichtkuppeln),
- lichtdurchlässige Dächer (z. B. Glasdächer, Dächer aus Kunststoff),
- Verglasungen (z. B. Shed-Dächer) oder
- Solar-, Photovoltaikelemente.

3.12 **Arbeitsplatz auf Baustellen** ist der Bereich, in dem Beschäftigte im Rahmen ihrer Arbeit – ggf. auch nur kurzzeitig – tätig sind.

4 Beurteilung der Gefährdungen und Rangfolge der Schutzmaßnahmen

4.1 Gefährdung durch Absturz

(1) Bei der Ermittlung und Beurteilung der für die Beschäftigten mit ihrer Arbeit verbundenen Gefährdungen sind mindestens folgende Kriterien zu berücksichtigen:

- Absturzhöhe,
- Art, Dauer der Tätigkeit, körperliche Belastung,
- Abstand von der Absturzkante,
- Beschaffenheit des Standplatzes (Neigungswinkel), der Standfläche (z. B. Rutschhemmung),
- Beschaffenheit der tiefer gelegenen Fläche, z. B. Schüttgüter (versinken, ersticken), Wasser (versinken, ertrinken), Beton (harter Aufschlag), Bewehrungsanschlüsse (aufspießen), Behälter mit Flüssigkeiten, Gegenstände oder Maschinen einschließlich deren bewegter Teile, die sich auf dieser Fläche befinden und
- Beschaffenheit der Arbeitsumgebung und gefährdende äußere Einflüsse, z. B. Sichtverhältnisse, Erkennbarkeit (z. B. Beleuchtung, Tageszeit, Blendwirkung durch helle Flächen oder Gegenlicht, Markierungen), Vibrationen,

gleichgewichtsbeeinflussende Faktoren, Witterungseinflüsse (z. B. Wind, Eis und starker Schneefall).

(2) Im Rahmen der Gefährdungsbeurteilung kann der Arbeitgeber u. a. die Hinweise aus den Planungsunterlagen für bauliche Anlagen heranziehen.

(3) Befinden sich Arbeitsplätze oder Verkehrswege 0,2 m bis 1,0 m oberhalb einer angrenzenden Fläche oder besteht die Gefährdung des Abrutschens oder unabhängig von der vorgenannten Höhe die Gefährdung des Hineinfallens oder des Versinkens in Stoffen, ist im Rahmen der Gefährdungsbeurteilung zu ermitteln, ob und welche Schutzmaßnahmen nach Punkt 4.2 erforderlich sind.

(4) Eine Gefährdung durch Absturz liegt bei einer Absturzhöhe von mehr als 1,0 m vor.

4.2 Rangfolge der Maßnahmen zum Schutz vor Absturz

Bauliche und technische Maßnahmen haben Vorrang vor organisatorischen und individuellen Schutzmaßnahmen. Sie sind entsprechend der nachfolgenden Rangfolge zu treffen.

1. Absturzsicherungen
2. Lassen sich aus betriebstechnischen Gründen (z. B. Arbeitsverfahren, zwingende technische Gründe) Absturzsicherungen nicht verwenden, müssen an deren Stelle Auffangeinrichtungen vorhanden sein.
3. Lassen sich keine Absturzsicherungen oder Auffangeinrichtungen einrichten, sind Persönliche Schutzausrüstungen gegen Absturz (PSAgA) als individuelle Schutzmaßnahme zu verwenden. Die geeignete PSAgA muss sich aus der Gefährdungsbeurteilung ergeben. Voraussetzung für die Verwendung von PSAgA ist das Vorhandensein geeigneter Anschlageinrichtungen. Die Beschäftigten müssen in der Benutzung der PSAgA eingewiesen und über die Durchführung der erforderlichen Rettungsmaßnahmen, z. B. über den Auffangvorgang, unterwiesen werden (Erste Hilfe und Rettungsgeräte siehe ASR A4.3 »Erste-Hilfe-Räume, Mittel und Einrichtungen zur Ersten Hilfe«).
4. Lassen die Eigenart und der Fortgang der Tätigkeit und Besonderheiten des Arbeitsplatzes die vorgenannten Schutzmaßnahmen nicht zu, darf auf die Anwendung von PSAgA im Einzelfall (z. B. Boden- und Wandöffnungen von Szenenflächen bei Bühnen) nur dann verzichtet werden, wenn:
   - die Arbeiten von fachlich qualifizierten und körperlich geeigneten Beschäftigten ausgeführt werden,
   - der Arbeitgeber für den begründeten Ausnahmefall eine besondere Unterweisung durchgeführt hat und
   - die Absturzkante für die Beschäftigten deutlich erkennbar ist.

4.3 Gefährdung durch herabfallende Gegenstände

Bei der Ermittlung und Beurteilung der für die Beschäftigten mit ihrer Arbeit verbundenen Gefährdungen sind mindestens folgende Kriterien zu berücksichtigen:
- Höhenunterschied zwischen der Fläche, von der aus Gegenstände herabfallen können, und den Bereichen, die von Beschäftigten begangen oder befahren werden können,
- Beschaffenheit des Gegenstandes, z. B. Form, Gewicht, Konsistenz (z. B. Schüttgüter, Flüssigkeiten) und
- äußere Einflüsse, z. B. Witterungseinflüsse wie Wind.

4.4 Rangfolge der Maßnahmen zum Schutz vor herabfallenden Gegenständen

Bauliche und technische Maßnahmen haben Vorrang vor organisatorischen und individuellen Schutzmaßnahmen. Sie sind entsprechend der nachfolgenden Rangfolge zu treffen.

1. Reicht die bauliche Ausführung nicht aus, ein Herabfallen von Gegenständen zu verhindern, sind zum Schutz der Beschäftigten Fußleisten, Schutzwände, Schutzgitter oder vergleichbare Einrichtungen anzubringen.
2. Lassen sich die Maßnahmen nach Nr. 1 aus betriebstechnischen Gründen nicht durchführen, müssen an deren Stelle die tiefer gelegenen Arbeitsplätze und Verkehrswege durch Schutzeinrichtungen, z. B. Schutzdächer oder Fangnetze, gesichert werden.
3. Lassen sich Bereiche aus betriebstechnischen Gründen nicht durch Maßnahmen nach Nr. 1 und 2 sichern, muss eine zeitlich-organisatorische Trennung in Verbindung mit einer Absperrung und Kennzeichnung des Gefahrenbereiches oder einer Überwachung (z. B. Warnposten) des Gefahrenbereiches erfolgen.
4. Lassen sich Bereiche aus betriebstechnischen Gründen nicht durch Maßnahmen nach Nr. 1, 2 und 3 sichern, ist Persönliche Schutzausrüstung (PSA) zu verwenden, soweit diese als Ergebnis der Gefährdungsbeurteilung geeignet ist. Die Beschäftigten sind in der Benutzung der PSA zu unterweisen.

5 Maßnahmen zum Schutz vor Absturz

5.1 Sicherung an Absturzkanten

(1) Umwehrungen müssen entsprechend der Nutzung so gestaltet sein, dass sie den zu erwartenden Belastungen standhalten und ein Hinüber- oder Hindurchfallen von Beschäftigten verhindern. Bewegliche Teile der Umwehrungen dürfen nur aus der Schutzstellung gebracht werden, wenn dieses betrieblich erforderlich ist und andere Schutzmaßnahmen getroffen sind. Sie müssen in der Schutzstellung

gesichert werden können und dürfen sich nicht in Richtung des Absturzbereiches öffnen lassen.

(2) Die Umwehrungen müssen mindestens 1,00 m hoch sein. Die Höhe der Umwehrungen darf bei Brüstungen bis auf 0,80 m verringert werden, wenn die Tiefe der Umwehrung mindestens 0,20 m beträgt und durch die Tiefe der Brüstung ein gleichwertiger Schutz gegen Absturz gegeben ist.

Beträgt die Absturzhöhe mehr als 12 m, muss die Höhe der Umwehrung mindestens 1,10 m betragen.

Ergibt sich bei der Gefährdungsbeurteilung, dass in bestehenden Arbeitsstätten die Einhaltung der Höhe der Umwehrung mit Aufwendungen verbunden ist, die offensichtlich unverhältnismäßig sind, so hat der Arbeitgeber dies individuell zu beurteilen. Bei der Gefährdungsbeurteilung hat der Arbeitgeber zu prüfen, wie durch andere oder ergänzende Maßnahmen die Sicherheit und der Gesundheitsschutz der Beschäftigten in vergleichbarer Weise gesichert werden kann; die erforderlichen Maßnahmen hat er durchzuführen. Eine solche Maßnahme kann z. B. die Zugangsbeschränkung zur Absturzkante sein. Die ergänzenden Maßnahmen können solange herangezogen werden, bis die bestehenden Arbeitsstätten wesentlich umgebaut werden.

(3) Wenn für die Umwehrung Geländer verwendet werden, müssen diese:
- eine geschlossene Füllung aufweisen,
- mit senkrechten Stäben versehen sein (Füllstabgeländer) oder
- aus Handlauf, Knieleiste und Fußleiste bestehen (Knieleistengeländer).

(4) Bei Füllstabgeländern mit senkrechten Zwischenstäben darf deren lichter Abstand nicht mehr als 0,18 m betragen. Der Abstand zwischen der Unterkante der Umwehrung bis zur Fußbodenoberkante darf 0,18 m nicht überschreiten (siehe Abb. 2).

Hinweis:

Bei Gebäuden, in denen mit dauernder oder häufiger Anwesenheit von Kindern gerechnet werden muss, können geringere Abstände erforderlich sein.

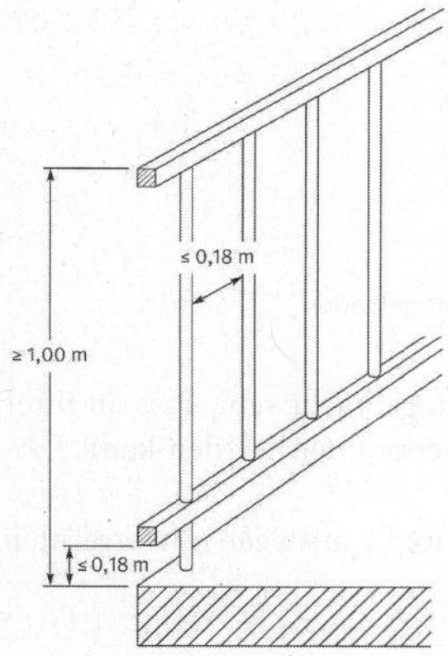

Abb. 2: Füllstabgeländer

(5) Bei Knieleistengeländern darf der Abstand zwischen Fuß- und Knieleiste, zwischen Knieleiste und Handlauf oder zwischen zwei Knieleisten nicht größer als 0,50 m sein. Die Fußleisten müssen eine Höhe von mindestens 0,05 m haben und unmittelbar an der Absturzkante angeordnet sein (siehe Abb. 3).

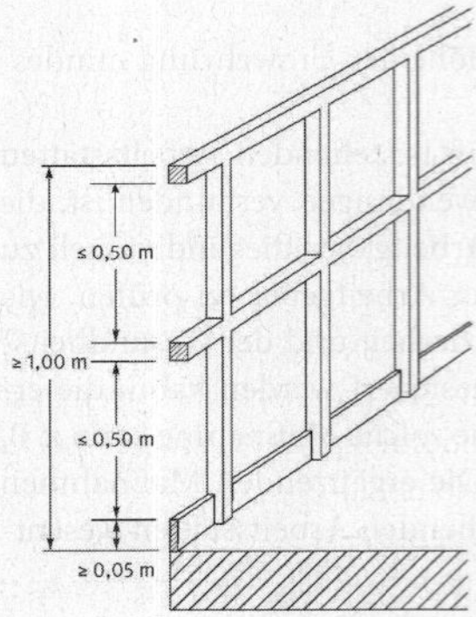

Abb. 3: Knieleistengeländer

(6) Kann die Umwehrung bei vorgesetzten Füllstabgeländern nicht bündig mit der Absturzkante abschließen und entsteht dadurch nach außen hin ein Spalt, darf dessen lichte Breite (Abstand zwischen Absturzkante und Unterkante der Umwehrung) 0,06 m nicht überschreiten (siehe Abb. 4).

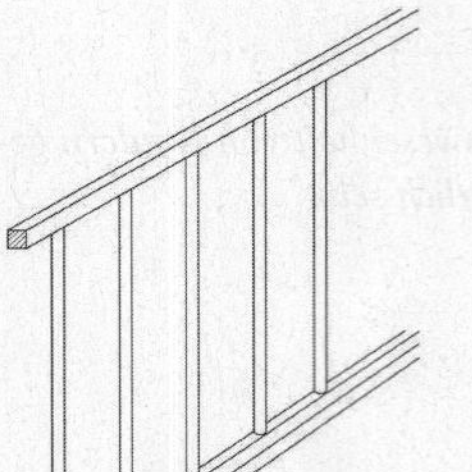

Abb. 4: Vorgesetztes Füllstabgeländer

(7) Die Umwehrungen müssen so beschaffen und angebracht sein, dass an ihrer Oberkante eine Horizontallast H = 1000 N/m aufgenommen werden kann. Abweichend genügt ein Lastansatz:

– von H = 500 N/m für Umwehrungen an Bühnen und Laufstegen mit lotrechten Verkehrslasten von höchstens 5000 N/m² und

- von H = 300 N/m für Umwehrungen in Bereichen oder an Verkehrswegen, die nur zu Inspektions- oder Wartungszwecken begangen werden (z. B. Tankdächer, Schauöffnungen an Öfen) sowie an Steckgeländern.

5.2 Sicherung an Bodenöffnungen

(1) Bodenöffnungen müssen gesichert sein:
- durch feste oder abnehmbare, gegen unbeabsichtigtes Ausheben gesicherte Umwehrungen oder
- durch Abdeckungen.

(2) Abdeckungen, z. B. Luken-, Schacht-, Rutschen-, Gruben-, Falltüren, müssen so gestaltet und installiert sein, dass sich hierdurch keine Stolpergefahren ergeben und sie der Nutzungsart entsprechend tragfähig sein. Sie müssen sicher zu handhaben und gegen unbeabsichtigtes Bewegen (Auf- und Zuklappen, Verschieben) zu sichern sind. Diese Forderung ist z. B. dann erfüllt, wenn:
- Abdeckungen von gesicherten Standplätzen aus geöffnet werden können,
- klappbare Abdeckungen in geöffnetem Zustand festgestellt werden können oder
- Abdeckungen, für deren Betätigung eine Kraft von mehr als 250 N erforderlich ist, mit entsprechenden Hilfseinrichtungen, z. B. zusätzlich mit Gewichtsausgleich, hydraulisch betätigten Hubvorrichtungen oder Gasdruckfedern, ausgestattet sind.

(3) Bewegliche Abdeckungen und Umwehrungen dürfen nur aus der Schutzstellung gebracht werden, wenn dies betrieblich erforderlich ist und andere Schutzmaßnahmen getroffen sind. Sie müssen in der Schutzstellung gesichert werden können und dürfen sich nicht in Richtung der Absturzkante öffnen lassen.

5.3 Sicherung an Wandöffnungen

(1) Wandöffnungen müssen fest angebrachte oder bewegliche Umwehrungen haben, wenn:
- die Brüstungshöhe geringer ist als in Punkt 5.1 Abs. 2 angegeben,
- die Breite größer als 0,18 m und die Höhe größer als 1,00 m sind und
- bei denen eine Gefährdung durch Absturz nach Punkt 4.1 besteht.

Umwehrungen können z. B. aus verschieb- oder schwenkbaren Schranken, Schleusengeländern oder Halbtüren bestehen. Sie müssen mit einer Sicherung gegen unbeabsichtigtes Öffnen oder Ausheben versehen sein.

(2) Umwehrungen dürfen sich nicht zur tiefer liegenden Seite hin öffnen lassen.

5.4 Gefahrenbereich Absturz

Arbeitsplätze und Verkehrswege, bei denen der Abstand mehr als 2,0 m zur Absturzkante beträgt, liegen außerhalb des Gefahrenbereichs Absturz. Der Gefahrenbereich ist durch geeignete Maßnahmen, z. B. Ketten oder Seile, und gut sichtbare Kennzeichnung entsprechend ASR A1.3 »Sicherheits- und Gesundheitsschutzkennzeichnung« (Verbotszeichen D-P006 »Zutritt für Unbefugte verboten«) gegen unbefugten Zutritt zu sichern. Bei Verkehrswegen ist als Schutzmaßnahme auch ausreichend, wenn die Abgrenzung optisch deutlich erkennbar ist.

6 Maßnahmen zum Schutz vor herabfallenden Gegenständen

(1) Einrichtungen zum Schutz vor herabfallenden Gegenständen (z. B. Schutzdächer, Schutznetze) sind entsprechend der Beschaffenheit und der zu erwartenden kinetischen Energie der herabfallenden Gegenstände auszuwählen und zu dimensionieren.
(2) Besteht für Beschäftigte in tiefer gelegenen Bereichen der Arbeitsstätte eine Gefährdung durch z. B. auslaufende Flüssigkeiten oder Schüttgüter, sind Schutzmaßnahmen, z. B. Anbringung von Auffangwannen, zu treffen.
(3) Nicht geschlossene Böden (z. B. Gitterroste) sind so auszuführen, dass eine Gefährdung tiefer gelegener Arbeitsplätze und Verkehrswege durch herabfallende Gegenstände verhindert wird. Das entsprechende maximale Öffnungsmaß (z. B. die Maschenweite bei Gitterrosten) ist unter Berücksichtigung der örtlichen Gegebenheiten im Rahmen der Gefährdungsbeurteilung zu ermitteln. Dabei ist z. B. die Einbausituation oder die Personenfrequenz zu berücksichtigen.

6.1 Gefahrenbereich herabfallende Gegenstände

(1) Werden Gefahrenbereiche durch Absperrung und Kennzeichnung gemäß Punkt 4.4 Nr. 3 gesichert, sind als Absperrungen z. B. Geländer, Ketten oder Seile und als Kennzeichnung nach ASR A1.3 »Sicherheits- und Gesundheitsschutzkennzeichnung« das Verbotszeichen D-P006 »Zutritt für Unbefugte verboten« anzubringen.
(2) Werden Gefahrenbereiche durch Überwachung des Gefahrenbereiches gemäß Punkt 4.4. Nr. 3 gesichert, kann dieses z. B. durch Warnposten oder geeignete Warneinrichtungen (z. B. Schall- oder Leuchtzeichen nach ASR A1.3 »Sicherheits- und Gesundheitsschutzkennzeichnung«) erfolgen.

7 Arbeitsplätze und Verkehrswege auf Dächern

(1) Wenn auf Dächern Arbeiten durchgeführt werden oder diese als Verkehrswege genutzt werden, hat der Arbeitgeber zu ermitteln, ob eine Gefährdung durch Absturz nach Punkt 4.1 besteht. Arbeiten auf Dächern können z. B. sein:

- vom Hersteller vorgeschriebene regelmäßige Prüfungen oder Instandhaltungsarbeiten an technischen oder baulichen Einrichtungen,
- das Reinigen oder Wechseln von Filterelementen an lüftungstechnischen Anlagen,
- das Ablesen oder Eichen von Messgeräten,
- das Durchführen von Pflegearbeiten auf begrünten Dachflächen,
- das Reinigen der Abläufe bei Dächern mit Innenentwässerung,
- das Räumen von Schnee,
- die Instandhaltung oder Reinigung von Dachoberlichtern oder Rauch- und Wärmeabzugsanlagen (RWA) oder
- die Instandhaltung oder Reinigung von Photovoltaik- und Solarthermieanlagen.

(2) Besteht bei Arbeiten auf Dächern oder Verkehrswegen eine Gefährdung durch Absturz, sind Maßnahmen zum Schutz vor Absturz entsprechend der Rangfolge nach Punkt 4.2 zu treffen.

7.1 Nicht durchtrittsichere Dächer und Bauteile

(1) Zugänge (z. B. Dachausstiege, Luken) zu nicht durchtrittsicheren Dächern (siehe Punkt 3.11) müssen unter Verschluss stehen, der nur von besonders unterwiesenen und beauftragten Personen geöffnet werden kann. Diese Unterweisung ist ggf. vor Ort durchzuführen. An den Zugängen muss eine dauerhafte und deutlich sichtbare Kennzeichnung angebracht sein, z. B. »Dach nur auf Laufstegen benutzen«.

(2) Müssen nicht durchtrittsichere Dächer begangen werden, z. B. für Instandhaltungsarbeiten an Anlagen oder Einrichtungen, müssen sicher ausgeführte Verkehrswege zum Arbeitsbereich vorhanden sein. Dies kann z. B. durch Laufstege gewährleistet werden, die den zu erwartenden Lasten (Beschäftigte und Arbeitsmittel) sicher standhalten, mindestens 0,50 m breit und

- beidseitig umwehrt sind oder
- einseitig umwehrt sind, wenn eine beidseitige Umwehrung die vorzunehmenden Arbeiten behindern würde und geeignete Anschlageinrichtungen für den Einsatz von PSAgA vorhanden sind.

(3) Lichtkuppeln und Lichtbänder, die konstruktiv nicht durchtrittsicher sind, müssen mit geeigneten Umwehrungen, Überdeckungen oder Unterspannungen ausgeführt sein, die ein Durchstürzen von Beschäftigten verhindern. Für Arbeiten und Verkehrswege im Gefahrenbereich (Abstand $\leq$ 2,0 m) von nicht durchtrittsicheren Lichtkuppeln und Lichtbändern im Bestand ist sicherzustellen, dass durch Absperrungen oder Abdeckungen ein Absturz verhindert wird. Auf Unterspannungen, Überdeckungen oder Absperrungen kann verzichtet werden, wenn der Auf-

satzkranz des nicht durchtrittsicheren Bauteils, z. B. der Lichtkuppel, mindestens 0,50 m über die Dachfläche hinausragt.

(4) Für die Ausführung von Arbeiten und für die Benutzung von Verkehrswegen im Gefahrenbereich (Abstand ≤ 2,0 m) von sonstigen nicht durchtrittsicheren Dachoberlichtern (z. B. Lichtplatten aus Kunststoff) ist aufgrund der örtlichen Gegebenheiten im Rahmen der Gefährdungsbeurteilung zu entscheiden, ob und ggf. welche Maßnahmen zu treffen sind, z. B. Geländer, Abdeckung, Arbeiten mit PSAgA.

8 Abweichende / ergänzende Anforderungen für Baustellen

8.1 Arbeitsplätze und Verkehrswege auf geneigten Flächen

(1) Auf geneigten Flächen, auf denen die Gefahr des Abrutschens von Beschäftigten besteht, darf nur gearbeitet werden, nachdem Maßnahmen gegen das Abrutschen vom Arbeitsplatz getroffen worden sind.

(2) Für Arbeiten auf einer mehr als 45° geneigten Fläche (z. B. auf gelatteten Dachflächen oder Böschungen) sind besondere Arbeitsplätze mit mindestens 0,50 m breiten, waagerechten Standplätzen zu schaffen.

(3) Bei Arbeiten an und auf Flächen mit Neigungen von mehr als 22,5° bis 60° darf der Höhenunterschied zwischen Arbeitsplätzen oder Verkehrswegen und den Einrichtungen zum Auffangen abrutschender Beschäftigter nicht mehr als 5,00 m betragen.

(4) Für das Errichten, Instandhalten oder Umlegen von Masten für elektrische Betriebsmittel auf Dachflächen mit einer Neigung von mehr als 22,5° bis 60° müssen Einrichtungen zum Auffangen abrutschender Beschäftigter bei mehr als 2,00 m Absturzhöhe vorhanden sein.

8.2 Sicherungen gegen Absturz an Arbeitsplätzen und Verkehrswegen

(1) Arbeitsplätze und Verkehrswege auf Baustellen müssen zeitlich, räumlich und tätigkeitsbezogen festgelegt werden. Ein Arbeitsplatz auf einer Baustelle ist der zur Durchführung der Arbeiten erforderliche räumlich begrenzte Bereich, der einer bestimmten Anzahl von Beschäftigten von ihrem jeweiligen Arbeitgeber zugewiesen wird, um dort innerhalb eines bestimmten (möglicherweise auch nur kurzen) Zeitraums für einen abgrenzbaren Arbeitsschritt tätig zu werden. Beispiele für abgrenzbare Arbeitsschritte bei der Herstellung einer Geschossdecke sind insbesondere Einschalen, Bewehren, Betonieren oder Ausschalen.

Hinweis:

Zu Verkehrswegen auf Baustellen siehe ASR A1.8 »Verkehrswege« Punkt 7.1.

(2) Im Zuge des Baufortschritts verändern sich häufig die Anordnung sowie die Größe bzw. die Abmessungen von Arbeitsplätzen und Verkehrswegen. Ein Teil-

bereich einer Baustelle kann im Zuge des Baufortschritts tätigkeitsbezogen wechselnd als Arbeitsplatz oder Verkehrsweg festgelegt werden. Bei der gleichzeitigen Ausführung abgrenzbarer Arbeitsschritte kann ein Teilbereich einer Baustelle für Beschäftigte als Arbeitsplatz und für andere Beschäftigte als Verkehrsweg festgelegt sein.

(3) Muss ein Teilbereich eines Arbeitsplatzes zugleich als Verkehrsweg von anderen Beschäftigten desselben Arbeitgebers genutzt werden, so hat dieser Arbeitgeber diesen Verkehrsweg zuvor festzulegen und einzurichten.

(4) Muss ein Teilbereich eines Arbeitsplatzes zugleich Beschäftigten anderer Arbeitgeber als Verkehrsweg dienen, müssen sich die betroffenen Arbeitgeber hinsichtlich der Festlegung und Einrichtung der Verkehrswege abstimmen (§ 8 Arbeitsschutzgesetz (ArbSchG), § 6 DGUV Vorschrift 1).

Hinweis:

Bei der Festlegung und Einrichtung von Verkehrswegen auf Baustellen sind ggf. die Hinweise des Koordinators nach Baustellenverordnung (BaustellV) sowie der Sicherheits- und Gesundheitsschutzplan (SiGePlan) zu berücksichtigen.

(5) Wird ein als Verkehrsweg festgelegter Bereich von anderen Beschäftigten im Rahmen ihres Arbeitsauftrages als Arbeitsplatz genutzt, bleiben die Anforderungen an den Verkehrsweg davon unberührt. Der Arbeitgeber hat dafür zu sorgen, dass sich die Beschäftigten in diesem gemeinsam genutzten Bereich nicht gegenseitig gefährden.

(6) Eine Absturzgefahr besteht bei einer Absturzhöhe von mehr als 1 Meter.

(7) Schutzvorrichtungen, die ein Abstürzen von Beschäftigten verhindern (Absturzsicherungen), müssen vorhanden sein:

1. unabhängig von der Absturzhöhe an
   a) Arbeitsplätzen auf Baustellen am und über Wasser oder anderen festen oder flüssigen Stoffen, in denen man versinken kann,
   b) Verkehrswegen auf Baustellen über Wasser oder anderen festen oder flüssigen Stoffen, in denen man versinken kann;
2. bei mehr als 1,00 m Absturzhöhe, soweit nicht nach Nummer 1 zu sichern ist, an
   a) freiliegenden Treppenläufen und -absätzen,
   b) Wandöffnungen,
   c) allen übrigen Verkehrswegen auf Baustellen;
3. bei mehr als 2,00 m Absturzhöhe an allen übrigen Arbeitsplätzen.

Bei einer Absturzhöhe bis zu 3,00 m ist eine Schutzvorrichtung entbehrlich an Arbeitsplätzen und Verkehrswegen auf Dächern und Geschossdecken von baulichen Anlagen mit bis zu 22,5 Grad Neigung und nicht mehr als 50,00 m² Grundfläche, sofern die Arbeiten von hierfür fachlich qualifizierten und körperlich geeigneten Beschäftigten ausgeführt werden und diese Beschäftigten besonders unterwiesen sind. Die Absturzkante muss für die Beschäftigten deutlich erkennbar sein.

(8) Sind Schutzvorrichtungen, die ein Abstürzen von Beschäftigten verhindern (Absturzsicherungen) aufgrund der Eigenart des Arbeitsplatzes oder der durchzuführenden Arbeiten nicht geeignet, ist die Rangfolge der Maßnahmen zum Schutz vor Absturz nach Punkt 4.2 anzuwenden.

(9) Beim Einsatz von Fanggerüsten oder Arbeitsplattformnetzen ist an Verkehrswegen und Arbeitsplätzen eine Absturzhöhe in die Auffangeinrichtung bis 2,00 m zulässig. Beim Einsatz von Schutznetzen sind an Verkehrswegen und Arbeitsplätzen Absturzhöhen in die Auffangeinrichtung bis 3,00 m zulässig.
(10) Abweichend von Punkt 5.1 Absatz 2 beträgt die Mindesthöhe der Umwehrung 1,00 m. Bei der Verwendung von Systembauteilen ist eine Mindesthöhe von 950 mm zulässig. Die Höhe der Umwehrung darf entgegen Punkt 5.1 Absatz 2 Satz 2 nicht auf 0,80 m verringert werden.
(11) Umwehrungen sind so dicht wie möglich an der Absturzkante anzubringen. Davon darf unabhängig von der Absturzhöhe abgewichen werden, wenn Arbeitsplätze oder Verkehrswege höchstens 0,30 m von anderen tragfähigen und ausreichend bemessenen Umwehrungen entfernt liegen (siehe Abb. 5).

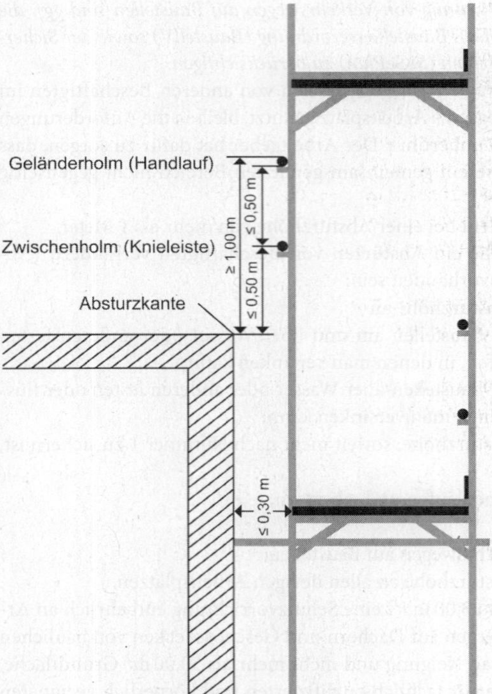

Abb. 5: Beispiel für abweichende Anordnung der Umwehrung

(12) Abweichend von Punkt 5.1 Absatz 5 müssen Umwehrungen Fußleisten von mindestens 0,15 m Höhe haben.

(13) Abweichend von Punkt 5.1 Absatz 7 müssen Umwehrungen so beschaffen und angebracht sein, dass an jeder Stelle normal zur Achse des Pfostens wirkend, eine Einzellast von H_{T1} und V_{T1} = 300 N und parallel zum Geländerholm wirkend von H = 200 N aufgenommen werden kann. Dabei darf die elastische Durchbiegung des Systems nicht größer als 5,5 cm sein. Die Fußleiste / Bordbrett muss abweichend hiervon eine Einzellast H_{T2} und V_{T2} = 200 N aufnehmen. Die Umwehrungen müssen so beschaffen und befestigt sein, dass an allen Seitenschutzbauteilen zusätzlich eine vertikal wirkende Einzellast von V_D = 1250 N aufgenommen werden kann (siehe Abb. 6).

Die Umwehrung muss so ausgelegt sein, dass sie einer Person, die sich am Seitenschutz anlehnt oder beim Gehen festhält, standhält. Außerdem muss sie eine Person auffangen, die gegen den Seitenschutz läuft oder fällt. Umwehrungen müssen den Beanspruchungen infolge Windlasten widerstehen.

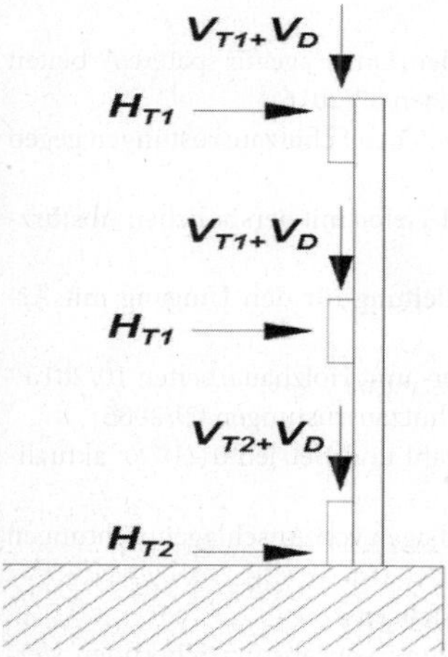

Abb. 6: Ansatzpunkte der Vertikal- und Horizontallasten

(14) Für Bauarbeiten in bestehenden Gebäuden ist im Rahmen der Gefährdungsbeurteilung zu prüfen, ob vorhandene Absturzsicherungen den Anforderungen dieser ASR entsprechen oder ob ergänzende Maßnahmen erforderlich sind.

8.3 Wandöffnungen

Abweichend von Punkt 5.3 Abs. 1 müssen Wandöffnungen, bei denen eine Absturzgefährdung besteht, und die breiter als 0,30 m und höher als 1,00 m sind und die nicht über die nach Punkt 5.1 Abs. 2 und 3 erforderliche Brüstungshöhe verfügen, fest angebrachte oder bewegliche Umwehrungen haben. Sie müssen mit einer Sicherung gegen unbeabsichtigtes Öffnen oder Ausheben versehen sein.

8.4 Schutz gegen herabfallende Gegenstände

(1) Ergänzend zu Punkt 6.1 sind Schütt-Trichter über Arbeitsplätzen und Verkehrswegen so auszubilden, dass Beschäftigte und andere Personen nicht durch überschüttetes Material getroffen werden können.
(2) Ergänzend zu Punkt 6.1 sind Traggerüste sowie Verbau von Gruben, Gräben und Schächten von losen Gegenständen freizuhalten.

Literaturhinweise

- TRBS 2121 Technische Regel für Betriebssicherheit, Gefährdung von Personen durch Absturz
- RAB 32 Regel zum Arbeitsschutz auf Baustellen, Unterlage für spätere Arbeiten
- DGUV Regel 101-011 Einsatz von Schutznetzen 07/2016
- DGUV Regel 112-198 Benutzung von persönlichen Schutzausrüstungen gegen Absturz 09/2019
- DGUV Regel 112-199 Retten aus Höhen und Tiefen mit persönlichen Absturzschutzausrüstungen 07/2012
- DGUV Information 201-010 Handlungsanleitung für den Umgang mit Arbeitsplattformnetzen 05/2021
- DGUV Information 201-054 Dach-, Zimmer- und Holzbauarbeiten 10/2015
- DGUV Information 212-515 Persönliche Schutzausrüstungen 09/2006
- DGUV Information 208-007 Roste – Auswahl und Betrieb 01/1996, aktualisiert 05/2013
- DGUV Information 201-056 Planungsgrundlagen von Anschlageinrichtungen auf Dächern 08/2012, aktualisiert 08/2015
- ETB-Richtlinie Bauteile, die gegen Absturz sichern
- TRAV Technische Regeln für die Verwendung von absturzsichernden Verglasungen (Deutsches Institut für Bautechnik)
- TRLV Technische Regeln für die Verwendung von linienförmig gelagerten Verglasungen (Deutsches Institut für Bautechnik)
- DIN 4426013-12 Einrichtungen zur Instandhaltung baulicher Anlagen -Sicherheitstechnische Anforderungen an Arbeitsplätze und Verkehrswege -Planung und Ausführung
- DIN EN 795:2012-10 Persönliche Absturzschutzausrüstung – Anschlageinrichtungen
- DIN EN 1263-1:2013-01 Schutznetze (Auffangnetze), Teil 1: Sicherheitstechnische Anforderungen, Prüfverfahren
- DIN EN 1263-2:2013-01 Schutznetze (Sicherheitsnetze), Teil 2: Sicherheitstechnische Anforderungen für die Errichtung von Schutznetzen

- DIN EN 12811-1:2004-03 Temporäre Konstruktionen für Bauwerke, Teil 1: Arbeitsgerüste – Leistungsanforderungen, Entwurf, Konstruktion und Bemessung
- DIN EN 13374:2004-08 Temporäre Seitenschutzsysteme – Produktfestlegungen und Prüfverfahren

ASR A2.2 »Maßnahmen gegen Brände«

Mai 2018 (GMBl 2018, S. 446; zuletzt geändert GMBl 2025, S. 365)

1 Zielstellung

Diese ASR konkretisiert die Anforderungen an die Ausstattung von Arbeitsstätten mit Brandmelde- und Feuerlöscheinrichtungen sowie die damit verbundenen organisatorischen Maßnahmen für das Betreiben nach § 3 a Absatz 1, § 4 Absatz 3 und § 6 Absatz 3 einschließlich der Punkte 2.2 und 5.2 Absatz 1 g des Anhangs der Arbeitsstättenverordnung.

2 Anwendungsbereich

(1) Diese ASR gilt für das Einrichten und Betreiben von Arbeitsstätten mit Feuerlöscheinrichtungen sowie für weitere Maßnahmen zur Erkennung, Alarmierung sowie Bekämpfung von Entstehungsbränden.
(2) Für alle Arbeitsstätten gemäß § 2 der Arbeitsstättenverordnung gelten die Anforderungen und Gestaltungshinweise nach Punkt 5 dieser Regel (Grundausstattung).
(3) Für Arbeitsstätten mit normaler Brandgefährdung ist die Grundausstattung ausreichend.
(4) Für Arbeitsstätten mit erhöhter Brandgefährdung sind über die Grundausstattung hinaus zusätzlich Maßnahmen nach Punkt 6 dieser Regel erforderlich.
Hinweis:
Für die barrierefreie Gestaltung der Maßnahmen gegen Brände gilt die ASR V3 a.2 »Barrierefreie Gestaltung von Arbeitsstätten«, Anhang A2.2: Ergänzende Anforderungen zur ASR A2.2 »Maßnahmen gegen Brände«.

3 Begriffsbestimmungen

3.1 **Brandgefährdung** liegt vor, wenn brennbare Stoffe vorhanden sind und die Möglichkeit für eine Brandentstehung besteht.
3.2 **Normale Brandgefährdung** liegt vor, wenn die Wahrscheinlichkeit einer Brandentstehung, die Geschwindigkeit der Brandausbreitung, die dabei frei werdenden Stoffe und die damit verbundene Gefährdung für Personen, Umwelt und Sachwerte vergleichbar sind mit den Bedingungen bei einer Büronutzung.
3.3 **Erhöhte Brandgefährdung** liegt vor, wenn
– entzündbare bzw. oxidierende Stoffe oder Gemische vorhanden sind,

- die örtlichen und betrieblichen Verhältnisse für eine Brandentstehung günstig sind,
- in der Anfangsphase eines Brandes mit einer schnellen Brandausbreitung oder großen Rauchfreisetzung zu rechnen ist,
- Arbeiten mit einer Brandgefährdung durchgeführt werden (z. B. Schweißen, Brennschneiden, Trennschleifen, Löten) oder Verfahren angewendet werden, bei denen eine Brandgefährdung besteht (z. B. Farbspritzen, Flammarbeiten) oder
- erhöhte Gefährdungen vorliegen, z. B. durch selbsterhitzungsfähige Stoffe oder Gemische, Stoffe der Brandklassen D und F, brennbare Stäube, extrem oder leicht entzündbare Flüssigkeiten oder entzündbare Gase.

Hinweis:
Die erhöhte Brandgefährdung im Sinne dieser ASR schließt die erhöhte und hohe Brandgefährdung nach der Technischen Regel für Gefahrstoffe TRGS 800 »Brandschutzmaßnahmen« ein.

3.4 **Entstehungsbrände** im Sinne dieser Regel sind Brände mit so geringer Rauch- und Wärmeentwicklung, dass noch eine gefahrlose Annäherung von Personen bei freier Sicht auf den Brandherd möglich ist.

3.5 **Brandmelder** dienen dem frühzeitigen Erkennen von Bränden und Auslösen eines Alarms. Dabei wird zwischen automatischen und nichtautomatischen Brandmeldern (Handfeuermeldern) unterschieden.

3.6 **Feuerlöscheinrichtungen** im Sinne dieser Regel sind tragbare oder fahrbare Feuerlöscher, Wandhydranten und weitere handbetriebene Geräte zur Bekämpfung von Entstehungsbränden.

3.7 **Löschvermögen** beschreibt die Leistungsfähigkeit eines Feuerlöschers, ein genormtes Brandobjekt abzulöschen.

3.8 **Löschmitteleinheit (LE)** ist eine eingeführte Hilfsgröße, die es ermöglicht, die Leistungsfähigkeit unterschiedlicher Feuerlöschertypen zu vergleichen und durch Addition das Gesamtlöschvermögen von mehreren Feuerlöschern zu ermitteln.

3.9 **Brandschutzhelfer** sind die Beschäftigten, die der Arbeitgeber für Aufgaben der Brandbekämpfung bei Entstehungsbränden benannt hat.

4 Eignung von Feuerlöschern und Löschmitteln

4.1 Brandklassen

Feuerlöscher bzw. Löschmittel werden vom Hersteller entsprechend der Eignung einer oder mehreren Brandklassen zugeordnet. Diese Zuordnung ist auf dem Feuerlöscher mit Piktogrammen angegeben (siehe Tabelle 1).

Tabelle 1: Brandklassen nach DIN EN 2:2005-01 »Brandklassen«, Piktogramme nach DIN EN 3-7:2007-10 »Tragbare Feuerlöscher – Teil 7: Eigenschaften, Leistungsanforderungen und Prüfungen«

Piktogramm	Brandklasse
	**Brandklasse A**: Brände fester Stoffe (hauptsächlich organischer Natur), verbrennen normalerweise unter Glutbildung Beispiele: Holz, Papier, Stroh, Textilien, Kohle, Autoreifen
	**Brandklasse B**: Brände von flüssigen oder flüssig werdenden Stoffen Beispiele: Benzin, Öle, Schmierfette, Lacke, Harze, Wachse, Teer *Hinweis: Sicherheitsdatenblatt beachten*
	**Brandklasse C**: Brände von Gasen Beispiele: Methan, Propan, Wasserstoff, Acetylen, Erdgas
	**Brandklasse D**: Brände von Metallen Beispiele: Aluminium, Magnesium, Lithium, Natrium, Kalium und deren Legierungen
	**Brandklasse F**: Brände von Speiseölen und -fetten (pflanzliche oder tierische Öle und Fette) in Frittier- und Fettbackgeräten und anderen Kücheneinrichtungen und -geräten

Für Brände von elektrischen Anlagen und Betriebsmitteln wird in DIN EN 2:2005-01 »Brandklassen« keine eigenständige Brandklasse ausgewiesen.

Feuerlöscher nach DIN EN 3-7:2007-10 »Tragbare Feuerlöscher – Teil 7: Eigenschaften, Leistungsanforderungen und Prüfungen«, die für die Brandbekämpfung im Bereich elektrischer Anlagen geeignet sind, werden mit der maximalen Spannung und dem notwendigen Mindestabstand gekennzeichnet, z. B. bis 1000 V, Mindestabstand 1 m.

4.2 Löschvermögen, Löschmitteleinheiten

(1) Das Löschvermögen wird durch eine Zahlen-Buchstabenkombination auf dem Feuerlöscher angegeben. In dieser Zahlen-Buchstabenkombination bezeichnet die Zahl die Größe des erfolgreich abgelöschten Norm-Prüfobjektes und der Buchstabe die Brandklasse (siehe Abbildung 1).

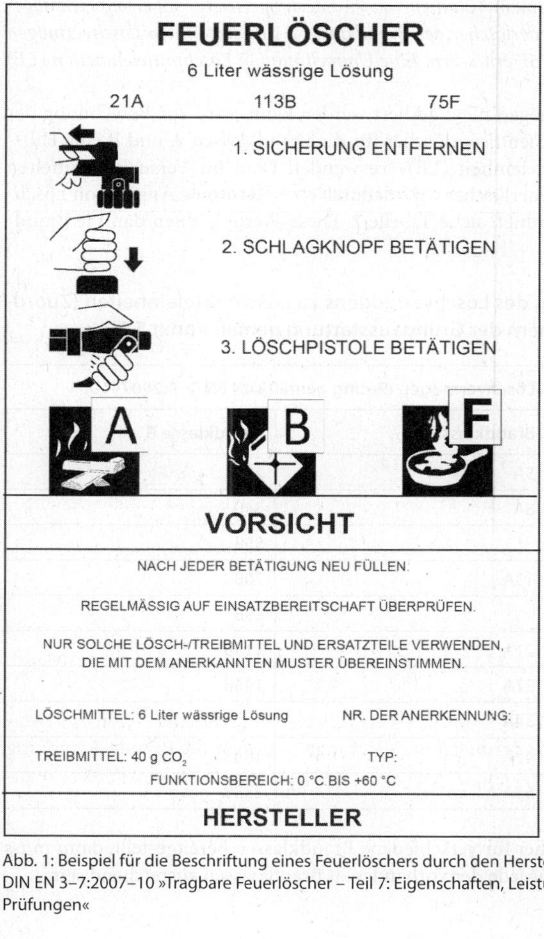

Abb. 1: Beispiel für die Beschriftung eines Feuerlöschers durch den Hersteller, in Anlehnung an DIN EN 3–7:2007–10 »Tragbare Feuerlöscher – Teil 7: Eigenschaften, Leistungsanforderungen und Prüfungen«

Hinweise:

1. Die Buchstaben ***A, B, F*** *bezeichnen die jeweilige Brandklasse, für die der Feuerlöscher geeignet ist. Die davor stehenden Zahlen* ***21****A,* ***113****B,* ***75****F in Abbildung 1 geben*

das Löschvermögen in der jeweiligen Brandklasse, bestimmt an einem Norm-Prüfobjekt entsprechender Größe, an.
2. Es kann für die Brandklassen A und B mit Hilfe der Tabelle 2 in Löschmitteleinheiten (LE) umgerechnet werden.
3. Für die Brandklassen C und D wird nur die Eignung des Feuerlöschers ohne Bestimmung des Löschvermögens festgestellt.
*4. Für die Brandklasse F gibt die Zahl **75** in Abbildung 1 an, dass unter Prüfbedingungen ein Brand mit einem Volumen von 75 Litern Speisefett / -öl erfolgreich abgelöscht werden kann. Feuerlöscher der Brandklasse F sind mit einem Löschvermögen von **5**F, **25**F, **40**F und **75**F erhältlich. Eine Umrechnung in Löschmitteleinheiten (LE) erfolgt nicht.*

(2) Da das Löschvermögen nicht addiert werden kann, wird zur Berechnung der Anzahl der erforderlichen Feuerlöscher für die Brandklassen A und B eine Hilfsgröße, die »Löschmitteleinheit (LE)« verwendet. Dem im Versuch ermittelten Löschvermögen der Feuerlöscher wird dadurch eine bestimmte Anzahl von Löschmitteleinheiten zugeordnet, siehe Tabelle 2. Diese Werte können dann je Brandklasse addiert werden.

Tabelle 2: Zuordnung des Löschvermögens zu Löschmitteleinheiten (Zuordnung von Feuerlöschern der Grundausstattung gemäß Punkt 5.2)

	Löschvermögen (Rating gemäß DIN EN 3–7:2007–10)	
LE	**Brandklasse A**	**Brandklasse B**
1	5A	21B
2	8A	34B
3		55B
4	13A	70B
5		89B
6	21A	113B
9	27A	144B
10	34A	
12	43A	183B
15	55A	233B

(3) Werden Feuerlöscher für verschiedene Brandklassen bereitgestellt, dann muss das Löschvermögen für jede der vorhandenen Brandklassen ausreichend sein.

5 Ausstattung für alle Arbeitsstätten

5.1 Branderkennung und Alarmierung

(1) Der Arbeitgeber hat durch geeignete Maßnahmen sicherzustellen, dass die Beschäftigten im Brandfall unverzüglich gewarnt und zum Verlassen von Gebäuden oder gefährdeten Bereichen aufgefordert werden können. Die Möglichkeit zur Alarmierung von Hilfs- und Rettungskräften muss gewährleistet sein.
(2) Brände können durch Personen oder Brandmelder erkannt und gemeldet werden.
Brandmelder dienen der frühzeitigen Erkennung von Bränden. Dies trägt maßgeblich zum Löscherfolg und zur rechtzeitigen Einleitung von Evakuierungs- und Rettungsmaßnahmen bei.
Als Brandmelder werden technische Geräte zum Auslösen eines Alarms im Falle eines Brandes bezeichnet. Dabei wird unterschieden zwischen automatischen Brandmeldern, welche einen Brand anhand seiner Eigenschaften (z. B. Rauch, Temperatur, Flamme) erkennen, und nichtautomatischen Brandmeldern, die von Hand betätigt werden (Handfeuermelder). Der Alarm kann dem Warnen der anwesenden Personen oder dem Herbeirufen von Hilfe (z. B. Sicherheitspersonal, Feuerwehr) dienen.
(3) Geeignete Maßnahmen zur Alarmierung von Personen sind z. B.:

- Brandmeldeanlagen mit Sprachalarmanlagen (SAA) oder akustische Signalgeber (z. B. Hupen, Sirenen),
- Hausalarmanlagen,
- Elektroakustische Notfallwarnsysteme (ENS),
- optische Alarmierungsmittel,
- Telefonanlagen,
- Megaphone,
- Handsirenen,
- Zuruf durch Personen oder
- personenbezogene Warneinrichtungen.

(4) Technische Maßnahmen sind vorrangig umzusetzen. Dabei sind automatische Brandmelde- und Alarmierungseinrichtungen zu bevorzugen.
Die Notwendigkeit von technischen Alarmierungsanlagen ergibt sich aus der Gefährdungsbeurteilung, z. B. wenn Ruf- und Sichtverbindungen oder räumliche Gegebenheiten eine Warnung der gefährdeten Personen nicht erlauben bzw. sich Handlungsbedarf aus den Evakuierungsübungen nach ASR A2.3 »Fluchtwege und Notausgänge« oder aus Auflagen von Behörden ergibt.

5.2 Grundausstattung mit Feuerlöscheinrichtungen

(1) Der Arbeitgeber hat Feuerlöscheinrichtungen nach Art und Umfang der im Betrieb vorhandenen brennbaren Stoffe, der Brandgefährdung und der Grundfläche der Arbeitsstätte in ausreichender Anzahl bereitzustellen. Für die Ermitt-

lung der Art und Anzahl der erforderlichen Feuerlöscher kann die Arbeitsstätte in Teilbereiche unterteilt werden, sofern dies wegen der baulichen Gegebenheiten oder der Nutzungsbedingungen sinnvoll oder erforderlich ist. Die zu einer Arbeitsstätte gehörenden Teilbereiche können in unterschiedliche Brandgefährdungen eingestuft sein.
Im Regelfall hat der Arbeitgeber bei der Grundausstattung als Feuerlöscheinrichtungen Feuerlöscher nach DIN EN 3-7:2007-10 »Tragbare Feuerlöscher – Teil 7: Eigenschaften, Leistungsanforderungen und Prüfungen« bereitzustellen. Ein allgemeines Lösungsschema zur Festlegung der Ausstattung der Arbeitsstätte enthält Anhang 1; Ausführungsbeispiele für die Grundausstattung sind im Anhang 2 und für die Abweichung von der Grundausstattung im Anhang 3 dargestellt.
(2) In allen Arbeitsstätten ist für die Grundausstattung die für einen Bereich erforderliche Anzahl von Feuerlöschern mit dem entsprechenden Löschvermögen für die Brandklassen A und B nach den Tabellen 2 und 3 zu ermitteln. Ausgehend von der Grundfläche (Summe der Grundflächen aller Ebenen) der Arbeitsstätte gemäß Tabelle 3 sind die erforderlichen Löschmitteleinheiten zu ermitteln. Aus Tabelle 2 ist dann die entsprechende Art, Anzahl und Größe der Feuerlöscher entsprechend ihrem Löschvermögen zu entnehmen, wobei die Summe der Löschmitteleinheiten mindestens der aus der Tabelle 3 entnommenen Zahl je Brandklasse entsprechen muss.
Flächen im Freien (z. B. Grünanlagen, Verkehrswege) können bei der Ermittlung der Grundausstattung unberücksichtigt bleiben.

Tabelle 3: Löschmitteleinheiten in Abhängigkeit von der Grundfläche der Arbeitsstätte

Grundfläche bis … m²	Löschmitteleinheiten [LE]
50	6
100	9
200	12
300	15
400	18
500	21
600	24
700	27
800	30
900	33
1000	36
je weitere 250	+ 6

Für die Grundausstattung werden im Regelfall nur Feuerlöscher angerechnet, die jeweils über mindestens 6 Löschmitteleinheiten (LE) verfügen.

Abweichend davon können für die Grundausstattung bei normaler Brandgefährdung auch Feuerlöscher, die jeweils nur über mindestens 2 Löschmitteleinheiten (LE) verfügen, angerechnet werden, wenn:
- sich hierdurch eine Vereinfachung in der Bedienung ergibt, z. B. durch mindestens 25 % Gewichtsersparnis je Feuerlöscher,
- die Zugriffszeit, z. B. durch Halbierung der maximalen Entfernung zum nächstgelegenen Feuerlöscher nach Punkt 5.3, reduziert wird und
- die Anzahl der Brandschutzhelfer nach Punkt 7.3 verdoppelt wird.

In mehrgeschossigen Gebäuden sind in jedem Geschoss mindestens 6 Löschmitteleinheiten (LE) bereitzustellen.

Um tragbare Feuerlöscher einfach handhaben zu können, soll
- auf ein geringes Gerätegewicht sowie
- innerhalb eines Bereiches auf gleiche Funktionsweise der Geräte bei Auslöse- und Unterbrechungseinrichtungen

geachtet werden.

Hinweise:

1. Bei der Auswahl der Feuerlöscher sollten auch mögliche Folgeschäden durch die Löschmittel berücksichtigt werden.

2. Bei dem Einsatz von Kohlendioxid (CO_2) als Löschmittel sind Gesundheitsgefahren durch zu hohe CO_2-Konzentrationen zu berücksichtigen.

(3) Sind in einem Gebäude Arbeitsstätten verschiedener Arbeitgeber vorhanden, können vorhandene Feuerlöscher gemeinsam genutzt werden. Dabei hat jeder Arbeitgeber sicherzustellen, dass für seine Beschäftigten der Zugriff zu den erforderlichen Feuerlöschern jederzeit gewährleistet ist.

5.3 Anforderungen an die Bereitstellung von Feuerlöscheinrichtungen

Der Arbeitgeber hat sicherzustellen, dass in Arbeitsstätten:
- Feuerlöscher gut sichtbar und leicht erreichbar angebracht sind,
- Feuerlöscher vorzugsweise in Fluchtwegen, im Bereich der Ausgänge ins Freie, an den Zugängen zu Treppenräumen oder an Kreuzungspunkten von Verkehrswegen / Fluren angebracht sind,
- die Entfernung von jeder Stelle zum nächstgelegenen Feuerlöscher nicht mehr als 20 m (tatsächliche Laufweglänge) beträgt, um einen schnellen Zugriff zu gewährleisten,
- Feuerlöscher vor Beschädigungen und Witterungseinflüssen geschützt aufgestellt sind, z. B. durch Schutzhauben, Schränke, Anfahrschutz; dies kann z. B. bei Tankstellen, in Tiefgaragen oder nicht allseitig umschlossenen baulichen Anlagen erforderlich sein,
- Feuerlöscher so angebracht sind, dass diese ohne Schwierigkeiten aus der Halterung entnommen werden können; für die Griffhöhe haben sich 0,80 m bis 1,20 m als zweckmäßig erwiesen,

- die Standorte von Feuerlöschern durch das Brandschutzzeichen F001 »Feuerlöscher« entsprechend ASR A1.3 »Sicherheits- und Gesundheitsschutzkennzeichnung« gekennzeichnet sind. In unübersichtlichen Arbeitsstätten ist der nächstgelegene Standort eines Feuerlöschers gut sichtbar durch das Brandschutzzeichen F001 »Feuerlöscher« in Verbindung mit einem Zusatzzeichen »Richtungspfeil« anzuzeigen. Besonders in lang gestreckten Räumen oder Fluren sollen Brandschutzzeichen in Laufrichtung jederzeit erkennbar sein, z. B. durch den Einsatz von Fahnen- oder Winkelschildern,
- weitere Feuerlöscheinrichtungen ebenfalls entsprechend ASR A1.3 »Sicherheits- und Gesundheitsschutzkennzeichnung« gekennzeichnet sind (z. B. für Wandhydranten: Brandschutzzeichen F002 »Löschschlauch«),
- die Erkennbarkeit der notwendigen Brandschutzzeichen auf Fluchtwegen ohne Sicherheitsbeleuchtung durch Verwendung von langnachleuchtenden Materialien entsprechend ASR A1.3 erhalten bleibt und
- die Standorte der Feuerlöscheinrichtungen in den Flucht- und Rettungsplan entsprechend ASR A2.3 »Fluchtwege und Notausgänge« aufgenommen sind.

6 Ausstattung von Arbeitsstätten mit erhöhter Brandgefährdung

6.1 Feststellung der erhöhten Brandgefährdung

Werden im Rahmen der Gefährdungsbeurteilung Bereiche mit erhöhter Brandgefährdung festgestellt, hat der Arbeitgeber neben der Grundausstattung nach Punkt 5.2 und den Grundanforderungen für die Bereitstellung nach Punkt 5.3 zusätzliche betriebs- und tätigkeitsspezifische Maßnahmen zu ergreifen (siehe Punkt 6.2).
Von erhöhter Brandgefährdung kann z. B. in folgenden Arbeitsstätten oder bei folgenden Tätigkeiten ausgegangen werden (siehe Tabelle 4):

Tabelle 4: Beispielhafte Aufzählung von Bereichen und Tätigkeiten in Arbeitsstätten mit erhöhter Brandgefährdung

1.	Verkauf, Handel, Lagerung
	– Lager mit extrem oder leicht entzündbaren bzw. leicht entflammbaren Stoffen oder Gemischen – Lager für Recyclingmaterial und Sekundärbrennstoffe – Speditionslager – Lager mit Lacken und Lösungsmitteln – Altpapierlager – Baumwolllager, Holzlager, Schaumstofflager – Lagerbereiche für Verpackungsmaterial – Lager mit sonstigem brennbaren Material – Ausstellungen für Möbel – Verkaufsräume mit erhöhten Brandgefährdungen, z. B. Heimwerkermarkt, Baumarkt

2.	Dienstleistung
	– Kinos, Diskotheken – Abfallsammelräume – Küchen – Beherbergungsbetriebe – Theaterbühnen – technische und naturwissenschaftliche Bereiche in Bildungs- und Forschungseinrichtungen – Tank- und Tankfahrzeugreinigung – chemische Reinigung, Wäschereien – Alten- und Pflegeheime – Werkstätten für Menschen mit Behinderungen – Krankenhäuser
3.	Industrie
	– Möbelherstellung, Spanplattenherstellung – Webereien, Spinnereien – Herstellung von Papier im Trockenbereich – Verarbeitung von Papier – Getreidemühlen und Futtermittelproduktion – Schaumstoff-, Dachpappenherstellung – Verarbeitung von brennbaren Lacken und Klebern – Lackier- und Pulverbeschichtungsanlagen und -geräte – Öl-Härtereien – Druckereien – petrochemische Anlagen – Verarbeitung von brennbaren Chemikalien – Leder- und Kunststoffverarbeitung – Kunststoff-Spritzgießerei – Kartonagenherstellung – Backwarenfabrik – Herstellung von Maschinen und Geräten
4.	Handwerk
	– Kfz-Werkstatt – Tischlerei / Schreinerei – Polsterei – Metallverarbeitung – Galvanik – Vulkanisierung – Leder-, Kunstleder- und Textilverarbeitung – Backbetrieb – Elektrowerkstatt

6.2 Zusätzliche Maßnahmen bei erhöhter Brandgefährdung

(1) Über die Grundausstattung hinausgehende zusätzliche Maßnahmen in Bereichen mit erhöhter Brandgefährdung sind z. B.:

- die Ausrüstung von Bereichen mit Brandmeldeanlagen zur frühzeitigen Erkennung von Entstehungsbränden,
- die Erhöhung der Anzahl der Feuerlöscher und deren gleichmäßige Verteilung in Bereichen mit erhöhter Brandgefährdung, um die maximale Entfernung zum nächstgelegenen Feuerlöscher und dadurch die Zeit bis zum Beginn der Entstehungsbrandbekämpfung zu verkürzen,
- die Anbringung mehrerer gleichartiger und baugleicher Feuerlöscher an einem Standort in Bereichen mit erhöhter Brandgefährdung, um bei ausreichend anwesenden Beschäftigten zur Entstehungsbrandbekämpfung durch gleichzeitigen Einsatz mehrerer Feuerlöscher einen größeren Löscheffekt zu erzielen,
- die Bereitstellung von zusätzlichen, für die vor Ort vorhandenen Brandklassen geeigneten Feuerlöscheinrichtungen in Bereichen oder an Arbeitsplätzen mit erhöhter Brandgefährdung, um eine schnelle und wirksame Entstehungsbrandbekämpfung zu ermöglichen, z. B. Kohlendioxidlöscher in Laboren, Fettbrandlöscher an Fritteusen und Fettbackgeräten, fahrbare Feuerlöscher mit einer höheren Wurfweite und Löschleistung an Tanklagern mit brennbaren Flüssigkeiten, Wandhydranten in Gebäuden, bei denen eine hohe Löschleistung für die Entstehungsbrandbekämpfung oder zur Kühlung benötigt wird oder
- Maßnahmen, die nach der Technischen Regel für Gefahrstoffe TRGS 800 »Brandschutzmaßnahmen« für Tätigkeiten mit Gefahrstoffen nötig sind.

(2) Die wegen der erhöhten Brandgefährdung einzusetzenden Löscheinrichtungen sind so anzuordnen, dass sie auch schnell zum Einsatz gebracht werden können. Daher sind insbesondere in der Nähe der folgenden Stellen Feuerlöscheinrichtungen zu positionieren:

- Bearbeitungsmaschinen mit erhöhter Zündgefahr,
- erhöhte Brandlasten oder
- Räume, die wegen der erhöhten Brandgefahr brandschutztechnisch abgetrennt werden.

Dabei ist sicherzustellen, dass:

- das Löschmittel der Brandklasse angepasst ist,
- die Löschmittelmenge ausreichend ist, um einen Entstehungsbrand dieser Gefährdung abzudecken und
- die Feuerlöscheinrichtung so positioniert ist, dass sie im Falle eines Brandausbruchs in Bereichen mit erhöhter Brandgefährdung noch ohne Gefährdung vom Beschäftigten schnell (in der Regel nicht größer als 5 m, maximal 10 m tatsächliche Laufweglänge) erreicht werden kann.

(3) Ortsfeste Brandbekämpfungsanlagen (z. B. Sprinkleranlagen, Sprühwasserlöschanlagen, Feinsprühlöschanlagen, Schaum-, Pulver- oder Gaslöschanlagen) sind zusätzliche, also über die Grundausstattung hinausgehende Maßnahmen des Brandschutzes. Sie sind vorrangig z. B. dann erforderlich, wenn:

- eine Brandbekämpfung mit Feuerlöscheinrichtungen wegen der Eigengefährdung nicht möglich ist oder
- die Bereiche nicht zugänglich sind.

Hinweis:
Für Tätigkeiten mit Gefahrstoffen sind die Maßnahmen des Brandschutzes nach der Technischen Regel für Gefahrstoffe – TRGS 800 »Brandschutzmaßnahmen« und für die Verwendung von Arbeitsmitteln die Maßnahmen zum Brand- und Explosionsschutz nach der Betriebssicherheitsverordnung zu beachten.

7 Organisation des betrieblichen Brandschutzes

7.1 Organisatorische Brandschutzmaßnahmen

(1) Der Arbeitgeber hat die notwendigen Maßnahmen gegen Entstehungsbrände einschließlich der Verhaltensregeln im Brandfall (z. B. Evakuierung von Gebäuden) festzulegen und zu dokumentieren.
Hinweise:
1. Informationen zur Evakuierung von Gebäuden sind in der ASR A2.3 »Fluchtwege und Notausgänge« enthalten.
2. Sofern der Arbeitgeber eine erhöhte Brandgefährdung ermittelt hat, kann die Benennung eines Brandschutzbeauftragten zweckmäßig sein. Dieser berät und unterstützt den Arbeitgeber zu Themen des betrieblichen Brandschutzes. Die Notwendigkeit zur Bestellung eines Brandschutzbeauftragten kann sich auch aus anderen, insbesondere landesrechtlichen Vorschriften, ergeben.
(2) Die Maßnahmen für alle Personen, die sich in der Arbeitsstätte aufhalten, sind an gut zugänglicher Stelle in geeigneter Form auszuhängen, wenn:
- erhöhte Brandgefährdung vorliegt,
- der Aushang eines Flucht- und Rettungsplanes nach ASR A2.3 »Fluchtwege und Notausgänge« erforderlich ist oder
- sich häufig Besucher oder Fremdfirmen in der Arbeitsstätte aufhalten, insbesondere wenn sie nicht begleitet sind.

Dies kann z. B. als
- Brandschutzordnung Teil A nach DIN 14096:2014-05 »Brandschutzordnung – Regeln für das Erstellen und das Aushängen« oder
- »Regeln für das Verhalten im Brandfall« des Flucht- und Rettungsplans nach ASR A1.3 »Sicherheits- und Gesundheitsschutzkennzeichnung«

erfolgen.
(3) Die Maßnahmen für alle Beschäftigten sind diesen durch Auslegen oder in elektronischer Form zugänglich zu machen. Dies kann z. B. in Form der Brandschutzordnung Teil B nach DIN 14096:2014-05 »Brandschutzordnung – Regeln für das Erstellen und das Aushängen« erfolgen.
(4) Die Maßnahmen für Beschäftigte mit besonderen Aufgaben im Brandschutz, soweit diese vorhanden sind (z. B. Brandschutzbeauftragte), sind diesen gegen Nachweis gegebenenfalls auch elektronisch bekannt zu machen. Dies kann z. B. in Form der Brandschutzordnung Teil C nach DIN 14096:2014-05 »Brandschutzordnung – Regeln für das Erstellen und das Aushängen« erfolgen.

7.2 Unterweisung

Der Arbeitgeber hat alle Beschäftigten über die nach Punkt 7.1 festgelegten Maßnahmen
- vor Aufnahme der Beschäftigung,
- bei Veränderung des Tätigkeitsbereiches und
- danach in angemessenen Zeitabständen, mindestens jedoch einmal jährlich,

zu unterweisen.

7.3 Brandschutzhelfer

(1) Der Arbeitgeber hat eine ausreichende Anzahl von Beschäftigten durch Unterweisung und Übung im Umgang mit Feuerlöscheinrichtungen zur Bekämpfung von Entstehungsbränden vertraut zu machen.
(2) Die Anzahl von Brandschutzhelfern ergibt sich aus der Gefährdungsbeurteilung. Ein Anteil von 5 % der Beschäftigten ist in der Regel ausreichend. Eine größere Anzahl von Brandschutzhelfern kann z. B. in Bereichen mit erhöhter Brandgefährdung, bei der Anwesenheit vieler Personen, Personen mit eingeschränkter Mobilität sowie bei großer räumlicher Ausdehnung der Arbeitsstätte erforderlich sein.
(3) Bei der Anzahl der Brandschutzhelfer sind auch Schichtbetrieb und Abwesenheit einzelner Beschäftigter, z. B. Fortbildung, Urlaub und Krankheit, zu berücksichtigen.
(4) Die Brandschutzhelfer sind im Hinblick auf ihre Aufgaben fachkundig zu unterweisen. Zum Unterweisungsinhalt gehören neben den Grundzügen des vorbeugenden Brandschutzes Kenntnisse über die betriebliche Brandschutzorganisation, die Funktions- und Wirkungsweise von Feuerlöscheinrichtungen, die Gefahren durch Brände sowie über das Verhalten im Brandfall.
(5) Praktische Übungen (Löschübungen) im Umgang mit Feuerlöscheinrichtungen gehören zur fachkundigen Unterweisung der Brandschutzhelfer.
Hinweis:
In der Praxis hat es sich bei einer normalen Brandgefährdung bewährt, die Unterweisung mit Übung in Abständen von 2 bis 5 Jahren zu wiederholen. Das Zeitintervall für die Wiederholung ist vom Arbeitgeber anhand der Gefährdungsbeurteilung festzulegen.

7.4 Instandhaltung und Prüfung

7.4.1 Brandmelde- und Feuerlöscheinrichtungen

(1) Der Arbeitgeber hat Brandmelde- und Feuerlöscheinrichtungen unter Beachtung der Herstellerangaben in regelmäßigen Abständen sachgerecht instand zu halten und auf ihre Funktionsfähigkeit prüfen zu lassen. Die Ergebnisse sind zu dokumentieren.

(2) Werden keine Mängel festgestellt, ist dies auf der Feuerlöscheinrichtung kenntlich zu machen, z. B. durch Anbringen eines Instandhaltungsnachweises.
(3) Werden Mängel festgestellt, durch welche die Funktionsfähigkeit der Feuerlöscheinrichtung nicht mehr gewährleistet ist, hat der Arbeitgeber unverzüglich zu veranlassen, dass die Feuerlöscheinrichtung instandgesetzt oder ausgetauscht wird.

7.4.2 Besondere Regelungen für Feuerlöscher

(1) Die Bauteile von Feuerlöschern sowie die im Feuerlöscher enthaltenen Löschmittel können im Laufe der Zeit unter den äußeren Einflüssen am Aufstellungsort (wie Temperatur, Luftfeuchtigkeit, Verschmutzung, Erschütterung oder unsachgemäße Behandlung) unbrauchbar werden. Zur Sicherstellung der Funktionsfähigkeit sind Feuerlöscher daher alle zwei Jahre durch einen Fachkundigen zu warten. Lässt der Hersteller von der genannten Frist abweichende längere Fristen für die Instandhaltung zu, können diese vom Arbeitgeber herangezogen werden. Kürzere vom Hersteller genannte Fristen sind zu beachten.
Hinweise:
1. *Fachkundige zur Wartung von Feuerlöschern sind insbesondere Sachkundige gemäß DIN 14406-4:2009-09 »Tragbare Feuerlöscher – Teil 4: Instandhaltung«.*
2. *Von der Wartung durch den Fachkundigen bleiben die wiederkehrenden Prüfungen der Feuerlöscher (Druckprüfung) durch eine befähigte Person nach der Betriebssicherheitsverordnung unberührt.*

(2) Bei starker Beanspruchung, z. B. durch Umwelteinflüsse oder mobilen Einsatz, können kürzere Zeitabstände erforderlich sein.
Hinweis:
Für die erforderlichen Arbeitsschritte wird auf das bvfa-Merkblatt »Arbeitsschritte bei der Instandhaltung von tragbaren Feuerlöschern«, Ausgabe 2016-09 (01) verwiesen.

8 Abweichende / ergänzende Anforderungen für Baustellen

(1) Die Anforderungen in den Punkten 5.2 und 7.3 gelten auf Baustellen nur für stationäre Baustelleneinrichtungen, z. B. Baubüros, Unterkünfte oder Werkstätten.
(2) Werden auf Baustellen Tätigkeiten mit einer erhöhten Brandgefährdung nach Punkt 6.1 durchgeführt, ist dort bei Tätigkeiten mit einer Brandgefährdung (z. B. Schweißen, Brennschneiden, Trennschleifen, Löten) oder bei der Anwendung von Verfahren, bei denen eine Brandgefährdung besteht (z. B. Farbspritzen, Flammarbeiten) für jedes der dabei eingesetzten und eine erhöhte Brandgefährdung auslösenden Arbeitsmittel ein Feuerlöscher für die entsprechenden Brandklassen mit mindestens 6 LE in unmittelbarer Nähe bereitzuhalten.
(3) Abweichend von Punkt 7.3 Absätze 1 bis 3 sind sämtliche Personen, die mit den vorgenannten Arbeitsmitteln tätig werden, theoretisch und praktisch im Umgang mit Feuerlöschern nach Punkt 7.3 Absätze 4 und 5 zu unterweisen.
(4) Baustellen mit besonderen Gefährdungen (z. B. Untertagebaustellen, Hochhausbau) erfordern zusätzliche Maßnahmen gegen Brände nach Punkt 6.2.

Anhang 1
Standardschema zur Festlegung der notwendigen Feuerlöscheinrichtungen:

1. Schritt – Ermittlung der vorhandenen Brandklassen nach Tabelle 1
2. Schritt – Ermittlung der Brandgefährdung (siehe auch Tabelle 4)
3. Schritt – Ermittlung der Löschmitteleinheiten (LE) in Abhängigkeit von der Grundfläche für die in allen Arbeitsstätten notwendige Grundausstattung mit Feuerlöscheinrichtungen nach Tabelle 3
4. Schritt – Festlegung der für die Grundausstattung notwendigen Anzahl der Feuerlöscheinrichtungen entsprechend den Löschmitteleinheiten (LE) nach Tabelle 2
5. Schritt – Gegebenenfalls Festlegung von zusätzlichen Maßnahmen, insbesondere nach Punkt 6.2, bei erhöhter Brandgefährdung

Anhang 2
Beispiele für die Ermittlung der Grundausstattung

Beispiel 2.1:
Bürobetrieb
Brandklassen: A und B
Grundfläche: 500 m²
Ergebnis der Gefährdungsbeurteilung: normale Brandgefährdung
→ Grundausstattung mit Feuerlöschern gemäß Tabelle 3:
Tabelle 3 ergibt bis 500 m² – 21 LE.
Gewählt werden Pulverlöscher mit Löschvermögen 21A 113B, was nach Tabelle 2 für diesen Feuerlöschertyp 6 LE entspricht.
Es sind demnach 21 LE, geteilt durch 6, also 4 Feuerlöscher dieses Typs erforderlich.

Beispiel 2.2:
Kindertagesstätte mit 4 Gruppen
Brandklasse: A
Grundfläche: 538 m²
Ergebnis der Gefährdungsbeurteilung: normale Brandgefährdung
Brandschutzhelfer: alle Beschäftigten sind ausgebildet
→ Grundausstattung mit Feuerlöschern gemäß Tabelle 3:
Tabelle 3 ergibt bis 600 m² – 24 LE.
Als Grundausstattung nach Punkt 5.2 wären hier insgesamt 24 LE erforderlich, sodass bei mindestens 6 LE je Feuerlöscher 4 Feuerlöscher erforderlich wären.
Das Ziel ist, dass in jeder Gruppe, im Büro und in der Aufwärmküche Feuerlöscher mit geringerem Gewicht zur Verfügung stehen.
Für die Kindertagesstätte werden insgesamt 6 Wasserlöscher mit 3 Litern Wasser und einem Löschvermögen von 13A je Gerät, was nach Tabelle 2 für diesen Feuer-

löschertyp 4 LE für die Brandklasse A entspricht, vorgesehen und in den 4 Gruppen, im Büro und in der Aufwärmküche positioniert.
Durch die Auswahl und Positionierung der genannten Feuerlöscher sind die Kriterien Gewichtsersparnis und Reduzierung der Entfernung zum nächstgelegenen Feuerlöscher erfüllt.

Beispiel 2.3:
Küche mit 3 Fritteusen von jeweils 25 Liter Inhalt
Brandklassen: A, B und F
Grundfläche: 700 m^2
Ergebnis der Gefährdungsbeurteilung: erhöhte Brandgefährdung
→ Grundausstattung mit Feuerlöschern gemäß Tabelle 3:
Tabelle 3 ergibt bis 700 m^2 – 27 LE.
Gewählt werden Pulverlöscher mit Löschvermögen 43A 233B, was nach Tabelle 2 für diesen Feuerlöschertyp 12 LE entspricht.
Es sind demnach 27 LE, geteilt durch 12, also 3 Feuerlöscher dieses Typs für die Grundausstattung erforderlich.
→ Zusätzliche Maßnahmen:
Zusätzlich werden für die Bereiche mit Brandklasse F Fettbrandlöscher mit Löschvermögen 75F bereitgestellt.

Beispiel 2.4:
Polsterei
Brandklassen: A und B
Grundfläche: 390 m^2
Ergebnis der Gefährdungsbeurteilung: erhöhte Brandgefährdung
→ Grundausstattung mit Feuerlöschern gemäß Tabelle 3:
Tabelle 3 ergibt bis 400 m^2 – 18 LE.
Gewählt werden Schaumlöscher mit Löschvermögen 21A 113B, was nach Tabelle 2 für diesen Feuerlöschertyp 6 LE entspricht.
Es sind demnach 18 LE, geteilt durch 6, also 3 Feuerlöscher dieses Typs für die Grundausstattung erforderlich.
→ Zusätzliche Maßnahmen:
Zusätzlich werden eine automatische Brandmeldeanlage aufgrund des unübersichtlichen Arbeitsbereiches und eine Löschanlage installiert.

Beispiel 2.5:
Speditionslager
Brandklasse: A
Grundfläche: 600 m^2
Ergebnis der Gefährdungsbeurteilung: erhöhte Brandgefährdung
→ Grundausstattung mit Feuerlöschern gemäß Tabelle 3:
Tabelle 3 ergibt bis 600 m^2 – 24 LE.
Gewählt werden Wasserlöscher mit Löschvermögen 21A, was nach Tabelle 2 für diesen Feuerlöschertyp 6 LE entspricht.

Es sind demnach 24 LE, geteilt durch 6, also 4 Feuerlöscher dieses Typs für die Grundausstattung erforderlich.
→ Zusätzliche Maßnahmen:
Zusätzlich werden 6 weitere Wasserlöscher mit Löschvermögen 13A bereitgestellt und im Speditionslager verteilt, um die Wege zum nächstgelegenen Feuerlöscher für einen noch schnelleren Zugriff zu verkürzen.

Anhang 3
Beispiele für die Abweichung von der Grundausstattung

Die Anwendung der in der ASR A2.2 angegebenen Maßnahmen zur Ermittlung der Grundausstattung von Arbeitsstätten gemäß Punkt 5.2 stellen die zweckmäßigen Lösungen für die Sicherung des Brandschutzes in einer Arbeitsstätte dar.
Abweichend von dieser Ermittlung der Grundausstattung kann der Arbeitgeber eine andere Lösung wählen, wenn er damit mindestens die gleiche Sicherheit und den gleichen Gesundheitsschutz für die Beschäftigten erreicht. Dieses gilt für die normale wie auch für die erhöhte Brandgefährdung.
Die in diesem Anhang aufgeführten Beispiele für solche Abweichungen zeigen die Vorgehensweise auf, ersetzen jedoch weder die Gefährdungsbeurteilung noch stellen sie eine »Musterlösung« dar, die ohne Prüfung der konkreten Bedingungen übernommen werden kann.
Da Abweichungen unter der Voraussetzung möglich sind, dass die Gleichwertigkeit mit den Lösungen nach ASR A2.2 gewährleistet wird, müssen die Abweichungen von der ASR A2.2 ermittelt und bewertet werden. Den Nachweis über die Gleichwertigkeit hat der Arbeitgeber im Einzelfall auf Basis der Gefährdungsbeurteilung zu erbringen.

Beispiele für normale Brandgefährdung

Beispiel 3.1:
Verwaltung
Brandklasse: A
Grundfläche: 600 m², eingeschossig
Ergebnis der Gefährdungsbeurteilung: normale Brandgefährdung
Hinweis: ein Wandhydrant ist vorhanden
Nach Punkt 5.2 wären hier insgesamt 24 LE erforderlich, sodass bei mindestens 6 LE je Feuerlöscher 4 Feuerlöscher als Grundausstattung erforderlich wären.
Das Ziel ist, den vorhandenen Wandhydranten weiter zu betreiben und als Teil der Grundausstattung zu berücksichtigen.
Aus der Gefährdungsbeurteilung ergibt sich auch, dass

- Wasser als Löschmittel geeignet ist,
- das Geschoss ausreichend groß (> 400 m² Geschossfläche) ist, sodass der Einsatz eines Wandhydranten sinnvoll ist,

- es sich um einen Wandhydranten mit formbeständigem Schlauch handelt, der auch von einer Person eingesetzt werden kann,
- eine ausreichende Anzahl von Beschäftigten in der Handhabung dieses Wandhydranten unterwiesen ist,
- eine Verrauchung von Fluchtwegen (z. B. Treppenräumen) vermieden wird, weil der Wandhydrant sich auf dem Flur befindet und dessen Schlauch nicht durch Brand- oder Rauchschutztüren zum Brandherd geführt werden muss und
- mindestens 2/3 der erforderlichen Löschmitteleinheiten durch Feuerlöscher abgedeckt sind, da Wandhydranten nicht die alleinige Feuerlöscheinrichtung sein sollen.

Einem Wandhydranten könnten aufgrund seines Löschvermögens bis zu 27 LE zugeordnet werden. Auf Basis der Gefährdungsbeurteilung wird der vorhandene Wandhydrant mit 8 LE angerechnet. Die verbleibenden 16 LE werden durch 3 Pulverlöscher mit Löschvermögen 21A 113B, was nach Tabelle 2 für diesen Feuerlöschertyp 6 LE entspricht, abgedeckt.

Beispiel für erhöhte Brandgefährdung

Beispiel 3.2:
Küchenbetrieb mit 3 Kleinfritteusen mit einer Füllmenge von je 10 Litern Speiseöl pro Gerät
Brandklassen: A und F
Grundfläche: 180 m²
Ergebnis der Gefährdungsbeurteilung: erhöhte Brandgefährdung
Nach Punkt 5.2 wären hier insgesamt 12 LE erforderlich, sodass bei mindestens 6 LE je Feuerlöscher 2 Feuerlöscher als Grundausstattung erforderlich wären. Dazu wären wegen der Brandklasse F zusätzliche Fettbrandlöscher notwendig.
Um Verwechslungen und eine Doppelausstattung zu vermeiden, soll die Ausstattung mit Feuerlöschern erfolgen, die für die Brandklassen A und F geeignet sind. Die verfügbaren Feuerlöscher haben allerdings nur ein Löschvermögen von 13A und 40F je Gerät, was nach Tabelle 2 für diese Bauart 4 LE für die Brandklasse A entspricht.
Die Gefährdungsbeurteilung ergibt, dass

- das gesamte Küchenpersonal zu Brandschutzhelfern ausgebildet ist,
- die Wahrscheinlichkeit, dass 2 Feuerlöscher gleichzeitig zum Einsatz kommen können, sehr hoch ist,
- die vorhandene Anzahl der Feuerlöscher sehr schnell erreichbar ist und
- auch bei einer Rückzündung des Speiseöls in der Fritteuse weitere Feuerlöscher (Löschmittelreserve) schnell zum Einsatz kommen können.

Auf Basis dieser Gefährdungsbeurteilung werden für die Küche insgesamt 3 auch für die Brandklasse A geeignete Fettbrandlöscher mit einem Löschvermögen von 13A und 40F je Gerät, was nach Tabelle 2 für diese Bauart 4 LE für die Brandklasse A entspricht, in der Nähe der Fritteusen positioniert.

Literaturhinweise

- Technische Regeln für Gefahrstoffe (TRGS) 800 »Brandschutzmaßnahmen«
- DGUV Information 205-003 Aufgaben, Qualifikation, Ausbildung und Bestellung von Brandschutzbeauftragten 11/2014
- DGUV Information 205-023 Brandschutzhelfer 02/2014

ASR A2.3 »Fluchtwege und Notausgänge«

März 2022 (GMBl 2022, S. 227, zuletzt geändert GMBl 2024, S. 913)

1 Zielstellung

Diese ASR konkretisiert die Anforderungen der Arbeitsstättenverordnung, damit sich die Beschäftigten im Gefahrenfall unverzüglich in Sicherheit bringen und schnell gerettet werden können.
Konkretisiert werden die Anforderungen an das Einrichten und Betreiben von Fluchtwegen und Notausgängen, von Sicherheitsbeleuchtung und optischen Sicherheitsleitsystemen sowie an den Flucht- und Rettungsplan nach § 3 a Absatz 1 und § 4 Absätze 3 und 4 sowie Nummer 2.3 des Anhangs der Arbeitsstättenverordnung.

2 Anwendungsbereich

(1) Diese ASR gilt für das Einrichten und Betreiben von Fluchtwegen sowie Notausgängen in Gebäuden und vergleichbaren Einrichtungen, zu denen Beschäftigte im Rahmen ihrer Arbeit Zugang haben. Sie gilt ebenso für das Erstellen von Flucht- und Rettungsplänen und das Üben entsprechend dieser Pläne sowie für das Einrichten und Betreiben von Sammelstellen. Dabei ist neben den Beschäftigten die Anwesenheit von anderen Personen zu berücksichtigen.
Diese ASR gilt auch für das Einrichten und Betreiben der Sicherheitsbeleuchtung und von optischen Sicherheitsleitsystemen für Fluchtwege und Notausgänge in Arbeitsstätten. Sie nennt Beispiele für Arbeitsstätten, für die eine Sicherheitsbeleuchtung, gegebenenfalls ein optisches Sicherheitsleitsystem für Fluchtwege und Notausgänge erforderlich sein kann. Sie enthält die lichttechnischen Anforderungen an Sicherheitsbeleuchtung und optische Sicherheitsleitsysteme sowie Hinweise zu deren Betrieb, Instandhaltung und Prüfung.
(2) Diese ASR gilt nicht:

1. für das Einrichten und Betreiben von Bereichen in Gebäuden und vergleichbaren Einrichtungen, in denen sich Beschäftigte nur im Falle der Instandhaltung aufhalten müssen und
2. für das Verlassen von Arbeitsmitteln im Sinne des § 2 Absatz 1 Betriebssicherheitsverordnung im Gefahrenfall.

Für alle nicht vom Anwendungsbereich dieser ASR erfassten Bereiche sind besondere Maßnahmen auf Grundlage der Gefährdungsbeurteilung notwendig, um die erforderliche Sicherheit für die Beschäftigten im Gefahrenfall zu gewährleisten.

Sofern vergleichbare Verhältnisse vorliegen, wird empfohlen, die Inhalte dieser ASR zu berücksichtigen.

Hinweise:

1. Für die barrierefreie Gestaltung der Fluchtwege und Notausgänge, der Flucht- und Rettungspläne sowie der Sicherheitsbeleuchtung und optischen Sicherheitsleitsysteme gilt die ASR V3 a.2 »Barrierefreie Gestaltung von Arbeitsstätten«, Anhang A2.3: Ergänzende Anforderungen zur ASR A2.3 »Fluchtwege und Notausgänge«.

2. Zu Anforderungen an die Sicherheitsbeleuchtung für Tätigkeiten, Arbeitsplätze, Arbeitsräume und Bereiche in Arbeitsstätten, in denen bei Ausfall der Allgemeinbeleuchtung die Sicherheit der Beschäftigten gefährdet werden kann, siehe ASR A3.4 »Beleuchtung und Sichtverbindung«, Abschnitte 8, 9.4 und 10.

3 Begriffsbestimmungen

3.1 **Fluchtwege** sind Verkehrswege, an die besondere Anforderungen zu stellen sind und die der selbstständigen Flucht aus einem möglichen Gefahrenbereich und in der Regel zugleich der Rettung von Personen dienen.

Der Fluchtweg beginnt an allen Orten in der Arbeitsstätte, zu denen Beschäftigte im Rahmen ihrer Arbeit Zugang haben oder sich bei der Nutzung von Neben-, Sanitär-, Kantinen-, Pausen- und Bereitschaftsräumen, Erste-Hilfe-Räumen und Unterkünften aufhalten.

Außentreppen, begehbare Dachflächen oder offene Gänge können Teil eines Fluchtweges sein.

Hinweis:

Fluchtwege im Sinne dieser Regel sind auch die im Bauordnungsrecht definierten Rettungswege, sofern sie selbstständig begangen werden können.

Fluchtwege werden unterschieden in Haupt- und Nebenfluchtwege:

1. **Hauptfluchtwege** (bisher erste Fluchtwege) sind insbesondere die zur Flucht erforderlichen Verkehrswege, die nach dem Bauordnungsrecht notwendigen Flure und Treppenräume für notwendige Treppen sowie die Notausgänge.
2. **Nebenfluchtwege** (bisher zweite Fluchtwege) sind zusätzliche Fluchtwege, die ebenfalls ins Freie oder in einen gesicherten Bereich führen.

3.2 **Lichte Mindestbreite / -höhe** ist die freie, unverstellte, unverbaute und nicht durch Hindernisse eingeschränkte Breite / Höhe, die mindestens zur Verfügung stehen muss.

3.3 Der **Flucht- und Rettungsplan** ist ein Plan, in dem die erforderlichen Informationen über die Fluchtwege sowie die Standorte von Erste-Hilfe-Einrichtungen und von zur Selbsthilfe vorgesehenen Brandschutzeinrichtungen dargestellt sind.

Hinweis:

Anweisungen zum Verhalten im Brandfall (Brandschutzordnung Teil A) oder bei anderen Notfällen können im Flucht- und Rettungsplan dargestellt oder separat in der Nähe des Flucht- und Rettungsplans angebracht werden.

3.4 **Evakuierung** ist eine organisierte Maßnahme, die je nach Gefahrenfall mit akutem Handlungsbedarf zu einem unverzüglichen Verlassen von Gebäuden und vergleichbaren Einrichtungen ins Freie oder innerhalb von Gebäuden in einen gesicherten Bereich führt.

3.5 Das **Freie** im Sinne dieser ASR ist ein sicherer Bereich außerhalb des Gebäudes, in dem Personen durch den Gefahrenfall nicht beeinträchtigt werden. Dies ist gegeben, wenn auf dem Betriebsgelände oder auf öffentlichen Verkehrsflächen ein sicherer Abstand erreicht werden kann.

Als das Freie gelten z. B. nicht:

1. Innenhöfe, die keinen ausreichenden Schutz im Gefahrenfall bieten,
2. Dachflächen oder
3. Balkone.

3.6 **Gefangener Raum** ist ein Raum, der keinen direkten Zugang zu einem Flur hat und ausschließlich durch einen anderen Raum zugänglich ist.

3.7 **Gesicherter Bereich** ist ein Bereich, in dem Personen vorübergehend vor einer unmittelbaren Gefahr für Leben und Gesundheit geschützt sind. Als gesicherte Bereiche innerhalb von Gebäuden gelten insbesondere benachbarte Brandabschnitte und notwendige Treppenräume nach dem Bauordnungsrecht. Als gesicherter Bereich außerhalb von Gebäuden können z. B. Außentreppen, begehbare Dachflächen oder offene Gänge gelten, wenn diese im Gefahrenfall ausreichend lang sicher benutzbar sind und ins Freie führen.

3.8 **Türen im Verlauf von Fluchtwegen** sind alle Türen, die vom Beginn des Fluchtweges bis ins Freie oder in einen gesicherten Bereich zu benutzen sind. Dazu gehören auch Türen von Notausgängen.

3.9 Ein **Notausgang** ist ein Ausgang im Verlauf eines Hauptfluchtweges, der direkt ins Freie oder in einen gesicherten Bereich führt.

3.10 Ein **Notausstieg** ist ein geeigneter Ausstieg im Verlauf eines Nebenfluchtweges zur selbstständigen Flucht aus einem Raum oder einem Gebäude.

3.11 Türen und Tore sind **kraftbetätigt**, wenn die für das Öffnen oder Schließen der Flügel erforderliche Energie vollständig oder teilweise von Kraftmaschinen zugeführt wird (ASR A1.7 »Türen und Tore« Abschnitt 3.8).

3.12 **Automatische Türen und Tore** im Sinne dieser Regel sind kraftbetätigt und öffnen bei Annäherung von Personen selbsttätig.

3.13 Eine **Sammelstelle** ist ein sicherer Bereich, an dem sich die im Fall einer Evakuierung flüchtenden Personen einfinden müssen.

3.14 Ein **außenbeleuchtetes Sicherheitszeichen** ist ein Zeichen, das durch Tageslicht oder durch eine künstliche Lichtquelle von außen beleuchtet wird.

Hinweis:
Ein außenbeleuchtetes Sicherheitszeichen wird auch als beleuchtetes Sicherheitszeichen bezeichnet.

3.15 Ein **langnachleuchtendes Sicherheitszeichen** ist ein durch Licht angeregtes Sicherheitszeichen, das nach Ausfall der Allgemeinbeleuchtung ohne weitere Energiezufuhr nachleuchtet (ASR A1.3 »Sicherheits- und Gesundheitsschutzkennzeichnung«, Abschnitt 3.17).

Hinweis:
Obwohl die Sicherheitsfarben Rot und Grün im nachleuchtenden Zustand nicht dargestellt werden können, bleiben graphisches Symbol und geometrische Form erhalten

und es besteht ein Sicherheitsgewinn gegenüber den nicht langnachleuchtenden Sicherheitszeichen.

3.16 Ein **innenbeleuchtetes Sicherheitszeichen** ist ein Zeichen, das von einer Lichtquelle von innen beleuchtet wird.

Hinweis:

Ein innenbeleuchtetes Sicherheitszeichen wird auch als hinterleuchtetes Sicherheitszeichen bezeichnet.

3.17 Die **Sicherheitsbeleuchtung** ist eine Beleuchtung, die dem gefahrlosen Verlassen der Arbeitsstätte und der Vermeidung von Gefährdungen dient, die durch Ausfall der Allgemeinbeleuchtung entstehen können (ASR A3.4 »Beleuchtung und Sichtverbindung«, Abschnitt 3.17).

Hinweis:

In dieser ASR werden die Anforderungen an die Sicherheitsbeleuchtung für das gefahrlose Verlassen der Arbeitsstätte beschrieben.

3.18 **Optische Sicherheitsleitsysteme** sind auf den Boden aufgebrachte, in den Boden eingelassene oder bodennahe, durchgehende Leitsysteme (z. B. an Wänden), die mit Hilfe optischer Kennzeichnungen und Richtungsangaben einen sicheren Fluchtweg vorgeben. Sie dienen ebenfalls dem gefahrlosen Verlassen der Arbeitsstätte, auch bei Ausfall der Allgemeinbeleuchtung.

3.19 Ein **langnachleuchtendes optisches Sicherheitsleitsystem** besteht aus langnachleuchtenden durch Licht angeregten Komponenten, die nach Ausfall der Allgemeinbeleuchtung ohne weitere Energiezufuhr nachleuchten.

3.20 Ein **elektrisch betriebenes optisches Sicherheitsleitsystem** wird durch eine Stromquelle für Sicherheitszwecke gespeist.

3.21 Ein **dynamisches optisches Sicherheitsleitsystem** ist ein elektrisch betriebenes optisches Sicherheitsleitsystem zur Unterstützung der Selbstrettung, das bei Eintritt einer vordefinierten Gefährdungssituation (z. B. Brand oder Rauch) einmalig mit Änderung der Fluchtrichtungsanzeige reagieren kann und diese Änderung bis zur Rückstellung dauerhaft anzeigt.

3.22 Die **Beleuchtungsstärke** E ist ein Maß für das auf eine Fläche auftreffende Licht. Die Beleuchtungsstärke wird in Lux [lx] gemessen (ASR A3.4 »Beleuchtung und Sichtverbindung«, Abschnitt 3.9).

3.23 Die **Leuchtdichte** L wird in Candela pro Quadratmeter [cd/m^2] gemessen und beschreibt den Helligkeitseindruck einer beleuchteten oder leuchtenden Fläche (ASR A3.4 »Beleuchtung und Sichtverbindung«, Abschnitt 3.18).

3.24 Unter **Blendung** versteht man Störungen durch zu hohe Leuchtdichten oder zu große Leuchtdichteunterschiede im Gesichtsfeld (in Anlehnung an ASR A3.4 »Beleuchtung und Sichtverbindung«, Abschnitt 3.15).

3.25 Die **Farbwiedergabe** ist die Wirkung einer Lichtquelle auf den Farbeindruck, den ein Mensch von einem Objekt hat, das mit dieser Lichtquelle beleuchtet wird. Der Farbwiedergabeindex R_a ist eine dimensionslose Kennzahl von 0 bis 100, mit der die Farbwiedergabeeigenschaften der Lampen klassifiziert werden. Je höher der Wert, umso besser ist die Farbwiedergabe (ASR A3.4 »Beleuchtung und Sichtverbindung«, Abschnitt 3.16).

3.26 **Normale Brandgefährdung** liegt vor, wenn die Wahrscheinlichkeit einer Brandentstehung, die Geschwindigkeit der Brandausbreitung, die dabei frei werdenden Stoffe und die damit verbundene Gefährdung für Personen, Umwelt und Sachwerte vergleichbar sind mit den Bedingungen bei einer Büronutzung (ASR A2.2 »Maßnahmen gegen Brände«, Abschnitt 3.2).

3.27 **Erhöhte Brandgefährdung** liegt vor, wenn:

1. entzündbare bzw. oxidierende Stoffe oder Gemische vorhanden sind,
2. die örtlichen und betrieblichen Verhältnisse für eine Brandentstehung günstig sind,
3. in der Anfangsphase eines Brandes mit einer schnellen Brandausbreitung oder großen Rauchfreisetzung zu rechnen ist,
4. Arbeiten mit einer Brandgefährdung durchgeführt werden (z. B. Schweißen, Brennschneiden, Trennschleifen, Löten) oder Verfahren angewendet werden, bei denen eine Brandgefährdung besteht (z. B. Farbspritzen, Flammarbeiten) oder
5. erhöhte Gefährdungen vorliegen, z. B. durch selbsterhitzungsfähige Stoffe oder Gemische, Stoffe der Brandklassen D und F, brennbare Stäube, extrem oder leicht entzündbare Flüssigkeiten oder entzündbare Gase (ASR A2.2 »Maßnahmen gegen Brände«, Abschnitt 3.3).

Hinweis:

Die erhöhte Brandgefährdung im Sinne dieser ASR schließt die erhöhte und hohe Brandgefährdung nach der Technischen Regel für Gefahrstoffe TRGS 800 »Brandschutzmaßnahmen« ein.

4 Allgemeine Anforderungen

(1) Fluchtwege führen auf möglichst kurzem Weg ins Freie oder, falls dies nicht möglich ist, in einen gesicherten Bereich.

(2) Beim Einrichten und Betreiben von Fluchtwegen und Notausgängen sowie Sammelstellen sind die beim Errichten von Rettungswegen zu beachtenden Anforderungen des Bauordnungsrechts der Länder zu berücksichtigen. Über das Bauordnungsrecht hinaus können sich weitergehende Anforderungen an Fluchtwege und Notausgänge aus dieser ASR ergeben; dies gilt z. B. für das Erfordernis zur Einrichtung eines Nebenfluchtweges oder von Sammelstellen.

(3) Fluchtwege, Notausgänge und Notausstiege müssen ständig in den erforderlichen Abmessungen freigehalten werden. Können Notausgänge und Notausstiege von außen verstellt werden, müssen sie durch weitere Maßnahmen zur dauerhaften ständigen Freihaltung gesichert werden, z. B. durch Anbringung von Abstandsbügeln für Fahrzeuge oder mittels dauerhafter Markierung der freizuhaltenden Bodenflächen.

(4) Haupt- und Nebenfluchtwege dürfen über denselben Flur zu verschiedenen Ausgängen führen, sofern der Flur die Anforderungen an einen Hauptfluchtweg erfüllt.

(5) Sofern sich Höhenunterschiede im Verlauf des Fluchtweges nicht vermeiden lassen, dürfen diese nur gering sein. Sie sind dann durch Schrägrampen mit einer maximalen Neigung von 6 % auszugleichen. Beginn und Ende von Schrägrampen

sind deutlich erkennbar zu gestalten oder gemäß ASR A1.3 »Sicherheits- und Gesundheitsschutzkennzeichnung« mit schwarz-gelben Streifen (Sicherheitsmarkierungen) oder dem Warnzeichen W007 »Warnung vor Hindernissen am Boden« zu kennzeichnen.

(6) Aufzüge sind als Teil des Fluchtweges unzulässig, es sei denn, der Aufzug ist zum Zweck der Flucht und Rettung insbesondere für Menschen mit Behinderungen im Gefahrenfall zulässig und geeignet. Dieser Nachweis ist z. B. im Rahmen eines bauordnungsrechtlichen Verfahrens zu erbringen und zu dokumentieren.

(7) Durchgangssperren im Verlauf von Fluchtwegen sind zu vermeiden. Sofern Durchgangssperren betrieblich erforderlich sind, z. B. in Kassenzonen oder Vereinzelungsanlagen, müssen sich diese schnell und gefahrlos sowie ohne Hilfsmittel mit einem Kraftaufwand von maximal 150 N in Fluchtrichtung öffnen lassen.

(8) Am Ende eines Fluchtweges muss der Bereich im Freien bzw. der gesicherte Bereich so gestaltet und bemessen sein, dass sich kein Rückstau bilden kann und alle über den Fluchtweg flüchtenden Personen ohne Gefahren, z. B. durch Verkehrswege oder öffentliche Straßen, aufgenommen werden können. Die Beleuchtungsstärke in diesen Bereichen einschließlich der außen angebrachten Treppen und der Sammelstellen muss mindestens 1 lx betragen. Auf die Begrenzung der Blendung ist zu achten. Dabei sind auch die Beleuchtungsanlagen in der Umgebung zu berücksichtigen.

Hinweis:

Die Beleuchtungsstärke ist in einer Höhe von maximal 20 cm über dem Boden oder den Treppenstufen zu messen.

(9) Anzahl, Größe und Lage von Sammelstellen sind in Abhängigkeit von der Anzahl der Beschäftigten sowie der sonstigen anwesenden Personen festzulegen. Eine Sammelstelle ist nicht erforderlich, wenn aufgrund der geringen Anzahl der Beschäftigten und übersichtlicher örtlicher Gegebenheiten ein Überblick über die vollständige Evakuierung möglich ist.

Hinweis:

Für die Bemessung der erforderlichen Größe der Sammelstelle kann eine Belegung von 2 Personen pro m² angenommen werden.

(10) Sammelstellen müssen:

1. über eine sicher begehbare Bodenoberfläche verfügen,
2. außerhalb des Wirkbereichs der fluchtauslösenden Gefahr, z. B. aufgrund von Verrauchung oder aufgrund umherfliegender oder herabfallender Gebäudeteile, liegen,
3. verfügbar sein, solange Personen im Gefahrenfall auf die Nutzung der entsprechenden Sammelstelle angewiesen sind und
4. dürfen die Wege von Feuerwehr und Rettungsdiensten nicht einschränken.

Sofern der Weg zu den Sammelstellen mit anderen Gefährdungen verbunden ist, z. B. aufgrund von öffentlichem Straßenverkehr, sind im Rahmen der Gefährdungsbeurteilung die erforderlichen Maßnahmen festzulegen. Bei der Auswahl der Lage der Sammelstelle ist zu berücksichtigen, ob die betroffenen Personen den kompletten Fluchtweg bis zur Sammelstelle kennen oder ganz oder teilweise ortsunkundig sind.

(11) Dachflächen, über die Fluchtwege führen, müssen ausreichend tragfähig, trittsicher und feuerwiderstandsfähig sein. Bei Absturzgefahren sind die Anfor-

derungen der ASR A2.1 »Schutz vor Absturz und herabfallenden Gegenständen, Betreten von Gefahrenbereichen« zu erfüllen.

(12) Gefangene Räume dürfen als Arbeits-, Bereitschafts-, Liege-, Erste-Hilfe-, Pausenräume und Kantinen nur genutzt werden, wenn folgende Maßgaben beachtet wurden:

1. Sicherstellung der Alarmierung im Gefahrenfall. Beispiele hierzu finden sich in der ASR A2.2. »Maßnahmen gegen Brände« oder
2. Gewährleistung einer Sichtverbindung zum vorgelagerten Raum, sofern der gefangene Raum nicht zum Schlafen genutzt wird und im vorgelagerten Raum nicht mehr als eine normale Brandgefährdung vorhanden ist.

Hinweis:

Diese Regelungen für gefangene Räume in Arbeitsstätten gelten unabhängig von der Größe der in Landesbauordnungen genannten »Nutzungseinheiten«.

5 Hauptfluchtwege

(1) Hauptfluchtwege müssen in Anzahl, Anordnung und Abmessung nach der Nutzung, der Einrichtung und den Abmessungen der Arbeitsstätte sowie nach der höchstmöglichen Anzahl der anwesenden Personen eingerichtet werden. Hauptfluchtwege sollen übersichtlich verlaufen.

(2) Die Länge des Hauptfluchtweges ist die kürzeste Wegstrecke (ohne Berücksichtigung der Raumausstattung, jedoch nicht durch Wände gemessen) vom Beginn des Fluchtweges bis zu einem Notausgang. Die Hauptfluchtweglänge muss möglichst kurz sein und darf:

1. für Räume ohne oder mit normaler Brandgefährdung ausgenommen Räume nach Nummern 2 bis 4 bis zu 35 m
2. für Räume mit erhöhter Brandgefährdung mit selbsttätigen Feuerlöscheinrichtungen bis zu 35 m
3. für Räume mit erhöhter Brandgefährdung ohne selbsttätige Feuerlöscheinrichtungen bis zu 25 m
4. für Räume, in denen eine Gefährdung durch explosionsgefährliche Stoffe besteht bis zu 10 m betragen.

Hinweis:

Bezüglich der Begriffsbestimmung explosionsgefährlicher Stoffe siehe Gesetz über explosionsgefährliche Stoffe (Sprengstoffgesetz – SprengG).

(3) Für Räume, in denen eine andere Gefährdung als nach Absatz 2 Nummer 1 bis Nummer 4 besteht, muss im Rahmen der Gefährdungsbeurteilung unter Beachtung der geltenden Technischen Regeln ermittelt werden, ob gegebenenfalls eine geringere Länge des Fluchtweges erforderlich ist, z. B. bei Lagerung und Verwendung von Gefahrstoffen in ortsbeweglichen Behältern gemäß TRGS 510 »Lagerung von Gefahrstoffen in ortsbeweglichen Behältern«.

Hinweis:

Bezüglich der Begriffsbestimmung Gefahrstoffe siehe Verordnung zum Schutz vor Gefahrstoffen (Gefahrstoffverordnung – GefStoffV).

(4) Die tatsächliche Laufweglänge darf nicht mehr als das 1,5-fache der maximal zulässigen Hauptfluchtweglänge betragen.

Hinweis:
Aufgrund der Begrenzung der zulässigen Hauptfluchtweglängen kann für größere Bereiche von Arbeitsstätten mehr als ein Hauptfluchtweg erforderlich sein.

(5) Sofern es sich bei einem Hauptfluchtweg nach Absatz 2 Nummer 1 bis Nummer 3 auch um einen Rettungsweg handelt und das Bauordnungsrecht der Länder, z. B. die Industriebaurichtlinie, für diesen Weg eine von Absatz 2 Satz 2 abweichende längere Weglänge zulässt, können dafür die Maßgaben des Bauordnungsrechts angewandt werden.

(6) Die lichte Mindestbreite der Hauptfluchtwege bemisst sich nach der höchstmöglichen Anzahl der Personen, die im Gefahrenfall den Hauptfluchtweg benutzen müssen und ergibt sich aus Tabelle 1:

Tabelle 1: Lichte Mindestbreiten von Hauptfluchtwegen in Abhängigkeit von der Gesamtzahl der Personen im Einzugsgebiet

	A	B	C
Nr.	**Anzahl der Personen (Einzugsgebiet)**	**Lichte Mindestbreiten von Durchgängen und Türen im Verlauf von Hauptfluchtwegen, z. B. Türen von Notausgängen (in m)**	**Lichte Mindestbreiten von Hauptfluchtwegen (in m)**
1	bis 5	0,80*)	0,90
2	bis 20	0,90	1,00
3	bis 50	0,90	1,20
4	bis 100	1,00	1,20
5	bis 200	1,05	1,20
6	bis 300	1,65	1,80
7	bis 400	2,25	2,40
	Bei Einzugsgebieten von mehr als 200 Personen sind Zwischenwerte der Mindestbreiten (ermittelt durch lineare Interpolation) zulässig. Der Begriff Einzugsgebiet beschreibt einen Bereich, aus dem alle dort anwesenden Personen denselben Hauptfluchtweg nutzen müssen. Dies entspricht z. B. bei mehrgeschossigen Gebäuden der Gesamtanzahl der Personen, die über alle Ebenen (auch als Etagen, Geschosse, Stockwerke bezeichnet) demselben Hauptfluchtweg zugeordnet sind, unabhängig davon, ob diese Personen Abschnitte des Hauptfluchtweges im Fluchtfall zeitgleich oder zeitlich versetzt nutzen. *) *Hinweis:* *Bei Neubauten und wesentlichen baulichen Erweiterungen oder Umbauten wird empfohlen, für Einzugsgebiete von bis zu 5 Personen nach Nummer 1 Spalte B eine lichte Mindestbreite von Durchgängen und Türen im Verlauf von Hauptfluchtwegen von 0,90 m einzuhalten, um auch in diesen Bereichen eine barrierefreie Zugänglichkeit zu ermöglichen. Zudem lassen sich auf diesem Wege bauliche Maßnahmen im Sinne der ASR V3 a.2 »Barrierefreie Gestaltung von Arbeitsstätten« und in der Folge Umbaukosten vermeiden.*		

	Abweichend für **Fluchtwege aus besonderen Bereichen**	Lichte Mindestbreiten (in m)
8	Gänge zu persönlich zugewiesenen Arbeitsplätzen	0,60
9	Nebengänge von Lagereinrichtungen für die ausschließliche Be- und Entladung von Hand	0,75
10	Türen von Toilettenzellen und von Toilettenräumen mit nur einer Toilette entsprechend ASR A4.1 »Sanitärräume«	0,55

Hinweis:
Die Werte der Spalten B und C entsprechen den Anforderungen für die Flucht und berücksichtigen nicht mögliche Auswirkungen durch den Einbau von Türen, z. B. können für Flure durch den Einbau von Türen gegebenenfalls entsprechend größere Breiten erforderlich werden.

(7) In Gebäuden, die bis zum 30. 9. 2022 errichtet worden sind oder deren Bauantragstellung bis zu diesem Termin erfolgt ist, dürfen Hauptfluchtwege nach Tabelle 1 Nummer 1 Spalte C für bis 5 Personen mit einer lichten Mindestbreite von 0,875 m eingerichtet oder solange betrieben werden, bis die jeweiligen Bereiche dieser Arbeitsstätten wesentlich erweitert oder umgebaut werden oder nach § 3 a Absatz 2 der Arbeitsstättenverordnung eine Vergrößerung erforderlich wird.

(8) In Gebäuden, die bis zum 30. 9. 2022 errichtet worden sind oder deren Bauantragstellung bis zu diesem Termin erfolgt ist, dürfen Durchgänge und Türen von Hauptfluchtwegen nach Tabelle 1 Nummer 2 Spalte B mit einer lichten Mindestbreite von 0,85 m eingerichtet oder solange betrieben werden, bis die jeweiligen Bereiche dieser Arbeitsstätten wesentlich erweitert oder umgebaut werden oder nach § 3 a Absatz 2 der Arbeitsstättenverordnung eine Vergrößerung erforderlich wird.

(9) In Gebäuden, die bis zum 30. 9. 2022 errichtet worden sind oder deren Bauantragstellung bis zu diesem Termin erfolgt ist, dürfen Türen von Toilettenzellen und Toilettenräumen mit nur einer Toilette mit einer lichten Mindestbreite von 0,50 m eingerichtet oder solange betrieben werden, bis die jeweiligen Bereiche dieser Arbeitsstätten wesentlich erweitert oder umgebaut werden.

(10) Die lichte Mindestbreiten des Hauptfluchtweges nach Tabelle 1, Spalte C, Nummern 1 bis 7 darf durch kurze Einbauten oder Einrichtungen, z. B. Feuerlöscher, Wandvorsprünge, Türflügel, Türzargen, Türdrücker und Notausgangsbeschläge, die Maße nach Spalte B nicht unterschreiten.

(11) Für Hauptfluchtwege, die ausschließlich zur Flucht bestimmt sind, dürfen die lichten Mindestbreiten nach Tabelle 1, Spalte C, Nummern 1 bis 7 auf die Werte der lichten Mindestbreiten für Durchgänge nach Spalte B der Tabelle 1 reduziert werden. Solche Hauptfluchtwege können z. B. Fluchttunnel, Gänge und Außentreppen sein, die nur zur Evakuierung vorgesehen sind. Eine weitere Einengung durch kurze Einbauten oder Einrichtungen im Sinne von Absatz 10 ist dabei nicht zulässig.

(12) Die lichte Mindesthöhe des Hauptfluchtweges soll mindestens 2,10 m betragen und darf 2,00 m nicht unterschreiten. Die lichte Mindesthöhe von Durchgängen und Türen im Verlauf von Hauptfluchtwegen, z. B. Türen von Notausgängen, soll

mindestens 2,10 m betragen und darf 1,95 m nicht unterschreiten. Dieses gilt auch bei der Verwendung von Funktionselementen z. B. Obentürschließern. Bei wesentlichen Erweiterungen oder wesentlichen Umbauten von Bereichen, durch die Hauptfluchtwege führen, ist zu prüfen, ob die lichte Mindesthöhe von 2,10 m umgesetzt werden kann.

(13) Fahrsteige, Fahrtreppen, Wendel- und Spindeltreppen sowie Steigleitern und Steigeisengänge sind im Verlauf eines Hauptfluchtweges nicht zulässig. Treppen im Verlauf von Hauptfluchtwegen müssen über gerade Läufe verfügen. Davon abweichend sind gebogene Treppenläufe zulässig, wenn sie:

1. eine lichte Breite von maximal 1,40 m,
2. einen Innendurchmesser von mehr als 2,00 m und
3. gleiche Stufenabmessungen

aufweisen.

(14) Von den lichten Mindestbreiten nach Tabelle 1 Spalte C kann bei Treppen in Treppenräumen und Außentreppen von mehrgeschossigen Gebäuden abgewichen werden, wenn mit anderen Maßnahmen die gleiche Sicherheit erreicht wird:

1. durch einen ungehinderten Zugang für alle Personen in einen Treppenraum oder zu einer Außentreppe in allen Ebenen unabhängig von der Zahl der Ebenen (sogenannter »freier Fluss«) nach Absatz 15 (siehe auch den Hinweis unter Tabelle 2) oder
2. durch eine vorrangige Evakuierung der von einem Gefahrenfall betroffenen Ebene einschließlich der direkt angrenzenden Ebenen (sogenannte »Sequentielle Entfluchtung« von maximal 3 Ebenen) nach Absatz 16.

(15) Für Treppen in Treppenräumen und Außentreppen kann abweichend von den lichten Mindestbreiten nach Tabelle 1 Spalte C die gleiche Sicherheit erreicht werden, wenn für alle Personen in allen Ebenen unabhängig von der Zahl der Ebenen ein ungehinderter Zugang zum Treppenraum oder zur Außentreppe ermöglicht wird (sogenannter »freier Fluss«). Dies ist bei Personenbelegungen und lichten Mindestbreiten für die Fluchtwege auf der jeweiligen Ebene nach Tabelle 1 Spalte C und bei Einhaltung der Mindestbreiten von Treppen in Treppenräumen und Außentreppen nach Tabelle 2 Spalte C gegeben. Eine Einschränkung der lichten Mindestbreite der Treppe im Sinne der Absätze 10 und 11 ist hierbei nicht zulässig. Die lichte Mindestbreite der nach der Treppe anschließenden Hauptfluchtwege muss Tabelle 2 Spalte C entsprechen. Diese darf durch kurze Einbauten oder Einrichtungen, z. B. Feuerlöscher, Wandvorsprünge, Türflügel, Türzargen, Türdrücker und Notausgangsbeschläge, die Maße nach Tabelle 2 Spalte B nicht unterschreiten.

Tabelle 2: Lichte Mindestbreiten von Treppen in Treppenräumen und Außentreppen als Hauptfluchtwege von mehrgeschossigen Gebäuden in Abhängigkeit von der Personenbelegung pro Ebene

Lichte Mindestbreiten von Treppen in Treppenräumen und Außentreppen als Hauptfluchtwege von mehrgeschossigen Gebäuden für eine von der Tabelle 1 abweichende Bemessung von Treppen:			
	A	B	C
Nr.	Personenbelegung (Personen pro Ebene)	Lichte Mindestbreiten von Durchgängen und **Türen** im Verlauf von nach der Treppe anschließenden Hauptfluchtwegen, z. B. Türen von Notausgängen (in m)	Lichte Mindestbreiten von **Treppen** und danach anschließender Hauptfluchtwege (in m)
1	bis 30	0,90	1,00
2	bis 40	1,05	1,20
3	bis 50	1,25	1,40
4	bis 60	1,65	1,80
5	bis 70	2,25	2,40
Zwischenwerte der Mindestbreiten (ermittelt durch lineare Interpolation) sind zulässig.			

Hinweis:
Den Werten nach Tabelle 1 und Tabelle 2 liegen unterschiedliche Betrachtungsweisen zugrunde. Bei Anwendung der Tabelle 1 ist die Summe aller Personen maßgeblich, die über den jeweiligen Hauptfluchtweg flüchten müssen. Diese ergibt sich bei Treppenräumen oder Außentreppen aus der Summe aller Personen aus allen Ebenen im Einzugsgebiet (Gesamtanzahl der Personen, die über alle Ebenen demselben Hauptfluchtweg zugeordnet sind, unabhängig davon, ob die Personen Abschnitte des Hauptfluchtweges im Fluchtfall zeitgleich oder zeitlich versetzt nutzen). Die Tabelle 2 ist unabhängig von der Zahl der Ebenen anwendbar. Eine Anwendung von Tabelle 2 kann insbesondere bei einer überwiegend gleichmäßigen Personenverteilung über alle Ebenen und einer größeren Anzahl von Ebenen sinnvoll sein. Bei einem direkten Vergleich von Werten nach Tabelle 1 und Tabelle 2 können sich unterschiedliche Werte für lichte Mindestbreiten für Treppen ergeben, die beide angewendet werden dürfen.

(16) Für Treppen in Treppenräumen und Außentreppen kann abweichend von den lichten Mindestbreiten nach Tabelle 1 Spalte C die gleiche Sicherheit auch durch folgende Maßnahmen erreicht werden:

1. Einhaltung einer lichten Mindestbreite der Treppen von 1,20 m
2. bei einer maximalen Belegung bis 65 Personen pro Ebene und
3. vorrangiger Evakuierung der von einem Gefahrenfall betroffenen Ebene einschließlich der direkt angrenzenden Ebenen (sogenannte »Sequentielle Entfluchtung« von maximal 3 Ebenen).

Eine Einschränkung der lichten Mindestbreite der Treppe im Sinne der Absätze 10 und 11 ist hierbei nicht zulässig.
Nach der Treppe anschließende horizontale Hauptfluchtwege müssen die gleiche Mindestbreite haben. Diese darf durch kurze Einbauten oder Einrichtungen, z. B. Feuerlöscher, Wandvorsprünge, Türflügel, Türzargen, Türdrücker und Notausgangsbeschläge, das Maß 1,05 m nicht unterschreiten.
(17) Hauptfluchtwege dürfen keine Ausgleichsstufen enthalten.

6 Nebenfluchtwege

(1) Ein Nebenfluchtweg ist erforderlich zur Flucht aus Bereichen, in denen die Gefahr besteht, dass der Hauptfluchtweg nicht mehr sicher begehbar ist, wenn z. B.:

1. der Hauptfluchtweg durch Bereiche mit erhöhter Brandgefährdung führt,
2. Gefährdungen durch Lagerung oder Verwendung von Gefahrstoffen in der Nähe der Hauptfluchtwege vorhanden sind,
3. Einwirkungen durch gefährliche Arbeiten vorhanden sind, z. B. in Aufstellräumen für Dampfkesselanlagen,
4. bei einer hohen Anzahl von Personen im Hauptfluchtweg eine geordnete Flucht nicht mehr möglich ist,
5. bei Produktions-, Lagerräumen oder Werkstätten, deren Grundfläche mehr als 200 m^2 beträgt,
6. bei sonstigen Arbeitsräumen, deren Grundflächen mehr als 400 m^2 beträgt, z. B. Großraumbüros bzw. Kombibüros (z. B. Open-Space-Büros, Coworking Spaces),
7. andere Rechtsvorschriften entsprechende Anforderungen stellen, z. B. in Versammlungsstätten, Schulen, Kindertageseinrichtungen oder
8. andere betriebsspezifische Bedingungen vorliegen.

(2) Auf den Nebenfluchtweg kann verzichtet werden, wenn durch zusätzliche Maßnahmen eine sichere Begehbarkeit des Hauptfluchtweges gewährleistet ist. Dieses können z. B. in Bereichen mit erhöhter Brandgefährdung Maßnahmen sein, die eine schnelle Brandausbreitung und Verrauchung vermindern.
(3) Nebenfluchtwege sind so einzurichten, dass deren sichere Benutzung für die darauf angewiesenen Personen gewährleistet ist.

6.1 Nebenfluchtwege, die über Hauptfluchtwege führen

Sind in Bereichen einer Arbeitsstätte mehrere Hauptfluchtwege vorhanden, können diese auch als Nebenfluchtwege genutzt werden.

6.2 Abweichende Anforderungen an Nebenfluchtwege, die nicht über Hauptfluchtwege führen

(1) Die lichten Mindestbreiten von Nebenfluchtwegen sollen sich nach Abschnitt 5 Absätze 6 bis 11 richten. Für Treppen in Treppenräumen und für Außentreppen von mehrgeschossigen Gebäuden kann die lichte Mindestbreite auch nach Abschnitt 5 Absatz 14 bemessen werden.
(2) Fahrsteige und Fahrtreppen, Wendel- und Spindeltreppen sowie Steiggänge (z. B. Steigleitern und Steigeisengänge) sind im Verlauf von Nebenfluchtwegen zulässig. Treppen im Verlauf von Nebenfluchtwegen sollen über gerade Läufe verfügen. Können im Verlauf von Nebenfluchtwegen keine Treppen mit geraden Läufen eingerichtet werden, dann sind Wendeltreppen gegenüber Spindeltreppen, Spindeltreppen gegenüber Steigleitern und Steigleitern gegenüber Steigeisengängen zu bevorzugen.
(3) Nebenfluchtwege sollen keine Ausgleichsstufen enthalten.
(4) Nebenfluchtwege führen durch einen Ausgang, der als Tür, Fenstertür (z. B. Terrassentür) oder als Schlupftür in Toren ausgebildet ist, oder durch einen Notausstieg.
(5) Ein Notausstieg kann z. B. ausgebildet sein als Fenster in Wandöffnungen oder Luke oder Klappe in Boden- oder Deckenöffnungen.
(6) Notausstiege sind so einzurichten, dass diese für die darauf angewiesenen Personen möglichst schnell und ungehindert nutzbar sind. Türen und Notausstiege in Wandöffnungen sollen in Fluchtrichtung aufschlagen. Schiebevarianten (z. B. Schiebetüren oder Schiebeluken) sind zulässig.
(7) Für Notausstiege sind erforderlichenfalls im und außerhalb des Gebäudes fest angebrachte Aufstiegshilfen zur leichten und zügigen Benutzung vorzusehen (z. B. Podest, Treppe oder Haltestangen zum Überwinden von Brüstungen).
(8) Notausstiege in Wandöffnungen sollen im Lichten mindestens 0,90 m in der Breite und mindestens 1,20 m in der Höhe aufweisen. Notausstiege in Boden- oder Deckenöffnungen sollen im Lichten mindestens 0,70 m × 0,70 m oder einen lichten Durchmesser von 0,70 m aufweisen.

7 Anforderungen an Türen und Tore im Verlauf von Fluchtwegen

(1) Türen und Tore im Verlauf von Fluchtwegen sowie Notausstiege müssen sich leicht und ohne besondere Hilfsmittel öffnen lassen, solange Personen auf die Nutzung der Fluchtwege angewiesen sind.
Leicht zu öffnen bedeutet, dass die Öffnungselemente ergonomisch gestaltet, gut erkennbar und an zugänglicher Stelle angebracht (insbesondere Entriegelungshebel bzw. -knöpfe zur Handbetätigung von automatischen Türen und Toren) sind sowie dass die Betätigungsart leicht verständlich ist und das Öffnen ohne größeren Kraftaufwand möglich ist.

Ohne besondere Hilfsmittel bedeutet, dass die Tür oder das Tor im Gefahrenfall unmittelbar von jeder Person und ohne z. B. Schlüssel, Transponderkarte oder Codeeingabe geöffnet werden kann.

Hinweis:
Regelungen zu Öffnungskräften enthält Abschnitt 10.1 Absatz 3 der ASR A1.7 »Türen und Tore«.

(2) Manuelle Türen und Tore, die aus betrieblichen Gründen mechanisch verschlossen werden, müssen mit einer Einrichtung versehen sein, die gewährleistet, dass die Tür oder das Tor bei Betätigen des Türdrückers entriegelt wird, z. B. mit einem Panikschloss.

(3) Bei elektrischen Verriegelungseinrichtungen von Türen und Toren muss die Verriegelung mit einem Notöffnungstaster sicher freigegeben werden können. Bei Stromausfall müssen diese Verriegelungseinrichtungen selbsttätig freigegeben werden. Die Verriegelungseinrichtungen müssen den »Technischen Baubestimmungen für Elektrische Verriegelungssysteme für Türen in Rettungswegen« entsprechen.

(4) Für bestimmte Bereiche in besonderen Arbeitsstätten, z. B. in Justizvollzugsanstalten, Gerichtsgebäuden, Forensischen Kliniken, Psychiatrischen Kliniken, Kindertagesstätten und ähnlichen Einrichtungen, können auf Grund der besonderen betrieblichen Anforderungen von dieser ASR abweichende Maßnahmen und Gestaltungen verschließbarer Türen im Verlauf von Fluchtwegen bzw. verschließbare Notausstiege erforderlich sein. Diese abweichenden Maßnahmen und Gestaltungen sind im Rahmen einer Gefährdungsbeurteilung zu ermitteln und festzulegen.

Hinweis:
Hierfür können branchen- und themenspezifische Hilfen herangezogen werden (siehe Abschnitt Literaturhinweise).

(5) Manuell betätigte Türen von Notausgängen müssen in Fluchtrichtung aufschlagen.

(6) Sonstige manuell betätigte Türen und Tore müssen in Fluchtrichtung aufschlagen, wenn eine erhöhte Gefährdung vorliegt. Eine erhöhte Gefährdung kann sich ergeben aus dem Arbeitsverfahren, der Art der Tätigkeit, den verwendeten Stoffen oder aus der Arbeitsumgebung z. B.:

1. Arbeiten in gasgefährdeten Bereichen,
2. Umgang mit besonders gefährlichen Stoffen, z. B. in chemischen, physikalischen oder medizinischen Laboratorien,
3. Bereiche von Einrichtungen, in denen gewalttätige Übergriffe nicht auszuschließen sind,
4. Arbeiten in beengten Räumen oder
5. bei Anwesenheit einer hohen Anzahl von Personen.

(7) Schiebetüren im Verlauf von Hauptfluchtwegen, die ausschließlich manuell betätigt werden, sind nicht zulässig. Ausgenommen davon sind Schiebetüren, wenn aus betriebstechnischen Gründen keine Drehflügeltüren verwendet werden können, z. B. in Ausgängen von OP-Räumen, Kühlräumen, sofern sich in diesen Räumen nur unterwiesene Personen und nur in geringer Anzahl aufhalten. Bei diesen Türen ist die Öffnungsrichtung mit den Sicherheitszeichen E033 »Schiebetür öffnet

nach rechts« oder E034 »Schiebetür öffnet nach links« nach ASR A1.3 »Sicherheits- und Gesundheitsschutzkennzeichnung« zu kennzeichnen.
(8) Karusselltüren, die ausschließlich manuell betätigt werden, sind nicht zulässig.
(9) Automatische Türen und Tore sind nur in Fluren und für Räume nach Abschnitt 5 Absatz 2 Nummern 1 und 2 zulässig. Sie dürfen nicht in Notausgängen oder in Ausgängen von Nebenfluchtwegen eingerichtet und betrieben werden, die ausschließlich für den Notfall konzipiert und ausschließlich im Notfall benutzt werden. Ausgenommen davon sind automatische Drehflügeltüren zulässig, wenn sie auch im Fehlerfall (z. B. Ausfall der Energiezufuhr, Ausfall der Steuerung) sicher öffnen oder sie einfach manuell in Fluchtrichtung geöffnet werden können.
(10) Automatische Drehflügeltüren von Notausgängen sollen in Fluchtrichtung aufschlagen. Ist dies nicht möglich, z. B. aufgrund des Denkmalschutzes, dürfen automatische Drehflügeltüren von Notausgängen entgegen der Fluchtrichtung aufschlagen, wenn sie bei Annäherung so frühzeitig sicher öffnen, dass der öffnende Flügel keine Gefahr darstellt. Bei Ausfall der Energiezufuhr müssen sich diese Türen automatisch öffnen und offenbleiben.
(11) Automatische Schiebetüren dürfen nur verwendet werden, wenn sie bei Ausfall der Energiezufuhr selbsttätig öffnen oder über eine manuelle Öffnungsmöglichkeit (Break-Out) verfügen und sie den »Technischen Baubestimmungen an Automatische Schiebetüren in Rettungswegen« entsprechen.
(12) Automatische Karusselltüren sollen im Verlauf von Fluchtwegen vermieden werden. Sie dürfen nur verwendet werden, wenn der Einbau einer manuell betätigten Drehflügeltür in unmittelbarer Nähe nicht möglich ist. Werden automatische Karusselltüren verwendet, müssen sich Teile der Innenflügel ohne größeren Kraftaufwand (siehe ASR A1.7 »Türen und Tore« Abschnitt 10.1 Absatz 3) von Hand und ohne Hilfsmittel sowie in jeder Stellung der Tür auf die erforderliche Fluchtwegbreite öffnen lassen (Break-Out). Dazu müssen Auslösestelle und die erforderliche Betätigungsweise eindeutig erkennbar sein. Sofern eine elektrische Verriegelung der Break-Out Funktion zum Schutz vor ungewolltem Aufklappen erforderlich ist, z. B. durch Windstöße oder Luftdruckunterschiede, ist im Rahmen der Gefährdungsbeurteilung festzulegen, welche Maßnahmen erforderlich sind, um die Innenflügel leicht zu öffnen.
Hinweis:
Hierfür können branchen- und themenspezifische Hilfen herangezogen werden (siehe Abschnitt Literaturhinweise).
(13) Kraftbetätigte Tore sind für den Einsatz im Verlauf von Fluchtwegen geeignet, wenn sie die technischen Anforderungen an das schnelle und sichere Öffnen im Notfall erfüllen.
Das schnelle Öffnen im Notfall ist z. B. gewährleistet, wenn bei horizontal bewegten Toren die erforderliche Fluchtwegbreite innerhalb von 3 s oder bei vertikal bewegten Toren eine lichte Durchgangshöhe von 2 m innerhalb von 3 s freigegeben wird.
Das sichere Öffnen im Notfall ist z. B. gewährleistet, wenn Tore sich bei Annäherung automatisch öffnen oder manuell aufgedrückt werden können (Break-Out-Funktion).
Das schnelle und sichere Öffnen muss jederzeit gewährleistet sein und erhalten bleiben (Einfehlersicherheit).

Kann die Öffnung des Tores im Fluchtfall nicht automatisch erfolgen, darf sie in begründeten Einzelfällen durch Drücken einer Öffnungstaste, die als Nottaste ausgeführt ist, ausgelöst werden.
Bei Ausfall der Energiezufuhr müssen sich kraftbetätigte Tore automatisch öffnen und offenbleiben.
Hinweis:
Diese Anforderungen sind ausführlich in der DGUV Information 208-044 »Automatische Tore im Fluchtweg« 12/2014 zusammengestellt.

8 Kennzeichnung von Fluchtwegen und Notausgängen

Fluchtwege und Notausgänge müssen mit hochmontierten Sicherheitszeichen nach Abschnitt 8.2 Absatz 3 Nummer 2 gekennzeichnet sein. Für Hauptfluchtwege gelten die Anforderungen nach Abschnitt 8.2. Diese gelten auch für Hauptfluchtwege, die als Nebenfluchtwege genutzt werden können. Für Nebenfluchtwege, die nicht über Hauptfluchtwege führen, gelten abweichende Anforderungen entsprechend Abschnitt 8.3. Wenn das gefahrlose Verlassen der Arbeitsstätte durch diese Art der Kennzeichnung nicht gewährleistet ist, sind zusätzliche Maßnahmen nach Abschnitt 8.4 oder 9 zu ergreifen.

8.1 Allgemeine Anforderungen an die Kennzeichnung und Erkennbarkeit

(1) Fluchtwege, Notausgänge, Notausstiege und Türen im Verlauf von Fluchtwegen müssen, Sammelstellen sollen deutlich erkennbar und dauerhaft gekennzeichnet werden.
(2) Die Kennzeichnung der Fluchtwege, Notausgänge, Notausstiege und Türen im Verlauf von Fluchtwegen sowie der Sammelstelle muss entsprechend der ASR A1.3 »Sicherheits- und Gesundheitsschutzkennzeichnung« erfolgen. Für Sammelstellen ist dies das Sicherheitszeichen E007 »Sammelstelle«. Die Kennzeichnung kann in langnachleuchtender, innenbeleuchteter oder außenbeleuchteter Ausführung erfolgen. Die Dauer der Erkennbarkeit der Sicherheitszeichen aller Varianten muss bei Ausfall der Allgemeinbeleuchtung auf Grundlage einer Gefährdungsbeurteilung festgelegt werden, sie muss mindestens 30 min betragen. Sofern das Bauordnungsrecht der Länder höhere Anforderungen stellt, sind diese anzuwenden.
(3) Rettungszeichen zur Kennzeichnung der Fluchtwege, Notausgänge, Notausstiege und Türen im Verlauf von Fluchtwegen nach Absatz 2 dürfen nicht auf Türflügeln angebracht werden, weil bei geöffneten Türflügeln Richtungsangaben nicht mehr erkennbar sein können bzw. in die falsche Richtung weisen.
(4) Langnachleuchtende Sicherheitszeichen müssen mindestens die Anforderungen der DIN 67510-1:2020-05, Klasse C, erfüllen. Die ausreichende Anregung der langnachleuchtenden Materialien ist sicherzustellen, z. B. hinsichtlich Dauer, Art und Intensität der Beleuchtung.

Hinweis:
Bei Verwendung von Einrichtungen, welche die Dauer der Anregung begrenzen, z. B. Ansteuerung der Beleuchtung durch Präsenzmelder, sind entsprechende Kompensationsmaßnahmen anzuwenden.

(5) Innen- und außenbeleuchtete Sicherheitszeichen müssen mindestens den Anforderungen der DIN 4844-1:2012-06 entsprechen, sofern sie im Rahmen der Sicherheitsbeleuchtung betrieben werden, gelten mindestens die Anforderungen der DIN EN 1838:2019-11.

(6) Notausgänge und Notausstiege sind, sofern diese von der Außenseite zugänglich sind, auf der Außenseite mit dem Verbotszeichen »P023 Abstellen oder Lagern verboten« zu kennzeichnen.

(7) Die Beleuchtung (natürlich oder künstlich) am Anbringungsort muss die Erkennbarkeit der Sicherheitszeichen sicherstellen. Sicherheitszeichen müssen sich vom Hintergrund deutlich abheben und dürfen von der Umgebungsbeleuchtung nicht überstrahlt werden.

8.2 Anforderungen an die Kennzeichnung von Hauptfluchtwegen

(1) In Räumen, in denen der Fluchtweg eindeutig und jederzeit erkennbar ist, ist keine Sicherheitskennzeichnung erforderlich, z. B. in Einzelbüros mit nur einer Tür.

(2) Die Kennzeichnung für Fluchtwege muss mit den Sicherheitszeichen E001 »Notausgang (links)« oder E002 »Notausgang (rechts)« in Verbindung mit dem Zusatzzeichen »Richtungspfeil« entsprechend ASR A1.3 »Sicherheits- und Gesundheitsschutzkennzeichnung« erfolgen. Auf weitere Zusatzzeichen soll verzichtet werden.

(3) Die Kennzeichnung ist im Verlauf des Hauptfluchtweges an gut sichtbaren Stellen, eindeutig und innerhalb der Erkennungsweite anzubringen. Die Kennzeichnung muss die Richtung des Fluchtweges anzeigen. Dabei sind folgende Randbedingungen zu beachten:

1. Besonders in langgestreckten Räumen (z. B. Fluren) sollen Sicherheitszeichen in Laufrichtung jederzeit erkennbar sein (z. B. Fahnen- oder Winkelschilder quer zur Laufrichtung).
2. Die hochmontierten Sicherheitszeichen sollen über den Türen im Verlauf des Fluchtweges und über Notausgängen angebracht werden. Die Unterkante des Zeichens soll mindestens 2,0 m über Fußbodenoberkante angebracht sein, jedoch nicht höher als 2,5 m. Die Sicherheitszeichen an Wänden parallel zur Fluchtwegrichtung sollen gemessen vom Boden bis zur Unterkante des Zeichens in einer Höhe von 1,7 m bis 2,0 m angebracht werden. Bei Räumen mit einer lichten Höhe von mehr als 5 m können davon abweichend Sicherheitszeichen höher platziert werden. Die Platzierung muss das Blickfeld des Menschen berücksichtigen.
3. Die Erkennungsweite ergibt sich aus ASR A1.3 »Sicherheits- und Gesundheitsschutzkennzeichnung«, Tabelle 3, für beleuchtete und langnachleuchtende Si-

cherheitszeichen. Für innenbeleuchtete Sicherheitszeichen in Dauerlichtschaltung verdoppelt sich die Erkennungsweite bei gleichbleibender Zeichengröße.

Hinweis:
Außenbeleuchtete oder langnachleuchtende Sicherheitszeichen haben üblicherweise eine Abmessung von 30 cm × 15 cm (B × H) und somit eine Erkennungsweite von 15 m. Bei innenbeleuchteten Zeichen gleicher Größe beträgt die Erkennungsweite 30 m.

8.3 Abweichende Anforderungen an die Kennzeichnung von Nebenfluchtwegen, welche nicht über Hauptfluchtwege führen

(1) Auf Nebenfluchtwegen ist der Ausgang oder Notausstieg zu kennzeichnen. Falls erforderlich, ist auch der Weg zu diesem Ausgang oder Notausstieg zu kennzeichnen, z. B. der Zugang zu dem Raum, in dem sich der Ausgang befindet.
(2) Die Kennzeichnung erfolgt entsprechend der Ausgestaltung des Ausgangs, z. B. über die Sicherheitszeichen D-E019 »Notausstieg« oder E016 »Notausstieg mit Fluchtleiter«, gegebenenfalls mit Richtungspfeil entsprechend ASR A1.3 »Sicherheits- und Gesundheitsschutzkennzeichnung«.

8.4 Optische Sicherheitsleitsysteme

Um die Sicherheit beim Verlassen der Arbeitsstätte auch nach Ausfall der Allgemeinbeleuchtung zu erhöhen, können optische Sicherheitsleitsysteme zusätzlich zur Kennzeichnung mit hochmontierten Sicherheitszeichen oder zusätzlich zur Sicherheitsbeleuchtung als Orientierungshilfe eingesetzt werden.
Optische Sicherheitsleitsysteme führen insbesondere zu einer Verbesserung:

1. der Wahrnehmung des Verlaufes und Begrenzung des Fluchtweges,
2. der Wahrnehmung baulicher Einrichtungen z. B. Türrahmen, Treppenstufen, Bedienelemente und
3. der Orientierung bei Verrauchung.

Dabei kann ein Sicherheitsleitsystem notwendig sein, das auf eine Gefährdung reagiert und die günstigste Fluchtrichtung anzeigt.

8.4.1 Allgemeine Anforderungen

(1) Optische Sicherheitsleitsysteme können aus Rettungszeichen, Zusatzzeichen, Leitmarkierungen sowie Sicherheitsleuchten (gemäß DIN EN 60598-2-22 und DIN EN 50172) bestehen. Die Systeme können langnachleuchtend, elektrisch betrieben oder als Kombination beider Systeme ausgeführt werden.
(2) Ein optisches Sicherheitsleitsystem im Zusammenwirken mit der Sicherheitskennzeichnung nach Abschnitt 8 kann gegebenenfalls das schnelle und gefahrlose Verlassen der Arbeitsstätte ermöglichen. Vorab ist die Notwendigkeit einer Sicherheitsbeleuchtung nach Abschnitt 9 zu prüfen. Optische Sicherheitsleitsysteme sind

weder ein Ersatz für hochmontierte Sicherheitskennzeichnung nach Abschnitt 8, noch ein Ersatz für eine erforderliche Sicherheitsbeleuchtung nach Abschnitt 9.

(3) Die Erkennbarkeit des optischen Sicherheitsleitsystems darf durch eine eventuell vorhandene Sicherheitsbeleuchtung nicht beeinträchtigt werden.

(4) Optische Sicherheitsleitsysteme sind so einzurichten und zu betreiben, dass der Verlauf von Fluchtwegen, die Notausgänge sowie mögliche Gefahrstellen und Hindernisse erkannt werden können.

(5) Eine beidseitige Kennzeichnung der Hauptfluchtwege ist immer dann erforderlich, wenn die Fluchtwegbreite mehr als 2,00 m beträgt. Vorzugsweise ist auch bei geringerer Breite der Hauptfluchtwege die Kennzeichnung beidseitig auszuführen.

(6) Innerhalb optischer Sicherheitsleitsysteme muss die Fluchtrichtung mit Hilfe der Sicherheitszeichen »E001 »Notausgang (links)« oder E002 »Notausgang (rechts)« in Verbindung mit einem Zusatzzeichen (Richtungspfeil) gemäß ASR A1.3 »Sicherheits- und Gesundheitsschutzkennzeichnung« angegeben werden. Die Kennzeichnung der Fluchtrichtung ist im Verlauf des Hauptfluchtweges und bei Richtungsänderungen anzubringen.

(7) Leitmarkierungen sind durchgehend und gut sichtbar im Verlauf des Hauptfluchtweges auf dem Fußboden oder an Wänden anzubringen. Die Oberkante der Markierung darf nicht höher als 40 cm über dem Fußboden liegen.

Hinweis:

Beim Einrichten von neuen Arbeitsstätten oder bei wesentlichen Änderungen ist es empfehlenswert, die Oberkante der Markierung nicht höher als 30 cm über dem Fußboden anzubringen.

(8) Das optische Sicherheitsleitsystem ist instand zu halten und in regelmäßigen Abständen auf seine Funktionsfähigkeit zu prüfen. Die Abstände und der Umfang für die Prüfung sowie die Dokumentationspflicht ergeben sich aus den Herstellerangaben und den anerkannten Regeln der Technik. Festgestellte Mängel sowie Schäden, die die Funktionsfähigkeit beeinträchtigen können, sind unverzüglich sachgerecht zu beseitigen.

8.4.2 Langnachleuchtende optische Sicherheitsleitsysteme

(1) Langnachleuchtende Sicherheitsleitsysteme müssen mindestens die Anforderungen der DIN 67510-1:2020-05, Klasse C erfüllen. Die ausreichende Anregung der langnachleuchtenden Materialien ist sicherzustellen, z. B. hinsichtlich Dauer, Art und Intensität der Beleuchtung. Die Funktionsweise des langnachleuchtenden Sicherheitsleitsystems ist durch Dokumentation des Herstellers oder eine Messung am Ort der Anwendung nach DIN ISO 16069:2019-04 Anhang B nachzuweisen.

Hinweis:

Bei Verwendung von Einrichtungen, welche die Dauer der Anregung begrenzen, z. B. Ansteuerung der Beleuchtung durch Präsenzmelder, sind entsprechende Kompensationsmaßnahmen anzuwenden.

(2) Leitmarkierungen müssen mindestens einen Durchmesser oder eine Breite und Höhe von 50 mm haben. Sie werden als durchgehend angesehen, wenn mindestens drei Markierungen pro Meter in regelmäßigen Abständen angebracht sind.

(3) Rampen und Handläufe im Verlauf von Fluchtwegen sind in ihrer gesamten Länge eindeutig zu kennzeichnen. Alle Vorderkanten der Trittstufen von Treppen müssen über die gesamte Treppenbreite mit langnachleuchtenden Materialien mit einer Breite von 20 mm – 50 mm markiert werden. Die Markierungen sind möglichst nah an der Vorderkante anzubringen, der Abstand soll nicht mehr als 10 mm betragen. Die Erkennbarkeit der Vorderkanten der Trittstufen muss auch bei Allgemeinbeleuchtung gewährleistet sein. Die Markierung der Trittstufen darf zu keinen Stolper- und Rutschgefahren führen z. B. durch hochstehende Kanten oder große Abweichung von der Bewertungsgruppe der Rutschhemmung der Trittfläche.

Hinweis:

Zusätzliche Markierungen an den Seiten der Tritt- und Setzstufen erhöhen die räumliche Erkennbarkeit des Treppenlaufes.

(4) Türen im Verlauf von Fluchtwegen und Notausstiege sind mit langnachleuchtenden Materialien zu umranden. Die Umrandung muss mindestens eine Breite von 20 mm haben. Türgriffe und Notbetätigungseinrichtungen (z. B. Panikstangen) sind langnachleuchtend zu gestalten oder mit langnachleuchtendem Material hervorzuheben. Falls erforderlich ist dabei die Richtung, in der die Türgriffe und Notbetätigungseinrichtungen zu betätigen sind, anzugeben (siehe Abbildung 1).

Hinweis:

Abbildung 1 ist eine schematische und nicht maßstäbliche Darstellung zur Veranschaulichung der verschiedenen Komponenten: drei hochmontierte Sicherheitszeichen E001 mit Richtungspfeil an der rechten Wand und E002 mit Richtungspfeil über der Tür, Umrandung der Tür und Kennzeichnung des Türgriffs, Leitmarkierungen in 40 cm Höhe an den Seitenwänden mit Markierungen in regelmäßigen Abständen.

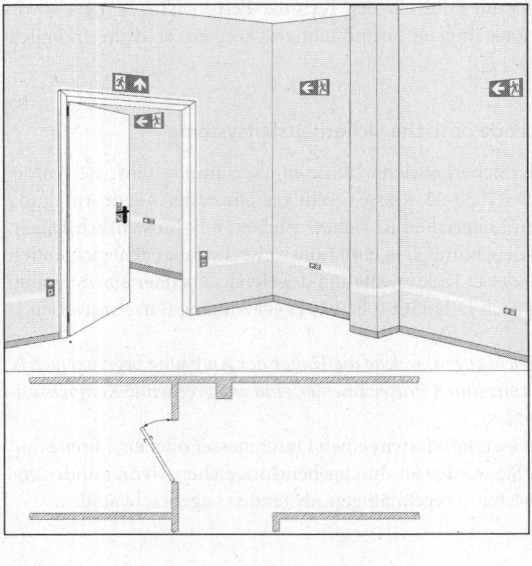

Abb. 1: Beispiel für die Anordnung von Komponenten eines langnachleuchtenden optischen Sicherheitsleitsystems und hochmontierter langnachleuchtender Sicherheitszeichen (räumliche Darstellung und Grundriss)

(5) Gefahrenstellen und Hindernisse im Verlauf von Fluchtwegen, z. B. Vorsprünge, Stützen und Anstoßkanten, müssen deutlich und dauerhaft erkennbar sein. Dazu können Sicherheitsmarkierungen nach ASR 1.3 »Sicherheits- und Gesundheitsschutzkennzeichnung« verwendet werden.
(6) Langnachleuchtende Rettungszeichen, die Teil eines optischen Sicherheitsleitsystems sind, sind im Abstand von maximal 5 m im Verlauf des Fluchtweges anzubringen. Bei jeder Richtungsänderung des Fluchtweges ist ein langnachleuchtendes Rettungszeichen vorzusehen.

8.4.3 Elektrisch betriebene Sicherheitsleitsysteme

(1) Innenbeleuchtete Rettungszeichen, die Teil eines optischen Sicherheitsleitsystems sind, sind im Abstand von maximal 10 m im Verlauf des Fluchtweges anzubringen. Bei jeder Richtungsänderung des Fluchtweges ist ein innenbeleuchtetes Rettungszeichen vorzusehen.
(2) Um die Leitfunktion von innenbeleuchteten Rettungszeichen sicherzustellen, sind zusätzlich elektrisch betriebene Leitmarkierungen oder niedrig montierte Sicherheitsleuchten einzusetzen. Dabei darf der Abstand zwischen den Leitmarkierungen nicht mehr als 2,50 m betragen.
(3) Niedrig montierte Sicherheitsleuchten ermöglichen zusätzlich die Wahrnehmung von Hindernissen im Fluchtweg. Diese ist gegeben, wenn an jeder Stelle auf der Mitte des Fluchtweges eine Beleuchtungsstärke von mindestens 1 lx erreicht wird. Die Beleuchtungsstärke wird dabei auf einer vertikalen Fläche quer zur Fluchtrichtung in einer Höhe von maximal 20 cm über dem Fußboden und auf der Mitte des Fluchtweges gemessen. Die Beleuchtungsstärke darf dabei bis zum Rand des Fluchtweges auf 0,5 lx abfallen. Der Abstand zwischen den Sicherheitsleuchten darf nicht mehr als 10 m betragen, dabei ist Blendung zu vermeiden.
(4) Bei in den Fußboden eingelassenen elektrisch betriebenen Leitmarkierungen muss sich die Leuchtdichte der abstrahlenden Fläche von der Leuchtdichte der umgebenden Flächen deutlich unterscheiden, ohne zu blenden.
(5) Die elektrisch betriebenen Sicherheitsleitsysteme müssen mindestens für die Dauer, die für das gefahrlose Verlassen der Arbeitsstätte ins Freie oder in einen gesicherten Bereich erforderlich ist, funktionsfähig sein. In der Regel ist ein Zeitraum von 30 min nach Ausfall der Allgemeinbeleuchtung ausreichend.
(6) Die Funktion des Sicherheitsleitsystems darf durch den Ausfall der allgemeinen Stromversorgung nicht beeinträchtigt werden. Die Stromversorgung für das Sicherheitsleitsystem darf nur dann zusätzlich für andere Zwecke verwendet werden, wenn die Stromversorgung für das Sicherheitsleitsystem dadurch nicht beeinträchtigt wird.
Hinweis:
Ein elektrisch betriebenes Sicherheitsleitsystem und eine Sicherheitsbeleuchtung können die gleiche Stromversorgung haben.
(7) Werden dynamische optische Sicherheitsleitsysteme eingesetzt, müssen alle damit verbundenen sicherheitsrelevanten Komponenten so gestaltet sein, dass auch bei Ausfall einzelner Komponenten die Funktionsfähigkeit des Gesamtsystems erhalten bleibt.

(8) In einem dynamischen optischen Sicherheitsleitsystem kann die Richtungsangabe je nach Gefahrenlage einmalig geändert werden. Dieses kann sowohl automatisch als auch durch manuelle Eingabe erfolgen. Es ist sicherzustellen, dass hochmontierte Richtungsangaben dazu nicht im Widerspruch stehen.

9 Sicherheitsbeleuchtung

(1) Die Ausstattung von Fluchtwegen mit einer Sicherheitsbeleuchtung kann aus anderen Rechtsvorschriften, insbesondere dem Bauordnungsrecht, gefordert sein. Ist das nicht der Fall, muss geprüft werden, ob das gefahrlose Verlassen der Arbeitsstätte, insbesondere bei Ausfall der Allgemeinbeleuchtung, gewährleistet ist. Bei dieser Prüfung sind für Räume und Bereiche insbesondere folgende Kriterien zu beachten:

1. hohe Personenbelegung,
2. Flächenausdehnung (z. B. Hallen, Großraumbüros, Verkaufsstätten),
3. fehlendes Tageslicht (z. B. Räume unter Erdgleiche, innenliegende Treppenräume und Flure, Schichtbetrieb, wenn nicht während der gesamten Arbeitszeit durch das einfallende Tageslicht ein Mindestwert der Beleuchtungsstärke von 1 lx für die Fluchtwege gegeben ist),
4. betriebliche Gründe für Dunkelheit (z. B. Fotolabor),
5. Anwesenheit ortsunkundiger Personen (z. B. Kunden, Besucher),
6. erhöhte Gefährdung (z. B. durch Stolpern und Stürzen, auf Treppen),
7. unübersichtliche Fluchtwegführung (z. B. bei Fluchtwegen mit häufigen Richtungsänderungen) oder
8. eingeschränkte Erkennbarkeit des Fluchtweges und seiner Begrenzung (z. B. durch neben dem Fluchtweg abgestelltes Lagergut oder im Zuge der Evakuierung spontan abgestellter Arbeitsmittel).

Aus dem Ergebnis dieser Prüfung kann sich die Notwendigkeit einer Sicherheitsbeleuchtung ergeben.

(2) Die Beleuchtungsstärke der Sicherheitsbeleuchtung für Fluchtwege muss mindestens 1 lx mit einer Gleichmäßigkeit (Verhältnis der maximalen zur minimalen Beleuchtungsstärke) weniger als 40:1 betragen. Die Beleuchtungsstärke ist auf der Mittellinie des Fluchtweges in maximal 20 cm Höhe über dem Fußboden oder den Treppenstufen zu messen.

(3) Nach Ausfall der Allgemeinbeleuchtung muss die Sicherheitsbeleuchtung für Fluchtwege 50 % der erforderlichen Beleuchtungsstärke nach Absatz 2 innerhalb von 5 s erreichen; 100 % der erforderlichen Beleuchtungsstärke müssen innerhalb von 60 s erreicht werden.

(4) Die Anforderungen nach Absatz 3 entfallen für:

1. bereits vorhandene Sicherheitsbeleuchtungsanlagen in Gebäuden, die bis zum 30. 4. 2025 errichtet worden sind oder deren Bauantragstellung bis zu diesem Termin erfolgt ist, bis die jeweiligen Bereiche dieser Arbeitsstätten wesentlich erweitert oder umgebaut werden, und

2. Sicherheitsbeleuchtungsanlagen, die aus betriebstechnischen Gründen über ausschließlich mit Verbrennungsmotoren betriebene Netzersatzanlagen versorgt werden, z. B. für medizinisch genutzte Bereiche mit notwendiger Betriebsdauer der Sicherheitsbeleuchtung von bis zu 24 Stunden gemäß DIN VDE 0100-710:2012-10.

In beiden Fällen müssen 100 % der erforderlichen Beleuchtungsstärke innerhalb von 15 s erreicht werden.

(5) Die Sicherheitsbeleuchtung für Fluchtwege muss für die Dauer, die für das gefahrlose Verlassen der Arbeitsstätte ins Freie erforderlich ist, jedoch mindestens für einen Zeitraum von 30 min nach Ausfall der Allgemeinbeleuchtung, die erforderliche Beleuchtungsstärke erbringen.

(6) In Arbeitsstätten, in denen regelmäßig eine größere Anzahl ortsunkundiger Personen auf einen Fluchtweg angewiesen sein kann, ist mit einem erhöhten Unfallrisiko aufgrund des Ausfalls der Allgemeinbeleuchtung zu rechnen. Im Rahmen der Gefährdungsbeurteilung sind solche Fluchtwege zu ermitteln. Auf diesen Fluchtwegen muss die erforderliche Beleuchtungsstärke der Sicherheitsbeleuchtung innerhalb von 1 s erreicht werden.

(7) Die Farbwiedergabe der Sicherheitsbeleuchtung ist so zu wählen, dass die Sicherheitsfarben erkennbar bleiben. Der Farbwiedergabeindex R_a darf nicht unter 40 liegen.

(8) Eine störende Blendung der Beschäftigten ist zu vermeiden oder – wenn dies nicht möglich ist – zu minimieren.

(9) Die Funktion der Sicherheitsbeleuchtung darf durch den Ausfall der allgemeinen Stromversorgung nicht beeinträchtigt werden. Die Stromversorgung für die Sicherheitsbeleuchtung darf nur dann zusätzlich für andere Zwecke verwendet werden, wenn die Stromversorgung der Sicherheitsbeleuchtung dadurch nicht beeinträchtigt wird.

Hinweis:

Ein elektrisch betriebenes Sicherheitsleitsystem und eine Sicherheitsbeleuchtung können die gleiche Stromversorgung haben.

(10) Die Sicherheitsbeleuchtung ist instand zu halten und in regelmäßigen Abständen auf ihre Funktionsfähigkeit zu prüfen. Die Abstände und der Umfang für die Prüfung sowie die Dokumentationspflicht ergeben sich aus den Herstellerangaben und den anerkannten Regeln der Technik. Festgestellte Mängel sowie Schäden, die die Funktionsfähigkeit beeinträchtigen können, sind unverzüglich sachgerecht zu beseitigen.

Hinweise:

1. Eine Sicherheitsbeleuchtung sollte bis zur Sammelstelle geführt werden.

2. Beim Einrichten von Fluchtwegen mit einer Sicherheitsbeleuchtung sollen die hochmontierten Sicherheitszeichen bevorzugt in innenbeleuchteter Ausführung verwendet werden (bessere Erkennbarkeit).

10 Flucht- und Rettungsplan

(1) Der Arbeitgeber hat Flucht- und Rettungspläne für die Bereiche von Arbeitsstätten zu erstellen, in denen die Lage, die Ausdehnung oder die Art der Benutzung der Arbeitsstätte dies erfordern.
Flucht- und Rettungspläne können z. B. erforderlich sein in Bereichen:

1. mit unübersichtlicher Fluchtwegführung (z. B. über Zwischengeschosse, durch größere Räume, bei einer gewinkelten oder von den üblicherweise betrieblich genutzten Verkehrswegen abweichenden Wegführung),
2. mit einem hohen Anteil an ortsunkundigen Personen (z. B. Arbeitsstätten mit Publikumsverkehr),
3. mit einer erhöhten Gefährdung (z. B. Räume nach Abschnitt 5 Absatz 2 Nummer 3 und 4 oder Absatz 3) oder
4. wenn sich aus benachbarten Arbeitsstätten Gefährdungsmöglichkeiten ergeben (z. B. durch explosions- bzw. brandgefährdete Anlagen oder Stofffreisetzung).

(2) Flucht- und Rettungspläne müssen aktuell, übersichtlich, gut lesbar und farblich unter Verwendung von Sicherheitsfarben sowie von Rettungs- und Brandschutzzeichen gestaltet sein. Angaben zur Gestaltung von Flucht- und Rettungsplänen siehe ASR A1.3 »Sicherheits- und Gesundheitsschutzkennzeichnung«.
Hinweis:
Sofern in der Arbeitsstätte noch Vorgängerversionen der Rettungs- und Brandschutzzeichen verwendet werden, sollen diese auch im Flucht- und Rettungsplan verwendet werden. Wenn in der Arbeitsstätte die nach ASR A1.3 »Sicherheits- und Gesundheitsschutzkennzeichnung« gültigen Sicherheitszeichen zur Anwendung kommen, ist auch der Flucht- und Rettungsplan entsprechend anzupassen.
(3) Flucht- und Rettungspläne sind in den Bereichen der Arbeitsstätte, für die sie nach Abschnitt 10 Absatz 1 zu erstellen sind, an geeigneten Stellen auszuhängen. Geeignete Stellen sind beispielsweise Bereiche in Fluchtwegen, an denen sich häufiger Personen aufhalten z. B. vor Aufzugsanlagen, in Eingangsbereichen, vor Zugängen zu Treppen, an Kreuzungspunkten von Verkehrswegen. Flucht- und Rettungspläne müssen – bezogen auf den Standort des Betrachters – lagerichtig angebracht werden.
(4) Flucht- und Rettungspläne sind mit entsprechenden Plänen nach anderen Rechtsvorschriften, z. B. den Alarm- und Gefahrenabwehrplänen nach § 10 der 12. Verordnung zur Durchführung des Bundes-Immissionsschutzgesetzes (Störfall-Verordnung – 12. BImSchV), abzustimmen oder mit diesen zu verbinden.
Hinweis:
Für Arbeitsstätten, in denen gemäß der Gefährdungsbeurteilung besondere Gefährdungen auftreten können oder aufgrund der örtlichen Gegebenheiten sowie der Nutzungsart mit komplizierten Bedingungen im Gefahrenfall zu rechnen ist, ist unter Berücksichtigung der Anforderungen aus anderen Rechtsgebieten zu prüfen, ob zusätzliche Anforderungen nach § 10 Arbeitsschutzgesetz (ArbSchG) erforderlich sind, z. B. die Aufstellung betrieblicher Alarm- und Gefahrenabwehrpläne oder die Erstellung von Brandschutzordnungen oder Evakuierungsplänen.

11 Unterweisung und Übung zur Evakuierung

(1) Der Arbeitgeber hat die Beschäftigten über den Verlauf der Fluchtwege, über die bei Nutzung der Fluchtwege und Notausgänge erforderlichen Maßnahmen und die Kennzeichnung sowie über das Verhalten im Gefahrenfall regelmäßig zu unterweisen. Die Unterweisung muss mindestens jährlich erfolgen. Ein nach Abschnitt 10 Absatz 1 notwendiger Flucht- und Rettungsplan ist in die Unterweisung einzubeziehen. Die Unterweisung soll durch eine Begehung der Fluchtwege unterstützt werden.

(2) Ist für eine Arbeitsstätte die Erstellung eines Flucht- und Rettungsplanes erforderlich, sind in regelmäßigen Abständen Evakuierungsübungen durchzuführen. Anhand der Übungen soll mindestens überprüft werden, ob:

1. die Alarmierung zu jeder Zeit unverzüglich ausgelöst werden kann,
2. die Alarmierung die anwesenden Personen erreicht,
3. sich die anwesenden Personen, über die Bedeutung der jeweiligen Alarmierung im Klaren sind und danach handeln,
4. die Fluchtwege schnell und sicher benutzt werden können und
5. die zu evakuierenden Bereiche frei von Personen sind.

Hinweise:

1. In der Praxis hat sich bewährt, die Evakuierungsübungen in Abständen von 2 bis 5 Jahren zu wiederholen. Zur Festlegung der Häufigkeit und des Umfangs der Evakuierungsübungen sowie zu deren Durchführung sind auch Anforderungen anderer Rechtsvorschriften (z. B. Bauordnungsrecht, Gefahrstoffrecht, Immissionsschutzrecht) zu berücksichtigen.

2. Auch in Arbeitsstätten, in denen die Erstellung eines Flucht- und Rettungsplanes nicht erforderlich ist, kann eine Evakuierungsübung sinnvoll sein, um zu überprüfen, ob die unter Nummern 1 bis 5 genannten Kriterien erfüllt werden können.

(3) Diejenigen Beschäftigten, die Aufgaben im Zusammenhang mit der Evakuierung übernehmen, hat der Arbeitgeber betriebsspezifisch zu unterweisen. Die Unterweisung muss mindestens jährlich erfolgen.

12 Abweichende / ergänzende Anforderungen für Baustellen

(1) Auf Baustellen, auf denen Beschäftigte mehrerer Arbeitgeber tätig werden, haben sich diese Arbeitgeber bei der Festlegung von Maßnahmen zur Gestaltung von Fluchtwegen abzustimmen. Die Hinweise des nach Baustellenverordnung bestellten Koordinators sind dabei zu berücksichtigen.

(2) Die Anforderungen in den Abschnitten 5, 6 und 7 dieser ASR sind aufgrund der örtlichen und betrieblichen Gegebenheiten auf Baustellen nicht durchgehend anwendbar. In diesen Fällen sind in Abhängigkeit von der höchstmöglichen Anzahl der anwesenden Personen, die im Gefahrenfall den Fluchtweg benutzen, die Anordnung, die Abmessungen und die Ausführung der Fluchtwege im Ergebnis der Gefährdungsbeurteilung festzulegen und an den Baufortschritt anzupassen.

Fluchtwege können auch über temporäre Verkehrswege führen, z. B. Treppentürme, Gerüste oder Anlegeleitern.

(3) Fluchtwege, die nicht erkennbar ins Freie oder in einen gesicherten Bereich führen oder deren Verlauf sich während der Baumaßnahme wesentlich ändert oder unübersichtlich ist, müssen zum frühestmöglichen Zeitpunkt nach Abschnitt 8 gekennzeichnet werden. In diesen Fällen ist auch ein Flucht- und Rettungsplan nach Abschnitt 10 erforderlich.

(4) Der Flucht- und Rettungsplan kann mit Baustelleneinrichtungsplänen oder Baustellenordnungen verbunden und abweichend von Abschnitt 10 Absatz 3 an einer zentralen Stelle, z. B. dem sogenannten »Schwarzen Brett«, witterungsgeschützt ausgehängt sein. Insbesondere bei großen und komplexen bzw. unübersichtlichen Baustellen kann es erforderlich werden, orts-, geschoss- oder abschnittsbezogene Flucht- und Rettungspläne an anderen geeigneten Stellen auszuhängen.

(5) Abweichend von Abschnitt 11 Absatz 1 hat der Arbeitgeber in Abhängigkeit der Baustellensituation über Veränderungen der Fluchtwege unverzüglich zu informieren.

(6) Beispiele für Baustellen mit besonderen Gefährdungen gemäß Hinweis in Abschnitt 10 nach Absatz 4 sind:

1. Tunnelbau,
2. Arbeiten in Druckluft und Caissonbau und
3. Turm- und Schornsteinbau.

(7) Auf Baustellen ist eine Sicherheitsbeleuchtung für Fluchtwege erforderlich, wenn während der Arbeitszeit durch das einfallende Tageslicht ein Mindestwert der Beleuchtungsstärke von 1 lx für die Fluchtwege nicht gegeben ist, z. B.:

1. in Bereichen ohne Tageslicht, z. B. in innenliegenden Räumen und Gebäudeabschnitten ohne Lichtschächte und Maueröffnungen, in Räumen unter Geländeoberfläche, in Tunneln und Schächten, oder
2. jahreszeitlich bedingt.

Ergibt die Überprüfung der Gefährdungsbeurteilung, dass die Beleuchtungsstärke von 1 lx für die Nutzung des Fluchtwegs nicht ausreichend ist, damit die Beschäftigten einen Gefahrenbereich sicher verlassen können, muss die Beleuchtungsstärke entsprechend erhöht werden.

Hinweis:
Zu Anforderungen an die Sicherheitsbeleuchtung für Tätigkeiten, Arbeitsplätze, Arbeitsräume und Bereiche in Arbeitsstätten, in denen bei Ausfall der Allgemeinbeleuchtung die Sicherheit der Beschäftigten gefährdet werden kann, siehe ASR A3.4 »Beleuchtung und Sichtverbindung«, Abschnitte 8, 9.4 und 10.

(8) Abweichend von Abschnitt 9 Absatz 2 kann bei Arbeiten auf Baustellen auf den Nachweis der Gleichmäßigkeit verzichtet werden.

(9) Auf die Begrenzung der Blendung ist zu achten.

Literaturhinweise

Technische Regeln für Gefahrstoffe

TRGS 510	Lagerung von Gefahrstoffen in ortsbeweglichen Behältern
TRGS 800	Brandschutzmaßnahmen

Informationen der Unfallversicherungsträger

DGUV Information 205-033	Alarmierung und Evakuierung 10/2019
DGUV Information 208-010	Verschlüsse für Türen von Notausgängen 09/2011
DGUV Information 208-026	Sicherheit von kraftbetätigten Karusselltüren 03/2019
DGUV Information 208-044	Automatische Tore im Fluchtweg 12/2014

Normen

DIN EN 1838: 2019-11	Angewandte Lichttechnik – Notbeleuchtung; Deutsche Fassung EN 1838:2013
DIN EN 1838 Beiblatt 1:2018-11	Angewandte Lichttechnik – Notbeleuchtung; Beiblatt 1: Erläuterungen und Anwendungshinweise
DIN ISO 16069:2019-04	Graphische Symbole – Sicherheitszeichen – Sicherheitsleitsysteme (ISO 16069:2017)
DIN ISO 23601:2021-11	Sicherheitskennzeichnung – Flucht- und Rettungspläne (ISO 23601:2020)
DIN 4844-1:2012-06	Graphische Symbole – Sicherheitsfarben und Sicherheitszeichen – Teil 1: Erkennungsweiten und farb- und photometrische Anforderungen
DIN/TR 4844-4:2020-07	Graphische Symbole – Sicherheitsfarben und Sicherheitszeichen – Teil 4: Leitfaden zur Anwendung von Sicherheitskennzeichnung
DIN 14036:2023-12	Dynamische und Adaptive Fluchtweglenkung – Planung und Umsetzung von richtungsvariablen Konzepten
DIN 67510-1:2020-05	Langnachleuchtende Pigmente und Produkte – Teil 1: Messung und Kennzeichnung beim Hersteller
DIN VDE 0100-710:2012-10	Errichten von Niederspannungsanlagen – Teil 7–710: Anforderungen für Betriebsstätten, Räume und Anlagen besonderer Art – Medizinisch genutzte Bereiche
DIN EN 50172, VDE 0108-100 (2005-01-00)	Sicherheitsbeleuchtungsanlagen, Deutsche Fassung EN 50172:2004
DIN EN 60598-2-22, VDE 0711-2-22 (2020-12-00)	Leuchten – Teil 2–22: Besondere Anforderungen – Leuchten für Notbeleuchtung

ASR A3.4 »Beleuchtung und Sichtverbindung«

Mai 2023 (GMBl 2023, S. 679)

1 Zielstellung

(1) Diese Arbeitsstättenregel konkretisiert die Anforderungen an das Einrichten und Betreiben der Beleuchtung von Arbeitsstätten in § 3a Absatz 1 sowie insbesondere in Nummer 3.4 Absätze 1 und 2 des Anhanges der Arbeitsstättenverordnung (ArbStättV). Weiterhin konkretisiert diese Arbeitsstättenregel die Anforderungen in Nummer 3.4 Absatz 7 des Anhanges der ArbStättV an das Einrichten und Betreiben der Sicherheitsbeleuchtung bei Ausfall der Allgemeinbeleuchtung und in Nummer 3.5 Absatz 3 bezüglich des Blendschutzes bei Sonneneinstrahlung.
(2) Die Festlegungen dieser ASR zur Beleuchtung sowie zur Sichtverbindung nach außen dienen der Sicherheit und dem Gesundheitsschutz der Beschäftigten am Arbeitsplatz und beschreiben für ausgewählte Tätigkeiten die erforderliche Beleuchtung zur gesundheitsgerechten Erledigung der Sehaufgaben. Der Einfluss des Tageslichts am Arbeitsplatz und der Sichtverbindung nach außen wird soweit berücksichtigt, wie dies für die Gesundheit und Sicherheit der Beschäftigten erforderlich ist.
Hinweis:
Normen als Planungsgrundlagen für Beleuchtungsanlagen können von den Anforderungen dieser ASR abweichen und berücksichtigen gegebenenfalls nicht die Anforderungen, die an Sicherheit und Gesundheitsschutz der Beschäftigten bei der Arbeit zu stellen sind. Es gelten die Anforderungen dieser ASR.

2 Anwendungsbereich

(1) Diese ASR findet Anwendung auf die natürliche und künstliche Beleuchtung von Arbeitsstätten in Gebäuden oder im Freien sowie auf die Sichtverbindung nach außen.
(2) Räume ohne Sichtverbindung, die bis zum 3. Dezember 2016 eingerichtet worden waren oder mit deren Einrichtung bis zu diesem Termin begonnen worden war, dürfen weiter betrieben werden, solange bis sie wesentlich erweitert oder umgebaut werden. Ein Umbau oder eine Erweiterung gelten als wesentlich, wenn sie von ihrer Art oder ihrem Umfang her geeignet sind, gleichzeitig auch eine Sichtverbindung nach außen baulich herzustellen (z. B. Arbeiten an Außenwänden). Der finanzielle Aufwand der Erweiterungs- oder Umbauarbeiten allein ist kein entscheidendes Kriterium für die Bestimmung der »Wesentlichkeit«.
Hinweis:

Der Anwendungsbereich bezüglich Tageslicht und Sichtverbindung nach außen wird in Nummer 3.4 Absatz 1 des Anhangs der ArbStättV untersetzt. Erläuterungen dazu enthält Anhang 1 dieser ASR.

3 Begriffsbestimmungen

3.1 Die **Fensterbreite** ist die Breite des Fensters einschließlich Rahmen (Abbildung 1).
Hinweis:
Diese Fensterbreite wird auch als Rohbaumaß bezeichnet.
3.2 Die **Fläche der Sichtverbindung** ist die durchsichtige Fläche der Öffnungen. Bei Sichtverbindungen mit Stegen oder mehrteiligen Sichtverbindungen bildet die Summe der einzelnen durchsichtigen Flächen die Gesamtfläche der Sichtverbindung.

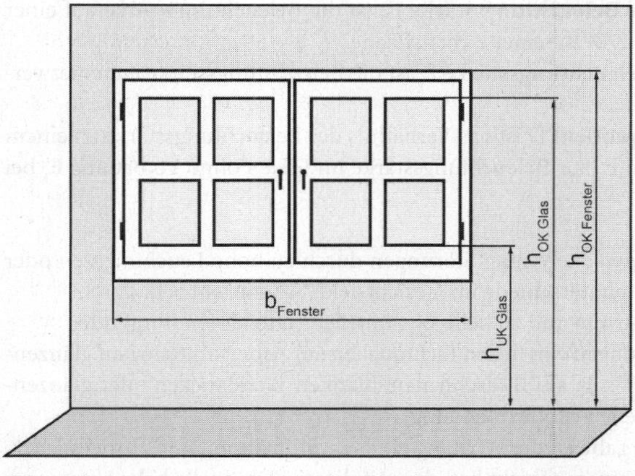

Abb. 1: Erläuterung von Fensterbreite ($b_{Fenster}$) sowie der Höhe der Unterkante der Fläche der Sichtverbindung ($h_{UK\ Glas}$), der Höhe der Oberkante der Fläche der Sichtverbindung ($h_{OK\ Glas}$) und der Höhe der Oberkante des Fensters ($h_{OK\ Fenster}$) über dem Fußboden

3.3 Der **Bereich des Arbeitsplatzes** setzt sich zusammen aus:
1. den Arbeitsflächen,
2. den Bewegungsflächen und
3. allen dem unmittelbaren Fortgang der Arbeit dienenden Stellflächen.

3.4 **Umgebungsbereich** ist ein räumlicher Bereich, der sich direkt an einen Bereich oder mehrere Bereiche von Arbeitsplätzen anschließt oder durch die Raumwände oder Verkehrswege begrenzt wird.
3.5 **Arbeitsfläche** ist eine Fläche in Arbeitshöhe, auf der die eigentliche Arbeitsaufgabe verrichtet wird.

3.6 **Bewegungsflächen** sind zusammenhängende unverstellte Bodenflächen am Arbeitsplatz, die mindestens erforderlich sind, um den Beschäftigten bei ihrer Tätigkeit wechselnde Arbeitshaltungen sowie Ausgleichsbewegungen zu ermöglichen.

3.7 Eine **Teilfläche** ist eine Fläche mit höheren Sehanforderungen, z. B. Lesen, Schreiben, Messen, Kontrollieren und Betrachten von Fertigungsprozessen, innerhalb einer Arbeitsfläche.

3.8 Eine **Kantine** ist ein Raum innerhalb der Arbeitsstätte, der zur Bereitstellung und Aufnahme von Speisen und Getränken insbesondere für die Beschäftigten vorgesehen ist, z. B. Betriebsrestaurant, Cafeteria, Bistro.

3.9 Die **Beleuchtungsstärke** E ist ein Maß für das auf eine Fläche auftreffende Licht. Die Beleuchtungsstärke wird in Lux (lx) gemessen.

3.10 Die **mittlere Beleuchtungsstärke** $\bar{E}$ ist die über eine Fläche gemittelte Beleuchtungsstärke in Lux (lx).

3.11 Der **Mindestwert der Beleuchtungsstärke** (siehe Anhänge 1 und 2) $\bar{E}_m$ ist der Wert, unter den die mittlere Beleuchtungsstärke auf einer bestimmten Fläche nicht sinken darf.

3.12 Die **horizontale Beleuchtungsstärke** E_h ist die Beleuchtungsstärke auf einer horizontalen Fläche, z. B. auf einer Arbeitsfläche.

3.13 Die **vertikale Beleuchtungsstärke** E_v ist die Beleuchtungsstärke auf einer vertikalen Fläche.

3.14 Der **Tageslichtquotient** D ist das Verhältnis der Beleuchtungsstärke an einem Punkt im Innenraum E_p zur Beleuchtungsstärke im Freien ohne Verbauung E_a bei bedecktem Himmel.

$D = E_p/E_a \cdot 100\,\%$

3.15 Unter **Blendung** versteht man Störungen durch zu hohe Leuchtdichten oder zu große Leuchtdichteunterschiede im Gesichtsfeld. Sie entsteht z. B. durch:

1. schlecht abgeschirmte und zu helle Lichtquellen (Direktblendung) oder
2. störende Spiegelungen von hellen Lichtquellen auf Arbeitsmitteln, auf glänzenden Oberflächen, z. B. auf Bildschirmen, blanken Werkstücken oder glänzenden Maschinenteilen (Reflexblendung).

3.16 Die **Farbwiedergabe** ist die Wirkung einer Lichtquelle auf den Farbeindruck, den ein Mensch von einem Objekt hat, das mit dieser Lichtquelle beleuchtet wird. Der Farbwiedergabeindex R_a ist eine dimensionslose Kennzahl von 0 bis 100, mit der die Farbwiedergabeeigenschaften der Lampen klassifiziert werden. Der Farbwiedergabeindex dient auch der Bewertung von Verglasungen. Je höher der Wert ist, desto besser ist die Farbwiedergabe.

3.17 Die **Sicherheitsbeleuchtung** ist eine Beleuchtung, die dem gefahrlosen Verlassen der Arbeitsstätte und der Vermeidung von Gefährdungen dient, welche durch Ausfall der Allgemeinbeleuchtung entstehen können.

Hinweis:

In dieser ASR werden die Anforderungen der Sicherheitsbeleuchtung für Tätigkeiten, Arbeitsplätze, Arbeitsräume und Bereiche beschrieben.

3.18 Die **Leuchtdichte** L wird in Candela pro Quadratmeter [cd/m^2] gemessen und beschreibt den Helligkeitseindruck einer beleuchteten oder leuchtenden Fläche.

4 Sichtverbindung nach außen

4.1 Grundsatz

(1) Die Sichtverbindung nach außen ermöglicht den visuellen Kontakt zur Umwelt. Sie unterstützt die positiven Wirkungen des Tageslichts am Arbeitsplatz und dient der Erhaltung der physischen und psychischen Gesundheit. Die Verbindung zur Außenwelt durch eine Sicht in die Umgebung ermöglicht das Erleben des Tagesablaufs und der Witterung und vermindert das Gefühl, im Raum eingeschlossen zu sein.
(2) Die Anforderung einer Sichtverbindung nach außen wird durch eine Sichtverbindung unmittelbar ins Freie erfüllt. Sie kann auch durch eine Sichtverbindung in einen großräumigen Innenbereich, der durch Tageslicht beleuchtet wird, oder mit einer Sichtverbindung mittelbar ins Freie durch einen anderen Raum hindurch, erfüllt werden.
Hinweis:
Anhang 1 enthält Entscheidungshilfen, ob die Anforderung an eine Sichtverbindung nach Nummer 3.4 Absatz 1 des Anhangs der ArbStättV für einen konkreten Raum gilt. Anhang 2 enthält Hinweise zu möglichen Ausgleichsmaßnahmen bei unzureichender Sichtverbindung.

4.2 Als Sichtverbindung dienende Fenster, Türen oder Wandflächen

4.2.1 Beschaffenheit

(1) Die Flächen der Sichtverbindung müssen eine verzerrungsfreie und farbneutrale Durchsicht ermöglichen. Als farbneutral gelten Materialien mit einer Qualität der Farbwiedergabe $R_a \geq 90$. Als verzerrungsfrei gelten Materialien, durch die hindurch in 10 m Entfernung das Gesicht einer Person zugeordnet werden kann.
(2) Sonnen-, Blend- und Sichtschutzsysteme gelten dann nicht als Einschränkung der Sichtverbindung, wenn diese rückziehbar sind. Sie sollen von den Beschäftigten beeinflussbar sein.
(3) Flächenanteile, die mit nicht rückziehbaren, sichtbehindernden Fassadenelementen (z. B. Lochbleche, Bedruckungen, feststehenden Sonnen- und Blendschutzsysteme) ausgestattet sind, gelten nicht als Sichtverbindung. Dunkle Insektenschutzgitter gelten nicht als sichtbehindernd.
Hinweise:
1. Fassadenelemente mit kleinteiligen Strukturen im Bereich der Sichtöffnung können als durchsichtig angenommen werden, wenn sichtbehindernde Strukturelemente nicht größer als 0,5 mm sind. Der Grund hierfür ist, dass das Auge bei einem üblichen Abstand des Arbeitsplatzes vom Fenster auf Strukturelemente ≤ 0,5 mm nicht mehr akkommodieren kann.
2. Sonnenschutzsysteme, die auch in geschlossenem Zustand eine Teildurchsicht ermöglichen (z. B. stellbare Lamellen), sind zu bevorzugen.

3. Für Gebäude, die sich innerhalb von Grünbereichen befinden, kann der Vogelschutz eine Bedeutung haben. Zwischen den Anforderungen an eine Sichtverbindung nach außen und Vogelschutzbedruckungen kann ein Zielkonflikt bestehen. Eine Gefährdungsbeurteilung muss in diesem Fall auch den Aspekt des Vogelschutzes beachten. Kriterien für beiden Aspekten genügende Bedruckungen können z. B. die Grobheit des Bedruckungsmusters und der Reflexionsgrad der Bedruckungen nach innen (möglichst dunkel) und nach außen sein.

4.2.2 Lage und Fläche

(1) Die Sichtverbindung nach außen muss den Ausblick aus dem jeweiligen Raum ermöglichen und kann z. B. durch Fenster, durchsichtige Türen oder durchsichtige Wandflächen bereitgestellt werden.
(2) Bis zu einer Raumgrundfläche von 600 m² muss die Größe der als Sichtverbindung vorgesehenen Flächen mindestens 1/10 der Raumgrundfläche betragen. Bei größeren Räumen muss die Größe der Sichtverbindung wenigstens 60 m² betragen.
Hinweis:
Abhängig von der Grundrissgestaltung und der Nutzung kann es möglich sein, die Anforderung nur auf Teile des Gesamtraumes zu beziehen; Beispiel: Nutzung des fensterfernen Bereichs als Lager.
(3) Die Gesamtfläche der Sichtverbindung soll mindestens:
1. 1,25 m² bei einer Raumtiefe bis einschließlich 5,0 m und
2. 1,50 m² bei einer Raumtiefe von mehr als 5,0 m

betragen.
(4) Die Unterkante der als Sichtverbindung vorgesehenen Flächen (Abbildung 1, $h_{UK\ Glas}$) soll höchstens 0,95 m bei vorwiegend sitzender Tätigkeit und höchstens 1,25 m bei vorwiegend stehender Tätigkeit über dem Raumfußboden liegen. Die Oberkante $h_{OK\ Glas}$ soll mindestens 2,20 m über dem Fußboden liegen.
Hinweis:
Bei ausschließlich fensternahen Arbeitsplätzen kann die Höhe der Sichtverbindung für den Fall der Verwendung von Fensterbändern (horizontal durchlaufende Fassadenöffnungen) auf 0,75 m reduziert werden. Die Oberkante des Glases $h_{OK\ Glas}$ liegt dann entsprechend unterhalb von 2,2 m. Fensternah ist ein Arbeitsplatz, wenn seine Entfernung vom Fenster im Wesentlichen in dem nach der Gleichung
$(h_{OK\ Fenster} - 0{,}8\,m) \cdot 2{,}5$
bestimmten Bereich liegt (siehe Abbildung 1 ($h_{OK\ Fenster}$), Abbildung 2 und den Hinweis in Abschnitt 4.2.2 Absatz 2).
(5) Als Sichtverbindung vorgesehene Fenster sollen mindestens eine Fensterbreite (Abbildung 1, $b_{Fenster}$) von 1,00 m haben.

4.2.3 Sichtverbindung in offene Innenhöfe und überglaste Atrien

Eine Sichtverbindung in Innenhöfe und Atrien kann die Anforderung einer Sichtverbindung nach außen erfüllen, wenn zusätzlich zu den oben genannten Anforderungen folgende Voraussetzungen eingehalten werden:

1. Die Tiefe des Innenhofes oder Atriums orthogonal zur Fassade muss im Bereich der jeweiligen Sichtverbindung mindestens 6 m betragen.
2. Der Innenhof bzw. das Atrium muss durch Tageslicht beleuchtet werden.
3. Der Innenhof bzw. das Atrium ist begrünt oder Personen können sich gelegentlich darin aufhalten.

Hinweis:
Ein Innenhof ist allseitig baulich umschlossen und nach oben offen. Ein Atrium ist zusätzlich transparent überdacht.

4.2.4 Sichtverbindung durch einen anderen Raum hindurch

Eine Sichtverbindung ins Freie durch einen anderen Raum hindurch erfüllt die Anforderung an die Sichtverbindung nach außen, wenn gleichzeitig die Anforderung an ausreichendes Tageslicht erfüllt wird und ein Sichtkontakt ins Freie tatsächlich gegeben ist. Die Anforderungen an die Lage und Fläche der Sichtverbindung müssen in jedem der Räume erfüllt werden, dabei muss die Fläche der Sichtverbindung aus der gesamten Grundfläche aller Räume, denen die Sichtverbindung dient, ermittelt werden.

5 Beleuchtung mit Tageslicht

5.1 Ausreichendes Tageslicht

(1) Die Arbeitsstätten müssen möglichst ausreichend Tageslicht erhalten. Eine Beleuchtung mit Tageslicht ist der Beleuchtung mit ausschließlich künstlichem Licht vorzuziehen. Helle Wände und Decken unterstützen die Nutzung des Tageslichts. Tageslicht weist Gütemerkmale auf (z. B. die Dynamik, die Farbe, die Richtung, die Menge des Lichts), die in ihrer Gesamtheit von künstlicher Beleuchtung nicht zu erreichen sind. Tageslicht hat im Allgemeinen eine positive Wirkung auf die Gesundheit und das Wohlempfinden des Menschen.
(2) Tageslicht kann durch Fenster, Dachoberlichter und lichtdurchlässige Bauteile in Gebäude gelangen. Eine gleichmäßige Lichtverteilung kann mit Dachoberlichtern erreicht werden, wenn der Abstand der Dachoberlichter voneinander nicht größer als die lichte Raumhöhe ist.
(3) Die Anforderung nach ausreichendem Tageslicht wird erfüllt, wenn in Arbeitsräumen:

1. am Arbeitsplatz ein Tageslichtquotient größer als 2 %, bei Dachoberlichtern größer als 4 % erreicht wird oder
2. ein Verhältnis von lichtdurchlässiger Fenster-, Tür- oder Wandfläche bzw. Oberlichtfläche zur Raumgrundfläche von mindestens 1:10 (entspricht ca. 1:8 Rohbaumaße), eingehalten ist. Die Einrichtung fensternaher Arbeitsplätze ist zu bevorzugen (siehe Abbildung 2).

Die Anforderungen gelten auch für Aufenthaltsbereiche in Pausenräumen.

Wenn die Forderung nach ausreichendem Tageslicht in bestehenden Arbeitsstätten oder auf Grund spezifischer betriebstechnischer Anforderungen nicht einzuhalten ist, sind im Rahmen der Gefährdungsbeurteilung andere Maßnahmen zur Gewährleistung der Sicherheit und des Gesundheitsschutzes erforderlich. Eine andere Maßnahme besteht in der Einrichtung und Nutzung von Pausenräumen mit hohem Tageslichteinfall in Verbindung mit einer geeigneten Pausengestaltung.

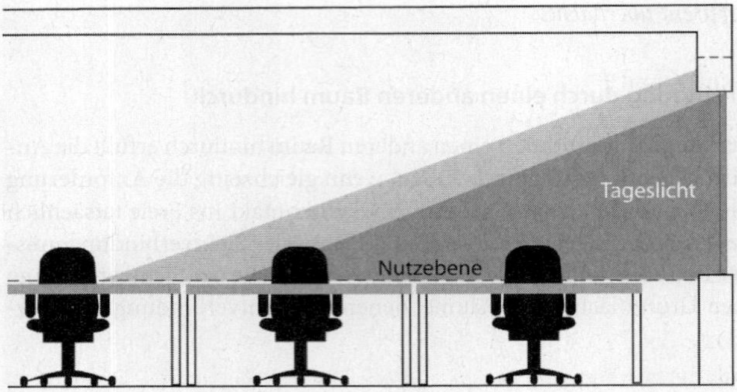

Abb. 2: Beispiel für die Tageslichtversorgung in Abhängigkeit von der Raumhöhe sowie der Größe und Anordnung des Fensters

(4) Für die Beleuchtung von Arbeitsplätzen mit Tageslicht sind in Fenstern und Dachoberlichtern Verglasungsmaterialien zu verwenden, die zu einer möglichst geringen Veränderung des Farbeindrucks führen.

5.2 Maßnahmen zur Begrenzung der Blendung

(1) Störende Blendung durch Sonneneinstrahlung ist zu vermeiden oder, wenn dies nicht möglich ist, zu minimieren. Zur Begrenzung störender Blendungen oder Reflexionen können z. B. Jalousien, Rollos und Lamellenstores dienen. Bei Dachoberlichtern können dies z. B. lichtstreuende Materialien oder Verglasungen mit integrierten Lamellenrastern sein.
(2) Die Anforderungen aus der ASR A3.5 »Raumtemperatur« bezüglich übermäßiger Sonneneinstrahlung (siehe Abschnitt 4.3 sowie Tabelle 3 der ASR A3.5) sind zu beachten.

6 Künstliche Beleuchtung in Gebäuden

6.1 Allgemeine Anforderungen

Da Tageslicht örtlich und zeitlich nicht immer in ausreichendem Maße vorhanden ist, ist zusätzlich eine künstliche Beleuchtung erforderlich. Die Arbeitsstätten müssen mit Einrichtungen für eine der Sicherheit und dem Gesundheitsschutz der Beschäftigten angemessenen künstlichen Beleuchtung ausgestattet sein. Eine Verringerung des individuellen Sehvermögens, z. B. mit zunehmendem Alter, kann eine höhere Anforderung an die Beleuchtungsqualität (z. B. eine höhere Beleuchtungsstärke und höhere Anforderungen an die Begrenzung der Blendung) erfordern.

6.2 Beleuchtungsstärken

(1) Beim Einrichten und Betreiben von Arbeitsstätten müssen die Mindestwerte der Beleuchtungsstärken des Anhanges 3 eingehalten werden.
Ergibt sich bei der Gefährdungsbeurteilung, dass in bestehenden Arbeitsstätten die Einhaltung der Mindestwerte der Beleuchtungsstärken nach Anhang 3 mit Aufwendungen verbunden ist, die offensichtlich unverhältnismäßig sind, so hat der Arbeitgeber die betroffenen Tätigkeiten, Arbeitsplätze, Arbeitsräume und Bereiche individuell zu beurteilen. Bei der Gefährdungsbeurteilung hat der Arbeitgeber zu prüfen, wie durch andere oder ergänzende Maßnahmen die Sicherheit und der Gesundheitsschutz der Beschäftigten in vergleichbarer Weise gesichert werden kann; die erforderlichen Maßnahmen hat er durchzuführen. Solche Maßnahmen sind z. B. der Einsatz von effizienteren Leuchtmitteln oder die Verkürzung von Wartungsintervallen der Beleuchtungseinrichtungen.
(2) Für Tätigkeiten, Arbeitsplätze, Arbeitsräume und Bereiche, die im Anhang 3 nicht aufgelistet sind, sind die erforderlichen Werte im Rahmen der Gefährdungsbeurteilung zu ermitteln.
(3) An keiner Stelle im Bereich des Arbeitsplatzes darf das 0,6-Fache der mittleren Beleuchtungsstärke unterschritten werden. Der niedrigste Wert darf nicht im Bereich der Hauptsehaufgabe liegen.
(4) Die Beleuchtung kann als raumbezogene Beleuchtung oder auf den Bereich des Arbeitsplatzes bezogene Beleuchtung ausgeführt werden. Die im Anhang 3 angegebenen Mindestwerte der Beleuchtungsstärke müssen erreicht werden.
Die Anwendung einer raumbezogenen Beleuchtung kann gegeben sein, wenn:

1. Arbeitsplätze in der Planungsphase örtlich nicht zugeordnet werden können,
2. eine flexible Anordnung der Arbeitsplätze vorgesehen ist.

Bei den genannten Anwendungsfällen für die raumbezogene Beleuchtung ist es möglich in der Grundausstattung den gesamten Raum mit dem Mindestwert der Beleuchtungsstärke für den Umgebungsbereich entsprechend der späteren Nutzung zu beleuchten. In diesen Fällen ist durch zusätzliche Beleuchtung, z. B. mobile Beleuchtungssysteme, die Mindestbeleuchtungsstärke für den Bereich des Arbeitsplatzes sicherzustellen.
Die Anwendung einer auf den Bereich des Arbeitsplatzes bezogenen Beleuchtung kann gegeben sein, wenn:

1. die Anordnung der Arbeitsplätze und deren Umgebungsbereiche bekannt sind,
2. verschiedene Arbeitsplätze – auch innerhalb eines Raumes – unterschiedliche Beleuchtungsbedingungen erfordern.

(5) Im Umgebungsbereich eines Arbeitsplatzes mit einer Beleuchtungsstärke von 300 lx muss die mittlere Beleuchtungsstärke mindestens 200 lx betragen. Bei Arbeitsplätzen, die mit 500 lx oder mehr zu beleuchten sind, muss die mittlere Beleuchtungsstärke im Umgebungsbereich mindestens 300 lx betragen. Beleuchtungsstärken über 500 lx im Bereich des Arbeitsplatzes können eine höhere mittlere Beleuchtungsstärke im Umgebungsbereich erfordern. Die minimale Beleuchtungsstärke im Umgebungsbereich darf das 0,5-Fache der mittleren Beleuchtungsstärke des Umgebungsbereichs nicht unterschreiten.

(6) Bei Mindestwerten der Beleuchtungsstärke über 500 lx nach Anhang 3 ist es zulässig, diese nicht am gesamten Arbeitsplatz, sondern nur auf den für die Sehaufgabe relevanten Teilflächen zu erreichen (siehe Abbildung 3). Dies kann zum Beispiel durch zusätzliche Arbeitsplatzleuchten geschehen. Die mittlere Beleuchtungsstärke im Bereich des Arbeitsplatzes darf bei teilflächenbezogener Beleuchtung 500 lx nicht unterschreiten. An keiner Stelle im Bereich des Arbeitsplatzes darf ein Einzelwert der Beleuchtungsstärke 300 lx unterschreiten.

Die Anwendung einer teilflächenbezogenen Beleuchtung kann gegeben sein, wenn:

1. besondere Sehaufgaben (wenig Kontraste, Notwendigkeit zur Erkennung von Oberflächenstrukturen, Arbeiten mit kleinen Teilen, kurze Betrachtungszeiträume) vorliegen,
2. eine Anpassung an das individuelle Sehvermögen der Beschäftigten erfolgt.

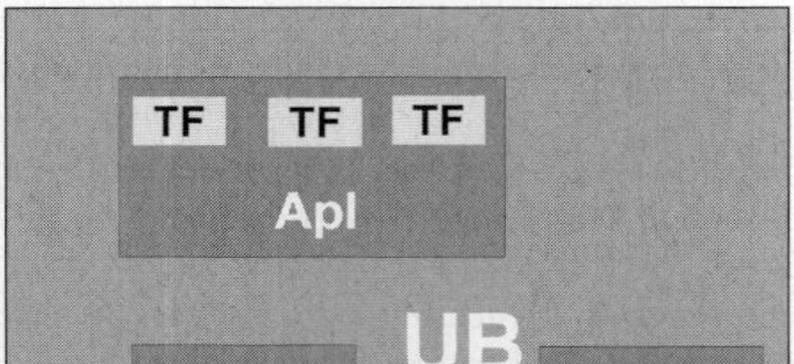

Abb. 3: Prinzipskizze zur Aufteilung einer Arbeitsstätte in zu beleuchtende Bereiche (Apl = Bereich des Arbeitsplatzes, TF = Teilfläche, UB = Umgebungsbereich)

(7) Die mittlere vertikale Beleuchtungsstärke muss der Seh- und Arbeitsaufgabe angemessen sein. Sie muss den im Anhang 3 angegebenen Werten entsprechen, soweit hierauf in der Spalte »Bemerkungen« verwiesen wird. Bei hellen Raumflächen und breit strahlenden Leuchten ist bei Einhalten der horizontalen Beleuchtungsstärken nach Anhang 3 in der Regel eine ausreichende vertikale Beleuchtungsstärke gegeben. Bewährt hat sich für Büroarbeitsplätze, Arbeitsplätze im Gesundheitsdienst und vergleichbare Arbeitsplätze (siehe Anhang 3, Spalte »Bemerkungen«) ein Verhältnis von vertikaler Beleuchtungsstärke zu horizontaler Beleuchtungsstärke von ≥ 1:3.

6.3 Begrenzung von Blendung

(1) Störende Blendung oder Reflexionen sind zu minimieren. Blendung, die zu Unfällen führen kann, muss vermieden werden.
(2) Geeignete Maßnahmen zur Vermeidung und Begrenzung der Blendung sind z. B.:

1. Auswahl geeigneter Leuchtmittel,
2. richtige Auswahl und Anordnung der Leuchten,
3. Verringerung der Helligkeitsunterschiede zwischen Blendquelle und Umfeld, z. B. durch helle Decken und Wände,
4. Vermeidung von Reflexionen, z. B. durch entsprechende Oberflächengestaltung (matte Oberflächen).

6.4 Farbwiedergabe

(1) Es müssen Lampen mit mindestens einem Farbwiedergabeindex nach Anhang 3 verwendet werden. Durch die Leuchte darf dieser Farbwiedergabeindex nicht unterschritten werden. Für Tätigkeiten, Arbeitsplätze, Arbeitsräume und Bereiche, die im Anhang 3 nicht aufgelistet sind, sind die erforderlichen Werte im Rahmen der Gefährdungsbeurteilung zu ermitteln.
(2) Durch Auswahl der Lampen und Leuchten ist sicherzustellen, dass Sicherheitszeichen und Sicherheitsfarben als solche erkennbar sind sowie die Signalwirkung von selbstleuchtenden Sicherheitszeichen nicht beeinträchtigt wird. Werden Lampen mit einem Farbwiedergabeindex $R_a < 40$ verwendet, muss durch geeignete Maßnahmen sichergestellt werden, dass Sicherheitsfarben erkennbar bleiben (z. B. durch Hinterleuchtung oder Anstrahlung).

6.5 Flimmern oder Pulsation

Flimmern oder Pulsation dürfen nicht zu Unfallgefahren (z. B. durch stroboskopischen Effekt) oder Ermüdung führen. Dies kann z. B. durch den Einsatz von elektronischen Vorschaltgeräten oder durch Drei-Phasen-Schaltung verhindert werden.

6.6 Schatten

Schatten ermöglicht die räumliche Wahrnehmung. Durch angemessene Schattigkeit können Gegenstände in ihrer Form und Oberflächenstruktur leichter erkannt werden. Schatten, die Gefahrenquellen überdecken, dürfen nicht zu Unfallgefahren führen. Sie können z. B. durch Anordnung mehrerer Leuchten, die aus verschiedenen Richtungen Licht abgeben, minimiert werden.

7 Künstliche Beleuchtung im Freien

7.1 Beleuchtungsstärken

(1) Beim Einrichten und Betreiben von Arbeitsstätten im Freien müssen die Mindestwerte der Beleuchtungsstärken im Anhang 4 eingehalten werden.
Ergibt sich bei der Gefährdungsbeurteilung, dass in bestehenden Arbeitsstätten die Einhaltung der Mindestwerte der Beleuchtungsstärken nach Anhang 4 mit Aufwendungen verbunden ist, die offensichtlich unverhältnismäßig sind, so hat der Arbeitgeber die betroffenen Arbeitsplätze individuell zu beurteilen. Bei der Gefährdungsbeurteilung hat der Arbeitgeber zu prüfen, wie durch andere oder ergänzende Maßnahmen die Sicherheit und der Gesundheitsschutz der Beschäftigten in vergleichbarer Weise gesichert werden kann; die erforderlichen Maßnahmen hat er durchzuführen. Solche Maßnahmen sind z. B. der Einsatz von effizienteren Leuchtmitteln oder die Verkürzung von Wartungsintervallen der Beleuchtungseinrichtungen.
(2) Werden an ortsfesten Arbeitsplätzen Tätigkeiten verrichtet, die den Tätigkeiten in Räumen entsprechen, so sind diese mit den in Innenräumen geforderten Beleuchtungsstärken, entsprechend Anhang 3 zu beleuchten.

7.2 Begrenzung von Blendung

(1) Störende Blendung oder Reflexionen sind zu minimieren. Blendung, die zu Unfällen führen kann, muss vermieden werden.
(2) Geeignete Maßnahmen zur Vermeidung und Begrenzung der Blendung sind z. B.:
1. Auswahl geeigneter Leuchtmittel,
2. richtige Auswahl und Anordnung der Leuchten,
3. Vermeidung von Reflexionen, z. B. durch entsprechende Oberflächengestaltung (matte Oberflächen).

(3) Beleuchtungsanlagen im Bereich von Verkehrsanlagen, z. B. für Gleisanlagen oder im Bereich von Schifffahrt, müssen so angebracht sein, dass eine Blendung vermieden wird und so betrieben werden, dass sie nicht mit Signalen verwechselt werden können.

7.3 Farbwiedergabe

(1) Es müssen Lampen mit mindestens einem Farbwiedergabeindex nach Anhängen 3 und 4 verwendet werden. Durch die Leuchte darf dieser Farbwiedergabeindex nicht unterschritten werden. Für Tätigkeiten, Arbeitsplätze, Arbeitsräume und Bereiche, die in den Anhängen 3 und 4 nicht aufgelistet sind, sind die erforderlichen Werte im Rahmen der Gefährdungsbeurteilung zu ermitteln.

(2) Durch Auswahl der Lampen und Leuchten ist sicherzustellen, dass Sicherheitszeichen und Sicherheitsfarben als solche erkennbar sind sowie die Signalwirkung von selbstleuchtenden Sicherheitszeichen nicht beeinträchtigt wird. Werden Lampen mit einem Farbwiedergabeindex $R_a < 40$ verwendet, muss durch geeignete Maßnahmen sichergestellt werden, dass Sicherheitsfarben erkennbar bleiben (z. B. durch Hinterleuchtung oder Anstrahlung).

7.4 Flimmern oder Pulsation

Die Anforderungen des Abschnitts 6.5 sind analog anzuwenden.

7.5 Schatten

Die Anforderungen des Abschnitts 6.6 sind analog anzuwenden.

8 Sicherheitsbeleuchtung für Tätigkeiten, Arbeitsplätze, Arbeitsräume und Bereiche

(1) Bereiche von Arbeitsstätten, in denen die Beschäftigten bei Ausfall der Allgemeinbeleuchtung Gefährdungen für Sicherheit und Gesundheit ausgesetzt sind, müssen eine ausreichende Sicherheitsbeleuchtung haben. Solche Bereiche sind im Rahmen einer Gefährdungsbeurteilung zu ermitteln. Das können z. B. sein:

1. Laboratorien, in denen es notwendig ist, dass Beschäftigte einen laufenden Versuch beenden oder unterbrechen müssen, um eine akute Gefährdung von Beschäftigten und Dritten zu verhindern. Solche akuten Gefährdungen können z. B. Explosionen oder Brände sowie das Freisetzen von Krankheitserregern oder giftigen, sehr giftigen oder radioaktiven Stoffen in Gefahr bringender Menge sein,
2. Arbeitsplätze, die aus technischen Gründen dunkel gehalten werden müssen,
3. elektrische Betriebsräume und Räume für haustechnische Anlagen,
4. der unmittelbare Bereich langnachlaufender Arbeitsmittel mit nicht zu schützenden bewegten Teilen, die Gefährdungen für Sicherheit und Gesundheit der Beschäftigten verursachen können, z. B. Plandrehmaschinen,
5. Steuereinrichtungen für ständig zu überwachende Anlagen, z. B. Schaltwarten und Leitstände für Kraftwerke, chemische und metallurgische Betriebe sowie Arbeitsplätze an Absperr- und Regeleinrichtungen, die betriebsmäßig oder bei Betriebsstörungen zur Vermeidung von Gefährdungen für Sicherheit und Gesundheit der Beschäftigten betätigt werden müssen, um Produktionsprozesse gefahrlos zu unterbrechen bzw. zu beenden,
6. Bereiche in der Nähe heißer Bäder oder Gießgruben, die aus produktionstechnischen Gründen nicht durch Geländer oder Absperrungen gesichert werden können,

7. Bereiche um Arbeitsgruben, die aus arbeitsablaufbedingten Gründen nicht abgedeckt sein können oder
8. Arbeitsplätze auf Baustellen (siehe hierzu Abschnitt 10).

(2) Die Beleuchtungsstärke der Sicherheitsbeleuchtung ist auf der Grundlage der Gefährdungsbeurteilung festzulegen. Die Beleuchtungsstärke muss mindestens 15 lx mit einer Gleichmäßigkeit (Verhältnis der maximalen zur minimalen Beleuchtungsstärke) von < 10:1 betragen. Allgemein bewährt hat sich ein Wert von 10 % der mittleren Beleuchtungsstärke der Allgemeinbeleuchtung. Im Einzelfall können höhere Beleuchtungsstärken erforderlich sein. Die Beleuchtungsstärke und die Gleichmäßigkeit sind am Ort der Sehaufgabe zu messen.

(3) Die erforderliche Beleuchtungsstärke der Sicherheitsbeleuchtung ist innerhalb von 0,5 s nach Ausfall der Allgemeinbeleuchtung zu erreichen. Diese Beleuchtungsstärke muss mindestens für die Dauer der besonderen Gefährdung zur Verfügung stehen.

(4) Die Lichtfarbe der Sicherheitsbeleuchtung ist so zu wählen, dass die Sicherheitsfarben erkennbar bleiben. Der allgemeine Farbwiedergabeindex R_a darf nicht unter 40 liegen.

(5) Eine störende Blendung der Beschäftigten ist zu vermeiden oder – wenn dies nicht möglich ist – zu minimieren.

(6) Eine Stromquelle für Sicherheitsbeleuchtung darf durch den Ausfall der allgemeinen Stromversorgung nicht beeinträchtigt werden. Diese Stromquelle darf nur dann zusätzlich für andere Zwecke verwendet werden, wenn die Verfügbarkeit für die Versorgung der Einrichtung für Sicherheitszwecke dadurch nicht beeinträchtigt wird.

9 Betrieb, Instandhaltung und orientierende Messung

9.1 Betrieb

(1) Beleuchtungsanlagen sind so einzurichten und zu betreiben, dass sie die Sicherheit und die Gesundheit der Beschäftigten nicht gefährden. Diesbezüglich auftretende Mängel sind unverzüglich zu beseitigen. Mängel können z. B. sein:

1. Ausfall von Leuchtmitteln,
2. Lösen von Leuchtenteilen,
3. Platzen des Schutzkolbens bei Hochdrucklampen,
4. Beschädigung von Leuchtenabdeckungen, die die Schutzart beeinträchtigen,
5. Verringerung der Beleuchtungsstärke, z. B. aufgrund einer Verschmutzung oder der Alterung von Leuchten oder
6. Kontakt mit heißen Oberflächen.

(2) Bei Veränderungen von Arbeitsplätzen (z. B. geänderte Aufstellung von Schreibtischen, Veränderung von Farben und Oberflächen) oder Änderungen der Sehaufgabe (z. B. Umstellung der Produktion oder der Tätigkeit) ist im Rahmen der Gefährdungsbeurteilung zu prüfen, ob die Beleuchtungsanlage den geänderten Bedingungen entspricht oder angepasst werden muss.

9.2 Instandhaltung

(1) Beleuchtungsanlagen sind regelmäßig dahingehend zu überprüfen, ob sie noch den Anforderungen dieser Arbeitsstättenregel entsprechen. Im Laufe der Zeit unterliegen Beleuchtungsanlagen einer Veränderung der lichttechnischen Parameter (z. B. Verringerung der Beleuchtungsstärke) oder sie können beschädigt werden. Instandhaltungsmaßnahmen sind spätestens dann erforderlich, wenn die Beleuchtungsanlage durch Verschmutzung, Alterung oder Beschädigung die Anforderungen dieser ASR nicht mehr erfüllt oder auf andere Weise zu einer Gefährdung wird. Es ist dafür zu sorgen, dass sichere Instandhaltung möglich ist, insbesondere ist für einen sicheren Zugang zu sorgen.

(2) Um die Versorgung mit Tageslicht nicht zu beeinträchtigen, sind Fenster und Dachoberlichter regelmäßig zu reinigen. Anforderungen an den Arbeitsschutz bei der Reinigung von Fensterflächen siehe ASR A1.6 »Fenster, Oberlichter, lichtdurchlässige Wände«.

9.3 Orientierende Messung

(1) Sofern zur Auswahl oder zur Prüfung von Beleuchtungseinrichtungen orientierende Messungen im Betrieb durchgeführt werden, sind Beleuchtungsstärkemessgeräte zu verwenden, die mindestens der Klasse C gemäß DIN 5035 Teil 6, Ausgabe 2006–11 entsprechen.

(2) Die Messungen der künstlichen Beleuchtung in Räumen, die auch durch Tageslicht beleuchtet werden, sollen bei natürlicher Dunkelheit durchgeführt werden. Kann Tageslicht bei der Messung nicht ausgeschlossen werden, ist zunächst bei eingeschalteter und danach bei ausgeschalteter künstlicher Beleuchtung zu messen. Aus der Differenz der beiden Messungen werden die Werte der künstlichen Beleuchtung ermittelt. Da das Tageslicht stark schwanken kann, sollten die beiden Messungen bei bedecktem Himmel und unmittelbar nacheinander durchgeführt werden. Die Differenzmessung ist bei tageslichtabhängig geregelten Beleuchtungsanlagen nicht anwendbar.

(3) Zur Bewertung des Ist-Zustandes sind die Beleuchtungsanlagen im jeweiligen Betriebszustand zu messen. Leuchtstofflampen und andere Entladungslampen müssen bei der Messung mindestens 100 Betriebsstunden aufweisen.

(4) Die Messpunkte sind auf der Bezugsebene möglichst gleichmäßig zu verteilen (siehe Abbildung 4).

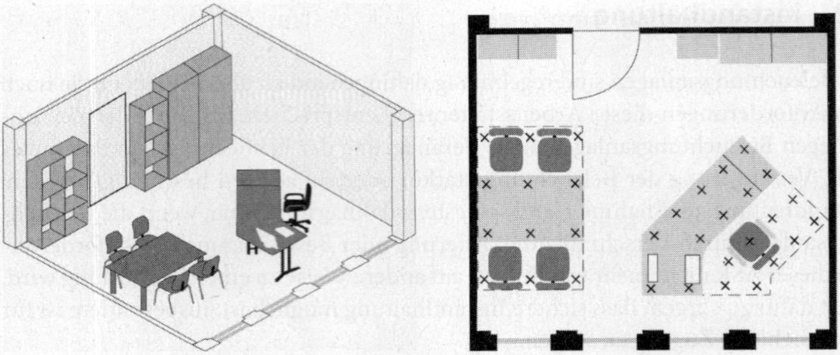

Abb. 4: Beispiel für die Verteilung der Messpunkte (x) für einen Bereich des Arbeitsplatzes

(5) Der Mindestwert der Beleuchtungsstärke muss in der Bezugsebene (siehe Tabelle 1) erreicht werden und wird auch dort gemessen. Ist die Höhe oder Ebene bekannt, in der die Sehaufgabe ausgeführt wird, kann die Messung auch dort durchgeführt werden.

Tabelle 1: Höhe der Bezugsebenen für horizontale Beleuchtungsstärken E_h und vertikale Beleuchtungsstärken E_v

	Bezugshöhe für E_h [m über dem Boden]	**Bezugshöhe für E_v [m über dem Boden]**
überwiegend stehende Tätigkeiten	0,85	1,60
überwiegend sitzende Tätigkeiten	0,75	1,20
Verkehrswege (z. B. Flure und Treppen)	bis 0,20	

9.4 Betrieb, Instandhaltung und Prüfung von Sicherheitsbeleuchtung

(1) Sicherheitsbeleuchtung ist an die aktuelle Gefährdungssituation anzupassen. Schäden, die die Funktionsfähigkeit beeinträchtigen können, sind unverzüglich zu beseitigen.
(2) Der Arbeitgeber hat die Sicherheitsbeleuchtung bei Bedarf auf seine Funktionsfähigkeit prüfen zu lassen. Die Wartungs-, Prüf- und Dokumentationspflichten ergeben sich aus der Gefährdungsbeurteilung unter Berücksichtigung der Herstellerangaben. Festgestellte Mängel sind unverzüglich sachgerecht zu beseitigen.

10 Abweichende / ergänzende Anforderungen für Baustellen

(1) Arbeitsplätze und Verkehrswege auf Baustellen sind mindestens mit den Beleuchtungsstärken nach Tabelle 2 zu beleuchten.

Tabelle 2: Mindestwerte der Beleuchtungsstärken auf Baustellen

Tätigkeiten, Arbeitsplätze und Bereiche auf Baustellen	E (in lx)
Allgemeine Beleuchtung, Verkehrswege	20
Grobe Tätigkeiten, z. B.: Erdarbeiten, Hilfs- und Lagerarbeiten, Transport, Verlegen von Entwässerungsrohren	50
Normale Tätigkeiten, z. B.: Montage von Fertigteilen, einfache Bewehrungsarbeiten, Schalungsarbeiten, Stahlbeton- und Maurerarbeiten, Installationsarbeiten, Arbeiten im Tunnel	100
Feine Tätigkeiten, z. B.: Anspruchsvolle Montagen, Oberflächenbearbeitung, Verbindung von Tragwerkselementen	200

(2) Werden an ortsfesten Arbeitsplätzen Tätigkeiten verrichtet, die den Tätigkeiten in der Tabelle des Anhanges 3 entsprechen, sind die dort angegebenen Werte anzuwenden.

(3) Ist die Anpassung der Beleuchtung nach den Abschnitten 3.2 und 3.4 der Tabelle des Anhanges 3 in bestehenden mobilen Sanitär-, Pausen- und Bereitschaftsräumen mit einem unverhältnismäßigen Aufwand verbunden, ist diese spätestens dann vorzunehmen, wenn ein wesentlicher Umbau durchgeführt wird.

(4) Auf Baustellen ist eine Sicherheitsbeleuchtung erforderlich, wenn während der Arbeitszeit durch das einfallende Tageslicht ein Mindestwert der Beleuchtungsstärke von 1 lx nicht gegeben ist, z. B.:

1. in Bereichen ohne Tageslicht, z. B. in innenliegenden Räumen und Gebäudeabschnitten ohne Lichtschächte und Maueröffnungen, in Räumen unter Geländeoberfläche, in Tunneln und Schächten,
   oder
2. jahreszeitlich bedingt.

(5) Abweichend von Abschnitt 8 Absatz 2 darf die Beleuchtungsstärke in Bereichen, in denen nach Absatz 3 eine Sicherheitsbeleuchtung auf Baustellen erforderlich ist, mindestens 1 lx betragen. Ergibt die Überprüfung der Gefährdungsbeurteilung, dass die Beleuchtungsstärke von 1 lx nicht ausreichend ist, muss die Beleuchtungsstärke entsprechend erhöht werden.

(6) Bei Bauarbeiten unter Tage (z. B. Tunnelbauarbeiten) ist für die Sicherheitsbeleuchtung am Arbeitsplatz eine Beleuchtungsstärke von mindestens 15 lx erforderlich.

(7) Abweichend von Abschnitt 8 Absatz 2 kann bei Arbeiten auf Baustellen auf den Nachweis der Gleichmäßigkeit verzichtet werden.

Anhang 1
Entscheidungshilfe, ob die Anforderung an eine Sichtverbindung nach Nummer 3.4 Absatz 1 des Anhangs der ArbStättV für einen konkreten Raum gilt

Gemäß § 3a Absatz 1 ArbStättV in Verbindung mit Nummer 3.4 Absatz 1 des Anhangs der ArbStättV darf der Arbeitgeber nur solche Räume als Arbeitsräume betreiben, die eine Sichtverbindung nach außen haben. Im Rahmen der Gefährdungsbeurteilung nach § 3 ArbStättV sind deshalb alle Möglichkeiten zu prüfen, diese Anforderung umzusetzen, das Ergebnis ist in der Dokumentation der Gefährdungsbeurteilung festzuhalten.

a) zu Nummer 3.4 Absatz 1 Nummer 1 des Anhangs der ArbStättV

Betriebs- und produktionstechnische Gründe: Es gilt der Grundsatz, dass zuerst die Option einer temporären Unterbrechung der Sichtverbindung (z. B. durch Abdunkelung des Raumes) zu prüfen ist. Stellt diese keine sinnvolle Option dar, so besteht keine Anforderung. Beispiele sind:

1. Erste-Hilfe-Räume,
2. Verarbeitung fotoempfindlicher Materialien (z. B. Halbleiterindustrie),
3. Sehaufgaben, die mit dem Tageslicht nicht vereinbar sind (z. B. bestimmte Befundungsräume),
4. Labore, bei denen die Beschaffenheit des Fensters Messergebnisse verfälscht (z. B. akustische Messlabore),
5. Räume, deren lichttechnische Anforderungen mit Fenstern nicht vereinbar sind (z. B. Studio- und Produktionsräume bei Film und Fernsehen),
6. Vorführräume in Theatern und Kinos oder
7. Schutz von Personen vor gewalttätigen Übergriffen (z. B. Räume, in denen der Anreiz zu Überfällen besteht).

Bautechnische Gründe: Es gilt der Grundsatz, dass diese Gründe nur greifen, wenn Alternativen nicht möglich sind. Beispiele sind:

1. Räume deren funktionale Verknüpfung mit anderen Räumen eine Außenfassade nicht zulässt (z. B. Operationsbereiche mit besonders komplexen Anforderungen),
2. denkmalgeschützte Gebäude, bei denen die vorhandenen Fenster nicht ausreichend sind, oder
3. zwingende statische Gründe bei Änderungen an Bestandsbauten.

b) zu Nummer 3.4 Absatz 1 Nummer 2 des Anhangs der ArbStättV

Nicht über einen längeren Zeitraum: An weniger als 30 Arbeitstagen im Jahr.
Nur kurzzeitig: Wenn sich Beschäftigte zur Verrichtung ihrer Tätigkeit in Räumen ohne Sichtverbindung in der Regel nicht mehr als zwei Stunden an einem Arbeitstag aufhalten. Beispiele sind insbesondere Archive, Lager-, Maschinen- und Nebenräume, Teeküchen.

c) zu Nummer 3.4 Absatz 1 Nummer 3 des Anhangs der ArbStättV

Vollständig unter der Erdgleiche liegen Räume, deren Außenwände sich unterhalb des Geländeniveaus befinden.
Beispiele sind insbesondere Tiefgaragen oder ähnliche Einrichtungen, kulturelle Einrichtungen (z. B. Jugendclub, Kegelbahn), Verkaufsräume oder Schank- und Speiseräume.
Die genannten Ausnahmen, z. B. Schank- und Speiseräume umfassen auch die zugehörigen Produktions- und Wirtschaftsräume.

Anhang 2
Mögliche Ausgleichsmaßnahmen bei unzureichender Sichtverbindung

Ausgleichsmaßnahmen können eine unzureichende Sichtverbindung nicht vollständig kompensieren. Auch dort, wo Anforderungen nach Nummer 3.4 Absatz 1 Satz 2 des Anhangs der ArbStättV nicht bestehen, gilt das Minimierungsgebot. Zur Minderung der negativen Folgen des Fehlens der Sichtverbindung können folgende Maßnahmen dienen. Beispielhafte Aufzählung in Abhängigkeit der Tätigkeit:

1. Begrenzung des Aufenthalts in dem betroffenen Raum,
2. Aufgabenwechsel mit Aufgaben in Arbeitsräumen mit Sichtverbindung nach außen oder im Freien,
3. Tageslicht (z. B. durch Oberlichter, wenn Fenster nicht möglich sind),
4. regelmäßige Erholungszeiten in Räumen mit Sichtverbindung nach außen oder im Freien,
5. Kantinen mit Sichtverbindung nach außen, oder
6. Pausengestaltung in Räumen mit Sichtverbindung ins Freie oder im Freien.

Hinweis:
Bei fehlender Sichtverbindung sind weitere ungünstige Raumgestaltungen bei der Gefährdungsbeurteilung gesondert zu berücksichtigen, z. B. bezüglich der Raumhöhe oder der Raumgröße hinsichtlich der Wechselwirkungen (ASR V3 »Gefährdungsbeurteilung«).

Anhang 3
Beleuchtungsanforderungen für Tätigkeiten, Arbeitsplätze, Arbeitsräume und Bereiche in Gebäuden

(Die im Anhang angegebenen Werte sind Beleuchtungsstärken auf der Bezugsfläche der Sehaufgabe, die horizontal, vertikal oder geneigt sein kann. Auf die Regelungen des Abschnitts 6.2 Absatz 1 für bestehende Beleuchtungseinrichtungen wird verwiesen.)

	Tätigkeiten, Arbeitsplätze, Arbeitsräume und Bereiche	Mindestwert Beleuchtungsstärke E (in lx)	Mindestwert Farbwiedergabeindex R_a	Bemerkungen
1 Verkehrswege				
1.1	Verkehrsflächen und Flure ohne Fahrzeugverkehr	50	40	In Hotels ist während der Nacht ein geringeres Niveau nach einer Gefährdungsbeurteilung zulässig.
1.1a	Verkehrsflächen und Flure ohne Fahrzeugverkehr im Bereich von Absätzen und Stufen	100	40	
1.2	Verkehrsflächen und Flure mit Fahrzeugverkehr	150	40	
1.3	Treppen, Fahrtreppen, Fahrsteige, Aufzüge	100	40	
1.4	Laderampen, Ladebereiche	150	40	
1.5	Begehbare Unterflurtunnel, Zwischenböden und für Wartungszwecke, z. B. Stetigförderer, Wartungsgänge	50	40	
1.6	Halleneinfahrten Tagesbetrieb (Übergangsbereich im Gebäude) Nachtbetrieb (Übergangsbereich vor dem Gebäude)	400 50	40 40	
2 Lager				
2.1	Versand- und Verpackungs- bereiche	300	60	
2.2	Lagerräume für gleichartiges oder großteiliges Lagergut	50	60	
2.3	Lagerräume mit Suchaufgabe bei nicht gleichartigem Lagergut	100	60	
2.4	Lagerräume mit Leseaufgaben	200	60	
3 Allgemeine Bereiche, Tätigkeiten und Aufgaben				
3.1	Kantinen, Teeküchen, SB-Restaurants	200	80	
3.2	Pausenräume, Warteräume, Aufenthaltsräume	200	80	
3.3	Räume für körperliche Ausgleichsübungen (Sport-, Fitnessräume, Sporthallen)	300	80	

	Tätigkeiten, Arbeitsplätze, Arbeitsräume und Bereiche	Mindestwert Beleuchtungsstärke E (in lx)	Mindestwert Farbwiedergabeindex R_a	Bemerkungen
3.4	Waschräume, Bäder, Toiletten, Umkleideräume	200	80	
3.5	Erste Hilfe Räume	500	90	$\bar{E}_v \geq 175$ lx
3.6	Haustechnische Anlagen, Schaltgeräteräume	200	60	
3.7	Steuerwarten, Kontrollräume, Schaltwarten	500	80	Bei Sehaufgaben außerhalb der Warte muss die Beleuchtungsstärke in der Warte ggf. anpassbar sein $\bar{E}_v \geq 175$ lx
3.8	Farbprüfung, Kontrolle	1000	90	
3.9	Laboratorien, Messplätze	500	80	$\bar{E}_v \geq 175$ lx
3.10	Küchen	500	80	
3.11	Eingangshallen	200	80	
3.12	Empfangstheke, Schalter, Portiertheke	300	80	
4 Büros und büroähnliche Arbeitsbereiche				
4.1	Ablegen, Kopieren	300	80	
4.2	Schreiben, Lesen, Datenverarbeitung	500	80	$\bar{E}_v \geq 175$ lx
4.3	Technisches Zeichnen (Handzeichnen)	750	80	
4.4	Archive	200	80	
5 Landwirtschaft				
5.1	Beschicken und Bedienen von Fördereinrichtungen und Maschinen	200	80	
5.2	Behandlungsstände für Tiere	200	80	
5.3	Melkstände	200	80	
6 Bäckereien				
6.1	Vorbereitungs- und Backräume	300	80	
6.2	Endbearbeitung, Glasieren, Dekorieren	500	80	

	Tätigkeiten, Arbeitsplätze, Arbeitsräume und Bereiche	Mindestwert Beleuchtungsstärke E (in lx)	Mindestwert Farbwiedergabeindex R_a	Bemerkungen
7 Zement-, Beton- und Ziegelindustrie				
7.1	Trocknen	50	40	
7.2	Materialaufbereitung, Arbeiten an Öfen und Mischern	200	40	
7.3	Allgemeine Maschinenarbeiten, Grobformen	300	80	
8 Keramik, Fliesen, Glas, Glaswaren, Augenoptiker				
8.1	Trocknen	50	40	
8.2	Materialaufbereitung, allgemeine Maschinenarbeiten	300	80	
8.3	Emaillieren, Walzen, Pressen, Formen einfacher Teile, Glasieren, Glasblasen	300	80	
8.4	Schleifen, Gravieren, Polieren von Glas, Formen kleiner Teile, Herstellung von Glasinstrumenten	750	80	
8.5	Feine Arbeiten, z. B. Schleifen von Verzierungen (Dekorationsschleifen), Handmalerei	1000	90	
8.6	Augenoptikerwerkstattplatz	1500	90	
9 Chemische Industrie, Kunststoff- und Gummiindustrie				
9.1	Verfahrenstechnische Anlagen mit Fernbedienung	50	40	
9.2	Verfahrenstechnische Anlagen mit gelegentlichen manuellen Eingriffen	150	40	
9.3	in verfahrenstechnischen Anlagen bei erhöhten Schutzanforderungen	300	80	
9.4	Arzneimittelherstellung	500	80	
9.5	Reifenproduktion	500	80	
9.6	Zuschneiden, Nachbearbeiten, Kontrollarbeiten	750	80	

	Tätigkeiten, Arbeitsplätze, Arbeitsräume und Bereiche	Mindestwert Beleuchtungsstärke E (in lx)	Mindestwert Farbwiedergabeindex R_a	Bemerkungen
10 Elektro-Industrie				
10.1	Kabel- und Drahtherstellung	300	80	
10.2	Imprägnieren von Spulen, Galvanisieren	300	80	
10.3	Montagearbeiten, Wickeln – grobe, z. B. große Transformatoren – mittelfeine, z. B. Schalttafeln – feine, z. B. Telefone – sehr feine, z. B. Messinstrumente	 300 500 750 1000	 80 80 80 80	
10.4	Elektronikwerkstätten, Prüfen, Justieren	1500	80	
11 Nahrungs- und Genussmittelindustrie				
11.1	– Brauereien, auf Malzböden, – zum Waschen, zum Abfüllen in Fässern, zur Reinigung, zum Sieben, zum Schälen, – zum Kochen in Konserven- und Schokoladenfabriken, – Zuckerfabriken, – zum Trocknen und Fermentieren von Rohtabak, Gärkeller	200	80	
11.2	Schneiden, Sortieren, Waschen, Mahlen, Mischen und Abpacken von Produkten	300	80	
11.3	Bei erhöhten Sehanforderungen in Schlachthöfen, Metzgereien, Molkereien, Mühlen,	500	80	
11.4	Herstellung von Feinkost-Nahrungsmitteln, Herstellung von Zigarren und Zigaretten	500	80	
11.5	Kontrolle von Gläsern und Flaschen, Produktkontrolle, Garnieren, Sortieren, Dekorieren	500	80	
12 Friseure / Coiffeure				
12.1	Haarpflege	500	90	$\bar{E}_v \geq 175$ lx

	Tätigkeiten, Arbeitsplätze, Arbeitsräume und Bereiche	Mindestwert Beleuchtungsstärke E (in lx)	Mindestwert Farbwiedergabeindex R_a	Bemerkungen
13 Schmuck- und Uhrenherstellung				
13.1	Bearbeitung von Edelsteinen	1500	90	
13.2	Herstellung von Schmuckwaren	1000	90	
13.3	Uhrenmacherei (Handarbeit)	1500	80	
13.4	Uhrenherstellung (automatisch)	500	80	
14 Wäschereien und chemische Reinigung				
14.1	Wareneingang, Auszeichnen und Sortieren, Waschen und chemische Reinigung, Bügeln und Pressen	300	80	
14.2	Kontrolle und Ausbessern	750	80	
15 Leder und Lederwaren				
15.1	Arbeiten an Bottichen, Fässern, Gruben	200	40	
15.2	Schaben, Spalten, Schleifen, Walken der Häute	300	80	
15.3	Sattlerarbeiten, Schuhherstellung: Steppen, Nähen, Polieren, Pressen, Zuschneiden, Stanzen, Lederfärben (maschinell)	500	80	
15.4	Sortieren	500	90	
15.5	Qualitätskontrolle	1000	80	
15.6	Schuhmacherei (Handarbeit), Handschuhherstellung	500	80	
16 Metallbe- und -verarbeitung, Gießereien und Metallguss				
16.1	Sandaufbereitung, Gussputzerei, Gieß- und Schmelzhallen, Ausleerstellen, Maschinenformerei	200	60	300 lx beim Gussputzen kleiner oder filigraner Teile
16.2	Hand- und Kernformerei, Druckgießerei	300	60	
16.3	Modellbau	500	80	
16.4	Freiformschmieden	200	60	
16.5	Gesenkschmieden	200	60	

	Tätigkeiten, Arbeitsplätze, Arbeitsräume und Bereiche	Mindestwert Beleuchtungsstärke E (in lx)	Mindestwert Farbwiedergabeindex R_a	Bemerkungen
16.6	Schweißen	300	60	
16.7	Grobe und mittlere Maschinen- arbeiten: Toleranzen ≥ 0,1 mm	300	60	
16.8	Feine Maschinenarbeiten, Schleifen: Toleranzen < 0,1 mm	500	60	
16.9	Anreißen, Kontrolle	750	60	
16.10	Draht- und Rohrzieherei, Kaltverformung	300	60	
16.11	Verarbeitung von schweren Blechen: Dicke ≥ 5 mm	200	60	
16.12	Verarbeitung von leichten Blechen: Dicke < 5 mm	300	60	
16.13	Herstellung von Werkzeugen und Schneidwaren	750	60	
16.14	Montagearbeiten: – grobe – mittelfeine – feine – sehr feine	 200 300 500 750	 80 80 80 80	
16.15	Galvanisieren	300	80	
16.16	Oberflächenbearbeitung und Lackierung	750	80	
16.17	Werkzeug-. Lehren- und Vorrichtungsbau, Präzisions- und Mikromechanik	1000	80	
16.18	Kfz-Werkstätten und Kfz-Prüfstellen	300	80	
17 Papier und Papierwaren				
17.1	Arbeiten an Holländern, Kollergängen, Holzschleiferei	200	80	
17.2	Papierherstellung und -verarbeitung, Papier- und Wellpappemaschinen, Kartonagenfabrikation	300	80	
17.3	Allgemeine Buchbinderarbeiten, z. B. Falten, Sortieren, Leimen, Schneiden, Prägen, Nähen	500	80	

	Tätigkeiten, Arbeitsplätze, Arbeitsräume und Bereiche	Mindestwert Beleuchtungsstärke E (in lx)	Mindestwert Farbwiedergabeindex R_a	Bemerkungen
18 Kraftwerke				
18.1	Kraftstoff-Versorgungsanlagen	50	40	
18.2	Kesselhäuser	100	40	
18.3	Maschinenhallen	200	80	
18.4	Nebenräume, z. B. Pumpenräume, Kondensatorräume usw.; Schaltanlagen (in Gebäuden)	200	60	
18.5	Außen-Schaltanlagen	20	40	
19 Druckereien				
19.1	Zuschneiden, Vergolden, Prägen, Ätzen von Klischees, Arbeiten an Steinen und Platten, Druckmaschinen, Matrizenherstellung	500	80	
19.2	Papiersortierung und Handdruck	500	80	
19.3	Typensatz, Retusche, Lithographie	1000	80	
19.4	Farbkontrolle bei Mehrfarbendruck	1500	90	
19.5	Stahl- und Kupferstich	2000	80	
20 Walz-, Hütten- und Stahlwerke				
20.1	Produktionsanlagen ohne manuelle Eingriffe	50	40	
20.2	Produktionsanlagen mit manuellen Eingriffen	200	40	
20.3	Haspel, Scheren- / Trennstrecken der Walzstraße	300	40	
21 Textilherstellung und -verarbeitung				
21.1	an Bädern, Ballen aufbrechen	200	60	
21.2	Krempeln, Waschen, Bügeln, Arbeiten am Reißwolf, Strecken, Kämmen, Schlichten, Kartenschlagen, Vorspinnen, Jute- und Hanfspinnen	300	80	
21.3	Nähen, Feinstricken, Maschenaufnehmen	750	80	
21.4	Entwerfen, Musterzeichnen	750	90	

	Tätigkeiten, Arbeitsplätze, Arbeitsräume und Bereiche	Mindestwert Beleuchtungsstärke E (in lx)	Mindestwert Farbwiedergabeindex R_a	Bemerkungen
21.5	Trocknungsraum	100	60	
21.6	Automatisches Stoffdrucken, Hutherstellung, Zurichten, Färben, Spinnen, Zwirnen, Spulen, Winden, Zetteln, Weben, Flechten, Stricken	500	80	
21.7	Noppen, Ketteln, Putzen	1000	80	
21.8	Kunststopfen	1500	90	
22 Automobilbau				
22.1	Karosseriebau und Montage	500	80	
22.2	Lackieren, Spritzkabinen, Schleifkabinen	750	80	
22.3	Lackieren: Ausbessern, Inspektion	1000	90	
22.4	Polsterei	1000	80	
22.5	Endkontrolle, Oberflächenkontrolle	1000	80	
23 Holzbe- und -verarbeitung				
23.1	Automatische Bearbeitung, z. B. Trocknung, Schichtholzherstellung	50	40	
23.2	Dämpfgruben	100	40	
23.3	Sägegatter	200	60	
23.4	Arbeiten an der Hobelbank, Leimen, Zusammenbau	300	80	
23.5	Schleifen, Lackieren, Tischlerei	750	80	
23.6	Arbeiten an Holzbearbeitungsmaschinen, z. B. Drechseln, Kehlen, Abrichten, Fugen, Schneiden, Sägen, Fräsen, Hobeln	500	80	
23.7	Auswahl von Furnierhölzern, Holzeinlegearbeiten	750	90	
23.8	Qualitätskontrolle	1000	90	
24 Verkaufsräume				
24.1	Verkaufsbereich	300	80	
24.2	Kassenbereich, Packtisch	500	80	

	Tätigkeiten, Arbeitsplätze, Arbeitsräume und Bereiche	Mindestwert Beleuchtungsstärke E (in lx)	Mindestwert Farbwiedergabeindex R_a	Bemerkungen
25 Messen und Ausstellungshallen				
25.1	Allgemeinbeleuchtung	300	80	
26 Büchereien, Bibliotheken				
26.1	Bücherregale	200*	80	*vertikale Beleuchtungsstärke
26.2	Lesebereiche	500	80	
27 Ausbildungsstätten, Kindergärten, Vorschulen				
27.1	Spielzimmer, Krippenräume, Basteläume (Handarbeitsräume)	300	80	Eine steuerbare Beleuchtung wird empfohlen (z. B. dimmbar). $\bar{E}_v \geq 100$ lx
27.2	Unterrichtsräume – in Grund- und weiterführenden Schulen	300	80	$\bar{E}_v \geq 100$ lx
27.3	Hörsäle	500	80	
27.4	Wandtafel, Demonstrationstisch	500*	80	*vertikale Beleuchtungsstärke
27.5	Computerübungsräume, Sprachlabore, Musikübungsräume	300	80	
27.6	Fachunterrichtsräume: naturwissenschaftlicher und technischer Unterricht, Werken und textiles Gestalten, Lehrwerkstätten, Handarbeitsräume, Zeichensäle	500	80	$\bar{E}_v \geq 175$ lx
28 Gesundheitseinrichtungen				
28.1	Flure: während des Tages	200	80	Zur Durchführung der medizinischen Behandlung können höhere Werte erforderlich sein.
28.2	Flure: während der Nacht	50	80	
28.3	Allgemeinbeleuchtung ohne regelmäßigen Aufenthalt von Beschäftigten	200	80	
28.4	Nachtbeleuchtung, Übersichtsbeleuchtung in nicht regelmäßig begangenen Bereichen	5	80	

	Tätigkeiten, Arbeitsplätze, Arbeitsräume und Bereiche	Mindestwert Beleuchtungsstärke E (in lx)	Mindestwert Farbwiedergabeindex R_a	Bemerkungen
28.5	risikoarme medizinische oder pflegerische Tätigkeiten ohne Kontakt zu Körperflüssigkeiten, Körperausscheidungen oder kontaminierten Gegenständen	300	90	
28.6	bei medizinischen oder pflegerischen Tätigkeiten mit erhöhtem Gefährdungspotential durch Umgang mit – Körperflüssigkeiten, Körperaus scheidungen oder kontaminier ten Gegenständen oder – mit spitzen, scharfen, sich be wegenden oder heißen Instru menten	500	90	
28.7	Teilfläche für medizinische oder pflegerische Tätigkeiten mit erhöhtem Gefährdungspotential			
	durch Umgang mit – Körperflüssigkeiten, Körperausscheidungen oder kontaminierten Gegenständen oder – mit spitzen, scharfen, sich bewegenden oder heißen Instrumenten	1000	90	
28.8	Überwachung von Patienten in der Nacht	50	90	
28.9	Bildgebende Diagnostik mit Bildverstärkern und Fernsehsystemen	50	80	
28.10	Medizinische Bäder	300	80	
28.11	Massage und Strahlentherapie	300	80	
28.12	Instrumentenaufbereitung	500	80	
28.13	Laboratorien für den Gesundheitsdienst	500	90	
28.14	Dienstzimmer	500		

Anhang 4
Beleuchtungsanforderungen für Tätigkeiten, Arbeitsplätze und Bereiche im Freien

(Die im Anhang angegebenen Werte sind Beleuchtungsstärken auf der Bezugsfläche der Sehaufgabe, die horizontal, vertikal oder geneigt sein kann. Auf die Regelungen des Abschnitts 7.1 Absatz 1 für bestehende Beleuchtungsstärken wird verwiesen.)

	Tätigkeiten, Arbeitsplätze und Bereiche	Mindestwert Beleuchtungsstärke E (in lx)	Mindestwert Farbwiedergabeindex R_a	Bemerkungen
1 Verkehrswege				
1.1	Toranlagen	50	25	
1.2	Fußwege	5	25	
1.3	Werkstraßen mit Be- und Entladezone oder mit starkem Querverkehr und mit Geschwindigkeitsbegrenzung max. 30 km/h	10	25	
1.4	Werkstraßen mit Be- und Entladezone oder mit starkem Querverkehr und mit Geschwindigkeitsbegrenzung max. 50 km/h	20	25	
2 Parkplätze				
2.1	Betriebliche Parkplätze	10	25	
3 Häfen				
3.1	Kaianlagen, Kaikante	5	25	
3.2	Verladen von Massengut (Schüttgut, Flüssigkeit)	10	25	
3.3	Lager für Massengut	10	25	
3.4	Verladen von Stückgut	20	25	
3.5	Lager für Stückgut	20	25	
3.6	Container-Umschlagflächen, Stellflächen und Verkehrszonen	20	25	
3.7	Be- und Entladen von Containern	100	25	
3.8	Anlegestellen für Personenverkehr	30	25	
3.9	Anlegestellen für gemischten Verkehr	50	25	
3.10	Docks	50	60	

	Tätigkeiten, Arbeitsplätze und Bereiche	Mindestwert Beleuchtungsstärke E (in lx)	Mindestwert Farbwiedergabeindex R_a	Bemerkungen
4 Umschlagflächen, Verladestellen, Lagerflächen				
4.1	Lagerflächen Massengut	10	25	
4.2	Umschlagflächen, Verladestellen	30	25	
4.3	Lagerflächen Stückgut	30	25	
5 Gleisanlagen, Bahnbereiche				
5.1	Tätigkeiten im Gleisbereich, Rangieren, Verkehrswege in Bahnanlagen bei Eisenbahnen	10	25	
5.2	Gleisbauarbeiten	50	25	
5.3	Bahnüberwege	20	25	
5.4	Laderampen	150	40	
5.5	Umschlagbereiche	30	25	
6 Chemische Großanlagen				
6.1	Einfache Arbeiten, Betätigung von Ventilen, Motoren, Brennern	20	25	
6.2	Be- und Entladebereiche	50	60	
7 Kraftwerke				
7.1	Verkehrszone herkömmliche Kraftwerke	10	60	
7.2	Verkehrszone Kernkraftwerke	20	60	
7.3	Schaltanlagen	20	25	
8 Tagebau				
8.1	Orientierungsbeleuchtung	3	60	
8.2	Zusatzbeleuchtung im Arbeitsbereich	20	60	
9 Kläranlagen				
9.1	Wege	5	25	
9.2	Gebrauch von Werkzeugen, Bedienung handgesteuerter Ventile, In- und Außerbetriebsetzen von Motoren, mechanische Wasseraufbereitungsanlagen, z. B. Rechen	50	20	

	Tätigkeiten, Arbeitsplätze und Bereiche	Mindestwert Beleuchtungsstärke E (in lx)	Mindestwert Farbwiedergabeindex R_a	Bemerkungen
9.3	Chemische Wasseraufbereitungsanlagen, Undichtigkeitsprüfungen, allgemeine Wartungsarbeiten, Instrumentenablesung	100	40	
9.4	Reparaturarbeiten an Motoren und elektrischen Einrichtungen	200	60	
10 Tankstellen				
10.1	Tankstellen	100	60	
11 Flughäfen				
11.1	Vorfeld allgemein	20	25	
11.2	Umschlagsbereiche im Vorfeld	30	2	

Literaturhinweise

DGUV Information 215-211 Tageslicht am Arbeitsplatz und Sichtverbindung nach außen 07/2022

DGUV Information 215-442 Beleuchtung im Büro; Teil 1: Hilfen für die Planung der künstlichen Beleuchtung in Büroräumen und Teil 2: Planungsbeispiele 07/2020

ASR A3.5 »Raumtemperatur«

Juni 2010 (GMBl 2010, S. 751, zuletzt geändert GMBl 2022, S. 198)

1 Zielstellung

Diese Arbeitsstättenregel konkretisiert die Anforderungen an Raumtemperaturen in § 3 Abs. 1 sowie insbesondere im Punkt 3.5 des Anhanges der Arbeitsstättenverordnung.

2 Anwendungsbereich

(1) Diese Arbeitsstättenregel gilt für Arbeits-, Pausen-, Bereitschafts-, Sanitär-, Kantinen- und Erste-Hilfe-Räume, an die betriebstechnisch keine spezifischen raumklimatischen Anforderungen gestellt werden. Insbesondere gibt diese ASR eine Erläuterung zum Begriff »gesundheitlich zuträgliche Raumtemperatur«. Zum Unterschied zwischen Raumtemperatur und Lufttemperatur vgl. Punkt 3.1 und 3.2.
(2) Diese ASR enthält weiterhin Hinweise für Arbeitsräume, bei denen das Raumklima durch die Betriebstechnik bzw. Technologie unvermeidbar beeinflusst wird.
(3) Diese ASR enthält keine Regelungen für Arbeitsräume, an die aus betriebstechnischen Gründen besondere Anforderungen an das Raumklima gestellt werden (z. B. Kühlräume, medizinische Bäder).
(4) Anforderungen an Raumtemperaturen in Unterkünften sind in dieser ASR nicht enthalten. Hinweise enthalten die ASR A4.4 »Unterkünfte« bzw. ASR A4.1 »Sanitärräume«.

3 Begriffsbestimmungen

3.1 Die **Raumtemperatur** ist die vom Menschen empfundene Temperatur. Sie wird u. a. durch die Lufttemperatur und die Temperatur der umgebenden Flächen (insbesondere Fenster, Wände, Decke, Fußboden) bestimmt.
3.2 Die **Lufttemperatur** ist die Temperatur der den Menschen umgebenden Luft ohne Einwirkung von Wärmestrahlung.
3.3 Ein **Klimasummenmaß** ist eine Zusammenfassung von mehreren Klimagrößen (Lufttemperatur, Luftfeuchtigkeit (kurz Luftfeuchte), Luftgeschwindigkeit, Wärmestrahlung).

4 Raumtemperaturen

4.1 Allgemeines

(1) Der Arbeitgeber hat bereits beim Einrichten der Arbeitsstätte darauf zu achten, dass die baulichen Voraussetzungen an den sommerlichen Wärmeschutz nach den anerkannten Regeln der Technik (nach geltendem Baurecht) gegeben sind.
(2) Eine gesundheitlich zuträgliche Raumtemperatur liegt vor, wenn die Wärmebilanz (Wärmezufuhr, Wärmeerzeugung und Wärmeabgabe) des menschlichen Körpers ausgeglichen ist.
(3) Die Wärmeerzeugung des Menschen ist abhängig von der Arbeitsschwere. Die Wärmeabgabe ist abhängig von der Lufttemperatur, der Luftfeuchte, der Luftgeschwindigkeit und der Wärmestrahlung. Sie wird durch die Bekleidung beeinflusst.
(4) Für die meisten Arbeitsplätze reicht die Lufttemperatur zur Beurteilung, ob eine gesundheitlich zuträgliche Raumtemperatur vorhanden ist, aus. Arbeitsplätze mit hoher Luftfeuchte, Wärmestrahlung oder Luftgeschwindigkeit müssen gesondert betrachtet werden. Dann sind diese Klimagrößen zusätzlich einzeln oder gegebenenfalls nach einem Klimasummenmaß zu bewerten.
(5) An Arbeitsplätzen mit erheblichem betriebstechnisch bedingten Wärmeeinfluss mit Belastungen durch Lufttemperatur, Luftfeuchte, Luftgeschwindigkeit, Wärmestrahlung, Arbeitsschwere oder Bekleidung ist im Rahmen der Gefährdungsbeurteilung zu prüfen, ob und welche technischen, organisatorischen oder personenbezogenen Maßnahmen erforderlich sind und ob Hitzearbeit vorliegt.
(6) Die Lufttemperatur wird mit einem strahlungsgeschützten Thermometer in Grad Celsius [°C] gemessen, dessen Messgenauigkeit +/-0,5 °C betragen soll. Die Messung erfolgt nach Erfordernis stündlich an Arbeitsplätzen für sitzende Tätigkeit in einer Höhe von 0,6 m und bei stehender Tätigkeit in einer Höhe von 1,1 m über dem Fußboden. Die Außenlufttemperatur wird stündlich während der Arbeitszeit ohne Einwirkung von direkter Sonneneinstrahlung gemessen. Die Außenlufttemperatur sollte etwa 4 m von der Gebäudeaußenwand entfernt und in einer Höhe von 2 m gemessen werden.
(7) Luftgeschwindigkeiten (Zugluft) und Luftfeuchten werden in dieser ASR nicht betrachtet. Diese Parameter werden in der ASR A3.6 »Lüftung« behandelt.
(8) Zu den Fußbodentemperaturen siehe ASR A1.5 »Fußböden«.

4.2 Lufttemperaturen in Räumen

(1) In Arbeitsräumen muss die Lufttemperatur in Abhängigkeit von der Arbeitsschwere und Körperhaltung mindestens den Werten in Tabelle 1 entsprechen, wobei diese Lufttemperatur während der gesamten Nutzungsdauer zu gewährleisten ist.

(2) Werden die Mindestwerte nach Tabelle 1 in Arbeitsräumen auch bei Ausschöpfung der technischen Möglichkeiten nicht erreicht, ist der Schutz gegen zu niedrige Temperaturen in folgender Rangfolge durch zusätzliche
- arbeitsplatzbezogene technische Maßnahmen (z. B. Wärmestrahlungsheizung, Heizmatten),
- organisatorische Maßnahmen (z. B. Aufwärmzeiten) oder
- personenbezogene Maßnahmen (z. B. geeignete Kleidung)

sicher zu stellen.

Tabelle 1: Mindestwerte der Lufttemperatur in Arbeitsräumen

Überwiegende Körperhaltung	Arbeitsschwere		
	leicht	mittel	schwer
Sitzen	+20 °C	+19 °C	-
Stehen, Gehen	+19 °C	+17 °C	+12 °C

Üblicherweise reichen für die Klassifizierung der Arbeitsschwere die Angaben aus Tabelle 2 aus.

Tabelle 2: Arbeitsschwere

Arbeitsschwere	Beispiele
leicht	leichte Hand- / Armarbeit bei ruhigem Sitzen bzw. Stehen verbunden mit gelegentlichem Gehen
mittel	mittelschwere Hand- / Arm- oder Beinarbeit im Sitzen, Gehen oder Stehen
schwer	schwere Hand- / Arm-, Bein- und Rumpfarbeit im Gehen oder Stehen

(3) Die Lufttemperatur in Arbeitsräumen und den in Absatz 4 genannten Räumen soll +26 °C nicht überschreiten. Bei Außenlufttemperaturen über +26 °C gilt Punkt 4.4.

(4) In Pausen-, Bereitschafts-, Sanitär-, Kantinen- und Erste-Hilfe-Räumen muss während der Nutzungsdauer eine Lufttemperatur von mindestens +21 °C herrschen; in Toilettenräumen darf die Lufttemperatur durch Lüftungsvorgänge, die durch die Benutzer ausgelöst werden, kurzzeitig unterschritten werden.

(5) In stationären Toilettenanlagen, die für Beschäftigte bei Arbeiten im Freien oder für gelegentlich genutzte Arbeitsstätten eingerichtet werden, muss während der Nutzungsdauer eine Lufttemperatur von +21 °C erreicht werden können.

(6) In Waschräumen, in denen Duschen installiert sind, soll die Lufttemperatur während der Nutzungsdauer mindestens +24 °C betragen.

4.3 Übermäßige Sonneneinstrahlung

(1) Fenster, Oberlichter und Glaswände, die der Tageslichtversorgung nach ASR A3.4 »Beleuchtung« dienen, sind so zu gestalten, dass eine ausreichende Tageslichtversorgung gewährleistet ist und gleichzeitig störende Blendung und übermäßige Erwärmung vermieden werden.

(2) Führt die Sonneneinstrahlung durch Fenster, Oberlichter und Glaswände zu einer Erhöhung der Raumtemperatur über +26° C, so sind diese Bauteile mit geeigneten Sonnenschutzsystemen auszurüsten. Störende direkte Sonneneinstrahlung auf den Arbeitsplatz ist zu vermeiden. Anforderungen an einen wirksamen Blendschutz an Fenstern, Oberlichtern und Glaswänden enthält die ASR A3.4 »Beleuchtung«.

(3) Beispiele für gestalterische Maßnahmen für Sonnenschutzsysteme enthält Tabelle 3. Dabei sind die Ausrichtung der Arbeitsräume und die jeweiligen Fensterflächenanteile zu beachten. Außerdem können z. B. Vordächer, Balkone, feststehende Lamellen oder Bepflanzungen einen wirkungsvollen Sonnenschutz bieten.

Tabelle 3: Gestaltungsbeispiele für Sonnenschutzsysteme

	Gestaltungsbeispiele für Sonnenschutzsysteme
a)	Sonnenschutzvorrichtungen, die das Fenster von außen beschatten (z. B. Jalousien oder hinterlüftete Markisen)
b)	im Zwischenraum der Verglasung angeordnete reflektierende Vorrichtungen
c)	innenliegende hochreflektierende oder helle Sonnenschutzvorrichtungen
d)	Sonnenschutzverglasungen (innerhalb eines Sonnenschutzsystems, Blendschutz und Lichtfarbe sind zu beachten)

4.4 Arbeitsräume bei einer Außenlufttemperatur über +26 °C

(1) Wenn die Außenlufttemperatur über +26 °C beträgt und unter der Voraussetzung, dass geeignete Sonnenschutzmaßnahmen nach Punkt 4.3 verwendet werden, sollen beim Überschreiten einer Lufttemperatur im Raum von +26 °C zusätzliche Maßnahmen, z. B. nach Tabelle 4, ergriffen werden. In Einzelfällen kann das Arbeiten bei über +26 °C zu einer Gesundheitsgefährdung führen, wenn z. B.:

- schwere körperliche Arbeit zu verrichten ist,
- besondere Arbeits- oder Schutzbekleidung getragen werden muss, die die Wärmeabgabe stark behindert oder
- hinsichtlich erhöhter Lufttemperatur gesundheitlich Vorbelastete und besonders schutzbedürftige Beschäftigte (z. B. Jugendliche, Ältere, Schwangere, stillende Mütter) im Raum tätig sind.

In solchen Fällen ist über weitere Maßnahmen anhand einer angepassten Gefährdungsbeurteilung zu entscheiden.

(2) Bei Überschreitung der Lufttemperatur im Raum von +30 °C müssen wirksame Maßnahmen gemäß Gefährdungsbeurteilung (siehe Tabelle 4) ergriffen werden, welche die Beanspruchung der Beschäftigten reduzieren. Dabei gehen technische und organisatorische gegenüber personenbezogenen Maßnahmen vor.

Tabelle 4: Beispielhafte Maßnahmen

	Beispielhafte Maßnahmen
a)	effektive Steuerung des Sonnenschutzes (z. B. Jalousien auch nach der Arbeitszeit geschlossen halten)
b)	effektive Steuerung der Lüftungseinrichtungen (z. B. Nachtauskühlung)
c)	Reduzierung der inneren thermischen Lasten (z. B. elektrische Geräte nur bei Bedarf betreiben)
d)	Lüftung in den frühen Morgenstunden
e)	Nutzung von Gleitzeitregelungen zur Arbeitszeitverlagerung
f)	Lockerung der Bekleidungsregelungen
g)	Festlegung zusätzlicher Entwärmungsphasen
h)	Nutzung von Ventilatoren (z. B. Tisch-, Stand-, Turm- oder Deckenventilatoren)

(3) Wird die Lufttemperatur im Raum von +35 °C überschritten, so ist der Raum für die Zeit der Überschreitung ohne
- technische Maßnahmen (z. B. Luftduschen, Wasserschleier),
- organisatorische Maßnahmen (z. B. Entwärmungsphasen) oder
- persönliche Schutzausrüstungen (z. B. Hitzeschutzkleidung),

wie bei Hitzearbeit, nicht als Arbeitsraum geeignet.

(4) Technische Maßnahmen, die die Lufttemperatur reduzieren und dabei die absolute Luftfeuchte erhöhen, dürfen zu keiner Erhöhung der physischen Belastung der Beschäftigten führen. Dies ist gegeben, wenn die Wertepaare nach Tabelle 5 nicht überschritten werden. Zudem sind gemäß Punkt 6.6 der ASR A3.6 »Lüftung« die Prüf- und Wartungsintervalle sachgerecht festzulegen, um die hygienischen Eigenschaften entsprechender Anlagen und der Raumluft zu gewährleisten.

Tabelle 5: Maximale relative Luftfeuchte entsprechend einer absoluten Luftfeuchte von ca. 11,5 $g_W/kg_{tr.L}$ (g Wasser pro kg trockener Luft)

Lufttemperatur	relative Luftfeuchte
+26 °C	55 %
+28 °C	50 %
+30 °C	44 %
+32 °C	39 %
+35 °C	33 %

Hinweis:
Die Wertepaare der Tabelle 5 werden auch als »Schwülegrenze« bezeichnet. Für den Bereich der Lufttemperatur von +20 °C bis +26 °C sind die Wertepaare der Schwülegrenze in Tabelle 2 der ASR A3.6 »Lüftung« angegeben.
(5) Bei Lufttemperaturen von mehr als +26 °C sollen, bei mehr als +30 °C müssen geeignete Getränke (z. B. Trinkwasser im Sinne der Trinkwasserverordnung) bereitgestellt werden.

5 Abweichende / ergänzende Anforderungen für Baustellen

(1) Abweichend von Punkt 4.2 Abs. 4, 5 und 6 ist es in Pausen-, Bereitschafts-, Sanitär- und Kantinenräumen, sofern sie nicht gleichzeitig als Sanitärräume für Unterkünfte genutzt werden, ausreichend, wenn eine Lufttemperatur von +18 °C vorhanden ist und sichergestellt ist, dass eine Lufttemperatur von +21 °C während der Nutzungsdauer erreicht werden kann.
(2) In Pausen-, Bereitschafts-, Sanitär- und Kantinenräumen darf von den in dieser ASR genannten Lufttemperaturen durch Lüftungsvorgänge, die durch die Benutzer ausgelöst werden, kurzzeitig abgewichen werden.

Literaturhinweise

- DGUV Information 213-002 Hitzearbeit erkennen – beurteilen – schützen 08/2013
- DGUV Information 215-444 Sonnenschutz im Büro 12/2016
- DGUV Information 213-022 Beurteilung von Hitzearbeit – Tipps für Wirtschaft, Verwaltung, Dienstleistung 06/2011
- DGUV Information 215-510 Beurteilung des Raumklimas 12/2016
- LV 16 Kenngrößen zur Beurteilung raumklimatischer Grundparameter, September 2011
- DIN EN 16798-1:2021-04: Energetische Bewertung von Gebäuden – Lüftung von Gebäuden – Teil 1: Eingangsparameter für das Innenraumklima zur Auslegung und Bewertung der Energieeffizienz von Gebäuden bezüglich Raumluftqualität, Temperatur, Licht und Akustik – Modul M1-6

ASR A3.6 »Lüftung«

Januar 2012 (GMBl 2012, S. 92, zuletzt geändert GMBl 2018, S. 474)

1 Zielstellung

Diese ASR konkretisiert die Anforderungen an die Lüftung in § 3 a Abs. 1 und § 4 Abs. 3 sowie in Punkt 3.6 des Anhanges der Arbeitsstättenverordnung (ArbStättV).

2 Anwendungsbereich

(1) Diese ASR gilt für Arbeitsplätze in umschlossenen Arbeitsräumen und berücksichtigt die Arbeitsverfahren, die körperliche Belastung und die Anzahl der Beschäftigten sowie der sonstigen anwesenden Personen. Es wird empfohlen, diese ASR auch für Pausen-, Bereitschafts-, Erste-Hilfe-, Sanitärräume und Unterkünfte anzuwenden.
(2) entfallen
(3) Werden am Arbeitsplatz Tätigkeiten mit Gefahrstoffen oder biologischen Arbeitsstoffen durchgeführt und können dabei Beschäftigte gefährdet werden, gelten hinsichtlich der stofflichen Gefährdungen an diesen Arbeitsplätzen die Vorschriften nach der Gefahrstoffverordnung oder der Biostoffverordnung einschließlich der entsprechenden Technischen Regeln.

3 Begriffsbestimmungen

3.1 **Lüftung** ist die Erneuerung der Raumluft durch direkte oder indirekte Zuführung von Außenluft. Die Lüftung erfolgt durch freie Lüftung oder Raumlufttechnische Anlagen.
3.2 **Freie Lüftung** ist Lüftung mit Förderung der Luft durch Druckunterschiede infolge Wind oder Temperaturdifferenzen zwischen außen und innen, z. B. Fensterlüftung, Schachtlüftung, Dachaufsatzlüftung und Lüftung durch sonstige Lüftungsöffnungen, ggf. unterstützt durch Ventilatoren.
3.3 **Raumlufttechnische Anlagen** (RLT-Anlagen) sind Anlagen mit maschineller Förderung der Luft, Luftreinigung (Filtern) und mindestens einer thermodynamischen Luftbehandlungsfunktion (Heizen, Kühlen, Befeuchten, Entfeuchten).
3.4 **Zugluft** ist ein störender Luftzug, der zu einer lokalen Abkühlung, insbesondere an unbekleideten Körperflächen führt. Zugluft kann sowohl durch freie Lüftung als auch durch RLT-Anlagen hervorgerufen werden.

3.5 **Turbulenzgrad** ist ein Maß für die Schwankung der Luftgeschwindigkeit. Er ist das Verhältnis der Standardabweichung der Luftgeschwindigkeit zur mittleren Luftgeschwindigkeit.

4 Luftqualität

4.1 Grundsätze

(1) In umschlossenen Arbeitsräumen muss gesundheitlich zuträgliche Atemluft in ausreichender Menge vorhanden sein. In der Regel entspricht dies der Außenluftqualität. Sollte die Außenluft im Sinne des Immissionsschutzrechts unzulässig belastet oder erkennbar beeinträchtigt sein, z. B. durch Fortluft aus Absaug- oder RLT-Anlagen, starken Verkehr, schlecht durchlüftete Lagen, sind im Rahmen der Gefährdungsbeurteilung gesonderte Maßnahmen (z. B. Beseitigung der Quellen, Verlegen der Ansaugöffnung bei RLT-Anlagen) zu ergreifen.
(2) Die Innenraumluftqualität in Arbeitsräumen kann durch folgende Lasten beeinträchtigt werden:

- Stofflasten,
- Feuchtelasten oder
- Wärmelasten.

(3) Für Maßnahmen zur Beseitigung von Lasten gilt folgende Rangfolge:

1. Last vermeiden
2. Last minimieren
3. Quelle kapseln
4. Last quellennah abführen

(4) Das Eindringen von Lasten in unbelastete Arbeitsräume ist zu vermeiden (z. B. durch Luftführung, Schleusen oder Abtrennungen).
(5) Treten trotz bestimmungsgemäßer Nutzung des Arbeitsraumes und der Lüftung gemäß den Vorgaben dieser ASR Beschwerden bei Beschäftigten über die Luftqualität auf, ist zu prüfen, ob und ggf. welche weiteren Maßnahmen durchzuführen sind. Geeignete Maßnahmen sind z. B. zeitweise verstärkte Lüftung, Änderung der Raumnutzung, Umsetzen der Beschäftigten in andere Räume, Einbau oder Anpassung einer RLT-Anlage.

4.2 Stofflasten

(1) Ursachen für Stofflasten können beispielsweise sein:

- die Anwesenheit von Beschäftigten und sonstigen Personen (Emission von CO_2 und Geruchsstoffen),
- die Emissionen aus Bauprodukten oder Einrichtungsgegenständen (z. B. flüchtige organische Stoffe (VOC), Formaldehyd, Fasern),

- das Eindringen von belasteter Luft aus anderen Räumen oder Bereichen (z. B. aus Tätigkeiten mit Gefahrstoffen oder biologischen Arbeitsstoffen) oder von außen,
- eine schlecht gewartete RLT-Anlage,
- das Auftreten von Schimmel oder
- Radon, das in einigen Gebieten Deutschlands (siehe Radonkartierung der Länder) aus dem Untergrund in Gebäude eindringen kann.

(2) Sind die Beschäftigten und sonstigen anwesenden Personen die bestimmende Ursache für Stofflasten im Raum, ist die CO_2-Konzentration ein anerkanntes Maß für die Bewertung der Luftqualität. Erfahrungsgemäß hat eine erhöhte CO_2-Konzentration einen negativen Einfluss auf die Aufmerksamkeitsleistung. Die in der Tabelle 1 aufgeführten Werte dienen der Beurteilung der CO_{2}-Konzentration in der Raumluft und der Ableitung geeigneter, beispielhaft genannter Maßnahmen. Die Maßnahmen, die zur Verbesserung der Luftqualität innerhalb des Luftgütebereiches zwischen 1000 und 2000 ppm gemäß Tabelle 1 durchgeführt wurden, sind in der Gefährdungsbeurteilung zu dokumentieren. Dies gilt auch, wenn mit den Maßnahmen 1000 ppm CO_2 in der Raumluft unterschritten werden.

Tabelle 1: CO_2-Konzentration in der Raumluft

CO_2-Konzentration [ml/m³] bzw. [ppm]	Maßnahmen
<1000	– Keine weiteren Maßnahmen (sofern durch die Raumnutzung kein Konzentrationsanstieg über 1000 ppm zu erwarten ist)
1000–2000	– Lüftungsverhalten überprüfen und verbessern – Lüftungsplan aufstellen (z. B. Verantwortlichkeiten festlegen) – Lüftungsmaßnahme (z. B. Außenluftvolumenstrom oder – Luftwechsel erhöhen)
>2000	– weitergehende Maßnahmen erforderlich (z. B. verstärkte Lüftung, Reduzierung der Personenzahl im Raum)

(3) Im Regelfall sind keine Messungen erforderlich. Nur wenn ein begründeter Verdacht auf zu hohe CO_2-Konzentrationen vorliegt, sind Messungen unter üblichen Nutzungsbedingungen und mit der üblichen Personenbelegung durchzuführen, z. B. über den Zeitraum der arbeitstäglichen Nutzung. Bewertet wird der Momentanwert. Vor der Messung muss der Raum arbeitsüblich gelüftet werden. Bei Räumen bis zu 50 m² Grundfläche ist in der Regel eine Messstelle in ca. 1,50 m Höhe und in einem Abstand von 1 bis 2 m von den Wänden ausreichend. In größeren Räumen sind ggf. mehrere Messstellen einzurichten. Die Messstelle soll sich in der Aufenthaltszone der Personen – dabei aber in ausreichendem Abstand zu Personen – befinden, um eine direkte Beeinflussung des Messergebnisses durch die Atemluft von Personen zu vermeiden.

(4) Wird in einem Raum nach Absatz 2 entsprechend Tabelle 1 verfahren, ist erfahrungsgemäß der Luftwechsel auch für die Abführung von Stofflasten nach Absatz 1 Anstriche 1 und 2 ausreichend, wenn das Bauwerk und die Einrichtungsgegen-

stände hinsichtlich der Schadstoffemission dem Stand der Technik entsprechen und nicht geraucht wird.
(5) Stofflasten aus Bauprodukten und Einrichtungsgegenständen können vermieden oder minimiert werden, wenn z. B.:
- emissionsfreie oder emissionsarme,
- überprüfte,
- aufeinander abgestimmte und
- richtig verarbeitete

Produkte eingesetzt werden.
(6) Der Nichtraucherschutz nach § 5 Abs. 1 ArbStättV kann u. a. durch ein Rauchverbot in Gebäuden oder durch baulich abgetrennte Raucherräume oder -bereiche oder Rauchen im Freien umgesetzt werden. Von diesen Bereichen dürfen keine Gesundheitsgefahren durch Tabakrauch für die nicht rauchenden Beschäftigten ausgehen.
(7) In Räumen, in denen nach § 5 Abs. 2 ArbStättV Rauchen unter bestimmten Voraussetzungen zulässig sein kann (z. B. Gaststätten, Spielcasinos), muss der Arbeitgeber Schutzmaßnahmen treffen, um Gefährdungen für Beschäftigte zu minimieren, dies können insbesondere Lüftungsmaßnahmen sein.

4.3 Feuchtelast

(1) Feuchtelasten können beispielsweise durch die Wasserdampfabgabe aus Prozessen oder der anwesenden Personen entstehen.
(2) Üblicherweise braucht die Raumluft nicht befeuchtet zu werden. Für den Fall, dass Beschwerden auftreten, ist im Rahmen der Gefährdungsbeurteilung zu prüfen, ob und ggf. welche Maßnahmen zu ergreifen sind.
(3) Fallen betriebstechnisch oder arbeitsbedingt Feuchtelasten im Arbeitsraum an, dürfen aus physiologischen Gründen die Werte nach Tabelle 2 nicht überschritten werden. Dies gilt nicht, soweit die Natur des Betriebes höhere Luftfeuchten erfordert (z. B. Lebensmittelherstellung, Gewächshaus oder Schwimmbad).

Tabelle 2: Maximale relative Luftfeuchtigkeit

Lufttemperatur	relative Luftfeuchtigkeit
+20 °C	80 %
+22 °C	70 %
+24 °C	62 %
+26 °C	55 %

(4) Witterungsbedingte Feuchteschwankungen bleiben unberücksichtigt.
(5) Hohe Luftfeuchten an Raumbegrenzungsflächen können zur Befeuchtung von Bauteilen und zur Schimmelbildung führen. Sie sind zu vermeiden. Die Raumbegrenzungsflächen sind so auszuführen, dass Schimmelbildung vermieden wird.

4.4 Wärmelast

(1) Ursachen für Wärmelasten können beispielsweise sein:
- Geräte und Maschinen,
- Sonneneinstrahlung,
- Künstliche Beleuchtung oder
- Personen.

(2) Die Wärmelasten sind zu minimieren. Die Raumtemperatur muss den Anforderungen der ASR A3.5 »Raumtemperatur« entsprechen.

5 Freie Lüftung

5.1 Allgemeines

(1) Die einfachste Form der freien Lüftung ist die Fensterlüftung. Sie hat eine hohe Akzeptanz, falls die Öffnung der Fenster von den Beschäftigten selbst bestimmt werden kann. Andere Formen der freien Lüftung sind z. B. Schacht-, Dachaufsatz- oder Kaminlüftung.
(2) Die freie Lüftung von Räumen kann als Stoßlüftung oder kontinuierliche Lüftung erfolgen.
(3) In Arbeitsräumen ist eine ausreichende freie Lüftung nur dann gewährleistet, wenn die erforderlichen Lüftungsquerschnitte und die maximal zulässigen Raumtiefen eingehalten werden (Tabelle 3). Von den in Tabelle 3 genannten erforderlichen Lüftungsquerschnitten kann abgewichen werden, wenn die Anforderungen aus Tabelle 1 auch bei geringeren Lüftungsquerschnitten erfüllt werden und dies in der Gefährdungsbeurteilung dokumentiert wird.

5.2 Anforderungen an die freie Lüftung

(1) Für die Fensterlüftung sind mindestens Lüftungsquerschnitte nach Tabelle 3 erforderlich, um die Anforderungen nach Tabelle 1, Zeile 1 zu erreichen (Berechnungsbeispiel siehe Anhang). Tür- und Torflächen bleiben unberücksichtigt.
(2) Die Fensteröffnungen sind so anzuordnen, dass eine ausreichend gleichmäßige Durchlüftung der Arbeitsräume gewährleistet ist.
(3) Andere Formen der freien Lüftung sind so auszulegen, dass die Anforderungen nach Punkt 4 erfüllt werden (zeitliche / jahreszeitliche Einschränkungen in der Funktion sind zu beachten).
(4) Dauer und Intensität des Luftaustausches bei freier Lüftung sind so zu gestalten, dass Zugluft möglichst vermieden wird.

5.3 Systeme der freien Lüftung

(1) Es werden folgende Systeme der freien Lüftung unterschieden:

System I

einseitige Lüftung mit Zu- und Abluftöffnungen in einer Außenwand; gemeinsame Öffnungen sind zulässig

System II

Querlüftung mit Öffnungen in gegenüberliegenden Außenwänden oder in einer Außenwand und der Dachfläche

Ein Beispiel für die Berechnung der erforderlichen Lüftungsquerschnitte befindet sich im Anhang.

Tabelle 3: Mindestöffnungsfläche für kontinuierliche Lüftung und für Stoßlüftung

System	Maximal zulässige Raumtiefe bezogen auf die lichte Raumhöhe (h) [m]	Öffnungsfläche zur Sicherung des Mindestluftwechsels	
		für kontinuierliche Lüftung [m² / anwesende Person]	für Stoßlüftung [m²/10 m² Grundfläche]
I einseitige Lüftung	Raumtiefe = 2,5 × h (bei h > 4 m: max. Raumtiefe = 10 m) (angenommene Luftgeschwindigkeit im Querschnitt = 0,08 m/s)	0,35	1,05
II Querlüftung	Raumtiefe = 5,0 × h (bei h > 4 m: max. Raumtiefe = 20 m) (angenommene Luftgeschwindigkeit im Querschnitt = 0,14 m/s)	0,20	0,60

Die angegebenen Öffnungsflächen sind die Summe aus Zuluft- und Abluftflächen.

(2) Eine Verringerung der Lüftungsquerschnitte bei kontinuierlicher Lüftung zur Anpassung an Witterungsbedingungen (z. B. niedrige Außenlufttemperaturen, starker Wind) muss durch Verstellbarkeit möglich sein (z. B. Kippstellung der Fenster). Ist die Verstellbarkeit der Öffnungsfläche fein justierbar, ist auch bei Außenlufttemperaturen unter +5 °C eine kontinuierliche Lüftung erreichbar.

(3) Sofern die Personenbelegung oder Nutzung des Bereiches nicht bekannt sind, ist für die Berechnung der Mindestöffnungsfläche von einer Grundfläche von 10 m² pro Person auszugehen.

(4) Bei sehr geringer Personenbelegung ist für die Berechnung der Mindestöffnungsfläche von 1 Person je 100 m² auszugehen (z. B. Lagerhalle).

5.4 Stoßlüftung

(1) Unter Stoßlüftung wird der kurzzeitige (ca. 3 bis 10 Minuten), intensive Luftaustausch zur Beseitigung von Lasten aus Arbeitsräumen verstanden.
(2) Eine Stoßlüftung ist in regelmäßigen Abständen nach Bedarf durchzuführen. Als Anhaltswerte werden empfohlen:
- Büroraum nach 60 min
- Besprechungsraum nach 20 min

(3) Die Mindestdauer der Stoßlüftung ist von der Temperaturdifferenz zwischen innen und außen und dem Wind abhängig. Es kann von folgenden Orientierungswerten ausgegangen werden:
- Sommer: bis zu 10 min (unter Berücksichtigung der Außenlufttemperatur)
- Frühling / Herbst: 5 min
- Winter: 3 min

6 Raumlufttechnische Anlagen

6.1 Erfordernis

Raumlufttechnische Anlagen (RLT-Anlagen) zur Lüftung sind erforderlich, wenn eine freie Lüftung entsprechend Punkt 5 nicht ausreicht. Gründe dafür können sein:
- die Abmessungen der Räume (Punkt 5.3),
- die Lage der Räume, z. B. Tieflage (Fußboden tiefer als 1 m unter der umgebenden Geländeoberfläche),
- die umliegende Bebauung,
- eine besondere Nutzung (z. B. Arbeitsräume ohne öffenbare Fenster oder Oberlichter),
- innere oder äußere Lasten, die mit der freien Lüftung nicht beherrscht werden können oder
- Fenster dürfen nicht ausreichend lange geöffnet werden (z. B. Lärm von außen, Sicherheit).

6.2 Anforderungen

(1) RLT-Anlagen müssen dem Stand der Technik entsprechen und sind bestimmungsgemäß zu betreiben.
(2) Bei RLT-Anlagen ist die Zuluft (Außenluft / Umluft) vor der Zuführung in die zu lüftenden Räume entsprechend den Anforderungen hinsichtlich der Nutzung der Arbeitsstätte durch Luftfilter nach dem Stand der Technik zu reinigen.
(3) Die RLT-Anlage darf nicht selbst zur Gefahrenquelle (z. B. durch Gefahrstoffe, Bakterien, Schimmelpilze oder Lärm) werden.

6.3 Außenluftvolumenstrom

Der Außenluftvolumenstrom ist nach dem Stand der Technik so auszulegen, dass Lasten (Stoff-, Feuchte-, Wärmelasten) zuverlässig abgeführt werden und die CO_2Konzentration von 1000 ppm (siehe Tabelle 1) eingehalten wird.

6.4 Luftführung

(1) Die Zuluft muss so verteilt werden, dass sie frei von unzumutbarer Zugluft und in ausreichendem Maße in den Aufenthaltsbereich gelangt.
(2) Lasten (Stoff-, Feuchte-, Wärmelasten) sind möglichst quellennah zu erfassen. Natürliche Luftbewegungen (z. B. Thermik an warmen / heißen Oberflächen) sind zu ermöglichen und sinnvoll auszunutzen.
(3) Abluft aus Räumen mit Lasten (Stoff-, Feuchte-, Wärmelasten) darf als Umluft nur dann genutzt werden, wenn Gesundheitsgefahren und Belästigungen ausgeschlossen werden können.
(4) Abluft aus Sanitärräumen, Raucherräumen und Küchen darf nicht als Zuluft genutzt werden.

6.5 Raumluftgeschwindigkeit

(1) In den Aufenthaltsbereichen darf keine unzumutbare Zugluft auftreten.
(2) Zugluft ist vorwiegend von der Lufttemperatur, der Luftgeschwindigkeit, dem Turbulenzgrad und der Art der Tätigkeit (d. h. Wärmeerzeugung durch körperliche Arbeit) abhängig. Bei einer Lufttemperatur von +20 °C, einem Turbulenzgrad von 40 % und einer mittleren Luftgeschwindigkeit unter 0,15 m/s tritt bei leichter Arbeitsschwere üblicherweise keine unzumutbare Zugluft auf. Bei größerer körperlicher Aktivität, anderen Lufttemperaturen oder anderen Turbulenzgraden kann der Wert für die mittlere Luftgeschwindigkeit abweichen und ist im Rahmen der Gefährdungsbeurteilung zu bewerten.

6.6 Inbetriebnahme, Wartung und Prüfung

(1) Der Arbeitgeber hat bereits vor dem Errichten oder Anmieten der Arbeitsstätte zu überprüfen, ob die Forderungen nach Punkt 4 sowie den Punkten 6.3 bis 6.5 eingehalten werden können. Im Rahmen der Gefährdungsbeurteilung nach § 3 ArbStättV ist zu überprüfen, ob die RLT-Anlage wirksam ist und die obigen Anforderungen erfüllt sind. Dabei sind Prüf- und Wartungsintervalle festzulegen, die Herstellerangaben sind zu berücksichtigen.
(2) Entsprechend § 4 Abs. 3 ArbStättV sind RLT-Anlagen nach den in Absatz 1 festgelegten Intervallen sachgerecht zu warten. Die Wartungsintervalle sind so festzulegen, dass die

- technischen,
- hygienischen und
- raumlufttechnischen (z. B. Einstellung und Zustand der Luftdurchlässe)

Eigenschaften und der sichere Betrieb der Anlage während der gesamten Betriebszeit gewährleistet werden.

(3) Die Funktionsfähigkeit der RLT-Anlage kann durch Messung, z. B. folgender Größen, überprüft werden:

- Kohlendioxidgehalt unter Nutzungsbedingungen,
- Außenluftvolumenstrom,
- zulässiger Differenzdruck an Filtern,
- Luftgeschwindigkeit im Aufenthaltsbereich,
- Schalldruckpegel oder
- Temperatur der Zuluft.

In speziellen Fällen können:

- Druckgefälle zu benachbarten Räumen oder
- Keimzahl der Zuluft

gemessen werden.

(4) Der Arbeitgeber muss über die aktuellen Unterlagen der RLT-Anlagen verfügen oder dazu Zugang haben, aus denen die Ergebnisse der Prüfung bei Inbetriebnahme und insbesondere von Wartung und regelmäßigen Prüfungen hervorgehen.

6.7 Maßnahmen bei Störungen von Raumlufttechnischen Anlagen

Wenn Gesundheitsgefahren bei Ausfall oder Störung der RLT-Anlage auftreten können, sind die sich aus der Gefährdungsbeurteilung ergebenden nötigen Maßnahmen festzulegen. Der Ausfall oder die Störung müssen durch eine selbsttätige Warneinrichtung angezeigt werden. Maßnahmen, die die Beschäftigten und sonstigen anwesenden Personen betreffen, sind diesen in geeigneter Weise zur Kenntnis zu geben.

7 Abweichende / ergänzende Anforderungen für Baustellen

(1) Alle im Folgenden angeführten Abweichungen oder Ergänzungen sind im Rahmen einer Gefährdungsbeurteilung daraufhin zu beurteilen, ob und gegebenenfalls welche technischen, organisatorischen oder personenbezogenen Maßnahmen zum Schutz der Gesundheit der Beschäftigten zu ergreifen sind.

(2) Bei Bauarbeiten

- in abwassertechnischen Anlagen,
- unter Tage oder
- in engen Räumen, z. B. Silos oder Behältern,

die nicht durch Punkt 2 Abs. 3 erfasst sind, ist messtechnisch zu prüfen, ob ausreichend gesundheitlich zuträgliche Atemluft vorhanden ist und keine Stoffe in

der Atemluft in gesundheitsschädlicher Konzentration vorhanden sind (z. B. CO_2, Radon). Ist eine Sauerstoffversorgung von mindestens 19 Vol% mit natürlicher Belüftung nicht zu erreichen, muss maschinell belüftet werden. Punkt 4.2 Abs. 3 Satz 1 ist für die genannten Bauarbeiten aufgehoben.
(3) Abweichend von Punkt 4.3 Abs. 3 Tabelle 2 können in umschlossenen Arbeitsräumen auf Baustellen durch Bauprozesse (z. B. Verarbeiten von Spritzbeton) höhere relative Luftfeuchten entstehen.
(4) Ergänzend zu Punkt 4.4 Abs. 1 können Wärmelasten sowohl durch Bauprozesse (z. B. Aushärten von Beton) als auch bei Bauarbeiten unter Tage geogen aus dem Baugrund auftreten.
(5) Ergänzend zu Punkt 6.5 Abs. 2 können in umschlossenen Arbeitsräumen auf Baustellen (z. B. in Tunneln, Kanälen) prozessbedingt hohe Luftgeschwindigkeiten auftreten.

Ausgewählte Literaturhinweise:

- LV 16 Kenngrößen zur Beurteilung raumklimatischer Grundparameter, September 2011
- DGUV Vorschrift 38 Bauarbeiten 01/1997
- DGUV Regel 101-007 Sicherheitsregeln für Bauarbeiten unter Tage 10/1994
- DGUV Regel 103-003 Arbeiten in umschlossenen Räumen von abwassertechnischen Anlagen 09/2008
- DGUV Regel 113-004 Behälter, Silos und enge Räume, Teil 1: Arbeiten in Behältern, Silos und engen Räumen 09/2008 aktualisiert 07/2013

Anhang
Beispiel zur Berechnung der Öffnungsfläche für Dreh-Kipp-Fenster (2-Personen-Büro)

Raumabmessungen:

Raumtiefe (t) = 5 m
Raumbreite (b) = 4 m
Raumhöhe (h) = 2,50 m
Grundfläche (t × b) = 20 m²
Raumvolumen (t × b × h) = 50 m³
Der Nachweis der Einhaltung der maximal zulässigen Raumtiefe erfolgt nach Tabelle 3. Bei der Raumhöhe von 2,50 m wird die maximal zulässige Raumtiefe von 6,25 m (2,5 × h = 6,25 m) für System I und 12,50 m (5 × h = 12,50 m) für System II unterschritten. System I und II sind geeignet, den Raum zu belüften.

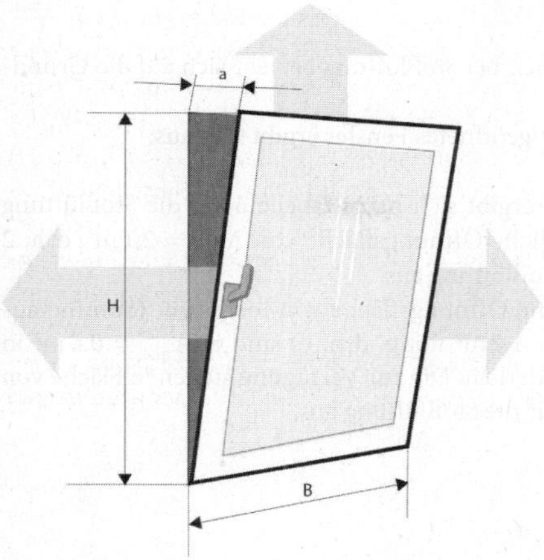

Abb. 1: Gekipptes Fenster
B … Breite des Fensters
H … Höhe des Fensters
a … Spaltbreite (typischerweise ≤ 0,2 m

Kontinuierliche Lüftung

Die Berechnung der Öffnungsflächen bei kontinuierlicher Lüftung bezieht sich auf die Personenbelegung des Raumes.
Die Öffnungsfläche für ein gekipptes Fenster ergibt sich aus:
$A_{Kipp} = B \times a + 2 \times (H \times a)/2 = a \times (B + H)$
Für ein Kippfenster mit den Maßen B = 1,00 m, H = 1,20 m und a = 0,11 m ergibt sich:
$A_{Kipp} = 0{,}242\,m^2$
Nach Tabelle 3 sind für die kontinuierliche Lüftung folgende Flächen erforderlich. Sie sind die Summe aus Zuluft- und Abluftflächen (Türen und Tore bleiben unberücksichtigt).

Tabelle 4: Zuluft- und Abluftflächen für Fenster bei kontinuierlicher Lüftung

System	erforderliche Fensterfläche [m² / anwesende Person]	erforderliche Fensterfläche bei 2 Personen [m²]	erforderliche Anzahl Fenster
I einseitige Lüftung	0,35	0,70	3
II Querlüftung	0,20	0,40	2

Stoßlüftung

Die Berechnung der Öffnungsflächen bei Stoßlüftung bezieht sich auf die Grundfläche des Raumes.
Die Öffnungsfläche für ein gedreht geöffnetes Fenster ergibt sich aus:
$A_{Dreh} = B \times H = 1,20\,m^2$
Bei einseitiger Lüftung (System I) ergibt sich nach Tabelle 3 für die Stoßlüftung eines $20\,m^2$-Raumes eine erforderliche Öffnungsfläche von $A_{Dreh} = 2,1\,m^2$, d.h. 2 Fenster ($2,40\,m^2$) reichen für die Stoßlüftung aus.
Bei Querlüftung (System II) ist eine Öffnungsfläche von insgesamt (Summe aus Zuluft- und Abluftflächen) $A_{Dreh} = 1,2\,m^2$ nötig, d.h. es sind je $A_{Dreh} = 0,6\,m^2$ in gegenüberliegenden Wänden erforderlich. Die zur Verfügung stehende Fläche von $1,2\,m^2$ je Fenster reicht demnach für die Stoßlüftung aus.

ASR A3.7 »Lärm«

März 2021 (GMBl 2021, S. 543)

1 Zielstellung

Diese ASR konkretisiert die in § 3 a Absatz 1 und Anhang Nummer 3.7 der Arbeitsstättenverordnung genannten Anforderungen an die Reduzierung der Schalldruckpegel in Arbeitsstätten und an Arbeitsplätzen in Arbeitsräumen.

2 Anwendungsbereich

(1) Diese ASR gilt für das Einrichten und Betreiben von Arbeitsstätten und Arbeitsplätzen in Arbeitsräumen, um Gefährdungen und Beeinträchtigungen für Sicherheit und Gesundheit von Beschäftigten durch Lärmeinwirkungen zu vermeiden.
(2) Nicht Gegenstand dieser ASR sind Gefährdungen von Gesundheit und Sicherheit der Beschäftigten durch Lärmeinwirkungen einschließlich extra-auraler Wirkungen im Hörschallbereich mit Frequenzen zwischen 16 Hz und 16 kHz ab einem A-bewerteten äquivalenten Dauerschallpegel von 80 dB(A). Hierfür ist die Verordnung zum Schutz der Beschäftigten vor Gefährdungen durch Lärm und Vibrationen (Lärm- und Vibrations-Arbeitsschutzverordnung – LärmVibrationsArbSchV) einschließlich der sie konkretisierenden Technischen Regel (TRLV Lärm) anzuwenden.
Erforderliche Schallereignisse, die der gezielten akustischen Information der Beschäftigten dienen, werden von dieser ASR nicht erfasst.
Hinweis:
Schall dient der gezielten akustischen Information, wenn über das Gehör der Beschäftigten Schallereignisse erkannt oder überprüft werden müssen (z. B. Feueralarm, Statusmeldungen von Produktionsanlagen, Strömungsgeräusche an Ventilen, musikalische Übungen).
(3) Regelungen zu Ultraschall werden zu einem späteren Zeitpunkt eingefügt.
(4) Für Schalldruckpegel in Pausenräumen und Bereitschaftsräumen gilt die ASR A4.2 »Pausen- und Bereitschaftsräume«.
Für Lärm in Erste-Hilfe-Räumen gelten die baulichen Anforderungen gemäß ASR A4.3 »ErsteHilfe-Räume, Mittel und Einrichtungen zur Ersten Hilfe«.
Für Unterkünfte gilt die ASR A4.4 »Unterkünfte«.
Hinweis:
Zusätzliche Anforderungen an die barrierefreie Gestaltung werden zu einem späteren Zeitpunkt als Anhang in die ASR V3 a.2 »Barrierefreie Gestaltung von Arbeitsstätten« eingefügt.

3 Begriffsbestimmungen

3.1 Der **A-bewertete äquivalente Dauerschallpegel L_{pAeq}** ist der zeitlich energetisch gemittelte, mit der Frequenzbewertung A aufgenommene Schalldruckpegel L_{pA}.

3.2 Ein **akustisches Gefahrensignal** signalisiert eine Gefahrensituation. Man unterscheidet entsprechend dem Dringlichkeitsgrad und den möglichen Auswirkungen der Gefahr auf Personen zwischen drei Arten von Gefahrensignalen: dringliche Rettungs- und Schutzmaßnahmen (Notsignal), sofortiges Verlassen des Gefahrenbereiches (Evakuierungssignal) und vorbeugende Handlungen (Warnsignal).

3.3 Der **Beurteilungspegel L_r** im Sinne dieser ASR ist eine Größe zur Kennzeichnung der typischen Schallimmission für eine Tätigkeit, bestimmt aus dem A-bewerteten äquivalenten

Dauerschallpegel L_{pAeq} während der Tätigkeit unter Berücksichtigung von Zuschlägen für die Impulshaltigkeit (K_I = Impulszuschlag) sowie Ton- und Informationshaltigkeit (K_T = Zuschlag für Ton- und Informationshaltigkeit):

$L_r = L_{pAeq} + K_I + K_T$

Durch den **Impulszuschlag K_I** wird der erhöhten Störwirkung impulshaltiger Geräusche Rechnung getragen.

Der **Zuschlag für Ton- und Informationshaltigkeit K_T** berücksichtigt, dass Geräusche eine erhöhte Störwirkung haben, wenn sie einen Ton oder mehrere Töne enthalten oder informationshaltig sind und dadurch eine Person zum von ihr nicht gewünschten Mithören (z. B. von Gesprächen) anregen.

3.4 **Extra-aurale Lärmwirkungen** im Sinne dieser ASR sind physiologische, psychische und soziale Wirkungen von Schall auf den Menschen, mit Ausnahme der Wirkungen, die das Hörorgan betreffen.

3.5 **Eigengeräusche** sind Geräusche, die an dem betreffenden Arbeitsplatz durch eigene Gespräche mit anderen Personen sowie dem Arbeitsplatz zugeordnete Kommunikationssignale (z. B. Telefon, Rufanlage, Rückmeldung von Rechnertastatur oder Computer) entstehen.

3.6 Ein **Geräusch** charakterisiert ein Schallereignis, das nicht ausschließlich als Ton oder Klang bezeichnet werden kann (aperiodisches Schallereignis). Meistens sind Geräusche nicht zweckgebunden (z. B. Straßenverkehrslärm).

3.7 **Hintergrundgeräusche** sind von außen einwirkende Geräusche (z. B. durch Verkehr oder Produktion) und Geräusche, die durch fest eingebaute technische Anlagen verursacht werden (z. B. Lüftungstechnik).

3.8 **Lärm** im Sinne dieser ASR ist jeder Schall, der zu einer Beeinträchtigung des Hörvermögens oder zu einer sonstigen mittelbaren oder unmittelbaren Gefährdung von Sicherheit und Gesundheit der Beschäftigten führen kann.

3.9 Der **mittlere Schallabsorptionsgrad $\bar{\alpha}$** ist ein Maß für das durchschnittliche Schallabsorptionsvermögen aller Oberflächen in einem Raum. Mit seiner Hilfe kann die Schallabsorption eines Raumes beschrieben werden.

3.10 Die **Nachhallzeit T** ist die Zeitspanne, während der der Schalldruckpegel in einem Raum nach Beenden der Schallfeldanregung um 60 dB abfällt.

3.11 **Reversible aurale Lärmwirkungen** sind Wirkungen von Schall auf das Hörorgan, die zu zeitlich begrenzten Beeinträchtigungen des Hörvermögens führen.

3.12 Der **Schallabsorptionsgrad α** ist ein Maß für die absorbierende Wirkung einer Fläche. α entspricht dem nicht reflektierten Anteil der auf die Fläche einfallenden Schallenergie. Der Wert von α liegt zwischen 0 (vollständige Reflexion) und 1 (vollständige Absorption).

3.13 Die **Sprachverständlichkeit** drückt aus, wie gut Sprache verstanden werden kann. Die Sprachverständlichkeit ist physikalisch unter anderem abhängig vom Schalldruckpegel der Sprache und der Hintergrundgeräusche, von der Nachhallzeit, der Raumform, den reflektierenden Flächen im Raum und der Raumgröße.

3.14 Ein **Störgeräusch** ist ein Geräusch, das die Wahrnehmbarkeit eines Nutzsignals beeinträchtigt.

3.15 **Tätigkeit** im Sinne dieser ASR ist eine zielgerichtet mit einer Aufgabenerfüllung verbundene Arbeit, die ein bestimmtes Maß an Konzentration oder eine bestimmte Qualität der Sprachverständlichkeit erfordert. An einem Arbeitsplatz können eine oder mehrere Tätigkeiten zu betrachten sein. Die Notwendigkeit für eine Differenzierung ergibt sich, wenn an dem Arbeitsplatz verschiedene Tätigkeiten ausgeübt werden, die unterschiedlich hohe Anforderungen an die Konzentration oder Sprachverständlichkeit stellen (unterschiedliche Tätigkeitskategorien nach Abschnitt 3.16). Für eine Einbeziehung in die Bewertung muss die Tätigkeit in einer Tätigkeitskategorie arbeitstäglich zusammenhängend oder summiert aus Teilabschnitten eine Zeitdauer von mindestens einer Stunde umfassen.

3.16 **Tätigkeitskategorie** ist die Einteilung der Tätigkeiten nach dem Maß der für die Erfüllung der Arbeitsaufgabe erforderlichen Konzentration oder Sprachverständlichkeit:

Tätigkeitskategorie I – hohe Konzentration oder hohe Sprachverständlichkeit:

Tätigkeiten, die eine andauernd hohe Konzentration erfordern, weil für die Erbringung der Arbeitsleistung z. B. schöpferisches Denken, eine kreative Entfaltung von Gedankenabläufen, exaktes sprachliches Formulieren, das Verstehen von komplexen Texten mit komplizierten Satzkonstruktionen, eine starke Zuwendung zu einem Arbeitsgegenstand oder -ablauf verbunden mit hohem Entscheidungsdruck, das Treffen von Entscheidungen mit großer Tragweite oder eine hohe Sprachverständlichkeit kennzeichnend sind.

(Beispiele für Tätigkeiten und Handlungen – allgemein überwiegend geistige Tätigkeiten, die eine hohe Konzentration verlangen: Besprechungen und Verhandlungen in Konferenzräumen; Arbeiten in Bibliothekslesesälen; Wissensvermittlung durch Vorlesung oder Seminare sowie Prüfungen im akademischen oder schulischen Bereich; wissenschaftliches und kreatives Arbeiten; Entwickeln von Software; Treffen von Entscheidungen mit hoher Tragweite, gegebenenfalls unter Zeitdruck; ärztliche Untersuchungen, Behandlungen und Operationen; Entwerfen, Übersetzen, Diktieren, Aufnehmen und Korrigieren von schwierigen Texten; Optimieren von Software und Prozessschritten komplexer Transferstraßen; Teachen von Robotern in verketteten Roboter-Linien)

Tätigkeitskategorie II – mittlere Konzentration oder mittlere Sprachverständlichkeit:

Tätigkeiten, die eine mittlere bzw. nicht andauernd hohe Konzentration oder gutes Verstehen gesprochener Sprache bedingen, weil für die Erbringung der

Arbeitsleistung z. B. üblicherweise Routineanteile, das heißt wiederkehrende ähnliche und leicht zu bearbeitende Aufgaben, das Treffen von Entscheidungen geringerer Tragweite (in der Regel ohne Zeitdruck) oder eine für Kommunikationszwecke erforderliche Sprachverständlichkeit kennzeichnend sind. *(Beispiele für Tätigkeiten und Handlungen – allgemeine Bürotätigkeiten und vergleichbare Tätigkeiten in der Produktion und Überwachung: informations- und kommunikationsgeprägte Tätigkeiten, wie Disponieren; Daten erfassen; Texte verarbeiten; Sachbearbeitung im Büro; psychomotorisch geprägte (feinmotorische) Tätigkeiten (Auge-HandKoordination); Arbeiten in Betriebsbüros und Laboratorien; Bedienen von Beobachtungs-, Steuerungs- und Überwachungsanlagen in geschlossenen Messwarten und Prozessleitwarten; Verkaufen, Bedienen von Kunden; Tätigkeiten mit Publikumsverkehr)*

Tätigkeitskategorie III – geringere Konzentration oder geringere Sprachverständlichkeit:

Tätigkeiten, die eine geringere Konzentration infolge überwiegend vorgegebener Arbeitsabläufe mit hohen Routineanteilen erfordern sowie geringere Anforderungen an die Sprachverständlichkeit stellen.

(Beispiele für Tätigkeiten und Handlungen – allgemein industrielle und gewerbliche Tätigkeiten: einfache Montagearbeiten; handwerkliche Tätigkeiten (Fertigung, Installation); Tätigkeiten an Fertigungsmaschinen, Vorrichtungen, Geräten; Warten, Instandsetzen und Reinigen technischer Einrichtungen und deren unmittelbare Beaufsichtigung; Bedienen von Bearbeitungsmaschinen für Metall, Holz und dergleichen; Reinigungsarbeiten; Lagerarbeiten; Einräumen von Ware)

3.17 **Tieffrequenter Schall** ist Schall mit dominierenden Energieanteilen im Frequenzbereich unter 100 Hz.

4 Extra-aurale und reversible aurale Lärmwirkungen

(1) Hinsichtlich der Gesundheitsgefährdung durch Lärm wird zwischen auralen (auf das Gehör bezogenen) und extra-auralen Lärmwirkungen unterschieden.

(2) Ab einem A-bewerteten äquivalenten Dauerschallpegel von 70 dB(A) kann als aurale Lärmwirkung eine reversible Hörminderung (Vertäubung) auftreten.

(3) Extra-aurale Lärmwirkungen zeigen sich unter anderem in verschiedenen physiologischen und psychischen Reaktionen, die über das zentrale und das vegetative Nervensystem des Menschen vermittelt werden. Diese Wirkungen entsprechen einer Stressreaktion. Sie haben keinen strengen Pegelbezug, entstehen in unmittelbarem zeitlichem Zusammenhang zur Schallexposition und klingen nach der Exposition schnell wieder ab (akute Wirkung). Andauernde Stressreaktionen können negative gesundheitliche Auswirkungen haben (chronische Wirkung).

(4) Extra-aurale Lärmwirkungen können je nach betrieblicher Situation und Arbeitsaufgabe folgende Bereiche betreffen (siehe Abbildung 1):

1. Beeinträchtigung der Sprachverständlichkeit und der akustischen Orientierung,
2. Störung der Arbeitsleistung (kognitive Leistung),

3. psychische Wirkung oder
4. physiologische Wirkung (Aktivierung des zentralen und vegetativen Nervensystems).

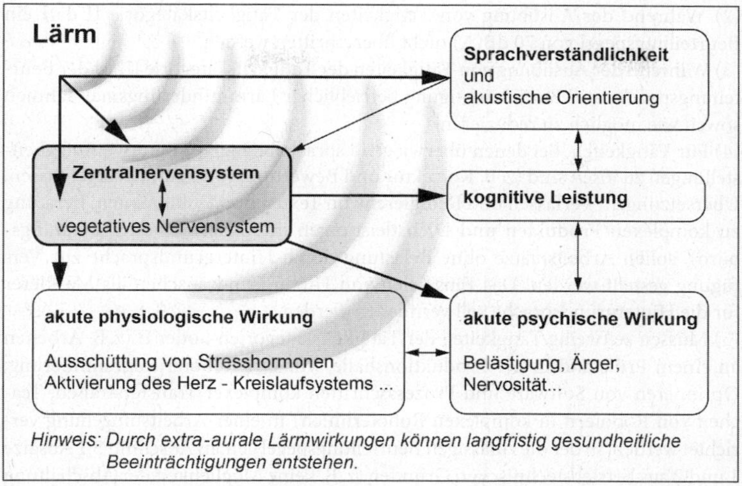

Abb. 1: Vereinfachte Darstellung akuter extra-auraler Lärmwirkungen

(5) Unfälle und arbeitsbedingte Gesundheitsgefährdungen können entstehen, wenn Fehlentscheidungen oder -leistungen zu einer Gefährdung des Beschäftigten oder anderer Personen führen. Lärm kann z. B.:

1. die Wahrnehmung von akustischen Gefahrensignalen beeinträchtigen,
2. die Aufmerksamkeit und Konzentration herabsetzen,
3. die Sprachkommunikation beeinträchtigen,
4. die Fehlerquote erhöhen,
5. die Reaktionsfähigkeit verringern,
6. die Risikobereitschaft erhöhen oder
7. die Sicherheit bei manuellen Tätigkeiten vermindern.

Weitere Erläuterungen enthält der Anhang 1.

5 Pegelwerte für Tätigkeiten an Arbeitsplätzen in Arbeitsräumen sowie raumakustische Anforderungen an Arbeitsräume

In Arbeitsstätten ist der Schalldruckpegel so niedrig zu halten, wie es nach der Art des Betriebes möglich ist.

5.1 Maximal zulässige Beurteilungspegel

(1) Während der Ausübung von Tätigkeiten der Tätigkeitskategorie I darf ein Beurteilungspegel von 55 dB(A) nicht überschritten werden.
(2) Während der Ausübung von Tätigkeiten der Tätigkeitskategorie II darf ein Beurteilungspegel von 70 dB(A) nicht überschritten werden.
(3) Während der Ausübung von Tätigkeiten der Tätigkeitskategorie III ist der Beurteilungspegel unter Berücksichtigung betrieblicher Lärmminderungsmaßnahmen soweit wie möglich zu reduzieren.
(4) Für Tätigkeiten, bei denen überwiegend sprachabhängige kognitive Aufgabenstellungen zu lösen sind (z. B. Korrektur und Bewertung von Prüfungsergebnissen, Übersetzungen, Verfassen und Redigieren von Texten und Dokumenten, Beratung zu komplexen Produkten und Dienstleistungen im Callcenter oder Beratungsbüro), sollen Arbeitsplätze ohne Belastung durch Hintergrundsprache zur Verfügung gestellt werden. Das Einspielen von Hintergrundrauschen als Maskierer für die Hintergrundsprache soll vermieden werden.
(5) Müssen zeitweilig Tätigkeiten der Tätigkeitskategorien I oder II (z. B. Arbeiten an einem Prüfstand in der Produktionshalle, Vor-Ort-Roboterprogrammierung, Optimieren von Software und Prozessschritten komplexer Transferstraßen, Teachen von Robotern in komplexen Roboterlinien) in einer Arbeitsumgebung verrichtet werden, in der die zulässigen Beurteilungspegel gemäß Abschnitt 5.1 Absätze 1 und 2 aus betriebstechnischen Gründen (z. B. keine Möglichkeit der Abschaltung von Maschinen oder der Nutzung von Produktionspausen) nicht eingehalten werden, sind die entsprechenden Arbeitsplätze – soweit möglich – durch Kapselung (Schallschutzkabinen) oder veränderte Arbeitsverfahren oder Arbeitsabläufe (z. B. Fernwartung und -programmierung, Einsatz mobiler Schallschutzkabinen) so zu gestalten, dass die Anforderungen eingehalten werden. Im Ausnahmefall ist das Tragen persönlicher Schutzausrüstung gegen Lärm eine ergänzende Maßnahme. Die Anwendung von persönlicher Schutzausrüstung darf keine dauerhafte Maßnahme sein.
(6) Ist in bestehenden Arbeitsstätten die Einhaltung der maximal zulässigen Beurteilungspegel für Tätigkeiten nach Abschnitt 5.1 Absätze 1 bis 4 mit Aufwendungen verbunden, die offensichtlich unverhältnismäßig sind, so hat der Arbeitgeber zu prüfen, wie durch andere oder ergänzende Maßnahmen die Sicherheit und der Gesundheitsschutz der Beschäftigten in vergleichbarer Weise gesichert werden kann; die erforderlichen Maßnahmen hat er durchzuführen. Eine mögliche Maßnahme kann z. B. die Gestaltung der Arbeitsorganisation sein. Diese Maßnahmen können solange herangezogen werden, bis die bestehenden Arbeitsstätten wesentlich umgebaut oder die Arbeitsverfahren oder Arbeitsabläufe wesentlich umgestaltet werden. Wird persönliche Schutzausrüstung gegen Lärm zur Verfügung gestellt, darf dies keine dauerhafte Maßnahme sein.

5.2 Raumakustische Anforderungen

5.2.1 Raumakustische Anforderungen an Büroräume

In Büroräumen sollen in Abhängigkeit der Nutzungsart im unbesetzten Raum folgende Nachhallzeiten T in den Oktavbändern von 250 Hz bis 2000 Hz nicht überschritten werden:
Callcenter (Büro für kommunikationsbasierte Dienstleistungen): T = 0,5 s,
Mehrpersonen- und Großraumbüro: T = 0,6 s,
Ein- und Zweipersonenbüro: T = 0,8 s.
Hinweis:
In der Regel besteht in Büroräumen der Bedarf einer guten Sprachverständlichkeit über geringe Entfernungen, bei der andere, nicht beteiligte Personen nicht gestört werden.

5.2.2 Akustische Anforderungen an Räume in Bildungsstätten

In Bildungsstätten, z. B. Kindertageseinrichtungen, Schulen, Hochschulen, darf in besetztem Zustand des Raumes für die Anforderung »Unterricht mit Personen ohne Bedürfnis nach erhöhter Sprachverständlichkeit« die Nachhallzeit Tsoll die mit nachfolgender Formel errechneten Werte in den Oktavbändern von 250 Hz bis 2000 Hz nicht überschreiten. Dabei ist in den Oktavbändern von 250 Hz bis 2000 Hz jeweils eine Toleranz von +/-20 % zulässig.
$T_{soll} = (0{,}32 \cdot \lg V/m^3 - 0{,}17)$ s
mit V = Raumvolumen in m3
Beispiel: Für einen Unterrichtsraum mit einem Raumvolumen von 210 m³ errechnet sich demnach für den besetzten Zustand ein Sollwert für die Nachhallzeit von etwa 0,6 s.
Hinweis:
Gemäß Behindertengleichstellungsgesetz und vergleichbarer Landesregelungen sind öffentlich zugängliche Neubauten inklusiv zu errichten. Bei erhöhten Anforderungen an die Sprachverständlichkeit, z. B. bei Personen mit Hörminderung oder Fremdsprachenunterricht, kann es erforderlich sein, die Nachhallzeit weiter zu verringern.

5.2.3 Akustische Anforderungen an sonstige Räume mit Sprachkommunikation

(1) Alle sonstigen Arbeitsräume, in denen Sprachkommunikation erforderlich ist und die nicht in den Abschnitten 5.2.1 und 5.2.2 geregelt sind, sollen durch raumakustische Maßnahmen so gestaltet werden, dass ein mittlerer Schallabsorptionsgrad von mindestens $\bar{\alpha} = 0{,}3$ beim eingerichteten Raum erreicht wird.
(2) Als anzusetzender Schallabsorptionsgrad α des jeweiligen Oberflächenmaterials ist der arithmetische Mittelwert der Absorptionsgrade in den Oktavbändern mit den Mittenfrequenzen von 250 Hz, 500 Hz, 1000 Hz und 2000 Hz zu nehmen. Alternativ ist in größeren Räumen (> 1000 m³) im Abstandsbereich von 0,75 m bis 6 m eine mittlere Schalldruckpegelabnahme in den Oktavbändern mit den Mittenfrequenzen von 500 Hz bis 4000 Hz je Abstandsverdopplung von mindestens 4 dB ausreichend.

6 Beurteilung von Gefährdungen durch Lärm beim Einrichten von Arbeitsstätten

Wenn Arbeitsstätten eingerichtet oder wesentlich erweitert oder umgebaut oder die Arbeitsverfahren oder Arbeitsabläufe wesentlich umgestaltet werden, ist bereits bei der Planung zu berücksichtigen, dass die Beurteilungspegel für Tätigkeiten an Arbeitsplätzen in Arbeitsräumen sowie die raumakustischen Anforderungen an Arbeitsräume gemäß Abschnitt 5 eingehalten werden.

Hierbei sind insbesondere zu beachten:

1. die Bauakustik, Raumakustik sowie Maßnahmen zum Lärmschutz,
2. die Grundflächen für Arbeitsplätze und Arbeitsräume gemäß ASR A1.2 »Raumabmessungen und Bewegungsflächen«,
3. die Arbeitsaufgaben / Tätigkeit der Beschäftigten für die zu planenden Arbeitsräume,
4. die Arbeitsorganisation,
5. die Anforderungen an Arbeitsmittel gemäß BetrSichV,
6. die Belüftung der Arbeitsräume.

Hinweis:

Niedrige Schalldruckpegel der Hintergrundgeräusche in Arbeitsräumen erleichtern in der Regel das Einhalten von Beurteilungspegeln und ermöglichen in Räumen in Bildungsstätten in der Regel eine gute Kommunikation zwischen Sprecher und Hörer. Die nachfolgende tabellarische Aufstellung enthält für verschiedene Raumarten die empfohlenen Höchstwerte für Hintergrundgeräusche, beschrieben durch den A-bewerteten äquivalenten Dauerschallpegel L_{pAeq}.

Raumart	***empfohlene Höchstwerte für A-bewertete äquivalente Dauerschallpegel*** L_{pAeq} ***durch Hintergrundgeräusche*** L_{pAeq} **in dB(A)**
Konferenzraum, Klassenraum, Schulungsraum, Gruppenraum, Kindertagesstätte, Hörsaal, Seminarraum	*35*)*
Zweipersonenbüros	*40*)*
Großraumbüros	*45*)*
industrielle Laboratorien	*35*)/52**)*
Kontroll- / Steuerräume in der Industrie	*35*)/55**)*
industrielle Arbeitsstätten	*65**)/70***)*

**) für maximalen Beurteilungspegel von 55 dB(A) nach Abschnitt 5.1*
***) für maximalen Beurteilungspegel von 70 dB(A) nach Abschnitt 5.1*
****) kein Beurteilungspegel*

7 Beurteilung von Gefährdungen durch Lärm beim Betreiben von Arbeitsstätten

(1) Beim Betreiben einer Arbeitsstätte können Halligkeit, schlechte Sprachverständlichkeit, störende Sprachgeräusche, tonhaltige Geräusche, deutlich wahrnehmbare Hintergrundgeräusche sowie Beschwerden von Beschäftigten über Lärm am Arbeitsplatz Hinweise auf unzureichende raumakustische Bedingungen, zu hohe Beurteilungspegel für Tätigkeiten an Arbeitsplätzen in Arbeitsräumen oder tieffrequente Schallbelastungen sein, die zu einer Gefährdung der Gesundheit der Beschäftigten führen können und im Rahmen der Gefährdungsbeurteilung weitere Ermittlungen und eine Beurteilung der akustischen Situation erfordern.
(2) Für die Beurteilung der Gefährdung durch Lärm sind typische und längerfristig stabile Betriebsabläufe in einer Arbeitsstätte oder an einem Arbeitsplatz zu betrachten. Einzelne, zufällige oder zeitweilige, vorübergehende Schalleinwirkungen durch Dritte, z. B. Lärm durch Einsatz- oder Abfallsammelfahrzeuge, Gartengeräte oder benachbarte Baustellen, sind nicht zu berücksichtigen.
(3) Die Beurteilung der akustischen Situation während des Betreibens der Arbeitsstätte kann mit einem vereinfachten Verfahren durch lärmbezogene Arbeitsplatzbegehung erfolgen (Abschnitt 7.1).
(4) Alternativ können auch weitergehende Ermittlungsverfahren zur differenzierten Beurteilung von Raumakustik, Lärmpegeln und tieffrequentem Schall angewendet werden (Abschnitte 7.2 bis 7.6):

1. Ermittlung der raumakustischen Kennwerte durch Abschätzung (Abschnitt 7.2),
2. Ermittlung der raumakustischen Kennwerte durch Messung (Abschnitt 7.3),
3. Ermittlung von Lärmpegeln für Tätigkeiten durch orientierende Messung (Abschnitt 7.4),
4. Ermittlung von Beurteilungspegeln für Tätigkeiten an Arbeitsplätzen in Arbeitsräumen (Abschnitt 7.5),
5. Bewertung von tieffrequentem Lärm (Abschnitt 7.6).

Hinweis zu Absatz 2:
Um die Belastung der Beschäftigten in Arbeitsstätten bei von Dritten verursachtem Baulärm zu reduzieren, ist mittels lärmbezogener Arbeitsplatzbegehung nach Absatz 3 oder orientierender Messung nach Abschnitt 7.4 Absatz 4 zu prüfen, ob organisatorische Regelungen (z. B. zeitweilige Verlagerung von Arbeitsplätzen in lärmärmere Bereiche, Anpassung der Arbeitsabläufe, der Pausen- oder Arbeitszeiten) oder im Ausnahmefall das Bereitstellen von persönlicher Schutzausrüstung (Gehörschutz) je nach Baufortschritt der Baustelle möglich und sinnvoll sind. Der Arbeitgeber kann außerdem bei der dafür zuständigen Stelle gegebenenfalls darauf hinwirken, dass Baustellen nach dem Stand der Lärmminderungstechnik betrieben werden.
Hinweis zu Absätzen 3 und 4:
Sind nach der ASR A3.6 »Lüftung« Lüftungszeiten erforderlich, sind diese beim Messen und Beurteilen zu berücksichtigen.

7.1 Vereinfachtes Verfahren durch lärmbezogene Arbeitsplatzbegehung

(1) Die lärmbezogene Arbeitsplatzbegehung dient zur Feststellung, ob am Arbeitsplatz unter Betriebsbedingungen störender oder belästigender Schall (Lärm) auftritt. Sie ist von mindestens zwei Personen unabhängig voneinander zu Zeiten des längerfristig typischen Betriebsablaufs am zu beurteilenden Arbeitsplatz vorzunehmen.

(2) Bei der lärmbezogenen Arbeitsplatzbegehung ist insbesondere auf Folgendes zu achten:

1. Arbeitsplatz- / Raumgestaltung / Arbeitsorganisation:
   a) Wirkt der Raum hallig? Gibt es schallharte und glatte Materialien an Wänden, Decken, Fußböden sowie bei Einrichtungen, Einbauten usw. oder große Fensterflächen?
   b) Wie wird der Raum genutzt? Welche akustischen Anforderungen bestehen? Treten informationshaltige Geräusche, Sprachgeräusche oder andere störende Geräusche auf?
   c) Gibt es Besonderheiten in der Raumnutzung? Werden Tätigkeiten mit unterschiedlichen akustischen Anforderungen an Arbeitsplätze zur gleichen Zeit im gleichen Raum durchgeführt? Gibt es akustisch dominante Schallquellen am oder in der Nähe des Arbeitsplatzes?
2. Entsteht Lärm im Raum? Sind schallemittierende Geräte / Arbeitsmittel am Arbeitsplatz oder im Umfeld des Arbeitsplatzes angeordnet (Büro: z. B. Drucker; Produktion: z. B. Fördertechnik)?
3. Wird Lärm von außen eingetragen? Wirken Schallquellen außerhalb des Raumes (z. B. Maschinen, Verkehrslärm, Aufzugsanlagen) auf den Arbeitsplatz ein?

(3) Nur wenn sich durch die lärmbezogene Arbeitsplatzbegehung störender oder belästigender Schall (Lärm) eindeutig ausschließen lässt, sind keine weiteren Ermittlungen oder Maßnahmen erforderlich.

(4) Wird bei der lärmbezogenen Arbeitsplatzbegehung störender oder belästigender Schall (Lärm) festgestellt, hat der Arbeitgeber entweder Maßnahmen festzulegen, umzusetzen und eine Wirksamkeitskontrolle durchzuführen oder er hat geeignete weitergehende Ermittlungsverfahren gemäß Abschnitt 7 Absatz 4 auszuwählen und anzuwenden. Liegt nach einer Wirksamkeitskontrolle kein störender oder belästigender Schall (Lärm) mehr vor, sind keine weiteren Ermittlungen oder Maßnahmen erforderlich.

Den Ablauf des vereinfachten Verfahrens durch lärmbezogene Arbeitsplatzbegehung stellt Abbildung 2 dar.

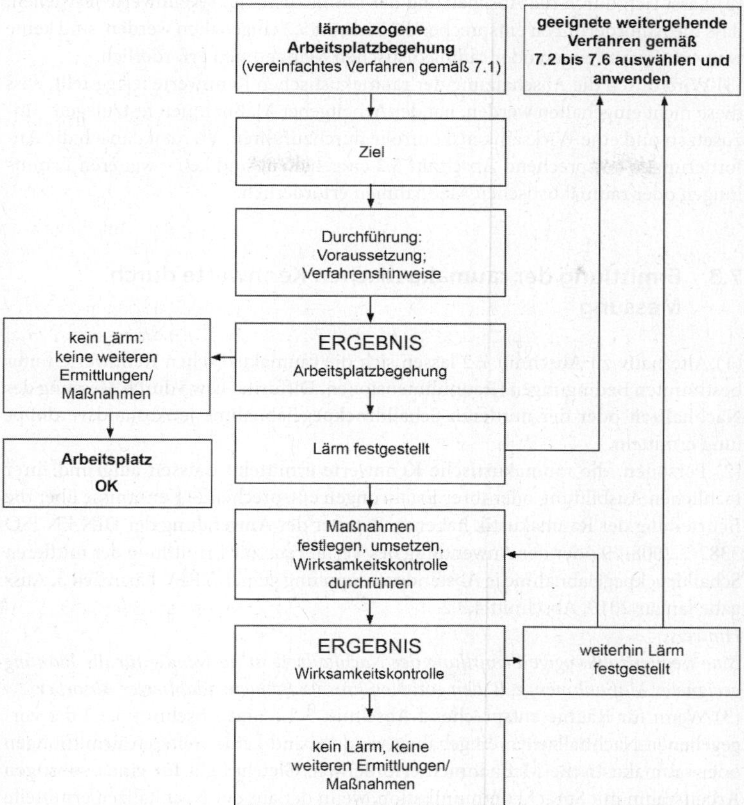

Abb. 2: Ablauf des vereinfachten Verfahrens durch lärmbezogene Arbeitsplatzbegehung

7.2 Ermittlung der raumakustischen Kennwerte durch Abschätzung

(1) Die Abschätzung der raumakustischen Kennwerte (Nachhallzeit, mittlerer Schallabsorptionsgrad) von Räumen in bestehenden Arbeitsstätten kann mit Kenntnis der Raumabmessungen und der Schallabsorptionsgrade der raumbegrenzenden Oberflächen und der weiteren Oberflächen (z. B. Einrichtung, Trennwände) entsprechend des Anhangs 2 erfolgen.

(2) Lässt sich durch die Abschätzung der raumakustischen Kennwerte feststellen, dass die Anforderungen entsprechend Abschnitt 5.2 eingehalten werden, sind keine weiteren Ermittlungen oder raumakustischen Maßnahmen erforderlich.
(3) Wird durch die Abschätzung der raumakustischen Kennwerte festgestellt, dass diese nicht eingehalten werden, hat der Arbeitgeber Maßnahmen festzulegen, umzusetzen und eine Wirksamkeitskontrolle durchzuführen. Werden danach die Anforderungen entsprechend Abschnitt 5.2 eingehalten, sind keine weiteren Ermittlungen oder raumakustischen Maßnahmen erforderlich.

7.3 Ermittlung der raumakustischen Kennwerte durch Messung

(1) Alternativ zu Abschnitt 7.2 lassen sich die raumakustischen Kennwerte unter bestimmten Bedingungen (Raumdimensionen, Diffusität usw.) durch Messung der Nachhallzeit oder der mittleren Schalldruckpegelabnahme je Abstandsverdopplung ermitteln.
(2) Personen, die raumakustische Kennwerte ermitteln, müssen aufgrund ihrer fachlichen Ausbildung oder ihrer Erfahrungen entsprechende Kenntnisse über die Beurteilung der Raumakustik haben, z. B. unter der Anwendung der DIN EN ISO 3382-2:2008-09 oder der Anwendung des Verfahrens zur Ermittlung der mittleren Schalldruckpegelabnahme je Abstandsverdopplung gemäß TRLV Lärm Teil 3, Ausgabe Januar 2010, Abschnitt 4.3.2.
Hinweis:
Eine frequenzabhängige Ermittlung der Nachhallzeit ist notwendig für die Planung geeigneter Maßnahmen, z. B. den gezielten Einsatz frequenzadaptierter Absorber.
(3) Wenn für Räume entsprechend Abschnitt 5.2.1 und Abschnitt 5.2.2 die vorgegebenen Nachhallzeiten eingehalten werden, sind keine weiteren Ermittlungen oder raumakustische Maßnahmen erforderlich. Gleiches gilt für einen sonstigen Arbeitsraum mit Sprachkommunikation, wenn der aus der Nachhallzeit ermittelte mittlere Schallabsorptionsgrad oder die gemessene Schalldruckpegelabnahme je Abstandsverdopplung entsprechend Abschnitt 5.2.3 eingehalten wird.
(4) Wird durch die messtechnische Ermittlung der raumakustischen Kennwerte festgestellt, dass die Anforderungen entsprechend Abschnitt 5.2 nicht eingehalten werden, hat der Arbeitgeber Maßnahmen festzulegen, umzusetzen und eine Wirksamkeitskontrolle durchzuführen. Werden die Anforderungen danach eingehalten, sind keine weiteren Ermittlungen oder raumakustischen Maßnahmen erforderlich.

7.4 Ermittlung von Lärmpegeln für Tätigkeiten durch orientierende Messung

(1) Bei der orientierenden Messung ist der A-bewertete äquivalente Dauerschallpegel während der Tätigkeit zu ermitteln. Die Messung hat die während der Tätig-

keit längerfristig typisch auftretenden Geräusche zu erfassen. Eigengeräusche sind bei der Messung nicht mit zu erfassen.

Hinweis:

Die orientierende Messung ist ein verkürztes und vereinfachtes Verfahren, das auf den Grundzügen des in der DIN 45645-2:2012-09 genormten Mess- und Beurteilungsverfahrens zur Ermittlung des Beurteilungspegels am Arbeitsplatz basiert.

(2) Für orientierende Messungen zur Ermittlung des Lärmpegels bei Tätigkeiten am Arbeitsplatz sind integrierende Schallpegelmesser der Klasse 1 oder 2 (Genauigkeit des Messgerätes) einzusetzen.

Hinweis:

Die Anforderungen an die Schallpegelmesser sind in DIN EN 61672-1:2014-07 genormt.

(3) Die Schallimmission wird mit dem Schallpegelmesser an dem Ort erfasst, an dem die Tätigkeit ausgeübt wird. Grundsätzlich wird diese Messung aus technischen Gründen so durchgeführt, dass die beschäftigte Person ihren Arbeitsplatz nicht einnimmt (Schallreflexionen, Abschattungseffekte). Das Mikrofon wird dabei an der üblichen Position des Kopfes in Höhe der Augen gehalten. Sollte die Anwesenheit der beschäftigten Person am Arbeitsplatz während der Messung erforderlich sein, ist das Mikrofon in Ohrnähe der beschäftigten Person so zu positionieren, dass die Geräuscheinwirkung auf das Mikrofon nicht durch den Körper der beschäftigten Person behindert wird.

(4) Die Messzeit muss nach Art, Ausmaß und Dauer (Abbildung 3) jeweils lang genug sein, um den mittleren Schalldruckpegel der betrachteten Schalleinwirkung zu erfassen, das heißt, die Messung muss sich nicht über die gesamte Zeitdauer der betrachteten Schalleinwirkung erstrecken:

1. Bei konstanter Schalleinwirkung ist erfahrungsgemäß eine Messzeit von circa 20 s je Messung ausreichend.
2. Bei periodisch schwankenden Schalleinwirkungen ist mindestens ein vollständiger Zyklus je Messung zu erfassen.
3. Bei zeitlich zufällig schwankenden Schalleinwirkungen ist je Messung eine längere Messzeit erforderlich, die sich gegebenenfalls über den gesamten Geräuschabschnitt erstrecken muss.

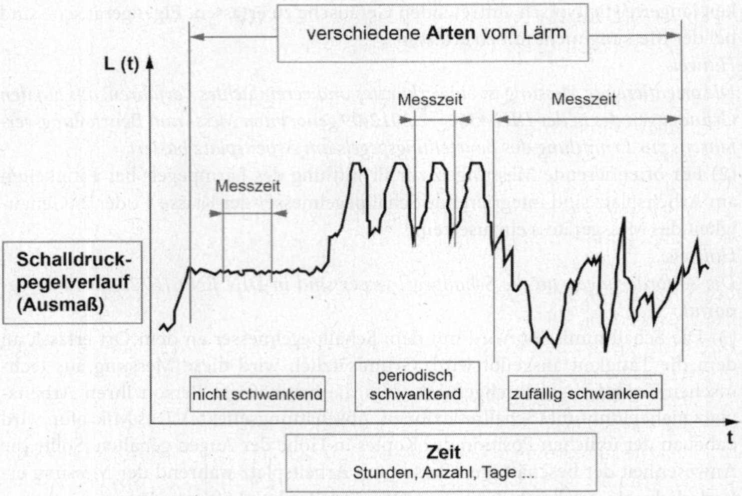

Abb. 3: Art, Ausmaß und Dauer der Lärmeinwirkung, nach TRLV Lärm Teil 2 »Messung von Lärm«. Technische Regel zur Lärm- und Vibrations-Arbeitsschutzverordnung, August 2017

(5) Die Messung kann jeweils beendet werden, wenn erkennbar ist, dass sich der angezeigte A-bewertete äquivalente Dauerschallpegel L_{pAeq} durch alle zu erwartenden weiteren Geräuschbeiträge nicht mehr nennenswert ändert.

(6) Weitere Ermittlungen oder Maßnahmen sind nicht erforderlich, wenn

1. bei Tätigkeiten der Tätigkeitskategorie I durch orientierende Messung festgestellt wird, dass der A-bewertete äquivalente Dauerschallpegel während der Tätigkeit weniger als 46 dB(A) beträgt,
2. bei Tätigkeiten der Tätigkeitskategorie II durch orientierende Messung festgestellt wird, dass der A-bewertete äquivalente Dauerschallpegel während der Tätigkeit weniger als 61 dB(A) beträgt.

(7) Wird durch die orientierende Messung festgestellt, dass die Werte nach Absatz 6 Nummer 1 oder 2 überschritten werden, kann der Arbeitgeber Maßnahmen festlegen, umsetzen und eine Wirksamkeitskontrolle durchführen. Werden danach die Werte nach Absatz 6 Nummer 1 oder 2 eingehalten, sind keine weiteren Ermittlungen zu Pegelwerten bei Tätigkeiten in Arbeitsräumen erforderlich.
Alternativ kann er auch durch das Verfahren zur Ermittlung von Beurteilungspegeln für Tätigkeiten an Arbeitsplätzen in Arbeitsräumen überprüfen, ob die Anforderungen nach Abschnitt 5.1 eingehalten werden.

7.5 Ermittlung von Beurteilungspegeln für Tätigkeiten an Arbeitsplätzen in Arbeitsräumen

(1) Die Ermittlung des Beurteilungspegels am Arbeitsplatz umfasst mindestens folgende Arbeitsschritte:

1. Arbeitsplatzanalyse,
2. Durchführung der Messung,
3. Bestimmung der Zuschläge,
4. Umgang mit Messunsicherheiten.

Hinweis:

Ein geeignetes Verfahren ist das in DIN 45645-2:2012-09 dargestellte Mess- und Beurteilungsverfahren.

(2) Die Ermittlung des Beurteilungspegels verlangt von der durchführenden Person mindestens Kenntnisse:

1. über die Inhalte der ASR A3.7 »Lärm«,
2. über das Beurteilungsverfahren z. B. nach DIN 45645-2:2012-09,
3. über die zu bestimmenden Messgrößen, Zuschläge und Messunsicherheiten.

(3) Zur Ermittlung des Beurteilungspegels ist es gegebenenfalls erforderlich, dass die für den Arbeitgeber tätig werdenden Personen Einsicht in alle für die Ermittlung erforderlichen Unterlagen nehmen können und alle notwendigen Informationen über Arbeitsprozesse und Organisation der Arbeiten erhalten, z. B. die Art der Tätigkeit der Beschäftigten, die Dauer der Lärmeinwirkung.

(4) Am zu beurteilenden Arbeitsplatz ist durch eine Arbeitsplatzanalyse zu ermitteln, welche Schallimmissionen auf die beschäftigte Person über welche Zeiträume einwirken, ob impuls- oder ton- und informationshaltige Geräusche vorliegen und ob die angetroffenen Schallsituationen für eine festzulegende Nutzungsphase repräsentativ sind. Jede charakteristische Schallsituation ist eigenständig zu betrachten, wenn sie eine Stunde oder länger anhält. Für diese Zeiträume sind die Beurteilungspegel jeweils separat zu ermitteln.

(5) Für die Messung gelten die Ausführungen unter Abschnitt 7.4 Absätze 2 bis 5. Es sind jedoch geprüfte Messgeräte zu verwenden. Zusätzlich wird die Impulshaltigkeit der Schallimmission ermittelt. Eigengeräusche sind wie bei der Messung nach Abschnitt 7.4 Absatz 1 nicht mit zu erfassen.

(6) Zur Bestimmung der Zuschläge K_I und K_T gelten folgende Regeln:

1. Kein Zuschlag K_I für impulshaltigen Schall, wenn die Differenz aus L_{pAIeq} und L_{pAeq} kleiner als 3 dB(A) ist. Bei einer Differenz von mindestens 3 dB entspricht der Impulszuschlag K_I der gemessenen Differenz, jedoch maximal einem Wert von 6 dB(A).
2. Der Zuschlag K_T für ton- und informationshaltigen Schall ist je nach Auffälligkeit und Störwirkung mit 0 dB(A), 3 dB(A) oder 6 dB(A) anzusetzen.
3. Die Summe beider Zuschläge ist auf 6 dB(A) begrenzt.

(7) Der Beurteilungspegel L_r für die zu beurteilende Tätigkeit ergibt sich als Summe aus dem A-bewerteten äquivalenten Dauerschallpegel L_{pAeq} während der Tätigkeit und den bestimmten Zuschlägen für Impulshaltigkeit (K_I) sowie Ton- und Informationshaltigkeit (K_T):

$L_r = L_{pAeq} + K_I + K_T$

(8) Liegen die ermittelten Beurteilungspegel für die Tätigkeit am zu beurteilenden Arbeitsplatz oberhalb der in Abschnitt 5.1 vorgegebenen Werte, hat der Arbeitgeber Maßnahmen festzulegen, umzusetzen und eine Wirksamkeitskontrolle durchzuführen.

(9) Liegen die ermittelten Beurteilungspegel für die Tätigkeit am zu beurteilenden Arbeitsplatz unterhalb der in Abschnitt 5.1 vorgegebenen Werte, sind keine weiteren Maßnahmen zur Pegelminderung erforderlich.

7.6 Bewertung von tieffrequentem Lärm

(1) Zur Bewertung tieffrequenter Geräusche können ergänzende Messungen erforderlich sein. Besteht eine begründete Möglichkeit der Einwirkung tieffrequenter Lärmanteile, sind gesonderte messtechnische Überprüfungen erforderlich. Weitere Erkenntnisse kann dazu eine Terzanalyse z. B. entsprechend DIN 45680:1997-03 ergeben.

(2) Eine begründete Möglichkeit ergibt sich z. B. daraus, dass die Wahrnehmungsschwelle für tieffrequenten Schall überschritten wird und sich Symptome der Beschäftigten (siehe Anhang 1) beim Verlassen des Arbeitsplatzes verringern.

(3) Wird die Einwirkung tieffrequenter Lärmanteile festgestellt, die die Sicherheit und Gesundheit der Beschäftigten beeinträchtigen, hat der Arbeitgeber Maßnahmen festzulegen, umzusetzen und eine Wirksamkeitskontrolle durchzuführen.

8 Maßnahmen zum Lärmschutz

(1) Bei Maßnahmen zum Lärmschutz ist folgende Rangfolge zu beachten: technische Maßnahmen stehen vor organisatorischen und persönlichen.

(2) Die Gestaltung lärmarmer Arbeitsstätten ist schon bei der Planung zu berücksichtigen.

(3) Beim Einrichten und Betreiben der Arbeitsstätte ist auf die Auswahl lärmarmer Arbeitsmittel zu achten. Dabei sind bei Maschinen die vom Hersteller nach der Neunten Verordnung zum Produktsicherheitsgesetz (9. ProdSV) in der Betriebsanleitung anzugebenden Geräuschemissionswerte zu berücksichtigen.

(4) Die raumakustischen Maßnahmen sind auf den Arbeitsplatz und die jeweilige Tätigkeit abzustimmen.

(5) Maßnahmen zum Lärmschutz sind erforderlich, wenn dies als Ergebnis von Abschnitt 6 oder Abschnitt 7 festgestellt wurde.

(6) Zusätzlich können im Rahmen der Gefährdungsbeurteilung weitere Maßnahmen zum Lärmschutz erforderlich werden, die sich aufgrund identifizierbarer und vermeidbarer akustischer Störquellen ergeben (z. B. pfeifende oder schleifende Lüfter, akustische Rückkopplungen in Telefonanlagen, tieffrequente Geräusche).

(7) Ist in bestehenden Arbeitsstätten die Verbesserung des Schallschutzes baulicher Anlagen, die zum Zeitpunkt ihrer Errichtung oder der Änderung oder des Aus-

tausches wesentlicher Bauteile den gültigen bauordnungsrechtlichen Vorgaben zum Schallschutz entsprachen, mit Aufwendungen verbunden, die offensichtlich unverhältnismäßig sind, hat der Arbeitgeber zu prüfen, wie durch andere oder ergänzende Maßnahmen die Sicherheit und der Gesundheitsschutz der Beschäftigten in vergleichbarer Weise gesichert werden kann. Die erforderlichen Maßnahmen hat er durchzuführen. Eine solche Maßnahme kann z. B. das Einbringen weiterer raumakustisch wirksamer Elemente in Arbeitsräumen sein. Die ergänzenden Maßnahmen können solange herangezogen werden, bis die bestehenden Arbeitsstätten wesentlich umgebaut oder die baulichen Anlagen erheblich umgestaltet werden.

8.1 Technische Schutzmaßnahmen

Bei den technischen Maßnahmen hat die Lärmminderung an der Quelle (primäre Schutzmaßnahme) Vorrang vor der Lärmminderung auf dem Ausbreitungsweg und raumakustischen Maßnahmen (sekundäre Schutzmaßnahme).

8.1.1 Lärmminderung an der Quelle (primäre Schutzmaßnahme)

(1) Quellen für Lärm können sich sowohl in der Arbeitsstätte befinden als auch außerhalb liegen.
(2) Möglichkeiten zur Lärmminderung an der Quelle innerhalb der Arbeitsstätte bestehen z. B. an folgenden Schallquellen:

1. Gebäudeeinrichtungen und -ausstattungen
   a) Lüftungs- / Klimaanlagen
   b) Transformatoren
   c) Heizungs- und Sanitäranlagen
   d) schallharte Fußböden (Trittschall)
   e) Türen
   f) Motoren
   g) Kompressoren
   h) Druckluftentnahmestellen
2. Arbeitsmittel und Einrichtungen
   a) Werkzeuge
   b) Fertigungsmaschinen
   c) Bürogeräte
   d) Küchengeräte
   e) Medizingeräte
   f) Kommunikationsgeräte
   g) Transportwagen
   h) Tische und Stühle.

Hinweis:

Lärmarme Arbeitsmittel sind nach Beschaffung durch Instandhaltung möglichst im ursprünglichen Emissionszustand zu erhalten, z. B. ausgeschlagene Rechnerlüfter austauschen. In Kindertagesstätten z. B. Geschirrwagen und Spielzeuge mit Gummi-

bereifung ausstatten, häufig bewegte Tische und Stühle mit Gleitern versehen und lärmarmes Geschirr sowie schalldämpfende Geschirrunterlagen verwenden.

8.1.2 Lärmminderung auf dem Übertragungsweg und raumakustische Maßnahmen (sekundäre Schutzmaßnahme)

(1) Von außerhalb des Raumes kommende Geräusche, z. B. Schallübertragungen von Raum zu Raum und lärmerzeugende Vibrationen in Arbeitsstätten können durch Dämpfung, Entkopplung oder Dämmung verringert werden. Zur Minderung von Lärm, der außerhalb der Arbeitsstätte entsteht (z. B. Verkehrslärm, Nachbarschaftslärm) können Wände, Fenster, Türen und Dächer akustisch wirksam gestaltet werden.
(2) Innerhalb des Raumes entstehende Geräusche können durch raumakustische Maßnahmen z. B. mit Stellwänden, Abschirmungen und Möbeln bereichsweise abgeschirmt werden. Zur Verringerung der Schallreflexionen können raumakustisch wirksame Absorptionsflächen vorgesehen werden. Auch Möbel, Dekorationen, Warenregale auf Verkaufsflächen des Einzelhandels, Raumtextilien und Bodenbeläge können raumakustisch wirksam sein.

8.1.3 Lärmminderung durch Raum-in-Raum-Lösungen

Lärm, der in einem Arbeitsraum entsteht und der nicht in einen weiteren Arbeitsbereich in diesem Arbeitsraum übertragen werden soll, kann wirksam durch eine Raum-in-Raum-Lösung (z. B. stationäre oder mobile Schallschutzkabinen, Meisterräume, Wartungs- und Steuerungsräume) verringert werden.

8.1.4 Schutzmaßnahmen gegen tieffrequenten Lärm

(1) Die Entkopplung tieffrequenter Schallquellen (z. B. haustechnische Anlagen und Geräte) vom Gebäude kann die Weiterleitung tieffrequenten Schalls vermindern.
(2) Zur Schalldämmung von tieffrequentem Lärm sind in der Regel massive Wände und spezielle Schallschutzfenster erforderlich. Freistehende Mauern oder Wände zur Raumteilung sind zur Schalldämmung gegen tieffrequenten Lärm in der Regel nicht wirksam. Besser ist die Einbindung in weitere Bauelemente (Decke, Boden, Seitenwände).
(3) Liegt der tieffrequente Lärm nur mit einer bestimmten Frequenz vor, sind Resonanzabsorber geeignet.
(4) In Einzelfällen kann durch die Technik der aktiven Lärmunterdrückung (Gegenschall oder Active Noise Control = ANC) eine Verbesserung der Lärmsituation herbeigeführt werden.
Hinweis:
Persönlicher Gehörschutz ist bei tieffrequentem Schall geringer wirksam als im Hörfrequenzbereich und als Maßnahme zum Schutz gegen tieffrequenten Lärm nur beschränkt geeignet.

8.2 Organisatorische Maßnahmen

(1) Unter organisatorischen Lärmminderungsmaßnahmen sind Änderungen zu verstehen, die zu einer räumlichen oder zeitlichen Trennung von der Lärmquelle und damit geringeren Lärmexposition der Beschäftigten führen.
(2) Sprache oder andere Arbeitsgeräusche können eine Lärmquelle darstellen, wenn sie mit der eigenen Tätigkeit nicht im Zusammenhang stehen. Zur Lärmminderung kann eine räumliche oder zeitliche Trennung von Beschäftigten mit unterschiedlichen Tätigkeiten oder wenig Interaktionsbedarf untereinander beitragen.
(3) Beispiele für mögliche organisatorische Maßnahmen sind:

1. generell:
   a) Kommunikationsregeln erstellen und beachten
2. Büro:
   a) Ausweichräume für konzentriertes Arbeiten oder Besprechungen / Telefonate vorsehen
   b) Festlegen von Zeitfenstern oder Räumlichkeiten
   c) Server, Drucker und Kopierer in separaten Räumen unterbringen
   d) größere Druckaufträge in Zeiten mit Personalabwesenheit verlagern
3. Bildungsbereich:
   a) Bewegungs- und Ruheräume räumlich voneinander trennen
   b) laute Spielphasen in separate Räume oder in den Außenbereich verlagern
   c) Bewegungs- und Ruhephasen zeitlich voneinander trennen
   d) Ruhezeichen einführen, z. B. Handzeichen, Lärmampeln oder andere Hilfsmittel
   e) Mehrzweck- oder Werkräume nicht in unmittelbarer Nähe von Klassen- oder Gruppenräumen anordnen
4. Produktionsbereich:
   a) Räume für Tätigkeiten der Tätigkeitskategorien I oder II nicht in unmittelbarer Nähe zu lauten Räumen, z. B. Produktionsstätten, anordnen
   b) Durchführung von Bildschirmarbeiten, Steuerungseinstellungen für Maschinen und Anlagen in lärmarmen Bereichen.

8.3 Verhaltenspräventive und persönliche Maßnahmen

(1) Verhaltenspräventive Maßnahmen können durch Unterweisung oder Information, z. B. zu lärmarmen Arbeiten, Vermeiden unnötiger Lärmerzeugung und tätigkeitsfremder Geräuschquellen (Radio usw.), vermittelt werden.
Hinweis:
Die Beschäftigten haben entsprechend § 15 ArbSchG die Verpflichtung, durch eigenes Handeln zur Lärmminderung beizutragen.
(2) Zum persönlichen Lärmschutz kann der Arbeitgeber Hilfsmittel, z. B. Gehörschutz, zur Verfügung stellen, die die Beschäftigten anwenden können. Dabei ist zu beachten, dass Sprachverständlichkeit und akustische Orientierung beeinträchtigt werden können.

9 Abweichende / ergänzende Anforderungen für Baustellen

(1) Die Anforderungen des Abschnitts 5 gelten nicht für Arbeitsräume auf Baustellen, die für die Dauer der Bauarbeiten eingerichtet sind, wie
1. Fertigungsstätten (z. B. Schalungsbauwerkstätten, Rohrmontagehallen, Lüftungsbauhallen) oder
2. Reparatur- und Wartungsstätten (z. B. für Baumaschinen und Geräte, elektrische Betriebsmittel sowie Fahrzeuge).

Während der Ausübung von Tätigkeiten in diesen Arbeitsräumen ist der Beurteilungspegel unter der Berücksichtigung betrieblicher Lärmminderungsmaßnahmen soweit wie möglich zu reduzieren.

Hinweis:
Anforderungen an Sicherheit und Gesundheitsschutz für diese Tätigkeiten in diesen Arbeitsräumen auf Baustellen ergeben sich insbesondere aus der Lärm- und Vibrations-Arbeitsschutzverordnung.

(2) Abweichend von Abschnitt 5.1 Absatz 1 soll für die Dauer der Bauarbeiten an eingerichteten Büroarbeitsplätzen auf Baustellen ein äquivalenter Dauerschallpegel L_{pAeq} von 70 dB(A) nicht überschritten werden.

(3) Abweichend von Abschnitt 6 und Abschnitt 8 Absatz 2 sollen für die Dauer der Bauarbeiten für Arbeitsräume auf Baustellen, in denen Büroarbeitsplätze vorgesehen sind, Maßnahmen zum Lärmschutz eingeplant werden, um den äquivalenten Dauerschallpegel L_{pAeq} gemäß Abschnitt 9 Absatz 2 einhalten zu können.

Hinweis:
Hinweise aus dem SiGePlan nach BaustellV sind zu berücksichtigen.

(4) Keine Anwendung auf Baustellen finden die Abschnitte 7.2 und 7.3.

Anhang 1
Erläuterungen zu Abschnitt 4 – Extra-aurale und reversible aurale Lärmwirkungen

1 Vertäubung

Länger anhaltende höhere Schalldruckpegel können bereits zu einer leichten, reversiblen Hörminderung (Vertäubung) führen, die auch nach der akustischen Belastung die Sprachverständlichkeit und die akustische Signalerkennung beeinträchtigt.

Höhere Expositionen im Minutenbereich führen weniger zur Vertäubung als energie-äquivalente niedrigere, aber längerdauernde Expositionen.

2 Beeinträchtigung der Sprachverständlichkeit und der akustischen Orientierung

(1) Das Verstehen von Sprache oder das Wahrnehmen akustischer Informationen kann durch Lärm erschwert oder gänzlich verhindert werden.
(2) Bei einer Pegeldifferenz des Schalldruckpegels der Sprache von weniger als 10 dB(A) über dem des Störgeräusches ist sprachliche Kommunikation nur eingeschränkt möglich.
Hinweis:
In 1 m Abstand vom Sprecher erzeugt Umgangssprache einen Schalldruckpegel von 55 dB(A) bis 65 dB(A), Vortragssprache von etwa 70 dB(A).
(3) Akustische Nutzsignale sollen nicht, akustische Gefahrensignale dürfen nicht durch Störgeräusche verdeckt werden.
Hinweis:
Die Pegeldifferenz zwischen Gefahrensignal und Störgeräusch sollte A-bewertet mindestens 15 dB(A) betragen, um die Hörbarkeit zu gewährleisten.

3 Störung der Arbeitsleistung (kognitive Leistung)

(1) Geistige Leistungen, die eine hohe Konzentration oder Aufmerksamkeit erfordern, können durch Lärm gestört werden, insbesondere durch sprach- und informationshaltigen Lärm oder hohe Schalldruckpegel. Gleiches gilt auch für tieffrequenten Lärm schon bei Schalldruckpegeln ab 20 dB(A).
(2) Die Störung der Arbeitsleistung durch Lärm kann dadurch verursacht sein, dass betriebliche Rahmenbedingungen für ein konzentriertes, fehlerfreies und zügiges Arbeiten nicht im für die jeweilige Tätigkeit erforderlichen Maß gegeben sind.

4 Psychische Wirkung

(1) Lärm kann psychische Reaktionen auslösen, z. B.:
1. Verärgerung,
2. Anspannung,
3. Resignation,
4. Angst oder
5. Nervosität.

(2) Die psychische Wirkung, die ein Geräusch verursacht, ist nicht direkt aus der physikalischen Beschaffenheit, dem Schalldruckpegel, dem zeitlichen Verlauf oder der Dauer des Geräusches ableitbar. Impulshaltige, tonhaltige oder informationshaltige Geräuschanteile erhöhen das Belästigungspotential.
(3) Das Ausmaß der Belästigung durch Schallereignisse ist von individuellen Faktoren abhängig. Wenn fremdverursachte Geräusche aus der Sicht der Beschäftigten als vermeidbar und für eigene Zwecke nicht erforderlich angesehen werden, werden diese in der Regel als belästigend empfunden.

(4) Tieffrequenter Lärm kann bei Beschäftigten z.B. zu Gefühlen der Angst und Niedergeschlagenheit oder zu Kopfschmerzen führen. Auch das Erinnerungsvermögen und die Konzentrationsfähigkeit können gemindert werden. Beschwerden, die auf eine mögliche Belastung durch tieffrequenten Schall hinweisen, sind durch Dröhngeräusche oder Schwingungen verursachter Ohrendruck oder Druckgefühle im Kopf, die auf Dauer unerträglich werden können.

5 Physiologische Wirkung (Aktivierung des zentralen und vegetativen Nervensystems)

(1) Schall führt, ob bewusst oder unbewusst wahrgenommen, zu einer Aktivierung des zentralen und vegetativen Nervensystems.
(2) Die mit der Aktivierung des zentralen und vegetativen Nervensystems verbundenen physiologischen Reaktionen können, je nach Intensität, zeitlichem Verlauf und Frequenzzusammensetzung der Lärmexposition sowie individueller Disposition, zu Lärm-Stress-Reaktionen führen, z. B. zur:
1. Verengung von Blutgefäßen,
2. Erhöhung des Blutdrucks,
3. Erhöhung der Herzfrequenz,
4. Verringerung des elektrischen Hautwiderstandes,
5. Erhöhung des Muskeltonus,
6. vermehrten Ausschüttung von Stresshormonen oder
7. Verringerung der Magen- und Darmaktivität.

(3) Eine dauerhafte Aktivierung des Nervensystems durch Lärm kann langfristig negative Auswirkungen auf die Gesundheit und die Erholungsfähigkeit haben, in deren Folge insbesondere Herz-Kreislauf- und Blutgefäßerkrankungen häufiger in Erscheinung treten können (chronische Wirkung).

Anhang 2
Abschätzung der raumakustischen Kennwerte in Ergänzung zu Abschnitt 7.2

1 Ermittlung des mittleren Schallabsorptionsgrades

(1) Der mittlere Schallabsorptionsgrad $\bar{\alpha}$ eines Raumes kann bei Kenntnis der Schallabsorptionsgrade α aller Raumbegrenzungsflächen (Wände, Decke, Boden) und weiterer Oberflächen (Einrichtungen, Trennwände, …) abgeschätzt werden. Dazu müssen die Schallabsorptionsgrade der vorhandenen Einzelflächen bekannt sein bzw. vorgegeben werden. Schallabsorptionsgrade α typischer Baustoffe und raumakustisch wirksamer Einbauten sind in der Tabelle 1 aufgeführt. Die Schallabsorptionsgrade α sind hier für die Oktavbänder von 250 Hz bis 2000 Hz als arithmetischer Mittelwert angegeben.

Tabelle 1: Schallabsorptionsgrade α von Baumaterialien und raumakustisch wirksamen Einbauten für die Oktavbänder von 250 Hz bis 2000 Hz als arithmetischer Mittelwert (basierend auf Informationen des Industrieverbandes Büro und Arbeitswelt e. V. (IBA) / Akustikbüro Oldenburg)

Lfd. Nr.	Absorbertyp	Schallabsorptionsgrade für Mittelwert 250–2000 Hz
1	Mauerziegelwand, unverputzt, Fugen ausgestrichen	0,04
2	Mauerwerk, Hohllochziegel, Löcher sichtbar, 6 cm vor Massivwand	0,36
3	Glattputz	0,03
4	Tapete auf Kalkzementputz	0,05
5	Spiegel, vor der Wand	0,05
6	Tür, Holz, lackiert	0,06
7	Stuckgips, unverputzter Beton	0,04
8	Marmor, Fliesen, Klinker	0,02
9	Fenster (Isolierverglasung)	0,10
10	Glastrennwand, 10 mm dick, 2-Scheiben-Verbundglas	Hersteller anfragen
11	Parkettfußboden, aufgeklebt	0,05
12	Parkettfußboden, auf Blindboden	0,10
13	Parkettfußboden, hohlliegend	0,07
14	Teppichboden, bis 6 mm Florhöhe	0,15
15	Teppichboden, 7 mm bis 10 mm Florhöhe	0,26
16	PVC-Fußbodenbelag (2,5 mm) auf Betonboden	0,03
17	Linoleum auf Beton	0,03
18	Kork	0,03
19	Gipskartonplatten 9,5 mm, 60 mm Wandabstand, Hohlraum kassettiert	0,08
20	Furnierte Holz- oder Spanplatte dicht vor festem Untergrund	0,05
21	4 mm Hartfaserplatte, kassettiert ohne Dämmstoff, Wandabstand 60 mm	0,11
22	4 mm Hartfaserplatte, kassettiert mit 40 mm Mineralwollplatte, Wandabstand 60 mm	0,13
23	4 mm Hartfaserplatte, kassettiert ohne Dämmstoff, Wandabstand 120 mm	0,08
24	Gipskartonplatte 9,5 mm, 25 mm Wandabstand	0,12
25	Bücherregal in Bibliotheken	0,35

Lfd. Nr.	Absorbertyp	Schallabsorptionsgrade für Mittelwert 250–2000 Hz
26	Vollziegel Mauerwerk	0,12
27	Lochsteine – vorsichtige Annahme	0,41
28	3,5 mm Hartfaserplatte, 40 mm Mineralwolle, 30 mm Holzleisten 750 mm × 500 mm	0,15
29	4 mm Sperrholzplatte, 40 mm Mineralwolle, 120 mm Wandabstand	0,16
30	Nadelfilz 7 mm	0,18
31	5 mm Teppich mit 5 mm Filzunterlage	0,57
32	PVC-Belag, Linoleum	0,04
33	Holzfußboden auf Leisten	0,09
34	Spanndecke mikroperforiert, 100 mm Abhängehöhe, kein Vlies	0,58
35	Spanndecke mikroperforiert, 100 mm Abhängehöhe, 40 mm Akustikvlies	0,84
36	Rasterdecke 8/18 Rundloch 15,5 %, 200 mm Abhängehöhe, Akustikvlies, ohne Mineralwolle	0,61
37	Rasterdecke 8/18 Rundloch 15,5 %, 200 mm Abhängehöhe, Akustikvlies, 20 mm Mineralwolle	0,65
38	Rasterdecke 12/25 Quadratloch 7,8 %, 200 mm Abhängehöhe, Akustikvlies, 20 mm Mineralwolle	0,44
39	Rasterdecke 12/25 Quadratloch 7,8 %, 65 mm Abhängehöhe, Akustikvlies, 20 mm Mineralwolle	0,45
40	Holzwolle-Leichtbauplatten 35 mm, direkt auf Wand	0,56
41	Holzwolle-Leichtbauplatten 25 mm, Hohlraum leer, Wandabstand 50 mm	0,53
42	30 mm Melaminharz-Schaumstoff, Rohdichte 8 kg/m³ bis 10 kg/m³	0,68
43	50 mm Melaminharz-Schaumstoff, Rohdichte 8 kg/m³ bis 10 kg/m³	0,84
44	40 mm Mineralwollmatte (20 kg/m³), ohne Lochblechabdeckung	0,70
45	40 mm Mineralwollmatte (20 kg/m³), mit Lochblechabdeckung (18 %)	0,70
46	gelochter Gipskarton 9,5 mm, 8/18, 15 %, mit Faservlies hinterlegt, Wandabstand 100 mm	0,48
47	Gipskarton-Schlitzplatte, 8,8 % mit Faservlies, Wandabstand 100 mm	0,40

Lfd. Nr.	Absorbertyp	Schallabsorptionsgrade für Mittelwert 250–2000 Hz
48	gelochte Langfeld-Metallkassette, 20 %, 3 mm Loch, Akustikfilz, 300 mm Abhängehöhe	0,69
49	senkrecht stehende Lamellen, gelochtes Stahlblech, Mineralfaserplatte, Glasfaservlies	0,62
50	20 mm grobkörniger Spritzputz auf Stegzementdiele	0,53
51	Spritzputz auf 12,5 mm Gipskartonplatte, Spritzstruktur	0,41
52	20 mm Mineralwollplatte mit 200 mm Abhängehöhe, Schallabsorberklasse A	0,90–1,00
53	20 mm Mineralwollplatte mit 200 mm Abhängehöhe, Schallabsorberklasse C	0,60–0,75
54	15 mm Mineralwollplatte mit 200 mm Abhängehöhe, Schallabsorberklasse A	0,90–1,00

(2) Der mittlere Schallabsorptionsgrad $\bar{\alpha}$ eines Raumes lässt sich nach der Formel

$$\bar{\alpha} = \frac{1}{S} \sum \alpha_i \cdot S_i$$

berechnen mit
S = Summe aller Raumbegrenzungsflächen in m^2
α_i = Schallabsorptionsgrade der Einzelflächen
S_i = Einzelflächen in m^2
(3) Näherungsweise*) kann für bestehende Räume der mittlere Schallabsorptionsgrad $\bar{\alpha}$ nach der Tabelle 2 abgeschätzt werden.

Tabelle 2: Beispiele des mittleren Schallabsorptionsgrades $\bar{\alpha}$ verschiedener Räume*)

$\bar{\alpha}$	Beschreibung des Raums
0,1	Raum ohne schallschluckende Einbauten mit wenigen Einrichtungen (Maschinen, Möbel, Regale, …)
0,15	Raum ohne schallschluckende Einbauten mit vielen Einrichtungen
0,2	Raum ohne schallschluckende Einbauten mit vielen Einrichtungen und besonders leichten Begrenzungsflächen oder zahlreichen Öffnungen oder hoher Raum (h ≥ 10 m) mit mäßiger Akustikdecke (α ≥ 0,5)
0,25	Raum (h = 3 m bis 5 m) mit mäßiger Akustikdecke (α ≥ 0,5) oder hoher Raum (h ≥ 10 m) mit guter Akustikdecke (α ≥ 0,9)
0,3	Raum wie für $\bar{\alpha}$ = 0,25 beschrieben, jedoch mit zusätzlicher absorbierender Wand- oder Stellwandfläche ≥ ½ Deckenfläche
0,4	Niedriger Raum (h = 3 m bis 5 m) mit guter Akustikdecke (α ≥ 0,9)

**) Quelle: TRLV Lärm, Teil 3: Lärmschutzmaßnahmen, Anhang 5: Nachhallzeit und mittlerer Schallabsorptionsgrad. Der mittlere Schallabsorptionsgrad ᾱ gilt hier in den Oktavbändern mit den Mittenfrequenzen von 500 Hz bis 4000 Hz. Er ist somit leicht erhöht gegenüber den mit Tabelle 1 ermittelten Werten.*

2 Ermittlung der Nachhallzeit für den unbesetzten Raum mit Hilfe des mittleren Schallabsorptionsgrades

(1) Die Nachhallzeit T ist abhängig vom Raumvolumen und vom Schallabsorptionsvermögen des Raumes. So ergibt sich die Nachhallzeit T zu
$T \approx 0{,}163 \cdot V/(\bar{\alpha} \cdot S)$ in s
mit
T = Nachhallzeit in s
V = Raumvolumen in m^3
S = Summe aller Raumbegrenzungsflächen in m^2
ᾱ = mittlerer Schallabsorptionsgrad
Hinweis:
Die Anwendung der Formel ist beschränkt auf Räume, deren längste Seite maximal das Fünffache der kürzesten Seite beträgt. Bei anderen Räumen können die Nachhallzeiten länger als rechnerisch ermittelt sein.
(2) Die in Abschnitt 5.2.1 Absatz 2 geforderten Nachhallzeiten T für Büroräume und Callcenter werden in Abhängigkeit von den Raumgrundflächen und zugehörigen Mindestraumhöhen gemäß ASR A1.2 »Raumabmessungen und Bewegungsflächen« eingehalten, wenn die in Tabelle 3 aufgeführten mittleren Schallabsorptionsgrade ᾱ ermittelt wurden.

Tabelle 3: Erforderliche mittlere Schallabsorptionsgrade ᾱ, um Nachhallzeiten T für verschiedene Büroraumtypen und Raumgrößen zu erfüllen

Grundfläche	1–2 Personenbüro	Mehrpersonen- / Großraumbüro	Callcenter
bis 20 m²	ᾱ = 0,15	-	ᾱ = 0,2
20 m² bis 50 m²	-	ᾱ = 0,2	ᾱ = 0,25
50 m² bis 200 m²	-	ᾱ = 0,3	ᾱ = 0,35
200 m² bis 1000 m²	-	ᾱ = 0,35	ᾱ = 0,4

(3) Die in Abschnitt 5.2.2 geforderte Nachhallzeit T für einen besetzten Klassenraum von 210 m³ wird eingehalten, wenn für den unbesetzten Raum ein mittlerer Schallabsorptionsgrad ᾱ von 0,25 ermittelt wurde.

Literaturhinweise

- Verordnung zum Schutz der Beschäftigten vor Gefährdungen durch Lärm und Vibrationen – LärmVibrationsArbSchV
- Technische Regel zur Lärm- und Vibrations-Arbeitsschutzverordnung, Teil Allgemeines (TRLV Lärm Teil Allgemeines)
- Technische Regel zur Lärm- und Vibrations-Arbeitsschutzverordnung, Teil 1 (TRLV Lärm Teil 1): Beurteilung der Gefährdung durch Lärm. Anhang 2: Hinweise zu tatsächlichen oder möglichen Gefährdungen von Gesundheit und Sicherheit der Beschäftigten durch Lärmeinwirkungen
- Technische Regel zur Lärm- und Vibrations-Arbeitsschutzverordnung, Teil 2 (TRLV Lärm Teil 2): Messung von Lärm
- Technische Regel zur Lärm- und Vibrations-Arbeitsschutzverordnung, Teil 3 (TRLV Lärm Teil 3): Lärmschutzmaßnahmen
- DGUV Regel 102-002 Kindertageseinrichtungen 04/2009
- DGUV Regel 115-402 Branche Call Center 01/2017
- DGUV Information 215-443 Akustik im Büro, Version 1.0 06/2011, Version 1.1 aktualisiert 09/2012
- DGUV-Information FB HM-018 Lärmstress am Arbeitsplatz 10/2013
- DIN 4109-1:2016-07 Schallschutz im Hochbau, Teil 1: Mindestanforderungen
- DIN 45645-2:2012-09 Ermittlung von Beurteilungspegeln aus Messungen, Teil 2: Ermittlung des Beurteilungspegels am Arbeitsplatz bei Tätigkeiten unterhalb des Pegelbereiches der Gehörgefährdung
- DIN 45641:1990-06 Mittelung von Schallpegeln
- DIN 18041:2016-03 Hörsamkeit in Räumen – Anforderungen, Empfehlungen und Hinweise für die Planung
- DIN EN ISO 3382-2:2008-09 Akustik – Messung von Parametern der Raumakustik, Teil 2: Nachhallzeit in gewöhnlichen Räumen
- DIN 33404-3:2016-04 Gefahrensignale – Akustische Gefahrensignale, Teil 3: Einheitliches Notfallsignal
- DIN EN ISO 7731:2008-12 Ergonomie – Gefahrensignale für öffentliche Bereiche und Arbeitsstätten – Akustische Gefahrensignale
- DIN 45680:1997-03 Messung und Bewertung tieffrequenter Geräusche in der Nachbarschaft
- DIN EN ISO 11690-1:1997-02 Akustik – Richtlinien für die Gestaltung lärmarmer maschinenbestückter Arbeitsstätten, Teil 1: Allgemeine Grundlagen
- DIN EN ISO 9612:2009-09 Akustik – Bestimmung der Lärmexposition am Arbeitsplatz – Verfahren der Genauigkeitsklasse 2 (Ingenieurverfahren)
- DIN EN 61672-1:2014-07 Elektroakustik – Schallpegelmesser, Teil 1: Anforderungen
- Akustische Gestaltung von Bildschirmarbeitsplätzen in Büros (Probst, W.). Quartbroschüre: Technik, T26. 4. Auflage, BAuA, Dortmund: 2006
- Akustische Gestaltung von Bildschirmarbeitsplätzen in der Produktion (Probst, W.). Quartbroschüre: Technik, T27. 2. Auflage, BAuA, Dortmund: 2004

- Lärm in Bildungsstätten (INQA, BAuA), Quartbroschüre, 2. Auflage, Dortmund: 2010
- Lärmprävention in Kindertageseinrichtungen (Unfallkasse NRW, Berufsgenossenschaft für Gesundheitsdienst und Wohlfahrtspflege – BGW), 6. aktualisierte Auflage 06/2017

ASR A4.1 »Sanitärräume«

September 2013 (GMBl 2013, S. 919, zuletzt geändert GMBl 2022, S. 212)

1 Zielstellung

Diese ASR konkretisiert die in § 3 a Absatz 1 und § 4 Absatz 2 der Arbeitsstättenverordnung sowie die insbesondere in den Punkten 4.1 und 5.2 Absatz 1 a), d) und f) des Anhanges genannten Anforderungen für das Einrichten und Betreiben von Sanitärräumen und Waschgelegenheiten für Arbeitsstätten.

2 Anwendungsbereich

Diese ASR gilt für das Einrichten und Betreiben von Sanitärräumen sowie von Waschgelegenheiten in Arbeitsstätten, die den Beschäftigten zur Verfügung stehen.
Hinweis:
Zusätzliche Anforderungen an die barrierefreie Gestaltung werden zu einem späteren Zeitpunkt als Anhang in die ASR V3 a.2 »Barrierefreie Gestaltung von Arbeitsstätten« eingefügt.

3 Begriffsbestimmungen

3.1 **Sanitärräume** sind Umkleide-, Wasch- und Toilettenräume.

3.2 **Sanitäreinrichtungen** sind Einrichtungen, die es den Beschäftigten ermöglichen, sich zu waschen, sich umzukleiden oder die Toilette bzw. das Urinal zu benutzen.

3.3 **Toilettenräume** beinhalten mindestens eine Toilette und eine Handwaschgelegenheit sowie gegebenenfalls Urinal und Toilettenzelle.

3.4 **Toilettenzellen** sind von innen absperrbare, durch Trennwände vom Toilettenraum getrennte Bereiche mit einer Toilette.

3.5 Ein **Vorraum** ist ein vollständig abgetrennter Bereich in einem Toilettenraum, um z. B. das Überströmen von geruchsbelasteter Luft zu vermeiden und ggf. die Handwaschgelegenheiten aufzunehmen.

3.6 Eine **mobile, anschlussfreie Toilettenkabine** ist eine transportable, geschlossene, absperrbare Einheit mit einer Toilette und einem Fäkalientank für den anschlussfreien Einsatz zur Einpersonennutzung, vorzugsweise ausgestattet mit einer integrierten Handwaschgelegenheit.

3.7 **Toiletten** sind Toilettenbecken oder Hocktoiletten. Hinweis: Dies entspricht den Begriffen Klosettbecken bzw. Hockklosetts.

3.8 **Urinale** sind Bedürfnisstände ausgeführt als Becken oder Rinnen.
3.9 **Waschräume** sind Räume mit Einrichtungen (z. B. Waschplätze, Duschen), die es den Beschäftigten ermöglichen, sich den hygienischen Erfordernissen entsprechend zu reinigen.
3.10 **Waschplätze in Waschräumen** sind Zapfstellen an Einzelwaschtischen, Reihenwaschanlagen, Rundwaschanlagen oder gleichwertigen Anlagen.
3.11 **Waschgelegenheiten** sind Einrichtungen mit fließendem Wasser und einem geschlossenen Wasserabflusssystem, die es den Beschäftigten ermöglichen, sich den hygienischen Erfordernissen entsprechend zu reinigen.
3.12 **Art der Tätigkeit** im Sinne des Anhangs 4.1 Absatz 2 Satz 1 ArbStättV bezieht sich z. B. auf schmutzende Arbeit, Hitze- oder Kältearbeit oder Arbeit in Nässe.
3.13 **Gesundheitliche Gründe** im Sinne des Anhangs 4.1 Absatz 2 Satz 1 ArbStättV liegen vor, wenn Beschäftigte insbesondere infektiösen, sensibilisierenden oder gefährlichen Stoffen bzw. Gemischen ausgesetzt sind.
3.14 **Bewegungsfläche** im Sinne dieser ASR ist die zusammenhängende unverstellte Bodenfläche in Sanitärräumen, die zur uneingeschränkten Nutzung durch den Beschäftigten zur Verfügung steht.

4 Allgemeines

(1) In Sanitärräumen dürfen keine Gegenstände oder Arbeitsstoffe (insbesondere keine Gefahrstoffe) aufbewahrt werden, die nicht zur zweckentsprechenden Einrichtung dieser Räume gehören.
(2) In Sanitärräumen darf eine lichte Höhe von 2,50 m nicht unterschritten werden. In bestehenden Arbeitsstätten ist bis zu einem wesentlichen Umbau eine geringere lichte Höhe zulässig, soweit sie dem Bauordnungsrecht der Länder entspricht. Anforderungen zur Bewegungsfläche in Sanitärräumen sind den Punkten 5.3, 6.3 und 7.3 zu entnehmen.
(3) Trennwände, Türen und Fenster von Sanitärräumen müssen so angeordnet oder beschaffen sein, dass eine Einsicht von außen nicht möglich ist.
(4) Die Beleuchtung in Sanitärräumen richtet sich nach den Anforderungen der ASR A3.4 »Beleuchtung«. Wird eine Spiegelbeleuchtung eingesetzt, soll die vertikale Mindestbeleuchtungsstärke 500 lx betragen.
(5) Die Lufttemperatur in Sanitärräumen ist in der ASR A3.5 »Raumtemperatur« geregelt.
(6) Für weibliche und männliche Beschäftigte sind getrennte Sanitärräume einzurichten. In Betrieben mit bis zu neun Beschäftigten kann auf getrennt eingerichtete Toiletten-, Wasch- und Umkleideräume für weibliche und männliche Beschäftigte verzichtet werden, wenn eine zeitlich getrennte Nutzung sicher gestellt ist. Dabei ist ein unmittelbarer Zugang zwischen Wasch- und Umkleideräumen erforderlich.
(7) In Betrieben mit bis zu fünf Beschäftigten ist eine Kombination von Toiletten-, Wasch- und Umkleideräumen bei einer zeitlich nach Geschlecht getrennten Nutzung durch weibliche und männliche Beschäftigte möglich, sofern eine wirksame

Lüftung gewährleistet ist. Hierfür ist eine Lüftung nach Punkt 6.1 Absatz 3 ausreichend. Falls ein Waschraum nach Kategorie B oder C (siehe Punkt 6.1 Absatz 1 Anstrich 2 oder 3) erforderlich ist, muss über die räumliche Kombination anhand der Gefährdungsbeurteilung entschieden werden.

(8) Auf Sanitärräume ist deutlich erkennbar hinzuweisen.

(9) Vorhandene Bodeneinläufe müssen mit einem Geruchsverschluss ausgestattet sein. Die Erneuerung des Sperrwassers ist sicherzustellen. Falls dies nicht gegeben ist, muss zusätzlich in der Nähe ein Auslaufventil (Wasserzapfstelle) vorhanden sein.

(10) Durch Einrichtungsgegenstände oder bauliche Einrichtungen in Sanitärräumen dürfen Sicherheit und Gesundheit der Beschäftigten (z. B. durch Schnitt- oder Stoßkanten oder durch die Möglichkeit zur Ansammlung von Krankheitserregern) nicht gefährdet werden.

(11) Die Heizeinrichtungen müssen so angeordnet, beschaffen oder abgeschirmt sein, dass die Beschäftigten vor der Berührung von zu heißen Oberflächen geschützt sind.

(12) Vor den Sanitärräumen – insbesondere vor den Umkleideräumen – muss erforderlichenfalls (z. B. bei stark schmutzender Tätigkeit) eine geeignete Einrichtung zur Reinigung des Schuhwerkes (z. B. Gitterroste, Fußmatten, Schuhreinigungsanlagen) vorhanden sein.

(13) Die Be- und Entlüftung der Sanitärräume ist so einzurichten, dass während ihrer Nutzung keine Zugluft auftritt (siehe Punkt 6.5 der ASR A3.6 »Lüftung«).

5 Toilettenräume

5.1 Allgemeines

(1) In Toilettenräumen ist eine wirksame Lüftung zu gewährleisten. Bei freier Lüftung (Fensterlüftung) sind die Mindestquerschnitte für Lüftungsöffnungen nach Tabelle 1 einzuhalten (weitere Informationen siehe ASR A3.6 »Lüftung«). Lüftungstechnische Anlagen sind so auszulegen, dass ein Abluftvolumenstrom von 11 $m^3/(h\ m^2)$ erreicht wird. Die Abluft aus Toilettenräumen darf nicht in andere Räume gelangen.

Tabelle 1: Mindestquerschnitte für freie Lüftung von Toilettenräumen

System	Freier Querschnitt der Lüftungsöffnung/en je Sanitäreinrichtung*	
	[m^2 / Toilette]	[m^2 / Urinal]
einseitige Lüftung	0,17	0,10
Querlüftung**	0,10	0,06

* Die angegebenen Flächen sind die Summe aus Zuluft- und Abluftfläche.
** Lüftungsöffnungen in gegenüberliegenden Außenwänden oder in einer Außenwand und der Deckenfläche

(2) Fußböden und Wände müssen leicht zu reinigen sein (weitere Informationen siehe ASR A1.5 »Fußböden«).
(3) Toilettenräume und ihre Einrichtungen sind in Abhängigkeit von der Häufigkeit der Nutzung zu reinigen und bei Bedarf zu desinfizieren. Bei täglicher Nutzung müssen sie mindestens täglich gereinigt werden.
Hinweise:
1. Zur Einhaltung und Kontrolle der regelmäßigen und gründlichen Reinigung empfiehlt sich das Anbringen eines Reinigungsplanes im Toilettenraum mit kontinuierlicher Abzeichnungspflicht durch das verantwortliche Reinigungspersonal.
2. Bei der Verwendung von Reinigungs- und Desinfektionsmitteln sind die hierfür bekannt gegebenen TRGS bzw. TRBA zu berücksichtigen.

5.2 Bereitstellung

(1) Die Toilettenräume müssen sich in der Nähe der Arbeitsplätze, der Pausen-, Bereitschafts-, Wasch- oder Umkleideräume befinden. Die Weglänge zu Toilettenräumen sollte nicht länger als 50 m sein und darf 100 m nicht überschreiten. Die Toilettenräume müssen sich im gleichen Gebäude befinden und dürfen nicht weiter als eine Etage von ständigen Arbeitsplätzen entfernt sein. Der Weg von ständigen Arbeitsplätzen in Gebäuden zu Toiletten soll nicht durchs Freie führen.
(2) Hat der Toilettenraum mehr als eine Toilettenzelle oder ist ein unmittelbarer Zugang zum Toilettenraum aus einem Arbeits-, Pausen-, Bereitschafts-, Wasch-, Umkleide- oder Erste-Hilfe-Raum möglich, so ist ein Vorraum erforderlich. Im Vorraum darf sich kein Urinal befinden.
(3) Arbeitsstätten sind mit Toiletten für die Beschäftigten auszustatten. Dazu ist die in Tabelle 2 für niedrige Gleichzeitigkeit aufgeführte Mindestanzahl an Toiletten bereitzustellen. In Abhängigkeit von der Gleichzeitigkeit der Nutzung kann eine höhere Anzahl von Toiletten erforderlich sein (vgl. Abb. 1 mit Ablesebeispiel). Bei mehr als 50 Beschäftigten kann die Mindestanzahl der Toiletten und Urinale in bestehenden Arbeitsstätten gegenüber den Angaben in Tabelle 2 um eins verringert werden, wenn ein Ausgleich geschaffen wird, z. B. durch organisatorische Maßnahmen. Diese Maßnahmen können solange herangezogen werden, bis bestehende Arbeitsstätten wesentlich umgebaut werden.
Hinweis:
Es wird in zwei Kategorien der Gleichzeitigkeit der Nutzung unterschieden. Dabei bedeutet niedrige Gleichzeitigkeit, dass die Beschäftigten zu jeder Zeit die Toilettenräume aufsuchen können (z. B. Büro). Hohe Gleichzeitigkeit bedeutet, dass die Beschäftigten in der Regel die Toilettenräume nur in den Pausen aufsuchen können (z. B. Bandarbeit, Lehrer im Unterrichtsdienst). Für Mischformen zwischen den Kategorien niedrige und hohe Gleichzeitigkeit besteht ein Handlungsspielraum (siehe Abb. 1).
(4) Für männliche Beschäftigte ist bei der Bereitstellung von Toiletten und Urinalen mindestens ein Drittel als Toiletten, der Rest als Urinale auszuführen. Die Urinale müssen so angeordnet oder gestaltet sein, dass eine Einsicht von außen nicht möglich ist. Es wird empfohlen, zwischen Urinalen eine Schamwand anzubringen. Aus

hygienischen Gründen wird bei der Beschäftigung von männlichen Beschäftigten und der Notwendigkeit von nur einer Toilette empfohlen, trotzdem ein Urinal bereitzustellen.
(5) Ein Toilettenraum soll nicht mit mehr als zehn Toilettenzellen und zehn Urinalen ausgestattet sein.

Tabelle 2: Mindestanzahl von Toiletten einschließlich Urinale, Handwaschgelegenheiten

weibliche oder männliche Beschäftigte	Mindestanzahl bei niedriger Gleichzeitigkeit der Nutzung		Mindestanzahl bei hoher Gleichzeitigkeit der Nutzung	
	Toiletten / Urinale	Handwaschgelegenheiten	Toiletten / Urinale	Handwaschgelegenheiten
bis 5	1*)	1	2	1
6 bis 10	1*)	1	3	1
11 bis 25	2	1	4	2
26 bis 50	3	1	6	2
51 bis 75	5	2	7	3
76 bis 100	6	2	9	3
101 bis 130	7	3	11	4
131 bis 160	8	3	13	4
161 bis 190	9	3	15	5
191 bis 220	10	4	17	6
221 bis 250	11	4	19	7
	je weitere 30 Beschäftigte +1	je weitere 90 Beschäftigte +1	je weitere 30 Beschäftigte +2	je weitere 90 Beschäftigte +2
*) für männliche Beschäftigte wird zuzüglich 1 Urinal empfohlen				

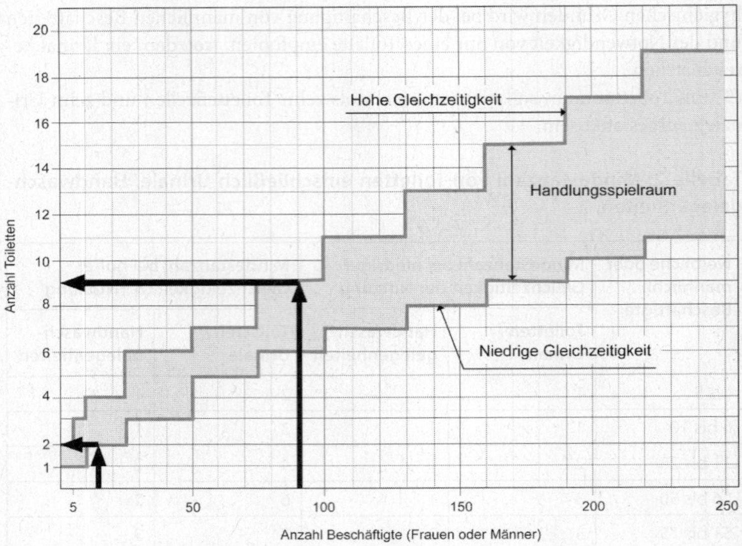

Abb. 1: Grafische Darstellung der Tabelle 2

Ablesebeispiel: Werden 90 männliche Beschäftigte an einem Montageband (hohe Gleichzeitigkeit) beschäftigt, sollen neun Toiletten (drei Toiletten und sechs Urinale) eingerichtet werden. Für ein dazugehöriges Büro (niedrige Gleichzeitigkeit) mit 15 weiblichen Beschäftigten sind zusätzlich zwei Toiletten vorzusehen.

5.3 Abmessung

(1) Bei Toilettenräumen oder Toilettenzellen ist eine Bewegungsfläche vor den Toiletten oder Urinalen erforderlich. Die Bewegungsfläche soll symmetrisch vor den Toiletten und Urinalen angeordnet sein. Für Toilettenräume sind die Mindestmaße nach Abb. 2.1, 2.2, 3.1, 3.2, 4.1 und 4.2 einzuhalten. Die Öffnungsrichtung der Tür (Türanschlag nach innen oder nach außen) ist zu berücksichtigen.
In bestehenden Toilettenzellen mit Türanschlag nach außen ist bis zu einem wesentlichen Umbau eine Reduzierung der Tiefe der Bewegungsfläche (600 mm) um 50 mm zulässig. In bestehenden Toilettenzellen mit Türanschlag nach innen ist bis zu einem wesentlichen Umbau eine Reduzierung des Abstandes Vorderkante Toilette bis Schwenkradius der Toilettentür um 100 mm zulässig.
Hinweis:
Der Türanschlag sollte möglichst nach außen erfolgen, um z. B. Personen im Notfall leichter bergen zu können.

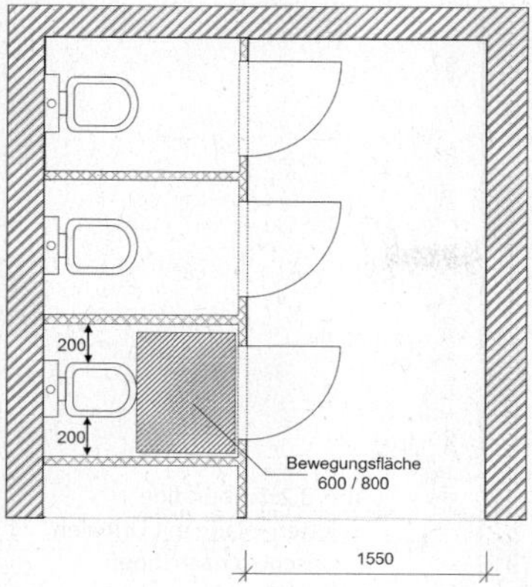

Abb. 2.1: Einbündige Toilettenanlage, Türanschlag nach außen (Maße in mm)

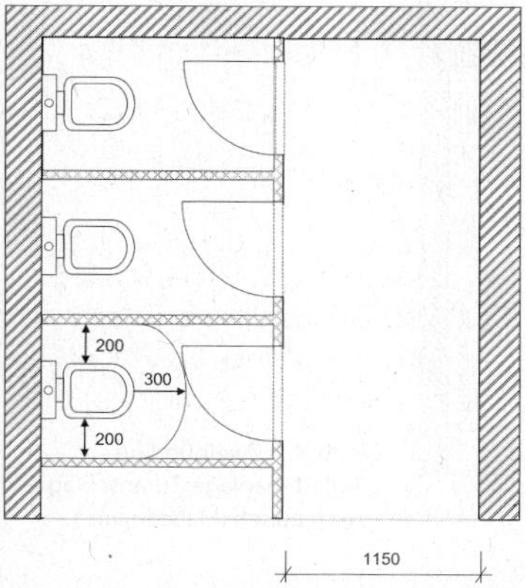

Abb. 2.2: Einbündige Toilettenanlage, Türanschlag nach innen (Maße in mm)

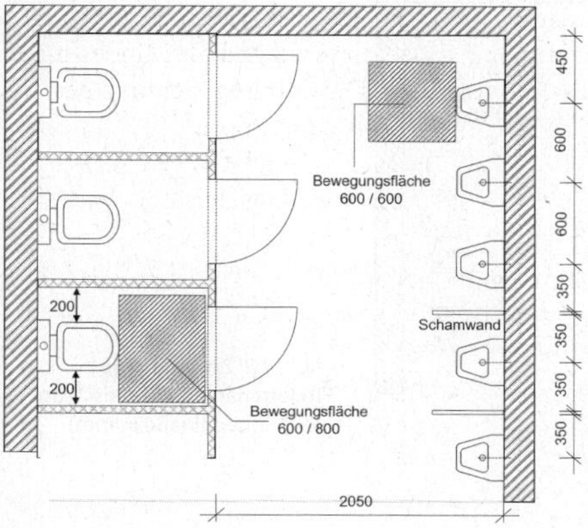

Abb. 3.1: Einbündige Toilettenanlage mit Urinalen, Türanschlag nach außen (Maße in mm)

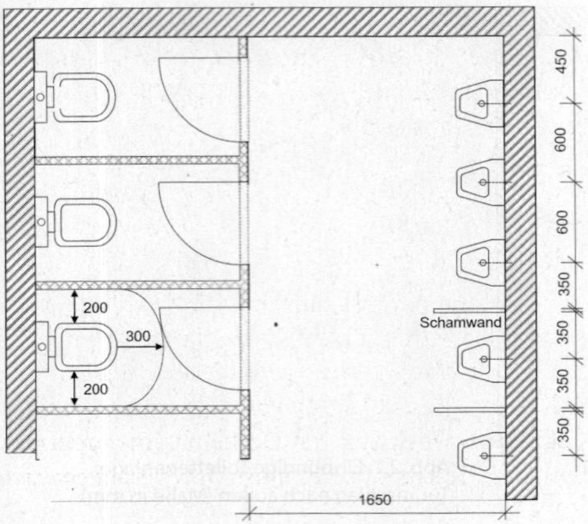

Abb. 3.2: Einbündige Toilettenanlage mit Urinalen, Türanschlag nach innen (Maße in mm)

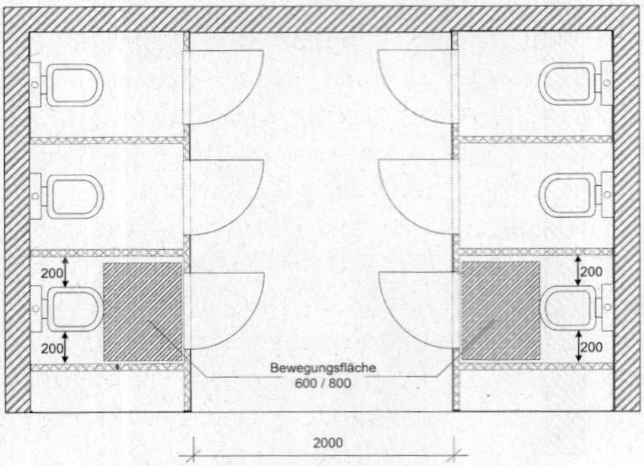

Abb. 4.1: Zweibündige Toilettenanlage, Türanschlag nach außen (Maße in mm)

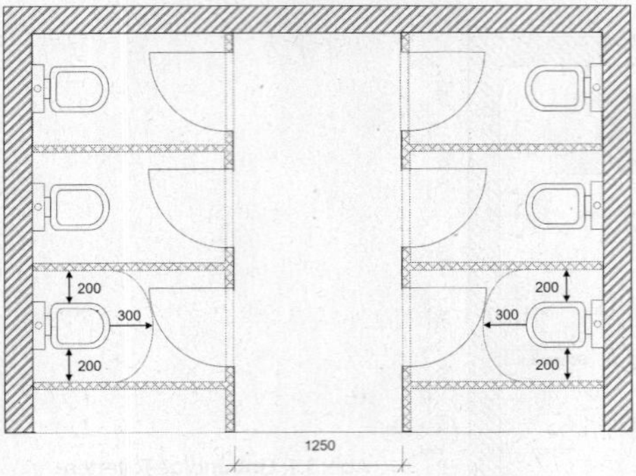

Abb. 4.2: Zweibündige Toilettenanlage, Türanschlag nach innen (Maße in mm)

(2) Trennwände und Türen von Toilettenzellen, die nicht raumhoch ausgeführt sind, müssen mindestens 1,90 m hoch sein. Sofern die Trennwand oder die Zellentür nicht mit dem Fußboden abschließt, muss der Abstand zwischen Fußboden und Unterkante zwischen 0,10 bis 0,15 m betragen.

5.4 Ausstattung

(1) Jede Toilettenzelle und jeder Toilettenraum mit nur einer Toilette muss von innen abschließbar sein. Zusätzlich müssen sich darin Kleiderhaken, Papierhalter und Toilettenbürste befinden. An jeder von Frauen genutzten Toilette ist ein Hygienebehälter mit Deckel zur Verfügung zu stellen. In von Männern genutzten Toilettenräumen ist mindestens ein Hygienebehälter mit Deckel in einer gekennzeichneten Toilettenzelle bereitzustellen. Toilettenpapier muss stets bereitgehalten werden.
(2) Toilettenräume müssen mit Handwaschgelegenheiten (Handwaschbecken mit fließendem Wasser und geschlossenem Wasserabflusssystem) gemäß Tabelle 2 und Abfallbehältern ausgestattet sein. In Toilettenräumen müssen Mittel zum Reinigen (z. B. Seife in Seifenspendern) und Trocknen der Hände (z. B. Einmalhandtücher, Textilhandtuchautomaten oder Warmlufttrockner) bereitgestellt werden. Darüber hinaus sind bei Bedarf Warmwasser und Kleiderhaken bereitzustellen.
Ist in bestehenden Arbeitsstätten die Bereitstellung der geforderten Anzahl von Handwaschgelegenheiten mit Aufwendungen verbunden, die offensichtlich unverhältnismäßig sind, so hat der Arbeitgeber zu prüfen, wie durch andere oder ergänzende Maßnahmen die Sicherheit und der Gesundheitsschutz der Beschäftigten in vergleichbarer Weise gesichert werden kann; die erforderlichen Maßnahmen hat er durchzuführen. Eine solche Maßnahme kann z. B. die Verkürzung der Reinigungsintervalle sein. Diese ergänzenden Maßnahmen können solange herangezogen werden, bis die bestehenden Toilettenanlagen wesentlich umgebaut werden.
Hinweis:
Bei Bedarf (z. B. bei Tätigkeiten mit Einsatz von Desinfektionsmitteln) sind Hautpflege- und Hautschutzmittel bereitzustellen (Hautschutzplan).

6 Waschräume

6.1 Allgemeines

(1) Waschräume sind nach Art der Tätigkeit oder gesundheitlichen Gründen gemäß Kategorie A, B oder C vorzusehen:
- **Kategorie A** bei mäßig schmutzenden Tätigkeiten
- **Kategorie B** bei stark schmutzenden Tätigkeiten
- **Kategorie C** bei sehr stark schmutzenden Tätigkeiten, bei Vorliegen gesundheitlicher Gründe, bei Tätigkeiten mit stark geruchsbelästigenden Stoffen, beim Tragen von körpergroßflächiger persönlicher Schutzausrüstung, bei Tä-

tigkeiten unter besonderen klimatischen Bedingungen (Hitze, Kälte) oder bei Nässe sowie bei schwerer körperlicher Arbeit.

(2) Werden keine Waschräume nach Absatz 1 benötigt, müssen in der Nähe der Arbeitsplätze und der Umkleideräume Waschgelegenheiten mit fließendem Wasser und geschlossenem Wasserabflusssystem zur Verfügung gestellt werden (Weglängen gemäß Punkt 5.2 Absatz 1). Sie müssen mit Mitteln zum Reinigen (z. B. Seife in Seifenspendern) und Trocknen der Hände (z. B. Einmalhandtücher, Textilhandtuchautomaten oder Warmlufttrockner) ausgestattet sein.

(3) In Waschräumen ist in Abhängigkeit der Nutzung eine wirksame Lüftung zu gewährleisten. Bei freier Lüftung (Fensterlüftung) sind die Mindestquerschnitte nach Tabelle 3 einzuhalten (weitere Informationen siehe ASR A3.6 »Lüftung«). Lüftungstechnische Anlagen sind so auszulegen, dass ein Abluftvolumenstrom von $11\,m^3/(h\,m^2)$ erreicht wird.

Tabelle 3: Mindestquerschnitte für freie Lüftung von Waschräumen

System	Freier Querschnitt der Lüftungsöffnung/en [m^2/m^2 Grundfläche]*
einseitige Lüftung	0,04
Querlüftung**	0,024

* Die angegebenen Flächen sind die Summe aus Zuluft- und Abluftfläche.
** Lüftungsöffnungen in gegenüberliegenden Außenwänden oder in einer Außenwand und der Deckenfläche

(4) Um Feuchtigkeit wirksam abführen zu können, wird eine mechanische Entlüftung empfohlen, insbesondere bei Waschräumen mit Duschen. Dabei ist eine darauf abgestimmte Zuluftmenge zu gewährleisten.

(5) Wasch- und Umkleideräume sollen einen unmittelbaren Zugang zueinander haben. Sind Wasch- und Umkleideräume räumlich voneinander getrennt, darf der Weg zwischen diesen Sanitärräumen nicht durchs Freie oder durch Arbeitsräume führen. Eine leichte Erreichbarkeit zwischen Wasch- und Umkleideraum ist bei einer Entfernung von maximal 10 m auf gleicher Etage gegeben. Die Lufttemperatur dieses Weges muss mindestens der des Umkleideraumes entsprechen (weitere Informationen siehe ASR A3.5 »Raumtemperatur«).

(6) In Waschräumen mit mehreren Duschen sollen Duschen mit Sichtschutz solchen einer halboffenen bzw. offenen Ausführung des Duschbereiches vorgezogen werden.

(7) Fußböden und Wände müssen leicht zu reinigen und zu desinfizieren sein. Fußböden müssen auch im feuchten Zustand rutschhemmend sein (weitere Informationen siehe ASR A1.5 »Fußböden«).

(8) Waschräume und ihre Einrichtungen sind in Abhängigkeit von der Häufigkeit der Nutzung zu reinigen und bei Bedarf zu desinfizieren. Werden diese täglich genutzt, sollen sie täglich gereinigt werden.

Hinweise:

1. Fußböden im Nass- und Barfußbereich von Waschräumen sollen zur Fußpilz- und Warzenprophylaxe desinfizierend gereinigt werden. Es dürfen nur zugelassene und geprüfte Desinfektionsmittel bzw. desinfizierende Reinigungsmittel eingesetzt werden (z. B. Desinfektionsmittel-Liste des Verbundes für Angewandte Hygiene (VAH), Präparate mit Wirksamkeit gegen Papovaviren laut Herstellerangaben). Dabei sind die Herstellerangaben bzw. die Vorschriften aus dem Gefahrstoffrecht zu berücksichtigen. Insbesondere ist bei der Verwendung von Konzentraten die korrekte Anwendungskonzentration und Einwirkzeit des Desinfektionsmittels zu beachten.
2. Zur Einhaltung und Kontrolle der regelmäßigen und gründlichen Reinigung empfiehlt sich das Anbringen eines Reinigungsplanes im Waschraum mit kontinuierlicher Abzeichnungspflicht durch das verantwortliche Reinigungspersonal.
3. Nach dem Ergebnis der Gefährdungsbeurteilung können in Verbindung mit anderen öffentlich-rechtlichen Vorschriften (z. B. Gefahrstoff-, Biostoff-, Infektionsschutz- oder Lebensmittelrecht) zusätzliche Anforderungen notwendig werden.
4. Bei der Verwendung von Reinigungs- und Desinfektionsmitteln sind die hierfür bekannt gegebenen TRGS bzw. TRBA zu berücksichtigen.

6.2 Bereitstellung

(1) Waschräume müssen sich in der Nähe der Arbeitsplätze befinden. Der Weg von den Arbeitsplätzen in Gebäuden zu den Waschräumen darf 300 m nicht überschreiten und soll nicht durchs Freie führen. Waschräume dürfen auch in einer anderen Etage eingerichtet sein.
(2) Waschräume sind mit einer ausreichenden Anzahl von Wasch- und Duschplätzen gemäß Tabellen 4, 5.1 und 5.2 zur Verfügung zu stellen. Die in den Tabellen 4, 5.1 und 5.2 jeweils angegebene Mindestanzahl darf nicht unterschritten werden. Ist in bestehenden Arbeitsstätten die Bereitstellung der geforderten Anzahl von Wasch- und Duschplätzen mit Aufwendungen verbunden, die offensichtlich unverhältnismäßig sind, so hat der Arbeitgeber zu prüfen, wie durch andere oder ergänzende Maßnahmen die Sicherheit und der Gesundheitsschutz der Beschäftigten in vergleichbarer Weise gesichert werden kann; die erforderlichen Maßnahmen hat er durchzuführen. Eine solche Maßnahme kann z. B. die Verminderung der Gleichzeitigkeit der Nutzung sein. Diese ergänzenden Maßnahmen können solange herangezogen werden, bis die bestehenden Waschräume wesentlich umgebaut werden. Dabei darf die geforderte Mindestanzahl bei niedriger Gleichzeitigkeit der Nutzung nicht unterschritten werden.
Hinweis:
Es wird in zwei Gruppen der Gleichzeitigkeit der Nutzung unterschieden. Bei niedriger Gleichzeitigkeit nutzen die Beschäftigten die Waschräume zu unterschiedlichen Zeiten. Bei hoher Gleichzeitigkeit suchen die Beschäftigten prinzipiell Waschräume gemeinsam auf, z. B. an den Schichtenden.

Tabelle 4: Mindestanzahlplätzen bei Kategorie A

Höchste Anzahl Beschäftigter, die in der Regel den Waschraum nutzen	Mindestanzahl Waschplätze bei Gleichzeitigkeit der Nutzung	
	niedrig	hoch
bis 5	1	2
6 bis 10	2	3
11 bis 15	3	4
16 bis 20	3	5
21 bis 25	4	6
26 bis 30	4	6
31 bis 35	5	7
36 bis 40	5	8
41 bis 45	6	9
46 bis 50	6	10
51 bis 55	7	11
56 bis 60	8	12
61 bis 65	8	12
66 bis 70	8	12
71 bis 75	9	13
76 bis 80	10	14
81 bis 85	10	14
86 bis 90	10	14
91 bis 95	10	14
96 bis 100	11	15
je weitere 30	+2	+3

Tabelle 5.1: Mindestanzahl – und Duschplätzen bei Kategorie B

Höchste Anzahl Beschäftigter, die in der Regel den Waschraum nutzen	Mindestanzahl der Waschplätze bei Gleichzeitigkeit der Nutzung		Mindestanzahl der Duschplätze bei Gleichzeitigkeit der Nutzung	
	niedrig	hoch	niedrig	hoch
bis 5	1	2	1	1
6 bis 10	1	2	1	2
11 bis 15	2	3	1	2

Höchste Anzahl Beschäftigter, die in der Regel den Waschraum nutzen	Mindestanzahl der Waschplätze bei Gleichzeitigkeit der Nutzung		Mindestanzahl der Duschplätze bei Gleichzeitigkeit der Nutzung	
	niedrig	hoch	niedrig	hoch
16 bis 20	2	4	2	3
21 bis 25	3	5	2	3
26 bis 30	3	5	2	3
31 bis 35	3	6	2	3
36 bis 40	4	7	2	4
41 bis 45	4	8	2	4
46 bis 50	4	9	2	4
51 bis 55	4	9	3	5
56 bis 60	5	11	3	5
61 bis 65	5	11	3	5
66 bis 70	5	11	3	5
71 bis 75	5	12	3	5
76 bis 80	6	12	4	6
81 bis 85	6	12	4	6
86 bis 90	6	13	4	6
91 bis 95	6	13	4	7
96 bis 100	6	14	4	7
je weitere 30	+1	+3	+1	+2

Tabelle 5.2: Mindestanzahl – und Duschplätzen bei Kategorie C

Höchste Anzahl Beschäftigter, die in der Regel den Waschraum nutzen	Mindestanzahl der Waschplätze bei Gleichzeitigkeit der Nutzung		Mindestanzahl der Duschplätze bei Gleichzeitigkeit der Nutzung	
	niedrig	hoch	niedrig	hoch
bis 5	1	2	1	2
6 bis 10	2	3	1	3
11 bis 15	3	4	2	4
16 bis 20	3	5	2	5
21 bis 25	4	6	3	6

Höchste Anzahl Beschäftigter, die in der Regel den Waschraum nutzen	Mindestanzahl der Waschplätze bei Gleichzeitigkeit der Nutzung		Mindestanzahl der Duschplätze bei Gleichzeitigkeit der Nutzung	
	niedrig	hoch	niedrig	hoch
26 bis 30	4	7	3	7
31 bis 35	5	9	4	9
36 bis 40	5	10	4	10
41 bis 45	5	12	4	12
46 bis 50	6	13	5	13
51 bis 55	6	14	5	14
56 bis 60	6	15	5	15
61 bis 65	7	16	6	16
66 bis 70	7	16	6	16
71 bis 75	8	17	7	17
76 bis 80	8	18	7	18
81 bis 85	9	18	8	18
86 bis 90	10	19	9	19
91 bis 95	11	20	10	20
96 bis 100	11	20	10	20
je weitere 30	+2	+3	+2	+3

6.3 Abmessung

(1) In Waschräumen müssen die Mindestmaße nach Abb. 5 eingehalten werden. Dabei sind Bewegungsflächen und Verkehrswege zu berücksichtigen. Bewegungsflächen müssen vor Wasch- und Duschplätzen zur Verfügung stehen. Bewegungsflächen dürfen sich bei gleichzeitiger Nutzung des Waschraumes durch mehrere Beschäftigte nicht überschneiden. In Waschräumen mit mehreren Wasch- und Duschplätzen, die gleichzeitig genutzt werden können, sind Verkehrswege vorzusehen. Verkehrswege und Bewegungsflächen dürfen sich nicht überschneiden.
Ist in bestehenden Arbeitsstätten die Bereitstellung der geforderten Bewegungsfläche mit Aufwendungen verbunden, die offensichtlich unverhältnismäßig sind, so hat der Arbeitgeber zu prüfen, wie durch andere oder ergänzende Maßnahmen die Sicherheit und der Gesundheitsschutz der Beschäftigten in vergleichbarer Weise gesichert werden kann; die erforderlichen Maßnahmen hat er durchzuführen. Eine solche Maßnahme kann z. B. die Verringerung der Gleichzeitigkeit der Nutzung sein. Diese ergänzenden Maßnahmen können solange herangezogen werden,

bis die bestehenden Waschräume wesentlich umgebaut werden. Dabei darf eine Bewegungsfläche von 350 × 600 mm pro Waschplatz nicht unterschritten werden.
(2) Die in Abb. 5 angegebenen Maße für Einzelwaschtische gelten analog für Reihenwasch-, Rundwaschanlagen oder gleichwertige Anlagen.
(3) Duschplätze müssen eine Mindestgrundfläche von 1 m² haben, wobei das Mindestmaß einer Seite 900 mm nicht unterschreiten darf.

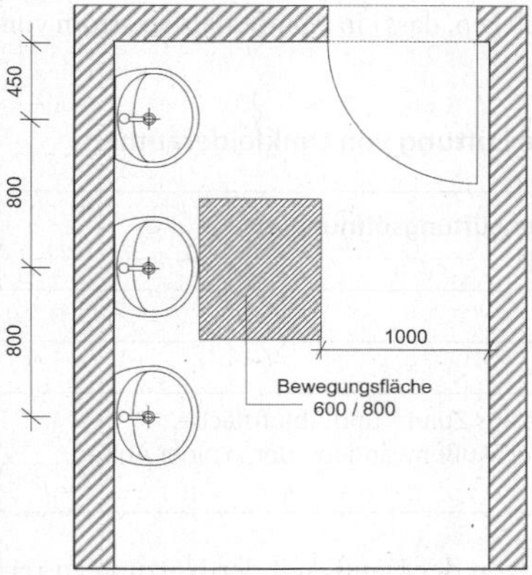

Abb. 5: Waschraum (Maße in mm)

6.4 Ausstattung

(1) An Wasch- und Duschplätzen müssen fließendes warmes und kaltes Wasser in Trinkwasserqualität im Sinne der Trinkwasserverordnung, Seifenablage und Handtuchhalter zur Verfügung stehen. Zusätzlich soll an Duschplätzen ein Haltegriff angebracht sein. Die Temperatur von vorgemischtem Wasser soll während der Nutzungszeit +43 °C nicht überschreiten.
(2) Das Schmutzwasser muss schnell und auf dem kürzesten Weg abfließen können, ohne dabei über einen weiteren Wasch- oder Duschplatz zu laufen.
(3) Wenn notwendig sind Einrichtungen zum Trocknen der Handtücher sowie Vorrichtungen zur Haartrocknung vorzusehen.
(4) In der Nähe der Waschplätze sind zum Trocknen der Hände z. B. Einmalhandtücher, Textilhandtuchautomaten oder Warmlufttrockner zur Verfügung zu stellen.
(5) Zusätzlich sollen sich in Waschräumen Abfallbehälter und Kleiderhaken befinden. In Duschanlagen ohne direkten Zugang zum Umkleideraum sind Kleiderablagen im Trockenbereich vorzusehen.
Hinweis:
Bei Bedarf sind die hygienisch erforderlichen Mittel zum Reinigen und wenn notwendig zum Desinfizieren der Hände sowie zur Hautpflege und zum Hautschutz zur Verfügung zu stellen (Hautschutzplan).

7 Umkleideräume

7.1 Allgemeines

(1) In Umkleideräumen ist in Abhängigkeit der Nutzung eine wirksame Lüftung zu gewährleisten. Bei freier Lüftung (Fensterlüftung) sind die Mindestquerschnitte nach Tabelle 6 einzuhalten (weitere Informationen siehe ASR A3.6 »Lüftung«). Lüftungstechnische Anlagen sind so auszulegen, dass ein Abluftvolumenstrom von 11 $m^3/(h\ m^2)$ erreicht wird.

Tabelle 6: Mindestquerschnitte für freie Lüftung von Umkleideräumen

System	Freier Querschnitt der Lüftungsöffnung/en [m^2/m^2 Grundfläche]*
einseitige Lüftung	0,02
Querlüftung**	0,012
* Die angegebenen Flächen sind die Summe aus Zuluft- und Abluftfläche. ** Lüftungsöffnungen in gegenüberliegenden Außenwänden oder in einer Außenwand und der Deckenfläche	

(2) Umkleideräume sind in Abhängigkeit von der Häufigkeit der Nutzung zu reinigen und bei Bedarf zu desinfizieren.
Hinweise:
1. Zur Einhaltung und Kontrolle der regelmäßigen und gründlichen Reinigung empfiehlt sich das Anbringen eines Reinigungsplanes im Umkleideraum mit kontinuierlicher Abzeichnungspflicht durch das verantwortliche Reinigungspersonal.
2. Bei der Verwendung von Reinigungs- und Desinfektionsmitteln sind die hierfür bekannt gegebenen TRGS bzw. TRBA zu berücksichtigen.

7.2 Bereitstellung

(1) Umkleideräume sind zur Verfügung zu stellen, wenn das Tragen besonderer Arbeitskleidung erforderlich ist und es den Beschäftigten nicht zuzumuten ist, sich in einem anderen Raum umzukleiden.
(2) Das Erfordernis besonderer Arbeitskleidung im Sinne des Anhangs 4.1 Absatz 3 Satz 1 ArbStättV ist dann anzunehmen, wenn die Arbeitskleidung betriebsbedingt getragen werden muss. Dies kann z. B. aus gesundheitlichen Gründen oder aufgrund der Art der Tätigkeit (siehe Punkt 6.1 Absatz 1) erforderlich sein oder auch auf Weisung des Arbeitgebers, z. B. zur einheitlichen Darstellung des Betriebes, notwendig sein.
(3) Eine Unzumutbarkeit im Sinne des Anhangs 4.1 Absatz 3 Satz 1 ArbStättV ist u. a. gegeben, wenn z. B. der Raum nicht gegen Einsichtnahme von außen geschützt,

gleichzeitig von weiteren Personen anderweitig genutzt oder nicht abgeschlossen werden kann.
(4) Bei der räumlichen Anordnung von Umkleide- und Waschräumen ist Punkt 6.1 Absatz 5 zu beachten.
(5) Umkleideräume für Beschäftigte, die an Hitzearbeitsplätzen beschäftigt sind, müssen an die Arbeitsräume angrenzen, soweit nicht auf andere Weise (z. B. beheizte Verkehrswege) sichergestellt ist, dass die Beschäftigten keiner Erkältungsgefahr ausgesetzt sind. Die Entfernung zwischen einem Umkleideraum und den Hitzearbeitsplätzen soll nach Möglichkeit 100 m nicht überschreiten. Der Umkleideraum darf dabei nicht weiter als eine Etage entfernt sein.

7.3 Abmessung

Nutzen mehrere Beschäftigte die Umkleideräume gleichzeitig, muss für jeden Beschäftigten eine Bewegungsfläche von 0,5 m^2 im Raum vorhanden sein. Zusätzlich sind Verkehrswege zu berücksichtigen (weitere Informationen siehe ASR A1.8 »Verkehrswege«).

7.4 Ausstattung

(1) Für je vier Beschäftigte, die den Umkleideraum gleichzeitig nutzen, muss mindestens eine Sitzgelegenheit zur Verfügung stehen.
(2) Zur Aufbewahrung der Kleidung muss für jeden Beschäftigten eine ausreichend große, belüftete und abschließbare Einrichtung mit Ablagefach vorhanden sein. Werden Schränke bereitgestellt, ist ein Mindestmaß von 0,30 m × 0,50 m × 1,80 m (B × T × H) einzuhalten. Ist für persönliche Kleidung sowie für Arbeits- und Schutzkleidung eine getrennte Aufbewahrung erforderlich, sind zwei derartige Schrankteile oder ein geteilter Schrank in doppelter Breite notwendig.
(3) Sind die Beschäftigten bei ihrer Tätigkeit stark geruchsbelästigenden Stoffen oder einer sehr starken Verschmutzung ausgesetzt, muss eine räumliche Trennung der Arbeits-, Schutzkleidung und persönlichen Kleidung vorhanden sein (Schwarz-Weiß-Trennung). Eine räumliche Schwarz-Weiß-Trennung kann in Abhängigkeit der Gefährdung durch zwei mit einem Waschraum verbundene Umkleideräume oder durch ein mit dem Arbeitsbereich verbundenen Schleusensystem zum An- und Ablegen der Arbeits- und Schutzkleidung erfolgen. Auf die Sonderregelungen in der GefStoffV und der BioStoffV wird hingewiesen.
(4) Bei Umkleideräumen mit mehreren Zugängen sollen Ein- und Ausgänge getrennt sein. Wenn die Umkleideräume für eine gleichzeitige Benutzung durch mehr als 100 Beschäftigte bestimmt sind, müssen die Ein- und Ausgänge getrennt sein.
(5) Für Arbeits- und Schutzkleidung, die bei der Tätigkeit feucht geworden ist, muss eine Trocknung bis zur nächsten Verwendung möglich sein, gegebenenfalls auch außerhalb des Umkleideraumes, z. B. in einem ausreichend belüfteten Trockenraum oder mit elektrisch betriebenen Trockenschränken.

(6) In Umkleideräumen sind Abfallbehälter, Spiegel und Kleiderablagen bereitzustellen.

8 Abweichende / ergänzende Anforderungen für Baustellen

8.1 Allgemeines

(1) Auf Baustellen können Baustellenwagen, absetzbare Baustellenwagen, Container oder andere Raumzellen für Sanitäreinrichtungen genutzt werden. Bei vorhandenen Sanitäreinrichtungen ist eine geringere lichte Höhe von 2,30 m bis zu einem wesentlichen Umbau zulässig. Der Arbeitgeber kann die Sanitäreinrichtungen von Dritten nutzen, wenn diese die Sanitäreinrichtungen in ausreichender Anzahl bereitstellen und instand halten.

Hinweis:
Die Koordinierung gemeinsam genutzter Sanitäreinrichtungen kann in den Aufgabenbereich des Bauherren bzw. Koordinators nach Baustellenverordnung (BaustellV) fallen.

(2) Abweichend von Punkt 5.1 Absatz 3 Satz 2 müssen bei täglicher Nutzung Toilettenräume mindestens zweimal wöchentlich gereinigt werden. Die Toiletten in den Toilettenräumen wie auch mobile, anschlussfreie Toilettenkabinen sollen bei täglicher Nutzung täglich gereinigt werden.

(3) Abweichend von Punkt 4 Absatz 6 kann auf Baustellen bis 21 Beschäftigte auf getrennt eingerichtete Toiletten-, Wasch- und Umkleideräume für weibliche und männliche Beschäftigte verzichtet werden, wenn eine zeitlich getrennte Nutzung sichergestellt ist. Bei mehr als sechs Beschäftigten je Beschäftigtengruppe (männlich und weiblich), sind getrennte Sanitärräume erforderlich.

8.2 Toilettenräume und mobile, anschlussfreie Toilettenkabinen

(1) Werden von einem Arbeitgeber auf einer Baustelle mehr als zehn Beschäftigte länger als zwei zusammenhängende Wochen gleichzeitig beschäftigt, sind Toilettenräume bereit zu stellen. Abweichend von Punkt 5 können auf Baustellen mit bis zu zehn Beschäftigten mobile anschlussfreie Toilettenkabinen, vorzugsweise mit integrierter Handwaschgelegenheit, bereitgestellt werden. Hat die mobile, anschlussfreie Toilettenkabine keine Handwaschgelegenheit, ist sicherzustellen, dass sich diese in unmittelbarer Nähe des Aufstellortes der Toilettenkabine befindet.

(2) Mobile anschlussfreie Toilettenkabinen sollen in der Zeit vom 15.10. bis 30.04. beheizbar sein.

(3) Abweichend von Punkt 5.2 Absatz 1 sollen Toilettenräume und mobile, anschlussfreie Toilettenkabinen nicht mehr als 100 m Wegstrecke vom Arbeitsort entfernt eingerichtet sein. Ist dies aufgrund der Gegebenheiten auf der Baustelle nicht möglich (z. B. Fassadenarbeiten an Hochhäusern, Bauarbeiten im Tunnel, Ka-

nalbauarbeiten, Streckenbaustellen) darf die Wegstrecke fünf Minuten nicht überschreiten (zu Fuß oder mit betrieblich zur Verfügung gestellten Verkehrsmitteln).
(4) Zusätzliche mobile, anschlussfreie Toilettenkabinen können erforderlich werden, sofern es sich um ständig wechselnde Arbeitsplätze handelt oder die Arbeitsplätze sich in Ebenen / Geschossen ober- oder unterhalb der Aufstellebene der Toilettenräume oder -kabinen befinden.
(5) Toilettenräume oder mobile, anschlussfreie Toilettenkabinen auf Baustellen sind nicht erforderlich, wenn außerhalb der Baustelle gleichwertige Einrichtungen zur Verfügung stehen und nutzbar sind sowie Absatz 3 eingehalten wird.
(6) Abweichend von Punkt 5.2 Absatz 2 kann auf Baustellen der abgeschlossene Vorraum durch einen Sichtschutz ersetzt werden.
(7) Außerhalb der Toilettenzelle sind an geeigneter Stelle Möglichkeiten zur Ablage von persönlicher Schutzausrüstung (z. B. Wetterschutzkleidung oder Auffanggurt) vorzusehen.

8.3 Waschräume

(1) Werden von einem Arbeitgeber auf einer Baustelle mehr als zehn Beschäftigte länger als zwei zusammenhängende Wochen gleichzeitig beschäftigt, sind Waschräume bereit zu stellen. Dies ist nicht erforderlich, wenn die Beschäftigten von der Baustelle täglich in Betriebsgebäude mit Sanitärräumen oder in Verbindung mit der Baustelle stehende Unterkünfte zurückkehren.
(2) Waschräume auf Baustellen sollen sich in unmittelbarer Nähe der Pausen- und Bereitschaftsräume befinden.
(3) Abweichend von Punkt 6.1 Absatz 5 kann der Weg vom Waschraum zum Umkleide- und Pausenraum durch das Freie führen, sofern er gegen Sicht und Witterungseinflüsse geschützt ausgebildet wird.
(4) Abweichend von Punkt 6.3 Absätze 1 und 2 ist in Waschräumen auf Baustellen eine Bewegungsfläche von 0,50 m^2 vor der Dusche oder dem Waschplatz ausreichend.
(5) Abweichend von Punkt 6.3 Absatz 3 ist für Duschplätze eine Mindestgrundfläche von 800 × 800 mm ausreichend.
(6) Außerhalb der Waschräume sind an geeigneter Stelle Möglichkeiten zur Ablage von persönlicher Schutzausrüstung (z. B. Wetterschutzkleidung oder Auffanggurt) vorzusehen.

8.4 Anzahl von Toiletten, Urinalen, Wasch- und Duschplätzen

Abweichend von den Tabellen 2, 4, 5.1 und 5.2 gilt auf Baustellen Tabelle 7.

Tabelle 7: Mindestanzahl von Toiletten, Urinalen, Wasch- und Duschplätzen

Höchste Anzahl Beschäftigter, die in der Regel die Sanitäreinrichtungen nutzen	Mindestanzahl		
	Waschplätze	Duschplätze	Toiletten / Urinale
bis 5	1	0	1*)
6 bis 10	2	0	1*)
11 bis 20	3	1	2
21 bis 30	5	1	3
31 bis 40	7	2	4
41 bis 50	9	2	5
51 bis 75	12	3	6
76 bis 100	14	4	7
je weitere 30	+3	+1	+1
*) für männliche Beschäftigte wird zuzüglich 1 Urinal empfohlen			

Bei der Bereitstellung von Toiletten und Urinalen ist Punkt 5.2 Absatz 4 zu berücksichtigen.

8.5 Umkleideräume

Gesonderte Umkleideräume sind auf Baustellen nicht erforderlich, sofern in den Pausenräumen Möglichkeiten zum Wechseln der Kleidung und der getrennten Aufbewahrung von Arbeitskleidung und persönlicher Kleidung in geeigneten Schränken bestehen.

Literaturhinweise

TRBA 500 Grundlegende Maßnahmen bei Tätigkeiten mit biologischen Arbeitsstoffen

ASR A4.2 »Pausen- und Bereitschaftsräume«

August 2012 (GMBl 2012, S. 660, zuletzt geändert GMBl 2022, S. 251)

1 Zielstellung

Diese ASR konkretisiert die Anforderungen an Pausenräume und Pausenbereiche, Bereitschaftsräume sowie an Einrichtungen zum Hinlegen und Ausruhen für schwangere Frauen und stillende Mütter nach Anhang 4.2 und 5.2 Abs. 1 b) und c) der Arbeitsstättenverordnung.

2 Anwendungsbereich

Diese ASR gilt für das Einrichten und Betreiben von Pausenräumen und Pausenbereichen sowie von Bereitschaftsräumen für Beschäftigte in Arbeitsstätten, in Gebäuden oder im Freien. Sie gilt auch für Einrichtungen zum Hinlegen und Ausruhen für schwangere Frauen und stillende Mütter.
Hinweis:
Für die barrierefreie Gestaltung der Pausen- und Bereitschaftsräume gilt die ASR V3 a.2 »Barrierefreie Gestaltung von Arbeitsstätten«, Anhang A4.2: Ergänzende Anforderungen zur ASR A4.2 »Pausen- und Bereitschaftsräume«.

3 Begriffsbestimmungen

3.1 **Pausenräume** sind allseits umschlossene Räume, die der Erholung oder dem Aufenthalt der Beschäftigten während der Pause oder bei Arbeitsunterbrechung dienen. Insbesondere für Arbeitsstätten im Freien oder auf Baustellen können dies z. B. auch Räume in vorhandenen Gebäuden sowie in Baustellenwagen, absetzbaren Baustellenwagen oder in Containern sein.
3.2 **Pausenbereiche** sind abgetrennte Bereiche innerhalb von Räumen der Arbeitsstätte, die der Erholung oder dem Aufenthalt der Beschäftigten während der Pause oder bei Arbeitsunterbrechung dienen.
3.3 **Bereitschaftsräume** sind allseits umschlossene Räume, die dem Aufenthalt der Beschäftigten während der Arbeitsbereitschaft oder bei Arbeitsunterbrechungen dienen. Insbesondere für Arbeitsstätten im Freien oder auf Baustellen können dies z. B. auch Räume in vorhandenen Gebäuden sowie in Baustellenwagen, absetzbaren Baustellenwagen oder in Containern sein.

3.4 **Einrichtungen für schwangere Frauen und stillende Mütter** bieten schwangeren Frauen und stillenden Müttern die Gelegenheit, sich während der Pausen oder der Arbeitszeit zu setzen, hinzulegen und auszuruhen.

4 Pausenräume und Pausenbereiche

4.1 Allgemeine Anforderungen

(1) Pausenräume und Pausenbereiche müssen in einer der Sicherheit und der Gesundheit zuträglichen Umgebung eingerichtet und betrieben werden.
Pausenbereiche sind Pausenräumen gleichgestellt, wenn sie gleichwertige Bedingungen für die Pause gewährleisten.
(2) Ein Pausenraum oder Pausenbereich ist zur Verfügung zu stellen, wenn mehr als zehn Beschäftigte einschließlich Zeitarbeitnehmern gleichzeitig in der Arbeitsstätte tätig sind.
Nicht zu berücksichtigen sind Beschäftigte, die

- aufgrund des Arbeitszeitgesetzes keinen Anspruch auf Ruhepausen haben (z. B. Teilzeitkräfte mit bis zu sechs Stunden täglicher Arbeitszeit) oder
- überwiegend außerhalb der Arbeitsstätte tätig sind (z. B. Außendienstmitarbeiter, Kundendienstmonteure).

(3) Unabhängig von der Anzahl der Beschäftigten ist ein Pausenraum oder Pausenbereich zur Verfügung zu stellen, wenn Sicherheits- oder Gesundheitsgründe dies erfordern. Das können z. B. sein:

- Arbeiten mit erhöhter Gesundheitsgefährdung in Hitze, Kälte, Nässe oder Staub,
- Überschreitung der Auslösewerte für Lärm oder Vibrationen (siehe LärmVibrationsArbSchV),
- Gefährdungen beim Umgang mit biologischen Arbeitsstoffen oder Gefahrstoffen,
- unzuträgliche Gerüche,
- überwiegende Arbeiten im Freien,
- andauernde, einseitig belastende Körperhaltung mit eingeschränktem Bewegungsraum, z. B. Steharbeit,
- schwere körperliche Arbeit,
- stark schmutzende Tätigkeit,
- Arbeitsräume / Bereiche ohne Tageslicht oder
- Arbeitsräume / Bereiche, zu denen üblicherweise Dritte (z. B. Kunden, Publikum, Mitarbeiter von Fremdfirmen) Zutritt haben.

(4) Auf einen Pausenraum oder Pausenbereich kann bei Tätigkeiten in Büroräumen oder in vergleichbaren Arbeitsräumen verzichtet werden, sofern diese während der Pause frei von arbeitsbedingten Störungen (z. B. durch Publikumsverkehr, Telefonate) sind. Damit wird eine gleichwertige Erholung im Arbeitsraum gewährleistet. Vergleichbare Arbeitsräume können z. B. Registraturen oder Bibliotheken sein.

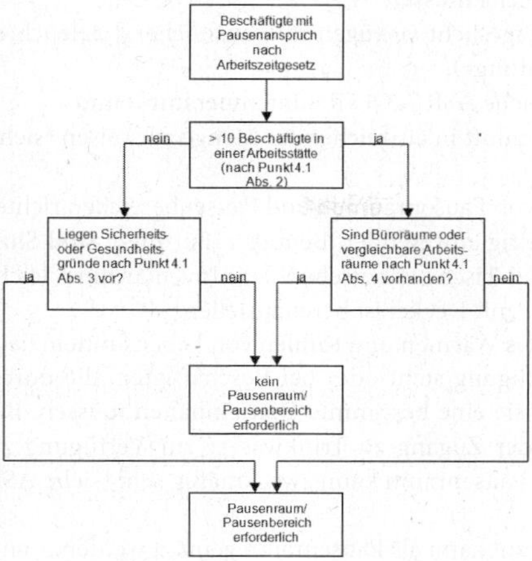

Abb. 1: Ermittlung der Notwendigkeit von Pausenräumen oder Pausenbereichen

(5) Pausenräume und Pausenbereiche müssen leicht und sicher über Verkehrswege erreichbar sein. Der Zeitbedarf zum Erreichen der Pausenräume soll 5 Minuten je Wegstrecke (zu Fuß oder mit betrieblich zur Verfügung gestellten Verkehrsmitteln) nicht überschreiten. Die Wegstrecke zu Pausenbereichen darf 100 m nicht überschreiten.

(6) Pausenräume und Pausenbereiche dürfen nicht unterhalb schwebender Lasten oder in Bereichen mit Gefährdung durch herabfallende Gegenstände eingerichtet werden.

(7) Im Pausenraum und Pausenbereich sind Beeinträchtigungen, z. B. durch Vibrationen, Stäube, Dämpfe oder Gerüche, soweit wie möglich auszuschließen. Während der Pause darf der durchschnittliche Schalldruckpegel in Pausenräumen aus den Betriebseinrichtungen und dem von außen einwirkenden Umgebungslärm höchstens 55 dB(A) betragen. In Pausenbereichen soll dieser Wert nicht überschritten werden.

(8) Pausenräume und Pausenbereiche müssen frei von arbeitsbedingten Störungen (z. B. durch Produktionsabläufe, Publikumsverkehr, Telefonate) sein.

(9) In Pausenräumen und Pausenbereichen muss für Beschäftigte, die den Raum oder Bereich gleichzeitig benutzen sollen, eine Grundfläche von jeweils mindestens 1,00 m² einschließlich Sitzgelegenheit und Tisch vorhanden sein. Flächen für weitere Einrichtungsgegenstände, Zugänge und Verkehrswege sind hinzuzurechnen (siehe ASR A1.2 »Raumabmessungen und Bewegungsflächen«).

Die Grundfläche eines Pausenraumes muss mindestens 6,00 m² betragen.

Die lichte Höhe von Pausenräumen muss den Anforderungen der ASR A1.2 »Raumabmessungen und Bewegungsflächen« entsprechen.

(10) Pausenräume sollen eine Sichtverbindung nach außen aufweisen. Für Pausenbereiche wird eine solche empfohlen.

(11) Pausenräume und Pausenbereiche müssen
- über möglichst ausreichend Tageslicht verfügen und ausreichend beleuchtet sein (siehe ASR A3.4 »Beleuchtung«),
- ausreichend temperiert sein (siehe ASR A3.5 »Raumtemperatur«) und
- gesundheitlich zuträgliche Atemluft in ausreichender Menge aufweisen (siehe ASR A3.6 »Lüftung«).

(12) Der Umfang der Ausstattung von Pausenräumen und Pausenbereichen richtet sich nach der Anzahl der gleichzeitig anwesenden Benutzer. Für diese sind Sitzgelegenheiten mit Rückenlehne und Tische vorzusehen. Das Inventar muss leicht zu reinigen sein. Ein Abfallbehälter mit Deckel ist bereitzustellen.
Ein Bedarf für Einrichtungen für das Wärmen und Kühlen von Lebensmitteln liegt vor, wenn keine Kantine zur Verfügung steht oder bei Beschäftigten, die durch ärztliches Attest nachweisen, dass sie eine bestimmte Diät einhalten müssen. Bei Bedarf sind Kleiderablagen und der Zugang zu Trinkwasser zur Verfügung zu stellen. Eine Waschgelegenheit im Pausenraum kann zweckmäßig sein (siehe ASR A4.1 »Sanitärräume«).

(13) Eine Kantine oder ein Restaurant kann als Pausenraum genutzt werden, wenn sich die Beschäftigten ohne Verzehrzwang aufhalten dürfen und die Anforderungen von Punkt 4.1 Abs. 5, 7 und 9 bis 12 erfüllt werden.

4.2 Zusätzliche Anforderungen an Pausenräume

(1) Pausenräume können außerhalb der festgelegten Pausenzeiten für andere Zwecke, z. B. Besprechungen, Schulungen, genutzt werden, wenn diese die in der ASR A1.2 »Raumabmessungen und Bewegungsflächen« enthaltenen Raumabmessungen erfüllen. Die Räume müssen vor der Nutzung als Pausenraum gelüftet und gereinigt sein.

(2) Führt die Tür eines Pausenraumes unmittelbar ins Freie, so sind die Beschäftigten vor Zugluft zu schützen. Dies kann durch einen Windfang oder Windfangraum mit Vorhang aus einem schwer entflammbaren Material erreicht werden.

4.3 Zusätzliche Anforderungen an Pausenbereiche

(1) Pausenbereiche sind an ungefährdeter Stelle anzuordnen. Sie dürfen z. B. nicht in der Nähe heißer Oberflächen eingerichtet werden.

(2) Pausenbereiche müssen optisch abgetrennt sein, z. B. durch mobile Trennwände, Möbel oder geeignete Pflanzen.

5 Bereitschaftsräume

(1) Ein Bereitschaftsraum muss immer dann zur Verfügung stehen, wenn während der Arbeitszeit regelmäßig und in erheblichem Umfang (in der Regel mehr

als 25 Prozent der Arbeitszeit) Arbeitsbereitschaft oder Arbeitsunterbrechungen auftreten. Das ist u. a. der Fall, wenn nicht vorhergesehen werden kann, wann eine Arbeitsaufnahme erfolgt, z. B. in Krankenhäusern, bei Berufsfeuerwehren, Rettungsdiensten oder Fahrbereitschaften.

(2) Als Bereitschaftsraum kann unter Berücksichtigung von Absatz 4 auch ein Pausenraum genutzt werden.

(3) Der Bereitschaftsraum muss mindestens den Anforderungen an einen Pausenraum entsprechen.

(4) Liegt die Arbeitsbereitschaft oder die Arbeitsunterbrechung in den Nachtstunden oder ist die Arbeitszeit einschließlich der Bereitschaftszeit größer als 12 Stunden, muss der als Bereitschaftsraum genutzte Raum zusätzlich mit Liegen ausgestattet sein. Zusätzliche Anforderungen an die zweckentsprechende Ausstattung von Bereitschaftsräumen sind im Rahmen der vorgesehenen Nutzung zu ermitteln.

(5) Müssen Liegen zur Verfügung gestellt werden, ergeben sich folgende Anforderungen:

- Die Mindestgrundfläche des Bereitschaftsraumes ergibt sich aus den Stellflächen der Ausstattung, Bewegungsflächen und den Verkehrsflächen.
- Die Nutzung der Bereitschaftsräume getrennt nach Frauen und Männern ist räumlich oder organisatorisch sicherzustellen.
- Für die Zeit der Nutzung der Liegen ist eine anderweitige Nutzung des Raumes durch andere Personen (z. B. als Pausenraum, Büro, Arztzimmer) nicht zulässig.
- Der Raum muss verschließbar, nicht einsehbar und verdunkelbar sein.
- Es soll eine Waschgelegenheit zur Verfügung stehen.
- Liegen müssen gepolstert und mit einem wasch- oder wegwerfbaren Belag ausgestattet sein.
- Die Erreichbarkeit der Beschäftigten ist unter Wahrung ihrer Privatsphäre zu gewährleisten (z. B. durch Rufeinrichtung).
- Zur Sicherstellung der Alarmierung im Brandfall und zum sicheren Verlassen des Bereitschaftsraumes siehe ASR A2.2 »Maßnahmen gegen Brände« und ASR A2.3 »Fluchtwege und Notausgänge«.

6 Einrichtungen für schwangere Frauen und stillende Mütter

(1) Werden schwangere Frauen oder stillende Mütter beschäftigt, müssen Einrichtungen zum Hinlegen, Ausruhen und Stillen am Arbeitsplatz oder in unmittelbarer Nähe in einer Anzahl vorhanden sein, die eine jederzeitige Nutzbarkeit sicherstellen. Die Privatsphäre ist bei der Nutzung zu gewährleisten.

(2) Die Einrichtungen zum Hinlegen, Ausruhen und Stillen müssen gepolstert und mit einem wasch- oder wegwerfbaren Belag ausgestattet sein.

(3) Für die Räume, in denen die Einrichtungen genutzt werden, gelten die Anforderungen aus Punkt 4.1 Abs. 5 bis 11.

7 Abweichende / ergänzende Anforderungen für Baustellen

(1) Für Beschäftigte auf Baustellen ist ein Pausenraum oder ein Pausenbereich vorzusehen, da die Voraussetzungen nach Punkt 4.1 Abs. 3 in der Regel gegeben sind.

(2) Abweichend von Punkt 7 Abs. 1 ist auf Baustellen ein Pausenraum oder Pausenbereich nicht erforderlich, wenn bis zu vier Beschäftigte eines Arbeitgebers gleichzeitig längstens eine Woche oder höchstens 20 Personentage tätig sind. Voraussetzung ist, dass die Möglichkeit besteht, sich an einer gleichwertigen Stelle gegen Witterungseinflüsse geschützt zu waschen (siehe ASR A4.1 »Sanitärräume«, Punkt 6.1 Abs. 2), zu wärmen, umzukleiden und eine Mahlzeit einzunehmen und ggf. zuzubereiten.

(3) Abweichend von den Anforderungen des Punktes 4.1 Abs. 7 Satz 2 ist für die Pausenzeit ein durchschnittlicher Schalldruckpegel von 55 dB(A) anzustreben.

(4) Die lichte Höhe von Pausenräumen oder Pausenbereichen muss mindestens 2,30 m betragen.

(5) Werden auf Baustellen Unterkünfte zur Verfügung gestellt, kann auf Pausenräume verzichtet werden, sofern die Unterkünfte geeignet sind, von den jeweiligen Bewohnern auch zum Aufenthalt bei Pausen genutzt werden zu können und die Anforderungen nach Punkt 4.1 Abs. 12 und die entsprechenden Anforderungen der ASR A4.1 »Sanitärräume« erfüllt sind.

(6) Ergänzend zu Punkt 4.1 Abs. 12 muss für Pausenräume oder Pausenbereiche, in denen Beschäftigte sich umziehen, eine Möglichkeit zur getrennten Aufbewahrung für Arbeits- und Schutzkleidung sowie Straßenkleidung vorhanden sein (siehe entsprechende Anforderung der ASR A4.1 »Sanitärräume« Punkt 8.5).

Literaturhinweise:

LASI LV 50 »Bewegungsergonomische Gestaltung von andauernder Steharbeit, März 2009«

ASR A4.3 »Erste-Hilfe-Räume, Mittel und Einrichtungen zur Ersten Hilfe«

Dezember 2010 (GMBl 2010, S. 1764, zuletzt geändert GMBl 2024, S. 914)

1 Zielstellung

Diese Arbeitsstättenregel konkretisiert die Anforderungen an Mittel und Einrichtungen zur Ersten Hilfe sowie an Erste-Hilfe-Räume beim Einrichten und Betreiben von Arbeitsstätten in § 3 a Abs. 1 und § 4 Abs. 5 sowie Punkt 4.3 des Anhanges der Arbeitsstättenverordnung.

2 Anwendungsbereich

(1) Diese ASR gilt für Anforderungen an Mittel und Einrichtungen zur Ersten Hilfe sowie Erste-Hilfe-Räume oder vergleichbare Einrichtungen und deren Bereitstellung.
(2) entfallen
Hinweis:
Für die barrierefreie Gestaltung der Erste-Hilfe-Räume sowie Mittel und Einrichtungen zur Ersten Hilfe gilt die ASR V3 a.2 »Barrierefreie Gestaltung von Arbeitsstätten«, Anhang A4.3: Ergänzende Anforderungen zur ASR A4.3 »Erste-Hilfe-Räume, Mittel und Einrichtungen zur Ersten Hilfe«.

3 Begriffsbestimmungen

3.1 **Erste Hilfe** umfasst medizinische, organisatorische und betreuende Maßnahmen an Verletzten oder Erkrankten.
3.2 **Notfall** ist ein Ereignis, das unverzüglich Rettungsmaßnahmen erfordert und Maßnahmen der Ersten Hilfe, des Rettungsdienstes und der ärztlichen Behandlung umfasst.
3.3 **Notruf** ist die Meldung eines Notfalls über Meldeeinrichtungen zur Alarmierung des Rettungsdienstes, der Feuerwehr oder der Polizei.
3.4 **Mittel zur Ersten Hilfe** sind Erste-Hilfe-Material (z. B. Verbandmaterial, Hilfsmittel, Rettungsdecke) sowie gemäß Gefährdungsbeurteilung erforderliche medizinische Geräte (z. B. Automatisierter Externer Defibrillator, Beatmungsgerät) und Arzneimittel (z. B. Antidot), die zur Ersten Hilfe benötigt werden.

3.5 **Einrichtungen zur Ersten Hilfe** sind technische Hilfsmittel zur Rettung aus Gefahr für Leben und Gesundheit, z. B. Meldeeinrichtungen, Rettungstransportmittel und Rettungsgeräte.
3.6 **Meldeeinrichtungen** sind Kommunikationsmittel, um im Notfall unverzüglich einen Notruf absetzen zu können.
3.7 **Rettungstransportmittel** dienen dem fachgerechten, schonenden Transport Verletzter oder Erkrankter zur weiteren Versorgung im Erste-Hilfe-Raum, zum Arzt oder ins Krankenhaus.
3.8 **Rettungsgeräte** sind technische Hilfsmittel zur Personenrettung aus Gefahrensituationen.
3.9 **Erste-Hilfe-Räume und vergleichbare Einrichtungen** sind speziell vorgesehene Räume, in denen bei einem Unfall oder bei einer Erkrankung im Betrieb Erste Hilfe geleistet oder die ärztliche Erstversorgung durchgeführt werden kann.
Den Erste-Hilfe-Räumen vergleichbare Einrichtungen sind z. B. Rettungsfahrzeuge, transportable Raumzellen (Erste-Hilfe-Container) oder Arztpraxisräume. Als vergleichbare Einrichtungen gelten auch besonders eingerichtete, vom übrigen Raum abgetrennte Erste-Hilfe-Bereiche.

4 Mittel zur Ersten Hilfe

(1) Erste-Hilfe-Material ist in Verbandkästen oder anderen geeigneten Behältnissen (z. B. Rucksäcke, Taschen, Schränke), im Folgenden Verbandkasten genannt, vorzuhalten. Die Mindestanzahl der bereitzuhaltenden Verbandkästen ergibt sich aus Tabelle 1.

Tabelle 1: Mindestanzahl der bereitzuhaltenden Verbandkästen

Betriebsart	Zahl der Beschäftigten	Kleiner Verbandkasten	Großer Verbandkasten
Verwaltungs- und Handelsbetriebe	1–50	1	-
	51–300	-	1
	301–600	-	2
	für je 300 weitere Beschäftigte	-	+1
Herstellungs-, Verarbeitungsbetriebe und vergleichbare Betriebe	1–20	1	-
	21–100	-	1
	101–200	-	2
	für je 100 weitere Beschäftigte	-	+1

(2) Statt eines großen Verbandkastens können zwei kleine Verbandkästen verwendet werden. Für Tätigkeiten im Außendienst, insbesondere für die Mitführung

von Erste-Hilfe-Material in Werkstattwagen und Einsatzfahrzeugen, kann auch der Kraftwagen-Verbandkasten als kleiner Verbandkasten verwendet werden.

(3) Verbandkästen sind überall dort bereitzuhalten, wo die Arbeitsbedingungen dies erforderlich machen. Sie sind so zu verteilen, dass sie höchstens in 100 m Wegstrecke oder einer Geschosshöhe erreichbar sind.

(4) Erste-Hilfe-Material ist so aufzubewahren, dass es vor schädigenden Einflüssen (z. B. Verunreinigungen, Nässe, hohe Temperaturen) geschützt, aber jederzeit leicht zugänglich ist. Das Erste-Hilfe-Material ist nach Verbrauch, bei Unbrauchbarkeit oder nach Ablauf des Verfallsdatums zu ergänzen bzw. zu ersetzen.

(5) In Arbeitsstätten ist mindestens das Erste-Hilfe-Material entsprechend Tabelle 2 bereitzuhalten.

(6) Ausgehend von der Gefährdungsbeurteilung können neben der Grundausstattung mit Erste-Hilfe-Material nach Abs. 5 auch ergänzende Mittel zur Ersten Hilfe (siehe Punkt 3.4) notwendig werden.

Tabelle 2: Inhalt der Verbandkästen

Nr.	Stückzahl		Benennung oder Bezeichnung	Ausführung und Bemerkung
	Kleiner Verbandkasten	Großer Verbandkasten		
1	1	2	Heftpflaster	500 cm × 2,5 cm, Spule mit Außenschutz, thermoresistenter Kleber
2	8	16	Wundschnellverband	10 cm × 6 cm, staubgeschützt verpackt
3	4	8	Fingerkuppenverband	staubgeschützt verpackt
4	4	8	Fingerverband	12 cm × 2 cm, staubgeschützt verpackt
5	4	8	Pflasterstrips	1,9 cm × 7,2 cm, staubgeschützt verpackt
6	8	16	Pflasterstrips	2,5 cm × 7,2 cm, staubgeschützt verpackt
7	1	2	Verbandpäckchen	starre oder elastische Fixierbinde mit festen Kanten; 300 cm × 6 cm mit Kompresse 6 cm × 8 cm; Saugkapazität: mind. 800 g/m², steril verpackt
8	3	6	Verbandpäckchen	starre oder elastische Fixierbinde mit festen Kanten; 400 cm × 8 cm mit Kompresse 12 cm × 8 cm; Saugkapazität: mind. 800 g/m², steril verpackt

Nr.	Stückzahl		Benennung oder Bezeichnung	Ausführung und Bemerkung
	Kleiner Verbandkasten	Großer Verbandkasten		
9	1	2	Verbandpäckchen	starre oder elastische Fixierbinde mit festen Kanten, 400 cm × 10 cm mit Kompresse 12 cm × 10 cm; Saugkapazität: mind. 800 g/m², steril verpackt
10	1	2	Verbandtuch	80 cm × 60 cm, Saugkapazität mind. 125 g/m² Flächengewicht: mind. 90 g/m²
11	6	12	Kompresse	10 cm × 10 cm, Saugkapazität mind. 800 g/m², maximal paarweise steril verpackt
12	2	4	Augenkompresse	5 cm × 7 cm, Gewicht: mind. 1,5 g/Stück, einzeln steril verpackt
13	1	2	Kälte-Sofortkompresse	mindestens 200 cm², ohne Vorkühlung, vorgegebene Lagerbedingungen beachten
14	1	2	Rettungsdecke	mindestens 210 cm × 160 cm, Mindestfoliendicke 12 µm, dauerhaft metallisierte Polyesterfolie oder Material mit mindestens gleichwertigen Eigenschaften in Bezug auf Reflexionsvermögen, Temperaturbeständigkeit, nahtlos, mit Aluminium bedampft, Rückseite farbig, staubgeschützt verpackt
15	2	4	Fixierbinde	400 cm × 6 cm, einzeln staubgeschützt verpackt
16	2	4	Fixierbinde	400 cm × 8 cm, einzeln staubgeschützt verpackt
17	2	4	Dreiecktuch	96 cm × 96 cm × 136 cm, staubgeschützt verpackt
18	1	1	Schere	mindestens 18 cm lang, kniegebogen, nicht rostend
19	2	4	Folienbeutel	Mindestgröße 30 cm × 40 cm, Mindestfoliendicke 45 µm, verschließbar, aus Polyethylen
20	5	10	Vliesstoff-Tuch	mindestens 20 cm × 30 cm, flächenbezogene Masse mind. 15 g/m²

Nr.	Stückzahl		Benennung oder Bezeichnung	Ausführung und Bemerkung
	Kleiner Verbandkasten	Großer Verbandkasten		
21	4	8	Medizinische Einmalhandschuhe	nahtlos, groß, staubgeschützt verpackt
22	1	1	Erste-Hilfe-Broschüre	Der Informationsgehalt der Broschüre muss mindestens eine »Anleitung zu Ersten Hilfe« beinhalten.
23	1	1	Inhaltsverzeichnis	-

5 Einrichtungen zur Ersten Hilfe

5.1 Meldeeinrichtungen

(1) Der Arbeitgeber hat in Arbeitsstätten ständig zugängliche Meldeeinrichtungen (z. B. Telefon mit Angabe der Notrufnummern) zum unverzüglichen Absetzen eines Notrufes vorzuhalten.
(2) In Abhängigkeit von der Gefährdungsbeurteilung können besondere Meldeeinrichtungen (z. B. Notrufmelder) erforderlich sein. Sofern es nicht möglich ist, stationäre Meldeeinrichtungen vorzusehen, können auch funktechnische Einrichtungen, z. B. Betriebsfunkanlagen, als Meldeeinrichtung eingesetzt werden. Bei Alleinarbeit können – ggf. auch willensunabhängig wirkende – Personen-Notsignal-Anlagen verwendet werden.

5.2 Rettungstransportmittel

(1) Der Arbeitgeber hat zu prüfen, ob er den Rettungstransport auf Grund der innerbetrieblichen Entfernungen und Verhältnisse und der damit verbundenen Eintreffzeiten dem öffentlichen Rettungsdienst überlässt oder ob eigene Rettungstransportkapazitäten erforderlich sind.
(2) In Betrieben, in denen der öffentliche Rettungsdienst seine Aufgabe am Ort des Geschehens durchführen kann, sind keine weiteren Transportmittel bereit zu stellen. Sofern dieser Ort mit Krankentragen nicht zugänglich ist, müssen entsprechend der Gefährdungsbeurteilung geeignete Transportmittel, z. B. Rettungstücher, Krankentransport-Hängematten oder Schleifkörbe, vorgehalten werden.

5.3 Rettungsgeräte

Rettungsgeräte sind gemäß der Gefährdungsbeurteilung vorzuhalten, wenn in Arbeitsstätten im Falle von Rettungsmaßnahmen besondere Anforderungen bestehen, z. B. bei der Rettung von hochgelegenen Arbeitsplätzen, aus tiefen Schächten oder bei sonstigen schwer zugänglichen Arbeitsplätzen. Geeignete Rettungsgeräte sind z. B. Rettungshubgeräte, Spreizer, Schneidgeräte, Abseilgeräte.

6 Erste-Hilfe-Räume und vergleichbare Einrichtungen

(1) Ein Erste-Hilfe-Raum oder eine vergleichbare Einrichtung ist erforderlich
- in Betrieben mit mehr als 1000 Beschäftigten und
- in Betrieben mit mehr als 100 Beschäftigten, wenn besondere Unfall- oder Gesundheitsgefahren bestehen.

(2) Bei besonderen Unfall- oder Gesundheitsgefahren können zusätzliche Maßnahmen erforderlich sein (z. B. weitere Räumlichkeiten, ergänzende Ausstattungen).
(3) Für vorübergehend eingerichtete Arbeitsstätten können vergleichbare Einrichtungen (z. B. Erste-Hilfe-Container) genutzt werden.

6.1 Bauliche Anforderungen

(1) Erste-Hilfe-Räume und vergleichbare Einrichtungen sollen im Erdgeschoss liegen und müssen mit einer Krankentrage leicht zu erreichen sein. Erste-Hilfe-Container sind ebenerdig aufzustellen.
(2) Die Lage von Erste-Hilfe-Räumen bzw. des Aufstellungsortes vergleichbarer Einrichtungen sind so zu wählen, dass Gefährdungen oder Beeinträchtigungen, z. B. durch Lärm, Vibrationen, Stäube, Gase, Dämpfe, soweit wie möglich ausgeschlossen sind.
(3) In unmittelbarer Nähe von Erste-Hilfe-Räumen bzw. vergleichbaren Einrichtungen muss sich eine Toilette befinden.
(4) Erste-Hilfe-Räume und vergleichbare Einrichtungen müssen zur Aufnahme der erforderlichen Einrichtungen und Ausstattungen eine ausreichende Größe aufweisen:
- Erste-Hilfe-Räume mit mindestens 20 m^2 Grundfläche
- Erste-Hilfe-Container mit mindestens 12,5 m^2 Grundfläche

Zur Raumhöhe siehe ASR A1.2 »Raumabmessungen und Bewegungsflächen«.
(5) Im Zugangsbereich von Erste-Hilfe-Räumen und vergleichbaren Einrichtungen sind Stufen zu vermeiden. Höhenunterschiede sollen durch eine Rampe ausgeglichen werden. Der Zugang zu Erste-Hilfe-Räumen muss eine lichte Breite gemäß Punkt 5 der ASR A2.3 »Fluchtwege und Notausgänge« aufweisen. Es muss sichergestellt sein, dass ein Zugang mit Krankentragen ungehindert möglich ist.
(6) Fußböden und Wände müssen leicht zu reinigen und erforderlichenfalls zu desinfizieren sein (hinsichtlich Fußböden siehe ASR A1.5 »Fußböden«).

(7) Erste-Hilfe-Räume und vergleichbare Einrichtungen müssen ausreichend beleuchtet (siehe ASR A3.4 »Beleuchtung und Sichtverbindung«) und ausreichend belüftet sein (siehe ASR A3.6 »Lüftung«).
(8) Die Raumtemperatur muss den Anforderungen der ASR A3.5 »Raumtemperatur« entsprechen. Erste-Hilfe-Container müssen ausreichend isoliert sein und über einen Vorraum – mindestens aber über einen Windfang – verfügen.
(9) Erste-Hilfe-Räume und vergleichbare Einrichtungen sind mindestens mit einem Waschbecken mit fließend Kalt- und Warmwasser sowie mit Telefon oder einem vergleichbaren Kommunikationsmittel fest auszustatten.
(10) Der Sichtschutz gegen Einblick von außen ist zu gewährleisten.

6.2 Ausstattung von Erste-Hilfe-Räumen und vergleichbaren Einrichtungen

Für Erste-Hilfe-Räume und vergleichbare Einrichtungen sind in Abhängigkeit von der Gefährdungsbeurteilung geeignetes Inventar und Mittel zur Ersten Hilfe und Pflegematerial sowie geeignete Rettungsgeräte und Rettungstransportmittel bereitzuhalten.
Geeignetes Inventar ist z. B.:
- Behältnisse (z. B. Schränke, Koffer) zur getrennten, übersichtlichen und hygienischen Aufbewahrung von Mitteln zur Ersten Hilfe und Pflegematerial,
- Spender für Seife, Desinfektionsmittel, Hautschutzmittel und Einmalhandtücher,
- Untersuchungsliege mit verstellbarem Kopf- und Fußteil,
- Instrumententisch mit Schublade,
- Infusionsständer (höhenverstellbar),
- Schreibtisch oder vergleichbare Schreibgelegenheit,
- Sitzgelegenheit,
- Sicherheitsbehälter für spitze und scharfe Gegenstände (z. B. Kanülen) oder
- geeignete, getrennte Behältnisse für infektiösen und nichtinfektiösen Abfall.

Geeignete Mittel zur Ersten Hilfe sind z. B.:
- Inhalt des großen Verbandkastens (siehe Tabelle 2),
- Mittel für Absaugung und Beatmung (z. B. Absauggerät, Absaugkatheter, Beatmungsbeutel und -maske, Guedeltubus, Sauerstoffgerät, Sauerstoffreservoirbeutel),
- Mittel für Diagnostik (z. B. Blutdruckmessgerät, Bügelstethoskop, Diagnostikleuchte),
- Automatisierter Externer Defibrillator (AED),
- Schienen zum Ruhigstellen von Extremitäten,
- HWS-Immobilisationskragen,
- nach betriebsärztlicher Festlegung: Medikamente, Infusionslösungen, Infusionsbestecke, Venenverweilkanülen,
- Desinfektionsmaterial oder
- Augenspülflasche.

Geeignetes Pflegematerial und sonstige Hilfsmittel sind z. B.:
- Decken,
- Einmalauflagen für Liegen,
- Einweg-Nierenschale und Vliesstoff-Tuch oder
- Einweg-Schutzkleidung.

7 Kennzeichnung

(1) Die Kennzeichnung der Erste-Hilfe-Räume und vergleichbaren Einrichtungen sowie der Aufbewahrungsorte der Mittel zur Ersten Hilfe erfolgt nach Anlage 1 Punkt 4 der ASR A1.3 »Sicherheits- und Gesundheitsschutzkennzeichnung«. Erste-Hilfe-Räume sind mit dem Rettungszeichen E003 »Erste Hilfe« zu kennzeichnen.
(2) Die Lage der Erste-Hilfe-Räume und vergleichbaren Einrichtungen können dem Flucht- und Rettungsplan gemäß Punkt 10 Abs. 3 der ASR A2.3 »Fluchtwege und Notausgänge« entnommen werden.

8 Abweichende / ergänzende Anforderungen für Baustellen

(1) Die Mindestanzahl der für Baustellen bereitzuhaltenden Verbandkästen ergibt sich abweichend von Tabelle 1 aus Tabelle 3.

Tabelle 3: Mindestanzahl der auf Baustellen bereitzuhaltenden Verbandkästen

Betriebsart	Zahl der Beschäftigten	Kleiner	Großer
		Verbandkasten	
Baustellen	1–10	1	-
	11–50	-	1
	51–100	-	2
	für je weitere 50 Beschäftigte	-	+1

(2) Abweichend von Punkt 4 Abs. 3 hat der Arbeitgeber im Rahmen der Gefährdungsbeurteilung zu ermitteln, ob einzelne Arbeitsplätze, z. B. auf Linienbaustellen, mit zusätzlichen Verbandkästen zu Tabelle 3 auszustatten und wie diese zu verteilen sind.
(3) Abweichend von Punkt 6 Abs. 1 ist auf Baustellen mit mehr als 50 Beschäftigten ein Erste-Hilfe-Raum oder eine vergleichbare Einrichtung erforderlich.
(4) Abweichend von Punkt 6.1 Abs. 1 Satz 2 sind Erste-Hilfe-Container so aufzustellen, dass die Erreichbarkeit für die Erstversorgung von verletzten oder er-

krankten Beschäftigten durch geeignete Rettungstransportmittel jederzeit sichergestellt und der Weitertransport gewährleistet ist.

Literaturhinweise

- DGUV Information 204-006 Anleitung zur Ersten Hilfe 05/2011
- DGUV Information 204-001 Erste Hilfe Plakat 08/2017 (engl. 204-005 Ausgabe 08/2017)
- DGUV Information 204-007 Handbuch zur Ersten Hilfe 01/2017
- DGUV Information 204-010 Automatisierte Defibrillation im Rahmen der betrieblichen Ersten Hilfe 11/2014

ASR A4.4 »Unterkünfte«

Juni 2010 (v. 4. 11. 2024) (GMBl 2010, S. 751, zuletzt geändert GMBl 2024, S. 914)

1 Zielstellung

Diese Arbeitsstättenregel konkretisiert die Anforderungen an das Einrichten und Betreiben von Unterkünften für Arbeitsstätten nach § 3 Abs. 1 und Punkt 4.4 des Anhanges der Arbeitsstättenverordnung.

2 Anwendungsbereich

Diese Arbeitsstättenregel gilt für das Einrichten und Betreiben von Unterkünften im Bereich von Arbeitsstätten. Sie gilt nicht für Pausen- und Bereitschaftsräume, die in ASR A4.2 »Pausen- und Bereitschaftsräume« geregelt sind.
Hinweis:
Für die barrierefreie Gestaltung der Unterkünfte gilt die ASR V3 a.2 »Barrierefreie Gestaltung von Arbeitsstätten«, Anhang A4.4: Ergänzende Anforderungen zur ASR A4.4 »Unterkünfte«.

3 Begriffsbestimmungen

3.1 **Unterkünfte** sind Räume, die den Beschäftigten zu Wohnzwecken in der Freizeit dienen. Hierzu zählen auch Baracken, Wohncontainer, Wohnwagen und andere Raumzellen.
3.2 **Schlafbereich** ist eine Ruhezone, die zur körperlichen und geistigen Erholung zur Verfügung gestellt wird.
3.3 **Wohnbereich** ist ein Aufenthaltsraum bzw. Aufenthaltsbereich, der zum nicht nur vorübergehenden Aufenthalt von Menschen bestimmt und geeignet ist und zur Freizeitgestaltung zur Verfügung gestellt wird.

4 Allgemeines

(1) Landesrechtliche Vorschriften, insbesondere die bauordnungsrechtlichen Vorschriften der Länder zur Abwehr von Gefahren für die öffentliche Sicherheit und Ordnung sowie zur Vermeidung von Missständen bleiben unberührt.
(2) Unterkünfte sind an ungefährdeter Stelle bereitzustellen. Sie dürfen sich somit nicht z. B. im Gefahrenbereich von Baukranen, Aufzügen, Gerüsten, im Bereich

von Hochspannungsleitungen, von Lagerstätten für Gefahrstoffe oder Gase oder von kontaminierten Böden befinden.

(3) Bestehende Einrichtungen, wie Küchen, Vorratsräume, sanitäre Einrichtungen und Mittel zur Ersten Hilfe, können je nach örtlicher Lage und zumutbarer Erreichbarkeit auch für die Unterkünfte genutzt werden.

(4) Bei Anwesenheit von männlichen und weiblichen Bewohnern ist dies bei der Zuteilung der Räume zu berücksichtigen. In Unterkünften müssen die Voraussetzungen für deren getrennte Unterbringung gegeben sein.

(5) Bei Schichtbetrieb müssen für die Unterbringung der Beschäftigten verschiedener Schichten getrennte Schlafbereiche zur Verfügung stehen.

(6) Der Arbeitgeber hat

- Bestimmungen für die Benutzung von Unterkünften, z. B. für die Reinigung, das Verhalten im Brandfall oder bei Alarm aufzustellen,
- eine Brandschutzordnung sowie einen Alarmplan an gut sichtbarer Stelle in der Unterkunft auszuhängen,
- Informationen zum Aufbewahrungsort von Mitteln und zu Einrichtungen zur Ersten Hilfe zu geben,
- dafür zu sorgen, dass die Bewohner diese Bestimmungen und Informationen verstehen können sowie
- eine Unterweisung der Bewohner vorzunehmen und zu dokumentieren.

(7) Der Arbeitgeber kann auch örtliche Unterbringungsmöglichkeiten (z. B. Hotels, Pensionen) nutzen oder andere geeignete Räume in vorhandenen Gebäuden für die Unterbringung den Beschäftigten zur Verfügung stellen.

5 Unterkünfte

5.1 Anforderungen

(1) Von den Unterkünften soll ein direkter Zugang zum öffentlichen Verkehrsraum vorhanden sein.

(2) Unterkünfte müssen für Fahrzeuge der Feuerwehr und des Rettungsdienstes leicht erreichbar sein.

(3) Unterkünfte müssen während der Nutzungsdauer auf mindestens +21 °C geheizt werden können.

(4) Unterkünfte müssen ausreichend Tageslicht erhalten und mit einer angemessenen künstlichen Beleuchtung ausgestattet sein. Für die Beleuchtung sowie die Sicherheitsbeleuchtung in Unterkünften sind die Regelungen der ASR A3.4 »Beleuchtung und Sichtverbindung« sowie ASR A2.3 »Fluchtwege und Notausgänge« anzuwenden.

(5) In Unterkünften dürfen keine Gegenstände und Arbeitsstoffe, insbesondere keine Gefahrstoffe, aufbewahrt werden, die nicht zur zweckentsprechenden Einrichtung dieser Räume gehören.

5.2 Bereitstellung

(1) Unterkünfte sind so zu bemessen, dass für jeden Bewohner mindestens 8 m² Nutzfläche vorhanden sind. Darin enthalten sind anteilig die Nutzflächen aller den Bewohnern zur Verfügung stehenden Bereiche und Räume der Unterkunft, z. B. Wohnbereich, Sanitäreinrichtungen. Je nach Ausstattungsvariante müssen auf den Schlafbereich bzw. den Schlafbereich und Vorflur bei Unterbringung bis sechs Bewohnern mindestens 6 m² pro Bewohner entfallen. Bei Unterbringung von mehr als sechs bis maximal acht Bewohner müssen auf den Schlafbereich mindestens 6,75 m² pro Bewohner bei einer anteiligen Nutzfläche von mindestens 8,75 m² pro Bewohner entfallen (siehe Tabelle).

Tabelle: Mindestnutzflächen pro Bewohner

Anzahl der Bewohner pro Schlafbereich	Nutzfläche der Unterkunft pro Bewohner	Davon für den Schlafbereich bzw. Schlafbereich mit Vorflur zur Verfügung stehende Fläche pro Bewohner
bis 6	mindestens 8 m²	mindestens 6 m²
mehr als 6 bis maximal 8	mindestens 8,75 m²	mindestens 6,75 m²

(2) Unterkünfte für mehr als 50 Beschäftigte müssen über einen separaten Raum für erkrankte Beschäftigte mit mindestens zwei Betten verfügen. Der Zugang muss gekennzeichnet sein. Dieser Raum muss mit einer Krankentrage leicht erreicht werden können. In diesem Raum ist Trinkwasser oder ein alkoholfreies Getränk zur Verfügung zu stellen.

(3) Unterkünfte müssen entsprechend der Belegungszahl mit Sanitäreinrichtungen ausgestattet sein. Dafür sind die Regelungen der ASR A4.1 »Sanitärräume« anzuwenden.

(4) Für das Einrichten und Betreiben der Verkehrswege sind die Regelungen der ASR A1.8 »Verkehrswege« anzuwenden. Verkehrswege zwischen den Schlafbereichen und Sanitäreinrichtungen müssen, sofern sie nicht innen liegend ausgeführt sind, vor Witterungseinflüssen geschützt begangen werden können. Dies kann in Abhängigkeit von jahreszeitlichen Einflüssen, z. B. durch Einhausung oder Überdachung der Verkehrswege, erreicht werden.

5.3 Ausführung

(1) Fußböden, Wände und Decken müssen gegen Feuchtigkeit geschützt und gegen Wärme und Kälte gedämmt ausgeführt werden.

(2) Die lichte Raumhöhe muss mindestens 2,50 m betragen, soweit nicht nach dem Bauordnungsrecht der Länder eine andere lichte Raumhöhe zulässig ist. Unterkünfte müssen frei belüftet werden können (z. B. Fenster, Oberlichter).

(3) Außentüren von Unterkünften müssen dicht und verschließbar sein. Der Eingangsbereich soll mit einem Windfang ausgerüstet sein.
(4) Durchsichtige Trennwände, Türen und Fenster in Unterkünften müssen gegen Einsichtnahme mit ausreichendem Sichtschutz, z. B. Vorhängen oder Jalousien, geschützt sein.

5.4 Ausstattung

(1) Unterkünfte müssen über technische Einrichtungen, z. B. ein Telefon, verfügen, die eine schnellstmögliche Alarmierung der zuständigen Polizeidienststelle, der Feuerwehr oder des Notarztes ermöglichen.
(2) Die Anzahl der Steckdosen in den Wohn- und Schlafbereichen muss an die Ausstattung und Belegung angepasst sein.
(3) Unterkünfte sind mit den erforderlichen Feuerlöscheinrichtungen und, soweit notwendig, mit Brandmeldern auszustatten; dafür ist die ASR A2.2 »Maßnahmen gegen Brände« anzuwenden. Die Feuerlöscher sind an gut sichtbaren und leicht zugänglichen Stellen anzubringen.
(4) Unterkünfte sind mit den erforderlichen Mitteln für die Erste Hilfe auszustatten, dafür ist die ASR A4.3 »Erste-Hilfe-Räume, Mittel und Einrichtungen zur Ersten Hilfe« anzuwenden. Die Mittel für die Erste Hilfe sind an geeigneter Stelle der Unterkünfte gut sichtbar und gekennzeichnet vorzuhalten.
(5) Es dürfen nicht mehr als vier Betten in einem Schlafbereich aus Raumzellen aufgestellt werden. In Gebäuden dürfen maximal acht Betten in einem Raum aufgestellt werden. Bei Etagenbetten dürfen nicht mehr als zwei Betten übereinanderstehen. In den Schlafbereichen müssen für jeden Bewohner ein eigenes Bett mit Matratze und Kopfkissen, mindestens eine Sitzgelegenheit und in angemessener Größe eine Tischfläche sowie ein verschließbarer Schrank für Wäsche, Bekleidung oder persönliche Gegenstände vorhanden sein. Die elektrische Beleuchtung ist zweckmäßig zu installieren (z. B. Orientierungshilfen, Nachtleuchten, Leselampen). Türen zu Schlafbereichen müssen von innen verschließbar sein.
(6) Sofern mehr als vier Bewohner länger als eine Woche gemeinsam untergebracht werden, soll mindestens ein Aufenthaltsraum oder entsprechender Aufenthaltsbereich zur Verfügung stehen (Wohnbereich). Hier müssen mindestens ein angemessen großer Tisch und je Bewohner eine Sitzgelegenheit vorhanden sein. Dabei ist für jeden Beschäftigten eine freie Bewegungsfläche von mindestens 1 m^2 vorzusehen.
(7) Sofern Beschäftigte länger als eine Woche untergebracht werden und keine alternativen Möglichkeiten vorhanden sind oder geschaffen werden, z. B. das Anbieten einer Waschdienstleistung, ist eine Möglichkeit zum Waschen, Trocknen und Bügeln von Kleidung außerhalb der Schlaf- und Wohnbereiche vorzusehen. Hierfür sind Waschmaschinen und Trockengeräte zur gemeinschaftlichen Nutzung geeignet.
(8) Wenn keine anderweitige Verpflegungsmöglichkeit vorhanden ist, z. B. Kantine oder Lieferung von Fertigessen, sind in einem besonderen Raum mit Trinkwasser-

zapfstelle ausreichend Zubereitungs-, Aufbewahrungs-, Kühl- und Spülgelegenheiten zu schaffen. Die Wände müssen bis zur Höhe von 2 m einen glatten, waschfesten und hellen Belag oder einen entsprechenden Anstrich haben. Für Fußböden ist die ASR A1.5 »Fußböden« anzuwenden. Für jeden Beschäftigten sind hygienisch einwandfreie und verschließbare Fächer vorzuhalten.
(9) In jedem Raum, ausgenommen Windfang und Vorratsraum, sind Abfallbehälter mit Deckel bereitzustellen. Diese müssen aus schwer entflammbarem Material bestehen.

6 Abweichende / ergänzende Anforderungen für Baustellen

(1) Die Bereitstellung von Unterkünften auf Baustellen ist nach Anhang 4.4 Abs. 1 Arbeitsstättenverordnung z. B. erforderlich wenn:
- Arbeiten unter erschwerten Bedingungen wie Druckluft- und Taucherarbeiten ausgeführt werden, um beim Auftreten von Drucklufterkrankungen nach der Dekompres- sionsphase und auch nach Schichtende technische und medizinische Hilfsmaßnahmen unverzüglich einleiten zu können,
- eine Sicherstellung des Betriebes von Versorgungseinrichtungen für z. B. Druckluftbaustellen durch Möglichkeiten der Unterbringung für Bereitschaftsdienste nötig ist,
- technologisch bedingte verkürzte oder lange Arbeitszeiten oder kurze Schichtwechsel nötig sind, z. B. Arbeiten abhängig von Ebbe und Flut oder Zwangspausen infolge von Arbeitszeitbegrenzungen,
- Kontroll- und Notdienste ausgeführt werden, die nicht vorhersehbaren Einflüssen unterliegen, z. B. Betreiben von Spülfeldern oder Grundwasser-absenkungsanlagen,
- ein unzumutbarer Zeitbedarf für eine tägliche Heimfahrt oder eine nicht mehr ausreichende Ruhezeit erforderlich ist, z. B. häufig wechselnde Arbeitsstätten infolge kurzer Bauzeiten, z. B. für Spezialisten des Spezialtiefbaus, Zwei- oder Dreischichtbetrieb bei Gleitschalungsarbeiten oder Schubbrückenbau,
- die Baustelle nicht mit gewöhnlichen öffentlichen Verkehrsmitteln erreichbar bzw. keine Anfahrmöglichkeit mit persönlicher Fahrgelegenheit vorhanden ist, z. B. Arbeiten auf Hubinseln oder Schwimmenden Geräten (z. B. Schwimmrammen) oder
- sie mit Pkw über das öffentliche Straßennetz nicht erreichbar ist (z. B. Geländewagen für die Anfahrt erforderlich).

(2) Sofern den Beschäftigten seitens des Arbeitgebers der mit der Beschaffung der Unterkunft verbundene Mehraufwand ausgeglichen wird und die Beschäftigten ihre Unterkunft selbst beschaffen, besteht kein Erfordernis zur Bereitstellung von Unterkünften.

ASR A5.2 »Anforderungen an Arbeitsplätze und Verkehrswege auf Baustellen im Grenzbereich zum Straßenverkehr – Straßenbaustellen«

Dezember 2018 (GMBl 2018, S. 1160, zuletzt geändert GMBl 2022, S. 252)

1 Zielstellung

Diese ASR dient dem Schutz von Beschäftigten auf Baustellen vor Gefährdungen durch den fließenden Verkehr im Grenzbereich zum Straßenverkehr. Sie konkretisiert die Anforderungen an das Einrichten und Betreiben von Arbeitsplätzen und Verkehrswegen auf diesen Baustellen in § 3 a Absatz 1 Arbeitsstättenverordnung sowie insbesondere in Punkt 5.2 Absätze 2, 3 und 4 des Anhangs der Arbeitsstättenverordnung.

2 Anwendungsbereich

(1) Diese ASR gilt für das Einrichten, Betreiben und den Abbau von Arbeitsplätzen und Verkehrswegen auf Baustellen im Grenzbereich zum Straßenverkehr, bei denen durch den fließenden Verkehr Gefährdungen für die Beschäftigten entstehen können. Sie findet auch Anwendung für die dazugehörenden Verkehrssicherungsarbeiten. Sie unterstützt bei der Ermittlung und Beurteilung dieser Gefährdungen sowie bei der Planung und Umsetzung von Schutzmaßnahmen zur Gestaltung sicherer Arbeitsplätze und Verkehrswege auf Baustellen im Grenzbereich zum Straßenverkehr.
(2) Diese ASR soll in allen Planungsphasen berücksichtigt werden.
(3) Diese ASR regelt nicht die verkehrsrechtlichen Anforderungen im Geltungsbereich der Straßenverkehrs-Ordnung (StVO).
(4) Diese ASR gilt nicht für die Pannen- und Unfallhilfe sowie für Bergungs- und Abschlepparbeiten.
Hinweis:
Sofern entsprechende Gefährdungen vorliegen, ist diese Arbeitsstättenregel insbesondere in Verbindung mit folgenden ASR anzuwenden:
- *Sicherheitszeichen: ASR A1.3 »Sicherheits- und Gesundheitsschutzkenn-zeichnung«,*
- *Verkehrswege auf Straßenbaustellen: ASR A1.8 »Verkehrswege«,*
- *Schutz vor Absturz und herabfallenden Gegenständen: ASR A2.1 »Schutz vor Absturz und herabfallenden Gegenständen, Betreten von Gefahrenbereichen«,*
- *Maßnahmen gegen Brände: ASR A2.2 »Maßnahmen gegen Brände«,*

- *Fluchtwege: ASR A2.3 »Fluchtwege und Notausgänge«,*
- *Beleuchtung: ASR A3.4 »Beleuchtung« oder*
- *Sicherheitsbeleuchtung: ASR A2.3 »Fluchtwege und Notausgänge« oder ASR A3.4 »Beleuchtung«.*

3 Begriffsbestimmungen

3.1 **Ankommender Verkehr** ist der Straßenverkehr, der sich aus der vorgegebenen Fahrtrichtung einer Straßenbaustelle nähert.

3.2 **Fahrbahn** ist der aus Fahrstreifen für alle Arten von Fahrzeugen sowie eventuell vorhandenen Randstreifen bestehende zusammenhängende befestigte Teil einer Straße.

3.3 **Fahrstreifen** ist der Teil einer Fahrbahn, den ein Fahrzeug zum ungehinderten Fahren im Verlauf der Fahrbahn, einschließlich anzurechnender Markierungen oder baulicher Leitelemente, benötigt.

3.4 **Fahrzeug-Rückhaltesysteme** sind Schutzeinrichtungen, die von der Fahrbahn abkommende Fahrzeuge aufhalten oder umlenken sollen. Sie können als dauerhafte oder transportable Schutzeinrichtungen ausgeführt sein.

3.5 **Fließender Verkehr** ist der an der Straßenbaustelle ankommende oder vorbeifahrende Straßenverkehr.

3.6 **Grenzbereich zum Straßenverkehr** ist der Teil der Straßenbaustelle, in dem durch den fließenden Straßenverkehr Gefährdungen für die Beschäftigten entstehen können.

3.7 **Öffentlicher Straßenverkehr** kennzeichnet jenen Teil des Straßenverkehrs, der auf den der Allgemeinheit zur Verfügung gestellten Verkehrsflächen erfolgt.

3.8 **Sicherheitsabstand** im Sinne dieser ASR ist der Abstand zwischen Verkehrseinrichtungen und den dem fließenden Verkehr zugewandten Außenbegrenzungen von Arbeitsplätzen oder Verkehrswegen auf Straßenbaustellen (siehe Abbildung 1).

3.9 **Sicherungsfahrzeuge** im Sinne dieser ASR sind Fahrzeuge, die zur Sicherung von Straßenbaustellen eingesetzt werden. Sie sind besonders gekennzeichnet und mit Sonderrechten ausgestattet (siehe § 35 Absatz 6 StVO und Richtlinien zur Sicherung von Straßenbaustellen (RSA)).

3.10 **Straßenbaustellen** im Sinne dieser ASR sind Baustellen, auf denen im Grenzbereich zum Straßenverkehr Arbeiten auf, neben, unter, über oder im Straßenkörper sowie an baulichen Anlagen im Zuge von Straßen durchgeführt und dazu öffentliche oder nicht öffentliche Verkehrsflächen vorübergehend ganz oder teilweise abgesperrt werden. Zu diesen Arbeiten zählen z. B. auch Reinigen von Verkehrseinrichtungen, Grünpflege, Arbeiten an Versorgungsleitungen, Vermessungsarbeiten, Bauwerksprüfungen, Sanierungsarbeiten.

Hinweis:
Der in dieser ASR verwendete Begriff »Straßenbaustelle« entspricht dem in den RSA verwendeten Begriff »Arbeitsstelle«.

3.11 **Straßenbaustellen längerer Dauer** sind Straßenbaustellen, die mindestens einen Kalendertag durchgehend und ortsfest aufrechterhalten werden.

3.12 **Straßenbaustellen kürzerer Dauer** sind Straßenbaustellen, die nur über eine begrenzte Stundenzahl bei Tageshelligkeit (Tagesbaustellen) oder während der Dunkelheit (Nachtbaustellen) betrieben werden, auch wenn die Arbeiten an den folgenden Tagen fortgesetzt werden.
3.13 **Verkehrseinrichtungen** sind z. B. Schranken, Sperrpfosten, Absperrgeräte sowie Leiteinrichtungen gemäß StVO. Zu den Verkehrseinrichtungen gehören auch Blinklicht- und Lichtzeichenanlagen.
3.14 **Verkehrssicherungsarbeiten** sind Arbeiten zum Auf-, Um- und Abbau sowie zur Unterhaltung der Verkehrssicherung.
3.15 **Verkehrssicherungsmaßnahmen** sind die von der zuständigen Behörde in einer verkehrsrechtlichen Anordnung vorgeschriebenen Maßnahmen zur Lenkung und Leitung des öffentlichen Straßenverkehrs.
3.16 **Verkehrswege auf Straßenbaustellen** sind Verkehrswege entsprechend der ASR A1.8 »Verkehrswege«, die dem öffentlichen Straßenverkehr nicht zur Verfügung stehen.
3.17 **Verschwenkungsbereich** ist der Streckenabschnitt, in dem ein oder mehrere Fahrstreifen quer zur Fahrbahnachse versetzt oder eingeengt werden.

4 Einrichten von Arbeitsplätzen und Verkehrswegen auf Straßenbaustellen

4.1 Allgemeines

(1) Straßenbaustellen sind so zu planen und einzurichten, dass Gefährdungen durch den fließenden Verkehr für Beschäftigte möglichst vermieden und verbleibende Gefährdungen möglichst geringgehalten werden.
Gefährdungen durch den fließenden Verkehr können z. B. durch eine vollständige Umleitung des Verkehrs bei einbahnigen Straßen oder eine Überleitung des Verkehrs auf die Gegenfahrbahn bei zweibahnigen Straßen vermieden werden.
(2) Sofern Gefährdungen für Beschäftigte durch den fließenden Verkehr nicht vermieden werden können, sind diese so weit wie möglich zu minimieren. Zur Minimierung dieser Gefährdungen sind für Arbeitsplätze und Verkehrswege auf Straßenbaustellen bereits in der Planung der Ausführung der Arbeiten unter Berücksichtigung der zum Einsatz kommenden Arbeitsverfahren und Arbeitsmittel geeignete Schutzmaßnahmen (siehe Punkte 4.2 bis 4.6) vorzusehen.
Hinweis:
Bei der Auswahl der Schutzmaßnahmen sind auch die Hinweise des Koordinators sowie des Sicherheits- und Gesundheitsschutzplans (SiGePlan) nach Baustellenverordnung (BaustellV) zu berücksichtigen.
(3) Bei Straßenbaustellen sind die erforderlichen Platzbedarfe für Arbeitsplätze, Verkehrswege, Sicherheitsabstände und technische Schutzmaßnahmen zu ermitteln und bereitzustellen. Diese Platzbedarfe sind abhängig von den auszuführenden Tätigkeiten und von den eingesetzten Arbeitsmitteln.
Dabei sind Platzbedarfe z. B. für

- freie Bewegungsflächen für Beschäftigte unter Berücksichtigung der Körpermaße und der auszuführenden Bewegungsabläufe,
- ein durch Arbeitsverfahren bedingtes Hinauslehnen aus Führer- und Bedienständen von Fahrzeugen und Maschinen zur Einsichtnahme in den Fahr- und Arbeitsbereich,
- das Steuern oder Bedienen von Maschinen im Mitgängerbetrieb,
- Arbeits- und Schwenkbereiche von Arbeitsmitteln,
- Aufstell- und Lagerflächen für die eingesetzten Arbeitsmittel und Materialien,
- Baustellenein- und -ausfahrten,
- Zufahrten für Rettungsdienste,
- Fahrzeug-Rückhaltesysteme oder
- Sicherheitsabstände für die Standsicherheit von Baugruben und Gräben

zu berücksichtigen.

(4) Für Verkehrssicherungsarbeiten, z. B. das Aufstellen und Abbauen von Verkehrseinrichtungen, das Aufstellen und Abbauen von Fahrzeug-Rückhaltesystemen oder die Durchführung von Markierungsarbeiten, sind die Absätze 1 bis 3 anzuwenden.

(5) Arbeitsplätze und Verkehrswege auf Straßenbaustellen dürfen nur eingerichtet und betrieben werden, wenn eine sichere Führung des fließenden Verkehrs gewährleistet ist.

Hinweis:

Vor dem Beginn von Arbeiten, die sich auf den öffentlichen Straßenverkehr auswirken, ist eine verkehrsrechtliche Anordnung gemäß StVO einzuholen.

4.2 Technische Schutzmaßnahmen

4.2.1 Straßenbaustellen längerer Dauer

(1) Sind Arbeitsplätze einschließlich Verkehrswege nicht bereits durch baulich vorhandene Fahrzeug-Rückhaltesysteme (z. B. im Mittelstreifen) vom fließenden Verkehr getrennt, sind zur Minimierung der Gefährdungen durch ein Abkommen von Fahrzeugen bei einer zulässigen Höchstgeschwindigkeit größer 50 km/h zur räumlichen Trennung von Arbeitsplätzen und Verkehrswegen auf Straßenbaustellen vom vorbeifließenden Verkehr grundsätzlich transportable Schutzeinrichtungen einzusetzen.

Bei zulässigen Höchstgeschwindigkeiten von 50 km/h und weniger sollen transportable Schutzeinrichtungen eingesetzt werden:

- entlang von Baugruben oder Gräben, wenn eine Absturz- bzw. Einsturzgefahr besteht (z. B. bei dicht an Aufgrabungskanten vorbeigeführten Fahrstreifen) oder
- wenn aufgrund der Verkehrsführung (z. B. starke Verschwenkungen, enge Fahrstreifen) eine erhöhte Abkommenswahrscheinlichkeit für den fließenden Verkehr besteht, hierdurch Beschäftigte gefährdet werden können und die erhöhte Abkommenswahrscheinlichkeit nicht durch eine Geschwindigkeitsreduzierung minimiert werden kann.

Andere Maßnahmen, z. B. ein Baugrubenverbau, können angewendet werden, wenn sie für das beabsichtigte Aufhalten oder Umlenken von Fahrzeugen dimensioniert und ausgebildet sind.

(2) Bei der Auswahl der transportablen Schutzeinrichtungen nach Absatz 1 sind Geschwindigkeit, Gewicht sowie Anfahrwinkel der Fahrzeuge zu berücksichtigen (siehe dazu: Aufhaltestufen entsprechend Liste nach TL-Transportable Schutzeinrichtungen (TSE) der Bundesanstalt für Straßenwesen (BASt)) und die in den Tabellen 1 und 3 genannten Sicherheitsabstände anzuwenden.

(3) Können transportable Schutzeinrichtungen nicht eingesetzt werden, z. B.

- aufgrund fehlender Aufstellflächen oder Unterschreitung der Mindestaufbaulänge,
- wegen Behinderung des Baustellenverkehrs (z. B. Anlieferung von Material, Baumaschinen),

oder ist der Einsatz transportabler Schutzeinrichtungen nicht verhältnismäßig, z. B.

- wenn die Gefährdung der Beschäftigten beim Auf- und Abbau der Schutzeinrichtung größer ist als ihre Gefährdung bei der eigentlichen Arbeit im Grenzbereich zum Straßenverkehr,
- weil einzelne, zeitlich begrenzte Bauphasen größere Arbeitsbreiten erfordern,

sind Verkehrseinrichtungen (z. B. Leitbaken, Leitkegel), Leitschwellen, Leitborde oder Leitwände zur Führung des Straßenverkehrs zu verwenden. Dabei sind die in den Tabellen 1 und 3 genannten Sicherheitsabstände anzuwenden.

4.2.2 Straßenbaustellen kürzerer Dauer

(1) Bei Straßenbaustellen kürzerer Dauer müssen zur Abgrenzung von Arbeitsplätzen und Verkehrswegen zum fließenden Verkehr geeignete Verkehrseinrichtungen eingesetzt werden. Dies können z. B. Leitbaken, Leitkegel, fahrbare Absperrtafeln, Warneinrichtungen und Lichtzeichenanlagen sein. Dabei sind die in den Tabellen 2 und 3 genannten Sicherheitsabstände anzuwenden.

(2) Werden Fahrzeuge und Maschinen als Sicherungsfahrzeuge eingesetzt, müssen diese die verkehrsrechtlichen Anforderungen erfüllen (siehe § 35 Absatz 6 StVO und Richtlinien für die Sicherung von Arbeitsstellen an Straßen (RSA)).

4.3 Seitlicher Sicherheitsabstand (S_Q) von Arbeitsplätzen und Verkehrswegen auf Straßenbaustellen zum fließenden Verkehr

(1) Zum Schutz der Beschäftigten ist für Arbeitsplätze und Verkehrswege auf Straßenbaustellen ein seitlicher Sicherheitsabstand (S_Q) zum fließenden Verkehr vorzusehen. Damit werden z. B. unbeabsichtigte Bewegungen von Beschäftigten aus dem Bereich von diesen Arbeitsplätzen und Verkehrswegen heraus oder unbeabsichtigte Fahrbewegungen des fließenden Verkehrs berücksichtigt. Im seitlichen Sicherheitsabstand (S_Q) dürfen sich außer zum Auf- und Abbau der Verkehrseinrichtungen keine Arbeitsplätze oder Verkehrswege befinden.

(2) Seitliche Sicherheitsabstände (S_Q) werden bei Fahrzeug-Rückhaltesystemen auf die dem Verkehr zugewandte äußere Begrenzung des Fahrzeug-Rückhaltesystems bezogen (siehe Abb. 1 a)). Seitliche Sicherheitsabstände (S_Q) werden bei Leitbaken, Leitkegeln, Leitwänden, Leitschwellen und Leitborden jeweils auf deren Mittelachse bezogen (siehe Abb. 1 b)). Aufgrund ihrer unterschiedlichen Abmessungen werden diesen Elementen spezifische Sicherheitsabstände zugeordnet.

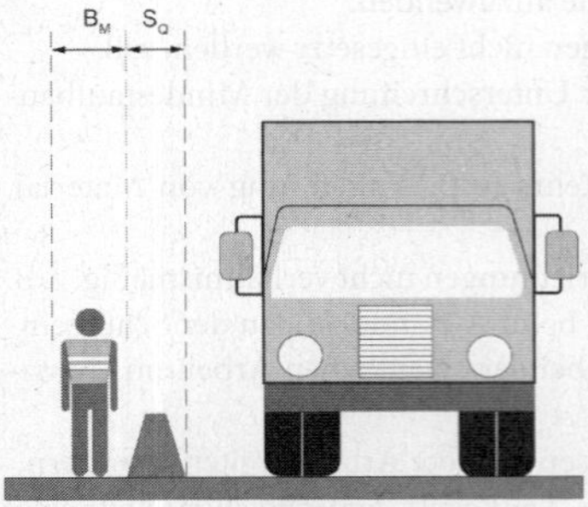

Abb. 1a): Bezugslinie für seitliche Sicherheitsabstände (S_Q) zum fließenden Verkehr: dem Verkehr zugewandte äußere Begrenzung bei Fahrzeug-Rückhaltesystemen

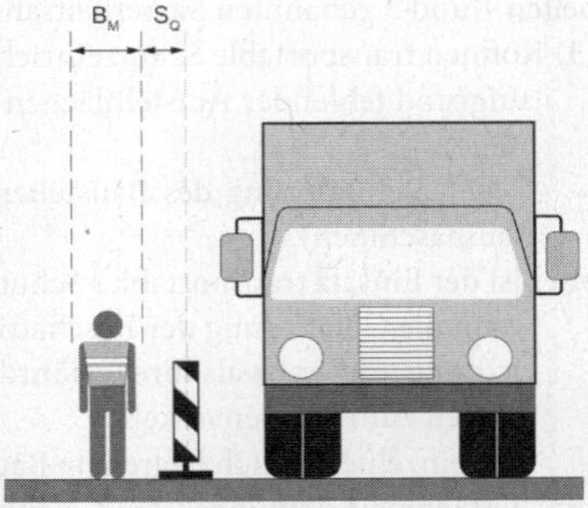

Abb. 1b): Bezugslinie für seitliche Sicherheitsabstände (S_Q) zum fließenden Verkehr: dem Verkehr zugewandte äußere Begrenzung bei Fahrzeug-Rückhaltesystemen

Tabelle 1: Mindestmaße für seitliche Sicherheitsabstände (S_Q) zum fließenden Verkehr bei Straßenbaustellen längerer Dauer

	Zulässige Höchstgeschwindigkeit					
Element	**30 km/h**	**40 km/h**	**50 km/h**	**60 km/h**	**80 km/h**	**100 km/h**
Fahrzeug-Rückhaltesysteme	30 cm	40 cm	50 cm	60 cm	80 cm	100 cm
Leitbake (1000 mm x 250 mm, 750 mm x 187,5 mm), Leitkegel, Leitwand	30 cm	40 cm	50 cm	70 cm	90 cm	*
Leitbake (500 mm x 125 mm), Leitschwelle, Leitbord	50 cm	60 cm	70 cm	90 cm	110 cm	*

**Hinweise zu Tabelle 1:*

1. Bei zulässigen Höchstgeschwindigkeiten ab 100 km/h müssen Fahrzeug-Rückhaltesysteme eingesetzt werden.

2. Die Sicherheitsabstände für Fahrzeug-Rückhaltesysteme berücksichtigen ausschließlich die verkehrsleitende Funktion dieser Systeme.

Tabelle 2: Mindestmaße für seitliche Sicherheitsabstände (S_Q) zum fließenden Verkehr bei Straßenbaustellen kürzerer Dauer

Element	Zulässige Höchstgeschwindigkeit						
	30 km/h	**40 km/h**	**50 km/h**	**60 km/h**	**80 km/h**	**100 km/h**	**120 km/h**
Leitbake (1000 mm × 250 mm, 750 mm × 187,5 mm), Leitkegel, Leitwand	30 cm	40 cm	50 cm	70 cm	90 cm	110 cm	130 cm
Leitbake (500 mm × 125 mm), Leitschwelle, Leitbord	50 cm	60 cm	70 cm	90 cm	110 cm	130 cm	150 cm

(3) Können die Mindestmaße aus den Tabellen 1 und 2 nicht eingehalten werden, sind als Ergebnis einer Gefährdungsbeurteilung Schutzmaßnahmen festzulegen, die mindestens die gleiche Sicherheit und den gleichen Gesundheitsschutz für die Beschäftigten erreichen. Dabei sind z. B. folgende Kriterien zu berücksichtigen:
- zulässige Höchstgeschwindigkeit des fließenden Verkehrs,
- Kurvigkeit der Straßenführung,
- fehlende Ausweichmöglichkeiten, z. B. durch Bordsteine, seitlichen Bewuchs oder Gegenverkehr,
- Fahrstreifenbreiten,
- Fahrzeugarten und
- Verkehrsdichte, Sichtverhältnisse.

Geeignete Schutzmaßnahmen sind z. B.
- temporäre Fahrbahnverbreiterung für den vorbeifließenden Straßenverkehr,
- Überwachung der tatsächlich gefahrenen Geschwindigkeit, z. B. durch polizeiliche Maßnahmen,
- Anzeige der tatsächlich gefahrenen Geschwindigkeit durch elektronische Messverfahren,
- in lokal begrenzten Abschnitten weitere Reduzierung der zulässigen Höchstgeschwindigkeit,
- Herausfiltern und Umleiten des Lkw-Verkehrs,
- Durchführung der Arbeiten in verkehrsarmen Zeiten oder
- temporäre Lichtzeichenanlage zur zeitweiligen Sperrung des fließenden Verkehrs (Nutzen von Zeitfenstern).

(4) Wären bei Festlegung von Schutzmaßnahmen nach Absatz 3 besondere Gefährdungen für die Verkehrsteilnehmer infolge erheblicher Behinderungen bzw. erheblicher Verkehrsbelastungen zu erwarten, sind in Abstimmung mit den für den Arbeitsschutz und den für den Straßenverkehr zuständigen Behörden stattdessen die

Schutzmaßnahmen festzulegen, die für Beschäftigte auf Straßenbaustellen und für Verkehrsteilnehmer gleichermaßen die größtmögliche Sicherheit gewährleisten.

Hinweis:

Vor dem Beginn von Arbeiten, die sich auf den öffentlichen Straßenverkehr auswirken, ist eine verkehrsrechtliche Anordnung gemäß StVO einzuholen.

4.4 Mindestbreiten (B_M) für Arbeitsplätze und Verkehrswege auf Straßenbaustellen

Als Mindestbreiten (B_M) für Arbeitsplätze und Verkehrswege auf Straßenbaustellen sind erforderlich:

- abweichend von Punkt 7 Absatz 4 der ASR A1.8 für Verkehrswege: B_M 80 cm,
- abweichend von Punkt 7 Absatz 2 der ASR A1.8 »Verkehrswege« für Laufstege: B_M 80 cm,
- für reine Kontroll-, Steuer- und Bedientätigkeiten, z. B. im Mitgängerbetrieb: B_M 80 cm und
- für ein durch Arbeitsverfahren bedingtes Hinauslehnen aus Führer- und Bedienständen von Fahrzeugen und Maschinen zur Einsichtnahme in den Fahr- und Arbeitsbereich: B_M 40 cm.

Für manuelle Tätigkeiten sind die erforderlichen Mindestbreiten (B_M) zu ermitteln. Dabei darf die Mindestbreite B_M 80 cm nicht unterschritten werden.

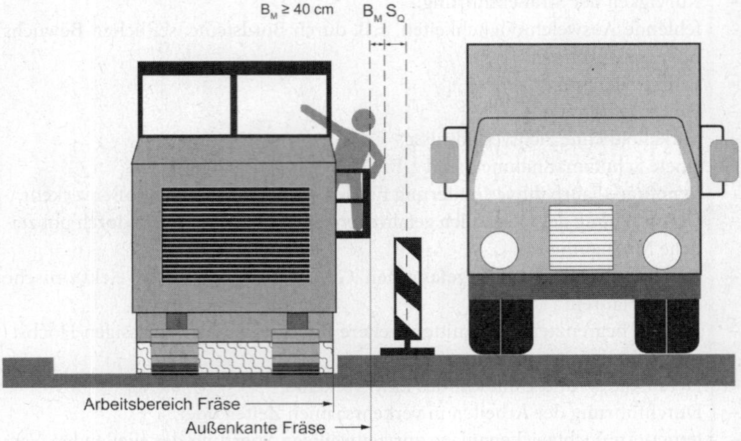

Abb. 2 a: Seitlicher Sicherheitsabstand (S_Q) und Mindestbreite (B_M) für Arbeitsplätze und Verkehrswege auf Straßenbaustellen, Beispiel Fräse mit herauslehnendem Fahrer

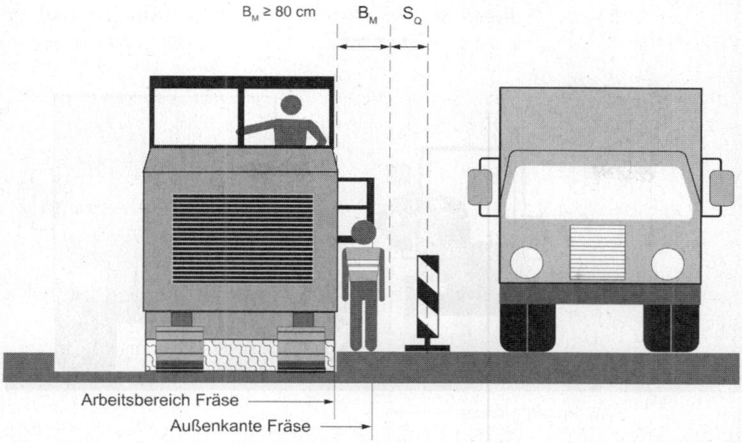

Abb. 2 b: Seitlicher Sicherheitsabstand (S_Q) und Mindestbreite (B_M) für Arbeitsplätze und Verkehrswege auf Straßenbaustellen, Beispiel Fräse mit Mitgängerbetrieb

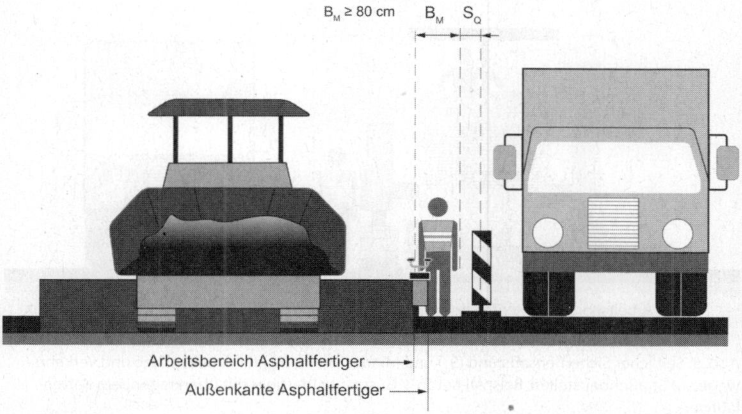

Abb. 3: Seitlicher Sicherheitsabstand (S_Q) und Mindestbreite (B_M) für Arbeitsplätze und Verkehrswege auf Straßenbaustellen, Beispiel Asphaltfertiger

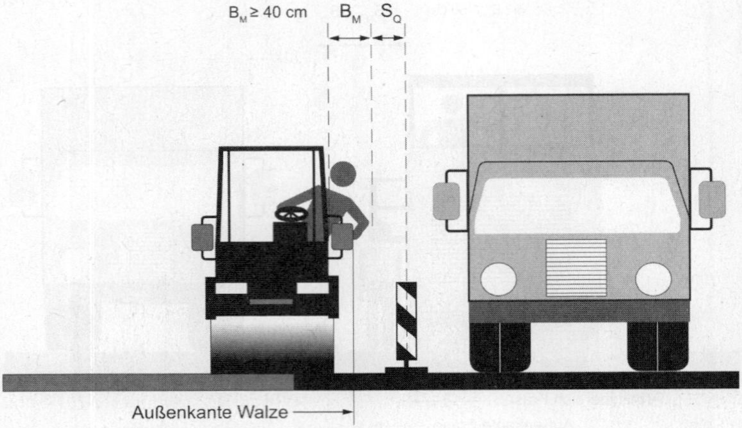

Abb. 4: Seitlicher Sicherheitsabstand (S_Q) und Mindestbreite (B_M) für Arbeitsplätze und Verkehrswege auf Straßenbaustellen, Beispiel Walze mit Überlappung im Bereich der Naht

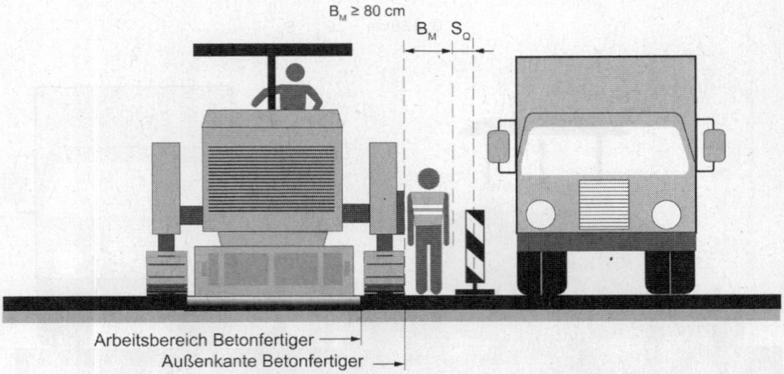

Abb. 5: Seitlicher Sicherheitsabstand (S_Q) und Mindestbreite (B_M) für Arbeitsplätze und Verkehrswege auf Straßenbaustellen, Beispiel Beton- / Gussasphaltfertiger mit überkragendem Kettenlaufwerk

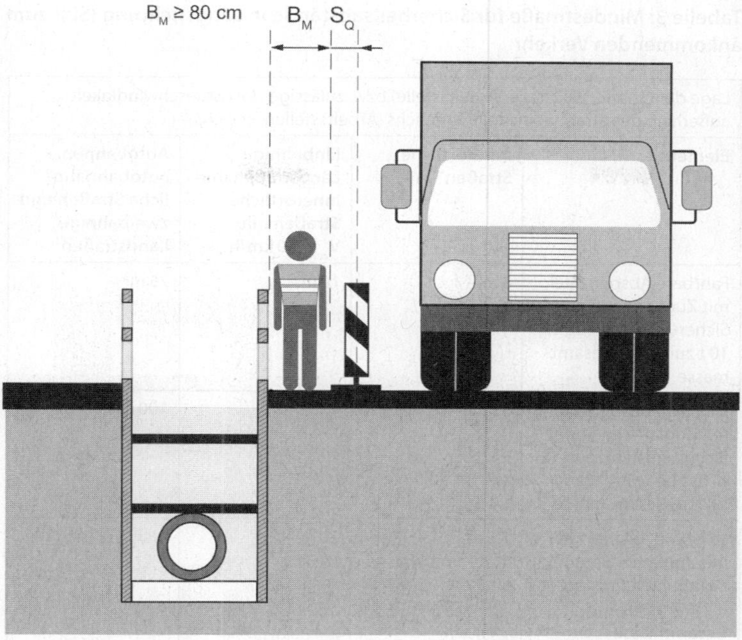

Abb. 6: Seitlicher Sicherheitsabstand (S_Q) und Mindestbreite (B_M) für Arbeitsplätze und Verkehrswege auf Straßenbaustellen, Beispiel Kanalgrabenherstellung

4.5 Sicherheitsabstand in Längsrichtung (S_L) von Arbeitsplätzen und Verkehrswegen auf Straßenbaustellen zum ankommenden Verkehr

(1) Für Arbeitsplätze und Verkehrswege auf Straßenbaustellen ist ein Sicherheitsabstand in Längsrichtung (S_L) zum ankommenden Verkehr vorzusehen. Damit wird z. B. die Gefährdung durch unbeabsichtigtes Hineinfahren in den abgesperrten Bereich der Baustelle berücksichtigt. In diesem Sicherheitsabstand (S_L) dürfen sich außer zum Auf- und Abbau der Verkehrseinrichtungen keine Arbeitsplätze oder Verkehrswege befinden.

(2) Beim Einsatz von Verkehrseinrichtungen, fahrbaren Absperrtafeln mit und ohne Zugfahrzeug, Leitschwellen, -borden oder -wänden sind Sicherheitsabstände (S_L) nach Tabelle 3 anzuwenden.

Tabelle 3: Mindestmaße für Sicherheitsabstände in Längsrichtung (SL)[1] zum ankommenden Verkehr

Lage der (Straßenbaustelle (Arbeitsstelle) bzw. zulässige Höchstgeschwindigkeit außerhalb des Straßenbaustellenbereichs (Arbeitsstellenbereichs)			
Element	**innerörtliche Straßen**	**Einbahnige Landstraßen und innerörtliche Straßen mit V_{zul} > 50 km/h**	**Autobahnen, autobahnähnliche Straßen und zweibahnige Landstraßen[2]**
Fahrbare Absperrtafel mit Zugfahrzeug oder Sicherungsfahrzeug ≥ 10 t zulässige Gesamtmasse	3 m	10 m	75 m[3]
Fahrbare Absperrtafel mit Zugfahrzeug oder Sicherungsfahrzeug < 10 t bis ≥ 7,49 t zulässige Gesamtmasse	5 m	15 m	100 m[3]
Fahrbare Absperrtafel mit Zugfahrzeug oder Sicherungsfahrzeug < 7,49 t zulässige Gesamtmasse	7,5 m	20 m	nicht zulässig
Fahrbare Absperrtafel ohne Zugfahrzeug	15 m	40 m	

Hinweis:
Werden auf innerörtlichen Straßen bzw. auf Landstraßen andere Verkehrseinrichtungen (§ 43 StVO) oder bauliche Leitelemente zur Querabsperrung von Teilen der Fahrbahn eingesetzt, so beträgt S_L gegenüber dem ankommenden Verkehr innerorts 10 m, außerorts entspricht S_L der Länge des Verschwenkungsbereichs gemäß RSA.

1 Die genannten Sicherheitsabstände (SL) sind im Sinne eines durch einen Anprall aufzehrbaren Bereiches als lichtes Maß zwischen Vorderkante der Absperrung (Sicherungs- bzw. Zugfahrzeug) und Arbeitsbereich zu verstehen, d. h. als Nettomaß.

2 Auf Rampen (Verbindungsfahrbahnen in Knotenpunkten) können in Abhängigkeit von der Lage der Baustelle in der Rampe, der Rampenlänge und den tatsächlich gefahrenen Geschwindigkeiten kleinere Abstände in Betracht kommen, jedoch nicht unter 20 m.

3 Bei beweglichen Straßenbaustellen (Arbeitsstellen) kann der Abstand auf 50 m reduziert werden.

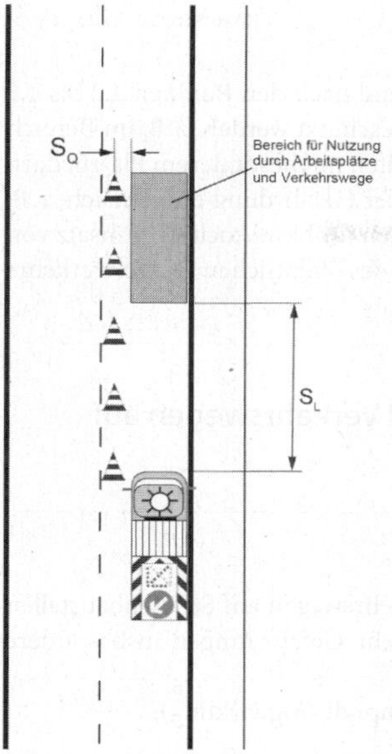

Abb. 7a): Sicherheitsabstand (S_L) zum ankommenden Verkehr am Beispiel fahrbare Absperrtafel mit Zugfahrzeug

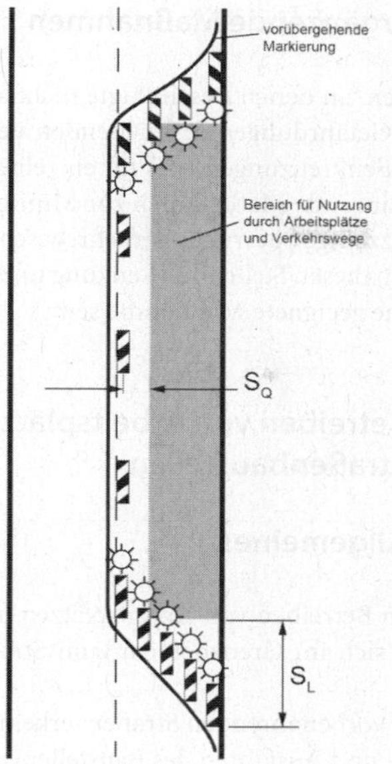

Abb. 7b): Sicherheitsabstand (S_L) zum ankommenden Verkehr am Beispiel mit Verschwenkungsbereich

(3) Bei Fahrzeug-Rückhaltesystemen entspricht das Maß des Sicherheitsabstandes (S_L) zum ankommenden Verkehr der Länge des Verschwenkungsbereiches (Verschwenkungsbereich entsprechend Verkehrszeichenplan der verkehrsrechtlichen Anordnung).

(4) Können die Mindestmaße aus Tabelle 3 nicht eingehalten werden, sind als Ergebnis einer Gefährdungsbeurteilung Maßnahmen festzulegen, die mindestens die gleiche Sicherheit und den gleichen Gesundheitsschutz für die Beschäftigten erreichen. Dabei sind die Kriterien aus Punkt 4.3 Absatz 3 zu berücksichtigen. Geeignete Maßnahmen sind z. B.:

- Überwachung der tatsächlich gefahrenen Geschwindigkeit, z. B. durch polizeiliche Maßnahmen,
- Anzeige der tatsächlich gefahrenen Geschwindigkeit durch elektronische Messverfahren oder
- Zusätzliche Warneinrichtungen als Ankündigung (visuell wirkende Vorwarneinrichtungen, mechanisch wirkende Warnschwellen).

Hinweis:

Vor dem Beginn von Arbeiten, die sich auf den öffentlichen Straßenverkehr auswirken, ist eine verkehrsrechtliche Anordnung gemäß StVO einzuholen.

4.6 Ergänzende Maßnahmen

An Stellen, an denen Beschäftigte nicht ausreichend nach den Punkten 4.2 bis 4.5 vor den Gefährdungen des fließenden Verkehrs geschützt werden, z. B. im Bereich von Straßenkreuzungen oder für einzelne Tätigkeiten mit besonderem Platzbedarf, sind ergänzende Maßnahmen zur Minimierung der Gefährdung erforderlich, z. B. eine kurzzeitige Sperrung, Verkehrsbeschränkungen für Lkw. Auch der Einsatz von Polizei an diesen Stellen zur Lenkung und Leitung des öffentlichen Straßenverkehrs kann eine geeignete Maßnahme sein.

5 Betreiben von Arbeitsplätzen und Verkehrswegen auf Straßenbaustellen

5.1 Allgemeines

(1) Beim Betreiben von Arbeitsplätzen und Verkehrswegen auf Straßenbaustellen können sich im Grenzbereich zum Straßenverkehr Gefährdungen insbesondere durch:

- den vorbeifahrenden Straßenverkehr (z. B. Anprall, Sogwirkung),
- Ein- und Ausfahren des Baustellenverkehrs,
- Verkehrsdichte / -aufkommen (z. B. Lärm, Motoremissionen),
- Witterungseinflüsse (z. B. Glatteis, Sturm),
- Sichtverhältnisse (z. B. Nebel, Dunkelheit) oder
- unkontrolliert bewegte Teile (z. B. Splitt, Schotter) ergeben.

Geeignete Schutzmaßnahmen, z. B. eine Ausgestaltung der Arbeitsplätze und Verkehrswege im Grenzbereich zum Straßenverkehr unter Berücksichtigung der in Punkt 4 beschriebenen Schutzmaßnahmen, sowie geeignete Warnkleidung (siehe z. B. DGUV Information 212-016), sind als Ergebnis der Gefährdungsbeurteilung festzulegen und umzusetzen.

Hinweis:

Bei Arbeiten im öffentlichen Straßenverkehr sind bei der Auswahl von Warnkleidung die Anforderungen der StVO, der Allgemeinen Verwaltungsvorschrift zur Straßenverkehrs-Ordnung (VwV-StVO) und der RSA zu berücksichtigen.

(2) Die Beschäftigten müssen unter Berücksichtigung von Punkt 5.1 Absatz 1 gefährdungsbezogen unterwiesen sein, insbesondere:

- hinsichtlich des Verhaltens auf Arbeitsplätzen auf Straßenbaustellen, z. B. beim Auf- und Abbau von Verkehrseinrichtungen,
- in die Benutzung der Verkehrswege auf Straßenbaustellen und der Zuwegungen zu den Arbeitsplätzen,
- zum Verhalten beim Einsatz von Arbeitsmitteln, z. B. Straßenfertiger, Kaltfräsen, Straßenwalzen, Trennschneidgeräte, Reinigungs- und Mähgeräte, Hubarbeitsbühnen,
- zum Verhalten im Bereich von Baustellenein- und -ausfahrten,

- zu Abmessungen und zum Einhalten von Sicherheitsabständen (S_L, S_Q) zum fließenden Verkehr,
- zu Abmessungen und zum Einhalten von Mindestbreiten (B_M) von Arbeitsplätzen und Verkehrswegen auf Straßenbaustellen sowie
- zur Benutzung von geeigneter Persönlicher Schutzausrüstung, z. B. Warnkleidung (siehe z. B. DGUV Information 212-016).

(3) Arbeitsplätze und Verkehrswege auf Straßenbaustellen sind für die Dauer der Benutzung ausreichend zu beleuchten (siehe ASR A3.4 »Beleuchtung«).

Hinweis:

Vor dem Beginn von Arbeiten, die sich auf den öffentlichen Straßenverkehr auswirken, ist eine verkehrsrechtliche Anordnung gemäß StVO einzuholen. Dabei sind die Anforderungen der RSA zu berücksichtigen, z. B. durch Auswahl und Positionierung der Beleuchtung zur Vermeidung einer Blendung des fließenden Verkehrs.

5.2 Wirksamkeit getroffener Schutzmaßnahmen

(1) Die Schutzmaßnahmen sind je nach Dauer der Arbeiten sowie der betriebsbedingten und äußeren Einflüsse auf ihre ordnungsgemäße Umsetzung und Wirksamkeit zu überprüfen. Betriebsbedingte Einflüsse sind z. B. das Verlegen der Baustellenein- und -ausfahrten. Zu äußeren Einflüssen zählen z. B. Verschmutzung, Witterung und Vandalismus.

(2) Art, Umfang und Häufigkeit der Prüfung der ordnungsgemäßen Umsetzung und Wirksamkeit getroffener Schutzmaßnahmen (Erkennbarkeit, Standsicherheit und Positionierung der Verkehrseinrichtungen) sind im Rahmen der Gefährdungsbeurteilung festzulegen.

Hinweis:

Vor dem Beginn von Arbeiten, die sich auf den öffentlichen Straßenverkehr auswirken, ist bei der Prüfung der Wirksamkeit der getroffenen Schutzmaßnahmen die verkehrsrechtliche Anordnung gemäß StVO zu berücksichtigen.

5.3 Änderungen bei Abweichungen von der Planung

Ergibt sich eine von der Planung nach Punkt 4.1 Absatz 1 abweichende Situation für das Einrichten und Betreiben der Straßenbaustelle, sind die Schutzmaßnahmen nach Punkt 4 zu prüfen und gegebenenfalls anzupassen.

Hinweise:

1. Vor dem Beginn von Arbeiten, die sich auf den öffentlichen Straßenverkehr auswirken, sind die aus den anzupassenden Schutzmaßnahmen resultierenden Verkehrssicherungsmaßnahmen mit der zuständigen Behörde abzustimmen. Für erforderliche Änderungen von Verkehrssicherungsmaßnahmen muss eine verkehrsrechtliche Anordnung gemäß StVO vorliegen.

2. Zur Aufrechterhaltung der Sicherheit und Ordnung des öffentlichen Straßenverkehrs kann gemäß StVO die Polizei bei Gefahr im Verzug vorläufige Maßnahmen treffen.

Literaturhinweise

- Straßenverkehrs-Ordnung (StVO) einschließlich der Allgemeinen Verwaltungsvorschrift zur Straßenverkehrs-Ordnung (VwV-StVO)
- Richtlinien für die Sicherung von Arbeitsstellen an Straßen (RSA)
- Handlungshilfe für das Zusammenwirken von ASR A5.2 und RSA bei der Planung von Straßenbaustellen im Grenzbereich zum Straßenverkehr (BASt, Ausgabe 2020). Die Handlungshilfe sowie Informationen zur Erarbeitung und Einordnung sind auf der Homepage der Bundesanstalt für Straßenwesen verfügbar: https://www.bast.de/BASt_2017/DE/Publikationen/Fachveroeffentlichungen/Verkehrstechnik/Downloads/V-Handlungshilfe-ASR-RSA.html
- Zusätzliche Technische Vertragsbedingungen und Richtlinien für Sicherungsarbeiten an Arbeitsstellen an Straßen (ZTV-SA 97), bekannt gemacht als Allgemeines Rundschreiben Straßenbau des BMVBS, 12. August 1997
- Zusätzliche Technische Vertragsbedingungen und Richtlinien für passive Schutzeinrichtungen (ZTV-PS 98), bekannt gemacht als Allgemeines Rundschreiben Straßenbau des BMVBS, Ausgabe 1998
- Richtlinien für passiven Schutz an Straßen durch Fahrzeug-Rückhaltesysteme (RPS 2009)
- Einsatzfreigabeverfahren für Fahrzeug-Rückhaltesysteme Stand 1. 10. 2009
- Verordnung über Sicherheit und Gesundheitsschutz auf Baustellen (Baustellenverordnung – BaustellV)
- RAB 30 Regel zum Arbeitsschutz auf Baustellen – Geeigneter Koordinator
- RAB 31 Regel zum Arbeitsschutz auf Baustellen – Sicherheits- und Gesundheitsschutzplan – SiGePlan
- RAB 33 Regel zum Arbeitsschutz auf Baustellen – Allgemeine Grundsätze nach § 4 des Arbeitsschutzgesetzes bei Anwendung der Baustellenverordnung
- DGUV Vorschrift 38 Unfallverhütungsvorschrift Bauarbeiten, 1. Januar 1993 mit Durchführungsanweisungen vom Dezember 2010
- DGUV Regel 114-016 Straßenbetrieb, Straßenunterhalt 10/2011
- DGUV Regel 101-003 Umgang mit beweglichen Straßenbaumaschinen 09/2013
- DGUV Information 212-016 Warnkleidung 12/2010
- Normenreihe DIN EN 1317 Rückhaltesysteme an Straßen, Stand 11/2018
- Liste nach TL-Transportable Schutzeinrichtungen (TSE) der Bundesanstalt für Straßenwesen (BASt), 7. Februar 2017

ASR A6 »Bildschirmarbeit«

Juli 2024 (GMBl 2024, S. 470)

1 Zielstellung

(1) Diese ASR konkretisiert § 3 a Absatz 1 und die in Nummer 6 des Anhangs der Arbeitsstättenverordnung (ArbStättV) genannten Anforderungen und Maßnahmen zur Gestaltung von Bildschirmarbeitsplätzen und Bildschirmgeräten sowie § 6 Absatz 1 ArbStättV zur Unterweisung der Beschäftigten. Sie konkretisiert darüber hinaus Nummer 3.3 Absatz 2 des Anhangs der ArbStättV, soweit es Sitzgelegenheiten an Bildschirmarbeitsplätzen betrifft.
(2) Diese ASR konkretisiert weiterhin § 1 Absatz 4 und § 2 Absatz 7 ArbStättV, soweit es Telearbeitsplätze betrifft.
(3) Mit dieser ASR wird das Ziel verfolgt, Gefährdungen bei der Bildschirmarbeit durch physische und psychische Belastung sowie insbesondere durch Belastung der Augen mit präventiven Maßnahmen zu verringern oder zu vermeiden.

2 Anwendungsbereich

(1) Diese ASR gilt für:
1. die ortsgebundene Verwendung von Bildschirmgeräten, einschließlich tragbarer Bildschirmgeräte, an Arbeitsplätzen in Arbeitsstätten (Bildschirmarbeitsplätze) sowie an Telearbeitsplätzen und
2. die regelmäßige ortsveränderliche Verwendung tragbarer Bildschirmgeräte innerhalb von Arbeitsstätten.

(2) Diese ASR gilt nicht für:
1. die nicht regelmäßige ortsveränderliche Verwendung tragbarer Bildschirmgeräte,
2. die Verwendung von Bildschirmgeräten außerhalb von Arbeitsstätten (z. B. beim Kunden, in Verkehrsmitteln, im Privatbereich) oder außerhalb von Telearbeitsplätzen,
3. Bedienerplätze von Maschinen oder Fahrerplätze von Fahrzeugen mit Bildschirmgeräten,
4. Rechenmaschinen, Registrierkassen oder andere Arbeitsmittel mit einer kleinen Daten- oder Messwertanzeigevorrichtung, die zur unmittelbaren Benutzung des Arbeitsmittels erforderlich ist und
5. Schreibmaschinen klassischer Bauart mit einem Display.

Hinweise:

1. Bildschirmgeräte sind Arbeitsmittel nach der Betriebssicherheitsverordnung (BetrSichV) und müssen die Anforderungen der BetrSichV erfüllen.
2. Beim Einrichten und Betreiben von Bildschirmarbeitsplätzen und Telearbeitsplätzen sind neben den Anforderungen aus dieser ASR weitere Technische Regeln und Empfehlungen zu beachten, insbesondere:
a) *Empfehlungen zur Betriebssicherheit EmpfBS 1113 »Beschaffung von Arbeitsmitteln«,*
b) *TRBS 1151 »Gefährdungen an der Schnittstelle Mensch – Arbeitsmittel – Ergonomische und menschliche Faktoren, Arbeitssystem –«,*
c) *ASR V3 »Gefährdungsbeurteilung«,*
d) *ASR A1.2 »Raumabmessungen und Bewegungsflächen«,*
e) *ASR A3.4 »Beleuchtung und Sichtverbindung«,*
f) *ASR A3.5 »Raumtemperatur«,*
g) *ASR A3.6 »Lüftung« und*
h) *ASR A3.7 »Lärm«.*
3. Anforderungen für das barrierefreie Einrichten und Betreiben von Arbeitsstätten enthält die ASR V3 a.2 »Barrierefreie Gestaltung von Arbeitsstätten«. Sofern erforderlich werden zusätzliche Anforderungen an die barrierefreie Gestaltung von Bildschirmarbeit zu einem späteren Zeitpunkt als Anhang in die ASR V3 a.2 eingefügt.
4. Bei Tätigkeiten an Bildschirmgeräten sind die Verordnung zur arbeitsmedizinischen Vorsorge (ArbMedVV) und die für die Bildschirmarbeit einschlägigen Arbeitsmedizinischen Regeln (insbesondere AMR 13.4 »Tätigkeiten an Bildschirmgeräten«) zu beachten.

3 Begriffsbestimmungen

3.1 **Arbeitsräume** sind nach § 2 Absatz 3 ArbStättV Räume, in denen Arbeitsplätze innerhalb von Gebäuden dauerhaft eingerichtet sind. Dies sind alle vom Arbeitgeber zur Verfügung gestellten Räume, z. B. auch angemietete Büroflächen, Verkaufsräume, Produktions- oder Lagerräume.
3.2 **Arbeitsplätze** sind nach § 2 Absatz 4 ArbStättV Bereiche, in denen Beschäftigte im Rahmen ihrer Arbeit tätig sind.
3.3 **Bildschirmarbeitsplätze** sind nach § 2 Absatz 5 ArbStättV Arbeitsplätze, die sich in Arbeitsräumen befinden und die mit mindestens einem Bildschirmgerät, einer Arbeitsfläche sowie ggf. einem Arbeitsstuhl (Mobiliar) und sonstigen Arbeitsmitteln (z. B. Telefon) ausgestattet sind.
3.4 **Bildschirmgeräte** sind Funktionseinheiten, zu denen insbesondere Bildschirme zur Darstellung von visuellen Informationen, Einrichtungen zur Datenein- und -ausgabe, sonstige Steuerungs- und Kommunikationseinheiten (Rechner) sowie eine Software zur Steuerung und Umsetzung der Arbeitsaufgabe gehören.
3.5 **Bildschirmarbeit** im Sinne dieser Regel umfasst Tätigkeiten an Bildschirmgeräten, die durch die Mensch-Arbeitsmittel-Interaktion gekennzeichnet sind. Die Mensch-Arbeitsmittel-Interaktion umfasst die Aufnahme und Eingabe von Informationen (siehe die Abschnitte 3.14 und 3.15) mit Hilfe eines Bildschirmgerätes.

Die Nutzung von handgehaltenen Geräten, z. B. Smartphones, zum Telefonieren gilt nicht als Bildschirmarbeit.

Hinweis:

Insbesondere durch die Körperhaltung bei Tastatureingaben entstehen, anders als bei der bloßen Aufnahme von Informationen am Bildschirm, zusätzlich zu Aspekten der Sehaufgabe besondere Belastungen, die gegebenenfalls Schutzmaßnahmen erforderlich machen. Die Sehaufgabe kann ebenfalls eine Belastung darstellen. Bei bestimmungsgemäßer Nutzung von geeigneten Bildschirmgeräten ist nicht von einer Gefährdung auszugehen. Beim ausschließlichen Lesen von Texten auf einem z. B. tragbaren Bildschirmgerät einschließlich des Umblätterns ist nicht von Bildschirmarbeit im Sinne dieser Regel auszugehen (reine Aufnahme von Informationen, keine Eingabe).

3.6 **Arbeitsfläche** im Sinne dieser Regel ist die Fläche auf dem Arbeitstisch zur Anordnung des Bildschirms, der Eingabemittel, des Schriftguts, sonstiger Arbeitsmittel und zum Auflegen der Handballen.

3.7 **Kleine Daten- und Messwertanzeigevorrichtungen** im Sinne dieser Regel sind Arbeitsmittel, welche eine nur wenige Zeilen umfassende Anzeige besitzen, auf der z. B. ein Betriebszustand, ein Messwert, ein Kommissionierauftrag oder ein Preis angezeigt wird. Diese Arbeitsmittel ermöglichen nur eine wenige Zeilen umfassende Datenerfassung und verwenden keine über die unmittelbare Funktion des Arbeitsmittels hinausgehende Software.

3.8 **Ortsgebundene Verwendung von Bildschirmgeräten** im Sinne dieser Regel ist das Betreiben von Geräten an dauerhaft eingerichteten Bildschirmarbeitsplätzen in Arbeitsräumen einer Arbeitsstätte oder im Privatbereich der Beschäftigten an Telearbeitsplätzen gemäß Abschnitt 3.12 dieser Regel bzw. § 2 Absatz 7 ArbStättV.

3.9 **Tragbare Bildschirmgeräte** (z. B. Tablets, Smartphones, Notebooks, mobile Kassensysteme, Logistikscanner und Datenbrillen) im Sinne dieser Regel sind Geräte zur Elektronischen Datenverarbeitung (EDV), die für eine ortsveränderliche Verwendung vorgesehen sind (z. B. Dokumentation, Durchführung von Analysen, Messungen, Bestell- oder Kassiervorgänge) oder bei Tätigkeiten im Bewegungsablauf genutzt werden (z. B. Tablets, Datenbrillen).

3.10 **Regelmäßige ortsveränderliche Verwendung von tragbaren Bildschirmgeräten** an Arbeitsplätzen liegt vor, wenn die Geräte für die am jeweiligen Arbeitsplatz üblicherweise vorgesehenen Tätigkeiten benötigt werden und folgende Nutzungsdauern überschritten werden:

1. bei abgelegter Verwendung (z. B. von Notebook) mehr als 2 Stunden ohne Unterbrechungen oder mehr als 3 Stunden am jeweiligen Tag mit Unterbrechungen,
2. bei handgehaltener Verwendung (z. B. von Smartphone) mehr als 1 Stunde am jeweiligen Tag; bei der Ermittlung der Nutzungsdauer der handgehaltenen Verwendung können Nutzungen von bis zu 5 Minuten Dauer unberücksichtigt bleiben, sofern anschließend eine Tätigkeit mit einer anderen Belastung folgt, deren Dauer die der vorausgegangenen handgehaltenen Nutzung des Bildschirmgerätes übersteigt,
3. bei kopfgetragener Verwendung (z. B. von Datenbrillen) oder anderer körpergetragener Verwendung (z. B. speziell geeigneter Geräte für den Einsatz unter ungünstigen Arbeitsumgebungsbedingungen) bei jeglicher Verwendung.

Hinweise:
1. Die Vorgaben der BetrSichV gelten auch, wenn die Bildschirmgeräte nicht regelmäßig verwendet werden und somit nicht in den Anwendungsbereich der ArbStättV fallen.
2. Die Schwellenwerte beruhen auf Ergebnissen wissenschaftlicher Untersuchungen zur Vermeidung von Muskel-Skelett-Erkrankungen.

3.11 **Dauerhaft eingerichtet** im Sinne dieser Regel bedeutet, dass eine unmittelbare Nutzung als Bildschirmarbeitsplatz möglich ist.

Hinweis:
In der Regel sind Bildschirmarbeitsplätze, die für die dauerhafte Nutzung vorgesehen sind, mit Geräten ausgestattet, die eine Trennung von Bildschirm und Eingabemittel (Tastatur) ermöglichen. Bei einem dauerhaft eingerichteten Bildschirmarbeitsplatz ist in der Regel eine Steuerungseinheit (Rechner) am Arbeitsplatz vorhanden. Diese kann durch ein tragbares Bildschirmgerät ergänzt werden.

3.12 **Telearbeitsplätze** sind vom Arbeitgeber fest eingerichtete Bildschirmarbeitsplätze im Privatbereich der Beschäftigten, für die der Arbeitgeber eine mit den Beschäftigten vereinbarte wöchentliche Arbeitszeit und die Dauer der Einrichtung festgelegt hat (siehe § 2 Absatz 7 ArbStättV).

3.13 **Software** im Sinne dieser Regel ist ein Oberbegriff für ausführbare EDV-Programme und die zu diesen gehörenden Daten.

3.14 **Eingabemittel** sind Geräte zur Erfassung und Weitergabe von Informationen des Beschäftigten an eine Steuerungseinheit (Rechner). Die Benutzung kann haptisch, visuell und auditiv erfolgen. Eingabemittel können z. B. Tastatur, Maus, Finger-, Hand- und Fußschaltflächen, Touchscreen, Mikrofon, Aufnahmegeräte zur Gestensteuerung, Aufnahmegeräte zur Bewegungssteuerung, Zeigegeräte und Scanner sein.

3.15 **Ausgabemittel** sind Geräte zur Weitergabe von Informationen an den Benutzer einschließlich der Rückmeldungen zur Eingabe und zum Betriebszustand. Dies können z. B. Bildschirme, Datenprojektoren, Drucker, Lautsprecher, Headsets, Vibratoren und Braillezeilen sein.

3.16 Der **Reflexionsgrad** beschreibt, welcher Anteil des einfallenden Lichts von einer Fläche reflektiert wird. Er kann entweder gemessen oder mithilfe einer Reflexionsgradtafel ermittelt werden.

3.17 Die **Leuchtdichte** wird in Candela pro Quadratmeter (cd/m^2) gemessen und beschreibt den Helligkeitseindruck einer beleuchteten oder leuchtenden Fläche.

3.18 Die **Beleuchtungsstärke** ist ein Maß für das auf eine Fläche auftreffende Licht. Die Beleuchtungsstärke wird in Lux (lx) gemessen.

3.19 Der **UGR-Wert** (Unified Glare Rating) beschreibt das Ausmaß der psychologischen Blendung, welche ein unbehagliches Gefühl hervorruft. Sie wird hervorgerufen durch eine Beleuchtungsanlage an einem Beobachtungsort, z. B. am Arbeitsplatz. UGR-Werte hängen von den Eigenschaften der Leuchten (Leuchtdichte, Größe, Position im Gesichtsfeld) sowie von der Umgebungsleuchtdichte ab, auf die das Auge im Mittel adaptiert ist.

3.20 **Vorlagenhalter** im Sinne dieser Regel umfassen auch Manuskripthalter im Sinne der ArbStättV.

3.21 **Tastaturen** gibt es in unterschiedlichen Ausführungsformen. Volltastaturen setzen sich aus alphanumerischem Bereich, numerischem Bereich, Editierbereich und Funktionsbereich zusammen. Kompakttastaturen sind Tastaturen ohne numerischen Bereich (Ziffernblock rechte Seite Tastatur).
3.22 **Neutrale Haltung** im Sinne dieser Regel bezeichnet eine Körper- und Gelenkstellung, die ohne oder mit nur geringer Muskelanspannung ausführbar ist.

4 Belastung und Gefährdungen bei Tätigkeiten an Bildschirmgeräten

(1) Tätigkeit an Bildschirmgeräten kann die Augen durch andauernde Scharfstellung der Augen auf einen konstanten Sehabstand belasten und erfordert als Sehaufgabe im Nahbereich ein gutes Zusammenspiel beider Augen. Zeichenhöhe, Konturenschärfe und Kontrast sowie Blendung und Reflexion sind weitere Faktoren, welche für die Augenbelastung eine Rolle spielen.
(2) Physische Belastung kann als Haltungsarbeit, welche notwendig ist, um den Körper sowohl im Sitzen als auch im Stehen im Gleichgewicht zu halten, auftreten. Statische Haltungsarbeit wirkt sich z. B. als Bewegungsmangel negativ aus. Bei der ortsveränderlichen Verwendung von tragbaren Bildschirmgeräten müssen diese ggf. gehalten werden. Auch diese sogenannte Haltearbeit ist statische Arbeit, welche den Stütz- und Bewegungsapparat belastet. Bei der Mensch-Arbeitsmittel-Interaktion kann eine Belastung des Hand-Arm-Systems, einzelner Finger bzw. des Daumens durch sich gleichartig wiederholende Bewegungsabläufe entstehen.
(3) Eine psychische Belastung kann sich z. B. aus der Art der Tätigkeit, der Arbeitsorganisation, den Arbeitsmitteln sowie durch die Gestaltung der Informationsein- und -ausgabe, insbesondere auch der Software, ergeben.
(4) Eine Belastung aus der Arbeitsumgebung kann sich z. B. aus Beleuchtung, Lärm, räumlichen Bedingungen, Raumklima und Luftqualität ergeben. Diese Arbeitsumgebungsbedingungen können sich physisch und psychisch auswirken, die Gesundheit beeinträchtigen und die Aufgabenerledigung behindern.
(5) Aus der Belastung entsteht je nach Art, Dauer und Intensität eine Beanspruchung des Beschäftigten. Eine Beanspruchung kann zu förderlichen oder beeinträchtigenden Folgen führen, wobei letztgenannte sich negativ auf die Gesundheit auswirken können und als Gesundheitsgefährdung bezeichnet werden.

5 Allgemeine Pflichten des Arbeitgebers

5.1 Gefährdungsbeurteilung

(1) Nach § 3 ArbStättV hat der Arbeitgeber beim Einrichten und Betreiben der Arbeitsstätte die möglichen Gefährdungen der Beschäftigten an Bildschirmarbeitsplätzen und an Arbeitsplätzen mit ortsveränderlicher Verwendung von Bildschirmgeräten festzustellen und zu beurteilen, um die erforderlichen Maßnahmen für die

Sicherheit und den Gesundheitsschutz abzuleiten und durchzuführen. Darüber hinaus ist auch zu ermitteln, ob Maßnahmen zur arbeitsmedizinischen Vorsorge anzubieten sind (z. B. Angebotsvorsorge gemäß Teil 4 Absatz 2 Nummer 1 des Anhangs der Verordnung zur arbeitsmedizinischen Vorsorge – ArbMedVV).

(2) Bei der Beurteilung der Auswirkungen auf den Beschäftigten und deren Zusammenwirken sind die nachfolgenden Bedingungen, unter Beachtung der Belastungsfaktoren (Abschnitt 4) und der Grundpflichten (Abschnitt 5), zu berücksichtigen:

1. Aufgabengestaltung (z. B. Sehaufgabe, Belastungswechsel (physisch, psychisch), Erholungszeit),
2. Arbeitsraum (z. B. Grundfläche, Bewegungsfläche),
3. Arbeitsplatz (z. B. Arbeitsfläche, Fuß- und Beinfreiraum, Sehabstände),
4. Arbeitsmittel (z. B. Bildschirmgeräte) sowie erforderliches Mobiliar (z. B. Sitzgelegenheit, Arbeitstisch),
5. Mensch-Arbeitsmittel-Interaktion (z. B. Benutzerfreundlichkeit / Softwareergonomie, Ein- und Ausgabemittel, Umgang mit Daten),
6. Arbeitsumgebung (z. B. Beleuchtung, Lärm, Klima),
7. Arbeitsorganisation (z. B. Arbeitszeitgestaltung, Nutzung von Arbeitsplätzen durch mehrere Beschäftigte, soziale Beziehungen, Nutzung unterschiedlicher Arbeitsplätze durch einen Beschäftigten) und
8. hygienische Aspekte bei der Nutzung von Bildschirmarbeitsplätzen und Bildschirmgeräten durch mehrere Beschäftigte (z. B. Desk Sharing).

(3) Vom Arbeitgeber ist zu prüfen, ob Bildschirmarbeitsplätze aufgabenangemessen gestaltet sowie auf die Fähigkeiten (z. B. Sehvermögen) und Körpermerkmale (z. B. Körpermaße und -kräfte) der Beschäftigten abgestimmt sind.

(4) Der Arbeitgeber hat zu prüfen, ob die Bildschirmgeräte für die ortsgebundene bzw. die Bildschirmgeräte für die ortsveränderliche Verwendung gemäß der zu verrichtenden Arbeitsaufgabe und den Arbeitsumgebungsbedingungen angemessen ausgewählt sind und ob sie unter der Berücksichtigung der Tätigkeiten sowie der Fähigkeiten und Körpermerkmale der Beschäftigten ergonomisch gestaltet sind.

(5) Die Anforderungen dieser ASR müssen beim Einrichten und bei jeder wesentlichen Änderung berücksichtigt werden.

Hinweis:
Zum Einrichten gehört in der Planungsphase die Auswahl von geeigneten Bildschirmgeräten und Mobiliar.

(6) In der Gefährdungsbeurteilung müssen alle vorhersehbaren Aufgaben und Arbeitsabläufe beim Betreiben von Bildschirmarbeitsplätzen und Bildschirmgeräten berücksichtigt werden. Dazu gehören z. B. Instandhaltung, erforderliche Prüfungen der Arbeitsmittel sowie Reinigung.

(7) Für besonders schutzbedürftige Beschäftigte mit aktiven oder passiven Körperhilfsmitteln (z. B. mit Herzschrittmacher) müssen die bei der Arbeitsaufgabe und durch die Arbeitsumgebungsbedingungen auftretenden elektromagnetischen Felder bewertet werden.

Hinweis:
Die Technischen Regeln zur Arbeitsschutzverordnung zu statischen und zeitveränderlichen elektrischen und magnetischen Feldern im Frequenzbereich bis 10 MHz (TREMF NF) und die Technischen Regeln zur Arbeitsschutzverordnung zu elektro-

magnetischen Feldern im Frequenzbereich von 100 kHz bis 300 GHz (TREMF HF) beschreiben dazu jeweils in Teil 1 Abschnitt 6.4 ein vereinfachtes Verfahren.

5.2 Unterweisung

(1) Die Beschäftigten sind vor Aufnahme der Tätigkeit mit Bildschirmgeräten und danach mindestens jährlich angemessen und ausreichend zu unterweisen. Die Unterweisungsinhalte umfassen entsprechend der Gefährdungsbeurteilung die physischen und psychischen Gefährdungs- und Belastungsfaktoren. Die Gefährdung hängt auch vom gesundheits- und sicherheitsgerechten Verhalten der Beschäftigten bei der Verwendung der Bildschirmgeräte ab. Dementsprechend hat der Arbeitgeber die Unterweisungen so zu gestalten (u. a. in verständlicher Form und Sprache), dass die Beschäftigten die durch die Gefährdungsbeurteilung ermittelten Gefährdungen und die Gründe für die getroffenen Maßnahmen des Arbeitsschutzes verstehen und verhaltensbezogene Anweisungen umsetzen können.

(2) Die Unterweisung beinhaltet mindestens:

1. die Einstellung der Arbeitsmittel und des Mobiliars auf die Körpermerkmale und Fähigkeiten der Beschäftigten (z. B. Tisch-, Stuhl-, Bildschirmanpassung und Software), insbesondere bei nicht persönlich zugeordneten Arbeitsplätzen,
2. bei Bedarf die Bereitstellung und Nutzung von Fußstützen und Vorlagehaltern,
3. die Anordnung der Arbeitsmittel,
4. die wechselnde Körperhaltung und
5. ggf. betriebliche Regelungen zu Tätigkeitsunterbrechungen.

(3) Die Unterweisung zur ortsveränderlichen Verwendung von tragbaren Bildschirmgeräten beinhaltet mindestens:

1. die Einnahme einer neutralen Körperhaltung,
2. die belastungsoptimierte Verwendung durch Begrenzung der Anwendungszeiten und Belastungswechsel,
3. Maßnahmen zur Vermeidung von Reflexionen und Blendungen,
4. die Einstellung der Arbeitsmittel einschließlich Software und des Mobiliars sowie
5. die sicherheitsgerechte Verwendung, insbesondere die zu vermeidende Verwendung während der Fortbewegung und in Gefahrenzonen.

(4) Soweit ein Telearbeitsplatz von den Arbeitsplätzen im Betrieb abweicht, hat der Arbeitgeber die Beschäftigten anhand der Gefährdungsbeurteilung über die bestimmungsgemäße Nutzung des Telearbeitsplatzes zu unterweisen. Dies umfasst sicherheits- und gesundheitsrelevante Aspekte, insbesondere:

1. die bestimmungsgemäße Verwendung der Arbeitsmittel,
2. die Ergonomie am Bildschirmarbeitsplatz und
3. Belastungswechsel (regelmäßige Unterbrechung der Bildschirmarbeit durch andere Tätigkeiten oder Erholungszeiten, siehe Abschnitt 5.3).

(5) Besonders schutzbedürftige Beschäftigte mit aktiven oder passiven Körperhilfsmitteln müssen über elektromagnetische Felder, die bei der Arbeitsaufgabe und durch die Arbeitsumgebungsbedingungen auftreten können, unterrichtet werden.

Hinweis:
Es hat sich bewährt, die Unterweisung nach den vorgenannten Absätzen dialog- und beteiligungsorientiert durchzuführen.

5.3 Unterbrechung der Tätigkeit am Bildschirmgerät

(1) Die Tätigkeit an Bildschirmgeräten soll regelmäßig durch andere, nicht bildschirmbezogene Tätigkeiten unterbrochen werden, um eine einseitige physische und psychische Belastung und einseitige Belastung bei der Seharbeit zu vermeiden.
(2) Ist dieser Tätigkeitswechsel nicht möglich, hat der Arbeitgeber eine Unterbrechung der täglichen Arbeit am Bildschirmgerät durch regelmäßige kurze Erholungszeiten zu ermöglichen. Erholungszeiten sind von der Art der vorausgegangenen Belastung der Beschäftigten abhängig und im Rahmen der Gefährdungsbeurteilung festzulegen. Mehrere kürzere Erholungszeiten sind wenigen längeren Erholungszeiten gleicher Gesamtdauer vorzuziehen. Erholungszeiten dürfen nicht zusammengelegt und zur Verkürzung der Gesamtarbeitszeit genutzt werden.
Hinweis:
Günstig ist, wenn in den Erholungszeiten Bewegungsübungen durchgeführt werden können. In der Praxis haben sich Erholungszeiten von ca. 5 Minuten pro Stunde ununterbrochener Bildschirmarbeit bewährt.

6 Gestaltungsanforderungen

Bildschirmarbeit umfasst Tätigkeiten an Bildschirmgeräten, die durch die Mensch-Arbeitsmittel-Interaktion gekennzeichnet sind. Bezogen auf die jeweiligen Arbeitsaufgaben und Arbeitsumgebungsbedingungen ergeben sich daraus Anforderungen an die Ein- und Ausgabe von Informationen. Bei der Gestaltung von Bildschirm- und Telearbeitsplätzen bestehen jeweils Anforderungen an die Arbeitsmittel (Hard- und Software) selbst, an die maßliche Arbeitsplatzgestaltung und an die Arbeitsumgebung. Werden tragbare Bildschirmgeräte für die ortsveränderliche Verwendung genutzt, müssen diese für die jeweiligen Arbeitsaufgaben und Arbeitsumgebungsbedingungen geeignet sein.

6.1 Allgemeine Anforderungen an Bildschirme und Bildschirmgeräte

6.1.1 Anforderungen an die Zeichendarstellung auf Bildschirmen und Bildschirmgeräten

(1) Bildschirme stellen die wesentliche Schnittstelle der Informationsweitergabe vom Bildschirmgerät an den Menschen dar. Für eine ergonomisch günstig gestaltete Belastungssituation bei der Tätigkeit mit Bildschirmen und Bildschirmgeräten,

insbesondere für die Augen, müssen Text- und Grafikdarstellungen auf dem Bildschirm entsprechend der Arbeitsaufgabe und dem Sehabstand scharf und deutlich sowie ausreichend groß sein. Der Zeichen- und der Zeilenabstand müssen der Schriftart angemessen sein. Die Zeichenhöhe und der Zeilenabstand müssen auf dem Bildschirm ergonomisch in diesem Rahmen individuell eingestellt werden können.

(2) Eine gute Zeichenschärfe ist dann gegeben, wenn sie auf dem gesamten Bildschirm der Zeichenschärfe von gedruckten Zeichen möglichst nahekommt. Hierfür soll ein Bildschirm in der höchsten darstellbaren Auflösung (physikalischen Auflösung) betrieben werden.

Hinweise:

1. Günstig ist es, wenn die Software die Informationsdarstellung automatisch an den jeweiligen Bildschirm mit seiner Größe und Auflösung anpasst (sogenanntes »Responsive Design«, dt. »Reagierendes Design«).

2. Auf einem LCD-Bildschirm ist die Darstellung technologisch bedingt nur dann optimal, wenn dieser in seiner physikalischen Auflösung betrieben wird.

3. Zeichen und Flächen, für die die gleiche Leuchtdichte vorgesehen ist, sollten keine störenden Leuchtdichteunterschiede aufweisen. Dies gilt auch innerhalb von Zeichen.

6.1.2 Anforderungen an die Darstellungsqualität auf Bildschirmen und Bildschirmgeräten

Helligkeitsschwankungen der Text- oder Grafikdarstellung sowie Veränderungen von Zeichengestalt oder Zeichenort werden als sehr störend empfunden. Die Darstellung auf dem Bildschirm oder Bildschirmgerät muss daher verzerrungs- und flimmerfrei sein.

Hinweise:

1. Flimmerfreiheit ist gegeben, wenn bei Betrachtung des Bildschirms aus den Augenwinkeln optisch kein Flimmern wahrnehmbar ist.

2. Störende Veränderungen von Zeichengestalt oder Zeichenort durch Bildgeometrie- oder Bildstabilitätsfehler sind bei Kathodenstrahlröhrenbildschirmen entweder gerätebedingt oder werden durch äußere elektrische oder magnetische Felder hervorgerufen. Bei LCD-Bildschirmen mit analoger Ansteuerung (VGA-Anschluss) beruhen diese Fehler meist auf einer schlechten Synchronisation zwischen Grafikkarte und Bildschirm sowie der Kabelausführung. Digitale Anschlussmöglichkeiten sind zu bevorzugen.

3. Bei einem Bildschirm mit Kathodenstrahlröhre ist in Positivdarstellung eine Bildwiederholfrequenz von mindestens 100 Hz zu empfehlen, 85 Hz sollten nicht unterschritten werden. Technologiebedingt bietet ein LCD-Bildschirm bei einer Bildwiederholfrequenz von 60 Hz in der Regel ein flimmerfreies Bild. Insbesondere im gedimmten Betrieb können jedoch durch die Art der Ansteuerung, z. B. mit Pulsweitenmodulation, auch bauartbedingt Flimmereffekte hervorgerufen werden.

6.1.3 Zeichenhöhen

(1) Für die ortsgebundene Verwendung von Bildschirmgeräten sollen die Zeichenhöhen zur Darstellung des Arbeitsinhaltes in Abhängigkeit vom Sehabstand nach Tabelle 1 bzw. Abbildung 1 verwendet werden. Funktions- und Schaltflächen zur Programmsteuerung dürfen abweichend gestaltet werden, insbesondere, wenn grafische Elemente die Erkennbarkeit der Funktionalität unterstützen.

Tabelle 1: Empfohlene Zeichenhöhe in Abhängigkeit vom Sehabstand (Quellen: DGUV Information 215–410, DIN EN ISO 9241–303:2012–03)

Sehabstand (in mm)	Empfohlene Zeichenhöhe (in mm)
500	3,2 bis 4,5
600	3,9 bis 5,5
700	4,5 bis 6,4
800	5,2 bis 7,3

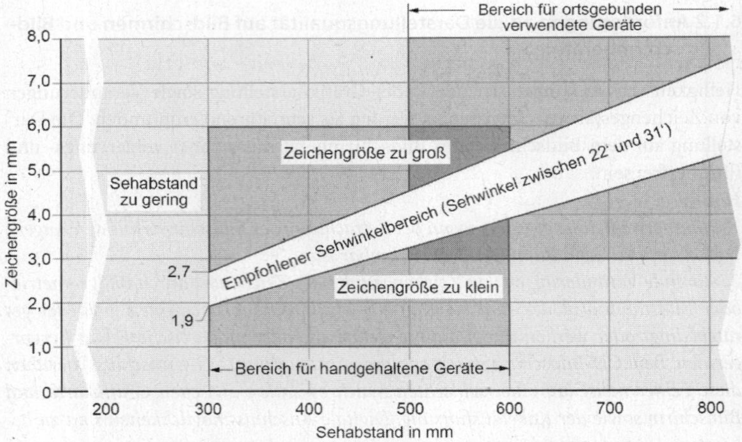

Abb. 1: Empfohlene Zeichenhöhe in Abhängigkeit vom Sehabstand, entsprechend einem Sehwinkel von 22 bis 31 Bogenminuten (in Anlehnung an: DIN EN ISO 9241–303:2012–03)

(2) Für größere Sehabstände an Bildschirmgeräten (z. B. in Leitwarten) gilt: Mindestzeichenhöhe [mm] = Sehabstand [mm] / 155.

(3) Zu große Zeichen verhindern den Lesefluss, deshalb soll eingehalten werden: Maximale Zeichenhöhe [mm] ≤ Sehabstand [mm] / 110.

(4) Besteht die Sehaufgabe überwiegend darin, den gesamten Bildschirminhalt auf einen Blick zu erfassen, z. B. in einer Leitwarte, können die in Tabelle 2 angegebe-

nen Sehabstände zur Bewertung herangezogen werden. Ausschlaggebend ist die jeweilige Arbeitsaufgabe.
Hinweis:
Zur groben Abschätzung des Sehabstandes dient die Formel: Bildschirmdiagonale [mm] × 1,6.

Tabelle 2: Empfohlener Sehabstand in Abhängigkeit der Bildschirmdiagonale, wenn der gesamte Bildschirminhalt ohne Kopfbewegung erfasst werden soll (Quelle: DGUV Information 215–410)

LCD-Bildschirmdiagonale (in Zoll bzw. mm)	Sehabstand (in mm)
13/330	500
15/381	600
17/432	700
19/483	800
22/559	900
24/610	1000

(5) Die verwendete Software muss so eingestellt werden können, dass sie die vorhandene Hardware unterstützt und so die Zeichenschärfe gewahrt bleibt. Die Zeichenhöhen müssen im Nutzungskontext anpassbar sein. Des Weiteren soll im Rahmen der barrierefreien Gestaltung von Arbeitsstätten (siehe ASR V3 a.2 »Barrierefreie Gestaltung von Arbeitsstätten) eine Sehbehinderung ausgeglichen werden können (z. B. durch Vergrößerung von Zeichen). Durch eine solche Zeichenhöhenveränderung soll weder die Lesbarkeit von Zeichen durch An- oder Abschneiden der Ober- oder Unterlängen noch die Funktionalität der Anwendung durch Ausblenden wichtiger Bildschirminhalte eingeschränkt werden.
(6) Für tragbare Bildschirmgeräte, die handgehalten genutzt werden (z. B. Scanner im Logistikbereich oder Handterminals in der Gastronomie), sind unter Beachtung des Sehabstands Zeichenhöhen entsprechend Abbildung 1 erforderlich. Für solche handgehaltenen Geräte können Sehabstände zwischen 300 mm und 600 mm zur Bewertung herangezogen werden. Es handelt sich um den Bereich zwischen dem Nahpunkt für normalsichtige oder sehfehlerkorrigierte Augen von Erwachsenen und der maximalen Armlänge.

6.1.4 Helligkeit und Kontrast

(1) Helligkeit und Kontrast müssen eingestellt werden können.
Hinweis:
Eine einfache Einstellbarkeit und Anpassbarkeit der Helligkeit und des Kontrasts ist gegeben, wenn die Bedienelemente im Blickfeld des Beschäftigten liegen und leicht betätigt werden können.

(2) Je nach Tätigkeit sind unterschiedliche Betrachtungswinkel auf den Bildschirm bzw. mehrere Bildschirme notwendig (z. B. müssen mehrere Bildschirminhalte aus unterschiedlichen Positionen betrachtet werden können). Gegebenenfalls muss auch berücksichtigt werden, dass es unerwünscht ist, wenn andere Personen den Bildschirminhalt einsehen können. Bildschirm und Bildschirmgeräte sind geeignet, wenn die Darstellungen mit dem für die Tätigkeit vorgesehenen Betrachtungswinkel (z. B. schräg nach unten) gut erkennbar sind.

Hinweise:

1. Wenn der Bildschirm so aufgestellt und beschaffen ist, dass sich Reflexionen und Spiegelungen auf der Bildschirmoberfläche nicht störend bemerkbar machen, sollte ein weiß dargestellter Hintergrund etwas heller sein als die Umgebung in Blickrichtung. Die Helligkeit eines Bildschirms ist gut eingestellt, wenn sie der Helligkeit eines weißen Blattes Papier entspricht, das auf dem beleuchteten Tisch liegt. Die Bildschirmhelligkeit sollte jedoch nicht so hoch sein, dass sich eine schwarz dargestellte Fläche aufhellt. Zur Beleuchtung und für Maßnahmen zur Vermeidung störender Reflexionen und Spiegelung siehe Abschnitt 6. 3. 14.

2. Es hat sich z. B. eine Leuchtdichte von 100 cd/m² bis 150 cd/m² bei einer Beleuchtungsstärke am Büroarbeitsplatz von ca. 500 lx bewährt, sofern keine zusätzlichen Filter (z. B. aufgrund von Anforderungen des Datenschutzes) angebracht werden.

3. Zur Vermeidung unerwünschter Einsichtnahme werden in der Praxis oft Sichtschutzfolien (Bildschirmfilter) verwendet. Hierdurch kann sich die Bildschirmhelligkeit reduzieren.

(3) Kontraste auf dem Bildschirm sollen denjenigen von gedruckten Vorlagen möglichst nahekommen. Der Kontrast, z. B. als das Leuchtdichteverhältnis zwischen Zeichenuntergrund und Zeichen, soll mindestens 4:1 betragen.

6.2 Softwareergonomie

(1) Software muss ergonomisch gestaltet und gebrauchstauglich sein, damit Beschäftigte ihre Arbeitsaufgaben effektiv, effizient und zufriedenstellend erledigen können.

(2) Aufgaben, die mithilfe von Software bearbeitet werden, müssen für die Beschäftigten ausführbar sein. Deshalb muss sichergestellt werden, dass die zur Aufgabenerfüllung erforderlichen Werkzeuge und Informationen durch die Software bereitgestellt werden. Auf unnötige Funktionen und Angaben soll dabei verzichtet werden.

(3) Software soll Informationen in einer zugänglichen, verständlichen und leserlichen Form bereitstellen.

(4) Software muss individualisierbar sein, damit deren Nutzung und die Darstellung von Informationen an die Bedarfe, Bedürfnisse und Fähigkeiten der Beschäftigten angepasst werden können.

(5) Die Anpassbarkeit von Software an Hardware (z. B. Bildschirme, Tastatur und Maus) und Arbeitsumgebungsbedingungen (z. B. Beleuchtung) muss gewährleistet sein.

(6) Software muss selbstbeschreibungsfähige Dialoge verwenden, d. h., Softwaredialoge müssen verständlich gestaltet sein und durch Rückmeldung unmittelbar oder auf Verlangen angemessene Erklärungen liefern. Software muss den Erwartungen der Beschäftigten entsprechen (Erwartungskonformität) und zum Nutzungskontext sowie zur Arbeitsaufgabe passen.
(7) Eine Übersicht relevanter Gestaltungskriterien ist in Abbildung 2 dargestellt. Diese sind bei der Auswahl von Software zu berücksichtigen.

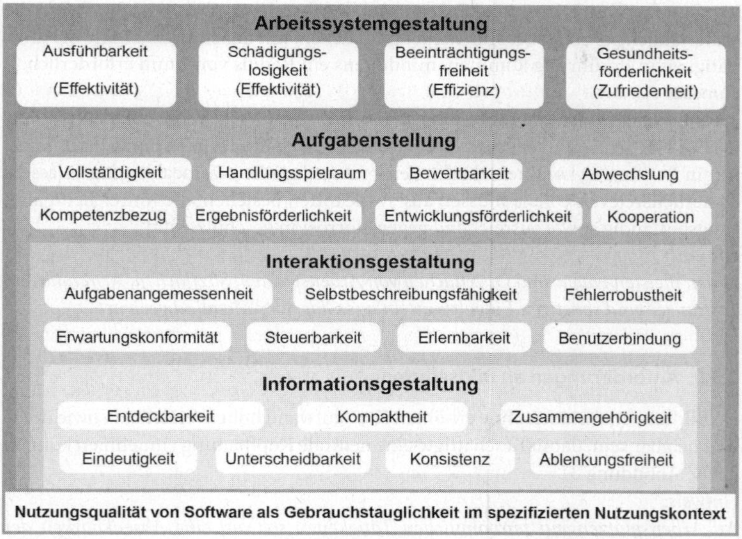

Abb. 2: Hierarchie von Gestaltungskriterien in der Softwareergonomie (in Anlehnung an DGUV Information 215–450)

6.3 Ortsgebundene Verwendung von Bildschirmgeräten an Bildschirmarbeitsplätzen einschließlich Telearbeitsplätzen

6.3.1 Allgemeines

(1) Beim Einrichten und Betreiben von Bildschirmarbeitsplätzen kommt der Anpassung des Arbeitsplatzes mit seinen Arbeitsmitteln und Mobiliar an die jeweiligen Beschäftigten eine hohe Bedeutung zu. Angepasst werden müssen insbesondere:

1. die Arbeits- und Sitzhöhe an die jeweiligen Körpermaße, d. h., je nach Ausstattung müssen Stuhl, Tisch und eine gegebenenfalls erforderliche Fußstütze an die Körpermaße des jeweiligen Beschäftigten angepasst werden,
2. die Aufstellung des Bildschirms, so dass ein Sehabstand von mindestens 500 mm gegeben ist und die Sehachse näherungsweise senkrecht auf der Mitte der Bildschirmoberfläche steht,

3. die Zeichendarstellung auf dem Bildschirm in Abhängigkeit vom Sehabstand (siehe Abschnitt 6.1.3, Tabelle 1) und
4. die Anordnung der Eingabemittel (z.B. Maus, Tastatur), so dass der Unterarm waagerecht ausgerichtet ist und die Eingabemittel ohne Bewegungen des Oberarms betätigt werden können.

(2) Oberflächen, Kanten und Ecken an Arbeitsmitteln und Mobiliar (z.B. Tischplatten, Tastaturen) müssen durch Formgebung oder Bearbeitung so gestaltet sein, dass Verletzungen vermieden werden. Dies wird durch Entgraten, Umbördeln sowie Gestalten von Kanten und Ecken mit ausreichenden Radien erreicht. Sofern die Materialdicke es zulässt, ist für Kanten und Ecken, mit denen Beschäftigte bei ihrer Tätigkeit in Berührung kommen, mindestens ein Radius von 2 mm erforderlich.

Hinweis:

Zu empfehlen sind Radien von 3 mm oder mehr.

(3) Die Flächen von Arbeitsmitteln, mit denen Beschäftigte im Rahmen ihrer Tätigkeit in Berührung kommen, dürfen keine unzuträgliche Wärmeableitung zulassen. Sicherheitsrelevante Teile müssen aus Werkstoffen bestehen, die hinreichend alterungsbeständig sowie ausreichend gegen Korrosion geschützt sind.

Hinweis:

In den meisten Fällen sind Oberflächen von Arbeitsplatten, Sitzflächen, Armauflagen, Tastaturen und sonstigen Eingabemitteln aus Glas oder Metall ungeeignet.

6.3.2 Anforderungen an Bildschirme

(1) Bildschirme müssen ohne erhöhten Kraftaufwand höhenverstellbar sowie dreh- und neigbar sein, damit Beschäftigte eine neutrale Kopfhaltung einnehmen können (siehe Abbildung 3).

Hinweis:

An Arbeitsplätzen mit büroähnlichen Tätigkeiten soll auf eine Absenkbarkeit der Unterkante der Bildschirme möglichst bis auf die Tischoberfläche geachtet werden.

(2) Bildschirme und Bildschirmgeräte sollen im Blickfeld angeordnet sein (siehe Abbildung 3). Bildschirme sollen so aufgestellt werden, dass die Blicklinie ca. 30° bis 35° aus der Horizontalen nach unten geneigt ist. Die Blicklinie soll im Bereich der Bildschirmmitte in einem Winkel von ca. 90° auf die Bildschirmoberfläche auftreffen.

Hinweis:

Dies dient der Optimierung der Informationswahrnehmung sowie der Vermeidung erhöhter Augenbelastung durch Blicksprünge und Einstellung der Augenlinse (Akkommodation).

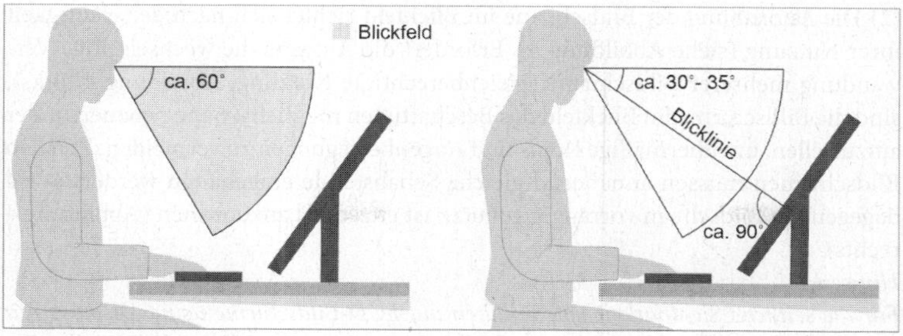

Abb. 3: Blickfeld und Blicklinie in einer neutralen Kopfhaltung (ohne Kopfbewegung, aber mit Augenbewegung)

(3) Bildschirmgröße und -form sind entsprechend der Arbeitsaufgabe und den damit erforderlichen Softwareanwendungen auszuwählen und bei Änderungen anzupassen. Für die Textverarbeitung, die Kalkulation kleiner Tabellen oder den E-Mail-Verkehr sind Bildschirme im Normalformat (z. B. Seitenverhältnis 4:3) mit einer Bildschirmdiagonale von mindestens 17 Zoll bzw. 432 mm (empfohlen mindestens 19 Zoll bzw. 483 mm) geeignet.

(4) Für die Arbeit mit mehreren geöffneten Softwareanwendungen bzw. sogenannten »Fenstern«, z. B. bei Bildbearbeitungen, umfangreichen Tabellenkalkulationen etc., sind zwei Bildschirme bzw. Bildschirme im Breitbildformat (z. B. Seitenverhältnis 16:9) zu bevorzugen, damit die Zeichenerkennung erhalten bleibt.

(5) Grundsätzlich sind an Bildschirmarbeitsplätzen Bildschirme mit entspiegelten (matten) Displays und matten Gehäuseoberflächen zu verwenden (für abweichende Fälle siehe Abschnitt 6. 3. 14, Absatz 12).

(6) Die Gehäusefarbe soll der wesentlich genutzten Hintergrundfarbe der Softwareanwendung und der Arbeitsumgebung angepasst sein.

Hinweis:

Das bedeutet bei Office-Software-Anwendungen mit schwarzen Zeichen auf hellem Grund demnach eine helle Gehäusefarbe im Sehbereich der Beschäftigten, ggf. auch eine helle Rückseite von Geräten z. B. bei gegenüberliegenden Arbeitsplätzen.

6.3.3 Mehrere Bildschirme oder Bildschirmgeräte am Arbeitsplatz

(1) Wenn die Arbeitsaufgabe es erfordert, dass mehrere Softwareanwendungen gleichzeitig geöffnet sein müssen, z. B. bei Bildbearbeitungen, umfangreichen Textanwendungen oder Tabellenkalkulationen, ist im Rahmen der Gefährdungsbeurteilung zu prüfen, ob ein großer Bildschirm oder mehrere Bildschirme nebeneinander notwendig sind. Bei der Verwendung von mehreren Bildschirmen oder Bildschirmgeräten nebeneinander sollen Darstellungsart (positiv / negativ), Auflösung und Helligkeit der Anzeige sowie Farbgebung der Bildschirmgehäuse aufeinander abgestimmt sein. Je nach Aufstellung der Bildschirme müssen diese für einen großen Betrachtungswinkel geeignet sein, damit Bildschirminhalte aus verschiedenen Betrachtungswinkeln gut erfasst werden können.

(2) Die Anordnung der Bildschirme im Blickfeld richtet sich nach der Häufigkeit ihrer Nutzung (siehe Abbildung 4). Erfordert die Aufgabe die wechselseitige Verwendung mehrerer Bildschirme (gleichberechtigte Nutzung, Abbildung 4 links), sind die Bildschirme im Blickfeld des Beschäftigten möglichst nahe nebeneinander aufzustellen, um übermäßige Kopf- und Augenbewegungen zu vermeiden. Zu allen Bildschirmen müssen annähernd gleiche Sehabstände eingehalten werden. Wird dagegen ein Bildschirm vorrangig genutzt, ist er zentral anzuordnen (Abbildung 4 rechts).

Hinweis:

Für die seitliche Sichtbarkeit von Inhalten auf LCD-Bildschirmen sind Displays mit TN-Anzeige ungeeignet; geeignet sind Bildschirme mit VA-, PVA- oder IPS-Anzeige (TN = Twisted Nematic, VA = Vertical Alignment Panel, PVA = Pattern Vertical Alignment, IPS = In-Plane-Switching).

gleichberechtigte Nutzung der Bildschirme | vorrangige Nutzung eines Bildschirms

Abb. 4: Anordnung mehrerer Bildschirme

(3) Werden unterschiedliche Eingabemittel zur Nutzung der Bildschirme und Bildschirmgeräte benötigt, so müssen diese eindeutig zum entsprechenden Bildschirm zugeordnet werden können, z. B. durch Beschriftung, Gruppierung, farbliche Kennzeichnung.

6.3.4 Tragbare Bildschirmgeräte beim ortsgebundenen Einsatz

Werden tragbare Bildschirmgeräte ortsgebunden verwendet, sind für eine neutrale Körperhaltung und angemessene Sehbedingungen auf die Bildschirmoberfläche eine separate Tastatur und in Abhängigkeit von der zu verrichtenden Tätigkeit eine separate Maus notwendig. Durch den dadurch vergrößerten Sehabstand (siehe Abschnitt 6.1.3) ist in der Regel ein größerer, ggf. separater Bildschirm notwendig. Die Kopplung der Geräte kann z. B. mithilfe einer Dockingstation oder kabellos erfolgen. Weiterhin gelten die Anforderungen an dauerhaft eingerichtete Bildschirmarbeitsplätze, die in dieser ASR bzw. in Nummer 6.1 des Anhangs der ArbStättV formuliert sind.

6.3.5 Eingabemittel Tastatur

(1) Tastaturen müssen in neutraler Körperhaltung bedienbar sein, d. h. die Tastatur muss getrennt vom Bildschirm mittig vor dem Benutzer angeordnet werden können, wobei sich Tastatur, Handgelenk und Ellenbogen etwa auf einer Höhe befinden sollen. Dazu sind verschiebbare, möglichst flache Tastaturen erforderlich (Höhe der mittleren Tastenreihe < 20 mm), die beim Bedienen der Tasten nicht wegrutschen.
Hinweis:
Für Beschäftigte, die beim Schreiben das Zehnfingersystem anwenden, können zur Minderung akuter oder chronischer Beschwerden alternative Eingabemittel, z. B. geteilte oder dachförmig geneigte Tastaturen, sinnvoll sein.
(2) Die Tasten müssen eine hinreichende Kantenlänge von 12 mm bis 15 mm aufweisen und – bis auf die Leertaste – konkave oder ebene Tastenköpfe haben. Grundsätzlich sind im alphanumerischen Bereich der Tastatur Tastenmittenabstände von 19 mm ±1 mm, in den anderen Bereichen mindestens 16 mm erforderlich. Wird die Tastatur mit Handschuhen oder unter Vibrationsbelastung bedient, sind Tastenmittenabstände von mehr als 19 mm notwendig. Bei Tastenmittenabständen ≤ 10 mm ist die Bedienung der Tastatur nur mit zusätzlichen Hilfsmitteln, z. B. Griffel oder Stift, möglich.
(3) Die Tastatur darf beim Auflegen der Hände nicht versehentlich aktiviert werden (hinreichender Anfangswiderstand). Die Tastatur soll die Tastenaktivierung auch bei hohen Eingabegeschwindigkeiten in der richtigen Reihenfolge erkennen und über einen angemessenen Prellschutz gegen unbeabsichtigte Mehrfachsignale verfügen. Bei Tastenbetätigung soll eine deutlich fühlbare Rückmeldung durch hinreichenden Tastenhub und Druckpunkt vorhanden sein.
Hinweise:
1. *Akustische Rückmeldungen sind nicht zu empfehlen.*
2. *Müssen aufgrund höherer Anforderungen an die Hygiene, die Staubdichtheit etc. Folientastaturen verwendet werden, ist die fühlbare Rückmeldung eingeschränkt. Das kann die Geschwindigkeit und Genauigkeit der Dateneingabe beeinflussen.*

(4) Die Beschriftung der Tastatur muss gut lesbar sein. Um Adaptationswechsel für das Auge zu minimieren, sollen Tastaturen mit matten Oberflächen und dunkle Schriftzeichen auf hellem Grund bevorzugt werden. Die Schriftzeichen müssen eine Mindestschrifthöhe von 2,9 mm aufweisen und über den gesamten Nutzungszeitraum der Tastatur lesbar sein.
(5) Wenn an Geschwindigkeit und Genauigkeit der Eingabe geringe Anforderungen gestellt werden, kann ein Tastenblock mit Griffel verwendet werden.

6.3.6 Eingabemittel Maus

Eine Maus ist ein Eingabemittel mit einer oder mehreren Tasten. Die Maus wird gleitend bewegt. Mit der Maus werden Positionsmarken auf der Anzeige bewegt und eine Reihe von Auswahlaktionen und Kommandos verrichtet. Mindestanforderungen an eine Maus sind in Anlehnung an die DIN EN ISO 9241-410:2012-12 nachfolgend aufgeführt:

1. die Benutzung einer Maus soll in neutraler Haltung von Unterarm, Handgelenk und Fingern erfolgen,
2. über die Form der Maus muss ihre Ausrichtung zum Bildschirm erkennbar sein,
3. die Form der Maus muss eine Bedienung in neutraler Haltung ermöglichen,
4. die Maus soll unabhängig von den Eigenschaften der Auflagefläche zuverlässig funktionieren und
5. bei Betätigung eines Schaltelements darf sich der Zeiger der Maus nicht bewegen.

6.3.7 Anordnung von Tastatur und Maus

Die Tastatur ist so im Greifraum anzuordnen, dass ohne Körperdrehung mit locker herabhängenden Oberarmen und waagerechten Unterarmen gearbeitet werden kann (siehe Abbildung 5). Die Flächen für die Maus befinden sich je nach Händigkeit der Benutzer unmittelbar rechts oder links neben der Tastatur.
Hinweis:
Ist tätigkeitsbedingt die Eingabe von Zahlen nur im geringen Umfang notwendig, wird die Verwendung einer Kompakttastatur empfohlen.

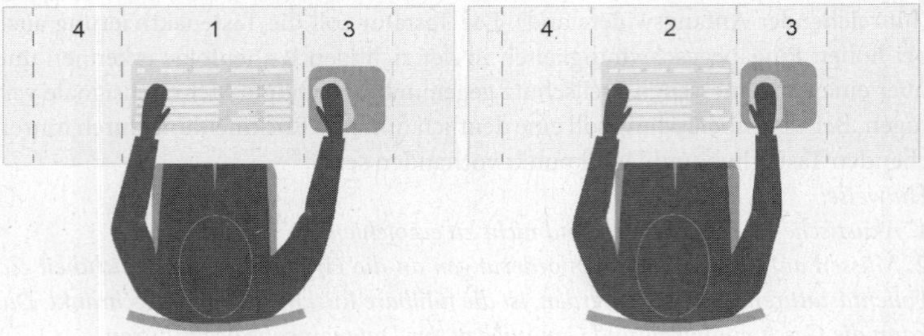

1 Volltastatur
2 Kompakttastatur
3 Bereich für die Mausnutzung mit der rechten Hand
4 Bereich für die Mausnutzung mit der linken Hand

Abb. 5: Anordnung von Maus und Tastatur im Greifraum (links mit Volltastatur, rechts mit Kompakttastatur, in Anlehnung an DGUV Information 215–410)

6.3.8 Alternative Eingabemittel

(1) Bei spezifischen Arbeitsaufgaben dürfen alternative Eingabemittel (z. B. Spracheingabe, Stift, Gestensteuerung, Vertikalmaus) eingesetzt werden, wenn dadurch die Arbeitsaufgaben leichter ausgeführt werden können und keine zusätzliche Belastung für die Beschäftigten entsteht.
Hinweise:
1. Auch bei Beschwerden und Beeinträchtigungen bei der Benutzung herkömmlicher Eingabemittel können alternative Eingabemittel sinnvoll sein.

2. Weitere Informationen zu alternativen Eingabemitteln enthält die Broschüre VBG-Fachwissen »Alternative Eingabemittel an Bildschirmarbeitsplätzen«.

(2) Alternative Eingabemittel müssen:

1. erwartungskonform, zuverlässig und störungsfrei funktionieren,
2. effektiv und effizient funktionieren,
3. gegen unbeabsichtigte Eingaben geschützt sein,
4. ohne übermäßige Abweichung von der neutralen Haltung und
5. konsistent funktionieren, d. h. sichere Rückmeldungen über erfolgreiche Eingaben abgeben (unmittelbar wahrnehmbar, leicht verständlich).

6.3.9 Raum für wechselnde Arbeitshaltungen und Bewegung

(1) Die Gestaltung eines Bildschirmarbeitsplatzes soll Bewegung ermöglichen. Ununterbrochene statische Belastung ist auf ein Minimum zu reduzieren. Dies kann z. B. durch mehrfachen Wechsel zwischen Sitzen und Stehen im arbeitstäglichen Verlauf erreicht werden.

(2) Ein Bildschirmarbeitsplatz ist vorzugsweise als Sitzarbeitsplatz oder Steh- / Sitzarbeitsplatz einzurichten. Beim Sitzen muss dynamisches Sitzen möglich sein, d. h. ein Arbeiten in vorderer, mittlerer und hinterer Sitzhaltung. Die mittlere Sitzhaltung entspricht dabei der sogenannten Referenzsitzhaltung (siehe Abschnitt 6. 3. 11).

Hinweise:

1. Um einen dynamischen Wechsel zwischen sitzenden und stehenden Tätigkeiten zu erleichtern, werden höhenverstellbare Arbeitsflächen empfohlen.

2. Stufenlos höhenverstellbare Arbeitsflächen von 650 mm bis 1250 mm sind gegenüber den einstellbaren oder festen Arbeitsflächenhöhen vorzuziehen.

(3) Für wechselnde Arbeitshaltungen und Ausgleichsbewegungen muss unmittelbar vor der Arbeitsfläche eine freie Bewegungsfläche von mindestens 1,50 m^2 zur Verfügung stehen, wobei Breite und Tiefe mindestens 1000 mm betragen müssen. Nebeneinander angeordnete Arbeitsplätze erfordern eine Breite der freien Bewegungsfläche von mindestens 1200 mm (siehe auch ASR A1.2 »Raumabmessungen und Bewegungsflächen«).

(4) Unter der an Sitzarbeitsplätzen und Steh- / Sitzarbeitsplätzen genutzten Arbeitsfläche muss ein bewegungsgerechter Beinraum zur Verfügung stehen. Der Beinraum in sitzender Position muss die Anforderungen nach Abbildung 6 über eine Breite von mindestens 850 mm erfüllen.

Hinweis:

Empfehlenswert ist ein freier Beinraum (Beinraumhöhe, -tiefe und -breite), der unter der gesamten genutzten Arbeitsfläche zur Verfügung steht.

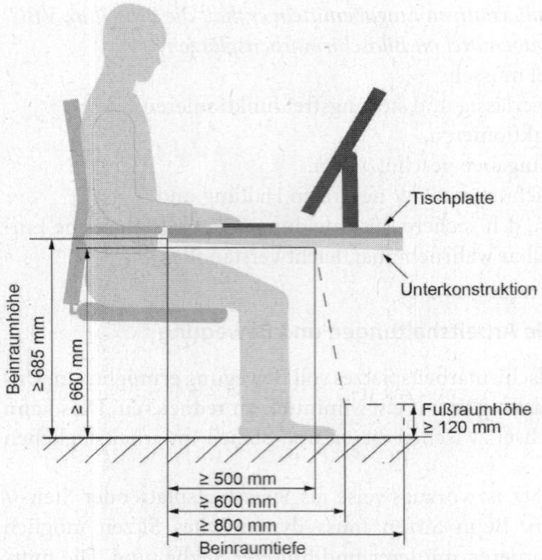

Abb. 6: Mindestanforderungen an den Beinraum am Sitzarbeitsplatz (beispielhaft abgebildet für Tischhöhe 740 mm ±20 mm)

(5) Ist tätigkeitsbedingt die Arbeit im Stehen zu verrichten, müssen die Beschäftigten im Arbeitsbereich zwischen unterschiedlichen Arbeitshaltungen wechseln können. Für diesen Fall sollen unterhalb der Arbeitsfläche ausreichend große Knie- und Fußräume vorhanden sein (siehe Abbildung 7).

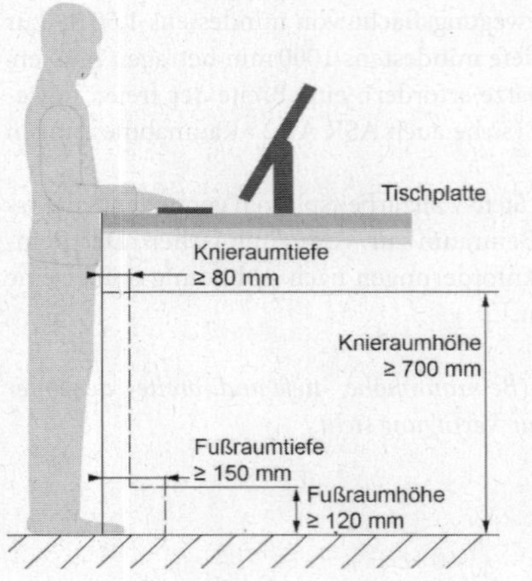

Abb. 7: Mindestmaße für den Fuß- und Knieraum am Steharbeitsplatz (beispielhaft abgebildet für Tischhöhe stehend 1050 mm ±20 mm; Maße aus der DIN EN 527–1:2011–08)

6.3.10 Arbeitsflächen

(1) Die Arbeitsflächen sind je nach Arbeitsaufgabe und den erforderlichen Arbeitsmitteln zu bemessen. Eine flexible Anordnung der Arbeitsmittel muss möglich sowie ausreichend Raum für deren Verwendung vorhanden sein. Unterschiedliche Körperhaltungen müssen ermöglicht werden.
(2) Für Büroarbeit und vergleichbare Tätigkeiten müssen neben den Flächen für Bildschirme, Bildschirmgeräte und Eingabemittel zusätzliche Flächen für Schriftgut und weitere Arbeitsmittel zur Verfügung stehen. Um eine flexible Anordnung aller Arbeitsmittel zu ermöglichen, muss die Arbeitsfläche mindestens 1600 mm breit und mindestens 800 mm tief sein. Bei Verwendung von nur einem Bildschirm, geringem Arbeitsmittelbedarf und wenig Schriftgut darf die Arbeitsflächenbreite auf 1200 mm verringert werden.
(3) Für sonstige Tätigkeiten, die nicht von Absatz 2 erfasst sind, müssen die Arbeitsflächen von Bildschirmarbeitsplätzen entsprechend den erforderlichen Arbeitsmitteln bemessen werden. Für eine flexible Anordnung der Arbeitsmittel sind sie mindestens 1200 mm breit und 800 mm tief zu gestalten. Bei geringem Arbeitsmittelbedarf (z. B. nur Bildschirmgerät und Tastatur) dürfen Arbeitsflächen, auf ein Mindestmaß von 800 mm × 800 mm reduziert werden. Die Anforderungen der ASR A1.2 »Raumabmessungen und Bewegungsflächen« bzgl. der Abstände und Bewegungsflächen sind einzuhalten.
Hinweis:
An Beratertresen, Bedientheken, Infoständen, Werkzeugausgabestellen u. ä., an denen im Stehen gearbeitet wird und neben der Bildschirmarbeit die Übergabe an Dritte (z. B. an Kunden) eine Rolle spielt, wird die Reichweite nach vorn zum begrenzenden Faktor. Eine reduzierte Arbeitsflächentiefe des Bildschirmarbeitsplatzes im Bereich der Übergabestelle von 800 mm auf 600 mm ist hier ausreichend.

6.3.11 Referenzsitzhaltung

Die Referenzsitzhaltung (Abbildung 8) muss für die Einstellung von Stuhl und Arbeitsfläche sowie die Anordnung der für die Bildschirmarbeit benötigten Arbeitsmittel auf der Arbeitsfläche (z. B. Bildschirm und Tastatur) eingenommen werden, um ergonomisch günstiges Arbeiten zu ermöglichen.
Hinweise:
1. In der Referenzsitzhaltung sitzen Beschäftigte aufrecht auf dem Arbeitsstuhl und nutzen die gesamte Sitzfläche so, dass Kontakt zur Rückenlehne besteht. Die Füße stehen vollflächig auf dem Boden. Der Winkel zwischen Ober- und Unterschenkel sowie zwischen Oberschenkel und Becken beträgt etwa 90° oder etwas mehr. Der Winkel zwischen Unterarm und Oberarm beträgt etwa 90° oder mehr. Die Hände befinden sich in Ellenbogenhöhe und liegen in Verlängerung des Unterarms auf der flachen Tastatur, die Handballen auf der Arbeitsfläche. Die Unterarme liegen locker auf Arbeitsfläche oder Armlehne. Die Schultern sind weder hochgezogen noch nach vorne hängend. In natürlicher Kopfhaltung befindet sich der Bildschirm im Blickfeld. Die Blicklinie ist um ca. 30° bis 35° aus der Horizontalen nach unten geneigt und trifft im rechten Winkel auf die Mitte der Bildschirmoberfläche. Außer dem Winkel

zwischen Ober- und Unterschenkel sowie zwischen Oberschenkel und Becken gelten diese Maße auch für eine Arbeitshaltung im Stehen.
2. Bei Bildschirmarbeit ist ein häufiger Haltungswechsel und Wechsel der Sitzposition anzustreben. Unter einem Wechsel der Sitzposition ist das Sitzen in vorderer, mittlerer und hinterer Sitzhaltung zu verstehen (dynamisches Sitzen).
3. Um unterschiedliche Körpermaße bei wechselnden Benutzern zu berücksichtigen (z. B. Desk Sharing) bieten sich mit geringem Kraftaufwand höhenverstellbare Arbeitstische und Arbeitsstühle zur Erreichung des Schutzziels an.

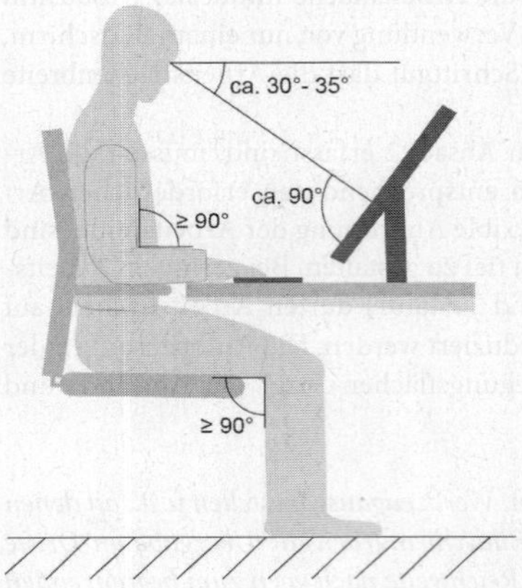

Abb. 8: Referenzsitzhaltung (Winkel zwischen Ober- und Unterschenkel sowie zwischen Ober- und Unterarm ≥ 90°)

6.3.12 Arbeitsstuhl

(1) Tätigkeiten am Bildschirmarbeitsplatz werden überwiegend im Sitzen ausgeführt (siehe Abschnitt 6.3.9). Für ein sicheres und ergonomisches Arbeiten ist ein geeigneter Arbeitsstuhl zur Verfügung zu stellen.
(2) Für Büroarbeit und vergleichbare Tätigkeiten am Bildschirmarbeitsplatz muss ein BüroArbeitsstuhl mit mindestens folgenden Eigenschaften zur Verfügung stehen:

1. das Oberteil des Stuhls besteht aus einer gepolsterten, atmungsaktiven Sitzfläche und Rückenlehne; die Rückenlehne kann auch aus netzähnlichem Material bestehen,
2. das Oberteil ist drehbar und so stufenlos höhenverstellbar, dass die Referenzsitzhaltung eingenommen werden kann (siehe Abbildung 8),
3. die Rückenlehne ist neigbar und unterstützt die natürliche Form der Wirbelsäule beim Wechsel zwischen vorderer, mittlerer und hinterer Sitzhaltung (dynamisches Sitzen) und ist auf das Benutzergewicht anpassbar,
4. der Stuhl verfügt über eine Sitzfläche, die gewährleistet, dass die Rückenlehne in ihrer Funktion genutzt werden kann, die Oberschenkel möglichst vollständig aufliegen und die Kniekehlen frei bleiben,
5. das Untergestell ist stabil und standsicher,

6. die Stuhlkonstruktion fängt das Körpergewicht beim Hinsetzen auch in der untersten Sitzposition federnd ab,
7. sofern Rollen vorhanden sind, müssen diese beim unbelasteten Stuhl ein unbeabsichtigtes Wegrollen verhindern und
8. verfügt ein Stuhl über Armauflagen, müssen diese auf Arbeitsflächenhöhe einstellbar sein.

(3) Für Tätigkeiten am Bildschirmarbeitsplatz in anderen Arbeitsumgebungen muss ein Arbeitsstuhl zur Verfügung stehen, der die Anforderungen an Büro-Arbeitsstühle nach den Nummern 2 bis 8 des Absatzes 2 erfüllt. Die Oberflächen von Sitzfläche und Rückenlehne müssen für die jeweiligen Arbeitsumgebungsbedingungen geeignet sein.

Hinweise zu den Absätzen 2 und 3 dieses Abschnitts:

1. *Fünfarmige Untergestelle gelten als standsicher. Die Beschaffenheit der 5 (baugleichen) Rollen richtet sich nach der Härte des Fußbodens, harte Rollen eignen sich für weiche Böden, weiche Rollen für harte Böden.*
2. *Armstützen an Arbeitsstühlen entlasten die Schulter- und Nackenmuskulatur.*
3. *Die Funktion der Einstellelemente soll eindeutig erkennbar sein. Die Einstellung soll ohne Hilfsmittel möglich sein.*
4. *Alternative Sitzmöbel (z. B. Sitzbälle, Pendelhocker) sind nur als temporäres Trainings- und Übungsgerät zu nutzen. Aufgrund erhöhter Unfallgefahr, rasch eintretender Ermüdung der Muskulatur und fehlender Einstellmöglichkeiten sind diese nicht als Arbeitsstuhl am Bildschirmarbeitsplatz geeignet.*
5. *Im Anhang (Tabelle 3) sind Maßempfehlungen für Arbeitsstühle aufgeführt.*

6.3.13 Vorlagenhalter und Fußstütze

(1) Wird ein Vorlagenhalter verwendet, ist sicherzustellen, dass dieser für die jeweiligen Vorlagen geeignet ist (Standsicherheit bzw. ausreichende Befestigung) und alle notwendigen Handhabungen ermöglicht. Eine Neigungseinstellung entsprechend derjenigen des Bildschirms muss möglich sein. Der Vorlagenhalter ist unmittelbar neben dem Bildschirm mit gleichem Sehabstand, gleicher Höhe und Neigung zu positionieren.

(2) Für die Arbeit an nicht höhenverstellbaren Tischen oder an Tischen mit nicht ausreichendem Verstellbereich ist die Sitzflächenhöhe des Arbeitsstuhles nach der vorgegebenen Armhaltung einzustellen. Ergibt sich nach der Einstellung der Sitzflächenhöhe am Arbeitsplatz, dass die Füße des Beschäftigten nicht ganzflächig auf dem Fußboden aufstehen, ist der notwendige Ausgleich mit einer Fußstütze herzustellen.

(3) Die Fußstütze muss hinsichtlich Ausführung und Festigkeit so beschaffen sein, dass die Verstelleinrichtungen leicht zu betätigen sind und sich nicht unbeabsichtigt verändern. Die Aufstellfläche für die Füße muss rutschhemmend ausgeführt sein.

(4) Die Aufstellfläche für die Füße muss mindestens 450 mm breit und 350 mm tief sein.

(5) Fußstützen müssen in Höhe und Neigung verstellbar sein. Die Neigung muss mindestens zwischen 5° und 15° stufenlos oder mindestens in 3 Stufen verstellbar sein. Die Höhe der Fußstütze bei Aufstellung auf dem Fußboden darf in der

untersten Position an der Vorderkante höchstens 50 mm betragen und muss bis mindestens 110 mm verstellbar sein. Ein größerer Verstellbereich bis zu einer oberen Höhe von mindestens 150 mm ist zu bevorzugen. Die Verstellbarkeit der Höhe muss stufenlos oder in Schritten von maximal 15 mm möglich sein.
Hinweis:
Fußstützen nach den Absätzen 3 bis 5 sind nicht auf Dauer zur Erreichung einer ergonomischen Sitzhaltung zu empfehlen, da sie die freien Bewegungsmöglichkeiten im Beinraum einschränken können.

6.3.14 Beleuchtung

(1) Neben den Anforderungen an die Beleuchtung gemäß ASR A3.4 »Beleuchtung und Sichtverbindung« sind für Bildschirmarbeitsplätze zusätzlich die nachfolgenden Anforderungen zu berücksichtigen.
(2) Die Beleuchtung muss der Art der Arbeitsaufgabe entsprechen und an das Sehvermögen der Beschäftigten anpassbar sein. Das kann durch arbeitsplatzbezogene oder individuelle Beleuchtungslösungen erfolgen.
Hinweis:
Insbesondere ältere Beschäftigte benötigen in der Regel eine höhere Beleuchtungsstärke am Bildschirmarbeitsplatz. Es wird empfohlen, dies im Beleuchtungskonzept zu berücksichtigten, z. B. durch eine arbeitsflächenbezogene Beleuchtung mit einer zusätzlichen Arbeitsplatzleuchte oder durch die Bereitstellung von Leuchten mit individueller Anpassungsmöglichkeit.
(3) Bei Arbeiten an Bildschirmgeräten ist für eine geeignete Aufhellung der Raumbegrenzungsflächen zu sorgen. Dies wird durch eine entsprechende Farbgestaltung erreicht.
Hinweis:
An Bildschirmarbeitsplätzen sind Reflexionsgrade ausreichend, wenn sie in den folgenden Bereichen liegen:
1. Decken: 0,7 bis 0,9,
2. Wände: 0,5 bis 0,8,
3. Böden: 0,2 bis 0,4.
(4) Blendung an Bildschirmarbeitsplätzen ist zu vermeiden. Sie kann direkt durch Lichtquellen im Gesichtsfeld oder indirekt durch Spiegelung und Reflexion ausgelöst werden.
(5) Direktblendung durch künstliche Beleuchtung ist zu vermeiden. Dazu müssen Leuchten über eine für den Raum und die Bildschirmarbeit geeignete Blendungsbegrenzung verfügen (siehe Abbildung 9).

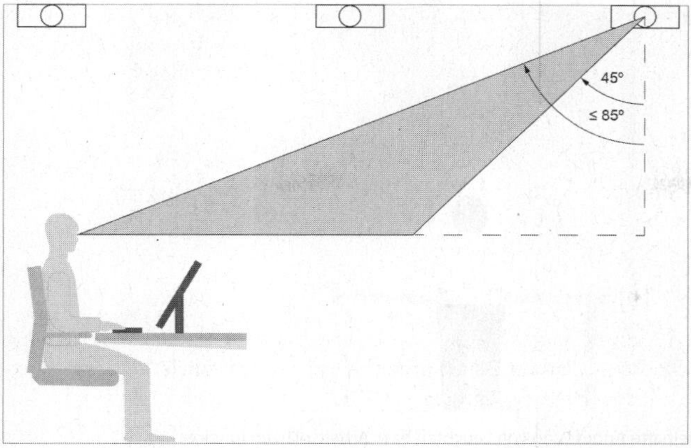

Abb. 9: Kritischer Bereich des Ausstrahlungswinkels einer Leuchte für psychologische Blendung

(6) Innerhalb des in der Abbildung 9 grau hinterlegten Ausstrahlungsbereichs ist bei zu hoher Leuchtdichte psychologische Blendung möglich. Dies soll durch Berücksichtigung der oberen UGR-Grenzwerte begrenzt werden. In der Praxis werden zur Planung und Überprüfung die UGR-Tabellen aus den Dokumentationsunterlagen der Leuchtenhersteller verwendet. Für den jeweiligen Leuchtentyp enthalten sie die UGR-Werte einer standardisierten Leuchtenanordnung für unterschiedliche Raumabmessungen, Reflexionsgrade der Raumbegrenzungsflächen und Ausrichtungen der Leuchtenlängsachsen. Beim Einrichten von z. B. Büroarbeitsplätzen eignen sich Leuchten mit einem UGR Wert ≤ 19.

(7) Direktblendung durch Tageslicht kann durch Fensterflächen entstehen, die viel heller als der Bildschirm sind. Ein angemessener Helligkeitsunterschied zwischen Bildschirm und Fensterfläche wird in der Regel erreicht:

1. wenn hinter dem Bildschirm in Blickrichtung keine Fensterfläche sichtbar ist,
2. wenn die Blickrichtung zum Bildschirm parallel zur Fensterfront verläuft,
3. wenn bei Fensteranordnung über Eck die in Blickrichtung hinter dem Bildschirm sichtbaren Fensterflächen über einen blickdicht einstellbaren Blendschutz verfügen.

(8) Indirektblendung an Bildschirmarbeitsplätzen entsteht als Reflexion von Lichtquellen auf dem Bildschirm. Diese kann auch durch hell beleuchtete Flächen bzw. Oberflächen der Arbeitsumgebung entstehen. Zur Vermeidung von Indirektblendung sind:

1. entspiegelte Bildschirme zu verwenden (siehe Abschnitt 6.3.2, Absatz 5),
2. bei künstlicher Beleuchtung Leuchten bzw. Arbeitsplätze möglichst so anzuordnen, dass das Licht von oben schräg seitlich auf den Arbeitsplatz einfällt (siehe Abbildung 10).

Abb. 10: Beispielhafte Anordnung von Leuchten bzw. Arbeitsplätzen für einen geeigneten Lichteinfall am Bildschirmarbeitsplatz

(9) Um störenden Einfall von Tageslicht zu vermeiden, der zu Direkt- oder Indirektblendung am Bildschirmarbeitsplatz führt, sind die betreffenden Fenster und Dachoberlichter mit verstellbaren Blendschutzvorrichtungen auszustatten. Die Blendschutzvorrichtungen müssen so eingestellt werden können, dass die Sichtverbindung nach außen nicht dauerhaft und möglichst nur teilweise unterbrochen wird.

Hinweis:

Eine teilweise Unterbrechung der Sichtverbindung kann z. B. durch Blendschutzvorrichtungen mit verstellbaren Lamellen in Cut-off-Stellung erreicht werden. Hierdurch wird erreicht, dass eine Blendung durch die Sonne vermieden, jedoch eine Sicht nach außen und der Einfall von Tageslicht weiterhin möglich sind. Teildurchsichtige Vorrichtungen, durch welche die Sonne zu erkennen ist, sind allein als Blendschutz ungeeignet. Die Steuerung der Blendschutzvorrichtung sollte arbeitsplatz- oder arbeitsbereichsbezogen vorgenommen werden können.

(10) Flächen, z. B. Wände oder Decken, sowie Oberflächen von Arbeitsmitteln und Mobiliar, z. B. Schränke oder Gehäuse, müssen so beschaffen sein, dass keine störenden Reflexionen auftreten.

(11) Um Spiegelungen zu vermeiden, sollen Flächen im Gesichtsfeld der Beschäftigten, insbesondere Oberflächen von Arbeitsflächen, Schränken oder Unterlagen, matt sein.

(12) In speziellen Anwendungsfällen, z. B. bei Bildschirmarbeit mit hohen Anforderungen an die Farbwiedergabe oder an feine Farb- und Kontrastunterscheidungen, können trotz der Verwendung entspiegelter Displays weitere Maßnahmen zur Vermeidung von Reflexionen auf dem Display notwendig sein. Wenn in Ausnahmefällen nicht entspiegelte Displays erforderlich sind, z. B. bei Tätigkeiten, die eine Beurteilung dunkler Farben erfordern, können ebenfalls weitere Maßnahmen zur Vermeidung von Reflexionen auf dem Display notwendig sein. Maßnahmen zur

Vermeidung von Reflexionen auf dem Bildschirm für spezielle Anwendungs- und Ausnahmefälle sind z. B.:
1. der Einsatz einer Indirektbeleuchtung,
2. eine Begrenzung des Ausstrahlwinkels der Leuchten, so dass die leuchtende Fläche der Leuchte nicht mehr als Spiegelbild auf der Bildschirmoberfläche zu sehen ist,
3. eine Abschirmung einzelner Bildschirmarbeitsplätze,
4. blickdichte Blendschutzvorrichtungen mit einer geringen Lichtdurchlässigkeit,
5. die Anpassung der Beleuchtungsstärke,
6. die Verwendung von Bildschirmen, die eine hohe Leuchtdichte erzeugen und
7. geringe Reflexionsgrade von Flächen, welche sich im Bildschirm spiegeln.

Hinweis:
Dies kann z. B. Arbeitsplätze in der Film- und Fernsehproduktion, spezielle Bildbearbeitung oder die Softproof-Farbabmusterung in der Druckindustrie betreffen.

6.3.15 Wärmebelastung

Die im Raum eingesetzten Arbeitsmittel dürfen nicht zu einer erhöhten, gesundheitlich unzuträglichen Wärmebelastung führen. Zur Beurteilung der Wärmebelastung siehe ASR A3.5 »Raumtemperatur«, Abschnitt 4.2 Absatz 3.

6.4 Ergänzende Anforderungen an die Gestaltung von Telearbeitsplätzen

Für Telearbeit gelten nach § 1 Absatz 4 ArbStättV folgende Teile der Arbeitsstättenverordnung:
1. Gefährdungsbeurteilung nach § 3 ArbStättV bei der erstmaligen Beurteilung der Arbeitsbedingungen und des Arbeitsplatzes,
2. Unterweisung der Beschäftigten nach § 6 ArbStättV und
3. Anforderungen an Bildschirmarbeitsplätze, Bildschirme und Bildschirmgeräte nach Nummer 6 des Anhangs ArbStättV.

6.4.1 Ausstattung des Telearbeitsplatzes

(1) Die Ausstattung des Telearbeitsplatzes beinhaltet:
1. Arbeitsmittel (z. B. Bildschirmgeräte) einschließlich Kommunikationseinrichtungen (z. B. Telefon, Internetverbindung),
2. Mobiliar (z. B. Arbeitsstuhl, Arbeitstisch) und
3. geeignete künstliche Beleuchtung.

(2) Die benötigte Ausstattung ist durch den Arbeitgeber oder eine von ihm beauftragte Person bereitzustellen und zu installieren. Wird vom Beschäftigten geeignete Ausstattung freiwillig selbst zur Verfügung gestellt, kann diese für die Einrichtung eines Telearbeitsplatzes genutzt werden. In Bezug auf Arbeitsmittel ist dies nur zu-

lässig, soweit der Arbeitgeber deren Verwendung ausdrücklich gestattet hat (siehe § 5 Absatz 4 BetrSichV).

6.4.2 Vereinbarung zwischen Arbeitgeber und Beschäftigten nach § 2 Absatz 7 ArbStättV

(1) Die Bedingungen der Telearbeit sind arbeitsvertraglich oder im Rahmen einer Vereinbarung festzulegen. Die Vereinbarung kann im Rahmen eines Arbeitsvertrages, einer Betriebs-, Dienst- oder sonstigen Vereinbarung getroffen werden und soll in schriftlicher Form erfolgen.
(2) Inhalte der Vereinbarung müssen mindestens sein:
1. die wöchentliche Arbeitszeit der Telearbeit,
2. der Zeitraum der Telearbeit (mögliche Befristung) und
3. die Bereitstellung von Mobiliar, Arbeitsmitteln und Kommunikationseinrichtungen.

Hinweise:
1. Darüber hinaus kann die Vereinbarung weitere Regelungen enthalten, z. B. zu Zutrittsrechten, Aufwandsentschädigungen, Haftungsfragen und zum Datenschutz.
2. Für Beschäftigte in Telearbeit gelten grundsätzlich alle gesetzlichen, betrieblichen bzw. dienstlichen und individualrechtlichen Regelungen unverändert fort. Bestehende arbeitsrechtliche Vereinbarungen müssen konform zu den Besonderheiten der Telearbeit sein.

6.4.3 Gefährdungsbeurteilung

(1) Bei der erstmaligen Einrichtung eines Telearbeitsplatzes ist eine Gefährdungsbeurteilung nach § 3 ArbStättV durchzuführen, soweit der Telearbeitsplatz von dem im Betrieb abweicht.
(2) Der Arbeitgeber hat bei der Beurteilung der Gefährdungen an einem Telearbeitsplatz die Eigenart von Telearbeitsplätzen in den Privaträumen der Beschäftigten zu berücksichtigen. Dabei sind auch Arbeitszeit und Arbeitsorganisation der Telearbeit und die damit verbundene psychische Belastung, die z. B. durch soziale Isolation, Lage und Dauer der Arbeits- und Pausenzeiten bzw. Erreichbarkeit entstehen kann, zu berücksichtigen.
(3) Der Arbeitgeber hat im Rahmen der Gefährdungsbeurteilung gemäß § 3 ArbStättV sicherzustellen, dass von den Beschäftigten ggf. freiwillig bereitgestellte Arbeitsmittel einschließlich Kommunikationseinrichtungen und des für die Telearbeit genutzten Mobiliar den sicherheitstechnischen und ergonomischen Anforderungen entsprechen.
(4) Die für die Gefährdungsbeurteilung erforderlichen Informationen kann der Arbeitgeber entweder über eine Besichtigung, wenn der Beschäftigte zustimmt, oder über konkrete Erfragung (z. B. mit Fotodokumentation, Skizzen, Checklisten) des Telearbeitsplatzes erhalten. Zutrittsrechte können z. B. im Rahmen der Vereinbarung nach Abschnitt 6.4.2 gestaltet werden.

6.5 Regelmäßige ortsveränderliche Verwendung von tragbaren Bildschirmgeräten

Hinweis:
Tragbare Bildschirmgeräte sind Arbeitsmittel nach der BetrSichV und müssen die Anforderungen der BetrSichV erfüllen. Diese Vorgaben gelten auch, wenn die Geräte nicht regelmäßig verwendet werden und somit nicht in den Anwendungsbereich der ArbStättV fallen. Die BetrSichV beinhaltet ebenfalls Anforderungen an Softwareergonomie.

6.5.1 Allgemeine Anforderungen

(1) Größe, Form und Gewicht tragbarer Bildschirmgeräte müssen der Arbeitsaufgabe und den Arbeitsumgebungsbedingungen entsprechend angemessen gestaltet sein. Tragbare Bildschirmgeräte können bei der Nutzung abgelegt oder getragen werden. Im Ergebnis einer Gefährdungsbeurteilung sind erforderlichenfalls Halte- und Tragevorrichtungen vom Arbeitgeber zur Verfügung zu stellen.
(2) Um negative Beanspruchungsfolgen zu vermeiden, dürfen tragbare Bildschirmgeräte ohne Trennung zwischen Bildschirm und externem Eingabemittel (wie separater Tastatur oder Maus) oder mit Eingabe direkt auf dem Bildschirm (mit Bildschirmtastatur, z. B. bei Tablets, Convertibles) nur an Arbeitsplätzen betrieben werden, an denen die Geräte nur kurzzeitig verwendet werden (z. B. Notebook in einer Besprechung) oder an denen die Arbeitsaufgaben mit keinen anderen Bildschirmgeräten ausgeführt werden können (z. B. Handscanner in der Logistik).
(3) Die kurzzeitige Verwendung darf grundsätzlich nur wenige Zeilen umfassende alphanumerische Eingaben oder einzelne Steuerbefehle beinhalten.
(4) Bei umfangreicheren alphanumerischen Eingaben sind tragbare Bildschirmgeräte mit integrierter Tastatur (z. B. Notebook) abgelegt zu nutzen (siehe Abschnitt 6.5.2).
Hinweise:
1. Unter integrierter Tastatur ist eine hardwareseitige Integration in das Gerät zu verstehen. Die Eingabe direkt auf dem Bildschirm (Bildschirmtastatur) zählt nicht dazu.
2. Durch die Verwendung einer separaten Tastatur kann eine räumliche Trennung von Tastatur und Bildschirm und dadurch eine neutrale Körperhaltung bei angemessenem Sehabstand erreicht werden.
(5) Die Bildschirmgröße von tragbaren Bildschirmgeräten mit integrierter Tastatur ist entsprechend der Arbeitsaufgabe auszuwählen.
Hinweise:
1. Für einen Sehabstand von z. B. 500 mm ist eine Zeichenhöhe von mindestens 3,2 mm zu empfehlen (siehe Abschnitt 6.1.3).
2. Bei umfangreicheren Texteingaben oder Tabellenkalkulationen werden Geräte mit einer Bildschirmdiagonale von mindestens 15 Zoll (381 mm) empfohlen.
(6) Bildschirmgeräte mit Eingabe direkt auf dem Bildschirm, Bildschirmtastatur (z. B. bei Tablets, Convertibles) dürfen grundsätzlich nicht für umfangreiche alphanumerische Eingaben verwendet werden. Hierfür ist eine separate Tastatur gemäß

Abschnitt 6.3.5 oder ein externes Eingabemittel (z. B. Griffel oder Stift für handschriftliche Eingaben) einzusetzen. Ausnahmen bestehen lediglich für Arbeitsplätze, an denen die Arbeitsaufgaben mit keinen anderen Bildschirmgeräten ausgeführt werden können.
Hinweis:
Durch die Verwendung einer separaten Tastatur kann eine räumliche Trennung von Tastatur und Bildschirm und dadurch eine neutrale Körperhaltung bei angemessenem Sehabstand erreicht werden.
(7) Die Leuchtdichte des Bildschirms tragbarer Bildschirmgeräte muss ausreichend bemessen und über die Helligkeitseinstellung an die Arbeitsumgebungsbedingungen anpassbar sein. Der Kontrast der Text- und Grafikdarstellungen auf dem Bildschirm muss von den Beschäftigten einfach eingestellt werden können.
(8) Soweit die tragbaren Bildschirmgeräte bei Tätigkeiten im Freien verwendet werden, muss die Leuchtdichte des Bildschirms mindestens 400 cd/m^2 betragen.
Hinweis:
Beim Einsatz unter ungünstigen Umgebungsbedingungen, z. B. starken Vibrationen, extremen Temperaturen und Nässe, sollten entsprechend robuste Bildschirmgeräte verwendet werden, die z. B. explosionsgeschützt, wasserdicht, staubgeschützt, hitze- bzw. kältebeständig und gut zu reinigen sind.
(9) Bedingt die Tätigkeit der Beschäftigten das Tragen von Schutzkleidung (z. B. Handschuhe, Kopfbedeckung), ist dies bei der Auswahl und Verwendung von Bildschirmgeräten zu berücksichtigen.
(10) Alternative Eingabemittel sind unter Berücksichtigung der Arbeitsaufgabe, Software und Arbeitsumgebungsbedingungen auszuwählen. Alternative Eingabemittel dürfen zu keiner erhöhten Belastung der Beschäftigten führen.
Hinweise:
1. Für Freihandeingaben sowie zum schnellen Zeigen, Ziehen und Auswählen kann der Einsatz von Touchscreens ggf. mit Stift günstig sein.
2. Spracheingabe oder Gestensteuerung können beim Einsatz tragbarer Bildschirmgeräte zum Einsatz kommen, sofern die Arbeitsaufgabe eine freihändige bzw. berührungslose Benutzung des Gerätes ermöglicht.
(11) Alternative Eingabemittel für tragbare Bildschirmgeräte müssen:
1. erwartungskonform, zuverlässig und störungsfrei funktionieren,
2. effektiv und effizient funktionieren,
3. gegen unbeabsichtigte Eingaben geschützt sein,
4. ohne übermäßige Abweichung von der neutralen Körperhaltung benutzbar sein und
5. konsistent funktionieren, d. h. sichere Rückmeldungen über erfolgreiche Eingaben abgeben (unmittelbar wahrnehmbar, leicht verständlich).

(12) Das Gewicht tragbarer Bildschirmgeräte mit Tastatur ist möglichst gering zu halten, es soll 2,0 kg nicht überschreiten.
Hinweis:
Für besondere Anwendungsfälle können tragbare Bildschirmgeräte mit höherem Gewicht notwendig sein.

6.5.2 Anforderungen an tragbare Bildschirmgeräte, die abgelegt genutzt werden

(1) Bei umfangreichen alphanumerischen Eingaben sind die tragbaren Bildschirmgeräte mit einer Trennung zwischen Bildschirm und externen Eingabemitteln (z. B. separater Tastatur und Maus) zu betreiben. Im Rahmen der Gefährdungsbeurteilung ist zu prüfen, ob der entsprechende Arbeitsplatz so eingerichtet werden kann, dass eine unmittelbare Nutzung als Bildschirmarbeitsplatz möglich ist und die Anforderungen des Abschnittes 6.3 für ortsgebundene Verwendung eingehalten werden können.
(2) Auch bei ortsgebundener Verwendung tragbarer Bildschirmgeräte an Arbeitsplätzen gelten die Anforderungen der Abschnitte 6.1 und 6.2.
(3) Ausnahmen von Absatz 1 bestehen lediglich für Arbeitsplätze, an denen die Arbeitsaufgaben mit keinen anderen Bildschirmgeräten ausgeführt werden können.
(4) Tragbare Bildschirmgeräte, die abgelegt auf einer Arbeitsfläche verwendet werden, müssen so betrieben werden, dass der Beschäftigte nicht geblendet wird und der Bildschirm frei von störenden Reflexionen ist. Geräte mit entspiegeltem Bildschirm sind gegenüber dem Einsatz von Entspiegelungsfolien vorzuziehen.

6.5.3 Anforderungen an tragbare Bildschirmgeräte, die handgehalten genutzt werden

(1) Handgehaltene Bildschirmgeräte müssen so gestaltet sein, dass sie körpernah gehalten und getragen werden können.
(2) Das Gewicht tragbarer Bildschirmgeräte (z. B. Tablets und Handscanner), die mitgeführt und handgehalten genutzt werden, soll möglichst gering sein und 0,5 kg nicht überschreiten.
Hinweis:
Für besondere Anwendungsfälle können tragbare Bildschirmgeräte mit höherem Gewicht notwendig sein.
(3) Für tragbare Bildschirmgeräte, die handgehalten genutzt werden (z. B. Scanner im Logistikbereich oder Handterminals in der Gastronomie), sind unter Beachtung des Sehabstands Zeichenhöhen entsprechend Abbildung 1 erforderlich. Für solche handgehaltenen Geräte können Sehabstände zwischen 300 mm und 600 mm zur Bewertung herangezogen werden (siehe Abschnitt 6.1.3).
(4) Die Bildschirmgeräte müssen mit Eingabemitteln ausgestattet sein, die zuverlässig Eingaben ermöglichen. Dies kann durch Eingabehilfsmittel (z. B. Eingabestift) unterstützt werden.
Die Eingaben sollen fehlertolerant erfolgen können.
Hinweis:
Bei der Bedienung der Bildschirmtastatur mit dem Daumen arbeitet das Daumengrundgelenk mit hoher Frequenz in Gelenkendstellungen. Die Nutzung von Bildschirmgeräten mittlerer Größe ermöglicht die Eingabe mit beiden Daumen, wodurch diese Belastung deutlich reduziert werden kann.
(5) Bei umfangreichen alphanumerischen Eingaben sind handgehaltene Bildschirmgeräte – soweit technisch möglich – mit einer Trennung zwischen Bild-

schirm und externem Eingabemittel (z. B. Stift) auszurüsten. Im Rahmen der Gefährdungsbeurteilung ist zu prüfen, ob der entsprechende Arbeitsplatz so eingerichtet werden kann, dass eine unmittelbare Nutzung als Bildschirmarbeitsplatz möglich ist und die Anforderungen des Abschnitts 6.3 für ortsgebundene Verwendung eingehalten werden können.
(6) Auch bei ortsgebundener Verwendung tragbarer Bildschirmgeräte an Arbeitsplätzen gelten die Anforderungen der Abschnitte 6.1 und 6.2.
(7) Die handgehalten verwendeten Bildschirmgeräte müssen so betrieben werden, dass der Beschäftigte nicht geblendet wird und der Bildschirm frei von störenden Reflexionen ist. Geräte mit entspiegeltem Bildschirm sind gegenüber dem Einsatz von Entspiegelungsfolien vorzuziehen.

6.5.4 Anforderungen an tragbare Bildschirmgeräte, die körpergetragen genutzt werden

(1) Tragbare Bildschirmgeräte, die mehr als 1 kg wiegen und körpergetragen genutzt werden müssen, dürfen nicht ohne Tragevorrichtung verwendet werden (z. B. Notebooks). Tragevorrichtungen sollen folgende Eigenschaften aufweisen:

1. gleichmäßige Gewichtsverteilung, z. B. durch Abstützung auf Schultern, Bauch und Hüfte und
2. stufenlose Einstellbarkeit der Tragevorrichtung, um eine Anpassung an die individuellen Körpermaße und ergonomisches Tragen zu gewährleisten.

Hinweise:

1. Handgehaltene Geräte gelten nicht als körpergetragen.

2. Bügelsysteme besitzen im Vergleich zu Gurthalterungen zumeist einen größeren Tragekomfort. Beide Systeme ermöglichen das Variieren des Sehabstandes und der Kopfneigung sowie eine gute Bedienbarkeit.

(2) Körpergetragene Bildschirmgeräte in Tragevorrichtungen dürfen nicht für Büroarbeiten und vergleichbare Tätigkeiten eingesetzt werden.
(3) Die Arbeit mit körpergetragenen Bildschirmgeräten in Tragevorrichtungen ist so zu organisieren, dass sie für umfangreiche alphanumerische Eingaben abgelegt genutzt werden.
(4) Die Bildschirmgröße von körpergetragenen Bildschirmgeräten mit Tastatur in Tragevorrichtungen ist auf die Arbeitsaufgabe abzustimmen. Die erforderliche Mindestzeichenhöhe der Anzeige dieser Bildschirmgeräte richtet sich nach dem Sehabstand und beträgt z. B. 3,2 mm bei einem Sehabstand von 500 mm (siehe Tabelle 1 in Abschnitt 6.1.3).

Hinweis:

Es wird empfohlen, eine Bildschirmdiagonale von 10 Zoll (254 mm) nicht zu unterschreiten.

(5) Ein körpergetragenes Bildschirmgerät darf die Sicht auf den nahen Bewegungsbereich nicht verdecken. Zum Fortbewegen muss es vorübergehend aus dem Blickfeld herausgenommen werden können (z. B. durch Wegklappen).

6.5.5 Anforderungen an tragbare Bildschirmgeräte, die kopfgetragen genutzt werden

(1) Die Passform kopfgetragener Bildschirmgeräte ist auf die Benutzer abzustimmen und soll individualisiert werden können (z.B. für Augmented Reality (AR)-Brillen: Nasenbeinauflage, Bügelknick, einstellbare Platzierung der Anzeige zum Auge; für Virtual Reality (VR)-Brillen: Passung der Auflagefläche für Gesichtsform, Einstellung für den Augenabstand). Die tägliche Tragedauer ist mittels Gefährdungsbeurteilung zu ermitteln und entsprechend den Herstellerangaben zu begrenzen.

(2) Kopfgetragene Bildschirmgeräte müssen über folgende Eigenschaften verfügen:

1. das Gesamtgewicht muss möglichst gering und auf dem Kopf ausgeglichen verteilt sein,
2. eine natürliche Kopfhaltung und Kopfbewegung dürfen nicht beeinträchtigt werden und
3. das kopfgetragene Bildschirmgerät (z.B. AR- oder VR-Brille) muss beim Tragen während der Aufgabenbearbeitung gegen Herabfallen gesichert sein.

(3) Bei AR-Brillen sind Reflexionen und Blendung durch geeignete Maßnahmen zu vermeiden (z.B. Abschattung). Informationen müssen auf dem Bildschirm so dargestellt werden, dass sie sich an die wechselnden Arbeitsumgebungsbedingungen (z.B. variierende Hintergründe) anpassen oder daran ausrichten lassen. Hierzu muss an AR-Brillen ein ausreichend hoher Kontrast einstellbar sein.

(4) Eine Wärmeableitung weg vom Kopf nach außen muss gewährleistet werden, um einen Wärmestau zu vermeiden. Es darf keine unangenehme Kontakttemperatur vorhanden sein.

(5) Wesentliche Basisfunktionen für die Steuerung von kopfgetragenen Bildschirmgeräten (z.B. »an«, »aus«, »bestätigen«) sollen auch über Tasteneingaben möglich sein. Texteingaben sind zu vermeiden.

Hinweis:

Da an kopfgetragenen Bildschirmgeräten eine externe Tastatur fehlt, ist die Eingabe von Texten nur durch alternative Eingabeformen (z.B. Spracheingabe, Gestensteuerung) möglich.

(6) Das Erkennen von Gefahrensituationen und Gefahrenbereichen muss beim Benutzen kopfgetragener Bildschirmgeräte stets gewährleistet sein. Durch die Benutzung von kopfgetragenen Bildschirmgeräten dürfen keine Unfallgefahren, z.B. durch ein eingeschränktes Sichtfeld, entstehen.

(7) Ein kopfgetragenes Bildschirmgerät darf die Sicht auf den nahen Bewegungsbereich nicht verdecken, dazu muss es erforderlichenfalls aus dem Sichtfeld herausgenommen werden können (z.B. durch Wegklappen).

(8) Die Benutzung eines kopfgetragenen Bildschirmgeräts muss auch in Kombination mit Sehhilfen (z.B. Kontaktlinsen, Brillen) möglich sein.

Anhang
Empfehlungen für Arbeitsstühle

Bildschirmarbeit kann ganz oder teilweise im Sitzen verrichtet werden. Für die Ausstattung der Arbeitsplätze werden Arbeitsstühle empfohlen, welche sich auf die Körpermaße der Beschäftigten einstellen lassen und somit ergonomisch günstige Arbeitshaltungen ermöglichen. Folgende in Tabelle 3 aufgeführte Maße werden empfohlen.

Tabelle 3: Maßempfehlungen für Arbeitsstühle (Quelle: DGUV Regel 115–401)

Anforderung	Ausprägung
Sitzhöhe	< 400 mm bis 530 mm
Verstellbereich Sitzhöhe	> 120 mm
Sitztiefe	370 mm bis 470 mm
Sitzbreite	> 450 mm
Lordosenstütze	Abstützpunkt verstellbar im Bereich 170 mm bis 230 mm über Sitzfläche
Oberkante der Rückenlehne über der Sitzfläche	> 450 mm
Rückenlehnenbreite	> 400 mm
Rückenlehnenneigung	verstellbar, mehr als 15°

Hinweis:
Die Veränderungen der Körpermaße und -proportionen durch den demografischen Wandel sind bei den empfohlenen Maßen berücksichtigt und gehen über die Anforderungen in der DIN EN 1335-1:2020-07 hinaus.

Literaturhinweise

Technische Regeln und Empfehlungen

ASR V3	Gefährdungsbeurteilung
ASR V3 a.2	Barrierefreie Gestaltung von Arbeitsstätten
ASR A1.2	Raumabmessungen und Bewegungsflächen
ASR A3.4	Beleuchtung und Sichtverbindung
ASR A3.5	Raumtemperatur
ASR A3.6	Lüftung
ASR A3.7	Lärm
TRBS 1151	Gefährdungen an der Schnittstelle Mensch – Arbeitsmittel – Ergonomische und menschliche Faktoren, Arbeitssystem –
EmpfBS 1113	Beschaffung von Arbeitsmitteln

Regeln und Informationen der Unfallversicherungsträger

DGUV Regel 115-401	Branche Bürobetriebe (Stand Mai 2018)
DGUV Information 215-410	Bildschirm- und Büroarbeitsplätze – Leitfaden für die Gestaltung (Stand Juli 2019)
DGUV Information 215-450	Softwareergonomie (Stand April 2021)
VBG-Fachwissen	Alternative Eingabemittel an Bildschirmarbeitsplätzen (Stand: Juli 2022)

Im Text aufgeführte Normen

DIN EN 527-1:2011-08	Büromöbel – Büro-Arbeitstische – Teil 1: Maße
DIN EN 1335-1:2020-07	Büromöbel – Büro-Arbeitsstuhl – Teil 1: Maße – Bestimmung der Maße
DIN EN ISO 9241-303:2012-03	Ergonomie der Mensch-System-Interaktion – Teil 303: Anforderungen an elektronische optische Anzeigen
DIN EN ISO 9241-410:2012-12	Ergonomie der Mensch-System-Interaktion – Teil 410: Gestaltungskriterien für physikalische Eingabegeräte

ASR V3 »Gefährdungsbeurteilung«

Juli 2017 (GMBl 2017, S. 390)

1 Zielstellung

Diese ASR konkretisiert die Anforderungen an die Gefährdungsbeurteilung nach § 3 Arbeitsstättenverordnung (ArbStättV) im Rahmen der Beurteilung der Arbeitsbedingungen nach Arbeitsschutzgesetz (ArbSchG). Sie beschreibt eine Vorgehensweise zur Durchführung dieser Gefährdungsbeurteilung nach § 3 ArbStättV.

2 Anwendungsbereich

Diese ASR gilt für die Durchführung der Gefährdungsbeurteilung beim Einrichten und Betreiben von Arbeitsstätten sowie bei Telearbeitsplätzen gemäß § 2 Absatz 7 ArbStättV bei der erstmaligen Beurteilung der Arbeitsbedingungen und des Arbeitsplatzes soweit der Arbeitsplatz von dem im Betrieb abweicht.
Hinweis:
In dieser ASR V3 sind die Anforderungen an die Gefährdungsbeurteilung für die Belange von Menschen mit Behinderungen berücksichtigt.

3 Begriffsbestimmungen

3.1 Die **Gefährdungsbeurteilung** nach § 3 ArbStättV ist die auf das Einrichten und Betreiben der Arbeitsstätte ausgerichtete systematische Ermittlung und Beurteilung aller möglichen Gefährdungen der Beschäftigten einschließlich der Festlegung der erforderlichen Maßnahmen für Sicherheit und Gesundheit bei der Arbeit.
3.2 Eine **Gefährdung** bezeichnet die Möglichkeit eines Gesundheitsschadens oder einer gesundheitlichen Beeinträchtigung ohne bestimmte Anforderungen an deren Ausmaß oder Eintrittswahrscheinlichkeit.
3.3 Eine **Gefahr** bezeichnet eine Sachlage, die bei ungehindertem Ablauf des zu erwartenden Geschehens mit hinreichender Wahrscheinlichkeit zu einem Gesundheitsschaden oder einer gesundheitlichen Beeinträchtigung führt.
3.4 **Wechselwirkung** im Sinne dieser ASR ist die gegenseitige Beeinflussung von Gefährdungen oder Maßnahmen, wodurch sich Ausmaß und Art der Gefährdung verändern können.

4 Allgemeine Grundsätze

(1) Die Gefährdungsbeurteilung dient insbesondere als:
- Instrument zur Beurteilung der Arbeitsbedingungen,
- Grundlage zur Entscheidungsfindung, ob und welche Maßnahmen des Arbeitsschutzes notwendig sind,
- Handlungskonzept für die Verbesserung von Sicherheit und Gesundheitsschutz in der Arbeitsstätte (siehe Punkt 5, Abb. 1).

Hinweis:
In Verbindung mit Neubau oder baulichen Änderungen von Arbeitsstätten können im Rahmen der Gefährdungsbeurteilung wichtige und maßgebende Parameter, Rahmenbedingungen und Qualitäten beschrieben und festgelegt werden. Die Gefährdungsbeurteilung kann den Planern für das Einrichten (Entwurfsplanung) wichtige Gestaltungshinweise geben (siehe Punkt 4.2.1).

(2) Die Gefährdungsbeurteilung ist systematisch und fachkundig durchzuführen, insbesondere:
- beim Einrichten von Arbeitsstätten und
- beim Betreiben von Arbeitsstätten.

(3) Die Gefährdungsbeurteilung ist vor Aufnahme der Tätigkeiten durchzuführen und zu dokumentieren.

(4) Sie ist zu überprüfen und bei Bedarf zu aktualisieren, insbesondere:
- bei wesentlichen Veränderungen in der Arbeitsstätte, z. B.:
  - der Umgestaltung der bestehenden Arbeitsstätte,
  - der Festlegung von Arbeitsplätzen,
  - der Änderung von Arbeitsverfahren,
  - der Änderung der Arbeitsabläufe und der Arbeitsorganisation,
  - im Zusammenhang mit dem Einsatz anderer Arbeitsmittel oder Arbeitsstoffe,
  - im Zusammenhang mit der Änderung oder Beschaffung von Maschinen, Geräten und Einrichtungen,
  - im Zusammenhang mit Instandhaltung,
- bei der Änderung von relevanten Rechtsvorschriften oder von Technischen Regeln,
- bei neuen arbeitswissenschaftlichen Erkenntnissen bzw. Veränderungen des Standes der Technik, Arbeitsmedizin und Hygiene,
- nach dem Erkennen von kritischen Situationen (z. B. Beinahe-Unfällen, Fehlzeiten infolge arbeitsbedingter Gesundheitsbeeinträchtigungen sowie Erkenntnissen aus der arbeitsmedizinischen Vorsorge),
- nach Bekanntwerden einer Behinderung bei Beschäftigten oder
- nach Arbeitsunfällen und Berufskrankheiten.

4.1 Fachkunde

(1) Der Arbeitgeber hat sicherzustellen, dass die Gefährdungsbeurteilung fachkundig durchgeführt wird. Verfügt der Arbeitgeber nicht selbst über die entsprechenden Kenntnisse, hat er sich fachkundig beraten zu lassen.
(2) Fachkundig ist, wer über die zur Erfüllung der in dieser Technischen Regel bestimmten Aufgaben erforderlichen Fachkenntnisse verfügt. Zu den Anforderungen zählen eine entsprechende Berufsausbildung, Berufserfahrung oder eine zeitnah ausgeübte entsprechende berufliche Tätigkeit. Die Fachkenntnisse sind durch Teilnahme an Schulungen oder Unterweisungen auf aktuellem Stand zu halten.
(3) Umfang und Tiefe der notwendigen Kenntnisse, z. B. über das einschlägige Vorschriften- und Regelwerk, insbesondere die Technischen Regeln für Arbeitsstätten, können in Abhängigkeit von der zu beurteilenden Gefährdung unterschiedlich sein.
(4) Fachkundig im Sinne von Absatz 2 können insbesondere betriebliche Führungskräfte oder die Fachkraft für Arbeitssicherheit oder die Betriebsärztin oder der Betriebsarzt sein.
(5) Die Anforderungen an die Fachkunde sind abhängig von den zu beurteilenden Gefährdungen und müssen im Sinne dieser ASR nicht in einer Person vereinigt sein. Zur fachkundigen Durchführung der Gefährdungsbeurteilung gehören konkrete Kenntnisse der zu beurteilenden Arbeitsstätten und Tätigkeiten.

4.2 Gegenstand der Gefährdungsbeurteilung

Bei der Durchführung der Gefährdungsbeurteilung für Arbeitsstätten sind in Bezug auf das Einrichten sowie auf das Betreiben unterschiedliche Sachverhalte von Bedeutung. Der Arbeitgeber hat die mit der Arbeitsstätte verbundenen Gefährdungen unabhängig voneinander zu ermitteln und zu beurteilen. Mögliche Wechselwirkungen sind zu berücksichtigen. Sie können sich insbesondere auch im Zusammenwirken mit Arbeitsmitteln, Arbeitsstoffen, Arbeitsabläufen bzw. der Arbeitsorganisation sowie den Gefährdungsfaktoren gemäß Punkt 5.2.2 ergeben.

4.2.1 Einrichten von Arbeitsstätten

(1) Einrichten ist das Bereitstellen und Ausgestalten der Arbeitsstätte. Es umfasst u. a.:

- bauliche Maßnahmen oder Veränderungen, insbesondere Neu- und Umbau sowie Erweiterungsmaßnahmen von Arbeitsstätten,
- das Ausstatten mit Maschinen, Anlagen, Bildschirmgeräten, Mobiliar, anderen Arbeitsmitteln sowie Beleuchtungs-, Lüftungs-, Heizungs-, Feuerlösch- und Versorgungseinrichtungen,
- das Anlegen und Kennzeichnen von Verkehrs- und Fluchtwegen, Kennzeichnen von Gefahrenstellen und brandschutztechnischen Ausrüstungen sowie

- das Festlegen von Arbeitsplätzen unter Berücksichtigung der geplanten Tätigkeiten.

(2) Die Integration des Arbeitsschutzes in die Planung von Arbeitsstätten ist von grundlegender Bedeutung. Nach dem Einrichten einer Arbeitsstätte lassen sich Veränderungen nur mit einem zusätzlichen Aufwand realisieren. Um dies zu vermeiden, sind zweckmäßigerweise bereits im Planungsprozess von Neu- oder Umbauten die Nutzung der Arbeitsstätte und der Stand der Technik, Arbeitsmedizin und Hygiene sowie die ergonomischen Anforderungen zu ermitteln und als Anforderung an die Arbeitsstätte festzuhalten. Werden Grundsätze der barrierefreien Gestaltung bereits bei der Planung von Arbeitsstätten berücksichtigt, können vorausschauende Lösungen die Kosten für eine nachträgliche Anpassung und einen aufwendigen Umbau von Arbeitsstätten bei einer künftigen Beschäftigung von Menschen mit Behinderungen verringern oder vermeiden.

(3) Im Rahmen der Gefährdungsbeurteilung müssen Abnutzungserscheinungen und ggf. vorhandene Wirkungsgradverluste von getroffenen Maßnahmen des Arbeitsschutzes berücksichtigt werden (z. B. Beleuchtung, Lüftung, Sonnenschutz, Kennzeichnung), damit die Schutzziele der ArbStättV dauerhaft und zuverlässig erreicht werden.

(4) Die Festlegung von Arbeitsplätzen ist notwendig, damit arbeitsplatzbezogene Gestaltungsmaßnahmen getroffen werden können (z. B. Zugänge zu den Arbeitsplätzen, Bewegungsflächen, Anordnung der Leuchten).

(5) Bei der prospektiven Betrachtung ist auch die Nutzung durch unterschiedliche Personengruppen (siehe Punkt 5.1 Absätze 5 und 6) zu berücksichtigen.

(6) Die Veränderung der Leistungsvoraussetzungen der Beschäftigten im Verlauf der Nutzungsdauer der Arbeitsstätte kann einen Einfluss auf die Planung haben (z. B. kann eine Verringerung des individuellen Sehvermögens bei zunehmendem Alter der Beschäftigten eine höhere Anforderung an die Beleuchtungsqualität erfordern).

(7) Beabsichtigt ein Arbeitgeber eine bauliche Anlage zur Nutzung als Arbeitsstätte zu mieten oder zu erwerben, so ist es angezeigt, vor der Einrichtung des Objekts anhand einer Gefährdungsbeurteilung zu prüfen, ob die Vorgaben der ArbStättV eingehalten werden können. Sonst ist ggf. keine oder nur eine eingeschränkte Nutzung möglich.

(8) Sofern vorhanden, sind die Informationen zu Sicherheit und Gesundheitsschutz aus der nach Baustellenverordnung geforderten Unterlage für mögliche spätere Arbeiten, z. B. Reinigung oder Instandhaltung, zu berücksichtigen.

4.2.2 Betreiben von Arbeitsstätten

(1) Das Betreiben von Arbeitsstätten umfasst das Benutzen, Instandhalten und Optimieren der Arbeitsstätten, die Organisation und die Gestaltung von Arbeits- und Fertigungsverfahren sowie der Arbeitsabläufe in der Arbeitsstätte.

(2) Der Arbeitgeber hat sicherzustellen, dass die Arbeitsstätte nach dem Stand der Technik, Arbeitsmedizin und Hygiene sowie den ergonomischen Anforderungen betrieben wird. Dieses gilt auch für angemietete Objekte (z. B. Büroflächen, Verkaufsräume, Produktions- oder Lagerräume).

(3) In der Gefährdungsbeurteilung müssen auch Situationen berücksichtigt werden, die vom Normalbetrieb abweichen (z. B. Störungen, Stromausfälle, extreme Witterungseinflüsse).
(4) Weiterhin sind Gefährdungen zu ermitteln und zu beurteilen, mit denen z. B. bei Bränden, Unfällen, Überfällen oder sonstigen Betriebsstörungen zu rechnen ist (z. B. Gestaltung von Fluchtwegen und Notausgängen, Flucht- und Rettungspläne).

5 Prozessschritte der Gefährdungsbeurteilung

Die Prozessschritte werden in der folgenden Abbildung 1 dargestellt.

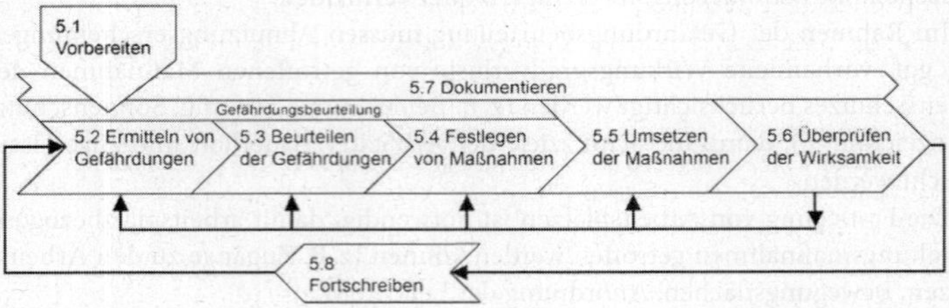

Abb. 1: Schematische Darstellung der Prozessschritte der Gefährdungsbeurteilung

5.1 Vorbereiten

(1) Die Gefährdungsbeurteilung ist je nach Art der Tätigkeiten in der Arbeitsstätte durchzuführen. Daher kann es erforderlich sein, eine Gliederung (z. B. in Arbeitsbereiche oder Tätigkeitsgruppen) vorzunehmen.
(2) Wenn von Beschäftigten arbeitsbereichsübergreifende Tätigkeiten (z. B. Hausmeistertätigkeiten, Instandhaltung, Reinigung) ausgeführt werden, ist zu prüfen, ob diese Tätigkeiten gesondert zu betrachten sind.
(3) Bei gleichartigen Arbeitsbedingungen können Arbeitsplätze oder Tätigkeiten innerhalb einer Arbeitsstätte zusammengefasst betrachtet werden.
(4) Erforderlichenfalls sind Tätigkeiten so zu erfassen, dass auch ihre Dauer bzw. Häufigkeit (z. B. temporär, täglich, quartalsweise, jährlich) erkennbar sind.
(5) Es ist zu berücksichtigen, ob in der Arbeitsstätte besondere Personengruppen beschäftigt werden (z. B. Praktikanten, Jugendliche, werdende oder stillende Mütter, Leiharbeitnehmer, Beschäftigte ohne ausreichende Deutschkenntnisse, Menschen mit Behinderungen).
(6) Gefährdungen durch sonstige in der Arbeitsstätte anwesende Personen (z. B. Beschäftigte von Fremdfirmen, Beschäftigte im Rahmen von Dienst- und Werkverträgen, Besucher, Kunden) sind zu berücksichtigen.
(7) In Arbeitsstätten, in denen Beschäftigte mehrerer Arbeitgeber tätig werden, haben sich diese Arbeitgeber bei der Festlegung von Maßnahmen zur Vermeidung

gegenseitiger Gefährdungen der Beschäftigten abzustimmen (z. B. auf Baustellen, Bürogemeinschaften).
(8) Für Telearbeitsplätze gilt nur der Anhang Nummer 6 »Maßnahmen zur Gestaltung von Bildschirmarbeitsplätzen« der ArbStättV soweit der Arbeitsplatz von dem im Betrieb abweicht.

5.2 Ermitteln von Gefährdungen

(1) Ziel der Ermittlung ist die systematische Identifizierung von möglichen Gefährdungen, deren Quellen und gefahrbringenden Bedingungen.
(2) Das Ermitteln beinhaltet die Erfassung des Planungs- oder Ist-Zustandes (z. B. durch Beobachten, Befragen, Messen, Berechnen oder Abschätzen) sowie die anschließende Benennung und Beschreibung der Gefährdungen.

5.2.1 Vorgehensweise beim Ermitteln von möglichen Gefährdungen

(1) Zur fachkundigen Ermittlung von möglichen Gefährdungen sind systematisch alle unter Punkt 5.1 »Vorbereiten« festgelegten Arbeitsbereiche, Tätigkeitsgruppen, Personengruppen sowie bereichsübergreifende Arbeitsaufgaben bezüglich der Gefährdungsfaktoren gemäß Punkt 5.2.2 und deren Wechselwirkungen (siehe Punkt 4.2) zu betrachten.
Bei der Ermittlung von möglichen Gefährdungen (siehe Definition, Punkt 3.2) werden keine bestimmten Anforderungen an das Ausmaß oder die Eintrittswahrscheinlichkeit eines Gesundheitsschadens oder einer gesundheitlichen Beeinträchtigung gestellt.
(2) Sofern es zur fachkundigen Informationsgewinnung erforderlich ist, sind die relevanten Quellen heranzuziehen, z. B.:
- das einschlägige Vorschriften- und Regelwerk, insbesondere die Technischen Regeln für Arbeitsstätten sowie weitere Technische Regeln,
- branchenspezifische Regeln und Informationen sowie Gefährdungs- und Belastungskataloge insbesondere der Unfallversicherungsträger,
- Herstellerinformationen (z. B. Bedienungsanleitungen, Gebrauchsanleitungen, Betriebsanleitungen),
- vorhandene Verfahrens-, Arbeits- und Betriebsanweisungen,
- Aufzeichnungen und Erkenntnisse über Unfälle, Erkrankungen, Behinderungen, Schadensfälle, kritische Situationen, Beinahe-Unfälle,
- Betriebsbegehungsprotokolle, Arbeitsschutzausschussprotokolle, dokumentierte Befragungsergebnisse, Prüfbücher, Unterlagen für Instandhaltung (z. B. gemäß BaustellV bzw. RAB 32 »Unterlage für spätere Arbeiten«),
- Baugenehmigungen und mitgeltende Unterlagen (z. B. Brandschutzkonzepte),
- behördliche Anordnungen,
- Berechnungsprognosen oder Protokolle durchgeführter Messungen (z. B. zu Lärm, Klima, Gefahrstoffen),
- Erfahrungswerte von vergleichbaren Arbeitsplätzen oder

– Angaben aus Datenbanken.

(3) Zur Ermittlung der Gefährdung beim Einrichten und Betreiben von Arbeitsstätten können z. B. folgende Methoden einzeln oder kombiniert angewandt werden:

- Prüfung von Planungsunterlagen, Bauzeichnungen und -plänen,
- Abschätzen von Messgrößen anhand von Technischen Unterlagen (z. B. Maschinenkennzahlen, Emissionskennzahlen),
- Durchführung von Modellrechnungen, Simulationen, Profilvergleichsverfahren u. ä.,
- Besichtigung der betrieblichen Gegebenheiten (z. B. mit Erfassung der Arbeitsorganisation, der Arbeitsabläufe, der Arbeitszeiten, der einzelnen Tätigkeiten, der Arbeitsmittel, Arbeitsverfahren, Arbeitsstoffe sowie des Arbeitsumfelds),
- Messungen zur Feststellung von räumlichen Gegebenheiten, Ermittlung von Konzentrationen, Temperaturen, Emissionen usw. oder
- Befragungen von Beschäftigten, Führungskräften und weiteren Arbeitsschutzakteuren.

5.2.2 Gefährdungsfaktoren

Beim Ermitteln von möglichen Gefährdungen sind insbesondere die im Anhang mit arbeitsstättenbezogenen Beispielen und Erläuterungen aufgeführten Gefährdungsfaktoren relevant.

5.3 Beurteilen von Gefährdungen

Um die Sicherheit und den Gesundheitsschutz der Beschäftigten bei der Arbeit zu gewährleisten und kontinuierlich zu verbessern, hat der Arbeitgeber die ermittelten Gefährdungen systematisch dahingehend zu beurteilen, ob Maßnahmen des Arbeitsschutzes erforderlich sind. Für das Beurteilen der Gefährdung im Hinblick auf das zu erreichende Schutzziel nach ArbStättV sind zunächst Beurteilungsmaßstäbe erforderlich, die in der Regel aus dem einschlägigen Vorschriften- und Regelwerk sowie aus der Fachliteratur abzuleiten sind (siehe Punkt 5.3.1 Absätze 1 bis 3). Fehlen solche Beurteilungsmaßstäbe müssen diese betrieblich vereinbart werden (siehe Punkt 5.3.1 Absatz 4).

Anhand dieser Beurteilungsmaßstäbe erfolgt danach das Beurteilen der Gefährdungen (siehe Punkt 5.3.2).

5.3.1 Ermittlung von Beurteilungsmaßstäben

Bei der Ermittlung bzw. Festlegung dieser Maßstäbe ist in folgender Reihenfolge vorzugehen:

1. Zunächst ist zu prüfen, ob die in der ArbStättV aufgeführten Schutzziele durch Technische Regeln für Arbeitsstätten konkretisiert werden.

Sofern in den Technischen Regeln für Arbeitsstätten Anforderungen, Maße oder Werte vorhanden sind, bilden diese einen konkreten Maßstab für das Beurteilen der Gefährdung. Bei Einhaltung dieses konkreten Maßstabs und einer diesem Maßstab entsprechenden Maßnahmenumsetzung erlangt der Arbeitgeber nach § 3a Absatz 1 Satz 3 ArbStättV die Vermutungswirkung, dass die Anforderungen erfüllt sind.

2. Sofern in den Technischen Regeln für Arbeitsstätten keine Anforderungen, Maße oder Werte zu finden sind, ist zu prüfen, ob für die betrachtete Gefährdung andere gesicherte arbeitswissenschaftliche Erkenntnisse existieren, die insbesondere Angaben zu Grenz-, Schwellen- oder Richtwerten enthalten. Es kann sich dabei z. B. um Veröffentlichungen der Unfallversicherungsträger, der Bundesanstalt für Arbeitsschutz und Arbeitsmedizin (BAuA) oder des Länderausschusses für Arbeitsschutz und Sicherheitstechnik (LASI) handeln.
3. Fehlen gesicherte arbeitswissenschaftliche Erkenntnisse, insbesondere mit Angaben zu Grenz-, Schwellen- oder Richtwerten, so ist zu prüfen, ob zumindest arbeitswissenschaftliche Erkenntnisse mit qualitativen Maßstäben verfügbar sind, z. B. Forschungsberichte, wissenschaftliche Veröffentlichungen sowie einschlägige Normen.
4. Betriebliche Beurteilungsmaßstäbe sind vom Arbeitgeber eigenständig zu entwickeln und zu verwenden, wenn anhand der in den Nummern 1 bis 3 beschriebenen Vorgehensweise keine verwendbaren Beurteilungsmaßstäbe ermittelt werden können. Dabei sind insbesondere folgende Aspekte zu berücksichtigen:
   - Art, Ausmaß, Dauer und Häufigkeit einer Exposition,
   - gefahrbringende Bedingungen, durch die eine Gefährdung bei der Arbeit wirksam werden kann (z. B. Umgebungsbedingungen, Zeitdruck, Unordnung, Verschleiß),
   - durch Qualifikation und Unterrichtung oder Unterweisung erworbene Befähigung der Beschäftigten, eine Gefährdung rechtzeitig wahrzunehmen und einschätzen zu können.

5.3.2 Durchführung der Beurteilung

Der vorliegende Planungs- oder Ist-Zustand mit den ermittelten Gefährdungen wird anhand des gemäß Punkt 5.3.1 herangezogenen Beurteilungsmaßstabs beurteilt.

Beim Beurteilen der Gefährdungen sind insbesondere einzubeziehen:

- alle den Gefährdungen ausgesetzten Beschäftigten, einschließlich besonderer Personengruppen (siehe Punkt 5.1 Absatz 5),
- die Gefährdungen durch die Anwesenheit sonstiger Personen in der Arbeitsstätte (siehe Punkt 5.1 Absatz 6),
- alle Betriebszustände, neben dem Normalbetrieb z. B. auch Auf-, Um- und Abbau, Reinigung, Instandhaltung,
- die Erkennbarkeit und Vermeidbarkeit einer Gesundheitsgefährdung Wichtige Merkmale sind insbesondere:

- unmittelbare oder nur mittelbare (z. B. durch Messinstrumente oder Warneinrichtungen) Wahrnehmbarkeit der Gefährdung,
- beaufsichtigter oder unbeaufsichtigter Betrieb,
- schnelles oder langsames Auftreten der Gefährdung (z. B. Schnelllauftore),
- technisch oder organisatorisch bedingte Einschränkungen, sich der Gefährdung entziehen zu können (z. B. Behinderung durch persönliche Schutzausrüstung (PSA), Zwangsverriegelung von Schutztüren).

– Wechselwirkungen
Die Gefährdungsfaktoren sind sowohl einzeln als auch im Zusammenhang zu beurteilen.

5.3.3 Ergebnis der Beurteilung der Gefährdungen

(1) Folgende Beurteilungsergebnisse sind möglich:
1. Maßnahmen sind erforderlich:
   – Das Ergebnis der Beurteilung erfordert unverzüglich Maßnahmen.
   Es besteht eine unmittelbare Gefahr für die Gesundheit, z. B. Absturz an ungesicherten Absturzkanten. Es müssen unverzüglich geeignete Maßnahmen zur Beseitigung bzw. Reduzierung der Gefährdung ergriffen werden.
   – Das Ergebnis der Beurteilung erfordert Maßnahmen.
   Es besteht eine Gesundheitsgefährdung, z. B. durch unzureichende Lüftung, Raumtemperatur, Beleuchtung. Geeignete Maßnahmen zur Beseitigung bzw. Reduzierung der Gefährdung müssen ergriffen werden.
2. Der unter Punkt 5.3.1 ermittelte Beurteilungsmaßstab ist eingehalten.

(2) Eine Verbesserung von Sicherheit und Gesundheitsschutz ist anzustreben (vgl. ArbSchG), z. B. Installation einer Strahlungsheizung statt Konvektionsheizung in Werkstätten, Verbesserung der Bürogestaltung.

5.4 Festlegen von Maßnahmen

5.4.1 Allgemeine Grundsätze für die Festlegung von Maßnahmen

(1) Die beim Beurteilen der Gefährdungen gewonnenen Erkenntnisse bilden die Basis für das Festlegen der erforderlichen Maßnahmen des Arbeitsschutzes.
(2) Die Maßnahmen müssen dem Stand der Technik, Arbeitsmedizin und Hygiene sowie den Anforderungen der Ergonomie entsprechen und insbesondere sind die vom Bundesministerium für Arbeit und Soziales nach § 7 Absatz 4 ArbStättV bekannt gemachten Regeln und Erkenntnisse zu berücksichtigen. Gesicherte arbeitswissenschaftliche Erkenntnisse sind zu berücksichtigen. Die Maßnahmen müssen geeignet sein, die ermittelten Gefährdungen zu beseitigen bzw. soweit zu reduzieren, dass das Schutzziel erreicht wird.
(3) Werden die in den Technischen Regeln für Arbeitsstätten genannten Maßnahmen eingehalten, so ist davon auszugehen, dass die Schutzziele der ArbStättV erreicht werden. Es gilt die Vermutungswirkung.

(4) Weicht der Arbeitgeber von den in den Technischen Regeln genannten Maßnahmen ab oder fehlen diese, muss er durch andere Maßnahmen die gleiche Sicherheit und den gleichen Schutz der Gesundheit der Beschäftigten erreichen. Dies ist nach Punkt 5.7 zu dokumentieren.
(5) Die Unterweisung der Mitarbeiter hinsichtlich der möglicherweise verbleibenden Gefährdungen sowie ggf. der Auswirkung der festgelegten Maßnahme bzw. deren Umsetzung ist integraler Bestandteil der jeweiligen Maßnahme.
(6) Beim Festlegen von Maßnahmen sind die Zusammenhänge bzw. die Wechselwirkungen aus den resultierenden Gefährdungsfaktoren von Arbeitsstätte, Arbeitsplatz, Arbeitsmitteln, Arbeitsstoffen, Arbeitsorganisation und Arbeitsaufgabe zu berücksichtigen.
(7) Sollten sich bedingt durch Maßnahmen zur Beseitigung bzw. Reduzierung von Gefährdungen neue Gefährdungen für die Beschäftigten ergeben, sind auch diese in die Gefährdungsbeurteilung einzubeziehen (z. B. bei vorgesehener Installation einer Absauganlage die Beurteilung der neuen Geräuschquelle).

5.4.2 Maßnahmenhierarchie

(1) Bei der Auswahl der Maßnahmen hat der Arbeitgeber den im ArbSchG festgelegten Grundsatz der Vermeidung von Gefährdungen zu prüfen und wenn möglich umzusetzen (z. B. belastende Wärmequelle aus Arbeitsbereich entfernen).
(2) Soweit die Vermeidung von Gefährdungen gemäß Absatz 1 nicht möglich ist, muss beim Festlegen von Maßnahmen die folgende Maßnahmenhierarchie berücksichtigt werden (siehe Abb. 2).

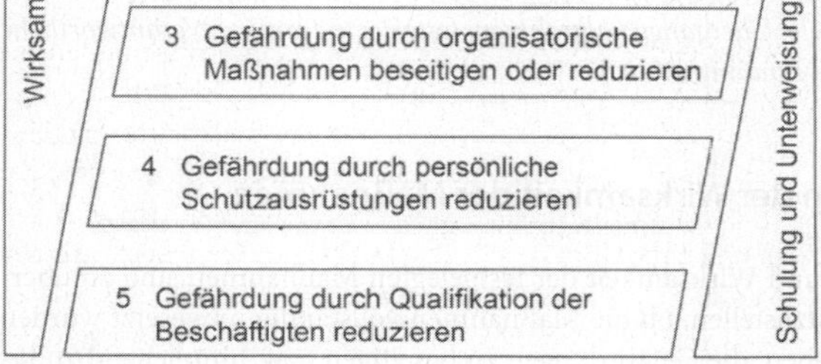

Abb. 2: Maßnahmenhierarchie

1. Zunächst ist zu prüfen, ob Gefährdungen an den Quellen zu beseitigen oder zu reduzieren sind (z. B. belastende Wärme unmittelbar abführen oder ein Gerät mit geringerer Wärmeentwicklung wählen).
2. Ist dies nicht möglich, ist zu prüfen, ob die Gefährdungen durch technische Maßnahmen zu beseitigen oder zu reduzieren sind (z. B. Klimatisierung der Arbeitsräume, Wärmeschutzschilde, Luftschleier).
3. Sind technische Maßnahmen nicht möglich, ist zu prüfen, ob die Gefährdungen durch organisatorische Maßnahmen zu beseitigen oder zu reduzieren sind (z. B. Änderung von Arbeitsabläufen, um die Aufenthaltsdauer im wärmebelasteten Arbeitsbereich zu vermeiden bzw. zu verringern, wie etwa durch Rotation von Mitarbeitern oder durch das Festlegen von Entwärmungsphasen in geeigneten Räumen).
4. Sind organisatorische Maßnahmen nicht möglich, ist zu prüfen, ob die Gefährdungen durch den Einsatz von persönlicher Schutzausrüstung zu vermeiden oder zu reduzieren sind (z. B. PSA gegen Absturz).
5. Sind die vorgenannten Maßnahmen nicht möglich, ist zu prüfen, ob die Schutzziele durch Qualifikation der Beschäftigten zu erreichen sind.

(3) Zur Erreichung des Schutzziels kann es erforderlich sein, Maßnahmen zu kombinieren. Dabei sind die Hierarchiestufen zu beachten.

(4) Im Einzelfall können Maßnahmen aus einer niedrigeren Hierarchiestufe eine gleichwertige Schutzwirkung erreichen (z. B. regelmäßige Unterbrechung der Tätigkeiten in durch Sommerhitze belasteten Räumen anstatt Klimatisierung).

5.5 Umsetzen von Maßnahmen

(1) Die festgelegten Maßnahmen sind entsprechend Punkt 5.3.3 zu priorisieren und umzusetzen.

(2) Wurde eine Entscheidung für eine Maßnahme getroffen, sind die hieraus resultierenden Umsetzungsschritte zu konkretisieren.

Hinweis:

Falls erforderlich, ist für umfangreichere Maßnahmen eine Ablaufplanung zu erstellen, in der z. B. Zeitziele, Übergangsmaßnahmen, festgelegte Termine, Verantwortliche und andere Beteiligte genannt werden.

5.6 Überprüfen der Wirksamkeit der Maßnahmen

(1) Die Umsetzung und Wirksamkeit der festgelegten Maßnahmen sind zu überprüfen. Dabei ist festzustellen, ob die Maßnahmen vollständig umgesetzt wurden und dazu geführt haben, die Gefährdungen zu beseitigen bzw. hinreichend zu reduzieren, und ob gegebenenfalls neue Gefährdungen entstanden sind. Die Prüfung kann z. B. durch Beobachten, Messen oder Befragen (siehe Punkt 5.2) erfolgen.

(2) Sollten weitere oder andere Maßnahmen erforderlich sein, weil z. B. trotz der Umsetzung der festgelegten Maßnahmen Schutzziele nicht erreicht werden, dann

sind die vorherigen Teilschritte entsprechend Abbildung 1 (siehe Punkt 5) zu wiederholen.

5.7 Dokumentation

5.7.1 Grundsätze der Dokumentation

(1) Die Dokumentation gemäß § 3 Absatz 3 ArbStättV ist Bestandteil der Unterlagen nach § 6 ArbSchG. Sie muss vor Aufnahme der Tätigkeiten vorliegen.
(2) Die Dokumentation dient mit als Grundlage für die Planung und Gestaltung der betrieblichen Prozesse, z. B. für Neu- und Umbauten, Unterweisungen, Betriebsanweisungen. Sie erleichtert es, Verantwortliche und Termine in Hinblick auf Maßnahmen des Arbeitsschutzes nachvollziehbar festzuhalten.
(3) Sie ist die Basis für die Arbeit der betrieblichen Akteure im Arbeitsschutz (insbesondere Arbeitgeber, verantwortliche Personen nach § 13 ArbSchG (z. B. Führungskräfte), Betriebs- und Personalräte, Fachkräfte für Arbeitssicherheit, Betriebsärzte und Sicherheitsbeauftragte) sowie des Arbeitsschutzausschusses.
(4) Die Dokumentation erfolgt schriftlich und kann als Papierdokument oder in elektronischer Form vorliegen. Sie muss in einer verbindlichen Version verfügbar sein.
(5) Werden Hilfen zur Dokumentation der Gefährdungsbeurteilung, z. B. der Unfallversicherungsträger, verwendet, sind sie an die betrieblichen Bedingungen anzupassen. Insbesondere ist sicherzustellen, dass alle Betriebsteile und Tätigkeiten (ggf. auch unterschiedliche Betriebszustände, z. B. Instandhaltung) erfasst werden.
(6) Der Umfang der Dokumentation richtet sich z. B. nach der Betriebsgröße, Betriebsstruktur oder Art und Ausmaß der Gefährdungen. Insbesondere

- in kleinen Betrieben, bei überschaubaren Strukturen oder bei geringen Gefährdungen kann die Dokumentation gemäß Punkt 5.7.2 ausreichen.
- bei komplexeren Situationen und hohem Gefährdungspotential müssen der Dokumentation erforderlichenfalls weitere Unterlagen zugeordnet werden (siehe Punkt 5.7.3).

Hinweis:
Die Dokumentation kann die Grundlage für die erforderliche Abstimmung sein, z. B.:

- *bei Zusammenarbeit von Beschäftigten mehrerer Arbeitgeber in einer Arbeitsstätte,*
- *bei gemeinsamer Nutzung einer Arbeitsstätte durch mehrere Arbeitgeber,*
- *zur Information weiterer in der Arbeitsstätte anwesender Personen.*

5.7.2 Mindestanforderungen

(1) Die Dokumentation muss mindestens Folgendes enthalten:

- die jeweilige Bezeichnung der erfassten Arbeitsplätze, Arbeitsbereiche und Tätigkeiten sowie ggf. der zusammengefassten gleichartigen Arbeitsplätze oder Tätigkeiten,
- die jeweils festgestellten Gefährdungen,

- die Ergebnisse der Beurteilung der festgestellten Gefährdungen,
- die bezogen auf die festgestellten Gefährdungen jeweils festgelegten Maßnahmen (inklusive Umsetzung siehe Punkt 5.5 Absatz 2) sowie
- das Ergebnis der Wirksamkeitsüberprüfung.

(2) Aus den im Rahmen der Gefährdungsbeurteilung erstellten bzw. aus den mitgeltenden Unterlagen (z. B. Organigramme, Dienstverteilungspläne, Pflichtenübertragung) müssen die für die Durchführung der Gefährdungsbeurteilung und die Wirksamkeitskontrolle Verantwortlichen sowie das Datum der Erstellung bzw. der Aktualisierung hervorgehen.

5.7.3 Weitere Unterlagen

Um die erforderliche Plausibilität und Aussagefähigkeit der Dokumentation zu erreichen, kann es erforderlich sein, weitere, im Verlaufe der Gefährdungsbeurteilung verwendete oder erstellte Unterlagen der Dokumentation beizufügen oder auf diese Unterlagen zu verweisen. Solche Unterlagen können z. B. sein:

- die für umfangreichere Maßnahmen erstellte Ablaufplanung (siehe Punkt 5.5),
- Ausführungen, auf welche betriebliche Situation (z. B. Einrichten, Normalbetrieb, Instandhaltung, Reinigung) sich die Gefährdungen beziehen,
- die für die Ergebnisse der einzelnen Prozessschritte relevanten Unterlagen (z. B. Messprotokolle, Erkenntnisse aus Gesundheitsberichten, Unfallberichte),
- die verwendeten Beurteilungsmaßstäbe (siehe Punkt 5.3.1),
- Dokumente, aus denen die Entscheidungsfindung hervorgeht, wenn z. B. konkurrierende Schutzziele oder Maßnahmen abgewogen wurden,
- Angabe der Personen, die an der Gefährdungsbeurteilung beteiligt waren.

Hinweise:

1. Hinsichtlich der Beteiligungsrechte der betrieblichen Interessenvertretung gelten die Bestimmungen des Betriebsverfassungsgesetzes bzw. der jeweiligen Personalvertretungsgesetze.

2. Der Arbeitgeber hat sicherzustellen, dass Betriebsärzte und Fachkräfte für Arbeitssicherheit zur Erfüllung ihrer Aufgaben nach den Bestimmungen des Arbeitssicherheitsgesetzes auf die Dokumentation zugreifen können.

5.8 Fortschreiben

Die Gefährdungsbeurteilung ist kontinuierlich zu überprüfen und zu aktualisieren. Dazu sind insbesondere die in Punkt 4 Absatz 4 aufgeführten Grundsätze und Anlässe zu berücksichtigen.

6 Abweichende / ergänzende Anforderungen für Baustellen

(1) Auf Baustellen ist ergänzend zu Punkt 5.1 Absatz 7 der Sicherheits- und Gesundheitsschutzplan nach § 3 Absatz 2 Nummer 2 Baustellenverordnung in der Planungsphase zu berücksichtigen.
(2) Auf Baustellen kann ergänzend zu Punkt 5.7.3 der Sicherheits- und Gesundheitsschutzplan nach § 3 Absatz 3 Nummer 3 Baustellenverordnung für die Ausführungsphase eine weitere Unterlage der Dokumentation der Gefährdungsbeurteilung sein.

Ausgewählte Literaturhinweise

- GDA – Gemeinsame Deutsche Arbeitsschutzstrategie: Leitlinie Gefährdungsbeurteilung und Dokumentation (http://www.gda-portal.de)
- Informationsportal der BAuA zur Gefährdungsbeurteilung: (http://www.gefaehrdungsbeurteilung.de)

Anhang
Erläuterungen mit Beispielen zu den Gefährdungsfaktoren

Bei der Gefährdungsbeurteilung im Sinne der ArbStättV und dieser ASR ist insbesondere das Auftreten folgender Gefährdungen zu prüfen.

1 Mechanische Gefährdungen

Mechanische Gefährdungen können z. B. sein:
- Sturz- und Stolperstellen (z. B. durch die Beschaffenheit des Fußbodens, des Bodenbelags, der Auftrittsfläche; durch Steigungen oder Gefälle in Verkehrswegen; Feuchtigkeitsanfall, Verschmutzungen, witterungsbedingte Glätte),
- Absturzstellen (z. B. an höher gelegenen Arbeitsplätzen und Verkehrswegen – auch bei Reinigung oder Instandhaltung – einschließlich Rampen, Treppen und Steigleitern; Hindurchbrechen beim Betreten von Dächern, Decken, Oberlichtern; in Bereichen, die an Wasserflächen, Becken o. ä. angrenzen),
- bewegte Transportmittel / Arbeitsmittel (z. B. durch die Beschaffenheit der Verkehrswege und der Kreuzungsbereiche (Abmessungen, Oberflächen, Beleuchtung, Einsehbarkeit); bei gemeinsamer Nutzung von Verkehrswegen durch Fußgänger und Fahrzeuge),
- Quetsch- und Scherstellen (z. B. an kraftbetriebenen Fenstern, Türen und Toren; an kraftbetriebenen Regalen, Fahrtreppen und -steigen),
- herabfallende Gegenstände (z. B. aufgrund der Anordnung von Lagerflächen oberhalb von Arbeitsplätzen und Verkehrswegen),
- gefährliche Oberflächen (z. B. Ecken, Kanten, raue Oberflächen von Gebäuden / Bauteilen; Schneiden an feststehenden oder beweglichen Bauteilen).

2 Elektrische Gefährdungen

Elektrische Gefährdungen können z. B. sein:

– elektrischer Schlag oder Störlichtbögen bei Annäherung an oder bei direkter Berührung von Spannung führenden Teilen elektrischer Anlagen (z. B. Freileitungen, Fahrdrähte, Sammelschienen). In Bezug auf Arbeitsstätten kann dies vorkommen z. B. bei Arbeiten an elektrischen Anlagen, der Beladung von Eisenbahnwaggons, Arbeiten auf Baustellen im Hoch- bzw. Tiefbau oder bei Arbeiten in Umspannwerken.

3 Gefahrstoffe

Gefährdungen durch Gefahrstoffe im Sinne der ArbStättV können z. B. sein:

– Innenraumluftverunreinigungen durch einen schadstoffbelasteten Baukörper bzw. schadstoffbelastete Baumaterialien, raumlufttechnische Anlagen oder Einrichtungsgegenstände, z. B. Formaldehyd oder andere Aldehyde, Holzschutzmittel, Flammschutzmittel, Fasern, Biozide, Weichmacher, organische Lösemittel (VOC), Passivrauchen am Arbeitsplatz,
– Verdrängung der Atemluft, z. B. in Bereichen mit sauerstoffreduzierter Atmosphäre, beim Einsatz von Sauerstoff verdrängenden Gasen als Löschmittel.

4 Biologische Arbeitsstoffe (Biostoffe)

Biologische Gefährdungen im Sinne der ArbStättV durch Verunreinigungen und Ablagerungen können z. B. sein:

– Schimmelpilz-Wachstum in Räumen,
– Verkeimung in raumlufttechnischen Anlagen oder Klimaanlagen,
– Hygieneaspekte in Arbeits- oder Sanitärräumen,
– Legionellen-Vermehrung in Trinkwasseranlagen (Aerosolbildung).

5 Brand- und Explosionsgefährdungen

Brand- und Explosionsgefährdungen können z. B. sein:

– leicht entflammbare Materialien (z. B. Verpackungen, Dekorationsmaterialien, Vorhänge) in Verbindung mit einer wirksamen Zündquelle (z. B. offene Flammen, heiße Oberflächen, Funkenschlag),
– Ansammlung brennbarer Rückstände (z. B. Fette, Stäube) in lüftungstechnischen Anlagen,
– sichtbare Ablagerungen von brennbarem Staub auf Böden und Arbeitsgeräten.

6 Thermische Gefährdungen

Thermische Gefährdungen können z. B. sein:
- berührbare heiße oder kalte Oberflächen (z. B. von heißen / kalten Rohrleitungen, Heizeinrichtungen an Arbeitsplätzen oder direkt an Verkehrswegen und Durchgängen),
- heiße oder kalte Medien (z. B. Heißdampf, heiße oder kalte Flüssigkeiten), die aus zur Arbeitsstätte gehörenden Anlagen austreten und in Arbeitsbereiche und Verkehrswege gelangen können.

7 Gefährdungen durch spezielle physikalische Einwirkungen

Gefährdungen durch spezielle physikalische Einwirkungen können z. B. sein:
- Lärm und Vibrationen an Arbeitsplätzen bei entsprechenden baulichen Gegebenheiten (z. B. Raumabmessungen, Beschaffenheit von Wänden, Böden, Decken und weiteren Oberflächen, Raumakustik, Übertragung von Körperschall und Vibrationen durch den Baukörper),
- natürliche optische Strahlung (Sonnenstrahlung) bei Arbeiten im Freien.

8 Gefährdungen durch Arbeitsumgebungsbedingungen

Gefährdungen durch Arbeitsumgebungsbedingungen können z. B. sein:
- Hitze (hohe Temperaturen am Arbeitsplatz), z. B. aufgrund direkter Sonneneinstrahlung, hoher Außentemperaturen, technologisch bedingter Wärmequellen,
- Kälte, z. B. bei Arbeiten in Kühlräumen oder in tiefkalten Arbeitsbereichen, bei Arbeiten im Freien,
- Klima, z. B. bei häufigem Tätigkeitswechsel oder starken Schwankungen der Raumtemperatur zwischen »warm« und »kalt«, durch Zugluft,
- Luftqualität, z. B. bei hoher Belegung von Arbeitsräumen oder bei Geruchsbelastung,
- Beleuchtung, z. B. aufgrund geringer Beleuchtungsstärke, starker Reflektion, Blendung, Lichtfarbe, Übergänge zwischen hellen und dunklen Bereichen, Schlagschatten, geringem Tageslichtanteil,
- Anordnung und Gestaltung der Arbeitsplätze sowie der Pausen-, Bereitschafts- und Sanitärräume, z. B. deren Zugänglichkeit und Größe, Beeinflussung durch benachbarte Arbeitsplätze und Bereiche.

In Gefahr- oder Notfällen können zusätzliche Gefährdungen entstehen z. B. durch:
- Anordnung und Beschaffenheit der Feuerlöscheinrichtungen, der Melde- und Alarmierungseinrichtungen, der Erste-Hilfe-Einrichtungen sowie der Sicherheits- und Gesundheitsschutzkennzeichnung,
- Art und Anzahl der Fluchtmöglichkeiten, Länge, Breite und Verlauf der Fluchtwege; Beleuchtung und Kennzeichnung der Wege.

9 Gefährdungen durch physische Belastung / Arbeitsschwere

Physische Gefährdungen im Sinne der ArbStättV können z. B. sein:
- Zwangshaltungen (insbesondere durch Arbeiten im Hocken, im Knien, mit Rumpfbeugen, mit Verdrehen oder über Kopf),
- Sitzen oder Stehen ohne die Möglichkeit des Haltungswechsels (z. B. bei Bildschirmarbeit),
- manuelle Transporte über Schwellen, Treppen oder Rampen.

10 Gefährdungen durch psychische Faktoren

Durch die Gestaltung der Arbeitsstätte bedingte psychische Gefährdungen können z. B. sein:
- Lärm, z. B. Maschinenlärm aus benachbarten Arbeitsbereichen, Signale aus benachbarten Bereichen, tonhaltige Geräusche der Lüftung,
- Klima, z. B. Zugluft, häufige Temperaturschwankungen,
- Vibrationen, z. B. aus benachbarten Maschinenhallen,
- schlechte Wahrnehmbarkeit von Signalen oder Anzeigen, z. B. in Leitwarten, Leitstellen,
- Beleuchtung, z. B. Lichtfarbe, Flimmern,
- räumliche Gestaltung von Büroarbeitsplätzen, z. B. in Großraumbüros, Callcenter n,
- die Arbeitsorganisation und Arbeitsablaufgestaltung,
- nicht den ergonomischen Grundsätzen entsprechende Softwaregestaltung,
- Raum- oder Gebäudenutzungskonzepte, die den Arbeitsabläufen nicht angemessen sind.

11 Gefährdungen durch sonstige Einwirkungen

Sonstige Gefährdungen können z. B. sein:
- Gewaltandrohung oder Gewaltanwendung in Behörden, Kliniken, Kreditinstituten, Spielhallen, Verkaufsstellen, Tankstellen usw.,
- Tiere, z. B. beißen, treten, quetschen, schlagen, stechen,
- Pflanzen, z. B. stechen, schneiden, sensibilisieren.

ASR V3a.2 »Barrierefreie Gestaltung von Arbeitsstätten«

August 2012 (GMBl 2012, S. 663, zuletzt geändert GMBL 2025, S. 365)

1 Zielstellung

Diese ASR konkretisiert die Anforderungen gemäß § 3 a Abs. 2 der Arbeitsstättenverordnung. Danach hat der Arbeitgeber Arbeitsstätten so einzurichten und zu betreiben, dass die besonderen Belange der dort beschäftigten Menschen mit Behinderungen im Hinblick auf die Sicherheit und den Gesundheitsschutz berücksichtigt werden.

2 Anwendungsbereich

(1) Das Erfordernis nach barrierefreier Gestaltung von Arbeitsstätten im Hinblick auf die Sicherheit und den Gesundheitsschutz ergibt sich immer dann, wenn Menschen mit Behinderungen beschäftigt werden. Die Auswirkung der Behinderung und die daraus resultierenden individuellen Erfordernisse sind im Rahmen der Gefährdungsbeurteilung für die barrierefreie Gestaltung der Arbeitsstätte zu berücksichtigen. Es sind die Bereiche der Arbeitsstätte barrierefrei zu gestalten, zu denen die Beschäftigten mit Behinderungen Zugang haben müssen.
(2) Sind in bestehenden Arbeitsstätten die im Rahmen der Gefährdungsbeurteilung nach Absatz 1 ermittelten technischen Maßnahmen zur barrierefreien Gestaltung mit Aufwendungen verbunden, die offensichtlich unverhältnismäßig sind, so kann der Arbeitgeber auch durch organisatorische oder personenbezogene Maßnahmen die Sicherheit und den Gesundheitsschutz der Beschäftigten mit Behinderungen in vergleichbarer Weise sicherstellen.
(3) Die Pflichten des Arbeitgebers aus Absatz 1 beziehen sich nicht nur auf im Betrieb namentlich bekannte schwerbehinderte Beschäftigte, sondern auf alle Beschäftigten mit einer Behinderung. Eine Behinderung kann demnach auch dann vorliegen, wenn eine Schwerbehinderung nicht besteht (der Grad der Behinderung also weniger als 50 beträgt) oder die Feststellung einer Behinderung nicht beantragt worden ist.
Hinweise:
1. Erforderliche Anpassungsmaßnahmen von Arbeitsstätten richten sich für schwerbehinderte Beschäftigte und diesen gleichgestellte Beschäftigte mit Blick auf das behinderungsgerechte Einrichten und Betreiben von Arbeitsstätten zudem nach § 164 Absatz 4 Nummer 4 Sozialgesetzbuch Neuntes Buch Rehabilitation und Teilhabe

von Menschen mit Behinderungen (SGB IX, zuletzt geändert durch Art. 3 Abs. G v. 9. 10. 2020).
2. Das Erfordernis nach einer barrierefreien Gestaltung der Arbeitsstätte ergibt sich nicht, wenn Beschäftigte mit einer Behinderung trotz einer barrierefreien Gestaltung nicht zur Ausführung der erforderlichen Tätigkeiten fähig sind und diese Fähigkeiten auch nicht erwerben können.

3 Begriffsbestimmungen

3.1 Eine **Behinderung** liegt vor, wenn Menschen langfristige körperliche, seelische, geistige oder Sinnesbeeinträchtigungen haben, welche sie in Wechselwirkung mit einstellungs- und umweltbedingten Barrieren an der gleichberechtigten Teilhabe an der Gesellschaft hindern können. Als langfristig gilt ein Zeitraum, der mit hoher Wahrscheinlichkeit länger als sechs Monate andauert. Behinderungen können z. B. sein: eine Gehbehinderung, eine Lähmung, die die Benutzung einer Gehhilfe oder eines Rollstuhls erforderlich macht, Kleinwüchsigkeit oder eine starke Seheinschränkung, die sich mit üblichen Sehhilfen wie Brillen bzw. Kontaktlinsen nicht oder nur unzureichend kompensieren lässt. Zu Behinderungen zählen z. B. auch Schwerhörigkeit oder erhebliche Krafteinbußen durch Muskelerkrankungen.
3.2 Eine **barrierefreie Gestaltung der Arbeitsstätte** ist gegeben, wenn bauliche und sonstige Anlagen, Transport- und Arbeitsmittel, Systeme der Informationsverarbeitung, akustische, visuelle und taktile Informationsquellen und Kommunikationseinrichtungen für Beschäftigte mit Behinderungen in der allgemein üblichen Weise, ohne besondere Erschwernisse und grundsätzlich ohne fremde Hilfe auffindbar, zugänglich und nutzbar sind. Hierbei ist die Nutzung behinderungsbedingt notwendiger Hilfsmittel zulässig (in Anlehnung an § 4 des Gesetzes zur Gleichstellung von Menschen mit Behinderungen – Behindertengleichstellungsgesetz (BGG)).
3.3 Das **Zwei-Sinne-Prinzip** ist ein Prinzip der alternativen Wahrnehmung. Alle Informationen aus der Umwelt werden vom Menschen über die Sinne aufgenommen. Fällt ein Sinn aus, ist die entsprechende Informationsaufnahme durch einen anderen Sinn notwendig. Informationen müssen deshalb nach dem Zwei-Sinne-Prinzip mindestens für zwei der drei Sinne »Hören, Sehen, Tasten« zugänglich sein (z. B. gleichzeitige optische und akustische Alarmierung).
3.4 **Visuelle Zeichen** sind sichtbare Zeichen. Das sind kodierte Signale, z. B. Schriften, Bilder, Symbole, Handzeichen oder Leuchtzeichen (z. B. Warnleuchten).
3.5 **Akustische Zeichen** sind hörbare Zeichen. Das sind kodierte Signale, z. B. Schallzeichen (z. B. Sirene), Sprache oder Laute.
3.6 **Taktile Zeichen** sind fühl- oder tastbare Zeichen. Fühlbare Zeichen sind kodierte Signale, z. B. Bodenindikatoren, Rippen- oder Noppenplatten. Tastbare Zeichen ermöglichen eine Verständigung mit erhabenen Schriften und Symbolen (z. B. Brailleschrift, geprägte Reliefpläne).

4 Allgemeines

(1) Die Maßnahmen zur barrierefreien Gestaltung sind durch die individuellen Erfordernisse der Beschäftigten mit Behinderungen bestimmt. Hierbei sind technische Maßnahmen vorrangig durchzuführen.

(2) Ist das Vorliegen der Behinderung und ihrer Auswirkungen auf die Sicherheit und den Gesundheitsschutz nicht offensichtlich, kann der Arbeitgeber Informationen über zu berücksichtigende Behinderungen von Beschäftigten z. B.

- direkt von den behinderten Beschäftigten,
- durch die Schwerbehindertenvertretung,
- durch das betriebliche Eingliederungsmanagement,
- durch die Gefährdungsbeurteilung oder
- durch Erkenntnisse aus Begehungen durch die Fachkraft für Arbeitssicherheit oder den Betriebsarzt

erhalten.

(3) Zum Ausgleich einer nicht mehr ausreichend vorhandenen Sinnesfähigkeit (insbesondere Sehen oder Hören) ist das Zwei-Sinne-Prinzip zu berücksichtigen.

(4) Zum Ausgleich nicht ausreichend vorhandener motorischer Fähigkeiten sind barrierefrei gestaltete alternative Maßnahmen vorzusehen, z. B.

- das Öffnen einer Tür mechanisch mit Türgriffen und zusätzlich elektromechanisch mit Tastern oder durch Näherungsschalter oder
- das Überwinden eines Höhenunterschiedes mittels Treppe und zusätzlich einer Rampe oder eines Aufzugs.

Hinweise:

1. An Arbeitsstätten, die ganz oder teilweise öffentlich zugänglich sind, stellt das Bauordnungsrecht der Länder auch dann Anforderungen an die Barrierefreiheit, wenn dort keine Menschen mit Behinderungen beschäftigt sind.

2. Werden Grundsätze des barrierefreien Bauens bereits bei der Planung von Baumaßnahmen berücksichtigt, können vorausschauende Lösungen die Kosten für eine nachträgliche Anpassung und einen aufwendigen Umbau von Arbeitsstätten bei einer künftigen Beschäftigung von Menschen mit Behinderungen verringern oder *vermeiden.*

5 Maßnahmen

Die in den folgenden Anhängen genannten Anforderungen ergänzen die jeweils genannte ASR hinsichtlich der barrierefreien Gestaltung von Arbeitsstätten. Am Ende der Absätze wird in Klammern auf den jeweils betreffenden Abschnitt der in Bezug genommenen ASR verwiesen.

Anhang A1.2: Ergänzende Anforderungen zur ASR A1.2 »Raumabmessungen und Bewegungsflächen«

zu 4 Allgemeines

(1) Bei der Festlegung der Grundflächen von Arbeitsräumen sind die besonderen Belange von Beschäftigten mit Behinderungen so zu berücksichtigen, dass sie ohne Beeinträchtigung ihrer Sicherheit, ihrer Gesundheit oder ihres Wohlbefindens ihre Arbeit verrichten können. Je nach Auswirkung der Behinderung ist insbesondere auf Nutzbarkeit der Arbeitsräume zu achten. (ASR A1.2 Pkt. 4 Abs. 1)
(2) Für die Ermittlung der Grundflächen und Höhen des notwendigen Bewegungsfreiraumes am Arbeitsplatz sind in Abhängigkeit von den individuellen Erfordernissen der Beschäftigten mit Behinderungen erforderlichenfalls weitere Zuschläge zu berücksichtigen, z.B. für individuelle Hilfsmittel wie Prothesen, Unterarmgehhilfen oder Sauerstoffgeräte. (ASR A1.2 Pkt. 4 Abs. 3)

zu 5 Grundflächen von Arbeitsräumen

(3) In Abhängigkeit von den individuellen Erfordernissen der Beschäftigten mit Behinderungen sind zusätzliche Flächen notwendig, z.B. für persönliche Assistenz, Assistenzhund (z.B. Blindenführhund), medizinische Hilfsmittel oder Elektrorollstuhl. (ASR A1.2 Pkt. 5 Abs. 1)
(4) Für Rollatoren, Rollstühle oder Gehhilfen von Beschäftigten sind gegebenenfalls zusätzliche Stellflächen erforderlich, z.B. im Fall des Umsetzens vom Rollstuhl auf einen Arbeitsstuhl. Sofern Abstellplätze für Rollstühle außerhalb des Arbeitsraumes eingerichtet werden, z.B. im Eingangsbereich, ist für das Umsetzen von einem Außen- auf einen Innenrollstuhl eine Umsetzfläche von mindestens 1,50 m × 1,80 m notwendig. (ASR A1.2 Pkt. 5 Abs. 1)

zu 5.1 Bewegungsflächen der Beschäftigten am Arbeitsplatz

(5) Wenn sich Beschäftigte am Arbeitsplatz von einem Rollstuhl auf einen Arbeitsstuhl umsetzen müssen, ist eine Bewegungsfläche von mindestens 1,50 m × 1,50 m erforderlich. Die Bewegungsflächen für das Umsetzen dürfen sich mit zusätzlich notwendigen Flächen nach Absatz 3 und zusätzlichen Stellflächen nach Absatz 4 überlagern (siehe Abbildung 1). (ASR A1.2 Pkt. 5.1.1 Abs. 2)

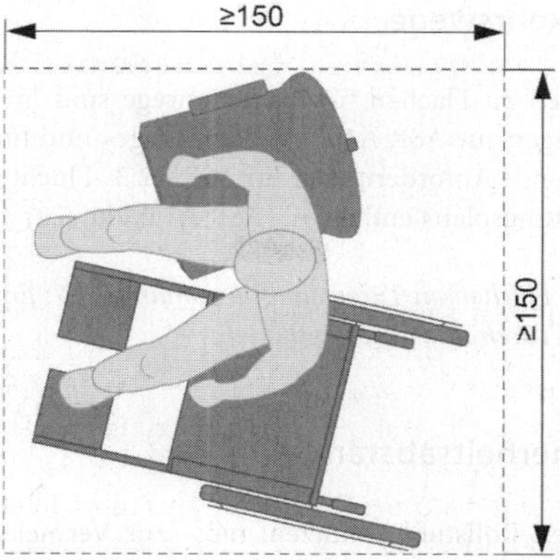

Abb. 1: Mindestgröße der Bewegungsfläche für das Umsetzen am Arbeitsplatz (Maße in cm)

(6) Für Beschäftigte, die einen Rollstuhl benutzen, muss die Bewegungsfläche bei Nichtunterfahrbarkeit von Ausrüstungs- und Ausstattungselementen mindestens 1,50 m × 1,50 m und bei Unterfahrbarkeit mindestens 1,50 m × 1,20 m (siehe Abbildung 2) betragen. (ASR A1.2 Pkt. 5.1.2)

(7) Für nebeneinander angeordnete Arbeitsplätze gilt Absatz 6, sofern sich zwischen diesen Arbeitsplätzen Trennwände befinden. Sind Trennwände nicht vorhanden, reicht eine Breite der Bewegungsfläche von 1,20 m aus, wenn dabei die Erreichbarkeit des Arbeitsplatzes gewährleistet ist. (ASR A1.2 Pkt. 5.1.4)

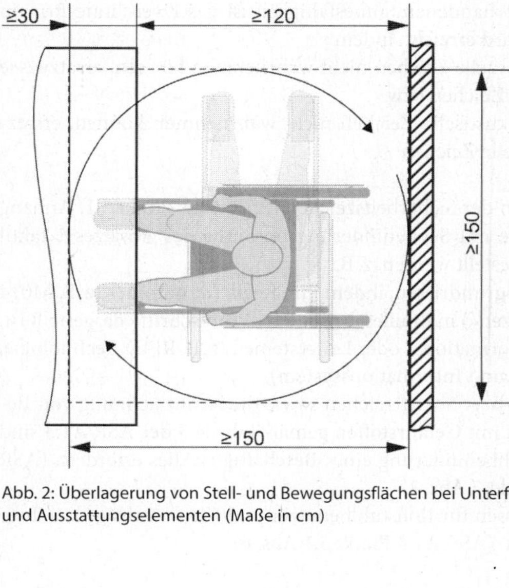

Abb. 2: Überlagerung von Stell- und Bewegungsflächen bei Unterfahrbarkeit von Ausrüstungs- und Ausstattungselementen (Maße in cm)

zu 5.2 Flächen für Verkehrswege

(8) Ergänzende Anforderungen an Flächen für Verkehrswege sind im Anhang A1.8: Ergänzende Anforderungen zur ASR A1.8 »Verkehrswege« und für Fluchtwege im Anhang A2.3: Ergänzende Anforderungen zur ASR A2.3 »Fluchtwege und Notausgänge, Flucht- und Rettungsplan« enthalten. (ASR A1.2 Pkt. 5.2)
Hinweis:
Ergänzende Anforderungen an Flächen an Türen sind im Anhang A1.7: Ergänzende Anforderungen zur ASR A1.7 »Türen und Tore« enthalten.

zu 5.5 Flächen für Sicherheitsabstände

(9) Für Beschäftigte, die einen Rollstuhl benutzen, muss zur Vermeidung von Ganzkörperquetschungen bei seitlicher Anfahrbarkeit der Sicherheitsabstand mindestens 0,90 m betragen. (ASR A1.2 Pkt. 5.5)

Anhang A1.3:
Ergänzende Anforderungen zur ASR A1.3 »Sicherheits- und Gesundheitsschutzkennzeichnung«

(1) Bei der Sicherheits- und Gesundheitsschutzkennzeichnung sind die Belange der Beschäftigten mit Behinderungen so zu berücksichtigen, dass die sicherheitsrelevanten Informationen verständlich übermittelt werden. Zum Ausgleich einer nicht mehr ausreichend vorhandenen Sinnesfähigkeit ist das Zwei-Sinne-Prinzip zu berücksichtigen. Dies wird erreicht, indem
- für Beschäftigte, die visuelle Zeichen nicht wahrnehmen können, ersatzweise taktile oder akustische Zeichen bzw.
- für Beschäftigte, die akustische Zeichen nicht wahrnehmen können, ersatzweise taktile oder visuelle Zeichen

eingesetzt werden.
(2) Die Sicherheitsaussagen der Sicherheitszeichen (ASR A1.3 Punkt 5.1, Anhang 1) müssen für Beschäftigte mit Sehbehinderung im Sinne des Absatzes 1 taktil erfassbar oder hörbar dargestellt werden, z. B.
- auf Reliefplänen oder -grundrissen, indem ihre Registriernummer (z. B. M014 für »Kopfschutz benutzen«) in Brailleschrift oder »Profilschrift« dargestellt ist,
- mit funkgestützten Informations- oder Leitsystemen (z. B. RFID-Technologie, In-house Navigations- und Informationssystem).

(3) Die Sicherheitszeichen bzw. Schriftzeichen sowie die Kennzeichnung von Behältern und Rohrleitungen mit Gefahrstoffen gemäß Tabelle 3 der ASR A1.3 sind zu vergrößern, falls die Sehbehinderung eines Beschäftigten dies erfordert. (ASR A1.3 Punkt 5.1 Abs. 9; Punkt 7 Abs. 2)
(4) Sicherheitszeichen müssen für Rollstuhlbenutzer und Kleinwüchsige aus ihrer Augenhöhe erkennbar sein. (ASR A1.3 Punkt 5.1 Abs. 6)

(5) Für blinde Beschäftigte müssen taktile Kennzeichnungen in einem ausreichenden Abstand von Hindernissen und Gefahrenstellen vorhanden sein (z. B. taktil erkennbare Bodenmarkierungen bei unterlaufbaren Treppen oder Fußleisten an Absturzsicherungen). (ASR A1.3 Punkt 5.2)
(6) Für blinde Beschäftigte sind Fahrwegbegrenzungen auf dem Boden taktil erfassbar auszuführen, z. B. durch erhabene Markierungsstreifen oder unterschiedlich strukturierte Oberflächen. (ASR A1.3 Punkt 5.3 Abs. 1)
(7) Für Beschäftigte mit Hörbehinderung gemäß Absatz 1 sind die Sicherheitsaussagen der Schallzeichen taktil erfassbar oder visuell darzustellen, z. B. Vibrationsalarm (Mobiltelefon). (ASR A1.3 Punkt 5.5)
(8) Ergänzende Anforderungen an Flucht- und Rettungspläne sind in Anhang A2.3: Ergänzende Anforderungen zur ASR A2.3 »Fluchtwege und Notausgänge, Flucht- und Rettungsplan« im Absatz 5 enthalten.

Anhang A1.5:
Ergänzende Anforderungen zur ASR A1.5 »Fußböden«

(1) Beim Einrichten und Betreiben von Fußböden sind die besonderen Anforderungen von Beschäftigten mit Behinderungen zu berücksichtigen. Je nach Auswirkung der Behinderung ist insbesondere auf Wahrnehmbarkeit, Erkennbarkeit und Nutzbarkeit zu achten.
(2) Im Rahmen der Gefährdungsbeurteilung hat der Arbeitgeber zu berücksichtigen, dass eine Rutschgefahr auch dann vorliegen kann, wenn die Gefahr des Wegrutschens eines Rollators, eines Rollstuhls oder einer Gehhilfe besteht (ergänzend zu ASR A1.5 Abschnitt 3.2).
Hinweise:
1. Auflagen, z. B. Matten oder Läufer, sollen rutschfest verlegt werden, damit insbesondere Beschäftigte, die einen Rollator, einen Rollstuhl oder eine Gehhilfe benutzen, diese sicher nutzen können.
2. Bodenbeläge (z. B. Teppiche, Teppichfliesen, Sauberlaufzonen) sollen ebenmäßig und kurzflorig sein, um Beschäftigten, die einen Rollator oder einen Rollstuhl benutzen, eine Fortbewegung mit minimalem Rollwiderstand und guter Rangierfähigkeit zu ermöglichen.
(3) Ablaufrinnen in Fußböden von Verkehrswegen, die von Beschäftigten mit einem Rollator, einem Rollstuhl oder einer Gehhilfe genutzt werden, sind so zu gestalten, dass sie mit diesen Hilfsmitteln sicher befahrbar und begehbar sind (z. B. keine Kipp- oder Rutschgefahr). (siehe ASR A1.5 Abschnitt 4 Absatz 11)
(4) Nutzbarkeit von Gitterrosten ist gegeben, wenn sie keine Stolperstellen darstellen und das Hängenbleiben z. B. von Gehstöcken, Langstöcken und Hundepfoten (Assistenzhund) vermieden wird. (siehe ASR A1.5 Abschnitt 3.5)
Hinweis:
Gitterroste, deren Maschen in einer Richtung die lichte Weite von 10 mm nicht überschreiten oder aus schräggestellten Lamellen bestehen, erschweren auch den Durch-

blick für die Beschäftigten, die beim Blick in die Tiefe durch offenere Strukturen von Gitterrosten gehemmt sind, diese zu benutzen.

(5) Wahrnehmbarkeit, Erkennbarkeit und Nutzbarkeit von Fußböden ist für Beschäftigte mit einer Sehbehinderung gegeben, wenn:

1. sich Fußböden zur besseren Orientierung visuell kontrastierend von anderen Bauteilen, z. B. Wänden und Türen, abheben (siehe ASR A1.5 Abschnitt 3.7 und Abschnitt 4 Absatz 9) und
2. Fußböden aus reflexionsarmem Material bestehen.

Anhang A1.6: Ergänzende Anforderungen zur ASR A1.6 »Fenster, Oberlichter, lichtdurchlässige Wände«

(1) Bei der Festlegung der Anordnung und Gestaltung der Fenster, Oberlichter und lichtdurchlässigen Wände sind die besonderen Anforderungen von Beschäftigten mit Behinderungen zu berücksichtigen. Je nach Einbausituation und Auswirkung der Behinderung ist insbesondere auf Wahrnehmbarkeit, Erkennbarkeit, Erreichbarkeit und Nutzbarkeit zu achten.

(2) Für sehbehinderte und blinde Beschäftigte sind Gefährdungen durch geöffnete Fensterflügel im Aufenthaltsbereich oder im Bereich von Verkehrswegen, z. B. durch eine Begrenzung des Öffnungswinkels oder eine Absperrung des Öffnungsbereiches, während der Öffnungsdauer zu vermeiden. (ASR A1.6 Punkt 4.1.1 Absatz 4)

(3) Bedienelemente von Fenstern und Oberlichtern (z. B. Griffe oder Kurbeln bei Handbetätigung und Taster oder Schalter bei Kraftbetätigung), die von Beschäftigten mit Behinderungen benutzt werden müssen, sind je nach Auswirkung der Behinderung gemäß den Absätzen 4 bis 7 wahrnehmbar, erkennbar, erreichbar und nutzbar zu gestalten.

(4) **Wahrnehmbarkeit** und **Erkennbarkeit der Funktion** der Bedienelemente sind gegeben, wenn sie für Beschäftigte mit Sehbehinderung visuell kontrastierend und für blinde Beschäftigte taktil erfassbar gestaltet sind.

(5) **Erreichbarkeit** der Bedienelemente ist gegeben, wenn für kleinwüchsige Beschäftigte, für Beschäftigte, die einen Rollstuhl benutzen und für Beschäftigte deren Hand- / Arm-Motorik eingeschränkt ist, Bedienelemente in einer Höhe von 0,85 bis 1,05 m angeordnet sind. Für Beschäftigte, die einen Rollstuhl benutzen, müssen Bedienelemente so angeordnet sein, dass bei seitlicher Anfahrbarkeit ein Gang mit einer Breite von mindestens 0,90 m vorhanden ist (Abb. 1).

Hinweis:

Die Erreichbarkeit der Bedienelemente darf durch Einbauten (z. B. Heizkörper, Fensterbänke) nicht eingeschränkt werden.

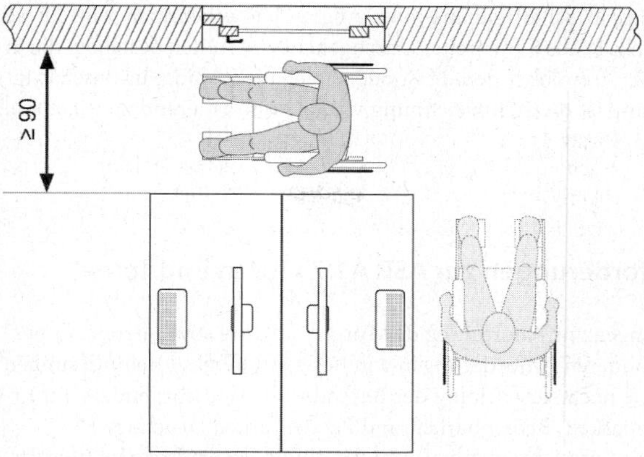

Abb. 1: Mindestbreite bei seitlicher Anfahrbarkeit (Maß in cm)

(6) **Nutzbarkeit** der Bedienelemente für **handbetätigte** Fenster und Oberlichter:

- Für die Nutzbarkeit von Bedienelementen von handbetätigten Fenstern und Oberlichtern soll für Beschäftigte mit Einschränkungen der Hand- / Arm-Motorik die Kraftübertragung durch Formschluss zwischen Hand und Bedienelement unterstützt werden. Kombinierte Bewegungen, z. B. gleichzeitiges Drehen und Ziehen, sollen vermieden werden bzw. in Einzelbewegungen ausführbar sein.
- Für Beschäftigte mit Einschränkungen der Hand- / Arm-Motorik sowie für Beschäftigte, die eine Gehhilfe oder einen Rollstuhl benutzen darf der maximale Kraftaufwand für das Öffnen oder Schließen von handbetätigten Fenstern oder Oberlichtern nicht mehr als 30 N betragen. Das maximale Drehmoment für handbetätigte Beschläge darf nicht größer als 5 Nm sein. Können die Maximalwerte für Kraft oder Drehmoment nicht eingehalten werden, sind alternative Maßnahmen, z. B. Griffverlängerungen oder kraftbetätigte Fenster und Oberlichter, vorzusehen.

(7) **Nutzbarkeit** der Bedienelemente für **kraftbetätigte** Fenster und Oberlichter ist gegeben, wenn für Beschäftigte mit Einschränkungen der Hand- / Arm-Motorik die aufzubringende Kraft für die Bedienung der Schalter und Taster 5 N nicht überschreitet.

(8) Sofern die Maßnahmen nach den Absätzen 4 bis 7 nicht geeignet sind, die Bedienelemente von Fenstern und Oberlichtern zu benutzen, sollen Fernsteuerungen (z. B. Fernbedienungen) eingesetzt werden.

(9) Werden akustische oder optische Warnsignale als Schutzmaßnahme gegen mechanische Gefährdungen beim Öffnen und Schließen von kraftbetätigten Fenstern und Oberlichtern eingesetzt, ist für sehbehinderte und blinde Beschäftigte sowie für Beschäftigte mit Hörbehinderung das Zwei-Sinne-Prinzip anzuwenden. (ASR A1.6 Punkt 4.1.2 Absatz 1, 3. Spiegelstrich)

(10) Die Kennzeichnung durchsichtiger, nicht strukturierter Flächen von lichtdurchlässigen Wänden muss auch für Beschäftigte, die einen Rollstuhl benutzen

und für kleinwüchsige Beschäftigte aus ihrer Augenhöhe erkennbar sein. Diese Kennzeichnung kann z. B. aus 8 cm breiten durchgehenden Streifen bestehen, die in einer Höhe von 40 bis 70 cm über dem Fußboden angebracht sind. Für Beschäftigte mit Sehbehinderung ist die Kennzeichnung visuell kontrastierend zu gestalten. (ASR A1.6 Punkt 4.3 Absatz 1)

Anhang A1.7: Ergänzende Anforderungen zur ASR A1.7 »Türen und Tore«

(1) Bei den Festlegungen zur Anordnung der Türen und Tore sowie deren Abmessungen sind die besonderen Anforderungen von Beschäftigten mit Behinderungen zu berücksichtigen. Je nach Auswirkung der Behinderung ist insbesondere auf Erkennbarkeit, Erreichbarkeit, Bedienbarkeit und Passierbarkeit zu achten.
(2) Erkennbarkeit wird erreicht, indem Türen für blinde Beschäftigte taktil wahrnehmbar (z. B. taktil eindeutig erkennbare Türblätter oder -zargen) und für Beschäftigte mit einer Sehbehinderung visuell kontrastierend gestaltet sind. Hierbei ist insbesondere auf den Kontrast zwischen Wand und Tür sowie zwischen Bedienelement und Türflügel zu achten.
(3) Erreichbarkeit von Drehflügeltüren ist gegeben, wenn für Beschäftigte, die eine Gehhilfe oder einen Rollstuhl benutzen, eine freie Bewegungsfläche sowie eine seitliche Anfahrbarkeit gemäß Abb. 1 gewährleistet wird. Wird die Bewegungsfläche, in die die Tür nicht aufschlägt, durch eine gegenüberliegende Wand begrenzt, muss die Breite der Bewegungsfläche von 120 cm auf 150 cm erhöht werden.

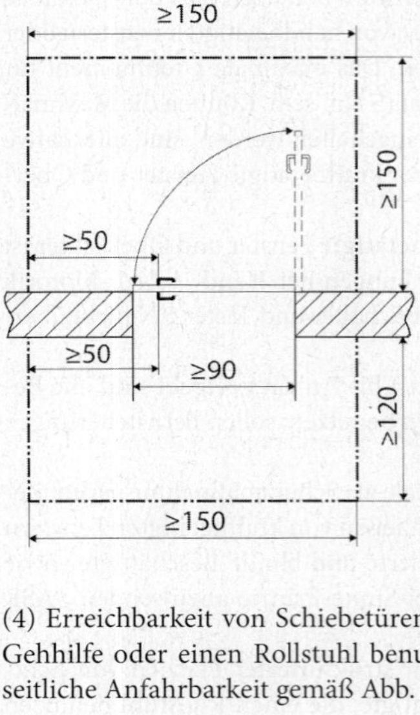

Abb. 1: Freie Bewegungsfläche sowie seitliche Anfahrbarkeit vor Drehflügeltüren (Maße in cm)

(4) Erreichbarkeit von Schiebetüren ist gegeben, wenn für Beschäftigte, die eine Gehhilfe oder einen Rollstuhl benutzen, eine freie Bewegungsfläche sowie eine seitliche Anfahrbarkeit gemäß Abb. 2 gewährleistet wird. Werden die Bewegungs-

flächen durch gegenüberliegende Wände begrenzt, muss die Breite der Bewegungsflächen von 120 cm auf 150 cm erhöht werden.

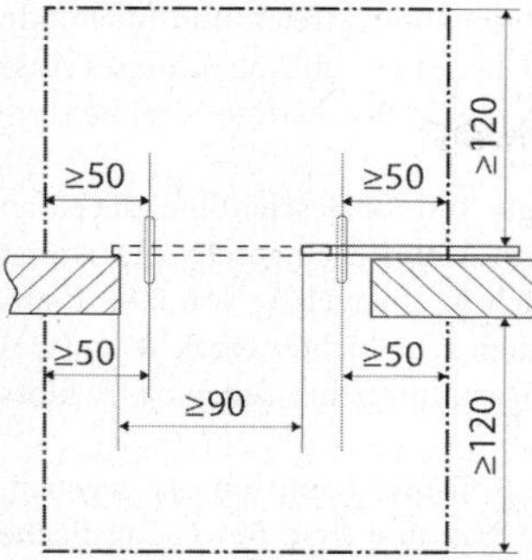

Abb. 2: Freie Bewegungsfläche sowie seitliche Anfahrbarkeit vor Schiebetüren (Maße in cm)

(5) Neben manuell betätigten Karusselltüren ist für Beschäftigte, die eine Gehhilfe oder einen Rollstuhl benutzen und für blinde Beschäftigte eine Drehflügel- oder eine Schiebetür anzuordnen.

(6) Kraftbetätigte Karusselltüren können von Beschäftigten, die eine Gehhilfe oder einen Rollstuhl benutzen, genutzt werden, wenn insbesondere folgende Bedingungen erfüllt sind.

- Die Geschwindigkeit der Drehbewegung muss den Bedürfnissen dieser Beschäftigten angepasst werden können.
- Ein automatisches Zurücksetzen der reduzierten Geschwindigkeit darf frühestens nach einer Drehung der Tür um 360° möglich sein.
- Diese Karusselltüren sind baulich so zu dimensionieren, dass sie in gerader Durchfahrt befahren werden können und an jeder Stelle der Durchfahrt eine ausreichend große Bewegungsfläche von 1,30 m Länge × 1,00 m Breite gewährleistet ist.
- NOT-HALT-Einrichtungen (z. B. Schalter, Taster, Sensoren) müssen erreichbar und bedienbar sein.
- Die Gestaltung (z. B. Material, Struktur) des Bodenbelages innerhalb dieser Karusselltüren darf die Bewegung eines Rollstuhls oder eines Rollators in der vorgesehenen Richtung nicht beeinflussen.

Für blinde Beschäftigte ist neben kraftbetätigten Karusselltüren eine Drehflügel- oder Schiebetür anzuordnen.

(7) Die Anforderungen an Schlupftüren in Torflügeln entsprechen denen an Drehflügeltüren.

(8) Werden Bewegungsmelder als Türöffner verwendet, sind bei deren Betrieb die Belange von kleinwüchsigen (Unterlaufen), blinden (Tastbereich des Langstockes) und gehbehinderten (Gehgeschwindigkeit) Beschäftigten zu berücksichtigen.

(9) Bedienelemente von Türen und Toren, z. B. Türgriffe, Schalter, elektronische Zugangssysteme (z. B. Kartenleser), Notbehelfseinrichtungen (Abschalt- und NOTHALT-Einrichtungen), »Steuerungen mit Selbsthaltung« (Impulssteuerung)

und »Steuerungen ohne Selbsthaltung« (Totmannsteuerung), müssen wahrnehmbar, erkennbar, erreichbar und nutzbar sein.

- **Wahrnehmbarkeit** und **Erkennbarkei**t der Funktion werden erreicht, wenn Bedienelemente für sehbehinderte Beschäftigte kontrastreich und für blinde Beschäftigte taktil erfassbar gestaltet sind. Dabei ist ein unbeabsichtigtes Auslösen zu vermeiden. Für sehbehinderte und blinde Beschäftigte sind Sensortasten nicht zulässig.
- **Erreichbarkeit** für kleinwüchsige Beschäftigte und für Beschäftigte, die einen Rollstuhl benutzen und deren Hand- / Arm-Motorik eingeschränkt ist, ist gegeben, wenn Bedienelemente grundsätzlich in einer Höhe von 0,85 m angeordnet sind. Schlösser und Türgriffe können z. B. leichter erreicht und benutzt werden bei Verwendung von Beschlaggarnituren, bei denen das Schloss oberhalb des Türgriffes angeordnet ist.
- **Erreichbarkeit** für Beschäftigte, die einen Rollstuhl benutzen, ist gegeben, wenn Bedienelemente so angeordnet sind, dass eine freie Bewegungsfläche bei frontaler Anfahrbarkeit von mindestens 1,50 m × 1,50 m und bei seitlicher Anfahrbarkeit von mindestens 1,50 m × 1,20 m vorhanden ist (analog Abb. 1). Dabei müssen die Bedienelemente von kraftbetätigten Drehflügeltüren und Toren mindestens 2,50 m vor der in den Bewegungsraum aufschlagenden Tür und 1,50 m in der Gegenrichtung angebracht sein. Bedienelemente von kraftbetätigten Schiebetüren müssen sich bei frontaler Anfahrt mindestens 1,50 m vor und hinter der Schiebetür befinden.
- **Nutzbarkeit** ist gegeben, wenn für Beschäftigte mit Einschränkung der Hand- / Arm-Motorik die maximal aufzuwendende Kraft zur Bedienung von Schaltern und Tastern 5,0 N beträgt.
- Für die **Nutzbarkeit** von Türgriffen soll für Beschäftigte mit Einschränkungen der Hand- / Arm-Motorik die Kraftübertragung durch Formschluss zwischen Hand und Bedienelement unterstützt werden (z. B. ergonomisch geformte Griffe). Drehgriffe (z. B. Knäufe) oder eingelassene Griffe sollen nicht verwendet werden. Eine kombinierte Bewegung (z. B. gleichzeitiges Drehen und Drücken) soll vermieden werden bzw. in Einzelbewegungen ausführbar sein.
- Für das Zuziehen von Türen ist für Beschäftigte, die einen Rollstuhl benutzen, eine horizontale Griffstange als Schließhilfe geeignet.

(10) Für Beschäftigte, die eine Gehhilfe oder einen Rollstuhl benutzen oder deren Hand- / Arm-Motorik eingeschränkt ist, darf der maximale Kraftaufwand für das Öffnen von handbetätigten Türen und Toren zur Einleitung einer Bewegung, z. B. des Türblatts, und für die Bedienung handbetätigter Beschläge, z. B. des Drückers, nicht mehr als 25 N betragen. Das maximale Moment für handbetätigte Beschläge darf nicht größer als 2,5 Nm sein. Können die Maximalwerte für Kraft oder Drehmoment nicht eingehalten werden, sind kraftbetätigte Türen und Tore vorzusehen. Bei sensorisch gesteuerten Türen und Toren ist für sehbehinderte und blinde Beschäftigte sicherzustellen, dass keine Gefährdung durch das Öffnen des Flügels entsteht. Das kann erreicht werden, indem der Flügel rechtzeitig geöffnet wird oder, falls der Flügel in einen quer verlaufenden Verkehrsweg aufschlägt, beim Öffnen ein akustisches Signal ertönt.

(11) Durch das selbstständige Schließen von Türen mit Türschließern dürfen für Beschäftigte, die eine Gehhilfe oder einen Rollstuhl benutzen oder deren Hand- / ArmMotorik eingeschränkt ist, keine Gefährdungen entstehen. Dies kann z. B. durch die Einstellung der Schließverzögerung erreicht werden.
(12) Für Beschäftigte, die einen Rollator oder Rollstuhl benutzen oder eine Fußhebeschwäche haben, sind untere Tür- oder Toranschläge und Schwellen zu vermeiden. Sind diese technisch erforderlich, dürfen sie nicht höher als 20 mm sein. Dieser Höhenunterschied ist durch Schrägen anzugleichen (Abb. 3).

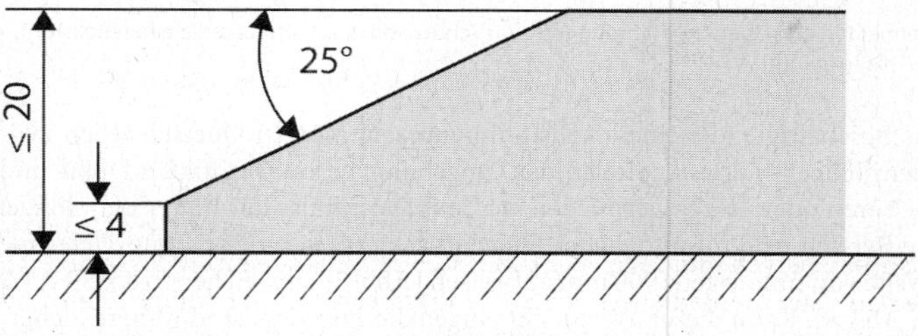

Abb. 3: Schräge an einer Tür- oder Torschwelle (Maße in mm)

(13) Für Beschäftigte, die einen Rollstuhl benutzen, ist eine lichte Durchgangsbreite von Türen und Toren von mindestens 0,90 m erforderlich. (abweichend von ASR A1.7 Punkt 4 Abs. 6)
(14) Bei Ausfall der Antriebsenergie darf für Beschäftigte mit eingeschränkter Hand / Arm-Motorik der Kraftaufwand zum manuellen Öffnen kraftbetätigter Türen und Tore zur Einleitung einer Bewegung und ebenso für die Bedienung handbetätigter Beschläge nicht mehr als 25 N betragen. Das maximale Moment für die Bedienung handbetätigter Beschläge darf nicht größer als 2,5 Nm sein. Falls dies nicht erreicht werden kann, sind durch die Gefährdungsbeurteilung alternative Maßnahmen festzulegen (z. B. zweiter Ausgang, Patenschaften). (abweichend von ASR A1.7 Punkt 5 Abs. 2 Satz 1)
(15) Ergänzende Anforderungen hinsichtlich der Kennzeichnung von Türen und Toren im Einbahnverkehr sind in dieser ASR im Anhang A1.3 enthalten. (ASR A1.7 Punkt 5 Abs. 4)
(16) Flügel von Türen und Toren, die zu mehr als drei Viertel ihrer Fläche aus einem durchsichtigen Werkstoff bestehen, müssen durch Sicherheitsmarkierungen so gekennzeichnet sein, dass sie für Beschäftigte mit Sehbehinderung, Beschäftigte die einen Rollstuhl benutzen und für kleinwüchsige Beschäftigte aus deren Augenhöhe erkennbar sind (ASR A1.7 Punkt 5 Abs. 7). Sicherheitsmarkierungen können z. B. aus 8 cm breiten durchgehenden Streifen bestehen, die in einer Höhe von 40–70 cm und 120–160 cm angebracht sind. Die Hauptschließkante von rahmenlosen Glas-Drehflügeltüren ist visuell kontrastierend zu gestalten.
(17) Ist eine Quetschgefährdung für Beschäftigte, die einen Rollstuhl benutzen, zwischen den hinteren Kanten der Flügel (Nebenschließkanten) von kraftbetätigten Schiebetüren / -toren und festen Teilen der Umgebung beim Betrieb nicht

bereits durch Maßnahmen nach ASR A1.7 Punkt 6 Abs. 1 auszuschließen, müssen Sicherheitsabstände von ≥ 900 mm nach Abb. 4 eingehalten werden. (abweichend von ASR A1.7 Punkt 6 Abs. 7 Abb. 2 und 3)

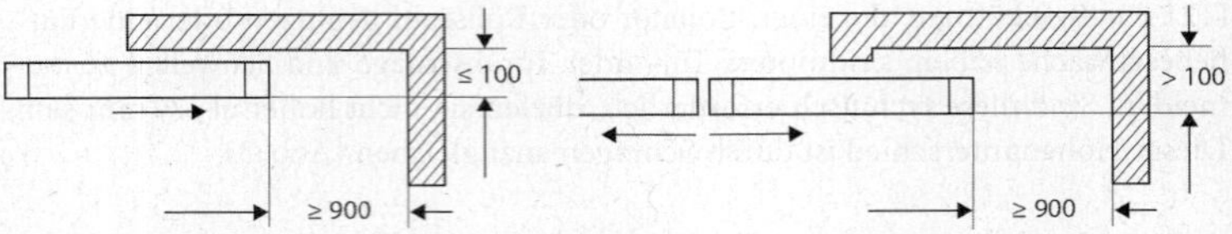

Abb. 4: Vermeiden von Quetschgefährdungen zum Schutz von Beschäftigten, die einen Rollstuhl benutzen (Maße in mm)

(18) Für Beschäftigte, die einen Rollstuhl benutzen, müssen Quetschstellen zwischen dem Flügel und festen Teilen der Umgebung an kraftbetätigten Dreh- und Faltflügeltüren oder –toren vermieden werden. Dazu muss der hinter dem Flügel gelegene Bereich bei größtmöglicher Flügelöffnung über seine gesamte Tiefe eine lichte Weite von mindestens 900 mm aufweisen (Abb. 5) (abweichend zu ASR A1.7 Punkt 6 Abs. 8). Kann dieser Wert nicht eingehalten werden, sind weitere Sicherheitsmaßnahmen (siehe ASR A1.7 Punkt 6 Abs. 1) notwendig.

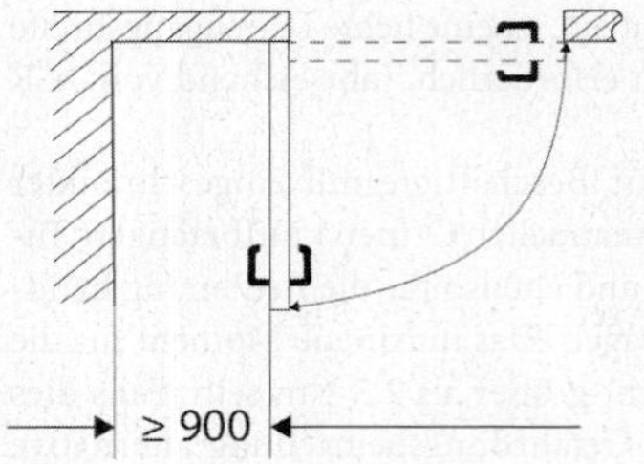

Abb. 5: Vermeiden von Quetschgefährdung (Maße in mm)

(19) Der Kraftaufwand für das manuelle Öffnen von kraftbetätigten Schiebetüren, Schnelllauftoren und Karusselltüren im Verlauf von Fluchtwegen bei Ausfall der Kraftbetätigung, z. B. bei Ausfall der Energiezufuhr, richtet sich nach Abs. 14. (abweichend von ASR A1.7 Punkt 9 Abs. 1 und Punkt 10.1 Abs. 3)
(20) Weitere Bestimmungen zur barrierefreien Gestaltung von Türen und Toren im Verlauf von Fluchtwegen sind im Anhang A2.3 dieser ASR enthalten.

Anhang A1.8: Ergänzende Anforderungen zur ASR A1.8 »Verkehrswege« zu 4.1 Allgemeines

(1) Beim Einrichten und Betreiben von Verkehrswegen sind die besonderen Anforderungen von Beschäftigten mit Behinderungen zu berücksichtigen. Je nach Aus-

wirkung der Behinderung ist insbesondere auf Wahrnehmbarkeit, Erkennbarkeit und Nutzbarkeit zu achten.
(2) Die Querneigung von Verkehrswegen, die von Beschäftigten mit einem Rollator oder einem Rollstuhl benutzt werden, darf nicht mehr als 2,5 % betragen. (ASR A1.8 Punkt 4.1 Abs. 2)
(3) Schrägrampen (geneigte Verkehrswege nach ASR A1.8 Punkt 3.23), die von Beschäftigten mit einem Rollator oder einem Rollstuhl benutzt werden, dürfen eine Längsneigung von 6 % nicht überschreiten. Bei einer Längsneigung von mehr als 3 % sind ab 10 m Länge Podeste mit einer nutzbaren Länge von mindestens 1,50 m vorzusehen. Bei mehr als 6 % Neigung ist die Nutzbarkeit des Verkehrsweges durch geeignete Maßnahmen herzustellen. Geeignet sind z. B. ein Hublift oder ein Elektrorollstuhl, ggf. eine assistierende Person. (ASR A1.8 Punkt 4.1 Abs. 4)
Hinweis:
Eine Rampe gemäß DIN 18040–1 Nr. 4.3.8 ist eine spezielle bauliche Anlage, die nicht in dieser ASR behandelt wird.
(4) Für Beschäftigte, die einen Rollator oder einen Rollstuhl benutzen und für Beschäftigte, die eine Fußhebeschwäche haben, müssen Verkehrswege schwellenlos sein. Sind Schwellen technisch unabdingbar, dürfen sie nicht höher als 20 mm sein. Dieser Höhenunterschied ist durch Schrägen anzugleichen. Eine Gestaltungslösung enthält Anhang A1.7: Ergänzende Anforderungen zur ASR A1.7 »Türen und Tore« Abs. 12. (ASR A1.8 Punkt 4.1 Abs. 5)
(5) Für Beschäftigte, die einen Rollator oder einen Rollstuhl benutzen, muss an Schrägrampen, einschließlich deren Podesten, das seitliche Abkommen, Kippen und Abstürzen verhindert werden. Dies kann z. B. mit einer seitlichen Begrenzung, wie einem Radabweiser (Höhe mindestens 0,10 m) oder einer Wand erfolgen. (ASR A1.8 Punkt 4.1 Abs. 6)
(6) Verkehrswegkreuzungen und -einmündungen müssen für Beschäftigte mit Behinderungen je nach Auswirkung der Behinderung wahrnehmbar und erkennbar sein. Wahrnehmbarkeit und Erkennbarkeit werden erreicht, wenn diese Bereiche für Beschäftigte mit Sehbehinderung visuell kontrastierend gestaltet sind. Für blinde Beschäftigte ist das Zwei-Sinne-Prinzip anzuwenden, z. B. durch ein zusätzliches akustisches Signal an Schranken oder Ampeln oder durch taktile Markierungen (z. B. Bodenmarkierung). (ASR A1.8 Punkt 4.1 Abs. 7)
(7) Wird als verkehrssichernde Maßnahme an Verkehrswegkreuzungen und -einmündungen ein Drehkreuz verwendet, ist für Beschäftigte, die eine Gehhilfe oder einen Rollstuhl benutzen, ein alternativer Verkehrsweg einzurichten. (ASR A1.8 Punkt 4.1 Abs. 7)
(8) Bei Maßnahmen des Winterdienstes ist zu berücksichtigen, dass für Beschäftigte, die einen Rollator oder einen Rollstuhl benutzen, die beräumte Breite des Verkehrsweges eine sichere Benutzbarkeit gewährleistet.
Wenn notwendig, sind bei beeinträchtigenden Witterungseinflüssen vorhandene kontrastierende oder taktile Markierungen für sehbehinderte und blinde Beschäftigte frei zu halten oder geeignete temporäre Ersatzmaßnahmen zu treffen. (ASR A1.8 Punkt 4.1 Abs. 8)

zu 4.2 Wege für den Fußgängerverkehr

(9) Für Beschäftigte, die eine Gehhilfe oder einen Rollstuhl benutzen, müssen Verkehrswege unabhängig von der Anzahl der Personen im Einzugsgebiet ausreichend breit sein. Mögliche Begegnungsfälle, Richtungswechsel und Rangiervorgänge sind zu berücksichtigen. (abweichend von ASR A1.8 Tabelle 2)

(10) Die Mindestbreite von Verkehrswegen ergibt sich für Beschäftigte, die eine Gehhilfe oder einen Rollstuhl benutzen, aus den Breiten von Fluchtwegen nach Anhang A2.3: Ergänzende Anforderungen zur ASR A2.3 »Fluchtwege und Notausgänge, Flucht- und Rettungsplan«, Abs. 2.

Für den Begegnungsfall von Beschäftigten, die einen Rollstuhl benutzen

- mit anderen Personen ist eine Verkehrswegbreite von 1,50 m,
- mit anderen Personen, die einen Rollstuhl benutzen, ist eine Verkehrswegbreite von 1,80 m

zu gewährleisten.

Abweichend davon ist eine Verkehrswegbreite von 1,00 m ausreichend, wenn der Verkehrsweg bis zur nächsten Begegnungsfläche einsehbar ist. Die Begegnungsfläche muss für den Begegnungsfall von Beschäftigten, die einen Rollstuhl benutzen,

- mit anderen Personen mindestens 1,50 m × 1,50 m und
- mit anderen Personen, die einen Rollstuhl benutzen, mindestens 1,80 m × 1,80 m

betragen. (abweichend von ASR A1.8 Tab. 2)

Hinweis:

Die Bewegungsflächen vor Türen sind zu berücksichtigen (siehe Anhang A1.7: Ergänzende Anforderungen zur ASR A1.7 »Türen und Tore« Abs. 3 und 4).

(11) Für Beschäftigte, die einen Rollator oder einen Rollstuhl benutzen, müssen Gänge zu persönlich zugewiesenen Arbeitsplätzen, Wartungsgänge und Gänge zu gelegentlich benutzten Betriebseinrichtungen mindestens 0,90 m breit sein. Dies kann auch für Beschäftigte, die Gehhilfen benutzen, notwendig sein. Ist eine Nutzung der Gänge nur von einer Seite möglich (»Sackgasse«),

- ist eine Wendemöglichkeit (mindestens 1,50 m × 1,50 m) einzurichten oder
- soll die Länge für das Rückwärtsfahren 3 m nicht überschreiten.

Die Breiten von Verkehrswegen in Nebengängen von Lagereinrichtungen sind im Rahmen der Gefährdungsbeurteilung festzulegen, müssen aber mindestens den Werten nach Tabelle 2 der ASR A1.8 entsprechen.

(12) Für Beschäftigte, die einen Rollator oder einen Rollstuhl benutzen, sind zum Überwinden von nicht vermeidbaren Ausgleichsstufen alternative Maßnahmen zu treffen, z. B. Treppensteighilfen, Treppenlifte oder Plattformaufzüge. (ASR A1.8 Punkt 4.2 Abs. 3)

(13) Für Beschäftigte mit Sehbehinderung müssen Ausgleichsstufen auf Verkehrswegen visuell kontrastierend und für blinde Beschäftigte durch taktil erfassbare Bodenstrukturen gestaltet sein.

Hinweis:

Für Beschäftigte mit motorischen Einschränkungen ist im Rahmen der Gefährdungsbeurteilung zu prüfen, ob an Ausgleichsstufen auf Verkehrswegen Handläufe erforderlich sind.

zu 4.3 Wege für den Fahrzeugverkehr

(14) Für Beschäftigte, die einen Rollator oder einen Rollstuhl benutzen, muss der Randzuschlag mindestens Z_1 = 0,90 m betragen. Abweichend davon kann der Randzuschlag für den ausschließlichen Fahrzeugverkehr auf bis zu 0,50 m reduziert werden, wenn
- die Fahrgeschwindigkeit auf 6 km/h begrenzt und ein Ausweichen möglich ist oder
- das Fahrzeug mit einem Personenerkennungssystem ausgestattet ist.

(ASR A1.8 Punkt 4.3 Abs. 3)
(15) Die Summe aus doppeltem Rand- und einfachem Begegnungszuschlag darf auch bei einer geringen Anzahl von Verkehrsbegegnungen nicht herabgesetzt werden. (abweichend von ASR A1.8 Punkt 4.3 Abs. 4)
(16) Personenerkennungssysteme müssen so ausgeführt und angeordnet sein, dass auch Beschäftigte, die eine Gehhilfe, einen Rollstuhl oder einen Langstock benutzen sowie kleinwüchsige Beschäftigte rechtzeitig erkannt werden. (ASR A1.8 Punkt 4.3 Abs. 9 und 10)

zu 4.4 Kennzeichnung und Abgrenzung von Verkehrswegen

(17) Lassen sich Gefährdungen im Verlauf von Verkehrswegen nicht durch technische Maßnahmen verhindern oder beseitigen oder ergeben sich Gefährdungen durch den Fahrzeugverkehr aufgrund unübersichtlicher Betriebsverhältnisse, sind diese Verkehrswege für Beschäftigte mit Behinderung nach Anhang A1.3: Ergänzende Anforderungen zur ASR A1.3 »Sicherheits- und Gesundheitsschutzkennzeichnung« zu kennzeichnen. (ASR A1.8 Punkt 4.4 Abs. 1)
(18) Die Abgrenzung zwischen niveaugleichen Verkehrswegen und umgebenden Arbeits- und Lagerflächen sowie zwischen Wegen für den Fußgänger- und Fahrzeugverkehr muss
- für Beschäftigte mit Sehbehinderung visuell kontrastierend,
- für blinde Beschäftigte nach dem Zwei-Sinne-Prinzip, z. B. durch taktil erfassbare Bodenstrukturen oder akustische Warnsysteme, gestaltet sein. (ASR A1.8 Punkt 4.4 Abs. 2)

zu 4.5 Treppen

(19) Für Beschäftigte, die einen Rollator oder einen Rollstuhl benutzen, sind an Treppen alternative Maßnahmen zu treffen, z. B. Schrägrampen, Treppensteighilfen, Treppenlifte, Plattformaufzüge oder Aufzüge.
(20) Für Beschäftigte mit Sehbehinderung müssen die erste und letzte Stufe des Treppenlaufs mindestens an der Stufenvorderkante visuell kontrastierend gestaltet und erkennbar sein.

(21) Für blinde Beschäftigte ist die oberste Stufe von Treppenläufen am Beginn der Antrittsfläche (siehe Abb. 2) über die gesamte Treppenbreite taktil erfassbar zu gestalten, z. B. durch unterschiedliche Bodenstrukturen.
(22) Für blinde Beschäftigte muss gewährleistet sein, dass Treppen unterhalb einer lichten Höhe von 2,10 m nicht unterlaufen werden können. Dies kann erreicht werden z. B. mit Umwehrungen, Brüstungen, Pflanzkübeln oder durch Möblierung.
(23) Für Beschäftigte mit Gehbehinderung, z. B. mit einer Fußhebeschwäche, müssen Treppen geschlossene Stufen haben. Unterschneidungen sind grundsätzlich nicht zulässig. Abweichend davon ist bei geschlossenen Stufen mit schrägen Setzstufen eine Unterschneidung (u) von maximal 2 cm zulässig (siehe Abb. 1). Ausgenommen sind Treppen, die ausschließlich als Fluchtweg in Abwärtsrichtung genutzt werden. (abweichend von ASR A1.8 Abb. 4)

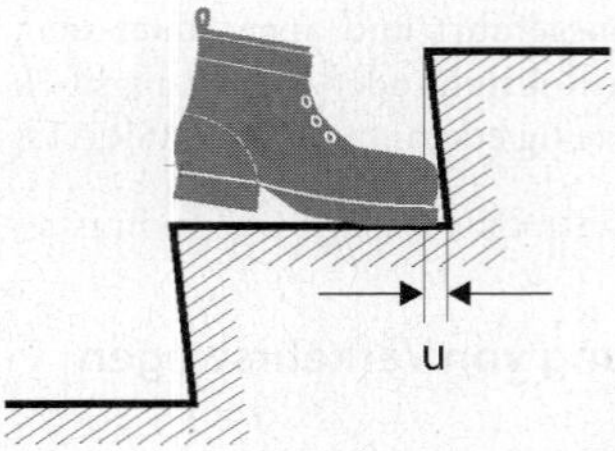

Abb. 1: Unterschneidung an einer schrägen Setzstufe

(24) Für Beschäftigte, deren motorische Einschränkungen es erfordern (z. B einseitige Armlähmung), müssen Treppen beidseitig Handläufe haben, die nicht unterbrochen sind. Die Handläufe sollen in einer Höhe von 0,80 m bis 0,90 m angeordnet sein, gemessen lotrecht von der Oberkante des Handlaufs zur Stufenvorderkante. (ASR A1.8 Punkt 4.5 Abs. 10)
(25) Für blinde Beschäftigte und Beschäftigte mit Sehbehinderung müssen die Enden der wandseitigen Handläufe am Anfang und Ende von Treppen um das Maß des Auftritts an der An- bzw. Austrittsfläche fortgeführt werden (Abb. 2). Am Treppenauge darf der Handlauf nicht um das Maß des Auftritts fortgeführt werden. Die Enden der Handläufe sollen abgerundet sein und nach unten oder zur Wandseite auslaufen. Halterungen für Handläufe sollen an der Unterseite angeordnet sein.

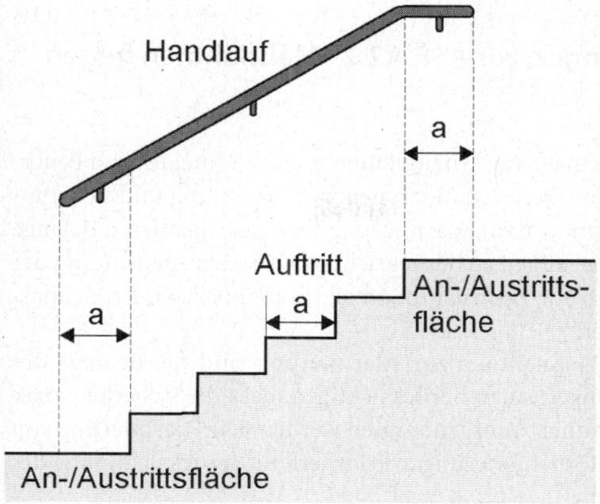

Abb. 2: Gestaltung der Handläufe an Treppen

(26) Für Beschäftigte mit Sehbehinderung sollen Handläufe sich visuell kontrastierend vom Hintergrund abheben.
(27) Für blinde Beschäftigte sollen an Handläufen taktile Informationen zur Orientierung angebracht sein, z. B. die Stockwerkbezeichnung.
(28) Für kleinwüchsige Beschäftigte sind zusätzliche Handläufe in einer Höhe von 0,65 m vorzusehen.

zu 4.6 Steigeisengänge und Steigleitern und Laderampen

(29) Sollen Steigeisengänge, Steigleitern oder Laderampen von Beschäftigten mit Behinderungen benutzt werden, sind im Rahmen der Gefährdungsbeurteilung entsprechend den Auswirkungen der Behinderungen im Einzelfall geeignete Maßnahmen zu treffen.

zu 4.7 Fahrtreppen und Fahrsteige

(30) Für Beschäftigte mit motorischen Einschränkungen, für Beschäftigte mit Sehbehinderung und für blinde Beschäftigte sind Fahrtreppen bzw. Fahrsteige nutzbar, wenn die Geschwindigkeit maximal 0,5 m/s beträgt. An Fahrtreppen ist ein Vorlauf von mindestens 3 Stufen erforderlich.
(31) Für Beschäftigte mit Sehbehinderung muss der Übergang zwischen Stauraum und Fahrtreppe bzw. Fahrsteig visuell kontrastierend gestaltet sein, z. B. durch eine hinterleuchtete Fuge oder durch eine farbliche Gestaltung des Kamms.
(32) Für blinde Beschäftigte muss gewährleistet sein, dass Fahrtreppen und Fahrsteige unterhalb einer lichten Höhe von 2,10 m nicht unterlaufen werden können. Dies kann erreicht werden z. B. mit Umwehrungen, Brüstungen, Pflanzkübeln oder durch Möblierung.

Anhang A2.2: Ergänzende Anforderungen zur ASR A2.2 »Maßnahmen gegen Brände«

(1) Beim Einrichten und Betreiben von Arbeitsstätten mit Brandmelde- und Feuerlöscheinrichtungen sowie bei weiteren Maßnahmen zur Erkennung und Bekämpfung von Entstehungsbränden sowie zur Alarmierung sind die besonderen Belange von Beschäftigten mit Behinderungen zu berücksichtigen. Je nach Auswirkung der Behinderung ist insbesondere auf Wahrnehmbarkeit, Erkennbarkeit, Erreichbarkeit und Nutzbarkeit zu achten.

(2) Bei der Festlegung von Maßnahmen zur Alarmierung sind die Belange der Beschäftigten mit Behinderungen so zu berücksichtigen, dass die sicherheitsrelevanten Informationen verständlich wahrgenommen werden. Die Alarmierung von Beschäftigten mit Seh- oder Hörbehinderungen erfordert die Berücksichtigung des Zwei-Sinne-Prinzips.

Dies wird erreicht, indem

1. für Beschäftigte, die visuelle Alarmsignale nicht wahrnehmen können, ersatzweise akustische oder taktile Alarmsignale, z. B. Sprachalarmanlagen, akustische Signalgeber (z. B. Hupen, Sirenen) oder Vibrationsalarm mit mobilen Endgeräten, bzw.
2. für Beschäftigte, die akustische Alarmsignale nicht wahrnehmen können, ersatzweise taktile oder visuelle Alarmsignale, z. B. Vibrationsalarm mit mobilen Endgeräten, Funkmelder, digitale Melder oder Anzeige auf Bildschirmen,

eingesetzt werden. (ASR A2.2 Abschnitt 5.1 Absätze 1 und 3)

(3) Nichtautomatische Brandmelder müssen für Beschäftigte mit Behinderungen wahrnehmbar, erkennbar, erreichbar und nutzbar sein. Dies kann z. B. durch nachfolgend aufgeführte Maßnahmen erreicht werden.

1. Wahrnehmbarkeit und Erkennbarkeit sind gegeben, wenn sie für Beschäftigte mit Sehbehinderung visuell kontrastierend und für blinde Beschäftigte taktil erfassbar gestaltet sind.
2. Erreichbarkeit ist für Beschäftigte, die einen Rollstuhl benutzen, gegeben, wenn die Anfahrbarkeit gewährleistet ist.
3. Erreichbarkeit der Bedienelemente (wandmontiert oder Rufsäulen) ist gegeben, wenn sie für kleinwüchsige Beschäftigte und für Beschäftigte, die einen Rollstuhl benutzen, in einer Höhe von 0,85 m bis 1,05 m angeordnet sind.
4. Bei der Nutzung der nichtautomatischen Brandmelder sind die Belange der Beschäftigten mit Behinderungen so zu berücksichtigen, dass der Notruf verständlich übermittelt werden kann. Dies kann z. B. erreicht werden, indem
   a) Beschäftigte mit Sprach- oder Hörbehinderung einen vorgefertigten Notruf absetzen können (z. B. Telefon mit Notrufeinrichtung, Notfallfax),
   b) Beschäftigte, deren Hand-Arm-Motorik eingeschränkt ist, die Meldeeinrichtungen benutzen können, z. B. mit Sprachsteuerung, oder
   c) Beschäftigte mit Sehbehinderung und blinde Beschäftigte ein Telefon mit Notruftaste nutzen können.

(4) Bei der Verteilung und Anbringung der Feuerlöscheinrichtungen innerhalb der Arbeitsstätte sind im Rahmen der Organisation des Brandschutzes die besonderen Belange von Beschäftigten mit Behinderungen zu berücksichtigen. Dies kann z. B. erreicht werden, wenn:

1. für Beschäftigte, die einen Rollstuhl benutzen, die Anfahrbarkeit gewährleistet ist,
2. für Beschäftigte, die einen Rollstuhl benutzen und für kleinwüchsige Beschäftigte die Benutzung der Feuerlöscheinrichtungen in einer Griffhöhe von 0,80 m bis 1,05 m möglich ist oder
3. für Beschäftigte mit Einschränkungen der Hand-Arm-Motorik oder mit Krafteinbußen durch Muskel- und Nervenerkrankungen zusätzlich ein Feuerlöscher mit geringerem Gewicht an ihrem Arbeitsplatz bereitgestellt wird.

(ASR A2.2 Abschnitt 5.3)

(5) Für die notwendigen Maßnahmen zum Schutz vor Entstehungsbränden einschließlich der Verhaltensregeln im Brandfall (z. B. Evakuierung von Gebäuden) können besondere organisatorische Maßnahmen für Beschäftigte mit Behinderungen erforderlich sein. Ein Beispiel ist die Benennung einer ausreichenden Anzahl eingewiesener Personen, die gegebenenfalls im Gefahrenfall die Beschäftigten mit Behinderungen auf bestehende oder sich abzeichnende Gefahren oder Störungen hinweisen, sie begleiten oder ihnen behilflich sind (Patenschaften). Die notwendigen Maßnahmen sind im Rahmen der Gefährdungsbeurteilung im Einzelfall zu ermitteln und mit den an den organisatorischen Maßnahmen beteiligten Beschäftigten abzustimmen. (ASR A2.2 Abschnitt 7.1)

(6) Für Beschäftigte mit einer Seh- oder Hörbehinderung müssen die Informationen (z. B. Brandschutzordnung, »Regeln für das Verhalten im Brandfall« im Flucht- und Rettungsplan nach ASR A1.3 »Sicherheits- und Gesundheitsschutzkennzeichnung«) nach dem Zwei-Sinne-Prinzip übermittelt werden. Bei Beschäftigten mit kognitiven Behinderungen ist auf die verständliche Übermittlung zu achten, z. B. durch Leichte Sprache.

Anhang A2.3: Ergänzende Anforderungen zur ASR A2.3 »Fluchtwege und Notausgänge«

(1) Bei Festlegung der Anordnung und Abmessungen der Fluchtwege und Notausgänge sind die besonderen Anforderungen von Personen mit Behinderungen zu berücksichtigen. (ASR A2.3 Punkt 5 Abs. 1)

(2) Im Falle des Bewegens in Fluchtrichtung ohne Begegnung ist für Personen mit Behinderung, die eine Gehhilfe oder einen Rollstuhl benutzen, eine lichte Mindestbreite für Fluchtwege von 1,00 m erforderlich. Dabei darf die lichte Breite des Fluchtweges stellenweise für das Einzugsgebiet

- bis 5 Personen für Einbauten, Einrichtungen oder Türen,
- bis 20 Personen für Türen

auf nicht weniger als 0,90 m reduziert werden. Ist eine Fluchtrichtung vorgesehen, bei der eine Begegnung mit anderen Personen mit Behinderung stattfindet, ist eine Mindestbreite für Fluchtwege von 1,50 m erforderlich. (abweichend von ASR A2.3 Punkt 5 Abs. 6)

(3) Vor Türen und Toren im Fluchtweg sind für Personen mit Behinderung, die eine Gehhilfe oder einen Rollstuhl benutzen, freie Bewegungsflächen sowie eine seitliche Anfahrbarkeit gemäß Abb. 1 erforderlich. Bei einer zusätzlichen Einschränkung der Hand- / Arm-Motorik ist zu prüfen, ob bei Wandstärken größer als 0,26 m eine Betätigung des Türdrückers möglich ist. Bei Einschränkungen der visuellen Wahrnehmung ist auf den Kontrast zwischen Wand und Tür sowie zwischen Bedienelement und Türflügel zu achten. (ASR A2.3 Punkt 7 Abs. 1)

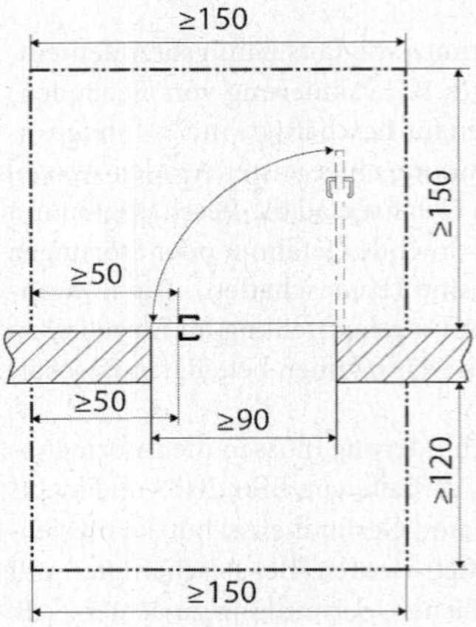

Abb. 1: Freie Bewegungsfläche sowie seitliche Anfahrbarkeit vor Drehflügeltüren im Fluchtweg (Maße in cm)

(4) Sofern in gesicherten Bereichen in Treppenräumen ein kurzzeitiger Zwischenaufenthalt von Personen mit Behinderung, die eine Gehhilfe oder einen Rollstuhl benutzen, zu erwarten ist, müssen diese so ausgeführt sein, dass die Mindestbreite der Fluchtwege nicht eingeschränkt wird. (ASR A2.3 Punkt 4 Abs. 8)

(5) Bei der Gestaltung von Flucht- und Rettungsplänen sind die Belange der Beschäftigten mit Behinderungen so zu berücksichtigen, dass die für sie sicherheitsrelevanten Informationen verständlich übermittelt werden. Dies wird z. B. erfüllt, wenn

- Beschäftigten mit Sehbehinderung nach Anhang A1.3 Abs. 2 gestaltete Informationen ausgehändigt sind,
- für Beschäftigte mit Sehbehinderung die Größe der Zeichen gemäß Tabelle 3 der ASR A1.3 erhöht ist oder
- für Rollstuhlbenutzer und Kleinwüchsige die Flucht- und Rettungspläne aus ihrer Augenhöhe erkennbar sind.

(ASR A1.3 Punkt 6; ASR A2.3 Punkt 10 Abs. 2)

(6) Führen Fluchtwege durch Schrankenanlagen mit Drehkreuz muss für Personen mit Behinderung, die eine Gehhilfe oder einen Rollstuhl benutzen, ein alternativer Fluchtweg vorhanden sein. (abweichend von ASR A2.3 Punkt 4 Abs. 7)
(7) Für Beschäftigte, die einen Rollstuhl benutzen und deren Hand- / Arm-Motorik eingeschränkt ist, dürfen Bedienelemente einschließlich der Entriegelungseinrichtungen maximal eine Höhe von 0,85 m haben. Im begründeten Einzelfall sind andere Maße zulässig. Der maximale Kraftaufwand darf nicht mehr als 25 N oder 2,5 Nm betragen. Können die Maximalwerte für Kraft und Drehmoment nicht eingehalten werden, sind elektrische Entriegelungssysteme vorzusehen. Dabei muss die Not-Auf-Taste in einer Höhe von 0,85 m und mindestens 2,50 m vor der aufschlagenden Tür und 1,50 m in Gegenrichtung angebracht sein. (abweichend von ASR A2.3 Punkt 7 Abs. 1)
(8) Die Alarmierung von Beschäftigten mit Seh- oder Hörbehinderungen, die gefangene Räume nutzen, erfordert die Berücksichtigung des Zwei-Sinne-Prinzips. (ASR A2.3 Punkt 4 Abs. 12)
(9) Für ein sicheres Verlassen ins Freie oder in einen gesicherten Bereich können besondere organisatorische Maßnahmen für Beschäftigte mit Behinderungen erforderlich sein. Das ist z. B. die Benennung einer ausreichenden Anzahl eingewiesener Personen, die gegebenenfalls im Gefahrfall die Beschäftigten mit Behinderungen auf bestehende oder sich abzeichnende Gefahren oder Beeinträchtigungen hinweisen, sie begleiten oder ihnen behilflich sind (Patenschaften). Die notwendigen Maßnahmen sind im Rahmen der Gefährdungsbeurteilung im Einzelfall zu ermitteln und mit den an der organisatorischen Maßnahme beteiligten Beschäftigten abzustimmen.
(10) Bei Räumungsübungen sind die Belange der Beschäftigten mit Behinderungen zu berücksichtigen, z. B. Anwenden von Evakuierungshilfen. (ASR A2.3 Punkt 11 Abs. 2)
(11) Bei optischen Sicherheitsleitsystemen sind die Belange von Beschäftigten mit Sehbehinderung so zu berücksichtigen, dass die sicherheitsrelevanten Informationen auf andere Art verständlich übermittelt werden. Dies kann dadurch erreicht werden, dass diese Informationen, dem Zwei-Sinne-Prinzip folgend, zusätzlich zum visuellen über einen anderen Sinneskanal durch taktile Zeichen oder Schallzeichen aufgenommen werden können.
Möglichkeiten, die Informationen des optischen Sicherheitsleitsystems für Beschäftigte mit Sehbehinderung taktil erfassbar oder hörbar zu ergänzen sind z. B.:

- dynamisch-akustische Fluchtleitsysteme, z. B. höher oder tiefer werdende Tonfolgen für aufwärts oder abwärts führende Treppen, schneller werdende Tonfolgen für die Weiterleitung im Gebäude oder Sprachansagen zur Richtungsorientierung, oder
- Profilierung der Leitmarkierung ggf. mit Fluchtrichtungserkennung, z. B. durch deren Anstrichdicke, Riffelprofile, Einwebungen oder durch thermische Verbindung von profilierten langnachleuchtenden Leitmarkierungen in Fußbodenbelägen. Bei Leitmarkierungen in Fußböden sind Stolperstellen und Rutschgefährdungen zu vermeiden (siehe ASR A1.5 »Fußböden«).

(ASR A2.3 Punkt 8.4)

Anhang A4.2: Ergänzende Anforderungen zur ASR A4.2 »Pausen- und Bereitschaftsräume«

(1) Beim Einrichten und Betreiben von Pausenräumen, Pausenbereichen und Bereitschaftsräumen sowie von Einrichtungen zum Hinlegen und Ausruhen für schwangere Frauen und stillende Mütter sind die besonderen Belange von Beschäftigten mit Behinderungen zu berücksichtigen. Je nach Auswirkung der Behinderung ist insbesondere auf Wahrnehmbarkeit, Erkennbarkeit, Erreichbarkeit und Nutzbarkeit zu achten.
(2) Wahrnehmbarkeit und Erkennbarkeit nach Absatz 1 sind gegeben, wenn Kennzeichnungen für Beschäftigte mit Sehbehinderung z. B. visuell kontrastierend gestaltet sind. Auch für blinde Beschäftigte ist das Zwei-Sinne-Prinzip anzuwenden, z. B. mit einer taktil erfassbaren Kennzeichnung an der Tür. Zusätzlich ist ein Mobilitätstraining möglich.
(3) Wahrnehmbarkeit und Erkennbarkeit der Funktion sowie Nutzbarkeit von Bedienelementen (z. B. Zapfstelle, Schalter für Beleuchtung und Lüftung) sind gegeben, wenn sie für Beschäftigte mit Sehbehinderung z. B. visuell kontrastierend und für blinde Beschäftigte z. B. taktil erfassbar gestaltet sind. Zusätzlich ist ein Mobilitätstraining möglich.
(4) Nutzbarkeit nach Absatz 1 ist in Bezug auf die Übermittlung von Informationen (z. B. die Erreichbarkeit im Bereitschaftsfall, Alarmierung im Notfall) gegeben, wenn für Beschäftigte mit einer Seh- oder Hörbehinderung das Zwei-Sinne-Prinzip angewendet wird.
(5) Für Beschäftigte, die einen Rollstuhl benutzen, ist für den Zugang eine lichte Durchgangsbreite der Tür gemäß Absatz 13 Anhang A1.7: Ergänzende Anforderungen zur ASR A1.7 »Türen und Tore« zu gewährleisten. Schrägrampen zum Ausgleich von Höhenunterschieden sind gemäß Absatz 3 Anhang A1.8: Ergänzende Anforderungen zur ASR A1.8 »Verkehrswege« zu gestalten.
(6) Für Rollatoren, Rollstühle oder Gehhilfen von Beschäftigten sind gegebenenfalls zusätzliche Flächen (z. B. Bewegungsflächen für das Umsetzen, Abstellflächen) erforderlich. Für das Umsetzen vom Rollstuhl auf eine andere Sitzgelegenheit ist eine Bewegungsfläche von mindestens 1,50 m × 1,50 m erforderlich (siehe Abbildung 1).

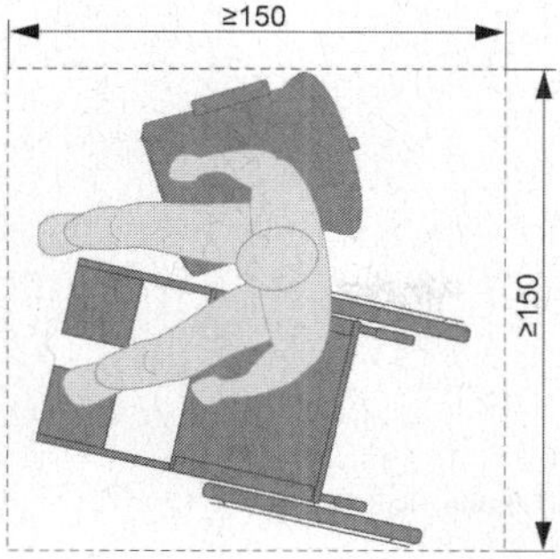

Abb. 1: Mindestgröße der Bewegungsfläche für das Umsetzen (Maße in cm)

(7) In Abhängigkeit von den individuellen Erfordernissen der Beschäftigten mit Behinderungen sind gegebenenfalls über Absatz 6 hinausgehende zusätzliche Flächen notwendig, z. B. für persönliche Assistenz, Assistenzhund (z. B. Blindenführhund), medizinische Hilfsmittel oder Elektrorollstuhl.

(8) Für Beschäftigte, die einen Rollstuhl benutzen, muss die Bewegungsfläche bei Nichtunterfahrbarkeit von Ausstattungselementen mindestens 1,50 m × 1,50 m und bei Unterfahrbarkeit mindestens 1,50 m × 1,20 m betragen (siehe Abbildung 2).

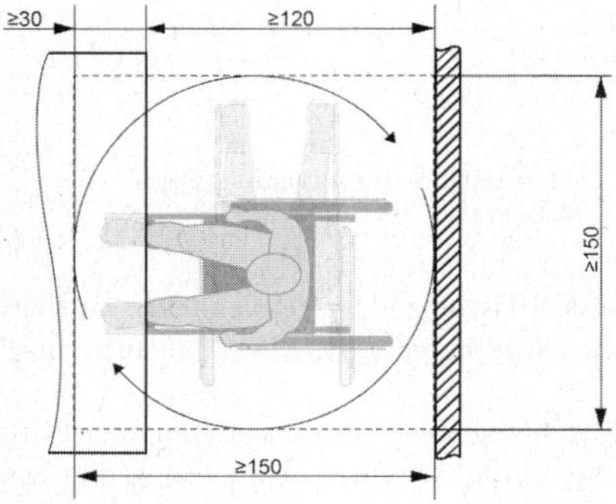

Abb. 2: Überlagerung von Stell- und Bewegungsflächen bei Unterfahrbarkeit von Ausstattungselementen (Maße in cm)

(9) Werden Einrichtungen für das Wärmen und Kühlen von Lebensmitteln benutzt, bestimmen die individuellen Erfordernisse der Beschäftigten mit Behinderungen die Maßnahmen zur barrierefreien Gestaltung. Dies kann für Beschäftigte, die einen Rollstuhl benutzen, z. B. bei frontaler Anfahrt durch Unterfahrbarkeit der Nutzungsfläche und Berücksichtigung der Greifhöhe erreicht werden (siehe Abbildungen 3 und 4). (ASR A4.2 Abschnitt 4.1 Absatz 12)

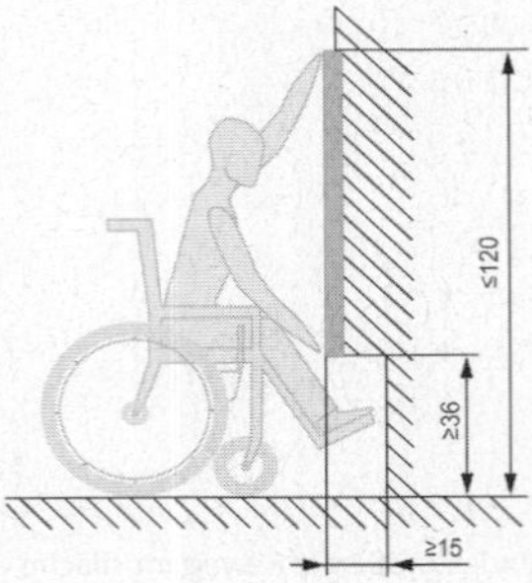

Abb. 3: Greifhöhe (Maße in cm)

(10) Für Beschäftigte, die einen Rollstuhl benutzen, müssen Nutzungsflächen unterfahrbar sein (siehe Abbildung 4).

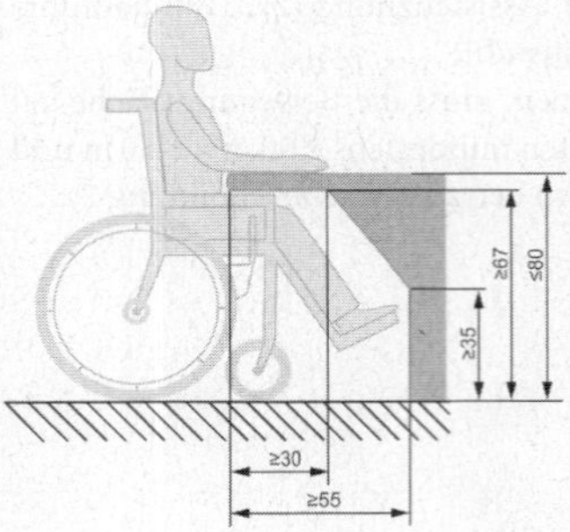

Abb. 4: Unterfahrbarkeit Nutzungsfläche (Maße in cm)

(11) Für kleinwüchsige Beschäftigte müssen Tische und Sitzgelegenheiten nutzbar sein, z. B. durch Anpassen der Sitzhöhe sowie Bereitstellen einer Fußstütze und Aufstiegshilfe.
(12) Unabhängig von der Anzahl der Beschäftigten ist ein Pausenraum oder Pausenbereich zur Verfügung zu stellen, wenn die Art einer Behinderung dies erfordert. Das kann der Fall sein, wenn Beschäftigte mit psychischer Behinderung, Echter Migräne oder Tinnitus eine Rückzugsmöglichkeit benötigen. Sollen Pausenräume außerhalb der festgelegten Pausenzeiten für andere Zwecke genutzt werden, sind die Bedarfe von Beschäftigten mit Behinderungen nach einer Rückzugsmöglichkeit vorrangig zu berücksichtigen. (ASR A4.2 Abschnitt 4.1 Absätze 2 und 3, Abschnitt 4.2 Absatz 1)
(13) Pausenräume und Pausenbereiche sollen unabhängig von der Entfernung innerhalb von 5 Minuten erreichbar sein (zu Fuß, mit Hilfsmitteln oder mit betrieblich zur Verfügung gestellten Verkehrsmitteln). (abweichend von ASR A4.2 Abschnitt 4.1 Absatz 5)

(14) Müssen Liegen von Beschäftigten mit Behinderungen genutzt werden, bestimmen deren individuelle Erfordernisse die Ausstattung der Liege, z. B. Höhenverstellbarkeit, Breite, Auflage, Griffe. (ASR A4.2 Abschnitt 5 Absatz 5)

Anhang A4.3: Ergänzende Anforderungen zur ASR A4.3 »ErsteHilfe-Räume, Mittel und Einrichtungen zur Ersten Hilfe«

(1) Beim Einrichten und Betreiben von Erste-Hilfe-Räumen und bei der Ausstattung der Arbeitsstätte mit Mitteln und Einrichtungen zur Ersten Hilfe sind die besonderen Belange von Beschäftigten mit Behinderungen zu berücksichtigen.
Hinweis:
Ist im Rahmen der Organisation der Ersten Hilfe oder im Ergebnis der Gefährdungsbeurteilung festgelegt worden, dass Beschäftigte mit Behinderungen Aufgaben der Ersten Hilfe übernehmen, müssen die Mittel und Einrichtungen zur Ersten Hilfe durch sie wahrnehmbar, erkennbar, erreichbar und benutzbar sein.
(2) Bei der Verteilung und Anbringung der Verbandkästen innerhalb der Arbeitsstätte sind im Rahmen der Organisation der Ersten Hilfe die besonderen Belange von Beschäftigten mit Behinderungen zu berücksichtigen.
Dies kann z. B. erreicht werden, indem:
- für Beschäftigte, die einen Rollstuhl benutzen, die Anfahrbarkeit gegeben ist,
- für Beschäftigte, die einen Rollstuhl benutzen und für kleinwüchsige Beschäftigte die Benutzung der Verbandkästen in einer Höhe von 0,85 m bis 1,05 m möglich ist oder
- für Beschäftigte mit einer Geh- oder Sehbehinderung ein zusätzlicher Verbandkasten an ihrem Arbeitsplatz bereitgestellt wird.

(ASR A4.3 Punkt 4 Abs. 3 und 4)
(3) Meldeeinrichtungen müssen für Beschäftigte mit Behinderungen wahrnehmbar, erkennbar, erreichbar und nutzbar sein. Dies kann z. B. durch nachfolgend aufgeführte Maßnahmen erreicht werden.
- **Wahrnehmbarkeit** und **Erkennbarkeit** der Meldeeinrichtungen sind gegeben, wenn sie für Beschäftigte mit Sehbehinderung visuell kontrastierend und für blinde Beschäftigte taktil erfassbar gestaltet sind.
- **Erreichbarkeit** der Meldeeinrichtungen ist für Beschäftigte, die einen Rollstuhl benutzen, gegeben, wenn die Anfahrbarkeit gewährleistet ist.
- **Erreichbarkeit** der Bedienelemente der Meldeeinrichtungen (wandmontiert oder Rufsäulen) ist gegeben, wenn sie für kleinwüchsige Beschäftigte und für Beschäftigte, die einen Rollstuhl benutzen, in einer Höhe von 0,85 m bis 1,05 m angeordnet sind.
- Bei der **Nutzung** von Meldeeinrichtungen sind die Belange der Beschäftigten mit Behinderungen so zu berücksichtigen, dass der Notruf verständlich übermittelt werden kann. Dies kann z. B. erreicht werden, indem
  - Beschäftigte mit Sprach- oder Hörbehinderung einen vorgefertigten Notruf absetzen können (z. B. Telefon mit Notrufeinrichtung, Notfallfax),

- Beschäftigte, deren Hand-Arm-Motorik eingeschränkt ist, die Meldeeinrichtungen benutzen können, z. B. mit Sprachsteuerung, oder
- Beschäftigte mit Sehbehinderung und blinde Beschäftigte ein Telefon mit Notruftaste nutzen können.

(ASR A4.3 Punkt 5.1)

(4) Für Beschäftigte, die einen Rollstuhl benutzen, ist für den Zugang zum Erste-HilfeRaum eine lichte Durchgangsbreite der Tür gemäß Absatz 3 Anhang A1.7: Ergänzende Anforderungen zur ASR A1.7 »Türen und Tore« zu gewährleisten. Schrägrampen zum Ausgleich von Höhenunterschieden sind gemäß Absatz 3 Anhang A1.8: Ergänzende Anforderungen zur ASR A1.8 »Verkehrswege« zu gestalten. (ASR A4.3 Punkt 6.1 Abs. 5)

Anhang A4.4:
Ergänzende Anforderungen zur ASR A4.4 »Unterkünfte«

(1) Werden Beschäftigte mit Behinderungen in Unterkünften untergebracht, so sind deren besondere Belange so zu berücksichtigen, dass Sicherheit und Gesundheitsschutz gewährleistet sind.

(2) Werden bestehende Einrichtungen, wie Küchen, Vorratsräume, sanitäre Einrichtungen und Mittel zur Ersten Hilfe, von Beschäftigten mit Behinderungen benutzt, bestimmen deren individuellen Erfordernisse die Maßnahmen zur barrierefreien Gestaltung. (ASR A4.4 Punkt 4 Absatz 3)

(3) Bei der Übermittlung der Informationen (z. B. Brandschutzordnung, Alarmplan) hat der Arbeitgeber das Zwei-Sinne-Prinzip anzuwenden, wenn Bewohner mit einer Seh- oder Hörbehinderung untergebracht sind. (ASR A4.4 Punkt 4 Absatz 6)

(4) Sollen bestehende Einrichtungen, wie Hotels und Pensionen, von Beschäftigten mit Behinderungen als Unterkunft genutzt werden, bestimmen deren individuellen Erfordernisse die Möglichkeit der Nutzung. (ASR A4.4 Punkt 4 Absatz 7)

(5) Werden Beschäftige untergebracht, die einen Rollstuhl benutzen, muss in jedem Raum, ausgenommenen dem Windfang, eine freie Bewegungsfläche von mindestens 1,50 × 1,50 m vorhanden sein. Für Beschäftigte, die eine Gehhilfe oder einen Rollator benutzen, ist eine freie Bewegungsfläche von mindestens 1,20 × 1,20 m vorzusehen. Werden zwei oder mehr Beschäftigte untergebracht, die einen Rollator oder einen Rollstuhl benutzen, ist die freie Bewegungsfläche entsprechend anzupassen. (ASR A4.4 Punkt 5.2 Absatz 1 sowie Punkt 5.4 Absatz 6 Satz 3)

(6) Die Möglichkeit zum Waschen, Trocknen und Bügeln von Kleidung sowie die Zubereitungs-, Aufbewahrungs-, Kühl- und Spülgelegenheiten müssen für blinde Beschäftigte, Kleinwüchsige und für Beschäftigte, die einen Rollstuhl benutzen, erreichbar und benutzbar sein. (ASR A4.4 Punkt 5.4 Absätze 7 und 8)

Hinweis:
Für die barrierefreie Gestaltung von Unterkünften gelten zudem die in dieser ASR V3 a.2 in den jeweiligen Anhängen beschriebenen ergänzenden Anforderungen.

Anhang A4: Ergänzende Anforderungen zu Nummer 4 des Anhangs der Arbeitsstättenverordnung bezüglich »Kantinen«

(1) Eine Kantine ist ein Raum innerhalb der Arbeitsstätte, der zur Bereitstellung und Aufnahme von Speisen und Getränken insbesondere für die Beschäftigten vorgesehen ist, z. B. Betriebsrestaurant, Cafeteria, Bistro. Falls dazu angrenzende Bereiche im Freien gehören, z. B. Terrassen, sind die nachfolgenden Anforderungen auch dort entsprechend zu berücksichtigen.

(2) Beim Einrichten und Betreiben von Kantinen sind die besonderen Belange von Beschäftigten mit Behinderungen zu berücksichtigen. Je nach Auswirkung der Behinderung ist insbesondere auf Auffindbarkeit, Wahrnehmbarkeit, Erkennbarkeit, Erreichbarkeit und Nutzbarkeit der Kantine zu achten.

(3) Die Auffindbarkeit von Kantinen kann erforderlichenfalls für Beschäftigte mit Sehbehinderung und für blinde Beschäftigte z. B. durch ein geeignetes Informations- und Leitsystem hergestellt werden. Dabei ist das Zwei-Sinne-Prinzip zu berücksichtigen. Alternativ ist ein Mobilitätstraining möglich.

(4) Wahrnehmbarkeit und Erkennbarkeit von Informationen zu Inhaltsstoffen von Lebensmitteln oder zu Preisen, z. B. auf dem Speiseplan, sind für Beschäftigte mit Sinneseinschränkungen bei Anwendung des Zwei-Sinne-Prinzips gegeben. Das wird erreicht:

1. für Beschäftigte mit Sehbehinderung z. B. durch eine blendungs- und reflexionsfreie, visuell kontrastierende Gestaltung und eine den Erfordernissen angepasste Schriftgröße sowie
2. für blinde Beschäftigte z. B. durch Brailleschrift oder eine akustische Übermittlung.

Die Informationen können auch barrierefrei zur Verfügung gestellt werden, z. B. über mobile Anwendungen (z. B. Apps auf Smartphone), per E-Mail oder über das Intranet / Internet.

Hinweise:

1. Wahrnehmbarkeit und Erkennbarkeit von Informationen zu Speisen und Getränken werden für Beschäftigte mit kognitiven Behinderungen über eine bildliche Darstellung (z. B. Fotos oder Symbole) erleichtert.

2. Die Berechnung der Schriftgröße erfolgt in Abhängigkeit von insbesondere Sehabstand, Sehschärfe (Visus), Beleuchtung, Textart (z. B. Lesetext, Fußnote als Konsultationstext) und Schriftart (möglichst ohne Serifen). Zur Ermittlung können z. B. Berechnungstools genutzt werden, wie Schriftgrößenrechner (https://www.leserlich.info/werkzeuge/schriftgroessenrechner/).

3. Wahrnehmbarkeit und Erkennbarkeit von Speisen und Getränken in Theken und Auslagen werden durch eine gleichmäßige, blendungsfreie und schattenarme Ausleuchtung erleichtert.

(5) Wahrnehmbarkeit und Erkennbarkeit der Funktion sowie die Nutzbarkeit von Geräten, z. B. von Aufwerteautomaten, Kassensystemen und Kartenlesegeräten, sind sicherzustellen. Das wird durch Anwendung des Zwei-Sinne-Prinzips erreicht, z. B. indem die Bedienelemente:

1. für Beschäftigte mit Sehbehinderungen visuell kontrastierend gestaltet und
2. für blinde Beschäftigte z. B. taktil erfassbar sind.

Die Funktionsauslösung muss wahrnehmbar zurückgemeldet werden, z. B. durch Quittierton, Druckpunkt oder Lichtsignal.

(6) Die Anforderungen an die Alarmierung der Beschäftigten mit einer Seh- oder Hörbehinderung sind im Absatz 2 des Anhangs A2.2 »Ergänzende Anforderungen zur ASR A2.2 A2.2 ›Maßnahmen gegen Brände‹« geregelt.

(7) Die Kantine soll leicht und direkt erreichbar sein (zu Fuß, mit Hilfsmitteln oder mit betrieblich zur Verfügung gestellten Verkehrsmitteln).

(8) Die Verkehrswege zur und in der Kantine sind gemäß Anhang A1.8 »Ergänzende Anforderungen zur ASR A1.8 ›Verkehrswege‹«, Türen und sonstige Durchgänge gemäß Anhang A1.7 »Ergänzende Anforderungen zur ASR A1.7, ›Türen und Tore‹« zu gestalten. Dabei sind auch die Anforderungen der Anhänge A1.3 »Ergänzende Anforderungen zur ASR A1.3 ›Sicherheits- und Gesundheitsschutzkennzeichnung‹« und A2.3 »Ergänzende Anforderungen zur ASR A2.3 ›Fluchtwege und Notausgänge‹« zu berücksichtigen.

(9) Für Rollatoren, Rollstühle oder Gehhilfen von Beschäftigten sind gegebenenfalls Stell- / Bewegungsflächen in der Kantine erforderlich, z. B. für das Umsetzen vom Rollstuhl auf eine andere Sitzgelegenheit. Dafür ist eine Bewegungsfläche von mindestens 1,50 m × 1,50 m erforderlich (siehe Abbildung 1). Für Rollatoren und Gehhilfen ist eine Bewegungsfläche von mindestens 1,20 m × 1,20 m ausreichend.

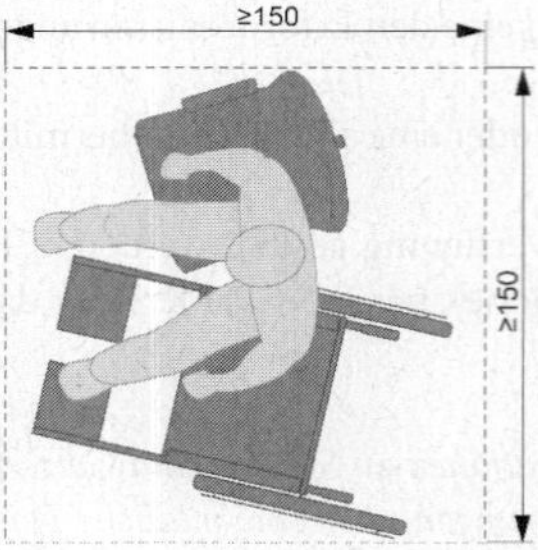

Abb. 1: Mindestgröße der Bewegungsfläche für Rollstühle beim Umsetzen in der Kantine (Maße in cm)

(10) In Abhängigkeit von den individuellen Erfordernissen der Beschäftigten mit Behinderungen sind zusätzliche Flächen in der Kantine notwendig, z. B. für einen Elektrorollstuhl oder einen Assistenzhund (z. B. Blindenführhund).

(11) Für Beschäftigte, die einen Rollstuhl benutzen, muss die Bewegungsfläche bei Nichtunterfahrbarkeit von Ausstattungselementen mindestens 1,50 m × 1,50 m und bei Unterfahrbarkeit mindestens 1,50 m × 1,20 m betragen (siehe Abbildung 2).

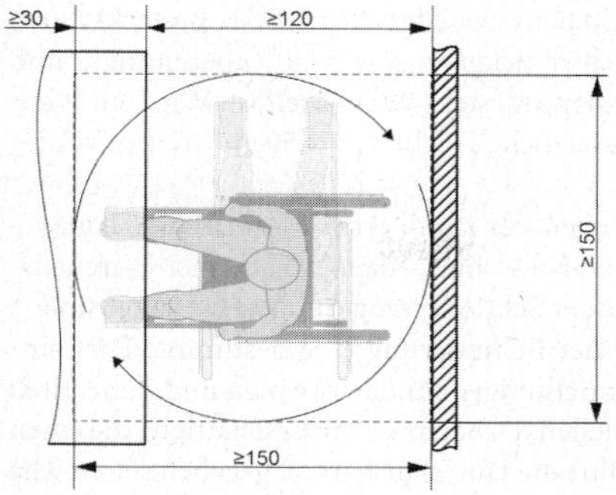

Abb. 2: Überlagerung von Stell- und Bewegungsflächen bei Unterfahrbarkeit von Ausstattungselementen (Maße in cm)

(12) Die Nutzbarkeit aller notwendigen Einrichtungen und Ausstattungen einer Kantine ist gegeben, wenn z. B.:

1. für Beschäftigte, die einen Rollstuhl benutzen und für kleinwüchsige Beschäftigte die Speisepläne oder Preisangaben aus ihrer Augenhöhe erkennbar sind,
2. für Beschäftigte, die einen Rollstuhl benutzen, die Greifhöhe im Bereich zwischen 40 cm und 120 cm liegt. Die optimale Greifhöhe liegt bei 85 cm. Warme / kalte Speisen und offene Getränke müssen in einer Greifhöhe angeboten werden, die bei der Handhabung keine Gefährdungen hervorruft. Ist eine frontale Anfahrt erforderlich, muss eine Unterfahrbarkeit von mindestens 35 cm Höhe und 15 cm Tiefe gegeben sein. Die Erreichbarkeit ist bei einer Greiftiefe von maximal 40 cm bei frontaler oder seitlicher Anfahrt gewährleistet (siehe Abbildung 3).

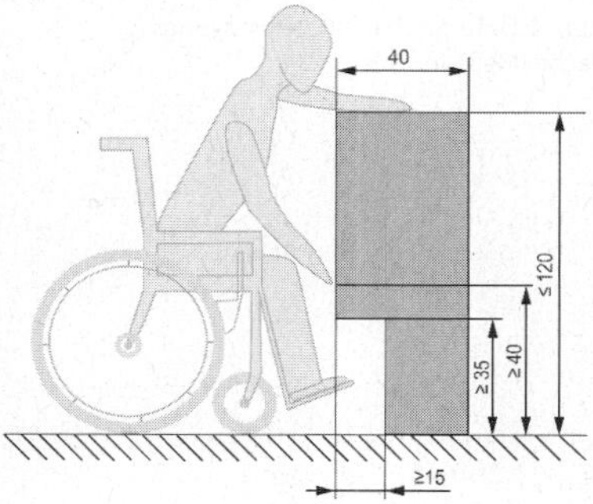

Abb. 3: Greifhöhe, Greiftiefe und Unterfahrbarkeit (Maße in cm)

3. für kleinwüchsige Beschäftigte die in Nummer 2 genannten Maße angewendet werden,
4. für Beschäftigte, die einen Rollator oder eine Gehhilfe benutzen, der Weg z. B. zu Besteckkästen, Selbstbedienungstresen und Geschirrrückgabe sowie zu Zubereitungs- und Aufwärmmöglichkeiten für Speisen mindestens 80 cm breit ist. Wird ein Wendevorgang erforderlich, ist eine zusätzliche Fläche von 1,20 m × 1,20 m vorzusehen.

5. für Beschäftigte, die einen Rollstuhl benutzen, der Weg z. B. zu Besteckkästen, Selbstbedienungstresen und Geschirrrückgabe sowie zu Zubereitungs- und Aufwärmmöglichkeiten für Speisen mindestens 90 cm breit ist. Wird ein Wendevorgang erforderlich, ist eine zusätzliche Fläche von 1,50 m × 1,50 m vorzusehen.
6. für Beschäftigte mit Einschränkungen der Hand-Arm-Motorik die Hygiene-Schutz-Klappen (sogenannte Spuck-Niesschutz-Klappen) an einer Warenausgabe z. B. mit einer Offenhaltung oder Schließverzögerung ausgestattet sind.

(13) Für Beschäftigte, die aufgrund einer Behinderung eine bestimmte Diät einhalten müssen, sind gegebenenfalls Einrichtungen für das Wärmen und Zubereiten von Lebensmitteln zur Verfügung zu stellen. Dabei muss für Beschäftigte, die einen Rollstuhl benutzen, bei frontaler Anfahrt die Unterfahrbarkeit gegeben sein (siehe Abbildung 4). Die Nutzbarkeit von z. B. Wasserkocher oder Mikrowelle ist innerhalb einer Fläche von maximal 80 cm Breite × 40 cm Tiefe zu gewährleisten (siehe Abbildung 5).

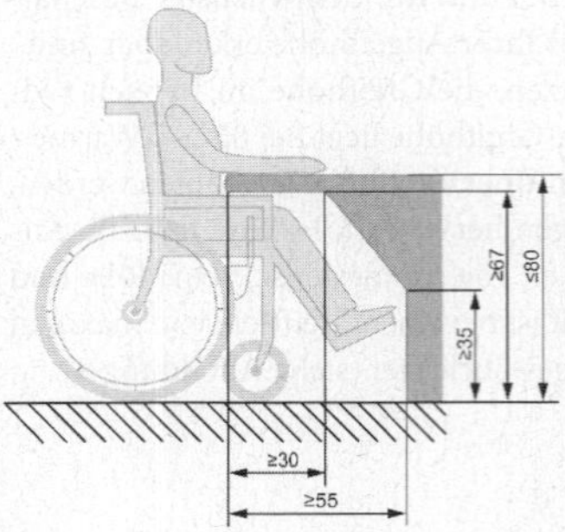

Abb. 4: Unterfahrbarkeit der Nutzungsfläche (Maße in cm)

Abb. 5: Greifbereich auf der Nutzungsfläche (Maße in cm)

(14) Kann aufgrund der Behinderungsart (z. B. Beschäftigte, die motorisch eingeschränkt sind oder einen Rollstuhl benutzen) das Tablett nicht transportiert werden, ist an der Essenausgabe eine Transporthilfe, z. B. ein TablettTransportwagen, zur Verfügung zu stellen.

(15) Für kleinwüchsige Beschäftigte müssen Tische und Sitzgelegenheiten nutzbar sein, z. B. durch Anpassen der Sitzhöhe sowie Bereitstellen einer Fußstütze und Aufstiegshilfe. Für Beschäftigte, die einen Rollstuhl benutzen, muss die Unterfahrbarkeit gegeben sein (siehe Abbildung 4).

(16) Sind Hoch- bzw. Stehtische vorhanden, müssen in deren räumlicher Nähe für kleinwüchsige Beschäftigte und für Beschäftigte, die einen Rollstuhl benutzen, für sie nutzbare Tische bereitgestellt werden, z. B. Stehtische mit zwei unterschiedlichen Ebenen.

(17) Wenn es die Art der Behinderung (z. B. Echte Migräne, Autismus-Spektrum-Störung, Hörbehinderung) erfordert, sind Beschäftigte vor störendem oder belästigendem Lärm zu schützen, z. B. durch Bereitstellung eines ruhigen Bereichs oder durch raumakustische Maßnahmen.

Unfallverhütungsvorschriften

Unfallverhütungsvorschrift – Grundsätze der Prävention (DGUV Vorschrift 1)

In der Fassung vom 01. 11. 2013

Erstes Kapitel
Allgemeine Vorschriften

§ 1 Geltungsbereich von Unfallverhütungsvorschriften

(1) Unfallverhütungsvorschriften gelten für Unternehmer und Versicherte; sie gelten auch

- für Unternehmer und Beschäftigte von ausländischen Unternehmen, die eine Tätigkeit im Inland ausüben, ohne einem Unfallversicherungsträger anzugehören;
- soweit in dem oder für das Unternehmen Versicherte tätig werden, für die ein anderer Unfallversicherungsträger zuständig ist.

(2) Für Unternehmer mit Versicherten nach § 2 Absatz 1 Nummer 8 Buchstabe b Sozialgesetzbuch Siebtes Buch (SGB VII) gilt diese Unfallverhütungsvorschrift nur, soweit nicht der innere Schulbereich betroffen ist.

Zweites Kapitel
Pflichten des Unternehmers

§ 2 Grundpflichten des Unternehmers

(1) Der Unternehmer hat die erforderlichen Maßnahmen zur Verhütung von Arbeitsunfällen, Berufskrankheiten und arbeitsbedingten Gesundheitsgefahren sowie für eine wirksame Erste Hilfe zu treffen. Die zu treffenden Maßnahmen sind insbesondere in staatlichen Arbeitsschutzvorschriften (Anlage 1), dieser Unfallverhütungsvorschrift und in weiteren Unfallverhütungsvorschriften näher bestimmt. Die in staatlichem Recht bestimmten Maßnahmen gelten auch zum Schutz von Versicherten, die keine Beschäftigten sind.

(2) Der Unternehmer hat bei den Maßnahmen nach Absatz 1 von den allgemeinen Grundsätzen nach § 4 Arbeitsschutzgesetz auszugehen und dabei vorrangig das staatliche Regelwerk sowie das Regelwerk der Unfallversicherungsträger heranzuziehen.

(3) Der Unternehmer hat die Maßnahmen nach Absatz 1 entsprechend den Bestimmungen des § 3 Absatz 1 Sätze 2 und 3 und Absatz 2 Arbeitsschutzgesetz zu planen, zu organisieren, durchzuführen und erforderlichenfalls an veränderte Gegebenheiten anzupassen.

(4) Der Unternehmer darf keine sicherheitswidrigen Weisungen erteilen.
(5) Kosten für Maßnahmen nach dieser Unfallverhütungsvorschrift und den für ihn sonst geltenden Unfallverhütungsvorschriften darf der Unternehmer nicht den Versicherten auferlegen.

§ 3 Beurteilung der Arbeitsbedingungen, Dokumentation, Auskunftspflichten

(1) Der Unternehmer hat durch eine Beurteilung der für die Versicherten mit ihrer Arbeit verbundenen Gefährdungen entsprechend § 5 Absatz 2 und 3 Arbeitsschutzgesetz zu ermitteln, welche Maßnahmen nach § 2 Absatz 1 erforderlich sind.
(2) Der Unternehmer hat Gefährdungsbeurteilungen insbesondere dann zu überprüfen, wenn sich die betrieblichen Gegebenheiten hinsichtlich Sicherheit und Gesundheitsschutz verändert haben.
(3) Der Unternehmer hat entsprechend § 6 Absatz 1 Arbeitsschutzgesetz das Ergebnis der Gefährdungsbeurteilung nach Absatz 1, die von ihm festgelegten Maßnahmen und das Ergebnis ihrer Überprüfung zu dokumentieren.
(4) Der Unternehmer hat dem Unfallversicherungsträger alle Informationen über die im Betrieb getroffenen Maßnahmen des Arbeitsschutzes auf Wunsch zur Kenntnis zu geben.
(5) Für Personen, die in Unternehmen zur Hilfe bei Unglücksfällen oder im Zivilschutz unentgeltlich tätig werden, hat der Unternehmer, der für die vorgenannten Personen zuständig ist, Maßnahmen zu ergreifen, die denen nach Absatz 1 bis 4 gleichwertig sind.

§ 4 Unterweisung der Versicherten

(1) Der Unternehmer hat die Versicherten über Sicherheit und Gesundheitsschutz bei der Arbeit, insbesondere über die mit ihrer Arbeit verbundenen Gefährdungen und die Maßnahmen zu ihrer Verhütung, entsprechend § 12 Absatz 1 Arbeitsschutzgesetz sowie bei einer Arbeitnehmerüberlassung entsprechend § 12 Absatz 2 Arbeitsschutzgesetz zu unterweisen; die Unterweisung muss erforderlichenfalls wiederholt werden, mindestens aber einmal jährlich erfolgen; sie muss dokumentiert werden.
(2) Der Unternehmer hat den Versicherten die für ihren Arbeitsbereich oder für ihre Tätigkeit relevanten Inhalte der geltenden Unfallverhütungsvorschriften und Regeln der Unfallversicherungsträger sowie des einschlägigen staatlichen Vorschriften- und Regelwerks in verständlicher Weise zu vermitteln.
(3) Der Unternehmer nach § 136 Absatz 3 Nummer 3 Alternative 2 Sozialgesetzbuch Siebtes Buch (SGB VII) hat den Schulhoheitsträger hinsichtlich Unterweisungen für Versicherte nach § 2 Absatz 1 Nummer 8 Buchstabe b SGB VII zu unterstützen.

§ 5 Vergabe von Aufträgen

(1) Erteilt der Unternehmer den Auftrag,
1. Einrichtungen zu planen, herzustellen, zu ändern oder in Stand zu setzen,
2. Arbeitsverfahren zu planen oder zu gestalten,
so hat er dem Auftragnehmer schriftlich aufzugeben, die in § 2 Absatz 1 und 2 genannten für die Durchführung des Auftrags maßgeblichen Vorgaben zu beachten.
(2) Erteilt der Unternehmer den Auftrag, Arbeitsmittel, Ausrüstungen oder Arbeitsstoffe zu liefern, so hat er dem Auftragnehmer schriftlich aufzugeben, im Rahmen seines Auftrags die für Sicherheit und Gesundheitsschutz einschlägigen Anforderungen einzuhalten.
(3) Bei der Erteilung von Aufträgen an ein Fremdunternehmen hat der den Auftrag erteilende Unternehmer den Fremdunternehmer bei der Gefährdungsbeurteilung bezüglich der betriebsspezifischen Gefahren zu unterstützen. Der Unternehmer hat ferner sicherzustellen, dass Tätigkeiten mit besonderen Gefahren durch Aufsichtführende überwacht werden, die die Durchführung der festgelegten Schutzmaßnahmen sicherstellen. Der Unternehmer hat ferner mit dem Fremdunternehmen Einvernehmen herzustellen, wer den Aufsichtführenden zu stellen hat.

§ 6 Zusammenarbeit mehrerer Unternehmer

(1) Werden Beschäftigte mehrerer Unternehmer oder selbständige Einzelunternehmer an einem Arbeitsplatz tätig, haben die Unternehmer hinsichtlich der Sicherheit und des Gesundheitsschutzes der Beschäftigten, insbesondere hinsichtlich der Maßnahmen nach § 2 Absatz 1, entsprechend § 8 Absatz 1 Arbeitsschutzgesetz zusammenzuarbeiten. Insbesondere haben sie, soweit es zur Vermeidung einer möglichen gegenseitigen Gefährdung erforderlich ist, eine Person zu bestimmen, die die Arbeiten aufeinander abstimmt; zur Abwehr besonderer Gefahren ist sie mit entsprechender Weisungsbefugnis auszustatten.
(2) Der Unternehmer hat sich je nach Art der Tätigkeit zu vergewissern, dass Personen, die in seinem Betrieb tätig werden, hinsichtlich der Gefahren für ihre Sicherheit und Gesundheit während ihrer Tätigkeit in seinem Betrieb angemessene Anweisungen erhalten haben.

§ 7 Befähigung für Tätigkeiten

(1) Bei der Übertragung von Aufgaben auf Versicherte hat der Unternehmer je nach Art der Tätigkeiten zu berücksichtigen, ob die Versicherten befähigt sind, die für die Sicherheit und den Gesundheitsschutz bei der Aufgabenerfüllung zu beachtenden Bestimmungen und Maßnahmen einzuhalten. Der Unternehmer hat die für bestimmte Tätigkeiten festgelegten Qualifizierungsanforderungen zu berücksichtigen.
(2) Der Unternehmer darf Versicherte, die erkennbar nicht in der Lage sind, eine Arbeit ohne Gefahr für sich oder andere auszuführen, mit dieser Arbeit nicht beschäftigen.

§ 8 Gefährliche Arbeiten

(1) Wenn eine gefährliche Arbeit von mehreren Personen gemeinschaftlich ausgeführt wird und sie zur Vermeidung von Gefahren eine gegenseitige Verständigung erfordert, hat der Unternehmer dafür zu sorgen, dass eine zuverlässige, mit der Arbeit vertraute Person die Aufsicht führt.
(2) Wird eine gefährliche Arbeit von einer Person allein ausgeführt, so hat der Unternehmer über die allgemeinen Schutzmaßnahmen hinaus für geeignete technische oder organisatorische Personenschutzmaßnahmen zu sorgen.

§ 9 Zutritts- und Aufenthaltsverbote

Der Unternehmer hat dafür zu sorgen, dass Unbefugte Betriebsteile nicht betreten, wenn dadurch eine Gefahr für Sicherheit und Gesundheit entsteht.

§ 10 Besichtigung des Unternehmens, Erlass einer Anordnung, Auskunftspflicht

(1) Der Unternehmer hat den Aufsichtspersonen des Unfallversicherungsträgers die Besichtigung seines Unternehmens zu ermöglichen und sie auf ihr Verlangen zu begleiten oder durch einen geeigneten Vertreter begleiten zu lassen.
(2) Erlässt die Aufsichtsperson des Unfallversicherungsträgers eine Anordnung und setzt sie hierbei eine Frist, innerhalb der die verlangten Maßnahmen zu treffen sind, so hat der Unternehmer nach Ablauf der Frist unverzüglich mitzuteilen, ob er die verlangten Maßnahmen getroffen hat.
(3) Der Unternehmer hat den Aufsichtspersonen des Unfallversicherungsträgers auf Verlangen die zur Durchführung ihrer Überwachungsaufgabe erforderlichen Auskünfte zu erteilen. Er hat die Aufsichtspersonen zu unterstützen, soweit dies zur Erfüllung ihrer Aufgaben erforderlich ist.

§ 11 Maßnahmen bei Mängeln

Tritt bei einem Arbeitsmittel, einer Einrichtung, einem Arbeitsverfahren bzw. Arbeitsablauf ein Mangel auf, durch den für die Versicherten sonst nicht abzuwendende Gefahren entstehen, hat der Unternehmer das Arbeitsmittel oder die Einrichtung der weiteren Benutzung zu entziehen oder stillzulegen bzw. das Arbeitsverfahren oder den Arbeitsablauf abzubrechen, bis der Mangel behoben ist.

§ 12 Zugang zu Vorschriften und Regeln

(1) Der Unternehmer hat den Versicherten die für sein Unternehmen geltenden Unfallverhütungsvorschriften und Regeln der Unfallversicherungsträger sowie die einschlägigen staatlichen Vorschriften und Regeln an geeigneter Stelle zugänglich zu machen.
(2) Der Unternehmer hat den mit der Durchführung und Unterstützung von Maßnahmen nach § 2 Absatz 1 betrauten Personen die nach dem Ergebnis der Gefähr-

dungsbeurteilung (§ 3 Absatz 1 und 2) für ihren Zuständigkeitsbereich geltenden Vorschriften und Regeln zur Verfügung zu stellen.

§ 13 Pflichtenübertragung

Der Unternehmer kann zuverlässige und fachkundige Personen schriftlich damit beauftragen, ihm nach Unfallverhütungsvorschriften obliegende Aufgaben in eigener Verantwortung wahrzunehmen. Die Beauftragung muss den Verantwortungsbereich und Befugnisse festlegen und ist vom Beauftragten zu unterzeichnen. Eine Ausfertigung der Beauftragung ist ihm auszuhändigen.

§ 14 Ausnahmen

(1) Der Unternehmer kann bei dem Unfallversicherungsträger im Einzelfall Ausnahmen von Unfallverhütungsvorschriften schriftlich beantragen. Dem Antrag ist eine Stellungnahme der betrieblichen Arbeitnehmervertretung beizufügen; im Falle eines Antrages durch eine Kindertageseinrichtung, eine allgemein bildende oder berufsbildende Schule oder eine Hochschule ist zusätzlich der Leitung der Einrichtung Gelegenheit zur Stellungnahme zu geben.

(2) Der Unfallversicherungsträger kann dem Antrag nach Absatz 1 entsprechen, wenn

1. der Unternehmer eine andere, ebenso wirksame Maßnahme trifft
   oder
2. die Durchführung der Vorschriften im Einzelfall zu einer unverhältnismäßigen Härte führen würde und die Abweichung mit dem Schutz der Versicherten vereinbar ist.

(3) Betrifft der Antrag nach Absatz 1 Regelungen in Unfallverhütungsvorschriften, die zugleich Gegenstand staatlicher Arbeitsschutzvorschriften sind, hat der Unfallversicherungsträger eine Stellungnahme der für die Durchführung der staatlichen Arbeitsschutzvorschriften zuständigen staatlichen Arbeitsschutzbehörde einzuholen und zu berücksichtigen.

(4) In staatlichen Arbeitsschutzvorschriften enthaltene Verfahrensvorschriften, insbesondere über Genehmigungen, Erlaubnisse, Ausnahmen, Anzeigen und Vorlagepflichten, bleiben von dieser Unfallverhütungsvorschrift unberührt; die nach diesen Bestimmungen zu treffenden behördlichen Maßnahmen obliegen den zuständigen Arbeitsschutzbehörden.

Drittes Kapitel
Pflichten der Versicherten

§ 15 Allgemeine Unterstützungspflichten und Verhalten

(1) Die Versicherten sind verpflichtet, nach ihren Möglichkeiten sowie gemäß der Unterweisung und Weisung des Unternehmers für ihre Sicherheit und Gesundheit bei der Arbeit sowie für Sicherheit und Gesundheitsschutz derjenigen zu sorgen,

die von ihren Handlungen oder Unterlassungen betroffen sind. Die Versicherten haben die Maßnahmen zur Verhütung von Arbeitsunfällen, Berufskrankheiten und arbeitsbedingten Gesundheitsgefahren sowie für eine wirksame Erste Hilfe zu unterstützen. Versicherte haben die entsprechenden Anweisungen des Unternehmers zu befolgen. Die Versicherten dürfen erkennbar gegen Sicherheit und Gesundheit gerichtete Weisungen nicht befolgen.

(2) Versicherte dürfen sich durch den Konsum von Alkohol, Drogen oder anderen berauschenden Mitteln nicht in einen Zustand versetzen, durch den sie sich selbst oder andere gefährden können.

(3) Absatz 2 gilt auch für die Einnahme von Medikamenten.

§ 16 Besondere Unterstützungspflichten

(1) Die Versicherten haben dem Unternehmer oder dem zuständigen Vorgesetzten jede von ihnen festgestellte unmittelbare erhebliche Gefahr für die Sicherheit und Gesundheit sowie jeden an den Schutzvorrichtungen und Schutzsystemen festgestellten Defekt unverzüglich zu melden. Unbeschadet dieser Pflicht sollen die Versicherten von ihnen festgestellte Gefahren für Sicherheit und Gesundheit und Mängel an den Schutzvorrichtungen und Schutzsystemen auch der Fachkraft für Arbeitssicherheit, dem Betriebsarzt oder dem Sicherheitsbeauftragten mitteilen.

(2) Stellt ein Versicherter fest, dass im Hinblick auf die Verhütung von Arbeitsunfällen, Berufskrankheiten und arbeitsbedingten Gesundheitsgefahren

- ein Arbeitsmittel oder eine sonstige Einrichtung einen Mangel aufweist,
- Arbeitsstoffe nicht einwandfrei verpackt, gekennzeichnet oder beschaffen sind oder
- ein Arbeitsverfahren oder Arbeitsabläufe Mängel aufweisen,

hat er, soweit dies zu seiner Arbeitsaufgabe gehört und er über die notwendige Befähigung verfügt, den festgestellten Mangel unverzüglich zu beseitigen. Andernfalls hat er den Mangel dem Vorgesetzten unverzüglich zu melden.

§ 17 Benutzung von Einrichtungen, Arbeitsmitteln und Arbeitsstoffen

Versicherte haben Einrichtungen, Arbeitsmittel und Arbeitsstoffe sowie Schutzvorrichtungen bestimmungsgemäß und im Rahmen der ihnen übertragenen Arbeitsaufgaben zu benutzen.

§ 18 Zutritts- und Aufenthaltsverbote

Versicherte dürfen sich an gefährlichen Stellen nur im Rahmen der ihnen übertragenen Aufgaben aufhalten.

Viertes Kapitel
Organisation des betrieblichen Arbeitsschutzes

Erster Abschnitt
Sicherheitstechnische und betriebsärztliche Betreuung, Sicherheitsbeauftragte

§ 19 Bestellung von Fachkräften für Arbeitssicherheit und Betriebsärzten

(1) Der Unternehmer hat nach Maßgabe des Gesetzes über Betriebsärzte, Sicherheitsingenieure und andere Fachkräfte für Arbeitssicherheit (Arbeitssicherheitsgesetz) und der hierzu erlassenen Unfallverhütungsvorschriften Fachkräfte für Arbeitssicherheit und Betriebsärzte zu bestellen.
(2) Der Unternehmer hat die Zusammenarbeit der Fachkräfte für Arbeitssicherheit und der Betriebsärzte zu fördern.

§ 20 Bestellung und Aufgaben von Sicherheitsbeauftragten

(1) In Unternehmen mit regelmäßig mehr als 20 Beschäftigten hat der Unternehmer unter Berücksichtigung der im Unternehmen bestehenden Verhältnisse hinsichtlich der Arbeitsbedingungen, der Arbeitsumgebung sowie der Arbeitsorganisation Sicherheitsbeauftragte in der erforderlichen Anzahl zu bestellen. Kriterien für die Anzahl der Sicherheitsbeauftragten sind:
- Im Unternehmen bestehende Unfall- und Gesundheitsgefahren,
- Räumliche Nähe der zuständigen Sicherheitsbeauftragten zu den Beschäftigten,
- Zeitliche Nähe der zuständigen Sicherheitsbeauftragten zu den Beschäftigten,
- Fachliche Nähe der zuständigen Sicherheitsbeauftragten zu den Beschäftigten,
- Anzahl der Beschäftigten.

(2) Die Sicherheitsbeauftragten haben den Unternehmer bei der Durchführung der Maßnahmen zur Verhütung von Arbeitsunfällen und Berufskrankheiten zu unterstützen, insbesondere sich von dem Vorhandensein und der ordnungsgemäßen Benutzung der vorgeschriebenen Schutzeinrichtungen und persönlichen Schutzausrüstungen zu überzeugen und auf Unfall- und Gesundheitsgefahren für die Versicherten aufmerksam zu machen.
(3) Der Unternehmer hat den Sicherheitsbeauftragten Gelegenheit zu geben, ihre Aufgaben zu erfüllen, insbesondere in ihrem Bereich an den Betriebsbesichtigungen sowie den Untersuchungen von Unfällen und Berufskrankheiten durch die Aufsichtspersonen der Unfallversicherungsträger teilzunehmen; den Sicherheitsbeauftragten sind die hierbei erzielten Ergebnisse zur Kenntnis zu geben.
(4) Der Unternehmer hat sicherzustellen, dass die Fachkräfte für Arbeitssicherheit und Betriebsärzte mit den Sicherheitsbeauftragten eng zusammenwirken.
(5) Die Sicherheitsbeauftragten dürfen wegen der Erfüllung der ihnen übertragenen Aufgaben nicht benachteiligt werden.
(6) Der Unternehmer hat den Sicherheitsbeauftragten Gelegenheit zu geben, an Aus- und Fortbildungsmaßnahmen des Unfallversicherungsträgers teilzunehmen,

soweit dies im Hinblick auf die Betriebsart und die damit für die Versicherten verbundenen Unfall- und Gesundheitsgefahren sowie unter Berücksichtigung betrieblicher Belange erforderlich ist.

Zweiter Abschnitt
Maßnahmen bei besonderen Gefahren

§ 21 Allgemeine Pflichten des Unternehmers

(1) Der Unternehmer hat Vorkehrungen zu treffen, dass alle Versicherten, die einer unmittelbaren erheblichen Gefahr ausgesetzt sind oder sein können, möglichst frühzeitig über diese Gefahr und die getroffenen oder zu treffenden Schutzmaßnahmen unterrichtet sind. Bei unmittelbarer erheblicher Gefahr für die eigene Sicherheit oder die Sicherheit anderer Personen müssen die Versicherten die geeigneten Maßnahmen zur Gefahrenabwehr und Schadensbegrenzung selbst treffen können, wenn der zuständige Vorgesetzte nicht erreichbar ist; dabei sind die Kenntnisse der Versicherten und die vorhandenen technischen Mittel zu berücksichtigen.
(2) Der Unternehmer hat Maßnahmen zu treffen, die es den Versicherten bei unmittelbarer erheblicher Gefahr ermöglichen, sich durch sofortiges Verlassen der Arbeitsplätze in Sicherheit zu bringen.

§ 22 Notfallmaßnahmen

(1) Der Unternehmer hat entsprechend § 10 Arbeitsschutzgesetz die Maßnahmen zu planen, zu treffen und zu überwachen, die insbesondere für den Fall des Entstehens von Bränden, von Explosionen, des unkontrollierten Austretens von Stoffen und von sonstigen gefährlichen Störungen des Betriebsablaufs geboten sind.
(2) Der Unternehmer hat eine ausreichende Anzahl von Versicherten durch Unterweisung und Übung im Umgang mit Feuerlöscheinrichtungen zur Bekämpfung von Entstehungsbränden vertraut zu machen.

§ 23 Maßnahmen gegen Einflüsse des Wettergeschehens

Beschäftigt der Unternehmer Versicherte im Freien und bestehen infolge des Wettergeschehens Unfall- und Gesundheitsgefahren, so hat er geeignete Maßnahmen am Arbeitsplatz vorzusehen, geeignete organisatorische Schutzmaßnahmen zu treffen oder erforderlichenfalls persönliche Schutzausrüstungen zur Verfügung zu stellen.

Dritter Abschnitt
Erste Hilfe

§ 24 Allgemeine Pflichten des Unternehmers

(1) Der Unternehmer hat dafür zu sorgen, dass zur Ersten Hilfe und zur Rettung aus Gefahr die erforderlichen Einrichtungen und Sachmittel sowie das erforderliche Personal zur Verfügung stehen.
(2) Der Unternehmer hat dafür zu sorgen, dass nach einem Unfall unverzüglich Erste Hilfe geleistet und eine erforderliche ärztliche Versorgung veranlasst wird.
(3) Der Unternehmer hat dafür zu sorgen, dass Verletzte sachkundig transportiert werden.
(4) Der Unternehmer hat im Rahmen seiner Möglichkeiten darauf hinzuwirken, dass Versicherte

1. einem Durchgangsarzt vorgestellt werden, es sei denn, dass der erstbehandelnde Arzt festgestellt hat, dass die Verletzung nicht über den Unfalltag hinaus zur Arbeitsunfähigkeit führt oder die Behandlungsbedürftigkeit voraussichtlich nicht mehr als eine Woche beträgt,
2. bei einer schweren Verletzung einem der von den Unfallversicherungsträgern bezeichneten Krankenhäuser zugeführt werden,
3. bei Vorliegen einer Augen- oder Hals-, Nasen-, Ohrenverletzung dem nächsterreichbaren Arzt des entsprechenden Fachgebiets zugeführt werden, es sei denn, dass sich die Vorstellung durch eine ärztliche Erstversorgung erübrigt hat.

(5) Der Unternehmer hat dafür zu sorgen, dass den Versicherten durch Aushänge der Unfallversicherungsträger oder in anderer geeigneter schriftlicher Form Hinweise über die Erste Hilfe und Angaben über Notruf, Erste-Hilfe- und Rettungs-Einrichtungen, über das Erste-Hilfe-Personal sowie über herbeizuziehende Ärzte und anzufahrende Krankenhäuser gemacht werden. Die Hinweise und die Angaben sind aktuell zu halten.
(6) Der Unternehmer hat dafür zu sorgen, dass jede Erste-Hilfe-Leistung dokumentiert und diese Dokumentation fünf Jahre lang verfügbar gehalten wird. Die Dokumente sind vertraulich zu behandeln.
(7) Der Schulsachkostenträger als Unternehmer nach § 136 Absatz 3 Nummer 3 Alternative 2 Sozialgesetzbuch Siebtes Buch (SGB VII) hat den Schulhoheitsträger bei der Durchführung von Maßnahmen zur Sicherstellung einer wirksamen Ersten Hilfe für Versicherte nach § 2 Absatz 1 Nummer 8 Buchstabe b SGB VII zu unterstützen.

§ 25 Erforderliche Einrichtungen und Sachmittel

(1) Der Unternehmer hat unter Berücksichtigung der betrieblichen Verhältnisse durch Meldeeinrichtungen und organisatorische Maßnahmen dafür zu sorgen, dass unverzüglich die notwendige Hilfe herbeigerufen und an den Einsatzort geleitet werden kann.

(2) Der Unternehmer hat dafür zu sorgen, dass Mittel zur Ersten Hilfe jederzeit schnell erreichbar und leicht zugänglich in geeigneten Behältnissen, gegen schädigende Einflüsse geschützt, in ausreichender Menge bereitgehalten sowie rechtzeitig ergänzt und erneuert werden.
(3) Der Unternehmer hat dafür zu sorgen, dass unter Berücksichtigung der betrieblichen Verhältnisse Rettungsgeräte und Rettungstransportmittel bereitgehalten werden.
(4) Der Unternehmer hat dafür zu sorgen, dass mindestens ein mit Rettungstransportmitteln leicht erreichbarer Erste-Hilfe-Raum oder eine vergleichbare Einrichtung
1. in einer Betriebsstätte mit mehr als 1000 dort beschäftigten Versicherten,
2. in einer Betriebsstätte mit 1000 oder weniger, aber mehr als 100 dort beschäftigten Versicherten, wenn ihre Art und das Unfallgeschehen nach Art, Schwere und Zahl der Unfälle einen gesonderten Raum für die Erste Hilfe erfordern,
3. auf einer Baustelle mit mehr als 50 dort beschäftigten Versicherten

vorhanden ist. Nummer 3 gilt auch, wenn der Unternehmer zur Erbringung einer Bauleistung aus einem von ihm übernommenen Auftrag Arbeiten an andere Unternehmer vergeben hat und insgesamt mehr als 50 Versicherte gleichzeitig tätig werden.
(5) In Kindertageseinrichtungen, allgemein bildenden und berufsbildenden Schulen sowie Hochschulen hat der Unternehmer geeignete Liegemöglichkeiten oder geeignete Räume mit Liegemöglichkeit zur Erstversorgung von Verletzten in der erforderlichen Anzahl vorzuhalten.

§ 26 Zahl und Ausbildung der Ersthelfer

(1) Der Unternehmer hat dafür zu sorgen, dass für die Erste-Hilfe-Leistung Ersthelfer mindestens in folgender Zahl zur Verfügung stehen:
1. Bei 2 bis zu 20 anwesenden Versicherten ein Ersthelfer,
2. bei mehr als 20 anwesenden Versicherten
   a) in Verwaltungs- und Handelsbetrieben 5 %,
   b) in sonstigen Betrieben 10 %,
   c) in Kindertageseinrichtungen ein Ersthelfer je Kindergruppe,
   d) in Hochschulen 10 % der Versicherten nach § 2 Absatz 1 Nummer 1 Sozialgesetzbuch Siebtes Buch (SGB VII).

Von der Zahl der Ersthelfer nach Nummer 2 kann im Einvernehmen mit dem Unfallversicherungsträger unter Berücksichtigung der Organisation des betrieblichen Rettungswesens und der Gefährdung abgewichen werden.
(2) Der Unternehmer darf als Ersthelfer nur Personen einsetzen, die bei einer von dem Unfallversicherungsträger für die Ausbildung zur Ersten Hilfe ermächtigten Stelle ausgebildet worden sind oder über eine sanitätsdienstliche / rettungsdienstliche Ausbildung oder eine abgeschlossene Ausbildung in einem Beruf des Gesundheitswesens verfügen. Die Voraussetzungen für die Ermächtigung sind in der Anlage 2 zu dieser Unfallverhütungsvorschrift geregelt.
(3) Der Unternehmer hat dafür zu sorgen, dass die Ersthelfer in der Regel in Zeitabständen von zwei Jahren fortgebildet werden. Für die Fortbildung gilt Absatz 2

entsprechend. Personen mit einer sanitätsdienstlichen / rettungsdienstlichen Ausbildung oder einer entsprechenden Qualifikation in einem Beruf des Gesundheitswesens gelten als fortgebildet, wenn sie an vergleichbaren Fortbildungsveranstaltungen regelmäßig teilnehmen oder bei ihrer beruflichen oder ehrenamtlich sanitätsdienstlichen / rettungsdienstlichen Tätigkeit regelmäßig Erste-Hilfe-Maßnahmen durchführen. Der Unternehmer hat sich Nachweise über die Fortbildung vorlegen zu lassen.

(4) Ist nach Art des Betriebes, insbesondere auf Grund des Umganges mit Gefahrstoffen, damit zu rechnen, dass bei Unfällen Maßnahmen erforderlich werden, die nicht Gegenstand der allgemeinen Ausbildung zum Ersthelfer gemäß Absatz 2 sind, hat der Unternehmer für die erforderliche zusätzliche Aus- und Fortbildung zu sorgen.

(5) Die Absätze 1 bis 4 gelten nicht für Unternehmer hinsichtlich der nach § 2 Absatz 1 Nummer 8 Buchstabe b Sozialgesetzbuch Siebtes Buch (SGB VII) Versicherten.

§ 27 Zahl und Ausbildung der Betriebssanitäter

(1) Der Unternehmer hat dafür zu sorgen, dass mindestens ein Betriebssanitäter zur Verfügung steht, wenn

1. in einer Betriebsstätte mehr als 1500 Versicherte nach § 2 Absatz 1 Nummer 1 Sozialgesetzbuch Siebtes Buch (SGB VII) anwesend sind,
2. in einer Betriebsstätte 1500 oder weniger, aber mehr als 250 Versicherte nach § 2 Absatz 1 Nummer 1 SGB VII anwesend sind und Art, Schwere und Zahl der Unfälle den Einsatz von Sanitätspersonal erfordern,
3. auf einer Baustelle mehr als 100 Versicherte nach § 2 Absatz 1 Nummer 1 SGB VII anwesend sind.

Nummer 3 gilt auch, wenn der Unternehmer zur Erbringung einer Bauleistung aus einem von ihm übernommenen Auftrag Arbeiten an andere Unternehmer vergibt und insgesamt mehr als 100 Versicherte gleichzeitig tätig werden.

(2) In Betrieben nach Absatz 1 Satz 1 Nummer 1 kann im Einvernehmen mit dem Unfallversicherungsträger von Betriebssanitätern abgesehen werden, sofern nicht nach Art, Schwere und Zahl der Unfälle ihr Einsatz erforderlich ist. Auf Baustellen nach Absatz 1 Satz 1 Nummer 3 kann im Einvernehmen mit dem Unfallversicherungsträger unter Berücksichtigung der Erreichbarkeit des Unfallortes und der Anbindung an den öffentlichen Rettungsdienst von Betriebssanitätern abgesehen werden.

(3) Der Unternehmer darf als Betriebssanitäter nur Personen einsetzen, die von Stellen ausgebildet worden sind, welche von dem Unfallversicherungsträger in personeller, sachlicher und organisatorischer Hinsicht als geeignet beurteilt werden.

(4) Der Unternehmer darf als Betriebssanitäter nur Personen einsetzen, die

1. an einer Grundausbildung
   und
2. an einem Aufbaulehrgang

für den betrieblichen Sanitätsdienst teilgenommen haben.

Als Grundausbildung gilt auch eine mindestens gleichwertige Ausbildung oder eine die Sanitätsaufgaben einschließende Berufsausbildung.
(5) Für die Teilnahme an dem Aufbaulehrgang nach Absatz 4 Satz 1 Nummer 2 darf die Teilnahme an der Ausbildung nach Absatz 4 Satz 1 Nummer 1 nicht mehr als zwei Jahre zurückliegen; soweit auf Grund der Ausbildung eine entsprechende berufliche Tätigkeit ausgeübt wurde, ist die Beendigung derselben maßgebend.
(6) Der Unternehmer hat dafür zu sorgen, dass die Betriebssanitäter regelmäßig innerhalb von drei Jahren fortgebildet werden. Für die Fortbildung gilt Absatz 3 entsprechend.

§ 28 Unterstützungspflichten der Versicherten

(1) Im Rahmen ihrer Unterstützungspflichten nach § 15 Absatz 1 haben sich Versicherte zum Ersthelfer ausbilden und in der Regel in Zeitabständen von zwei Jahren fortbilden zu lassen. Sie haben sich nach der Ausbildung für Erste-Hilfe-Leistungen zur Verfügung zu stellen. Die Versicherten brauchen den Verpflichtungen nach den Sätzen 1 und 2 nicht nachzukommen, soweit persönliche Gründe entgegenstehen.
(2) Versicherte haben unverzüglich jeden Unfall der zuständigen betrieblichen Stelle zu melden; sind sie hierzu nicht im Stande, liegt die Meldepflicht bei dem Betriebsangehörigen, der von dem Unfall zuerst erfährt.

Vierter Abschnitt
Persönliche Schutzausrüstungen

§ 29 Bereitstellung

(1) Der Unternehmer hat gemäß § 2 der PSA-Benutzungsverordnung den Versicherten geeignete persönliche Schutzausrüstungen bereitzustellen; vor der Bereitstellung hat er die Versicherten anzuhören.
(2) Der Unternehmer hat dafür zu sorgen, dass die persönlichen Schutzausrüstungen den Versicherten in ausreichender Anzahl zur persönlichen Verwendung für die Tätigkeit am Arbeitsplatz zur Verfügung gestellt werden. Für die bereitgestellten persönlichen Schutzausrüstungen müssen EG-Konformitätserklärungen vorliegen. Satz 2 gilt nicht für Hautschutzmittel.

§ 30 Benutzung

(1) Der Unternehmer hat dafür zu sorgen, dass persönliche Schutzausrüstungen entsprechend bestehender Tragezeitbegrenzungen und Gebrauchsdauern bestimmungsgemäß benutzt werden.
(2) Die Versicherten haben die persönlichen Schutzausrüstungen bestimmungsgemäß zu benutzen, regelmäßig auf ihren ordnungsgemäßen Zustand zu prüfen und festgestellte Mängel dem Unternehmer unverzüglich zu melden.

§ 31 Besondere Unterweisungen

Für persönliche Schutzausrüstungen, die gegen tödliche Gefahren oder bleibende Gesundheitsschäden schützen sollen, hat der Unternehmer die nach § 3 Absatz 2 der PSA-Benutzungsverordnung bereitzuhaltende Benutzungsinformation den Versicherten im Rahmen von Unterweisungen mit Übungen zu vermitteln.

Fünftes Kapitel
Ordnungswidrigkeiten

§ 32 Ordnungswidrigkeiten

Ordnungswidrig im Sinne des § 209 Absatz 1 Nummer 1 Sozialgesetzbuch Siebtes Buch (SGB VII) handelt, wer vorsätzlich oder fahrlässig den Bestimmungen der
§ 2 Abs. 5,
§ 12 Abs. 2,
§ 15 Abs. 2,
§ 20 Abs. 1,
§ 24 Abs. 6,
§ 25 Abs. 1, 4 Nr. 1 oder 3,
§ 26 Abs. 1 Satz 1 oder Abs. 2 Satz 1,
§ 27 Abs. 1 Satz 1 Nr. 1 oder 3, Abs. 3,
§ 29 Abs. 2 Satz 2 oder
§ 30
zuwiderhandelt.

Sechstes Kapitel
Aufhebung von Unfallverhütungsvorschriften

§ 33 Aufhebung von Unfallverhütungsvorschriften

Folgende Unfallverhütungsvorschrift wird aufgehoben:
(Text für Berufsgenossenschaften):
»Grundsätze der Prävention« (BGV A1) vom …
(Text für UVT der öffentlichen Hand):
»Grundsätze der Prävention« (GUV-V A1) vom …

Siebtes Kapitel
Inkrafttreten

§ 34 Inkrafttreten

Diese Unfallverhütungsvorschrift tritt am….. in Kraft.

Anlage 1 Zu § 2 Abs. 1:

Staatliche Arbeitsschutzvorschriften, in denen vom Unternehmer zur Verhütung von Arbeitsunfällen, Berufskrankheiten und arbeitsbedingten Gesundheitsgefahren zu treffende Maßnahmen näher bestimmt sind, sind – in ihrer jeweils gültigen Fassung – insbesondere:

- Arbeitsschutzgesetz (ArbSchG),
- Arbeitsstättenverordnung (ArbStättV),
- Baustellenverordnung (BaustellV),
- Bildschirmarbeitsverordnung (BildscharbV),
- Biostoffverordnung (BioStoffV),
- Betriebssicherheitsverordnung (BetrSichV),
- Gefahrstoffverordnung (GefStoffV),
- Lärm- und Vibrations-Arbeitsschutzverordnung (LärmVibrationsArbSchV),
- Lastenhandhabungsverordnung (LasthandhabV),
- PSA-Benutzungsverordnung (PSA-BV),
- Verordnung zur arbeitsmedizinischen Vorsorge (ArbMedVV),
- Verordnung zum Schutz der Beschäftigten vor Gefährdungen durch künstliche optische Strahlung (OStrV).

Die vorstehende Auflistung ist nicht abschließend.
Der gesetzliche Auftrag der Unfallversicherungsträger zur Verhütung von Arbeitsunfällen, Berufskrankheiten und arbeitsbedingten Gesundheitsgefahren gilt auch für Unternehmer und Versicherte, die nicht unmittelbar durch die Anwendungsbereiche der staatlichen Arbeitsschutzvorschriften erfasst sind.

Anlage 2 Zu § 26 Abs. 2:

Voraussetzungen für die Ermächtigung als Stelle für die Aus- und Fortbildung in der Ersten Hilfe
Stellen, die Aus- und Fortbildung in der Ersten Hilfe durchführen, bedürfen einer schriftlichen Vereinbarung, welche Art und Umfang der Aus- und Fortbildungsleistungen und die Höhe der Lehrgangsgebühren regelt.

1 Allgemeine Grundsätze

1.1 Antrag auf Ermächtigung
Der Antrag auf Ermächtigung ist beim zuständigen Unfallversicherungsträger einzureichen.
1.2 Prüfung
Der Unfallversicherungsträger sowie von dem Unfallversicherungsträger beauftragte Personen sind jederzeit berechtigt, die Lehrgangsräume, die Lehrgangseinrichtungen, die Unterrichtsmittel sowie die Durchführung der Lehrgänge zu prüfen.
1.3 Befristung, Widerruf der Ermächtigung

Die Ermächtigung wird befristet und unter dem Vorbehalt des Widerrufes nach Prüfung der personellen, sachlichen und organisatorischen Voraussetzungen erteilt.

1.4 Änderung einer Voraussetzung

Jede Änderung einer Voraussetzung, die der Ermächtigung zu Grunde liegt, ist unverzüglich dem zuständigen Unfallversicherungsträger anzuzeigen.

2 Personelle Voraussetzungen

2.1 Medizinischer Hintergrund

Der Antragsteller muss nachweisen, dass die Aus- und Fortbildung in der Ersten Hilfe unter der Verantwortung eines hierfür geeigneten Arztes steht.

Geeignet sind Ärzte mit dem Fachkundenachweis Rettungsdienst oder der Zusatzbezeichnung Rettungsmedizin oder vergleichbarer Qualifikation. Ferner müssen die Ärzte eingehende Kenntnisse über Empfehlungen für die Erste Hilfe des Deutschen Beirates für Erste Hilfe und Wiederbelebung bei der Bundesärztekammer besitzen.

2.2 Lehrkräfte

Der Antragsteller muss nachweisen, dass er selbst zur Ausbildung befähigt ist oder über entsprechende Lehrkräfte in ausreichender Zahl verfügt.

Die Befähigung ist gegeben, wenn die Lehrkraft durch Vorlage einer gültigen Bescheinigung nachweist, dass sie an einem speziellen Ausbildungslehrgang für die Erste Hilfe bei einer geeigneten Stelle zur Ausbildung von Lehrkräften teilgenommen hat. Die Lehrkraft muss in angemessenen Zeitabständen fortgebildet werden.

2.3 Erfahrung in Organisation und Durchführung der Ersten Hilfe

Der Antragsteller muss nachweisen, dass er über besondere Erfahrungen in Organisation und Durchführung der Ersten Hilfe verfügt. Das ist der Fall, wenn er oder seine Lehrkräfte in der Regel seit mindestens drei Jahren im öffentlichen oder betrieblichen Rettungsdienst tätig sind und Einsatzerfahrung nachweisen können.

2.4 Versicherungsschutz

Der Antragsteller muss nachweisen, dass er eine Haftpflichtversicherung abgeschlossen hat, die eventuelle Personen- und Sachschäden, die im Zusammenhang mit der Aus- und Fortbildung stehen, abdeckt.

3 Sachliche Voraussetzungen

3.1 Lehrgangsräume, -einrichtungen und Unterrichtsmittel

Für die Lehrgänge müssen geeignete Räume, Einrichtungen und Unterrichtsmittel vorhanden sein. Es muss mindestens ein Raum zur Verfügung stehen, in dem 20 Personen durch theoretischen Unterricht, praktische Demonstrationen und Übungen in der Ersten Hilfe unterwiesen werden können. Der Raum muss über ausreichende Beleuchtung verfügen. Zudem müssen Sitz- und Schreibmöglichkeiten sowie Waschgelegenheiten und Toiletten vorhanden sein.

Es müssen die notwendigen Unterrichtsmittel, insbesondere Demonstrations- und Übungsmaterialien sowie geeignete Medien, wie Tageslichtprojektor und Lehrfolien, vollzählig und funktionstüchtig zur Verfügung stehen.

Die Demonstrations- und Übungsmaterialien, insbesondere die Geräte zum Üben der Atemspende und der Herzdruckmassage, unterliegen besonderen Anforderungen der Hygiene und müssen nachweislich desinfiziert werden.

4 Organisatorische Voraussetzungen

4.1 Anzahl der Teilnehmer

An einem Lehrgang sollen in der Regel mindestens 10 und nicht mehr als 15 Personen teilnehmen. Die Teilnehmerzahl darf jedoch, auch bei Anwesenheit eines Ausbildungshelfers, 20 Personen nicht übersteigen.

4.2 Ausbildungsleistung

Der Antragsteller muss gewährleisten, dass jährlich mindestens 100 Versicherte aus- oder fortgebildet werden.

4.3 Inhalt und Umfang der Lehrgänge

Die Aus- und Fortbildung muss nach Inhalt und Umfang sowie in methodisch-didaktischer Hinsicht mindestens dem Stoff entsprechen, der in sachlicher Übereinstimmung mit den in der Bundesarbeitsgemeinschaft Erste Hilfe vertretenen Hilfsorganisationen und unter Berücksichtigung von Empfehlungen des Deutschen Beirates für Erste Hilfe und Wiederbelebung bei der Bundesärztekammer in den Lehrplänen und Leitfäden zum Erste-Hilfe-Lehrgang festgelegt ist.

4.4 Teilnehmerunterlagen

Jedem Teilnehmer an einer Aus- und Fortbildungsmaßnahme ist eine Informationsschrift über die Lehrinhalte auszuhändigen, die mindestens den Inhalten der Information »Handbuch zur Ersten Hilfe« (BGI/GUV-I 829) entspricht.

4.5 Teilnahmebescheinigung

Jedem Teilnehmer ist eine Teilnahmebescheinigung auszuhändigen. Die Bescheinigung über die Aus- und die Fortbildung in der Ersten Hilfe darf jeweils nur erteilt werden, wenn die Lehrkraft die Überzeugung gewonnen hat, dass der Teilnehmer nach regelmäßigem Besuch die erforderlichen Kenntnisse und Fähigkeiten gemäß Abschnitt 4.3 besitzt.

4.6 Dokumentation

Die ermächtigte Stelle hat über die durchgeführten Lehrgänge folgende Aufzeichnungen zu führen:

- Art der jeweiligen Aus- oder Fortbildungsmaßnahme,
- Ort und Zeit der Maßnahme,
- Name des verantwortlichen Arztes,
- Name der Lehrkraft,
- Name, Geburtsdatum und Unterschrift des Teilnehmers,
- Arbeitgeber des Teilnehmers,
- Kosten tragender Unfallversicherungsträger.

Die Aufzeichnungen sind fünf Jahre aufzubewahren und auf Anforderung des Unfallversicherungsträgers vorzulegen.

5 Besondere Voraussetzungen für die Erste-Hilfe-Aus- und Fortbildung in Bildungs- und Betreuungseinrichtungen für Kinder

Diese Ausbildung enthält Erste-Hilfe-Maßnahmen für Erwachsene und Kinder und bedarf neben den oben genannten Voraussetzungen auf die Ausbildungsform abgestimmte Lehrgangsinhalte, weitere sachliche Ausstattungen, eine Zusatzqualifikation der Lehrkräfte sowie die Aushändigung einer Informationsschrift, die mindestens der Information »Handbuch zur Ersten Hilfe in Bildungs- und Betreuungseinrichtungen für Kinder« (BGI/GUV-I 5146) entspricht.

Unfallverhütungsvorschrift – Betriebsärztinnen und Betriebsärzte und Fachkräfte für Arbeitssicherheit (DGUV Vorschrift 2)

In der Fassung vom 29. 11. 2024

Erstes Kapitel
Allgemeine Vorschriften

§ 1 Geltungsbereich

Diese Unfallverhütungsvorschrift bestimmt näher die Maßnahmen, die der Unternehmer zur Erfüllung der sich aus dem Gesetz über Betriebsärzte, Sicherheitsingenieure und andere Fachkräfte für Arbeitssicherheit (Arbeitssicherheitsgesetz) ergebenden Pflichten zu treffen hat.

§ 2 Bestellung

(1) Der Unternehmer hat Betriebsärztinnen oder Betriebsärzte sowie Fachkräfte für Arbeitssicherheit zur Wahrnehmung der in den §§ 3 und 6 Arbeitssicherheitsgesetz bezeichneten Aufgaben schriftlich nach Maßgabe der nachfolgenden Bestimmungen zu bestellen. Der Unternehmer hat auf Verlangen nachzuweisen, wie er die Verpflichtung nach Satz 1 erfüllt hat.
(2) Bei Betrieben mit bis zu 20 Beschäftigten richtet sich der Umfang der betriebsärztlichen und sicherheitstechnischen Betreuung nach Anlage 1.
(3) Bei Betrieben mit mehr als 20 Beschäftigten gelten die Bestimmungen nach Anlage 2.
(4) Abweichend von den Absätzen 2 und 3 kann der Unternehmer nach Maßgabe von Anlage 3 bzw. Anlage 4 ein alternatives Betreuungsmodell wählen, wenn er aktiv in das Betriebsgeschehen eingebunden ist und die Zahl der Beschäftigten bis zu … *(Konkrete Regelungen des jeweiligen Unfallversicherungsträgers einsetzen; Anlage 3: Obergrenze 50; Anlage 4: 20)* … beträgt.
(5) Bei der Berechnung der Zahl der Beschäftigten sind jährliche Durchschnittszahlen zugrunde zu legen; bei der Berechnung des Schwellenwertes in den Absätzen 2, 3 und 4 sind Teilzeitbeschäftigte mit einer regelmäßigen wöchentlichen Arbeitszeit von
- nicht mehr als 20 Stunden mit 0,5
- von mehr als 20 und nicht mehr als 30 Stunden mit 0,75
- von mehr als 30 Stunden mit 1,0

zu berücksichtigen.

(6) Der Unfallversicherungsträger kann im Einzelfall im Einvernehmen mit der nach § 12 Arbeitssicherheitsgesetz zuständigen Behörde Abweichungen von den Absätzen 2, 3 und 4 zulassen, soweit im Betrieb die Unfall- und Gesundheitsgefahren vom Durchschnitt abweichen und die abweichende Festsetzung mit dem Schutz der Beschäftigten vereinbar ist. Als Vergleichsmaßstab dienen Betriebe der gleichen Art.
(7) Die Beschäftigten sind über die Art der betriebsärztlichen und sicherheitstechnischen Betreuung sowie die bestellten Betriebsärztinnen oder Betriebsärzte sowie Fachkräfte für Arbeitssicherheit oder das zuständige Kompetenzzentrum zu informieren.

§ 3 Arbeitsmedizinische Fachkunde

Der Unternehmer kann die erforderliche arbeitsmedizinische Fachkunde als gegeben ansehen bei Ärztinnen und Ärzten, die nachweisen, dass sie berechtigt sind,
1. die Gebietsbezeichnung »Arbeitsmedizin«
   oder
2. die Zusatzbezeichnung »Betriebsmedizin«

zu führen.

§ 4 Sicherheitstechnische Fachkunde

(1) Der Unternehmer kann die erforderliche sicherheitstechnische Fachkunde von Fachkräften für Arbeitssicherheit als nachgewiesen ansehen, wenn diese den in den Absätzen 2 bis 6 festgelegten Anforderungen genügen.
(2) Sicherheitsingenieurinnen und Sicherheitsingenieure erfüllen die Anforderungen, wenn sie
1. berechtigt sind, die Berufsbezeichnung Ingenieurin oder Ingenieur zu führen oder einen Bachelor- oder Masterabschluss der Studienrichtung Ingenieurwissenschaften erworben haben,
2. danach eine praktische Tätigkeit in diesem Beruf mindestens zwei Jahre lang ausgeübt
   und
3. einen staatlichen oder von Unfallversicherungsträgern veranstalteten Qualifizierungslehrgang zur Fachkraft für Arbeitssicherheit oder einen entsprechenden staatlich oder von Unfallversicherungsträgern anerkannten Qualifizierungslehrgang eines anderen Qualifizierungsträgers mit Erfolg abgeschlossen haben.

Sicherheitsingenieurinnen und Sicherheitsingenieure, die aufgrund ihrer Hochschulausbildung berechtigt sind, die Berufsbezeichnung »Sicherheitsingenieurin oder Sicherheitsingenieur« zu führen und eine einjährige praktische Tätigkeit als Ingenieurin oder Ingenieur ausgeübt haben, erfüllen ebenfalls die Anforderungen.
(3) In der Funktion als Sicherheitsingenieurin oder Sicherheitsingenieur können auch Personen tätig werden, die über gleichwertige Qualifikationen verfügen. Ihr Einsatz in der Funktion als Sicherheitsingenieurin oder Sicherheitsingenieur im

Betrieb erfordert eine Zulassung im Einzelfall nach § 7 Absatz 2 Arbeitssicherheitsgesetz durch die zuständige Behörde.

(4) Sicherheitstechnikerinnen und Sicherheitstechniker erfüllen die Anforderungen, wenn sie

1. eine Prüfung als staatlich anerkannte Technikerin oder staatlich anerkannter Techniker erfolgreich abgelegt haben,
2. danach eine praktische Tätigkeit als Technikerin oder Techniker mindestens zwei Jahre lang ausgeübt
   und
3. einen staatlichen oder von Unfallversicherungsträgern veranstalteten Qualifizierungslehrgang zur Fachkraft für Arbeitssicherheit oder einen entsprechenden staatlich oder von Unfallversicherungsträgern anerkannten Qualifizierungslehrgang eines anderen Qualifizierungsträgers mit Erfolg abgeschlossen haben.

Die Anforderungen erfüllt auch, wer ohne Prüfung als staatlich anerkannte Technikerin oder staatlich anerkannter Techniker mindestens vier Jahre lang als Technikerin oder Techniker oder in gleichwertiger Funktion tätig war und einen Qualifizierungslehrgang nach Satz 1 Nummer 3 mit Erfolg abgeschlossen hat.

(5) Sicherheitsmeisterinnen und Sicherheitsmeister erfüllen die Anforderungen, wenn sie

1. die Meisterprüfung erfolgreich abgelegt haben,
2. danach eine praktische Tätigkeit als Meisterin oder Meister mindestens zwei Jahre lang ausgeübt
   und
3. einen staatlichen oder von Unfallversicherungsträgern veranstalteten Qualifizierungslehrgang zur Fachkraft für Arbeitssicherheit oder einen entsprechenden staatlich oder von Unfallversicherungsträgern anerkannten Qualifizierungslehrgang eines anderen Qualifizierungsträgers mit Erfolg abgeschlossen haben.

Die Anforderungen erfüllt auch, wer ohne Meisterprüfung mindestens vier Jahre lang als Meisterin oder Meister oder in gleichwertiger Funktion tätig war und einen Qualifizierungslehrgang nach Satz 1 Nummer 3 mit Erfolg abgeschlossen hat.

(6) Personen mit einem Studienabschluss in Physik, Chemie, Biologie, Humanmedizin, Ergonomie, Arbeits- und Organisationspsychologie, Arbeitshygiene oder Arbeitswissenschaft erfüllen als gleichwertig qualifizierte Personen entsprechend Absatz 2, 3, 4 oder 5 die Anforderungen, wenn sie

1. das jeweilige Hochschulstudium erfolgreich abgeschlossen haben,
2. danach eine praktische Tätigkeit in einem Beruf, der das jeweilige Hochschulstudium voraussetzt, mindestens zwei Jahre lang ausgeübt
   und
3. einen staatlichen oder von Unfallversicherungsträgern veranstalteten Qualifizierungslehrgang zur Fachkraft für Arbeitssicherheit oder einen entsprechenden staatlich oder von den Unfallversicherungsträgern anerkannten Qualifizierungslehrgang eines anderen Qualifizierungsträgers mit Erfolg abgeschlossen haben.

Zusätzlich bedarf es einer Zulassung im Einzelfall nach § 7 Absatz 2 Arbeitssicherheitsgesetz durch die zuständige Behörde, wenn die Berufsbezeichnung »Ingenieurin oder Ingenieur« nicht geführt werden darf und die Person an Stelle einer Sicherheitsingenieurin oder eines Sicherheitsingenieurs tätig werden soll.

(7) Der Qualifizierungslehrgang nach den Absätzen 2, 4, 5 und 6 umfasst die Lernfelder 1 bis 5 (branchenübergreifende Qualifizierung) und das Lernfeld 6 (branchenspezifische Qualifizierung) inklusive der begleitenden Praktikumsphasen. Bestandteile des Lernfeldes 6 sind die nachfolgenden Rahmenthemen:

(Konkrete Regelungen des jeweiligen Unfallversicherungsträgers einsetzen.)

(8) Bei einem Wechsel einer Fachkraft für Arbeitssicherheit, die das Lernfeld 6 (branchenspezifische Qualifizierung) entsprechend den Festlegungen eines anderen Unfallversicherungsträgers absolviert hat, in eine andere Branche, hat der Unternehmer dafür zu sorgen, dass die Fachkraft für Arbeitssicherheit die erforderlichen branchenspezifischen Kenntnisse durch Fortbildung erwirbt. Die *(Name des Unfallversicherungsträgers eintragen)* entscheidet über den erforderlichen Umfang an Fortbildung unter Berücksichtigung der Inhalte ihres Lernfeldes 6 und der bereits bestehenden Kompetenzen der Fachkraft für Arbeitssicherheit.

§ 5 Bericht

Der Unternehmer muss die gemäß § 2 dieser Unfallverhütungsvorschrift bestellten Betriebsärztinnen oder Betriebsärzte sowie Fachkräfte für Arbeitssicherheit verpflichten, über die Erfüllung der übertragenen Aufgaben regelmäßig elektronisch oder schriftlich zu berichten. Die Berichte sollen auch über die Zusammenarbeit der Betriebsärztinnen oder Betriebsärzte sowie Fachkräfte für Arbeitssicherheit und der gegebenenfalls eingesetzten Personen mit spezieller Fachkompetenz Auskunft geben. Zudem müssen die Berichte Nachweise über die von Betriebsärztinnen oder Betriebsärzten sowie Fachkräften für Arbeitssicherheit absolvierten Fortbildungen enthalten, die zur Erfüllung der übertragenen Aufgaben erforderlich sind.

§ 6 Nutzung von digitalen Informations- und Kommunikationstechnologien

(1) Betriebsärztliche und sicherheitstechnische Betreuung muss grundsätzlich in Präsenz erbracht werden. Die Leistungen können unter Nutzung digitaler Informations- und Kommunikationstechnologien erfolgen, wenn die betrieblichen Verhältnisse bekannt sind. Diese Art der Betreuung ist durch die Betriebsärztin oder den Betriebsarzt sowie die Fachkraft für Arbeitssicherheit persönlich zu erbringen. Diese Art der Betreuung ist nicht möglich, wenn Sachgründe eine betriebsärztliche oder sicherheitstechnische Betreuung in Präsenz im Betrieb erfordern.

(2) In der Betreuung nach § 2 Absatz 2 und 3 dieser Unfallverhütungsvorschrift ist die Nutzung digitaler Informations- und Kommunikationstechnologien jeweils bis zu einem Drittel der Leistungen möglich, wenn der Betrieb durch eine Erstbegehung bekannt ist und die jeweils notwendigen Voraussetzungen für die Anwendung von digitalen Informations- und Kommunikationstechnologien vorliegen. Der An-

teil der unter Nutzung digitaler Informations- und Kommunikationstechnologien erbrachten betriebsärztlichen oder sicherheitstechnischen Leistungen kann bei einer Betreuung nach § 2 Absatz 2 und 3 dieser Unfallverhütungsvorschrift ein Drittel übersteigen, wenn *(Konkrete Regelungen des jeweiligen Unfallversicherungsträgers einsetzen; die Nutzung digitaler Informations- und Kommunikationstechnologien darf einen Anteil von 50 % der Gesamtleistungen nicht überschreiten).*

(3) In der anlassbezogenen Betreuung nach § 2 Absatz 4 dieser Unfallverhütungsvorschrift entscheidet der Unternehmer auf Grundlage seiner Gefährdungsbeurteilung über Art und Umfang der Nutzung digitaler Informations- und Kommunikationstechnologien.

(4) Bei der Beratung zu speziellen Fachthemen durch Personen mit entsprechender Fachkompetenz, die nicht über eine Qualifikation als Betriebsärztin oder Betriebsarzt oder als Fachkraft für Arbeitssicherheit verfügen, gilt Absatz 3 entsprechend.

(5) Die Leistungserbringung unter Nutzung von digitalen Informations- und Kommunikationstechnologien ist im Bericht gemäß § 5 dieser Unfallverhütungsvorschrift zu dokumentieren.

Zweites Kapitel
Übergangsbestimmungen

§ 7 Übergangsbestimmungen

(1) Sofern Ärztinnen oder Ärzte oder Fachkräfte für Arbeitssicherheit nach einer vor dem … *(Zeitpunkt des Inkrafttretens dieser Unfallverhütungsvorschrift)* geltenden Fassung dieser Unfallverhütungsvorschrift ihre arbeitsmedizinische oder sicherheitstechnische Fachkunde erfolgreich erworben haben, kann der Unternehmer die in dieser Unfallverhütungsvorschrift insoweit geforderte Fachkunde als gegeben ansehen.

(2) *(Übergangsbestimmungen hinsichtlich bisheriger »Unternehmermodelle« und bestehender Verträge mit Dienstleistungsunternehmen werden vom Unfallversicherungsträger ergänzt. Gilt nur für die gewerblichen Berufsgenossenschaften und die Unfallversicherung Bund und Bahn (ehemals Eisenbahn-Unfallkasse); Unfallversicherungsträger der öffentlichen Hand tragen hier ein: »entfällt«.)*

(3) Die Verpflichtung nach § 5 Satz 3 gilt ab 1. Januar *(Unfallversicherungsträger setzt Jahr ein, das drei Jahre nach Inkrafttreten von § 5 Satz 3 liegt)*, wenn in Verträgen, die zwischen dem Unternehmer und

- Betriebsärztinnen oder Betriebsärzten,
- Fachkräften für Arbeitssicherheit oder
- überbetrieblichen Diensten

vor dem 1. Januar *(Unfallversicherungsträger setzt Jahr des Inkrafttretens von § 5 Satz 3 ein)* geschlossen wurden, insoweit keine oder abweichende Regelungen enthalten sind.

Drittes Kapitel
In-Kraft-Treten und Außer-Kraft-Treten

§ 8 In-Kraft-Treten und Außer-Kraft-Treten

Diese Unfallverhütungsvorschrift tritt am ersten Tag des auf die Veröffentlichung folgenden Monats in Kraft. Sie ersetzt die bisherige Fassung der Unfallverhütungsvorschrift »Betriebsärzte und Fachkräfte für Arbeitssicherheit« vom ....

Anlage 1
Betriebsärztliche und sicherheitstechnische Regelbetreuung in Betrieben mit bis zu 20 Beschäftigten

(zu § 2 Absatz 2 DGUV Vorschrift 2)

I. Allgemeines (Abschnitt I)

Wesentliche Grundlage von Art und Umfang der betriebsärztlichen und sicherheitstechnischen Betreuung nach Anlage 1 sind die im Betrieb vorliegenden Gefährdungen für Sicherheit und Gesundheit der Beschäftigten sowie die Aufgaben gemäß den §§ 3 bzw. 6 Arbeitssicherheitsgesetz.
Die zu erbringende betriebsärztliche und sicherheitstechnische Betreuung umfasst die Unterstützung des Unternehmers bei der Erstellung und Aktualisierung der Beurteilung der Arbeitsbedingungen (Gefährdungsbeurteilung) und die Durchführung anlassbezogener Betreuungen. Die Inhalte der Betreuung können kombiniert werden.
Bei der Erstellung bzw. der Aktualisierung der Gefährdungsbeurteilung muss der Sachverstand von Betriebsärztinnen oder Betriebsärzten sowie Fachkräften für Arbeitssicherheit einbezogen werden. Dies kann dadurch geschehen, dass die oder der Erstberatende den Sachverstand des jeweils anderen Sachgebietes hinzuzieht.
Die Unterstützung bei der Gefährdungsbeurteilung ist bei maßgeblicher Änderung der Arbeitsbedingungen, spätestens aber nach ... Jahren zu wiederholen:
(Konkrete Regelungen des jeweiligen Unfallversicherungsträgers unter Anwendung folgender Orientierungshilfe einsetzen: Gruppe I nach Anlage 2 Abschnitt IV: höchstens ein Jahr; Gruppe II nach Anlage 2 Abschnitt IV: höchstens drei Jahre; Gruppe III nach Anlage 2 Abschnitt IV: höchstens fünf Jahre.)

II. Anlassbezogene Betreuungen (Abschnitt II)

Der Unternehmer ist verpflichtet, sich bei besonderen Anlässen durch eine Betriebsärztin oder einen Betriebsarzt oder eine Fachkraft für Arbeitssicherheit mit branchenspezifischen Kenntnissen in Fragen der Sicherheit und des Gesundheitsschutzes betreuen zu lassen.
Insbesondere bei folgenden Anlässen hat der Unternehmer zu prüfen, ob eine Betreuung durch die Betriebsärztin oder den Betriebsarzt, durch die Fachkraft für Arbeitssicherheit oder durch beide Professionen erforderlich ist:

- Planung, Errichtung und Änderung von Betriebsanlagen,
- Einführung neuer Arbeitsmittel, die ein erhöhtes Gefährdungspotenzial zur Folge haben,
- grundlegende Änderung von Arbeitsverfahren,
- Einführung neuer Arbeitsverfahren,
- Gestaltung neuer Arbeitsplätze und -abläufe,
- Einführung neuer Arbeitsstoffe, die ein erhöhtes Gefährdungspotenzial zur Folge haben,
- Tätigkeit von Personen mit besonderem Schutzbedürfnis (insbesondere Schwangere, Stillende, Jugendliche, schwerbehinderte Menschen),
- Untersuchung von Unfällen und Berufskrankheiten,
- Beratung der Beschäftigten über besondere Unfall- und Gesundheitsgefahren bei der Arbeit,
- Erstellung von Notfall-, Hygiene-, Pandemie- und Alarmplänen,
- Erforderlichkeit der Durchführung sicherheitstechnischer Überprüfungen und Beurteilungen von Anlagen, Arbeitssystemen und Arbeitsverfahren,
- grundlegende Umgestaltung von Arbeitszeit-, Pausen- und Schichtsystemen,
- Erforderlichkeit der Durchführung der arbeitsmedizinischen Vorsorge,
- Gefährdungen durch Personen, die sich und andere gefährden, insbesondere durch einen Rauschzustand oder ein aggressives Verhalten,
- Fragen des Arbeitsplatzwechsels sowie der Eingliederung und Wiedereingliederung von Menschen mit Behinderungen und der (Wieder-)Eingliederung von Rehabilitanden,
- Häufung gesundheitlicher Probleme,
- Auftreten posttraumatischer Belastungszustände.

(Weitere Konkretisierungen kann der jeweilige Unfallversicherungsträger vornehmen.)

Anlassbezogene Beratungen zu speziellen Fachthemen können im Einzelfall auch durch Personen mit entsprechender Fachkompetenz erbracht werden, die nicht über eine Qualifikation als Betriebsärztin oder Betriebsarzt oder als Fachkraft für Arbeitssicherheit verfügen.

Unternehmer können sich zur gemeinsamen Nutzung betriebsärztlicher und sicherheitstechnischer Regelbetreuung zusammenschließen, soweit die Möglichkeiten zur Organisation im Betrieb nicht ausreichen.

Anlage 2
Betriebsärztliche und sicherheitstechnische Regelbetreuung in Betrieben mit mehr als 20 Beschäftigten

(zu § 2 Absatz 3 DGUV Vorschrift 2)

I. Allgemeines (Abschnitt I)

Die betriebsärztliche und sicherheitstechnische Betreuung nach Anlage 2 besteht aus der Grundbetreuung und dem betriebsspezifischen Teil der Betreuung. Grund-

betreuung und betriebsspezifische Betreuung bilden zusammen die Gesamtbetreuung.
Der Unternehmer hat die Aufgaben der Betriebsärztinnen oder Betriebsärzte sowie Fachkräfte für Arbeitssicherheit entsprechend den betrieblichen Erfordernissen unter Mitwirkung der betrieblichen Interessenvertretung unter Verweis auf § 9 Absatz 3 Arbeitssicherheitsgesetz zu ermitteln, aufzuteilen und mit ihnen elektronisch oder schriftlich zu vereinbaren.
Maßgeblich für die Bemessung des Betreuungsumfangs der Grundbetreuung sind die gemäß Abschnitt II für die Betriebe geltenden Einsatzzeiten.
Der Umfang des betriebsspezifischen Teils der Betreuung gemäß Abschnitt III ist vom Unternehmer zu ermitteln, regelmäßig sowie bei wesentlichen Änderungen zu überprüfen und erforderlichenfalls anzupassen.
Der Unternehmer hat sich durch eine Betriebsärztin oder einen Betriebsarzt sowie eine Fachkraft für Arbeitssicherheit bei der Festlegung der Grundbetreuung und des betriebsspezifischen Teils der Betreuung beraten zu lassen.
Die Durchführung der arbeitsmedizinischen Vorsorge ist nicht auf die Einsatzzeiten der Grundbetreuung anzurechnen, sondern Bestandteil des betriebsspezifischen Teils der Betreuung.
Betriebsspezifische Beratungen zu speziellen Fachthemen können auch durch Personen mit entsprechender Fachkompetenz erbracht werden, die nicht über eine Qualifikation als Betriebsärztin oder Betriebsarzt oder als Fachkraft für Arbeitssicherheit verfügen; die Betriebsärztin oder der Betriebsarzt sowie die Fachkraft für Arbeitssicherheit sind zu informieren. Beteiligungsrechte der Beschäftigten und der gewählten Mitbestimmungsorgane gemäß Betriebsverfassungsgesetz und Personalvertretungsgesetzen bleiben unberührt.
Wegezeiten können nicht als Einsatzzeiten angerechnet werden.
Bei Verwendung von digitalen Informations- und Kommunikationstechnologien gilt der zulässige Höchstanteil jeweils für die Grundbetreuung und die betriebsspezifische Betreuung.

II. Grundbetreuung (Abschnitt II)

Die Grundbetreuung weist drei Betreuungsgruppen auf, für die jeweils feste Einsatzzeiten als Summenwerte für die Betriebsärztin oder den Betriebsarzt sowie die Fachkraft für Arbeitssicherheit gelten. Die Betriebe sind über ihre jeweilige Betriebsart den Betreuungsgruppen gemäß Abschnitt IV zugeordnet. Für die Grundbetreuung ist je nach Zuordnung in eine der drei Gruppen folgende Einsatzzeit in Stunden pro Beschäftigtem und Jahr erforderlich:

	Gruppe I	**Gruppe II**	**Gruppe III**
Einsatzzeit (Stunden / Jahr pro Beschäftigtem)	2,5	1,5	0,5

Bei der Aufteilung der Zeiten auf die Betriebsärztin oder den Betriebsarzt und die Fachkraft für Arbeitssicherheit ist in der Grundbetreuung ein Mindestanteil von 20 Prozent für jeden dieser Leistungserbringer anzusetzen.

Die Grundbetreuung umfasst folgende Aufgabenfelder, deren Berücksichtigung in der Regel eine Begehung voraussetzt:

1. Unterstützung bei der Beurteilung der Arbeitsbedingungen (Gefährdungsbeurteilung)
   - 1.1 Unterstützung bei der Implementierung eines Gesamtkonzeptes zur Gefährdungsbeurteilung
   - 1.2 Unterstützung bei der Durchführung der Gefährdungsbeurteilung
   - 1.3 Beobachtung der gelebten Praxis und Auswertung der Gefährdungsbeurteilung
   - 1.4 Unterstützung bei der Fortschreibung der Gefährdungsbeurteilung
2. Unterstützung bei grundlegenden Maßnahmen der Arbeitsgestaltung – Verhältnisprävention
   - 2.1 Unterstützung bei der Arbeitssystemgestaltung in Planung, Ausführung und Unterhaltung
   - 2.2 Eigeninitiatives Handeln zur Verhältnisprävention an bestehenden Arbeitssystemen und ihren Arbeitsbedingungen sowie bei deren Veränderungen
3. Unterstützung bei grundlegenden Maßnahmen der Arbeitsgestaltung – Verhaltensprävention
   - 3.1 Unterstützung bei Unterweisungen, Betriebsanweisungen, Qualifizierungsmaßnahmen
   - 3.2 Motivieren zum sicherheits- und gesundheitsgerechten Verhalten
   - 3.3 Information und Aufklärung
   - 3.4 Kollektive arbeitsmedizinische Beratung der Beschäftigten
4. Unterstützung bei der Schaffung einer geeigneten Organisation und Integration in die Führungstätigkeit
   - 4.1 Integration von Sicherheit und Gesundheit bei der Arbeit in die Aufbauorganisation und Berücksichtigung in betrieblichen Prozessen
   - 4.2 Integration von Sicherheit und Gesundheit bei der Arbeit in die Unternehmensführung
   - 4.3 Beratung zu erforderlichen Ressourcen zur Umsetzung der Maßnahmen bezogen auf Sicherheit und Gesundheit bei der Arbeit
   - 4.4 Kommunikation und Information sichern
   - 4.5 Organisation der »Ersten Hilfe« im Betrieb
   - 4.6 Organisation und Verbesserung betrieblicher Prozesse derart, dass die Maßnahmen bezogen auf Sicherheit und Gesundheit bei der Arbeit einen möglichst hohen Wirkungsgrad erreichen.
5. Untersuchung nach Ereignissen
   - 5.1 Untersuchungen von Ereignissen, Ursachenanalysen und deren Auswertungen
   - 5.2 Ermitteln von Unfallschwerpunkten sowie Schwerpunkten arbeitsbedingter Erkrankungen
   - 5.3 Verbesserungsvorschläge
6. Allgemeine Beratung von Arbeitgebern und Führungskräften, betrieblichen Interessenvertretungen, Beschäftigten

6.1 Beratung zu Rechtsgrundlagen, Stand der Technik, Arbeitsmedizin, Hygiene und sonstigen arbeitswissenschaftlichen Erkenntnissen
6.2 Beantwortung von Anfragen, Erfassen und Aufarbeiten von Hinweisen von Beschäftigten
6.3 Verbreitung der Information im Unternehmen, einschließlich Teambesprechungen
6.4 Organisation externer Beratung zu speziellen Problemen bezogen auf Sicherheit und Gesundheit bei der Arbeit
6.5 Beratung zum Bedarf und Umfang betriebsspezifischer Betreuung

7. Erstellung von Dokumentationen, Erfüllung von Meldepflichten
   7.1 Unterstützung bei der Erstellung von Dokumentationen
   7.2 Unterstützung bei der Erfüllung von Meldepflichten gegenüber den zuständigen Behörden und Unfallversicherungsträgern
   7.3 Dokumentation von Vorschlägen an den Arbeitgeber einschließlich Angabe des jeweiligen Umsetzungsstandes
   7.4 Dokumentation zur eigenen Tätigkeit und zur Inanspruchnahme der Einsatzzeiten
8. Mitwirken in betrieblichen Besprechungen
   8.1 Direkte persönliche Beratung von Arbeitgebern und deren Führungskräften
   8.2 Teilnahme an Dienstgesprächen des Arbeitgebers mit seinen Führungskräften
   8.3 Teilnahme an Besprechungen der betrieblichen Beauftragten entsprechend §§ 9, 10 und 11 Arbeitssicherheitsgesetz, insbesondere am Arbeitsschutzausschuss
   8.4 Teilnahme an sonstigen Besprechungen, einschließlich Betriebsversammlungen
9. Selbstorganisation
   9.1 Organisation der erforderlichen Fortbildung (Aktualisierung und Erweiterung)
   9.2 Entwicklung und Nutzung von Wissensmanagement
   9.3 Nutzung des Erfahrungsaustauschs, insbesondere mit den Unfallversicherungsträgern und den zuständigen Behörden

III. Betriebsspezifische Betreuung (Abschnitt III)

Der Unternehmer muss ermitteln und prüfen, welche Leistungen in der betriebsspezifischen Betreuung erforderlich sind und welcher Personalaufwand dafür benötigt wird. Dabei hat er sich von einer Betriebsärztin oder einem Betriebsarzt sowie einer Fachkraft für Arbeitssicherheit beraten zu lassen.

Der Unternehmer hat auf der Grundlage des ermittelten Personalaufwandes die Betreuungsleistungen mit der Betriebsärztin oder dem Betriebsarzt sowie der Fachkraft für Arbeitssicherheit festzulegen und elektronisch oder schriftlich zu vereinbaren.

Die Beratung zur Beurteilung der Arbeitsbedingungen (Gefährdungsbeurteilung) ist in der betriebsspezifischen Betreuung fortzuführen, soweit die Einsatzzeiten

(Grundbetreuung) dafür nicht ausreichen oder wenn Gefährdungen aus für den Betriebszweck untypischen Tätigkeiten ergänzend zu berücksichtigen sind.
Der Unternehmer hat bei der Ermittlung des Bedarfs an betriebsspezifischer Betreuung die unten aufgeführten Aufgabenfelder zu berücksichtigen. Er hat diese hinsichtlich ihrer Relevanz für die betriebsärztliche und sicherheitstechnische Betreuung regelmäßig, insbesondere nach wesentlichen Änderungen, zu prüfen.
Die Aufgabenfelder für die betriebsspezifische Betreuung sind:

1 Regelmäßig vorliegende Anlässe der betriebsspezifischen Betreuung
   1.1 Gefährliche Arbeiten; Tätigkeiten, Arbeitsplätze und Arbeitsstätten mit besonderen Gefährdungen
   1.2 Arbeitsorganisation und Gestaltung der Arbeit bei Vorhandensein von besonderen Gefährdungen
   1.3 Besondere betriebsspezifische Anforderungen beim Personaleinsatz

(Konkrete Angabe des jeweiligen Unfallversicherungsträgers möglich; soweit es sich bei den regelmäßig vorliegenden Aufgabenfeldern um betriebsartenspezifische Besonderheiten handelt, kann der Unfallversicherungsträger in der DGUV Regel 100-002 Betreuungszeiten für die betriebsspezifische Betreuung empfehlen.)

2 Betriebliche Veränderungen in den Arbeitsbedingungen und in der Organisation
   2.1 Beschaffung von grundlegend neuartigen Maschinen, Geräten
   2.2 Grundlegende Veränderungen zur Errichtung neuer Arbeitsplätze bzw. der Arbeitsplatzausstattung; Planung, Neuerrichtung von Betriebsanlagen; Umbau, Neubaumaßnahmen
   2.3 Einführung neuer Stoffe bzw. Materialien
   2.4 Grundlegende Veränderung betrieblicher Abläufe und Prozesse; grundlegende Veränderung der Arbeitszeitgestaltung; Einführung neuer Arbeitsverfahren
   2.5 Spezifische Erfordernisse zur Schaffung einer geeigneten Organisation zur Durchführung der Maßnahmen zu Sicherheit und Gesundheit bei der Arbeit sowie der Integration in die Führungstätigkeit und zum Aufbau eines Systems der Beurteilung der Arbeitsbedingungen (Gefährdungsbeurteilung)

3 Externe Entwicklung mit spezifischem Einfluss auf die betriebliche Situation
   3.1 Neue Vorschriften, die für den Betrieb umfangreiche Änderungen nach sich ziehen
   3.2 Weiterentwicklung des für den Betrieb relevanten Stands der Technik, der Arbeitsmedizin, Hygiene oder sonstigen arbeitswissenschaftlichen Erkenntnisse

4 Arbeitsmedizinische Vorsorge
   Arbeitsmedizinische Vorsorge richtet sich nach der Verordnung zur arbeitsmedizinischen Vorsorge (ArbMedVV).

5 Betriebliche Aktionen, Schwerpunktprogramme und Kampagnen
   5.1 Abstimmungsbedarf bei Einführung oder Weiterentwicklung eines freiwilligen Gesundheitsmanagements
   5.2 Schwerpunktprogramme und Kampagnen zu Sicherheit und Gesundheit bei der Arbeit

IV. Zuordnung der Betriebsarten zu den Betreuungsgruppen (Abschnitt IV)

Die nachfolgende Tabelle weist die Zuordnung der Betriebe anhand des WZ-Schlüssels der jeweiligen Betriebsart zu den Betreuungsgruppen der Grundbetreuung nach Abschnitt II aus.
Auszug für *(Unfallversicherungsträger benennen)* aus der Klassifikation der Wirtschaftszweige, Ausgabe 2008 (WZ 2008). Eine vollständige Liste mit den Angaben aller Unfallversicherungsträger wird bei der Deutschen Gesetzlichen Unfallversicherung (DGUV) geführt.

WZ 2008	**WZ 2008 – Bezeichnung (a. n. g. = anderweitig nicht genannt)**	**Gruppe I 2,5 h**	**Gruppe II 1,5 h**	**Gruppe III 0,5 h**
A	ABSCHNITT A – LAND- UND FORSTWIRTSCHAFT, FISCHEREI			
01.5	Gemischte Landwirtschaft		X	
02	Forstwirtschaft und Holzeinschlag			
02.1	Forstwirtschaft	X		
02.2	Holzeinschlag	X		
02.4	Erbringung von Dienstleistungen für Forstwirtschaft und Holzeinschlag	X		
B	ABSCHNITT B – BERGBAU UND GEWINNUNG VON STEINEN UND ERDEN			
05	Kohlenbergbau			
05.1	Steinkohlenbergbau	X		
05.2	Braunkohlenbergbau	X		
06	Gewinnung von Erdöl und Erdgas			
06.1	Gewinnung von Erdöl		X	
06.2	Gewinnung von Erdgas		X	
07	Erzbergbau			
07.1	Eisenerzbergbau	X		
07.2	NE-Metallerzbergbau	X		
08	Gewinnung von Steinen und Erden, sonstiger Bergbau			
08.1	Gewinnung von Natursteinen, Kies, Sand, Ton und Kaolin			
08.11	Gewinnung von Naturwerksteinen und Natursteinen, Kalk- und Gipsstein, Kreide und Schiefer	X		

WZ 2008	WZ 2008 – Bezeichnung (a. n. g. = anderweitig nicht genannt)	Gruppe I 2,5 h	Gruppe II 1,5 h	Gruppe III 0,5 h
08.12	Gewinnung von Ton und Kaolin		X	
08.9	Sonstiger Bergbau; Gewinnung von Steinen und Erden a. n. g.	X		
09	Erbringung von Dienstleistungen für den Bergbau und für die Gewinnung von Steinen und Erden			
09.1	Erbringung von Dienstleistungen für die Gewinnung von Erdöl und Erdgas		X	
09.9	Erbringung von Dienstleistungen für den sonstigen Bergbau und die Gewinnung von Steinen und Erden	X		
C	ABSCHNITT C – VERARBEITENDES GEWERBE			
10	Herstellung von Nahrungs- und Futtermitteln			
10.1	Schlachten und Fleischverarbeitung	X		
10.2	Fischverarbeitung		X	
10.3	Obst- und Gemüseverarbeitung		X	
10.4	Herstellung von pflanzlichen und tierischen Ölen und Fetten		X	
10.5	Milchverarbeitung			
10.51	Milchverarbeitung (ohne Herstellung von Speiseeis)		X	
10.52	Herstellung von Speiseeis		X	
10.52.1	Industriell		X	
10.52.2	Kleingewerblich			X
10.6	Mahl- und Schälmühlen, Herstellung von Stärke und Stärkeerzeugnissen		X	
10.7	Herstellung von Back- und Teigwaren		X	
10.8	Herstellung von sonstigen Nahrungsmitteln			
10.81	Herstellung von Zucker		X	
10.82	Herstellung von Süßwaren (ohne Dauerbackwaren)			X
10.89	Herstellung von sonstigen Nahrungsmitteln a. n. g.		X	

WZ 2008	WZ 2008 – Bezeichnung (a. n. g. = anderweitig nicht genannt)	Gruppe I 2,5 h	Gruppe II 1,5 h	Gruppe III 0,5 h
10.9	Herstellung von Futtermitteln	X		
11	Getränkeherstellung			
11.0	Getränkeherstellung			
11.01	Herstellung von Spirituosen			X
11.02	Herstellung von Traubenwein			X
11.05	Herstellung von Bier	X		
11.06	Herstellung von Malz			X
11.07	Herstellung von Erfrischungsgetränken; Gewinnung natürlicher Mineralwässer	X		
11.08	Herstellung von sonstigen Getränken a. n. g.			X
12	Tabakverarbeitung			
12.0	Tabakverarbeitung			X
13	Herstellung von Textilien			
13.1	Spinnstoffaufbereitung und Spinnerei	X		
13.2	Weberei	X		
13.3	Veredlung von Textilien und Bekleidung			X
13.9	Herstellung von sonstigen Textilwaren			
13.91	Herstellung von gewirktem und gestricktem Stoff			X
13.92	Herstellung von konfektionierten Textilwaren (ohne Bekleidung)	X		
13.93	Herstellung von Teppichen	X		
13.94	Herstellung von Seilerwaren	X		
13.95	Herstellung von Vliesstoff und Erzeugnissen daraus (ohne Bekleidung)	X		
13.96	Herstellung von technischen Textilien	X		
13.99	Herstellung von sonstigen Textilwaren	X		
14	Herstellung von Bekleidung			

WZ 2008	WZ 2008 – Bezeichnung (a. n. g. = anderweitig nicht genannt)	Gruppe I 2,5 h	Gruppe II 1,5 h	Gruppe III 0,5 h
14.1	Herstellung von Bekleidung (ohne Pelzbekleidung)			X
14.2	Herstellung von Pelzwaren			X
14.3	Herstellung von Bekleidung aus gewirktem und gestricktem Stoff			X
15	Herstellung von Leder, Lederwaren und Schuhen			
15.1	Herstellung von Leder und Lederwaren (ohne Herstellung von Lederbekleidung)			
15.11	Herstellung von Leder und Lederfaserstoff; Zurichtung und Färben von Fellen		X	
15.12	Lederverarbeitung (ohne Herstellung von Lederbekleidung)			X
15.2	Herstellung von Schuhen			X
16	Herstellung von Holz-, Flecht-, Korb- und Korkwaren (ohne Möbel)			
16.1	Säge-, Hobel- und Holzimprägnierwerke	X		
16.2	Herstellung von sonstigen Holz-, Kork-, Flecht- und Korbwaren (ohne Möbel)		X	
17	Herstellung von Papier, Pappe und Waren daraus			
17.1	Herstellung von Holz- und Zellstoff, Papier, Karton und Pappe		X	
17.2	Herstellung von Waren aus Papier, Karton und Pappe		X	
18	Herstellung von Druckerzeugnissen; Vervielfältigung von bespielten Ton-, Bild- und Datenträgern			
18.1	Herstellung von Druckerzeugnissen			
18.11	Drucken von Zeitungen		X	
18.12	Drucken a. n. g.		X	
18.13	Druck- und Medienvorstufe			X
18.14	Binden von Druckerzeugnissen u. damit verbundene Dienstleistung		X	

WZ 2008	WZ 2008 – Bezeichnung (a. n. g. = anderweitig nicht genannt)	Gruppe I 2,5 h	Gruppe II 1,5 h	Gruppe III 0,5 h
18.2	Vervielfältigung von bespielten Ton-, Bild- und Datenträgern		X	
19	Kokerei und Mineralölverarbeitung			
19.1	Kokerei	X		
19.2	Mineralölverarbeitung		X	
20	Herstellung von chemischen Erzeugnissen			
20.1	Herstellung von chemischen Grundstoffen, Düngemitteln und Stickstoffverbindungen, Kunststoffen in Primärformen und synthetischem Kautschuk in Primärformen		X	
20.2	Herstellung von Schädlingsbekämpfungs-, Pflanzenschutz- und Desinfektionsmitteln		X	
20.3	Herstellung von Anstrichmitteln, Druckfarben und Kitten		X	
20.4	Herstellung von Seifen, Wasch-, Reinigungs- und Körperpflegemitteln sowie von Duftstoffen		X	
20.5	Herstellung von sonstigen chemischen Erzeugnissen		X	
20.6	Herstellung von Chemiefasern		X	
21	Herstellung von pharmazeutischen Erzeugnissen			
21.1	Herstellung von pharmazeutischen Grundstoffen		X	
21.2	Herstellung von pharmazeutischen Spezialitäten und sonstigen pharmazeutischen Erzeugnissen		X	
22	Herstellung von Gummi- und Kunststoffwaren			
22.1	Herstellung von Gummiwaren		X	
22.2	Herstellung von Kunststoffwaren		X	
23	Herstellung von Glas und Glaswaren, Keramik, Verarbeitung von Steinen und Erden			
23.1	Herstellung von Glas und Glaswaren		X	
23.2	Herstellung von feuerfesten keramischen Werkstoffen und Waren		X	

WZ 2008	WZ 2008 – Bezeichnung (a. n. g. = anderweitig nicht genannt)	Gruppe I 2,5 h	Gruppe II 1,5 h	Gruppe III 0,5 h
23.3	Herstellung von keramischen Baumaterialien		X	
23.4	Herstellung von sonstigen Porzellan- und keramischen Erzeugnissen		X	
23.5	Herstellung von Zement, Kalk und gebranntem Gips	X		
23.6	Herstellung von Erzeugnissen aus Beton, Zement und Gips			
23.61	Herstellung von Erzeugnissen aus Kalksandstein für den Bau		X	
23.62	Herstellung von Gipserzeugnissen für den Bau		X	
23.63	Herstellung von Frischbeton (Transportbeton)	X		
23.64	Herstellung von Mörtel und anderem Beton (Trockenbeton)	X		
23.65	Herstellung von Faserzementwaren	X		
23.69	Herstellung von sonstigen Erzeugnissen aus Beton, Zement und Gips a. n. g.	X		
23.7	Be- und Verarbeitung von Naturwerksteinen und Natursteinen a. n. g.			
23.71	Industrielle Be- und Verarbeitung von Naturwerksteinen und Natursteinen	X		
23.72	Steinmetzmäßige Bearbeitung von Naturwerkstein		X	
23.91	Herstellung von Schleifkörpern und Schleifmitteln auf Unterlage		X	
23.99	Herstellung von sonstigen Erzeugnissen aus nichtmetallischen Mineralien, a. n. g.	X		
24	Metallerzeugung und -bearbeitung			
24.1	Erzeugung von Roheisen, Stahl und Ferrolegierungen	X		
24.2	Herstellung von Stahlrohren, Rohrform-, Rohrverschluss- und Rohrverbindungsstücken aus Stahl		X	

WZ 2008	WZ 2008 – Bezeichnung (a. n. g. = anderweitig nicht genannt)	Gruppe I 2,5 h	Gruppe II 1,5 h	Gruppe III 0,5 h
24.4	Erzeugung und erste Bearbeitung von NE-Metallen		X	
24.5	Gießereien	X		
25	Herstellung von Metallerzeugnissen			
25.1	Stahl- und Leichtbau		X	
25.4	Herstellung von Waffen und Munition		X	
25.5	Herstellung von Schmiede-, Press-, Zieh- und Stanzteilen, gewalzten Ringen und pulvermetallurgischen Erzeugnissen		X	
25.6	Oberflächenveredlung und Wärmebehandlung; Mechanik a. n. g.			
25.61	Oberflächenveredlung und Wärmebehandlung			
25.61.1	Oberflächenveredlung und Wärmebehandlung (ohne Galvanotechnik / elektrochemische Oberflächenbehandlung)		X	
25.61.2	Oberflächenveredlung und Wärmebehandlung (Galvanotechnik / elektrotechnische Oberflächenbehandlung)	X		
25.62	Mechanik a. n. g.		X	
25.7	Herstellung von Schneidwaren, Werkzeugen, Schlössern und Beschlägen aus unedlen Metallen		X	
25.9	Herstellung von sonstigen Metallwaren		X	
26	Herstellung von Datenverarbeitungsgeräten, elektronischen und optischen Erzeugnissen			
26.1	Herstellung von elektronischen Bauelementen und Leiterplatten		X	
26.2	Herstellung von Datenverarbeitungsgeräten und peripheren Geräten		X	
26.3	Herstellung von Geräten und Einrichtungen der Telekommunikationstechnik		X	

WZ 2008	WZ 2008 – Bezeichnung (a. n. g. = anderweitig nicht genannt)	Gruppe I 2,5 h	Gruppe II 1,5 h	Gruppe III 0,5 h
26.4	Herstellung von Geräten der Unterhaltungselektronik		X	
26.5	Herstellung von Mess-, Kontroll-, Navigations- u. ä. Instrumenten und Vorrichtungen; Herstellung von Uhren			
26.51	Herstellung von Mess-, Kontroll-, Navigations- u. ä. Instrumenten und Vorrichtungen		X	
26.52	Herstellung von Uhren		X	
26.53	Herstellung von Mess-, Steuer-, Automations- und Regeltechnik a. n. g.			X
26.6	Herstellung von Bestrahlungs- und Elektrotherapiegeräten und elektromedizinischen Geräten		X	
26.7	Herstellung von optischen und fotografischen Instrumenten und Geräten		X	
26.8	Herstellung von magnetischen und optischen Datenträgern		X	
27	Herstellung von elektrischen Ausrüstungen			
27.1	Herstellung von Elektromotoren, Generatoren, Transformatoren, Elektrizitätsverteilungs- und -schalteinrichtungen			
27.11	Herstellung von Elektromotoren, Generatoren und Transformatoren		X	
27.12	Herstellung von Elektrizitätsverteilungs- und -schalteinrichtungen		X	
27.2	Herstellung von Batterien und Akkumulatoren		X	
27.3	Herstellung von Kabeln und elektrischem Installationsmaterial		X	
27.4	Herstellung von elektrischen Lampen und Leuchten		X	
27.5	Herstellung von Haushaltsgeräten		X	
27.9	Herstellung von sonstigen elektrischen Ausrüstungen und Geräten a. n. g.		X	

WZ 2008	WZ 2008 – Bezeichnung (a. n. g. = anderweitig nicht genannt)	Gruppe I 2,5 h	Gruppe II 1,5 h	Gruppe III 0,5 h
28	Maschinenbau			
28.1	Herstellung von nicht wirtschaftszweigspezifischen Maschinen			
28.11	Herstellung von Verbrennungsmotoren und Turbinen (ohne Motoren für Luft und Straßenfahrzeuge)		X	
28.12	Herstellung von hydraulischen und pneumatischen Komponenten und Systemen		X	
28.13	Herstellung von Pumpen und Kompressoren a. n. g.		X	
28.14	Herstellung von Armaturen a. n. g.			X
28.15	Herstellung von Lagern, Getrieben, Zahnrädern und Antriebselementen			X
28.16	Antriebs- und Regelungstechnik		X	
28.2	Herstellung von sonstigen nicht wirtschaftszweigspezifischen Maschinen		X	
28.4	Herstellung von Werkzeugmaschinen		X	
28.9	Herstellung von Maschinen für sonstige bestimmte Wirtschaftszweige		X	
29	Herstellung von Kraftwagen und Kraftwagenteilen			
29.1	Herstellung von Kraftwagen und Kraftwagenmotoren			X
29.2	Herstellung von Karosserien, Aufbauten und Anhängern		X	
29.3	Herstellung von Teilen und Zubehör für Kraftwagen		X	
30	Sonstiger Fahrzeugbau			
30.1	Schiff- und Bootsbau	X		
30.2	Schienenfahrzeugbau			
30.20.1	Herstellung von Lokomotiven und anderen Schienenfahrzeugen		X	
30.20.2	Herstellung von Eisenbahninfrastruktur		X	
30.3	Luft- und Raumfahrzeugbau			

WZ 2008	WZ 2008 – Bezeichnung (a. n. g. = anderweitig nicht genannt)	Gruppe I 2,5 h	Gruppe II 1,5 h	Gruppe III 0,5 h
30.3.1	Herstellung von Luft- und Raumfahrzeugen		X	
30.3.2	Herstellung von Flugzeugteilen und Zubehör		X	
30.3.3	Luftfahrzeugkomponenten			X
30.3.4	Herstellung und Wartung von Turbinen für Luftfahrzeuge			X
30.3.5	Instandhaltung, Wartung und Umbau von Luftfahrzeugen		X	
30.3.6	Herstellung von Hubschraubern			X
30.9	Herstellung von Fahrzeugen a. n. g.			X
31	Herstellung von Möbeln			
31.0	Herstellung von Möbeln		X	
31.03	Herstellung von Matratzen		X	
31.09	Herstellung von sonstigen Möbeln		X	
32	Herstellung von sonstigen Waren			
32.1	Herstellung von Münzen, Schmuck und ähnlichen Erzeugnissen		X	
32.2	Herstellung von Musikinstrumenten		X	
32.3	Herstellung von Sportgeräten		X	
32.4	Herstellung von Spielwaren		X	
32.5	Herstellung von medizinischen und zahnmedizinischen Apparaten und Materialien		X	
32.9	Herstellung von Erzeugnissen a. n. g.		X	
33	Reparatur und Installation von Maschinen und Ausrüstungen			
33.1	Reparatur von Metallerzeugnissen, Maschinen und Ausrüstungen		X	
33.2	Installation von Maschinen und Ausrüstungen a. n. g.		X	
D	ABSCHNITT D – ENERGIEVERSORGUNG			
35	Energieversorgung			
35.1	Elektrizitätsversorgung		X	
35.2	Gasversorgung		X	

WZ 2008	WZ 2008 – Bezeichnung (a. n. g. = anderweitig nicht genannt)	Gruppe I 2,5 h	Gruppe II 1,5 h	Gruppe III 0,5 h
35.3	Wärme- und Kälteversorgung		X	
E	ABSCHNITT E – WASSERVERSORGUNG; ABWASSER- UND ABFALLENTSORGUNG UND BESEITIGUNG VON UMWELTVERSCHMUTZUNGEN			
36	Wasserversorgung		X	
37	Abwasserentsorgung		X	
38	Sammlung, Behandlung und Beseitigung von Abfällen; Rückgewinnung			
38.1	Sammlung von Abfällen		X	
38.21	Abfallbehandlung und -beseitigung		X	
38.22	Behandlung und Beseitigung gefährlicher Abfälle	X		
38.3	Rückgewinnung		X	
39	Beseitigung von Umweltverschmutzungen und sonstige Entsorgung		X	
F	ABSCHNITT F – BAUGEWERBE			
41	Hochbau			
41.2	Bau von Gebäuden	X		
42	Tiefbau			
42.1	Bau von Straßen und Bahnverkehrsstrecken			
42.11	Bau von Straßen		X	
42.12	Bau von Bahnverkehrsstrecken			
42.12.1	Bau von Bahnverkehrsstrecken		X	
42.12.2	Errichtung, Wartung und Instandhaltung von elektrischen Anlagen der Bahninfrastruktur	X		
42.13	Brücken- und Tunnelbau			
42.13.1	Brückenbau	X		
42.13.2	Tunnelbau		X	
42.2	Leitungstiefbau und Kläranlagenbau			
42.21	Rohrleitungstiefbau, Brunnenbau und Kläranlagenbau		X	
42.22	Kabelnetzleitungstiefbau	X		

WZ 2008	WZ 2008 – Bezeichnung (a.n.g. = anderweitig nicht genannt)	Gruppe I 2,5 h	Gruppe II 1,5 h	Gruppe III 0,5 h
42.23	Rohrleitungstiefbau, Brunnenbau und Kläranlagenbau, Schwerpunkt Wartung und Instandsetzung	X		
42.9	Sonstiger Tiefbau		X	
43	Vorbereitende Baustellenarbeiten, Bauinstallation und sonstiges Ausbaugewerbe			
43.1	Abbrucharbeiten und vorbereitende Baustellenarbeiten	X		
43.2	Bauinstallation			
43.21	Elektroinstallation		X	
43.22	Gas-, Wasser-, Heizungs- sowie Lüftungs- und Klimainstallation		X	
43.29	Sonstige Bauinstallation; Elektrotechnische Großinstallation	X		
43.3	Sonstiger Ausbau		X	
G	ABSCHNITT G – HANDEL; INSTANDHALTUNG UND REPARATUR VON KRAFTFAHRZEUGEN			
45	Handel mit Kraftfahrzeugen; Instandhaltung und Reparatur von Kraftfahrzeugen			
45.1	Handel mit Kraftwagen			X
45.2	Instandhaltung und Reparatur von Kraftwagen		X	
45.3	Handel mit Kraftwagenteilen und -zubehör			X
45.4	Handel mit Krafträdern, Kraftradteilen und -zubehör; Instandhaltung und Reparatur von Krafträdern			X
46	Großhandel (ohne Handel mit Kraftfahrzeugen)			
46.1	Handelsvermittlung			X
46.2	Großhandel mit landwirtschaftlichen Grundstoffen und lebenden Tieren			X
46.3	Großhandel mit Nahrungs- und Genussmitteln, Getränken und Tabakwaren			X

WZ 2008	WZ 2008 – Bezeichnung (a. n. g. = anderweitig nicht genannt)	Gruppe I 2,5 h	Gruppe II 1,5 h	Gruppe III 0,5 h
46.4	Großhandel mit Gebrauchs- und Verbrauchsgütern			X
46.5	Großhandel mit Geräten der Informations- und Kommunikationstechnik			X
46.6	Großhandel mit sonstigen Maschinen, Ausrüstungen und Zubehör			X
46.7	Sonstiger Großhandel			
46.71	Großhandel mit festen Brennstoffen und Mineralölerzeugnissen			X
46.72	Großhandel mit Erzen, Metallen und Metallhalbzeug			X
46.73	Großhandel mit Holz, Baustoffen, Anstrichmitteln und Sanitärkeramik			X
46.74	Großhandel mit Metall- und Kunststoffwaren für Bauzwecke sowie Installationsbedarf für Gas, Wasser und Heizung			X
46.75	Großhandel mit chemischen Erzeugnissen			X
46.76	Großhandel mit sonstigen Halbwaren			X
46.77	Großhandel mit Altmaterialien und Reststoffen		X	
46.9	Großhandel ohne ausgeprägten Schwerpunkt			X
47	Einzelhandel (ohne Handel mit Kraftfahrzeugen)			
47.1	Einzelhandel mit Waren verschiedener Art (in Verkaufsräumen)			X
47.2	Einzelhandel mit Nahrungs- und Genussmitteln, Getränken und Tabakwaren (in Verkaufsräumen)			X
47.3	Einzelhandel mit Motorenkraftstoffen (Tankstellen)			X
47.4	Einzelhandel mit Geräten der Informations- und Kommunikationstechnik (in Verkaufsräumen)			X

WZ 2008	WZ 2008 – Bezeichnung (a.n.g. = anderweitig nicht genannt)	Gruppe I 2,5 h	Gruppe II 1,5 h	Gruppe III 0,5 h
47.5	Einzelhandel mit sonstigen Haushaltsgeräten, Textilien, Heimwerker- und Einrichtungsbedarf (in Verkaufsräumen)			X
47.6	Einzelhandel mit Verlagsprodukten, Sportausrüstungen und Spielwaren (in Verkaufsräumen)			X
47.7	Einzelhandel mit sonstigen Gütern (in Verkaufsräumen)			X
47.73	Apotheken			X
47.8	Einzelhandel an Verkaufsständen und auf Märkten			X
47.9	Einzelhandel, nicht in Verkaufsräumen, an Verkaufsständen oder auf Märkten			X
H	ABSCHNITT H – VERKEHR UND LAGEREI			
49	Landverkehr und Transport in Rohrfernleitungen			
49.1	Personenbeförderung im Eisenbahnfernverkehr			X
49.2	Güterbeförderung im Eisenbahnverkehr		X	
49.3	Sonstige Personenbeförderung im Landverkehr			X
49.4	Güterbeförderung im Straßenverkehr, Umzugstransporte		X	
49.5	Transport in Rohrfernleitungen		X	
50	Schifffahrt			
50.1	Personenbeförderung in der See- und Küstenschifffahrt		X	
50.2	Güterbeförderung in der See- und Küstenschifffahrt		X	
50.3	Personenbeförderung in der Binnenschifffahrt		X	
50.4	Güterbeförderung in der Binnenschifffahrt		X	
51	Luftfahrt			
51.1	Personenbeförderung in der Luftfahrt			X

WZ 2008	WZ 2008 – Bezeichnung (a. n. g. = anderweitig nicht genannt)	Gruppe I 2,5 h	Gruppe II 1,5 h	Gruppe III 0,5 h
51.2	Güterbeförderung in der Luftfahrt und Raumtransport			X
52	Lagerei sowie Erbringung von sonstigen Dienstleistungen für den Verkehr			
52.1	Lagerei		X	
52.2	Erbringung von sonstigen Dienstleistungen für den Verkehr		X	
52.21.2	Betrieb von Verkehrswegen für Straßenfahrzeuge		X	
52.22.1	Betrieb von Wasserstraßen		X	
52.22.2	Betrieb von Häfen		X	
52.23	Erbringung von sonstigen Dienstleistungen für die Luftfahrt		X	
53	Post-, Kurier- und Expressdienste			
53.1	Postdienste von Universaldienstleistungsanbietern		X	
53.2	Sonstige Post-, Kurier- und Expressdienste		X	
I	ABSCHNITT I – GASTGEWERBE			
55	Beherbergung			
55.1	Hotels, Gasthöfe und Pensionen		X	
55.2	Ferienunterkünfte und ähnliche Beherbergungsstätten			X
55.3	Campingplätze			X
56	Gastronomie			
56.1	Restaurants, Gaststätten, Imbissstuben, Cafés, Eissalon u. Ä.		X	
56.2	Caterer und Erbringung sonstiger Verpflegungsdienstleistungen			
56.21	Caterer		X	
56.22	Sonstige Verpflegungseinrichtungen			X
J	ABSCHNITT J – INFORMATION UND KOMMUNIKATION			
58	Verlagswesen			
58.1	Verlegen von Büchern und Zeitschriften; sonstiges Verlagswesen (ohne Software)			X

WZ 2008	WZ 2008 – Bezeichnung (a. n. g. = anderweitig nicht genannt)	Gruppe I 2,5 h	Gruppe II 1,5 h	Gruppe III 0,5 h
58.13	Verlegen von Zeitungen			X
58.2	Verlegen von Software			X
59	Herstellung, Verleih und Vertrieb von Filmen und Fernsehprogrammen; Kinos; Tonstudios und Verlegen von Musik			
59.1	Herstellung von Filmen und Fernsehprogrammen, deren Verleih und Vertrieb; Kinos			X
59.2	Tonstudios; Herstellung von Hörfunkbeiträgen; Verlegen von bespielten Tonträgern und Musikalien			X
60	Rundfunkveranstalter			
60.1	Hörfunkveranstalter			X
60.2	Fernsehveranstalter			X
61	Telekommunikation			
61.1	Leitungsgebundene Telekommunikation		X	
61.2	Drahtlose Telekommunikation		X	
61.3	Satellitentelekommunikation		X	
61.9	Sonstige Telekommunikation		X	
62	Erbringung von Dienstleistungen der Informationstechnologie			X
63	Informationsdienstleistungen			
63.1	Datenverarbeitung, Hosting und damit verbundene Tätigkeiten; Webportale			X
63.9	Erbringung von sonstigen Informationsdienstleistungen			X
K	ABSCHNITT K – ERBRINGUNG VON FINANZ- UND VERSICHERUNGS-DIENSTLEISTUNGEN			
64	Erbringung von Finanzdienstleistungen			
64.1	Zentralbanken und Kreditinstitute			X
64.9	Sonstige Finanzierungsinstitutionen			X
65	Versicherungen, Rückversicherungen und Pensionskassen (ohne Sozialversicherung)			

WZ 2008	WZ 2008 – Bezeichnung (a.n.g. = anderweitig nicht genannt)	Gruppe I 2,5 h	Gruppe II 1,5 h	Gruppe III 0,5 h
65.1	Versicherungen			X
65.3	Pensionskassen und Pensionsfonds			X
66	Mit Finanz- und Versicherungsdienstleistungen verbundene Tätigkeiten			
66.1	Mit Finanzdienstleistungen verbundene Tätigkeiten			X
66.2	Mit Versicherungsdienstleistungen und Pensionskassen verbundene Tätigkeiten			X
66.3	Fondsmanagement			X
L	ABSCHNITT L – GRUNDSTÜCKS- UND WOHNUNGSWESEN			
68	Grundstücks- und Wohnungswesen			
68.1	Kauf und Verkauf von eigenen Grundstücken, Gebäuden und Wohnungen			X
68.2	Vermietung, Verpachtung von eigenen oder geleasten Grundstücken, Gebäuden und Wohnungen			X
68.3	Vermittlung und Verwaltung von Grundstücken, Gebäuden und Wohnungen für Dritte			X
M	ABSCHNITT M – ERBRINGUNG VON FREIBERUFLICHEN, WISSENSCHAFTLICHEN UND TECHNISCHEN DIENSTLEISTUNGEN			
69	Rechts- und Steuerberatung, Wirtschaftsprüfung			
69.1	Rechtsberatung			X
69.2	Wirtschaftsprüfung und Steuerberatung; Buchführung			X
70	Verwaltung und Führung von Unternehmen und Betrieben; Unternehmensberatung			
70.1	Verwaltung und Führung von Unternehmen und Betrieben			X
70.2	Public-Relations- und Unternehmensberatung			X

WZ 2008	WZ 2008 – Bezeichnung (a.n.g. = anderweitig nicht genannt)	Gruppe I 2,5 h	Gruppe II 1,5 h	Gruppe III 0,5 h
71	Architektur- und Ingenieurbüros; technische, physikalische und chemische Untersuchung			
71.1	Architektur- und Ingenieurbüros			X
71.2	Technische, physikalische und chemische Untersuchung			X
72	Forschung und Entwicklung			
72.1	Forschung und Entwicklung im Bereich Natur-, Ingenieur-, Agrarwissenschaften und Medizin		X	
72.19	Sonstige Forschung und Entwicklung im Bereich Natur-, Ingenieur-, Agrarwissenschaften und Medizin		X	
72.2	Forschung und Entwicklung im Bereich Rechts-, Wirtschafts- und Sozialwissenschaften sowie im Bereich Sprach-, Kultur- und Kunstwissenschaften			X
73	Werbung und Marktforschung			
73.1	Werbung			X
73.2	Markt- und Meinungsforschung			X
74	Sonstige freiberufliche, wissenschaftliche und technische Tätigkeiten			
74.1	Ateliers für Textil-, Schmuck-, Grafik- u. ä. Design			X
74.2	Fotografie und Fotolabors			X
74.9	Sonstige freiberufliche, wissenschaftliche und technische Tätigkeiten a.n.g.			X
75	Veterinärwesen			X
N	ABSCHNITT N – ERBRINGUNG VON SONSTIGEN WIRTSCHAFTLICHEN DIENSTLEISTUNGEN			
77	Vermietung von beweglichen Sachen			
77.1	Vermietung von Kraftwagen			X
77.2	Vermietung von Gebrauchsgütern			X
77.3	Vermietung von Maschinen, Geräten und sonstigen beweglichen Sachen			X

WZ 2008	WZ 2008 – Bezeichnung (a. n. g. = anderweitig nicht genannt)	Gruppe I 2,5 h	Gruppe II 1,5 h	Gruppe III 0,5 h
78	Vermittlung und Überlassung von Arbeitskräften			
78.1	Vermittlung von Arbeitskräften		X	
78.2	Befristete Überlassung von Arbeitskräften (gewerblich)		X	
78.3	Befristete Überlassung von Arbeitskräften (kaufm.-verw.)			X
79	Reisebüros, Reiseveranstalter und Erbringung sonstiger Reservierungsdienstleistungen			
79.1	Reisebüros und Reiseveranstalter			X
79.9	Erbringung sonstiger Reservierungsdienstleistungen			X
80	Wach- und Sicherheitsdienste sowie Detekteien			
80.1	Private Wach- und Sicherheitsdienste			X
80.2	Sicherheitsdienste mithilfe von Überwachungs- und Alarmsystemen			X
80.3	Detekteien			X
81	Gebäudebetreuung; Garten- und Landschaftsbau			
81.1	Hausmeisterdienste			X
81.2	Reinigung von Gebäuden, Straßen und Verkehrsmitteln			
81.21	Allgemeine Gebäudereinigung			X
81.22	Spezielle Reinigung von Gebäuden und Reinigung von Maschinen			
81.22.9	Sonstige spezielle Reinigung von Gebäuden und Reinigung von Maschinen		X	
81.29.1	Reinigung von Verkehrsmitteln			X
81.29.2	Desinfektion und Schädlingsbekämpfung		X	
81.29.9	Sonstige Reinigung a. n. g.		X	
82	Erbringung von wirtschaftlichen Dienstleistungen für Unternehmen und Privatpersonen a. n. g.			

WZ 2008	WZ 2008 – Bezeichnung (a. n. g. = anderweitig nicht genannt)	Gruppe I 2,5 h	Gruppe II 1,5 h	Gruppe III 0,5 h
82.1	Sekretariats- und Schreibdienste, Copy-Shops			X
82.2	Call Center			X
82.3	Messe-, Ausstellungs- und Kongressveranstalter			X
82.9	Erbringung sonstiger wirtschaftlicher Dienstleistungen für Unternehmen und Privatpersonen			
82.91	Inkassobüros und Auskunfteien			X
82.92	Abfüllen und Verpacken		X	
82.99	Erbringung sonstiger wirtschaftlicher Dienstleistungen für Unternehmen und Privatpersonen a. n. g.			X
O	ABSCHNITT O – ÖFFENTLICHE VERWALTUNG, VERTEIDIGUNG; SOZIALVERSICHERUNG			
84	Öffentliche Verwaltung, Verteidigung; Sozialversicherung			
84.1	Öffentliche Verwaltung			X
84.2	Auswärtige Angelegenheiten, Verteidigung, Rechtspflege, öffentliche Sicherheit und Ordnung			
84.21	Auswärtige Angelegenheiten			X
84.22	Verteidigung		X	
84.23	Rechtspflege			
84.23.1	Justizvollzugsanstalten		X	
84.23.2	Gerichte			X
84.24	Öffentliche Sicherheit und Ordnung		X	
84.25	Feuerwehren		X	
84.3	Sozialversicherung			X
P	ABSCHNITT P – ERZIEHUNG UND UNTERRICHT			
85	Erziehung und Unterricht			
85.1	Kindertageseinrichtungen und Vorschulen			X
85.2	Grundschulen			X
85.3	Weiterführende Schulen			X

WZ 2008	WZ 2008 – Bezeichnung (a.n.g. = anderweitig nicht genannt)	Gruppe I 2,5 h	Gruppe II 1,5 h	Gruppe III 0,5 h
85.4	Tertiärer und post-sekundärer, nicht tertiärer Unterricht			X
85.5	Sonstiger Unterricht			X
85.6	Erbringung von Dienstleistungen für den Unterricht			X
Q	ABSCHNITT Q – GESUNDHEITS- UND SOZIALWESEN			
86	Gesundheitswesen			
86.1	Krankenhäuser			
86.10.1	Krankenhäuser (ohne Hochschulkliniken, Vorsorge- und Rehabilitationskliniken)		X	
86.10.2	Hochschulkliniken		X	
86.10.3	Vorsorge- und Rehabilitationskliniken		X	
86.2	Arzt- und Zahnarztpraxen			X
86.9	Gesundheitswesen a.n.g.			X
87	Heime (ohne Erholungs- und Ferienheime)			
87.1	Pflegeheime			X
87.2	Stationäre Einrichtungen zur psychosozialen Betreuung, Suchtbekämpfung u. Ä.			X
87.3	Altenheime; Alten- und Behindertenwohnheime			X
87.9	Sonstige Heime (ohne Erholungs- und Ferienheime)			X
88	Sozialwesen (ohne Heime)			
88.1	Soziale Betreuung älterer Menschen und Behinderter			
88.10.1	Ambulante soziale Dienste			X
88.10.2	Sonstige soziale Betreuung älterer Menschen und Menschen mit Behinderungen			
88.10.2.1	Sonstige soziale Betreuung älterer Menschen und Menschen mit Behinderungen: Tagespflege			X

WZ 2008	WZ 2008 – Bezeichnung (a. n. g. = anderweitig nicht genannt)	Gruppe I 2,5 h	Gruppe II 1,5 h	Gruppe III 0,5 h
88.10.2.2	Werkstätten für Menschen mit Behinderungen		X	
88.9	Sonstiges Sozialwesen (ohne Heime)			X
88.91	Tagesbetreuung von Kindern mit Ausnahme von Kindertageseinrichtungen und Vorschulen			X
88.99	Sonstiges Sozialwesen a. n. g.			X
R	ABSCHNITT R – KUNST, UNTERHALTUNG UND ERHOLUNG			
90	Kreative, künstlerische und unterhaltende Tätigkeiten			
90.0	Kreative, künstlerische und unterhaltende Tätigkeiten			
90.01	Darstellende Kunst			X
90.02	Erbringung von Dienstleistungen für die darstellende Kunst		X	
90.03	Künstlerisches und schriftstellerisches Schaffen (Journalisten, Pressefotografen)			X
90.04	Betrieb von Kultur- und Unterhaltungseinrichtungen		X	
91	Bibliotheken, Archive, Museen, botanische und zoologische Gärten			
91.0	Bibliotheken, Archive, Museen, botanische und zoologische Gärten			
91.01	Bibliotheken und Archive			X
91.02	Museen			X
91.03	Betrieb von historischen Stätten und Gebäuden und ähnlichen Attraktionen			X
91.04	Botanische und zoologische Gärten sowie Naturparks		X	
92	Spiel-, Wett- und Lotteriewesen			X
93	Erbringung von Dienstleistungen des Sports, der Unterhaltung und der Erholung			
93.1	Erbringung von Dienstleistungen des Sports			X
93.11	Betrieb von Sportanlagen			

WZ 2008	WZ 2008 – Bezeichnung (a.n.g. = anderweitig nicht genannt)	Gruppe I 2,5 h	Gruppe II 1,5 h	Gruppe III 0,5 h
93.11.1	Schwimmbäder und -stadien		X	
93.11.2	Betrieb von Sportanlagen			X
93.2	Erbringung von sonstigen Dienstleistungen der Unterhaltung und der Erholung			
93.21	Vergnügungs- und Themenparks			X
93.29	Erbringung von Dienstleistungen der Unterhaltung und der Erholung a.n.g.		X	
S	ABSCHNITT S – ERBRINGUNG VON SONSTIGEN DIENSTLEISTUNGEN			
94	Interessenvertretungen sowie kirchliche und sonstige religiöse Vereinigungen (ohne Sozialwesen und Sport)			
94.1	Wirtschafts- und Arbeitgeberverbände, Berufsorganisationen			X
94.2	Arbeitnehmervereinigungen			X
94.9	Kirchliche Vereinigungen; politische Parteien sowie sonstige Interessenvertretungen und Vereinigungen a.n.g.			X
94.99	Sonstige Interessenvertretungen und Vereinigungen a.n.g.			X
95	Reparatur von Datenverarbeitungsgeräten und Gebrauchsgütern			
95.1	Reparatur von Datenverarbeitungs- und Telekommunikationsgeräten		X	
95.2	Reparatur von Gebrauchsgütern			
95.21	Reparatur von Geräten der Unterhaltungselektronik		X	
95.22	Reparatur von elektrischen Haushaltsgeräten und Gartengeräten		X	
95.23	Reparatur von Schuhen und Lederwaren			X
95.25	Reparatur von Uhren und Schmuck			X
96	Erbringung von sonstigen überwiegend persönlichen Dienstleistungen			
96.0	Erbringung von sonstigen überwiegend persönlichen Dienstleistungen			

WZ 2008	WZ 2008 – Bezeichnung (a. n. g. = anderweitig nicht genannt)	Gruppe I 2,5 h	Gruppe II 1,5 h	Gruppe III 0,5 h
96.01	Wäscherei und chemische Reinigung			X
96.02	Frisör- und Kosmetiksalons			X
96.03	Bestattungswesen			X
96.04	Saunas, Solarien, Bäder u. Ä.			X
96.09	Erbringung von sonstigen Dienstleistungen a. n. g.			X
99.00	Exterritoriale Organisation und Körperschaft			X

Anlage 3
Alternative betriebsärztliche und sicherheitstechnische Betreuung in Betrieben mit (setzt Unfallversicherungsträger ein bis zu … maximal 50) Beschäftigten

(zu § 2 Absatz 4 DGUV Vorschrift 2)
(Der Unfallversicherungsträger setzt konkrete Maßnahmen unter Anwendung der »Rahmenbedingungen für einheitliche Strukturlösungen für alternative Betreuungsmodelle der bedarfsorientierten betriebsärztlichen und sicherheitstechnischen Betreuung« des Fachausschusses »Organisation des Arbeitsschutzes« vom 14. Oktober 2003 und bestehender Erfahrungen und Weiterentwicklungen beim Einsatz elektronischer Qualifizierungsmethoden ein, wobei die Zuordnung zu Gruppen unter Anwendung der »Orientierungshilfe für die Einordnung der Branche / Berufsgenossenschaft in die Gruppen I, II und III der betriebsärztlichen und sicherheitstechnischen Betreuung« des Fachausschusses »Organisation des Arbeitsschutzes« erfolgt.)

I. Allgemeines (Abschnitt I)

Bei der Anwendung der alternativen betriebsärztlichen und sicherheitstechnischen Betreuung hat der Unternehmer zu Fragen der Sicherheit und des Gesundheitsschutzes im Betrieb an Informations-, Motivations- und Fortbildungsmaßnahmen teilzunehmen.
Der Unternehmer hat nach Abschluss der Informations- und Motivationsmaßnahmen auf Grundlage der Beurteilung der Arbeitsbedingungen (Gefährdungsbeurteilung), die soweit erforderlich unter Einschaltung einer Betriebsärztin oder eines Betriebsarztes sowie einer Fachkraft für Arbeitssicherheit mit branchenspezifischen Kenntnissen durchgeführt wird, Erfordernis und Ausmaß der anlassbezogenen Betreuung festzulegen.

II. Motivations-, Informations- und Fortbildungsmaßnahmen (Abschnitt II)

Die Motivations- und Informationsmaßnahmen umfassen: …
Sie sind innerhalb von … *(Unfallversicherungsträger setzt konkrete Regelung ein, maximal 5 Jahre)* Jahren zu absolvieren.
Im Anschluss daran hat der Unternehmer im Abstand von höchstens *(Unfallversicherungsträger setzt konkrete Regelung ein, maximal 5 Jahre)* … Jahren an von dem Unfallversicherungsträger durchgeführten oder anerkannten Fortbildungsmaßnahmen teilzunehmen; der Umfang beträgt mindestens … Lehreinheiten.

III. Anlassbezogene Betreuung (Abschnitt III)

Der Unternehmer ist verpflichtet, sich bei besonderen Anlässen durch eine Betriebsärztin oder einen Betriebsarzt oder eine Fachkraft für Arbeitssicherheit mit branchenspezifischen Kenntnissen in Fragen der Sicherheit und des Gesundheitsschutzes betreuen zu lassen.
Insbesondere bei folgenden Anlässen hat der Unternehmer zu prüfen, ob eine Betreuung durch die Betriebsärztin oder den Betriebsarzt, durch die Fachkraft für Arbeitssicherheit oder durch beide erforderlich ist:
- Planung, Errichtung und Änderung von Betriebsanlagen,
- Einführung neuer Arbeitsmittel, die ein erhöhtes Gefährdungspotenzial zur Folge haben,
- grundlegende Änderung von Arbeitsverfahren,
- Einführung neuer Arbeitsverfahren,
- Gestaltung neuer Arbeitsplätze und -abläufe,
- Einführung neuer Arbeitsstoffe, die ein erhöhtes Gefährdungspotenzial zur Folge haben,
- Tätigkeit von Personen mit besonderem Schutzbedürfnis (insbesondere Schwangere, Stillende, Jugendliche, schwerbehinderte Menschen),
- Untersuchung von Unfällen und Berufskrankheiten,
- Beratung der Beschäftigten über besondere Unfall- und Gesundheitsgefahren bei der Arbeit,
- Erstellung von Notfall-, Hygiene-, Pandemie- und Alarmplänen,
- Erforderlichkeit der Durchführung sicherheitstechnischer Überprüfungen und Beurteilungen von Anlagen, Arbeitssystemen und Arbeitsverfahren,
- grundlegende Umgestaltung von Arbeitszeit-, Pausen- und Schichtsystemen,
- Erforderlichkeit der Durchführung der arbeitsmedizinischen Vorsorge,
- Gefährdungen durch Personen, die sich und andere gefährden, insbesondere durch einen Rauschzustand oder ein aggressives Verhalten,
- Fragen des Arbeitsplatzwechsels sowie der Eingliederung und Wiedereingliederung von Menschen mit Behinderungen und der (Wieder-)Eingliederung von Rehabilitanden,
- Häufung gesundheitlicher Probleme,
- Auftreten posttraumatischer Belastungszustände.

(Weitere Konkretisierungen kann der jeweilige Unfallversicherungsträger vornehmen.)
Anlassbezogene Beratungen zu speziellen Fachthemen können im Einzelfall auch durch Personen mit entsprechender Fachkompetenz erbracht werden, die nicht über eine Qualifikation als Betriebsärztin oder Betriebsarzt oder als Fachkraft für Arbeitssicherheit verfügen.

IV. Schriftliche Nachweise (Abschnitt IV)

Im Betrieb sind die nachfolgend aufgeführten elektronischen oder schriftlichen Nachweise zur Einsichtnahme durch die zuständigen Aufsichtsorgane vorzuhalten:
– Teilnahmenachweis an den Maßnahmen zur Motivation, Information sowie der Fortbildung,
– aktuelle Unterlagen über die im Betrieb durchgeführte Beurteilung der Arbeitsbedingungen (Gefährdungsbeurteilung),
– die Berichte nach § 5 dieser Unfallverhütungsvorschrift.

Erfüllt der Unternehmer seine Verpflichtungen im Rahmen der alternativen Betreuungsform nicht, unterliegt er mit seinem Betrieb der Regelbetreuung nach § 2 Absatz 2 oder 3 dieser Unfallverhütungsvorschrift.

Anlage 4
Alternative betriebsärztliche und sicherheitstechnische Betreuung in Betrieben mit bis zu 20 Beschäftigten durch Kompetenzzentren

(zu § 2 Absatz 4 DGUV Vorschrift 2)
(Der Unfallversicherungsträger, der diese Form der alternativen Betreuung vorsieht, setzt konkrete Maßnahmen unter Anwendung der »Rahmenbedingungen für einheitliche Strukturlösungen für alternative Betreuungsmodelle der bedarfsorientierten betriebsärztlichen und sicherheitstechnischen Betreuung« des Fachausschusses »Organisation des Arbeitsschutzes« vom 14. Oktober 2003 und bestehender Erfahrungen und Weiterentwicklungen beim Einsatz elektronischer Qualifizierungsmethoden ein. Kompetenzzentren werden nach den vom Fachausschuss entwickelten Kriterien vom 18. Dezember 2003 betrieben.)

I. Allgemeines (Abschnitt I)

Bei der Anwendung der alternativen betriebsärztlichen und sicherheitstechnischen Betreuung hat der Unternehmer zu Fragen der Sicherheit und des Gesundheitsschutzes im Betrieb an Informations- und Motivationsmaßnahmen teilzunehmen. Der Unternehmer hat nach Abschluss der Informations- und Motivationsmaßnahmen auf Grundlage der Beurteilung der Arbeitsbedingungen (Gefährdungsbeurteilung), die soweit erforderlich unter Einschaltung des Kompetenzzentrums durchgeführt wird, Erfordernis und Ausmaß der anlassbezogenen Betreuung festzulegen.

II. Motivations- und Informationsmaßnahmen (Abschnitt II)

(Konkrete Maßnahmen des jeweiligen Unfallversicherungsträgers einsetzen: siehe oben!)

III. Anlassbezogene Betreuung (Abschnitt III)

Der Unternehmer ist verpflichtet, sich bei besonderen Anlässen durch das Kompetenzzentrum in Fragen der Sicherheit und des Gesundheitsschutzes betreuen zu lassen.

Insbesondere bei folgenden Anlässen hat der Unternehmer zu prüfen, ob eine Betreuung durch das Kompetenzzentrum erforderlich ist:

- Planung, Errichtung und Änderung von Betriebsanlagen,
- Einführung neuer Arbeitsmittel, die ein erhöhtes Gefährdungspotenzial zur Folge haben,
- grundlegende Änderung von Arbeitsverfahren,
- Einführung neuer Arbeitsverfahren,
- Gestaltung neuer Arbeitsplätze und -abläufe,
- Einführung neuer Arbeitsstoffe, die ein erhöhtes Gefährdungspotenzial zur Folge haben,
- Tätigkeit von Personen mit besonderem Schutzbedürfnis (insbesondere Schwangere, Stillende, Jugendliche, schwerbehinderte Menschen),
- Untersuchung von Unfällen und Berufskrankheiten,
- Beratung der Beschäftigten über besondere Unfall- und Gesundheitsgefahren bei der Arbeit,
- Erstellung von Notfall-, Hygiene-, Pandemie- und Alarmplänen,
- Erforderlichkeit der Durchführung sicherheitstechnischer Überprüfungen und Beurteilungen von Anlagen, Arbeitssystemen und Arbeitsverfahren,
- grundlegende Umgestaltung von Arbeitszeit-, Pausen- und Schichtsystemen,
- Erforderlichkeit der Durchführung der arbeitsmedizinischen Vorsorge,
- Gefährdungen durch Personen, die sich und andere gefährden, insbesondere durch einen Rauschzustand oder ein aggressives Verhalten,
- Fragen des Arbeitsplatzwechsels sowie der Eingliederung und Wiedereingliederung von Menschen mit Behinderungen und der (Wieder-)Eingliederung von Rehabilitanden,
- Häufung gesundheitlicher Probleme,
- Auftreten posttraumatischer Belastungszustände.

(Weitere Konkretisierungen kann der jeweilige Unfallversicherungsträger vornehmen.)

Anlassbezogene Beratungen zu speziellen Fachthemen können im Einzelfall auch durch Personen mit entsprechender Fachkompetenz erbracht werden, die nicht über eine Qualifikation als Betriebsärztin oder Betriebsarzt oder als Fachkraft für Arbeitssicherheit verfügen.

IV. Schriftliche Nachweise (Abschnitt IV)

Im Betrieb sind die nachfolgend aufgeführten elektronischen oder schriftlichen Nachweise zur Einsichtnahme durch die zuständigen Aufsichtsorgane vorzuhalten:

- Teilnahmenachweis an den Maßnahmen zur Motivation und Information,
- aktuelle Unterlagen über die im Betrieb durchgeführte Beurteilung der Arbeitsbedingungen (Gefährdungsbeurteilung),
- die Berichte nach § 5 dieser Unfallverhütungsvorschrift über die Inanspruchnahme externer anlassbezogener Betreuung.

Erfüllt der Unternehmer seine Verpflichtungen im Rahmen der alternativen Betreuungsform nicht, unterliegt er mit seinem Betrieb der Regelbetreuung nach § 2 Absatz 2 dieser Unfallverhütungsvorschrift.

Vorschriften zur Mitbestimmung

Aufgaben, Beteiligungs- und Mitbestimmungsrechte im Arbeits- und Gesundheitsschutz

Betriebsrat

Rechtliche Grundlage	Themengebiet
§ 80 Abs. 1 Nr. 1 BetrVG	Überwachung der Einhaltung der Vorschriften zum Arbeits- und Gesundheitsschutz und der Unfallverhütungsvorschriften
§ 80 Abs. 1 Nr. 9 BetrVG	Förderung von Maßnahmen des Arbeitsschutzes und des betrieblichen Umweltschutzes
§ 80 Abs. 2 BetrVG	Recht auf umfassende und zeitnahe (»rechtzeitig«) Information zu allen Fragen im Zusammenhang mit dem Arbeits- und Gesundheitsschutz und der Sicherheit der Beschäftigten
§ 87 Abs. 1 Nr. 7 BetrVG	Mitbestimmungsrecht bei Maßnahmen zum Arbeits- und Gesundheitsschutz
§ 89 Abs. 1 BetrVG	Pflicht, sich für die Umsetzung der zum Schutz von Leben und Gesundheit geltenden Vorschriften einzusetzen und die für den Arbeitsschutz zuständigen Stellen zu unterstützen
§ 89 Abs. 2 BetrVG	Hinzuziehung in Fragen des Arbeitsschutzes, zu Arbeitsschutzbegehungen und -besichtigungen sowie Unfalluntersuchungen
§ 89 Abs. 4 BetrVG	Teilnahme an gemeinsamen Besprechungen des Arbeitgebers mit den Sicherheitsbeauftragten nach § 22 Abs. 2 SGB VII
§ 89 Abs. 5 BetrVG	Aushändigung der Protokolle der gemeinsamen Besprechungen von Arbeitgeber und Sicherheitsbeauftragten und der Protokolle von Betriebsbegehungen
§ 89 Abs. 6 BetrVG	Aushändigung der Kopien von Unfallanzeigen
§ 90 Abs. 2 BetrVG	Beratung mit dem Arbeitgeber über Planungen und ihre Auswirkungen auf die menschengerechte Arbeitsgestaltung (z. B. Baumaßnahmen, technische Anlagen, Arbeitsverfahren und Arbeitsplätze)

Vorschriften zur Mitbestimmung

Rechtliche Grundlage	Themengebiet
§ 91 BetrVG	Mitbestimmung von (Gegen-)Maßnahmen, wenn Änderungen des Arbeitsplatzes, Arbeitsablaufs oder der Arbeitsumgebung offensichtlich den gesicherten arbeitswissenschaftlichen Erkenntnissen widersprechen und Beschäftigte in besonderer Weise belasten
§ 9 Abs. 3 ASiG	Zustimmung zur Bestellung und Abberufung der Betriebsärzte und Fachkräfte für Arbeitssicherheit
§ 9 Abs. 1, 2 ASiG; §§ 3, 6 ASiG	Recht auf fachliche Beratung durch Betriebsärzte und Fachkräfte für Arbeitssicherheit

Personalrat

Rechtliche Grundlage		Themengebiet
Bund	**Vergleichbare Regelungen aus den Landespersonalvertretungsgesetzen**	
§ 62 Nr. 2 BPersVG	**BW**: § 70 Abs. 1 Nr. 2; **Bay**: Art. 69 Abs. 1b); **Bln**: § 72 Abs. 1 Nr. 2; **Bbg**: § 58 Abs. 1 Nr. 1; **Brem**: § 54 Abs. 1b); **Hmb**: § 78 Abs. 1 Nr. 3; **Hess**: § 60 Abs. 1 Nr. 2; **M-V**: § 61 Nr. 2; **Nds**: § 59 Nr. 2; **NRW**: § 64 Nr. 2; **RP**: § 69 Abs. 1 Nr. 2; **Saar**: § 71 b); **Sachs**: § 73 Abs. 1 Nr. 2; **LSA**: § 57 Abs. 1 Nr. 2; **Schl-H**: § 2 Abs. 2 Nr. 1; **Thür**: § 68 Abs. 1 Nr. 2	Überwachung der Einhaltung der Vorschriften zum Arbeits- und Gesundheitsschutz und der Unfallverhütungsvorschriften
§ 62 Nr. 9 BPersVG	**BW:** § 70 Abs. 1 Nr. 3; **NRW:** § 64 Nr. 4	Maßnahmen des Arbeitsschutzes und des Gesundheitsschutzes in der Dienststelle fördern
§§ 66 Abs. 1 BPersVG	**BW**: § 71 Abs. 1 Satz 1, 2; **Bay**: Art. 69 Abs. 2 Satz 1, 2; **Bln**: § 73 Abs. 1 Satz 1, 2; **Bbg**: § 60 Abs. 1, 2; **Brem**: § 54 Abs. 3 Satz 1; **Hmb**: § 78 Abs. 2, 3; **Hess**: § 61 Abs. 1 Satz 1-2; **M-V**: § 60 Abs. 1; **Nds**: § 60 Abs. 1; **NRW**: § 65 Abs. 1; **RP**: § 69 Abs. 2; **Saar**: § 69 Abs. 3 Satz 1, 2; **Sachs**: § 73 Abs. 2 Satz 1, 2; **LSA**: § 57 Abs. 2 Satz 1, 2; **Schl-H**: § 49 Abs. 1; **Thür**: § 68 Abs. 2	Recht auf umfassende und zeitnahe (»rechtzeitig«) Information zu allen Fragen im Zusammenhang mit dem Arbeits- und Gesundheitsschutz und der Sicherheit der Beschäftigten

Rechtliche Grundlage		Themengebiet
Bund	**Vergleichbare Regelungen aus den Landespersonalvertretungsgesetzen**	
§ 68 Abs. 1 BPersVG	**BW**: § 70 Abs. 1 Nr. 3; **Bay**: Art. 79 Abs. 1; **Bln**: § 77 Abs. 1; **Bbg**: § 59 Abs. 1; **Brem**: § 64 Abs. 1; **Hmb**: § 91 Abs. 1; **Hess**: § 60 Abs. 2; **M-V**: § 72 Abs. 1; **Nds**: § 77 Abs. 1; **NRW**: § 64 Nr. 4, § 77 Abs. 1; **RP**: § 86 Abs. 1; **Saar**: § 82 Abs. 1; **Sachs**: § 74 Abs. 1; **LSA**: § 59 Abs. 1; **Schl-H**: § 50 Abs. 1; **Thür**: § 81 Abs. 1	Pflicht, sich für die Umsetzung der zum Schutz von Leben und Gesundheit geltenden Vorschriften einzusetzen und die für den Arbeitsschutz zuständigen Stellen zu unterstützen
§ 68 Abs. 2 BPersVG	**BW**: § 71 Abs. 7 Satz 1, **Bay**: Art. 79 Abs. 2; **Bln**: § 77 Abs. 2; **Bbg**: § 59 Abs. 2; **Brem**: § 64 Abs. 2; **Hmb**: § 91 Abs. 2; **Hess**: § 61 Abs. 4; **M-V**: § 72 Abs. 2; **Nds**: § 77 Abs. 2; **NRW**: § 77 Abs. 2; **RP**: § 86 Abs. 2; **Saar**: § 82 Abs. 2; **Sachs**: § 74 Abs. 2; **LSA**: § 59 Abs. 2; **Schl-H**: § 50 Abs. 2; **Thür**: § 81 Abs. 2	Hinzuziehung in Fragen des Arbeitsschutzes, zu Arbeitsschutzbegehungen und -besichtigungen sowie Unfalluntersuchungen
§ 68 Abs. 3 BPersVG	**BW**: § 71 Abs. 7 Satz 3; **Bay**: Art. 79 Abs. 3; **Bln**: § 77 Abs. 3; **Bbg**: § 59 Abs. 3; **Hmb**: § 91 Abs. 3; **M-V**: § 72 Abs. 3; **Nds**: § 77 Abs. 3; **NRW**: § 64 Nr. 4, § 77; **RP**: § 86 Abs. 3; **Saar**: § 82 Abs. 3; **Sachs**: § 74 Abs. 3; **LSA**: § 59 Abs. 3; **Schl-H**: § 50 Abs. 3; **Thür**: § 81 Abs. 3	Teilnahme an gemeinsamen Besprechungen des Arbeitgebers mit den Sicherheitsbeauftragten nach § 22 Abs. 2 SGB VII
§ 68 Abs. 4 BPersVG	**BW**: § 71 Abs. 7 Satz 4, **Bay**: Art. 79 Abs. 4; **Bln**: § 77 Abs. 4; **Bbg**: § 59 Abs. 4; **Hmb**: § 91 Abs. 4; **M-V**: § 72 Abs. 4; **Nds**: § 77 Abs. 4; **NRW**: § 77 Abs. 4; **RP**: § 86 Abs. 4; **Saar**: § 82 Abs. 4; **Sachs**: § 74 Abs. 4; **LSA**: § 59 Abs. 4; **Schl-H**: § 50 Abs. 4; **Thür**: § 81 Abs. 4	Aushändigung der Protokolle der gemeinsamen Besprechungen von Arbeitgeber und Sicherheitsbeauftragten und der Protokolle von Begehungen
§ 68 Abs. 5 BPersVG	**BW**: § 71 Abs. 7 Satz 5; **Bay**: Art. 79 Abs. 5; **Bln**: § 77 Abs. 5; **Bbg**: § 59 Abs. 5; **Hmb**: § 91 Abs. 5; **M-V**: § 72 Abs. 5; **Nds**: § 77 Abs. 5; **NRW**: § 77 Abs. 5; **RP**: § 86 Abs. 5; **Saar**: § 82 Abs. 5; **Sachs**: § 74 Abs. 5; **Schl-H**: § 50 Abs. 5; **Thür**: § 81 Abs. 5	Aushändigung der Kopien von Unfallanzeigen

Vorschriften zur Mitbestimmung

Rechtliche Grundlage		**Themengebiet**
Bund	**Vergleichbare Regelungen aus den Landespersonalvertretungsgesetzen**	
§ 78 Abs. 1 Nr. 14 BPersVG	**BW:** § 79 Abs. 3 Nr. 1a); **Bay**: Art. 75 Abs. 4 Nr. 7; **Bln**: § 85 Abs. 2 Satz 1 Nr. 4; **Bbg**: § 67 Nr. 1; **Hmb**: § 88 Abs. 1 Nr. 28; **Hess**: § 78 Abs. 1 Nr. 6: **M-V**: § 68 Abs. 1 Nr. 24; **Nds**: § 66 Abs. 1 Nr. 9; **NRW**: § 72 Abs. 4 Nr. 6; **RP**: Abs. 2 Nr. 10 80; **Saar**: § 92 Abs. 3 Nr. 3; **Sachs**: § 80 Abs. 2 Nr. 1; **LSA**: § 65 Abs. Nr. 11; **Thür**: § 75 Abs. 3 Nr. 4	Mitbestimmungsrecht bei der Bestellung von Vertrauens- oder Betriebsärzten
§ 80 Abs. 1 Nr. 4 BPersVG	**Bln**: § 85 Abs. 1 Satz 1 Nr. 12; **Bbg**: § 66 Abs. 1 Nr. 19; **Hmb**: § 87 Abs. 1 Nr. 4; **Hess**: § 74 Abs. 1 Nr. 13; **M-V**: 70 Abs. 1 Nr. 9; **Nds**: § 67 Abs. 1 Nr. 3; **NRW**: § 72 Abs. 4 Nr. 10; **RP**: § 80 Abs. 1 Nr. 6; **Saar**: § 94 Abs. 1 Nr. 3; **Sachs**: § 81 Abs. 2 Nr. 11; **Schl-H**: § 54 Abs. 4 Nr. 3; **Thür**: § 72 Abs. 5 Nr. 12	Mitbestimmungsrecht bei der (gesundheitsgerechten) Gestaltung der Arbeitsplätze
§ 80 Abs. 1 Nr. 16 BPersVG	**BW**: § 74 Abs. 2 Nr. 7; **Bay**: Art. 75 Abs. 4 Nr. 8; **Bln**: § 85 Abs. 1 Satz 1 Nr. 7; **Bbg**: § 67 Nr. 2; **Brem**: § 63 Abs. 1d); **Hmb**: § 87 Abs. 1 Nr. 14; **Hess**: § 74 Abs. 1 Nr. 4; **M-V**: 69 Nr. 7; **Nds**: § 66 Abs. 1 Nr. 11; **NRW**: § 72 Abs. 4 Nr. 7; **RP**: § 80 Abs. 2 Nr. 8; **Saar**: § 76 Abs. 1 Nr. 9; **Sachs**: § 81 Abs. 2 Nr. 7; **LSA**: § 65 Abs. 1 Nr. 13; **Schl-H**: § 54 Abs. 4 Nr. 4; **Thür**: § 72 Abs. 5 Nr. 8	Mitbestimmungsrecht bei Maßnahmen zum Arbeits- und Gesundheitsschutz
§ 80 Abs. 1 Nr. 17 BPersVG	**BW**: § 74 Abs. 2 Nr. 8; **Bbg**: § 67 Nr. 3; **Hess**: § 74 Abs. 1 Nr. 5; **RP**: § 80 Abs. 2 Nr. 9; **Saar**: § 94 Abs. 1 Nr. 14; **Sachs**: § 81 Abs. 2 Nr. 13; **Thür**: § 72 Abs. 5 Nr. 8	Mitbestimmungsrecht bei Grundsätzen des behördlichen oder betrieblichen Gesundheits- und Eingliederungsmanagements (BEM)

Beispiel Tarifvertraglicher Regelung zum Arbeits- und Gesundheitsschutz

Tarifvertrag für den öffentlichen Dienst – Verwaltung (TVöD-V) – Anlage D.12[1] Besondere Regelungen für Beschäftigte im Sozial- und Erziehungsdienst

Zu Abschnitt I Allgemeine Vorschriften
Nr. 1 zu § 3 – Allgemeine Arbeitsbedingungen – Betrieblicher Gesundheitsschutz / Betriebliche Gesundheitsförderung

(1) Die nachfolgenden Regelungen gelten für die Beschäftigten des Sozial- und Erziehungsdienstes, soweit sie nach dem Teil B Abschnitt XXIV der Anlage 1 – Entgeltordnung (VKA) eingruppiert sind.
(2) Betriebliche Gesundheitsförderung zielt darauf ab, die Arbeit und die Arbeitsbedingungen so zu organisieren, dass diese nicht Ursache von Erkrankungen oder Gesundheitsschädigungen sind. Sie fördert die Erhaltung bzw. Herstellung gesundheitsgerechter Verhältnisse am Arbeitsplatz sowie gesundheitsbewusstes Verhalten. Zugleich werden damit die Motivation der Beschäftigten und die Qualitätsstandards der Verwaltungen und Betriebe verbessert. Die betriebliche Gesundheitsförderung basiert auf einem aktiv betriebenen Arbeits- und Gesundheitsschutz. Dieser reduziert Arbeitsunfälle, Berufskrankheiten sowie arbeitsbedingte Gesundheitsgefahren und verbessert durch den Abbau von Fehlzeiten und die Vermeidung von Betriebsstörungen die Wettbewerbsfähigkeit der Verwaltungen und Betriebe. Der Arbeits- und Gesundheitsschutz sowie die betriebliche Gesundheitsförderung gehören zu einem zeitgemäßen Gesundheitsmanagement.
(3) Die Beschäftigten haben einen individuellen Anspruch auf die Durchführung einer Gefährdungsbeurteilung. Die Durchführung erfolgt nach Maßgabe des Gesetzes über die Durchführung von Maßnahmen des Arbeitsschutzes zur Verbesserung der Sicherheit und des Gesundheitsschutzes der Beschäftigten bei der Arbeit (Arbeitsschutzgesetz). Die Beschäftigten sind in die Durchführung der Gefährdungsbeurteilung einzubeziehen. Sie sind über das Ergebnis von Gefährdungsbeurteilungen zu unterrichten. Vorgesehene Maßnahmen sind mit ihnen zu erörtern. Widersprechen betroffene Beschäftigte den vorgesehenen Maßnahmen, ist die betriebliche Kommission zu befassen. Die Beschäftigten können verlangen, dass eine erneute Gefährdungsbeurteilung durchgeführt wird, wenn sich die Umstände, unter denen die Tätigkeiten zu verrichten sind, wesentlich ändern, neu entstandene wesentliche Gefährdungen auftreten oder eine Gefährdung auf Grund

1 Entspricht redaktionell angepasst §§ 2 und 3 der Anlage zu § 56 BT-V.

veränderter arbeitswissenschaftlicher Erkenntnisse erkannt wird. Die Wirksamkeit der Maßnahmen ist in angemessenen Abständen zu überprüfen.

(4) Beim Arbeitgeber wird auf Antrag des Personalrats / Betriebsrats eine betriebliche Kommission gebildet, deren Mitglieder je zur Hälfte vom Arbeitgeber und vom Personal- bzw. Betriebsrat benannt werden. Die Mitglieder müssen Beschäftigte des Arbeitgebers sein. Soweit ein Arbeitsschutzausschuss gebildet ist, können Mitglieder dieses Ausschusses auch in der betrieblichen Kommission tätig werden. Im Falle des Absatzes 3 Satz 6 berät die betriebliche Kommission über die erforderlichen Maßnahmen und kann Vorschläge zu den zu treffenden Maßnahmen machen. Der Arbeitgeber führt die Maßnahmen durch, wenn die Mehrheit der vom Arbeitgeber benannten Mitglieder der betrieblichen Kommission im Einvernehmen mit dem Arbeitgeber dem Beschluss zugestimmt hat. Gesetzliche Rechte der kommunalen Beschlussorgane bleiben unberührt. Wird ein Vorschlag nur von den vom Personalrat / Betriebsrat benannten Mitgliedern gemacht und folgt der Arbeitgeber diesem Vorschlag nicht, sind die Gründe darzulegen. Die betriebliche Kommission ist auch für die Beratung von schriftlich begründeten Beschwerden zuständig, wenn der Arbeitgeber eine erneute Gefährdungsbeurteilung ablehnt. Der Arbeitgeber entscheidet auf Vorschlag des Arbeitsschutzausschusses bzw. der betrieblichen Kommission, ob und in welchem Umfang der Beschwerde im Einzelfall abgeholfen wird. Wird dem Vorschlag nicht gefolgt, sind die Gründe darzulegen.

(5) Die betriebliche Kommission kann zeitlich befristet Gesundheitszirkel zur Gesundheitsförderung einrichten, deren Aufgabe es ist, Belastungen am Arbeitsplatz und deren Ursachen zu analysieren und Lösungsansätze zur Verbesserung der Arbeitssituation zu erarbeiten. Sie berät über Vorschläge der Gesundheitszirkel und unterbreitet, wenn ein Arbeitsschutzausschuss gebildet ist, diesem, ansonsten dem Arbeitgeber Vorschläge. Die Ablehnung eines Vorschlags ist durch den Arbeitgeber zu begründen. Näheres regelt die Geschäftsordnung der betrieblichen Kommission.

(6) Zur Durchführung ihrer Aufgaben sind der betrieblichen Kommission die erforderlichen, zur Verfügung stehenden Unterlagen zugänglich zu machen. Die betriebliche Kommission gibt sich eine Geschäftsordnung, in der auch Regelungen über die Beteiligung der Beschäftigten bei der Gefährdungsbeurteilung, deren Bekanntgabe und Erörterung sowie über die Qualifizierung der Mitglieder der betrieblichen Kommission und von Gesundheitszirkeln zu treffen sind.

(7) Gesetzliche Bestimmungen, günstigere betriebliche Regelungen und die Rechte des Personal- bzw. Betriebsrats bleiben unberührt.

Protokollerklärungen:

1. Sollte sich aufgrund gerichtlicher Entscheidungen erweisen, dass die über die Zusammensetzung der betrieblichen Kommission oder die Berufung ihrer Mitglieder getroffenen Regelungen mit geltendem Recht unvereinbar sind, werden die Tarifvertragsparteien Verhandlungen aufnehmen und eine ersetzende Regelung treffen, die mit geltendem Recht vereinbar ist und dem von den Tarifvertragsparteien Gewollten möglichst nahe kommt.
2. Die Tarifvertragsparteien stimmen darin überein, dass mit dieser Regelung außerhalb seines Geltungsbereichs der betriebliche Gesundheitsschutz / die betriebliche Gesundheitsförderung im TVöD-V und TVöD-B nicht abschließend tariflich geregelt sind und die

übrigen durchgeschriebenen Fassungen des TVöD von der hier getroffenen Regelung unberührt bleiben.

Nr. 1a Regenerationstage / Umwandlungstage

(1) Beschäftigte, die nach Teil B Abschnitt XXIV der Anlage 1 – Entgeltordnung (VKA) eingruppiert sind, haben im Kalenderjahr bei Verteilung der wöchentlichen Arbeitszeit auf fünf Tage in der Kalenderwoche Anspruch auf zwei Arbeitstage Arbeitsbefreiung unter Fortzahlung des Entgelts gemäß § 21 (Regenerationstage). Wird die wöchentliche Arbeitszeit an weniger als fünf Tagen in der Woche erbracht, vermindert sich der Anspruch auf die Regenerationstage entsprechend. Maßgeblich für die Verminderung nach Satz 2 sind die jeweiligen Verhältnisse zum Zeitpunkt der Antragstellung nach Abs. 2 Satz 2. Verändert sich im Zeitraum zwischen der Antragstellung und dem gewährten Regenerationstag die Verteilung der wöchentlichen Arbeitszeit, erhöht oder vermindert sich der Anspruch auf die Regenerationstage entsprechend. Verbleibt bei den Berechnungen nach den Sätzen 2 oder 4 ein Bruchteil, der mindestens einen halben Regenerationstag ergibt, wird er auf einen vollen Regenerationstag aufgerundet; Bruchteile von weniger als einem halben Regenerationstag bleiben unberücksichtigt.

Protokollerklärung zu Absatz 1 Satz 1:
Der Anspruch reduziert sich auf einen Regenerationstag, wenn in dem Kalenderjahr nicht für mindestens vier Kalendermonate Anspruch auf Entgelt bestanden hat. Anspruch auf Entgelt im Sinne des Satz 1 sind auch der Anspruch auf Entgeltfortzahlung aus Anlass der in § 21 Satz 1 TVöD genannten Ereignisse und der Anspruch auf Krankengeldzuschuss (§ 22 Absatz 2 und 3 TVöD), auch wenn dieser wegen der Höhe der Barleistungen des Sozialversicherungsträgers nicht gezahlt wird. Einem Anspruch auf Entgelt gleichgestellt ist der Bezug von Krankengeld nach § 45 SGB V oder entsprechender gesetzlicher Leistungen, Leistungen nach § 56 IfSG, Kurzarbeitergeld und Leistungen nach §§ 18 bis 20 MuSchG.

(2) Bei der Festlegung der Lage der Regenerationstage sind die Wünsche der / des Beschäftigten zu berücksichtigen, sofern dem keine dringenden dienstlichen / betrieblichen Gründe entgegenstehen. Der / Die Beschäftigte hat den / die Regenerationstag/e spätestens vier Wochen vor dem gewünschten Zeitpunkt der Gewährung in Textform gegenüber dem Arbeitgeber geltend zu machen. Der Arbeitgeber entscheidet über die Gewährung der Regenerationstage bis spätestens zwei Wochen vor diesen und teilt dies der / dem Beschäftigten in Textform mit. Im gegenseitigen Einvernehmen ist unter Berücksichtigung der aktuellen dienstlichen / betrieblichen Verhältnisse abweichend von den Sätzen 2 und 3 auch eine kurzfristige Gewährung von Regenerationstagen möglich. Regenerationstage, für die im laufenden Kalenderjahr keine Arbeitsbefreiung nach Absatz 1 Satz 1 erfolgt ist, verfallen. Abweichend von Satz 5 verfallen Regenerationstage, die wegen dringender betrieblicher / dienstlicher Gründe im laufenden Kalenderjahr nicht gewährt worden sind, spätestens am 30. September des Folgejahres.

(3) Beschäftigte, die Anspruch auf eine monatliche SuE-Zulage gemäß § 15 Abs. 2.1 haben, können bis zum 31. Oktober des laufenden Kalenderjahres in Textform geltend machen, statt der ihnen zustehenden SuE-Zulage im Folgejahr bis zu zwei Arbeitstage Arbeitsbefreiung unter Fortzahlung des Entgelts gemäß § 21 in Anspruch zu nehmen (Umwandlungstage). Beschäftigte, die erstmalig einen Anspruch auf eine SuE-Zulage gemäß § 15 Abs. 2.1 erwerben, können nach Ablauf von drei Kalendermonaten nach Aufnahme des Arbeitsverhältnisses (Neubegründung des Arbeitsverhältnisses oder Tätigkeitswechsel) die Geltendmachung der Umwandlungstage für das laufende Kalenderjahr erklären. Die SuE-Zulage wird jeweils nach der erfolgten Arbeitsbefreiung gekürzt. Der Kürzungsbetrag ergibt sich aus dem gemäß § 24 Abs. 3 Satz 3 ermittelten Stundenentgelt bezogen auf die an dem Umwandlungstag dienstplanmäßig bzw. betrieblich festgelegten Arbeitsstunden. Besteht zum Zeitpunkt der Beantragung kein Dienstplan bzw. keine betrieblich festgelegte Arbeitszeit, so ist die an dem Umwandlungstag zu leistende Arbeitszeit dadurch zu ermitteln, dass die arbeitsvertraglich vereinbarte regelmäßige durchschnittliche wöchentliche Arbeitszeit durch die Anzahl der Arbeitstage zu teilen ist, die die / der Beschäftigte in der Woche zu leisten hat, in der der Umwandlungstag liegt. Der / Die Beschäftigte hat den / die Umwandlungstag/e spätestens vier Wochen vor dem gewünschten Zeitpunkt der Gewährung in Textform gegenüber dem Arbeitgeber geltend zu machen. Der Arbeitgeber entscheidet über die Gewährung der Umwandlungstage bis spätestens zwei Wochen vor diesen und teilt dies der / dem Beschäftigten in Textform mit. Bei der Festlegung der Lage der Umwandlungstage sind die Wünsche der / des Beschäftigten zu berücksichtigen, sofern dem keine dringenden dienstlichen / betrieblichen Gründe entgegenstehen. Im gegenseitigen Einvernehmen ist unter Berücksichtigung der aktuellen dienstlichen / betrieblichen Verhältnisse abweichend von den Sätzen 6 und 7 auch eine kurzfristige Gewährung von Umwandlungstagen möglich. Eine im Vorjahr nach Satz 1 oder im laufenden Kalenderjahr nach Satz 2 beantragte Umwandlung der SuE-Zulage wirkt längstens bis zum Ende des laufenden Kalenderjahres.

Protokollerklärung zu Absatz 3 Satz 1:
Für das Kalenderjahr 2022 gilt statt des 31. Oktober der 30. November.

Protokollerklärung zu Absatz 3 Satz 2:
Satz 2 gilt nur für Geltendmachungen ab dem 1. Januar 2023.

Protokollerklärung zu Nr. 1a:
Bei den Regenerations- und Umwandlungstagen handelt es sich nicht um Urlaubs- / Zusatzurlaubstage.

Nr. 2 zu § 5 – Qualifizierung –

Bei Beschäftigten im Erziehungsdienst werden – soweit gesetzliche Regelungen bestehen, zusätzlich zu diesen gesetzlichen Regelungen – im Rahmen der regelmäßigen durchschnittlichen wöchentlichen Arbeitszeit im Kalenderjahr 30 Stunden für Zwecke der Vorbereitung und Qualifizierung verwendet; im Tarifgebiet Ost gilt, dass diese Zeiten zur Vorbereitung und Qualifizierung auch durch gesetzliche Regelungen erfüllt sein können. Bei Teilzeitbeschäftigten gilt Satz 1 entsprechend mit der Maßgabe, dass sich die Stundenzahl nach Satz 1 in dem Umfang, der dem Verhältnis ihrer individuell vereinbarten durchschnittlichen Arbeitszeit zu der regelmäßigen Arbeitszeit vergleichbarer Vollzeitbeschäftigter entspricht, reduziert. Im Erziehungsdienst tätig sind insbesondere Beschäftigte als Kinderpflegerin / Kinderpfleger bzw. Sozialassistentin / Sozialassistent, Heilerziehungspflegehelferin / Heilerziehungspflegehelfer, Erzieherin / Erzieher, Heilerziehungspflegerin / Heilerziehungspfleger, im handwerklichen Erziehungsdienst, als Leiterinnen / Leiter oder ständige Vertreterinnen / Vertreter von Leiterinnen / Leiter von Kindertagesstätten oder Erziehungsheimen sowie andere Beschäftigte mit erzieherischer Tätigkeit in der Erziehungs- oder Eingliederungshilfe.

Protokollerklärung zu Satz 3:
Soweit Berufsbezeichnungen aufgeführt sind, werden auch Beschäftigte erfasst, die eine entsprechende Tätigkeit ohne staatliche Anerkennung oder staatliche Prüfung ausüben.

Änderung in Anlage D – Abschnitt D.12:

Abschnitt D. 12 i. d. Neufassung der Änderungsvereinbarung Nr. 2 vom 27.7.2009 – Inkrafttreten: 1.11.2009
Nr. 3 Abs. 2 Satz 6 i. d. Neufassung der Änderungsvereinbarung Nr. 3 vom 27.2.2010 – Inkrafttreten: 1.1.2010
Nr. 3 Abs. 2 PE zu Abs. 2 Satz 3 i. d. Neufassung der Änderungsvereinbarung Nr. 3 vom 27.2.2010 – Inkrafttreten: 1.12.2009 159
Nr. 3 Abs. 2 Sätze 7 und 8 sowie Abs. 3; Nr. 3 Abs. 4 (neu) i. d. F. der Änderungsvereinbarung Nr. 8 vom 30.9.2015 – Inkrafttreten: 1.7.2015
Nr. 1 Abs. 1 u. Unterüberschrift »zu Abschnitt III«; Nr. 3 Abs. 1, Abs. 2 Satz 8 und Abs. 3 i. d. F. der Änderungsvereinbarung Nr. 10 vom 29.4.2016 – Inkrafttreten: 1.1.2017
Nr. 3 (zu Abschnitt III Entgelt) wird durch Änderungsvereinbarung Nr. 13 vom 18.4.2018 mit Wirkung zum 021.03.2018 aufgehoben; FN zu Abschnitt D.12 wird redaktionell angepasst.
Nr. 1a (neu) i. d. F. der Änderungsvereinbarung Nr. 16 vom 18.5.2022 – Inkrafttreten: 1.1.2022; Nr. 2 Satz 1 – Inkrafttreten: 1.7.2022
Nr. 1a Abs. 1 Satz 1 Protokollerklärung (Überschrift); Abs. 2 Satz 5 i. d. F. der Änderungsvereinbarung Nr. 18 vom 22.4.2023 – Inkrafttreten: 1.1.2023

Internationales und europäisches Recht

EU-Arbeitsweise-Vertrag (AEUV)

in der Fassung der Bekanntmachung vom 9. Mai 2008 (ABl. Nr. C 115 S. 47), zuletzt geändert durch Art. 2 ÄndB 2012/419/EU vom 11. Juli 2012 (ABl. Nr. L 204 S. 131)

Art. 114

(1) Soweit in den Verträgen nichts anderes bestimmt ist, gilt für die Verwirklichung der Ziele des Artikels 26 die nachstehende Regelung. Das Europäische Parlament und der Rat erlassen gemäß dem ordentlichen Gesetzgebungsverfahren und nach Anhörung des Wirtschafts- und Sozialausschusses die Maßnahmen zur Angleichung der Rechts- und Verwaltungsvorschriften der Mitgliedstaaten, welche die Errichtung und das Funktionieren des Binnenmarkts zum Gegenstand haben.
(2) Absatz 1 gilt nicht für die Bestimmungen über die Steuern, die Bestimmungen über die Freizügigkeit und die Bestimmungen über die Rechte und Interessen der Arbeitnehmer.
(3) Die Kommission geht in ihren Vorschlägen nach Absatz 1 in den Bereichen Gesundheit, Sicherheit, Umweltschutz und Verbraucherschutz von einem hohen Schutzniveau aus und berücksichtigt dabei insbesondere alle auf wissenschaftliche Ergebnisse gestützten neuen Entwicklungen. Im Rahmen ihrer jeweiligen Befugnisse streben das Europäische Parlament und der Rat dieses Ziel ebenfalls an.
(4) Hält es ein Mitgliedstaat nach dem Erlass einer Harmonisierungsmaßnahme durch das Europäische Parlament und den Rat beziehungsweise durch den Rat oder die Kommission für erforderlich, einzelstaatliche Bestimmungen beizubehalten, die durch wichtige Erfordernisse im Sinne des Artikels 36 oder in Bezug auf den Schutz der Arbeitsumwelt oder den Umweltschutz gerechtfertigt sind, so teilt er diese Bestimmungen sowie die Gründe für ihre Beibehaltung der Kommission mit.
(5) Unbeschadet des Absatzes 4 teilt ferner ein Mitgliedstaat, der es nach dem Erlass einer Harmonisierungsmaßnahme durch das Europäische Parlament und den Rat beziehungsweise durch den Rat oder die Kommission für erforderlich hält, auf neue wissenschaftliche Erkenntnisse gestützte einzelstaatliche Bestimmungen zum Schutz der Umwelt oder der Arbeitsumwelt aufgrund eines spezifischen Problems für diesen Mitgliedstaat, das sich nach dem Erlass der Harmonisierungsmaßnahme ergibt, einzuführen, die in Aussicht genommenen Bestimmungen sowie die Gründe für ihre Einführung der Kommission mit.
(6) Die Kommission beschließt binnen sechs Monaten nach den Mitteilungen nach den Absätzen 4 und 5, die betreffenden einzelstaatlichen Bestimmungen zu billigen oder abzulehnen, nachdem sie geprüft hat, ob sie ein Mittel zur willkürlichen Diskriminierung und eine verschleierte Beschränkung des Handels zwischen den Mitgliedstaaten darstellen und ob sie das Funktionieren des Binnenmarkts behindern.Erlässt die Kommission innerhalb dieses Zeitraums keinen Beschluss, so gelten die in den Absätzen 4 und 5 genannten einzelstaatlichen Bestimmungen als

gebilligt.Die Kommission kann, sofern dies aufgrund des schwierigen Sachverhalts gerechtfertigt ist und keine Gefahr für die menschliche Gesundheit besteht, dem betreffenden Mitgliedstaat mitteilen, dass der in diesem Absatz genannte Zeitraum gegebenenfalls um einen weiteren Zeitraum von bis zu sechs Monaten verlängert wird.
(7) Wird es einem Mitgliedstaat nach Absatz 6 gestattet, von der Harmonisierungsmaßnahme abweichende einzelstaatliche Bestimmungen beizubehalten oder einzuführen, so prüft die Kommission unverzüglich, ob sie eine Anpassung dieser Maßnahme vorschlägt.
(8) Wirft ein Mitgliedstaat in einem Bereich, der zuvor bereits Gegenstand von Harmonisierungsmaßnahmen war, ein spezielles Gesundheitsproblem auf, so teilt er dies der Kommission mit, die dann umgehend prüft, ob sie dem Rat entsprechende Maßnahmen vorschlägt.
(9) In Abweichung von dem Verfahren der Artikel 258 und 259 kann die Kommission oder ein Mitgliedstaat den Gerichtshof der Europäischen Union unmittelbar anrufen, wenn die Kommission oder der Staat der Auffassung ist, dass ein anderer Mitgliedstaat die in diesem Artikel vorgesehenen Befugnisse missbraucht.
(10) Die vorgenannten Harmonisierungsmaßnahmen sind in geeigneten Fällen mit einer Schutzklausel verbunden, welche die Mitgliedstaaten ermächtigt, aus einem oder mehreren der in Artikel 36 genannten nicht wirtschaftlichen Gründe vorläufige Maßnahmen zu treffen, die einem Kontrollverfahren der Union unterliegen.

Art. 153

(1) Zur Verwirklichung der Ziele des Artikels 151 unterstützt und ergänzt die Union die Tätigkeit der Mitgliedstaaten auf folgenden Gebieten:
a) Verbesserung insbesondere der Arbeitsumwelt zum Schutz der Gesundheit und der Sicherheit der Arbeitnehmer,
b) Arbeitsbedingungen,
c) soziale Sicherheit und sozialer Schutz der Arbeitnehmer,
d) Schutz der Arbeitnehmer bei Beendigung des Arbeitsvertrags,
e) Unterrichtung und Anhörung der Arbeitnehmer,
f) Vertretung und kollektive Wahrnehmung der Arbeitnehmer- und Arbeitgeberinteressen, einschließlich der Mitbestimmung, vorbehaltlich des Absatzes 5,
g) Beschäftigungsbedingungen der Staatsangehörigen dritter Länder, die sich rechtmäßig im Gebiet der Union aufhalten,
h) berufliche Eingliederung der aus dem Arbeitsmarkt ausgegrenzten Personen, unbeschadet des Artikels 166,
i) Chancengleichheit von Männern und Frauen auf dem Arbeitsmarkt und Gleichbehandlung am Arbeitsplatz,
j) Bekämpfung der sozialen Ausgrenzung,
k) Modernisierung der Systeme des sozialen Schutzes, unbeschadet des Buchstabens c.

(2) Zu diesem Zweck können das Europäische Parlament und der Rat

a) unter Ausschluss jeglicher Harmonisierung der Rechts- und Verwaltungsvorschriften der Mitgliedstaaten Maßnahmen annehmen, die dazu bestimmt sind, die Zusammenarbeit zwischen den Mitgliedstaaten durch Initiativen zu fördern, die die Verbesserung des Wissensstands, die Entwicklung des Austauschs von Informationen und bewährten Verfahren, die Förderung innovativer Ansätze und die Bewertung von Erfahrungen zum Ziel haben;

b) in den in Absatz 1 Buchstaben a bis i genannten Bereichen unter Berücksichtigung der in den einzelnen Mitgliedstaaten bestehenden Bedingungen und technischen Regelungen durch Richtlinien Mindestvorschriften erlassen, die schrittweise anzuwenden sind. Diese Richtlinien sollen keine verwaltungsmäßigen, finanziellen oder rechtlichen Auflagen vorschreiben, die der Gründung und Entwicklung von kleinen und mittleren Unternehmen entgegenstehen.

Das Europäische Parlament und der Rat beschließen gemäß dem ordentlichen Gesetzgebungsverfahren nach Anhörung des Wirtschafts- und Sozialausschusses und des Ausschusses der Regionen.

In den in Absatz 1 Buchstaben c, d, f und g genannten Bereichen beschließt der Rat einstimmig gemäß einem besonderen Gesetzgebungsverfahren nach Anhörung des Europäischen Parlaments und der genannten Ausschüsse.

Der Rat kann einstimmig auf Vorschlag der Kommission nach Anhörung des Europäischen Parlaments beschließen, dass das ordentliche Gesetzgebungsverfahren auf Absatz 1 Buchstaben d, f und g angewandt wird.

(3) Ein Mitgliedstaat kann den Sozialpartnern auf deren gemeinsamen Antrag die Durchführung von aufgrund des Absatzes 2 angenommenen Richtlinien oder gegebenenfalls die Durchführung eines nach Artikel 155 erlassenen Beschlusses des Rates übertragen.

In diesem Fall vergewissert sich der Mitgliedstaat, dass die Sozialpartner spätestens zu dem Zeitpunkt, zu dem eine Richtlinie umgesetzt oder ein Beschluss durchgeführt sein muss, im Wege einer Vereinbarung die erforderlichen Vorkehrungen getroffen haben; dabei hat der Mitgliedstaat alle erforderlichen Maßnahmen zu treffen, um jederzeit gewährleisten zu können, dass die durch diese Richtlinie oder diesen Beschluss vorgeschriebenen Ergebnisse erzielt werden.

(4) Die aufgrund dieses Artikels erlassenen Bestimmungen

- berühren nicht die anerkannte Befugnis der Mitgliedstaaten, die Grundprinzipien ihres Systems der sozialen Sicherheit festzulegen, und dürfen das finanzielle Gleichgewicht dieser Systeme nicht erheblich beeinträchtigen;
- hindern die Mitgliedstaaten nicht daran, strengere Schutzmaßnahmen beizubehalten oder zu treffen, die mit den Verträgen vereinbar sind.

(5) Dieser Artikel gilt nicht für das Arbeitsentgelt, das Koalitionsrecht, das Streikrecht sowie das Aussperrungsrecht.

EU-Grundrechte-Charta

vom 7. Juni 2016 (ABl. 2016, C 202/02)

Art. 31 Gerechte und angemessene Arbeitsbedingungen

(1) Jede Arbeitnehmerin und jeder Arbeitnehmer hat das Recht auf gesunde, sichere und würdige Arbeitsbedingungen.
(2) Jede Arbeitnehmerin und jeder Arbeitnehmer hat das Recht auf eine Begrenzung der Höchstarbeitszeit, auf tägliche und wöchentliche Ruhezeiten sowie auf bezahlten Jahresurlaub.

Erklärung der IAO über grundlegende Prinzipien und Rechte bei der Arbeit und ihre Folgemaßnahmen

angenommen von der Internationalen Arbeitskonferenz auf ihrer 86. Tagung, Genf, 18. Juni 1998

VORSTELLUNG

Die Internationale Arbeitsorganisation hat am 18. Juni 1998 in Genf eine Erklärung der IAO über grundlegende Prinzipien und Rechte bei der Arbeit und ihre Folgemaßnahmen angenommen. Sie will damit auf die Herausforderungen der Globalisierung der Wirtschaft antworten, die seit 1994 Gegenstand zahlreicher Debatten in der IAO gewesen sind. Zwar ist die Globalisierung der Wirtschaft ein Faktor des Wirtschaftswachstums, zwar ist letzteres wiederum eine wesentliche Voraussetzung für sozialen Fortschritt, alles deutet jedoch darauf hin, dass diese Voraussetzung allein nicht ausreicht. Die Globalisierung muss daher Hand in Hand gehen mit einem Minimum an auf gemeinsamen Werten beruhenden sozialen Spielregeln, die es den Beteiligten selbst ermöglichen, einen gerechten Anteil an dem Wohlstand zu fordern, zu dessen Schaffung sie beigetragen haben.
Die Erklärung will das Bestreben, alle Länder zu Anstrengungen anzuregen, damit der soziale Fortschritt den Fortschritt der Wirtschaft begleitet, mit dem Wunsch in Einklang bringen, die Vielfalt der Verhältnisse, Möglichkeiten und Präferenzen jedes Landes zu achten.
Ein erster Schritt in diese Richtung wurde 1995 in Kopenhagen getan, als die Staats- und Regierungschefs, die am Weltgipfel für soziale Entwicklung teilnahmen, Verpflichtungen und einen Aktionsplan annahmen, in denen auf die ›Grundrechte der Arbeitnehmer‹ Bezug genommen wurde: Verbot der Zwangsarbeit und Kinderarbeit, Vereinigungsfreiheit, die Freiheit, Gewerkschaften zu gründen und Kollektivverhandlungen zu führen, Gleichheit des Entgelts für Männer und Frauen für gleichwertige Arbeit und Beseitigung von Diskriminierung im Bereich der Beschäftigung. Die Ministerkonferenz der Welthandelsorganisation 1996 in Singapur bot Gelegenheit zu einem zweiten Schritt: sie erneuerte die Verpflichtung der Staaten zur Einhaltung der grundlegenden Arbeitsnormen, die international anerkannt sind, erinnerte an die Zuständigkeit der IAO für die Festlegung dieser Normen und die Gewährleistung ihrer Durchführung und bekräftigte, dass sie die Tätigkeiten der IAO zur Förderung dieser Normen unterstützt.
Der dritte Schritt wurde mit der Annahme der Erklärung getan. Sie leistet einen entscheidenden Beitrag zu dem in Absatz 54 b) des Aktionsprogramms, das vom Kopenhagener Gipfel angenommen wurde, dargelegten Ziel, nämlich ›die Achtung vor den Grundrechten der Arbeitnehmer zu gewährleisten und zu fördern‹, wobei

die Staaten aufgefordert werden, die entsprechenden Übereinkommen der IAO vollinhaltlich durchzuführen, soweit sie diese ratifiziert haben, bzw. die darin verankerten Grundsätze zu berücksichtigen, soweit sie diese Übereinkommen nicht ratifiziert haben.
Das bestehende Aufsichtssystem bietet bereits die Möglichkeit, die Durchführung der Übereinkommen in den Staaten, die sie ratifiziert haben, sicherzustellen. Was die anderen Staaten angeht, so leistet die Erklärung einen wichtigen neuen Beitrag. Erstens wird anerkannt, dass die Mitglieder der IAO, auch wenn sie die betreffenden Übereinkommen nicht ratifiziert haben, verpflichtet sind, ›die Grundsätze betreffend die grundlegenden Rechte, die Gegenstand dieser Übereinkommen sind, in gutem Glauben und gemäß der Verfassung‹ einzuhalten. Zweitens, und dies ist der erste Aspekt der im Anhang zur Erklärung vorgesehenen Folgemaßnahmen, stellt sie das einzigartige Verfassungsinstrumentarium der IAO in den Dienst dieser Ziele, das es der Organisation ermöglicht, von den Mitgliedstaaten, die die grundlegenden Übereinkommen nicht ratifiziert haben, Berichte über die Fortschritte anzufordern, die bei der Verwirklichung der darin verankerten Grundsätze erzielt worden sind.
Schließlich geht die Erklärung über die Kopenhagener Ziele hinaus, indem sie die feierliche Verpflichtung der Organisation zum Ausdruck bringt, ihre Haushaltsmittel und ihren Einfluss einzusetzen, um ihre Mitglieder bei der Erreichung dieser Ziele zu unterstützen. Diese Verpflichtung wird in dem Gesamtbericht zum Ausdruck kommen, dem zweiten Aspekt der im Anhang enthaltenen Folgemaßnahmen. Der Gesamtbericht wird einen Überblick über die in einem Zeitraum von vier Jahren sowohl in den Ländern, die ratifiziert haben, als auch in denen, die es nicht getan haben, erzielten Fortschritte ermöglichen, eine Grundlage für die Beurteilung der Wirksamkeit der während des vergangenen Zeitraums entfalteten Tätigkeiten schaffen und den Ausgangspunkt für einen Aktionsplan für die künftige Unterstützung bilden.
Mit dieser Erklärung nimmt die IAO die Herausforderung der Weltgemeinschaft an, indem sie den Realitäten der Globalisierung der Wirtschaft einen echten ›Mindestsozialsockel‹ auf weltweiter Ebene entgegenstellt. Damit kann sie dem kommenden Jahrhundert mit Optimismus entgegensehen.
Michel Hansenne

ERKLÄRUNG DER IAO ÜBER GRUNDLEGENDE PRINZIPIEN UND RECHTE BEI DER ARBEIT

in der geänderten Fassung von 2022
Die Internationale Arbeitskonferenz,
in der Erwägung, dass die Gründung der IAO in der Überzeugung erfolgte, dass soziale Gerechtigkeit eine wesentliche Voraussetzung für einen dauerhaften Weltfrieden ist;
in der Erwägung, dass wirtschaftliches Wachstum wesentlich ist, aber nicht ausreicht, um Gerechtigkeit, sozialen Fortschritt und die Beseitigung von Armut zu

gewährleisten, was bestätigt, dass die IAO starke Sozialpolitiken, Gerechtigkeit und demokratische Institutionen fördern muss;
in der Erwägung, dass die IAO mehr als je zuvor alle ihre Mittel der Normensetzung, der technischen Zusammenarbeit und der Forschung in allen ihren Zuständigkeitsbereichen, insbesondere im Bereich der Beschäftigung, der Berufsbildung und der Arbeitsbedingungen, einsetzen sollte, um dafür zu sorgen, dass im Rahmen einer globalen Strategie für wirtschaftliche und soziale Entwicklung sich die Wirtschafts- und Sozialpolitiken gegenseitig verstärken, damit eine breit angelegte dauerhafte Entwicklung geschaffen wird,
in der Erwägung, dass die IAO den Problemen von Personen mit besonderen sozialen Bedürfnissen, insbesondere der Arbeitslosen und der Wanderarbeitnehmer, besondere Aufmerksamkeit schenken und internationale, regionale und nationale Anstrengungen zur Lösung ihrer Probleme mobilisieren und ermutigen und wirksame Politiken zur Schaffung von Arbeitsplätzen fördern sollte;
in der Erwägung, dass bei dem Streben nach dem Gleichlauf von sozialem Fortschritt und wirtschaftlichem Wachstum der Garantie der grundlegenden Prinzipien und Rechte bei der Arbeit eine ganz besondere Bedeutung zukommt, indem den Betreffenden selbst die Möglichkeit gegeben wird, frei und mit gleichen Chancen einen gerechten Anteil an dem Wohlstand zu fordern, zu dessen Schaffung sie beigetragen haben, und ihr menschliches Potential voll zu verwirklichen;
in der Erwägung, dass die IAO die durch ihre Verfassung beauftragte internationale Organisation und das zuständige Gremium im Bereich der Setzung und Behandlung internationaler Arbeitsnormen ist und universelle Unterstützung und Anerkennung bei der Förderung grundlegender Rechte bei der Arbeit als Ausdruck ihrer Verfassungsgrundsätze genießt;
in der Erwägung, dass es angesichts der zunehmenden wirtschaftlichen Verflechtung unbedingt erforderlich ist, den unveränderlichen Charakter der in der Verfassung der Organisation verankerten grundlegenden Prinzipien und Rechte erneut zu bekräftigen und ihre universelle Anwendung zu fördern;
1. Weist darauf hin:
a) dass mit dem freien Beitritt zur IAO alle Mitglieder die in ihrer Verfassung und in der Erklärung von Philadelphia niedergelegten Grundsätze und Rechte anerkannt und sich verpflichtet haben, im Rahmen ihrer Möglichkeiten und ihrer besonderen Umstände auf die Erreichung der Gesamtziele der Organisation hinzuwirken;
b) dass diese Grundsätze und Rechte in Form von konkreten Rechten und Pflichten in innerhalb wie außerhalb der IAO als grundlegend anerkannten Übereinkommen zum Ausdruck gebracht und entwickelt worden sind.

2. Erklärt, dass alle Mitglieder, auch wenn sie die betreffenden Übereinkommen nicht ratifiziert haben, allein aufgrund ihrer Mitgliedschaft in der Organisation verpflichtet sind, die Grundsätze betreffend die grundlegenden Rechte, die Gegenstand dieser Übereinkommen sind, in gutem Glauben und gemäß der Verfassung einzuhalten, zu fördern und zu verwirklichen, nämlich:
a) die Vereinigungsfreiheit und die effektive Anerkennung des Rechts zu Kollektivverhandlungen;
b) die Beseitigung aller Formen von Zwangs- oder Pflichtarbeit;

c) die effektive Abschaffung der Kinderarbeit;
d) die Beseitigung der Diskriminierung in Beschäftigung und Beruf;
e) ein sicheres und gesundes Arbeitsumfeld.

3. Anerkennt die Verpflichtung der Organisation, ihre Mitglieder entsprechend deren erwiesenen und zum Ausdruck gebrachten Bedürfnissen zu unterstützen, um diese Ziele zu erreichen, indem sie ihre verfassungsmäßigen, operativen und budgetären Mittel voll einsetzt, einschließlich der Mobilisierung externer Mittel und Unterstützung, und indem sie andere internationale Organisationen, mit denen die IAO gemäß Artikel 12 ihrer Verfassung Beziehungen aufgenommen hat, dazu ermutigt, diese Anstrengungen zu unterstützen:

a) durch das Angebot von technischer Zusammenarbeit und von Beratungsdiensten zur Förderung der Ratifizierung und Durchführung der grundlegenden Übereinkommen;
b) durch Unterstützung derjenigen Mitglieder, die noch nicht in der Lage sind, die Gesamtheit oder einige dieser Übereinkommen zu ratifizieren, bei ihren Bemühungen um die Einhaltung, Förderung und Verwirklichung der Grundsätze betreffend die grundlegenden Rechte, die Gegenstand dieser Übereinkommen sind; und
c) durch Unterstützung der Mitgliedstaaten bei ihren Bemühungen um die Schaffung eines für die wirtschaftliche und soziale Entwicklung günstigen Umfelds.

4. Beschließt, dass im Hinblick auf die volle Verwirklichung dieser Erklärung förderliche, glaubwürdige und wirkungsvolle Folgemaßnahmen entsprechend den im Anhang dargelegten Modalitäten eingerichtet werden, die als Bestandteil dieser Erklärung anzusehen sind.

5. Betont, dass Arbeitsnormen nicht für handelsprotektionistische Zwecke verwendet werden dürfen und dass diese Erklärung und ihre Folgemaßnahmen nicht für solche Zwecke geltend gemacht oder sonst wie verwendet werden dürfen; außerdem darf der komparative Vorteil eines Landes durch diese Erklärung und ihre Folgemaßnahmen in keiner Weise in Frage gestellt werden.

ANHANG
FOLGEMASSNAHMEN ZUR ERKLÄRUNG

I. GESAMTZWECK

1. Ziel der nachstehend beschriebenen Folgemaßnahmen ist es, die Bemühungen der Mitglieder der Organisation um die Förderung der in der Verfassung der IAO und in der Erklärung von Philadelphia verankerten und in dieser Erklärung bekräftigten grundlegenden Prinzipien und Rechte zu unterstützen.

2. Im Einklang mit diesem Ziel, das reinen Förderungscharakter hat, werden diese Folgemaßnahmen die Ermittlung von Bereichen ermöglichen, in denen die Unterstützung der Organisation durch ihre Tätigkeiten der technischen Zusammenarbeit für ihre Mitglieder von Nutzen sein kann, um ihnen bei der Verwirklichung dieser grundlegenden Prinzipien und Rechte behilflich zu sein. Sie sind kein Ersatz für die

bestehenden Überwachungsmechanismen und sollen deren Funktionieren nicht behindern; infolgedessen werden spezifische Situationen, die in den Zuständigkeitsbereich jener Mechanismen fallen, im Rahmen dieser Folgemaßnahmen nicht geprüft oder erneut geprüft.
3. Die beiden Aspekte dieser Folgemaßnahmen, die nachstehend beschrieben werden, beruhen auf bestehenden Verfahren: Die jährlichen Folgemaßnahmen betreffend nichtratifizierte grundlegende Übereinkommen werden lediglich eine gewisse Anpassung der derzeitigen Anwendungsmodalitäten von Artikel 19 Absatz (5) e) der Verfassung erfordern; und der Gesamtbericht wird dazu dienen, aus den gemäß der Verfassung durchgeführten Verfahren den besten Nutzen zu ziehen.

II. JÄHRLICHE FOLGEMASSNAHMEN BETREFFEND NICHT-RATIFIZIERTE GRUNDLEGENDE ÜBEREINKOMMEN

A. Zweck und Umfang

1. Der Zweck besteht darin, eine Gelegenheit zu schaffen, jedes Jahr mit Hilfe vereinfachter Verfahren anstelle der vom Verwaltungsrat 1995 eingeführten vierjährlichen Überprüfung die von den Mitgliedern, die noch nicht alle grundlegenden Übereinkommen ratifiziert haben, gemäß der Erklärung unternommenen Anstrengungen zu überprüfen.
2. Die Folgemaßnahmen werden sich jedes Jahr auf die vier Bereiche der grundlegenden Rechte und Prinzipien erstrecken, die in der Erklärung angegeben sind.

B. Modalitäten

1. Die Folgemaßnahmen werden auf den von den Mitgliedern nach Artikel 19 Absatz (5) e) der Verfassung angeforderten Berichten beruhen. Die Berichtsformulare werden so abgefasst werden, dass von den Regierungen, die nicht eines oder mehrere der grundlegenden Übereinkommen ratifiziert haben, Informationen über etwaige Änderungen in ihrer Gesetzgebung und Praxis eingeholt werden, wobei Artikel 23 der Verfassung und die übliche Praxis berücksichtigt werden.
2. Diese vom Amt zusammengestellten Berichte werden vom Verwaltungsrat überprüft werden.
3. Im Hinblick auf die Vorlage einer Einführung zu den auf diese Weise zusammengestellten Berichten, in der die Aufmerksamkeit auf Aspekte gelenkt wird, die eine eingehendere Diskussion erfordern könnten, kann das Amt auf eine vom Verwaltungsrat zu diesem Zweck eingesetzte Sachverständigengruppe zurückgreifen.
4. Es sollten Anpassungen bei den bestehenden Verfahren des Verwaltungsrats geprüft werden, um Mitgliedern, die nicht im Verwaltungsrat vertreten sind, Gelegenheit zu geben, während der Diskussionen im Verwaltungsrat in der zweckmäßigsten Weise etwa erforderliche oder nützliche Erläuterungen zur Ergänzung der in ihren Berichten enthaltenen Informationen zu geben.

III. GESAMTBERICHT

A. Zweck und Umfang

1. Dieser Bericht soll ein dynamisches Gesamtbild der während der vorausgehenden Vierjahresperiode verzeichneten Entwicklungen in Bezug auf jede Gruppe grundlegender Prinzipien und Rechte vermitteln und als Grundlage für die Bewertung der Wirksamkeit der von der Organisation geleisteten Unterstützung und für die Festlegung von Prioritäten für den folgenden Zeitraum dienen, und zwar in Form von Aktionsplänen für die technische Zusammenarbeit, die insbesondere dazu bestimmt sind, die zu ihrer Durchführung erforderlichen internen und externen Ressourcen zu mobilisieren.
2. Der Bericht wird jedes Jahr abwechselnd eine der vier Gruppen grundlegender Prinzipien und Rechte behandeln.

B. Modalitäten

1. Der Bericht wird unter der Verantwortung des Generaldirektors auf der Grundlage offizieller Informationen oder von in Übereinstimmung mit feststehenden Verfahren beschafften und bewerteten Informationen ausgearbeitet werden. Im Fall von Staaten, die die grundlegenden Übereinkommen nicht ratifiziert haben, wird er insbesondere auf den Ergebnissen der vorstehend erwähnten jährlichen Folgemaßnahmen beruhen. Im Fall von Mitgliedern, die die betreffenden Übereinkommen ratifiziert haben, wird der Bericht insbesondere auf den nach Artikel 22 der Verfassung behandelten Berichten beruhen.
2. Dieser Bericht wird der Konferenz zur dreigliedrigen Erörterung als ein Bericht des Generaldirektors vorgelegt werden. Die Konferenz kann diesen Bericht getrennt von den Berichten nach Artikel 12 ihrer Geschäftsordnung behandeln und kann ihn in einer Sitzung, die gänzlich diesem Bericht gewidmet ist, oder in einer anderen geeigneten Weise erörtern. Es wird dann Sache des Verwaltungsrats sein, auf einer baldigen Tagung Schlussfolgerungen aus dieser Erörterung hinsichtlich der in der folgenden Vierjahresperiode umzusetzenden Prioritäten und Aktionspläne für die technische Zusammenarbeit zu ziehen.

IV. FOLGENDES GILT ALS VEREINBART:

1. Es werden Vorschläge für Änderungen der Geschäftsordnung des Verwaltungsrats und der Konferenz unterbreitet werden, die erforderlich sind, um die vorstehenden Bestimmungen durchzuführen.
2. Die Konferenz wird das Funktionieren dieser Folgemaßnahmen unter Berücksichtigung der gewonnenen Erfahrungen zu gegebener Zeit überprüfen, um zu beurteilen, ob sie den in Teil I dargelegten Gesamtzweck ausreichend erfüllt haben.

Der vorstehende Text ist der Wortlaut der Erklärung der IAO über grundlegende Prinzipien und Rechte bei der Arbeit und ihrer Folgemaßnahmen, angenommen

von der Internationalen Arbeitskonferenz auf ihrer sechsundachtzigsten Tagung, die in Genf stattgefunden hat und am 18. Juni 1998 für geschlossen erklärt worden ist. ZU URKUND DESSEN haben am 19. Juni 1998 unterschrieben:
Der Präsident der Konferenz
JEAN-JACQUES OECHSLIN
Der Generaldirektor des Internationalen Arbeitsamtes
MICHEL HANSENNE

IAO-Übereinkommen 155 Übereinkommen über Arbeitsschutz und Arbeitsumwelt

Dieses Übereinkommen ist am 11. August 1983 in Kraft getreten.
Ort: Genf
Tagung: 67

Die Allgemeine Konferenz der Internationalen Arbeitsorganisation,
die vom Verwaltungsrat des Internationalen Arbeitsamtes nach Genf einberufen wurde und am 3. Juni 1981 zu ihrer siebenundsechzigsten Tagung zusammengetreten ist,
hat beschlossen, verschiedene Anträge anzunehmen betreffend Arbeitsschutz und Arbeitsumwelt, eine Frage, die den sechsten Gegenstand ihrer Tagesordnung bildet, und
dabei bestimmt, daß diese Anträge die Form eines internationalen Übereinkommens erhalten sollen.
Die Konferenz nimmt heute, am 22. Juni 1981, das folgende Übereinkommen an, das als Übereinkommen über den Arbeitsschutz, 1981, bezeichnet wird.

Teil I. Geltungsbereich und Begriffsbestimmungen

Artikel 1

1. Dieses Übereinkommen gilt für alle Wirtschaftszweige.
2. Ein Mitglied, das dieses Übereinkommen ratifiziert, kann nach ehestmöglicher Anhörung der beteiligten repräsentativen Verbände der Arbeitgeber und der Arbeitnehmer bestimmte Wirtschaftszweige, wie die Seeschiffahrt oder die Fischerei, ganz oder teilweise von seiner Anwendung ausschließen, wenn dabei besondere Probleme von erheblicher Bedeutung entstehen.
3. Jedes Mitglied, das dieses Übereinkommen ratifiziert, hat in seinem ersten Bericht, den es gemäß Artikel 22 der Verfassung der Internationalen Arbeitsorganisation über die Durchführung des Übereinkommens vorzulegen hat, die Zweige anzugeben, die gegebenenfalls auf Grund von Absatz 2 dieses Artikels von der Anwendung ausgeschlossen worden sind, unter Angabe der Gründe für deren Ausschluß und der Maßnahmen, die getroffen worden sind, um den Arbeitnehmern in den ausgeschlossenen Zweigen einen angemessenen Schutz zu gewähren, und in den folgenden Berichten mitzuteilen, welche Fortschritte im Hinblick auf eine umfassendere Anwendung erzielt worden sind.

Artikel 2

1. Dieses Übereinkommen gilt für alle Arbeitnehmer in den erfaßten Wirtschaftszweigen.
2. Ein Mitglied, das dieses Übereinkommen ratifiziert, kann nach ehestmöglicher Anhörung der beteiligten repräsentativen Verbände der Arbeitgeber und der Arbeitnehmer begrenzte Gruppen von Arbeitnehmern ganz oder teilweise von seiner Anwendung ausschließen, wenn dabei besondere Schwierigkeiten bestehen.
3. Jedes Mitglied, das dieses Übereinkommen ratifiziert, hat in seinem ersten Bericht, den es gemäß Artikel 22 der Verfassung der Internationalen Arbeitsorganisation über die Durchführung des Übereinkommens vorzulegen hat, die begrenzten Gruppen von Arbeitnehmern anzugeben, die gegebenenfalls auf Grund von Absatz 2 dieses Artikels von der Anwendung ausgeschlossen worden sind, unter Angabe der Gründe für deren Ausschluß, und in den folgenden Berichten mitzuteilen, welche Fortschritte im Hinblick auf eine umfassendere Anwendung erzielt worden sind.

Artikel 3

Im Sinne dieses Übereinkommens
a) umfaßt der Ausdruck »Wirtschaftszweige« alle Bereiche, in denen Arbeitnehmer beschäftigt sind, einschließlich des öffentlichen Dienstes;
b) umfaßt der Ausdruck »Arbeitnehmer« alle Beschäftigten, einschließlich der öffentlich Bediensteten;
c) umfaßt der Ausdruck »Arbeitsplatz« alle Orte, wo Arbeitnehmer sich auf Grund ihrer Arbeit aufhalten oder hinbegeben müssen und die dem unmittelbaren oder mittelbaren Verfügungsrecht des Arbeitgebers unterliegen;
d) umfaßt der Ausdruck »Vorschriften« alle Bestimmungen, denen die zuständige(n) Stelle(n) Gesetzeskraft verliehen hat (haben);
e) bedeutet der Ausdruck »Gesundheit« im Zusammenhang mit der Arbeit nicht nur das Freisein von Krankheit oder Gebrechen, sondern umfaßt auch die physischen und geistig-seelischen Faktoren, die sich auf die Gesundheit auswirken und die in unmittelbarem Zusammenhang mit der Sicherheit und der Gesundheit bei der Arbeit stehen.

Teil II. Grundsätze einer innerstaatlichen Politik

Artikel 4

1. Jedes Mitglied hat unter Berücksichtigung der innerstaatlichen Verhältnisse und Gepflogenheiten und in Beratung mit den maßgebenden Verbänden der Arbeitgeber und der Arbeitnehmer eine in sich geschlossene innerstaatliche Politik auf

dem Gebiet des Arbeitsschutzes und der Arbeitsumwelt festzulegen, durchzuführen und regelmäßig zu überprüfen.
2. Ziel dieser Politik muß es sein, Unfälle und Gesundheitsschäden, die infolge, im Zusammenhang mit oder bei der Arbeit entstehen, zu verhüten, indem die mit der Arbeitsumwelt verbundenen Gefahrenursachen, soweit praktisch durchführbar, auf ein Mindestmaß herabgesetzt werden.

Artikel 5

Die in Artikel 4 dieses Übereinkommens erwähnte Politik hat den folgenden Hauptaktionsbereichen Rechnung zu tragen, soweit sie sich auf den Arbeitsschutz und die Arbeitsumwelt auswirken:

a) Gestaltung, Erprobung, Auswahl, Ersetzung, Einrichtung, Anordnung, Verwendung und Instandhaltung der materiellen Komponenten der Arbeit (Arbeitsplätze, Arbeitsumwelt, Werkzeuge, Maschinen und Ausrüstungen, chemische, physikalische und biologische Stoffe und Einwirkungen, Arbeitsverfahren);
b) Zusammenhänge zwischen den materiellen Komponenten der Arbeit und den Personen, die die Arbeit ausführen oder überwachen, und Anpassung der Maschinen, der Ausrüstungen, der Arbeitszeit, der Arbeitsorganisation und der Arbeitsverfahren an die körperlichen und geistigen Fähigkeiten der Arbeitnehmer;
c) Ausbildung, einschließlich der erforderlichen Weiterbildung, Qualifikationen und Motivierung der Personen, die in irgendeiner Eigenschaft daran mitwirken, einen angemessenen Stand des Arbeitsschutzes zu erreichen;
d) Kommunikation und Zusammenarbeit auf der Ebene der Arbeitseinheit und des Betriebs sowie auf allen anderen geeigneten Ebenen bis zur nationalen Ebene;
e) Schutz der Arbeitnehmer und ihrer Vertreter vor Disziplinarmaßnahmen auf Grund von Handlungen, die sie gemäß der in Artikel 4 dieses Übereinkommens erwähnten Politik berechtigterweise unternommen haben.

Artikel 6

Bei der Festlegung der in Artikel 4 dieses Übereinkommens erwähnten Politik sind die jeweiligen Aufgaben und Verantwortlichkeiten der Behörden, der Arbeitgeber, der Arbeitnehmer und anderer Beteiligter auf dem Gebiet des Arbeitsschutzes und der Arbeitsumwelt anzugeben, und zwar unter Berücksichtigung sowohl des einander ergänzenden Charakters dieser Verantwortlichkeiten als auch der innerstaatlichen Verhältnisse und Gepflogenheiten.

Artikel 7

Die Lage auf dem Gebiet des Arbeitsschutzes und der Arbeitsumwelt ist in geeigneten Zeitabständen entweder insgesamt oder in bezug auf bestimmte Bereiche mit dem Ziel zu überprüfen, die Hauptprobleme zu ermitteln, wirksame Methoden zu ihrer Bewältigung und Prioritäten für die zu treffenden Maßnahmen zu erarbeiten und die Ergebnisse zu bewerten.

Teil III. Maßnahmen auf nationaler Ebene

Artikel 8

Jedes Mitglied hat durch die Gesetzgebung oder eine andere den innerstaatlichen Verhältnissen und Gepflogenheiten entsprechende Methode und in Beratung mit den beteiligten repräsentativen Verbänden der Arbeitgeber und der Arbeitnehmer die zur Durchführung von Artikel 4 dieses Übereinkommens erforderlichen Maßnahmen zu treffen.

Artikel 9

1. Die Durchführung der Rechtsvorschriften über den Arbeitsschutz und die Arbeitsumwelt ist durch ein angemessenes und geeignetes Aufsichtssystem sicherzustellen.
2. Zur Durchführung sind angemessene Zwangsmaßnahmen bei Verstößen gegen die Rechtsvorschriften vorzusehen.

Artikel 10

Es sind Maßnahmen zur Anleitung von Arbeitgebern und Arbeitnehmern zu treffen, um ihnen bei der Erfüllung ihrer gesetzlichen Verpflichtungen zu helfen.

Artikel 11

Zur Durchführung der in Artikel 4 dieses Übereinkommens erwähnten Politik hat die zuständige Stelle beziehungsweise haben die zuständigen Stellen für die fortschreitende Erfüllung der folgenden Aufgaben zu sorgen:

a) Die Festlegung, soweit die Art und der Grad der Gefahren dies erfordern, der Bedingungen für die Gestaltung, den Bau und die Ausstattung der Betriebe, ihre Inbetriebnahme, größere Veränderungen in den Betrieben und Änderungen ihrer Zweckbestimmung, die Sicherheit der bei der Arbeit eingesetzten technischen Ausrüstungen sowie die Anwendung von den zuständigen Stellen festgelegter Verfahren;

b) die Bestimmung der Arbeitsverfahren sowie der Stoffe und Einwirkungen, gegenüber denen eine Exposition zu verbieten, zu begrenzen oder der Genehmigung oder Überwachung durch die zuständige(n) Stelle(n) zu unterwerfen ist; Gesundheitsgefahren, die durch die gleichzeitige Exposition gegenüber mehreren Stoffen oder Einwirkungen verursacht werden, sind zu berücksichtigen;
c) die Aufstellung und Anwendung von Verfahren zur Meldung von Arbeitsunfällen und Berufskrankheiten durch die Arbeitgeber und gegebenenfalls die Versicherungsträger und andere unmittelbar Beteiligte sowie die Erstellung jährlicher Statistiken über Arbeitsunfälle und Berufskrankheiten;
d) die Durchführung von Untersuchungen, wenn Arbeitsunfälle, Berufskrankheiten oder andere Gesundheitsschäden, die sich während oder im Zusammenhang mit der Arbeit ergeben, auf eine ernste Lage schließen lassen;
e) die jährliche Veröffentlichung von Informationen über die in Verfolgung der in Artikel 4 dieses Übereinkommens erwähnten Politik getroffenen Maßnahmen und über Arbeitsunfälle, Berufskrankheiten und andere Gesundheitsschäden, die sich während oder im Zusammenhang mit der Arbeit ergeben;
f) die Einführung oder Weiterentwicklung, unter Berücksichtigung der innerstaatlichen Verhältnisse und Möglichkeiten, von Systemen zur Untersuchung chemischer, physikalischer und biologischer Einwirkungen auf ihre Gefahren für die Gesundheit der Arbeitnehmer.

Artikel 12

Im Einklang mit der innerstaatlichen Gesetzgebung und Praxis sind Maßnahmen zu treffen, um sicherzustellen, daß diejenigen Personen, die Maschinen, Ausrüstungen oder Stoffe zum gewerblichen Gebrauch entwerfen, herstellen, einführen, in Verkehr bringen oder auf sonstige Weise überlassen,

a) sich vergewissern, soweit dies praktisch durchführbar ist, daß die Maschinen, Ausrüstungen oder Stoffe keine Gefahr für die Sicherheit und die Gesundheit der Personen, die sie ordnungsgemäß verwenden, darstellen;
b) Informationen über die ordnungsgemäße Aufstellung und Verwendung der Maschinen und Ausrüstungen und den ordnungsgemäßen Gebrauch der Stoffe sowie über die mit den Maschinen und Ausrüstungen verbundenen Gefahren und die gefährlichen Eigenschaften der chemischen Stoffe und der physikalischen und biologischen Einwirkungen oder Erzeugnisse zur Verfügung stellen und Anweisungen erteilen, wie bekannte Gefahren verhütet werden können;
c) Untersuchungen und Forschungen durchführen oder sich auf andere Weise über die Entwicklung der wissenschaftlichen und technischen Kenntnisse auf dem laufenden halten, um ihre Pflichten gemäß den Buchstaben a) und b) dieses Artikels zu erfüllen.

Artikel 13

Ein Arbeitnehmer, der sich von einer Arbeitssituation entfernt hat, von der er mit hinreichendem Grund annahm, daß sie eine unmittelbare und ernste Gefahr für sein Leben oder seine Gesundheit darstellte, ist gemäß den innerstaatlichen Verhältnissen und Gepflogenheiten vor ungerechtfertigten Folgen zu schützen.

Artikel 14

Es sind Maßnahmen zu treffen, um in einer den innerstaatlichen Verhältnissen und Gepflogenheiten entsprechenden Weise die Aufnahme von Fragen des Arbeitsschutzes und der Arbeitsumwelt auf allen Bildungs- und Ausbildungsstufen einschließlich des höheren technischen, medizinischen und fachlichen Unterrichts in einer Weise zu fördern, die den Ausbildungsbedürfnissen aller Arbeitnehmer gerecht wird.

Artikel 15

1. Zur Gewährleistung der Geschlossenheit der in Artikel 4 dieses Übereinkommens erwähnten Politik und der Maßnahmen zu ihrer Anwendung hat jedes Mitglied nach ehestmöglicher Anhörung der maßgebenden Verbände der Arbeitgeber und der Arbeitnehmer und gegebenenfalls anderer geeigneter Stellen den innerstaatlichen Verhältnissen und Gepflogenheiten entsprechende Vorkehrungen zu treffen, um die notwendige Koordinierung zwischen den verschiedenen Behörden und Stellen sicherzustellen, denen die Durchführung der Teile II und III dieses Übereinkommens obliegt.
2. Wann immer die Umstände es erfordern und die innerstaatlichen Verhältnisse und Gepflogenheiten es gestatten, haben diese Vorkehrungen die Errichtung einer zentralen Stelle einzuschließen.

Teil IV. Maßnahmen auf betrieblicher Ebene

Artikel 16

1. Die Arbeitgeber sind dazu anzuhalten, dafür zu sorgen, daß die ihrem Verfügungsrecht unterliegenden Arbeitsplätze, Maschinen, Ausrüstungen und Verfahren keine Gefahr für die Sicherheit und die Gesundheit der Arbeitnehmer darstellen, soweit dies praktisch durchführbar ist.
2. Die Arbeitgeber sind dazu anzuhalten, dafür zu sorgen, daß die ihrem Verfügungsrecht unterliegenden chemischen, physikalischen und biologischen Stoffe und Einwirkungen, wenn ordnungsgemäße Schutzmaßnahmen getroffen werden, keine Gesundheitsgefahr darstellen, soweit dies praktisch durchführbar ist.

3. Die Arbeitgeber sind dazu anzuhalten, erforderlichenfalls ausreichende Schutzkleidung und Schutzausrüstung bereitzustellen, um Unfallgefahren und nachteilige Auswirkungen auf die Gesundheit zu verhüten, soweit dies praktisch durchführbar ist.

Artikel 17

Wenn mehrere Betriebe gleichzeitig an der gleichen Arbeitsstätte Arbeiten ausführen, haben sie bei der Anwendung der Bestimmungen dieses Übereinkommens zusammenzuarbeiten.

Artikel 18

Die Arbeitgeber sind dazu anzuhalten, soweit erforderlich, Maßnahmen für Notfälle und Unfälle vorzusehen, einschließlich angemessener Erste-Hilfe-Vorkehrungen.

Artikel 19

Es sind Vorkehrungen auf der Ebene des Betriebs zu treffen, wonach

a) die Arbeitnehmer bei der Verrichtung ihrer Arbeit an der Erfüllung der ihrem Arbeitgeber auferlegten Verpflichtungen mitwirken;
b) die Vertreter der Arbeitnehmer im Betrieb mit dem Arbeitgeber auf dem Gebiet des Arbeitsschutzes zusammenarbeiten;
c) die Vertreter der Arbeitnehmer in einem Betrieb ausreichend über die Maßnahmen unterrichtet werden, die der Arbeitgeber zur Gewährleistung des Arbeitsschutzes getroffen hat, und sie ihre repräsentativen Verbände bezüglich dieser Informationen zu Rate ziehen können, vorausgesetzt, daß sie keine Geschäftsgeheimnisse preisgeben;
d) die Arbeitnehmer und ihre Vertreter im Betrieb eine angemessene Ausbildung auf dem Gebiet des Arbeitsschutzes erhalten;
e) die Arbeitnehmer oder ihre Vertreter und gegebenenfalls ihre repräsentativen Verbände in einem Betrieb gemäß der innerstaatlichen Gesetzgebung und Praxis in die Lage versetzt werden, alle mit ihrer Arbeit zusammenhängenden Aspekte des Arbeitsschutzes zu untersuchen, und vom Arbeitgeber diesbezüglich angehört werden; zu diesem Zweck können im gegenseitigen Einvernehmen betriebsfremde Fachberater hinzugezogen werden;
f) ein Arbeitnehmer seinem unmittelbaren Vorgesetzten unverzüglich jeden Sachverhalt meldet, von dem er mit hinreichendem Grund annimmt, daß er eine unmittelbare und ernste Gefahr für sein Leben oder seine Gesundheit darstellt; solange der Arbeitgeber keine Abhilfemaßnahmen getroffen hat, falls solche erforderlich sind, darf er von den Arbeitnehmern nicht die Rückkehr zu

einer Arbeitssituation verlangen, bei der eine unmittelbare und ernste Gefahr für Leben oder Gesundheit fortbesteht.

Artikel 20

Die Zusammenarbeit zwischen Arbeitgebern und Arbeitnehmern und / oder ihren Vertretern im Betrieb hat ein wesentlicher Bestandteil der gemäß den Artikeln 16 bis 19 dieses Übereinkommens getroffenen organisatorischen und sonstigen Maßnahmen zu sein.

Artikel 21

Die Arbeitsschutzmaßnahmen dürfen für die Arbeitnehmer mit keinerlei Ausgaben verbunden sein.

Teil V. Schlußbestimmungen

Artikel 22

Dieses Übereinkommen gilt nicht als Neufassung irgendeines bestehenden internationalen Arbeits-Übereinkommens oder einer bestehenden Empfehlung.

Artikel 23

Die förmlichen Ratifikationen dieses Übereinkommens sind dem Generaldirektor des Internationalen Arbeitsamtes zur Eintragung mitzuteilen.

Artikel 24

1. Dieses Übereinkommen bindet nur diejenigen Mitglieder der Internationalen Arbeitsorganisation, deren Ratifikation durch den Generaldirektor eingetragen ist.
2. Es tritt in Kraft zwölf Monate nachdem die Ratifikationen zweier Mitglieder durch den Generaldirektor eingetragen worden sind.
3. In der Folge tritt dieses Übereinkommen für jedes Mitglied zwölf Monate nach der Eintragung seiner Ratifikation in Kraft.

Artikel 25

1. Jedes Mitglied, das dieses Übereinkommen ratifiziert hat, kann es nach Ablauf von zehn Jahren, gerechnet von dem Tag, an dem es zum erstenmal in Kraft getreten ist, durch Anzeige an den Generaldirektor des Internationalen Arbeitsamtes kündigen. Die Kündigung wird von diesem eingetragen. Ihre Wirkung tritt erst ein Jahr nach der Eintragung ein.
2. Jedes Mitglied, das dieses Übereinkommen ratifiziert hat und innerhalb eines Jahres nach Ablauf des im vorigen Absatz genannten Zeitraumes von zehn Jahren von dem in diesem Artikel vorgesehenen Kündigungsrecht keinen Gebrauch macht, bleibt für einen weiteren Zeitraum von zehn Jahren gebunden. In der Folge kann es dieses Übereinkommen jeweils nach Ablauf eines Zeitraumes von zehn Jahren nach Maßgabe dieses Artikels kündigen.

Artikel 26

1. Der Generaldirektor des Internationalen Arbeitsamtes gibt allen Mitgliedern der Internationalen Arbeitsorganisation Kenntnis von der Eintragung aller Ratifikationen und Kündigungen, die ihm von den Mitgliedern der Organisation mitgeteilt werden.
2. Der Generaldirektor wird die Mitglieder der Organisation, wenn er ihnen von der Eintragung der zweiten Ratifikation, die ihm mitgeteilt wird, Kenntnis gibt, auf den Zeitpunkt aufmerksam machen, in dem dieses Übereinkommen in Kraft tritt.

Artikel 27

Der Generaldirektor des Internationalen Arbeitsamtes übermittelt dem Generalsekretär der Vereinten Nationen zwecks Eintragung nach Artikel 102 der Charta der Vereinten Nationen vollständige Auskünfte über alle von ihm nach Maßgabe der vorausgehenden Artikel eingetragenen Ratifikationen und Kündigungen.

Artikel 28

Der Verwaltungsrat des Internationalen Arbeitsamtes hat, sooft er es für nötig erachtet, der Allgemeinen Konferenz einen Bericht über die Durchführung dieses Übereinkommens zu erstatten und zu prüfen, ob die Frage seiner gänzlichen oder teilweisen Abänderung auf die Tagesordnung der Konferenz gesetzt werden soll.

Artikel 29

1. Nimmt die Konferenz ein neues Übereinkommen an, welches das vorliegende Übereinkommen ganz oder teilweise abändert, und sieht das neue Übereinkommen nichts anderes vor, so gelten folgende Bestimmungen:

a) Die Ratifikation des neugefaßten Übereinkommens durch ein Mitglied schließt ohne weiteres die sofortige Kündigung des vorliegenden Übereinkommens in sich ohne Rücksicht auf Artikel 25, vorausgesetzt, daß das neugefaßte Übereinkommen in Kraft getreten ist.
b) Vom Zeitpunkt des Inkrafttretens des neugefaßten Übereinkommens an kann das vorliegende Übereinkommen von den Mitgliedern nicht mehr ratifiziert werden.

2. Indessen bleibt das vorliegende Übereinkommen nach Form und Inhalt jedenfalls in Kraft für die Mitglieder, die dieses, aber nicht das neugefaßte Übereinkommen ratifiziert haben.

Artikel 30

Der französische und der englische Wortlaut dieses Übereinkommens sind in gleicher Weise maßgebend.

IAO-Übereinkommen 187 Übereinkommen über den Förderungsrahmen für den Arbeitsschutz

Dieses Übereinkommen ist am 20. Februar 2009 in Kraft getreten.
Ort: Genf
Tagung: 95 der Ratifizierungen

Die Allgemeine Konferenz der Internationalen Arbeitsorganisation,
die vom Verwaltungsrat des Internationalen Arbeitsamtes nach Genf einberufen wurde und am 31. Mai 2006 zu ihrer fünfundneunzigsten Tagung zusammengetreten ist,
anerkennt das globale Ausmaß arbeitsbedingter Unfälle, Erkrankungen und Todesfälle und die Notwendigkeit weiterer Maßnahmen zu ihrer Reduzierung,
erinnert daran, dass der Schutz der Arbeitnehmer gegen allgemeine und Berufskrankheiten sowie gegen Arbeitsunfälle zu den Zielen der Internationalen Arbeitsorganisation gehört, wie sie in ihrer Verfassung dargelegt sind,
anerkennt, dass arbeitsbedingte Unfälle, Erkrankungen und Todesfälle sich negativ auf die Produktivität und die wirtschaftliche und soziale Entwicklung auswirken,
verweist auf Absatz III (g) der Erklärung von Philadelphia, dem zufolge die Internationale Arbeitsorganisation die feierliche Verpflichtung hat, bei den einzelnen Nationen der Welt Programme zu fördern, die einen angemessenen Schutz für das Leben und die Gesundheit der Arbeitnehmer bei allen Beschäftigungen erreichen,
ist sich der Erklärung der IAO über grundlegende Prinzipien und Rechte bei der Arbeit und ihre Folgemaßnahmen, 1998, bewusst,
verweist auf das Übereinkommen (Nr. 155) über den Arbeitsschutz, 1981, die Empfehlung (Nr. 164) betreffend den Arbeitsschutz, 1981, und andere Instrumente der Internationalen Arbeitsorganisation, die für den Förderungsrahmen für den Arbeitsschutz relevant sind,
erinnert daran, dass die Förderung des Arbeitsschutzes Teil der Agenda der Internationalen Arbeitsorganisation für menschenwürdige Arbeit für alle ist,
verweist auf die von der 91. Tagung (2003) der Internationalen Arbeitskonferenz angenommenen »Schlussfolgerungen über normenbezogene Tätigkeiten der IAO im Bereich des Arbeitsschutzes – Eine globale Strategie«, insbesondere in Bezug darauf sicherzustellen, dass dem Arbeitsschutz in nationalen Agenden Vorrang eingeräumt wird,
betont die Bedeutung der ständigen Förderung einer innerstaatlichen präventiven Arbeitsschutzkultur,
hat beschlossen, verschiedene Anträge anzunehmen betreffend den Arbeitsschutz, eine Frage, die den vierten Gegenstand ihrer Tagesordnung bildet, und
dabei bestimmt, dass diese Anträge die Form eines internationalen Übereinkommens erhalten sollen.

Die Konferenz nimmt heute, am 15. Juni 2006, das folgende Übereinkommen an, das als Übereinkommen über den Förderungsrahmen für den Arbeitsschutz, 2006, bezeichnet wird.

I. BEGRIFFSBESTIMMUNGEN

Artikel 1

Im Sinne dieses Übereinkommens
a) bezieht sich der Begriff »innerstaatliche Politik« auf die innerstaatliche Politik auf dem Gebiet des Arbeitsschutzes und der Arbeitsumwelt, die im Einklang mit den Grundsätzen von Artikel 4 des Übereinkommens (Nr. 155) über den Arbeitsschutz, 1981, entwickelt wird;
b) bezieht sich der Begriff »innerstaatliches Arbeitsschutzsystem« oder »innerstaatliches System« auf die Infrastruktur, die den Hauptrahmen für die Umsetzung der innerstaatlichen Arbeitsschutzpolitik und innerstaatlicher Arbeitsschutzprogramme bietet;
c) bezieht sich der Begriff »innerstaatliches Arbeitsschutzprogramm« oder »innerstaatliches Programm« auf jedes innerstaatliche Programm, das in einem vorher festgelegten Zeitrahmen zu erreichende Ziele, Prioritäten und Aktionsmittel, die ausgearbeitet worden sind, um den Arbeitsschutz zu verbessern, sowie Mittel zur Beurteilung von Fortschritten umfasst;
d) bezieht sich der Begriff »eine innerstaatliche präventive Arbeitsschutzkultur« auf eine Kultur, in der das Recht auf eine sichere und gesunde Arbeitsumwelt auf allen Ebenen geachtet wird, in der Regierung, Arbeitgeber und Arbeitnehmer aktiv daran mitwirken, durch ein System festgelegter Rechte, Verantwortlichkeiten und Pflichten eine sichere und gesunde Arbeitsumwelt zu gewährleisten, und in der dem Grundsatz der Prävention höchste Priorität eingeräumt wird.

II. ZIEL

Artikel 2

1. Jedes Mitglied, das dieses Übereinkommen ratifiziert, hat zur Verhütung von arbeitsbedingten Unfällen, Erkrankungen und Todesfällen in Beratung mit den maßgebenden Verbänden der Arbeitgeber und der Arbeitnehmer die ständige Verbesserung des Arbeitsschutzes zu fördern durch die Entwicklung einer innerstaatlichen Politik, eines innerstaatlichen Systems und eines innerstaatlichen Programms.
2. Jedes Mitglied hat aktive Maßnahmen zu ergreifen, um unter Berücksichtigung der Grundsätze in den Instrumenten der Internationalen Arbeitsorganisation (IAO), die für den Förderungsrahmen für den Arbeitsschutz relevant sind, durch das innerstaatliche Arbeitsschutzsystem und durch innerstaatliche Arbeitsschutzprogramme schrittweise eine sichere und gesunde Arbeitsumwelt zu verwirklichen.

3. Jedes Mitglied hat in Beratung mit den maßgebenden Verbänden der Arbeitgeber und der Arbeitnehmer in regelmäßigen Abständen zu erwägen, welche Maßnahmen getroffen werden könnten, um die einschlägigen Arbeitsschutzübereinkommen der IAO zu ratifizieren.

III. INNERSTAATLICHE POLITIK

Artikel 3

1. Jedes Mitglied hat durch die Ausarbeitung einer innerstaatlichen Politik eine sichere und gesunde Arbeitsumwelt zu fördern.
2. Jedes Mitglied hat auf allen einschlägigen Ebenen das Recht der Arbeitnehmer auf eine sichere und gesunde Arbeitsumwelt zu fördern und weiterzuentwickeln.
3. Bei der Ausarbeitung seiner innerstaatlichen Politik hat jedes Mitglied im Licht der innerstaatlichen Bedingungen und Praxis und in Beratung mit den maßgebenden Verbänden der Arbeitgeber und der Arbeitnehmer grundlegende Prinzipien zu fördern, wie zum Beispiel die Evaluierung von arbeitsbedingten Risiken und Gefahren, die Bekämpfung von arbeitsbedingten Risiken und Gefahren an der Quelle und die Entwicklung einer innerstaatlichen präventiven Arbeitsschutzkultur, die Informationen, Beratung und Ausbildung umfasst.

IV. INNERSTAATLICHES SYSTEM

Artikel 4

1. Jedes Mitglied hat in Beratung mit den maßgebenden Verbänden der Arbeitgeber und der Arbeitnehmer ein innerstaatliches Arbeitsschutzsystem einzurichten, zu unterhalten, fortlaufend weiterzuentwickeln und regelmäßig zu überprüfen.
2. Das innerstaatliche Arbeitsschutzsystem hat unter anderem zu umfassen:

a) Rechtsvorschriften, gegebenenfalls Gesamtarbeitsverträge und alle sonstigen relevanten Instrumente über den Arbeitsschutz;
b) eine oder mehrere für den Arbeitsschutz verantwortliche und im Einklang mit der innerstaatlichen Gesetzgebung und Praxis bezeichnete Stellen oder Gremien;
c) Mechanismen zur Sicherstellung der Einhaltung der innerstaatlichen Rechtsvorschriften, einschließlich Inspektionssystemen;
d) Vorkehrungen zur Förderung der Zusammenarbeit auf Unternehmensebene zwischen Geschäftsleitung, Arbeitnehmern und ihren Vertretern als wesentliches Element von Präventionsmaßnahmen am Arbeitsplatz.

3. Das innerstaatliche Arbeitsschutzsystem hat, soweit angemessen, zu umfassen:

a) einen innerstaatlichen dreigliedrigen Beirat oder innerstaatliche dreigliedrige Beiräte, die sich mit Arbeitsschutzfragen befassen;
b) Informations- und Beratungsdienste zum Arbeitsschutz;

c) die Bereitstellung einer Arbeitsschutzausbildung;
d) arbeitsmedizinische Dienste im Einklang mit der innerstaatlichen Gesetzgebung und Praxis;
e) Arbeitsschutzforschung;
f) einen Mechanismus zur Erhebung und Analyse von Daten über Arbeitsunfälle und Berufskrankheiten unter Berücksichtigung der einschlägigen Instrumente der IAO;
g) Vorkehrungen für eine Zusammenarbeit mit einschlägigen Versicherungs- oder Sozialversicherungssystemen, die Arbeitsunfälle und Berufskrankheiten decken; und
h) Unterstützungsmechanismen für eine fortschreitende Verbesserung der Arbeitsschutzbedingungen in Kleinst-, Klein- und Mittelbetrieben und in der informellen Wirtschaft.

V. INNERSTAATLICHES PROGRAMM

Artikel 5

1. Jedes Mitglied hat in Beratung mit den maßgebenden Verbänden der Arbeitgeber und der Arbeitnehmer ein innerstaatliches Arbeitsschutzprogramm auszuarbeiten, umzusetzen, zu überwachen, zu evaluieren und regelmäßig zu überprüfen.
2. Das innerstaatliche Programm:
a) hat die Entwicklung einer innerstaatlichen präventiven Arbeitsschutzkultur zu fördern;
b) hat, soweit praktisch durchführbar, durch die Beseitigung arbeitsbedingter Gefahren und Risiken oder ihre Herabsetzung auf ein Mindestmaß im Einklang mit der innerstaatlichen Gesetzgebung und Praxis einen Beitrag zum Schutz der Arbeitnehmer zu leisten, um arbeitsbedingte Unfälle, Erkrankungen und Todesfälle zu verhüten und den Arbeitsschutz in der Arbeitsstätte zu fördern;
c) ist auf der Grundlage einer Analyse der innerstaatlichen Arbeitsschutzsituation, einschließlich einer Analyse des innerstaatlichen Arbeitsschutzsystems, auszuarbeiten und zu überprüfen;
d) hat Ziele, Zielvorgaben und Fortschrittsindikatoren zu enthalten;
e) ist nach Möglichkeit durch andere ergänzende innerstaatliche Programme und Pläne zu unterstützen, die dazu beitragen, schrittweise eine sichere und gesunde Arbeitsumwelt zu verwirklichen.
3. Das innerstaatliche Programm ist weithin bekannt zu machen und, soweit es möglich ist, von den höchsten staatlichen Stellen zu unterstützen und in Gang zu setzen.

VI. SCHLUSSBESTIMMUNGEN

Artikel 6

Durch dieses Übereinkommen werden bestehende internationale Arbeitsübereinkommen oder -empfehlungen nicht neu gefasst.

Artikel 7

Die förmlichen Ratifikationen dieses Übereinkommens sind dem Generaldirektor des Internationalen Arbeitsamtes zur Eintragung mitzuteilen.

Artikel 8

1. Dieses Übereinkommen bindet nur diejenigen Mitglieder der Internationalen Arbeitsorganisation, deren Ratifikation durch den Generaldirektor des Internationalen Arbeitsamtes eingetragen ist.
2. Es tritt, zwölf Monate nachdem die Ratifikationen zweier Mitglieder durch den Generaldirektor eingetragen worden sind, in Kraft.
3. In der Folge tritt dieses Übereinkommen für jedes Mitglied zwölf Monate nach der Eintragung seiner Ratifikation in Kraft.

Artikel 9

1. Jedes Mitglied, das dieses Übereinkommen ratifiziert hat, kann es nach Ablauf von zehn Jahren seit seinem erstmaligen Inkrafttreten durch förmliche Mitteilung an den Generaldirektor des Internationalen Arbeitsamtes kündigen. Die Kündigung wird von diesem eingetragen. Sie wird zwölf Monate nach der Eintragung wirksam.
2. Jedes Mitglied, das dieses Übereinkommen ratifiziert hat und binnen eines Jahres nach Ablauf der in Absatz 1 genannten zehn Jahre von dem in diesem Artikel vorgesehenen Kündigungsrecht keinen Gebrauch macht, bleibt für weitere zehn Jahre gebunden. In der Folge kann es dieses Übereinkommen innerhalb des ersten Jahres jedes neuen Zehnjahres-Zeitraums nach Maßgabe dieses Artikels kündigen.

Artikel 10

1. Der Generaldirektor des Internationalen Arbeitsamtes gibt allen Mitgliedern der Internationalen Arbeitsorganisation Kenntnis von der Eintragung aller Ratifikationen und Kündigungen, die von den Mitgliedern mitgeteilt worden sind.

2. Der Generaldirektor macht die Mitglieder der Organisation, wenn er ihnen von der Eintragung der zweiten Ratifikation, die mitgeteilt worden ist, Kenntnis gibt, auf den Zeitpunkt aufmerksam, zu dem dieses Übereinkommen in Kraft tritt.

Artikel 11

Der Generaldirektor des Internationalen Arbeitsamtes übermittelt dem Generalsekretär der Vereinten Nationen zur Eintragung nach Artikel 102 der Charta der Vereinten Nationen vollständige Auskünfte über alle nach Maßgabe der vorausgehenden Artikel eingetragenen Ratifikationen und Kündigungen.

Artikel 12

Der Verwaltungsrat des Internationalen Arbeitsamtes erstattet der Allgemeinen Konferenz, wann immer er es für nötig erachtet, einen Bericht über die Durchführung dieses Übereinkommens und prüft, ob die Frage seiner Neufassung auf die Tagesordnung der Konferenz gesetzt werden soll.

Artikel 13

1. Nimmt die Konferenz ein neues Übereinkommen an, welches das vorliegende Übereinkommen neu fasst, und sieht das neue Übereinkommen nichts anderes vor, so gilt Folgendes:

a) Die Ratifikation des neu gefassten Übereinkommens durch ein Mitglied hat ungeachtet des Artikels 9 ohne weiteres die Wirkung einer sofortigen Kündigung des vorliegenden Übereinkommens, sofern das neu gefasste Übereinkommen in Kraft getreten ist.

b) Vom Zeitpunkt des Inkrafttretens des neu gefassten Übereinkommens an kann das vorliegende Übereinkommen von den Mitgliedern nicht mehr ratifiziert werden.

2. In jedem Fall bleibt das vorliegende Übereinkommen nach Form und Inhalt für diejenigen Mitglieder in Kraft, die dieses, nicht jedoch das neu gefasste Übereinkommen ratifiziert haben.

Artikel 14

Der englische und der französische Wortlaut dieses Übereinkommens sind in gleicher Weise verbindlich.

Richtlinie 89/391/EWG des Rates vom 12. Juni 1989 über die Durchführung von Maßnahmen zur Verbesserung der Sicherheit und des Gesundheitsschutzes der Arbeitnehmer bei der Arbeit

(ABl. L 183/1, zuletzt geändert am 23. 10. 2008, ABl. L 311/1)

Abschnitt I
Allgemeine Bestimmungen

Artikel 1
Ziel der Richtlinie

(1) Ziel dieser Richtlinie ist die Durchführung von Maßnahmen zur Verbesserung der Sicherheit und des Gesundheitsschutzes der Arbeitnehmer am Arbeitsplatz.
(2) Sie enthält zu diesem Zweck allgemeine Grundsätze für die Verhütung berufsbedingter Gefahren, für die Sicherheit und den Gesundheitsschutz, die Ausschaltung von Risiko- und Unfallfaktoren, die Information, die Anhörung, die ausgewogene Beteiligung nach den nationalen Rechtsvorschriften bzw. Praktiken, die Unterweisung der Arbeitnehmer und ihrer Vertreter sowie allgemeine Regeln für die Durchführung dieser Grundsätze.
(3) Diese Richtlinie berührt nicht bereits geltende oder künftige nationale und gemeinschaftliche Bestimmungen, die für die Sicherheit und den Gesundheitsschutz der Arbeitnehmer am Arbeitsplatz günstiger sind.

Artikel 2
Anwendungsbereich

(1) Diese Richtlinie findet Anwendung auf alle privaten oder öffentlichen Tätigkeitsbereiche (gewerbliche, landwirtschaftliche, kaufmännische, verwaltungsmäßige sowie dienstleistungs- oder ausbildungsbezogene, kulturelle und Freizeittätigkeiten usw.).
(2) Diese Richtlinie findet keine Anwendung, soweit dem Besonderheiten bestimmter spezifischer Tätigkeiten im öffentlichen Dienst, z. B. bei den Streitkräften oder der Polizei, oder bestimmter spezifischer Tätigkeiten bei den Katastrophenschutzdiensten zwingend entgegenstehen.
In diesen Fällen ist dafür Sorge zu tragen, daß unter Berücksichtigung der Ziele dieser Richtlinie eine größtmögliche Sicherheit und ein größtmöglicher Gesundheitsschutz der Arbeitnehmer gewährleistet ist.

Artikel 3
Definitionen

Für die Zwecke dieser Richtlinie gilt als:

a) Arbeitnehmer: jede Person, die von einem Arbeitgeber beschäftigt wird, einschließlich Praktikanten und Lehrlingen, jedoch mit Ausnahme von Hausangestellten;
b) Arbeitgeber: jede natürliche oder juristische Person, die als Vertragspartei des Beschäftigungsverhältnisses mit dem Arbeitnehmer die Verantwortung für das Unternehmen bzw. den Betrieb trägt;
c) Arbeitnehmervertreter mit einer besonderen Funktion bei der Sicherheit und beim Gesundheitsschutz der Arbeitnehmer: jede Person, die gemäß den nationalen Rechtsvorschriften bzw. Praktiken gewählt, ausgewählt oder benannt wurde, um die Arbeitnehmer in Fragen der Sicherheit und des Gesundheitsschutzes der Arbeitnehmer bei der Arbeit zu vertreten;
d) Gefahrenverhütung: sämtliche Bestimmungen oder Maßnahmen, die in einem Unternehmen auf allen Tätigkeitsstufen zur Vermeidung oder Verringerung berufsbedingter Gefahren eingeleitet oder vorgesehen werden.

Artikel 4

(1) Die Mitgliedstaaten treffen die erforderlichen Vorkehrungen, um zu gewährleisten, daß die Arbeitgeber, die Arbeitnehmer und die Arbeitnehmervertreter den für die Anwendung dieser Richtlinie erforderlichen Rechtsvorschriften unterliegen.
(2) Die Mitgliedstaten tragen insbesondere für eine angemessene Kontrolle und Überwachung Sorge.

Abschnitt II
Pflichten des Arbeitgebers

Artikel 5
Allgemeine Vorschrift

(1) Der Arbeitgeber ist verpflichtet, für die Sicherheit und den Gesundheitsschutz der Arbeitnehmer in bezug auf alle Aspekte, die die Arbeit betreffen, zu sorgen.
(2) Zieht ein Arbeitgeber in Anwendung von Artikel 7 Absatz 3 außerbetriebliche Fachleute (Personen oder Dienste) hinzu, so enthebt ihn dies nicht seiner diesbezüglichen Verantwortung.
(3) Die Pflichten der Arbeitnehmer in Fragen der Sicherheit und des Gesundheitsschutzes am Arbeitsplatz berühren nicht den Grundsatz der Verantwortung des Arbeitgebers.
(4) Diese Richtlinie steht nicht der Befugnis der Mitgliedstaaten entgegen, den Ausschluß oder die Einschränkung der Verantwortung des Arbeitgebers bei Vorkommnissen vorzusehen, die auf nicht von diesem zu vertretende anormale und

unvorhersehbare Umstände oder auf außergewöhnliche Ereignisse zurückzuführen sind, deren Folgen trotz aller Sorgfalt nicht hätten vermieden werden können.
Die Mitgliedstaaten sind nicht verpflichtet, von der in Unterabsatz 1 genannten Möglichkeit Gebrauch zu machen.

Artikel 6
Allgemeine Pflichten des Arbeitgebers

(1) Im Rahmen seiner Verpflichtungen trifft der Arbeitgeber die für die Sicherheit und den Gesundheitsschutz der Arbeitnehmer erforderlichen Maßnahmen, einschließlich der Maßnahmen zur Verhütung berufsbedingter Gefahren, zur Information und zur Unterweisung sowie der Bereitstellung einer geeigneten Organisation und der erforderlichen Mittel.
Der Arbeitgeber muß darauf achten, daß diese Maßnahmen entsprechend den sich ändernden Gegebenheiten angepasst werden, und er muß eine Verbesserung der bestehenden Arbeitsbedingungen anstreben.
(2) Der Arbeitgeber setzt die Maßnahmen nach Absatz 1 Unterabsatz 1 ausgehend von folgenden allgemeinen Grundsätzen der Gefahrenverhütung um:
a) Vermeidung von Risiken;
b) Abschätzung nichtvermeidbarer Risiken;
c) Gefahrenbekämpfung an der Quelle;
d) Berücksichtigung des Faktors »Mensch« bei der Arbeit, insbesondere bei der Gestaltung von Arbeitsplätzen sowie bei der Auswahl von Arbeitsmitteln und Arbeits- und Fertigungsverfahren, vor allem im Hinblick auf eine Erleichterung bei eintöniger Arbeit und bei maschinenbestimmtem Arbeitsrhythmus sowie auf eine Abschwächung ihrer gesundheitsschädigenden Auswirkungen;
e) Berücksichtigung des Stands der Technik;
f) Ausschaltung oder Verringerung von Gefahrenmomenten;
g) Planung der Gefahrenverhütung mit dem Ziel einer kohärenten Verknüpfung von Technik, Arbeitsorganisation, Arbeitsbedingungen, sozialen Beziehungen und Einfluß der Umwelt auf den Arbeitsplatz;
h) Vorrang des kollektiven Gefahrenschutzes vor individuellem Gefahrenschutz;
i) Erteilung geeigneter Anweisungen an die Arbeitnehmer.
(3) Unbeschadet der anderen Bestimmungen dieser Richtlinie hat der Arbeitgeber je nach Art der Tätigkeiten des Unternehmens bzw. Betriebs folgende Verpflichtungen:
a) Beurteilung von Gefahren für Sicherheit und Gesundheit der Arbeitnehmer, unter anderem bei der Auswahl von Arbeitsmitteln, chemischen Stoffen oder Zubereitungen und bei der Gestaltung der Arbeitsplätze.
   Die vom Arbeitgeber aufgrund dieser Beurteilung getroffenen Maßnahmen zur Gefahrenverhütung sowie die von ihm angewendeten Arbeits- und Produktionsverfahren müssen erforderlichenfalls
   - einen höheren Grad an Sicherheit und einen besseren Gesundheitsschutz der Arbeitnehmer gewährleisten;
   - in alle Tätigkeiten des Unternehmens bzw. des Betriebes und auf allen Führungsebenen einbezogen werden;

b) bei Übertragung von Aufgaben an einen Arbeitnehmer Berücksichtigung der Eignung dieses Arbeitnehmers in bezug auf Sicherheit und Gesundheit;
c) bei der Planung und Einführung neuer Technologien sind die Arbeitnehmer bzw. ihre Vertreter zu den Auswirkungen zu hören, die die Auswahl der Arbeitsmittel, die Gestaltung der Arbeitsbedingungen und die Einwirkung der Umwelt auf den Arbeitsplatz für die Sicherheit und Gesundheit der Arbeitnehmer haben;
d) es ist durch geeignete Maßnahmen dafür zu sorgen, daß nur die Arbeitnehmer, die ausreichende Anweisungen erhalten haben, Zugang zu den Bereichen mit ernsten und spezifischen Gefahren haben.

(4) Unbeschadet der übrigen Bestimmungen dieser Richtlinie müssen die Arbeitgeber für den Fall, daß an einem Arbeitsplatz Arbeitnehmer mehrerer Unternehmen anwesend sind, bei der Durchführung der Sicherheits-, Hygiene- und Gesundheitsschutzbestimmungen zusammenarbeiten, je nach Art der Tätigkeiten beim Gefahrenschutz und bei der Verhütung berufsbedingter Gefahren ihre Tätigkeiten koordinieren und sich gegenseitig sowie ihre jeweiligen Arbeitnehmer bzw. deren Vertreter über diese Gefahren informieren.

(5) Die Kosten für die Sicherheits-, Hygiene- und Gesundheitsschutzmaßnahmen dürfen auf keinen Fall zu Lasten der Arbeitnehmer gehen.

Artikel 7
Mit Schutzmaßnahmen und Maßnahmen zur Gefahrenverhütung beauftragte Dienste

(1) Unbeschadet seiner Pflichten nach den Artikeln 5 und 6 benennt der Arbeitgeber einen oder mehrere Arbeitnehmer, die er mit Schutzmaßnahmen und Maßnahmen zur Verhütung berufsbedingter Gefahren im Unternehmen bzw. im Betrieb beauftragt.

(2) Den benannten Arbeitnehmern dürfen durch ihre Schutztätigkeiten und ihre Tätigkeiten zur Verhütung berufsbedingter Gefahren keine Nachteile entstehen.
Die benannten Arbeitnehmer müssen, um den sich aus dieser Richtlinie ergebenden Verpflichtungen nachkommen zu können, über die entsprechende Zeit verfügen.

(3) Reichen die Möglichkeiten im Unternehmen bzw. im Betrieb nicht aus, um die Organisation dieser Schutzmaßnahmen und Maßnahmen zur Gefahrenverhütung durchzuführen, so muß der Arbeitgeber außerbetriebliche Fachleute (Personen oder Dienste) hinzuziehen.

(4) Zieht der Arbeitgeber außerbetriebliche Fachleute hinzu, so hat er die betreffenden Personen oder Dienste über diejenigen Faktoren zu unterrichten, von denen bekannt ist oder vermutet wird, daß sie Auswirkungen auf die Sicherheit und die Gesundheit der Arbeitnehmer haben, und ihnen Zugang zu den in Artikel 10 Absatz 2 genannten Informationen zu verschaffen.

(5) In allen Fällen gilt:

- die benannten Arbeitnehmer müssen über die erforderlichen Fähigkeiten und Mittel verfügen,

- die hinzugezogenen außerbetrieblichen Personen oder Dienste müssen über die erforderliche Eignung sowie die erforderlichen personellen und berufsspezifischen Mittel verfügen und
- die benannten Arbeitnehmer und die hinzugezogenen außerbetrieblichen Personen oder Dienste müssen über eine ausreichende Personalausstattung verfügen,

so daß sie die Schutzmaßnahmen und Maßnahmen zur Gefahrenverhütung übernehmen können, wobei die Größe des Unternehmens bzw. des Betriebs und / oder der Grad der Gefahren, denen die Arbeitnehmer ausgesetzt sind, sowie deren Lokalisierung innerhalb des gesamten Unternehmens bzw. des Betriebs zu berücksichtigen sind.

(6) Der Schutz und die Verhütung von Gefahren für die Sicherheit und die Gesundheit, die Gegenstand dieses Artikels sind, werden von einem oder mehreren Arbeitnehmern bzw. von einem einzigen oder von verschiedenen Diensten gewährleistet, der / die zu dem Unternehmen bzw. Betrieb gehört / gehören oder von außen hinzugezogen wird / werden.

Der oder die Arbeitnehmer bzw. der Dienst oder die Dienste müssen erforderlichenfalls zusammenarbeiten.

(7) Die Mitgliedstaaten können unter Berücksichtigung der Art der Tätigkeiten und der Größe der Unternehmen die Unternehmenssparten festlegen, in denen der Arbeitgeber die in Absatz 1 genannten Aufgaben selbst übernehmen kann, sofern er die erforderlichen Fähigkeiten besitzt.

(8) Die Mitgliedstaaten legen fest, welche Fähigkeiten und Eignungen im Sinne von Absatz 5 erforderlich sind.

Sie können festlegen, welche Personalausstattung im Sinne von Absatz 5 ausreichend ist.

Artikel 8
Erste Hilfe, Brandbekämpfung, Evakuierung der Arbeitnehmer, ernste und unmittelbare Gefahren

(1) Der Arbeitgeber muß

- die der Art der Tätigkeiten und der Grösse des Unternehmens bzw. Betriebs angepassten Maßnahmen treffen, die zur Ersten Hilfe, Brandbekämpfung und Evakuierung der Arbeitnehmer erforderlich sind, wobei der Anwesenheit anderer Personen Rechnung zu tragen ist, und
- die erforderlichen Verbindungen zu außerbetrieblichen Stellen, insbesondere im Bereich der Ersten Hilfe, der medizinischen Notversorgung, der Bergung und der Brandbekämpfung organisieren.

(2) In Anwendung von Absatz 1 muß der Arbeitgeber insbesondere diejenigen Arbeitnehmer benennen, die für Erste Hilfe, Brandbekämpfung und Evakuierung der Arbeitnehmer zuständig sind.

Diese Arbeitnehmer müssen, unter Berücksichtigung der Größe bzw. der in diesem Unternehmen bzw. Betrieb bestehenden spezifischen Gefahren, entsprechend ausgebildet und zahlenmäßig stark genug sein sowie über die erforderliche Ausrüstung verfügen.

(3) Der Arbeitgeber

a) muß alle Arbeitnehmer, die einer ernsten und unmittelbaren Gefahr ausgesetzt sind oder sein können, möglichst frühzeitig über diese Gefahr und die getroffenen oder zu treffenden Schutzmaßnahmen unterrichten;

b) muß Maßnahmen treffen und Anweisungen erteilen, um den Arbeitnehmern bei ernster, unmittelbarer und nicht vermeidbarer Gefahr zu ermöglichen, ihre Tätigkeit einzustellen bzw. sich durch sofortiges Verlassen des Arbeitsplatzes in Sicherheit zu bringen;

c) darf außer in begründeten Ausnahmefällen die Arbeitnehmer nicht auffordern, ihre Tätigkeit in einer Arbeitssituation wieder aufzunehmen, in der eine ernste und unmittelbare Gefahr fortbesteht.

(4) Einem Arbeitnehmer, der bei ernster, unmittelbarer und nicht vermeidbarer Gefahr seinen Arbeitsplatz bzw. einen gefährlichen Bereich verlässt, dürfen dadurch keine Nachteile entstehen, und er muß gegen alle nachteiligen und ungerechtfertigten Folgen entsprechend den einzelstaatlichen Rechtsvorschriften bzw. Praktiken geschützt werden.

(5) Der Arbeitgeber trägt dafür Sorge, daß jeder Arbeitnehmer, wenn er den zuständigen Vorgesetzten nicht erreichen kann, in der Lage ist, bei ernster und unmittelbarer Gefahr für die eigene Sicherheit bzw. die Sicherheit anderer Personen unter Berücksichtigung seiner Kenntnisse und technischen Mittel die geeigneten Maßnahmen zu treffen, um die Folgen einer solchen Gefahr zu vermeiden.

Aus seinem Handeln dürfen ihm keine Nachteile entstehen, es sei denn, er hat unüberlegt oder grob fahrlässig gehandelt.

Artikel 9
Sonstige Pflichten des Arbeitgebers

(1) Der Arbeitgeber muß

a) über eine Evaluierung der am Arbeitsplatz bestehenden Gefahren für die Sicherheit und die Gesundheit auch hinsichtlich der besonders gefährdeten Arbeitnehmergruppen verfügen;

b) die durchzuführenden Schutzmaßnahmen und, falls notwendig, die zu verwendenden Schutzmittel festlegen;

c) eine Liste der Arbeitsunfälle, die einen Arbeitsunfall von mehr als drei Arbeitstagen für den Arbeitnehmer zur Folge hatten, führen;

d) für die zuständige Behörde im Einklang mit den nationalen Rechtsvorschriften bzw. Praktiken Berichte über die Arbeitsunfälle ausarbeiten, die die bei ihm beschäftigten Arbeitnehmer erlitten haben.

(2) Die Mitgliedstaaten legen unter Berücksichtigung der Art der Tätigkeiten und der Grösse der Unternehmen die Pflichten der verschiedenen Unternehmenskategorien betreffend die Erstellung der in Absatz 1 Buchstaben a) und b) vorgesehenen Dokumente und bei der Erstellung der in Absatz 1 Buchstaben c) und d) genannten Dokumente fest.

Artikel 10
Unterrichtung der Arbeitnehmer

(1) Der Arbeitgeber trifft die geeigneten Maßnahmen, damit die Arbeitnehmer bzw. deren Vertreter im Unternehmen bzw. Betrieb gemäß den nationalen Rechtsvorschriften bzw. Praktiken, die insbesondere der Unternehmens- bzw. der Betriebsgröße Rechnung tragen können, alle erforderlichen Informationen erhalten über:

a) die Gefahren für Sicherheit und Gesundheit sowie die Schutzmaßnahmen und Maßnahmen zur Gefahrenverhütung im Unternehmen bzw. im Betrieb im allgemeinen und für die einzelnen Arten von Arbeitsplätzen bzw. Aufgabenbereichen;
b) die in Anwendung von Artikel 8 Absatz 2 ergriffenen Maßnahmen.

(2) Der Arbeitgeber trifft die geeigneten Maßnahmen, damit die Arbeitgeber der Arbeitnehmer der in seinem Unternehmen oder Betrieb hinzugezogenen außerbetrieblichen Unternehmen bzw. Betriebe gemäß den nationalen Rechtsvorschriften bzw. Praktiken angemessene Informationen über die in Absatz 1 Buchstaben a) und b) genannten Punkte erhalten, die für die betreffenden Arbeitnehmer bestimmt sind.

(3) Der Arbeitgeber trifft die geeigneten Maßnahmen, damit die Arbeitnehmer mit einer besonderen Funktion bei der Sicherheit und beim Gesundheitsschutz der Arbeitnehmer oder die Arbeitnehmervertreter mit einer besonderen Funktion bei der Sicherheit und beim Gesundheitsschutz der Arbeitnehmer zur Ausübung ihrer jeweiligen Tätigkeiten gemäß den nationalen Rechtsvorschriften bzw. Praktiken Zugang haben

a) zu der in Artikel 9 Absatz 1 Buchstaben a) und b) vorgesehenen Evaluierung der Gefahren und zu der Aufstellung der zu ergreifenden Schutzmaßnahmen;
b) zu der Liste und den Berichten gemäß Artikel 9 Absatz 1 Buchstaben c) und d);
c) zu den Informationen, die sich aus den Schutzmaßnahmen und Maßnahmen zur Gefahrenverhütung ergeben, sowie zu Informationen der für Sicherheit und Gesundheitsschutz zuständigen Behörden und Organe.

Artikel 11
Anhörung und Beteiligung der Arbeitnehmer

(1) Die Arbeitgeber hören die Arbeitnehmer bzw. deren Vertreter an und ermöglichen deren Beteiligung bei allen Fragen betreffend die Sicherheit und die Gesundheit am Arbeitsplatz.

Dies beinhaltet:

- die Anhörung der Arbeitnehmer;
- das Recht der Arbeitnehmer bzw. ihrer Vertreter, Vorschläge zu unterbreiten;
- die ausgewogene Beteiligung nach den nationalen Rechtsvorschriften bzw. Praktiken.

(2) Die Arbeitnehmer bzw. die Arbeitnehmervertreter mit einer besonderen Funktion bei der Sicherheit und beim Gesundheitsschutz der Arbeitnehmer werden in

ausgewogener Weise nach den nationalen Rechtsvorschriften bzw. Praktiken beteiligt oder werden im voraus vom Arbeitgeber gehört:

a) zu jeder Aktion, die wesentliche Auswirkungen auf Sicherheit und Gesundheit haben kann;
b) zu der Benennung der Arbeitnehmer gemäß Artikel 7 Absatz 1 und Artikel 8 Absatz 2 sowie zu den Maßnahmen gemäß Artikel 7 Absatz 1;
c) zu den Informationen gemäß Artikel 9 Absatz 1 und Artikel 10;
d) zur etwaigen Hinzuziehung außerbetrieblicher Fachleute (Personen oder Dienste) gemäß Artikel 7 Absatz 3;
e) zur Planung und Organisation der in Artikel 12 vorgesehenen Unterweisung.

(3) Die Arbeitnehmervertreter mit einer besonderen Funktion bei der Sicherheit und beim Gesundheitsschutz der Arbeitnehmer haben das Recht, den Arbeitgeber um geeignete Maßnahmen zu ersuchen und ihm diesbezüglich Vorschläge zu unterbreiten, um so jeder Gefahr für die Arbeitnehmer vorzubeugen und / oder die Gefahrenquellen auszuschalten.

(4) Den in Absatz 2 genannten Arbeitnehmern und den in den Absätzen 2 und 3 genannten Arbeitnehmervertretern dürfen aufgrund ihrer in den Absätzen 2 und 3 genannten jeweiligen Tätigkeit keinerlei Nachteile entstehen.

(5) Der Arbeitgeber ist verpflichtet, den Arbeitnehmervertretern mit einer besonderen Funktion bei der Sicherheit und beim Gesundheitsschutz der Arbeitnehmer eine ausreichende Arbeitsbefreiung ohne Lohnausfall zu gewähren und ihnen die erforderlichen Mittel zur Verfügung zu stellen, um ihnen die Wahrnehmung der sich aus dieser Richtlinie ergebenden Rechte und Aufgaben zu ermöglichen.

(6) Die Arbeitnehmer bzw. ihre Vertreter haben das Recht, sich gemäß den nationalen Rechtsvorschriften bzw. Praktiken an die für die Sicherheit und den Gesundheitsschutz am Arbeitsplatz zuständige Behörde zu wenden, wenn sie der Auffassung sind, daß die vom Arbeitgeber getroffenen Maßnahmen und bereitgestellten Mittel nicht ausreichen, um die Sicherheit und den Gesundheitsschutz am Arbeitsplatz sicherzustellen.

Die Vertreter der Arbeitnehmer müssen die Möglichkeit haben, bei Besuchen und Kontrollen der zuständigen Behörde ihre Bemerkungen vorzubringen.

Artikel 12
Unterweisung der Arbeitnehmer

(1) Der Arbeitgeber muß dafür sorgen, daß jeder Arbeitnehmer zum Zeitpunkt

- seiner Einstellung,
- einer Versetzung oder einer Veränderung seines Aufgabenbereichs,
- der Einführung oder Änderung von Arbeitsmitteln,
- der Einführung einer neuen Technologie,

eine ausreichende und angemessene Unterweisung über Sicherheit und Gesundheitsschutz, insbesondere in Form von Informationen und Anweisungen, erhält, die eigens auf seinen Arbeitsplatz oder seinen Aufgabenbereich ausgerichtet ist.

Diese Unterweisung muß

- an die Entwicklung der Gefahrensmomente und an die Entstehung neuer Gefahren angepasst sein und

- erforderlichenfalls regelmäßig wiederholt werden.

(2) Der Arbeitgeber muß sich vergewissern, daß Arbeitnehmer außerbetrieblicher Firmen, die in seinem Unternehmen bzw. Betrieb zum Einsatz kommen, angemessene Anweisungen hinsichtlich der Sicherheits- und Gesundheitsrisiken während ihrer Tätigkeit in seinem Unternehmen oder Betrieb erhalten haben.

(3) Die Arbeitnehmervertreter mit einer besonderen Funktion bei der Sicherheit und beim Gesundheitsschutz der Arbeitnehmer haben Anspruch auf eine angemessene Unterweisung.

(4) Die in den Absätzen 1 und 3 vorgesehene Unterweisung darf nicht zu Lasten der Arbeitnehmer oder ihrer Vertreter gehen.

Die in Absatz 1 vorgesehene Unterweisung muß während der Arbeitszeit erfolgen. Die in Absatz 3 vorgesehene Unterweisung muß während der Arbeitszeit oder entsprechend den nationalen Praktiken entweder innerhalb oder außerhalb des Unternehmens bzw. Betriebs erfolgen.

Abschnitt III
Pflichten des Arbeitnehmers

Artikel 13

(1) Jeder Arbeitnehmer ist verpflichtet, nach seinen Möglichkeiten für seine eigene Sicherheit und Gesundheit sowie für die Sicherheit und die Gesundheit derjenigen Personen Sorge zu tragen, die von seinen Handlungen oder Unterlassungen bei der Arbeit betroffen sind, und zwar gemäß seiner Unterweisung und den Anweisungen des Arbeitgebers.

(2) Zur Verwirklichung dieser Ziele ist jeder Arbeitnehmer insbesondere verpflichtet, gemäß seiner Unterweisung und den Anweisungen des Arbeitgebers

a) Maschinen, Geräte, Werkzeuge, gefährliche Stoffe, Transportmittel und sonstige Mittel ordnungsgemäß zu benutzen;
b) die ihm zur Verfügung gestellte persönliche Schutzausrüstung ordnungsgemäß zu benutzen und sie nach Benutzung an dem dafür vorgesehenen Platz zu lagern;
c) Schutzvorrichtungen insbesondere an Maschinen, Geräten, Werkzeugen, Anlagen und Gebäuden nicht außer Betrieb zu setzen, willkürlich zu verändern oder umzustellen und diese Schutzvorrichtungen ordnungsgemäß zu benutzen;
d) dem Arbeitgeber bzw. den Arbeitnehmern mit einer besonderen Funktion bei der Sicherheit und beim Gesundheitsschutz der Arbeitnehmer jede von ihm festgestellte ernste und unmittelbare Gefahr für die Sicherheit und Gesundheit sowie jeden an den Schutzsystemen festgestellten Defekt unverzüglich zu melden;
e) gemeinsam mit dem Arbeitgeber bzw. den Arbeitnehmern mit einer besonderen Funktion bei der Sicherheit und beim Gesundheitsschutz der Arbeitnehmer gemäß den nationalen Praktiken so lange wie nötig darauf hinzuwirken, daß die Ausführung aller Aufgaben und die Einhaltung aller Auflagen, die von

der zuständigen Behörde für die Sicherheit und den Gesundheitsschutz der Arbeitnehmer am Arbeitsplatz vorgeschrieben sind, ermöglicht werden;

f) gemeinsam mit dem Arbeitgeber bzw. den Arbeitnehmern mit einer besonderen Funktion bei der Sicherheit und beim Gesundheitsschutz der Arbeitnehmer gemäß den nationalen Praktiken so lange wie nötig darauf hinzuwirken, daß der Arbeitgeber gewährleisten kann, daß das Arbeitsumfeld und die Arbeitsbedingungen sicher sind und keine Gefahren für die Sicherheit und die Gesundheit innerhalb des Tätigkeitsbereichs der Arbeitnehmer aufweisen.

Abschnitt IV
Sonstige Bestimmungen

Artikel 14
Präventivmedizinische Überwachung

(1) Zur Gewährleistung einer geeigneten Überwachung der Gesundheit der Arbeitnehmer je nach den Gefahren für ihre Sicherheit und Gesundheit am Arbeitsplatz werden Maßnahmen im Einklang mit den nationalen Rechtsvorschriften bzw. Praktiken getroffen.

(2) Die in Absatz 1 genannten Maßnahmen sind so konzipiert, daß jeder Arbeitnehmer sich auf Wunsch einer regelmäßigen präventivmedizinischen Überwachung unterziehen kann.

(3) Die präventivmedizinische Überwachung kann Bestandteil eines nationalen Gesundheitsfürsorgesystems sein.

Artikel 15
Risikogruppen

Besonders gefährdete Risikogruppen müssen gegen die speziell sie bedrohenden Gefahren geschützt werden.

Artikel 16
Einzelrichtlinien – Änderungen

Allgemeiner Geltungsbereich dieser Richtlinie

(1) Der Rat erlässt auf der Grundlage eines auf Artikel 118 a des Vertrages beruhenden Vorschlags der Kommission Einzelrichtlinien, unter anderem für die im Anhang aufgeführten Bereiche.

(2) Diese Richtlinie und – unbeschadet des Verfahrens nach Artikel 17 für technische Anpassungen – die Einzelrichtlinien können nach dem Verfahren des Artikels 118 a des Vertrages geändert werden.

(3) Die Bestimmungen dieser Richtlinie gelten uneingeschränkt für alle Bereiche, die unter die Einzelrichtlinien fallen; gegebenenfalls bestehende strengere bzw. spezifische Bestimmungen in diesen Einzelrichtlinien bleiben unberührt.

Artikel 17
Ausschussverfahren

(1) Bei rein technischen Anpassungen in den in Artikel 16 Absatz 1 genannten Einzelrichtlinien zur Berücksichtigung

a) der im Hinblick auf die technische Harmonisierung und Normung angenommenen Richtlinien,
b) des technischen Fortschritts, der Entwicklung der internationalen Vorschriften oder Spezifikationen und des Wissensstands

wird die Kommission von einem Ausschuss unterstützt.

Diese Maßnahmen zur Änderung nicht wesentlicher Bestimmungen der Einzelrichtlinien werden nach dem in Absatz 2 genannten Regelungsverfahren mit Kontrolle erlassen. Aus Gründen äußerster Dringlichkeit kann die Kommission auf das in Absatz 3 genannte Dringlichkeitsverfahren zurückgreifen.

(2) Wird auf diesen Absatz Bezug genommen, so gelten Artikel 5 a Absätze 1 bis 4 und Artikel 7 des Beschlusses 1999/468/EG unter Beachtung von dessen Artikel 8.

(3) Wird auf diesen Absatz Bezug genommen, so gelten Artikel 5 a Absätze 1, 2, 4 und 6 sowie Artikel 7 des Beschlusses 1999/468/EG unter Beachtung von dessen Artikel 8.

Artikel 17a
Durchführungsberichte

(1) Alle fünf Jahre legen die Mitgliedstaaten der Kommission einen Gesamtbericht über die praktische Durchführung dieser Richtlinie sowie ihrer Einzelrichtlinien im Sinne von Artikel 16 Absatz 1 vor, wobei auf die Standpunkte der Sozialpartner einzugehen ist. Der Bericht enthält eine Beurteilung der diversen Punkte, die mit der praktischen Durchführung der verschiedenen Richtlinien zusammenhängen, und liefert nach dem Geschlecht aufgeschlüsselte Daten, sofern dies möglich und sinnvoll ist.

(2) Die Struktur des Berichts wird zusammen mit einem Fragebogen mit näheren Angaben zu dessen Inhalt von der Kommission in Zusammenarbeit mit dem Beratenden Ausschuss für Sicherheit und Gesundheit am Arbeitsplatz festgelegt.

Der Bericht umfasst einen allgemeinen Teil, in dem die Bestimmungen der derzeitigen Richtlinie behandelt werden, die die gemeinsamen Grundsätze und Punkte betreffen, die für alle in Absatz 1 erwähnten Richtlinien gelten.

Der allgemeine Teil wird durch spezielle Kapitel über die Durchführung der besonderen Aspekte der einzelnen Richtlinien unter Einbeziehung etwa vorhandener spezieller Indikatoren ergänzt.

(3) Die Kommission übermittelt den Mitgliedstaaten die Berichtsstruktur zusammen mit dem genannten Fragebogen mindestens sechs Monate vor Ende des Berichtszeitraums. Der Bericht ist bei der Kommission innerhalb von zwölf Monaten nach Ablauf des von ihm erfassten Fünfjahreszeitraums einzureichen.

(4) Auf der Grundlage dieser Berichte nimmt die Kommission eine Gesamtbewertung der Durchführung der betreffenden Richtlinien vor, insbesondere hinsichtlich ihrer Relevanz sowie der in den einschlägigen Bereichen erfolgten

Forschungsarbeiten und gewonnenen neuen wissenschaftlichen Erkenntnisse. Die Kommission erstattet dem Europäischen Parlament, dem Rat, dem Europäischen Wirtschafts- und Sozialausschuss sowie dem Beratenden Ausschuss für Sicherheit und Gesundheit am Arbeitsplatz innerhalb von 36 Monaten nach Ablauf des Fünfjahreszeitraums Bericht über die Ergebnisse dieser Bewertung und, falls erforderlich, über etwaige Initiativen zur Verbesserung des Funktionierens des rechtlichen Rahmens.
(5) Der erste Bericht umfasst den Zeitraum 2007 – 2012.

Artikel 18
Schlußbestimmungen

(1) Die Mitgliedstaaten erlassen die erforderlichen Rechts- und Verwaltungsvorschriften, um dieser Richtlinie spätestens am 31. Dezember 1992 nachzukommen. Sie setzen die Kommission unverzüglich davon in Kenntnis.
(2) Die Mitgliedstaaten teilen der Kommission den Wortlaut der einzelstaatlichen Rechtsvorschriften mit, die auf dem unter diese Richtlinie fallenden Gebiet bereits erlassen worden sind oder von ihnen erlassen werden.

Artikel 19

Diese Richtlinie ist an die Mitgliedstaaten gerichtet.

Anhang
Liste der von Artikel 16 Absatz 1 erfaßten Bereiche

- Arbeitsstätten
- Arbeitsmittel
- Persönliche Schutzausrüstungen
- Arbeiten mit Bildschirmgeräten
- Handhabung schwerer Lasten, die Gefährdungen der Lendenwirbelsäule mit sich bringen
- Baustellen und Wanderbaustellen
- Fischerei und Landwirtschaft

Richtlinie 92/85/EWG des Rates über die Durchführung von Maßnahmen zur Verbesserung der Sicherheit und des Gesundheitsschutzes von schwangeren Arbeitnehmerinnen, Wöchnerinnen und stillenden Arbeitnehmerinnen am Arbeitsplatz (zehnte Einzelrichtlinie im Sinne des Artikels 16 Absatz 1 der Richtlinie 89/391/EWG)

Vom 19. Oktober 1992 (ABl EG Nr. L 348, S. 1)
zuletzt geändert durch Artikel 1 VIII. Nummer 1 der Verordnung vom 20. Juni 2019 (ABl. L 198, S. 241) in Kraft getreten am 26. Juli 2019

ABSCHNITT I
ZIEL UND DEFINITIONEN

Artikel 1
Ziel

(1) Ziel dieser Richtlinie, die die zehnte Einzelrichtlinie im Sinne von Artikel 16 Abs. 1 der Richtlinie 89/391/EWG darstellt, ist die Durchführung von Maßnahmen zur Verbesserung der Sicherheit und des Gesundheitsschutzes von schwangeren Arbeitnehmerinnen, Wöchnerinnen und stillenden Arbeitnehmerinnen am Arbeitsplatz.
(2) Die Bestimmungen der Richtlinie 89/391/EWG mit Ausnahme von Artikel 2 Absatz 2 gelten unbeschadet strengerer und / oder spezifischer Bestimmungen dieser Richtlinie uneingeschränkt für den gesamten Bereich im Sinne von Absatz 1.
(3) Aus dieser Richtlinie lässt sich bei ihrer Umsetzung keine Rechtfertigung für einen Abbau des der schwangeren Arbeitnehmerin, der Wöchnerin oder der stillenden Arbeitnehmerin gewährten Schutzes im Vergleich mit der Lage ableiten, die in den einzelnen Mitgliedstaaten zum Zeitpunkt des Erlasses dieser Richtlinie besteht.

Artikel 2
Definitionen

Im Sinne dieser Richtlinie gilt als

a) »schwangere Arbeitnehmerin« jede schwangere Arbeitnehmerin, die den Arbeitgeber gemäß den einzelstaatlichen Rechtsvorschriften und / oder Gepflogenheiten von ihrer Schwangerschaft unterrichtet;

b) »Wöchnerin« jede Arbeitnehmerin kurz nach einer Entbindung im Sinne der einzelstaatlichen Rechtsvorschriften und / oder Gepflogenheiten, die den Arbeitgeber gemäß diesen Rechtsvorschriften und / oder Gepflogenheiten von ihrer Entbindung unterrichtet;

c) »stillende Arbeitnehmerin« jede stillende Arbeitnehmerin im Sinne der einzelstaatlichen Rechtsvorschriften und / oder Gepflogenheiten, die den Arbeitgeber gemäß diesen Rechtsvorschriften und / oder Gepflogenheiten darüber unterrichtet, dass sie stillt.

ABSCHNITT II
ALLGEMEINE BESTIMMUNGEN

Artikel 3
Leitlinien

(1) Die Kommission erstellt im Benehmen mit den Mitgliedstaaten und mit Unterstützung des Beratenden Ausschusses für Sicherheit, Arbeitshygiene und Gesundheitsschutz am Arbeitsplatz Leitlinien für die Beurteilung der chemischen, physikalischen und biologischen Agenzien sowie der industriellen Verfahren, die als Gefahrenquelle für Gesundheit und Sicherheit der Arbeitnehmerinnen im Sinne des Artikels 2 gelten.

Die in Unterabsatz 1 genannten Leitlinien erstrecken sich auch auf die Bewegungen und Körperhaltungen, die geistige und körperliche Ermüdung und die sonstigen, mit der Tätigkeit der Arbeitnehmerinnen im Sinne des Artikels 2 verbundenen körperlichen und geistigen Belastungen.

(2) Die in Absatz 1 genannten Leitlinien sollen als Leitfaden für die in Artikel 4 Absatz 1 vorgesehene Beurteilung dienen.

Zu diesem Zweck bringen die Mitgliedstaaten diese Leitlinien den Arbeitgebern und den Arbeitnehmerinnen und / oder ihren Vertretern in dem betreffenden Mitgliedstaat zur Kenntnis.

Artikel 4
Beurteilung und Unterrichtung

(1) Für jede Tätigkeit, bei der ein besonderes Risiko einer Exposition gegenüber den in der nicht erschöpfenden Liste in Anhang I genannten Agenzien, Verfahren und Arbeitsbedingungen besteht, sind in dem betreffenden Unternehmen und / oder Betrieb vom Arbeitgeber selbst oder durch die in Artikel 7 der Richtlinie 89/391/EWG genannten Dienste für die Gefahrenverhütung Art, Ausmaß und Dauer der Exposition der Arbeitnehmerinnen im Sinne des Artikels 2 zu beurteilen, damit – alle Risiken für Sicherheit und Gesundheit sowie alle Auswirkungen auf Schwangerschaft oder Stillzeit der Arbeitnehmerinnen im Sinne des Artikels 2 abgeschätzt und – die zu ergreifenden Maßnahmen bestimmt werden können.
(2) Unbeschadet des Artikels 10 der Richtlinie 89/391/EWG werden in dem betreffenden Unternehmen und / oder Betrieb die Arbeitnehmerinnen im Sinne des Artikels 2 sowie diejenigen Arbeitnehmerinnen, die sich in einer der in Artikel 2 genannten Situation befinden könnten, und / oder ihre Vertreter über die Ergebnisse der Beurteilung nach Absatz 1 und über die in Bezug auf Sicherheit und Gesundheitsschutz am Arbeitsplatz zu ergreifenden Maßnahmen unterrichtet.

Artikel 5
Konsequenzen aus der Beurteilung

(1) Ergibt die Beurteilung nach Artikel 4 Absatz 1 das Vorhandensein einer Gefährdung für Sicherheit oder Gesundheit sowie eine mögliche Auswirkung auf Schwangerschaft oder Stillzeit einer Arbeitnehmerin im Sinne des Artikels 2, so trifft der Arbeitgeber unbeschadet des Artikels 6 der Richtlinie 89/391/EWG die erforderlichen Maßnahmen, um durch eine einstweilige Umgestaltung der Arbeitsbedingungen und / oder der Arbeitszeiten der betreffenden Arbeitnehmerin auszuschließen, dass die Arbeitnehmerin dieser Gefährdung ausgesetzt ist.
(2) Ist die Umgestaltung der Arbeitsbedingungen und / oder der Arbeitszeiten technisch und / oder sachlich nicht möglich oder aus gebührend nachgewiesenen Gründen nicht zumutbar, so trifft der Arbeitgeber die erforderlichen Maßnahmen für einen Arbeitsplatzwechsel der betreffenden Arbeitnehmerin.
(3) Ist der Arbeitsplatzwechsel technisch und / oder sachlich nicht möglich oder aus gebührend nachgewiesenen Gründen nicht zumutbar, so wird die betreffende Arbeitnehmerin während des gesamten zum Schutz ihrer Sicherheit und Gesundheit erforderlichen Zeitraums entsprechend den einzelstaatlichen Rechtsvorschriften und / oder Gepflogenheiten beurlaubt.
(4) Die Bestimmungen dieses Artikels gelten sinngemäß für den Fall, dass eine Arbeitnehmerin, die eine nach Artikel 6 verbotene Tätigkeit ausübt, schwanger wird oder stillt und ihren Arbeitgeber davon unterrichtet.

Artikel 6
Verbot der Exposition

Neben den allgemeinen Vorschriften zum Schutz der Arbeitnehmer und insbesondere den Vorschriften über die Grenzwerte berufsbedingter Expositionen gilt folgendes:

1. Schwangere Arbeitnehmerinnen im Sinne des Artikels 2 Buchstabe a) dürfen in keinem Fall zu Tätigkeiten verpflichtet werden, bei denen das Risiko einer die Sicherheit oder Gesundheit gefährdenden Exposition gegenüber den in Anhang II Abschnitt A aufgeführten Agenzien und Arbeitsbedingungen besteht.
2. Stillende Arbeitnehmerinnen im Sinne des Artikels 2 Buchstabe c) dürfen in keinem Fall zu Tätigkeiten verpflichtet werden, bei denen die Beurteilung ergeben hat, dass das Risiko einer die Sicherheit oder Gesundheit gefährdenden Exposition gegenüber den in Anhang II Abschnitt B aufgeführten Agenzien und Arbeitsbedingungen besteht.

Artikel 7
Nachtarbeit

(1) Die Mitgliedstaaten treffen die erforderlichen Maßnahmen, damit Arbeitnehmerinnen im Sinne des Artikels 2 während ihrer Schwangerschaft und während eines von der für die Sicherheit und den Gesundheitsschutz zuständigen einzelstaatlichen Behörde festzulegenden Zeitraums nach der Entbindung nicht zu Nachtarbeit verpflichtet werden, vorbehaltlich eines nach den von den Mitgliedstaaten zu bestimmenden Einzelheiten vorzulegenden ärztlichen Attestes, in dem die entsprechende Notwendigkeit im Hinblick auf die Sicherheit und den Gesundheitsschutz der Arbeitnehmerin bestätigt wird.
(2) Die in Absatz 1 genannten Maßnahmen müssen entsprechend den einzelstaatlichen Rechtsvorschriften und / oder Gepflogenheiten folgendes ermöglichen:

a) die Umsetzung an einen Arbeitsplatz mit Tagarbeit oder
b) die Beurlaubung oder die Verlängerung des Mutterschaftsurlaubs, sofern eine solche Umsetzung technisch oder sachlich nicht möglich oder aus gebührend nachgewiesenen Gründen nicht zumutbar ist.

Artikel 8
Mutterschaftsurlaub

(1) Die Mitgliedstaaten treffen die erforderlichen Maßnahmen, um sicherzustellen, dass den Arbeitnehmerinnen im Sinne des Artikels 2 ein Mutterschaftsurlaub von mindestens 14 Wochen ohne Unterbrechung gewährt wird, die sich entsprechend den einzelstaatlichen Rechtsvorschriften und / oder Gepflogenheiten auf die Zeit vor und / oder nach der Entbindung aufteilen.

(2) Der Mutterschaftsurlaub gemäß Absatz 1 muss einen obligatorischen Mutterschaftsurlaub von mindestens zwei Wochen umfassen, die sich entsprechend den einzelstaatlichen Rechtsvorschriften und / oder Gepflogenheiten auf die Zeit vor und / oder nach der Entbindung aufteilen.

Artikel 9
Freistellung von der Arbeit für Vorsorgeuntersuchungen

Die Mitgliedstaaten treffen die erforderlichen Maßnahmen, damit schwangeren Arbeitnehmerinnen im Sinne des Artikels 2 Buchstabe a) entsprechend den einzelstaatlichen Rechtsvorschriften und / oder Gepflogenheiten eine Freistellung von der Arbeit gewährt wird, die es ihnen erlaubt, die Vorsorgeuntersuchungen während der Schwangerschaft ohne Lohn- bzw. Gehaltseinbußen wahrzunehmen, wenn diese Untersuchungen während der Arbeitszeit stattfinden müssen.

Artikel 10
Verbot der Kündigung

Um den Arbeitnehmerinnen im Sinne des Artikels 2 die Ausübung der in diesem Artikel anerkannten Rechte in Bezug auf ihre Sicherheit und ihren Gesundheitsschutz zu gewährleisten, wird folgendes vorgesehen:

1. Die Mitgliedstaaten treffen die erforderlichen Maßnahmen, um die Kündigung der Arbeitnehmerinnen im Sinne des Artikels 2 während der Zeit vom Beginn der Schwangerschaft bis zum Ende des Mutterschaftsurlaubs nach Artikel 8 Absatz 1 zu verbieten; davon ausgenommen sind die nicht mit ihrem Zustand in Zusammenhang stehenden Ausnahmefälle, die entsprechend den einzelstaatlichen Rechtsvorschriften und / oder Gepflogenheiten zulässig sind, wobei gegebenenfalls die zuständige Behörde ihre Zustimmung erteilen muss.
2. Wird einer Arbeitnehmerin im Sinne des Artikels 2 während der in Nummer 1 genannten Zeit gekündigt, so muss der Arbeitgeber schriftlich berechtigte Kündigungsgründe anführen.
3. Die Mitgliedstaaten treffen die erforderlichen Maßnahmen, um Arbeitnehmerinnen im Sinne des Artikels 2 vor den Folgen einer nach Nummer 1 widerrechtlichen Kündigung zu schützen.

Artikel 11
Mit dem Arbeitsvertrag verbundene Rechte

Um den Arbeitnehmerinnen im Sinne des Artikels 2 die Ausübung der in diesem Artikel anerkannten Rechte in Bezug auf ihre Sicherheit und ihren Gesundheitsschutz zu gewährleisten, wird folgendes vorgesehen:

1. In den in den Artikeln 5, 6 und 7 genannten Fällen müssen die mit dem Arbeitsvertrag verbundenen Rechte der Arbeitnehmerinnen im Sinne des Artikels 2, einschließlich der Fortzahlung eines Arbeitsentgelts und / oder des Anspruchs auf eine angemessene Sozialleistung, entsprechend den einzelstaatlichen Rechtsvorschriften und / oder Gepflogenheiten gewährleistet sein.
2. In dem in Artikel 8 genannten Fall müssen gewährleistet sein:
   a) die mit dem Arbeitsvertrag der Arbeitnehmerinnen im Sinne des Artikels 2 verbundenen anderen Rechte als die unter dem nachstehenden Buchstaben b) genannten;
   b) die Fortzahlung eines Arbeitsentgelts und / oder der Anspruch auf eine angemessene Sozialleistung für die Arbeitnehmerinnen im Sinne des Artikels 2.
3. Die Sozialleistung nach Nummer 2 Buchstabe b) gilt als angemessen, wenn sie mindestens den Bezügen entspricht, die die betreffende Arbeitnehmerin im Falle einer Unterbrechung ihrer Erwerbstätigkeit aus gesundheitlichen Gründen erhalten würde, wobei es gegebenenfalls eine von den einzelstaatlichen Gesetzgebern festgelegte Obergrenze gibt.
4. Es steht den Mitgliedstaaten frei, den Anspruch auf die Fortzahlung des Arbeitsentgelts oder die in Nummer 1 und Nummer 2 Buchstabe b) genannte Sozialleistung davon abhängig zu machen, dass die betreffende Arbeitnehmerin die in den einzelstaatlichen Rechtsvorschriften vorgesehenen Bedingungen für das Entstehen eines Anspruchs auf diese Leistung erfüllt.

Nach diesen Bedingungen darf keinesfalls vorgesehen sein, dass dem voraussichtlichen Zeitpunkt der Entbindung eine Erwerbstätigkeit von mehr als zwölf Monaten unmittelbar vorangegangen sein muss.

Artikel 12
Rechtsschutz

Die Mitgliedstaaten erlassen die innerstaatlichen Vorschriften, die notwendig sind, damit jede Arbeitnehmerin, die sich durch die Nichterfüllung der Verpflichtungen aus dieser Richtlinie für beschwert hält, ihre Rechte gerichtlich und / oder entsprechend den einzelstaatlichen Rechtsvorschriften und / oder Gebräuchen durch Befassung anderer zuständiger Stellen geltend machen kann.

Artikel 13
Änderungen des Anhangs I

Der Kommission wird die Befugnis übertragen, gemäß Artikel 13a delegierte Rechtsakte zur Vornahme rein technischer Änderungen des Anhangs I zu erlassen, um den technischen Fortschritt, die Entwicklung der internationalen Vorschriften oder Spezifikationen und den Wissensstand zu berücksichtigen.

Ist in hinreichend begründeten Ausnahmefällen, in denen eine akute, unmittelbare und schwerwiegende Gefahr für die körperliche Gesundheit und Sicherheit von Arbeitnehmern oder anderen Personen gegeben ist, aus Gründen äußerster Dringlichkeit sehr kurzfristiges Handeln erforderlich, so findet das Verfahren gemäß Artikel 13b auf delegierte Rechtsakte, die gemäß dem vorliegenden Artikel erlassen werden, Anwendung.

Artikel 13a
Ausübung der Befugnisübertragung

(1) Die Befugnis zum Erlass delegierter Rechtsakte wird der Kommission unter den in diesem Artikel festgelegten Bedingungen übertragen.
(2) Die Befugnis zum Erlass delegierter Rechtsakte gemäß Artikel 13 wird der Kommission für einen Zeitraum von fünf Jahren ab 26. Juli 2019 übertragen. Die Kommission erstellt spätestens neun Monate vor Ablauf des Zeitraums von fünf Jahren einen Bericht über die Befugnisübertragung. Die Befugnisübertragung verlängert sich stillschweigend um Zeiträume gleicher Länge, es sei denn, das Europäische Parlament oder der Rat widersprechen einer solchen Verlängerung spätestens drei Monate vor Ablauf des jeweiligen Zeitraums.
(3) Die Befugnisübertragung gemäß Artikel 13 kann vom Europäischen Parlament oder vom Rat jederzeit widerrufen werden. Der Beschluss über den Widerruf beendet die Übertragung der in diesem Beschluss angegebenen Befugnis. Er wird am Tag nach seiner Veröffentlichung im *Amtsblatt der Europäischen Union* oder zu einem im Beschluss über den Widerruf angegebenen späteren Zeitpunkt wirksam. Die Gültigkeit von delegierten Rechtsakten, die bereits in Kraft sind, wird von dem Beschluss über den Widerruf nicht berührt.
(4) Vor dem Erlass eines delegierten Rechtsakts konsultiert die Kommission die von den einzelnen Mitgliedstaaten benannten Sachverständigen im Einklang mit den in der Interinstitutionellen Vereinbarung vom 13. April 2016 über bessere Rechtsetzung[1] enthaltenen Grundsätzen.
(5) Sobald die Kommission einen delegierten Rechtsakt erlässt, übermittelt sie ihn gleichzeitig dem Europäischen Parlament und dem Rat.
(6) Ein delegierter Rechtsakt, der gemäß Artikel 13 erlassen wurde, tritt nur in Kraft, wenn weder das Europäische Parlament noch der Rat innerhalb einer Frist von zwei Monaten nach Übermittlung dieses Rechtsakts an das Europäische Parlament und den Rat Einwände erhoben haben oder wenn vor Ablauf dieser Frist das Europäische Parlament und der Rat beide der Kommission mitgeteilt haben, dass sie keine Einwände erheben werden. Auf Initiative des Europäischen Parlaments oder des Rates wird diese Frist um zwei Monate verlängert.

1 ABl. L 123 vom 12. 5. 2016, S. 1.

Artikel 13b
Dringlichkeitsverfahren

(1) Delegierte Rechtsakte, die nach diesem Artikel erlassen werden, treten umgehend in Kraft und sind anwendbar, solange keine Einwände gemäß Absatz 2 erhoben werden. Bei der Übermittlung eines delegierten Rechtsakts an das Europäische Parlament und den Rat werden die Gründe für die Anwendung des Dringlichkeitsverfahrens angegeben.
(2) Das Europäische Parlament oder der Rat können gemäß dem Verfahren des Artikels 13a Absatz 6 Einwände gegen einen delegierten Rechtsakt erheben. In diesem Fall hebt die Kommission den Rechtsakt unverzüglich nach der Übermittlung des Beschlusses des Europäischen Parlaments oder des Rates, Einwände zu erheben, auf.

Artikel 14
Schlussbestimmungen

(1) Die Mitgliedstaaten erlassen die erforderlichen Rechts- und Verwaltungsvorschriften, um dieser Richtlinie spätestens zwei Jahre nach ihrem Erlass nachzukommen, bzw. vergewissern sich, dass die Sozialpartner bis spätestens zwei Jahre nach dem Erlass dieser Richtlinie die notwendigen Vorschriften durch Vereinbarungen einführen, wobei die Mitgliedstaaten die notwendigen Vorkehrungen zu treffen haben, um jederzeit in der Lage zu sein, die dieser Richtlinie entsprechenden Ergebnisse zu gewährleisten. Sie setzen die Kommission unverzüglich davon in Kenntnis.
(2) Wenn die Mitgliedstaaten die Vorschriften nach Absatz 1 erlassen, nehmen sie in den Vorschriften selbst oder durch einen Hinweis bei der amtlichen Veröffentlichung auf diese Richtlinie Bezug. Die Mitgliedstaaten regeln die Einzelheiten der Bezugnahme.
(3) Die Mitgliedstaaten teilen der Kommission den Wortlaut der wesentlichen einzelstaatlichen Rechtsvorschriften mit, die auf dem unter diese Richtlinie fallenden Gebiet bereits erlassen worden sind oder von ihnen erlassen werden.
(4) (aufgehoben)
(5) (aufgehoben)
(6) (aufgehoben)

Artikel 15
Diese Richtlinie ist an die Mitgliedstaaten gerichtet.

ANHANG I[2]
NICHT ERSCHÖPFENDE LISTE DER AGENZIEN, VERFAHREN UND ARBEITSBEDINGUNGEN Nach Artikel 4 Absatz 1

A. Agenzien

1. Physikalische Agenzien, sofern sie als Agenzien gelten, die zu Schädigungen des Fötus führen und / oder eine Lösung der Plazenta verursachen können, insbesondere
   a) Stöße, Erschütterungen oder Bewegungen;
   b) Bewegen schwerer Lasten von Hand, gefahrenträchtig insbesondere für den Rücken- und Lendenwirbelbereich;
   c) Lärm;
   d) ionisierende Strahlungen(*);
   e) nicht ionisierende Strahlungen;
   f) extreme Kälte und Hitze;
   g) Bewegungen und Körperhaltungen, sowohl innerhalb als auch außerhalb des Betriebs, geistige und körperliche Ermüdung und sonstige mit der Tätigkeit der Arbeitnehmerin im Sinne des Artikels 2 verbundene körperliche Belastungen.
2. **Biologische Agenzien**
   Biologische Agenzien der Risikogruppen 2, 3 und 4 im Sinne des Artikels 2 Absatz 2 Nummern 2, 3 und 4 der Richtlinie 2000/54/EG des Europäischen Parlaments und des Rates[3], soweit bekannt ist, dass solche Agenzien oder die im Fall einer durch sie hervorgerufenen Schädigung anzuwendenden therapeutischen Maßnahmen die Gesundheit der schwangeren Arbeitnehmerin und des ungeborenen Kindes gefährden, und soweit sie noch nicht in Anhang II aufgenommen sind.
3. **Chemische Agenzien**
   Folgende chemische Agenzien, soweit bekannt ist, dass sie die Gesundheit der schwangeren Arbeitnehmerin und des ungeborenen Kindes gefährden und soweit sie noch nicht in Anhang II aufgenommen sind:
   a) Stoffe und Gemische, die die Kriterien für die Einstufung in eine oder mehrere der folgenden Gefahrenklassen und Gefahrenkategorien mit einem oder mehreren der folgenden Gefahrenhinweise gemäß der Ver-

2 Siehe Richtlinie 80/836/Euratom (ABl. Nr. L 246 vom 17.9.1980, S. 1).

3 Richtlinie 2000/54/EG des Europäischen Parlaments und des Rates vom 18. September 2000 über den Schutz der Arbeitnehmer gegen Gefährdung durch biologische Arbeitsstoffe bei der Arbeit (Siebte Einzelrichtlinie im Sinne von Artikel 16 Absatz 1 der Richtlinie 89/391/EWG) (ABl. L 262 vom 17.10.2000, S. 21).

ordnung (EG) Nr. 1272/2008 des Europäischen Parlaments und des Rates[4] erfüllen, sofern sie noch nicht in Anhang II aufgenommen sind;
- Keimzellmutagenität, Kategorie 1A, 1B oder 2 (H340, H341);
- Karzinogenität, Kategorie 1A, 1B oder 2 (H350, H350i, H351);
- Reproduktionstoxizität, Kategorie 1A, 1B oder 2 oder die zusätzliche Kategorie im Fall von Wirkungen auf oder über die Laktation (H360, H360D, H360FD, H360Fd, H360Df, H361, H361d, H361fd, H362);
- spezifische Zielorgan-Toxizität nach einmaliger Exposition, Kategorie 1 oder 2 (H370, H371).

c) die in Anhang I der Richtlinie 2004/37/EG des Europäischen Parlaments und des Rates[5] aufgeführten chemischen Agenzien;
d) Quecksilber und Quecksilberderivate;
e) Mitosehemmstoffe;
f) Kohlenmonoxid;
g) gefährliche chemische Agenzien, die nachweislich in die Haut eindringen.

B. Verfahren

Die in Anhang I der Richtlinie 2004/37/EG aufgeführten industriellen Verfahren.

C. Arbeitsbedingungen

– Bergbau unter Tage.

ANHANG II
NICHT ERSCHÖPFENDE LISTE DER AGENZIEN UND ARBEITSBEDINGUNGEN NACH ARTIKEL 6

A. Schwangere Arbeitnehmerinnen im Sinne des Artikels 2 Buchstabe a)

1. **Agenzien**
   a) Physikalische Agenzien
   - Arbeit bei Überdruck, z. B. in Druckkammern, beim Tauchen.

   b) Biologische Agenzien Folgende biologische Agenzien:
   - Toxoplasma,

4 Verordnung (EG) Nr. 1272/2008 des Europäischen Parlaments und des Rates vom 16. Dezember 2008 über die Einstufung, Kennzeichnung und Verpackung von Stoffen und Gemischen, zur Änderung und Aufhebung der Richtlinien 67/548/EWG und 1999/45/EG und zur Änderung der Verordnung (EG) Nr. 1907/2006 (ABl. L 353 vom 31. 12. 2008, S. 1).

5 Richtlinie 2004/37/EG des Europäischen Parlaments und des Rates vom 29. April 2004 über den Schutz der Arbeitnehmer gegen Gefährdung durch Karzinogene oder Mutagene bei der Arbeit (sechste Einzelrichtlinie im Sinne von Artikel 16 Absatz 1 der Richtlinie 89/391/EWG des Rates) (ABl. L 158 vom 30. 4. 2004, S. 50).

- Rötelvirus, außer in Fällen, in denen nachgewiesen wird, dass die Arbeitnehmerin durch Immunisierung ausreichend gegen diese Agenzien geschützt ist.

a) Chemische Agenzien
   - Blei und Bleiderivate, soweit die Gefahr besteht, dass diese Agenzien vom menschlichen Organismus absorbiert werden.

2. **Arbeitsbedingungen** – Bergbauarbeiten unter Tage.

B. Stillende Arbeitnehmerinnen im Sinne des Artikels 2 Buchstabe c)

1. **Agenzien**
   a) Chemische Agenzien
   - Blei und Bleiderivate, soweit die Gefahr besteht, dass diese Agenzien vom menschlichen Organismus absorbiert werden.
2. **Arbeitsbedingungen** – Bergbauarbeiten unter Tage.

Erklärung des Rates und der Kommission zu Artikel 11 Nummer 3 der Richtlinie 92/85/EWG zur Aufnahme in das Protokoll der 1608. Tagung des Rates (Luxemburg, den 19. Oktober 1992)

Der Rat und die Kommission erklären:
»Bei der Festlegung der Höhe der Leistungen nach Artikel 11 Nummer 2 Buchstabe b) und Nummer 3 wird lediglich aus technischen Gründen auf die Leistungen Bezug genommen, die die Arbeitnehmerin im Falle einer Unterbrechung ihrer Erwerbstätigkeit aus gesundheitlichen Gründen erhalten würde. Diese Bezugnahme bedeutet keineswegs die Gleichstellung von Schwangerschaft und Geburt mit Krankheit. Die nationalen Sozialversicherungsvorschriften aller Mitgliedstaaten sehen vor, dass während einer krankheitsbedingten Abwesenheit vom Arbeitsplatz eine Leistung gezahlt wird. Die in der gewählten Formulierung hergestellte Verbindung mit diesen Leistungen soll lediglich dazu dienen, einen konkreten, festen Bezugsbetrag in allen Mitgliedstaaten für die Festlegung des Mindestbetrags der zu zahlenden Mutterschaftsleistung vorzusehen. Werden in einzelnen Mitgliedstaaten höhere Leistungen gezahlt als in der Richtlinie vorgesehen, so werden diese Leistungen selbstverständlich beibehalten. Dies geht aus Artikel 1 Absatz 3 der Richtlinie deutlich hervor.«

Richtlinie 94/33/EG des Rates über den Jugendarbeitsschutz

Vom 22. Juni 1994 (ABl. EG Nr. L 216, S. 12)
zuletzt geändert durch Artikel 1 III. Nummer 8 der Verordnung vom 20. Juni 2019 (ABl. L 198, S. 241) in Kraft getreten am 26. Juli 2019

ABSCHNITT I

Artikel 1
Gegenstand

(1) Die Mitgliedstaaten treffen die erforderlichen Maßnahmen, um die Kinderarbeit zu verbieten. Sie tragen unter den in dieser Richtlinie vorgesehenen Bedingungen dafür Sorge, dass das Mindestalter für den Zugang zur Beschäftigung oder Arbeit nicht unter dem Alter, mit dem gemäß den einzelstaatlichen Rechtsvorschriften die Vollzeitschulpflicht endet und in keinem Fall unter 15 Jahren liegt.
(2) Die Mitgliedstaaten tragen dafür Sorge, dass die Arbeit Jugendlicher unter den in dieser Richtlinie vorgesehenen Bedingungen streng geregelt und geschützt wird.
(3) Die Mitgliedstaaten tragen allgemein dafür Sorge, dass der Arbeitgeber gewährleistet, dass die Arbeitsbedingungen dem Alter der jungen Menschen angepasst sind. Sie tragen dafür Sorge, dass junge Menschen vor wirtschaftlicher Ausbeutung sowie vor Arbeiten geschützt werden, die ihrer Sicherheit, ihrer Gesundheit oder ihrer physischen, psychischen, moralischen oder sozialen Entwicklung schaden oder ihre Gesamtbildung beeinträchtigen können.

Artikel 2
Geltungsbereich

(1) Diese Richtlinie gilt für Personen unter 18 Jahren, die einen Arbeitsvertrag haben oder in einem Arbeitsverhältnis stehen, der bzw. das durch das in einem Mitgliedstaat geltende Recht definiert ist und / oder dem in einem Mitgliedstaat geltenden Recht unterliegt.
(2) Die Mitgliedstaaten können durch Rechtsvorschrift vorsehen, dass diese Richtlinie im Rahmen von ihnen durch Rechtsvorschrift festgesetzter Grenzen und Bedingungen keine Anwendung findet auf gelegentliche oder kurzfristige
a) Hausarbeiten in einem Privathaushalt oder
b) Arbeiten in Familienbetrieben, sofern diese Arbeiten als für junge Menschen weder schädlich noch nachteilig noch gefährlich anzusehen sind.

Artikel 3
Begriffsbestimmungen

In dieser Richtlinie bezeichnet der Ausdruck

a) »Junger Mensch« jede Person unter 18 Jahren im Sinne des Artikels 2 Absatz 1;

b) »Kind« jeden jungen Menschen, der noch nicht 15 Jahre alt ist oder gemäß den einzelstaatlichen Rechtsvorschriften noch der Vollzeitschulpflicht unterliegt;

c) »Jugendlicher« jeden jungen Menschen, der mindestens 15, aber noch nicht 18 Jahre alt ist und gemäß den einzelstaatlichen Rechtsvorschriften nicht mehr der Vollzeitschulpflicht unterliegt;

d) »leichte Arbeit« jede Arbeit, die aufgrund ihrer Beschaffenheit und der besonderen Bedingungen, unter denen sie ausgeführt wird, sich
   i) weder auf die Sicherheit, die Gesundheit oder die Entwicklung der Kinder
   ii) noch auf ihren Schulbesuch, ihre Beteiligung an Programmen zur Berufsberatung oder -ausbildung die von der zuständigen Stelle anerkannt sind, oder ihre Fähigkeit, dem Unterricht mit Nutzen zu folgen, nachteilig auswirkt;

e) »Arbeitszeit« jegliche Zeitspanne, während der der junge Mensch gemäß den einzelstaatlichen Rechtsvorschriften und / oder Gepflogenheiten arbeitet, dem Arbeitgeber zur Verfügung steht und seine Tätigkeit ausübt oder Aufgaben wahrnimmt;

f) »Ruhezeit« jegliche Zeitspanne außerhalb der Arbeitszeit

Artikel 4
Verbot der Kinderarbeit

(1) Die Mitgliedstaaten treffen die erforderlichen Maßnahmen für ein Verbot der Kinderarbeit.

(2) Die Mitgliedstaaten können unter Berücksichtigung der Ziele des Artikels 1 durch Rechtsvorschrift vorsehen, dass das Verbot der Kinderarbeit nicht gilt für

a) Kinder, die unter Artikel 5 fallende Tätigkeiten ausüben;

b) Kinder, die mindestens 14 Jahre alt sind und im Rahmen eines Systems der dualen Ausbildung oder eines Betriebspraktikums arbeiten, sofern diese Arbeit unter den von der zuständigen Behörde vorgeschriebenen Bedingungen ausgeübt wird;

c) Kinder, die mindestens 14 Jahre alt sind und leichte Arbeiten mit Ausnahme der unter Artikel 5 fallenden leichten Arbeiten verrichten; leichte Arbeiten mit Ausnahme der unter Artikel 5 fallenden leichten Arbeiten dürfen jedoch nach Maßgabe der einzelstaatlichen Rechtsvorschriften in bestimmten Kategorien von Arbeiten für eine begrenzte Zahl von Stunden auch von Kindern ab 13 Jahren verrichtet werden.

(3) Die Mitgliedstaaten, die von der in Absatz 2 Buchstabe c) genannten Möglichkeit Gebrauch machen, legen die Arbeitsbedingungen für leichte Arbeiten nach Maßgabe dieser Richtlinie fest.

Artikel 5
Kulturelle und ähnliche Aktivitäten

(1) Die Einstellung von Kindern im Hinblick auf ihre Mitwirkung bei kulturellen, künstlerischen, sportlichen oder Werbetätigkeiten bedarf der vorherigen Genehmigung im Einzelfall durch die zuständige Stelle.
(2) Die Mitgliedstaaten regeln durch Rechtsvorschrift die Arbeitsbedingungen der Kinder in den in Absatz 1 genannten Fällen sowie die Modalitäten des Verfahrens der vorherigen Genehmigung mit der Maßgabe, dass sich diese Tätigkeiten
i) weder auf die Sicherheit, oder die Entwicklung der Kinder
ii) noch auf ihren Schulbesuch, auf ihre Beteiligung an Programmen zur Berufsberatung oder -ausbildung, die von der zuständigen Stelle anerkannt sind, oder ihre Fähigkeit, dem Unterricht mir Nutzen zu folgen,

nachteilig auswirken dürfen.
(3) Abweichend von dem in Absatz 1 vorgesehenen Verfahren können die Mitgliedstaaten durch Rechtsvorschrift vorsehen, dass Kinder, die mindestens 13 Jahre alt sind, im Hinblick auf ihre Mitwirkung bei kulturellen, künstlerischen, sportlichen oder Werbetätigkeiten unter von den Mitgliedstaaten festgesetzten Bedingungen beschäftigt werden dürfen.
(4) Mitgliedstaaten können Regelungen beibehalten, nach denen Modell-Agenturen einer besonderen Genehmigung für die Beschäftigung von Kindern bedürfen.

ABSCHNITT II

Artikel 6
Allgemeine Pflichten des Arbeitgebers

(1) Unbeschadet des Artikels 4 Absatz 1 trifft der Arbeitgeber unter besonderer Berücksichtigung der in Artikel 7 Absatz 1 genannten spezifischen Gefahren die für die Sicherheit und den Gesundheitsschutz der jungen Menschen erforderlichen Maßnahmen.
(2) Der Arbeitgeber trifft die Maßnahmen gemäß Absatz 1 aufgrund einer Beurteilung der für die jungen Menschen mit ihrer Beschäftigung verbundenen Gefährdungen. Die Beurteilung erfolgt vor Beginn der Beschäftigung des jungen Menschen und bei jeder bedeutenden Änderung der Arbeitsbedingungen; sie bezieht sich insbesondere auf folgende Punkte:
a) Einrichtung und Gestaltung der Arbeitsstätte und des Arbeitsplatzes;
b) Art, Grad und Dauer der physikalischen, chemischen und biologischen Einwirkungen;
c) Gestaltung, Auswahl und Einsatz von Arbeitsmitteln, insbesondere von Arbeitsstoffen, Maschinen, Geräten und Anlagen sowie den Umgang damit;
d) Gestaltung von Arbeitsverfahren und Arbeitsabläufen und deren Zusammenwirken (Arbeitsorganisation);
e) Stand von Ausbildung und Unterweisung der jungen Menschen.

Wenn diese Beurteilung ergibt, dass eine Gefahr für die Sicherheit, die körperliche oder geistige Gesundheit oder die Entwicklung der jungen Menschen besteht, so ist sicherzustellen, dass unbeschadet der Richtlinie 89/391/EWG in regelmäßigen Zeitabständen kostenlos eine angemessene Bewertung und Überwachung des Gesundheitszustands der jungen Menschen erfolgt. Die kostenlose Gesundheitsbewertung und -überwachung kann Bestandteil eines nationalen Gesundheitssystems sein.
(4) Der Arbeitgeber unterrichtet die jungen Menschen über mögliche Gefahren sowie über alle zu ihrer Sicherheit und ihrem Gesundheitsschutz getroffenen Maßnahmen. Der Arbeitgeber unterrichtet ferner die gesetzlichen Vertreter der Kinder über mögliche Gefahren sowie über alle zu ihrer Sicherheit und ihrem Gesundheitsschutz getroffenen Maßnahmen.
(5) Der Arbeitgeber beteiligt die mit Schutzmaßnahmen und Maßnahmen zur Gefahrenverhütung beauftragten Dienste im Sinne des Artikels 7 der Richtlinie 89/391/EWG an der Planung, Durchführung und Überwachung der für die Sicherheit und den Gesundheitsschutz bei der Beschäftigung junger Menschen geltenden Vorschriften.

Artikel 7
Gefährdungen für junge Menschen – Beschäftigungsverbote

(1) Die Mitgliedstaaten tragen dafür Sorge, dass junge Menschen vor den spezifischen Gefahren für die Sicherheit, die Gesundheit und die Entwicklung geschützt werden, die aus der mangelnden Erfahrung, dem fehlenden Bewusstsein für tatsächliche oder potentielle Gefahren und der noch nicht abgeschlossenen Entwicklung des jungen Menschen herrühren.
(2) Unbeschadet des Artikels 4 Absatz 1 verbieten die Mitgliedstaaten zu diesem Zweck eine Beschäftigung junger Menschen mit

a) Arbeiten, die objektiv ihre physische oder psychische Leistungsfähigkeit übersteigen;
b) Arbeiten, die eine schädliche Einwirkung von giftigen, krebserregenden, erbgutverändernden, fruchtschädigenden oder in sonstiger Weise den Menschen chronisch schädigenden Gefahrstoffen mit sich bringen;
c) Arbeiten, die eine schädliche Einwirkung von Strahlen mit sich bringen;
d) Arbeiten, die mit Unfallgefahren verbunden sind, von denen anzunehmen ist, dass junge Menschen sie wegen mangelnden Sicherheitsbewusstseins oder wegen mangelnder Erfahrung oder Ausbildung nicht erkennen oder nicht abwenden können; oder
e) Arbeiten, bei denen die Gesundheit durch extreme Kälte oder Hitze oder durch Lärm oder Erschütterungen gefährdet wird.

Zu den Arbeiten, die spezifische Gefahren für jungen Menschen im Sinne des Absatzes 1 mit sich bringen, gehören insbesondere

- Arbeiten unter schädlicher Einwirkung der in Abschnitt I des Anhangs aufgeführten physikalischen, chemischen und biologischen Agenzien und
- Verfahren und Arbeiten, die in Abschnitt II des Anhangs aufgeführt sind.

(3) Die Mitgliedstaaten können durch Rechtsvorschrift für Jugendliche Abweichungen von Absatz 2 zulassen, soweit sie für die Berufsausbildung der Jugendlichen unbedingt erforderlich sind und die Sicherheit und der Gesundheitsschutz der Jugendlichen dadurch sichergestellt sind, dass die Arbeiten unter der Aufsicht einer gemäß Artikel 7 der Richtlinie 89/391/EWG hierfür zuständigen Person ausgeführt werden und dass der in derselben Richtlinie vorgesehene Schutz gewährleistet ist.

ABSCHNITT III

Artikel 8
Arbeitszeit

(1) Die Mitgliedstaaten, die von Artikel 4 Absatz 2 Buchstabe b) oder c) Gebrauch machen, treffen die erforderlichen Maßnahmen, um die Arbeitszeit von Kindern wie folgt zu begrenzen:

a) auf 8 Stunden pro Tag und auf 40 Stunden pro Woche für Kinder, die im Rahmen eines Systems der dualen Ausbildung oder eines Betriebspraktikums arbeiten;
b) auf 2 Stunden pro Schultag und auf 12 Stunden pro Woche bei Arbeiten, die während der Schulzeit außerhalb der Unterrichtsstunden verrichtet werden, sofern die einzelstaatlichen Rechtsvorschriften und / oder Praktiken dies nicht verbieten; die Tagesarbeitszeit darf in keinem Fall 7 Stunden überschreiten; diese Höchstdauer kann für Kinder, die mindestens 15 Jahre alt sind, auf 8 Stunden heraufgesetzt werden;
c) auf 7 Stunden pro Tag und auf 35 Stunden pro Woche bei Arbeiten während der unterrichtsfreien Zeit, wenn diese mindestens eine Woche beträgt; diese Begrenzungen können für Kinder, die mindestens 15 Jahre alt sind, auf 8 Stunden pro Tag und 40 Stunden pro Woche heraufgesetzt werden;
d) auf 7 Stunden pro Tag und auf 35 Stunden pro Woche bei leichten Arbeiten, die von Kindern ausgeführt werden, die gemäß den einzelstaatlichen Rechtsvorschriften nicht mehr der Vollzeitschulpflicht unterliegen.

(2) die Mitgliedstaaten treffen die erforderlichen Maßnahmen, um die Arbeitszeit von Jugendlichen auf 8 Stunden pro Tag und auf 40 Stunden pro Woche zu begrenzen.

(3) Die Zeit, die ein junger Mensch, der im Rahmen eines dualen Systems der theoretischen und / oder praktischen Berufsausbildung oder eines Betriebspraktikums arbeitet, für die Ausbildung aufwendet, gilt als Teil der Arbeitszeit.

(4) Ist ein junger Mensch bei mehreren Arbeitgebern beschäftigt, so sind die geleisteten Arbeitstage und Arbeitsstunden zusammenzurechnen.

(5) Die Mitgliedstaaten können durch Rechtsvorschrift vorsehen, dass in Ausnahmefällen oder in Fällen, in denen dies durch objektive Gründe gerechtfertigt ist, von Absatz 1 Buchstabe a) bzw. Absatz 2 abgewichen werden kann. Die Mitgliedstaaten legen die Bedingungen, Einschränkungen und sonstigen Einzelheiten für die Durchführung der Abweichungen durch Rechtsvorschrift fest.

Artikel 9
Nachtarbeit

(1)

a) Die Mitgliedstaaten, die von Artikel 4 Absatz 2 Buchstabe b) oder c) Gebrauch machen, treffen die erforderlichen Maßnahmen, um Kinderarbeit zwischen 20.00 Uhr und 6.00 Uhr zu verbieten.

b) Die Mitgliedstaaten treffen die erforderlichen Maßnahmen, um die Arbeit von Jugendlichen zwischen 22.00 Uhr und 6.00 Uhr oder zwischen 23.00 Uhr und 7.00 Uhr zu verbieten.

(2)

a) Die Mitgliedstaaten können durch Rechtsvorschrift in besonderen Tätigkeitsbereichen die Arbeit von Jugendlichen während des Nachtarbeitsverbots nach Absatz 1 Buchstabe b) zulassen. In diesem Fall treffen die Mitgliedstaaten geeignete Maßnahmen für die Beaufsichtigung des Jugendlichen durch einen Erwachsenen in den Fällen, in denen eine solche Beaufsichtigung zum Schutz des Jugendlichen erforderlich ist.

b) Für den Fall, dass Buchstabe a) angewendet wird, bleibt eine Arbeit zwischen Mitternacht und 4.00 Uhr verboten.

Die Mitgliedstaaten können jedoch durch Rechtsvorschrift in den nachstehend aufgeführten Fällen die Arbeit von Jugendlichen während des Nachtarbeitsverbots zulassen, sofern dies durch objektive Gründe gerechtfertigt ist, den Jugendlichen angemessene Ausgleichsruhezeiten gewährt werden und die Ziele des Artikels 1 nicht in Frage gestellt werden:

- Beschäftigung in der Schifffahrt oder in der Fischerei;
- Beschäftigung in den Streitkräften oder in der Polizei;
- Beschäftigung in Krankenhäusern oder in ähnlichen Einrichtungen;
- kulturelle, künstlerische, sportliche oder Werbetätigkeiten.

(3) Vor einer Einteilung zur Nachtarbeit und anschließend in regelmäßigen Abständen muss den Jugendlichen eine kostenlose Bewertung ihres Gesundheitszustands und ihrer Fähigkeiten gewährt werden, es sei denn, die Arbeit während des Nachtarbeitsverbots wird nur ausnahmsweise verrichtet.

Artikel 10
Ruhezeiten

(1)

a) Die Mitgliedstaaten, die von Artikel 4 Absatz 2 Buchstabe b) oder c) Gebrauch machen, treffen die erforderlichen Maßnahmen, damit Kinder während jedes Zeitraums von 24 Stunden eine Ruhezeit von mindestens 14 aufeinanderfolgenden Stunden erhalten.

b) Die Mitgliedstaaten treffen die erforderlichen Maßnahmen, damit Jugendliche während jedes Zeitraums von 24 Stunden eine Ruhezeit von mindestens 12 aufeinanderfolgenden Stunden erhalten.

(2) Die Mitgliedstaaten treffen die erforderlichen Maßnahmen, damit
- Kinder, auf die Artikel 4 Absatz 2 Buchstabe b) oder c) angewendet wird, und
- Jugendliche

während jedes Zeitraums von 7 Tagen mindestens 2 Ruhetage, die nach Möglichkeit aufeinanderfolgen, erhalten. Die Mindestruhezeit kann verkürzt werden, sofern technische oder organisatorische Gründe dies rechtfertigen; sie darf in keinem Fall weniger als 36 aufeinanderfolgende Stunden betragen. Die in den Unterabsätzen 1 und 2 genannte Mindestruhezeit umfasst im Prinzip den Sonntag.
(3) Die Mitgliedstaaten können durch Rechtsvorschrift vorsehen, dass die in den Absätzen 1 und 2 genannten Mindestruhezeiten bei Tätigkeiten mit über den Tag verteilten oder kurzen Arbeitszeiten unterbrochen werden können.
(4) Die Mitgliedstaaten können durch Rechtsvorschrift in den nachstehend aufgeführten Fällen für Jugendliche Abweichungen von Absatz 1 Buchstabe b) und Absatz 2 zulassen, sofern dies durch objektive Gründe gerechtfertigt ist, den Jugendlichen angemessene Ausgleichsruhezeiten gewährt werden und die Ziele des Artikels 1 nicht in Frage gestellt werden:
a) Beschäftigung in der Schifffahrt oder in der Fischerei;
b) Beschäftigung in den Streitkräften oder in der Polizei;
c) Beschäftigung in Krankenhäusern oder ähnlichen Einrichtungen;
d) Beschäftigung in der Landwirtschaft;
e) Beschäftigung im Fremdenverkehr oder im Hotel- und Gaststättengewerbe;
f) Beschäftigung, bei der die Arbeitszeiten über den Tag verteilt sind.

Artikel 11
Jahresruhezeit

Mitgliedstaaten, die von der Möglichkeit des Artikels 4 Absatz 2 Buchstabe b) oder c) Gebrauch machen, tragen dafür Sorge, dass bei Kindern, die aufgrund der einzelstaatlichen Rechtsvorschriften der Vollzeitschulpflicht unterliegen, die Schulferien im Rahmen des Möglichen einen arbeitsfreien Zeitraum umfassen.

Artikel 12
Pausen

Die Mitgliedstaaten treffen die erforderlichen Maßnahmen, damit junge Menschen eine nach Möglichkeit zusammenhängende Ruhepause von mindestens 30 Minuten erhalten, wenn die tägliche Arbeitszeit mehr als viereinhalb Stunden beträgt.

Artikel 13
Jugendarbeit in Fällen höherer Gewalt

Die Mitgliedstaaten können durch Rechtsvorschrift für Arbeiten, die unter den in Artikel 5 Absatz 4 der Richtlinie 89/391/EWG genannten Bedingungen ausgeführt werden, Ausnahmen von Artikel 8 Absatz 2, Artikel 9 Absatz 1 Buchstabe b), Artikel 10 Absatz 1 Buchstabe b) sowie, im Fall von Jugendlichen, von Artikel 12 zulassen, sofern diese Arbeiten vorübergehend sind und keinen Aufschub dulden, keine erwachsenen Arbeitnehmer zur Verfügung stehen und den betroffenen Jugendlichen binnen drei Wochen entsprechende Ausgleichsruhezeiten gewährt werden.

ABSCHNITT IV

Artikel 14
Maßnahmen

Jeder Mitgliedstaat legt die erforderlichen Maßnahmen fest, die bei einem Verstoß gegen die zur Durchführung dieser Richtlinie erlassenen Bestimmungen zu ergreifen sind; diese Maßnahmen müssen wirksam und angemessen sein.

Artikel 15
Änderungen des Anhangs

Der Kommission wird die Befugnis übertragen, gemäß Artikel 15a delegierte Rechtsakte zur Vornahme rein technischer Änderungen des Anhangs zu erlassen, um den technischen Fortschritt, die Entwicklung der internationalen Regelungen oder Spezifikationen und die Fortschritte beim Kenntnisstand auf dem Gebiet des Jugendarbeitsschutzes zu berücksichtigen.

Artikel 15a
Ausübung der Befugnisübertragung

(1) Die Befugnis zum Erlass delegierter Rechtsakte wird der Kommission unter den in diesem Artikel festgelegten Bedingungen übertragen.
(2) Die Befugnis zum Erlass delegierter Rechtsakte gemäß Artikel 15 wird der Kommission für einen Zeitraum von fünf Jahren ab dem 26. Juli 2019 übertragen. Die Kommission erstellt spätestens neun Monate vor Ablauf des Zeitraums von fünf Jahren einen Bericht über die Befugnisübertragung. Die Befugnisübertragung verlängert sich stillschweigend um Zeiträume gleicher Länge, es sei denn, das Europäische Parlament oder der Rat widersprechen einer solchen Verlängerung spätestens drei Monate vor Ablauf des jeweiligen Zeitraums.

(3) Die Befugnisübertragung gemäß Artikel 15 kann vom Europäischen Parlament oder vom Rat jederzeit widerrufen werden. Der Beschluss über den Widerruf beendet die Übertragung der in diesem Beschluss angegebenen Befugnis. Er wird am Tag nach seiner Veröffentlichung im *Amtsblatt der Europäischen Union* oder zu einem im Beschluss über den Widerruf angegebenen späteren Zeitpunkt wirksam. Die Gültigkeit von delegierten Rechtsakten, die bereits in Kraft sind, wird von dem Beschluss über den Widerruf nicht berührt.
(4) Vor dem Erlass eines delegierten Rechtsakts konsultiert die Kommission die von den einzelnen Mitgliedstaaten benannten Sachverständigen im Einklang mit den in der Interinstitutionellen Vereinbarung vom 13. April 2016 über bessere Rechtsetzung[6] enthaltenen Grundsätzen.
(5) Sobald die Kommission einen delegierten Rechtsakt erlässt, übermittelt sie ihn gleichzeitig dem Europäischen Parlament und dem Rat.
(6) Ein delegierter Rechtsakt, der gemäß Artikel 15 erlassen wurde, tritt nur in Kraft, wenn weder das Europäische Parlament noch der Rat innerhalb einer Frist von zwei Monaten nach Übermittlung dieses Rechtsakts an das Europäische Parlament und den Rat Einwände erhoben haben oder wenn vor Ablauf dieser Frist das Europäische Parlament und der Rat beide der Kommission mitgeteilt haben, dass sie keine Einwände erheben werden. Auf Initiative des Europäischen Parlaments oder des Rates wird diese Frist um zwei Monate verlängert.

Artikel 16
Nichtrückschrittsklausel

Unbeschadet des Rechts der Mitgliedstaaten, aufgrund der Entwicklung der Lage unterschiedliche Vorschriften im Bereich des Jugendschutzes zu erlassen, sofern die in dieser Richtlinie vorgesehenen Mindestanforderungen eingehalten werden, darf die Umsetzung dieser Richtlinie keinen Rückschritt gegenüber dem in jedem Mitgliedstaat bestehenden allgemeinen Jugendschutzniveau bedeuten.

Artikel 17
Schlussbestimmungen

(1)

a) Die Mitgliedstaaten erlassen die erforderlichen Rechts- und Verwaltungsvorschriften, um dieser Richtlinie spätestens am 22. Juni 1996 nachzukommen, bzw. vergewissern sich spätestens zu jenem Zeitpunkt, dass die Sozialpartner die notwendigen Vorschriften durch Vereinbarungen einführen, wobei die Mitgliedstaaten die notwendigen Maßnahmen zu treffen haben, um die dieser Richtlinie entsprechenden Ergebnisse jederzeit gewährleisten zu können.

---

6 ABl. L 123 vom 12. 5. 2016, S. 1.

b) Während eines Zeitraums von vier Jahren ab dem unter Buchstabe a) genannten Zeitpunkt kann das Vereinigte Königreich die Durchführung von Artikel 8 Absatz 1 Buchstabe b) Unterabsatz 1 hinsichtlich der Höchstdauer der Wochenarbeitszeit sowie von Artikel 8 Absatz 2 und von Artikel 9 Absatz 1 Buchstabe b) und Absatz 2 hinausschieben.
Die Kommission legt einen Bericht über die Auswirkungen dieser Bestimmung vor.
Der Rat entscheidet nach den im Vertrag vorgesehenen Bedingungen, ob der obengenannte Zeitraum verlängert wird.

c) Die Mitgliedstaaten setzen die Kommission unverzüglich davon in Kenntnis.

(2) Wenn die Mitgliedstaaten Vorschriften nach Absatz 1 erlassen, nehmen sie in den Vorschriften selbst oder durch einen Hinweis bei der amtlichen Veröffentlichung auf diese Richtlinie Bezug. Die Mitgliedstaaten regeln die Einzelheiten der Bezugnahme.

(3) Die Mitgliedstaaten teilen der Kommission den Wortlaut der wichtigsten innerstaatlichen Rechtsvorschriften mit, die sie in dem unter diese Richtlinie fallenden Bereich erlassen bzw. bereits erlassen haben.

(4) (aufgehoben)

(5) (aufgehoben)

Artikel 17a
Durchführungsbericht

Alle fünf Jahre legen die Mitgliedstaaten der Kommission einen Bericht über die praktische Durchführung dieser Richtlinie vor, und zwar in der Form eines gesonderten Kapitels des in Artikel 17a Absätze 1, 2 und 3 der Richtlinie 89/391/EWG vorgesehenen Gesamtberichts, der als Grundlage für die Bewertung dient, die von der Kommission gemäß Artikel 17a Absatz 4 jener Richtlinie durchzuführen ist.

Artikel 18
Diese Richtlinie ist an die Mitgliedstaaten gerichtet.

ANHANG
Nicht erschöpfende Liste der Agenzien, Verfahren und Arbeiten (Artikel 7 Absatz 2 Unterabsatz 2)

I. Agenzien

1. Physikalische Agenzien
   a) Ionisierende Strahlungen;

b) Arbeiten unter Überdruckbedingungen, beispielsweise in Senkkästen, bei Taucheinsätzen.

2. Biologische Agenzien
   a) Biologische Agenzien der Risikogruppen 3 und 4 im Sinne von Artikel 2 Absatz 2 Nummern 3 und 4 der Richtlinie 2000/54/EG des Europäischen Parlaments und des Rates[7].

3. Chemische Agenzien
   a) Stoffe und Gemische, die die Kriterien für die Einstufung in eine oder mehrere der folgenden Gefahrenklassen und Gefahrenkategorien mit einem oder mehreren der folgenden Gefahrenhinweise gemäß der Verordnung (EG) Nr. 1272/2008 des Europäischen Parlaments und des Rates[8] erfüllen:
      - akute Toxizität, Kategorie 1, 2 oder 3 (H300, H310, H330, H301, H311, H331);
      - Ätzwirkung auf die Haut, Kategorie 1A, 1 B oder 1C (H314);
      - entzündbare Gase, Kategorie 1 oder 2 (H220, H221);
      - entzündbare Aerosole, Kategorie 1 (H222);
      - entzündbare Flüssigkeiten, Kategorie 1 oder 2 (H224, H225);
      - explosive Stoffe, Kategorie ›instabil, explosiv‹, oder explosive Stoffe der Unterklassen 1.1, 1.2, 1.3, 1.4, 1.5 (H200, H201, H202, H203, H204, H205);
      - selbstzersetzliche Stoffe und Gemische, Typ A, B, C oder D (H240, H241, H242);
      - organische Peroxide, Typ A oder B (H240, H241);
      - spezifische Zielorgan-Toxizität nach einmaliger Exposition, Kategorie 1 oder 2 (H370, H371);
      - spezifische Zielorgan-Toxizität nach wiederholter Exposition, Kategorie 1 oder 2 (H372, H373);
      - Sensibilisierung der Atemwege, Kategorie 1, Unterkategorie 1A oder 1B (H334);
      - Sensibilisierung der Haut, Kategorie 1, Unterkategorie 1A oder 1B (H317);
      - Karzinogenität, Kategorie 1A, 1B oder 2 (H350, H350i, H351);
      - Keimzellmutagenität, Kategorie 1A, 1B oder 2 (H340, H341);
      - Reproduktionstoxizität, Kategorie 1A oder 1B (H360, H360F, H360FD, H360Fd, H360D, H360Df).
   b) (gestrichen)

---

7 Richtlinie 2000/54/EG des Europäischen Parlaments und des Rates vom 18. September 2000 über den Schutz der Arbeitnehmer gegen Gefährdung durch biologische Arbeitsstoffe bei der Arbeit (Siebte Einzelrichtlinie im Sinne von Artikel 16 Absatz 1 der Richtlinie 89/391/EWG) (ABl. L 262 vom 17. 10. 2000, S. 21).

8 Verordnung (EG) Nr. 1272/2008 des Europäischen Parlaments und des Rates vom 16. Dezember 2008 über die Einstufung, Kennzeichnung und Verpackung von Stoffen und Gemischen, zur Änderung und Aufhebung der Richtlinien 67/548/EWG und 1999/45/EG und zur Änderung der Verordnung (EG) Nr. 1907/2006 (ABl. L 353 vom 31. 12. 2008, S. 1).

c) (gestrichen)
d) in Artikel 2 Buchstabe a Ziffer ii der Richtlinie 2004/37/EG des Europäischen Parlaments und des Rates[9] aufgeführte Stoffe und Gemische;
e) Blei und Bleiverbindungen, soweit diese Agenzien vom menschlichen Organismus aufgenommen werden können;
f) Asbest.

II. Verfahren und Arbeiten

1. Arbeitsverfahren gemäß Anhang I der Richtlinie 2004/37/EG.
2. Herstellung und Handhabung von Anlagen, Zündmitteln oder sonstigen, Explosionsstoffe enthaltenden Gegenständen.
3. Arbeiten in Tierschauen mit wilden oder giftigen Tieren.
4. Industrielle Schlachtung von Tieren.
5. Arbeiten, die mit der Handhabung von Geräten zur Herstellung, Lagerung oder Inbetriebnahme von Druckgas, Flüssiggas oder gelöstem Gas verbunden sind.
6. Arbeiten mit Behältern, Becken, Speicherbecken, Ballons oder Korbflaschen, die unter Abschnitt 1 Nummer 3 aufgeführte chemische Agenzien enthalten.
7. Arbeiten unter Einsturzgefahr.
8. Arbeiten, die mit Gefahren aufgrund von hohen elektrischen Spannungen verbunden sind.
9. Arbeiten, deren Takt durch Maschinen bestimmt wird und die nach Akkord bezahlt werden.

9 Richtlinie 2004/37/EG des Europäischen Parlaments und des Rates vom 29. April 2004 über den Schutz der Arbeitnehmer gegen Gefährdung durch Karzinogene oder Mutagene bei der Arbeit (sechste Einzelrichtlinie im Sinne von Artikel 16 Absatz 1 der Richtlinie 89/391/EWG des Rates) (ABl. L 158 vom 30. 4. 2004, S. 50.)

Richtlinie 98/24/EG des Rates zum Schutz von Gesundheit und Sicherheit der Arbeitnehmer vor der Gefährdung durch chemische Arbeitsstoffe bei der Arbeit (vierzehnte Einzelrichtlinie im Sinne des Artikels 16 Absatz 1 der Richtlinie 89/391/EWG)

Vom 7. April 1998 (ABl. EU Nr. L 131, S. 11)
zuletzt geändert durch Artikel 1 III. Nummer 9 der Verordnung vom 20. Juni 2019 (ABl. L 198, S. 241) in Kraft getreten am 26. Juli 2019

ABSCHNITT I
Allgemeine Bestimmungen

Artikel 1
Ziel und Geltungsbereich

(1) Mit dieser Richtlinie, der vierzehnten Einzelrichtlinie im Sinne des Artikels 16 Absatz 1 der Richtlinie 89/391/EWG, werden Mindestanforderungen für den Schutz der Arbeitnehmer gegen tatsächliche oder mögliche Gefährdungen ihrer Gesundheit und Sicherheit durch die Wirkungen von am Arbeitsplatz vorhandenen chemischen Arbeitsstoffen oder aufgrund von Tätigkeiten mit chemischen Arbeitsstoffen festgelegt.
(2) Die Anforderungen dieser Richtlinie gelten in allen Fällen, in denen gefährliche chemische Arbeitsstoffe am Arbeitsplatz vorhanden sind oder vorhanden sein können; davon unberührt bleiben Vorschriften für chemische Arbeitsstoffe, die aufgrund von Richtlinien im Rahmen des Vertrags zur Gründung der Europäischen Atomgemeinschaft Strahlenschutzmaßnahmen unterliegen.
(3) Für Karzinogene am Arbeitsplatz gilt die vorliegende Richtlinie unbeschadet strengerer und / oder spezifischer Bestimmungen der Richtlinie 90/394/EWG des Rates vom 28. Juni 1990 über den Schutz der Arbeitnehmer gegen Gefährdung durch Karzinogene bei der Arbeit (sechste Einzelrichtlinie im Sinne des Artikels 16 Absatz 1 der Richtlinie 89/391/EWG)[1].
(4) Die Richtlinie 89/391/EWG gilt unbeschadet strengerer und / oder spezifischer Bestimmungen der vorliegenden Richtlinie in vollem Umfang für den gesamten in diesem Artikel genannten Bereich.

1 ABl. L 196 vom 26. 7. 1990, S. 1.

(5) Für die Beförderung gefährlicher chemischer Stoffe gilt die vorliegende Richtlinie unbeschadet strengerer und / oder spezifischer Bestimmungen der Richtlinie 94/55/EG[2], der Richtlinie 96/49/EG[3], des IMDG-Codes, des IBC-Codes und des IGC-Codes im Sinne der Begriffsbestimmungen in Artikel 2 der Richtlinie 93/75/EWG[4], des Europäischen Übereinkommens über die internationale Beförderung gefährlicher Güter auf Binnenwasserstraßen und der Verordnung über die Beförderung gefährlicher Güter auf dem Rhein, wie sie in Gemeinschaftsrecht übernommen worden sind, sowie der technischen Vorschriften für die sichere Beförderung gefährlicher Güter in der zum Zeitpunkt des Inkrafttretens dieser Richtlinie von der Internationalen Zivilluftfahrt-Organisation veröffentlichten Fassung.

Artikel 2
Begriffsbestimmungen

Im Sinne dieser Richtlinie bezeichnet der Ausdruck

a) »chemische Arbeitsstoffe« alle chemischen Elemente und Verbindungen, einzeln oder in einem Gemisch, wie sie in der Natur vorkommen oder durch eine Arbeitstätigkeit hergestellt, verwendet oder freigesetzt werden – einschließlich der Freisetzung als Abfall –, unabhängig davon, ob sie absichtlich oder unabsichtlich erzeugt und ob sie in Verkehr gebracht werden;

a) gefährliche chemische Arbeitsstoffe
   i) alle chemischen Arbeitsstoffe, die die Kriterien für die Einstufung als gefährlich in einer der Klassen für physikalische und gesundheitliche Gefahr gemäß der Verordnung (EG) Nr. 1272/2008 des Europäischen Parlaments und des Rates[5] erfüllen; dies gilt unabhängig davon, ob der chemische Arbeitsstoff aufgrund dieser Verordnung eingestuft ist.
   ii) (gestrichen)

---

2 Richtlinie 94/55/EG des Rates vom 21. November 1994 zur Angleichung der Rechtsvorschriften der Mitgliedstaaten für den Gefahrguttransport auf der Straße (ABl. L 319 vom 12. 12. 1994, S. 7). Richtlinie geändert durch die Richtlinie 96/86/EG der Kommission (ABl. L 335 vom 24. 12. 1996, S. 43).

3 Richtlinie 96/49/EG des Rates vom 23. Juli 1996 zur Angleichung der Rechtsvorschriften der Mitgliedstaaten für die Eisenbahnbeförderung gefährlicher Güter (ABl. L 235 vom 17. 9. 1996, S. 25). Richtlinie geändert durch die Richtlinie 96/87/EG der Kommission (ABl. L 335 vom 24. 12. 1996, S. 45).

4 Richtlinie 93/75/EWG des Rates vom 13. September 1993 über die Mindestanforderungen an Schiffe, die Seehäfen der Gemeinschaft anlaufen oder aus ihnen auslaufen und gefährliche oder umweltschädliche Güter befördern (ABl. L 247 vom 5. 10. 1993, S. 19). Richtlinie geändert durch die Richtlinie 97/34/EG der Kommission (ABl. L 158 vom 17. 6. 1997, S. 40).

5 Verordnung (EG) Nr. 1272/2008 des Europäischen Parlaments und des Rates vom 16. Dezember 2008 über die Einstufung, Kennzeichnung und Verpackung von Stoffen und Gemischen, zur Änderung und Aufhebung der Richtlinien 67/548/EWG und 1999/45/EG und zur Änderung der Verordnung (EG) Nr. 1907/2006 (ABl. L 353 vom 31. 12. 2008, S. 1).

iii) alle chemischen Arbeitsstoffe, die die Kriterien für die Einstufung als ›gefährlich‹ nach Buchstabe b Ziffer i dieses Artikels nicht erfüllen, aber aufgrund ihrer physikalisch-chemischen, chemischen oder toxikologischen Eigenschaften und der Art und Weise, wie sie am Arbeitsplatz verwendet werden oder dort vorhanden sind, für die Sicherheit und die Gesundheit der Arbeitnehmer ein Risiko darstellen können; dies gilt auch für alle chemischen Arbeitsstoffe, denen im Rahmen des Artikels 3 ein Arbeitsplatzgrenzwert zugewiesen wurde.

c) »Tätigkeit mit chemischen Arbeitsstoffen« jede Arbeit, bei der chemische Arbeitsstoffe im Rahmen eines Prozesses einschließlich Produktion, Handhabung, Lagerung, Beförderung, Entsorgung und Behandlung verwendet werden oder verwendet werden sollen oder bei dieser Arbeit auftreten;

d) »Arbeitsplatzgrenzwert«, sofern nicht anders angegeben, den Grenzwert für die zeitlich gewichtete durchschnittliche Konzentration eines chemischen Arbeitsstoffs in der Luft im Atembereich eines Arbeitnehmers in Bezug auf einen gegebenen Referenzzeitraum;

e) »biologischer Grenzwert« den Grenzwert für die Konzentration in dem entsprechenden biologischen Material für den jeweiligen Arbeitsstoff, seinen Metaboliten oder einen Beanspruchungsindikator,

f) »Gesundheitsüberwachung« die Beurteilung eines einzelnen Arbeitnehmers, mit der sein Gesundheitszustand in Bezug auf die Exposition gegenüber spezifischen chemischen Arbeitsstoffen bei der Arbeit festgestellt werden soll;

g) »Gefahr« die einem chemischen Arbeitsstoff innewohnende Eigenschaft, potentiell Schaden zu verursachen;

h) »Risiko« die Wahrscheinlichkeit, dass der potentielle Schaden unter den gegebenen Verwendungs- und / oder Expositionsbedingungen auftritt.

Artikel 3
Arbeitsplatzgrenzwerte und biologische Grenzwerte

(1) Die Kommission bewertet die Zusammenhänge zwischen den gesundheitlichen Auswirkungen der gefährlichen chemischen Arbeitsstoffe und dem Niveau der arbeitsbedingten Exposition anhand einer unabhängigen wissenschaftlichen Auswertung der neuesten wissenschaftlichen Daten.

(2) Auf der Grundlage der Bewertung gemäß Absatz 1 schlägt die Kommission nach Anhörung des Beratenden Ausschusses für Sicherheit, Arbeitshygiene und Gesundheitsschutz am Arbeitsplatz europäische Ziele in Form von auf Gemeinschaftsebene festzulegenden Arbeitsplatz-Richtgrenzwerten für den Schutz der Arbeitnehmer vor den Risiken chemischer Arbeitsstoffe vor.

Der Kommission wird die Befugnis übertragen, gemäß Artikel 12a delegierte Rechtsakte zu erlassen, um diese Richtlinie durch die Festlegung oder Änderung der in Unterabsatz 1 genannten Arbeitsplatz-Richtgrenzwerte unter Berücksichtigung der verfügbaren Messtechniken zu ergänzen.

Die Mitgliedstaaten unterrichten die Organisationen der Arbeitnehmer und der Arbeitgeber regelmäßig über die auf Unionsebene festgelegten Arbeitsplatzgrenzwerte.
Ist in hinreichend begründeten Ausnahmefällen, in denen eine akute, unmittelbare und schwerwiegende Gefahr für die körperliche Gesundheit und Sicherheit von Arbeitnehmern oder anderen Personen gegeben ist, aus Gründen äußerster Dringlichkeit sehr kurzfristiges Handeln erforderlich, so findet das Verfahren gemäß Artikel 12b auf delegierte Rechtsakte, die gemäß dem vorliegenden Artikel erlassen werden, Anwendung.
(3) Für jeden chemischen Arbeitsstoff, für den ein Arbeitsplatz-Richtgrenzwert auf Gemeinschaftsebene festgelegt wurde, legen die Mitgliedstaaten unter Berücksichtigung des gemeinschaftlichen Grenzwerts einen nationalen Arbeitsplatzgrenzwert fest, dessen Natur sie gemäß ihren innerstaatlichen Rechtsvorschriften und Gepflogenheiten bestimmen.
(4) Auf Gemeinschaftsebene können verbindliche Arbeitsplatzgrenzwerte festgelegt werden, die zusätzlich zu den Faktoren, die bei der Festlegung der Arbeitsplatz-Richtgrenzwerte berücksichtigt wurden, Durchführbarkeitsfaktoren widerspiegeln und gleichzeitig die Zielsetzung des Schutzes der Gesundheit der Arbeitnehmer bei der Arbeit wahren. Diese Grenzwerte, die nach dem Verfahren des Artikels 118a des Vertrags festgelegt werden, sind in Anhang I wiedergegeben.
(5) Für jeden chemischen Arbeitsstoff, für den ein verbindlicher Arbeitsplatzgrenzwert festgelegt wurde, legen die Mitgliedstaaten einen entsprechenden verbindlichen nationalen Arbeitsplatzgrenzwert fest, der sich auf den gemeinschaftlichen Grenzwert stützt, aber nicht höher als dieser sein darf.
(6) Auf Gemeinschaftsebene können auf der Grundlage der Bewertung gemäß Absatz 1 und der verfügbaren Messtechniken verbindliche biologische Grenzwerte festgelegt werden, die die Durchführbarkeitsfaktoren widerspiegeln und gleichzeitig die Zielsetzung des Schutzes der Gesundheit der Arbeitnehmer bei der Arbeit wahren. Diese Grenzwerte, die nach dem Verfahren des Artikels 118a des Vertrags festgelegt werden, sind zusammen mit anderen maßgeblichen Angaben zur Gesundheitsüberwachung in Anhang II wiedergegeben.
(7) Für jeden chemischen Arbeitsstoff, für den ein verbindlicher biologischer Grenzwert festgelegt wurde, setzen die Mitgliedstaaten einen entsprechenden nationalen verbindlichen biologischen Grenzwert fest, der sich auf den gemeinschaftlichen Grenzwert stützt, aber nicht höher als dieser sein darf.
(8) Führt ein Mitgliedstaat für einen chemischen Arbeitsstoff einen nationalen Arbeitsplatzgrenzwert oder einen nationalen biologischen Grenzwert ein oder ändert er diese Werte, so unterrichtet er die Kommission und die anderen Mitgliedstaaten davon und übermittelt die entsprechenden wissenschaftlichen und technischen Daten. Die Kommission trifft die geeigneten Maßnahmen.
(9) Auf der Grundlage der von den Mitgliedstaaten gemäß Artikel 15 übermittelten Berichte nimmt die Kommission eine Bewertung der Art und Weise vor, wie die Mitgliedstaaten den gemeinschaftlichen Richtgrenzwerten bei der Festlegung der entsprechenden nationalen Arbeitsplatzgrenzwerte Rechnung getragen haben.

(10) Standardisierte Verfahren für die Messung und Evaluierung der Konzentrationen in der Luft am Arbeitsplatz in Bezug auf die Arbeitsplatzgrenzwerte werden nach Artikel 12 Absatz 2 ausgearbeitet.

ABSCHNITT II
Pflichten der Arbeitgeber

Artikel 4
Ermittlung und Bewertung des Risikos von gefährlichen chemischen Arbeitsstoffen

(1) Im Rahmen seiner Pflichten gemäß Artikel 6 Absatz 3 und Artikel 9 Absatz 1 der Richtlinie 89/391/EWG stellt der Arbeitgeber zunächst fest, ob es am Arbeitsplatz gefährliche chemische Arbeitsstoffe gibt. Ist dies der Fall, so unterzieht er alle Risiken, die sich aufgrund des Vorhandenseins dieser chemischen Arbeitsstoffe für die Sicherheit und die Gesundheit der Arbeitnehmer ergeben, einer Bewertung, wobei folgenden Aspekten Rechnung zu tragen ist:

- den gefährlichen Eigenschaften;
- den Informationen, die der Lieferant über die Sicherheit und die Gesundheit etwa auf dem entsprechenden Sicherheitsdatenblatt gemäß der Verordnung (EG) Nr. 1907/2006 des Europäischen Parlaments und des Rates[6] vorzulegen hat;
- dem Ausmaß, der Art und der Dauer der Exposition;
- den Arbeitsbedingungen im Zusammenhang mit solchen Arbeitsstoffen, einschließlich ihrer Menge;
- den im Hoheitsgebiet des betreffenden Mitgliedstaats festgelegten Arbeitsplatzgrenzwerten bzw. biologischen Grenzwerten;
- den Wirkungen der getroffenen oder zu treffenden Vorbeugungsmaßnahmen;
- soweit vorhanden, den aus einer bereits durchgeführten Gesundheitsüberwachung zu ziehenden Schlussfolgerungen.

Der Arbeitgeber hat sich die für eine Risikobewertung notwendigen Informationen beim Lieferanten oder bei anderen ohne weiteres zugänglichen Quellen zu beschaffen. Soweit geeignet, gehört zu diesen Informationen auch die besondere Bewertung hinsichtlich des Risikos für die Benutzer, die auf der Grundlage von Gemeinschaftsvorschriften für chemische Stoffe erstellt wird.

(2) Der Arbeitgeber muss im Besitz einer Risikobewertung gemäß Artikel 9 der Richtlinie 89/391/EWG sein und angeben, welche Maßnahmen gemäß den Ar-

6 Verordnung (EG) Nr. 1907/2006 des Europäischen Parlaments und des Rates vom 18. Dezember 2006 zur Registrierung, Bewertung, Zulassung und Beschränkung chemischer Stoffe (REACH), zur Schaffung einer Europäischen Agentur für chemische Stoffe, zur Änderung der Richtlinie 1999/45/EG und zur Aufhebung der Verordnung (EWG) Nr. 793/93 des Rates, der Verordnung (EG) Nr. 1488/94 der Kommission, der Richtlinie 76/769/EWG des Rates sowie der Richtlinien 91/155/EWG, 93/67/EWG, 93/105/EG und 2000/21/EG der Kommission (ABl. L 396 vom 30.12.2006, S. 1).

tikeln 5 und 6 der vorliegenden Richtlinie getroffen worden sind. Die Risikobewertung ist gemäß einzelstaatlichen Vorschriften und Praktiken in geeigneter Form zu dokumentieren und kann eine Begründung des Arbeitgebers einschließen, dass eine detailliertere Risikobewertung aufgrund der Art und des Umfangs der Risiken im Zusammenhang mit chemischen Arbeitsstoffen nicht erforderlich ist. Die Risikobewertung ist insbesondere dann zu aktualisieren, wenn maßgebliche Veränderungen eingetreten sind, so dass sie veraltet sein könnte, oder wenn sich eine Aktualisierung aufgrund der Ergebnisse der Gesundheitsüberwachung als erforderlich erweist.

(3) In die Risikobewertung sind bestimmte Tätigkeiten innerhalb des Unternehmens oder Betriebs, z. B. Wartungsarbeiten, einzubeziehen, bei denen vorherzusehen ist, dass auch nach Ausschöpfung sämtlicher technischer Maßnahmen die Möglichkeit einer maßgeblichen Exposition besteht, oder die sich aus anderen Gründen schädlich auf die Sicherheit und Gesundheit auswirken können.

(4) Im Fall von Tätigkeiten, die mit einer Exposition gegenüber verschiedenen gefährlichen chemischen Arbeitsstoffen verbunden sind, ist die Risikobewertung anhand des Risikos vorzunehmen, das sämtliche betreffenden chemischen Arbeitsstoffe kombiniert darstellen.

(5) Im Fall einer neuen Tätigkeit mit gefährlichen chemischen Arbeitsstoffen darf die Arbeit erst aufgenommen werden, nachdem eine Bewertung des Risikos dieser Tätigkeit vorgenommen worden ist und alle ausgewiesenen Vorbeugungsmaßnahmen durchgeführt worden sind.

(6) Praktische Leitlinien für die Ermittlung und Bewertung des Risikos sowie für ihre Überprüfung und erforderlichenfalls Anpassung werden nach Artikel 12 Absatz 2 aufgestellt.

Artikel 5
Allgemeine Grundsätze für die Verhütung von Risiken im Zusammenhang mit gefährlichen chemischen Arbeitsstoffen und Anwendung der Richtlinie in Bezug auf die Risikobewertung

(1) Im Rahmen seiner Verpflichtung, die Gesundheit und die Sicherheit der Arbeitnehmer bei allen Tätigkeiten mit gefährlichen chemischen Arbeitsstoffen sicherzustellen, trifft der Arbeitgeber die erforderlichen Vorbeugungsmaßnahmen nach Artikel 6 Absätze 1 und 2 der Richtlinie 89/391/EWG und schließt darin die in der vorliegenden Richtlinie genannten Maßnahmen mit ein.

(2) Die Risiken für die Gesundheit und die Sicherheit der Arbeitnehmer bei Arbeiten mit gefährlichen chemischen Arbeitsstoffen werden durch folgende Vorkehrungen ausgeschaltet oder auf ein Minimum reduziert:

- Gestaltung des Arbeitsplatzes und Arbeitsorganisation;
- Bereitstellung geeigneter Arbeitsmittel für den Umgang mit chemischen Arbeitsstoffen und entsprechende Wartungsverfahren zur Gewährleistung der Gesundheit und Sicherheit der Arbeitnehmer bei der Arbeit;

- Begrenzung der Anzahl der Arbeitnehmer, die den chemischen Arbeitsstoffen ausgesetzt sind oder ausgesetzt sein können, auf ein Mindestmaß;
- Begrenzung der Dauer und Intensität der Exposition auf ein Mindestmaß;
- angemessene Hygienemaßnahmen;
- Begrenzung der Menge der am Arbeitsplatz vorhandenen chemischen Arbeitsstoffe auf das für die Art der betreffenden Arbeit erforderliche Mindestmaß;
- geeignete Arbeitsverfahren, einschließlich Vorkehrungen für die sichere Handhabung, Lagerung und Beförderung von gefährlichen chemischen Arbeitsstoffen und von Abfällen, die derartige chemische Arbeitsstoffe enthalten, am Arbeitsplatz.

Praktische Leitlinien für Vorbeugungsmaßnahmen zur Risikobegrenzung werden gemäß Artikel 12 Absatz 2 ausgearbeitet.

(3) Ergibt sich aus den Ergebnissen der Bewertung nach Artikel 4 Absatz 1 ein Risiko für die Sicherheit und die Gesundheit der Arbeitnehmer, so sind die besonderen Schutz-, Vorbeugungs- und Überwachungsmaßnahmen der Artikel 6, 7 und 10 anzuwenden.

(4) Ergibt sich aus den Ergebnissen der Risikobewertung nach Artikel 4 Absatz 1, dass aufgrund der am Arbeitsplatz vorhandenen Mengen eines gefährlichen chemischen Arbeitsstoffes nur ein geringfügiges Risiko für die Sicherheit und Gesundheit der Arbeitnehmer besteht, und reichen die nach den Absätzen 1 und 2 ergriffenen Maßnahmen zur Verringerung dieses Risikos aus, so sind die Artikel 6, 7 und 10 nicht anwendbar.

Artikel 6
Besondere Schutz- und Vorbeugungsmaßnahmen

(1) Der Arbeitgeber hat dafür zu sorgen, dass das durch einen gefährlichen chemischen Arbeitsstoff bedingte Risiko für die Sicherheit und die Gesundheit der Arbeitnehmer bei der Arbeit ausgeschaltet oder auf ein Mindestmaß verringert wird.

(2) Bei der Anwendung des Absatzes 1 ist vorrangig eine Substitution vorzunehmen; dabei hat der Arbeitgeber die Verwendung eines gefährlichen chemischen Arbeitsstoffs zu vermeiden und diesen durch einen chemischen Arbeitsstoff oder ein Verfahren zu ersetzen, der bzw. das unter den jeweiligen Verwendungsbedingungen für die Sicherheit und Gesundheit der Arbeitnehmer – je nach Fall – nicht oder weniger gefährlich ist.

Lässt sich unter Berücksichtigung des Arbeitsvorgangs und der Risikobewertung nach Artikel 4 das Risiko aufgrund der Art der Tätigkeit nicht durch Substitution ausschalten, so sorgt der Arbeitgeber dafür, dass das Risiko durch Anwendung von Schutz- und Vorbeugungsmaßnahmen, die mit der Risikobewertung nach Artikel 4 im Einklang stehen, auf ein Mindestmaß verringert wird. Zu diesen Maßnahmen gehören in der angegebenen Rangordnung:

a) Gestaltung geeigneter Arbeitsverfahren und technischer Steuerungseinrichtungen sowie Verwendung geeigneter Arbeitsmittel und Materialien, um die Freisetzung gefährlicher chemischer Arbeitsstoffe, die für die Sicherheit und die Gesundheit der Arbeitnehmer am Arbeitsplatz ein Risiko darstellen können, möglichst gering zu halten;

b) Durchführung kollektiver Schutzmaßnahmen an der Gefahrenquelle, wie z. B. angemessene Be- und Entlüftung und geeignete organisatorische Maßnahmen;

c) sofern eine Exposition nicht mit anderen Mitteln verhütet werden kann, Durchführung von individuellen Schutzmaßnahmen, die auch eine persönliche Schutzausrüstung umfassen.

Praktische Leitlinien für Schutz- und Vorbeugungsmaßnahmen zur Risikobegrenzung werden gemäß Artikel 12 Absatz 2 ausgearbeitet.

(3) Die Maßnahmen gemäß Absatz 2 werden durch eine Gesundheitsüberwachung nach Artikel 10 ergänzt, sofern diese der Art des Risikos angemessen ist.

(4) Sofern der Arbeitgeber nicht mittels anderer Beurteilungen eindeutig nachweist, dass in angemessener Weise Vorbeugung und Schutz gemäß Absatz 2 erzielt worden sind, führt er in Bezug auf chemische Arbeitsstoffe, die für die Gesundheit der Arbeitnehmer am Arbeitsplatz ein Risiko darstellen können, insbesondere im Hinblick auf die Arbeitsplatzgrenzwerte die erforderlichen regelmäßigen Messungen durch; diese Messungen sind auch durchzuführen, wenn sich die Bedingungen ändern, welche die Exposition der Arbeitnehmer gegenüber chemischen Arbeitsstoffen beeinflussen können.

(5) Der Arbeitgeber berücksichtigt bei der Erfüllung der in Artikel 4 niedergelegten oder sich aus Artikel 4 ergebenden Verpflichtungen die Ergebnisse der Verfahren nach Absatz 4.

Bei einer Überschreitung eines im Hoheitsgebiet eines Mitgliedstaats wirksam festgelegten Arbeitsplatzgrenzwerts trifft der Arbeitgeber auf jeden Fall unverzüglich unter Berücksichtigung der Natur dieses Grenzwerts Vorbeugungs- und Schutzmaßnahmen, um Abhilfe zu schaffen.

(6) Auf der Grundlage der umfassenden Risikobewertung und der allgemeinen Grundsätze der Risikoverhütung im Sinne der Artikel 4 und 5 ergreift der Arbeitgeber der Art der Tätigkeit angemessene technische und / oder organisatorische Maßnahmen, einschließlich Lagerung, Handhabung und Trennung unvereinbarer chemischer Arbeitsstoffe, um die Arbeitnehmer gegen die aufgrund der physikalisch-chemischen Eigenschaften chemischer Arbeitsstoffe auftretenden Gefahren zu schützen. Insbesondere trifft er Vorkehrungen in der angegebenen Rangordnung, um

a) das Auftreten gefährlicher Konzentrationen von entzündlichen Stoffen bzw. gefährlicher Mengen von chemisch instabilen Stoffen an der Arbeitsstätte zu verhindern; sollte die Art der Arbeit dies nicht zulassen, so gilt folgendes:

b) das Auftreten von Zündquellen, die zu Bränden und Explosionen führen könnten, oder von ungünstigen Bedingungen, durch die chemisch instabile Stoffe oder Stoffgemische zu schädlichen physikalischen Wirkungen führen könnten, ist zu vermeiden, und

c) die schädlichen Auswirkungen im Fall eines Brandes oder einer Explosion aufgrund der Entzündung entzündlicher Stoffe auf die Gesundheit und Sicherheit der Arbeitnehmer oder von chemisch instabilen Stoffen oder Stoffgemischen ausgehende schädliche physikalische Wirkungen sind zu verringern.

Arbeitsmittel und Schutzeinrichtungen, die der Arbeitgeber zum Schutz der Arbeitnehmer zur Verfügung stellt, entsprechen im Hinblick auf die Gesundheit und Sicherheit den einschlägigen Gemeinschaftsvorschriften über die Auslegung, die Herstellung und das Inverkehrbringen. Vom Arbeitgeber ergriffene technische und / oder organisatorische Maßnahmen werden unter Berücksichtigung der Einteilung der Gerätegruppen in Kategorien im Sinne des Anhangs I der Richtlinie 94/9/EG des Europäischen Parlaments und des Rates vom 23. März 1994 zur Angleichung der Rechtsvorschriften der Mitgliedstaaten für Geräte und Schutzsysteme zur bestimmungsgemäßen Verwendung in explosionsgefährdeten Bereichen[7] und in Übereinstimmung mit dieser festgelegt.
Der Arbeitgeber ergreift Maßnahmen für eine ausreichende Kontrolle von Anlagen, Geräten und Maschinen oder sieht Explosionsschutzeinrichtungen bzw. Vorkehrungen zur Explosionsdruckentlastung vor.

Artikel 7
Vorkehrungen für das Verhalten bei Unfällen, Zwischenfällen und Notfällen

(1) Um die Sicherheit und den Gesundheitsschutz der Arbeitnehmer bei einem Unfall, Zwischenfall oder Notfall zu gewährleisten, der mit dem Vorhandensein gefährlicher chemischer Arbeitsstoffe am Arbeitsplatz in Verbindung steht, legt der Arbeitgeber unbeschadet der Verpflichtungen nach Artikel 8 der Richtlinie 89/391/EWG Verfahren (Aktionspläne) fest, die beim Eintreten eines derartigen Ereignisses angewendet werden können, damit angemessene Maßnahmen ergriffen werden. Hierzu zählen alle einschlägigen Sicherheitsübungen, die in regelmäßigen Abständen durchzuführen sind, sowie die Bereitstellung angemessener Erste-Hilfe-Einrichtungen.
(2) Tritt eines der in Absatz 1 genannten Ereignisse ein, so ergreift der Arbeitgeber unverzüglich Maßnahmen zur Minderung der Auswirkungen des Ereignisses und zur Unterrichtung der betroffenen Arbeitnehmer.
Zur Wiederherstellung der normalen Situation
- ergreift der Arbeitgeber so bald wie möglich geeignete Abhilfemaßnahmen;
- dürfen nur diejenigen Arbeitnehmer, die für Instandsetzungsarbeiten und sonstige notwendige Tätigkeiten unbedingt benötigt werden, in dem betroffenen Bereich arbeiten.

(3) Die Arbeitnehmer, die in dem betroffenen Bereich arbeiten dürfen, sind mit geeigneter Schutzkleidung, persönlicher Schutzausrüstung, speziellen Sicherheitseinrichtungen und besonderen Arbeitsmitteln auszustatten, die sie so lange benutzen müssen, wie die Situation fortbesteht; diese Situation darf kein Dauerzustand sein. Ungeschützte Personen dürfen nicht in dem betroffenen Bereich verbleiben.
(4) Unbeschadet des Artikels 8 der Richtlinie 89/391/EWG ergreift der Arbeitgeber die erforderlichen Maßnahmen, um Warn- und sonstige Kommunikations-

7 ABl. L 100 vom 19. 4. 1994, S. 1.

systeme zur Verfügung zu stellen, die erforderlich sind, um ein erhöhtes Risiko für die Sicherheit und die Gesundheit anzuzeigen, so dass eine angemessene Reaktion möglich ist und Abhilfemaßnahmen sowie Hilfs-, Evakuierungs- und Rettungsmaßnahmen im Bedarfsfall unverzüglich eingeleitet werden können.

(5) Der Arbeitgeber stellt sicher, dass Informationen über die Notfallvorkehrungen in Bezug auf gefährliche chemische Arbeitsstoffe zur Verfügung stehen. Die zuständigen innerbetrieblichen und betriebsfremden Unfall- und Notfalldienste erhalten Zugang zu diesen Informationen. Hierzu zählen:

- Vorabmitteilung von einschlägigen Gefahren bei der Arbeit, von Vorkehrungen zur Feststellung von Gefahren, von Vorsichtsmaßregeln und Verfahren, damit die Notfalldienste ihre eigenen Abhilfemaßnahmen und Sicherheitsvorkehrungen vorbereiten können;
- alle verfügbaren Informationen über spezifische Gefahren, die bei einem Unfall oder Notfall auftreten oder auftreten können, einschließlich Informationen über die nach diesem Artikel vorbereiteten Verfahren.

Artikel 8
Unterrichtung und Unterweisung der Arbeitnehmer

(1) Unbeschadet der Artikel 10 und 12 der Richtlinie 89/391/EWG stellt der Arbeitgeber sicher, dass die Arbeitnehmer und / oder ihre Vertreter folgendes erhalten:

- die gemäß Artikel 4 gewonnenen Daten sowie weitere Informationen, wenn eine größere Veränderung am Arbeitsplatz zu einer Änderung dieser Daten führt;
- Informationen über die am Arbeitsplatz auftretenden gefährlichen chemischen Arbeitsstoffe, wie z. B. Bezeichnung der Arbeitsstoffe, Risiken für die Sicherheit und die Gesundheit, relevante Arbeitsplatzgrenzwerte und sonstige gesetzliche Bestimmungen;
- Unterweisung und Informationen über angemessene Vorsichtsmaßregeln und Vorkehrungen, die der Arbeitnehmer zu seinem eigenen Schutz und zum Schutz der anderen Arbeitnehmer am Arbeitsplatz zu treffen hat;
- Zugang zu allen Sicherheitsdatenblättern, die vom Lieferanten gemäß Artikel 31 der Verordnung (EG) Nr. 1907/2006 zur Verfügung gestellt werden;

Der Arbeitgeber stellt ferner sicher, dass die Informationen

- in einer Form zur Verfügung gestellt werden, die dem Ergebnis der Risikobewertung nach Artikel 4 Rechnung trägt, wobei die Spanne der Unterrichtungsmöglichkeiten je nach Art und Umfang des im Zuge der Bewertung nach Artikel 4 festgestellten Risikos von mündlicher Mitteilung bis hin zu individueller Unterweisung und Schulung, verbunden mit schriftlicher Unterrichtung, reichen kann; – aktualisiert werden, um veränderten Gegebenheiten Rechnung zu tragen.

(2) Sind Behälter und Rohrleitungen, die für gefährliche chemische Arbeitsstoffe bei der Arbeit verwendet werden, nicht in Übereinstimmung mit den einschlägigen gemeinschaftlichen Rechtsvorschriften über die Kennzeichnung von chemischen

Arbeitsstoffen und über die Sicherheitskennzeichnung am Arbeitsplatz gekennzeichnet, so stellt der Arbeitgeber unbeschadet der in den vorgenannten Rechtsvorschriften vorgesehenen Abweichungen sicher, dass der Inhalt der Behälter und Rohrleitungen sowie die Art des Inhalts und die davon ausgehenden Gefahren eindeutig identifizierbar sind.
(3) Die Mitgliedstaaten können die erforderlichen Maßnahmen ergreifen, um sicherzustellen, dass die Arbeitgeber auf Anfrage, nach Möglichkeit vom Hersteller oder Lieferanten, alle Informationen über gefährliche chemische Arbeitsstoffe erhalten können, die zur Anwendung des Artikels 4 Absatz 1 erforderlich sind, sofern weder die Verordnung (EG) Nr. 1907/2006 noch die Verordnung (EG) Nr. 1272/2008 eine Informationspflicht vorsieht.

ABSCHNITT III
Sonstige Bestimmungen

Artikel 9
Verbote

(1) Zum Schutz der Arbeitnehmer vor einer Gesundheitsgefährdung durch bestimmte chemische Arbeitsstoffe und / oder Tätigkeiten mit chemischen Arbeitsstoffen sind die Herstellung und Verarbeitung der in Anhang III genannten chemischen Arbeitsstoffe, ihre Verwendung bei der Arbeit sowie die dort genannten Tätigkeiten in dem angegebenen Umfang verboten.
(2) Die Mitgliedstaaten können für folgende Fälle Ausnahmen von Absatz 1 zulassen:
- für ausschließlich wissenschaftliche Forschungs-, Versuchs- und Analysezwecke;
- für Tätigkeiten zur Beseitigung von chemischen Arbeitsstoffen in Form von Neben- oder Abfallprodukten;
- für die Herstellung der chemischen Arbeitsstoffe im Sinne des Absatzes 1 als Zwischenprodukte und für deren Verwendung als Zwischenprodukte.

Eine Exposition der Arbeitnehmer gegenüber den chemischen Arbeitsstoffen im Sinne des Absatzes 1 ist insbesondere dadurch zu vermeiden, dass Sorge dafür getragen wird, dass die Herstellung und die möglichst baldige Verwendung dieser Stoffe als Zwischenprodukte in einem einzigen geschlossenen System erfolgen, dem sie nur entnommen werden dürfen, soweit dies für die Kontrolle des Arbeitsvorgangs oder für die Wartung des Systems erforderlich ist.
Die Mitgliedstaaten können Regelungen für Einzelgenehmigungen vorsehen.
(3) Werden gemäß Absatz 2 Ausnahmen zugelassen, so fordert die zuständige Behörde vom Arbeitgeber folgende Angaben an:
- Grund für die Beantragung der Ausnahmeregelung,
- jährlich zu verwendende Menge des chemischen Arbeitsstoffs;
- betroffene Tätigkeiten und / oder Reaktionen oder Verfahren;
- Zahl der voraussichtlich betroffenen Arbeitnehmer,

- geplante Sicherheitsvorkehrungen zur Gewährleistung der Sicherheit und des Gesundheitsschutzes der betroffenen Arbeitnehmer,
- getroffene technische und organisatorische Maßnahmen zur Verhütung der Exposition von Arbeitnehmern.

(4) Der Rat kann nach dem Verfahren des Artikels 118a des Vertrags die Verbotsliste gemäß Absatz 1 ändern, um weitere chemische Arbeitsstoffe oder Tätigkeiten einzubeziehen.

Artikel 10
Gesundheitsüberwachung

(1) Unbeschadet des Artikels 14 der Richtlinie 89/391/EWG treffen die Mitgliedstaaten Vorkehrungen für die Durchführung einer angemessenen Überwachung der Gesundheit der Arbeitnehmer, für die die Ergebnisse der Bewertung nach Artikel 4 ein Gesundheitsrisiko erkennen lassen. Diese Vorkehrungen, einschließlich der Anforderungen für die Gesundheits- und Expositionsakten sowie deren Verfügbarkeit, werden entsprechend den innerstaatlichen Rechtsvorschriften und Gepflogenheiten eingeführt.

Eine Gesundheitsüberwachung, deren Ergebnisse bei der Durchführung von Vorbeugungsmaßnahmen an dem konkreten Arbeitsplatz zu berücksichtigen sind, ist in den Fällen angemessen, in denen

- die Exposition der Arbeitnehmer gegenüber einem gefährlichen chemischen Arbeitsstoff mit einer bestimmbaren Krankheit oder einer gesundheitsschädlichen Auswirkung zusammenhängen kann und
- eine Wahrscheinlichkeit besteht, dass die Krankheit oder Auswirkung unter den besonderen Arbeitsbedingungen des Arbeitnehmers auftritt, und
- das Risikopotential der Untersuchungstechnik für den Arbeitnehmer gering ist.

Zudem müssen anerkannte Techniken zur Feststellung von Anzeichen der Krankheit bzw. Auswirkung zur Verfügung stehen.

In den Fällen, in denen ein verbindlicher biologischer Grenzwert nach Anhang II festgelegt wurde, ist die Gesundheitsüberwachung für Arbeiten mit dem betreffenden Arbeitsstoff gemäß den in Anhang II vorgesehenen Verfahren eine zwingend vorgeschriebene Anforderung. Die Arbeitnehmer sind über diese Anforderung zu unterrichten, bevor ihnen eine Arbeit zugewiesen wird, die mit dem Risiko einer Exposition gegenüber dem angegebenen gefährlichen chemischen Arbeitsstoff verbunden ist.

(2) Die Mitgliedstaaten treffen Vorkehrungen, um sicherzustellen, dass für jeden Arbeitnehmer, der der Gesundheitsüberwachung nach Absatz 1 unterliegt, persönliche Gesundheits- und Expositionsakten geführt und auf dem neuesten Stand gehalten werden.

(3) Gesundheits- und Expositionsakten enthalten eine Zusammenfassung der Ergebnisse der durchgeführten Gesundheitsüberwachung und der für die Exposition der betreffenden Person repräsentativen Überwachungsdaten. Eine biologische

Überwachung und damit zusammenhängende Anforderungen können Teil der Gesundheitsüberwachung sein.
Die Akten sind in angemessener Weise zu führen, so dass sie zu einem späteren Zeitpunkt unter Berücksichtigung der Schweigepflicht konsultiert werden können. Der zuständigen Behörde ist auf Verlangen eine Kopie der entsprechenden Akten zu übermitteln. Der einzelne Arbeitnehmer erhält auf Verlangen Zugang zu der ihn persönlich betreffenden Gesundheits- und Expositionsakte.
Stellt ein Unternehmen seine Tätigkeit ein, so sind die Gesundheits- und Expositionsakten der zuständigen Behörde zur Verfügung zu stellen.
(4) Ergibt die Gesundheitsüberwachung,

- dass ein Arbeitnehmer an einer bestimmbaren Krankheit leidet oder dass sich bei ihm eine gesundheitsschädliche Auswirkung zeigt, die nach Auffassung eines Arztes oder eines Arbeitsmediziners das Ergebnis der Exposition gegenüber einem gefährlichen chemischen Arbeitsstoff bei der Arbeit ist, oder
- dass ein verbindlicher biologischer Grenzwert überschritten worden ist,

so ist der Arbeitnehmer von dem Arzt oder einer anderen entsprechend qualifizierten Person über die ihn persönlich betreffenden Ergebnisse zu unterrichten, wozu auch Informationen und Beratung über Gesundheitsüberwachungsmaßnahmen, denen er sich nach Abschluss der Exposition unterziehen sollte, zählen, und
so muss der Arbeitgeber

- die gemäß Artikel 4 Absatz 1 vorgenommene Risikobewertung überprüfen;
- die vorgesehenen Maßnahmen zur Ausschaltung oder Verringerung von Risiken gemäß den Artikeln 5 und 6 überprüfen;
- den Rat des Arbeitsmediziners oder einer anderen entsprechend qualifizierten Person oder der zuständigen Behörde berücksichtigen und alle erforderlichen Maßnahmen zur Ausschaltung oder Verringerung des Risikos gemäß Artikel 6 durchführen, wozu auch die Möglichkeit zählt, dem Arbeitnehmer eine andere Tätigkeit zuzuweisen, bei der kein Risiko einer weiteren Exposition besteht;
- Vorkehrungen für eine kontinuierliche Gesundheitsüberwachung treffen und für eine Überprüfung des Gesundheitszustands aller anderen Arbeitnehmer sorgen, die in ähnlicher Weise exponiert waren. In diesen Fällen kann der zuständige Arzt oder Arbeitsmediziner oder die zuständige Behörde vorschlagen, dass exponierte Personen einer ärztlichen Untersuchung unterzogen werden.

Artikel 11
Anhörung und Mitwirkung der Arbeitnehmer

Die Anhörung und Mitwirkung der Arbeitnehmer und / oder ihrer Vertreter in den von dieser Richtlinie und ihren Anhängen erfassten Angelegenheiten erfolgt gemäß Artikel 11 der Richtlinie 89/391/EWG.

Artikel 12
Anpassung der Anhänge, Ausarbeitung und Annahme technischer Leitlinien

(1) Der Kommission wird die Befugnis übertragen, gemäß Artikel 12a delegierte Rechtsakte zur Vornahme rein technischer Änderungen der Anhänge zu erlassen, um die technische Harmonisierung und Normung betreffend chemische Arbeitsstoffe und den technischen Fortschritt, die Entwicklung internationaler Normen oder Spezifikationen sowie neue Erkenntnisse über chemische Arbeitsstoffe zu berücksichtigen.
Ist in hinreichend begründeten Ausnahmefällen, in denen eine akute, unmittelbare und schwerwiegende Gefahr für die körperliche Gesundheit und Sicherheit von Arbeitnehmern oder anderen Personen gegeben ist, aus Gründen äußerster Dringlichkeit sehr kurzfristiges Handeln erforderlich, so findet das Verfahren gemäß Artikel 12b auf delegierte Rechtsakte, die gemäß dem vorliegenden Artikel erlassen werden, Anwendung.
(2) Die Kommission stellt unverbindliche praktische Leitlinien auf. Diese Leitlinien beziehen sich auf die in den Artikeln 3, 4, 5 und 6 sowie in Anhang II Nummer 1 genannten Themen.
Die Kommission hört zunächst den Beratenden Ausschuss für Sicherheit, Arbeitshygiene und Gesundheitsschutz am Arbeitsplatz gemäß dem Beschluss 74/325/EWG.
Im Rahmen der Anwendung dieser Richtlinie berücksichtigen die Mitgliedstaaten so weit wie möglich diese Leitlinien bei der Festlegung ihrer einzelstaatlichen Politik für den Schutz von Gesundheit und Sicherheit der Arbeitnehmer.

Artikel 12a
Ausübung der Befugnisübertragung

(1) Die Befugnis zum Erlass delegierter Rechtsakte wird der Kommission unter den in diesem Artikel festgelegten Bedingungen übertragen.
(2) Die Befugnis zum Erlass delegierter Rechtsakte gemäß Artikel 3 Absatz 2 und Artikel 12 Absatz 1 wird der Kommission für einen Zeitraum von fünf Jahren ab dem 26. Juli 2019 übertragen. Die Kommission erstellt spätestens neun Monate vor Ablauf des Zeitraums von fünf Jahren einen Bericht über die Befugnisübertragung. Die Befugnisübertragung verlängert sich stillschweigend um Zeiträume gleicher Länge, es sei denn, das Europäische Parlament oder der Rat widersprechen einer solchen Verlängerung spätestens drei Monate vor Ablauf des jeweiligen Zeitraums.
(3) Die Befugnisübertragung gemäß Artikel 3 Absatz 2 und Artikel 12 Absatz 1 kann vom Europäischen Parlament oder vom Rat jederzeit widerrufen werden. Der Beschluss über den Widerruf beendet die Übertragung der in diesem Beschluss angegebenen Befugnis. Er wird am Tag nach seiner Veröffentlichung im *Amtsblatt der Europäischen Union* oder zu einem im Beschluss über den Widerruf angegebe-

nen späteren Zeitpunkt wirksam. Die Gültigkeit von delegierten Rechtsakten, die bereits in Kraft sind, wird von dem Beschluss über den Widerruf nicht berührt.
(4) Vor dem Erlass eines delegierten Rechtsakts konsultiert die Kommission die von den einzelnen Mitgliedstaaten benannten Sachverständigen im Einklang mit den in der Interinstitutionellen Vereinbarung vom 13. April 2016 über bessere Rechtsetzung[8] enthaltenen Grundsätzen.
(5) Sobald die Kommission einen delegierten Rechtsakt erlässt, übermittelt sie ihn gleichzeitig dem Europäischen Parlament und dem Rat.
(6) Ein delegierter Rechtsakt, der gemäß Artikel 3 Absatz 2 und Artikel 12 Absatz 1 erlassen wurde, tritt nur in Kraft, wenn weder das Europäische Parlament noch der Rat innerhalb einer Frist von zwei Monaten nach Übermittlung dieses Rechtsakts an das Europäische Parlament und den Rat Einwände erhoben haben oder wenn vor Ablauf dieser Frist das Europäische Parlament und der Rat beide der Kommission mitgeteilt haben, dass sie keine Einwände erheben werden. Auf Initiative des Europäischen Parlaments oder des Rates wird diese Frist um zwei Monate verlängert.

Artikel 12b
Dringlichkeitsverfahren

(1) Delegierte Rechtsakte, die nach diesem Artikel erlassen werden, treten umgehend in Kraft und sind anwendbar, solange keine Einwände gemäß Absatz 2 erhoben werden. Bei der Übermittlung eines delegierten Rechtsakts an das Europäische Parlament und den Rat werden die Gründe für die Anwendung des Dringlichkeitsverfahrens angegeben.
(2) Das Europäische Parlament oder der Rat können gemäß dem Verfahren des Artikels 12a Absatz 6 Einwände gegen einen delegierten Rechtsakt erheben. In diesem Fall hebt die Kommission den Rechtsakt umgehend nach der Übermittlung des Beschlusses des Europäischen Parlaments oder des Rates, Einwände zu erheben, auf.

Artikel 13
Aufhebung und Änderung früherer Richtlinien

(hier nicht abgedruckt)

8 ABl. L 123 vom 12. 5. 2016, S. 1.

ABSCHNITT IV
Schlussbestimmungen

Artikel 14

(1) Die Mitgliedstaaten erlassen die erforderlichen Rechts- und Verwaltungsvorschriften, um dieser Richtlinie spätestens am 5. Mai 2001 nachzukommen. Sie setzen die Kommission unverzüglich davon in Kenntnis.
Wenn die Mitgliedstaaten Vorschriften nach Absatz 1 erlassen, nehmen sie in den Vorschriften selbst oder durch einen Hinweis bei der amtlichen Veröffentlichung auf diese Richtlinie Bezug. Sie regeln die Einzelheiten der Bezugnahme.
(2) Die Mitgliedstaaten teilen der Kommission den Wortlaut der innerstaatlichen Rechtsvorschriften mit, die sie auf dem unter diese Richtlinie fallenden Gebiet bereits erlassen haben oder noch erlassen werden.

Artikel 15

(aufgehoben)

Artikel 16

Diese Richtlinie tritt am zwanzigsten Tag nach ihrer Veröffentlichung im Amtsblatt der Europäischen Gemeinschaften in Kraft.

Artikel 17

Diese Richtlinie ist an die Mitgliedstaaten gerichtet.

ANHANG I
VERZEICHNIS VERBINDLICHER ARBEITSPLATZGRENZWERTE

Bezeichnung des Arbeitsstoffs	EINECS-Nummer(1)	CAS-Nummer(2)	Arbeitsplatzgrenzwert 8 Std.(3)		Arbeitsplatzgrenzwert Kurzzeitwert(4)	
			mg/m^3(5)	ppm(6)	mg/m^3	ppm
Anorganisches Blei und seine Verbindungen			0,15			

(1) EINECS: Europäisches Verzeichnis der auf dem Markt vorhandenen chemischen Stoffe.
(2) CAS: Chemical Abstracts Service.
(3) Gemessen oder berechnet in Bezug auf einen Referenzzeitraum von 8 Stunden, zeitlich gewichtetes Mittel.
(4) Expositionsgrenzwert, der nicht überschritten werden sollte und der – sofern nicht anders angegeben – auf einen Zeitraum von 15 Minuten bezogen ist.
(5) mg/ml: Milligramm pro Kubikmeter Luft bei 20 °C und 101,3 kPa.
(6) ppm: Volumenteile pro Million in Luft (ml/m3).

ANHANG II
VERBINDLICHE BIOLOGISCHE GRENZWERTE UND GESUNDHEITSÜBERWACHUNGSMASSNAHMEN

1. **Blei und seine Ionenverbindungen**
   1.1. Die biologische Überwachung umfasst die Messung des Blutbleispiegels (PbB) durch Absorptionsspektroskopie oder ein gleichwertiges Verfahren; der entsprechende biologische Grenzwert beträgt:
   70 µg Pb/100 ml Blut.
   1.2. Eine medizinische Überwachung wird in folgenden Fällen durchgeführt:
   – Exposition gegenüber einer Konzentration von mehr als 0,075 mg/ml Blei in der Luft, berechnet als zeitlich gewichteter Mittelwert bezogen auf 40 Stunden pro Woche, oder
   – Höhe des individuellen Blutbleispiegels der Arbeitnehmer von mehr als 40 µg Pb/100 ml Blut.
   1.3. Praktische Leitlinien für die biologische und die medizinische Überwachung werden nach Artikel 12 Absatz 2 ausgearbeitet. Einzubeziehen sind dabei Empfehlungen für biologische Indikatoren (z. B. ALAU, ZPP, ALAD) und Methoden der biologischen Überwachung.

ANHANG III
VERBOTE

Die Herstellung und Verarbeitung der nachstehend genannten chemischen Arbeitsstoffe, ihre Verwendung bei der Arbeit sowie die entsprechenden Tätigkeiten sind verboten. Das Verbot gilt nicht, wenn der chemische Arbeitsstoff in einem anderen chemischen Arbeitsstoff oder als Bestandteil von Abfällen vorliegt, sofern seine einzelne Konzentration unter der angegebenen Grenze liegt.

a) Chemische Arbeitsstoffe

EINECS-Nummer[(1)]	CAS-Nummer[(2)]	Bezeichnung des Arbeitsstoffs	Konzentrationsgrenze für Freistellung
202-080-4	91-59-8	2-Naphtylamin und seine Salze	0,1 % w/w
202-177-1	92-67-1	4-Aminodiphenyl und seine Salze	0,1 % w/w
202-199-1	92-87-5	Benzidin und seine Salze	0,1 % w/w
202-204-7	92-93-3	4-Nitrodiphenyl	0,1 % w/w

[(1)] EINECS: Europäisches Verzeichnis der auf dem Markt vorhandenen chemischen Stoffe.
[(2)] CAS: Chemical Abstracts Service.

b) Tätigkeiten

Keine.

Richtlinie 2000/54/EG des Europäischen Parlaments und des Rates über den Schutz der Arbeitnehmer gegen Gefährdung durch biologische Arbeitsstoffe bei der Arbeit (Siebte Einzelrichtlinie im Sinne von Artikel 16 Absatz 1 der Richtlinie 89/391/EWG)

Vom 18. September 2000 (ABl. EU Nr. L 262 S. 21), zuletzt geändert durch Artikel 1 der Richtlinie vom 3. Juni 2020 (ABl. L 175, S. 11) in Kraft getreten am 24. Juni 2020

KAPITEL 1
ALLGEMEINE BESTIMMUNGEN

Artikel 1
Ziel der Richtlinie

(1) Das Ziel dieser Richtlinie ist der Schutz der Arbeitnehmer vor der Gefährdung ihrer Sicherheit und Gesundheit, der sie aufgrund der Exposition gegenüber biologischen Arbeitsstoffen bei der Arbeit ausgesetzt sind oder sein können, einschließlich der Vorbeugung gegen eine solche Gefährdung. Sie legt spezielle Mindestvorschriften in diesem Bereich fest.
(2) Die Richtlinie 89/391/EWG findet auf den gesamten in Absatz 1 genannten Bereich – unbeschadet strengerer und / oder spezifischer Bestimmungen der vorliegenden Richtlinie – in vollem Umfang Anwendung.
(3) Diese Richtlinie lässt die Richtlinie 90/219/EWG des Rates[1] und die Richtlinie 90/220/EWG des Rates[2] unberührt.

---

1 Richtlinie 90/219/EWG des Rates vom 23. April 1990 über die Anwendung genetisch veränderter Mikroorganismen in geschlossenen Systemen (ABl. L 117 vom 8. 5. 1990, S. 1). Richtlinie zuletzt geändert durch die Richtlinie 98/81/EG (ABl. L 330 vom 5. 12. 1998, S. 13).

2 Richtlinie 90/220/EWG des Rates vom 23. April 1990 über die absichtliche Freisetzung genetisch veränderter Organismen in die Umwelt (ABl. L 117 vom 8. 5. 1990, S. 15). Richtlinie zuletzt geändert durch die Richtlinie 97/35/EG (ABl. L 169 vom 27. 6. 1997, S. 72).

Artikel 2
Definitionen

Im Sinne dieser Richtlinie

a) sind biologische Arbeitsstoffe Mikroorganismen, einschließlich genetisch veränderter Mikroorganismen, Zellkulturen und Humanendoparasiten, die Infektionen, Allergien oder toxische Wirkungen hervorrufen könnten;
b) sind Mikroorganismen alle zellularen oder nichtzellularen mikrobiologischen Einheiten, die zur Vermehrung oder zur Weitergabe von genetischem Material fähig sind;
c) sind Zellkulturen in-vitro-Vermehrungen von aus vielzelligen Organismen isolierten Zellen.

Für biologische Arbeitsstoffe gilt entsprechend dem von ihnen ausgehenden Infektionsrisiko eine Unterteilung in vier Risikogruppen:

1. biologische Arbeitsstoffe der Gruppe 1 sind Stoffe bei denen es unwahrscheinlich ist, dass sie beim Menschen eine Krankheit verursachen;
2. biologische Arbeitsstoffe der Gruppe 2 sind Stoffe, die eine Krankheit beim Menschen hervorrufen können und eine Gefahr für Arbeitnehmer darstellen könnten; eine Verbreitung des Stoffes in der Bevölkerung ist unwahrscheinlich; eine wirksame Vorbeugung oder Behandlung ist normalerweise möglich;
3. biologische Arbeitsstoffe der Gruppe 3 sind Stoffe, die eine schwere Krankheit beim Menschen hervorrufen und eine ernste Gefahr für Arbeitnehmer darstellen können; die Gefahr einer Verbreitung in der Bevölkerung kann bestehen, doch ist normalerweise eine wirksame Vorbeugung oder Behandlung möglich;
4. biologische Arbeitsstoffe der Gruppe 4 sind Stoffe, die eine schwere Krankheit beim Menschen hervorrufen und eine ernste Gefahr für Arbeitnehmer darstellen; die Gefahr einer Verbreitung in der Bevölkerung ist unter Umständen groß; normalerweise ist eine wirksame Vorbeugung oder Behandlung nicht möglich.

Artikel 3
Anwendungsbereich – Ermittlung und Abschätzung der Risiken

(1) Diese Richtlinie gilt für Tätigkeiten, bei denen Arbeitnehmer im Rahmen der Ausübung ihres Berufes biologischen Arbeitsstoffen ausgesetzt sind bzw. ausgesetzt sein können.

(2) Für jede Tätigkeit, bei der eine Exposition gegenüber biologischen Arbeitsstoffen auftreten kann, müssen die Art, das Ausmaß und die Dauer der Exposition der Arbeitnehmer ermittelt werden, damit alle Risiken für die Sicherheit oder die Gesundheit der Arbeitnehmer abgeschätzt und entsprechende Maßnahmen festgelegt werden können.

Bei Tätigkeiten, die mit einer Exposition gegenüber mehreren Gruppen biologischer Arbeitsstoffe verbunden sind, werden die Risiken ausgehend von der Gefahr abgeschätzt, die von allen gefährlichen Arbeitsstoffen ausgeht, gegenüber denen eine Exposition stattfindet.

Diese Abschätzung muss in regelmäßigen Abständen und auf jeden Fall bei jeder Änderung der Bedingungen, die sich auf die Exposition der Arbeitnehmer gegenüber biologischen Arbeitsstoffen auswirken können, erneut vorgenommen werden.

Der Arbeitgeber muss den zuständigen Behörden auf Anforderung die dieser Abschätzung zugrunde liegenden Kriterien mitteilen.

(3) Bei der Risikoabschätzung nach Absatz 2 ist von allen verfügbaren Informationen einschließlich folgender Faktoren auszugehen:

a) der Einstufung der biologischen Arbeitsstoffe nach Artikel 18, die eine Gefahr für die menschliche Gesundheit darstellen oder darstellen können;

b) den Empfehlungen einer zuständigen Behörde, nach denen der biologische Arbeitsstoff unter Kontrolle zu halten ist, um die Gesundheit der Arbeitnehmer zu schützen, wenn diese aufgrund ihrer beruflichen Tätigkeit solchen Arbeitsstoffen ausgesetzt sind oder ausgesetzt sein können;

c) den Informationen über Krankheiten, die sich ein Arbeitnehmer aufgrund seiner beruflichen Tätigkeit zuziehen kann;

d) den aus der Arbeit der Arbeitnehmer resultierenden möglichen allergieauslösenden oder toxigenen Wirkungen;

e) der Kenntnis einer Krankheit, die bei einem Arbeitnehmer festgestellt worden ist und die in unmittelbarem Zusammenhang mit seiner Arbeit steht.

Artikel 4
Anwendung der einzelnen Artikel im Zusammenhang mit der Risikoabschätzung

(1) Die Artikel 5 bis 17 sowie Artikel 19 finden keine Anwendung, wenn sich aus den Ergebnissen der Risikoabschätzung nach Artikel 3 ergibt, dass es sich um eine Exposition und / oder eine mögliche Exposition gegenüber einem biologischen Arbeitsstoff der Gruppe 1 ohne erkennbares Gesundheitsrisiko für die Arbeitnehmer handelt.

Anhang VI Nummer 1 sollte jedoch eingehalten werden.

(2) Zeigen die Ergebnisse der Risikoabschätzung nach Artikel 3, dass die Tätigkeit zwar nicht den absichtlichen Umgang mit einem biologischen Arbeitsstoff bzw. seine absichtliche Verwendung umfasst, jedoch zu einer Exposition der Arbeitnehmer gegenüber einem biologischen Arbeitsstoff führen kann, wie etwa während der Tätigkeiten im Sinne der informatorischen Liste in Anhang I, so finden die Artikel 5, 7, 8, 10, 11, 12, 13 und 14 Anwendung, es sei denn, sie erweisen sich aufgrund der Ergebnisse der Risikoabschätzung nach Artikel 3 nicht als erforderlich.

KAPITEL II
PFLICHTEN DER ARBEITGEBER

Artikel 5
Ersetzung

Der Arbeitgeber vermeidet die Verwendung eines gefährlichen biologischen Arbeitsstoffes, indem er ihn, soweit die Art der Tätigkeit dies zulässt, durch einen biologischen Arbeitsstoff ersetzt, der nach dem gegenwärtigen Erkenntnisstand bei seiner Verwendung bzw. Anwendung nicht oder gegebenenfalls weniger gefährlich für die Gesundheit der Arbeitnehmer ist.

Artikel 6
Verringerung der Risiken

(1) Offenbaren die Ergebnisse der in Artikel 3 vorgesehenen Abschätzung ein Risiko für die Sicherheit oder die Gesundheit der Arbeitnehmer, so muss die Exposition der Arbeitnehmer vermieden werden.
(2) Ist dies in Anbetracht der Tätigkeit und der in Artikel 3 vorgesehenen Risikoabschätzung technisch nicht durchführbar, so ist die Gefahr einer Exposition so weit zu verringern, wie dies zum angemessenen Schutz von Gesundheit und Sicherheit der betroffenen Arbeitnehmer erforderlich ist; zu diesem Zweck sind unter Berücksichtigung der Ergebnisse der in Artikel 3 vorgesehenen Risikoabschätzung insbesondere folgende Maßnahmen zu treffen:

a) Begrenzung der Anzahl der tatsächlich oder möglicherweise exponierten Arbeitnehmer auf das niedrigstmögliche Niveau;
b) Gestaltung der Arbeitsverfahren und der technischen Maßnahmen mit dem Ziel, am Arbeitsplatz die Freisetzung von biologischen Arbeitsstoffen zu vermeiden oder möglichst gering zu halten;
c) kollektive und / oder – wenn eine andere Lösung zur Vermeidung einer Exposition nicht möglich ist – persönliche Schutzmaßnahmen;
d) Hygienemaßnahmen, die mit dem Ziel der Verhütung oder Verringerung der Gefahr einer unbeabsichtigten Übertragung oder Freisetzung eines biologischen Arbeitsstoffes vom Arbeitsplatz aus vereinbar sind;
e) Verwendung eines Symbols für Biogefährdung (siehe Anhang II) und geeigneter anderer Warnzeichen;
f) Vorkehrungen für Unfälle mit biologischen Arbeitsstoffen;
g) sofern dies notwendig und technisch möglich ist, Tests auf das Vorhandensein am Arbeitsplatz verwendeter biologischer Arbeitsstoffe außerhalb der primären physikalischen Einschließung;
h) Gewährleistung der Sicherheit beim Sammeln sowie bei der Lagerung und der Beseitigung des Abfalls durch die Arbeitnehmer, unter anderem durch sachgerechte Behandlung, wo dies angezeigt ist, und durch anschließende Verwendung sicherer und deutlich erkennbarer Behälter;

i) Vorkehrungen für den sicheren Umgang mit und den sicheren Transport von biologischen Arbeitsstoffen am Arbeitsplatz.

Artikel 7
Unterrichtung der zuständigen Behörde

(1) Wenn die Ergebnisse der in Artikel 3 vorgesehenen Abschätzung ein Risiko für die Sicherheit oder Gesundheit der Arbeitnehmer erkennen lassen, müssen die Arbeitgeber der zuständigen Behörde auf Anforderung sachdienliche Informationen über folgendes zur Verfügung stellen:
a) die Ergebnisse der Risikoabschätzung,
b) die Tätigkeiten, bei denen Arbeitnehmer tatsächlich oder möglicherweise biologischen Arbeitsstoffen ausgesetzt worden sind,
c) die Zahl der exponierten Arbeitnehmer,
d) den Namen und die Befähigung der für Sicherheit und Gesundheitsschutz am Arbeitsplatz verantwortlichen Person,
e) die getroffenen Schutz- und Vorbeugungsmaßnahmen, einschließlich der Arbeitsverfahren und -methoden,
f) einen Notfallplan zum Schutz der Arbeitnehmer vor einer Exposition gegenüber einem biologischen Arbeitsstoff der Gruppe 3 oder 4, die sich aus einem Versagen der physikalischen Einschließung ergeben könnte.

(2) Der Arbeitgeber hat die zuständige Behörde unverzüglich über jeden Unfall oder Zwischenfall zu unterrichten, der möglicherweise zur Freisetzung eines biologischen Arbeitsstoffes geführt hat und beim Menschen schwere Infektionen und / oder Krankheiten verursachen kann.

(3) Das in Artikel 11 erwähnte Verzeichnis und die in Artikel 14 genannte Gesundheitsakte sind im Einklang mit den Rechtsvorschriften der Mitgliedstaaten und / oder der dort üblichen Praxis der zuständigen Behörde zur Verfügung zu stellen, wenn das Unternehmen seine Tätigkeit einstellt.

Artikel 8
Hygienemaßnahmen und individuelle Schutzmaßnahmen

(1) Die Arbeitgeber sind verpflichtet, für die Tätigkeiten bei denen die Gesundheit oder Sicherheit der Arbeitnehmer aufgrund ihrer Arbeit mit biologischen Arbeitsstoffen gefährdet ist, geeignete Maßnahmen zu treffen, um zu gewährleisten, dass
a) die Arbeitnehmer in den Arbeitsbereichen, in denen die Gefahr einer Kontamination durch biologische Arbeitsstoffe besteht, weder essen noch trinken;
b) den Arbeitnehmern geeignete Schutzkleidung oder sonstige geeignete Spezialkleidung zur Verfügung gestellt wird;
c) den Arbeitnehmern geeignete und angemessene Toiletten und Waschgelegenheiten zur Verfügung gestellt werden, die auch Augenspülungen und / oder Hautantiseptika umfassen können;

d) die notwendigen Schutzausrüstungen
   - an einem dafür vorgesehenen Ort sachgerecht aufbewahrt werden;
   - nach Möglichkeit vor Gebrauch, in jedem Fall jedoch nach jedem Gebrauch überprüft und gereinigt werden;
   - vor erneutem Gebrauch, falls sie schadhaft sind, ausgebessert oder ausgetauscht werden;
e) die Verfahren für die Entnahme, die Handhabung und die Verarbeitung von Proben menschlichen oder tierischen Ursprungs spezifiziert werden.

(2) Arbeitskleidung und persönliche Schutzausrüstung, einschließlich Schutzkleidung im Sinne des Absatzes 1, die möglicherweise durch biologische Arbeitsstoffe kontaminiert wurde, sind bei Verlassen des Arbeitsbereichs abzulegen und vor Durchführung der nach Unterabsatz 2 zu ergreifenden Maßnahmen getrennt von anderen Kleidungsstücken aufzubewahren.

Der Arbeitgeber hat für die Desinfektion, Reinigung oder erforderlichenfalls Vernichtung der betreffenden Kleidung und persönlichen Schutzausrüstung Sorge zu tragen.

(3) Die Kosten für die Maßnahmen nach den Absätzen 1 und 2 dürfen nicht zu Lasten der Arbeitnehmer gehen.

Artikel 9
Unterrichtung und Unterweisung der Arbeitnehmer

(1) Der Arbeitgeber trifft geeignete Maßnahmen, um zu gewährleisten, dass die Arbeitnehmer und / oder ihre Vertreter im Unternehmen oder Betrieb, insbesondere in Form von Informationen und Anweisungen eine ausreichende angemessene Unterweisung auf der Grundlage aller verfügbaren Auskünfte erhalten in Bezug auf

a) mögliche Gefahren für die Gesundheit;
b) Maßnahmen, die zur Verhütung einer Exposition zu ergreifen sind;
c) Hygienevorschriften;
d) das Tragen und Benutzen von Schutzausrüstung und Schutzkleidung;
e) Maßnahmen, die von den Arbeitnehmern bei Zwischenfällen und zur Verhütung von Zwischenfällen zu treffen sind.

(2) Die Unterweisung muss

a) am Anfang der Tätigkeit erteilt werden bei der der Arbeitnehmer in Kontakt mit biologischen Arbeitsstoffen kommt,
b) an die Entwicklung der Gefahrenmomente und an die Entstehung neuer Gefahren angepasst sein und c) erforderlichenfalls regelmäßig wiederholt werden.

Artikel 10
Unterrichtung der Arbeitnehmer in besonderen Fällen

(1) Der Arbeitgeber hat am Arbeitsplatz schriftliche Anweisungen bereitzustellen und gegebenenfalls durch
Aushang bekanntzugeben, die zumindest das Verfahren behandeln, das
a) bei einem schweren Unfall oder Zwischenfall bei Arbeiten mit einem biologischen Arbeitsstoff,
b) bei Arbeiten mit einem biologischen Arbeitsstoff der Gruppe 4 zu befolgen ist.
c) Die Arbeitnehmer haben jeden Unfall oder Zwischenfall bei Arbeiten mit einem biologischen Arbeitsstoff unverzüglich der für die Arbeit oder der für Sicherheit und Gesundheitsschutz am Arbeitsplatz verantwortlichen Person zu melden.
d) Die Arbeitgeber haben die Arbeitnehmer und / oder ihre etwaigen Vertreter unverzüglich über jeden Unfall oder Zwischenfall zu unterrichten, der möglicherweise zur Freisetzung eines biologischen Arbeitsstoffes geführt hat und beim Menschen schwere Infektionen und / oder Krankheiten verursachen kann.

Darüber hinaus haben die Arbeitgeber die Arbeitnehmer und / oder ihre etwaigen Vertreter in dem Unternehmen oder Betrieb bei einem schweren Unfall oder Zwischenfall so schnell wie möglich zu unterrichten und über die Ursachen sowie über die bereits getroffenen oder zu treffenden Abhilfemaßnahmen zu informieren.

(4) Jeder Arbeitnehmer hat Zugang zu den ihn persönlich betreffenden Angaben in dem in Artikel 11 genannten Verzeichnis.

(5) Die Arbeitnehmer und / oder ihre Vertreter in dem Unternehmen oder Betrieb haben Zugang zu den nicht personenbezogenen Informationen allgemeiner Art.

(6) Die Arbeitgeber haben den Arbeitnehmern und / oder ihren Vertretern auf Antrag die Informationen gemäß Artikel 7 Absatz 1 zur Verfügung zu stellen.

Artikel 11
Führung eines Verzeichnisses exponierter Arbeitnehmer

(1) Der Arbeitgeber führt ein Verzeichnis der Arbeitnehmer, die biologischen Arbeitsstoffen der Gruppe 3 und / oder der Gruppe 4 ausgesetzt sind, in dem die Art der Arbeit und nach Möglichkeit der biologische Arbeitsstoff, dem die Arbeitnehmer ausgesetzt waren, angegeben wird, sowie je nach Umständen Verzeichnisse über Expositionen, Unfälle und Zwischenfälle.

(2) Das in Absatz 1 genannte Verzeichnis wird gemäß den einzelstaatlichen Rechtsvorschriften und / oder Gepflogenheiten für mindestens zehn Jahre nach Ende der Exposition aufbewahrt.

Bei Expositionen, welche zu einer Infektion:
a) durch biologische Arbeitsstoffe, die bekanntlich dauerhafte oder latente Infektionen hervorrufen,
b) die im Lichte des gegenwärtigen Erkenntnisstands erst diagnostiziert werden kann, wenn viele Jahre später eine Krankheit ausbricht,

c) mit besonders langen Inkubationszeiten bis zum Auftreten einer Krankheit,
d) die Krankheiten verursacht, deren Folgen über längere Zeit hinweg trotz Behandlung gelegentlich wieder auftreten, oder
e) die schwerwiegende Langzeitfolgen haben kann,

führen können, wird das Verzeichnis für eine entsprechend längere Frist bis zu vierzig Jahren nach der letzten bekannten Exposition aufbewahrt.

(3) Der in Artikel 14 genannte Arzt und / oder die für die Sicherheit und den Gesundheitsschutz am Arbeitsplatz zuständige Behörde sowie jede andere hierfür zuständige Person haben Zugang zu dem in Absatz 1 genannten Verzeichnis.

Artikel 12
Anhörung und Mitwirkung der Arbeitnehmer

Die Anhörung und Mitwirkung der Arbeitnehmer und / oder ihrer Vertreter erfolgt gemäß Artikel 11 der Richtlinie 89/391/EWG hinsichtlich der unter die vorliegende Richtlinie und die Anhänge fallenden Bereiche.

Artikel 13
Anmeldung bei der zuständigen Behörde

(1) Die erstmalige Verwendung
a) biologischer Arbeitsstoffe der Gruppe 2,
b) biologischer Arbeitsstoffe der Gruppe 3,
c) biologischer Arbeitsstoffe der Gruppe 4 ist bei der zuständigen Behörde im Voraus anzumelden.

Die Anmeldung hat mindestens dreißig Tage vor dem Beginn der Arbeiten zu erfolgen.

Vorbehaltlich Absatz 2 ist außerdem die erstmalige Verwendung aller nachfolgend entstandenen biologischen Arbeitsstoffe der Gruppe 4 und aller nachfolgend entstandenen neuen biologischen Arbeitsstoffe der Gruppe 3 im Voraus anzumelden, wenn der Arbeitgeber selbst die vorläufige Einstufung des betreffenden biologischen Arbeitsstoffes vornimmt.

(2) Laboratorien, die eine Diagnose über biologische Arbeitsstoffe der Gruppe 4 erstellen, brauchen nur eine erste Anmeldung bezüglich ihrer Absicht vorzunehmen.

(3) Eine Neuanmeldung hat auf jeden Fall dann zu erfolgen, wenn an den Arbeitsprozessen und / oder -verfahren wesentliche Änderungen vorgenommen werden, die für die Sicherheit oder Gesundheit am Arbeitsplatz von Bedeutung sind und aufgrund deren die Anmeldung überholt ist.

(4) Die Anmeldung nach den Absätzen 1, 2 und 3 umfasst folgende Punkte:

(5) Name und Anschrift des Unternehmens und / oder des Betriebs;

(6) Name und Befähigung der für Sicherheit und Gesundheitsschutz am Arbeitsplatz zuständigen Person;

(7) das Ergebnis der Risikoabschätzung gemäß Artikel 3;

(8) die Art des biologischen Arbeitsstoffes;
(9) die geplanten Schutz- und Vorbeugungsmaßnahmen.

KAPITEL III
VERSCHIEDENE BESTIMMUNGEN

Artikel 14
Gesundheitsüberwachung

(1) Die Mitgliedstaaten treffen gemäß den einzelstaatlichen Rechtsvorschriften und Gepflogenheiten Vorkehrungen, um eine geeignete Überwachung der Gesundheit der Arbeitnehmer zu gewährleisten, bei denen die Ergebnisse der in Artikel 3 genannten Abschätzung ein Risiko für ihre Sicherheit oder Gesundheit erkennen lassen.
(2) Aufgrund der in Absatz 1 genannten Vorkehrungen kann für jeden Arbeitnehmer gegebenenfalls eine geeignete Gesundheitsüberwachung durchgeführt werden und zwar
a) vor der Exposition,
b) im Anschluss daran in regelmäßigen Abständen.
Diese Vorkehrungen sollen die direkte Anwendung personenbezogener und arbeitsmedizinischer Gesundheitsmaßnahmen ermöglichen.
(3) Bei der Abschätzung nach Artikel 3 sollte festgestellt werden, für welche Arbeitnehmer besondere Schutzmaßnahmen erforderlich sein können.
Erforderlichenfalls sollten denjenigen Arbeitnehmern, die gegen den biologischen Arbeitsstoff, dem sie ausgesetzt sind bzw. möglicherweise ausgesetzt werden, noch nicht immun sind, wirksame Impfstoffe zur Verfügung gestellt werden.
Bei der Bereitstellung von Impfstoffen sollten die Arbeitgeber die empfohlenen Verhaltensregeln in Anhang VII berücksichtigen.
Stellt sich heraus, dass sich ein Arbeitnehmer eine Infektion und / oder Krankheit zugezogen hat, die auf eine Exposition zurückzuführen sein könnte, so bietet der Arzt oder die Behörde, der bzw. die für die Gesundheitsüberwachung zuständig ist, anderen in derselben Art exponierten Arbeitnehmern eine derartige Gesundheitsüberwachung an.
In diesem Fall ist eine Neubewertung des Expositionsrisikos gemäß Artikel 3 vorzunehmen.
(4) Im Rahmen der Gesundheitsüberwachung wird gemäß den einzelstaatlichen Rechtsvorschriften und Gepflogenheiten für mindestens zehn Jahre nach Ende der Exposition eine persönliche Gesundheitsakte geführt. In den besonderen Fällen nach Artikel 11 Absatz 2 Unterabsatz 2 wird für einen entsprechend längeren Zeitraum von bis zu vierzig Jahren nach der letzten bekannten Exposition eine persönliche Gesundheitsakte geführt.
(5) Der Arzt oder die Behörde, der bzw. die für die Gesundheitsüberwachung zuständig ist, schlägt für die einzelnen Arbeitnehmer alle sinnvollen Schutz- bzw. Vorbeugungsmaßnahmen vor.

(6) Den Arbeitnehmern sind Auskünfte und Ratschläge über die Gesundheitsüberwachung, der sie nach Ende der Exposition unterzogen werden könnten, zu erteilen.

(7) Gemäß den einzelstaatlichen Rechtsvorschriften bzw. Gepflogenheiten

a) haben die Arbeitnehmer Zugang zu den Unterlagen über die sie betreffenden Maßnahmen im Rahmen der Gesundheitsüberwachung und

b) können die betreffenden Arbeitnehmer oder der Arbeitgeber eine Überprüfung der Ergebnisse der Maßnahmen im Rahmen der Gesundheitsüberwachung beantragen.

(8) Praktische Empfehlungen für die Gesundheitsüberwachung der Arbeitnehmer finden sich in Anhang IV.

(9) Alle Krankheits- bzw. Todesfälle, bei denen gemäß den einzelstaatlichen Rechtsvorschriften bzw. Gepflogenheiten festgestellt wurde, dass sie Folge einer berufsbedingten Exposition gegenüber biologischen Arbeitsstoffen sind, sind der zuständigen Behörde zu melden.

Artikel 15
Human- und veterinärmedizinische Gesundheitseinrichtungen mit Ausnahme von Untersuchungslaboratorien

(1) Bei der Risikoabschätzung nach Artikel 3 sollten folgende Aspekte besonders berücksichtigt werden:

a) die Ungewissheit hinsichtlich des Vorhandenseins biologischer Arbeitsstoffe im Organismus menschlicher Patienten oder von Tieren und in den von ihnen stammenden Proben und Abfallstoffen;

b) die Gefährdung durch biologische Arbeitsstoffe, die im Organismus menschlicher Patienten oder von Tieren und in den von ihnen stammenden Proben und Abfallstoffen vorhanden sind bzw. sein könnten;

c) das durch die Art der Tätigkeit bedingte Risiko.

(2) In den human- und veterinärmedizinischen Gesundheitseinrichtungen werden Maßnahmen getroffen, um die Gesundheit der betreffenden Arbeitnehmer in angemessener Weise zu schützen und ihre Sicherheit zu gewährleisten.

Die Maßnahmen umfassen unter anderem

a) Angaben zu geeigneten Dekontaminierungs- und Desinfektionsmaßnahmen;

b) Festlegung von Verfahren für den sicheren Umgang mit und die sichere Beseitigung von kontaminiertem Abfall.

(3) Auf Isolierstationen, auf denen sich menschliche Patienten oder Tiere befinden, die mit biologischen Arbeitsstoffen der Gruppen 3 oder 4 infiziert sind oder sein könnten, sind aus den Maßnahmen nach Anhang V Spalte A geeignete Sicherheitsmaßnahmen auszuwählen, um die Infektionsgefahr so gering wie möglich zu halten.

Artikel 16
Besondere Maßnahmen für industrielle Verfahren, Laboratorien und Tierhaltungsräume

(1) In Laboratorien (einschließlich Untersuchungslaboratorien) und Räumen zur Haltung von Labortieren, die absichtlich mit biologischen Arbeitsstoffen der Gruppen 2, 3 oder 4 infiziert wurden oder Träger solcher Arbeitsstoffe sind oder sein könnten, sind folgende Maßnahmen zu ergreifen:

a) Laboratorien, in denen Arbeiten durchgeführt werden, die den Einsatz von biologischen Arbeitsstoffen der Gruppen 2, 3 oder 4 zu Forschungs-, Entwicklungs-, Lehr- oder Untersuchungszwecken mit sich bringen, bestimmen gemäß Anhang V Sicherheitsmaßnahmen, um die Infektionsgefahr so gering wie möglich zu halten.

b) Aufgrund der Bewertung nach Artikel 3 sind nach Festlegung der dem jeweiligen Gefährdungsgrad entsprechenden physikalischen Sicherheitsstufe für die biologischen Arbeitsstoffe Maßnahmen gemäß Anhang V zu bestimmen.
Tätigkeiten, die den Umgang mit einem biologischen Arbeitsstoff erfordern, dürfen nur in Arbeitsbereichen durchgeführt werden, die
   - bei einem biologischen Arbeitsstoff der Gruppe 2 mindestens den Anforderungen der Sicherheitsstufe 2 genügen;
   - bei einem biologischen Arbeitsstoff der Gruppe 3 mindestens den Anforderungen der Sicherheitsstufe 3 genügen;
   - bei einem biologischen Arbeitsstoff der Gruppe 4 mindestens den Anforderungen der Sicherheitsstufe 4 genügen.

c) Laboratorien, die Stoffe einsetzen, bei denen nicht feststeht, ob biologische Arbeitsstoffe vorhanden sind, welche für den Menschen krankheitserregend sein können, die jedoch nicht beabsichtigen, mit biologischen Arbeitsstoffen als solchen zu arbeiten (d. h. sie zu züchten oder zu konzentrieren), sollten mindestens die Sicherheitsstufe 2 wählen. Die Sicherheitsstufen 3 oder 4 müssen gegebenenfalls gewählt werden, wenn sie bekanntlich oder vermutlich notwendig sind, soweit nicht gemäß den Leitlinien der zuständigen einzelstaatlichen Behörden in bestimmten Fällen eine niedrigere Sicherheitsstufe angemessen ist.

(2) Für industrielle Verfahren, bei denen biologische Arbeitsstoffe der Gruppen 2, 3 oder 4 eingesetzt werden, sind folgende Maßnahmen zu treffen:

a) Die Sicherheitsgrundsätze gemäß Absatz 1 Buchstabe b) Unterabsatz 2 sollten auf der Grundlage der in Anhang VI aufgeführten praktischen Maßnahmen und geeigneten Verfahren auch für industrielle Verfahren gelten.

b) Ausgehend von der Abschätzung der mit dem Einsatz von biologischen Arbeitsstoffen der Gruppen 2, 3 oder 4 verbundenen Risiken, können die zuständigen Behörden geeignete Maßnahmen beschließen, die bei der industriellen Verwendung solcher biologischer Arbeitsstoffe zu ergreifen sind.

(3) Bei allen unter die Absätze 1 und 2 fallenden Tätigkeiten, bei denen sich eine abschließende Abschätzung des mit einem biologischen Arbeitsstoff verbundenen Risikos nicht vornehmen lässt, jedoch Hinweise dafür vorliegen, dass ein erheb-

liches Gesundheitsrisiko für die Arbeitnehmer bei der beabsichtigten Verwendung gegeben sein könnte, dürfen die entsprechenden Tätigkeiten nur in Arbeitsräumen ausgeführt werden, die mindestens den Anforderungen der Sicherheitsstufe 3 genügen.

Artikel 17
Datenauswertung

Die von den zuständigen einzelstaatlichen Behörden anhand der Informationen nach Artikel 14 Absatz 9 vorgenommenen Auswertungen werden für die Kommission zur Verfügung gehalten.

Artikel 18
Einstufung der biologischen Arbeitsstoffe

(1) Der gemeinschaftlichen Einstufung werden die Definitionen des Artikels 2 Absatz 2 Nummern 2, 3 und 4 (Gruppen 2, 3 und 4) zugrunde gelegt.
(2) Solange eine gemeinschaftliche Einstufung noch aussteht, nehmen die Mitgliedstaaten ausgehend von den Definitionen des Artikels 2 Absatz 2 Nummern 2, 3 und 4 (Gruppen 2, 3 und 4) eine Einstufung der biologischen Arbeitsstoffe vor, die eine Gefährdung für die menschliche Gesundheit darstellen bzw. darstellen könnten.
(3) Lässt sich der biologische Arbeitsstoff nicht eindeutig einer der in Artikel 2 Absatz 2 definierten Gruppen zuordnen, so ist er bei mehreren in Betracht kommenden Gruppen in die Gruppe mit dem höchsten Gefährdungsgrad einzustufen.

Artikel 19
Anhänge

Die rein technischen Anpassungen der Anhänge nach Maßgabe des technischen Fortschritts, der Entwicklung der internationalen Vorschriften oder Spezifikationen und des Wissensstandes auf dem Gebiet der biologischen Arbeitsstoffe erfolgen nach dem Verfahren des Artikels 17 der Richtlinie 89/391/EWG.

Artikel 20
Informationen der Kommission

Die Mitgliedstaaten teilen der Kommission den Wortlaut der innerstaatlichen Rechtsvorschriften mit, die sie auf dem unter diese Richtlinie fallenden Gebiet bereits erlassen.

Artikel 21
Aufhebung

Die Richtlinie 90/679/EWG in der Fassung der in Anhang VIII Teil A aufgeführten Richtlinien wird unbeschadet der Pflichten der Mitgliedstaaten hinsichtlich der im Anhang VIII Teil B genannten Umsetzungsfristen aufgehoben.
Verweisungen auf die durch Absatz 1 aufgehobene Richtlinie gelten als Verweisungen auf die vorliegende Richtlinie und sind nach Maßgabe der Übereinstimmungstabelle in Anhang IX zu lesen.

Artikel 22
Inkrafttreten

Diese Richtlinie tritt am zwanzigsten Tag nach ihrer Veröffentlichung im Amtsblatt der Europäischen Gemeinschaften in Kraft.

Artikel 23
Adressaten

Diese Richtlinie ist an die Mitgliedstaaten gerichtet.

ANHANG I
INFORMATORISCHE LISTE DER TÄTIGKEITEN (Artikel 4 Absatz 2)

Vorbemerkung:
Ergibt die gemäß Artikel 3 und Artikel 4 Absatz 2 dieser Richtlinie durchgeführte Risikoabschätzung, dass eine unbeabsichtigte Exposition gegenüber biologischen Arbeitsstoffen besteht, so sollten eventuell auch andere, nicht in diesem Anhang aufgeführte Tätigkeiten berücksichtigt werden.

1. Arbeiten in Nahrungsmittelproduktionsanlagen
2. Arbeiten in der Landwirtschaft
3. Tätigkeiten, bei denen Kontakt mit Tieren bzw. Erzeugnissen tierischen Ursprungs besteht
4. Arbeiten im Bereich der Gesundheitsfürsorge, einschließlich Isolier- und Post-mortem-Stationen
5. Arbeiten in klinischen, veterinärmedizinischen und diagnostischen Laboratorien, außer diagnostischen mikrobiologischen Laboratorien
6. Arbeiten in Müllbeseitigungsanlagen
7. Arbeiten in Abwasserkläranlagen.

ANHANG II
SYMBOL FÜR BIOGEFÄHRDUNG (Artikel 6 Absatz 2 Buchstabe e))

ANHANG III
GEMEINSCHAFTLICHE EINSTUFUNG (Artikel 2 Absatz 2 und Artikel 18)

EINFÜHRENDE BEMERKUNGEN

1. Entsprechend dem Anwendungsbereich der Richtlinie sollen nur Arbeitsstoffe, die bekanntermaßen Infektionen beim Menschen hervorrufen, in die Einstufung aufgenommen werden.
Gegebenenfalls werden Hinweise auf das toxische und allergene Potenzial dieser Arbeitsstoffe beigefügt.
Nicht berücksichtigt wurden Tier- und Pflanzenpathogene, von denen bekannt ist, dass sie nicht auf den Menschen wirken.
Bei der Erstellung der vorliegenden Liste eingestufter biologischer Arbeitsstoffe wurden genetisch veränderte Mikroorganismen nicht berücksichtigt.
2. Bei der Einstufung der biologischen Arbeitsstoffe wurde deren Wirkung bei gesunden Arbeitnehmern zugrunde gelegt.
Nicht besonders berücksichtigt wurden spezifische Wirkungen bei Arbeitnehmern, die aus verschiedenen Gründen, beispielsweise aufgrund einer bestehenden Krankheit, einer Medikation, eines geschwächten Immunsystems, in der Schwangerschaft oder Stillzeit, besonders empfindlich sind.
Das zusätzliche Risiko, dem solche Arbeitnehmer unterliegen, sollte bei der in der Richtlinie vorgeschriebenen Risikoabschätzung berücksichtigt werden.
Im Fall bestimmter industrieller Verfahren, bestimmter Labortätigkeiten sowie bestimmter Tätigkeiten in Tierhaltungsräumen, bei denen eine Exposition der Arbeitnehmer gegenüber biologischen Arbeitsstoffen der Gruppe 3 oder 4 gegeben ist oder möglicherweise gegeben ist, sind bei der Durchführung der technischen Schutzmaßnahmen die Bestimmungen von Artikel 16 der vorliegenden Richtlinie einzuhalten.
3. Biologische Arbeitsstoffe, die in der Liste nicht in die Gruppen 2 bis 4 eingestuft wurden, sind nicht automatisch der Gruppe 1 zugeordnet.
Im Fall von Gattungen, von denen mehrere Arten als humanpathogen bekannt sind, enthält die Liste die am häufigsten mit einem Krankheitsgeschehen assoziierten Arten und einen allgemeineren Hinweis darauf, dass andere Arten derselben Gattung möglicherweise den Gesundheitszustand beeinträchtigen.

Wird eine gesamte Gattung in der Einstufung biologischer Arbeitsstoffe genannt, so ist davon auszugehen, dass die als nicht pathogen geltenden Arten und Stämme hiervon ausgeschlossen sind.

4. Ist ein Stamm abgeschwächt oder hat er bekannte Virulenzgene verloren, so brauchen die aufgrund der Einstufung seines Elternstamms erforderlichen Sicherheitsmaßnahmen vorbehaltlich einer angemessenen Bewertung des potentiellen Risikos am Arbeitsplatz nicht unbedingt ergriffen zu werden.

Dies ist beispielsweise der Fall, wenn ein solcher Stamm als Produkt oder Bestandteil eines Produkts zu prophylaktischen oder therapeutischen Zwecken verwendet werden soll.

5. Die bei der Erstellung der vorliegenden Liste verwendete Nomenklatur der eingestuften Arbeitsstoffe entspricht den zum Zeitpunkt der Erarbeitung neuesten internationalen Vereinbarungen über die Taxonomie und Nomenklatur von Arbeitsstoffen.

6. Die Liste eingestufter biologischer Arbeitsstoffe spiegelt den Kenntnisstand zum Zeitpunkt ihrer Erstellung wider.

Sie wird aktualisiert, sobald sie dem Kenntnisstand nicht mehr entspricht.

7. Die Mitgliedstaaten sorgen dafür, dass sämtliche Viren, die bereits beim Menschen isoliert, aber noch nicht bewertet und in diesem Anhang eingestuft wurden, mindestens in Gruppe 2 eingestuft werden, es sei denn, den Mitgliedstaaten liegt der Nachweis dafür vor, dass diese Viren aller Wahrscheinlichkeit nach beim Menschen keine Krankheit verursachen.

8. Bei bestimmten biologischen Arbeitsstoffen, die in Gruppe 3 eingestuft und in der Liste mit zwei Sternchen (**) versehen wurden, ist das Infektionsrisiko für Arbeitnehmer begrenzt, da eine Infektion über den Luftweg normalerweise nicht erfolgen kann.

Um festzustellen, ob unter besonderen Umständen auf bestimmte Maßnahmen verzichtet werden kann, unterziehen die Mitgliedstaaten die auf die biologischen Arbeitsstoffe angewendeten Sicherheitsmaßnahmen einer Beurteilung, bei der sie die Art der betreffenden spezifischen Tätigkeiten und die Menge des jeweiligen biologischen Arbeitsstoffs berücksichtigen.

9. Die Sicherheitsauflagen, die sich aus der Einstufung der Parasiten ergeben, gelten ausschließlich für diejenigen Stadien des Lebenszyklus des betreffenden Parasiten, die für den Menschen am Arbeitsplatz möglicherweise infektionsfähig sind.

10. Im Übrigen enthält die Liste gesonderte Angaben, wenn biologische Arbeitsstoffe allergische oder toxische Reaktionen verursachen können, wenn ein wirksamer Impfstoff zur Verfügung steht oder wenn es angezeigt ist, das Verzeichnis der exponierten Arbeitnehmer länger als 10 Jahre aufzubewahren.

Diese Angaben werden in Form folgender Bemerkungen systematisiert:

A: Mögliche allergene Wirkungen.

D: Das Verzeichnis der gegenüber diesem biologischen Arbeitsstoff exponierten Arbeitnehmer ist länger als 10 Jahre nach dem Ende der letzten bekannten Exposition aufzubewahren.

T: Toxinproduktion.

V: Wirksamer Impfstoff verfügbar und in der EU registriert.

Bei der Durchführung von Schutzimpfungen sollten die Verhaltensregeln in Anhang VII berücksichtigt werden.

BAKTERIEN und ähnliche Organismen

NB: Bei den in dieser Liste aufgeführten biologischen Arbeitsstoffen steht der Eintrag der gesamten Gattung mit dem Zusatz »spp.« für die anderen als humanpathogen bekannten Arten dieser Gattung, die nicht gesondert in diese Liste aufgenommen wurden. Weitere Einzelheiten können der einführenden Bemerkung 3 entnommen werden.

Biologischer Arbeitsstoff	**Einstufung**	**Bemerkungen**
Actinomadura madurae	2	
Actinomadura pelletieri	2	
Actinomyces gerencseriae	2	
Actinomyces israelii	2	
Actinomyces spp.	2	
Aggregatibacter actinomycetemcomitans (Actinobacillus actinomycetemcomitans)	2	
Anaplasma spp.	2	
Arcanobacterium haemolyticum (Corynebacterium haenolyticum)	2	
Arcobacter butzleri	2	
Bacillus anthracis	3	T
Bacteroides fragilis	2	
Bacteroides spp.	2	
Bartonella bacilliformis	2	
Bartonella quintana (Rochalimaea quintana)	2	
Bartonella (Rochalimaea) spp.	2	
Bordetella bronchiseptica	2	
Bordetella parapertussis	2	
Bordetella pertussis	2	T, V
Bordetella spp.	2	
Borrelia burgdorferi	2	
Borrelia duttonii	2	
Borrelia recurrentis	2	
Borrelia spp.	2	

Biologischer Arbeitsstoff	Einstufung	Bemerkungen
Brachyspira spp.	2	
Brucella abortus	3	
Brucella canis	3	
Brucella inopinata	3	
Brucella melitensis	3	
Brucella suis	3	
Burkholderia cepacia	2	
Burkholderia mallei (Pseudomonas mallei)	3	
Burkholderia pseudomallei (Pseudomonas pseudomallei)	3	D
Campylobacter fetus subsp. *fetus*	2	
Campylobacter fetus subsp. *venerealis*	2	
Campylobacter jejuni subsp. *doylei*	2	
Campylobacter jejuni subsp. *jejuni*	2	
Campylobacter spp.	2	
Cardiobacterium hominis	2	
Cardiobacterium valvarum	2	
Chlamydia abortus (Chlamydophila abortus)	2	
Chlamydia caviae (Chlamydophila caviae)	2	
Chlamydia felis (Chlamydophila felis)	2	
Chlamydia pneumoniae (Chlamydophila pneumoniae)	2	
Chlamydia psittaci (Chlamydophila psittaci) (aviäre Stämme)	3	
Chlamydia psittaci (Chlamydophila psittaci) (sonstige Stämme)	2	
Chlamydia trachomatis (Chlamydophila trachomatis)	2	
Clostridium botulinum	2	T
Clostridium difficile	2	T
Clostridium perfringens	2	T
Clostridium tetani	2	T, V
Clostridium spp.	2	
Corynebacterium diphtheriae	2	T, V
Corynebacterium minutissimum	2	
Corynebacterium pseudotuberculosis	2	T

Biologischer Arbeitsstoff	Einstufung	Bemerkungen
Corynebacterium ulcerans	2	T
Corynebacterium spp.	2	
Coxiella brunetii	3	
Edwardsiella tarda	2	
Ehrlichia spp.	2	
Eikenella corrodens	2	
Elizabethkingia meningoseptica (Flavobacterium meningosepticum)	2	
Enterobacter aerogenes (Klebsiella mobilis)	2	
Enterobacter cloacae subsp. *cloacae (Enterobacter cloacae)*	2	
Enterobacter spp.	2	
Enterococcus spp.	2	
Erysipelothrix rhusiopathiae	2	
Escherichia coli (außer nichtpathogenen Stämmen)	2	
Escherichia coli, verotoxinbildende Stämme (z. B. O157:H7 oder O103)	3 (*)	T
Fluoribacter bozemanae (Legionella)	2	
Francisella hispaniensis	2	
Francisella tularensis subsp. *holarctica*	2	
Francisella tularensis subsp. *mediasiatica*	2	
Francisella tularensis subsp. *novicida*	2	
Francisella tularensis subsp. *tularensis*	3	
Fusobacterium necrophorum subsp. *funduliforme*	2	
Fusobacterium necrophorum subsp. *necrophorum*	2	
Gardnerella vaginalis	2	
Haemophilus ducreyi	2	
Haemophilus influenzae	2	V
Haemophilus spp.	2	
Helicobacter pylori	2	
Helicobacter spp.	2	
Klebsiella oxytoca	2	
Klebsiella pneumoniae subsp. *ozaenae*	2	
Klebsiella pneumoniae subsp. *pneumoniae*	2	

Biologischer Arbeitsstoff	**Einstufung**	**Bemerkungen**
Klebsiella pneumoniae subsp. *rhinoscleromatis*	2	
Klebsiella spp.	2	
Legionella pneumophila subsp. *fraseri*	2	
Legionella pneumophila subsp. *pascullei*	2	
Legionella pneumophila subsp. *pneumophila*	2	
Legionella spp.	2	
Leptospira interrogans (alle Serotypen)	2	
Leptospira interrogans spp.	2	
Listeria monocytogenes	2	
Listeria ivanovii subsp. *ivanovii*	2	
Listeria invanovii subsp. *londoniensis*	2	
Morganella morganii subsp. *morganii* (*Proteus morganii*)	2	
Morganella morganii subsp. *sibonii*	2	
Mycobacterium abscessus subsp. *abscessus*	2	
Mycobacterium africanum	3	V
Mycobacterium avium subsp. *avium* (*Mycobacterium avium*)	2	
Mycobacterium avium subsp. *paratuberculosis* (*Mycobacterium paratuberculosis*)	2	
Mycobacterium avium subsp. *silvaticum*	2	
Mycobacterium bovis	3	V
Mycobacterium caprae (*Mycobacterium tuberculosis* subsp. *caprae*)	3	
Mycobacterium chelonae	2	
Mycobacterium chimaera	2	
Mycobacterium fortuitum	2	
Mycobacterium intracellulare	2	
Mycobacterium kansasii	2	
Mycobacterium leprae	3	
Mycobacterium malmoense	2	
Mycobacterium marinum	2	
Mycobacterium microti	3 (*)	
Mycobacterium pinnipedii	3	
Mycobacterium scrofulaceum	2	

Biologischer Arbeitsstoff	Einstufung	Bemerkungen
Mycobacterium simiae	2	
Mycobacterium szulgai	2	
Mycobacterium tuberculosis	3	V
Mycobacterium ulcerans	3 (*)	
Mycobacterium xenopi	2	
Mycoplasma hominis	2	
Mycoplasma pneumoniae	2	
Mycoplasma spp.	2	
Neisseria gonorrhoeae	2	
Neisseria meningitidis	2	V
Neorickettsia sennetsu (Rickettsia sennetsu, Ehrlichia sennetsu)	2	
Nocardia asteroides	2	
Nocardia brasiliensis	2	
Nocardia farcinica	2	
Nocardia nova	2	
Nocardia otitidiscaviarum	2	
Nocardia spp.	2	
Orientia tsutsugamushi (Rickettsia tsutsugamushi)	3	
Pasteurella multocida subsp.*gallicida (Pasteurella gallicida)*	2	
Pasteurella multocida subsp.*multocida*	2	
Pasteurella multocida subsp.*septica*	2	
Pasteurella spp.	2	
Peptostreptococcus anaerobius	2	
Plesiomonas shigelloides	2	
Porphyromonas spp.	2	
Prevotella spp.	2	
Proteus mirabilis	2	
Proteus penneri	2	
Proteus vulgaris	2	
Providencia alcalifaciens (Proteus inconstans)	2	
Providencia rettgeri (Proteus rettgeri)	2	
Providencia spp.	2	

Biologischer Arbeitsstoff	**Einstufung**	**Bemerkungen**
Pseudomonas aeruginosa	2	T
Rhodococcus hoagii (Corynebacterium equii)	2	
Rickettsia africae	3	
Rickettsia akari	3 (*)	
Rickettsia australis	3	
Rickettsia canadensis	2	
Rickettsia conorii	3	
Rickettsia heilongjiangensis	3 (*)	
Rickettsia japonica	3	
Rickettsia montanensis	2	
Rickettsia typhi	3	
Rickettsia prowazekii	3	
Rickettsia rickettsii	3	
Rickettsia sibirica	3	
Rickettsia spp.	2	
Salmonella enterica (choleraesuis) subsp. *arizonae*	2	
Salmonella Enteritidis	2	
Salmonella Paratyphi A, B, C	2	V
Salmonella Typhi	3 (*)	V
Salmonella Typhimurium	2	
Salmonella (sonstige Serotypen)	2	
Shigella boydii	2	
Shigella dysenteriae (Serotyp 1)	3 (*)	T
Shigella dysenteriae, außer Serotyp 1	2	
Shigella flexneri	2	
Shigella sonnei	2	
Staphylococcus aureus	2	T
Streptobacillus moniliformis	2	
Streptococcus agalactiae	2	
Streptococcus dysgalactiae subsp. *equisimilis*	2	
Streptococcus pneumoniae	2	T, V
Streptococcus pyogenes	2	T
Streptococcus suis	2	

Biologischer Arbeitsstoff	Einstufung	Bemerkungen
Streptococcus spp.	2	
Treponema carateum	2	
Treponema pallidum	2	
Treponema pertenue	2	
Treponema spp.	2	
Trueperella pyogenes	2	
Ureaplasma parvum	2	
Ureaplasma urealyticum	2	
Vibrio cholerae (einschließlich El Tor)	2	T, V
Vibrio parahaemolyticus (Benecka parahaemolytica)	2	
Vibrio spp.	2	
Yersinia enterocolitica subsp. *enterolitica*	2	
Yersinia enterocolitica subsp. *palearctica*	2	
Yersinia pestis	3	
Yersinia pseudotuberculosis	2	
Yersinia spp.	2	

(*) Siehe »Einführende Bemerkungen«, Nummer 7.

VIREN (*)

(*) Siehe »Einführende Bemerkungen«, Nummer 7.
NB: Die Viren wurden ausgehend von ihrer Ordnung (O), Familie (F) und Gattung (G) aufgeführt.

Biologischer Arbeitsstoff (Virusarten oder angegebene taxonomische Ordnung)	Einstufung	Bemerkungen
Bunyavirales (O)		
Hantaviridae (F)		
Orthohantavirus (G)		
Andes-Orthohantavirus (Hantavirusarten, die das Hantavirus-induzierte Pulmonale Syndrom [HPS] hervorrufen)	3	
Bayou-Orthohantavirus	3	
Black-Creek-Canal-Orthohantavirus	3	

Biologischer Arbeitsstoff (Virusarten oder angegebene taxonomische Ordnung)	**Einstufung**	**Bemerkungen**
Cano-Delgadito-Orthohantavirus	3	
Choclo-Orthohantavirus	3	
Dobrava-Belgrade-Orthohantavirus (Hantavirusarten, die Hämorrhagisches Fieber mit renalem Syndrom [HFRS] hervorrufen)	3	
El-Moro-Canyon-Orthohantavirus	3	
Hantaan-Orthohantavirus (Hantavirusarten, die Hämorrhagisches Fieber mit renalem Syndrom [HFRS] hervorrufen)	3	
Laguna-Negra-Orthohantavirus	3	
Prospect-Hill-Orthohantavirus	2	
Puumala-Orthohantavirus (Hantavirusarten, die Nephropathia Epidemica [NE] hervorrufen)	2	
Seoul-Orthohantavirus (Hantavirusarten, die Hämorrhagisches Fieber mit renalem Syndrom [HFRS] hervorrufen)	3	
Sin-Nombre-Orthohantavirus (Hantavirusarten, die das Hantavirale Pulmonale Syndrom [HPS] hervorrufen)	3	
Sonstige als pathogen bekannte Hantaviren	2	
Nairoviridae (F)		
Orthonairovirus (G)		
Orthonairovirus des Hämorrhagischen Kongo-Krim-Fiebers	4	
Dugbe-Orthonairovirus	2	
Hazara-Orthonairovirus	2	
Nairobi-Sheep-Disease-Orthonairovirus	2	
Sonstige als pathogen bekannte Nairoviren	2	
Peribunyaviridae (F)		
Orthobunyavirus (G)		
Bunyamwera-Orthobunyavirus (Germiston-Virus)	2	
Orthobunyavirus der Kalifornischen Enzephalitis	2	
Oropouche-Orthobunyavirus	3	
Sonstige als pathogen bekannte Orthobunyaviren	2	
Phenuiviridae (F)		

Biologischer Arbeitsstoff (Virusarten oder angegebene taxonomische Ordnung)	**Einstufung**	**Bemerkungen**
Phlebovirus (G)		
Bhanja-Phlebovirus	2	
Punta-Toro-Phlebovirus	2	
Rift-Valley-Fieber-Phlebovirus	3	
Sandfliegen-Fieber-Naples-Phlebovirus (Toscana-Virus)	2	
SFTS-Phlebovirus (Severe Fever with Thrombocytopenia Syndrome)	3	
Sonstige als pathogen bekannte Phleboviren	2	
Herpesvirales (O)		
Herpesviridae (F)		
Cytomegalovirus (G)		
Humanes Betaherpesvirus 5 (Zytomegalievirus)	2	
Lymphocryptovirus (G)		
Humanes Gammaherpesvirus 4 (Epstein-Barr-Virus)	2	
Rhadinovirus (G)		
Humanes Gammaherpesvirus 8	2	D
Roseolovirus (G)		
Humanes Betaherpesvirus 6A (Humanes B-lymphotropes Virus)	2	
Humanes Betaherpesvirus 6B	2	
Humanes Betaherpesvirus 7	2	
Simplexvirus (G)		
Macacines Alphaherpesvirus 1 (Herpesvirus simiae, Herpes-B-Virus)	3	
Humanes Alphaherpesvirus 1 (Humanes Herpesvirus 1, Herpes-simplex- Virus Typ 1)	2	
Humanes Alphaherpesvirus 2 (Humanes Herpesvirus 2, Herpes-simplex- Virus Typ 2)	2	
Varicellovirus (G)		
Humanes Alphaherpesvirus 3 (Varicella-Zoster-Virus)	2	V
Mononegavirales (O)		
Filoviridae (F)		

Biologischer Arbeitsstoff (Virusarten oder angegebene taxonomische Ordnung)	**Einstufung**	**Bemerkungen**
Ebolavirus (G)	4	
Marburgvirus (G)		
Marburg-Marburgvirus	4	
Paramyxoviridae (F)		
Avulavirus (G)		
Newcastle-Disease-Virus	2	
Henipavirus (G)		
Hendra-Henipavirus	4	
Nipah-Henipavirus	4	
Morbillivirus (G)		
Masern-Morbillivirus	2	V
Respirovirus (G)		
Humanes Respirovirus 1 (Parainfluenzavirus 1)	2	
Humanes Respirovirus 3 (Parainfluenzavirus 3)	2	
Rubulavirus (G)		
Mumps-Rubulavirus	2	V
Humanes Rubulavirus 2 (Parainfluenzavirus 2)	2	
Humanes Rubulavirus 4 (Parainfluenzavirus 4)	2	
Pneumoviridae (F)		
Metapneumovirus (G)		
Orthopneumovirus (G)		
Humanes Orthopneumovirus (Respiratory-Syncytial-Virus)	2	
Rhabdoviridae (F)		
Lyssavirus (G)		
Australisches Fledermaus-Lyssavirus	3 (**)	V
Duvenhage-Lyssavirus	3 (**)	V
Europäisches Fledermaus-Lyssavirus 1	3 (**)	V
Europäisches Fledermaus-Lyssavirus 2	3 (**)	V
Lagos-Fledermaus-Lyssavirus	3 (**)	
Mokola-Lyssavirus	3	
Rabies-Lyssavirus	3 (**)	V

Biologischer Arbeitsstoff (Virusarten oder angegebene taxonomische Ordnung)	Einstufung	Bemerkungen
Vesiculovirus (G)		
Virus der vesikulären Stomatitis, Alagoas-Vesiculovirus	2	
Virus der vesikulären Stomatitis, Indiana-Vesiculovirus	2	
Virus der vesikulären Stomatitis, New-Jersey-Vesiculovirus	2	
Piry-Vesiculovirus (Piry-Virus)	2	
Nidovirales (O)		
Coronaviridae (F)		
Betacoronavirus (G)		
Severe-Acute-Respiratory-Syndrome-Related-Virus (SARS-Coronavirus)	3	
Severe-Acute-Respiratory-Syndrome-Related-Coronavirus-2 (SARS-CoV-2) [(1)]	3	
Middle East respiratory syndrome coronavirus (MERS-Coronavirus)	3	
Sonstige als pathogen bekannte *Coronaviridae*	2	
Picornavirales (O)		
Picornaviridae (F)		
Cardiovirus (G)		
Saffoldvirus	2	
Cosavirus (G)		
Cosavirus A	2	
Enterovirus (G)		
Enterovirus A	2	
Enterovirus B	2	
Enterovirus C	2	
Enterovirus D Humanes Enterovirus Typ 70 (Acute-Haemorrhagic-Conjunctivitis-Virus)	2	
Rhinoviren	2	
Poliovirus, Typ 1 und 3	2	V
Poliovirus, Typ 2 [(1)]	3	V
Hepatovirus (G)		

Biologischer Arbeitsstoff (Virusarten oder angegebene taxonomische Ordnung)	**Einstufung**	**Bemerkungen**
Hepatovirus A (Hepatitis-A-Virus, Humanes Enterovirus Typ 72)	2	V
Kobuvirus (G)		
Aichivirus A (Aichivirus 1)	2	
Parechovirus (G)		
Parechovirus A (Humanes Parechovirus)	2	
Parechovirus B (Ljunganvirus)	2	
Sonstige als pathogen bekannte Picornaviridae	2	
Nicht zugewiesen (O)		
Adenoviridae (F)	2	
Astroviridae (F)	2	
Arenaviridae (F)		
Mammarenavirus (G)		
Brazilian-Mammarenavirus	4	
Chapare-Mammarenavirus	4	
Flexal-Mammarenavirus	3	
Guanarito-Mammarenavirus	4	
Junín-Mammarenavirus	4	
Lassa-Mammarenavirus	4	
Lujo-Mammarenavirus	4	
Mammarenavirus der Lymphozytären Choriomeningitis (neurotrope Stämme)	2	
Mammarenavirus der Lymphozytären Choriomeningitis (sonstige Stämme)	2	
Machupo-Mammarenavirus	4	
Mobala-Mammarenavirus	2	
Mopeia-Mammarenavirus	2	
Tacaribe-Mammarenavirus	2	
Whitewater-Arroyo-Mammarenavirus	3	
Caliciviridae (F)		
Norovirus (G)		

(1) Gemäß Artikel 16 Absatz 1 Buchstabe c sind nichtproliferative diagnostische Laborarbeiten an SARS-CoV-2 in einer Einrichtung unter Anwendung von Verfahren durchzuführen, die mindestens der Sicherheitsstufe 2 entsprechen. Proliferative Arbeiten an SARS-CoV-2 sind in einem Hochsicherheitslabor der Sicherheitsstufe 3 mit Unterdruck zur Atmosphäre durchzuführen.

Biologischer Arbeitsstoff (Virusarten oder angegebene taxonomische Ordnung)	**Einstufung**	**Bemerkungen**
Norovirus (Norwalkvirus)	2	
Sonstige als pathogen bekannte *Caliciviridae*	2	
Hepadnaviridae (F)		
Orthohepadnavirus (G)		
Hepatitis-B-Virus	3 (**)	V, D
Hepeviridae (F)		
Orthohepevirus (G)		
Orthohepevirus A (Hepatitis-E-Virus)	2	
Flaviviridae (F)		
Flavivirus (G)		
Denguevirus	3	
Virus der Japanischen Enzephalitis	3	V
Kyasanur-Forest-Disease-Virus	3	V
Louping-ill-Virus	3 (**)	
Murray-Valley-Enzephalitisvirus (Virus der Australischen Enzephalitis)	3	
Virus des Omsker Hämorrhagischen Fiebers	3	
Powassan-Virus	3	
Rocio-Virus	3	
St.-Louis-Enzephalitisvirus	3	
Zeckenenzephalitisvirus Absettarovvirus	3	
Fernöstlicher Subtyp des Zeckenenzephalitisvirus	3	
Hanzalovavirus	3	
Hyprvirus	3	
Kumlingevirus	3	
Negishivirus	3	
Sibirischer Subtyp des Zeckenenzephalitisvirus	3	V
Virus der Russischen Frühsommer-Enzephalitis [a]	3	V
Zentraleuropäischer Subtyp des Zeckenenzephalitisvirus	3 (**)	V
Wesselsbronvirus	3 (**)	
West-Nil-Fieber-Virus	3	
Gelbfiebervirus	3	V

Biologischer Arbeitsstoff (Virusarten oder angegebene taxonomische Ordnung)	Einstufung	Bemerkungen
Zikavirus	2	
Sonstige als pathogen bekannte Flaviviren	2	
Hepacivirus (G)		
Hepacivirus C (Hepatitis-C-Virus)	3 (**)	D
Orthomyxoviridae (F)		
Gammainfluenzavirus (G)		
Influenza-C-Virus	2	V (c)
Influenzavirus A (G)		
Hoch pathogene aviäre Influenzaviren HPAIV (H5), z. B. H5N1	3	
Hoch pathogene aviäre Influenzaviren HPAIV (H7), z. B. H7N7, H7N9	3	
Influenza-A-Virus	2	V (c)
Influenza-A-Virus A / New York/1/18 (H1N1) (Spanische Grippe 1918)	3	
Influenza-A-Virus A / Singapore/1/57 (H2N2)	3	
Niedrig pathogene aviäre Influenzaviren (LPAIV) H7N9	3	
Influenzavirus B (G)		
Influenza-B-Virus	2	V (c)
Thogotovirus (G)		
Dhori-Virus (von Zecken übertragene *Orthomyxoviridae*: Dhori)	2	
Thogoto-Virus (von Zecken übertragene *Orthomyxoviridae*: Thogoto)	2	
Papillomaviridae (F)	2	D (d)
Parvoviridae (F)		
Erythroparvovirus (G)		
Erythroparvovirus der Primaten 1 (Humanes Parvovirus, Parvovirus B 19)	2	
Polyomaviridae (F)		
Betapolyomavirus (G)		
Humanes Polyomavirus 1 (BK-Virus)	2	D (d)
Humanes Polyomavirus 2 (JC-Virus)	2	D (d)
Poxviridae (F)		

Biologischer Arbeitsstoff (Virusarten oder angegebene taxonomische Ordnung)	Einstufung	Bemerkungen
Molluscipoxvirus (G)		
Molluscum-contagiosum-Virus	2	
Orthopoxvirus (G)		
Affenpockenvirus	3	V
Kuhpockenvirus		2
Vacciniavirus (inkl. Büffelpockenvirus (e), Elefanten-pockenvirus (f), Kaninchenpockenvirus (g))	2	
Variola-major- und Variola-minor-Virus	4	V
Parapoxvirus (G)		
Orf-Virus	2	
Pseudo-Kuhpockenvirus (Melkerknoten-Virus, Parapoxvirus bovis)	2	
Yatapoxvirus (G)		
Tanapockenvirus	2	
Yaba-Affentumor-Virus	2	
Reoviridae (F)		
Seadornavirus (G)		
Banna-Virus	2	
Coltivirus (G)	2	
Rotavirus (G)	2	
Orbivirus (G)	2	
Retroviridae (F)		
Deltaretrovirus (G)		
T-Lymphotropes Virus der Primaten 1 (Humanes T-Zell-Leukämievirus, Typ 1)	3 (**)	D
T-Lymphotropes Virus der Primaten 2 (Humanes T-Zell-Leukämievirus, Typ 2)	3 (**)	D
Lentivirus (G)		
Humanes Immundefizienz-Virus 1	3 (**)	D
Humanes Immundefizienz-Virus 2	3 (**)	D
Immundefizienz-Virus des Affen (SIV) (h)	2	
Togaviridae (F)		
Alphavirus (G)		
Cabassouvirus	3	

Biologischer Arbeitsstoff (Virusarten oder angegebene taxonomische Ordnung)	**Einstufung**	**Bemerkungen**
Eastern-Equine-Encephalitis-Virus	3	V
Bebaruvirus	2	
Chikungunya-Virus	3 (h)	
Everglades-Virus	3 (**)	
Mayarovirus	3	
Mucambovirus	3 (**)	
Ndumuvirus	3 (**)	
O'nyong-nyong-Virus	2	
Ross-River-Virus	2	
Semliki-Forest-Virus	2	
Sindbisvirus	2	
Tonatevirus	3 (**)	
Venezuelan-Equine-Encephalitis-Virus	3	V
Western-Equine-Encephalitis-Virus	3	V
Sonstige als pathogen bekannte Alphaviren	2	
Rubivirus (G)		
Rubellavirus	2	V
Nicht zugewiesen (F)		
Deltavirus (G)		
Hepatitis-Deltavirus (b)	2	V, D

(*) Siehe »Einführende Bemerkungen«, Nummer 7.
(1) Einstufung gemäß Globalem Aktionsplan der WHO zur Minimierung der von Laboreinrichtungen für Polioviren ausgehenden Risiken nach einer typenspezifischen Eradikation von Polio-Wildviren und der anschließenden Einstellung der Verwendung des oralen Polioimpfstoffs.
(**) Siehe »Einführende Bemerkungen«, Nummer 8.
(a) Zeckenenzephalitis.
(b) Eine Infektion mit dem Hepatitis-Deltavirus wirkt nur bei Simultan- oder Sekundärinfektion des Arbeitnehmers mit dem Hepatitis-BVirus pathogen. Die Impfung gegen das Hepatitis-B-Virus schützt daher Arbeitnehmer, die nicht mit dem Hepatitis-B-Virus infiziert sind, gegen das Hepatitis-Deltavirus.
(c) Nur für die Typen A und B.
(d) Empfohlen für Arbeiten, bei denen ein direkter Kontakt mit diesen Arbeitsstoffen gegeben ist.
(e) Unter dieser Bezeichnung können zwei Viren identifiziert werden: ein Typ des Büffelpockenvirus und eine Variante des Vacciniavirus.
(f) Variante des Kuhpockenvirus.
(g) Variante des Vacciniavirus.
(h) Derzeit gibt es keinen Beweis für eine Erkrankung von Menschen durch die übrigen Retroviren von Affen. Als Vorsichtsmaßnahme wird für Arbeiten, die gegenüber diesen Viren exponieren, Sicherheitsstufe 3 empfohlen.

PRIONEN ALS KRANKHEITSERREGER

Biologischer Arbeitsstoff	Einstufung	Bemerkungen
Agens der Creutzfeldt-Jakob-Krankheit	3 (*)	D ([a])
Variante des Agens der Creutzfeldt-Jakob-Krankheit	3 (*)	D ([a])
Agens der Bovinen Spongiformen Enzephalopathie (BSE) und andere verwandte tierische TSE	3 (*)	D ([a])
Agens des Gerstmann-Sträussler-Scheinker-Syndroms	3 (*)	D ([a])
Agens der Kuru	3 (*)	D ([a])
Agens der Traberkrankheit (Scrapie)	2	

(*) Siehe »Einführende Bemerkungen«, Nummer 8.

([a]) Empfohlen für Arbeiten, bei denen ein direkter Kontakt mit diesen Arbeitsstoffen gegeben ist.

PARASITEN

NB: Bei den in dieser Liste aufgeführten biologischen Arbeitsstoffen steht der Eintrag der gesamten Gattung mit dem Zusatz »spp.« für die anderen als humanpathogen bekannten Arten dieser Gattung, die nicht gesondert in diese Liste aufgenommen wurden. Weitere Einzelheiten können der einführenden Bemerkung 3 entnommen werden.

Biologischer Arbeitsstoff	Einstufung	Bemerkungen
Acanthamoeba castellani	2	
Ancylostoma duodenale	2	
Angiostrongylus cantonensis	2	
Angiostrongylus costaricencis	2	
Anisakis simplex	2	A
Ascaris lumbricoides	2	A
Ascaris suum	2	A
Babesia divergens	2	
Babesia microti	2	
Balamuthia mandrillaris	3	
Balantidium coli	2	
Brugia malayi	2	
Brugia pahangi	2	
Brugia timori	2	

Biologischer Arbeitsstoff	Einstufung	Bemerkungen
Capillaria philippinensis	2	
Capillaria spp.	2	
Clonorchis sinensis (Opisthorchis sinensis)	2	
Clonorchis viverrini (Opisthirchis viverrini)	2	
Cryptosporidium hominis	2	
Cryptosporidium parvum	2	
Cyclospora cayetanensis	2	
Dicrocoelium dentriticum	2	
Dipetalonema streptocerca	2	
Diphyllobothrium latum	2	
Dracunculus medinensis	2	
Echinococcus granulosus	3 (*)	
Echinococcus multilocularis	3 (*)	
Echinococcus oligarthrus	3 (*)	
Echinococcus vogeli	3 (*)	
Entamoeba histolytica	2	
Enterobius vermicularis	2	
Enterocytozoon bieneusi	2	
Fasciola gigantica	2	
Fasciola hepatica	2	
Fasciolopsis buski	2	
Giardia lamblia (Giardia duodenalis, Giardia intestinalis)	2	
Heterophyes spp.	2	
Hymenolepis diminuta	2	
Hymenolepis nana	2	
Leishmania aethiopica	2	
Leishmania braziliensis	3 (*)	
Leishmania donovani	3 (*)	
Leishmania guyanensis (Viannia guyanensis)	3 (*)	
Leishmania infantum (Leishmania chagasi)	3 (*)	
Leishmania major	2	
Leishmania mexicana	2	
Leishmania panamensis (Viannia panamensis)	3 (*)	

Biologischer Arbeitsstoff	Einstufung	Bemerkungen
Leishmania peruviana	2	
Leishmania tropica	2	
Leishmania spp.	2	
Loa	2	
Mansonella ozzardi	2	
Mansonella perstans	2	
Mansonella streptocerca	2	
Metagonimus spp.	2	
Naegleria fowleri	3	
Necator americanus	2	
Onchocerca volvulus	2	
Ophisthorchis felineus	2	
Ophisthorchis spp.	2	
Paragonimus westermani	2	
Paragonimus spp.	2	
Plasmodium falciparum	3 (*)	
Plasmodium knowlesi	3 (*)	
Plasmodium spp. (des Menschen und von Affen)	2	
Sarcocystis suihominis	2	
Schistosoma haematobium	2	
Schistosoma intercalatum	2	
Schistosoma japonicum	2	
Schistosoma mansoni	2	
Schistosoma mekongi	2	
Strongyloides stercoralis	2	
Strongyloides spp.	2	
Taenia saginata	2	
Taenia solium	3 (*)	
Toxocara canis	2	
Toxocara cati	2	
Toxoplasma gondii	2	
Trichinella nativa	2	
Trichinella nelsoni	2	

Biologischer Arbeitsstoff	Einstufung	Bemerkungen
Trichinella pseudospiralis	2	
Trichinella spiralis	2	
Trichomonas vaginalis	2	
Trichostrongylus orientalis	2	
Trichostrongylus spp.	2	
Trichuris trichiura	2	
Trypanosoma brucei	2	
Trypanosoma brucei gambiense	2	
Trypanosoma brucei rhodesiense	3 (*)	
Trypanosoma cruzi	3 (*)	
Wuchereria bancrofti	2	

(*) Siehe »Einführende Bemerkungen«, Nummer 8.

PILZE

NB: Bei den in dieser Liste aufgeführten biologischen Arbeitsstoffen steht der Eintrag der gesamten Gattung mit dem Zusatz »spp.« für die anderen als humanpathogen bekannten Arten dieser Gattung, die nicht gesondert in diese Liste aufgenommen wurden. Weitere Einzelheiten können der einführenden Bemerkung 3 entnommen werden.

Biologischer Arbeitsstoff	Einstufung	Bemerkungen
Aspergillus flavus	2	A
Aspergillus fumigatus	2	A
Aspergillus spp.	2	
Blastomyces dermatitidis (Ajellomyces dermatitidis)	3	
Blastomyces gilchristii	3	
Candida albicans	2	A
Candida dubliniensis	2	
Candida glabrata	2	
Candida parapsilosis	2	
Candida tropicalis	2	
Cladophialophora bantiana (Xylohypha bantiana, Cladosporium bantianum, Cladosporium trichoides)	3	

Biologischer Arbeitsstoff	Einstufung	Bemerkungen
Cladophialophora modesta	3	
Cladophialophora spp.	2	
Coccidioides immitis	3	A
Coccidioides posadasii	3	A
Cryptococcus gattii (Filobasidiella neoformans var. bacillispora)	2	A
Cryptococcus neoformans (Filobasidiella neoformans var. neoformans)	2	A
Emmonsia parva var. parva	2	
Emmonsia parva var. crescens	2	
Epidermophyton floccosum	2	A
Epidermophyton spp.	2	
Fonsecaea pedrosoi	2	
Histoplasma capsulatum	3	
Histoplasma capsulatum var. farciminosum	3	
Histoplasma duboisii	3	
Madurella grisea	2	
Madurella mycetomatis	2	
Microsporum spp.	2	A
Nannizzia spp.	2	
Neotestudina rosatii	2	
Paracoccidioides brasiliensis	3	A
Paracoccidioides lutzii	3	
Paraphyton spp.	2	
Rhinocladiella mackenziei	3	
Scedosporium apiospermum	2	
Scedosporium prolificans (inflatum)	2	
Sporothrix schenckii	2	
Talaromyces marneffei (Penicillium marneffei)	2	A
Trichophyton rubrum	2	A
Trichophyton tonsurans	2	A
Trichophyton spp.	2	

ANHANG IV
PRAKTISCHE EMPFEHLUNGEN FÜR DIE GESUNDHEITSÜBERWACHUNG VON ARBEITNEHMERN (Artikel 14 Absatz 8)

Der Arzt und / oder die Behörde, der / die für die Überwachung der Gesundheit von Arbeitnehmern, welche biologischen Arbeitsstoffen ausgesetzt sind, zuständig ist, muss mit den für jeden Arbeitnehmer geltenden Expositionsbedingungen bzw. -gegebenheiten vertraut sein.

Die Gesundheitsüberwachung der Arbeitnehmer muss gemäß den Grundsätzen und der Praxis der Arbeitsmedizin erfolgen, sie muss zumindest folgende Maßnahmen umfassen:

- Führung von Akten über die Krankengeschichte und den beruflichen Werdegang des Arbeitnehmers; – eine individuelle Beurteilung des Gesundheitszustands des Arbeitnehmers;
- falls angebracht, Durchführung einer biologischen Überwachung und Ermittlung reversibler Schäden in einem frühen Stadium.

  Für alle einer Gesundheitsüberwachung unterworfenen Arbeitnehmer können unter Berücksichtigung der jüngsten Erkenntnisse der Arbeitsmedizin weitere Untersuchungen beschlossen werden.

ANHANG V
ANGABEN ZU DEN SICHERHEITSMAßNAHMEN UND SICHERHEITSSTUFEN (Artikel 15 Absatz 3 und Artikel 16 Absatz 1 Buchstaben a und b)

Vorbemerkung:

Die in diesem Anhang aufgeführten Maßnahmen werden entsprechend der Art der Tätigkeit, der Abschätzung des Risikos für die Arbeitnehmer und der Beschaffenheit des betreffenden biologischen Arbeitsstoffs angewandt.

In der Tabelle bedeutet der Begriff »Empfohlen«, dass die Maßnahmen grundsätzlich angewandt werden sollten, sofern sich aus der in Artikel 3 Absatz 2 genannten Risikoabschätzung nichts anderes ergibt.

A. Sicherheitsmaßnahmen	**B. Sicherheitsstufen**		
	2	3	4
Arbeitsplatz			
1. Der Arbeitsplatz ist von anderen Tätigkeiten in demselben Gebäude abzutrennen	Nein	Empfohlen	Ja
2. Der Arbeitsplatz muss hermetisch abdichtbar sein, um eine Begasung zu ermöglichen	Nein	Empfohlen	Ja

A. Sicherheitsmaßnahmen	B. Sicherheitsstufen		
	2	3	4
Einrichtungen			
3. Der Umgang mit infiziertem Material, einschließlich aller Tiere, muss in einer Sicherheitswerkbank oder einem Isolierraum oder einem anderen geeigneten Raum erfolgen	Wo angebracht	Ja, wenn die Infektion über den Luftweg erfolgt	Ja
Ausrüstung			
4. Zu- und Abluft am Arbeitsplatz müssen durch Hochleistungsschwebstofffilter (HEPA [1]) oder eine vergleichbare Vorrichtung geführt werden	Nein	Ja, für Abluft	Ja, für Zu- und Abluft
5. Am Arbeitsplatz muss ein Unterdruck aufrechterhalten werden	Nein	Empfohlen	Ja
6. Wasserundurchlässige und leicht zu reinigende Oberflächen	Ja, für Werkbänke und Böden	Ja, für Werkbänke, Böden und andere durch Risikoabschätzung bestimmte Flächen	Ja, für Werkbänke, Wände, Böden und Decken
7. Gegen Säuren, Laugen, Lösungs- und Desinfektionsmittel widerstandsfähige Oberflächen	Empfohlen	Ja	Ja
Arbeitsbereich			
8. Der Zugang ist auf benannte Arbeitnehmer zu beschränken	Empfohlen	Ja	Ja, mit Luftschleuse [2]
9. Wirksame Vektorkontrolle, z.B. Nagetiere und Insekten	Empfohlen	Ja	Ja
10. Spezifische Desinfektionsverfahren	Ja	Ja	Ja
11. Sichere Aufbewahrung eines biologischen Arbeitsstoffes	Ja	Ja	Ja, unter Verschluss
12. Das Personal sollte duschen, bevor es den geschlossenen Bereich verlässt	Nein	Empfohlen	Empfohlen

A. Sicherheitsmaßnahmen	B. Sicherheitsstufen		
	2	3	4
Abfall			
13. Validierter Inaktivierungsprozess für die sichere Entsorgung von Tierkörpern	Empfohlen	Ja, innerhalb oder außerhalb von Betriebsanlagen	Ja, vor Ort
Sonstige Maßnahmen			
14. Jedes Labor sollte über eine eigene Ausrüstung verfügen	Nein	Empfohlen	Ja
15. Der Raum muss mit einem Beobachtungsfenster oder einer vergleichbaren Vorrichtung versehen sein, damit die im Raum anwesenden Personen bzw. Tiere beobachtet werden können	Empfohlen	Empfohlen	Ja

(1) HEPA: High-Efficiency Particulate Air (Hochleistungsschwebstofffilter).
(2) Luftschleuse: Das Labor wird über eine Luftschleuse, d. h. über einen vom Labor abgetrennten Raum, betreten. Die »saubere« Seite der Luftschleuse muss von der gesperrten Seite durch Umkleide- oder Duscheinrichtungen und vorzugsweise durch verriegelbare Türen abgetrennt sein.

ANHANG VI SICHERHEITSMAßNAHMEN FÜR INDUSTRIELLE VERFAHREN (Artikel 4 Absatz 1 und Artikel 16 Absatz 2 Buchstabe a)

Vorbemerkung:
In der Tabelle bedeutet der Begriff »Empfohlen«, dass die Maßnahmen grundsätzlich angewandt werden sollten, sofern sich aus der in Artikel 3 Absatz 2 genannten Risikoabschätzung nichts anderes ergibt.

Biologische Arbeitsstoffe der Gruppe 1

Bei Arbeiten mit biologischen Arbeitsstoffen der Gruppe 1 einschließlich abgeschwächter Lebendimpfstoffe sollten die Grundsätze der Sicherheit und Hygiene zum Arbeitsplatz eingehalten werden.

Biologische Arbeitsstoffe der Gruppen 2, 3 und 4

Es könnte zweckmäßig sein, die Sicherheitsanforderungen für verschiedene der unten genannten Kategorien auf der Grundlage einer Risikoabschätzung für jedes einzelne Verfahren bzw. jeden Teil eines Verfahrens auszuwählen und zu kombinieren.

A. Sicherheitsmaßnahmen	B. Sicherheitsstufen		
	2	3	4
Allgemeines			
1. Arbeiten mit lebensfähigen Organismen sollten in einem System durchgeführt werden, das den Prozess physisch von der Umwelt trennt	Ja	Ja	Ja
2. Abgase aus dem geschlossenen System sollten so behandelt werden, dass	Freisetzungen minimal gehalten werden	Freisetzungen verhindert werden	Freisetzungen verhindert werden
3. Sammlung von Proben, Hinzufügung von Materialien zu einem geschlossenen System und Übertragung lebensfähiger Organismen in ein anderes geschlossenes System sollten so durchgeführt werden, dass	Freisetzungen minimal gehalten werden	Freisetzungen verhindert werden	Freisetzungen verhindert werden
4. Kulturflüssigkeiten sollten nicht aus dem geschlossenen System genommen werden, wenn die lebensfähigen Organismen nicht	durch erprobte chemische oder physikalische Mittel inaktiviert worden sind	durch erprobte chemische oder physikalische Mittel inaktiviert worden sind	durch erprobte chemische oder physikalische Mittel inaktiviert worden sind
5. Der Verschluss der Kulturgefäße sollte so ausgelegt sein, dass	Freisetzungen minimal gehalten werden	Freisetzungen verhindert werden	Freisetzungen verhindert werden
6. Der kontrollierte Bereich sollte so ausgelegt sein, dass er ein Überlaufen des gesamten Inhalts des geschlossenen Systems abblockt	Nein	Empfohlen	Ja
7. Der kontrollierte Bereich sollte hermetisch abdichtbar sein, um eine Begasung zu ermöglichen	Nein	Empfohlen	Ja
Einrichtungen			
8. Dekontaminations- und Wascheinrichtungen sollten für das Personal bereitstehen	Ja	Ja	Ja

A. Sicherheitsmaßnahmen	B. Sicherheitsstufen		
	2	3	4
Ausrüstung			
9. Zuluft und Abluft zum kontrollierten Bereich sollten durch HEPA-Filter ([1]) geführt werden	Nein	Empfohlen	Ja
10. In dem kontrollierten Bereich sollte ein Unterdruck aufrechterhalten werden	Nein	Empfohlen	Ja
11. Der kontrollierte Bereich sollte entsprechend belüftet sein, um die Luftkontamination zu minimieren	Empfohlen	Empfohlen	Ja
Arbeitsbereich			
12. Geschlossene Systeme ([2]) sollten innerhalb zweckgebunden kontrollierter Bereiche angesiedelt sein	Empfohlen	Empfohlen	Ja
13. Kennzeichnung als biologisscher Gefahrenbereich	Empfohlen	Ja	Ja
14. Der Zugang sollte auf das benannte Personal beschränkt sein	Empfohlen	Ja	Ja, mit Luftschleuse ([3])
15. Das Personal sollte vor dem Verlassen des kontrollierten Bereichs duschen	Nein	Empfohlen	Ja
16. Das Personal sollte Schutzkleidung tragen	Ja, Arbeitskleidung	Ja	Ja, vollständige Umkleidung
Abfall			
17. Abwässer aus Waschbecken und Duschen sollten gesammelt und vor der Ableitung inaktiviert werden	Nein	Empfohlen	Ja

A. Sicherheitsmaßnahmen	B. Sicherheitsstufen		
	2	3	4
18. Abwässerbehandlung vor der endgültigen Ableitung	Inaktiviert durch erprobte chemische oder physikalische Mittel	Inaktiviert durch erprobte chemische oder physikalische Mittel	Inaktiviert durch erprobte chemische oder physikalische Mittel

(1) HEPA: High-Efficiency Particulate Air (Hochleistungsschwebstofffilter).
(2) Geschlossenes System: ein System, das den Prozess physisch von der Umwelt trennt (z. B. Inkubatorenwannen, Behälter usw.).
(3) Luftschleuse: Das Labor wird über eine Luftschleuse, d. h. über einen vom Labor abgetrennten Raum, betreten. Die »saubere« Seite der Luftschleuse muss von der gesperrten Seite durch Umkleide- oder Duscheinrichtungen und vorzugsweise durch verriegelbare Türen abgetrennt sein.

ANHANG VII
EMPFOHLENE VERHALTENSREGELN BEI IMPFUNG (Artikel 14 Absatz 3)

1. Stellt sich bei der Abschätzung gemäß Artikel 3 Absatz 2 heraus, dass ein Risiko für die Sicherheit oder Gesundheit der Arbeitnehmer aufgrund der Exposition gegenüber biologischen Arbeitsstoffen besteht, gegen die es wirksame Impfstoffe gibt, so bieten die Arbeitgeber den betreffenden Arbeitnehmern die Impfung an.
2. Die Impfung wird gemäß den einzelstaatlichen Rechtsvorschriften und / oder Gepflogenheiten durchgeführt.
Die Arbeitnehmer werden über die Vor- und Nachteile der Impfung bzw. der Nichtimpfung unterrichtet.
3. Die Impfung darf den Arbeitnehmern keine Kosten verursachen.
4. Es kann ein Impfschein ausgestellt werden, der dem betreffenden Arbeitnehmer sowie, auf Antrag, den zuständigen Behörden ausgehändigt wird.

ANHANG VIII

TEIL A
Aufgehobene Richtlinie und ihre folgenden Änderungen (Artikel 21)

Richtlinie 90/679/EWG des Rates (ABl. L 374 vom 31.12.1990, S. 1).
Richtlinie 93/88/EWG des Rates (ABl. L 268 vom 29.10.1993, S. 71).
Richtlinie 95/30/EG der Kommission (ABl. L 155 vom 6.7.1995, S. 41).
Richtlinie 97/59/EG der Kommission (ABl. L 282 vom 15.10.1997, S. 33). Richtlinie 97/65/EG der Kommission (ABl. L 335 vom 6.12.1997, S. 17).

TEIL B
Liste der Fristen für die Umsetzung in nationales Recht (Artikel 21)

Richtlinie	Umsetzungsfrist
Richtlinie 90/679/EWG	28. November 1993
Richtlinie 93/88/EWG	30. April 1994
Richtlinie 95/30/EG	30. November 1996
Richtlinie 97/59/EG	31. März 1998
Richtlinie 97/65/EG	30. Juni 1998

ANHANG IX
ÜBEREINSTIMMUNGSTABELLE

Richtlinie 90/679/EWG	Vorliegende Richtlinie
Artikel 1	Artikel 1
Artikel 2 Buchstabe a)	Artikel 2 Absatz 1 Buchstabe a)
Artikel 2 Buchstabe b)	Artikel 2 Absatz 1 Buchstabe b)
Artikel 2 Buchstabe c)	Artikel 2 Absatz 1 Buchstabe c)
Artikel 2 Buchstabe d)	Artikel 2 Absatz 2
Artikel 3 Absatz 1	Artikel 3 Absatz 1
Artikel 3 Absatz 2 Buchstabe a)	Artikel 3 Absatz 2 Unterabsatz 1
Artikel 3 Absatz 2 Buchstabe b)	Artikel 3 Absatz 2 Unterabsatz 2
Artikel 3 Absatz 2 Buchstabe c)	Artikel 3 Absatz 2 Unterabsatz 3

Richtlinie 90/679/EWG	Vorliegende Richtlinie
Artikel 3 Absatz 2 Buchstabe d)	Artikel 3 Absatz 2 Unterabsatz 4
Artikel 3 Absatz 3 erster Gedankenstrich	Artikel 3 Absatz 3 Buchstabe a)
Artikel 3 Absatz 3 zweiter Gedankenstrich	Artikel 3 Absatz 3 Buchstabe b)
Artikel 3 Absatz 3 dritter Gedankenstrich	Artikel 3 Absatz 3 Buchstabe c)
Artikel 3 Absatz 3 vierter Gedankenstrich	Artikel 3 Absatz 3 Buchstabe d)
Artikel 3 Absatz 3 fünfter Gedankenstrich	Artikel 3 Absatz 3 Buchstabe e)
Artikel 4	Artikel 4
Artikel 5	Artikel 5
Artikel 6	Artikel 6
Artikel 7 Absatz 1 erster Gedankenstrich	Artikel 7 Absatz 1 Buchstabe a)
Artikel 7 Absatz 1 zweiter Gedankenstrich	Artikel 7 Absatz 1 Buchstabe b)
Artikel 7 Absatz 1 dritter Gedankenstrich	Artikel 7 Absatz 1 Buchstabe c)
Artikel 7 Absatz 1 vierter Gedankenstrich	Artikel 7 Absatz 1 Buchstabe d)
Artikel 7 Absatz 1 fünfter Gedankenstrich	Artikel 7 Absatz 1 Buchstabe e)
Artikel 7 Absatz 1 sechster Gedankenstrich	Artikel 7 Absatz 1 Buchstabe f)
Artikel 7 Absatz 2	Artikel 7 Absatz 2
Artikel 7 Absatz 3	Artikel 7 Absatz 3
Artikel 8 Absatz 1 Buchstaben a) bis e)	Artikel 8 Absatz 1 Buchstaben a) bis e)
Artikel 8 Absatz 2 Buchstabe a)	Artikel 8 Absatz 2 Unterabsatz 1
Artikel 8 Absatz 2 Buchstabe b)	Artikel 8 Absatz 2 Unterabsatz 2
Artikel 8 Absatz 3	Artikel 8 Absatz 3
Artikel 9 Absatz 1 Buchstaben a) bis e)	Artikel 9 Absatz 1 Buchstaben a) bis e)
Artikel 9 Absatz 2 erster Gedankenstrich	Artikel 9 Absatz 2 Buchstabe a)
Artikel 9 Absatz 2 zweiter Gedankenstrich	Artikel 9 Absatz 2 Buchstabe b)
Artikel 9 Absatz 2 dritter Gedankenstrich	Artikel 9 Absatz 2 Buchstabe c)

Richtlinie 90/679/EWG	Vorliegende Richtlinie
Artikel 10 Absatz 1 erster Gedankenstrich	Artikel 10 Absatz 1 Buchstabe a)
Artikel 10 Absatz 1 zweiter Gedankenstrich	Artikel 10 Absatz 1 Buchstabe b)
Artikel 10 Absätze 2 bis 6	Artikel 10 Absätze 2 bis 6
Artikel 11, Absatz 1	Artikel 11 Absatz 1
Artikel 11 Absatz 2 Unterabsatz 2 erster Gedankenstrich	Artikel 11 Absatz 2 Unterabsatz 2 Buchstabe a)
Artikel 11 Absatz 2 Unterabsatz 2 zweiter Gedankenstrich	Artikel 11 Absatz 2 Unterabsatz 2 Buchstabe b)
Artikel 11 Absatz 2 Unterabsatz 2 dritter Gedankenstrich	Artikel 11 Absatz 2 Unterabsatz 2 Buchstabe c)
Artikel 11 Absatz 2 Unterabsatz 2 vierter Gedankenstrich	Artikel 11 Absatz 2 Unterabsatz 2 Buchstabe d)
Artikel 11 Absatz 2 Unterabsatz 2 fünfter Gedankenstrich	Artikel 11 Absatz 2 Unterabsatz 2 Buchstabe e)
Artikel 11 Absatz 3	Artikel 11 Absatz 3
Artikel 12	Artikel 12
Artikel 13 Absatz 1 erster Gedankenstrich	Artikel 13 Absatz 1 Buchstabe a)
Artikel 13 Absatz 1 zweiter Gedankenstrich	Artikel 13 Absatz 1 Buchstabe b)
Artikel 13 Absatz 1 dritter Gedankenstrich	Artikel 13 Absatz 1 Buchstabe c)
Artikel 13 Absätze 2 bis 4	Artikel 13 Absätze 2 bis 4
Artikel 14 Absatz 1	Artikel 14 Absatz 1
Artikel 14 Absatz 2 erster Gedankenstrich	Artikel 14 Absatz 2 Buchstabe a)
Artikel 14 Absatz 2 zweiter Gedankenstrich	Artikel 14 Absatz 2 Buchstabe b)
Artikel 14 Absätze 3 bis 6	Artikel 14 Absätze 3 bis 6
Artikel 14 Absatz 7 erster Gedankenstrich	Artikel 14 Absatz 7 Buchstabe a)
Artikel 14 Absatz 7 zweiter Gedankenstrich	Artikel 14 Absatz 7 Buchstabe b)
Artikel 14 Absatz 8	Artikel 14 Absatz 8
Artikel 14 Absatz 9	Artikel 14 Absatz 9
Artikel 15	Artikel 15

Richtlinie 90/679/EWG	Vorliegende Richtlinie
Artikel 16 Absatz 1	Artikel 16 Absatz 1
Artikel 16 Absatz 2 Buchstabe a)	Artikel 16 Absatz 2 Buchstabe a)
Artikel 16 Absatz 2 Buchstabe b)	Artikel 16 Absatz 2 Buchstabe b)
Artikel 16 Absatz 2 Buchstabe c)	Artikel 16 Absatz 3
Artikel 17	Artikel 17
Artikel 18 Absatz 1	–
Artikel 18 Absatz 2	Artikel 18 Absatz 1
Artikel 18 Absatz 3	Artikel 18 Absatz 2
Artikel 18 Absatz 4	Artikel 18 Absatz 3
Artikel 19	Artikel 19
Artikel 20 Absatz 1	–
Artikel 20 Absatz 2	Artikel 20
–	Artikel 21
–	Artikel 22
–	Artikel 23
Anhang I	Anhang I
Anhang II	Anhang II
Anhang III	Anhang III
Anhang IV	Anhang IV
Anhang V	Anhang V
Anhang VI	Anhang VI
Anhang VII	Anhang VII
–	Anhang VIII
–	Anhang IX

Richtlinie 2003/88/EG des Europäischen Parlaments und des Rates über bestimmte Aspekte der Arbeitszeitgestaltung

Vom 4. November 2003 (ABl. Nr. L 299 S. 9)

Kapitel 1
Anwendungsbereich und Begriffsbestimmungen

Artikel 1
Gegenstand und Anwendungsbereich

(1) Diese Richtlinie enthält Mindestvorschriften für Sicherheit und Gesundheitsschutz bei der Arbeitszeitgestaltung.
(2) Gegenstand dieser Richtlinie sind
a) die täglichen und wöchentlichen Mindestruhezeiten, der Mindestjahresurlaub, die Ruhepausen und die wöchentliche Höchstarbeitszeit sowie
b) bestimmte Aspekte der Nacht- und der Schichtarbeit sowie des Arbeitsrhythmus.
(3) Diese Richtlinie gilt unbeschadet ihrer Artikel 14, 17, 18 und 19 für alle privaten oder öffentlichen Tätigkeitsbereiche im Sinne des Artikels 2 der Richtlinie 89/391/EWG.
Diese Richtlinie gilt unbeschadet des Artikels 2 Nummer 8 nicht für Seeleute gemäß der Definition in der Richtlinie 1999/63/EG.
(4) Die Bestimmungen der Richtlinie 89/391/EWG finden unbeschadet strengerer und / oder spezifischer Vorschriften in der vorliegenden Richtlinie auf die in Absatz 2 genannten Bereiche voll Anwendung.

Artikel 2
Begriffsbestimmungen

Im Sinne dieser Richtlinie sind:
1. Arbeitszeit: jede Zeitspanne, während der ein Arbeitnehmer gemäß den einzelstaatlichen Rechtsvorschriften und / oder Gepflogenheiten arbeitet, dem Arbeitgeber zur Verfügung steht und seine Tätigkeit ausübt oder Aufgaben wahrnimmt;
2. Ruhezeit: jede Zeitspanne außerhalb der Arbeitszeit;

3. Nachtzeit: jede, in den einzelstaatlichen Rechtsvorschriften festgelegte Zeitspanne von mindestens sieben Stunden, welche auf jeden Fall die Zeitspanne zwischen 24 Uhr und 5 Uhr umfasst;
4. Nachtarbeiter:
   a) einerseits: jeder Arbeitnehmer, der während der Nachtzeit normalerweise mindestens drei Stunden seiner täglichen Arbeitszeit verrichtet;
   b) andererseits: jeder Arbeitnehmer, der während der Nachtzeit gegebenenfalls einen bestimmten Teil seiner jährlichen Arbeitszeit verrichtet, der nach Wahl des jeweiligen Mitgliedstaats festgelegt wird:
      i) nach Anhörung der Sozialpartner in den einzelstaatlichen Rechtsvorschriften oder
      ii) in Tarifverträgen oder Vereinbarungen zwischen den Sozialpartnern auf nationaler oder regionaler Ebene;
5. Schichtarbeit: jede Form der Arbeitsgestaltung kontinuierlicher oder nicht kontinuierlicher Art mit Belegschaften, bei der Arbeitnehmer nach einem bestimmten Zeitplan, auch im Rotationsturnus, sukzessive an den gleichen Arbeitsstellen eingesetzt werden, so dass sie ihre Arbeit innerhalb eines Tages oder Wochen umfassenden Zeitraums zu unterschiedlichen Zeiten verrichten müssen;
6. Schichtarbeiter: jeder in einem Schichtarbeitsplan eingesetzte Arbeitnehmer;
7. mobiler Arbeitnehmer: jeder Arbeitnehmer, der als Mitglied des fahrenden oder fliegenden Personals im Dienst eines Unternehmens beschäftigt ist, das Personen oder Güter im Straßen- oder Luftverkehr oder in der Binnenschifffahrt befördert;
8. Tätigkeiten auf Offshore-Anlagen: Tätigkeiten, die größtenteils auf oder von einer Offshore-Plattform (einschließlich Bohrplattformen) aus direkt oder indirekt im Zusammenhang mit der Exploration, Erschließung oder wirtschaftlichen Nutzung mineralischer Ressourcen einschließlich Kohlenwasserstoffe durchgeführt werden, sowie Tauchen im Zusammenhang mit derartigen Tätigkeiten, entweder von einer Offshore-Anlage oder von einem Schiff aus;
9. ausreichende Ruhezeiten: die Arbeitnehmer müssen über regelmäßige und ausreichend lange und kontinuierliche Ruhezeiten verfügen, deren Dauer in Zeiteinheiten angegeben wird, damit sichergestellt ist, dass sie nicht wegen Übermüdung oder wegen eines unregelmäßigen Arbeitsrhythmus sich selbst, ihre Kollegen oder sonstige Personen verletzen und weder kurzfristig noch langfristig ihre Gesundheit schädigen.

Kapitel 2
Mindestruhezeiten – Sonstige Aspekte der Arbeitszeitgestaltung

Artikel 3
Tägliche Ruhezeit

Die Mitgliedstaaten treffen die erforderlichen Maßnahmen, damit jedem Arbeitnehmer pro 24-StundenZeitraum eine Mindestruhezeit von elf zusammenhängenden Stunden gewährt wird.

Artikel 4
Ruhepause

Die Mitgliedstaaten treffen die erforderlichen Maßnahmen, damit jedem Arbeitnehmer bei einer täglichen Arbeitszeit von mehr als sechs Stunden eine Ruhepause gewährt wird; die Einzelheiten, insbesondere Dauer und Voraussetzung für die Gewährung dieser Ruhepause, werden in Tarifverträgen oder Vereinbarungen zwischen den Sozialpartnern oder in Ermangelung solcher Übereinkünfte in den innerstaatlichen Rechtsvorschriften festgelegt.

Artikel 5
Wöchentliche Ruhezeit

Die Mitgliedstaaten treffen die erforderlichen Maßnahmen, damit jedem Arbeitnehmer pro Siebentageszeitraum eine kontinuierliche Mindestruhezeit von 24 Stunden zuzüglich der täglichen Ruhezeit von elf Stunden gemäß Artikel 3 gewährt wird.
Wenn objektive, technische oder arbeitsorganisatorische Umstände dies rechtfertigen, kann eine Mindestruhezeit von 24 Stunden gewählt werden.

Artikel 6
Wöchentliche Höchstarbeitszeit

Die Mitgliedstaaten treffen die erforderlichen Maßnahmen, damit nach Maßgabe der Erfordernisse der Sicherheit und des Gesundheitsschutzes der Arbeitnehmer:

a) die wöchentliche Arbeitszeit durch innerstaatliche Rechts- und Verwaltungsvorschriften oder in Tarifverträgen oder Vereinbarungen zwischen den Sozialpartnern festgelegt wird;
b) die durchschnittliche Arbeitszeit pro Siebentageszeitraum 48 Stunden einschließlich der Überstunden nicht überschreitet.

Artikel 7
Jahresurlaub

(1) Die Mitgliedstaaten treffen die erforderlichen Maßnahmen, damit jeder Arbeitnehmer einen bezahlten Mindestjahresurlaub von vier Wochen nach Maßgabe der Bedingungen für die Inanspruchnahme und die Gewährung erhält, die in den einzelstaatlichen Rechtsvorschriften und / oder nach den einzelstaatlichen Gepflogenheiten vorgesehen sind.
(2) Der bezahlte Mindestjahresurlaub darf außer bei Beendigung des Arbeitsverhältnisses nicht durch eine finanzielle Vergütung ersetzt werden.

Kapitel 3
Nachtarbeit – Schichtarbeit – Arbeitsrhythmus

Artikel 8
Dauer der Nachtarbeit

Die Mitgliedstaaten treffen die erforderlichen Maßnahmen, damit:
a) die normale Arbeitszeit für Nachtarbeiter im Durchschnitt acht Stunden pro 24-Stunden-Zeitraum nicht überschreitet;
b) Nachtarbeiter, deren Arbeit mit besonderen Gefahren oder einer erheblichen körperlichen oder geistigen Anspannung verbunden ist, in einem 24-Stunden-Zeitraum, während dessen sie Nachtarbeit verrichten, nicht mehr als acht Stunden arbeiten.

Zum Zweck von Buchstabe b) wird im Rahmen von einzelstaatlichen Rechtsvorschriften und / oder Gepflogenheiten oder von Tarifverträgen oder Vereinbarungen zwischen den Sozialpartnern festgelegt, welche Arbeit unter Berücksichtigung der Auswirkungen der Nachtarbeit und der ihr eigenen Risiken mit besonderen Gefahren oder einer erheblichen körperlichen und geistigen Anspannung verbunden ist.

Artikel 9
Untersuchung des Gesundheitszustands von Nachtarbeitern und Versetzung auf Arbeitsstellen mit Tagarbeit

(1) Die Mitgliedstaaten treffen die erforderlichen Maßnahmen, damit:
a) der Gesundheitszustand der Nachtarbeiter vor Aufnahme der Arbeit und danach regelmäßig unentgeltlich untersucht wird;
b) Nachtarbeiter mit gesundheitlichen Schwierigkeiten, die nachweislich damit verbunden sind, dass sie Nachtarbeit leisten, soweit jeweils möglich auf eine Arbeitsstelle mit Tagarbeit versetzt werden, für die sie geeignet sind.

(2) Die unentgeltliche Untersuchung des Gesundheitszustands gemäß Absatz 1 Buchstabe a) unterliegt der ärztlichen Schweigepflicht.

(3) Die unentgeltliche Untersuchung des Gesundheitszustands gemäß Absatz 1 Buchstabe a) kann im Rahmen des öffentlichen Gesundheitswesens durchgeführt werden.

Artikel 10
Garantien für Arbeit während der Nachtzeit

Die Mitgliedstaaten können die Arbeit bestimmter Gruppen von Nachtarbeitern, die im Zusammenhang mit der Arbeit während der Nachtzeit einem Sicherheits- oder Gesundheitsrisiko ausgesetzt sind, nach Maßgabe der einzelstaatlichen Rechtsvorschriften und / oder Gepflogenheiten von bestimmten Garantien abhängig machen.

Artikel 11
Unterrichtung bei regelmäßiger Inanspruchnahme von Nachtarbeitern

Die Mitgliedstaaten treffen die erforderlichen Maßnahmen, damit der Arbeitgeber bei regelmäßiger Inanspruchnahme von Nachtarbeitern die zuständigen Behörden auf Ersuchen davon in Kenntnis setzt.

Artikel 12
Sicherheits- und Gesundheitsschutz

Die Mitgliedstaaten treffen die erforderlichen Maßnahmen, damit:

1. Nacht- und Schichtarbeitern hinsichtlich Sicherheit und Gesundheit in einem Maß Schutz zuteil wird, dass der Art ihrer Arbeit Rechnung trägt;
2. die zur Sicherheit und zum Schutz der Gesundheit von Nacht- und Schichtarbeitern gebotenen Schutz- und Vorsorgeleistungen oder -mittel denen für die übrigen Arbeitnehmer entsprechen und jederzeit vorhanden sind.

Artikel 13
Arbeitsrhythmus

Die Mitgliedstaaten treffen die erforderlichen Maßnahmen, damit ein Arbeitgeber, der beabsichtigt, die Arbeit nach einem bestimmten Rhythmus zu gestalten, dem allgemeinen Grundsatz Rechnung trägt, dass die Arbeitsgestaltung dem Menschen angepasst sein muss, insbesondere im Hinblick auf die Verringerung der eintönigen Arbeit und des maschinenbestimmten Arbeitsrhythmus, nach Maßgabe der Art der Tätigkeit und der Erfordernisse der Sicherheit und des Gesundheitsschutzes, insbesondere was die Pausen während der Arbeitszeit betrifft.

Kapitel 4
Sonstige Bestimmungen

Artikel 14
Spezifischere Gemeinschaftsvorschriften

Die Bestimmungen dieser Richtlinie gelten nicht, soweit andere Gemeinschaftsinstrumente spezifischere Vorschriften über die Arbeitszeitgestaltung für bestimmte Beschäftigungen oder berufliche Tätigkeiten enthalten.

Artikel 15
Günstigere Vorschriften

Das Recht der Mitgliedstaaten, für die Sicherheit und den Gesundheitsschutz der Arbeitnehmer günstigere Rechts- und Verwaltungsvorschriften anzuwenden oder zu erlassen oder die Anwendung von für die Sicherheit und den Gesundheitsschutz der Arbeitnehmer günstigeren Tarifverträgen oder Vereinbarungen zwischen den Sozialpartnern zu fördern oder zu gestatten, bleibt unberührt.

Artikel 16
Bezugszeiträume

Die Mitgliedstaaten können für die Anwendung der folgenden Artikel einen Bezugszeitraum vorsehen, und zwar

a) für Artikel 5 (wöchentliche Ruhezeit) einen Bezugszeitraum bis zu 14 Tagen;
b) für Artikel 6 (wöchentliche Höchstarbeitszeit) einen Bezugszeitraum bis zu vier Monaten.
   Die nach Artikel 7 gewährten Zeiten des bezahlten Jahresurlaubs sowie die Krankheitszeiten bleiben bei der Berechnung des Durchschnitts unberücksichtigt oder sind neutral;
c) für Artikel 8 (Dauer der Nachtarbeit) einen Bezugszeitraum, der nach Anhörung der Sozialpartner oder in Tarifverträgen oder Vereinbarungen zwischen den Sozialpartnern auf nationaler oder regionaler Ebene festgelegt wird.
   Fällt die aufgrund von Artikel 5 verlangte wöchentliche Mindestruhezeit von 24 Stunden in den Bezugszeitraum, so bleibt sie bei der Berechnung des Durchschnitts unberücksichtigt.

Kapitel 5
Abweichungen und Ausnahmen

Artikel 17
Abweichungen

(1) Unter Beachtung der allgemeinen Grundsätze des Schutzes der Sicherheit und der Gesundheit der Arbeitnehmer können die Mitgliedstaaten von den Artikeln 3 bis 6, 8 und 16 abweichen, wenn die Arbeitszeit wegen der besonderen Merkmale der ausgeübten Tätigkeit nicht gemessen und / oder nicht im Voraus festgelegt wird oder von den Arbeitnehmern selbst festgelegt werden kann, und zwar insbesondere in Bezug auf nachstehende Arbeitnehmer:

a) leitende Angestellte oder sonstige Personen mit selbstständiger Entscheidungsbefugnis;
b) Arbeitskräfte, die Familienangehörige sind;
c) Arbeitnehmer, die im liturgischen Bereich von Kirchen oder Religionsgemeinschaften beschäftigt sind.

(2) Sofern die betroffenen Arbeitnehmer gleichwertige Ausgleichsruhezeiten oder in Ausnahmefällen, in denen die Gewährung solcher gleichwertigen Ausgleichsruhezeiten aus objektiven Gründen nicht möglich ist, einen angemessenen Schutz erhalten, kann im Wege von Rechts- und Verwaltungsvorschriften oder im Wege von Tarifverträgen oder Vereinbarungen zwischen den Sozialpartnern gemäß den Absätzen 3, 4 und 5 abgewichen werden.

(3) Gemäß Absatz 2 dieses Artikels sind Abweichungen von den Artikeln 3, 4, 5, 8 und 16 zulässig:

a) bei Tätigkeiten, die durch eine Entfernung zwischen dem Arbeitsplatz und dem Wohnsitz des Arbeitnehmers – einschließlich Tätigkeiten auf Offshore-Anlagen – oder durch eine Entfernung zwischen verschiedenen Arbeitsplätzen des Arbeitnehmers gekennzeichnet sind;
b) für den Wach- und Schließdienst sowie die Dienstbereitschaft, die durch die Notwendigkeit gekennzeichnet sind, den Schutz von Sachen und Personen zu gewährleisten, und zwar insbesondere in Bezug auf Wachpersonal oder Hausmeister oder Wach- und Schließunternehmen;
c) bei Tätigkeiten, die dadurch gekennzeichnet sind, dass die Kontinuität des Dienstes oder der Produktion gewährleistet sein muss, und zwar insbesondere bei
   i) Aufnahme-, Behandlungs- und / oder Pflegediensten von Krankenhäusern oder ähnlichen Einrichtungen, einschließlich der Tätigkeiten von Ärzten in der Ausbildung, Heimen sowie Gefängnissen,
   ii) Hafen- und Flughafenpersonal,
   iii) Presse-, Rundfunk-, Fernsehdiensten oder kinematografischer Produktion, Post oder Telekommunikation, Ambulanz-, Feuerwehr- oder Katastrophenschutzdiensten,
   iv) Gas-, Wasser- oder Stromversorgungsbetrieben, Hausmüllabfuhr oder Verbrennungsanlagen,

v) Industriezweigen, in denen der Arbeitsprozess aus technischen Gründen nicht unterbrochen wer-den kann,
vi) Forschungs- und Entwicklungstätigkeiten,
vii) landwirtschaftlichen Tätigkeiten,
viii) Arbeitnehmern, die im regelmäßigen innerstädtischen Personenverkehr beschäftigt sind;

d) im Fall eines vorhersehbaren übermäßigen Arbeitsanfalls, insbesondere
a) in der Landwirtschaft,
ii) im Fremdenverkehr,
iii) im Postdienst;

e) im Fall von Eisenbahnpersonal
i) bei nichtständigen Tätigkeiten,
ii) bei Beschäftigten, die ihre Arbeitszeit in Zügen verbringen, oder
iii) bei Tätigkeiten, die an Fahrpläne gebunden sind und die die Kontinuität und Zuverlässigkeit des Verkehrsablaufs sicherstellen;

f) unter den in Artikel 5 Absatz 4 der Richtlinie 89/391/EWG aufgeführten Bedingungen;

g) im Fall eines Unfalls oder der Gefahr eines unmittelbar bevorstehenden Unfalls.

(4) Gemäß Absatz 2 dieses Artikels sind Abweichungen von den Artikeln 3 und 5 zulässig:

a) wenn bei Schichtarbeit der Arbeitnehmer die Gruppe wechselt und zwischen dem Ende der Arbeit in einer Schichtgruppe und dem Beginn der Arbeit in der nächsten nicht in den Genuss der täglichen und / oder wöchentlichen Ruhezeit kommen kann;

a) bei Tätigkeiten, bei denen die Arbeitszeiten über den Tag verteilt sind, insbesondere im Fall von Reinigungspersonal.

(5) Gemäß Absatz 2 dieses Artikels sind Abweichungen von Artikel 6 und von Artikel 16 Buchstabe b) bei Ärzten in der Ausbildung nach Maßgabe der Unterabsätze 2 bis 7 dieses Absatzes zulässig.

In Unterabsatz 1 genannte Abweichungen von Artikel 6 sind für eine Übergangszeit von fünf Jahren ab dem 1. August 2004 zulässig.

Die Mitgliedstaaten verfügen erforderlichenfalls über einen zusätzlichen Zeitraum von höchstens zwei Jahren, um den Schwierigkeiten bei der Einhaltung der Arbeitszeitvorschriften im Zusammenhang mit ihren Zuständigkeiten für die Organisation und Bereitstellung von Gesundheitsdiensten und medizinischer Versorgung Rechnung zu tragen. Spätestens sechs Monate vor dem Ende der Übergangszeit unterrichtet der betreffende Mitgliedstaat die Kommission hierüber unter Angabe der Gründe, so dass die Kommission nach entsprechenden Konsultationen innerhalb von drei Monaten nach dieser Unterrichtung eine Stellungnahme abgeben kann. Falls der Mitgliedstaat der Stellungnahme der Kommission nicht folgt, rechtfertigt er seine Entscheidung. Die Unterrichtung und die Rechtfertigung des Mitgliedstaats sowie die Stellungnahme der Kommission werden im Amtsblatt der Europäischen Union veröffentlicht und dem Europäischen Parlament übermittelt.

Die Mitgliedstaaten verfügen erforderlichenfalls über einen zusätzlichen Zeitraum von höchstens einem Jahr, um den besonderen Schwierigkeiten bei der Wahrneh-

mung der in Unterabsatz 3 genannten Zuständigkeiten Rechnung zu tragen. Sie haben das Verfahren des Unterabsatzes 3 einzuhalten.
Die Mitgliedstaaten stellen sicher, dass die Zahl der Wochenarbeitsstunden keinesfalls einen Durchschnitt von 58 während der ersten drei Jahre der Übergangszeit, von 56 während der folgenden zwei Jahre und von 52 während des gegebenenfalls verbleibenden Zeitraums übersteigt.
Der Arbeitgeber konsultiert rechtzeitig die Arbeitnehmervertreter, um – soweit möglich – eine Vereinbarung über die Regelungen zu erreichen, die während der Übergangszeit anzuwenden sind. Innerhalb der in Unterabsatz 5 festgelegten Grenzen kann eine derartige Vereinbarung sich auf Folgendes erstrecken:
a) die durchschnittliche Zahl der Wochenarbeitsstunden während der Übergangszeit und
b) Maßnahmen, die zur Verringerung der Wochenarbeitszeit auf einen Durchschnitt von 48 Stunden bis zum Ende der Übergangszeit zu treffen sind.

In Unterabsatz 1 genannte Abweichungen von Artikel 16 Buchstabe b) sind zulässig, vorausgesetzt, dass der Bezugszeitraum während des in Unterabsatz 5 festgelegten ersten Teils der Übergangszeit zwölf Monate und danach sechs Monate nicht übersteigt.

Artikel 18
Abweichungen im Wege von Tarifverträgen

Von den Artikeln 3, 4, 5, 8 und 16 kann abgewichen werden im Wege von Tarifverträgen oder Vereinbarungen zwischen den Sozialpartnern auf nationaler oder regionaler Ebene oder, bei zwischen den Sozialpartnern getroffenen Abmachungen, im Wege von Tarifverträgen oder Vereinbarungen zwischen Sozialpartnern auf niedrigerer Ebene.
Mitgliedstaaten, in denen es keine rechtliche Regelung gibt, wonach über die in dieser Richtlinie geregelten Fragen zwischen den Sozialpartnern auf nationaler oder regionaler Ebene Tarifverträge oder Vereinbarungen geschlossen werden können, oder Mitgliedstaaten, in denen es einen entsprechenden rechtlichen Rahmen gibt und innerhalb dessen Grenzen, können im Einklang mit den einzelstaatlichen Rechtsvorschriften und / oder Gepflogenheiten Abweichungen von den Artikeln 3, 4, 5, 8 und 16 durch Tarifverträge oder Vereinbarungen zwischen den Sozialpartnern auf geeigneter kollektiver Ebene zulassen.
Die Abweichungen gemäß den Unterabsätzen 1 und 2 sind nur unter der Voraussetzung zulässig, dass die betroffenen Arbeitnehmer gleichwertige Ausgleichsruhezeiten oder in Ausnahmefällen, in denen die Gewährung solcher Ausgleichsruhezeiten aus objektiven Gründen nicht möglich ist, einen angemessenen Schutz erhalten.
Die Mitgliedstaaten können Vorschriften vorsehen
a) für die Anwendung dieses Artikels durch die Sozialpartner und

b) für die Erstreckung der Bestimmungen von gemäß diesem Artikel geschlossenen Tarifverträgen oder Vereinbarungen auf andere Arbeitnehmer gemäß den einzelstaatlichen Rechtsvorschriften und / oder Gepflogenheiten.

Artikel 19
Grenzen der Abweichungen von Bezugszeiträumen

Die in Artikel 17 Absatz 3 und in Artikel 18 vorgesehene Möglichkeit der Abweichung von Artikel 16 Buchstabe b) darf nicht die Festlegung eines Bezugszeitraums zur Folge haben, der länger ist als sechs Monate. Den Mitgliedstaaten ist es jedoch mit der Maßgabe, dass sie dabei die allgemeinen Grundsätze der Sicherheit und des Gesundheitsschutzes der Arbeitnehmer wahren, freigestellt zuzulassen, dass in den Tarifverträgen oder Vereinbarungen zwischen Sozialpartnern aus objektiven, technischen oder arbeitsorganisatorischen Gründen längere Bezugszeiträume festgelegt werden, die auf keinen Fall zwölf Monate überschreiten dürfen.
Der Rat überprüft vor dem 23. November 2003 anhand eines Vorschlags der Kommission, dem ein Evaluierungsbericht beigefügt ist, die Bestimmungen dieses Absatzes und befindet über das weitere Vorgehen.

Artikel 20
Mobile Arbeitnehmer und Tätigkeiten auf Offshore-Anlagen

(1) Die Artikel 3, 4, 5 und 8 gelten nicht für mobile Arbeitnehmer.
Die Mitgliedstaaten treffen jedoch die erforderlichen Maßnahmen, um zu gewährleisten, dass die mobilen Arbeitnehmer – außer unter den in Artikel 17 Absatz 3 Buchstaben f) und g) vorgesehenen Bedingungen – Anspruch auf ausreichende Ruhezeiten haben.
(2) Vorbehaltlich der Einhaltung der allgemeinen Grundsätze der Sicherheit und des Gesundheitsschutzes der Arbeitnehmer und sofern die betreffenden Sozialpartner konsultiert wurden und Anstrengungen zur Förderung aller einschlägigen Formen des sozialen Dialogs – einschließlich der Konzertierung, falls die Parteien dies wünschen – unternommen wurden, können die Mitgliedstaaten aus objektiven, technischen oder arbeitsorganisatorischen Gründen den in Artikel 16 Buchstabe b) genannten Bezugszeitraum für Arbeitnehmer, die hauptsächlich Tätigkeiten auf Offshore-Anlagen ausüben, auf zwölf Monate ausdehnen.
(3) Die Kommission überprüft bis zum 1. August 2005 nach Konsultation der Mitgliedstaaten sowie der Arbeitgeber und Arbeitnehmer auf europäischer Ebene die Durchführung der Bestimmungen für Arbeitnehmer auf Offshore-Anlagen unter dem Gesichtspunkt der Gesundheit und Sicherheit, um, falls erforderlich, geeignete Änderungen vorzuschlagen.

Artikel 21
Arbeitnehmer an Bord von seegehenden Fischereifahrzeugen

(1) Die Artikel 3 bis 6 und 8 gelten nicht für Arbeitnehmer an Bord von seegehenden Fischereifahrzeugen, die unter der Flagge eines Mitgliedstaats fahren.
Die Mitgliedstaaten treffen jedoch die erforderlichen Maßnahmen, um zu gewährleisten, dass jeder Arbeitnehmer an Bord von seegehenden Fischereifahrzeugen, die unter der Flagge eines Mitgliedstaats fahren, Anspruch auf eine ausreichende Ruhezeit hat, und um die Wochenarbeitszeit auf 48 Stunden im Durchschnitt während eines Bezugszeitraums von höchstens zwölf Monaten zu begrenzen.
(2) Innerhalb der in Absatz 1 Unterabsatz 2 sowie den Absätzen 3 und 4 angegebenen Grenzen treffen die Mitgliedstaaten die erforderlichen Maßnahmen, um zu gewährleisten, dass unter Berücksichtigung der Notwendigkeit der Sicherheit und des Gesundheitsschutzes der betroffenen Arbeitnehmer
a) die Arbeitsstunden auf eine Höchstarbeitszeit beschränkt werden, die in einem gegebenen Zeitraum nicht überschritten werden darf, oder
b) eine Mindestruhezeit in einem gegebenen Zeitraum gewährleistet ist.

Die Höchstarbeits- oder Mindestruhezeit wird durch Rechts- und Verwaltungsvorschriften, durch Tarifverträge oder durch Vereinbarungen zwischen den Sozialpartnern festgelegt.
(3) Für die Arbeits- oder Ruhezeiten gelten folgende Beschränkungen:
1. die Höchstarbeitszeit darf nicht überschreiten:
   i) 14 Stunden in jedem Zeitraum von 24 Stunden und
   ii) 72 Stunden in jedem Zeitraum von sieben Tagen,
   oder
2. die Mindestruhezeit darf nicht unterschreiten:
   i) zehn Stunden in jedem Zeitraum von 24 Stunden und
   ii) 77 Stunden in jedem Zeitraum von sieben Tagen.

(4) Die Ruhezeit kann in höchstens zwei Zeiträume aufgeteilt werden, von denen einer eine Mindestdauer von sechs Stunden haben muss; der Zeitraum zwischen zwei aufeinander folgenden Ruhezeiten darf 14 Stunden nicht überschreiten.
(5) In Übereinstimmung mit den allgemeinen Grundsätzen für die Sicherheit und den Gesundheitsschutz der Arbeitnehmer und aus objektiven, technischen oder arbeitsorganisatorischen Gründen können die Mitgliedstaaten, auch bei der Festlegung von Bezugszeiträumen, Ausnahmen von den in Absatz 1 Unterabsatz 2 sowie den Absätzen 3 und 4 festgelegten Beschränkungen gestatten. Diese Ausnahmen haben so weit wie möglich den festgelegten Normen zu folgen, können aber häufigeren oder längeren Urlaubszeiten oder der Gewährung von Ausgleichsurlaub für die Arbeitnehmer Rechnung tragen. Diese Ausnahmen können festgelegt werden
a) durch Rechts- oder Verwaltungsvorschriften, vorausgesetzt, dass – soweit dies möglich ist – die Vertreter der betroffenen Arbeitgeber und Arbeitnehmer konsultiert und Anstrengungen zur Förderung aller einschlägigen Formen des sozialen Dialogs unternommen werden, oder
b) durch Tarifverträge oder Vereinbarungen zwischen den Sozialpartnern.

(6) Der Kapitän eines seegehenden Fischereifahrzeugs hat das Recht, von Arbeitnehmern an Bord die Ableistung jeglicher Anzahl von Arbeitsstunden zu verlangen, wenn diese Arbeit für die unmittelbare Sicherheit des Schiffes, von Personen an Bord oder der Ladung oder zum Zweck der Hilfeleistung für andere Schiffe oder Personen in Seenot erforderlich ist.
(7) Die Mitgliedstaaten können vorsehen, dass Arbeitnehmer an Bord von seegehenden Fischereifahrzeugen, bei denen einzelstaatliches Recht oder einzelstaatliche Praxis während eines bestimmten, einen Monat überschreitenden Zeitraums des Kalenderjahres den Betrieb nicht erlauben, ihren Jahresurlaub gemäß Artikel 7 während dieses Zeitraums nehmen.

Artikel 22
Sonstige Bestimmungen

(1) Es ist einem Mitgliedstaat freigestellt, Artikel 6 nicht anzuwenden, wenn er die allgemeinen Grundsätze der Sicherheit und des Gesundheitsschutzes der Arbeitnehmer einhält und mit den erforderlichen Maßnahmen dafür sorgt, dass

a) kein Arbeitgeber von einem Arbeitnehmer verlangt, im Durchschnitt des in Artikel 16 Buchstabe b) genannten Bezugszeitraums mehr als 48 Stunden innerhalb eines Siebentagezeitraums zu arbeiten, es sei denn der Arbeitnehmer hat sich hierzu bereit erklärt;
b) keinem Arbeitnehmer Nachteile daraus entstehen, dass er nicht bereit ist, eine solche Arbeit zu leisten;
c) der Arbeitgeber aktuelle Listen über alle Arbeitnehmer führt, die eine solche Arbeit leisten;
d) die Listen den zuständigen Behörden zur Verfügung gestellt werden, die aus Gründen der Sicherheit und / oder des Schutzes der Gesundheit der Arbeitnehmer die Möglichkeit zur Überschreitung der wöchentlichen Höchstarbeitszeit unterbinden oder einschränken können;
e) der Arbeitgeber die zuständigen Behörden auf Ersuchen darüber unterrichtet, welche Arbeitnehmer sich dazu bereit erklärt haben, im Durchschnitt des in Artikel 16 Buchstabe b) genannten Bezugszeitraums mehr als 48 Stunden innerhalb eines Siebentagezeitraums zu arbeiten.

Vor dem 23. November 2003 überprüft der Rat anhand eines Vorschlags der Kommission, dem ein Evaluierungsbericht beigefügt ist, die Bestimmungen dieses Absatzes und befindet über das weitere Vorgehen.
(2) Für die Anwendung des Artikels 7 ist es den Mitgliedstaaten freigestellt, eine Übergangszeit von höchstens drei Jahren ab dem 23. November 1996 in Anspruch zu nehmen, unter der Bedingung, dass während dieser Übergangszeit

a) jeder Arbeitnehmer einen bezahlten Mindestjahresurlaub von drei Wochen nach Maßgabe der in den einzelstaatlichen Rechtsvorschriften und / oder nach den einzelstaatlichen Gepflogenheiten vorgesehenen Bedingungen für dessen Inanspruchnahme und Gewährung erhält und

b) der bezahlte Jahresurlaub von drei Wochen außer im Fall der Beendigung des Arbeitsverhältnisses nicht durch eine finanzielle Vergütung ersetzt wird.

(3) Sofern die Mitgliedstaaten von den in diesem Artikel genannten Möglichkeiten Gebrauch machen, setzen sie die Kommission unverzüglich davon in Kenntnis.

Kapitel 6
Schlussbestimmungen

Artikel 23
Niveau des Arbeitnehmerschutzes

Unbeschadet des Rechts der Mitgliedstaaten, je nach der Entwicklung der Lage im Bereich der Arbeitszeit unterschiedliche Rechts- und Verwaltungsvorschriften sowie Vertragsvorschriften zu entwickeln, sofern die Mindestvorschriften dieser Richtlinie eingehalten werden, stellt die Durchführung dieser Richtlinie keine wirksame Rechtfertigung für eine Zurücknahme des allgemeinen Arbeitnehmerschutzes dar.

Artikel 24
Berichtswesen

(1) Die Mitgliedstaaten teilen der Kommission den Wortlaut der innerstaatlichen Rechtsvorschriften mit, die sie auf dem unter diese Richtlinie fallenden Gebiet erlassen oder bereits erlassen haben.

(2) Die Mitgliedstaaten erstatten der Kommission alle fünf Jahre Bericht über die Anwendung der Bestimmungen dieser Richtlinie in der Praxis und geben dabei die Standpunkte der Sozialpartner an.

Die Kommission unterrichtet darüber das Europäische Parlament, den Rat, den Europäischen Wirtschafts- und Sozialausschuss sowie den Beratenden Ausschuss für Sicherheit, Arbeitshygiene und Gesundheitsschutz am Arbeitsplatz.

(3) Die Kommission legt dem Europäischen Parlament, dem Rat und dem Europäischen Wirtschafts- und Sozialausschuss nach dem 23. November 1996 alle fünf Jahre einen Bericht über die Anwendung dieser Richtlinie unter Berücksichtigung der Artikel 22 und 23 und der Absätze 1 und 2 dieses Artikels vor.

Artikel 25
Überprüfung der Durchführung der Bestimmungen für Arbeitnehmer an Bord von seegehenden Fischereifahrzeugen

Die Kommission überprüft bis zum 1. August 2009 nach Konsultation der Mitgliedstaaten und der Sozialpartner auf europäischer Ebene die Durchführung der

Bestimmungen für Arbeitnehmer an Bord von seegehenden Fischereifahrzeugen und untersucht insbesondere, ob diese Bestimmungen vor allem in Bezug auf Gesundheit und Sicherheit nach wie vor angemessen sind, um, falls erforderlich, geeignete Änderungen vorzuschlagen.

Artikel 26
Überprüfung des Durchführungsstands der Bestimmungen für Arbeitnehmer, die im regelmäßigen innerstädtischen Personenverkehr beschäftigt sind

Die Kommission überprüft bis zum 1. August 2005 nach Konsultation der Mitgliedstaaten sowie der Arbeitgeber und Arbeitnehmer auf europäischer Ebene den Stand der Durchführung der Bestimmungen für Arbeitnehmer, die im regelmäßigen innerstädtischen Personenverkehr beschäftigt sind, um, falls erforderlich, im Hinblick auf die Gewährleistung eines kohärenten und angemessenen Ansatzes für diesen Sektor geeignete Änderungen vorzuschlagen.

Artikel 27
Aufhebung

(1) Die Richtlinie 93/104/EG in der Fassung der in Anhang I Teil A genannten Richtlinie wird unbeschadet der Pflichten der Mitgliedstaaten hinsichtlich der in Anhang I Teil B genannten Umsetzungsfristen aufgehoben.
(2) Bezugnahmen auf die aufgehobene Richtlinie gelten als Bezugnahmen auf die vorliegende Richtlinie und sind nach Maßgabe der Entsprechungstabelle in Anhang II zu lesen.

Artikel 28
Inkrafttreten

Diese Richtlinie tritt am 2. August 2004 in Kraft.

Artikel 29
Adressaten

Diese Richtlinie ist an alle Mitgliedstaaten gerichtet.

ANHANG I

Teil A
Aufgehobene Richtlinie und ihre nachfolgenden Änderungen (Artikel 27)

Richtlinie 93/104/EG des Rates (ABl. L 307 vom 13. 12. 1993, S. 18)
Richtlinie 2000/34/EG des Europäischen Parlaments und des Rates (ABl. L 195 vom 1. 8. 2000, S. 41)

Teil B
Fristen für die Umsetzung und Anwendung (Artikel 27)

Richtlinie	Frist für die Umsetzung
93/104/EG	23. November 1996
2000/34/EG	1. August 2003[1]

ANHANG II

Entsprechungstabelle

Richtlinie 93/104/EG	Diese Richtlinie
Artikel 1–5	Artikel 1–5
Artikel 6 einleitender Teil	Artikel 6 einleitender Teil
Artikel 6 Nummer 1	Artikel 6 Buchstabe a)
Artikel 6 Nummer 2	Artikel 6 Buchstabe b)
Artikel 7	Artikel 7
Artikel 8 einleitender Teil	Artikel 8 einleitender Teil
Artikel 8 Nummer 1	Artikel 8 Buchstabe a)
Artikel 8 Nummer 2	Artikel 8 Buchstabe b)
Artikel 9, 10 und 11	Artikel 9, 10 und 11
Artikel 12 einleitender Teil	Artikel 12 einleitender Teil
Artikel 12 Nummer 1	Artikel 12 Buchstabe a)
Artikel 12 Nummer 2	Artikel 12 Buchstabe b)

1 1. August 2004 für Ärzte in der Ausbildung. Siehe Artikel 2 der Richtlinie 2000/34/EG.

Richtlinie 93/104/EG	Diese Richtlinie
Artikel 13, 14 und 15	Artikel 13, 14 und 15
Artikel 16 einleitender Teil	Artikel 16 einleitender Teil
Artikel 16 Nummer 1	Artikel 16 Buchstabe a)
Artikel 16 Nummer 2	Artikel 16 Buchstabe b)
Artikel 16 Nummer 3	Artikel 16 Buchstabe c)
Artikel 17 Absatz 1	Artikel 17 Absatz 1
Artikel 17 Absatz 2 einleitender Teil	Artikel 17 Absatz 2
Artikel 17 Absatz 2 Nummer 2.1	Artikel 17 Absatz 3 Buchstaben a) bis e)
Artikel 17 Absatz 2 Nummer 2.2	Artikel 17 Absatz 3 Buchstaben f) bis g)
Artikel 17 Absatz 2 Nummer 2.3	Artikel 17 Absatz 4
Artikel 17 Absatz 2 Nummer 2.4	Artikel 17 Absatz 5
Artikel 17 Absatz 3	Artikel 18
Artikel 17 Absatz 4	Artikel 19
Artikel 17a Absatz 1	Artikel 20 Absatz 1 Unterabsatz 1
Artikel 17a Absatz 2	Artikel 20 Absatz 1 Unterabsatz 2
Artikel 17a Absatz 3	Artikel 20 Absatz 2
Artikel 17a Absatz 4	Artikel 20 Absatz 3
Artikel 17b Absatz 1	Artikel 21 Absatz 1 Unterabsatz 1
Artikel 17b Absatz 2	Artikel 21 Absatz 1 Unterabsatz 2
Artikel 17b Absatz 3	Artikel 21 Absatz 2
Artikel 17b Absatz 4	Artikel 21 Absatz 3
Artikel 17b Absatz 5	Artikel 21 Absatz 4
Artikel 17b Absatz 6	Artikel 21 Absatz 5
Artikel 17b Absatz 7	Artikel 21 Absatz 6
Artikel 17b Absatz 8	Artikel 21 Absatz 7
Artikel 18 Absatz 1 Buchstabe a)	–
Artikel 18 Absatz 1 Buchstabe b), Ziffer i)	Artikel 22 Absatz 1
Artikel 18 Absatz 1 Buchstabe b), Ziffer ii)	Artikel 22 Absatz 2
Richtlinie 93/104/EG	Diese Richtlinie
Artikel 18 Absatz 1 Buchstabe c)	Artikel 22 Absatz 3
Artikel 18 Absatz 2	–
Artikel 18 Absatz 3	Artikel 23
Artikel 18 Absatz 4	Artikel 24 Absatz 1

Richtlinie 93/104/EG	**Diese Richtlinie**
Artikel 18 Absatz 5	Artikel 24 Absatz 2
Artikel 18 Absatz 6	Artikel 24 Absatz 3
–	Artikel 25[2]
–	Artikel 26[3]
–	Artikel 27
–	Artikel 28
Artikel 19	Artikel 29
–	Anhang I
–	Anhang I

2 Richtlinie 2000/34/EG, Artikel 4.
3 Richtlinie 2000/34/EG, Artikel 3.

Stichwortverzeichnis